Rechtsantragstelle

Bl.-Nr. 261/11

Ausgesondert siehe Beleg-Nr. 4/2024

BECK'SCHE KOMMENTARE ZUM ARBEITSRECHT

HERAUSGEGEBEN VON
GÖTZ HUECK UND DIRK NEUMANN

BAND VI

Arbeitsgerichtsgesetz

KOMMENTAR

von

Dr. Claas-Hinrich Germelmann
Vizepräsident des Landesarbeitsgerichts Berlin a. D.
Honorarprofessor an der Freien Universität Berlin

Dr. h. c. Hans-Christoph Matthes
Vorsitzender Richter am Bundesarbeitsgericht a. D.

Dr. Rudi Müller-Glöge
Vorsitzender Richter am Bundesarbeitsgericht

Dr. Hanns Prütting
o. Professor und Direktor des Instituts für
Verfahrensrecht an der Universität zu Köln

Dr. Anja Schlewing
Richterin am Bundesarbeitsgericht

7., neubearbeitete Auflage

Verlag C. H. Beck München 2009

Zitiervorschlag:

GMP/*Prütting* § 14 Rn. 5

Verlag C. H. Beck im Internet:
beck.de

ISBN 973 3 406 58276 9

© 2009 Verlag C. H. Beck oHG
Wilhelmstraße 9, 80801 München
Gesamtherstellung: Druckerei C. H. Beck Nördlingen
(Adresse wie Verlag)

Gedruckt auf säurefreiem, alterungsbeständigem Papier
(hergestellt aus chlorfrei gebleichtem Zellstoff)

Vorwort zur 7. Auflage

Der Gesetzgeber ist unermüdlich tätig gewesen und hat zahlreiche Vorschriften im Bereich des arbeitsgerichtlichen Verfahrens geändert. Hiermit hat er auch die Eigenständigkeit dieses Verfahrensrechts gefestigt. Wesentliche Vorschriften des Gesetzes zur Neuregelung des Rechtsberatungsrechts und des Gesetzes zur Änderung des SGG und des ArbGG und anderer Gesetze, die in der Vorauflage nur nach den damals vorliegenden Regierungsentwürfen erläutert werden konnten, sind nunmehr endgültig verabschiedet und konnten in der Kommentierung berücksichtigt werden. Darüber hinaus sind auch die Änderungen, die das Gesetz zur Förderung von Jugendfreiwilligendiensten, das Gesetz zur Verbesserung der grenzüberschreitenden Forderungsdurchsetzung und Zustellung und das Gesetz zur Verbesserung der Rahmenbedingungen für die Absicherung flexibler Arbeitszeitregelungen und zur Änderung anderer Gesetze vorgenommen haben, eingearbeitet worden. Zahlreiche neue Kommentierungen und Äußerungen in Rechtsprechung und Literatur machten ebenso wie das Bestreben der Autoren das arbeitsgerichtliche Verfahrensrecht trotz der Nähe zum zivilprozessualen Verfahren als eigenständige Materie zu verstehen und nach dem neuesten Stand zu kommentieren eine Neuauflage erforderlich. Allerdings gilt nach wie vor, dass der Kommentar nicht zugleich ein umfassendes Erläuterungswerk zu den in Bezug genommenen Vorschriften der ZPO sein kann, sondern dass in erster Linie die vom Gesetzgeber geregelten Besonderheiten des arbeitsgerichtlichen Verfahrens im Vordergrund stehen müssen.

Die 7. Auflage will der Praxis ein zuverlässiges und aktuelles Hilfsmittel an die Hand geben, das die Neuerungen darstellt, sie in den bisherigen Kontext einfügt und ihnen eine Deutung gibt. Der Kommentierung liegt der Gesetzesstand von März 2009 zugrunde. Um den Umfang des Werkes nicht zu stark anwachsen zu lassen, ist die Kommentierung überarbeitet und gestrafft worden, auf die Literaturübersichten bei den einzelnen Vorschriften wurde verzichtet. Ebenso wie im Gesetz (z. B. §§ 23, 35, 36, 45, 56, 61 b, 66) werden in der Kommentierung die männlichen Begriffe sowohl für die weibliche wie auch die männliche Form verwendet. Auf die Bildung von Paarformeln ist aus Gründen der Lesbarkeit und im Interesse des Umfangs des Werkes verzichtet worden.

Als neue Autorin ist Frau Dr. Anja Schlewing, Richterin am Bundesarbeitsgericht, in den Bearbeiterkreis eingetreten. Sie hat die Kommentierung einiger Vorschriften übernommen, die bisher von Herrn Dr. h. c. Hans-Christoph Matthes betreut wurden.

Berlin/Kassel/Köln/Erfurt, im April 2009

Vorwort der 1. Auflage

Seit dem letzten Erscheinen des richtungsweisenden Kommentars zum Arbeitsgerichtsgesetz von Dietz/Nikisch im Jahre 1954 sind mehr als 30 Jahre vergangen. In der Zwischenzeit hat das Arbeitsgerichtsgesetz nicht nur eine Vielzahl gesetzlicher Änderungen erfahren, so insbesondere durch die Arbeitsgerichtsnovelle vom 21. Mai 1979, sondern es ist durch Rechtsprechung und Lehre in seiner eigenen Struktur erkannt und zu einer eigenständigen Regelung ausgeformt worden. Verlag und Herausgeber haben sich daher entschlossen, mit einem von Grund auf neuen Kommentar an diesem Bemühen mitzuwirken und das arbeitsgerichtliche Verfahren geschlossen und umfassend darzustellen.

Naturgemäß kann ein Kommentar zum Arbeitsgerichtsgesetz nicht gleichzeitig auch ein Kommentar zu den vielfach in Bezug genommenen Vorschriften der Zivilprozeßordnung sein. Für allgemeine zivilprozessuale Einzelfragen muß daher der Benutzer nach wie vor auf die Kommentare zur ZPO verwiesen werden. Die Verfasser haben sich jedoch bemüht, auch insoweit eine in sich geschlossene Darstellung der jeweiligen Vorschriften des Arbeitsgerichtsgesetzes zu geben, die in den meisten Fällen eine Beantwortung der aufgetauchten Fragen bietet und deren Zusammenhang mit dem Zivilprozeßrecht deutlich macht.

Das Hauptaugenmerk ist jedoch auf die eingehende Erläuterung der Besonderheiten des arbeitsgerichtlichen Verfahrens gelegt worden. Breiten Raum nehmen daher die Kommentierungen der Vorschriften über die arbeitsgerichtliche Zuständigkeit, das Güteverfahren und die Befugnisse des Vorsitzenden, die Beweisaufnahme, die Beschleunigung des Verfahrens, die Zulassung von Rechtsmitteln, insbesondere die Nichtzulassungsbeschwerde, und über das arbeitsgerichtliche Beschlußverfahren ein. Die Rechtsprechung der Gerichte für Arbeitssachen, besonders die des Bundesarbeitsgerichts, ist dabei nahezu vollständig berücksichtigt worden, das Schrifttum, soweit es sich mit der jeweiligen Vorschrift befaßt und kritische oder weiterführende Hinweise enthält.

Die Verfasser hoffen, mit dem Kommentar der gerichtlichen Praxis, besonders aber auch den Prozeßvertretern aus der Anwaltschaft und den Verbänden eine Hilfe an die Hand gegeben zu haben, die die Führung von Arbeitsgerichtsprozessen erleichtert und von vermeidbaren Verfahrensfehlern freihält, womit gleichzeitig der Beschleunigung des Verfahrens und der Beschränkung von Zeit und Arbeitskraft auf die Sachentscheidung gedient wäre.

Im Einzelnen haben bearbeitet

Einleitung	Dr. Hanns Prütting
§§ 1, 2	Dr. Anja Schlewing
§ 2 a	Dr. Hans-Christoph Matthes
§ 3	Dr. Anja Schlewing
§ 4	Dr. Claas-Hinrich Germelmann
§ 5	Dr. Rudi Müller-Glöge
§§ 6–9	Dr. Hanns Prütting
§ 10	Dr. Hans-Christoph Matthes
§§ 11–13	Dr. Claas-Hinrich Germelmann
§§ 13 a–45	Dr. Hanns Prütting
§§ 46–57	Dr. Claas-Hinrich Germelmann
§ 58	Dr. Hanns Prütting
§§ 59–71	Dr. Claas-Hinrich Germelmann
§§ 72–78	Dr. Rudi Müller-Glöge
§ 78 a	Dr. Hanns Prütting
§ 79	Dr. Rudi Müller-Glöge
§§ 80–96	Dr. Hans-Christoph Matthes
§§ 97–100	Dr. Anja Schlewing
§§ 101–110	Dr. Claas-Hinrich Germelmann
§§ 111–123	Dr. Hanns Prütting
Sachregister	Birgitt Glöge

Inhaltsverzeichnis

Abkürzungsverzeichnis XIII
Literaturverzeichnis XIX

Text des Arbeitsgerichtsgesetzes

Text der §§ 1–122 1

Einleitung

A.	Geschichtliche Entwicklung	46
B.	Die allgemeine Literatur zum arbeitsgerichtlichen Verfahren	56
C.	Die Arbeitsgerichtsbarkeit im Rechtsschutzsystem	59
D.	Gerichtsverfassungsrechtliche Besonderheiten des arbeitsgerichtlichen Verfahrens	82
E.	Arbeitsgerichtsverfahren und allgemeines Zivilverfahren	87
F.	Verfahrensgrundlagen	97
G.	Datenschutz im Arbeitsgerichtsverfahren	111
H.	Rechtstatsachen und Rechtssoziologie des arbeitsgerichtlichen Verfahrens	113
J.	Die Arbeitsgerichtsbarkeit in den neuen Bundesländern	116
K.	Internationales Arbeitsgerichtsverfahren	118
L.	Ausländische Arbeitsgerichtsbarkeit	132
M.	Grundlagen der Zwangsvollstreckung	140

Kommentar

Erster Teil. Allgemeine Vorschriften 147

§ 1	Gerichte für Arbeitssachen	147
§ 2	Zuständigkeit im Urteilsverfahren	156
§ 2 a	Zuständigkeit im Beschlußverfahren	197
§ 3	Zuständigkeit in sonstigen Fällen	221
§ 4	Ausschluß der Arbeitsgerichtsbarkeit	226
§ 5	Begriff des Arbeitnehmers	231
§ 6	Besetzung der Gerichte für Arbeitssachen	250
§ 6 a	Allgemeine Vorschriften über das Präsidium und die Geschäftsverteilung	255
§ 7	Geschäftsstelle, Aufbringung der Mittel	272
§ 8	Gang des Verfahrens	276
§ 9	Allgemeine Verfahrensvorschriften	278
§ 10	Parteifähigkeit	289
§ 11	Prozeßvertretung	300
§ 11 a	Beiordnung eines Rechtsanwalts, Prozeßkostenhilfe	332
§ 12	Kosten	361
§ 12 a	Kostentragungspflicht	400
§ 13	Rechtshilfe	413
§ 13 a	Internationale Verfahren	418

Zweiter Teil. Aufbau der Gerichte für Arbeitssachen 422
Erster Abschnitt. Arbeitsgerichte 422

§ 14	Errichtung und Organisation	422
§ 15	Verwaltung und Dienstaufsicht	434
§ 16	Zusammensetzung	441
§ 17	Bildung von Kammern	444

Inhalt

§ 18	Ernennung der Vorsitzenden	448
§ 19	Ständige Vertretung	451
§ 20	Berufung der ehrenamtlichen Richter	454
§ 21	Voraussetzungen für die Berufung als ehrenamtlicher Richter	461
§ 22	Ehrenamtlicher Richter aus Kreisen der Arbeitgeber	469
§ 23	Ehrenamtlicher Richter aus Kreisen der Arbeitnehmer	472
§ 24	Ablehnung und Niederlegung des ehrenamtlichen Richteramtes	474
§ 25	*(weggefallen)*	479
§ 26	Schutz der ehrenamtlichen Richter	479
§ 27	Amtsenthebung der ehrenamtlichen Richter	483
§ 28	Ordnungsgeld gegen ehrenamtliche Richter	488
§ 29	Ausschuß der ehrenamtlichen Richter	492
§ 30	Besetzung der Fachkammern	497
§ 31	Heranziehung der ehrenamtlichen Richter	499
§ 32	*(weggefallen)*	504

Zweiter Abschnitt. Landesarbeitsgerichte — 504

§ 33	Errichtung und Organisation	504
§ 34	Verwaltung und Dienstaufsicht	506
§ 35	Zusammensetzung, Bildung von Kammern	506
§ 36	Vorsitzende	509
§ 37	Ehrenamtliche Richter	510
§ 38	Ausschuß der ehrenamtlichen Richter	511
§ 39	Heranziehung der ehrenamtlichen Richter	511

Dritter Abschnitt. Bundesarbeitsgericht — 511

§ 40	Errichtung	511
§ 41	Zusammensetzung, Senate	514
§ 42	Bundesrichter	517
§ 43	Ehrenamtliche Richter	520
§ 44	Anhörung der ehrenamtlichen Richter, Geschäftsordnung	523
§ 45	Großer Senat	527

Dritter Teil. Verfahren vor den Gerichten für Arbeitssachen — 545

Erster Abschnitt. Urteilsverfahren — 545

Erster Unterabschnitt. Erster Rechtszug — 545

§ 46	Grundsatz	545
§ 46 a	Mahnverfahren	580
§ 46 b	Einreichung elektronischer Dokumente	590
§ 46 c	Gerichtliches elektronisches Dokument	601
§ 46 d	Elektronische Akte	607
§ 47	Sondervorschriften über *Ladung und* Einlassung	610
§ 48	Rechtsweg und Zuständigkeit	616
§ 48 a	*(aufgehoben)*	651
§ 49	Ablehnung von Gerichtspersonen	651
§ 50	Zustellung	666
§ 51	Persönliches Erscheinen der Parteien	674
§ 52	Öffentlichkeit	683
§ 53	Befugnisse des Vorsitzenden und der ehrenamtlichen Richter	691
§ 54	Güteverfahren	697
§ 55	Alleinentscheidung durch den Vorsitzenden	713
§ 56	Vorbereitung der streitigen Verhandlung	732
§ 57	Verhandlung vor der Kammer	745
§ 58	Beweisaufnahme	753
§ 59	Versäumnisverfahren	782

§ 60	Verkündung des Urteils	794
§ 61	Inhalt des Urteils	805
§ 61 a	Besondere Prozeßförderung in Kündigungsverfahren	817
§ 61 b	Klage wegen Benachteiligung	823
§ 62	Zwangsvollstreckung	830
§ 63	Übersendung von Urteilen in Tarifvertragssachen	869

Zweiter Unterabschnitt. Berufungsverfahren ... 871

§ 64	Grundsatz	871
§ 65	Beschränkung der Berufung	908
§ 66	Einlegung der Berufung, Terminbestimmung	912
§ 67	Zulassung neuer Angriffs- und Verteidigungsmittel	929
§ 67 a	*(aufgehoben)*	940
§ 68	Zurückverweisung	940
§ 69	Urteil	948
§ 70	*(aufgehoben)*	953
§ 71	*(weggefallen)*	953

Dritter Unterabschnitt. Revisionsverfahren ... 953

§ 72	Grundsatz	953
§ 72 a	Nichtzulassungsbeschwerde	972
§ 72 b	Sofortige Beschwerde wegen verspäteter Absetzung des Berufungsurteils	992
§ 73	Revisionsgründe	1001
§ 74	Einlegung der Revision, Terminbestimmung	1016
§ 75	Urteil	1052
§ 76	Sprungrevision	1055
§ 77	Revisionsbeschwerde	1063

Vierter Unterabschnitt. Beschwerdeverfahren, Abhilfe bei Verletzung des Anspruchs auf rechtliches Gehör ... 1067

| § 78 | Beschwerdeverfahren | 1067 |
| § 78 a | Abhilfe bei Verletzung des Anspruchs auf rechtliches Gehör | 1086 |

Fünfter Unterabschnitt. Wiederaufnahme des Verfahrens ... 1097

| § 79 | Wiederaufnahme des Verfahrens | 1097 |

Zweiter Abschnitt. Beschlußverfahren ... 1101

Erster Unterabschnitt. Erster Rechtszug ... 1101

§ 80	Grundsatz	1101
§ 81	Antrag	1115
§ 82	Örtliche Zuständigkeit	1142
§ 83	Verfahren	1147
§ 83 a	Vergleich, Erledigung des Verfahrens	1173
§ 84	Beschluß	1179
§ 85	Zwangsvollstreckung	1187
§ 86	*(weggefallen)*	1187

Zweiter Unterabschnitt. Zweiter Rechtszug ... 1202

§ 87	Grundsatz	1202
§ 88	Beschränkung der Beschwerde	1207
§ 89	Einlegung	1209
§ 90	Verfahren	1222
§ 91	Entscheidung	1225

Inhalt

Dritter Unterabschnitt. Dritter Rechtszug 1229
- § 92   Rechtsbeschwerdeverfahren, Grundsatz 1229
- § 92 a Nichtzulassungsbeschwerde 1235
- § 92 b Sofortige Beschwerde wegen verspäteter Absetzung der Beschwerdeentscheidung 1237
- § 93   Rechtsbeschwerdegründe 1239
- § 94   Einlegung 1241
- § 95   Verfahren 1247
- § 96   Entscheidung 1249
- § 96 a Sprungrechtsbeschwerde 1254

Vierter Unterabschnitt. Beschlußverfahren in besonderen Fällen 1257
- § 97   Entscheidung über die Tariffähigkeit und Tarifzuständigkeit einer Vereinigung 1257
- § 98   Entscheidung über die Besetzung der Einigungsstelle 1267
- §§ 99, 100 *(weggefallen)* 1276

Vierter Teil. Schiedsvertrag in Arbeitsstreitigkeiten 1277
- § 101   Grundsatz 1277
- § 102   Prozeßhindernde Einrede 1285
- § 103   Zusammensetzung des Schiedsgerichts 1292
- § 104   Verfahren vor dem Schiedsgericht 1297
- § 105   Anhörung der Parteien 1301
- § 106   Beweisaufnahme 1303
- § 107   Vergleich 1308
- § 108   Schiedsspruch 1310
- § 109   Zwangsvollstreckung 1316
- § 110   Aufhebungsklage 1320

Fünfter Teil. Übergangs- und Schlußvorschriften 1329
- § 111   Änderung von Vorschriften 1329
- §§ 112, 116 *(weggefallen)* 1340
- § 117   Verfahren bei Meinungsverschiedenheiten der beteiligten Verwaltungen 1340

Kommentar

- I. Anlage 1 zum Gerichtskostengesetz, Kostenverzeichnis zu § 3 Abs. 2 (Auszug) 1343
- II. Anlage 2 zum Gerichtskostengesetz, Gebührentabelle zu § 34 1353

Sachregister 1355

Abkürzungsverzeichnis

a. A.	anderer Ansicht
aaO.	am angegebenen Ort
Abs	Absatz
AcP	Archiv für die civilistische Praxis, Zeitschrift
ÄndG	Änderungsgesetz
AEntG	Arbeitnehmer-Entsendegesetz
a. F	alte Fassung
AFG	Arbeitsförderungsgesetz
AG	Amtsgericht Aktiengesellschaft Die Aktiengesellschaft, Zeitschrift
Aktiengesellschaft	Die Aktiengesellschaft, Zeitschrift
AiB	Arbeitsrecht im Betrieb, Zeitschrift
AltTzG	Altersteilzeitgesetz
AMBl.	Amts- und Ministerialblatt
Amtsbl	Amtsblatt
Anm.	Anmerkung
AnwBl	Anwaltsblatt, Zeitschrift
AP	Arbeitsrechtliche Praxis, Nachschlagewerk des Bundesarbeitsgerichts, München
AR-Blattei	Arbeitsrechtsblattei, Stuttgart
ArbG	Arbeitsgericht
ArbGG	Arbeitsgerichtsgesetz
ArbGG 1926	Arbeitsgerichtsgesetz vom 23. 12. 1926
ArbGG 1953	Arbeitsgerichtsgesetz vom 3. 9. 1953
ArbNErfG	Gesetz über Arbeitnehmererfindungen
ArbRS	Arbeitsrechtssammlung
ArbSichG	Arbeitssicherheitsgesetz
ArbRsp	Die Rechtsprechung in Arbeitssachen
ArchPresR	Archiv für Presserecht
ArbRGegw	Das Arbeitsrecht der Gegenwart, Jahrbuch des gesamten Arbeitsrechts, Berlin
ARSt	Arbeitsrecht in Stichworten, Zeitschrift
Art.	Artikel
AuA	Arbeit und Arbeitsrecht, Zeitschrift
AÜG	Arbeitnehmerüberlassungsgesetz
Aufl	Auflage
AuR	Arbeit und Recht, Zeitschrift
AZO	Arbeitszeitordnung
BAG	Bundesarbeitsgericht
BAnz.	Bundesanzeiger
BArbBl.	Bundesarbeitsblatt, Zeitschrift
BAT	Bundesangestellten-Tarifvertrag
BayVerfGH	Bayerischer Verfassungsgerichtshof
BB	Betriebs-Berater, Zeitschrift
Bd.	Band
BDSG	Bundesdatenschutzgesetz
Beil	Beilage
BetrAVG	Gesetz zur Verbesserung der betrieblichen Altersversorgung
BetrVG	Betriebsverfassungsgesetz
BFH	Bundesfinanzhof
BGB	Bürgerliches Gesetzbuch
BGBl	Bundesgesetzblatt

XIII

Abkürzungen

BGH	Bundesgerichtshof
BGHZ	Amtliche Sammlung des Bundesgerichtshofs in Zivilsachen
BK/O	Anordnung der Alliierten Kommandantur für Berlin
BlStSozArbR	Blätter für Steuerrecht, Sozialversicherung und Arbeitsrecht, Zeitschrift
BPersVG	Bundespersonalvertretungsgesetz
BRAGebO (BRAGO)	Bundesgebührenordnung für Rechtsanwälte
BR-Drucks	Bundesratsdrucksache
BRRG	Beamtenrechtsrahmengesetz
BSG	Bundessozialgericht
BSHG	Bundessozialhilfegesetz
BT-Drucks	Bundestagsdrucksache
BUrlG	Bundesurlaubsgesetz
BUV	Betriebs- und Unternehmensverfassung, Zeitschrift
BVerfG	Bundesverfassungsgericht
BVerfGE	Amtliche Sammlung des Bundesverfassungsgerichts
BVerwG	Bundesverwaltungsgericht
BVerwGE	Amtliche Sammlung des Bundesverwaltungsgerichts
c. i. c.	culpa in contrahendo
CuR	Computer und Recht, Zeitschrift
DB	Der Betrieb, Zeitschrift
DDR	Deutsche Demokratische Republik
ders.	derselbe
d. h.	das heißt
diff.	differenzierend
DRiG	Deutsches Richtergesetz
DRiZ	Deutsche Richterzeitung, Zeitschrift
DVBl.	Deutsches Verwaltungsblatt, Zeitschrift Rechtsverkehr in Zivil- und Handelssachen, Loseblatt
EBRG	Gesetz über Europäische Betriebsräte
EG	Einführungsgesetz
EGMR	Europäischer Gerichtshof für Menschenrechte
EGV	Vertrag über die Europäische Gemeinschaft
EhfG	Entwicklungshelfergesetz
Einl	Einleitung
EMRK	Europäische Konvention für Menschenrechte
EntgeltFG	Entgeltfortzahlungsgesetz
EuGH	Gerichtshof der Europäischen Gemeinschaften
EuGVÜ	Übereinkommen der Europäischen Gemeinschaft über die gerichtliche Zuständigkeit und die Vollstreckung gerichtlicher Entscheidungen in Zivil- und Handelssachen vom 27. 9. 1968, BGBl. II 1972 S. 774; Zustimmungsgesetz vom 24. 7. 1972, BGBl. II 1972 S. 773; Ausführungsgesetz vom 29. 7. 1972, BGBl. I S. 1328, in Kraft getreten am 1. 2. 1973, BGBl. II S. 60
EWG	Europäische Wirtschaftsgemeinschaft
EzA	Entscheidungssammlung zum Arbeitsrecht
f., ff.	folgende
FamRZ	Zeitschrift für das gesamte Familienrecht
Festschr.	Festschrift
FEVS	Fürsorgerechtliche Entscheidungen der Verwaltungs- und Sozialgerichte
FGO	Finanzgerichtsordnung
FS	Festschrift

GemS OGB	Gemeinsamer Senat der obersten Gerichtshöfe des Bundes
GG	Grundgesetz
ggf.	gegebenenfalls
GKG	Gerichtskostengesetz
GmbHR	GmbH-Rundschau, Zeitschrift
GS	Großer Senat
GSZ	Großer Zivilsenat (BGH)
GVBl.	Gesetz- und Verordnungsblatt
GVG	Gerichtsverfassungsgesetz
HAG	Heimarbeitsgesetz
Halbs.	Halbsatz
HandwO	Handwerksordnung
HGB	Handelsgesetzbuch
h. M.	herrschende Meinung
HZPrÜb	Haager Übereinkommen über den Zivilprozess
InsO	Insolvenzordnung
i. d. F.	in der Fassung
insbes.	insbesondere
i. S. d	im Sinne der/des
i. S. v.	im Sinne von
i. V. (m.)	in Verbindung (mit)
JbArbR	Jahrbuch des Arbeitsrechts
JugArbSchG	Jugendarbeitsschutzgesetz
1. JuMoG	Erste Gesetz zur Modernisierung der Justiz (1. Justizmodernisierungsgesetz) vom 24. 8. 2004 (BGBl. I S. 2198)
JR	Juristische Rundschau, Zeitschrift
JurBüro	Das juristische Büro, Zeitschrift
JuS	Juristische Schulung, Zeitschrift
JVEG	Justizvergütungs- und -entschädigungsgesetz
JVKostO	Justizverwaltungskostenordnung
JWG	Jugendwohlfahrtsgesetz
JZ	Juristen-Zeitung, Zeitschrift
KG	Kommanditgesellschaft; Kammergericht
KO	Konkursordnung
KonsularG	Gesetz über die Konsularbeamten, ihre Aufgaben und Befugnisse
KostRMoG	Kostenrechtsmodernisierungsgesetz
KostRsp.	Kostenrechtsprechung
krit.	kritisch
KSchG	Kündigungsschutzgesetz
LAG	Landesarbeitsgericht
LAGE	Entscheidungen der Landesarbeitsgerichte
LG	Landgericht
LM	Lindenmaier-Möhring, Nachschlagewerk des Bundesgerichtshofes
LohnFG	Lohnfortzahlungsgesetz
LSG	Landessozialgericht
LWG	Landwirtschaftsgesetz
MAVO	Mitarbeitervertretungsordnung
MDR	Monatsschrift für Deutsches Recht, Zeitschrift
m. w. N.	mit weiteren Nachweisen
MietSchG	Mieterschutzgesetz

Abkürzungen

MRK	Menschenrechtskonvention
MTB	Manteltarifvertrag für Arbeiter des Bundes
NdsRpfl.	Niedersächsische Rechtspflege, Zeitschrift
n. F.	neue Fassung
NJW	Neue Juristische Wochenschrift, Zeitschrift
NJW-RR	NJW-Rechtsprechungs-Report, Zeitschrift
NVwZ	Neue Zeitschrift für Verwaltungsrecht
NZA	Neue Zeitschrift für Arbeitsrecht
NZA-RR	NZA-Rechtsprechungsreport, Zeitschrift
OGB	Oberste Gerichtshöfe des Bundes
OHG	Offene Handelsgesellschaft
OLG	Oberlandesgericht
OVG	Oberverwaltungsgericht
OWiG	Ordnungswidrigkeitengesetz
PersR	Der Personalrat, Zeitschrift
PersV	Die Personalvertretung, Zeitschrift
PersVG	Personalvertretungsgesetz
PersVRE	Personalvertretungsrecht, Entscheidungssammlung
PKHG	Gesetz über die Prozesskostenhilfe
PSV	Pensionssicherungsverein
pVV	positive Vertragsverletzung
RarbBl.	Reichsarbeitsblatt
RdA	Recht der Arbeit, Zeitschrift
RegelungsG	Regelungsgesetz
RGBl	Reichsgesetzblatt
RiA	Recht im Amt, Zeitschrift
RIW	Recht der Internationalen Wirtschaft
Rn.	Randnummer
Rpfleger	Der Deutsche Rechtspfleger, Zeitschrift
RPflG	Rechtspflegergesetz
RsprEinhG	Rechtsprechungseinheitsgesetz
RVG	Rechtsanwaltsvergütungsgesetz
RVO	Reichsversicherungsordnung
s.	siehe
S.	Seite
SAE	Sammlung arbeitsrechtlicher Entscheidungen
SchlHA	Schleswig-Holsteinische Anzeigen, Zeitschrift
SchwbG	Schwerbehindertengesetz
SGb	Die Sozialgerichtsbarkeit, Zeitschrift
SGB	Sozialgesetzbuch
SGG	Sozialgerichtsgesetz
SprAuG	Gesetz über Sprecherausschüsse der leitenden Angestellten, Sprecherausschussgesetz
st. Rspr.	ständige Rechtsprechung
TOA	Tarifordnung für Angestellte
TVAL	Tarifvertrag für Angehörige alliierter Dienststellen
TVG	Tarifvertragsgesetz
u. a	und andere; unter anderem
u. Ä	und Ähnliche

UFITA	Archiv für Urheber-, Film-, Funk- und Theaterrecht
UrhG	Urhebergesetz
VBL	Versorgungsanstalt des Bundes und der Länder
vgl.	vergleiche
VersR	Versicherungsrecht, Zeitschrift
VwGO	Verwaltungsgerichtsordnung
VGH	Verwaltungsgerichtshof
VO	Verordnung
VOBl.	Verordnungsblatt
Voraufl.	Vorauflage
WM	Wertpapier-Mitteilungen, Zeitschrift
WRV	Weimarer Reichverfassung
ZA	Zusatzabkommen
z. B	zum Beispiel
ZBR	Zeitschrift für Beamtenrecht
ZDG	Zivildienstgesetz
ZfA	Zeitschrift für Arbeitsrecht
ZfZ	Zeitschrift für Zölle und Verbrauchsteuern
ZGR	Zeitschrift für Unternehmens- und Gesellschaftsrecht
ZIP	Zeitschrift für Wirtschaftsrecht und Insolvenzpraxis
ZPO	Zivilprozessordnung
ZRHO	Rechtshilfeordnung in Zivilsachen
ZRP	Zeitschrift für Rechtspolitik
ZTR	Zeitschrift für Tarifrecht
ZuSEntschG	Gesetz über die Entschädigung von Zeugen und Sachverständigen
zust.	zustimmend
ZZP	Zeitschrift für Zivilprozess

Literaturverzeichnis

Adomeit/Mohr, AGG	Kommentar zum Allgemeinen Gleichbehandlungsgesetz, 2007
AK-ZPO/*Bearbeiter*	Alternativkommentar zur Zivilprozessordnung, 1987
Arens/Lüke, Zivilprozessrecht	*Lüke*, Zivilprozessrecht, begr. von P. Arens, 9. Aufl. 2006
Ascheid	Urteils- und Beschlussverfahren im Arbeitsrecht, 2. Aufl. 1998
Ascheid KR	Kündigungsschutzrecht – Die Kündigung im Arbeitsverhältnis, 1993
Bauer/Baeck/Schuster	Scheinselbständigkeit – Kriterien und Auswege, 2000
Baumbach/*Bearbeiter*	*Baumbach/Lauterbach/Albers/Hartmann*, Zivilprozessordnung, 67. Aufl. 2009
BCF/*Bearbeiter*	*Bader/Creutzfeld/Friedrich*, Kommentar zum Arbeitsgerichtsgesetz, 5. Aufl. 2008
Becker/Wulfgramm	Arbeitnehmerüberlassungsgesetz, 3. Aufl. 1985
Brox/Rüthers	*Brox/Rüthers/Schlüter/Jülicher*, Arbeitskampfrecht, 2. Aufl. 1982
Bülow/Böckstiegel	*Bülow/Böckstiegel/Geimer/Schütze*, Der internationale Rechtsverkehr in Zivil- und Handelssachen, Loseblatt
Däubler/Bearbeiter	*Däubler* (Hrsg.), Tarifvertragsgesetz, 2. Aufl. 2006
Däubler/Bertzbach/Bearbeiter	*Däubler/Bertzbach*, Handkommentar zum Allgemeinen Gleichbehandlungsgesetz, 2. Aufl. 2008
Depène	Arbeitsgerichtsgesetz, Kommentar, 2. Aufl. 1932
Dersch/Volkmar	Arbeitsgerichtsgesetz, Kommentar, 6. Aufl. 1955
Dietz/Nikisch	Arbeitsgerichtsgesetz, 1954
Dietz/Richardi	Betriebsverfassungsgesetz, 6. Aufl. 1982
Dietz/Richardi BPersVG	Bundespersonalvertretungsgesetz, 2. Aufl. 1978
DKK/*Bearbeiter*	*Däubler/Kittner/Klebe* (Hrsg.), Kommentar zum Betriebsverfassungsgesetz, 11. Aufl. 2008
Düwell/Lipke/*Bearbeiter*	*Düwell/Lipke* (Hrsg.), Arbeitsgerichtsgesetz, Kommentar, 2. Aufl. 2005
ErfK/*Bearbeiter*	*Müller-Glöge/Preis/Schmidt* (Hrsg.), Erfurter Kommentar zum Arbeitsrecht, 9. Aufl. 2009
Fitting	*Fitting/Engels/Schmidt/Trebinger/Linsenmaier*, Betriebsverfassungsgesetz, 24. Aufl. 2008
Flatow/Joachim	Kommentar zum Arbeitsgerichtsgesetz, 1928
Francken	Das Verschulden des Prozessbevollmächtigten an der Versäumung der Klagefristen des Paragr. 4 KSchG, des Paragr. 1 Abs. 5, 1998
Galperin/Löwisch	Betriebsverfassungsgesetz, 6. Aufl. 1982
Gamillscheg	Internationales Arbeitsrecht, 1959
Gift/Baur	Das Urteilsverfahren vor den Gerichten für Arbeitssachen, 1993
GK-ArbGG/*Bearbeiter*	Gemeinschaftskommentar zum Arbeitsgerichtsgesetz, bearbeitet von *Ascheid, Bader, Dörner, Leinemann, Mikosch, Schütz, Vossen, Wenzel*, Loseblatt
GK-BetrVG/*Bearbeiter*	Gemeinschaftskommentar zum Betriebsverfassungsgesetz, bearbeitet von *Fabricius, Kraft, Kreutz, Oetker, Wiese*, 8. Aufl. 2005
GK-MitbestG/*Bearbeiter*	Gemeinschaftskommentar zum Mitbestimmungsgesetz, bearbeitet von *Fabricius, Matthes, Naendrup, Rumpff, Schneider, Westerrath*, 1978
Grunsky ArbGG	Arbeitsgerichtsgesetz, 7. Aufl. 1995

Literatur

Grunsky	Grundlagen des Verfahrensrechts, 2. Aufl. 1974
Günther	AGB-Kontrolle von Arbeitsverträgen, 2007
Hanau/Ulmer	Mitbestimmungsgesetz, 1981
Hannich/Meyer-Seitz	*Hannich/Meyer-Seitz/Engers*, ZPO-Reform, 2002
Hartmann	Kostengesetze, 33. Aufl. 2004
Hauck/Helml	Arbeitsgerichtsgesetz, 3. Aufl. 2006
Heither/Schönherr	Arbeitsgerichtsgesetz, 3. Aufl., Loseblatt
Henssler/Willemsen/Kalb	Arbeitsrecht Kommentar, 3. Aufl. 2008
Hueck/Nipperdey	Lehrbuch des Arbeitsrechts, Bd. I, 7. Aufl. 1963
HWK/Bearbeiter	*Henssler/Willemsen/Kalb* (Hrsg.), Arbeitsrecht Kommentar, 3. Aufl. 2008
Kempen/Zachert	Tarifvertragsgesetz, 4. Aufl. 2006
Kissel	*Kissel/Mayer*, Gerichtsverfassungsgesetz, 5. Aufl. 2008
Kittner/Zwanziger	Arbeitsrecht, 4. Aufl. 2007
Kopp	*Kopp/Schenke*, Verwaltungsgerichtsordnung, Kommentar, 13. Aufl. 2003
Korinth	Einstweiliger Rechtsschutz im Arbeitsgerichtsverfahren, 2. Aufl. 2007
KR/Bearbeiter	*Becker/Etzel* ua., Gemeinschaftskommentar zum Kündigungsschutzgesetz und zu sonstigen kündigungsschutzrechtlichen Vorschriften, 8. Aufl. 2007
Künzl/Koller	Prozesskostenhilferecht, 1993
Lansnicker/*Bearbeiter*	*Lansnicker* (Hrsg.), Prozesse in Arbeitssachen, 2008
Larenz	Methodenlehre der Rechtswissenschaft, 6. Aufl. 1991
Leinemann/Taubert	Berufsbildungsgesetz: BBiG, 2. Aufl. 2008
Loritz	Die Konkurrenz materiell-rechtlicher Ersatzansprüche und prozessualer Kostenersatzansprüche und -normen bei Anspruchentstehung und -durchsetzung, 1979
Maschmann	Arbeitsverträge und Verträge mit Selbständigen, 2001
Meier, H. G.	Streitwerte im Arbeitsrecht, 2. Aufl. 2000
Meinel/Heyn/Herms	Teilzeit- und Befristungsgesetz, Kommentar, 3. Aufl. 2008
Müller/Bauer	Der Anwalt im Verfahren vor den Arbeitsgerichten, 3. Aufl. 1991
MünchArbR/*Bearbeiter*	*Richardi/Wlotzke* (Hrsg.), Münchener Handbuch zum Arbeitsrecht, 2. Aufl. 2000, mit Ergänzungsband, 2001
MünchKommBGB/ *Bearbeiter*	*Säcker/Rixecker* (Hrsg.), Münchener Kommentar zum BGB, 5. Aufl. 2007 ff.
MünchKommZPO/ *Bearbeiter*	*Rauscher/Wax/Wenzel* (Hrsg.), Münchener Kommentar zur ZPO, 3 Bände, 3. Aufl. 2007
Musielak/*Bearbeiter*	*Musielak* (Hrsg.), Zivilprozessordnung, Kommentar, 6. Aufl. 2008
Neumann/Pahlen/Majerski-Pahlen	SGB IX, 11. Aufl. 2005
Ostrowicz/Künzl/Schäfer	Der Arbeitsgerichtsprozess, 3. Aufl. 2006
Palandt/Bearbeiter	Bürgerliches Gesetzbuch, 68. Aufl. 2009
Philippsen/Schmidt/Schäfer/ Busch	Die Beschleunigungsnovelle zum ArbGG, 1979
Prütting	Die Zulassung der Revision, 1977
Reupke	Bühnenschiedsgerichte in der Bewährung, 1997
Richardi	Arbeitsrecht in der Kirche, 5. Aufl. 2009

Literatur

Richardi/*Bearbeiter* BetrVG .. *Richardi* (Hrsg.), Betriebsverfassungsgesetz, 11. Aufl. 2008
Richardi/*Bearbeiter* BPersVG *Richardi/Dörner/Weber* (Hrsg.), Personalvertretungsrecht, Bundespersonalvertretungsgesetz mit Erläuterungen zu den Personalvertretungsgesetzen der Länder, 3. Aufl. 2008
Rosenberg/Schwab/
Gottwald .... Zivilprozessrecht, 16. Aufl. 2004

Schaub/*Bearbeiter* ArbGV .... *Schaub/Koch/Neef/Schrader/Vogelsang,* Arbeitsrechtliches Formular- und Verfahrenshandbuch, 9. Aufl. 2008
Schaub/*Bearbeiter*
ArbRHandb .... *Schaub,* Arbeitsrechts-Handbuch, 12. Aufl. 2007
Schmincke/Sell .... Kommentar zum Arbeitsgerichtsgesetz, 2. Aufl. 1928
Schneider/Herget .... Streitwertkommentar, 12. Aufl. 2006
Schnorr v. Carolsfeld .... Arbeitsrecht, 2. Aufl. 1954
Scholz/Konzen .... Die Aussperrung im System von Arbeitsverfassung und kollektivem Arbeitsrecht, 1980
Schuschke/Walker .... Vollstreckung und vorläufiger Rechtsschutz, Kommentar zum 8. Buch der ZPO, 2. Aufl. 1997/1999
Schwab/Walter .... Schiedsgerichtsbarkeit, 7. Aufl. 2005
Schwab/Weth/*Bearbeiter* ...... *Schwab/Weth,* Arbeitsgerichtsgesetz, 2. Aufl. 2008
Stahlhacke/Bader .... Arbeitsgerichtsgesetz, 3. Aufl. 1991
Staudinger/*Bearbeiter* .... *Staudinger* (Hrsg.), BGB
Stein/Jonas/*Bearbeiter* .... *Stein/Jonas* (Hrsg.), Kommentar zur Zivilprozessordnung, 22. Aufl. 2006

Thomas/Putzo .... Zivilprozessordnung, 29. Aufl. 2009
Tschischgale/Satzky .... Das Kostenrecht in Arbeitssachen, 3. Aufl. 1982

Ulmer/Habersack/
Henssler .... Mitbestimmungsrecht, 2. Aufl. 2006

Vogg .... Einstweiliger Rechtsschutz und vorläufige Vollstreckbarkeit, 1991

Walker .... Der einstweilige Rechtsschutz im Zivilprozess und im arbeitsgerichtlichen Verfahren, 1993
Wank .... Arbeitnehmer und Selbständige, 1988
Weth .... Das arbeitsgerichtliche Beschlussverfahren, 1995
Weth, Zurückweisung .... Die Zurückweisung verspäteten Vorbringens im Zivilprozess, 1988
Weyreuther .... Revisionszulassungen und Nichtzulassungsbeschwerde in der Rechtsprechung der obersten Bundesgerichte, 1971
Wieczorek/Schütze .... Zivilprozessordnung und Nebengesetze, 3. Aufl. 1994 ff.
Wiedemann/Bearbeiter .... *Wiedemann,* Tarifvertragsgesetz, 7. Aufl. 2007
Wieser .... Arbeitsgerichtsverfahren, 1994
Wlotzke/Schwedes/Lorenz .... Das neue Arbeitsgerichtsgesetz 1979

Zimmermann .... Zivilprozessordnung, Kommentar, 6. Aufl. 2002
Zöller/*Bearbeiter* .... *Zöller,* Zivilprozessordnung, Kommentar, 27. Aufl. 2009
Zöllner/Loritz .... *Zöllner/Loritz/Hergenröder,* Arbeitsrecht, 6. Aufl. 2008

Arbeitsgerichtsgesetz

Vom 3. September 1953 (BGBl. I S. 1267), in der Fassung der Bekanntmachung vom 2. Juli 1979 (BGBl. I S. 853, ber. S. 1036)

Geändert durch Gesetze vom 13. Juni 1980 (BGBl. I S. 677), vom 13. August 1980 (BGBl. I S. 1308), vom 18. August 1980 (BGBl. I S. 1503), vom 19. Dezember 1985 (BGBl. I S. 2355), vom 18. Dezember 1986 (BGBl. I S. 2496), vom 13. Juli 1988 (BGBl. I S. 1034 und 1037), vom 20. Dezember 1988 (BGBl. I S. 2312), vom 26. Juni 1990 (BGBl. I S. 1206), mit Maßgaben durch den Einigungsvertrag (Anl. I Kap. VIII Sachgeb. A Abschn. III Nr. 15) vom 31. August 1990 (BGBl. II S. 889), geändert durch Gesetz vom 17. Dezember 1990 (BGBl. I S. 2809), vom 17. Dezember 1990 (BGBl. I S. 2847), vom 2. August 1993 (BGBl. I S. 1442), vom 17. Dezember 1993 (BGBl. I S. 2118), vom 24. Juni 1994 (BGBl. I S. 1325 und 1406), vom 14. September 1994 (BGBl. I S. 2323), vom 5. Oktober 1994 (BGBl. I S. 2911), vom 11. März 1996 (BGBl. I S. 454), vom 23. Juli 1996 (BGBl. I S. 1088), vom 28. Oktober 1996 (BGBl. I S. 1546, ber. S. 2022 und BGBl. I S. 1548), vom 18. Juni 1997 (BGBl. I S. 1430), vom 29. Juni 1998 (BGBl. I S. 1694), vom 31. August 1998 (BGBl. I S. 2600), vom 30. März 2000 (BGBl. I S. 333), vom 21. Dezember 2000 (BGBl. I S. 1983), vom 19. Juni 2001 (BGBl. I S. 1046), vom 25. Juni 2001 (BGBl. I S. 1206), vom 13. Juli 2001 (BGBl. I S. 1542) und vom 27. Juli 2001 (BGBl. I S. 1887), 7. ZuständigkeitsanpassungsVO vom 29. Oktober 2001 (BGBl. I S. 2785), Gesetze vom 26. November 2001 (BGBl. I S. 3138), vom 10. Dezember 2001 (BGBl. I S. 3422), vom 10. Dezember 2001 (BGBl. I S. 3443), vom 27. April 2002 (BGBl. I S. 1467), vom 23. Juli 2002 (BGBl. I S. 2850), vom 8. August 2002 (BGBl. I S. 3140, 8. ZuständigkeitsanpassungsVO vom 25. November 2003 (BGBl. I S. 2304), Gesetz vom 18. Mai 2004 (BGBl. I S. 974), Gesetz vom 9. 12. 2004 (BGBl. I S. 3220), Gesetz vom 15. 12. 2004 (BGBl. I S. 3392), Gesetz vom 22. 12. 2004 (BGBl. I S. 3674), Gesetz vom 22. 3. 2005 (BGBl. I S. 837), Gesetz vom 23. 3. 2005 (BGBl. I S. 931), Gesetz vom 18. 8. 2005 (BGBl. I S. 2477), Gesetz vom 19. 4. 2006 (BGBl. I S. 866), Gesetz vom 14. 8. 2006 (BGBl. I S. 1897), Gesetz vom 14. 8. 2006 (BGBl. I S. 1911), ZuständigkeitsanpassungsVO vom 31. 10. 2006 (BGBl. I S. 2407), Gesetz vom 2. 12. 2006 (BGBl. I S. 2742), Gesetz vom 21. 12. 2006 (BGBl. I S. 3332), Gesetz vom 22. 12. 2006 (BGBl. I S. 3416), Gesetz vom 26. 3. 2007 (BGBl. I S. 358), Gesetz vom 20. 4. 2007 (BGBl. I S. 554), Gesetz vom 12. 12. 2007 (BGBl. I S. 2840, geänd. durch Gesetz vom 26. 3. 2008, BGBl. I S. 444). Gesetz vom 26. 3. 2008 (BGBl. I S. 444), Gesetz vom 16. 5. 2008 (BGBl. I S. 842), Gesetz vom 30. 10. 2008 (BGBl. I S. 2122) sowie Gesetz vom 21. 12. 2008 (BGBl. I S. 2940).

FNA 320-1

Erster Teil.
Allgemeine Vorschriften

§ 1 Gerichte für Arbeitssachen

Die Gerichtsbarkeit in Arbeitssachen – §§ 2 bis 3 – wird ausgeübt durch die Arbeitsgerichte – §§ 14 bis 31 –, die Landesarbeitsgerichte – §§ 33 bis 39 – und das Bundesarbeitsgericht – §§ 40 bis 45 – (Gerichte für Arbeitssachen).

§ 2 Zuständigkeit im Urteilsverfahren

(1) Die Gerichte für Arbeitssachen sind ausschließlich zuständig für
1. bürgerliche Rechtsstreitigkeiten zwischen Tarifvertragsparteien oder zwischen diesen und Dritten aus Tarifverträgen oder über das Bestehen oder Nichtbestehen von Tarifverträgen;

2. bürgerliche Rechtsstreitigkeiten zwischen tariffähigen Parteien oder zwischen diesen und Dritten aus unerlaubten Handlungen, soweit es sich um Maßnahmen zum Zwecke des Arbeitskampfes oder um Fragen der Vereinigungsfreiheit einschließlich des hiermit im Zusammenhang stehenden Betätigungsrechts der Vereinigungen handelt;
3. bürgerliche Rechtsstreitigkeiten zwischen Arbeitnehmern und Arbeitgebern
   a) aus dem Arbeitsverhältnis;
   b) über das Bestehen oder Nichtbestehen eines Arbeitsverhältnisses;
   c) aus Verhandlungen über die Eingehung eines Arbeitsverhältnisses und aus dessen Nachwirkungen;
   d) aus unerlaubten Handlungen, soweit diese mit dem Arbeitsverhältnis im Zusammenhang stehen;
   e) über Arbeitspapiere;
4. bürgerliche Rechtsstreitigkeiten zwischen Arbeitnehmern oder ihren Hinterbliebenen und
   a) Arbeitgebern über Ansprüche, die mit dem Arbeitsverhältnis in rechtlichem oder unmittelbar wirtschaftlichem Zusammenhang stehen;
   b) gemeinsamen Einrichtungen der Tarifvertragsparteien oder Sozialeinrichtungen des privaten Rechts über Ansprüche aus dem Arbeitsverhältnis oder Ansprüche, die mit dem Arbeitsverhältnis in rechtlichem oder unmittelbar wirtschaftlichem Zusammenhang stehen,
   soweit nicht die ausschließliche Zuständigkeit eines anderen Gerichts gegeben ist;
5. bürgerliche Rechtsstreitigkeiten zwischen Arbeitnehmern oder ihren Hinterbliebenen und dem Träger der Insolvenzsicherung über Ansprüche auf Leistungen der Insolvenzsicherung nach dem Vierten Abschnitt des Ersten Teils des Gesetzes zur Verbesserung der betrieblichen Altersversorgung;
6. bürgerliche Rechtsstreitigkeiten zwischen Arbeitgebern und Einrichtungen nach Nummer 4 Buchstabe b und Nummer 5 sowie zwischen diesen Einrichtungen, soweit nicht die ausschließliche Zuständigkeit eines anderen Gerichts gegeben ist;
7. bürgerliche Rechtsstreitigkeiten zwischen Entwicklungshelfern und Trägern des Entwicklungsdienstes nach dem Entwicklungshelfergesetz;
8. bürgerliche Rechtsstreitigkeiten zwischen den Trägern des freiwilligen sozialen oder ökologischen Jahres oder den Einsatzstellen und Freiwilligen nach dem Jugendfreiwilligendienstegesetz;
9. bürgerliche Rechtsstreitigkeiten zwischen Arbeitnehmern aus gemeinsamer Arbeit und aus unerlaubten Handlungen, soweit diese mit dem Arbeitsverhältnis im Zusammenhang stehen;
10. bürgerliche Rechtsstreitigkeiten zwischen behinderten Menschen im Arbeitsbereich von Werkstätten für behinderte Menschen und den Trägern der Werkstätten aus den in § 138 des Neunten Buches Sozialgesetzbuch geregelten arbeitnehmerähnlichen Rechtsverhältnissen.

(2) Die Gerichte für Arbeitssachen sind auch zuständig für bürgerliche Rechtsstreitigkeiten zwischen Arbeitnehmern und Arbeitgebern,
a) die ausschließlich Ansprüche auf Leistung einer festgestellten oder festgesetzten Vergütung für eine Arbeitnehmererfindung oder für einen technischen Verbesserungsvorschlag nach § 20 Abs. 1 des Gesetzes über Arbeitnehmererfindungen zum Gegenstand haben;
b) die als Urheberrechtsstreitsachen aus Arbeitsverhältnissen ausschließlich Ansprüche auf Leistung einer vereinbarten Vergütung zum Gegenstand haben.

(3) Vor die Gerichte für Arbeitssachen können auch nicht unter die Absätze 1 und 2 fallende Rechtsstreitigkeiten gebracht werden, wenn der Anspruch mit einer bei einem Arbeitsgericht anhängigen oder gleichzeitig anhängig werdenden bürgerlichen Rechtsstreitigkeit der in den Absätzen 1 und 2 bezeichneten Art in rechtlichem oder unmittel-

bar wirtschaftlichem Zusammenhang steht und für seine Geltendmachung nicht die ausschließliche Zuständigkeit eines anderen Gerichts gegeben ist.

(4) Auf Grund einer Vereinbarung können auch bürgerliche Rechtsstreitigkeiten zwischen juristischen Personen des Privatrechts und Personen, die kraft Gesetzes allein oder als Mitglieder des Vertretungsorgans der juristischen Person zu deren Vertretung berufen sind, vor die Gerichte für Arbeitssachen gebracht werden.

(5) In Rechtsstreitigkeiten nach diesen Vorschriften findet das Urteilsverfahren statt.

§ 2 a Zuständigkeit im Beschlußverfahren

(1) Die Gerichte für Arbeitssachen sind ferner ausschließlich zuständig für
1. Angelegenheiten aus dem Betriebsverfassungsgesetz, soweit nicht für Maßnahmen nach seinen §§ 119 bis 121 die Zuständigkeit eines anderen Gerichts gegeben ist;
2. Angelegenheiten aus dem Sprecherausschußgesetz, soweit nicht für Maßnahmen nach seinen §§ 34 bis 36 die Zuständigkeit eines anderen Gerichts gegeben ist;
3. Angelegenheiten aus dem Mitbestimmungsgesetz, dem Mitbestimmungsergänzungsgesetz und dem Drittelbeteiligungsgesetz, soweit über die Wahl von Vertretern der Arbeitnehmer in den Aufsichtsrat und über ihre Abberufung mit Ausnahme der Abberufung nach § 103 Abs. 3 des Aktiengesetzes zu entscheiden ist;
3 a. Angelegenheiten aus den §§ 94, 95, 139 des Neunten Buches Sozialgesetzbuch;
3 b. Angelegenheiten aus dem Gesetz über Europäische Betriebsräte, soweit nicht für Maßnahmen nach seinen §§ 43 bis 45 die Zuständigkeit eines anderen Gerichts gegeben ist;
3 c. Angelegenheiten aus § 51 des Berufsbildungsgesetzes;
3 d. Angelegenheiten aus dem SE-Beteiligungsgesetz vom 22. Dezember 2004 (BGBl. I S. 3675, 3686) mit Ausnahme der §§ 45 und 46 und nach den §§ 34 bis 39 nur insoweit, als über die Wahl von Vertretern der Arbeitnehmer in das Aufsichts- oder Verwaltungsorgan sowie deren Abberufung mit Ausnahme der Abberufung nach § 103 Abs. 3 des Aktiengesetzes zu entscheiden ist;
3 e. Angelegenheiten aus dem SCE-Beteiligungsgesetz vom 14. August 2006 (BGBl. I S. 1911, 1917) mit Ausnahme der §§ 47 und 48 und nach den §§ 34 bis 39 nur insoweit, als über die Wahl von Vertretern der Arbeitnehmer in das Aufsichts- oder Verwaltungsorgan sowie deren Abberufung zu entscheiden ist;
3 f. Angelegenheiten aus dem Gesetz über die Mitbestimmung der Arbeitnehmer bei einer grenzüberschreitenden Verschmelzung vom 21. Dezember 2006 (BGBl. I S. 3332) mit Ausnahme der §§ 34 und 35 und nach den §§ 23 bis 28 nur insoweit, als über die Wahl von Vertretern der Arbeitnehmer in das Aufsichts- oder Verwaltungsorgan sowie deren Abberufung mit Ausnahme der Abberufung nach § 103 Abs. 3 des Aktiengesetzes zu entscheiden ist;
4. die Entscheidung über die Tariffähigkeit und die Tarifzuständigkeit einer Vereinigung.

(2) In Streitigkeiten nach diesen Vorschriften findet das Beschlußverfahren statt.

§ 3 Zuständigkeit in sonstigen Fällen

Die in den §§ 2 und 2 a begründete Zuständigkeit besteht auch in den Fällen, in denen der Rechtsstreit durch einen Rechtsnachfolger oder durch eine Person geführt wird, die kraft Gesetzes an Stelle des sachlich Berechtigten oder Verpflichteten hierzu befugt ist.

§ 4 Ausschluß der Arbeitsgerichtsbarkeit

In den Fällen des § 2 Abs. 1 und 2 kann die Arbeitsgerichtsbarkeit nach Maßgabe der §§ 101 bis 110 ausgeschlossen werden.

§ 5 Begriff des Arbeitnehmers

(1) ¹Arbeitnehmer im Sinne dieses Gesetzes sind Arbeiter und Angestellte sowie die zu ihrer Berufsausbildung Beschäftigten. ²Als Arbeitnehmer gelten auch die in Heimarbeit Beschäftigten und die ihnen Gleichgestellten (§ 1 des Heimarbeitsgesetzes vom 14. März 1951 – Bundesgesetzbl. I S. 191 –) sowie sonstige Personen, die wegen ihrer wirtschaftlichen Unselbständigkeit als arbeitnehmerähnliche Personen anzusehen sind. ³Als Arbeitnehmer gelten nicht in Betrieben einer juristischen Person oder einer Personengesamtheit Personen, die kraft Gesetzes, Satzung oder Gesellschaftsvertrags allein oder als Mitglieder des Vertretungsorgans zur Vertretung der juristischen Person oder der Personengesamtheit berufen sind.

(2) Beamte sind als solche keine Arbeitnehmer.

(3) ¹Handelsvertreter gelten nur dann als Arbeitnehmer im Sinne dieses Gesetzes, wenn sie zu dem Personenkreis gehören, für den nach § 92a des Handelsgesetzbuchs die untere Grenze der vertraglichen Leistungen des Unternehmers festgesetzt werden kann, und wenn sie während der letzten sechs Monate des Vertragsverhältnisses, bei kürzerer Vertragsdauer während dieser, im Durchschnitt monatlich nicht mehr als 1000 Euro auf Grund des Vertragsverhältnisses an Vergütung einschließlich Provision und Ersatz für im regelmäßigen Geschäftsbetrieb entstandene Aufwendungen bezogen haben. ²Das Bundesministerium für Arbeit und Soziales und das Bundesministerium der Justiz können im Einvernehmen mit dem Bundesministerium für Wirtschaft und Technologie die in Satz 1 bestimmte Vergütungsgrenze durch Rechtsverordnung, die nicht der Zustimmung des Bundesrates bedarf, den jeweiligen Lohn- und Preisverhältnissen anpassen.

§ 6 Besetzung der Gerichte für Arbeitssachen

(1) Die Gerichte für Arbeitssachen sind mit Berufsrichtern und mit ehrenamtlichen Richtern aus den Kreisen der Arbeitnehmer und Arbeitgeber besetzt.

(2) (weggefallen)

§ 6a Allgemeine Vorschriften über das Präsidium und die Geschäftsverteilung

Für die Gerichte für Arbeitssachen gelten die Vorschriften des Zweiten Titels des Gerichtsverfassungsgesetzes nach Maßgabe der folgenden Vorschriften entsprechend:
1. Bei einem Arbeitsgericht mit weniger als drei Richterplanstellen werden die Aufgaben des Präsidiums durch den Vorsitzenden oder, wenn zwei Vorsitzende bestellt sind, im Einvernehmen der Vorsitzenden wahrgenommen. Einigen sich die Vorsitzenden nicht, so entscheidet das Präsidium des Landesarbeitsgerichts oder, soweit ein solches nicht besteht, der Präsident dieses Gerichts.
2. Bei einem Landesarbeitsgericht mit weniger als drei Richterplanstellen werden die Aufgaben des Präsidiums durch den Präsidenten, soweit ein zweiter Vorsitzender vorhanden ist, im Benehmen mit diesem wahrgenommen.
3. Der aufsichtführende Richter bestimmt, welche richterlichen Aufgaben er wahrnimmt.
4. Jeder ehrenamtliche Richter kann mehreren Spruchkörpern angehören.
5. Den Vorsitz in den Kammern der Arbeitsgerichte führen die Berufsrichter.

§ 7 Geschäftsstelle, Aufbringung der Mittel

(1) ¹Bei jedem Gericht für Arbeitssachen wird eine Geschäftsstelle eingerichtet, die mit der erforderlichen Zahl von Urkundsbeamten besetzt wird. ²Die Einrichtung der Geschäftsstelle bestimmt bei dem Bundesarbeitsgericht das Bundesministerium für Arbeit und Soziales im Benehmen mit dem Bundesministerium der Justiz. ³Die Einrichtung der

Geschäftsstelle bestimmt bei den Arbeitsgerichten und Landesarbeitsgerichten die zuständige oberste Landesbehörde.

(2) ¹Die Kosten der Arbeitsgerichte und der Landesarbeitsgerichte trägt das Land, das sie errichtet. ²Die Kosten des Bundesarbeitsgerichts trägt der Bund.

§ 8 Gang des Verfahrens

(1) Im ersten Rechtszug sind die Arbeitsgerichte zuständig.

(2) Gegen die Urteile der Arbeitsgerichte findet die Berufung an die Landesarbeitsgerichte nach Maßgabe des § 64 Abs. 1 statt.

(3) Gegen die Urteile der Landesarbeitsgerichte findet die Revision an das Bundesarbeitsgericht nach Maßgabe des § 72 Abs. 1 statt.

(4) Gegen die Beschlüsse der Arbeitsgerichte und ihrer Vorsitzenden im Beschlußverfahren findet die Beschwerde an das Landesarbeitsgericht nach Maßgabe des § 87 statt.

(5) Gegen die Beschlüsse der Landesarbeitsgerichte im Beschlußverfahren findet die Rechtsbeschwerde an das Bundesarbeitsgericht nach Maßgabe des § 92 statt.

§ 9 Allgemeine Verfahrensvorschriften

(1) Das Verfahren ist in allen Rechtszügen zu beschleunigen.

(2) Die Vorschriften des Gerichtsverfassungsgesetzes über Zustellungs- und Vollstreckungsbeamte, über die Aufrechterhaltung der Ordnung in der Sitzung, über die Gerichtssprache, über die Wahrnehmung richterlicher Geschäfte durch Referendare und über Beratung und Abstimmung gelten in allen Rechtszügen entsprechend.

(3) ¹Die Vorschriften über die Wahrnehmung der Geschäfte bei den ordentlichen Gerichten durch Rechtspfleger gelten in allen Rechtszügen entsprechend. ²Als Rechtspfleger können nur Beamte bestellt werden, die die Rechtspflegerprüfung oder die Prüfung für den gehobenen Dienst bei der Arbeitsgerichtsbarkeit bestanden haben.

(4) Zeugen und Sachverständige erhalten eine Entschädigung oder Vergütung nach dem Justizvergütungs- und -entschädigungsgesetz.

(5) ¹Alle mit einem befristeten Rechtsmittel anfechtbaren Entscheidungen enthalten die Belehrung über das Rechtsmittel. ²Soweit ein Rechtsmittel nicht gegeben ist, ist eine entsprechende Belehrung zu erteilen. ³Die Frist für ein Rechtsmittel beginnt nur, wenn die Partei oder der Beteiligte über das Rechtsmittel und das Gericht, bei dem das Rechtsmittel einzulegen ist, die Anschrift des Gerichts und die einzuhaltende Frist und Form schriftlich belehrt worden ist. ⁴Ist die Belehrung unterblieben oder unrichtig erteilt, so ist die Einlegung des Rechtsmittels nur innerhalb eines Jahres seit Zustellung der Entscheidung zulässig, außer wenn die Einlegung vor Ablauf der Jahresfrist infolge höherer Gewalt unmöglich war oder eine Belehrung dahin erfolgt ist, daß ein Rechtsmittel nicht gegeben sei; § 234 Abs. 1, 2 und § 236 Abs. 2 der Zivilprozeßordnung gelten für den Fall höherer Gewalt entsprechend.

§ 10 Parteifähigkeit

¹Parteifähig im arbeitsgerichtlichen Verfahren sind auch Gewerkschaften und Vereinigungen von Arbeitgebern sowie Zusammenschlüsse solcher Verbände; in den Fällen des § 2a Abs. 1 Nr. 1 bis 3f sind auch die nach dem Betriebsverfassungsgesetz, dem Sprecherausschussgesetz, dem Mitbestimmungsgesetz, dem Mitbestimmungsergänzungsgesetz, dem Drittelbeteiligungsgesetz, dem § 139 des Neunten Buches Sozialgesetzbuch, dem § 51 des Berufsbildungsgesetzes und den zu diesen Gesetzen ergangenen Rechtsverordnungen sowie die nach dem Gesetz über Europäische Betriebsräte, dem SE-Beteiligungsgesetz, dem SCE-Beteiligungsgesetz und dem Gesetz über die Mitbestimmung der Arbeitnehmer bei einer grenzüberschreitenden Verschmelzung beteiligten Personen und

Stellen Beteiligte. ²Parteifähig im arbeitsgerichtlichen Verfahren sind in den Fällen des § 2a Abs. 1 Nr. 4 auch die beteiligten Vereinigungen von Arbeitnehmern oder von Arbeitgebern sowie die oberste Arbeitsbehörde des Bundes oder derjenigen Länder, auf deren Bereich sich die Tätigkeit der Vereinigung erstreckt.

§ 11 Prozessvertretung

(1) ¹Die Parteien können vor dem Arbeitsgericht den Rechtsstreit selbst führen. ²Parteien, die eine fremde oder ihnen zum Zweck der Einziehung auf fremde Rechnung abgetretene Geldforderung geltend machen, müssen sich durch einen Rechtsanwalt als Bevollmächtigten vertreten lassen, soweit sie nicht nach Maßgabe des Absatzes 2 zur Vertretung des Gläubigers befugt wären oder eine Forderung einziehen, deren ursprünglicher Gläubiger sie sind.

(2) ¹Die Parteien können sich durch einen Rechtsanwalt als Bevollmächtigten vertreten lassen. ²Darüber hinaus sind als Bevollmächtigte vor dem Arbeitsgericht vertretungsbefugt nur

1. Beschäftigte der Partei oder eines mit ihr verbundenen Unternehmens (§ 15 des Aktiengesetzes); Behörden und juristische Personen des öffentlichen Rechts einschließlich der von ihnen zur Erfüllung ihrer öffentlichen Aufgaben gebildeten Zusammenschlüsse können sich auch durch Beschäftigte anderer Behörden oder juristischer Personen des öffentlichen Rechts einschließlich der von ihnen zur Erfüllung ihrer öffentlichen Aufgaben gebildeten Zusammenschlüsse vertreten lassen,
2. volljährige Familienangehörige (§ 15 der Abgabenordnung, § 11 des Lebenspartnerschaftsgesetzes), Personen mit Befähigung zum Richteramt und Streitgenossen, wenn die Vertretung nicht im Zusammenhang mit einer entgeltlichen Tätigkeit steht,
3. selbständige Vereinigungen von Arbeitnehmern mit sozial- oder berufspolitischer Zwecksetzung für ihre Mitglieder,
4. Gewerkschaften und Vereinigungen von Arbeitgebern sowie Zusammenschlüsse solcher Verbände für ihre Mitglieder oder für andere Verbände oder Zusammenschlüsse mit vergleichbarer Ausrichtung und deren Mitglieder,
5. juristische Personen, deren Anteile sämtlich im wirtschaftlichen Eigentum einer der in Nummer 4 bezeichneten Organisationen stehen, wenn die juristische Person ausschließlich die Rechtsberatung und Prozessvertretung dieser Organisation und ihrer Mitglieder oder anderer Verbände oder Zusammenschlüsse mit vergleichbarer Ausrichtung und deren Mitglieder entsprechend deren Satzung durchführt, und wenn die Organisation für die Tätigkeit der Bevollmächtigten haftet.

³Bevollmächtigte, die keine natürlichen Personen sind, handeln durch ihre Organe und mit der Prozessvertretung beauftragten Vertreter.

(3) ¹Das Gericht weist Bevollmächtigte, die nicht nach Maßgabe des Absatzes 2 vertretungsbefugt sind, durch unanfechtbaren Beschluss zurück. ²Prozesshandlungen eines nicht vertretungsbefugten Bevollmächtigten und Zustellungen oder Mitteilungen an diesen Bevollmächtigten sind bis zu seiner Zurückweisung wirksam. ³Das Gericht kann den in Absatz 2 Satz 2 Nr. 1 bis 3 bezeichneten Bevollmächtigten durch unanfechtbaren Beschluss die weitere Vertretung untersagen, wenn sie nicht in der Lage sind, das Sach- und Streitverhältnis sachgerecht darzustellen.

(4) ¹Vor dem Bundesarbeitsgericht und dem Landesarbeitsgericht müssen sich die Parteien, außer im Verfahren vor einem beauftragten oder ersuchten Richter und bei Prozesshandlungen, die vor dem Urkundsbeamten der Geschäftsstelle vorgenommen werden können, durch Prozessbevollmächtigte vertreten lassen. ²Als Bevollmächtigte sind außer Rechtsanwälten nur die in Absatz 2 Satz 2 Nr. 4 und 5 bezeichneten Organisationen zugelassen. ³Diese müssen in Verfahren vor dem Bundesarbeitsgericht durch

1. Teil. Allgemeine Vorschriften   §§ 11a–12a **ArbGG**

Personen mit Befähigung zum Richteramt handeln. ⁴Eine Partei, die nach Maßgabe des Satzes 2 zur Vertretung berechtigt ist, kann sich selbst vertreten; Satz 3 bleibt unberührt.

(5) ¹Richter dürfen nicht als Bevollmächtigte vor dem Gericht auftreten, dem sie angehören. ²Ehrenamtliche Richter dürfen, außer in den Fällen des Absatzes 2 Satz 2 Nr. 1, nicht vor einem Spruchkörper auftreten, dem sie angehören. ³Absatz 3 Satz 1 und 2 gilt entsprechend.

(6) ¹In der Verhandlung können die Parteien mit Beiständen erscheinen. ²Beistand kann sein, wer in Verfahren, in denen die Parteien den Rechtsstreit selbst führen können, als Bevollmächtigter zur Vertretung in der Verhandlung befugt ist. ³Das Gericht kann andere Personen als Beistand zulassen, wenn dies sachdienlich ist und hierfür nach den Umständen des Einzelfalls ein Bedürfnis besteht. ⁴Absatz 3 Satz 1 und 3 und Absatz 5 gelten entsprechend. ⁵Das von dem Beistand Vorgetragene gilt als von der Partei vorgebracht, soweit es nicht von dieser sofort widerrufen oder berichtigt wird.

§ 11 a Beiordnung eines Rechtsanwalts, Prozeßkostenhilfe

(1) ¹Einer Partei, die außerstande ist, ohne Beeinträchtigung des für sie und ihre Familie notwendigen Unterhalts die Kosten des Prozesses zu bestreiten, und die nicht durch ein Mitglied oder einen Angestellten einer Gewerkschaft oder einer Vereinigung von Arbeitgebern vertreten werden kann, hat der Vorsitzende des Arbeitsgerichts auf ihren Antrag einen Rechtsanwalt beizuordnen, wenn die Gegenpartei durch einen Rechtsanwalt vertreten ist. ²Die Partei ist auf ihr Antragsrecht hinzuweisen.

(2) Die Beiordnung kann unterbleiben, wenn sie aus besonderen Gründen nicht erforderlich ist, oder wenn die Rechtsverfolgung offensichtlich mutwillig ist.

(2 a) Die Absätze 1 und 2 gelten auch für die grenzüberschreitende Prozesskostenhilfe innerhalb der Europäischen Union nach der Richtlinie 2003/8/EG des Rates vom 27. Januar 2003 zur Verbesserung des Zugangs zum Recht bei Streitsachen mit grenzüberschreitendem Bezug durch Festlegung gemeinsamer Mindestvorschriften für die Prozesskostenhilfe in derartigen Streitsachen (ABl. EG Nr. L 26 S. 41, ABl. EU Nr. L 32 S. 15).

(3) Die Vorschriften der Zivilprozessordnung über die Prozesskostenhilfe und über die grenzüberschreitende Prozesskostenhilfe innerhalb der Europäischen Union nach der Richtlinie 2003/8/EG gelten in Verfahren vor den Gerichten für Arbeitssachen entsprechend.

(4) Das Bundesministerium für Arbeit und Soziales wird ermächtigt, zur Vereinfachung und Vereinheitlichung des Verfahrens durch Rechtsverordnung mit Zustimmung des Bundesrates Formulare für die Erklärung der Partei über ihre persönlichen und wirtschaftlichen Verhältnisse (§ 117 Abs. 2 der Zivilprozeßordnung) einzuführen.

§ 12 Kosten

¹Die Justizverwaltungskostenordnung und die Justizbeitreibungsordnung gelten entsprechend, soweit sie nicht unmittelbar Anwendung finden. ²Bei Einziehung der Gerichts- und Verwaltungskosten leisten die Vollstreckungsbehörden der Justizverwaltung oder die sonst nach Landesrecht zuständigen Stellen den Gerichten für Arbeitssachen Amtshilfe, soweit sie diese Aufgaben nicht als eigene wahrnehmen. ³Vollstreckungsbehörde ist für die Ansprüche, die beim Bundesarbeitsgericht entstehen, die Justizbeitreibungsstelle des Bundesarbeitsgerichts.

§ 12 a Kostentragungspflicht

(1) ¹In Urteilsverfahren des ersten Rechtszugs besteht kein Anspruch der obsiegenden Partei auf Entschädigung wegen Zeitversäumnis und auf Erstattung der Kosten für die

Zuziehung eines Prozeßbevollmächtigten oder Beistandes. ²Vor Abschluß der Vereinbarung über die Vertretung ist auf den Ausschluß der Kostenerstattung nach Satz 1 hinzuweisen. ³Satz 1 gilt nicht für Kosten, die dem Beklagten dadurch entstanden sind, daß der Kläger ein Gericht der ordentlichen Gerichtsbarkeit, der allgemeinen Verwaltungsgerichtsbarkeit, der Finanz- oder Sozialgerichtsbarkeit angerufen und dieses den Rechtsstreit an das Arbeitsgericht verwiesen hat.

(2) ¹Werden im Urteilsverfahren des zweiten Rechtszugs die Kosten nach § 92 Abs. 1 der Zivilprozeßordnung verhältnismäßig geteilt und ist die eine Partei durch einen Rechtsanwalt, die andere Partei durch einen Verbandsvertreter nach § 11 Abs. 2 Satz 2 Nr. 4 und 5 vertreten, so ist diese Partei hinsichtlich der außergerichtlichen Kosten so zu stellen, als wenn sie durch einen Rechtsanwalt vertreten worden wäre. ²Ansprüche auf Erstattung stehen ihr jedoch nur insoweit zu, als ihr Kosten im Einzelfall tatsächlich erwachsen sind.

§ 13 Rechtshilfe

(1) ¹Die Arbeitsgerichte leisten den Gerichten für Arbeitssachen Rechtshilfe. ²Ist die Amtshandlung außerhalb des Sitzes eines Arbeitsgerichts vorzunehmen, so leistet das Amtsgericht Rechtshilfe.

(2) Die Vorschriften des Gerichtsverfassungsgesetzes über Rechtshilfe und des Einführungsgesetzes zum Gerichtsverfassungsgesetz über verfahrensübergreifende Mitteilungen von Amts wegen finden entsprechende Anwendung.

§ 13 a Internationale Verfahren

Die Vorschriften des Buches 11 der Zivilprozessordnung über die justizielle Zusammenarbeit in der Europäischen Union finden in Verfahren vor den Gerichten für Arbeitssachen Anwendung, soweit dieses Gesetz nichts anderes bestimmt.

Zweiter Teil.
Aufbau der Gerichte für Arbeitssachen

Erster Abschnitt. Arbeitsgerichte

§ 14 Errichtung und Organisation

(1) In den Ländern werden Arbeitsgerichte errichtet.

(2) Durch Gesetz werden angeordnet
1. die Errichtung und Aufhebung eines Arbeitsgerichts;
2. die Verlegung eines Gerichtssitzes;
3. Änderungen in der Abgrenzung der Gerichtsbezirke;
4. die Zuweisung einzelner Sachgebiete an ein Arbeitsgericht für die Bezirke mehrerer Arbeitsgerichte;
5. die Errichtung von Kammern des Arbeitsgerichts an anderen Orten;
6. der Übergang anhängiger Verfahren auf ein anderes Gericht bei Maßnahmen nach den Nummern 1, 3 und 4, wenn sich die Zuständigkeit nicht nach den bisher geltenden Vorschriften richten soll.

(3) Mehrere Länder können die Errichtung eines gemeinsamen Arbeitsgerichts oder gemeinsamer Kammern eines Arbeitsgerichts oder die Ausdehnung von Gerichtsbezirken über die Landesgrenzen hinaus, auch für einzelne Sachgebiete, vereinbaren.

(4) ¹Die zuständige oberste Landesbehörde kann anordnen, daß außerhalb des Sitzes des Arbeitsgerichts Gerichtstage abgehalten werden. ²Die Landesregierung kann ferner durch Rechtsverordnung bestimmen, daß Gerichtstage außerhalb des Sitzes des Arbeitsgerichts abgehalten werden. ³Die Landesregierung kann die Ermächtigung nach Satz 2 durch Rechtsverordnung auf die zuständige oberste Landesbehörde übertragen.

(5) Bei der Vorbereitung gesetzlicher Regelungen nach Absatz 2 Nr. 1 bis 5 und Absatz 3 sind die Gewerkschaften und Vereinigungen von Arbeitgebern, die für das Arbeitsleben im Landesgebiet wesentliche Bedeutung haben, zu hören.

§ 15 Verwaltung und Dienstaufsicht

(1) ¹Die Geschäfte der Verwaltung und Dienstaufsicht führt die zuständige oberste Landesbehörde. ²Vor Erlaß allgemeiner Anordnungen, die die Verwaltung und Dienstaufsicht betreffen, soweit sie nicht rein technischer Art sind, sind die in § 14 Abs. 5 genannten Verbände zu hören.

(2) ¹Die Landesregierung kann durch Rechtsverordnung Geschäfte der Verwaltung und Dienstaufsicht dem Präsidenten des Landesarbeitsgerichts oder dem Vorsitzenden des Arbeitsgerichts oder, wenn mehrere Vorsitzende vorhanden sind, einem von ihnen übertragen. ²Die Landesregierung kann die Ermächtigung nach Satz 1 durch Rechtsverordnung auf die zuständige oberste Landesbehörde übertragen.

§ 16 Zusammensetzung

(1) ¹Das Arbeitsgericht besteht aus der erforderlichen Zahl von Vorsitzenden und ehrenamtlichen Richtern. ²Die ehrenamtlichen Richter werden je zur Hälfte aus den Kreisen der Arbeitnehmer und der Arbeitgeber entnommen.

(2) Jede Kammer des Arbeitsgerichts wird in der Besetzung mit einem Vorsitzenden und je einem ehrenamtlichen Richter aus Kreisen der Arbeitnehmer und der Arbeitgeber tätig.

§ 17 Bildung von Kammern

(1) Die zuständige oberste Landesbehörde bestimmt die Zahl der Kammern nach Anhörung der in § 14 Abs. 5 genannten Verbände.

(2) ¹Soweit ein Bedürfnis besteht, kann die Landesregierung durch Rechtsverordnung für die Streitigkeiten bestimmter Berufe und Gewerbe und bestimmter Gruppen von Arbeitnehmern Fachkammern bilden. ²Die Zuständigkeit einer Fachkammer kann durch Rechtsverordnung auf die Bezirke anderer Arbeitsgerichte oder Teile von ihnen erstreckt werden, sofern die Erstreckung für eine sachdienliche Förderung oder schnellere Erledigung der Verfahren zweckmäßig ist. ³Die Rechtsverordnungen auf Grund der Sätze 1 und 2 treffen Regelungen zum Übergang anhängiger Verfahren auf ein anderes Gericht, sofern die Regelungen zur sachdienlichen Erledigung der Verfahren zweckmäßig sind und sich die Zuständigkeit nicht nach den bisher geltenden Vorschriften richten soll. ⁴§ 14 Abs. 5 ist entsprechend anzuwenden.

(3) Die Landesregierung kann die Ermächtigung nach Absatz 2 durch Rechtsverordnung auf die zuständige oberste Landesbehörde übertragen.

§ 18 Ernennung der Vorsitzenden

(1) Die Vorsitzenden werden auf Vorschlag der zuständigen obersten Landesbehörde nach Beratung mit einem Ausschuß entsprechend den landesrechtlichen Vorschriften bestellt.

(2) ¹Der Ausschuß ist von der zuständigen obersten Landesbehörde zu errichten. ²Ihm müssen in gleichem Verhältnis Vertreter der in § 14 Abs. 5 genannten Gewerkschaften und Vereinigungen von Arbeitgebern sowie der Arbeitsgerichtsbarkeit angehören.

(3) Einem Vorsitzenden kann zugleich ein weiteres Richteramt bei einem anderen Arbeitsgericht übertragen werden.

(4)–(6) (weggefallen)

(7) Bei den Arbeitsgerichten können Richter auf Probe und Richter kraft Auftrags verwendet werden.

§ 19 Ständige Vertretung

(1) Ist ein Arbeitsgericht nur mit einem Vorsitzenden besetzt, so beauftragt das Präsidium des Landesarbeitsgerichts einen Richter seines Bezirks mit der ständigen Vertretung des Vorsitzenden.

(2) ¹Wird an einem Arbeitsgericht die vorübergehende Vertretung durch einen Richter eines anderen Gerichts nötig, so beauftragt das Präsidium des Landesarbeitsgerichts einen Richter seines Bezirks längstens für zwei Monate mit der Vertretung. ²In Eilfällen kann an Stelle des Präsidiums der Präsident des Landesarbeitsgerichts einen zeitweiligen Vertreter bestellen. ³Die Gründe für die getroffene Anordnung sind schriftlich niederzulegen.

§ 20 Berufung der ehrenamtlichen Richter

(1) ¹Die ehrenamtlichen Richter werden von der zuständigen obersten Landesbehörde oder von der von der Landesregierung durch Rechtsverordnung beauftragten Stelle auf die Dauer von fünf Jahren berufen. ²Die Landesregierung kann die Ermächtigung nach Satz 1 durch Rechtsverordnung auf die zuständige oberste Landesbehörde übertragen.

(2) Die ehrenamtlichen Richter sind in angemessenem Verhältnis unter billiger Berücksichtigung der Minderheiten aus den Vorschlagslisten zu entnehmen, die der zuständigen Stelle von den im Land bestehenden Gewerkschaften, selbständigen Vereinigungen von Arbeitnehmern mit sozial- oder berufspolitischer Zwecksetzung und Vereinigungen von Arbeitgebern sowie von den in § 22 Abs. 2 Nr. 3 bezeichneten Körperschaften oder deren Arbeitgebervereinigungen eingereicht werden.

§ 21 Voraussetzungen für die Berufung als ehrenamtlicher Richter

(1) Als ehrenamtliche Richter sind Arbeitnehmer und Arbeitgeber zu berufen, die das 25. Lebensjahr vollendet haben und im Bezirk des Arbeitsgerichts tätig sind oder wohnen.

(2) ¹Vom Amt des ehrenamtlichen Richters ist ausgeschlossen,
1. wer infolge Richterspruchs die Fähigkeit zur Bekleidung öffentlicher Ämter nicht besitzt oder wegen einer vorsätzlichen Tat zu einer Freiheitsstrafe von mehr als sechs Monaten verurteilt worden ist;
2. wer wegen einer Tat angeklagt ist, die den Verlust der Fähigkeit zur Bekleidung öffentlicher Ämter zur Folge haben kann;
3. wer das Wahlrecht zum Deutschen Bundestag nicht besitzt.

²Personen, die in Vermögensverfall geraten sind, sollen nicht als ehrenamtliche Richter berufen werden.

(3) Beamte und Angestellte eines Gerichts für Arbeitssachen dürfen nicht als ehrenamtliche Richter berufen werden.

(4) ¹Das Amt des ehrenamtlichen Richters, der zum ehrenamtlichen Richter in einem höheren Rechtszug berufen wird, endet mit Beginn der Amtszeit im höheren Rechtszug. ²Niemand darf gleichzeitig ehrenamtlicher Richter der Arbeitnehmerseite und der Arbeitgeberseite sein oder als ehrenamtlicher Richter bei mehr als einem Gericht für Arbeitssachen berufen werden.

(5) ¹Wird das Fehlen einer Voraussetzung für die Berufung nachträglich bekannt oder fällt eine Voraussetzung nachträglich fort, so ist der ehrenamtliche Richter auf Antrag der zuständigen Stelle (§ 20) oder auf eigenen Antrag von seinem Amt zu entbinden. ²Über den Antrag entscheidet die vom Präsidium für jedes Geschäftsjahr im voraus bestimmte Kammer des Landesarbeitsgerichts. ³Vor der Entscheidung ist der ehrenamtliche Richter zu hören. ⁴Die Entscheidung ist unanfechtbar. ⁵Die nach Satz 2 zuständige Kammer kann anordnen, daß der ehrenamtliche Richter bis zu der Entscheidung über die Entbindung vom Amt nicht heranzuziehen ist.

(6) Verliert der ehrenamtliche Richter seine Eigenschaft als Arbeitnehmer oder Arbeitgeber wegen Erreichens der Altersgrenze, findet Absatz 5 mit der Maßgabe Anwendung, daß die Entbindung vom Amt nur auf Antrag des ehrenamtlichen Richters zulässig ist.

§ 22 Ehrenamtlicher Richter aus Kreisen der Arbeitgeber

(1) Ehrenamtlicher Richter aus Kreisen der Arbeitgeber kann auch sein, wer vorübergehend oder regelmäßig zu gewissen Zeiten des Jahres keine Arbeitnehmer beschäftigt.

(2) Zu ehrenamtlichen Richtern aus Kreisen der Arbeitgeber können auch berufen werden

1. bei Betrieben einer juristischen Person oder einer Personengesamtheit Personen, die kraft Gesetzes, Satzung oder Gesellschaftsvertrag allein oder als Mitglieder des Vertretungsorgans zur Vertretung der juristischen Person oder der Personengesamtheit berufen sind;
2. Geschäftsführer, Betriebsleiter oder Personalleiter, soweit sie zur Einstellung von Arbeitnehmern in den Betrieb berechtigt sind, oder Personen, denen Prokura oder Generalvollmacht erteilt ist;
3. bei dem Bunde, den Ländern, den Gemeinden, den Gemeindeverbänden und anderen Körperschaften, Anstalten und Stiftungen des öffentlichen Rechts Beamte und Angestellte nach näherer Anordnung der zuständigen obersten Bundes- oder Landesbehörde;
4. Mitglieder und Angestellte von Vereinigungen von Arbeitgebern sowie Vorstandsmitglieder und Angestellte von Zusammenschlüssen solcher Vereinigungen, wenn diese Personen kraft Satzung oder Vollmacht zur Vertretung befugt sind.

§ 23 Ehrenamtlicher Richter aus Kreisen der Arbeitnehmer

(1) Ehrenamtlicher Richter aus Kreisen der Arbeitnehmer kann auch sein, wer arbeitslos ist.

(2) ¹Den Arbeitnehmern stehen für die Berufung als ehrenamtliche Richter Mitglieder und Angestellte von Gewerkschaften, von selbständigen Vereinigungen von Arbeitnehmern mit sozial- oder berufspolitischer Zwecksetzung sowie Vorstandsmitglieder und Angestellte von Zusammenschlüssen von Gewerkschaften gleich, wenn diese Personen kraft Satzung oder Vollmacht zur Vertretung befugt sind. ²Gleiches gilt für Bevollmächtigte, die als Angestellte juristischer Personen, deren Anteile sämtlich im wirtschaftlichen Eigentum einer der in Satz 1 genannten Organisationen stehen, handeln und wenn die juristische Person ausschließlich die Rechtsberatung und Prozeßvertretung der Mitglieder der Organisation entsprechend deren Satzung durchführt.

§ 24 Ablehnung und Niederlegung des ehrenamtlichen Richteramtes

(1) Das Amt des ehrenamtlichen Richters kann ablehnen oder niederlegen,
1. wer die Regelaltersgrenze nach dem Sechsten Buch Sozialgesetzbuch erreicht hat;
2. wer aus gesundheitlichen Gründen daran gehindert ist, das Amt ordnungsgemäß auszuüben;
3. wer durch ehrenamtliche Tätigkeit für die Allgemeinheit so in Anspruch genommen ist, daß ihm die Übernahme des Amtes nicht zugemutet werden kann;
4. wer in den zehn der Berufung vorhergehenden Jahren als ehrenamtlicher Richter bei einem Gericht für Arbeitssachen tätig gewesen ist;
5. wer glaubhaft macht, daß ihm wichtige Gründe, insbesondere die Fürsorge für seine Familie, die Ausübung des Amtes in besonderem Maße erschweren.

(2) [1] Über die Berechtigung zur Ablehnung oder Niederlegung entscheidet die zuständige Stelle (§ 20). [2] Die Entscheidung ist endgültig.

§ 25 (weggefallen)

§ 26 Schutz der ehrenamtlichen Richter

(1) Niemand darf in der Übernahme oder Ausübung des Amtes als ehrenamtlicher Richter beschränkt oder wegen der Übernahme oder Ausübung des Amtes benachteiligt werden.

(2) Wer einen anderen in der Übernahme oder Ausübung seines Amtes als ehrenamtlicher Richter beschränkt oder wegen der Übernahme oder Ausübung des Amtes benachteiligt, wird mit Freiheitsstrafe bis zu einem Jahr oder mit Geldstrafe bestraft.

§ 27 Amtsenthebung der ehrenamtlichen Richter

[1] Ein ehrenamtlicher Richter ist auf Antrag der zuständigen Stelle (§ 20) seines Amtes zu entheben, wenn er seine Amtspflicht grob verletzt. [2] § 21 Abs. 5 Satz 2 bis 5 ist entsprechend anzuwenden.

§ 28 Ordnungsgeld gegen ehrenamtliche Richter

[1] Die vom Präsidium für jedes Geschäftsjahr im voraus bestimmte Kammer des Landesarbeitsgerichts kann auf Antrag des Vorsitzenden des Arbeitsgerichts gegen einen ehrenamtlichen Richter, der sich der Erfüllung seiner Pflichten entzieht, insbesondere ohne genügende Entschuldigung nicht oder nicht rechtzeitig zu den Sitzungen erscheint, ein Ordnungsgeld festsetzen. [2] Vor dem Antrag hat der Vorsitzende des Arbeitsgerichts den ehrenamtlichen Richter zu hören. [3] Die Entscheidung ist endgültig.

§ 29 Ausschuß der ehrenamtlichen Richter

(1) [1] Bei jedem Arbeitsgericht mit mehr als einer Kammer wird ein Ausschuß der ehrenamtlichen Richter gebildet. [2] Er besteht aus mindestens je drei ehrenamtlichen Richtern aus den Kreisen der Arbeitnehmer und der Arbeitgeber in gleicher Zahl, die von den ehrenamtlichen Richtern aus den Kreisen der Arbeitnehmer und der Arbeitgeber in getrennter Wahl gewählt werden. [3] Der Ausschuß tagt unter der Leitung des aufsichtführenden oder, wenn ein solcher nicht vorhanden oder verhindert ist, des dienstältesten Vorsitzenden des Arbeitsgerichts.

(2) [1] Der Ausschuß ist vor der Bildung von Kammern, vor der Geschäftsverteilung, vor der Verteilung der ehrenamtlichen Richter auf die Kammern und vor der Aufstellung der Listen über die Heranziehung der ehrenamtlichen Richter zu den Sitzungen mündlich oder schriftlich zu hören. [2] Er kann den Vorsitzenden des Arbeitsgerichts und den die

Verwaltung und Dienstaufsicht führenden Stellen (§ 15) Wünsche der ehrenamtlichen Richter übermitteln.

§ 30 Besetzung der Fachkammern

[1] Die ehrenamtlichen Richter einer Fachkammer sollen aus den Kreisen der Arbeitnehmer und der Arbeitgeber entnommen werden, für die die Fachkammer gebildet ist. [2] Werden für Streitigkeiten der in § 22 Abs. 2 Nr. 2 bezeichneten Angestellten Fachkammern gebildet, so dürfen ihnen diese Angestellten nicht als ehrenamtliche Richter aus Kreisen der Arbeitgeber angehören. [3] Wird die Zuständigkeit einer Fachkammer gemäß § 17 Abs. 2 erstreckt, so sollen die ehrenamtlichen Richter dieser Kammer aus den Bezirken derjenigen Arbeitsgerichte berufen werden, für deren Bezirke die Fachkammer zuständig ist.

§ 31 Heranziehung der ehrenamtlichen Richter

(1) Die ehrenamtlichen Richter sollen zu den Sitzungen nach der Reihenfolge einer Liste herangezogen werden, die der Vorsitzende vor Beginn des Geschäftsjahres oder vor Beginn der Amtszeit neu berufener ehrenamtlicher Richter gemäß § 29 Abs. 2 aufstellt.

(2) Für die Heranziehung von Vertretern bei unvorhergesehener Verhinderung kann eine Hilfsliste von ehrenamtlichen Richtern aufgestellt werden, die am Gerichtssitz oder in der Nähe wohnen oder ihren Dienstsitz haben.

§ 32 (weggefallen)

Zweiter Abschnitt. Landesarbeitsgerichte

§ 33 Errichtung und Organisation

[1] In den Ländern werden Landesarbeitsgerichte errichtet. [2] § 14 Abs. 2 bis 5 ist entsprechend anzuwenden.

§ 34 Verwaltung und Dienstaufsicht

(1) [1] Die Geschäfte der Verwaltung und Dienstaufsicht führt die zuständige oberste Landesbehörde. [2] § 15 Abs. 1 Satz 2 gilt entsprechend.

(2) [1] Die Landesregierung kann durch Rechtsverordnung Geschäfte der Verwaltung und Dienstaufsicht dem Präsidenten des Landesarbeitsgerichts übertragen. [2] Die Landesregierung kann die Ermächtigung nach Satz 1 durch Rechtsverordnung auf die zuständige oberste Landesbehörde übertragen.

§ 35 Zusammensetzung, Bildung von Kammern

(1) [1] Das Landesarbeitsgericht besteht aus dem Präsidenten, der erforderlichen Zahl von weiteren Vorsitzenden und von ehrenamtlichen Richtern. [2] Die ehrenamtlichen Richter werden je zur Hälfte aus den Kreisen der Arbeitnehmer und der Arbeitgeber entnommen.

(2) Jede Kammer des Landesarbeitsgerichts wird in der Besetzung mit einem Vorsitzenden und je einem ehrenamtlichen Richter aus den Kreisen der Arbeitnehmer und der Arbeitgeber tätig.

(3) [1] Die zuständige oberste Landesbehörde bestimmt die Zahl der Kammern. [2] § 17 gilt entsprechend.

§ 36 Vorsitzende

Der Präsident und die weiteren Vorsitzenden werden auf Vorschlag der zuständigen obersten Landesbehörde nach Anhörung der in § 14 Abs. 5 genannten Gewerkschaften und Vereinigungen von Arbeitgebern als Richter auf Lebenszeit entsprechend den landesrechtlichen Vorschriften bestellt.

§ 37 Ehrenamtliche Richter

(1) Die ehrenamtlichen Richter müssen das dreißigste Lebensjahr vollendet haben und sollen mindestens fünf Jahre ehrenamtliche Richter eines Gerichts für Arbeitssachen gewesen sein.

(2) Im übrigen gelten für die Berufung und Stellung der ehrenamtlichen Richter sowie für die Amtsenthebung und die Amtsentbindung die §§ 20 bis 28 entsprechend.

§ 38 Ausschuß der ehrenamtlichen Richter

¹Bei jedem Landesarbeitsgericht wird ein Ausschuß der ehrenamtlichen Richter gebildet. ²Die Vorschriften des § 29 Abs. 1 Satz 2 und 3 und Abs. 2 gelten entsprechend.

§ 39 Heranziehung der ehrenamtlichen Richter

¹Die ehrenamtlichen Richter sollen zu den Sitzungen nach der Reihenfolge einer Liste herangezogen werden, die der Vorsitzende vor Beginn des Geschäftsjahres oder vor Beginn der Amtszeit neu berufener ehrenamtlicher Richter gemäß § 38 Satz 2 aufstellt. ²§ 31 Abs. 2 ist entsprechend anzuwenden.

Dritter Abschnitt. Bundesarbeitsgericht

§ 40 Errichtung

(1) Das Bundesarbeitsgericht hat seinen Sitz in Erfurt.

(2) ¹Die Geschäfte der Verwaltung und Dienstaufsicht führt das Bundesministerium für Arbeit und Soziales im Einvernehmen mit dem Bundesministerium der Justiz. ²Das Bundesministerium für Arbeit und Soziales kann im Einvernehmen mit dem Bundesministerium der Justiz Geschäfte der Verwaltung und Dienstaufsicht auf den Präsidenten des Bundesarbeitsgerichts übertragen.

§ 41 Zusammensetzung, Senate

(1) ¹Das Bundesarbeitsgericht besteht aus dem Präsidenten, der erforderlichen Zahl von Vorsitzenden Richtern, von berufsrichterlichen Beisitzern sowie ehrenamtlichen Richtern. ²Die ehrenamtlichen Richter werden je zur Hälfte aus den Kreisen der Arbeitnehmer und der Arbeitgeber entnommen.

(2) Jeder Senat wird in der Besetzung mit einem Vorsitzenden, zwei berufsrichterlichen Beisitzern und je einem ehrenamtlichen Richter aus den Kreisen der Arbeitnehmer und der Arbeitgeber tätig.

(3) Die Zahl der Senate bestimmt das Bundesministerium für Arbeit und Soziales im Einvernehmen mit dem Bundesministerium der Justiz.

§ 42 Bundesrichter

(1) ¹Für die Berufung der Bundesrichter (Präsident, Vorsitzende Richter und berufsrichterliche Beisitzer nach § 41 Abs. 1 Satz 1) gelten die Vorschriften des Richterwahl-

gesetzes. ²Zuständiges Ministerium im Sinne des § 1 Abs. 1 des Richterwahlgesetzes ist das Bundesministerium für Arbeit und Soziales; es entscheidet im Benehmen mit dem Bundesministerium der Justiz.

(2) Die zu berufenden Personen müssen das fünfunddreißigste Lebensjahr vollendet haben.

§ 43 Ehrenamtliche Richter

(1) ¹Die ehrenamtlichen Richter werden vom Bundesministerium für Arbeit und Soziales für die Dauer von fünf Jahren berufen. ²Sie sind im angemessenen Verhältnis unter billiger Berücksichtigung der Minderheiten aus den Vorschlagslisten zu entnehmen, die von den Gewerkschaften, den selbständigen Vereinigungen von Arbeitnehmern mit sozial- oder berufspolitischer Zwecksetzung und Vereinigungen von Arbeitgebern, die für das Arbeitsleben des Bundesgebietes wesentliche Bedeutung haben, sowie von den in § 22 Abs. 2 Nr. 3 bezeichneten Körperschaften eingereicht worden sind.

(2) ¹Die ehrenamtlichen Richter müssen das fünfunddreißigste Lebensjahr vollendet haben, besondere Kenntnisse und Erfahrungen auf dem Gebiet des Arbeitsrechts und des Arbeitslebens besitzen und sollen mindestens fünf Jahre ehrenamtliche Richter eines Gerichts für Arbeitssachen gewesen sein. ²Sie sollen längere Zeit in Deutschland als Arbeitnehmer oder als Arbeitgeber tätig gewesen sein.

(3) Für die Berufung, Stellung und Heranziehung der ehrenamtlichen Richter sowie für die Amtsenthebung und die Amtsentbindung sind im übrigen die Vorschriften der §§ 21 bis 28 und des § 31 entsprechend anzuwenden mit der Maßgabe, daß die in § 21 Abs. 5, § 27 Satz 2 und § 28 Satz 1 bezeichneten Entscheidungen durch den vom Präsidium für jedes Geschäftsjahr im voraus bestimmten Senat des Bundesarbeitsgerichts getroffen werden.

§ 44 Anhörung der ehrenamtlichen Richter, Geschäftsordnung

(1) Bevor zu Beginn des Geschäftsjahres die Geschäfte verteilt sowie die berufsrichterlichen Beisitzer und die ehrenamtlichen Richter den einzelnen Senaten und dem Großen Senat zugeteilt werden, sind je die beiden lebensältesten ehrenamtlichen Richter aus den Kreisen der Arbeitnehmer und der Arbeitgeber zu hören.

(2) ¹Der Geschäftsgang wird durch eine Geschäftsordnung geregelt, die das Präsidium beschließt; sie bedarf der Bestätigung durch den Bundesrat. ²Absatz 1 gilt entsprechend.

§ 45 Großer Senat

(1) Bei dem Bundesarbeitsgericht wird ein Großer Senat gebildet.

(2) Der Große Senat entscheidet, wenn ein Senat in einer Rechtsfrage von der Entscheidung eines anderen Senats oder des Großen Senats abweichen will.

(3) ¹Eine Vorlage an den Großen Senat ist nur zulässig, wenn der Senat, von dessen Entscheidung abgewichen werden soll, auf Anfrage des erkennenden Senats erklärt hat, daß er an seiner Rechtsauffassung festhält. ²Kann der Senat, von dessen Entscheidung abgewichen werden soll, wegen einer Änderung des Geschäftsverteilungsplanes mit der Rechtsfrage nicht mehr befaßt werden, tritt der Senat an seine Stelle, der nach dem Geschäftsverteilungsplan für den Fall, in dem abweichend entschieden wurde, nunmehr zuständig wäre. ³Über die Anfrage und die Antwort entscheidet der jeweilige Senat durch Beschluß in der für Urteile erforderlichen Besetzung.

(4) Der erkennende Senat kann eine Frage von grundsätzlicher Bedeutung dem Großen Senat zur Entscheidung vorlegen, wenn das nach seiner Auffassung zur Fortbildung des Rechts oder zur Sicherung einer einheitlichen Rechtsprechung erforderlich ist.

(5) ¹Der Große Senat besteht aus dem Präsidenten, je einem Berufsrichter der Senate, in denen der Präsident nicht den Vorsitz führt, und je drei ehrenamtlichen Richtern aus den Kreisen der Arbeitnehmer und Arbeitgeber. ²Bei einer Verhinderung des Präsidenten tritt ein Berufsrichter des Senats, dem er angehört, an seine Stelle.

(6) ¹Die Mitglieder und die Vertreter werden durch das Präsidium für ein Geschäftsjahr bestellt. ²Den Vorsitz im Großen Senat führt der Präsident, bei Verhinderung das dienstälteste Mitglied. ³Bei Stimmengleichheit gibt die Stimme des Vorsitzenden den Ausschlag.

(7) ¹Der Große Senat entscheidet nur über die Rechtsfrage. ²Er kann ohne mündliche Verhandlung entscheiden. ³Seine Entscheidung ist in der vorliegenden Sache für den erkennenden Senat bindend.

Dritter Teil.
Verfahren vor den Gerichten für Arbeitssachen

Erster Abschnitt. Urteilsverfahren

Erster Unterabschnitt. Erster Rechtszug

§ 46 Grundsatz

(1) Das Urteilsverfahren findet in den in § 2 Abs. 1 bis 4 bezeichneten bürgerlichen Rechtsstreitigkeiten Anwendung.

(2) ¹Für das Urteilsverfahren des ersten Rechtszugs gelten die Vorschriften der Zivilprozeßordnung über das Verfahren vor den Amtsgerichten entsprechend, soweit dieses Gesetz nichts anderes bestimmt. ²Die Vorschriften über den frühen ersten Termin zur mündlichen Verhandlung und das schriftliche Vorverfahren (§§ 275 bis 277 der Zivilprozeßordnung), über das vereinfachte Verfahren (§ 495a der Zivilprozeßordnung), über den Urkunden- und Wechselprozeß (§§ 592 bis 605a der Zivilprozeßordnung), über die Entscheidung ohne mündliche Verhandlung (§ 128 Abs. 2 der Zivilprozeßordnung) und über die Verlegung von Terminen in der Zeit vom 1. Juli bis 31. August (§ 227 Abs. 3 Satz 1 der Zivilprozeßordnung) finden keine Anwendung. ³§ 127 Abs. 2 der Zivilprozessordnung findet mit der Maßgabe Anwendung, dass die sofortige Beschwerde bei Bestandsschutzstreitigkeiten unabhängig von dem Streitwert zulässig ist.

§ 46a Mahnverfahren

(1) ¹Für das Mahnverfahren vor den Gerichten für Arbeitssachen gelten die Vorschriften der Zivilprozeßordnung über das Mahnverfahren einschließlich der maschinellen Bearbeitung entsprechend, soweit dieses Gesetz nichts anderes bestimmt. ²§ 690 Abs. 3 Satz 2 der Zivilprozessordnung ist nicht anzuwenden.

(2) Zuständig für die Durchführung des Mahnverfahrens ist das Arbeitsgericht, das für die im Urteilsverfahren erhobene Klage zuständig sein würde.

(3) Die in den Mahnbescheid nach § 692 Abs. 1 Nr. 3 der Zivilprozeßordnung aufzunehmende Frist beträgt eine Woche.

(4) ¹Wird rechtzeitig Widerspruch erhoben und beantragt eine Partei die Durchführung der mündlichen Verhandlung, so hat die Geschäftsstelle dem Antragsteller unverzüglich aufzugeben, seinen Anspruch binnen zwei Wochen schriftlich zu begründen. ²Bei Eingang der Anspruchsbegründung bestimmt der Vorsitzende den Termin zur münd-

lichen Verhandlung. ³Geht die Anspruchsbegründung nicht rechtzeitig ein, so wird bis zu ihrem Eingang der Termin nur auf Antrag des Antragsgegners bestimmt.

(5) Die Streitsache gilt als mit Zustellung des Mahnbescheids rechtshängig geworden, wenn alsbald nach Erhebung des Widerspruchs Termin zur mündlichen Verhandlung bestimmt wird.

(6) ¹Im Fall des Einspruchs hat das Gericht von Amts wegen zu prüfen, ob der Einspruch an sich statthaft und ob er in der gesetzlichen Form und Frist eingelegt ist. ²Fehlt es an einem dieser Erfordernisse, so ist der Einspruch als unzulässig zu verwerfen. ³Ist der Einspruch zulässig, hat die Geschäftsstelle dem Antragsteller unverzüglich aufzugeben, seinen Anspruch binnen zwei Wochen schriftlich zu begründen. ⁴Nach Ablauf der Begründungsfrist bestimmt der Vorsitzende unverzüglich Termin zur mündlichen Verhandlung.

(7) Das Bundesministerium für Arbeit und Soziales wird ermächtigt, durch Rechtsverordnung mit Zustimmung des Bundesrates den Verfahrensablauf zu regeln, soweit dies für eine einheitliche maschinelle Bearbeitung der Mahnverfahren erforderlich ist (Verfahrensablaufplan).

(8) ¹Das Bundesministerium für Arbeit und Soziales wird ermächtigt, durch Rechtsverordnung mit Zustimmung des Bundesrates zur Vereinfachung des Mahnverfahrens und zum Schutze der in Anspruch genommenen Partei Formulare einzuführen. ²Dabei können für Mahnverfahren bei Gerichten, die die Verfahren maschinell bearbeiten, und für Mahnverfahren bei Gerichten, die die Verfahren nicht maschinell bearbeiten, unterschiedliche Formulare eingeführt werden.

§ 46 b Europäisches Mahnverfahren nach der Verordnung (EG) Nr. 1896/2006

(1) Für das Europäische Mahnverfahren nach der Verordnung (EG) Nr. 1896/2006 des Europäischen Parlaments und des Rates vom 12. Dezember 2006 zur Einführung eines Europäischen Mahnverfahrens (ABl. EU Nr. L 399 S. 1) gelten die Vorschriften des Abschnitts 5 des Buchs 11 der Zivilprozessordnung entsprechend, soweit dieses Gesetz nichts anderes bestimmt.

(2) Für die Bearbeitung von Anträgen auf Erlass und Überprüfung sowie die Vollstreckbarerklärung eines Europäischen Zahlungsbefehls nach der Verordnung (EG) Nr. 1896/2006 ist das Arbeitsgericht zuständig, das für die im Urteilsverfahren erhobene Klage zuständig sein würde.

(3) ¹Im Fall des Artikels 17 Abs. 1 der Verordnung (EG) Nr. 1896/2006 ist § 46 a Abs. 4 und 5 entsprechend anzuwenden. ²Der Antrag auf Durchführung der mündlichen Verhandlung gilt als vom Antragsteller gestellt.

§ 46 c Einreichung elektronischer Dokumente

(1) ¹Soweit für vorbereitende Schriftsätze und deren Anlagen, für Anträge und Erklärungen der Parteien sowie für Auskünfte, Aussagen, Gutachten und Erklärungen Dritter die Schriftform vorgesehen ist, genügt dieser Form die Aufzeichnung als elektronisches Dokument, wenn dieses für die Bearbeitung durch das Gericht geeignet ist. ²Die verantwortende Person soll das Dokument mit einer qualifizierten elektronischen Signatur nach dem Signaturgesetz versehen. ³Ist ein übermitteltes elektronisches Dokument für das Gericht zur Bearbeitung nicht geeignet, ist dies dem Absender unter Angabe der geltenden technischen Rahmenbedingungen unverzüglich mitzuteilen.

(2) ¹Die Bundesregierung und die Landesregierungen bestimmen für ihren Bereich durch Rechtsverordnung den Zeitpunkt, von dem an elektronische Dokumente bei den Gerichten eingereicht werden können, sowie die für die Bearbeitung der Dokumente geeignete Form. ²Die Landesregierungen können die Ermächtigung durch Rechtsverord-

nung auf die jeweils zuständige oberste Landesbehörde übertragen. ³Die Zulassung der elektronischen Form kann auf einzelne Gerichte oder Verfahren beschränkt werden.

(3) Ein elektronisches Dokument ist eingereicht, sobald die für den Empfang bestimmte Einrichtung des Gerichts es aufgezeichnet hat.

§ 46 d Gerichtliches elektronisches Dokument

Soweit dieses Gesetz dem Richter, dem Rechtspfleger, dem Urkundsbeamten der Geschäftsstelle oder dem Gerichtsvollzieher die handschriftliche Unterzeichnung vorschreibt, genügt dieser Form die Aufzeichnung als elektronisches Dokument, wenn die verantwortenden Personen am Ende des Dokuments ihren Namen hinzufügen und das Dokument mit einer qualifizierten elektronischen Signatur versehen.

§ 46 e Elektronische Akte

(1) ¹Die Prozessakten können elektronisch geführt werden. ²Die Bundesregierung und die Landesregierungen bestimmen für ihren Bereich durch Rechtsverordnung den Zeitpunkt, von dem an elektronische Akten geführt werden sowie die hierfür geltenden organisatorisch-technischen Rahmenbedingungen für die Bildung, Führung und Aufbewahrung der elektronischen Akten. ³Die Landesregierungen können die Ermächtigung durch Rechtsverordnung auf die jeweils zuständige oberste Landesbehörde übertragen. ⁴Die Zulassung der elektronischen Akte kann auf einzelne Gerichte oder Verfahren beschränkt werden.

(2) ¹In Papierform eingereichte Schriftstücke und sonstige Unterlagen sollen zur Ersetzung der Urschrift in ein elektronisches Dokument übertragen werden. ²Die Unterlagen sind, sofern sie in Papierform weiter benötigt werden, mindestens bis zum rechtskräftigen Abschluss des Verfahrens aufzubewahren.

(3) Das elektronische Dokument muss den Vermerk enthalten, wann und durch wen die Unterlagen in ein elektronisches Dokument übertragen worden sind.

§ 47 Sondervorschriften über Ladung und Einlassung[1]

(1) Die Klageschrift muß mindestens eine Woche vor dem Termin zugestellt sein.

(2) Eine Aufforderung an den Beklagten, sich auf die Klage schriftlich zu äußern, erfolgt in der Regel nicht.

§ 48 Rechtsweg und Zuständigkeit

(1) Für die Zulässigkeit des Rechtsweges und der Verfahrensart sowie für die sachliche und örtliche Zuständigkeit gelten die §§ 17 bis 17 b des Gerichtsverfassungsgesetzes mit folgender Maßgabe entsprechend:
1. Beschlüsse entsprechend § 17 a Abs. 2 und 3 des Gerichtsverfassungsgesetzes über die örtliche Zuständigkeit sind unanfechtbar.
2. Der Beschluß nach § 17 a Abs. 4 des Gerichtsverfassungsgesetzes ergeht, sofern er nicht lediglich die örtliche Zuständigkeit zum Gegenstand hat, auch außerhalb der mündlichen Verhandlung stets durch die Kammer.

(1 a) ¹Für Streitigkeiten nach § 2 Abs. 1 Nr. 3, 4a, 7, 8 und 10 sowie Abs. 2 ist auch das Arbeitsgericht zuständig, in dessen Bezirk der Arbeitnehmer gewöhnlich seine Arbeit verrichtet oder zuletzt gewöhnlich verrichtet hat. ²Ist ein gewöhnlicher Arbeitsort im Sinne des Satzes 1 nicht feststellbar, ist das Arbeitsgericht örtlich zuständig, von dessen Bezirk aus der Arbeitnehmer gewöhnlich seine Arbeit verrichtet oder zuletzt gewöhnlich verrichtet hat.

---

[1] **Amtl. Anm.:** Die Worte „Ladung und" sind gegenstandslos.

(2) ¹Die Tarifvertragsparteien können im Tarifvertrag die Zuständigkeit eines an sich örtlich unzuständigen Arbeitsgerichts festlegen für
1. bürgerliche Rechtsstreitigkeiten zwischen Arbeitnehmern und Arbeitgebern aus einem Arbeitsverhältnis und aus Verhandlungen über die Eingehung eines Arbeitsverhältnisses, das sich nach einem Tarifvertrag bestimmt,
2. bürgerliche Rechtsstreitigkeiten aus dem Verhältnis einer gemeinsamen Einrichtung der Tarifvertragsparteien zu den Arbeitnehmern oder Arbeitgebern.

²Im Geltungsbereich eines Tarifvertrags nach Satz 1 Nr. 1 gelten die tarifvertraglichen Bestimmungen über das örtlich zuständige Arbeitsgericht zwischen nicht tarifgebundenen Arbeitgebern und Arbeitnehmern, wenn die Anwendung des gesamten Tarifvertrags zwischen ihnen vereinbart ist. ³Die in § 38 Abs. 2 und 3 der Zivilprozeßordnung vorgesehenen Beschränkungen finden keine Anwendung.

§ 48 a (aufgehoben)

§ 49 Ablehnung von Gerichtspersonen

(1) Über die Ablehnung von Gerichtspersonen entscheidet die Kammer des Arbeitsgerichts.

(2) Wird sie durch das Ausscheiden des abgelehnten Mitgliedes beschlußunfähig, so entscheidet das Landesarbeitsgericht.

(3) Gegen den Beschluß findet kein Rechtsmittel statt.

§ 50 Zustellung

(1) ¹Die Urteile werden von Amts wegen binnen drei Wochen seit Übermittlung an die Geschäftsstelle zugestellt. ²§ 317 Abs. 1 Satz 3 der Zivilprozeßordnung ist nicht anzuwenden.

(2) Die §§ 174, 178 Abs. 1 Nr. 2 der Zivilprozessordnung sind auf die nach § 11 zur Prozessvertretung zugelassenen Personen entsprechend anzuwenden.

§ 51 Persönliches Erscheinen der Parteien

(1) ¹Der Vorsitzende kann das persönliche Erscheinen der Parteien in jeder Lage des Rechtsstreits anordnen. ²Im übrigen finden die Vorschriften des § 141 Abs. 2 und 3 der Zivilprozeßordnung entsprechende Anwendung.

(2) ¹Der Vorsitzende kann die Zulassung eines Prozeßbevollmächtigten ablehnen, wenn die Partei trotz Anordnung ihres persönlichen Erscheinens unbegründet ausgeblieben ist und hierdurch der Zweck der Anordnung vereitelt wird. ²§ 141 Abs. 3 Satz 2 und 3 der Zivilprozeßordnung findet entsprechende Anwendung.

§ 52 Öffentlichkeit

¹Die Verhandlungen vor dem erkennenden Gericht einschließlich der Beweisaufnahme und der Verkündung der Entscheidung ist öffentlich. ²Das Arbeitsgericht kann die Öffentlichkeit für die Verhandlung oder für einen Teil der Verhandlung ausschließen, wenn durch die Öffentlichkeit eine Gefährdung der öffentlichen Ordnung, insbesondere der Staatssicherheit, oder eine Gefährdung der Sittlichkeit zu besorgen ist oder wenn eine Partei den Ausschluß der Öffentlichkeit beantragt, weil Betriebs-, Geschäfts- oder Erfindungsgeheimnisse zum Gegenstand der Verhandlung oder der Beweisaufnahme gemacht werden; außerdem ist § 171 b des Gerichtsverfassungsgesetzes entsprechend anzuwenden. ³Im Güteverfahren kann es die Öffentlichkeit auch aus Zweckmäßigkeitsgründen ausschließen. ⁴§ 169 Satz 2 sowie die §§ 173 bis 175 des Gerichtsverfassungsgesetzes sind entsprechend anzuwenden.

§ 53 Befugnisse des Vorsitzenden und der ehrenamtlichen Richter

(1) ¹Die nicht auf Grund einer mündlichen Verhandlung ergehenden Beschlüsse und Verfügungen erläßt, soweit nichts anderes bestimmt ist, der Vorsitzende allein. ²Entsprechendes gilt für Amtshandlungen auf Grund eines Rechtshilfeersuchens.

(2) Im übrigen gelten für die Befugnisse des Vorsitzenden und der ehrenamtlichen Richter die Vorschriften der Zivilprozeßordnung über das landgerichtliche Verfahren entsprechend.

§ 54 Güteverfahren

(1) ¹Die mündliche Verhandlung beginnt mit einer Verhandlung vor dem Vorsitzenden zum Zwecke der gütlichen Einigung der Parteien (Güteverhandlung). ²Der Vorsitzende hat zu diesem Zwecke das gesamte Streitverhältnis mit den Parteien unter freier Würdigung aller Umstände zu erörtern. ³Zur Aufklärung des Sachverhalts kann er alle Handlungen vornehmen, die sofort erfolgen können. ⁴Eidliche Vernehmungen sind jedoch ausgeschlossen. ⁵Der Vorsitzende kann die Güteverhandlung mit Zustimmung der Parteien in einem weiteren Termin, der alsbald stattzufinden hat, fortsetzen.

(2) ¹Die Klage kann bis zum Stellen der Anträge ohne Einwilligung des Beklagten zurückgenommen werden. ²In der Güteverhandlung erklärte gerichtliche Geständnisse nach § 288 der Zivilprozeßordnung haben nur dann bindende Wirkung, wenn sie zu Protokoll erklärt worden sind. ³§ 39 Satz 1 und § 282 Abs. 3 Satz 1 der Zivilprozeßordnung sind nicht anzuwenden.

(3) Das Ergebnis der Güteverhandlung, insbesondere der Abschluß eines Vergleichs, ist in die Niederschrift aufzunehmen.

(4) Erscheint eine Partei in der Güteverhandlung nicht oder ist die Güteverhandlung erfolglos, schließt sich die weitere Verhandlung unmittelbar an oder es ist, falls der weiteren Verhandlung Hinderungsgründe entgegenstehen, Termin zur streitigen Verhandlung zu bestimmen; diese hat alsbald stattzufinden.

(5) ¹Erscheinen oder verhandeln beide Parteien in der Güteverhandlung nicht, ist das Ruhen des Verfahrens anzuordnen. ²Auf Antrag einer Partei ist Termin zur streitigen Verhandlung zu bestimmen. ³Dieser Antrag kann nur innerhalb von sechs Monaten nach der Güteverhandlung gestellt werden. ⁴Nach Ablauf der Frist ist § 269 Abs. 3 bis 5 der Zivilprozeßordnung entsprechend anzuwenden.

§ 55 Alleinentscheidung durch den Vorsitzenden

(1) Der Vorsitzende entscheidet außerhalb der streitigen Verhandlung allein

1. bei Zurücknahme der Klage;
2. bei Verzicht auf den geltend gemachten Anspruch;
3. bei Anerkenntnis des geltend gemachten Anspruchs;
4. bei Säumnis einer Partei;
4 a. über die Verwerfung des Einspruchs gegen ein Versäumnisurteil oder einen Vollstreckungsbescheid als unzulässig;
5. bei Säumnis beider Parteien;
6. über die einstweilige Einstellung der Zwangsvollstreckung;
7. über die örtliche Zuständigkeit;
8. über die Aussetzung des Verfahrens;
9. wenn nur noch über die Kosten zu entscheiden ist;
10. bei Entscheidungen über eine Berichtigung des Tatbestandes, soweit nicht eine Partei eine mündliche Verhandlung hierüber beantragt;
11. im Fall des § 11 Abs. 3 über die Zurückweisung des Bevollmächtigten oder die Untersagung der weiteren Vertretung.

(2) ¹Der Vorsitzende kann in den Fällen des Absatzes 1 Nr. 1, 3 und 4a bis 10 eine Entscheidung ohne mündliche Verhandlung treffen. ²Dies gilt mit Zustimmung der Parteien auch in dem Fall des Absatzes 1 Nr. 2.

(3) Der Vorsitzende entscheidet ferner allein, wenn in der Verhandlung, die sich unmittelbar an die Güteverhandlung anschließt, eine das Verfahren beendende Entscheidung ergehen kann und die Parteien übereinstimmend eine Entscheidung durch den Vorsitzenden beantragen; der Antrag ist in die Niederschrift aufzunehmen.

(4) ¹Der Vorsitzende kann vor der streitigen Verhandlung einen Beweisbeschluß erlassen, soweit er anordnet
1. eine Beweisaufnahme durch den ersuchten Richter;
2. eine schriftliche Beantwortung der Beweisfrage nach § 377 Abs. 3 der Zivilprozeßordnung;
3. die Einholung amtlicher Auskünfte;
4. eine Parteivernehmung;
5. die Einholung eines schriftlichen Sachverständigengutachtens.

²Anordnungen nach den Nummern 1 bis 3 und 5 können vor der streitigen Verhandlung ausgeführt werden.

§ 56 Vorbereitung der streitigen Verhandlung

(1) ¹Der Vorsitzende hat die streitige Verhandlung so vorzubereiten, daß sie möglichst in einem Termin zu Ende geführt werden kann. ²Zu diesem Zweck soll er, soweit es sachdienlich erscheint, insbesondere
1. den Parteien die Ergänzung oder Erläuterung ihrer vorbereitenden Schriftsätze sowie die Vorlegung von Urkunden und von anderen zur Niederlegung bei Gericht geeigneten Gegenständen aufgeben, insbesondere eine Frist zur Erklärung über bestimmte klärungsbedürftige Punkte setzen;
2. Behörden oder Träger eines öffentlichen Amtes um Mitteilung von Urkunden oder um Erteilung amtlicher Auskünfte ersuchen;
3. das persönliche Erscheinen der Parteien anordnen;
4. Zeugen, auf die sich eine Partei bezogen hat, und Sachverständige zur mündlichen Verhandlung laden sowie eine Anordnung nach § 378 der Zivilprozeßordnung treffen.

³Von diesen Maßnahmen sind die Parteien zu benachrichtigen.

(2) ¹Angriffs- und Verteidigungsmittel, die erst nach Ablauf einer nach Absatz 1 Satz 2 Nr. 1 gesetzten Frist vorgebracht werden, sind nur zuzulassen, wenn nach der freien Überzeugung des Gerichts ihre Zulassung die Erledigung des Rechtsstreits nicht verzögern würde oder wenn die Partei die Verspätung genügend entschuldigt. ²Die Parteien sind über die Folgen der Versäumung der nach Absatz 1 Satz 2 Nr. 1 gesetzten Frist zu belehren.

§ 57 Verhandlung vor der Kammer

(1) ¹Die Verhandlung ist möglichst in einem Termin zu Ende zu führen. ²Ist das nicht durchführbar, insbesondere weil eine Beweisaufnahme nicht sofort stattfinden kann, so ist der Termin zur weiteren Verhandlung, die sich alsbald anschließen soll, sofort zu verkünden.

(2) Die gütliche Erledigung des Rechtsstreits soll während des ganzen Verfahrens angestrebt werden.

§ 58 Beweisaufnahme

(1) ¹Soweit die Beweisaufnahme an der Gerichtsstelle möglich ist, erfolgt sie vor der Kammer. ²In den übrigen Fällen kann die Beweisaufnahme, unbeschadet des § 13, dem Vorsitzenden übertragen werden.

(2) ¹Zeugen und Sachverständige werden nur beeidigt, wenn die Kammer dies im Hinblick auf die Bedeutung des Zeugnisses für die Entscheidung des Rechtsstreits für notwendig erachtet. ²Im Falle des § 377 Abs. 3 der Zivilprozeßordnung ist die eidesstattliche Versicherung nur erforderlich, wenn die Kammer sie aus dem gleichen Grunde für notwendig hält.

§ 59 Versäumnisverfahren

¹Gegen ein Versäumnisurteil kann eine Partei, gegen die das Urteil ergangen ist, binnen einer Notfrist von einer Woche nach seiner Zustellung Einspruch einlegen. ²Der Einspruch wird beim Arbeitsgericht schriftlich oder durch Abgabe einer Erklärung zur Niederschrift der Geschäftsstelle eingelegt. ³Hierauf ist die Partei zugleich mit der Zustellung des Urteils schriftlich hinzuweisen. ⁴§ 345 der Zivilprozeßordnung bleibt unberührt.

§ 60 Verkündung des Urteils

(1) ¹Zur Verkündung des Urteils kann ein besonderer Termin nur bestimmt werden, wenn die sofortige Verkündung in dem Termin, auf Grund dessen es erlassen wird, aus besonderen Gründen nicht möglich ist, insbesondere weil die Beratung nicht mehr am Tage der Verhandlung stattfinden kann. ²Der Verkündungstermin wird nur dann über drei Wochen hinaus angesetzt, wenn wichtige Gründe, insbesondere der Umfang oder die Schwierigkeit der Sache, dies erfordern. ³Dies gilt auch dann, wenn ein Urteil nach der Lage der Akten erlassen wird.

(2) ¹Bei Verkündung des Urteils ist der wesentliche Inhalt der Entscheidungsgründe mitzuteilen. ²Dies gilt nicht, wenn beide Parteien abwesend sind; in diesem Fall genügt die Bezugnahme auf die unterschriebene Urteilsformel.

(3) ¹Die Wirksamkeit der Verkündung ist von der Anwesenheit der ehrenamtlichen Richter nicht abhängig. ²Wird ein von der Kammer gefälltes Urteil ohne Zuziehung der ehrenamtlichen Richter verkündet, so ist die Urteilsformel vorher von dem Vorsitzenden und den ehrenamtlichen Richtern zu unterschreiben.

(4) ¹Das Urteil nebst Tatbestand und Entscheidungsgründen ist vom Vorsitzenden zu unterschreiben. ²Wird das Urteil nicht in dem Termin verkündet, in dem die mündliche Verhandlung geschlossen wird, so muß es bei der Verkündung in vollständiger Form abgefaßt sein. ³Ein Urteil, das in dem Termin, in dem die mündliche Verhandlung geschlossen wird, verkündet wird, ist vor Ablauf von drei Wochen, vom Tage der Verkündung an gerechnet, vollständig abgefaßt der Geschäftsstelle zu übermitteln; kann dies ausnahmsweise nicht geschehen, so ist innerhalb dieser Frist das von dem Vorsitzenden unterschriebene Urteil ohne Tatbestand und Entscheidungsgründe der Geschäftsstelle zu übergeben. ⁴In diesem Fall sind Tatbestand und Entscheidungsgründe alsbald nachträglich anzufertigen, von dem Vorsitzenden besonders zu unterschreiben und der Geschäftsstelle zu übermitteln.

§ 61 Inhalt des Urteils

(1) Den Wert des Streitgegenstandes setzt das Arbeitsgericht im Urteil fest.

(2) ¹Spricht das Urteil die Verpflichtung zur Vornahme einer Handlung aus, so ist der Beklagte auf Antrag des Klägers zugleich für den Fall, daß die Handlung nicht binnen einer bestimmten Frist vorgenommen ist, zur Zahlung einer vom Arbeitsgericht

nach freiem Ermessen festzusetzenden Entschädigung zu verurteilen. ²Die Zwangsvollstreckung nach §§ 887 und 888 der Zivilprozeßordnung ist in diesem Falle ausgeschlossen.

(3) Ein über den Grund des Anspruchs vorab entscheidendes Zwischenurteil ist wegen der Rechtsmittel nicht als Endurteil anzusehen.

§ 61 a Besondere Prozeßförderung in Kündigungsverfahren

(1) Verfahren in Rechtsstreitigkeiten über das Bestehen, das Nichtbestehen oder die Kündigung eines Arbeitsverhältnisses sind nach Maßgabe der folgenden Vorschriften vorrangig zu erledigen.

(2) Die Güteverhandlung soll innerhalb von zwei Wochen nach Klageerhebung stattfinden.

(3) Ist die Güteverhandlung erfolglos oder wird das Verfahren nicht in einer sich unmittelbar anschließenden weiteren Verhandlung abgeschlossen, fordert der Vorsitzende den Beklagten auf, binnen einer angemessenen Frist, die mindestens zwei Wochen betragen muß, im einzelnen unter Beweisantritt schriftlich die Klage zu erwidern, wenn der Beklagte noch nicht oder nicht ausreichend auf die Klage erwidert hat.

(4) Der Vorsitzende kann dem Kläger eine angemessene Frist, die mindestens zwei Wochen betragen muß, zur schriftlichen Stellungnahme auf die Klageerwiderung setzen.

(5) Angriffs- und Verteidigungsmittel, die erst nach Ablauf der nach Absatz 3 oder 4 gesetzten Fristen vorgebracht werden, sind nur zuzulassen, wenn nach der freien Überzeugung des Gerichts ihre Zulassung die Erledigung des Rechtsstreits nicht verzögert oder wenn die Partei die Verspätung genügend entschuldigt.

(6) Die Parteien sind über die Folgen der Versäumung der nach Absatz 3 oder 4 gesetzten Fristen zu belehren.

§ 61 b Klage wegen Benachteiligung

(1) Eine Klage auf Entschädigung nach § 15 des Allgemeinen Gleichbehandlungsgesetzes muss innerhalb von drei Monaten, nachdem der Anspruch schriftlich geltend gemacht worden ist, erhoben werden.

(2) ¹Machen mehrere Bewerber wegen Benachteiligung bei der Begründung eines Arbeitsverhältnisses oder beim beruflichen Aufstieg eine Entschädigung nach § 15 des Allgemeinen Gleichbehandlungsgesetzes gerichtlich geltend, so wird auf Antrag des Arbeitgebers das Arbeitsgericht, bei dem die erste Klage erhoben ist, auch für die übrigen Klagen ausschließlich zuständig. ²Die Rechtsstreitigkeiten sind von Amts wegen an dieses Arbeitsgericht zu verweisen; die Prozesse sind zur gleichzeitigen Verhandlung und Entscheidung zu verbinden.

(3) Auf Antrag des Arbeitgebers findet die mündliche Verhandlung nicht vor Ablauf von sechs Monaten seit Erhebung der ersten Klage statt.

§ 62 Zwangsvollstreckung

(1) ¹Urteile der Arbeitsgerichte, gegen die Einspruch oder Berufung zulässig ist, sind vorläufig vollstreckbar. ²Macht der Beklagte glaubhaft, daß die Vollstreckung ihm einen nicht zu ersetzenden Nachteil bringen würde, so hat das Arbeitsgericht auf seinen Antrag die vorläufige Vollstreckbarkeit im Urteil auszuschließen. ³In den Fällen des § 707 Abs. 1 und des § 719 Abs. 1 der Zivilprozeßordnung kann die Zwangsvollstreckung nur unter derselben Voraussetzung eingestellt werden. ⁴Die Einstellung der Zwangsvollstreckung nach Satz 3 erfolgt ohne Sicherheitsleistung. ⁵Die Entscheidung ergeht durch unanfechtbaren Beschluss.

(2) ¹Im übrigen finden auf die Zwangsvollstreckung einschließlich des Arrestes und der einstweiligen Verfügung die Vorschriften des Achten Buchs der Zivilprozeßordnung Anwendung. ²Die Entscheidung über den Antrag auf Erlaß einer einstweiligen Verfügung kann in dringenden Fällen, auch dann, wenn der Antrag zurückzuweisen ist, ohne mündliche Verhandlung ergehen.

§ 63 Übermittlung von Urteilen in Tarifvertragssachen

¹Rechtskräftige Urteile, die in bürgerlichen Rechtsstreitigkeiten zwischen Tarifvertragsparteien aus dem Tarifvertrag oder über das Bestehen oder Nichtbestehen des Tarifvertrags ergangen sind, sind alsbald der zuständigen obersten Landesbehörde und dem Bundesministerium für Arbeit und Soziales in vollständiger Form abschriftlich zu übersenden oder elektronisch zu übermitteln. ²Ist die zuständige oberste Landesbehörde die Landesjustizverwaltung, so sind die Urteilsabschriften oder das Urteil in elektronischer Form auch der obersten Arbeitsbehörde des Landes zu übermitteln.

Zweiter Unterabschnitt. Berufungsverfahren

§ 64 Grundsatz

(1) Gegen die Urteile der Arbeitsgerichte findet, soweit nicht nach § 78 das Rechtsmittel der sofortigen Beschwerde gegeben ist, die Berufung an die Landesarbeitsgerichte statt.

(2) Die Berufung kann nur eingelegt werden,
a) wenn sie in dem Urteil des Arbeitsgerichts zugelassen worden ist,
b) wenn der Wert des Beschwerdegegenstandes 600 Euro übersteigt,
c) in Rechtsstreitigkeiten über das Bestehen, das Nichtbestehen oder die Kündigung eines Arbeitsverhältnisses oder
d) wenn es sich um ein Versäumnisurteil handelt, gegen das der Einspruch an sich nicht statthaft ist, wenn die Berufung oder Anschlussberufung darauf gestützt wird, dass der Fall der schuldhaften Versäumung nicht vorgelegen habe.

(3) Das Arbeitsgericht hat die Berufung zuzulassen, wenn
1. die Rechtssache grundsätzliche Bedeutung hat,
2. die Rechtssache Rechtsstreitigkeiten betrifft
    a) zwischen Tarifvertragsparteien aus Tarifverträgen oder über das Bestehen oder Nichtbestehen von Tarifverträgen,
    b) über die Auslegung eines Tarifvertrags, dessen Geltungsbereich sich über den Bezirk eines Arbeitsgerichts hinaus erstreckt, oder
    c) zwischen tariffähigen Parteien oder zwischen diesen und Dritten aus unerlaubten Handlungen, soweit es sich um Maßnahmen zum Zwecke des Arbeitskampfes oder um Fragen der Vereinigungsfreiheit einschließlich des hiermit im Zusammenhang stehenden Betätigungsrechts der Vereinigungen handelt, oder
3. das Arbeitsgericht in der Auslegung einer Rechtsvorschrift von einem ihm im Verfahren vorgelegten Urteil, das für oder gegen eine Partei des Rechtsstreits ergangen ist, oder von einem Urteil des im Rechtszug übergeordneten Landesarbeitsgerichts abweicht und die Entscheidung auf dieser Abweichung beruht.

(3a) ¹Die Entscheidung des Arbeitsgerichts, ob die Berufung zugelassen oder nicht zugelassen wird, ist in den Urteilstenor aufzunehmen. ²Ist dies unterblieben, kann binnen zwei Wochen ab Verkündung des Urteils eine entsprechende Ergänzung beantragt werden. ³Über den Antrag kann die Kammer ohne mündliche Verhandlung entscheiden.

(4) Das Landesarbeitsgericht ist an die Zulassung gebunden.

(5) Ist die Berufung nicht zugelassen worden, hat der Berufungskläger den Wert des Beschwerdegegenstandes glaubhaft zu machen; zur Versicherung an Eides Statt darf er nicht zugelassen werden.

(6) ¹Für das Verfahren vor den Landesarbeitsgerichten gelten, soweit dieses Gesetz nichts anderes bestimmt, die Vorschriften der Zivilprozeßordnung über die Berufung entsprechend. ²Die Vorschriften über das Verfahren vor dem Einzelrichter finden keine Anwendung.

(7) Die Vorschriften des § 49 Abs. 1 und 3, des § 50, des § 51 Abs. 1, der §§ 52, 53, § 55 Abs. 1 Nr. 1 bis 9, Abs. 2 und 4, der §§ 56 bis 59, 61 Abs. 2 und 3 und der §§ 62 und 63 über Ablehnung von Gerichtspersonen, Zustellungen, persönliches Erscheinen der Parteien, Öffentlichkeit, Befugnisse des Vorsitzenden und der ehrenamtlichen Richter, Vorbereitung der streitigen Verhandlung, Verhandlung vor der Kammer, Beweisaufnahme, Versäumnisverfahren, Inhalt des Urteils, Zwangsvollstreckung und Übersendung von Urteilen in Tarifvertragssachen gelten entsprechend.

(8) Berufungen in Rechtsstreitigkeiten über das Bestehen, das Nichtbestehen oder die Kündigung eines Arbeitsverhältnisses sind vorrangig zu erledigen.

§ 65 Beschränkung der Berufung

Das Berufungsgericht prüft nicht, ob der beschrittene Rechtsweg und die Verfahrensart zulässig sind und ob bei der Berufung der ehrenamtlichen Richter Verfahrensmängel unterlaufen sind oder Umstände vorgelegen haben, die die Berufung eines ehrenamtlichen Richters zu seinem Amte ausschließen.

§ 66 Einlegung der Berufung, Terminbestimmung

(1) ¹Die Frist für die Einlegung der Berufung beträgt einen Monat, die Frist für die Begründung der Berufung zwei Monate. ²Beide Fristen beginnen mit der Zustellung des in vollständiger Form abgefassten Urteils, spätestens aber mit Ablauf von fünf Monaten nach der Verkündung. ³Die Berufung muß innerhalb einer Frist von einem Monat nach Zustellung der Berufungsbegründung beantwortet werden. ⁴Mit der Zustellung der Berufungsbegründung ist der Berufungsbeklagte auf die Frist für die Berufungsbeantwortung hinzuweisen. ⁵Die Fristen zur Begründung der Berufung und zur Berufungsbeantwortung können vom Vorsitzenden einmal auf Antrag verlängert werden, wenn nach seiner freien Überzeugung der Rechtsstreit durch die Verlängerung nicht verzögert wird oder wenn die Partei erhebliche Gründe darlegt.

(2) ¹Die Bestimmung des Termins zur mündlichen Verhandlung muss unverzüglich erfolgen. ²§ 522 Abs. 1 der Zivilprozessordnung bleibt unberührt; die Verwerfung der Berufung ohne mündliche Verhandlung ergeht durch Beschluss des Vorsitzenden. ³§ 522 Abs. 2 und 3 der Zivilprozessordnung findet keine Anwendung.

§ 67 Zulassung neuer Angriffs- und Verteidigungsmittel

(1) Angriffs- und Verteidigungsmittel, die im ersten Rechtszug zu Recht zurückgewiesen worden sind, bleiben ausgeschlossen.

(2) ¹Neue Angriffs- und Verteidigungsmittel, die im ersten Rechtszug entgegen einer hierfür nach § 56 Abs. 1 Satz 2 Nr. 1 oder § 61a Abs. 3 oder 4 gesetzten Frist nicht vorgebracht worden sind, sind nur zuzulassen, wenn nach der freien Überzeugung des Landesarbeitsgerichts ihre Zulassung die Erledigung des Rechtsstreits nicht verzögern würde oder wenn die Partei die Verspätung genügend entschuldigt. ²Der Entschuldigungsgrund ist auf Verlangen des Landesarbeitsgerichts glaubhaft zu machen.

(3) Neue Angriffs- und Verteidigungsmittel, die im ersten Rechtszug entgegen § 282 Abs. 1 der Zivilprozessordnung nicht rechtzeitig vorgebracht oder entgegen § 282 Abs. 2 der Zivilprozessordnung nicht rechtzeitig mitgeteilt worden sind, sind nur zuzulassen, wenn ihre Zulassung nach der freien Überzeugung des Landesarbeitsgerichts die Erledigung des Rechtsstreits nicht verzögern würde oder wenn die Partei das Vorbringen im ersten Rechtszug nicht aus grober Nachlässigkeit unterlassen hatte.

(4) ¹Soweit das Vorbringen neuer Angriffs- und Verteidigungsmittel nach den Absätzen 2 und 3 zulässig ist, sind diese vom Berufungskläger in der Berufungsbegründung, vom Berufungsbeklagten in der Berufungsbeantwortung vorzubringen. ²Werden sie später vorgebracht, sind sie nur zuzulassen, wenn sie nach der Berufungsbegründung oder der Berufungsbeantwortung entstanden sind oder das verspätete Vorbringen nach der freien Überzeugung des Landesarbeitsgerichts die Erledigung des Rechtsstreits nicht verzögern würde oder nicht auf Verschulden der Partei beruht.

§ 67 a (aufgehoben)

§ 68 Zurückverweisung

Wegen eines Mangels im Verfahren des Arbeitsgerichts ist die Zurückverweisung unzulässig.

§ 69 Urteil

(1) ¹Das Urteil nebst Tatbestand und Entscheidungsgründen ist von sämtlichen Mitgliedern der Kammer zu unterschreiben. ²§ 60 Abs. 1 bis 3 und Abs. 4 Satz 2 bis 4 ist entsprechend mit der Maßgabe anzuwenden, dass die Frist nach Absatz 4 Satz 3 vier Wochen beträgt und im Falle des Absatzes 4 Satz 4 Tatbestand und Entscheidungsgründe von sämtlichen Mitgliedern der Kammer zu unterschreiben sind.

(2) Im Urteil kann von der Darstellung des Tatbestandes und, soweit das Berufungsgericht den Gründen der angefochtenen Entscheidung folgt und dies in seinem Urteil feststellt, auch von der Darstellung der Entscheidungsgründe abgesehen werden.

(3) ¹Ist gegen das Urteil die Revision statthaft, so soll der Tatbestand eine gedrängte Darstellung des Sach- und Streitstandes auf der Grundlage der mündlichen Vorträge der Parteien enthalten. ²Eine Bezugnahme auf das angefochtene Urteil sowie auf Schriftsätze, Protokolle und andere Unterlagen ist zulässig, soweit hierdurch die Beurteilung des Parteivorbringens durch das Revisionsgericht nicht wesentlich erschwert wird.

(4) ¹§ 540 Abs. 1 der Zivilprozessordnung findet keine Anwendung. ²§ 313a Abs. 1 Satz 2 der Zivilprozessordnung findet mit der Maßgabe entsprechende Anwendung, dass es keiner Entscheidungsgründe bedarf, wenn die Parteien auf sie verzichtet haben; im Übrigen sind die §§ 313a und 313b der Zivilprozessordnung entsprechend anwendbar.

§ 70 (aufgehoben)

§ 71 (weggefallen)

Dritter Unterabschnitt. Revisionsverfahren

§ 72 Grundsatz

(1) ¹Gegen das Endurteil eines Landesarbeitsgerichts findet die Revision an das Bundesarbeitsgericht statt, wenn sie in dem Urteil des Landesarbeitsgerichts oder in dem Beschluß des Bundesarbeitsgerichts nach § 72 a Abs. 5 Satz 2 zugelassen worden ist. ²§ 64 Abs. 3 a ist entsprechend anzuwenden.

(2) Die Revision ist zuzulassen, wenn
1. eine entscheidungserhebliche Rechtsfrage grundsätzliche Bedeutung hat,
2. das Urteil von einer Entscheidung des Bundesverfassungsgerichts, von einer Entscheidung des Gemeinsamen Senats der obersten Gerichtshöfe des Bundes, von einer Entscheidung des Bundesarbeitsgerichts oder, solange eine Entscheidung des Bundesarbeitsgerichts in der Rechtsfrage nicht ergangen ist, von einer Entscheidung einer anderen Kammer desselben Landesarbeitsgerichts oder eines anderen Landesarbeitsgerichts abweicht und die Entscheidung auf dieser Abweichung beruht oder
3. ein absoluter Revisionsgrund gemäß § 547 Nr. 1 bis 5 der Zivilprozessordnung oder eine entscheidungserhebliche Verletzung des Anspruchs auf rechtliches Gehör geltend gemacht wird und vorliegt.

(3) Das Bundesarbeitsgericht ist an die Zulassung der Revision durch das Landesarbeitsgericht gebunden.

(4) Gegen Urteile, durch die über die Anordnung, Abänderung oder Aufhebung eines Arrestes oder einer einstweiligen Verfügung entschieden wird, ist die Revision nicht zulässig.

(5) Für das Verfahren vor dem Bundesarbeitsgericht gelten, soweit dieses Gesetz nichts anderes bestimmt, die Vorschriften der Zivilprozeßordnung über die Revision mit Ausnahme des § 566 entsprechend.

(6) Die Vorschriften des § 49 Abs. 1, der §§ 50, 52 und 53, des § 57 Abs. 2, des § 61 Abs. 2 und des § 63 über Ablehnung von Gerichtspersonen, Zustellung, Öffentlichkeit, Befugnisse des Vorsitzenden und der ehrenamtlichen Richter, gütliche Erledigung des Rechtsstreits sowie Inhalt des Urteils und Übersendung von Urteilen in Tarifvertragssachen gelten entsprechend.

§ 72 a Nichtzulassungsbeschwerde

(1) Die Nichtzulassung der Revision durch das Landesarbeitsgericht kann selbständig durch Beschwerde angefochten werden.

(2) ¹Die Beschwerde ist bei dem Bundesarbeitsgericht innerhalb einer Notfrist von einem Monat nach Zustellung des in vollständiger Form abgefaßten Urteils schriftlich einzulegen. ²Der Beschwerdeschrift soll eine Ausfertigung oder beglaubigte Abschrift des Urteils beigefügt werden, gegen das die Revision eingelegt werden soll.

(3) ¹Die Beschwerde ist innerhalb einer Notfrist von zwei Monaten nach Zustellung des in vollständiger Form abgefaßten Urteils zu begründen. ²Die Begründung muss enthalten:
1. die Darlegung der grundsätzlichen Bedeutung einer Rechtsfrage und deren Entscheidungserheblichkeit,
2. die Bezeichnung der Entscheidung, von der das Urteil des Landesarbeitsgerichts abweicht, oder

ArbGG § 72b Arbeitsgerichtsgesetz

3. die Darlegung eines absoluten Revisionsgrundes nach § 547 Nr. 1 bis 5 der Zivilprozessordnung oder der Verletzung des Anspruchs auf rechtliches Gehör und der Entscheidungserheblichkeit der Verletzung.

(4) ¹Die Einlegung der Beschwerde hat aufschiebende Wirkung. ²Die Vorschriften des § 719 Abs. 2 und 3 der Zivilprozeßordnung sind entsprechend anzuwenden.

(5) ¹Das Landesarbeitsgericht ist zu einer Änderung seiner Entscheidung nicht befugt. ²Das Bundesarbeitsgericht entscheidet unter Hinzuziehung der ehrenamtlichen Richter durch Beschluß, der ohne mündliche Verhandlung ergehen kann. ³Die ehrenamtlichen Richter wirken nicht mit, wenn die Nichtzulassungsbeschwerde als unzulässig verworfen wird, weil sie nicht statthaft oder nicht in der gesetzlichen Form und Frist eingelegt und begründet ist. ⁴Dem Beschluss soll eine kurze Begründung beigefügt werden. ⁵Von einer Begründung kann abgesehen werden, wenn sie nicht geeignet wäre, zur Klärung der Voraussetzungen beizutragen, unter denen eine Revision zuzulassen ist, oder wenn der Beschwerde stattgegeben wird. ⁶Mit der Ablehnung der Beschwerde durch das Bundesarbeitsgericht wird das Urteil rechtskräftig.

(6) ¹Wird der Beschwerde stattgegeben, so wird das Beschwerdeverfahren als Revisionsverfahren fortgesetzt. ²In diesem Fall gilt die form- und fristgerechte Einlegung der Nichtzulassungsbeschwerde als Einlegung der Revision. ³Mit der Zustellung der Entscheidung beginnt die Revisionsbegründungsfrist.

(7) Hat das Landesarbeitsgericht den Anspruch des Beschwerdeführers auf rechtliches Gehör in entscheidungserheblicher Weise verletzt, so kann das Bundesarbeitsgericht abweichend von Absatz 6 in dem der Beschwerde stattgebenden Beschluss das angefochtene Urteil aufheben und den Rechtsstreit zur neuen Verhandlung und Entscheidung an das Landesarbeitsgericht zurückverweisen.

§ 72b Sofortige Beschwerde wegen verspäteter Absetzung des Berufungsurteils

(1) ¹Das Endurteil eines Landesarbeitsgerichts kann durch sofortige Beschwerde angefochten werden, wenn es nicht binnen fünf Monaten nach der Verkündung vollständig abgefasst und mit den Unterschriften sämtlicher Mitglieder der Kammer versehen der Geschäftsstelle übergeben worden ist. ²§ 72a findet keine Anwendung.

(2) ¹Die sofortige Beschwerde ist innerhalb einer Notfrist von einem Monat beim Bundesarbeitsgericht einzulegen und zu begründen. ²Die Frist beginnt mit dem Ablauf von fünf Monaten nach der Verkündung des Urteils des Landesarbeitsgerichts. ³§ 9 Abs. 5 findet keine Anwendung.

(3) ¹Die sofortige Beschwerde wird durch Einreichung einer Beschwerdeschrift eingelegt. ²Die Beschwerdeschrift muss die Bezeichnung der angefochtenen Entscheidung sowie die Erklärung enthalten, dass Beschwerde gegen diese Entscheidung eingelegt werde. ³Die Beschwerde kann nur damit begründet werden, dass das Urteil des Landesarbeitsgerichts mit Ablauf von fünf Monaten nach der Verkündung noch nicht vollständig abgefasst und mit den Unterschriften sämtlicher Mitglieder der Kammer versehen der Geschäftsstelle übergeben worden ist.

(4) ¹Über die sofortige Beschwerde entscheidet das Bundesarbeitsgericht ohne Hinzuziehung der ehrenamtlichen Richter durch Beschluss, der ohne mündliche Verhandlung ergehen kann. ²Dem Beschluss soll eine kurze Begründung beigefügt werden.

(5) ¹Ist die sofortige Beschwerde zulässig und begründet, ist das Urteil des Landesarbeitsgerichts aufzuheben und die Sache zur neuen Verhandlung und Entscheidung an das Landesarbeitsgericht zurückzuverweisen. ²Die Zurückverweisung kann an eine andere Kammer des Landesarbeitsgerichts erfolgen.

§ 73 Revisionsgründe

(1) ¹Die Revision kann nur darauf gestützt werden, daß das Urteil des Landesarbeitsgerichts auf der Verletzung einer Rechtsnorm beruht. ²Sie kann nicht auf die Gründe des § 72 b gestützt werden.

(2) § 65 findet entsprechende Anwendung.

§ 74 Einlegung der Revision, Terminbestimmung

(1) ¹Die Frist für die Einlegung der Revision beträgt einen Monat, die Frist für die Begründung der Revision zwei Monate. ²Beide Fristen beginnen mit der Zustellung des in vollständiger Form abgefaßten Urteils, spätestens aber mit Ablauf von fünf Monaten nach der Verkündung. ³Die Revisionsbegründungsfrist kann einmal bis zu einem weiteren Monat verlängert werden.

(2) ¹Die Bestimmung des Termins zur mündlichen Verhandlung muß unverzüglich erfolgen. ²§ 552 Abs. 1 der Zivilprozeßordnung bleibt unberührt. ³Die Verwerfung der Revision ohne mündliche Verhandlung ergeht durch Beschluß des Senats und ohne Zuziehung der ehrenamtlichen Richter.

§ 75 Urteil

(1) ¹Die Wirksamkeit der Verkündung des Urteils ist von der Anwesenheit der ehrenamtlichen Richter nicht abhängig. ²Wird ein Urteil in Abwesenheit der ehrenamtlichen Richter verkündet, so ist die Urteilsformel vorher von sämtlichen Mitgliedern des erkennenden Senats zu unterschreiben.

(2) Das Urteil nebst Tatbestand und Entscheidungsgründen ist von sämtlichen Mitgliedern des erkennenden Senats zu unterschreiben.

§ 76 Sprungrevision

(1) ¹Gegen das Urteil eines Arbeitsgerichts kann unter Übergehung der Berufungsinstanz unmittelbar die Revision eingelegt werden (Sprungrevision), wenn der Gegner schriftlich zustimmt und wenn sie vom Arbeitsgericht auf Antrag im Urteil oder nachträglich durch Beschluß zugelassen wird. ²Der Antrag ist innerhalb einer Notfrist von einem Monat nach Zustellung des in vollständiger Form abgefaßten Urteils schriftlich zu stellen. ³Die Zustimmung des Gegners ist, wenn die Revision im Urteil zugelassen ist, der Revisionsschrift, andernfalls dem Antrag beizufügen.

(2) ¹Die Sprungrevision ist nur zuzulassen, wenn die Rechtssache grundsätzliche Bedeutung hat und Rechtsstreitigkeiten betrifft

1. zwischen Tarifvertragsparteien aus Tarifverträgen oder über das Bestehen oder Nichtbestehen von Tarifverträgen,
2. über die Auslegung eines Tarifvertrags, dessen Geltungsbereich sich über den Bezirk des Landesarbeitsgerichts hinaus erstreckt, oder
3. zwischen tariffähigen Parteien oder zwischen diesen und Dritten aus unerlaubten Handlungen, soweit es sich um Maßnahmen zum Zwecke des Arbeitskampfes oder um Fragen der Vereinigungsfreiheit einschließlich des hiermit im Zusammenhang stehenden Betätigungsrechts der Vereinigungen handelt.

²Das Bundesarbeitsgericht ist an die Zulassung gebunden. ³Die Ablehnung der Zulassung ist unanfechtbar.

(3) ¹Lehnt das Arbeitsgericht den Antrag auf Zulassung der Revision durch Beschluß ab, so beginnt mit der Zustellung dieser Entscheidung der Lauf der Berufungsfrist von neuem, sofern der Antrag in der gesetzlichen Form und Frist gestellt und die Zustimmungserklärung beigefügt war. ²Läßt das Arbeitsgericht die Revision durch

Beschluß zu, so beginnt mit der Zustellung dieser Entscheidung der Lauf der Revisionsfrist.

(4) Die Revision kann nicht auf Mängel des Verfahrens gestützt werden.

(5) Die Einlegung der Revision und die Zustimmung gelten als Verzicht auf die Berufung, wenn das Arbeitsgericht die Revision zugelassen hat.

(6) [1] Verweist das Bundesarbeitsgericht die Sache zur anderweitigen Verhandlung und Entscheidung zurück, so kann die Zurückverweisung nach seinem Ermessen auch an dasjenige Landesarbeitsgericht erfolgen, das für die Berufung zuständig gewesen wäre. [2] In diesem Falle gelten für das Verfahren vor dem Landesarbeitsgericht die gleichen Grundsätze, wie wenn der Rechtsstreit auf eine ordnungsmäßig eingelegte Berufung beim Landesarbeitsgericht anhängig geworden wäre. [3] Das Arbeitsgericht und das Landesarbeitsgericht haben die rechtliche Beurteilung, die der Aufhebung zugrunde gelegt ist, auch ihrer Entscheidung zugrunde zu legen. [4] Von der Einlegung der Revision nach Absatz 1 hat die Geschäftsstelle des Bundesarbeitsgerichts der Geschäftsstelle des Arbeitsgerichts unverzüglich Nachricht zu geben.

§ 77 Revisionsbeschwerde

[1] Gegen den Beschluss des Landesarbeitsgerichts, der die Berufung als unzulässig verwirft, findet die Rechtsbeschwerde nur statt, wenn das Landesarbeitsgericht sie in dem Beschluss zugelassen hat. [2] Für die Zulassung der Rechtsbeschwerde gilt § 72 Abs. 2 entsprechend. [3] Über die Rechtsbeschwerde entscheidet das Bundesarbeitsgericht ohne Zuziehung der ehrenamtlichen Richter. [4] Die Vorschriften der Zivilprozessordnung über die Rechtsbeschwerde gelten entsprechend.

Vierter Unterabschnitt.
Beschwerdeverfahren, Abhilfe bei Verletzung des Anspruchs auf rechtliches Gehör

§ 78 Beschwerdeverfahren

[1] Hinsichtlich der Beschwerde gegen Entscheidungen der Arbeitsgerichte oder ihrer Vorsitzenden gelten die für die Beschwerde gegen Entscheidungen der Amtsgerichte maßgebenden Vorschriften der Zivilprozessordnung entsprechend. [2] Für die Zulassung der Rechtsbeschwerde gilt § 72 Abs. 2 entsprechend. [3] Über die sofortige Beschwerde entscheidet das Landesarbeitsgericht ohne Hinzuziehung der ehrenamtlichen Richter, über die Rechtsbeschwerde das Bundesarbeitsgericht.

§ 78 a Abhilfe bei Verletzung des Anspruchs auf rechtliches Gehör

(1) [1] Auf die Rüge der durch die Entscheidung beschwerten Partei ist das Verfahren fortzuführen, wenn

1. ein Rechtsmittel oder ein anderer Rechtsbehelf gegen die Entscheidung nicht gegeben ist und
2. das Gericht den Anspruch dieser Partei auf rechtliches Gehör in entscheidungserheblicher Weise verletzt hat.

[2] Gegen eine der Endentscheidung vorausgehende Entscheidung findet die Rüge nicht statt.

(2) [1] Die Rüge ist innerhalb einer Notfrist von zwei Wochen nach Kenntnis von der Verletzung des rechtlichen Gehörs zu erheben; der Zeitpunkt der Kenntniserlangung ist glaubhaft zu machen. [2] Nach Ablauf eines Jahres seit Bekanntgabe der angegriffenen Entscheidung kann die Rüge nicht mehr erhoben werden. [3] Formlos mitgeteilte Entscheidungen gelten mit dem dritten Tage nach Aufgabe zur Post als bekannt

gegeben. ⁴Die Rüge ist schriftlich bei dem Gericht zu erheben, dessen Entscheidung angegriffen wird. ⁵Die Rüge muss die angegriffene Entscheidung bezeichnen und das Vorliegen der in Absatz 1 Satz 1 Nr. 2 genannten Voraussetzungen darlegen.

(3) Dem Gegner ist, soweit erforderlich, Gelegenheit zur Stellungnahme zu geben.

(4) ¹Das Gericht hat von Amts wegen zu prüfen, ob die Rüge an sich statthaft und ob sie in der gesetzlichen Form und Frist erhoben ist. ²Mangelt es an einem dieser Erfordernisse, so ist die Rüge als unzulässig zu verwerfen. ³Ist die Rüge unbegründet, weist das Gericht sie zurück. ⁴Die Entscheidung ergeht durch unanfechtbaren Beschluss. ⁵Der Beschluss soll kurz begründet werden.

(5) ¹Ist die Rüge begründet, so hilft ihr das Gericht ab, indem es das Verfahren fortführt, soweit dies aufgrund der Rüge geboten ist. ²Das Verfahren wird in die Lage zurückversetzt, in der es sich vor dem Schluss der mündlichen Verhandlung befand. ³§ 343 der Zivilprozessordnung gilt entsprechend. ⁴In schriftlichen Verfahren tritt an die Stelle des Schlusses der mündlichen Verhandlung der Zeitpunkt, bis zu dem Schriftsätze eingereicht werden können.

(6) ¹Die Entscheidungen nach den Absätzen 4 und 5 erfolgen unter Hinzuziehung der ehrenamtlichen Richter. ²Die ehrenamtlichen Richter wirken nicht mit, wenn die Rüge als unzulässig verworfen wird oder sich gegen eine Entscheidung richtet, die ohne Hinzuziehung der ehrenamtlichen Richter erlassen wurde.

(7) § 707 der Zivilprozessordnung ist unter der Voraussetzung entsprechend anzuwenden, dass der Beklagte glaubhaft macht, dass die Vollstreckung ihm einen nicht zu ersetzenden Nachteil bringen würde.

(8) Auf das Beschlussverfahren finden die Absätze 1 bis 7 entsprechende Anwendung.

Fünfter Unterabschnitt. Wiederaufnahme des Verfahrens

§ 79 [Wiederaufnahme des Verfahrens]

¹Die Vorschriften der Zivilprozeßordnung über die Wiederaufnahme des Verfahrens gelten für Rechtsstreitigkeiten nach § 2 Abs. 1 bis 4 entsprechend. ²Die Nichtigkeitsklage kann jedoch nicht auf Mängel des Verfahrens bei der Berufung der ehrenamtlichen Richter oder auf Umstände, die die Berufung eines ehrenamtlichen Richters zu seinem Amt ausschließen, gestützt werden.

Zweiter Abschnitt. Beschlußverfahren

Erster Unterabschnitt. Erster Rechtszug

§ 80 Grundsatz

(1) Das Beschlußverfahren findet in den in § 2a bezeichneten Fällen Anwendung.

(2) ¹Für das Beschlußverfahren des ersten Rechtszugs gelten die für das Urteilsverfahren des ersten Rechtszugs maßgebenden Vorschriften über Prozeßfähigkeit, Prozeßvertretung, Ladungen, Termine und Fristen, Ablehnung und Ausschließung von Gerichtspersonen, Zustellungen, persönliches Erscheinen der Parteien, Öffentlichkeit, Befugnisse des Vorsitzenden und der ehrenamtlichen Richter, Vorbereitung der streitigen Verhandlung, Verhandlung vor der Kammer, Beweisaufnahme, gütliche Erledigung des Verfahrens, Wiedereinsetzung in den vorigen Stand und Wiederaufnahme des Verfahrens entsprechend, soweit sich aus den §§ 81 bis 84 nichts anderes

ergibt. ²Der Vorsitzende kann ein Güteverfahren ansetzen; die für das Urteilsverfahren des ersten Rechtszugs maßgebenden Vorschriften über das Güteverfahren gelten entsprechend.

(3) § 48 Abs. 1 findet entsprechende Anwendung.

§ 81 Antrag

(1) Das Verfahren wird nur auf Antrag eingeleitet; der Antrag ist bei dem Arbeitsgericht schriftlich einzureichen oder bei seiner Geschäftsstelle mündlich zur Niederschrift anzubringen.

(2) ¹Der Antrag kann jederzeit in derselben Form zurückgenommen werden. ²In diesem Fall ist das Verfahren vom Vorsitzenden des Arbeitsgerichts einzustellen. ³Von der Einstellung ist den Beteiligten Kenntnis zu geben, soweit ihnen der Antrag vom Arbeitsgericht mitgeteilt worden ist.

(3) ¹Eine Änderung des Antrags ist zulässig, wenn die übrigen Beteiligten zustimmen oder das Gericht die Änderung für sachdienlich hält. ²Die Zustimmung der Beteiligten zu der Änderung des Antrags gilt als erteilt, wenn die Beteiligten sich, ohne zu widersprechen, in einem Schriftsatz oder in der mündlichen Verhandlung auf den geänderten Antrag eingelassen haben. ³Die Entscheidung, daß eine Änderung des Antrags nicht vorliegt oder zugelassen wird, ist unanfechtbar.

§ 82 Örtliche Zuständigkeit

(1) ¹Zuständig ist das Arbeitsgericht, in dessen Bezirk der Betrieb liegt. ²In Angelegenheiten des Gesamtbetriebsrats, des Konzernbetriebsrats, der Gesamtjugendvertretung oder der Gesamt-Jugend- und Auszubildendenvertretung, des Wirtschaftsausschusses und der Vertretung der Arbeitnehmer im Aufsichtsrat ist das Arbeitsgericht zuständig, in dessen Bezirk das Unternehmen seinen Sitz hat. ³Satz 2 gilt entsprechend in Angelegenheiten des Gesamtsprecherausschusses, des Unternehmenssprecherausschusses und des Konzernsprecherausschusses.

(2) ¹In Angelegenheiten eines Europäischen Betriebsrats, im Rahmen eines Verfahrens zur Unterrichtung und Anhörung oder des besonderen Verhandlungsgremiums ist das Arbeitsgericht zuständig, in dessen Bezirk das Unternehmen oder das herrschende Unternehmen nach § 2 des Gesetzes über Europäische Betriebsräte seinen Sitz hat. ²Bei einer Vereinbarung nach § 41 des Gesetzes über Europäische Betriebsräte ist der Sitz des vertragschließenden Unternehmens maßgebend.

(3) In Angelegenheiten aus dem SE-Beteiligungsgesetz ist das Arbeitsgericht zuständig, in dessen Bezirk die Europäische Gesellschaft ihren Sitz hat; vor ihrer Eintragung ist das Arbeitsgericht zuständig, in dessen Bezirk die Europäische Gesellschaft ihren Sitz haben soll.

(4) In Angelegenheiten nach dem SCE-Beteiligungsgesetz ist das Arbeitsgericht zuständig, in dessen Bezirk die Europäische Genossenschaft ihren Sitz hat; vor ihrer Eintragung ist das Arbeitsgericht zuständig, in dessen Bezirk die Europäische Genossenschaft ihren Sitz haben soll.

(5) In Angelegenheiten nach dem Gesetz über die Mitbestimmung der Arbeitnehmer bei einer grenzüberschreitenden Verschmelzung ist das Arbeitsgericht zuständig, in dessen Bezirk die aus der grenzüberschreitenden Verschmelzung hervorgegangene Gesellschaft ihren Sitz hat; vor ihrer Eintragung ist das Arbeitsgericht zuständig, in dessen Bezirk die aus der grenzüberschreitenden Verschmelzung hervorgehende Gesellschaft ihren Sitz haben soll.

§ 83 Verfahren

(1) ¹Das Gericht erforscht den Sachverhalt im Rahmen der gestellten Anträge von Amts wegen. ²Die am Verfahren Beteiligten haben an der Aufklärung des Sachverhalts mitzuwirken.

(1 a) ¹Der Vorsitzende kann den Beteiligten eine Frist für ihr Vorbringen setzen. ²Nach Ablauf einer nach Satz 1 gesetzten Frist kann das Vorbringen zurückgewiesen werden, wenn nach der freien Überzeugung des Gerichts seine Zulassung die Erledigung des Beschlussverfahrens verzögern würde und der Beteiligte die Verspätung nicht genügend entschuldigt. ³Die Beteiligten sind über die Folgen der Versäumung einer nach Satz 1 gesetzten Frist zu belehren.

(2) Zur Aufklärung des Sachverhalts können Urkunden eingesehen, Auskünfte eingeholt, Zeugen, Sachverständige und Beteiligte vernommen und der Augenschein eingenommen werden.

(3) In dem Verfahren sind der Arbeitgeber, die Arbeitnehmer und die Stellen zu hören, die nach dem Betriebsverfassungsgesetz, dem Sprecherausschussgesetz, dem Mitbestimmungsgesetz, dem Mitbestimmungsergänzungsgesetz, dem Drittelbeteiligungsgesetz, den §§ 94, 95, 139 des Neunten Buches Sozialgesetzbuch, dem § 18 a des Berufsbildungsgesetzes und den zu diesen Gesetzen ergangenen Rechtsverordnungen sowie nach dem Gesetz über Europäische Betriebsräte, dem SE-Beteiligungsgesetz, dem SCE-Beteiligungsgesetz und dem Gesetz über die Mitbestimmung der Arbeitnehmer bei einer grenzüberschreitenden Verschmelzung im einzelnen Fall beteiligt sind.

(4) ¹Die Beteiligten können sich schriftlich äußern. ²Bleibt ein Beteiligter auf Ladung unentschuldigt aus, so ist der Pflicht zur Anhörung genügt; hierauf ist in der Ladung hinzuweisen. ³Mit Einverständnis der Beteiligten kann das Gericht ohne mündliche Verhandlung entscheiden.

(5) Gegen Beschlüsse und Verfügungen des Arbeitsgerichts oder seines Vorsitzenden findet die Beschwerde nach Maßgabe des § 78 statt.

§ 83 a Vergleich, Erledigung des Verfahrens

(1) Die Beteiligten können, um das Verfahren ganz oder zum Teil zu erledigen, zur Niederschrift des Gerichts oder des Vorsitzenden einen Vergleich schließen, soweit sie über den Gegenstand des Vergleichs verfügen können, oder das Verfahren für erledigt erklären.

(2) ¹Haben die Beteiligten das Verfahren für erledigt erklärt, so ist es vom Vorsitzenden des Arbeitsgerichts einzustellen. ²§ 81 Abs. 2 Satz 3 ist entsprechend anzuwenden.

(3) ¹Hat der Antragsteller das Verfahren für erledigt erklärt, so sind die übrigen Beteiligten binnen einer von dem Vorsitzenden zu bestimmenden Frist von mindestens zwei Wochen aufzufordern, mitzuteilen, ob sie der Erledigung zustimmen. ²Die Zustimmung gilt als erteilt, wenn sich der Beteiligte innerhalb der vom Vorsitzenden bestimmten Frist nicht äußert.

§ 84 Beschluß

¹Das Gericht entscheidet nach seiner freien, aus dem Gesamtergebnis des Verfahrens gewonnenen Überzeugung. ²Der Beschluß ist schriftlich abzufassen. ³§ 60 ist entsprechend anzuwenden.

§ 85 Zwangsvollstreckung

(1) ¹Soweit sich aus Absatz 2 nichts anderes ergibt, findet aus rechtskräftigen Beschlüssen der Arbeitsgerichte oder gerichtlichen Vergleichen, durch die einem Beteiligten eine Verpflichtung auferlegt wird, die Zwangsvollstreckung statt. ²Beschlüsse der Ar-

ArbGG §§ 86–88 Arbeitsgerichtsgesetz

beitsgerichte in vermögensrechtlichen Streitigkeiten sind vorläufig vollstreckbar; § 62 Abs. 1 Satz 2 bis 5 ist entsprechend anzuwenden. ³Für die Zwangsvollstreckung gelten die Vorschriften des Achten Buches der Zivilprozeßordnung entsprechend mit der Maßgabe, daß der nach dem Beschluß Verpflichtete als Schuldner, derjenige, der die Erfüllung der Verpflichtung auf Grund des Beschlusses verlangen kann, als Gläubiger gilt und in den Fällen des § 23 Abs. 3, des § 98 Abs. 5 sowie der §§ 101 und 104 des Betriebsverfassungsgesetzes eine Festsetzung von Ordnungs- oder Zwangshaft nicht erfolgt.

(2) ¹Der Erlaß einer einstweiligen Verfügung ist zulässig. ²Für das Verfahren gelten die Vorschriften des Achten Buches der Zivilprozeßordnung über die einstweilige Verfügung entsprechend mit der Maßgabe, daß die Entscheidungen durch Beschluß der Kammer ergehen, erforderliche Zustellungen von Amts wegen erfolgen und ein Anspruch auf Schadensersatz nach § 945 der Zivilprozeßordnung in Angelegenheiten des Betriebsverfassungsgesetzes nicht besteht.

§ 86 (weggefallen)

Zweiter Unterabschnitt. Zweiter Rechtszug

§ 87 Grundsatz

(1) Gegen die das Verfahren beendenden Beschlüsse der Arbeitsgerichte findet die Beschwerde an das Landesarbeitsgericht statt.

(2) ¹Für das Beschwerdeverfahren gelten die für das Berufungsverfahren maßgebenden Vorschriften über die Einlegung der Berufung und ihre Begründung, über Prozeßfähigkeit, Ladungen, Termine und Fristen, Ablehnung und Ausschließung von Gerichtspersonen, Zustellungen, persönliches Erscheinen der Parteien, Öffentlichkeit, Befugnisse des Vorsitzenden und der ehrenamtlichen Richter, Vorbereitung der streitigen Verhandlung, Verhandlung vor der Kammer, Beweisaufnahme, gütliche Erledigung des Rechtsstreits, Wiedereinsetzung in den vorigen Stand und Wiederaufnahme des Verfahrens sowie die Vorschriften des § 85 über die Zwangsvollstreckung entsprechend. ²Für die Vertretung der Beteiligten gilt § 11 Abs. 1 bis 3 und 5 entsprechend. ³Der Antrag kann jederzeit mit Zustimmung der anderen Beteiligten zurückgenommen werden; § 81 Abs. 2 Satz 2 und 3 und Absatz 3 ist entsprechend anzuwenden.

(3) ¹In erster Instanz zu Recht zurückgewiesenes Vorbringen bleibt ausgeschlossen. ²Neues Vorbringen, das im ersten Rechtszug entgegen einer hierfür nach § 83 Abs. 1a gesetzten Frist nicht vorgebracht wurde, kann zurückgewiesen werden, wenn seine Zulassung nach der freien Überzeugung des Landesarbeitsgerichts die Erledigung des Beschlussverfahrens verzögern würde und der Beteiligte die Verzögerung nicht genügend entschuldigt. ³Soweit neues Vorbringen nach Satz 2 zulässig ist, muss es der Beschwerdeführer in der Beschwerdebegründung, der Beschwerdegegner in der Beschwerdebeantwortung vortragen. ⁴Wird es später vorgebracht, kann es zurückgewiesen werden, wenn die Möglichkeit es vorzutragen vor der Beschwerdebegründung oder der Beschwerdebeantwortung entstanden ist und das verspätete Vorbringen nach der freien Überzeugung des Landesarbeitsgerichts die Erledigung des Rechtsstreits verzögern würde und auf dem Verschulden des Beteiligten beruht.

(4) Die Einlegung der Beschwerde hat aufschiebende Wirkung; § 85 Abs. 1 Satz 2 bleibt unberührt.

§ 88 Beschränkung der Beschwerde

§ 65 findet entsprechende Anwendung.

§ 89 Einlegung

(1) Für die Einlegung und Begründung der Beschwerde gilt § 11 Abs. 4 und 5 entsprechend.

(2) ¹Die Beschwerdeschrift muß den Beschluß bezeichnen, gegen den die Beschwerde gerichtet ist, und die Erklärung enthalten, daß gegen diesen Beschluß die Beschwerde eingelegt wird. ²Die Beschwerdebegründung muß angeben, auf welche im einzelnen anzuführenden Beschwerdegründe sowie auf welche neuen Tatsachen die Beschwerde gestützt wird.

(3) ¹Ist die Beschwerde nicht in der gesetzlichen Form oder Frist eingelegt oder begründet, so ist sie als unzulässig zu verwerfen. ²Der Beschluss kann ohne vorherige mündliche Verhandlung durch den Vorsitzenden ergehen; er ist unanfechtbar. ³Er ist dem Beschwerdeführer zuzustellen. ⁴§ 522 Abs. 2 und 3 der Zivilprozessordnung ist nicht anwendbar.

(4) ¹Die Beschwerde kann jederzeit in der für ihre Einlegung vorgeschriebenen Form zurückgenommen werden. ²Im Falle der Zurücknahme stellt der Vorsitzende das Verfahren ein. ³Er gibt hiervon den Beteiligten Kenntnis, soweit ihnen die Beschwerde zugestellt worden ist.

§ 90 Verfahren

(1) ¹Die Beschwerdeschrift und die Beschwerdebegründung werden den Beteiligten zur Äußerung zugestellt. ²Die Äußerung erfolgt durch Einreichung eines Schriftsatzes beim Beschwerdegericht oder durch Erklärung zur Niederschrift der Geschäftsstelle des Arbeitsgerichts, das den angefochtenen Beschluß erlassen hat.

(2) Für das Verfahren sind die §§ 83 und 83 a entsprechend anzuwenden.

(3) Gegen Beschlüsse und Verfügungen des Landesarbeitsgerichts oder seines Vorsitzenden findet kein Rechtsmittel statt.

§ 91 Entscheidung

(1) ¹Über die Beschwerde entscheidet das Landesarbeitsgericht durch Beschluß. ²Eine Zurückverweisung ist nicht zulässig. ³§ 84 Satz 2 gilt entsprechend.

(2) ¹Der Beschluß nebst Gründen ist von den Mitgliedern der Kammer zu unterschreiben und den Beteiligten zuzustellen. ²§ 69 Abs. 1 Satz 2 gilt entsprechend.

Dritter Unterabschnitt. Dritter Rechtszug

§ 92 Rechtsbeschwerdeverfahren, Grundsatz

(1) ¹Gegen den das Verfahren beendenden Beschluß eines Landesarbeitsgerichts findet die Rechtsbeschwerde an das Bundesarbeitsgericht statt, wenn sie in dem Beschluß des Landesarbeitsgerichts oder in dem Beschluß des Bundesarbeitsgerichts nach § 92 a Satz 2 zugelassen wird. ²§ 72 Abs. 1 Satz 2, Abs. 2 und 3 ist entsprechend anzuwenden. ³In den Fällen des § 85 Abs. 2 findet die Rechtsbeschwerde nicht statt.

(2) ¹Für das Rechtsbeschwerdeverfahren gelten die für das Revisionsverfahren maßgebenden Vorschriften über Einlegung der Revision und ihre Begründung, Prozeßfähigkeit, Ladung, Termine und Fristen, Ablehnung und Ausschließung von Gerichtspersonen, Zustellungen, persönliches Erscheinen der Parteien, Öffentlichkeit, Befugnisse des Vorsitzenden und der Beisitzer, gütliche Erledigung des Rechtsstreits, Wiedereinsetzung in den vorigen Stand und Wiederaufnahme des Verfahrens sowie die Vorschriften des § 85 über die Zwangsvollstreckung entsprechend, soweit sich aus den §§ 93 bis 96

nichts anderes ergibt. ²Für die Vertretung der Beteiligten gilt § 11 Abs. 1 bis 3 und 5 entsprechend. ³Der Antrag kann jederzeit mit Zustimmung der anderen Beteiligten zurückgenommen werden; § 81 Abs. 2 Satz 2 und 3 ist entsprechend anzuwenden.

(3) ¹Die Einlegung der Rechtsbeschwerde hat aufschiebende Wirkung. ²§ 85 Abs. 1 Satz 2 bleibt unberührt.

§ 92 a Nichtzulassungsbeschwerde

¹Die Nichtzulassung der Rechtsbeschwerde durch das Landesarbeitsgericht kann selbständig durch Beschwerde angefochten werden. ²§ 72 a Abs. 2 bis 7 ist entsprechend anzuwenden.

§ 92 b Sofortige Beschwerde wegen verspäteter Absetzung der Beschwerdeentscheidung

¹Der Beschluss eines Landesarbeitsgerichts nach § 91 kann durch sofortige Beschwerde angefochten werden, wenn er nicht binnen fünf Monaten nach der Verkündung vollständig abgefasst und mit den Unterschriften sämtlicher Mitglieder der Kammer versehen der Geschäftsstelle übergeben worden ist. ²§ 72 b Abs. 2 bis 5 gilt entsprechend. ³§ 92 a findet keine Anwendung.

§ 93 Rechtsbeschwerdegründe

(1) ¹Die Rechtsbeschwerde kann nur darauf gestützt werden, daß der Beschluß des Landesarbeitsgerichts auf der Nichtanwendung oder der unrichtigen Anwendung einer Rechtsnorm beruht. ²Sie kann nicht auf die Gründe des § 92 b gestützt werden.

(2) § 65 findet entsprechende Anwendung.

§ 94 Einlegung

(1) Für die Einlegung und Begründung der Rechtsbeschwerde gilt § 11 Abs. 4 und 5 entsprechend.

(2) ¹Die Rechtsbeschwerdeschrift muß den Beschluß bezeichnen, gegen den die Rechtsbeschwerde gerichtet ist, und die Erklärung enthalten, daß gegen diesen Beschluß die Rechtsbeschwerde eingelegt werde. ²Die Rechtsbeschwerdebegründung muß angeben, inwieweit die Abänderung des angefochtenen Beschlusses beantragt wird, welche Bestimmungen verletzt sein sollen und worin die Verletzung bestehen soll. ³§ 74 Abs. 2 ist entsprechend anzuwenden.

(3) ¹Die Rechtsbeschwerde kann jederzeit in der für ihre Einlegung vorgeschriebenen Form zurückgenommen werden. ²Im Falle der Zurücknahme stellt der Vorsitzende das Verfahren ein. ³Er gibt hiervon den Beteiligten Kenntnis, soweit ihnen die Rechtsbeschwerde zugestellt worden ist.

§ 95 Verfahren

¹Die Rechtsbeschwerdeschrift und die Rechtsbeschwerdebegründung werden den Beteiligten zur Äußerung zugestellt. ²Die Äußerung erfolgt durch Einreichung eines Schriftsatzes beim Bundesarbeitsgericht oder durch Erklärung zur Niederschrift der Geschäftsstelle des Landesarbeitsgerichts, das den angefochtenen Beschluß erlassen hat. ³Geht von einem Beteiligten die Äußerung nicht rechtzeitig ein, so steht dies dem Fortgang des Verfahrens nicht entgegen. ⁴§ 83 a ist entsprechend anzuwenden.

§ 96 Entscheidung

(1) ¹Über die Rechtsbeschwerde entscheidet das Bundesarbeitsgericht durch Beschluß. ²Die §§ 562, 563 der Zivilprozeßordnung gelten entsprechend.

(2) Der Beschluß nebst Gründen ist von sämtlichen Mitgliedern des Senats zu unterschreiben und den Beteiligten zuzustellen.

§ 96 a Sprungrechtsbeschwerde

(1) [1] Gegen den das Verfahren beendenden Beschluß eines Arbeitsgerichts kann unter Übergehung der Beschwerdeinstanz unmittelbar Rechtsbeschwerde eingelegt werden (Sprungrechtsbeschwerde), wenn die übrigen Beteiligten schriftlich zustimmen und wenn sie vom Arbeitsgericht wegen grundsätzlicher Bedeutung der Rechtssache auf Antrag in dem verfahrensbeendenden Beschluß oder nachträglich durch gesonderten Beschluß zugelassen wird. [2] Der Antrag ist innerhalb einer Notfrist von einem Monat nach Zustellung des in vollständiger Form abgefaßten Beschlusses schriftlich zu stellen. [3] Die Zustimmung der übrigen Beteiligten ist, wenn die Sprungrechtsbeschwerde in dem verfahrensbeendenden Beschluß zugelassen ist, der Rechtsbeschwerdeschrift, andernfalls dem Antrag beizufügen.

(2) § 76 Abs. 2 Satz 2, 3, Abs. 3 bis 6 ist entsprechend anzuwenden.

Vierter Unterabschnitt. Beschlußverfahren in besonderen Fällen

§ 97 Entscheidung über die Tariffähigkeit und Tarifzuständigkeit einer Vereinigung

(1) In den Fällen des § 2 a Abs. 1 Nr. 4 wird das Verfahren auf Antrag einer räumlich und sachlich zuständigen Vereinigung von Arbeitnehmern oder von Arbeitgebern oder der obersten Arbeitsbehörde des Bundes oder der obersten Arbeitsbehörde eines Landes, auf dessen Gebiet sich die Tätigkeit der Vereinigung erstreckt, eingeleitet.

(2) Für das Verfahren sind die §§ 80 bis 84, 87 bis 96 a entsprechend anzuwenden.

(3) Die Vorschrift des § 63 über die Übersendung von Urteilen gilt entsprechend für die rechtskräftigen Beschlüsse von Gerichten für Arbeitssachen im Verfahren nach § 2 a Abs. 1 Nr. 4.

(4) [1] In den Fällen des § 2 a Abs. 1 Nr. 4 findet eine Wiederaufnahme des Verfahrens auch dann statt, wenn die Entscheidung über die Tariffähigkeit und Tarifzuständigkeit darauf beruht, daß ein Beteiligter absichtlich unrichtige Angaben oder Aussagen gemacht hat. [2] § 581 der Zivilprozeßordnung findet keine Anwendung.

(5) [1] Hängt die Entscheidung eines Rechtsstreits davon ab, ob eine Vereinigung tariffähig oder ob die Tarifzuständigkeit der Vereinigung gegeben ist, so hat das Gericht das Verfahren bis zur Erledigung des Beschlußverfahrens nach § 2 a Abs. 1 Nr. 4 auszusetzen. [2] Im Falle des Satzes 1 sind die Parteien des Rechtsstreits auch im Beschlußverfahren nach § 2 a Abs. 1 Nr. 4 antragsberechtigt.

§ 98 Entscheidung über die Besetzung der Einigungsstelle

(1) [1] In den Fällen des § 76 Abs. 2 Satz 2 und 3 des Betriebsverfassungsgesetzes entscheidet der Vorsitzende allein. [2] Wegen fehlender Zuständigkeit der Einigungsstelle können die Anträge nur zurückgewiesen werden, wenn die Einigungsstelle offensichtlich unzuständig ist. [3] Für das Verfahren gelten die §§ 80 bis 84 entsprechend. [4] Die Einlassungs- und Ladungsfristen betragen 48 Stunden. [5] Ein Richter darf nur dann zum Vorsitzenden der Einigungsstelle bestellt werden, wenn aufgrund der Geschäftsverteilung ausgeschlossen ist, dass er mit der Überprüfung, der Auslegung oder der Anwendung des Spruchs der Einigungsstelle befasst wird. [6] Der Beschluss des Vorsitzenden soll den Beteiligten innerhalb von zwei Wochen nach Eingang des Antrags zugestellt werden; er ist den Beteiligten spätestens innerhalb von vier Wochen nach diesem Zeitpunkt zuzustellen.

ArbGG §§ 99–102

(2) ¹Gegen die Entscheidungen des Vorsitzenden findet die Beschwerde an das Landesarbeitsgericht statt. ²Die Beschwerde ist innerhalb einer Frist von zwei Wochen einzulegen und zu begründen. ³Für das Verfahren gelten § 87 Abs. 2 und 3 und die §§ 88 bis 90 Abs. 1 und 2 sowie § 91 Abs. 1 und 2 entsprechend mit der Maßgabe, dass an die Stelle der Kammer des Landesarbeitsgerichts der Vorsitzende tritt. ⁴Gegen dessen Entscheidungen findet kein Rechtsmittel statt.

§ 99 (weggefallen)

§ 100 (weggefallen)

Vierter Teil.
Schiedsvertrag in Arbeitsstreitigkeiten

§ 101 Grundsatz

(1) Für bürgerliche Rechtsstreitigkeiten zwischen Tarifvertragsparteien aus Tarifverträgen oder über das Bestehen oder Nichtbestehen von Tarifverträgen können die Parteien des Tarifvertrags die Arbeitsgerichtsbarkeit allgemein oder für den Einzelfall durch die ausdrückliche Vereinbarung ausschließen, daß die Entscheidung durch ein Schiedsgericht erfolgen soll.

(2) ¹Für bürgerliche Rechtsstreitigkeiten aus einem Arbeitsverhältnis, das sich nach einem Tarifvertrag bestimmt, können die Parteien des Tarifvertrags die Arbeitsgerichtsbarkeit im Tarifvertrag durch die ausdrückliche Vereinbarung ausschließen, daß die Entscheidung durch ein Schiedsgericht erfolgen soll, wenn der persönliche Geltungsbereich des Tarifvertrags überwiegend Bühnenkünstler, Filmschaffende, Artisten oder Kapitäne und Besatzungsmitglieder im Sinne der §§ 2 und 3 des Seemannsgesetzes umfaßt. ²Die Vereinbarung gilt nur für tarifgebundene Personen. ³Sie erstreckt sich auf Parteien, deren Verhältnisse sich aus anderen Gründen nach dem Tarifvertrag regeln, wenn die Parteien dies ausdrücklich und schriftlich vereinbart haben; der Mangel der Form wird durch Einlassung auf die schiedsgerichtliche Verhandlung zur Hauptsache geheilt.

(3) Die Vorschriften der Zivilprozeßordnung über das schiedsrichterliche Verfahren finden in Arbeitssachen keine Anwendung.

§ 102 Prozeßhindernde Einrede

(1) Wird das Arbeitsgericht wegen einer Rechtsstreitigkeit angerufen, für die die Parteien des Tarifvertrages einen Schiedsvertrag geschlossen haben, so hat das Gericht die Klage als unzulässig abzuweisen, wenn sich der Beklagte auf den Schiedsvertrag beruft.

(2) Der Beklagte kann sich nicht auf den Schiedsvertrag berufen,
1. wenn in einem Falle, in dem die Streitparteien selbst die Mitglieder des Schiedsgerichts zu ernennen haben, der Kläger dieser Pflicht nachgekommen ist, der Beklagte die Ernennung aber nicht binnen einer Woche nach der Aufforderung des Klägers vorgenommen hat;
2. wenn in einem Falle, in dem nicht die Streitparteien, sondern die Parteien des Schiedsvertrags die Mitglieder des Schiedsgerichts zu ernennen haben, das Schiedsgericht nicht gebildet ist und die den Parteien des Schiedsvertrags von dem Vorsitzenden des Arbeitsgerichts gesetzte Frist zur Bildung des Schiedsgerichts fruchtlos verstrichen ist;

4. Teil. Schiedsvertrag in Arbeitsstreitigkeiten §§ 103–106 **ArbGG**

3. wenn das nach dem Schiedsvertrag gebildete Schiedsgericht die Durchführung des Verfahrens verzögert und die ihm von dem Vorsitzenden des Arbeitsgerichts gesetzte Frist zur Durchführung des Verfahrens fruchtlos verstrichen ist;
4. wenn das Schiedsgericht den Parteien des streitigen Rechtsverhältnisses anzeigt, daß die Abgabe eines Schiedsspruchs unmöglich ist.

(3) In den Fällen des Absatzes 2 Nummern 2 und 3 erfolgt die Bestimmung der Frist auf Antrag des Klägers durch den Vorsitzenden des Arbeitsgerichts, das für die Geltendmachung des Anspruchs zuständig wäre.

(4) Kann sich der Beklagte nach Absatz 2 nicht auf den Schiedsvertrag berufen, so ist eine schiedsrichterliche Entscheidung des Rechtsstreits auf Grund des Schiedsvertrags ausgeschlossen.

§ 103 Zusammensetzung des Schiedsgerichts

(1) [1] Das Schiedsgericht muß aus einer gleichen Zahl von Arbeitnehmern und von Arbeitgebern bestehen; außerdem können ihm Unparteiische angehören. [2] Personen, die infolge Richterspruchs die Fähigkeit zur Bekleidung öffentlicher Ämter nicht besitzen, dürfen ihm nicht angehören.

(2) Mitglieder des Schiedsgerichts können unter denselben Voraussetzungen abgelehnt werden, die zur Ablehnung eines Richters berechtigen.

(3) [1] Über die Ablehnung beschließt die Kammer des Arbeitsgerichts, das für die Geltendmachung des Anspruchs zuständig wäre. [2] Vor dem Beschluß sind die Streitparteien und das abgelehnte Mitglied des Schiedsgerichts zu hören. [3] Der Vorsitzende des Arbeitsgerichts entscheidet, ob sie mündlich oder schriftlich zu hören sind. [4] Die mündliche Anhörung erfolgt vor der Kammer. [5] Gegen den Beschluß findet kein Rechtsmittel statt.

§ 104 Verfahren vor dem Schiedsgericht

Das Verfahren vor dem Schiedsgericht regelt sich nach den §§ 105 bis 110 und dem Schiedsvertrag, im übrigen nach dem freien Ermessen des Schiedsgerichts.

§ 105 Anhörung der Parteien

(1) Vor der Fällung des Schiedsspruchs sind die Streitparteien zu hören.

(2) [1] Die Anhörung erfolgt mündlich. [2] Die Parteien haben persönlich zu erscheinen oder sich durch einen mit schriftlicher Vollmacht versehenen Bevollmächtigten vertreten zu lassen. [3] Die Beglaubigung der Vollmachtsurkunde kann nicht verlangt werden. [4] Die Vorschrift des § 11 Abs. 1 bis 3 gilt entsprechend, soweit der Schiedsvertrag nicht anderes bestimmt.

(3) Bleibt eine Partei in der Verhandlung unentschuldigt aus oder äußert sie sich trotz Aufforderung nicht, so ist der Pflicht zur Anhörung genügt.

§ 106 Beweisaufnahme

(1) [1] Das Schiedsgericht kann Beweise erheben, soweit die Beweismittel ihm zur Verfügung gestellt werden. [2] Zeugen und Sachverständige kann das Schiedsgericht nicht beeidigen, eidesstattliche Versicherungen nicht verlangen oder entgegennehmen.

(2) [1] Hält das Schiedsgericht eine Beweiserhebung für erforderlich, die es nicht vornehmen kann, so ersucht es um die Vornahme den Vorsitzenden desjenigen Arbeitsgerichts oder, falls dies aus Gründen der örtlichen Lage zweckmäßiger ist, dasjenige Amtsgericht, in dessen Bezirk die Beweisaufnahme erfolgen soll. [2] Entsprechend ist zu verfahren, wenn das Schiedsgericht die Beeidigung eines Zeugen oder Sachverständigen gemäß § 58 Abs. 2 Satz 1 für notwendig oder eine eidliche Parteivernehmung für

sachdienlich erachtet. ³Die durch die Rechtshilfe entstehenden baren Auslagen sind dem Gericht zu ersetzen; § 22 Abs. 1 und 29 des Gerichtskostengesetzes finden entsprechende Anwendung.

§ 107 Vergleich

Ein vor dem Schiedsgericht geschlossener Vergleich ist unter Angabe des Tages seines Zustandekommens von den Streitparteien und den Mitgliedern des Schiedsgerichts zu unterschreiben.

§ 108 Schiedsspruch

(1) Der Schiedsspruch ergeht mit einfacher Mehrheit der Stimmen der Mitglieder des Schiedsgerichts, falls der Schiedsvertrag nichts anderes bestimmt.

(2) ¹Der Schiedsspruch ist unter Angabe des Tages seiner Fällung von den Mitgliedern des Schiedsgerichts zu unterschreiben und muß schriftlich begründet werden, soweit die Parteien nicht auf schriftliche Begründung ausdrücklich verzichten. ²Eine vom Verhandlungsleiter unterschriebene Ausfertigung des Schiedsspruchs ist jeder Streitpartei zuzustellen. ³Die Zustellung kann durch eingeschriebenen Brief gegen Rückschein erfolgen.

(3) ¹Eine vom Verhandlungsleiter unterschriebene Ausfertigung des Schiedsspruchs soll bei dem Arbeitsgericht, das für die Geltendmachung des Anspruchs zuständig wäre, niedergelegt werden. ²Die Akten des Schiedsgerichts oder Teile der Akten können ebenfalls dort niedergelegt werden.

(4) Der Schiedsspruch hat unter den Parteien dieselben Wirkungen wie ein rechtskräftiges Urteil des Arbeitsgerichts.

§ 109 Zwangsvollstreckung

(1) ¹Die Zwangsvollstreckung findet aus dem Schiedsspruch oder aus einem vor dem Schiedsgericht geschlossenen Vergleich nur statt, wenn der Schiedsspruch oder der Vergleich von dem Vorsitzenden des Arbeitsgerichts, das für die Geltendmachung des Anspruchs zuständig wäre, für vollstreckbar erklärt worden ist. ²Der Vorsitzende hat vor der Erklärung den Gegner zu hören. ³Wird nachgewiesen, daß auf Aufhebung des Schiedsspruchs geklagt ist, so ist die Entscheidung bis zur Erledigung dieses Rechtsstreits auszusetzen.

(2) ¹Die Entscheidung des Vorsitzenden ist endgültig. ²Sie ist den Parteien zuzustellen.

§ 110 Aufhebungsklage

(1) Auf Aufhebung des Schiedsspruchs kann geklagt werden,
1. wenn das schiedsgerichtliche Verfahren unzulässig war;
2. wenn der Schiedsspruch auf der Verletzung einer Rechtsnorm beruht;
3. wenn die Voraussetzungen vorliegen, unter denen gegen ein gerichtliches Urteil nach § 580 Nr. 1 bis 6 der Zivilprozeßordnung die Restitutionsklage zulässig wäre.

(2) Für die Klage ist das Arbeitsgericht zuständig, das für die Geltendmachung des Anspruchs zuständig wäre.

(3) ¹Die Klage ist binnen einer Notfrist von zwei Wochen zu erheben. ²Die Frist beginnt in den Fällen des Absatzes 1 Nr. 1 und 2 mit der Zustellung des Schiedsspruchs. ³Im Falle des Absatzes 1 Nr. 3 beginnt sie mit der Rechtskraft des Urteils, das die Verurteilung wegen der Straftat ausspricht, oder mit dem Tage, an dem der Partei bekannt geworden ist, daß die Einleitung oder die Durchführung des Verfahrens nicht erfolgen kann; nach Ablauf von zehn Jahren, von der Zustellung des Schiedsspruchs an gerechnet, ist die Klage unstatthaft.

(4) Ist der Schiedsspruch für vollstreckbar erklärt, so ist in dem der Klage stattgebenden Urteil auch die Aufhebung der Vollstreckbarkeitserklärung auszusprechen.

Fünfter Teil.
Übergangs- und Schlußvorschriften

§ 111 Änderung von Vorschriften

(1) ¹Soweit nach anderen Rechtsvorschriften andere Gerichte, Behörden oder Stellen zur Entscheidung oder Beilegung von Arbeitssachen zuständig sind, treten an ihre Stelle die Arbeitsgerichte. ²Dies gilt nicht für Seemannsämter, soweit sie zur vorläufigen Entscheidung von Arbeitssachen zuständig sind.

(2) ¹Zur Beilegung von Streitigkeiten zwischen Ausbildenden und Auszubildenden aus einem bestehenden Berufsausbildungsverhältnis können im Bereich des Handwerks die Handwerksinnungen, im übrigen die zuständigen Stellen im Sinne des Berufsbildungsgesetzes Ausschüsse bilden, denen Arbeitgeber und Arbeitnehmer in gleicher Zahl angehören müssen. ²Der Ausschuß hat die Parteien mündlich zu hören. ³Wird der von ihm gefällte Spruch nicht innerhalb einer Woche von beiden Parteien anerkannt, so kann binnen zwei Wochen nach ergangenem Spruch Klage beim zuständigen Arbeitsgericht erhoben werden. ⁴§ 9 Abs. 5 gilt entsprechend. ⁵Der Klage muß in allen Fällen die Verhandlung vor dem Ausschuß vorangegangen sein. ⁶Aus Vergleichen, die vor dem Ausschuß geschlossen sind, und aus Sprüchen des Ausschusses, die von beiden Seiten anerkannt sind, findet die Zwangsvollstreckung statt. ⁷Die §§ 107 und 109 gelten entsprechend.

§§ 112–116 (weggefallen)

§ 117 Verfahren bei Meinungsverschiedenheiten der beteiligten Verwaltungen

Soweit in den Fällen der §§ 40 und 41 das Einvernehmen nicht erzielt wird, entscheidet die Bundesregierung.

§§ 118–120 (weggefallen)

§§ 121–122 (aufgehoben)

Einleitung

Übersicht

	Rn.
A. Geschichtliche Entwicklung	1–33 a
I. Die Zeit vor 1926	1–12
II. Das Arbeitsgerichtsgesetz 1926	13–18
III. Die Zeit von 1933 bis 1945	19
IV. Die Entwicklung nach 1945	20
V. Das Arbeitsgerichtsgesetz 1953	21, 22
VI. Das Arbeitsgerichtsgesetz 1979	23–33 a
B. Die allgemeine Literatur zum arbeitsgerichtlichen Verfahren	34–46
I. Gewerbegerichtsgesetz 1890 und Kaufmannsgerichtsgesetz 1904	34
II. Arbeitsgerichtsgesetz 1926	35, 36
1. Kommentare	35
2. Sonstige Literatur	36
III. Arbeitsgerichtsgesetz 1934	37
IV. Kontrollratsgesetz Nr. 21 von 1946	38
V. Arbeitsgerichtsgesetz 1953	39, 40
1. Kommentare	39
2. Sonstige Literatur	40
VI. Arbeitsgerichtsgesetz 1979	41–46
1. Kommentare	41
2. Sonstige Literatur	42
3. Spezielle Literatur zur Beschleunigungsnovelle 1979	43
4. Spezielle Literatur zu den Novellen 1990	44
5. Spezielle Literatur zum Arbeitsgerichtsbeschleunigungsgesetz 2000	45
6. Spezielle Literatur zum ZPO-Reformgesetz 2001	46
C. Die Arbeitsgerichtsbarkeit im Rechtsschutzsystem	47–112
I. Das System umfassenden Rechtsschutzes	47
II. Der innerstaatliche Rechtsweg	48–69
1. Aufbau der Gerichtsbarkeit in der Bundesrepublik Deutschland	48–50
2. Der Rechtsweg zu den Arbeitsgerichten	51–58
a) Grundsatz	51, 52
b) Das Verhältnis der Arbeitsgerichtsbarkeit zur ordentlichen Gerichtsbarkeit	53
c) Die inhaltliche Abgrenzung	54
d) Aufrechnung mit rechtswegfremden Forderungen	55–57
e) Objektive Klagenhäufung	58
3. Bindung der Arbeitsgerichte an rechtskräftige Entscheidungen anderer Gerichte	59–68
a) Bindung an Rechtswegentscheidungen	59–62
b) Bindung an Entscheidungen anderer Arbeitsgerichte	63, 64
c) Bindung an Entscheidungen von Gerichten anderer Gerichtszweige	65–67
d) Bindung an eigene Entscheidungen des Arbeitsgerichts	68
4. Entscheidung über Vorfragen	69
III. Die Verfassungsgerichtsbarkeit	70–79
1. Aufbau	70–72
2. Zugang	73
3. Verhältnis zur Arbeitsgerichtsbarkeit	74–77
4. Richtervorlage gemäß Art. 100 GG	78, 79
IV. Supranationale Gerichtsbarkeit	80–93
1. Gerichtshof der Europäischen Gemeinschaften (EuGH)	80–89
a) Überblick	80, 81
b) Klagemöglichkeiten	82–87
c) Das Vorabentscheidungsverfahren	88, 89
2. Europäischer Gerichtshof für Menschenrechte (EGMR)	90–93
V. Nichtstaatliche Gerichtsbarkeit und außergerichtliche Streitschlichtung	94–112
1. Schiedsgerichtsbarkeit	94
2. Schieds-, Schlichtungs- und Gütestellen	95–97

Einleitung

	Rn.
3. Mediation im Arbeitsrecht	98, 99
4. Die Einigungsstelle nach Betriebsverfassungsrecht	100–104
5. Kirchliche Gerichtsbarkeit	105–112
D. Gerichtsverfassungsrechtliche Besonderheiten des arbeitsgerichtlichen Verfahrens	113–133
I. Aufbau der Arbeitsgerichte	113, 114
II. Instanzenzug	115, 116
III. Der Gemeinsame Senat der obersten Gerichtshöfe des Bundes	117, 118
IV. Präsidium und Geschäftsverteilung	119–121
V. Richter, Rechtspfleger, Urkundsbeamte	122–127
1. Richter	122–125
2. Rechtspfleger	126
3. Urkundsbeamte	127
VI. Ehrenamtliche Richter	128–132
VII. Ressortierung der Arbeitsgerichte	133
E. Arbeitsgerichtsverfahren und allgemeines Zivilverfahren	134–178
I. Die Arbeitsgerichtsbarkeit als Teil der ordentlichen Gerichtsbarkeit?	134–148
1. Eigener Rechtsweg	134
2. Sachliche Zuständigkeit	135–138
3. Zuständigkeit kraft Sachzusammenhangs	139–141
4. Die aktuelle Rechtslage bei gemischten Rechtsverhältnissen	142–148
II. Die Besonderheiten des arbeitsgerichtlichen Verfahrens	149–178
1. Trennung in Urteils- und Beschlussverfahren	149–154
a) Zwei Verfahrensarten	149
b) Konkurrenz zwischen Urteils- und Beschlussverfahren	150
c) Ausschließliche Zuständigkeit	151
d) Bedeutung des Antrags	152
e) Verfahren	153
f) Prozessverbindung	154
2. Besonderheiten des Urteilsverfahrens	155–158
a) Anwendung der ZPO	155
b) Ausschluss von Vorschriften der ZPO	156, 157
c) Besonderheiten des Verfahrens	158
3. Besonderheiten des Beschlussverfahrens	159–178
a) Wesen des Beschlussverfahrens	159, 160
b) Eigenständigkeit des Verfahrens	161, 162
c) Besonderheiten des Verfahrens	163–177
d) Rechtspolitische Gesichtspunkte	178
F. Verfahrensgrundlagen	179–234
I. Klagearten	179–183
1. Leistungsklagen	181
2. Feststellungsklagen	182
3. Gestaltungsklagen	183
II. Streitgegenstand	184–207
1. Bedeutung	184
2. Der Streitgegenstand im Arbeitsgerichtsprozess	185
3. Die Auffassungen zum Streitgegenstand im Zivilprozessrecht	186–193
4. Bewertung der Auffassungen und Ergebnis	194, 195
5. Der Streitgegenstand im Kündigungsschutzprozess	196–206a
6. Der Streitgegenstand im europäischen Recht	207
III. Verfahrensgrundsätze (= Prozessmaximen)	208–222
1. Verfahrenseinleitung und Verfahrensherrschaft	211–214
a) Begriff	211
b) Dispositionsmaxime	212–214
2. Die Sammlung des Prozessstoffs	215–217
a) Begriff	215
b) Verhandlungsmaxime	216
c) Untersuchungsgrundsatz	217
3. Verfahrensgang und Verfahrensgestaltung	218–222
a) Amtsbetrieb	218
b) Mündlichkeit	219
c) Unmittelbarkeit	220
d) Öffentlichkeit	221
e) Beschleunigungsgrundsatz (Konzentrationsmaxime)	222
IV. Verfassungsrechtliche Grundlagen	223–234
1. Grundlagen	223

Einleitung

	Rn.
2. Das Rechtsstaatsprinzip	224–230
3. Das Gebot des gesetzlichen Richters	231
4. Der Anspruch auf rechtliches Gehör	232
5. Die Rechtsschutzgarantie (Justizgewährungsanspruch)	233
6. Die Entwicklung verfahrensrechtlichen Schutzes aus materiellen Grundrechtspositionen	234
G. Datenschutz im Arbeitsgerichtverfahren	235–239
I. Verfassungsrechtliche Grundlagen	235
II. Gesetzliche Grundlagen	236, 237
III. Das Verhältnis der Datenschutzgesetze zum ArbGG	238, 239
H. Rechtstatsachen und Rechtssoziologie des arbeitsgerichtlichen Verfahrens	240–247
I. Problemstellung	240
II. Entwicklungstendenzen	241
III. Themenschwerpunkte	242
IV. Rechtstatsachenforschung	243, 244
V. Einzeluntersuchungen	245, 246
VI. Evaluation des ZPO-Reformgesetzes	247
J. Die Arbeitsgerichtsbarkeit in den neuen Bundesländern	248–255
I. Das frühere System der Arbeitsgerichtsbarkeit in der DDR	248
II. Die Entwicklung der Rechtslage nach dem 9. 11. 1989	249–252
1. Grundlagen	249
2. Arbeitsgerichtsbarkeit	250
3. Weitere Entwicklung	251
4. Schiedsstellen für Arbeitsrecht	252
III. Der gegenwärtige Stand des Arbeitsgerichtverfahrens	253–255
K. Internationales Arbeitsgerichtverfahren	256–306
I. Allgemeine Grundlagen	256–263
1. Begriff und Inhalt des internationalen Verfahrensrechts	256, 257
2. Die allgemeinen Rechtsquellen	258
3. Das europäische Verfahrensrecht	259–263
II. Grundlagen des internationalen Arbeitsgerichtverfahrens	264–267
1. Rechtsquellen	265
2. Der Grundsatz der lex fori	266, 267
III. Einzelfragen des internationalen Arbeitsgerichtverfahrens	268–306
1. Die deutsche Gerichtsbarkeit	268–272
2. Internationale Zuständigkeit	273–276
3. Die Rechtsstellung des Ausländers	277–286
a) Parteifähigkeit	279
b) Prozessfähigkeit	280, 281
c) Postulationsfähigkeit	282
d) Prozesskostenhilfe	283
e) Gerichtssprache	284, 285
f) Ausländersicherheit	286
4. Das Beweisrecht	287, 288
5. Die Ermittlung ausländischen Rechts	289, 290
6. Der Rechtsverkehr mit dem Ausland	291–294
a) Zustellung und Ersuchen um Beweisaufnahme	291
b) Internationale Rechtshilfeabkommen	292–294
7. Die Berücksichtigung einer ausländischen Rechtshängigkeit	295
8. Die Anerkennung und Vollstreckung ausländischer Entscheidungen	296–301
a) Die Anerkennung nach § 328 ZPO	296, 297
b) Die Anerkennung nach der EuGVVO	298
c) Die Vollstreckbarerklärung	299–301
9. Einstweiliger Rechtsschutz	302, 303
10. Schiedsverträge und ausländische Schiedssprüche	304–306
L. Ausländische Arbeitsgerichtsbarkeit	307–337
I. Österreich	307–311
II. Schweiz	312–314
III. Frankreich	315–321
IV. Holland	322–324
V. Italien	325–329
VI. England	330
VII. Japan	331, 322
VIII. Brasilien	333, 334
IX. Spanien	335

Einleitung   A. Geschichtliche Entwicklung

	Rn.
X. Südarfrika	336
XI. USA	337
M. Grundlagen der Zwangsvollstreckung	338–368
I. Allgemeine Grundlagen	338–345
II. Beteiligte	346, 347
III. Gegenstand	348, 349
IV. Vollstreckungsorgane	350–355
1. Gerichtsvollzieher	350, 351
2. Vollstreckungsgericht	352, 353
3. Prozessgericht	354
4. Grundbuchamt	355
V. Voraussetzungen	356
VI. Verfahrensgrundsätze	357–364
1. Dispositionsmaxime	358
2. Gewährung rechtlichen Gehörs	359, 360
3. Formalisierung	361
4. Prioritätsgrundsatz	362
5. Verhältnismäßigkeit	363, 364
VII. Fehlerhafte Vollstreckungsakte	365
VIII. Rechtsbehelfe	366
IX. Internationale Zwangsvollstreckung	367, 368

A. Geschichtliche Entwicklung

Schrifttum: *Anton,* Geschichte der preußischen Fabrikgesetzgebung bis zu ihrer Aufnahme durch die Reichsgewerbeordnung, 1953; *Bahr,* Gewerbegericht, Kaufmannsgericht, Einigungsamt, 1905; *Baum,* Handbuch für Gewerbe- und Kaufmannsgerichte, 1912; *Bernert,* Die französischen Gewerbegerichte, in: *Scherner/Willoweit,* Vom Gewerbe zum Unternehmen, 1982, S. 112 ff.; *Bewer,* Zuständigkeit der Gewerbegerichte auf dem Gebiete der Elbzollgerichtsbarkeit, Recht 1905, S. 214; *ders.,* Zur Geschichte der Arbeitsgerichte, ZZP 49 (1925), 74; *ders.,* Das Reichsarbeitsgericht, ZZP 50 (1926), 356; *Bohle,* Einheitliches Arbeitsrecht in der Weimarer Republik, 1990, S. 85 ff.; *Brand,* Untersuchungen zur Entstehung der Arbeitsgerichtsbarkeit in Deutschland, Bd. 1, 1990; *Deter,* Handwerksgerichtsbarkeit zwischen Absolutismus und Liberalismus, 1988; *Döhring,* Geschichte der deutschen Rechtspflege seit 1500, 1953; *Ebel,* Quellen zur Geschichte des deutschen Arbeitsrechts, 1964; *Eberty,* Die Gewerbegerichte und das gewerbliche Schiedswesen, Berlin 1869; *Ferie,* Die Gewerbegerichte vom Standpunkt ihrer historischen Entwicklung und praktischen Notwendigkeit, 1873; FS zum 100jährigen Bestehen des Gewerbegerichts Cöln, 1911; Gesamtrichterrat der Berliner Gerichte für Arbeitssachen (Hrsg.), 60 Jahre Berliner Arbeitsgerichtsbarkeit 1987; *Globig,* Gerichtsbarkeit als Mittel sozialer Befriedigung, dargestellt am Beispiel der Entstehung der Arbeitsgerichtsbarkeit in Deutschland, 1985; *Glombik,* 60 Jahre Arbeitsgerichtsbarkeit, BB 1986, 1981; *Graf,* Das Arbeitsgerichtsgesetz von 1926, 1993; *Hanau,* Arbeitsgerichtsbarkeit – Anspruch und Wirklichkeit, NZA 1986, 809; *Hilger,* Zur Geschichte der Arbeitsgerichtsbarkeit nach 1945, RdA 1981, 93; *Hönigschmid-Grossich/Leidig/Löhr,* Zwangsschiedsspruch und Schlichtungswesen, 1929; *Jacobsen,* Das Güteproblem im arbeitsgerichtlichen Verfahren, 1930; *Kaskel,* Die Arbeitsgerichtsbarkeit, Arbeitsrechtliche Seminarvorträge, 1929 (mit Beiträgen insbesondere von *Andree* und *Bahlke*); *Kissel,* 60 Jahre Arbeitsgerichtsbarkeit, DB 1987, 1485; *ders.,* Arbeitsgerichte 1927 bis 1987, in: Das Arbeitsrecht der Gegenwart 1987, Bd. 25, 1988, S. 19; *Klein/Rennen,* Justitia Coloniensis, 1981, S. 38 ff.; *Kny,* Die Arbeitsgerichtsbehörden, 1928; *Kranig,* Lockung und Zwang – Zur Arbeitsverfassung im Dritten Reich, 1983; *Kühn,* Die Schlichtungsstreitigkeit, 1933; *Leinemann,* Die geschichtliche Entwicklung der Arbeitsgerichtsbarkeit bis zur Errichtung des BAG, NZA 1991, 961; *Lidecke,* Das Königliche Gewerbegericht zu Solingen, Gedenkschrift zum 75jährigen Bestehen des Gewerbegerichts Solingen, 1916; *Linsenmaier,* Von Lyon nach Erfurt – Zur Geschichte der deutschen Arbeitsgerichtsbarkeit, NZA 2004, 401; *Mayer-Maly,* Die Arbeitsgerichtsbarkeit und der Nationalsozialismus, in: Die Arbeitsgerichtsbarkeit, 1994, S. 89; *Michael,* Der gegenwärtige Stand der Arbeitsgerichtsbarkeit im Lande Baden, 1949; *Michels-Holl,* Das Zunftwegen im Mittelalter und seine Bedeutung für die Arbeitswelt, in: Schmidt (Hrsg.), FS zum 50-jährigen Bestehen der Arbeitsgerichtsbarkeit in Rheinland-Pfalz, 1999, S. 681 ff.; *Müller,* Zur Geschichte der Arbeitsgerichtsbarkeit seit 1945, in: Die Arbeitsgerichtsbarkeit, 1994, S. 105;

Neumann, Kurze Geschichte der Arbeitsgerichtsbarkeit, NZA 1993, 342; *Nörr*, Grundlinien des Arbeitsrechts in der Weimarer Republik, ZfA 1986, 403 (439 ff.); *Oppermann*, Studien zum Arbeitsgerichtsgesetz, 1929; *Pfeifer*, 50 Jahre saarländische Arbeitsgerichtsbarkeit, in: FS 50 Jahre saarländische Arbeitsgerichtsbarkeit 1947–1997; 1997, S. 3; *Philippsen*, Die Entwicklung der Arbeitsgerichtsbarkeit in der Nachkriegszeit; Beispiel Rheinland-Pfalz, in: Schmidt (Hrsg.), FS zum 50-jährigen Bestehen der Arbeitsgerichtsbarkeit in Rheinland-Pfalz, 1999, S. 693 ff.; *Philippsen/Paulsen*, Die Gerichte für Arbeitssachen in Rheinland-Pfalz, Mainz 1989; *Preller*, Sozialpolitik in der Weimarer Republik, 1949, S. 261 ff. (unveränd. Nachdruck 1978); *Reichold*, Der Neue Kurs von 1890 und das Recht der Arbeit: Gewerbegerichte, Arbeitsschutz, Arbeitsordnung, ZfA 1990, 5; *Rickert*, Die Gewerbeordnungsnovelle im Reichstag, Bd. I, 1874; *Saalborn*, Gedenkschrift zum 75jährigen Bestehen des Königlichen Gewerbegerichts Barmen, 1916; *Schippel*, Die deutschen Arbeiter und das Gewerbegerichtsgesetz, 1890; *Schloßstein*, Die westfälischen Fabrikgerichtsdeputationen, 1982; *Schmitz*, Die geschichtliche Entwicklung der Gewerbegerichte unter besonderer Berücksichtigung des Königlichen Gewerbegerichts in Düsseldorf, 1894; *Schöttler*, Die rheinischen Fabrikengerichte im Vormärz und in der Revolution von 1848, ZNR 7 (1985), 160; Senat der Freien und Hansestadt Hamburg (Hrsg.), Zwei Jahrzehnte Arbeitsgerichtsbarkeit in Hamburg, 1967; *Silberschmidt*, Die deutsche Sondergerichtsbarkeit in Handels- und Gewerbesachen, Beilageheft zur ZHR, 55. Band, 1904; *Söllner*, Die Arbeitsgerichtsbarkeit im Wandel der Zeiten, in: Die Arbeitsgerichtsbarkeit, 1994, S. 1; *Stahlhacke*, Die Entwicklung der Gerichtsbarkeit in Arbeitssachen bis 1890, in: Die Arbeitsgerichtsbarkeit, 1994, S. 59; *Stein*, Die geschichtliche Entwicklung der gewerblichen Gerichtsbarkeit in Frankreich, Deutschland, Österreich, Belgien, der Schweiz und England, 1891; *Stieda*, Das Gewerbegericht, 1890; *v. Thüna*, 15 Jahre Gewerbe- und 5 Jahre Kaufmannsgericht Weimar, Jena 1910; *Trinkhaus/Menkens*, Geschichte und Rechtsprechung der bremischen Arbeitsgerichtsbarkeit, 1967; *Wahsner*, Arbeitsrecht unter'm Hakenkreuz, 1994; *Weiss*, Von den Gewerbegerichten zu den Arbeitsgerichten, in: Die Arbeitsgerichtsbarkeit, 1994, S. 75; *ders.*, Arbeitsgerichtsbarkeit und Arbeitsgerichtsverband im Kaiserreich und in der Weimarer Republik, 1994; *Wenzel*, 75 Jahre deutsche Arbeitsgerichtsbarkeit, JZ 1965, 697 und 749; *ders.*, 150 Jahre Arbeitsrechtsprechung zwischen Rhein und Weser, FS zum 150jährigen Bestehen des OLG Hamm, 1970, S. 286 ff.; *Willoweit*, Die Entstehung der preußischen Fabrikengerichte im späten 18. Jahrhundert, ZNR 4 (1982), 1 ff.; Zehn Jahre Arbeitsgericht, Eine Festgabe zur 10jährigen Wiederkehr der Einführung der Arbeitsgerichte in Deutschland, 1937; *Zimmermann*, Ausbau und Vervollkommnung des gewerblichen Einigungswesens, 1914.

I. Die Zeit vor 1926

Die Vorläufer unserer modernen Arbeitsgerichtsbarkeit reichen weit in die Vergangenheit zurück (umfassend zu den Ursprüngen *Brand*, Untersuchungen zur Entstehung der Arbeitsgerichtsbarkeit in Deutschland, 1990). **1**

In Deutschland können die Anfänge einer Arbeitsgerichtsbarkeit in den Zunftgerichten gesehen werden. Mit dem Aufkommen der Massenproduktion durch Zusammenfassung der bisherigen Kleingewerbe zu „Verlagen" unter kaufmännischer Leitung und dem Entstehen der Manufakturen im ausgehenden 17. Jahrhundert kam es zu Streitigkeiten, die nicht in die Kompetenz der Zunftgerichte fielen. Zur Behandlung dieser Auseinandersetzungen zwischen den zunftfremden „Verlegern" und den „verlegten" Handwerksmeistern, die zunehmend in die Abhängigkeit ihrer Verleger gerieten, richteten große Verlagsorganisationen und Betriebe eine sog. Haus- oder Eigengerichtsbarkeit ein. Voraussetzung dafür war ein entsprechendes Privileg, das vom Staat vergeben wurde. Die meisten Hausgerichte waren jedoch ausschließlich mit Vertretern der Unternehmerseite besetzt und dienten der Disziplinierung der verlegten Arbeitskräfte. Mithin fehlte ihnen die notwendige Akzeptanz der Arbeitnehmer. **2**

Im 18. Jahrhundert fanden merkantilistische Ideen zunehmend Aufnahme in den deutschen Territorialstaaten. In der Folge drang das öffentliche Recht zunehmend in private Rechtsverhältnisse ein. Die Verwaltung, damals Polizei genannt, zog auf diese Weise Rechtsstreitigkeiten zwischen Unternehmern und verlegten Handwerkern und **3**

Einleitung A. Geschichtliche Entwicklung

teilweise auch Streitigkeiten, die ursprünglich die Zunftgerichte entschieden, vor die in die Verwaltung integrierten Polizeigerichte. Deren Kammern entschieden mit einem studierten Juristen und Finanzfachleuten, die durchweg keine Juristen waren. Die Polizeigerichte hatten gegenüber den Hausgerichten den Vorzug, dass sie nicht einseitig zugunsten der Unternehmer entschieden, sondern auch das Wohl der verlegten Handwerker im Auge hatten. Die Polizeigerichte waren bemüht, Auswüchse des Verlagssystems zum Wohl der wirtschaftlichen Entwicklung zu korrigieren und die verlegten Facharbeiter vor übermäßiger Ausbeutung ihrer Arbeitskraft zu schützen.

4 In sämtlichen bisher genannten Streitigkeiten konnten auch die ordentlichen Gerichte angerufen werden. Dies geschah jedoch kaum. Den Mitgliedern der Zünfte war es durch die Zunftordnung verboten, in Zunftangelegenheiten ein ordentliches Gericht und nicht ein Zunftgericht anzurufen. Auch Streitigkeiten zwischen Verlegern und Handwerkern wurden nur selten vor ordentliche Gerichte gebracht. Zur damaligen Zeit gab es kein geschriebenes Arbeitsrecht. Es wurde von Gewohnheitsrecht und von obrigkeitlichen Verordnungen, die zum großen Teil nicht veröffentlicht waren, geprägt. Diese Rechtsquellen waren den Richtern der ordentlichen Gerichte nur sehr schwer zugänglich. Also wandten sie das den meisten fremde Römische Recht an, welches zur Entscheidung arbeitsrechtlicher Streitigkeiten kaum Regelungen enthielt und daher für die Materie denkbar ungeeignet war. Aus diesem Grund bestand wenig Vertrauen in die obrigkeitliche Rechtsprechung. Hinzu kam, dass die Verfahren vor den ordentlichen Gerichten sehr lange dauerten (zum Ganzen vgl. insbes. *Brand* aaO). Im Zuge der Justizreform in Preußen unter Führung von *Cocceji* sollten die ordentlichen Gerichte die an die Polizeigerichte verlorenen Kompetenzen in arbeitsrechtlichen Streitigkeiten zurückerhalten. Dieses Vorhaben stieß jedoch wegen der dargestellten Nachteile der ordentlichen Justiz auf großen Widerstand und konnte nicht durchgesetzt werden.

5 Auch die Entwicklung in Frankreich hat unsere Arbeitsgerichtsbarkeit maßgeblich beeinflusst. In Frankreich gab es seit Mitte des 16. Jahrhunderts eigenständige Kaufmannsgerichte, später auch Gewerbe- und Handelsgerichte, deren Ausgangspunkt in einem Zusammenschluss von Kaufleuten und Fabrikanten gesehen werden kann. So bestand insbesondere in Lyon ein Sondergericht mit dem Namen „Tribunal Commun" bis zum Jahre 1791. In den Wirren der Französischen Revolution aufgelöst fand der Gedanke eines solchen Sondergerichts wiederum Eingang in der napoleonische Gesetzgebung und damit über das Rheinland auch in das deutsche Recht.

6 Am 18. 3. 1806 wurde in Lyon der Erste „Conseil de prud'hommes" von Napoleon errichtet, nach dessen Vorbild die Gewerbegerichte im 19. Jahrhundert in Frankreich und im Rheinland entstanden, später auch im übrigen Deutschland. Dieser erste Rat der Gewerbeverständigen von 1806 kann als die Keimzelle der modernen Arbeitsgerichtsbarkeit angesehen werden. So hat z. B. die bis heute bestehende obligatorische Güteverhandlung im Verfahren des Conseil de prud'hommes ihren Ursprung. Der Conseil bestand aus fünf Fabrikanten und vier Werkmeistern, einen unparteiischen Vorsitzenden kannte er noch nicht. Seine Zuständigkeit war auf einzelne Industriezweige begrenzt. Trotz dieser Begrenzungen und der Möglichkeit einer endgültigen Streitentscheidung nur bis zu einem Streitwert von 60 FF (die bereits 1809 entfiel) war dieser Rat in seiner Zuständigkeit und in seinem Verfahren lange Zeit von beispielhafter Bedeutung. Nach seinem Vorbild wurden in den französisch verwalteten Teilen Deutschlands sogleich ähnliche Räte der Gewerbeverständigen gegründet, nämlich 1808 in Aachen, 1811 in Krefeld und Köln. Während das Gewerbegericht in Krefeld schon 1813 wieder aufgelöst wurde, bestanden die Gewerbegerichte in Aachen und Köln über 1815 (dem Ende der französischen Besatzung) hinaus, dehnten ihre Zuständigkeit aus und konsolidierten sich. So entstand eine größere Zahl von Initiativen zur Gründung weiterer Gewerbegerichte oder Fabrikgerichte. 1840 wurden solche Fabrikgerichte in Elberfeld, Lennep, Solingen und Barmen gegründet, später auch in Düsseldorf, Mülheim, Burscheid und Remscheid. Ab 1849 bestand in ganz Preußen die Möglichkeit der Errichtung von

I. Die Zeit vor 1926   **Einleitung**

Gewerbegerichten. Basis war die 1845 erlassene Gewerbeordnung, die ab 1869 auf dem Bereich außerhalb von Preußen ausgedehnt wurde. Trotz dieser Möglichkeiten gelang es auch nach der Reichsgründung 1870/71 noch nicht, eine allgemeine und einheitliche Gewerbegerichtsbarkeit im Deutschen Reich zu schaffen. Jedoch drängte die fortschreitende Industrialisierung zu einer vernünftigen und eigenständigen Lösung, insbesondere seit Inkrafttreten der ZPO von 1877, deren Grundlagen man für die Schlichtung und die Streitentscheidung im Rahmen der arbeitsrechtlichen Probleme von Anfang an nicht für geeignet hielt.

So kam es im Jahre 1890 zur Verabschiedung eines eigenständigen Gewerbegerichts- 7 gesetzes (vom 29. 7. 1890, RGBl. 1890, S. 141), das selbständige Gewerbegerichte mit einem besonderen Verfahren für das gesamte Deutsche Reich einführte. Diese Gewerbegerichte waren in den Gemeinden zu errichten, für alle Gemeinden mit mehr als 20 000 Einwohnern bestand eine Pflicht zur Errichtung solcher Gerichte, im Übrigen eröffnete das Gesetz die Möglichkeit ihrer Gründung. In der Folgezeit wurden sehr schnell eine große Anzahl solcher Gewerbegerichte gegründet. So gab es etwa im Jahre 1900 316 Gewerbegerichte, im Jahre 1913 504 Gewerbegerichte.

Zuständig waren die Gewerbegerichte für die im Gesetz einzeln aufgeführten arbeits- 8 rechtlichen (und teilweise auch sozialrechtlichen) Streitigkeiten zwischen den Arbeitnehmern im Sinne der Gewerbeordnung und den Arbeitgebern.

Zentrales Kennzeichen der nunmehr geschaffenen Gerichtsbarkeit war es einmal, dass 9 sich eine umfassende Sondergerichtsbarkeit in arbeitsrechtlichen Streitigkeiten durchgesetzt hatte, die in erster Instanz vollständig an die Stelle der ordentlichen Gerichte trat (vgl. § 5 Gewerbegerichtsgesetz). Bemerkenswert ist ferner, dass sich mit den Gewerbegerichten der Gedanke durchgesetzt hat, die Richterbank mit einem unabhängigen Vorsitzenden, der nicht die Befähigung zum Richteramt haben musste, und mit weiteren ehrenamtlichen Richtern zu besetzen, die zur Hälfte aus dem Bereich der Arbeitgeber und zur Hälfte aus dem Bereich der Arbeitnehmer entnommen werden (vgl. § 12 Gewerbegerichtsgesetz). Auch im Verfahren ist 1890 eine Grundlage gelegt worden, die in vielfacher Weise noch heute fortwirkt. So sollte z. B. schon damals bei fehlenden Spezialregelungen das Verfahren vor den Amtsgerichten herangezogen werden (§ 24 Gewerbegerichtsgesetz). Alle diese Regelungen galten freilich nur für die erste Instanz. Es gab im Gewerbegerichtsgesetz noch keinen Instanzenzug. Vorgesehen war allein die Berufung an das Landgericht nach den Regeln des amtsgerichtlichen Verfahrens (vgl. § 55 Gewerbegerichtsgesetz). Hinzu kam, dass diese Berufung durch eine Berufungssumme von RM 100,– für damalige Verhältnisse sehr stark eingeengt war. Dagegen gab es in der ordentlichen Gerichtsbarkeit 1890 noch keine Berufungssumme. Bemerkenswert ist schließlich, dass Rechtsanwälte ausdrücklich von der Vertretung vor dem Gewerbegericht ausgeschlossen waren (vgl. § 11 Rn. 1).

Das Gewerbegerichtsgesetz wurde im Jahre 1901 novelliert (Gesetz vom 30. 6. 1901, 10 RGBl. 1901 S. 249).

Die schnelle und erfolgreiche Entwicklung, die die Gewerbegerichte nach 1890 11 genommen hatten, ließ schon sehr bald die Frage einer eigenen arbeitsrechtlichen Rechtsprechung auch für die kaufmännischen Arbeitnehmer entstehen. Auf die dahin gerichteten Anregungen der Handlungsgehilfenverbände beschloss der Reichstag im Rahmen der Beratung des HGB bereits im Jahre 1897 ein entsprechendes Gesetzgebungsvorhaben. Das am 6. 7. 1904 erlassene Kaufmannsgerichtsgesetz (RGBl. 1904 S. 266) lehnte sich sehr stark an die Regelungen des Gewerbegerichtsgesetzes an. Genau wie seit der Novelle 1901 im Gewerbegerichtsgesetz mussten nunmehr in allen Gemeinden mit mehr als 20 000 Einwohnern auch Kaufmannsgerichte zwingend errichtet werden, in den übrigen Gemeinden war die Errichtung freigestellt. Insgesamt kam das Kaufmannsgericht mit 22 Paragraphen aus, da in allen wesentlichen Teilen auf das Verfahren des Gewerbegerichtsgesetzes verwiesen wurde (vgl. § 16 Kaufmannsgerichtsgesetz).

Prütting   49

Einleitung A. Geschichtliche Entwicklung

12 Die Gewerbe- und Kaufmannsgerichte blieben bis zum Jahre 1926 bestehen. Ihre Arbeit war trotz aller kriegsbedingten Einschränkungen der Jahre 1914 bis 1918 und insbesondere trotz der Wirren in der Zeit von 1919 bis 1926 so erfolgreich, dass sie die Grundlage einer einheitlichen Arbeitsgerichtsbarkeit in Deutschland und auch in vielen Einzelheiten das Vorbild des Arbeitsgerichtsgesetzes von 1926 bildeten.

II. Das Arbeitsgerichtsgesetz 1926

13 Nach dem politischen Umsturz in der Folge des verlorenen 1. Weltkriegs begann bereits im Jahre 1919 der Streit darum, ob an der Stelle der Gewerbe- und Kaufmannsgerichte eigenständige umfassende Arbeitsgerichte zu schaffen seien oder ob die Arbeitsgerichtsbarkeit wiederum der ordentlichen Gerichtsbarkeit eingegliedert werden sollte (umfassend zur Entstehung des Arbeitsgerichtsgesetzes von 1926 *Graf*, Das Arbeitsgerichtsgesetz 1926, 1993, S. 139 ff.). Als Hintergrund dieser Diskussion verdient auch Beachtung, dass bereits im Jahre 1918 ein eigener Reichsfinanzhof geschaffen worden war, und dass es im gleichen Zeitraum eine intensive Debatte über die Schaffung eines Reichsverwaltungsgerichts gab, die allerdings vor 1933 nicht zum Erfolg führte (vgl. dazu umfassend *Kohl*, Das Reichsverwaltungsgericht, 1991, S. 161 ff.). Im Jahre 1920 wurde dann in einem ersten nicht veröffentlichten Vorentwurf durch den Arbeitsrechtsausschuss eine selbständige Arbeitsgerichtsbarkeit vorgeschlagen. Erstmals 1921 wurde ein auf diesem Vorentwurf aufbauender Entwurf eines Arbeitsgerichtsgesetzes veröffentlicht (Beilage Nr. 2 zu Gewerbe- und Kaufmannsgericht, 27. Jahrgang, 1921). Ein neuer Referentenentwurf, der seit Herbst 1921 in Arbeit war, wurde im Jahre 1923 als Regierungsentwurf publiziert (RArbBl. 1923, S. 385). Anhaltende Diskussionen an diesem Entwurf führten 1925 zu einem neuen, erheblich veränderten Regierungsentwurf (RArbBl. 1925, 309), der am 23. 12. 1926 als Arbeitsgerichtsgesetz verkündet wurde (RGBl. 1926 S. 507). Das Arbeitsgerichtsgesetz 1926 trat am 1. 7. 1927 in Kraft. Zum Zeitpunkt des Inkrafttretens gab es 527 Arbeitsgerichte im Deutschen Reich.

14 In allen Gesetzesentwürfen seit 1920 sowie im Gesetz von 1926 war die Selbständigkeit der Arbeitsgerichte gegen den Widerstand der Vertreter der ordentlichen Gerichtsbarkeit und auch der Arbeitgeber beibehalten worden. Einen Kompromiss enthielt das Gesetz freilich insofern, als nur die erstinstanzlichen Arbeitsgerichte selbständige Gerichte waren. Die Berufungsgerichte und das Revisionsgericht waren jeweils der ordentlichen Gerichtsbarkeit angegliedert worden. Errichtet wurden die Arbeitsgerichte in Süddeutschland regelmäßig für den jeweiligen Bezirk eines Amtsgerichts. Im Rahmen dieser kleinen Arbeitsgerichte war häufig ein Amtsrichter als Vorsitzender im Nebenamt am Arbeitsgericht tätig. In Norddeutschland umfasste jedes Arbeitsgericht dagegen den Bezirk mehrerer Amtsgerichte. Hier waren meist hauptamtliche Vorsitzende tätig, so dass sich gewisse Unterschiede in der Rechtsprechung der unteren Instanzen beobachten ließen. Die Landesarbeitsgerichte wurden bei den jeweiligen Landgerichten errichtet. Das Reichsarbeitsgericht war als besonders besetzter Senat des Reichsgerichts konzipiert.

15 Das Arbeitsgerichtsgesetz 1926 hat in vielen Einzelheiten Regelungen geschaffen, die zumindest im Grundsatz auch heute noch ihre Geltung behalten haben. Zwar blieb es bei der enumerativen Fixierung der Zuständigkeit der Arbeitsgerichte (§ 2 ArbGG 1926), im Rahmen der arbeitsgerichtlichen Streitigkeiten war die Zuständigkeit der Arbeitsgerichte aber umfassend ausgedehnt worden. Im Übrigen wurden eine große Zahl bewährter Verfahrensvorschriften aus dem Gewerbegerichtsgesetz in das neue Gesetz hineingenommen, wobei seither aufgetretene Mängel des Verfahrens abgeändert wurden. Eine Annäherung an die ordentliche Gerichtsbarkeit stellte es dar, dass die Vorsitzenden der Arbeitsgerichte ordentliche Richter sein mussten. Von besonderem Gewicht für die Arbeitsgerichtsbarkeit war es, dass nunmehr erstmals auch ein eigener Instanzenzug und ein spezielles Revisionsgericht in Arbeitssachen vorhanden waren. Ein absolutes Novum

im deutschen Recht war es dabei, dass schon seit den Vorentwürfen der Jahre 1921/1922 für den Zugang zur Berufung und zur Revisionsinstanz die Zulassung von Rechtsmitteln vorgesehen war. Mit dieser Art der Beschränkung des Zugangs zur jeweils höheren Instanz wurde eine Entwicklung eingeleitet, die dazu geführt hat, dass heute der Zugang zu allen obersten Gerichtshöfen des Bundes von einer Zulassung abhängig ist.

Von großer Bedeutung für die künftige Entwicklung war es auch, dass das Arbeitsgerichtsgesetz 1926 die Trennung in ein Urteilsverfahren und ein Beschlussverfahren, das seinerseits seine Ausgangspunkte in der Verordnung über das Schlichtungswesen vom 30. 10. 1923 hatte, eingeführt hat (vgl. § 8 ArbGG 1926). Eigenständige Regelungen eines Schlichtungsverfahrens beruhen auf ersten Versuchen, während des 1. Weltkriegs besondere Schlichtungsausschüsse (Gesetz vom 5. 12. 1916) einzurichten. Dieses eigenständige Schlichtungswesen wurde durch Verordnung vom 23. 12. 1918 und vom 12. 2. 1920 aufrechterhalten und ausgebaut (vgl. *Sitzler*, Die Schlichtung von Arbeitsstreitigkeiten, 1921). Die bereits genannte Verordnung vom 30. 10. 1923 wurde sodann zum eigentlichen Vorläufer des heutigen Beschlussverfahrens (vgl. *Dersch*, Die neue Schlichtungsverordnung nebst arbeitsgerichtlichem Verfahren, 1924; *Weth*, Das arbeitsgerichtliche Beschlussverfahren, 1995, S. 5; ferner übergreifend *Bähr*, Staatliche Schlichtung in der Weimarer Republik, 1989).

Auffallend ist weiterhin der Versuch des Gesetzes, den Streit möglichst auf eine Instanz zu beschränken und den Zugang zur Berufung ebenso wie neues Vorbringen in der Berufungsinstanz einzuschränken (vgl. §§ 64–67 ArbGG 1926).

Die Bedeutung des Arbeitsgerichtsgesetzes 1926 muss heute mehr in seiner Funktion als Vorläufer des Arbeitsgerichtsgesetzes 1953 gesehen werden. Als eigenständiges Verfahrensgesetz hatte es zwischen dem 1. 7. 1927 und dem Jahre 1934 zu wenig Gelegenheit zur praktischen Bewährung. Immerhin waren im Jahre 1931 insgesamt 441 243 Verfahren bei den Arbeitsgerichten anhängig. Dies war der Höchststand zwischen 1927 und 1934. Hiervon wurden knapp 40% durch Vergleich beigelegt, in weniger als 20% ergingen streitige Endurteile (vgl. *Graf* S. 438).

III. Die Zeit von 1933 bis 1945

Der Nationalsozialismus hat gerade im Arbeitsrecht entsprechend seinen eigenen Vorstellungen starke Eingriffe vorgenommen. Dies konnte auf das arbeitsgerichtliche Verfahren nicht ohne tiefgreifende Auswirkungen bleiben. Durch das Gesetz zur Ordnung der nationalen Arbeit vom 23. 1. 1934 (RGBl. I S. 45) wurde das Arbeitsrecht in vielfacher Weise verändert. § 66 dieses Gesetzes enthielt auch erhebliche Eingriffe in das Arbeitsgerichtsgesetz, das in seiner Neufassung am 10. 4. 1934 neu bekannt gemacht wurde (RGBl. I S. 319). Im Einzelnen entfiel die Zuständigkeit für Verbandsstreitigkeiten und für betriebsverfassungsrechtliche Streitigkeiten. Das gesamte Beschlussverfahren wurde beseitigt. Umgestaltet wurde das Recht der Prozessvertretung. Auch im Übrigen haben nationalsozialistische Rechtsvorstellungen in der Sache und durch Personen tief in das arbeitsgerichtliche Verfahren eingewirkt. Später haben dann kriegsbedingte Maßnahmen die Arbeitsgerichtsbarkeit stark eingeschränkt (vgl. 2. KriegsmaßnahmenVO vom 27. 9. 1944, RGBl. I S. 229), bis schließlich die Arbeitsgerichtsbarkeit mit Kriegsende vollkommen zum Erliegen kam.

IV. Die Entwicklung nach 1945

Nachdem die gesamte Gerichtsbarkeit mit dem Kriegsende faktisch zum Erliegen gekommen war, hob der Kontrollrat am 20. 10. 1945 durch die Grundsätze für die Umgestaltung der Rechtspflege auch rechtlich alle Sondergerichte auf. Allerdings wurde

Einleitung　　　　　　　　　　　　　　　　　　　　A. Geschichtliche Entwicklung

der Gedanke einer eigenständigen Arbeitsgerichtsbarkeit weiter verfolgt und so kam es durch das Kontrollratsgesetz Nr. 21 vom 30. 3. 1946 (Amtsblatt des Kontrollrats in Deutschland 1946, S. 124) zur Schaffung einer neuen Arbeitsgerichtsbarkeit. Dieses Kontrollratsgesetz Nr. 21 hat in dreizehn Artikeln auf der Basis des Arbeitsgerichtsgesetzes 1926 die erstinstanzlichen Arbeitsgerichte und die Berufungsgerichte wieder hergestellt. Damit war eine eigenständige Arbeitsgerichtsbarkeit erhalten worden. Einzelne Verfahrensregelungen brachte das neue Gesetz nicht, sondern es verwies in Art. 10 pauschal auf das Arbeitsgerichtsgesetz 1926 in seiner ursprünglichen Fassung. Auffallendste Veränderung war die Bestimmung, dass die Vorsitzenden der Arbeitsgerichte nicht zwingend Berufsrichter sein mussten. Noch ungewöhnlicher war die Festlegung der Amtsdauer auf 3 Jahre mit der Möglichkeit der Wiederbestellung. Die politischen Auswirkungen der Nachkriegsjahre führten zunächst zu einer starken Rechtszersplitterung innerhalb der einzelnen Besatzungszonen und Länder. Vor allem fehlte eine einheitliche Revisionsinstanz. Streitig blieb z. B. auch, ob durch das Kontrollratsgesetz Nr. 21 die Regelungen über das Beschlussverfahren aus dem Arbeitsgerichtsgesetz 1926 wieder eingeführt worden waren. Daneben hat das Kontrollratsgesetz Nr. 35 vom 20. 8. 1946 (Amtsbl. Nr. 10, 1946, S. 174) eine staatliche Schlichtung bezüglich aller arbeitsrechtlichen Streitigkeiten vorgesehen. Entgegen der h. M. dürfte das Gesetz nicht mehr fortgelten (vgl. Rn. 97). Jedenfalls ist es praktisch gegenstandslos (so *Gamillscheg*, Kollektives Arbeitsrecht, Bd. I, 1997, S. 1299).

V. Das Arbeitsgerichtsgesetz 1953

21　Angesichts der Rechtszersplitterung der Jahre nach 1945 drängte die Entwicklung auf die möglichst schnelle Schaffung eines neuen einheitlichen Arbeitsgerichtsgesetzes. Die Grundlage dafür bildete bereits 1949 das Grundgesetz. In Art. 96 Abs. 1 a. F. (der im Grundsatz dem heutigen Art. 95 Abs. 1 entspricht) war die verfassungsrechtliche Entscheidung für ein Rechtssystem mit mehreren selbständigen Zweigen der Gerichtsbarkeit einschließlich einer eigenständigen Arbeitsgerichtsbarkeit gelegt worden. Hinzu kam die ausdrückliche Anweisung an den Gesetzgeber, für den jeweiligen Zweig der Gerichtsbarkeit ein „oberes Bundesgericht" (heute: oberstes Bundesgericht) und damit eine Revisionsinstanz zu errichten. Auf dieser verfassungsrechtlichen Grundlage wurde 1951 ein Regierungsentwurf erstellt (RdA 1951, 456). Dieser Entwurf wurde durch Bundestag, Bundesrat und Bundesregierung nochmals diskutiert (vgl. Bundestags-DS I 3516, 4372 und 4657), bevor der Bundestag am 17. 6. 1953 zunächst das Gesetz verabschiedete. Allerdings musste auf Anrufung durch den Bundesrat noch der Vermittlungsausschuss tätig werden, bis das endgültige Gesetz am 3. 9. 1953 verkündet werden konnte (BGBl. 1953 I S. 1267). Das Gesetz ist am 1. 10. 1953 in Kraft getreten.

22　Auch das Arbeitsgerichtsgesetz 1953 lässt in Aufbau und Inhalt seinen Vorläufer aus dem Jahre 1926 noch deutlich erkennen. Die Zuständigkeit der Arbeitsgerichte ist in § 2 weiterhin enumerativ aufgeführt, gegenüber 1926 aber deutlich erweitert. Rechtsanwälte als Prozessvertreter sind nach § 11 nunmehr auch bei den Arbeitsgerichten zugelassen. Allerdings unterlag ihre Zulassung bis zu einem Streitwert von DM 300,– der Einschränkung, dass die Wahrung der Rechte der Parteien dies notwendig erscheinen lässt. Für den Vorsitz eines Arbeitsgerichts sah § 18 zunächst noch die Möglichkeit vor, dass auch Personen, die nicht die Befähigung zum Richteramt haben, jedoch durch längere Tätigkeit und Erfahrungen auf dem Gebiet des Arbeitsrechts ausgewiesen sind, zu Vorsitzenden ernannt werden können (so die Regelung seit dem Kontrollratsgesetz Nr. 21). Diese Regelung wurde durch das DRiG von 1961 beseitigt. Im Übrigen hat das Arbeitsgerichtsgesetz 1953 wiederum einen eigenen Instanzenzug mit Arbeitsgerichten, Landesarbeitsgerichten und dem Bundesarbeitsgericht in Kassel (heute: Erfurt) geschaffen. Erstmals in der Geschichte der deutschen Arbeitsgerichtsbarkeit sind dabei auch die

VI. Das Arbeitsgerichtsgesetz 1979 **Einleitung**

Berufungsgerichte und das Revisionsgericht selbständige und in jeder Beziehung von der ordentlichen Gerichtsbarkeit getrennte Gerichte geworden. Das Urteilsverfahren ist auf der Grundlage des Arbeitsgerichtsgesetzes 1926 in wesentlichen Teilen wiederhergestellt worden. Das Gesetz hat ein neues und gegenüber früher erweitertes Beschlussverfahren normiert. Die in der Arbeitsgerichtsbarkeit schon immer vorhandene Möglichkeit eines schiedsgerichtlichen Verfahrens wurde stark eingeschränkt.

VI. Das Arbeitsgerichtsgesetz 1979

1. Die Zeit von 1955 bis 1976   23

Trotz einer größeren Zahl von Gesetzesänderungen in manchen Einzelheiten in den Jahren 1955, 1957, 1961, 1964, 1965, 1969, 1972, 1974, 1975 und 1976 blieb das Arbeitsgerichtsgesetz 1953 in seinen tragenden Regelungen 26 Jahre lang im Wesentlichen unverändert. Der Gedanke einer umfassenden Novellierung des Gesetzes wurde durch die starke Zunahme der Eingänge bei den Arbeitsgerichten und insbesondere auch in den Rechtsmittelinstanzen seit Mitte der 60er Jahre ausgelöst. Die gleiche Entwicklung einer Überlastung der Gerichte war damals in allen Zweigen der Gerichtsbarkeit zu beobachten. Deshalb hat der Gesetzgeber nach einer umfangreichen Reformdiskussion zunächst für die ZPO das Gesetz zur Vereinfachung und Beschleunigung gerichtlicher Verfahren geschaffen (Vereinfachungsnovelle 1976 vom 3. 12. 1976, BGBl. I S. 3281). Mit dieser Vereinfachungsnovelle 1976 wurde die ZPO tiefgreifend verändert. Insbesondere sollte eine Konzentration des Verfahrens und vor allem der mündlichen Verhandlung erreicht werden. Diese Gesetzesänderung wirkte unmittelbar und mittelbar in vielfältiger Weise auf das arbeitsgerichtliche Verfahren ein (zu den Einzelheiten vgl. *Philippsen/Schmidt/ Schäfer/Busch/Schwab*, Mainzer Gutachten, 1977; Kurzfassung in NJW 1977, 1133).

2. Die Zeit von 1977 bis 1979   24

Aufbauend auf dieser Reformarbeit an der ZPO wurde ein Gesetzentwurf zur Beschleunigung und Bereinigung des arbeitsgerichtlichen Verfahrens vorbereitet. Die Bundesregierung hat nach umfangreichen Vorbereitungen am 22. 12. 1977 den Gesetzentwurf beschlossen. Er wurde 1978 und 1979 in den parlamentarischen Gremien beraten und am 16. 2. 1979 im Bundestag verabschiedet. Nach Einschaltung des Vermittlungsausschusses insbesondere wegen der ressortmäßigen Zuordnung der Arbeitsgerichtsbarkeit wurde das Gesetz zur Beschleunigung und Bereinigung des arbeits-gerichtlichen Verfahrens am 23. 5. 1979 verkündet (BGBl. I S. 545). Wie schon 1976 die ZPO so wurde 1979 auch das Arbeitsgerichtsgesetz durch diese Novelle grundlegend verändert. Ziele der Novelle waren vor allem die Konzentration des Rechtsstreits im erstinstanzlichen Verfahren auf möglichst eine einzige streitige Verhandlung, eine besondere Beschleunigung des Kündigungsschutzverfahrens, die Entlastung und Neuordnung des Rechtsmittelrechts sowie eine Straffung und Verbesserung des Beschlussverfahrens.

Das geltende Arbeitsgerichtsgesetz 1979 ist seither vielfach literarisch behandelt worden (zum Schrifttum vgl. unten Rn. 41 ff.). Umfassende Einführungen in die Beschleunigungsnovelle 1979 geben *Wlotzke/Schwedes/Lorenz*, Das neue Arbeitsgerichtsgesetz 1979, 1979, und *Philippsen/Schmidt/Schäfer/Busch*, Die Beschleunigungsnovelle zum Arbeitsgerichtsgesetz, Mainzer Kommentar 1979, 1979 (Kurzfassung in: NJW 1979, 1330). Zur weiteren Literatur s. u. Rn. 43 ff.

3. Die Zeit von 1979 bis 1998   26

Das Arbeitsgerichtsgesetz ist in seiner Fassung von 1979 am 2. 7. 1979 neu bekanntgemacht worden (BGBl. I S. 853 und 1036). Seither ist es durch Gesetz vom 13. 6. 1980

Einleitung
A. Geschichtliche Entwicklung

(BGBl. I S. 677) betreffend § 11 a, durch Gesetz vom 13. 8. 1980 (BGBl. I S. 1308) betreffend § 98, durch Gesetz vom 18. 8. 1980 (BGBl. I S. 1503) betreffend § 11, durch Gesetz vom 19. 12. 1985 (BGBl. I S. 2355) betreffend §§ 2 a, 10, 83, durch Gesetz vom 18. 12. 1986 (BGBl. I S. 2496) betreffend § 52, durch die Gesetze vom 13. 7. 1988 (BGBl. I S. 1034 und 1037) betreffend § 82, durch Gesetz vom 20. 12. 1988 (BGBl. I S. 2312) betreffend §§ 2 a, 10, 82, 83, 97, durch das **Arbeitsgerichtsgesetz-Änderungsgesetz** vom 26. Juni 1990 (BGBl. I S. 1206) betreffend die Zuständigkeit und die Ressortierung, durch die Gesetze vom 17. Dezember 1990 (BGBl. I S. 2809 und 2847), nämlich das vierte VwGO-Änderungsgesetz betreffend die Zuständigkeit und Verweisung und das Rechtspflege-Vereinfachungsgesetz betreffend den Großen Senat und das erstinstanzliche Verfahren, sowie durch Gesetz vom 2. August 1993 (BGBl. I S. 1442) betreffend § 72 und durch Gesetz vom 17. Dezember 1993 (BGBl. I S. 2118) betreffend § 2 wiederum geändert worden.

27 Weiterhin erfolgten Änderungen durch die Gesetze vom 24. Juni 1994 (BGBl. I S. 1325 und 1406) betreffend das Kostenrecht in § 12 und die Neueinfügung des § 61 b, durch Gesetz vom 14. 9. 1994 betreffend § 40 Abs. 1, durch Gesetz vom 11. 3. 1996 (BGBl. I S. 454) betreffend § 40, durch Gesetz vom 23. 7. 1996 (BGBl. I S. 1088) betreffend §§ 2, 2 a, 10, 83, durch die Gesetze vom 28. 10. 1996 (BGBl. I S. 1546, berichtigt 2022, und 1548) betreffend die Gerichtsferien und europäische Betriebsräte, durch das Justizmitteilungsgesetz vom 18. 6. 1997 (BGBl. I S. 1430) betreffend § 13, durch Gesetz vom 29. 6. 1998 (BGBl. I 1694) betreffend §§ 46 a, 61 b, 98 und durch Art. 13 des Gesetzes vom 31. 8. 1998 (BGBl. I 2600) betreffend §§ 11, 12 a, 23, 89.

28 Ferner hat es durch den **Einigungsvertrag** (Anl. I Kap. VIII Sachgeb. A Abschn. III Nr. 15) vom 31. August 1990 (BGBl. II S. 889) Maßgaben erhalten. Am 1. 1. 1999 traten die Änderungen durch das Einführungsgesetz zur Insolvenzordnung vom 5. 10. 1994 (BGBl. I S. 2911) in Kraft, die § 21 betreffen. Die Literatur zum Ganzen ist in Rn. 41 ff. genannt.

29 4. Das Beschleunigungsgesetz 2000

In den Jahren 1996 und 1997 ist von den Bundesländern ein neuer Entwurf für ein Gesetz zur Vereinfachung und Beschleunigung des arbeitsgerichtlichen Verfahrens diskutiert worden. Federführend war hier im Jahre 1996 das Land Nordrhein-Westfalen, seither hat das Land Brandenburg die Federführung übernommen. Am 3. 4. 1998 hat Brandenburg einen Gesetzantrag im Bundesrat eingebracht (BR-Drucks. 321/98). Dieser wurde am 19. 6. 1998 vom Bundesrat in seiner 727. Sitzung beschlossen und lag dem Bundestag vor (BT-Drucks. 13/11289). Da das Gesetz aus Zeitmangel in der zu Ende gegangenen 13. Legislaturperiode nicht mehr verabschiedet werden konnte, fiel es der Diskontinuität zum Opfer. Die seit 1990 stark angestiegene Geschäftsbelastung hat jedoch den Bundesrat bewogen, schon am 5. 2. 1999 einen neuen Entwurf eines Gesetzes zur Vereinfachung und Beschleunigung des arbeitsgerichtlichen Verfahrens, sog. **Arbeitsgerichtsbeschleunigungsgesetz** (BT-Drucks. 14/626) vorzulegen. Der Bundestag hat dem am 20. 1. 2000 auf Grund der Beschlussempfehlung des Ausschusses für Arbeit und Sozialordnung (BT-Drucks. 14/2490) zugestimmt. Nach Zustimmung des Bundesrates am 25. 2. 2000 ist das Gesetz am 30. 3. 2000 verkündet worden (BGBl. I S. 333). Es ist am 1. 5. 2000 in Kraft getreten und hat die §§ 2 a, 7, 14, 15, 17, 18, 20, 21, 24, 27, 34, 36, 37, 43, 48, 54, 55, 64, 72, 80, 83, 87, 89, 92, 111, 117 geändert. Zur Literatur hierzu s. u. Rn. 45.

30 5. Das ZPO-ReformG 2001

Unabhängig von der oben Rn. 29 geschilderten Entwicklung zur Schaffung des Arbeitsgerichtsbeschleunigungsgesetzes vom 30. 3. 2000 hat der Gesetzgeber in den Jahren 1999 bis 2001 eine umfassende Justizreform vorgeschlagen und diskutiert. Ausgangs-

VI. Das Arbeitsgerichtsgesetz 1979 **Einleitung**

punkt war die Erklärung der Bundesregierung vom Oktober 1998 gewesen, wonach eine solche umfassende Justizreform (Dreistufigkeit, Aufwertung der einheitlichen Eingangsgerichte, Reform der Gerichte und der Instanzen, Vereinfachung und Angleichung der Verfahrensordnungen) angestrebt sei. Hierzu wurde im Sommer 1999 vom Bundesjustizministerium ein „Bericht zur Rechtsmittelreform in Zivilsachen" vorgelegt, dem ein Referentenentwurf eines Gesetzes zur Reform des Zivilprozesses (Stand vom 23. 12. 1999) folgte. Neben einer Fülle einzelner Änderungen des erstinstanzlichen Verfahrens enthielt der Entwurf eine völlige Neuregelung von Berufung, Revision und Beschwerde in Zivilsachen. Nach intensiven Diskussionen und massiver Kritik (unter anderem äußerten sämtliche Präsidenten der Oberlandesgerichte, des BayObLG und des BGH in einer Entschließung auf ihrer 52. Jahrestagung am 7. 6. 2000, die Mängel und Defizite des Entwurfs wögen so schwer, dass er trotz einer Reihe positiver Ansätze als Ganzes abgelehnt werden müsse) im ganzen Jahr 2000 wurde im Frühjahr 2001 ein erheblich veränderter und entschärfter Entwurf vorgelegt (vgl. BT-Drucks. 14/6036). Dieser Entwurf wurde sodann mit übertriebener Eile verabschiedet. Das **Zivilprozessreformgesetz** (ZPO-RG) vom 27. 7. 2001 (BGBl. I S. 1887) enthält neben den intensivsten Eingriffen in die ZPO seit der Vereinfachungsnovelle 1976 auch einige Änderungen des ArbGG (Art. 30). Im Einzelnen wurden die §§ 34, 40, 46, 54, 55, 64, 65, 66, 67, 69, 70, 72, 74, 76, 77, 78, 83, 87, 89 und 96 ArbGG geändert. Diese Änderungen sind eher als geringfügig anzusehen. Wesentlich bedeutsamer ist aber die Tatsache, dass sich die starken Eingriffe in die ZPO über die Verweisungsnormen (§§ 46 Abs. 2, 64 Abs. 6, 72 Abs. 5, 80 Abs. 2, 87 Abs. 2) auch auf das arbeitsgerichtliche Verfahren auswirken. So erhöht die neue Dokumentationspflicht des § 139 Abs. 4 ZPO in Verbindung mit der Akzentuierung der richterlichen Hinweis- und Aufklärungspflicht den verfahrensrechtlichen Aufwand der Gerichte und wirkt dem Beschleunigungsgrundsatz eher entgegen. Schwierige Fragen wirft auch die Änderung des Berufungsrechts auf, das der Gesetzgeber von einer vollen zweiten Tatsacheninstanz in eine stark eingeschränkte Rechtskontrollinstanz umwandeln wollte. Insgesamt ist es verständlich, dass sich Fachvertreter der Arbeitsgerichtsbarkeit weithin kritisch zu dem Gesetz geäußert haben (vgl. insbesondere den Beschluss der Präsidentinnen und Präsidenten der Landesarbeitsgerichte vom 30. 5. 2000, NZA 2000, 814). Die spezielle Literatur zum ZPO-RG 2001 ist unten Rn. 46 genannt.

6. Die Zeit von 2000 bis 2003   31

Zusätzlich zum ZPO-RG ist am 1. 1. 2002 die Umstellung auf den Euro erfolgt (Gesetz vom 21. 12. 2000, BGBl. I S. 1983, Art. 20). Weiterhin erfolgten Änderungen durch das Gesetz vom 19. 6. 2001 (BGBl. I S. 1046) betreffend die §§ 2, 2a, 10, 12, 83, durch Gesetz vom 25. 6. 2001 (BGBl. I S. 1206) betreffend § 50, durch Gesetz vom 13. 7. 2001 (BGBl. I S. 1542) betreffend § 46 b, durch die 7. Zuständigkeitsanpassungs-Verordnung vom 29. 10. 2001 (BGBl. I S. 2785) und durch Gesetz vom 26. 11. 2001 (BGBl. I S. 3138), durch dessen Art. 5 Abs. 1a Nr. 4 der Art. 30 des Zivilprozessreformgesetzes vom 27. 7. 2001 geändert wurde. Zuletzt erfolgten Änderungen durch das Gesetz vom 10. 12. 2001 (BGBl. I S. 3422) betreffend § 12, durch Gesetz vom 10. 12. 2001 (BGBl. I S. 3443) betreffend § 98, durch Gesetz vom 27. 4. 2002 (BGBl. I S. 1467) betreffend § 24, durch Gesetz vom 23. 7. 2002 (BGBl. I S. 2850) betreffend § 12, durch Gesetz vom 8. 8. 2002 (BGBl. I S. 3140) betreffend die §§ 2a, 10, 83, und durch die 8. Zuständigkeitsanpassungs-Verordnung vom 25. 11. 2003 (BGBl. I S. 2304).

7. Die Zeit von 2004 bis 2006   32

Seither wurde das ArbGG geändert durch Art. 4 des Kostenrechtsmodernisierungsgesetzes vom 5. 5. 2004 (BGBl. I S. 718) betreffend §§ 9, 12, 106, durch Art. 5 des Gesetzes vom 18. 5. 2004 (BGBl. I S. 974) betreffend §§ 2a, 10, 83, durch Art. 7 des Anhörungsrügengesetzes vom 9. 12. 2004 (BGBl. I S. 3220) betreffend §§ 55, 72–73, 78,

Einleitung   B. Die allgemeine Literatur zum arbeitsgerichtlichen Verfahren

78 a, 92 a, 92 b, 93, durch Art. 4 des Gesetzes vom 15. 12. 2004 (BGBl. I S. 3392) betreffend § 11 a, durch Art. 6 des Gesetzes vom 22. 12. 2004 (BGBl. I S. 3675) betreffend §§ 2 a, 10, 82, 83, durch Art. 5 des Justizkommunikationsgesetzes vom 22. 3. 2005 (BGBl. I S. 837) betreffend §§ 11 a, 46 a, 46 b, 46 c, 46 d, 50, 60, 63, durch Art. 4 des Gesetzes vom 23. 3. 2005 (BGBl. I S. 991) betreffend §§ 2 a, 10, durch Art. 2 des Gesetzes vom 18. 8. 2005 (BGBl. I S. 2477) betreffend § 13 a, durch Art. 105 des Gesetzes vom 19. 4. 2006 (BGBl. I S. 866) betreffend §§ 121, 121 a, 122, durch Art. 3 des Gesetzes vom 14. 8. 2006 (BGBl. I S 1897) betreffend §§ 11, 61 b, durch Art. 8 des Gesetzes vom 14. 8. 2006 (BGBl. I S. 1911) betreffend §§ 2 a, 10, 82, 83, durch Art. 94 der 9. Zuständigkeitsanpassungsverordnung vom 31. 10. 2006 (BGBl. I S. 2407) betreffend §§ 5, 7, 11 a, 40, 41, 42, 43, 46 a, 63, durch Art. 8 des Gesetzes zur Änderung des Betriebsrentengesetzes vom 2. 12. 2006 (BGBl. I S. 2742) betreffend § 11, durch Art. 2 des Gesetzes vom 21. 12. 2006 (BGBl. I S. 3332) betreffend §§ 2 a, 10, 82, 83, durch Art. 15 des 2. Justizmodernisierungsgesetzes vom 22. 12. 2006 (BGBl. I S. 3416) betreffend § 46 a.

33   8. Große Justizreform

Seit längerem wird eine Veränderung der fünf Zweige der Gerichtsbarkeit unter dem Stichwort einer Großen Justizreform rechtspolitisch diskutiert. In diesem Zusammenhang wird aus fiskalischen Gründen eine Eingliederung der Arbeitsgerichtsbarkeit in die ordentliche Gerichtsbarkeit erwogen. Dies wäre jusitzpolitisch ein anachronistischer Schritt zurück in die Vergangenheit (vgl. dazu überzeugend *Aust-Dodenhoff* NZA 2004, 24; umfassend dazu *Loritz* FS Beys 2003 S. 923; ferner vgl. *Zumfelder* NZA 2002, 374; *Redeker* NJW 2004, 496; *Nielebock* NZA 2004, 28; *Engelen-Kefer* AiB 2004, 78; *Linsenmaier* NZA 2004, 401; Erklärung des deutschen Arbeitsgerichtsverbands, AuR 2004, 99).

33 a   9. Die Zeit von 2007 bis 2009

Nunmehr hat der Gesetzgeber das ArbGG geändert durch Gesetz vom 26. 7. 2007 (BGBl I 358) betreffend § 11, durch Gesetz vom 20. 4. 2007 (BGBl I 554) betreffend § 24, durch Gesetz vom 12. 12. 2007 (BGBl I 2840) betreffend §§ 11, 12 a, 55, 87, 89, 92, 94, 105; durch Gesetz vom 26. 03. 2008 (BGBl I 444) betreffend §§ 21, 46 a, 46 c, 46 d, 48, 55, 62, 64, 66, 85, 89; durch Gesetz vom 16. 5. 2008 (BGBl I 842) betreffend § 2; durch Gesetz vom 30. 10. 2008 (BGBl I 2122) betreffend §§ 13 a, 46 b–46 e sowie durch Gesetz vom 21. 12. 2008 (BGBl I 2940) betreffend § 48.

B. Die allgemeine Literatur zum arbeitsgerichtlichen Verfahren

I. Gewerbegerichtsgesetz 1890 und Kaufmannsgerichtsgesetz 1904

34   *Apt*, Reichsgesetz betreffend Kaufmannsgerichte, 1. bis 3. Aufl., 1904; *Bachem*, Das Reichsgesetz betreffend die Gewerbegerichte, 1890; *Baum*, Handbuch für Gewerbe- und Kaufmannsgerichte, 2. Ausgabe 1912; *Cuno*, Gewerbegerichtsgesetz, 7. Aufl. 1911; *Mugdan*, Das Reichsgesetz betreffend die Gewerbegerichte, 1890; *Mugdan/Cuno*, Gewerbegerichtsgesetz, 6. Aufl. 1906; *Neukamp*, Das Gewerbegerichtsgesetz, 1907; *Nörpel*, Betriebsrätegesetz und Gewerbe- und Kaufmannsgerichtsbeisitzer, 1922; *Oppenheimer*, Das Einigungswesen an den Gewerbe- und Kaufmannsgerichten, 1913; *Schier*, Das Reichsgesetz betreffend die Gewerbegerichte, 1891; *Schulz*, Das Reichsgesetz betreffend Kaufmannsgerichte vom 6. 7. 1904, 1905; *Stieda*, Das Gewerbegericht, 1890; *Wilhelmi/Fürst*, Das Reichsgesetz betreffend die Gewerbegerichte vom 29. 7. 1890, 1891; *Wilhelmi/Bewer*, Das Gewerbegerichtsgesetz, 2. Aufl. 1903; *Woelbling/Arens*, Gewerbe- und Kaufmannsgesetz in neuester Fassung, 1925.

II. Arbeitsgerichtsgesetz 1926

1. Kommentare

Aufhäuser/Nörpel, Arbeitsgerichtsgesetz, 1. bis 5. Aufl. 1927, 6. Aufl. 1931 (bearbeitet von *Nörpel*); *Baumbach,* Arbeitsgerichtsgesetz vom 23. 12. 1926, 1. Aufl. 1927, 2. Aufl. 1930; *Boesche/Dittmar,* Kommentar zum Arbeitsgerichtsgesetz 1927; *Depene,* Arbeitsgerichtsgesetz, Kommentar, 1. Aufl. 1927, 2. Aufl. 1932; *Dersch/Volkmar,* Arbeitsgerichtsgesetz, Kommentar, 1. und 2. Aufl. 1927, 3. Aufl. 1928, 4. Aufl. 1931; *Elias,* Das Arbeitsgerichtsgesetz, 1927; *Flatow/Joachim,* Arbeitsgerichtsgesetz vom 23. 12. 1926 nebst Verordnung über die Entschädigung der Arbeitgeber- und Arbeitnehmer-Beisitzer der Arbeitsgerichtsbehörden vom 24. 6. 1927 und dem Gesetz zur Abänderung des Betriebsrätegesetzes vom 28. 2. 1928, 1928; *Gerig,* Das Arbeitsgerichtsgesetz vom 23. 12. 1926, 2. Aufl. 1927; *Held/Lieb/Gift,* Arbeitsgerichtsgesetz vom 23. 12. 1926, 1927; *Lieb/Gift,* Arbeitsgerichtsgesetz, 2. Aufl. 1931; *Samter,* Kommentar zum Arbeitsgerichtsgesetz unter besonderer Berücksichtigung der schiedsgerichtlichen, schiedsgutachtlichen und gütevertraglichen Gesetzesvorschriften, 1927; *Schmincke/Sell,* Kommentar zum Arbeitsgerichtsgesetz mit einer systematischen Inhaltsübersicht und einer Formularsammlung, 1. Aufl. 1927, 2. Aufl. 1928; *Siefart,* Arbeitsgerichtsgesetz, 1927; *Stoehsel,* Das Arbeitsgerichtsgesetz (Nachtrag zu Reger/*Stoehsel,* Handausgabe der Gewerbeordnung für das Deutsche Reich, 7. Aufl.), 1927; *Woelbling,* Das Arbeitsgerichtsgesetz vom 23. 12. 1926, Kommentar, 1927.

35

2. Sonstige Literatur

Baum, Gerechtigkeit und Berufsinteresse im Arbeitsgerichtsprozeß, 1928; *Goerrig,* Das arbeitsrechtliche Prozeßverfahren, 1. Band: Der Prozeß vor dem Arbeitsgericht, 1. Aufl. 1930, 2. Aufl. 1931, 3.–4. Aufl. 1933; *Kaskel,* Die neue Arbeitsgerichtsbarkeit, 1927; ders., Arbeitsrecht, 3. Aufl. 1928, 4. Aufl. 1932 (bearbeitet von *H. Dersch*); ders., Die Arbeitsgerichtsbarkeit, Arbeitsrechtliche Seminar-Vorträge IV, 1929; *Kny,* Die Arbeitsgerichtsbehörden, 1928.

36

III. Arbeitsgerichtsgesetz 1934

Baumbach, Arbeitsgerichtsgesetz in der vom 1. 5. 1934 an geltenden Fassung, 3. Aufl. 1934; *Dersch,* Gesetz zur Ordnung der nationalen Arbeit, Kommentar, 1934; *Dersch/Volkmar,* Arbeitsgerichtsgesetz in der Fassung des Gesetzes vom 10. 4. 1934, Kommentar, 5. Aufl. 1934; *Lieb/Gift,* Arbeitsgerichtsgesetz, 1934; *Pracht,* Arbeitsgerichtsgesetz in der vom 1. 5. 1934 an geltenden Fassung, 1934; *Sell,* Der Vorsitzende des Arbeitsgerichts und Landesarbeitsgerichts und seine Kammer, 1938.

37

IV. Kontrollratsgesetz Nr. 21 von 1946

Dietz, Das Arbeitsgerichtsverfahren, Kommentar, 1948; *Fitting,* Das Arbeitsgerichtsgesetz vom 6. 12. 1946 mit Erläuterungen, 1. Aufl. 1947, 2. Aufl. 1949; *Hillenbrand/Jiptner,* Der Arbeitsgerichtsprozeß, 1950; *Kassmann,* Deutsches Arbeitsgerichtsgesetz vom 30. 3. 1946 und Arbeitsgerichtsgesetz vom 23. 12. 1926 mit Erläuterungen, 4.–6. Aufl. 1947; *Maus,* Der Prozeß vor den Arbeitsgerichten, 1950; *Müller,* Arbeitsgerichtsverfahren, Kontrollratsgesetz Nr. 21, Loseblattsammlung, 1949; *Rüstig,* Das Verfahren vor den Arbeitsgerichtsbehörden, 1949.

38

V. Arbeitsgerichtsgesetz 1953

1. Kommentare

39 *Auffarth/Schönherr*, Arbeitsgerichtsgesetz, Kommentar, 1. Aufl. 1965, 2. Aufl. 1968, 3. Aufl. 1974; *Dersch/Volkmar*, Arbeitsgerichtsgesetz vom 3. 9. 1953, Kommentar, 6. Aufl. 1955; *Dietz/Nikisch*, Arbeitsgerichtsgesetz, Kommentar, 1954 (Nachtrag: Stand 1. 10. 1961); *Fitting*, Arbeitsgerichtsgesetz vom 3. 9. 1953, 1953; *Gruell*, Arbeitsgerichtsgesetz mit Erläuterungen für die Praxis, 1953; *Grunsky*, Arbeitsgerichtsgesetz, 1. Aufl. 1976, 2. Aufl. 1978; *Meissinger*, Arbeitsgerichtsgesetz vom 3. 9. 1953 in der Fassung der Gesetze vom 2. 12. 1955 und vom 26. 7. 1957, Kommentar, Loseblattsammlung, 1958 bis 1969; *Rohlfing/Rewolle*, Arbeitsgerichtsgesetz, Kommentar, Loseblattsammlung.

2. Sonstige Literatur

40 *Bitzer*, Das Verfahren in Arbeitssachen einschließlich Beschlussverfahren, Verfahren vor den Ausschüssen für Lehrlingsstreitigkeiten, in Konkurs- und Vergleichsverfahren sowie in der Zwangsvollstreckung, 1956; *Buchholtz*, Handbuch des Arbeitsgerichtsverfahrens, Ein Anleitungs- und Formularbuch, 1977; *G. Hueck* in: *Hueck/Nipperdey*, Lehrbuch des Arbeitsrechts, I. Band, 7. Aufl. 1963, S. 875 ff.; *Kaskel/Dersch*, Arbeitsrecht, 5. Aufl. 1957; *Müller*, Der Anwalt vor den Arbeitsgerichten, 1957; *Philippsen/Schmidt/Schäfer/Busch/Schwab*, Mainzer Gutachten, 1977 (Kurzfassung in: NJW 1977, 1133); *Ruestig*, Das Verfahren vor den Arbeitsgerichtsbehörden, 2. Aufl. 1954; *Schaub*, Das Arbeitsgerichtsverfahren, 2. Aufl. 1977; *ders.*, Arbeitsrechtliche Formularsammlung und Arbeitsgerichtsverfahren, 2. Aufl. 1978; *Schnorr v. Carolsfeld*, Arbeitsrecht, 2. Aufl. 1954, S. 454 ff.

VI. Arbeitsgerichtsgesetz 1979

1. Kommentare

41 *Bader/Creutzfeld/Friedrich*, ArbGG, 4. Aufl. 2006, 5. Aufl. 2008; *Däubler/Hjort/Hummel/Wolmerath*, Arbeitsrecht, Handkommentar, 1. Aufl. 2008; *Dornbusch/Fischermeier/Löwisch*, Fachanwaltskommentar Arbeitsrecht (ArbGG kommentiert von *Heider, Friedrich*), 1. Aufl. 2008; *Düwell/Lipke*, Arbeitsgerichtsverfahren, 1. Aufl. 2000, 2. Aufl. 2006; Erfurter Kommentar zum Arbeitsrecht, Nr. 60 (ArbGG, bearbeitet von *Koch* und *Eisemann*) 1. Aufl. 1998, 2. Aufl. 2001, 3. Aufl. 2003, 4. Aufl. 2004, 5. Aufl. 2005, 6. Aufl. 2006, 7. Aufl. 2007, 8. Aufl. 2008, 9. Aufl. 2009; Gemeinschaftskommentar zum Arbeitsgerichtsgesetz, Loseblatt, Stand Nov. 2008 (bearbeitet von *Bader, Dörner, Mikosch, Schütz, Vossen, Wenzel*); *Grunsky*, Arbeitsgerichtsgesetz, 3. Aufl. 1980, 4. Aufl. 1981, 5. Aufl. 1987, 6. Aufl. 1990, 7. Aufl. 1995; *Hauck/Helml*, Arbeitsgerichtsgesetz, 1. Aufl. 1996, 2. Aufl. 2003, 3. Aufl. 2006; *Heither*, Arbeitsgerichtsgesetz, 4. Aufl. 2006 ff., Loseblatt; *Henssler/Willemsen/Kalb*, Arbeitsrecht Kommentar (ArbGG kommentiert von *Bepler, Kalb, Ziemann*), 1. Aufl. 2004, 2. Aufl. 2006, 3. Aufl. 2008; *Schwab/Weth*, ArbGG, 1. Aufl. 2004, 2. Aufl. 2008; *Stahlhacke/Bader*, Arbeitsgerichtsgesetz, 3. Aufl. 1991 (ab der 4. Aufl. s. *Bader/Creutzfeld/Friedrich*).

2. Sonstige Literatur

42 Arbeitsrechts-Blattei, Kommentar, Loseblattsammlung, D – Arbeitsgerichtsbarkeit; *Ascheid*, Urteils- und Beschlussverfahren im Arbeitsrecht, 2. Aufl. 1998; Deutscher Arbeitsgerichtsverband (Hrsg.), Die Arbeitsgerichtsbarkeit, FS zum 100-jährigen Beste-

hen des Deutschen Arbeitsgerichtsverbandes, 1994; *Ennemann/Griese,* Taktik des Arbeitsgerichtsprozesses, 2. Aufl. 2003; *Feichtinger,* Gesetzliche Neuregelung des arbeitsgerichtlichen Verfahrens, 1979; *Gaul,* Das Arbeitsrecht im Betrieb, Band II, 8. Aufl. 1987; *Gift/Baur,* Das Urteilsverfahren vor den Gerichten für Arbeitssachen, 1993; *Hecker/Tschöpe,* Der Arbeitsgerichtsprozess, 1989; *Lausnicker,* Prozesse in Arbeitssachen, 2008; *Meixner,* Formularbuch Arbeitsgerichtsprozess, 2004; *Müller/Bauer,* Der Anwalt vor den Arbeitsgerichten, 3. Aufl. 1991; Münchener Handbuch zum Arbeitsrecht/*Brehm,* Bd. 3, 2. Aufl. 2000, § 387–§ 394; *Nägele,* Das arbeitsgerichtliche Urteilsverfahren, 2004; *Opolony,* Der Arbeitsgerichtsprozess, 2005; *Ostrowicz/Künzl/Schäfer,* Handbuch des arbeitsgerichtlichen Verfahrens, 3. Aufl. 2006; *Philippsen/Schmidt/Schäfer/Busch,* Mainzer Kommentar, 1979 (Kurzfassung in: NJW 1979, 1330); *Schaub/Künzl,* Arbeitsgerichtsverfahren; Rechte-Pflichten-Verfahren-Instanzen, 7. Aufl. 2004; *Schaub/Koch/Neef/Schrader/Vogelsang,* Arbeitsrechtliches Formular- und Verfahrenshandbuch, 9. Aufl. 2008; *Schwab,* Wie führe ich einen Arbeitsgerichtsprozess, 2. Aufl. 1997; *Wieser,* Arbeitsgerichtsverfahren, 1994; *Wlotzke/Schwedes/Lorenz,* Das neue Arbeitsgerichtsgesetz 1979, Erläuterung zu den geänderten Vorschriften, 1979.

3. Spezielle Literatur zur Beschleunigungsnovelle 1979

Die Literatur hierzu findet sich in der 6. Aufl. Rn. 43 nachgewiesen. 43

4. Spezielle Literatur zu den Novellen 1990

Die Literatur hierzu findet sich in der 6. Aufl. Rn. 44 nachgewiesen. 44

5. Spezielle Literatur zum Arbeitsgerichtsbeschleunigungsgesetz 2000

Die Literatur hierzu findet sich in der 6. Aufl. Rn. 45 nachgewiesen. 45

6. Spezielle Literatur zum ZPO-Reformgesetz 2001

Die Literatur hierzu findet sich in der 6. Aufl. Rn. 46 nachgewiesen. Allgemein zum 46
ZPO-ReformG: vgl. die 5. Aufl. 2004 Rn. 35 c.

C. Die Arbeitsgerichtsbarkeit im Rechtsschutzsystem

I. Das System umfassenden Rechtsschutzes

Die Bundesrepublik Deutschland weist ein System umfassenden Rechtsschutzes auf. 47
Auf der Grundlage des Rechtsstaatsprinzips (Art. 20 Abs. 3 GG; vgl. BVerfG 8. 5. 1973 BVerfGE 35, 41, 47), besteht die Pflicht des Staates zur Justizgewährung (BVerfG 11. 7. 1980 BVerfGE 54, 277, 291; *Dörr,* Der europäisierte Rechtsschutzauftrag deutscher Gerichte, 2003, S. 20 ff., 34 ff. m. w. N.; *Grunsky,* Grundlagen des Verfahrensrechts, 2. Aufl. 1974, § 1 II, S. 2). Dem Bürger wird ein qualifizierter Rechtsschutz, der durch eine unabhängige richterliche Gewalt wahrgenommen wird, zuteil. Dieser Rechtsschutz ist nicht nur auf die Durchsetzung subjektiver Rechte beschränkt, sondern dient auch der Verwirklichung des objektiven Rechts (*Dütz,* Rechtsstaatlicher Gerichtsschutz im Privatrecht, 1970, S. 104). Für Grundrechtsverletzungen steht dem Betroffenen nach Art. 93 GG der Rechtsweg vor das BVerfG offen. Bei Rechtsverletzungen durch die öffentliche Gewalt, womit die vollziehende Gewalt in Ausübung hoheitlicher Befugnisse gemeint ist (*Hesse,* Grundzüge des Verfassungsrechts, § 10 IV 2 a, S. 135), besteht eine Rechtsschutzgarantie gemäß Art. 19 Abs. 4 GG. Auch für privatrechtliche Streitigkeiten ist ein umfassender Rechtsschutz anerkannt, der sich aus dem Rechtsstaatsprinzip ableitet (*Schwab/Gottwald,* Verfassung und Zivilprozess, 1984, S. 32; *Dütz,* Rechtsstaatlicher Gerichts-

schutz im Privatrecht, S. 112). Die Rechtsweggarantie des Art. 19 Abs. 4 GG gibt dem Betroffenen einen Anspruch auf Zugang zu einem staatlichen Gericht (BVerfG 22. 6. 1960 und 11. 10. 1978 BVerfGE 11, 232, 233; 49, 329, 340), wobei sich allerdings weder aus Art. 19 Abs. 4 GG noch aus dem Rechtsstaatsprinzip ableiten lässt, dass der Zugang nur zu einem bestimmten Gericht besteht (BVerfG 27. 7. 1971 BVerfGE 31, 364, 368) noch dass ein Instanzenzug gewährleistet ist (vgl. BVerfG 21. 10. 1954, 22. 6. 1960 und 11. 10. 1978 BVerfGE 4, 74, 94; 11, 232, 233; 49, 329, 340). Jedoch sind sachlich nicht zu rechtfertigende Erschwerungen des Zugangs zu einem Gericht nach Art. 19 Abs. 4 GG verboten (BVerfG 11. 10. 1978 BVerfGE 49, 329, 340). Zum Ganzen und zum Verhältnis der verfassungsrechtlichen Gewährleistung des Rechtsschutzes zu den europäischen Rechtsschutzgeboten vgl. *Dörr*, Der europäisierte Rechtsschutzauftrag deutscher Gerichte, 2003.

II. Der innerstaatliche Rechtsweg

1. Aufbau der Gerichtsbarkeit in der Bundesrepublik Deutschland

48 Die Grundlage für die Gerichtsorganisation findet sich in Art. 92 GG. Die rechtsprechende Gewalt wird durch das BVerfG, durch die im Grundgesetz vorgesehenen Bundesgerichte und durch die Gerichte der Länder ausgeübt. Zur Verfassungsgerichtsbarkeit s. u. Rn. 70.

49 Zur Durchsetzung des rechtsstaatlich gebotenen Rechtsschutzes stehen dem Betroffenen nach Art. 95 GG mehrere Fachgerichtsbarkeiten zur Verfügung, in denen er sein Rechtsschutzziel verfolgen kann. Es handelt sich dabei um eine Garantie der Rechtswege zu den ordentlichen Gerichten, Verwaltungs-, Finanz-, Sozial- und Arbeitsgerichten (zur verfassungsrechtlichen Bestandsgarantie der Arbeitsgerichtsbarkeit vgl. *Hanau*, FS für Bartenbach, 2005, S. 647). Diese Fachgerichte stehen selbständig (*Heyde* in: Handbuch des Verfassungsrechts, hrsg. von *Benda* u. a., 1983, S. 1207) und gleichwertig nebeneinander (zum Verhältnis der Arbeitsgerichtsbarkeit zur allgemeinen Zivilgerichtsbarkeit s. u. Rn. 51 ff., 134).

50 In Art. 95 GG sind jeweils die obersten Gerichtshöfe aufgeführt, also Rechtsmittelgerichte (BVerfG 10. 6. 1958 BVerfGE 8, 174, 177), die auch als einzige Instanz tätig werden können (BVerfG 10. 6. 1958 BVerfGE 8, 174, 177). In den einzelnen Verfahrensordnungen ist ein Instanzenzug mit Zugang zu den obersten Bundesgerichten normiert. Zur Wahrung der Einheitlichkeit der Rechtsprechung dieser obersten Bundesgerichte ist in Art. 95 Abs. 3 GG die Bildung eines gemeinsamen Senats der obersten Bundesgerichte vorgeschrieben (s. u. Rn. 117 und § 45 Rn. 54).

2. Der Rechtsweg zu den Arbeitsgerichten

Schrifttum: *Bausch*, Der Rechtsweg zu den Gerichten für Arbeitssachen im Urteilsverfahren, 1995; *Boin*, Die Prüfung der Rechtswegfrage i. S. des § 17a GVG durch das Rechtsmittelgericht, NJW 1998, 3747; *Brückner*, Bindung des Rechtsmittelgerichts an den Rechtsweg im Fall der unterbliebenen oder verspäteten Rechtswegrüge, NJW 2006, 13; *Deckers*, Zur Verfahrensgestaltung im Fall kumulativer Rechtswegzuständigkeit, ZZP 110, 341; *Drygala*, Auswirkungen der Neuregelung der §§ 17, 17a auf die Prozeßaufrechnung im Arbeitsrecht, NZA 1992, 294; *Häfele*, Die Auswirkungen der Neufassung der §§ 17 bis 17b GVG auf das gerichtliche Verfahren, 2002; *Hager*, Die Manipulation des Rechtswegs, FS für Kissel, 1994, S. 327; *Hoffmann*, § 17 Abs. 2 Satz 1 GVG und der allgemeine Gerichtsstand des Sachzusammenhangs, ZZP 107, 3; *Jauernig*, § 17a II GVG – das unverstandene Wesen, NZA 1995, 12; *Kirschbaum*, Reform der Rechtswegprüfung, Diss. Köln 1996; *Kissel*, Neues zur Gerichtsverfassung, NJW 1991, 945; *ders.*, Die neuen §§ 17 bis 17b GVG in der Arbeitsgerichtsbarkeit, NZA 1995, 345; *Kluth*, Die „sic-non"-Rechtsprechung des BAG, NJW 1999, 342; *Knauss*, Der Kompetenzkonflikt und die Verfahrensverweisung im Arbeitsgerichtlichen Verfahren, Diss. jur. Erlangen 1958; *Koch*, Neues im arbeitsgerichtlichen Verfahren, NJW 1991, 1856; *Krasshöfer-*

II. Der innerstaatliche Rechtsweg **Einleitung**

Pidde/Molkenbur, Der Rechtsweg zu den Gerichten für Arbeitssachen im Urteilsverfahren, NZA 1991, 623; *Künzl,* Rügelose Einlassung im arbeitsgerichtlichen Verfahren, BB 1991, 757; *Lüke,* Der Rechtsweg zu den Arbeitsgerichten und die dogmatische Bedeutung der Neuregelung, FS für Kissel, 1994, 709; *ders.,* Grundlage der Rechtswegprüfung, JuS 1997, 215; *Mayerhofer,* Rechtsweg oder sachliche Zuständigkeit, NJW 1992, 1602; *Reinecke,* Die Entscheidungsgrundlagen für die Prüfung der Rechtswegzuständigkeit, insbesondere der arbeitsgerichtlichen Zuständigkeit, ZfA 1998, 359; *Ressler,* Zur vereinfachenden Wirkung der Verfahrensvorschriften über die Bestimmung des Gerichtszweiges, JZ 1994, 1035; *Schaub,* Die Rechtswegzuständigkeit und die Verweisung des Rechtsstreits, BB 1993, 1666; *Schenke/Ruthig,* Zur Aufrechnung mit rechtswegfremden Forderungen im Prozeß, NJW 1993, 1374; *Schenke,* Rechtswegabgrenzung, in: 50 Jahre BGH, Festgabe aus der Wissenschaft, Bd. III, 2000, S. 45; *K. H. Schwab,* Zum Sachzusammenhang bei Rechtsweg- und Zuständigkeitsentscheidung, FS für Zenner, 1994, S. 499; *N. Schwab,* Neuerungen im arbeitsgerichtlichen Verfahren, NZA 1991, 657; *Spickhoff,* Gerichtsstand des Sachzusammenhangs und Qualifikation von Anspruchsgrundlagen, ZZP 109 (1996), 493; *Vollkommer,* Die Neuregelung des Verhältnisses zwischen den Arbeitsgerichten und den ordentlichen Gerichten und ihre Auswirkungen, FS für Kissel, 1994, 1183; *Windel,* Die Bedeutung der §§ 17 Abs. 2, 17a GVG für den Umfang der richterlichen Kognition und die Rechtswegzuständigkeit, ZZP 111 (1998), 3.

a) Grundsatz

Der Zugang zu den Arbeitsgerichten ist eine Frage der Rechtswegzuständigkeit (BGH 16. 7. 2003 NJW 2003, 2989; BGH 19. 12. 1996 NJW 1998, 909) und damit Voraussetzung einer zulässigen Klage. Das Gesetz zur Neuregelung des verwaltungsgerichtlichen Verfahrens (4. VwGO-ÄndG v. 17. 12. 1990), das am 1. 1. 1991 in Kraft getreten ist, hat die Rechtswegentscheidung und die Verweisung für alle Gerichtsbarkeiten umfassend erneuert, einheitlich geregelt und in den §§ 17–17b GVG zusammengefasst. Die einzelnen Fachgerichte außerhalb der ordentlichen Gerichtsbarkeit wenden nunmehr die §§ 17–17b GVG entsprechend an (vgl. § 48 Abs. 1 ArbGG n.F., § 173 VwGO, § 155 FGO, § 202 SGG). Zur verfassungsrechtlichen Bestandsgarantie der Arbeitsgerichtsbarkeit vgl. *Hanau* FS für Bartenbach, 2005, S. 647. 51

Zugleich gelten die §§ 17 ff. GVG aber auch für die sachliche und örtliche Zuständigkeit in allen Verfahrenszweigen (vgl. § 48 Abs. 1 ArbGG, § 83 VwGO, § 70 FGO, § 98 SGG; a. A. zu Unrecht *Krasshöfer-Pidde/Molkenbur* NZA 1991, 629). Nur in der Zivilgerichtsbarkeit gilt für die Verweisung bei sachlicher oder örtlicher Unzuständigkeit weiterhin § 281 ZPO, der durch das 4. VwGO-ÄndG nicht verändert worden ist. 52

b) Das Verhältnis der Arbeitsgerichtsbarkeit zur ordentlichen Gerichtsbarkeit

Mit der Neuregelung hat der Gesetzgeber nunmehr zum Ausdruck gebracht, dass das Verhältnis zwischen der Arbeitsgerichtsbarkeit und den ordentlichen Gerichten eine Frage der Zulässigkeit des Rechtsweges ist (vgl. vor allem *Lüke,* FS Kissel, S. 709 ff.; so nunmehr auch BAG 26. 3. 1992 NZA 1992, 955 mit zustimmender Anm. *Lißeck,* SAE 1993, 93; BGH 16. 7. 2003 NJW 2003, 2989; OLG Köln 12. 12. 1992 NJW-RR 1993, 639; LAG Frankfurt 6. 1. 1992 DB 1992, 1636; ArbG Passau 29. 10. 1991 BB 1992, 359; *Kissel* NJW 1991, 947; *Mayerhofer* NJW 1992, 1602; *Koch* NJW 1991, 1858; *Schaub* BB 1993, 1666; a. A. *N. Schwab* NZA 1991, 663, wonach zwischen beiden Gerichtszweigen ein Verhältnis sachlicher Zuständigkeit bestehe). Dies war wegen Art. 95 GG schon vor 1991 die korrekte Auffassung. Der frühere Streit um diese Frage wegen des alten Wortlauts von §§ 48a Abs. 4, 48 Abs. 1 ArbGG a. F. hat sich damit erledigt (unvertretbar aus heutiger Sicht die Auffassung von *N. Schwab* NZA 1991, 663). Zu den Einzelheiten des früheren Streits vgl. die Ausführungen in der 1. Aufl., Einl. Rn. 36, 37. 53

c) Die inhaltliche Abgrenzung

§ 13 GVG weist den ordentlichen Gerichten alle Streitigkeiten in Zivilsachen zu, während § 40 VwGO die öffentlichrechtlichen Streitigkeiten den Verwaltungsgerichten 54 zuweist. Zur Abgrenzung dieser beiden Generalklauseln ist an die Natur des Rechtsverhältnisses anzuknüpfen, aus dem der Klageanspruch abgeleitet wird (GemS OGB 10. 4. 1986, NJW 1987, 1472; BAG 11. 6. 2003, NJW 2003, 2629; BAG 5. 10. 2005, NZA 2005, 1429). Maßgebend ist, ob der zur Klagebegründung vorgetragene Sachverhalt für die aus ihm hergeleitete Rechtsfolge von Normen des Bürgerlichen Rechts oder des öffentlichen Rechts geprägt wird (BAG 16. 2. 2000, NJW 2000, 1438; BAG 5. 10. 2005, NZA 2005, 1429).

d) Aufrechnung mit rechtswegfremden Forderungen

55   Spätestens seit der Neuregelung der Rechtswegfragen vom 17. 12. 1990 ist auch die Aufrechnung mit zivilrechtlichen Forderungen vor den Arbeitsgerichten eine Frage nach der Zulässigkeit der Aufrechnung mit rechtswegfremden Forderungen, wie dies bisher schon bei öffentlichrechtlichen Ansprüchen galt. In allen diesen Fällen ist daher künftig einheitlich zu verfahren (a. A. BAG 28. 11. 2007, NZA 2008, 834; BAG 23. 8. 2001 MDR 2002, 52; *Matthes* § 2 Rn. 142 ff.; *Mayerhofer* NJW 1992, 1604).

56   Die Behandlung rechtswegfremder Forderungen im Rahmen der Aufrechnung ist seit langem streitig. Bisher wurden als Lösungsmöglichkeiten angesehen: die Aussetzung des Rechtsstreits mit der Möglichkeit der Klageerhebung vor dem zuständigen Gericht (so früher die h. M., vgl. BGH 11. 1. 1955 BGHZ 16, 124; BVerwG 12. 2. 1987 BVerwGE 77, 27 = NJW 1987, 2530); die Entscheidung durch Vorbehaltsurteil (vgl. *Grunsky*, Grundlagen des Verfahrensrechts, 2. Aufl. 1974, S. 153; das greift nunmehr BAG 28. 11. 2007, NZA 2008 843 auf; kritisch dazu *Wieser* MDR 2008, 785) oder die Zulässigkeit sofortiger Entscheidung aus dem Gesichtspunkt der Zuständigkeit kraft Sachzusammenhangs (*Rosenberg/Schwab*, ZRP, 14. Aufl. 1986, § 106 IV 6). Nunmehr hält das BAG eine Verweisung wegen der Gegenforderung an das zuständige Gericht ohne Aussetzung für zulässig (BAG 28. 11. 2007, NZA 2008, 843).

57   Dieser Streit ist durch die Neufassung von § 17 Abs. 2 Satz 1 GVG überholt (a. A. BAG 28. 11. 2007, NZA 2008, 843; BAG 23. 8. 2001 MDR 2002, 52). Nunmehr muss im Hinblick auf die gesetzliche Neuregelung eine Entscheidungskompetenz des angerufenen Gerichts anerkannt werden, so dass dieses auch über rechtswegfremde Forderungen mit entscheiden kann (wie hier LAG München NZA-RR 1999, 438; *Schenke/Ruthig* NJW 1992, 2510 ff. und NJW 1993, 1374; *Drygala* NZA 1992, 297; *Lißeck* SAE 1993, 92; *Hoffmann* ZZP 107, 22 ff.; *Kissel* GVG, 3. Aufl. 2001, § 17 Rn. 52; *Gaa* NJW 1997, 3343; VGH Mannheim NJW 1997, 3394; VGH Kassel NJW 1995, 1107; a. A. BAG 23. 8. 2001 MDR 2002, 52; *Zöller/Gummer* § 17 GVG Rn. 10; *Rupp* NJW 1992, 3274; MünchKommZPO/*Gottwald*, 2. Aufl. 2000, § 322 Rn. 190; *Thomas/Putzo* § 145 Rn. 24; *Lüke*, FS Kissel, S. 717 ff.; *Windel* ZZP 111, 31; für die Gegenauffassung könnte auch BGH 28. 2. 1991 NJW 1991, 1686 = ZZP 105, 83 mit Anm. *Schilken* angeführt werden; dagegen zu Recht aber *Schenke/Ruthig* NJW 1992, 2510).

e) Objektive Klagenhäufung

58   Zu Recht hat der BGH im Urteil vom 28. 2. 1991 (BGHZ 114, 1 = NJW 1991, 1686) darauf hingewiesen, dass es dem Gericht nicht durch § 17 Abs. 2 GVG verwehrt ist, bei einer Mehrheit prozessualer Ansprüche für einen dieser Ansprüche die Zulässigkeit des Rechtswegs zu verneinen. Anderenfalls sei nämlich der Rechtswegmanipulation durch beliebige Klagenhäufung Tür und Tor geöffnet. Das habe der Gesetzgeber erkennbar nicht gewollt. Vielmehr sei es Ziel des Gesetzgebers gewesen, dass in den Fällen, in denen der (einheitliche) Klageanspruch auf mehrere, verschiedenen Rechtswegen zugeordnete Anspruchsgrundlagen gestützt werde, das Gericht zur Entscheidung über sämtliche Klagegründe legitimiert und verpflichtet sei (so auch *Kissel* GVG, 3. Aufl. 2001, § 17 Rn. 49).

3. Bindung der Arbeitsgerichte an rechtskräftige Entscheidungen anderer Gerichte

Schrifttum: *Becker*, Das novellierte arbeitsgerichtliche Beschlußverfahren und seine Auswirkungen auf das Individualarbeitsrecht, ZZP 117, 2004, S. 59; *Budde*, Bindungswirkung von Vorentscheidungen für das spätere arbeitsgerichtliche Urteilsverfahren, Diss. jur. Münster 2000; *Dütz*, Arbeitsgerichtliches Beschlußverfahren und Individualprozeß, FS für Gnade, 1992, S. 487; *Jox*, Die Bindung an Gerichtsentscheidungen über präjudizielle Rechtsverhältnisse, 1991; *Konzen*, Die Präjudiziabilität rechtskräftiger arbeitsgerichtlicher Beschlüsse im nachfolgenden Individualprozeß, FS für Zeuner, 1994, S. 401; *Krause*, Rechtskrafterstreckung im kollektiven Arbeitsrecht, 1996; *Nottebom*, Rechtskrafterstreckung präjudizieller Entscheidungen im arbeitsgerichtlichen Verfahren, 2001; *Otto*, Entscheidungsharmonie, Verfahrensökonomie und rechtliches Gehör bei Streitigkeiten mit kollektivem Bezug, RdA 1989, 247; *Prütting*, Prozessuale Koordinierung von kollektivem und Individualarbeitsrecht, RdA 1991, 257; *Schack*, Drittwirkung der Rechtskraft, NJW 1988, 865; *Tappe*, Möglichkeiten der Entscheidungsharmonisierung zwischen arbeitsgerichtlichem Urteils- und Beschlußverfahren, 1998; *Thomas*, Materiellrechtliche Bindungswirkung eines arbeitsgerichtlichen Beschlusses auf Individualprozesse im Rahmen des Betriebsverfassungsrechts, 1998.

a) Bindung an Rechtswegentscheidungen

Schrifttum: S. o. vor Rn. 51.

Das Arbeitsgericht entscheidet über die Zulässigkeit des zu ihm beschrittenen Rechtsweges gemäß § 48 Abs. 1 ArbGG n. F. nach Maßgabe des § 17a Abs. 2 bis Abs. 4 GVG. Hält das Gericht den beschrittenen Rechtsweg für unzulässig, spricht es dies nach Anhörung der Parteien von Amts wegen aus und verweist den Rechtsstreit (ebenfalls von Amts wegen) zugleich an das zuständige Gericht des zulässigen Rechtsweges. Diese Entscheidung ergeht selbst dann, wenn sich die Parteien rügelos eingelassen haben; eine Zuständigkeitsbegründung durch rügelose Einlassung gibt es nämlich nach neuer Rechtslage nicht mehr (*Ließeck* SAE 1993, 92; vgl. auch *Künzl* BB 1991, 757). Die Entscheidung ergeht durch Beschluss und ist gemäß § 17a Abs. 2 Satz 1 und 3 GVG für das Gericht, an das der Rechtsstreit verwiesen worden ist, bindend. Mithin kann die Klage nicht mehr als unzulässig abgewiesen werden. Ferner ist nicht nur eine Rückverweisung, sondern nunmehr auch jede Weiterverweisung an einen anderen Rechtsweg ausgeschlossen (BGH 9. 4. 2002 NJW 2002, 2474; BGH 26. 7. 2001 NJW 2001, 3631; BGH 24. 2. 2000 NJW 2000, 1343; *Schaub* BB 1993, 1667). Es führt also eine Rechtswegverweisung auch nicht dazu, dass das Gericht, an das der Rechtsstreit verwiesen worden ist, nunmehr innerhalb seines eigenen Gerichtszweiges wegen örtlicher Unzuständigkeit eine Weiterverweisung vornimmt (BAG 14. 1. 1994 NZA 1994, 478). Soweit die Bindungswirkung des § 17a Abs. 2 Satz 3 GVG reicht, muss diese Bindung auch dann beachtet werden, wenn der jeweilige Verweisungsbeschluss fehlerhaft war (BAG 17. 7. 1995 und 14. 12. 1998 NJW 1996, 413; NZA 1999, 390; BGH 24. 2. 2000 NJW 2000, 1343; BGH 8. 7. 2003 NJW 2003, 2990; BGH 16. 12. 2003 NZA 2004, 341). Eine Ausnahme ist nur dort anzuerkennen, wo es sich um einen offenkundig gesetzwidrigen Verweisungsbeschluss handelt. Dies ist anzunehmen, wenn der Beschluss jeder Rechtsgrundlage entbehrt, wenn er willkürlich gefasst ist oder wenn er auf der Versagung rechtlichen Gehörs gegenüber einem Verfahrensbeteiligten beruht (BAG 1. 7. 1992 NZA 1992, 1047; BAG 14. 1. 1994 NZA 1994, 478; BAG 17. 7. 1995 NJW 1996, 413). Offenkundigkeit ist dagegen nicht bei einem eindeutigen Rechtsfehler gegeben (BGH 16. 12. 2003 NZA 2004, 341 für den Fall, dass § 5 Abs. 1 S. 3 ArbGG übersehen wurde). Zu den Rechtsmitteln gegen einen Verweisungsbeschluss vgl. § 17a Abs. 4 Sätze 3, 4, 5 und 6 GVG. Die bindende Rechtswegentscheidung gemäß § 17a Abs. 2 GVG kann notfalls auch im Wege des § 36 Abs. 1 Nr. 6 ZPO festgestellt werden (BGH 26. 7. 2001 NJW 2001, 3631).

59

Einleitung C. Die Arbeitsgerichtsbarkeit im Rechtsschutzsystem

60   Ist der beschrittene Rechtsweg zulässig, kann das Gericht dies gemäß § 17a Abs. 3 Satz 1 GVG vorab aussprechen. Rügt eine Partei die Zulässigkeit des Rechtsweges, so muss das Gericht gemäß § 17a Abs. 3 Satz 2 GVG vorab entscheiden, gemäß § 17a Abs. 4 Satz 1 GVG ebenfalls durch Beschluss, der wiederum anfechtbar ist (vgl. § 17a Abs. 4 Satz 3). Allerdings ist die Beschwerde nach § 17a Abs. 4 S. 4 GVG seit dem 1. 1. 2002 eine Rechtsbeschwerde (BAG 26. 9. 2002 NZA 2002, 1302; ebenso BGH 10. 7. 2003 NZA 2003, 1052 m. w. N.).

61   Nach den §§ 17a Abs. 5 GVG, 65 ArbGG ist das Berufungsgericht an die Entscheidung des Gerichts des ersten Rechtszuges zur Zulässigkeit des Rechtsweges gebunden. Eine Bindung wird allerdings abgelehnt, wenn die Entscheidung entgegen § 17a Abs. 4 Satz 1 trotz Parteirüge nicht vorab durch Beschluss, sondern in den Gründen des Endurteils ergangen ist (BAG 26. 3. 1992 NZA 1992, 954; BGH 23. 9. 1992 WM 1993, 820; BGH 25. 2. 1993 NJW 1993, 1799). Insoweit soll § 65 ArbGG n. F. auch einer Überprüfung durch das Rechtsmittelgericht nicht im Wege stehen (zum Ganzen auch *Boin* NJW 1998, 3747). Die Bindung bleibt jedoch bestehen, auch wenn das erstinstanzliche Gericht mangels Rüge einer Partei von einer Entscheidung durch Beschluss nach § 17a Abs. 3 GVG absehen durfte (BGH 18. 9. 2008, NJW 2008, 3572).

62   Schwierigkeiten haben sich vor allem ergeben, wenn über die der Rechtswegentscheidung zugrunde liegenden Tatsachen Unklarheit besteht: Die Arbeitsgerichte sind nämlich nur zuständig, wenn zwischen den Parteien ein Arbeitsverhältnis besteht. Dafür ist die Natur des Rechtsverhältnisses entscheidend, aus dem der Klageanspruch abgeleitet wird (GemS-OGB 10. 4. 1986 NJW 1986, 2359). Bei Unsicherheit über das Vorliegen des behaupteten Rechtsverhältnisses wird danach differenziert, ob sich der Anspruch ausschließlich entweder auf eine arbeitsrechtliche oder auf eine nicht arbeitsrechtliche Anspruchsgrundlage stützen lässt (aut-aut-Fall), ob sich der Anspruch sowohl auf eine arbeitsrechtliche als auch auf eine nicht arbeitsrechtliche Anspruchsgrundlage stützen lässt (et-et-Fall) oder ob es sich um einen Anspruch handelt, der sich ausschließlich auf eine arbeitsrechtliche Anspruchsgrundlage stützen lässt (sic-non-Fall). Die Rechtsprechung des BAG hatte in neuerer Zeit häufig Fälle zu entscheiden, in denen die Klage in dem zuletzt genannten Sinne nur Erfolg haben konnte, wenn der Kläger Arbeitnehmer war (vgl. zuletzt BAG 11. 6. 2003 NZA 2003, 1163 = NJW 2003, 3365; BAG 19. 12. 2000 NJW 2001, 1373). Die jeweilige klägerische Behauptung ist in diesen Fällen also doppelrelevant, weil sie sowohl im Rahmen der Rechtswegermittlung als auch für die Begründetheit der Klage maßgeblich ist. Das BAG lässt in st. Rspr. für die Bejahung des Rechtswegs die (schlüssige) klägerische Behauptung genügen, er sei Arbeitnehmer (im Einzelnen s. u. Rn. 142 ff. und § 2 Rn. 189 ff.). Gegen diese Rechtsprechung des BAG zu den sic-non-Fällen werden allerdings zu Recht Bedenken erhoben (*Ganser-Hillgruber* RdA 1997, 355; *Kluth* NJW 1999, 342; *Kissel*, GVG, 3. Aufl. 2001, § 17 Rn. 21; differenzierend auch *Reinecke* ZfA 1998, 359 ff.). Das BVerfG hat bei Gefahr von Manipulationen auf einen möglichen Verstoß gegen den Grundsatz von Treu und Glauben hingewiesen und eine einschränkende Auslegung des § 2 Abs. 3 ArbGG für möglich gehalten. Im Übrigen hat das BVerfG die BAG-Rechtsprechung aber nicht beanstandet (BVerfG 31. 8. 1999 NZA 1999, 1234).

b) Bindung an Entscheidungen anderer Arbeitsgerichte

63   Die materielle Rechtskraft arbeitsgerichtlicher Entscheidungen führt dazu, dass bei Identität des Streitgegenstandes und der Parteien (bzw. bei kontradiktorischem Gegenteil) eine erneute Entscheidung eines Arbeitsgerichts nicht ergehen darf; die Rechtskraft ist eine negative Prozessvoraussetzung (BGH 14. 2. 1962 BGHZ 36, 365, 367; BGH 17. 2. 1983 JZ 1983, 394, 395; *Rosenberg/Schwab/Gottwald* § 151 III 1 a).

64   Auch in dem Fall, dass eine rechtskräftig festgestellte Rechtsfolge eine präjudizielle Voraussetzung für den im zweiten Prozess verfolgten Anspruch zwischen denselben Parteien darstellt, besteht eine Bindung des Arbeitsgerichts an diese Feststellung (BGH

II. Der innerstaatliche Rechtsweg

17. 2. 1983 JZ 1983, 394, 395; *Rosenberg/Schwab/Gottwald*, § 151 III 2; BAG 13. 11. 1958 KSchG § 3 Nr. 17: Die rechtskräftige Feststellung des Bestehens des Arbeitsverhältnisses ist präjudizielle Voraussetzung für die Geltendmachung des Zahlungsanspruchs). Der entscheidende Richter muss diese Präjudizien in seinem Urteil beachten. Darüber hinaus will das BAG (10. 11. 1987 AP BetrVG 1972 § 113 Nr. 15; 9. 4. 1991 NZA 1991, 812; 17. 2. 1992 NZA 1992, 999) in bestimmten Fällen auch ohne die Voraussetzungen einer Rechtskraftwirkung oder Rechtskrafterstreckung und ohne gesetzliche Grundlage (wie z. B. § 9 TVG) eine Bindung Dritter, am Erstverfahren nicht Beteiligter an die rechtskräftige Entscheidung bejahen. Diese Auffassung zur Koordinierung individualrechtlicher Ansprüche, die in einem Beschlussverfahren mitbehandelt und mitbetroffen sind, ist zwar praktisch einleuchtend und in ihren Ergebnissen vernünftig, sie lässt sich aber prozessual nicht begründen. Es gibt trotz einer Vielzahl kollektiver Rechtsstreitigkeiten, deren sachlicher Gegenstand präjudiziell für einen nachfolgenden Individualrechtsstreit ist, keine allgemeine Rechtskrafterstreckung über die Parteien hinaus und es gibt im Gesetz auch keine allgemeine normative Bindungswirkung. Die Versuche in Rechtsprechung und Literatur, eine solche Bindungswirkung zu begründen, sind nicht haltbar (ausführlich dazu *Prütting* RdA 1991, 257, 262 ff.; ebenso nunmehr BGH 26. 6. 2003 MDR 2003, 1247 mit umfassenden Nachweisen zur Diskussion im Zivilprozess; ferner BAG 17. 2. 1992 NZA 1992, 999; umfassend auch *Krause* S. 128 ff., der freilich die Grenzen von Bindungswirkungen etwas weiter ziehen will; der hier vertretenen Lösung zustimmend zuletzt *Becker* ZZP 117, 2004, 59, 69 ff.; *Thomas* S. 39 ff. und *Tappe* S. 225 sowie im Wesentlichen auch *Budde* S. 40 ff., die allerdings teilweise als Ausweg eine Analogie zu §§ 126, 127 InsO befürworten; dem kann zugestimmt werden; zu weitgehend dagegen *Nottebom* S. 135 ff.). Entscheidend für die Ablehnung einer im Gesetz nicht vorgesehenen präjudiziellen Bindungswirkung ist der Gesichtspunkt, dass eine solche Bindung für den am Erstprozess nicht beteiligten Dritten einen Eingriff in seinen Anspruch auf rechtliches Gehör darstellt. Es kann nicht richtig sein, dass eine Prozesspartei sich Ergebnisse eines Vorprozesses mit zwingender Wirkung entgegenhalten lassen muss, ohne dass sie die Möglichkeit hatte, sich am Erstprozess zu beteiligen. Es ist auch ausgeschlossen zu unterstellen, dass der am Erstprozess nicht beteiligte Arbeitnehmer durch den beteiligten Betriebsrat „repräsentiert" worden sei und sich daher die Ergebnisse des Erstprozesses zurechnen lassen müsse. Schließlich ist es aus verfassungsrechtlichen Gründen auch ausgeschlossen, § 9 TVG analog heranzuziehen (zum Ganzen eingehend *Prütting* RdA 1991, 257 ff.; wie hier im Wesentlichen auch *Krause*, der allerdings wohl zu Recht darauf hinweist, dass Art. 103 Abs. 1 GG dort keine Schranke einer Bindungswirkung darstellt, wo der betroffene Dritte der materiellrechtlichen Dispositionsbefugnis der Parteien des ersten Verfahrens unterliegt; vgl. *Krause*, S. 227 ff.; a. A. *Konzen* FS Zeuner, 1994, S. 401 ff., der eine Analogie zu § 327 ZPO bejaht). Neuerdings schränkt das BAG seine Auffassung deutlich ein, ohne sie insgesamt aufzugeben (BAG 15. 8. 2002 ZIP 2003, 456).

c) Bindung an Entscheidungen von Gerichten anderer Gerichtszweige

Eine Bindung der Arbeitsgerichte an Entscheidungen von Gerichten anderer Gerichtszweige kann nur dann vorliegen, wenn die Rechtskraft dieser Urteile auch in einem späteren arbeitsgerichtlichen Verfahren wirkt. Daher ist ein Arbeitsgericht im Kündigungsschutzprozess nicht an Tatsachenfeststellungen aus einem rechtskräftigen Strafurteil gebunden (BAG 8. 6. 2000 ZIP 2000, 2265; BAG 16. 9. 1999 AP BetrVG 1972 § 103 Nr. 38). **65**

Aus der in Art. 95 GG angeordneten Gleichwertigkeit der Gerichtszweige ergibt sich auch eine Gleichwertigkeit der Entscheidungen der verschiedenen Gerichte, so dass im Rahmen der Rechtskraftwirkungen (aber auch nur insoweit!) später entscheidende Gerichte an die Erstentscheidungen, unabhängig in welchem Rechtsweg sie ergangen ist, **66**

Einleitung

gebunden sind (BGH 30. 4. 1953 und 13. 1. 1983 BGHZ 9, 329, 332; 86, 226, 232; *Ule*, Verwaltungsprozessrecht, 9. Aufl. 1987, § 59 I 2).

67 Sind in einem arbeitsgerichtlichen Verfahren die Parteien identisch mit denen eines vorhergehenden Verfahrens in einem anderen Gerichtszweig, so wirkt die Rechtskraft der ersten Entscheidung für den arbeitsgerichtlichen Prozess (*Rosenberg/Schwab/Gottwald* § 13 III 2, für die Bindungswirkung zwischen Arbeitsgericht und ordentlichem Gericht).

d) Bindung an eigene Entscheidungen des Arbeitsgerichts

68 Im Falle materieller Rechtskraft ist das Arbeitsgericht an eine eigene frühere Entscheidung in gleicher Weise gebunden wie an Entscheidungen anderer Arbeitsgerichte (s. oben Rn. 50). Darüber hinaus besteht gemäß § 318 ZPO eine innerprozessuale Bindungswirkung des Gerichts an seine eigenen Vorentscheidungen. So entfaltet z. B. ein Beschluss, mit dem eine Berufung als unzulässig verworfen wird, zwar keine Rechtskraftwirkung, aber eine solche Bindungswirkung gemäß § 318 ZPO (BAG 21. 8. 2003 NZA 2003, 1292).

4. Entscheidung über Vorfragen

69 Das Arbeitsgericht hat die Kompetenz, nichtarbeitsrechtliche Vorfragen, die notwendige Voraussetzung zur Entscheidung der Hauptfrage sind, mizuentscheiden (LAG Hamm 12. 10. 1954 AP ArbGG 1953 § 2 Nr. 1; *Schaub* ArbGV § 10 Rn. 15). Da diese Vorfragen nur ein Element der Gründe der Entscheidung sind, erwachsen sie nicht in Rechtskraft, so dass die Entscheidung im beschrittenen Rechtsweg verbleibt (*Grunsky* § 2 Rn. 16).

III. Die Verfassungsgerichtsbarkeit

Schrifttum: *Benda/Klein*, Lehrbuch des Verfassungsprozeßrechts, 2. Aufl. 2001; *Dörr*, Die Verfassungsbeschwerde in der Prozeßpraxis, 2. Aufl. 1997; *Gusy*, Die Verfassungsbeschwerde, 1988; *Hanau*, Die verfassungsrechtliche Bestandsgarantie der Arbeitsgerichtsbarkeit, FS für Bartenbach, 2005, S. 647; *Isensee/Kirchhof* (Hrsg.), Handbuch des Staatsrechts der Bundesrepublik Deutschland, Bd. II, 1987; *Kenntner*, Das BVerfG als subsidiärer Superrevisor, NJW 2005, 785; *Kleine-Cosack*, Verfassungsbeschwerden und Menschenrechtsbeschwerde, 2. Aufl. 2006; *Lechner/Zuck*, BVerfGG, 4. Aufl., 1996; *Limbach*, Das BVerfG und der Grundrechtsschutz in Europa, NJW 2001, 2913; *Maunz/Schmidt-Bleibtreu/Klein/Bethge*, BVerfGG, Loseblatt, Stand Sept. 2003; *Otto*, Zur Interaktion zwischen BVerfG und Arbeitsgerichtsbarkeit – Erfahrungen und Erwartungen, FS für Zöllner, 1998; *Pestalozza*, Verfassungsprozeßrecht, 3. Aufl. 1991; *Roellecke*, Roma locuta – Zum 50-jährigen Bestehen des BVerfG, NJW 2001, 2924; *Schenke*, Verfassungsgerichtsbarkeit und Fachgerichtsbarkeit, 1987; *Schlaich/Korioth*, Das Bundesverfassungsgericht, 6. Aufl. 2004; *Schumann*, Verfassungs- und Menschenrechtsbeschwerde gegen richterliche Entscheidungen, 1963; *v. Stackelberg*, Die Verfahren der deutschen Verfassungsbeschwerde und der europäischen Menschenrechtsbeschwerde, 1988; *Steiner*, Der Richter als Ersatzgesetzgeber, NJW 2001, 2919; *Stern*, Das Staatsrecht der Bundesrepublik Deutschland, Bd. II, 1980; *Umbach/Clemens/Dollinger*, Bundesverfassungsgerichtsgesetz, 2. Aufl. 2005; *Zuck*, Das Recht der Verfassungsbeschwerde, 3. Aufl. 2006.

1. Aufbau

70 Nach Art. 92 GG wird die rechtsprechende Gewalt außer durch Bundes- oder Ländergerichte durch das BVerfG ausgeübt.

71 Das BVerfG ist ein allen übrigen Verfassungsorganen gegenüber selbständiger und unabhängiger Gerichtshof des Bundes (§ 1 Abs. 1 BVerfGG) mit Verfassungsorganqualität (BVerfG 21. 4. 1957 BVerfGE 6, 300, 303; *Stern*, Bd. II, § 32 II 1, S. 341).

III. Die Verfassungsgerichtsbarkeit   **Einleitung**

Organisatorisch besteht das BVerfG aus zwei Senaten (§ 2 Abs. 1 BVerfGG), die 72
einander gleichgeordnet mit gesetzlich festgelegten Zuständigkeiten tätig werden, § 14
BVerfGG. Die Senate sind jeweils mit 8 Richtern besetzt; diese werden für eine Amtszeit
von 12 Jahren von je der Hälfte der Mitglieder des Bundestages und Bundesrates
gewählt, Art. 94 Abs. 1 GG, §§ 2, 5 BVerfGG. Der Präsident des BVerfG und sein
Stellvertreter führen den Vorsitz in den Senaten, § 15 Abs. 1 BVerfGG. Die Entscheidung
wird von der Mehrheit der mitwirkenden Richter getroffen, § 15 Abs. 3 Satz 2
BVerfGG; endet die Abstimmung mit Stimmengleichheit, so kann ein Verstoß gegen das
Grundgesetz oder gegen Bundesrecht nicht festgestellt werden.

2. Zugang

Das BVerfG wird auf Antrag, der schriftlich beim BVerfG einzureichen ist, tätig, § 23 73
Abs. 1 Satz 1 BVerfGG. Der Rechtsweg vor das BVerfG ist in den in Art. 93 GG, § 13
BVerfGG enumerativ aufgeführten Fällen eröffnet.

3. Verhältnis zur Arbeitsgerichtsbarkeit

Speziell in arbeitsgerichtlichen Fragen sind im Wesentlichen zwei Verfahrensarten 74
denkbar:
1. die Verfassungsbeschwerde nach Art. 93 Abs. 1 Nr. 4a GG, §§ 13 Nr. 8a, 90 ff.
BVerfGG;
2. die sog. Richtervorlage, eine konkrete Normenkontrolle, nach Art. 100 Abs. 1 GG,
§§ 13 Nr. 11, 80 ff. BVerfGG (dazu unten Rn. 78 f. und § 45 Rn. 60).

Mit der Verfassungsbeschwerde kann jedermann die Verletzung von Grundrechten 75
durch die öffentliche Gewalt rügen. Öffentliche Gewalt in diesem Sinn meint alle Maßnahmen der unmittelbaren und mittelbaren Staatsgewalt (*Schlaich* S. 138, Rn. 205).
Dies bedeutet, dass die Verfassungsbeschwerde also auch gegen Gerichtsurteile möglich
ist. Zulässigkeitsvoraussetzung für die Verfassungsbeschwerde neben der Behauptung
der Rechtsverletzung durch den Beschwerdeführer ist die unmittelbare und gegenwärtige
Selbstbetroffenheit sowie die Erschöpfung des Rechtsweges, § 90 Abs. 2 BVerfGG.
Daher hat das BVerfG die Verfassungsbeschwerde gegen die Entscheidung eines LAG
zugelassen, wenn die Revision nicht zugelassen war und eine Nichtzulassungsbeschwerde offensichtlich nicht erfolgreich sein konnte (BVerfG 24. 4. 1985 BVerfGE 69, 252). In
neuerer Zeit sind hier allerdings die Anforderungen erheblich strenger geworden (zur
Subsidiarität der Verfassungsbeschwerde s. u. Rn. 62). Die Verfassungsbeschwerde ist
binnen eines Monats zu erheben, § 93 Abs. 1 BVerfGG. Nach der Annahme der Verfassungsbeschwerde zur Entscheidung durch die Kammer (§§ 93a, 93b BVerfGG) überprüft das BVerfG die Beschwerde und gibt bei Verfassungswidrigkeit der Maßnahme der
Beschwerde statt.

Schwierigkeiten gerade bezüglich des Prüfungsumfangs des BVerfG bestehen bei der 76
Verfassungsbeschwerde gegen Urteile der Fachgerichte (vgl. dazu *Krauss*, Der Umfang
der Prüfung von Zivilurteilen durch das Bundesverfassungsgericht, 1987; *Pieroth/Aubel*
JZ 2003, 504; *Waldner* ZZP 98, 200; *ders.*, Der Anspruch auf rechtliches Gehör,
2. Aufl. 2000, S. 186 ff.; *Herzog*, Das BVerfG und die Anwendung einfachen Gesetzesrechts, 1991; *Rennert* NJW 1991, 12; *Bender*, Die Befugnis des BVerfG zur Prüfung
gerichtlicher Entscheidungen, 1991; *Kenntner* NJW 2005, 785). Das BVerfG ist ein
außerhalb des Rechtsmittelzuges stehendes Bundesgericht, welches spezifisch und ausschließlich für Verfassungsrechtsfragen zuständig ist (*Stern*, Bd. II, § 44 I 1a, S. 937;
zum gewandelten Stufenbau der Rechtsordnung *Robbers* NJW 1998, 935). Es wird
daher nicht als Revisions- oder Superrevisionsinstanz gegenüber den Fachgerichten tätig
(BVerfG 15. 1. 1958 und 10. 6. 1964 BVerfGE 7, 198, 207; 18, 85, 92), die Verfassungsbeschwerde ist lediglich ein außerordentlicher Rechtsbehelf (BVerfG 3. 4. 1979
BVerfGE 51, 130, 139). Eine unbeschränkte rechtliche Nachprüfung von fachgericht-

lichen, rechtskräftigen Entscheidungen durch das BVerfG würde der verfassungsrechtlich festgelegten Aufgabe des BVerfG nicht entsprechen (BVerfG 10. 6. 1964 und 7. 6. 1967, BVerfGE 18, 85, 92; 22, 93, 98). Daher beschränkt das BVerfG selbst seinen Kontrollbereich auf die Überprüfung, ob die Gerichte bei der Auslegung und Anwendung des einfachen Rechts Verfassungsrecht, insbesondere das Willkürverbot des Art. 3 Abs. 1 GG, missachtet haben (BVerfG 7. 12. 1982 und 29. 11. 1983 BVerfGE 62, 338, 343; 65, 317, 322). In der Praxis erweist sich die Überprüfungsrichtlinie „spezifisches Verfassungsrecht" (BVerfG 10. 6. 1964 BVerfGE 18, 85, 92) als sehr unklar, da letztlich jede Maßnahme der öffentlichen Gewalt einen Eingriff in Art. 2 Abs. 1 GG darstellt und damit eine Verfassungsbeschwerde rechtfertigen würde (*Schlaich* S. 188, Rn. 275). Das BVerfG differenziert beim Prüfungsumfang nach der Zielrichtung der Verfassungsbeschwerde: Die Tatsachenfeststellung und Gestaltung des Verfahrens sind grundsätzlich Sache der Fachgerichte und der Überprüfung durch das BVerfG entzogen (BVerfG 24. 1. 1962 BVerfGE 13, 318, 322). Allerdings gilt es zu beachten, dass das Verfahren die Möglichkeit der Überprüfung gerichtlicher Entscheidungen auf die Einhaltung des Gebots des rechtlichen Gehörs enthalten muss (BVerfG 30. 4. 2003 NJW 2003, 1924; dazu *Redeker* NJW 2003, 2956; zur Umsetzung vgl. BVerfG 7. 10. 2003 NJW 2003, 3687). Der Urteilsinhalt wird vom BVerfG dahin überprüft, ob der entscheidende Richter grundrechtsrelevante Fehler bei Auslegung und Anwendung des einfachen Rechts gemacht (BVerfG 24. 2. 1971 BVerfGE 30, 173, 188) oder willkürlich entschieden hat (BVerfG 24. 3. 1976 BVerfGE 42, 64, 73 f.). Je intensiver der Grundrechtseingriff ist, desto eingehender ist die Prüfungskompetenz des BVerfG. Bei höchster Eingriffsintensität setzt sich das BVerfG an die Stelle des kontrollierenden Gerichts und bewertet und entscheidet den Fall abschließend selbst (BVerfG 11. 5. 1976 BVerfGE 42, 143, 149).

77 Von großer praktischer Bedeutung ist es, dass das BVerfG die Verfassungsbeschwerde als subsidiär ansieht, was sich aus § 90 Abs. 2 Satz 1 BVerfGG ergeben soll. Diese Herleitung ist durchaus zweifelhaft (*Zuck* FS Redeker, 1993, S. 222), da die Subsidiarität der Verfassungsbeschwerde nicht nur die Erschöpfung des Rechtswegs im engeren Sinne meint, sondern der Beschwerdeführer alle nach Lage der Dinge im weitesten Sinn zur Verfügung stehenden prozessualen Möglichkeiten ergreifen muss, um eine Korrektur der angegriffenen Entscheidung zu erwirken (BVerfG 8. 7. 1986 BVerfGE 73, 325; 26. 1. 1988 BVerfGE 77, 401; 3. 10. 1989 NVwZ 1990, 551; 5. 9. 2003 NVwZ 2004, 90). Im Einzelnen hat das BVerfG gefordert, dass eine Gegenvorstellung, eine Wiedereinsetzung in den vorigen Stand, die Wiederaufnahme des Verfahrens durch Nichtigkeitsklage oder Restitutionsklage und ähnliche außerordentliche Rechtsbehelfe ergriffen werden müssen. Diese Rechtsprechung ist allerdings in ihrer jeweiligen Ausformung schwankend und nicht immer widerspruchsfrei geblieben. Letztlich ist die Subsidiarität der Verfassungsbeschwerde ein Instrument zur Abwehr von Verfassungsbeschwerden und zur Aufrechterhaltung der Funktionsfähigkeit des BVerfG (umfassend zu diesem Problemkreis *Posser*, Die Subsidiarität der Verfassungsbeschwerde, 1993; *Warmke*, Die Subsidiarität der Verfassungsbeschwerde, 1993; vgl. ferner *Gersdorf* Jura 1994, 398; *Sodan* DÖV 2003, 925; *Kenntner* NJW 2005, 785).

4. Richtervorlage gemäß Art. 100 GG

78 Mit der Richtervorlage nach Art. 100 Abs. 1 GG kann sich jeder Richter direkt an das BVerfG wenden; der Richtervorlage kommt insoweit eine gewisse Parallelität zur Verfassungsbeschwerde zu (*Schlaich* S. 97, Rn. 131). Vorlageberechtigt ist jedes Gericht jeder Instanz. Die Vorlage erfolgt unmittelbar an den entscheidenden Senat, § 80 Abs. 1 BVerfG; eine Vorprüfung wie bei der Verfassungsbeschwerde ist nicht erforderlich. Prüfungsgegenstand des Verfahrens nach Art. 100 Abs. 1 GG sind verkündete förmliche Bundes- und Landesgesetze. Entspricht es der richterlichen Überzeugung, dass das anzuwendende Gesetz verfassungswidrig ist, so hat das Gericht diese Frage dem BVerfG

vorzulegen. Lediglich Zweifel an der Verfassungsmäßigkeit reichen nicht aus (*Schlaich* S. 102, Rn. 137). Das betreffende Gesetz muss für die Entscheidung erheblich sein: Entscheidungserheblich ist die Norm nur dann, wenn das Gericht im Ausgangsverfahren bei Ungültigkeit der Norm anders entscheiden müsste als bei deren Gültigkeit (BVerfG 6. 11. 1957 und 22. 11. 1983 BVerfGE 7, 171, 174; 65, 265, 277). Das BVerfG überprüft sodann unbeschränkt anhand des Grundgesetzes die Verfassungsmäßigkeit des betreffenden Gesetzes. Ähnlich wie bei der Verfassungsbeschwerde (s. oben Rn. 60) hat das BVerfG in neuerer Zeit auch die Anforderungen an die Zulässigkeit der Richtervorlage präzisiert und deutlich verschärft. So wird nunmehr gefordert, dass das vorlegende Gericht in der Begründung seines Beschlusses darlegt, inwiefern seine Entscheidung von der Gültigkeit der zur Prüfung gestellten Vorschrift abhängt und mit welcher übergeordneten Rechtsnorm sie unvereinbar ist. Der Beschluss muss dabei aus sich heraus verständlich sein und die rechtlichen Erwägungen erschöpfend darlegen. Deutlich muss auch werden, dass das vorlegende Gericht bei Gültigkeit der Vorschrift zu einem anderen Ergebnis kommen würde als im Falle der Ungültigkeit. Soweit das vorlegende Gericht Bedenken gegen eine Vorschrift vorbringt, von deren Anwendung im Ausgangsverfahren die Entscheidung nicht allein abhängt, müssen die weiteren, mit ihr im Zusammenhang stehenden Vorschriften in die rechtlichen Erwägungen einbezogen werden, wenn sie zur angegriffenen Norm in einem ergänzenden Verhältnis stehen (BVerfG 14. 11. 1990 NJW 1991, 1877). Zu den Einzelheiten der Richtervorlage s. u. § 45 Rn. 60.

Für die Dauer des Verfahrens beim BVerfG setzt das vorlegende Gericht das Ausgangsverfahren aus. Diese Aussetzung ist nicht mit der Verfassungsbeschwerde angreifbar (BVerfG 8. 10. 2003 NJW 2004, 501). Das BVerfG trifft dann eine Entscheidung in der vorgelegten Rechtsfrage, nicht aber in der Sache selbst (*Schlaich*, S. 102 f., Rn. 156). Nach der Entscheidung des BVerfG greift das vorlegende Gericht das Verfahren wieder auf und entscheidet im Ausgangsfall. Dabei ist es an die Entscheidung des BVerfG über die Gültigkeit der Normen gebunden, § 31 BVerfGG. Diese Bindung erstreckt sich auch auf rechtskräftige Titel, die vor einer Entscheidung des BVerfG ergangen sind. Eine Vollstreckung scheidet insoweit aus (BVerfG 6. 12. 2005 ZIP 2006, 60).

IV. Supranationale Gerichtsbarkeit

Schrifttum: *Bobke/Veit,* Arbeitssachen vor dem Europäischen Gerichtshof, in: Die Arbeitsgerichtsbarkeit, 1994, S. 431; *Büdenbender,* Das Verhältnis des EuGH zum BVerfG, 2005; *Callies,* Kohärenz und Konvergenz beim europäischen Individualrechtsschutz, NJW 2002, 3577; *Classen,* Effektive und kohärente Justizgewährleistung im europäischen Rechtsschutzverbund, JZ 2006, 157; *Daig,* Nichtigkeits- und Untätigkeitsklagen im Recht der Europäischen Gemeinschaften, 1985; *Dauses,* Das Vorabentscheidungsverfahren nach Art. 177 EG-Vertrag, 2. Aufl. 1995; *Dörr,* Der europäisierte Rechtsschutzauftrag deutscher Gerichte, 2003; *Eissen,* Der Europäische Gerichtshof für Menschenrechte, Beilage zu DRiZ 1986, Heft 12; *Everling,* Das Vorabentscheidungsverfahren vor dem Gerichtshof der Europäischen Gemeinschaften, 1986; *Fasselt-Rommé,* Parteiherrschaft im Verfahren vor dem EuGH und dem EGMR, 1993; *Frowein/Peukert,* EMRK-Kommentar, 2. Aufl. 1996; *Frowein,* Der europäische Grundrechtsschutz und die nationale Gerichtsbarkeit, 1983; *Gaissert,* Der Generalanwalt – eine unabdingbare Institution am EuGH?, 1987; *Geiger,* EU-Vertrag, 3. Aufl. 2000; *Grabitz/Hilf,* Kommentar zur EU, 22. Aufl. 2004 Loseblatt; *Groeben/Thiesing/Ehlermann,* Kommentar zum EU-/EG-Vertrag, 5. Aufl. 1997; *Grzybek,* Prozessuale Grundrechte im Europäischen Gemeinschaftsrecht, 1993; *Gündisch,* Rechtsschutz in der Europäischen Gemeinschaft, 1994; *Guradze,* Die europäische Menschenrechtskonvention, 1968; Handbuch des Internationalen Zivilverfahrensrechts, Bd. I, 1982; *Hakenberg/Stix-Hackl,* Handbuch zum Verfahren vor dem Europäischen Gerichtshof, 2. Aufl. 2000; *Hirsch,* Europäischer Gerichtshof und Bundesverfassungsgericht – Kooperation oder Konfrontation, NJW 1996, 2457; *ders.,* Der EuGH im Spannungsverhältnis zwischen Gemeinschaftsrecht und nationalem Recht, NJW 2000, 1817; *Kirschner/Klüpfel,* Das Gericht erster Instanz der Europäischen Gemeinschaften, 2. Aufl. 1998; *Klinke,*

Einleitung
C. Die Arbeitsgerichtsbarkeit im Rechtsschutzsystem

Der Gerichtshof der Europäischen Gemeinschaften, 1989; *Koch,* Die Klagebefugnis Privater gegenüber europäischen Entscheidungen gem. Art. 173 Abs. 2 EWG-Vertrag, 1981; *Koenig/Pechstein/Sander,* EU-/EG-Prozessrecht, 2. Aufl. 2002; *Langner,* Der europäische Gerichtshof als Rechtsmittelgericht, 2003; *Lenz,* EG-Vertrag, Kommentar, 2. Aufl. 1999; *Lieber,* Über die Vorlagepflicht des Art. 177 EWG-Vertrag und deren Mißachtung, 1986; *Lipp,* Europäische Justizreform, NJW 2001, 2657; *Nettesheim,* Effektive Rechtsschutzgewährleistung im arbeitsteiligen System europäischen Rechtsschutzes, JZ 2002, 928; *Neye,* Das neue europäische Gericht erster Instanz, DB 1988, 2393; *Oetker/Preis,* Europäisches Arbeits- und Sozialrecht, Loseblatt; *Preis,* Entwicklungslinien in der Rechtsprechung des EuGH zum Arbeitsrecht, ZIP 1995, 891; *Rengeling/Middeke/Gellermann,* Handbuch des Rechtsschutzes in der Europäischen Union, 2. Aufl. 2003; *Sander,* Der Europäische Gerichtshof als Förderer und Hüter der Integration, 1998; *Schaub,* Der Rechtsschutz im Arbeitsrecht vor dem EuGH, NJW 1994, 81; *Schaupp-Haag,* Die Erschöpfung des innerstaatlichen Rechtsweges nach Art. 26 EMRK und das deutsche Recht, 1987; *Schellenberg,* Das Verfahren vor der Europäischen Kommission und dem Europäischen Gerichtshof für Menschenrechte, 1983; *Schlachter,* Der europäische Gerichtshof und die Arbeitsgerichtsbarkeit, 1995; *Schumann,* Verfassungs- und Menschenrechtsbeschwerde gegen richterliche Entscheidungen, 1963; *ders.,* Menschenrechtskonvention und Zivilprozeß, FS für Schwab, 1990, S. 449; *Schwarze,* Fortentwicklung des Rechtsschutzes in der Europäischen Gemeinschaft, 1987; *ders.,* EU-Kommentar, 2000; *v. Stackelberg,* Die Verfahren der deutschen Verfassungsbeschwerde und der europäischen Menschenrechtsbeschwerde, 1988; *Stern,* Das Staatsrecht der Bundesrepublik Deutschland, Bd. I, 2. Aufl. 1984; Bd. II, 1980; *Streinz,* EUV/EGV, 2003; *Thiele,* Individualrechtsschutz vor dem EuGH durch die Nichtigkeitsklage, 2006; *ders.* Europäisches Prozessrecht, Verfahrensrecht vor dem EuGH, 2007; *Uerpmann,* Die Europäische Menschenrechtskonvention und die deutsche Rechtsprechung, 1993; *Wägenbaur,* EuGH VerfO, 2008; *Wank,* Die Rechtsfortbildung durch den Europäischen Gerichtshof, in: FS für Stahlhacke, 1995, S. 633; *Wechsler,* Der Europäische Gerichtshof in der EG-Verfassungswerdung, 1995; *Wefelmeier,* Der internationale und der europäische Gerichtshof, Diss. jur. Köln 1968; *Weidmann,* Der Europäische Gerichtshof für Menschenrechte auf dem Weg zu einem Europäischen Verfassungsgerichtshof, 1985; *Winter,* Europäisches Arbeitsrecht 2002, Jahrbuch des Arbeitsrechts, 2003, S. 21.

1. Gerichtshof der Europäischen Gemeinschaften (EuGH)

a) Überblick

80 Der Gerichtshof der Europäischen Gemeinschaften in Luxemburg (EuGH) ist ein supranationales Gericht mit der Aufgabe der Wahrung der von den Mitgliedstaaten der Europäischen Gemeinschaft geschaffenen Gemeinschaftsordnung (Art. 220 EG).

81 Der EuGH besteht aus 15 Richtern, Art. 221 EG, die von den Regierungen der Mitgliedstaaten im gegenseitigen Einvernehmen auf sechs Jahre ernannt werden, Art. 223 Abs. 1 EG. Der Gerichtshof wird von 8 bzw. 9 Generalanwälten unterstützt, die unter den gleichen Voraussetzungen ernannt werden wie die Richter. Sie stellen in den unterbreiteten Rechtssachen Schlussanträge, in denen sie als Vertreter des allgemeinen Interesses eine eigene rechtliche Lösung vorschlagen. Seit 1. 2. 2001 gilt eine geänderte Verfahrensordnung des EuGH (EG-ABl. C 34 vom 1. 2. 2001, S. 1 ff.).

b) Klagemöglichkeiten

82 Der EuGH wird im Rahmen ausschließlicher Zuständigkeit tätig für Klagen der Mitgliedstaaten untereinander, gegen Rat oder Kommission, für Organklagen und für Klagen der Kommission gegen Mitgliedstaaten. Diese Zuständigkeiten sind im Einzelnen im EG-Vertrag, Art. 226 ff. EG, geregelt. Daneben bestehen noch Zuständigkeiten aus den anderen Verträgen, die inhaltlich gleichgestaltet sind. Für Klagen natürlicher und juristischer Personen ist die Zuständigkeit des EuGH in drei Fällen eröffnet:

83 aa) Die Nichtigkeitsklage nach Art. 230 EG gegen eine Entscheidung des Rates oder der Kommission, die entweder unmittelbar an den Kläger gerichtet ist oder ihn unmittelbar und individuell betrifft. Als Klagegründe kommen dabei in Betracht: die Verletzung wesentlicher Formvorschriften, die Verletzung des EG-Vertrages, der Ermessensmissbrauch.

bb) Die Untätigkeitsklage nach Art. 232 EG gegen Rat und Kommission, mit der ein 84
Tätigwerden erstrebt wird. Klagegrund ist die Verletzung des EG-Vertrages.

cc) Die Amtshaftungsklage nach Art. 288 Abs. 2 EG gegen ein Gemeinschaftsorgan, 85
gerichtet auf Ausgleich des durch die Ausübung seiner Amtstätigkeit entstandenen
Schadens.

dd) Alle diese Individualklagen können jedoch nur gegen Maßnahmen (Entscheidun- 86
gen) von Rat oder Kommission gerichtet werden, da der EuGH lediglich zur Aufgabe
hat, die Einheit der Gemeinschaft zu wahren. Rechtsschutz gegen Maßnahmen eines
Mitgliedstaates kann eine natürliche Person vor dem EuGH nicht erlangen; ebenso stellt
der EuGH keine Rechtsmittelinstanz zu den mitgliedstaatlichen Gerichten dar.

ee) Nach Art. 185, 186 EG ist auch einstweiliger Rechtsschutz vorgesehen, um ins- 87
besondere den fehlenden Suspensiveffekt von Klagen gemäß Art. 185 EG im Einzelfalle
auszugleichen. Dagegen gibt es keinen einstweiligen Rechtsschutz im Rahmen des im
Folgenden behandelten Vorabentscheidungsverfahrens gemäß Art. 234 EG.

c) Das Vorabentscheidungsverfahren

Schrifttum: *App,* Vorlage an den EuGH in deutschen Gerichtsverfahren, DZWIR 2002, 232; *Beckmann,* Probleme des Vorabentscheidungsverfahrens nach Art. 177 EWGV, 1988; *Brück,* Das Vorabentscheidungsverfahren vor dem EuGH als Bestandteil des deutschen Zivilprozesses, 2001; *Büdenbender,* Das Verhältnis des EuGH zum BVerfG, 2005; *Dauses,* Das Vorabentscheidungsverfahren nach Art. 177 EGV, 2. Aufl. 1995; *Ehricke,* Die Bindungswirkung von Urteilen des EuGH im Vorabentscheidungsverfahren nach deutschem Zivilprozeßrecht und nach Gemeinschaftsrecht, Saarbrücken 1997; *Everling,* Das Vorabentscheidungsverfahren vor dem Gerichtshof der Europäischen Gemeinschaften, 1986; *Hakenberg,* Das Vorabentscheidungsverfahren vor dem Europäischen Gerichtshof, ZIP 1995, 1865; *dies.,* Das Vorabentscheidungsverfahren zum EuGH, DRiZ 2000, 345; *dies.,* Vorabenstscheidungsverfahren und europäisches Privatrecht, RabelsZ 2002, Heft 2/3; *Heß,* Die Einwirkungen des Vorabentscheidungsverfahrens nach Art. 177 EGV auf das deutsche Zivilprozeßrecht, ZZP 108 (1995), 59; *ders.,* Rechtsfragen des Vorabentscheidungsverfahrens, RabelsZ 2002, Heft 2/3; *Knof,* Die Praxis der Vorabentscheidungsverfahren im Vereinigten Königreich, 1995; *Kokott/Henze/Sobotta,* Die Pflicht zur Vorlage an den EuGH und die Folgen ihrer Verletzung, JZ 2006, 633; *Lenz,* Die Rolle und der Wirkungsmechanismus des Vorabentscheidungsverfahrens, DRiZ 1995, 213 = AnwBl. 1995, 50; *Lieber,* Über die Vorlagepflicht des Art. 177 EWGV und deren Mißachtung, 1986; *Prütting,* Das Vorabentscheidungsverfahren und den EuGH, Gedächtnisschrift für Arens 1993, S. 339; *Schima,* Das Vorabentscheidungsverfahren vor dem EuGH, 2. Aufl. 2005; *Schmitt,* Richtervorlagen in Eilverfahren, 1997; *Schwarze,* Fortentwicklung des Rechtsschutzes in der Europäischen Gemeinschaft, 1987; *ders.,* Die Befolgung von Vorabentscheidungen des EuGH durch deutsche Gerichte, 1988; *Tomuschat,* Die gerichtliche Vorabentscheidung nach den Verträgen über die Europäischen Gemeinschaften, 1964; *Wagner,* Funktion und praktische Auswirkungen der richterlichen Vorlagen an den Gerichtshof der Europäischen Gemeinschaften, 2001.

Von großer praktischer Bedeutung ist die Kompetenz des EuGH zur Vorabentschei- 88
dung über die Auslegung des EG-Vertrages und die Gültigkeit und Auslegung von
Handlungen der Organe der Gemeinschaft (Art. 234 EG = Art. 177 EGV a.F.). Die
zentrale Funktion des Vorabentscheidungsverfahrens ist die Herstellung und Wahrung
der Einheit des Gemeinschaftsrechts. Im Unterschied zur konkreten Normenkontrolle
gemäß Art. 100 GG hat dementsprechend der EuGH eine Letztentscheidungskompetenz
bezüglich der Auslegung des primären und sekundären Gemeinschaftsrechts. Nach
seinem Wesen ist dieses Verfahren ein Zwischenverfahren, also nur ein besonders aus-
gestalteter Verfahrensteil des Gesamtverfahrens vor dem jeweiligen nationalen Gericht.
Letztlich bildet somit das Vorlageverfahren mit dem nationalen Ausgangsverfahren eine
Einheit. Notwendige Voraussetzung für eine Vorlage gemäß Art. 234 EG ist zunächst
die Vorlageberechtigung. Zur Vorlage berechtigt sind alle Gerichte der Mitgliedsstaaten,
also auch alle deutschen Arbeitsgerichte aller drei Instanzen. Selbst der Vergabeüber-
wachungsausschuss des Bundes ist als vorlageberechtigt angesehen worden (EuGH

Einleitung C. Die Arbeitsgerichtsbarkeit im Rechtsschutzsystem

17. 9. 1997 NJW 1997, 3365; dazu *Boesen* NJW 1997, 3350). Die Vorlage muss sich zweitens auf ein konkretes anhängiges gerichtliches Verfahren beziehen. Drittens ist ein bestimmter Vorlagegegenstand erforderlich, also insbesondere eine Frage zur Auslegung des EG-Vertrags. Gemäß Art. 234 Abs. 1 b EG wird durch die Frage nach der Gültigkeit und Auslegung von Handlungen der Organe der Gemeinschaft aber auch das gesamte Sekundärrecht der Gemeinschaft zum Vorlagegegenstand. Viertens muss dem EuGH eine konkrete vorlagefähige Frage gestellt werden und diese Frage muss sich auf den genannten Vorlagegegenstand beziehen. Umstritten ist, ob die vorgelegte Frage für die Entscheidung des Ausgangsrechtsstreits erheblich sein muss. Dies hat der EuGH bisher in vielen Fällen verneint, hier ist aber eine Wandlung im Gange (im Einzelnen vgl. *Prütting*, Gedächtnisschrift für Arens, 1993, 348 ff.). Zu den Einzelheiten der Vorlage durch nationale Gerichte an den EuGH s. u. § 45 Rn. 62.

89 Im Hinblick auf die Ausgestaltung des Rechtsschutzes vor dem EuGH hat das BVerfG ausgesprochen, dass der EuGH gesetzlicher Richter i. S. des Art. 101 Abs. 1 Satz 2 GG ist (BVerfG 22. 10. 1986 BVerfGE 73, 339, 366; BVerfG 13. 6. 1997 NJW 1997, 2512; BVerfG 9. 1. 2001 ZIP 2001, 350 = JZ 2001, 923 m. Anm. *Voßkuhle*; dazu *Sensburg* NJW 2001, 1259). Dem EuGH wird daher vom BVerfG, entgegen seiner früheren Auffassung („Solange I"-Beschluss, BVerfG 29. 5. 1974 BVerfGE 37, 265, 278) auch konzediert, abschließend darüber zu entscheiden, ob sekundäres europäisches Gemeinschaftsrecht mit dem GG vereinbar ist („Solange II"-Beschluss, BVerfG 22. 10. 1986 BVerfGE 73, 339, 387; vgl. dazu *Kloepfer* JZ 1988, 1089; *Vedder* NJW 87, 526; *Scherer* JA 1987, 483; *Hirsch* NJW 1996, 2457; *Büdenbender*, 2005). Das hat zur Konsequenz, dass Richtervorlagen nach Art. 100 Abs. 1 GG an das BVerfG unzulässig sind, soweit sie die Überprüfung sekundären Gemeinschaftsrechts zum Ziel haben. Soweit also letztinstanzliche nationale Gerichte Zweifel an der Richtigkeit einer Entscheidung des EuGH haben, können sie diese nur im Wege einer Vorlage gemäß Art. 234 EG ausräumen (BVerfG 13. 6. 1997 NJW 1997, 2512). Eine solche Vorlagepflicht kann allenfalls dann entfallen, wenn der EuGH in der Zwischenzeit seine Rechtsprechung geändert hat, so dass sich die ursprüngliche Vorlagefrage in dieser Form nicht mehr stellt.

2. Europäischer Gerichtshof für Menschenrechte (EGMR)

Schrifttum: *Altermann*, Ermittlungspflichten der Staaten aus der EMRK, 2006; *Benda*, Die Bindungswirkung von Entscheidungen des EGMR, AnwBl. 2005, 602; *Breuer*, Der Europäische Gerichtshof für Menschenrechte als Wächter des europäischen Gemeinschaftsrechts, JZ 2003, 433; *Busse*, Die Geltung der EMRK für Rechtsakte der EU, NJW 2000, 1074; *Ehlers*, Die Europäische Menschenrechtskonvention, Jura 2000, 372; *Eissen*, Der Europäische Gerichtshof für Menschenrechte, Beilage zu DRiZ 1986, Heft 12; *Ermacora/Novak/Tretter*, Die Europäische Menschenrechtskonvention in der Rechtsprechung der Österreichischen Höchstgerichte, Wien 1983; *Ernst*, Die Haltung Deutschlands und Frankreichs zur EMRK, 1994; *Frowein*, Der europäische Grundrechtsschutz und die nationale Gerichtsbarkeit, 1983; *Frowein/Peukert*, EMRK-Kommentar, 2. Aufl. 1996; *Golsong*, Das Rechtsschutzsystem der Europäischen Menschenrechtskonvention, 1958; *Golsong/Karl/Miehsler u.a.*, Internationaler Kommentar zur Europäischen Menschenrechtskonvention, Stand 1992; *Grabenwarter*, Europäische Menschenrechts-Konvention, 2003; *Grote/Maruahn*, Konkordanzkommentar zum europäischen und deutschen Grundrechtsschutz, 2006; *Guradze*, Die Europäischen Menschenrechtskonvention, 1968; *Huber*, Das Zusammentreffen der Europäischen Konvention zum Schutz der Menschenrechte und Grundfreiheiten mit den Grundrechten der Verfassungen, Gedächtnisschrift für Peters, 1967, S. 375; *Ibing*, Die Einschränkung der europäischen Grundrechte durch Gemeinschaftsrecht, 2006; *Karl*, Internationaler Kommentar zur EMRK, Loseblatt 2002 ff.; *Kleine-Cosack*, Verfassungsbeschwerden und Menschenrechtsbeschwerde, 2. Aufl. 2006; *Matscher*, Der Einfluß der EMRK auf den Zivilprozeß, FS für Henckel, 1995, S. 593; *ders.*, Der Gerichtsbegriff der EMRK, Dike 2000, 834; *ders.*, Der Begriff des fairen Verfahrens nach Art. 6 EMRK, FS für Beys, 2003, S. 989; *Matthei*, Der Einfluß der Rechtsprechung des EGMR auf die ZPO, 2000; *Meyer-Ladewig*, Ein neuer ständiger Europäischer

IV. Supranationale Gerichtsbarkeit

Gerichtshof für Menschenrechte, NJW 1995, 2813; *ders.*, Ständiger Europäischer Gerichtshof für Menschenrechte in Straßburg, NJW 1998, 512; *ders.*, Konvention zum Schutz der Menschenrechte und Grundfreiheiten, Handkommentar, 2. Aufl. 2006; *Meyer-Ladewig/Petzold*, Der neue ständige EGMR, NJW 1999, 1165; *Mosler*, Der Europäische Gerichtshof für Menschenrechte nach 20 Jahren, FS für Huber, 1981, S. 595; *o. Verf.*, Der Europäische Gerichtshof für Menschenrechte, DRiZ 1997, 355; *Peukert*, Zur Reform des Europäischen Systems des Menschenrechtsschutzes, NJW 2000, 49; *Peters*, Einführung in die europäische Menschenrechtskonvention, 2003; *Ress*, Die Europäische Menschenrechtskonvention und die Vertragsstaaten, in: Meier, Europäischer Menschenrechtsschutz, 1982, S. 227; *Schaupp-Haag*, Die Erschöpfung des innerstaatlichen Rechtsweges nach Art. 26 EMRK und das deutsche Recht, 1987; *Schellenberg*, Das Verfahren vor der Europäischen Kommission und dem Europäischen Gerichtshof für Menschenrechte, 1983; *Schlette*, Europäischer Menschenrechtsschutz nach der Reform der EMRK, JZ 1999, 219; *Schumann*, Verfassungs- und Menschenrechtsbeschwerde gegen richterliche Entscheidungen, 1963; *ders.*, Menschenrechtskonvention und Zivilprozeß, FS für Schwab, 1990, S. 449; *v. Stackelberg*, Die Verfahren der deutschen Verfassungsbeschwerde und der Europäischen Menschenrechtsbeschwerde, 1988; *Uerpmann*, Die Europäische Menschenrechtskonvention und die deutsche Rechtsprechung, 1993; *Weidmann*, Der Europäische Gerichtshof für Menschenrechte auf dem Weg zu einem Europäischen Verfassungsgerichtshof, 1985; *Weiß*, Das Gesetz im Sinne der Europäischen Menschenrechtskonvention, 1996; *Wilfinger*, Das Gebot effektiven Rechtsschutzes im Grundgesetz und Europäischer Menschenrechtskonvention, 1995; *Wittinger*, Die Einlegung einer Individualbeschwerde vor dem EGMR, NJW 2001, 1238.

Bei dem Europäischen Gerichtshof für Menschenrechte (EGMR) mit Sitz in Straßburg handelt es sich um ein supranationales Gericht, das 1959 auf Grund Völkervertragsrecht gebildet wurde. Sein begrenzter Jurisdiktionsbereich bezieht sich auf die Sicherung der in der europäischen Konvention zum Schutz der Menschenrechte und Grundfreiheiten verbrieften Rechte. Der Gerichtshof besteht z. Zt. aus 41 unabhängigen Richtern, die von jedem Mitgliedstaat des Europarates gestellt werden können und von der beratenden Versammlung des Europarates auf sechs Jahre gewählt werden.

Voraussetzung für das Tätigwerden des EGMR ist zunächst, dass das gerichtliche Verfahren von einem nach der Menschenrechtskonvention Antragsberechtigten angestrengt wird: Antragsberechtigt ist nach Art. 33 MRK ein Mitgliedstaat der Konvention sowie nach Art. 34 MRK jede natürliche und juristische Person. Weiterhin muss der betreffende Staat, gegen den die Menschenrechtsbeschwerde gerichtet ist, die Jurisdiktionsgewalt des EGMR anerkannt haben (*Schumann*, Verfassungs- und Menschenrechtsbeschwerde gegen richterliche Entscheidungen, S. 171). Schließlich muss der innerstaatliche Rechtsweg erschöpft sein, Art. 35 MRK. Will eine natürliche Person mit der Menschenrechtsbeschwerde eine Verletzung der MRK durch einen Vertragsstaat rügen, so hatte sie früher die Beschwerde zunächst der Kommission zuzuleiten. Eine Individualbeschwerde, mit der sie die Streitigkeit selbst dem Gerichtshof unterbreiten kann, gab es nach der Menschenrechtskonvention nicht. Vielmehr strengte die Kommission das Verfahren vor dem EGMR an, der Betroffene wurde am Verfahren beteiligt. Nunmehr ist nach längerer Diskussion durch das 11. Protokoll zur EMRK (Vertragsgesetz vom 24. 7. 1995, BGBl. II S. 578) das Rechtsschutzverfahren nach der EMRK grundsätzlich umgestaltet worden. Nach Abschluss der Ratifikation im Jahre 1997 ist das 11. Protokoll am 1. 11. 1998 in Kraft getreten. Damit ist ein neuer und ständiger EGMR als einzige Kontrollinstanz errichtet worden (Art. 19 MRK). Daher können nunmehr die in ihren Rechten beeinträchtigten Personen den EGMR unmittelbar anrufen. In Betracht kommt sogar ein Angriff gegen Entscheidungen des BVerfG (Art. 34 MRK in der Fassung des 11. Protokolls). Eine Vorprüfung durch die Kommission gibt es nicht mehr. Das bedeutet, dass ca. 800 Millionen Menschen sich mit Beschwerden nach Straßburg wenden können. Damit wird der neue EGMR ähnlich organisiert sein wie der EuGH in Luxemburg (zum Ganzen vgl. *Meyer-Ladewig* NJW 1995, 2813 und NJW 1998, 512 sowie *Schlette* JZ 1999, 219; *Peukert* NJW 2000, 49; *Wittinger* NJW 2001, 1238).

Einleitung   C. Die Arbeitsgerichtsbarkeit im Rechtsschutzsystem

92 Im Bereich des Arbeitsrechts ist insbesondere eine Verletzung des Art. 6 MRK, der u. a. den Zugang zum Gericht, ein faires Verfahren, aber auch eine angemessene Verfahrenslänge garantiert, denkbar (EGMR 18. 2. 1999 NJW 1999, 1173). Bei einer Verfahrensdauer von 5 Jahren in drei arbeitsrechtlichen Instanzen wurde allerdings noch erfolglos eine Verletzung des Art. 6 MRK durch die Bundesrepublik gerügt (Fall Buchholz des EGMR; vgl. *Frowein,* Der europäische Grundrechtsschutz und die nationale Gerichtsbarkeit, 1983, S. 36).

93 Mit der Entscheidung des EGMR wird dann entweder die Abweisung der Beschwerde oder die Verletzung der Menschenrechtskonvention festgestellt. Da dieser Gerichtshof eine überstaatliche Gerichtsbarkeit ausübt (*Stern,* Bd. II, § 43 III 3 e, S. 928), kann durch seinen Spruch der angegriffene Hoheitsakt nicht aufgehoben werden. In bestimmten Fällen wird jedoch durch den EGMR eine Entschädigung ausgesprochen, Art. 41 MRK. Es ist zu beachten, dass der Spruch des EGMR für innerstaatliche Gerichte einen Wiederaufnahmegrund (§ 580 Nr. 7 b ZPO in analoger Anwendung) darstellt (*Schumann* S. 324; *Schlosser* ZZP 79, 164, 189).

V. Nichtstaatliche Gerichtsbarkeit und außergerichtliche Streitschlichtung

1. Schiedsgerichtsbarkeit

Schrifttum: Siehe § 101.

94 Für eine Zulässigkeit der Schiedsgerichtsbarkeit als einer echten privaten Gerichtsbarkeit enthält das ArbGG genaue Regeln: § 4 bestimmt, dass für die Zuständigkeit nach §§ 2 Abs. 1 und 2 die Arbeitsgerichtsbarkeit nach Maßgabe der §§ 101–110 ausgeschlossen werden kann. Die abschließende Sonderregelung der Schiedsgerichtsbarkeit in §§ 101 ff. lässt eine Anwendung der §§ 1025 ff. ZPO nicht zu (§ 101 Abs. 3). Ein Tätigwerden des Schiedsgerichts ist nur möglich bei bürgerlichen Rechtsstreitigkeiten aus Tarifverträgen oder Streitigkeiten über das Bestehen oder Nichtbestehen eines Tarifvertrages zwischen den Tarifvertragsparteien, § 101 Abs. 1. Ferner kann nach § 101 Abs. 2 die Zuständigkeit des Arbeitsgerichts für bürgerliche Rechtsstreitigkeiten aus einem tariflich bestimmten Arbeitsverhältnis bei bestimmten Berufsgruppen vereinbart werden (zu den Einzelheiten siehe die Kommentierung der §§ 101 ff. ArbGG).

2. Schieds-, Schlichtungs- und Gütestellen

Schrifttum: *Albrecht,* Mediation im Arbeitsrecht, 2001; *Ayad,* Friede im Betrieb, Alternative Konfliktbehandlungen für Rechtskonflikte am Arbeitsplatz, 2006; *Blankenburg/Gottwald/ Strempel,* Alternativen in der Zivljustiz, 1982; *Blankenburg/Klausa/Rottleuthner,* Alternative Rechtsformen und Alternativen zum Recht, Jahrbuch für Rechtstheorie und Rechtssoziologie Bd. 6, 1980; *Blankenburg/Simsa/Stock/Wolff,* Mögliche Entwicklungen im Zusammenspiel von außer- und innergerichtlichen Konfliktregelungen, 2 Bände, 1990; *Breidenbach,* Mediation, 1995; *ders.,* Außergerichtliche Streiterledigung, in: Gottwald, Aktuelle Entwicklungen des europäischen und internationalen Zivilverfahrensrechts, 2002, S. 117; *Breidenbach/ Henssler,* Mediation für Juristen, 1997; *Breidenbach/Coester-Waltjen/Heß/Nelle/Wolf,* Konsensuale Streitbeilegung, 2001; *Büchner/Groner/Häusler/Lörcher u.a.,* Außergerichtliche Streitbeilegung, 1998; *Budde,* Mediation und Arbeitsrecht, 2003; *Duve,* Mediation und Vergleich im Prozeß, 1999; *Eidmann,* Schlichtung: Zur Logik außergerichtlicher Konfliktregelung, 1994; *Feltes,* Gesellschaftliche Gerichte, Schlichtungs- und Schiedskommissionen, ZRP 1991, 94; *Gängel/Gansel/Richter,* Rechtsberatung und Schlichtung, München 1993; *Gilles,* Streiterledigungssysteme und Rechtskultur, Konfliktbeilegung innerhalb der staatlichen Zivljustiz durch Zivilgerichtsverfahren und sog. Alternativen hierzu in Deutschland, in: The International Symposium on Civil Justice in the era of globalization, Tokyo 1994, 552; *Grotmann-Höfling,* Strukturanalyse des arbeitsgerichtlichen Rechtsschutzes, 1995; *Grunsky,* Die Schlichtung arbeitsrechtlicher Streitigkeiten und die Rolle der Gerichte, NJW 1978, 1832; *Haft,* Verhandlung und Mediation, 2. Aufl. 2000; *Haft/Schlieffen,* Handbuch Mediation,

2. Aufl. 2009; *Hager,* Konflikt und Konsens, 2001; *Hallmen,* Die Beschwerde des Arbeitnehmers als Instrument innerbetrieblicher Konfliktregelung, 1997; *Henssler/Koch,* Mediation in der Anwaltspraxis, 2000; *Holtwick-Mainzer,* Der übermächtige Dritte, 1985; *v. Hoyningen-Huene,* Außergerichtliche Konfliktbehandlung, 2000; *Kramer,* Die Güteverhandlung, 1999; *Königsbauer,* Freiwillige Schlichtung und tarifliche Schiedsgerichtsbarkeit, 1969; *Lappe,* Recht ohne Richter, 1993; *Leipold,* Der Schlichtungsgedanke zwischen Realität und Utopie, in: Recht und Verfahren, Heidelberg 1993, S. 237; *Lembke,* Mediation im Arbeitsrecht, 2001; *Luther,* Schiedsstellen in den Gemeinden als Möglichkeit für eine außergerichtliche Konfliktlösung in den neuen Bundesländern, DtZ 1991, 17; *Löwisch,* Richten und Schlichten von Arbeitsstreitigkeiten in Deutschland, in: Recht und Verfahren, Heidelberg 1993, S. 205; *Morasch,* Schieds- und Schlichtungsstellen in der Bundesrepublik, 1984; *Oppenheimer,* Das Einigungswesen an den Gewerbe- und Kaufmannsgerichten, 1913; *Ponschab/Schweizer,* Kooperation statt Konfrontation, 1997; *Preibisch,* Außergerichtliche Vorverfahren in Streitigkeiten der Zivilgerichtsbarkeit, 1982; *Prütting,* Außergerichtliche Streitschlichtung, 2003; *ders.,* Mediation im Arbeitsrecht, in: Haft/Schlieffen, Handbuch Mediation, 2. Aufl. 2009, S. 515; *ders.,* Schlichten statt Richten, JZ 1985, 261; *ders.,* Verfahrensrecht und Mediation, in: Breidenbach/Henssler, Mediation für Juristen, 1997, S. 57; *ders.,* Streitschlichtung und Mediation im Arbeitsrecht, FS für Hanau, 1999, S. 743; *Raupach,* Die Schlichtung von kollektiven Arbeitsstreitigkeiten und ihre Probleme, 1964; *Risse,* Wirtschaftsmediation, 2003; *Schlachter,* Außergerichtliche Konfliktlösung, 2002; *von Schlieffen/Ponschab/Rüssel/Harms,* Mediation und Streitbeilegung, Verhandlungstechnik und Rhetorik, 2006; *Schreiber,* Obligatorische Beratung und Mediation, 2007; *Söllner,* Schlichten ist kein Richten, ZfA 1992, 1; *Stix,* Gerichtliche und außergerichtliche Durchsetzung ziviler Rechtsansprüche, 1992; *Strempel,* Mediation für die Praxis, 1998; *Thau,* Die Schiedsstellen für Arbeitsrecht, 1992.

Die Möglichkeiten außergerichtlicher Konfliktbeilegung sind im Arbeitsrecht außerordentlich vielfältig. Einem allgemeinen Trend entsprechend werden in jüngster Zeit vor allem Mediationsverfahren im Arbeitsrecht diskutiert (im Einzelnen s. unten 3). Darüber hinaus gibt es seit langem außergerichtliche **Schieds-, Schlichtungs- und Gütestellen,** insbesondere zur Beilegung von Streitigkeiten in einem Ausbildungsverhältnis. Nach § 111 Abs. 2 muss vor Klageerhebung vom Arbeitsgericht in diesem Fall ein Schlichtungsverfahren vor einem Ausschuss stattfinden, der von den Handwerksinnungen, den Industrie- und Handelskammern oder ähnlichen Stellen errichtet werden kann. Zu den Einzelheiten siehe die Kommentierung in § 111 Rn. 6 ff. **95**

Andere Möglichkeiten für außergerichtliche Streitschlichtung im Arbeitsrecht sind z. B. die Schiedsstelle beim deutschen Patentamt für Ansprüche gem. §§ 28 ff. ArbNErfG oder die Schlichtungsmöglichkeiten im kirchlichen Bereich (dazu Rn. 105 ff. und § 1 Rn. 27). Auch die den Arbeitsgerichten in den neuen Bundesländern vorgeschalteten und zum 31. 12. 1992 wieder abgeschafften **Schiedsstellen für Arbeitsrecht** sind hier zu erwähnen (s. u. Rn. 252). In einem weiteren Sinne gehören hierher auch die **betrieblichen Einigungsstellen** gem. § 76 BetrVG (s. u. Rn. 100) und die durch Tarifvertrag vereinbarten **Schlichtungsverfahren der Tarifvertragsparteien** zur Vermeidung oder Beendigung von Arbeitskämpfen (vgl. dazu *Isele,* Rechtsprobleme staatlicher Schlichtung, 1968; *Kirchner,* Vereinbarte Schlichtung und vereinbarte Schiedsgerichtsbarkeit, RdA 1966, 1; *Rüthers,* Tarifautonomie und gerichtliche Zwangsschlichtung, 1973; *Söllner,* Schlichten ist kein Richten, ZfA 1982, 1). Schließlich ist noch die auf Tarifvertrag oder Betriebsvereinbarung beruhende **Betriebsjustiz** zu erwähnen (vgl. dazu *Arndt,* Private Betriebs-Justiz, NJW 1965, 26; *Arzt u. a.,* Entwurf eines Gesetzes zur Regelung der Betriebsjustiz, 1975; *Baur,* Betriebsjustiz, JZ 1965, 163; *Bovermann,* Die Betriebsjustiz in der Praxis, Diss. jur. Köln 1969; *Gaul,* Betriebsjustiz als zulässige Konkurrenz der Rechtspflege?, DB 1965, 655; *Harbeck,* Probleme der Betriebsgerichtsbarkeit, 1969; *Herschel,* Betriebsjustiz und Rechtsstaat, BB 1975, 1209; *Kaiser/Metzger-Pregizer,* Betriebsjustiz, 1976; *Neumann,* Die Rechtsgrundlage von Betriebsstrafen-Ordnungen, RdA 1968, 250; *Pleyer,* Betriebsgerichte für Arbeitsstreitigkeiten?, FS Klug Bd. II 1983, S. 551; *Schumann,* Abschied von der Betriebsjustiz, Gedächtnisschrift für Dietz, 1973, S. 323; *Zöllner,* Betriebsjustiz ZZP 83, 365). Zur Abgrenzung von Betriebsjustiz und **Vertragsstrafe** vgl. BAG 5. 2. 1986 DB 1986, 1979. Soweit sich allerdings die Betriebs- **96** parteien im Rahmen des Verfahrens vor der Einigungsstelle auf die einvernehmliche Regelung einer Angelegenheit geeinigt haben, kommt eine Feststellungsklage vor dem Arbeitsgericht über das Bestehen eines streitigen Mitbestimmungsrechts in dieser Angelegenheit nicht mehr in Betracht. Dieser Klage fehlt das Feststellungsinteresse (BAG 11. 6. 2002 AP ZPO 1977 § 256 Nr. 70 mit zust. Anm. *Edenfeld;* zust. auch *Hennige* EWiR 2003, 193). Zur Abgrenzung von Betriebsbuße und **Abmahnung** vgl. *Heinze* NZA 1990, 169. Zur allgemeinen Problematik außergerichtlicher Streitschlichtung vgl. *Prütting,* Schlichten statt Richten, JZ 1985, 261. Insbesondere kann in Kündigungsstreitigkeiten durch die Anrufung solcher Streitschlichtungsstellen nicht die Klagefrist des § 4 KSchG gewahrt werden (LAG Hamm 25. 1. 1994 LAGE Nr. 24 zu § 4 KSchG).

97 Im Rahmen staatlicher Schlichtung zwischen Arbeitgebern und Arbeitnehmern sowie den Tarifvertragsparteien wird bis heute auf die Möglichkeiten verwiesen, die das Kontrollrats-Gesetz Nr. 35 vom 20. 8. 1946 (Amtsbl. Nr. 10, 1946, S. 174) gebracht hat. Dort wird die Errichtung von Schiedsausschüssen bei den Landesarbeitsbehörden vorgesehen (zu Einzelheiten vgl. *Gamillscheg,* Kollektives Arbeitsrecht, Bd. I, 1997, S. 1301 f.; *Löwisch,* Arbeitskampf- und Schlichtungsrecht, 1997, S. 477 ff.; *Otto,* Arbeitskampf- und Schlichtungsrecht, 2006; *Lembke,* RDA 2000, 223). Praxis und Literatur gehen regelmäßig von einer Fortgeltung des Gesetzes Nr. 35 aus. Das begegnet schwerwiegenden Bedenken. Das Gesetz enthält Regelungen zur Schlichtung von Individual- und Kollektivstreitigkeiten. Für den ersteren Fall hat das ArbGG 1953 unzweifelhaft eine Neuregelung gebracht, die das gemäß Art. 125 GG als Bundesrecht fortgeltende Kontrollratsgesetz aufgehoben hat. Dies muss trotz fehlender Spezialregelung im kollektiven Bereich aber in Wahrheit für das gesamte Gesetz Nr. 35 gelten. Das ArbGG 1953 ist mit dem gesetzgeberischen Willen geschaffen, alle arbeitsrechtlichen Streitigkeiten zu behandeln. Deshalb wurde das in der Kontrollratszeit nicht vorhandene Beschlussverfahren wiederum eingeführt und ausgebaut. Zusammen mit den §§ 101 ff., 111 ff. ArbGG wurde damit ein Gesetz vorgelegt, das die Arbeitsgerichtsbarkeit auch im kollektiven Bereich umfassend behandeln wollte. Eine auch nur partielle Weitergeltung des Kontrollrats-Gesetzes Nr. 35 steht dazu im Widerspruch. Soweit in der Ausführung durch einzelne Bundesländer sogar Elemente der Zwangsschlichtung vorhanden sind, steht einer Fortgeltung auch Art. 9 Abs. 3 GG im Wege. Im Übrigen ist Schlichtung durch staatliche Behörden in Deutschland seit langem praktisch gegenstandslos (*Gamillscheg* aaO S. 1299).

3. Mediation im Arbeitsrecht

Schrifttum: *Albrecht,* Mediation im Arbeitsrecht, 2001; *Breidenbach,* Mediation, 1995; *Breidenbach/Henssler,* Mediation für Juristen, 1997; *Budde,* Mediation und Arbeitsrecht, 2003; *Duve,* Mediation und Vergleich im Prozess, 1999; *Haft,* Verhandlung und Mediation, 2. Aufl. 2000; *Haft/Schlieffen,* Handbuch Mediation, 2. Aufl. 2009; *Henssler/Koch,* Mediation in der Anwaltspraxis, 2000; *Lembke,* Mediation im Arbeitsrecht, 2001; *Prütting,* Mediation im Arbeitsrecht, in: Haft/Schlieffen, Handbuch Mediation, 2. Aufl. 2009, S. 515; *ders.,* Verfahrensrecht und Mediation, in: Breidenbach/Henssler, Mediation für Juristen, 1997, S. 57; *ders.,* Streitschlichtung und Mediation im Arbeitsrecht, FS für Hanau, 1999, S. 743; *Risse,* Wirtschaftsmediation, 2003; *von Schlieffen/Ponschab/Rüssel/Harms,* Mediation und Streitbeilegung, Verhandlungstechnik und Rhetorik, 2006; *Schreiber,* Obligatorische Beratung und Mediation, 2007.

98 Eine gewisse Bedeutung hat die in Deutschland seit etwa 1995 intensiv diskutierte Mediation inzwischen auch im Arbeitsrecht gewonnen (vgl. *Albrecht,* 2001; *Budde,* 2003; *Lembke,* 2001; *Prütting,* 1999 und 2009). Aufbauend auf rechtsvergleichenden Aspekten (insbesondere aus den USA) hat sich der Gedanke verstärkt, Konfliktlösungen durch einen Dritten (den Mediator) könnten sich in der Weise vollziehen, dass der Dritte die Streitparteien zwar bei deren Suche nach Auswegen unterstützt, im Streit vermittelt, durch Gespräche die zu Grunde liegenden unterschiedlichen Interessen herausfindet und

Anregungen für Lösungsmodelle vorschlägt, ohne einen mit Autorität versehenen eigenen Schlichtungsvorschlag zu machen. Allerdings gibt es im Arbeitsrecht für einen solchen Weg auch Hindernisse. Zum einen kann erfolgreiche Mediation im Arbeitsrecht nur von Personen ausgeübt werden, die in rechtlicher Hinsicht vertiefte Spezialkenntnisse aufweisen. In Betracht kommen also insbesondere Fachanwälte für Arbeitsrecht. Weiterhin wird nicht selten verkannt, dass Mediation kein Massengeschäft ist, sondern ein zeitaufwändiger und arbeitsaufwändiger Weg zu einem einverständlichen Ergebnis. Schließlich muss bedacht werden, dass im Arbeitsrecht nicht selten sehr knappe gesetzliche Klagefristen oder tarifliche Ausschlussfristen bestehen, die in wichtigen Bereichen zu einer schnellen Anrufung der Arbeitsgerichte zwingen. In solchen Fällen bleibt für mediative Verhandlungslösungen häufig kein Raum.

Kernpunkt der Mediation ist also die Unterstützung durch einen neutralen Dritten, der bei der Einigung der Parteien in jeder Hinsicht unterstützend tätig wird, ohne selbst eine inhaltliche Entscheidungsbefugnis zu besitzen. **99**

4. Die Einigungsstelle nach Betriebsverfassungsrecht

Schrifttum: *Bauer,* Schnellere Einigungsstelle – Gesetzesreform nötig, ZIP 1996, 117; *Bengelsdorf,* Rechtliche Möglichkeiten zur Beschleunigung des erzwingbaren Einigungsstellenverfahrens, BB 1991, 613; *Dütz,* Die gerichtliche Überprüfung der Sprüche von betriebsverfassungsrechtlichen Einigungs- und Vermittlungsstellen, 1966; *Fiebig,* Der Ermessensspielraum der Einigungsstelle, 1992; *Friedemann,* Das Verfahren der Einigungsstelle für Interessenausgleich und Sozialplan, 1997; *Gaul,* Die betriebliche Einigungsstelle, 2. Aufl. 1980; *Grotmann-Höfling,* Strukturanalyse des arbeitsgerichtlichen Rechtsschutzes, 1995; *Hennige,* Das Verfahrensrecht der Einigungsstelle, 1996; *Huster,* Die Einigungsstelle und ihre Kompetenz, 2008; *Leipold,* Die Einigungsstellen nach dem neuen Betriebsverfassungsgesetz, FS für Schnorr v. Carolsfeld, 1973, S. 273; *Pünnel/Wenning-Morgenthaler,* Die Einigungsstelle, 5. Aufl. 2009; *ders.,* Die Einigungsstelle des BetrVG 1972 – eine bewährte Institution, in: FS für Stahlhacke, 1995, S. 443; *Rieble,* Die Kontrolle des Ermessens der betriebsverfassungsrechtlichen Einigungsstelle, 1990; *ders.,* Die Kontrolle der Einigungsstelle in Rechtsstreitigkeiten, BB 1991, 471; *ders.,* Die tarifliche Schlichtungsstelle nach § 76 Abs. 8 BetrVG, RdA 1993, 140; *Schaub,* Die Bestellung und Abberufung der Vorsitzenden von Einigungsstellen, NZA 2000, 1087; *Schönfeld,* Das Verfahren vor der Einigungsstelle, 1988; *Tschöpe,* Die Bestellung der Einigungsstelle – rechtliche und taktische Fragen, NZA 2004, 945; *Weber/Ehrich,* Einigungsstelle, 1999; *Wiesemann,* Die Einigungsstelle als Einrichtung zur Beilegung von Rechtsstreitigkeiten im Betriebsverfassungsrecht, 2003; ferner s. § 98.

a) Ebenfalls keine Gerichtsbarkeit, sondern eine privatrechtliche innerbetriebliche Schlichtungsstelle ist die sog. Einigungsstelle gemäß § 76 BetrVG (BAG 22. 1. 1980 BetrVG § 87 Lohngestaltung Nr. 3; ebenso die h. M. in der Literatur, vgl. *Richardi* BetrVG, 10. Aufl. § 76 Rn. 6 f.; GK-BetrVG/*Thiele,* § 76 Rn. 54; a. A. *Obermayer,* DB 1971, 1720). Sie ist ein Organ der Betriebsverfassung (BAG 6. 4. 1973 AP BetrVG 1972 § 76 Nr. 1), deren Aufgabe in der Beilegung von Meinungsverschiedenheiten zwischen Arbeitgeber und Betriebsrat besteht (vgl. § 76 Abs. 1 Satz 1 BetrVG). Dies gilt sowohl im Hinblick auf Meinungsverschiedenheiten bezüglich der zukünftigen Gestaltung der innerbetrieblichen Ordnung als auch im Hinblick auf Streitigkeiten über das Bestehen oder Nichtbestehen von Rechten und Pflichten aus dem BetrVG bzw. aus Betriebsvereinbarungen (vgl. BAG 20. 11. 1990 NZA 1991, 473 = DB 1991, 1025). Die Spruchkompetenz der Einigungsstelle erstreckt sich also sowohl auf die Entscheidung von Streitigkeiten über die Erzeugung betrieblicher Regelungen (sog. *Regelungsstreitigkeiten*) als auch auf die Entscheidung von *Rechtsstreitigkeiten,* in denen es um die Frage der Anwendung bestehender Rechtsnormen geht. **100**

b) Hinsichtlich der Wirkungen des Einigungsstellenspruchs ist zu unterscheiden zwischen jenen Fällen, in denen der Spruch – kraft Gesetzes oder kraft freiwilliger Unterwerfung der Beteiligten (vgl. § 76 Abs. 5 Satz 1 und Abs. 6 Satz 2 BetrVG) – die Einigung zwischen Arbeitgeber und Betriebsrat ersetzt, also für beide Seiten Bindungswirkung **101**

Einleitung C. Die Arbeitsgerichtsbarkeit im Rechtsschutzsystem

entfaltet, und jenen Fällen, in denen die Entscheidung der Einigungsstelle lediglich Vorschlagscharakter besitzt. Unverbindliche Entscheidungen der Einigungsstelle haben keinen Einfluss auf das arbeitsgerichtliche Verfahren.

102   c) Soweit der Spruch der Einigungsstelle die Einigung zwischen Arbeitgeber und Betriebsrat dagegen ersetzt, stellt das Einigungsstellenverfahren in *Rechtsstreitigkeiten* ein außergerichtliches Vorverfahren dar, dessen Durchführung grundsätzlich Voraussetzung ist für die Zulässigkeit eines Antrags einer der beiden Beteiligten auf arbeitsgerichtliche Entscheidung (sog. Primärzuständigkeit der Einigungsstelle, vgl. BAG 20. 11. 1990 NZA 1991, 473, 477 = DB 1991, 1025, 1026; *Richardi* BetrVG, 10. Aufl. § 76 Rn. 26 ff., 112 ff.; *Hennige* S. 46 ff.). Dem liegt die Überlegung zugrunde, dass nach dem Sinn und Zweck des Betriebsverfassungsrechts zunächst ein innerbetrieblicher Interessenausgleich versucht werden soll, bevor die Streitigkeit vor das Arbeitsgericht getragen werden kann. Die Durchführung des Vorverfahrens ist von Amts wegen oder auf Einrede hin zu prüfen, je nachdem, ob die Bindungswirkung des Einigungsstellenspruchs gesetzlich vorgeschrieben ist oder auf freiwilliger Unterwerfung der Beteiligten beruht. Auf die Zulässigkeit eines vom Arbeitnehmer gestellten Antrags auf gerichtliche Entscheidung hat das Einigungsstellenverfahren dagegen keinen Einfluss (vgl. *Leipold*, FS Schnorr v. Carolsfeld 1973 S. 286 Fn. 43; *Galperin/Löwisch* BetrVG § 76 Rn. 41). Ebenso wenig wirkt sich die Spruchkompetenz der Einigungsstelle auf den Umfang der gerichtlichen Prüfungskompetenz aus: Die Entscheidungen der Einigungsstelle in Rechtsstreitigkeiten unterliegen der vollen Nachprüfung durch die Arbeitsgerichte, die in der Sache selbst entscheiden; allerdings kann der Umfang der gerichtlichen Prüfungskompetenz eingeschränkt sein, wenn die Anwendung unbestimmter Rechtsbegriffe die Vornahme betriebsspezifischer Wertungen voraussetzt und der Gesetzgeber hierfür der Einigungsstelle einen gewissen Entscheidungsfreiraum zubilligt (dazu *Rieble* BB 1991, 471; nicht überzeugend jedoch BAG 8. 8. 1989 EzA § 106 BetrVG 1972 Nr. 8 m. Anm. *Henssler*; vgl. ferner BAG 17. 10. 1989 SAE 1990, 170 m. Anm. *Rieble*; umfassend zum Ermessensspielraum der Einigungsstelle nunmehr *Fiebig* 1992). Neben der inhaltlichen Prüfung in der Sache prüft das Arbeitsgericht auch die Einhaltung elementarer Verfahrensvorschriften von Amts wegen (BAG 18. 1. 1994 EzA § 76 BetrVG Nr. 63). Die Wirksamkeit einer formularmäßigen Vereinbarung von Vertragsstrafen wegen vertragswidriger Lösung vom Arbeitsvertrag ist allerdings im Hinblick auf § 309 Nr. 6 BGB seit dem 1. 1. 2002 besonders umstritten. Nach h. M. stehen der Anwendung des § 309 Nr. 6 BGB Besonderheiten des Arbeitsrechts entgegen (vgl. *Gotthardt*, Arbeitsrecht nach der Schuldrechtsreform, 2002, Rn. 250 m. w. Nachw.). Solche entgegenstehenden arbeitsrechtlichen Besonderheiten werden von der Gegenauffassung geleugnet (insbes. LAG Hamm 24. 1. 2003 NZA 2003, 499 m. w. Nachw.).

103   d) Verbindliche Entscheidungen der Einigungsstelle in *Regelungsstreitigkeiten* können dagegen nur insoweit gerichtlich überprüft werden, als es um die Einhaltung der durch das Recht gezogenen Grenzen geht. Das Arbeitsgericht darf also nicht die von der Einigungsstelle vorgenommene Interessenabwägung durch eine eigene Entscheidung nach billigem Ermessen ersetzen. Folglich kann es in Regelungsstreitigkeiten nur die Rechtsunwirksamkeit des Einigungsstellenspruches feststellen. Wegen dieser nur eingeschränkten gerichtlichen Überprüfbarkeit stellt das Schlichtungsverfahren in Regelungsstreitigkeiten kein außergerichtliches Vorverfahren dar.

104   e) Sowohl die Bestellung der Einigungsstelle (durch die Betriebspartner oder durch das Arbeitsgericht) als auch das Verfahren vor der errichteten Einigungsstelle unterliegen festen Regelungen, die freilich anhand der dürftigen gesetzlichen Grundlage nicht sofort erkennbar sind. Ein detailliertes Verfahrensrecht der Einigungsstelle lässt sich aber aus dem Gesamtzusammenhang entwickeln. Dies hat die Untersuchung von *Hennige* (Das Verfahrensrecht der Einigungsstelle, 1996, S. 65 ff., 123 ff.) überzeugend nachgewiesen. Danach wird der Verfahrensgegenstand durch die konkrete Errichtung der Einigungsstelle selbst festgelegt. Die Einigungsstelle wird nur auf Antrag tätig,

wobei antragsberechtigt die jeweiligen betriebsverfassungsrechtlichen Organe sind. Ein Antrag kann mündlich oder schriftlich gestellt werden. Der Antrag kann im freiwilligen Einigungsstellenverfahren jederzeit zurückgenommen werden. Im Übrigen ist eine Verfahrensbeendigung durch Antragsrücknahme nur möglich, wenn die Gegenseite mit der Verfahrensbeendigung einverstanden ist. Die Verhandlung vor der Einigungsstelle ist nicht zwingend mündlich. Ein Versäumnisverfahren ist im Rahmen von § 76 Abs. 5 Satz 2 BetrVG möglich. Der Beschluss der Einigungsstelle ist schriftlich niederzulegen, vom Vorsitzenden zu unterschreiben und dem Arbeitgeber sowie dem Betriebsrat zuzuleiten (§ 76 Abs. 3 Satz 3 BetrVG). Eine schriftliche Begründung des Beschlusses liegt nahe, ist aber nicht zwingend vorgeschrieben. Das Verfahren vor der Einigungsstelle ist im Übrigen von allgemeinen Verfahrensgrundsätzen geprägt. Es besteht ein Anspruch auf rechtliches Gehör, es gilt der Verhandlungsgrundsatz und der Grundsatz der Parteiöffentlichkeit sowie der Unmittelbarkeit. Zu weiteren Einzelheiten vgl. *Hennige* aaO und unten § 98.

5. Kirchliche Gerichtsbarkeit

Schrifttum: *Bernards*, Die Schlichtungsstelle im Mitarbeitervertretungsrecht der katholischen Kirche, 1989; *Bleistein*, Das Mitwirkungsrecht der Mitarbeitervertretungen nach der Mitarbeiter-Vertretungsordnung der Katholischen Kirche bei Kündigungen, in: FS für Stahlhacke, 1995, S. 69; *Campenhausen*, Der Rechtsschutz der kirchlichen Bediensteten, FS für Ruppel, 1968, S. 262; *ders.*, Der staatliche Rechtsschutz im kirchlichen Bereich, AöR 112 (1987), 623; *Dütz*, Kirchliche Festlegung arbeitsvertraglicher Kündigungsgründe, NJW 1990, 2025; *ders.*, Staatskirchenrechtliche Gerichtsschutzfragen im Arbeitsrecht, FS für Henckel, 1995, S. 145; *ders.*, Rechtsschutz für kirchliche Bedienstete im individuellen Arbeitsrecht, NZA 2006, 65; *Evers*, Das Verhältnis der kirchlichen zur staatlichen Gerichtsbarkeit, FS für Ruppel, 1968, S. 329; *Gehring*, Kirchenarbeitsrecht, Anhang III zu § 630 BGB, 12. Aufl. des RGRK zum BGB, 1992; *Girlich*, Personelle Beteiligung in der Rechtsprechungstätigkeit der Schlichtungsstellen der katholischen Kirche, 2007; *Heckel*, Die staatliche Gerichtsbarkeit in Sachen der Religionsgesellschaften, FS für Lerche, 1993; *Hesse*, Der Rechtsschutz durch staatliche Gerichte im kirchlichen Bereich, 1956; *Hillgruber*, Das Selbstbestimmungsrecht der Kirchen und die Jurisdiktionsgewalt des Staates, FS für Rüfner, 2003, S. 297; *Kammerer*, Der Schlichtungsausschuß nach dem Mitarbeitervertretungsrecht der Evangelischen Kirchen, BB 1985, 1986; *Kästner*, Tendenzwende in der Rechtsprechung zum staatlichen Rechtsschutz in Kirchensachen, NVwZ 2000, 889: *Listl*, Staatliche und Kirchliche Gerichtsbarkeit, DÖV 1989, 409; *Listl/Pirson*, Handbuch des Staatskirchenrechts der Bundesrepublik Deutschland, 2 Bände, 2. Aufl. 1994/96; *Maurer*, Die Verwaltungsgerichtsbarkeit in der evangelischen Kirche, 1958; *ders.*, Kirchenrechtliche Streitigkeiten, FS für Menger, 1985, S. 285; *Melichar*, Gerichtsbarkeit und Verwaltung im staatlichen und kanonischen Recht, 1948; *Mikat*, Kirchliche Streitsachen vor den Verwaltungsgerichten, in: Staatsbürger und Staatsgewalt II, 1963, S. 315; *Mummenhoff*, Loyalität im kirchlichen Arbeitsverhältnis, NZA 1990, 585; *Nolte*, Durchbruch auf dem Weg zu einem gleichwertigen staatlichen Rechtsschutz in Kirchensachen, NJW 2000, 1844; *ders.*, *Richardi*, Arbeitsrecht in der Kirche, 4. Aufl. 2003; *ders.*, Staatlicher und kirchlicher Gerichtsschutz für das Mitarbeitervertretungsrecht der Kirchen, NZA 2000, 1305; *ders.*, Kirchliche Arbeitsgerichtsordnung für die Bistümer der katholischen Kirche, NJW 2005, 2744; *Rüfner*, Zuständigkeit staatlicher Gerichte in kirchlichen Angelegenheiten, in: Handbuch des Staatskirchenrechts der Bundesrepublik Deutschland, Bd. II, 2. Aufl. 1996, S. 1081; *ders.*, Staatlicher Rechtsschutz gegen Kirchen und kirchliches Selbstbestimmungsrecht, FS für Schiedermair, 2001, S. 165, *Sachs*, Staatliche und kirchliche Gerichtsbarkeit, DVBl. 1989, 487; *Scheuner*, Die Nachprüfung kirchlicher Rechtshandlungen durch staatliche Gerichte, ZevKR 3 (1954), 352; *Schilberg*, Rechtsschutz und Arbeitsrecht in der evangelischen Kirche, 1992; *Schliemann*, Die Aufgaben der Schlichtungsstellen der evangelischen Kirchen in Deutschland und ihr Verfahren, NZA 2000, 1311; *ders.*, Die neue Ordnung der Kirchengerichtsbarkeit in der evangelischen Kirche in Deutschland, NJW 2005, 392; *Spengler*, Die Rechtsprechung zum Arbeitsrecht in kirchlichen Angelegenheiten, insbes. zur Loyalitätspflicht kirchlicher Mitarbeiter, NZA 1987, 833; *Tettinger*, Anmerkungen zu aktuellen Akzentuierungen staatlichen Rechtsschutzes in kirchlichen Angelegenheiten, FS für Rüfner, 2003, S. 887; *Thüsing*, Kirchliches Arbeitsrecht, 2005; *Waldner*, Grundrechte in der Kirche und vor kirchlichen Gerichten, Erlanger FS für Schwab, 1990, S. 357; *Weber*, Staatliche und Kirchliche

Einleitung C. Die Arbeitsgerichtsbarkeit im Rechtsschutzsystem

Gerichtsbarkeit, NJW 1989, 2217; *ders.*, Kontroverse zum Rechtsschutz durch staatliche Gerichte im kirchlichen Amtsrecht, NJW 2003, 2067.

105 a) Den Religionsgemeinschaften ist nach Art. 140 GG i. V. m. Art. 137 Abs. 3 WRV die Freiheit garantiert, ihre Angelegenheiten selbständig innerhalb der Schranken des für alle geltenden Gesetzes zu ordnen und zu verwalten (BVerfG 11. 10. 1977 und 4. 6. 1985 BVerfGE 46, 73, 85; 70, 138, 162). Aufgrund dieses Selbstbestimmungsrechts kann die Kirche eine eigene kirchliche Gerichtsbarkeit schaffen, die sich jedoch nur auf Angelegenheiten der kirchlichen Selbstbestimmung erstreckt und keine unmittelbaren Rechtswirkungen im staatlichen Zuständigkeitsbereich entfaltet (*Stern*, Staatsrecht, Bd. II, § 43 III 3 c, S. 925). Die Zuständigkeit staatlicher Gerichte ist in diesem Bereich nicht begründet, da mit der Unterwerfung unter staatliche Gerichtsbarkeit zugleich die Unterwerfung unter die Staatshoheit verbunden wäre (*Rüfner*, HdbStKirchR, 1. Aufl., Bd. I, S. 759). Das verfassungsrechtlich garantierte Selbstbestimmungsrecht umfasst alle Maßnahmen, die zur Verfolgung des kirchlichen Grundauftrages zu treffen sind (BVerwG 25. 11. 1982 NJW 1983, 2580); dazu zählen insbesondere Ämterhoheit und Dienstrecht (BVerwG 27. 10. 1966 BVerwGE 25, 226, 230). Alle Streitfragen bezüglich des Status von kirchlichen Beamten, Geistlichen und Ordensangehörigen sind daher der Zuständigkeit der staatlichen Gerichte entzogen. Auch für die Klage eines Priesters auf Pfarrvergütung ist der Rechtsweg zu den staatlichen Gerichten nicht eröffnet (BAG 7. 2. 1990 NJW 1990, 2082). Selbst wenn die Kirche keine eigenen Gerichte gebildet hat, erfolgt keine Überprüfung der kirchlichen Akte vor den staatlichen Gerichten; innerkirchliche Maßnahmen stellen keine Maßnahmen öffentlicher Gewalt i. S. des Art. 19 Abs. 4 GG dar (BVerfG 17. 2. 1965 BVerfGE 18, 385, 387), da die Kirche keine staatliche oder vom Staat abgeleitete Gewalt ausübt, sondern einen spezifisch öffentlichen Status in Unabhängigkeit vom Staat innehat (BVerfG 17. 2. 1965 BVerfGE 18, 385, 387; *Stern* Staatsrecht, Bd. II, § 43 III 3 c, S. 926). Dieser durch die Selbstordnungs- und Selbstverwaltungsgarantie geschaffene Freiraum kommt nicht nur den verfassten Kirchen und deren rechtlich selbständigen Teilen zugute, sondern allen der Kirche in bestimmter Weise zugeordneten Einrichtungen ohne Rücksicht auf ihre Rechtsform, wenn diese Einrichtungen nach kirchlichem Selbstverständnis ihrem Zweck oder ihrer Aufgabe entsprechend berufen sind, den kirchlichen Auftrag wahrzunehmen.

106 b) Betreffen die Streitigkeiten nicht den Status dieser Gruppe kirchlicher Arbeitnehmer (also der kirchlichen Beamten, der Geistlichen und Ordensangehörigen), so kann die staatliche Zuständigkeit begründet sein. Nach der Koordinationstheorie besteht in § 135 Satz 2 BRRG ein Angebot des Staates, einen Rechtsweg für Streitigkeiten aus kirchlichen Dienstverhältnissen eigenständig festzulegen, welches der Annahme durch die Kirche bedarf (BGH 19. 9. 1966 BGHZ 46, 96, 101; BVerwG 27. 10. 1966 NJW 1967, 1672, 1674). Ausreichend ist bereits eine Annahme seitens der Kirche durch schlüssiges Verhalten wie z. B. rügelose Klageeinlassung vor einem staatlichen Gericht (BVerwG 27. 10. 1966 NJW 1967, 1672, 1674). Insoweit könnten die kirchlichen Arbeitnehmer staatlichen Rechtsschutz nach §§ 135 Satz 2, 126 BRRG erhalten. Auch darüber hinaus lässt der BGH staatlichen Rechtsschutz über innerkirchliche Rechtsakte zu (BGH 11. 2. 2000 JZ 2000, 1111 m. Anm. *Maurer*; dazu *Nolte* NJW 2000, 1844).

107 c) Wählt die Kirche für die Begründung der Arbeitsverhältnisse die Privatrechtsform, so findet das staatliche Arbeitsrecht Anwendung (grundlegend BVerfG 4. 6. 1985 BVerfGE 70, 138, 165; *Dütz*, NZA 2006, 65). Dies hat zur Folge, dass Streitigkeiten aus diesen Arbeitsverhältnissen vor staatlichen Gerichten ausgetragen werden, also das Arbeitsgerichtsgesetz eingreift. In diesem Zusammenhang können allerdings Schlichtungsstellen vorgeschaltet sein (vgl. *Schilberg* S. 97 ff.; nicht akzeptabel aber der Versuch eines Bischofs, ein Verbot der Anrufung eines weltlichen Gerichts für alle katholischen Christen durchzusetzen, vgl. *Wißmann* JZ 2004, 190), durch deren Vereinbarung aber keine prozessual beachtliche Einwendung gegen eine Klage begründet ist (BAG 26. 5.

1993 BAGE 73, 191; 7. 2. 1996 ZTR 1996, 319; 18. 5. 1999 NZA 1999, 1350). Diese Rechtsformenwahl hat jedoch keinen Einfluss auf die Zugehörigkeit der Aufgaben zu den eigenen Angelegenheiten der Kirche (BVerfG 25. 3. 1980 und 4. 6. 1985 BVerfGE 53, 366, 392; 70, 138, 165). Neben der Gestaltungsfreiheit der Arbeitsverhältnisse auf Grund der Vertragsautonomie bleibt für die Gestaltung auch das Selbstbestimmungsrecht der Kirche wesentlich. Danach kann die Kirche im Arbeitsvertrag bestimmte Loyalitätspflichten festlegen, z. B. kann den Mitarbeitern die Beachtung der tragenden Grundsätze der kirchlichen Glaubens- und Sittenlehre auferlegt werden, jeder Verstoß gegen fundamentale Verpflichtungen der kirchlichen Zugehörigkeit verboten sowie die Respektierung der kirchlichen Ordnung auch in der Lebensführung geboten sein (BVerfG 4. 6. 1985 BVerfGE 70, 138, 165 f.). Diese für die Gestaltung der Arbeitsverhältnisse zugrundezulegenden Maßstäbe verfasst die Kirche selbst (BVerfG 4. 6. 1985 BVerfGE 70, 138, 166). Die Festlegung dieser Maßstäbe ist für die Arbeitsgerichte bindend (BVerfG 4. 6. 1985 BVerfGE 70, 138, 168), die Gerichte haben bei der Überprüfung der Arbeitsverhältnisse diese Loyalitätspflichten zugrundezulegen. Ihnen obliegt lediglich die Feststellung des Sachverhalts und eine Subsumtion unter die Loyalitätspflichten (BVerfG 4. 6. 1985 BVerfGE 70, 138, 168). Etwas anderes ergibt sich nur dann, wenn die Arbeitsgerichte sich durch die Beachtung dieser Maßstäbe in Widerspruch zu den Grundprinzipien der Rechtsordnung, etwa dem Willkürverbot gemäß Art. 3 Abs. 1 GG, den guten Sitten nach § 138 Abs. 1 BGB oder dem ordre public des Art. 6 EGBGB begeben würden (BVerfG 4. 6. 1985 BVerfGE 70, 138, 168). Dann haben die Arbeitsgerichte festzustellen, dass die kirchlichen Einrichtungen im Einzelfall unannehmbare Forderungen an die Loyalität der Arbeitnehmer stellen (zur Entscheidung des BVerfG 4. 6. 1985 BVerfGE 70, 138 = NJW 1986, 367 vgl. *Weber* NJW 1986, 370; zuletzt BVerfG 31. 1. 2001 NZA 2001, 717). Zur gesamten Entwicklung der Rechtsprechung vgl. *Dütz*, NZA 2006, 65.

Ist von den Arbeitsgerichten unter Beachtung der kirchlich festgelegten Maßstäbe ein schwerwiegender Verstoß gegen die Loyalitätspflichten feststellbar, so erfolgt in einem zweiten Schritt die Überprüfung der kirchlichen Maßnahme anhand des für alle geltenden Gesetzes (Art. 140 GG i. V. m. Art. 137 Abs. 3 WRV), also der einschlägigen arbeitsrechtlichen Normen. Für diese Normen haben die Arbeitsgerichte dann im Grundsatz eine umfassende arbeitsgerichtliche Anwendungskompetenz (BVerfG 4. 6. 1985 BVerfGE 70, 138, 169). Allerdings verlangt das BVerfG wohl auch im Rahmen dieser zweiten Stufe eine Interessenabwägung unter kirchenspezifischen Aspekten (so auch *Dütz* NJW 1990, 2030; anders wohl *Weber* NJW 1986, 370 f.).

Soweit im Rahmen von Kündigungsprozessen vor der Anrufung des Arbeitsgerichts eine Schlichtungsstelle kirchlicher oder sonstiger Art eingeschaltet wird, kann dadurch die Klagefrist des § 4 KSchG nicht gewahrt werden (LAG Hamm 25. 1. 1994, LAGE Nr. 24 zu § 4 KSchG). Ist eine Vorfrage durch ein kirchliches Schiedsgericht entschieden, so sollen die staatlichen Gerichte hieran gebunden sein (BGH, 11. 2. 2000 JZ 2000, 1111 m. Anm. *Maurer*). Ist die Kündigung vertraglich von einem vorherigen Gespräch abhängig, so führt dies bei nicht durchgeführtem Gespräch zur Sozialwidrigkeit der Kündigung (BAG 16. 9. 1999 NZA 2000, 208).

d) Speziell in Fragen der Personalvertretung, Mitbestimmung und Mitwirkung der kirchlichen Mitarbeiter hat der Gesetzgeber die Anwendung der staatlichen Mitbestimmungsordnungen (also insbesondere des BetrVG, der PersVG) für alle Religionsgemeinschaften und ihre karitativen und erzieherischen Einrichtungen ohne Rücksicht auf die Rechtsform ausgeschlossen (§§ 118 Abs. 2 BetrVG, 112 BPersVG, 1 Abs. 4 Satz 2 MitbestG). Nach freilich nicht unbestrittener Auffassung (vgl. *Richardi*, 3. Aufl. S. 227 ff.) entspricht diese gesetzliche Regelung der Verfassungslage, wonach es sich um eigene Angelegenheiten der Kirche i. S. von Art. 137 WRV i. V. m. Art. 140 GG handelt. Daher ist für Streitigkeiten aus allen Fragen der Mitbestimmung und Mitarbeitervertretung die staatliche Gerichtsbarkeit und damit auch die Zuständigkeit der

Einleitung D. Gerichtsverfassungsrechtliche Besonderheiten des arbeitsgerichtlichen Verfahrens

Arbeitsgerichte nicht gegeben (BAG 11. 3. 1986 AP GG Art. 140 Nr. 25 mit Anm. *Dütz;* Bischöfliche Schlichtungsstelle Berlin vom 13. 3. 1984 AP GG Art. 140 Nr. 22; *Richardi* NZA 2000, 1305 ff.). Ob eine subsidiäre Zuständigkeit der staatlichen Gerichte zur Entscheidung von Streitigkeiten aus dem kirchlichen Mitarbeitervertretungsrecht unter dem Gesichtspunkt von Art. 19 Abs. 4 GG in Betracht kommt, hat das BAG (25. 4. 1989 NJW 1989, 2284 f.; 9. 9. 1992 NZA 1993, 597; vgl. dazu *Schilberg* S. 111, 119 ff.) bisher ausdrücklich offen gelassen, weil es die kirchlichen Schlichtungsstellen nach dem „Mitarbeitervertretungsordnungen" der evangelischen (MVO i. d. F. vom 10. 6. 1988) und der katholischen Kirche (MAVO vom 25. 11. 1985) als echte kirchliche Gerichte ansieht, die rechtsstaatlichen Anforderungen genügen (so auch *Richardi,* S. 279; im Einzelnen dazu *Schliemann* NZA 2000, 1311 ff.). Nunmehr hat die Deutsche Bischofskonferenz auf ihrer Vollversammlung vom 21. 9. 2004 eine kirchliche Arbeitsgerichtsordnung beschlossen, die am 1. 7. 2005 in Kraft getreten ist. Darin wurden neue kirchliche Arbeitsgerichte geschaffen, die an die Stelle früherer Schlichtungsausschüsse getreten sind. Diese kirchlichen Gerichte sind für Streitigkeit aus dem Recht der Ordnung des Arbeitsvertragsrechts und aus dem Bereich der Mitarbeitervertretungsordnung zuständig. Eine Zuständigkeit für Streitigkeiten aus dem Arbeitsverhältnis ist nicht gegeben (*Richardi,* NJW 2005, 2744). In vergleichbarer Weise hat seit 1. 1. 2004 auch die evangelische Kirche in Deutschland eine neue Kirchengerichtsbarkeit mit eigenen Kirchengerichten geschaffen (Einzelheiten bei *Schliemann,* NJW 2005, 392).

111 Die Kirchen haben in weitem Umfang Mitarbeitervertretungsordnungen erlassen (zu den einzelnen Regelungen in der evangelischen Kirche vgl. *Kammerer* BB 1985, 1987; *Schilberg,* S. 111 ff.). Zu der Frage, inwieweit im Rahmen dieser Mitarbeitervertretungsordnungen bei Streitigkeiten über Rechte und Pflichten aus einem Arbeitsverhältnis die staatlichen Arbeitsgerichte zur Entscheidung zuständig sind, vgl. unten § 2 a Rn. 27.

112 e) Zusammenfassend lässt sich feststellen, dass die Überprüfung von Arbeitsverhältnissen kirchlicher Arbeitnehmer weitgehend den staatlichen Gerichten entzogen ist. Selbst bei privatrechtlicher Rechtsformwahl für Arbeitsverhältnisse sind die Arbeitsgerichte nach der Rechtsprechung des BVerfG an die kirchlich vorgegebenen Maßstäbe gebunden. Auf Grund des kirchlichen Selbstbestimmungsrechts wurde damit in bedenklicher Weise zum Teil ein für die kirchlichen Arbeitnehmer rechtsschutzfreier Raum geschaffen (vgl. *Wißmann* JZ 2004, 190, 191).

D. Gerichtsverfassungsrechtliche Besonderheiten des arbeitsgerichtlichen Verfahrens

Schrifttum: siehe § 6 a.

I. Aufbau der Arbeitsgerichte

113 Die Gerichte für Arbeitssachen sind dreistufig aufgebaut: Auf Länderebene sind Arbeitsgerichte (§ 14) und Landesarbeitsgerichte (§ 33) errichtet. Entsprechend der in Art. 95 GG garantierten Gerichtsorganisation ist ferner das Bundesarbeitsgericht (§ 40) mit Sitz in Erfurt gebildet worden. Im Einzelnen s. u. § 8 Rn. 7 ff. sowie die Kommentierung der §§ 14 ff., 33 ff., 40 ff.

114 Es handelt sich bei allen arbeitsgerichtlichen Spruchkörpern um Kollegialgerichte. Sie bestehen aus der erforderlichen Zahl von Vorsitzenden Richtern, die die Befähigung zum Richteramt besitzen müssen, sowie aus den ehrenamtlichen Richtern, je einem aus Kreisen der Arbeitgeber und Arbeitnehmer (§ 16 Abs. 2). Sowohl beim Arbeitsgericht

als auch beim Landesarbeitsgericht werden Kammern tätig, die aus einem Berufsrichter und zwei ehrenamtlichen Richtern bestehen (§§ 16 Abs. 2, 35 Abs. 2). Beim Bundesarbeitsgericht bestehen Senate, die mit einem Vorsitzenden, zwei berufsrichterlichen Beisitzern sowie zwei ehrenamtlichen Richtern besetzt sind (§ 41 Abs. 2). Im Einzelnen vgl. die Kommentierung der §§ 16, 35, 41.

II. Instanzenzug

115 Der Instanzenzug beginnt im Urteilsverfahren ausschließlich vor dem Arbeitsgericht (§ 14). Das Arbeitsgericht ist zuständig für alle Streitigkeiten aus dem Arbeitsverhältnis ohne Rücksicht auf den Wert des Streitgegenstandes (im Einzelnen s. § 2). In der zweiten Instanz werden die Landesarbeitsgerichte als Berufungsgerichte tätig (§ 64 Abs. 1). Unter drei verschiedenen Aspekten ist die Berufung eröffnet: Eine Berufung ist zulässig, wenn sie durch das Arbeitsgericht zugelassen ist, wenn der Wert des Beschwerdegegenstandes 600 EUR übersteigt, wenn es sich um Bestandsstreitigkeiten handelt (vgl. § 2 Abs. 1 Nr. 3 b) oder wenn der Sonderfall eines Versäumnisurteils vorliegt (§ 64 Abs. 2). Als dritte Instanz kommt gegen Endurteile der Landesarbeitsgerichte auf besondere Zulassung hin die Revision zum Bundesarbeitsgericht in Betracht (§ 72 Abs. 1).

116 Im Beschlussverfahren weist der Instanzenzug keine Besonderheiten auf: In erster Instanz ist das Arbeitsgericht ausschließlich zuständig (§ 80). Die Beschwerde gegen einen Beschluss des Arbeitsgerichts ist an das Landesarbeitsgericht zu richten (§ 87 Abs. 1). In dritter Instanz kann Rechtsbeschwerde zum Bundesarbeitsgericht eingelegt werden, wenn eine Zulassung durch das Landesarbeitsgericht erfolgt (§ 92 Abs. 1).

III. Der Gemeinsame Senat der obersten Gerichtshöfe des Bundes

Schrifttum: siehe § 45 vor Rn. 54.

117 Zur Wahrung der Einheitlichkeit der Rechtsprechung der verschiedenen Fachgerichtsbarkeiten ist in Art. 95 Abs. 3 GG die Bildung des Gemeinsamen Senats der obersten Gerichtshöfe des Bundes angeordnet. Dieser Gemeinsame Senat hat seinen Sitz in Karlsruhe, § 1 Abs. 2 RspREinhG (abgedruckt unten § 45 Rn. 58). Er setzt sich zusammen aus den Präsidenten der obersten Gerichtshöfe des Bundes, den Vorsitzenden Richtern der Senate, deren Rechtsprechung divergieren, sowie je einem weiteren Richter dieser Senate (§ 3 RspREinhG). Will ein oberstes Bundesgericht in einer Rechtsfrage von einer Entscheidung eines anderen obersten Bundesgerichts abweichen, so hat der Gemeinsame Senat eine Entscheidung zu treffen. Diese Zuständigkeit des Gemeinsamen Senats ist abzugrenzen von der Zuständigkeit des Großen Senats beim BAG (s. u. § 45 Rn. 11 ff.). Der Große Senat beim BAG ist dann zur Entscheidung einer Rechtsfrage berufen, wenn ein Senat des BAG von einer Entscheidung eines anderen Senats abweichen will und es sich um eine Frage von grundsätzlicher Bedeutung im Hinblick auf Rechtsfortbildung oder Rechtssicherheit handelt (§ 45 Abs. 2 und Abs. 4). Die Entscheidung ist für den erkennenden Senat bindend (§ 45 Abs. 7 Satz 3). Mit einer solchen Entscheidung des Großen Senats beim BAG wird die Wahrung der Einheitlichkeit der Rechtsprechung innerhalb der Arbeitsgerichtsbarkeit bewirkt. Dagegen entscheidet der Gemeinsame Senat nur, wenn eine Gefährdung der Einheitlichkeit der Rechtsprechung zwischen Rechtsprechungskörpern mehrerer Gerichtsbarkeiten zu besorgen ist (vgl. *Miebach*, Der Gemeinsame Senat der obersten Gerichtshöfe des Bundes, S. 107).

118 Für die Zeit des Verfahrens vor dem Gemeinsamen Senat ist das Verfahren vor dem erkennenden Senat auszusetzen (§ 11 Abs. 2 RspREinhG). Die Einleitung des Verfahrens erfolgt durch einen Vorlegungsbeschluss (§ 11 Abs. 1 RspREinhG). Die Entscheidung wird auf Grund mündlicher Verhandlung getroffen (§ 15 RspREinhG); die getroffene

Entscheidung ist in der Sache für das erkennende Gericht bindend (§ 16 RsprEinhG). Vgl. im Übrigen § 45 Rn. 54 ff.

IV. Präsidium und Geschäftsverteilung

119 Für die Zusammensetzung und die Aufgaben des Präsidiums greifen die §§ 21 a ff. GVG ein, soweit § 6 a ArbGG keine abweichende Regelung trifft (zum Gesetzestext des GVG und zu den Einzelheiten vgl. u. § 6 a Rn. 3 ff.).

120 Das Präsidium setzt sich zusammen aus dem Präsidenten des Gerichts als geborenem Mitglied und aus gewählten Berufsrichtern, deren Anzahl sich nach der Zahl der Richterplanstellen des betreffenden Gerichts bestimmt (§§ 21 a, 21 d GVG; zu den Besonderheiten beim Arbeitsgericht bzw. Landesarbeitsgericht mit weniger als drei Richterplanstellen vgl. § 6 a Nr. 1 und 2). Ehrenamtliche Richter sind weder aktiv noch passiv an der Wahl zum Präsidium beteiligt. Ihre Interessen werden durch einen besonderen Ausschuss gemäß § 29 wahrgenommen. Die Sitzungen des Präsidiums werden vom Vorsitzenden unter Angabe der Tagesordnung einberufen; sie sind in der Regel nicht öffentlich. Die Entscheidungen werden im Präsidium auf Grund von Stimmenmehrheit getroffen; kommt es bei einer Abstimmung zu einer Stimmengleichheit, so gibt der Vorsitzende den Ausschlag (§ 21 e Abs. 7 GVG).

121 Wichtigste Aufgabe des Präsidiums ist die Erstellung einer Geschäftsverteilung. Dies ist eine Angelegenheit der gerichtlichen Selbstverwaltung. Die Geschäftsverteilung erfolgt in richterlicher Unabhängigkeit und frei von Weisungen vorgesetzter Stellen. Durch die Aufstellung des Geschäftsverteilungsplans wird der verfassungsrechtlich garantierte gesetzliche Richter konkretisiert (Art. 101 Abs. 1 Satz 2 GG). Im Einzelnen legt der Geschäftsverteilungsplan die Besetzung der Kammern, die Verteilung der Vorsitzenden auf die einzelnen Spruchkörper und die Vertreter der Vorsitzenden fest. Grundsätzlich wird dieser Plan für ein Geschäftsjahr aufgestellt, zu einer Änderung kommt es nur für die in § 21 e Abs. 3 Satz 1 GVG aufgeführten Fälle; zu weiteren Einzelheiten s. § 6 a Rn. 32 ff.

V. Richter, Rechtspfleger, Urkundsbeamte

1. Richter

Schrifttum: siehe § 6.

122 Die Arbeitsgerichte sind als Kollegialgerichte mit Berufsrichtern und ehrenamtlichen Richtern besetzt (zu den ehrenamtlichen Richtern s. u. Rn. 128). Die Befähigungsvoraussetzungen für das Berufsrichteramt sind im DRiG festgeschrieben. Neben der Universitätsausbildung durch ein mindestens 3½ Jahre dauerndes Studium der Rechtswissenschaften und dem ersten Staatsexamen als Abschluss ist eine 2 jährige praktische Ausbildung (Referendarzeit) und darauf folgend das zweite Staatsexamen erforderlich (§§ 5–7 DRiG; vgl. *Vultejus* AuR 1995, 251).

123 Die Ernennung des Berufsrichters beim Arbeitsgericht erfolgt auf Vorschlag der zuständigen obersten Landesbehörde (§ 18 Abs. 1). Vorher hat eine Beratung in einem Ausschuss, der paritätisch mit Mitgliedern der Arbeitgeber- und Arbeitnehmerverbände besetzt wird (§ 18 Abs. 2), zu erfolgen. Nach einer mindestens drei Jahre dauernden Tätigkeit im richterlichen Dienst kann eine Ernennung zum Richter auf Lebenszeit erfolgen, § 10 DRiG (zu den Einzelheiten s. § 6 Rn. 5 ff. und § 18 Rn. 4 ff.).

124 Verfassungsrechtlich ist den Richtern Unabhängigkeit garantiert (Art. 97 Abs. 1 GG); der Richter ist in seiner Entscheidung nur an Recht und Gesetz gebunden (Art. 20 Abs. 3, 97 Abs. 1 GG). Die in Art. 97 Abs. 1 GG festgelegte *sachliche Unabhängigkeit*

besagt, dass der Richter bei seiner rechtsprechenden Tätigkeit nicht an Weisungen der Dienstaufsicht oder Empfehlungen von Gesetzgeber oder Regierung gebunden ist (vgl. *Thomas*, Richterrecht, S. 8). Ebenso ist grundsätzlich eine Bindung an Entscheidungen anderer insbesondere höherer Gerichte nicht gegeben (*Rosenberg/Schwab/Gottwald* ZRP, § 24 VI). Als Absicherung der sachlichen Unabhängigkeit wird dem Richter auch die *persönliche Unabhängigkeit* gewährleistet: Er erhält eine angemessene Besoldung vom Staat, deren Höhe gesetzlich normiert sein muss (BVerfG 24. 1. 1961 BVerfGE 12, 81, 88). Insbesondere ist er unabsetzbar und unversetzbar (vgl. § 30 DRiG). Schließlich kommt dem Richter das Spruchrichterprivileg aus § 839 Abs. 2 BGB zugute, so dass er weitgehend von einer Haftung freigestellt wird.

In der Beteiligung der Sozialpartner an der Ernennung und Beförderung der Berufsrichter bei den Gerichten für Arbeitssachen kann keine Beeinträchtigung der richterlichen Unabhängigkeit gesehen werden (BAG 20. 4. 1961 AP ZPO § 41 Nr. 1; BAG 14. 7. 1961 AP ZPO § 322 Nr. 6; *Schaub* ArbGV § 3 Rn. 11). Aus der Mitwirkung der Verbände im Ernennungsausschuss ergibt sich kein Einfluss auf die konkrete richterliche Entscheidung; es steht diesen Verbänden keine Weisungsbefugnis und ebenso keine Abberufungsbefugnis der Richter zu. Eine eventuell dennoch bestehende Beeinträchtigung der Entscheidungsfreiheit des Richters bei seiner Spruchtätigkeit durch die Anhörung der Sozialpartner bei der Richterauswahl kann durch die Möglichkeit zur Selbstablehnung des Richters bzw. durch die Ablehnung des Richters wegen Besorgnis der Befangenheit ausgeglichen werden (*Schaub* ArbGV § 3 Rn. 11). 125

2. Rechtspfleger

Schrifttum: siehe § 9 Abs. 3.

Nach § 9 Abs. 3 gelten die Vorschriften über die Wahrnehmung der Geschäfte bei den ordentlichen Gerichten durch die Rechtspfleger in allen Rechtszügen entsprechend. Das Rechtspflegergesetz ist daher in der Arbeitsgerichtsbarkeit unmittelbar anwendbar. Die persönlichen Voraussetzungen für den Rechtspfleger sind in § 9 Abs. 3 Satz 2 geregelt. Die Zuständigkeit des Rechtspflegers ergibt sich aus § 20 RpflG: Im Verfahren vor den Gerichten für Arbeitssachen ist der Rechtspfleger unter anderem zuständig für das Mahnverfahren (§ 46 a), im Verfahren zur Bewilligung der Prozesskostenhilfe (§ 20 Nr. 4, 5 RpflG) und für das Kostenfestsetzungsverfahren (§ 21 RpflG). Gegen eine Entscheidung des Rechtspflegers ist das Rechtsmittel gegeben, das nach den allgemeinen verfahrensrechtlichen Vorschriften zulässig ist (§ 11 Abs. 1 RPflG); zu weiteren Einzelheiten s. § 9 Rn. 12 ff. 126

3. Urkundsbeamte

Schrifttum: siehe § 7.

Bei den Arbeitsgerichten werden Geschäftsstellen eingerichtet, die mit Urkundsbeamten besetzt werden, vgl. § 153 Abs. 1 GVG. Die persönlichen Voraussetzungen für die Urkundsbeamten sind in § 153 Abs. 2 GVG geregelt. Diese Beamten gehören dem mittleren Justizdienst an; zu den Einzelheiten s. § 7 Rn. 11 ff. 127

VI. Ehrenamtliche Richter

Schrifttum: siehe § 6.

Die Gerichte für Arbeitssachen sind neben den Berufsrichtern mit ehrenamtlichen Richtern aus den Kreisen der Arbeitgeber und der Arbeitnehmer besetzt (§§ 16 Abs. 2, 128

35 Abs. 2, 41 Abs. 2). Die ehrenamtlichen Richter werden von der obersten Arbeitsbehörde des Landes bzw. beim BAG vom Bundesminister für Arbeit und Soziales zu ihrem Ehrenamt berufen. Die im jeweiligen Gerichtsbezirk bestehenden Gewerkschaften und Arbeitgebervereinigungen reichen Vorschlagslisten für die betreffenden Beisitzer ein (§§ 20, 37, 43). Berufungsvoraussetzung ist neben der Erreichung eines bestimmten Lebensalters (in erster Instanz 25 Jahre gemäß § 21 Abs. 1, in zweiter Instanz 30 Jahre gemäß § 37 Abs. 1, in dritter Instanz 35 Jahre gemäß § 43 Abs. 2) ein Tätigsein als Arbeitgeber oder Arbeitnehmer im Bezirk des Arbeitsgerichts (§§ 21 Abs. 1, 37 Abs. 2; für die Berufung zum BAG reicht eine frühere Tätigkeit als Arbeitgeber oder Arbeitnehmer aus, § 43 Abs. 2). Eine Berufung ist ausgeschlossen, wenn die Fähigkeit zur Bekleidung öffentlicher Ämter fehlt sowie bei Fehlen der Wahlberechtigung zum Deutschen Bundestag und Verlust der Verfügungsbefugnis über das Vermögen auf Grund gerichtlicher Anordnung (§§ 21 Abs. 2, 37 Abs. 2, 43 Abs. 3). Die Berufung der ehrenamtlichen Richter erfolgt auf fünf Jahre. Die Wahrnehmung dieses Ehrenamtes ist eine staatsbürgerliche Pflicht (*Schaub* ArbGV § 3 Rn. 33; *Bader/Hohmann/Klein*, Die ehrenamtlichen Richterinnen und Richter beim Arbeits- und Sozialgericht, 11. Aufl. 2004, S. 35).

129 Im Verfahren vor den Gerichten für Arbeitssachen üben die ehrenamtlichen Richter ein volles Richteramt aus. Ihnen steht im gleichen Maße wie den Berufsrichtern die verfassungsrechtlich garantierte sachliche Unabhängigkeit zu, d. h. es besteht keine Bindung an Weisungen oder Empfehlungen. Eine Beeinträchtigung der Unabhängigkeit kann auch nicht in der Beteiligung der Interessenverbände am Berufungsverfahren der ehrenamtlichen Richter gesehen werden, da den Verbänden bei der Spruchrichtertätigkeit kein Weisungsrecht zusteht (*Bader/Hohmann/Klein*, Die ehrenamtlichen Richterinnen und Richter beim Arbeits- und Sozialgericht, 11. Aufl. 2004, S. 33; *Wolmerath*, Der ehrenamtliche Richter in der Arbeitsgerichtsbarkeit, Rn. 28). Zur Absicherung der sachlichen Unabhängigkeit sind im Gesetz besondere und eigenständige Regeln über die persönliche Unabhängigkeit erforderlich und enthalten. So ist in § 26 Abs. 1 ein Benachteiligungsverbot normiert, das durch die Strafbestimmung in Abs. 2 noch verstärkt wird. Eine besondere zivilrechtliche Haftung des ehrenamtlichen Richters entfällt, auch für ihn gilt das Richterprivileg des § 839 Abs. 2 BGB (*Bader/Hohmann/Klein*, Die ehrenamtlichen Richterinnen und Richter beim Arbeits- und Sozialgericht, 11. Aufl. 2004, S. 86). Schließlich erfolgt eine Entbindung von dem Ehrenamt nur auf Antrag der zuständigen Stelle (§§ 21 Abs. 5, 27).

130 Die ehrenamtlichen Richter werden durch den Geschäftsverteilungsplan auf die verschiedenen Kammern verteilt. Ihre Heranziehung zu den jeweiligen Sitzungen soll nach der Reihenfolge einer Liste erfolgen, die der Vorsitzende vor Beginn des Geschäftsjahres aufstellt (§§ 31, 39, 43). Dabei wird vom BAG unter einer Sitzung i. S. des § 31 nicht die Verhandlung einer Sache, sondern der Sitzungstag (Terminstag) der Kammer verstanden (BAG 2. 3. 1962 AP ArbGG 1953 § 39 Nr. 1; BAG 19. 6. 1973 AP GG Art. 9 Arbeitskampf Nr. 47). Dies hat zur Folge, dass im Falle einer Vertagung oder Terminverlegung nicht dieselben ehrenamtlichen Richter, sondern andere entsprechend der Reihenfolge auf der Liste herangezogen werden (zu den Einzelheiten und zu abweichenden Auffassungen s. u. § 31 Rn. 13 ff.).

131 Grundsätzlich stehen den ehrenamtlichen Richtern dieselben Rechte und Befugnisse zu wie den Berufsrichtern. Alle nicht auf Grund mündlicher Verhandlung ergehenden Verfügungen und Beschlüsse erlässt jedoch der Vorsitzende allein (§ 53 Abs. 1), so z. B. die Anordnung des persönlichen Erscheinens der Parteien (§ 51 Abs. 1). Auch die dem Verfahren vorgeschaltete Güteverhandlung (§ 54) wird nur vom Vorsitzenden durchgeführt (vgl. u. § 54 Rn. 6; rechtspolitisch abweichend *Kraushaar* NZA 1987, 761 und dazu *Binkert/Eylert* NZA 1989, 872). Danach verbleibt den ehrenamtlichen Richtern ein Fragerecht und das Mitwirkungsrecht an der Entscheidung; ihnen steht neben dem Vorsitzenden ein gleichwertiges Stimmrecht zu, § 192 GVG (*Kissel/Mayer*, 4. Aufl. 2005, GVG, § 192 Rn. 22). Außerhalb der Sitzungstermine haben die ehrenamtlichen

Richter keine Kompetenzen, so können sie z. B. keine Beweisaufnahme als beauftragter Richter durchführen (*Schaub* ArbGV, § 3 Rn. 54; s. im Einzelnen § 6 Rn. 7 ff. und §§ 20 ff.).

Aus Anlass der Einführung von Laienrichtern in Japan fand im Mai 2005 in Kyoto ein Symposium statt, bei dem die Laienrichterbeteiligung und ihre Gründe intensiv aufgearbeitet wurden. Zu den Einzelheiten vgl. *Marutschke*, Laienrichter in Japan, Deutschland und Europa, 2006. Speziell zur Laienrichterbeteiligung im Arbeitsrecht vgl. *Prütting*, in: Marutschke, a. a. O., S. 87, 88 ff. **132**

VII. Ressortierung der Arbeitsgerichte

Schrifttum: siehe § 15.

Die Gerichte für Arbeitssachen waren in Verwaltung und Dienstaufsicht nicht den Justiz- bzw. Rechtspflegeministerien zugeordnet, sondern auf Länderebene der obersten Arbeitsbehörde des Landes (§§ 15 a. F., 34 a. F.). Auf Bundesebene sind sie dem Bundesminister für Arbeit und Soziales, nunmehr für Wirtschaft und Arbeit (§ 40 Abs. 2) zugeordnet. Diese verschiedene Ressortierung im Verhältnis zu den anderen Gerichtszweigen war rechtspolitisch stark umstritten. Sie wurde lange Zeit damit begründet, dass das ArbGG eine maßgebliche Beteiligung der Sozialpartner bei der Gerichtsorganisation vorschreibt (Bundesrats-DS 248/1/83 vom 4. 7. 1983). Durch das Arbeitsgerichtsgesetz – Änderungsgesetz vom 26. 6. 1990 (BGBl. I S. 1206) hat der Gesetzgeber den Ländern die Möglichkeit gegeben, die Arbeitsgerichte entweder dem Justizministerium oder dem Arbeitsministerium zuzuordnen (vgl. §§ 7 Abs. 1, 14 Abs. 4). Zu den Einzelheiten s. § 15 Rn. 32 ff. **133**

E. Arbeitsgerichtsverfahren und allgemeines Zivilverfahren

I. Die Arbeitsgerichtsbarkeit als Teil der ordentlichen Gerichtsbarkeit?

Schrifttum: Siehe oben Rn. 51.

1. Eigener Rechtsweg

Nach langem Streit über die Frage, ob die Arbeitsgerichtsbarkeit als ein Teil der ordentlichen Gerichtsbarkeit anzusehen sei, hat diese seit 1. 1. 1991 auch gesetzestechnisch ihre volle Selbständigkeit als *eigener Rechtsweg* erlangt. Dies war gemäß Art. 95 Abs. 1 GG verfassungsrechtlich schon unter dem ArbGG von 1953 nicht mehr zu bestreiten. Nunmehr hat der Gesetzgeber im Rahmen der Neuregelung des verwaltungsgerichtlichen Verfahrens durch das 4. VwGO-ÄndG vom 17. 12. 1990 dies auch im ArbGG und im GVG bestätigt. Seit der Geltung der neuen §§ 17 bis 17 b GVG, §§ 48, 65, 70 ArbGG ab 1. 1. 1991 ist damit klargestellt, dass das Verhältnis der Arbeitsgerichte zu den ordentlichen Gerichten eine Frage der Zulässigkeit des Rechtswegs ist (zur Abgrenzung der innerstaatlichen Rechtswege und zu den Einzelheiten sowie zur neuen Literatur s. Rn. 44, 51). **134**

2. Sachliche Zuständigkeit

Grundsätzlich wird mit den Regeln der sachlichen Zuständigkeit die Frage geklärt, welches erstinstanzliche Gericht zur Erledigung von Klagen zuständig ist (*Rosenberg/Schwab/Gottwald* § 30 II 1). Im arbeitsgerichtlichen Verfahren sind in der ersten Instanz die Arbeitsgerichte sachlich zuständig (§ 8 Abs. 1). Zwar fanden sich in §§ 2, 2 a bis **135**

Einleitung E. Arbeitsgerichtsverfahren und allgemeines Zivilverfahren

1990 die Paragraphen-Überschriften: „Sachliche Zuständigkeit in ...". Jedoch wurde darin schon bisher keine Bestimmung der sachlichen Zuständigkeit im o. g. Sinne getroffen, sondern vielmehr der Rechtsweg in arbeitsgerichtlichen Streitigkeiten inhaltlich beschrieben. Die *Rechtswegzuständigkeit der Arbeitsgerichte* im Urteilsverfahren erstreckt sich daher nach § 2 auf alle bürgerlichen Rechtsstreitigkeiten, die in so naher Beziehung zum Arbeitsverhältnis stehen, dass sie dadurch überwiegend bestimmt werden (vgl. BAG 14. 11. 1979 AP TVG § 4 Gemeinsame Einrichtungen Nr. 2; *Kissel* GVG § 13 Rn. 144 ff.), sowie nach § 2 a auf kollektivrechtliche Streitigkeiten im Beschlussverfahren. In diesen Bereichen sind die Arbeitsgerichte ausschließlich zuständig mit der Folge, dass die Zuständigkeit für andere als im Katalog aufgezählte Streitigkeiten weder vertraglich noch durch rügelose Einlassung zur Hauptsache begründet werden kann (*Grunsky* § 2 Rn. 27, 34; *Schaub* ArbGV § 10 Rn. 3).

136 Eine Erweiterung der Rechtswegzuständigkeit der Arbeitsgerichte ist nur in begrenztem Umfange möglich. Nach § 2 Abs. 4 können auf Grund einer Vereinbarung bürgerliche Rechtsstreitigkeiten zwischen juristischen Personen des Privatrechts und Personen, die zur Vertretung der juristischen Personen berufen sind, vor den Arbeitsgerichten ausgetragen werden. Eine ausschließliche Zuständigkeit der Arbeitsgerichte besteht für Streitigkeiten dieser Personengruppe nicht, da sie nach § 5 Abs. 1 nicht unter den Arbeitnehmerbegriff fallen (zu den Einzelheiten s. u. § 2 Rn. 132 ff.).

137 Schließlich wird die Rechtswegzuständigkeit der Arbeitsgerichte gemäß § 2 Abs. 3 über den Bereich der ausschließlichen Zuständigkeit hinaus ausgeweitet: Durch diese Vorschrift wird einer Partei die Geltendmachung nichtarbeitsrechtlicher Ansprüche im Arbeitsgerichtsprozess ermöglicht; die zusätzlich geltend gemachten Ansprüche müssen in einem rechtlichen und unmittelbar wirtschaftlichen Zusammenhang zur Hauptsache stehen.

138 Für einen besonderen Fall hat das BAG nunmehr die Zuständigkeit der Arbeitsgerichte im Wege der Rechtsfortbildung begründet: Nach BAG 11. 11. 1986 ZIP 1987, 871, ist das Arbeitsgericht zuständig für Rechtsstreitigkeiten des Pensionssicherungsvereins auf Übertragung von Vermögensteilen einer Unterstützungskasse (§ 9 Abs. 3 BetrAVG). Das BAG stützt diese Zuständigkeit auf § 2 Abs. 1 Nr. 5, 6 *analog* i. V. m. § 3.

3. Zuständigkeit kraft Sachzusammenhangs

139 Probleme bei der Zuständigkeit der Arbeitsgerichte ergeben sich dann, wenn ein vor dem Arbeitsgericht anhängig gemachter Anspruch sowohl auf arbeitsrechtliche als auch auf bürgerlichrechtliche Anspruchsgrundlagen gestützt wird, die nebeneinander zur Anwendung gelangen. Eine Zuständigkeit kraft Sachzusammenhangs, nach der das für eine Anspruchsgrundlage zuständige Gericht auch zur Entscheidung über alle anderen Anspruchsgrundlagen berufen sein soll (so *Baur* FS Fritz von Hippel, S. 1, 15; *Gravenhorst*, Die Aufspaltung der Gerichtszuständigkeit nach Anspruchsgrundlagen, S. 35; *Schwab* FS Rammos, Bd. II, 1979, S. 845; *ders.* FS Zeuner, 1994, S. 499; *Kissel* GVG § 13 Rn. 69 m. w. N.; zuletzt *Spickhoff* ZZP 109, 493), wurde von der Rechtsprechung früher wegen fehlender gesetzlicher Grundlage (BGH 17. 10. 1986 JR 1987, 192, 193) sowie wegen der Gefahr, dass dem Beklagten Rechtsschutzgarantien entzogen werden (vgl. *Grunsky* § 2 Rn. 25), abgelehnt. Für den praktisch wichtigen Fall, dass vor den Arbeitsgerichten weitere zivilrechtliche Ansprüche zu entscheiden sind, traf das aber schon damals nicht zu (richtig *Rimmelspacher* AcP 174, 545); vgl. zur Rechtslage nunmehr u. Rn. 142.

140 Nach der Rechtsprechung war also früher (vgl. aber unten Rn. 114) das Arbeitsgericht nur zur Entscheidung der arbeitsrechtlichen Anspruchsgrundlage zuständig (BAG 11. 3. 1965 AP ArbGG 1953 § 2 Zuständigkeitsprüfung Nr. 28). Bezüglich der nichtarbeitsrechtlichen Anspruchsgrundlagen war die Klage als unzulässig abzuweisen (BAG 9. 10. 1958 BAGE 6, 300, 306; BAG 13. 3. 1964 und 26. 6. 1967 AP ArbGG

1953 § 2 Zuständigkeitsprüfung Nr. 26 und 30) oder auf Antrag des Klägers an das ordentliche Gericht zu verweisen (§ 48 Abs. 1, § 281 Abs. 1 ZPO).

Wurde ein Anspruch entweder auf eine arbeitsrechtliche oder auf eine bürgerlichrechtliche Norm gestützt, die sich aber *gegenseitig ausschließen*, so war die Zuständigkeit der Arbeitsgerichte begründet, wenn feststand, dass ein arbeitsrechtlich zu qualifizierender Sachverhalt vorliegt (BAG 30. 6. 1958 BAGE 6, 160, 162 f.; BAG 26. 6. 1967 AP ArbGG 1953 § 2 Zuständigkeitsprüfung Nr. 30). Dazu hatte das Arbeitsgericht den Sachverhalt in tatsächlicher und rechtlicher Hinsicht zu prüfen (BAG 8. 1. 1970 AP ZPO § 528 Nr. 14; BAG 11. 11. 1986 AP ArbGG § 3 Nr. 1). Zu den Einzelheiten siehe unten § 2 Rn. 194 ff. 141

4. Die aktuelle Rechtslage bei gemischten Rechtsverhältnissen

Die dargestellte Rechtsprechung und die oben (Rn. 139) geschilderte Diskussion in der Literatur ist durch § 17 Abs. 2 Satz 1 GVG n. F. überholt. Danach schreibt das Gesetz seit 1. 1. 1991 eine Rechtswegzuständigkeit kraft Sachzusammenhangs zwingend vor. Folgende Fälle sind dabei denkbar: 142

a) Der Anspruch wird auf arbeitsrechtliche und auf nicht arbeitsrechtliche Anspruchsgrundlagen zugleich gestützt. Beide Anspruchsgrundlagen liegen nebeneinander tatsächlich vor (**et-et-Fall**). In diesem Fall wurde früher von der Rechtsprechung eine Zuständigkeit kraft Sachzusammenhangs abgelehnt. Heute ist dieser Fall notwendigerweise eine Frage des Rechtswegzusammenhangs und er ist von § 17 Abs. 2 GVG geregelt (s. oben Rn. 40 ff.). Wird mit einer Klage ein einheitlicher Streitgegenstand geltend gemacht, so entscheidet das Arbeitsgericht den Rechtsstreit unter allen in Betracht kommenden rechtlichen Gesichtspunkten. Das Gericht wendet dabei ausschließlich sein eigenes Verfahren an (so zu Recht auch *Deckers* ZZP 110, 341 ff.). Dies gilt selbst dann, wenn dadurch eine ausschließliche Zuständigkeit eines anderen Gerichts verdrängt wird. Die Literatur zu diesen Fragen ist oben vor Rn. 40 genannt. 143

b) Soweit eine Klage mehrere Streitgegenstände enthält (**objektive Klagenhäufung**), kommt § 17 Abs. 2 GVG nicht in Betracht (s. oben Rn. 62). 144

c) Bei **Aufrechnung** gegen eine Klage mit einer rechtswegfremden Forderung besteht dagegen keine Gefahr der Rechtswegmanipulation. Hier hat das angerufene Gericht die rechtswegfremde Forderung mitzuentscheiden (s. oben Rn. 55 ff.). 145

d) Wird ein einheitlicher arbeitsrechtlicher Streitgegenstand auf **verschiedene, sich nicht ausschließende Anspruchsgrundlagen** gestützt, die eine unterschiedliche örtliche Zuständigkeit beinhalten, so stellt sich die Frage, ob es auch für dieses Problem eine einheitliche Zuständigkeit kraft Sachzusammenhangs gibt. § 17 GVG regelt diese Frage nicht. Nunmehr muss aus dem allgemeinen Grundsatz, den § 17 Abs. 2 GVG aufstellt, und zugleich aus der Verweisung des § 48 n. F. ArbGG auch auf die örtliche Zuständigkeit die Folgerung entnommen werden, dass es künftig zwingend eine generelle Zuständigkeit kraft Sachzusammenhangs gibt. 146

e) Wird ein Anspruch auf unterschiedliche Anspruchsgrundlagen gestützt, die sich gegenseitig ausschließen, so spricht man von einem **aut-aut-Fall**. Da es für die Zuständigkeit der Arbeitgerichte erforderlich ist, dass ein arbeitsrechtlich zu qualifizierender Sachverhalt in tatsächlicher Hinsicht feststeht, muss in diesem Falle eine Beweisaufnahme erfolgen (*Kissel* GVG, 3. Aufl. § 17 Rn. 22 m. w. N.). Die Rechtsprechung hat diese Frage in jüngster Zeit offen gelassen (vgl. *Reinecke* NZA 1999, 53). Das BAG verlangt in diesem Fall neuerdings nur eine vom Kläger behauptete Rechtsansicht, wonach die Arbeitsgerichte zuständig seien (BAG 24. 4. 1996 NJW 1996, 2948 = AP ArbGG 1979 § 2 Zuständigkeitsprüfung Nr. 1 mit Anm. *Hager* = SAE 1998, 222 m. Anm. *Schreiber*). Das dürfte zu wenig sein. Zumindest ein schlüssiges tatsächliches Vorbringen des Klägers wird man verlangen müssen (vgl. im Einzelnen o. Rn. 49 a und § 2 Rn. 189 ff.). Das schließt freilich ein, dass dort, wo die tatsächlichen Grundlagen der Zuständigkeitsfrage 147 streitig sind, notfalls über die Zulässigkeit Beweis zu erheben ist (im Einzelnen hierzu *Lüke* JuS 1997, 215).

148 f) Wird ein Anspruch geltend gemacht, der sich ausschließlich auf eine arbeitsrechtliche Grundlage stützen lässt, ohne dass diese Anspruchsgrundlage in ihrer arbeitsrechtlichen Qualität feststünde, so wird von einem **sic-non-Fall** gesprochen (zu den Einzelheiten s. o. Rn. 62).

II. Die Besonderheiten des arbeitsgerichtlichen Verfahrens

Schrifttum: *Opolony,* Die Besonderheiten des arbeitsgerichtlichen Urteilsverfahrens aus anwaltlicher Sicht, JuS 2000, 894; *Weth,* Besonderheiten der Arbeitsgerichtsbarkeit, in: FS 50 Jahre saarländische Arbeitsgerichtsbarkeit, 1997, S. 157.

1. Trennung in Urteils- und Beschlussverfahren

a) Zwei Verfahrensarten

149 Das Verfahren vor den Arbeitsgerichten ist in *zwei verschiedene Verfahrensarten* aufgeteilt, das Urteilsverfahren nach §§ 2, 46 ff. und das Beschlussverfahren nach §§ 2 a, 80 ff. Das Arbeitsgericht wird im Urteilsverfahren tätig für bürgerliche Rechtsstreitigkeiten, die in so naher Beziehung zum Arbeitsverhältnis stehen, dass sie überwiegend von ihm bestimmt werden (BAG 14. 11. 1979 AP TVG § 4 Gemeinsame Einrichtungen Nr. 2). Dagegen ist das Beschlussverfahren ausschließlich für kollektivrechtliche Streitigkeiten vorgesehen, wobei in der Praxis die Streitigkeiten aus dem Betriebsverfassungsgesetz im Vordergrund stehen. Im Gegensatz zu § 2 sind in § 2 a die Fälle, in denen die Zuständigkeit der Arbeitsgerichte im Beschlussverfahren begründet ist, nicht enumerativ aufgezählt. Die Norm ordnet lediglich für sechs Bereiche die Durchführung eines Beschlussverfahrens an:

(1) Angelegenheiten aus dem Betriebsverfassungsgesetz;
(2) Angelegenheiten aus dem Sprecherausschussgesetz;
(3) Angelegenheiten der Mitbestimmung;
(4) Angelegenheiten nach §§ 24, 25, 54 c SchwerbehG;
(5) Angelegenheiten aus dem Gesetz über Europäische Betriebsräte;
(6) Streitigkeiten über die Tariffähigkeit und die Tarifzuständigkeit einer Vereinigung.

b) Konkurrenz zwischen Urteils- und Beschlussverfahren

150 Gerade bei den Streitigkeiten aus dem Betriebsverfassungsgesetz kommt es häufig zu *Konkurrenzproblemen zwischen Urteils- und Beschlussverfahren* (im Einzelnen siehe § 2 a Rn. 12 ff.). Problematisch ist die Zuordnung in die eine oder die andere Verfahrensart z. B. dann, wenn ein Betriebsverfassungsorgan Ansprüche gegen den Arbeitgeber geltend macht. Haben die Ansprüche des Betriebsverfassungsorgans ihre Grundlage im Betriebsverfassungsgesetz und beziehen sie sich auf die Tätigkeit als Betriebsverfassungsorgan (z. B. Auslagenersatz für Schulungen eines Betriebsratsmitglieds oder Geldersatz für die Aufwendung von Freizeit für die Betriebsratstätigkeit), so sind diese Ansprüche im Beschlussverfahren zu verfolgen (BAG 31. 10. 1972 AP BetrVG 1972 § 40 Nr. 2; BAG 14. 9. 1976 AP BetrVG 1972 § 37 Nr. 25). Haben Ansprüche der Betriebsverfassungsorgane gegen den Arbeitgeber ihre Grundlage jedoch im Arbeitsverhältnis, also in §§ 611 ff. BGB, so erfolgt ihre Durchsetzung im Urteilsverfahren, unabhängig davon, dass der Anspruchsteller gleichzeitig ein Betriebsverfassungsorgan ist (*Grunsky* § 2 Rn. 93). Dies gilt vor allem für Lohnansprüche, die ihre Rechtsgrundlage in § 611 Abs. 1 BGB haben und z. B. während Schulungsveranstaltungen nach § 37 Abs. 2, 6 BetrVG aufrechterhalten werden (BAG 30. 1. 1973, 18. 6. 1974, 17. 9. 1974 und 19. 6. 1979 AP BetrVG 1972 § 37 Nr. 1, 16, 17, 36; *Fitting/Kaiser/Heither/Engels* BetrVG § 37 Rn. 35).

II. Die Besonderheiten des arbeitsgerichtlichen Verfahrens   Einleitung

c) Ausschließliche Zuständigkeit

In beiden Verfahrensarten handelt es sich um *ausschließliche* Zuständigkeiten der Arbeitsgerichte. Die Wahl der Verfahrensart ist also nicht in das Belieben der Parteien gestellt; auch Vereinbarungen über das Eingreifen der einen oder der anderen Verfahrensart sind unwirksam (GK-ArbGG/*Dörner* § 2 a Rn. 3; *Grunsky* § 80 Rn. 7). Beide Verfahrensarten *schließen sich gegenseitig aus* (BAG 3. 4. 1957 AP ArbGG 1953 § 2 Nr. 46; BAG 1. 12. 1961 AP ArbGG 1953 § 80 Nr. 1; *Hauck/Helml* § 2 a Rn. 3, 4; *Grunsky* § 2 a Rn. 2; *Hueck* in: *Hueck/Nipperdey,* Lehrbuch des Arbeitsrechts, Bd. 1, S. 971; *Etzel* RdA 1974, 215, 220; *Bulla* RdA 1978, 209, 215). Das wird man bereits aus der stark unterschiedlichen Verfahrensausgestaltung entnehmen können. Wenn der Gesetzgeber für bestimmte Rechtsstreitigkeiten derart verschiedene Verfahren zur Verfügung stellt, wäre es widersprüchlich, den Parteien eine Wahlmöglichkeit anzubieten (vgl. *Hueck* in: *Hueck/Nipperdey,* Lehrbuch des Arbeitsrechts, Bd. 1, S. 971 Fn. 37; *Etzel* RdA 1974, 215, 220; *Bulla* RdA 1978, 209, 215). Nach Ansicht des BAG ergibt sich der gegenseitige Ausschluss der beiden Verfahrensarten bereits aus den Besonderheiten der Betriebsverfassung, die nicht zur Disposition der Parteien gestellt werden können (BAG 3. 4. 1957 AP ArbGG 1953 § 2 Nr. 46).

d) Bedeutung des Antrags

Ob ein Urteils- oder Beschlussverfahren eingeleitet wird, richtet sich nach dem *Antrag* des Klägers bzw. Antragstellers (h. M., vgl. BAG 13. 3. 2001 NJW 2001, 3724, 3725; *Grunsky* § 80 Rn. 8; abweichend unten § 2 a Rn. 81 ff.). Er muss also deutlich machen, ob er im Urteils- oder Beschlussverfahren entschieden haben will. Bleiben auch nach Auslegung des Antrags gemäß §§ 133, 157 BGB (vgl. *Bulla* RdA 1978, 209, 210; *Lepke* RdA 1974, 226) Zweifel, ist der Antragsteller zu befragen. Ergibt sich dann, dass er die falsche Verfahrensart gewählt hat, verweist das Gericht nach Anhörung der Parteien den Rechtsstreit von Amts wegen in die richtige Verfahrensart (§§ 48 Abs. 1 ArbGG; 17 a Abs. 2 GVG).

e) Verfahren

Die Entscheidung ergeht durch Beschluss, der mit der sofortigen Beschwerde anfechtbar ist (§§ 48 Abs. 1 ArbGG, 17 a Abs. 4 GVG). Ist der Verweisungsbeschluss nicht angefochten worden, so ist in den Rechtsmittelinstanzen dem Gericht die Prüfung entzogen, ob in der richtigen Verfahrensart entschieden worden ist (§§ 48 Abs. 1 ArbGG, 17 a Abs. 5 GVG). Zu den Einzelheiten vgl. unten § 48 Rn. 42 ff., 83 ff.

f) Prozessverbindung

Sind mehrere gleichzeitig geltend gemachte Ansprüche einer Partei teils im Urteils-, teils im Beschlussverfahren zu verfolgen, so stellt sich die Frage nach einer Prozessverbindung (§ 46 Abs. 2, § 147 ZPO). Diese ist jedoch nicht zulässig, da bei objektiver Klagenhäufung für sämtliche Ansprüche dieselbe Prozessart zulässig sein muss (§ 260 ZPO). Im Falle gemeinsamen Geltendmachens kann ein Anspruch durch eine Teilabgabe in das eine oder andere Verfahren übergeleitet werden, womit gleichzeitig die Prozesstrennung nach § 46 Abs. 2, § 145 Abs. 1 ZPO angeordnet wird (*Lepke* RdA 1974, 226, 229; *Bulla* RdA 1978, 209, 219). Die Entscheidung über die Abgabe erfolgt durch Beschluss, der gem. §§ 48 Abs. 1 ArbGG, 17 a Abs. 4 GVG anfechtbar ist.

2. Besonderheiten des Urteilsverfahrens

a) Anwendung der ZPO

Für die Ausgestaltung des Urteilsverfahrens im ersten Rechtszug gelten nach § 46 Abs. 2 die Vorschriften der ZPO über das Verfahren vor den Amtsgerichten, §§ 495 ff.

Einleitung E. Arbeitsgerichtsverfahren und allgemeines Zivilverfahren

i. V. m. §§ 253 ff., §§ 1 ff. ZPO, entsprechend, soweit sich nicht aus dem ArbGG selbst etwas anderes ergibt. Die Sonderregelungen für den ersten Rechtszug finden sich in den §§ 46–63. Für den zweiten Rechtszug ordnet § 64 Abs. 6 an, dass neben den §§ 64–70 ArbGG die Vorschriften der ZPO zur Berufung (§§ 511–541 ZPO) gelten. Das Revisionsverfahren wird durch die §§ 72–77 ArbGG und die §§ 542–566 ZPO (§ 72 Abs. 5) geregelt. Es handelt sich bei dem Verfahren vor den Arbeitsgerichten also um einen *echten Zivilprozess,* der durch die Vorschriften des ArbGG einige Modifizierungen erfährt.

b) Ausschluss von Vorschriften der ZPO

156 Die Anwendung einiger Vorschriften der ZPO ist im arbeitsgerichtlichen Verfahren ausdrücklich ausgeschlossen: Die Vorschriften über den frühen ersten Termin zur mündlichen Verhandlung und das schriftliche Vorverfahren (§§ 275–277 ZPO) sind nach § 46 Abs. 2 nicht anwendbar. Danach sind den Parteien für ihre vorbereitenden Schriftsätze keine Fristen zu setzen mit der Folge, dass eine Zurückweisung des Vorbringens wegen Verspätung entfällt. Eine gleichwohl gesetzte Frist bindet die Parteien nicht (*Grunsky* § 46 Rn. 34). Eine Ausnahme besteht für die Kündigungsschutzklage: § 61 a normiert besondere Prozessförderungspflichten, die im Wesentlichen den §§ 275, 277 ZPO entsprechen. Wenn auch den Parteien keine Fristen für ihre vorbereitenden Schriftsätze zu setzen sind, so kann doch der Vorsitzende gem. § 56 Abs. 1 Nr. 1 eine Frist zur Erklärung über bestimmte klärungsbedürftige Punkte setzen. Bei Versäumung dieser Frist ist eine Zurückweisung des Vorbringens gem. § 56 Abs. 2 möglich. Neben der Unanwendbarkeit der §§ 275–277 ZPO ist ferner in § 46 Abs. 2 ausdrücklich die Unanwendbarkeit der Vorschriften der ZPO über den Urkunden- und Wechselprozess bestimmt. Auch das vereinfachte Verfahren gemäß § 495 a ZPO findet im arbeitsgerichtlichen Verfahren nicht statt. Schließlich ist eine Entscheidung des Arbeitsgerichts in der ersten Instanz ohne mündliche Verhandlung allein auf Grund eines schriftlichen Verfahrens nicht möglich, die Anwendung des § 128 Abs. 2 ZPO ist gemäß § 46 Abs. 2 Satz 2 ausgeschlossen. Allerdings fehlt eine entsprechende Vorschrift für das Berufungs- und Revisionsverfahren, so dass § 128 Abs. 2 ZPO dort teilweise für anwendbar erachtet wird (*Grunsky* § 46 Rn. 33; *Stein/Jonas/Leipold* § 128 Rn. 112; für das ArbGG 1926 vgl. schon Amtl. Begründung des Entwurfs eines ArbGG, Reichstags-DS III, Nr. 2065, S. 44). Dem kann nicht gefolgt werden. Aus heutiger Sicht trifft die Begründung des Reichsarbeitsministers (aaO) nicht mehr zu. Damit ist die Legitimation zur Anwendung von § 128 Abs. 2 ZPO im höheren Rechtszug entfallen. Dass der Gesetzgeber eine entsprechende Regelung in § 64 Abs. 6 und 7 vergessen hat, steht einer analogen Heranziehung von § 46 Abs. 2 Satz 2 nicht entgegen.

157 Neben dem Ausschluss der genannten Vorschriften wird in den Einzelbestimmungen zum Urteilsverfahren die Anwendung weiterer Vorschriften der ZPO ausdrücklich ausgeschlossen. Es handelt sich dabei um folgende Regelungen: § 50 Abs. 1 Satz 2 schließt § 317 Abs. 1 Satz 3 ZPO aus, § 54 Abs. 2 Satz 3 schließt §§ 39 Satz 1, 282 Abs. 3 Satz 1 ZPO aus, § 54 Abs. 5 Satz 3 schließt § 251 Abs. 2 ZPO aus und schließlich § 61 Abs. 2 schließt §§ 887, 888 ZPO aus. Zu weiteren Einzelheiten vgl. § 46 Rn. 20 ff.

c) Besonderheiten des Verfahrens

158 Auf einige wesentliche Abweichungen des arbeitsgerichtlichen Verfahrens gegenüber der ZPO ist hinzuweisen:

(1) Der Umfang der *Parteifähigkeit* in § 10 ist gegenüber § 50 ZPO erweitert; zu Einzelheiten s. u. § 10 Rn. 8 ff.
(2) Die früher sehr starken Abweichungen für die *Prozessvertretung* im arbeitsgerichtlichen Verfahren (s. § 11 Rn. 2 ff.) sind geändert und heute dem Zivilprozess weithin angeglichen. Zu den Besonderheiten im Einzelnen vgl. § 11 Rn. 12, 15 ff.

(3) Eine wesentliche Besonderheit vor dem Arbeitsgericht ist die unterschiedliche *Zusammensetzung des Spruchkörpers* im Rahmen ein und derselben Streitsache. Obwohl grundsätzlich die Kammer entscheidet, hat das Gesetz dem Vorsitzenden weitreichende Alleinentscheidungskompetenzen zugebilligt, vgl. §§ 51, 53, 54, 55, 56. Den Grund für die Übertragung der Alleinentscheidungsbefugnis auf den Vorsitzenden wird man darin sehen können, dass die Arbeitsgerichte neben den Berufsrichtern mit ehrenamtlichen Richtern besetzt sind. Auch im Interesse einer zügigen Abwicklung der Prozesse müssen bestimmte Entscheidungen ohne Beteiligung des Kollegialorgans getroffen werden. Dabei handelt es sich z. B. um alle nicht auf Grund einer mündlichen Verhandlung ergehenden Beschlüsse und Verfügungen (§ 53 Abs. 1). Die Beteiligung der ehrenamtlichen Richter an diesen Beschlüssen und Verfügungen außerhalb der mündlichen Verhandlung würde zu erheblichen Verzögerungen führen. Vor allem führt der Vorsitzende auch die der streitigen Verhandlung vorausgehende Güteverhandlung allein (§ 54 Abs. 1). Hierbei handelt es sich um einen Fall, in dem die ehrenamtlichen Richter trotz mündlicher Verhandlung nicht beteiligt werden. Schließt sich die streitige Verhandlung nach Scheitern der Güteverhandlung unmittelbar an diese an, so entscheidet der Vorsitzende allein, wenn beide Parteien diese Entscheidung beantragen und eine das Verfahren beendende Entscheidung ergehen kann (§ 55 Abs. 2). Zu den Einzelheiten vgl. die Kommentierung in den §§ 53, 54, 55.

(4) Die mündliche Verhandlung vor dem Arbeitsgericht beginnt mit der *obligatorischen Güteverhandlung* (§ 54). Darin wurde früher ein wichtiger Unterschied zum Zivilprozess gesehen, da dort vergleichbare Einrichtungen in Ehesachen und vor den Amtsgerichten seit langem abgeschafft waren. Eine Güteverhandlung vor den Amtsgerichten in Zivilsachen hatte es von 1924 bis 1950 gegeben, der zuletzt noch in Ehesachen vorgesehene Sühneversuch wurde 1976 aufgehoben. Jedoch hat das ZPO-ReformG 2001 mit § 278 Abs. 2 ZPO eine obligatorische Güteverhandlung in Anlehnung an die bewährte Einrichtung im Arbeitsrecht geschaffen.

(5) Auffallend ist im arbeitsgerichtlichen Verfahren die Betonung der Verfahrensbeschleunigung (vgl. § 9 Abs. 1). Dem dienen im Einzelnen zahlreiche Vorschriften zur Beschleunigung und Konzentration des Verfahrens (s. unten § 9 Rn. 2 ff.). Praktisch bedeutsam ist die Regelung kürzerer Verfahrensfristen gegenüber vergleichbaren Regelungen der ZPO. Dies gilt vor allem für § 46 a Abs. 3 (Widerspruch gegen Mahnbescheid innerhalb einer Woche), für § 47 Abs. 1 (Einlassungsfrist eine Woche) und für § 59 Satz 1 (Einspruch gegen ein Versäumnisurteil innerhalb einer Woche).

(6) Wichtige Abweichungen vom Zivilprozess ergeben sich weiter im Rahmen des *Kostenrechts*. Während der für die Gebührenfeststellung maßgebliche *Streitwert* im Wesentlichen nach den allgemeinen Normen berechnet wird (näher vgl. unten § 12 Rn. 8) und nur § 12 Abs. 7 Abweichungen vorsieht, bestehen für die Kostenberechnung und Kostentragung in den §§ 12, 12 a eigenständige Regelungen. So wird im Urteilsverfahren erster Instanz nur eine einmalige Gebühr erhoben (§ 12 Abs. 2), es gibt keine Kostenvorschüsse (§ 12 Abs. 4 Satz 2) und insbesondere gibt es in erster Instanz keine Kostenerstattung (§ 12 a Abs. 1). Zu den Einzelheiten vgl. die Kommentierung in den §§ 12, 12 a.

(7) Eine Sonderregelung über die *Beiordnung eines Rechtsanwalts* enthält § 11 a, ohne dass damit die Anwendung der allgemeinen zivilprozessualen Regeln der *Prozesskostenhilfe* ausgeschlossen wäre (s. u. § 11 a Rn. 3).

(8) Im Gegensatz zum Zivilprozess müssen alle mit einem befristeten Rechtsmittel anfechtbaren Entscheidungen eine *Rechtsmittelbelehrung* enthalten (§ 9 Abs. 5).

(9) Während zivilgerichtliche Entscheidungen auch eine Entscheidung über die *vorläufige Vollstreckbarkeit* enthalten (§§ 708 ff. ZPO), sind die Urteile der Arbeitsgerichte ohne entsprechenden Anspruch im Tenor kraft Gesetzes vorläufig vollstreckbar

Einleitung E. Arbeitsgerichtsverfahren und allgemeines Zivilverfahren

(§ 62 Abs. 1). Auch darüber hinaus gibt es einzelne Abweichungen bei der Abfassung von Urteilen (vgl. *Lüke* NZA 1996, 561, 562 ff.).

(10) Im Unterschied zum Zivilprozess hatte das Beratungshilfegesetz vom 18. 6. 1980 (BGBl. I S. 689) für arbeitsrechtliche Streitigkeiten eine *Beratungshilfe* kraft Gesetzes ausdrücklich ausgeschlossen (§ 2 Abs. 2 Nr. 1 BeratHG). Dies hat das BVerfG für verfassungswidrig erklärt (BVerfG 2. 12. 1992, BVerfGE 88, 5 = NZA 1993, 427). Daraufhin hat der Gesetzgeber beschlossen, das Arbeitsrecht in die Beratungshilfe einzubeziehen (vgl. Gesetz vom 14. 9. 1994 BGBl. I S. 2323). S. im Einzelnen § 11 a Rn. 5.

3. Besonderheiten des Beschlussverfahrens

Schrifttum: *Becker M.*, Das novellierte arbeitsgerichtliche Beschlußverfahren und seine Auswirkungen auf das Individualarbeitsrecht, ZZP 117, 2004, S. 59; *Becker U.*, Das Beschlussverfahren zum Kündigungsschutz de lege lata und de lege ferenda, 2006; *Braun-Schneider*, Begriff und Rechtsstellung der übrigen Beteiligten im arbeitsgerichtlichen Beschlußverfahren, 1999; *Dütz*, Arbeitsgerichtliches Beschlußverfahren und Individualprozeß, in: FS für Gnade, 1992, S. 487; *Dunkl*, Der Begriff und die Arten der Beteiligten im arbeitsgerichtlichen Beschlußverfahren, 1979; *Frauenkron*, Das arbeitsgerichtliche Beschlußverfahren in betriebsverfassungsrechtlichen Streitigkeiten, Diss. Köln 1967; *Herbst/Bertelsmann/Reiter*, Arbeitsgerichtliches Beschlußverfahren, 2. Aufl. 1998; *Körnich*, Das arbeitsgerichtliche Beschlußverfahren in Betriebsverfassungssachen, 1978; *Laux*, Die Antrags- und Beteiligungsbefugnis im arbeitsgerichtlichen Beschlußverfahren, 1985; *Moehren*, Die Sachverhaltsermittlung im arbeitsgerichtlichen Beschlußverfahren, 1991; *Poncelet*, Die Mitwirkungspflicht der Beteiligten an der Sachverhaltsaufklärung im arbeitsgerichtlichen Beschlußverfahren, Diss. Köln 1991; *Weth*, Das arbeitsgerichtliche Beschlußverfahren, 1995.

a) Wesen des Beschlussverfahrens

159 Im Beschlussverfahren werden Streitigkeiten nach § 2 a durch das Arbeitsgericht entschieden. Es handelt sich beim Beschlussverfahren nicht um ein Verwaltungsverfahren (so aber *H. Kauffmann* AuR 1954, 1; *Rewolle* AuR 1959, 174 f.), sondern um ein Rechtsprechungsverfahren. Das Beschlussverfahren ist seinem Wesen nach nicht, wie häufig behauptet wurde, ein Verfahren der Verwaltungsgerichtsbarkeit (*Dietz* NJW 1953, 1489) oder ein Verfahren der Freiwilligen Gerichtsbarkeit (*Körnich* S. 27 ff.). Solche Charakterisierungsversuche haben spätestens mit der Festschreibung einer eigenständigen Arbeitsgerichtsbarkeit in Art. 95 Abs. 1 GG die Grundlage verloren. Heute kann deshalb das Beschlussverfahren seinem Wesen nach nur als (eigenständiges) arbeitsgerichtliches Verfahren angesehen werden (wie hier *Weth* S. 23 ff.).

160 Aus dieser Einordnung folgt, dass eine analoge Anwendung von Vorschriften der VwGO und des FGG nicht möglich ist (anders aber *Kaskel*, Die neue Arbeitsgerichtsbarkeit, 1927, S. 33; *Körnich* S. 34). Einer Anwendung dieser Normen bedarf es auch nicht. Der Gesetzgeber hat nämlich durch die Verweisungen in §§ 80 Abs. 2 und 46 Abs. 2 letztlich ein System geschaffen, bei dem alle Regelungslücken des in §§ 80 bis 98 geregelten Beschlussverfahrens durch das arbeitsgerichtliche Urteilsverfahren und die Zivilprozessordnung geschlossen worden sind (im Einzelnen vgl. *Weth* S. 28 ff.).

b) Eigenständigkeit des Verfahrens

161 Die Vorschriften der §§ 80–98 treffen für das Beschlussverfahren einige vom Urteilsverfahren stark abweichende Sonderbestimmungen. Das Beschlussverfahren ist also vom Gesetzgeber als völlig *eigenständiges Verfahren* konstituiert worden und nicht als ein modifiziertes Urteilsverfahren. Die *Bezeichnung als Beschlussverfahren* rührt daher, dass das Verfahren mit einem Beschluss (§ 84) abgeschlossen wird. Diese abschließende Entscheidung in Form eines Beschlusses ist jedoch nicht mit der Möglichkeit der ZPO, bestimmte Entscheidungen in Beschlussform zu treffen, zu verwechseln. Beschlüsse im

Sinne der ZPO sind vielmehr Entscheidungen eines Gerichts innerhalb des Urteilsverfahrens, die auf Grund nicht notwendiger mündlicher Verhandlung ergehen (vgl. *Rosenberg/Schwab/Gottwald* ZPR, § 58 I 3 b). Demgegenüber handelt es sich beim Beschlussverfahren vor den Arbeitsgerichten um eine neben dem Urteilsverfahren bestehende eigene Verfahrensart, in der eine Entscheidung grundsätzlich nach Durchführung einer mündlichen Verhandlung (BAG 2. 3. 1955 AP ArbGG 1953 § 96 Nr. 2; BAG 29. 3. 1974 AP ArbGG 1953 § 83 Nr. 5; *G. Hueck* in: *Hueck/Nipperdey*, Lehrbuch des Arbeitsrechts, Bd. I, § 103 IV 4) ergeht. Demgemäß hat auch die Beschwerde im Beschlussverfahren (§ 87) eine andere Funktion als die Beschwerden der ZPO (§§ 567 ff. ZPO) und des Urteilsverfahrens (§ 78).

Das Beschlussverfahren bedarf daher im Einzelnen der genauen Abgrenzung von 162 Urteilsverfahren einerseits (dazu § 2 a Rn. 78 ff. und § 81 Rn. 2 ff.) sowie andererseits der Abgrenzung zu Regelungs- und Schlichtungsverfahren (dazu § 2 a Rn. 86 ff. und Einleitung Rn. 95, 100).

c) Besonderheiten des Verfahrens

Im Vergleich zwischen Urteils- und Beschlussverfahren zeigen sich erhebliche *Unter-* 163 *schiede:*

aa) Zunächst ist zu beachten, dass das Beschlussverfahren nicht durch eine Klage, 164 sondern durch einen *Antrag* eingeleitet wird. Das Beschlussverfahren kommt nicht von Amts wegen in Gang, es unterliegt der *Dispositionsmaxime* (§ 81 Abs. 1; vgl. auch *Fenn* FS Schiedermair 1976 S. 117, 124; ferner unten Rn. 174). Antragsbefugt sind nach der Rechtsprechung diejenigen Personen, die im konkreten Beschlussverfahren durch die begehrte Entscheidung in ihrer Rechtsposition nach materiellem Recht unmittelbar betroffen sind, sog. Antragsbefugnis (BAG 15. 8. 1978 AP BetrVG § 47 Nr. 3; BAG 13. 7. 1955 AP BetrVG § 81 Nr. 2; *Lepke* AuR 1973, 107, 112; *Etzel* RdA 1974, 215, 224; näher s. u. Rn. 170).

bb) Wird der Antrag schriftlich beim Arbeitsgericht eingereicht, so sind an ihn die 165 gleichen Anforderungen zu stellen wie an eine bei Gericht eingereichte Klageschrift; es gilt insoweit § 253 Abs. 2 ZPO (*Schaub* ArbGV § 58 Rn. 2). Antragsteller und Antragsgegner sowie das angegangene Gericht müssen erkennbar sein, Grund und Gegenstand des geltend gemachten Anspruchs sind zu bezeichnen. Nach § 81 Abs. 1 besteht auch die Möglichkeit, den Antrag mündlich zu Protokoll der Geschäftsstelle zur Niederschrift zu bringen.

cc) Eine *Änderung des Antrags* ist gemäß § 81 Abs. 3 in weitgehender Übereinstim- 166 mung mit den §§ 263 ff. ZPO zulässig. Eine Erweiterung bringt § 81 Abs. 3 Satz 2, der bereits die Einlassung in einem Schriftsatz ohne Widerspruch als vermutete Einwilligung i. S. des § 267 ZPO genügen lässt. Eine *Rücknahme des Antrags* ist in erster Instanz jederzeit möglich.

dd) Weiterhin ergibt sich ein Unterschied zwischen Urteils- und Beschlussverfahren 167 daraus, dass die am Verfahren teilnehmenden Personen nicht als Parteien, sondern als *Beteiligte* bezeichnet werden (§ 83 Abs. 1 Satz 2, Abs. 3, Abs. 4). Beteiligte des Beschlussverfahrens sind der *Antragsteller*, der *Antragsgegner* und die *sonstigen Beteiligten* (das sind alle Beteiligten, die weder Antragsteller noch Antragsgegner sind). Der Antragsteller nimmt insoweit eine Sonderstellung ein, als er den Antrag formuliert und damit den Streitgegenstand bestimmt. Entgegen einer weitverbreiteten Meinung (vgl. nur *Schaub* ArbGV § 57 Rn. 20; *Stahlhacke/Bader* § 83 Rn. 9 und unten § 83 Rn. 15) gibt es im arbeitsgerichtlichen Beschlussverfahren auch einen Antragsgegner (ebenso *Weth* S. 180 ff.; *Grunsky* § 83 Rn. 9 ff.; *Dunkl*, Der Begriff und die Arten der Beteiligten, S. 126; *Braun-Schneider* S. 21; auch das BAG spricht in einer Vielzahl von Entscheidungen vom Antragsgegner, vgl. nur BAG 13. 7. 1955 AP BetrVG § 81 Nr. 1; BAG 13. 7. 1977 AP ArbGG 1953 § 83 Nr. 8; BAG 26. 4. 1990 NZA 1990, 822). Es trifft nämlich nicht zu, dass auch derjenige, gegen den Rechtsschutz begehrt wird, die gleiche Stellung hat wie jede sonstige Person oder Stelle (so aber *Matthes* unten § 83 Rn. 15 ff.). Hier wird verkannt, dass die Stellung der Beteiligten formell eine gleiche, materiell aber eine ungleichartige ist (vgl. *Rosenberg/Schwab/Gottwald* ZRP § 40 IV, S. 205). Die materielle Ungleichheit besteht darin, dass allein dem Antragsgegner eine Verpflichtung auferlegt werden kann (vgl. § 85 Abs. 1). Er kann also verurteilt werden, gegen ihn kann vollstreckt werden (§ 85 Abs. 1). Dadurch unterscheidet sich seine Stellung erheblich von der aller anderen Beteiligten.

168 Formell ist die Stellung aller Beteiligten gleich. Es stehen ihnen unter denselben Voraussetzungen dieselben prozessualen Rechte zu. So haben etwa alle Beteiligten Anspruch auf rechtliches Gehör, auf Akteneinsicht, auf Antragstellung und auf Rechtsmitteleinlegung. Das gilt auch für die sonstigen Beteiligten, die entgegen der Auffassung von *Grunsky* (Anm. zu BAG 27. 1. 1981 AP ArbGG 1979 § 80 Nr. 2) nicht lediglich Randbeteiligte sind, die keinen Einfluss auf die Durchführung des Verfahrens nehmen können.

169 ee) Die Beteiligten sind nur dann am Verfahren zu beteiligen, wenn sie beteiligtenfähig sind. Die Beteiligtenfähigkeit ist Prozessvoraussetzung; sie entspricht im Ausgangspunkt der Parteifähigkeit im Urteilsverfahren (s. u. § 10 Rn. 15 ff.; ferner *Etzel* RdA 1974, 215, 224; *Auffarth* FS G. Müller 1981 S. 3, 12). Sie ist die Fähigkeit, Subjekt des Prozesses zu sein, also Antragsteller, Antragsgegner oder sonstiger Beteiligter. Im Umfang ist sie durch § 10 Satz 1, 2. Halbsatz erweitert. In den Verfahren nach § 2 a Abs. 1 Nr. 1 bis Nr. 3 sind Beteiligte alle nach den entsprechenden gesetzlichen Vorschriften beteiligten Personen und Stellen, wobei die im BetrVG und Mitbestimmungsgesetz genannten Stellen diese Fähigkeit trotz ihrer fehlenden Rechtsfähigkeit erhalten. Beispielsweise zählen dazu der Gesamtbetriebsrat (§§ 46 ff. BetrVG), der Wirtschaftsausschuss (§§ 106 ff. BetrVG), die Einigungsstelle (§ 76 BetrVG) oder der Aufsichtsrat eines Unternehmens (§§ 95 ff. AktG). Für das Verfahren nach § 2 a Abs. 1 Nr. 4 stellt § 10 klar, dass auch die oberste Arbeitsbehörde am Beschlussverfahren beteiligt sein kann.

170 ff) Von der Beteiligtenfähigkeit ist die Antrags- und Beteiligungsbefugnis zu unterscheiden. Diese ist mit der zivilprozessualen Prozessführungsbefugnis zu vergleichen. Antragsbefugt ist diejenige Person oder Stelle, der das Gesetz diese Befugnis ausdrücklich einräumt. Darüber hinaus ist die Antragsbefugnis dann zu bejahen, wenn die den Streitgegenstand betreffende Norm des materiellen Rechts dem Antragsteller eine eigene Rechtsposition zuordnet, die es erlaubt, sich mittels eigenen Antrags zu schützen (BAG 19. 2. 1975 AP BetrVG § 5 Nr. 9). Die Frage, ob diese Norm des materiellen Rechts tatsächlich eingreift, ob also ihre Voraussetzungen im konkreten Einzelfall vorliegen, ist eine Frage der Begründetheit des Anspruchs. Das wird nicht selten anders gesehen. Man verknüpft deshalb die Antragsbefugnis manchmal zu weitgehend mit der jeweiligen materiellen Rechtsposition (vgl. unten § 81 Rn. 52 ff., 62 ff. m. w. N.).

171 Beteiligungsbefugt ist derjenige, dem das Gesetz die Beteiligungsbefugnis ausdrücklich einräumt und derjenige, der durch die begehrte Entscheidung in seiner sich aus dem materiellen Recht ergebenden Rechtsstellung unmittelbar betroffen werden kann (vgl. BAG 4. 12. 1986 AP BetrVG 1972 § 19 Nr. 13).

172 gg) Antrags- und Beteiligungsbefugnis sind für die Stellung der Beteiligten von herausragender Bedeutung. Im Einzelnen gilt: Diejenige Person oder Stelle, die aus eigenem Antrieb am Verfahren teilnimmt oder vom Gericht zum Verfahren hinzugezogen wird, ist *formell Beteiligter*. Ist der formell Beteiligte nicht auch materiell beteiligt, handelt es sich um einen *lediglich formell Beteiligten*. Die Person oder Stelle, die antrags- oder beteiligungsbefugt ist, ist materiell Beteiligter. Nur wer antragsbefugt ist, kann eine Entscheidung in der Sache erreichen; fehlt die Antragsbefugnis, ist der Antragsteller also lediglich formell Beteiligter, ist der Antrag als unzulässig abzuweisen. Fehlt dem Antragsgegner die Beteiligungsbefugnis, ist der Antrag ebenfalls als unzulässig abzuweisen. Fehlt dem sonstigen Beteiligten die Beteiligungsbefugnis, ist er nicht weiter am Verfahren zu beteiligen. Dazu bedarf es keines förmlichen Beschlusses des Gerichts; er muss lediglich tatsächlich nicht mehr am Verfahren beteiligt werden.

Ist ein *materiell Beteiligter* vom Gericht nicht formell am Verfahren beteiligt worden (Fall fehlerhafter Nichtbeteiligung), so muss die Person oder Stelle für die Zukunft am Verfahren beteiligt werden. Ist bereits eine Entscheidung ergangen, kann der fehlerhaft Nichtbeteiligte gegen diese Entscheidung Rechtsmittel einlegen. 173

hh) Weitere Unterschiede zwischen Urteils- und Beschlussverfahren bestehen bezüglich der Verfahrensmaximen (zu den Verfahrensmaximen im Überblick vgl. Einleitung Rn. 208 ff.). Das Beschlussverfahren ist zwar ebenfalls von der *Dispositionsmaxime* geprägt (vgl. §§ 81 Abs. 1, 83 a). Ein Beschlussverfahren von Amts wegen (Offizialmaxime) gibt es *nicht*. Bezüglich der Sachverhaltsermittlung gilt aber der *Untersuchungsgrundsatz* (§ 83 Abs. 1 Satz 1 und Abs. 2). Eine Bindung des Gerichts an die von den Parteien vorgetragenen und unter Beweis gestellten Tatsachenbehauptungen (Verhandlungsmaxime) gibt es anders als im Zivilprozess und im arbeitsgerichtlichen Urteilsverfahren nicht. Daran ändert auch die Mitwirkungspflicht der Beteiligten (§ 83 Abs. 1 Satz 2) nichts, die die gerichtlichen Bemühungen ergänzt, aber keinesfalls ausschließt (vgl. unten Rn. 217). 174

Darüber hinaus ist das Beschlussverfahren wie das Urteilsverfahren vom Beschleunigungsgrundsatz (§ 9 Abs. 1 Satz 1), von den Grundsätzen der Mündlichkeit (§§ 80 Abs. 2, 57), der Unmittelbarkeit (§§ 80 Abs. 2, 46 Abs. 2; § 309 ZPO) und der Öffentlichkeit des Verfahrens (§§ 80 Abs. 2, 52) sowie vom Grundsatz des rechtlichen Gehörs (Art. 103 Abs. 1 GG) geprägt. 175

ii) Im Ablauf der mündlichen Verhandlung bestehen zwischen Urteils- und Beschlussverfahren im Grundsatz keine Unterschiede. Allerdings kann im Beschlussverfahren das Gericht eine Entscheidung ohne mündliche Verhandlung treffen, wozu nach § 83 Abs. 4 Satz 3 das Einverständnis der Beteiligten erforderlich ist. Weiterhin ist dem Beschlussverfahren keine Güteverhandlung vorgeschaltet. Jedoch muss das Gericht während des ganzen Verfahrens eine gütliche Beilegung des Rechtsstreits anstreben (§§ 80 Abs. 2, 57 Abs. 2). Ferner gibt es kein Versäumnisverfahren. 176

kk) Ein Unterschied zwischen Urteils- und Beschlussverfahren besteht bezüglich der Kosten. Nach § 12 Abs. 5 ist das Beschlussverfahren kostenfrei. Soweit in diesem Verfahren Auslagen anfallen, sind diese von der Staatskasse zu tragen (s. u. § 12 Rn. 133). 177

d) Rechtspolitische Gesichtspunkte

De lege ferenda wäre die Schaffung eines *allgemeinen kollektiven arbeitsgerichtlichen Verfahrens* zu erwägen, das über das derzeitige Beschlussverfahren hinausgreifen und alle kollektiven arbeitsrechtlichen Streitigkeiten erfassen müsste (zu Ansätzen in diese Richtung vgl. *Dütz,* Das Arbeitsrecht der Gegenwart, Bd. 20, 1983, S. 33 ff.; *Hanau* RdA 1989, 211; *ders.* DRiZ 1992, 422, 424; *Müller* DB 1989, 47; *Otto* RdA 1989, 247 ff.; *Kissel/Schick* RdA 1991, 321 ff.; übergreifend zu den Defiziten im arbeitsgerichtlichen Rechtsschutz vgl. *Kissel* in: Die Arbeitsgerichtsbarkeit, 1994, S. 19 ff., insbes. S. 27; ferner *Grotmann-Höfling* RdA 1997, 212 zur Bewältigung von „Massenverfahren"). Für die Einführung eines Kollektivverfahrens im Arbeitsrecht plädieren nunmehr auch *Pfarr/Kocher,* Kollektivverfahren im Arbeitsrecht, 1998. Für eine Ausweitung des Beschlussverfahrens, das an die Stelle des Verfahrens gemäß §§ 126 ff. InsO treten sollte, vgl. *U. Becker,* 2006. 178

F. Verfahrensgrundlagen

I. Klagearten

Schrifttum: *Baltzer,* Die negative Feststellungsklage aus § 256 ZPO, 1980; *Bettermann,* Rechtshängigkeit und Rechtsschutzform, 1949; *Jacobs,* Der Gegenstand des Feststellungsverfahrens, 2005; *Künzl,* Kündigungsschutzklage als Feststellungs- oder Gestaltungsklage?,

Einleitung

F. Verfahrensgrundlagen

DB 1986, 1280; *Lepke,* Der unbezifferte Zahlungsanspruch im Urteilsverfahren vor dem Arbeitsgericht, BB 1990, 273; *Lüke,* Zum zivilprozessualen Klagensystem, JuS 1969, 301; *Rödig,* Die Theorie des gerichtlichen Erkenntnisverfahrens, Berlin 1973; *Schlosser,* Gestaltungsklagen und Gestaltungsurteile, 1966; *Trzaskalik,* Die Rechtsschutzzone der Feststellungsklage im Zivil- und Verwaltungsprozeß, 1978; *Ziemann,* Der arbeitsgerichtliche Statusprozeß, MDR 1999, 513; *ders.,* Die Klage auf Wiedereinstellung oder Fortsetzung des Arbeitsverhältnisses, MDR 1999, 716.

179 Die Klage (bzw. der Antrag) ist ein Gesuch um Gewährung von Rechtsschutz durch richterliche Entscheidung. Im arbeitsgerichtlichen Verfahren gelten für Form und Inhalt der Klagen in allen wesentlichen Punkten die gleichen Vorschriften und Grundsätze wie im Zivilprozess. So unterscheidet man auch hier drei verschiedene Klagearten, die Leistungs-, Feststellungs- und Gestaltungsklagen. Abweichende Meinungen zur Einteilung der Klagearten (etwa *Schlosser* aaO S. 107; *Rödig* aaO S. 63 ff.) haben sich nicht durchsetzen können und sind abzulehnen.

180 Die Dreiteilung der im Antrag geltend gemachten Rechtsschutzform findet sich in gleicher Weise auch im Beschlussverfahren. Dort kann also von der Möglichkeit von Leistungs-, Feststellungs- und Gestaltungsanträgen gesprochen werden.

1. Leistungsklagen

181 Die Leistungsklage hat die Durchsetzung eines materiellrechtlichen Anspruchs zum Ziel, sie kann also auf ein Tun, ein Dulden oder ein Unterlassen gerichtet sein. Der Antrag richtet sich in jedem Fall auf die Verurteilung des Beklagten zu der verlangten Leistung. Der in dem begehrten Urteil enthaltene Leistungsbefehl ist dann Grundlage der Zwangsvollstreckung. Spezielle Formen von Leistungsklagen im Arbeitsrecht sind etwa die Zahlungsklage, die Klage auf Beschäftigung oder Weiterbeschäftigung sowie die Klage auf Unterlassung der Beeinträchtigung einer vertraglich oder gesetzlich bestehenden Rechtsposition und die Konkurrentenklage (zu Einzelheiten s. unten § 46 Rn. 42 ff.). In Ausnahmefällen (Schmerzensgeld, Abfindung) kann auch ein unbezifferter Antrag zulässig sein (zu den Einzelheiten vgl. *Lepke* BB 1990, 273). Auch eine Klage auf Wiedereinstellung ist eine Leistungsklage (im Einzelnen vgl. *Ziemann* MDR 1999, 716, 718 ff.), ebenso Klagen auf künftige Leistungen im Sinne der §§ 257–259 ZPO (vgl. dazu BAG 13. 3. 2002 EzA ZPO § 259 Nr. 1 m. Anm. *Gravenhorst*); zu weiteren Einzelheiten s. u. § 46 Rn. 42 ff.

2. Feststellungsklagen

182 Gemäß § 46 Abs. 2 mit § 256 Abs. 1 ZPO kann Inhalt einer Feststellungsklage nur die Feststellung des Bestehens oder Nichtbestehens eines Rechtsverhältnisses, die Anerkennung einer Urkunde oder die Feststellung ihrer Unechtheit sein. Im Arbeitsrecht sind Feststellungsklagen von besonderer Bedeutung, insbesondere weil der Gesetzgeber die *Kündigungsschutzklage zwingend als Feststellungsklage* und nicht als Gestaltungsklage ausgestaltet hat (*Künzl* DB 1986, 1280; ferner s. unten § 46 Rn. 83). Auch darüber hinaus spielt die Feststellungsklage im arbeitsgerichtlichen Statusprozess (dazu *Ziemann* MDR 1999, 513) eine wichtige Rolle und ist in der Berufung privilegiert (vgl. § 64 Abs. 2 c). Zu weiteren Einzelheiten s. u. § 46 Rn. 52 ff. Ausführlich nunmehr zu den Voraussetzungen eines Feststellungsverfahrens *Jacobs* 2005.

3. Gestaltungsklagen

183 Während durch Leistungs- und Feststellungsklagen die rechtskräftige Feststellung der Rechtslage verlangt wird, ihr Inhalt abgesehen von dem Leistungsbefehl also deklaratorischer Natur ist, soll mit einer Gestaltungsklage eine noch nicht bestehende Rechtslage erst geschaffen werden. Der Inhalt von Gestaltungsurteilen ist damit konstitutiver Natur.

Deshalb sind Leistungs- und Feststellungsklagen hinsichtlich jedes materiellen Rechts zulässig, dagegen sind Gestaltungsklagen nur in den gesetzlich vorgesehenen Fällen statthaft. Dabei handelt es sich um solche Fälle, in denen der Gesetzgeber die Gestaltung der Rechtslage nicht durch privatautonome Entscheidungen, sondern allein durch richterliches Gestaltungsurteil herbeiführen wollte. Im Arbeitsrecht hat der Gesetzgeber nur selten Gestaltungsklagen vorgesehen. Wichtigstes Beispiel dürfte der Antrag auf Auflösung eines Arbeitsverhältnisses gegen Zahlung einer Abfindung gemäß §§ 9, 10 KSchG sein. Zu weiteren Einzelheiten s. u. § 46 Rn. 96.

II. Streitgegenstand

Schrifttum: *Ascheid,* Kündigungsschutzrecht, 1993, Rn. 741–785; *ders.,* Die Wiederholungskündigung als Problem der hinkenden Rechtskraftwirkung, in: FS für Stahlhacke, 1995, S. 1; *Berkowsky,* Kündigungsschutzklage und allgemeine Feststellungsklage, NZA 2001, 801; *Bettermann,* Der Gegenstand der Kündigungsstreits nach dem Kündigungsschutzgesetz, ZfA 1985, 5; *Boemke,* Kündigungsschutzklage und allgemeine Feststellungsklage, RdA 1995, 211; *Bötticher,* Der Streitgegenstand des Kündigungsschutzprozesses, BB 1959, 1032; *ders.,* Streitgegenstand und Rechtskraft im Kündigungsschutzprozeß, FS für Herschel, 1955, S. 181; *Diller,* Neues zum richtigen Klageantrag im Kündigungsschutzverfahren, NJW 1998, 663; *Güntner,* Der Streitgegenstand der Kündigungsschutzklage, AuR 1962, 257; *ders.,* Der Bestandsschutz des Arbeitsverhältnisses und seine Rechtsverwirklichung, AuR 1974, 97; *E. Habscheid,* Neue Probleme zu Streitgegenstand, Rechtskraft und Präklusion im Kündigungsschutzprozeß, RdA 1989, 88; *W. Habscheid,* Zur Lehre vom Streitgegenstand im Kündigungsschutzprozeß, RdA 1958, 46 und 95; *ders.,* Die neuere Entwicklung der Lehre vom Streitgegenstand, FS für Schwab, 1990, S. 181; *Holtermüller,* Streitgegenstand, Rechtskraft und Präklusion im arbeitsgerichtlichen Kündigungsschutzverfahren, 2000; *Hueck,* Klage und Urteil im Kündigungsschutzstreit, FS für Nipperdey, 1955, S. 107; *Jaroschek/Lüken,* Kündigungsschutzklage und allgemeine Feststellungsklage im arbeitsgerichtlichen Verfahren, JuS 2001, 64; *Kampen,* Die punktuelle Streitgegenstandstheorie und die sich daraus ergebenden Probleme mit Anträgen und Tenorierungen im Kündigungsschutzverfahren, AuR 1996, 172; *Kocher,* Bestimmtheit und Streitgegenstand beim koalitionsrechtlichen Unterlassungsanspruch, NZA 2005, 140; *Köhler,* Der Streitgegenstand im Kündigungsschutzprozeß, 1991; *Künzl,* Abschied vom punktuellen Streitgegenstandsbegriff?, Erlanger FS für Schwab, 1990, S. 123; *Lüke,* Zum Streitgegenstand im arbeitsgerichtlichen Kündigungsschutzprozeß, JZ 1960, 203; *ders.,* Zur Streitgegenstandslehre Schwabs, FS für Schwab, 1990, S. 309; *Prütting,* Der Streitgegenstand im Arbeitsgerichtsprozeß, in: FS für Lüke, 1997, S. 617; *ders.,* Vom deutschen zum europäischen Streitgegenstand, FS für Beys, 2003, S. 1273; *Schaub,* Praktische Probleme bei kumulativen Feststellungsanträgen im Kündigungsschutzprozeß, NZA 1990, 85; *Stahlhacke,* Der Streitgegenstand der Kündigungsschutzklage und ihre Kombination mit der allgemeinen Feststellungsklage, in: FS für Wlotzke, 1996, S. 173; *Wolf,* Die Befreiung des Verjährungsrechts vom Streitgegenstandsdenken, FS für Schumann, 2001, S. 579; *Zeuner,* Wiederholung der Kündigung und Rechtskraft im Kündigungsschutzstreit, MDR 1956, 257; *ders.,* Die Behandlung mehrfacher Kündigungen im Kündigungsrechtsstreit, FS für Otto, 2008; *ders.* Unwirksamkeitsgründe und Streitgegenstand im Kündigungsschutzprozess, FS für Leipold, 2009.

Das umfangreiche Schrifttum zum Streitgegenstand im Zivilprozess ist nachgewiesen bei *Rosenberg/Schwab/Gottwald,* ZPR, § 92.

1. Bedeutung

Der Streitgegenstand oder der prozessuale Anspruch eines Verfahrens legt das Streitprogramm zwischen den beiden Parteien fest, er begrenzt also den Prozess seinem Gegenstand nach. Dadurch wird er für den Prozess zu einem zentralen Begriff. Am deutlichsten werden die Wirkungen des Streitgegenstands bei der Festlegung des Umfangs der Rechtshängigkeit, bei der Beurteilung von Klagenhäufung und Klageänderung, im Rahmen der Rechtskraft und zur Bestimmung des Streitwertes. Damit wird aber sogleich auch deutlich, dass der Streitgegenstand nicht a priori feststeht, sondern durch

184

Einleitung F. Verfahrensgrundlagen

Gesetzesauslegung oder Rechtsfortbildung methodisch zu entwickeln ist. In Sonderfällen entscheidet der Gesetzgeber selbst über den Streitgegenstand (vgl. §§ 4, 7 KSchG).

2. Der Streitgegenstand im Arbeitsgerichtsprozess

185 Begriff und Problematik des Streitgegenstandes im arbeitsgerichtlichen Verfahren stimmen mit dem Zivilprozess überein. Dies gilt für das Urteils- wie für das Beschlussverfahren (siehe unten § 81 Rn. 33). Grundsätzlich vertritt das BAG in beiden Bereichen den zweigliedrigen Streitgegenstand (BAG 02. 10. 2007 EzA § 559 ZPO 2002, Nr. 1). Besondere Schwierigkeiten bereitet allerdings die Festlegung des Streitgegenstandes im Kündigungsschutzprozess (im Einzelnen dazu siehe unten Rn. 196 ff.). Den Streitgegenstand eines koalitionsrechtlichen Unterlassungsanspruchs behandelt *Kocher* NZA 2005, 140; die in § 17 TzBfG vorgesehene Entfristungsklage ist eine Feststellungsklage und wird wie die Kündigungsschutzklage nach dem punktuellen Streitgegenstand behandelt (BAG 18. 8. 2005, 8 AZR 523/04). Auflösungsanträge, die auf unterschiedliche Kündigungen bezogen sind, haben unterschiedliche Streitgegenstände (BAG 27. 4. 2006, EzA § 14 KSchG n. F. Nr. 75).

3. Die Auffassungen zum Streitgegenstand im Zivilprozessrecht

186 Die kontroversen Auffassungen zur Streitgegenstandslehre lassen sich im Zivilprozessrecht im Wesentlichen in fünf verschiedene Theorien aufteilen. Innerhalb dieser Theorien werden freilich im Einzelnen vielfach noch Abweichungen vertreten.

187 a) Die sog. *ältere materiellrechtliche Theorie* wollte als prozessualen Streitgegenstand den Anspruch des materiellen Rechts benutzen. Dies war vor allem der Standpunkt des Gesetzgebers der ZPO von 1877. Wollte man dieser materiellrechtlichen Auffassung folgen, so wäre mit jeder Klage, die einen einheitlichen Anspruch auf mehrere Anspruchsgrundlagen stützt, prozessual eine Klagenhäufung gegeben. Damit würde ein einheitlicher Lebenssachverhalt in mehrere prozessuale Streitgegenstände aufgespalten. Eine weitere Konsequenz wäre es, dass der Kläger, der auf Grund einer dieser materiellen Anspruchsgrundlagen vollständig obsiegt, mit seiner Klage teilweise abgewiesen werden müsste und deshalb z. T. auch die Kosten zu tragen hätte, wenn die weiteren geltend gemachten Anspruchsgrundlagen nicht zur Überzeugung des Gerichts dargetan wären. Es ist heute unbestritten, dass ein solches Ergebnis und die ihm zugrundeliegende Auffassung vom Streitgegenstand unhaltbar ist.

188 b) Die dargestellte Problematik führte zur Entwicklung eines eigenständigen prozessualen Begriffs des Streitgegenstands losgelöst vom materiellrechtlichen Anspruch. Der bis heute im Zivilprozessrecht herrschende sog. *zweigliedrige Streitgegenstandsbegriff* (vertreten insbesondere in der Rechtsprechung, vgl. BGH 25. 2. 1985 BGHZ 94, 29, 33; BGH 19. 9. 1985 NJW 1986, 1046 f.; BGH 11. 12. 1986 WM 1987, 367) will diesen eigenständigen prozessualen Anspruch durch zwei Elemente bestimmen, nämlich durch den vor Gericht gestellten Antrag und den diesem Antrag zugrundeliegenden Lebenssachverhalt; man kann insoweit auch von Klageantrag und Klagegrund sprechen. Dieser zweigliedrige Streitgegenstandsbegriff fasst alle materiellrechtlichen Anspruchsgrundlagen, die aus einem einheitlichen Lebenssachverhalt erwachsen sind, zu einem einheitlichen prozessualen Anspruch entsprechend dem Klageantrag zusammen und vermeidet damit die geschilderten Probleme der älteren materiellrechtlichen Theorie.

189 Zu Schwierigkeiten kann der zweigliedrige Streitgegenstandsbegriff jedoch führen, wenn ein einheitlicher prozessualer Antrag auf mehrere tatsächliche Ereignisse unterschiedlicher Art gestützt wird. Diese Schwierigkeiten lassen sich allerdings dann vermeiden, wenn man den Begriff des Klagegrundes weit ausdehnt und in ihm letztlich den der Klage zugrundeliegenden umfassenden Lebenssachverhalt versteht (so insbesondere *W. Habscheid,* Der Streitgegenstand im Zivilprozess und im Streitverfahren der Freiwilligen Gerichtsbarkeit, 1956, insbesondere S. 208 ff.; zuletzt *ders.,* FS für Schwab, S. 181 ff.).

c) Eine andere Möglichkeit, den angedeuteten Schwierigkeiten zu entgehen, bildet der sog. *eingliedrige Streitgegenstandsbegriff* (so insbesondere *Schwab*, Der Streitgegenstand im Zivilprozess, 1954). Diese Auffassung legt das Schwergewicht für die Bestimmung des Streitgegenstandes ganz auf den Klageantrag. Der Lebenssachverhalt wird nach dieser Auffassung allein zur Individualisierung des Antrags herangezogen. Zu einer Mehrheit von Streitgegenständen kann es nach dieser Auffassung nur kommen, wenn vor Gericht mehrere unterschiedliche Klageanträge gestellt werden. Ob dies der Fall ist, ist freilich ein Problem der Auslegung des jeweiligen Antrags, wofür notwendigerweise auf die dem Antrag zugrunde liegenden und vor Gericht vorgebrachten Tatsachen zurückgegriffen werden muss. 190

Dieser weite Begriff des Streitgegenstandes, wie ihn die eingliedrige Theorie vertritt, wird allerdings nur für die Fragen der Rechtshängigkeit, der Klagehäufung und der Klageänderung konsequent durchgeführt, nicht dagegen für die Bestimmung des Umfangs der Rechtskraft (vgl. *Baumgärtel* JuS 1974, 72; *W. Habscheid* aaO S. 200 f.; *Stein/Jonas/Schumann* ZPO, 20. Aufl., Einl. Rn. 291, 294). 191

d) Als Reaktion auf die Ausbildung eines allein prozessual bestimmten Begriffs des Streitgegenstandes haben sich verschiedene *neuere materiellrechtliche Theorien* gebildet. So ist versucht worden, mehrere materiellrechtliche Ansprüche zusammenzufassen und zu einem einzigen Anspruch im Sinne des Prozessrechts auszubilden, soweit diese mehreren Ansprüche entweder aus einem Lebenssachverhalt hervorgehen oder soweit diese Ansprüche zu einem einheitlichen Verfügungsobjekt (also z. B. zu dem einheitlichen Gegenstand einer Zession) verbunden sind. Die wohl unüberwindbaren Schwierigkeiten solcher materiellrechtlicher Auffassungen liegen darin, dass das Zivil- und Arbeitsrecht an die jeweiligen materiellrechtlichen Anspruchsgrundlagen unterschiedliche Regelungen der Verjährung, des Haftungsumfangs oder der Beweislastverteilung anknüpft, was der Bildung eines einheitlichen materiellrechtlichen Anspruchs im Rahmen des Prozesses entgegensteht (vgl. insbesondere *Arens*, AcP 170, 1970, 392 ff.; dazu *Wolf* FS Schumann 2001 S. 579). 192

e) Seit einiger Zeit nimmt in der Literatur die Tendenz zu, die Streitgegenstandsproblematik nicht mehr mit Hilfe von begrifflichkonstruktivem Denken im Sinne einer einheitlichen Lösung zu bewältigen. Vielmehr wird mehr und mehr in den Vordergrund gerückt, dass die Festlegung des Streitgegenstands je nach der Art des Prozesses und nach der Bewertung der dabei im Spiel befindlichen Parteiinteressen unterschiedlich ausfallen kann. So ist in neuerer Zeit eine gewisse Tendenz zu einem *nicht einheitlichen Begriff des Streitgegenstandes* auszumachen *(relative Theorien)*. So ist etwa behauptet worden, die Festlegung des Streitgegenstandes bestimme sich danach, ob in einem Prozess der Verhandlungs- oder der Untersuchungsgrundsatz herrsche (*Jauernig*, Verhandlungsmaxime, Inquisitionsmaxime und Streitgegenstand, 1967). Teilweise wird auch danach unterschieden, ob eine Leistungsklage oder eine Feststellungsklage erhoben ist (so etwa *Zöller/Vollkommer*, Einl. Rn. 82). Schließlich wird (von *Baumgärtel* aaO und *Schumann* aaO) auch gesagt, man könne für die Fragen der Klageänderung, der Klagehäufung und (so jedenfalls *Schumann*) auch für die Fragen der Rechtshängigkeit der eingliedrigen Theorie vom Streitgegenstand folgen. Im Bereich des Umfangs der materiellen Rechtskraft will demgegenüber *Schumann* auf eine Abgrenzung nach dem zugrundeliegenden Lebenssachverhalt nicht verzichten, er folgt insoweit also der zweigliedrigen Streitgegenstandstheorie. *Baumgärtel* hat sich in diesem Bereich demgegenüber für eine Abgrenzung nach dem selbständigen Verfügungsgegenstand ausgesprochen. 193

4. Bewertung der Auffassungen und Ergebnis

Die umfangreiche wissenschaftliche Diskussion hat gezeigt, dass die durch die unterschiedlichen materiellrechtlichen Theorien aufgeworfenen Probleme nicht befriedigend 194 zu lösen sind. Alle diese Auffassungen finden deshalb heute kaum mehr Befürworter. Auch der Streit zwischen den beiden prozessualen Theorien ist nahezu zum Stillstand gekommen. Dies bedeutet freilich nicht, dass sich eine einheitliche Auffassung herausgebildet hätte. Dieser Entwicklung ist aber zu entnehmen, dass die praktischen Konsequenzen der unterschiedlichen theoretischen Auffassungen nicht sehr groß sind. Vor allem unter Zugrundelegung eines weiten Begriffs des Lebenssachverhalts werden zweigliedrige und eingliedrige Streitgegenstandstheorie meist zum selben Ergebnis gelangen.

195 Als Ergebnis ist festzuhalten, dass es eine alle Probleme befriedigend lösende, einheitliche theoretische Auffassung vom Streitgegenstand wohl nicht gibt. Ausgangspunkt muss immer sein, dass die Bestimmung des Streitgegenstandes ein dem Kläger obliegender Dispositionsakt ist. Im Rahmen der näheren Festlegung des Umfangs dieses Dispositionsaktes liegt es nahe, die Grenzen bei Klageerhebung und im Verlauf des Prozesses möglichst weit zu ziehen (arg. möglichst umfassende Erledigung des angefallenen Streitstoffs), nach Ende des Verfahrens die Grenzen des Prozessgegenstandes und damit seiner Rechtskraft aber je nach dem vorgetragenen Sachverhalt enger zu ziehen (arg. Einschränkung der Präklusion nicht vorgebrachter Tatsachen). Damit ist bei Leistungsklagen für die während des Laufs eines Prozesses auftretenden Probleme (insbesondere Rechtshängigkeit, Klagenhäufung, Klageänderung, Streitwert) der eingliedrige Streitgegenstandsbegriff wohl am geeignetsten. Nach Beendigung des Prozesses (also im Rahmen des Umfangs der materiellen Rechtskraft) kann aber auf die Berücksichtigung des der Klage zugrundeliegenden Lebenssachverhalts nicht verzichtet werden. Hier ist also dem zweigliedrigen Streitgegenstandsbegriff zu folgen. Für Gestaltungs- und Feststellungsklagen wird man generell nur auf den Antrag abstellen können.

5. Der Streitgegenstand im Kündigungsschutzprozess

196 Schon seit Inkrafttreten des Kündigungsschutzgesetzes 1951 wird – erstaunlicherweise weithin losgelöst von den allgemeinen Streitgegenstandslehren (eine Ausnahme bilden W. *Habscheid* RdA 1958 46, 95; *Lüke* JZ 1960 203, 222; *Ascheid*, Kündigungsschutzrecht, Rn. 742 ff.; *Köhler* S. 50 ff.; *Künzl* S. 126 ff.) – eine heftige Kontroverse um die Frage ausgetragen, wie der Streitgegenstand einer Kündigungsschutzklage zu bestimmen sei. Der Streit ist bis zur Gegenwart höchst aktuell (vgl. *Prütting* FS Lüke 1997, S. 617; *Stahlhacke* FS Wlotzke 1996 S. 173; *Schaub* NZA 1990, 85; *Köhler*, Der Streitgegenstand im Kündigungsschutzprozess, 1991; E. *Habscheid* RdA 1989, 88) und nach wie vor von großer praktischer Bedeutung für das gesamte Kündigungsrecht. Diese über 50 Jahre alte Diskussion und ihre anerkannte praktische Relevanz stehen in einem bemerkenswerten Kontrast zu Auffassungen, die den Streitgegenstand für theoretische Spielerei oder gar das Lieblingskind der Begriffsjurisprudenz halten (so etwa *Ekelöf* ZZP 85, 145; *Puttfarken* JuS 1977, 494 und 497).

197 a) Die h. M. in Rechtsprechung (BAG 13. 11. 1958 AP KSchG 1951 § 3 Nr. 17 = JZ 1960, 219 m. Anm. *Lüke*; 17. 11. 1958 AP KSchG 1951 § 3 Nr. 18; 27. 6. 1955 BVerfGG 1952 § 66 Nr. 4; 10. 12. 1970 EzA § 3 KSchG Nr. 3; 11. 2. 1999 EzA § 675 BGB Nr. 1; vgl. zuletzt wieder BAG 12. 5. 2005 NZA 2005, 1259) und Literatur (vgl. insbesondere *Hueck/v. Hoyningen-Huene*, 12. Aufl., KSchG, § 4 Rn. 48 f.; KR/*Friedrich* § 4 KSchG, Rn. 225) vertritt die sog. *„punktuelle Streitgegenstandstheorie"*. Danach ist, soweit der Feststellungsantrag des Klägers dem Wortlaut von § 4 KSchG entspricht, Streitgegenstand einer solchen Klage, ob ein Arbeitsverhältnis aus Anlass einer bestimmten Kündigung zu dem von dieser Kündigung ausgesprochenen Termin aufgelöst ist.

198 b) In Teilen der Literatur wurde demgegenüber schon immer die Auffassung vertreten, Streitgegenstand eines Kündigungsschutzprozesses sei der Bestand des Arbeitsverhältnisses insgesamt (sog. *„bestandsrechtliche Theorie"*, vgl. insbesondere *Bötticher* FS Herschel, S. 181; *ders.* BB 1959, 1032; *Lüke* JZ 1960, 203 und 222; *Güntner* AuR 1974, 97; *Zeuner* MDR 1956, 257). Eine bestandsrechtliche Auffassung auf der Basis

II. Streitgegenstand **Einleitung**

einer teleologischen Auslegung der §§ 4, 7 KSchG favorisiert nunmehr auch *Dauner-Lieb* (Anm. zu BAG EZA § 4 KSchG n. F. Nr. 57).

c) Trotz der Beteuerung, weiterhin vom punktuellen Streitgegenstandsbegriff auszugehen, wird in der neueren Rechtsprechung des BAG (BAG 12. 1. 1977 AP KSchG 1969 § 4 Nr. 3; BAG 12. 6. 1986 EzA KSchG § 4 Nr. 31; BAG 21. 1. 1988 EzA KSchG § 4 Nr. 33; BAG 26. 8. 1993 NJW 1994, 473 = EzA ZPO § 322 Nr. 9; BAG 27. 1. 1994 NJW 1994, 2780; BAG 7. 12. 1998 AP KSchG § 4 Nr. 33; BAG 13. 3. 1997 EzA KSchG n. F. § 4 Nr. 57 m. Anm. *Dauner-Lieb*; BAG 10. 10. 2002 NJW 2003, 1412; BAG 12. 5. 2005 NZA 2005, 1259; dazu *Grimm/Brock* EWiR 2003, 835) eine Linie deutlich, die mehr zur bestandsrechtlichen Theorie hin tendiert (vgl. dazu kritisch *Schwerdtner* NZA 1987, S. 263; *Grunsky* Anm. zu BAG AP KSchG 1969 § 4 Nr. 3; *Kuchinke* SAE 1979, 287; *Teske* Anm. zu BAG EzA § 4 KSchG Nr. 31; *Dauner-Lieb* Anm. zu BAG EzA § 4 KSchG n. F. Nr. 57; abweichend *E. Habscheid* RdA 1989, 88 und *Mummenhoff* SAE 1990, 88; schon früher hatte *Lüke* nachgewiesen, dass die Rspr. des BAG in manchen Überlegungen von ihrem Ausgangspunkt eines punktuellen Streitgegenstandes abweicht; vgl. dazu die umfassende Urteilsanmerkung in JZ 1960, 222, 223). Man könnte von einer *eingeschränkten bestandsrechtlichen Theorie* sprechen. Kern dieser Auffassung ist, dass das BAG als Streitgegenstand gemäß § 4 KSchG nur die konkret angegriffene Kündigung ansieht, bei einem Prozesserfolg des Klägers aber davon ausgeht, es sei auch das Bestehen des Arbeitsverhältnisses zum Zeitpunkt des Zugangs der Kündigung (wie BAG 26. 8. 1993 NJW 1994, 473 klarstellt) generell rechtskräftig mit festgestellt (BAG 12. 5. 2005 NZA 2005, 1259; BAG 26. 6. 2008, NZA 2008 1145; *Berkowsky* NZA 2008, 1112). Dass das BAG entgegen seinen eigenen Beteuerungen nicht mehr die Lehre vom punktuellen Streitgegenstandsbegriff vertritt, haben zuletzt *Weth/Kerwer* (SAE 1997, 295, 299) eingehend dargelegt.

d) Eine Bewertung des Streites kann nur von den allgemeinen Grundlagen zum Streitgegenstandsbegriff ausgehen. Danach muss auch im Kündigungsschutzprozess der Streitgegenstand von der im Klageantrag zum Ausdruck gekommenen klägerischen Disposition bestimmt werden. Formuliert also der Kläger seinen Antrag i. S. von § 4 KSchG dahin, dass er die Feststellung verlange, sein Arbeitsverhältnis sei durch eine bestimmte (konkret bezeichnete) Kündigung nicht aufgelöst, dann spricht alles für die Richtigkeit des punktuellen Streitgegenstandsbegriffs. Ein Feststellungsantrag bezüglich des *generellen* Bestands des Arbeitsverhältnisses ist in einem solchen Klageantrag nicht enthalten. Allgemein anerkannt ist jedoch, dass der klagende Arbeitnehmer *zusätzlich* eine allgemeine Feststellungsklage nach § 256 ZPO mit einem solchen weiten Inhalt erheben kann, falls sein Begehren dahin geht, die Wirksamkeit eines bestehenden Arbeitsverhältnisses zu einem bestimmten Zeitpunkt insgesamt feststellen zu lassen (dazu näher *Schaub* NZA 1990, 85; nunmehr *Berkowsky* NZA 2001, 801); zu Einzelheiten s. u. Rn. 205.

Dem engeren (punktuellen) Antrag scheint aber entgegenzustehen, dass die Feststellung eines bestimmten Rechtsverhältnisses (hier des Arbeitsverhältnisses) nicht durch Parteidisposition auf einzelne rechtliche Aspekte beschränkt werden darf. Einheitlicher Lebenssachverhalt des durch eine Kündigung bedrohten Arbeitsverhältnisses sind alle tatsächlichen Aspekte, die für den Bestand dieses Arbeitsverhältnisses insgesamt von Bedeutung sind. Auch ist es wenig einleuchtend, dass § 4 KSchG eine besondere Auffassung vom Begriff des Streitgegenstands geschaffen haben soll (vgl. *Lüke* JZ 1960, 205).

Dieser Kritik von Seiten der Literatur steht freilich entgegen, dass der Gesetzgeber den Arbeitnehmer im Hinblick auf § 7 KSchG zwingt, jede gegen ihn ausgesprochene Kündigung in der besonderen Form und Frist des § 4 KSchG anzugreifen, will er vermeiden, dass die Kündigung als von Anfang an wirksam gilt. Die Vorschriften der §§ 4, 7 KSchG dienen unstreitig der Rechtssicherheit und zwingen den Arbeitnehmer zu einer bestimmten Klage, bei der die angegriffene Kündigung im Mittelpunkt steht. Eine

Einleitung F. Verfahrensgrundlagen

inzidente Entscheidung im Rahmen z. B. einer Lohnklage ist dadurch bewusst ausgeschlossen. Der Preis für diese Regelung, den der Gesetzgeber vom Arbeitnehmer verlangt, ist freilich, dass dieser jede einzelne Kündigung durch eine besondere Kündigungsschutzklage angreifen muss, will er die Fiktion des § 7 KSchG vermeiden. Das betont völlig zu Recht nunmehr wiederum das BAG (26. 8. 1993 NJW 1994, 473). Diese Konsequenz mag rechtspolitisch unbefriedigend sein, mit Hilfe der Streitgegenstandslehre lässt sie sich aber nicht korrigieren. Berücksichtigt man diese Überlegungen, so wird deutlich, dass der Gesetzgeber in § 4 KSchG in der Tat keinen neuen Streitgegenstandsbegriff aufgestellt hat (das betont nunmehr zu Recht auch *Künzl* S. 144), vielmehr hat er dem klagenden Arbeitnehmer ausnahmsweise gestattet (bzw. ihn gezwungen), ein rechtliches Element (nämlich die Wirksamkeit einer isolierten Kündigung) zum Gegenstand seiner Feststellungsklage zu machen (zustimmend *Jaroschek/Lüken* JuS 2001, 67). Damit ist § 4 KSchG eine Abweichung von § 256 ZPO, wonach nur das Bestehen oder Nichtbestehen eines Rechtsverhältnisses insgesamt, also die aus einem Lebenssachverhalt abgeleitete rechtliche Beziehung verschiedener Rechtssubjekte Gegenstand einer Klage sein kann. Diese Abweichung muss dann aber sicherlich Konsequenzen für die Bestimmung des Streitgegenstandes nach den allgemeinen Regeln haben. Unabhängig davon, ob man nämlich der eingliedrigen oder der zweigliedrigen Theorie des Streitgegenstandes folgt, ist in jedem Fall bei einem zulässigen Antrag i. S. von § 4 KSchG Streitgegenstand nur die Unwirksamkeit der konkret angegriffenen Kündigung.

203   e) Als erstes *Ergebnis* ist festzuhalten, dass der h. M. vom punktuellen Streitgegenstandsbegriff im Kündigungsschutzprozess zu folgen ist. Entgegen seinem Namen stellt dieser punktuelle Begriff aber keine eigenständige Streitgegenstandstheorie dar, er ist vielmehr mit den bekannten prozessualen Theorien vom Streitgegenstand (eingliedrige und zweigliedrige Theorie) voll vereinbar und in seinem eingeschränkten Umfang nur die Folge der gesetzgeberischen Anordnung aus den §§ 4, 7 KSchG. Entsprechend diesem sehr eng begrenzten klägerischen Antrag i. S. von § 4 KSchG kann sich die Rechtskraft eines Kündigungsschutzprozesses aber auch keinesfalls auf den Bestand eines Arbeitsverhältnisses zum Zeitpunkt des Kündigungstermins insgesamt beziehen. Die neuere Rechtsprechung des BAG (12. 1. 1977 12. 6. 1986 und 21. 1. 1988 AP KSchG 1969 § 4 Nr. 3, EzA § 4 KSchG Nr. 31, 33) wäre abzulehnen, wenn sie diese Auffassung vertreten wollte. Dass dies aber nicht der Fall ist, hat das BAG (26. 8. 1993 NJW 1994, 473) eindeutig klargestellt.

204   f) Anders ist es zu beurteilen, wenn der Arbeitnehmer seine Kündigungsschutzklage gemäß § 4 KSchG mit einer allgemeinen Feststellungsklage gemäß § 256 ZPO verbindet. Von einer solchen (kumulativen) Klagenhäufung wird der gesamte Fortbestand des Arbeitsverhältnisses bis zur letzten mündlichen Verhandlung umfasst, also auch sämtliche bis dahin in Betracht kommenden Beendigungstatbestände. Werden in einem solchen Fall nach Klageerhebung weitere Kündigungen ausgesprochen (insbesondere auch die sog. Trotzkündigungen), so stellt sich allerdings noch das Problem, ob im Hinblick auf § 7 KSchG durch die allgemeine Feststellungsklage nach § 256 ZPO auch bezüglich der späteren Kündigungen die Frist der §§ 4, 13 Abs. 1 Satz 2 KSchG eingehalten ist. Das wird von der Praxis heute im Ergebnis zu Recht bejaht (vgl. *Schaub* NZA 1990, 87, sub III 2 b; vgl. jetzt auch BAG 13. 3. 1997 NJW 1998, 698; kritisch *Holtermüller* S. 218 ff.). Dieses Ergebnis mag zweckmäßig sein, dogmatisch lässt es sich nur dann rechtfertigen, wenn die Auslegung von Klageantrag und späterem klägerischen Vorbringen ergibt, dass zusammen mit der allgemeinen Feststellungsklage nach § 256 ZPO zugleich kumulativ auch eine Klage nach § 4 KSchG erhoben sein soll. Das wird man aber regelmäßig unterstellen können, hängt allerdings von der Auslegung des Klageantrags im Einzelfall ab. Nach dem BAG (16. 3. 1994 EzA § 4 KSchG Nr. 49) genügt es dafür nicht, dass neben dem Antrag nach § 4 KSchG verlangt wird, den Fortbestand des Arbeitsverhältnisses festzustellen.

II. Streitgegenstand **Einleitung**

g) Im Falle eines Kündigungsschutzverfahrens ist dem Kläger also zu empfehlen, die 205 Klage nach § 4 KSchG mit einer allgemeinen Feststellungsklage nach § 256 ZPO zu verbinden. Dies gilt insbesondere, weil das BAG nunmehr deutlicher als bisher die beiden Klagen trennt (BAG 21. 6. 2000 NZA 2001, 271; dazu *Berkowsky* NZA 2001, 801; ferner BAG 10. 10. 2002 NJW 2003, 1412; BAG 12. 5. 2005 NZA 2005, 1259). Wird *allein* eine Feststellungsklage nach § 256 ZPO erhoben, so erfüllt diese wegen ihrer weitergehenden Wirkung zugleich die Anforderungen, die an eine Kündigungsschutzklage nach § 4 KSchG zu stellen sind (BAG 21. 1. 1988 EzA § 4 KSchG Nr. 33 = SAE 1990, 83). Im Falle einer Feststellungsklage nach § 256 ZPO ist allerdings immer das Rechtsschutzbedürfnis mit zu beachten (s. u. § 46 Rn. 86 a). Es entfällt jedenfalls dann, wenn alle ausgesprochenen Kündigungen selbständig mit Kündigungsschutzklagen nach § 4 KSchG angegriffen worden sind (BAG 16. 8. 1990 NJW 1991, 518 = DB 1991, 1682; BAG 27. 1. 1994 EzA § 4 KSchG Nr. 48). Nach der Entscheidung des BAG 13. 3. 1997 (EzA § 4 KSchG n. F. Nr. 57 = NJW 1998, 698) soll durch Sachvortrag zu einer späteren Kündigung auch nach Ablauf der Dreiwochenfrist des § 4 KSchG das (ursprünglich fehlende) Rechtsschutzbedürfnis noch zu bejahen sein. Zum Streitwert im Falle einer Klagenhäufung s. u. § 12 Rn. 103 a.

h) Eine erneute Kündigung, die nach Rechtskraft der Entscheidung über die erste 206 Kündigung ausgesprochen wird, kann dagegen in keinem Fall von der Rechtskraft der ergangenen Entscheidung in der Weise erfasst sein, dass der Gekündigte die Unwirksamkeit der Kündigung ohne erneute Klage geltend machen könnte (dies wird z. B. auch bei Räumungsklagen im Mietrecht so gesehen, vgl. BVerfG 30. 9. 2003 NJW 2003, 3759). Dementsprechend wäre eine neue Klage gegen diese Kündigung niemals wegen entgegenstehender Rechtskraft unzulässig (BAG 10. 10. 2002 NJW 2003, 1412). Dies gilt auch dann, wenn sich die erneute Kündigung auf dieselben Gründe wie die erste Kündigung stützt („Trotzkündigung"). In diesem Falle muss der Arbeitnehmer also unbedingt eine weitere Kündigungsschutzklage erheben, will er die Wirkung des § 7 KSchG verhindern. Zu Recht hat allerdings das BAG neuerdings ausgesprochen, dass das Erfordernis einer wegen §§ 4, 7 KSchG erneuten Klage gegen die zweite Kündigung es nicht hindert, eine Rechtskraftwirkung in Form der Präjudizialität anzunehmen. Dies bedeutet, dass die wiederholte Kündigung, die der Arbeitgeber auf denselben Kündigungsgrund stützt, der schon Gegenstand des ersten Prozesses war, nicht mehr zu einer materiellrechtlichen Nachprüfung des Kündigungsgrundes im zweiten Prozess führen kann. Der erneuten Klage ist damit in materieller Hinsicht ohne weiteres stattzugeben (BAG 26. 8. 1993 NJW 1994, 473). Dieses Ergebnis ist heute wohl allgemein anerkannt (vgl. *Ascheid*, Kündigungsschutzrecht, Rn. 785; *Herschel/Löwisch*, KSchG, 6. Aufl., § 4 Rn. 54; *Stahlhacke/Preis*, Kündigung und Kündigungsschutz, 6. Aufl., Rn. 1160; *Hueck/v. Hoyningen-Huene*, 12. Aufl., § 4 Rn. 91). Zu Recht weist das BAG aber darauf hin, dass die dafür gegebenen Begründungen erheblich voneinander abweichen. Am überzeugendsten kann die prozessuale Auffassung von der Auswirkung der Rechtskraft in Form der Präjudizialität das Ergebnis erklären.

i) Abzugrenzen von den Problemen des prozessualen Angriffs auf mehrere (eventuell 206a auch gleich begründete) Kündigungen ist es, wenn der Arbeitgeber eine identische Kündigungserklärung in zwei Schreiben lediglich doppelt verlautbart. Hier ergibt die Auslegung, dass es sich rechtlich um eine Kündigung handelt, die auch nur einmal mit der Kündigungsschutzklage angegriffen werden muss (BAG 06. 09. 2007, NJW 2007, 1097 = NZA 2008, 636).

6. Der Streitgegenstand im europäischen Recht

Entgegen den Streitgegenstandslehren in Deutschland und in anderen europäischen 207 Staaten hat der EuGH eine abweichende und eigenständige Theorie entwickelt. Sie geht weit über den konkreten Antrag des Klägers hinaus und will als Streitgegenstand zwischen den Parteien die Frage entscheiden lassen, ob der Kernpunkt in einem Verfahren der Gleiche wie in anderen Verfahren sei (sog. Kernpunkttheorie). Entwickelt hat der EuGH diese Auffassung vor allem in den Entscheidungen EuGH 8. 12. 1987 *(Gubisch/Palumbo)* NJW 1989, 665; EuGH 6. 12. 1994 *(Tatry)* JZ 1995, 616. Diese Auffassung des EuGH hat intensive Diskussionen ausgelöst (vgl. etwa *Walker* ZZP 111, 429; *Gottwald* in: Dogmatische Grundfragen des Zivilprozesses im geeinten Europa, 2000, S. 85; *Prütting* FS Beys 2003, 1273).

III. Verfahrensgrundsätze (= Prozessmaximen)

208 Die Frage der Ausgestaltung des Prozesses durch die ihn prägenden Maximen gehört auch heute noch zu den fundamentalen Positionen jedes Verfahrensrechts. Die Vorwürfe gegen ein angeblich überholtes „Maximendenken" vergangener Zeiten (so insbesondere *Bomsdorf*, Prozessmaximen und Rechtswirklichkeit, 1971) sind daher zu Recht wieder vollkommen verstummt (vgl. *Kaufmann*, Untersuchungsgrundsatz und Verwaltungsgerichtsbarkeit, 2002, S. 20 ff.).

209 Ausgangspunkt aller Überlegungen ist die Vorstellung, dass jedem Verfahren ein gewisser allgemeiner Aufbau zugrunde liegt, dessen tragende Elemente man ermitteln und im Einzelnen anführen kann. Die so gewonnene Struktur eines Verfahrens beschreibt nicht jede Einzelheit der Rechtswirklichkeit, sie ermöglicht aber den Rückgriff auf die Grundlagen des gesetzlichen Plans der jeweiligen Verfahrensordnung. Diese durch schlagwortartig formulierte Maximen ausgedrückte grobe Struktur der jeweiligen Prozessordnung erleichtert dann auch die Diskussion über deren Wesen und die Verständigung über konkrete Einzelfragen. Die gesamte Rechtsvergleichung setzt solche Strukturmerkmale voraus. Auch die methodische Fortentwicklung einer Verfahrensordnung baut auf solchen Strukturmerkmalen auf. Letztlich machen Prozessmaximen also gewisse Grundentscheidungen des Gesetzgebers bei der Ausgestaltung des Verfahrens deutlich.

210 Im Hinblick auf einzelne Verfahrensabschnitte kann man folgende Bereiche unterscheiden:

1. Verfahrenseinleitung und Verfahrensherrschaft

a) Begriff

211 Soweit es allein die Sache der Parteien ist, ein Verfahren durch einen Antrag einzuleiten und über den Streitgegenstand zu verfügen (Bestimmung von Umfang und Grenzen des Prozesses, Bindung des Gerichts an den Antrag, Möglichkeit von Rücknahme der Klage oder des Rechtsmittels, Verzicht, Anerkenntnis, Vergleich, Erledigungserklärung), spricht man von der Geltung der *Dispositionsmaxime*. Den Gegensatz einer Verfahrenseinleitung, Verfahrensbestimmung und Verfahrensbeendigung von Amts wegen (Strafprozess, teilweise freiwillige Gerichtsbarkeit) nennt man *Offizialprinzip*.

b) Dispositionsmaxime

212 Im arbeitsgerichtlichen Urteils- und Beschlussverfahren gilt die Dispositionsmaxime (siehe unten § 46 Rn. 33 und § 81 Rn. 2; zu den Einzelheiten, insbesondere auch zur früheren terminologischen Verwirrung, vgl. *Fenn* FS Schiedermair 1976 S. 117 ff.; *ders.* 25 Jahre BAG, 1979 S. 91 ff.).

213 Nur scheinbar stellt § 25 HAG mit der Möglichkeit einer Klage des Landes im eigenen Namen (auf Entgeltzahlung an den in Heimarbeit Beschäftigten) eine Durchbrechung der Dispositionsmaxime dar. In Wahrheit ist § 25 HAG ein Fall gesetzlicher Prozessführungsbefugnis und kein Amtsverfahren im eigentlichen Sinn.

214 Nicht einmal im Verfahren vor dem Großen Senat des BAG (§ 45) hat der Gesetzgeber die Dispositionsmaxime eingeschränkt. So ist es möglich, dass eine Entscheidung des

III. Verfahrensgrundsätze (= Prozessmaximen) **Einleitung**

Großen Senats durch Dispositionsakte der Parteien (Klagerücknahme, Vergleich, Erledigung der Hauptsache) vereitelt wird (vgl. BAG 4. 9. 1987 AP ArbGG 1979 § 45 Nr. 11; kritisch dazu *Däubler* AuR 1987, 349).

2. Die Sammlung des Prozessstoffs
a) Begriff

Soweit es Aufgabe der Parteien ist, den Tatsachenstoff in den Prozess einzuführen, die **215** Beweisbedürftigkeit von Behauptungen herbeizuführen und die Beweise beizubringen, spricht man von *Verhandlungsmaxime* (oder plastischer von *Beibringungsgrundsatz*). Den Gegensatz bildet die *Untersuchungsmaxime* (auch *Inquisitionsmaxime*). Hier liegt die Verantwortung für den Prozessstoff beim Gericht, das weder bei der Einführung von Tatsachen noch bei der Beweiserhebung an Anträge, Bestreiten, Geständnisse oder übereinstimmenden Parteivortrag gebunden ist.

b) Verhandlungsmaxime

Im arbeitsgerichtlichen *Urteilsverfahren* gilt wie im Zivilprozess im Wesentlichen die **216** Verhandlungsmaxime. Es sind also allein die Parteien, die den tatsächlichen Stoff in der mündlichen Verhandlung vortragen (siehe unten § 46 Rn. 28). Das Gericht ist daran gebunden und darf seiner Entscheidung nur die vorgebrachten Tatsachen zugrunde legen (vgl. BAG 30. 9. 1976 AP KSchG 1969 § 9 Nr. 3; BAG 24. 3. 1983 AP KSchG 1969 § 1 betriebsbedingte Kündigung Nr. 12). Die Parteien entscheiden allein über die Notwendigkeit eines Beweises, indem sie Behauptungen entweder bestreiten oder durch ein Geständnis (§ 288 ZPO) oder durch Nichtbestreiten (§ 138 Abs. 3 ZPO) das Gericht binden. Bei der Frage, wer die Beweisaufnahme veranlasst, ist zu trennen: Der Zeugenbeweis wird nur auf Antrag durchgeführt, alle übrigen Beweise *können* (nicht: müssen) auch von Amts wegen erhoben werden (vgl. §§ 142, 143, 144, 448 ZPO). Einschränkungen erfährt die Verhandlungsmaxime durch § 139 ZPO sowie die §§ 51, 56, ohne dass deswegen ihre grundsätzliche Geltung in Zweifel gezogen werden könnte (näher dazu *Prütting* NJW 1980, 361, 362 f.).

c) Untersuchungsgrundsatz

Im arbeitsgerichtlichen Beschlussverfahren gilt dagegen kraft ausdrücklicher gesetzlicher **217** Anordnung der Untersuchungsgrundsatz. Das Gericht erforscht den Sachverhalt im Rahmen der gestellten Anträge von Amts wegen (§ 83 Abs. 1 Satz 1). Es trägt allerdings im Beschlussverfahren, anders als etwa im Strafprozess, nicht die alleinige Verantwortung für die tatsächlichen Urteilsgrundlagen. Vielmehr müssen die Verfahrensbeteiligten an der Aufklärung des Sachverhalts mitwirken (§ 83 Abs. 1 Satz 2); die Verantwortung für die Aufklärung des Sachverhalts ist also zwischen Gericht und Beteiligten geteilt. Im Einzelnen gilt: Das Gericht ist *Herr* der Sachverhaltsaufklärung und für diese verantwortlich. Zur Erfüllung seiner Verpflichtung kann das Gericht die Beteiligten des Verfahrens heranziehen. Sie sind dann zur Mitwirkung verpflichtet. Sie sind aber nur *Gehilfen* bei der Sachverhaltsaufklärung und müssen nicht von sich, sondern nur auf Aufforderung durch das Gericht hin tätig werden. Fordert das Gericht einen Beteiligten – der die objektive Beweislast trägt – dazu auf, weitere Tatsachen vorzutragen, und folgt der Beteiligte dieser Aufforderung nicht, endet die Aufklärungspflicht des Gerichts. Es kann auf der Grundlage der bis dahin in den Prozess eingeführten Tatsachen entscheiden.

3. Verfahrensgang und Verfahrensgestaltung
a) Amtsbetrieb

Mit dem Begriff des Amtsbetriebs (Gegensatz: Parteibetrieb; zusammenfassend wird **218** auch von Prozessbetrieb gesprochen) wird das formale Ingangsetzen und Inganghalten

Einleitung F. Verfahrensgrundlagen

des Verfahrens bezeichnet. Es geht also darum, wer für Terminsanberaumung, Ladungen und Zustellungen zuständig ist. Im arbeitsgerichtlichen Urteils- und Beschlussverfahren gilt heute ebenso wie im Zivilprozess nahezu ausschließlich der *Amtsbetrieb*.

b) Mündlichkeit

219　Die Form des prozessualen Handelns von Gericht und Parteien wird durch den Gegensatz von Mündlichkeit und Schriftlichkeit näher bestimmt. Im Urteilsverfahren gilt ein *strenges Mündlichkeitsprinzip* (im Einzelnen vgl. § 46 Rn. 28 ff.). Im Beschlussverfahren gilt ebenfalls der Grundsatz der Mündlichkeit (siehe unten § 83 Rn. 107 ff.). Jedoch ist hier in gewissen Grenzen auch ein schriftliches Verfahren möglich, vgl. § 83 Abs. 4 Satz 1 und 3 (näher dazu unten § 83 Rn. 110, 115).

c) Unmittelbarkeit

220　Der Grundsatz der Unmittelbarkeit bedeutet, dass die mündliche Verhandlung und insbesondere die Beweisaufnahme unmittelbar vor dem erkennenden Gericht durchzuführen sind (vgl. für die mündliche Verhandlung § 128 Abs. 1 ZPO, für die Beweisaufnahme § 355 Abs. 1 ZPO und für die Entscheidung § 309 ZPO). Der Grundsatz der Unmittelbarkeit gilt auch im arbeitsgerichtlichen Urteils- und Beschlussverfahren. Zur Unmittelbarkeit der Beweisaufnahme vgl. unten § 58 Rn. 44 ff.

d) Öffentlichkeit

221　Der Grundsatz der Öffentlichkeit der Verhandlung vor dem erkennenden Gericht einschließlich der Beweisaufnahme und der Entscheidungsverkündung gilt gemäß § 52 im Urteilsverfahren (zu den Einzelheiten siehe unten § 52 Rn. 3 ff.). Soweit eine mündliche Verhandlung stattfindet, gilt der Grundsatz der Öffentlichkeit auch im Beschlussverfahren (siehe unten § 80 Rn. 53 und § 83 Rn. 107).

e) Beschleunigungsgrundsatz (Konzentrationsmaxime)

222　In allen arbeitsgerichtlichen Verfahren gilt kraft ausdrücklicher gesetzlicher Anweisung der Beschleunigungsgrundsatz (vgl. §§ 9 Abs. 1 Satz 1, 61 a). Zu den Einzelheiten siehe unten § 9 Rn. 2 ff. und § 61 a Rn. 1 ff.; speziell zum Beschlussverfahren vgl. § 83 Rn. 95.

IV. Verfassungsrechtliche Grundlagen

Schrifttum: *Baumgärtel*, Ausprägung der prozessualen Grundprinzipien der Waffengleichheit und der fairen Prozeßführung im zivilprozessualen Beweisrecht, FS für Matscher, 1993, S. 29; *Bauer*, Gerichtsschutz als Verfassungsgarantie, 1973; *Benda/Weber*, Der Einfluß der Verfassung im Prozeßrecht, ZZP 96, 285; *Bettermann*, Der Schutz der Grundrechte in der ordentlichen Gerichtsbarkeit, in: Bettermann/Nipperdey/Scheuner, Die Grundrechte, Bd. III 2, 1959, S. 779; *Bierbrauer/Gottwald/Birnbreier-Stahlberger*, Verfahrensgerechtigkeit, 1995; *Böticher*, Die Gleichheit vor dem Richter, 1954; *Britz*, Das Grundrecht auf den gesetzlichen Richter in der Rechtsprechung des BVerfG, JA 2001, 573; *Dörr*, Faires Verfahren, 1984; *Dütz*, Rechtsstaatlicher Gerichtsschutz im Privatrecht, 1970; *Habscheid*, Das Recht auf ein faires Verfahren, FS für Oscar Vogel, 1991, S. 3; *Höfling*, Das Verbot prozessualer Willkür, JZ 1991, 955; *Kluth*, Der Anspruch auf den gesetzlichen Richter in Rechtswegstreitigkeiten, NZA 2000, 463; *Lorenz*, Grundrechte und Verfahrensordnungen, NJW 1977, 865; *ders.*, Der Rechtsschutz des Bürgers und die Rechtsweggarantie, 1973; *Peters*, Verfassungsnormen – Marksteine eines rechtsstaatlichen Zivilprozesses, in: Nörr, 40 Jahre Bundesrepublik Deutschland, 40 Jahre Rechtsentwicklung, 1990, S. 81; *Rupp*, Der Umgang des BVerfG mit der Eigenbindung an Prozeßgrundrechte, FS für Schiedermair, 2001, S. 431; *Schlette*, Der Anspruch auf gerichtliche Entscheidung in angemessener Frist, 1999; *Schmidt-Jortzig*, Effektiver Rechtsschutz als Kernstück des Rechtsstaatsprinzips nach dem Grundgesetz, NJW 1994,

2569; *Schumann*, Bundesverfassungsgericht, Grundgesetz und Zivilprozeß, ZZP 96, 137; *ders.*, Der Einfluß des Grundgesetzes auf die zivilprozessuale Rechtsprechung, in: 50 Jahre BGH, Festgabe aus der Wissenschaft, Bd. III, 2000, S. 3; *Schwab/Gottwald*, Verfassung und Zivilprozeß, 1984; *Söllner*, Das Arbeitsrecht im Spannungsgeld zwischen dem Gesetzgeber und der Arbeits- und Verfassungsgerichtsbarkeit, NZA 1992, 771; *Stürner*, Verfahrensgrundsätze des Zivilprozesses und Verfassung, FS für Baur, 1981, S. 647; *ders.*, Prozeßzweck und Verfassung, FS für Baumgärtel, 1990, S. 545; *Vollkommer*, Der Anspruch auf ein faires Verfahren im Zivilprozeß, Gedächtnisschrift für Bruns, 1980, S. 194; *ders.*, Der Grundsatz der Waffengleichheit im Zivilprozeß – eine neue rozeßmaxime?, FS für Schwab, 1990, S. 503; *Waldner*, Der Anspruch auf rechtliches Gehör, 2. Aufl., 2000.

1. Grundlagen

Das Verfahrensrecht aller Gerichtszweige und damit auch der Arbeitsgerichtsbarkeit wird heute in hohem Maße von verfassungsrechtlichen Vorgaben beeinflusst. So hat das BVerfG auf der Grundlage des Grundgesetzes immer wieder in das Verfahrensrecht eingegriffen und es vielfach durch verfassungskonforme Auslegung und verfassungsrechtlich bedingte Erweiterung oder Einschränkung von Verfahrensnormen verändert. Zentrale Grundlagen dieser Rechtsprechung des BVerfG sind das Rechtsstaatsprinzip in seinen vielfältigen Ausprägungen, insbesondere auch in Verknüpfung mit der Rechtsweggarantie des Art. 19 Abs. 4 GG, das rechtliche Gehör gemäß Art. 103 Abs. 1 GG, das Gebot des gesetzlichen Richters gemäß Art. 101 Abs. 1 Satz 2 GG, das Willkürverbot und andere materielle Grundrechtspositionen. Selbst das eigene Verfahren vor dem BVerfG ist von diesen Prozessgrundrechten determiniert (vgl. *Rupp* FS Schiedermair, S. 431).

2. Das Rechtsstaatsprinzip

a) Das Rechtsstaatsprinzip ist eine der *zentralen verfassungsrechtlichen Grundlagen* auch des gesamten Verfahrensrechts. Es ist in Art. 20 Abs. 3, 28 Abs. 1 GG niedergelegt und dient dem BVerfG, freilich häufig verknüpft mit anderen verfassungsrechtlichen Grundlagen wie insbesondere Art. 3 Abs. 1, Art. 19 Abs. 4, Art. 92, Art. 97 GG sowie Art. 6 EMRK, zur Entwicklung einer größeren Zahl einzelner verfahrensrechtlicher Grundsätze mit Verfassungsrang, bei deren Verletzung die Verfassungsbeschwerde gegeben ist. Ein wesentlicher Gesichtspunkt des Rechtsstaatsprinzips in verfahrensmäßiger Hinsicht ist ferner das Gebot der Rechtssicherheit und der Berechenbarkeit des Verfahrens, teilweise in dem Gedanken der „Justizförmigkeit" zum Ausdruck gebracht.

b) Aus dem Rechtsstaatsprinzip ergibt sich zunächst die *Gesetzesbindung der Gerichte*, auch wenn das BVerfG die Möglichkeit einer Rechtsfortbildung durch Richterrecht immer bestätigt hat.

c) Auch der bereits erwähnte *Anspruch auf Rechtssicherheit und Berechenbarkeit des Verfahrens* („Justizförmigkeit") gehört hierher (vgl. BVerfG 1. 7. 1953, 9. 8. 1978 BVerfGE 2, 403; 49, 164; BVerfG 10. 8. 1998 NJW 1998, 3703; BVerfG 25. 9. 2000 NZA 2001, 118).

d) Das aus dem Rechtsstaatsprinzip entwickelte *Gebot des effektiven Rechtsschutzes* verlangt eine möglichst wirksame Kontrolle durch die Gerichtsbarkeit (BVerfG 29. 10. 1975, 7. 4. 1976, 8. 7. 1982, 2. 5. 1984, 2. 12. 1987 BVerfGE 40, 275; 42, 132; 61, 109; 67, 58; 77, 284). Auch die Gewährung von Rechtsschutz in angemessener Zeit ist Teil dieses Grundsatzes. Das ist heute anerkannt (BVerfG 17. 11. 1999 NJW 2000, 797; BVerfG 20. 7. 2000 NJW 2001, 214; BVerfG 11. 12. 2000 NJW 2001, 961; BVerfG 6. 6. 2001 NJW 2001, 2707; BVerfG 20. 09. 2007, NJW 2008, 503; ThürVerfGH 15. 3. 2001 NJW 2001, 2708; näher *Schlette*, Der Anspruch auf gerichtliche Entscheidung in angemessener Frist, 1999, S. 23 ff.; *Lansnicker/Schwirtzek* NJW 2001, 1969). Schließlich folgt daraus, dass der Zugang zu den Gerichten nicht in unzumutbarer Weise

Einleitung

erschwert wird (BVerfG 4. 12. 2000 NJW-RR 2001, 1076; BVerfG 26. 3. 2001 NJW 2001, 2161); vgl. zuletzt zum Gebot des effektiven Rechtsschutzes BVerfG 13. 3., 30. 4. und 30. 5. 1997 NJW 1997, 2163 und 2167 sowie ZIP 1997, 1306; BVerfG 21. 2. 2001 NJW 2001, 2531; BVerfG 4. 11. 2008, NJW 2009, 572.

228   e) Im Zusammenspiel von materiellen Grundrechten und dem Rechtsstaatsprinzip hat das BVerfG den *Anspruch auf ein faires Verfahren* entwickelt. Dieser Grundsatz soll z. B. sicherstellen, dass das Beweisrecht fair gehandhabt wird (BVerfG 25. 7. 1979 BVerfGE 52, 131; BVerfG 6. 4. 1998 ZIP 1998, 881). Auch ein widersprüchliches Verhalten des Gerichts verbietet dieser Grundsatz (BVerfG 14. 5. 1985 BVerfGE 69, 387). Neuerdings vgl. BVerfG 28. 7. 1993, 15. 8. 1996 und 7. 4. 1997 NJW 1994, 1853, NJW 1996, 3202 und NJW 1997, 1909; BVerfG 25. 4. 2004, NJW 2004, 2149; BAG 20. 3. 2008, NZA 2008, 62; zurückhaltend BVerfG 3. 1. 2001 NJW 2001, 1343. Allerdings führt dieser Verfassungsverstoß nicht zur Aufhebung der angegriffenen Entscheidung, wenn der Betroffene zumutbare eigene Schritte unterlassen hat (BVerfG 24. 11. 1997 NJW 1998, 1853).

229   f) Der *Grundsatz der prozessualen Waffengleichheit* ist im Zusammenhang von Rechtsstaatsprinzip und Art. 3 Abs. 1 GG entwickelt worden. Er fordert insbesondere eine gleichmäßige Belastung der Parteien mit dem Prozessrisiko und den Prozesskosten (BVerfG 25. 7. 1979, 3. 12. 1986 BVerfGE 52, 131, 144; 74, 92 und 94). Die prozessuale Waffengleichheit ist auch durch Art. 6 Abs. 1 EMRK abgesichert und kann durch einseitige Auslegung des Rechts des Zeugenbeweises verletzt sein (EGMR 27. 10. 1993 NJW 1995, 1413; dazu *Schlosser* NJW 1995, 1404; *Schöpflin* NJW 1996, 2134; *Roth* ZEuP 1996, 490; *Wittschier* DRiZ 1997, 247). Im deutschen Recht wird die vom EGMR angesprochene Problematik durch den Grundsatz der freien Beweiswürdigung und durch die Möglichkeiten der §§ 141, 448 ZPO aufgefangen (s. u. § 58 Rn. 31 a, 51 am Ende). Das BVerfG (21. 2. 2001 NJW 2001, 2531) hat diese Hilfe für die Partei auf das rechtliche Gehör und den effektiven Rechtsschutz gestützt.

230   g) Weiterhin ergibt sich aus dem Rechtsstaatsprinzip auch das *Verbot überlanger Verfahrensdauer*. Dieses Verbot hat ferner in Art. 6 Abs. 1 EMRK ausdrücklich Anerkennung gefunden, der freilich nur im Range von einfachem Bundesrecht gilt (s. o. Rn. 92, 227).

3. Das Gebot des gesetzlichen Richters

231   Das Grundgesetz hat in Art. 101 Abs. 1 Satz 2 den gesetzlichen Richter garantiert. Dies bedeutet, dass der für die einzelne Sache zuständige Richter sich im Voraus möglichst eindeutig aus einer allgemeinen Norm ermitteln lassen muss. Die abstrakte gesetzliche Bestimmung muss sich im Einzelnen aus den Normen der Gerichtsverfassung, der Prozessordnungen und ergänzend aus den Geschäftsverteilungsplänen ergeben, an die deshalb besondere Anforderungen zu stellen sind. Damit verhindert das Gebot des gesetzlichen Richters den Eingriff Unbefugter in die Rechtspflege und dient der Erhaltung des Vertrauens der Rechtsuchenden und der Öffentlichkeit in die Unparteilichkeit und Sachlichkeit der Gerichte. Insbesondere werden durch Art. 101 Abs. 1 Satz 2 GG Manipulationen innerhalb der Gerichtsorganisation verhindert. Dies gilt auch für die Geschäftsverteilung innerhalb des jeweiligen einzelnen Spruchkörpers (vgl. unten § 6 a Rn. 32 ff., Rn. 72 ff.).

4. Der Anspruch auf rechtliches Gehör

232   Der in Art. 103 Abs. 1 GG niedergelegte Anspruch auf rechtliches Gehör gilt heute allgemein als das zentrale prozessuale Grundrecht. Seinen Inhalt kann man in folgender Weise konkretisieren: Das Recht der Parteien auf Orientierung (also Benachrichtigung vom Verfahren, Mitteilung von Äußerungen anderer Beteiligter, Recht auf Akteneinsicht), das Recht der Beteiligten auf Äußerung, schließlich die Verpflichtung des Gerichts, das Parteivorbringen zur Kenntnis zu nehmen und in Erwägung zu ziehen (zu den

IV. Verfassungsrechtliche Grundlagen   **Einleitung**

Einzelheiten für die Prozesspraxis vgl. umfassend *Waldner,* Der Anspruch auf rechtliches Gehör, 2. Aufl. 2000). Im ArbGG hat der Grundsatz des rechtlichen Gehörs einen Niederschlag in §§ 78 a, 83 Abs. 3 gefunden. Bei unterlassener Gewährung rechtlichen Gehörs ist die Gewährung nachzuholen, soweit dies das Verfahrensrecht ermöglicht (BVerfG 29. 10. 1997 NJW 1998, 745), was nunmehr § 78 a umfassend ermöglicht. Zur Verletzung rechtlichen Gehörs durch offenkundig unrichtige Rechtsanwendung vgl. BVerfG 23. 6. 2004 NJW 2004, 3551.

5. Die Rechtsschutzgarantie (Justizgewährungsanspruch)

Art. 19 Abs. 4 GG enthält eine Rechtsschutzgarantie für den einzelnen bei Rechts- **233** verletzungen durch die öffentliche Gewalt. Über den Wortlaut hinaus ist heute aber auch für privatrechtliche Streitigkeiten die Garantie eines umfassenden Rechtsschutzes anerkannt, der sich aus Art. 19 Abs. 4 GG i. V. mit dem Rechtsstaatsprinzip ableitet. Der damit anerkannte freie Zugang zum Gericht und der umfassende Rechtsschutz auch im gesamten Privatrecht wird häufig als Anspruch auf „Justizgewährung" bezeichnet. Die verfassungsrechtlich abgesicherte Rechtsschutzgarantie erfordert einen umfassenden und möglichst lückenlosen Rechtsschutz. Allerdings besteht der Rechtsschutz nur im Rahmen der jeweils geltenden Prozessgesetze, die also den Zugang zum Gericht von formalen Voraussetzungen abhängig machen dürfen, solange dadurch der Zugang nicht in unzumutbarer, aus Sachgründen nicht mehr zu rechtfertigender Weise erschwert wird (BVerfG 18. 1. 2000 MDR 2000, 655).

6. Die Entwicklung verfahrensrechtlichen Schutzes aus materiellen Grundrechtspositionen

Das BVerfG hat aus materiellrechtlichen Grundrechten immer wieder konkrete Folge- **234** rungen für verfahrensrechtliche Garantien gezogen. So wurden z. B. aus der Eigentumsgarantie des Art. 14 GG konkrete Folgerungen für die Gewährung von Prozesskostenhilfe (BVerfG 3. 7. 1973 BVerfGE 35, 348) und für die Ausgestaltung der Zwangsvollstreckung (BVerfG 7. 12. 1977, 27. 9. 1978 und 10. 10. 1978 BVerfGE 46, 325; 49, 220; 49, 256) gezogen. Aus dem Grundrecht auf Unverletzlichkeit der Wohnung (Art. 13 Abs. 2 GG) wurden Folgerungen für die Art und Weise der Zwangsvollstreckung durch den Gerichtsvollzieher gezogen (BVerfG 3. 4. 1979 BVerfGE 51, 97). Aus dem Gesichtspunkt der Berufsfreiheit (Art. 12 GG) sind konkrete Anforderungen an die Prüfung der Prozessfähigkeit eines Rechtsanwalts gestellt worden (BVerfG 2. 4. 1974 BVerfGE 37, 67; BayVerfGH 22. 7. 2005 NJW 2005, 3771). Darüber hinaus ist häufig der Gleichheitssatz des Art. 3 Abs. 1 GG in der Form des Willkürverbots für die konkrete Ausgestaltung von Verfahrensnormen fruchtbar gemacht worden (BVerfG 25. 2. 1994 NJW 1994, 2279; BVerfG 4. 4. 1998 NJW 1998, 3484; BVerfG 19. 12. 2000 NJW 2001, 1125; ferner BAG 22. 10. 1999 NZA 2000, 503). Darüber hinaus führt die Willkür-Rechtsprechung des BVerfG auch zu einer Ergebniskontrolle von Urteilen (vgl. BVerfG 20. 9. 2000 NJW 2001, 1200). Zur Willkürkontrolle bei Nichtvorlage an den EuGH vgl. BVerfG 6. 5. 2008, NVwZ-RR 2008, 658.

G. Datenschutz im Arbeitsgerichtsverfahren

Schrifttum: *Abel,* Datenschutz in Anwaltschaft, Notariat und Justiz, 1998; *Bull,* Datenschutz, Informationsrecht und Rechtspolitik, 2005; *Dörner,* Verfassungsrechtliche Grenzen der Übersendung von Arbeitsgerichtsakten an Arbeitsämter und Sozialgerichte, NZA 1989, 950; *Druey,* Information als Gegenstand des Rechts, Zürich 1995; *Klein,* Die Grundsätze der Öffentlichkeit und Mündlichkeit im Zivilprozeß im Spannungsfeld zum Recht auf informationelle Selbstbestimmung, Diss. Köln 1995; *Liebscher,* Datenschutz bei der Datenübermittlung

Einleitung G. Datenschutz im Arbeitsgerichtsverfahren

im Zivilverfahren, 1994; *Prütting,* Datenschutz und Zivilverfahrensrecht in Deutschland, ZZP 106, 427; *Redeker,* Datenschutz auch bei Anwälten, NJW 2009 554; *Rüpke,* Anwaltsrecht und Datenschutzrecht, NJW 1993, 3097; *ders.,* Freie Advokatur, anwaltliche Informationsverarbeitung und Datenschutzrecht, 1995; *ders.* Datenschutz, Mandatsgeheimnis und anwaltliche Kommunikationsfreiheit, NJW 2008 1121; *Weichert,* Datenschutz auch bei Anwälten, NJW 2009, 550; *Werner,* Elektronische Datenverarbeitung und Zivilprozeß, 1995; *Wohlgemuth,* Datenschutz im Arbeitsgerichtsverfahren, in: Die Arbeitsgerichtsbarkeit, 1994, S. 393.

I. Verfassungsrechtliche Grundlagen

235   Das BVerfG hat in einer größeren Zahl von Entscheidungen aus der freien Selbstbestimmung jeder Person einzelne Befugnisse abgeleitet, über die Offenlegung persönlicher Lebenssachverhalte selbst zu entscheiden, bevor es dann in dem berühmt gewordenen Volkszählungsurteil vom 15. 12. 1983 (BVerfGE 65, 1) aus dem allgemeinen Persönlichkeitsrecht das besondere Recht auf informationelle Selbstbestimmung als eigenständiges Grundrecht abgeleitet hat. Dass dieses Grundrecht (wie im Übrigen alle Grundrechte) im Privatrecht und ganz besonders im Arbeitsrecht von Bedeutung ist, kann heute im Grundsatz als geklärt gelten, auch wenn die berühmte Diskussion um die Drittwirkung der Grundrechte noch immer nicht zur Ruhe gekommen ist (vgl. insbesondere *Stern,* Das Staatsrecht der Bundesrepublik Deutschland, Bd. III 1, 1988, S. 1509 ff.; *Rüfner,* Drittwirkung der Grundrechte, Gedächtnisschrift für Martens, 1987, S. 215 ff.; *Bleckmann,* Neue Aspekte der Drittwirkung der Grundrechte, DVBl. 1988, 938). Dabei war die lange Zeit herrschende These von der mittelbaren Drittwirkung (Einwirkung der Grundrechte auf das Privatrecht durch die Interpretation von Generalklauseln) zu eng. Heute ist wohl kaum mehr zweifelhaft, dass die Einwirkung der Grundrechte auf das Privatrecht ein generelles Problem von dessen Verfassungsmäßigkeit und seiner Rechtsanwendung ist. Damit können Grundrechtserwägungen bis hin zu einer verfassungskonformen Auslegung bei jeder privatrechtlichen Norm ansetzen. Soweit im Übrigen das Recht auf informationelle Selbstbestimmung im Arbeitsrecht Bedeutung entfaltet, weil es von öffentlichen Stellen oder Gerichten zu beachten ist, ist seine (unmittelbare) Berücksichtigung eine Selbstverständlichkeit.

II. Gesetzliche Grundlagen

236   Auf der Basis der Rechtsprechung des BVerfG wurden die Landesdatenschutzgesetze aller Bundesländer reformiert und teilweise neu erlassen. Seit 1. 6. 1991 gilt auch das neue BDSG vom 20. 12. 1990, das am 14. 1. 2003 in einer Neufassung bekannt gemacht wurde (BGBl. I 2003 S. 66). Darüber hinaus ist zu beachten, dass neben den Datenschutzgesetzen eine große Anzahl einzelner datenschutzrechtlicher Probleme in speziellen Gesetzen geregelt ist, die im Datenschutz als sog. bereichsspezifische Regelungen bezeichnet werden. Dies knüpft an den Grundsatz der Subsidiarität an, wie er in § 1 Abs. 4 BDSG geregelt ist. Danach gehen besondere Rechtsvorschriften in Bezug auf personenbezogene Daten den allgemeinen Datenschutzgesetzen vor.

237   Datenschutzrechtliche Gesichtspunkte im Bereich des Verfahrensrechts hat der Gesetzgeber weiterhin in dem neuen Justizmitteilungsgesetz vom 18. 6. 1997 (BGBl. I S. 1430) geregelt. Nach Art. 1 dieses Gesetzes ist in den neuen §§ 12 ff. EGGVG die Zulässigkeit von Übermittlungen personenbezogener Daten von Amts wegen im Einzelnen geregelt. Die Geltung dieser Normen im Rahmen der ordentlichen Gerichtsbarkeit ist durch eine gleichzeitig erfolgte Änderung von § 13 Abs. 2 ArbGG auch für das arbeitsgerichtliche Verfahren sichergestellt worden (Art. 14 Justizmitteilungsgesetz).

III. Das Verhältnis der Datenschutzgesetze zum ArbGG

Gemäß § 2 Abs. 1 BDSG werden als vom BDSG erfasste öffentliche Stellen des Bundes neben den Behörden ausdrücklich die Organe der Rechtspflege genannt. § 1 Abs. 2 Nr. 2 BDSG bezieht im Rahmen der öffentlichen Stellen der Länder ausdrücklich die Tätigkeit der Organe der Rechtspflege mit ein. Schließlich bezeichnet auch § 2 Abs. 2 BDSG in seiner Definition der öffentlichen Stellen der Länder ausdrücklich die Organe der Rechtspflege als solche Stellen. Für alle Bundesgerichte ist also das BDSG anwendbar; dies gilt gemäß § 1 Abs. 2 Nr. 2 b BDSG aber auch für die Gerichte der Länder. 238

Zu beachten ist aber, dass im Hinblick auf den Grundsatz der Subsidiarität des § 1 Abs. 4 BDSG einzelne Normen des Verfahrensrechts als bereichsspezifische Normen vorrangig sind. Dies muss für die Regelung der Akteneinsicht gemäß § 299 ZPO und ebenso in der Zwangsvollstreckung gemäß § 760 ZPO gelten; vorrangig sind ebenso alle diejenigen einzelnen Normen, die die Einsicht in staatliche Register regeln (vgl. § 12 GBO für das Grundbuch, § 9 Abs. 1 HGB für das Handelsregister, § 79 BGB für das Vereinsregister). Dagegen kann eine Beweisführung und Beweisantretung im Prozess nicht unter Hinweis auf datenschutzrechtliche Aspekte als unzulässig abgelehnt werden (dazu näher *Prütting* ZZP 106, 458 ff.). Zu den verfassungsrechtlich erforderlichen Einschränkungen bei der Übersendung von Akten der Arbeitsgerichte an andere Gerichte oder Arbeitsämter vgl. *Dörner* NZA 1989, 950 ff. und das Justizmitteilungsgesetz vom 18. 6. 1997 (s. o. Rn. 237), zu spezifischen Problemen des Datenschutzrechts im Rahmen anwaltlicher Tätigkeit vgl. *Rüpke* NJW 1993, 3097 und NJW 2008, 1121; *Redeker* NJW 2009, 554; *Weichert* NJW 2009, 550; umfassend zu den Einwirkungen des Datenschutzes auf das Verfahrensrecht *Liebscher* 1994, sowie *Prütting* ZZP 106, 427 ff., insbesondere 441 ff. Zum Verhältnis von betrieblichem Datenschutzbeauftragten und Betriebsrat insbes. BAG 11. 11. 1997 SAE 1998, 193 m. Anm. *Kort*. 239

H. Rechtstatsachen und Rechtssoziologie des arbeitsgerichtlichen Verfahrens

Schrifttum: *Bender/Schumacher*, Erfolgsbarrieren vor Gericht, 1980; *Blankenburg*, Mobilisierung des Rechts, 1995; *Blankenburg/Klages/Strempel*, Überlegungen zu einer Strukturanalyse der Zivilgerichtsbarkeit, 1987; *Blankenburg/Schönholz*, Zur Soziologie des Arbeitsgerichtsverfahrens, 1979; *Blankenburg/Simsa/Stock/Wolff*, Mögliche Entwicklungen im Zusammenspiel von außer- und innergerichtlichen Konfliktregelungen, 2 Bände, 1990; *Blankenburg/Voigt*, Implementation von Gerichtsentscheidungen, 1987; *Brand/Strempel*, Soziologie des Rechts, FS für Blankenburg, 1998; *Dreier*, Rechtssoziologie am Ende des 20. Jahrhunderts, 2000; *Ellermann-Witt*, Arbeitnehmer vor Gericht, Diss. jur. Berlin 1983; *Ellermann-Witt/Rottleuthner/Russig*, Kündigungspraxis, Kündigungsschutz und Probleme der Arbeitsgerichtsbarkeit, 1983; *Falke/Höland/Rhode/Zimmermann*, Kündigungspraxis und Kündigungsschutz in der Bundesrepublik Deutschland, 1981; *Feser*, Arbeitsgerichtsprotokolle, 1978; *Goebel*, Zivilprozeßrechtsdogmatik und Verfahrenssoziologie, Berlin 1994; *Gottwald*, Die Bewältigung privater Konflikte im gerichtlichen Verfahren, ZZP 95, 245; *Grotmann-Höfling*, Strukturanalyse des arbeitsgerichtlichen Rechtsschutzes, 1995; *Haug/Pfarr/Struck*, Möglichkeiten der Beschleunigung des arbeitsgerichtlichen Verfahrens, 1985; *Hommerich/Prütting/Ebers/Lang/Traut*, Rechtstatsächliche Untersuchung zu den Auswirkungen der Reform des Zivilprozessrechts auf die gerichtliche Praxis – Evaluation ZPO-Reform, 2006; *Kininger*, Theorie und Soziologie des zivilgerichtlichen Verfahrens, 1980; *Luhmann*, Legitimation durch Verfahren, 1969, 3. Aufl. 1978; *Moritz*, Das französische Arbeitsgericht, 1987; *Popp*, Phänomenologie des Arbeitsgerichtsverfahrens, 1990; *Prütting*, Verfahrensgerechtigkeit, FS für H. Schiedermair, 2001, S. 445; *Raiser*, Rechtssoziologie 1987; *ders.*, Das lebende Recht 1995 (zugleich 2. Aufl. des Buches von 1987; nunmehr 3. Aufl. 1999); *Rehbinder*, Abhandlungen zur Rechtssoziologie, 1995; *ders.*, Rechtssoziologie, 4. Aufl. 2000; *Reichardt*, Einführung in die Soziologie für Juristen, 1981; *Röhl*, Rechtssoziologie, 1987; *ders.*, Das

Einleitung   H. Rechtstatsachen und Rechtssoziologie des arbeitsgerichtlichen Verfahrens

Dilemma der Rechtstatsachenforschung, 1974; *Roth,* Rechtssoziologie und Prozeßrecht, 1983; *Rottleuthner,* Rechtssoziologische Studien zur Arbeitsgerichtsbarkeit, 1984; *Schaper,* Studien zur Theorie und Soziologie des gerichtlichen Verfahrens, 1985; *Schoibl,* Der Prozeß als soziale Institution, Rechtstheorie Beiheft 6, 1984, S. 287; *Steinhilper,* Zu den Folgen der Arbeitslosigkeit für die Justiz, FS für Wassermann, 1985, S. 1061; *Strempel,* Rechtssoziologie heute, FS für Helmrich, 1994, S. 1151; *Strempel/Rasehorn,* Empirische Rechtssoziologie, Gedenkschrift für Kaupen, 2002; *Wassermann,* Menschen vor Gericht, 1979; *ders.,* Die richterliche Gewalt, 1985; *Weichsel,* Rechtstatsachen und Statistik, in: Die Arbeitsgerichtsbarkeit, 1994, S. 523; *Zinkeisen/Kauffmann/Müller,* Arbeitsfrieden und Arbeitsgerichte, 1953.

I. Problemstellung

240   Die Arbeitsgerichtsbarkeit im Spannungsfeld von Anspruch und Wirklichkeit oder das Abwenden des Blicks vom Verfahrensrecht als Gegenstand normativer Betrachtung („Rechtsdogmatik") und die Hinwendung zu den Wechselwirkungen von Prozess und sozialer Wirklichkeit – unter ein solches Motto könnte man die *rechtssoziologische Betrachtung des arbeitsgerichtlichen Verfahrens* stellen. Denn es ist aus heutiger Sicht eine Selbstverständlichkeit, dass auch die Anwendung und Durchsetzung des Arbeitsrechts durch die Arbeitsgerichte ein wichtiges und interessantes Feld sozialwissenschaftlicher Studien darstellt. So bietet z. B. die Frage nach der Realisierung der grundlegenden Normzwecke des Arbeitsrechts (Sozialschutz – Funktionsfähigkeit und Effizienz der Arbeitswelt – Friedenssicherung und Systemstabilisierung) im Verfahren ausreichenden Stoff für rechtstatsächliche und rechtssoziologische Forschung.

II. Entwicklungstendenzen

241   Die *Rechtssoziologie* in Deutschland hat seit ihrem Wiederentstehen nach 1945 vor allem ab Anfang der 60er Jahre eine intensive Prüfung, Diskussion und Erforschung aller soziologischen Aspekte des Verfahrens und speziell des Arbeitsgerichtsverfahrens aufgenommen. Beginnend mit der Richtersoziologie und der Analyse richterlicher Entscheidungen hat sich so seit über 40 Jahren in Deutschland nicht nur eine umfassende Rechtssoziologie im Allgemeinen herausgebildet, sondern auch eine spezifische Verfahrenssoziologie.

III. Themenschwerpunkte

242   Die *Themenschwerpunkte* einer solchen Verfahrenssoziologie sind weit gespannt. Hinzuweisen ist vor allem auf folgende Aspekte:
– Der Zugang zum Recht
– Der Zugang zum Gericht und die Zugangsbarrieren (Prozessführungslast, Kosten, psychologische Hemmnisse, Gefährdung von Arbeitsplatz oder Aufstiegschancen)
– Chancengleichheit vor Gericht
– Dauer von Gerichtsverfahren
– Konfliktregelung im Prozess und Konfliktlösung durch Verfahren, insbesondere die Selektion des Konfliktstoffes
– Verfahrensgerechtigkeit
– Alternativen zur Justiz, insbes. Streitschlichtung, Konfliktmanagement und Mediation
– Implementation von Gerichtsentscheidungen
– Verrechtlichung der Arbeitsbeziehungen, ein Gesichtspunkt, der weit über das konkrete Verfahren hinausführt und Bedeutung für alle Lebensbereiche und deren grundsätzliche Verfahrensstrukturen hat.

- Justiz unter Sparzwängen
- Querulatorisches Verhalten
- Partizipation und Öffentlichkeit
- Laienrichtertum.

IV. Rechtstatsachenforschung

Nur einen Unterfall der Rechtssoziologie stellt in diesem Zusammenhang die *Rechtstatsachenforschung* dar. Diese in Deutschland vor allem von *Nußbaum* mitbegründete Forschungsrichtung („Die Rechtstatsachenforschung, ihre Bedeutung für Wissenschaft und Unterricht, 1914") wird teilweise nur als Hilfswissenschaft verstanden. Man kann sie aber auch als einen Aspekt angewandter empirischer Rechtssoziologie begreifen. Vgl. dazu *Rehbinder*, Abhandlungen, S. 31 ff.; zur Problematik vgl. *Röhl*, Das Dilemma der Rechtstatsachenforschung, 1974. 243

Im arbeitsgerichtlichen Verfahren ist die Rechtstatsachenforschung schon früh durch Beiträge bereichert worden, vgl. *Zinkeisen/Kauffmann/Müller*, 1953. Sie hat wichtige Impulse durch eine große Anfrage im Deutschen Bundestag vom 3. 10. 1984 zur Geschäftsbelastung der Arbeitsgerichtsbarkeit erhalten (BT-Drucks. 10/2067). Die Beantwortung dieser parlamentarischen Anfrage durch das Schreiben des Bundesministers für Arbeit und Sozialordnung v. 18. 12. 1985 (BT-Drucks. 10/4593) enthält neben dem Eingehen auf die konkreten Fragen zur Geschäftsbelastung, zu den Erfahrungen mit der Beschleunigungsnovelle 1979 und zu den künftigen Möglichkeiten einer Prozessbeschleunigung einen umfangreichen Anhang mit insgesamt 36 Tabellen, die Auskunft über vielfältige rechtstatsächliche Aspekte der Arbeitsgerichtsbarkeit geben (zuletzt speziell zu den Rechtstatsachen in der Arbeitsgerichtsbarkeit vgl. *Weichsel* 1994, S. 523 ff. und *Grotmann-Höfling* §§ 19 ff.). 244

V. Einzeluntersuchungen

Spezifische Untersuchungen und Themen rechtssoziologischer Art zum arbeitsgerichtlichen Verfahren gibt es aus jüngerer Zeit in wachsendem Maße, nachdem *Hugo Sinzheimer* als der wohl erste deutsche Arbeitsrechtler bereits vor und nach dem ersten Weltkrieg auch soziologische Aspekte in die Arbeitsrechtswissenschaft eingebracht hatte (vgl. *Sinzheimer*, Arbeitsrecht und Rechtssoziologie, Gesammelte Aufsätze und Reden, hrsg. von *Kahn-Freund* und *Ramm*, 2 Bände, 1976). Hervorhebung verdienen hier einmal der von *Rottleuthner* herausgegebene Sammelband „Rechtssoziologische Studien zur Arbeitsgerichtsbarkeit" (Band 9 der Schriften der Vereinigung für Rechtssoziologie, Baden-Baden 1984), der über die Vielfalt der rechtssoziologischen Forschung in der Arbeitsgerichtsbarkeit umfassend und differenziert informiert. Daneben sind zu den Aspekten der Verrechtlichung von Arbeitskonflikten und der Chancengleichheit vor Gericht die Studie von *Blankenburg/Schönholz* („Zur Soziologie des Arbeitsgerichtsverfahrens", Neuwied 1979) sowie die Dissertation von *Ellermann-Witt* („Arbeitnehmer vor Gericht", Diss. jur. Berlin 1983) hervorzuheben. Aus neuerer Zeit ist auf *Brand/Strempel* 1998 und *Strempel/Rasehorn* 2002 hinzuweisen. 245

Als ein wesentliches Ergebnis moderner sozialwissenschaftlicher Erforschung des Arbeitsgerichtsverfahrens ist die Tendenz einer Annäherung der Arbeitsgerichtsbarkeit an die allgemeine Zivilgerichtsbarkeit festzuhalten. Diese (vor allem seit der Beschleunigungsnovelle 1979) auch normativ nachweisbare Tendenz stellt also entwicklungsmäßig eine Umkehr im Vergleich zur Entstehungsgeschichte moderner Arbeitsgerichtsbarkeit als einer bewusst von der ordentlichen Gerichtsbarkeit abweichenden Sonder- und 246

Spezialgerichtsbarkeit dar (kritisch zu dieser Entwicklung *Düwell/Lipke,* ArbGG, Einl. Rn. 249 f., 270).

VI. Evaluation des ZPO-Reformgesetzes

247 Nachdem am 1. 1. 2002 das Gesetz zur Reform des Zivilprozesses vom 17. 5. 2001 in Kraft getreten war, dem in den Jahren 1999 bis 2001 ein turbulentes Gesetzgebungsverfahren vorausgegangen war und das auch nach seinem Inkrafttreten weit über den Zivilprozess hinaus Diskussionen über eine große Jusitzreform ausgelöst hat, beschloss das Bundesjustizministerium, eine umfassende Evaluation des Reformgesetzes 2002 durchzuführen. Ein Arbeitsteam unter der Leitung von *Hommerich* und *Prütting* hat daraufhin in den Jahren 2004 bis Mitte 2006 eine umfassende Untersuchung vorgenommen. Diese stützte sich wohl erstmals auf einen „Methodenmix" aus Zählkartenstatistik, umfangreichen Aktenanalysen und Befragungen aller Beteiligten. Die umfassenden Ergebnisse der Studie sind veröffentlicht: *Hommerich/Prütting/Ebers/Lang/Traut,* Rechtstatsächliche Untersuchung zu den Auswirkungen der Reform des Zivilprozessrechts auf die gerichtliche Praxis – Evaluation ZPO-Reform, 2006. Es dürfte sich um die erste bundesweite und repräsentative Studie zur Evaluation des Zivilprozesses handeln.

J. Die Arbeitsgerichtsbarkeit in den neuen Bundesländern

I. Das frühere System der Arbeitsgerichtsbarkeit in der DDR

Schrifttum: s. 5. Aufl. Einl. vor Rn. 208.

248 In der DDR war das Verfahren in arbeitsrechtlichen Streitfällen in das zivilgerichtliche Verfahren integriert. Schon der Name der zuletzt in der DDR geltenden ZPO v. 19. 6. 1975 machte dies deutlich („Gesetz über das gerichtliche Verfahren in Zivil-, Familien- und Arbeitsrechtssachen"). Zu den Einzelheiten vgl. die 4. Aufl. Einl. Rn. 208.

II. Die Entwicklung der Rechtslage nach dem 9. 11. 1989

Schrifttum: *Brachmann,* Die Gerichtsverfassung im Übergang – zur Regelung auf dem Gebiet der ehemaligen DDR nach dem Einigungsvertrag, DtZ 1990, 298; *Faupel,* Der Neuaufbau der Justiz in Brandenburg, 1992; *Germelmann,* Aufbau einer Arbeitsgerichtsbarkeit in den der Bundesrepublik beigetretenen Ländern, in: Das Arbeitsrecht der Gegenwart, Bd. 28, 1991, S. 51; *Horn,* Das Zivil- und Wirtschaftsrecht im neuen Bundesgebiet, 1991, 2. Aufl. 1993; *Kissel,* Arbeitsrecht und Staatsvertrag, NZA 1990, 545; *ders.,* Die Arbeitsgerichtsbarkeit in den Ländern Brandenburg, Mecklenburg-Vorpommern, Sachsen, Sachsen-Anhalt und Thüringen ab dem 3. 10. 1990, NZA 1990, 833; *ders., Gesamtdeutsches Arbeitsrecht am Jahresende 1991, in: Das Arbeitsrecht der Gegenwart, Bd. 29, 1992, S. 21; *Kühler,* Aufbau der Arbeitsgerichtsbarkeit in Sachsen-Anhalt, FS für Remmers, 1995, S. 269; *Lennartz,* Aufbau der Arbeitsgerichtsbarkeit in Thüringen und der Beitrag des Landes Rheinland-Pfalz, in: Schmidt, FS zum 50-jährigen Bestehen der Arbeitsgerichtsbarkeit in Rheinland-Pfalz, 1999, S. 787; *Rennig/Strempel,* Justiz im Umbruch, 1996; *Rieß/Hilger,* Das Rechtspflegerecht des Einigungsvertrages, 1991; *Roth,* Der Weg zu einem einheitlichen anwaltlichen Berufsrecht im wiedervereinigten Deutschland, Diss. jur. Regensburg, 1999; *Scheugenpflug,* Die Überleitung der DDR-Justiz in rechtsstaatliche Strukturen, 1995; *Scholz,* Zur Lage der Arbeitsgerichtsbarkeit in den neuen Bundesländern, Beilage 6 zu BB 1991, Heft 6, S. 1; *Schwedes,* Der Wiederaufbau der Arbeitsgerichtsbarkeit in den neuen Bundesländern, in: Die Arbeitsgerichtsbarkeit, 1994, S. 147; *Stelkens,* Die Gerichtsbarkeit in den neuen Bundesländern, JuS 1991, 991.

1. Grundlagen

Die Entwicklung des im Herbst 1989 offenkundig gewordenen Zusammenbruchs des alten DDR-Systems, die in mehreren Etappen zur Wiedervereinigung Deutschlands am 3. 10. 1990 und damit auch zur Rechtseinheit führte, wurde durch den Einigungsvertrag v. 31. 8. 1990 auch auf dem Gebiet der Rechtspflege verwirklicht, indem gemäß Art. 8 und Art. 9 des Einigungsvertrages das Bundesrecht auf die neuen Bundesländer erstreckt wurde. Zu den Einzelheiten vgl. die 4. Aufl. Einl. Rn. 209.

2. Arbeitsgerichtsbarkeit

Speziell im *arbeitsgerichtlichen Verfahren* wurde die frühere ZPO der DDR außer Kraft gesetzt und das geltende bundesdeutsche Arbeitsgerichtsgesetz vollständig übernommen (Art. 8 Einigungsvertrag, Anlage I Kapitel VIII Sachgebiet A Abschnitt III Nr. 15). Zu den Übergangsproblemen vgl. 5. Aufl. Einl. Rn. 210 ff.

3. Weitere Entwicklung

Zur weiteren Entwicklung in den neuen Bundesländern s. die Darstellung in der 5. Aufl. Rn. 215.

4. Schiedsstellen für Arbeitsrecht

In der Übergangszeit erledigten neben den Gerichten aber auch weiterhin die an die Stelle der früheren Konfliktkommissionen getretenen *Schiedsstellen für Arbeitsrecht* richterliche Aufgaben in der Arbeitsgerichtsbarkeit. Zu den Einzelheiten s. die 5. Aufl. Rn. 216.

III. Der gegenwärtige Stand des Arbeitsgerichtsverfahrens

Im Wesentlichen schon seit Anfang 1993 wurde in der Arbeitsgerichtsbarkeit die volle Rechtsangleichung erreicht. Nachdem am 1. 12. 1993 in Brandenburg als dem letzten der neuen Bundesländer die organisatorische Gliederung der ordentlichen Gerichtsbarkeit wie in den alten Bundesländern abgeschlossen werden konnte, konnte organisatorisch die Übergangszeit als abgeschlossen gelten. Damit war drei Jahre nach der Wiedervereinigung die Rechtseinheit auf dem Gebiet des Justizwesens vollzogen. Das Arbeitsgerichtsgesetz gilt seither in den neuen Bundesländern ohne jede Einschränkung. Der Aufbau eigener Arbeitsgerichte und Landesarbeitsgerichte ist abgeschlossen. Jedes der neuen Bundesländer hat jeweils ein eigenes Landesarbeitsgericht errichtet, und zwar Brandenburg in Potsdam, Mecklenburg-Vorpommern in Rostock, Sachsen in Chemnitz, Sachsen-Anhalt in Halle und Thüringen in Erfurt (zu den Arbeitsgerichten und deren Anschriften in den neuen Bundesländern im Einzelnen s. unten § 14 Rn. 9; zu den LAG s. unten § 33 Rn. 4). Das LAG Berlin ist bereits seit 3. 10. 1990 für das gesamte Land Berlin zuständig. Nunmehr sind das LAG Berlin und das LAG Brandenburg zusammengeschlossen.

Das BAG ist schon seit 3. 10. 1990 für die neuen Bundesländer zuständig. Es hatte seinen Sitz bis 1999 in Kassel. Im November 1999 wurde das BAG nach Erfurt verlegt (zu diesen Fragen und insbesondere zum Abhalten mündlicher Verhandlungen in den neuen Bundesländern vor dem Umzug nach Erfurt s. unten § 40 Rn. 6 ff.).

Zu den Einzelheiten der Errichtung der Arbeitsgerichte und zu den gesetzlichen Grundlagen s. 5. Aufl. Rn. 219.

K. Internationales Arbeitsgerichtsverfahren

Schrifttum: 1. Allgemein zum internationalen Verfahrensrecht: *v. Bar*, Internationales Privatrecht, Allgemeine Lehren, München 1987, § 5; *Bertele*, Souveränität und Verfahrensrecht, 1998; *Bülow/Böckstiegel/Geimer/Schütze*, Der internationale Rechtsverkehr in Zivil- und Handelssachen, Loseblatt; *Firsching/v. Hoffmann*, Internationales Privatrecht, 5. Aufl. 1997, § 3; *Geimer*, Internationales Zivilprozeßrecht, 5. Aufl. 2005; *Geimer/Schütze*, Internationale Urteilsanerkennung, Band 1, 1. Halbbd. 1983; Band 1, 2. Halbbd. 1984; *Geimer/Schütze*, Europäisches Zivilverfahrensrecht, 2. Aufl. 2004; Handbuch des internationalen Zivilverfahrensrechts, Band I, Tübingen 1982 – Band II 1, Tübingen 1994 – Band III 1, Tübingen 1984 – Band III 2, Tübingen 1984; *Kegel/Schurig*, Internationales Privatrecht, 8. Aufl., München 2000, § 22; *Kropholler*, Europäisches Zivilprozeßrecht, 8. Aufl. 2005; *ders.*, Internationales Privatrecht, 3. Aufl. 1997; *Linke*, Internationales Zivilprozeßrecht, 4. Aufl. 2006; *Nagel/Gottwald*, Internationales Zivilprozeßrecht, 6. Aufl. 2007; *Riezler*, Internationales Zivilprozeßrecht und prozessuales Fremdenrecht, 1949; *Schack*, Internationales Zivilverfahrensrecht, 4. Aufl. 2006; *Schlosser*, EU-Zivilprozeßrecht, 2. Aufl. 2003; *Schütze*, Deutsches internationales Zivilprozeßrecht, 2. Aufl. 2005; *Stadler*, Die Europäisierung des Zivilprozeßrechts, in: 50 Jahre BGH, Festgabe aus der Wissenschaft, Bd. III, 2000, S. 645.

2. Speziell zum internationalen Arbeitsgerichtsverfahren: *Beitzke*, Verbesserung der Rechtsstellung von Arbeitnehmern bei den Stationierungsstreitkräften, RdA 1973, 156; *ders.*, Gerichtsstandsklauseln in auslandsbezogenen Dienst- und Arbeitsverträgen, RIW/AWD 1976, 7; *Birk*, in: Münchener Handbuch zum Arbeitsrecht, Bd. 1, 2. Aufl. 2000, S. 190 ff., 457 ff.; *ders.*, Die internationale Zuständigkeit in arbeitsrechtlichen Streitigkeiten nach dem europäischen Gerichtsstands- und Vollstreckungsübereinkommen, RdA 1983, 143; *ders.*, Internationales Tarifvertragsrecht, FS für Beitzke, 1979, S. 831; *Bosse*, Probleme des europäischen internationalen Arbeitsprozessrechts, 2007; *Däubler*, Mitbestimmung und Betriebsverfassung im IPR, RabelsZ 1975, 444; *ders.*, Das neue internationale Arbeitsrecht, RIW 1987, 249; *ders.*, Die internationale Zuständigkeit der deutschen Arbeitsgerichte, NZA 2003, 1297; *Gamillscheg*, Internationales Arbeitsrecht (Arbeitsverweisungsrecht), Tübingen 1959; *Gutzwiller*, Zur internationalen Zuständigkeit im Arbeitsvertragsrecht, FS für Vischer, 1983, S. 141 (zum schweizerischen Rechtszustand); *Junker*, Die internationale Zuständigkeit deutscher Gerichte in Arbeitssachen, ZZPInt 3, 1998 179; *Keramens/Prütting*, Die Revision des EuGVÜ, ZZPInt 3, 1998, 265; *Mankowski*, Arbeitskräfte bei Staaten und staatsnahen Einrichtungen im Internationalen Privat- und Prozeßrecht, IPRax 2001, 123; *ders.*, Europäisches internationales Arbeitsprozeßrecht, IPRax 2003, 21; *Piltz*, Gerichtsstand des Erfüllungsortes nach dem EuGÜbk, NJW 1981, 1876; *Rauscher*, Arbeitnehmerschutz – Ein Teil des Brüsseler Übereinkommens, FS für Schütze, 1999, 695; *Rehbinder*, Die Rechtsnatur der Arbeitsverhältnisse deutscher Arbeitnehmer bei ausländischen Streitkräften, Berlin 1969; *Schwenk*, Die zivilprozessualen Bestimmungen des Nato-Truppenstatuts und der Zusatzvereinbarungen, NJW 1976, 1562; *Sennekamp*, Die völkerrechtliche Stellung der ausländischen Streitkräfte in der Bundesrepublik Deutschland, NJW 1983, 2731; *Winterling*, Die Entscheidungszuständigkeit in Arbeitssachen im europäischen Zivilverfahrensrecht, 2006. Ferner vgl. die Angaben bei MüKo/*Martiny*, BGB, 4. Aufl. 2006, Art. 30 EGBGB Schrifttum.

I. Allgemeine Grundlagen

1. Begriff und Inhalt des internationalen Verfahrensrechts

256 Die bestehende internationale Arbeits- und Wirtschaftsverflechtung führt in vielen Bereichen zu gerichtlichen Problemen, an denen neben deutschen auch ausländische Personen beteiligt sind. Für die Frage, inwieweit deutsche Gerichte auch für Ausländer offen stehen, und für alle Belange dieser ausländischen Rechtsuchenden im Prozess bedarf es besonderer Regelungen. Für die Gesamtheit aller dieser verfahrensrechtlichen Normen, die eine solche Auslandsberührung aufweisen, hat sich die Bezeichnung „internationales Verfahrensrecht" durchgesetzt, obwohl dieser Rechtsbereich nur Probleme

I. Allgemeine Grundlagen   **Einleitung**

im Zusammenhang mit dem Tätigwerden deutscher Gerichte regelt und es sich deshalb – abgesehen von einigen völkerrechtlichen Grundsätzen – nicht um internationales Recht, sondern um deutsches Recht handelt. Der besondere Auslandsbezug, der die Anwendung des internationalen Verfahrensrechts voraussetzt, kann insbesondere durch die ausländische Staatsangehörigkeit einer Partei, durch ihren ausländischen Wohnsitz oder Aufenthalt oder durch den ausländischen Sitz einer juristischen Person gegeben sein.

Ein *System* des internationalen Verfahrensrechts muss sich in erster Linie den Fragen 257
der Gerichtsbarkeit und der internationalen Zuständigkeit stellen. Soweit ein Prozess vor deutschen Gerichten zustande kommt, muss sich das internationale Verfahrensrecht umfassend mit der Rechtsstellung des Ausländers im inländischen Verfahren befassen. Es muss Regelungen zur Feststellung ausländischen Rechts und zur Tatsachenermittlung bereithalten. Schließlich bedarf es der Regelung der Fragen einer Anerkennung und Vollstreckung ausländischer Entscheidungen im Inland.

2. Die allgemeinen Rechtsquellen

Eine eigenständige Materie wie das internationale Verfahrensrecht bedarf eigener 258
Rechtsquellen. In der Bundesrepublik Deutschland fehlt ebenso wie in vielen anderen Staaten eine umfassende Kodifikation der Normen des internationalen Prozessrechts. Einige wichtige Regelungen speziell des internationalen Zivilprozessrechts sind im GVG und der ZPO enthalten, so z. B. §§ 38 Abs. 2, 55, 110, 293, 328, 549 a. F., 606 a, 722, 723 ZPO; §§ 18, 19, 20, 188 GVG. Weitere wichtige Rechtsquellen des internationalen Zivilprozessrechts sind die Staatsverträge, die die Staaten auf den Gebieten der internationalen Zuständigkeit und der Anerkennung und Vollstreckung ausländischer Urteile abgeschlossen haben.

3. Das europäische Verfahrensrecht

a) Von überragender Bedeutung für das internationale Verfahrensrecht war in den 259
vergangenen 40 Jahren die besondere Entwicklung im Bereich der EU und darüber hinaus im Bereich des EWR gewesen.

b) Ausgangspunkt der gesamten Entwicklung war das EU-Übereinkommen über die 260
gerichtliche Zuständigkeit und die Vollstreckung gerichtlicher Entscheidungen in Zivil- und Handelssachen vom 27. 9. 1968 (EuGVÜ 1968) gewesen. Nach seiner Ratifizierung trat es am 1. 2. 1973 zwischen den sechs ursprünglichen EG-Staaten in Kraft. Nach dem EG-Beitritt von Dänemark, Großbritannien und Irland wurde eine erste Neufassung erarbeitet und am 9. 10. 1978 in Luxemburg unterzeichnet (EuGVÜ 1978). Diese Neufassung ist am 1. 11. 1986 zunächst für die ursprünglichen sechs Mitgliedstaaten und Dänemark sowie am 1. 1. 1987 für Großbritannien und am 1. 6. 1988 für Irland in Kraft getreten. Dieses erste Beitrittsübereinkommen enthält eine größere Zahl von Änderungen des EuGVÜ. Das zweite Beitrittsüberkommen vom 25. 10. 1982 hat den Beitritt Griechenlands geregelt (EuGVÜ 1982). Dieses Übereinkommen enthielt nur vereinzelte technische Anpassungen. Es ist am 1. 4. 1989 in Kraft getreten und war bis zum 30. 11. 1994 die für Deutschland geltende Fassung. Seit dem 3. 10. 1990 war dieses EuGVÜ 1982 auch für das Beitrittsgebiet (neue Bundesländer) geltendes Recht. Eine dritte Neufassung des EuGVÜ wurde durch den EG-Beitritt von Spanien und Portugal erforderlich. Am 26. 5. 1989 wurde das dritte Beitrittsübereinkommen von Donostia/San Sebastian unterzeichnet (EuGVÜ 1989). Es war seit 1. 12. 1994 in Kraft und hat insbesondere eine ausdrückliche Regelung der Zuständigkeit im Rahmen des internationalen Arbeitsrechts gebracht (Art. 5 Nr. 1, Art. 17 Abs. 5 EuGVÜ). Bis zum 1. 1. 2001 war das vierte Beitrittsübereinkommen vom 29. 11. 1996, das den Beitritt Österreichs, Finnlands und Schwedens zum EuGVÜ regelte (EuGVÜ 1996) für 14 der 15 Vertragsstaaten in Kraft getreten. Es fehlte noch Belgien. Das EuGVÜ 1996 enthielt nur

Einleitung

technische Anpassungen. Unabhängig davon war seit längerem eine größere Revision des EuGVÜ geplant (vgl. *Keramens/Prütting* ZZPInt 3, 1998, 265; *Wagner* IPRax 1998, 241; *Gottwald* Revision des EuGVÜ, Veröffentlichungen der wiss. Vereinigung für intern. Verfahrensrecht Bd. 11, 2000). Zur Literatur vgl. die Nachweise in der 4. Aufl. Rn. 222 a.

261 c) Seit dem Inkrafttreten des Vertrages von Amsterdam am 1. 5. 1999 ist das internationale Privat- und Verfahrensrecht als Teilbereich der justiziellen Zusammenarbeit in Zivilsachen in die Zuständigkeit der Europäischen Union übergegangen (Art. 65 EGV n. F.). Damit ist es nunmehr möglich, dass die Europäische Union im Wege der Verordnung Rechtsakte erlässt, die bisher durch Staatsverträge geregelt waren. In Ausübung dieser Kompetenz wurde am 22. 12. 2000 die Verordnung (EG) Nr. 44/2001 des Rates über die gerichtliche Zuständigkeit und die Anerkennung und Vollstreckung von Entscheidungen in Zivil- und Handelssachen erlassen (EuGVVO). Sie ist am 16. 1. 2001 im Amtsblatt verkündet worden (ABl. EG 2001 C S. 1 ff.). Diese Verordnung trat gemäß ihrem Art. 76 am 1. 3. 2002 in Kraft. Die EuGVVO, die teilweise auch als Brüssel I-VO bezeichnet wird, lehnt sich weitgehend an das bisherige EuGVÜ an. Allerdings findet sich in Art. 18–21 ein erweiterter Katalog von Zuständigkeitsregeln aus dem Bereich des Arbeitsrechts. Der Rat der EU hat zur EuGVVO Erklärungen veröffentlicht (abgedruckt in IPRax 2001, 259). Zur Entwicklung des europäischen Verfahrensrechts seit dem Inkrafttreten des Amsterdamer Vertrages vgl. *Heß* JZ 2001, 573; *ders.* FS Geimer 2002, 339; *ders.* IPRax 2001, 389; *ders.* IPRax 2004, 374; *Lipp* NJW 2001, 2657; *Finger* MDR 2001, 1394; *Wagner* IPRax 2002, 75; *ders.* NJW 2003, 2344; *ders.* IPRax 2005, 494; *ders.* NJW 2005, 1754; *Geimer* IPRax 2002, 70; *Piltz* NJW 2002, 789; *Jayme/Kohler* IPRax 2002, 461; *dies.* IPRax 2003, 485; *dies.* IPRax 2004, 481; *dies.* IPRax 2005, 481; *dies.* IPRax 2006, 537; *dies.* IPRax 2007, 493; *Mankowski* IPRax 2003, 21; *Koch* JuS 2003, 105; *Kohler* IPRax 2003, 401; *Mansel/Thorn/Wagner* IPRax 2009, 1. Die EuGVVO gilt heute unmittelbar in allen EU-Staaten (außer Dänemark).

262 d) Eine bemerkenswerte Ausweitung der genannten Regelungen über die Staaten der EU hinaus hatte das sog. Parallelübereinkommen von Lugano über die gerichtliche Zuständigkeit und die Vollstreckung gerichtlicher Entscheidungen in Zivil- und Handelssachen vom 16. 9. 1988 gebracht. Dieses Lugano-Übereinkommen war bis auf wenige Ausnahmen wortgleich mit dem EuGVÜ. Es bezog die damaligen sechs EFTA-Staaten (Finnland, Island, Norwegen, Österreich, Schweden und Schweiz) ein. Das Lugano-Übereinkommen ist seit dem 1. 3. 1995 zwischen Deutschland und den Vertragsstaaten in Kraft. Von großer Bedeutung war es für einige Zeit, dass gemäß Art. 62 dieses Übereinkommen weiteren Staaten offen stand. Viele osteuropäische Länder hatten Interesse an einem Beitritt. So ist am 1. 2. 2000 der Beitritt Polens zum Lugano-Übereinkommen wirksam geworden (vgl. *Martiny/Ernst*, IPRax 2001, 29). Das Inkrafttreten der EuGVVO am 1. 3. 2002 hat diese Entwicklung weitgehend überholt. Am 30. 10. 2007 ist ein neues Lugano-ÜE (LugÜE II) verabschiedet worden, dem die EU als Ganzes beitreten wird. Vertragsparteien des LugÜE II werden deshalb die EU, die Schweiz, Island, Norwegen und Dänemark sein.

263 e) Ergänzt wird diese europäische Entwicklung durch den Erlass weiterer Verordnungen. So ist im Bereich der **Ehe- und Familiensachen** die Verordnung (EG) Nr. 1347/2000 des Rates vom 29. 5. 2000 ergangen, die von der VO (EG) Nr. 2201/2003 abgelöst wurde (Brüssel II a). Im Bereich der **Zustellung** ist eine Verordnung (EG) Nr. 1348/2000 des Rates über die Zustellung gerichtlicher und außergerichtlicher Schriftstücke in Zivil- und Handelssachen vom 29. 5. 2000 erlassen worden. Diese wurde am 13. 11. 2008 durch eine neue ZustellungsVO ersetzt (Verordnung EG Nr. 1393/2007 vom 13. 11. 2007). Weitere Verordnungen betreffen die **Beweisaufnahme** (Verordnung EG Nr. 1206/2001 vom 28. 5. 2001) sowie das **Insolvenzverfahren** (Verordnung EG Nr. 1346/2000 vom 29. 5. 2000) und den **europäischen Vollstreckungstitel** (Verordnung EG Nr. 805/

2004), ferner das europäische **Mahnverfahren** (Verordnung EG Nr. 1896/2006) und das Verfahren für **geringfügige Forderungen** (Verordnung EG Nr. 861/2007).

II. Grundlagen des internationalen Arbeitsgerichtsverfahrens

Rechtsfragen des internationalen Arbeitsgerichtsverfahrens werden in aller Regel nicht als ein eigenständiger Rechtsbereich empfunden, da sie sich auf keine eigenständigen Rechtsquellen stützen können. Hinzu kommt, dass viele andere Staaten eine eigenständige Arbeitsgerichtsbarkeit nicht kennen und deshalb diese Rechtsfragen ganz selbstverständlich dem internationalen Zivilverfahrensrecht zuweisen. Dem steht freilich gegenüber, dass das von deutschen Gerichten angewendete internationale Verfahrensrecht bei Rechtsstreitigkeiten mit Auslandsberührung deutsches Recht ist. Je nach der zur Entscheidung berufenen Gerichtsbarkeit muss es deshalb in Deutschland nicht nur ein deutsches internationales Zivilprozessrecht oder ein deutsches internationales Verwaltungsprozessrecht, sondern ebenso ein deutsches internationales Arbeitsprozessrecht geben.

264

1. Rechtsquellen

Das ArbGG enthält im Gegensatz zur ZPO keine Normen, die Auslandsbeziehungen zum Gegenstand haben. Es gibt also im deutschen Recht (und ebenso in den Staatsverträgen) keine eigenständigen Normen des internationalen Arbeitsgerichtsverfahrens. Deshalb muss über die allgemeinen Verweisungsnormen (§§ 46 Abs. 2, 80 Abs. 2) und über weitere spezielle Verweisungen (etwa § 9 Abs. 2, 11a Abs. 3, 13a, 62 Abs. 2) das internationale Zivilprozessrecht herangezogen werden. So ist anerkannt, dass insbesondere die Normen über die deutsche Gerichtsbarkeit (§§ 18 ff. GVG) und über die internationale Zuständigkeit (§§ 12 ff. ZPO) auch in der Arbeitsgerichtsbarkeit gelten (*Kissel/Mayer* GVG, 4. Aufl., § 18 Rn. 22; *Grunsky* § 1 Rn. 4 ff.; *Geimer*, Internationales Zivilprozessrecht, 5. Aufl., Rn. 1187). Als weitere Rechtsquelle des internationalen Arbeitsgerichtsverfahrens kommen zahlreiche Staatsverträge in Betracht, die die Bundesrepublik im Bereich der internationalen Zuständigkeit und der Anerkennung und Vollstreckung gerichtlicher Entscheidungen geschlossen hat (im Einzelnen vgl. *Wieczorek/Schütze*, ZPO, Band I 1, 3. Aufl. 1994, Einl. Rn. 133 ff.). Schließlich war es anerkannt, dass das EuGVÜ 1968, das nach seinem Wortlaut in allen Zivil- und Handelssachen gilt, auch den Bereich des Arbeitsrechts umfasste (EuGH 13. 11. 1979 RIW 1980, 285; *Birk* RdA 1983, 146; *Kropholler*, Europäisches Zivilprozessrecht, 8. Aufl. Art. 1 Rn. 12 und Art. 18 Rn. 1 ff.). Im Vorentwurf des EuGVÜ war für Arbeitsverträge sogar eine eigenständige ausschließlich internationale Zuständigkeit vorgesehen. Diese Norm wurde jedoch wieder gestrichen, um einer späteren Regelung des internationalen Arbeitsrechts durch die Europäische Gemeinschaft nicht vorzugreifen. Somit galten für arbeitsrechtliche Streitfälle die allgemeinen Normen, insbes. Art. 5 Nr. 1 und Art. 17 Abs. 5 EuGVÜ, die seit der Fassung von 1989 eine arbeitsrechtliche Sonderregelung enthielten. Dadurch sollte der Individualschutz der Arbeitnehmer gestärkt werden (im Einzelnen vgl. MünchArbR/*Birk*, 2. Aufl., § 23 Rn. 14 ff.; *A. Junker* ZZPInt 3, 1998, 179, 193 ff.). Seit 1. 3. 2002 haben die Art. 18–21 der EuGVVO eine erweiterte Regelung der Zuständigkeit in Arbeitssachen gebracht, die heute für 26 der 27 EU-Staaten gilt (außer Dänemark). Dazu nunmehr *Geimer/Schütze*, Europäisches Zivilprozessrecht, 2. Aufl. 2005 Art. 18 ff.; *Kropholler*, Europäisches Zivilprozessrecht, 8. Aufl. 2005 Art. 18 ff.; *Rauscher*, Europäisches Zivilprozessrecht, 2 Bände, 2. Aufl. 2006 Art. 18 ff.; *Schlosser*, EU-Zivilprozessrecht, 2. Aufl. 2003 Art. 18 ff.

265

Einleitung K. Internationales Arbeitsgerichtsverfahren

2. Der Grundsatz der lex fori

266 Das internationale Verfahrensrecht wird beherrscht vom Grundsatz der lex fori, also von dem Gedanken, dass inländische Gerichte auch bei Verfahren mit Auslandsberührung immer ihr heimisches Prozessrecht anwenden. Dieser Grundsatz wird auch heute noch von der h. M. anerkannt (vgl. *Rosenberg/Schwab/Gottwald*, ZPR, § 6 II 1; *Stein/Jonas/Roth*, 22. Aufl., vor § 12 Rn. 32; *Linke*, IZPR, 4. Aufl. 2006, Rn. 37). Allerdings erfährt dieser Grundsatz in der Praxis heute zahlreiche Durchbrechungen und wird zunehmend in Zweifel gezogen (*Geimer*, Internationales Zivilprozessrecht, 5. Aufl., Rn. 319 ff.; *Coester-Waltjen*, Internationales Beweisrecht, 1983, Rn. 152, 159 ff.; *Grunsky* ZZP 89, 241 ff.; *Schack* IZVR Rn. 44; eingehend *Jaeckel*, Die Reichweite der lex fori im internationalen Zivilprozessrecht, 1995). Die Praxis hält wohl vor allem aus Gründen der Zweckmäßigkeit am lex fori-Prinzip fest.

267 Ebenso wie im internationalen Zivilprozessrecht findet der Grundsatz der lex fori auch im internationalen Arbeitsgerichtsverfahren Anwendung (*Gamillscheg*, Internationales Arbeitsrecht, Nr. 366). Daher ist insbesondere die Frage, ob ein konkreter Rechtsstreit vor die deutschen Arbeitsgerichte oder zu einem anderen Zweig der deutschen Gerichtsbarkeit gehört, nach den einschlägigen Normen des deutschen Prozessrechts zu entscheiden. Auf der anderen Seite wird die Anwendbarkeit des ArbGG nicht dadurch herbeigeführt, dass das Wirkungsstatut den Streitgegenstand eines Verfahrens an das Arbeitsgericht verweist, wenn dieses nach deutschem Recht nicht zuständig ist.

III. Einzelfragen des internationalen Arbeitsgerichtsverfahrens

1. Die deutsche Gerichtsbarkeit

268 a) Ein deutsches Gericht ist nur dann befugt, einen Rechtsstreit mit Auslandsberührung zu entscheiden, wenn die deutsche Gerichtsbarkeit gegeben ist. Da jeder Staat für sich die Befugnis in Anspruch nimmt, auf seinem Staatsgebiet Recht zu sprechen, folgt daraus, dass keinem Staat die Gerichtsbarkeit über einen anderen Staat zusteht. Die Ausübung der Gerichtsgewalt als Hoheitsakt ist auf das eigene Staatsgebiet beschränkt (dazu insbes. *Geimer*, IZPR, 5. Aufl., Rn. 371 ff.; *Esser*, Klagen gegen ausländische Staaten, 1990; *Kronke* IPRax 1991, 141; *Mann* NJW 1990, 618). Letztlich ist die Frage, ob die deutsche Gerichtsbarkeit gegeben ist, zunächst eine solche des Völkerrechts. Dies regelt die Verteilung der Jurisdiktion unter die Mitglieder der Völkergemeinschaft im Grundsatz nach dem Territorialitäts- und dem Personalitätsprinzip (*Habscheid* ZZP 110, 267, 270, 273 ff.; *ders*. FS Gaul, 1997).

269 b) Aus diesem Grundsatz folgen gewisse Beschränkungen auch im eigenen Hoheitsgebiet. So können fremde Staaten demnach grundsätzlich nicht vor einem inländischen Gericht verklagt werden, sog. Grundsatz der Immunität der Staaten. Allerdings wird dieser Grundsatz in neuerer Zeit etwas eingeschränkt (vgl. BVerfG 30. 10. 1962 BVerfGE 15, 25; 30. 4. 1963 BVerfGE 16, 27; 13. 12. 1977 BVerfGE 46, 342; 12. 4. 1983 BVerfGE 64, 1; 10. 6. 1997 NJW 1998, 50; *Schönfeld* NJW 1986, 2980). Die Problematik hat im Zusammenhang mit der Rechtsprechung des griech. Areopag in jüngster Zeit großes Aufsehen erregt (vgl. *Hobe* IPRax 2001, 368). Auch durch die Beschränkung der EuGVVO auf Zivil- und Handelssachen ergeben sich Beschränkungen für Entschädigungsklagen wegen militärischer Aktionen (dazu *Stürner* IPRax 2008, 197; *Geimer* IPRax 2008, 225).

270 c) Von der deutschen Gerichtsbarkeit befreit sind gemäß § 20 GVG ausländische Staatsoberhäupter. Auch die Mitglieder ausländischer diplomatischer Missionen unterliegen nicht der deutschen Gerichtsbarkeit. Die Immunität der Diplomaten ist geregelt im Wiener Übereinkommen vom 18. 4. 1961 über diplomatische Beziehungen, das § 18

III. Einzelfragen des internationalen Arbeitsgerichtsverfahrens **Einleitung**

GVG in deutsches Recht transformiert hat. Ebenfalls ausgenommen von der deutschen Gerichtsbarkeit sind die ausländischen konsularischen Vertretungen. Deren Regelung enthält das Wiener Übereinkommen über konsularische Beziehungen vom 24. 4. 1963. Für das deutsche Recht gilt insoweit § 19 GVG. Schließlich unterliegen der deutschen Gerichtsbarkeit gemäß § 20 GVG auch solche Personen nicht, die nach den allgemeinen Regeln des Völkerrechts, auf Grund völkerrechtlicher Vereinbarungen oder sonstiger Rechtsvorschriften von der deutschen Gerichtsbarkeit befreit sind. Dies gilt insbesondere für Staatsgäste und deren Begleitung, für Regierungsmitglieder fremder Staaten in amtlicher Eigenschaft, für andere offizielle Vertreter fremder Staaten oder Sonderbotschafter.

d) Schließlich sind von der deutschen Gerichtsbarkeit die sog. internationalen Organisationen wie beispielsweise UNO, UNESCO, GATT, ILO, OECD, WHO befreit. Im Einzelnen vgl. zur Immunität internationaler Organisationen *Wenckstern* in: Handbuch des internationalen Zivilverfahrensrechts, Band II 1, 1994; speziell im Hinblick auf Art. 6 EMRK vgl. *E. Habscheid* IPRax 2001, 396. Zur Immunität der Nato vgl. *Bender* IPRax 1998, 1 ff. 271

e) Die Grundsätze zur deutschen Gerichtsbarkeit gelten unstreitig auch im arbeitsgerichtlichen Verfahren (siehe oben Rn. 258 und § 1 Rn. 7). Das hat das BAG in seinem Urteil vom 23. 11. 2000 (NZA 2001, 683) betont. Fehlt die deutsche Gerichtsbarkeit, ist die Klage als unzulässig abzuweisen. Das BAG hat in seiner Entscheidung vom 18. 4. 1979 (AP Nr. 1 zu Art. 71 Zusatzabkommen Natotruppenstatut; dazu die Anm. von *Beitzke* aaO; ausführlich *ders.* FS Kegel, 1987, S. 33, 38 ff.) darüber hinaus entschieden, dass Angehörige der Natotruppen nicht der deutschen Gerichtsbarkeit unterliegen, weil das für den Rechtsstreit maßgebliche Natotruppenstatut mit Zusatzabkommen als völkerrechtliche Vereinbarung i. S. des § 20 GVG anzusehen sei. Zu den Einzelheiten vgl. unten § 1 Rn. 16 ff. 272

2. Internationale Zuständigkeit

Schrifttum: *Beitzke,* Gerichtsstandsklauseln in auslandsbezogenen Dienst- und Arbeitsverträgen, RIW 1976, 7; *Birk,* Die internationale Zuständigkeit in arbeitsrechtlichen Streitigkeiten nach dem Europäischen Gerichtsstands- und Vollstreckungsübereinkommen, RdA 1983, 143; *Däubler,* Die internationale Zuständigkeit der deutschen Arbeitsgerichte, NZA 2003, 1297; *Geimer,* IZPR, 5. Aufl., Rn. 948, 1774; *Gottwald,* Internationale Gerichtsstandsvereinbarungen, FS für Henckel, 1995, S. 295; *Junker,* Die internationale Zuständigkeit deutscher Gerichte in Arbeitssachen, ZZPInt 3, 1998, 179; *ders.,* Internationale Zuständigkeit und anwendbares Recht in Arbeitssachen, NZA 2005, 199; *ders.,* Internationale Zuständigkeit für Arbeitssachen nach der Brüssel I-Verordnung, FS für Schlosser, 2005, S. 299; *Lorenz,* Zur internationalen Zuständigkeit und zur Formwirksamkeit der Derogation deutscher Arbeitsgerichte nach dem autonomen deutschen Kollisionsrecht, IPRax 1985, 256; *Mankowski,* Europäisches internationales Arbeitsprozeßrecht, IPRax 2003, 21; *Mezger,* Einheitlicher Gerichtsstand des Erfüllungsorts verschiedenartiger Ansprüche eines Handelsvertreters, IPRax 1983, 153; MünchKomm-BGB/*Martiny,* 3. Aufl., Art. 30 EGBGB Rn. 105 ff.; *Pfeiffer,* Internationale Zuständigkeit und prozessuale Gerechtigkeit, 1995; *ders.,* Materialisierung und Internationalisierung im Recht der Internationalen Zuständigkeit, in: 50 Jahre BGH, Festgabe aus der Wissenschaft, Bd. III, 2000, S. 617; *Schröder,* Internationale Zuständigkeit, 1971; Stein/Jonas/Roth, ZPO, 22. Aufl. 2003, vor § 12 Rn. 25 ff., § 29 Rn. 52 ff.

a) Rechtsdurchsetzung vor Gerichten setzt gerade auch bei Fällen mit Auslandsberührung zunächst voraus, dass ein für die konkrete Rechtssache zuständiges Gericht gefunden werden kann. Daher kommt den Regeln über die Zuständigkeit der Gerichte und bei Fällen mit Auslandsberührung insbesondere über die internationale Zuständigkeit weitreichende Bedeutung zu. Die deutsche Arbeitsgerichtsbarkeit kann nur in den Grenzen der Bundesrepublik Deutschland ausgeübt werden. Die internationale Zuständigkeit regelt daher die Frage, welche Rechtsstreitigkeiten mit Auslandsbezug vor ein deutsches Gericht gebracht werden können (vgl. auch unten § 1 Rn. 28 ff.). 273

Einleitung

274 **b)** Abgesehen von einzelnen Normen der ZPO (vgl. insbesondere § 38 Abs. 2 ZPO) ist heute allgemein anerkannt, dass die Regelung über die örtliche Zuständigkeit (§§ 12 ff. ZPO, §§ 48, 82 ArbGG) zugleich eine mittelbare Regelung der internationalen Zuständigkeit enthält. Das bedeutet also, dass die deutsche internationale Zuständigkeit gegeben ist, wenn ein allgemeiner oder ein besonderer Gerichtsstand nach den §§ 12 ff. ZPO gegeben ist (BAG 9. 10. 2002 NZA 2003, 339 m. w. N.). Ferner kann sich die internationale Zuständigkeit auch aus einer Anzahl von Staatsverträgen, die die Bundesrepublik Deutschland mit anderen Staaten abgeschlossen hat, ergeben. Solche Staatsverträge können die Regelungen der Zuständigkeit im deutschen Recht sowohl ergänzen als auch verdrängen. Schließlich enthält die EuGVVO (siehe Rn. 261) in ihren Art. 2–26 ausführliche Regelungen der internationalen Zuständigkeit.

275 **c)** Die internationale Zuständigkeit des angerufenen Gerichts ist nach heute einhelliger Meinung eine echte Sachurteilsvoraussetzung eigener Art und in jedem Verfahrensabschnitt von Amts wegen zu prüfen. Ist nach dieser Prüfung die deutsche internationale Zuständigkeit nicht gegeben, so muss das Gericht eine erhobene Klage als unzulässig abweisen. Entfällt die deutsche internationale Zuständigkeit erst im Laufe des Verfahrens, so bleibt die Zulässigkeit der Klage gemäß § 261 Abs. 3 Nr. 2 ZPO gewahrt. Die fehlende internationale Zuständigkeit kann auch in der Berufung und in der Revisionsinstanz noch gerügt werden.

276 **d)** Die vorstehenden Grundsätze gelten grundsätzlich auch für die Arbeitsgerichte (vgl. im Einzelnen unten § 1 Rn. 30 ff.). Eine Sondernorm der örtlichen und damit der internationalen Zuständigkeit stellt allein § 82 für das Beschlussverfahren dar (zu Einzelheiten siehe unten § 82 Rn. 1 ff.). Hinzu kommt nunmehr § 48 Abs. 1 a für den Arbeitsort, der sich an Art. 19 Nr. 2 a EuGVVO anlehnt (dazu *Bergwitz* NZA 2008, 443). Wichtige Regelungen der ZPO zur internationalen Zuständigkeit im Arbeitsgerichtsverfahren sind § 20 ZPO (Gerichtsstand des Beschäftigungsortes, näher dazu *Schröder*, Internationale Zuständigkeit, 1971, S. 131 ff.), der Gerichtsstand des Vermögens gemäß § 23 ZPO (dazu nunmehr insbes. BAG 17. 7. 1997 NZA 1997, 1182, das sich der engen Auslegung des BGH zu § 23 ZPO anschließt; vgl. BGH 2. 7. 1991 NJW 1991, 3092; ferner *Geimer* NJW 1991, 3072; *Fricke* NJW 1992, 3066; *Mark/Ziegenhain* NJW 1992, 3062), der Gerichtsstand des Erfüllungsortes gemäß § 29 ZPO (*Grunsky* § 2 Rn. 39 ff.) sowie der allgemeine Gerichtsstand (§§ 12, 13, 17 ZPO). Im Rahmen der EuGVVO werden von Art. 5 Nr. 1 unstreitig auch Arbeitsverträge erfasst (*Kropholler*, Europäisches Zivilprozessrecht, Art. 5 Rn. 8, 18; MünchArbR/*Birk*, 2. Aufl., § 23 Rn. 4 ff., 14 ff., EuGH 26. 5. 1982 RIW 1982, 908; nunmehr insbes. EuGH 9. 1. 1997 EuZW 1997, 143; EuGH 10. 4. 2003 NJW 2003, 2224). Schließlich kann die internationale Zuständigkeit in arbeitsgerichtlichen Streitigkeiten ebenso wie im Zivilprozess durch Parteivereinbarung gemäß § 38 ZPO entstehen (BAG 20. 7. 1970 AP ZPO § 38 internationale Zuständigkeit Nr. 4 mit zust. Anm. *Lorenz*; BAG 5. 9. 1972 AP BGB § 242 Ruhegehalt Nr. 159 mit insoweit zust. Anm. *Grunsky*; BAG 29. 6. 1978 AP ZPO § 38 internationale Zuständigkeit Nr. 4; *Gamillscheg*, Internationales Arbeitsrecht, Nr. 358; *Beitzke* RIW 1976, 7; *Stein/Jonas/Leipold* § 38 Rn. 75; *Grunsky* § 1 Rn. 6). Das BAG (AP ZPO § 38 internationale Zuständigkeit Nr. 4) verlangt jedoch in jedem Einzelfall eine Prüfung, ob die vorgesehene Abweichung von der gesetzlichen Zuständigkeit im Einklang mit dem besonderen Schutzzweck des Arbeitsrechts steht. Diese Einschränkung durch die Rechtsprechung des BAG ist auf Ablehnung gestoßen (vgl. *Stein/Jonas/Leipold* § 38 Rn. 75; *Beitzke* RIW 1976, 8 ff.). Gleichwohl hat das BAG diese Rechtsprechung weitergeführt (vgl. BAG 29. 6. 1978 NJW 1979, 1119). Für den Bereich des EuGVÜ hatte der EuGH (13. 11. 1979 RIW 1980, 285 und 24. 6. 1981 RIW 1981, 709) ausdrücklich klargestellt, dass eine Vereinbarung der Zuständigkeit gemäß Art. 17 EuGVÜ auch auf arbeitsrechtlichem Gebiet grundsätzlich zulässig ist. Dies hatte Art. 17 Abs. 5 in der Neufassung des EuGVÜ 1989 ausdrücklich bestätigt.

3. Die Rechtsstellung des Ausländers

Nach anerkanntem völkerrechtlichem Fremdenrecht muss jeder Aufenthaltsstaat dem Fremden angemessenen Rechtsschutz gewähren, er muss ihm also in den Grenzen des für jedermann eröffneten Rechtswegs freien Zugang zu den Gerichten einräumen. Darüber hinaus kann der Fremde grundsätzlich die gleichen prozessualen Rechte wie die jeweiligen Staatsangehörigen beanspruchen (vgl. *Geimer,* Internationales Zivilprozessrecht, 5. Aufl., Rn. 1906, 1909 ff., 1946 ff., 1992 ff.; *Gottwald,* Die Stellung des Ausländers im Prozess, in: *Habscheid/Beys,* Grundfragen des Zivilprozessrechts, 1991, S. 7 ff.). 277

Unter den Einzelheiten der Stellung des Ausländers im deutschen Arbeitsgerichtsprozess sind vor allem die Fragen der Parteifähigkeit, der Prozessfähigkeit, der Postulationsfähigkeit und der Gewährung von Prozesskostenhilfe von Bedeutung. In jüngster Zeit findet das Problem der Gerichtssprache zunehmend Aufmerksamkeit (s. u. Rn. 284), besonders umstritten ist die Ausländersicherheit nach § 110 ZPO (s. u. Rn. 286). 278

a) Parteifähigkeit

Schrifttum: *Furtak,* Die Parteifähigkeit in Zivilverfahren mit Auslandsberührung, 1995.

Die Parteifähigkeit ist eine Sachurteilsvoraussetzung und damit eine Frage des Prozessrechts. Sie bestimmt sich also nach dem Grundsatz der lex fori. Allerdings verweisen die §§ 10 ArbGG, 50 ZPO auf die Rechtsfähigkeit und damit die Regelung des materiellen Rechts. Dies hat in Rechtsprechung und Literatur zu einem Streit geführt, wonach letztlich die Parteifähigkeit zu bestimmen ist. Nach richtiger Ansicht enthält § 50 ZPO zugleich eine prozessuale Kollisionsnorm, durch die die Parteifähigkeit einer Person nach ihrem prozessualen Heimatrecht bestimmt wird (*Pagenstecher* ZZP 64, 249 ff.; *Rosenberg/Schwab/Gottwald,* ZPR, § 43 I 2). Die Gegenansicht bestreitet die Möglichkeit einer prozessrechtlichen Kollisionsnorm. Sie stellt deshalb auf die (materielle) Rechtsfähigkeit ab. Diese Rechtsfähigkeit einer Partei nach ihrem Heimatrecht müsse somit über die Parteifähigkeit entscheiden (so insb. *Schütze,* Deutsches internationales Zivilprozessrecht, S. 72 m. w. N.). Schließlich will *Geimer* (Internationales Zivilprozessrecht, 5. Aufl., Rn. 2021) alternativ an die Rechts- oder an die Parteifähigkeit anknüpfen, wobei schon das Vorliegen einer Anknüpfung ausreichen soll. Damit wäre parteifähig, wer nach seinem Personalstatut rechtsfähig ist oder wer nach seinem Personalstatut parteifähig ist. Von allen vertretenen Auffassungen wird betont, dass der Streit für natürliche Personen geringe Bedeutung aufweist, da die meisten Prozessgesetze für die Parteifähigkeit auf die Normen über die Rechtsfähigkeit Bezug nehmen. Für ausländische juristische Personen und Personenvereinigungen entscheidet über die Frage der Parteifähigkeit das Recht des Staates, in dem die Vereinigung gegründet wurde (EuGH 30. 9. 2003 – Inspire Art – NJW 2003; EuGH 5. 11. 2002 – Überseering – IPRax 2003, 65; EuGH 9. 3. 1999 – Centros – IPRax 1999, 360), sog. Gründungstheorie gegen die früher herrschende Sitztheorie. Nichts anderes kann für die in § 10 erwähnten Vereinigungen, Personen und Stellen gelten. Zum Ganzen nunmehr umfassend *Furtak,* S. 115 ff., der eine alternative verfahrenskollisionsrechtliche Anknüpfung befürwortet. 279

b) Prozessfähigkeit

Auch die Prozessfähigkeit ist eine Sachurteilsvoraussetzung und bestimmt sich wie die Parteifähigkeit nach der lex fori. Das ArbGG enthält keine eigene Regelung der Prozessfähigkeit, so dass die Vorschriften der §§ 51, 52 ZPO gelten. Unter Berücksichtigung von Art. 7 Abs. 1 EGBGB und § 55 ZPO ist auch hierbei eine Kollisionsnorm des internationalen Prozessrechts zu bejahen, so dass die Prozessfähigkeit eines Ausländers nach seinem prozessualen Heimatrecht zu bestimmen ist (*Pagenstecher* ZZP 64, 276; 280

Geimer Internationales Zivilprozessrecht, 5. Aufl., Rn. 2029 m. w. N.; a. A. BGH 7. 2. 1955 JZ 1956, 535).

281 Zum Schutz des inländischen Rechtsverkehrs gilt also § 55 ZPO. Im Arbeitsgerichtsprozess wird § 55 ZPO insbesondere dann zur Anwendung gelangen können, wenn ausländische Rechtsordnungen keine den Vorschriften der §§ 112, 113 BGB entsprechenden Regelungen enthalten.

c) Postulationsfähigkeit

282 Soweit eine Vertretung durch Anwälte vor deutschen Gerichten nicht vorgeschrieben ist, sind Ausländer ebenso wie Deutsche postulationsfähig. Ist dagegen eine Vertretung durch Anwälte erforderlich, wie dies nach § 11 Abs. 2 im Verfahren vor den Landesarbeitsgerichten und dem Bundesarbeitsgericht der Fall ist, so gilt für die Postulationsfähigkeit ausschließlich die lex fori. Der Ausländer muss sich in diesem Fall also durch einen bei einem deutschen Gericht zugelassenen Rechtsanwalt vertreten lassen. Die dem Rechtsanwalt erteilte Prozessvollmacht bestimmt sich dann ebenfalls nach deutschem Recht (*Schütze*, Deutsches internationales Zivilprozessrecht, S. 78; *Geimer*, Internationales Zivilprozessrecht, 5. Aufl., Rn. 2040).

d) Prozesskostenhilfe

283 Nach § 114 ZPO, § 11 a Abs. 3 ArbGG wird Ausländern in gleicher Weise und in gleichem Umfang die deutsche Prozesskostenhilfe gewährt. Allerdings wird im Arbeitsgerichtsprozess die Bedeutung von § 114 ZPO nicht sehr groß sein, weil bereits § 11 a Abs. 1 die Möglichkeit der Beiordnung eines Rechtsanwalts durch den Vorsitzenden vorsieht.

e) Gerichtssprache

284 Zunehmende praktische Bedeutung gewinnt auch das Problem der Gerichtssprache vor deutschen Gerichten. Nach dem Gesetz ist die Gerichtssprache zwingend deutsch (vgl. § 184 GVG, anwendbar gemäß § 9 Abs. 2 ArbGG). Soweit die ausländische Partei der deutschen Sprache nicht mächtig ist, darf die Sprachunkenntnis freilich nicht zu einer Verkürzung des Rechtsschutzes führen (BVerfG 10. 6. 1975 BVerfGE 40, 95 = NJW 1975, 1597; 2. 6. 1992 BVerfGE 86, 280; zweifelhaft insofern BVerfG 30. 1. 1990 NJW 1990, 3072; vgl. nunmehr EuGH 24. 11. 1998 EuGZR 1998, 591 = JuS 1999, 490). Gemäß § 185 Abs. 1 Satz 1 GVG ist, soweit erforderlich, zur mündlichen Verhandlung ein Dolmetscher hinzuzuziehen. Wird im Rahmen der Zustellung von Schriftstücken und insbesondere bei Rechtsmittelbelehrungen wegen der Sprachunkundigkeit eine Frist versäumt, so muss ggf. die Wiedereinsetzung in den vorigen Stand gewährt werden (so BVerfG 15. 1. 1974 BVerfGE 36, 304). Vgl. zum Ganzen nunmehr *Leipold* FS Matscher, 1993, S. 287 ff.; *Braitsch*, Gerichtssprache für Sprachunkundige im Lichte des fair trial, 1991; *Lässig*, Deutsch als Gerichts- und Amtssprache, 1980; *Kirschner* SGb. 1989, 545 ff.; *Ingerl*, Sprachrisiko im Verfahren, 1988.

285 Gemäß § 12 Abs. 5 a ArbGG werden im übrigen Kosten für vom Gericht herangezogene Dolmetscher und Übersetzer nicht erhoben, wenn ein Ausländer Partei ist und die Gegenseitigkeit verbürgt ist, oder wenn ein Staatenloser Partei ist. Das Merkmal der Gegenseitigkeit ist dabei allerdings dem rechtspolitischen Ziel der Regelung wenig angemessen. Die Gegenseitigkeit wird auch sonst im internationalen Verfahrensrecht zunehmend kritisiert. Zur Bedeutung des § 12 Abs. 5 a ArbGG vgl. unten § 12 Rn. 87.

f) Ausländersicherheit

286 Gemäß § 110 ZPO hat ein ausländischer Kläger, der vor deutschen Gerichten klagt, Sicherheit für die Prozesskosten zu leisten, wenn der deutsche Beklagte dies verlangt. Ausgenommen davon sind nach § 110 Abs. 2 Nr. 1 ZPO die Fälle, in denen auf Grund

völkerrechtlicher Verträge keine Sicherheit verlangt werden kann. Ihre Rechtfertigung findet diese Regelung nicht etwa darin, dass die deutsche Gerichtsbarkeit zunächst nur den deutschen Staatsangehörigen offenstünde und dass sie also Ausländern nur unter bestimmten Voraussetzungen zur Verfügung steht; denn grundsätzlich ist auf dem Gebiet des Zivilverfahrens die Staatsangehörigkeit der Person ohne Bedeutung. Der gesetzgeberische Grund für § 110 ZPO ist vielmehr die Schwierigkeit, die gegen den mit seiner Klage abgewiesenen ausländischen Kläger ergangene Kostenentscheidung im Ausland zu vollstrecken. Daher war es früher schon nach der Gesetzeslage der ZPO eigenartig, dass § 110 ZPO nicht vom Wohnsitz, sondern von der Staatsangehörigkeit des Klägers ausging. Nunmehr stellt § 110 ZPO zu Recht auf den gewöhnlichen Aufenthalt ab. Früher wurde auch nicht danach gefragt, ob der Ausländer im Inland Vermögen hat, das einem Vollstreckungszugriff offenstünde. Auch das ist nunmehr durch § 110 Abs. 2 Nr. 3 ZPO korrigiert. § 110 ZPO gilt auch im Arbeitsgerichtsprozess. Die verzichtbare prozessuale Rüge gemäß § 110 ZPO, die also nur auf Einrede des Beklagten beachtet wird, ist seit längerem sehr umstritten (vgl. *Wolf* RIW 1993, 797). Im Ergebnis war die frühere gesetzliche Regelung verfehlt. Jedenfalls ist heute ihre praktische Bedeutung gering. Nach Art. 59, 60 EG-Vertrag war § 110 ZPO a. F. im Bereich der Europäischen Union nicht anzuwenden (EuGH 1. 7. 1993 RIW 1993, 855; vgl. dazu *Kaum* IPRax 1994, 180; *Rohlfs* NJW 1995, 2211). Nunmehr ist § 110 ZPO insoweit geändert, als er sämtliche Mitgliedstaaten der EU und darüber hinaus den EWR ausklammert. Bis zur Neufassung 1998 war die Verbürgung der Gegenseitigkeit das Hauptproblem gewesen. Auch insoweit ist nun § 110 Abs. 2 Nr. 1 ZPO abgeändert. Zur Ausländersicherheit bei einstweiligem Rechtsschutz vgl. *Leible* NJW 1995, 2817.

4. Das Beweisrecht

Im Grundsatz muss auch das Beweisrecht wie jeder andere Bereich des Verfahrensrechts von der lex fori bestimmt sein. Das beruht bereits auf der territorialen Begrenzung des Beweisrechts. So kann im Allgemeinen eine Beweisaufnahme ebenso wie die Ladung von Zeugen und von Sachverständigen grundsätzlich nur im Inland erfolgen. Allerdings ist eine einheitliche Qualifikation des Beweisrechts als prozessual nicht immer möglich. In der neueren Literatur wird hier mehr und mehr differenziert (vgl. *Coester-Waltjen*, Internationales Beweisrecht, 1983). 287

Im Einzelnen gilt, dass das Beweisverfahren der lex fori unterliegt. Ebenfalls maßgeblich ist die lex fori für die Heranziehung und die Zulässigkeit von Beweismitteln. Auch die Beschränkung der deutschen ZPO und damit auch des ArbGG auf fünf Beweismittel ist vom deutschen Richter zu beachten. Dagegen richtet sich nach der lex causae, also dem materiellen Recht, der Gegenstand des Beweises, also was zu beweisen ist. Für die Fragen der Beweiserheblichkeit und der Beweisbedürftigkeit ist wiederum die lex fori heranzuziehen. Ausländische Beweisverbote sind im deutschen Arbeitsgerichtsprozess als unbeachtlich anzusehen. Streitig ist die Qualifizierung des Beweismaßes. Nach richtiger Auffassung ist es dem Prozessrecht und damit der lex fori zu unterstellen (a. A. *Coester-Waltjen* aaO Rn. 365). Allgemein anerkannt ist, dass der Grundsatz der freien Beweiswürdigung vom deutschen Richter auch dann zu beachten ist, wenn in der Sache ausländisches Recht angewendet wird. Damit untersteht auch die Beweiswürdigung der lex fori. Dagegen muss man die Regeln über die Verteilung der objektiven Beweislast sowie die gesetzlichen Vermutungen wegen ihrer engen Verknüpfung zum materiellen Recht der lex causae unterstellen. 288

5. Die Ermittlung ausländischen Rechts

Kommt ein deutsches Arbeitsgericht im Rahmen eines Prozesses mit Auslandsbezug zu dem Ergebnis, dass ausländisches materielles Recht auf den Rechtsstreit anzuwenden ist, so stellt sich weiter die Frage, wie dieses ausländische Recht prozessual ordnungs- 289

Einleitung

gemäß zu ermitteln ist. Diese Frage ist in § 293 ZPO geregelt, der unstreitig im arbeitsgerichtlichen Verfahren Anwendung findet. Nach dieser Norm ist ausländisches Recht ein Beweisgegenstand, wenn und soweit das Recht dem Gericht unbekannt ist (im Einzelnen vgl. MünchKommZPO/*Prütting*, 3. Aufl. 2007, § 293 Rn. 16 ff.). Das Gericht kann alle Erfolg versprechenden Quellen nutzen, die ihm Zugang zu dem fremden Recht verschaffen. Insbesondere kann ein förmliches Beweisverfahren wie im Falle des Tatsachenbeweises durchgeführt werden. In Betracht kommt vor allem der Sachverständigenbeweis (im Einzelnen vgl. MünchKommZPO/*Prütting*, § 293 Rn. 23 ff.). Lässt sich trotz aller Nachforschungen ein behaupteter ausländischer Rechtssatz nicht nachweisen, so unterbleibt seine Anwendung. Nach herrschender Ansicht soll in diesem Falle deutsches Recht angewendet werden (vgl. BGH 26. 10. 1977 BGHZ 69, 387, 394). Dies ist nicht unproblematisch und stellt nur eine Notlösung dar. Vorrangig sollte das deutsche Gericht versuchen, die offene Rechtsfrage anhand des sonstigen ausländischen Rechts nach Art einer Gesetzeslücke zu schließen. Andernfalls muss eine Ersatzlösung gefunden werden, z. B. durch die Suche nach internationalen Einheitsregeln oder verwandten Rechtsordnungen. Der Rückgriff auf deutsches Recht kann nur letzter Ausweg sein (vgl. MünchKommZPO/*Prütting*, § 293 Rn. 59 ff.).

290 Die fehlerhafte Anwendung ausländischen Rechts ist vor dem BAG gemäß § 73, der § 549 ZPO a. F. verdrängt, revisibel (BAG 10. 4. 1975 AP Nr. 12 Internationales Privatrecht – Arbeitsrecht = DB 1975, 1896; BAG 24. 8. 1989 DB 1990, 1667; *Gamillscheg*, Internationales Arbeitsrecht, Nr. 371).

6. Der Rechtsverkehr mit dem Ausland

a) Zustellung und Ersuchen um Beweisaufnahme

291 Vor den Arbeitsgerichten gelten gemäß § 46 Abs. 2 die §§ 183 ff., 363 ff. ZPO. Diese Normen tragen dem Umstand Rechnung, dass die meisten ausländischen Staaten es nicht dulden, dass fremde Gerichte ohne ihre Einwilligung oder Mithilfe auf ihrem Gebiet gerichtliche Handlungen durchführen. Daher sieht § 183 ZPO für eine im Ausland zu bewirkende Zustellung ein Ersuchen der zuständigen Behörde des fremden Staates oder des in diesem Staate residierenden Konsuls oder Gesandten vor. Bei einer Beweisaufnahme im Ausland hat der Vorsitzende die zuständige Behörde um Aufnahme des Beweises zu ersuchen (§ 363 ZPO). Vgl. ferner unten § 13 Rn. 11 ff. Für den Sonderfall der Inlandszustellung an Ausländer vgl. insbes. *Fleischhauer*, Inlandszustellung an Ausländer, 1996. Zur Entwicklung in Europa s. Rn. 263, 294.

b) Internationale Rechtshilfeabkommen

292 Um größere Rechtssicherheit im gerichtlichen Verkehr der Staaten untereinander zu erreichen, haben zahlreiche Länder internationale oder bilaterale Rechtshilfeabkommen geschlossen. Aus der Sicht der Bundesrepublik Deutschland sind vor allem folgende Übereinkommen zu nennen:
- Das Haager Übereinkommen über den Zivilprozess vom 1. 3. 1954 (BGBl. 1958 II S. 576), in der Bundesrepublik Deutschland in Kraft seit dem 1. 1. 1960 (BGBl. 1959 II S. 1388). Ein Ersuchen nach diesem Übereinkommen kann auch in einem Verfahren der Arbeitsgerichtsbarkeit erfolgen.
- Eine teilweise Ablösung des Übereinkommens von 1954 und weitere Vereinfachungen im Bereich der internationalen Rechtshilfe haben das Haager Übereinkommen über die Zustellung gerichtlicher und außergerichtlicher Schriftstücke im Ausland in Zivil- und Handelssachen vom 15. 11. 1965 (BGBl. 1977 II S. 1453) und das Haager Übereinkommen über die Beweisaufnahme im Ausland in Zivil- und Handelssachen vom 18. 3. 1970 (BGBl. 1977 II S. 1453) gebracht (dazu umfassend MünchKomm-

III. Einzelfragen des internationalen Arbeitsgerichtsverfahrens **Einleitung**

ZPO/*Musielak*, § 363 Anhang). Auch diese beiden Übereinkommen finden im arbeitsgerichtlichen Verfahren Anwendung.
– Unberührt von den genannten Haager Übereinkommen gibt es zwischen der Bundesrepublik Deutschland und einigen ausländischen Staaten bilaterale Übereinkommen, die Bestimmungen über die Rechtshilfe im Ausland enthalten (vgl. im Einzelnen *Bülow/Böckstiegel/Geimer/Schütze*, A II).
Zur Entwicklung in Europa s. u. Rn. 294.

c) Für das Verfahren in Rechtshilfeangelegenheiten hat das BAG als Bundesgericht die 293 gemeinsame Anordnung des Bundesministers für Arbeit und Sozialordnung und des Bundesministers der Justiz über den Rechtshilfeverkehr mit dem Ausland auf dem Gebiet der Arbeitsgerichtsbarkeit vom 30. 12. 1959 (BAnz. 1960 Nr. 9, S. 1) zu beachten, für die Gerichte der Länder gilt neben den Ausführungsbestimmungen der Staatsverträge die ZRHO nach dem Stand von 2001 (Text bei *Bülow/Böckstiegel/Geimer/Schütze* Nr. 900).

d) Im Bereich der Europäischen Union sind für den Rechtsverkehr mit dem Ausland 294 nunmehr die neuen Verordnungen zu beachten. In Betracht kommt insbesondere die neue Verordnung Nr. 1393/2007 vom 13. 11. 2007 über die Zustellung gerichtlicher und außergerichtlicher Schriftstücke in Zivil- und Handelssachen, die am 13. 11. 2008 in Kraft getreten ist; die Verordnung Nr. 1206/2001 vom 28. 5. 2001 über die Zusammenarbeit zwischen den Gerichten der Mitgliedstaaten auf dem Gebiet der Beweisaufnahme in Zivil- und Handelssachen, die am 1. 7. 2001 in Kraft getreten ist. Zu beachten ist ferner das deutsche Gesetz zur Durchführung der EG-ZustellungsVO (ZustDG vom 9. 7. 2001).

7. Die Berücksichtigung einer ausländischen Rechtshängigkeit

Der in § 261 Abs. 3 Nr. 1 ZPO geregelte Einwand der anderweitigen Rechtshängigkeit 295 führt zur Unzulässigkeit einer späteren Klage über denselben Streitgegenstand. Diese Regelung gilt auch vor den Arbeitsgerichten. Fraglich ist nun, ob dieser Einwand der Rechtshängigkeit auch bei einem vor einem ausländischen Gericht anhängigen Verfahren mit denselben Parteien über den gleichen Streitgegenstand erhoben werden kann. Im deutschen internationalen Zivilprozessrecht lässt dies die h. M. dann zu, wenn zu erwarten ist, dass das ausländische Urteil anzuerkennen sein wird (vgl. BGH 21. 3. 1986 NJW 1986, 2195; BGH 18. 3. 1987 FamRZ 1987, 580; vgl. nunmehr umfassend *Dohm*, Die Einrede ausländischer Rechtshängigkeit im deutschen internationalen Zivilprozessrecht, 1996; *Schütze* FS Beys 2003 S. 1501). Sie begründet dies mit der ansonsten bestehenden Gefahr divergierender Entscheidungen und dem Gebot der Prozessökonomie. Ob und wann die Rechtshängigkeit im Ausland eingetreten ist, bestimmt sich nach der lex fori des ausländischen Gerichts (BGH 18. 3. 1987 FamRZ 1987, 580, mit zust. Anm. *Gottwald*). Gegen die Zulässigkeit des Einwands der Rechtshängigkeit hat sich seit langem insbesondere *Schütze* mit dem Hinweis gewendet, eine Anerkennungsprognose sei regelmäßig unmöglich (*Schütze*, Deutsches internationales Zivilprozessrecht, S. 177 f.; *ders.* ZZP 104, S. 136 ff.). Im Bereich der Europäischen Union ist das Problem der anderweitigen Rechtshängigkeit in Art. 27 ff. EuGVVO geregelt. Nach diesen Vorschriften hat sich das später angerufene Gericht von Amts wegen zugunsten des zuerst angerufenen Gerichts für unzuständig zu erklären. Es kann jedoch statt dessen das Verfahren aussetzen, wenn der Mangel der Zuständigkeit des anderen Gerichts geltend gemacht wird.

8. Die Anerkennung und Vollstreckung ausländischer Entscheidungen

a) Die Anerkennung nach § 328 ZPO

Kein Staat ist verpflichtet, ausländische Urteile anzuerkennen. Dies findet seine Recht- 296 fertigung darin, dass Urteile einen Akt der Staatsgewalt darstellen und sich auf Grund der Souveränität der Staaten nur auf das Territorium des Entscheidungsstaates beschränken. Eine strikte Nichtbeachtung ausländischer Urteile hätte allerdings eine starke Behinderung des internationalen Rechtsverkehrs zur Folge. Deshalb wird heute durch viele Staatsverträge und durch das autonome Recht eine Regelung der Anerkennung getroffen. Für das deutsche Recht gibt § 328 ZPO eine umfassende Regelung, nach der die positive Anerkennung ausländischer Urteile die Regel sein soll. Anerkennung bedeutet die Erstreckung der Wirkungen eines ausländischen Urteils auf das Inland. Zur Anerkennung bedarf es keines besonderen Verfahrens, ein Gericht hat vielmehr in jedem Prozess von Amts wegen zu prüfen, ob die Voraussetzungen für eine beantragte Anerkennung gemäß § 328 ZPO vorliegen. Die Norm des § 328 ZPO gilt auch vor den Arbeitsgerichten.

297 Im Einzelnen enthält § 328 ZPO in seiner seit 1. 9. 1986 geltenden Fassung folgende Erfordernisse: Es muss ein Spruch eines ausländischen staatlichen Gerichts vorliegen, der nach deutschem Recht ein Urteil darstellt. Die Entscheidung muss eine Zivil- oder Handelssache zum Gegenstand haben, wobei unter diesen Begriff auch das Arbeitsrecht fällt. Das Urteil muss rechtskräftig sein (vgl. § 723 Abs. 2 Satz 1). Das Erstgericht muss zur Entscheidung international zuständig gewesen sein. Die Klageschrift muss ordnungsgemäß zugestellt gewesen sein. Die anzuerkennende Entscheidung darf nicht dem ordre public widersprechen. Ferner verlangt § 328 ZPO die Verbürgung der Gegenseitigkeit, d. h. der ausländische Staat muss in seiner Anerkennungspraxis gleichwertige Bedingungen für die Vollstreckung eines Urteils gleicher Art schaffen (zur Anerkennung ausländischer Entscheidungen vgl. umfassend *Geimer/Schütze*, Internationale Urteilsanerkennung, Band 1 in 2 Teilbänden, 1983/84; ferner *Gottwald/Matscher/Walder* ZZP 103, 257 ff., 294 ff., 322 ff.; zuletzt *Geimer*, IZPR, 5. Aufl. Rn. 2751 ff.).

b) Die Anerkennung nach der EuGVVO

298 Für den Bereich der Europäischen Union ist in der EuGVVO die Anerkennung und Vollstreckung von Entscheidungen in den Art. 32 ff. geregelt. Auch die EuGVVO geht in Art. 33 Abs. 1 vom Grundsatz der formlosen Anerkennung aus, es hat jedoch daneben in Art. 33 Abs. 2 ein für alle Vertragsstaaten einheitliches Feststellungsverfahren eingeführt. Anerkennungshindernisse sind in Art. 34, 35 aufgeführt, insbesondere darf nach Art. 34 Nr. 1 die anzuerkennende Entscheidung nicht gegen den ordre public des Zweitstaates verstoßen.

c) Die Vollstreckbarerklärung

299 Im Gegensatz zur Anerkennung eines ausländischen Urteils ist für die Erlangung der Vollstreckbarkeit im Inland ein förmliches Verfahren nach den §§ 722 ff. ZPO vorgesehen, das auch für ausländische arbeitsgerichtliche Urteile gilt. Dies muss der Verweisung in § 62 Abs. 2 entnommen werden (*Beitzke*, Jur. Anal. 1971, S. 40). Für arbeitsgerichtliche Titel ist streitig, ob die Vollstreckbarerklärung in die Zuständigkeit der ordentlichen Gerichte oder der Arbeitsgerichte fällt. Die heute weithin anerkannte h. M. ist der Ansicht, auch für Vollstreckungsklagen nach § 722 ZPO, die auf arbeitsgerichtliche Urteile gestützt sind, seien die ordentlichen Gerichte zuständig (vgl. *Geimer/Schütze*, Band 1, 2. Halbbd., S. 1736 ff.).

300 Die Regelung einer förmlichen Vollstreckbarerklärung ist notwendig, weil die Vollstreckbarkeit ihrem Wesen nach territorial auf den Urteilsstaat beschränkt ist. Abgesehen davon wären die deutschen Vollstreckungsorgane regelmäßig nicht in der Lage festzustellen, ob die Erfordernisse der Vollstreckbarkeit vorliegen.

301 Die Unzulänglichkeiten des Verfahrens der Vollstreckbarerklärung nach der ZPO versuchen die meisten Staatsverträge durch vereinfachte Beschlussverfahren zu vermeiden. Von großer Bedeutung ist auch hier wiederum die EuGVVO. Das Verfahren nach der ZPO ist in dieser Verordnung (Art. 38 ff.) durch ein Klauselerteilungsverfahren ersetzt worden. Die Klauselerteilung erfolgt nach Art. 41 ohne Anhörung des Urteilsschuldners auf Antrag. Sachlich zuständig ist der Vorsitzende einer Kammer des Landgerichts. Dies gilt auch dann, wenn es sich um eine arbeitsrechtliche Streitigkeit handelt

(*Geimer/Schütze*, Band 1, 1. Halbbd., S. 1113). Der Vorsitzende entscheidet durch Beschluss, gegen den die Beschwerde statthaft ist (Art. 43 EuGVVO, §§ 11 ff. AVAG vom 19. 2. 2001).

9. Einstweiliger Rechtsschutz

Zur Sicherung von Geldforderungen kann nach deutschem Prozessrecht vom Gläubiger der Erlass eines dinglichen Arrestbefehls verlangt werden. Dazu ist insbesondere das Vorliegen eines Arrestgrunds erforderlich. Als ein solcher Arrestgrund wird es vom Gesetz generell angesehen, wenn das Urteil im Ausland vollstreckt werden müsste (§ 917 Abs. 2 ZPO). Der Wortlaut und Anwendungsbereich dieser Norm ist weit gefasst. Auf die Staatsangehörigkeit der Parteien oder auf die Frage, ob der Schuldner überhaupt inländisches Vermögen besitzt, kommt es nicht an. Es können also beide Parteien des Arrestverfahrens Ausländer sein, und es ist möglich, dass der Gläubiger den Arrestgrund des § 917 Abs. 2 ZPO geltend macht, obgleich der Schuldner auch ein gewisses Inlandsvermögen hat. Nur wenn der Schuldner genügendes Vermögen zur Einräumung von Sicherheiten im Inland vorweisen kann und keine Gefahr der Wegschaffung besteht, ist dieser Arrestgrund zu verneinen. Letztlich will § 917 Abs. 2 ZPO die Vollstreckung inländischer Urteile im Ausland sichern. Er ist also nicht anwendbar, wenn es um die Vollstreckung eines ausländischen Urteils im Ausland geht.

302

Für den Fall, dass ein deutsches Urteil im Bereich der Europäischen Union zu vollstrecken wäre, war lange streitig, ob § 917 Abs. 2 ZPO anwendbar ist. Nunmehr hat der EuGH entschieden, dass die Norm gegen das gemeinschaftsrechtliche Diskriminierungsverbot verstößt und daher nicht anzuwenden ist (EuGH 10. 2. 1994 NJW 1994, 1271 = IPRax 1994, 439; dazu *Ress* JuS 1995, 967; *Geiger* IPRax 1994, 415; *Thümmel* EuZW 1994, 242; *Fuchs* IPRax 1998, 25 m. w. N.).

303

10. Schiedsverträge und ausländische Schiedssprüche

Schrifttum: *Birk,* Internationale Schiedsgerichtsbarkeit in Arbeitssachen, in: Erlanger FS für Schwab, 1990, S. 305. Aus dem Schrifttum zur allgemeinen internationalen Schiedsgerichtsbarkeit vgl.: *Aden,* Internationale Handelsschiedsgerichtsbarkeit, 1988; *Berger,* Internationale Wirtschaftsschiedsgerichtsbarkeit, 1992; *Bork,* Internationale Schiedsgerichtsbarkeit in Deutschland, in: Gillers, Transnationales Prozeßrecht, 1995, S. 11; *Glossner/Bredow/Bühler,* Das Schiedsgericht in der Praxis, 4. Aufl. 2001; *Lachmann,* Handbuch für die Schiedsgerichtspraxis, 2. Aufl. 2002; *Lionnet,* Handbuch der internationalen und nationalen Schiedsgerichtsbarkeit, 3. Aufl. 2005; *Nagel/Gottwald,* Internationales Zivilprozeßrecht, 6. Aufl. 2007, § 16 (m. w. N.); *Prütting,* Internationale Schiedsgerichtsbarkeit, in: Lüke/Prütting, Lexikon des Rechts, Zivilverfahrensrecht, 2. Aufl. 1995, S. 135; *Schlosser,* Das Recht der internationalen privaten Schiedsgerichtsbarkeit, 2. Aufl. 1989; *Schütze,* Schiedsgericht und Schiedsverfahren, 3. Aufl. 1999; *Schütze/Tschernig/Wais,* Handbuch des Schiedsverfahrens, 2. Aufl. 1990; *Schwab/Walter,* Schiedsgerichtsbarkeit, 7. Aufl. 2005.

Im Arbeitsrecht sehen die §§ 101 ff. die Möglichkeit des Abschlusses eines Schiedsvertrages in engen Grenzen vor. § 101 Abs. 3 schließt die Anwendbarkeit der zivilprozessualen Vorschriften über das schiedsrichterliche Verfahren (§§ 1025 ff. ZPO) ausdrücklich aus.

304

Eine Umgehung der engen schiedsvertraglichen Regelungen des ArbGG könnte jedoch durch die Vereinbarung der Zuständigkeit eines ausländischen Schiedsgerichts erreicht werden. Ob eine solche Vereinbarung zulässig ist, hängt davon ab, nach welchem Recht diese Abrede der Parteien zu beurteilen ist. Nach der Rechtsprechung des BGH (28. 11. 1963 BGHZ 40, 320) richtet sich das Zustandekommen der Schiedsvereinbarung nach der lex causae, mithin also nach dem Arbeitsstatut. Haben die Parteien die Anwendbarkeit deutschen Arbeitsrechts vereinbart, ist die Bestimmung des ausländischen Schiedsgerichts unwirksam, weil die §§ 101 ff. eine solche Regelung nicht vorsehen. Im

305

Einleitung

Prozess könnte der Beklagte sich also nicht mit Erfolg auf die Einrede des Schiedsvertrags berufen (vgl. § 102 Abs. 1). Andererseits entscheidet allein ausländisches Arbeitsrecht über die Zulässigkeit einer Schiedsabrede, wenn das Arbeitsstatut ein ausländisches ist. Dabei ist es unerheblich, ob der Arbeitsvertrag in Deutschland geschlossen wurde oder der Arbeitsort im Geltungsbereich des ArbGG liegt.

306 Ist eine getroffene Schiedsabrede nach dem ausländischen Arbeitsstatut wirksam, so muss dies auch bei einem Verfahren vor deutschen Arbeitsgerichten berücksichtigt werden. Die Grenze für eine solche Berücksichtigung dürfte der ordre public sein.

L. Ausländische Arbeitsgerichtsbarkeit

Schrifttum (zur Rechtsvergleichung allgemein): *Boldt/Horion/Camerlynck/Mengoni/Kayser/ Fortman*, Die Gerichtsbarkeit in Arbeitssachen und in Sachen der sozialen Sicherheit in den Ländern der Europäischen Gemeinschaft, 1968; *Gamillscheg*, Internationales Arbeitsrecht, 1959, S. 374 ff.; *G. Hueck*, in: *Hueck/Nipperdey*, Lehrbuch des Arbeitsrechts, 7. Aufl., Bd. 1, 1963, S. 1006 ff.; *O'Malley/Layton*, European Civil Practice, London 1989; *Platto*, Trial and Court Procedures Worldwide, London 1991; *Snijders*, Access to Civil Procedure Abroad, Den Haag 1996; *Schild/Weth*, Beiträge zum Europäischen Gerichtsverfassungsrecht, 2005; *Schregle*, Die Regelung von Arbeitsstreitigkeiten aus rechtsvergleichender Sicht, in: 25 Jahre BAG, München 1979, S. 541; *ders.*, Sprachliche Überlegungen zur Arbeitsrechtsvergleichung, RdA 1989, 255; *Zum Pelde*, Die Arbeitsgerichtsbarkeit auf dem Prüfstand, NZA 2002, 374.

I. Österreich

Schrifttum: *Bajons*, Zivilverfahren, Wien 1991; *Ballon*, Einführung in das österreichische Zivilprozeßrecht, Streitiges Verfahren, 9. Aufl., Graz 1999, S. 292 ff. (m. w. N.); *ders.*, Die Gerichtsorganisation der Arbeits- und Sozialgerichtsbarkeit, JBl. 1987, 349; *Buchegger/Deixler-Hübner/Holzhammer*, Praktisches Zivilprozeßrecht I, 6. Aufl. Wien 1998, S. 521 ff.; *Fasching*, Lehrbuch des österreichischen Zivilprozeßrechts, Wien 1984, S. 1007 ff. (mit umfassenden Nachweisen zur Rechtslage vor 1986); *ders.*, 2. Aufl. 1990, S. 1094 ff. (mit umfassenden Nachweisen zur Rechtslage seit 1987); *ders.*, Das neue Verfahren in Arbeits- und Sozialrechtssachen, Wien 1987; *ders.*, Die internationale Zuständigkeit der Arbeits- und Sozialgerichte in Österreich, in: Recht in Ost und West, FS zum 30-jährigen Jubiläum des Instituts für Rechtsvergleichung der Waseda Universität, Tokyo 1988, S. 839; *Feitzinger*, Das Arbeits- und Sozialgerichtsgesetz, in: Rechtsreformen, Betzauer Tage 1985, hrsg. vom Bundesministerium für Justiz, Wien 1986; *Feitzinger/Tades*, Arbeits- und Sozialgerichtsgesetz, 1996; *Fink*, Zur Neuregelung der Arbeits- und Sozialgerichtsbarkeit in Österreich, ZZP 102, 1989, S. 80; *ders.*, Die sukzessive Zuständigkeit im Verfahren in Sozialrechtssachen, Wien 1995; *Hagen*, Zur prozessualen Stellung des Betriebsrats im Arbeitsprozeß, FS für Matscher, 1993, S. 175; *Knappitsch*, Der Arbeitsgerichtsrechtsschutz nach den ARB 1994, 1998; *Kuderna*, Arbeits- und Sozialgerichtsgesetz, Kommentar, Wien, 2. Aufl. 1996; *Rechberger*, Kommentar zur ZPO, 1994; *Rechberger/Simotta*, Zivilprozeßrecht, Erkenntnisverfahren, 5. Aufl., Wien 1999, S. 529 ff.; *Schrank*, Die wichtigsten Neuerungen im Arbeits- und Sozialgerichtsgesetz, RdW 1985, 111; *Schoibl*, Die Entwicklung des österreichischen Zivilverfahrensrechts, Frankfurt 1987, S. 97 ff.; *ders.*, Neuerungen im arbeits- und sozialgerichtlichen Verfahren, ZAS 2003, 214; *Stanzl*, Arbeitsgerichtliches Verfahren, 1954 (zum alten Recht); *Wresounig*, Arbeits- und Sozialgerichtsgesetz, Kommentar, 1986.

307 Seit 1. 1. 1987 gilt in Österreich ein neu geschaffenes Arbeits- und Sozialgerichtsgesetz (ASGG 7. 3. 1985 BGBl. Nr. 104). Durch eine vollständige Neuordnung der Arbeits- und Sozialgerichtsbarkeit wurden die bisher bestehenden selbständigen Arbeitsgerichte (bis auf Wien) beseitigt und die Arbeitsgerichtsbarkeit in die ordentliche Gerichtsbarkeit eingegliedert. Erklärtes Ziel war es weiterhin, den kompetenz- und verfahrensrechtlichen Wildwuchs in diesem Bereich zurückzuschneiden. Das Gesetz hat den Schlussstrich unter eine 25-jährige Diskussion über die Reform der österreichischen Arbeits- und Sozial-

gerichtsbarkeit gezogen. Es stellt wohl die tiefgreifendste Veränderung der gesamten österreichischen Gerichtsbarkeit seit 1900 dar.

Für das Arbeitsvertragsrecht und das Betriebsverfassungsrecht ist nun die neue Arbeitsgerichtsbarkeit zuständig. Diese Gerichtsbarkeit wird in 1. Instanz ausgeübt: **308**
- in Wien: vom Arbeits- und Sozialgericht Wien
- außerhalb Wiens: von den Landes- und Kreisgerichten, die insoweit die Bezeichnung „als Arbeits- und Sozialgericht" führen.

In 2. Instanz und in 3. Instanz sind die Oberlandesgerichte und der Oberste Gerichtshof zuständig. **309**

In Arbeitssachen entscheiden bei jedem Gericht spezielle Spruchkammern, wobei in allen Instanzen Laien (sog. „fachkundige Laienrichter") mitwirken. Die Besetzung lautet in 1. Instanz: ein Berufsrichter und zwei Laien, in 2. und 3. Instanz: drei Berufsrichter und zwei Laien. Das Verfahren in Arbeitssachen ähnelt dem bezirksgerichtlichen Verfahren, wobei die österreichischen Bezirksgerichte den deutschen Amtsgerichten vergleichbar sind. **310**

Im Jahre 1994 ist eine Neuordnung des ASGG in Kraft getreten (Erweiterung von Zuständigkeiten, Änderungen in der Laienbeteiligung, Erweiterung der Aussageverweigerungsrechte). Weitere Novellierungen des ASGG sind insbesondere im Jahre 2002 durchgeführt worden (im Einzelnen dazu *Schoibl*, ZAS 2003, 214). **311**

II. Schweiz

Schrifttum: *Bosshard*, Die Sondergerichte des Kantons Zürich, Diss. Zürich 1981; *Bucher*, Die Gewerbegerichte der Schweiz, Diss. Zürich 1911; *Cotter*, Das Luzerner Arbeitsgericht und die Bestimmung des Art. 343 OR, Diss. Freiburg 1979; *Giger*, Handbuch der schweizerischen Zivilrechtspflege, Zürich 1990; *Guldener*, Schweizerisches Zivilprozeßrecht, 3. Aufl., Zürich 1979; *Habscheid*, Droit judiciaire prive suisse, 2. Aufl., Genf 1981; *ders.*, Schweizerisches Zivilprozeß- und Gerichtsorganisationsrecht, Basel 1986; *Hauser/Hauser*, Gerichtsverfassungsgesetz des Kantons Zürich, 3. Aufl., Zürich 1978; *Kummer*, Grundriß des Zivilprozeßrechts, 4. Aufl., Zürich 1984; *Luechinger*, Das gewerbliche Schiedsgericht Zürich, Diss. Zürich 1923; *Meyer*, Das Luzerner Gewerbegericht, Diss. Zürich 1940; *Oberholzer*, Das Arbeitsgericht, Bern 1985; *Rehbinder*, Schweizerisches Arbeitsrecht, 7. Aufl., Bern 1983; v. *Salis*, Die conseils de prud'hommes des Kantons Genf, Diss. Zürich 1950; *Schuerch*, Die Behandlung der Arbeitsstreitigkeiten unter besonderer Berücksichtigung der Arbeitsgerichtsbarkeit der Kantone Basel-Stadt und Luzern, Diss. Basel 1978; Verzeichnis der erstinstanzlichen Gerichte, die für Streitigkeiten aus dem Arbeitsverhältnis zuständig sind, hrsg. vom Bundesamt für Industrie, Gewerbe und Arbeit, Bern 1982; *Vetsch*, Arbeitsgerichte, ordentliche Gerichte und Schiedsgerichte in Arbeitsstreitigkeiten, FS zur Einweihung der Hochschule St. Gallen, Zürich 1963, S. 377; *ders.*, Prozessuale Fragen in Arbeitsstreitigkeiten, Festgabe für den Schweizerischen Juristentag, 1944, St. Gallen 1944, S. 291; *Vogel*, Grundriß des Zivilprozeßrechts, 2. Aufl., Bern 1988; *Walder*, Zivilprozeßrecht, 3. Aufl., Zürich 1983.

Die schweizerischen Arbeitsgerichte sind Sondergerichte, die vor allem für den Bereich des Individualarbeitsrechts zuständig sind. Die Namen dieser Gerichte in den einzelnen Kantonen sind sehr unterschiedlich. Neben der deutschen Bezeichnung Arbeitsgericht und der französischen Bezeichnung conseil de prud'hommes oder tribunal de prud'hommes wird auch von Gewerbegericht, gewerbliches Schiedsgericht (Basel-Stadt), kantonales Schiedsgericht (Wallis) oder Gewerbekammer (Freiburg) gesprochen. Die unterschiedlichen Bezeichnungen haben keinen besonderen sachlichen Grund, sondern sie sind im Wesentlichen auf die unterschiedliche historische Entwicklung in den einzelnen Kantonen zurückzuführen. In neuerer Zeit setzt sich zunehmend der Begriff „Arbeitsgericht" durch. **312**

Eine einheitliche gesetzliche Regelung des arbeitsgerichtlichen Verfahrens für die Schweiz findet sich im Bundesrecht nur in Art. 343 des schweizerischen Obligationenrechts. Diese seit 1972 neu aufgenommene Bestimmung über Sondervorschriften in **313**

Einleitung

der Zivilrechtspflege hat die bis dahin in Spezialgesetzen enthaltenen Regelungen ersetzt. Im Übrigen ist die Regelung des arbeitsgerichtlichen Verfahrens Sache der Kantone. Heute gibt es in insgesamt 15 Kantonen die gesetzlichen Voraussetzungen zur Schaffung solcher besonderen Arbeitsgerichte (zu den gesetzlichen Grundlagen im Einzelnen vgl. *Guldener,* S. 23, Fn. 40). Von der Möglichkeit, Arbeitsgerichte für das gesamte Kantonsgebiet oder nur für einzelne Gemeinden des Kantons einzurichten, haben insgesamt 14 Kantone Gebrauch gemacht (Aargau, Basel-Stadt, Bern, Freiburg, Genf, Jura, Luzern, Neuenburg, Obwalden, St. Gallen, Solothurn, Waadt, Wallis und Zürich).

314 Das Verfahren in Arbeitsstreitigkeiten ist in 1. Instanz durch die Beteiligung von Vertretern der Arbeitgeber und der Arbeitnehmer als Richter geprägt (sog. Fachrichter). Nur der Vorsitzende ist neutral. Dagegen sind in der Berufungsinstanz Laienrichter vom Verfahren ausgeschlossen. Im Übrigen soll das Verfahren einfach, rasch und in der Regel kostenlos sein, das Gericht muss den Sachverhalt von Amts wegen erforschen und die Beweise nach freiem Ermessen würdigen. Es besteht ein wahlweiser Gerichtsstand am Wohnsitz des Beklagten oder am Ort des Betriebs. Schließlich ist die Zuständigkeit der Arbeitsgerichte nicht zwingend. Die Parteien sind vielmehr berechtigt, durch Vereinbarung arbeitsrechtliche Streitigkeiten auch vor die ordentlichen Gerichte zu bringen. Eine solche Vereinbarung ist allerdings nicht für die Zukunft möglich.

III. Frankreich

Schrifttum: *App/Wilmes-Schäfer,* Das Verfahren vor den französischen Arbeitsgerichten, DRiZ 1993, 393; *Binkert/Reber,* Gegenwartsprobleme der französischen und britischen Arbeitsgerichtsbarkeit, AuR 2000, 163; *Blanc,* Procédure prud'homale, 1983; *Bonafe-Schmitt,* L'exécution des décisions prud'homales, in: Droit social 1989, 743; *Cam,* Les prud'hommes, juges ou arbitres?, 1981; *Camerlynck,* Die Gerichtsbarkeit in Arbeitssachen und in Sachen der sozialen Sicherheit in Frankreich, in: Boldt/Horion/Camerlynck/Mengoni/Kayser/Fortman, Die Gerichtsbarkeit in Arbeitssachen und in Sachen der sozialen Sicherheit in den Ländern der Europäischen Gemeinschaft, 1968, S. 281; *Camerlynck/Lyon-Caen/Péllissier,* Droit du travail, 13. Aufl., Paris 1986; *Desdevises,* Conseils de prud'hommes, Jurisprudence commentée, in: Droit social 1990, 558; *Heron,* Droit judiciaire privé, Paris 1991, S. 390 ff.; *Jammand,* Rapport de travail international et compétence prud'homale, in: Droit social 1987, 729; *Kraushaar,* Für eine Angleichung der deutschen und der französischen Arbeitsgerichtsbarkeit, NZA 1987, 761; Lamy social sous la direction de F. Jullien, 1986; *Larguier,* Procédure civile, 11. Aufl. 1987; *Pautrat,* Encyclopédie Dalloz de droit du travail, Band 5, Conseil de prud'hommes (procédure), Loseblatt; *Pautrat/Le Roux-Cocheril,* Les conseils de prud'hommes, Organisation – administration – compétence – procédure, 1984; *Rochois,* Le recours au conseil de prud'hommes, Revue pratique de droit social 1989, 401; *Villebrun,* Traité de la juridiction prud'homale, 2. Aufl., Paris 1987; *Vincent/Guinchard,* Procédure civile, 20. Aufl., Paris 1981. Vgl. ferner den Länderbericht in *Bülow/Böckstiegel/Geimer/Schütze,* Bd. IV Nr. 1039.

315 Das französische Gerichtssystem kennt eigene Arbeitsgerichte für die 1. Instanz, die conseils de prud'hommes. Zurzeit gibt es in Frankreich 281 erstinstanzliche Arbeitsgerichte. Rechtsgrundlage für die conseils de prud'hommes und für ihr Verfahren sind die Artikel L. 511–1 ff. sowie die Artikel R. 511–1 ff. des code du travail. Um der Praxis den Zugang zu den Vorschriften über die Organisation und das Verfahren vor den Arbeitsgerichten zu erleichtern, wurde ein großer Teil dieser Vorschriften auch in den code de l' organisation judiciaire eingebaut, der seit 1978 erscheint und der alle Bestimmungen über den Aufbau der Gerichte und das Verfahren in einem Gesetz vereint. Die das Arbeitsgerichtsverfahren betreffenden Vorschriften befinden sich dort in den Artikeln L. 421–1 bis L. 424–1 und Art. R. 421–1 bis R. 424–1.

316 Die Bestimmungen über die conseils de prud'hommes waren Gegenstand einer größeren Reform im Jahre 1979 (Gesetz Nr. 79–44 vom 18. 1. 1979), ergänzt durch das

III. Frankreich **Einleitung**

Gesetz vom 6. 5. 1982 (Nr. 82–372) und vom 30. 12. 1986 (Nr. 86–1319). Seit 1979 muss im Gebiet jedes tribunal de grande d'instance (entspricht dem deutschen Landgericht) mindestens ein conseil de prud'hommes eingerichtet sein. Vorher bestand nicht in allen Departements ein conseil de prud'hommes. Jeder conseil de prud'hommes ist unterteilt in fünf Abteilungen: eine Abteilung für Industrie, für Handel, für Landwirtschaft, für andere Tätigkeiten sowie eine Abteilung für leitende Angestellte.

Die ausschließliche Zuständigkeit der conseils de prud'hommes liegt darin, Streitigkeiten aus dem Bereich des Individualarbeitsrechts zwischen Arbeitnehmern und Arbeitgebern zu schlichten oder zu entscheiden (Art. L. 511–1 code du travail). Kollektive arbeitsrechtliche Streitigkeiten fallen dagegen in die Zuständigkeit der allgemeinen Gerichte. 317

Die Arbeitsgerichte setzen sich ausschließlich aus gewählten Laienrichtern zusammen. Berufsrichter sind in den conseils de prud'hommes nicht tätig. Dies wird in neuerer Zeit zunehmend kritisch diskutiert, vor allem im Hinblick auf die ebenso besetzten Handelsgerichte. Die Spruchkörper sind gekennzeichnet durch eine paritätische Besetzung mit Laienrichtern aus Kreisen der Arbeitgeber und der Arbeitnehmer (Art. L. 512–1 code du travail). In der Regel besteht jede Abteilung der Gerichte aus vier Arbeitgebervertretern und vier Arbeitnehmervertretern. Jedem conseil de prud'hommes steht ein Präsident vor, der abwechselnd aus den Reihen der Arbeitnehmer und der Arbeitgeber kommt. Gehört der Präsident den Arbeitgebern an, so ist sein Stellvertreter ein Arbeitnehmer und umgekehrt. Jede Abteilung eines conseil de prud'hommes umfasst ein bureau de conciliation und ein bureau de jugement (Art. L. 515–1 code du travail). Kommt es bei der Entscheidung eines Rechtsstreits vor einem dieser Büros zwischen den Laienrichtern zu Stimmengleichheit, wird die Sache an einem anderen Termin vor dem gleichen Büro, nun ergänzt und geleitet von einem Berufsrichter des tribunal d'instance (entspricht dem deutschen Amtsgericht) des Gerichtsbezirks erneut verhandelt (Art. L. 515–3 code du travail). Dieser Richter wird „le juge de partiteur" genannt, da er mit seiner Stimme nun den Ausschlag für die Entscheidung des Rechtsstreits gibt. Vorrangige Aufgabe der conseils de prud'hommes ist es, zwischen den Parteien eine gütliche Einigung herbeizuführen (Art. L. 511–1 code du travail). Jeder Streit zwischen Arbeitgeber und Arbeitnehmer aus einem Arbeitsverhältnis muss deshalb zwingend zuerst vor dem Schlichtungsbüro verhandelt werden. Nur wenn sich die Parteien im Schlichtungsverfahren nicht einigen können, geht die Sache ins Urteilsverfahren vor dem bureau jugement über. 318

Während für arbeitsgerichtliche Klagen in 1. Instanz die conseils de prud'hommes zuständig sind, ist die Berufung gegen die Entscheidungen dieser Gerichte bei den allgemein zuständigen cours d'appel einzulegen. Bei den cours d'appel sind für Berufungssachen in arbeitsrechtlichen Verfahren besondere Kammern eingerichtet, die sog. „chambres sociales", die ausschließlich mit Berufsrichtern besetzt sind. Bei der Cour de Cassation besteht ebenfalls eine „chambre sociale", die ausschließlich mit Berufsrichtern besetzt ist. 319

Das Verfahren in 1. Instanz vor den conseils de prud'hommes richtet sich nach den Vorschriften des Nouveau Code de procédure civile sowie nach den Vorschriften des code du travail (Art. R. 516 code du travail). 320

Gemäß Art. R. 516–6 code du travail gilt für das Verfahren vor dem conseil de prud'hommes der Grundsatz der Mündlichkeit. Die Parteien haben die Möglichkeit, alle Ansprüche und alle Beweise mündlich vorzutragen, ohne eine Klageschrift oder sonstige Schriftsätze einzureichen. Auf diese Weise wollte der französische Gesetzgeber den Zugang zu den Arbeitsgerichten 1. Instanz erleichtern. Alle Ansprüche, die die Parteien aus einem bestimmten Arbeitsverhältnis herleiten, müssen zum Gegenstand desselben Verfahrens gemacht werden. Eine später eingereichte zusätzliche Klage wird als unzulässig abgewiesen (Art. R. 516–1 und Art. R. 516–2 code du travail). 321

Prütting

Einleitung L. Ausländische Arbeitsgerichtsbarkeit

IV. Holland

Schrifttum: *De Gaay/Fortman,* Die Gerichtsbarkeit in Arbeitssachen und in Sachen der sozialen Sicherheit in den Niederlanden, in: Boldt/Horion/Camerlynck/Mengoni/Kayser/Fortman, Die Gerichtsbarkeit in Arbeitssachen und in Sachen der sozialen Sicherheit in den Ländern der Europäischen Gemeinschaft, 1968, S. 547.

322 Holland kennt weder eigene Arbeitsgerichte noch ein besonderes arbeitsgerichtliches Verfahren. Es gelten also auch für Arbeitsstreitigkeiten die holländischen Zivilprozeßgesetze. Sachlich ausschließlich zuständig ist im Rahmen des der deutschen ordentlichen Gerichtsbarkeit sehr ähnlichen Gerichtsaufbaus das Kantongerecht (= Amtsgericht). Spezielle arbeitsrechtliche Spruchkörper oder eine besondere Besetzung der Richterbank sind nicht vorgesehen. Daher sind Arbeitsstreitigkeiten vollständig in die normale Zivilgerichtsbarkeit integriert.

323 Der Instanzenzug führt (wie allgemein) vom Kantongerecht (= Amtsgericht) zur Rechtbank (= Landgericht). Gegen deren Entscheidung ist eine Kassation zum Hoge Raad, dem Obersten Gericht (also dem BGH entsprechend), möglich.

324 Auch in Arbeitssachen gibt es in Holland die Möglichkeit, statt des normalen Streitverfahrens das Kort geding (= Kurzverfahren) zu wählen, für das der Präsident der Rechtbank (= Landgericht) ausschließlich zuständig ist. Obwohl es sich hierbei um ein besonderes Verfahren handelt, das dem einstweiligen Rechtsschutz nahesteht, steht gegen die Entscheidung des Präsidenten der Rechtbank der Instanzenzug zum Gerechtshoven (= Oberlandesgericht) und dagegen die Kassationsklage zum Hoge Raad offen (zur älteren Literatur vgl. *Hueck/Nipperdey,* Arbeitsrecht, 7. Aufl., Band 1, 1963, S. 1042 mit Fn. 2).

V. Italien

Schrifttum: *Andrioli/Colesanti/Denti/Fazzalari/Mancini/Montesano/Santoro/Passarelli,* Il nouvo processo del lavoro, a cura del Prof. Anteo Genovese, Padova, 1975; *Aranguren/Assanti/Flammia/Pera/Franchi/Grandi/Grechi/Ricci/Fabbrini/Luiso/Napoletano,* Nuovo trattato di diritto del lavoro, diretto da L. Riva Sanseverino e G. Mazzoni, IV, Le controversie del lavoro e della previdenza sociale, Padova 1975; *Denti/Semoneschi,* Il nuovo processo del lavoro, Milano 1974; *Fabbrini,* Diritto processuale del lavoro, Milano 1974; *Mengoni,* Die Gerichtsbarkeit in Arbeitssachen und in Sachen der sozialen Sicherheit in Italien, in: Boldt/Horion/Camerlynck/Mengoni/Kayser/Fortman, Die Gerichtsbarkeit in Arbeitssachen und in Sachen der sozialen Sicherheit in den Ländern der Europäischen Gemeinschaft, 1968, S. 427; *Montesano/Vaccarella,* Manuale di diritto processuale del lavoro, Napoli 1984; *Perone,* Il nuovo processo del lavoro, Padova 1975; *Proto Pisani,* Lavoro, Appendice del Novissimo Digesto Italiano, IV, 1983, Capo II, Nr. 2–7; *Proto Pisani/Pezzano/Barone/Andrioli,* Le controversie in materia di lavoro, Bologna-Roma 1974; *Tarzia,* Die Entwicklung des italienischen Verfahrensrechts in Arbeitsstreitsachen, ZZP 100, 1987, 272; *Trocker,* Reform der italienischen Zivilrechtspflege, ZZP-Int. 1996, S. 3; *Vocino/Verde,* Appunti sul processo del lavoro, 3. Aufl., Napoli 1979. Vgl. ferner den Länderbericht in *Bülow/Böckstiegel/Geimer/Schütze,* Bd. IV Nr. 1056.

325 Italien kennt keine eigenständigen Arbeitsgerichte. Dem Gedanken der Spezialisierung der Gerichte ist aber dadurch Rechnung getragen, dass bei den erst- und zweitinstanzlichen Zivilgerichten eigene Abteilungen gebildet wurden, die sich nur mit Arbeitsstreitigkeiten befassen.

326 Das Verfahren in Arbeitssachen ist als besonderer (vierter) Titel im zweiten Buch (Erkenntnisverfahren) des italienischen „codice di procedura civile" (cpc) geregelt (Art. 409–447 cpc). Es wurde durch Gesetz vom 11. 8. 1973 (Gesetz Nr. 533) grundlegend geändert. Diese Änderung wird als die bedeutendste Reform des italienischen

Zivilprozessrechts seit dem Erlass des cpc von 1942 angesehen. Hauptgedanken der Reform waren neben der Vereinfachung der Zuständigkeit die Verstärkung des Schlichtungsgedankens und vor allem eine Beschleunigung des Verfahrens.

Zuständig in 1. Instanz ist der pretore (Einzelrichter am Amtsgericht). Er entscheidet „in seiner Funktion als Arbeitsrichter" (Art. 413 cpc). Gegen seine Urteile ist beim zuständigen tribunale (entspricht dem deutschen Landgericht) die Berufung eröffnet (Art. 443 cpc). **327**

Das Verfahren ist durch die Grundsätze der Mündlichkeit und der Unmittelbarkeit geprägt, während im normalen italienischen Zivilprozess bei Kollegialgerichten der sog. Untersuchungsrichter, also ein beauftragter Richter tätig wird. Die Parteien sind gehalten, zum Termin zu erscheinen. Beide Parteien müssen in je einem Schriftsatz vor der mündlichen Verhandlung alle Tatsachen und Beweismittel vortragen (Eventualmaxime). Beweise kann das Gericht allerdings auch von Amts wegen erheben. In der Berufungsinstanz sind weder neue Anträge noch neue Verteidigungsmittel erlaubt. **328**

Das arbeitsgerichtliche Verfahren vor dem pretore umfasst neben dem Individualarbeitsrecht auch Pachtverhältnisse und sonstige Landwirtschaftssachen, ferner das Recht der Handelsvertreter, zum Teil auch die öffentlich-rechtlichen Arbeitsverhältnisse (Art. 409 Nr. 1–5 cpc). Hinzu kommen sozialrechtliche Streitigkeiten (Art. 442 Abs. 1 cpc) sowie Ersatzansprüche aus Kollektivvereinbarungen (Art. 442 Abs. 2 cpc). **329**

VI. England

Schrifttum: *Binkert/Reber*, Gegenwartsprobleme der französischen und britischen Arbeitsgerichtsbarkeit, AuR 2000, 163; *Blankenburg/Rogowski*, Journal of Law and Society, Vol. 13, Nr. 1, 1986, S. 67 ff.; *Colneric*, Der Industrial Relations Act 1971, 1979; *Dreyer*, Race Relations Act 1976 und Rassendiskriminierung in Großbritannien, Diss. jur. Halle 1998; *Elsner*, Die Bedeutung des industrial relations act 1971 für das britische Arbeitsrecht bis zu seiner Abschaffung im Jahre 1974, Diss. Mannheim 1975; *Kaufmann*, Arbeitsgerichtsbarkeit in England, FA 2003, 345; *Kilian*, Entwicklung in der englischen Arbeitsgerichtsbarkeit, NZA 1999, 1088. Vgl. ferner den Länderbericht in *Bülow/Böckstiegel/Geimer/Schütze*, Bd. IV Nr. 1156.

Das englische Rechtssystem kennt keine eigenständige Arbeitsgerichtsbarkeit. Es hat jedoch den Versuch gegeben, eine besondere Arbeitsgerichtsbarkeit in England zu errichten. Im Jahre 1963 wurden sog. „industrial tribunals" für wenige Spezialfragen gegründet, 1965 wurde die Zuständigkeit etwas ausgeweitet. Durch den „industrial relations act 1971" wurden die industrial tribunals als erstinstanzliche Gerichte für solche Klagen für zuständig erklärt, durch die ein Arbeitnehmer die Verletzung seiner individuellen Rechte durch den Arbeitgeber geltend macht. Daher konnte man ab 1971 der Funktion nach von echten Arbeitsgerichten sprechen. Die industrial tribunals nennen sich seit 1998 employment tribunals und setzen sich aus einem neutralen Vorsitzenden und je einem Arbeitnehmer und Arbeitgeber zusammen. Das Verfahren ist zunächst sehr stark auf eine Schlichtung der Streitigkeit ausgerichtet. Von besonderer Bedeutung war der „industrial relations act 1971" aber vor allem deshalb, weil durch ihn ein weiteres übergeordnetes Arbeitsgericht geschaffen wurde, der National industrial relations court (NIRC). Allerdings wurde dieses Gericht nach dem Regierungswechsel 1974 durch den „trade union and labour relations act 1974" wieder abgeschafft und die Zuständigkeit der industrial tribunals wieder eingeengt. Durch ein Green Paper im Jahre 1994 wurde eine große Reform vorbereitet. Im Jahre 1998 wurde der Employment Rights Act 1998 (vom 8. 4. 1998) verabschiedet. Durch dessen Art. 1 sind die bisherigen Industrial Tribunals in Employment Tribunals umbenannt, nach dem sie 1994 und 1996 in Teilschritten wieder größere Bedeutung erlangten (zu Einzelheiten s. *Kilian* NZA 1999, 1088 ff.). Heute richtet sich der Verfahrensablauf nach dem Employment Tribunals **330**

Regulations Act 2001. Weitere Änderungen sind im Employment Act 2002 beschlossen, aber noch nicht umgesetzt worden.

VII. Japan

Schrifttum: *Hagizaba,* Der Arbeitsprozeß, in: Studien zum japanischen Arbeitsrecht, hrsg. von Mukoojama/Akazawa/Hanau, Japanisches Recht, Band 17, Köln 1984, S. 233 ff.; *Muranaka,* Die Bereinigung von Streitfällen, in: Tomandl, Arbeitsrecht und Arbeitsbeziehungen in Japan, 1991, S. 217 ff.; *Nakamura,* Justizreformen in Japan, FS für Heldrich, 2005; *Nakamura/Huber,* Die japanische ZPO in deutscher Sprache, Japanisches Recht, Band 4, Köln 1978; *Nishitani,* Das System zur Beilegung der Arbeitsstreitigkeiten in Japan, in: Recht und Verfahren, 1993, S. 195; *Yoshino/Eubel,* Zivilprozeßrecht, in: Eubel, Das japanische Rechtssystem, Frankfurt 1979, S. 159 ff. Vgl. ferner den Länderbericht in *Bülow/Böckstiegel/Geimer/Schütze,* Bd. IV Nr. 1058.

331 Das japanische Recht kennt weder eigene Arbeitsgerichte noch besondere Verfahrensnormen in Arbeitssachen. Im Streitfalle sind die Normen der japanischen ZPO heranzuziehen. Zur Entscheidung von Arbeitsstreitigkeiten sind die auch für Zivilsachen zuständigen allgemeinen Gerichte berufen. In einer größeren Zahl arbeitsrechtlicher Konflikte sind den Gerichten jedoch sog. *Kommissionen für Arbeitsbeziehungen* vorgeschaltet. Diese Kommissionen sind Verwaltungsorgane, keine Gerichte. Sie dienen insbesondere durch Schlichtungsausschüsse und Schiedskommissionen der Vermittlung in Arbeitskonflikten. Allerdings ist ihre Anrufung nicht obligatorisch. Traditionell spielt aber die außergerichtliche und die gerichtliche Streitschlichtung in Japan eine sehr große Rolle (vgl. insbes. *Ishikawa* in: Strafrecht und Kriminalpolitik in Japan und Deutschland, hrsg. von Hirsch/Weigend, Berlin 1989, S. 191; *Prütting,* Streitschlichtung nach japanischem und deutschem Recht, in: Recht in Ost und West, Tokio 1988, S. 719; *Nishitani,* Das System der Beilegung von Arbeitsstreitigkeiten in Japan, in: Recht und Verfahren, Heidelberg 1993, S. 195). Die Arbeitskommissionen wurden unter dem Einfluss des amerikanischen Rechts nach dem 2. Weltkrieg in Japan eingeführt. Es gibt regionale Arbeitskommissionen, die in allen Präfekturen eingerichtet sind und die zentrale Arbeitskommission in Tokyo. Alle Kommissionen setzen sich aus Vertretern dreier Gruppen zusammen, nämlich den Arbeitnehmervertretern, den Arbeitgebervertretern und den Vertretern des öffentlichen Interesses. In der zentralen Arbeitskommission stellt jede Gruppe 13 Vertreter, bei den regionalen Kommissionen spielt die Größe der Region eine Rolle: So sind in Osaka 11 Vertreter jeder Gruppe, in den meisten anderen Fällen fünf Vertreter jeder Gruppe vorhanden.

332 Soweit es in Fragen des Individualarbeitsrechts oder des kollektiven Arbeitsrechts zu Rechtsstreitigkeiten kommt, ist das in der japanischen ZPO vorgesehene Verfahren anzuwenden. Immerhin ist selbst in Japan eine gewisse Tendenz zur Spezialisierung zu beobachten. So sind bei den Landgerichten in Tokyo, Osaka und Fukuoka besondere Kammern eingerichtet, die sich auf die Behandlung von arbeitsrechtlichen Streitigkeiten spezialisiert haben. In jüngster Zeit haben sich besondere verfahrensrechtliche Probleme bei der Gewährung von einstweiligem Rechtsschutz in arbeitsrechtlichen Streitigkeiten ergeben (vgl. dazu *Ishikawa,* Probleme der einstweiligen Regelung von Beschäftigungsverhältnissen der Angestellten in Japan, in: FS Baumgärtel, Köln 1990, S. 163; *ders.,* Gestaltungswirkung einer einstweiligen Verfügung auf Zahlung des Gehalts in Japan, in: FS Schwab, München 1990, S. 237).

VIII. Brasilien

Schrifttum: *Alvares da Silva,* Die Arbeitsgerichtsbarkeit in Brasilien, in: Berkemeier, Arbeitsrecht in Brasilien, 1990, S. 101 ff.; *Böker,* Die Stellung des Anwalts im brasilianischen Recht,

2000; weitere Nachweise bei *Hueck/Nipperdey*, Arbeitsrecht, 7. Aufl., 1. Bd. 1963, S. 1013 (Fn. 1). Vgl. ferner den Länderbericht in *Bülow/Böckstiegel/Geimer/Schütze*, Bd. IV Nr. 1023.

Neben der ordentlichen Gerichtsbarkeit gibt es in Brasilien sehr ähnlich wie in Deutschland eine eigenständige dreistufige Arbeitsgerichtsbarkeit. Die Arbeitsgerichte sind für die Individual- und Kollektivstreitigkeiten zuständig. Rechtsgrundlage ist das Arbeitsgesetzbuch aus dem Jahre 1943, das seither vielfach novelliert wurde. Die Arbeitsgerichte bilden die 1. Instanz und sie sind mit einem Berufsrichter und zwei ehrenamtlichen Richtern besetzt. Die Berufung gegen Urteile der Arbeitsgerichte führt zum Landesarbeitsgericht. Davon gibt es zurzeit 13 in den jeweiligen Hauptstädten der 13 verschiedenen Regionen Brasiliens. In Ausnahmefällen ist das Landesarbeitsgericht aber auch 1. Instanz (Streitigkeit über den Abschluss eines Tarifvertrags und Entscheidung über die Rechtmäßigkeit eines Streiks). Schließlich gibt es das Bundesarbeitsgericht als ein Revisionsgericht, bestehend aus 17 Richtern, nämlich 11 Berufsrichtern und 6 ehrenamtlichen Richtern. Darüber hinaus besteht für die Prozesspartei die Möglichkeit, gegen die Entscheidungen des Bundesarbeitsgerichts ein Rechtsmittel einzulegen, wenn die Verfassungswidrigkeit des Urteils behauptet wird. Über dieses Rechtsmittel entscheidet der Supremo Tribunal Federal. **333**

Die gesamte Arbeitsgerichtsbarkeit ist dem Bund unterstellt. Alle Arbeitsrichter sind daher Richter des Bundes. **334**

IX. Spanien

Schrifttum: *Alonso Olea/Miñamberes Puig*, Derecho procesal del trabajo, 9. Aufl., Madrid 1997; *Baylos/Cruz/Villalón/Fernandez*, Instituciones de derecho procesal laboral, Madrid 1995; *Montero Aroca*, Introdicción al proceso laboral, Barcelona 1997; *Montero Aroca/ Iglesias Cabero/Marin Correa/Sampedro Corral*, Comentarios a la ley de pricedimiento laboral, 2 Bände, Madrid 1993. Vgl. ferner den Länderbericht in *Bülow/Böckstiegel/Geimer/ Schütze*, Bd. IV Nr. 1030.

Das spanische Recht kennt eine eigene Arbeitsgerichtsbarkeit, die in einem eigenen Arbeitsgerichtsgesetz geregelt ist (ley de procedimiento laboral). Dieses Gesetz wurde am 27. 4. 1990 erlassen (real decreto legislativo 52/1990) und am 7. 4. 1995 geändert (real decreto legislativo 2/1995). Das Gesetz enthält Regelungen zur Arbeitsgerichtsbarkeit und zur Sozialgerichtsbarkeit. Es werden sowohl individualarbeitsrechtliche als auch kollektivarbeitsrechtliche Streitigkeiten geregelt. Die Richter der Arbeitsgerichtsbarkeit sind durchgehend Berufsrichter. In 1. Instanz entscheidet ein Einzelrichter, teilweise auch eine Kammer. Dagegen gibt es Rechtsmittel zu einem Obergericht und letztlich zum höchsten Gericht (Tribunal Supremo). Vor den Arbeitsgerichten existiert kein Anwaltszwang. **335**

X. Südafrika

Schrifttum: *Zelewski*, Die Beilegung arbeitsrechtlicher Streitigkeiten in Südafrika, NZA 2001, 196.

Im Jahre 1995 wurde in Südafrika ein neuer Labour Relations Act verabschiedet, der am 11. 11. 1996 in Kraft getreten ist. Er versucht, arbeitsrechtliche Streitigkeiten weitgehend durch außergerichtliche Konfliktlösungsmechanismen beizulegen. Es wurden durch dieses Gesetz eigenständige Kommissionen eingerichtet, die unabhängig vom Staat und von den Vertretungen der Arbeitgeber- und Arbeitnehmerseite sind. Bei diesen Kommissionen handelt es sich letztlich um privatrechtlich organisierte Schlichtungseinrichtungen zur Lösung arbeitsrechtlicher Konflikte. Darüber hinaus gibt es für arbeits- **336**

Einleitung M. Grundlagen der Zwangsvollstreckung

gerichtliche Streitigkeiten den Labour Court und als Rechtsmittelgericht den Labour Appeal Court. Im Jahre 1999 waren für das gesamte Südafrika an den beiden Gerichten nur jeweils sechs Richter tätig. Das Verfahren vor den Arbeitsgerichten ist in §§ 158 ff. Labour Relations Act geregelt (zu den Einzelheiten s. *Zelewski* NZA 2001, 196, 198 ff.).

XI. USA

Schrifttum: *Hay,* US-amerikanisches Recht, 2000, S. 249 ff.; *Lange/Black,* Der Zivilprozeß in den Vereinigten Staaten, 1987; *Röhl,* Gerichtsverwaltung und Courtmanagement in den USA, 1993; *Schack,* Einführung in das US-amerikanische Zivilprozeßrecht, 2. Aufl. 1995. Vgl. ferner den Länderbericht in *Bülow/Böckstiegel/Geimer/Schütze,* Bd. IV Nr. 1157.

337 Das Arbeitsrecht der USA kennt keine eigenen Gerichte und Rechtszüge. Das materielle Arbeitsrecht ist stark bundesrechtlich geprägt. Es gibt spezielle Bundesbehörden zur Anwendung und Durchsetzung der arbeitsrechtlichen Normen. In arbeitsrechtlichen Streitigkeiten führt der Rechtsweg in den meisten Fällen von den Bundesbehörden zu den Bundesberufungsgerichten (Courts of Appeal). Höchste Instanz im Arbeitsrecht ist der Supreme Court.

M. Grundlagen der Zwangsvollstreckung

Schrifttum: *Baur/Stürner/Bruns,* Zwangsvollstreckungsrecht, 13. Aufl. 2006; *Brox/Walker,* Zwangsvollstreckungsrecht, 7. Aufl. 2003; *Egerer,* Vollstreckung und Vollstreckungsschutzanträge im Arbeitsrecht, NZA 1985, Beilage 2, S. 22; *U. Gottwald,* Zwangsvollstreckung, 5. Aufl. 2005; *Helwich,* Zweifelsfragen bei der Zwangsvollstreckung aus arbeitsgerichtlichen Titeln, AuR 1987, 395; *Jahnke,* Zwangsvollstreckung in der Betriebsverfassung, 1977; *Jauernig/Berger,* Zwangsvollstreckungs- und Insolvenzrecht, 22. Aufl. 2007; *Korinth,* Einstweiliger Rechtsschutz im Arbeitsgerichtsverfahren, 1999; *Lackmann,* Zwangsvollstreckungsrecht, 6. Aufl. 2003; *Lüke,* Die Vollstreckung des Anspruchs auf Arbeitsleistung, in: FS für E. Wolf, 1985, S. 459; *Matthes,* Voraussetzungen der Zwangsvollstreckung, AR-Blattei Zwangsvollstreckung IV; *Prütting/Stickelbrock,* Zwangsvollstreckungsrecht, 2002; *Rosenberg/Gaul/Schilken,* Zwangsvollstreckungsrecht, 11. Aufl. 1997; *Schuschke/Walker,* Vollstreckung und vorläufiger Rechtsschutz, Kommentar zum 8. Buch der ZPO, 3. Aufl. 2002; *Stein/Jonas/Münzberg,* ZPO, 22. Aufl. 2002 ff.; *Stürner,* Prinzipien der Einzelzwangsvollstreckung, ZZP 99 (1986), 291; *ders.,* Die Parteiherrschaft und die Parteiverantwortung im Vollstreckungsverfahren, FS für Hanisch, 1994, S. 257; *ders.,* Das grenzübergreifende Vollstreckungsverfahren in der Europäischen Union, FS für Henckel, 1995, S. 863; *Walker,* Einstweiliger Rechtsschutz im Zivilprozeß und im arbeitsgerichtlichen Verfahren, 1993; zur Literatur ferner s. unten § 62 und § 85.

I. Allgemeine Grundlagen

338 Die Zwangsvollstreckung ist ein Verfahren, das die zwangsweise Durchsetzung titulierter Rechte durch den Staat als dem alleinigen Träger der Vollstreckungsgewalt zum Gegenstand hat. Die Bereitstellung eines solchen Verfahrens ist auch im Arbeitsrecht notwendig, damit der Einzelne, der seine Rechte nicht im Wege der Selbsthilfe durchsetzen darf, wirksamen Rechtsschutz erhält.

339 Rechtsgrundlage für die Vollstreckung arbeitsgerichtlicher Titel sind die §§ 62, 85 ArbGG, die ihrerseits – abgesehen von einigen Sonderregelungen – auf die Vorschriften des Achten Buchs der Zivilprozessordnung (§§ 704–945 ZPO) verweisen. Das Vollstreckungsverfahren ist ein selbständiges Verfahren und nicht abhängig vom Erkenntnisverfahren. Letzteres ist also weder notwendige Voraussetzung für die Einleitung eines Vollstreckungsverfahrens (so z. B. bei der Vollstreckung von Urkunden i. S. v. § 794 Nr. 5

ZPO) noch ist das Vollstreckungsverfahren notwendige Folge eines Erkenntnisverfahrens (z. B. wenn der Gläubiger nicht vollstrecken will). Die Selbständigkeit des Vollstreckungsverfahrens zeigt sich auch darin, dass die Zwangsvollstreckung durch eigene Organe durchgeführt wird (dazu unten IV). Ferner gelten für das Verfahren besondere Verfahrensgrundsätze (unten VI).

Eingeleitet wird das Vollstreckungsverfahren durch den *Antrag* des Vollstreckungsgläubigers. Das auf diese Weise begründete Rechtsverhältnis zwischen ihm und dem Staat ist öffentlich-rechtlicher Natur und nicht, wie es der Wortlaut der §§ 753 ff. ZPO nahelegen könnte, ein privatrechtliches Auftragsverhältnis. Gleiches gilt für das Verhältnis des Staates zum Schuldner (vgl. MünchKommZPO/*Lüke*, 2. Aufl. 2000, Einl. Rn. 352). **340**

Beendet wird das Vollstreckungsverfahren entweder mit der vollständigen Befriedigung des Gläubigers (auch hinsichtlich der Kosten der Zwangsvollstreckung, § 788 ZPO; zur Kostenfreiheit des zur Durchsetzung von im Beschlussverfahren erwirkten Titeln durchgeführten Vollstreckungsverfahrens siehe unten § 85 Rn. 25), der Rücknahme des Vollstreckungsantrags oder der endgültigen Einstellung des Verfahrens, wenn z. B. nach § 775 Nr. 1 ZPO die Ausfertigung einer der Vollstreckungsabwehrklage nach § 767 ZPO stattgebenden vollstreckbaren Entscheidung vorgelegt wird oder wenn ein die Vollstreckung hindernder Umstand eintritt wie z. B. die Eröffnung des Konkursverfahrens über das Vermögen des Schuldners, § 14 Abs. 1 KO (zur einstweiligen Einstellung der Zwangsvollstreckung siehe unten § 62 Rn. 29 ff.). Der Tod des Schuldners nach Beginn der Zwangsvollstreckung führt dagegen nicht zur Beendigung des Verfahrens; die Zwangsvollstreckung wird vielmehr in seinen Nachlass fortgesetzt (§ 779 ZPO). **341**

Der zur Befriedigung des Gläubigers eingesetzte staatliche Zwang richtet sich im Allgemeinen nicht gegen die Person des Schuldners, sondern gegen dessen Vermögen. Etwas anderes gilt nur dann, wenn es zur Durchsetzung des Gläubigerrechts einer Willensbeugung seitens des Schuldners bedarf. In diesem Fall kann gegen den Schuldner auch Ordnungs- oder Zwangshaft festgesetzt werden (vgl. §§ 888, 890, 901 ZPO sowie die Einschränkung in § 85 Abs. 1 Satz 3 ArbGG). **342**

Dem Vollstreckungszugriff unterliegt grundsätzlich nur das Schuldnervermögen; allerdings ist auch eine Vollstreckung in schuldnerfremde Vermögensgegenstände möglich, sofern diese durch anfechtbare Rechtshandlungen des Schuldners aus dessen Vermögen entfernt worden sind (vgl. § 7 AnfG und dazu BGH, NJW 1984, 2891: der Anfechtungsgegner hat die Zwangsvollstreckung in den „zurückzugewährenden" Gegenstand zu dulden). **343**

Die Befriedigung aus dem Schuldnervermögen ist jedoch nicht uneingeschränkt zulässig. Vielmehr folgt aus dem in Art. 1 Abs. 1 GG garantierten Recht auf ein menschenwürdiges Dasein, dass dem Schuldner ein Existenzminimum verbleiben muss. Die §§ 811 ff., 850 ff. ZPO enthalten daher zum Schutz des Schuldners vor „Kahlpfändungen" Bestimmungen über die Unpfändbarkeit bzw. die Beschränkung der Pfändbarkeit. **344**

Zu erwähnen ist schließlich noch, dass Vollstreckungsgläubiger und -schuldner die Vollstreckungsbefugnis des Gläubigers durch prozessrechtlichen Vertrag gegenständlich, zeitlich oder hinsichtlich der Vollstreckungsart beschränken können. Vollstreckungserweiternde Verträge sind dagegen grundsätzlich unzulässig (vgl. MünchKommZPO/ *Lüke*, 2. Aufl. 2000, Einl. Rn. 306). **345**

II. Beteiligte

Die Parteien eines Vollstreckungsverfahrens heißen Vollstreckungsgläubiger und Vollstreckungsschuldner. Vollstreckungsgläubiger ist der im Titel bezeichnete Rechtsinhaber bzw. derjenige, auf den der Titel durch titelübertragende Klausel (vgl. §§ 727 ff. ZPO) umgeschrieben worden ist. Vollstreckungsschuldner ist derjenige, gegen den das im Titel **346**

Einleitung

festgestellte Recht vollstreckt wird. Wer das ist, ergibt sich ebenfalls aus dem Titel oder aus der Vollstreckungsklausel (vgl. insb. §§ 727–729, 739, 749 ZPO).

347 Alle anderen Personen sind für das Vollstreckungsverfahren Dritte. Wird ihre Rechtsstellung durch die Vollstreckung berührt, können sie ihre Rechte im Wege der Erinnerung (§ 766 ZPO) oder der Drittwiderspruchsklage (§ 771 ZPO) geltend machen (dazu unten VIII). Aber auch der Vollstreckungsschuldner kann Dritter sein, wenn er nur mit einem Teil seines Vermögens oder nur als Partei kraft Amtes mit fremdem Vermögen haftet (MünchKomm-ZPO/*Lüke*, 2. Aufl. 2000, Einl. Rn. 348).

III. Gegenstand

348 In der Regel hat die Durchführung eines Vollstreckungsverfahrens die Durchsetzung subjektiver Rechte zum Ziel, dient also der Verwirklichung der vom Gesetz als schutzwürdig anerkannten Interessen des Rechtsinhabers gegenüber einer anderen rechtsfähigen Person.

349 Indes können nach § 85 ArbGG auch die im Wege des Beschlussverfahrens rechtskräftig festgestellten Mitbestimmungs- und Mitwirkungsrechte aus dem BetrVG und den Mitbestimmungsgesetzen (§ 2a Abs. 1 Nr. 1 und 2 ArbGG) Gegenstand eines Vollstreckungsverfahrens sein. Bei diesen Rechten handelt es sich nicht um subjektive Rechte, sondern um Kompetenzen, d. h. um Befugnisse, die den beteiligten Personen und Stellen in ihrer Funktion als Interessenvertreter im Rahmen der Betriebs- bzw. Unternehmensverfassung zugewiesen sind. Für die Durchführung des Vollstreckungsverfahrens gilt zwar der nach dem Beschluss Verpflichtete als Schuldner und derjenige, der die Erfüllung dieser Verpflichtung verlangen kann, als Gläubiger (§ 85 Abs. 1 S. 2 ArbGG), doch kann sich die zwangsweise Durchsetzung arbeitsgerichtlicher Beschlüsse gleichwohl als problematisch erweisen (siehe dazu im Einzelnen § 85 ArbGG Rn. 11 ff.).

IV. Vollstreckungsorgane

1. Gerichtsvollzieher

350 Der Gerichtsvollzieher ist gemäß § 753 ZPO für die Durchführung der Zwangsvollstreckung zuständig, soweit diese nicht den Gerichten zugewiesen ist. Er ist damit das wichtigste Vollstreckungsorgan, wobei ihm in erster Linie die Vornahme solcher Vollstreckungshandlungen obliegt, die die Anwendung unmittelbaren Zwanges erfordern können wie die Pfändung (§ 808 ZPO), die Wegnahme beweglicher Sachen (§ 883 ZPO), die Räumung von Grundstücken (§ 885 ZPO), die Abnahme eidesstattlicher Versicherungen (§ 899 ZPO) und die Verhaftung des Schuldners nach § 909 ZPO.

351 Die Rechtsstellung des Gerichtsvollziehers ergibt sich aus den Beamtengesetzen, aus den (bundeseinheitlichen) Gerichtsvollzieherordnungen der Länder (vgl. § 154 GVG) sowie der ebenfalls einheitlich erlassenen Geschäftsanweisung für Gerichtsvollzieher.

2. Vollstreckungsgericht

352 Ein weiteres bedeutsames Organ des Vollstreckungsverfahrens ist das Vollstreckungsgericht, das nicht zu verwechseln ist mit dem Prozessgericht. Für die Vollstreckung arbeitsgerichtlicher Titel ist also *nicht das Arbeitsgericht* das Vollstreckungsgericht, sondern gemäß § 764 Abs. 1 und 2 ZPO grundsätzlich *das Amtsgericht*, in dessen Bezirk das Vollstreckungsverfahren stattfinden soll oder stattgefunden hat (näher dazu unten § 62 Rn. 64). Für das Amtsgericht wiederum handelt regelmäßig der Rechtspfleger (§§ 3 Nr. 1i, 20 Nr. 17 RPflG) und nicht der Richter, dem nur noch wenige Entscheidungen vorbehalten sind (vgl. §§ 20 Nr. 17a bis c, 4 Abs. 2 Nr. 2 RPflG).

353 Die Aufgaben des Vollstreckungsgerichts lassen sich unterteilen in die Entscheidung über die Vollstreckungserinnerung nach § 766 ZPO einerseits und die Vornahme von Vollstreckungshandlungen in den vom Gesetz ausdrücklich bestimmten Fällen andererseits (§ 753 Abs. 1 ZPO). Hauptsächliches Tätigkeitsgebiet des Vollstreckungsgerichts ist die Zwangsvollstreckung wegen Geldforderungen in Forderungen und andere Vermögensrechte (§§ 828 ff. ZPO, näher dazu unten § 62 Rn. 51 ff.). Der zur Befriedigung aus einer Geldforderung notwendige Pfändungs- und Überweisungsbeschluss (§§ 829, 835 ZPO) wird also durch das Vollstreckungsgericht erlassen. Das Vollstreckungsgericht ist darüber hinaus zuständig für die Vollstreckung in das unbewegliche Vermögen (§§ 864 ff. ZPO), das Verteilungsverfahren (§§ 872 ff. ZPO) sowie das Verfahren der Offenbarungsversicherung (§§ 899 ff. ZPO).

3. Prozessgericht

354 Das Prozessgericht wird nur in wenigen Fällen als Vollstreckungsorgan tätig. Es ist zuständig für die Zwangsvollstreckung zur Erwirkung von vertretbaren und unvertretbaren Handlungen (§§ 887, 888 ZPO, dazu unten § 62 Rn. 45 ff.) sowie von Duldungen und Unterlassungen (§ 890 ZPO). Zuständig ist immer das Prozessgericht des ersten Rechtszuges, d. h. *das Arbeitsgericht, das den Titel erlassen hat,* nicht aber notwendigerweise derselbe Spruchkörper (MünchKommZPO/*Lüke*, 2. Aufl. 2000 Einl. Rn. 343). Dies gilt auch dann, wenn es um die Vollstreckung eines Titels geht, der von der Rechtsmittelinstanz erlassen worden ist, oder wenn das Verfahren noch in der Berufungs- oder Revisionsinstanz anhängig ist (vgl. unten § 62 Rn. 46 ff.).

4. Grundbuchamt

355 Das Grundbuchamt schließlich ist zuständig für die Eintragung einer Sicherungshypothek zwecks Vollstreckung einer Geldforderung in das unbewegliche Vermögen (§ 867 Abs. 1 ZPO).

V. Voraussetzungen

356 Liegt ein Vollstreckungsantrag des Gläubigers vor, so haben die Vollstreckungsorgane von Amts wegen zu prüfen, ob die Vollstreckungsvoraussetzungen erfüllt sind. Dazu zählen in erster Linie das Vorliegen eines Vollstreckungstitels (vgl. §§ 704 ff., 794 ZPO sowie zu den Besonderheiten im Arbeitsgerichtsprozess § 62 Rn. 5 ff., § 85 Rn. 2 ff.) und einer Vollstreckungsklausel (§§ 724 ff., 795 ZPO). Ferner darf die Zwangsvollstreckung nicht kraft Gesetzes untersagt sein, wie dies z. B. bei Eröffnung des Insolvenzverfahrens der Fall ist (§ 89 InsO). Auch darf die Zwangsvollstreckung gemäß §§ 750 Abs. 1, 795 ZPO erst dann beginnen, wenn der Vollstreckungstitel bereits zugestellt ist oder gleichzeitig zugestellt wird; in manchen Fällen verlangt das Gesetz darüber hinaus auch die Zustellung der Vollstreckungsklausel sowie bestimmter Urkunden (vgl. §§ 750 Abs. 2, 751 Abs. 2, 756, 765 ZPO). Weitere Bedingungen für den Vollstreckungsbeginn sind gegebenenfalls der Ablauf des bestimmten Kalendertages (§ 751 Abs. 1 ZPO), die Erbringung der Sicherheitsleistung (§ 751 Abs. 2 ZPO) und die Erfüllung oder das Angebot der Gegenleistung (§§ 756, 765 ZPO). Von den allgemeinen Prozessvoraussetzungen müssen die deutsche Gerichtsbarkeit, die Zulässigkeit des Rechtswegs und die Partei- und Prozessfähigkeit von Gläubiger und Schuldner gegeben sein, wobei sich die erweiterte Beteiligtenfähigkeit für das Beschlussverfahren (§ 10 ArbGG) auch auf das anschließende Zwangsvollstreckungsverfahren auswirkt (siehe unten § 85 Rn. 12 ff.).

VI. Verfahrensgrundsätze

357 Die besondere Struktur der Zwangsvollstreckung erschwert die Herausarbeitung von Verfahrensgrundsätzen. So kann man für das Handeln der Vollstreckungsorgane im Allgemeinen nicht die Prinzipien des Erkenntnisverfahrens unbesehen heranziehen. Insbesondere Mündlichkeit, Öffentlichkeit, Unmittelbarkeit und Verhandlungsmaxime (Beibringungsgrundsatz) kommen in der Zwangsvollstreckung nicht in Betracht. Von Bedeutung sind aber die folgenden Aspekte:

1. Dispositionsmaxime

358 Auch im Vollstreckungsverfahren können die Parteien, d. h. in erster Linie der Vollstreckungsgläubiger, über Einleitung, Durchführung und Beendigung des Verfahrens im Wesentlichen verfügen. So bestimmt der Vollstreckungsgläubiger durch seinen Antrag, welcher Anspruch gegen welchen Schuldner durchgesetzt werden soll und in welchem Umfang; ferner legt er bei der Vollstreckung wegen Geldforderungen die Art der Vollstreckung fest; er kann das Verfahren durch Rücknahme des Vollstreckungsantrags beenden, er kann es ruhen lassen, eine einstweilige Einstellung bewilligen oder gemäß § 843 ZPO auf die durch Pfändung und Überweisung zur Einziehung erworbenen Rechte verzichten (umfassend zur Dispositionsbefugnis des Vollstreckungsgläubigers *Wieser* NJW 1988, 665 ff.). Die Dispositionsbefugnis des Schuldners spielt dagegen nur eine untergeordnete Rolle. Sie beschränkt sich im Wesentlichen auf die Beantragung von Vollstreckungsschutz und Verwertungsaufschub (§§ 765 a, 813 a ZPO).

2. Gewährung rechtlichen Gehörs

359 Nach Art. 103 Abs. 1 GG hat jedermann vor Gericht Anspruch auf rechtliches Gehör. Vor Erlass einer Entscheidung muss dem Betroffenen also grundsätzlich die Gelegenheit gegeben werden, sich in tatsächlicher und rechtlicher Hinsicht zur Sache äußern zu können (BVerfGE 1, 418, 429; 81, 123, 126). Dies gilt auch für das Vollstreckungsverfahren, das, obwohl es in erster Linie durch den Gerichtsvollzieher durchgeführt wird, ebenfalls ein gerichtliches Verfahren darstellt. Denn der Gerichtsvollzieher unterliegt der gerichtlichen Fachaufsicht nach § 766 ZPO (MünchKommZPO/*Lüke*, 2. Aufl. 2000, Einl. Rn. 339), weshalb die Zwangsvollstreckung als eine den Gerichten – neben ihrer Rechtsprechungstätigkeit – zugewiesene Aufgabe angesehen wird (*Stern*, Staatsrecht II, 1980, § 43 I 5, S. 901).

360 Nun kann aber gerade im Rahmen eines Vollstreckungsverfahrens der Anspruch auf Gewährung rechtlichen Gehörs mit dem Interesse des Gläubigers an der Durchsetzung seines titulierten Rechts kollidieren. Es ist daher verfassungsrechtlich nicht zu beanstanden, wenn die Anhörung des Schuldners erst nachträglich im Rahmen des Rechtsbehelfsverfahrens erfolgt. Dementsprechend sieht § 834 ZPO vor, dass der Schuldner vor der Pfändung von Forderungen nicht zu hören ist. Auch vor der Eröffnung des Zwangsversteigerungsverfahrens oder der Eintragung einer Zwangshypothek braucht der Schuldner nicht gehört zu werden (*Schuschke/Walker*, Vollstreckung und vorläufiger Rechtsschutz, 2. Aufl. 1997, Allg. Vorb. Rn. 10). Geht es jedoch um die Erzwingung von Handlungen bzw. Unterlassungen und Duldungen, ist eine vorherige Anhörung des Schuldners zwingend vorgeschrieben (§ 891 ZPO).

3. Formalisierung

361 Aufgabe der Vollstreckungsorgane ist es, dem Vollstreckungsgläubiger unter Einsatz staatlicher Zwangsmittel zur Verwirklichung seines Rechts zu verhelfen. Dagegen sind sie nicht dazu berufen, die materielle Berechtigung des Gläubigers zu überprüfen. Dies ist vielmehr den Gerichten in ihrer Funktion als Rechtsprechungsorgane vorbehalten. Folglich haben die Vollstreckungsorgane nur zu überprüfen, ob die *formalen* Voraussetzungen für die Durchführung des Vollstreckungsverfahrens erfüllt sind. Ebenso wenig wird bei der Vollstreckung in einzelne Vermögensgegenstände deren materiell-rechtliche Zugehörigkeit zum Schuldnervermögen geprüft. Das Gesetz knüpft die Zulässigkeit der jeweiligen Vollstreckungsmaßnahme vielmehr an leicht feststellbare (äußere) Tatbestände an wie z. B. bei der Pfändung beweglicher Sachen an den Gewahrsam des Schuldners (§ 808 ZPO), bei der Vollstreckung in unbewegliches Vermögen an den Inhalt des Grundbuchs und bei der Vollstreckung in Geldforderungen an die schlüssige Behauptung des Gläubigers, dass dem Schuldner eine bestimmte Forderung gegen den Drittschuldner zustehe.

4. Prioritätsgrundsatz

Zwischen verschiedenen konkurrierenden Gläubigern, die gegen denselben Schuldner die Zwangsvollstreckung betreiben, gilt das Prioritätsprinzip (§ 804 Abs. 3), das im Gegensatz zum Grundsatz der gleichmäßigen Befriedigung im Insolvenzrecht steht: Eine zeitlich vorrangige Pfändung hat daher absoluten Vorrang vor einer Nachfolgenden. **362**

5. Verhältnismäßigkeit

Eine Pfändung und Verwertung ist nur zulässig, wenn sie zu einer teilweisen Befriedigung des Gläubigers führen kann. Eine nutzlose Pfändung ist unzulässig, ebenso eine unnötige Überpfändung (vgl. § 803 ZPO). Auch darüber hinaus hat das BVerfG in einzelnen Fallkonstellationen den Grundsatz der Verhältnismäßigkeit bejaht (vgl. BVerfG 20. 6. 1978 BVerfGE 48, 396 = NJW 1978, 2023; 3. 4. 1979 BVerfGE 51, 97 = NJW 1979, 1539; 3. 10. 1979 BVerfGE 52, 214 = NJW 1979, 2607; 19. 10. 1982 BVerfGE 61, 126 = NJW 1983, 559). Unabhängig von diesen einzelnen Fällen ist aber kein allgemeiner Grundsatz der Verhältnismäßigkeit in der Zwangsvollstreckung anzuerkennen. Eine Abwägung zwischen dem Vorteil für den vollstreckenden Gläubiger und dem Nachteil für den Schuldner gibt es daher nicht. Der Gläubiger darf z. B. auch wegen einer Bagatellforderung vollstrecken und dem Schuldner einen hohen Vollstreckungsschaden zufügen. Ferner ist das Wahlrecht des Gläubigers unter den verschiedenen Vollstreckungsarten nicht eingeschränkt. Der Grundsatz der Verhältnismäßigkeit erfordert insbesondere nicht, dass die Zwangsversteigerung von Grundstücken als letztes Mittel zur Befriedigung des Gläubigers in Betracht zu ziehen ist (a. A. das Sondervotum von *Böhmer* BVerfGE 49, 238). **363**

Insgesamt stehen die Zwecke und Ziele der Zwangsvollstreckung sowie die besondere Struktur gegenüber anderen Bereichen des öffentlichen Rechts einer generellen Anwendung des Grundsatzes der Verhältnismäßigkeit entgegen. Auch der Gesichtspunkt der Rechtssicherheit mahnt hier zu größter Zurückhaltung (zum Ganzen insbesondere *Rosenberg/Gaul/Schilken*, Zwangsvollstreckungsrecht, § 3 III 5; weitergehend *Wieser*, Der Grundsatz der Verhältnismäßigkeit in der Zwangsvollstreckung, 1989). **364**

VII. Fehlerhafte Vollstreckungsakte

Vollstreckungsakte sind fehlerhaft, wenn die Voraussetzungen für die Durchführung eines Vollstreckungsverfahrens nicht vorliegen oder wenn einzelne Vollstreckungshandlungen gegen das Gesetz verstoßen. Nicht jede Fehlerhaftigkeit führt indessen auch zur Nichtigkeit des Vollstreckungsaktes. Nur die Verletzung absolut wesentlicher Zulässigkeitsvoraussetzungen bzw. wesentlicher Verfahrens- und Formvorschriften hat die Unwirksamkeit des fehlerhaften Vollstreckungsaktes zur Folge (Beispiel: Vollstreckung ohne Titel; durch funktionell unzuständiges Vollstreckungsorgan; Verstoß gegen § 808 **365**

Abs. 1 ZPO). Alle anderen fehlerhaften Vollstreckungsakte sind zwar rechtswidrig, aber solange wirksam, wie sie nicht auf einen entsprechenden Rechtsbehelf hin oder von Amts wegen aufgehoben werden.

VIII. Rechtsbehelfe

366   Nicht nur der Schuldner, sondern auch Dritte sowie der Gläubiger können durch Maßnahmen der Zwangsvollstreckungsorgane bzw. durch ein Untätigbleiben derselben in ihren Rechten beeinträchtigt werden. Das von der ZPO für diese Fälle bereitgestellte Rechtsschutzsystem verläuft – je nach Art der geltend gemachten Rechtsverletzung – zweispurig (vgl. im Einzelnen unten, § 62 Rn. 59 ff.; zu den hier nicht angesprochenen Rechtsbehelfen im Rahmen des der Zwangsvollstreckung vorgeschalteten Klauselerteilungsverfahrens vgl. etwa *Renkl* JuS 1981, 514; *Brox/Walker*, Zwangsvollstreckungsrecht, Rn. 128 ff.). Gegen die Verletzung von Vorschriften über die formellen Voraussetzungen der Zwangsvollstreckung gibt es die sog. vollstreckungsinternen Rechtsbehelfe. Das sind die Vollstreckungserinnerung (§ 766 ZPO), die sofortige Beschwerde (§ 793 ZPO), die sofortige Rechtspflegererinnerung (§ 11 Abs. 1 Satz 2 RPflG), die Grundbuchbeschwerde (§§ 71 ff. GBO) sowie die Zuschlagsbeschwerde (§§ 96 ff. ZVG). Diesen vollstreckungsinternen Rechtsbehelfen stehen die Vollstreckungsabwehrklagen gegenüber, mit denen materiellrechtliche Einwendungen geltend gemacht werden können. Hier ist insbesondere die Vollstreckungsgegenklage (§ 767 ZPO), die Vorzugsklage (§ 805 ZPO) sowie die Drittwiderspruchsklage des § 771 ZPO zu nennen.

IX. Internationale Zwangsvollstreckung

367   Auch das internationale Zwangsvollstreckungsrecht, also das Kollisionsrecht der Einzelzwangsvollstreckung, ist Teil des nationalen Rechts. Dies bedeutet, dass es eine grenzüberschreitende Zwangsvollstreckung nicht gibt. Jeder Staat kann Vollstreckungsmaßnahmen nur innerhalb seines eigenen Staatsgebietes anordnen und durchsetzen. § 791 ZPO, der dies voraussetzt, ist gegenstandslos. Innerhalb des jeweiligen eigenen Staatsgebietes gilt der Grundsatz der lex fori (s. oben Einleitung Rn. 266). Soll also ein ausländischer Titel im Inland vollstreckt werden, so ist eine deutsche Vollstreckbarerklärung und damit eine inländische Vollstreckungsklausel erforderlich (s. oben Einleitung Rn. 299 ff.).

368   Soweit daher ein ausländisches Vollstreckungsorgan einem ausländischen Arbeitgeber an dessen Hauptsitz im Ausland im Rahmen der Lohnpfändung ein Zahlungsverbot zustellt, wird dadurch nicht die Pfändung des Arbeitsentgelts eines in Deutschland ansässigen Arbeitnehmers bewirkt (BAG 19. 3. 1996 ZIP 1996, 2031).

Kommentar

Arbeitsgerichtsgesetz

Vom 3. September 1953 (BGBl. I S. 1267)

in der Fassung der Bekanntmachung vom 2. Juli 1979 (BGBl. I S. 853, 1036).

Zuletzt geändert durch Art. 4 f Gesetz zur Verbesserung der Rahmenbedingungen für die Absicherung flexibler Arbeitszeitregelungen und zur Änderung anderer Gesetze vom 21. Dezember 2008 (BGBl. I S. 2940)

FNA 320-1

Erster Teil
Allgemeine Vorschriften

§ 1 Gerichte für Arbeitssachen

Die Gerichtsbarkeit in Arbeitssachen – §§ 2 bis 3 – wird ausgeübt durch die Arbeitsgerichte – §§ 14 bis 31 –, die Landesarbeitsgerichte – §§ 33 bis 39 – und das Bundesarbeitsgericht – §§ 40 bis 45 – (Gerichte für Arbeitssachen).

Übersicht

	Rn.
I. Eigener Rechtsweg	1
II. Aufbau der Arbeitsgerichtsbarkeit	2–4
III. Deutsche Gerichtsbarkeit	5
1. Allgemeines	5–12
2. Arbeitsgerichtsbarkeit gegenüber den Stationierungsstreitkräften	13
3. Arbeitsgerichtsbarkeit und kirchliche Gerichtsbarkeit	14
IV. Internationale Zuständigkeit	15
1. Allgemeines	15, 16
2. Internationale Zuständigkeit nach dem AEntG	17
3. Internationale Zuständigkeit nach deutschem Verfahrensrecht	18–22
4. Internationale Zuständigkeit nach der EG-Verordnung Nr. 44/2001 (EuGVVO)	23–26
5. Internationale Zuständigkeit nach dem EuGVÜ	27–30
6. Beachtung der internationalen Zuständigkeit	31–33

I. Eigener Rechtsweg

Art. 95 Abs. 1 GG weist die Arbeitsgerichtsbarkeit neben der ordentlichen, der Verwaltungs-, der Finanz- und der Sozialgerichtsbarkeit als selbständige Gerichtsbarkeit aus. Im Zusammenwirken mit dem am 1. 1. 1991 in Kraft getretenen Gesetz zur Neuregelung des verwaltungsgerichtlichen Verfahrens (4. VwGO-ÄndG) und der Neufassung des § 48 ist klargestellt, dass die Arbeitsgerichtsbarkeit ein eigenständiger Rechtsweg und nicht besondere Zivilgerichtsbarkeit ist. Die Frage der Abgrenzung zur ordentlichen Gerichtsbarkeit ist daher – entgegen früher zum Teil vertretener Auffassung – eine Frage der Zulässigkeit des Rechtswegs und nicht der sachlichen Zuständigkeit (BAG 26. 3. 1992 AP ArbGG 1979 § 48 Nr. 7; BAG 28. 4. 1992 AP BetrVG 1972 § 50 Nr. 11).

1

II. Aufbau der Arbeitsgerichtsbarkeit

2   § 1 legt für die Arbeitsgerichtsbarkeit einen **dreistufigen Aufbau** fest. Im ersten Rechtszug sind grundsätzlich die **Arbeitsgerichte** zuständig, § 8 Abs. 1. Dies gilt sowohl für das Urteils-, als auch für das Beschlussverfahren. Ohne Bedeutung sind die Höhe des Streitwerts und grundsätzlich auch der Streitgegenstand, sofern nur der Rechtsweg zu den Gerichten für Arbeitssachen gegeben ist. Auch Rechtsstreitigkeiten von besonderer Bedeutung, etwa auf dem Gebiet des Arbeitskampfrechts, des Tarifrechts oder des Rechts der Koalitionen sind grundsätzlich nicht den Landesarbeitsgerichten oder dem Bundesarbeitsgericht als Eingangsgericht zugewiesen. Überlegungen, dem Bundesarbeitsgericht in Arbeitskampfsachen eine erstinstanzliche Zuständigkeit jedenfalls für einstweilige Verfügungen zuzuweisen, sind bislang nicht Gesetz geworden. Anders verhält es sich gemäß § 146 Abs. 6 SGB III, wonach das Bundessozialgericht in erster und letzter Instanz über eine Klage der Tarifvertragsparteien gegen eine Entscheidung des Neutralitätsausschusses nach § 146 Abs. 5 SGB III entscheidet. Eine Ausnahme bilden allerdings arbeitsrechtliche Rechtsstreitigkeiten aus dem Schwerbehindertenrecht nach dem SGB IX, soweit diese im Geschäftsbereich des Bundesnachrichtendienstes entstehen. Hierüber entscheidet das Bundesarbeitsgericht im ersten und zugleich letzten Rechtszug, § 158 Nr. 5 SGB IX.

3   Die **Landesarbeitsgerichte** sind die Gerichte des zweiten Rechtszugs und als solche Rechtsmittelgerichte. Sie entscheiden über Berufungen gegen Urteile der Arbeitsgerichte, über Beschwerden gegen Beschlüsse der Arbeitsgerichte im Beschlussverfahren und über Beschwerden gegen Beschlüsse der Arbeitsgerichte innerhalb eines Verfahrens. Zwar weisen die §§ 21 Abs. 5, 27 und 28 die Entscheidung über die Amtsentbindung und Amtsenthebung von ehrenamtlichen Richtern auch der Arbeitsgerichte sowie über die Festsetzung eines Ordnungsgeldes gegen diese unmittelbar den Landesarbeitsgerichten zu; hierbei handelt es sich jedoch nicht um spruchrichterliche Tätigkeit im Instanzenzug, sondern um gerichtsorganisatorische Entscheidungen. Schließlich entscheiden die Landesarbeitsgerichte auch über die Ablehnung eines Richters wegen Befangenheit beim Arbeitsgericht, wenn dieses durch das Ausscheiden des abgelehnten Richters beschlussunfähig wird; ein Fall, der angesichts der heutigen Größe der Arbeitsgerichte nur noch selten vorkommen wird, § 49 Abs. 2.

4   Das **Bundesarbeitsgericht** ist – bis auf die unter Rn. 2 aufgeführte Ausnahme nach § 158 Nr. 5 SGB IX – ausschließlich Rechtsmittelgericht und entscheidet in dritter und letzter Instanz über Revisionen gegen Urteile der Landesarbeitsgerichte, über Rechtsbeschwerden gegen Beschlüsse der Landesarbeitsgerichte im Beschlussverfahren sowie über Rechtsbeschwerden im Verfahren nach § 78. Dabei ist das Bundesarbeitsgericht keine dritte Tatsacheninstanz; es überprüft – anders als die Landesarbeitsgerichte – nicht, ob die von den Parteien oder Beteiligten vorgetragenen Tatsachen richtig sind, sondern nur, ob die angefochtene Entscheidung rechtsfehlerfrei ist, also mit dem formellen und materiellen Recht übereinstimmt (GK-ArbGG/*Dörner* § 1 Rn. 7).

III. Deutsche Gerichtsbarkeit

1. Allgemeines

5   Gerichtsbarkeit in Arbeitssachen durch die Gerichte für Arbeitssachen setzt voraus, dass die **deutsche Gerichtsbarkeit** gegeben ist. Diese erfasst zwar grundsätzlich alle natürlichen und juristischen Personen, die sich im Geltungsbereich des Arbeitsgerichtsgesetzes, mithin der Bundesrepublik Deutschland aufhalten oder tätig sind; allerdings sind nach den §§ 18 bis 20 GVG bestimmte Personen und Organisationen von der

III. Deutsche Gerichtsbarkeit   § 1

deutschen Gerichtsbarkeit ausgenommen. Diese genießen **Exterritorialität** bzw. **Immunität**. Die §§ 18 bis 20 GVG gelten auch für das arbeitsgerichtliche Verfahren (*Kissel/ Mayer* § 18 Rn. 22).

Die Immunität gilt in erster Linie für Mitglieder **diplomatischer Missionen,** für ihre   6
Familienmitglieder und ihre privaten Hausangestellten nach Maßgabe des Wiener Übereinkommens über diplomatische Beziehungen vom 18. 4. 1961 (BGBl. 1964 II S. 957), § 18 GVG, sowie für Mitglieder der **konsularischen Vertretungen** einschließlich der Wahlkonsularbeamten nach Maßgabe des Wiener Übereinkommens über konsularische Beziehungen vom 24. 4. 1963 (BGBl. 1969 II S. 1585), § 19 GVG. Die Befreiung von der deutschen Gerichtsbarkeit ist dabei unterschiedlich geregelt. Wegen der Einzelheiten wird auf die Literatur zum Gerichtsverfassungsgesetz verwiesen.

Darüber hinaus erstreckt sich nach § 20 Abs. 1 GVG die deutsche Gerichtsbarkeit   7
nicht auf Repräsentanten anderer Staaten und deren Begleitung, die sich auf amtliche Einladung der Bundesrepublik Deutschland im Geltungsbereich des Gesetzes aufhalten, sowie gemäß § 20 Abs. 2 GVG nicht auf solche Personen, die nach allgemeinen Regeln des Völkerrechts, auf Grund völkerrechtlicher Vereinbarungen oder auf Grund sonstiger Rechtsvorschriften von ihr befreit sind. **Auf Grund allgemeiner Regeln des Völkerrechts** (s. dazu BVerfG 30. 4. 1963 BVerfGE 16, 27, 33 und 13. 12. 1977 BVerfGE 46, 342, 367) sind zunächst **ausländische Staaten** von der deutschen Gerichtsbarkeit ausgenommen, allerdings nur hinsichtlich ihrer hoheitlichen Tätigkeit, nicht jedoch für ihr nichthoheitliches Verhalten. Zwar sind nach dem als Bundesrecht iSv. Art. 25 GG geltenden allgemeinen Völkergewohnheitsrecht Staaten der Gerichtsbarkeit anderer Staaten nicht unterworfen, soweit ihre hoheitliche Tätigkeit von einem Rechtsstreit betroffen ist; dagegen untersagt keine Regel des Völkerrechts der inländischen Gerichtsbarkeit, in Angelegenheiten zu entscheiden, die die nichthoheitliche Tätigkeit des ausländischen Staates betreffen (BAG 15. 2. 2005 AP BGB § 612 a Nr. 15 und 3. 7. 1996 AP GVG § 20 Nr. 1). Die Frage, ob eine hoheitliche oder eine nichthoheitliche Tätigkeit eines fremden Staates vorliegt, haben die angerufenen deutschen Gerichte nach deutschem Recht zu entscheiden (BVerfG 30. 4. 1963 BVerfGE 16, 27, 62; BGH 26. 9. 1978 NJW 1979, 1101). Dabei richtet sich die Abgrenzung zwischen hoheitlicher und nichthoheitlicher Staatstätigkeit nicht nach deren Motiv oder Zweck, sondern nach der Natur der umstrittenen staatlichen Handlung oder des streitigen Rechtsverhältnisses (BAG 20. 11. 1997 AP GVG § 18 Nr. 1 und 23. 11. 2000 AP GVG § 20 Nr. 2). Keine Immunität genießen im Übrigen ausländische juristische Personen, auch nicht solche des öffentlichen Rechts (BGH 7. 6. 1955 BGHZ 18, 1, 9; *Kissel/Mayer* § 20 Rn. 10).

Die **völkerrechtlichen Vereinbarungen,** die bestimmte Personen, Organisationen und   8
Einrichtungen von der deutschen Gerichtsbarkeit ausnehmen, können hier nicht im Einzelnen aufgeführt werden (s. die Zusammenstellung bei *Kissel/Mayer* § 20 Rn. 16–19). Die Bundesrepublik ist von Verfassung wegen nicht gehindert, in völkerrechtlichen Verträgen Personen und Organisationen auch in Arbeitsrechtsstreitigkeiten von der deutschen Gerichtsbarkeit zu befreien (BAG 25. 1. 1973 AP GG Art. 25 Nr. 3).

Die Befreiung von der deutschen Arbeitsgerichtsbarkeit ist in arbeitsrechtlichen Strei-   9
tigkeiten insbesondere dann von Bedeutung, wenn die befreiten Personen oder Organisationen in der Bundesrepublik Arbeitnehmer beschäftigen. Soweit **Arbeitgeber ein ausländischer Staat** ist, wird er beim Abschluss von Arbeitsverträgen grundsätzlich nicht hoheitlich tätig, so dass für Streitigkeiten aus diesen Arbeitsverhältnissen die deutsche Gerichtsbarkeit gegeben ist (so für einen Sprachlehrer LAG Berlin 20. 7. 1998 NZA-RR 1998, 555). Anders ist es hinsichtlich des Personals diplomatischer Missionen sowie immer dann, wenn der Streit um Fragen geht, die nach dem Ermessen des fremden Staates den geordneten Dienstbetrieb beeinträchtigen (*Kissel/Mayer* § 20 Rn. 5; *Steinmann* MDR 1965, 796). Dies ist der Fall, wenn Konsulatsangestellte originär konsularische, dh. hoheitliche Aufgaben wahrzunehmen haben (BAG 3. 7. 1996 AP GVG § 20 Nr. 1; 23. 11. 2000 AP GVG § 20 Nr. 2; 16. 5. 2002 AP GVG § 20 Nr. 3). An dem

erforderlichen funktionellen Zusammenhang mit den diplomatischen oder konsularischen Aufgaben fehlt es hingegen, wenn lediglich technische oder handwerkliche Arbeiten zu verrichten sind (BAG 15. 2. 2005 AP BGB § 612a Nr. 15). Wegen der bei den Stationierungsstreitkräften beschäftigten Arbeitnehmer s. unten Rn. 13.

10 Die Befreiung von der deutschen Gerichtsbarkeit ist ein in jeder Lage des Verfahrens von **Amts wegen zu beachtendes allgemeines Verfahrenshindernis** (BAG 23. 11. 2000 AP GVG § 20 Nr. 2; BGH 7. 6. 1955 BGHZ 18, 1). Gerichtliche Verfügungen und Ladungen sind gegenüber gerichtsbefreiten Personen und der Immunität unterstehenden Staaten nur insoweit zulässig, als sie dem Zweck dienen, die streitige Frage der Gerichtsbarkeit festzustellen (BGH 28. 5. 2003 NJW-RR 2003, 1219). Im Übrigen, dh. in einem klaren Fall des Nichtbestehens der deutschen Gerichtsbarkeit haben die Zustellung der Klage und jede Ladung von vornherein zu unterbleiben. Eine Klage oder ein Antrag auf Erlass einer einstweiligen Verfügung gegen eine befreite Person oder Organisation ist als unzulässig abzuweisen (aA wohl GK-ArbGG/*Dörner* § 1 Rn. 8, wonach das Verfahren formlos zu beenden ist). Über das Bestehen der deutschen Gerichtsbarkeit kann im Wege eines Zwischenstreits durch selbständig anfechtbares **Zwischenurteil** nach § 280 ZPO entschieden werden.

11 Exterritoriale können regelmäßig auch nicht als Zeuge oder Sachverständiger geladen werden. **Gerichtliche Entscheidungen** oder Maßnahmen gegen Personen, die der deutschen Gerichtsbarkeit nicht unterliegen, **sind nach überwiegender Meinung nichtig** (offen bei BGH 28. 5. 2003 NJW-RR 2003, 1218 mwN). Auch rechtskräftige Urteile entfalten keine Wirkung. Dabei ist es gleichgültig, ob das Urteil die Klage als unbegründet abweist oder ihr stattgibt (*Kissel/Mayer* § 18 Rn. 6 mwN). Gegen diese Entscheidungen ist jedoch das gegebene Rechtsmittel zulässig, mit dem geltend gemacht werden kann, dass die deutsche Gerichtsbarkeit nicht besteht (BGH 7. 6. 1955 BGHZ 18, 1).

12 Auf die **Immunität** kann allgemein oder für einen konkreten Rechtsstreit **verzichtet werden**. Dieser Verzicht ist eine unwiderrufliche prozessuale Willenserklärung (*Kissel/Mayer* § 18 Rn. 23). Er kann auch konkludent erklärt werden und liegt insbesondere darin, dass der von der deutschen Gerichtsbarkeit Befreite selbst Klage erhebt (BAG 19. 6. 1984 AP ZA-NATO-Truppenstatut Art. 72 Nr. 1; 30. 11. 1984 AP ZA-NATO-Truppenstatut Art. 56 Nr. 6). Liegt ein solcher Verzicht vor, so gilt er für alle Instanzen einschließlich des Wiederaufnahmeverfahrens. Der Beklagte kann alle Verteidigungsmittel geltend machen, gegen die Klageforderung aufrechnen, ein Zurückbehaltungsrecht geltend machen, sowie eine Widerklage, die mit der Hauptklage in einem unmittelbaren Zusammenhang steht, und Vollstreckungsgegenklage erheben (*Kissel/Mayer* § 18 Rn. 24).

2. Arbeitsgerichtsbarkeit gegenüber den Stationierungsstreitkräften

13 Für die deutsche Gerichtsbarkeit und damit auch für die Arbeitsgerichtsbarkeit gegenüber den in der Bundesrepublik stationierten Truppen der Vertragsstaaten des Nordatlantikvertrages enthalten das **NATO-Truppenstatut** vom 19. 6. 1951 (BGBl. 1961 II S. 1190), das Zustimmungsgesetz vom 18. 8. 1961 (BGBl. 1961 II S. 1183) und das **Zusatzabkommen** zum NATO-Truppenstatut vom 3. 8. 1959 (BGBl. 1961 II S. 1218), das Zustimmungsgesetz vom 3. 8. 1973 (BGBl. II S. 1021) sowie das **Unterzeichnungsprotokoll** zum Zusatzabkommen zum NATO-Truppenstatut vom 3. 8. 1959 (BGBl. 1961 II S. 1313) eine von den allgemeinen Regeln des Völkerrechts abweichende Regelung. Danach unterliegen die zivilen Arbeitskräfte iSv. Art IX Abs. 4 des NATO-Truppenstatuts zwar der deutschen Gerichtsbarkeit; es gelten jedoch besondere Vorschriften für die Prozesskostenhilfe, die Zustellung, den Schutz vor Nachteilen bei dienstlicher Abwesenheit, die Vollstreckung, die Ladung, die Aussagegenehmigung und das Erscheinen als Zeuge oder Sachverständiger, sowie für die Öffentlichkeit des Ver-

fahrens. Klagen gegen den Arbeitgeber sind gegen die Bundesrepublik zu richten; Klagen für den Arbeitgeber werden von der Bundesrepublik erhoben, Art. 56 Abs. 8 Zusatzabkommen zum NATO-Truppenstatut. Die Bundesrepublik Deutschland tritt dabei jeweils in Prozessstandschaft für den Entsendestaat auf.

3. Arbeitsgerichtsbarkeit und kirchliche Gerichtsbarkeit

Zur Frage, inwieweit für arbeitsrechtliche Streitigkeiten der bei den Kirchen und Religionsgesellschaften beschäftigten Arbeitskräfte die deutsche Arbeitsgerichtsbarkeit gegeben ist, vgl. die Einl. Rn. 105 bis 112. **14**

IV. Internationale Zuständigkeit

1. Allgemeines

Von der Frage nach dem Bestehen der deutschen Gerichtsbarkeit zu unterscheiden ist bei internationaler Beteiligung stets die Frage, ob das angerufene nationale Gericht auch international für die Entscheidung des Rechtsstreits zuständig ist oder ob nicht ggf. die Gerichte eines anderen Staates zur Verhandlung und Entscheidung berufen sind. Die **internationale Zuständigkeit** des angerufenen Gerichts muss neben der deutschen Gerichtsbarkeit gegeben sein. **15**

Die internationale Zuständigkeit ist eine – auch in der Revisionsinstanz – von Amts wegen zu prüfende Sachurteilsvoraussetzung (BAG 15. 2. 2005 AP BGB § 612 a Nr. 15 und 13. 11. 2007 AP EGBGB nF Art. 27 Nr. 8). Hieran hat § 513 Abs. 2 ZPO nichts geändert (so auch BCF/*Bader* § 1 Rn. 5). Soweit sie nicht staatsvertraglich geregelt ist, folgt die internationale Zuständigkeit grundsätzlich der örtlichen Zuständigkeit nach den §§ 12 ff. ZPO bzw. 48 Abs. 1 a (BAG 15. 2. 2005 AP BGB § 612 a Nr. 15). Ist diese gegeben, bleibt für eine die Zuständigkeit eines ausländischen Gerichts begründende vertragliche Vereinbarung nur in den engen Grenzen der §§ 38 und 40 ZPO Raum. **16**

2. Internationale Zuständigkeit nach dem AEntG

In Fällen der Arbeitnehmerentsendung kann sich die Zuständigkeit der deutschen Gerichte für Arbeitssachen aus § 8 AEntG ergeben. Nach dessen Satz 1 kann ein Arbeitnehmer, der in den Geltungsbereich des AEntG entsandt ist oder war, eine auf den Zeitraum der Entsendung bezogene Klage auf Gewährung der Arbeitsbedingungen nach §§ 1, 1 a und 7 AEntG auch vor einem deutschen Gericht für Arbeitssachen erheben. Nach Satz 2 können auch die gemeinsamen Einrichtungen der Tarifvertragsparteien – Urlaubskasse, Zusatzversorgungskasse des Baugewerbes – ihre Beitragsansprüche gegen den ausländischen Entsender vor den deutschen Arbeitsgerichten geltend machen. Mit dieser Bestimmung sollte Art. 6 der **Entsende-Richtlinie** (Richtlinie 96/71/EG vom 16. 12. 1996, ABlEG Nr. L 18 vom 21. 1. 1997 S. 1) umgesetzt und ein inländischer Gerichtsstand für den aus dem Ausland entsandten Arbeitnehmer sowie für den Bereich der Urlaubskassen auch für diese gemeinsamen Einrichtungen der Tarifvertragsparteien geschaffen werden (BAG 11. 9. 2002 AP ArbGG 1979 § 2 Nr. 82). Zu beachten ist, dass § 8 AEntG nur dann eine eigene internationale Zuständigkeit der deutschen Gerichte für Arbeitssachen iSv. Art. 67 EuGVVO begründet, wenn eine grenzüberschreitende Entsendung von Arbeitnehmern vorliegt (BAG 2. 7. 2008 NZA 2008, 1084). **17**

3. Internationale Zuständigkeit nach deutschem Verfahrensrecht

Soweit **völkerrechtliche Verträge** nicht eingreifen, bestimmt sich die internationale Zuständigkeit der Arbeitsgerichte grundsätzlich **nach den Vorschriften der ZPO und des** **18**

Arbeitsgerichtsgesetzes über die örtliche Zuständigkeit, §§ 12 ff. ZPO, 48 Abs. 1 a (BAG 10. 4. 1975 AP Internationales Privatrecht/Arbeitsrecht Nr. 12; 23. 7. 1981 AP ZANATO-Truppenstatut Art. 56 Nr. 5; 27. 1. 1983 AP ZPO § 38 Internationale Zuständigkeit Nr. 12; BGH GS 14. 6. 1965 AP ZPO § 512 a Nr. 3; GK-ArbGG/*Dörner* § 1 Rn. 12; ErfK/*Koch* ArbGG § 1 Rn. 4). Ist ein deutsches Gericht nach den §§ 12 ff. ZPO bzw. nach § 48 Abs. 1 a örtlich zuständig, ist es regelmäßig auch im Verhältnis zu einem ausländischen Gericht zuständig (BAG 15. 2. 2005 AP BGB § 612 a Nr. 15; 13. 11. 2007 AP EGBGB nF Art. 27 Nr. 8). Das gilt auch für das Beschlussverfahren (BAG 31. 10. 1975 AP BetrVG 1972 § 106 Nr. 2). Zur örtlichen Zuständigkeit der Gerichte s. Erl. zu § 48. Im Hinblick auf den Gerichtsstand des Vermögens nach § 23 ZPO gilt allerdings eine Besonderheit: Für die internationale Zuständigkeit deutscher Gerichte ist über die Vermögensbelegenheit hinaus ein hinreichender Inlandsbezug des Rechtsstreits erforderlich (BAG 17. 7. 1997 AP ZPO § 38 Internationale Zuständigkeit Nr. 13; 15. 2. 2005 AP BGB § 612 a Nr. 15; 13. 11. 2007 AP EGBGB nF Art. 27 Nr. 8).

19 In arbeitsrechtlichen Streitigkeiten mit Auslandsberührung kann – ebenso wie in anderen zivilrechtlichen Verfahren – die **internationale Zuständigkeit** in entsprechender Anwendung des § 38 Abs. 2 ZPO durch **Parteivereinbarung** geregelt werden. Dabei muss die Frage, ob eine Gerichtsstandsvereinbarung überhaupt zustande gekommen ist, nach derjenigen Rechtsordnung beurteilt werden, nach der sich auch das zugrunde liegende, den Inhalt des gesamten Vertrages bildende materielle Rechtsverhältnis der Parteien richtet, mithin also – je nach Sachlage – entweder nach ausländischem oder nach deutschem Recht (BAG 29. 6. 1978 AP ZPO § 38 Internationale Zuständigkeit Nr. 8 und 13. 11. 2007 AP EGBGB nF Art. 27 Nr. 8). Demgegenüber sind Zulässigkeit und Wirkung einer solchen Gerichtsstandsvereinbarung grundsätzlich von dem angerufenen deutschen Gericht nach deutschem Recht (lex fori) zu beurteilen (BAG 29. 6. 1978 AP ZPO § 38 Internationale Zuständigkeit Nr. 8; 24. 8. 1998 AP Internationales Privatrecht Arbeitsrecht Nr. 28; aA wohl BAG 13. 11. 2007 AP EGBGB nF Art. 27 Nr. 8; BGH 18. 3. 1997 NJW 1997, 2885; 26. 10. 1993 NJW 1994, 26). Dies gilt unabhängig davon, ob die Zuständigkeit eines deutschen Gerichts vereinbart wird (Prorogation) oder die Zuständigkeit eines an sich zuständigen deutschen Gerichts ausgeschlossen und die eines ausländischen Gerichts begründet wird (Derogation).

20 **Unzulässig ist die Vereinbarung der Zuständigkeit** eines ausländischen Gerichts (Derogation) dann, wenn diese eine Rechtsverweigerung zur Folge hätte, weil die Rechtsverfolgung vor dem vereinbarten Gericht aus tatsächlichen oder rechtlichen Gründen unmöglich ist (BAG 29. 6. 1978 AP ZPO § 38 Internationale Zuständigkeit Nr. 8). Umstritten ist, ob generell an Vereinbarungen der internationalen Zuständigkeit für Arbeitsrechtsstreitigkeiten strengere Anforderungen zu stellen sind als die in § 38 Abs. 2 und 3 ZPO genannten. Das Bundesarbeitsgericht hatte zum alten Recht, dh. vor der Gerichtsstandsnovelle von 1974, eine solche Vereinbarung nur dann zugelassen, wenn es im Einzelfall nicht zum Schutz des Arbeitnehmers geboten war, den Rechtsstreit vor den deutschen Gerichten führen zu können (BAG 20. 7. 1970 AP ZPO § 38 Internationale Zuständigkeit Nr. 4; so auch *Mummenhoff* in Anm. zu AP ZPO § 38 Internationale Zuständigkeit Nr. 8; *Fikentscher* SAE 1969, 36). In der Literatur wird diese Rechtsprechung zum Teil als durch die Gerichtsstandsnovelle überholt eingeschätzt. Insoweit wird vertreten, der Arbeitnehmer werde durch die Regelung in § 38 Abs. 2 und 3 ZPO bereits ausreichend geschützt. Andere wiederum halten arbeitsvertragliche Gerichtsstandsklauseln generell für unwirksam, wenn für einen spezifischen Inlandssachverhalt ein ausländischer Gerichtsstand vereinbart wird und hierdurch zwingende Normen des deutschen Arbeitsrechts umgangen werden (zum Meinungsstand s. *Franzen* RIW 2000, 81, der selbst eine analoge Anwendung des Art. 17 Abs. 5 EuGVÜ vorschlägt). Vor dem Hintergrund, dass nach § 38 Abs. 2 ZPO eine Vereinbarung über die Internationale Zuständigkeit nur dann zulässig ist, wenn eine der Vertragsparteien keinen allgemeinen Gerichtsstand im Inland hat, § 38 Abs. 3 ZPO mithin selbst schon eine Auslandsberührung des

IV. Internationale Zuständigkeit §1

Rechtsstreits fordert (vgl. dazu BAG 27. 1. 1983 AP ZPO § 38 Internationale Zuständigkeit Nr, 12; BGH 20. 11. 1985 DB 1986, 684), bedarf es weiterer Beschränkungen nicht.

Die internationale Zuständigkeit eines deutschen Gerichts kann auch durch **rügelose** **Einlassung** des Beklagten nach § 39 ZPO begründet werden. Dies ist der Fall, wenn der Beklagte – ohne die Unzuständigkeit geltend zu machen – im **Kammertermin** zur Hauptsache mündlich verhandelt. sofern er gemäß § 504 ZPO entsprechend belehrt worden ist. Ein Verhandeln im Gütetermin – ohne die internationale Zuständigkeit des Arbeitsgerichts zu rügen – reicht nicht aus; es ist nicht als erstes Verteidigungsvorbringen anzusehen, das spätere prozesshindernde Einreden ausschlösse. Nach § 54 Abs. 2 Satz 3 sind im Gütetermin vor dem Arbeitsgericht § 39 Satz 1 und § 282 Abs. 3 Satz 1 ZPO nicht anzuwenden (BAG 2. 7. 2008 NZA 2008, 1084; s. auch BCF/*Bader* § 1 Rn. 12). 21

Ist für eine Klage die internationale Zuständigkeit eines deutschen Gerichts gegeben, so kann der Beklagte vor diesem Gericht auch eine **Widerklage** erheben, wenn die Voraussetzungen des § 33 ZPO vorliegen (BGH 20. 5. 1981 NJW 1981, 2642). 22

4. Internationale Zuständigkeit nach der EG-Verordnung Nr. 44/2001 (EuGVVO)

Mit dem 1. 3. 2002 ist die Verordnung (EG) Nr. 44/2001 des Rates vom 22. 12. 2000 über die gerichtliche Zuständigkeit und die Anerkennung und Vollstreckung von Entscheidungen in Zivil- und Handelssachen in Kraft getreten. Sie ist in allen ihren Teilen verbindlich und gilt unmittelbar in jedem Mitgliedstaat außer Dänemark (Art. 249 Abs. 2 EG, Art. 1 Abs. 3 EuGVVO). Soweit nationale Bestimmungen der Verordnung widersprechen, werden sie durch die Verordnung verdrängt (BAG 23. 1. 2008 NJW 2008, 2797). Damit geht die **EuGVVO** dem **EuGVÜ und dem nationalen Recht vor.** 23

Für den Bereich des Individualarbeitsrechts enthält die EuGVVO mit den Art. 18 bis 20 einen eigenen Katalog von Zuständigkeitsregeln. Dieser Katalog ist abschließend. Danach gilt für **Arbeitgeberpassivklagen** folgendes (vgl. auch *Junker* NZA 2005, 199): Der Arbeitnehmer kann seinen Arbeitgeber – soweit dieser seinen Wohnsitz im Hoheitsgebiet eines Mitgliedstaats hat – vor dem Gericht des Mitgliedstaats verklagen, in dem dieser seinen **Wohnsitz** hat, Art. 19 Nr. 1, oder nach Art. 19 Nr. 2 in einem anderen Mitgliedstaat: a) vor dem Gericht des Ortes, an dem der Arbeitnehmer gewöhnlich seine Arbeit verrichtet oder zuletzt gewöhnlich verrichtet hat, oder b) wenn der Arbeitnehmer seine Arbeit gewöhnlich nicht in ein und demselben Staat verrichtet oder verrichtet hat, vor dem Gericht des Ortes, an dem sich die Niederlassung, die den Arbeitnehmer eingestellt hat, befindet bzw. befand. Nach Art. 60 Abs. 1 haben **Gesellschaften und juristische Personen ihren Wohnsitz** an dem Ort, an dem sich ihr satzungsmäßiger Sitz, ihre Hauptverwaltung oder ihre Hauptniederlassung befindet. Diese allgemeinen Gerichtsstände bestehen alternativ. Art. 60 Abs. 1 b) bestimmt den Begriff der **Hauptverwaltung** nicht näher. Er entspricht dem Begriff der Hauptverwaltung nach Art. 48 Abs. 1 EG und ist damit der Ort, an dem die Willensbildung und die eigentliche unternehmerische Leitung der juristischen Person erfolgt, mithin zumeist der Sitz der Organe (BAG 23. 1. 2008 NJW 2008, 2797 mwN). Der **Erfüllungsort** iSd. Art. 19 Nr. 2 ist nicht vertragsautonom, sondern nach dem Recht zu bestimmen, das nach den Kollisionsnormen des mit dem Rechtsstreit befassten Gerichts für die streitige Verpflichtung maßgeblich ist (BAG 20. 8. 2003 AP Lugano-Abkommen Art. 5 Nr. 1). Mit dem Begriff der **Niederlassung** ist ein „Mittelpunkt geschäftlicher Tätigkeit gemeint, der auf Dauer als Außenstelle des Stammhauses hervortritt, eine Geschäftsführung hat und sachlich so ausgestattet ist, dass er in der Weise Geschäfte mit Dritten betreiben kann, dass diese, obgleich sie wissen, dass möglicherweise ein Rechtsverhältnis mit dem im Ausland ansässigen Stammhaus begründet wird, sich nicht unmittelbar an dieses zu wenden brauchen, sondern Geschäfte an dem Mittelpunkt geschäftlicher Tätigkeit ab- 24 schließen können, der dessen Außenstelle ist" (EuGH 22. 11. 1978 EuGHE 1978, 2183). Damit muss es sich um eine „Außenstelle des Stammhauses" handeln, die über eine eigene Geschäftsführung verfügt, die auch im Zusammenhang mit Verträgen selbst Ansprechpartner ist. Dabei kommt es entscheidend darauf an, wie die fragliche Stelle nach außen hin auftritt (BAG 13. 11. 2007 AP EGBGB nF Art. 27 Nr. 8). Hat der Arbeitgeber im Hoheitsgebiet eines Mitgliedstaates **keinen Wohnsitz**, besitzt er aber in einem Mitgliedstaat eine **Zweigniederlassung, Agentur oder sonstige Niederlassung**, so wird er gemäß Art. 18 Abs. 2 für Streitigkeiten aus ihrem Betrieb so behandelt, wie wenn er seinen Wohnsitz im Hoheitsgebiet dieses Mitgliedstaates hätte. Damit kann er bei **Streitigkeiten aus ihrem Betrieb** auch am Ort der Zweigniederlassung, sonstigen Niederlassung oder Agentur verklagt werden. „**Aus dem Betrieb**" resultieren Rechtsstreitigkeiten, „in denen es um vertragliche oder außervertragliche Rechte und Pflichten in Bezug auf die eigentliche Führung der Agentur, der Zweigniederlassung oder der sonstigen Niederlassung selbst geht" (EuGH 22. 11. 1978 EuGHE 1978, 2183). Hierzu gehören ua. die Rechte und Pflichten im Zusammenhang mit der Vermietung eines Grundstücks, aber auch und insb. mit der vor Ort vorgenommenen Einstellung des dort beschäftigten Personals. Für **Arbeitgeberaktivklagen** gilt gemäß Art. 20 demgegenüber: Der Arbeitgeber kann den Arbeitnehmer nur am Gericht des Wohnsitzes verklagen. Eine Klage am Arbeitsort ist nicht möglich (*Däubler* NZA 2003, 1297). Eine Widerklage kann er bei dem Gericht erheben, bei dem der Arbeitnehmer Klage erhoben hat.

25 Werden bei Gerichten verschiedener Mitgliedstaaten Klagen wegen desselben Anspruchs zwischen denselben Parteien anhängig gemacht, so **setzt das später angerufene Gericht das Verfahren** von Amts wegen **aus**, bis die Zuständigkeit des zuerst angerufenen Gerichts feststeht, Art. 27 Abs. 1 EuGVVO. Wann ein Gericht als angerufen in diesem Sinne gilt, ergibt sich aus Art. 30 EuGVVO.

26 Eine Vereinbarung über die internationale Zuständigkeit – **Gerichtsstandsvereinbarung** – ist zum Schutze des Schwächeren nach Art. 21 nur unter engen Voraussetzungen möglich: Entweder muss die Vereinbarung nach Entstehung der Streitigkeit getroffen werden oder sie muss dem Arbeitnehmer einen zusätzlichen Gerichtsstand ermöglichen. Sie bedarf der Schriftform. Nach Art. 24 kann die internationale Zuständigkeit auch durch rügelose Einlassung begründet werden. Eine vorherige Belehrung über die Unzuständigkeit ist nicht erforderlich.

5. Internationale Zuständigkeit nach dem EuGVÜ

27 Soweit die EG-Verordnung Nr. 44/2001 – EuGVVO – nicht eingreift, gilt zum Teil **abweichend von der Verordnung und den Vorschriften der ZPO** das Brüsseler Übereinkommen über die gerichtliche Zuständigkeit und die Vollstreckung gerichtlicher Entscheidungen in Zivil- und Handelssachen – **EuGVÜ** – vom 27. 9. 1968 (BGBl. 1972 II S. 774), Ausführungsgesetz vom 29. 7. 1972 (BGBl. I S. 1328 und 1973 I S. 26). Dem EuGVÜ sind in der Vergangenheit weitere Staaten beigetreten. Es ist durch die Beitrittsabkommen immer wieder geändert worden. Eine weitere Regelung der internationalen Zuständigkeit enthält das so genannte **Lugano-Abkommen** über die gerichtliche Zuständigkeit und die Vollstreckung gerichtlicher Entscheidungen in Zivil- und Handelssachen vom 16. 9. 1988 (BGBl. 1994 II S. 2658). Zum Verhältnis des Lugano-Abkommens zum EuGVÜ s. BGH 7. 12. 2000 NJW 2001, 1936 und 22. 2. 2001 NJW 2001, 1731).

28 Das EuGVÜ gilt auch für **arbeitsrechtliche Streitigkeiten**. Seine Vorschriften sind **zwingend** und **gehen den Regelungen der ZPO vor** (BCF/*Bader* § 1 Rn. 7).

29 Das Übereinkommen gilt für solche Personen, die in einem der Vertragsstaaten ihren Wohnsitz haben. Dem Wohnsitz natürlicher Personen entspricht der Sitz von juristischen Personen und Handelsgesellschaften iSv. § 17 ZPO. Diese Personen können nach Art. 2 ohne Rücksicht auf ihre Staatsangehörigkeit vor den Gerichten des Wohnsitzstaates ver-

IV. Internationale Zuständigkeit   § 1

klagt werden. Vor den Gerichten eines anderen Vertragsstaates können sie nur verklagt werden, wenn die besonderen Zuständigkeiten des Übereinkommens vorliegen. Für arbeitsrechtliche Streitigkeiten kommen insbesondere die Zuständigkeiten des Art. 5 Nr. 1 – Erfüllungsort (s. dazu BAG 12. 6. 1986 AP Brüsseler Abkommen Art. 5 Nr. 1; 29. 5. 2002 AP ZPO § 38 Internationale Zuständigkeit Nr. 17; EuGH 9. 1. 1997 AP Brüsseler Abkommen Art. 5 Nr. 2; 20. 8. 2003 AP Lugano-Abkommen Art. 5 Nr. 1) –, Nr. 3 – unerlaubte Handlung –, Nr. 5 – Sitz einer Zweigniederlassung – und Art. 6 Nr. 3 – Gerichtsstand der Widerklage – in Betracht. Das gilt auch für Organvertreter und Handelsvertreter, wenn sei weisungsabhängig beschäftigt werden (ErfK/*Koch* ArbGG § 1 Rn. 5).

Die **Vereinbarung der internationalen Zuständigkeit** ist in Art. 17 geregelt. Sie ist 30 unter leichteren Voraussetzungen als nach § 38 ZPO zulässig. Zur unzulässigen Begünstigung einer Partei nach Art. 17 Abs. 3 s. BGH 18. 9. 1986 ZIP 1986, 1618. Nach Art. 18 kann die internationale Zuständigkeit auch durch rügelose Einlassung begründet werden (BCF/*Bader* § 1 Rn. 7, 9).

6. Beachtung der internationalen Zuständigkeit

Die internationale Zuständigkeit ist eine von Amts wegen zu prüfende Sachurteils- 31 voraussetzung (BAG 15. 2. 2005 AP BGB § 612 a Nr. 15 und 13. 11. 2007 AP EGBGB nF Art. 27 Nr. 8). Dies gilt auch noch in der Revisions- und Rechtsbeschwerdeinstanz (BAG 27. 5. 1982 AP BetrVG 1972 § 42 Nr. 3; 26. 2. 1985 AP Internationales Privatrecht/Arbeitsrecht Nr. 23). Dem steht § 513 Abs. 2 ZPO nicht entgegen (so auch BCF/*Bader* § 1 Rn. 5). Der Beklagte kann jedoch in der Rechtsmittelinstanz nicht geltend machen, dass ein anderes deutsches Gericht international zuständig sei (BAG 18. 6. 1971 AP ZPO ZPO § 38 Internationale Zuständigkeit Nr. 5). Über die Frage der internationalen Zuständigkeit ist nicht vorab gem. § 17a GVG durch Beschluss zu entscheiden (LAG Rheinland-Pfalz 15. 10. 1991 NZA 1992, 138), wohl aber kann die internationale Zuständigkeit durch eine Zwischenentscheidung gemäß § 280 ZPO bejaht werden (ErfK/*Koch* ArbGG § 1 Rn. 7; *Hauck*/*Helml* § 1 Rn. 11).

Wird vor dem angerufenen, an sich zuständigen deutschen Gericht geltend gemacht, 32 die **internationale Zuständigkeit** eines ausländischen Gerichts sei **vereinbart worden**, so ist die Wirksamkeit dieser Vereinbarung von dem angerufenen Gericht zu prüfen (BGH 20. 11. 1985 DB 1986, 684). Fehlt die internationale Zuständigkeit des angerufenen Gerichts, so ist die Klage als unzulässig abzuweisen. Eine **Verweisung an** das zuständige **ausländische Gericht** ist nicht möglich (ErfK/*Koch* ArbGG § 1 Rn. 7).

Ist ein deutsches Gericht für einen Rechtsstreit mit Auslandsberührung international 33 zuständig, so ist dieser Rechtsstreit nach **deutschem Verfahrensrecht** zu entscheiden (BAG 4. 10. 1974 AP ZPO § 38 Internationale Zuständigkeit Nr. 7). Das Kollisionsrecht des international zuständigen Gerichts bestimmt auch das auf den Rechtsstreit anzuwendende materielle Recht (*Birk* RdA 1983, 143). Welches **materielle Recht gilt**, ergibt sich mithin aus dem deutschen internationalen Privatrecht. Hierzu bestimmt Art. 27 Abs. 1 Satz 1 EGBGB, dass der Vertrag dem von den Parteien gewählten Recht unterliegt. Dies gilt auch für Arbeitsverträge und Arbeitsverhältnisse. Damit können Arbeitgeber und Arbeitnehmer die auf das Arbeitsverhältnis anwendbare Rechtsordnung grundsätzlich frei wählen; es gilt der **Grundsatz der Privatautonomie** (BAG 20. 4. 2004 AP BGB § 369 Nr. 8; BGH 28. 11. 1980 AP Internationales Privatrecht/Arbeitsrecht Nr. 20). Art. 30 Abs. 1 EGBGB schränkt die freie Rechtswahl nur insoweit ein, als sie nicht dazu führen darf, dass dem Arbeitnehmer der Schutz zwingender Bestimmungen des ansonsten nach Art. 30 Abs. 2 EGBGB maßgeblichen Rechts entzogen wird. Das ist das Recht des Staates, in dem der Arbeitnehmer in Erfüllung des Vertrages gewöhnlich seine Arbeit verrichtet, auch wenn er vorübergehend in einen anderen Staat entsandt wird, oder in dem sich die Einstellungsniederlassung befindet, sofern der Arbeitnehmer gewöhnlich nicht in ein und demselben Staat arbeitet. Nur wenn sich aus der Gesamtheit der Umstände ergibt, dass das Arbeitsverhältnis eine engere Bindung zu einem anderen Staat aufweist, kommt es für die Frage, welche zwingenden Schutzvorschriften nicht entzogen werden dürfen, auf das Recht dieses Staates an. Dabei muss die Verbindung mit dem anderen Staat stärker sein als die durch Regelanknüpfung zu dem Recht des Arbeitsorts oder der einstellenden Niederlassung hergestellte Beziehung. Dies beurteilt sich ua. nach der Staatsangehörigkeit der Vertragsparteien, dem Sitz des Arbeitgebers und dem Wohnort des Arbeitnehmers. Ergänzend sind zudem die Vertragssprache und die Währung zu berücksichtigen, in der die Vergütung gezahlt wird (BAG 13. 11. 2007 AP EGBGB nF Art. 27 Nr. 8 mwN). Im Übrigen muss sich die Rechtswahl nicht auf alle Rechte und Pflichten aus dem Arbeitsverhältnis erstrecken. Eine Teilrechtswahl ist nach Art. 27 Abs. 1 Satz 3 EGBGB möglich (BAG 20. 11. 1997 AP GVG § 18 Nr. 1). Haben die Parteien – sei es ausdrücklich oder konkludent – keine Rechtswahl getroffen, erfolgt subsidiär eine objektive Anknüpfung nach Art. 30 Abs. 2 EGBGB.

§ 2 Zuständigkeit im Urteilsverfahren

(1) Die Gerichte für Arbeitssachen sind ausschließlich zuständig für
1. bürgerliche Rechtsstreitigkeiten zwischen Tarifvertragsparteien oder zwischen diesen und Dritten aus Tarifverträgen oder über das Bestehen oder Nichtbestehen von Tarifverträgen;
2. bürgerliche Rechtsstreitigkeiten zwischen tariffähigen Parteien oder zwischen diesen und Dritten aus unerlaubten Handlungen, soweit es sich um Maßnahmen zum Zwecke des Arbeitskampfes oder um Fragen der Vereinigungsfreiheit einschließlich des hiermit im Zusammenhang stehenden Betätigungsrechts der Vereinigungen handelt;
3. bürgerliche Rechtsstreitigkeiten zwischen Arbeitnehmern und Arbeitgebern
    a) aus dem Arbeitsverhältnis;
    b) über das Bestehen oder Nichtbestehen eines Arbeitsverhältnisses;
    c) aus Verhandlungen über die Eingehung eines Arbeitsverhältnisses und aus dessen Nachwirkungen;
    d) aus unerlaubten Handlungen, soweit diese mit dem Arbeitsverhältnis im Zusammenhang stehen;
    e) über Arbeitspapiere;
4. bürgerliche Rechtsstreitigkeiten zwischen Arbeitnehmern oder ihren Hinterbliebenen und
    a) Arbeitgebern über Ansprüche, die mit dem Arbeitsverhältnis in rechtlichem oder unmittelbar wirtschaftlichem Zusammenhang stehen;
    b) gemeinsamen Einrichtungen der Tarifvertragsparteien oder Sozialeinrichtungen des privaten Rechts über Ansprüche aus dem Arbeitsverhältnis oder Ansprüche, die mit dem Arbeitsverhältnis in rechtlichem oder unmittelbar wirtschaftlichem Zusammenhang stehen,
    soweit nicht die ausschließliche Zuständigkeit eines anderen Gerichts gegeben ist;
5. bürgerliche Rechtsstreitigkeiten zwischen Arbeitnehmern oder ihren Hinterbliebenen und dem Träger der Insolvenzsicherung über Ansprüche auf Leistungen der Insolvenzsicherung nach dem Vierten Abschnitt des Ersten Teils des Gesetzes zur Verbesserung der betrieblichen Altersversorgung;
6. bürgerliche Rechtsstreitigkeiten zwischen Arbeitgebern und Einrichtungen nach Nummer 4 Buchstabe b und Nummer 5 sowie zwischen diesen Einrichtungen, soweit nicht die ausschließliche Zuständigkeit eines anderen Gerichts gegeben ist;
7. bürgerliche Rechtsstreitigkeiten zwischen Entwicklungshelfern und Trägern des Entwicklungsdienstes nach dem Entwicklungshelfergesetz;

8. bürgerliche Rechtsstreitigkeiten zwischen den Trägern des freiwilligen sozialen oder ökologischen Jahres oder den Einsatzstellen und Freiwilligen nach dem Jugendfreiwilligendienstegesetz;
9. bürgerliche Rechtsstreitigkeiten zwischen Arbeitnehmern aus gemeinsamer Arbeit und aus unerlaubten Handlungen, soweit diese mit dem Arbeitsverhältnis in Zusammenhang stehen;
10. bürgerliche Rechtsstreitigkeiten zwischen behinderten Menschen im Arbeitsbereich von Werkstätten für behinderte Menschen und den Trägern der Werkstätten aus den in § 138 des Neunten Buches Sozialgesetzbuch geregelten arbeitnehmerähnlichen Rechtsverhältnissen.

(2) Die Gerichte für Arbeitssachen sind auch zuständig für bürgerliche Rechtsstreitigkeiten zwischen Arbeitnehmern und Arbeitgebern,
a) die ausschließlich Ansprüche auf Leistung einer festgestellten oder festgesetzten Vergütung für eine Arbeitnehmererfindung oder für einen technischen Verbesserungsvorschlag nach § 20 Abs. 1 des Gesetzes über Arbeitnehmererfindungen zum Gegenstand haben;
b) die als Urheberrechtsstreitsachen aus Arbeitsverhältnissen ausschließlich Ansprüche auf Leistung einer vereinbarten Vergütung zum Gegenstand haben.

(3) Vor die Gerichte für Arbeitssachen können auch nicht unter die Absätze 1 und 2 fallende Rechtsstreitigkeiten gebracht werden, wenn der Anspruch mit einer bei einem Arbeitsgericht anhängigen oder gleichzeitig anhängig werdenden bürgerlichen Rechtsstreitigkeit der in den Absätzen 1 und 2 bezeichneten Art in rechtlichem oder unmittelbar wirtschaftlichem Zusammenhang steht und für seine Geltendmachung nicht die ausschließliche Zuständigkeit eines anderen Gerichts gegeben ist.

(4) Auf Grund einer Vereinbarung können auch bürgerliche Rechtsstreitigkeiten zwischen juristischen Personen des Privatrechts und Personen, die kraft Gesetzes allein oder als Mitglieder des Vertretungsorgans der juristischen Person zu deren Vertretung berufen sind, vor die Gerichte für Arbeitssachen gebracht werden.

(5) In Rechtsstreitigkeiten nach diesen Vorschriften findet das Urteilsverfahren statt.

Übersicht

	Rn.
A. Zuständigkeit der Arbeitsgerichte	1–150
I. Allgemeines	1
II. Ausschließliche Zuständigkeit	2–7
1. Ausschluss anderer Rechtswege	2–4
2. Enumerative Aufzählung	5–7
III. Die Arbeitssachen nach § 2	8–138
1. Bürgerliche Rechtsstreitigkeiten	8–11
2. Streitigkeiten über Tarifverträge, Abs. 1 Nr. 1	12–28
a) Streitigkeiten aus Tarifverträgen	12–14
b) Streitigkeiten über das Bestehen von Tarifverträgen	15–18
c) Bindungswirkung der Entscheidung	19–24
d) Parteien des Rechtsstreits	25–28
3. Arbeitskampfstreitigkeiten, Abs. 1 Nr. 2	29–42
a) Bürgerliche Rechtsstreitigkeiten	29–32
b) Unerlaubte Handlung	33–35
c) Maßnahmen des Arbeitskampfes	36, 37
d) Parteien des Rechtsstreits	38–42
4. Streitigkeiten um die Vereinigungsfreiheit, Abs. 1 Nr. 2	43–48
a) Unerlaubte Handlung	43, 44
b) Fragen der Vereinigungsfreiheit	45–47
c) Parteien des Rechtsstreits	48
5. Streitigkeiten zwischen Arbeitnehmer und Arbeitgeber, Abs. 1 Nr. 3	49–82
a) Allgemeines	49
b) Arbeitnehmer, Arbeitgeber	50–52

	Rn.
c) Aus dem Arbeitsverhältnis, § 2 Abs. 1 Nr. 3 a	53–65
d) Bestehen/Nichtbestehen eines Arbeitsverhältnisses, § 2 Abs. 1 Nr. 3 b	66–69
e) Eingehung und Nachwirkung des Arbeitsverhältnisses, § 2 Abs. 1 Nr. 3 c	70–73
f) Unerlaubte Handlungen, § 2 Abs. 1 Nr. 3 d	74–76
g) Arbeitspapiere, § 2 Abs. 1 Nr. 3 e	77–82
6. Streitigkeiten nach Abs. 1 Nr. 4 a	83–86
7. Streitigkeiten mit Einrichtungen, Abs. 1 Nr. 4 b und Nr. 6	87–94
8. Streitigkeiten mit dem Pensionssicherungsverein, Abs. 1 Nr. 5 und Nr. 6	95–100
9. Streitigkeiten der Entwicklungshelfer, Abs. 1 Nr. 7	101
10. Streitigkeiten im freiwilligen sozialen oder ökologischen Jahr, Abs. 1 Nr. 8	102,103
11. Streitigkeiten zwischen Arbeitnehmern, Abs. 1 Nr. 9	104–109
a) Arbeitnehmer	104, 105
b) Aus gemeinsamer Arbeit	106
c) Aus unerlaubter Handlung	107–109
12. Streitigkeiten in Werkstätten für behinderte Menschen, Abs. 1 Nr. 10	110
13. Erfinder- und Urheberstreitigkeiten, Abs. 2	111–114
14. Zusammenhangsklagen, Abs. 3	115–128
a) Allgemeines	115
b) Rechtlicher und wirtschaftlicher Zusammenhang	116–118
c) Begründung und Wegfall des Zusammenhangs	119–124
d) Parteien der Zusammenhangsklage	125
e) Ausschließliche Zuständigkeit eines anderen Gerichts	126, 127
f) Verfahrensfragen	128
15. Streitigkeiten mit Organmitgliedern, Abs. 4	129–136
16. Weitere Zuständigkeiten	137
17. Zuständigkeit für Widerklagen	138
IV. Zuständigkeit zur Entscheidung über Rechtsfragen	139–149
1. Vorfragen	139–142
2. Aufrechnung mit rechtswegfremder Gegenforderung	143–149
V. Die örtliche Zuständigkeit	150
B. Die Prüfung der Zuständigkeit	151–167
I. Allgemeines	151–154
II. Die Anforderungen an den Klägervortrag	155–163
1. Die sic-non-Fälle	157–159
2. Die aut-aut-Fälle	160,161
3. Die et-et-Fälle	162,163
III. Die Erweislichkeit des Vorbringens	164–166
IV. Entscheidung bei fehlender Zuständigkeit	167
C. Entscheidung im Urteilsverfahren, Abs. 5	168–172

A. Zuständigkeit der Arbeitsgerichte

I. Allgemeines

1 § 2 bestimmt zusammen mit § 2a und § 3 diejenigen Arbeitssachen, für die der Rechtsweg zu den Gerichten für Arbeitssachen eröffnet ist. Zugleich regelt § 2 Abs. 5 die Zuweisung der dort aufgeführten Streitigkeiten in das Urteilsverfahren.

II. Ausschließliche Zuständigkeit

1. Ausschluss anderer Rechtswege

2 Für die in § 2 Abs. 1 genannten Arbeitssachen sind die Arbeitsgerichte **ausschließlich** zuständig. Die **Zuständigkeit anderer Gerichte,** auch der ordentlichen Gerichte, ist **aus-**

A. II. Ausschließliche Zuständigkeit   § 2

geschlossen. Deren Zuständigkeit kann auch nicht durch Parteivereinbarung oder durch rügelose Einlassung iSd. § 39 ZPO begründet werden, § 40 Abs. 2 ZPO (BCF/*Bader* § 2 Rn. 2; ErfK/*Koch* ArbGG § 2 Rn. 1, 2; GK-ArbGG/*Wenzel* § 2 Rn. 13 ff.; *Hauck/Helml* § 2 Rn. 1). Nur im Falle einer bindenden Verweisung eines Arbeitsrechtsstreits an ein Gericht einer anderen Gerichtsbarkeit wird dieses für eine Arbeitssache zuständig, § 17a Abs. 2 GVG. Da das Rechtsmittelgericht nach § 17a Abs. 5 GVG die Zulässigkeit des Rechtswegs nicht mehr prüft, ist die so begründete Zuständigkeit auch einem Angriff durch ein Rechtsmittel entzogen.

Ausschließliche Zuständigkeit der Arbeitsgerichte bedeutet umgekehrt auch, dass die **Arbeitsgerichte nur für Arbeitssachen zuständig** sind. Rechtsstreitigkeiten, für die die Zuständigkeit einer anderen Gerichtsbarkeit gegeben ist, können ebenso wenig durch Parteivereinbarung oder durch rügeloses Verhandeln iSd. § 39 ZPO vor die Arbeitsgerichte gebracht werden (BAG 17. 4. 1964 AP ZPO § 528 Nr. 11; 27. 2. 1975 AP ArbGG 1953 § 3 Nr. 1). Von diesem Grundsatz gibt es jedoch eine Reihe von Ausnahmen. § 2 Abs. 3 begründet bei sog **Zusammenhangsklagen** (s. unten Rn. 115 ff.) die Zuständigkeit der Arbeitsgerichte auch für Streitigkeiten, für die an sich die Zuständigkeit anderer Gerichte gegeben ist. Nach § 2 Abs. 4 können Rechtsstreitigkeiten zwischen **juristischen Personen und ihren gesetzlichen Vertretern** auf Grund einer Vereinbarung, und damit auch durch rügelose Einlassung, vor die Arbeitsgerichte gebracht werden (s. unten Rn. 129 ff.). Wegen der Erhebung einer **Widerklage** vor dem Arbeitsgericht mit einem nichtarbeitsrechtlichen Anspruch s. unten Rn. 138. Schließlich können die Arbeitsgerichte auch für einen Rechtsstreit, der zur Zuständigkeit einer anderen Gerichtsbarkeit gehört, durch eine fehlerhafte, aber bindende Verweisung zuständig werden. Hat das Arbeitsgericht fälschlich seine Zuständigkeit bejaht, so wird die Zuständigkeit in den höheren Instanzen nicht mehr von Amts wegen geprüft, § 17a Abs. 5 ZPO (BAG 23. 1. 2007 AP SGB VI § 172 Nr. 1; BGH 18. 9. 2008 NJW 2008, 3572).

Die ausschließliche Zuständigkeit der Arbeitsgerichte nach § 2 Abs. 1 und 2 kann gemäß § 4 nur nach Maßgabe der §§ 101 bis 110 durch die **Vereinbarung eines Schiedsgerichts** ausgeschlossen werden (s. Erl. zu § 4). Dies gilt nach § 111 Abs. 1 Satz 2 nicht für **Seemannsämter,** soweit sie zur vorläufigen Entscheidung von Arbeitssachen nach dem Seemannsgesetz iVm. der Seemannsverordnung zuständig sind (s. § 111 Rn. 4).

2. Enumerative Aufzählung

Der Rechtsweg zu den Gerichten für Arbeitssachen ist nach dem ArbGG nicht, wie beispielsweise in der ordentlichen Gerichtsbarkeit (§ 13 GVG), der Verwaltungsgerichtsbarkeit (§ 40 VwGO) oder der Sozialgerichtsbarkeit (§ 51 SGG), durch eine Generalklausel eröffnet; § 2 Abs. 1 und 2 enthalten vielmehr einen Katalog von Fallgruppen. Dieser Katalog ist **abschließend** (GK-ArbGG/*Wenzel* § 2 Rn. 51). Die Vorschrift in § 2 Abs. 3 über Zusammenhangsklagen wäre sonst überflüssig.

Ob der Rechtsweg zu den Gerichten für Arbeitssachen gegeben ist, hängt damit davon ab, ob der jeweilige Rechtsstreit einem Tatbestand des **Zuständigkeitskatalogs** unterfällt. Dabei bedürfen die einzelnen Zuständigkeitstatbestände der Auslegung. Da es das klare Ziel des Arbeitsgerichtsgesetzes ist, „alle bürgerlich-rechtlichen Streitigkeiten, die in greifbarer Beziehung mit dem Arbeitsverhältnis in der Art stehen, dass sie überwiegend durch das Arbeitsverhältnis bestimmt werden, auch prozessual im Rahmen der Arbeitssachen zu erfassen", sind die Zuständigkeitsnormen im Zweifel nicht eng, sondern am Sinn des Gesetzes orientiert weit auszulegen (BAG 2. 8. 1963 AP GG Art. 9 Nr. 5; 19. 3. 1975 AP TVG § 5 Nr. 14; 14. 11. 1979 AP TVG § 4 Gemeinsame Einrichtungen Nr. 2 jeweils mwN).

Die weite Auslegung ist heute allgemein anerkannt; sie steht mit der historischen Entwicklung in Einklang (s. dazu GK-ArbGG/*Dörner* § 2 Rn. 8 mwN). Auch bei einer weiten Auslegung der Zuständigkeitstatbestände bleiben jedoch Abgrenzungsschwierigkeiten im Einzelfall bestehen.

III. Die Arbeitssachen nach § 2

1. Bürgerliche Rechtsstreitigkeiten

Die Zuständigkeit der Arbeitsgerichte in den in § 2 genannten Arbeitssachen ist nur dann gegeben, wenn es sich dabei um **bürgerliche Rechtsstreitigkeiten** handelt. Dabei ist der Begriff der bürgerlichen Rechtsstreitigkeiten iSd. § 2 identisch mit dem Begriff der bürgerlichen Rechtsstreitigkeiten in § 13 GVG. Wegen der Einzelheiten kann daher auf das Schrifttum zu § 13 GVG verwiesen werden (vgl. insb. *Kissel/Mayer* § 13 Rn. 9–16; *Baumbach/Albers* GVG § 13 Rn. 8 ff.). Ob es sich um eine bürgerlich-rechtliche Streitigkeit handelt, ist auch bei Sachen mit Auslandsberührung nach deutschem Recht zu beurteilen, da es sich um einen Begriff des Verfahrensrechts handelt (*Kissel/Mayer* § 13 Rn. 10).

Um eine bürgerliche Rechtsstreitigkeit handelt es sich dann, wenn die Parteien über **Rechtsfolgen oder Rechtsverhältnisse** streiten, **die dem Privatrecht angehören**. Maßgebend ist der jeweilige Streitgegenstand des Verfahrens (*Hauck/Helml* § 2 Rn. 8). Ob die danach erstrebte Rechtsfolge dem Privatrecht oder dem öffentlichen Recht angehört, bestimmt sich nach der Natur des Rechtsverhältnisses, aus dem der Klageanspruch hergeleitet wird (BAG 10. 9. 1985 AP GG Art. 9 Arbeitskampf Nr. 86; 19. 8. 2008 NZA 2008, 1313; BGH 24. 2. 1965 AP BGB § 12 Nr. 1; GemS OGB 4. 6. 1974 AP RVO § 405 Nr. 3; 10. 4. 1986, NJW 1986, 2359). Dieses ist privatrechtlicher Art, wenn sich die Beteiligten im Verhältnis der Gleichordnung in dem Sinne gegenüberstehen, dass deren individuellen Interessen durch das Rechtsverhältnis als Interessen gleichberechtigter Partner geregelt werden (*Kissel/Mayer* § 13 Rn. 11; BGH 23. 3. 1976 BGHZ 67, 81). Das kann auch dann der Fall sein, wenn auf der einen Seite des Rechtsverhältnisses öffentlich-rechtliche Körperschaften stehen, diese sich zur Erreichung ihrer hoheitlichen Ziele aber bürgerlich-rechtlicher Formen bedienen (BGH 4. 11. 1950 BGHZ 20, 77). Dass das zugrunde liegende Rechtsverhältnis dem Privatrecht angehört, wird auch nicht dadurch ausgeschlossen, dass die konkrete Anspruchsgrundlage dem öffentlichen Recht angehört oder dass öffentlich-rechtliche Vorfragen mitentschieden werden müssen. Entscheidend ist, durch welche Rechtssätze das Rechtsverhältnis maßgebend geprägt wird (BGH 13. 2. 1968 BGHZ 49, 282; 22. 3. 1976 BGHZ 67, 81; *Kissel/Mayer* § 13 Rn. 14).

Im Gegensatz zu den bürgerlichen Rechtsstreitigkeiten stehen die **öffentlich-rechtlichen Streitigkeiten**. Dabei ist eine öffentlich-rechtliche Streitigkeit regelmäßig anzunehmen, wenn die Beteiligten zueinander in einem hoheitlichen Verhältnis der Über- und Unterordnung stehen und sich der Träger hoheitlicher Gewalt der besonderen Rechtssätze des öffentlichen Rechts bedient (BVerwG 28. 9. 1994 NJ 1995, 214). Eine öffentlich-rechtliche Streitigkeit kann im Einzelfall aber auch bei einem Rechtsverhältnis der Gleichordnung vorliegen. Dies ist beispielsweise beim öffentlich-rechtlichen Vertrag der Fall. Für die Abgrenzung des öffentlich-rechtlichen vom privatrechtlichen Vertrag kommt es auf dessen Gegenstand und Zweck an. Die Rechtsnatur des Vertrages bestimmt sich danach, ob der Vertragsgegenstand dem öffentlichen oder dem bürgerlichen Recht zuzuordnen ist. Dabei ist für den öffentlich-rechtlichen Vertrag zwischen einem Träger öffentlicher Verwaltung und einem Privaten typisch, dass er an die Stelle einer sonst möglichen Regelung durch Verwaltungsakt tritt (GemS OGB 10. 4. 1986 NJW 1986, 2359). Öffentlich-rechtliche Über-/Unterordnungsverhältnisse bestehen im Bereich des Arbeitsrechts iwS. insbesondere im Sozialversicherungsrecht, im Recht der Arbeitsverwaltung und Gewerbeaufsicht, im Schwerbehinderten- und im Lohnsteuerrecht. Für Rechtsstreitigkeiten aus diesen Rechtsverhältnissen sind die Verwaltungsgerichte, die Sozialgerichte und die Finanzgerichte zuständig. Die Abgrenzung zwischen bürgerlich-rechtlichen und öffentlich-rechtlichen Streitigkeiten kann im Einzelfall schwierig sein und wird im Verhältnis zu den Arbeitssachen bei den einzelnen Zuständigkeitstatbeständen erwähnt werden.

Prozessuale Ansprüche auf Vorlage bestimmter Erkenntnismittel und Beweisstücke sind innerhalb des jeweiligen Rechtsweges geltend zu machen und ggf. im Instanzenwege durchzusetzen; sie teilen das Schicksal des Hauptanspruchs (BVerwG 31. 8. 2008 NJW 2008, 1398). Für **Strafsachen** und die Verfolgung von **Ordnungswidrigkeiten** auf dem Gebiet des Arbeitsrechts sind nach § 13 GVG die ordentlichen Gerichte zuständig.

2. Streitigkeiten über Tarifverträge, Abs. 1 Nr. 1

a) Streitigkeiten aus Tarifverträgen

Nach § 2 Abs. 1 sind die Arbeitsgerichte zuständig für bürgerliche Rechtsstreitigkeiten aus Tarifverträgen. Tarifverträge sind privatrechtliche Verträge. Ansprüche der Tarifvertragsparteien aus Tarifverträgen sind daher bürgerlich-rechtliche Ansprüche. Solche Ansprüche ergeben sich insbesondere aus dem **obligatorischen Teil des Tarifvertrages**. Es sind Ansprüche auf **Durchführung** des Tarifvertrages durch den Tarifpartner sowie auf Einwirkung auf die Verbandsmitglieder, einen Tarifvertrag durchzuführen. Solche Einwirkungspflichten können sowohl durch eine Feststellungsklage als auch durch eine Leistungsklage geltend gemacht werden, auch wenn kein bestimmtes Mittel benannt werden kann, mit dem der Tarifpartner auf sein Mitglied einwirken soll (BAG 29. 4. 1992 AP TVG § 1 Durchführungspflicht Nr. 3; 25. 1. 2006 AP TVG § 1 Durchführungspflicht Nr. 6). Ein Anspruch aus einem Tarifvertrag ist auch der Anspruch gegen den Tarifpartner auf **Wahrung der Friedenspflicht** und damit auf Unterlassung von Arbeitskampfmaßnahmen, die gegen die Friedenspflicht verstoßen (BAG 21. 12. 1982 AP GG Art. 9 Arbeitskampf Nr. 76), oder auf Führung von Tarifverhandlungen. Aus Tarifverträgen kann sich auch ein Recht der Gewerkschaft auf Zutritt zum Betrieb oder eine Pflicht des Arbeitgebers zur Abführung von Gewerkschaftsbeiträgen ergeben. In welcher Form die Ansprüche aus dem obligatorischen Teil des Tarifvertrages geltend gemacht werden, durch Leistungs-, Unterlassungs- oder Feststellungsklage, ist gleichgültig. Ob das für eine Feststellungsklage nach § 256 ZPO erforderliche Feststellungsinteresse gegeben ist, ist in jedem Einzelfall zu prüfen (BAG 30. 5. 2001 AP ZPO 1977 § 256 Nr. 64).

Streitigkeiten aus dem **normativen Teil des Tarifvertrages** fallen nur dann unter Abs. 1 Nr. 1, wenn diese Streitigkeit den eigentlichen Streitgegenstand des Verfahrens bildet und nicht nur Vorfrage ist (*Kissel/Mayer* § 13 Rn. 142). Ansprüche der Arbeitnehmer gegen den Arbeitgeber, die auf Bestimmungen des normativen Teils des Tarifvertrages gestützt werden, gehören nicht hierher; sie fallen unter § 2 Nr. 3 (s. unten Rn. 49 ff.).

§ 2 Abs. 1 Nr. 1 ist im Übrigen weit auszulegen. Dabei ist auf den inneren Zusammenhang mit den anderen Fallgruppen des § 2 und die vergleichbare Rechts- und Interessenlage abzustellen (*Kissel/Mayer* § 13 Rn. 142). Das Bundesarbeitsgericht hat die Zuständigkeit der Arbeitsgerichte auch bejaht für den Anspruch einer Gewerkschaft gegen einen Arbeitgeberverband auf Hinzuziehung zu Tarifverhandlungen (BAG 2. 8. 1963 AP GG Art. 9 Nr. 5). Es sollen alle Rechtsstreitigkeiten aus dem Arbeitsleben einschließlich der Betätigung der Koalitionen den Arbeitsgerichten zugewiesen werden, bei denen der Gesetzgeber besondere Kenntnisse auf dem Gebiet des Arbeitsrechts und des Arbeitslebens voraussetzt. Es muss sich jedoch um **Rechtsstreitigkeiten** handeln. Für **Regelungsstreitigkeiten,** dh. für Streitigkeiten darüber, was künftig Recht sein soll (s. § 2a Rn. 100) ist ein vereinbartes Schlichtungsverfahren oder der Arbeitskampf gegeben.

b) Streitigkeiten über das Bestehen von Tarifverträgen

Die Arbeitsgerichte haben ferner zu entscheiden in Streitigkeiten über das Bestehen oder Nichtbestehen von Tarifverträgen. Darunter fallen Streitigkeiten über den wirksamen **Abschluss des Tarifvertrages,** über seine **Gültigkeit,** über die Wirksamkeit einer Kündigung (BAG 26. 9. 1984 AP TVG § 1 Nr. 21), aber auch über seinen räumlichen, fachlichen oder betrieblichen **Geltungsbereich**. Das ist keine Frage der Tarifzuständigkeit (GK-ArbGG/*Wenzel* § 2 Rn. 88; so aber BAG 10. 5. 1989 AP TVG § 2 Tarifzuständigkeit Nr. 6, krit. dazu *Otto* in Anm. zu EzA § 256 ZPO Nr. 32). Gleichgültig ist, ob der Streit sich auf den normativen oder den obligatorischen Teil des Tarifvertrages bezieht (*Kissel/Mayer* § 13 Rn. 142), ob der Tarifvertrag schon gekündigt ist oder die klagende Partei selbst bei dessen Abschluss mitgewirkt hat (BAG 23. 3. 1957 AP GG Art. 3 Nr. 18).

16

Streitgegenstand muss nicht nur das Bestehen oder Nichtbestehen des Tarifvertrages im Ganzen sein, es genügt, wenn über die **Wirksamkeit oder den Inhalt einer einzelnen Norm** gestritten wird (BAG 28. 9. 1977 AP TVG 1969 § 9 Nr. 1). Damit kann auch die **Auslegung** einer Norm des Tarifvertrages Gegenstand des Streits sein (BAG 28. 9. 1977 AP TVG 1969 § 9 Nr. 1; ErfK/*Koch* ArbGG § 2 Rn. 8; *Hauck/Helml* § 2 Rn. 10; *Kissel/Mayer* § 13 Rn. 142). Streitgegenstand muss auch hier die generelle Auslegung einer tariflichen Norm, nicht aber deren Anwendung im Einzelfall sein (BAG 19. 2. 1965 AP TVG § 8 Nr. 4), so dass die Frage der tarifgerechten Eingruppierung eines Arbeitnehmers im Rechtsstreit zwischen ihm und dem Arbeitgeber nach § 2 Abs. 1 Nr. 3 zu entscheiden ist.

17

Der Streit um das Bestehen oder Nichtbestehen von Tarifverträgen oder um die Auslegung tariflicher Normen ist regelmäßig auf eine **Feststellungsklage** hin zu entscheiden. Das erforderliche Feststellungsinteresse ergibt sich jedoch nicht schon allein aus der Bindungswirkung nach § 9 TVG (s. unten Rn. 19 ff.; BAG 30. 5. 2001 AP ZPO 1977 § 256 Nr. 64 mit Anm. von *Oetker*). Der Zulässigkeit einer solchen Feststellungsklage stehen weder anhängige Individualprozesse noch die Möglichkeit der Führung von Musterprozessen entgegen (BAG 30. 5. 1984 AP TVG 1969 § 9 Nr. 3).

18

Die Zuständigkeit der Arbeitsgerichte nach Abs. 1 Nr. 1 ist auch gegeben für Rechtsstreitigkeiten über Umfang und Wirksamkeit einer **Allgemeinverbindlicherklärung** von Tarifverträgen (*Hauck/Helml* § 2 Rn. 11). Streitigkeiten zwischen den Tarifvertragsparteien und den für die Allgemeinverbindlicherklärung zuständigen Behörden sind hingegen öffentlich-rechtliche Streitigkeiten, für die die Verwaltungsgerichte zuständig sind (*Kissel/Mayer* § 13 Rn. 142; GK-ArbGG/*Wenzel* § 2 Rn. 81). Wird die Allgemeinverbindlicherklärung abgelehnt, so ist die allgemeine Leistungsklage gegen die Behörde zu erheben (BVerwG 6. 6. 1958 AP TVG § 5 Nr. 6; 3. 11. 1988 AP TVG § 5 Nr. 23). Wird ein Tarifvertrag für allgemeinverbindlich erklärt, so kann dies von einem betroffenen Außenseiter nicht vor den Verwaltungsgerichten angefochten werden (BVerwG 6. 6. 1958 AP TVG § 5 Nr. 6). Der Außenseiter kann nur in einem Rechtsstreit vor dem Arbeitsgericht nach Abs. 1 Nr. 1 gegen die Tarifvertragsparteien die Nichtigkeit der Allgemeinverbindlicherklärung feststellen lassen.

19

c) Bindungswirkung der Entscheidung

Nach § 9 TVG sind rechtskräftige Entscheidungen, die in Rechtsstreitigkeiten zwischen Tarifvertragsparteien aus dem Tarifvertrag oder über das Bestehen oder Nichtbestehen des Tarifvertrages ergangen sind, in Rechtsstreitigkeiten zwischen tarifgebundenen Parteien sowie zwischen diesen und Dritten für die Gerichte und Schiedsgerichte bindend. Damit wird die **Rechtskraftwirkung** der gerichtlichen Entscheidung über die unmittelbar am Streit beteiligten Parteien hinaus **ausgedehnt** (*Dütz* ArbRGeg. 20, 38).

20

Gemeint sind gerichtliche Entscheidungen in den oben unter Rn. 15 f. genannten Streitigkeiten über das Bestehen oder Nichtbestehen von Tarifverträgen, über deren Geltungsbereich und Inhalt. Rechtskräftige Entscheidungen über Ansprüche aus dem obligatorischen Teil des Tarifvertrages (s. oben Rn. 12) fallen nicht darunter (aA *Dütz* ArbRGegw 20, 38; Wiedemann/*Oetker* § 9 Rn. 20), weil es sich insoweit um Entscheidungen über bürgerlich-rechtliche Ansprüche, nicht aber über das Bestehen und den Inhalt von Rechtsnormen handelt. Der Wortlaut in § 9 TVG „Rechtsstreitigkeiten aus dem Tarifvertrag" ist insoweit missverständlich.

21

Erforderlich ist, dass die rechtskräftige Entscheidung in einem Rechtsstreit **zwischen den Tarifvertragsparteien** dieses Tarifvertrages ergangen ist oder zwischen einer Tarifvertragspartei und einem Dritten (s. unten Rn. 27). **Tarifvertragspartei** kann aber auch **der einzelne Arbeitgeber** sein, § 2 Abs. 1 TVG. Sind auf einer oder beiden Seiten des Tarifvertrages mehrere Tarifvertragsparteien beteiligt, so ist durch Auslegung zu ermitteln, ob es sich um mehrere selbständige Tarifverträge zwischen den einzelnen Tarifvertragsparteien oder um einen Einheitstarifvertrag handelt. Handelt es sich um mehrere selbständige Tarifverträge, so erstreckt sich die Bindungswirkung des § 9 TVG nur auf die Tarifvertragsparteien, die Partei des Rechtsstreits waren sowie auf deren Mitglieder (BAG 28. 9. 1977 AP TVG 1979 § 9 Nr. 1; Wiedemann/*Oetker* § 9 Rn. 18). Handelt es sich um einen Einheitstarifvertrag, so sind die mehreren Tarifvertragsparteien jeder Seite **22** notwendige Streitgenossen (BAG 15. 7. 1986 AP LPVG Bayern Art. 3. Nr. 1) und die Bindungswirkung erstreckt sich auf alle Tarifvertragsparteien sowie auf deren Mitglieder.

Die **Bindungswirkung** gilt auch in Rechtsstreitigkeiten **zwischen tarifgebundenen Parteien und Dritten,** wenn also nur eine Partei des Arbeitsvertrages tarifgebunden ist. Geht man davon aus, so kann bei einem mehrgliederigen Tarifvertrag die Bindungswirkung nur eintreten, wenn die gerichtliche Entscheidung entweder alle selbständigen Tarifverträge erfasst oder wenn es sich um einen Einheitstarifvertrag handelt. Ist bei einem mehrgliedrigen Tarifvertrag, der kein Einheitsvertrag ist, die gerichtliche Entscheidung nur zwischen einzelnen Tarifvertragsparteien jeder Seite ergangen, so tritt eine Bindungswirkung bei beiderseitiger Tarifbindung der Arbeitsvertragsparteien nur ein, wenn diese gerade Mitglieder der Prozessparteien sind. Ist nur eine Arbeitsvertragspartei tarifgebunden, genügt es, wenn diese Mitglied einer Prozesspartei ist, um die Bindungswirkung eintreten zu lassen. Über den Wortlaut des § 9 hinaus gilt die Bindungswirkung auch für Rechtsstreitigkeiten zwischen Arbeitsvertragsparteien, die beide nicht tarifgebunden **23** sind, die **Anwendung des Tarifvertrages** vielmehr nur einzelvertraglich **vereinbart haben** (aA Wiedemann/*Oetker* § 9 Rn. 38; vgl. auch *Dütz* ArbRGeg. 20, 39).

Die von der Bindungswirkung betroffenen tarifgebundenen Parteien und Dritte können dem Rechtsstreit zwischen den Tarifvertragsparteien als **Nebenintervenient** beitreten, § 66 ZPO, wenn die Entscheidung unmittelbare Auswirkungen für ein Verfahren hat, in dem sie Kläger oder Beklagter sind (str., s. Wiedemann/*Oetker* § 9 Rn. 60 mwN). Schwebt zwischen diesen bereits ein Rechtsstreit, in dem es um das Bestehen oder Nicht- **24** bestehen dieses Tarifvertrages oder um seinen Inhalt geht, so kann dieser nach § 148 ZPO ausgesetzt werden.

Rechtskräftige Urteile der in § 9 TVG genannten Art sind nach § 63 der obersten Arbeitsbehörde des Landes, in dem der Rechtsstreit entstanden ist, und dem Bundesminister für Wirtschaft und Arbeit zu übersenden (s. Erl. zu § 63 Rn. 2 ff.).

25

d) Parteien des Rechtsstreits

Parteien des Rechtsstreits können einmal die **Tarifvertragsparteien** selbst sein. Maßgebend ist allein, ob sie tatsächlich Partei des Tarifvertrages sind, aus dem Rechte hergeleitet werden oder über dessen Bestehen oder Inhalt gestritten wird. Für die Rechtswegzuständigkeit ist nicht erforderlich, dass sie tariffähig sind (GK-ArbGG/*Wenzel* § 2 Rn. 82; Schwab/Weth/*Walker* § 2 Rn. 42). Für die Entscheidung über die Tariffähigkeit **26** und Tarifzuständigkeit einer Vereinigung ist die Rechtswegzuständigkeit der Arbeitsgerichte nach § 2 a Abs. 1 Nr. 4 iVm. § 97 im Beschlussverfahren gegeben.

Es genügt, wenn der Rechtsstreit zwischen einer **Tarifvertragspartei und einem Dritten** geführt wird. Dritter ist jeder, der nicht selbst Partei des Tarifvertrages ist. Insbesondere wird es sich um Mitglieder der gegnerischen Tarifvertragspartei handeln. Auch diese können aus dem schuldrechtlichen Teil des Tarifvertrages als Vertrag zu Gunsten Dritter Ansprüche aus dem Tarifvertrag haben. Für eine Klage der Gewerkschaft gegen Mitglieder des Arbeitgeberverbandes auf Einhaltung und Anwendung des Tarifvertrages wird regelmäßig das Rechtsschutzinteresse fehlen (BAG 8. 11. 1957 AP ZPO § 256 Nr. 7; 8. 2. 1963 AP ZPO § 256 Nr. 42; krit. GK-ArbGG/*Wenzel* § 2 Rn. 88). Gleichgültig ist, ob der Dritte als Kläger oder Beklagter am Prozess beteiligt ist. Dritter kann auch ein Außenseiter sein. Dass diesem gegenüber regelmäßig keine Rechte oder Pflichten aus dem Tarifvertrag bestehen, ist eine Frage der Begründetheit der Klage, nicht aber der Zuständigkeit der Arbeitsgerichte.

Die Zuständigkeit der Arbeitsgerichte wird man darüber hinaus auch dann bejahen müssen, wenn eine Koalition, die nicht selbst Partei des umstrittenen Tarifvertrages ist, Klage auf Feststellung des Bestehens oder Nichtbestehens des Tarifvertrages erhebt. Für eine solche Klage muss aber das Feststellungsinteresse gesondert geprüft werden.

Dritter kann auch ein **Mitglied der** am Prozess beteiligten **Tarifvertragspartei** selbst sein. Es muss sich aber um eine Streitigkeit aus einem Tarifvertrag oder über das Bestehen eines Tarifvertrages handeln. Für Streitigkeiten aus dem Mitgliedschaftsverhältnis sind die ordentlichen Gerichte zuständig (s. unten Rn. 47).

3. Arbeitskampfstreitigkeiten, Abs. 1 Nr. 2

a) Bürgerliche Rechtsstreitigkeiten

Die Arbeitsgerichte sind nach § 2 Abs. 1 Nr. 2 zuständig für Rechtsstreitigkeiten zwischen tariffähigen Parteien oder zwischen diesen und Dritten aus **unerlaubten Handlungen**, soweit es sich um Maßnahmen **zum Zwecke des Arbeitskampfes** handelt. Auch hier muss es sich um bürgerliche Rechtsstreitigkeiten handeln (s. oben Rn. 8 ff.). Nicht zur Zuständigkeit der Arbeitsgerichte gehören daher Streitigkeiten aus dem Einsatz hoheitlicher Gewalt anlässlich von Arbeitskämpfen, etwa bei einem Polizeieinsatz gegen Streiks oder Werksbesetzungen. Keine Ausübung hoheitlicher Gewalt ist es jedoch, wenn eine bestreikte öffentlich-rechtliche Körperschaft Beamte auf bestreikten Arbeitsplätzen einsetzt (BAG 10. 9. 1985 AP GG Art. 9 Arbeitskampf Nr. 86). Für Verfahren wegen strafbarer Handlungen anlässlich von Arbeitskämpfen sind die ordentlichen Gerichte zuständig, § 13 GVG.

Über eine Verletzung der **Neutralitätspflicht durch die Bundesagentur für Arbeit** durch die Gewährung von Arbeitslosen- oder Kurzarbeitergeld an von Arbeitskämpfen betroffene Arbeitnehmer (§ 146 SGB III) entscheiden die Sozialgerichte, § 51 Abs. 1 SGG; im Falle des § 146 Abs. 5 SGB III das Bundessozialgericht in erster und letzter Instanz, § 146 Abs. 6 SGB III.

Umstritten ist, ob die Arbeitsgerichte zuständig sind für **Schadensersatzansprüche aus § 839 BGB wegen Amtspflichtverletzung** im Zusammenhang mit dem Einsatz hoheitlicher Gewalt anlässlich von Arbeitskämpfen. Nach Art. 34 Satz 3 GG darf für Amtshaftungsansprüche der ordentliche Rechtsweg nicht ausgeschlossen werden. Da die Arbeitsgerichtsbarkeit auch gegenüber der ordentlichen Gerichtsbarkeit eine eigene Gerichtsbarkeit ist, sind auch für solche Schadensersatzansprüche nur die ordentlichen Gerichte zuständig (*Kissel/Mayer* § 13 Rn. 143; Schwab/Weth/*Walker* § 2 Rn. 55; aA *Grunsky* § 2 Rn. 65 mwN). Die Zuständigkeit der Arbeitsgerichte kann aber für solche Ansprüche durch eine bindende Verweisungsentscheidung nach § 17a Abs. 2 GVG begründet werden, § 17 Abs. 2 Satz 2 GVG (BAG 14. 12. 1998 AP GVG § 17a Nr. 38, krit. dazu *Ganser-Hillgruber* in Anm. zu AP GVG § 17a Nr. 38).

Gleichgültig ist, in welcher Rechtsschutzform, Feststellungs- oder Leistungsklage, oder in welcher Verfahrensart, Urteilsverfahren oder einstweilige Verfügung, diese Rechtsstreitigkeiten anhängig gemacht werden.

b) Unerlaubte Handlung

Die Streitigkeit muss eine **unerlaubte Handlung zum Zwecke des Arbeitskampfes** betreffen. Das Verhalten muss darauf abzielen, den Arbeitskampf zu beeinflussen. Unerlaubte Handlungen, die nur anlässlich eines Arbeitskampfes begangen werden, begründen deshalb nicht die Zuständigkeit nach Nr. 2, können aber eine solche nach Nr. 3 **34** oder 9 begründen.

Der Begriff der **unerlaubten Handlung ist weit auszulegen**. Darauf, ob eine unerlaubte Handlung iSd. BGB vorliegt, kommt es nicht an (*Kissel/Mayer* § 13 Rn. 143; *Hauck/Helml* § 2 Rn. 14; GK-ArbGG/*Wenzel* § 2 Rn. 94; ErfK/*Koch* ArbGG § 2 Rn. 12; BCF/*Bader* § 2 Rn. 6). Die Vorschrift will mit ihrer weiten Fassung alle Rechtsstreitigkeiten aus der Beteiligung der Koalitionen am Arbeitskampf und aus ihrer Betätigung im Arbeitsleben erfassen, deren Zulässigkeit oder Rechtmäßigkeit umstritten ist (BAG 29. 10. 2001 NZA 2002, 166). Unerlaubte Handlung im Sinne dieser Vorschrift ist daher nicht nur ein unter §§ 823 ff. BGB zu subsumierendes Verhalten, sondern jedes Verhalten, das als Maßnahme zum Zwecke des Arbeitskampfes sich als rechtswidrig darstellen kann. Unerlaubte Handlung ist daher auch ein Verhalten im Arbeitskampf, das sich als Verstoß gegen Rechte der anderen Arbeitskampfpartei, insbesondere gegen deren Recht auf koalitionsmäßige Betätigung aus Art. 9 Abs. 3 GG erweisen kann (BAG 2. 8. 1963 AP GG Art. 9 Nr. 5; 29. 6. 1965 AP GG Art. 9 Nr. 6; 14. 2. 1978 AP GG Art. 9 Nr. 26; 10. 9. 1985 AP GG Art. 9 Arbeitskampf Nr. 86; 18. 8. 1987 AP ArbGG 1979 § 72a Nr. 33). Vor dem Hintergrund ist es nicht erforderlich, dass ein solcher Verstoß wirklich vorliegt (BAG 29. 10. 2001 NZA 2002, **35** 166).

Die unerlaubte Handlung kann auch im Arbeitskampf selbst liegen. Sie muss **nicht rechtswidrig oder schuldhaft** begangen worden sein, das ist eine Frage der Begründetheit der Klage (BAG 29. 6. 1965 AP GG Art. 9 Nr. 6). Auch Ansprüche, die kein Verschulden voraussetzen, wie der Schadensersatzanspruch aus § 945 ZPO nach Aufhebung einer im Arbeitskampf ergangenen einstweiligen Verfügung, können Gegenstand eines Rechtsstreits aus unerlaubter Handlung zum Zwecke des Arbeitskampfes sein (*Kissel/Mayer* § 13 Rn. 143).

c) Maßnahmen des Arbeitskampfes

36

Die unerlaubte Handlung muss zum Zwecke des Arbeitskampfes begangen worden sein. Auch der **Begriff des Arbeitskampfes ist weit zu verstehen**. Er umfasst nicht nur herkömmliche Formen des Arbeitskampfes wie den Streik, die Aussperrung oder den Boykott, sondern jede kollektive Druckausübung durch Arbeitnehmer oder Arbeitgeber, durch die das Arbeitsverhältnis berührt wird. Es fallen daher unter den Begriff „Arbeitskampf" auch Vorgänge, die als Protestdemonstration, Warnstreik, Sympathiestreik, kollektive Arbeitsniederlegung, wilder Streik, oä. bezeichnet werden. Auf das mit der kollektiven Druckausübung verfolgte Ziel sowie darauf, gegen wen der Druck ausgeübt wird, kommt es nicht an. Arbeitskampf im Sinne von Abs. 1 Nr. 2 ist daher auch der sogenannte politische Streik, mit dem Druck auf Regierung oder Gesetzgebung ausgeübt werden soll (*Kissel/Mayer* § 13 Rn. 143; GK-ArbGG/*Wenzel* § 2 Rn. 97 jeweils mwN; aA BGH 29. 9. 1954 AP ArbGG 1953 § 2 Nr. 2). Gleiches muss für ein kollektiv ausgeübtes Zurückbehaltungsrecht gelten, mag auch für Streitigkeiten daraus die Zuständigkeit der Arbeitsgerichte auch nach Abs. 1 Nr. 3 begründet sein (*Kissel/Mayer* § 13 Rn. 143). Ist das Ziel der Druckausübung unerheblich, kann es auch nicht darauf ankommen, dass durch Zurückbehaltungsrechte nur schon bestehende Rechte durch- **37** gesetzt werden sollen.

Maßnahme des Arbeitskampfes ist sowohl der Arbeitskampf selbst als auch jede andere Handlung oder Unterlassung im Rahmen des Arbeitskampfgeschehens, so etwa die Verweigerung von Notdienstarbeiten, die Werksbesetzung, die Behinderung oder Begünstigung von Arbeitswilligen, der Einsatz von Beamten auf bestreikten Arbeitsplätzen (BAG 10. 9. 1985 AP GG Art. 9 Arbeitskampf Nr. 86), die Behinderung von Tarifvertrags- oder Schlichtungsverhandlungen oder die Beleidigung oder Diffamierung des Kampfgegners.

d) Parteien des Rechtsstreits

38 Parteien der Rechtsstreitigkeiten nach Abs. 1 Nr. 2 müssen wiederum entweder die Parteien des umkämpften Tarifvertrages auf beiden Seiten oder eine solche Partei auf der einen und ein **Dritter** auf der anderen Seite sein, wobei es auf die Parteistellung, Kläger oder Beklagter, nicht ankommt. Für die Rechtswegzuständigkeit ist wiederum nicht erforderlich, dass die Partei im konkreten Fall tatsächlich tariffähig ist (Schwab/Weth/*Walker* § 2 Rn. 57). Es genügt, dass sie zu den Tarifvertragsparteien nach § 2 Abs. 1 bis 3 TVG gehören kann. Die Zulässigkeit einer Arbeitskampfmaßnahme kann gerade von der Tariffähigkeit oder der Tarifzuständigkeit der Kampfpartei abhängen. Hängt die Entscheidung des Rechtsstreits von der Tariffähigkeit oder Tarifzuständigkeit einer Kampfpartei ab, so kommt eine Aussetzung des Rechtsstreits gemäß § 97 Abs. 5 bis zur Erledigung des Beschlussverfahrens nach § 2a Abs. 1 Nr. 4 in Betracht.

39 **Parteien** des Rechtsstreits können auch tariffähige Parteien auf der gleichen Seite des Arbeitskampfes sein, etwa bei einem Streit **konkurrierender Gewerkschaften** über den Arbeitskampf oder gemeinsame Maßnahmen anlässlich des Arbeitskampfes (*Kissel/Mayer* § 13 Rn. 143; Schwab/Weth/*Walker* § 2 Rn. 59). Partei kann auch der einzelne **Arbeitgeber** sein, unabhängig davon, ob er Mitglied eines Arbeitgeberverbandes ist oder ob der Arbeitskampf um einen Firmentarifvertrag geführt wird.

40 **Dritter als Partei** kann jeder sein, der nicht schon tariffähige Partei ist, insbesondere der einzelne Arbeitnehmer. Aber auch außerhalb der Arbeitskampfparteien oder ihrer Mitglieder stehende Personen können Dritter sein. Der Streit kann auch zwischen einer tariffähigen Partei und ihren eigenen Mitgliedern bestehen, mögen solche Fälle auch selten sein, wenn man für Streitigkeiten zwischen Koalitionen und ihren Mitgliedern aus dem Mitgliedschaftsverhältnis die Zuständigkeit der ordentlichen Gerichte bejaht (s. dazu unten Rn. 47).

41 Von der Zuständigkeit nach Abs. 1 Nr. 2 werden auch Streitigkeiten **zwischen Arbeitnehmern und ihrem Arbeitgeber aus dem Arbeitskampf** erfasst. Beispiele sind Lohnansprüche der Arbeitnehmer aus § 615 BGB bei einer rechtswidrigen Aussperrung oder Schadensersatzansprüche des Arbeitgebers wegen eines rechtswidrigen Streiks. Hier können sich Überschneidungen mit der Rechtswegzuständigkeit nach Abs. 1 Nr. 3 ergeben (s. unten Rn. 49 ff.). Nachdem die Beschränkung der Nichtzulassungsbeschwerde wegen grundsätzlicher Bedeutung der Rechtssache auf die Rechtsstreitigkeiten nach Abs. 1 Nr. 1 und 2 weggefallen ist, ist die besondere Zuständigkeit nach Abs. 1 Nr. 2 insoweit nunmehr ohne rechtliche Bedeutung.

42 **Dritter ist nicht der Betriebsrat** oder ein anderes betriebsverfassungsrechtliches Organ. Streitigkeiten über Rechte und Pflichten des Betriebsrates anlässlich von Arbeitskämpfen sind betriebsverfassungsrechtliche Streitigkeiten iSv. § 2a Abs. 1 Nr. 1, über die im **Beschlussverfahren** zu entscheiden ist. Für Streitigkeiten **zwischen Arbeitnehmern** aus Maßnahmen zum Zwecke des Arbeitskampfes, etwa wegen Beleidigung oder Körperverletzung von Arbeitswilligen, ist die Zuständigkeit der Arbeitsgerichte nach Abs. 1 Nr. 9 gegeben (s. unten Rn. 107).

4. Streitigkeiten um die Vereinigungsfreiheit, Abs. 1 Nr. 2

a) Unerlaubte Handlung

43 Ebenfalls nach § 2 Abs. 1 Nr. 2 sind die Arbeitsgerichte zuständig für Streitigkeiten aus unerlaubten Handlungen, soweit es sich um Fragen der **Vereinigungsfreiheit** einschließlich des hiermit im Zusammenhang stehenden **Betätigungsrechtes der Vereinigungen** handelt. Die Worte „einschließlich des hiermit im Zusammenhang stehenden Betätigungsrechtes der Vereinigungen" sind erst durch die Arbeitsgerichtsnovelle vom 21. 5. 1979 (BGBl. I S. 545) in den Gesetzestext aufgenommen worden. Die Gesetzesänderung hat im Wesentlichen nur eine Bestätigung der bisherigen Rechtsprechung gebracht; zugleich hat sie allerdings deutlich gemacht, dass der Gesetzgeber auf diesem für das

Arbeitsrecht und das Arbeitsleben so bedeutsamen Gebiet eine umfassende Zuständigkeit der Arbeitsgerichte begründen wollte.

Auch hier ist der Begriff der unerlaubten Handlung weit auszulegen (BAG 29. 10. **44** 2001 AP ArbGG 1979 § 2 Nr. 80; *Kissel/Mayer* § 13 Rn. 143). **Unerlaubte Handlung** ist danach jede Maßnahme, die sich als Verletzung der Vereinigungsfreiheit, der positiven oder negativen Koalitionsfreiheit oder des Betätigungsrechts der Koalitionen darstellen kann (BAG 18. 8. 1987 AP ArbGG 1979 § 72 a Nr. 33). So ist für die Klage eines Arbeitgebers gegen einen Gewerkschaftssekretär auf Unterlassung von Äußerungen über die Tariftreue des Arbeitgebers (BAG 29. 10. 2001 AP ArbGG 1979 § 2 Nr. 80) oder für die Klage einer Gewerkschaft gegen ein Land auf Aufhebung eines Werbeverbots in Polizeidienststellen (LAG Düsseldorf 13. 11. 2003 LAGE Art. 9 GG Nr. 15) der Rechtsweg zu den Gerichten für Arbeitssachen nach § 2 Abs. 1 Nr. 2 eröffnet. (Zum Unterlassungsanspruch der Gewerkschaft gegen betriebliche „Bündnisse für Arbeit" s. § 2 a Rn. 58). Der Streit, ob diese Rechte verletzt sind, muss jedoch wiederum eine bürgerliche Rechtsstreitigkeit sein, so dass für Verletzungen dieser Rechte durch die öffentliche Gewalt einschließlich daraus resultierender Schadensersatzansprüche die Zuständigkeit der Arbeitsgerichte nicht gegeben ist (s. oben Rn. 29). In welcher Form und Verfahrensart die Rechtsstreitigkeit ausgetragen wird, ist ohne Bedeutung. Infrage kommen insbesondere Klagen auf Unterlassung, Widerruf von Behauptungen uä.

b) Fragen der Vereinigungsfreiheit

Um eine Frage der **Vereinigungsfreiheit oder des Betätigungsrechts einer Koalition** **45** handelt es sich nicht nur dann, wenn darüber gestritten wird, ob Arbeitnehmer oder Arbeitgeber sich in einer Koalition zusammenschließen dürfen oder sich in ihrem Koalitionsrecht aus Art. 9 Abs. 3 GG beeinträchtigt fühlen, oder wenn zur Entscheidung steht, ob sich eine Koalition **in bestimmter,** von ihr in Anspruch genommener **Weise als Koalition betätigen darf** (BAG 8. 12. 1978 AP GG Art. 9 Nr. 28; vom 23. 2. 1979 AP GG Art. 9 Nr. 29; 28. 3. 2000 NZA 2000, 735). Das ist zudem der Fall, wenn über **Zutrittsrechte einer Gewerkschaft** zum Betrieb gestritten wird (BAG 14. 2. 1978 AP GG Art. 9 Nr. 26), wenn es um die Befugnisse der Gewerkschaften zur Werbung und Betreuung von Mitgliedern im Betrieb geht (BAG 23. 2. 1979 AP GG Art. 9 Nr. 29; 26. 1. 1982 AP GG Art. 9 Nr. 35; 30 .8. 1983 AP GG Art. 9 Nr. 38), um die Befugnis zur Wahl der gewerkschaftlichen Vertrauensleute im Betrieb (BAG 8. 12. 1978 AP GG Art. 9 Nr. 28), die Durchführung von Unterschriftsaktionen durch die Gewerkschaft (BAG 25. 1. 2005 AP GG Art. 9 Nr. 123) oder das Unterlassen von Äußerungen eines Gewerkschaftssekretärs über mangelnde Tariftreue eines Arbeitgebers (BAG 29. 10. 2001 AP ArbGG 1979 § 2 Nr. 80) geht. Hierzu und nicht zu den Streitigkeiten aus Tarifverträgen wird man auch die Frage zu rechnen haben, ob Gewerkschaften gegen den Tarifpartner einen Anspruch auf Teilnahme an Tarifverhandlungen haben (s. oben Rn. 14; GK-ArbGG/*Wenzel* § 2 Rn. 101; BAG 14. 7. 1981 AP TVG § 1 Verhandlungspflicht Nr. 1).

Umstritten ist, ob auch **Streitigkeiten konkurrierender Koalitionen** der gleichen Seite **46** untereinander unter die Zuständigkeit der Arbeitsgerichte fallen. Diese Frage ist zu bejahen, da alle Fragen der Vereinigungsfreiheit und des Betätigungsrechts der Koalitionen, gleichgültig, unter welchen Parteien sie streitig werden, zur Zuständigkeit der Arbeitsgerichte gehören (*Kissel/Mayer* § 13 Rn. 143; ErfK/*Koch* ArbGG § 2 Rn. 14, 15; GK-ArbGG/*Wenzel* § 2 Rn. 102). Der Bundesgerichtshof hat jedoch für solche Streitigkeiten stets ohne nähere Begründung die **Zuständigkeit der ordentlichen Gerichte** bejaht (BGH 7. 1. 1964 AP BGB § 1004 Nr. 1; 18. 5. 1971 AP GG Art. 5 Abs. 1 Meinungsfreiheit Nr. 6). Er hat Gleiches für einen Streit zwischen einer Gewerkschaft und einer politischen Partei angenommen.

Ebenfalls umstritten ist die Zuständigkeit der Arbeitsgerichte für Streitigkeiten **zwi- 47 schen den Koalitionen und ihren Mitgliedern.** Soweit durch die Koalitionen die Vereinigungsfreiheit ihrer möglichen oder tatsächlichen Mitglieder berührt wird, wie dies bei Ablehnung der Aufnahme oder dem Ausschluss aus der Koalition der Fall sein kann, ist die Zuständigkeit der Arbeitsgerichte gegeben (GK-ArbGG/*Wenzel* § 2 Rn. 103; ErfK/ *Koch* ArbGG § 2 Rn. 14,15; anders die Rechtsprechung des BGH: 22. 9. 1980 AP GG Art. 9 Nr. 33; 30. 5. 1983 AP BGB § 39 Nr. 1; ArbGG 1979; *Kissel/Mayer* § 13 Rn. 143). Handelt es sich hingegen um reine Streitigkeiten aus der Mitgliedschaft, wie Beitrags- oder Leistungsstreitigkeiten, sind die ordentlichen Gerichte zuständig (*Hauck/ Helml*, § 2 Rn. 19; GK-ArbGG/*Wenzel* § 2 Rn. 103; BCF/*Bader* § 2 Rn. 6).

c) Parteien des Rechtsstreits

48 Für die **Parteien eines Rechtsstreits** um Fragen der Vereinigungsfreiheit und des Betätigungsrechts der Vereinigungen gilt das Gleiche wie für die Parteien bei Arbeitskampfstreitigkeiten (s. oben Rn. 38 ff.). Auch hier ist nicht erforderlich, dass die Vereinigungen tariffähig sind.

5. Streitigkeiten zwischen Arbeitnehmer und Arbeitgeber, Abs. 1 Nr. 3

a) Allgemeines

49 Die Vorschrift entspricht inhaltlich dem früheren § 2 Abs. 1 Nr. 2 und hat ihre jetzige Fassung durch die Arbeitsgerichtsnovelle vom 21. 5. 1979 erhalten. Hinzugekommen ist die ausdrückliche Erwähnung der Zuständigkeit für Streitigkeiten über Arbeitspapiere in § 2 Abs. 1 Nr. 3 e. Mit § 2 Abs. 1 Nr. 3 wird der Rechtsweg zu den Gerichten für Arbeitssachen für alle individualrechtlichen Streitigkeiten aus dem Arbeitsverhältnis umfassend eröffnet (BAG 23. 2. 1979 AP GG Art. 9 Nr. 30; 14. 11. 1979 AP TVG § 4 Gemeinsame Einrichtungen Nr. 2). § 2 Abs. 1 Nr. 3 wird ergänzt durch die in Abs. 1 Nr. 4 und Abs. 3 sowie § 3 getroffenen Zuständigkeitsregelungen.

b) Arbeitnehmer, Arbeitgeber

50 Der **Begriff des Arbeitnehmers** wird für das Arbeitsgerichtsgesetz in § 5 definiert. Auf die Erläuterungen hierzu kann verwiesen werden. Das Bundesarbeitsgericht lässt im Rahmen der Rechtswegprüfung eine **Wahlfeststellung** zwischen Arbeitnehmereigenschaft und der Zuordnung zu den arbeitnehmerähnlichen Personen zu. Eine rechtliche Festlegung auf die Qualifikation des Rechtsverhältnisses als Arbeitsverhältnis ist in dem Zusammenhang nicht erforderlich (BAG 16. 7. 1997 AP ArbGG 1979 § 5 Nr. 37; 17. 6. 1999 EzA ArbGG 1979 § 5 Nr. 34).

51 Im Gegensatz dazu enthält das Gesetz keine Definition des **Arbeitgeberbegriffs.** Insoweit ist auf den allgemeinen Arbeitgeberbegriff zurückzugreifen. Arbeitgeber ist danach jeder, der zumindest einen Arbeitnehmer oder eine arbeitnehmerähnliche Person iSd. § 5 beschäftigt (*Kissel/Mayer* § 13 Rn. 157). Auch der mittelbare Arbeitgeber (BAG 9. 4. 1957 AP BGB § 611 Mittelbares Arbeitsverhältnis Nr. 2; 20. 7. 1982 AP BGB § 611 Mittelbares Arbeitsverhältnis Nr. 5) ist Arbeitgeber iSd. § 2. Ist Arbeitgeber eine OHG oder KG, so sind auch die persönlich haftenden Gesellschafter Arbeitgeber (BAG 28. 2. 2006 AP ArbGG 1979 § 2 Nr. 88; 6. 5. 1986 AP HGB § 128 Nr. 8), nicht aber der Kommanditist (BAG 23. 6. 1992 AP ArbGG 1979 § 2 Nr. 23). Ferner sind Arbeitgeber die als Organe der juristischen Person handelnden natürlichen Personen (BAG 24. 6. 1996 AP ArbGG 1979 § 2 Nr. 39). **Kein Arbeitgeber** iS dieser Vorschrift ist aber der Gesellschafter einer Arbeitgeber-GmbH, der im Weg der Durchgriffshaftung in Anspruch genommen wird (BAG 13. 6. 1997 AP ArbGG 1979 § 3 Nr. 5). Ebenso sind der Bürge, der Schuldmitübernehmer und der Vertreter ohne Vertretungsmacht (§ 179 BGB) nicht als Arbeitgeber anzusehen; die Zuständigkeit der Arbeitsgerichte kann sich hier aber aus § 3 ergeben (BAG 27. 2. 2008 AP ArbGG 1979 § 3 Nr. 8). Arbeitgeber können auch mehrere juristische oder natürliche Personen in ihrer Gesamtheit sein (BAG 27. 3. 1981 AP BGB § 611 Arbeitgebergruppe Nr. 1).

Im **Leiharbeitsverhältnis** ist die Arbeitgeberfunktion zwischen dem Verleiher und 52 Entleiher aufgeteilt. Soweit daraus Ansprüche des Leiharbeitnehmers gegen den Entleiher geltend gemacht werden, ist auch dieser Arbeitgeber und das Arbeitsgericht für solche Klagen zuständig. Im Übrigen ist in § 14 AÜG geregelt, dass der Leiharbeitnehmer auch während der Zeit seiner Arbeitsleistung bei einem Entleiher Angehöriger des entsendenden Betriebs des Verleihers bleibt. Ob im Einzelfall die geltend gemachten Ansprüche bestehen, ist eine Frage der Begründetheit der Klage, nicht des Rechtswegs.

c) Aus dem Arbeitsverhältnis, § 2 Abs. 1 Nr. 3 a

Die Streitigkeiten müssen einem **Arbeitsverhältnis** entspringen, das **zwischen den Par-** 53 **teien des Rechtsstreits** besteht, bestanden hat oder begründet werden sollte. Für den Fall der Rechtsnachfolge auf Seiten einer Partei des Arbeitsverhältnisses s. Erl. zu § 3 Rn. 5 ff. Gleichgültig ist, ob das Arbeitsverhältnis wirksam begründet wurde oder nichtig ist. Es kann sich daher auch um ein **faktisches Arbeitsverhältnis** handeln (BAG 25. 4. 1963 AP BGB § 611 Faktisches Arbeitsverhältnis Nr. 2). Auch unzulässige **Schwarzarbeit** kann ein Arbeitsverhältnis iSd. Abs. 1 Nr. 3 begründen (*Kissel/Mayer* § 13 Rn. 159). Ebenso können Familienangehörige in einem Arbeitsverhältnis stehen. Ein Arbeitsverhältnis ist auch das zwischen Entleiher und Leiharbeitnehmer nach § 10 AÜG fingierte Arbeitsverhältnis und das Arbeitsverhältnis mit einem zugewiesenen Arbeitslosen bei **Arbeitsbeschaffungsmaßnahmen** der Bundesagentur für Arbeit, § 260 Abs. 1 SGB III, nicht aber die Beschäftigung eines Sozialhilfeempfängers mit gemeinnütziger Arbeit nach § 19 Abs. 2 BSHG (BAG 14. 12. 1988 – 5 AZR 759/89 –) oder dessen Vermittlung in eine Arbeitsgelegenheit nach § 16 d SGB II. Arbeitsgelegenheiten mit Mehraufwandsentschädigung, wie sie in § 16 d S. 2 SGB II geregelt sind, begründen ein von den Rechtssätzen des öffentlichen Rechts geprägtes Rechtsverhältnis und kein Arbeitsverhältnis. Ein privatrechtliches Rechtsverhältnis entsteht auch nicht dadurch, dass bei der Verschaffung der Arbeitsgelegenheit die Zulässigkeitsschranken nach § 16 d SGB II für Arbeitsgelegenheiten mit Mehraufwandsentschädigung nicht eingehalten werden. Für diese sog. „**Ein-Euro-Jobs**" sind die Sozialgerichte zuständig (BAG 20. 2. 2008 NZA-RR 2008, 401; 8. 11. 2006 AP ArbGG 1979 § 2 Nr. 89). Für Klagen ehemaliger **Zwangsarbeiter** auf Entschädigung ist der Rechtsweg zu den ordentlichen Gerichten gegeben, da diese nicht in einem Arbeitsverhältnis zu den beschäftigenden Firmen standen (BAG 16. 2. 2000 AP ArbGG 1979 § 2 Nr. 70).

Da Auszubildende nach § 5 Arbeitnehmer iSd. Arbeitsgerichtsgesetzes sind, ist auch 54 das **Berufsausbildungsverhältnis**, ebenso das Volontär- und Praktikantenverhältnis ein Arbeitsverhältnis im Sinne des Gesetzes. Entscheidend ist, dass der Auszubildende auf Grund eines privatrechtlichen Vertrages zur Ausbildung „beschäftigt" wird, mithin in einem Abhängigkeitsverhältnis zum Ausbildenden steht (dazu näher BAG 24. 2. 1999 AP ArbGG 1979 § 5 Nr. 45). Kein Berufsausbildungsverhältnis in diesem Sinne ist das Rechtsverhältnis zwischen einem Umschüler in einer vom Arbeitsamt geförderten Umschulungsmaßnahme und einem privaten Berufbildungszentrum. Hier sind die ordentlichen Gerichte zuständig (BayLSG vom 7. 12. 1989 NZA 1990, 712; vergl. auch BAG 21. 7. 1993 AP BetrVG 1972 § 5 Ausbildung Nr. 8).

Ohne Bedeutung ist, auf welche **Anspruchsgrundlage** der Klageanspruch gestützt 55 wird. Auch aus dem **Betriebsverfassungsgesetz** können sich Ansprüche aus dem Arbeitsverhältnis ergeben, §§ 44 Abs. 1 (BAG 1. 10. 1974 AP BetrVG 1972 § 44 Nr. 2; ErfK/ *Koch* ArbGG § 2 Rn. 20), 81 bis 83, 102 Abs. 5, 113 BetrVG. Auch die Ansprüche der Mitglieder des Betriebs- oder Personalrats auf Fortzahlung ihrer Vergütung für die Zeit der Amtstätigkeit (§ 37 Abs. 2 und 6 BetrVG) sind Ansprüche aus dem Arbeitsverhältnis (BAG 14. 10. 1982 AP BetrVG 1972 § 40 Nr. 19). Bei **Geschäftsführung ohne Auftrag** ist ein Arbeitsverhältnis begrifflich ausgeschlossen (*Kissel/Mayer* § 13 Rn. 1; ErfK/*Koch* ArbGG § 2 Rn. 18). Ansprüche aus einem Vergleich über arbeitsrechtliche Ansprüche bleiben Ansprüche aus dem Arbeitsverhältnis. Eine **Vollstreckungsgegenklage** nach § 767 ZPO gegen ein Urteil oder gegen eine notarielle Urkunde über arbeitsrechtliche Ansprüche ist eine Rechtsstreitigkeit aus dem Arbeitsverhältnis (OLG Frankfurt 22. 10. 1984 NZA 1985, 196). Der Auskunfts- oder Schadensersatzanspruch nach § 840 ZPO ist demgegenüber kein Anspruch aus dem Arbeitsverhältnis (BAG 31. 10. 1984 AP ZPO § 840 Nr. 4). Umstritten ist, ob die Arbeitsgerichte zuständig sind für Rechtsstreitigkeiten aus abstrakten Schuldanerkenntnissen, Wechseln oder Schecks über arbeitsrechtliche Ansprüche (verneinend wegen des Ausschlusses des Urkunds- und Wechselprozesses in § 46 Abs. 2 OLG Hamm 18. 5. 1979 NJW 1980, 1399; zutreffend bejahend BAG 7. 11. 1996 AP ArbGG 1979 § 46 Nr. 1; GK-ArbGG/*Wenzel* § 2 Rn. 118; *Kissel/Mayer* § 13 Rn. 159).

56 Ansprüche aus dem Arbeitsverhältnis sind alle Ansprüche, die sich aus dem Arbeitsvertrag und den das Arbeitsverhältnis regelnden Normen, Gesetzen, Tarifverträgen und Betriebsvereinbarungen ergeben, wie Ansprüche auf Arbeitsentgelt in jeder Form, auf Urlaub, auf Gratifikationen, auf Entfernung einer Abmahnung aus der Personalakte, auf Schadensersatz (wegen Nichtantritt der Arbeit s. *Bengelsdorf* BB 1989, 2390), auf Auskunft oder Unterlassung von Auskünften (BAG 12. 1. 1988 AP BPersVG § 75 Nr. 23). Auch durch ein **Redaktionsstatut** geregelte Rechte und Pflichten der Arbeitnehmer und Mitglieder des Redaktionsrats sind Rechte und Pflichten aus einem Arbeitsverhältnis (BAG 21. 5. 1999 AP BGB § 611 Zeitungsverlage Nr. 1). Ansprüche aus dem Arbeitsverhältnis werden auch geltend gemacht bei **fehlgeschlagener Vergütungserwartung** (BAG 28. 9. 1977 AP BGB § 612 Nr. 29; ErfK/*Koch* ArbGG § 2 Rn. 17). Gleichgültig ist, ob der Arbeitnehmer oder Arbeitgeber Gläubiger dieser Ansprüche ist. Um Rechtsstreitigkeiten aus dem Arbeitsverhältnis handelt es sich auch dann, wenn es um Rechte oder Pflichten aus einer bestimmten, **gesetzlich geforderten Aufgabenwahrnehmung** geht, wie es beispielsweise bei einem Betriebsarzt, der Fachkraft für Arbeitssicherheit oder der Frauenbeauftragten (BVerwG 18. 8. 1996 PersR 1997, 48) der Fall ist (zum Zivildienstbeauftragten s. BAG 12. 9. 1996 AP ZDG § 30 Nr. 1).

57 Stets muss es sich um eine **bürgerliche Rechtsstreitigkeit** handeln. Für Rechtsstreitigkeiten aus dem **Beamtenverhältnis** ist daher die Zuständigkeit der Arbeitsgerichte nicht gegeben. Das gilt auch dann, wenn der Beamte einen Anspruch aus einem Sozialplan geltend macht (BAG 24. 10. 1997 AP ArbGG 1979 § 2 Nr. 57) oder ein Beamter der Deutsche Bahn AG den Abschluss eines Arbeitsvertrages verlangt (BAG 16. 6. 1999 AP ArbGG 1979 § 2 Nr. 65). Wegen des Rechtsverhältnisses der ehemaligen Soldaten der NVA s. BAG 10. 12. 1992 AP GVG § 17a Nr. 4. Das gilt auch für Streitigkeiten aus einer Ausbildungsförderung, einer fehlerhaften Ausbildung (BAG 14. 12. 1988 AP Nr. 12 zu § 2 ArbGG 1979) für eine spätere Anstellung als Beamter oder auf Aufnahme in eine Anwärterliste für die Übernahme in das Beamtenverhältnis (BAG 28. 6. 1989 AP ArbGG 1979 § 2 Nr. 13; 31. 7. 1965 AP ArbGG 1953 § 2 Nr. 29 Zuständigkeitsprüfung). Gleiches gilt für Ansprüche auf Rückzahlung von Ausbildungskosten für solche Ausbildungsverhältnisse (BAG 10. 10. 1992 AP ArbGG 1979 § 2 Nr. 17). Für den Rückgriff des Staates oder der sonstigen Anstellungskörperschaft bei Amtspflichtverletzungen sind die ordentlichen Gerichte zuständig, Art. 34 Satz 3 GG. Das gilt auch für Arbeiter und Angestellte, die in einem Arbeitsverhältnis die ihnen einem Dritten gegenüber obliegende Amtspflicht verletzt haben (OLG Hamburg 9. 7. 1968 MDR 1969, 227; OLG Stuttgart 25. 11. 1953 MDR 1954, 181).

58 Das Dienstverhältnis der **Arbeiter und Angestellten im öffentlichen Dienst** ist im Übrigen jedoch privatrechtlicher Art, auch wenn sie hoheitliche Aufgaben wahrnehmen. Das gilt auch für die **Dienstordnungsangestellten** der Sozialversicherungsträger nach § 690 RVO (BAG 16. 5. 1955 AP ArbGG 1953 § 2 Nr. 7; BSG 28. 11. 1955 AP ArbGG 1953 § 2 Nr. 15). Auch **Lehrer** an staatlich anerkannten Ersatzschulen stehen in einem

A. III. Die Arbeitssachen nach § 2   § 2

privatrechtlichen Arbeitsverhältnis (LAG Hamm 29. 3. 1985 DB 1985, 2700). Soweit die **Religionsgesellschaften** Arbeitnehmer beschäftigen, sind auch für die Rechtsstreitigkeiten aus diesen Beschäftigungsverhältnissen die Arbeitsgerichte zuständig (GK-ArbGG/*Wenzel* § 2 Rn. 111). Für **Erstattungsansprüche** nach dem Erstattungsgesetz vom 18. 4. 1937 idF vom 24. 1. 1951 (BGBl. I S. 87, 109) sind für Arbeitnehmer die Arbeitsgerichte zuständig (BAG 21. 6. 1966 AP ErstattG § 1 Nr. 2).

Die Abgrenzung zwischen bürgerlich-rechtlichen und öffentlich-rechtlichen Streitigkeiten kommt hinsichtlich der Zuständigkeit der Arbeitsgerichte insbesondere dann zum Tragen, wenn Fragen des Lohnsteuer- oder Sozialversicherungsrechts eine Rolle spielen. Dies ist vor allen Dingen bei der Ausfüllung und Berichtigung von Arbeitspapieren der Fall. Die Abgrenzungsprobleme werden daher des Zusammenhangs wegen bei der Zuständigkeit für Rechtsstreitigkeiten über Arbeitspapiere behandelt (s. unten Rn. 77 ff.). 59

Als Gegenstand für Rechtsstreitigkeiten aus dem Arbeitsverhältnis kommen **alle nur denkbaren Ansprüche der Arbeitnehmer gegen den Arbeitgeber** oder des Arbeitgebers gegen einen Arbeitnehmer in Betracht. So die Ansprüche des Arbeitnehmers auf Zahlung des Arbeitsentgelts in allen seinen Formen, auf Urlaub, auf Freistellung von der Arbeit, auf Auslagenersatz, Schadensersatz wegen Verletzung der Fürsorgepflicht, Entfernung einer Abmahnung aus der Personalakte oder Klagen gegen eine Betriebsbuße. Ansprüche des Arbeitgebers gegen den Arbeitnehmer können sein der Anspruch auf Arbeitsleistung selbst, auf Schadensersatz wegen Verletzung von Arbeitspflichten, auf Erstattung von Fehlbeträgen oder überzahlten Leistungen. Auch für Ansprüche der Arbeitnehmer aus den §§ 33 bis 35 BDSG sind die Arbeitsgerichte zuständig, wenn speichernde Stelle der Arbeitgeber ist. 60

Bei Streitigkeiten aus der Überlassung von Wohnraum im Zusammenhang mit dem Arbeitsverhältnis ist zwischen den Werkmiet- und den Werkdienstwohnungen zu unterscheiden. Während für **Werkmietwohnungen** (§§ 576, 576 a BGB) unbestritten die ordentlichen Gerichte ausschließlich zuständig sind, § 29 a ZPO (BAG 24. 1. 1990 AP ArbGG 1979 § 2 Nr. 16), ist die Zuständigkeit der Arbeitsgerichte für Rechtsstreitigkeiten über **Werkdienstwohnungen** (§ 576 b BGB) umstritten (für die Zuständigkeit der **Arbeitsgerichte** BAG 2. 11. 1999 AP ArbGG 1979 § 2 Nr. 68; ErfK/*Koch* § 2 ArbGG Rn. 19; *Hauck/Helml* § 2 Rn. 24; für die Zuständigkeit der **ordentlichen Gerichte** nach § 29 a Abs. 1 ZPO *Matthes*, DB 1968, 551). 61

Die Ansprüche des **Vertrauensmannes der Schwerbehinderten** aus seinem **Amt**, etwa auf Freistellung oder Erstattung von Schulungskosten, sind **keine** Ansprüche aus dem Arbeitsverhältnis (BAG 21. 9. 1989 AP SchwbG § 25 Nr. 1; aA noch BAG 16. 8. 1977 AP SchwbG § 23 Nr. 1; s. Erl. zu § 2 a Rn. 24). 62

Wegen der Frage, inwieweit Streitigkeiten über **Ansprüche von Betriebsratsmitgliedern** und anderen Organmitgliedern der Betriebsverfassung Streitigkeiten aus dem Arbeitsverhältnis oder betriebsverfassungsrechtliche Streitigkeiten iSv. § 2 a Abs. 1 Nr. 1 sind, s. Erl. zu § 2 a Rn. 12 ff. 63

Für Streitigkeiten aus dem Amt der **Arbeitnehmervertreter im Aufsichtsrat** sind die ordentlichen Gerichte zuständig (OLG München 13. 7. 1955 AP ArbGG 1953 § 2 Nr. 18; s. Erl. zu § 2 a Rn. 64 ff.). 64

Zum Rechtsweg für **Rückgewähransprüche nach § 143 InsO** bei **Insolvenzanfechtung** gegenüber dem Arbeitnehmer s. unten Rn. 86 und Erl. zu § 3 Rn. 14. 65

d) Bestehen/Nichtbestehen eines Arbeitsverhältnisses, § 2 Abs. 1 Nr. 3 b

§ 2 Abs. 1 Nr. 3 b erfasst alle Streitigkeiten, deren Gegenstand die Entscheidung der Frage ist, ob zwischen den Parteien ein **Arbeitsverhältnis besteht,** noch besteht oder einmal bestanden hat. Aber auch Streitigkeiten über den **Inhalt eines Arbeitsverhältnisses** und die **Einordnung des Rechtsverhältnisses als Arbeitsverhältnis** fallen unter diese Vorschrift. Damit ist auch für sog. Statusklagen oder Festanstellungsklagen von **freien** 66

Mitarbeitern, insbesondere **der Rundfunkanstalten,** die Zuständigkeit der Arbeitsgerichte gegeben (vgl. BAG 22. 6. 1977 AP BGB § 611 Abhängigkeit Nr. 22).

67 Unter § 2 Abs. 1 Nr. 3 b fallen insb. alle Klageverfahren, in denen es um die Wirksamkeit eines **Aufhebungsvertrages,** einer **Kündigung,** einer vereinbarten **Befristung** bzw. **Bedingung** und einer **Anfechtung** des Arbeitsvertrages geht. Dabei kann die Befristung auch in einer Betriebsvereinbarung geregelt sein (BAG 25. 3. 1971 AP BetrVG § 57 Nr. 5). Die Arbeitsgerichte sind auch dann zuständig für Streitigkeiten über die Kündigung eines Arbeitsverhältnisses, wenn der Arbeitnehmer gleichzeitig oder zuvor **Geschäftsführer** oder sonstiger gesetzlicher Vertreter einer juristischen Person war. Bestehen unabhängig voneinander zwei Rechtsverhältnisse, nämlich das Geschäftsführeranstellungsverhältnis einerseits und das Arbeitsverhältnis andererseits, ist der Rechtsweg zu den Arbeitsgerichten nach § 2 Abs. 1 Nr. 3 b eröffnet, wenn der gekündigte Geschäftsführer nur den Fortbestand des Arbeitsverhältnisses geklärt haben will (vgl. BAG 17. 8. 1972 AP BGB § 626 Ausschlussfrist Nr. 4; 22. 2. 1974 AP ArbGG 1953 § 5 Nr. 19; 9. 5. 1985 AP ArbGG 1979 § 5 Nr. 3; LAG Hamm 23. 7. 2008 ZInsO 2008, 1159). Auch über die Frage, ob **zwischen Entleiher und Leiharbeitnehmer** nach § 10 AÜG **ein Arbeitsverhältnis** zustande gekommen ist, haben die Arbeitsgerichte zu entscheiden.

68 Ebenso ist die Klage eines **Auszubildenden** als Mitglied eines betriebsverfassungsrechtlichen Organs auf Feststellung, dass nach § 78 a Abs. 2 oder 3 BetrVG ein Arbeitsverhältnis zustande gekommen ist, eine Rechtsstreitigkeit über das Bestehen eines Arbeitsverhältnisses. Über sie ist daher im Urteilsverfahren zu entscheiden. Das soll auch für die entsprechende Klage des Arbeitgebers auf Feststellung gelten, dass ein Arbeitsverhältnis nicht begründet worden ist (BAG 11. 3. 1987 AP BetrVG 1972 § 78 a Nr. 18; 29. 11. 1989 AP BetrVG 1972 § 78 a Nr. 20; GK-ArbGG/*Wenzel* § 2 Rn. 131). Der Arbeitgeber, der das Zustandekommen eines Arbeitsverhältnisses nach diesen Vorschriften leugnet, muss aber nach § 78 a Abs. 4 BetrVG einen fristgebundenen Antrag im Beschlussverfahren stellen, dass ein Arbeitsverhältnis nicht begründet wird (noch offen gelassen BAG 11. 1. 1995 AP Nr. 24 zu § 78 a BetrVG 1972). Hat er dies unterlassen, kann er in einem vom ehemaligen Auszubildenden anhängig gemachten Urteilsverfahren mit seinem Einwand, es sei nicht zu einem Arbeitsverhältnis gekommen, nicht gehört werden (Fitting § 78 a Rn. 38 mwN; *Matthes,* NZA 1989, 916).

69 Eine Frage des Bestehens des Arbeitsverhältnisses ist es auch, ob der Arbeitnehmer während eines Kündigungsschutzprozesses seine **Weiterbeschäftigung** verlangen kann, sei es nach § 102 Abs. 5 BetrVG, nach § 79 Abs. 2 BPersVG oder auf Grund des sog. allgemeinen Weiterbeschäftigungsanspruches (BAG GS 27. 2. 1985 AP BGB § 611 Beschäftigungspflicht Nr. 14). Ebenso haben die Arbeitsgerichte über den Antrag des Arbeitgebers auf **Entbindung von der Weiterbeschäftigungspflicht** nach § 102 Abs. 5 BetrVG bzw. § 79 Abs. 2 BPersVG zu entscheiden (aA Schwab/Weth/*Walker* § 2 Rn. 107, wonach es sich um eine Streitigkeit aus dem Arbeitsverhältnis nach § 2 Abs. 1 Nr. 3 a handelt.).

e) Eingehung und Nachwirkung des Arbeitsverhältnisses, § 2 Abs. 1 Nr. 3 c

70 Auch die Zuständigkeit der Arbeitsgerichte nach § 2 Abs. 1 Nr. 3 c für Rechtsstreitigkeiten aus Verhandlungen über die Eingehung eines Arbeitsverhältnisses und aus dessen Nachwirkungen macht deutlich, dass eine **umfassende Zuständigkeit** für alle denkbaren Rechtsstreitigkeiten der Arbeitsvertragsparteien begründet werden sollte. Eine genaue Abgrenzung zu anderen Zuständigkeitstatbeständen der Nr. 3 ist auch hier nicht erforderlich.

71 Rechtsstreitigkeiten aus Verhandlungen über die Eingehung eines Arbeitsverhältnisses können zum Gegenstand haben Klagen auf Erstattung von **Vorstellungskosten,** auf Schadensersatz aus **Verschulden bei Vertragsschluss,** auf Rückgabe eingesandter **Bewerbungsunterlagen,** auf Mitteilung von Ergebnissen durchgeführter Tests oder auf **Löschung gespeicherter persönlicher Daten** (BAG 6. 6. 1984 AP BGB § 611 Persönlichkeitsrecht Nr. 7). Für **Entschädigungsansprüche des Stellenbewerbers** wegen einer **Benachteiligung** im Bewerbungsverfahren nach § 15 AGG ist der Rechtsweg zu den Arbeitsgerichten gemäß § 2 Abs. 1 Nr. 3 c nur eröffnet, wenn sich die Klage gegen den potentiellen Arbeitgeber richtet (BAG 27. 8. 2008 NZA 2008, 1259). Unter § 2 Abs. 1 Nr. 3 c fallen auch Klagen auf Abschluss eines Arbeitsvertrages oder auf Übernahme in ein unbefristetes Arbeitsverhältnis, nicht aber Klagen auf **Gründung einer Gesellschaft** oder Aufnahme in eine Sozietät, auch wenn die Zusage mit Rücksicht auf ein bestehendes Arbeitsverhältnis gegeben worden ist (BAG 15. 8. 1975 AP ArbGG 1953 § 2 Nr. 32 Zuständigkeitsprüfung).

Um Nachwirkungen aus dem Arbeitsverhältnis handelt es sich bei Klagen des Arbeit- **72** nehmers auf Erteilung eines **Zeugnisses** oder sonstiger Bescheinigungen, auf **Auskünfte** oder auf Schadensersatz wegen gegebener falscher Auskünfte, auf Zahlung einer **Karenzentschädigung.** Ebenfalls gehören hierher Rechtsstreitigkeiten um Leistungen nach § 3 Abs. 2 AltersteilzeitG zwischen Arbeitnehmer und Arbeitgeber. Für Klagen des Arbeitgebers gegen die Bundesagentur für Arbeit ist der Rechtsweg zu den Sozialgerichten gegeben. Wegen der Ansprüche auf Leistungen der betrieblichen Altersversorgung s. die Zuständigkeit nach Nr. 4 (unten Rn. 83 ff.).

Für den Arbeitgeber kommen Klagen auf **Unterlassung von Wettbewerb** (s. *Bengels-* **73** *dorf*, DB 1992, 1340), auf die Rückgabe von Arbeitsunterlagen oder Werkzeugen, auf Auskünfte über vom Arbeitnehmer bearbeitete Geschäftsvorfälle sowie auf Rückzahlung von Arbeitgeberdarlehn, von Ausbildungs- und Umzugskosten oder Gratifikationen bei vorzeitiger Lösung des Arbeitsverhältnisses in Betracht.

f) Unerlaubte Handlungen, § 2 Abs. 1 Nr. 3 d

Die Zuständigkeit nach Abs. 1 Nr. 3 d erfasst Rechtsstreitigkeiten zwischen Arbeit- **74** nehmern und Arbeitgebern aus unerlaubten Handlungen, soweit diese mit dem Arbeitsverhältnis im Zusammenhang stehen. Auch hier ist der **Begriff der unerlaubten Handlung** weit auszulegen (s. oben Rn. 33 ff.). Er umfasst insbesondere auch Tatbestände der reinen Gefährdungshaftung (GK-ArbGG/*Wenzel* § 2 Rn. 136).

Die unerlaubte Handlung muss entweder vom Arbeitnehmer gegenüber dem Arbeit- **75** geber oder von diesem gegenüber dem Arbeitnehmer begangen worden sein. Unerlaubte Handlungen Dritter gehören nicht hierher (wegen unerlaubter Handlungen zwischen Arbeitnehmern s. unten Rn. 107 f.). Es reicht jedoch aus, wenn der Arbeitgeber im Hinblick auf seine Haftung nach §§ 31, 831 BGB für gesetzliche Vertreter oder Verrichtungsgehilfen in Anspruch genommen wird. Die Zuständigkeit des Arbeitsgerichts ist auch gegeben, wenn die Klage unmittelbar gegen den Geschäftsführer einer GmbH gerichtet wird (BAG 24. 6. 1996 AP ArbGG 1979 § 2 Nr. 39; LAG Rheinland-Pfalz 16. 1. 2008 ZTR 2008, 227).

Die unerlaubte Handlung muss **mit dem Arbeitsverhältnis im Zusammenhang** stehen. **76** Das ist dann der Fall, wenn sie zu dem Arbeitsverhältnis der Parteien in einer inneren Beziehung steht, so dass sie in der besonderen Eigenart des Arbeitsverhältnisses und den ihm eigentümlichen Reibungs- und Berührungspunkten wurzelt (BGH 7. 2. 1958 AP ArbGG 1953 § 2 Nr. 48). Es reicht nicht aus, wenn andere Umstände, beispielsweise familiäre oder nachbarschaftliche Streitigkeiten für die unerlaubte Handlung maßgeblich sind (BAG 11. 7. 1995 AP ArbGG 1979 § 2 Nr. 32). Wegen des inneren Zusammenhangs zum Arbeitsverhältnis wird es sich bei Ansprüchen aus unerlaubten Handlungen vielfach auch gleichzeitig um Ansprüche aus dem Arbeitsverhältnis – wegen Verletzung der Treue- oder Fürsorgepflicht – handeln, so dass die Zuständigkeit der Arbeitsgerichte schon nach Nr. 3a gegeben ist. Die Unterscheidung ist jedoch im Hinblick auf die örtliche Zuständigkeit nicht ohne Bedeutung. Die unerlaubte Handlung kann vor Beginn des Arbeitsverhältnisses, aber auch nach seiner Beendigung begangen worden sein, etwa bei Beleidigungen während der Vorstellung oder bei einem Verrat von Geschäftsgeheimnissen nach Ausscheiden aus dem Betrieb (aA OLG Frankfurt 15. 8. 1991, DB 1991, 2680, für auf § 17 Abs. 2 Nr. 2 UWG gestützte Klagen). Bei unerlaubten Handlungen im Zusammenhang mit einem Arbeitskampf kann auch die Zuständigkeit nach Nr. 2 gegeben sein (s. oben Rn. 29 ff.).

g) Arbeitspapiere, § 2 Abs. 1 Nr. 3 e

77 Die Regelung in Nr. 3 e ist durch die Arbeitsgerichtsnovelle vom 21. 5. 1979 eingefügt worden. Der Gesetzgeber wollte damit die Zuständigkeit der Arbeitsgerichte für alle Rechtsstreitigkeiten über Arbeitspapiere klarstellen (zur Gesetzgebungsgeschichte s. LAG Düsseldorf 9. 9. 1982 EzA § 2 ArbGG 1979 Nr. 2), nachdem das Bundesarbeitsgericht (BAG 1. 4. 1976 AP BGB § 138 Nr. 34) im Anschluss an die Entscheidung des Gemeinsamen Senats der Obersten Gerichtshöfe des Bundes (GemS OGB 4. 6. 1974 AP RVO § 405 Nr. 3) für eine Klage auf Erteilung der Arbeitsbescheinigung nach § 312 SGB III die Zuständigkeit der Arbeitsgerichte verneint hatte. Hierdurch wurde die Streitfrage, ob die Arbeitsgerichte auch zur Entscheidung über das Verlangen des Arbeitnehmers berufen sind, Eintragungen in den Arbeitspapieren vorzunehmen oder vorgenommene **Eintragungen** zu **berichtigen** oder zu ändern, sofern auch **öffentlich-rechtliche Bestimmungen** zu beachten sind, nicht beantwortet. Insoweit ist zu beachten, dass die Arbeitsgerichte auch für Rechtsstreitigkeiten über Arbeitspapiere nach wie vor nur zuständig sind, soweit es sich um **bürgerliche Rechtsstreitigkeiten** handelt.

78 Der Begriff der **Arbeitspapiere** iSv. Abs. 1 Nr. 3 e ist weit zu verstehen. Darunter fallen alle Papiere und Bescheinigungen, die der Arbeitgeber dem Arbeitnehmer über das Arbeitsverhältnis oder einzelne seiner Elemente aufgrund privatrechtlicher oder öffentlich-rechtlicher Verpflichtung zu erteilen hat. Hierzu gehören die Lohnsteuerkarte, die Versicherungskarte oder das Versicherungsnachweisheft, die Arbeitsbescheinigung nach § 312 SGB III, die Insolvenzgeldbescheinigung nach § 314 SGB III, Entgeltbelege nach § 9 HAG, die Urlaubsbescheinigung nach § 6 BUrlG, Verdienstbescheinigungen, das Zeugnis und das Zwischenzeugnis. In Frage kommen nicht nur Klagen auf Herausgabe und Erteilung dieser Bescheinigungen, sondern auch Klagen auf Schadensersatz wegen Nichterteilung oder verspäteter Erteilung dieser Papiere.

79 Das **Bundesarbeitsgericht** hat für die **Arbeitsbescheinigung** nach § 312 SGB III in der Zuständigkeitsfrage zwischen dem **Anspruch auf Erteilung,** dh. auf Ausstellung und Herausgabe der Bescheinigung und dem **Anspruch auf Berichtigung** der Bescheinigung unterschieden. Während es für den Erteilungsanspruch den Rechtsweg zu den Gerichten für Arbeitssachen bejaht hat, hat es für das Berichtigungsverlangen entschieden, dass dieses in die Zuständigkeit der Sozialgerichte fällt. Hierbei handele es sich nicht um eine bürgerliche Rechtsstreitigkeit. Die mit dem Inhalt der Arbeitsbescheinigung zusammenhängenden Fragen seien solche öffentlich-rechtlicher Art (BAG 13. 7. 1988 AP ArbGG 1979 § 2 Nr. 11; 15. 1. 1992 AP ArbGG 1979 § 2 Nr. 21). Auch für die Klage auf Berichtigung unrichtiger Eintragungen in der **Lohnsteuerbescheinigung** sind nach Auffassung des Bundesarbeitsgerichts nicht die Arbeitsgerichte, sondern die Finanzgerichte zuständig. Prägend für die inhaltliche Ausgestaltung der Lohnsteuerbescheinigung sei nicht die auf § 242 BGB beruhende Nebenpflicht des Arbeitgebers, sondern die lohnsteuerrechtliche Verpflichtung (BAG 11. 6. 2003 AP ArbGG 1979 § 2 Nr. 84). Demgegenüber hat das Gericht für die **Lohnnachweiskarte** im Baugewerbe ausdrücklich einen Anspruch des Arbeitnehmers auf Berichtigung bejaht (BAG 19. 9. 2000 AP BUrlG § 13 Nr. 46; 20. 2. 2001 AP TVG § 1 Tarifverträge: Bau Nr. 241). In Übereinstimmung hiermit wird von einem Teil des Schrifttums vertreten, der Rechtsweg zu den Gerichten für Arbeitssachen sowohl für die Erteilung als auch für die Berichtigung sei nur im Hinblick auf solche Papiere eröffnet, die nach ihrem Inhalt allein das Verhältnis der Parteien betreffen und damit dem Privatrecht angehören, dh. dort, wo die arbeitsrechtliche Nebenpflicht nicht durch Bestimmungen des Sozialversicherungs- oder Steuerrechts

ausgestaltet wird (GK-ArbGG/*Wenzel* § 2 Rn. 145 f.; *Hauck/Helml* § 2 Rn. 39). Damit ist nach § 2 Abs. 1 Nr. 3 e der Rechtsweg zu den Gerichten für Arbeitssachen sowohl für die Ereilung als auch die Berichtigung der folgenden Arbeitspapiere eröffnet: Zeugnisse, Ausweis- oder Quittungspapiere, Urlaubsbescheinigungen, Lohnnachweiskarten für das Baugewerbe, Entgeltbelege nach § 9 HAG. Für die Arbeitsbescheinigung nach § 312 SGB III, die Insolvenzgeldbescheinigung nach § 314 SGB III, das Versicherungsnachweishaft und die Lohnsteuerbescheinigung- bzw. -karte verbleibt es allerdings dabei, dass die Arbeitsgerichte nur für die Klage auf Erteilung zuständig sind.

Demgegenüber wird eingewandt, die Pflichtstellung des Arbeitgebers erschöpfe sich nicht in der bloßen Herausgabe der Arbeitspapiere; der Anspruch des Arbeitnehmers sei vielmehr auf richtige Ausstellung gerichtet. Da es letztlich auch um eine Pflichtstellung aus dem Arbeitsverhältnis gehe, gehörten auch Streitigkeiten über die inhaltliche Korrektur und ggf. um Schadensersatzansprüche aus einer unrichtigen Bescheinigung vor die Arbeitsgerichte. Die **sozialversicherungsrechtlichen oder steuerrechtlichen Fragen** seien in solchen Rechtsstreitigkeiten **nur Vorfragen,** über die die Arbeitsgerichte ohnehin entscheiden könnten (ErfK/*Koch* § 2 ArbGG Rn. 25; Schwab/Weth/*Walker* § 2 Rn. 124; s. ausf. *Matthes,* DB 1968, 1579 und 162). Obgleich der vom Bundesarbeitsgericht vertretene Ansatz nicht zwingend ist, ist die Praxis – auch vor dem Hintergrund der mangelnden Bindungswirkung der arbeitsgerichtlichen Entscheidung für die betroffenen Behörden – gut beraten, sich an dieser inzwischen gefestigten Rechtsprechung zu orientieren. **80**

Im Gegensatz zu seiner Rechtsprechung zur Zuständigkeit der Arbeitsgerichte bei Streitigkeiten über Arbeitspapiere hat das Bundesarbeitsgericht in anderen Verfahren, in denen ebenfalls **sozialversicherungsrechtliche oder lohnsteuerrechtliche Fragen** zu entscheiden waren, die Zuständigkeit der Arbeitsgerichte bejaht. So für Klagen des Arbeitgebers gegen den Arbeitnehmer auf Erstattung nachentrichteter Sozialversicherungsbeiträge (BAG 3. 4. 1958 AP RVO §§ 394, 395 Nr. 1; 12. 10. 1977 AP RVO §§ 394, 395 Nr. 3), auf Erstattung einer überzahlten Berlinzulage (BAG 9. 12. 1976 AP BGB § 611 Erstattung Nr. 1), für Klagen des Arbeitnehmers auf Zahlung eines höheren Netto-Betrages mit der Begründung, es seien zu hohe Sozialversicherungsbeiträge abgezogen worden (BAG 21. 3. 1984 AP ArbGG 1979 § 2 Nr. 1; s. a. LAG Hamm 16. 6. 1988 DB 1988, 2316) und auf Zahlung des Arbeitgeberanteils zum Krankenversicherungsbeitrag des versicherungsfreien Angestellten nach § 405 RVO – jetzt § 257 SGB V – (BAG 16. 3. 1972 AP RVO § 405 Nr. 1). **81**

An dieser Rechtsprechung hat das Bundesarbeitsgericht für § 257 SGB V in Anschluss an die Entscheidung des GemS OGB vom 4. 6. 1974 (AP RVO § 405 Nr. 3) nicht festgehalten, sondern ausdrücklich ausgeführt, dass für Klagen auf Zahlung des Arbeitgeberzuschusses zur Kranken- und Pflegeversicherung die Gerichte für Arbeitssachen nicht zuständig sind (BAG 1. 6. 1999 AP SGB V § 257 Nr. 1; 21. 1. 2003 AP SGB V § 257 Nr. 3) Dies gilt nach der Entscheidung des Bundesarbeitsgerichts vom 19. 8. 2008 (NZA 2008, 1313) auch, wenn der Arbeitgeber Zuschüsse zur Krankenversicherung geleistet hat und die Parteien im Nachhinein darüber streiten, ob hierfür die Voraussetzungen des § 257 SGB V vorliegen. Ebenso wenig sind die Gerichte für Arbeitssachen zuständig, wenn der Arbeitnehmer vom Arbeitgeber verlangt, ihn für einen bestimmten Zeitraum bei der zuständigen Krankenkasse anzumelden. Hier liegt eine bürgerliche Streitigkeit nicht vor; für einen solchen Rechtsstreit sind die Sozialgerichte zuständig (BAG 5. 10. 2005 AP ArbGG 1979 § 2 Nr. 87). **82**

6. Streitigkeiten nach Abs. 1 Nr. 4 a

Nach Abs. 1 Nr. 4 a sind die Arbeitsgerichte auch zuständig für bürgerliche Rechtsstreitigkeiten zwischen **Arbeitnehmern oder ihren Hinterbliebenen und Arbeitgebern** über Ansprüche, die mit dem Arbeitsverhältnis in rechtlichem oder unmittelbar wirtschaftlichem Zusammenhang stehen. Die Vorschrift ist durch die Arbeitsgerichtsnovelle **83** vom 21. 5. 1979 neu in § 2 aufgenommen worden. Sie ist wenig geglückt (*Kissel/Mayer* § 13 Rn. 162) und macht eine Abgrenzung zu den sogenannten Zusammenhangsklagen des Abs. 3 (s. unten Rn. 115 ff.) notwendig. Nach dieser Vorschrift können auch Rechtsstreitigkeiten, die mit einer Rechtsstreitigkeit nach Abs. 1 oder 2 im näher bezeichneten Zusammenhang stehen, vor die Arbeitsgerichte gebracht werden. Während nach Nr. 4a ein **Zusammenhang mit dem Arbeitsverhältnis** gegeben sein muss, genügt nach Abs. 3 schon ein Zusammenhang mit einer Rechtsstreitigkeit aus dem Arbeitsverhältnis iSv. Abs. 1 oder 2. Abs. 1 Nr. 4a geht als speziellere Vorschrift dem Abs. 3 vor und begründet für die hier genannten Streitigkeiten die ausschließliche Zuständigkeit der Arbeitsgerichte. Demgegenüber eröffnet Abs. 3 nur eine fakultative Zuständigkeit.

84 Nach § 2 Abs. 1 Nr. 4a können Partei des Rechtsstreits auch **Hinterbliebene** des Arbeitnehmers oder des ehemaligen Arbeitnehmers sein, **ohne dass sie Rechtsnachfolger** iSv. § 3, also Erben **sein müssen**. Es handelt sich um Personen, denen in der Regel durch den Tod des Arbeitnehmers eigene Ansprüche gegen den Arbeitgeber erwachsen, wie etwa ein Anspruch auf **Sterbegeld**, auf Fortzahlung des Arbeitsentgeltes für eine gewisse Zeit oder auf eine **Hinterbliebenenrente** (BAG 7. 10. 1981 AP ArbGG 1979 § 48 Nr. 1). Das gilt auch für Personen, die infolge des Todes des Arbeitnehmers **Schadensersatzansprüche** nach den §§ 844, 845 BGB haben können (GK-ArbGG/*Wenzel* § 2 Rn. 154). Soweit es sich bei den von den Hinterbliebenen geltend gemachten Ansprüchen um deren eigene Ansprüche handelt, können sie diese, auch wenn sie nur Miterben sind, auch allein geltend machen.

85 Der geforderte **rechtliche Zusammenhang mit dem Arbeitsverhältnis** ist gegeben, wenn der Anspruch auf dem Arbeitsverhältnis beruht oder durch dieses bedingt ist (GK-ArbGG/*Wenzel* § 2 Rn. 152). Ein **unmittelbarer wirtschaftlicher Zusammenhang** besteht, wenn der Anspruch auf demselben wirtschaftlichen Verhältnis beruht oder wirtschaftliche Folge desselben Tatbestands ist. Die Ansprüche müssen innerlich eng zusammengehören, also einem einheitlichen Lebenssachverhalt entspringen (BAG 24. 9. 2004 NZA-RR 2005, 49 mwN; GK-ArbGG/*Wenzel* § 2 Rn. 152; *Hauck/Helml* § 2 Rn. 41). Oder anders formuliert: Der Anspruch resultiert zwar nicht aus dem Arbeitsverhältnis, kann aber nur im Hinblick auf dieses bestehen (Schwab/Weth/*Walker* § 2 Rn. 131). Diese Voraussetzungen liegen regelmäßig vor, wenn eine nicht aus dem Arbeitsverhältnis resultierende Leistung im Hinblick auf das Arbeitsverhältnis erbracht wird oder beansprucht werden kann. Dabei kommt der Zusammenhang besonders deutlich dann zum Ausdruck, wenn die Leistung auch eine Bindung des Arbeitnehmers an den Betrieb bezweckt (BAG 24. 9. 2004 NZA-RR 2005, 49 mwN). Gedacht ist in erster Linie an **Rechtsstreitigkeiten über Nebenleistungen** des Arbeitgebers, wie Möglichkeiten zum verbilligten Einkauf, die Benutzung von betrieblichen Sport- und sonstigen Einrichtungen, von Betriebsparkplätzen, die Überlassung von Werkzeugen und Maschinen oder die Lieferung von Hausbrandkohle (s. die Beispiele bei GK-ArbGG/*Wenzel* § 2 Rn. 148, 152). Eine genaue Abgrenzung zu den Rechtsstreitigkeiten nach Abs. 1 Nr. 3 ist nicht erforderlich. Auch für Ansprüche aus der Anordnung zur Einführung einer **Zusatzrentenversorgung** in den wichtigen volkseigenen Betrieben der ehemaligen DDR vom 9. 3. 1954 ist die Zuständigkeit der Arbeitsgerichte gegeben (BAG 29. 4. 1994 AP ArbGG 1979 § 2 Nr. 26). Dass für diese Rechtsstreitigkeiten die ausschließliche Zuständigkeit eines anderen Gerichts gegeben ist, wird – von Streitigkeiten über eine Werkswohnung abgesehen (s. oben Rn. 61) – nur selten der Fall sein und kann nur im Einzelfall festgestellt werden. Unter Abs. 1 Nr. 4a fallen auch die Arbeitgeberdarlehen oder ein dem Arbeitgeber vom Arbeitnehmer zur Arbeitsplatzsicherung gewährtes Darlehen. Obgleich **Darlehensverträge** zwischen Arbeitnehmer und Arbeitgeber zumeist mit Rücksicht auf das Arbeitsverhältnis zu Sonderkonditionen abgeschlossen werden, bleiben Darlehensvertrag und Arbeitsvertrag rechtlich selbständig (vgl. BAG 23. 9. 1992 AP BGB § 611 Arbeitnehmerdarlehen Nr. 1). Sie stehen jedoch in einem wirtschaftlichen Zusammenhang, aus dem sich die Zuständigkeit

A. III. Die Arbeitssachen nach § 2   § 2

der Gerichte für Arbeitssachen ergibt (23. 2. 1999 AP BGB § 611 BGB Arbeitnehmerdarlehen Nr. 4).

Mit seinem Beschluss vom 27. 2. 2008 (AP ArbGG 1979 § 3 Nr. 8) hat der für Fragen **86** der Rechtswegzuständigkeit zuständige 5. Senat des Bundesarbeitsgerichts entschieden, dass auch bei einer **Insolvenzanfechtung gegenüber dem Arbeitnehmer** der Rechtsweg zu den Gerichten für Arbeitssachen eröffnet ist, nämlich dann, wenn der Insolvenzverwalter vom Arbeitnehmer Rückzahlung der vom Schuldner vor Insolvenzeröffnung geleisteten Vergütung wegen Anfechtbarkeit der Erfüllungshandlung nach den §§ 129 ff. InsO verlangt. Diese Entscheidung verdient Zustimmung (ebenso ArbG Marburg 26. 9. 2008 DB 2008, 2602; *Jacobs*, demnächst in FS Kreutz; *Zwanziger* BB 2009, 668; aA *Humberg* ZInsO 2008, 487; *Stiller* EWiR 2008, 641; *Weitzmann* EWiR 2008, 259). Zwar handelt es sich bei dem kraft Gesetzes entstehenden Rückgewähranspruch nach § 143 InsO wohl eher nicht um einen Anspruch aus dem Arbeitsverhältnis nach § 2 Abs. 1 Nr. 3 a. Grundlage des Rückgewähranspruchs selbst ist nicht das Arbeitsverhältnis, sondern die anfechtbare Rechtshandlung. Allerdings führen die Parteien in einem solchen Fall – wie das Bundesarbeitsgericht auch ausdrücklich ausführt – zumindest einen Streit über Ansprüche, die mit dem Arbeitsverhältnis in rechtlichem oder unmittelbar wirtschaftlichem Zusammenhang stehen, **§ 2 Abs. 1 Nr. 4a.** Da es Ziel des Rückgewähranspruchs ist, die arbeitsrechtliche Leistungsbeziehung rückabzuwickeln, um der Masse wieder das zuzuführen, was ihr im Rahmen der arbeitsrechtlichen Austauschbeziehung zwischen dem Arbeitgeber und späterem Schuldner auf der einen Seite und Arbeitnehmer auf der anderen Seite – aus der Sicht des Insolvenzverwalters – anfechtbar entzogen wurde, ist der Anspruch zumindest durch das Arbeitsverhältnis bedingt. In dem Sinne gehören der Anspruch auf Arbeitsvergütung und der Rückgewähranspruch innerlich eng zusammen; sie entspringen einem einheitlichen Lebenssachverhalt. Der Eröffnung des Rechtswegs zu den Gerichten für Arbeitssachen steht nicht entgegen, dass § 2 Abs. 1 Nr. 4 a eine Rechtsstreitigkeit zwischen Arbeitnehmer und Arbeitgeber voraussetzt und der Insolvenzverwalter nicht Vertragsarbeitgeber ist. Der klagende Insolvenzverwalter handelt – hierauf hat der 5. Senat zutreffend hingewiesen – in einem solchen Fall als **Rechtsnachfolger des insolventen Vertragsarbeitgebers iSd. § 3.** Hier kommt zum Tragen, dass § 3 weit auszulegen ist. Über Inhalt und Umfang arbeitsrechtlicher Pflichten sollen nicht verschiedene Gerichtsbarkeiten entscheiden müssen (BAG 15. 3. 2000 AP ArbGG 1979 § 2 Nr. 7). Die Zuständigkeit der Gerichte für Arbeitssachen – so hat es das Bundesarbeitsgericht in seinem Beschluss vom 13. 6. 1997 (AP ArbGG 1979 § 3 Nr. 5) ausgeführt – knüpft nicht an die durch den Arbeitsvertrag begründete Rechtsstellung als Arbeitnehmer oder Arbeitgeber an, sondern an die durch das Arbeitsverhältnis begründete Rechts- und Pflichtenzuständigkeit. Deshalb ist es nicht erforderlich, dass der „Rechtsnachfolger" in dem Sinne an die Stelle des ursprünglichen Schuldners tritt, dass er denselben Anspruch verfolgt. Zudem erweitert § 3 den Zuständigkeitskatalog auch auf die Fälle, in denen ein Dritter als Schuldner derselben Verbindlichkeit neben den Arbeitgeber tritt (BAG 7. 4. 2003 AP ArbGG 1979 § 3 Nr. 6). Der Insolvenzverwalter ist Rechtsnachfolger in diesem weiten Sinne. Nach § 80 Abs. 1 InsO geht das Recht des Schuldners, das zur Insolvenzmasse gehörende Vermögen zu verwalten und hierüber zu verfügen, auf den Insolvenzverwalter über. Zudem stellt § 108 Abs. 1 InsO klar, dass Dauerschuldverhältnisse – und hierzu gehören auch Dienst- und Arbeitsverhältnisse – mit Wirkung für die Insolvenzmasse fortbestehen. Damit nimmt der Insolvenzverwalter – zumindest für einen gewissen Zeitraum – ohnehin Arbeitgeberfunktionen wahr. Und bei wirtschaftlicher Betrachtung geht es um die Rückabwicklung einer andernfalls wirksamen Erfüllungshandlung des Arbeitgebers in einem Arbeitsverhältnis. Die Entscheidung des 5. Senats stand auch mit der Spruchpraxis des Bundesgerichtshofs in Einklang. Dieser hatte sich bislang im Hinblick auf die Insolvenzanfechtung gegenüber einem Arbeitnehmer nicht mit der Rechtswegabgrenzung zwischen der ordentlichen Gerichtsbarkeit und der Arbeitsgerichtsbarkeit zu befassen. Sein Beschluss vom 2. 6. 2005 (NJW-RR 2005, 1138) betraf die Rechtswegabgrenzung zur Sozialgerichtsbarkeit, sein Urteil vom 7. 5. 1991 (ZIP 1991, 737) und sein Beschluss vom 27. 7. 2006 (ZIP 2006, 1603) betrafen die Rechtswegabgrenzung zur Finanzgerichtsbarkeit. In diesen Fällen ging es demnach allein darum zu klären, ob es sich um eine öffentlich-rechtliche oder bürgerlich-rechtliche Streitigkeit handelte. Dies bestimmt sich nach der Natur des Rechtsverhältnisses, aus dem der Klageanspruch hergeleitet wird (BAG 10. 9. 1985 AP GG Art. 9 Arbeitskampf Nr. 86; 19. 8. 2008 NZA 2008, 1313 unter Hinweis auf GemS OGB 10. 4. 1986). Liegt indes, wie beim Rückgewähranspruch nach § 143 InsO, eine Streitigkeit auf dem Gebiet des bürgerlichen Rechts vor, so muss noch entschieden werden, ob hierfür die Arbeitsgerichte oder die ordentlichen Gerichte zuständig sind. Dies wiederum richtet sich nach dem Arbeitsgerichtsgesetz, und zwar nach den §§ 2, 3. Um alle „bürgerlich-rechtlichen Streitigkeiten, die in greifbarer Beziehung mit dem Arbeitsverhältnis in der Art stehen, dass sie überwiegend durch das Arbeitsverhältnis bestimmt werden, auch prozessual im Rahmen der Arbeitssachen zu erfassen" (BAG 2. 8. 1963 AP GG Art. 9 Nr. 5; 19. 3. 1975 AP TVG § 5 Nr. 14; 14. 11. 1979 AP TVG § 4 Gemeinsame Einrichtungen Nr. 2 jeweils mwN), sind diese Bestimmungen ihrerseits weit auszulegen. Darauf, dass der Rückgewähranspruch eine Mehrzahl unbestimmter Rechtsbegriffe enthält, deren Anwendung durch spezifisch arbeitsrechtliche Fragestellungen beeinflusst wird, hat das Bundesarbeitsgericht in seinem Beschluss vom 27. 2. 2008 (AP ArbGG 1979 § 3 Nr. 8) ausdrücklich hingewiesen. Der Bundesgerichtshof hat nunmehr in seinem Beschluss vom 2. 4. 2009 (ZIP 2009, 825) die Auffassung vertreten, für die Anfechtungsklage des Insolvenzverwalters gegen einen Arbeitnehmer des Schuldners sei der ordentliche Rechtsweg auch dann gegeben, wenn die Anfechtung eine vom Schuldner geleistete Vergütung betrifft und dem Gemeinsamen Senat der obersten Gerichtshöfe des Bundes die Rechtsfrage zur Entscheidung vorgelegen.

7. Streitigkeiten mit Einrichtungen, Abs. 1 Nr. 4 b und Nr. 6

87 Abs. 1 Nr. 4 b und 6 begründen die ausschließliche Zuständigkeit der Arbeitsgerichte für Streitigkeiten mit gemeinsamen Einrichtungen der Tarifvertragsparteien oder Sozialeinrichtungen des privaten Rechts – nach Nr. 4 b über Ansprüche aus dem Arbeitsverhältnis oder solchen, die mit dem Arbeitsverhältnis in rechtlichem oder unmittelbaren wirtschaftlichen Zusammenhang stehen. Durch die Neuregelung im Zuge der Arbeitsgerichtsnovelle vom 21. 5. 1979 wurde erstmals ausdrücklich die Zuständigkeit der Arbeitsgerichte auch für Rechtsstreitigkeiten mit gemeinsamen Einrichtungen der Tarifvertragsparteien begründet; die Rechtsprechung hatte für solche Streitigkeiten den Rechtsweg zu den Arbeitsgerichten schon immer aus § 2 Abs. 1 Nr. 2 ArbGG aF hergeleitet (BAG 5. 7. 1967 AP KO § 61 Nr. 5; 19. 3. 1975 AP TVG § 5 Nr. 14) und es abgelehnt, gemeinsame Einrichtungen der Tarifvertragsparteien als Wohlfahrtseinrichtungen anzusehen (BAG 3. 2. 1965 AP TVG § 5 Nr. 12).

88 Der Begriff der **gemeinsamen Einrichtungen der Tarifvertragsparteien** entspricht § 4 Abs. 2 TVG (vgl. dazu Wiedemann/*Oetker*, § 1 Rn. 610 ff.). Gemeinsame Einrichtungen sind danach von den Tarifvertragsparteien geschaffene und von ihnen abhängige Organisationen, deren Zweck und Organisationsstruktur durch Tarifvertrag festgelegt ist (BAG 24. 1. 1989 AP BetrAVG § 7 Widerruf Nr. 15; BGH 14. 12. 2005 EzBAT BAT § 46 Nr. 61 mwN; 14. 12. 2005 NZA-RR 2006, 430 mwN). Die Tarifvertragsparteien können auch schon bestehende Anstalten des öffentlichen Rechts als gemeinsame Einrichtungen benutzen (BAG 28. 4. 1981 AP TVG § 4 Gemeinsame Einrichtungen Nr. 3). Konstituierend für eine gemeinsame Einrichtung ist das unmittelbare Kontroll- und Weisungsrecht beider Tarifvertragsparteien (BAG 10. 8. 2004 ZTR 2004, 603). Fehlt es an einer paritätischen Einflussmöglichkeit beider Tarifvertragsparteien auf die Geschäftsführung und Verwaltung der Einrichtung, wie dies beispielsweise bei der Emder Zusatzversorgungskasse für Sparkassen der Fall ist (BGH 14. 12. 2005 EzBAT BAT § 46 Nr. 61 mwN; 14. 12. 2005 NZA-RR 2006, 430 mwN), so liegt keine gemeinsame

A. III. Die Arbeitssachen nach § 2 § 2

Einrichtung iSd. § 2 Abs. 1 Nr. 4 b, Nr. 6 vor. Gemeinsame Einrichtungen sind demgegenüber beispielsweise die **Lohnausgleichskasse und die Urlaubskasse des Baugewerbes** und des **Dachdeckerhandwerks**, aber auch andere Zusatzversorgungs- und Unterstützungskassen sowie die **Ausgleichskassen für Leistungen zur Altersteilzeit** nach § 9 AltersteilzeitG und ein **Gesamthafenbetrieb** (BAG 25. 1. 1989 AP GesamthafenbetriebsG § 1 Nr. 5), nicht jedoch die freiwillig errichteten Einrichtungen zum Ausgleich der Arbeitgeberaufwendungen für Entgeltfortzahlung im Krankheitsfall und nach dem Mutterschutzgesetz nach § 12 AAG.

Eine **Sozialeinrichtung** iSd. § 2 Abs. 1 Nr. 4 b liegt vor, wenn eine soziale Leistung 89
eines oder mehrerer Arbeitgeber nach allgemeinen Richtlinien aus einer abgesonderten, besonders zu verwaltenden Vermögensmasse erfolgt. Dabei ist der Terminus „Sozialeinrichtung" eine bedeutungsgleiche zeitgemäßere Bezeichnung für die in § 56 BetrVG 1956 bzw. § 2 Abs. 4 aF genannte „Wohlfahrtseinrichtung (BAG 23. 8. 2001 AP ArbGG 1979 § 2 Nr. 77). Damit entspricht der Begriff der Sozialeinrichtung dem gleichlautenden Begriff in § 87 Abs. 1 Nr. 8 BetrVG. Hier kommen Ruhegeldkassen, Unterstützungskassen, Urlaubs- und Erholungswerke, Betriebskindergärten, Küchen- und Kantinenbetriebe, Sportanlagen, betriebliche Wohnungs- oder Baugesellschaften oder Beschäftigungsgesellschaften (BAG 23. 8. 2001 AP ArbGG 1979 § 2 Nr. 77) in Betracht. Lediglich ausgesprochene Selbsthilfeeinrichtungen der Arbeitnehmer sind keine Sozialeinrichtungen im Sinne dieser Vorschrift (BAG 3. 2. 1956 AP ArbGG 1953 § 2 Nr. 17).

Während früher der Rechtscharakter der Wohlfahrtseinrichtung ohne Bedeutung war, 90
muss es sich nunmehr um **Sozialeinrichtungen des privaten Rechts** handeln. Dafür ist die Beschränkung des Wirkungsbereichs der Sozialeinrichtung auf den Betrieb oder das Unternehmen weggefallen. Weitere Anforderungen werden an die Rechtsform allerdings nicht gestellt.

Die **Zusatzversorgungskassen für die Arbeitnehmer des öffentlichen Dienstes** sind 91
vielfach nicht privatrechtlich organisiert. Die Versorgungsanstalt des Bundes und der Länder – VBL – oder der Bundespost sind Anstalten des öffentlichen Rechts (GK-ArbGG/*Wenzel* § 2 Rn. 159). Dass das Verhältnis auch dieser Zusatzversorgungskassen zu den versicherten Arbeitnehmern privatrechtlich ausgestaltet ist (BVerwG 21. 2. 1958 BVerwGE 6, 200; BSG 27. 7. 1972 AP BGB § 242 Ruhegehalt-VBL Nr. 4; BGH 23. 2. 1977 AP BGB § 242 Ruhegehalt-VBL Nr. 8), führt allerdings nicht zur Zuständigkeit der Arbeitsgerichte. Streitigkeiten aus Rechtsverhältnissen zwischen einer Zusatzversorgungseinrichtung des öffentlichen Dienstes und ihren Versicherten bzw. Versorgungsempfängern stellen bürgerliche Rechtsstreitigkeiten iSv. § 13 GVG dar, für die der **Rechtsweg zu den ordentlichen Gerichten** eröffnet ist (BGH 14. 12. 2005 EzBAT BAT § 46 Nr. 61 mwN; 14. 12. 2005 NZA-RR 2006, 430; BAG 28. 4. 1981 AP TVG § 4 Gemeinsame Einrichtungen Nr. 3).

Sowohl bei den gemeinsamen Einrichtungen der Tarifvertragsparteien als auch bei 92
den Sozialeinrichtungen muss es sich um **rechtlich selbständige**, rechtsfähige, zumindest aber **passiv parteifähige Einrichtungen** handeln (GK-ArbGG/*Wenzel* § 2 Rn. 161). Auf die Rechtsform kommt es nicht an. Es kann sich um Genossenschaften, Gesellschaften mit beschränkter Haftung, Vereine (BAG 17. 5. 1973 AP BGB § 242 Ruhegehalt-Unterstützungskasse Nr. 6) oder um Versicherungsvereine auf Gegenseitigkeit handeln (BAG 3. 2. 1956 AP ArbGG 1953 § 2 Nr. 17).

Parteien des Rechtsstreits können neben der **gemeinsamen Einrichtung** oder der **Sozi-** 93
aleinrichtung – wie in Abs. 1 Nr. 4 a – **Arbeitnehmer**, auch ehemalige Arbeitnehmer, deren **Hinterbliebene** oder der **Arbeitgeber** – s. aber Rn. 98 – sein. Darauf, ob sie als Kläger oder Beklagter am Rechtsstreit beteiligt sind, kommt es nicht an. Der Arbeitgeber muss von dem Rechtsstreit jedoch in seiner Eigenschaft als Arbeitgeber, nicht als sonstiger Geschäftspartner der Einrichtung betroffen sein.

Die hier geregelte Zuständigkeit ist nur gegeben, soweit nicht die **ausschließliche** 94
Zuständigkeit eines anderen Gerichts begründet ist. In Betracht kommt hier nur die

Zuständigkeit der ordentlichen Gerichte nach §§ 24 oder 29 a ZPO, bei dinglichen Klagen etwa gegen eine **betriebliche Wohnungsbaugesellschaft** oder bei Streitigkeiten aus Mietverhältnissen mit **Wohnungsgesellschaften**. Soweit Leistungen an Arbeitnehmer durch gemeinsame Einrichtungen der Tarifvertragsparteien oder durch Sozialeinrichtungen in Form von Versicherungsleistungen erbracht werden, handelt es sich gleichwohl um Ansprüche aus dem Arbeitsverhältnis oder um solche, die mit diesem in rechtlichem oder unmittelbar wirtschaftlichem Zusammenhang stehen. Eine ausschließliche Zuständigkeit der ordentlichen Gerichte für Ansprüche aus **Versicherungsverträgen** besteht nicht, so dass die Arbeitsgerichte zuständig sind (GK-ArbGG/*Wenzel* § 2 Rn. 162).

8. Streitigkeiten mit dem Pensionssicherungsverein, Abs. 1 Nr. 5 und Nr. 6

95 Nach Abs. 1 Nr. 5 sind die Arbeitsgerichte weiter ausschließlich zuständig für bürgerliche Rechtsstreitigkeiten über Ansprüche von Arbeitnehmern oder ihren Hinterbliebenen und dem Träger der Insolvenzsicherung auf **Leistungen der Insolvenzsicherung** nach dem Vierten Abschnitt des Ersten Teils des Gesetzes zur Verbesserung der betrieblichen Altersversorgung (BetrAVG). Träger der Insolvenzsicherung ist nach § 14 Abs. 1 BetrAVG der **Pensionssicherungsverein, VVaG** in Köln, oder unter den Voraussetzungen des § 14 Abs. 2 Nr. 2 und 3 BetrAVG die **Kreditanstalt für Wiederaufbau**. Nach § 8 BetrAVG kann sich eine Pensionskasse oder ein Unternehmen der Lebensversicherung dem Träger der Insolvenzsicherung gegenüber verpflichten, die gesicherten Leistungen der betrieblichen Altersversorgung zu erbringen. In dem Falle wird man auch die Pensionskasse bzw. das Unternehmen der Lebensversicherung als Träger der Insolvenzsicherung iSv. Nr. 5 sehen müssen, so dass auch für gegen diese gerichtete Klagen die ausschließliche Zuständigkeit der Arbeitsgerichte gegeben ist, § 2 Abs. 1 Nr. 5 analog (GK-ArbGG/*Wenzel* § 2 Rn. 166; Schwab/Weth/*Walker* § 2 Rn. 141). Die Zuständigkeit kann nicht durch eine privatrechtliche Vereinbarung zwischen dem Pensionssicherungsverein und dem anderen Unternehmen abbedungen werden.

96 Der Rechtsweg zu den Arbeitsgerichten ist dann eröffnet, wenn Gegenstand des Rechtsstreits Ansprüche von Arbeitnehmern – auch ehemaligen Arbeitnehmern – oder ihren Hinterbliebenen (s. oben Rn. 83) auf **Leistungen der Insolvenzsicherung** nach den §§ 7–9 Abs. 1 BetrAVG sind. Auf die Parteistellung der Arbeitnehmer, Hinterbliebenen oder des Trägers der Insolvenzsicherung kommt es nicht an. Über den Wortlaut des Gesetzes hinaus ist die Zuständigkeit der Arbeitsgerichte aber auch für Ansprüche des Trägers der Insolvenzsicherung gegen Arbeitnehmer oder Hinterbliebene gegeben, etwa auf Rückzahlung überzahlter Leistungen (GK-ArbGG/*Wenzel* § 2 Rn. 165) oder auf Erteilung von Auskünften nach § 11 Abs. 4 BetrAVG.

97 Es muss sich um **bürgerliche Rechtsstreitigkeiten** handeln. Das ist immer dann der Fall, wenn ohne den Sicherungsfall nach § 7 BetrAVG die Ansprüche gegen den Arbeitgeber oder eine Sozialeinrichtung gegeben wären, für die die Arbeitsgerichte nach Abs. 1 Nr. 4 zuständig sind (GK-ArbGG/*Wenzel* § 2 Rn. 167).

98 Das Rechtsverhältnis **zwischen dem Träger der Insolvenzsicherung und den einzelnen Arbeitgebern** ist **öffentlich-rechtlich** ausgestaltet, § 10 Abs. 1 BetrAVG. Für Rechtsstreitigkeiten aus diesem Verhältnis, so zB auf Zahlung von Beiträgen, auf Erteilung von Auskünften uä. sind daher die **Verwaltungsgerichte** zuständig (GK-ArbGG/*Wenzel* § 2 Rn. 172; *Kissel/Mayer* § 13 Rn. 164). Etwas anderes gilt nach Nr. 6 jedoch für Klagen gerichtet auf die Feststellung der Insolvenzsicherung der Versorgungszusage oder aber auf Verurteilung des Trägers der Insolvenzsicherung, die Meldung einer Versorgung für Angestellte zur Insolvenzsicherung anzunehmen (GK-ArbGG/*Wenzel* § 2 Rn. 170: Schwab/Weth/*Walker* § 2 Rn. 148). Für entsprechende Klagen der Arbeitnehmer oder Hinterbliebenen gegen den Arbeitgeber oder die Sozialeinrichtung sind die Arbeitsgerichte ohnehin nach Nr. 4 zuständig.

A. III. Die Arbeitssachen nach § 2   § 2

Soweit Ansprüche der Arbeitnehmer nach § 9 Abs. 2 BetrAVG auf den Träger der 99
Insolvenzsicherung übergehen und von diesem gegen den Arbeitgeber bzw. Konkursverwalter geltend gemacht werden, ergibt sich die Zuständigkeit der Arbeitsgerichte bereits aus § 2 Abs. 1 Nr. 4 iVm. § 3. Für Rechtsstreitigkeiten aus dem **Übergang des Vermögens** einer Unterstützungskasse auf den Träger der Insolvenzsicherung nach § 9 Abs. 3 BetrAVG ist die **Zuständigkeit der Arbeitsgerichte** nach den Grundsätzen des § 2 Abs. 1 Nr. 5 und 6 iVm. § 3 gegeben (BAG 11. 11. 1986 AP ArbGG 1979 § 2 Nr. 6).

Für Rechtsstreitigkeiten zwischen dem Träger der Insolvenzsicherung und **Personen,** 100
die nicht Arbeitnehmer oder Hinterbliebene sind, gleichwohl aber Ansprüche auf Leistungen der Insolvenzsicherung haben, § 17 Abs. 1 Satz 2 BetrAVG, sind die **ordentlichen Gerichte** zuständig So sind die ordentlichen Gerichte zB zuständig für Betriebsrentenansprüche, die aus einer Versorgungszusage gegenüber einem Geschäftsführer einer GmbH resultieren, ihren Entstehungsgrund im Anstellungsverhältnis als Geschäftsführer der Insolvenzschuldnerin haben, auch wenn der Anspruchsteller vorher oder nachher noch als Arbeitnehmer tätig gewesen ist (vgl. BAG 20. 5. 1998 NZA 1998, 1247).

9. Streitigkeiten der Entwicklungshelfer, Abs. 1 Nr. 7

Nach Abs. 1 Nr. 7 sind die Arbeitsgerichte auch ausschließlich zuständig für bürgerli- 101
che Rechtsstreitigkeiten zwischen Entwicklungshelfern und Trägern des Entwicklungsdienstes nach dem Entwicklungshelfergesetz vom 18. 6. 1969 (BGBl. I S. 549). Bürgerliche Rechtsstreitigkeiten sind alle Rechtsstreitigkeiten zwischen dem Entwicklungshelfer und dem Träger des Entwicklungsdienstes aus dem Vertragsverhältnis, das durch den Entwicklungsdienstvertrag nach § 4 EhfG begründet wird. Entwicklungshelfer stehen zum Träger des Entwicklungshelferdienstes nicht in einem Arbeitsverhältnis. Sie sind insoweit keine Arbeitnehmer. Sie werden jedoch häufig zum Projektträger im Entwicklungsland in einem Arbeitsverhältnis stehen (BAG 27. 4. 1977 AP BGB § 611 Entwicklungshelfer Nr. 1; ErfK/*Koch* ArbGG § 2 Rn. 29). Ob auf dieses Arbeitsverhältnis deutsches Arbeitsrecht Anwendung findet, bestimmt sich nach den Regeln des internationalen Privatrechts. Ob die deutschen Arbeitsgerichte für Rechtsstreitigkeiten aus diesem Arbeitsverhältnis nach § 2 Abs. 1 Nr. 3 zuständig sind, ist eine Frage der internationalen Zuständigkeit der deutschen Gerichte (s. Erl. zu § 1 Rn. 15 ff.). Für öffentlich-rechtliche Streitigkeiten der in § 19 Abs. 2 EhfG genannten Art sind die Sozialgerichte zuständig.

10. Streitigkeiten im freiwilligen sozialen oder ökologischen Jahr, Abs. 1 Nr. 8

Die **Arbeitsgerichtsnovelle vom 21. 5. 1979** hatte in Abs. 1 Nr. 8 die ausschließliche 102
Zuständigkeit der Arbeitsgerichte für bürgerliche **Rechtsstreitigkeiten zwischen den Trägern des freiwilligen sozialen Jahres und Helfern** nach dem Gesetz zur Förderung des freiwilligen sozialen Jahres vom 17. 8. 1964 (BGBl. I S. 640) begründet. Das Gesetz zur Förderung eines freiwilligen ökologischen Jahres vom 17. 12. 1993 (BGBl. I S. 2118) hatte diese Zuständigkeit auf die Träger und Helfer des freiwilligen ökologischen Jahres erweitert. Diese Bestimmungen waren notwendig, da die Helfer nicht in einem Arbeitsverhältnis zum Träger stehen (BAG 12. 2. 1992 AP BetrVG 1972 § 5 Nr. 52). Auf ihre Tätigkeit fanden nach § 15 bzw. § 4 des Gesetzes lediglich die Arbeitsschutzbestimmungen und das Bundesurlaubsgesetz Anwendung. Die Zuständigkeit der Arbeitsgerichte war aber nicht auf Rechtsstreitigkeiten aus diesen Bestimmungen beschränkt, sondern erfasste alle Streitigkeiten, die sich aus dem Vertragsverhältnis zwischen Helfer und Träger ergeben konnten.

Mit dem **Gesetz zur Förderung von Jugendfreiwilligendiensten (JFDG) vom 16. 5. 2008** 103
(BGBl. I S. 842), das am 1. 6. 2008 in Kraft getreten ist, wurden das bisherige Gesetz zur Förderung eines freiwilligen sozialen Jahres und das Gesetz zur Förderung eines freiwilligen ökologischen Jahres zusammengefasst. Dabei wurden das freiwillige soziale Jahr

und das freiwillige ökologische Jahr weiterentwickelt und ausgebaut. Insbesondere wurde klargestellt, dass im Rahmen des inländischen Jugendfreiwilligendienstes auch die Einsatzstelle in die Vereinbarungen zwischen dem Freiwilligen und dem Träger dergestalt einbezogen werden kann, dass sie die Geld- und Sachleistungen für die Unterkunft, Verpflegung, Arbeitskleidung und Taschengeld auf eigene Rechnung übernimmt, Art. 1 § 11 Abs. 2 JFDG. Durch Art. 2 § 3 Abs. 2 hat § 2 Abs. 1 Nr. 8 seine heutige Fassung erhalten. Danach sind die Arbeitsgerichte ausschließlich zuständig für **bürgerliche Rechtsstreitigkeiten zwischen den Trägern des freiwilligen sozialen oder ökologischen Jahres oder den Einsatzstellen und Freiwilligen nach dem Jugendfreiwilligendienstegesetz.**

11. Streitigkeiten zwischen Arbeitnehmern, Abs. 1 Nr. 9

a) Arbeitnehmer

104 Abs. 1 Nr. 9 begründet die ausschließliche Zuständigkeit der Arbeitsgerichte für Rechtsstreitigkeiten zwischen Arbeitnehmern aus gemeinsamer Arbeit und unerlaubten Handlungen, soweit diese mit dem Arbeitsverhältnis im Zusammenhang stehen. Mit dieser Bestimmung wird die Zuständigkeit der Arbeitsgerichte weitgehend aus Zweckmäßigkeitserwägungen und um dem Ausgangs- oder Schwerpunkt eines Streits gebührend Rechnung zu tragen, auch auf Ansprüche ausgedehnt, die in so greifbar naher Beziehung zum Arbeitsverhältnis stehen, dass sie überwiegend durch das Arbeitsverhältnis bestimmt werden (BGH 26. 2. 1998 AP ArbGG 1979 § 2 Zuständigkeitsprüfung Nr. 5). **Arbeitnehmer** sind die in § 5 genannten Personen. Abs. 1 Nr. 9 ist entsprechend anzuwenden auf Streitigkeiten zwischen Arbeitnehmern auf der einen und **Entwicklungshelfern** bzw. **Freiwilligen nach dem Jugendfreiwilligendienstegesetz** auf der anderen Seite (GK-ArbGG/*Wenzel* § 2 Rn. 181) sowie auf Streitigkeiten der in Abs. 1 Nr. 7 und 8 genannten Personen untereinander (Schwab/Weth/*Walker* § 2 Rn. 157). Ist nämlich für deren Rechtsstreitigkeiten mit dem Träger oder der Einsatzstelle die Zuständigkeit der Arbeitsgerichte begründet, so muss dies gleichermaßen für ihre Rechtsstreitigkeiten untereinander und mit denjenigen Arbeitnehmern gelten, mit denen sie bei ihrer Tätigkeit zusammenarbeiten oder in Berührung kommen. Nicht erforderlich ist, dass die streitenden Arbeitnehmer **beim gleichen Arbeitgeber** beschäftigt sind (LG Frankenthal 27. 6. 2002 NZA 2003, 751; ErfK/*Koch* ArbGG § 2 Rn. 30).

105 Für **Rechtsstreitigkeiten zwischen Arbeitgebern** sind die ordentlichen Gerichte zuständig, auch wenn diese Rechtsstreitigkeiten mit dem Arbeitsrecht in Zusammenhang stehen, so etwa Rechtsstreitigkeiten wegen der Abwerbung eines Arbeitnehmers oder für Schadensersatzansprüche eines Arbeitgebers wegen eines falschen Zeugnisses (BGH 26. 11. 1963 AP BGB § 826 Nr. 10; GK-ArbGG/*Wenzel* § 2 Rn. 182).

b) Aus gemeinsamer Arbeit

106 Es muss sich um Ansprüche **aus gemeinsamer Arbeit** handeln. Das können vertragliche, aber auch außervertragliche Ansprüche sein, etwa aus Geschäftsführung ohne Auftrag bei einer Hilfeleistung anlässlich eines Unfalls (*Kissel/Mayer* § 13 Rn. 166) oder aus ungerechtfertigter Bereicherung. Ansprüche aus gemeinsamer Arbeit sind insbesondere dann gegeben, wenn Arbeitnehmer **in einer Gruppe zusammen arbeiten,** gleichgültig ob es sich um eine Betriebs- oder um eine Eigengruppe handelt. In Betracht kommen Ansprüche auf Verteilung des gemeinsam erarbeiteten Lohnes oder Ausgleichsansprüche, wenn ein Gruppenmitglied auf Schadensersatz in Anspruch genommen worden ist. Dass das Rechtsverhältnis zwischen den Arbeitnehmern in der Regel durch einen Gesellschaftsvertrag begründet wird, steht der Zuständigkeit der Arbeitsgerichte nicht entgegen. Von daher sind auch Ansprüche unter den Mitgliedern einer **Fahrgemeinschaft** Ansprüche aus gemeinsamer Arbeit, für die die Arbeitsgerichte zuständig sind (GK-ArbGG/*Wenzel* § 2 Rn. 183). Ebenso hierher gehören Ansprüche von Chefärzten von Krankenhausabteilungen über die

Liquidation von Leistungen, die in einer Abteilung für Patienten einer anderen Abteilung erbracht wurden (BGH 26. 2. 1998 AP ArbGG 1979 § 2 Zuständigkeitsprüfung Nr. 5).

c) Aus unerlaubter Handlung

Die Zuständigkeit der Arbeitsgerichte ist insbesondere gegeben für Rechtsstreitigkeiten zwischen Arbeitnehmern aus unerlaubter Handlung. Voraussetzung ist jedoch, dass die **unerlaubte Handlung mit dem Arbeitsverhältnis im Zusammenhang steht.** Dieser notwendige Zusammenhang erfordert, dass die unerlaubte Handlung in einer inneren Beziehung zum Arbeitsverhältnis der Parteien steht, sie in der Eigenart des Arbeitsverhältnisses und den ihm eigentümlichen Reibungen und Berührungspunkten ihre Ursache findet (BGH 7. 2. 1958 AP ArbGG 1953 § 2 Nr. 48; BAG 11. 7. 1995 AP ArbGG 1979 § 2 Nr. 32). Ein solcher Zusammenhang ist insbesondere dann gegeben, wenn die unerlaubte Handlung bei gemeinsamer Arbeit erfolgt, etwa der Arbeitnehmer durch einen vom Arbeitskollegen herbeigeführten Arbeitsunfall verletzt oder in seinem Eigentum geschädigt wird, nicht aber, wenn der eigentliche Anlass familiäre Streitigkeiten sind (BAG 11. 7. 1995 AP ArbGG 1979 § 2 Nr. 32). Aber auch unerlaubte Handlungen, die bei einem **Arbeitskampf,** auf einem **Betriebsausflug** oder während einer **Betriebsfeier** oder auf dem **gemeinsamen Weg zur Arbeit** begangen werden, stehen regelmäßig im Zusammenhang mit dem Arbeitsverhältnis (GK-ArbGG/*Wenzel* § 2 Rn. 184). Auch **Betriebsratsmitglieder** können anlässlich ihrer Tätigkeit unerlaubte Handlungen gegenüber Arbeitnehmern begehen, so etwa bei **Verletzung einer Verschwiegenheitspflicht** nach § 79 BetrVG.

Nicht erforderlich ist für die Zuständigkeit der Arbeitsgerichte, dass es sich um **schuldhafte** Handlungen handelt. Auch für Ansprüche aus **Gefährdungshaftung** ist die Zuständigkeit der Arbeitsgerichte gegeben (*Kissel/Mayer* § 13 Rn. 166). In Betracht kommen nicht nur Rechtsstreitigkeiten über Schadensersatzansprüche. Auch für Klagen auf Unterlassung oder Widerruf oder auf Feststellung einer Schadensersatzpflicht ist der Rechtsweg zu den Arbeitsgerichten gegeben.

An die Stelle des Arbeitnehmers kann auch dessen Erbe treten (s. Erl. zu § 3 Rn. 6). Nicht ausdrücklich geregelt ist die Zuständigkeit der Arbeitsgerichte für Ansprüche von **Hinterbliebenen** aus den §§ 844, 845 BGB, die nicht Erbe des bei einer unerlaubten Handlung verletzten oder getöteten Arbeitnehmers sind. Wegen des Sachzusammenhangs und der gleich liegenden Interessenlage ist die Zuständigkeit der Arbeitsgerichte auch für diese Fälle zu bejahen (GK-ArbGG/*Wenzel* § 2 Rn. 185; *Hauck/Helml* § 2 Rn. 50).

12. Streitigkeiten in Werkstätten für behinderte Menschen, Abs. 1 Nr. 10

Nach der neu eingefügten und der Neuregelung des Rechts der Behinderten angepassten Nr. 10 sind die Arbeitsgerichte auch zuständig für alle Streitigkeiten zwischen den Trägern von Werkstätten für behinderte Menschen und den im Arbeitsbereich von Werkstätten beschäftigten Behinderten. Zwischen diesen Parteien besteht – sofern die Behinderten nicht ohnehin Arbeitnehmer sind – nach § 138 SGB IX ein arbeitnehmerähnliches Rechtsverhältnis. Gemeint sind mit Abs. 1 Nr. 10 alle Streitigkeiten aus dem zu vereinbarenden Werkstattvertrag. Im Wesentlichen wird es sich dabei aber um den nach § 138 Abs. 2 SGB IX geschuldeten leistungsabhängigen Steigerungsbetrag zu dem Grundbetrag des Arbeitsentgelts handeln. Dieser bemisst sich nach der individuellen Arbeitsleistung des behinderten Menschen, insbesondere unter Berücksichtigung von Arbeitsmenge und Arbeitsgüte, § 138 Abs. 2 S. 2 SGB IX.

13. Erfinder- und Urheberstreitigkeiten, Abs. 2

Nach § 2 Abs. 2 sind die Arbeitsgerichte auch zuständig für Rechtsstreitigkeiten zwischen Arbeitnehmern und Arbeitgebern aus einer **Arbeitnehmererfindung** oder für **Urheberrechtsstreitigkeiten,** sofern es sich **ausschließlich um Vergütungsansprüche** handelt. Damit wiederholt Abs. 2 im wesentlichen die Zuständigkeitsregelungen der §§ 39 Abs. 2 ArbNErfG sowie 104 Abs. 2 UrhG. Gegenstand des Rechtsstreits muss die **festgestellte oder festgesetzte Vergütung** für eine Arbeitnehmererfindung iSv. § 2 ArbNErfG oder für einen technischen Verbesserungsvorschlag nach § 20 Abs. 1 ArbNErfG sein. Die Festsetzung oder Feststellung der Vergütung für die Arbeitnehmererfindung muss nach § 12 ArbNErfG erfolgt sein, dagegen ist eine vorherige Festsetzung der Vergütung für den technischen Verbesserungsvorschlag nicht erforderlich. Die Zuständigkeit der Arbeitsgerichte ist vielmehr auch dann gegeben, wenn Streit darüber besteht, ob für einen **technischen Verbesserungsvorschlag** überhaupt eine Vergütung zu zahlen ist. Das folgt schon aus der Zuständigkeit in Abs. 1 Nr. 3 a, da die in § 39 Abs. 1 ArbNErfG geregelte ausschließliche Zuständigkeit der ordentlichen Gerichte nur für Rechtsstreite über Erfindungen iSd. § 2 ArbNErfG, nicht dagegen für Rechtsstreite über technische Verbesserungsvorschläge gilt (BAG 30. 4. 1965 AP ArbNErfG § 20 Nr. 1). Wird ein Anspruch aus dem **UrhG** geltend gemacht, ist nach § 104 S. 1 UrhG der Rechtsweg zu den ordentlichen Gerichten gegeben. Die Arbeitsgerichte sind nur dann zuständig, wenn ausdrücklich eine **Vergütung vereinbart** wurde. War dies unstreitig nicht der Fall, sind die ordentlichen Gerichte zuständig. Bei Streit über das Zustandekommen der zuständigkeitsbegründenden Vereinbarung bedarf es zur Klärung der Zuständigkeit der Beweiserhebung (LAG Hamm 30. 6. 2008 ZUM-RD 2008, 578). Die Zuständigkeit der Arbeitsgerichte ist auch für Rechtsstreitigkeiten gegeben, die der Vorbereitung der Vergütungsklage dienen, so für **Klagen auf Auskunft oder Rechnungslegung,** auch wenn diese Ansprüche nicht im Wege der Stufenklage geltend gemacht werden (*Kissel/Mayer* § 13 Rn. 167; GK-ArbGG/*Wenzel* § 2 Rn. 190).

112 Voraussetzung für die Zuständigkeit der Arbeitsgerichte ist weiter, dass der Rechtsstreit **ausschließlich über die genannten Vergütungsansprüche** geführt wird. Damit entfällt die Zuständigkeit, soweit gleichzeitig andere Ansprüche aus dem Rechtsverhältnis über die Erfindung oder aus dem Urheberrechtsverhältnis, nicht jedoch sonstige Ansprüche aus dem Arbeitsverhältnis, geltend gemacht werden (*Kissel/Mayer* § 13 Rn. 167; Schwab/Weth/*Walker* § 2 Rn. 169; aA GK-ArbGG/*Wenzel* § 2 Rn. 193: für Abtrennung – nur – des Erfinder- oder Urheberstreits und entsprechende Verweisung). Für solche Ansprüche können die Arbeitsgerichte auch nicht im Wege der **Zusammenhangsklage** des Abs. 3 zuständig werden (s. unten Rn. 115 ff.). Werden solche anderen Ansprüche beim Arbeitsgericht nachträglich anhängig gemacht, so berührt das in entsprechender Anwendung der §§ 48 ArbGG, 17 Abs. 1 S. 1 GVG, 261 Abs. 3 Nr. 2 ZPO die einmal begründete Zuständigkeit der Arbeitsgerichte für den Vergütungsanspruch nicht mehr (Schwab/Weth/*Walker* § 2 Rn. 170). Die anderen rechtswegfremden Ansprüche sind nach § 17 a Abs. 2 GVG an das ordentliche Gericht zu verweisen (so für eine Klage des Arbeitnehmers auf Unterlassung der Verwertung einer Erfindung: BAG 9. 7. 1997 AP ArbGG 1979§ 2 Nr. 50, über die Nutzung eines vom Arbeitnehmer geschaffenen Computerprogramms: BAG 21. 8. 1996 AP ArbGG 1979 § 2 Nr. 42).

113 § 2 Abs. 2 begründet **keine ausschließliche Zuständigkeit** der Arbeitsgerichte für die genannten Vergütungsansprüche. Die Parteien können daher für Rechtsstreitigkeiten, die ausschließlich den Vergütungsanspruch zum Inhalt haben, die **Zuständigkeit der ordentlichen Gerichte vereinbaren** und damit die Zuständigkeit der Arbeitsgerichte ausschließen, allerdings **nicht** für Ansprüche aus einem **technischen Verbesserungsvorschlag**. Hier ergibt sich die ausschließliche Zuständigkeit der Arbeitsgerichte bereits aus § 2 Abs. 1 Nr. 3 a (GK-ArbGG/*Wenzel* § 2 Rn. 188). Im Übrigen können die Vergütungsansprüche schon dadurch vor die ordentlichen Gerichte gebracht werden, dass sie mit anderen Ansprüchen aus dem Erfinder- oder Urheberrechtsverhältnis verbunden werden.

114 Die ausschließliche Zuständigkeit der ordentlichen Gerichte für alle sonstigen Erfinder- oder Urheberstreitigkeiten schließt es nicht aus, dass die Arbeitsgerichte über diese **als Vorfragen entscheiden** (LAG Hamm 12. 2. 1954 AP ArbGG 1953 § 2 Nr. 1). Die Auffassung des Bundesarbeitsgerichts, dass die Gerichte für Arbeitssachen in einem

Vergütungsrechtsstreit auch zur Entscheidung über eine zur Aufrechnung gestellte Gegenforderung aus dem Erfinder- oder Urheberrechtsverhältnis berufen sind (BAG 18. 5. 1972 AP ArbNErfG § 39 Nr. 2), ist seit der Änderung der §§ 17 ff. GVG durch das 4. VwGO-Änderungsgesetz 17. 12. 1990 (BGBl. I S 2809) durch die neuere Rechtsprechung überholt. Danach ist die Aufrechnung kein rechtlicher Gesichtspunkt iSd. § 17 Abs. 2 GVG, sondern ein selbständiges Gegenrecht, das dem durch die Klage bestimmten Streitgegenstand einen weiteren hinzufügt. Aus dem Grunde können die Gerichte für Arbeitssachen über die Begründetheit der Aufrechnung nicht selbst entscheiden (BAG 23. 8. 2001 AP GVG § 17 Nr. 2; 28. 11. 2007 AP ArbGG 1979 § 2 Nr. 11; dagegen GK-ArbGG/*Wenzel* § 2 Rn. 191; *Matthes* in der Voraufl.). Eine Widerklage mit rechtswegfremden Ansprüchen ist nicht möglich (GK-ArbGG/*Wenzel* § 2 Rn. 191).

14. Zusammenhangsklagen, Abs. 3

a) Allgemeines

§ 2 Abs. 3 **erweitert die Zuständigkeit** der Arbeitsgerichte für Rechtsstreitigkeiten, die **115** nicht unter den Zuständigkeitskatalog der Abs. 1 und 2 fallen, mit diesen aber in einem rechtlichen oder unmittelbar wirtschaftlichen Zusammenhang stehen. Die Zuständigkeit für diese Streitigkeiten, die gewöhnlich **Zusammenhangsklagen** genannt werden, ist keine ausschließliche; sie wird erst dadurch begründet, dass auch die Zusammenhangsklage unter den in § 2 Abs. 3 geregelten Voraussetzungen beim Arbeitsgericht anhängig gemacht wird. Es bleibt dem Kläger der Zusammenhangsklage überlassen, ob er den Rechtsstreit vor die ordentlichen Gerichte oder vor die Arbeitsgerichte bringt. Die Vorschrift will aus prozessökonomischen Gründen verhindern, dass rechtlich oder innerlich zusammengehörende Verfahren in Verfahren vor verschiedenen Gerichten aufgespalten werden (BAG 27. 2. 1975 AP ArbGG 1953 § 3 Nr. 1). Sie wird gelegentlich für verfassungswidrig gehalten, weil sie dem Beklagten der Zusammenhangsklage den gesetzlichen Richter entziehe (*Kluth* NZA 2000, 1275; s. näher ErfK/*Koch* ArbGG § 2 Rn. 35). Insoweit hatte das Bundesverfassungsgericht (BVerfG 31. 8. 1999 AP ArbGG 1979 § 2 Zuständigkeitsprüfung Nr. 6) zutreffend darauf hingewiesen, dass die Gefahr einer Manipulation des gesetzlichen Richters dann nicht ausgeschlossen werden kann, wenn der Kläger als Hauptklage eine Klage erhoben hat, bei der bereits die Rechtsbehauptung der Arbeitnehmereigenschaft zur Begründung der arbeitsgerichtlichen Zuständigkeit ausreicht, weil es sich insoweit um eine doppelrelevante Tatsache handelt (sog. sic-non-Fall – s.unten Rn. 157 ff.). Vor diesem Hintergrund ist § 2 Abs. 3 teleologisch dahin zu reduzieren, dass er keine Anwendung findet, wenn der Hauptklage ein sog. sic-non-Fall zugrunde liegt (BAG 11. 6. 2003 AP ArbGG 1979 § 2 Nr. 85). Ein Pendant zu § 2 Abs. 3, also die **Möglichkeit**, eine arbeitsrechtliche Streitigkeit im Zusammenhang mit einer bürgerlich-rechtlichen Streitigkeit vor die ordentlichen Gerichte zu bringen, **enthält die ZPO nicht.**

b) Rechtlicher und wirtschaftlicher Zusammenhang

Voraussetzung für die Zuständigkeit der Arbeitsgerichte für eine Zusammenhangs- **116** klage ist zunächst, dass diese **mit einer arbeitsrechtlichen Streitigkeit der in den Absätzen 1 und 2 bezeichneten Art in einem** rechtlichen oder unmittelbar wirtschaftlichen **Zusammenhang** steht. Dieser Begriff ist im Interesse der Prozessökonomie und nach dem Sinn der Vorschrift, eine gemeinsame Verhandlung und Entscheidung zusammengehörender Streitigkeiten vor dem Arbeitsgericht zu ermöglichen, weit auszulegen (*Kissel/Mayer* § 13 Rn. 171; ErfK/*Koch* ArbGG § 2 Rn. 37). Ein unmittelbarer wirtschaftlicher Zusammenhang ist anzunehmen, wenn Ansprüche auf demselben wirtschaftlichen Verhältnis beruhen oder wirtschaftliche Folge desselben Tatbestands sind. Die Ansprüche müssen innerlich eng zusammengehören, also einem einheitlichen Lebenssachverhalt entspringen (BAG 11. 9. 2002 AP ArbGG 1979 § 2 Nr. 82). Liegt ein wirtschaftlicher

Zusammenhang vor, wird vielfach gleichzeitig auch ein rechtlicher Zusammenhang gegeben sein. Es genügt wie bei § 33 Abs. 1 ZPO, dass der Zusammenhang schon zu den vorgebrachten Verteidigungsmitteln des Beklagten besteht, wenn also der Zusammenhang nur mit einer zur Aufrechnung gestellten oder im Wege der Widerklage geltend gemachten (BAG 23. 8. 2001 AP ArbGG 1979 § 2 Nr. 76) Gegenforderung gegeben ist.

117 Der geforderte Zusammenhang ist beispielsweise gegeben für eine **Bürgschaftsklage**, wenn Klage gegen den Schuldner und den Bürgen erhoben wird, bei Klagen auf Schadensersatz **aus unerlaubter Handlung gegen Mittäter**, die nicht Arbeitnehmer oder Arbeitgeber sind, bei Klagen aus dem Arbeitsverhältnis und der gleichzeitigen Rechtsstellung des Arbeitnehmers als Geschäftsführer der Arbeitgeber-GmbH oder als Arbeitnehmervertreter im Aufsichtsrat, in den Fällen des Prätendentenstreits des § 75 ZPO, bei Klagen des Lohnpfändungsgläubigers gegen den Drittschuldner auf Erfüllung der gepfändeten Lohnforderung und auf Schadensersatz nach § 840 Abs. 2 ZPO (BAG 23. 9. 1960 AP ArbGG 1953 § 61 Kosten Nr. 3; für die Klage auf Erfüllung einer gepfändeten sozialrechtlichen Forderung und auf Schadensersatz ebenso BSG 12. 2. 1998 AP ZPO § 840 Nr 8). Für die Klage auf Auskunft oder Schadensersatz allein sind die ordentlichen Gerichte zuständig (BAG 31. 10. 1984 AP ZPO § 840 Nr. 4). Kein wirtschaftlicher Zusammenhang besteht zwischen einem Arbeitsgerichtsprozess und einem Streit zwischen dem Prozessbevollmächtigten einer Partei und dieser über dessen Gebühren, für den § 34 ZPO zwar das Gericht der Hauptsache für zuständig erklärt, aber nicht über § 2 hinaus die Zuständigkeit der Arbeitsgerichte begründen kann.

118 Der Zusammenhang ist insbesondere bei den **gemischten Verträgen** gegeben, von denen einer ein Arbeitsvertrag ist. Lediglich dann, wenn Streit über die Beendigung des ganzen Vertragsverhältnisses besteht, liegt nur eine Rechtsstreitigkeit vor. Welches Gericht darüber zu entscheiden hat, bestimmt sich danach, welche Vertragselemente die Auflösung des Verhältnisses sinnvoll ermöglichen und das wirtschaftliche Schwergewicht des Vertragswerkes bilden. Ist das der Arbeitsvertrag, so sind die Arbeitsgerichte schon nach Abs. 1 Nr. 3 zuständig (BAG 24. 8. 1972 AP BGB § 611 Gemischter Vertrag Nr. 2; 15. 8. 1975 AP ArbGG 1953 § 2 Zuständigkeitsprüfung Nr. 32).

c) Begründung und Wegfall des Zusammenhangs

119 Die Zuständigkeit nach § 2 Abs. 3 setzt weiter voraus, dass eine arbeitsrechtliche Streitigkeit nach Abs. 1 oder 2 – die so genannte **Hauptklage** – schon **anhängig ist oder gleichzeitig anhängig gemacht wird**. Entgegen dem Gesetzeswortlaut reicht es allerdings aus, wenn die Hauptklage später anhängig gemacht wird. Dann wird die zunächst fehlende Zuständigkeit für die Zusammenhangsklage geheilt (*Hauck/Helml* § 2 Rn. 51; GK-ArbGG/*Wenzel* § 2 Rn. 208; *Kissel/Mayer* § 13 Rn. 169; Schwab/Weth/*Walker* § 2 Rn. 184; LAG Rheinland-Pfalz 16. 1. 2008 ZTR 2008, 227 mwN; aA ErfK/*Koch* ArbGG § 2 Rn. 39). Würde die Zusammenhangsklage in einem solchen Fall zurückgenommen oder als unzulässig abgewiesen, könnte sie doch mit Rücksicht auf die nunmehr anhängige Hauptklage sofort wieder erhoben werden. Ein solches Vorgehen abzuverlangen, widerspräche der mit der Norm angestrebten Prozessökonomie.

120 **Anhängig** ist die Hauptklage schon dann, wenn sie bei Gericht eingereicht ist, ihre Zustellung an den Beklagten ist nicht erforderlich. Auf den Zeitpunkt des Anhängigwerdens der Hauptklage kommt es im Übrigen nicht an, wenn diese auch nach der Zusammenhangsklage anhängig gemacht werden kann.

121 Die **Hauptklage** muss tatsächlich eine arbeitsrechtliche Streitigkeit iSd. Abs. 1 oder 2 sein. Eine **Zwischenfeststellungsklage** auf Feststellung gerade des Rechtsverhältnisses, von dessen rechtlicher Qualifikation die Zuständigkeit des einen oder anderen Rechtswegs abhängt oder eine so genannte **sic-non-Klage** (s. oben Rn. 115), reicht als Hauptsacheklage nicht aus (BAG 28. 10. 1993 AP ArbGG 1979 § 2 Nr. 19; 11. 6. 2003 AP ArbGG 1979 § 2 Nr. 85; ErfK/*Koch* ArbGG § 2 Rn. 35). Ist das nicht der Fall und muss

A. III. Die Arbeitssachen nach § 2   § 2

die Hauptklage daher nach § 17 a GVG an das Gericht des zuständigen Rechtswegs verwiesen werden, ist das Arbeitsgericht auch nicht für die Zusammenhangsklage zuständig; diese muss in einem solchen Fall ebenfalls verwiesen werden. Für die Hauptklage muss der Rechtsweg zu den Gerichten für Arbeitssachen eröffnet sein; darauf, ob die Hauptklage im Übrigen zulässig ist, kommt es nicht an. Damit lässt die Abweisung der Hauptklage als unzulässig die Zuständigkeit des Arbeitsgerichts für die Zusammenhangsklage unberührt (GK-ArbGG/*Wenzel* § 2 Rn. 209).

Nimmt der Kläger die zur Zuständigkeit der Arbeitsgerichte gehörende Hauptklage 122 zurück, bevor der Beklagte zur Hauptsache verhandelt hat, entfällt die Zuständigkeit der Arbeitsgerichte für eine Zusammenhangsklage iSv. § 2 Abs. 3 (BAG 29. 11. 2006 AP ArbGG 1979 § 2 Nr. 90 mwN). Hierdurch wird einer möglichen Rechtswegerschleichung entgegengewirkt, sofern eine Partei von vornherein in Betracht gezogen hat, vor Beginn der streitigen Verhandlung die Hauptklage zurückzunehmen. Demgegenüber bleibt die einmal begründete **Zuständigkeit** für die Zusammenhangsklage in entsprechender Anwendung des § 17 Abs. 1 S. 1 GVG **erhalten,** wenn die Anhängigkeit der Hauptsache nach Verhandeln des Beklagten zur Hauptsache endet (ErfK/*Koch* ArbGG § 2 Rn. 39; *Hauck/Helml* § 2 Rn. 64). Dabei ist es gleichgültig, ob die Hauptklage zurückgenommen, in der Hauptsache für erledigt erklärt, verglichen oder durch Teilurteil rechtskräftig entschieden oder ob bei einheitlichem Urteil nur hinsichtlich der Zusammenhangsklage ein Rechtsmittel eingelegt wird (GK-ArbGG/*Wenzel* § 2 Rn. 209; *Kissel/Mayer* § 13 Rn. 169; LAG München 6. 5. 2008 – 8 Ta 438/07).

Mit welchem Begehren die Zusammenhangsklage erhoben wird, ist gleichgültig. Voraussetzung ist jedoch, dass sie im Urteilsverfahren erhoben wird. Dies folgt aus § 2 Abs. 5, wonach in Rechtsstreitigkeiten nach diesen Vorschriften das Urteilsverfahren stattfindet. Aus diesem Grunde können betriebsverfassungsrechtliche Streitigkeiten nach § 2a Abs. 1 Nr. 1, über die im Beschlussverfahren zu entscheiden ist, nicht im Wege der Zusammenhangsklage in das Urteilsverfahren gebracht werden (*Lepke*, RdA 1974, 229). Weitere Beschränkungen lassen sich dem Gesetzeswortlaut, der sich allein mit der Begründung der Zuständigkeit der Gerichte für Arbeitssachen befasst, nicht entnehmen. Insbesondere muss über die Haupt- und Zusammenhangsklage nicht „einheitlich" iSv. innerhalb eines einheitlichen Rechtsstreits entschieden werden (wie hier GK-ArbGG/*Wenzel* § 2 Rn. 208; aA *Matthes* in der Voraufl.; Schwab/Weth/*Walker* § 2 Rn. 193). 123

Im Hinblick auf den Wortlaut des Abs. 3 „... wenn der Anspruch mit einer bei einem 124 Arbeitsgericht anhängigen oder gleichzeitig anhängig werdenden bürgerlichen Rechtsstreitigkeit der in den Absätzen 1 und 2 bezeichneten Art ..." kann die Zusammenhangsklage nur solange erhoben werden, wie der Rechtsstreit noch in der ersten Instanz anhängig ist (wie hier ErfK/*Koch* ArbGG § 2 Rn. 39; GK-ArbGG/*Wenzel* § 2 Rn. 212; aA *Matthes* in der Voraufl.; Schwab/Weth/*Walker* § 2 Rn. 193).

d) Parteien der Zusammenhangsklage

Die **Parteien der Zusammenhangsklage** müssen **nicht die gleichen** sein wie die Parteien 125 der Hauptklage. Es genügt wenn eine Partei der Hauptklage auch Partei der Zusammenhangsklage ist (BAG 11. 9. 2002 AP ArbGG 1979 § 2 Nr. 82; *Hauck/Helml* § 2 Rn. 64; GK-ArbGG/*Wenzel* § 2 Rn. 210). Umstritten ist jedoch, ob die Zusammenhangsklage nur von einer Partei der Hauptklage erhoben werden kann oder ob auch ein Dritter die Zusammenhangsklage gegen eine Partei der Hauptklage erheben kann (dafür *Kissel/Mayer* § 13 Rn. 170; GK-ArbGG/*Wenzel* § 2 Rn. 206). Nachdem Abs. 3 anders als § 3 aF über die Parteien der Zusammenhangsklage keine Bestimmung mehr enthält, kann auch ein Dritter Kläger der Zusammenhangsklage sein.

e) Ausschließliche Zuständigkeit eines anderen Gerichts

Für Zusammenhangsklagen sind die Arbeitsgerichte dann nicht zuständig, wenn sie 126 Rechtsstreitigkeiten betreffen, für die die ausschließliche Zuständigkeit eines anderen

Gerichts gegeben ist. Das ist der Fall für Rechtsstreitigkeiten über **Mietverhältnisse,** § 29 a ZPO (s. oben Rn. 61), für Rechtsstreitigkeiten aus dem Rechtsverhältnis des Erfinders oder aus dem Urheberrechtsverhältnis, soweit es nicht um die in Abs. 2 genannten Vergütungsansprüche geht, § 39 Abs. 1 ArbNErfG, § 104 UrhG, und für alle Rechtsstreitigkeiten, über die die Verwaltungs-, Finanz- oder Sozialgerichte zu entscheiden haben (GK-ArbGG/*Wenzel* § 2 Rn. 216).

127 Da die Zuständigkeit der Arbeitsgerichte für Zusammenhangsklagen eine fakultative ist, kann diese auch durch **Parteivereinbarung nach § 38 ZPO ausgeschlossen werden** (*Hauck/Helml* § 2 Rn. 58; GK-ArbGG/*Wenzel* § 2 Rn. 205). Die durch Parteivereinbarung begründete ausschließliche Zuständigkeit der ordentlichen Gerichte ist jedoch nicht von Amts wegen zu beachten, da der Beklagte durch rügelose Einlassung die Zuständigkeit des Arbeitsgerichts wieder herbeiführen kann. Einer Belehrung nach § 504 ZPO bedarf es in diesem Falle nicht. Für Zusammenhangsklagen kann die Zuständigkeit der Arbeitsgerichte auch durch **Schiedsvereinbarung** ausgeschlossen werden. § 4 gilt für diese Rechtsstreitigkeiten nicht (s. Erl. zu § 4 Rn. 8).

f) Verfahrensfragen

128 Ist das Arbeitsgericht nach alledem für eine Zusammenhangsklage zuständig, so ist auch über diese nach den Vorschriften über das **arbeitsgerichtliche Verfahren** zu entscheiden. Bei Streit über die Zuständigkeit für die Zusammenhangsklage ist nach § 17 a Abs. 3 Satz 2 GVG vorab zu verhandeln und zu entscheiden.

15. Streitigkeiten mit Organmitgliedern, Abs. 4

129 Nach § 2 Abs. 4 können auf Grund einer Vereinbarung auch bürgerliche Rechtsstreitigkeiten zwischen juristischen Personen des Privatrechts und Personen, die kraft Gesetzes allein oder als Mitglieder des Vertretungsorgans der juristischen Person zu deren Vertretung befugt sind, vor die Gerichte für Arbeitssachen gebracht werden. Die Regelung knüpft an § 5 Abs. 1 Satz 3 an, wonach Personen, die kraft Gesetzes oder Satzung zur Vertretung einer juristischen Person berufen sind, keine Arbeitnehmer sind (s. Erl. zu § 5 Rn. 45 ff.). Sie will ermöglichen, dass wegen der vielfach gleichen Interessenlage Streitigkeiten aus dem Anstellungsverhältnis dieser Personen ebenso vor die Arbeitsgerichte gebracht werden können, wie Streitigkeiten aus einem Arbeitsverhältnis. Daraus folgt, dass die Zuständigkeit des Arbeitsgerichts durch die Vereinbarung nur für Rechtsstreitigkeiten begründet werden kann, die aus diesem Anstellungsverhältnis herrühren.

130 Die Vorschrift gilt nur für Mitglieder des Vertretungsorgans **juristischer Personen des Privatrechts,** nicht aber öffentlich-rechtlicher Körperschaften oder Anstalten. Zu den juristischen Personen des Privatrechts gehören der eingetragene Verein, die Stiftung, die Aktiengesellschaft, die Kommanditgesellschaft auf Aktien, die GmbH, die eingetragene Genossenschaft, der Versicherungsverein auf Gegenseitigkeit und die bergrechtliche Gewerkschaft, **nicht** aber die nicht rechtsfähigen Personengesellschaften wie der nicht eingetragene Verein, die Gesellschaft bürgerlichen Rechts, die offene Handelsgesellschaft oder die Kommanditgesellschaft und auch nicht die Gewerkschaften (*Kissel/Mayer* § 13 Rn. 173; GK-ArbGG/*Wenzel* § 2 Rn. 219). Da § 5 Abs. 1 Satz 3 jedoch ausdrücklich zwischen den Vertretungsorganen juristischer Personen und der sonstigen Personengesamtheiten unterscheidet, kann für § 2 Abs. 4 nicht angenommen werden, der Gesetzgeber habe unter den hier genannten juristischen Personen auch diese Personengesamtheiten verstanden.

131 **Vertretungsorgan** ist beim eingetragenen Verein und bei der Stiftung der Vorstand, §§ 26, 86 BGB, auch der besondere Vorstand nach § 30 BGB, bei der Aktiengesellschaft der Vorstand nach § 78 AktG, bei der GmbH der Geschäftsführer nach § 35 GmbHG, bei der eingetragenen Genossenschaft der Vorstand nach § 24 GenG, bei der Kommanditgesellschaft auf Aktien der persönlich haftende Gesellschafter nach § 278 AktG i. V. m.

A. III. Die Arbeitssachen nach § 2 § 2

§§ 161, 125 HGB, für ausländische Kreditinstitute die nach § 53 Abs. 1 KWG zur Geschäftsführung im Inland bestellte Person (BAG 15. 10. 1997 AP ArbGG 1979 § 2 Nr. 47). Mit Personen, die Mitglieder dieser Vertretungsorgane sind, kann für die Rechtsstreitigkeiten aus ihrem Anstellungsverhältnis die Zuständigkeit des Arbeitsgerichts vereinbart werden. Dabei ist gleichgültig, ob sie allein oder mit anderen Mitgliedern, oder auch mit einem Prokuristen zur Vertretung der juristischen Person berechtigt sind. Auf Beschränkungen der Vertretungsmacht im Innenverhältnis kommt es nicht an.

Für den Fall, dass **Organmitglieder zuvor Arbeitnehmer** der juristischen Person waren, **132** hatte das Bundesarbeitsgericht in älteren Entscheidungen angenommen, dass im Zweifel das bisherige Arbeitsverhältnis durch den Abschluss des Anstellungsvertrages nur suspendiert wurde und das Dienstverhältnis neben das ruhende Arbeitsverhältnis trat; letzteres lebte wieder auf, wenn der Dienstvertrag endete (BAG 9. 5. 1985 AP ArbGG 1979 § 5 Nr. 3; 12. 3. 1987 AP ArbGG 1979 § 5 Nr. 6). In neueren Entscheidungen hat es zutreffend darauf abgestellt, dass dann, wenn der Arbeitnehmer mit dem Arbeitgeber einen schriftlichen Dienstvertrag abschließt, der Grundlage für eine Bestellung zum Geschäftsführer ist, eine tatsächliche Vermutung bestehe, dass damit zugleich das zuvor begründete Arbeitsverhältnis aufgelöst wurde. Durch die Abberufung als Geschäftsführer lebe ein wirksam aufgehobenes früheres Arbeitsverhältnis nicht – jedenfalls nicht ohne weiteres – wieder auf; ebenso wenig entstehe hierdurch ein neues Arbeitsverhältnis (BAG 5. 6. 2008 NZA 2008, 3514 mwN; vgl. auch BAG 14. 6. 2006 AP ArbGG 1979 § 5 Nr. 62, wonach im Abschluss eines Geschäftsführer-Dienstvertrages im Zweifel die konkludente Aufhebung des bisherigen Arbeitsverhältnisses liegt.). Für eine Klage auf Feststellung des Bestehens dieses Arbeitsverhältnisses sind die Arbeitsgerichte auch ohne Vereinbarung zuständig (BAG 23. 8. 2001 AP ArbGG 1979 § 5 Nr. 54). Nicht aber wird jemand, dessen Bestellung zum Geschäftsführer vorgesehen ist, deswegen zum Arbeitnehmer, weil seine Bestellung später unterbleibt (BAG 25. 6. 1997 AP Nr. 36 zu § 5 ArbGG 1979). Ist jemand zum Geschäftsführer einer GmbH bestellt, so wird er nicht schon dadurch zum Arbeitnehmer, dass er im Innenverhältnis in seinen Kompetenzen stark eingeschränkt und abhängig ist (BAG vom 6. 5. 1999 AP ArbGG 1979 § 5 Nr. 46). Der Geschäftsführer einer Komplementär-GmbH in einer GmbH & Co. KG ist das zur Vertretung der KG berufene Organ. Auch mit ihm kann daher die Zuständigkeit der Arbeitsgerichte vereinbart werden (BAG 20. 8. 2003 AP ArbGG 1979 § 5 Nr. 58).

Die **Vereinbarung der Zuständigkeit** der Arbeitsgerichte für Streitigkeiten der Organ- **133** mitglieder aus dem Anstellungsverhältnis kann allgemein im Anstellungsvertrag, aber auch im Gesellschaftsvertrag oder in der Satzung enthalten sein (GK-ArbGG/*Wenzel* § 2 Rn. 221; *Kissel/Mayer* § 13 Rn. 173). Sie kann auch für den einzelnen Streitfall abgeschlossen werden. Da § 2 Abs. 4 eine Sonderregelung ist, gelten die Beschränkungen des § 38 ZPO nicht. Die Vereinbarung muss insbesondere auch **nicht schriftlich** getroffen werden (GK-ArbGG/*Wenzel* § 2 Rn. 221). Die Zuständigkeit des Arbeitsgerichts kann aber **nicht** durch **rügelose Einlassung** des Beklagten begründet werden, gleichgültig ob dieser das Organmitglied oder die juristische Person ist. § 39 ZPO findet insoweit keine Anwendung (GK-ArbGG/*Wenzel* § 2 Rn. 222; ErfK/*Koch* ArbGG § 2 Rn. 40; *Gravenhorst* Anm. zu LAGE § 2 ArbGG 1979 Nr. 16).

Soweit die Zuständigkeit der Arbeitsgerichte vereinbart ist, können mit einer Rechts- **134** streitigkeit aus dem Anstellungsverhältnis allerdings nicht **Zusammenhangsklagen** iSv. § 2 Abs. 3 (s. oben Rn. 115 ff.) vor die Arbeitsgerichte gebracht werden. Dies folgt aus dem Wortlaut von Abs. 3, der ausdrücklich darauf abstellt, dass es sich um nicht unter die Absätze 1 und 2 fallende Rechtsstreitigkeiten handeln muss (aA GK-ArbGG/*Wenzel* § 2 Rn. 223).

Ist die Zuständigkeit der Arbeitsgerichte vereinbart, so erstreckt sich diese auch auf **135** Rechtsstreitigkeiten des Organmitglieds mit anderen Arbeitnehmern des Betriebs, mit gemeinsamen Einrichtungen der Tarifvertragsparteien und mit Sozialeinrichtungen oder mit dem Träger der Insolvenzsicherung nach Abs. 2 Nr. 4 b, 5 und 9.

136 Die Vereinbarung der Zuständigkeit des Arbeitsgerichts schließt nicht aus, dass für diese Rechtsstreitigkeiten oder einzelne von ihnen ein **Schiedsgerichtsverfahren** vereinbart wird. § 4 gilt auch für die in § 2 Abs. 4 genannten Rechtsstreitigkeiten nicht (s. Erl. zu § 4 Rn. 12).

16. Weitere Zuständigkeiten

137 Die Arbeitsgerichte sind nach § 3 auch zuständig, wenn die in § 2 genannten Rechtsstreitigkeiten durch einen **Rechtsnachfolger** oder durch eine Person geführt werden, die kraft Gesetzes hierzu befugt ist (s. Erl. zu § 3). Sie sind weiter zur Entscheidung von Rechtsstreitigkeiten, für die an sich die Zuständigkeit anderer Gerichte gegeben ist, dann zuständig, wenn der **Rechtsstreit durch** eine zwar fehlerhafte, aber **bindende Verweisung nach § 17 a Abs. 2 GVG** an das Arbeitsgericht verwiesen worden ist (s. Erl. zu § 48 Rn. 90 ff.; ErfK/*Koch* ArbGG § 2 Rn. 41). Sie werden praktisch zuständig für alle Rechtsstreitigkeiten, in denen sie, wenn auch zu Unrecht, ihre Zuständigkeit bejaht haben, und dies nach §§ 65, 73 Abs. 2 durch ein Rechtsmittel nicht mehr gerügt werden kann. Sie sind schließlich ausschließlich zuständig für die in § 2 a genannten betriebsverfassungsrechtlichen, mitbestimmungsrechtlichen und kollektivrechtlichen Streitigkeiten, über die im Beschlussverfahren zu entscheiden ist.

17. Zuständigkeit für Widerklagen

138 Auch wenn eine Rechtsstreitigkeit durch Widerklage vor die Arbeitsgerichte gebracht wird, müssen diese zur Entscheidung auch über diese Rechtsstreitigkeit zuständig sein (GK-ArbGG/*Wenzel* § 2 Rn. 25; ErfK/*Koch* ArbGG § 2 Rn. 41). Allerdings wird sich für eine Widerklage, auch wenn für deren Streitgegenstand an sich die ordentlichen Gerichte zuständig wären, regelmäßig die Zuständigkeit der Arbeitsgerichte aus § 2 Abs. 3 ergeben, weil diese mit der anhängigen arbeitsrechtlichen Streitigkeit in einem rechtlichen oder unmittelbar wirtschaftlichen Zusammenhang stehen wird (s. oben Rn. 115 ff.). Umgekehrt kann eine arbeitsrechtliche Streitigkeit nicht mit einer Widerklage vor andere Gerichte gebracht werden.

IV. Zuständigkeit zur Entscheidung über Rechtsfragen

1. Vorfragen

139 Bei der Entscheidung über eine in ihre Zuständigkeit fallende Rechtsstreitigkeit haben die Arbeitsgerichte vielfach auch über **Rechtsfragen** zu entscheiden, die nicht dem Arbeitsrecht, sondern **anderen Rechtsgebieten angehören.** Die Tatsache, dass diese Materie in die Zuständigkeit einer anderen Gerichtsbarkeit fällt, hindert die Arbeitsgerichte nicht an einer Entscheidung. Im Gegenteil, grundsätzlich hat jedes Gericht in einem seiner Zuständigkeit unterliegenden und vor ihm anhängigen Rechtsstreit alle für die Sachentscheidung erheblichen Vorfragen mitzuentscheiden. Diese sog. **Vorfragenkompetenz** ist unumstritten; sie findet ihre Rechtfertigung darin, dass die Entscheidung über die Vorfrage nicht in Rechtskraft erwächst und damit ein Eingriff in die Kompetenz eines anderen Gerichts ausgeschlossen ist (*Kissel/Mayer* § 13 Rn. 17). Die Arbeitsgerichte können daher über Vorfragen gleich welcher Art in eigener Zuständigkeit entscheiden (BAG 21. 3. 1984 AP ArbGG 1979 § 2 Nr. 1). Das gilt auch für steuerrechtliche oder sozialversicherungsrechtliche Vorfragen (s. dazu GK-ArbGG/*Wenzel* § 2 Rn. 20) und auch dann, wenn es sich um **betriebsverfassungsrechtliche Fragen** handelt, über die sonst im Beschlussverfahren zu entscheiden ist (BAG 25. 3. 1971 AP BetrVG § 57 Nr. 5; 19. 8. 1975 AP BetrVG 1972 § 102 Nr. 5). Gleiches gilt für Vorfragen aus dem **Personalvertretungsrecht.** Ist über die Vorfrage bereits ein anderer Rechtsstreit anhängig, so

A. IV. Zuständigkeit zur Entscheidung über Rechtsfragen § 2

steht das der Entscheidung des Gerichts über die Vorfrage im Rahmen des vor ihm anhängigen Verfahrens nicht entgegen; das Gericht kann jedoch **das anhängige Verfahren** nach § 148 ZPO bis zur Entscheidung des anderen Rechtsstreits **aussetzen.**

Eine Ausnahme vom Grundsatz der Vorfragenkompetenz ist dann zu machen, wenn die **Entscheidung der Vorfrage dem Gericht** ausdrücklich **entzogen** und einem besonderen Verfahren zugewiesen worden ist. Dies ist nicht nur für die Frage der Tariffähigkeit oder Tarifzuständigkeit einer Vereinigung durch § 97 Abs. 5 geschehen; hält das Arbeitsgericht ein **Gesetz,** auf das es für die Entscheidung des Rechtsstreits ankommt, für **verfassungswidrig,** so darf es diese Vorfrage ebenso nicht selbst entscheiden, sondern muss die Frage nach Art. 100 GG dem Bundesverfassungsgericht vorlegen, das allerdings an die Begründung des Vorlagebeschlusses hohe Anforderungen stellt (BVerfG 7. 4. 1997 AP GG Art. 100 Nr. 11). Kommt es für die Entscheidung des Rechtsstreits auf die Auslegung von **Europarecht** an, muss das letztinstanzlich entscheidende Gericht die Frage nach Art. 234 Abs. 3 EGV dem EuGH vorlegen (s. dazu BAG 18. 2. 2003 AP BGB § 611 Arbeitsbereitschaft Nr. 12). 140

Eine andere Frage ist, inwieweit das Gericht an bereits ergangene **gerichtliche oder behördliche Entscheidungen** über die Vorfrage **gebunden ist** (vgl. dazu ausführlich *Kissel/Mayer* § 13 Rn. 17 ff.). Eine solche Bindung ist teils ausdrücklich vorgeschrieben, wie etwa in § 118 SGB X, oder kann sich aus der Natur der Entscheidung ergeben, insbesondere, wenn diese Entscheidung eine Gestaltungswirkung hat. Vielfach ist die Entscheidung der Vorfrage durch ein anderes Gericht oder eine Verwaltungsbehörde lediglich ein Tatbestandsmerkmal im Rahmen des anhängigen Rechtsstreits, das als solches naturgemäß zu beachten ist. So ist im Kündigungsschutzprozess eines Schwerbehinderten allein darauf abzustellen, ob das Integrationsamt der Kündigung zugestimmt hat, nicht aber, ob die Zustimmung wirksam ist, zumal die Anfechtung der Zustimmung nach § 88 Abs. 4 SGB IX keine aufschiebende Wirkung hat. 141

Beantragt eine Partei durch **Zwischenfeststellungsklage** nach § 256 Abs. 2 ZPO eine Entscheidung über die Vorfrage, so muss allerdings die Zuständigkeit des Arbeitsgerichts für diese Vorfrage gegeben sein. 142

2. Aufrechnung mit rechtswegfremder Gegenforderung

Wird in einem vor dem Arbeitsgericht anhängigen Rechtsstreit die Aufrechnung mit einer **Gegenforderung** erklärt, **über die** – würde sie klageweise geltend gemacht – **eine andere Gerichtsbarkeit zu entscheiden hätte,** so fragt sich, ob das Arbeitsgericht über das Bestehen der Gegenforderung mitentscheiden darf. Da nach § 322 Abs. 2 ZPO die Entscheidung eines Gerichts, dass die zur Aufrechnung gestellte Gegenforderung nicht besteht, der Rechtskraft fähig ist, würde über die Gegenforderung uU rechtskräftig entschieden. Bereits aus diesem Grund verbietet es sich, die Grundsätze über die Vorfragenkompetenz der Gerichte (s. oben Rn. 139 ff.) auf die Aufrechnung zu übertragen. 143

Eine Zuständigkeit der Arbeitsgerichte für die Entscheidung über die Wirkung einer Aufrechnung mit einer rechtswegfremden Gegenforderung ist ohne weiteres zu bejahen, wenn die Gegenforderung als **Zusammenhangsklage** nach § 2 Abs. 3 (s. oben Rn. 115 ff.) vor die Arbeitsgerichte gebracht werden könnte. Zur Entscheidung über eine solche Gegenforderung sind die Arbeitsgerichte zuständig. Die Frage stellt sich erst, wenn die Voraussetzungen des § 2 Abs. 3 nicht vorliegen, weil für die Gegenforderung die ausschließliche Zuständigkeit eines anderen Gerichts gegeben ist oder die Gegenforderung nicht in einem rechtlichen oder wirtschaftlichen Zusammenhang zur arbeitsrechtlichen Klageforderung steht. 144

Für das Verhältnis der Arbeitsgerichtsbarkeit zur ordentlichen Gerichtsbarkeit war zunächst allgemein anerkannt, dass die **ordentlichen Gerichte** zur Entscheidung über eine zur Aufrechnung gestellte **arbeitsrechtliche Gegenforderung** und umgekehrt die 145

Arbeitsgerichte zur Entscheidung über eine zur Aufrechnung gestellte **Gegenforderung** zuständig waren, die in die Zuständigkeit der **ordentlichen Gerichte** fiel. Diese Auffassung ist seit der Änderung der §§ 17 ff. GVG durch das 4. VwGO-Änderungsgesetz vom 17. 12. 1990 (BGBl. I S 2809) überholt. Nach der Neuregelung des Verweisungsrechts in den §§ 17 ff. GVG entscheidet nach § 17 Abs. 2 GVG das Gericht des zulässigen Rechtswegs zwar den Rechtsstreit unter allen in Betracht kommenden rechtlichen Gesichtspunkten. Daraus kann aber nicht hergeleitet werden, dass das Gericht auch über eine zur Aufrechnung gestellte Gegenforderung zu entscheiden hat, für die an sich ein anderer Rechtsweg gegeben ist. Sinn und Zweck des § 17 Abs. 2 GVG bestehen darin, eine einheitliche Sachentscheidung durch ein Gericht zu ermöglichen, wenn derselbe prozessuale Anspruch auf mehreren, eigentlich verschiedenen Rechtswegen zugeordneten Anspruchsgrundlagen beruht. Eine Zuständigkeit für die Entscheidung über die Wirkung einer Aufrechnung mit einer rechtswegfremden Gegenforderung wird hierdurch allerdings nicht begründet. Die Aufrechnung ist kein „rechtlicher Gesichtspunkt" iSv. § 17 Abs. 2 GVG, sondern ein selbständiges Gegenrecht, das dem durch die Klage bestimmten Streitgegenstand einen weiteren selbständigen Streitgegenstand hinzufügt (BAG 23. 8. 2001 AP GVG § 17 Nr. 2; 28. 11. 2007 AP ArbGG 1979 § 2 Zuständigkeitsprüfung Nr. 11).

146 Die Gerichte für Arbeitssachen sind nach zutreffender Auffassung des Bundesarbeitsgerichts (28. 11. 2007 AP ArbGG 1979 § 2 Zuständigkeitsprüfung Nr. 11 mwN) für den Rechtsstreit allerdings nur insoweit nicht zuständig, als mit Rechtskraftwirkung über die Gegenforderung zu entscheiden ist. Oder anders formuliert: Sie bleiben zuständig, soweit nicht mit Rechtskraftwirkung über die Gegenforderung zu entscheiden ist. Damit hat das Arbeitsgericht auch die Zulässigkeit der Aufrechnung zu prüfen, weil es insoweit nicht auf das Bestehen der Gegenforderung ankommt. Über die Klageforderung ist dann ggfls. durch **Vorbehaltsurteil (§ 302 ZPO)** zu entscheiden. Dabei ist das Arbeitsgericht nicht verpflichtet, das Verfahren nach § 148 ZPO auszusetzen und die beklagte Partei auf einen neuen Rechtsstreit vor dem zuständigen Gericht zu verweisen. Es kann den Rechtsstreit auch nach Rechtskraft des Vorbehaltsurteils wegen der Gegenforderung an das zuständige Gericht verweisen. In diesem Fall muss das Gericht, an das der Rechtsstreit verwiesen wurde, das Nachverfahren gemäß § 302 Abs. 4 ZPO durchführen.

147 Das bedeutet, dass es über die Aufrechterhaltung oder Aufhebung des Vorbehaltsurteils und über den zur Aufrechnung gestellten Anspruch und damit nicht über eine rechtswegfremde Forderung entscheidet (so schon *Matthes* in der Voraufl.; ErfK/*Koch* ArbGG § 2 Rn. 45).

148 Da das Vorbehaltsurteil nach § 302 Abs. 4 ZPO in Betreff der Rechtsmittel und der Zwangsvollstreckung als Endurteil anzusehen ist, ist in den Grenzen des § 64 die **Berufung** statthaft.

149 Da die Entscheidungen über die Aufrechnungsforderungen nach § 322 Abs. 2 ZPO der materiellen Rechtskraft fähig sind, können die deutschen Gerichte über die Gegenforderungen auch nur entscheiden, wenn sie auch insoweit **international zuständig** sind. Diese Voraussetzung liegt analog § 33 ZPO vor, wenn der Gegenanspruch mit dem in der Klage geltend gemachten Anspruch oder mit den gegen ihn vorgebrachten Verteidigungsmitteln in Zusammenhang steht. Dabei liegt ein solcher Zusammenhang nach herrschender Meinung vor, wenn zwischen den beiderseitigen Ansprüchen eine rechtliche Verbindung besteht, wobei dieser Begriff weit auszulegen ist (BGH 7. 11. 2001 NJW 2002, 2182 mwN). Ist das deutsche Gericht für die aufrechnungsweise geltend gemachte Gegenforderung nicht international zuständig, ist die Prozessaufrechnung unbeachtlich; über das Bestehen oder Nichtbestehen der Aufrechnungsforderungen wird nicht entschieden, es ergeht auch kein Vorbehaltsurteil. Der Gegenpartei bleibt es dann unbenommen, ihre angeblichen Ansprüche vor den international zuständigen Gerichten zu verfolgen (BGH 12. 5. 1993 NJW 1993, 2753).

V. Die örtliche Zuständigkeit

Wegen der örtlichen Zuständigkeit wird auf die Erläuterungen zu § 48 Rn. 25–59 verwiesen. **150**

B. Die Prüfung der Zuständigkeit

I. Allgemeines

Die Rechtswegzuständigkeit ist eine **Sachurteilsvoraussetzung**. Ihr Vorliegen ist auch ohne Rüge der gegnerischen Partei **von Amts wegen** zu prüfen. Dabei bedeutet Prüfung von Amts wegen nicht Amtsermittlung. Das Gericht hat aber das tatsächliche Vorbringen der Parteien im Hinblick auf die Zuständigkeit von sich aus zu würdigen; ggf. hat es auf ergänzendes tatsächliches Vorbringen der Parteien zur Zuständigkeit hinzuwirken, § 139 ZPO. **151**

Maßgebender Zeitpunkt ist die **Rechtshängigkeit** der Klage. Dabei wird die Zulässigkeit des beschrittenen Rechtswegs durch eine nach Rechtshängigkeit eintretende Veränderung der sie begründenden Umstände nicht berührt, § 17 Abs. 1 S. 1 GVG. Dies gilt auch in Fällen einer nachträglichen Veränderung der gesetzlichen Grundlagen. Wird allerdings der Streitgegenstand geändert, kann nachträglich der Rechtsweg unzulässig werden (BAG 29. 11. 2006 AP ArbGG 1979 § 2 Nr. 90; zur Erhaltung des Rechtswegs vgl. iÜ Erl. zu § 48 Rn. 71 bis 74). Umgekehrt ist es aber ebenso möglich, dass der bei Eintritt der Rechtshängigkeit zunächst bestehende Mangel der fehlenden Rechtswegzuständigkeit nachträglich geheilt wird. Eine solche Heilung tritt bspw. ein, wenn im Falle der Zusammenhangszuständigkeit nach § 2 Abs. 3 die Hauptklage erst später anhängig gemacht wird (s. oben Rn. 119; *Hauck/Helml* § 2 Rn. 51; GK-ArbGG/*Wenzel* § 2 Rn. 208; *Kissel/Mayer* § 13 Rn. 169; Schwab/Weth/*Walker* § 2 Rn. 184; LAG Rheinland-Pfalz 16. 1. 2008 ZTR 2008, 227 mwN; aA ErfK/*Koch* ArbGG § 2 Rn. 39). **152**

Bei **objektiver oder subjektiver Klagehäufung** ist die Zuständigkeit für jeden Klageanspruch gesondert zu prüfen (BAG 27. 10. 1960 AP ArbGG 1953 § 5 Nr. 14 ; 24. 8. 1972 AP BGB § 611 gemischter Vertrag; 24. 4. 1996 AP ArbGG 1979 § 2 Zuständigkeitsprüfung Nr. 1; GK-ArbGG/*Wenzel* § 2 Rn. 293). Andernfalls wäre der Rechtswegmanipulation durch beliebige Klagehäufung ersichtlich Tür und Tor geöffnet (vgl. BGH 28. 2. 1991 NJW 1991, 1686; s. auch Erl. zu § 48 Rn. 68). Ansprüche aus eigenem und abgetretenem Recht sind verschiedene Streitgegenstände (BAG 13. 1. 2003 AP ArbGG 1979 § 2 Nr. 86). Gerade in diesen Fällen wird jedoch vielfach die Zuständigkeit der Arbeitsgerichte für einzelne Klageansprüche nach § 2 Abs. 3 **als Zusammenhangsklage** gegeben sein (s. oben Rn. 115 ff.). Für die Prüfung ist vom jeweiligen Klageantrag auszugehen, wie er nach möglicher Auslegung das Klagebegehren umschreibt (BAG 24. 5. 1957 AP ArbGG 1953 § 2 Nr. 26). Es genügt, dass die Zuständigkeit für jeden Klageanspruch aus einem rechtlichen Gesichtspunkt in Betracht kommt. Das zuständige Gericht hat den Klageanspruch dann unter allen rechtlichen Gesichtspunkten zu prüfen, § 17 Abs. 2 GVG. **153**

Hält das Arbeitsgericht den zu ihm beschrittenen Rechtsweg für unzulässig, hat es den Rechtsstreit gemäß § 17 a Abs. 2 S. 1 GVG nach Anhörung der Parteien von Amts wegen an das zuständige Gericht des zulässigen Rechtswegs **zu verweisen** (s. dazu näher Erl. zu § 48 Rn. 75 ff.). Hat das Arbeitsgericht fälschlich seine Zuständigkeit bejaht, so wird die Zuständigkeit in den höheren Instanzen nicht mehr von Amts wegen geprüft, § 17 a Abs. 5 ZPO (BAG 23. 1. 2007 AP SGB VI § 172 Nr. 1; s. Erl. zu § 48 Rn. 90 ff.). Damit beschränkt sich die Rechtswegprüfung grds. auf die 1. Instanz. **154**

II. Die Anforderungen an den Klägervortrag

155 Für die Zulässigkeit des Rechtswegs ist der jeweilige Streitgegenstand maßgeblich. Dieser wird vom Kläger durch den Klageantrag iVm. der Klagebegründung bestimmt, § 253 Abs. 2 Ziff. 2 ZPO (BAG 28. 10. 1993 AP ArbGG 1979 § 2 Nr. 19).

156 Im Hinblick auf die Frage, welche Anforderungen an das klägerische Vorbringen zur Begründung der Rechtswegzuständigkeit der Arbeitsgerichte in Abgrenzung zu den ordentlichen Gerichten zu stellen sind, unterscheidet das **Bundesarbeitsgericht drei Fallgestaltungen:**

1. Die sic-non-Fälle

157 Die erste Fallgruppe bilden die sog. **sic-non-Fälle**. In diesen Fällen kann der Anspruch lediglich auf eine arbeitsrechtliche Grundlage gestützt werden, jedoch ist fraglich, ob deren Voraussetzungen vorliegen. Die entsprechenden Tatsachenbehauptungen der klägerischen Partei sind hier doppelrelevant, sie zeichnen sich dadurch aus, dass sie sowohl für die Rechtswegzuständigkeit als auch für die Begründetheit der Klage maßgebend sind. Das bedeutet, dass mit der Verneinung der Zuständigkeit der Rechtsstreit praktisch auch in der Sache entschieden wird. Würde in diesen Fällen der Rechtsstreit verwiesen, so müsste das Gericht, wenn es der Begründung, die zur Verweisung geführt hat, folgt, die Klage als unbegründet abweisen. Wird der Rechtsstreit nicht verwiesen, erhält die klagende Partei eine – allerdings sachentscheidende Entscheidung – durch das Gericht, vor dem sie geklagt hat. In derartigen Fällen verlange weder die gesetzliche Zuständigkeitsverteilung noch der Gedanke der Respektierung der Nachbargerichtsbarkeit eine Verweisung in eine andere Gerichtsbarkeit (BAG 24. 4. 1996 AP ArbGG 1979 § 2 Zuständigkeitsprüfung Nr. 1).

158 Hauptbeispiel eines sic-non-Falles ist die sog. **Statusklage**, dh. die Klage ist auf die Feststellung der Arbeitnehmereigenschaft gerichtet (BAG 24. 4. 1996 AP ArbGG 1979 § 2 Zuständigkeitsprüfung Nr. 1). Ferner liegt ein sic-non-Fall – unabhängig von den geltend gemachten Unwirksamkeitsgründen – stets dann vor, wenn die klagende Partei die **Feststellung des Bestehens** oder Fortbestehens eines **Arbeitsverhältnisses** begehrt (BAG 17. 1. 2001 AP ArbGG 1979 § 2 Zuständigkeitsprüfung Nr. 10). Auch bei Zahlungsklagen kann ein sic-non-Fall vorliegen. Dies ist bspw. der Fall bei einer Klage auf **Zahlung von Urlaubsabgeltung,** weil die hier allein in Betracht kommende Anspruchsgrundlage nur für Arbeitnehmer gilt. Demgegenüber fällt die auf einen Brutto-Betrag gerichtete Vergütungsklage nicht unter die erste Fallgruppe, da auch bei einem freien Dienstvertrag Bruttoentgeltforderungen erhoben werden können (BAG 26. 9. 2002 AP ArbGG 1979 § 2 Nr. 83).

159 Nach zutreffender Ansicht des Bundesarbeitsgerichts reicht in den sog. sic-non-Fällen zur Begründung der Rechtswegzuständigkeit die bloße **Rechtsbehauptung der klagenden Partei,** sie sei Arbeitnehmer aus (BAG 24. 4. 1996 AP ArbGG 1979 § 2 Zuständigkeitsprüfung Nr. 1; 8. 11. 2006 AP ArbGG 1979 § 2 Nr. 89). Ist der Vortrag nicht schlüssig oder kann er – im Falle des Bestreitens durch die Gegenseite – nicht bewiesen werden, ist die Klage als unbegründet abzuweisen.

2. Die aut-aut-Fälle

160 Von den sic-non-Fällen zu unterscheiden sind die sog. **aut-aut-Fälle**. Hier macht die klagende Partei einen Anspruch geltend, der entweder auf eine arbeitsrechtliche Grundlage oder auf eine bürgerlich-rechtliche Grundlage gestützt werden kann; beide Anspruchsgrundlagen schließen sich jedoch gegenseitig aus. Dazu gehört insb. die Klage auf Zahlung des vereinbarten Entgelts für eine geleistete Arbeit aus einem Rechtsverhältnis, das die klagende Partei für ein Arbeitsverhältnis, die gegnerische Partei für ein – nicht arbeitnehmerähnliches – freies Mitarbeiterverhältnis hält (BAG 24. 4. 1996 AP ArbGG 1979 § 2 Zuständigkeitsprüfung Nr. 1). Ebenso hierher gehören die Geltendmachung von Entgelt- und Freistellungsansprüchen aus einem Rechtsverhältnis, das die klägerische Partei wiederum als Arbeitsverhältnis, die beklagte Partei hingegen als Gesellschaftsvertrag ansieht.

In den aut-aut-Fällen kann nach ebenfalls zutreffender Ansicht des Bundesarbeitsgerichts die bloße Rechtsansicht der klagenden Partei, sie sei Arbeitnehmer, nicht ausreichen, um die Rechtswegzuständigkeit zu begründen; vielmehr muss der **Tatsachenvortrag zur Arbeitnehmereigenschaft zumindest schlüssig** sein. Andernfalls stünde der Rechtsweg weitgehend zur Disposition des Klägers (BAG 10. 10. 1996 AP ArbGG 1979 § 2 Zuständigkeitsprüfung Nr. 4).

161

3. Die et-et-Fälle

Die dritte Fallgruppe machen die sog. et-et-Fälle aus. Diese Fallgruppe wird dadurch gekennzeichnet, dass der geltend gemachte Anspruch sowohl auf eine arbeitsrechtliche als auch auf eine bürgerlich-rechtliche Anspruchsgrundlage gestützt werden kann und sich diese Anspruchsgrundlagen nicht gegenseitig ausschließen. Hier muss das angerufene Gericht wenigstens für eine Anspruchsgrundlage zuständig sein. Sodann prüft es den Rechtsstreit nach § 17 Abs. 2 S. 1 GVG „unter allen in Betracht kommenden rechtlichen Gesichtspunkten".

162

Auch hier reicht zur Begründung der Rechtswegzuständigkeit die bloße Rechtsansicht der klagenden Partei, sie sei Arbeitnehmer nicht aus. Vielmehr muss sich auch hier die Zuständigkeit des Arbeitsgerichts aus dem **Vorbringen schlüssig** ergeben (BAG 10. 12. 1996 AP ArbGG 1979 § 2 Zuständigkeitsprüfung Nr. 4).

163

III. Die Erweislichkeit des Vorbringens

Die Rechtsprechung des Bundesarbeitsgerichts zu den unterschiedlichen Anforderungen an den klägerischen Vortrag für die Rechtswegbestimmung wirkt sich grds. nur dort aus, wo die rechtswegbestimmenden Tatsachen streitig sind. Sind sie unstreitig, hat das angerufene Gericht sie zu bewerten (BAG 17. 6. 1999 – AP GVG § 17a Nr. 39).

164

Im Schrifttum umstritten ist, ob in den aut-aut- und et-et-Fällen bereits ein schlüssiger Vortrag ausreicht, um die Rechtswegzuständigkeit zu begründen oder ob das Vorbringen im Bestreitensfalle auch bewiesen sein muss (für Beweisbedürftigkeit, auch mit Nachweisen auf die Gegenansicht: GK-ArbGG/*Wenzel* § 2 Rn. 287 mwN; H/W/K/*Ziemann* § 48 ArbGG Rn. 19; *Kissel/Mayer* § 17 Rn. 19 und 22 jeweils mwN; Schwab/Weth/ *Walker* § 2 Rn. 218, 219 jeweils mwN; gegen Beweisbedürftigkeit: ErfK/*Koch* ArbGG § 2 Rn. 49). Während das Bundesarbeitsgericht in seinen älteren Entscheidungen stets die Erweislichkeit der die Arbeitnehmereigenschaft begründenden Tatsachen gefordert hatte (BAG 30. 8. 1993 AP GVG § 17a Nr. 6; 28. 10. 1993 AP ArbGG 1979 § 2 Nr. 19), hat es diese Frage in seinem Beschluss vom 10. 12. 1996 (AP ArbGG 1979 § 2 Zuständigkeitsprüfung Nr. 4) ausdrücklich offengelassen.

165

Für eine **Beweisbedürftigkeit** spricht nicht nur § 17a Abs. 2 S. 1 GVG, wonach nicht nur die Anhörung des Klägers, sondern beider Parteien vorgesehen ist. Einer solchen Bestimmung hätte es nicht bedurft, wenn für das Gericht allein das klägerische Vorbringen maßgeblich wäre. Nur durch das Erfordernis der Erweislichkeit der den Rechtsweg begründenden Tatsachen wird der Gefahr einer Manipulation hinsichtlich der Auswahl des zuständigen Gerichts durch die klagende Partei von vornherein vorgebeugt und so sichergestellt, dass der Anspruch der Beteiligten auf den gesetzlichen

166

Richter nach Art. 101 Abs. 1 S. 2 GG nicht verletzt wird (s. hierzu auch BVerfG 31. 8. 1999 AP ArbGG 1979 § 2 Nr. 6). Dem steht auch nicht die Rechtsprechung des BGH (11. 7. 1996 NJW 1996, 3012) und des Gemeinsamen Senats der Obersten Gerichtshöfe des Bundes (29. 10. 1987 NJW 1988, 2295; 10. 7. 1989 NJW 1990, 1527) entgegen, wonach sich die behauptete Zuständigkeit zwar schlüssig aus dem Klagevorbringen ergeben muss, Beweise indes nicht erhoben zu werden brauchen. Wie das Bundesarbeitsgericht in seiner Entscheidung vom 24. 4. 1996 (AP ArbGG 1979 § 2 Zuständigkeitsprüfung Nr. 4) selbst ausgeführt hat, handelt es sich bei der Zuständigkeitsabgrenzung zwischen ordentlicher Gerichtsbarkeit und Arbeitsgerichtsbarkeit nach §§ 17 ff. GVG, § 48 zwar ebenfalls um eine Frage der Rechtswegzuständigkeit; es geht jedoch nicht um die Abgrenzung zwischen bürgerlich- und öffentlich-rechtlichen Streitigkeiten, sondern entscheidend um die Auslegung der §§ 2 bis 5 und damit um eine andere als vom Gemeinsamen Senat der obersten Gerichtshöfe des Bundes entschiedenen Frage.

IV. Entscheidung bei fehlender Zuständigkeit

167   Zur Entscheidung bei fehlender Rechtswegzuständigkeit und zur Bindungswirkung einer solchen Entscheidung s. Erl. zu § 48 Rn. 75 bis 97.

C. Entscheidung im Urteilsverfahren, Abs. 5

168   Über die nach § 2 Abs. 1 bis 4 in die Zuständigkeit der Arbeitsgerichte fallenden Rechtsstreitigkeiten ist nach Abs. 5 im Urteilsverfahren zu verhandeln und zu entscheiden. Das gilt auch dann, wenn diese Rechtsstreitigkeiten nach § 3 von einem Rechtsnachfolger oder einer zur Prozessführung befugten Person geführt werden. Die Vorschrift dient wie § 2 a Abs. 2 der **Abgrenzung der beiden wesentlichen arbeitsgerichtlichen Verfahren,** dem Urteilsverfahren und dem Beschlussverfahren für die betriebsverfassungsrechtlichen Streitigkeiten. Wegen des Verhältnisses der beiden Verfahren zueinander s. Erl. zu § 2 a Rn. 84 ff.

169   Die durch § 2 begründete Rechtswegzuständigkeit im Urteilsverfahren ist nicht auf das normale Erkenntnisverfahren beschränkt. Sie hat auch Bedeutung für die besonderen Verfahrensarten, die durch §§ 46 Abs. 2, 62 Abs. 2 in Bezug genommen werden.

170   Nach § 46 a können bürgerliche Rechtsstreitigkeiten, die in die Zuständigkeit der Arbeitsgerichte fallen, auch im **Mahnverfahren** anhängig gemacht werden (s. Erl. zu § 46 a und § 48 Rn. 13).

171   § 46 Abs. 2 Satz 2 schließt hingegen für den Arbeitsgerichtsprozess die besondere Verfahrensart des **Urkunds- und Wechselprozesses** aus. (s. Erl. zu § 46 Rn. 30 ff.)

172   Nach § 62 Abs. 2 finden auch im arbeitsgerichtlichen Verfahren die Vorschriften der ZPO über den **Arrest und** die **einstweilige Verfügung** Anwendung (s. Erl. zu § 62 Rn. 65 ff. und § 48 Rn. 17 bis 22). Soweit im Rahmen der **Zwangsvollstreckung** das Prozessgericht zuständig ist, ist dies auch das Arbeitsgericht und nicht das Amtsgericht. Auch für eine **Vollstreckungsgegenklage** ist das Arbeitsgericht als Prozessgericht zuständig, und zwar nicht nur dann, wenn sich die Klage gegen die Zwangsvollstreckung aus einem arbeitsgerichtlichen Urteil richtet, sondern auch bei einer Klage gegen jeden Vollstreckungstitel über einen Anspruch, für den bei klageweiser Geltendmachung die Arbeitsgerichte zuständig wären (GK-ArbGG/*Wenzel* § 2 Rn. 50; Schwab/Weth/*Walker* § 2 Rn. 13; OLG Frankfurt vom 22. 10. 1984 NZA 1985, 196).

§ 2a Zuständigkeit im Beschlußverfahren

(1) Die Gerichte für Arbeitssachen sind ferner ausschließlich zuständig für
1. Angelegenheiten aus dem Betriebsverfassungsgesetz, soweit nicht für Maßnahmen nach seinen §§ 119 bis 121 die Zuständigkeit eines anderen Gerichts gegeben ist;
2. Angelegenheiten aus dem Sprecherausschußgesetz, soweit nicht für Maßnahmen nach seinen §§ 34 bis 36 die Zuständigkeit eines anderen Gerichts gegeben ist;
3. Angelegenheiten aus dem Mitbestimmungsgesetz, dem Mitbestimmungsergänzungsgesetz und dem Drittelbeteiligungsgesetz, soweit über die Wahl von Vertretern der Arbeitnehmer in den Aufsichtsrat und über ihre Abberufung mit Ausnahme der Abberufung nach § 103 Abs. 3 des Aktiengesetzes zu entscheiden ist;
3 a. Angelegenheiten aus den §§ 94, 95, 139 des Neunten Buches Sozialgesetzbuch;
3 b. Angelegenheiten aus dem Gesetz über Europäische Betriebsräte, soweit nicht für Maßnahmen nach seinen §§ 43 bis 45 die Zuständigkeit eines anderen Gerichts gegeben ist;
3 c. Angelegenheiten aus § 51 des Berufsbildungsgesetzes;
3 d. Angelegenheiten aus dem SE-Beteiligungsgesetz vom 22. Dezember 2004 (BGBl. I S. 3675, 3686) mit Ausnahme der §§ 45 und 46 und nach den §§ 34 bis 39 nur insoweit, als über die Wahl von Vertretern der Arbeitnehmer in das Aufsichts- oder Verwaltungsorgan sowie deren Abberufung mit Ausnahme der Abberufung nach § 103 Abs. 3 des Aktiengesetzes zu entscheiden ist;
3 e. Angelegenheiten aus dem SCE-Beteiligungsgesetz vom 14. August 2006 (BGBl. I S. 1911, 1917) mit Ausnahme der §§ 47 und 48 und nach den §§ 34 bis 39 nur insoweit, als über die Wahl von Vertretern der Arbeitnehmer in das Aufsichts- oder Verwaltungsorgan sowie deren Abberufung zu entscheiden ist;
3 f. Angelegenheiten aus dem Gesetz über die Mitbestimmung der Arbeitnehmer bei einer grenzüberschreitenden Verschmelzung vom 21. Dezember 2006 (BGBl. I S. 3332) mit Ausnahme der §§ 34 und 35 und nach den §§ 23 bis 28 nur insoweit, als über die Wahl von Vertretern der Arbeitnehmer in das Aufsichts- oder Verwaltungsorgan sowie deren Abberufung mit Ausnahme der Abberufung nach § 103 Abs. 3 des Aktiengesetzes zu entscheiden ist;
4. die Entscheidung über die Tariffähigkeit und die Tarifzuständigkeit einer Vereinigung.

(2) In Streitigkeiten nach diesen Vorschriften findet das Beschlußverfahren statt.

Übersicht

	Rn.
I. Allgemeines	1–6
1. Arbeitssachen im Beschlussverfahren	1–3
2. Entwicklung der Vorschrift	4–6
II. Angelegenheiten aus dem Betriebsverfassungsgesetz	7–33
1. Betriebsverfassungsrechtliche Streitigkeiten	7–11
2. Individualrechtliche Streitigkeiten	12–20
a) Streitigkeiten der Arbeitnehmer	12–14
b) Streitigkeiten der Organmitglieder	15–20
3. Weitere Angelegenheiten des Beschlussverfahrens	21–32
a) Nach dem NATO-Truppenstatut	21, 22
b) Nach dem Sozialgesetzbuch IX	23–26
c) Im Insolvenzverfahren	27–29
d) Nach dem Berufsbildungsgesetz	30
e) Nach den Mitarbeitervertretungsordnungen	31
f) Personalvertretungssachen	32
4. Strafsachen und Ordnungswidrigkeiten	33
III. Einzelfälle	34–63
1. Errichtung von Betriebsverfassungsorganen	35–37
2. Wahlstreitigkeiten	38, 39
3. Organstreitigkeiten	40, 41

	Rn.
4. Streitigkeiten über Beteiligungsrechte und Befugnisse	42–45
5. Streitigkeiten über Kosten und Sachmittel	46, 47
6. Streitigkeiten über die Einigungsstelle	48–50
7. Streitigkeiten aus § 78 a BetrVG	51, 52
8. Streitigkeiten des Europäischen Betriebsrats	53, 54
9. Streitigkeiten über die Befugnisse der Verbände	55–58
10. Angelegenheiten aus dem Sprecherausschussgesetz	59–61
11. Öffentlich-rechtliche Streitigkeiten	62, 63
IV. Angelegenheiten aus den Mitbestimmungsgesetzen	64–77
1. Die Mitbestimmungsgesetze	64
2. Anfechtung der Aufsichtsratswahl	65–70
a) Anfechtung und Nichtigkeit der Wahl	65, 66
b) Streitigkeiten während des Wahlverfahrens	67–68
c) Vorfragenkompetenz	69, 70
3. Abberufung von Aufsichtsratsmitgliedern	71
4. Verlust der Wählbarkeit	72
5. Sonstige Streitigkeiten der Arbeitnehmervertreter im Aufsichtsrat	73, 74
6. Entscheidungen über die Arbeitnehmerbeteiligung in den Europäischen Gesellschaften	75–77
V. Entscheidungen über Tariffähigkeit und Tarifzuständigkeit	78–83
1. Tariffähigkeit	78–80
2. Tarifzuständigkeit	81–83
VI. Entscheidung im Beschlussverfahren	84–99
1. Beschlussverfahren	84
2. Prüfung der Zuständigkeit	85–88
3. Bestimmung der Verfahrensart	89–99
a) Prüfung von Amts wegen	89–91
b) Vorabentscheidung über die Verfahrensart von Amts wegen	92–99
VII. Beschlussverfahren und Einigungsstellenverfahren	100–104
1. Rechtsstreit und Regelungsstreit	100
2. Das Vorabentscheidungsverfahren	101–104

I. Allgemeines

1. Arbeitssachen im Beschlussverfahren

1 § 2 a nennt eine weitere Gruppe von Arbeitssachen im Sinne von § 1, in denen die Gerichtsbarkeit den Gerichten für Arbeitssachen zukommt. Es sind dies **Angelegenheiten aus dem Betriebsverfassungsgesetz, dem Sprecherausschussgesetz, Wahlstreitigkeiten aus der Unternehmensmitbestimmung sowie Streitigkeiten über die Tariffähigkeit und Tarifzuständigkeit** einer Vereinigung. Die Aufzählung dieser Arbeitssachen in einem eigenen Paragraphen ist bedingt durch den Umstand, dass über diese in einem besonderen Verfahren, dem **Beschlussverfahren,** verhandelt und entschieden wird.

2 Auch hinsichtlich der Arbeitssachen nach § 2 a ist die **Zuständigkeit** der Arbeitsgerichte eine **ausschließliche.** Durch **Parteivereinbarung** kann weder die Zuständigkeit der Arbeitsgerichte überhaupt erweitert noch der Kreis der im Beschlussverfahren zu verhandelnden Streitigkeiten auf andere Arbeitssachen ausgedehnt werden. Ebenso ist es ausgeschlossen, eine Arbeitssache, die im Beschlussverfahren zu verhandeln und zu entscheiden ist, durch eine Vereinbarung dem Urteilsverfahren zuzuweisen oder umgekehrt (GK-ArbGG/*Dörner* § 2 a Rn. 3). Eine Verbindung von Streitigkeiten im Urteils- und Beschlussverfahren ist nicht möglich (ErfK/*Koch* § 2 a Rn. 1). Wegen des Verhältnisses zwischen Urteils- und Beschlussverfahren s. unten Rn. 84 ff.

3 § 2 a beschränkt die Zuständigkeit des Arbeitsgerichts hinsichtlich der hier genannten Arbeitssachen **nicht auf bürgerliche Rechtsstreitigkeiten** (*Hauck/Helml* § 2 a Rn. 1). Es ist daher unerheblich, ob eine Streitigkeit in diesen Arbeitssachen eine bürgerliche oder öffentlich-rechtliche Streitigkeit ist (s. auch unten Rn. 62).

2. Entwicklung der Vorschrift

Arbeitssachen der in § 2a genannten Art waren im Arbeitsgerichtsgesetz 1953 in § 2 **4** Abs. 1 Nr. 4 und Nr. 5 sowie in den Absätzen 2a und 3 enthalten. Dabei enthielt die Nr. 4 in den Buchst. a bis s eine detaillierte aber erschöpfende Aufzählung der betriebsverfassungs- und mitbestimmungsrechtlichen Streitigkeiten. Die Arbeitsgerichtsnovelle vom 21. 5. 1979 (BGBl. I S. 545) hat alle vorher geregelten Zuständigkeiten in dem neu geschaffenen § 2a zusammengefasst und die Zuständigkeit der Arbeitsgerichte zur Entscheidung über die Tariffähigkeit einer Vereinigung auf die Entscheidung über deren Tarifzuständigkeit ausgedehnt. Durch das Gesetz zur Änderung des Betriebsverfassungsgesetzes, über Sprecherausschüsse der leitenden Angestellten (Sprecherausschussgesetz – SprAuG) und zur Sicherung der Montanmitbestimmung vom 20. 12. 1988 (BGBl. I S. 2312) ist die heutige Nr. 2 eingefügt und die bisherigen Nrn. 2 und 3 zu den Nrn. 3 und 4 erklärt worden. Schließlich hat das 4. VwGOÄndG in der Überschrift das Wort „Sachliche" (Zuständigkeit) gestrichen. Die Neuregelung hat insgesamt keine grundlegende Änderung der Zuständigkeit der Arbeitsgerichte für diese Arbeitssachen gebracht. Insbesondere umfasst die Generalklausel in Abs. 1 Nr. 1 alle Rechtsstreitigkeiten, die schon zuvor in § 2 Abs. 1 Nr. 4 enthalten waren (BAG 24. 2. 1987 AP BetrVG 1972 § 77 Nr. 21).

Durch das Gesetz zur Reform des Sozialhilferechts vom 23. 7. 1996 (BGBl. I S. 1088) **5** ist die Nr. 3a eingefügt worden, die die Zuständigkeit der Arbeitsgerichte auch auf die Angelegenheiten des Werkstattrats erstreckt, jetzt § 139 SGB IX. Mit dem Arbeitsrechtsbeschleunigungsgesetz vom 30. 3. 2000 (BGBl. I S. 333) ist auch für die Angelegenheiten der §§ 24 und 25 SchwbG, jetzt §§ 94, 95 SGB IX, das Beschlussverfahren eröffnet worden. Das Gesetz über Europäische Betriebsräte hat in der Nr. 3b die Zuständigkeit auf bestimmte Angelegenheiten dieses Gremiums erweitert (s. Rn. 53 f.). Durch das Gesetz zur Änderung des Berufsbildungsgesetzes und des Arbeitsgerichtsgesetzes vom 8. 8. 2002 (BGBl. I S. 3140), geändert durch das Berufsbildungsreformgesetz vom 23. 2. 2005 (BGBl. I S. 931), ist in Nr. 3c schließlich die Zuständigkeit der Arbeitsgerichte auch auf Angelegenheiten der Interessenvertretung der Auszubildenden jetzt nach § 51 BBiG erstreckt worden (s. unten Rn. 30).

Durch das Zweite Gesetz zur Vereinfachung der Wahl der Arbeitnehmervertreter im **6** Aufsichtsrat vom 18. 5. 2004 (BGBl. I S. 974) ist in Nr. 3 und in den §§ 10 und 83 mit Wirkung vom 1. 7. 2004 das Betriebsverfassungsgesetz 1952 durch das neue Drittelbeteiligungsgesetz (DrittelbG) ersetzt und das Betriebsverfassungsgesetz 1952 aufgehoben worden ist. Durch Art. 6 des Gesetzes zur Einführung einer Europäischen Gesellschaft – SEBG – vom 22. 12. 2004 (BGBl. I S. 3675), Art. 8 des Gesetzes zur Einführung einer Europäischen Genossenschaft – SCEBG – vom 16. 8. 2006 (BGBl. I S. 1911) und Art. 2 des Gesetzes über die Mitbestimmung der Arbeitnehmer bei einer grenzüberschreitenden Verschmelzung vom 21. 12. 2006 (BGBl. I S. 3332) ist in den Nr. 3d bis e die Zuständigkeit der Arbeitsgerichte auf die Angelegenheiten nach den Gesetzen zur Beteiligung der Arbeitnehmer in diesen Gesellschaften erstreckt worden (s. näher Rn. 75 ff.).

II. Angelegenheiten aus dem Betriebsverfassungsgesetz

1. Betriebsverfassungsrechtliche Streitigkeiten

Dadurch, dass § 2a Abs. 1 Nr. 1 die Zuständigkeit der Arbeitsgerichte für alle An- **7** gelegenheiten aus dem Betriebsverfassungsgesetz begründet, soll sichergestellt werden, dass letztlich in allen Fällen, die überhaupt streitig werden können, die Arbeitsgerichte entscheiden. Es sollte eine **umfassende Zuständigkeit** geschaffen werden. Immer dann, wenn die durch das Betriebsverfassungsgesetz geregelte Ordnung des Betriebes und die gegenseitigen Rechte und Pflichten der Betriebspartner als Träger dieser Ordnung im Streit sind, sollen darüber die Arbeitsgerichte entscheiden und zwar im Beschlussverfahren als der dafür geschaffenen und besonders geeigneten Verfahrensart (BAG 16. 7. 1985 AP BetrVG 1972 § 87 Lohngestaltung Nr. 17; 22. 10. 1985 AP BetrVG 1972 § 87 Werkmietwohnungen Nr. 5; GK-ArbGG/*Dörner* § 2 a Rn. 14). Damit deckt sich die Zuständigkeit der Arbeitsgerichte mit dem Geltungsbereich des Betriebsverfassungsgesetzes. Dessen Abgrenzung zum Personalvertretungsrecht ergibt sich aus § 130 BetrVG. Ein privatrechtlich verfasstes Unternehmen fällt auch dann unter das Betriebsverfassungsgesetz, wenn es wirtschaftlich an die öffentliche Hand gebunden und von dieser abhängig ist (BAG 3. 12. 1985 AP BAT § 74 Nr. 2; 24. 1. 1996 AP BetrVG 1972 § 1 Gemeinsamer Betrieb Nr. 8; BVerwG 13. 6. 2001 AP BetrVG 1972 § 1 Gemeinsamer Betrieb Nr. 14). Für Streitigkeiten aus dem Mitarbeitervertretungsrecht der Kirchen s. unten Rn. 31 ff.

8 Aus dieser umfassenden Zuständigkeit folgt, dass die Arbeitsgerichte auch dann zu entscheiden haben, wenn in der **Insolvenz** des Arbeitgebers nur über den Rang betriebsverfassungsrechtlicher Ansprüche gestritten wird (BAG 14. 11. 1978 AP KO § 59 Nr. 6; 25. 8. 1983 AP KO § 59 Nr. 14). Die Zuständigkeit der Arbeitsgerichte ist auch dann gegeben, wenn das **betriebsverfassungsrechtliche Rechtsverhältnis,** aus dem die Streitigkeit entspringt, etwa durch Beendigung der Amtszeit des Betriebsrates (s. auch § 81 Rn. 44) oder durch Ausscheiden eines Mitgliedes aus dem Betriebsrat **sein Ende gefunden hat** (BAG 10. 10. 1969 AP ArbGG 1953 § 8 Nr. 1; 24. 1. 2001 AP BetrVG 1972 § 40 Nr. 71; GK-ArbGG/*Dörner* § 2 a Rn. 12).

9 Auch wenn § 2 a Abs. 1 Nr. 1 von Angelegenheiten aus dem Betriebsverfassungsgesetz und nicht aus dem Betriebsverfassungsrecht spricht, ist die Zuständigkeit der Arbeitsgerichte nicht auf Streitigkeiten beschränkt, die unmittelbar auf Vorschriften gestützt werden können, die im Betriebsverfassungsgesetz selbst enthalten sind. **Vorschriften betriebsverfassungsrechtlichen Inhaltes** über Rechte und Pflichten der Betriebspartner finden sich in einer **Vielzahl arbeitsrechtlicher und sonstiger Gesetze,** so beispielsweise in § 17 KSchG, § 9 ArbSichG, § 21 a JArbSchG, § 14 AÜG und §§ 8, 72, 81 und 173 SGB III. Auch Streitigkeiten über diese Rechte und Pflichten sind Angelegenheiten aus dem Betriebsverfassungsgesetz, da Abs. 1 Nr. 1 alle Streitigkeiten aus der Betriebsverfassung schlechthin erfassen will (BAG 19. 5. 1978 AP BetrVG 1972 § 88 Nr. 1; GK-ArbGG/*Dörner* § 2 a Rn. 13; ErfK/*Koch* ArbGG § 2 a Rn. 4; *Hauck/Helml* § 2 a Rn. 8). Etwas anderes gilt nur dann, wenn dem Betriebsrat auch öffentlich-rechtliche Pflichten gegenüber den Trägern der Sozialversicherung auferlegt sind. Inwieweit das der Fall ist, ist nur anhand der einzelnen Vorschrift zu beantworten.

10 Angelegenheiten aus dem Betriebsverfassungsgesetz sind auch Streitigkeiten aus einer **durch Tarifvertrag oder Betriebsvereinbarung geregelten Betriebsverfassung** (GK-ArbGG/*Dörner* § 2 a Rn. 14; Schwab/Weth/*Walker* § 2 a Rn. 56; *Hauck* § 2 a Rn. 7). Nach dem neuen § 3 BetrVG können durch Tarifvertrag – in bestimmten Fällen auch durch Betriebsvereinbarung oder Abstimmung der Arbeitnehmer – besondere „**betriebliche Organisationseinheiten**" gebildet und für diese dann Arbeitnehmervertretungen gewählt werden. Auch diese Betriebsvertretungen gelten als Betriebsräte im Sinne des Gesetzes, § 3 Abs. 5 BetrVG, und sind Träger einer betriebsverfassungsrechtlichen Ordnung und für Streitigkeiten aus dieser Ordnung sind die Arbeitsgerichte zuständig. Auch über diese Streitigkeiten ist im Beschlussverfahren zu entscheiden (BAG 5. 11. 1985 AP Nr. 4 zu § 117 BetrVG 1972). Werden durch Tarifvertrag betriebsverfassungsrechtlichen Organen Rechte eingeräumt oder Pflichten auferlegt, so ist auch ein Streit über Bestehen oder Nichtbestehen oder den Umfang dieser Rechte und Pflichten eine Angelegenheit aus dem Betriebsverfassungsgesetz, über die im Beschlussverfahren zu entscheiden ist (BAG 16. 7. 1985 AP BetrVG 1972 § 87 Lohngestaltung Nr. 17). Das Gleiche gilt für Streitigkeiten hinsichtlich einer tarifvertraglich begründeten betrieblichen **Schlichtungsstelle**

II. Angelegenheiten aus dem Betriebsverfassungsgesetz §2a

(LAG Hamm 21. 10. 1977, EzA § 76 BetrVG 1972 Nr. 19) und einer tariflichen Schlichtungsstelle nach § 76 Abs. 8 BetrVG.

Die Angelegenheit aus dem Betriebsverfassungsgesetz muss Gegenstand der Streitigkeit selbst sein. Soweit die betriebsverfassungsrechtliche Streitigkeit lediglich **Vorfrage** einer bürgerlichen Rechtsstreitigkeit nach § 2 ist, über die im Urteilsverfahren zu entscheiden ist, ist auch über die betriebsverfassungsrechtliche Vorfrage im Urteilsverfahren zu entscheiden (GK-ArbGG/*Dörner*, § 2a Rn. 16a; *Hauck/Helml* § 2a Rn. 9; s. § 2 Rn. 136). Das gilt auch dann, wenn sich die betriebsverfassungsrechtliche Streitfrage als Vorfrage in einem vor einem Gericht einer anderen Gerichtsbarkeit anhängigen Rechtsstreit stellt. Umgekehrt können auch im Beschlussverfahren Rechtsfragen, die keine Angelegenheit aus dem Betriebsverfassungsgesetz betreffen, als Vorfrage mitentschieden werden. Wird im Beschlussverfahren eine **Widerklage** über eine Angelegenheit nach § 2 erhoben, muss diese abgetrennt und ins Urteilsverfahren verwiesen werden. Wird mit einer Forderung **aufgerechnet**, über die im Urteilsverfahren zu entscheiden wäre, ist ein Vorbehaltsbeschluss zu erlassen und das Verfahren zur Entscheidung über die Aufrechnung ins Urteilsverfahren zu verweisen (s. näher § 2 Rn. 140 ff.; Schwab/Weth/*Walker* § 2a Rn. 15, 16).

2. Individualrechtliche Streitigkeiten

a) Streitigkeiten der Arbeitnehmer

Obwohl § 2a Abs. 1 Nr. 1 für Angelegenheiten aus dem Betriebsverfassungsgesetz nicht nur umfassend die Zuständigkeit der Arbeitsgerichte überhaupt begründet, sondern für diese auch das Beschlussverfahren als die dafür geeignete Verfahrensart vorschreibt, hat die Rechtsprechung doch eine **Gruppe von Rechtsstreitigkeiten**, die unschwer als Angelegenheiten aus dem Betriebsverfassungsgesetz zu qualifizieren wären, **aus dem Beschlussverfahren herausgenommen** und dem Urteilsverfahren zugewiesen. Es handelt sich dabei einmal um individualrechtliche **Streitigkeiten zwischen Arbeitnehmer und Arbeitgeber** aus dem Arbeitsverhältnis im Sinne von § 2 Abs. 1 Nr. 3, die dadurch gekennzeichnet sind, dass sich die Anspruchsgrundlage für den geltend gemachten Anspruch mehr oder weniger zufällig im Betriebsverfassungsgesetz findet. Es geht dabei etwa um Streitigkeiten nach § 20 Abs. 3, § 44 Abs. 1 BetrVG um Zahlung des **Arbeitsentgelts für die Zeit der Teilnahme an Betriebsversammlungen** (BAG 1. 10. 1974 AP BetrVG 1972 § 44 Nr. 2) oder der Ausübung des Wahlrechts, nach den §§ 81 ff. über Unterrichtungs-, Anhörungs- und Erörterungsrechte des Arbeitnehmers, über Fragen der Personalakte und über das Beschwerderecht sowie nach § 113 BetrVG über **Ansprüche auf einen Nachteilsausgleich.** Das ist im Grundsatz unbestritten (vergl. BAG 24. 4. 1979 AP BetrVG 1972 § 82 Nr. 1; 18. 3. 1975 AP BetrVG 1972 § 111 Nr. 1; Schwab/Weth/ *Walker* § 2a Rn. 44). Ebenso ist der **Anspruch** des Arbeitnehmers **auf Weiterbeschäftigung** nach § 102 Abs. 5 BetrVG sowie die Entbindung des Arbeitgebers von der Weiterbeschäftigungspflicht im Urteilsverfahren, wenn auch Letzterer im Verfahren der einstweiligen Verfügung (s. § 2 Rn. 68), zu verfolgen (GK-ArbGG/*Dörner* § 2a Rn. 20).

Die Herausnahme dieser Rechtsstreitigkeiten aus dem Kreis der im Beschlussverfahren zu verhandelnden Angelegenheiten aus dem Betriebsverfassungsgesetz ist gerechtfertigt. Sie folgt zum Teil schon unmittelbar aus dem Gesetz (vergl. § 113 Abs. 1 BetrVG durch „Klage" auf Abfindung) und ergibt sich im Übrigen daraus, dass es sich dabei um eine **Rechtsstreitigkeit aus dem Arbeitsverhältnis** handelt, das lediglich durch Vorschriften des Betriebsverfassungsgesetzes näher ausgestaltet ist und bei denen betriebsverfassungsrechtliche Fragen nur als Vorfrage zu entscheiden sind oder betriebsverfassungsrechtliche Sachverhalte ein Tatbestandsmerkmal darstellen (GK-ArbGG/*Dörner* § 2a Rn. 18).

Anders ist es, wenn **Arbeitnehmer eine betriebsverfassungsrechtliche Streitigkeit selbst zur Entscheidung stellen,** etwa die Feststellung der Unwirksamkeit einer Betriebsvereinbarung beantragen. Darüber ist im Beschlussverfahren zu entscheiden. Gleiches gilt für einen entsprechenden Antrag einer Gewerkschaft. Eine andere Frage ist, ob der Arbeitnehmer bzw. die Gewerkschaft überhaupt berechtigt ist, einen solchen Antrag zu stellen (ebenso GK-ArbGG/*Dörner*, § 2 a Rn. 21; vergl. dazu auch § 81 Rn. 52 ff.).

b) Streitigkeiten der Organmitglieder

15   Die andere Gruppe von Fällen betrifft Streitigkeiten, in denen **Arbeitnehmer in ihrer Eigenschaft als Betriebsratsmitglied** oder Mitglied eines anderen betriebsverfassungsrechtlichen Organs Ansprüche geltend machen, die aus ihrer Amtstätigkeit herrühren und durch diese bestimmt werden. In erster Linie geht es dabei um Ansprüche auf Fortzahlung des Arbeitsentgelts für Zeiten der Arbeitsversäumnis infolge einer Amtstätigkeit, §§ 20 Abs. 3, 37 Abs. 2, 3, 6 und 7 BetrVG, aber auch um vergleichbare Sachverhalte. Da in diesen Fällen der Streit regelmäßig um die Erforderlichkeit der Arbeitsversäumnis infolge der Amtstätigkeit nicht aber um den Entgeltanspruch als solchen geht, liegt regelmäßig eine betriebsverfassungsrechtliche Streitigkeit vor, über die im Beschlussverfahren zu entscheiden wäre. Da der Streit um Umfang und Grenzen der Rechte des Organmitgliedes geht, ist es auch innerlich gerechtfertigt, diesen Streit im Beschlussverfahren auszutragen, das allein das Organmitglied auch von dem Kostenrisiko des Verfahrens befreien kann. Die Frage nach der zutreffenden Verfahrensart in diesen Fällen war lange Zeit umstritten (vergl. für Urteilsverfahren *Richardi/Thüsing*, § 37 Rn. 182 ff.; *Dütz/Säcker*, DB 1972 Beil. Nr. 17; *ders.*, AuR 1973, 353; differenzierend *Fitting/Engels/Schmidt/Trebinger/Linsenmaier*, § 37 Rn. 253 u. 257; GK-BetrVG/ *Weber*, § 37 Rn. 284 ff. und 294 ff.; für Beschlussverfahren LAG Hamm 27. 7. 1973, BB 1973, 1354; *Söllner*, AuR 1973, 383 jeweils m. w. N.).

16   Die **Streitfrage** ist **durch die Rechtsprechung des Bundesarbeitsgerichts für die Praxis entschieden.** Lohnansprüche des Betriebsratsmitgliedes für die durch Amtstätigkeit versäumte Arbeitszeit sind im **Urteilsverfahren** geltend zu machen (BAG 30. 1. 1973 AP BetrVG 1972 § 37 Nr. 1; vom 18. 6. 1974 AP BetrVG 1972 § 37 Nr. 16 unter ausführlicher Auseinandersetzung mit der Gegenansicht und von da an in ständiger Rechtsprechung, zuletzt BAG 26. 9. 1990 AP BPersVG § 8 Nr. 4; ebenso BVerwG 23. 10. 1980, Buchholz 232 § 72 Nr. 18 für ein Personalratsmitglied; GK-ArbGG/*Dörner*, § 2 a Rn. 23 ff.; Schwab/Weth/*Walker* § 2 a Rn. 37; BCF/*Friedrich* ArbGG § 2 a Rn. 3). Gleiches gilt für Mitglieder eines Wahlvorstandes (BAG 5. 3. 1974 AP BetrVG 1972 § 20 Nr. 5) und für Betriebsratsmitglieder bei Besuch einer Schulungsveranstaltung (BAG 18. 6. 1974 AP BetrVG 1972 § 37 Nr. 16). Da es sich in diesen Fällen um eine Anspruch aus dem Arbeitsverhältnis handelt, gehört auch der entsprechende Streit eines im Arbeitsverhältnis stehenden **Personalratsmitglieds** in das Urteilsverfahren vor dem Arbeitsgericht (BAG 23. 10. 2002 AP LPVG NW § 42 Nr. 1). Für den Streit um die Notwendigkeit einer Freistellung für Betriebsratstätigkeit oder den Besuch einer Schulungsveranstaltung soll hingegen das Beschlussverfahren gegeben sein, dessen Entscheidung für den späteren Prozess auf Zahlung des Arbeitsentgeltes präjudiziell sein soll (BAG 6. 5. 1975 AP BetrVG 1972 § 65 Nr. 5; BVerwG 27. 4. 1979, Buchholz 238.3 A § 46 Nr. 6; GK-ArbGG/*Dörner*, § 2 a Rn. 28). Für ein solches Feststellungsverfahren wird es jedoch regelmäßig am Feststellungsinteresse fehlen. Die Frage der Erforderlichkeit der Freistellung ist als **Vorfrage** im Urteilsverfahren zu klären. Das Arbeitsgerichtsgesetz kennt außer in § 97 Abs. 5 kein präjudizielles Beschlussverfahren.

17   Das Urteilsverfahren hat die Rechtsprechung auch für **Ansprüche von Betriebsratsmitgliedern** auf bezahlte Freistellung oder Vergütung von **Betriebsratstätigkeit außerhalb der Arbeitszeit** nach § 37 Abs. 3 BetrVG als gegeben angesehen (BAG 21. 5. 1974 AP BetrVG 1972 § 37 Nr. 12; BAG 22. 5. 1986 AP BPersVG § 46 Nr. 6; 26. 2. 1992 AP BPersVG § 46 Nr. 18 BVerwG 7. 10. 1964 AP PersVG § 42 Nr. 4; GK-ArbGG/*Dörner*, § 2 a Rn. 25). Das ist unzutreffend. Dieser Anspruch hat keine Grundlage im Arbeits-

II. Angelegenheiten aus dem Betriebsverfassungsgesetz § 2a

verhältnis, sondern ergibt sich allein aus einem betriebsverfassungsrechtlichen Sachverhalt (zutreffend daher LAG Bremen vom 2. 4. 1985 AuR 1986, 220, aufgehoben durch BAG 12. 2. 1987, nicht veröffentlicht; so auch Schwab/Weth/*Walker* § 2 a Rn. 35). Im Widerspruch zu dieser Rechtsprechung steht auch die Entscheidung, wonach über die Frage, ob die Reisezeit zu einer Betriebsratssitzung wie Arbeitszeit zu bezahlen ist, – zutreffend – im Beschlussverfahren entschieden werden müsse (BAG 9. 11. 1971 AP ArbGG 1953 § 8 Nr. 2). Werden Betriebsratsmitglieder nach Beendigung ihres Amtes in Ausübung eines **Restmandates** tätig (s. dazu BAG 16. 5. 1987 AP BetrVG 1972 § 111 Nr. 19), so sind Ansprüche auf Ersatz eines Verdienstausfalles in einem neuen Arbeitsverhältnis auf jeden Fall im Beschlussverfahren gegen den bisherigen Arbeitgeber geltend zu machen.

Über **Kündigungsschutzklagen** von Betriebsratsmitgliedern ist **im Urteilsverfahren** zu entscheiden, auch soweit dabei die Voraussetzungen des Kündigungsschutzes für Betriebsrats- und andere Organmitglieder streitig sind (*Hauck/Helml* § 2 a Rn. 12; GK-ArbGG/*Dörner* § 2 a Rn. 26). Lediglich über den Antrag des Arbeitgebers auf Ersetzung der Zustimmung des Betriebsrates zur fristlosen Kündigung eines Betriebsratsmitgliedes nach § 103 Abs. 2 BetrVG ist im Beschlussverfahren zu entscheiden. 18

Weitgehend ungeklärt ist, in welchem Verfahren **Schadensersatzansprüche** von oder gegen Betriebsratsmitglieder von oder gegen Arbeitnehmer oder Arbeitgeber zu verfolgen sind. Schadensersatzansprüche des Arbeitgebers gegen Betriebsratsmitglieder wegen Verletzung ihrer Amtspflichten sollen im Urteilsverfahren geltend gemacht werden (Schwab/Weth/*Walker* § 2 a Rn. 37; *Richardi*, § 77 Rn. 16). Für einen Schadensersatzanspruch eines Betriebsratsmitgliedes wegen Benachteiligung bei einer Beförderung hat das Bundesarbeitsgericht das Urteilsverfahren für zutreffend gehalten (BAG 31. 10. 1985 AP BPersVG § 46 Nr. 5). Über Schadensersatzansprüche von Arbeitnehmern gegen Betriebsrat oder Betriebsratsmitglieder sei im Urteilsverfahren zu entscheiden, wenn keine Verletzung von Amtspflichten vorliege (LAG Baden-Württemberg 22. 9. 1959, DB 1959, 1170). 19

Richtigerweise ist eine Streitigkeit darüber, ob der Betriebsrat oder einzelne Betriebsratsmitglieder ihre Amtspflichten verletzt haben und deswegen zum Schadensersatz verpflichtet sind, eine **Angelegenheit aus dem Betriebsverfassungsgesetz**, über die im Beschlussverfahren zu entscheiden ist. Die Frage, ob eine Verletzung von Amtspflichten gegenüber Arbeitgeber oder Arbeitnehmern vorliegt, und ob Amtsträger dafür haften, betrifft die Begründetheit des Anspruchs, kann aber nicht die Verfahrensart bestimmen. Nur im Beschlussverfahren sind Organe der Betriebsverfassung überhaupt parteifähig (s. § 10 Rn. 22 ff.). Nur soweit in der Verletzung von Amtspflichten gleichzeitig eine Verletzung arbeitsvertraglicher Pflichten liegt – Arbeitsversäumnis für nicht erforderliche Betriebsratstätigkeit –, kann dafür entsprechend der Rechtsprechung zu arbeitsvertraglichen Ansprüchen der Organmitglieder das Urteilsverfahren in Betracht kommen. 20

3. Weitere Angelegenheiten des Beschlussverfahrens

a) Nach dem NATO-Truppenstatut

§ 2a Abs. 1 Nr. 1 regelt die Zuständigkeiten der Arbeitsgerichte für betriebsverfassungsrechtliche Streitigkeiten nicht abschließend. Nach Nr. 9 des Unterzeichnungsprotokolls zu Art. 56 Abs. 9 des Zusatzabkommens zum NATO-Truppenstatut entscheiden die deutschen Gerichte für Arbeitssachen im **Beschlussverfahren** auch über Streitigkeiten aus der **Betriebsvertretung** der **bei den Stationierungsstreitkräften** beschäftigten zivilen Arbeitskräfte im Sinne von Art. IX Abs. 4 NATO-Truppenstatut, soweit das Bundespersonalvertretungsgesetz gerichtliche Entscheidungen in solchen Streitigkeiten vorsieht. Das Betriebsvertretungsrecht der Zivilbediensteten bei den Streitkräften richtet sich nach Art. 56 Abs. 9 des Zusatzabkommens nach dem deutschen Bundespersonalvertretungsrecht, nicht nach dem Betriebsverfassungsrecht. Abweichend von dessen Regelung sind 21 für Streitigkeiten daraus jedoch nicht die Verwaltungsgerichte, sondern die **Arbeitsgerichte zuständig**. Deren Zuständigkeit wird aber nicht durch eine Generalklausel wie in Abs. 1 Nr. 1 umschrieben, sondern besteht nur insoweit, als § 83 BPersVG gerichtliche Entscheidungen vorsieht (s. dazu § 80 Rn. 13 ff.; BAG 12. 2. 1985 AP NATO-Truppenstatut Art. 1 Nr. 1).

22 Auf nicht-deutsche Unternehmen wirtschaftlichen Charakters im Sinne von Art. 72 des Zusatzabkommens findet das deutsche Betriebsverfassungsrecht unmittelbar Anwendung (BAG 19. 6. 1984 AP ZA-NATO-Truppenstatut Art. 72 Nr. 1), sodass sich die Zuständigkeit der Arbeitsgerichte schon aus Abs. 1 Nr. 1 ergibt. Für nichtdeutsche Organisationen nichtwirtschaftlichen Charakters im Sinne von Art. 71 des Zusatzabkommens kommt eine Zuständigkeit der Arbeitsgerichte zur Entscheidung solcher Streitigkeiten schon deswegen nicht in Betracht, weil auf diese Organisationen deutsches Arbeitsrecht und damit auch deutsches Betriebsverfassungs- oder Personalvertretungsrecht keine Anwendung findet, Art. 71 Abs. 3 Zusatzabkommen (vergl. auch BAG 18. 4. 1979 AP ZA-NATO-Truppenstatut Art. 71 Nr. 1).

b) Nach dem Sozialgesetzbuch IX

23 Die §§ 94, 95 SGB IX sehen die Einrichtung einer **Schwerbehindertenvertretung** in den Betrieben und Dienststellen vor. Durch die neu gefasste Nr. 3 a ist das Beschlussverfahren jetzt auch für diese Angelegenheiten eröffnet worden. Damit ist klargestellt, dass Streitigkeiten über die **Wahl und Amtszeit** der Schwerbehindertenvertretung und über deren **Aufgaben und Befugnisse** nunmehr in diesem Verfahren zu entscheiden sind. Über die **Anfechtung der Wahl des Vertrauensmannes** ist daher im Beschlussverfahren zu entscheiden, und zwar stets durch die Arbeitsgerichte, gleichgültig, ob die Vertretung in einem privaten Betrieb oder in einer Dienststelle des öffentlichen Dienstes gewählt wird (BAG 11. 11. 2003 AP SGB IX § 94 Nr. 1; GK-ArbGG/*Dörner* § 2 a Rn. 71; Schwab/Weth/*Walker* § 2 a Rn. 84; *Düwell*, BB 2000, 2570: ErfK/*Koch* § 2 a Rn. 4). Gleiches wird man auch für im Laufe des Wahlverfahrens auftretende Streitigkeiten annehmen müssen (s. Rn. 38 f.).

24 Nicht geklärt ist damit die alte Streitfrage, in welchem Verfahren Rechtsstreitigkeiten aus der **Rechtsstellung der Mitglieder der Schwerbehindertenvertretung** entschieden werden sollen. Nach § 96 SGB IX besitzt die Vertrauensperson die **gleiche Rechtsstellung wie ein Betriebs- oder Personalratsmitglied**. Das legt es nahe, auch für Streitigkeiten der Mitglieder der Schwerbehindertenvertretung das Beschlussverfahren als die richtige Verfahrensart anzusehen. Die Rechtsprechung hat die Anwendung des Beschlussverfahrens auf **Streitigkeiten** zwischen der Vertrauensperson der Schwerbehinderten und Arbeitgeber **aus seiner Tätigkeit** verneint und insoweit das **Urteilsverfahren** als die zutreffende Verfahrensart angesehen, da die Vertrauensperson trotz weitgehend gleicher Rechtsstellung kein Organ der Betriebsverfassung sei (BAG 16. 8. 1977 AP SchwbG § 23 Nr. 1 für die Erstattung von Schulungskosten; für die Zahlung einer Aufwandsentschädigung BAG 14. 8. 1986 AP SchwbG § 23 Nr. 2; vergl. auch LAG Hamm vom 7. 9. 1976, EzA § 23 SchwbG Nr. 1, das die Frage offen lässt, ob nicht der Verwaltungsrechtsweg gegeben sei). Ebenso sei ein Streit über die Freistellung der Vertrauensperson im Urteilsverfahren auszutragen (LAG Düsseldorf vom 11. 7. 1977, EzA § 23 SchwbG Nr. 3; so auch *Wilrodt/Neumann*, § 23 Rn. 25 m. w. N.; anders jetzt – Beschlussverfahren vor den Verwaltungsgerichten – OVG NRW 6. 8. 2002, DÖD 2003, 92). Das ist **nicht richtig**. Soweit vergleichbare Streitigkeiten von Betriebsratsmitgliedern im Beschlussverfahren vor den Arbeitsgerichten zu entscheiden sind, gilt dies auch für die Vertrauensperson der Schwerbehinderten. „Gleiche Rechtsstellung wie Betriebsratsmitglieder" bedeutet auch gleiche prozessuale Rechtsstellung, da der materielle Anspruch auch durch die Möglichkeiten seiner prozessualen Durchsetzung – z. B. keine Kosten im Beschlussverfahren – ausgestaltet wird (GK-ArbGG/*Dörner* § 2 a Rn. 74; ArbGV/*Krass-*

höfer § 2a Rn. 20). Zwar bietet das verwaltungsgerichtliche Beschlussverfahren die gleiche prozessualen Bedingungen wie das Beschlussverfahren vor den Arbeitsgerichten, wenn aber § 2a die ausschließliche Zuständigkeit der Arbeitsgerichte selbst für die Wahl und die Aufgaben und Befugnisse der Schwerbehindertenvertretung begründet, diese also dem Betriebsrat gleichstellt, ist nicht einzusehen, warum für die nicht im Arbeitsverhältnis selbst sondern in dem Vertretungsrecht begründeten Ansprüche ihrer Mitglieder etwas anderes gelten soll (a. A. OVG NRW 6. 8. 2002 DÖD 2003, 92). Eine **fristlose** Kündigung des Mitglieds der Schwerbehindertenvertretung bedarf der Zustimmung des Betriebs- oder Personalrats. Auch über die Ersetzung der Zustimmung des Personalrats ist daher **im Beschlussverfahren vor den Arbeitsgerichten** zu entscheiden.

Die Zuständigkeit der Arbeitsgerichte im Beschlussverfahren ist nach Nr. 3a auch gegeben für die Angelegenheiten nach § 139 SGB IX. Nach dieser Vorschrift sind in den Werkstätten für Behinderte **Werkstatträte** zur Vertretung der Belange der Behinderten zu wählen. Deren Zusammensetzung, Wahl und Beteiligungsrechte sollen durch eine Rechtsverordnung geregelt werden, die noch nicht ergangen ist. Rechtsstreitigkeiten über die Wahl dieses Werkstattsrats, seine Rechtsstellung und Befugnisse sind von den Arbeitsgerichten zu entscheiden, und zwar im Beschlussverfahren vor den Arbeitsgerichten. Für die Rechtsstreitigkeiten über die Rechtsstellung seiner Mitglieder gilt das Gleiche, wie für die Rechtsstreitigkeiten der Vertrauensperson (s. Rn. 24). 25

Was für die Wahl, Amtszeit, Aufgaben und Rechtsstellung der Mitglieder der Schwerbehindertenvertretung gilt, wird man für die **Vertrauensperson der Soldaten** und den **Vertrauensmann der Zivildienstleistenden** nach § 2 des Soldatenbeteiligungsgesetzes (SBG) bzw. § 2 des Zivildienstvertrauensmanngesetzes (ZDVG) – beide vom 16. 1. 1991 (BGBl. I S. 47) – analog anwenden müssen, soweit nicht nach §§ 3 und 11 SBG über die Anfechtung der Wahl und die Abberufung der Vertrauensperson der Soldaten die Truppendienstgerichte zu entscheiden haben. Für die Anfechtung der Wahl und die Abberufung des Vertrauensmannes der Zivildienstleistenden schreiben § 2 Abs. 6 und § 9 ZDVG die Entscheidung durch die Verwaltungsgerichte ausdrücklich vor, ohne jedoch zu bestimmen, dass insoweit im Beschlussverfahren zu entscheiden ist. 26

c) Im Insolvenzverfahren

Die Insolvenzordnung regelt zwei Verfahren, für die ebenfalls die Arbeitsgerichte zuständig sind und über die im Beschlussverfahren zu entscheiden ist. 27

Nach § 122 InsO kann der Insolvenzverwalter, wenn nicht innerhalb von 3 Wochen ein Interessenausgleich mit dem Betriebsrat vereinbart worden ist, beim Arbeitsgericht die Zustimmung zur Durchführung der Betriebsänderung beantragen. Über den Antrag entscheidet das Arbeitsgericht im Beschlussverfahren, § 122 Abs. 2 Satz 2 InsO. Beteiligt sind der Insolvenzverwalter und der Betriebsrat. 28

Unabhängig von § 122 InsO kann der Insolvenzverwalter nach § 126 InsO, wenn es nicht zur Vereinbarung eines Interessenausgleichs nach § 125 InsO kommt, in dem die zu kündigenden Arbeitnehmer namentlich benannt sind, beim Arbeitsgericht die Zustimmung zur Kündigung der im Antrag namentlich zu benennenden Arbeitnehmer beantragen. Auch über diesen Antrag entscheidet das Arbeitsgericht im Beschlussverfahren, § 126 Abs. 2 InsO. Beteiligt sind in diesem Verfahren auch die benannten Arbeitnehmer, soweit sie mit der Beendigung ihres Arbeitsverhältnisses nicht einverstanden sind (s. dazu BAG 29. 6. 2000 AP InsO § 126 Nr. 2; zu den Einzelheiten des Verfahrens s. GK-ArbGG/*Dörner* § 80 Rn. 71 ff.). 29

d) Nach dem Berufsbildungsgesetz

Auszubildende in Berufsausbildungseinrichtungen sind regelmäßig keine Arbeitnehmer im Sinne des Betriebsverfassungsrechts, nehmen daher auch an Wahlen für den 30

Betriebsrat oder eine Jugend- und Auszubildendenvertretung nicht teil (BAG 20. 3. 1996 AP BetrVG 1972 § 5 Ausbildung Nr. 5). § 51 BBiG sieht vor, dass diese Auszubildende eine eigene Interessenvertretung wählen können. Streitigkeiten aus und um dieses neue betriebsverfassungsrechtliche Organ sind nach der neuen Nr. 3c ebenfalls im Beschlussverfahren vor den Arbeitsgerichten zu entscheiden.

e) Nach den Mitarbeitervertretungsordnungen

31 Nach § 118 BetrVG und § 112 BPersVG finden diese Gesetze keine Anwendung auf **Religionsgemeinschaften** und ihre karitativen und erzieherischen Einrichtungen ohne Rücksicht auf ihre Rechtsform. Ihnen bleibt die **selbständige Ordnung eines Personalvertretungsrechtes** überlassen. Die Kirchen haben weitgehend Mitarbeitervertretungsordnungen erlassen. Dabei handelt es sich um eine eigene Angelegenheit im Sinne von Art. 137 WRV i. V. m. Art. 140 GG, die jede Religionsgesellschaft **selbständig** ordnet und verwaltet. Für Streitigkeiten aus der Mitarbeitervertretung ist daher die staatliche Gerichtsbarkeit und damit auch die Zuständigkeit der Arbeitsgerichte nicht gegeben (BAG 11. 3. 1986 AP GG Art. 140 Nr. 25; 25. 4. 1989 AP GG Art. 140 Nr. 34; 9. 9. 1992 AP GG Art. 140 Nr. 40; Bischöfliche Schlichtungsstelle Berlin 13. 3. 1984 AP GG Art. 140 Nr. 22; GK-ArbGG/*Dörner* § 2a Rn. 53 Schwab/Weth/*Walker* § 2a Rn. 21; ErfK/*Koch* § 2a Rn. 6). Soweit jedoch die Mitarbeitervertretungsordnung der Kirchen die Rechte und Pflichten der Mitglieder aus ihrem Arbeitsverhältnis regelt, wird es sich bei Streitigkeiten über diese **Rechte und Pflichten** um Streitigkeiten **aus dem Arbeitsverhältnis** handeln, für die die Arbeitsgerichte zuständig sind und über die im **Urteilsverfahren** zu entscheiden ist. Es müssen hier die gleichen Grundsätze gelten, nach denen über Rechtsstreitigkeiten der Organmitglieder aus ihrem Arbeitsverhältnis im Urteilsverfahren zu entscheiden ist (s. oben Rn. 15 ff.). Dass in solchen Verfahren auch über Rechtsfragen des kirchlichen Mitarbeitervertretungsrechts als Vorfrage zu entscheiden ist, steht der Zuständigkeit der Arbeitsgerichte nicht entgegen (GK-ArbGG/*Dörner*, § 2a Rn. 54; s. § 2 Rn. 139 ff.).

f) Personalvertretungssachen

32 Über Streitigkeiten aus dem **Bundespersonalvertretungsgesetz** und den meisten **Länderpersonalvertretungsgesetzen** ist ebenfalls im **Beschlussverfahren** zu entscheiden, jedoch sind dafür nicht die Arbeitsgerichte, sondern die Gerichte der Verwaltungsgerichtsbarkeit zuständig (s. näher § 80 Rn. 7 ff.). Ist eine personalvertretungsrechtliche Streitigkeit – wenn auch zu Unrecht – bindend an das Arbeitsgericht verwiesen worden, so ist darüber auch vom Arbeitsgericht im Beschlussverfahren zu entscheiden. Das gilt zumindest insoweit, als auch die Verwaltungsgerichte darüber im Beschlussverfahren zu entscheiden hätten. (Schwab/Weth/*Walker* § 2a Rn. 19).

4. Strafsachen und Ordnungswidrigkeiten

33 Nicht zu den Angelegenheiten aus dem Betriebsverfassungsgesetz im Sinne von Abs. 1 Nr. 1 gehören die in den §§ 119 bis 121 geregelten strafbaren Handlungen und Ordnungswidrigkeiten. Für diese sind nach § 13 GVG und §§ 68 ff. OWiG die **ordentlichen Gerichte** zuständig. Entsprechendes gilt für die in den §§ 34 bis 36 SprAuG, §§ 43 bis 45 EBRG, §§ 45, 46 SEBG und §§ 47, 48 SCEBG geregelten Tatbestände, § 2a Abs. 1 Nr. 2 und Nr. 3 b, d und e.

III. Einzelfälle

34 Ohne Anspruch auf Vollständigkeit sollen im folgenden Streitigkeiten mit Bezug auf das Betriebsverfassungsrecht aufgeführt werden, für die entschieden oder umstritten ist,

III. Einzelfälle § 2a

ob es sich um Angelegenheiten aus dem Betriebsverfassungsgesetz im Sinne von Abs. 1 Nr. 1 handelt, über die im Beschlussverfahren zu entscheiden ist.

1. Errichtung von Betriebsverfassungsorganen

Im Beschlussverfahren ist zu entscheiden über die Frage, **ob ein Betriebsrat**, Gesamtbetriebsrat oder Konzernbetriebsrat **zu bilden ist**, und aus wie vielen Mitgliedern er bestehen muss. Hierher gehören auch Streitigkeiten über die Bildung des verkleinerten Gesamtbetriebsrates nach § 47 Abs. 5 BetrVG (BAG 15. 8. 1978 AP BetrVG 1972 § 47 Nr. 3) und Streitigkeiten über die Bildung des **Wirtschaftsausschusses** (BAG 1. 10. 1974 AP BetrVG 1972 § 106 Nr. 1) oder der **Jugend- und Auszubildendenvertretungen.** Damit zusammen hängen Streitigkeiten über die Zuordnung von Betriebsteilen zu einem Hauptbetrieb, die **Selbständigkeit von Betrieben** oder darüber, ob räumlich nicht getrennte Unternehmensteile einen oder mehrere Betriebe bilden, § 18 Abs. 2 BetrVG (BAG 23. 9. 1982 AP BetrVG 1972 § 4 Nr. 3; 17. 1. 1978 AP BetrVG 1972 § 1 Nr. 1), auch ob **mehrere Unternehmen einen gemeinsamen Betrieb** haben (BAG 7. 8. 1986 AP BetrVG 1972 § 1 Nr. 5). 35

Ebenfalls in diesem Verfahren zu entscheiden sind Streitigkeiten über die **Bildung von Ausschüssen,** deren Zusammensetzung oder die Wahl oder die Bestellung des Vorsitzenden und seines Stellvertreters. 36

Eine Angelegenheit aus dem Betriebsverfassungsgesetz ist auch, ob für auf Grund eines Tarifvertrages nach § 3 gebildeten Organisationseinheiten ein Betriebsrat zu wählen ist. Eine Frage der Bildung von Betriebsräten und ihrer Größe betrifft auch eine **Streitigkeit darüber, ob** bestimmte Gruppen von Beschäftigten im Betrieb **Arbeitnehmer** im Sinne von § 5 BetrVG sind (BAG 10. 2. 1981 AP BetrVG 1972 § 5 Nr. 25). Ausdrücklich genannt sind in § 23 Abs. 1 BetrVG Streitigkeiten über die **Auflösung des Betriebsrates** oder den Ausschluss eines Betriebsratsmitgliedes. 37

2. Wahlstreitigkeiten

Im Beschlussverfahren ist zunächst zu entscheiden über die **Anfechtung der Betriebsratswahl** oder der Wahl der Jugend- und Auszubildendenvertretung §§ 19, 63 Abs. 2 BetrVG (BAG 12. 10. 1976 AP BetrVG 1972 § 19 Nr. 5). Gleiches gilt für Streitigkeiten über die Nichtigkeit einer solchen Wahl (BAG 4. 10. 1977 AP BetrVG 1972 § 18 Nr. 2), allerdings kann die Frage, ob eine Betriebsratswahl nichtig war, auch als Vorfrage im Urteilsverfahren, etwa in einem Kündigungsschutzprozess, zu entscheiden sein (BAG 27. 4. 1976 AP BetrVG 1972 § 19 Nr. 4). 38

Anerkannt ist, dass auch **Streitigkeiten über rechtlich selbständige Teilakte des Wahlverfahrens** oder Maßnahmen des Wahlvorstandes schon vor Abschluss der Betriebsratswahl zur gerichtlichen Entscheidung gestellt werden können (BAG 15. 12. 1972 AP BetrVG 1972 § 14 Nr. 1), so über die Wirksamkeit einer Wahl des Wahlvorstandes (BAG 3. 6. 1975 AP BetrVG 1972 § 5 Rotes Kreuz Nr. 1) oder über dessen gerichtliche Bestellung nach §§ 16 Abs. 2, 17 Abs. 3 BetrVG (BAG 19. 3. 1974 AP BetrVG 1972 § 17 Nr. 1, vom 26. 2. 1992 AP BetrVG 1972 § 17 Nr. 6), über das aktive oder passive Wahlrecht der Arbeitnehmer oder bestimmter Arbeitnehmergruppen (BVerwG vom 18. 10. 1978, Buchholz 238.3 A § 53 Nr. 3), über die Richtigkeit der Eintragung eines Arbeitnehmers in die Wählerliste, über die Gültigkeit einer Vorabstimmung oder eines Wahlvorschlages. Hierher gehören auch Streitigkeiten über den Zeitpunkt einer Betriebsratswahl und die Pflicht des Arbeitgebers zur Unterstützung des Wahlvorstandes (BVerwG vom 20. 6. 1978, Buchholz 238.3 A § 6 Nr. 3; LAG Hamm vom 27. 5. 1977, DB 1977, 1269) oder über die Kosten der Wahl. Für Ansprüche der Wahlvorstandsmitglieder auf Fortzahlung des Arbeitsentgeltes ist jedoch das Urteilsverfahren gegeben (s. oben Rn. 16). 39

3. Organstreitigkeiten

40 Angelegenheiten aus dem Betriebsverfassungsgesetz sind auch **Streitigkeiten innerhalb der einzelnen Betriebsverfassungsorgane** oder zwischen diesen. Hierher gehört der Streit über die Anfechtung der Wahl des Betriebsratsvorsitzenden oder seines Stellvertreters (BAG 16. 2. 1973 AP BetrVG 1972 § 19 Nr. 1, vom 13. 11. 1991 AP BetrVG 1972 § 26 Nr. 9). Aber auch Streitigkeiten über die Bildung von Ausschüssen, über die Sitzverteilung (BAG 19. 3. 1974 AP BetrVG 1972 § 26 Nr. 1, vom 8. 4. 1992 AP BetrVG 1972 § 26 Nr. 11) oder über die Zuziehung von Gewerkschaftsbeauftragten zur Betriebsratssitzung. Im Beschlussverfahren ist auch zu entscheiden, wenn Streit besteht über die Wirksamkeit von Betriebsratsbeschlüssen, etwa eines Rücktrittsbeschlusses. Auch Streitigkeiten über die Behandlung von Vorschlägen der Arbeitnehmer nach § 86 a BetrVG gehören ins Beschlussverfahren (*Wiese*, BB 2001, 2267; a. A. Schwab/Weth/*Walker* § 2 a Rn. 46).

41 Ebenfalls gehören hierher Streitigkeiten zwischen mehreren Betriebsverfassungsorganen über die Abgrenzung ihrer Zuständigkeiten oder über ihre Zusammenarbeit, etwa mit der Jugend- und Auszubildendenvertretung, den Arbeitsgruppen nach dem neuen § 28 a BetrVG oder mit der Vertrauensperson der Schwerbehinderten nach § 95 SGB IX (BAG 19. 1. 1984 AP BetrVG 1972 § 74 Nr. 4; GK-ArbGG/*Dörner*, § 2 a Rn. 38; s. auch oben Rn. 24), Streitigkeiten zwischen einzelnen Betriebsratsmitgliedern und dem Betriebsrat oder seinem Vorsitzenden um Freistellungen, die Zuweisung von Aufgaben, das Einsichtsrecht in Unterlagen (BAG 27. 5. 1982 AP Nr. 1 zu § 34 BetrVG 1972) oder auf Herausgabe von Betriebsratsakten (BAG 3. 4. 1957 AP Nr. 46 zu § 2 ArbGG 1953). Soweit Betriebsratsmitglieder wegen Verletzung ihrer Amtspflicht gesamtschuldnerisch haften (s. oben Rn. 19 f.), gehört auch die Auseinandersetzung unter ihnen über den Anteil ihrer Haftung ins Beschlussverfahren.

4. Streitigkeiten über Beteiligungsrechte und Befugnisse

42 Wohl die wichtigste Gruppe der Angelegenheiten aus dem Betriebsverfassungsgesetz sind Streitigkeiten über das **Bestehen und den Umfang von Beteiligungsrechten des Betriebsrates** und anderer Organe der Betriebsverfassung. Das gilt nicht nur für die Frage, ob der Betriebsrat in einer bestimmten Angelegenheit ein Mitbestimmungsrecht hat, sondern betrifft auch die schwächeren Beteiligungsrechte auf Beratung, Anhörung, Unterrichtung und auf Vorlage von Unterlagen. Auch der Streit über die Wirksamkeit einer Betriebsvereinbarung – oder eines Betriebskollektivvertrages (BAG 26. 5. 1992 AP AGB-DDR § 28 Nr. 1) – oder über deren Inhalt ist im Beschlussverfahren auszutragen, auch wenn die Betriebsvereinbarung von den Betriebspartnern zunächst streitlos abgeschlossen worden ist (BAG 16. 9. 1960 AP ArbGG 1953 § 2 Betriebsvereinbarung Nr. 1), soweit sich diese Frage nicht nur als Vorfrage in einem anderen Verfahren stellt. Gleichgültig ist, ob das geltend gemachte Beteiligungsrecht besteht. Das ist eine Frage der Begründetheit des Antrags (BAG 26. 6. 1996 AP ArbGG 1979 § 2 a Nr. 12).

43 Im Beschlussverfahren ist auch zu entscheiden über die Anträge auf **Ersetzung der Zustimmung des Betriebsrates zu personellen Einzelmaßnahmen** nach den §§ 99 Abs. 4, 103 Abs. 2 BetrVG oder über den Antrag des Betriebsrates auf Entlassung oder Versetzung von Arbeitnehmern nach den §§ 101 und 104 BetrVG.

44 Nach § 17 AGG kann der Betriebsrat bei Verstößen des Arbeitgebers gegen seine Pflichten aus dem AGG unter den Voraussetzungen des § 23 Abs. 3 BetrVG von diesen das Unterlassen solcher Verstöße oder geeignete Maßnahmen zur Verhinderung von Diskriminierungen verlangen. Auch über solche Anträge ist im Beschlussverfahren zu entscheiden.

45 Angelegenheiten aus dem Betriebsverfassungsgesetz sind auch Streitigkeiten über **Geschäftsführungsbefugnisse des Betriebsrats**, etwa über die Einrichtung von Sprechstun-

III. Einzelfälle § 2 a

den, über Zeitpunkt und Notwendigkeit von Betriebsratssitzungen, über Freistellungen über die Staffel des § 38 BetrVG hinaus (BAG 9. 10. 1973 AP BetrVG 1972 § 38 Nr. 3), über Zeit, Ort und Gegenstand von Betriebsversammlungen und Jugend- und Auszubildendenversammlungen (BAG 9. 3. 1976 AP BetrVG 1972 § 44 Nr. 3) und über Teilnahmerechte des Betriebsrates an Besprechungen nach § 89 BetrVG und an sonstigen betrieblichen Maßnahmen.

5. Streitigkeiten über Kosten und Sachmittel

Über Streitigkeiten hinsichtlich der Verpflichtung des Arbeitgebers, die **Kosten der** 46 **Betriebsratstätigkeit** zu tragen, ist im Beschlussverfahren zu entscheiden (BAG 28. 4. 1967 AP BetrVG; § 39 Nr. 7 31. 10. 1972 AP BetrVG 1972 § 40 Nr. 2; BVerwG vom 27. 4. 1979, Buchholz 238.3 A § 46 Nr. 2). Das gilt auch für Streitigkeiten auf Feststellung der Kostentragungspflicht für bestimmte, künftig entstehende Kosten (BAG 6. 5. 1975 AP BetrVG 1972 § 65 Nr. 5; BVerwG vom 27. 4. 1979, Buchholz 238.3 A § 46 Nr. 6). Auf die Art der Kosten kommt es nicht an, so für Rechtsanwaltskosten (BAG 3. 10. 1978 AP BetrVG 1972 § 40 Nr. 14), für Mitgliedsbeiträge im Mieterschutzbund (BAG 27. 9. 1974 AP BetrVG 1972 § 40 Nr. 8), für die Herausgabe einer Informationsschrift (BAG 21. 11. 1978 AP BetrVG 1972 § 40 Nr. 15), besonders häufig für **Schulungskosten** (GK-ArbGG/*Dörner* § 2 a Rn. 44). Auch über den Anspruch des Betriebsratsmitglieds auf Ersatz des Schadens, der ihm in Ausübung einer Betriebsratstätigkeit entstanden ist, ist im Beschlussverfahren zu entscheiden (BAG 3. 3. 1983 AP BetrVG 1972 § 20 Nr. 8), ebenso darüber, ob der PKW eines Personalratsmitgliedes im dienstlichen Interesse gehalten wird (BVerwG vom 27. 4. 1983 BVerwGE 67, 137).

Schließlich gehören hierher Streitigkeiten über die vom Arbeitgeber zur Verfügung zu 47 stellenden Sachmittel wie Räume, Bürobedarf oder Fachliteratur (BAG 21. 4. 1983 AP BetrVG 1972 § 40 Nr. 20, vom 17. 2. 1993 AP BetrVG 1972 § 40 Nr. 46).

6. Streitigkeiten über die Einigungsstelle

Im Beschlussverfahren ist zu entscheiden über die **Bestellung** des **Vorsitzenden einer** 48 **Einigungsstelle** oder die Bestimmung der Zahl der Beisitzer nach § 76 Abs. 2 BetrVG (s. auch § 98). Angelegenheiten aus dem Betriebsverfassungsgesetz sind aber auch Streitigkeiten über die Zulässigkeit der Anrufung der Einigungsstelle (BAG 22. 7. 1981 AP BetrVG 1972 § 76 Nr. 10) und über deren Zuständigkeit, was regelmäßig gleichzeitig ein Streit über das Bestehen von Mitbestimmungsrechten ist (BAG 28. 2. 1984 AP BetrVG 1972 § 87 Tarifvorrang Nr. 4). Gleiches gilt für Streitigkeiten über das Verfahren der Einigungsstelle.

Hierher gehört auch die **Anfechtung eines Spruchs der Einigungsstelle** nach § 76 49 Abs. 5 Satz 4 BetrVG wegen Ermessensüberschreitung sowie sonstige Streitigkeiten über die Wirksamkeit eines Einigungsstellenspruches (BAG 28. 2. 1984 AP BetrVG 1972 § 87 Tarifvorrang Nr. 4; BVerwG vom 21. 10. 1983 BVerwGE 68, 116), oder ob ein Spruch der Einigungsstelle von den Betriebspartnern angenommen worden ist oder ob diese sich dem Spruch im Voraus unterworfen haben.

Im Beschlussverfahren zu entscheiden sind schließlich Streitigkeiten über die **Kosten** 50 **einer Einigungsstelle,** so über den Honoraranspruch des Vorsitzenden (BAG 15. 12. 1978 AP BetrVG 1972 § 76 Nr. 5) auch über dessen Befriedigung im Insolvenzverfahren (BAG 25. 8. 1983 AP KO § 59 Nr. 14), über den Honoraranspruch der außerbetrieblichen Beisitzer (BAG 6. 4. 1973 AP BetrVG 1972 § 76 Nr. 1, vom 26. 7. 1989 AP ArbGG 1979 § 2 a Nr. 4; vom 13. 11. 1991 AP BetrVG 1972 § 76 a Nr. 1) und über Kosten des Betriebsrates anlässlich des Einigungsstellenverfahrens, beispielsweise durch die Beauftragung eines Rechtsanwalts (BAG 5. 11. 1981 AP BetrVG 1972 § 76 Nr. 9).

7. Streitigkeiten aus § 78 a BetrVG

51 Streitig war lange Zeit die Frage, ob über **den Antrag des Arbeitgebers nach § 78 a Abs. 4 BetrVG** festzustellen, dass ein Arbeitsverhältnis mit einem Auszubildenden nicht begründet wird, oder ein solches Arbeitsverhältnis aufzulösen, im Beschlussverfahren oder im Urteilsverfahren zu entscheiden ist (vergl. die Nachweise in BAG 5. 4. 1984 AP BetrVG 1972 § 78 a Nr. 13). Während das Bundesarbeitsgericht zunächst entschieden hatte, dass über diese Anträge im Urteilsverfahren zu entscheiden sei (BAG 3. 2. 1976 AP BetrVG 1972 § 78 a Nr. 2 für den Auflösungsantrag; vom 23. 3. 1976 AP BetrVG 1972 § 78 a Nr. 3 für den Feststellungsantrag), hat es seine Rechtsprechung später aufgegeben und ausgesprochen, dass über diese Anträge **im Beschlussverfahren zu entscheiden sei** (BAG 5. 4. 1984 AP BetrVG 1972 § 78 a Nr. 13; so schon vorher für die entsprechenden Anträge nach § 9 Abs. 4 BPersVG BVerwG vom 26. 6. 1981 BVerwGE 82, 364). Es hat in einer weiteren Entscheidung (BAG 13. 3. 1986 – 6 AZR 424/85 – unveröffentlicht) entschieden, dass dies auch dann gelte, wenn der Arbeitgeber geltend mache, dass die Voraussetzungen des § 78 a Abs. 2 BetrVG für ein Weiterbeschäftigungsverlangen nicht gegeben seien (so auch GK-ArbGG/*Dörner*, § 2 a Rn. 47).

52 Bestreitet der Arbeitgeber, dass mit dem Auszubildenden ein Arbeitsverhältnis nach § 78 a Abs. 2 BetrVG zustande gekommen ist, so kann der **Auszubildende eine entsprechende Feststellungsklage erheben.** Über diese ist jedoch im **Urteilsverfahren** zu entscheiden (BAG 22. 9. 1983 AP BetrVG 1972 § 78 a Nr. 11; vom 23. 8. 1984 AP BPersVG § 9 Nr. 1; so auch Schwab/Weth/*Walker* § 2 a Rn. 40; G. *Hueck* Anm. zu AP BetrVG 1972 § 78 a Nr. 3; *Fitting/Engels/Schmidt/Trebinger/Linsenmaier*, § 78 a Rn. 61; *Richardi/Thüsing*, § 78 a Rn. 49). Nach der Entscheidung des Bundesarbeitsgerichts vom 13. 3. 1986 (s. oben Rn. 51) kann der Arbeitgeber in diesem Verfahren aber nicht einredeweise geltend machen, die Voraussetzungen des § 78 a Abs. 2 BetrVG hätten nicht vorgelegen (*Matthes*, NZA 1989, 916). Er kann auch nicht hilfsweise den nur im Beschlussverfahren zu verfolgenden Antrag auf Auflösung des Arbeitsverhältnisses stellen (a. A. Schwab/Weth/*Walker* § 2 a Rn. 42). Handelt es sich um einen Auszubildenden im Bereich des Personalvertretungsrechts, so ist über den Antrag des Auszubildenden vor den Arbeitsgerichten im Urteilsverfahren, über den Antrag der Dienststelle vor den Verwaltungsgerichten im Beschlussverfahren zu entscheiden (s. § 80 Rn. 16; vergl. auch BAG 14. 5. 1987 AP BPersG § 9 Nr. 4).

8. Streitigkeiten des Europäischen Betriebsrats

53 Die Arbeitsgerichte sind weiter zuständig, für Angelegenheiten aus dem Gesetz über Europäische Betriebsräte. Angelegenheiten aus diesem Gesetz sind insbesondere Streitigkeiten über den Auskunftsanspruch nach § 5, die Bildung, Geschäftsführung und Befugnisse des besonderen Verhandlungsgremiums nach den §§ 8 ff., den Inhalt der Vereinbarung über grenzüberschreitende Unterrichtung und Anhörung nach § 17, die Bildung, Geschäftsführung und Befugnisse des vereinbarten oder gesetzlichen Europäischen Betriebsrats nach den §§ 18, 19 und 25 ff. und über die Fortgeltung von vor dem Inkrafttreten des Gesetzes abgeschlossener Vereinbarungen nach § 41.

54 Für Rechtsstreitigkeiten der Mitglieder des Europäischen Betriebsrats und des besonderen Verhandlungsgremiums gilt das Gleiche wie für Rechtsstreitigkeiten der Betriebsratsmitglieder, § 40 (s. Rn. 15 ff.).

9. Streitigkeiten über die Befugnisse der Verbände

55 Im **Beschlussverfahren** ist auch zu entscheiden über Streitigkeiten, **welche Befugnisse den Verbänden,** insbesondere den im Betrieb vertretenen Gewerkschaften im Rahmen der Betriebsverfassung **zukommen.** Insbesondere handelt es sich dabei um Zutrittsrechte

zum Betrieb (BAG 26. 6. 1973 AP BetrVG 1972 § 2 Nr. 2; BAG 19. 9. 2006 AP BetrVG 1972 § 2 Nr. 5; LAG Hamm vom 9. 3. 1972 EzA § 2 BetrVG 1972 Nr. 1), gleichgültig ob der Gewerkschaftsbeauftragte an einer Betriebsversammlung (BAG 8. 2. 1957 AP BetrVG § 82 Nr. 1), an einer Sitzung des Wirtschaftsausschusses teilnehmen (BAG 18. 11. 1980 AP BetrVG 1972 § 108 Nr. 2) oder den Wahlvorstand unterstützen will (LAG Hamm vom 30. 9. 1977 EzA § 2 BetrVG 1972 Nr. 8). Unerheblich ist auch, ob es um das Zutrittsrecht der Gewerkschaft als solche oder nur um die Frage geht, ob ein bestimmter Gewerkschaftsbeauftragter den Betrieb betreten darf (BAG 18. 3. 1964 AP BetrVG § 45 Nr. 1). Das gilt auch für das Zutrittsrecht zu den Räumen eines Unternehmens, um dort Arbeitnehmer eines anderen Unternehmens zu betreuen (BAG 14. 8. 1986 – 6 ABR 40/84 – unveröffentlicht). Auch über Anträge einer Gewerkschaft nach § 23 Abs. 3 BetrVG ist im Beschlussverfahren zu entscheiden (BAG 20. 8. 1991 AP BetrVG 1972 § 77 Tarifvorbehalt Nr. 2). Nach der Rechtsprechung des Bundesarbeitsgerichts ist eine Gewerkschaft im Sinne des Betriebsverfassungsgesetzes nur eine tariffähige Gewerkschaft (BAG 19. 9. 2006 AP BetrVG 1972 § 2 Nr. 5). Gleichwohl gehört auch der Streit einer nicht tariffähigen Arbeitnehmervereinigung um ein betriebsverfassungsrechtliches Recht wie das Zutrittsrecht ins Beschlussverfahren. Ob der Vereinigung das Recht zusteht, ist eine Frage der Begründetheit ihres Antrags.

Sind der Gewerkschaft in Verfolgung ihrer betriebsverfassungsrechtlichen Rechte **Kosten** entstanden, ist auch über den Kostenerstattungsanspruch gegen den Arbeitgeber im Beschlussverfahren zu entscheiden (LAG Hamm 21. 7. 2006 jurisPR-AR 40/2006 Nr. 2). 56

Streitigkeiten um **Zutrittsrechte der Gewerkschaft** zu einem Betrieb können auch Streitigkeiten nach § 2 Abs. 1 Nr. 2 über ein Betätigungsrecht der Vereinigung sein (s. § 2 Rn. 43 ff.), über die im Urteilsverfahren zu entscheiden ist. Die Abgrenzung der beiden Verfahrensarten zueinander kann nur nach dem Streitgegenstand erfolgen. Wird der Zutritt im Hinblick auf eine in Anspruch genommene betriebsverfassungsrechtliche Aufgabe der Gewerkschaft verlangt, so ist das Beschlussverfahren gegeben. Darauf, ob der Gewerkschaft eine solche Aufgabe zukommt oder diese ein Zutrittsrecht begründet, kommt es für die Bestimmung der Verfahrensart nicht an. 57

Auch der **Unterlassungsanspruch einer Gewerkschaft** gegen die Praktizierung tarifwidriger Betriebsvereinbarungen oder Regelungsabreden durch den Arbeitgeber gehört nach Ansicht des Bundesarbeitsgerichts ins Beschlussverfahren (BAG 20. 4. 1999 AP GG Art. 9 Nr. 89; *Hauck/Helml* § 2a Rn. 6; a. A. *Richardi*, Anm. zu AP GG Art. 9 Nr. 89; vom 13. 3. 2001 AP Nr. 17 zu § 2a ArbGG 1979; Schwab/Weth/*Walker* § 2a Rn. 50; Zum Streitstand vergl. *Leipold* SAE 2002, 290; *Bauer/Haußmann*, NZA Beil. 24/2000 S. 42; *Rieble*, ZTR 1999, 483; *Wiedemann*, RdA 2000, 169). 58

10. Angelegenheiten aus dem Sprecherausschussgesetz

Nach der Nr. 2 entscheiden die Arbeitsgerichte auch über Angelegenheiten aus dem Sprecherausschussgesetz im Beschlussverfahren. Die Vorschrift entspricht inhaltlich der Nr. 1. Angelegenheiten aus dem Sprecherausschussgesetz sind daher diejenigen Streitigkeiten über die Bildung von Sprecherausschüssen, die Rechtsstellung ihrer Mitglieder und über die Beteiligungsrechte dieser Ausschüsse, die für die Organe der Betriebsverfassung und ihre Mitglieder Angelegenheiten aus dem Betriebsverfassungsgesetz sind. Es kann daher auf die obigen Ausführungen (Rn. 7 bis 47) verwiesen werden. 59

Davon unberührt bleibt die Zuständigkeit der Arbeitsgerichte zur Entscheidung im Beschlussverfahren über die Frage, ob ein **Arbeitnehmer leitender Angestellter** im Sinne von § 5 Abs. 3 BetrVG ist (GK-ArbGG/*Dörner* § 2a Rn. 59; Arb GV/*Krasshöfer* § 2a Rn. 21). Diese Frage ist nach wie vor eine Angelegenheit aus dem Betriebsverfassungsgesetz (vergl. BAG 5. 3. 1974 AP BetrVG 1972 § 5 Nr. 1 und von da an in ständiger Rechtsprechung). Dass über die Zuordnung von Angestellten zu den leitenden Angestell- 60 ten in den Fällen des § 18 a BetrVG nunmehr ein **Vermittler** entscheidet, steht dem nicht entgegen, zumal durch das Zuordnungsverfahren gemäß § 18 a Abs. 5 BetrVG der Rechtsweg nicht ausgeschlossen wird. Eine vorherige Zuordnung durch den Vermittler ist auch nicht Voraussetzung für ein gerichtliches Statusverfahren. Daneben kann die Frage, ob ein Arbeitnehmer leitender Angestellter ist, auch als Vorfrage im Urteilsverfahren, etwa in einem Kündigungsschutzprozess, entschieden werden (BAG 25. 3. 1976 AP BetrVG 1972 § 5 Nr. 13; Schwab/Weth/*Walker* § 2 a Rn. 69).

61 Über die offene Frage, ob leitende Angestellte außerhalb des Sprecherausschussgesetzes noch Sprecherausschüsse auf freiwilliger Grundlage bilden können, ist ggfs. ebenfalls im Beschlussverfahren zu entscheiden (BAG 19. 2. 1975 AP BetrVG 1972 § 5 Nr. 9). Auch insoweit handelt es sich um eine Angelegenheit aus dem Betriebsverfassungs- bzw. Sprecherausschussgesetz.

11. Öffentlich-rechtliche Streitigkeiten

62 § 2 a beschränkt die Zuständigkeit der Arbeitsgerichte im Beschlussverfahren nicht auf bürgerliche Rechtsstreitigkeiten. Sie sind daher in Angelegenheiten aus dem BetrVG auch dann zuständig, wenn es sich dabei um eine öffentlich-rechtliche Streitigkeit handelt (Schwab/Weth/*Walker* § 2 a Rn. 51). Das gilt in erster Linie für Streitigkeiten über die **Anerkennung einer Schulungsveranstaltung** als geeignet nach § 37 Abs. 7 BetrVG (BAG 18. 12. 1973 AP BetrVG 1972 § 37 Nr. 7; vom 30. 8. 1989 AP BetrVG 1972 § 37 Nr. 73; BVerwG vom 3. 12. 1976 BB 1977, 899; GK-ArbGG/*Dörner* § 2 a Rn. 51; MünchArbR/*Brehm*, § 389 Rn. 55; a. A. *Richardi/Thüsing*, BetrVG § 37 Rn. 196; *Mauer*, BB 1991, 475).

63 Der Betriebsrat oder andere betriebsverfassungsrechtliche Organe können auch zu außerhalb des Betriebes stehenden Stellen in Beziehung treten, so der Betriebsrat etwa nach § 89 Abs. 1 u. 2 BetrVG zu den Arbeitsschutzbehörden und den Trägern der gesetzlichen Unfallversicherung. Soweit aus diesen Beziehungen oder über diese Rechtsstreitigkeiten entstehen, ist darüber gleichfalls im Beschlussverfahren zu entscheiden (*Etzel*, RdA 1974, 217; MünchArbR/*Brehm*, § 389 Rn. 55).

IV. Angelegenheiten aus den Mitbestimmungsgesetzen

1. Die Mitbestimmungsgesetze

64 Nach § 2 a Abs. 1 Nr. 3 sind die Arbeitsgerichte ausschließlich zuständig für **Angelegenheiten aus dem Mitbestimmungsgesetz**, dem **Mitbestimmungsergänzungsgesetz** und dem **Drittelbeteiligungsgesetz**, soweit über die Wahl von Vertretern der Arbeitnehmer in den Aufsichtsrat und über ihre Abberufung mit Ausnahme der Abberufung nach § 103 Abs. 3 AktG zu entscheiden ist. Die Vertretung der Arbeitnehmer im Aufsichtsrat der verschiedenen Unternehmen wird in vier Gesetzen geregelt. Es handelt sich um das Mitbestimmungsgesetz vom 4. 5. 1976 – MitbestG – (BGBl. I S. 1153), das Montan-Mitbestimmungsgesetz vom 21. 5. 1951 (BGBl. I S. 347) in der Fassung vom 21. 5. 1981 (BGBl. I S. 441), das Mitbestimmungs-Ergänzungsgesetz – MitbestErgG – vom 7. 8. 1956 (BGBl. I S. 707) in der Fassung vom 21. 5. 1981 (BGBl. I S. 441) und das Drittelbeteiligungsgesetz vom 18. 5. 2004 (BGBl. I S. 974) in der Fassung vom 21. 5. 1979 (BGBl. I S. 545), alle i. d. F. des BetrVReformG vom 13. 7. 2001 (BGBl. I S. 1852). Absatz 1 Nr. 3 erklärt die Arbeitsgerichte für zuständig nur soweit es sich um Angelegenheiten aus dem Mitbestimmungsgesetz, dem Mitbestimmungsergänzungsgesetz und dem Drittelbeteiligungsgesetz handelt. Ausgenommen von der Zuständigkeit der Arbeitsgerichte ist daher nur die Wahl der Arbeitnehmervertreter im Aufsichtsrat nach dem **Montan-Mitbestimmungsgesetz** (BAG 24. 5. 1957 AP ArbGG 1953 § 2 Nr. 26; Schwab/Weth/*Walker* § 2 a Rn. 71; ArbGV/*Krasshöfer* § 2 a). Das hat seinen Grund

IV. Angelegenheiten aus den Mitbestimmungsgesetzen § 2a

darin, dass diese Arbeitnehmervertreter von der Hauptversammlung der Anteilseigner gewählt werden. Die Anfechtung der Wahl dieser Aufsichtsratsmitglieder richtet sich nach den §§ 250 ff. AktG. Für dieses Verfahren sind die **ordentlichen Gerichte** zuständig.

2. Anfechtung der Aufsichtsratswahl

a) Anfechtung und Nichtigkeit der Wahl

Ausdrücklich geregelt ist die **Anfechtung der Wahl** der Arbeitnehmervertreter zum Aufsichtsrat nur in § 22 MitbestG, § 10k MitbestErgG und in § 11 DrittelbG, § 21 MitbestG und § 10l MitbestErgG erklärt darüber hinaus auch die Wahl der Wahlmänner bzw. der Delegierten für anfechtbar und bestimmt auch insoweit die Zuständigkeit der Arbeitsgerichte. 65

Ebenso wie über die Anfechtung der Wahl haben die Arbeitsgerichte auch über die **Nichtigkeit einer Aufsichtsratswahl,** sofern davon die Arbeitnehmervertreter im Aufsichtsrat betroffen sind, zu entscheiden (Schwab/Weth/*Walker* § 2a Rn. 73; *Hanau/Ulmer,* § 6 Rn. 80). Insoweit ist die Zuständigkeit der Arbeitsgerichte jedoch keine ausschließliche. Die Nichtigkeit einer Wahl kann auch in jedem anderen Verfahren als Vorfrage, insbesondere aber auch im Verfahren nach § 250 AktG geltend gemacht werden. Auch diese Vorschrift begründet keine ausschließliche Zuständigkeit der ordentlichen Gerichte. § 250 Abs. 3 Satz 2 AktG lässt vielmehr die Geltendmachung der Nichtigkeit der Aufsichtsratswahl in anderer Weise ausdrücklich zu. 66

b) Streitigkeiten während des Wahlverfahrens

Daneben sind die Arbeitsgerichte ausschließlich zuständig für alle **Streitigkeiten, die sich anlässlich der Wahl von Arbeitnehmervertretern** zum Aufsichtsrat im Verlaufe des Wahlverfahrens ergeben können (LAG Düsseldorf vom 24. 1. 1978 DB 1978, 987; LAG Hamm vom 17. 8. 1977 EzA § 5 Mitbestimmungsgesetz Nr. 1; LAG Hamburg vom 31. 1. 1979 DB 1979, 899; ArbG Hamburg vom 5. 12. 1977 DB 1978, 1180; *Hanau/Ulmer,* vor § 9 Rn. 46; *Matthes,* GK-MitbestG § 10 Rn. 110 ff.). Es gilt insoweit das gleiche wie für Streitigkeiten anlässlich einer Betriebsratswahl (s. oben Rn. 39; GK-ArbGG/*Dörner* § 2a Rn. 64). 67

Für Wahlen der Arbeitnehmervertreter zum Aufsichtsrat kommen insoweit zusätzlich in Betracht Streitigkeiten über das Änderungsverlangen hinsichtlich der Eintragung in die Wählerliste nach den §§ 10 bzw. 11 der Wahlordnungen zum MitbestG (BAG 25. 8. 1981 AP ArbGG 1979 § 83 Nr. 2), über die Gültigkeit einer Vorabstimmung gemäß § 10 Abs. 2 MitbestG bzw. § 7 Abs. 3 MitbestErgG, Streitigkeiten über die Berechnung der Zahl der Delegierten und die Zuordnung von Betrieben oder Arbeitnehmern zu anderen Betrieben nach § 11 MitbestG, Streitigkeiten über die Beendigung der Amtszeit der Delegierten, über die Notwendigkeit der Neuwahl von Delegierten nach § 13 oder 14 MitbestG oder Aufsichtsratsmitgliedern (BAG 3. 10. 1989 AP BetrVG [1952] § 76 Nr. 28), Streitigkeiten über das Vorschlagsrecht der Gewerkschaften nach § 16 MitbestG sowie den weitgehend entsprechenden Vorschriften nach den §§ 8 ff. MitbestErgG. 67a

Umstritten ist, ob die Arbeitsgerichte anlässlich einer Wahlanfechtung oder auch im Laufe eines Wahlverfahrens auch darüber zu entscheiden haben, ob **Arbeitnehmer eines abhängigen Konzernunternehmens** oder einer Kommanditgesellschaft nach den §§ 4, 5 MitbestG **für die Wahl der Arbeitnehmervertreter** zum Aufsichtsrat des herrschenden Unternehmens oder des persönlich haftenden Gesellschafters wahlberechtigt sind, oder ob diese Frage im Statusverfahren nach den §§ 96 Abs. 2, 97 und 98 AktG zu entscheiden ist. (Für das Statusverfahren LAG Düsseldorf vom 24. 1. 1978 DB 1978, 987; OLG Düsseldorf vom 20. 6. 1978 DB 1978, 1358, auch wenn davon die Größe des Aufsichtsrates nach § 7 Abs. 1 MitbestG nicht abhängig ist; für die Zuständigkeit der Arbeitsgerichte BAG 18. 6. 1970 AP BetrVG § 76 Nr. 20 allerdings zum alten Recht; 68

LAG Hamm vom 17. 8. 1977 EzA § 5 Mitbestimmungsgesetz Nr. 1; *Hanau/Ulmer*, § 6 Rn. 13; *Schneider*, GK-MitbestG § 5 Rn. 135; *Martens*, ZGR 1977, 389). Die Zuständigkeit der Arbeitsgerichte ist zu bejahen (GK-ArbGG/*Dörner* § 2 a Rn. 65; Schwab/Weth/*Walker* § 2 a Rn. 75; ArbGV/*Krasshöfer* § 2 a Rn. 17). Die Einbeziehung von Arbeitnehmern abhängiger Konzernunternehmern oder der Kommanditgesellschaft darf jedoch nicht zu einer Veränderung der Größe des Aufsichtsrates führen. Diese wird im Statusverfahren festgelegt, da in diesem nicht nur bestimmt wird, nach welchen gesetzlichen Vorschriften der Aufsichtsrat zusammenzusetzen ist, sondern auch die Größe des Aufsichtsrates ausgewiesen wird (GK-ArbGG/*Dörner*, § 2 a Rn. 66; *Hanau/Ulmer*, § 6 Rn. 21 mit weiteren Nachweisen). Die Arbeitnehmer der abhängigen Konzernunternehmen oder der Kommanditgesellschaft wählen daher unter Umständen einen gemessen an der Zahl der wahlberechtigten Arbeitnehmer zu kleinen Aufsichtsrat mit. Die Korrektur der Aufsichtsratsgröße kann nur durch eine entsprechende Bekanntmachung nach § 97 AktG oder durch ein gerichtliches Verfahren nach § 98 AktG für die Zukunft erfolgen.

c) Vorfragenkompetenz

69 Auch in Wahlstreitigkeiten anlässlich von Aufsichtsratswahlen steht den Arbeitsgerichten grundsätzlich die **Vorfragenkompetenz auch hinsichtlich gesellschaftsrechtlicher Fragen** zu (*Martens*, DB 1978, 1070). Die Frage, nach welchen gesetzlichen Vorschriften der Aufsichtsrat zu bilden ist, einschließlich der Frage nach seiner Größe, ist jedoch keine Vorfrage in diesem Sinne. Die unangefochtene Bekanntmachung des Vertretungsorgans nach § 97 AktG oder die gerichtliche Entscheidung nach § 98 AktG legt das **Aufsichtsratsmodell** ohne Rücksicht auf ihre sachliche Richtigkeit bindend fest. Sofern eine Bekanntmachung nicht erfolgt oder eine gerichtliche Entscheidung nicht ergangen ist, ist der Aufsichtsrat nach § 96 Abs. 2 AktG nach den zuletzt angewandten gesetzlichen Vorschriften zu bilden. Lediglich für den Versicherungsverein auf Gegenseitigkeit mit mehr als 500 Arbeitnehmern und einem Aufsichtsrat nach § 1 Abs. 1 Nr. 4 DrittelbG entscheiden die Arbeitsgerichte allein, ob Arbeitnehmervertreter in den Aufsichtsrat zu wählen sind, da für diese Gesellschaften ein aktienrechtliches Statusverfahren nicht vorgesehen ist.

70 Davon abgesehen haben die Arbeitsgerichte die uneingeschränkte Vorfragenkompetenz. Sie haben somit auch darüber zu entscheiden, ob die Wahl eines Arbeitnehmervertreters zum Aufsichtsrat erforderlich ist, weil ein Aufsichtsratsmitglied ausgeschieden ist, ohne dass ein Ersatzmitglied nachgerückt wäre (BAG 21. 12. 1965 AP BetrVG § 76 Nr. 17; 3. 10. 1989 AP BetrVG § 76 Nr. 28). Ist streitig, ob eine Arbeitnehmervereinigung, die einen Wahlvorschlag eingereicht hat, eine Gewerkschaft ist, so ist über diese Vorfrage allerdings im Verfahren nach § 97 zu entscheiden (s. unten Rn. 78 ff.).

3. Abberufung von Aufsichtsratsmitgliedern

71 § 12 DrittelbG, § 23 MitbestG und § 10 m MitbestErgG regeln die Abberufung von Vertretern der Arbeitnehmer im Aufsichtsrat. Für **Streitigkeiten aus diesen Abberufungsverfahren** sind ebenfalls die **Arbeitsgerichte** ausschließlich zuständig. Sie haben dabei nicht darüber zu entscheiden, ob ein Grund für die Abberufung vorliegt, sondern ob das jeweilige Abberufungsverfahren ordnungsgemäß durchgeführt worden ist oder ob die Voraussetzungen für ein solches Verfahren auf Grund eines ordnungsgemäßen Antrages vorliegen. Ausgenommen von der Zuständigkeit der Arbeitsgerichte ist lediglich die Abberufung von Aufsichtsratsmitgliedern nach § 103 Abs. 3 AktG aus wichtigem Grund. Über den Antrag des Aufsichtsrates auf Abberufung entscheidet nach § 145 Abs. 1 FGG das **Amtsgericht** als Registergericht. Gegen seine Entscheidung ist die sofortige Beschwerde an das Landgericht gegeben.

IV. Angelegenheiten aus den Mitbestimmungsgesetzen § 2 a

4. Verlust der Wählbarkeit

Nach § 24 Abs. 1 MitbestG und § 10 n MitbestErgG erlischt das Aufsichtsratsamt, wenn ein Aufsichtsratsmitglied, das Arbeitnehmer des Unternehmens sein muss, die Wählbarkeit verliert. Im DrittelbG fehlt eine entsprechende Bestimmung. Ob sie durch die Satzung des Unternehmens geschaffen werden kann, ist umstritten (vergl. BGH 21. 2. 1963 AP BetrVG § 76 Nr. 12). Streitigkeiten darüber, ob das Aufsichtsratsamt infolge des Verlustes der Wählbarkeit beendet worden ist, sind jedoch nicht Streitigkeiten in Angelegenheiten der Wahl oder der Abberufung von Aufsichtsratsmitgliedern im Sinne von § 2 a Abs. 1 Nr. 3, sodass die Arbeitsgerichte darüber nicht zu entscheiden haben. Zuständig sind die ordentlichen Gerichte (BGH vom 21. 2. 1963 AP BetrVG § 76 Nr. 12; GK-MitbestG/*Matthes*, § 24 Rn. 35; *Hanau/Ulmer*, § 24 Rn. 6; Schwab/Weth/*Walker* § 2 a Rn. 78; a. A. BAG 31. 1. 1969 AP BetrVG § 76 Nr. 19). Das schließt nicht aus, dass die Frage als Vorfrage auch in einem arbeitsgerichtlichen Beschlussverfahren, etwa um die Erforderlichkeit einer Nachwahl, vom Arbeitsgericht mitentschieden wird (vergl. BAG 21. 12. 1965 AP BetrVG § 76 Nr. 14). An eine rechtskräftige Entscheidung der Arbeitsgerichte über die Frage, ob das Arbeitsverhältnis eines Aufsichtsratsmitgliedes der Arbeitnehmer beendet worden ist oder fortbesteht, sind die ordentlichen Gerichte gebunden (*Hanau/Ulmer*, § 24 Rn. 6).

72

5. Sonstige Streitigkeiten der Arbeitnehmervertreter im Aufsichtsrat

Für Streitigkeiten der Arbeitnehmervertreter im Aufsichtsrat aus ihrer **Stellung als Aufsichtsratsmitglied** sind die **ordentlichen Gerichte** zuständig (OLG München vom 13. 7. 1955 AP Nr. 18 zu § 2 ArbGG 1953; *Hanau/Ulmer*, § 25 Rn. 144 ff.; ErfK/*Koch* § 2 Rn. 8). Dabei ist es gleichgültig, ob es sich um Streitigkeiten über Rechte und Befugnisse der Arbeitnehmervertreter im Aufsichtsrat selbst handelt oder um Streitigkeiten aus dem Rechtsverhältnis des Aufsichtsratsmitgliedes zum Unternehmen, etwa auf Leistung der Aufsichtsratsvergütung oder auf Schadensersatz (*Hanau/Ulmer*, § 26 Rn. 16), oder um Streitigkeiten hinsichtlich der Störung der Aufsichtsratstätigkeit durch das Unternehmen oder Dritte (*Naendrup*, GK-MitbestG, § 26 Rn. 52).

73

Soweit die Arbeitnehmervertreter im Aufsichtsrat gleichzeitig in einem **Arbeitsverhältnis zum Unternehmen** stehen, bleiben für Ansprüche aus dem Arbeitsverhältnis, auch soweit diese durch die Aufsichtsratstätigkeit bestimmt werden, die Arbeitsgerichte zuständig. Es gelten die gleichen Grundsätze wie hinsichtlich entsprechender Streitigkeiten der Betriebsratsmitglieder (s. o. Rn. 16 ff.), auch über die Abgrenzung zwischen Urteils- und Beschlussverfahren. Ansprüche auf Fortzahlung des Arbeitsentgeltes für die Zeit einer Tätigkeit im Aufsichtsrat und Ansprüche aus einer unzulässigen Benachteiligung nach § 26 MitbestG oder § 10 i MitbestErgG sind daher im Urteilsverfahren geltend zu machen (Schwab/Weth/*Walker* § 2 a Rn. 80; *Naendrup*, GK-MitbestG, § 26 Rn. 54). Über die Kündigung des Arbeitsverhältnisses ist im Urteilsverfahren zu entscheiden, auch wenn die Kündigung auf Verletzungen der Pflichten als Aufsichtsratsmitglied gestützt wird (BAG 4. 4. 1974 AP BGB § 626 Arbeitnehmervertreter im Aufsichtsrat Nr. 1; *Hanau/Ulmer*, § 25 Rn. 147; *Wiesner*, DB 1977, 1750).

74

6. Entscheidungen über die Arbeitnehmerbeteiligung in den Europäischen Gesellschaften

Die Gesetze über die Beteiligung der Arbeitnehmer in der **Europäischen Gesellschaft**, in der **Europäischen Genossenschaft** und bei **grenzüberschreitenden Verschmelzungen** haben es erforderlich gemacht, für Streitigkeiten aus diesen Beteiligungsrechten die Zuständigkeit der Arbeitsgerichte zu erweitern. Das ist in den Nummern 3 d bis f geschehen. Danach entscheiden die Gerichte für Arbeitssachen im Beschlussverfahren

75

auch über die „Angelegenheiten" aus diesen Gesetzen. Es sind dies im Wesentlichen die gleichen Angelegenheiten wie nach dem Gesetz über den Europäischen Betriebsrat (s. Rn. 53 f.).

76 Für die Vertretung der Arbeitnehmer in den Verwaltungs- oder Aufsichtsorganen dieser Gesellschaften gilt die gleiche Regelung wie für die mitbestimmten deutschen Gesellschaften (s. Rn. 64 ff.). Nur soweit es um die **Wahl** oder **Abberufung** dieser Vertreter – mit Ausnahme der Abberufung nach § 103 AktG – geht, ist die Zuständigkeit der Gerichte für Arbeitssachen gegeben.

77 Voraussetzung für eine Entscheidung in diesen Angelegenheiten ist in jedem Falle, dass auch die **internationale Zuständigkeit** der Arbeitsgerichte gegeben ist. Das ist nur der Fall, wenn der Sitz der Gesellschaft in der Bundesrepublik liegt (s. näher die Erl. zu § 82).

V. Entscheidungen über Tariffähigkeit und Tarifzuständigkeit

1. Tariffähigkeit

78 Nach § 2 a Abs. 1 Nr. 4 haben die Arbeitsgerichte im Beschlussverfahren über die **Tariffähigkeit einer Vereinigung** zu entscheiden. Tariffähigkeit ist die Fähigkeit, Partei eines Tarifvertrages zu sein. Sie kommt nach § 2 Abs. 1 TVG Gewerkschaften, einzelnen Arbeitgebern sowie Vereinigungen von Arbeitgebern zu. Die Frage nach der Tariffähigkeit ist daher gleichzeitig die Frage nach der Gewerkschaftseigenschaft einer Arbeitnehmervereinigung. Sie kommt einer Vereinigung von Arbeitnehmern nur dann zu, wenn diese bestimmten Mindestanforderungen gerecht wird, insbesondere ihre Aufgabe, die Arbeits- und Wirtschaftsbedingungen ihrer Mitglieder zu regeln, sinnvoll erfüllen kann, was eine Durchsetzungskraft gegenüber dem sozialen Gegenspieler voraussetzt (BAG 16. 11. 1982 AP TVG § 2 Nr. 32; 10. 9. 1985 AP TVG § 2 Nr. 34; 28. 3. 2006 AP TVG § 2 Tariffähigkeit Nr. 4).

79 Ist **streitig, ob** eine Vereinigung tariffähig, insbesondere **eine Vereinigung von Arbeitnehmern eine Gewerkschaft ist,** so ist darüber von den Arbeitsgerichten im Beschlussverfahren zu entscheiden. Das gilt auch dann, wenn lediglich die Tariffähigkeit eines einzelnen Arbeitgebers, etwa mit Rücksicht auf seine Mitgliedschaft in einem Arbeitgeberverband, streitig ist (GK-ArbGG/*Dörner* § 2 a Rn. 78; ArbGV/*Krasshöfer* § 2 a Rn. 23).

80 Über die Frage der Tariffähigkeit einer Vereinigung ist im Beschlussverfahren unter Berücksichtigung der Besonderheiten nach § 97 (s. dort) zu entscheiden. Die Frage kann **nicht als Vorfrage** in einem anderen gerichtlichen Verfahren entschieden werden. Hängt vielmehr die Entscheidung eines Rechtsstreites davon ab, ob eine Vereinigung tariffähig ist, so hat das Gericht dieses Verfahren bis zur Erledigung des Verfahrens nach § 97 auszusetzen. Das gilt nicht nur für arbeitsgerichtliche Urteils- oder Beschlussverfahren, sondern auch für Verfahren der Gerichte anderer Gerichtsbarkeiten. Ob die Entscheidung des Rechtsstreites von der Tariffähigkeit der Vereinigung, von der Gewerkschaftseigenschaft einer Vereinigung abhängt, beantwortet sich nach dem jeweils maßgebenden Recht. Nach der Rechtsprechung des Bundesarbeitsgerichts ist jedoch der Gewerkschaftsbegriff im Arbeitsrecht ein einheitlicher. Auch die Gewerkschaft im Sinne von § 11 ArbGG muss tariffähig sein (BAG 5. 7. 1956 AP ArbGG 1953 § 11 Nr. 11). Gleiches gilt für den Gewerkschaftsbegriff im Betriebsverfassungsrecht (BAG 23. 4. 1971 AP ArbGG 1953 § 97 Nr. 2; 19. 9. 2006 AP BetrVG 1972 § 2 Nr. 5) und wird auch für das Recht der Unternehmensmitbestimmung zu gelten haben (*Naendrup*, GK-MitbestG, § 7 Rn. 47; *Hanau/Ulmer*, § 7 Rn. 40). Auch das aktienrechtliche **Statusverfahren nach § 98 AktG** (s. oben Rn. 59) ist daher gegebenenfalls bis zum Abschluss eines Verfahrens nach § 97 auszusetzen, etwa wenn die Gewerkschaftseigenschaft der antragstellenden Vereinigung umstritten ist.

2. Tarifzuständigkeit

In gleicher Weise ist von den Arbeitsgerichten über die Tarifzuständigkeit einer Arbeitnehmer- oder Arbeitgebervereinigung im Beschlussverfahren nach § 97 zu entscheiden. **Tarifzuständigkeit ist die Fähigkeit** eines an sich tariffähigen Verbandes, **Tarifverträge mit einem bestimmten Geltungsbereich abschließen zu können** (Wiedemann/*Oetker*, § 2 Rn. 47). Sie bestimmt sich nach der Satzung der Vereinigung (BAG 19. 11. 1985 AP TVG § 2 Tarifzuständigkeit Nr. 4; vom 24. 7. 1990 AP TVG § 2 Tarifzuständigkeit Nr. 7). Sie ist Teil der Tariffähigkeit. Die Tarifzuständigkeit eines Arbeitgeberverbandes erstreckt sich auch auf sogenannte OT-Mitglieder. Ob diese von der Tarifbindung ausgenommen sind, ist eine Frage der Satzung (BAG 18. 7. 2006 AP TVO § 2 Tarifzuständigkeit Nr. 19). 81

Eine Frage der Tarifzuständigkeit einer Vereinigung ist es auch, ob Arbeitgebervereinigungen **Mitglieder ohne Tarifbindung** haben können (BAG 23. 10. 1996 AP TVG § 3 Verbandszugehörigkeit Nr. 15; Schwab/Weth/*Walker* § 2 a Rn.). 82

Für die Aussetzung eines anderen Verfahrens, dessen Entscheidung von der Tarifzuständigkeit einer Vereinigung abhängt, gilt das Gleiche wie bei der Tariffähigkeit (s. auch § 97 Rn. 9 ff.). 83

VI. Entscheidung im Beschlussverfahren

1. Beschlussverfahren

§ 2 a Abs. 2 bestimmt, dass in den in Abs. 1 genannten Streitigkeiten das **Beschlussverfahren** stattfindet. Dieses ist ein Verfahren, das in den §§ 80 ff. geregelt ist. Es weist gegenüber dem Urteilsverfahren eine **Reihe von Besonderheiten** auf. Zu dessen Entstehung und Rechtsnatur s. § 80 Rn. 3 ff. 84

2. Prüfung der Zuständigkeit

§ 2 a begründet für die hier genannten Streitigkeiten zunächst die **ausschließliche Zuständigkeit** der Arbeitsgerichte. Ob eine Streitigkeit in die Zuständigkeit der Arbeitsgerichte fällt, ist wie bei den Streitigkeiten nach § 2 von Amts wegen nach den dafür geltenden Grundsätzen zu prüfen (s. § 2 Rn. 176 ff.). Maßgebend ist auch hier der durch den Antrag und das Vorbringen zur Begründung des Antrages bestimmte Streitgegenstand. Darauf, wer den Antrag stellt und gegen wen dieser gerichtet ist, kommt es nicht an. Das ist eine Frage der Antragsbefugnis des Antragstellers und der Beteiligung weiterer Personen und Stellen am Verfahren (s. dazu § 81 Rn. 52 ff. und § 83 Rn. 11 ff.). 85

Die Prüfung der Zuständigkeit in Fällen des Abs. 1 Nr. 1, 2 und 4 wird regelmäßig keine Schwierigkeiten bereiten. Allenfalls die **Abgrenzung zu Angelegenheiten aus dem Personalvertretungsrecht,** für die die Verwaltungsgerichte zuständig sind (s. § 80 Rn. 13 ff.), oder die Zuständigkeit bei öffentlich-rechtlichen Streitigkeiten aus dem Betriebsverfassungsgesetz (s. oben Rn. 62 ff.) kann Schwierigkeiten bereiten. Problematischer ist die Abgrenzung der Zuständigkeit der Arbeitsgerichte zur Zuständigkeit der ordentlichen Gerichte in den mitbestimmungsrechtlichen Angelegenheiten nach Abs. 1 Nr. 3 (s. oben Rn. 68 ff.). 86

Ergibt die Prüfung, dass das **Arbeitsgericht nicht zuständig** ist, auch nicht nach § 2, so ist der Rechtsstreit wie auch sonst (s. § 48) an das Gericht des zuständigen Rechtswegs zu verweisen. Die Verweisung kann nur an das Gericht der anderen Gerichtsbarkeit, etwa an das Verwaltungsgericht, erfolgen, nicht in eine bestimmte Verfahrensart, etwa das personalvertretungsrechtliche Beschlussverfahren (OVG Lüneburg vom 4. 3. 1981, PersV 1982, 505). Gleiches gilt für eine Verweisung vom Verwaltungsgericht an das Arbeitsgericht. 87

88 Da § 2a für die hier genannten Angelegenheiten die ausschließliche Zuständigkeit der Arbeitsgerichte begründet, ergibt sich aus der Bejahung der Frage, dass es sich um eine solche Angelegenheit handelt, sowohl die Zuständigkeit der Arbeitsgerichte überhaupt als auch die Anwendbarkeit des Beschlussverfahrens.

3. Bestimmung der Verfahrensart

a) Prüfung von Amts wegen

89 Ob über eine zur Zuständigkeit der Arbeitsgerichte gehörende Streitigkeit im Urteilsverfahren oder im Beschlussverfahren zu entscheiden ist, ist von Amts wegen zu prüfen und zu entscheiden und unterliegt nicht der Disposition der Parteien oder Beteiligten (BAG 9. 12. 1975 AP BetrVG 1972 § 78a Nr. 1; 5. 4. 1984 AP BetrVG 1972 § 78a Nr. 13; BVerwG 12. 12. 1979, PersVRE 13 § 92 Nr. 3; BayVGH 4. 11. 1968 AP PersVG Bayern § 76 Nr. 1 76; GK-ArbGG/*Dörner*, § 80 Rn. 20; Schwab/Weth/*Walker* § 2a Rn. 103).

90 Urteils- und Beschlussverfahren **schließen sich gegenseitig aus** (BAG 3. 4. 1957 AP ArbGG 1953 § 2 Nr. 46; GK-ArbGG/*Dörner* § 2a Rn. 83). Im Beschlussverfahren kann jedoch wie auch sonst über Vorfragen, die als Rechtsstreit im Urteilsverfahren oder durch andere Gerichte zu entscheiden wären, mit entschieden werden, wie auch im Urteilsverfahren betriebsverfassungsrechtliche und Rechtsfragen der Unternehmensmitbestimmung als Vorfragen mit entschieden werden können (s. § 2 Rn. 136 ff. und oben Rn. 69 f.).

91 Im Beschlussverfahren kann aber mit einer **Forderung aufgerechnet** werden, über die im Urteilsverfahren von den Arbeitsgerichten oder von den ordentlichen Gerichten entschieden werden müsste, wenn sie durch Klage geltend gemacht würde (s. § 2 Rn. 143 ff. und oben Rn. 11). Im Beschlussverfahren kann keine **Zusammenhangsklage** nach § 2 Abs. 3, über die im Urteilsverfahren zu entscheiden wäre, anhängig gemacht werden, auch ist eine Verbindung von Rechtsstreitigkeiten, die teils im Urteilsverfahren, teils im Beschlussverfahren zu entscheiden sind, zur gemeinsamen Verhandlung und Entscheidung nach § 147 ZPO nicht möglich (GK-ArbGG/*Dörner* § 2a Rn. 83; *Hauck/Helml* § 2a Rn. 3; ErfK/*Koch* ArbGG § 2a Rn. 1).

b) Vorabentscheidung über die Verfahrensart von Amts wegen

92 § 48 Abs. 1 bestimmt, dass für die „Zulässigkeit des Verfahrens" die §§ 17 bis 17b GVG entsprechend gelten. Das Arbeitsgericht hat daher den Rechtsstreit **von Amts wegen** in die zulässige – besser zutreffende – Verfahrensart zu verweisen, wenn es die vom Kläger bzw. Antragsteller gewählte Verfahrensart für unzutreffend hält, § 17a Abs. 2 GVG (GK-ArbGG/*Dörner* § 80 Rn. 20). Es kann die gewählte Verfahrensart auch vorab durch Beschluss für zutreffend erklären, wenn hinsichtlich der Verfahrensart Zweifel bestehen, § 17a Abs. 3 Satz 1 GVG. Es muss eine solche Entscheidung treffen, wenn die Zulässigkeit der gewählten Verfahrensart vom Beklagten bzw. dem Antragsgegner oder einem Beteiligten gerügt wird, § 17a Abs. 3 Satz 2 GVG.

93 Die Entscheidung ergeht in allen diesen Fällen durch einen Beschluss und vor der Entscheidung zur Hauptsache. Der Beschluss muss stets durch die Kammer erfolgen. Die Parteien bzw. die Beteiligten sind vorher zu hören, § 48 Abs. 1 Nr. 2. Er unterliegt der sofortigen Beschwerde, § 17a Abs. 4 GVG i. V. m. § 78 (zum Verfahren s. näher § 48). Der rechtskräftige Beschluss über die zutreffende Verfahrensart schließt deren Überprüfung durch das Rechtsmittelgericht aus, §§ 65, 73 Abs. 2, 88, 93 Abs. 2.

94 Damit wird erreicht, dass schon in einem frühen Stadium des Verfahrens abschließend geklärt wird, in welcher Verfahrensart der Rechtsstreit zu entscheiden ist. Eine Zurückverweisung aus der dritten Instanz nur weil in der falschen Verfahrensart entschieden wurde (so noch BAG 5. 4. 1984 AP BetrVG 1972 § 78a Nr. 13), ist damit nicht mehr möglich.

Gleichwohl ist die Neuregelung verfehlt. Sie berücksichtigt nicht, dass es bei der Frage, **95**
ob im Urteils- oder im Beschlussverfahren zu entscheiden ist, nicht um eine Frage nach
dem zuständigen Gericht geht – nicht einmal unbedingt um die Frage nach der nach dem
Geschäftsverteilungsplan zuständigen Kammer, diese kann dieselbe sein – sondern
schlicht um die Frage, nach welchen prozessualen Regeln der Rechtsstreit zu entscheiden
ist. Das zutreffende Verfahrensrecht anzuwenden, ist Sache des jeweiligen Spruchkörpers. Die gesetzlichen Regelung der §§ 17 ff. GVG und der §§ 65, 73 Abs. 2, 88, 93
Abs. 2 ist jedoch eindeutig und daher zu beachten (Schwab/Weth/*Walker* § 2 a Rn. 108).

Die Neuregelung führt zu einer Reihe von Problemen, wenn die Verweisung in die **96**
andere Verfahrensart materiell unrichtig ist. Sie mag angehen, wenn ein Rechtsstreit, der
richtig gesehen im Urteilsverfahren zu entscheiden wäre, auf Grund einer Entscheidung
nach § 17 a GVG im Beschlussverfahren entschieden wird. Das Beschlussverfahren
bringt im Wesentlichen nur Vorteile gegenüber dem Urteilsverfahren. Die Entscheidung
ergeht auf Grund eines weitgehend von Amts wegen aufgeklärten Sachverhalts, gegen
die Entscheidung des Arbeitsgerichts ist stets die Beschwerde an das Landesarbeitsgericht gegeben.

Das Beschlussverfahren bringt aber auch Nachteile. Es gibt vor allen Dingen keine **97**
Kostenentscheidung und kein Versäumnisurteil. Dass gegen die Entscheidung des Arbeitsgerichts stets die Beschwerde zulässig ist, kann für den von Nachteil sein, der
obsiegt hat. Er wird in eine weitere Instanz mit weiteren Kosten getrieben, die im Urteilsverfahren nicht gegeben wären.

Größere Probleme ergeben sich im umgekehrten Fall, wenn ein Rechtsstreit, der **98**
richtigerweise im Beschlussverfahren zu entscheiden wäre, auf diese Weise ins Urteilsverfahren gelangt. Das folgt daraus, dass es im Beschlussverfahren Beteiligte gibt, die
nur in diesem Verfahren beteiligtenfähig, d. h. prozessfähig sind. Es sind dies die
betriebsverfassungsrechtlichen „Stellen" im Sinne von § 10 ArbGG, also der Betriebsrat,
die Jugendvertretung oder andere betriebsverfassungsrechtliche Organe. Wird etwa ein
Rechtsstreit zwischen Betriebsrat und Arbeitgeber über ein Beteiligungsrecht auf Grund
eines rechtskräftigen Beschlusses nach § 17 a GVG im Urteilsverfahren verhandelt, so
müsste der Antrag an sich mangels Prozessfähigkeit des Betriebsrats als unzulässig abgewiesen werden. Eine Sachentscheidung über den Antrag schiede damit auf Dauer aus.
Auch ein neues Verfahren – nunmehr im Beschlussverfahren – ist auf Grund der
bindenden Wirkung der Entscheidung nach § 17 a GVG über die zutreffende Verfahrensart ausgeschlossen.

Solche Fälle mögen selten sein, ausgeschlossen sind sie nicht. Man wird hier nur **99**
dadurch helfen können, dass man den im Beschlussverfahren beteiligtenfähigen Stellen
auch eine Prozessfähigkeit im Urteilsverfahren zuerkennt, wenn eine Angelegenheit nach
§ 2 a ArbGG auf Grund einer Entscheidung über die Verfahrensart im Urteilsverfahren
zu entscheiden ist. Ungewöhnlich ist dies nicht. Auch im Verfahren nach § 98 AktG vor
den ordentlichen Gerichten sind solche Stellen, wie etwa der Betriebsrat oder der Aufsichtsrat, prozessfähig. Die anderen Nachteile einer Entscheidung in der materiell falschen Verfahrensart wird man hinnehmen müssen, wie man auch sonst die Nachteile
einer falschen aber rechtskräftigen Entscheidung hinnehmen muss.

VII. Beschlussverfahren und Einigungsstellenverfahren

1. Rechtsstreit und Regelungsstreit

Die Arbeitsgerichte haben über **Rechtsstreitigkeiten** zu entscheiden. Von diesen zu **100**
unterscheiden sind **Regelungsstreitigkeiten**, in denen es um die Frage geht, wie eine
künftige Ordnung gestaltet sein soll, was künftig Recht sein soll (BAG 7. 12. 1962 AP
BetrVG § 56 Akkord Nr. 3). Regelungsstreitigkeiten werden im Bereich der Betriebs-

verfassung und Personalvertretung durch die **Einigungsstelle** oder eine tarifliche **Schlichtungsstelle** nach § 76 Abs. 8 BetrVG, im Tarifrecht durch ein Schlichtungsverfahren beigelegt. Von diesem Grundsatz der Trennung zwischen Rechts- und Regelungsstreitigkeiten bestehen Ausnahmen. So hat das Arbeitsgericht bei der Bestellung von Wahlvorständen nach den §§ 16 Abs. 2 und 17 Abs. 3 BetrVG sowie bei der Bestellung des Einigungsstellenvorsitzenden und der Bestimmung der Zahl der Beisitzer nach § 76 Abs. 2 BetrVG gestaltende Entscheidungen zu treffen (Schwab/Weth/*Walker* § 2 a Rn. 59), während der Einigungsstelle nach § 109 BetrVG die Entscheidung der Rechtsfrage obliegt, ob und in welchem Umfang dem Wirtschaftsausschuss Auskünfte zu erteilen sind. Daraus, dass Regelungsstreitigkeiten keine Rechtsstreitigkeiten sind, folgt u. a., dass eine Regelungsstreitigkeit nicht durch einstweilige Verfügung des Arbeitsgerichts entschieden werden kann (GK-ArbGG/*Dörner* § 2 a Rn. 90; s. näher § 85 Rn. 40). Auch im Regelungsstreit sind jedoch Rechtsfragen als Vorfragen zu beantworten. Die Einigungsstelle hat ihre Zuständigkeit, d. h. das Bestehen eines erzwingbaren Mitbestimmungsrechtes, zu prüfen (Schwab/Weth/*Walker* § 2 a Rn. 61) und muss darauf achten, dass ihre Regelung nicht gegen höherrangiges Recht verstößt. Die Beantwortung dieser Rechtsfragen durch die Einigungsstelle ist jedoch für die Beteiligten nicht verbindlich, der Spruch der Einigungsstelle unterliegt insoweit der vollen Überprüfung durch das Arbeitsgericht. Das gilt auch für den Spruch der Einigungsstelle nach § 109 BetrVG (BAG 11. 7. 2000 AP BetrVG 1972 § 109 Nr. 2). Das gilt auch dann, wenn die Einigungsstelle ihre Zuständigkeit verneint hat. Der Spruch der Einigungsstelle ist kein Vollstreckungstitel.

2. Das Vorabentscheidungsverfahren

101 Umstritten ist, ob ein Beschlussverfahren über das Bestehen umstrittener Mitbestimmungsrechte zulässig ist, bevor die notfalls nach § 98 bestellte Einigungsstelle in der umstrittenen Angelegenheit einen Spruch gefällt hat. Die Rechtsprechung hat die **Zulässigkeit eines solchen Vorabentscheidungsverfahrens bejaht.** Ist unter den Betriebspartnern streitig, ob der Betriebsrat in einer bestimmten Angelegenheit überhaupt ein Mitbestimmungsrecht hat oder ob eine bestimmte Detailregelung vom Mitbestimmungsrecht des Betriebsrates gedeckt ist, so kann dieser Streit zur gerichtlichen Entscheidung gestellt werden (BAG 16. 8. 1983 AP ArbGG 1979 § 81 Nr. 2). Dass die Einigungsstelle zuvor eine Entscheidung getroffen hat, ist nicht erforderlich (BAG 24. 11. 1981 AP BetrVG 1972 § 76 Nr. 11; 6. 12. 1983 AP BetrVG 1972 § 87 Überwachung Nr. 7 unter Auseinandersetzung mit der Gegenmeinung; so auch GK-ArbGG/*Dörner* § 2 a Rn. 95; Schwab/Weth/*Walker* § 2 a Rn. 65; *Fitting/Engels/Schmidt/Trebinger/Linsenmaier,* § 76 Rn. 123; *Hess/Schlochauer/Glaubitz,* § 76 Rn. 21; § 2 a Rn. 4; *Hanau,* Anm. EzA § 87 BetrVG 1972 Leistungslohn Nr. 6). Auch die rechtskräftige Abweisung eines Antrags auf Bestellung einer Einigungsstelle nach § 98 wegen offensichtlicher Unzuständigkeit (s. § 98 Rn. 11 ff.) hindert nicht ein Verfahren auf Feststellung des umstrittenen Mitbestimmungsrechts (BAG 25. 4. 1989 AP ArbGG 1979 § 98 Nr. 3).

102 Die Anhängigkeit eines solchen **Vorabentscheidungsverfahrens hindert jedoch nicht** die Anrufung der Einigungsstelle und **die Errichtung der Einigungsstelle** durch Bestellung des Vorsitzenden und Bestimmung der Zahl der Beisitzer nach § 98. Dieses Verfahren kann auch **nicht** mit Rücksicht auf das Vorabentscheidungsverfahren **ausgesetzt** werden (BAG 24. 11. 1981 AP BetrVG 1972 § 76 Nr. 11; LAG Hamm 2. 10. 1978 EzA § 148 ZPO Nr. 5; LAG Düsseldorf vom 21. 12. 1981 EzA § 98 ArbGG 1979 Nr. 4; *Galperin/Löwisch,* § 76 Rn. 25; *Richardi,* § 76 Rn. 71).

103 Auch die **Einigungsstelle** selbst darf ihr **Verfahren** mit Rücksicht auf das anhängige Vorabentscheidungsverfahren **nicht aussetzen** (GK-ArbGG/*Dörner* § 2 a Rn. 96; Schwab/Weth/*Walker* § 2 a Rn. 66), es sei denn im Einverständnis mit den Beteiligten. § 148 ZPO gilt für das Einigungsstellenverfahren nicht (a. A. *Richardi,* § 76 Rn. 105).

Die **rechtskräftige Entscheidung** im Vorabentscheidungsverfahren über das Bestehen **104** oder Nichtbestehen des Mitbestimmungsrechtes **bindet jedoch die Beteiligten** sowohl im Bestellungsverfahren nach § 98 als auch im Einigungsstellenverfahren und damit auch die Einigungsstelle (GK-ArbGG/*Dörner*, § 2 a Rn. 95).

§ 3 Zuständigkeit in sonstigen Fällen

Die in den §§ 2 und 2 a begründete Zuständigkeit besteht auch in den Fällen, in denen der Rechtsstreit durch einen Rechtsnachfolger oder durch eine Person geführt wird, die kraft Gesetzes an Stelle des sachlich Berechtigten oder Verpflichteten hierzu befugt ist.

Übersicht

	Rn.
I. Allgemeines	1–4
II. Rechtsnachfolge	5–12
1. Rechtsnachfolge kraft Gesetzes	5–7
a) Gesamtrechtsnachfolge	6
b) Einzelrechtsnachfolge	7
2. Rechtsnachfolge kraft Rechtsgeschäfts	8–12
III. Prozessführungsbefugnis	13–16
1. Prozessführungsbefugnis kraft Gesetzes	13–15
2. Gewillkürte Prozessstandschaft	16

I. Allgemeines

§ 3 ordnet die Weitergeltung der in den §§ 2 und 2 a vorgeschriebenen ausschließ- **1** lichen Zuständigkeit der Arbeitsgerichte in den Fällen der **Rechtsnachfolge** und der **gesetzlichen Prozessstandschaft** an. Da die Bestimmung auf alle in den §§ 2 und 2 a begründeten Zuständigkeiten verweist, gilt sie auch für Zusammenhangsstreitigkeiten nach § 2 Abs. 3 (*Hauck/Helml* § 3 Rn. 1; Schwab/Weth/*Walker* § 3 Rn. 2) und für die Angelegenheiten, die nach § 2 a im Beschlussverfahren zu entscheiden sind (GK-ArbGG/ *Schütz* § 3 Rn. 4). Gleichgültig ist, auf welcher Seite der Rechtsnachfolger oder die zur Prozessführung befugte Person den Rechtsstreit führt. Es ist auch nicht erforderlich, dass wenigstens auf einer Seite des Rechtsstreits noch der ursprünglich Berechtigte oder Verpflichtete Partei ist (BCF/*Bader* § 3 Rn. 1; GK-ArbGG/*Schütz* § 3 Rn. 2). Sinn und Zweck des § 3 ist es zu verhindern, dass über Inhalt und Umfang arbeitsrechtlicher Pflichten verschiedene Gerichtsbarkeiten entscheiden müssen. Vielmehr sollen durch eine übereinstimmende Zuständigkeit und eine einheitliche Verfahrensordnung übereinstimmende Ergebnisse gewährleistet werden (BAG 15. 3. 2000 AP ArbGG 1979 § 2 Nr. 71).

§ 3 betrifft in erster Linie die Fälle, in denen die **Rechtsnachfolge oder Prozessstand-** **2** **schaft** bereits vor Klageerhebung eingetreten ist. Tritt die Rechtsnachfolge oder Prozessstandschaft erst **im Laufe eines bereits rechtshängigen Rechtsstreites** ein, so wird die einmal begründete Zuständigkeit der Arbeitsgerichte dadurch nicht berührt (GK-ArbGG/*Schütz* § 3 Rn. 8); es gilt der Grundsatz der Fortdauer der Zulässigkeit des Rechtswegs, § 17 Abs. 1 GVG. Dies entspricht der in § 261 Abs. 3 Nr. 2 ZPO getroffenen Regelung. Die Unterbrechung und Fortsetzung des Verfahrens richten sich nach den §§ 239 ff. ZPO. Keine Rechtsnachfolge liegt in betriebsverfassungsrechtlichen Streitigkeiten dann vor, wenn etwa der Betriebsrat im Laufe eines anhängigen Verfahrens neu gewählt wird (s. Erl. zu § 81 Rn. 43). Geht ein Betrieb auf einen anderen Inhaber über, so liegt auch darin kein Fall der Rechtsnachfolge iSv. § 3, da der im Beschlussverfahren beteiligte „Arbeitgeber" ohnehin der jeweilige Inhaber des Betriebes ist (BAG 28. 9. 1988 AP BetrVG § 99 Nr. 56 BetrVG 1972). Wird ein Betrieb in einen anderen Betrieb mit Betriebsrat eingegliedert, wird dieser unmittelbar Beteiligter des Verfahrens (BAG

21. 1. 2003 AP BetrVG 1972 § 21a Nr. 1). Umgekehrt kann die Zuständigkeit des Arbeitsgerichts nicht dadurch begründet werden, dass zwischen den Rechtsnachfolgern der Parteien eines Rechtsstreits, der nicht in die Zuständigkeit der Arbeitsgerichte fiel, ein Arbeitsverhältnis besteht.

3 Ebenso wie die Zuständigkeit nach den §§ 2, 2a ist auch die Zuständigkeit der Arbeitsgerichte in den Fällen des § 3 eine ausschließliche und damit der Parteivereinbarung entzogen (*Hauck/Helml* § 3 Rn. 2; BCF/*Bader* § 3 Rn. 1; GK-ArbGG/*Schütz* § 3 Rn. 7).

4 Auf der Grundlage der Rechtsprechung des Bundesarbeitsgerichts zur Zuständigkeitsprüfung bei „doppeltrelevanten Tatsachen" (vgl. hierzu BAG 24. 4. 1996 AP ArbGG 1979 § 2 Zuständigkeitsprüfung Nr 1; 9. 10. 1996 AP ArbGG 1979 § 2 Zuständigkeitsprüfung Nr. 2; 18. 12. 1996 AP ArbGG 1979 § 2 Zuständigkeitsprüfung Nr 3) reicht es zur Begründung der Zuständigkeit der Arbeitsgerichte nach § 3 aus, wenn der **Kläger eine Rechtsnachfolge** im Sinne von § 3 auf seiner Seite oder auf Seiten des Beklagten nur **behauptet**. Auch im Falle der Rechtsnachfolge des § 3 fallen die zuständigkeits- und anspruchsbegründenden Tatsachen teilweise zusammen, dh. die Klage kann nur dann Erfolg haben, wenn eine Rechtsnachfolge tatsächlich vorliegt (s. auch BAG 15. 3. 2000 AP ArbGG 1979 § 2 Nr. 71; 7. 4. 2003 AP ArbGG 1979 § 3 Nr. 6; BCF/*Bader* § 3 Rn. 2; ErfK/*Koch* ArbGG § 3 Rn. 1; GK-ArbGG/*Schütz* § 3 Rn. 9; *Hauck/Helml* § 3 Rn. 2; Schwab/Weth/*Walker* § 3 Rn. 28; aA *Matthes* in der Vorauﬂ.).

II. Rechtsnachfolge

1. Rechtsnachfolge kraft Gesetzes

5 Der Begriff der Rechtsnachfolge ist nach allgemeiner Ansicht nicht streng wörtlich, sondern in einem weiten Sinne zu verstehen (BAG 27. 2. 2008 AP ArbGG 1979 § 3 Nr. 8; 7. 4. 2003 AP ArbGG 1979 § 3 Nr. 6; 15. 3. 2000 AP ArbGG 1979 § 2 Nr. 71; BGH 16. 11. 2006 WM 2007, 226; BCF/*Bader* § 3 Rn. 3; ErfK/*Koch* ArbGG § 3 Rn. 2, 3; GK-ArbGG/*Schütz* § 3 Rn. 5; *Hauck/Helml* § 3 Rn. 3; Schwab/Weth/*Walker* § 3 Rn. 5). Er umfasst zunächst die Fälle der gesetzlichen Rechtsnachfolge, und zwar sowohl die Gesamt-, als auch die Einzelrechtsnachfolge.

a) Gesamtrechtsnachfolge

6 Die Fälle der gesetzlichen Gesamtrechtsnachfolge sind abschließend in der Rechtsordnung geregelt. Hierzu gehören der **Erbfall nach** § 1922 BGB, die verschiedenen Umwandlungsarten nach dem UmwG, so die Verschmelzung nach den §§ 2ff. UmwG, die Spaltung nach den §§ 123ff. UmwG und die Vermögensübertragung nach den §§ 174ff. UmwG. Bei der lediglich formwechselnden Umwandlung nach §§ 190ff. UmwG liegt hingegen keine Rechtsnachfolge vor, da der ursprüngliche Rechtsträger – in neuer Rechtsform – fortbesteht. Eine Rechtsnachfolge im Sinne von § 3 liegt demgegenüber wiederum vor, wenn eine öffentlich-rechtliche Körperschaft aufgelöst und von einer anderen übernommen wird (zur Rechtsnachfolge aufgrund ausdrücklicher Regelung in § 16 Abs. 3 SächsSchulG: BAG 16. 3. 1994 AP BGB § 419 Funktionsnachfolge Nr. 10; wegen der Fälle einer Funktionsnachfolge s. BAG 17. 10. 1957 AP BGB § 419 Funktionsnachfolge Nr. 1; 20. 3. 1958 AP BGB § 419 Funktionsnachfolge Nr. 2) sowie bei der Privatisierung volkseigener Betriebe in den neuen Ländern (GK-ArbGG/*Schütz* § 3 Rn. 14).

b) Einzelrechtsnachfolge

7 Eine Einzelrechtsnachfolge kraft Gesetzes ist vornehmlich in den Fällen des gesetzlichen **Forderungsüberganges** gegeben, etwa in den Fällen der §§ 426 Abs. 2 und 774 Abs. 1 BGB, § 6 EntgeltFG, § 9 Abs. 2 BetrAVG und in den Fällen, in denen Ansprüche

II. Rechtsnachfolge § 3

der Arbeitnehmer aus dem Arbeitsverhältnis auf Träger der Sozialversicherung übergehen, § 115 SGB X (BAG 20. 6. 1958 AP AVAVG aF § 113 Nr. 1). Nicht um übergegangene Ansprüche und damit auch nicht um einen Fall der Rechtsnachfolge handelt es sich bei den Rückgriffsansprüchen der Berufsgenossenschaft nach §§ 110, 111 SGB VII (BAG 19. 12. 1967 AP RVO § 640 Nr. 1) sowie bei den Erstattungsansprüchen der Agentur für Arbeit, etwa nach § 147a SGB III. Insoweit sind die Sozialgerichte zuständig. Zahlt die Bundesagentur für Arbeit den Beschäftigten einer GmbH nach Eröffnung des Insolvenzverfahrens Insolvenzgeld und macht sie anschließend gegen den Geschäftsführer der GmbH Ansprüche auf Schadensersatz wegen Insolvenzverschleppung geltend, so sind hierfür nicht die Gerichte für Arbeitssachen, sondern die ordentlichen Gerichte zuständig. Der Schadensersatzanspruch ist nicht mit dem Lohn- bzw. Gehaltsanspruch der Arbeitnehmer identisch (BAG 20. 3. 2002 AP ArbGG 1979 § 2 Nr. 81).

2. Rechtsnachfolge kraft Rechtsgeschäfts

Rechtsnachfolge kraft Rechtsgeschäfts ist zunächst bei der **Abtretung** einer Forderung gegeben. Ob diese zulässig und wirksam ist, ist für die Frage der Zuständigkeit ohne Bedeutung (GK-ArbGG/*Schütz* § 3 Rn. 29), so dass auch für vom Betriebsrat an Dritte abgetretene betriebsverfassungsrechtliche Ansprüche die Arbeitsgerichte zuständig sind und darüber im Beschlussverfahren zu entscheiden haben. **8**

Eine Rechtsnachfolge liegt auch bei einer **Pfändung oder Verpfändung von Ansprüchen** vor. Rechtsnachfolger ist damit auch der Pfändungsgläubiger eines Anspruchs, der, würde er vom Pfändungsschuldner geltend gemacht, in die Zuständigkeit der Arbeitsgerichte fiele (GK-ArbGG/*Schütz* § 3 Rn. 19). Dies gilt auch für den nach § 850h Abs. 2 ZPO fingierten Anspruch auf Vergütung für eine in Abhängigkeit erbrachte Dienstleistung (BGH 23. 2. 1977 AP ZPO § 850h Nr. 15; GK-ArbGG/*Schütz* § 3 Rn. 26). Für Klagen des Pfändungsgläubigers gegen den Drittschuldner auf Auskunft und Schadensersatz nach § 840 Abs. 1 und 2 ZPO sind die ordentlichen Gerichte zuständig (BAG 31. 10. 1984 AP ZPO § 840 Nr. 4; GK-ArbGG/*Schütz* § 3 Rn. 22, 23; Düwell/Lipke/*Krasshöfer* § 3 Rn. 4), sofern sie nicht im Wege der Zusammenhangsklage mit der Lohnklage geltend gemacht werden (auch ohne Zusammenhang für Zuständigkeit der Arbeitsgerichte noch BAG 23. 9. 1960 AP ArbGG 1953 § 61 Kosten Nr. 3). **9**

Um zu verhindern, dass über Inhalt und Umfang arbeitsrechtlicher Pflichten verschiedene Gerichtsbarkeiten entscheiden müssen, spielt es für die erweiterte Zuständigkeit der Gerichte für Arbeitssachen keine Rolle, ob der Schuldner einer arbeitsrechtlichen Verpflichtung wechselt oder ein Dritter als Schuldner derselben Verpflichtung neben den Arbeitgeber tritt (BAG 15. 3. 2000 AP ArbGG 1979 § 2 Nr. 71). Deshalb fallen unter den Anwendungsbereich des § 3 nicht nur die Fälle der **Vermögensübernahme** nach dem früheren § 419 BGB, der **Firmenfortführung** oder des Eintritts eines Gesellschafters in das Geschäft eines Einzelkaufmanns nach den §§ 25 und 28 HGB sowie die Fälle der **Schuldübernahme**, sondern auch der **Schuldbeitritt** nach den §§ 414ff. BGB, die **Bürgschaft** und das Handeln eines **vollmachtslosen Vertreters** (BAG 7. 4. 2003 AP ArbGG 1979 § 3 Nr. 6). Auch die Fälle der Verfolgung von Ansprüchen aus **Verträgen zugunsten Dritter** und **Verträgen mit Schutzwirkung für Dritte** gehören hierher (BAG 15. 3. 2000 AP ArbGG 1979 § 2 Nr. 71). Sofern man den persönlich haftenden Gesellschafter einer OHG oder KG nicht ohnehin schon als Arbeitgeber im Sinne von § 2 ansieht (s. dazu BAG 14. 11. 1979 AP TVG § 4 Gemeinsame Einrichtungen Nr. 2; 6. 5. 1986 AP HGB § 128 Nr. 8 und § 2 Rn. 51), ist für Klagen gegen diese die Zuständigkeit der Arbeitsgerichte zumindest nach § 3 gegeben. Für einen Rechtsstreit eines Arbeitnehmers aus dem Arbeitsverhältnis gegen den Kommanditisten des Arbeitgebers über seine Einstandspflicht nach § 171 HGB sind die Gerichte für Arbeitssachen allerdings sachlich nicht zuständig. Der Kommanditist ist weder Arbeitgeber nach § 2 Abs 1 Nr 3a ArbGG noch dessen Rechtsnachfolger iSv. § 3 (BAG 23. 6. 1992 AP ArbGG 1979 § 2 Nr 23; **10**

ErfK/*Koch* ArbGG § 3 Rn. 2; GK-ArbGG/*Schütz* § 3 Rn. 40; aA *Matthes* in der Voraufl.). Wird ein Anspruch aus dem Arbeitsverhältnis gegen einen Dritten hingegen auf Grund dessen gesellschaftsrechtlicher Stellung im Wege der **Durchgriffshaftung** geltend gemacht, so sind die Gerichte für Arbeitssachen wiederum zuständig (BAG 20. 3. 2002 AP ArbGG 1979 § 2 Nr. 81; 13. 6. 1997 AP ArbGG 1979 § 3 Nr. 5; 11. 11. 1986 AP ArbGG 1979 § 3 Nr. 2; Düwell/Lipke/*Krasshöfer* § 3 Rn. 5; GK-ArbGG/*Schütz* § 3 Rn. 41). Das gleiche gilt, wenn ein Arbeitnehmer arbeitsvertragliche Ansprüche nach den Grundsätzen der Konzernhaftung gegenüber der Konzernobergesellschaft geltend macht (BAG 15. 3. 2000 AP ArbGG 1979 § 2 Nr. 71). Rechtsnachfolger kann aufgrund eines privatrechtsgestaltenden Verwaltungsaktes auch der **Ersatzhaushaltsträger** einer aufgelösten Ersatzschule sein (BAG 23. 10. 1990 AP ArbGG 1979 § 2 Nr. 18).

11 Gehen bei einer **Betriebsübernahme** nach § 613 a BGB die Arbeitsverhältnisse auf den Erwerber über, tritt dieser in die Rechte und Pflichten aus den Arbeitsverhältnissen ein und wird selbst Arbeitgeber. Für Rechtsstreitigkeiten aus diesen übergegangenen Arbeitsverhältnissen ist daher die Zuständigkeit der Arbeitsgerichte schon nach § 2 gegeben (ErfK/*Koch* ArbGG § 3 Rn. 1). Der Betriebserwerber ist jedoch Rechtsnachfolger im Sinne von § 3, soweit er für Ansprüche aus Arbeitsverhältnissen in Anspruch genommen wird, die vor dem Betriebsübergang beendet worden sind. Ob und inwieweit er für diese haftet, ist wiederum keine Frage der Zuständigkeit, sondern eine solche der Begründetheit der Klage (GK-ArbGG/*Wenzel* § 3 Rn. 30). Besonderheiten gelten anlässlich der Privatisierung von Bahn und Post (s. BAG 28. 10. 1997 AP ArbGG 1979 § 2 Nr. 56).

12 Für Ansprüche von **Hinterbliebenen,** die bei Tod des Arbeitnehmers unmittelbar in deren Person selbst entstehen (z. B. Ansprüche auf Sterbegeld, Hinterbliebenenrente oder Schadensersatzansprüche nach den §§ 844, 845 BGB) sind die Arbeitsgerichte zuständig. Soweit sich deren Zuständigkeit nicht schon aus § 2 Abs. 1 Nr. 4 und 5 ergibt, sind sie jedenfalls nach § 3 zuständig. Das gilt auch, soweit den Hinterbliebenen durch den Arbeitsvertrag unabhängig vom Tod des Arbeitnehmers Ansprüche nach § 328 BGB eingeräumt werden (so GK-ArbGG/*Schütz* § 3 Rn. 33; *Hauck*/*Helml* § 3 Rn. 10).

III. Prozessführungsbefugnis

1. Prozessführungsbefugnis kraft Gesetzes

13 Die Zuständigkeit der Arbeitsgerichte ist auch gegeben, wenn der Rechtsstreit auf der einen oder anderen oder auf beiden Seiten durch eine **Person** geführt wird, **die kraft Gesetzes** anstelle des sachlich Berechtigten oder Verpflichteten hierzu **befugt ist.** Diese Personen können sein der Testamentsvollstrecker, der Nachlassverwalter, der Zwangsverwalter (s. dazu BAG 9. 1. 1980 AP Nr. 19 zu § 613 a BGB).

14 Ebenso **prozessführungsbefugt** ist der vorläufige oder endgültige **Insolvenzverwalter** nach §§ 22 und 56 ff. InsO. Dies gilt für den Insolvenzverwalter nicht nur, wenn der Rechtsstreit um Masseverbindlichkeiten nach § 55 Abs. 1 Nr. 1 u. 2 InsO oder um Insolvenzforderungen geführt wird (BAG 25. 8. 1983 AP KO 59 Nr. 14; 17. 4. 1985 AP BGB § 611 Lohnanspruch Nr. 15), sondern auch dann, wenn es nur um Rechtsstreitigkeiten nach § 179 InsO über den Rang der Insolvenzforderung geht (BAG 19. 1. 1961 AP KO § 61 Nr. 2), jedenfalls dann, wenn über die streitige Forderung schon vor Eröffnung des Verfahrens ein Rechtsstreit beim Arbeitsgericht anhängig war, § 180 Abs. 2 InsO. Auch für eine auf § 61 InsO gestützte Schadensersatzklage gegen den Insolvenzverwalter wegen der Begründung einer arbeitsrechtlichen Masseverbindlichkeit, die nicht aus der Masse erfüllt werden kann, ist der Rechtsweg zu den Arbeitsgerichten gegeben. Der Insolvenzverwalter führt den Rechtsstreit insoweit als **Rechtsnachfolger iSd. § 3** (BAG 7. 4. 2003 AP ArbGG 1979 § 3 Nr. 6; BAG 9. 7. 2003 EzA § 3 ArbGG 1979 Nr. 5; BGH 16. 11. 2006 WM 2007 226: danach führt der Insolvenzverwalter das

Verfahren anstelle des Arbeitgebers – nicht entschieden für Ansprüche aus § 60 InsO). Für Rechtsstreitigkeiten über Ansprüche oder sonstige Rechte aus der Zeit nach Eröffnung des Insolvenzverfahrens, die Masseschulden nach § 55 Abs. 1 Nr. 2 InsO sind, aber auch für betriebsverfassungsrechtliche Streitigkeiten, ist der Insolvenzverwalter demgegenüber Arbeitgeber im Sinne von §§ 2 oder 83 Abs. 3, so dass die Zuständigkeit der Arbeitsgerichte unmittelbar aus den §§ 2 und 2 a folgt. Mit seinem Beschluss vom 27. 2. 2008 (AP ArbGG 1979 § 3 Nr. 8) hat der für Fragen der Rechtswegzuständigkeit zuständige 5. Senat des Bundesarbeitsgerichts entschieden, dass auch bei einer **Insolvenzanfechtung gegenüber dem Arbeitnehmer** der Rechtsweg zu den Gerichten für Arbeitssachen eröffnet ist, nämlich dann, wenn der Insolvenzverwalter vom Arbeitnehmer Rückzahlung der vom Schuldner vor Insolvenzeröffnung geleisteten Vergütung wegen Anfechtbarkeit der Erfüllungshandlung nach den §§ 129 ff. InsO verlangt. Diese Entscheidung verdient Zustimmung (ebenso ArbG Marburg 26. 9. 2008 DB 2008, 2602; Jacobs, demnächst in FS Kreutz; Zwanziger BB 2009, 668; aA Humberg ZInsO 2008, 487; Stiller EWiR 2008, 641; Weitzmann EWiR 2008, 259 BGH ZIP 2009, 825, der die Rechtsfrage dem Gemeinsamen Senat der obersten Gerichtshöfe des Bundes zur Entscheidung vorgelegt hat). Der klagende Insolvenzverwalter handelt – hierauf hat der 5. Senat zutreffend hingewiesen – in einem solchen Fall als **Rechtsnachfolger des insolventen Vertragsarbeitgebers iSd. § 3.** Hier kommt zum Tragen, dass § 3 weit auszulegen ist. Über Inhalt und Umfang arbeitsrechtlicher Pflichten sollen nicht verschiedene Gerichtsbarkeiten entscheiden müssen (BAG 15. 3. 2000 AP ArbGG 1979 § 2 Nr. 7). Die Zuständigkeit der Gerichte für Arbeitssachen – so hat es das Bundesarbeitsgericht in seinem Beschluss vom 13. 6. 1997 (AP ArbGG 1979 § 3 Nr. 5) ausgeführt – knüpft nicht an die durch den Arbeitsvertrag begründete Rechtsstellung als Arbeitnehmer oder Arbeitgeber an, sondern an die durch das Arbeitsverhältnis begründete Rechts- und Pflichtenzuständigkeit. Deshalb ist es nicht erforderlich, dass der „Rechtsnachfolger" in dem Sinne an die Stelle des ursprünglichen Schuldners tritt, dass er denselben Anspruch verfolgt. Zudem erweitert § 3 den Zuständigkeitskatalog auch auf die Fälle, in denen ein Dritter als Schuldner derselben Verbindlichkeit neben den Arbeitgeber tritt (BAG 7. 4. 2003 AP ArbGG 1979 § 3 Nr. 6). Der Insolvenzverwalter ist Rechtsnachfolger in diesem weiten Sinne. Nach § 80 Abs. 1 InsO geht das Recht des Schuldners, das zur Insolvenzmasse gehörende Vermögen zu verwalten und hierüber zu verfügen, auf den Insolvenzverwalter über. Zudem stellt § 108 Abs. 1 InsO klar, dass Dauerschuldverhältnisse – und hierzu gehören auch Dienst- und Arbeitsverhältnisse – mit Wirkung für die Insolvenzmasse fortbestehen. Damit nimmt der Insolvenzverwalter – zumindest für einen begrenzten Zeitraum – ohnehin Arbeitgeberfunktionen wahr. Und bei wirtschaftlicher Betrachtung geht es um die Rückabwicklung einer andernfalls wirksamen Erfüllungshandlung des Arbeitgebers in einem Arbeitsverhältnis. Wegen der weiteren Einzelheiten, insb. zur Rechtswegabgrenzung gegenüber den ordentlichen Gerichten vgl. die Erl. zu § 2 Rn. 86.

Kraft Gesetzes zur Prozessführung befugt ist ferner nach § 25 HAG **das Land für** **15** **Ansprüche der Heimarbeiter** und Gleichgestellten auf Nachzahlung von Mindestbeträgen, aber auch für Ansprüche auf Auskunft und Rechnungslegung (BAG 10. 4. 1984 AP HAG § 25 Nr. 4). Schließlich ist die Bundesrepublik Deutschland nach Art. 56 Abs. 8 des Zusatzabkommens zum NATO-Truppenstatut zur Prozessführung für die Stationierungsstreitkräfte befugt in allen Streitigkeiten der bei den Streitkräften beschäftigten Zivilbediensteten. Das gilt selbst dann, wenn um ein von der Dienststelle der Streitkräfte zu erteilendes Zeugnis gestritten wird (BAG 29. 1. 1986 AP TVAL II § 48 Nr. 2).

2. Gewillkürte Prozessstandschaft

Die Zuständigkeit der Arbeitsgerichte ist über den Wortlaut von § 3 hinaus auch dann **16** gegeben, wenn der Rechtsstreit anstelle des Berechtigten durch einen Dritten, der dazu vom Berechtigten ermächtigt worden ist, im eigenen Namen geführt wird (BCF/*Bader* § 3

Rn. 6; ErfK/*Koch* ArbGG § 3 Rn. 4; GK-ArbGG/*Schütz* § 3 Rn. 52). Wollte man diese Fälle der **gewillkürten Prozessstandschaft** ausnehmen, hätte es der Kläger in der Hand, durch Ermächtigung eines Dritten zur Prozessführung die Zuständigkeit der Arbeitsgerichte auszuschließen. Ob im Einzelfall eine solche gewillkürte Prozessstandschaft zulässig ist, ist für die Frage der Zuständigkeit ohne Bedeutung und daher von den Arbeitsgerichten selbst zu prüfen. Verneinendenfalls ist die Klage als unzulässig abzuweisen (vergl. BAG 8. 11. 1957 AP ZPO § 256 Nr. 7; 12. 9. 1984 AP GG Art. 9 Arbeitskampf Nr. 81).

§ 4 Ausschluß der Arbeitsgerichtsbarkeit

In den Fällen des § 2 Abs. 1 und 2 kann die Arbeitsgerichtsbarkeit nach Maßgabe der §§ 101 bis 110 ausgeschlossen werden.

Übersicht

	Rn.
I. Allgemeines	1–4
II. Ausschluss der Arbeitsgerichtsbarkeit	5–12
1. Schiedsvertrag, §§ 101 ff.	5, 6
2. Schiedsgutachtenverträge	7–9
3. Außergerichtliches Vorverfahren	10, 11
4. Fakultative Zuständigkeit der Arbeitsgerichte	12

I. Allgemeines

1 Die Verfassung garantiert die Schiedsgerichtsbarkeit in gleichem Umfange wie die Privatautonomie. Grundsätzlich gestattet das Grundgesetz neben der staatlichen Rechtsprechung auch eine gleichwertige private Rechtsprechung (*Stober* NJW 1979, 2001 ff.). Dieser Grundsatz wird durch § 4 eingeschränkt. Nur noch für das in den §§ 101 bis 110 geregelte Schiedsverfahren findet in engen Grenzen der Ausschluss der Arbeitsgerichtsbarkeit statt. Die Ausschließlichkeitsregelung des § 2 Abs. 1 und 2 wird damit erheblich verstärkt. **Sinn der Regelung** ist es, im Interesse der Parteien des Arbeitsvertrages sicherzustellen, dass das materielle Arbeitsrecht in jedem Falle mit Hilfe staatlicher Gerichte durchgesetzt werden kann. Die verfahrensmäßige Absicherung vor diesen führt auch zu einer stärkeren Rechtssicherheit und einer höheren Garantie für eine einheitliche Rechtsanwendung, als dies bei Schiedsgerichten der Fall wäre, die trotz möglicherweise höherer Sachkunde nicht in dem gleichen Maße an verfahrensmäßige Vorschriften gebunden sind und nicht in gleichem Maße wie die staatliche Gerichtsbarkeit eine einheitliche Rechtsanwendung und -fortbildung vornehmen können. Gerade die verfahrensmäßige Bindung gibt eine höhere formelle Rechtssicherheit, die den Gesetzgeber bewogen hat, die Schiedsgerichtsbarkeit in arbeitsrechtlichen Streitigkeiten besonders einzuschränken. Dadurch wird auch der Grundrechtsschutz der Artt. 101 Abs. 1 Satz 2, 20 Abs. 2 und 92 GG verstärkt (GK-ArbGG/*Wenzel* § 4 Rn. 11; a. A. *Schwab/Weth/ Zimmerling* § 4 Rn 21 ff. mit ausführlicher Begründung). Zwar mag es politisch wünschenswert sein, auch im arbeitsgerichtlichen Verfahren die Schiedsgerichtsbarkeit erweitert zuzulassen, dogmatisch zwingend geboten ist dies aber nicht, der Gesetzgeber hat hier einen Gestaltungsspielraum, den er genutzt hat. Dass beispielsweise die Möglichkeit der außergerichtlichen Streitbeilegung mit der Schaffung eines vollstreckbaren Titels besteht, wie dies bei dem Anwaltsvergleich nach §§ 796, 796 a ZPO der Fall ist, auch die Anrufung des Arbeitsgerichts nicht die gütliche Einigung im Vorfeld oder während eines Verfahrens ausgeschlossen ist, steht dem nicht entgegen. Es ist jeder Partei freigestellt, gerichtliche Hilfe in Anspruch zu nehmen, der Gesetzgeber kann aber im Rahmen der Güterabwägung festlegen, dass bei Anrufung der Gerichte ein bestimmter Rechtsweg zuständig sein soll.

II. Ausschluss der Arbeitsgerichtsbarkeit   § 4

Dem Gesetzgeber ist hier auch **kein Redaktionsfehler** (so aber *Schwab/Weth/Zimmerling* § 4 Rn 19) unterlaufen, da er sämtliche Streitigkeiten im Bereich des Urteilsverfahrens, bei denen die Rechtsstellung der Arbeitnehmer oder ihrer Hinterbliebenen betroffen sind, erfasst hat. Für alle diese Verfahren kann darauf verwiesen werden, dass hier eine besondere Schutzbedürftigkeit vorhanden ist, die die Bindung an stringente, gesetzliche Verfahren und die Schaffung möglichst einheitlicher materieller Entscheidungskriterien erfordern. **2**

Auch die Vereinbarung der Zuständigkeit eines staatlichen Gerichts eines anderen Rechtsweges ist durch § 4 ausgeschlossen. Dies dient letztlich dem Interesse der Rechtssicherheit. Ferner ist der generelle Ausschluss der gerichtlichen Entscheidung von Streitigkeiten zwischen den Parteien nach § 4 unzulässig. **3**

Eine **Durchbrechung** der **ausschließlichen Zuständigkeit** der Gerichte für Arbeitssachen im Rahmen des § 4 ist **nur im Urteils-** und nicht im Beschlussverfahren möglich. Durch die Bezugnahme auf § 2 Abs. 1 und 2 wird deutlich, dass die Fälle der sachlichen Zuständigkeit im Beschlussverfahren nach § 2a nicht erfasst werden, bei ihnen ist jede schiedsgerichtliche Abrede ausgeschlossen. Sowohl in betriebsverfassungsrechtlichen Streitigkeiten als auch in Streitigkeiten, in denen es um die Tariffähigkeit eines Verbandes geht, ist daher eine schiedsgerichtliche Abrede nicht zulässig, da diese Entscheidungen in der Regel über den Einzelfall hinaus Auswirkungen haben. Unbenommen bleibt aber den Tarifvertragsparteien beispielsweise für die Auslegung tarifvertraglicher Vorschriften Schiedsstellen bzw. Schiedsgerichte zu bilden, da hier der Rahmen des Geltungsbereichs des Tarifvertrages, also des autonom gesetzten Rechts, nicht verlassen wird. Allerdings kann nicht vereinbart werden, dass der Spruch einer Einigungsstelle nur durch ein Schiedsgericht überprüft werden könnte. Damit wird verhindert, dass außerhalb der Regelungen, die das Betriebsverfassungsgesetz vorsieht, zwischen den Betriebsparteien oder den Tarifvertragsparteien zusätzliche einigungsstellenähnliche Schiedsgerichte treten, die über die Befugnisse der Betriebsparteien und ihre Rechte und Pflichten verbindliche Entscheidungen treffen könnten. Zwar können Arbeitgeber und Betriebsrat im Rahmen von § 76 Abs. 6 BetrVG vereinbaren, dass eine **Einigungsstelle über die Rechtsfrage entscheiden** soll, welchen Inhalt eine Betriebsvereinbarung oder der Spruch der Einigungsstelle haben soll. Gegen die Entscheidung der Einigungsstelle muss aber immer die Anrufung des Arbeitsgerichts möglich sein. Die Festlegung der Verbindlichkeit des Einigungsstellenspruchs und damit der endgültige Ausschluss des Rechtswegs zu den Arbeitsgerichten wäre eine unzulässige Vereinbarung eines Schiedsgerichts (BAG 20. 11. 1990 AP BetrVG 1972 § 76 Nr. 43 mit im Ergebnis zustimmender Anmerkung von *Oetker* in SAE 1991, 301 ff. und von *Rieble* in EzA BetrVG 1972 § 76 Nr. 55; a. A. *Schwab/Weth/Zimmerling* § 4 Rn 37). Im Übrigen kann aber auch ohne Heranziehung des § 4 das gleiche Ergebnis erreicht werden, wenn man davon ausgeht, das jeder Spruch der Einigungsstelle bei Verstoß gegen materielles oder formelles Recht auch außerhalb der Frist des § 76 Abs. 5 Satz 4 BetrVG vor dem Arbeitsgericht angegriffen werden kann, § 76 Abs. 7 BetrVG. Die Vereinbarung der Entscheidungskompetenz der Einigungsstelle hat letztlich nur die Wirkung, dass die Anrufung des Gerichts erst nach Durchführung des Einigungsstellenverfahrens zulässig ist, vorher fehlt das Rechtsschutzinteresse (vgl. dazu auch BAG 20. 11. 1990 a. a. O.). **4**

II. Ausschluss der Arbeitsgerichtsbarkeit

1. Schiedsvertrag, §§ 101 ff.

Bei Rechtsstreitigkeiten, die nach § 2 Abs. 1 und 2 in die Zuständigkeit des Arbeitsgerichtes fallen, kann durch die Tarifvertragsparteien in den Grenzen des § 101 die Arbeitsgerichtsbarkeit allgemein oder für den Einzelfall ausgeschlossen werden, wenn **5** die Entscheidung durch ein Schiedsgericht erfolgen soll (dazu näher unten § 101 Rn. 7 ff., 17 ff.). **Nicht zulässig** ist danach in jedem Falle eine Schiedsgerichtsabrede, die durch andere Parteien als Tarifvertragsparteien abgeschlossen wird. Auch in einer Betriebsvereinbarung kann eine entsprechende Schiedsabrede nicht getroffen werden. So kann auch in einem Sozialplan nicht zwischen den Betriebsparteien vereinbart werden, dass Meinungsverschiedenheiten zwischen Arbeitgeber und Arbeitnehmern aus der Anwendung des Sozialplans durch einen verbindlichen Spruch einer Einigungsstelle entschieden werden sollen (BAG 27. 10. 1987 NZA 1988, 207, 208), hier handelt es sich nämlich um bürgerliche Rechtsstreitigkeiten, für die ausschließlich die Arbeitsgerichte nach § 2 Abs. 1 Nr. 3 a zuständig sind (vgl. dazu auch oben Rn. 2).

6   Bei **grenzüberschreitenden Rechtsverhältnissen** richtet sich die Zulässigkeit eines Schiedsvertrages nach dem jeweils anzuwendenden Arbeitsstatut, da dieses in der Regel auch die Vereinbarung des gewollten Verfahrensrechts bestimmt (vgl. BAG 4. 10. 1974 AP ZPO § 38 Internationale Zuständigkeit Nr. 7; *Gamillscheg* Internationales Arbeitsrecht 1959, S. 320; *Schnorr v. Carolsfeld* Arbeitsrecht 2. Aufl. 1954 S. 510; anders wohl MünchArbR/*Birk* § 23 Rn. 45, der in jedem Falle § 101 anwenden will, wenn das Schiedsgericht im Geltungsbereich des ArbGG tätig wird; anders auch *Schwab/Weth/Zimmerling* § 4 Rn 3). Voraussetzung ist aber immer, dass auch tatsächlich ein materiell-rechtlicher Auslandsbezug des Arbeitsverhältnisses besteht, wobei die Regelung in Art. 30 Abs. 2 EGBGB zu beachten ist, die bei nicht ausreichender Rechtswahl den Erfüllungsort als maßgeblich für das anzuwendende Recht festlegt, es sei denn, besondere Umstände würden Anhaltspunkte für einen anderen Rechtsbezug ergeben. Dies gilt auch bei Arbeitsverträgen von deutschen Sportvereinen und ausländischen Sportlern (*Pfister* SPuRt 2006, 137 ff.). Ist die Geltung des deutschen Arbeitsrechts vereinbart, ist die Schiedsvereinbarung außerhalb der Fälle des § 101 unwirksam. Ist ausländisches Recht vereinbart, ist die Schiedsabrede gültig, wenn sie in dem anzuwendenden ausländischen(Verfahrens-)Recht vorgesehen ist. Dies wäre dann auch bei einer Klage vor einem deutschen Gericht zu beachten. Etwas anderes kann allerdings dann gelten, wenn die Gefahr besteht, dass mit der Vereinbarung der Rechtsschutz erheblich vermindert werden würde, wenn eine sachgemäße Entscheidung nicht gewährleistet wäre. Die Darlegungslast hierfür hätte die Partei, die sich auf die Unwirksamkeit der Schiedsabrede beruft.

2. Schiedsgutachtenverträge

7   Zweifelhaft ist, ob sich der Ausschluss des § 4 nicht nur auf das schiedsgerichtliche Verfahren, sondern auch auf die Erstattung von Schiedsgutachten bezieht. Der Wortlaut von § 4 ist für diese Frage wenig aussagekräftig (ausführlich dazu *Germelmann*, FS Adomeit S. 201 ff.). Ein Schiedsgutachtenvertrag kann in zwei Formen bestehen, einerseits kann er materiell-rechtlicher Natur sein (BGH 1. 10. 1997 WM 1998, 628; *Baumbach/Hartmann* Grundz. vor § 1065 Rn. 16; *Palandt/Heinrichs* § 317 Rn. 4), es gelten dann die §§ 317 ff. BGB. Andererseits kann er aber auch prozessrechtlichen Charakter haben, wenn er die verbindliche Feststellung von Tatsachen oder von einzelnen Elementen einer Entscheidung zum Gegenstand hat (KG NJW 8. 10. 1979 1980, 1342; *Zöller/Geimer* § 1025 Rn. 5; ausführlich dazu *Germelmann*, FS Adomeit S. 201, 206). Soweit eine Leistungsbestimmung erfolgen soll, wird der Gutachter im Rahmen der §§ 317 ff. BGB tätig, Grundlage ist das materielle Recht. Anders ist es aber zu beurteilen, wenn durch das **Schiedsgutachten einzelne Elemente eines Rechtsverhältnisses bestimmt** werden. In diesem Falle wird durch das Schiedsgutachten letztlich eine Festlegung der Voraussetzungen für einen Anspruch erreicht, über den Anspruch selbst und damit über die Folgen, die sich aus dem Schiedsgutachten ergeben, hat sodann das staatliche Gericht zu entscheiden. Häufig können durch Schiedsgutachten Leistungsbestimmungen erfolgen bzw. Feststellungen von Tatsachen, die für die Entscheidung

II. Ausschluss der Arbeitsgerichtsbarkeit § 4

eines Rechtsstreits erheblich sind, getroffen werden. Der Schiedsgutachtenvertrag schließt damit nur teilweise den nachfolgenden Prozess vor dem staatlichen Gericht aus, er hat nicht von vornherein eine unmittelbar eine prozessuale Ausschlusswirkung, wie dies bei dem schiedsgerichtlichen Vertrag der Fall ist (vgl. dazu näher mit weiteren Nachweisen *Germelmann*, FS Adomeit S. 201, 207 f.; *Baumbach/Hartmann* Grundzüge vor § 1025 Rn. 12 ff.; *Schwab/Weth/Zimmerling* § 4 Rn. 6, 7).

In der Rechtsprechung ist ein **Schiedsgutachten für zulässig** erachtet worden (vgl. BAG 16. 10. 1957 AP TOA § 3 Nr. 27; 31. 1. 1979 AP TVG § 1 Tarifverträge: Bundesbahn Nr. 2; zweifelnd BAG 8. 12. 1976 DB 1977, 729). Begründet wurde die Zulässigkeit des Schiedsgutachtens u. a. damit, dass zumindest dann, wenn es nicht im Sinne eines Prozessvertrages vereinbart sei, kein unmittelbarer prozessualer Erfolg herbeigeführt werde. Vielmehr würde dann im Rahmen des § 317 BGB lediglich durch einen Dritten eine materiellrechtliche Regelung festgelegt (BAG 31. 1. 1979 AP TVG § 1 Tarifverträge: Bundesbahn Nr. 2). Beruhe aber die Bindung des Gerichts nur auf materiellem Recht, sei ein Ausschluss der Arbeitsgerichtsbarkeit nicht gegeben, die Voraussetzungen des § 4 lägen in diesem Falle auch nicht vor.

8

Das Schiedsgutachten ist zwar zum schiedsgerichtlichen Verfahren wesensverschieden. Während das Schiedsgutachten nur materiellrechtliche Fragen klärt, betrifft das schiedsgerichtliche Verfahren in erster Linie auch die prozessuale Seite eines Rechtsstreits. Gleichwohl darf nicht verkannt werden, dass durch das Schiedsgutachten wesentliche Merkmale des materiellen Rechts für das Arbeitsgericht vorgegeben werden, an die es gebunden ist. Damit wird durch das Schiedsgutachten letztlich bereits der Ausgang des Rechtsstreits vorherbestimmt. Das führt aber dazu, dass die **Arbeitsgerichte in ihrer Entscheidungsbefugnis** trotz der bestehenden ausschließlichen Zuständigkeit **eingeschränkt** sind. Zwar kann die Bestimmung des § 4 nicht auf das Schiedsgutachten angewendet werden. Aus dem Wortlaut der Vorschrift, die sich nur auf die §§ 101 ff. bezieht, kann nur entnommen werden, dass der Ausschluss der Zuständigkeit der Gerichte für Arbeitssachen nur bei zulässigen Schiedsgerichtsvereinbarungen gelten soll. Damit ergibt sich aber auch, dass andere Vereinbarungen, die praktisch zum Ausschluss der staatlichen Gerichtsbarkeit in Arbeitssachen führen würden, unzulässig sein könnten (LAG München 29. 11. 1988 NZA 1989, 599; GK-ArbGG *Wenzel* § 4 Rn. 26). Dies würde auch für die Vereinbarung von Schiedsgutachten gelten können, die letztlich materiell den Rechtsstreit bereits vorab entscheiden (vgl. im Ergebnis *Schreiber* ZfA 1983, 31, 41 f.; *Dütz* FS G. Müller S. 129, 142 ff.; *Grunsky* § 4 Rn. 4; näher dazu *Germelmann* FS Adomeit S. 201, 207 f.; a. A. *Hauck/Helml* § 4 Rn 7; *Schwab/Weth/Zimmerling* § 4 Rn. 10). Dies wäre beispielsweise der Fall, wenn durch einen Arzt auch für das Gericht bindend die Arbeitsunfähigkeit festgestellt werden soll oder wenn unbestimmte Rechtsbegriffe in ihrem Bedeutungsgehalt für das Gericht unüberprüfbar konkretisiert werden sollten. Allerdings ist zu beachten, dass § 4 nur eine verfahrensregelnde Bedeutung hat. Die Vorschrift beinhaltet nicht die Garantie auf eine bestimmte materiellrechtliche Anwendung und Überprüfung von Vorschriften. Zu beachten ist weiter, dass auch bei einem Schiedsgutachten im Regelfall durch das Gericht überprüfbar bleibt, ob das Gutachten ordnungsgemäß erstellt worden ist, ob die wissenschaftlichen Regeln eingehalten wurden. Ein genereller Ausschluss der Zulässigkeit von Schiedsgutachten wird daher in der Regel nicht angenommen werden können (vgl. *Schwab/Weth/Zimmerling* § 4 Rn. 10). In jedem Falle gilt dies dann, wenn durch das Schiedsgutachten die Entscheidungsfreiheit des Arbeitsgerichts nicht berührt wird, es auch in der materiellen Rechtslage ungebunden seine Entscheidung treffen kann. Dann besteht keine Beeinflussung der arbeitsgerichtlichen Zuständigkeit, so dass auch keine Bedenken gegen die Zulässigkeit bestehen. Dies ist aber nicht der Fall, wenn durch das Schiedsgutachten materiell verbindlich und für das Gericht nicht überprüfbar eine Rechtsanwendung erfolgt, wie dies bei einer verbindlichen Festlegung der Eingruppierung durch ein Schiedsgutachten der Fall wäre (*Germelmann* aaO. S. 209). Kann dieses

9

jedoch gerichtlich überprüft werden, besteht keine Kollision mit dem Rechtsgedanken von § 4. Nicht betroffen wird im Übrigen die Möglichkeit der Parteien des Einzelarbeitsvertrages, gemäß § 317 BGB eine Leistungsbestimmung durch einen Dritten zu vereinbaren.

3. Außergerichtliches Vorverfahren

10   Ein außergerichtliches oder ein schiedsgerichtliches Vorverfahren **wird** von der Regelung des § 4 **nicht erfasst**, auf dieses finden die Bestimmungen der §§ 101 ff. keine Anwendung. Vorverfahren sind beispielsweise geregelt in §§ 76 Abs. 6, 85 Abs. 2 Satz 3 und 102 Abs. 6 BetrVG, in § 111 Abs. 1 und 2 und in §§ 28 ff. ArbNErfG. Derartige Vorverfahren können auch durch Tarifvertrag, Betriebs- oder Dienstvereinbarung festgelegt werden. Durch sie wird die ausschließliche Zuständigkeit der Gerichte für Arbeitssachen nicht berührt, da sie ihrem Wesen nach keinerlei Bindungswirkung für das Gericht entfalten. Ein Ausschluss der Arbeitsgerichtsbarkeit liegt daher in diesen Fällen ebenfalls nicht vor, so dass keine Bedenken hinsichtlich der Zulässigkeit bestehen (vgl. dazu ausführlich *Germelmann* FS Adomeit S. 201, 203 ff.; *Dütz* FS G. Müller S. 129, 144 ff.; *Hauck/Helml* § 4 Rn. 5; Schwab/Weth/*Zimmerling* § 4 Rn. 12; wohl auch BAG 14. 1. 2004 NZA-RR 2004, 590 ff. für eine tarifliche Regelung). Aus diesem Grund bestanden auch keine Bedenken gegen die früheren Schiedsstellen für Arbeitsrecht in den neuen Bundesländern gegen die Entscheidung der Schiedsstelle war die Anrufung des Arbeitsgerichts möglich. Ebenfalls kann in Kollektivverträgen festgelegt werden, dass vor Anrufung des Arbeitsgerichts eine Schieds- oder Schlichtungsstelle angerufen werden soll. Allerdings darf diese Regelung nicht so ausgestaltet werden, dass sie eine prozesshindernde Einrede begründen könnte (BAG 18. 5. 1999 NZA 1999, 1350; zu den Besonderheiten bei tariflichen Regelungen vgl. BAG 14. 1. 2004 NZA-RR 2004, 590 ff.). Vereinbarungen in Tarifverträgen oder Regelungen im kirchlichen Bereich, nach denen im Streitfalle zunächst eine tarifliche oder innerkirchliche Schlichtungsstelle anzurufen ist, sind im Regelfall so auszulegen, dass auch ohne Anrufung der Schlichtung Klage bei dem Arbeitsgericht erhoben werden kann (BAG 18. 5. 1999 NZA 1999, 1350; *Germelmann* aaO. S. 204). Eine bindende Wirkung von Sprüchen einer Einigungsstelle über das Bestehen von Ansprüchen auch aus einer Betriebsvereinbarung kann nicht festgelegt werden, der Ausschluss der Anrufung des Arbeitsgerichts wäre unwirksam. Auch die Schaffung paritätisch besetzter Personalkommissionen zur verbindlichen Entscheidungen in Personalangelegenheiten wäre unzulässig (*Germelmann* aaO.; vgl BAG 14. 12. 1999 – 1 AZR 175/99 n.v.). Außergerichtliche Vorverfahren mit dem Ziel der Konkretisierung von Anspruchsvoraussetzungen beispielsweise in Tarifverträgen (BAG 14. 1. 2004 NZA-RR 2004, 590 ff.) sind grundsätzlich dann zulässig, wenn eine klageweise Durchsetzung der Ansprüche möglich bleibt.

11   Nicht von § 4 werden auch verbandsrechtliche Streitigkeiten erfasst, sie fallen nicht in den Zuständigkeitsbereich der Arbeitsgerichte nach §§ 2, 2a, sondern betreffen nur die verbandsrechtliche Stellung von Mitgliedern zu ihrem Verband. Hier können echte Schieds- oder Verbandsgerichte geschaffen werden, die verbindliche Entscheidungen treffen. Die Verbandsgerichte können dann allerdings nicht über die arbeitsrechtliche Stellung der Verbandsmitglieder zu ihrem Verband entscheiden. Für Sportler, die gleichzeitig Arbeitnehmer und Verbandsmitglieder sind, kann also eine bestehende Verbandsgerichtsbarkeit nicht bei arbeitsrechtlichen Konflikten eine Entscheidung treffen. Das Gleiche gilt bei politischen Parteien, Koalitionen und sonstigen Verbänden oder Vereinen. Hierbei ist es unerheblich, ob in der Satzung des jeweiligen Verbandes ausdrücklich bei arbeitsrechtlichen Streitigkeiten die Anrufung des Arbeitsgerichts vorgesehen wird oder nicht. Selbst wenn eine solche Regelung fehlte, wäre wegen § 4 in Verbindung mit § 2 die Zuständigkeit der Gerichte für Arbeitssachen gegeben.

4. Fakultative Zuständigkeit der Arbeitsgerichte

Von § 4 werden ebenfalls **nicht die Fälle des § 2 Abs. 3 und 4 erfasst.** Das bedeutet, dass in den Fällen des rechtlichen oder wirtschaftlichen Zusammenhangs oder auf Grund besonderer Vereinbarung zwar die Zuständigkeit der Gerichte für Arbeitssachen gegeben sein kann, dass diese aber nicht nur unter den strengen Voraussetzungen des § 4 ausgeschlossen werden kann. Es ist daher anerkannt, dass in diesen Fällen der fakultativen Zuständigkeit der Gerichte für Arbeitssachen die Durchführung eines schiedsgerichtlichen Verfahrens unter Ausschluss der staatlichen Gerichtsbarkeit vereinbart werden kann und dass sich dieses Verfahren auch im Regelfall nach den §§ 1025 ff. ZPO zu richten hat (*Grunsky* § 4 Rn. 5; *Hauck/Helml* § 4 Rn. 8). Auch kann in derartigen Fällen die Zuständigkeit eines anderen Gerichtes im Rahmen seiner Rechtswegzuständigkeit, insbesondere eines ordentlichen Gerichtes vereinbart werden. Auch die Vereinbarung eines Schiedsgutachtervertrages ist hierbei zulässig, selbst wenn durch das Ergebnis des Schiedsgutachtens die Möglichkeit der gerichtlichen Entscheidung weitgehend eingeschränkt wird.

12

§ 5 Begriff des Arbeitnehmers

(1) ¹Arbeitnehmer im Sinne dieses Gesetzes sind Arbeiter und Angestellte sowie die zu ihrer Berufsausbildung Beschäftigten. ²Als Arbeitnehmer gelten auch die in Heimarbeit Beschäftigten und die ihnen Gleichgestellten (§ 1 des Heimarbeitsgesetzes vom 14. März 1951 – Bundesgesetzbl. I S. 191 –) sowie sonstige Personen, die wegen ihrer wirtschaftlichen Unselbständigkeit als arbeitnehmerähnliche Personen anzusehen sind. ³Als Arbeitnehmer gelten nicht in Betrieben einer juristischen Person oder einer Personengesamtheit Personen, die kraft Gesetzes, Satzung oder Gesellschaftsvertrags allein oder als Mitglieder des Vertretungsorgans zur Vertretung der juristischen Person oder der Personengesamtheit berufen sind.

(2) Beamte sind als solche keine Arbeitnehmer.

(3) ¹Handelsvertreter gelten nur dann als Arbeitnehmer im Sinne dieses Gesetzes, wenn sie zu dem Personenkreis gehören, für den nach § 92 a des Handelsgesetzbuchs die untere Grenze der vertraglichen Leistungen des Unternehmers festgesetzt werden kann, und wenn sie während der letzten sechs Monate des Vertragsverhältnisses, bei kürzerer Vertragsdauer während dieser, im Durchschnitt monatlich nicht mehr als 1000 Euro auf Grund des Vertragsverhältnisses an Vergütung einschließlich Provision und Ersatz für im regelmäßigen Geschäftsbetrieb entstandene Aufwendungen bezogen haben. ²Das Bundesministerium für Arbeit und Soziales und das Bundesministerium der Justiz können im Einvernehmen mit dem Bundesministerium für Wirtschaft und Technologie die in Satz 1 bestimmte Vergütungsgrenze durch Rechtsverordnung, die nicht der Zustimmung des Bundesrates bedarf, den jeweiligen Lohn- und Preisverhältnissen anpassen.

Übersicht

	Rn.
I. Allgemeines	1, 2
II. Arbeitnehmer	3–29
1. Arbeiter und Angestellte	3–19
2. Zu ihrer Berufsausbildung Beschäftigte	20–23
3. Besondere Personengruppen	24–28
4. Arbeitnehmer in personalvertretungsrechtlichen Streitigkeiten	29
III. Gleichgestellte Personen	30–44
1. In Heimarbeit Beschäftigte	30–32
2. Arbeitnehmerähnliche Personen	33–38
3. Handelsvertreter	39–44
IV. Gesetzliche Vertreter	45–51
V. Beamte	52, 53
VI. Arbeitgeber	54

I. Allgemeines

1 § 5 bestimmt, wer Arbeitnehmer iSd. Arbeitsgerichtsgesetzes ist. Es sind dies Arbeiter und Angestellte sowie die zu ihrer Berufsausbildung Beschäftigten, Heimarbeiter und Gleichgestellte sowie die arbeitnehmerähnlichen Personen. Absatz 3 grenzt den Kreis der Handelsvertreter ein, die als Arbeitnehmer iSd. Arbeitsgerichtsgesetzes gelten.

2 Eine nähere Begriffsbestimmung des Arbeitnehmers enthält § 5 nicht, sie wird auch nicht durch die Begriffe Arbeiter und Angestellte gegeben, weil diese ihrerseits wieder voraussetzen, dass der Betreffende Arbeitnehmer ist. Es muss daher auf den **allgemeinen Arbeitnehmerbegriff des Arbeitsrechts** zurückgegriffen werden. Dabei kann die Begriffsbestimmung in § 5 BetrVG eine Hilfe sein.

II. Arbeitnehmer

1. Arbeiter und Angestellte

3 Arbeiter und Angestellte sind Arbeitnehmer. Darauf, zu welcher Gruppe der Arbeitnehmer gehört, kommt es für das Arbeitsgerichtsgesetz nicht an, weil das Gesetz an diese Unterscheidung keine Rechtsfolgen knüpft. Werden aber nach § 17 **Fachkammern** für Arbeiter oder Angestellte eingerichtet, spielt die Unterscheidung für die geschäftsplanmäßige Zuständigkeit der jeweiligen Fachkammer eine Rolle.

4 **Arbeitnehmer** ist, wer auf Grund eines privatrechtlichen Vertrags im Dienste eines anderen zur Leistung weisungsgebundener, fremdbestimmter Arbeit in persönlicher Abhängigkeit verpflichtet ist (st. Rspr.; BAG 16. 2. 2000 AP ArbGG 1979 § 2 Nr. 70 mwN). Auf eine weitere Definition der Rechtsbegriffe „Abhängigkeit" und „Weisungsgebundenheit" wird verzichtet, vielmehr werden Indizien iSd. **typologischen Methode** (*Larenz* Methodenlehre S. 443 ff.; *Herschel* FS Kunze 1969 S. 225, 237) gewürdigt (BAG 24. 6. 1992 AP BGB § 611 Abhängigkeit Nr. 61; Däubler/*Reinecke* TVG § 12 a Rn. 26; *Bauschke* RdA 1994, 209, 211; *Martens* RdA 1979, 347, 348 f.; *Worzalla* FS BAG 2004 S. 311, 325 ff.; ebenso zum Steuerrecht BFH 9. 9. 2003 NZA 2004, 476; BFH 29. 5. 2008 NZA-RR 2008, 531; BFH 22. 7. 2008 DB 2008, 2230; aA MünchArbR/*Richardi* § 24 Rn. 49; ErfK/*Preis* BGB § 611 Rn. 54). Demgegenüber stellt *Wank* (Arbeitnehmer und Selbständige, S. 122 ff.) auf das Kriterium des „**Unternehmerrisikos**" ab. Er geht zutreffend davon aus, dass der selbständige Unternehmer typischerweise als Wettbewerber am Markt auftritt, während der Arbeitnehmer zumeist seine Arbeitskraft einem Arbeitgeber zur Verfügung stellt und nicht selbst am Markt operiert, also mit eigenem oder aufgenommenem Kapital eine eigene Betriebsstätte bzw. Organisation aufbaut. Dem unternehmerischen Risiko, keine Aufträge zu erhalten und kein Einkommen zu erzielen, steht die Chance erfolgsabhängiger Gewinne gegenüber. Nach *Wank* (Arbeitnehmer und Selbständige, S. 127 ff.) sind folgende typische Merkmale des Arbeitnehmers festzustellen: auf Dauer angelegte Tätigkeit, für nur einen Auftraggeber, in eigener Person also ohne Mitarbeiter, im Wesentlichen ohne eigenes Kapital und im Wesentlichen ohne eigene Organisation. Demgegenüber sei Unternehmer derjenige, der freiwillig ein Unternehmerrisiko übernehme. Dieser Ansatz ergänzt die vertragstypenbezogenen, traditionellen Kriterien, ist aber nicht geeignet, den heutigen Arbeitsformen gerecht zu werden. So können Arbeitnehmer mehrere Teilzeitbeschäftigungen für mehrere Arbeitgeber nebeneinander ausüben oder ein oder mehrere Teilzeitarbeitsverhältnisse neben ihrer selbständigen Berufsausübung eingehen. Soweit *Wank* die **wirtschaftliche Abhängigkeit** betont, verwendet er das vom Gesetz anderweitig eingesetzte Abgrenzungskriterium der arbeitnehmerähnlichen Person. Damit widerspricht sein duales System dem dreigeteilten des Gesetzes (*Hromadka* NZA 1997, 569, 576). Der Gesetzgeber lässt bislang nicht erkennen, dass er von Gesetz zu Gesetz unterschiedliche Definitionen des Arbeitnehmers zugrundelegt (ErfK/*Preis* BGB § 611 Rn. 35; HWK/*Thüsing* Vor § 611 BGB Rn. 21; aA MünchArbR/*Richardi* § 24 Rn. 48 ff.; *Heinze* NZA 1997, 1, 3).

Die Leistungspflicht des Arbeitnehmers wird in aller Regel nach Zeiteinheiten bemessen. Der Arbeitnehmer schuldet nicht die Erbringung von einzelnen Tätigkeiten oder ein in Stückzahlen ausgedrücktes Arbeitsergebnis. Nicht ein „Soll" oder eine „Norm" von produktiven Arbeitsleistungen bildet das Maß seiner vertraglichen Leistungspflicht, sondern eine bestimmte Arbeitszeit. Der **Austausch von Arbeit und Lohn** gehört zum Wesen des Arbeitsverhältnisses (BAG 26. 9. 2002 AP ArbGG 1979 § 2 Nr. 83 m. Anm. *Reuter;* BAG 5. 12. 2002 AP BBiG § 19 Nr. 2; EuGH 17. 7. 2008 NZA 2008, 995; *Kittner/Zwanziger* § 5 Rn. 29; *Thüsing* DB 2001, 2451, 2453). Dh. es muss überhaupt eine dienstvertragliche Beziehung der Parteien vorliegen, also der vermeintliche Arbeitnehmer gegenüber dem als solchen in Anspruch genommenen Arbeitgeber Dienste erbringen. Hieran kann es z. B. zwischen dem Belegarzt oder der Beleghebamme und dem Krankenhaus bzw. einer Praxisgemeinschaft (vgl. LAG München 13. 9. 2006 – 7 Ta 279/06 –) oder einer Profiboxerin und ihrem Manager fehlen. Typischerweise verfolgt ein Arbeitnehmer das Ziel, für seine Arbeit ein Entgelt zu erhalten. Dabei ist nicht die subjektive Erwerbsabsicht das bestimmende Merkmal, sondern die objektiv festzustellende Austauschbeziehung. Schließen die Vertragsparteien ausdrücklich jede Vergütungspflicht aus, liegt kein Arbeitsverhältnis vor. Kein Ausschluss in diesem Sinne ist anzunehmen, wenn der Dienstberechtigte zu Gunsten seines Dienstverpflichteten auf Vergütungsleistungen Dritter verzichtet und dem Dienstverpflichteten ein Einziehungsrecht einräumt. Denn es ist keine zwingende Voraussetzung für ein Arbeitsverhältnis, dass die versprochene Vergütung vom Arbeitgeber geleistet wird. Dieser Tatbestand wird von § 38 Abs. 1 Satz 2 EStG vorausgesetzt, der den Arbeitgeber auch dann zum Lohnsteuerabzug verpflichtet, wenn einem seiner Arbeitnehmer üblicherweise Arbeitslohn von einem Dritten für die Arbeitsleistung gezahlt wird. Andererseits verbietet **§ 107 Abs. 3 GewO** den Ausschluss der Zahlung eines regelmäßigen Arbeitsentgelts für die Fälle, in denen der Arbeitnehmer für seine Tätigkeit von Dritten ein **Trinkgeld** erhält. Dabei definiert die GewO Trinkgeld als einen Geldbetrag, den ein Dritter ohne rechtliche Verpflichtung dem Arbeitnehmer zusätzlich zu einer dem Arbeitgeber geschuldeten Leistung zahlt. Damit bleibt es auch nach dem 1. 1. 2003 (= Inkrafttreten von § 107 Abs. 3 GewO) zulässig, dass der Dritte verpflichtet wird, seine Leistung ausschließlich dem Arbeitnehmer zuzuwenden.

Arbeitnehmer kann nur eine **natürliche, nicht aber eine juristische Person** sein (OLG Oldenburg 15. 12. 1961 AP ArbGG 1953 § 2 Nr. 50; ErfK/*Preis* BGB § 611 Rn. 181; *Bauer/Baeck/Schuster* Scheinselbständigkeit Rn. 330; s. auch BAG 20. 8. 2003 AP ArbGG 1979 § 5 Nr. 58). Das Erfordernis einer vertraglichen Begründung der Arbeitspflicht als Voraussetzung des Arbeitnehmerstatus auch zum Zwecke der Rechtswegbestimmung ist unverzichtbar (BAG 16. 2. 2000 AP ArbGG 1979 § 2 Nr. 70). Für faktische Arbeitsverhältnisse besteht insoweit keine Ausnahme. Die Grundsätze über das faktische Arbeitsverhältnis dienen der Regelung der Rechtsfolgen eines übereinstimmend in Vollzug gesetzten Arbeitsvertrags. Ihre Anwendung und damit die Zuständigkeit der Arbeitsgerichte setzten immer voraus, dass die Arbeit einvernehmlich erbracht worden ist. Erforderlich ist eine zunächst von beiden Parteien gewollte Beschäftigung des Arbeitnehmers (vgl. BAG 30. 4. 1997 AP BGB § 812 Nr. 20). Mag sich die vertragliche Grundlage auch als nichtig oder fehlerhaft erweisen, so muss doch stets (jedenfalls dem Tatbestand nach) ein Vertragsschluss vorgelegen haben (BAG 19. 7. 1973 AP BGB § 611 Faktisches Arbeitsverhältnis Nr. 19; BAG 14. 1. 1987 EzA BGB § 611 Faktisches Arbeitsverhältnis Nr. 1). Auf einen Vertragsschluss kann nur dann verzichtet werden, wenn Arbeitsverhältnisse durch Gesetz oder auf Grund eines Gesetzes begründet worden sind. Vorgesehen ist dies etwa in Art. 12 a Abs. 3 Satz 1 GG iVm. § 10 Arbeitssicherstellungsgesetz vom 9. 7. 1968 (BGBl. I S. 787) oder in § 10 AÜG. Hier wird der

Vertragsschluss unter engen, verfassungsrechtlich zulässigen und gerichtlich überprüfbaren Voraussetzungen (§ 27 Abs. 1 Arbeitssicherstellungsgesetz) durch Hoheitsakt oder vom Gesetz selbst ersetzt. Die dadurch entstehende Privatrechtsbeziehung wird gesetzlich ausdrücklich als Arbeitsverhältnis bezeichnet. Fehlt es hieran, liegt kein Arbeitsverhältnis vor. Dementsprechend sind die Gerichte für Arbeitssachen nicht zuständig für Klagen ehemaliger Zwangsarbeiter des Dritten Reiches (BAG 16. 2. 2000 AP ArbGG 1979 § 2 Nr. 70).

7 Wer Arbeitnehmer ist, ergibt sich vornehmlich im Umkehrschluss aus den Vorschriften zu den selbständigen Dienstverpflichteten und den arbeitnehmerähnlichen Personen. Aus diesen Vorschriften folgt, dass weder der Umstand der wirtschaftlichen Abhängigkeit noch die Tätigkeit für nur einen Auftraggeber den Arbeitnehmerstatus begründen kann (vgl. BAG 15. 12. 1999 AP HGB § 84 Nr. 12; BAG 15. 12. 1999 AP HGB § 92 Nr. 5). Die gesetzliche Abstufung geht nicht von einem dualen System, sondern von einem **dreigeteilten System** aus, das zwischen Arbeitnehmern, arbeitnehmerähnlichen Personen und Selbständigen differenziert (*Hromadka* NZA 1997, 569).

8 Kein Arbeitnehmer ist, wer im Wesentlichen frei **seine Tätigkeit gestalten und seine Arbeitszeit bestimmen** kann. § 84 Abs. 1 Satz 2, Abs. 2 HGB enthält insoweit eine über seinen unmittelbaren Anwendungsbereich hinausgehende gesetzliche Wertung. Für die Abgrenzung von Bedeutung sind in erster Linie die tatsächlichen Umstände, unter denen die Dienstleistung zu erbringen ist (st. Rspr.; BAG 22. 4. 1998 AP BGB § 611 Rundfunk Nr. 26 mwN; vgl. ferner Rn. 12). Die Eingliederung zeigt sich insbesondere daran, dass der Beschäftigte einem **Weisungsrecht** seines Vertragspartners hinsichtlich Inhalt, Durchführung, Zeit, Dauer und Ort der Tätigkeit unterliegt (*Mikosch* FS Löwisch 2007 S. 189, 191). Haben die Vertragsparteien ausdrücklich ein Arbeitsverhältnis begründet, übt der Arbeitgeber aber sein Weisungsrecht nicht aus, entsteht ein freies Dienstverhältnis nur bei Beachtung der sich aus § 623 BGB ergebenden Formbedürftigkeit der Auflösungsvereinbarung (BAG 25. 1. 2007 AP SGB II § 16 Nr. 1 = NZA 2007, 580; LAG Saarland 5. 11. 2008 – 1 [2] 68/08). Die Pflicht, Weisungen nachzukommen, ist aber nicht ausschließlich im Arbeitsverhältnis anzutreffen. Der auf Grund eines Dienst- oder Werkvertrags selbständig Tätige hat möglicherweise ebenso Weisungen zu befolgen wie der Beauftragte (vgl. §§ 665, 675 BGB). Auch **mitarbeitende Gesellschafter** einer GmbH oder einer anderen Gesellschaft können wie ein Arbeitnehmer Weisungen unterworfen sein, ohne deren Status zu haben. Andererseits gibt es Arbeitsverhältnisse (wie das des Chefarztes), in denen das Weisungsrecht des Arbeitgebers auf ein Minimum reduziert ist.

9 Je konkreter die Weisungen im Einzelfall sind, desto mehr spricht dies für ein Arbeitsverhältnis. Deshalb kommt der **Bindung an generelle Vorschriften** oder Lehrpläne eine schwächere Indizwirkung zu. Die Pflicht, öffentlich-rechtlichen Anordnungen der Aufsichtsbehörde im Jugendhilferecht nachzukommen, trifft jedermann. Sie ist kein Merkmal arbeitsvertraglicher Weisungsgebundenheit (BAG 25. 5. 2005 AP BGB § 611 Abhängigkeit Nr. 117; noch aA BAG 6. 5. 1998 AP BGB § 611 Abhängigkeit Nr. 94). Die Festlegung verschiedener Aspekte der zu erbringenden Dienstleistungen im Anstellungsvertrag spricht gegen eine Weisungsgebundenheit iSd. Arbeitsrechts, denn vereinbarte Bedingungen der Dienstleistung sind keine einseitig vom Dienstberechtigten konkretisierten Leistungspflichten (*Hromadka* NJW 2003, 1847, 1848). Vertragliche Pflichten des Versicherungsvertreters, die lediglich Konkretisierungen der Vorgaben aus § 86 HGB oder aufsichts- und wettbewerbsrechtliche Vorschriften sind, begründen keine Weisungsabhängigkeit als Arbeitnehmer (BAG 15. 12. 1999 AP HGB § 84 Nr. 12). Gleiches ist für die Beziehung des Franchisenehmers zum Franchisegeber anzunehmen (*Franzen* FS BAG 2004 S. 31, 47).

10 Für den Arbeitnehmerstatus eines zur **Aushilfe engagierten Orchestermusikers** ist es entscheidend, ob der Mitarbeiter auch im Rahmen des übernommenen Engagements seine Arbeitszeit noch im Wesentlichen frei gestalten kann oder insoweit einem umfassenden Weisungsrecht der Orchesterleitung unterliegt (BAG 22. 8. 2001 AP BGB § 611

II. Arbeitnehmer § 5

Abhängigkeit Nr. 109). Auch beim **Frachtführer,** der nur für einen Auftraggeber fährt, kommt es darauf an, ob ihm Dauer sowie Beginn und Ende der täglichen Arbeitszeit vorgeschrieben sind und er die – nicht nur theoretische – Möglichkeit hat, auch Transporte für eigene Kunden auf eigene Rechnung durchzuführen (BAG 30. 9. 1998 AP BGB § 611 Abhängigkeit Nr. 103; ähnlich zum Kommissionär BAG 4. 12. 2002 AP BGB § 611 Abhängigkeit Nr. 115).

Als Rechtsgrundlage für die Leistung von Diensten in persönlicher Abhängigkeit kommt neben einem Arbeitsverhältnis auch die **Mitgliedschaft in einem Verein** in Betracht (BAG 3. 6. 1975 AP BetrVG 1972 § 5 Rotes Kreuz Nr. 1; BAG 10. 5. 1990 AP BGB § 611 Abhängigkeit Nr. 51; BAG 22. 3. 1995 AP ArbGG 1979 § 5 Nr. 21; BAG 6. 7. 1995 AP ArbGG 1979 § 5 Nr. 22; BAG 26. 9. 2002 AP ArbGG 1979 § 2 Nr. 83). Die gesetzlich gewährleistete Vereinsautonomie ermöglicht es dem Verein, Rechte und Pflichten der Vereinsmitglieder und des Vereins durch Satzung zu regeln (§ 25 BGB). Der Mitgliedsbeitrag (§ 58 Nr. 2 BGB) kann in der Leistung von Diensten bestehen. Die Beitragsleistung soll den Vereinszweck fördern, doch darf die Begründung vereinsrechtlicher Arbeitspflichten nicht gegen §§ 134, 138 BGB verstoßen und damit zwingende arbeitsrechtliche Schutzbestimmungen umgehen (BAG 26. 9. 2002 AP ArbGG 1979 § 2 Nr. 83). Wichtige Beispiele sind die von Sportvereinen ihren Mitgliedern als Beiträge auferlegten „Arbeitsstunden".

11

Der Grad der **persönlichen Abhängigkeit** hängt auch von der Eigenart der jeweiligen Tätigkeit ab. Abstrakte, für alle Arbeitsverhältnisse geltende Merkmale lassen sich nicht aufstellen. Letztlich kommt es auf eine Gesamtwürdigung aller maßgebenden Umstände des Einzelfalls an. Bestimmend ist der **wirklich gewollte Geschäftsinhalt,** das gelebte Rechtsverhältnis. Der Status eines Beschäftigten richtet sich danach, wie die Vertragsbeziehung nach ihrem Geschäftsinhalt objektiv einzuordnen ist. Das gemeinsam Gewollte hat Vorrang vor einer absichtlichen oder irrtümlichen Falschbezeichnung (*Maschmann* Arbeitsverträge S. 279). Wird der Vertrag abweichend von den ausdrücklichen Vereinbarungen vollzogen, ist in aller Regel die tatsächliche Ausführung maßgebend (BAG 20. 7. 1994 AP BGB § 611 Abhängigkeit Nr. 73). Auch ein als Werkvertrag oder als Dienstvertrag über freie Mitarbeit bezeichneter Vertrag kann ein Arbeitsvertrag sein, wenn die **Vertragsgestaltung** und die tatsächliche Durchführung des Vertragsverhältnisses eine persönliche Abhängigkeit des Dienstleistenden erkennen lassen. Die praktische Durchführung des Vertrags lässt den Rückschluss auf die wirklichen Vorstellungen der Vertragsparteien zu. So spricht es für das Fehlen eines Weisungsrechts des Dienstberechtigten, wenn dieses längere Zeit nicht ausgeübt worden ist (vgl. aber zum Fall des ausdrücklich vereinbarten Arbeitsverhältnisses Rn. 8). Kraft der garantierten **Vertragsfreiheit** können die Parteien, obgleich die tatsächliche Vertragsdurchführung die Vereinbarung eines freien Dienstverhältnis erlaubte, wirksam ein Arbeitsverhältnis begründen (LAG Nürnberg 21. 12. 2007 NZA-RR 2008, 271; Däubler/*Reinecke* TVG § 12a Rn. 26). Umgekehrt werden deutlich strengere Anforderungen gestellt. Die von den Parteien übereinstimmend gewollte Vertragsform „freier Dienstvertrag" ist nur dann maßgeblich, wenn nach den objektiven Gegebenheiten ebenso viele Gründe für ein Arbeitsverhältnis wie für „freie Mitarbeit" sprechen (BAG 14. 2. 1974 AP BGB § 611 Abhängigkeit Nr. 12; BAG 12. 9. 1996 AP BGB § 611 Freier Mitarbeiter Nr. 1; abl. *Maschmann* Arbeitsverträge S. 225 ff.). Andernfalls bleibt dieser Wille der Vertragsparteien wegen des weitgehend zwingenden Charakters der Arbeitsgesetze unbeachtlich. Die Parteien können aber darüber bestimmen, wie sie ihr Vertragsverhältnis ausgestalten wollen, und dadurch die Anwendbarkeit des Arbeitsrechts ausschließen. Im Rechtsstreit trägt die Partei die **Darlegungs- und Beweislast** für die die persönliche Abhängigkeit begründenden Tatsachen, die geltend macht, der Dienstverpflichtete sei Arbeitnehmer.

12

Nicht entscheidend ist, ob der zur Dienstleistung Verpflichtete vom Dienstberechtigten wirtschaftlich abhängig ist (ErfK/*Preis* BGB § 611 Rn. 58). Ebenso wenig kommt es auf die Art der Dienstleistung an, also ob es sich um körperliche oder geistige Arbeit, um

13

einfache oder qualifizierte Tätigkeiten handelt. Unerheblich ist auch der Umfang der Dienste (BAG 28. 6. 1973 AP BUrlG § 2 Nr. 2), so dass auch **Teilzeitbeschäftigte** sowie zur Vertretung und zur Aushilfe Tätige bei Vorliegen der übrigen Voraussetzungen Arbeitnehmer sein können. Gleichermaßen kann eine nur **nebenberufliche Tätigkeit** die Arbeitnehmereigenschaft begründen (BAG 16. 3. 1972 AP BGB § 611 Lehrer, Dozenten Nr. 10). Für den Arbeitsvertrag gilt mehr noch als für den Dienstvertrag des Selbständigen die Regel, dass die **Arbeit im Zweifel in Person** zu leisten ist (§ 613 Satz 1 BGB). Ein Eintrittsrecht eines Dritten spricht für ein selbständiges Dienstverhältnis (BGH 16. 10. 2002 NJW-RR 2003, 277). Regelmäßig liegt kein Arbeitsverhältnis vor, wenn der zur Dienstleistung Verpflichtete nach den tatsächlichen Umständen **nicht in der Lage** ist, seine vertraglichen **Leistungspflichten alleine zu erfüllen**, sondern auf Hilfskräfte angewiesen und vertraglich berechtigt ist, seine Leistungen durch Dritte erbringen zu lassen (BAG 16. 7. 1997 AP BGB § 611 Zeitungsausträger Nr. 4; BAG 12. 12. 2001 AP BGB § 611 Abhängigkeit Nr. 111; BAG 4. 12. 2002 AP BGB § 611 Abhängigkeit Nr. 115; BAG 25. 5. 2005 AP BGB § 611 Abhängigkeit Nr. 117; BGH 16. 10. 2002 NJW-RR 2003, 277).

14 Auf die jeweilige **sozialrechtliche Einordnung** (vgl. § 7 Abs. 4 SGB IV) kommt es arbeitsrechtlich nicht an (BAG 15. 12. 1999 AP HGB § 92 Nr. 5; ErfK/*Rolfs* SGB IV § 7 Rn. 2), denn versicherungspflichtige Beschäftigung nach § 7 Abs. 1 SGB IV, § 25 Abs. 1 SGB III und Arbeitsverhältnis sind nicht deckungsgleich (BAG 30. 8. 2000 AP ArbGG 1979 § 2 Nr. 75). Solange der Gesetzgeber auf eine Klarstellung verzichtet (wie z. B. bis 31. 12. 2001 für Eingliederungsverhältnisse nach §§ 229 ff. SGB III aF), können als „Ich-AG" handelnde Personen Arbeitnehmer ihrer Auftraggeber sein. Dies entscheidet sich allein nach den allgemeinen Abgrenzungskriterien. Sog. **„Ein-Euro-Jobber"** stehen in keinem Arbeitsverhältnis zum Maßnahmeträger (BAG 8. 11. 2006 AP ArbGG 1979 § 2 Nr. 89 = NZA 2007, 53; BAG 17. 1. 2007 AP ArbGG 1979 § 64 Nr. 40 = NZA 2007, 644; ArbG Ulm 17. 1. 2006 NZA-RR 2006, 383, 384). Klagen sie gleichwohl auf Feststellung eines Arbeitsverhältnisses, sind für diesen Sic-non-Antrag die Gerichte für Arbeitssachen zuständig (BAG 8. 11. 2006 AP ArbGG 1979 § 2 Nr. 89 = NZA 2007, 53; ArbG Ulm 17. 1. 2006 NZA-RR 2006, 383, 384; aA ArbG Chemnitz 16. 8. 2005 DB 2006, 1688); für sonstige Klagen aber die Sozialgerichte, denn es liegt ihrer Tätigkeit eine öffentlich-rechtliche Beziehung zugrunde (BAG 8. 11. 2006 AP ArbGG 1979 § 2 Nr. 89 = NZA 2007, 53; BAG 17. 1. 2007 AP ArbGG 1979 § 64 Nr. 40 = NZA 2007, 644; aA ArbG Berlin 25. 8. 2005 NZA 2005, 1309).

15 Ausgehend von dieser Begriffsbestimmung können Arbeitnehmer sein: der **Chefarzt** einer Klinik (BAG 27. 7. 1961 AP BGB § 611 Ärzte, Gehaltsanspruch Nr. 24), ein **angestellter Rechtsanwalt** (BAG 3. 6. 1998 AP BGB § 611 Abhängigkeit Nr. 97), Werkstudenten (BAG 11. 11. 2008 – 1 ABR 68/07 –; zB als **Tankwart** BAG 12. 6. 1996 AP BGB § 611 Werkstudent Nr. 4), ggf. der **Lehrbeauftragte** an einer Hochschule (BAG 25. 2. 2004 AP HRG § 36 Nr. 1 idR öffentlich-rechtlich), ein **Lehrer am Abendgymnasium oder in schulischen Kursen an einer Volkshochschule** (BAG 12. 9. 1996 AP BGB § 611 Lehrer, Dozenten Nr. 122) oder in der **beruflichen Bildung** (BAG 19. 11. 1997 AP BGB § 611 Lehrer, Dozenten Nr. 133), der **Kommanditist** (BAG 11. 5. 1978 AP HGB § 161 Nr. 2) oder der **Gesellschafter** einer GmbH bei weisungsgebundener Tätigkeit für die Gesellschaft (BAG 28. 11. 1990 AP TVG § 1 Tarifverträge: Bau Nr. 137), **allerdings nicht**, wenn er gleichzeitig Geschäftsführer (BAG 10. 4. 1991 AP BGB § 611 Abhängigkeit Nr. 54) oder Mehrheitsgesellschafter (BAG 6. 5. 1998 AP BGB § 611 Abhängigkeit Nr. 95) oder **Geschäftsführer** der Komplementär-GmbH einer GmbH & Co KG ist (vgl. BAG 20. 8. 2003 AP ArbGG 1979 § 5 Nr. 58; OLG Hamm 27. 3. 1998 NZA-RR 1998, 372; *Moll* RdA 2002, 226, 228; aA BAG 15. 4. 1982 AP KSchG 1969 § 14 Nr. 1; LAG Köln 14. 10. 2002 NZA-RR 2003, 492).

16 Arbeitnehmer sind auch die **Dienstordnungsangestellten** der Sozialversicherungsträger (BAG 16. 5. 1955 AP ArbGG 1953 § 2 Nr. 7; BAG 7. 4. 1992 AP LPVG Niedersachsen

II. Arbeitnehmer § 5

§ 75 Nr. 4), nicht aber wenn sie zum Geschäftsführer der AOK bestellt sind (BAG 30. 6. 1960 AP ArbGG 1953 § 5 Nr. 8). Eine **Familienhelferin** nach § 31 SGB VIII kann Arbeitnehmerin sein (BAG 6. 5. 1998 AP BGB § 611 Abhängigkeit Nr. 94). Gleiches gilt für **Pharmaberater** (LAG Hamm 5. 10. 1989 DB 1990, 2027), **Co-Piloten** (BAG 16. 3. 1994 AP BGB § 611 Abhängigkeit Nr. 68), berufliche **Rehabilitanden** nach § 56 AFG (zu § 5 BetrVG: BAG 13. 5. 1992 AP BetrVG 1972 § 5 Ausbildung Nr. 4; aA BAG 26. 1. 1994 AP BetrVG 1972 § 5 Nr. 54), **Fotomodelle** (BSG 12. 12. 1990 NZA 1991, 907), **Fußballtrainer** (LAG Frankfurt 27. 10. 1964 AP BGB § 611 Abhängigkeit Nr. 4), **Orchestermusiker** (BAG 3. 10. 1975 AP BGB § 611 Abhängigkeit Nr. 16), **Zeitungsboten** (BAG 29. 1. 1992 AP BetrVG 1972 § 7 Nr. 1; BAG 16. 7. 1997 AP BGB § 611 Zeitungsausträger Nr. 4), **Werbedamen** (BFH 14. 6. 1985 BFHE 144, 225) und **Bildberichterstatter** (BAG 29. 1. 1992 AP BetrVG 1972 § 5 Nr. 47; BAG 16. 6. 1998 AP ArbGG 1979 § 5 Nr. 44).

Bei **programmgestaltenden Mitarbeitern** der Medien kann ein Arbeitsverhältnis vorliegen, wenn der Mitarbeiter zwar an dem Programm gestalterisch mitwirkt, dabei jedoch weitgehenden Weisungen unterliegt, ihm also nur ein geringes Maß an Gestaltungsfreiheit, Eigeninitiative und Selbständigkeit verbleibt. Ein Arbeitsverhältnis wird zu bejahen sein, wenn der Sender innerhalb eines bestimmten zeitlichen Rahmens über die Arbeitsleistung verfügt (BVerfG 18. 2. 2000 AP GG Art. 5 Abs. 1 Rundfunkfreiheit Nr. 9), also ständige Dienstbereitschaft erwartet oder den Mitarbeiter in nicht unerheblichem Umfang ohne entsprechende Vereinbarung heranzieht. Dementsprechend ist es ein starkes Indiz für die Arbeitnehmereigenschaft, wenn der Mitarbeiter in Dienstplänen aufgeführt wird, ohne dass die einzelnen Einsätze im Voraus abgesprochen werden (BAG 22. 4. 1998 AP BGB § 611 Abhängigkeit Nr. 96). Die gesetzliche Dreiteilung des Systems von Arbeitnehmern, arbeitnehmerähnlichen Personen und Selbständigen wird für den Bereich des Rundfunks durch **Bestandsschutztarifverträge** bekräftigt. Mit diesen Tarifverträgen wird auch für den Sektor der Medienarbeit verdeutlicht, dass allein die wirtschaftliche Abhängigkeit des Medienmitarbeiters ungeeignet ist, dessen Arbeitnehmerstellung zu begründen. Die vielseitigen Schutzfunktionen der Tarifverträge sind geeignet, die sich aus der wirtschaftlichen Abhängigkeit des einzelnen Beschäftigten ergebenden Schutzbedürfnisse zu erfüllen. Eine dem Art. 5 GG gerecht werdende Zurückhaltung bei der Verwendung des Arbeitnehmerbegriffs im Medienbereich lässt sich deshalb mit einem ausreichenden Schutz des Einzelnen in Fragen der Entgeltsicherheit, der bezahlten Dienstunfähigkeit, des Urlaubs und des Beendigungsschutzes vereinbaren. Das aus der einseitigen Aufnahme in die Dienstpläne folgende Indiz für die Arbeitnehmerstellung des so eingesetzten Mitarbeiters der Rundfunkanstalt wird durch die Auswirkungen eines Bestandsschutztarifvertrags in seiner Aussagekraft deutlich gemindert. Tarifverträge können zwar nicht darüber bestimmen, wer von den Mitarbeitern eines Senders Arbeitnehmer und wer arbeitnehmerähnliche Person ist. Denn der durch zwingende arbeitsrechtliche Bestimmungen gewährleistete soziale Schutz eines Arbeitnehmers kann nicht dadurch umgangen werden, dass die Parteien ein tatsächlich bestehendes Arbeitsverhältnis anders bezeichnen, und dass sie damit Rechtsfolgen, die an das Vorliegen eines Arbeitsverhältnisses geknüpft werden, bewusst oder unbewusst abbedingen. Wegen der gesetzlich vorgegebenen Dreiteilung ist ein Bestandsschutztarifvertrag aber geeignet, die eindeutige Zuordnung einzelner Aspekte zum Status des Arbeitnehmers zu beeinflussen, wenn sie auch dem Typus des bestandsgeschützten freien Mitarbeiters zugeordnet werden können (BVerfG 22. 8. 2000 NZA 2000, 1097; BAG 20. 9. 2000 AP BGB § 611 Rundfunk Nr. 37).

Der **Dienstverschaffungsvertrag** ist ein nicht als besonderer Vertragstypus geregelter Vertrag. Er hat zum Inhalt, dass die eine Partei sich verpflichtet, der anderen Partei die Dienste eines oder mehrerer Dritter zu verschaffen („Personal-Leasing"; „Zeitarbeit"). Vom Dienstvertrag unterscheidet sich der Dienstverschaffungsvertrag dadurch, dass er nicht auf die Leistung der persönlichen Dienste eines Vertragspartners abzielt, obgleich ein Dienstvertrag auch vorsehen kann, dass die Dienste von einem Ersatzmann erbracht werden (vgl. § 613 BGB). Andererseits grenzt er an die reine Vermittlung von Dienstleistungen an. Für die Abgrenzung von Dienst- oder Werkverträgen gegenüber Dienstverschaffungsverträgen ist entscheidend, ob der Unternehmer, auch wenn er sich eines Erfüllungsgehilfen bedienen kann, die zur Erreichung eines wirtschaftlichen Erfolgs notwendigen Handlungen selbst organisiert oder ob er dem Vertragspartner geeignete Arbeitskräfte überlässt, die dieser nach eigenen betrieblichen Erfordernissen in seinem Betrieb einsetzt. Letztlich entscheidend ist, wo das Weisungsrecht liegt. Wird die Arbeit nach Weisung des Dritten geleistet, handelt es sich um einen Dienstverschaffungsvertrag. Verbleibt das Weisungsrecht bei dem Unternehmer, der die Arbeiten für den Dritten ausführt, dann liegt ein **Dienst- oder Werkvertrag** vor; der Unternehmer bleibt hier dem Vertragspartner für die Erfüllung der im Vertrag vorgesehenen Dienste oder für die Herstellung des geschuldeten Werkes verantwortlich. Über die rechtliche Einordnung eines Vertrags entscheidet der Geschäftsinhalt und nicht die von den Parteien gewünschte Rechtsfolge oder eine Bezeichnung, die dem Geschäftsinhalt nicht entspricht. Der Geschäftsinhalt kann sich sowohl aus den ausdrücklichen Vereinbarungen der Parteien als auch aus der praktischen Durchführung des Vertrags ergeben. Widersprechen sich beide, ist die tatsächliche Durchführung des Vertrags maßgebend. Einzelne Vorgänge der Vertragsabwicklung sind zur Feststellung eines vom Vertragswortlaut abweichenden Geschäftsinhalts nur geeignet, wenn es sich dabei nicht nur um untypische Einzelfälle, sondern um beispielhafte Erscheinungsformen einer durchgehend geübten Vertragspraxis handelt. Dabei muss diese abweichende Vertragspraxis den auf Seiten der Vertragspartner zum Vertragsabschluss berechtigten Personen bekannt gewesen und von ihnen zumindest geduldet worden sein. **Leiharbeitnehmer** iSd. AÜG sind Arbeitnehmer des Verleihers, doch kann auch der Entleiher ihnen gegenüber Arbeitgeberfunktionen haben, woraus sich Ansprüche zwischen Leiharbeitnehmer und Entleiher ergeben können, über die die Gerichte für Arbeitssachen zu entscheiden haben (LAG Hamm 4. 8. 2003 NZA-RR 2004, 106; s. § 2 Rn. 52). In einem Arbeitsverhältnis stehen die im Rahmen einer Arbeitsbeschaffungsmaßnahme Beschäftigten. Arbeitnehmer sind schließlich die in einem **mittelbaren Arbeitsverhältnis** zum Arbeitgeber tätigen Personen (BAG 21. 2. 1990 AP BGB § 611 Abhängigkeit Nr. 57).

19 Ausgehend von dem Erfordernis der persönlichen Abhängigkeit sind nicht als Arbeitnehmer, sondern als **freie Mitarbeiter** angesehen worden: **Rundfunkgebührenbeauftragter** (BAG 26. 5. 1999 AP BGB § 611 Abhängigkeit Nr. 104; BAG 30. 8. 2000 AP ArbGG 1979 § 2 Nr. 75), **Volkshochschuldozent**, der außerhalb schulischer Lehrgänge unterrichtet (BAG 13. 11. 1991 AP BGB § 611 Abhängigkeit Nr. 60; BAG 26. 7. 1995 AP BGB § 611 Abhängigkeit Nr. 79), **Lektor** (BAG 27. 3. 1991 AP BGB § 611 Abhängigkeit Nr. 53), Beleghebamme (BAG 26. 6. 1991 RzK I 4 a 45; BAG 21. 2. 2007 AP ArbGG 1979 § 5 Nr. 64 = NZA 2007, 699); **Künstler** (BAG 6. 12. 1974 AP BGB § 611 Abhängigkeit Nr. 14; im Tourneetheater LAG Berlin 29. 12. 1989 AP BGB § 611 Abhängigkeit Nr. 50), **Theaterintendant** (BAG 17. 12. 1968 AP ArbGG 1979 § 5 Nr. 17; bestätigt mit Beschluss vom 22. 2. 1999 RzK I 10 a Nr. 43), **Jugendbetreuer**, der Zeit und Art der Betreuung selbst bestimmen kann (BAG 9. 5. 1984 AP BGB § 611 Abhängigkeit Nr. 45), **Stipendiat** (BAG 3. 12. 1985 AP BAT § 74 Nr. 2) sowie **Helfer im freiwilligen sozialen Jahr** (BAG 12. 2. 1992 AP BetrVG 1972 § 5 Nr. 52).

2. Zu ihrer Berufsausbildung Beschäftigte

20 Arbeitnehmer iSd. Arbeitsgerichtsgesetzes sind auch die **zu ihrer Berufsausbildung Beschäftigten**. Es entspricht nach wie vor der Vorstellung des Gesetzgebers, dass ohne besondere gesetzliche Regelung Berufsausbildungsverhältnisse **keine Arbeitsverhältnisse sind**, sondern die Anwendung der Regeln des Arbeitsrechts auf § 10 Abs. 2 BBiG beruht. Hierzu passt auch § 5 Abs. 1 Satz 1, der die zu ihrer Berufsausbildung Beschäf-

II. Arbeitnehmer § 5

tigten ausdrücklich neben Arbeitern und Angestellten nennt. Dieser zutreffenden Sicht folgt ein Teil des Schrifttums (*Leinemann/Taubert* BBiG § 10 Rn. 6; MünchArbR/*Natzel* § 177 Rn. 178; diff. *Herkert* BBiG § 3 Rn. 17; *Knopp/Kraegeloh* BBiG § 3 Rn. 3; aA *Zöllner/Loritz* § 5 IV 2 und § 28 I), während die Rechtsprechung des Bundesarbeitsgerichts diese Frage wiederholt offen gelassen hat (z. B. BAG 22. 6. 1972 AP BGB § 611 Ausbildungsverhältnis Nr. 1; BAG 25. 7. 1973 AP BGB § 611 Ausbildungsverhältnis Nr. 2), aber in neuerer Zeit zwischen Arbeits- und Berufsausbildungsverhältnissen unterscheidet (BAG 10. 7. 2003 AP MTA-O § 1 Nr. 1; BAG 20. 8. 2003 AP EntgeltFG § 3 Nr. 20).

Unter Berufsausbildung sind alle Bereiche der Berufsbildung nach § 1 Abs. 1 BBiG zu **21** verstehen. Eine Berufsausbildung kann auch zwischen Familienangehörigen erfolgen (aA *Dietz/Nikisch* § 5 Rn. 38). Zur **Berufsausbildung** rechnet nicht nur die breit angelegte berufliche Grundbildung, sondern jede Maßnahme, die berufliche Kenntnisse und Fähigkeiten auf betrieblicher Ebene vermittelt und auf Grund privatrechtlicher Vereinbarung erfolgt, wobei gleichgültig ist, ob der Auszubildende eine Vergütung erhält (BAG 10. 2. 1981 AP BetrVG 1972 § 5 Nr. 25; BAG 24. 9. 1981 AP BetrVG 1972 § 5 Nr. 26). Ausschlaggebend ist der Inhalt des Ausbildungsvertrags, deshalb können auch Auszubildende in sonstigen Berufsbildungseinrichtungen (§ 1 Abs. 5 BBiG) unter § 5 Abs. 1 Satz 1 fallen (BAG 24. 2. 1999 AP ArbGG 1979 § 5 Nr. 45 betr. Verkehrsfliegerschule).

Eine **Beschäftigung** iSv. Satz 1 liegt nur vor, wenn der Betreffende auf Grund eines **22** privatrechtlichen Vertrags im Dienste eines anderen Arbeit leistet. Produktiv iSv. fremdnützig muss die Dienstleistung nicht sein. Eine „Beschäftigung" in diesem Sinne ist in der Regel anzunehmen, wenn der Auszubildende im weiteren Sinne dem Weisungsrecht des Ausbildenden hinsichtlich des Inhalts, der Zeit und des Ortes der Tätigkeit unterworfen ist (vgl. BAG 24. 2. 1999 AP ArbGG 1979 § 5 Nr. 45; BAG 24. 9. 2002 AP ArbGG 1979 § 5 Nr. 56; BAG 27. 9. 2006 – 5 AZB 33/06 – NZA 2006, 1432 [LS]). Das kann auch außerhalb der betrieblichen Berufsbildung der Fall sein (*Hauck/Helml* § 5 Rn. 13; *Brecht-Heitzmann* RdA 2008, 276, 279). Ein **wirtschaftliches Interesse des Ausbildenden** an der Leistung des Auszubildenden ist keine notwendige Voraussetzung der arbeitsgerichtlichen Zuständigkeit. Die Motive der Beteiligten sind für die Frage des Rechtswegs nicht konstitutiv. Eine von dritter Seite finanzierte oder gänzlich uneigennützige, z. B. gemeinnützige Berufsbildung schließt die arbeitsgerichtliche Zuständigkeit nicht stets aus. Die im Rahmen der Berufsbildung Beschäftigten können auch unabhängig von einer wirtschaftlichen Bedeutung der Dienste für den Vertragspartner tätig werden (BAG 24. 9. 2002 AP ArbGG 1979 § 5 Nr. 56). Zur Berufsausbildung Beschäftigte sind daher auch **Umschüler,** Teilnehmer an berufsvorbereitenden Maßnahmen (BAG 10. 2. 1981 AP BetrVG 1972 § 5 Nr. 25; BAG 24. 9. 2002 AP ArbGG 1979 § 5 Nr. 56), **Anlernlinge, Praktikanten, Volontäre,** sofern der Volontär zur Arbeitsleistung verpflichtet ist und sein Praktikum nicht Teil einer öffentlich-rechtlich geregelten Schul- oder Hochschulausbildung ist. Die Ausbildung eines **Berufsakademie-Studenten** in einer betrieblichen Ausbildungsstätte unterfällt dem ArbGG, wenn er dem Weisungsrecht des Ausbildenden unterworfen ist (BAG 27. 9. 2006 – 5 AZB 33/06 – NZA 2006, 1432 [LS]; *Brecht-Heitzmann* RdA 2008, 276, 279). Der **Anlernling,** der für eine betriebliche Tätigkeit angelernt wird, wird vielfach in einem echten Arbeitsverhältnis stehen. Zur Berufsausbildung beschäftigt sind ferner **Lernschwestern** und **Krankenpflegeschüler** (BAG 29. 10. 1957 AP BGB § 611 Lehrverhältnis Nr. 10). Vorausgesetzt wird in jedem Fall, dass das Ausbildungsverhältnis auf einem privatrechtlichen Vertrag beruht (BAG 21. 5. 1997 AP ArbGG 1979 § 5 Nr. 32). Nicht hierher gehören **Auszubildende,** die in einem Beamten- oder Soldatenverhältnis stehen (wie z. B. Referendare).

Sind danach die zu ihrer Berufsausbildung Beschäftigten Arbeitnehmer iSd. Arbeits- **23** gerichtsgesetzes, so gilt das ihrer Berufsausbildung zugrundeliegende Vertragsverhältnis, gleichgültig ob es ein **Berufsausbildungsverhältnis** iSd. Berufsbildungsgesetzes oder von anderer Art ist, **als Arbeitsverhältnis** iSd. Arbeitsgerichtsgesetzes und insbesondere von

§ 2. Dementsprechend ist die Zuständigkeit der Arbeitsgerichte nach § 2 Abs. 1 Nr. 3 gegeben bei Rechtsstreitigkeiten aus diesem Ausbildungsverhältnis, auch wenn dieses kein Arbeitsverhältnis ist. Erfolgt die Berufsausbildung im Rahmen des **Strafvollzugs**, ist keine Zuständigkeit der Gerichte für Arbeitssachen anzunehmen (BAG 18. 11. 1986 AP ArbGG 1979 § 2 Nr. 5). Zur Berufsausbildung in einem überbetrieblichen Ausbildungszentrum vgl. BAG 21. 7. 1993 (AP BetrVG 1972 § 5 Ausbildung Nr. 8), zur Ausbildung in sonstigen Bildungseinrichtungen BAG 21. 5. 1997 (AP ArbGG 1979 § 5 Nr. 32, das offen gelassen hat, ob nicht die Umschüler arbeitnehmerähnliche Personen sind) und zur **beruflichen Rehabilitation** BAG 13. 5. 1992 (AP BetrVG 1972 § 5 Nr. 4) und BAG 26. 1. 1994 (AP BetrVG 1972 § 5 Nr. 54).

3. Besondere Personengruppen

24   Anders als § 5 Abs. 2 BetrVG nimmt § 5 ArbGG nicht bestimmte Personengruppen vom Arbeitnehmerbegriff aus. Gleichwohl besteht bei den in § 5 Abs. 2 Nr. 3, 4 und 5 BetrVG genannten Personen Anlass zu besonderer Prüfung, ob sie Arbeitnehmer iSd. Arbeitsgerichtsgesetzes sind.

25   Das gilt zunächst für Personen, deren Beschäftigung nicht in erster Linie ihrem Erwerb dient, sondern vorwiegend durch Beweggründe karitativer oder religiöser Art bestimmt ist. Gemeint sind damit besonders **Angehörige religiöser Orden**, die in ihrem Verhältnis zum Orden nicht in einem Arbeitsverhältnis stehen. Gleiches hat die Rechtsprechung wiederholt zu den **Schwestern des Deutschen Roten Kreuzes** entschieden, die zur Schwesternschaft nicht in einem Arbeitsverhältnis stehen (BAG 20. 2. 1986 AP BetrVG 1972 § 5 Rotes Kreuz Nr. 2; BAG 6. 7. 1995 AP ArbGG 1979 § 5 Nr. 22; BVerwG 29. 4. 1966 AP PersVG Baden-Württemberg § 3 Nr. 1). Das schließt jedoch nicht aus, dass diese Personen zu einem Dritten in ein Arbeitsverhältnis treten. Wenn dies auf Grund eines Gestellungsvertrags zwischen dem Orden oder der Schwesternschaft und dem Dritten geschieht, wird wie beim Leiharbeitnehmer die Zuständigkeit der Arbeitsgerichte für Rechtsstreitigkeiten aus dem Rechtsverhältnis des Ordensangehörigen zum Dritten gegeben sein.

26   Wegen der Zuständigkeit der Gerichte für Arbeitssachen für Streitigkeiten der **Entwicklungshelfer und Helfer im freiwilligen sozialen Jahr** s. § 2 Rn. 99 ff.

27   **Personen**, deren Beschäftigung nicht in erster Linie ihrem Erwerb dient, sondern die **vorwiegend zu ihrer Heilung, Wiedereingewöhnung, sittlichen Besserung oder Erziehung beschäftigt werden** (vgl. § 5 Abs. 2 Nr. 4 BetrVG), werden schon deswegen keine Arbeitnehmer sein, weil ihrer Beschäftigung kein privatrechtlicher Vertrag zu Grunde liegt, der sie zur Arbeitsleistung verpflichtet. Das gilt zunächst für **Strafgefangene** (BAG 24. 4. 1969 AP ArbGG 1953 § 5 Nr. 18), auch wenn sie nicht in der Anstalt, sondern in einem fremden Betrieb arbeiten (BAG 3. 10. 1978 AP BetrVG 1972 § 5 Nr. 18). Als Freigänger können sie allerdings in einem Arbeitsverhältnis tätig sein. Behinderte, die in einer **Werkstatt für Behinderte** (§ 136 SGB IX) arbeiten, gelten gemäß § 138 SGB IX, sofern sie nicht nach allgemeinen Grundsätzen (Rn. 4 ff.) Arbeitnehmer sind, als arbeitnehmerähnliche Personen, soweit sich aus dem zugrunde liegenden **Sozialleistungsverhältnis** nichts anderes ergibt (ErfK/*Preis* BGB § 611 Rn. 180; *Pünnel* AuR 1978, 44; *ders.* AuR 1981, 230; *ders.* AuR 2004, 62; aA ArbG Koblenz 9. 8. 2002 NZA-RR 2003, 188 [Arbeitsverhältnis]).

28   **Familienangehörige** können zueinander in einem Arbeitsverhältnis stehen, sofern sie im Betrieb oder Geschäft des Angehörigen nicht überwiegend auf familienrechtlicher Grundlage tätig werden, wie dies § 1619 BGB für die Mitarbeit minderjähriger Kinder im Geschäft oder Betrieb der Eltern vorsieht. Maßgebend sind jeweils die Umstände des Einzelfalls (*Fenn* DB 1974, 1062 und 1112). Liegt der Tätigkeit ein ernsthaft gewolltes Arbeitsverhältnis zu Grunde, sind für Streitigkeiten aus diesem Arbeitsverhältnis die Gerichte für Arbeitssachen zuständig. Auf den Grad der Verwandtschaft sowie darauf,

ob die Beteiligten in häuslicher Gemeinschaft leben, kommt es anders als in § 5 Abs. 2 Nr. 5 BetrVG nicht an.

4. Arbeitnehmer in personalvertretungsrechtlichen Streitigkeiten

Die Vorschriften des Arbeitsgerichtsgesetzes über das Beschlussverfahren gelten auch in personalvertretungsrechtlichen Streitigkeiten vor den Verwaltungsgerichten. Soweit die dafür maßgebenden Vorschriften des Arbeitsgerichtsgesetzes auf Arbeitnehmer verweisen, muss daher in diesen Streitigkeiten an die Stelle des Arbeitnehmerbegriffs des § 5 der **Arbeitnehmerbegriff des Personalvertretungsrechts** treten. Dieses kennt den Begriff des Beschäftigten und rechnet zu diesen neben den Angestellten und Arbeitern und den zu ihrer Berufsausbildung Beschäftigten auch die Beamten und Richter. In der Dienststelle beschäftigt sind nur diejenigen Personen, die an der Erfüllung der der Dienststelle obliegenden Aufgaben teilhaben. Dazu gehören nicht Polizeianwärter in der Ausbildung (BVerwG 19. 6. 1980 Buchholz 238.37 § 13 PersVG NW Nr. 2) sowie Lehrbeauftragte und Angestellte, die auf Grund eines mit einem Hochschullehrer abgeschlossenen Dienstvertrags für ein von Dritten finanziertes Forschungsvorhaben arbeiten (BVerwG 30. 6. 1980 AP LPVG Hamburg § 4 Nr. 1). Diese Personen können aber Arbeitnehmer des Hochschullehrers sein. Dagegen sind studentische oder akademische Tutoren an Hochschulen Beschäftigte dieser Dienststelle (BVerwG 18. 3. 1981 BVerwGE 62, 45) und damit „Arbeitnehmer" iSd. Vorschriften über das personalvertretungsrechtliche Beschlussverfahren. Es kommt nicht darauf an, ob sie auf Dauer oder nur kurzfristig zur Aushilfe oder Vertretung beschäftigt werden (BVerwG 5. 5. 1978 Buchholz 238.39 § 4 SPersVG Nr. 1).

III. Gleichgestellte Personen

1. In Heimarbeit Beschäftigte

Nach § 5 Abs. 1 gelten als Arbeitnehmer die in Heimarbeit Beschäftigten. Das sind nach § 1 Abs. 1 HAG die **Heimarbeiter** iSv. § 2 Abs. 1 HAG und die **Hausgewerbetreibenden** iSv. § 2 Abs. 2 HAG. **Zwischenmeister** gehören hierzu nicht, § 2 Abs. 3 HAG. Den in Heimarbeit Beschäftigten können die in § 1 Abs. 2a bis d HAG genannten Personen, unter ihnen auch Zwischenmeister, durch den Heimarbeitsausschuss mit Zustimmung der zuständigen Arbeitsbehörde gleichgestellt werden, wenn dies wegen ihrer Schutzbedürftigkeit gerechtfertigt erscheint. Auch diese **Gleichgestellten** sind Arbeitnehmer iSd. Arbeitsgerichtsgesetzes. Es kommt allein auf die förmliche Gleichstellung durch den Heimarbeitsausschuss an. Ob die Gleichstellung zu Recht erfolgt ist, ist unerheblich. Ist die Gleichstellung allgemein für bestimmte Personengruppen oder Gewerbezweige ausgesprochen worden, muss der Betroffene zu dieser Personengruppe oder zu diesem Gewerbezweig gehören, nicht aber im Einzelfall als schutzbedürftig erscheinen. Eine nur partielle Gleichstellung nach § 1 Abs. 3 Satz 2 HAG genügt, um die Arbeitnehmereigenschaft iSv. § 5 zu begründen.

Die in Heimarbeit Beschäftigten und die Gleichgestellten sind Arbeitnehmer im Verhältnis zum jeweiligen Auftraggeber oder Zwischenmeister, so dass die Zuständigkeit der Arbeitsgerichte für Streitigkeiten aus diesem Verhältnis gegeben ist. Sofern **Hausgewerbetreibende** oder **Gleichgestellte** fremde Hilfskräfte beschäftigen, sind sie diesen gegenüber **Arbeitgeber,** so dass die Zuständigkeit der Gerichte für Arbeitssachen für Rechtsstreitigkeiten mit fremden Hilfskräften schon nach § 2 Abs. 1 gegeben ist. Für Rechtsstreitigkeiten zwischen Zwischenmeistern und Auftraggebern sind die Arbeitsgerichte nur zuständig, wenn der Zwischenmeister gleichgestellt worden ist. Ist das nicht der Fall, kommt es nicht darauf an, ob der Zwischenmeister als arbeitnehmerähnliche

Person (s. unten Rn. 33) angesehen werden kann. Denn die Regelung, wann Personen aus dem Bereich der Heimarbeit Arbeitnehmer sind, ist abschließend.

32 Unerheblich ist, ob die in Heimarbeit Beschäftigten und die ihnen Gleichgestellten überwiegend für einen Auftraggeber tätig sind. Sie sind **gegenüber jedem Auftraggeber Arbeitnehmer** iSd. Arbeitsgerichtsgesetzes.

2. Arbeitnehmerähnliche Personen

33 Arbeitnehmer iSd. Arbeitsgerichtsgesetzes sind ferner Personen, die wegen ihrer wirtschaftlichen Unselbständigkeit als arbeitnehmerähnlich anzusehen sind. Arbeitnehmerähnliche Person kann nur eine natürliche, nicht aber eine juristische Person sein (OLG Oldenburg 15. 12. 1961 AP ArbGG 1953 § 2 Nr. 50). Arbeitnehmerähnliche Personen sind **Selbständige**, sie unterscheiden sich von den Arbeitnehmern durch den Grad der persönlichen Abhängigkeit. Personen, die kraft Gesetzes, Satzung oder Gesellschaftsvertrag allein oder als Mitglied des Vertretungsorgans zur Vertretung einer juristischen Person oder einer Personengesamtheit berufen sind, können im Verhältnis zu diesen wegen § 5 Abs. 1 Satz 3 keine arbeitnehmerähnliche Person sein (vgl. LAG Köln 29. 9. 2003 NZA-RR 2004, 553).

34 Arbeitnehmerähnliche Personen sind – in der Regel wegen ihrer fehlenden oder gegenüber Arbeitnehmern geringeren Weisungsgebundenheit, oft auch wegen fehlender oder weniger intensiver Eingliederung in eine betriebliche Organisation – nicht in dem Maße persönlich abhängig wie Arbeitnehmer. An die Stelle der persönlichen Abhängigkeit tritt das Merkmal der **wirtschaftlichen Abhängigkeit** beziehungsweise wirtschaftlichen Unselbständigkeit. Außerdem muss der wirtschaftlich Abhängige seiner sozialen Stellung nach einem Arbeitnehmer vergleichbar schutzbedürftig sein (BAG 11. 4. 1997 AP ArbGG 1979 § 5 Nr. 30; BGH 21. 10. 1998 NZA 1999, 110; Däubler/*Reinecke* TVG § 12 a Rn. 51 ff.). Dafür sind die gesamten Umstände des Einzelfalls unter Berücksichtigung der Verkehrsanschauung maßgeblich (BAG 16. 7. 1997 AP ArbGG 1979 § 5 Nr. 37). Eine entsprechende Schutzbedürftigkeit wird angenommen, wenn das Maß der Abhängigkeit nach der Verkehrsanschauung einen solchen Grad erreicht, wie er im Allgemeinen nur in einem Arbeitsverhältnis vorkommt und die geleisteten Dienste nach ihrer sozialen Typik mit denen eines Arbeitnehmers vergleichbar sind (BAG 2. 10. 1990 AP TVG § 12 a Nr. 1; BAG 17. 1. 2006 EzA BUrlG § 2 Nr. 6; BGH 21. 10. 1998 NZA 1999, 110; BGH 16. 10. 2002 NJW-RR 2003, 277). Diese Konkretisierung ist mit Vorsicht anzuwenden, weil sie wegen der Überbetonung der Ähnlichkeit Gefahr läuft, den Kreis der arbeitnehmerähnlichen Personen in gesetzwidriger Weise einzuengen (zust. BCF/*Bader* § 5 Rn. 6; *Willemsen/Müntefering* [NZA 2008, 193, 194] wollen deshalb allein die wirtschaftliche Abhängigkeit betrachten; vgl. BAG 30. 8. 2000 AP ArbGG 1979 § 2 Nr. 75). Insofern wird wesentliches Gewicht der Dauer der Rechtsbeziehung zukommen (BAG 17. 1. 2006 EzA BUrlG § 2 Nr. 6; *Willemsen/Müntefering* NZA 2008, 193, 195; vgl. aber BAG 15. 2. 2005 AP TVG § 12 a Nr. 6).

35 An der vergleichbaren Schutzbedürftigkeit fehlt es, wenn der Dienstnehmer Bezüge erzielt, wie sie für Geschäftsführer oder Vorstandsmitglieder typisch sind (für eine Bezugnahme auf die in der Sozialversicherung maßgebenden Bezugsgrößen treten ua. ein *Hromadka* NZA 2007, 838, 841; *Willemsen/Müntefering* NZA 2008, 193, 199), und im wesentlichen Arbeitgeberfunktionen wahrnimmt (BAG 22. 2. 1999 RzK I 10 a Nr. 43) oder seinerseits wie ein Unternehmer im eigenen Namen Arbeitnehmer beschäftigt (BGH 21. 10. 1998 NZA 1999, 110; BGH 27. 1. 2000 NZA 2000, 391). Andererseits spricht es für seine soziale Schutzbedürftigkeit, wenn seine Verdienstmöglichkeiten im Vergleich zu einem Angestellten bei größerem Zeitaufwand und übernommenem wirtschaftlichen Risiko nicht höher liegen (BGH 4. 11. 1998 NZA 1999, 53). Die wirtschaftliche Abhängigkeit ist gegeben, wenn die Person auf die Verwertung ihrer Arbeitskraft und die Einkünfte aus ihrer Dienstleistung als **Existenzgrundlage** angewiesen ist

III. Gleichgestellte Personen § 5

(BAG 8. 6. 1967 AP BGB § 611 Abhängigkeit Nr. 6). Das ist insbesondere dann der Fall, wenn sie ihre Dienste nicht beliebig frei Dritten anbieten kann, weil dafür nur ein begrenzter Kreis an Abnehmern in Frage kommt (*Maus* RdA 1968, 367, 373). Soweit das BAG die Berücksichtigung anderer Einkünfte zugelassen hat (BAG 2. 10. 1990 AP TVG § 12a Nr. 1; vgl. aber BAG 15. 2. 2005 AP TVG § 12a Nr. 6), kann es sich nur um solche handeln, die aus dem persönlichen Einsatz des Auftragnehmers resultieren (*Willemsen/Müntefering* NZA 2008, 193, 196 [eigenes Erwerbseinkommen]; enger *Däubler/Reinecke* TVG § 12a Rn. 52 ff. [keine Berücksichtigung anderweitiger Einkünfte]). In jedem Fall sind Einkünfte aus der Vermietung einer Eigentumswohnung oder Zinseinkünfte aus Spareinlagen, wie sie jeder Arbeitnehmer neben seinem Arbeitseinkommen beziehen kann, ohne die Abhängigkeit von seinem Arbeitseinkommen zu verlieren, ungeeignet, die Annahme wirtschaftlicher Abhängigkeit von den Aufträgen eines einzelnen Unternehmens auszuschließen (aA LAG Rheinland-Pfalz 12. 12. 2008 – 7 Ta 202/08). Die Schutzbedürftigkeit muss aus der Höhe der vertraglich eingeräumten Vergütung folgen. Diese kann zwar in einer Beteiligung an Umsätzen oder Gewinnen bestehen, unzureichend ist aber die Gewährung einer Verdienstmöglichkeit nach einer staatlich geregelten Gebühren- oder Vergütungsordnung (zB für Steuerberater, Ärzte, Rechtsanwälte oder Hebammen), denn hier bestimmt sich die Existenzsicherung nicht nach dem Vertragsverhältnis (BAG 21. 2. 2007 AP ArbGG 1979 § 5 Nr. 64 = NZA 2007, 699). Unterliegt ein Franchisenehmer Weisungen, die über system-typische Notwendigkeiten hinausgehen und seine persönliche Unabhängigkeit einschränken, kann er arbeitnehmerähnliche Person oder sogar Arbeitnehmer sein (vgl. BAG 16. 7. 1997 AP ArbGG 1979 § 5 Nr. 37; BGH 16. 10. 2002 NJW-RR 2003, 277; *Franzen* FS BAG 2004 S. 31, 46 ff.). Gleiches gilt für die Tätigkeit eines Kommissionärs (BAG 8. 9. 1997 AP ArbGG 1979 § 5 Nr. 38). Nicht erforderlich ist, dass die Person ihre Dienste im Wesentlichen nur einem Auftraggeber erbringt, jedoch muss das Schwergewicht der wirtschaftlichen Tätigkeit bei den Diensten für einen Auftraggeber liegen und die hieraus fließende Vergütung muss die entscheidende Existenzgrundlage darstellen (BAG 11. 4. 1997 AP ArbGG 1979 § 5 Nr. 30). Für die Zuständigkeitsprüfung ist es unerheblich, ob die klagende oder beklagte Partei Arbeitnehmer oder arbeitnehmerähnliche Person ist. Die Entscheidung kann sich darauf beschränken, dass eines von beidem vorliegt; es ist eine **Wahlfeststellung** zulässig (BAG 14. 1. 1997 AP ArbGG 1979 § 2 Nr. 41; BAG 16. 7. 1997 AP ArbGG 1979 § 5 Nr. 37; BGH 4. 11. 1998 NZA 1999, 53; HWK/*Kalb* ArbGG § 5 Rn. 10).

Nach § 12a TVG können für arbeitnehmerähnliche Personen die Rechtsverhältnisse **36** zwischen diesen und ihren Auftraggebern durch Tarifvertrag geregelt werden, sofern sie überwiegend für eine Person tätig sind oder ihnen von einer Person im Durchschnitt mehr als die Hälfte des Entgelts zusteht, das sie insgesamt aus ihrer Erwerbstätigkeit beziehen, wobei es bei den in § 12a Abs. 3 TVG genannten **Personen, die künstlerische, schriftstellerische, journalistische oder ähnliche Leistungen erbringen**, genügt, wenn ihnen von einer Person ein Drittel des Entgelts gezahlt wird, das sie insgesamt durch ihre Erwerbstätigkeit verdienen. Wenn auch § 12a TVG keine gesetzliche Definition des Begriffs der arbeitnehmerähnlichen Person enthält, diesen Begriff vielmehr voraussetzt, wird man doch für die Frage der wirtschaftlichen Abhängigkeit auf die Regelung in § 12a Abs. 1 Nr. 1a und d TVG über die Höhe der Einkünfte abstellen können (BAG 17. 1. 2006 EzA BUrlG § 2 Nr. 6; LAG Schleswig-Holstein 28. 5. 1986 NZA 1986, 763; vgl. auch BAG 17. 10. 1990 AP ArbGG 1979 § 5 Nr. 9; zur Bewertung von verschiedenen der ARD angehörenden Anstalten als ein Auftraggeber BAG 19. 10. 2004 AP TVG § 1 Tarifverträge: Rundfunk Nr. 42).

Arbeitnehmerähnliche Personen und damit Arbeitnehmer iSd. Arbeitsgerichtsgesetzes **37** ist der Betreffende **nur im Verhältnis zu demjenigen Auftraggeber,** von dem er die Vergütung erhält, die nach dem genannten Maßstab seine **Existenzgrundlage** ausmacht. Nur für Rechtsstreitigkeiten aus diesem Auftragsverhältnis ist die Zuständigkeit der

Gerichte für Arbeitssachen gegeben (BAG 17. 10. 1990 AP ArbGG 1979 § 5 Nr. 9). Für Streitigkeiten mit anderen Auftraggebern sind die ordentlichen Gerichte zuständig.

38 Auf die Art der geleisteten Dienste kommt es nicht an. Es kann sich um **jede erlaubte Tätigkeit** handeln, so dass auch Personen mit qualifizierten Tätigkeiten arbeitnehmerähnliche sein können (BAG 16. 12. 1957 AP BGB § 611 Lehrer, Dozenten Nr. 3 für einen Lehrbeauftragten an einer Hochschule [s. aber zur öffentlich-rechtlichen Natur BAG 25. 2. 2004 AP HRG § 36 Nr. 1]; BAG 11. 4. 1997 AP ArbGG 1979 § 5 Nr. 30 für eine Lehrkraft an einem gewerblichen Weiterbildungsinstitut; BAG 17. 1. 2006 EzA BUrlG § 2 Nr. 6 für eine Volkshochschuldozentin; BAG 13. 9. 1956 AP ArbGG 1953 § 5 Nr. 2 für einen selbständigen Erfinder; BAG 17. 12. 1968 AP ArbGG 1953 § 5 Nr. 17 für einen Theaterintendanten; BAG 17. 6. 1999 AP GVG § 17a Nr. 39 für eine Motorrad-Rennfahrerin; BAG 30. 8. 2000 AP ArbGG 1979 § 2 Nr. 75 und BAG 15. 2. 2005 AP TVG § 12a Nr. 6 für Rundfunkgebührenbeauftragte; OLG Karlsruhe 24. 10. 2001 LAGE ArbGG 1979 § 2 Nr. 38 für einen EDV-Berater; LAG Berlin 6. 5. 2003 LAGE ArbGG 1979 § 2 Nr. 42 für eine Call-Center-Agentin; LAG Berlin 18. 5. 1998 NZA 1998, 943 für einen als Repetitor tätigen Rechtsanwalt). Wirtschaftliche Abhängigkeit von einer Person ohne Verpflichtung zur Dienstleistung begründet keine arbeitnehmerähnliche Stellung (BAG 17. 2. 1973 AP ArbGG 1953 § 2 Zuständigkeitsprüfung Nr. 31; vgl. auch BAG 21. 2. 2007 AP ArbGG 1979 § 5 Nr. 64 = NZA 2007, 699).

3. Handelsvertreter

39 § 5 Abs. 3 begrenzt die Zuständigkeit der Gerichte für Arbeitssachen **für Handelsvertreter.** Die Vorschrift ist durch die Arbeitsgerichtsnovelle vom 21. 5. 1979 eingefügt worden und entspricht weitgehend der bisherigen Regelung in Art. 3 Abs. 1 des Handelsvertretergesetzes vom 6. 8. 1953 in Verbindung mit § 92a HGB. Ist eine als Handelsvertreter auftretende Person in Wahrheit Arbeitnehmer, weil sie gegenüber dem Prinzipal persönlich abhängig ist, sind die Gerichte für Arbeitssachen nach Abs. 1 Satz 1 für Streitigkeiten aus diesem Rechtsverhältnis zuständig (vgl. Rn. 40). Liegt hingegen ein Handelsvertreterverhältnis vor, kann der Vertreter nicht nach § 5 Abs. 1 Satz 2 als Arbeitnehmer „gelten", weil die Sonderregelung des Abs. 3 die allgemeine Bestimmung über arbeitnehmerähnliche Personen verdrängt (vgl. Rn. 44). Die Gerichte für Arbeitssachen sind ausschließlich dann zuständig, wenn die Voraussetzungen des Abs. 3 vorliegen. § 5 Abs. 3 Satz 1 stellt die erfassten Einfirmenvertreter Arbeitnehmern lediglich prozessual gleich, eine Anwendung arbeitsrechtlicher Vorschriften oder Grundsätze auf das Rechtsverhältnis eines selbständigen Einfirmenvertreters regelt diese Vorschrift nicht (BAG 24. 10. 2002 AP HGB § 89 Nr. 3).

40 Handelsvertreter sind **selbständige Kaufleute,** wenn sie im Wesentlichen frei ihre Tätigkeit gestalten und ihre Arbeitszeit bestimmen können, § 84 Abs. 1 HGB. Das gilt auch für Versicherungsvertreter nach § 92 HGB. Ist das nicht der Fall, sind sie kaufmännische Angestellte und damit ohnehin Arbeitnehmer. Die Abgrenzung zwischen dem selbständigen Handelsvertreter und dem Arbeitnehmer hat unter Berücksichtigung aller Umstände des Einzelfalls zu erfolgen (BAG 19. 6. 1963 AP HGB § 92 Nr. 1; BAG 21. 1. 1966 AP HGB § 92 Nr. 2; BAG 21. 2. 1990 AP BGB § 611 Abhängigkeit Nr. 57). Dass der Handelsvertreter an Weisungen und Richtlinien des Auftraggebers gebunden ist, berührt seine Selbständigkeit noch nicht (BAG 15. 12. 1999 AP HGB § 84 Nr. 12). Ein Angestellter im Innendienst, der gelegentlich auch Geschäfte gegen Provision vermittelt, bleibt auch insoweit Angestellter und damit Arbeitnehmer (BAG 25. 10. 1967 AP HGB § 92 Nr. 3). Zum **Agenturinhaber** s. BAG 21. 2. 1990 AP BGB § 611 Abhängigkeit Nr. 57. Schließen sich mehrere selbständige Versicherungsvertreter zur gemeinsamen Berufsausübung in einer Agentur zusammen, begründet die in dem Gesellschaftsvertrag vereinbarte wechselseitige Verpflichtung der Partner zur Einbringung ihrer vollen Arbeitskraft regelmäßig keine entsprechende Verpflichtung im Verhältnis zu dem Versicherungsunternehmen, mit dem die Partner individuelle Agenturverträge geschlossen haben (BAG 20. 9. 2000 AP ArbGG 1979 § 2 Zuständigkeitsprüfung Nr. 8).

Selbständige **Handelsvertreter gelten als Arbeitnehmer** iSd. Arbeitsgerichtsgesetzes, **41** wenn sie vertraglich nicht für weitere Unternehmer tätig werden dürfen oder ihnen dies nach Art und Umfang der von ihnen verlangten Tätigkeit nicht möglich ist, § 92 a HGB, und sie während der letzten sechs Monate des Vertragsverhältnisses, bei kürzerer Vertragsdauer während dieser, im Durchschnitt monatlich nicht mehr als 1000,- EURO an Vergütung einschließlich Provision und Ersatz für Aufwendungen bezogen haben. Gemeint sind damit **Einfirmenvertreter**. Ihnen darf die Vermittlung von Geschäften nur für ein Unternehmen gestattet oder möglich sein. Auch nebenberuflich tätige Handels- und Versicherungsvertreter können Einfirmenvertreter sein (BAG 15. 2. 2005 AP ArbGG 1979 § 5 Nr. 60; Düwell/Lipke/*Krasshöfer* § 5 Rn. 8; aA LAG Frankfurt 6. 8. 1968 AP HGB § 92 a Nr. 2; Schwab/Weth/*Kliemt* § 5 Rn. 264; *Grunsky* § 5 Rn. 22).

Maßgebend für die Frage, ob die Verdienstgrenze eingehalten ist, sind die **tatsächlich** **42** **verdienten – und erfüllten** (LAG Hessen 12. 4. 1995 NZA 1995, 1071; OLG Frankfurt a. M. 19. 10. 2006 NZA-RR 2007, 256, 257; aA BGH 12. 2. 2008 NJW-RR 2008, 1420) – **Ansprüche auf Provisionen und Auslagen,** nicht aber darauf gezahlte Vorschüsse (BGH 9. 12. 1963 AP ArbGG 1953 § 2 Zuständigkeitsprüfung Nr. 27; BCF/*Bader* § 5 Rn. 11). Provisionsgutschriften aus der Vermittlung von Versicherungsverträgen, die bestimmten Haftungszeiten unterliegen, sind bis zur tatsächlich erfolgten Stornierung als endgültig anzusehen (OLG Hamm 27. 3. 1998 OLGR Hamm 1998, 192). Setzt der Unternehmer von den Provisionen Nutzentgelte (zB Notebook-Miete) ab, bestimmt der Nettobetrag über die Wahrung der Verdienstgrenze (OLG Frankfurt a. M. 19. 10. 2006 NZA-RR 2007, 256; aA BGH 12. 2. 2008 NJW-RR 2008, 1420). Abzustellen ist auf die letzten sechs Monate des Vertragsverhältnisses vor dem Anhängigwerden des Rechtsstreits, auch wenn Ansprüche aus einer Zeit geltend gemacht werden, in der der Handelsvertreter über die Verdienstgrenze hinaus verdiente. Die Eröffnung der Zuständigkeit der Gerichte für Arbeitssachen ist mit Rücksicht auf die Schutzbedürftigkeit des Handelsvertreters erfolgt. Diese muss daher zurzeit des Rechtsstreits gegeben sein. Es würde dem Sinn des Gesetzes widersprechen, wenn auch ein gut verdienender Handelsvertreter noch Ansprüche vor dem Arbeitsgericht geltend machen könnte, nur weil diese zu einer Zeit entstanden sind, als er noch schutzbedürftig war. Die letzten sechs Monate sind auch dann maßgebend, wenn der Handelsvertreter in diesen Monaten nicht gearbeitet und nichts verdient hat (BAG 15. 2. 2005 AP ArbGG 1979 § 5 Nr. 60; OLG Stuttgart 11. 5. 1966 BB 1966, 1396; OLG Brandenburg 14. 4. 2007 – 3 W 8/07 – DB 2007, 1249 [LS]; *Hauck/Helml* § 5 Rn. 31; GK-ArbGG/*Mikosch* § 5 Rn. 161; Schwab/Weth/ *Kliemt* § 5 Rn. 266). Dies folgt schon aus dem Wortlaut des Gesetzes. Es ist allein auf den rechtlichen Bestand des Vertragsverhältnisses abzustellen.

Die Verdienstgrenze kann nach § 5 Abs. 3 Satz 2 durch Rechtsverordnung den jewei- **43** ligen Lohn- und Preisverhältnissen angepasst werden. Eine Anhebung der Verdienstgrenze lässt nach Klageerhebung die einmal begründete Zuständigkeit der ordentlichen Gerichte unberührt (§ 17 Abs. 1 Satz 1 GVG).

Sind die Voraussetzungen des Abs. 3 für die Zuständigkeit der Gerichte für Arbeits- **44** sachen nicht erfüllt, ist die Zuständigkeit der ordentlichen Gerichte gegeben. Es kommt nicht darauf an, ob der **Handelsvertreter in diesen Fällen noch als arbeitnehmerähnliche Person angesehen** werden kann (vgl. Rn. 39). § 5 Abs. 3 enthält eine für Handelsvertreter in sich abgeschlossene Zuständigkeitsregelung, die der Regelung über die Zuständigkeit der Arbeitsgerichte für arbeitnehmerähnliche Personen in § 5 Abs. 1 vorgeht (BAG 15. 7. 1961 AP HGB § 92 a Nr. 1; BGH 25. 10. 2000 – VIII ZB 30/00 –; LAG Niedersachsen 5. 5. 2003 NZA-RR 2004, 324, 325; ErfK/*Koch* ArbGG § 5 Rn. 12; GK-ArbGG/*Mikosch* § 5 Rn. 162; MünchArbR/*Brehm* § 389 Rn. 29; BCF/*Bader* § 5 Rn. 9; aA *Grunsky* § 5 Rn. 22).

IV. Gesetzliche Vertreter

45 Nach § 5 Abs. 1 Satz 3 gelten (natürliche) Personen, die kraft Gesetzes, Satzung oder Gesellschaftsvertrag allein oder als **Mitglied des Vertretungsorgans** zur Vertretung einer juristischen Person oder einer Personengesamtheit berufen sind, nicht als Arbeitnehmer. Für Rechtsstreitigkeiten aus ihrem Anstellungsverhältnis zur juristischen Person oder zur Personengesamtheit sind daher nicht die Gerichte für Arbeitssachen, sondern die ordentlichen Gerichte zuständig. Die Fiktion des § 5 Abs. 1 Satz 3 gilt unabhängig davon, ob das der Organstellung zugrunde liegende Rechtsverhältnis materiellrechtlich ein freies Dienstverhältnis oder ein Arbeitsverhältnis ist (BAG 20. 8. 2003 AP ArbGG 1979 § 5 Nr. 58; steuerrechtlich sind Geschäftsführer einer GmbH grundsätzlich Arbeitnehmer – BFH 19. 2. 2004 BB 2004, 1089 = NZA 2004, 716). Deshalb sind zur Entscheidung von Rechtsstreitigkeiten aus solchen Rechtsbeziehungen ausschließlich die ordentlichen Gerichte berufen (BAG 20. 8. 2003 AP ArbGG 1979 § 5 Nr. 58; BAG 12. 7. 2006 NZA 2006, 1004), selbst wenn das Anstellungsverhältnis zwischen juristischer Person und Vertretungsorgan wegen starker interner Weisungsabhängigkeit als Arbeitsverhältnis anzusehen ist und deshalb dem materiellen Arbeitsrecht unterliegt (vgl. BAG 23. 8. 2001 AP ArbGG 1979 § 5 Nr. 54; BAG 20. 8. 2003 AP ArbGG 1979 § 5 Nr. 58; BAG 24. 11. 2005 AP KSchG 1969 § 1 Wartezeit Nr. 19; BAG 28. 6. 2006 – 5 AS 6/06 –; LAG Köln 21. 3. 2006 – 7 Ta 14/06 –; BSG 16. 2. 2005 NZA-RR 2005, 542, 544 f.; BGH 23. 1. 2003 NZA 2003, 439; BGH 24. 7. 2003 NZA 2004, 157, 159 f.; BGH 16. 10. 2006 – II ZR 101/05 – NJW-RR 2007, 141; zum Beschäftigungsverhältnis BSG 6. 3. 2003 GmbHR 2004, 494; *K. Schmidt* Gedächtnisschrift Heinze 2005 S. 775, 778; *Stück* GmbHR 2006, 1009, 1017). Dies hat zur Folge, dass auch bei einem sic-non-Antrag (z. B. festzustellen, dass das Arbeitsverhältnis der Parteien fortbesteht) keine Zuständigkeit der Gerichte für Arbeitssachen gegeben ist (BAG 6. 5. 1999 AP ArbGG 1979 § 5 Nr. 46; BAG 8. 11. 2006 AP ArbGG 1979 § 2 Nr. 89 = NZA 2007, 53). Ohnehin kann mit einem sic-non-Antrag keine Zuständigkeit für Zusammenhangsstreitigkeiten nach § 2 Abs. 3 begründet werden (BAG 11. 6. 2003 AP ArbGG 1979 § 2 Nr. 88; BAG 15. 2. 2005 AP ArbGG 1979 § 5 Nr. 60). Anders ist es, wenn die Rechtsstreitigkeit nicht das der Organstellung zugrunde liegende Rechtsverhältnis, sondern eine weitere Rechtsbeziehung der Parteien betrifft (BAG 23. 8. 2001 AP ArbGG 1979 § 5 Nr. 54). § 5 Abs. 1 Satz 3 ist keine eng auszulegende Ausnahmevorschrift (BAG 20. 8. 2003 AP ArbGG 1979 § 5 Nr. 58). Der Ausschlusstatbestand greift bereits ein, wenn ein Dienstvertrag geschlossen wird und der Dienstnehmer zum Organ bestellt werden soll, diese Bestellung aber unterbleibt (BAG 25. 6. 1997 AP ArbGG 1979 § 5 Nr. 36). Die Eintragung in das Handelsregister ist keine Voraussetzung für die Anwendbarkeit von § 5 Abs. 1 Satz 3 (aA Hess. LAG 19. 1. 2007 NZA-RR 2007, 262). Ist allerdings die Bestellung zum Geschäftsführer nur für den Fall der mehrmonatigen Bewährung in Aussicht gestellt, findet § 5 Abs. 1 Satz 3 auf ein derartiges „Einfühlungsverhältnis" keine Anwendung (vgl. LAG Köln 29. 9. 2003 NZA-RR 2004, 553). Die Fiktion wirkt konstitutiv rechtswegausschließend in den Fällen eines objektiv gegebenen Arbeitsverhältnisses des Organs (BAG 6. 5. 1999 AP ArbGG 1979 § 5 Nr. 46). Die in Abs. 1 Satz 3 genannten Personen nehmen regelmäßig Arbeitgeberfunktionen wahr. Sie werden deshalb nicht als Arbeitnehmer angesehen. Die Vorschrift bezieht sich ausschließlich auf **Personen mit gesetzlicher Vertretungsmacht**, die allein das Vertretungsorgan bilden oder dessen Mitglied sind. Darauf, ob ihre Vertretungsmacht im Innenverhältnis gegenständlich beschränkt ist, kommt es nicht an (BAG 15. 10. 1997 AP ArbGG 1979 § 5 Nr. 39; BAG 6. 5. 1999 AP ArbGG 1979 § 5 Nr. 46), doch muss der Vertreter die juristische Person als solche und nicht nur eine rechtlich unselbständige Untereinheit kraft Gesetzes verpflichten können (BAG 17. 12. 2008 – 5 AZB 69/08 – NJW-Spezial 2009, 212).

IV. Gesetzliche Vertreter § 5

Deshalb sind Werkleiter kommunaler Eigenbetriebe, die in Abhängigkeit von den Weisungen der gesetzlichen Organe der Gemeinde den juristisch unselbständigen Eigenbetrieb führen, keine gesetzlichen Vertreter iSv. Abs. 1 Satz 3 (BAG 17. 12. 2008 – 5 AZB 69/08 – NJW-Spezial 2009, 212). Die Eröffnung des Insolvenzverfahrens macht aus den gesetzlichen Vertretern der Schuldnerin keine Arbeitnehmer iSd. Arbeitsgerichtsgesetzes. Zur Stellung des Insolvenzverwalters vgl. Rn. 54.

Vertretungsorgan ist beim eingetragenen Verein und bei der Stiftung der Vorstand, 46 §§ 26, 86 BGB. Besondere Vertreter eines Vereins nach § 30 BGB gelten nach § 5 Abs. 1 Satz 3 nur dann nicht als Arbeitnehmer iSd. Arbeitsgerichtsgesetzes, wenn ihre Vertretungsmacht auf der Satzung beruht, also die Satzung die Bestellung ausdrücklich zulässt (BAG 5. 5. 1997 AP ArbGG 1979 § 5 Nr. 31). Der Landesinnungsverband ist als Zusammenschluss öffentlich-rechtlicher Körperschaften eine juristische Person des privaten Rechts (§ 80 HandwO). Der Geschäftsführer des Landesinnungsverbands gilt nicht als Arbeitnehmer, wenn er kraft Satzung allein zur Vertretung des Verbands berufen ist (LAG Niedersachsen 4. 2. 2002 NZA-RR 2002, 491). Bei der Aktiengesellschaft ist das Vertretungsorgan der Vorstand nach § 78 AktG, bei der GmbH der Geschäftsführer nach § 35 GmbHG (BAG 20. 8. 2003 AP ArbGG 1979 § 5 Nr. 58; für den Geschäftsführer einer Vor-GmbH s. BAG 13. 5. 1996 AP ArbGG 1979 § 5 Nr. 27), bei der eingetragenen Genossenschaft der Vorstand nach § 24 GenG, bei der Kommanditgesellschaft auf Aktien der persönlich haftende Gesellschafter nach § 278 AktG in Verbindung mit §§ 61, 125 HGB. Die nach § 53 Abs. 2 Nr. 1 KWG bestellten, zur Vertretung eines Kreditinstituts mit Sitz außerhalb der Europäischen Union befugten Personen gelten nicht als Arbeitnehmer (BAG 15. 10. 1997 AP ArbGG 1979 § 5 Nr. 39).

Personengesamtheiten iSd. Regelung sind die nicht rechtsfähigen Gesellschaften und 47 Vereinigungen, auch wenn sie im Prozess parteifähig sind, so die OHG, die KG, die Gesellschaft bürgerlichen Rechts (vgl. zu deren Parteifähigkeit BGH 29. 1. 2001 BGHZ 146, 341 = AP ZPO § 50 Nr. 9; BGH 23. 10. 2003 NJW-RR 2004, 275; BAG 1. 12. 2004 AP ZPO § 50 Nr. 14 = NZA 2005, 318), der nichtrechtsfähige Verein und auch die Gewerkschaften. Zur gesetzlichen Vertretung berufen sind bei der OHG und der KG die persönlich haftenden Gesellschafter, §§ 125, 161 HGB, die selbst Arbeitgeber der Arbeitnehmer der Gesellschaft sind (BAG 28. 2. 2006 AP ArbGG 1979 § 2 Nr. 88 = NZA 2006, 453), bei der Reederei der Korrespondent-Reeder, § 493 Abs. 3 HGB, bei der Gesellschaft bürgerlichen Rechts entweder alle Gesellschafter oder diejenigen, denen nach dem Gesellschaftsvertrag die Geschäftsführung übertragen worden ist, §§ 709, 710 BGB. Der **Kommanditist** ist kein gesetzlicher Vertreter der KG (BAG 26. 6. 1967 AP ArbGG 1953 § 2 Zuständigkeitsprüfung Nr. 30). Der Geschäftsführer der Komplementär-GmbH einer GmbH und Co. KG ist kraft Gesetzes (§§ 161 Abs. 2, 125, 170 HGB iVm. § 35 GmbHG) zur Vertretung der Kommanditgesellschaft berufen und gilt daher nach § 5 Abs. 1 Satz 3 nicht als Arbeitnehmer dieser Gesellschaft (BAG 20. 8. 2003 AP ArbGG 1979 § 5 Nr. 58; BGH 8. 1. 2007 NZA 2007, 1174= DStR 2007, 1090 m. Anm. *Goette;* OLG Hamm 27. 3. 1998 NZA-RR 1998, 372; *Moll* RdA 2002, 226, 228; *K. Schmidt* Gedächtnisschrift Heinze 2005 S. 775, 781; *Zimmer/Rupp* GmbHR 2006, 572, 574).

Der Geschäftsführer einer **Betriebskrankenkasse** ist im Verhältnis zur Kasse Organ, 48 kann aber im Verhältnis zum Betriebsinhaber arbeitnehmerähnliche Person sein (BAG 25. 7. 1996 AP ArbGG 1979 § 5 Nr. 28). Der Geschäftsführer einer **Kreishandwerkerschaft** ist gesetzlicher Vertreter iSv. § 5 Abs. 1 Satz 3 (BAG 11. 4. 1997 AP ArbGG 1979 § 2 Nr. 47). Ist der Geschäftsführer einer Tochter-GmbH gleichzeitig Arbeitnehmer der Muttergesellschaft, bleiben für Rechtsstreitigkeiten aus diesem Arbeitsverhältnis die Arbeitsgerichte zuständig (*Hueck* ZfA 1985, 25) und zwar auch dann, wenn eine Kündigung dieses Arbeitsverhältnisses mit Vorgängen aus seiner Tätigkeit als Geschäftsführer der Tochter-GmbH begründet wird (BAG 22. 2. 1974 AP ArbGG 1953 § 5

Nr. 19). Vgl. zum Fortbestand des Arbeitsverhältnisses BAG 20. 10. 1995 (AP ArbGG 1979 § 2 Nr. 36), BAG 28. 9. 1995 (AP ArbGG 1979 § 5 Nr. 24) und BAG 18. 12. 1996 (AP ArbGG 1979 § 2 Zuständigkeitsprüfung Nr. 3).

49 Die Arbeitnehmereigenschaft der in Abs. 1 Satz 3 genannten Personen wird lediglich für ihr Verhältnis zu der juristischen Person oder der Personengesamtheit verneint, deren gesetzlichem Vertretungsorgan sie angehören oder angehörten (ebenso zum Steuerrecht BFH 19. 2. 2004 BFHE 205, 216 = BB 2004, 1089). Soweit sie daneben noch zu einer dritten Person in einem Arbeitsverhältnis stehen, bleiben für Streitigkeiten aus diesem Arbeitsverhältnis die Gerichte für Arbeitssachen zuständig (BAG 27. 10. 1960 AP ArbGG 1953 § 5 Nr. 14). Wer auf Grund einer Vertragsbeziehung zur Alleingesellschafterin als Geschäftsführer oder Liquidator verschiedener Gesellschaften mit beschränkter Haftung tätig wird, kann Arbeitnehmer der Anteilseignerin sein (BAG 29. 12. 1997 AP ArbGG 1979 § 5 Nr. 40 betr. die Bundesanstalt für vereinigungsbedingte Sonderaufgaben bzw. deren Rechtsvorgängerin, die Treuhandanstalt). In einem solchen Verhältnis kann das Organ der abhängigen Gesellschaft auch arbeitnehmerähnliche Person sein (BAG 7. 7. 1998 – 5 AZB 46/97 –), wenn er in seiner gesamten sozialen Stellung nach einem Arbeitnehmer vergleichbar schutzwürdig ist (BAG 31. 8. 1998 – 5 AZB 21/98 –). In dem Abschluss eines Geschäftsführer-Dienstvertrags durch einen angestellten Mitarbeiter liegt im Zweifel die konkludente Aufhebung des bisherigen Arbeitsverhältnisses (BAG 19. 7. 2007 AP GmbHG § 35 Nr. 18 = NZA 2007, 1095; BAG 25. 10. 2007 – 6 AZR 1045/06 – NZA 2008, 168; BAG 5. 6. 2008 AP BGB § 626 Nr. 211 = NZA 2008, 1002; abl. *Jooß* RdA 2008, 285, 289 [formfreier Änderungsvertrag, da keine analoge Anwendung des § 623 BGB]). Nach dem Willen der vertragsschließenden Parteien soll regelmäßig neben dem Dienstverhältnis nicht noch ein Arbeitsverhältnis ruhend fortbestehen. Eine andere Auslegung kommt nur in Ausnahmefällen in Betracht, für die sehr deutliche Anhaltspunkte vorliegen müssen (BAG 8. 6. 2000 AP ArbGG 1979 § 5 Nr. 49; BAG 24. 11. 2005 AP KSchG 1969 § 1 Wartezeit Nr. 19; BAG 14. 6. 2006 AP ArbGG 1979 § 5 Nr. 62 = NZA 2006, 1154). Hierzu zählt etwa die nur für eine kurze Zeit befristete Übertragung der Geschäftsführerstellung bei sonst unveränderten Vertragsbedingungen. Andererseits spricht die Verbesserung der Vergütung in dem Geschäftsführerverhältnis gegen ein ruhend gestelltes Arbeitsverhältnis. Ebenso können die Hoffnung auf eine günstige wirtschaftliche Entwicklung oder ein erhöhtes Sozialprestige den Entschluss zum endgültigen Wechsel in eine Geschäftsführerposition tragen (*Stück* GmbHR 2006, 1009, 1016). Für die Beurteilung des Parteiwillens können ferner die Stellung des Arbeitnehmers im Unternehmen und die Gründe der Geschäftsführerbestellung von Bedeutung sein. Es macht einen Unterschied, ob ein untergeordneter oder ein leitender Mitarbeiter zum Geschäftsführer bestellt wird (BAG 14. 6. 2006 AP ArbGG 1979 § 5 Nr. 62 = NZA 2006, 1154). Erfolgt die Bestellung nur pro forma, werden die Parteien eine Aufhebung des Arbeitsverhältnisses regelmäßig nicht beabsichtigen. Ein einvernehmlich aufgehobenes Arbeitsverhältnis lebt nicht wieder auf, wenn der ehemalige Arbeitnehmer als Geschäftsführer abberufen wird (BAG 24. 11. 2005 AP KSchG 1969 § 1 Wartezeit Nr. 19; BAG 14. 6. 2006 AP ArbGG 1979 § 5 Nr. 62 = NZA 2006, 1154; BAG 5. 6. 2008 AP BGB § 626 Nr. 211 = NZA 2008, 1002). Allerdings muss die Formvorschrift des § 623 BGB beachtet worden sein (LAG Berlin-Brandenburg 22. 9. 2008 – 21 Ta 1219/08). Auch während der Mitgliedschaft im Vertretungsorgan ist für Streitigkeiten aus einem früheren Arbeitsverhältnis die Zuständigkeit der Arbeitsgerichte gegeben, sofern das Arbeitsverhältnis und nicht das Anstellungsverhältnis des Organs den wesentlichen rechtlichen Anknüpfungspunkt bietet (BAG 20. 5. 1998 NZA 1998, 1247). Hat während der Geschäftsführertätigkeit das frühere Arbeitsverhältnis fortbestanden oder ist das Anstellungsverhältnis wegen der besonderen persönlichen Abhängigkeit des Geschäftsführers ein Arbeitsverhältnis, ist für seine Kündigungsschutzklage wegen § 5 Abs. 1 Satz 3 nicht der Rechtsweg zu den Gerichten für Arbeitssachen eröffnet (LAG Hamm 30. 4. 2008 – 2 Sa 738/07 -; aA LAG Bremen 2. 3. 2006 NZA-RR 2008, 321).

§ 5 Abs. 1 Satz 3 gilt nicht für Personen, die lediglich auf Grund **rechtsgeschäftlicher** **50** **Vertretungsmacht** zur Vertretung der Gesellschaft berechtigt sind, wie dies bei **Prokuristen** oder Generalbevollmächtigten der Fall ist. Allein die Bezeichnung eines leitenden Mitarbeiters als „Geschäftsführer" genügt nicht (LAG Nürnberg 28. 6. 2004 LAGE ArbGG 1979 § 5 Nr. 9). Dass die Prokura im Gesellschaftsvertrag vorgesehen ist oder dass ein Mitglied des Vertretungsorgans die Gesellschaft nur zusammen mit einem Prokuristen vertreten kann, ändert daran nichts. Zur Arbeitnehmereigenschaft eines Prokuristen, der gleichzeitig Mitgeschäftsführer einer Komplementär-GmbH ist, s. BAG 13. 7. 1995 (AP ArbGG 1979 § 5 Nr. 23).

Mit Mitgliedern des Vertretungsorgans einer juristischen Person des Privatrechts kann **51** nach § 2 Abs. 4 die **Zuständigkeit** der Gerichte für Arbeitssachen für Streitigkeiten aus diesem Dienstverhältnis **vereinbart werden,** nicht aber mit Personen, die zur Vertretung einer nichtrechtsfähigen Personengesamtheit berufen sind.

V. Beamte

Nach § 5 Abs. 2 sind **Beamte** als solche **keine Arbeitnehmer.** Diese Regelung erfasst **52** auch Kirchenbeamte (BAG 7. 2. 1990 AP GG Art. 140 Nr. 37). Entsprechendes gilt für alle in einem öffentlich-rechtlichen Dienst- und Treueverhältnis stehenden Bediensteten, wie Soldaten und Richter. Für Rechtsstreitigkeiten aus dem Beamtenverhältnis sind ausschließlich die Verwaltungsgerichte bzw. die kirchlichen Gerichte zuständig (§ 126 Abs. 1 BBG). Das gilt auch dann, wenn der Beamte einer juristischen Person des bürgerlichen Rechts zur Dienstleistung zugewiesen ist und Ansprüche erhebt, wie sie typischerweise Arbeitnehmern zustehen (z. B. aus einem Sozialplan – BAG 24. 10. 1997 AP ArbGG 1979 § 2 Nr. 57 – oder auf Prämienzahlung für einen Verbesserungsvorschlag – BAG 18. 7. 2006 – 5 AZB 8/06 –), oder einen Anspruch auf Abschluss eines Arbeitsvertrags unter gleichzeitiger Beurlaubung als Beamter verfolgt (BAG 16. 6. 1999 AP ArbGG 1979 § 2 Nr. 65). Stellt der Beamte den (in der Sache offensichtlich unbegründeten) Antrag, sein „Arbeitsverhältnis" sei durch eine Entlassung nicht aufgelöst worden, sind die Gerichte für Arbeitssachen (wie bei Organen iSv. Abs. 1 Satz 3) kraft der besonderen gesetzlichen Anordnung des Abs. 2 an der Entscheidung in der Sache gehindert. Der Rechtsstreit ist an die Verwaltungsgerichte zu verweisen (vgl. BAG 10. 12. 1992 AP GVG § 17a Nr. 4 betr. einen Oberstleutnant der Bundeswehr). Abs. 2 betrifft aber nicht öffentlich-rechtliche Dienstverhältnisse eigener Art. So hat ein Vertretungsprofessor vor den Gerichten für Arbeitssachen erfolglos versuchen können, ein Arbeitsverhältnis feststellen zu lassen (vgl. BAG 18. 11. 2003 EzA ArbGG 1979 § 2 Nr. 61; in der Hauptsache ist die Klage als unbegründet abgewiesen worden: BAG 13. 7. 2005 EzA BGB 2002 § 611 Arbeitnehmerbegriff Nr. 5). Diese besondere Konstellation beruht auf der Rechtsprechung, die es erlaubt, an Hochschulen neben Beamtenverhältnissen und privatrechtlichen Dienstverhältnissen auch öffentlich-rechtliche Dienstverhältnisse eigener Art zu begründen (vgl. BVerwG 29. 8. 1975 BVerwGE 49, 137, 140 ff.; BAG 15. 4. 1982 AP BGB § 611 Lehrer, Dozenten Nr. 27; BAG 27. 6. 1984 AP BGB § 611 Lehrer, Dozenten Nr. 42; BAG 30. 11. 1984 AP BGB § 611 Lehrer, Dozenten Nr. 43; BAG 13. 3. 1985 – 7 AZR 12/84 –; BAG 25. 2. 2004 AP HRG § 36 Nr. 1; BAG 13. 7. 2005 EzA BGB 2002 § 611 Arbeitnehmerbegriff Nr. 5). Ein öffentlich-rechtliches Dienstverhältnis ist gegeben, wenn es durch einseitige Maßnahme, dh. durch einen Verwaltungsakt, begründet und im Wesentlichen öffentlich-rechtlich ausgestaltet ist. Ein numerus clausus der Rechtsformen im öffentlichen Dienst zulässiger Dienstverhältnisse besteht nicht.

Der Beamte kann jedoch neben seinem Beamtenverhältnis zu einem Dritten in einem **53** Arbeitsverhältnis stehen und ist dann insoweit Arbeitnehmer iSd. Arbeitsgerichtsgesetzes (vgl. BAG 28. 4. 1964 AP BetrVG § 4 Nr. 3). Ob eine solche **Nebenbeschäftigung** dienstrechtlich zulässig ist, ist für die Zuständigkeit der Arbeitsgerichte ohne Bedeutung. In Personalvertretungssachen können Beamte auch Arbeitnehmer iSd. Arbeitsgerichtsgesetzes sein (vgl. oben Rn. 29). Dienstordnungsangestellte sind keine Beamten iSv. § 5 Abs. 2, auch wenn ihre Rechtsstellung auf Grund der Dienstordnung weitgehend der der Beamten angeglichen ist (s. oben Rn. 16).

VI. Arbeitgeber

54   Das Arbeitsgerichtsgesetz enthält keine eigenständige Begriffsbestimmung für den Arbeitgeber. **Arbeitgeber iSd. Gesetzes** ist daher jeder, der einen Arbeitnehmer oder eine Person, die als Arbeitnehmer gilt, beschäftigt. Das kann jede natürliche oder juristische Person (auch eine solche des öffentlichen Rechts) oder Personengesamtheit (vgl. Rn. 47) sein. Zur Arbeitgeberstellung von Gesellschaftern vgl. Rn. 47; im Zweifel ist eine GbR selbst Arbeitgeberin und nicht ihre Gesellschafter (BAG 30. 10. 2008 – 8 AZR 397/07). Der **Insolvenzverwalter** (auch der starke vorläufige Insolvenzverwalter) nehmen die Rechtsstellung des Arbeitgebers ein (*Uhlenbruck* FS Schwerdtner 2003 S. 623, 630). Deshalb ist eine Kündigungsschutzklage gegen den Insolvenzverwalter als Partei kraft Amtes zu richten (BAG 18. 4. 2002 AP BGB § 613 a Nr. 232 = NZA 2002, 1207). Wird nach Eröffnung des Insolvenzverfahrens die Kündigungsschutzklage eindeutig gegen den Schuldner gerichtet, wahrt diese Klage nicht die Frist des § 4 KSchG (BAG 21. 9. 2006 AP KSchG 1969 § 4 Nr. 58 = NZA 2007, 404). Demgegenüber rückt der schwache vorläufige Insolvenzverwalter auch dann nicht in die Arbeitgeberstellung ein, wenn das Insolvenzgericht Verfügungen des Schuldners an die Zustimmung des vorläufigen Insolvenzverwalter geknüpft hat (BAG 10. 10. 2002 AP InsO § 21 Nr. 1 = NZA 2003, 909). Der Insolvenzverwalter hat seine Pflichten ordentlich und gewissenhaft zu erfüllen (BAG 1. 6. 2006 AP InsO § 61 Nr. 2 = NZA 2007, 94). Er haftet allen Beteiligten für eine schuldhafte Verletzung seiner Pflichten (§ 60 Abs. 1 InsO). Begründet er Masseverbindlichkeiten, haftet er den Gläubigern auf das negative Interesse, wenn diese Verbindlichkeiten nicht gedeckt sind und er dies erkennen konnte (§ 61 InsO; BAG 19. 1. 2006 AP InsO § 61 Nr. 1 = NZA 2006, 860; BAG 1. 6. 2006 AP InsO § 61 Nr. 2 = NZA 2007, 94; BGH 6. 5. 2004 ZIP 2004, 1107). Insofern ist für Ansprüche der Arbeitnehmer der **Rechtsweg zu den Gerichten für Arbeitssachen** eröffnet (BAG 9. 7. 2003 ZIP 2003, 1617 = NZA 2004, 400 [LS]; BGH 16. 11. 2006 ZIP 2007, 94).

§ 6 Besetzung der Gerichte für Arbeitssachen

(1) **Die Gerichte für Arbeitssachen sind mit Berufsrichtern und mit ehrenamtlichen Richtern aus den Kreisen der Arbeitnehmer und Arbeitgeber besetzt.**

(2) *(weggefallen)*

Übersicht

	Rn.
I. Allgemeines	1, 2
II. Historische Entwicklung	3
III. Der Grundsatz der Mitentscheidung ehrenamtlicher Richter	4
IV. Rechtsstellung der Berufsrichter	5–7
V. Rechtsstellung der ehrenamtlichen Richter	8–19
1. Regelung	8–13
2. Charakterisierung der Stellung	14–16
3. Entschädigung der ehrenamtlichen Richter	17
4. Rechtspolitische Erwägungen	18, 19

I. Allgemeines

§ 6 enthält eine Bestimmung zur Besetzung der Gerichte für Arbeitssachen. Die Gerichte für Arbeitssachen sind danach in allen Rechtszügen mit Berufsrichtern und mit ehrenamtlichen Richtern aus Kreisen der Arbeitnehmer und Arbeitgeber zu besetzen. Mit § 6 wird die Beteiligung von Laien am arbeitsgerichtlichen Verfahren festgeschrieben.

Die Einzelheiten der Besetzung der Gerichte für Arbeitssachen ergeben sich für die Arbeitsgerichte aus §§ 14 bis 31, für die Landesarbeitsgerichte aus §§ 33 bis 39 und für das Bundesarbeitsgericht aus §§ 40 bis 45.

II. Historische Entwicklung

Die Besetzung der Gerichte für Arbeitssachen mit Berufsrichtern und ehrenamtlichen Richtern bestand schon seit dem Gewerbegerichtsgesetz von 1890 und hat sich seither im Grundsatz erhalten (vgl. *Ide* S. 253 f.). Neben den mit Erlass des Grundgesetzes notwendigen Änderungen in der Gerichtsorganisation (siehe dazu Einleitung Rn. 47 ff., 113 ff.) hat sich hinsichtlich der Besetzung der Gerichte für Arbeitssachen nur die Bezeichnung der Berufsrichter und der ehrenamtlichen Richter geändert: Erst mit dem ArbGG 1953 wurde die Bezeichnung der „Berufsrichter" eingeführt; bis dahin hießen diese Richter Vorsitzende mit der Fähigkeit zum Richteramt (Gewerbegerichtsgesetz 1890) oder rechtsgelehrte Richter (ArbGG 1926). Die ehrenamtlichen Richter wurden bis zum ArbGG 1953 allgemein als Beisitzer bezeichnet; mit dem ArbGG 1953 kam es zusätzlich zur Einführung der Bezeichnung Arbeitsrichter. Durch das Gesetz zur Änderung der Bezeichnung der Richter und ehrenamtlichen Richter und der Präsidialverfassung der Gerichte vom 26. Mai 1972 (BGBl. I S. 841) wurden die Laienrichter einheitlich in ehrenamtliche Richter umbenannt.

III. Der Grundsatz der Mitentscheidung ehrenamtlicher Richter

Die starke Betonung des Laienelements durch § 6 stellt einen Ausfluss des Grundsatzes der sozialen Selbstverwaltung dar. Die ehrenamtlichen Richter werden in allen Instanzen der Arbeitsgerichtsbarkeit beteiligt, um dadurch die unmittelbaren Anschauungen der Kreise des Arbeitslebens durch die Rechtsprechung verwerten zu können. Sie haben die Aufgabe, ihre besonderen Sachkenntnisse sowie ihre Berufserfahrung und Berufsauffassung mit in das Gerichtsverfahren einzubringen (vgl. *Künzl* ZZP 104, 156; *Wolmerath* Rn. 7 ff.). Zudem kann das Vertrauen der Bürger in die Rechtsprechung der Arbeitsgerichte durch die paritätische Beteiligung von Personen aus Arbeitnehmer- und Arbeitgeberkreisen gefestigt werden. Somit kommt der Tatsache, dass sich die typischen Interessengegensätze des Arbeitsgerichtsprozesses schon in der Besetzung der Richterbank widerspiegeln eine gewisse Befriedungsfunktion zu (dazu siehe auch unten Rn. 18).

IV. Rechtsstellung der Berufsrichter

Nach § 17 DRiG ist derjenige Berufsrichter, der durch eine Urkunde ins Richterverhältnis berufen wird. Das Richterverhältnis wird also entsprechend den allgemeinen Grundsätzen des öffentlichen Dienstrechts durch Ernennung (Aushändigung der Urkunde) begründet. Die in Art. 97 GG gewährte Garantie der richterlichen Unabhängigkeit gilt für die Berufsrichter unmittelbar (siehe unten Rn. 7; zur Dienstaufsicht im Spannungsfeld richterlicher Unabhängigkeit siehe unten § 15 Rn. 15 f.).

6 Bestimmungen über die Rechtsstellung der Berufsrichter finden sich im ArbGG nicht. Für die Berufsrichter aller Gerichtszweige, unabhängig davon, ob es sich um Bundes- oder Landesrichter handelt, enthält das DRiG zwingende Regeln (im Einzelnen vgl. *Schmidt/Luczak* S. 266 ff.). Voraussetzung für die Ausübung des Richteramtes ist der Erwerb der Befähigung zum Richteramt (§§ 5 bis 7 DRiG). Neben einer Regelung der typischen Richterpflichten (§§ 38 bis 43 DRiG), die durch das entsprechend anzuwendende Beamtenrecht (siehe §§ 52 bis 92 BBG, §§ 35 bis 58 BRRG) ergänzt werden, enthält das DRiG Vorschriften, die zur Sicherung der Unabhängigkeit der Richter von Organen anderer Staatsgewalten dienen. Gleichzeitig wird die Beschränkung des Richteramtes auf vier Statusformen (vgl. § 8 DRiG) ausgesprochen, so dass darüber hinaus die rechtsprechende Gewalt von niemandem ausgeübt werden kann. Auch die Regeln über die Dienstaufsicht (§ 26 DRiG), die ihre Grenze in der Unabhängigkeit der Richter finden, und die Regeln über die Dienstgerichtsbarkeit (§§ 61, 77 DRiG) werden im DRiG getroffen. Schließlich enthält das DRiG Regelungen über die Richtervertretungen, §§ 49, 74, 75 DRiG. Zu den Einzelheiten der Bestellung der arbeitsgerichtlichen Berufsrichter s. u. § 18 Rn. 4 ff.

7 Bekanntlich ist die Frage politischer und gewerkschaftlicher Tätigkeit von Berufsrichtern sehr kontrovers diskutiert worden (vgl. *Gilles* DRiZ 1983, 41; *Strecker* ZRP 1984, 122; *Berglar* ZRP 1984, 4; *Rüthers* DB 1984, 1620; *Vollkommer* FS Ernst Wolf 1985 S. 659; *ders.* FS Hubmann 1985 S. 445; *Fangmann/Zachert* Gewerkschaftliche und politische Betätigung von Richtern, Frankfurt 1986; *Klaas* Die gewerkschaftliche Betätigungsfreiheit des Berufsrichters der Arbeitsgerichtsbarkeit, Berlin 1997; *Dütz* ZZP 113 (2000), 246; *Niethammer-Vonberg,* Parteipolitische Betätigung der Richter, Berlin 1969). Im Ergebnis kann nicht zweifelhaft sein, dass dem Richter, auch dem der Arbeitsgerichtsbarkeit, eine **Mitgliedschaft** in Gewerkschaften und politischen Parteien **erlaubt** ist. Darüber hinaus kann den Richtern (wie jedermann) nicht verwehrt werden, sich in diesem Rahmen **auch aktiv politisch oder gewerkschaftlich zu betätigen** (vgl. BVerfG, Vorprüfungsausschuss 15. 3. 1984 NJW 1984, 1974 = AuR 1985, 32). Gerade die aktive Betätigung des Arbeitsrichters in einer Gewerkschaft unterliegt aber Schranken (vgl. näher jetzt *Klaas* aaO S. 143 ff.). § 39 DRiG verlangt zwingend **Zurückhaltung und Mäßigung** (vgl. *Schmidt-Räntsch* DRiG 6. Aufl. 2009 § 39 Rn. 4 ff., 9 ff., 28; ferner *Gerdes,* Die Ablehnung wegen Besorgnis der Befangenheit auf Grund von Meinungsäußerungen des Richters, 1992, S. 56 ff., insbes. 74 ff.). Eine einseitige Interessenwahrnehmung, z. B. die Mitarbeit in einem Arbeitskreis, der die eigene richterliche Entscheidungstätigkeit behandelt, ist unzulässig, verstößt gegen § 39 DRiG und kann zur Ablehnung wegen Befangenheit führen. Dagegen kann eine Richterablehnung nicht erfolgreich sein, die sich nur gegen die für unrichtig gehaltene Rechtsauffassung des Richters wendet, sofern diese Auffassung nicht ihrerseits auf einer unsachlichen Einstellung des Richters oder auf Willkür beruht (BAG 29. 10. 1992 NZA 1993, 238). Zum ganzen vgl. auch *Hager,* Freie Meinung und Richteramt, 1987; *Quart,* Umfang und Grenzen politischer Betätigungsfreiheit des Richters, 1990.

V. Rechtsstellung der ehrenamtlichen Richter

1. Regelung

8 a) Da das DRiG nur für die Berufsrichter gilt (§ 2 DRiG), können diese Vorschriften nicht auf die ehrenamtlichen Richter übertragen werden. Das DRiG enthält lediglich einige grundsätzliche Regelungen, §§ 44 bis 45 a DRiG; es handelt sich dabei hauptsächlich um eine Stärkung der persönlichen Unabhängigkeit der ehrenamtlichen Richter,

V. Rechtsstellung der ehrenamtlichen Richter § 6

da diese über Art. 97 Abs. 2 GG nicht gewährleistet ist. Im Wesentlichen sind die Vorschriften über die Rechtsstellung der ehrenamtlichen Richter den einzelnen Verfahrensordnungen vorbehalten, § 45 Abs. 9 DRiG.

b) Daher enthält das ArbGG abschließende Bestimmungen über die Rechtsstellung 9 der ehrenamtlichen Richter. Vgl. auch Einl. Rn. 128 ff.

Ehrenamtliche Richter werden von der obersten Arbeitsbehörde des Landes oder der 9a zuständigen Stelle i. S. von § 20 für die Dauer von fünf Jahren berufen; zuständiges Organ für die Berufung der ehrenamtlichen Richter beim BAG ist der Bundesminister für Arbeit und Soziales (Einzelheiten dazu siehe § 20 Rn. 5 ff.; § 37 Rn. 5; § 43 Rn. 4 f.). Sie müssen die in § 21 aufgeführten Voraussetzungen erfüllen, um dieses Ehrenamt ausüben zu können (siehe § 21 Rn. 7 ff.). Eine Ablehnung oder Niederlegung des Ehrenamtes ist nur aus den in § 24 genannten Gründen möglich (siehe § 24 Rn. 6 ff.). Die ehrenamtlichen Richter bei den Gerichten für Arbeitssachen werden paritätisch aus Kreisen der Arbeitgeber und der Arbeitnehmer bestimmt; zu den Einzelheiten siehe §§ 22, 23.

Da die ehrenamtlichen Richter ebenso wie die Berufsrichter umfassende richterliche 10 Aufgaben wahrnehmen, ist bei der Heranziehung der jeweils urteilenden Richter Art. 101 Abs. 1 Satz 2 GG zu beachten. Durch § 31, der die Heranziehung zu den Sitzungen nach der Reihenfolge einer Liste vorsieht, ist die Garantie des gesetzlichen Richters gewahrt. Zu den Einzelheiten, insbesondere zu dem Problem der Heranziehung der ehrenamtlichen Richter bei Terminverlegung siehe § 31 Rn. 10 ff.

Das ArbGG enthält neben diesen organisatorischen Vorschriften hinsichtlich der 11 ehrenamtlichen Richter auch abschließende Regeln über mögliche Disziplinarmaßnahmen, §§ 27, 28. In Betracht kommen dafür die Verhängung eines Ordnungsgeldes oder bei groben Pflichtverletzungen eine Amtsenthebung (zu den Einzelheiten siehe §§ 27, 28). Daneben enthält § 26 eine Generalklausel zum Schutz der ehrenamtlichen Richter. Die ehrenamtlichen Richter sind zwar über Art. 97 Abs. 1 GG in ihrer sachlichen Unabhängigkeit geschützt, so dass es dafür keiner zusätzlichen einfachgesetzlichen Regelung bedarf. Die Vorschriften über die persönliche Unabhängigkeit in Art. 97 Abs. 2 GG gelten aber nur für die Berufsrichter. Um auch in diesem Punkt eine Gleichstellung von Berufs- und Laienrichtern zu erzielen, bedurfte es einer zusätzlichen Regelung. Zu den Einzelheiten siehe § 26 Rn. 7 ff. und Einl. Rn. 84 ff. Schließlich enthält § 29 Regelungen über die Beteiligung der ehrenamtlichen Richter an der richterlichen Selbstverwaltung.

Die aufgezeigten Vorschriften gelten für alle ehrenamtlichen Richter der Gerichte für 12 Arbeitssachen, unabhängig in welchem Rechtszug sie tätig werden (vgl. etwa §§ 37 Abs. 2, 43 Abs. 3).

c) Dem ArbGG vergleichbare Regelungen mit zum Teil wörtlichen Übereinstimmun- 13 gen über die ehrenamtlichen Richter und deren Rechtsstellung finden sich in den §§ 13 bis 23 SGG. Auch in diesem Gerichtszweig ist der Beteiligung der Laien ein ähnlicher Stellenwert zugewiesen wie im ArbGG.

2. Charakterisierung der Stellung

Ehrenamtliche Richter sind ebenso wie die Berufsrichter staatliche, unabhängige und 14 neutrale Richter (*Schuldt* AuR 1960, 103, 104; *Brill* DB 1970, Beilage Nr. 4, 1; *Däubler* AuR 1976, 369, 371; *Bengelsdorf* DB 1987, Beilage Nr. 8, 1, 5; *Berger-Delhey* BB 1988, 1662, 1664; *Wolmerath* Rn. 19, 20 ff.; 31 ff.; *Ide* S. 257 f.). Sie bekleiden ein öffentliches Ehrenamt. Die ehrenamtlichen Richter werden unwiderruflich für eine bestimmte Amtsdauer berufen. Die Möglichkeit einer Abberufung, z. B. veranlasst durch die hinter den Richtern stehenden Interessenverbände, ist nicht möglich. Zum Schutze ihrer persönlichen Unabhängigkeit kann ein Amtsenthebungsverfahren nur in den durch das Gesetz aufgeführten Fällen (vgl. § 27) eingeleitet werden. Das ihnen übertragene Amt nehmen sie nicht nur für die Dauer der jeweiligen Heranziehung zu den Sitzungen, sondern ständig wahr (a. A. *Ostheimer/Hohmann* S. 29; bei *Bader/Hohmann/Klein* nicht mehr enthalten).

15   Bei ihrer Entscheidung unterliegen sie keinerlei Bindung an die Ansichten der durch sie vertretenen Interessengruppen (*Schuldt* AuR 1960, 103, 104; *Bader/Hohmann* S. 41; *Wolmerath* Rn. 28; *Berger-Delhey* BB 1988, 1662, 1664). Vielmehr sind sie an Recht und Gesetz gebunden (Art. 20 Abs. 3 GG) und nur ihrem Gewissen unterworfen (vgl. § 45 Abs. 3 DRiG). Ein zusätzlicher Schutz der persönlichen Unabhängigkeit der ehrenamtlichen Richter besteht darin, dass sie von den Parteien nicht wegen der Beteiligung an der Urteilsfällung zivilrechtlich herangezogen werden können; auch den ehrenamtlichen Richtern kommt das Richterprivileg des § 839 Abs. 2 BGB zugute (vgl. § 27 Rn. 17).

16   Die ehrenamtlichen Richter bei den Gerichten für Arbeitssachen nehmen grundsätzlich dieselben Aufgaben wahr wie die Berufsrichter. Insoweit gelten für ihre Befugnisse die Vorschriften über das landgerichtliche Verfahren entsprechend, vgl. § 53 Abs. 2. Bestimmte richterliche Befugnisse sind allerdings dem Vorsitzenden allein übertragen, so der Erlass aller nicht auf Grund mündlicher Verhandlung ergehender Verfügungen und Beschlüsse (§ 53 Abs. 1); die Durchführung der dem arbeitsgerichtlichen Verfahren vorgeschalteten Güteverhandlung (§ 54; vgl. dazu u. § 54 Rn. 6); die Entscheidung bei Klagerücknahme oder Säumnis und die weiteren in § 55 Abs. 1 aufgeführten Einzelfälle. Für die ehrenamtlichen Richter verbleibt die Mitwirkung an der streitigen Verhandlung, ein umfassendes Fragerecht sowie die Mitwirkung an der Urteilsfällung. Sie haben das Recht, die Akten einzusehen, um sich über die Grundlagen der Entscheidung zu vergewissern (*Künzl* ZZP 104, 185; *ders.* Anm. zu EzA § 16 Nr. 2 gegen OVG Münster 27. 9. 1989 a. a. O.). Die Gegenauffassung verkennt die Stellung ehrenamtlicher Richter als vollwertiger Richter, die sogar den Berufsrichter überstimmen können (wie hier auch *Atzler* DRiZ 1991, 207; *Reim* DRiZ 1992, 141; *Wolmerath* Rn. 158 ff.). Sie haben neben dem Vorsitzenden ein gleichwertiges Stimmrecht (*Kissel/Mayer* GVG 4. Aufl. § 192 Rn. 22 mit Rn. 1, 3 ff.). Bei der Urteilsverkündung bedarf es ihrer Anwesenheit nicht (§ 60 Abs. 3 Satz 1). Das Urteil muss auch nicht von ihnen unterschrieben sein (§ 60 Abs. 4 Satz 1), außer wenn das Urteil in ihrer Abwesenheit verkündet wird (§ 60 Abs. 3 Satz 2). Außerhalb der Sitzungstermine haben die ehrenamtlichen Richter keine richterlichen Kompetenzen, so dass sie beispielsweise keine Beweisaufnahme als beauftragte Richter durchführen können (*Schaub* ArbGV 7. Aufl. § 3 Rn. 54).

3. Entschädigung der ehrenamtlichen Richter

17   Da die Wahrnehmung der Aufgaben als ehrenamtliche Richter ein Ehrenamt darstellt, erhalten die Richter keine Vergütung. Jedoch steht ihnen nach dem Justizvergütungs- und -entschädigungsgesetz (JVEG) v. 5. 5. 2004 (BGBl. I 776) ein Anspruch auf Fahrtkostenersatz (§ 5 JVEG), ein Anspruch auf Entschädigung für Aufwand (§ 6 JVEG), ein Anspruch auf Ersatz für sonstige Aufwendungen (§ 7 JVEG), ein Anspruch auf Entschädigung für Zeitversäumnis (§ 16 JVEG), ein Anspruch für Nachteile bei der Haushaltsführung (§ 17 JVEG) sowie ein Anspruch auf Entschädigung für Verdienstausfall (§ 18 JVEG) zu. Diese Entschädigung erhalten sie für alle Aufwendungen, die durch die richterliche Tätigkeit bedingt sind, also für die Teilnahme an den gerichtlichen Terminen, für die Teilnahme an den Sitzungen des Beisitzerausschusses, aber auch für die Teilnahme an Einführungs- und Fortbildungsveranstaltungen (vgl. jetzt § 15 Abs. 3 Nr. 1 JVEG; ferner *Wolmerath* Rn. 203 ff.; *Berger-Delhey* BB 1988, 1662, 1669). Allerdings kommt ein Entschädigungsanspruch nicht für die gesamte aufgewendete Zeit in Betracht, sondern nur für die **notwendige** Zeit (vgl. BAG 26. 9. 1972 AP ArbGG 1953 § 43 Nr. 3; LAG Bremen 25. 7. 1988 LAGE ArbGG § 26 Nr. 1 = MDR 1988, 995). Nicht notwendig soll nach LAG Bremen, a. a. O., die zum Studium der Prozessakten

aufgewendete Zeit sein, falls nicht im Einzelfall der Vorsitzende die Akteneinsicht angeordnet hat (so auch LAG Hamm 23. 3. 1993 DB 1993, 842). Das dürfte wohl ein zu strenger Maßstab sein.

Zur Frage des Verhältnisses von Verdienstausfall und Entschädigung s. u. § 26 Rn. 17. Zur Literatur für das JVEG vgl. § 9 Abs. 4.

4. Rechtspolitische Erwägungen

Die Beteiligung der Laien im arbeitsgerichtlichen Verfahren kann bereits auf eine **18** lange Tradition verweisen. Das Hauptargument für eine Laienbeteiligung an diesem gerichtlichen Verfahren – das Einbringen von Spezialkenntnissen (s. o. Rn. 4) – hat im Laufe der Zeit an Bedeutung verloren (das Einbringen von Kenntnissen wird noch sehr stark betont von *Künzl* ZZP 104, 156). Der durch die Beteiligung entstehende besondere Argumentationszwang der Berufsrichter, insbesondere aber die Erhöhung der Akzeptanz von Recht in der Bevölkerung und eine mögliche besondere Befriedungsfunktion sprechen aber weiterhin für ein Beibehalten der Laienbeteiligung. Hinzu kommt eine Verstärkung der demokratischen Legitimation der Gerichte durch Partizipation. Auch besteht die Hoffnung, schichtspezifische Betrachtungsweisen der Berufsrichter zu korrigieren. Deshalb sind in rechtspolitischer Hinsicht gegenwärtig keinerlei Änderungsbestrebungen für eine Begrenzung des Laienelements erkennbar. Diese positive Beurteilung und die lange Tradition sollten freilich nicht über grundsätzliche Probleme und Zweifel einer Beteiligung von Laienrichtern im Rahmen der Entscheidung auch schwierigster rechtlicher Zusammenhänge hinwegtäuschen (vgl. ähnlich auch *Baur* FS Kern S. 57). Sehr kritisch *Windel* ZZP 112 (1999), S. 293, 312.

Zu den Vorschlägen zur Erweiterung des Einflusses der ehrenamtlichen Richter vgl. **19** *Herschel* AuR 1980, 321 ff. und *Kraushaar* NZA 1987, 761 (gegen *Kraushaar* aber *Binkert/Eylert* NZA 1989, 872).

§ 6 a Allgemeine Vorschriften über das Präsidium und die Geschäftsverteilung

Für die Gerichte für Arbeitssachen gelten die Vorschriften des Zweiten Titels des Gerichtsverfassungsgesetzes nach Maßgabe der folgenden Vorschriften entsprechend:
1. Bei einem Arbeitsgericht mit weniger als drei Richterplanstellen werden die Aufgaben des Präsidiums durch den Vorsitzenden oder, wenn zwei Vorsitzende bestellt sind, im Einvernehmen der Vorsitzenden wahrgenommen. Einigen sich die Vorsitzenden nicht, so entscheidet das Präsidium des Landesarbeitsgerichts oder, soweit ein solches nicht besteht, der Präsident dieses Gerichts.
2. Bei einem Landesarbeitsgericht mit weniger als drei Richterplanstellen werden die Aufgaben des Präsidiums durch den Präsidenten, soweit ein zweiter Vorsitzender vorhanden ist, im Benehmen mit diesem wahrgenommen.
3. Der aufsichtführende Richter bestimmt, welche richterlichen Aufgaben er wahrnimmt.
4. Jeder ehrenamtliche Richter kann mehreren Spruchkörpern angehören.
5. Den Vorsitz in den Kammern der Arbeitsgerichte führen die Berufsrichter.

Übersicht

	Rn.
I. Allgemeines	1
II. Historische Entwicklung	2
III. Darstellung der gesetzlichen Regelungen der §§ 21 a–21 i GVG und der Modifizierungen durch § 6 a	3–87
1. § 21 a GVG, Präsidium	3–11
a) Gesetzestext	3
b) Kommentierung des § 21 a GVG	4–7
c) Modifizierung durch § 6 a	8–11

	Rn.
2. § 21 b GVG, Wahl zum Präsidium	12–19
a) Gesetzestext	12
b) Kommentierung des § 21 b GVG	13–18
c) Modifizierung durch § 6 a	19
3. § 21 c GVG, Vertretung der Mitglieder des Präsidiums	20–27
a) Gesetzestext	20
b) Kommentierung des § 21 c GVG	21–26
c) Modifizierung durch § 6 a	27
4. § 21 d GVG, Größe des Präsidiums	28–30
a) Gesetzestext	28
b) Kommentierung des § 21 d GVG	29
c) Modifizierung durch § 6 a	30
5. § 21 e GVG, Aufgaben und Befugnisse des Präsidiums; Geschäftsverteilung	31–62
a) Gesetzestext	31
b) Kommentierung des § 21 e GVG	32–58
aa) Verfahren des Präsidiums	33–45
bb) Aufgaben des Präsidiums, insbesondere die Geschäftsverteilung	46–58
c) Modifizierung durch § 6 a	59–62
6. § 21 f GVG, Vorsitz in den Spruchkörpern	63–71
a) Gesetzestext	63
b) Kommentierung des § 21 f GVG	64–68
c) Modifizierung durch § 6 a	69–71
7. § 21 g GVG, Geschäftsverteilung innerhalb der Spruchkörper	72–78
a) Gesetzestext	72
b) Kommentierung des § 21 g GVG	73–77
c) Modifizierung durch § 6 a	78
8. § 21 h GVG, Vertretung des Präsidenten und des aufsichtführenden Richters	79–82
a) Gesetzestext	79
b) Kommentierung des § 21 h GVG	80, 81
c) Modifizierung durch § 6 a	82
9. § 21 i GVG, Beschlussfähigkeit des Präsidiums	83–87
a) Gesetzestext	83
b) Kommentierung des § 21 i GVG	84–86
c) Modifizierung durch § 6 a	87
IV. Besonderheiten in den neuen Bundesländern	88, 89

I. Allgemeines

1   Die Regelung des § 6 a enthält allgemeine Vorschriften über das Präsidium und die Geschäftsverteilung der Gerichte für Arbeitssachen. Im Wesentlichen verweist § 6 a in diesem gerichtsverfassungsrechtlichen Teil auf die Vorschriften des Zweiten Titels des GVG, also auf die §§ 21 a bis 21 i GVG, die hinsichtlich der Präsidien und der Geschäftsverteilung der Gerichte der ordentlichen Gerichtsbarkeit umfassende Regelungen treffen, und erklärt diese Vorschriften auch für die Gerichtsverfassung der Arbeitsgerichte für anwendbar. Nur für einzelne Fälle enthält § 6 a Modifizierungen.

II. Historische Entwicklung

2   Noch das ArbGG 1926 enthielt Regelungen über Präsidien und Geschäftsverteilung getrennt nach den verschiedenen Rechtszügen. Vorschriften über die Bildung der Präsidien fehlten ganz. Auch das ArbGG 1953 trennte bei den gerichtsverfassungsrechtlichen Anordnungen nach einzelnen Rechtszügen. Insbesondere bestimmte es den aufsichtführenden Vorsitzenden und die beiden dienstältesten Vorsitzenden als Mitglieder des Präsidiums (vgl. § 30 Abs. 2, § 39 Abs. 2, § 44 Abs. 2 Satz 3 ArbGG 1953). Durch das Gesetz zur Änderung der Bezeichnung der Richter und ehrenamtlicher Richter und der Präsidialverfassung der Gerichte v. 26. 5. 1972 (BGBl. I S. 841) wurde die Regelung des § 6 a in

das ArbGG eingefügt, die die Einzelregelungen für die verschiedenen Rechtszüge ersetzte. Durch den Verweis auf die Vorschriften des GVG ergibt sich nunmehr, dass das Präsidium, mit Ausnahme des Präsidenten aus gewählten Mitgliedern besteht (vgl. § 21 a Abs. 2 GVG). Durch das Gesetz zur Stärkung der Unabhängigkeit der Richter und Gerichte vom 22. 12. 1999 (BGBl. I S. 2598) hat der Gesetzgeber eine Reform der Präsidialverfassung vorgenommen, die auch auf die Arbeitsgerichtsbarkeit einwirkt, ohne dass das ArbGG geändert worden wäre (zu den Einzelheiten vgl. *Kissel* NJW 2000, 460).

III. Darstellung der gesetzlichen Regelungen der §§ 21 a–21 i GVG und der Modifizierungen durch § 6 a

1. § 21 a GVG, Präsidium

a) Gesetzestext

(1) Bei jedem Gericht wird ein Präsidium gebildet.

(2) Das Präsidium besteht aus dem Präsidenten oder aufsichtführenden Richter als Vorsitzenden und
1. bei Gerichten mit mindestens achtzig Richterplanstellen aus zehn gewählten Richtern,
2. bei Gerichten mit mindestens vierzig Richterplanstellen aus acht gewählten Richtern,
3. bei Gerichten mit mindestens zwanzig Richterplanstellen aus sechs gewählten Richtern,
4. bei Gerichten mit mindestens acht Richterplanstellen aus vier gewählten Richtern,
5. bei den anderen Gerichten aus den nach § 21 b Abs. 1 wählbaren Richtern.

b) Kommentierung des § 21 a GVG

§ 21 a GVG ordnet zwingend die Bildung eines Präsidiums bei jedem Gericht an und trifft gleichzeitig Bestimmungen über die Besetzung dieses Organs.

Beim Präsidium handelt es sich um ein richterliches Selbstverwaltungsorgan, welches Aufgaben der Gerichtsverwaltung, d. h. diejenige verwaltende Tätigkeit, die nicht unmittelbar die Erfüllung der dem Gericht zugewiesenen Rechtsprechungsaufgaben beinhaltet, aber für diese unerlässliche materielle und personelle Voraussetzungen schaffen muss (*Kissel/Mayer* GVG 4. Aufl. § 12 Rn. 85; vgl. dazu und zur Abgrenzung zur Justizverwaltung unten § 15 Rn. 6 ff.), wahrnimmt. Es lässt sich als eigenständiges, gewähltes (Abs. 2 Nr. 1 bis 4) oder nach dem Plenarprinzip (Abs. 2 Nr. 5) zusammengesetztes, kollegial verfasstes, weisungsfreies Rechtspflegeorgan eigener Art mit gesetzlich begründeter und gesetzlich begrenzter Zuständigkeit kennzeichnen und dient unmittelbar der Rechtsprechung (*Kissel/Mayer* GVG 4. Aufl. § 21 e Rn. 2). Zu seiner gesetzlich begrenzten Zuständigkeit gehört als Hauptaufgabe die Verteilung der Richterdienstgeschäfte im weitesten Sinne. Mit Hilfe dieser Vorschriften über das Präsidium wird die sachliche Unabhängigkeit des Richters nach Art. 97 Abs. 1 GG gefestigt, da ein Eingreifen anderer Verwaltungsorgane in die Verteilung der Richterdienstgeschäfte zu unterbleiben hat (vgl. *Frauendorf* DÖV 1980, 553 ff.). Zugleich wird der gesetzliche Richter i. S. von Art. 101 Abs. 1 Satz 2 GG konkretisiert. Ein Präsidium wird bei jedem Gericht gebildet, unabhängig von der Anzahl der Richterplanstellen. Daher besteht in der ordentlichen Gerichtsbarkeit selbst bei kleinen Amtsgerichten, die nur über eine Richterplanstelle verfügen, ein solches Selbstverwaltungsgremium (*Kissel/Mayer* GVG 4. Aufl. § 21 a Rn. 9).

Für die Zusammensetzung und Größe des Präsidiums regelt § 21 a Abs. 2 GVG die Einzelheiten. Notwendiges Mitglied des Präsidiums ist immer der Präsident oder an dessen Stelle ein aufsichtführender Richter. Er nimmt kraft Gesetzes die Aufgaben eines Vorsitzenden wahr. Die Anzahl der weiteren Präsidiumsmitglieder staffelt sich nach der Zahl der Richterplanstellen beim jeweiligen Gericht. Je nach Größe des Gerichts ist zwischen einem gewählten Präsidium (Repräsentationsprinzip) und einem Plenarpräsidium zu unterscheiden. Das gewählte Präsidium kann wiederum in vier Organisationsformen gebildet werden: Entweder besteht es aus vier gewählten Richtern bei Gerichten von acht bis neunzehn Richterplanstellen, aus sechs gewählten Mitgliedern bei Gerichten von zwanzig bis neununddreißig Richterplanstellen, aus acht gewählten Richtern bei Gerichten von vierzig bis neunundsiebzig Richterplanstellen oder aus zehn gewählten Richtern, wenn ein Gericht über achtzig oder mehr Planstellen verfügt. Bei Gerichten mit weniger als acht Richterplanstellen wird das Präsidium gesetzlich zusammengesetzt und nicht gewählt. Mitglieder sind alle wählbaren (vgl. § 21 b Abs. 1 Satz 2 GVG) Richter des betreffenden Gerichts (**Plenarpräsidium**).

7   Während früher ein eigener Satz 2 des § 21 a Abs. 2 verlangte, dass die Hälfte der gewählten Richter Vorsitzende Richter sein mussten, hat die Novelle 1999 zur Präsidialverfassung dieses Vorsitzenden-Quorum ersatzlos beseitigt. Hintergrund ist der Gedanke der Gleichwertigkeit aller Richterämter. Diese Änderung war im politischen Vorfeld sehr umstritten gewesen (verl. *Kissel* NJW 2000, 460, 461).

c) Modifizierung durch § 6 a

8   Nur hinsichtlich des Plenarpräsidiums (also des § 21 a Abs. 2 Nr. 5 GVG) sieht § 6 a Veränderungen vor.

9   aa) Für die Arbeitsgerichtsbarkeit ordnet § 6 a Nr. 1 an, dass bei Arbeitsgerichten mit weniger als drei Richterplanstellen die Aufgaben des Präsidiums durch den Vorsitzenden, gegebenenfalls einvernehmlich durch beide Vorsitzenden wahrgenommen werden.

10   Im Unterschied zu § 21 a Abs. 2 Nr. 5 GVG wird bei dieser Bestimmung für die Mitgliedschaft zum Präsidium nicht auf die Wählbarkeit der Richter i. S. des § 21 b GVG abgestellt. Entsprechend § 18 Abs. 7, der Richter auf Probe und Richter kraft Auftrags als Vorsitzende bei den Arbeitsgerichten zulässt, können diese Vorsitzenden auch die Präsidiumsaufgaben wahrnehmen. Dies ist in der ordentlichen Gerichtsbarkeit nicht möglich, da weder die Richter auf Probe noch die Richter kraft Auftrags passives Wahlrecht besitzen (vgl. §§ 21 b Abs. 1 Satz 2, 21 a Abs. 2 Satz 1 Nr. 5 GVG). Da bei einem aus zwei Vorsitzenden bestehenden Präsidium die Aufgabenwahrnehmung einvernehmlich erfolgen muss, müssen beide Vorsitzende ständig um einen Konsens bemüht sein. Eine herausgehobene Stellung des Gerichtspräsidenten, wie sie § 21 a Abs. 2 vor Nr. 1 GVG für die ordentlichen Gerichte vorsieht, gibt es in der Arbeitsgerichtsbarkeit für das Plenarpräsidium nicht.

11   bb) Für die Landesarbeitsgerichte mit weniger als drei Richterplanstellen sieht § 6 a Nr. 2 die Wahrnehmung der Präsidiumsaufgaben durch den Präsidenten des Landesarbeitsgerichts vor. Bei Vorhandensein eines weiteren Vorsitzenden entscheidet der Präsident im Benehmen mit dem zweiten Vorsitzenden. Eine Abweichung der Besetzung dieses Plenarpräsidiums von § 21 a Abs. 2 Nr. 5 GVG ist in der Anordnung des § 6 a Nr. 2 nicht zu sehen.

2. § 21 b GVG, Wahl zum Präsidium

a) Gesetzestext

12   (1) Wahlberechtigt sind die Richter auf Lebenszeit und die Richter auf Zeit, denen bei dem Gericht ein Richteramt übertragen ist, sowie die bei dem Gericht tätigen Richter auf Probe, die Richter kraft Auftrags und die für eine Dauer von mindestens drei Monaten abgeordneten Richter, die Aufgaben der Rechtsprechung wahrnehmen. Wählbar sind die Richter auf Lebenszeit und die Richter auf Zeit, denen bei dem Gericht ein Richteramt übertragen ist. Nicht wahlberechtigt und nicht wählbar sind Richter, die für mehr als drei Monate an ein anderes Gericht abgeordnet, für mehr als drei Monate beurlaubt oder an eine Verwaltungsbehörde abgeordnet sind.

(2) Jeder Wahlberechtigte wählt höchstens die vorgeschriebene Zahl von Richtern.

(3) Die Wahl ist unmittelbar und geheim. Gewählt ist, wer die meisten Stimmen auf sich vereint. Durch Landesgesetz können andere Wahlverfahren für die Wahl zum Präsidium bestimmt werden; in diesem Fall erlässt die Landesregierung durch Rechtsverordnung die erforderlichen Wahlord-

III. Darstellung der gesetzlichen Regelungen der §§ 21 a–21 i GVG § 6 a

nungsvorschriften; sie kann die Ermächtigung hierzu auf die Landesjustizverwaltung übertragen. Bei Stimmengleichheit entscheidet das Los.

(4) Die Mitglieder werden für vier Jahre gewählt. Alle zwei Jahre scheidet die Hälfte aus. Die zum ersten Mal ausscheidenden Mitglieder werden durch das Los bestimmt.

(5) Das Wahlverfahren wird durch eine Rechtsverordnung geregelt, die von der Bundesregierung mit Zustimmung des Bundesrates erlassen wird.

(6) Ist bei der Wahl ein Gesetz verletzt worden, so kann die Wahl von den in Absatz 1 Satz 1 bezeichneten Richtern angefochten werden. Über die Wahlanfechtung entscheidet ein Senat des zuständigen Oberlandesgerichts, bei dem Bundesgerichtshof ein Senat dieses Gerichts. Wird die Anfechtung für begründet erklärt, so kann ein Rechtsmittel gegen eine gerichtliche Entscheidung nicht darauf gestützt werden, das Präsidium sei deswegen nicht ordnungsgemäß zusammengesetzt gewesen. Im Übrigen sind auf das Verfahren die Vorschriften des Gesetzes über die Angelegenheiten der freiwilligen Gerichtsbarkeit sinngemäß anzuwenden.

b) Kommentierung des § 21 b GVG

§ 21 b GVG enthält Regelungen über die Wahl der Mitglieder des Präsidiums, die Amtszeit sowie über die Wahlanfechtung. 13

Aktives Wahlrecht zur Präsidiumswahl haben neben den Richtern auf Lebenszeit die Richter auf Zeit, die Richter auf Probe, die Richter kraft Auftrags und die abgeordneten Richter. Wählbar sind dagegen nur die Richter auf Lebenszeit und die Richter auf Zeit. Demgegenüber können weder Richter auf Probe noch Richter kraft Auftrags in der ordentlichen Gerichtsbarkeit Präsidiumsaufgaben wahrnehmen, da sie nicht wählbar sind (*Kissel/Mayer* GVG 4. Aufl. § 21 b Rn. 9). § 21 b Abs. 1 Satz 3 verneint das aktive und das passive Wahlrecht auch für diejenigen Richter, die an ein anderes Gericht für mehr als drei Monate oder an eine Verwaltungsbehörde abgeordnet sind oder die für mehr als drei Monate beurlaubt sind. 14

Das Wahlverfahren ist an demokratischen Grundsätzen ausgerichtet. Die Wahlen sind unmittelbar und geheim (§ 21 b Abs. 3 GVG). Nach § 21 b Abs. 2 wählt jeder Wahlberechtigte höchstens so viele Richter, wie dem Präsidium angehören müssen. Derjenige Richter ist zum Präsidiumsmitglied gewählt, der die meisten Stimmen auf sich vereint (§ 21 b Abs. 3 GVG); zu den Einzelheiten des Wahlverfahrens vgl. die Wahlordnung für die Präsidien der Gerichte vom 19. 9. 1972 (BGBl. I S. 1821) in der Fassung des Art. 2 des Gesetzes vom 22. 12. 1999 (BGBl. I S. 2598). Die Wahlordnung ist abgedruckt bei *Kissel/Mayer* GVG 4. Aufl. § 21 b Rn. 23. Beseitigt ist also das frühere Blockwahlsystem und insbesondere der Zwang jedes Wählers, die notwendige Zahl von Vorsitzenden Richtern und Beisitzenden Richtern wählen zu müssen, auch wenn ihm diese nicht angenehm waren, falls er nicht die Ungültigkeit seiner Stimmabgabe in Kauf nehmen wollte. 15

Für die Wahl zu den Präsidien besteht Wahlpflicht (BVerwG 23. 5. 1973 DRiZ 1975, 375, 376). Dies ergibt sich daraus, dass dem Richter das Wahlrecht nicht zur Ausübung eigener Belange, sondern zur Wahrnehmung richterlicher Aufgaben anvertraut ist (BVerwG 23. 5. 1973 DRiZ 1975, 375; *Kissel/Mayer* GVG 4. Aufl.§ 21 b Rn. 15; *Scholz* DRiZ 1972, 301, 302). Beteiligt sich ein Richter gleichwohl nicht an der Wahl, so können gegen ihn Maßnahmen der Dienstaufsicht nach § 26 DRiG eingeleitet werden. Die Wirksamkeit der Wahl wird nicht durch die Verletzung der Wahlpflicht beeinträchtigt (*Kissel/Mayer* GVG 4. Aufl. § 21 b Rn. 16). 16

Die durch die Mehrheit der Stimmen (§ 21 b Abs. 3 GVG) auf vier Jahre (§ 21 b Abs. 4 GVG) gewählten Präsidiumsmitglieder können die Wahl weder ablehnen noch annehmen. Es besteht vielmehr eine Pflicht zur Ausübung des Amtes während der gesamten Amtszeit, da diese Aufgabe zu den mit dem Richteramt verbundenen Dienstpflichten und Obliegenheiten gehören (BVerwG 23. 5. 1973 DRiZ 1975, 375, 376; *Kissel/Mayer* GVG 4. Aufl. § 21 b Rn. 16; *Scholz* DRiZ 1972, 301, 302). § 21 b Abs. 4 Satz 2 GVG bestimmt, dass alle zwei Jahre die Hälfte der Präsidiumsmitglieder ausschei- 17 den muss. Es finden daher bei den ordentlichen Gerichten alle zwei Jahre Präsidiumswahlen statt.

18 Findet die Wahl unter Verstoß gegen ein Gesetz statt, so besteht die Möglichkeit der Wahlanfechtung nach § 21 b Abs. 6 GVG. Anfechtungsberechtigt sind die wahlberechtigten Richter (§ 21 b Abs. 1 Satz 1 GVG). Die Anfechtungsmöglichkeit besteht unbefristet. Das Verfahren der Wahlanfechtung regelt sich nach den Vorschriften des FGG (§ 21 b Abs. 6 Satz 4). Das gilt auch für § 28 Abs. 2 FGG, wonach im Falle einer Divergenz die Sache dem BGH vorzulegen ist (BGH 18. 10. 1990 NJW 1991, 1183). Hervorzuheben ist, dass Wahlverstöße nicht die Gültigkeit von Präsidiumsbeschlüssen beeinträchtigen (*Kissel/Mayer* GVG 4. Aufl. § 21 b Rn. 21). Auch in dem Falle der Begründetheit der Anfechtung kann kein Rechtsmittel gegen eine gerichtliche Entscheidung auf eine nicht ordnungsgemäße Besetzung des Präsidiums gestützt werden (§ 21 b Abs. 6 Satz 3).

c) Modifizierung durch § 6 a

19 Die Regelung des § 21 b GVG über die Wahl zum Präsidium erfährt durch § 6 a keine Veränderung.

3. § 21 c GVG, Vertretung der Mitglieder des Präsidiums

a) Gesetzestext

20 (1) Bei einer Verhinderung des Präsidenten oder aufsichtführenden Richters tritt sein Vertreter (§ 21 h) an seine Stelle. Ist der Präsident oder aufsichtführende Richter anwesend, so kann sein Vertreter, wenn er nicht selbst gewählt ist, an den Sitzungen des Präsidiums mit beratender Stimme teilnehmen. Die gewählten Mitglieder des Präsidiums werden nicht vertreten.

(2) Scheidet ein gewähltes Mitglied des Präsidiums aus dem Gericht aus, wird es für mehr als drei Monate an ein anderes Gericht abgeordnet oder für mehr als drei Monate beurlaubt, wird es an eine Verwaltungsbehörde abgeordnet oder wird es kraft Gesetzes Mitglied des Präsidiums, so tritt an seine Stelle der durch die letzte Wahl Nächstberufene.

b) Kommentierung des § 21 c GVG

21 Die Regelung des § 21 c GVG trifft Anordnungen für die Fälle der Verhinderung oder des Ausscheidens von Präsidiumsmitgliedern.

22 In Absatz 1 befindet sich eine ausführliche Vertretungsregelung für Verhinderungen jeglicher Art. Dabei ist zwischen der Vertretung des Präsidenten oder aufsichtführenden Richters und der Vertretung der gewählten Präsidiumsmitglieder zu unterscheiden. Nach § 21 c Abs. 1 Satz 1 GVG tritt an die Stelle des Präsidenten bei dessen Verhinderung ein Vertreter, der nach § 21 h GVG zu bestimmen ist. Demgegenüber werden die gewählten Mitglieder des Präsidiums nicht vertreten, so dass die Zahl der im Präsidium mitwirkenden Richter bis unter die Beschlussfähigkeit (§ 21 i GVG) sinken kann.

23 Der Vertreter des Präsidenten kann an den Sitzungen des Präsidiums teilnehmen. Ihm steht zwar kein Stimmrecht zu, er hat jedoch nach § 21 c Abs. 1 Satz 2 GVG eine beratende Stimme.

24 Seine Teilnahme soll daher auch der Meinungsbildung innerhalb des Präsidiums nützen (*Kissel/Mayer* GVG 4. Aufl. § 21 c Rn. 4). Ist der Vertreter an der beratenden Teilnahme bei den Sitzungen verhindert, so wird er seinerseits nicht vertreten.

25 Abs. 2 zählt abschließend die Gründe zum Ausscheiden aus dem Präsidium auf. Dies können sein: Ein Ausscheiden aus dem Gericht, die Abordnung zu einem anderen Gericht für mehr als drei Monate oder zu einer Verwaltungsbehörde, die Beurlaubung für mehr als 3 Monate, die Erlangung der Stellung des Mitgliedes des Präsidiums kraft Gesetzes. Es handelt sich in allen diesen Fällen um ein endgültiges Ausscheiden aus dem Präsidium vor Ablauf der Wahlperiode. Aus anderen Gründen, beispielsweise wegen

III. Darstellung der gesetzlichen Regelungen der §§ 21 a–21 i GVG § 6 a

Krankheit oder starker Beanspruchung in dienstlichen Aufgaben, ist ein Ausscheiden nicht möglich (*Kissel/Mayer* GVG 4. Aufl. § 21 c Rn. 5).

An die Stelle des ausgeschiedenen Mitglieds tritt der durch die Wahl Nächstberufene, § 21 c Abs. 2 letzter Halbsatz GVG. Die Bestimmung des Nächstberufenen erfolgt jeweils nach dem Stimmenergebnis der zeitlich letzten Wahl. Der frühere Streit (vgl. 2. Aufl. § 6 a Rn. 26) ist durch die Gesetzesänderung gegenstandslos. Der nachrückende Richter ist Präsidiumsmitglied bis zum Ende der Wahlzeit des durch ihn ersetzten ursprünglichen Mitglieds. Die Feststellung über diese Wahl trifft das Präsidium, nicht etwa der Wahlvorstand (BGH 18. 10. 1990 MDR 1991, 230 = NJW 1991, 1183). 26

c) Modifizierung durch § 6 a

Die Regelungen über die Vertretung der Präsidiumsmitglieder und das Nachrücken bei Ausscheiden aus dem Präsidium nach § 21 c GVG können ohne Modifizierung durch § 6 a auf die Präsidien der Gerichte für Arbeitssachen übertragen werden. 27

4. § 21 d GVG, Größe des Präsidiums

a) Gesetzestext

(1) Für die Größe des Präsidiums ist die Zahl der Richterplanstellen am Ablauf des Tages maßgebend, der dem Tage, an dem das Geschäftsjahr beginnt, um sechs Monate vorhergeht. 28

(2) Ist die Zahl der Richterplanstellen bei einem Gericht mit einem Präsidium nach § 21 a Abs. 2 Nr. 1 bis 3 unter die jeweils genannte Mindestzahl gefallen, so ist bei der nächsten Wahl, die nach § 21 b Abs. 4 stattfindet, die folgende Zahl von Richtern zu wählen:
1. bei einem Gericht mit einem Präsidium nach § 21 a Abs. 2 Nr. 1 vier Richter,
2. bei einem Gericht mit einem Präsidium nach § 21 a Abs. 2 Nr. 2 drei Richter,
3. bei einem Gericht mit einem Präsidium nach § 21 a Abs. 2 Nr. 3 zwei Richter.

Neben den nach § 21 b Abs. 4 ausscheidenden Mitgliedern scheidet jeweils ein weiteres Mitglied, das durch das Los bestimmt wird, aus.

(3) Ist die Zahl der Richterplanstellen bei einem Gericht mit einem Präsidium nach § 21 a Abs. 2 Nr. 2 bis 4 über die für die bisherige Größe des Präsidiums maßgebende Höchstzahl gestiegen, so ist bei der nächsten Wahl, die nach § 21 b Abs. 4 stattfindet, die folgende Zahl von Richtern zu wählen:
1. bei einem Gericht mit einem Präsidium nach § 21 a Abs. 2 Nr. 2 sechs Richter,
2. bei einem Gericht mit einem Präsidium nach § 21 a Abs. 2 Nr. 3 fünf Richter,
3. bei einem Gericht mit einem Präsidium nach § 21 a Abs. 2 Nr. 4 vier Richter.

Hiervon scheidet jeweils ein Mitglied, das durch das Los bestimmt wird, nach zwei Jahren aus.

b) Kommentierung des § 21 d GVG

§ 21 d GVG bringt Einzelheiten zum maßgebenden Stichtag für die Feststellung der Zahl der Richterplanstellen. In Abs. 2 wird der Fall der Verminderung der Richterplanstellen geregelt, Abs. 3 trifft Bestimmungen für die Erhöhung ihrer Anzahl. 29

c) Modifizierung durch § 6 a

Die Regelung des § 21 d GVG über die Größe des Präsidiums an einem maßgeblichen Stichtag erfährt durch § 6 a keine Veränderung. 30

5. § 21 e GVG, Aufgaben und Befugnisse des Präsidiums; Geschäftsverteilung

a) Gesetzestext

(1) Das Präsidium bestimmt die Besetzung der Spruchkörper, bestellt die Ermittlungsrichter, regelt die Vertretung und verteilt die Geschäfte. Es trifft diese Anordnungen vor dem Beginn des Geschäftsjahres für dessen Dauer. Der Präsident bestimmt, welche richterlichen Aufgaben er wahrnimmt. Jeder Richter kann mehreren Spruchkörpern angehören. 31

(2) Vor der Geschäftsverteilung ist den Richtern, die nicht Mitglied des Präsidiums sind, Gelegenheit zur Äußerung zu geben.

(3) Die Anordnungen nach Absatz 1 dürfen im Laufe des Geschäftsjahres nur geändert werden, wenn dies wegen Überlastung oder ungenügender Auslastung eines Richters oder Spruchkörpers oder infolge Wechsels oder dauernder Verhinderung einzelner Richter nötig wird. Vor der Änderung ist den Vorsitzenden Richtern, deren Spruchkörper von der Änderung der Geschäftsverteilung berührt wird, Gelegenheit zu einer Äußerung zu geben.

(4) Das Präsidium kann anordnen, dass ein Richter oder Spruchkörper, der in einer Sache tätig geworden ist, für diese nach einer Änderung der Geschäftsverteilung zuständig bleibt.

(5) Soll ein Richter einem anderen Spruchkörper zugeteilt oder soll sein Zuständigkeitsbereich geändert werden, so ist ihm, außer in Eilfällen, vorher Gelegenheit zu einer Äußerung zu geben.

(6) Soll ein Richter für Aufgaben der Justizverwaltung ganz oder teilweise freigestellt werden, so ist das Präsidium vorher zu hören.

(7) Das Präsidium entscheidet mit Stimmenmehrheit. § 21 i Abs. 2 gilt entsprechend.

(8) Das Präsidium kann beschließen, dass Richter des Gerichts bei den Beratungen und Abstimmungen des Präsidiums für die gesamte Dauer oder zeitweise zugegen sein können. § 171 b gilt entsprechend.

(9) Der Geschäftsverteilungsplan des Gerichts ist in der von dem Präsidenten oder aufsichtführenden Richter bestimmten Geschäftsstelle des Gerichts zur Einsichtnahme aufzulegen; einer Veröffentlichung bedarf es nicht.

b) Kommentierung des § 21 e GVG

32 Die Vorschrift des § 21 e GVG enthält die Anordnung der Aufgaben und Befugnisse des Präsidiums. Insbesondere findet die Hauptaufgabe des Präsidiums, die Geschäftsverteilung, ihre Regelung. Durch die Wahrnehmung dieser Aufgabe konkretisiert das Präsidium die Verfassungsgarantie des gesetzlichen Richters (Art. 101 Abs. 1 Satz 2 GG).

aa) Verfahren des Präsidiums

33 Zwar enthält § 21 e GVG für Einzelheiten bestimmte Verfahrensanordnungen, jedoch fehlen umfassende Bestimmungen zur Regelung des Verfahrens des Präsidiums. Aus der Stellung als Rechtspflegeorgan eigener Art folgt, dass die Anwendbarkeit von Verfahrensvorschriften der Prozessordnungen oder der Verwaltungsverfahrensgesetze nicht möglich ist (*Kissel/Mayer* GVG 4. Aufl. § 21 e Rn. 28). Deshalb muss dem Präsidium die Kompetenz zukommen, sein Verfahren selbst durch eine autonome Satzung ohne Außenwirkung zu regeln (VGH Mannheim 5. 12. 1978 DRiZ 1980, 147; *Kissel/Mayer* GVG 4. Aufl. § 21 e Rn. 29; *Grunsky* § 6 a Rn. 12; *Stanicki* DRiZ 1972, 51; *Frauendorf* DÖV 1980, 553, 556).

34 Fehlt eine solche Geschäftsordnung, greifen die folgenden Regeln ein: Der Vorsitzende als geborenes Mitglied des Präsidiums (vgl. oben § 21 a Rn. 6) führt die Geschäfte und vertritt das Präsidium nach außen. Er hat die Sitzungen des Präsidiums vorzubereiten, einzuberufen und zu leiten, die Beschlüsse des Präsidiums bekanntzugeben und auszuführen und die Akten des Präsidiums zu verwalten.

35 Das Präsidium berät und entscheidet in Sitzungen. Dazu ist die Anwesenheit der zur Beschlussfähigkeit notwendigen Zahl von Mitgliedern erforderlich (vgl. § 21 i Abs. 1 GVG). Präsidiumsbeschlüsse können nicht im sog. Umlaufverfahren, d. h. der Durchführung einer schriftlichen Abstimmung außerhalb einer Präsidiumssitzung, gefasst werden (MünchKomm-ZPO/*Wolf* § 21 e GVG Rn. 51; a. A. BVerwG 25. 4. 1991 NJW 1992, 254; *Kissel/Mayer* GVG 4. Aufl. § 21 e Rn. 37 ff., wenn die zutreffende Entscheidung eilbedürftig und unumstritten ist; *Grunsky* § 6 a Rn. 11; *Zöller/Gummer* ZPO § 21 i GVG Rn. 3, die das Umlaufverfahren als zulässig ansehen, wenn alle Präsidiumsmitglieder mitwirken und dadurch stillschweigend ihr Einverständnis zu diesem Verfahren erklären). Das hier vertretene Ergebnis wird durch den Wortlaut des § 21 i Abs. 1 GVG unterstützt, der auf die **Anwesenheit** der Präsidiumsmitglieder abstellt. Die 1999 eingeführte fakultative Richteröffentlichkeit (Abs. 8 n. F.) macht das hier vertretene Er-

III. Darstellung der gesetzlichen Regelungen der §§ 21 a–21 i GVG §6a

gebnis zwingend. Sie könnte andernfalls durch ein Umlaufverfahren jederzeit vereitelt werden (zustimmend unter diesem Gesichtspunkt nun wohl auch *Kissel/Mayer* GVG 4. Aufl. § 21 e Rn. 39).

Die Präsidiumssitzungen sind grundsätzlich nicht öffentlich (BVerfG 28. 11. 2007, NJW 2008, 909; BGH 7. 4. 1995 NJW 1995, 2494; kritisch dazu *Neumeyer/Hohm* NJW 1995, 3101). Auch hier zeigt sich wieder die Besonderheit des Präsidiums als Rechtspflegeorgan eigener Art; es handelt sich bei der Aufgabenwahrnehmung nicht um eine gerichtliche Tätigkeit i. S. von § 169 GVG. Es besteht allerdings die Möglichkeit, Richter, die nicht Mitglied des Präsidiums sind, zu den Sitzungen zuzulassen (vgl. BGH 7. 4. 1995 NJW 1995, 3101; *Kissel/Mayer* GVG 4. Aufl. § 21 e Rn. 41; vgl. auch *Fischer* DRiZ 1979, 203, 208). Diese Möglichkeit einer fakultativen Richteröffentlichkeit sieht nunmehr Abs. 8 n. F. ausdrücklich vor. Das Präsidium ist bei seiner Aufgabenwahrnehmung nicht an die Mitwirkung anderer als der Präsidiumsmitglieder gebunden. Dies folgt aus dem Grundsatz der Unabhängigkeit des Präsidiums als richterliches Gremium (so auch *Kissel/Mayer* GVG 4. Aufl. § 21 e Rn. 42). Zwar sieht § 21 e GVG für einzelne Aufgabenbereiche des Präsidiums Anhörungspflichten von Betroffenen vor (vgl. Abs. 2, 3, 5, 6). Eine Bindung des Präsidiums an die vorgetragenen Erwägungen besteht jedoch nicht. Vielmehr bedeutet die Anhörung eine Kenntnisnahme der vorgetragenen Tatsachen (*Kissel/Mayer* GVG 4. Aufl. § 21 e Rn. 53). Inwieweit das Vorgetragene bei der Entscheidung berücksichtigt wird, unterliegt dem pflichtgemäßen Ermessen des Präsidiums. 36

Folgende Anhörungspflichten sind zu unterscheiden: Nach § 21 e Abs. 2 GVG besteht für alle Richter eine Gelegenheit zur Äußerung vor dem Beschluss über die Geschäftsverteilung. Dadurch wird auch Nichtmitgliedern des Präsidiums ein gewisses Mitwirkungsrecht an der Verteilung der Geschäfte auf das Gericht eingeräumt. Ziel dieser Mitwirkung ist die Berücksichtigung der Belange aller Spruchkörper (BT-Drucksache VI/557, S. 17). Dieses Anhörungsrecht bezieht sich nur auf den gesamten Geschäftsverteilungsplan, nicht aber auf konkrete Einzelmaßnahmen (*Kissel/Mayer* GVG 4. Aufl. § 21 e Rn. 44). 37

Nach § 21 e Abs. 3 GVG besteht ein Anhörungsrecht des Vorsitzenden des betreffenden Spruchkörpers vor der Änderung des Geschäftsverteilungsplanes. Dabei handelt es sich nicht nur um Änderungen im laufenden Geschäftsjahr, sondern auch um Änderungen der Jahresgeschäftsverteilung (*Kissel/Mayer* GVG 4. Aufl. § 21 e Rn. 46). Zu einer Änderung des Geschäftsverteilungsplanes kann es aus den § 21 e Abs. 3 Satz 1 GVG aufgeführten Gründen kommen. Die Anhörungspflicht besteht nicht nur bei Betroffenheit des Vorsitzenden, sondern in allen Fällen, in denen der Spruchkörper, also auch die Beisitzer betroffen sind. Der Vorsitzende wird mit seiner Äußerung zum „Repräsentanten" des Spruchkörpers. Damit ergibt sich für ihn eine Informationspflicht seiner Beisitzer. Die Anhörung des Vorsitzenden beschränkt sich auf die konkrete, vom Präsidium zu beschließende Maßnahme. Wird dem Vorsitzenden Gelegenheit zur Stellungnahme gegeben, so ist auf diese konkrete Fragestellung zu achten. 38

Schließlich besteht eine Anhörungspflicht derjenigen Richter, die nach Abs. 5 einem anderen Spruchkörper zugeteilt oder deren Zuständigkeitsbereich geändert werden soll. Handelt es sich um einen Eilfall, so kann die Anhörung unterbleiben. 39

Die Verletzung der gesetzlichen Anhörungspflichten bleibt folgenlos; ohne Anhörung ergehenden Präsidiumsbeschlüsse sind also wirksam (*Kissel/Mayer* GVG 4. Aufl. § 21 e Rn. 56; *Zöller/Gummer* ZPO § 21 e GVG Rn. 25). Nach *Kissel* (GVG § 21 e Rn. 56) muss die Anhörung jedoch nachgeholt werden. 40

Die Beratung und Abstimmung findet nunmehr gemäß Abs. 8 n. F. unter fakultativer Richteröffentlichkeit statt. Zur Entwicklung von Rechtspr. und Gesetzgebung und zu den Einzelheiten siehe *Kissel/Mayer* GVG 4. Aufl. § 21 e Rn. 60, 61 m. w. N. Daraus ergeben sich schwierige Fragen für die Verschwiegenheitspflicht. *Kissel* meint, diese bestehe nunmehr weder für die anwesenden Richter, die nicht Präsidiumsmitglied sind, noch für die Präsidiumsmitglieder (*Kissel* NJW 2000, 460, 462). Das überzeugt nicht. 41

Prütting 263

Vielmehr sollte man die Verschwiegenheitspflicht (§ 43 DRiG) auch auf die anwesenden Nichtpräsidiumsmitglieder ausdehnen.

42   Präsidiumsbeschlüsse werden mit Stimmenmehrheit gefasst (§ 21 e Abs. 7 erster Halbsatz). Die Möglichkeit einer Stimmenthaltung besteht für die Präsidiumsmitglieder nicht (*Kissel/Mayer* GVG 4. Aufl. § 21 e Rn. 66; *Thomas/Putzo* ZPO § 21 e GVG Rn. 7; *Fischer* DRiZ 1978, 174). Dennoch erfolgte Stimmenthaltungen sind als Nein-Stimmen zu werten (vgl. jetzt wohl auch *Grunsky* § 6 a Rn. 9). Ergibt die Abstimmung eine Stimmengleichheit, so hatte nach früherem Recht die Stimme des Vorsitzenden den Ausschlag gegeben. Dies hat die Novelle 1999 zur Präsidialverfassung verändert, indem sie Abs. 7 insoweit neu gefasst hat. Nunmehr gilt § 21 i Abs. 2 GVG entsprechend. Dies bedeutet, dass der Präsident gewisse eilbedürftige Anordnungen vorübergehend treffen kann. Es bedeutet aber auch, dass bei Stimmengleichheit ein Beschluss des Präsidiums nicht zustande kommt. Im Falle von Stimmengleichheit ist also ein gestellter Antrag zunächst abgelehnt und es muss in einer erneuten Sitzung versucht werden, eine Mehrheit zu erreichen.

43   Die gefassten Beschlüsse müssen zu Protokoll gegeben werden. Handelt es sich um Beschlüsse zur Geschäftsverteilung, so sind sie in einer vom Präsidenten bestimmten Geschäftsstelle des Gerichts zur Einsichtnahme auszulegen (§ 21 e Abs. 9 GVG); andere Präsidiumsbeschlüsse sind unverzüglich den betroffenen Richtern bekannt zu machen (*Kissel/Mayer* GVG 4. Aufl. § 21 e Rn. 75).

44   Bei der Tätigkeit des Präsidiums kann die Gefahr entstehen, dass für Präsidiumsmitglieder selbst oder für Außenstehende Anhaltspunkte für eine Besorgnis der Befangenheit einzelner Mitglieder entstehen. Eine Ablehnung von Präsidiumsmitgliedern wegen Besorgnis der Befangenheit ist gesetzlich nicht vorgesehen. § 21 e GVG geht vielmehr davon aus, dass die Präsidiumsmitglieder auch an Entscheidungen mitwirken sollen, die sie selbst betreffen (siehe § 21 e Abs. 1 Satz 3 für den Präsidenten und § 21 e Abs. 1 Satz 1 für alle anderen Mitglieder). Versuche, die Ablehnung wegen Besorgnis der Befangenheit über eine analoge Anwendung der §§ 22 StPO, 42 ZPO oder § 21 VwVfG zu begründen (siehe dazu eingehend *Wömper* DRiZ 1982, 404 ff., insbesondere 408; *Zöller/Gummer* ZPO § 21 e GVG Rn. 27), müssen scheitern, da auf das Präsidium als Rechtspflegeorgan eigener Art weder Vorschriften über ein gerichtliches Verfahren noch über das Verwaltungsverfahren angewandt werden können.

45   Eine Ausschließung von Präsidiumsmitgliedern für einzelne Sitzungen oder für die restliche Amtszeit ist gesetzlich nicht vorgesehen und daher nicht möglich.

bb) Aufgaben des Präsidiums, insbesondere die Geschäftsverteilung

46   Abs. 1 legt die **Aufgaben** des Präsidiums fest: Besetzung der Spruchkörper, Bestellung der Ermittlungsrichter, Regelung der Vertretung und Verteilung der Geschäfte. Die Erstellung des **Geschäftsverteilungsplanes** stellt dabei die Hauptaufgabe dar. Der Geschäftsverteilungsplan weist den Richtern und Spruchkörpern die Rechtsprechungsaufgaben zu, besetzt die Spruchkörper und regelt die Vertretung der Richter (*Kissel/Mayer* GVG 4. Aufl. § 21 e Rn. 78). In zeitlicher Hinsicht wird ein solcher Plan regelmäßig vor Beginn des Geschäftsjahres, d. h. vor Beginn des Kalenderjahres, beschlossen. Er behält seine Gültigkeit für das betreffende Jahr (sog. **Jährlichkeitsprinzip**) und tritt an dessen Ende ohne weiteres außer Kraft (BVerwG 30. 10. 1984 NJW 1985, 822).

47   Geschäftsverteilungspläne müssen ganz bestimmten **Anforderungen** genügen. Dies folgt aus der Tatsache, dass erst durch die Geschäftsverteilung der verfassungsrechtlich garantierte „gesetzliche Richter" (Art. 101 Abs. 1 Satz 2 GG) festgelegt wird. Denn gesetzlicher Richter ist nicht nur das zuständige Gericht, sondern auch der im Einzelfall zur Entscheidung berufene Richter (BVerfG 24. 3. 1964 BVerfGE 17, 294, 298 f.).

48   Für die Erstellung des Geschäftsverteilungsplanes gilt das **Vollständigkeitsprinzip**, d. h. alle Geschäftsaufgaben müssen auf die bei einem Gericht vorhandenen Richter verteilt werden. Lücken dürfen im Geschäftsverteilungsplan nicht bestehen (OLG Karlsruhe 15. 4. 1980 MDR 1980, 690); anderenfalls kann dem verfassungsrechtlichen Anspruch auf den gesetzlichen Richter nicht entsprochen werden.

III. Darstellung der gesetzlichen Regelungen der §§ 21 a–21 i GVG § 6 a

Ein Geschäftsverteilungsplan hat die Aufgaben nach allgemeinen, abstrakten, sachlich-objektiven Merkmalen generell zu verteilen (sog. **Abstraktionsprinzip**). Für einzelne Geschäfte dürfen nicht bestimmte Richter ausgesucht werden (BGH 4. 4. 1957 NJW 1957, 800; OVG Hamburg 24. 9. 1993 NJW 1994, 274 m. w. N.). Vielmehr handelt es sich um ein zwingendes Erfordernis des gesetzlichen Richters, dass sich die Zuteilung der Verfahren nach allgemeinen Merkmalen richtet (s. auch *Kissel/Mayer* GVG 4. Aufl. § 21 e Rn. 94). Denkbar ist beispielsweise eine Aufgabenverteilung nach den Anfangsbuchstaben einer Partei (nicht nur des Beklagten, vgl. *Gloria* DÖV 1988, 849; a. A. LG Frankfurt 9. 11. 1987 NJW 1988, 70), nach Sachgebieten oder nach räumlichen Bezirken. Eine Verteilung nach dem zeitlichen Eingang oder dem Aktenzeichen ist nur zulässig, wenn Manipulationen der Geschäftsstelle weitgehend ausgeschlossen sind (BGH 10. 7. 1963 BGHZ 40, 91). Probleme entstehen bei der Zuteilung nach abstrakten Merkmalen dann, wenn ein bereits bei einem Gericht anhängiges, aber vom zuständigen Richter noch nicht abschließend bearbeitetes Verfahren durch einen neuen Geschäftsverteilungsplan einem anderen Richter zugewiesen wird. Eine solche Verteilung stellt sich wegen des Verstoßes gegen das Abstraktionsprinzip als unzulässig dar, da bereits konkretisierte Verfahren nicht verteilt werden dürfen. Andererseits gilt für den Geschäftsverteilungsplan das Jährlichkeitsprinzip. Eine neue Geschäftsverteilung unter Beachtung der alten Zuteilung der bereits anhängigen Sachen wird deshalb durch § 21 e GVG nicht gefordert (BVerwG 21. 11. 1978 DÖV 1979, 299). 49

Der für ein Geschäftsjahr im Voraus erstellte Geschäftsverteilungsplan ist grundsätzlich unabänderbar. Lediglich unter den strengen Voraussetzungen des § 21 e Abs. 3 GVG kann das Präsidium eine **Änderung** vornehmen. Es soll verhindert werden, dass willkürlich von Fall zu Fall Veränderungen vorgenommen werden (BGH 4. 4. 1957 NJW 1957, 800). Die Änderungen des Geschäftsverteilungsplanes müssen im Beschlusswege durchgeführt werden. Nach dem Gesetz sind Änderungsgründe die Überlastung oder ungenügende Auslastung des Gerichts, der Richterwechsel sowie eine dauernde Verhinderung. Darüber hinaus wird man es als zulässigen Änderungsgrund auch anerkennen müssen, wenn die Geschäftsbelastung des Gerichts sich durch gesetzgeberische Maßnahmen nachhaltig verändert oder wenn der Geschäftsverteilungsplan eine wesentliche Lücke enthält. Zur richterlichen Anfechtung einer solchen Änderung nach Abs. 3 vgl. OVG Koblenz 03. 12. 2007, NJW-RR 2008, 579. 50

Der im Gesetz genannte Änderungsgrund der Überlastung oder ungenügender Auslastung greift nur ein, wenn es sich um einen gravierenden Fall handelt. Ausschlaggebend ist, ob der Ausgleich nicht bis zum Ende des Geschäftsjahres zurückgestellt werden kann (*Kissel/Mayer* GVG 4. Aufl. § 21 e Rn. 12). Ein Richterwechsel liegt bei jeder Änderung des Bestandes der dem Gericht zugewiesenen Richter vor. Es muss sich dadurch nicht notwendig die Gesamtzahl der dem Gericht zugehörenden Richter gegenüber deren Stand zu Beginn des Geschäftsjahres ändern: Auch eine Ernennung zum Vorsitzenden stellt einen Richterwechsel dar. Eine dauernde Verhinderung eines Richters liegt vor, wenn es einem Richter tatsächlich oder rechtlich ganz oder teilweise unmöglich ist, die ihm im Geschäftsverteilungsplan übertragenen Aufgaben zu erfüllen. 51

Von der **Rechtsnatur** des Geschäftsverteilungsplanes hängt es ab, ob er insgesamt oder ob einzelne Anforderungen **anfechtbar** sind. Möglich wäre die Einordnung des Geschäftsverteilungsplanes in den normativen Bereich oder den Bereich der Rechtspflege- und Justizverwaltungsakte (vgl. die Darstellung bei *Kornblum* FS Schiedermair S. 331, 335 f.). Da mittels des Geschäftsverteilungsplanes einerseits das Gebot des gesetzlichen Richters konkretisiert wird und andererseits Anordnungen über die Tätigkeit der Richter getroffen werden, wird man dem Geschäftsverteilungsplan normativen Charakter zusprechen müssen (so auch *Rosenberg/Schwab/Gottwald* ZPR § 22 V 2 d, S. 114; *Kornblum* FS Schiedermair S. 331, 342; a. A. *Kissel/Mayer* GVG 4. Aufl. § 21 e Rn. 102 ff.; *Zöller/Gummer* § 21 e GVG Rn. 34; *Düwell/Lipke* § 6 a Rn. 36, die im Geschäftsverteilungsplan einen multifunktionalen Justizhoheitsakt sui generis sehen; abweichend auch 52

Prütting

BayVerfGH 6. 8. 1985 NJW 1986, 1673). Eine Anfechtung des Geschäftsverteilungsplanes insgesamt kommt allerdings wohl nicht direkt in Betracht (zur inzidenten Überprüfung im Rahmen eines normalen Gerichtsverfahrens s. u. Rn. 55). Eine Anfechtung durch Klage i. S. d. Art. 19 Abs. 4 Satz 1 GG scheitert bereits am Normcharakter des Geschäftsverteilungsplanes (vgl. BVerwG 28. 11. 1975 NJW 1976, 1224, 1225), einem Normenkontrollverfahren nach § 47 VwGO steht entgegen, dass der Verwaltungsrechtsweg nicht gegeben ist (so zu Recht VGH München 28. 3. 1978 BayVBl. 1979, 176). Die Auffassungen, die dem Geschäftsverteilungsplan bereits den normativen Charakter absprechen (*Kissel* aaO. m. w. N.), kommen mit anderen Erwägungen zum selben Ergebnis (vgl. etwa OVG Lüneburg 28. 10. 1983 NJW 1984, 627 m. w. N.).

53 Demgegenüber kann eine **Einzelanordnung** eines Geschäftsverteilungsplanes, z. B. die Zuteilung oder Nichtzuteilung von Dienstgeschäften, Rechte des betreffenden Richters verletzen. Eine solche den einzelnen Richter betreffende Maßnahme muss für ihn anfechtbar sein (a. A. *Kissel/Mayer* GVG 4. Aufl. § 21 e Rn. 121, der in der 1. Aufl. jegliche Anfechtungsmöglichkeit ablehnte, nunmehr aber die neuere Rspr. darstellt und seine Ablehnung nur „im Grundsatz" betont). Höchst schwierig und streitig ist jedoch die Frage, welcher Rechtsweg und welche Klageart in Betracht kommt. Bejaht worden ist überwiegend der Verwaltungsrechtsweg (BVerfG 17. 7. 1975 NJW 1976, 325 mit Anm. *Kornblum* NJW 1976, 325; BVerfG 3. 12. 1990 DRiZ 1991, 100; BVerwG 28. 11. 1975 NJW 1976, 1224, 1225); zulässige Klageart soll insoweit die Feststellungsklage sein, mit dem Ziel, festzustellen, dass der Richter den Regelungen des Geschäftsverteilungsplanes nicht nachzukommen brauche (BVerwG 28. 11. 1975 NJW 1976, 1224, 1226; zu den Einzelheiten s. § 19 Rn. 15). Wegen der Sachnähe wird zunehmend auch die Zuständigkeit der Richterdienstgerichte befürwortet (*Kornblum* FS Schiedermair S. 331, 345; *Rosenberg/Schwab/Gottwald* § 22 V 2 d, S. 115; BGH 30. 11. 1984 BGHZ 93, 100; davon abweichend nunmehr BGH 4. 12. 1989 NJW 1991, 425). Dem ist wohl zuzustimmen. Soweit eine Anfechtungsmöglichkeit besteht, ist auch die Zulässigkeit vorläufigen Rechtsschutzes zu bejahen (vgl. VG Hannover 8. 1. 1990 NJW 1990, 3237).

54 Eine Anfechtung von Geschäftsverteilungsplänen durch andere Personen oder Stellen als die betroffenen Richter ist abzulehnen. So ist insbesondere für die Prozessparteien eine Anfechtung nicht möglich (LAG Frankfurt 10. 6. 1988 BB 1988, 2180; BayVerfGH 6. 8. 1985 NJW 1986, 1673; zu einer inzidenten Prüfung siehe unten Rn. 56). Auch durch die Justizverwaltung ist eine Anfechtung nicht möglich (a. A. aber wohl *Zöller/Gummer* ZPO § 21 e GVG Rn. 59).

55 **Inhaltlich** bestimmt der Geschäftsverteilungsplan hauptsächlich die Besetzung der einzelnen Spruchkörper eines Gerichts sowie die abstrakte Verteilung der anfallenden Rechtsprechungsaufgaben auf die einzelnen Spruchkörper. Bei den Besetzungsanordnungen werden sowohl die Berufsrichter als auch die ehrenamtlichen Richter den einzelnen Spruchkörpern zugewiesen. Dabei können die Berufsrichter mehreren Spruchkörpern angehören (§ 21 e Abs. 1 Satz 4 GVG). Bei der Verteilung der Geschäfte hat das Präsidium etwa vorhandene spezielle Vorschriften, z. B. die gesetzliche Zuweisung an bestimmte Spruchkörper wie in § 23 b GVG, zu beachten. Lediglich die Zuteilung der Rechtsprechungsaufgaben auf den Präsidenten unterliegt nicht dem Präsidium. Dieser wählt Art und Umfang der von ihm zu erfüllenden richterlichen Aufgaben selbst (§ 21 e Abs. 1 Satz 3 GVG).

56 Wird die Besetzung eines Spruchkörpers durch das Präsidium fehlerhaft beschlossen, so kann die unmittelbare Folge eine **nicht ordnungsgemäße Besetzung** des Gerichts sein. Die Prozessbeteiligten können diesen Verfahrensverstoß mit den allgemeinen Rechtsmitteln rügen (z. B. vgl. §§ 538 Abs. 2 Nr. 1, 547 Nr. 1, 579 Abs. 1 Nr. 1 ZPO). Das Rechtsmittelgericht überprüft dann die Gesetzmäßigkeit der Aufstellung des Geschäftsverteilungsplanes, wobei der Prüfungsspielraum durch die Verfahrensautonomie und das Gestaltungsermessen des Präsidiums beschränkt wird (*Kissel/Mayer* GVG

III. Darstellung der gesetzlichen Regelungen der §§ 21 a–21 i GVG § 6 a

4. Aufl. § 21 e Rn. 108). Nach Erschöpfung des Rechtsweges besteht – gestützt auf Art. 101 Abs. 1 Satz 2 GG – die Möglichkeit der Verfassungsbeschwerde nach Art. 93 GG.

Mit Beschluss des Geschäftsverteilungsplanes durch das Präsidium ist er für den in ihm festgelegten Zeitraum unmittelbar zu befolgen. In der Gerichtspraxis erfolgt die Übernahme einer Rechtssache durch denjenigen Richter bzw. Vorsitzenden, in dessen Einlauf sie gelangt. Die Registrierung und Zuleitung durch die Einlaufstelle begründet keinerlei Bindung. Hält der Richter sich für unzuständig, so hat er die Sache dem seiner Ansicht nach zuständigen Richter weiterzuleiten. Die Sache wird bei diesem Spruchkörper ohne weiteres anhängig (BGH 12. 1. 1977 NJW 1977, 1070). Entstehen über die Frage der Zuständigkeit nach dem Geschäftsverteilungsplan Meinungsverschiedenheiten, die unter den beteiligten Spruchkörpern nicht geklärt werden können, so hat das Präsidium zu entscheiden. Der Geschäftsverteilungsplan ist dabei einer Auslegung nach allgemeinen Grundsätzen zugänglich (BGH 26. 11. 1979 DRiZ 1980, 147). 57

Der Geschäftsverteilungsplan ist schriftlich zu fassen und in einer bestimmten Geschäftsstelle des Gerichts zur Einsicht auszulegen (§ 21 e Abs. 9 GVG). 58

c) Modifizierung durch § 6 a

Abweichend von § 21 e Abs. 7 GVG trifft § 6 a Bestimmungen für die Abstimmung in Plenarpräsidien (s. o. Rn. 6). Nach § 6 a Nr. 1 werden die Beschlüsse im Plenarpräsidium des Arbeitsgerichts einvernehmlich gefasst. Unter dem Einvernehmen ist dabei die Zustimmung zu verstehen (vgl. § 117 Rn. 2; *Grunsky* § 117 Rn. 1; *Schaub* ArbGV § 5 Rn. 4). Bei Meinungsverschiedenheiten entscheidet das Präsidium des Landesarbeitsgerichts sowie bei dessen Fehlen der Präsident des Landesarbeitsgerichts. Es handelt sich dabei um eine selbständige Entscheidung ohne Bindung an die Ansichten im Plenarpräsidium. 59

In zweiter Instanz trifft der Präsident des LAG Entscheidungen des Plenarpräsidiums im Benehmen mit dessen zweiten Mitglied (§ 6 a Nr. 2). Hat eine Entscheidung im Benehmen mit einem anderen zu erfolgen, so bedarf es nur dessen Anhörung (vgl. § 117 Rn. 4). Eine Bindung an die abgegebene Erklärung für die spätere Entscheidung entsteht nicht; ebenso muss kein Konsens erzielt werden. Daher trifft letztlich der Präsident des LAG die Entscheidung allein (so auch *Grunsky* § 6 a Rn. 17). 60

In Erweiterung des § 21 e Abs. 1 Satz 3 GVG bestimmt § 6 a Nr. 3, dass auch der aufsichtführende Richter selbst bestimmt, welche richterlichen Aufgaben er wahrnimmt. Unter dem aufsichtführenden Richter ist nach § 15 Abs. 2 derjenige zu verstehen, der die Geschäfte der Verwaltung und der Dienstaufsicht führt. Dieser Teil der Geschäftsverteilung unterliegt daher nicht dem Beschluss des Präsidiums. 61

Schließlich enthält § 6 a Nr. 4 eine Erweiterung des § 21 e Abs. 1 GVG. Nach § 6 a Nr. 4 besteht auch die Möglichkeit für ehrenamtliche Richter, wie dies § 21 e Abs. 1 Satz 4 GVG allgemein für die Berufsrichter vorsieht, mehreren Spruchkörpern anzugehören. Es muss sich dabei allerdings um Spruchkörper desselben Gerichts handeln. Zur Besonderheit ehrenamtlicher Richter in erweiterten Fachkammern s. u. § 30 Rn. 8. 62

6. § 21 f GVG, Vorsitz in den Spruchkörpern

a) Gesetzestext

(1) Den Vorsitz in den Spruchkörpern bei den Landgerichten, bei den Oberlandesgerichten sowie bei dem Bundesgerichtshof führen der Präsident und die Vorsitzenden Richter. 63

(2) Bei Verhinderung des Vorsitzenden führt den Vorsitz das vom Präsidium bestimmte Mitglied des Spruchkörpers. Ist auch dieser Vertreter verhindert, führt das dienstälteste, bei gleichem Dienstalter das lebensälteste Mitglied des Spruchkörpers den Vorsitz.

b) Kommentierung des § 21 f GVG

64 § 21 f Abs. 1 GVG bestimmt, dass in allen Spruchkörpern der Kollegialgerichte ein Vorsitzender vorhanden sein muss. Im Falle seiner Verhinderung trifft Abs. 2 Regelungen für die Vertretung.

65 aa) Die ständigen Vorsitzenden der Spruchkörper der Kollegialgerichte sind entweder der Präsident oder die Vorsitzenden Richter, die Richter auf Lebenszeit sein müssen (vgl. § 28 Abs. 2 DRiG). Jedem Vorsitzenden Richter muss der Vorsitz in einem Spruchkörper übertragen werden. Möglich ist auch die Wahrnehmung von Aufgaben eines Vorsitzenden in mehreren Spruchkörpern. Dabei gilt es zu beachten, dass ein Vorsitzender nur dann seinen Aufgaben im gesetzlich gebotenen Maß nachkommt, wenn er durch den Umfang seiner Tätigkeit im Spruchkörper einen richtungsweisenden Einfluss ausüben kann (BGH 19. 6. 1962 BGHZ 37, 210, 213; BGH 20. 11. 1967 BGHZ 49, 64, 65; *Kissel/Mayer* GVG 4. Aufl. § 21 f Rn. 4). Konkret bedeutet dies, dass er mindestens 75 % der Aufgaben als Vorsitzender seines Spruchkörpers selbst wahrnehmen muss (BGH 19. 6. 1962 BGHZ 37, 210, 217). Dazu zählt allerdings nicht nur die Spruchrichtertätigkeit, sondern auch die Erledigung aller anfallenden Verwaltungsaufgaben. Bei der Wahrnehmung der Aufgaben als Vorsitzender an mehreren Spruchkörpern bedarf es daher einer Abstimmung der jeweiligen Arbeitsbelastung (vgl. *Kissel/Mayer* GVG 4. Aufl. § 21 f Rn. 4).

66 bb) Für die Fälle der Verhinderung des Vorsitzenden bestimmt § 21 f Abs. 2 GVG, dass der Vorsitz von einem durch das Präsidium bestimmten Mitglied des Spruchkörpers geführt wird. Ordnet der Vorsitzende an, dass der Spruchkörper bestimmte Sachen ohne ihn entscheidet, so liegt darin in der Regel die Feststellung einer Verhinderung wegen Überlastung (BGH 21. 10. 1994 ZIP 1994, 1885). Die Gründe für das Vorliegen einer Verhinderung können unterschiedlich sein: Ausreichend sind Krankheit, Urlaub oder unaufschiebbare Dienstgeschäfte (*Kissel/Mayer* GVG 4. Aufl. § 21 f Rn. 14). Jedoch darf es sich nur um eine vorübergehende Verhinderung handeln (BGH 13. 9. 2005 NJW 2006, 154); die dauernde Verhinderung ist ein Grund zur Änderung des Geschäftsverteilungsplanes, vgl. oben § 21 e Rn. 50 f.

67 Die Vertreterbestellung erfolgt durch das Präsidium. Wirksam ist diese Bestellung nur dann, wenn der Vertreter selbst Richter auf Lebenszeit ist (§ 28 Abs. 2 Satz 2 DRiG). Der Vertreter wird zum „ständigen Vertreter" für die Dauer seiner Bestellung ernannt. Bei dessen Verhinderung übernimmt das dienstälteste Mitglied des Spruchkörpers den Vorsitz (§ 21 f Abs. 2 Satz 2 GVG; *Kissel/Mayer* GVG 4. Aufl. § 21 f Rn. 9, hält eine zusätzliche Vertreterbestellung für zulässig. Erst bei Verhinderung des weiteren Vertreters soll die Regelung des Satzes 2 eingreifen). Ergibt sich der seltene Fall der Verhinderung aller Mitglieder des Spruchkörpers, so kann eine Vertretung nach Abs. 2 nicht erfolgen. Da eine Ersatzzuständigkeit anderer Vorsitzender als Vertreter nicht besteht, bedarf es eines Beschlusses des Präsidiums zur Regelung dieser Situation (*Kissel/Mayer* GVG 4. Aufl. § 21 f Rn. 13).

68 Verstöße gegen die Vertretungsregeln des § 21 f GVG begründen die Besetzungsrüge (s. oben § 21 e Rn. 55).

c) Modifizierung durch § 6 a

69 § 6 a Nr. 5 bestimmt, dass den Vorsitz in den Kammern der Arbeitsgerichte die Berufsrichter führen. Betroffen von dieser Vorschrift sind nur die Arbeitsgerichte 1. und 2. Instanz, bei denen sich die Kammern aus einem Berufsrichter und zwei ehrenamtlichen Richtern zusammensetzen. Abweichend von § 21 f Abs. 1 GVG sind die Vorsitzenden Richter bei den Arbeitsgerichten nicht notwendig Richter auf Lebenszeit, da auch Richter auf Probe (§ 12 DRiG) und Richter kraft Auftrags (§ 14 DRiG) in dieser Position eingesetzt werden können (§ 18 Abs. 7). Etwas anderes gilt für die Vorsitzenden des LAG; hier können nur Richter auf Lebenszeit als Vorsitzende tätig werden (§ 36 ArbGG, § 28 Abs. 2 Satz 2 DRiG).

III. Darstellung der gesetzlichen Regelungen der §§ 21 a–21 i GVG § 6 a

Durch § 6 a Nr. 5 wird klargestellt, dass die beteiligten ehrenamtlichen Richter in keinem Fall den Vorsitz eines Gerichts für Arbeitssachen übernehmen können. Aus diesem Grunde greift die Vertretungsregelung des § 21 f Abs. 2 GVG nicht ein, da es an einem weiteren Berufsrichter in den Spruchkörpern fehlt. In den Fällen der Verhinderung ist deshalb die Bestimmung eines Vorsitzenden einer anderen Kammer durch das Präsidium erforderlich. **70**

Für die Regelung des Vorsitzes und der Vertretung in den Senaten des BAG gilt § 21 f GVG ohne Modifizierungen durch § 6 a. Ehrenamtliche Richter sind in den Senaten weder mit Aufgaben des Vorsitzenden betraut noch können sie dessen Vertreter sein, da nach § 28 Abs. 2 Satz 2 DRiG bei Kollegialgerichten ein Richter auf Lebenszeit den Vorsitz führen muss. **71**

7. § 21 g GVG, Geschäftsverteilung innerhalb der Spruchkörper

a) Gesetzestext

(1) Innerhalb des mit mehreren Richtern besetzten Spruchkörpers werden die Geschäfte durch Beschluss aller dem Spruchkörper angehörenden Berufsrichter auf die Mitglieder verteilt. Bei Stimmengleichheit entscheidet das Präsidium. **72**

(2) Der Beschluss bestimmt vor Beginn des Geschäftsjahres für dessen Dauer, nach welchen Grundsätzen die Mitglieder an den Verfahren mitwirken; er kann nur geändert werden, wenn es wegen Überlastung, ungenügender Auslastung, Wechsels oder dauernder Verhinderung einzelner Mitglieder des Spruchkörpers nötig wird.

(3) Absatz 2 gilt entsprechend, soweit nach den Vorschriften der Prozessordnungen die Verfahren durch den Spruchkörper einem seiner Mitglieder zur Entscheidung als Einzelrichter übertragen werden können.

(4) Ist ein Berufsrichter an der Beschlussfassung verhindert, tritt der durch den Geschäftsverteilungsplan bestimmte Vertreter an seine Stelle.

(5) § 21 i Abs. 2 findet mit der Maßgabe entsprechende Anwendung, dass die Bestimmung durch den Vorsitzenden getroffen wird.

(6) Vor der Beschlussfassung ist den Berufsrichtern, die von dem Beschluss betroffen werden, Gelegenheit zur Äußerung zu geben.

(7) § 21 e Abs. 9 findet entsprechende Anwendung.

b) Kommentierung des § 21 g GVG

Mit Hilfe des § 21 g GVG wird eine Regelung zur spruchkörperinternen Geschäftsverteilung getroffen. Das Präsidium weist den Spruchkörpern nur die Mitglieder zu, kann aber über Art und Umfang der Verwendung der Richter in den Spruchkörpern keine Bestimmung treffen. Dies obliegt dem Spruchkörper selbst (§ 21 g Abs. 1). Diese Tätigkeit unterliegt der richterlichen Unabhängigkeit (BVerfG 3. 2. 1965 BVerfGE 18, 344, 351 f.). Die Verteilung der Geschäfte durch den Spruchkörper ist vergleichbar mit der Geschäftsverteilung durch das Präsidium. Daher muss der aufzustellende Plan denselben Grundsätzen entsprechen, die § 21 e GVG für einen präsidialen Geschäftsverteilungsplan aufstellt (zu den Einzelheiten vgl. § 21 e Rn. 46 ff.). **73**

Die Novelle 1999 zur Präsidialverfassung hat § 21 g GVG stark verändert. Die Kompetenz zur internen Geschäftsverteilung im Spruchkörper obliegt nunmehr nicht mehr dem Vorsitzenden des Spruchkörpers, sondern dem Spruchkörper insgesamt. Damit hat der Gesetzgeber eine seit Jahren intensiv geführte Diskussion um die spruchkörperinterne Geschäftsverteilung endgültig entschieden. Die Einzelheiten der Regelung in § 21 g Abs. 2 bis Abs. 7 sind ganz wesentlich dem § 21 e GVG nachgebildet. Mit der Neufassung des Gesetzes ist die umfangreiche Kontroverse beendet, die vor allem die Senate einiger oberster Gerichtshöfe des Bundes (insbesondere BFH und BGH) betraf. Zu dieser Kontroverse vgl. 3. Aufl. Rn. 74 ff. **74**

Prütting

§ 6 a Allgemeine Vorschriften über das Präsidium und die Geschäftsverteilung

75   Auch in seiner veränderten Fassung enthält § 21 g GVG allerdings keine Regelung darüber, wie in den Einzelheiten die spruchkörperinterne Geschäftsverteilung vorzunehmen ist. Wie schon im früheren Recht bestimmt Abs. 2 lediglich, dass der Beschluss des Spruchkörpers „die Grundsätze" festlegen müsse, nach welchen die Mitglieder an den Verfahren mitwirken. Insoweit ist auch heute noch die Rechtsprechung der Vereinigten Großen Senate des BGH von Bedeutung, wonach sich diese Grundsätze nach abstrakten Merkmalen bemessen müssen (BGH – VGS – 5. 5. 1994 BGHZ 126, 63 = NJW 1994, 1735 = JZ 1994, 1174 m. Anm. *Kissel*).

76   Gesetzlich festgelegt ist nunmehr auch, dass die Einzelheiten der spruchkörperinternen Geschäftsverteilung und deren abstrakte Merkmale schriftlich abgefasst und zur Einsichtnahme aufgelegt werden müssen (§ 21 g Abs. 7 i. V. mit § 21 e Abs. 9 GVG).

77   Verstöße gegen § 21 g GVG können mit der Besetzungsrüge im Wege der normalen Rechtsmittel durch die Prozessparteien angegriffen werden (s. oben § 21 e Rn. 55). Eine isolierte Anfechtung der spruchkörperinternen Geschäftsverteilung durch Prozessbeteiligte ist nicht möglich (*Kissel/Mayer* GVG 4. Aufl.§ 21 g Rn. 21 i. V. m. § 21 e Rn. 108).

c) Modifizierung durch § 6 a

78   Durch § 6 a wird keine Änderung der spruchkörperinternen Geschäftsverteilung vorgenommen. Damit können die unter b) festgestellten Grundsätze auch bei der Verteilung der Geschäfte innerhalb der Spruchkörper der Gerichte für Arbeitssachen angewandt werden. Praktisch relevant wird die Regelung des § 21 g GVG allerdings nur beim BAG. Eine Verteilung der Geschäfte auf die beisitzenden ehrenamtlichen Richter in der 1. und 2. Instanz erfolgt nicht. Für diese Richter gilt die Vorschrift des § 31 (zu den Einzelheiten s. § 31 Rn. 6).

8. § 21 h GVG, Vertretung des Präsidenten und des aufsichtführenden Richters
a) Gesetzestext

79   Der Präsident oder aufsichtführende Richter wird in seinen durch dieses Gesetz bestimmten Geschäften, die nicht durch das Präsidium zu verteilen sind, durch seinen ständigen Vertreter, bei mehreren ständigen Vertretern durch den dienstältesten, bei gleichem Dienstalter durch den lebensältesten von ihnen vertreten. Ist ein ständiger Vertreter nicht bestellt oder ist er verhindert, wird der Präsident oder aufsichtführende Richter durch den dienstältesten, bei gleichem Dienstalter durch den lebensältesten Richter vertreten.

b) Kommentierung des § 21 h GVG

80   Die Vorschrift des § 21 h GVG regelt die Vertretung des Präsidenten und des aufsichtführenden Richters für alle diesen nach dem GVG obliegenden Geschäften. Es handelt sich dabei nicht um die Vertretung in der Rechtsprechungstätigkeit, da diese Vertretungsregelung nach §§ 21 f Abs. 2, 21 e GVG durch das Präsidium getroffen werden. Die sich aus dem GVG ergebenden Aufgaben sind die sog. justizförmigen Verwaltungsaufgaben (BGH 6. 12. 1973 NJW 1974, 509), wie beispielsweise der Vorsitz im Präsidium. Dagegen regelt § 21 h GVG nicht die Vertretung in den sonstigen Justizverwaltungsaufgaben (BGH 6. 12. 1973 NJW 1974, 509; *Kissel/Mayer* GVG 4. Aufl. § 21 h Rn. 3). Eine derartige Vertretungsregelung kann der Präsident entweder selbst treffen, etwa durch Delegation bestimmter Aufgaben oder aus Bestimmungen des Landesrechts entnehmen.

81   Die Vertretung des Präsidenten erfolgt durch einen als ständigen Vertreter bestellten Richter, den Vizepräsidenten. Auch dabei muss es sich um einen Richter auf Lebenszeit handeln (§ 28 Abs. 2 Satz 2 GVG). In allen Fällen der vorübergehenden Verhinderung wird der Vertreter tätig. Ist dieser selbst verhindert, so bestimmt § 21 h Satz 2 GVG eine Vertretung durch den dienstältesten Richter.

III. Darstellung der gesetzlichen Regelungen der §§ 21 a–21 i GVG   § 6 a

c) Modifizierung durch § 6 a

Die in § 21 h GVG normierten Vertretungsregeln erfahren keine Modifizierung durch § 6 a. 82

9. § 21 i GVG, Beschlussfähigkeit des Präsidiums

a) Gesetzestext

(1) Das Präsidium ist beschlußfähig, wenn mindestens die Hälfte seiner gewählten Mitglieder anwesend ist. 83

(2) Sofern eine Entscheidung des Präsidiums nicht rechtzeitig ergehen kann, werden die in § 21 e bezeichneten Anordnungen von dem Präsidenten oder aufsichtführenden Richter getroffen. Die Gründe für die getroffene Anordnung sind schriftlich niederzulegen. Die Anordnung ist dem Präsidium unverzüglich zur Genehmigung vorzulegen. Sie bleibt in Kraft, solange das Präsidium nicht anderweit beschließt.

b) Kommentierung des § 21 i GVG

Mit § 21 i GVG werden Regelungen zur Beschlussfähigkeit des Präsidiums getroffen (Abs. 1). Abs. 2 enthält Bestimmungen für Eilfälle, wenn Präsidiumsbeschlüsse nicht rechtzeitig erlangt werden können. 84

aa) Die Beschlussfähigkeit des Präsidiums ist gegeben, wenn mindestens die Hälfte seiner gewählten Mitglieder anwesend sind. Beim Plenarpräsidium kommt es auf die Hälfte der wählbaren Richter an, die kraft Gesetzes Mitglieder des Präsidiums sind (vgl. § 21 a Abs. 2 Nr. 3 GVG). Für die Feststellung der Beschlussfähigkeit wird der Vorsitzende nicht mitgezählt. Da das Gesetz von dessen Anwesenheit ausgeht, ist eine Präsidiumssitzung ohne den Vorsitzenden oder dessen Vertreter nicht möglich. Für die Beschlussfähigkeit des Präsidiums wird auf die **Anwesenheit** der Präsidiumsmitglieder abgestellt. Somit können Präsidiumsbeschlüsse nur in Sitzungen gefasst werden. Die Beschlussfassung durch das sog. Umlaufverfahren, die schriftliche Weiterleitung von Beschlüssen an alle Richter außerhalb von Sitzungen, ist also unzulässig (vgl. § 21 e Rn. 35). 85

bb) Für diejenigen Eilfälle, in denen ausnahmsweise eine Entscheidung des Präsidiums nicht ergehen kann, regelt § 21 i Abs. 2 GVG eine Entscheidungszuständigkeit des Präsidenten. Der Präsident oder der aufsichtsführende Richter können im Wege der vorläufigen Ersatzanordnung alle Maßnahmen des Präsidiums nach § 21 i GVG treffen. Voraussetzung dafür ist eine besondere Eilbedürftigkeit der Entscheidung, also z. B. die Notwendigkeit, noch am selben Tage, an dem das Bedürfnis nach einer Regelung auftritt, die bestimmte Maßnahme zu treffen. Zudem muss das Präsidium nicht in beschlussfähiger Besetzung zusammentreten können. Trifft der Präsident als Notvertreter eine Entscheidung, so hat er dieselben Verfahrensregeln zu beachten wie auch das Präsidium. Nach § 21 i Abs. 2 Satz 2 GVG müssen die Anordnung und die Gründe für deren Erlass unverzüglich schriftlich niedergelegt sowie dem Präsidium vorgelegt werden. Das Präsidium hat diese Eilanordnung zu genehmigen; erforderlich ist also die Kenntnisnahme und Entscheidung über den Bestand der Anordnung (*Kissel/Mayer* GVG 4. Aufl. § 21 i Rn. 10). Bei inhaltlichen Veränderungen hat dies nur Wirkung für die Zukunft. Bis zur Genehmigung durch das Präsidium bleibt der Eilbeschluss in Kraft und hat dieselben Wirkungen wie ein Präsidialbeschluss. Auch bei nicht anderweitigem Beschluss durch das Präsidium bleibt es bei dieser Anordnung. 86

c) Modifizierung durch § 6 a

Die Vorschriften über die Beschlussfähigkeit (Abs. 1) sowie zur Befugnis des Präsidenten zum Erlass einer Eilanordnung (Abs. 2) werden durch § 6 a keiner Modifizierung unterworfen, so dass § 21 i GVG insgesamt für die Gerichte für Arbeitssachen Anwendung finden kann. 87

IV. Besonderheiten in den neuen Bundesländern

88 Die Vorschriften der §§ 21 a–21 i GVG gelten gemäß dem Einigungsvertrag, Anlage 1 Kap. 3 Sachgebiet A Abschnitt III Nr. 1 c grundsätzlich auch bei den Gerichten der neuen Bundesländer. Soweit der Einigungsvertrag insbesondere für die Übergangszeit Besonderheiten und Abweichungen vorsah, sind diese in den meisten Fällen ab dem 1. 1. 1992 entfallen. Dies gilt insbesondere für die Bildung der Präsidien. Die wesentlichen Vorschriften über die Aufgaben und Befugnisse des Präsidiums sowie die Geschäftsverteilung waren schon seit dem 3. 10. 1990 anzuwenden.

89 Ohne jede Abweichung gelten die §§ 21 a–21 i GVG seit dem 3. 10. 1990 im gesamten Bundesland Berlin.

§ 7 Geschäftsstelle, Aufbringung der Mittel

(1) ¹Bei jedem Gericht für Arbeitssachen wird eine Geschäftsstelle eingerichtet, die mit der erforderlichen Zahl von Urkundsbeamten besetzt wird. ²Die Einrichtung der Geschäftsstelle bestimmt bei dem Bundesarbeitsgericht das Bundesministerium für Arbeit und Soziales im Benehmen mit dem Bundesministerium der Justiz. ³Die Einrichtung der Geschäftsstelle bestimmt bei den Arbeitsgerichten und Landesarbeitsgerichten die zuständige oberste Landesbehörde.

(2) ¹Die Kosten der Arbeitsgerichte und der Landesarbeitsgerichte trägt das Land, das sie errichtet. ²Die Kosten des Bundesarbeitsgerichts trägt der Bund.

Übersicht

	Rn.
I. Allgemeines	1, 2
II. Die Geschäftsstelle	3–10 a
1. Einrichtung	3
2. Besetzung	4
3. Zuständigkeit für die Einrichtung	5, 6
4. Aufgaben	7–10 a
III. Der Urkundsbeamte der Geschäftsstelle	11–21
1. Bestellung	12–15
2. Aufgaben	16–21
IV. Die Rechtsantragsstelle	22
V. Kosten (Abs. 2)	23, 24

I. Allgemeines

1 Errichtung und Besetzung der Geschäftsstelle sind Maßnahmen der Gerichtsverwaltung (vgl. § 15 Rn. 7, 10 f.), die allerdings nicht der allgemeinen Vorschrift des § 15 unterfallen, sondern in § 7 Abs. 1 eine spezielle Regelung gefunden haben.

2 § 7 Abs. 2 regelt die Pflicht zur Tragung der Kosten der Gerichte für Arbeitssachen.

II. Die Geschäftsstelle

1. Einrichtung

3 Bei jedem Gericht für Arbeitssachen muss eine Geschäftsstelle eingerichtet werden. Die Errichtung einer gemeinsamen Geschäftsstelle für mehrere Gerichte schließt der Wortlaut des § 7 (bei **jedem** Gericht) aus: sie ist nicht zulässig (*Dersch/Volkmar* § 7 Rn. 2; a. A. *Grunsky* § 7 Rn. 1). Nach dem Wortlaut des Gesetzes bildet diese Geschäfts-

II. Die Geschäftsstelle §7

stelle des jeweiligen Arbeitsgerichts eine Einheit (wie hier *Kissel/Mayer* GVG 4. Aufl. § 153 Rn. 4; a. A. *Grunsky* § 7 Rn. 1). Der formalen Einheit der Geschäftsstelle widerspricht es nach allgemeiner Meinung nicht, dass diese organisatorisch gegliedert sein kann. So kann durch eine interne Geschäftsverteilung eine Gliederung in einzelne Abteilungen erfolgen (sog. Abteilungsgeschäftsstellen). In der Arbeitsgerichtsbarkeit ist die Unterteilung der Geschäftsstelle in Kammergeschäftsstellen bzw. beim BAG in Senatsgeschäftsstellen sehr verbreitet (zu weiteren Einzelheiten vgl. *Arnold* S. 502 ff.).

2. Besetzung

Die Geschäftsstelle muss mit der erforderlichen Zahl von Urkundsbeamten besetzt **4** werden. Welche Zahl erforderlich ist, bestimmt sich nach den anfallenden Geschäften (*Bader* in: GK-ArbGG § 7; *Grunsky* § 7 Rn. 2).

Die Besetzung muss so sein, dass alle anfallenden Sachen unverzüglich bearbeitet werden können (vgl. *Grunsky* § 7 Rn. 2).

Neben der ausreichenden personellen Besetzung müssen die Geschäftsstellen auch mit ausreichenden sachlichen Mitteln ausgestattet werden (*Grunsky* § 7 Rn. 2).

Die personelle und sachliche Ausstattung ist Teil der Einrichtung, für die der Bundesarbeitsminister bzw. die zuständige oberste Landesbehörde verantwortlich sind (siehe dazu unten Rn. 23).

3. Zuständigkeit für die Einrichtung

a) Zuständig für die Einrichtung der Geschäftsstelle der Arbeitsgerichte und Landes- **5** arbeitsgerichte ist die zuständige oberste Landesbehörde, also entweder die oberste Arbeitsbehörde oder die Landesjustizverwaltung. Der Gesetzgeber hat aus Gründen der Verwaltungsvereinfachung das Benehmen mit der jeweils anderen betroffenen obersten Landesbehörde durch das Arbeitsgerichtsbeschleunigungsgesetz 2000 gestrichen. Zuständig für die Einrichtung der Geschäftsstelle des BAG ist der Bundesminister für Wirtschaft und Arbeit (BMWA) im Benehmen mit dem Bundesminister der Justiz.

b) Zur Zuordnung der Arbeitsgerichtsbarkeit zum jeweils zuständigen Ministerium **6** (**Ressortierung**), die seit langem heftig umstritten war, vgl. unten § 15 Rn. 32 ff.

4. Aufgaben

a) Die **Aufgaben der Geschäftsstelle** ergeben sich für die Arbeitsgerichtsbarkeit im **7** Wesentlichen aus der Verweisung auf die ZPO (§§ 46 Abs. 2; 62 Abs. 2; 64 Abs. 6; 72 Abs. 5), sowie aus einigen Einzelregelungen im Arbeitsgerichtsgesetz (dazu sogleich) im Übrigen – wie auch in der ordentlichen Gerichtsbarkeit – aus Rechts- und allgemeinen Verwaltungsvorschriften, Geschäfts- und Dienstanordnungen, Geschäftsgangsbestimmungen sowie aus Erlassen und Verfügungen (vgl. *Kissel/Mayer* GVG 4. Aufl. § 153 Rn. 6).

aa) Regelungen über die Geschäftsstelle finden sich in folgenden Vorschriften des **8** ArbGG:

Gemäß §§ 59 ArbGG kann der Einspruch gegen ein Versäumnisurteil zur Niederschrift der Geschäftsstelle eingelegt werden. Nach § 81 Abs. 1 ist die Geschäftsstelle zur Entgegennahme des Antrags auf Einleitung des Beschlussverfahrens zuständig. Gleiches gilt für die Rücknahme dieses Antrags (§ 81 Abs. 2).

Erklärungen der Beteiligten im Beschwerdeverfahren können zur Niederschrift der Geschäftsstelle erfolgen (§ 90 Abs. 1); ebenso Erklärungen im Rechtsbeschwerdeverfahren (§ 95).

Nach § 50 werden Urteile von Amts wegen binnen drei Wochen seit Übergabe an die Geschäftsstelle zugestellt. Für die Zustellung ist die Geschäftsstelle zuständig. Diese Zuständigkeit ist allerdings nicht im ArbGG geregelt. Sie ergibt sich aus § 209 ZPO.

9   bb) Zu den Aufgaben der Geschäftsstelle, die sich auf Grund der Verweisungen auf die ZPO ergeben, vgl. die Aufzählung für den Zivilprozess bei *Kissel/Mayer* GVG 4. Aufl. § 153 Rn. 7.

9 a   cc) Zur Rechtsantragsstelle als Teil der Geschäftsstelle s. u. Rn. 22.

10   b) Bestimmte Aufgaben, die den Geschäftsstellen bei den ordentlichen Gerichten obliegen, fallen bei den Arbeitsgerichten nicht an. Zu diesen Aufgaben gehören beispielsweise die Führung der Handels-, Genossenschafts- und Güterrechtsregister und die Führung der Grundbücher.

10 a   c) Zur modernen Organisation der Geschäftsstellen und insbesondere zur **Datenverarbeitung** bei den Arbeitsgerichten vgl. eingehend *Arnold* S. 508 ff.

III. Der Urkundsbeamte der Geschäftsstelle

11   Die Aufgaben der Geschäftsstelle werden überwiegend vom Urkundsbeamten wahrgenommen (vgl. im Einzelnen unten Rn. 16). Der Urkundsbeamte ist Organ der Rechtspflege (BAG 11. 2. 1985 AP ZPO § 317 Nr. 1 = EzA ZPO § 317 Nr. 1).

1. Bestellung

12   a) Die persönlichen Voraussetzungen für die Bestellung zum Urkundsbeamten sind nicht im ArbGG geregelt. Insoweit ist vielmehr § 153 Abs. 2–5 GVG einschlägig (*Buhrow* NJW 1981, 907; *Kissel/Mayer* GVG 4. Aufl. § 153 Rn. 29).

13   Die Geltung des § 153 GVG auch für die Arbeitsgerichtsbarkeit ergibt sich eindeutig aus dem Gesetz zur Neuregelung des Rechts der Urkundsbeamten der Geschäftsstelle v. 19. 12. 1979 (BGBl. I S. 1979, 2306). Durch dieses Gesetz hat § 153 GVG seine jetzige Fassung erhalten. In Art. 3 enthält das genannte Gesetz eine Übergangsregelung für Beamte bei den ordentlichen Gerichten und bei den Gerichten für Arbeitssachen. Das ist ein deutlicher Hinweis, dass die in diesem Gesetz genannten persönlichen Voraussetzungen auch für die Urkundsbeamten bei den Arbeitsgerichten gelten sollen. Ansonsten wäre die Übergangsregelung insoweit überflüssig.

14   Nach § 153 Abs. 2 GVG kann grundsätzlich derjenige mit den Aufgaben eines Urkundsbeamten betraut werden, der einen Vorbereitungsdienst von zwei Jahren abgeleistet hat und die Prüfung für den mittleren Justizdienst oder für den mittleren Dienst bei der Arbeitsgerichtsbarkeit bestanden hat. Weitere Übertragungsmöglichkeiten sehen § 153 Abs. 3 und Abs. 5 vor.

15   b) Bei denjenigen, bei denen die genannten (oben Rn. 14) persönlichen Voraussetzungen vorliegen, tritt nicht kraft Gesetzes die Eigenschaft als Urkundsbeamter der Geschäftsstelle ein. Es ist vielmehr die Betrauung mit den Aufgaben eines Urkundsbeamten erforderlich; diese bedarf keiner besonderen Form (*Kissel/Mayer* GVG 4. Aufl. § 153 Rn. 19).

2. Aufgaben

16   a) Die Aufgaben der Geschäftsstelle werden vom Urkundsbeamten wahrgenommen, soweit sie nicht durch besondere Vorschriften dem Rechtspfleger übertragen sind (§ 26 RPflG); näheres zum Rechtspfleger im arbeitsgerichtlichen Verfahren s. u. § 9 Rn. 12 ff. Nach § 26 RPflG sind dem Rechtspfleger die in § 20 Satz 1 Nr. 12 RPflG genannten Aufgaben (insbesondere Erteilung vollstreckbarer Ausfertigungen), die Aufgaben des § 21 Abs. 1 Nr. 1 und 2 RPflG (Tätigkeit im Festsetzungsverfahren) und die Aufgaben des § 24 RPflG (Aufnahme von Erklärungen) übertragen; alle übrigen Aufgaben der Geschäftsstelle obliegen dem Urkundsbeamten der Geschäftsstelle.

17   b) § 24 RPflG nimmt innerhalb der genannten Vorschriften eine Sonderstellung ein, da er zwischen solchen Aufgaben, die der Rechtspfleger **zwingend** ausführen muss (§ 24

Abs. 1), die also nur er übernehmen darf, und solchen Aufgaben, die er übernehmen soll (§ 24 Abs. 2), unterscheidet.

c) Im Bereich der Arbeitsgerichtsbarkeit gehört zu den zwingenden Aufgaben des Rechtspflegers gemäß § 24 Abs. 1 RPflG die Aufnahme von Erklärungen über die Einlegung und Begründung der Rechtsbeschwerde und der weiteren Beschwerde. Zwingend sind im Übrigen auch die Aufgaben gemäß §§ 20 Satz 1 Nr. 12 und 21 Abs. 1 Nr. 1 und 2 RPflG.

Übernimmt der Urkundsbeamte ein nach diesen Vorschriften dem Rechtspfleger zwingend übertragenes Geschäft, so ist es unwirksam (vgl. *Bassenge/Herbst* FGG/RPflG § 8 RPflG Anm. 5 und § 24 RPflG Anm. 1 b).

d) Gemäß § 24 Abs. 2 soll der Rechtspfleger bestimmte Anträge und Erklärungen aufnehmen. Nimmt hier der Urkundsbeamte die dem Rechtspfleger übertragene Protokollierung vor, wird dadurch die Wirksamkeit der Protokollierung nicht beeinträchtigt (vgl. *Bassenge/Herbst* FGG/RPflG, § 24 RPflG Anm. 1).

e) Insgesamt gilt für den Fall, dass der Rechtspfleger Aufgaben des Urkundsbeamten wahrnimmt, dass die Wirksamkeit des Geschäfts nicht beeinträchtigt wird (§ 8 Abs. 5 RPflG).

IV. Die Rechtsantragsstelle

Zur Geschäftsstelle gehört auch die so genannte Rechtsantragsstelle. Diese ist zwar im Gesetz nirgends ausdrücklich geregelt, sie ist aber eine unzweifelhaft zulässige Einrichtung, durch die Aufgaben des Rechtspflegers gemäß §§ 24 Abs. 2, 24a RpflG erfüllt werden. Eine Regelung findet die Rechtsantragsstelle in verschiedenen Dienstanweisungen für Geschäftsstellen (vgl. etwa die bayerische Dienstanweisung für die Geschäftsstellen der Gerichte für Arbeitssachen, Bekanntmachung des Bayerischen Staatsministeriums für Arbeit- und Sozialordnung vom 27. 10. 1982, Beilage zum AMBl. Nr. 23/1982, A 252). Bei der Rechtsantragsstelle handelt es sich also insbesondere um eine vom Rechtspfleger ausgeübte Tätigkeit der Aufnahme von Klagen, Anträgen und Erklärungen solcher Parteien, die nicht selbständig in der Lage sind, ihre rechtlichen Anliegen entsprechend den gesetzlichen Erfordernissen vorzubringen und die auch nicht durch einen Rechtsanwalt vertreten sind. Es versteht sich, dass der Rechtspfleger bei seinen Tätigkeiten jeden Anschein der Parteilichkeit vermeiden muss und auch nicht Rechtsberatung betreiben darf (vgl. § 2 Abs. 1 Satz 1 BerHG). Für die Klärung rechtlicher Zweifelsfragen und für Rechtsauskünfte sind die Rechtsanwaltschaft sowie die Beratungseinrichtungen von Arbeitgeber- und Gewerkschaftsseite zuständig. Der Rechtspfleger darf und muss aber auf die Richtigkeit und Vollständigkeit von Angaben sowie auf die Sachdienlichkeit von Anträgen hinwirken. Auch darf und muss er auf Bedenken hinweisen, die gegen die Zulässigkeit von Klagen und Anträgen bestehen. Zu weit geht es jedoch, vom Rechtspfleger eine umfassende Erörterung des Sach- und Streitverhältnisses zu verlangen, wie dies § 139 ZPO für den Richter vorschreibt. Zur Rechtsantragsstelle vgl. weiter *Baader/Höppner*, Forschungsprojekt Rechtsantragsstellenanalyse, Köln 1992; *Hermann*, in: Die Arbeitsgerichtsbarkeit, FS zum 100jährigen Bestehen des Deutschen Arbeitsgerichtsverbandes, 1994, S. 275 f.; *Kissel/Mayer* GVG 4. Aufl. § 153 Rn. 3, 4.

V. Kosten (Abs. 2)

Die Kosten der Arbeitsgerichte und Landesarbeitsgerichte trägt das Bundesland, das sie errichtet hat. Die Kosten des BAG trägt der Bund.

Die erforderlichen Beträge werden im Haushalt des Bundesarbeitsministers bzw. des zuständigen Landesministeriums ausgewiesen.

§ 8 Gang des Verfahrens

(1) Im ersten Rechtszug sind die Arbeitsgerichte zuständig.

(2) Gegen die Urteile der Arbeitsgerichte findet die Berufung an die Landesarbeitsgerichte nach Maßgabe des § 64 Abs. 1 statt.

(3) Gegen die Urteile der Landesarbeitsgerichte findet die Revision an das Bundesarbeitsgericht nach Maßgabe des § 72 Abs. 1 statt.

(4) Gegen die Beschlüsse der Arbeitsgerichte und ihrer Vorsitzenden im Beschlußverfahren findet die Beschwerde an das Landesarbeitsgericht nach Maßgabe des § 87 statt.

(5) Gegen die Beschlüsse der Landesarbeitsgerichte im Beschlußverfahren findet die Rechtsbeschwerde an das Bundesarbeitsgericht nach Maßgabe des § 92 statt.

Übersicht

	Rn.
I. Allgemeines	1–3
1. Bedeutung	1
2. Historische Entwicklung	2
3. Entwicklung in den neuen Ländern	3
II. Sachliche Zuständigkeit	4–7
III. Funktionelle Zuständigkeit	8–12
1. Arbeitsgerichte	9
2. Landesarbeitsgerichte	10
3. BAG	11, 12

I. Allgemeines

1. Bedeutung

1 § 8 regelt die sachliche und funktionelle Zuständigkeit, insbesondere den Instanzenzug. Er ist heute sowohl im Urteils- als auch Beschlussverfahren dreistufig.

2. Historische Entwicklung

2 Das Urteilsverfahren ist seit In-Kraft-Treten des ArbGG 1926 dreistufig (vgl. im Einzelnen die Einleitung Rn. 13 ff. und § 40 Rn. 1 f.). Das Beschlussverfahren ist durch das ArbGG 1953 entsprechend dem Urteilsverfahren neu geregelt und dreistufig ausgestaltet worden. Das ArbGG 1926 sah nur die revisionsähnliche Rechtsbeschwerde entweder an das Landesarbeitsgericht oder an das Reichsarbeitsgericht vor (vgl. *Dersch/Volkmar* § 8 Rn. 6).

3. Entwicklung in den neuen Ländern

3 In den neuen Bundesländern waren bis zur Errichtung selbständiger Arbeitsgerichte nach dem Einigungsvertrag die bei den Kreisgerichten eingerichteten Kammern für Arbeitsrecht zuständig. Nunmehr sind in allen neuen Bundesländern selbständige Arbeitsgerichte errichtet (vgl. im Einzelnen § 14 Rn. 9). Auch die Besonderheiten eines Verfahrens vor der Schiedsstelle für Arbeitsrecht sind entfallen (vgl. im Einzelnen Einleitung Rn. 252).

II. Sachliche Zuständigkeit

4 1. Die sachliche Zuständigkeit verteilt die Erledigung der Klagen unter die verschiedenen Arten der erstinstanzlichen Gerichte (*Rosenberg/Schwab/Gottwald* ZPR 16. Aufl. 2004 § 29 II). Die sachliche Zuständigkeit bietet in der Arbeitsgerichtsbarkeit, anders

III. Funktionelle Zuständigkeit   §8

als in der ordentlichen Gerichtsbarkeit, keine Probleme. Im ersten Rechtszug sind nämlich ausschließlich die Arbeitsgerichte zuständig (zu seltenen Ausnahmen vgl. unten Rn. 6).
2. Schwierigkeiten bereitet häufig die Frage, ob eine Angelegenheit in die Zuständig- 5
keit der Zivilgerichte oder der Arbeitsgerichte gehört. Das ist aber nicht, wie teilweise behauptet wird, ein Problem der sachlichen Zuständigkeit, sondern ein Problem des richtigen Rechtswegs (zu den Einzelheiten vgl. Einleitung Rn. 89 ff.).
3. Eine erstinstanzliche Zuständigkeit der Landesarbeitsgerichte, wie sie etwa § 120 6
GVG für die Oberlandesgerichte vorsieht, gibt es in der Arbeitsgerichtsbarkeit nicht. Auch das BAG kennt anders als das BSG (vgl. §§ 39 SGG und 116 Abs. 6 AFG) oder das BVerwG (vgl. § 50 VwGO) keine erstinstanzliche Zuständigkeit.
Lediglich bei Entscheidungen über die Amtsenthebung und Amtsentbindung ehren- 7
amtlicher Richter, also über gerichtsinterne Streitigkeiten, können BAG und Landesarbeitsgerichte in erster und letzter Instanz tätig werden (vgl. §§ 21 Abs. 5, 27, 28, 43 Abs. 3). Ein weiterer Sonderfall kann sich im Falle von Streitigkeiten, die auf Grund des SchwbG im Geschäftsbereich des Bundesnachrichtendienstes entstehen, gemäß § 71 Nr. 5 SchwbG ergeben. Auch insoweit wäre das BAG im ersten und letzten Rechtszug zuständig.

III. Funktionelle Zuständigkeit

Die funktionelle Zuständigkeit verteilt die verschiedenen Rechtspflegefunktionen in 8
ein und derselben Streitsache auf verschiedene Rechtspflegeorgane. Wichtigster Anwendungsfall ist der Instanzenzug.

1. Arbeitsgerichte

Erste Instanz sind die Arbeitsgerichte. Sie sind zuständig für alle gemäß §§ 2, 2a, 3 9
der Arbeitsgerichtsbarkeit zugewiesenen Angelegenheiten.

2. Landesarbeitsgerichte

Die Landesarbeitsgerichte sind die zweite Instanz.   10
a) Sie sind zuständig für die Berufung gegen Urteile der Arbeitsgerichte (Abs. 2 i. V. m. § 64).
Die Landesarbeitsgerichte sind ferner zuständig für die sofortige Beschwerde gegen bestimmte Urteile der Arbeitsgerichte (§§ 64 Abs. 1 i. V. m. 78). Als Beispiel sei hier das Zwischenurteil über die Zulassung der Nebenintervention (§ 72 Abs. 2 ZPO) und das Zwischenurteil über die Berechtigung der Aussageverweigerung eines Zeugen (§ 387 Abs. 2 ZPO) genannt.
b) Die Landesarbeitsgerichte sind auch zuständig für die Beschwerde gegen die das Beschlussverfahren beendenden Entscheidungen der Arbeitsgerichte (Abs. 4 i. V. m. § 87).
c) Schließlich entscheiden die Landesarbeitsgerichte über Beschwerden gegen verfahrensleitende Beschlüsse (§ 78).

3. BAG

a) Das BAG ist zuständig für die Entscheidungen über die Revision gegen das End- 11
urteil eines LAG (Abs. 3 i. V. m. § 72), über die Sprungrevision gegen das Urteil eines Arbeitsgerichts (§ 76) sowie über die Nichtzulassungsbeschwerde (§ 72 a). Es ist darüber hinaus zuständig für die sofortige Beschwerde bei Verwerfung einer Berufung als unzulässig (Rechtsbeschwerde, § 77 i. V. m. §§ 574–577) und für die Beschwerde bei Verwerfung des Einspruchs (§§ 70, 78 Abs. 2).

Prütting

12 b) Das BAG ist auch zuständig für die Rechtsbeschwerde gegen Beschlüsse der Landesarbeitsgerichte im Beschlussverfahren (Abs. 5 i. V. m. § 92), für die Nichtzulassungsbeschwerde (§ 92 a) sowie für die Sprungrechtsbeschwerde gegen Beschlüsse der Arbeitsgerichte (§ 96 a).

§ 9 Allgemeine Verfahrensvorschriften

(1) Das Verfahren ist in allen Rechtszügen zu beschleunigen.

(2) Die Vorschriften des Gerichtsverfassungsgesetzes über Zustellungs- und Vollstreckungsbeamte, über die Aufrechterhaltung der Ordnung in der Sitzung, über die Gerichtssprache, über die Wahrnehmung richterlicher Geschäfte durch Referendare und über Beratung und Abstimmung gelten in allen Rechtszügen entsprechend.

(3) ¹Die Vorschriften über die Wahrnehmung der Geschäfte bei den ordentlichen Gerichten durch Rechtspfleger gelten in allen Rechtszügen entsprechend. ²Als Rechtspfleger können nur Beamte bestellt werden, die die Rechtspflegerprüfung oder die Prüfung für den gehobenen Dienst bei der Arbeitsgerichtsbarkeit bestanden haben.

(4) Zeugen und Sachverständige erhalten eine Entschädigung oder Vergütung nach dem Justizvergütungs- und -entschädigungsgesetz.

(5) ¹Alle mit einem befristeten Rechtsmittel anfechtbaren Entscheidungen enthalten die Belehrung über das Rechtsmittel. ²Soweit ein Rechtsmittel nicht gegeben ist, ist eine entsprechende Belehrung zu erteilen. ³Die Frist für ein Rechtsmittel beginnt nur, wenn die Partei oder der Beteiligte über das Rechtsmittel und das Gericht, bei dem das Rechtsmittel einzulegen ist, die Anschrift des Gerichts und die einzuhaltende Frist und Form schriftlich belehrt worden ist. ⁴Ist die Belehrung unterblieben oder unrichtig erteilt, so ist die Einlegung des Rechtsmittels nur innerhalb eines Jahres seit Zustellung der Entscheidung zulässig, außer wenn die Einlegung vor Ablauf der Jahresfrist infolge höherer Gewalt unmöglich war oder eine Belehrung dahin erfolgt ist, daß ein Rechtsmittel nicht gegeben sei; § 234 Abs. 1, 2 und § 236 Abs. 2 der Zivilprozeßordnung gelten für den Fall höherer Gewalt entsprechend.

Übersicht

	Rn.
I. Allgemeines	1
II. Die Beschleunigung des Verfahrens (Abs. 1)	2–8
III. Keine Gerichtsferien	9
IV. Entsprechende Anwendung des Gerichtsverfassungsgesetzes (Abs. 2)	10, 11
V. Der Rechtspfleger im arbeitsgerichtlichen Verfahren (Abs. 3)	12–15
1. Bestellung	13, 14
2. Aufgaben	15
VI. Die Entschädigung der Zeugen und Sachverständigen (Abs. 4)	16
VII. Rechtsmittelbelehrung (Abs. 5)	17–65
1. Die Verpflichtung zur Rechtsmittelbelehrung	19–35
2. Form	36
3. Inhalt	37–45
4. Folgen fehlerhafter oder unterbliebener Belehrung	46–61
5. Berichtigung und Nachholung	62–65

I. Allgemeines

1 Die Regelungen in den verschiedenen Absätzen des § 9 stehen nicht in innerem Zusammenhang; für die Zusammenstellung der unterschiedlichsten Materien in einem Paragraphen gibt es keine einleuchtenden Gründe.

II. Die Beschleunigung des Verfahrens (Abs. 1)

Das Verfahren ist in allen Rechtszügen zu beschleunigen. Dieser Satz findet sich schon in § 9 des ArbGG 1926, allerdings in Abs. 3. Das ArbGG 1953 hat ihn an den Anfang des § 9 gestellt. Zur Begründung dieser Umstellung heißt es im Regierungsentwurf: „Der bisherige Absatz 3 (Beschleunigungsprinzip, Nichtberücksichtigung der Gerichtsferien) wurde als Abs. 1 aufgenommen, da dieser beherrschende Grundsatz des Arbeitsgerichtsverfahrens den allgemeinen Verfahrensvorschriften vorangesetzt werden muss" (RdA 1951, S. 464). 2

Es ist sicher nicht zu bestreiten, dass es sich beim Streben um Beschleunigung des Verfahrens ebenso wie bei dem Streben um eine gerechte Entscheidung um wichtige Zielvorgaben handelt (so zu Recht *Leipold* FS Fasching 1988 S. 332). Denn wirksamer Rechtsschutz verlangt richtige Urteile, aber auch rasche Durchsetzung des Rechts. Die lange Dauer eines Prozesses entwertet nicht selten den schließlich errungenen Prozesssieg (*Rosenberg/Schwab/Gottwald* ZPR 16 Aufl. § 81 I). 3

Die Verwirklichung beider Ziele (Schnelligkeit und Gerechtigkeit) ist auch verfassungsrechtlich geboten. Das Gebot des effektiven Rechtsschutzes fordert einen raschen Rechtsschutz, d.h. Rechtsschutz in angemessener Zeit (BVerfG 16. 12. 1980 BVerfGE 55, 369); dieses Gebot folgt ebenso aus dem Rechtsstaatsprinzip wie das Gebot, materielle Gerechtigkeit zu verwirklichen (vgl. zu den verfassungsrechtlichen Rahmenbedingungen *Haug/Pfarr/Struck* S. 16 ff.; *Weth* S. 9 ff.). Hinzuweisen ist auch auf Art. 6 EMRK, der nach der Rechtsprechung des EGMR (s. o. Einleitung Rn. 73) das Verbot überlanger Verfahrensdauer enthält (s. o. Einleitung Rn. 189). 4

Beschleunigung des Verfahrens ist also ein wichtiges Ziel. Fraglich erscheint allerdings, ob die Festschreibung dieses Zieles in § 9 Abs. 1 konkrete Auswirkungen für das arbeitsgerichtliche Verfahren hat. Diese Frage ist zu verneinen (so wohl auch *Smid* BB 1986, 2264). Rechtsfolgen lassen sich aus dem Beschleunigungsgrundsatz nicht entnehmen (so zu Recht *Leipold* FS Fasching 1988 S. 332 ff.). Die Zurückweisung verspäteten Vorbringens etwa darf nicht auf den allgemeinen Beschleunigungsgrundsatz des § 9 Abs. 1 gestützt werden. Vielmehr bedarf es dazu einer speziellen Norm, die genau diese Rechtsfolge ausdrücklich vorsieht. Das ArbGG weist eine Reihe solcher konkreter Normen auf, die der Beschleunigung dienen. Es handelt sich im Einzelnen um folgende Vorschriften: 5

– Abkürzung der Einlassungsfrist auf eine Woche gemäß §§ 47 Abs. 1, 80 Abs. 2. Die Einlassungsfrist in der ordentlichen Gerichtsbarkeit beträgt zwei Wochen (§ 274 Abs. 3 Satz 1 ZPO); 6
– die Alleinentscheidung durch den Vorsitzenden, insbesondere ohne mündliche Verhandlung, § 55;
– Zurückweisung verspäteten Vorbringens, §§ 56 Abs. 2, 61 a Abs. 4;
– die Konzentration der mündlichen Verhandlung auf einen Termin, § 57;
– die vorrangige Erledigung von Kündigungsschutzsachen, §§ 61 a, 64 Abs. 8;
– Abkürzung der Einspruchsfrist gegen Versäumnisurteile auf eine Woche, § 59 Satz 1; im Verfahren vor den ordentlichen Gerichten beträgt die Frist zwei Wochen, § 339 Abs. 1 ZPO.
– Ein Verkündungstermin ist nur vorgesehen, wenn die sofortige Verkündung des Urteils aus besonderen Gründen nicht möglich ist, § 60 Abs. 1 Satz 1. § 310 Abs. 1 Satz 1 ZPO ermöglicht auch ohne besondere Gründe die Anberaumung des Verkündungstermins.
– Zustellung der Urteile und Beschlüsse binnen drei Wochen seit Übergabe an die Geschäftsstelle, §§ 50 Abs. 1, 80 Abs. 2. Die in der ordentlichen Gerichtsbarkeit gemäß § 317 Abs. 1 Satz 3 ZPO bestehende Möglichkeit, auf Antrag beider Parteien die Zustellung bis zum Ablauf von fünf Monaten nach der Verkündung hinauszuschieben, gibt es im arbeitsgerichtlichen Verfahren nicht.

- Der Beschluss über die Ablehnung von Richtern ist unanfechtbar, § 49 Abs. 3 (anders § 46 Abs. 2 ZPO).
- Die Anordnung des persönlichen Erscheinens der Parteien (§ 51 Abs. 1) in jeder Lage des Rechtsstreits (enger insoweit § 141 ZPO) ist ein Ausdruck des Beschleunigungsgrundsatzes (LAG Niedersachsen 7. 8. 2002 MDR 2002, 1333, 1334).
- Die Rechtsmittelfristen und Rechtsmittelbegründungsfristen entsprechen denen der ZPO. Letztere können jedoch in der Arbeitsgerichtsbarkeit nur einmal verlängert werden, §§ 66 Abs. 1 Satz 4, 74 Abs. 1 Satz 2 (vgl. dagegen § 225 Abs. 2 ZPO). Vgl. zu § 66 Abs. 1 Satz 4 BAG 4. 2. 1994 NJW 1995, 150.
- Beschränkung in der Zulassung neuer Tatsachen und neuer Beweismittel in der Berufungsinstanz, § 67.
- Die Zurückverweisung in die erste Instanz ist im Urteilsverfahren bei Verfahrensmängeln, § 68, im Beschlussverfahren grundsätzlich ausgeschlossen, § 91.

7 Auf Grund der genannten Vorschriften wird das arbeitsgerichtliche Verfahren beschleunigt (vgl. BAG 4. 2. 1994 EzA ArbGG 1979 § 66 Nr. 17). Der allgemeine Beschleunigungsgrundsatz des § 9 Abs. 1 Satz 1 fasst diese in vielen speziellen Normen zu erkennende Tendenz des arbeitsgerichtlichen Verfahrens zusammen, ohne dadurch eine weitergehende Bedeutung jenseits der genannten Einzelnormen zu erzielen (ebenso *Grunsky* RdA 1974, 204; a. A. *Schaub* ArbGV 7. Aufl. § 20 Rn. 33; BAG 4. 12. 1975 AP ZPO § 518 Nr. 33). Auch der immer wieder zu lesenden Auffassung, § 9 Abs. 1 Satz 1 könne zumindest im Rahmen der **Auslegung** von verfahrensrechtlichen Ermessensnormen Bedeutung erlangen, kann nicht zugestimmt werden. Ein echtes Ermessen des Richters, ob er ein Verfahren zu einem langsameren oder zu einem schnelleren Ende führt (*Grunsky* § 9 Rn. 3), gibt es nicht.

8 Schließlich darf aus § 9 Abs. 1 Satz 1 auch nicht der Schluss gezogen werden, der Beschleunigungsgrundsatz sei nur im arbeitsgerichtlichen Verfahren vorhanden oder er sei dort von grundlegend anderem Gewicht als etwa in der ZPO. Schon die erwähnten verfassungsrechtlichen Vorgaben zeigen vielmehr, dass der Beschleunigungsgrundsatz allen Verfahrensarten immanent ist.

III. Keine Gerichtsferien

9 Bei den Arbeitsgerichten gab es seit jeher keine Gerichtsferien. Deshalb hatte früher § 9 Abs. 1 Satz 2 angeordnet, dass die Vorschriften des GVG über die Gerichtsferien (die ehemaligen §§ 199–202 GVG) nicht anzuwenden waren. Mit der Aufhebung der Gerichtsferien in der ordentlichen Gerichtsbarkeit durch das Gesetz vom 28. 10. 1996 ist auch der frühere Satz 2 von § 9 Abs. 1 ersatzlos entfallen.

Unverändert werden daher vor den Arbeitsgerichten keinerlei Fristen während der Sommerzeit gehemmt und es können in dieser Zeit generell Termine abgehalten und Entscheidungen erlassen werden. Konsequent schließt deshalb § 46 Abs. 2 Satz 2 die Anwendung von § 227 Abs. 3 ZPO aus.

IV. Entsprechende Anwendung des Gerichtsverfassungsgesetzes (Abs. 2)

10 Abs. 2 erklärt bestimmte Vorschriften des GVG in allen Rechtszügen für entsprechend anwendbar. Die Aufzählung in Abs. 2 ist nicht abschließend. Es gibt eine Reihe weiterer Vorschriften im ArbGG, die auf das GVG verweisen (vgl. nur §§ 6a, 13, 48). Abs. 2 verweist inhaltlich auf folgende Vorschriften:
- § 10 GVG, Wahrnehmung bestimmter richterlicher Geschäfte durch Referendare;
- §§ 154, 155 GVG, Zustellungs- und Vollstreckungsbeamte;
- §§ 176–183 GVG, Aufrechterhaltung der Ordnung in der Sitzung;

VI. Die Entschädigung der Zeugen und Sachverständigen (Abs. 4)   § 9

- §§ 184–191 GVG, Gerichtssprache (vgl. dazu Einl. Rn. 241);
- §§ 192–197 GVG, Beratung und Abstimmung.

Hervorzuheben ist hier, dass auch die ehrenamtlichen Richter bei der Beratung und Abstimmung gleichberechtigt mitwirken, also die gleichen Rechte haben wie die Berufsrichter (vgl. *Kissel/Mayer* GVG 4. Aufl. § 192 Rn. 22). **11**

V. Der Rechtspfleger im arbeitsgerichtlichen Verfahren (Abs. 3)

Gemäß Abs. 3 Satz 1 gelten die Vorschriften über die Wahrnehmung der Geschäfte bei den ordentlichen Gerichten durch Rechtspfleger in allen Rechtszügen der Arbeitsgerichtsbarkeit entsprechend. Abs. 3 Satz 2 regelt die Voraussetzungen der Bestellung des Rechtspflegers. Zu den folgenden Einzelheiten nunmehr eingehend *Hermann* S. 269 ff. **12**

1. Bestellung

Zum Rechtspfleger können Beamte bestellt werden, die die Rechtspflegerprüfung bestanden haben. Voraussetzung dafür ist ein Vorbereitungsdienst von drei Jahren, der in einem Studiengang an einer Fachhochschule oder in einem gleichstehenden Studiengang die erforderlichen Kenntnisse vermittelt (vgl. im Einzelnen § 2 RPflG). **13**

Neben den Beamten, die die Rechtspflegerprüfung bestanden haben, können bei den Arbeitsgerichten auch Beamte, die die Prüfung für den gehobenen Dienst in der Arbeitsgerichtsbarkeit bestanden haben, zu Rechtspflegern bestellt werden (Abs. 3 Satz 2, 2. Halbsatz). **14**

2. Aufgaben

Für die Aufgaben des Rechtspflegers und für die Ausführung dieser Aufgaben gelten im arbeitsgerichtlichen Verfahren die Vorschriften über die Aufgaben des Rechtspflegers bei den ordentlichen Gerichten entsprechend; es ist also das Rechtspflegergesetz anwendbar. § 3 RPflG führt die dem Rechtspfleger übertragenen Geschäfte im Einzelnen auf. Da die in Nr. 1 und 2 des § 3 genannten Geschäfte (z. B. Grundbuchsachen, Vormundschaftssachen) bei den Arbeitsgerichten nicht anfallen, kommen hier nur die in § 3 Nr. 3 und 4 genannten Geschäfte in Betracht (vgl. auch *Blank* aaO., 1. FortsBl.; *Hermann* S. 269 ff.). In entsprechender Anwendung des § 3 Nr. 3 sind dem Rechtspfleger die in den §§ 20–24 RPflG einzeln aufgeführten Geschäfte im Verfahren nach der ZPO, im Festsetzungsverfahren und auf dem Gebiet der Annahme von Erklärungen übertragen. Hier ist insbesondere auf die Zuständigkeit im Mahnverfahren (§ 20 Nr. 1 RPflG) und das Verfahren bei Zustellungen (§ 20 Nr. 7, 8, 9 RPflG) hinzuweisen. Weiterhin ist der Rechtspfleger in entsprechender Anwendung des § 3 Nr. 4 RpflG zuständig für die in §§ 29–31 RPflG einzeln aufgeführten Geschäfte im internationalen Rechtsverkehr und der Vollstreckung von Ordnungs- und Zwangsmitteln. Schließlich ist Aufgabe des Rechtspflegers die Aufnahme von Klagen, Anträgen und Erklärungen im Rahmen der sog. Rechtsantragsstelle (im Einzelnen s. oben § 7 Rn. 22). **15**

VI. Die Entschädigung der Zeugen und Sachverständigen (Abs. 4)

Die Verpflichtung, vor Gericht als Zeuge zu erscheinen, und die Verpflichtung, vor Gericht Gutachten zu erstatten, sind ungeachtet zwingender Vorschriften (vgl. z. B. § 380 ZPO) staatsbürgerliche Ehrenpflichten (*Hartmann*, Kostengesetze, Teil V, ZSEG, Grundz., Anm. 1 A); ein Entschädigungsanspruch wegen des Zeitverlustes, wegen anderer Nachteile und wegen der Mühe ist daher keinesfalls selbstverständlich (*Hartmann*, **16**

Kostengesetze, Teil V, ZSEG, Grundz., Anm. 2 A). Ansprüche bestehen nur insoweit, als das Justizvergütungs- und -entschädigungsgesetz (JVEG) v. 5. 5. 2004 (BGBl. I 776) solche Ansprüche ausdrücklich vorsieht. Dieses Gesetz ist gemäß § 9 Abs. 4 in der Arbeitsgerichtsbarkeit anwendbar. Das Gesetz enthält spezielle Regelungen für Zeugen (§§ 19 ff. JVEG). Darüber hinaus sind die Fragen der Vergütung von Sachverständigen geregelt (§§ 8 ff. JVEG). Weiterhin enthält das Gesetz allgemeine Vorschriften zur Geltendmachung, zum Erlöschen und zur Verjährung, zu Fragen eines Vorschusses sowie für die gerichtliche Festsetzung der Vergütungen und Entschädigungen.

VII. Rechtsmittelbelehrung (Abs. 5)

17 Im Gegensatz zur ZPO, aber in Übereinstimmung mit den meisten Verfahrensordnungen (vgl. §§ 35 a StPO, 58 VwGO, 55 FGO, 66 SGG), sieht Abs. 5 eine Rechtsmittelbelehrung vor. Das ist nach BVerfG 20. 6. 1995 (NJW 1995, 3173) nicht gleichheitswidrig.

Abs. 5 gilt sowohl im Urteils- als auch im Beschlussverfahren.

18 Schon das Arbeitsgerichtsgesetz 1926 sah in § 9 Abs. 4 eine Rechtsmittelbelehrung vor. Diese Vorschrift war allerdings Soll-Vorschrift. Die Rechtsmittelbelehrung war „daher zwar Amtspflicht", die Unterlassung aber „ohne prozessuale Folgen" (*Baumbach*, Arbeitsgerichtsgesetz, Berlin 1927, § 9 Anm. 11). Das Arbeitsgerichtsgesetz 1953 hatte dann die Rechtsmittelbelehrung in Abs. 4 zwingend vorgesehen und in Abs. 5 Rechtsfolgen für den Fall der fehlerhaften oder unterbliebenen Rechtsmittelbelehrung eingeführt.

1. Die Verpflichtung zur Rechtsmittelbelehrung

19 Jede Entscheidung, die mit einem befristeten Rechtsmittel angefochten werden kann, muss mit einer Rechtsmittelbelehrung versehen werden (Abs. 5 Satz 1). Eine Belehrung ist auch für den Fall zwingend vorgesehen, dass ein Rechtsmittel nicht gegeben ist (Abs. 5 Satz 2).

20 Die Belehrung ist notwendiger Teil der Entscheidung; sie muss unabhängig davon erfolgen, ob die Partei durch einen Prozessbevollmächtigten vertreten wird oder nicht (vgl. *Bader/Creutzfeldt/Friedrich* § 9 Rn. 11).

21 a) § 9 Abs. 5 sieht nur eine Belehrung über **Rechtsmittel**, nicht aber über Rechtsbehelfe vor (anders etwa §§ 58 VwGO, 55 FGO, 66 SGG). Zu Recht hat das BAG (1. 4. 1980 AP ArbGG 1979 § 72 a Nr. 5; ebenso LAG Nürnberg 10. 5. 1988 LAGE ArbGG § 59 Nr. 1) darauf hingewiesen, dass der Gesetzgeber immer dann, wenn er eine Belehrung über Rechtsbehelfe für erforderlich gehalten hat, dies bei dem einzelnen Rechtsbehelf ausdrücklich geregelt hat (siehe § 59 Satz 3). Daraus folgt, dass § 9 Abs. 5 den Begriff des **Rechtsmittels im technischen Sinn** verwendet. Er ist deshalb von dem umfassenderen Begriff des Rechtsbehelfs abzugrenzen.

22 Unter Rechtsbehelf ist jedes von der Rechtsordnung zugelassene Gesuch zu verstehen, das sich gegen gerichtliche Entscheidungen wendet. Das Arbeitsgerichtsgesetz sieht eine Vielzahl solcher Rechtsbehelfe vor, darunter auch die Rechtsmittel. Bei ihnen handelt es sich um Rechtsbehelfe, durch die eine Partei in Fortsetzung des Rechtsstreits eine ihr ungünstige Entscheidung im Wege der Nachprüfung durch ein höheres Gericht zu beseitigen sucht. Charakteristisch für Rechtsmittel ist, dass sie zum einen den Eintritt der Rechtskraft hemmen und so der Fortführung des Rechtsstreits dienen (Suspensiveffekt) und dass zum anderen über sie die höhere Instanz entscheidet (Devolutiveffekt).

23 aa) Keine Rechtsmittel sind die sog. **außerordentlichen Rechtsbehelfe** wie Wiederaufnahme des Verfahrens (§ 79 ArbGG), Wiedereinsetzung in den vorigen Stand (§§ 233 ff. ZPO), Abänderungsklage (§ 323 ZPO) und Vollstreckungsabwehrklage (§ 767 ZPO),

VII. Rechtsmittelbelehrung (Abs. 5) § 9

da sie die Rechtskraft nicht hemmen, sondern durchbrechen (bezüglich der Rechtsbehelfe zur Durchbrechung der Rechtskraft vgl. *Prütting/Weth,* Rechtskraftdurchbrechung bei unrichtigen Titeln, Köln 2. Aufl. 1994, Rn. 90 ff.). Über diese Möglichkeiten muss also nicht belehrt werden.

bb) Keine Rechtsmittel sind **Widerspruch** gegen den Mahnbescheid (§ 46a i. V. m. § 694 ZPO), **Einspruch** gegen den Vollstreckungsbescheid (§ 46a i. V. m. § 700 ZPO) und gegen ein Versäumnisurteil (§ 59) sowie die Anhörungsrüge gem. § 78a, da jeweils nicht die höhere Instanz entscheidet. **Obwohl es sich beim Einspruch um einen Rechtsbehelf handelt, muss die Partei über die Möglichkeit des Einspruchs belehrt werden.** Das ergibt sich aus § 59. Aus ihm ergibt sich, dass der Einspruch bezüglich der Belehrung wie ein Rechtsmittel zu behandeln ist (so zu Recht BAG 1. 4. 1980 AP ArbGG 1979 § 72a Nr. 5). § 9 Abs. 5 ist also bezüglich des Einspruchs gegen ein Versäumnisurteil und damit auch bezüglich des Einspruchs gegen den Vollstreckungsbescheid analog anzuwenden. Daher sind Inhalt, Form und Rechtsfolgen der Belehrung dem § 9 Abs. 5 zu entnehmen (abweichend unten § 59 Rn. 20; a. A. auch LAG Nürnberg 10. 5. 1988 LAGE ArbGG § 59 Nr. 1; die Entscheidung verkennt, dass ohne Rückgriff auf § 9 Abs. 5 die Hinweispflicht des § 59 Satz 3 sanktionslos wäre).

24

cc) Keinen Devolutiveffekt hat nach Auffassung des BAG (1. 4. 1980 AP ArbGG 1979 § 72a Nr. 5; BAG 28. 2. 2008, NZA 2008, 660; ebenso *Schaub* ArbGV § 52 Rn. 43) die **Nichtzulassungsbeschwerde**. Der ein Rechtsmittel kennzeichnende Suspensiveffekt und Devolutiveffekt müsse dazu führen, die angefochtene Entscheidung auf ihre volle Richtigkeit im Umfang ihrer Suspendierung überprüfen zu können. Im Beschwerdeverfahren über die Nichtzulassungsbeschwerde könne aber nicht die volle Richtigkeit der angefochtenen Entscheidung überprüft werden. Der ein Rechtsmittel kennzeichnende volle Devolutiveffekt trete erst durch die Revision ein.

25

Die Entscheidung des BAG ist von der h. M. **zu Recht abgelehnt** worden (*Bader* in: GK-ArbGG § 9 Anm. 6b; *Frohner* BB 1980, 1164; *Leipold,* Anmerkung zu BAG 1. 4. 1980 AP ArbGG 1979 § 72a Nr. 5). Die Nichtzulassungsbeschwerde hat sowohl Suspensiv- als auch Devolutiveffekt. Dass ein Rechtsmittel nicht zu einer vollen sachlichen Überprüfbarkeit der angefochtenen Entscheidung führt, ist nichts Ungewöhnliches und auch nicht Voraussetzung eines Rechtsmittels (vgl. nur *Frohner* BB 1980, 1165).

26

dd) Folgende Rechtsbehelfe des Arbeitsgerichtsgesetzes haben sowohl Suspensiv- als auch Devolutiveffekt und sind daher **Rechtsmittel,** über die belehrt werden muss: Die Berufung (§§ 64 ff.), die Revision (§§ 72 ff.), die Revisionsbeschwerde genannte Rechtsbeschwerde (§ 77 i. V. m. §§ 574–577 ZPO), die sofortige Beschwerde (§ 78 i. V. m. § 577 ZPO), die Beschwerde gemäß § 87, die Rechtsbeschwerde (§§ 92 ff.), die Nichtzulassungsbeschwerde gemäß §§ 72a, 92a (streitig; vgl. dazu oben Rn. 25).

27

Zu den Rechtsmitteln zählen auch die **Sprungrevision** (§ 76) und die **Sprungrechtsbeschwerde** (§ 96a). Über diese Rechtsmittel muss daher nach dem klaren Wortlaut des § 9 Abs. 5 ebenfalls belehrt werden, soweit diese Rechtsmittel im konkreten Fall in Betracht kommen (a. A. *Bader* in: GK-ArbGG § 9 Rn. 91; wie hier aber ErfK/*Koch* § 9 ArbGG Rn. 32; *Hauck/Helml* Rn. 14).

28

ee) Keine Rechtsmittel sind nach der Rechtsprechung **Anschlussberufung** und **Anschlussrevision** (vgl. nur BAG 14. 5. 1976 NJW 1976, 2143 m. w. N.; BAG 20. 2. 1997 AP ArbGG 1979 § 9 Nr. 16). Folgt man dieser Auffassung, ist über sie nicht zu belehren. Nach richtiger Auffassung wird man allerdings den Rechtsmittelcharakter der Anschlussrechtsmittel bejahen müssen (grundlegend *Baur* FS Fragistas 1966 S. 359 ff.; vgl. auch *Prütting* ZZP 95, 502 m. w. N.). Aber auch nach dieser im Vordringen befindlichen Meinung kommt eine gesonderte Belehrung **nicht** in Betracht. Denn über selbständige Anschlussrechtsmittel erfolgt die Belehrung bereits nach den allgemeinen Grundsätzen, eine Belehrung über unselbständige Anschlussrechtsmittel ist im Zeitpunkt des Urteilserlasses aber noch nicht möglich.

29

30 b) Abs. 5 sieht nur für solche Entscheidungen eine Belehrung vor, die mit einem **befristeten** Rechtsmittel anfechtbar sind (BAG 5. 8. 1996 NJW 1997, 343). Daher müssen Entscheidungen, die lediglich mit einem unbefristeten Rechtsmittel angegriffen werden können (also mit der einfachen Beschwerde) nicht mit einer Rechtsmittelbelehrung versehen werden.

31 c) Zusammenfassend lässt sich sagen:
Jede Entscheidung, die den Parteien zugestellt wird, bedarf der Rechtsmittelbelehrung, es sei denn
– die Entscheidung ist ausschließlich mit einem unbefristeten Rechtsmittel anfechtbar;
– gegen die Entscheidung ist ein Rechtsbehelf (der nicht Rechtsmittel ist) statthaft.

32 In den letztgenannten Fällen erfolgt **keine** Rechtsmittelbelehrung. In allen übrigen Fällen erfolgt entweder eine Belehrung dahin, dass die Entscheidung unanfechtbar ist, oder eine Belehrung darüber, welches Rechtsmittel eingelegt werden kann (vgl. zum ganzen *Bader* in: GK-ArbGG, § 9 Rn. 83, 94).

33 d) Die Rechtsmittelbelehrung hat unabhängig davon zu erfolgen, ob es sich um ein Endurteil gemäß § 300 ZPO oder gemäß § 301 ZPO (Teilurteil) handelt, oder ob es sich um Urteile handelt, die den Endurteilen gleichgestellt sind wie Vorbehaltsurteile gemäß § 302 Abs. 3, Zwischenurteile über den Grund gemäß § 304 Abs. 2 sowie das Zwischenurteil gemäß § 280 Abs. 2.

34 Bei Zwischenurteilen gemäß § 303 ZPO und bei Zwischenurteilen über den Grund gemäß § 61 Abs. 3 muss eine Belehrung dahingehend erfolgen, dass gegen sie kein Rechtsmittel gegeben ist, dass sie vielmehr nur zusammen mit dem Endurteil anfechtbar sind. Die Gegenauffassung (*Grunsky* § 9 Rn. 21) verkennt, dass gemäß Abs. 5 Satz 2 auch über die Unanfechtbarkeit belehrt werden muss; im Übrigen scheint eine Belehrung in den genannten Fällen auch besonders sinnvoll.

35 e) Die Verpflichtung zur Belehrung besteht auch dann, wenn die Partei durch einen Rechtsanwalt oder sonstigen Prozessbevollmächtigten vertreten ist.

2. Form

36 Die Rechtsmittelbelehrung ist Bestandteil der Entscheidung des Gerichts; sie muss durch das erkennende Gericht erteilt werden und zwar nicht nur stichwortartig, sondern vollständig ausformuliert (LAG Hamm 9. 8. 1984 EzA ArbGG 1979 § 9 Nr. 3). Sie muss von den zuständigen Richtern unterschrieben sein. Vorher beginnt die Rechtsmittelfrist nicht zu laufen (BAG 6. 3. 1980 AP ArbGG 1979 § 9 Nr. 1; BAG 15. 5. 1984 NZA 1984, 98 BAG 1. 3. 1994 NJW 1994, 3181 = NZA 1994, 1053; BAG 30. 9. 1998 NJW 1999, 1205). Enthält dagegen ein Urteil vor der Unterschrift lediglich einen Hinweis auf die auf der Rückseite abgedruckte Rechtsmittelbelehrung, so ist die Form des § 9 Abs. 5 nicht gewahrt (BAG 1. 3. 1994 EZA ArbGG 1979 § 9 Nr. 7).

3. Inhalt

37 a) Die Rechtsmittelbelehrung muss **eindeutig** sein (LAG Hamm 7. 2. 1980 BB 1980, 265). Die Partei (bei teilwesem Obsiegen beide Parteien) muss **konkret** belehrt werden, ob gegen die Entscheidung, in der die Rechtsmittelbelehrung enthalten ist, ein Rechtsmittel gegeben ist und bejahendenfalls welches (LAG Berlin 5. 11. 1979 EzA ArbGG 1979 § 64 Nr. 5 mit zust. Anm. *Dütz;* LAG Berlin 7. 1. 1980 mit ablehnender Anm. *Stahlhacke; Grunsky* § 9 Rn. 24; *Schaub* ArbGV § 44 Rn. 33). Es muss also darüber belehrt werden, ob nach Auffassung des erkennenden Gerichts die konkret erlassene Entscheidung mit einem Rechtsmittel angegriffen werden kann (*Dütz,* Anm. zu LAG Berlin EzA ArbGG 1979 § 64 Nr. 5).

38 Eine **abstrakt erteilte Rechtsmittelbelehrung** wird den gesetzlichen Vorschriften nicht gerecht. Zweck der Rechtsmittelbelehrung ist es nämlich, dem Rechtsuchenden von

VII. Rechtsmittelbelehrung (Abs. 5) § 9

vornherein Klarheit darüber zu verschaffen, ob und welches Rechtsmittel ihm gegen die Entscheidung der angegebenen Art zusteht (*Dersch/Volkmar* § 9 Rn. 14) oder anders formuliert, die rechtsunkundige Partei ohne weiteres in die Lage zu versetzen, die für die Wahrnehmung ihrer Rechte erforderlichen Schritte zu unternehmen (BAG 20. 2. 1997 AP ArbGG 1979 § 9 Nr. 16; BAG 29. 4. 1983 AP ArbGG 1979 § 9 Nr. 2 mit Anm. *Grunsky*; BAG 5. 9. 1974 AP ZPO § 518 Nr. 24). Dieser Zweck kann **nicht** erreicht werden, wenn – wie verschiedene Arbeitsgerichte dies tun – in folgender Form belehrt wird:

„Gegen dieses Urteil kann Berufung eingelegt werden, sofern es sich um eine nicht **39** vermögensrechtliche Streitigkeit handelt, oder sofern es sich um eine vermögensrechtliche Streitigkeit handelt und der Wert des Beschwerdegegenstandes DM 800,– übersteigt, oder sofern es sich um eine vermögensrechtliche Streitigkeit handelt und die Berufung in dem Urteil des Arbeitsgerichts zugelassen worden ist."

Soweit *Stahlhacke* (Anm. zu LAG Berlin EzA ArbGG 1979 § 64 Nr. 1) die abstrakte **40** Rechtsmittelbelehrung damit verteidigt, sie sei auch deshalb ausreichend, weil sich die Parteien vor den Landesarbeitsgerichten ohnehin durch rechtskundige Bevollmächtigte vertreten lassen müssten, kann dem nicht gefolgt werden. Bei einer abstrakten Rechtsmittelbelehrung, wie sie oben (Rn. 39) dargestellt ist, wird eine rechtsunkundige Partei nicht immer feststellen können, ob ein Rechtsmittel gegeben ist oder nicht und daher auch nicht wissen, ob es sinnvoll ist, einen Anwalt (Gewerkschaftssekretär, Arbeitgeberverband) aufzusuchen oder nicht. Der Zweck der Rechtsmittelbelehrung würde also verfehlt. Die abstrakte Rechtsmittelbelehrung reicht nicht aus (a. A. LAG Bremen 24. 7. 2002 MDR 2003, 173). Dies bedeutet allerdings nicht, dass die Rechtsmittelbelehrung individuell die Partei im konkreten Fall beraten muss. Nicht erforderlich ist z. B. also eine Rechtsmittelbelehrung, die auf Besonderheiten bei Streitgenossen eingeht (BAG 20. 2. 1997 AP ArbGG 1979 § 9 Nr. 16).

b) Abs. 5 schreibt nach Auffassung des BAG nur eine Belehrung dahingehend vor, bei **41** welchem Gericht, in welcher Form und binnen welcher Frist das Rechtsmittel einzulegen ist. Über die **Begründung des Rechtsmittels** sei nicht zu belehren. Das ergebe sich daraus, dass das Gesetz nur von Einlegung spreche. Unter Einlegung etwa der Berufung sei aber gemäß § 519 n. F. nur die Einreichung der Berufungsschrift selbst, nicht die Berufungsbegründung zu verstehen (BAG 5. 11. 1954 AP ArbGG 1953 § 9 Nr. 1 = NJW 1954, 1904; BAG 16. 12. 1957 AP ZPO § 519 Nr. 6; BAG 7. 9. 1959 AP ArbGG 1953 § 9 Nr. 12).

Demgegenüber vertritt *Dütz* (RdA 1980, 84) die Auffassung, die Rechtsmittelbeleh- **42** rung müsse auch auf den Begründungszwang und die Begründungsfrist eingehen. Abs. 5 spreche von der „Belehrung über das Rechtsmittel". Davon könne aber nur gesprochen werden, wenn auch bezüglich der Begründung belehrt werde (diese Auffassung ist nach BAG 4. 6. 2003 AP InsO § 209 Nr. 2 nicht nachvollziehbar).

Der Wortlaut des Abs. 5 lässt beide Auslegungen zu; er hilft also nicht weiter. Sinn **43** und Zweck der Vorschrift sprechen aber für die Auffassung des BAG. Die Rechtsmittelbelehrung soll die rechtsunkundige Partei in die Lage versetzen, die für die Wahrnehmung ihrer Rechte erforderlichen Schritte zu unternehmen (BAG 29. 4. 1983 AP ArbGG 1979 § 9 Nr. 2). Dem ist genügt, wenn die Partei weiß, dass ein Rechtsmittel gegeben ist und dass dieses Rechtsmittel von einem Prozessbevollmächtigten gemäß § 11 Abs. 2 in einer bestimmten Form und innerhalb bestimmter Frist (der Bevollmächtigte muss also rechtzeitig angesprochen werden) einzulegen ist. Frist und Form der Begründung müssen dann vom beauftragten Prozessbevollmächtigten eingehalten werden. Wenn die Partei darüber nicht belehrt ist, können ihr keine Nachteile entstehen.

c) Zur Belehrung über die Form des Rechtsmittels gehört der Hinweis auf das **44** **Schriftlichkeitserfordernis**. Des Weiteren gehört hierher auch der Hinweis auf den vor dem LAG bzw. BAG bestehenden **Vertretungszwang** (BAG 29. 4. 1983 AP ArbGG 1979 § 9 Nr. 2 mit Anm. *Grunsky*). Dieser Hinweis darf allerdings nicht nur pauschal auf § 11 Abs. 2 Bezug nehmen. Vielmehr muss in der Rechtsmittelbelehrung im Einzelnen aufgezählt sein, welche Personen zur Einlegung der Berufung für die beschwerte Partei befugt sind (Rechtsanwälte, Verbandsvertreter). Ein besonderer Hinweis darauf, dass nur kraft Satzung oder Vollmacht zur Vertretung befugte Vertreter von Gewerkschaften oder Arbeitgeberverbänden postulationsfähig sind, muss die Rechtsmittelbelehrung hingegen nicht enthalten (BAG 29. 4. 1983 AP ArbGG 1979 § 9 Nr. 2 mit zust. Anm. *Grunsky*).

45   Die Rechtsmittelbelehrung muss weiterhin die vollständige postalische Anschrift des Gerichts enthalten (BAG 6. 3. 1980 AP ArbGG 1979 § 9 Nr. 1).

4. Folgen fehlerhafter oder unterbliebener Belehrung

46   **a)** **Unterbleibt die Belehrung darüber, dass eine Entscheidung anfechtbar ist** oder ist die Belehrung fehlerhaft, beginnt die Frist zur Einlegung des Rechtsmittels (also Berufungs-, Revisions- oder Beschwerdefrist) nicht zu laufen (aber s. u. b). Die Frist beginnt nur, wenn in der richtigen Form (vgl. dazu oben Rn. 36) und mit dem richtigen Inhalt (vgl. dazu oben Rn. 37) belehrt worden ist (Abs. 5 Satz 3).

47   **b)** Dass die Frist zur Einlegung des Rechtsmittels nicht beginnt, heißt aber nicht, dass das Rechtsmittel unbefristet eingelegt werden kann. Vielmehr ist die Einlegung der Rechtsmittel gemäß Abs. 5 Satz 4 nur innerhalb eines Jahres seit **Zustellung** (zum Lauf der Fristen bei unterbliebener Zustellung vgl. unten Rn. 58) der Entscheidung zulässig. Abs. 5 Satz 4 macht allerdings von diesem Grundsatz zwei Ausnahmen.

48   **aa)** Die Jahresfrist gilt nicht, das Rechtsmittel kann also unbefristet eingelegt werden, wenn eine Belehrung dahin erfolgt ist, dass ein Rechtsmittel nicht gegeben ist, obwohl die Entscheidung in Wahrheit anfechtbar ist.

49   **bb)** Trotz Ablaufs der Jahresfrist kann noch ein Rechtsmittel eingelegt werden, wenn die Einlegung des Rechtsmittels vor Ablauf der Jahresfrist infolge höherer Gewalt unmöglich war.

50   Die Verwendung des Begriffs „höhere Gewalt" und seine Auslegung gibt zu Zweifeln Anlass. Durch die Wortwahl „höhere Gewalt" sollte ursprünglich im Gegensatz zu dem bloßen Mangel eines Verschuldens diese Voraussetzung auf außergewöhnliche Fälle beschränkt werden (vgl. *Stein/Jonas/Pohle* ZPO 19. Aufl. § 233 Anm. II). Früher war das Merkmal in der ZPO einheitlich als Voraussetzung der Wiedereinsetzung in den vorigen Stand gemäß § 233 ZPO a. F. sowie als Voraussetzung für die Vertagung von Amts wegen gemäß § 337 ZPO a. F. genannt, ebenso war es damals schon für Rechtsmittelbelehrungen in den §§ 58 Abs. 2 VwGO, 66 Abs. 2 SGG, 55 Abs. 2 FGO enthalten. In der Rechtsprechung insbesondere zur Wiedereinsetzung war aber vor der Vereinfachungsnovelle 1976 eine deutliche Tendenz zu beobachten, die höhere Gewalt (also die absolute Unvermeidbarkeit eines Versäumnisses auch bei größtmöglicher Sorgfalt) erweiternd auszulegen im Sinne einer unverschuldeten Verhinderung (es ist also auf die subjektive Fähigkeit der säumigen Partei abzustellen). Die ursprünglich mit dem Begriff der höheren Gewalt verbundene Vorstellung – Unbeeinflussbarkeit der Fristversäumung durch die Partei – war und ist also seit langem einer am Verschulden der Partei orientierten Betrachtung gewichen. Höhere Gewalt wurde nur noch als gesteigerter Verschuldensmaßstab verstanden und war so völlig vom Wortlaut losgelöst (vgl. dazu nur die Ausführungen bei *Rosenberg/Schwab* 11. Aufl. 1977 § 70 II, S. 371). Die Vereinfachungsnovelle hat diese Tendenzen aufgenommen (vgl. BT-Drucks. 7/5250, S. 7) und in Übereinstimmung mit anderen Verfahrensgesetzen (§§ 60 Abs. 1 VwGO, 67 Abs. 1 SGG, 56 Abs. 1 FGO) § 233 ZPO dahin geändert, dass eine Wiedereinsetzung auf Antrag der Partei zu gewähren ist, wenn sie **ohne ihr Verschulden** an der Einhaltung der Frist verhindert war. Zu dieser Änderung des § 233 ZPO führen die Materialien zur Vereinfachungsnovelle aus: „Die nunmehr vorgenommene Anpassung der Zivilprozessordnung dient danach einer stärkeren Vereinheitlichung der gerichtlichen Verfahren in

VII. Rechtsmittelbelehrung (Abs. 5) § 9

einem Bereich, der wegen der grundsätzlichen, in allen Verfahren gegebenen gleichen Interessenlage eine einheitliche Regelung besonders dringlich erscheinen lässt" (BT-Drucks. 7/5250, S. 7).

Nunmehr hat der Gesetzgeber in der Beschleunigungsnovelle 1979 den Begriff der 51 höheren Gewalt in Angleichung an die §§ 58 Abs. 2 VwGO, 66 Abs. 2 SGG, 55 Abs. 2 FGO wiederum verwendet, obwohl er § 9 Abs. 5 Satz 4 ausdrücklich als Fall der Wiedereinsetzung bezeichnet hat (BT-Drucks. 8/1567, S. 41). Dieser auffallende und unglückliche sprachliche Unterschied darf aber nicht dazu führen, die vom Gesetzgeber gewollte Vereinheitlichung aller Wiedereinsetzungsvorschriften wieder aufzugeben und § 9 Abs. 5 Satz 4 entgegen dem Gesetzeszweck abweichend von der bisherigen Rechtsprechung zur Wiedereinsetzung auszulegen. Daher ist heute das Merkmal der höheren Gewalt im Sinne von „ohne das Verschulden der Partei" auszulegen (dieser Zusammenhang wird in der arbeitsgerichtlichen Literatur verkannt, vgl. ErfK/*Koch* § 9 ArbGG Rn. 16; *Hauck/Helml* § 10 Rn. 19; GK-ArbGG/*Bader* § 9 Rn. 110; *Düwell/Lipke* § 9 Rn. 49).

Im Falle der Fristversäumung auf Grund höherer Gewalt muss das Rechtsmittel inner- 52 halb einer zweiwöchigen Frist nach Behebung des Hindernisses eingelegt werden (Abs. 5 Satz 4 i. V. m. § 234 Abs. 1 und 2 ZPO). Ein Antrag auf Wiedereinsetzung ist nicht erforderlich (so auch *Dütz* RdA 1980, 85; a. A. *Grunsky* § 9 Rn. 33), weil nach dem Wortlaut des Abs. 5 bei höherer Gewalt das Rechtsmittel noch zulässig ist.

In der Rechtsmittelschrift müssen allerdings die Tatsachen dafür enthalten sein, wa- 53 rum die Partei ohne ihr Verschulden an der rechtzeitigen Einlegung des Rechtsmittels gehindert war. Diese Tatsachen sind glaubhaft zu machen (§ 236 Abs. 2 Satz 1 ZPO).

c) **Unterbleibt die Belehrung, dass eine Entscheidung unanfechtbar ist,** so hat das 54 keine Rechtsfolgen.

d) Wird in der Rechtsmittelbelehrung **fälschlicherweise ein Rechtsmittel für zulässig** 55 erklärt, so begründet das nicht die Anfechtbarkeit der fraglichen gerichtlichen Entscheidung (BAG 20. 9. 2000 NJW 2001, 244 = NZA 2001, 52; BAG 10. 12. 1986 AP ZPO § 566 Nr. 3 m. insoweit zust. Anm. *Walchshöfer*; LAG Berlin 5. 11. 1979 EzA ArbGG 1979 § 64 Nr. 5 mit zustimmender Anm. *Dütz*; LAG Berlin 7. 1. 1980 EzA ArbGG 1979 § 64 Nr. 1 mit zustimmender Anm. *Stahlhacke*; LAG Hamm 20. 4. 1988 NZA 1989, 154; BAG 4. 4. 1989 MDR 1989, 850; BAG 29. 6. 1992 NZA 1992, 1049).

Die falsche Rechtsmittelbelehrung ersetzt auch nicht die in §§ 64 Abs. 2, 72 notwen- 56 dige Zulassung. Wird die Partei zu Unrecht dahin belehrt, gegen das Urteil könne Berufung eingelegt werden, kann darin nicht die Zulassung der Berufung gemäß § 64 Abs. 2 ArbGG gesehen werden (BAG 20. 9. 2000 NJW 2001, 224 = NZA 2001, 52; BAG 24. 2. 1988 NZA 1988, 553; BAG 26. 2. 1959 AP ArbGG 1953 § 9 Nr. 3; BAG 1. 4. 1982 AP ArbGG 1979 § 64 Nr. 4).

In den genannten Fällen liegt aber eine unrichtige Sachbehandlung i. S. des § 8 Abs. 1 57 GKG vor. Die **Kosten**, die durch Einlegung des Rechtsmittels entstanden wären, dürfen daher nicht erhoben werden (BAG 15. 12. 1986 DB 1987, 1204).

e) Ist die **Zustellung der gesamten Entscheidung unterblieben,** so kann § 9 Abs. 5 58 Satz 4 an sich keine Anwendung finden, da der Lauf der Jahresfrist an die Zustellung der Entscheidung anknüpft. Zu beachten ist freilich, dass bei gänzlich unterbliebener Zustellung nach der ZPO die Rechtsmittelfristen gemäß §§ 517, 520 Abs. 2 Satz 1, 548, 551 Abs. 2 Satz 3 ZPO fünf Monate ab Verkündung zu laufen beginnen (BAG 1. 7. 1992 NZA 1992, 1047 will diese Frist analog auf Verweisungsbeschlüsse anwenden, lässt aber die Heranziehung von § 9 Abs. 5 ausdrücklich offen; ebenso BAG 5. 8. 1996 NJW 1997, 343). Auf das arbeitsgerichtliche Verfahren angewendet würde dies bedeuten, dass bei fehlender Rechtsmittelbelehrung eine Entscheidung nach zwölf Monaten rechtskräftig würde, bei fehlender Zustellung des gesamten Urteils aber schon nach sechs Monaten. Dies stellt möglicherweise einen Wertungswiderspruch dar (vgl. *Zeuner* Anm. zu BAG AP ArbGG 1953 § 9 Nr. 14; nach *Kort* SAE 1998, 72 liegt ein Wertungswiderspruch nicht vor).

Prütting 287

58a Nunmehr hat das ArbGG seit 1. 1. 2002 in §§ 66 Abs. 1, 74 Abs. 1 diese Fristen selbst (im gleichlautenden Sinn) geregelt. Welche Konsequenzen dies hat, ist allerdings weiterhin sehr streitig (vgl. umfassend *Künzl* ZZP 118, 59, 62 ff.). Teilweise wird noch immer eine Kumulation der Fristen vorgenommen und damit die Auffassung vertreten, die Rechtsmittelfrist beginne nach 17 Monaten zu laufen (GK-ArbGG/*Vossen* § 66 Rn. 38; *Henssler/Willemsen/Kalb* § 66 ArbGG Rn. 10; ErfK/*Koch* § 66 ArbGG Rn. 12; *Holthaus/Koch* RdA 2002, 151). Ganz überwiegend wird demgegenüber heute allerdings die Auffassung vertreten, dass die Neuregelung in den §§ 66, 74 allein maßgeblich sei und § 9 Abs. 5 Satz 4 verdränge (BAG 1. 10. 2003 NZA 2003, 1356; BAG 16. 4. 2003 AP Nr. 1 zu § 551 ZPO 2002; BAG 28. 10. 2004 NJW 2005, 700; *Künzl* ZZP 118, 66 ff. m. w. N.; vgl. ferner unten § 66 Rn. 15 a und § 74 Rn. 5). Dem ist zuzustimmen. Mit dieser Auffassung wird letztlich die hier schon immer vertretene Meinung bestätigt, dass eine Fristenkumulation ausgeschlossen erscheint. Im Ergebnis sind damit bei gänzlich unterbliebener Zustellung allein die §§ 66 Abs. 1 Satz 2, 74 Abs. 1 anzuwenden. Die Rechtsmittelfristen beginnen also spätestens **fünf Monate ab Verkündung** zu laufen. Insoweit wird die Regelung des § 9 Abs. 5 Satz 4 verdrängt.

58b Wird das Urteil zwar verspätet, aber noch vor Ablauf der von der Rechtsprechung früher für richtig gehaltenen 17-Monats-Frist ordnungsgemäß zugestellt, so läuft ab Zustellung die Rechtsmittelfrist. Die volle 17-Monats-Frist steht in diesem Fall nicht zur Verfügung (BAG 8. 6. 2000 NZA 2001, 343 = NJW 2000, 3515). Dies dürfte auch bei der heutigen Fristbestimmung weiterhin gelten.

59 f) Bei **inkorrekten Entscheidungen,** also in den Fällen, in denen eine ihrer Art nach falsche Entscheidung getroffen wurde und eine richtige Entscheidung anderer Art hätte getroffen werden müssen, gilt das Prinzip der Meistbegünstigung (Beispiel: Wenn durch Versäumnisurteil statt durch streitiges Endurteil entschieden wird, ist sowohl der Einspruch als auch die Berufung zulässig). Die Partei kann daher wählen, ob sie das Rechtsmittel einlegt, das ihr gegen die richtige Entscheidung zustehen würde oder ob sie das Rechtsmittel einlegt, das gegen die tatsächlich ergangene Entscheidung gegeben ist (vgl. *Rosenberg/Schwab/Gottwald* ZRP 16. Aufl. 2004 § 133 II; *Dersch/Volkmar* § 9 Rn. 14).

60 Da die inkorrekte Entscheidung zwangsläufig nur über das letztgenannte Rechtsmittel belehrt, fragt sich, welche Fristen für die Einlegung der Rechtsmittel laufen.

61 Wenn die inkorrekte Entscheidung richtig über das gegen die tatsächlich ergangene Entscheidung gegebene Rechtsmittel belehrt, setzt sie die Rechtsmittelfrist in Gang; es gilt nicht die Jahresfrist des Abs. 5 Satz 4. Da über das Rechtsmittel, das der Partei gegen die an sich richtige Entscheidung zustehen würde, nicht belehrt ist, gilt hier freilich die Jahresfrist des Abs. 5 Abs. 4. Das hat für den Rechtsmittelgegner allerdings die unangenehme Konsequenz, dass das nicht in der Rechtsmittelbelehrung enthaltene Rechtsmittel – für ihn sehr überraschend – noch eingelegt werden kann, obwohl aus seiner Sicht scheinbar längst eine rechtskräftige Entscheidung vorliegt. Wird allerdings der Fehler bemerkt, bleibt ein Antrag auf Ergänzung der Rechtsmittelbelehrung eröffnet (s. u. Rn. 62 ff.).

5. Berichtigung und Nachholung

62 Eine Berichtigung bzw. Nachholung der Rechtsmittelbelehrung sieht Abs. 5 nicht vor. Aus Beschleunigungsgesichtspunkten und im Interesse der obsiegenden Partei wird man aber eine Korrektur der falschen bzw. Nachholung der unterbliebenen Rechtsmittelbelehrung zulassen müssen. Es ist der obsiegenden Partei nicht zumutbar, nur deswegen ein Jahr mit der Anfechtbarkeit der Entscheidung rechnen zu müssen, weil der erkannte Fehler bei der Rechtsmittelbelehrung nicht korrigiert werden kann.

Da die Rechtsmittelbelehrung Bestandteil des Urteils ist, wäre für eine Berichtigung **63** bzw. Nachholung der Rechtsmittelbelehrung zunächst an §§ 319, 321 ZPO zu denken. Beide Normen treffen indes nicht zu. Weder handelt es sich darum, dass ein Anspruch der Parteien übergangen worden ist, noch ist eine offenbare Unrichtigkeit gegeben, jedenfalls nicht im Falle fehlerhafter Rechtsmittelbelehrung. Aus den oben genannten Gründen ist aber eine Berichtigung bzw. Nachholung des Rechtsmittels auf Antrag oder von Amts wegen durch Beschluss des Gerichts notwendig und daher zuzulassen. Allerdings verlangt Abs. 5, dass die gesamte Entscheidung mit korrekter Rechtsmittelbelehrung zugestellt wird. Eine Zustellung allein des Berichtigungsbeschlusses genügt daher nicht. Es muss eine erneute Zustellung der gesamten Entscheidung erfolgen (LAG Rheinland-Pfalz 28. 1. 1999 NZA 1999, 1239; GK-ArbGG/*Bader* § 9 Rn. 101; ErfK/*Koch* § 9 ArbGG Rn. 19; *Düwell/Lipke* § 9 Rn. 55).

Gegen diesen Beschluss ist nach allgemeinen Regeln (§ 78 Abs. 1 i. V. m. §§ 567 ff. **64** ZPO) die Beschwerde gegeben. Der Rechtsgedanke des § 319 Abs. 3 ZPO (Unanfechtbarkeit bei Ablehnung der Berichtigung) kann hier nicht eingreifen, weil im Falle der falschen Rechtsmittelbelehrung die Gefahr besteht, dass die Entscheidung nicht bzw. erst nach einem Jahr rechtskräftig wird.

Der Berichtigungsbeschluss ist zuzustellen. Mit seiner Zustellung beginnt die Rechts- **65** mittelfrist zu laufen, sofern die Rechtsmittelbelehrung nunmehr zutreffend ist.

§ 10 Parteifähigkeit

¹Parteifähig im arbeitsgerichtlichen Verfahren sind auch Gewerkschaften und Vereinigungen von Arbeitgebern sowie Zusammenschlüsse solcher Verbände; in den Fällen des § 2a Abs. 1 Nr. 1 bis 3f sind auch die nach dem Betriebsverfassungsgesetz, dem Sprecherausschussgesetz, dem Mitbestimmungsgesetz, dem Mitbestimmungsergänzungsgesetz, dem Drittelbeteiligungsgesetz, dem § 139 des Neunten Buches Sozialgesetzbuch, dem § 51 des Berufsbildungsgesetzes und den zu diesen Gesetzen ergangenen Rechtsverordnungen sowie die nach dem Gesetz über Europäische Betriebsräte, dem SE-Beteiligungsgesetz, dem SCE-Beteiligungsgesetz und dem Gesetz über die Mitbestimmung der Arbeitnehmer bei einer grenzüberschreitenden Verschmelzung beteiligten Personen und Stellen Beteiligte. ²Parteifähig im arbeitsgerichtlichen Verfahren sind in den Fällen des § 2a Abs. 1 Nr. 4 auch die beteiligten Vereinigungen von Arbeitnehmern oder von Arbeitgebern sowie die oberste Arbeitsbehörde des Bundes oder derjenigen Länder, auf deren Bereich sich die Tätigkeit der Vereinigung erstreckt.

Übersicht

	Rn.
I. Allgemeines	1, 2
II. Parteifähigkeit im Urteilsverfahren	3–14
1. Parteifähigkeit nach § 50 ZPO	3–6
2. Parteifähigkeit nach § 10 ArbGG	7–14
a) Gewerkschaften	7–11
b) Arbeitgebervereinigungen	12
c) Spitzenorganisationen	13, 14
III. Parteifähigkeit im Beschlussverfahren	15–35
1. Die Beteiligtenfähigkeit	15, 16
2. Beteiligtenfähige Personen	17–21
3. Beteiligtenfähige Stellen	22–31
4. Beteiligtenfähige Vereinigungen	32, 33
5. Beteiligtenfähige Behörden	34, 35
IV. Die Prozessfähigkeit	36–44
1. Im Urteilsverfahren	36–38
2. Im Beschlussverfahren	39–44
V. Prüfung der Partei-, Beteiligten- und Prozessfähigkeit	45–49

§ 10 Parteifähigkeit

I. Allgemeines

1 § 10 regelt die **Parteifähigkeit** im arbeitsgerichtlichen Verfahren, und zwar im **Urteils- und Beschlussverfahren**. Die Vorschrift knüpft an die Regelung in § 50 ZPO an und bringt nur einige allerdings bedeutsame zusätzliche Bestimmungen.

2 Die Vorschrift entspricht inhaltlich § 10 ArbGG a. F. und ist später durch eine Vielzahl von Gesetzen den Änderungen in den bestehenden Mitbestimmungsgesetzen und neuen Beteiligungsregelungen angepasst worden.

II. Parteifähigkeit im Urteilsverfahren

1. Parteifähigkeit nach § 50 ZPO

3 Nach § 46 Abs. 2 gelten für das Urteilsverfahren die Vorschriften der Zivilprozessordnung über das Verfahren vor den Amtsgerichten entsprechend. Damit ist auch § 50 ZPO in Bezug genommen, der die Parteifähigkeit in diesem Verfahren regelt. Nach § 50 Abs. 1 ZPO ist **parteifähig, wer rechtsfähig** ist. Parteifähigkeit ist die Fähigkeit, im eigenen Namen als Partei einen Prozess zur Rechtsverfolgung oder Rechtsverteidigung zu betreiben. Sie kommt jeder Person oder Organisation zu, die rechtsfähig ist. **Wer rechtsfähig ist, bestimmt sich nach materiellem Recht.**

4 Rechtsfähig sind alle **natürlichen** und **juristischen Personen** des Privatrechts und des öffentlichen Rechtes, also der rechtsfähige Verein, die Stiftung, die Aktiengesellschaft, die Kommanditgesellschaft auf Aktien, die GmbH, die Genossenschaft, der Versicherungsverein auf Gegenseitigkeit und alle öffentlich-rechtlichen Körperschaften, Stiftungen und Anstalten. Die **Innungen** sind nach § 53 HandwO Körperschaften des öffentlichen Rechts, die **Innungsverbände** juristische Personen des Privatrechts, § 80 HandwO, und damit jeweils rechtsfähig. Auch Vorgesellschaften in der Organisation der späteren juristischen Person können schon rechtsfähig sein (BAG 8. 11. 1962 AP GmbH § 11 Nr. 1, BGH vom 28. 11. 1997 – V ZR 178/96). Eine im Handelsregister gelöschten GmbH bleibt prozessfähig, solange sie noch Vermögen hat (BAG 22. 3. 1988 AP ZPO § 50 Nr. 6; 4. 6. 2003 AP ZPO § 50 Nr. 13; Schwab/Weth/*Weth* § 10 Rn. 3; ErfK/*Koch* ArbGG § 10 Rn. 3). Für **Ausländer** richtet sich die Rechtsfähigkeit nach ihrem Heimatrecht, Art. 7 EGBGB. Das gilt auch für ausländische juristische Personen (BAG 5. 12. 1966 AP HGB § 75 b Nr. 1). Zur Rechtsfähigkeit **Internationaler Organisationen** s. BAG 24. 8. 1993 (AP ZPO § 50 Nr. 7).

5 Die **OHG** und die **KG** sind, obwohl keine juristischen Personen, nach ausdrücklicher Vorschrift **parteifähig**, §§ 124 Abs. 1, 161 Abs. 2 HGB (BAG 29. 8. 1985 AP ArbGG 1979 § 83 Nr. 13). Entsprechendes muss für die **Reederei** gelten (GK-ArbGG/*Dörner* § 10 Rn. 11).

6 Die **Gesellschaft bürgerlichen Rechts** ist nach neuerer Rechtsprechung im Zivilprozess aktiv und passiv parteifähig (BGH 29. 1. 2001 AP ZPO § 50 Nr. 9; BAG 1. 12. 2004 AP ZPO § 50 Nr. 14). Der nichtrechtsfähige **Verein** kann nach § 50 Abs. 2 ZPO verklagt werden und hat dann in diesem Rechtsstreit die Stellung eines rechtsfähigen Vereins. Ob er nach der genannten Entscheidung des BGH auch aktiv parteifähig sein kann, ist noch offen (Schwab/Weth/*Weth* § 10 Rn. 6; s. dazu *Schmidt*, NJW 2001, 993, 1003; *Hartmann*, NJW 2001, 2578). Eine Firma oder eine Zweigniederlassung ist als solche nicht rechtsfähig und parteifähig, der Einzelkaufmann kann jedoch unter seiner Firmenbezeichnung oder unter der Firma seiner Zweigniederlassung klagen und verklagt werden. **Politische Parteien** sind parteifähig nach § 3 PartG. Behörden als solche nur, soweit dies in gesetzlichen Vorschriften ausdrücklich vorgesehen ist (s. unten Rn. 34).

2. Parteifähigkeit nach § 10 ArbGG

a) Gewerkschaften

Über den Kreis der schon nach § 50 ZPO parteifähigen Personen und Organisationen hinaus erklärt § 10 auch die **Gewerkschaften** für alle Verfahren **vor dem Arbeitsgericht** für **parteifähig**. Das gilt unabhängig von der Verfahrensart und der Rechtsstellung der Gewerkschaft im konkreten Verfahren (GK-ArbGG/*Dörner*, § 10 Rn. 12; ErfK/*Koch* § 10 Rn. 5). Diese Vorschrift war erforderlich, weil die Gewerkschaften in der Regel als nichtrechtsfähige Vereine organisiert und daher nach § 50 ZPO nicht aktiv parteifähig waren, also nicht als Kläger auftreten konnten.

Zwischenzeitlich hat jedoch die Rechtsprechung der ordentlichen Gerichte auch die aktive Parteifähigkeit der Gewerkschaften im Verfahren vor diesen anerkannt, so dass § 10 insoweit an Bedeutung verloren hat (BGH 6. 10. 1974 AP BGB § 54 Nr. 6; 11. 7. 1968 AP ZPO § 50 Nr. 1; 18. 5. 1971 AP GG Art. 5 Abs. 1 Meinungsfreiheit Nr. 6). Für **Unterorganisationen von Gewerkschaften** hat der BGH die Parteifähigkeit jedoch verneint, wenn diese nicht selbst tariffähig sind (BGH 21. 3. 1972 LM § 50 ZPO Nr. 25).

§ 10 verleiht die Parteifähigkeit nur **Gewerkschaften im arbeitsrechtlichen Sinne** (*Hauck/Helml*, § 10 Rn. 4; ErfK/*Koch* § 2 a Rn. 5). Der Gewerkschaftsbegriff im Arbeitsrecht ist nach der Rechtsprechung des Bundesarbeitsgerichts einheitlich zu verstehen (zuletzt BAG 19. 9. 2006 AP BetrVG 1972 § 2 Nr. 5; GK-ArbGG/*Dörner* § 10 Rn. 15; Schwab/Weth/*Weth* § 10 Rn. 11; ErfK/*Koch* ArbGG § 10 Rn. 5). Eine **Vereinigung von Arbeitnehmern** ist nur dann **eine Gewerkschaft,** wenn sie tariffähig ist, d. h. u. a. eine gewisse Mächtigkeit besitzt (anders für eine Arbeitgebervereinigung BAG 16. 11. 1989 AP ArbGG 1979 § 11 Prozessvertreter Nr. 11). Mit dem Ende der Tariffähigkeit endet danach auch die Parteifähigkeit einer Gewerkschaft (BAG 25. 9. 1990 AP TVG 1969 § 9 Nr. 8). Vom gleichen Gewerkschaftsbegriff geht auch die Rechtsprechung der Verwaltungsgerichte zum Personalvertretungsrecht aus. Da jedoch Beschäftigte im Sinne des Personalvertretungsrechtes auch Beamte sind, versteht das Bundesverwaltungsgericht unter Gewerkschaften auch entsprechende **Vereinigungen von Beamten,** auch wenn diese nicht tariffähig sind (BVerwG 23. 11. 1962 AP PersVG § 2 Nr. 1; BVerwG 25. 7. 2006 AP BPersVG § 28 Nr. 4). Auch eine Vereinigung von Hausgewerbetreibenden kann eine Gewerkschaft sein (BAG 15. 11. 1963 AP TVG § 2 Nr. 14).

Als Gewerkschaft hat die Rechtsprechung anerkannt den **Marburger Bund** (BAG 21. 12. 1975 AP BetrVG 1972 § 118 Nr. 6), den **Verband der oberen Angestellten der Eisen- und Stahlindustrie** (BAG 16. 11. 1982 AP TVG § 2 Nr. 32), den Arbeitnehmerverband land- und ernährungswirtschaftlicher Berufe – **ALEB** – (BAG 10. 9. 1985 AP TVG § 2 Nr. 34) und die **Christliche Gewerkschaft Metall – CGM** (BAG 28. 3. 2006 AP TVG § 2 Tariffähigkeit Nr. 4). Nicht tariffähig sind die **Christliche Gewerkschaft Holz und Bau** (BAG 16. 1. 1990 AP zu § 2 Nr. 38 TVG) und die **Christliche Gewerkschaft Bergbau-Chemie-Energie** (BAG 16. 1. 1990 AP TVG § 2 Nr. 39).

Nicht parteifähig sind selbständige Vereinigungen von Arbeitnehmern mit sozial- oder berufspolitischer Zwecksetzung im Sinne von § 11 Abs. 2 Nr. 3, soweit diese nicht als eingetragene Vereine rechtsfähig und damit schon nach § 50 ZPO parteifähig sind. Für den Fall, dass streitig ist, ob eine Vereinigung von Arbeitnehmern eine Gewerkschaft und damit parteifähig ist, s. unten Rn. 32.

Auch **Unterorganisationen von Gewerkschaften** können parteifähig sein, wenn sie selbst körperschaftlich organisiert sind und gegenüber der Gesamtorganisation selbständig tätig werden können und handlungsfähig sind (GK-ArbGG/*Dörner* § 10 Rn. 16; *Hauck/Helml* § 10 Rn. 4; BCF/*Bader* ArbGG § 10 Rn. 3; ArbGV/*Koch* § 10 Rn. 5). Parteifähig ist nach der Rechtsprechung der Ortsverein der IG Druck und Papier (BAG 23. 12. 1960 AP ArbGG 1953 § 11 Nr. 25), die Kreisverwaltung der ÖTV (BAG 6. 12.

1977 AP BetrVG 1972 § 118 Nr. 10) nicht dagegen die Bezirksleitung der IG Metall (BAG 26. 2. 1964 AP ZPO § 36 Nr. 5) und der IG Chemie (BAG 19. 11. 1985 AP TVG § 2 Tarifzuständigkeit Nr. 4).

b) Arbeitgebervereinigungen

12   Parteifähig sind im arbeitsgerichtlichen Verfahren auch Vereinigungen von Arbeitgebern, die **Arbeitgeberverbände,** soweit diese nicht – wie in der Regel – als eingetragene Vereine ohnehin schon nach § 50 ZPO parteifähig sind. Soweit das nicht der Fall ist, müssen sie tariffähig nicht jedoch „mächtig" sein (GK-ArbGG/*Dörner,* § 10 Rn. 19; Schwab/Weth/*Weth* § 10 Rn. 14; *Hauck/Helml* § 10 Rn. 4; BAG 20. 11. 1990 AP TVG § 2 Nr. 40; anders 16. 11. 1989 AP ArbGG 1979 § 11 Prozessvertreter Nr. 11). Wegen der Parteifähigkeit von Innungen und Innungsverbänden s. oben Rn. 4.

c) Spitzenorganisationen

13   Parteifähig sind schließlich auch **Zusammenschlüsse von Gewerkschaften und** Vereinigungen von **Arbeitgeberverbänden,** die sogenannten Spitzenorganisationen im Sinne von § 2 Abs. 2 TVG, auch wenn sie nicht rechtsfähig sind. Darauf, ob der Abschluss von Tarifverträgen zu den satzungsgemäßen Aufgaben einer Spitzenorganisation gehört, kommt es nicht an (GK-ArbGG/*Dörner,* § 10 Rn. 20; Schwab/Weth/*Weth* § 10 Rn. 15; ArbGV/*Koch* § 10 Rn. 8). § 2 Abs. 2 TVG verlangt nicht, dass Spitzenorganisationen selbst tariffähig sind.

14   Soweit Gewerkschaften, Arbeitgebervereinigungen und Spitzenorganisationen danach parteifähig sind, sind sie es unbeschränkt. Sie können daher auch als Arbeitgeber ihrer eigenen Beschäftigten klagen und verklagt werden (BAG 22. 12. 1960 AP ArbGG 1953 § 11 Nr. 25; GK-ArbGG/*Dörner* § 10 Rn. 12).

III. Parteifähigkeit im Beschlussverfahren

1. Die Beteiligtenfähigkeit

15   § 10 2. Halbsatz bestimmt, dass in den Fällen des § 2 a, also in Rechtsstreitigkeiten, über die die Arbeitsgerichte im **Beschlussverfahren** zu entscheiden haben, auch die im Betriebsverfassungsgesetz, im Sprecherausschussgesetz, im Mitbestimmungsgesetz, im Mitbestimmungsergänzungsgesetz und im Drittelbeteiligungsgesetz, im Gesetz über Europäische Betriebsräte, im SE-Beteiligungsgesetz, im SCE-Beteiligungsgesetz, im Gesetz über die Mitbestimmung der Arbeitnehmer bei grenzüberschreitender Verschmelzung, in § 139 SGB IX und in § 51 BBiG sowie in den dazu ergangenen Rechtsverordnungen genannten Personen und Stellen sowie die Vereinigungen von Arbeitnehmern oder Arbeitgebern und die oberste Arbeitsbehörde des Bundes oder der Länder **Beteiligte** sind. Die Vorschrift erweitert den Kreis der parteifähigen Personen und Organisationen für das arbeitsgerichtliche Beschlussverfahren. Da das Beschlussverfahren keine Parteien, sondern nur Beteiligte kennt, ist es geboten, hier nicht von Parteifähigkeit, sondern von **Beteiligtenfähigkeit** zu sprechen (GK-ArbGG/*Dörner* § 10 Rn. 1). Es ist diejenige Fähigkeit, im eigenen Namen ein Beschlussverfahren zur Geltendmachung oder zur Verteidigung von Rechten zu betreiben. Damit stimmt der Begriff der Beteiligtenfähigkeit mit dem der Parteifähigkeit inhaltlich überein. Wer parteifähig ist, bestimmt sich nicht nur nach § 10 1. Halbs. i. V. m. § 50 Abs. 2 ZPO, sondern auch nach § 10 2. Halbs. Daraus folgt, dass im Beschlussverfahren beteiligtenfähig einmal derjenige ist, der ohnehin nach § 50 ZPO und § 10 1. Halbs. parteifähig ist, und zum anderen die im § 10 2. Halbs. genannten Personen, Stellen, Vereinigungen und Behörden (BAG 25. 8. 1981 AP ArbGG 1979 § 83 Nr. 2; 29. 8. 1985 AP ArbGG 1979 § 83 Nr. 13).

III. Parteifähigkeit im Beschlussverfahren § 10

Dass § 10 2. Halbs. die Beteiligtenfähigkeit der genannten Personen, Organisationen **16** und Stellen regelt, ergibt sich nur aus seiner Verbindung mit dem 1. Halbsatz, der die Parteifähigkeit für das arbeitsgerichtliche Verfahren erweitert. In diesem Sinne ist die Vorschrift stets und ausschließlich verstanden worden (so GK-ArbGG/*Dörner*, § 10 Rn. 24; *Hauck*, § 10 Rn. 7; ArbGV/*Koch* § 10 Rn. 10). Ihr **Wortlaut** offenbart jedoch einen weiteren Regelungsgehalt. Er besagt, **dass die nach den genannten Vorschriften –** zu ergänzen wäre noch § 126 Abs. 2 InsO und die §§ 94, 95 SGB IX – **beteiligten Personen, Organisationen und Stellen im Beschlussverfahren „Beteiligte" sind.** Rechtsprechung und Lehre haben demgegenüber die Antwort auf die Frage, wer im konkreten Beschlussverfahren – von Amts wegen – zu beteiligen ist, der Vorschrift des § 83 Abs. 3 entnommen und insoweit von der **Beteiligungsbefugnis** gesprochen. Das ist nicht richtig (s. dazu näher § 83 Rn. 6 ff.). Darüber hinaus ist der Begriff „Beteiligungsbefugnis" irreführend. Er erweckt den Eindruck, als ginge es um die Befugnis, das Recht der genannten Personen und Stellen, sich am Verfahren von sich aus zu beteiligen, während es darum geht, den Kreis der von Amts wegen am Verfahren beteiligten Personen und Stellen zu bestimmen. Es ist daher zutreffender, von den **Beteiligten** oder von der **Beteiligung** am – konkreten – Verfahren zu sprechen (BAG 25. 8. 1981 AP ArbGG 1979 § 83 Nr. 2). Diese Personen und Stellen müssen, um Beteiligte sein zu können, allerdings **beteiligtenfähig** sein. Dass sie es generell sind, folgt aus dem 2. Halbsatz in Verbindung mit Halbs. 1.

2. Beteiligtenfähige Personen

§ 10 2. Halbs. erklärt als beteiligtenfähig zunächst die **Personen**, die nach dem Be- **17** triebsverfassungsgesetz und den anderen genannten Rechtsvorschriften beteiligt sind. Die Vorschrift erscheint überflüssig, da natürliche und juristische Personen rechtsfähig und damit schon nach § 50 ZPO parteifähig und somit auch beteiligtenfähig sind (s. oben Rn. 15; *Hauck/Helml* § 10 Rn. 6). Durch die Erwähnung der beteiligten Personen wird aber deutlich gemacht, dass diese im Beschlussverfahren auch dann beteiligtenfähig sind, wenn es in diesem um Rechtsstreitigkeiten geht, die sie in ihrer betriebsverfassungsrechtlichen oder mitbestimmungsrechtlichen Funktion betreffen. Sie sollen jederzeit in der Lage sein, ihre Befugnisse geltend zu machen oder zu verteidigen. Voraussetzung ihrer Beteiligtenfähigkeit im Beschlussverfahren ist daher grundsätzlich ein Betroffensein in ihrer betriebsverfassungsrechtlichen Funktion. Jedoch nicht in jedem Fall, ihnen kann auch unabhängig davon die Stellung eines Beteiligten eingeräumt worden sein, so für die von einer beabsichtigten Kündigung des Insolvenzverwalters betroffen Arbeitnehmer im Verfahren nach § 126 InsO. Ihre durch § 50 ZPO begründete Beteiligtenfähigkeit ist unabhängig vom Gegenstand des jeweiligen Rechtsstreites. **Beteiligtenfähige Personen** sind z. B. die Vertrauensperson der Schwerbehinderten, Beauftragte der Gewerkschaften und Arbeitgeberverbände, Betriebsrats- oder Aufsichtsratsmitglieder, Sicherheitsbeauftragte und ähnliche, ohne dass der Kreis der beteiligtenfähigen Personen auf solche Funktionsträger beschränkt wäre.

Damit sind alle natürlichen und juristischen Personen, die parteifähig sind (s. oben **18** Rn. 4) auch beteiligtenfähig. Das gilt auch für **Personengesamtheiten und Vereinigungen**, die zwar nicht rechtsfähig gleichwohl aber auch im Urteilsverfahren parteifähig sind, wie etwa die OHG oder die KG oder die Gewerkschaften (s. oben Rn. 6 und Rn. 8 ff.).

Person in diesem Sinne ist auch der **Arbeitgeber** oder **Unternehmer** als natürliche oder **19** juristische Person. Er ist als **Organ der Betriebsverfassung** (s. dazu BAG 28. 9. 1988 AP BetrVG 1972 § 99 Nr. 55; BAG 18. 10. 1988 AP ArbGG 1979§ 11 Nr. 10) gleichzeitig „Stelle" im Sinne dieser Vorschrift (GK-ArbGG/*Dörner*, § 10 Rn. 33; a. A. ArbGV/*Koch* § 10 Rn. 14). Das wird deutlich besonders im Personalvertretungsrecht, wo Träger der personalvertretungsrechtlichen Rechte und Pflichten nicht die jeweilige Anstellungskörperschaft als Arbeitgeber, sondern die **Dienststelle,** also eine Behörde ist, § 6 BPersVG.

Gleiches gilt für die **Dienststellen der Stationierungsstreitkräfte**, soweit sie selbst am Verfahren beteiligt sind (vergl. BAG 14. 4. 1988 AP BPersVG § 66 Nr. 1). Versteht man den Arbeitgeber oder Unternehmer als Stelle, so sind diese im Beschlussverfahren auch dann beteiligtenfähig, wenn sie etwa als nichtrechtsfähiger **Verein** als solche nach § 50 ZPO nicht parteifähig sind (GK-ArbGG/*Dörner*, § 10 Rn. 33; BAG 29. 8. 1985 AP ArbGG 1979 § 83 Nr. 13; a. A. BAG 29. 11. 1989 AP ArbGG 1979 § 10 Nr. 3, wo zu Unrecht dem nicht rechtsfähigen Verein die Fähigkeit, Antragsteller eines Beschlussverfahrens zu sein, abgesprochen worden ist). Stelle ist daher auch eine im Inland gelegene **Niederlassung** eines ausländischen Unternehmens oder eine Zweigniederlassung (BAG 11. 6. 2002 AP BetrVG 1972 § 99 Nr. 118; O*etker* Anm. zu dieser Entscheidung). Es kommt dann bei solchen Arbeitgebern ebenso wie sonst bei den Stellen (s. unten Rn. 23) nicht auf den jeweiligen Gesellschafter- oder Mitgliederbestand an.

20 Tritt an die Stelle des Arbeitgebers oder Unternehmers als „Stelle" der **Insolvenzverwalter**, so ist er im Beschlussverfahren ebenfalls beteiligtenfähig, so ausdrücklich in den §§ 112 Abs. 2 und 126 Abs. 2 InsO.

21 Beteiligtenfähig als natürliche Person sind natürlich auch **einzelne Arbeitnehmer** (dazu, ob sie im konkreten Beschlussverfahren beteiligt sind s. näher § 83 Rn. 43 ff.).

3. Beteiligtenfähige Stellen

22 Von besonderer Bedeutung ist, dass § 10 2. Halbs. auch den im Betriebsverfassungsgesetz und den anderen Vorschriften genannten **Stellen die Beteiligtenfähigkeit** im Beschlussverfahren zuerkennt. Diese Stellen sind durchweg nicht rechtsfähig im Sinne von § 50 Abs. 2 ZPO und damit nicht parteifähig. Auf die Streitfrage, ob den Stellen, soweit das Gesetz ihnen betriebsverfassungsrechtliche oder mitbestimmungsrechtliche Befugnisse einräumt, nicht auch eine Teilrechtsfähigkeit und damit eine Teilparteifähigkeit zukommt (so für den Personalrat BVerwG 9. 3. 1992 AP BPersVG § 44 Nr. 11; für den Betriebsrat vor den Sozialgerichten BSG 5. 6. 1991, NZA 1991, 982), kommt es wegen der ausdrücklichen Regelung in § 10 nicht an.

23 Beteiligtenfähig ist jeweils die **Stelle als solche, nicht die Gesamtheit ihrer Mitglieder** (GK-ArbGG/*Dörner*, § 10 Rn. 31; Schwab/Weth/*Weth* § 10 Rn. 18). Wie eine solche Stelle im Verfahren handelt, ist eine Frage ihrer Prozessfähigkeit (s. unten Rn. 36 ff.). Die Identität der Stelle bleibt auch bei einem Mitgliederwechsel, etwa durch Neuwahl des Betriebsrates, erhalten (s. auch § 81 Rn. 43). Unerheblich ist auch, ob die Funktion der Stelle zurzeit des Verfahrens bereits beendet ist, sei es, dass die Amtszeit eines Betriebsrates beendet und kein neuer Betriebsrat gewählt worden ist (BAG 17. 7. 1964 AP ArbGG 1953 § 80 Nr. 3), sei es, dass ein Wahlvorstand mit Beendigung der Wahl seine Funktion verloren hat (BAG 25. 8. 1981 AP ArbGG 1979 § 83 Nr. 2; a. A. noch BAG 14. 11. 1975 AP BetrVG 1972 § 18 Nr. 1). Ob die Stelle nach Beendigung ihrer Funktion noch betriebsverfassungsrechtliche oder mitbestimmungsrechtliche Befugnisse hat und im Beschlussverfahren verfolgen kann, ist eine Frage ihrer Antragsbefugnis oder der Begründetheit ihres Antrages, nicht aber eine Frage ihrer Beteiligtenfähigkeit (a. A. BAG 27. 8. 1996 AP ArbGG 1979 § 83 a Nr. 4).

24 § 10 nennt die beteiligtenfähigen Stellen nicht ausdrücklich, sondern verweist auf das Betriebsverfassungsgesetz, das Sprecherausschussgesetz, das Drittelbeteiligungsgesetz und das Mitbestimmungsgesetz, das Mitbestimmungsergänzungsgesetz, § 139 SGB IX, § 51 BBiG, das Gesetz über Europäische Betriebsräte, die SE-Beteiligungsgesetze sowie auf die zu diesen Gesetzen ergangenen Rechtsverordnungen, insbesondere also auf die Wahlordnungen. Auch Stellen, deren Existenz mangels einer gesetzlichen Wahlordnung auf einer betrieblichen Wahlordnung beruht, sind beteiligtenfähige Stellen (LAG Hamm 27. 5. 1977, EzA § 39 MitbestG Nr. 1). Auch durch **Tarifvertrag oder Betriebsvereinbarung nach § 3 BetrVG** errichtete betriebsverfassungsrechtliche **Organe** sind Stellen im Sinne dieser Vorschrift (BAG 5. 11. 1985 AP BetrVG 1972 § 117 Nr. 4; *Weth*, S. 88).

Gleiches gilt für die **Arbeitsgruppe** nach § 28a BetrVG (Schwab/Weth/*Weth* § 10 Rn. 24; ErfK/*Koch* § 10 Rn. 6). Ebenso ist für im Rahmen der Betriebsverfassung **tatsächlich existierende Stellen,** die betriebsverfassungsrechtliche Befugnisse in Anspruch nehmen oder verteidigen, deren Beteiligtenfähigkeit anzuerkennen, so früher für die freiwilligen Sprecherausschüsse der leitenden Angestellten (BAG 19. 2. 1975 AP BetrVG 1952 § 5 Nr. 10 für die passive Beteiligtenfähigkeit; a. A. GK-ArbGG/*Dörner,* § 10 Rn. 38) für eine Mitarbeitervertretung (VerwG EKD 23. 8. 2001 NZA 2002, 867), einen Redakteurausschuss. Stelle in diesem Sinne ist auch die gemeinsame Leitung in einem **Gemeinsamen Betrieb** mehrerer Unternehmen, was nicht ausschließt, dass in bestimmten Beschlussverfahren das beteiligte Unternehmen als Vertragsarbeitgeber beteiligt ist (BAG 12. 12. 2006 AP BetrVG 1972 § 1 Gemeinsamer Betrieb Nr. 27). Für diese Stellen ist auch die aktive Beteiligtenfähigkeit zu bejahen, da § 10 allgemein nicht danach unterscheidet, ob die Personen oder Stellen Rechte geltend machen oder diese verteidigen. Es kommt auch nicht darauf an, ob die jeweilige Stelle wirksam errichtet ist. Auch der auf einer nichtigen Wahl beruhende Betriebsrat ist beteiligtenfähig.

Insbesondere dadurch, dass auch in personalvertretungsrechtlichen Streitigkeiten vor den Verwaltungsgerichten die Vorschriften über das arbeitsgerichtliche Beschlussverfahren anzuwenden sind (s. § 80 Rn. 7ff.), folgt aus § 10, dass auch die **in den Personalvertretungsgesetzen** des Bundes und der Länder **genannten Stellen** in diesen Beschlussverfahren **beteiligtenfähig** sind. 25

Danach sind beispielsweise beteiligtenfähig der Betriebsrat, Gesamtbetriebsrat und Konzernbetriebsrat, die Sprecherausschüsse der leitenden Angestellten, der Personalrat, Bezirkspersonalrat und Hauptpersonalrat, die auf tariflichen Vorschriften nach §§ 3 Abs. 1 Nr. 1 und 2 und 117 Abs. 2 BetrVG beruhenden betrieblichen Vertretungen, die Jugend- und Auszubildendenvertretung und Gesamtjugend- und Auszubildendenvertretung, die Bordvertretung, der Seebetriebsrat, der Betriebsausschuss und die weiteren vom Betriebsrat gebildeten Ausschüsse, der Wirtschaftsausschuss, die Einigungsstelle, eine tarifliche Schlichtungsstelle nach § 76 Abs. 8 BetrVG oder eine betriebliche Beschwerdestelle nach § 86 Satz 2 BetrVG. Beteiligtenfähige Stellen sind weiter die Wahlvorstände sowohl bei der Wahl der Betriebs- und Personalräte als auch der Arbeitnehmervertreter zum Aufsichtsrat, bei Streitigkeiten in solchen Wahl- und Abberufungsverfahren auch der Aufsichtsrat selbst. Beteiligtenfähig sind auch die **Vertretungen der Schwerbehinderten** nach den §§ 94, 95 SGB IX (BAG 21. 9. 1989 AP SchwbG § 25 Nr. 1), der Beauftragte des Arbeitgeber nach § 98 SGB IX und der **Vertrauensmann der Zivildienstleistenden.** Von der Vertretung der Schwerbehinderten zu unterscheiden ist der in Werkstätten für Behinderte nach § 139 SGB IX zu wählende **Werkstattrat.** Auch dieser ist in einem Beschlussverfahren beteiligtenfähig. 26

Darüber, dass der **Arbeitgeber** oder **Unternehmer** bzw. die **Dienststelle** als Stelle anzusehen ist, s. oben Rn. 19. 27

Beteiligtenfähige Stellen nach den Mitbestimmungs- und Europäischen Beteiligungsgesetzen sind etwa die **Wahlvorstände,** die **Delegiertenversammlung,** das **besondere Verhandlungsgremium,** das **Wahlgremium,** der **SE-** oder **SCE-Betriebsrat,** das **Aufsichts- oder Verwaltungsorgan** der jeweiligen Gesellschaft, der **Europäische Betriebsrat** aber auch die in § 14 SEBG genannten „geeigneten außenstehenden Organisationen". 28

Umstritten ist, ob auch **Gruppen von Arbeitnehmern** Stellen im Sinne von § 10 und damit als solche beteiligtenfähig sind. Das ist im Personalvertretungsrecht für die Gruppe der Angestellten und Arbeiter und Beamten zu bejahen, da ihnen das Personalvertretungsrecht selbst eigene Rechte, insbesondere Antrags-, Bestellungs- und Vorschlagsrechte, einräumt, wie dies beispielsweise in den §§ 17 Abs. 4, 18 BPersVG der Fall ist (a. A. GK-ArbGG/*Dörner,* § 10 Rn. 37; *Laux,* S. 11), aber auch für die Arbeitsgruppe nach § 28 BetrVG. Um **keine Gruppe** in diesem Sinne handelt es sich in den Fällen, in denen das Gesetz eine bestimmte **Mindestzahl von Arbeitnehmern** oder Wahlberechtigten für einen Antrag im Beschlussverfahren vorschreibt, wie in den §§ 3 und 19 Abs. 2, 29

23 Abs. 1, 48 BetrVG, 28 Abs. 1 BPersVG, 11, 12 DrittelbG, 21, 22 MitbestG, 10 k und 1 MitbestErgG. Hier sind beteiligtenfähig jeweils die einzelnen Arbeitnehmer als natürliche Person (Schwab/Weth/*Weth* § 10 Rn. 25; GK-ArbGG/*Dörner,* § 10 Rn. 37). Das Vorhandensein der vorgeschriebenen Mindestzahl von Arbeitnehmern ist eine zusätzliche Verfahrensvoraussetzung, macht aber die Antrag stellenden Arbeitnehmer nicht zu einer Stelle im Sinne des § 10 (BAG 12. 2. 1985 AP BetrVG 1952 § 76 Nr. 27; *Laux,* S. 92).

30 Beteiligtenfähig ist auch die **Vertretung der nicht ständig Beschäftigten** nach § 65 BPersVG. Über die Beteiligtenfähigkeit des **Vertreters des öffentlichen Interesses** im personalvertretungsrechtlichen Beschlussverfahren s. § 83 Rn. 78 f.

31 § 10 regelt die Beteiligtenfähigkeit betriebsverfassungsrechtlicher Stellen nur für das arbeitsgerichtliche Beschlussverfahren. Betriebsverfassungsrechtliche **Stellen,** insbesondere Betriebsrat und Gesamtbetriebsrat aber auch Personalräte sind jedoch kraft ausdrücklicher gesetzlicher Vorschrift auch in bestimmten Verfahren **vor den ordentlichen Gerichten** oder den **Verwaltungs- und Sozialgerichten beteiligtenfähig,** so in den Verfahren nach den §§ 98 Abs. 2, 104, 250 AktG und im Zwangsvollstreckungs- und Insolvenzverfahren (s. § 85 Rn. 12) vor den ordentlichen Gerichten sowie in Verfahren vor den Sozialgerichten über die Gewährung von Kurzarbeitergeld und ähnlichen Leistungen (BSG 2. 9. 1977, SozR 1500 § 95 SGG Nr. 10; 14. 8. 1980, SozR 1500 § 54 SGG Nr. 44; 5. 6. 1991, NZA 1991, 982; s. dazu ausführlich *Bieback,* AuR 1986, 161).

4. Beteiligtenfähige Vereinigungen

32 **Gewerkschaften** und **Vereinigungen von Arbeitgebern** sowie **Spitzenorganisationen** sind schon nach § 10 1. Halbs. parteifähig und damit auch im arbeitsgerichtlichen Beschlussverfahren beteiligtenfähig. Zusätzlich bestimmt § 10 2. Halbs., dass in den Verfahren nach § 2 a Abs. 1 Nr. 4 zur Entscheidung über die Tariffähigkeit oder die Tarifzuständigkeit einer Vereinigung auch die Vereinigungen von Arbeitnehmern oder von Arbeitgebern beteiligtenfähig sind. Gemeint sind damit die **Vereinigungen, deren Tariffähigkeit umstritten ist** und über die in dem genannten Beschlussverfahren entschieden werden soll. Ihrer Beteiligung soll nicht entgegenstehen, dass sie möglicherweise nicht tariffähig und damit als Gewerkschaft nicht beteiligtenfähig sind. Die Tatsache, dass bei einem Streit um die Partei- oder Beteiligtenfähigkeit die betreffende Partei oder beteiligte Person, Vereinigung oder Stelle ohnehin zu beteiligen ist, macht die Vorschrift nicht überflüssig. Auf diese Weise wird eine Sachentscheidung über die Tariffähigkeit der Vereinigung ermöglicht, während anderenfalls der Antrag als unzulässig abgewiesen werden müsste, wenn sich das Fehlen der Tariffähigkeit im Verfahren herausstellen würde (GK-ArbGG/*Dörner* § 10 Rn. 46).

33 Aus der Regelung in § 10 2. Halbs. folgt, dass **nichttariffähige Vereinigungen von Arbeitnehmern** oder Arbeitgebern in anderen Beschlussverfahren als denen des § 2 a Abs. 1 Nr. 4 **nicht beteiligtenfähig** sind. Das ist jedoch nur auf der Grundlage der Annahme zutreffend, dass der Gewerkschaftsbegriff im Arbeitsrecht ein einheitlicher Begriff ist und jeweils die Tariffähigkeit der Arbeitnehmervereinigung voraussetzt. Schon für das personalvertretungsrechtliche Beschlussverfahren trifft diese Annahme nicht zu, da Gewerkschaften im Sinne von § 2 BPersVG auch die nichttariffähigen Vereinigungen von Beamten und Richtern sind (s. oben Rn. 9). Auch für andere nichttariffähige Vereinigungen von Arbeitnehmern, etwa von Zusammenschlüssen leitender Angestellter ist denkbar, dass sie im Beschlussverfahren betriebsverfassungsrechtliche oder mitbestimmungsrechtliche Rechte geltend machen oder verteidigen wollen. Soll in einem solchen Rechtsstreit eine Sachentscheidung möglich sein, muss auch solchen Vereinigungen die Beteiligtenfähigkeit zuerkannt werden. Ob ihnen die geltend gemachten Rechte zustehen, ist eine Frage der Begründetheit des jeweiligen Antrages, wobei dann gegebenenfalls

auch zu prüfen ist, ob die in Anspruch genommenen Rechte, etwa das Recht, Wahlvorschläge für die Wahl des Betriebsrates oder der Arbeitnehmervertreter im Aufsichtsrat zu machen (vergl. § 14 Abs. 7 BetrVG, § 19 Abs. 8 BPersVG, § 16 Abs. 2 MitbestG), nur den tariffähigen Vereinigungen von Arbeitnehmern, also den Gewerkschaften, zusteht oder auch anderen Arbeitnehmervereinigungen.

5. Beteiligtenfähige Behörden

Im Verfahren zur Entscheidung über die Tariffähigkeit oder Tarifzuständigkeit einer Vereinigung nach § 2 a Abs. 1 Nr. 4 sind nach § 10 2. Halbs. auch die oberste **Arbeitsbehörde des Bundes,** also das Bundesministerium für Arbeit und Soziales, und derjenigen Länder beteiligt, auf deren Bereich sich die Tätigkeit der Vereinigung erstreckt. Letzteres ist jedoch nicht Voraussetzung für die Beteiligtenfähigkeit der obersten Arbeitsbehörde eines Landes, sondern nur der Beteiligung im konkreten Verfahren nach § 83 Abs. 3 oder § 97. 34

Verfahren nach § 2 Abs. 1 Nr. 4 sind nicht die einzigen Verfahren, in denen **Behörden** Beteiligte und damit auch beteiligtenfähig sind. Auch in einem Verfahren über die Anerkennung von Schulungsveranstaltungen als geeignet nach § 37 Abs. 7 BetrVG sind Behörden beteiligtenfähig. Ist ein Rechtsstreit, in dem die Entscheidung davon abhängig ist, ob eine Vereinigung von Arbeitnehmern oder Arbeitgebern tariffähig ist, nach § 97 Abs. 5 ausgesetzt worden, so sind die Parteien oder Beteiligten des ausgesetzten Rechtsstreites auch im Verfahren nach § 2 a Abs. 1 Nr. 4 beteiligtenfähig. Das können je nach Art des ausgesetzten Verfahrens auch Behörden aber auch andere Personen oder Stellen sein, etwa das zur gesetzlichen Vertretung eines mitbestimmten Unternehmens berechtigte Organ oder jedes Aufsichtsratsmitglied, wenn es sich um ein Verfahren nach § 98 AktG handelt, § 99 Abs. 2 AktG. 35

IV. Die Prozessfähigkeit

1. Im Urteilsverfahren

Keine besonderen Bestimmungen enthält das Arbeitsgerichtsgesetz über die Prozessfähigkeit. Für das Urteilsverfahren gelten daher über die Verweisung in § 46 Abs. 2 die Vorschriften der Zivilprozessordnung entsprechend. 36

Prozessfähigkeit ist die Fähigkeit einer Partei, innerhalb eines Verfahrens **Prozesshandlungen** selbst oder durch einen gewählten Vertreter **vorzunehmen.** Eine Person ist nach § 52 ZPO insoweit prozessfähig, als sie sich durch Verträge verpflichten kann. Das trifft für alle voll geschäftsfähigen natürlichen Personen zu. Soweit **Minderjährige** nach den §§ 112, 113 BGB zum selbständigen Betrieb eines Erwerbsgeschäftes oder zur Eingehung eines Arbeitsverhältnisses ermächtigt sind, sind sie für daraus entstehende Rechtsstreitigkeiten auch voll prozessfähig (Schwab/Weth/*Weth* § 10 Rn. 35). Die Ermächtigung nach § 113 BGB bezieht sich nach herrschender Meinung jedoch nicht auf Berufsausbildungsverhältnisse (*Hauck/Helml* § 10 Rn. 9), so dass der Minderjährige für Rechtsstreitigkeiten aus diesen Ausbildungsverhältnissen nicht prozessfähig ist. Durch die Eröffnung des Insolvenzverfahrens verliert der **Gemeinschuldner** nicht seine **Prozessfähigkeit,** sondern nur seine **Prozessführungsbefugnis** in Bezug auf das insolvenzbefangene Vermögen (*Kuhn/Uhlenbruck,* § 6 Rn. 4). 37

Nicht selbst prozessfähig sind alle juristischen Personen und parteifähigen **Personengesamtheiten** (s. näher *Musielak/Weth,* § 51 Rn. 6 ff.). Sie handeln im Prozess durch ihren jeweiligen gesetzlichen Vertreter, die OHG und KG durch ihre zur Geschäftsführung berufenen Gesellschafter, der nicht rechtsfähige Verein und die Gewerkschaft durch ihren Vorstand. 38

2. Im Beschlussverfahren

39 Für das Beschlussverfahren erklären die §§ 80 Abs. 2, 87 Abs. 2 und 92 Abs. 2 die Vorschriften des Urteilsverfahrens über die Prozessfähigkeit für entsprechend anwendbar. Damit gilt für natürliche und juristische Personen das gleiche wie im Urteilsverfahren.

40 Nicht unmittelbar geregelt ist damit die Frage, ob die **Ermächtigung an Minderjährige** nach den §§ 112, 113 BGB diese auch für Rechtsstreitigkeiten **im Beschlussverfahren prozessfähig** macht. Diese Frage ist zu bejahen. Soweit der Minderjährige zum selbständigen Betrieb eines Erwerbsgeschäftes ermächtigt ist, gehören auch Rechtsstreitigkeiten aus dem Betriebsverfassungsrecht, an denen er in seiner Eigenschaft als Arbeitgeber beteiligt ist, zu den Geschäften, die der Geschäftsbetrieb mit sich bringt. Aber auch die Ermächtigung zur Eingehung eines Arbeitsverhältnisses umfasst die betriebsverfassungsrechtlichen Rechte und Pflichten aus diesem Arbeitsverhältnis. Sie betreffen die sich aus der Durchführung des Arbeitsverhältnisses ergebenden Verpflichtungen. Es wäre sachlich nicht gerechtfertigt, Rechtsgeschäfte und Rechtsstreitigkeiten die sich aus der zwangsläufigen Einbeziehung des Arbeitsverhältnisses in die Betriebsverfassung ergeben, von der Ermächtigung auszunehmen (*Hauck/Helml*, § 10 Rn. 10; ErfK/*Koch* ArbGG § 10 Rn. 8; ArbG Bielefeld vom 16. 5. 1973, DB 1973, 1754). Gleiches muss für **minderjährige Arbeitnehmer in einem Berufsausbildungsverhältnis** gelten. § 61 BetrVG knüpft das aktive und passive Wahlrecht der jugendlichen Arbeitnehmer nicht an eine Genehmigung oder Ermächtigung des gesetzlichen Vertreters. Rechtshandlungen im Rahmen der Betriebsverfassung führen anders als privatrechtliche Rechtsgeschäfte in der Regel auch nicht zu einer den Minderjährigen belastenden Verpflichtung. Auch ist das Beschlussverfahren wegen seiner Amtsermittlungspflicht für den Minderjährigen weniger gefährlich als das Urteilsverfahren. Daher gebietet es der Schutz der Minderjährigen nicht, Rechtsgeschäfte und Rechtshandlungen im Rahmen der Betriebsverfassung an eine Zustimmung oder Genehmigung des gesetzlichen Vertreters zu binden, sodass der Minderjährige auch für entsprechende Beschlussverfahren voll prozessfähig ist. Wenn für das **Weiterbeschäftigungsverlangen** des Minderjährigen nach § 78a Abs. 2 BetrVG die Genehmigung oder Ermächtigung des gesetzlichen Vertreters erforderlich ist (vergl. *Richardi*, § 78a Rn. 24), so steht das dem Gesagten nicht entgegen, da es sich dabei letztlich um die Begründung eines Arbeitsverhältnisses nicht aber um die Wahrnehmung und Verfolgung betriebsverfassungsrechtlicher Rechte handelt. Für Rechtsstreitigkeiten im Zusammenhang mit § 78a BetrVG (s. § 2a Rn. 45) bestimmt sich daher die Prozessfähigkeit des Minderjährigen nach den Grundsätzen für das Urteilsverfahren (*Hauck/Helml*, § 10 Rn. 10; ErfK/*Koch* § 10 Rn. 8; ArbGV/*Koch* § 10 Rn. 23). Auch in den Fällen des § 78a Abs. 4 BetrVG, über die im Beschlussverfahren zu entscheiden ist, bestimmt sich die Prozessfähigkeit nach den gleichen Grundsätzen wie im Urteilsverfahren, da diese Verfahren das Zustandekommen eines Arbeitsverhältnisses nach Abs. 2 und damit auch die Genehmigung oder Ermächtigung des gesetzlichen Vertreters voraussetzen.

41 Für die **Prozessfähigkeit** der **betriebsverfassungsrechtlichen Stellen** im Beschlussverfahren führt die Verweisung auf die Vorschriften des Urteilsverfahrens über die Prozessfähigkeit nicht unmittelbar zu einer Lösung. Da den Stellen regelmäßig die Fähigkeit fehlt, sich durch Verträge zu verpflichten, wären sie nach § 52 ZPO im Beschlussverfahren nicht prozessfähig. Die Anerkennung ihrer Beteiligtenfähigkeit in § 10 würde damit leer laufen, da es bei den Stellen auch regelmäßig an einem gesetzlichen Vertreter fehlt, der für sie handeln kann. Die gebotene entsprechende Anwendung der Vorschriften des Urteilsverfahrens über die Prozessfähigkeit kann daher nur bedeuten, dass die Stellen insoweit prozessfähig sind, als sie als solche im Rahmen der Betriebsverfassung, Personalvertretung oder der Unternehmensmitbestimmung auch Befugnisse wahrnehmen können (Schwab/Weth/*Weth* § 10 Rn. 40; ErfK/*Koch* ArbGG § 10 Rn. 8). Prozessfähig ist nur die Stelle als solche. Nur sie kann durch entsprechende Beschlussfassung Prozesshandlungen wirksam selbst vornehmen. Auch soweit sie wie etwa der Betriebsrat eine Organisation aufweist und einen Vorsitzenden hat, gilt nichts anderes. Der Betriebsratsvorsitzende vertritt den Betriebsrat nur im Rahmen der von ihm gefassten Beschlüsse und ist deshalb nicht Vertreter des Betriebsrates im Willen, sondern nur Vertreter in der Erklärung. Gibt der Betriebsratsvorsitzende eine Erklärung für den Betriebsrat ab oder nimmt er für diesen eine Prozesshandlung vor, so spricht jedoch eine allerdings jederzeit widerlegbare Vermutung dafür, dass dieser Erklärung oder Prozesshandlung ein entsprechender Beschluss des Betriebsrates zu Grunde liegt (BAG 17. 2. 1981 AP BetrVG 1972 § 112 Nr. 11). Fehlt es der Stelle an einem Vorsitzenden, so müssen alle Mitglieder der Stelle gemeinschaftlich handeln (Schwab/Weth/*Weth* § 10 Rn. 41), was nicht ausschließt, dass die Mitglieder ein Mitglied rechtsgeschäftlich bevollmächtigen, sie im Verfahren zu vertreten (zur Prozessvertretung im Beschlussverfahren s. § 80 Rn. 46 ff.). Für den Personalrat handelt gemäß § 32 BPersVG der Vorsitzende bzw. der Vorstand.

Für die **Jugendvertretung** wird angenommen, dass diese allein keine dem Arbeitgeber gegenüber wirksamen Beschlüsse fassen kann, insoweit also auch **nicht prozessfähig** ist (BAG 20. 2. 1986 AP BetrVG 1972 § 63 Nr. 1). Sie kann daher auch nicht allein einen Prozessbevollmächtigten bestellen (BAG 20. 11. 1973 AP BetrVG 1972 § 65 Nr. 1). Prozesshandlungen der Jugendvertretung müssen daher auf einem Beschluss sowohl der Jugendvertretung als auch des Betriebsrates beruhen. Eine Ausnahme wird nur für diejenigen Fälle zu machen sein, in denen die Jugendvertretung eigene Rechte gerade gegenüber dem Betriebsrat geltend macht. Diese Besonderheit ändert jedoch nichts an der stets gegebenen Beteiligtenfähigkeit der Jugendvertretung.

Ungeklärt ist noch die Prozessfähigkeit der **Arbeitsgruppe** nach § 28 a BetrVG. Es wird von der durch Betriebsvereinbarung zwischen Betriebsrat und Arbeitgeber geschaffenen Innenorganisation der Arbeitsgruppe abhängen, ob diese durch einen Vorsitzenden oder nur durch die Gesamtheit ihrer Mitglieder handeln kann.

Die **Dienststelle** im personalvertretungsrechtlichen Beschlussverfahren handelt durch ihren Leiter oder den dazu bestimmten Vertreter, § 7 BPersVG. Durch wen sonst eine Behörde im Rechtsstreit vertreten wird, bestimmt sich nach der jeweiligen Vertretungsregelung.

V. Prüfung der Partei-, Beteiligten- und Prozessfähigkeit

Das **Fehlen der Partei-, Beteiligten- oder Prozessfähigkeit** ist vom Gericht in jeder Lage des Verfahrens **von Amts wegen zu beachten**, § 56 Abs. 1 ZPO. Das bedeutet nicht, dass das Gericht alle dafür erheblichen Feststellungen von Amts wegen vornehmen muss. Es ist lediglich verpflichtet, bei begründeten Zweifeln auf Grund des vorgetragenen Sachverhaltes der Frage nachzugehen. Die die Partei-, Beteiligten- oder Prozessfähigkeit begründenden Tatsachen muss der Kläger bzw. Antragsteller vortragen und erforderlichenfalls beweisen (BAG 6. 5. 1968 AP ZPO § 56 Nr. 1). Das Gericht hat jedoch von Amts wegen alle in Frage kommenden Beweismittel zu erheben (BAG 20. 1. 2000 AP ZPO § 56 Nr. 6). Eine erforderliche Beweisaufnahme dazu kann auch noch in der 3. Instanz erfolgen, jedoch kann das Gericht auch zur Aufklärung dieser Frage den Rechtsstreit an die 2. Instanz zurückverweisen (BAG 15. 9. 1977 AP ZPO § 56 Nr. 5; GK-ArbGG/*Dörner* § 10 Rn. 47).

Im **Streit um die Partei- und Beteiligtenfähigkeit** ist die **Partei als parteifähig** anzusehen (*Weth*, S. 91). Sie kann gegen eine die Partei- oder Beteiligtenfähigkeit verneinende Entscheidung auch ein Rechtsmittel einlegen (BAG 19. 11. 1985 AP TVG § 2 Tarifzuständigkeit Nr. 4; BGH 11. 4. 1957, BGHZ 24, 94). Die Partei- oder Beteiligtenfähigkeit kann auch durch **Zwischenurteil** nach § 280 ZPO bejaht werden.

47 **Fehlt die Partei- oder Beteiligtenfähigkeit,** so ist die Klage oder der Antrag als **unzulässig abzuweisen** und zwar auch dann, wenn der Mangel auf Seiten des Beklagten oder des mit dem Antrag in Anspruch genommenen Beteiligten vorliegt (BAG 19. 11. 1985 AP TVG § 2 Tarifzuständigkeit Nr. 4; GK-ArbGG/*Dörner,* § 10 Rn. 48; *Hauck/Helml,* § 10 Rn. 13; ErfK/*Koch* ArbGG § 10 Rn. 11). Maßgebend ist jeweils der Schluss der Verhandlung, auf die die Entscheidung ergeht. Eine zunächst fehlende Partei- oder Beteiligtenfähigkeit kann daher im Laufe des Verfahrens noch entstehen. Prozesshandlungen eines Prozessunfähigen können vom gesetzlichen Vertreter oder von der inzwischen prozessfähig gewordenen Partei selbst genehmigt werden.

48 Beruht der **Streit** über die Partei- oder Beteiligtenfähigkeit einer Vereinigung von Arbeitnehmern oder Arbeitgebern darauf, dass streitig ist, **ob die Vereinigung tariffähig ist,** so darf das Gericht diese Frage nicht selbst entscheiden. Es hat vielmehr nach § 97 Abs. 5 das Verfahren auszusetzen, damit darüber in einem besonderen Verfahren nach § 2 a Abs. 1 Nr. 4 in Verbindung mit § 97 entschieden wird (s. § 97 Rn. 9 ff.). Wird die Tariffähigkeit verneint, kann auf der Grundlage dieser Entscheidung im ausgesetzten Verfahren auch eine Sachentscheidung ergehen (BAG 19. 9. 2006 AP BetrVG 1972 § 2 Nr. 5).

49 Ist eine Entscheidung in der Sache trotz fehlender Partei-, Beteiligten- oder Prozessfähigkeit ergangen, so ist das Urteil nicht wirkungslos. Gegen die Entscheidung kann jedoch nach h. M. **Nichtigkeitsklage** nach § 579 Abs. 1 Nr. 4 ZPO erhoben werden (GK-ArbGG/*Dörner* § 10 Rn. 49).

§ 11 Prozeßvertretung

(1) Die Parteien können vor den Arbeitsgerichten den Rechtsstreit selbst führen. Parteien, die eine fremde oder ihnen zum Zweck der Einziehung auf fremde Rechnung abgetretene Geldforderung geltend machen, müssen sich durch einen Rechtsanwalt als Bevollmächtigten vertreten lassen, soweit sie nicht nach Maßgabe des Absatzes 2 zur Vertretung des Gläubigers befugt wären oder eine Forderung einziehen, deren ursprünglicher Gläubiger sie sind.

(2) ¹Die Parteien können sich durch einen Rechtsanwalt als Bevollmächtigten vertreten lassen. ²Darüber hinaus sind als Bevollmächtigte vor dem Arbeitsgericht vertretungsbefugt nur
1. Beschäftigte der Partei oder eines mit ihr verbundenen Unternehmens (§ 15 des Aktiengesetzes); Behörden und juristische Personen des öffentlichen Rechts einschließlich der von ihnen zur Erfüllung ihrer öffentlichen Aufgaben gebildeten Zusammenschlüsse können sich auch durch Beschäftigte anderer Behörden oder juristischer Personen des öffentlichen Rechts einschließlich der von ihnen zur Erfüllung ihrer öffentlichen Aufgaben gebildeten Zusammenschlüsse vertreten lassen,
2. volljährige Familienangehörige (§ 15 der Abgabenordnung, § 11 des Lebenspartnerschaftsgesetzes), Personen mit Befähigung zum Richteramt und Streitgenossen, wenn die Vertretung nicht im Zusammenhang mit einer entgeltlichen Tätigkeit steht ,
3. selbstständige Vereinigungen von Arbeitnehmern mit sozial- oder berufspolitischer Zwecksetzung für ihre Mitglieder,
4. Gewerkschaften und Vereinigungen von Arbeitgebern sowie Zusammenschlüsse solcher Verbände für ihre Mitglieder oder für andere Verbände oder Zusammenschlüsse mit vergleichbarer Ausrichtung und deren Mitglieder,
5. juristische Personen, deren Anteile sämtlich im wirtschaftlichen Eigentum einer der in Nummer 4 bezeichneten Organisationen stehen, wenn die juristische Person ausschließlich die Rechtsberatung und Prozessvertretung dieser Organisation und ihrer Mitglieder oder anderer Verbände oder Zusammenschlüsse mit vergleichbarer Ausrichtung und deren Mitglieder entsprechend deren Satzung durchführt, und wenn die Organisation für die Tätigkeit der Bevollmächtigten haftet.

³Bevollmächtigte, die keine natürlichen Personen sind, handeln durch ihre Organe und mit der Prozessvertretung beauftragten Vertreter.

(3) ¹Das Gericht weist Bevollmächtigte, die nicht nach Maßgabe des Absatzes 2 vertretungsbefugt sind, durch unanfechtbaren Beschluss zurück. ²Prozesshandlungen eines nicht vertretungsbefugten Bevollmächtigten und Zustellungen oder Mitteilungen an diesen Bevollmächtigten sind bis zu seiner Zurückweisung wirksam. ³Das Gericht kann den in Abs. 2 Satz 2 Nr. 1 bis 3 bezeichneten Bevollmächtigten durch unanfechtbaren Beschluss die weitere Vertretung untersagen, wenn sie nicht in der Lage sind, das Sach- und Streitverhältnis sachgerecht darzustellen.

(4) ¹Vor dem Bundesarbeitsgericht und dem Landesarbeitsgericht müssen sich die Parteien, außer im Verfahren vor einem beauftragten oder ersuchten Richter und bei Prozßhandlungen, die vor dem Urkundsbeamten der Geschäftsstelle vorgenommen werden können, durch Prozessbevollmächtigte vertreten lassen. ²Als Bevollmächtigte sind außer Rechtsanwälten nur die in Abs. 2 Satz 2 Nr. 4 und 5 bezeichneten Organisationen zugelassen. ³Diese müssen in Verfahren vor dem Bundesarbeitsgericht durch Personen mit Befähigung zum Richteramt handeln. ⁴Eine Partei, die nach Maßgabe des Satzes 2 zur Vertretung berechtigt ist, kann sich selbst vertreten; Satz 3 bleibt unberührt.

(5) ¹Richter dürfen nicht als Bevollmächtigte vor dem Gericht auftreten, dem sie angehören. ²Ehrenamtliche Richter dürfen, außer in den Fällen des Absatzes 2 Satz 2 Nr. 1, nicht vor einem Spruchkörper auftreten, dem sie angehören. ³Absatz 3 Satz 1 und 2 gilt entsprechend.

(6) ¹In der Verhandlung können die Parteien mit Beiständen erscheinen. ²Beistand kann sein, wer in Verfahren, in denen die Parteien den Rechtsstreit selbst führen können, als Bevollmächtigter zur Vertretung in der Verhandlung befugt ist. ³Das Gericht kann andere Personen als Beistand zulassen, wenn dies sachdienlich ist und hierfür nach den Umständen des Einzelfalls ein Bedürfnis besteht. ⁴Absatz 3 Satz 1 und 3 und Absatz 5 gelten entsprechend. ⁵Das von dem Beistand Vorgetragene gilt als von der Partei vorgebracht, soweit es nicht von dieser sofort widerrufen oder berichtigt wird.

Übersicht

	Rn.
I. Allgemeines	1–3
1. Grundsätze	1, 2
2. Abweichungen von der ZPO	3
II. Prozessvertretung in der ersten Instanz	4–111
1. Prozessführung durch die Partei selbst	4–28
a) Natürliche Personen	7–14
b) Juristische Personen	15–18
c) Prozessführungsbefugnis	19–22
d) Beschlussverfahren	23–28
2. Vertretung durch Rechtsanwälte und gleichgestellte Personen	29–37
a) Rechtsanwälte	29–34
b) Beschlussverfahren	35, 36
c) gleichgestellte Personen	37
3. Vertretung durch Nichtanwälte, Abs. 2 Satz 2 Nrn. 1 und 2	38–49
a) Beschäftigte der Partei, Abs. 2 Nr. 1	38–42
b) Familienangehörige etc., Abs. 2 Satz 2 Nr. 2	43–49
4. Verbände, abhängige juristische Personen, Abs. 2 Satz 2 Nrn. 3 bis 5	50–96
a) Allgemeines	50
b) Vereinigungen mit sozial- oder berufspolitischer Zwecksetzung, Abs. 2 Satz 2 Nr. 3	51–56
c) Gewerkschaften und Arbeitgebervereinigungen, Abs. 2 Satz 2 Nr. 4	57–73
aa) Verbandsbegriff	57–64
bb) Innungen	65, 66
cc) Spitzenverbände	67–69
dd) Umfang der Vertretungsbefugnis	70–73
d) Verbandsabhängige juristische Personen, Abs. 2 Satz 2 Nr. 5	74–79

§ 11 Prozeßvertretung

	Rn.
e) Vertretungsberechtigte Personen, Abs. 2 Satz 3	80–94
f) Beschlussverfahren	95, 96
5. Die Prozessvollmacht	97–107
a) Form	97–101
b) Erlöschen der Vollmacht	102–104
c) Umfang	105–107
6. Zurückweisung von Bevollmächtigten, Abs. 3	108–111
III. Prozessvertretung in der zweiten Instanz	112–120
1. Urteilsverfahren	112–119
2. Beschlussverfahren	120
IV. Prozessvertretung in der dritten Instanz	121–124
1. Urteilsverfahren	121–123
2. Beschlussverfahren	124
V. Richter als Bevollmächtigte, Abs. 5	125–130
VI. Vertretung durch Beistände, Abs. 6	131-138
1. Allgemeine Regelung	131–135
2. Antidiskriminierungsverbände, § 23 AGG	136, 137
3. Angehörige diplomatischer Missionen	138

I. Allgemeines

1. Grundsätze

1 Zur geschichtlichen Entwicklung siehe die Hinweise in der 5. Auflage des Kommentars in den Randnummern 1 bis 11 a. Die letzten Änderungen erfolgten durch Art. 3 des Allgemeinen Gleichbehandlungsgesetzes (AGG) vom 14. 8. 2006 – BGBl. I 1897, durch das den Vertretern der Antidiskriminierungsverbände ein Vertretungsrecht entsprechend den anderen Verbandsvertretern gewährt worden ist sowie durch Art. 7 Abs. 9 des Gesetzes zur Stärkung der Selbstverwaltung der Rechtsanwaltschaft (SVRAStärkG) vom 26. 3. 2007 (BGBl. I 2007, 358), durch das mit Wirkung ab 1. 6. 2007 Abs. 2 Satz 1 Halbsatz 2 a. F. aufgehoben worden ist.

2 Durch das Rechtsdienstleistungsgesetz (vom 12. 12. 2007 BGBl. I 2840 – RDG) wird das bisher geltende Rechtsberatungsrecht grundlegend verändert. Es dient gleichzeitig der Umsetzung der Richtlinie 2005/36/EG des Europäischen Parlaments und des Rates vom 07. 09. 2005 über die Anerkennung von Berufsqualifikationen (ABl. EG Nr. L 255 S. 22). Ergänzend sind die Bestimmungen der Rechtsdienstleistungsverordnung (vom 19. 6. 2008 BGBl. I 1069 – RDV) zu beachten. Das RDG regelt nur die Erbringung außergerichtlicher Rechtsdienstleistungen, § 1 RDG. Gleichzeitig werden erhebliche Änderungen im Bereich der Prozessvertretung in allen Verfahrensordnungen vorgenommen. Dies führt auch in § 11 zu einer erheblichen Umgestaltung. Abs. 1 bis 3 betreffen die Vertretung vor dem erstinstanzlichen Gericht, Abs. 4 regelt die Vertretung in den Rechtsmittelinstanzen, Abs. 5 enthält besondere Bestimmungen, die das Auftreten von Richtern vor den Gerichten für Arbeitssachen in allen Instanzen regeln. Abs. 6 enthält Bestimmungen über die Möglichkeit der hinzuziehung von Beiständen.

2. Abweichungen von der ZPO

3 Die Neuregelung des § 11 übernimmt zu großen Teilen Bestimmungen, die sich bereits in den Vertretungsregelungen der ZPO befinden, obwohl insoweit eigentlich die Bezugnahme in § 46 Abs. 2 ausgereicht hätte. § 11 Abs. 1 ersetzt die Bestimmung in § 79 Abs. 1 ZPO, § 11 Abs. 2 Satz 1 tritt an die Stelle von § 79 Abs. 2 Satz 1. Die Regelungen in § 79 Abs. 2 Satz 2 Nrn. 2 bis 4 werden ersetzt durch § 11 Abs. 2 Satz 2 Nrn. 1 bis 5, wobei nur die Nrn. 3 bis 5 gegenüber der ZPO unterschiedliche Tatbestände aufweisen, die Besonderheiten des arbeitsgerichtlichen Verfahrens zum Gegenstand haben. Demgegenüber regelt § 79 Abs. 2 Satz 2 Nrn 3 und 4 ZPO Tatbestände, die im arbeitsgerichtlichen Verfahren keine Anwendung finden können. § 11 Abs. 2 Satz 3 entspricht § 79 Abs. 2 Satz 3 ZPO, § 11 Abs. 3 ist gleichlautend mit Abs. 3 von § 79 ZPO. § 11 Abs. 4 nimmt die Regelung in § 78 Abs. 1 ZPO auf und modifiziert sie für das arbeitsgerichtliche Verfahren. § 78 Abs. 2 bis 6 ZPO sind ebenfalls im arbeitsgerichtlichen Verfahren nicht anzuwenden, da deren tatbestandliche Voraussetzung nicht erfüllt sein können. Eine mit § 79 Abs. 4 ZPO (Verbot der Prozessvertretung durch Richter) vergleichbare Vorschrift enthält § 11 Abs. 5, § 11 Abs. 6 (Vertretung durch Beistände) verdrängt die gleichlautende Regelung in § 90 ZPO. Da der Gesetzgeber des ArbGG eine von §§ 79, 78 Abs. 1 und 90 ZPO unterschiedliche Gesamtregelung vorgenommen hat, ist **§ 11 insgesamt lex specialis** zu diesen zivilprozessualen Vorschriften. Auch wird durch die Zulassung der Verbandsvertreter vor den Arbeits- und Landesarbeitsgerichten die Bestimmung des § 157 ZPO in ihrer Anwendbarkeit auf das arbeitsgerichtliche Verfahren beeinflusst. Im Übrigen finden die meisten Vorschriften der Zivilprozessordnung über die Prozessbevollmächtigten der §§ 78 ff. ZPO entsprechende Anwendung, beispielsweise diejenigen über die Beiordnung eines Notanwalts, §§ 78 b und c ZPO und die Prozessvollmacht, §§ 80 ff. ZPO.

II. Prozessvertretung in der ersten Instanz

1. Prozessführung durch die Partei selbst

Grundsätzlich ist das Verfahren vor dem Arbeitsgericht ein **Parteiprozess,** es ist vom Vertretungszwang ausgenommen. Jede Partei kann also den Prozess selbst führen und muss sich nicht vertreten lassen. Voraussetzung hierfür ist, dass sie prozessfähig ist, §§ 51, 52 ZPO. Prozessfähigkeit ist die Fähigkeit, Prozesshandlungen selbst oder durch selbst bestellte Vertreter wirksam vorzunehmen oder entgegenzunehmen. Eine Person ist prozessfähig, soweit sie sich durch Vertrag selbst verpflichten kann, § 52 ZPO. 4

Die Partei- und Prozessfähigkeit ist **von Amts wegen** zu prüfen. § 46 Abs. 2 i. V. m. § 56 ArbGG (BAG 28. 2. 1974 AP ZPO § 56 Nr. 4). Die Prüfung muss in jeder Lage des Verfahrens, auch im Säumnisverfahren, in jeder Instanz erfolgen, ggf. kann sogar insoweit eine Beweisaufnahme in der Revisionsinstanz erforderlich werden (BAG 15. 9. 1977 AP ZPO § 56 Nr. 5). Allerdings erfolgt nicht in jedem Falle eine Amtsermittlung, sondern das Gericht wird nur tätig, wenn hinreichende Anhaltspunkte für Zweifel bestehen. Kann der Mangel beseitigt werden, ist die Partei oder ihr gesetzlicher Vertreter einstweilen zuzulassen, § 56 Abs. 2 ZPO. Ein Endurteil darf in diesem Falle erst nach Beseitigung des Mangels verkündet werden. Soll eine nicht prozessfähige Partei verklagt werden, ist bei Gefahr im Verzug ein Prozesspfleger zu bestellen, wenn die Partei keinen gesetzlichen Vertreter hat, § 57 ZPO. 5

Eine **subjektive Beweisführungslast** besteht für die betroffene Partei nicht (BAG 20. 1. 2000 NZA 2000, 613; BGH 9. 1. 1996 NJW 1996, 1059). Die **materielle Beweislast** trifft letztlich aber diejenige Partei, die Rechte aus der Partei- bzw. Prozessfähigkeit herleiten will. Für die Beweisaufnahme gelten die weniger strengen Vorschriften des Freibeweises, die auch sonst bei der Feststellung von Prozessvoraussetzungen Anwendung finden (BAG a. a. O.; BGH a. a. O.; *Baumbach/Hartmann* Einf. Rn. 9 vor § 284). Bis zur Klärung der Partei- oder Prozessfähigkeit ist die Partei als partei- bzw. prozessfähig zu behandeln (BAG 22. 3. 1988 EzA ZPO § 50 Nr. 2). 6

a) Natürliche Personen

Bei natürlichen Personen ist die Prozessfähigkeit identisch mit der **Geschäftsfähigkeit** der §§ 104 ff. BGB. Ist eine Person geschäftsunfähig oder in der Geschäftsfähigkeit beschränkt, fehlt ihr auch insoweit die Prozessfähigkeit, so dass sie sich nicht selbst vertreten kann. Ist die Geschäftsfähigkeit gegenständlich beschränkt, wie dies in §§ 112, 7

113 BGB der Fall ist, steht der Partei in gleicher Weise auch die Prozessfähigkeit zu, § 52 ZPO. Im arbeitsgerichtlichen Verfahren kommt hierbei den Vorschriften der §§ 112 und 113 BGB besondere Bedeutung zu.

8   Nach § 112 BGB kann der **gesetzliche Vertreter** mit Genehmigung des Vormundschaftsgerichts einen Minderjährigen zum selbständigen Betrieb eines Erwerbsgeschäftes ermächtigen. In diesem Falle ist der Minderjährige für Rechtsgeschäfte unbeschränkt geschäftsfähig, welche der Geschäftsbetrieb mit sich bringt. Welche Rechtsgeschäfte der Betrieb mit sich bringt, entscheidet dabei die Verkehrsauffassung. Ausgenommen sind allerdings in jedem Falle die Rechtsgeschäfte, zu denen auch der Vertreter der Genehmigung des Vormundschaftsgerichtes bedarf, §§ 1643, 1821, 1822 BGB. Ist die Ermächtigung zum selbständigen Betrieb eines Erwerbsgeschäftes wirksam erteilt worden, so ist in der Regel davon auszugehen, dass nach der Verkehrsauffassung von der Ermächtigung auch die Führung von Rechtsstreitigkeiten, die sich aus dem Erwerbsgeschäft ergeben, erfasst wird. Insbesondere werden auch arbeitsrechtliche Rechtsstreitigkeiten im Zusammenhang mit dem Erwerbsgeschäft von dem Minderjährigen geführt werden können. Besteht für den Minderjährigen eine Vormundschaft, so ist zu beachten, dass nach § 1822 Nr. 12 BGB der Vormund der Genehmigung des Vormundschaftsgerichts zum Abschluss eines Vergleichs bedarf, es sei denn, dass der Gegenstand des Streites oder der Ungewissheit in Geld schätzbar ist und den Wert von 3000,– Euro nicht übersteigt oder auf einem gerichtlichen Vergleichsvorschlag beruht. Hierunter fallen auch Vergleiche, die im Rahmen eines Prozesses gerichtlich oder außergerichtlich geschlossen werden (RGZ 56, 333; vgl. RGZ 133, 259; *Palandt/Diederichsen* § 1822 Rn. 23; BT-Drucks. 11/4528 S. 109), es sei denn sie beruhen auf einem Vergleichsvorschlag des Gerichts. Eltern bedürfen hierbei der Genehmigung durch das Vormundschaftsgericht nicht, § 1643 Abs. 1 BGB, so dass bei Ermächtigung durch die Eltern für den Minderjährigen auch diese Einschränkung wegfällt. Der Minderjährige ist aktiv und passiv prozessfähig für Ansprüche, die den Abschluss und die Erfüllung von Arbeitsverträgen betrifft. Die Partei- und Prozessfähigkeit erstreckt sich auch auf Ansprüche aus Vorverhandlungen mit dem Ziel des Abschlusses eines Arbeitsvertrages und auf Ansprüche, die sich aus nachwirkenden Rechten und Pflichten aus dem Arbeitsvertrag ergeben. Auch sämtliche Ansprüche, die im Zusammenhang mit einem Arbeitsverhältnis stehen, wie beispielsweise Ansprüche aus unerlaubter Handlung, werden hierbei erfasst.

9   **Ermächtigt** der gesetzliche Vertreter den Minderjährigen, in Dienst oder in Arbeit zu treten, so ist der Minderjährige für solche Rechtsgeschäfte unbeschränkt geschäftsfähig, welche die Eingehung oder Aufhebung eines Dienst- oder Arbeitsverhältnisses der gestatteten Art oder die Erfüllung der sich aus einem solchen Verhältnis ergebenden Verpflichtungen betreffen, **§ 113 Abs. 1 Satz 1 BGB**. Den Umfang der Ermächtigung kann der gesetzliche Vertreter bestimmen, er kann sie auch für ein einzelnes Arbeitsverhältnis begrenzt erteilen. Im Zweifel ist jedoch davon auszugehen, dass auch die für den Einzelfall erteilte Ermächtigung als allgemeine Ermächtigung zur Eingehung von Verhältnissen der gleichen Art gilt, § 113 Abs. 4 BGB. Die Ermächtigung kann auch durch schlüssiges Verhalten konkludent erteilt werden, beispielsweise, wenn auf eine entsprechende Ankündigung des Minderjährigen geschwiegen wird. Keine konkludente Ermächtigung liegt aber vor, wenn der gesetzliche Vertreter den Minderjährigen ermahnt, eine bestimmte Arbeit nicht aufzunehmen, er sich aber letztlich nicht durchsetzen kann (BAG 19. 7. 1974 AP BGB § 113 Nr. 6).

10   Soweit eine Ermächtigung erteilt worden ist, ist er für sämtliche Rechtsgeschäfte unbeschränkt geschäftsfähig, welche die **Eingehung, Aufhebung oder die Erfüllung der Pflichten** aus einem Dienst- oder Arbeitsverhältnis betreffen. Insoweit ist der Minderjährige auch aktiv und passiv partei- und prozessfähig. Er kann klagen und verklagt werden, er kann auch einen Anwalt beauftragen.

11   Eine allgemein erteilte Ermächtigung deckt auch den **Gewerkschaftsbeitritt** und die Befugnis, Rechtsstreitigkeiten zu führen, die aus einem solchen Gewerkschaftsbeitritt

II. Prozessvertretung in der ersten Instanz § 11

erwachsen (vgl. LG Essen 18. 3. 1965 AP BGB § 113 Nr. 3; LG Düsseldorf 10. 3. 1966 DB 1966, 587; LG Frankfurt 5. 4. 1967 FamRZ 1967, 680; ErfK/*Preis* BGB § 113 Rn. 9).

Nicht von der allgemeinen Ermächtigung gedeckt ist aber der **Abschluss eines Ausbildungsvertrages** nach dem BBiG. Die Eigenart des Ausbildungsverhältnisses bei dem nicht die Arbeitsleistung, sondern der Ausbildungszweck im Vordergrund steht, und der notwendige Schutz des Minderjährigen stehen dem entgegen (BAG 21. 3. 1957 AP BGB § 612 Nr. 2; ErfK/*Preis* BGB § 113 Rn 6; GK-ArbGG/*Bader* § 11 Rn. 23). Demzufolge ist der minderjährige Arbeitnehmer auch nicht prozessfähig für Streitigkeiten aus dem Berufsausbildungsverhältnis. 12

Da die Prozessfähigkeit nur soweit besteht, wie auch von einer Geschäftsfähigkeit ausgegangen werden kann, können Ansprüche, für die eine **Ermächtigung nicht erteilt** worden ist, von dem Minderjährigen weder passiv noch aktiv in einem Rechtsstreit verfolgt werden. Die Prozessfähigkeit besteht daher nicht für Streitgegenstände, die nicht in diesen Rahmen fallen, selbst wenn sie im Wege der Klageerweiterung oder der Widerklage geltend gemacht werden. In diesem Falle müsste für diesen Teil des Rechtsstreits eine gesonderte Ermächtigung des gesetzlichen Vertreters erteilt werden oder aber dieser müsste in diesem Punkte den Rechtsstreit führen. 13

Soweit **Ausländer** nach dem Recht ihres Heimatlandes prozessfähig sind, gilt dies auch im arbeitsgerichtlichen Verfahren, Art. 7 EGBGB. Sind sie nach ihrem Heimatrecht nicht prozessfähig, so können sie im arbeitsgerichtlichen Verfahren gleichwohl prozessfähig sein, wenn dies nach deutschem Recht der Fall wäre, § 55 ZPO. Die gesetzliche Vertretung einer ausländischen Arbeitnehmerin wird unter Berücksichtigung dieser Bestimmung und der Regelungen in Art. 30 EGBGB und Art. 3 Abs. 2 GG selbst dann nicht anzunehmen sein, wenn dies nach dem Heimatrecht der Fall wäre (vgl. dazu LAG Frankfurt a. M. 15. 5. 1986 – 3 Sa 1239/84 n. v.; GK-ArbGG/*Bader* § 11 Rn. 28). Bei **Staatenlosen** ist der gewöhnliche Aufenthaltsort und in zweiter Linie der Ort des Prozessgerichts nach § 55 ZPO für die Beurteilung der Prozessfähigkeit maßgeblich (GK-ArbGG/*Bader* § 11 Rn. 28). 14

b) Juristische Personen

Nicht prozessfähig und damit auch nicht in der Lage, sich unmittelbar im erstinstanzlichen Verfahren selbst zu vertreten, sind juristische Personen und parteifähige Personengesamtheiten (vgl. dazu zunächst oben § 10 Rn. 4). Sie können nur durch ihre **gesetzlichen Vertreter** handeln. Die Vertretungsmacht des gesetzlichen Vertreters beruht dabei entweder unmittelbar auf Gesetz oder nach Maßgabe des Gesetzes auf Anordnung der Staatsgewalt. Der Vertreter ist bei der Führung des Prozesses von dem Wissen und Willen des Vertretenen unabhängig. 15

Bei dem **Fiskus** erfolgt die Vertretung durch die gesetzlich berufene zuständige Behörde, für die der jeweilige Leiter handelt. Die Vertretungsbefugnis kann sich aus dem Gesetz oder einer Anordnung einer dazu berufenen Stelle ergeben (vgl. die Nachweise im Einzelnen bei *Baumbach/Hartmann* § 18 Rn. 5). Der Staat ist als Fiskus verpflichtet, **Auskunft** über die jeweils vertretungsberechtigte Behörde oder Person zu erteilen, da die bestehende Rechtsunklarheit nicht zu Lasten der gegnerischen Partei gehen darf. 16

Bei **Sozialversicherungsträgern** wie Krankenkassen, Berufsgenossenschaften und Versicherungsanstalten usw. richtet sich die Vertretungsbefugnis nach § 71 Abs. 3 SGG. Danach handeln für sie die gesetzlichen Vertreter, Vorstände oder besonders Beauftragte. Auch hier gilt der Grundsatz, dass diese Institutionen verpflichtet sind, der gegnerischen Partei Auskunft über die Vertretungsverhältnisse zu erteilen. Bei den **juristischen Personen des öffentlichen Rechts** folgt die Vertretungsbefugnis entweder aus Gesetz oder Satzung oder sonstiger Anordnung. Auch bei diesen besteht eine Auskunftspflicht. 17

18 Die **Gesellschaft des bürgerlichen Rechts** besitzt eine eigene Rechtsfähigkeit, wenn sie am Rechtsverkehr teilnimmt (Außengesellschaft – BGH 29. 1. 2001 NJW 2001, 1056). **Genossenschaften** werden nach § 24 GenG durch den Vorstand vertreten, bei der **OHG** richtet sich die Vertretungsbefugnis nach §§ 125 ff. HGB, bei der **KG** nach § 161 Abs. 2, § 170 HGB. Die Vertretung der **Aktiengesellschaft** ist in § 78 Abs. 1 AktG geregelt, für sie handelt der Vorstand bzw. in Prozessen gegen Mitglieder des Vorstandes der Aufsichtsrat, § 112 AktG. Allerdings können hier auch besondere Vertreter gem. § 147 AktG bestimmt worden sein. Die **KgaA** wird durch die persönlich haftenden Gesellschafter vertreten, § 278 Abs. 2 AktG, die **GmbH** durch die Geschäftsführer, § 35 GmbHG. **Vereine** werden durch den Vorstand, § 26 Abs. 2 BGB, vertreten, das Gleiche gilt bei **Stiftungen**, § 86 BGB. Im Falle von **Liquidationsgesellschaften** bzw. von Vereinen, die sich in Liquidation befinden, sehen die einzelnen Gesetze besondere Vertretungsverhältnisse vor. Zu beachten ist aber, dass eine verklagte juristische Person auch dann noch Prozesspartei bleibt, selbst wenn sie aufgelöst und im Handelsregister gelöscht worden ist. Dies gilt auch dann, wenn kein verteilbares Vermögen mehr vorhanden und nur noch ein Kündigungsrechtsstreit anhängig ist (BFH 26. 3. 1980 AP Nr. 3 zu § 50 ZPO; BAG 9. 7. 1981 AP Nr. 4 zu § 502 ZPO m. Anm. *Stumpf* = BAGE 36, 125).

c) Prozessführungsbefugnis

19 Eine Partei kann sich nur dann selbst vor dem Arbeitsgericht vertreten, wenn ihr auch die Prozessführungsbefugnis zusteht. Diese hat grundsätzlich derjenige, der unmittelbar aus materiellem Recht einen Anspruch geltend macht oder der aus materiellem Recht unmittelbar in Anspruch genommen wird. Die Prüfung der Prozessführungsbefugnis erfolgt ebenfalls von Amts wegen.

20 Eine Ausnahme von dem Grundsatz, dass die Prozessführungsbefugnis sich nach materiellem Recht richtet, besteht für den Fall der **Prozessstandschaft**. Eine gesetzliche Prozessstandschaft ergibt sich beispielsweise aus § 265 ZPO, ferner aus §§ 1368, 1422 BGB sowie § 13 Abs. 1 UWG und § 3 UKlaG (BGBl. I 2001 S. 3173). Darüber hinaus steht dem Gesamtvollstreckungsverwalter, Insolvenzverwalter, Zwangsverwalter, Nachlaßverwalter oder Testamentsvollstrecker als Partei kraft Amtes die Prozessstandschaft zu, obwohl diese nach materiellem Recht nicht unmittelbar Verpflichtete oder Berechtigte sind. Eine weitere Regelung der Prozessstandschaft findet sich für den Bereich der zivilen Arbeitskräfte der Nato-Truppen in Art. 56 Abs. 8 des Zusatzabkommens zum Nato-Truppenstatut. Hier tritt die Bundesrepublik Deutschland an die Stelle des jeweiligen Nato-Mitgliedslandes, bei dessen Truppen der betreffende Arbeitnehmer beschäftigt ist (BAG 30. 11. 1984 AP ZA-Nato-Truppenstatut Art. 56 Nr. 6). Keine Prozessstandschaft ergibt sich aus § 23 Abs. 2 AGG, diese Regelung gestattet nur Vertretern der **Antidiskriminierungsverbände** in Verfahren von Benachteiligten, in denen eine Vertretung durch Rechtsanwälte nicht vorgeschrieben ist, als Beistände in der mündlichen Verhandlung aufzutreten (siehe dazu unten Rn. 136 f.).

21 Neben der gesetzlichen Prozessstandschaft ist heute allgemein anerkannt, dass auch eine **gewillkürte Prozessstandschaft** möglich ist (vgl. dazu *Rosenberg/Schwab/Gottwald* § 46 III 1; *Baumbach/Hartmann* Grundz. § 50 Rn. 29 ff. m. w. N.). Soweit die gewillkürte Prozessstandschaft zulässig ist, kann der Rechtsträger selbst den Prozess nicht mehr führen. Eine **Einschränkung** dieses Grundsatzes enthält **Abs. 1 Satz 2**. Soweit Forderungen auf Grund einer wirksamen Inkassozession oder Inkassoermächtigung im Klagewege geltend gemacht werden, ist eine Vertretung durch einen Rechtsanwalt notwendig. Der Gesetzgeber will mit dieser Regelung einen Rechtszustand eindeutig festlegen, der sich bislang lediglich aus der Rechtsprechung ergab (BGH 7. 11. 1995 NJW 1996, 393; BVerwG 29. 9. 1998 NJW 1999, 440). Erfasst werden lediglich Geldforderungen, diese müssen für den Kläger fremd sein oder ihm zur Einziehung überwiesen sein (zu beiden Fällen *Baumbach/Hartmann* Grundz. vor § 50 Rn. 29 ff., 39 ff.). Während die bisherige Regelung in § 157 Abs. 1 Satz 2 ZPO lediglich einen Umgehungstatbestand regelte, enthält die jetzige Bestimmung einen von der Umgehungsabsicht losgelösten Ausschließungstatbestand. Nicht eingeschränkt wird durch die neue Regelung in Abs. 1 Satz 2 die Geltendmachung von Forderungen auf Grund einer Vollabtretung oder einer Sicherungsabtretung, wenn also mit der Prozessführung ausschließlich eigene Interessen verfolgt werden (so auch BCF/*Bader* § 11 Rn. 10). Dies ist auch der Fall, wenn ein Inkassounternehmen die Forderung nicht lediglich zum Zwecke der Einziehung erwirbt, sondern sie für sich selbst ankauft. Erfasst werden dürften hiervon auch die Abtretungen im Rahmen des Factoring und die Abtretungen nach § 164 BGB. Der Gesetzgeber hat von dem Vertretungszwang **zwei Ausnahmen** vorgesehen: Die erste gilt nach Abs. 2 Satz 2 erste Alternative, wenn auf die Partei eine der in Abs. 2 Nrn. 1 bis 5 genannten Sonderregelungen Anwendung findet. In diesem Falle ist eine Selbstführung des Prozesses möglich. Die zweite greift nach Abs. 2 Satz 2 Fallgruppe zwei ein, wenn die Partei ursprünglich Eigentümerin der Geldforderung war und diese zurück erworben hat. Auch in diesem Falle ist eine Vertretung nicht erforderlich.

Während bei der gesetzlichen Prozessstandschaft Besonderheiten hinsichtlich der Rechtskraftwirkung bestehen – ein Urteil entfaltet **Rechtskraft** grundsätzlich nur zwischen dem Prozessführungsbefugten und der Gegenpartei, nicht jedoch gegenüber dem Rechtsträger – besteht diese Besonderheit bei der gewillkürten Prozessstandschaft nicht. Bei ihr wirkt die Rechtskraft grundsätzlich gegen den Rechtsträger, er selbst kann nicht erneut Klage erheben, dieser würde die Einrede der Rechtshängigkeit entgegenstehen. Weiterhin hat die Prozessstandschaft zur Folge, dass der Rechtsträger als Zeuge vernommen werden kann, während der Prozessstandschafter Partei ist. **22**

d) Beschlussverfahren

Im Beschlussverfahren gilt die Bestimmung des § 11 entsprechend, § 80 Abs. 2. Die Beteiligten des Beschlussverfahrens könnten sich daher in dem Verfahren vor dem Arbeitsgericht auch selbst vertreten, soweit sie partei- und prozessfähig sind. Die Partei- und Prozessfähigkeit richtet sich dabei zunächst nach § 10, auf die dortigen Erläuterungen (Rn. 5 ff.) kann verwiesen werden. Der Gesetzgeber spricht dabei in § 10 ausdrücklich von einer Parteifähigkeit, obwohl im Grunde, bleibt man in der Terminologie des Beschlussverfahrens, auch von einer Beteiligten- bzw. Verfahrensfähigkeit anstelle von Partei- und Prozessfähigkeit gesprochen werden könnte (GK-ArbGG/*Bader* § 11 Rn. 46). **23**

Für den **Betriebsrat** handelt auch hier in der Regel **der Vorsitzende**, § 26 Abs. 3 Satz 1 BetrVG. Er ist allerdings nicht gesetzlicher Vertreter des Betriebsrates, sondern nur Vertreter in der Erklärung (vgl. BAG 17. 2. 1981 AP BetrVG 1972 § 112 Nr. 11; BVerwG vom 21. 7. 1982 PersV 1983, 316; *Fitting* § 26 Rn. 22 m. w. Nachw.). Beteiligtenfähig ist das Gremium, dieses hat auch die Antragsbefugnis. Der Vorsitzende kann nur das wiedergeben, was der Betriebsrat beschlossen hat. Der Betriebsrat ist auch nicht gehindert, in Einzelfällen andere Mitglieder mit der Vertretung in dem Verfahren zu beauftragen (BVerwG a. a. O.; *Fitting* a. a. O. Rn. 31). Sowohl der Betriebsratsvorsitzende bzw. bei seiner Verhinderung sein Stellvertreter als auch besonders bestellte Vertreter können nur im Rahmen der vom Betriebsrat gefassten Beschlüsse Prozesshandlungen vornehmen. Gibt der Betriebsratsvorsitzende oder sein Stellvertreter eine Erklärung ab oder nimmt er im Beschlussverfahren eine Prozesshandlung vor, so spricht eine jederzeit widerlegbare Vermutung dafür, dass dem ein entsprechender Beschluss des Betriebsrates zugrunde liegt (vgl. BAG 17. 2. 1981 AP BetrVG 1972 § 112 Nr. 11). Sind weder ein Vorsitzender noch ein Stellvertreter vorhanden oder sind beide verhindert, so müssen die verbliebenen Betriebsratsmitglieder gemeinschaftlich tätig werden, wenn kein besonderer Vertreter bestellt wird. Allerdings wird im Regelfall anzunehmen sein, dass in diesem **24**

Falle der Betriebsrat im Kosteninteresse und aus dem Gedanken der vertrauensvollen Zusammenarbeit verpflichtet ist, ein Mitglied mit der Vertretung zu beauftragen (vgl. dazu auch BVerwG a. a. O.). Im Rahmen der Vertretungsbefugnis besteht auch eine Zuständigkeit für die Entgegennahme von **Zustellungen**. Erfolgt die Postabwicklung allerdings durch die Posteingangsstelle des Betriebs, sind deren Bedienstete für die Entgegennahme von Zustellungen zuständig (*Fitting* § 28 Rn. 36).

25   Die **Jugend- und Auszubildendenvertretung** ist zwar beteiligtenfähig (oben § 10 Rn. 40), sie kann jedoch ihre Rechte aus dem Betriebsverfassungsgesetz nur in begrenztem Umfange ohne den Betriebsrat geltend machen, sie ist kein vom Betriebsrat unabhängiges Mitbestimmungsorgan. Sie hat keine im Beschlussverfahren durchsetzbaren Mitbestimmungsrechte erhalten. Soweit die Jugend- und Auszubildendenvertretung aber sonstige Rechte zugewiesen erhalten hat, steht ihr auch die Befugnis zu, das Verfahren zu führen (GK-ArbGG/*Bader* § 11 Rn. 52 m. w. Nachw.). Sie ist damit auch verfahrensfähig, die Berechtigung Anträge zu stellen, ist allerdings dadurch beschränkt, dass in den meisten Fällen hierzu die Mitwirkung des Betriebsrates erforderlich ist.

26   Für die Vertretung von **Gesamtbetriebsrat, Konzernbetriebsrat** bzw. die entsprechenden Jugend- und Auszubildendenvertretungen gelten die gleichen Grundsätze. Ebenfalls vergleichbare Regelungen gelten für die **Vertretung des Sprecherausschusses,** § 11 Abs. 2 SprAuG, sowie den Gesamt- und Konzernsprecherausschuss.

27   Die vorstehend dargelegten Grundsätze gelten in vergleichbarer Weise auch für **Personalräte** und ähnliche Vertretungsgremien im Personalvertretungsrecht. Auch bei diesen vertritt der Vorsitzende im Rahmen der gefassten Beschlüsse, § 32 Abs. 3 Satz 1 BPersVG bzw. die entsprechenden Vorschriften in den Personalvertretungsgesetzen der Länder. Zu beachten ist aber, dass bei Angelegenheiten, die nur eine Gruppe betreffen, der Vorsitzende grundsätzlich gemeinsam mit einem der Gruppe angehörenden Vorstandsmitglied den Personalrat vertreten muss, wenn er nicht selbst dieser Gruppe angehört, § 32 Abs. 3 Satz 2 BPersVG. Auch hier kann im Übrigen für die Verfahrensvertretung ein anderes Personalratsmitglied durch Beschluss vom Personalrat beauftragt werden.

28   Eine **Ausnahme** von der Möglichkeit, sich selbst zu vertreten, besteht für den Betriebsrat dann, wenn er gem. § 50 Abs. 2 BetrVG den Gesamtbetriebsrat beauftragt hat, für ihn im eigenen Namen einen Anspruch im Beschlussverfahren geltend zu machen (vgl. zu dieser Möglichkeit BAG 6. 4. 1976 AP BetrVG 1972 § 50 Nr. 2; wohl auch BAG 1. 3. 1966 AP BetrVG § 69 Nr. 1; *Fitting* § 50 Rn. 49; GK-ArbGG/*Bader* § 11 Rn. 59). Im Grunde handelt es sich hier um eine „gewillkürte Prozessstandschaft" im Beschlussverfahren. In diesem Falle steht dem Einzelbetriebsrat die Befugnis, das Verfahren zu führen, nicht mehr zu.

2. Vertretung durch Rechtsanwälte und gleichgestellte Personen

a) Rechtsanwälte

29   Vor dem Arbeitsgericht können sich die Parteien von **jedem** in der Bundesrepublik **zugelassenen Rechtsanwalt** vertreten lassen, Abs. 2 Satz 1. Dem Rechtsanwalt steht eine Rechtsanwaltsgesellschaft, §§ 59c, 59l BRAO gleich, vgl. § 25 EGZPO. Sie handelt durch ihre Organe. Ausgeschlossen sind lediglich die Rechtsanwälte, die bei dem Bundesgerichtshof zugelassen sind, § 172 BRAO. Diese können nur unter den Einschränkungen des § 172 Abs. 3 BRAO in einem Verfahren vor dem ersuchten Richter auftreten, wenn das Ersuchen von einem obersten Gerichtshof des Bundes, dem Bundesverfassungsgericht oder dem gemeinsamen Senat der obersten Gerichtshöfe des Bundes ausgeht. Ein besonderes Zulassungsverfahren gibt es nicht, die Bestimmung des § 78 Abs. 1 ZPO findet im arbeitsgerichtlichen Verfahren keine Anwendung. Als Anwälte können auch **Syndikus-Anwälte**, die zur Rechtsanwaltschaft zugelassen worden sind, sowie Angestellte von Arbeitgebern, die gleichzeitig Rechtsanwalt sind, auftreten. Das

II. Prozessvertretung in der ersten Instanz § 11

Gericht kann in diesem Zusammenhang nicht überprüfen, ob das Auftreten dieser Rechtsanwälte standesrechtlich zulässig ist oder nicht. Verstöße gegen standesrechtliche Prinzipien können die Vertretungsbefugnis nicht beseitigen, sie sind gegebenenfalls durch die Standesorganisationen zu ahnden. § 11 Abs. 2 Satz 1 soll sicherstellen, dass der Rechtsanwalt als unabhängiges Organ der Rechtspflege in eigener Verantwortung tätig wird. Die Verantwortung für Prozesshandlungen muss er unabhängig von Weisungen seines Mandanten übernehmen. Diese Voraussetzung ist nicht erfüllt, wenn der Syndikusanwalt nur im Rahmen seines Anstellungsverhältnisses die Prozessvertretung wahrnimmt. Daher verbietet auch § 46 BRAO die Tätigkeit für den Dienstherrn bzw. Arbeitgeber vor den Gerichten in der „Eigenschaft als Rechtsanwalt". Der Rechtsanwalt muss bei Zweifeln deutlich machen, dass er außerhalb seines Beschäftigungsverhältnisses das Mandat wahrnimmt. Legt er ein Rechtsmittel auf Kopfbogen seines Arbeitgebers ein und unterzeichnet er dies mit dem Zusatz „Syndikusanwalt", ist das Rechtsmittel unzulässig (BAG 19. 3. 1996 NZA 1996, 671 f. mit Anm. von Bauer in BB 1996, 1283 f.). Für die **Vertretung durch ausländische Rechtsanwälte** aus einem Mitgliedstaat der EG gelten die Regelungen des EURAG vom 9. 3. 2000 – BGBl I 182, 1349, mit dem die europäischen Richtlinien 5/98 EG, 48/89 EWG und 249/77 EWG umgesetzt worden sind. Die Vertretungsbefugnis regeln in erster Linie die §§ 2, 6, 28 EURAG. Sie stellen den ausländischen Rechtsanwalt hinsichtlich seiner Vertretungsbefugnisse dem inländischen Rechtsanwalt weitgehend gleich, für sie gilt ebenfalls § 3 BRAO. **Keinen Beschränkungen** unterliegt ein Rechtsanwalt, der seine Qualifikation in einem anderen Mitgliedstaat erworben hat, wenn er sich in der **Bundesrepublik Deutschland niedergelassen** hat, § 2 EURAG, oder wenn er zugelassen worden ist, § 11 EURAG (zu den Voraussetzungen der Niederlassung im Einzelnen *Lach* NJW 2000, 1609). Für nur vorübergehende Dienstleistungen eines Rechtsanwalts aus einem EG-Mitgliedstaat gelten die Regelungen der §§ 25 ff. EURAG. Besteht Vertretungszwang, kann dieser nur im Einvernehmen mit einem in der Bundesrepublik zugelassenen Rechtsanwalt Prozesshandlungen vornehmen, § 28 Abs. 1 EURAG. Einen Zustellungsbevollmächtigten bestellen, § 1 Abs. 1 EURAG (vgl. zu dem Ganzen auch GK-ArbGG/*Bader* § 11 Rn. 68).

Zur Stellung der Rechtsanwälte aus Staaten, die nicht Mitglied der EG sind, enthalten im Übrigen die §§ 206, 207 BRAO Sonderregelungen. **30**

Soweit ein Rechtsanwalt **aus der Anwaltschaft ausgeschlossen** worden ist, § 114 Nr. 5 BRAO, oder seine Zulassung zurückgenommen worden ist, §§ 14, 16 BRAO, verliert er auch die Befugnis zum Auftreten vor dem Arbeitsgericht. Wird gegen den Anwalt im Rahmen eines ehrengerichtlichen Verfahrens lediglich ein **begrenztes Berufsverbot** verhängt, § 114 Nr. 4 BRAO, so kann auch hiervon seine Vertretungsbefugnis vor dem Arbeitsgericht betroffen werden. Entscheidend ist, für welche Rechtsgebiete das Berufsverbot besteht. Wird dem Rechtsanwalt untersagt, Rechtsstreitigkeiten im Bereich des bürgerlichen Rechts zu führen, so werden damit auch die Befugnisse der Vertretung vor den Arbeitsgerichten betroffen, wenn sich dies aus der Entscheidung ergibt. Enthält sie keinen eindeutigen Hinweis, kann angesichts der Neuregelung in § 17a GVG und § 48 ArbGG, wonach das Verfahren vor den Arbeitsgerichten ein eigener, von den Zivilgerichten getrennter Rechtsweg ist, nicht davon ausgegangen werden, dass ein Vertretungsverbot in Zivilsachen auch arbeitsrechtliche Streitigkeiten erfasst. Wird durch eine spätere Entscheidung nach § 116 Satz 2 BRAO oder § 458 StPO klargestellt, dass sich das Vertretungsverbot nicht auf arbeitsrechtliche Streitigkeiten erstreckte, hatte der Rechtsanwalt die Postulationsfähigkeit nie verloren (BAG 16. 8. 1991 NZA 1992, 617). Allerdings führt ein derartiges beschränktes Berufsverbot noch nicht dazu, dass die Vertretungsbefugnis des Anwalts automatisch erlischt. Wie sich aus §§ 114a Abs. 3 und 156 Abs. 2 BRAO ergibt, soll das Gericht den Anwalt zurückweisen. Solange dies nicht geschehen ist, kann er vor dem Gericht auftreten. Die rechtliche Wirksamkeit von Handlungen, die von dem Anwalt oder ihm gegenüber vorgenommen werden, wird unmittelbar durch das Vertretungsverbot nicht berührt, § 155 Abs. 5 BRAO. **31**

32 Im Rahmen seiner Prozessvollmacht, § 81 ZPO, kann der Rechtsanwalt **Untervollmacht** erteilen. Unterbevollmächtigte können in erster Linie **andere Rechtsanwälte** oder solche **Referendare** sein, die dem Rechtsanwalt zur Ausbildung überwiesen worden sind (so genannte Stationsreferendare). Diese Referendare können allerdings nur in denjenigen Fällen auftreten, in denen eine Vertretung durch den Rechtsanwalt nicht geboten ist, § 59 Abs. 2 BRAO, ihre Vertretungsbefugnis ist damit letztlich auf das Arbeitsgericht beschränkt. Eine Ausnahme gilt nur dann, wenn sie amtlich bestellte Vertreter des Rechtsanwaltes sind, § 53 Abs. 4 Satz 2 und Abs. 7 BRAO.

33 Sonstige Referendare, die sich nicht in einem Ausbildungsverhältnis bei dem Rechtsanwalt befinden (Nebentätigkeitsreferendare) sowie von dem Anwalt **angestellte Assessoren** oder **sonstiges** bei diesem angestelltes **Personal** (z. B. Bürovorsteher) können nicht in Untervollmacht auftreten.

34 Der Rechtsanwalt kann in erster Instanz auch einem **Verbandsvertreter Untervollmacht** erteilen, Voraussetzung dafür ist allerdings, dass dieser die Voraussetzungen von § 11 Abs. 2 Satz 2 Nr. 3 oder 4 erfüllt.

b) Beschlussverfahren

35 Rechtsanwälte können auch im Beschlussverfahren erster Instanz auftreten. Auch Betriebsräte können sich anwaltlich vertreten lassen, erforderlich ist jedoch, dass die **Beauftragung** des Rechtsanwaltes durch **Betriebsratsbeschluss** erfolgt. Die Kosten für den vom Betriebsrat beauftragten Rechtsanwalt hat – soweit die Voraussetzungen des § 40 BetrVG erfüllt sind – der Arbeitgeber zu tragen. Eine Kostentragungspflicht des Arbeitgebers setzt insbesondere voraus, dass der Betriebsrat bei pflichtgemäßer und verständiger Abwägung der zu berücksichtigenden Umstände die Zuziehung eines Rechtsanwaltes für notwendig erachten konnte (BAG 16. 11. 1974 AP BetrVG 1972 § 20 Nr. 6; 3. 10. 1978 AP BetrVG 1972 § 40 Nr. 14; 4. 12. 1979 AP BetrVG 1972 § 40 Nr. 18). Der Betriebsrat kann, wenn diese Voraussetzung erfüllt ist, nicht darauf verwiesen werden, dass auch eine Vertretung durch einen Gewerkschaftsvertreter möglich sei (BAG 3. 10. 1978 AP BetrVG 1972 § 40 Nr. 14; 4. 12. 1979 AP BetrVG 1972 § 40 Nr. 18; zu dem ganzen ferner DKK-*Berg* § 40 Rn. 52 ff. m. w. Nachw. zu dem Streitstand).

36 Auch im Beschlussverfahren ist unter den gleichen Voraussetzungen wie im Urteilsverfahren eine **Unterbevollmächtigung** durch den Rechtsanwalt zulässig.

c) Gleichgestellte Personen

37 Einem Rechtsanwalt gleichgestellt sind Kammerrechtsbeistände, § 3 Abs. 1 Nr. 3 RDEG (vom 12. 12. 2007 BGBl. I 2007, 2840, 2846). Hierbei handelt es sich um Rechtsbeistände, die Mitglied einer Rechtsanwaltskammer sind (vgl. dazu auch § 6 RDG). Nicht erfasst werden die nach § 12 RDG (12. 12. 2007 BGBl. I 2007, 2840) registrierten Personen, diese sind nur befugt, außergerichtliche Rechtsdienstleistungen zu erbringen, §§ 1, 2 RDG. Diese Personen haben nach § 3 Abs. 2 Nr. 1 RDG nur dann die Befugnis Prozesshandlungen vorzunehmen, soweit sie bisher hierzu eine Erlaubnis hatten. Das Gleiche gilt nach Nr. 2, wenn ihnen bisher nach § 157 Abs. 3 ZPO durch Anordnung der Justizverwaltung als Prozessagent die Befugnis der gerichtlichen Vertretung oder des Auftretens in der mündlichen Verhandlung gewährt worden war. Der Umfang der Befugnis ergibt sich aus dem Rechtsdienstleistungsregister, § 16 Abs. 2 Nr. 1 e RDG.

3. Vertretung durch Nichtanwälte, Abs. 2 Satz 2 Nrn. 1 und 2

a) Beschäftigte der Partei, Abs. 2 Nr. 1

38 Für jede Partei besteht die Möglichkeit, sich durch **eigene Beschäftigte** vor dem Arbeitsgericht vertreten zu lassen. Auf die Vorbildung des Beschäftigten oder seine

II. Prozessvertretung in der ersten Instanz § 11

Stellung innerhalb des Unternehmens kommt es nicht an. Auch der Syndikusanwalt kann zur Vertretung herangezogen werden. Das Recht steht nicht nur natürlichen Personen, sondern auch Personengesellschaften wie der BGB-Gesellschaft, der oHG und der KG sowie anderen Personenzusammenschlüssen wie z. B. einer Gemeinschaft oder einem rechtsfähigen oder nicht rechtsfähigen Verein, ferner auch juristischen Personen des privaten und des öffentlichen Rechts zu. Es kommt auch nicht darauf an, ob diese unter einer Firma oder einem Namen Partei eines Verfahrens sind.

Bevollmächtigt werden können alle Mitarbeiter, der **Begriff des Beschäftigungsverhältnisses** ist weit auszulegen. Erfasst werden danach Arbeitnehmer, sonstige Dienstnehmer, solange nur ein auf längere Zeit begründetes Rechtsverhältnis besteht, dass nicht allein auf den Prozess bezogen begründet worden ist. Leiharbeitnehmer können im Regelfall nicht unter diese Vorschrift fallen, da sie nicht Beschäftigte der Partei sind und das Rechtsverhältnis zum Entleiher nicht auf Dauer ausgerichtet ist. Auch ein Werkvertrag reicht aus diesem Grunde nicht aus (BCF/*Bader* § 11 Rn. 15; wohl a. A. *Baumbach/ Hartmann* § 79 Rn. 12). Die Bestimmung gilt auch für Mitarbeiter des öffentlichen Dienstes, insbesondere auch für Beamte. 39

Arbeitnehmer verbundener Unternehmen können im **Unternehmensbereich** die Prozessvertretung für sämtliche selbständigen Unternehmen übernehmen. Der Unternehmensbegriff ist der des § 15 AktG. Erfasst werden danach die im Verhältnis zueinander im Mehrheitsbesitz stehenden Unternehmen, die mit Mehrheit beteiligten Unternehmen, § 16 AktG sowie die abhängigen und herrschenden Unternehmen, § 17 AktG. Ferner gilt die Vertretungsmöglichkeit auch für Konzernunternehmen des § 18 AktG – hier gilt auch die Konzernvermutung des § 18 Abs. 1 Satz 2 AktG – und für wechselseitig beteiligte Unternehmen, § 19 AktG. Schließlich gilt die Vertretungsbefugnis auch bei Bestehen eines Beherrschungs- oder Gewinnabführungsvertrages, § 291 AktG und für andere Unternehmensverträge, die eine Gewinngemeinschaft, eine Teilgewinnabführung oder einen Betriebspacht- oder Betriebsüberlassungsvertrag vereinbart haben, § 292 AktG. Welchem Unternehmen der die Vertretung wahrnehmende Beschäftigte angehört, ist unerheblich. Er kann die Vertretung allerdings nur innerhalb des Unternehmensverbundes wahrnehmen, die Befugnis kann nicht über diesen hinaus erweitert werden. Es empfiehlt sich in einem solchen Falle, die nach § 80 ZPO i. d. F. des RDG notwendige Vollmacht so abzufassen, dass sich aus ihr das Vorliegen eines Unternehmensverbundes ergibt. 40

Ähnlich wie bei den Unternehmen kann eine Vertretung im Bereich des **öffentlichen Dienstes** durch spezielle Bedienstete erfolgen, ohne dass diese in einem Beschäftigungsverhältnis zu der Partei stehen müssen. Sie können auch bei einer anderen Behörde oder einer anderen juristischen Person des öffentlichen Dienstes tätig sein (ebenso GK-ArbGG/*Bader* § 11 Rn. 75). Nach dem Wortlaut des Gesetzes ist es auch nicht erforderlich, dass die Behörden der gleichen Gebietskörperschaft angehören, für die Vertretung können also auch Beschäftigte eingesetzt werden, die im Dienste eines anderen Landes oder des Bundes tätig sind. So kann beispielsweise eine Landesbehörde auch durch einen Beschäftigten aus dem Bundesdienst vertreten werden. Allerdings wird diese weite Anwendung unter Hinweis auf die Parallele zu der Konzernvertretung für nicht sinnvoll erachtet und ein Über- Unterordnungsverhältnis wie bei einem Konzern verlangt (BCF/ *Bader* § 11 Rn. 16). Eine solche Einschränkung mag zwar sinnvoll sein, findet aber im Gesetzeswortlaut keinen Niederschlag. Auch kann es durchaus sein, dass ein Rechtsproblem gerade im Bereich der Eingruppierung mehrere Bundesländer und möglicherweise auch den Bund betrifft. In einem solchen Falle kann es sinnvoll sein, die Vertretung einem Beschäftigten für alle Streitfälle zu übertragen, der über besondere Kenntnisse in diesem Bereich verfügt. Behörden sind die vom Wechsel der dort tätigen Personen unabhängigen organisatorischen Einheiten der Verwaltungen im gesamten Bereich des öffentlichen Dienstes. Juristische Personen des öffentlichen Rechts sind z. B. Anstalten, Körperschaften, Stiftungen, die kraft Gesetzes oder Satzung eine eigene Rechtspersön- 41 lichkeit besitzen. Nicht erfasst werden öffentlich-rechtliche Sondervermögen, die keine juristische Person sind.

42 Die Vertretung kann auch durch Beschäftigte der zuständigen Aufsichtsbehörde oder des jeweiligen kommunalen Spitzenverbandes erfolgen. Insoweit besteht eine Parallelität zu der Regelung hinsichtlich der Beschäftigten in verbundenen Unternehmen.

b) Familienangehörige etc., Abs. 2 Satz 2 Nr. 2

43 Familienangehörige **nach § 15 der Abgabenordnung** sind:
– der Verlobte einer Partei,
– deren Ehegatte,
– Verwandte und Verschwägerte gerader Linie,
– Geschwister,
– Kinder der Geschwister,
– Ehegatten der Geschwister und Geschwister der Ehegatten,
– die Geschwister der Eltern
– sowie Personen, die durch ein auf längere Dauer angelegtes Pflegeverhältnis mit häuslicher Gemeinschaft wie Eltern und Kind miteinander verbunden sind (Pflegeeltern und Pflegekinder).
– Weiter werden von dieser Regelung erfasst auch die Ehegatten, die Verwandten und Verschwägerten gerader Linie sowie die Ehegatten der Geschwister und Geschwister der Ehegatten, wenn die Ehe nicht mehr bestehen sollte,
– ferner bei Verwandten und Verschwägerten gerader Linie, bei Geschwistern, Kindern der Geschwister, Ehegatten der Geschwister und Geschwistern der Ehegatten sowie Geschwistern der Eltern auch dann, wenn die Verwandtschaft oder Schwägerschaft durch Annahme als Kind erloschen ist.
– Die in einem Pflegeverhältnis stehenden Personen sind auch dann noch Angehörige, wenn die häusliche Gemeinschaft nicht mehr besteht, sofern diese Personen weiterhin wie Eltern und Kind miteinander verbunden sind.
– Ferner sind **nach § 11 Lebenspartnerschaftsgesetz** Familienangehörige die Lebenspartner selbst, es sei denn, etwas anderes sei bestimmt worden. Die Verwandten eines Lebenspartners gelten als mit dem anderen Lebenspartner verschwägert.

44 Die Familienangehörigen müssen das **18. Lebensjahr** vollendet haben. Sie dürfen dann die Vertretung wahrnehmen, wenn dies **unentgeltlich** geschieht. Lediglich Auslagen dürfen erstattet werden. Auf die Häufigkeit der Vertretung kommt es nicht an.

45 Außer den Familienangehörigen kann die Vertretung nur noch von Personen unentgeltlich wahrgenommen werden, die die **Befähigung zum Richteramt**, (§ 5 DRiG), besitzen. Da nur die Befähigung zum Richteramt bestehen muss, ist es unerheblich, ob ein solches Amt – sei es als Beamter, Angestellter oder Richter – auch tatsächlich ausgeübt wird. Auch im Ruhestand oder in einem Beruf, der diese Befähigung selbst nicht erfordert, besteht die einmal erworbene Befähigung fort. **Diplomjuristen** aus dem Beitrittsgebiet (Art. 3 Einigungsvertrag), die ein rechtswissenschaftliches Studium an einer Universität oder wissenschaftlichen Hochschule abgeschlossen haben und nach dem 3. Oktober 1990 zum Richter, Staatsanwalt oder Notar ernannt worden sind, im höheren Verwaltungsdienst beschäftigt oder als Rechtsanwalt zugelassen wurden, stehen den Personen mit Befähigung zum Richteramt gleich, § 5 Nr. 4 RDG. Diplomjuristen, die in der freien Wirtschaft tätig sind, fallen nicht hierunter (GK-ArbGG/*Bader* § 11 Rn. 78). Damit ist eine Gleichstellung der in der ehemaligen DDR ausgebildeten Juristen teilweise erreicht. Die Gleichstellung gilt nicht für Personen, die nach Ablegung des ersten Staatsexamens den Titel Diplomjurist führen dürfen. Zu beachten sind aber für alle Fälle der Vertretungsbefugnis nach dieser Regelung die Beschränkungen in Abs. 5.

46 **Keine Vertretungsmöglichkeit** besteht für andere Personen, auch nicht im Wege der Nachbarschafts- oder Kollegenhilfe. Insoweit wird der Kreis der vertretungsbefugten

II. Prozessvertretung in der ersten Instanz   § 11

Personen gegenüber der zurzeit geltenden Regelung kleiner werden. Die Befähigung zum Richteramt kann nicht durch eine andere juristische Qualifikation ersetzt werden, es genügt daher nicht der Grad des Diplomjuristen (dazu aber vorige Rn.), der Promotion, des LLM oder eines ähnlichen akademischen Grades.

Die Vertretung kann **mehrfach wahrgenommen werden**, der Gesetzgeber will es ermöglichen, dass ehrenamtlich tätige Personen mit entsprechender Qualifikation auch innerhalb der ehrenamtlichen Tätigkeit vor Gericht auftreten können. Hierdurch kann allerdings eine Konkurrenz für die Rechtsanwaltschaft entstehen, da zu günstigeren Konditionen, nämlich ohne Gebühren, eine ähnliche Leistung erbracht werden kann. 47

Schließlich können **Streitgenossen** untereinander die Prozessvertretung in demselben Verfahren übernehmen. Dies dient der Prozessökonomie. Es ist unerheblich, ob eine notwendige oder eine einfache Streitgenossenschaft vorliegt. Die Prozessvertretung muss unentgeltlich erfolgen. 48

Die Vertretung muss **unentgeltlich** erfolgen, sie darf nicht im Zusammnhang mit einer entgeltlichen Tätigkeit erbracht werden, Abs. 2 Nr. 2 letzter Satzteil. Dies schließt zunächst aus, dass für die Vertretung selbst ein Entgelt gezahlt wird, dass also Zeit- und Arbeitsaufwand abgegolten werden. Auf die Bezeichnung der Leistung kommt es nicht an, entscheidend ist der tatsächliche Charakter. Eine als Aufwendungsersatz deklarierte Zuwendung ist unzulässig, wenn ihre Höhe einen Bezug zu Leistung und aufgewendeter Zeit erkennen lässt. Zulässig sind aber die Erstattung von Auslagen und Gewährung von Zuwendungen geringfügiger Art im Rahmen des Üblichen ohne Bezug zu der erbrachten Leistung oder der Arbeitszeit (BT-Drucks. 16/3655 S. 57). Ausgeschlossen ist aber auch, dass im Zusammenhang mit einem **bestehenden Vertragsverhältnis** – z.B. Arbeitsverhältnis, Werkvertrag, freier Dienstvertrag oder eines sonstigen Vertrages- die Leistung erbracht wird. Auch darf die Vertretung weder geschäftsmäßig noch gewerbsmäßig betrieben werden. Ausgeschlossen ist die Vertretung auch dann, wenn sie im Rahmen einer entgeltlichen Mitgliedschaft in einer Vereinigung erbracht wird, selbst wenn sie im Rahmen der Mitgliedsrechte unentgeltlich gewährt wird (BCF/*Bader* § 11 Rn. 21; BT-Drucks 16/ 3655 S. 57). 49

4. Verbände, abhängige juristische Personen, Abs. 2 Satz 2 Nrn. 3 bis 5

a) Allgemeines

Die Neuregelung enthält nur geringe Änderungen gegenüber dem bisherigen Recht. Genannt sind diejenigen Organisationen, die auch schon nach bisherigem Recht in Verfahren vor dem Arbeitsgericht aufgetreten sind. Im Gegensatz zu der jetzt gültigen Verfahrensweise können aber die Organisationen selbst bevollmächtigt werden, es ist nicht erforderlich, dass ausdrücklich Einzelpersonen in der Vollmacht benannt werden. Die Vertretung der Organisation vor dem Gericht erfolgt dann durch ihre Organe oder ihre Beschäftigten. Deren Befugnis zur Vertretung kann in der Satzung der Organisation festgelegt werden, es kann aber auch jede andere Ermächtigungsform gewählt werden. Eine besondere Qualifikation der Mitarbeiter sieht der Gesetzentwurf nicht vor. Das Gleiche gilt für die von den Organisationen wirtschaftlich abhängigen juristischen Personen. Hier ist nochmals klargestellt, dass eine Haftung der die juristische Person tragenden Organisation bestehen muss. 50

b) Vereinigungen mit sozial- oder berufspolitischer Zwecksetzung Abs. 2 Satz 2 Nr. 3

Nach § 11 Abs. 2 Satz 2 Nr. 3 sind die Vertreter selbständiger **Vereinigungen** von Arbeitnehmern **mit sozial- oder berufspolitischer Zwecksetzung** zur Vertretung vor dem Gericht befugt. Es muss sich hierbei um Vereinigungen handeln, d.h. der Verband muss privatrechtlich organisiert sein, und es muss sich um einen freiwilligen Zusammenschluss handeln, der gegnerfrei ist. Wie im Einzelnen die privatrechtliche Organisation 51 ausgestaltet ist, ist unerheblich, es kommt also nicht darauf an, ob es sich um rechtsfähige oder nichtrechtsfähige Vereine oder sonstige Personengesamtheiten handelt. Auch wäre es denkbar, dass sich die Vereinigung in der Form einer Gesellschaft bürgerlichen Rechts organisiert hat. Im Gegensatz zur Gewerkschaft ist es bei diesen Vereinigungen nicht erforderlich, dass sie tariffähig sind, zu ihrem Wesensmerkmal gehört daher auch nicht die Arbeitskampfbereitschaft. Damit entfällt auch das Erfordernis einer sozialen Mächtigkeit.

52 Grundsätzlich dürfen nur **Arbeitnehmer Mitglieder** dieser Vereinigungen sein. Unschädlich ist es allerdings, wenn einzelne Arbeitgeber auch Mitglieder der Vereinigung sind, wenn sie bei der Vertretung der sozial- und berufspolitischen Interessen der Arbeitnehmer keinen entscheidenden Einfluss ausüben können (GK-ArbGG/*Bader* § 11 Rn. 85; *Schaub* ArbGV § 17 Rn. 27). Es scheiden daher solche Verbände aus, in denen Arbeitgeber und Arbeitnehmer schon vom Verbandszweck her in gleicher Weise organisiert sind, wie es beispielsweise bei Schwerbehinderten- oder Kriegsopferverbänden der Fall ist (LAG Hannover 24. 1. 1958 BB 1958, 596).

53 Auch die in Bremen oder im Saarland bestehenden **Arbeitnehmerkammern** sind keine Vereinigungen von Arbeitnehmern mit sozial- oder berufspolitischer Zielsetzung (BVerfG 18. 12. 1974 BVerfGE 38, 281, 307).

54 Der **Begriff der sozial- und berufspolitischen Zielsetzung** ist weit zu fassen. Es genügt die Vertretung allgemeiner sozial- oder berufspolitischer Ziele im Interesse der Mitglieder. Es ist nicht erforderlich, dass diese Interessen gerade gegenüber den Arbeitgebern vertreten werden müssen. Es können daher auch christliche Arbeitnehmervereinigungen unter die Bestimmung des § 11 Abs. 1 Satz 3 fallen, wenn bei ihnen nicht die konfessionellen Einflüsse überwiegen. Auch Beamtenvereinigungen können als Verbände mit berufs- und sozialpolitischer Zwecksetzung angesehen werden, wenn bei ihnen in nennenswertem Umfang auch Arbeitnehmer organisiert sein können. Nicht erfasst werden Vereinigungen, die lediglich eine gesellschaftliche Zwecksetzung verfolgen, beispielsweise Sportvereine, Bildungsvereine und Verbände, die in erster Linie politische Zielsetzungen verfolgen.

55 Beispielsweise gehören zu den Arbeitnehmervereinigungen im Sinne des § 11 Abs. 1 Satz 3 die **Katholische Arbeitnehmer-Bewegung (KAB)**, die **Christlichen Gewerkschaften**, soweit sie nicht tariffähig und auch nicht gewillt sind, ihre Ziele mittels eines Arbeitskampfes durchzusetzen, der Verband der Bergmanns-Versorgungsscheininhaber und der Allgemeine Beamtenschutzbund. Erfasst werden nicht Arbeitgeberverbände, die nur eine **OT-Mitgliedschaft** anbieten.

56 Nur die Vereinigungen von Arbeitnehmern selbst sind in erster Instanz vertretungsbefugt. Diese Befugnis gilt nur für die Mitglieder des jeweiligen Verbandes, nicht für andere vergleichbare Verbände oder deren Mitglieder. Der Verband handelt durch sein Organ. Die Regelung erstreckt sich **nicht** auf **Zusammenschlüsse** solcher Vereinigungen. Eine Postulationsfähigkeit von ihnen in dem Verfahren vor dem Landesarbeitsgericht besteht nicht.

c) Gewerkschaften und Arbeitgebervereinigungen, Abs. 2 Satz 2 Nr. 4
aa) Verbandsbegriff

57 In Abweichung von dem zivilprozessualen Verfahren können sich die Parteien vor dem Arbeitsgericht auch durch bestimmte Verbände vertreten lassen. Die Organisationen können selbst bevollmächtigt werden, es ist nicht erforderlich, dass ausdrücklich Einzelpersonen in der Vollmacht benannt werden. Die Vertretung der Organisation vor dem Gericht erfolgt dann durch ihre Organe oder ihre Beschäftigten. Deren Befugnis zur Vertretung kann in der Satzung der Organisation festgelegt werden, es kann aber auch jede andere Ermächtigungsform gewählt werden. Der Beratungsvertrag kommt dabei in der Regel mit dem Verband zustande, nicht mit dem für den Verband tätigen Verbands-

II. Prozessvertretung in der ersten Instanz § 11

vertreter (OLG Düsseldorf 19. 3. 2002 OLGR Düsseldorf 2002, 251 ff.). Als vertretungsberechtigte Organisationen nennt das Gesetz Gewerkschaften oder Vereinigungen von Arbeitgebern oder Zusammenschlüsse solcher Verbände bzw. andere Verbände oder Zusammenschlüsse mit vergleichbarer Ausrichtung. Die **Aufzählung der Verbände ist abschließend.** Dies folgt schon daraus, dass § 11 Abs. 2 Satz 2 Nrn. 3 bis 5 eine Ausnahmeregelung zu § 157 Abs. 1 Satz 1 ZPO darstellt. Nicht in in dieser Vorschrift genannte Verbände, zu deren Aufgaben auch die Vertretung ihrer Mitglieder gehört, können nicht vor dem Arbeitsgericht als Bevollmächtigte auftreten, sie können auch nicht von dem Gericht gesondert zugelassen werden.

Der **Begriff** der „Gewerkschaften" bzw. derjenige der „Vereinigungen von Arbeitgebern" in § 11 Abs. 2 ist der gleiche wie in § 10 (vgl. ErfK/*Koch,* § 11 ArbGG Rn. 5). Das bedeutet, dass nach der Rechtsprechung des Bundesarbeitsgerichts auch im Rahmen des § 11 der Verband frei gebildet, gegnerfrei, unabhängig und auf überbetrieblicher Grundlage organisiert sein und das geltende Tarifrecht als verbindlich anerkennen muss. Normalerweise wird hierzu auch die Tariffähigkeit gehören (vgl. BAG vom 25. 11. 1986 NZA 1987, 492; 20. 2. 1986 AP ArbGG 1979 § 11 Prozessvertreter Nr. 8). Eine Ausnahme gilt insoweit aber für die Spitzenorganisationen, denen es nach § 2 Abs. 3 TVG freigestellt ist, in der Satzung die Aufgabe Partei eines Tarifvertrages zu sein, zu übernehmen. Auch diese sind jedoch als Verbände in § 11 Abs. 1 ausdrücklich genannt worden. Die Tariffähigkeit kann daher im Rahmen der Prozessvertretungsbefugnis keine entscheidende Rolle spielen (BAG 16. 11. 1989 NZA 1990, 666 f.). Es bleibt zumindest im Rahmen des § 11 den Verbänden überlassen, Mitglieder aufzunehmen, für die keine Tarifverträge abgeschlossen werden, im Übrigen aber eine Interessenvertretung einschließlich einer Rechtsschutzgewährung erfolgen soll (*Brehm* Anm. zu BAG 16. 11. 1989 a. a. O. in EzA ArbGG 1979 § 11 Nr. 6).

Hinzukommen muss nach der Rechtsprechung die Leistungsfähigkeit der Organisation (BAG 25. 11. 1986 NZA 1987, 492; vgl. BSG 27. 6. 1985 NZA 1986, 140 zur Frage der Bedeutung und der Finanzkraft eines Verbandes; vgl. auch BVerfG 20. 10. 1981 AP TVG § 2 Nr. 31). Das Merkmal der „**sozialen Mächtigkeit**" ist dabei in der Rechtsprechung untergliedert worden in die beiden Untermerkmale der „organisatorischen Leistungsfähigkeit" und „Durchsetzungskraft gegenüber dem sozialen Gegenspieler".

Die Auffassung des Bundesarbeitsgerichts, auch im Rahmen des § 11 ArbGG setze der Verbandsbegriff eine soziale Mächtigkeit voraus (BAG 20. 2. 1986 AP ArbGG 1979 § 11 Prozessvertreter Nr. 11), **ist umstritten** (ausführlich dazu *Schleusener* NZA 1999, 408 ff.). Die These von der Einheitlichkeit des Gewerkschaftsbegriffs sei nicht mehr zutreffend, für die Definition käme es auf die Kongruenz des Normzwecks an, die hier nicht gegeben sei (*Schleusener* a. a. O., S. 409 f.). Angesichts der tief greifenden Veränderungen in den organisatorischen Strukturen der Gewerkschaften hat dieses Argument an Gewicht gewonnen. Ferner wird eingewandt, dass eine sachliche Notwendigkeit, die Prozessvertretungsbefugnis an die Tariffähigkeit zu binden, nicht gegeben sei (*Grunsky* JZ 1977, 473 f.; *Buchner* 25 Jahre Bundesarbeitsgericht 1979, 55, 62 f.; *Konzen* ZfA 1978, 451, 456 f.; *Jülicher* ZfA 1980, 121, 128; *Wank* ZfA 1987, 355, 456). Wenn der Begriff der sozialen Mächtigkeit im Bereich der Tariffähigkeit für die Richtigkeitsgewähr von Tarifverträgen und damit für die Gleichgewichtigkeit der Tarifvertragsparteien eine gewisse Bedeutung habe, könne dieser Gedanke in § 11 keine Fortsetzung finden. Hier gehe es nicht um die Mitwirkung der Funktionäre bei der Rechtsanwendung, sondern um die bei Gewerkschaften unterstellte Vertrautheit mit arbeitsrechtlichen Problemen, dieser Sachverstand habe aber mit der sozialen Mächtigkeit nichts zu tun (*Grunsky* a. a. O.; *Konzen* a. a. O.; *Reuter* JuS 1977, 483).

Weder der **Begriff der sozialen Mächtigkeit** noch der der **Sachkunde** können bei der Frage der Bestimmung der Begriffe der Gewerkschaften bzw. der Vereinigungen von Arbeitgebern von entscheidender Bedeutung sein (so auch GK-ArbGG/*Bader* § 11 Rn. 92). Beide Begriffe sind **kaum justitiabel**. Es gibt keine Anhaltspunkte dafür, wie die soziale Mächtigkeit festgestellt werden soll, es fehlen auch geeignete Kriterien, um im Hinblick auf einen Verband dessen Sachkunde für die Führung von arbeitsgerichtlichen Verfahren zu überprüfen. Auch scheint der Begriff der Sachkunde deshalb untauglich zu sein, weil sich die Sachkunde nicht auf einen Verband, sondern bestenfalls auf den einzelnen Vertreter des Verbandes beziehen kann. Auch wird der Begriff der Sachkunde nicht dadurch näher konkretisiert werden können, dass man darauf abstellt, ob der Verband genügend Finanzmittel hat, um geeignete Prozessbevollmächtigte für die Vertretung vor den Arbeitsgerichten bereitstellen zu können (vgl. dazu für das sozialgerichtliche Verfahren BSG 27. 6. 1985 NZA 1986, 140).

62 Die Frage, ob der Verbandsbegriff in § 11 Abs. 2 Satz 2 Nr. 4 mit dem in § 2 Abs. 1 TVG identisch ist, kann allein aus dem Wortlaut der Vorschrift sowie aus ihrer Entstehungsgeschichte beurteilt werden (siehe dazu *Schleusener* a. a. O. S. 409 f.). In § 11 Abs. 2 Satz 2 Nr. 3 sind als vertretungsbefugt auch Vertreter von selbständigen Vereinigungen von Arbeitnehmern mit sozial- oder berufspolitischer Zwecksetzung genannt worden. Diese Vereinigungen müssen nicht tariffähig und damit auch nicht sozial mächtig sein. Wenn der Gesetzgeber es daher für notwendig erachtet hatte, diese Vereinigungen gesondert in § 11 Abs. 2 zu nennen, so bedeutet dies, dass derartige Verbände offensichtlich noch nicht von der Regelung in § 11 Abs. 2 Satz 2 Nr. 4 erfasst werden sollten. Dem würde auch entsprechen, dass in § 11 Abs. 1 ArbGG 1926 eine solche Differenzierung nicht erfolgt ist. Wenn der Gesetzgeber sie daher jetzt für notwendig erachtete, wird deutlich, dass er für den Bereich des Arbeitsrechts von einem **einheitlichen Begriff** der Gewerkschaften und Vereinigungen der Arbeitgeber ausgehen wollte. Die genannten Spitzenorganisationen sind Verbände, können aber frei entscheiden, ob sie den Abschluss von Tarifverträgen zu ihrer satzungsmäßigen Aufgabe machen wollen. Daraus kann der Schluss gezogen werden, dass die tatsächlich bestehende Tariffähigkeit jedenfalls im Rahmen des § 11 keine entscheidende Rolle spielt (BAG 16. 11. 1989 NZA 1990, 666 f.; *Brehm* in Anm. zu dieser Entscheidung in EzA ArbGG 1979 § 11 Nr. 6 und Anm. von *Venema* in SAE 1992, 84 ff.). Es genügt, dass bei entsprechender Satzungsgestaltung die Möglichkeit bestünde, tariffähig zu sein.

63 Dafür, dass die mögliche Tariffähigkeit wesentliches Begriffsmerkmal ist, spricht auch, dass bereits bei der Schaffung des § 10 ArbGG 1926 der Gesetzgeber davon ausgegangen ist, dass wirtschaftliche Vereinigungen der Arbeitgeber und Arbeitnehmer im Sinne des damaligen Entwurfes die tariffähigen Vereinigungen der Arbeitgeber und der Arbeitnehmer seien.

64 Ist eine Partei **Mitglied verschiedener Verbände** und hat sie in allen Verbänden auch die vollen Mitgliedschaftsrechte und ist die gleichzeitige Mitgliedschaft in den verschiedenen Verbänden auch satzungsmäßig zulässig, so steht es der Partei frei, durch welchen Verband sie sich vertreten lassen will. Hierbei ist es unerheblich, ob in dem konkreten Rechtsstreit Fragen zu entscheiden sind, die nur den Aufgabenbereich eines bestimmten Verbandes betreffen. Es kann nicht vom Gericht vorab in eine Prüfung der jeweiligen Rechtsfragen des Verfahrens eingetreten werden.

bb) Innungen

65 Zu den **tariffähigen Verbänden** gehören neben den Arbeitgebervereinigungen und den Gewerkschaften auch die **Innungen.** Nach § 54 Abs. 3 Ziffer 1 HandwO sind die Innungen tariffähig. Sie sind daher auch im Rahmen des § 11 vertretungsberechtigt (BAG 27. 1. 1961 AP ArbGG 1953 § 11 Nr. 26; *Schwab/Weth* § 11 Rn. 7), obwohl sie im Gesetz nicht ausdrücklich genannt worden sind. Demgegenüber sind **Kreishandwerkerschaften** nicht tariffähig, weil die Vorschrift des § 54 HandwO nicht für entsprechend anwendbar erklärt worden ist, § 89 HandwO (BAG a. a. O.). Allerdings kann in einer Satzung der Innung vorgesehen werden, dass die Verwaltungsgeschäfte durch die Kreishandwerkerschaft geführt werden, in diesem Falle kann der Geschäftsführer der Kreis-

handwerkerschaft auch gleichzeitig Geschäftsführer der Innung sein mit der Folge, dass er vertretungsbefugt wäre (BAG a. a. O.).

Keine Tariffähigkeit haben die **Industrie- und Handelskammern** sowie die **Handwerkskammer,** eine Freiwilligkeit des Zusammenschlusses ist nicht gegeben, so dass auch deren Vertreter im arbeitsgerichtlichen Verfahren nicht postulationsfähig sind.

cc) Spitzenverbände

Die Vertretungsbefugnis vor den Gerichten für Arbeitssachen haben auch die Zusammenschlüsse von Gewerkschaften oder Arbeitgebervereinigungen, also die so genannten Spitzenverbänden. Der **Begriff** der Zusammenschlüsse von Arbeitnehmer- und Arbeitgebervereinigungen ist auch hier der gleiche wie in § 10 (dazu § 10 Rn. 13 f.). Er ist identisch mit demjenigen in § 2 Abs. 2 und 3 TVG. Aus diesen Bestimmungen folgt auch, dass es für den Begriff der Spitzenorganisation nicht zwingende Voraussetzung ist, dass der Abschluss von Tarifverträgen zu den satzungsgemäßen Aufgaben gehört (oben § 10 Rn. 10; *Schaub* ArbGV § 17 Rn. 26; a. A. *Grunsky* § 10 Rn. 20). Die Postulationsfähigkeit der Vertreter von Spitzenverbänden besteht daher selbst dann, wenn der Spitzenverband nach seiner Satzung nicht zum Abschluss von Tarifverträgen ermächtigt ist.

Spitzenorganisation ist **beispielsweise** auf Arbeitnehmerseite der DGB. Auf Arbeitgeberseite sind Spitzenorganisationen die Zentral- oder Gesamtverbände, in denen die Landesverbände, das sind Zusammenschlüsse der regionalen Fachverbände der Arbeitgeber, zusammengefasst sind. Darüber hinaus ist die Bundesvereinigung der Deutschen Arbeitgeberverbände e. V. ebenfalls Spitzenorganisation im Sinne von § 2 TVG. Auch Zusammenschlüsse von Innungen, wie z. B. Landesinnungsverbände, können Spitzenorganisationen sein.

Zusammenschlüsse von Verbänden, die weder Gewerkschaften noch Arbeitgeberverbände sind, können keine Spitzenverbände im Sinne des § 11 Abs. 1 sein. Zusammenschlüsse von Vereinigungen von Arbeitnehmern mit sozial- oder berufspolitischer Zielsetzung können daher keine postulationsfähigen Vertreter entsenden.

dd) Umfang der Vertretungsbefugnis

Die Vertretung ist zunächst nur für die eigenen Mitglieder des Verbandes oder der Mitglieder der Verbände, die zum Bereich der Spitzenorganisationen gehören, möglich. Voraussetzung ist aber, dass die wesentlichen Mitgliedschaftsrechte i. S. § 3 TVG bestehen. Bei einer **Gastmitgliedschaft** ist dies nicht ohne weiteres der Fall (vgl. BAG 20. 2. 1986 EzA ArbGG 1979 § 11 Nr. 4; GK-ArbGG/*Bader* § 11 Rn. 101). Das Gleiche gilt für die **OT-Mitgliedschaft** in einem Arbeitgeberverband. Entscheidend ist in beiden Fällen, wie die satzungsmäßige Ausgestaltung der Rechte und Pflichten der Mitglieder sind. Bei der OT-Mitgliedschaft in einem entsprechend ausgerichteten Arbeitgeberverband kann sich aber die Vertretungsbefugnis aus Abs. 2 Nr. 3 ergeben (oben Rn. 55). Durch die Neuregelung ist der Kreis der Vertretungsbefugnis erweitert worden. Die in Abs. 2 Satz 2 Nr. 4 genannten Verbände können **einen anderen Verband** oder dessen Mitglieder oder Zusammenschlüsse derartiger Verbände und deren vertreten, wenn sie die gleiche Zielsetzung verfolgen. Damit hat der Gesetzgeber den Bereich der Koalitionsbetätigung, die Wahrnehmung der Interessen der organisierten Mitglieder, über den eigenen Verbandsrahmen hinaus ausgedehnt. Der andere Verband muss eine „**vergleichbare Ausrichtung**" besitzen. Was hierunter zu verstehen ist, ergibt sich aus dem Gesetz nicht.

Es könnte hier die rein **fachliche Ausrichtung** nach bestimmten Wirtschaftsbereichen gemeint sein. Dafür könnte sprechen, dass damit die besonderen Kenntnisse des Tarifrechts dieses Wirtschaftsbereichs und dessen spezielle tatsächliche Besonderheiten berücksichtigt werden könnten. Damit könnte die Qualität des Rechtsschutzes für die Mitglieder erhöht werden. Dagegen spricht jedoch, dass der Gesetzgeber nicht die „fachliche" Ausrichtung des Verbandes als Maßstab genannt hat, obwohl eine solche

Beschränkung in anderen Gesetzentwürfen beabsichtigt war (vgl. z. B. Entwurf eines Gesetzes zur Vereinfachung und Beschleunigung des arbeitsgerichtlichen Verfahrens BRDrucks. 321/98 zu Nr. 3 – S. 14 –). Gegen eine solche Beschränkung spricht auch, dass die Postulationsfähigkeit auch für Vertreter von Spitzenorganisationen besteht, die auf Grund ihres überregionalen und mehrere Wirtschaftsbereiche umfassenden Charakters keine enge fachliche Ausrichtung besitzen. Auch ist bei einzelnen Verbänden zunehmend eine Konzentration zu verzeichnen mit der Folge, dass in ihrem Bereich mehrere Tarifverträge und auch unterschiedliche tatsächliche Gegebenheiten im wirtschaftlichen Bereich zu berücksichtigen wären. **Entscheidend ist daher die generelle Zielsetzung,** ob es sich um einen Arbeitgeber- oder einen Arbeitnehmerverband handelt, ob also Arbeitgeber- oder Arbeitnehmerinteressen wahrgenommen werden. Daneben kann allerdings auch eine sonstige, beispielsweise christliche Ausrichtung von Bedeutung sein.

72 Ist eine Partei gleichzeitig Mitglied in **mehreren Verbänden,** so kann sie sich durch den Vertreter eines jeden Verbandes vertreten lassen. Gehört beispielsweise ein Arbeitgeber sowohl einem Metallarbeitgeberverband an als auch einem Verband der Bau- oder der Chemischen Industrie, so kann er entscheiden, durch welchen Verband er sich in dem Streitverfahren vertreten lassen will. Bei **Streitgenossen** genügt es, wenn ein Streitgenosse Verbandsmitglied ist (unten Rn. 87 m. w. Nachw.).

73 Bei **Ausscheiden** der vertretenen Partei aus dem Verband endet die Vertretungsbefugnis des vertretenden Verbandes, die bisher vorgenommenen Prozesshandlungen bleiben jedoch wirksam (*Dietz/Nikisch* § 11 Rn. 66; *Grunsky* a. a. O.).

d) Verbandsabhängige juristische Personen, Abs. 2 Satz 2 Nr. 5

74 Durch die Bestimmung in Abs. 2 Satz Nr. 5 wird eine Regelung übernommen, die bisher bereits galt (§ 11 Abs. 1 Satz 4 a.F., dazu Vorauflage Rn. 68 ff.). Voraussetzung ist, dass die juristische Person **wirtschaftlich** völlig von einem in Satz 2 Nr. 4 genannten Verband **abhängig** ist. Dies bedeutet, dass sich sämtliche Gesellschaftsanteile unmittelbar im Eigentum des Verbandes befinden müssen. Wird nur ein Anteil – auch unter Verzicht der Wahrnehmung der gesellschaftsrechtlichen Befugnisse – einer dritten Person übertragen, kann die Ausnahmeregelung des Satzes 4 keine Anwendung finden.

75 Ohne dass dies im Gesetzeswortlaut zum Ausdruck kommt, ist im Grunde der Verband der Rechtsträger des Rechtsschutzes, denn dessen Gewährung gehört zu den Koalitionsaufgaben, deren Gewährleistung letztlich auch die Regelung in Satz 2 Nr. 5 sichern soll. Der Verband muss den Rechtsschutz zur Verfügung stellen, er muss ihn im Außenverhältnis verantworten, er muss auch wegen der völligen wirtschaftlichen Abhängigkeit der juristischen Person die **Haftung** tragen. Die juristische Person darf daher trotz ihrer rechtlichen Eigenständigkeit nicht lediglich eine Dienstleistung für den Verband erbringen. Die juristische Person (z. B. eine GmbH) muss daher im Grunde wie eine Abteilung des Verbandes, wie ein Teil von ihm geführt werden (GK-ArbGG/*Bader* § 11 Rn. 109). Die gesellschaftsrechtliche Haftungsbeschränkung wirkt sich damit gerade wegen der Möglichkeit einer **Durchgriffshaftung** auf den Verband letztlich nicht aus (zur Haftung für den Verbandsvertreter vgl. OLG Düsseldorf 19. 3. 2002 OLGR Düsseldorf 2002, 251 ff.). Das Erfordernis des Haftungsdurchgriffs ist im letzten Satzteil nochmals ausdrücklich vom Gesetzgeber festgelegt worden. Nur unter diesen Voraussetzungen ist auch eine Rechtsberatung gemäß § 7 RBerG zulässig.

76 Ferner muss die Prozessvertretung in der **Satzung des Verbandes** festgelegt sein. Dies hat auch zur Folge, dass in der Satzung geregelt sein muss, dass die Angestellten der juristischen Person in Erfüllung der satzungsmäßigen Aufgaben des Verbandes tätig werden. Die juristische Person kann sich damit nur in dem Aufgabenbereich des Verbandes betätigen, der in dessen Satzung festgelegt ist. Die Vertretung von Nichtmitgliedern oder deren rechtliche Beratung ist nicht zulässig, dies würde auch ein Verstoß gegen

II. Prozessvertretung in der ersten Instanz § 11

§ 7 RBerG sein. Daraus ergibt sich aber auch, dass Prozessvertreter der Partei nicht der Verband selbst, sondern dessen Angestellter ist.

77 Während allerdings auf Grund der Sonderregelungen der §§ 59 c ff. BRAO, insbesondere § 59 l BRAO, auch Rechtsanwaltsgesellschaften selbst wie ein Rechtsanwalt bevollmächtigt werden und vor Gericht auftreten können, scheidet diese Möglichkeit bei verbandsabhängigen juristischen Personen aus. Zwar sind auch Verbandsvertreter in ihrer verfahrensrechtlichen Stellung den Rechtsanwälten weitgehend gleichgestellt. Wie sich aus dem eindeutigen Wortlaut von § 11 Abs. 2 Satz 2 ergibt, kann die **juristische Person selbst bevollmächtigt** werden. Eine entsprechende Anwendung der Regelung des § 59 l BRAO ist hier nicht möglich. § 11 Abs. 2 Satz 2 und 3 enthält eine speziellere Regelung. Auch ist in Abs. 2 Satz 3 nicht die Vertretung durch die juristische Person selbst, sondern nur durch ihr Organ oder einen von ihr bestellten Vertreter, also eine natürliche Person, vorgesehen. Eine Anwendbarkeit der §§ 59 c ff. BRAO ist durch das Gesetz nicht vorgesehen worden. Auch aus § 50 Abs. 2 folgt nichts anderes, dort ist nur die Gleichstellung der nach § 11 zur Prozessvertretung zugelassenen Vertreter in Bezug auf einzelne Zustellungsregelungen mit den Rechtsanwälten erfolgt, nicht hinsichtlich der sonstigen für Rechtsanwälte geltenden Vorschriften (vgl. dazu § 50 Rn. 23).

78 Die **Vertretungsbefugnis** ist vom Umfang ähnlich derjenigen in Abs. 2 Satz 2 Nr. 4 (dazu oben Rn. 70 ff.). Vertreten werden können die Mitglieder des die juristische Person tragenden Verbandes, dieser Verband und auch Verbände vergleichbarer Ausrichtung und deren Mitglieder. Bei **Ausscheiden** der vertretenen Partei aus dem Verband, der die juristische Person trägt, endet die Vertretungsbefugnis des vertretenden Verbandes, die bisher vorgenommenen Prozesshandlungen bleiben jedoch wirksam (*Dietz/Nikisch* § 11 Rn. 66; *Grunsky* a. a. O.).

79 Nr. 5 enthält **nur eine Ausnahmeregelung für die in Nr. 4** genannten Verbände. Die in Nr. 3 genannten selbständigen Vereinigungen von Arbeitnehmern mit sozial- oder berufspolitischer Zielsetzung haben nicht die Möglichkeit einer entsprechenden organisatorischen Gestaltung des Rechtsschutzes.

e) Vertretungsberechtigte Personen, Abs. 2 Satz 3

80 Da vor Gericht nur natürliche Personen auftreten können, regelt § 11 Abs. 2 Satz 3 ArbGG die Frage, welche Personen vor diesen postulationsfähig sind. Sie knüpft unmittelbar an die Bestimmung des § 79 Abs. 2 Satz 3 ZPO an. Sie gilt für die Vertretungsberechtigung nach § 11 Abs. Satz 2 Nrn. 3 bis 5. Wer **Organ** ist, ergibt sich aus der Satzung des Verbandes. Ist die Vereinigung gesellschaftsrechtlich organisiert, z. B. als GmbH, ergibt sich die Vertretungsbefugnis aus dem Gesellschaftsvertrag. Besteht das Organ aus mehreren Personen, ohne dass eine besondere Vertretung festgelegt ist, müssen diese gemeinsam auftreten. Allerdings kann in einem solchen Falle durch weitere Vollmacht eine Person berechtigt werden. Das Gleiche gilt, wenn sich bei einer Gesellschaft aus dem Gesellschaftsvertrag nur eine gemeinschaftliche Vertretungsbefugnis ergibt.

81 Der **Begriff des zur Prozessvertretung befugten Vertreters** bezieht sich nicht auf das Verhältnis zur Partei des Verfahrens, sondern auf das Verhältnis zu dem Verband. Der Begriff des Vertreters knüpft nicht an das Recht der Stellvertretung an. Der Betreffende muss weder Mitglied des Verbandes sein, noch muss er sich zu ihm in einem Arbeitsverhältnis befinden. Es ist auch nicht erforderlich, dass er die Befugnis besitzt, für den Verband selbst rechtsgeschäftliche Erklärungen abzugeben (*Dietz/Nikisch* § 11 Rn. 61; *Grunsky* § 11 Rn. 10).

82 Die Vertretungsbefugnis für den einzelnen Vertreter muss auf **Satzung oder Vollmacht** beruhen. Die Satzungsbestimmung muss eindeutig die Befugnis zur Prozessvertretung regeln. Soweit die Vertretung durch eine **verbandsabhängige juristische Person** und deren Beschäftigte erfolgen soll, muss in der Satzung des Verbandes für die Angestellten der juristischen Person die Vertretungsbefugnis festgehalten sein, oder der Verband muss eine entsprechende Vollmacht durch seine vertretungsberechtigten Personen erteilt haben (LAG Hamm 2. 4. 1998 LAGE ArbGG 1979 § 11 Nr. 13; LAG Schleswig-Holstein 9. 4. 1998 LAGE ArbGG 1979 § 11 Nr. 14). Auch bei Vorstandsmitgliedern oder Geschäftsführern muss sich aus der Satzung ausdrücklich ergeben, dass diese auch zur Vertretung im Bereich arbeitsgerichtlicher Verfahren zuständig sein sollen.

83 Der **Begriff der Vollmacht** ist ebenfalls nicht im Sinne des Stellvertretungsrechts gemeint. Es genügt eine Zuweisung der arbeitsrechtlichen Angelegenheiten an den Vertreter. Die Bevollmächtigung kann hierbei generell erfolgen, mit ihr wird die allgemeine Verpflichtung und Ermächtigung durch den Verband festgelegt, für seine Mitglieder als Vertreter in arbeitsgerichtlichen Verfahren tätig zu werden (BAG 10. 6. 1975 AP BetrVG 1972 § 73 Nr. 1). Die Bevollmächtigung muss durch eine ausdrückliche und eindeutige Willensentschließung des Verbandsorgans erfolgen (BAG 22. 6. 1956 AP ArbGG 1953 § 11 Nr. 10).

84 Wenn auch im Regelfall die Vertretungsbefugnis durch den Verband generell geregelt sein wird, ist es auch möglich, die Bevollmächtigung durch den Verband für einen **Einzelfall** auszusprechen (BAG a. a. O. mit kritischer Anmerkung *Pohle*). In diesem Falle muss allerdings die Beschränkung der Bevollmächtigung eindeutig sein. Ferner ist es zulässig, die Vertretungsbefugnis auf bestimmte Verfahren oder aber auf eine Instanz zu beschränken, da es allein Sache des Verbandes ist, darüber zu entscheiden, in welchem Umfange er die Vertretungsbefugnis an bestimmte Personen überträgt (BAG 29. 4. 1983 AP ArbGG 1979 § 9 Nr. 2).

85 Neben den Rechtssekretären der Gewerkschaften und den Verbandsvertretern der Arbeitgeberverbände können auch sogenannte **Verbandssyndici** oder Rechtsanwälte zur Vertretung ermächtigt werden (*Grunsky* § 11 Rn. 12; *Schaub* ArbGV § 17 Rn. 23). Ein Verbandsvertreter kann daher gleichzeitig als Rechtsanwalt zugelassen sein, auch dürfte es zulässig sein, dass der Verband einem Rechtsanwalt die Vertretungsbefugnis entweder generell oder aber im Einzelfall überträgt. Auch ein Gerichtsreferendar kann mit der Prozessführung seitens des Verbandes beauftragt werden (BAG 10. 6. 1975 AP BetrVG 1972 § 73 Nr. 1). Tritt der Verbandsvertreter aber als Syndikusanwalt auf, gelten die gleichen Einschränkungen wie bei dem Syndikusanwalt nach Abs. 2 Satz 2 Nr. 1 (dazu oben Rn. 38).

86 § 11 gewährt die **Postulationsfähigkeit** den Verbandsvertretern und den Vertretern verbandsabhängiger juristischer Personen nur im Rahmen der satzungsmäßigen Bestimmungen des Verbandes, von dem sie die Ermächtigung erhalten haben. Die fehlende Postulationsfähigkeit kann zur Zurückweisung des Vertreters im Verfahren führen, seine Prozesshandlungen sind unwirksam.

87 Sind auf einer Seite im Verfahren mehrere **Streitgenossen** beteiligt, so reicht es für die Frage der Postulationsfähigkeit eines Verbandsvertreters aus, wenn ein Streitgenosse Mitglied des Verbandes ist (vgl. BAG 8. 12. 1970 AP BetrVG § 76 Nr. 21; LAG Düsseldorf 5. 4. 1972 AuR 1972, 249; GK-ArbGG/*Bader* § 11 Rn. 102). Im Übrigen beginnt die Postulationsfähigkeit des Verbandsvertreters mit dem Beitritt der vertretenen Person zu dem Verband und sie endet mit ihrem Ausscheiden. Wird eine Partei vor ihrem Eintritt in den Verband durch einen Verbandsvertreter vertreten, so sind sämtliche Handlungen des Vertreters unwirksam, mit dem Eintritt in den Verband kann er jedoch sämtliche Handlungen genehmigen (*Grunsky* § 11 Rn. 14; *Schaub* ArbGV § 17 Rn. 29). Bei **Ausscheiden** der vertretenen Partei aus dem Verband endet die Postulationsfähigkeit des Verbandsvertreters, die von ihm bisher vorgenommenen Prozesshandlungen bleiben jedoch wirksam (*Dietz/Nikisch* § 11 Rn. 66; *Grunsky* a. a. O.).

88 Ein Verbandsvertreter kann nur solchen Personen eine **Untervollmacht** erteilen, die ebenfalls als Verbandsvertreter nach Satz 2, 4 oder 5 postulationsfähig wären. In Betracht kommen daher nur solche Personen, die ebenfalls kraft Satzung oder Ermächtigung des Verbandes mit der Prozessvertretung betraut sind. Auch der Unterbevollmächtigte kann die Postulationsfähigkeit nur insoweit besitzen, als der Wirkungsbereich des

II. Prozessvertretung in der ersten Instanz § 11

Hauptvertreters geht. Es ist daher beispielsweise ausgeschlossen, dass der Vertreter eines Arbeitgeberverbandes einem Rechtsschutzsekretär einer Gewerkschaft eine Untervollmacht erteilt. Es ist allerdings nach der Neufassung des Gesetzes zulässig, dass der Rechtsschutzsekretär einer bestimmten Gewerkschaft einen Rechtsschutzsekretär einer anderen Industriegewerkschaft oder einen Vertreter einer von Gewerkschaftsseite gegründeten Rechtsschutz-GmbH in Untervollmacht auftreten lässt. Rechtsanwälten kann von Verbandsvertretern Untervollmacht erteilt werden, soweit die Rechtsanwälte selbst auch als Vertreter nach § 11 auftreten könnten. Die durch die Beauftragung des Rechtsanwalts entstehenden Mehrkosten sind allerdings nicht erstattungsfähig (LAG Schleswig-Holstein 25. 7. 2000 NZA-RR 2000, 493).

Die **Rechtsstellung der Verbandsvertreter** im arbeitsgerichtlichen Verfahren entspricht 89
weitgehend derjenigen der Rechtsanwälte, wenn auch für sie das anwaltliche Standesrecht nicht gilt. Ihnen ist es daher beispielsweise nicht aus standesrechtlichen Erwägungen untersagt, gegen einen anderen Verbandsvertreter oder einen Rechtsanwalt bei dessen Säumnis ein Versäumnisurteil zu beantragen. Nicht anwendbar auf die Verbandsvertreter ist die Bestimmung des § 169 Abs. 2 Satz 2 ZPO, nach der Rechtsanwälte Schriftstücke selbst zum Zwecke der Zustellung beglaubigen können. Der Geltungsbereich dieser Vorschrift ist eng zu fassen, sie gibt keine weitergehende Befugnis zu einer Beglaubigung (vgl. BGH 5. 7. 1984 BGHZ 92, 76, 79). Auch eine Zustellung von Verbandsvertreter zu Verbandsvertreter bzw. von Verbandsvertreter zu Anwalt oder von Anwalt zu Verbandsvertreter gemäß § 195 ZPO ist nicht möglich, auch hier handelt es sich um eine eng auszulegende besondere Bestimmung, die letztlich ihren Grund in der Existenz des Standesrechtes der Rechtsanwälte hat (GK-ArbGG/*Bader* § 11 Rn. 103; *Zöller/Stöber* § 195 Rn. 2; *Schaub* ArbGV § 17 Rn. 33; a. A. *Grunsky* § 11 Rn. 13). Diese Bestimmung ist auch nicht in § 50 Abs. 2 für entsprechend anwendbar erklärt worden. Das schließt allerdings nicht aus, dass Verbandsvertreter Kopien ihrer Schriftsätze vorab an den jeweiligen Prozessgegner versenden oder aber von diesem erhalten, zur Wirksamkeit der Zustellung ist dann aber gleichwohl die förmliche Zustellung durch das Arbeitsgericht erforderlich. Dass im Übrigen diese Vorschriften, die ihren Grund letztlich im Standesrecht der Rechtsanwälte haben, auf Verbandsvertreter nicht entsprechend angewendet werden können, ergibt sich auch aus der besonderen Regelung in § 50 Abs. 2. Dort ist ausdrücklich geregelt, dass die Vorschriften des § 178 Abs. 1 Nr. 2 ZPO über die Ersatzzustellung und des § 174 ZPO über die vereinfachte Zustellung auf zur Prozessvertretung zugelassene Vertreter von Gewerkschaften und Vereinigungen von Arbeitgebern sowie von Zusammenschlüssen solcher Verbände entsprechend angewendet werden können. Die besondere Regelung der Anwendbarkeit wäre nicht erforderlich gewesen, wenn ohnehin die Vorschriften bereits anwendbar gewesen wären. Der Gesetzgeber hat damit deutlich zu erkennen gegeben, dass nur in dem von ihm besonders geregelten Bereich der Zustellung eine Gleichstellung zwischen Rechtsanwälten und Verbandsvertretern bestehen soll. Zu beachten ist in diesem Zusammenhang auch, dass die Vorschrift des § 50 Abs. 2 keine Anwendung findet auf die Prozessvertreter von selbständigen Vereinigungen von Arbeitnehmern mit sozial- oder berufspolitischer Zwecksetzung (zu den Einzelheiten siehe unten § 50 Rn. 23 ff.).

Eine Vertretung bei der **vereinfachten Zustellung** nach § 174 ZPO ist grundsätzlich 90
nicht möglich, durch § 50 Abs. 2 ist der Kreis der Zustellungsempfänger begrenzt. Auch der Empfangsvertreter müsste ein nach § 11 zugelassener Vertreter von Gewerkschaften oder von Vereinigungen von Arbeitgebern sowie von Zusammenschlüssen solcher Verbände sein. Die Untervollmacht für Personen, die nicht selbst Verbandsvertreter sind, führt nicht dazu, dass der Unterbevollmächtigte zugleich Verbandsvertreter wird (BAG 12. 3. 1964 AP ZPO § 176 Nr. 1; 3. 10. 1975 AP ZPO § 212 a Nr. 4). Auch Referendare, denen allgemein die Vertretung eines Verbandsvertreters übertragen worden ist, können nicht Zustellungsempfänger sein, es sei denn, sie wären selbst zum Verbandsvertreter bestellt worden (BAG 3. 10. 1975 AP ZPO § 212 a Nr. 4).

91 Bei der **Ersatzzustellung** nach § 178 Abs. 1 Satz 2 ZPO ist es nicht erforderlich, dass der Zustellungsempfänger in einem Arbeitsverhältnis zu dem Verbandsvertreter steht. Es genügt, wenn die Zustellung an eine Person erfolgt, die Arbeitnehmer des Verbandes ist, der den Vertreter bestellt hat (*Schaub* ArbGV § 17 Rn. 33). Unter dieser Voraussetzung können auch Auszubildende und sogar Minderjährige Zustellungsempfänger sein. Die Zustellung darf auch nur an dem Ort erfolgen, an dem der Verbandsvertreter sein Büro hat.

92 **Im Übrigen** steht der nach § 11 zugelassene Prozessvertreter einem Rechtsanwalt im Wesentlichen gleich. So kann dem Prozessvertreter beispielsweise der weitere Vortrag sowohl außerhalb als auch innerhalb der mündlichen Verhandlung nicht untersagt werden, wenn ihm die Fähigkeit zu einem geeigneten Vortrag fehlt, § 11 Abs. 3 Satz 2 i. V. mit § 157 Abs. 2 ZPO. Konsequenzen können hier nur durch den entsprechenden Verband getroffen werden. Auf Verlangen ist dem Prozessvertreter in der mündlichen Verhandlung im Rahmen einer Beweisaufnahme auch zu gestatten, an Zeugen unmittelbar Fragen zu richten, § 397 Abs. 2 ZPO. Dasselbe gilt bei einem Sachverständigenbeweis und bei der Parteivernehmung, §§ 402, 451 ZPO. Das Fragerecht kann nur in dem Termin, in dem die Beweisaufnahme durchgeführt wird, in Anspruch genommen werden. Ob spätere Fragen zugelassen werden sollen, liegt im Ermessen des Gerichts, § 398 Abs. 1 ZPO. Wird das Fragerecht des Prozessvertreters missachtet, so kann dieser Mangel nur zusammen mit der Endentscheidung angefochten werden, § 355 Abs. 2 ZPO. Eine Zurückverweisung des Verfahrens durch das zweitinstanzliche Gericht dürfte aber wegen der Bestimmung des § 68 nicht möglich sein.

93 Den Prozessvertretern steht auch ebenso wie Rechtsanwälten ein **Zeugnisverweigerungsrecht** gemäß § 383 Abs. 1 Nr. 6 ZPO zu, wenn sie als Zeuge vernommen werden sollen. Im Gegensatz zu den Rechtsanwälten unterliegen die Verbandsvertreter nicht einem besonders geregelten **Standesrecht**. Verbandsvertreter können daher auch ohne Verletzung standesrechtlicher Grundsätze sowohl gegeneinander als auch gegen Rechtsanwälte Versäumnisurteile beantragen. Mögliche Fehlverhaltensweisen können nur durch den Verband geahndet werden. Ausgeschlossen ist auch die Verhängung von Ordnungsmitteln wegen Ungebühr oder von Maßnahmen zur Aufrechterhaltung der Ordnung in der mündlichen Verhandlung gegen Verbandsvertreter, §§ 177, 178 GVG, da diese Bestimmungen nicht auf diese anwendbar sind.

94 Auf Verbandsvertreter ebenfalls anwendbar ist die Bestimmung des § 85 Abs. 2 ZPO, nach der das **Verschulden des Vertreters** dem Verschulden der Partei gleichsteht (*Grunsky* § 11 Rn. 13; *Francken* S. 68). Beispielsweise kann dies von besonderer Bedeutung bei der rechtzeitigen Erhebung einer Kündigungsschutzklage sein (LAG Rheinland-Pfalz 10. 2. 1982 EzA KSchG § 5 Nr. 15; LAG Berlin 28. 8. 1978 AP KSchG 1969 § 5 Nr. 2). Für Versäumnisse des Verbandsvertreters haftet der Verband bzw. die RechtsschutzGmbH gemäß § 278 BGB. Es handelt sich um einen Geschäftsbesorgungsvertrag, bei dessen Schlechterfüllung Ansprüche aus positiver Vertragsverletzung entstehen. Die Geschäftsbesorgung ist nicht rechtlich unverbindlich. Weder in einer Satzung noch in einer Rechtsschutzordnung kann die **Haftung** für Schadenersatzansprüche oder der Rechtsweg zu deren Verfolgung ausgeschlossen werden. Entsprechende Bestimmungen wären nichtig (OLG Düsseldorf 5. 7. 1979 AP ArbGG 1979 § 11 Prozessvertreter Nr. 1; BGH 26. 2. 1981 AP ArbGG 1979 § 11 Prozessvertreter Nr. 2; *Francken* S. 93 f.).

f) Beschlussverfahren

95 Nach § 80 Abs. 2 gilt die Bestimmung des § 11 über die Prozessvertretung auch in Beschlussverfahren. Die nach § 10 beteiligungsfähigen Personen und Stellen können sich daher im Beschlussverfahren auch durch einen **Verbandsvertreter** vertreten lassen (BAG 3. 10. 1978 AP BetrVG 1972 § 40 Nr. 14; 4. 12. 1979 AP BetrVG 1972 § 40 Nr. 18). Der Arbeitgeber kann sich daher durch einen Vertreter eines Arbeitgeberverbandes

vertreten lassen. Betriebsverfassungsrechtliche Organe können sich durch Vertreter von Gewerkschaften vertreten lassen. Umstritten ist allerdings, ob diese Vertretungsbefugnis nur dann gilt, wenn wenigstens ein Mitglied des betriebsverfassungsrechtlichen Organs Mitglied einer Gewerkschaft ist (so BAG 3. 12. 1954 AP ArbGG 1953 § 11 Nr. 7 m. Anm. von *Dietz*), oder ob es genügt, wenn lediglich ein Mitglied der Belegschaft einer Gewerkschaft angehört. Hierfür könnte sprechen, dass es letztlich um die Wahrung der Arbeitnehmerinteressen geht und dass im Verfahren selbst das Organ und nicht seine Mitglieder Beteiligte sind, so dass die Gewerkschaftszugehörigkeit kein Kriterium für die Zulässigkeit der Vertretung durch einen Gewerkschaftsvertreter sein soll (*Grunsky* § 11 Rn. 15). Für die Begründung dieser Ansicht wird auch darauf verwiesen, dass der Wortlaut der Vorschrift des § 11 weitgehend der vergleichbaren Bestimmung im ArbGG 1926 entspreche und dass der Gesetzgeber für die frühere Vorschrift die Vertretung der Betriebsvertretungen durch Gewerkschaftssekretäre generell zulassen wollte. Vergleichbares gilt auch für die Vertretung in den Angelegenheiten des SprAuG.

Wie sich aus § 80 Abs. 2 ergibt, findet die Bestimmung des § 11 im Beschlussverfahren entsprechende Anwendung. Die Voraussetzung, dass eine Vertretungsbefugnis der Verbände oder der von ihnen gegründeten juristischen Personen nur dann bestehen soll, wenn die zu vertretenden Personen bzw. Stellen selbst Mitglied eines Verbandes sind, ist daher ebenfalls anwendbar (so jetzt auch GK-ArbGG/*Bader* § 11 Rn. 132). Da allerdings Betriebsverfassungsorgane als solche nicht Mitglied einer Gewerkschaft sein können, muss es für die entsprechende Anwendung des § 11 Abs. 1 genügen, wenn **ein Mitglied des betriebsverfassungsrechtlichen Organs Mitglied der Gewerkschaft** ist. Dass auch die Mitgliedschaft nur eines Belegschaftsmitgliedes als Grundlage für die Vertretungsbefugnis ausreichend sein kann, erscheint nicht zutreffend. Im Gegensatz zu § 10 ArbGG 1926 kennt die Bestimmung des jetzigen § 10 keine Parteifähigkeit der Arbeitnehmerschaft als solcher. Beteiligtenfähig im Beschlussverfahren sind lediglich die besonders genannten betriebsverfassungsrechtlichen Organe, sie treten im eigenen Namen auf, nehmen allerdings die der Belegschaft zustehenden Rechte wahr. Für die Vertretungsbefugnis kommt es jedoch immer auf die Parteifähigkeit bzw. Beteiligtenfähigkeit an. Im Übrigen ist auch zu beachten, dass die Satzungen der Gewerkschaften die Vertretungsbefugnis beschränken können, eine solche Beschränkung wirkt sich unmittelbar auch nach außen auf das rechtliche Können aus (BAG 29. 4. 1983 AP ArbGG 1979 § 9 Nr. 2). Ob ein betriebsverfassungsrechtliches Organ ein Beschlussverfahren selbst führen oder sich der Vertretung durch einen Vertreter einer Gewerkschaft bzw. einer von ihr gegründeten juristischen Person oder aber eines Rechtsanwaltes bedienen will, steht in seinem **pflichtgemäßen Ermessen** (BAG 4. 12. 1979 AP BetrVG 1972 § 40 Nr. 18; 3. 10. 1978 AP BetrVG 1972 § 40 Nr. 14 jeweils m. w. Nachw.).

5. Die Prozessvollmacht

a) Form

In § 11 ist nur die Frage der Postulationsfähigkeit bestimmter Vertreter geregelt. Daneben müssen die Vertreter jedoch auch von dem Vertretenen bevollmächtigt sein. Erteilung und Inhalt der Vollmacht sowie die Beendigung des Vollmachtsvertrages richten sich nach den **zivilprozessualen Vorschriften,** es gelten also die §§ 80 ff. ZPO (§ 46 Abs. 2 Satz 1). Die **Erteilung** der Prozessvollmacht ist an keine bestimmte Form gebunden. Sie kann generell für eine Vielzahl von Prozessen, für ein einzelnes Verfahren oder umfassend erteilt werden, wie dies beispielsweise bei der Generalvollmacht oder Prokura der Fall ist. Wenn auch keine Formvorschrift besteht, so muss doch im Verfahren die Bevollmächtigung schriftlich nachgewiesen und zu den Gerichtsakten gegeben werden, § 80 Abs. 1 ZPO. Schriftform erfordert die eigenhändige **Unterzeichnung durch den Vollmachtgeber.** Telefax oder Fotokopie reichen für den Nachweis der Vollmacht nicht aus, es muss das Original vorgelegt werden (LAG Schleswig-Holstein 13. 2. 2004

NZA-RR 2004, 607). Die Bevollmächtigung ist dabei von Amts wegen zu prüfen, § 88 Abs. 2 ZPO. Eine Ausnahme gilt nur dann, wenn als Vertreter ein Rechtsanwalt auftritt. Da Verbandsvertreter den Rechtsanwälten im prozessualen Verfahren im Wesentlichen gleichgestellt sind (oben Rn. 88), ist auch bei ihnen die Prüfung des Vorliegens der Vollmacht von Amts wegen nicht erforderlich. Wird jedoch der Mangel der Vollmacht vom Gegner gerügt, so ist auch bei Rechtsanwälten und Verbandsvertretern die Vorlegung einer schriftlichen Vollmacht erforderlich. Rügt der Gegner, dass eine vorgelegte Vollmacht nicht von der richtigen Partei oder dem richtigen gesetzlichen Vertreter unterzeichnet worden sei, so liegt letztlich keine Rüge des Mangels der Vollmacht im Sinne des § 88 Abs. 1 ZPO vor, vielmehr ist nach § 56 ZPO vorzugehen.

98 **Handlungsbevollmächtigte und Prokuristen** müssen entweder die ihnen erteilte Vollmacht oder aber einen Handelsregisterauszug vorlegen. Die bloße Bezugnahme auf das Handelsregister mit der Folge, dass das Gericht die entsprechenden Akten beiziehen müsste, reicht in der Regel nicht aus.

99 Selbst bei **Fehlen des Nachweises** kann das Gericht nach § 89 Abs. 1 ZPO den vollmachtlosen Vertreter einstweilen zulassen.

100 **Untervollmachten** sind ebenfalls formlos wirksam, auch sie müssen aber schriftlich nachgewiesen werden, für sie gilt die Bestimmung des § 80 Abs. 1 ZPO ebenfalls. Die Untervollmacht muss von dem Hauptbevollmächtigten unterzeichnet sein. Das Vorliegen der Untervollmacht ist von Amts wegen bei Rechtsanwälten und Verbandsvertretern nicht zu überprüfen, erst auf eine entsprechende Rüge des Prozessgegners muss das Gericht den Nachweis verlangen.

101 Ist eine schriftliche **Vollmacht nicht vorgelegt** worden, obwohl dies notwendig gewesen wäre, so ist die Partei als nicht vertreten und damit als säumig zu behandeln. Hat ein Vertreter trotz Rüge eine Vollmacht in erster Instanz nicht vorgelegt, so ist ein von diesem Vertreter eingelegtes Rechtsmittel unzulässig, eine Vorlage der Vollmacht in der Rechtsmittelinstanz ist dabei nicht ausreichend, damit wird der Mangel des Nachweises in der Vorinstanz nicht beseitigt (Gemeinsamer Senat OGB 17. 4. 1984 NJW 1984, 2149; BGH 17. 12. 1970 MDR 1971, 483; *Schaub* ArbGV § 17 Rn. 8 m. w. N.).

b) Erlöschen der Vollmacht

102 Umfang und Beschränkung der Vollmacht richten sich nach **§§ 81 bis 83 ZPO**. Ein Erlöschen der Prozessvollmacht kann eintreten entweder durch Kündigung des zugrunde liegenden Auftragsverhältnisses oder aber durch Widerruf der Vollmacht. In beiden Fällen wird die Beendigung des Vollmachtsverhältnisses gegenüber anderen erst wirksam, wenn dies dem Gegner in dem jeweiligen Verfahren oder dem Gericht mitgeteilt worden ist. In den Fällen, in denen eine Vertretung durch einen Rechtsanwalt bzw. einen Verbandsvertreter geboten ist, tritt die Wirksamkeit der Beendigung der Vollmacht erst mit der Bestellung eines anderen Rechtsanwaltes bzw. Verbandsvertreters ein. Da in dem Verfahren vor dem Arbeitsgericht eine Notwendigkeit der Vertretung nicht besteht, kann diese Einschränkung des § 87 Abs. 1 ZPO nur bei Verfahren vor dem Landesarbeitsgericht bzw. Bundesarbeitsgericht von Bedeutung sein. In diesen Rechtszügen können Prozesshandlungen seitens des Gegners bzw. des Gerichts auch bis zur Bestellung eines neuen Vertreters gegenüber dem bisherigen Vertreter rechtswirksam vorgenommen werden. Auch Zustellungen können an den bisherigen Vertreter erfolgen, § 176 ZPO.

103 Der **Begriff der Bestellung** in dieser Vorschrift ist unabhängig von einer Vollmachtserteilung und deren Wirksamkeit (BGH 21. 5. 1986 VersR 1986, 993, 994; LAG Nürnberg 12. 3. 1981 AMBl. 1981 C 31; 18. 5. 1977 AMBl. 1978 C 6). Dies ist auch nicht erforderlich, weil die wirksame Erteilung einer Vollmacht in diesen Fällen nicht von Amts wegen zu prüfen ist (oben Rn. 97). Es genügt daher, dass durch ausdrückliche oder schlüssige Handlung dem Gericht oder dem Gegner gegenüber von dem Vertretungsverhältnis Kenntnis gegeben wird. Es muss erkennbar werden, dass eine das ganze

II. Prozessvertretung in der ersten Instanz § 11

Verfahren umfassende Vertretungsmacht bestehen soll (BGH 1. 10. 1980 MDR 1981, 126; LAG Nürnberg a. a. O.). Zur Bestellung genügt auch die Mitteilung durch die Partei bzw. ihren Vertreter in einem anderen bei demselben Gericht anhängigen Verfahren zwischen den gleichen Parteien. Wird daher von einem Prozessbevollmächtigten in einem Verfahren mitgeteilt, dass ein von der Partei selbst anhängig gemachtes Verfahren gleichen Rubrums existiert, dass die Verbindung beider Verfahren angeregt wird und dass der ursprünglich von der Partei selbst formulierte Antrag nun von dem Prozessbevollmächtigten übernommen werde, so liegt darin eine ausreichende Anwaltsbestellung auch für das ohne Prozessvertreter anhängig gemachte Verfahren mit der Folge, dass Zustellungen nur noch an den Prozessvertreter erfolgen können (LAG Hamm 4. 7. 1974 MDR 1974, 873, 874). Auch durch die Einreichung von Schutzschriften kann die Bestellung eines Prozessvertreters erfolgen, die Bestellung ist damit zur Kenntnis des Gerichts gelangt, wie diese Kenntnis im Einzelnen den Richtern bzw. sonstigen Bediensteten des Gerichts übermittelt wird, ist eine gerichtsinterne Angelegenheit.

Die Bestimmung des § 87 Abs. 1 ZPO über die Wirksamkeit der Beendigung des Vollmachtsvertrages gilt nicht nur für die passive Vertretungsmacht, sondern auch für die Möglichkeit des Prozessvertreters, für die vertretene Partei aktiv aufzutreten (BAG 8. 12. 1981 AP ZPO § 87 Nr. 1; BGH 5. 2. 1965 BGHZ 43, 135, 137 f. sowie 14. 12. 1979 NJW 1980, 999). Die bloße Bestellung eines neuen Prozessvertreters beinhaltet noch nicht notwendigerweise den Widerruf der Bestellung des früheren Prozessvertreters. Ein solcher **Widerruf der Vollmacht** kann nur angenommen werden, wenn in der Neubestellung eindeutig ein entsprechender Wille erkennbar wird (BGH 21. 5. 1980 NJW 1980, 2309). Fehlt ein solcher Wille oder kommt er nicht zum Ausdruck, können beide Prozessvertreter gleichberechtigt die Partei vertreten, Prozesshandlungen und Zustellungen usw. können gegenüber einem jeden von den bestellten Prozessvertretern vorgenommen werden. **104**

c) Umfang

Die Prozessvollmacht ermächtigt den Prozessvertreter **zu sämtlichen den Rechtsstreit betreffenden Prozesshandlungen.** Prozesshandlung sind sämtliche Handlungen, die dem Betrieb, der Entscheidung oder der Beendigung des Rechtsstreits oder der Durchführung der Entscheidung einschließlich der Zwangsvollstreckung dienen. Sie wird begrenzt durch den Streitgegenstand. Auch materiell-rechtliche Willenserklärungen, wie beispielsweise Aufrechnung, Wandelung, Minderung, Anfechtung oder Kündigung, die dem Gegner gegenüber zu erklären sind, werden aber von der Prozessvollmacht gedeckt, wenn sie im Prozess abzugeben sind (BAG 10. 8. 1977 AP ZPO § 81 Nr. 2; *Hauck/Helml*, ArbGG § 11 Rn. 21). Die Erklärung muss dabei im Dienst der Rechtsverfolgung oder der Rechtsverteidigung in dem jeweiligen Rechtsstreit notwendig sein (BGH 4. 11. 1959 LM ZPO § 81 Nr. 3 m. Anm. *Schuster*). **105**

Die Prozessvollmacht in einem **Kündigungsschutzprozess** erstreckt sich wegen der punktuellen Streitgegenstandstheorie (BAG 31. 5. 1979 AP ZPO § 256 Nr. 50) grundsätzlich nicht auf Erklärung oder Empfangnahme einer weiteren Kündigung. Soll daher im Laufe eines Kündigungsschutzverfahrens eine weitere Kündigung ausgesprochen werden, so bedarf es hierzu einer besonderen Vollmacht. Eine so ausgesprochene Kündigung geht dem Kündigungsempfänger auch erst zu, wenn er von seinem Prozessvertreter den entsprechenden Schriftsatz erhält. Erst von diesem Zeitpunkt an kann die Klagefrist des § 4 KSchG berechnet werden (vgl. BGH 13. 2. 1980 NJW 1980, 990). Etwas anderes gilt nur dann, wenn sich aus den Umständen des Einzelfalles ergibt, dass sich die Prozessvollmacht über den gesetzlichen Rahmen hinaus auf weitere Handlungen erstreckt. Hiervon ist beispielsweise auszugehen, wenn zwei auf denselben Grund gestützte Kündigungen mit Formfehlern behaftet und deshalb unwirksam sind und nunmehr eine dritte Kündigung erforderlich wird (BAG 10. 8. 1977 AP ZPO § 81 Nr. 2). **106**

107 Eine Prozessvollmacht ermächtigt den Prozessvertreter auch zum Abschluss eines **Vergleiches.** Eine Einschränkung, wonach dies ausgeschlossen sein soll, ist nur dann im Außenverhältnis wirksam, wenn sie in die Vollmachtsurkunde aufgenommen oder eindeutig gegenüber der anderen Partei erklärt worden ist (BAG 28. 3. 1963 AP ZPO § 81 Nr. 1 mit Anmerkung *Pohle;* LAG Hamm 2. 6. 2003 – 8 Sa 137/03). Auch der Abschluss eines außergerichtlichen Vergleiches ist vom Umfang der Prozessvollmacht gedeckt.

6. Zurückweisung von Bevollmächtigten, Abs. 3

108 Ein Bevollmächtigter, der die Voraussetzungen des § 11 Abs. 2 nicht erfüllt, ist nicht schon kraft Gesetzes ausgeschlossen. Vielmehr bedarf es eines **ausdrücklichen Beschlusses,** der nicht nur deklaratorischen Charakter hat (GK-ArbGG/*Bader* § 11 Rn. 111). Das Gericht hat von Amts wegen zu prüfen, ob die Befugnis zur Vertretung gegeben ist. Bestehen Zweifel, hat es auf diese hinzuweisen und ggf. von Amts wegen zu klären. Eine Anhörung der betroffenen Partei vor der Zurückweisung ist erforderlich. Kommt dass Gericht zu dem Ergebnis, dass eine Vertretungsbefugnis nicht besteht, hat es den auftretenden Bevollmächtigten durch Beschluss zurückzuweisen. Ein Ermessensspielraum besteht nicht. Die Entscheidung hat unverzüglich, ggf. nach Fristsetzung zu erfolgen. Vorgeschrieben ist die Beschlussform, eine Verfügung reicht nicht aus. Der Beschluss kann außerhalb der mündlichen Verhandlung **durch den Vorsitzenden** ohne Beteiligung der ehrenamtlichen Richter getroffden werden, § 55 Abs. 1 Satz 1 erster Satzteil und Nr. 11. Erfolgt er in der mündlichen Verhandlung, wirken die ehrenamtlichen Richter mit (dazu unten § 55 Rn. 32 g). Er ist trotz der Unanfechtbarkeit zumindest kurz zu begründen, dies gebietet der Grundsatz der Gewährung des rechtlichen Gehörs. Erfolgt die Zurückweisung des Bevollmächtigten erst in dem Termin der mündlichen Verhandlung, kann weder ein Versäumnisurteil ergehen noch eine Entscheidung nach Lage der Akten getroffen werden, entsprechende Anträge sind zurückzuweisen, § 335 Abs. 1 Nr. 5 ZPO.

109 Der Beschluss kann nicht mit einem Rechtsmittel oder Rechtsbehelf angegriffen werden, er ist **unanfechtbar.** Ist ein Bevollmächtigter zu Unrecht zurückgewiesen worden und beruht auf diesem Umstand die nicht angreifbare Entscheidung des Arbeitsgerichts in der Hauptsache, bleibt lediglich die Möglichkeit der Rüge nach § 78 a.

110 Die **Folgen des Zurückweisungsbeschlusses** sind in Abs. 3 Satz 2 geregelt. Danach entfaltet er Wirkung erst ab seinem Erlass, die bis dahin vorgenommenen Prozesshandlungen, Zustellungen oder Mitteilungen des Bevollmächtigten selbst oder des Gerichts oder Dritter an ihn bleiben wirksam. Auch hieraus wird deutlich, dass der Beschluss nicht nur deklaratorische, sondern rechtsgestaltende Wirkung hat. Mit dem Beschluss verliert der Bevollmächtigte seine Befugnis, für die Partei tätig zu werden. Diese wäre, wenn sie sich nicht anderweitig vertreten lässt, in der mündlichen Verhandlung säumig. Ihr muss Gelegenheit gegeben werden, sich auf diese prozessuale Lage einzustellen. Der Erlass eines Versäumnisurteils ist daher nicht möglich, wenn der beschluss erst in der mündlichen Verhandlung getroffen wird, § 335 Abs. 1 Nr. 5 ZPO (oben Rn. 108).

111 Eine **weitere Ausschlussmöglichkeit,** über die ebenfalls von Amts wegen zu entscheiden ist, sieht Abs. 3 Satz 3 vor. Danach kann den an sich nach Abs. 2 Satz 2 Nrn. 1 bis 3 vertretungsbefugten Personen oder Verbänden durch ebenfalls unanfechtbaren Beschluss die weitere Vertretung untersagt werden, wenn sie nicht zu einem ordnungsgemäßen Sachvortrag in der Lage sind. In Betracht kommt diese Möglichkeit nur, wenn die Ungeeignetheit den Prozessablauf ernstlich behindert, sie muss zumindest für die Dauer des Termins bestehen oder für längere Zeit zu erwarten sein. Eine nur kurzfristige Störung ist nicht ausreichend. Keine Ungeeignetheit liegt bei bloßer Ungewandtheit, Unwissenheit auf juristischem Gebiet, Sprachproblemen bei Ausländern, die ggf. durch Hinzuziehung von Dolmetschern behoben werden könnten, vor. Eine Ungeeignetheit kann z. B. vorliegen bei Trunkenheit, Geistesstörung, unkontrollierter Erregung, Aggressivität gegenüber Parteien oder Gerichtspersonen und Zuhörern oder Zeugen. Im Gegensatz zu der Zurückweisung nach Satz 1 wegen generell fehlender Vertretungsbefugnis hat hier das Gericht einen gewissen Ermessensspielraum bei der Bewertung. Auch hier kann die **Beschlussfassung durch den Vorsitzenden** außerhalb der mündlichen Verhandlung allein erfolgen (oben Rn. 108), die Wirkungen des Beschlusses sind die gleichen wie bei dem Ausschluss nicht vertretungsbefugter Personen (oben Rn. 110).

III. Prozessvertretung in der zweiten Instanz

1. Urteilsverfahren

Vor dem **Landesarbeitsgericht** besteht im Urteilsverfahren **Vertretungszwang**. Eine **112** **Ausnahme von dem Vertretungszwang** gilt für Verfahren vor dem beauftragten oder ersuchten Richter sowie für Erklärungen, die vor dem Urkundsbeamten der Geschäftsstelle vorgenommen werden können, Abs. 4 Satz 1. Erfasst werden damit die Tatbestände, die für das zivilprozessuale Verfahren in § 78 Abs. 5 ZPO geregelt sind. Wichtigste Ausnahme vom Vertretungszwang im Bereich der Arbeitsgerichtsbarkeit ist die Erledigung eines Beweisbeschlusses durch ein anderes Gericht. Erklärungen, die zu Protokoll der Geschäftsstelle abgegeben werden können und deshalb auch nicht dem Vertretungszwang unterliegen, sind beispielsweise die Erklärung der Erledigung der Hauptsache, § 91a Abs. 1 Satz 1 ZPO, die Ablehnung einer Gerichtsperson, § 44 Abs. 1 ZPO, der Antrag auf Kostenfestsetzung, § 103 ZPO, der Antrag auf Bewilligung von Prozesskostenhilfe, §§ 117 Abs. 1, 118 Abs. 1 Satz 2 ZPO, die Einlegung einer Beschwerde, § 569 ZPO, der Einspruch gegen ein Versäumnisurteil (dazu auch Rn. 109).

Postulationsfähig sind nur Rechtsanwälte bzw. die in Abs. 2 Satz 2 Nrn. 4 und 5 **113** genannten Organisationen, die auch hier nur durch ihr Organ oder durch mit der Prozessvertretung beauftragte Vertreter handeln können, Abs. 2 Satz 3.

Postulationsfähig ist **jeder zugelassene Rechtsanwalt.** Die Regelung entspricht insoweit **114** der Vorschrift des § 78 ZPO in der die frühere örtliche Beschränkung der Vertretungsmöglichkeit aufgehoben wurde. Zur Vertretung durch Rechtsanwälte aus dem Bereich der EG und dem übrigen Ausland vgl. Rn. 29 f.

Auch für **Verbandsvertreter** bestehen keine Einschränkungen, sie können vor sämt- **115** lichen Landesarbeitsgerichten in der Bundesrepublik Deutschland auftreten. Sie müssen nicht die Befähigung zum Richteramt besitzen.

Die **Untervertretung** kann in dem Verfahren vor dem Landesarbeitsgericht nur durch **116** einen postulationsfähigen Vertreter erfolgen, wie z. B. den Stationsreferendar, der amtlich bestellter Vertreter des Rechtsanwaltes ist oder durch einen anderen Rechtsanwalt. Die Unterbevollmächtigung von Referendaren, die bei Verbänden tätig sind, ist ebenfalls unzulässig, es sei denn, sie wären kraft Vollmacht des Verbandes zur Vertretung befugt. Der Unterbevollmächtigte muss sich als selbständig verantwortlicher Bevollmächtigter zu erkennen geben, er darf nicht lediglich Bote sein. Der Unterbevollmächtigte gibt für den Prozessvertreter Erklärungen ab, dies gilt auch bei Unterzeichnung von bestimmenden Schriftsätzen (BAG 22. 5. 1990 DB 1990, 2532).

Eine Führung des Prozesses durch die **Partei selbst** ist ausgeschlossen, Die Partei selbst **117** kann daher grundsätzlich keine Prozesshandlungen wirksam vornehmen. Eine Ausnahme von diesem Grundsatz gilt nur, soweit Prozesshandlungen zu Protokoll der Geschäftsstelle erklärt werden können oder es sich um Verfahren vor dem beauftragten oder ersuchten Richter handelt.

Beispielsweise kann die Partei selbst das Ablehnungsgesuch wegen Befangenheit stel- **118** len, § 44 Abs. 1 ZPO, die Partei kann auch selbst einen Antrag auf Bewilligung von Prozesskostenhilfe für die zweite Instanz stellen, § 117 Abs. 1 ZPO, bzw. in dem Verfahren zur Bewilligung der Prozesskostenhilfe selbst Stellung nehmen, § 118 Abs. 1 ZPO. Anträge auf Erlass eines Arrestes oder einer einstweiligen Verfügung können ebenfalls durch die Partei selbst gestellt werden, §§ 920 Abs. 3, 936 ZPO. Zu beachten ist aber, dass das Landesarbeitsgericht nur dann für den Erlass des Arrestes bzw. der einstweiligen Verfügung zuständig ist, wenn es Gericht der Hauptsache ist, §§ 919, 937 Abs. 1 ZPO. Weiterhin kann die Partei selbst Einspruch gegen ein Versäumnisurteil einlegen, da auch dieser Einspruch zu Protokoll der Geschäftsstelle erklärt werden kann, § 64 Abs. 7 i. V. m. § 59 (BAG Großer Senat 10. 7. 1957 AP ArbGG 1953 § 64 Nr. 5). Soweit die Partei selbst Prozesshandlungen vornehmen kann, ist aber zu beachten, dass sie nur für diese vom Vertretungszwang befreit ist, nicht jedoch für das sich an sie anschließende Verfahren, soweit dieses dem Anwaltszwang unterliegt.

119 Erscheint eine Partei trotz bestehenden Vertretungszwanges **ohne Prozessvertreter**, so ist sie als säumig zu behandeln. Sie kann insbesondere keine Erklärungen zur Sache abgeben, sie kann ein von einem Prozessvertreter eingelegtes Rechtsmittel nicht wirksam zurücknehmen, sie kann auch keinen Prozessvergleich abschließen. Allerdings besteht die Möglichkeit, dass ohne Prozessvertreter ein privatschriftlicher Vergleich abgeschlossen wird, der von der Partei selbst und von dem jeweiligen Prozessgegner zu unterzeichnen wäre. Ein solcher Vergleich ist als ein dem Gericht mitgeteilter Vergleich zu behandeln, so dass durch ihn ebenfalls eine Prozessbeendigung eintritt. Allerdings kann ein solcher Vergleich kein Vollstreckungstitel sein.

2. Beschlussverfahren

120 Der **Vertretungszwang** im Beschlussverfahren zweiter Instanz ist **ebenso geregelt wie für das Urteilsverfahren**. Wie sich aus § 87 Abs. 2 Satz 2 ergibt, finden Abs. 1 und 3 bis 5 entsprechende Anwendung. Bei der Anhörung im Beschwerdeverfahren gilt die **Vertretungsregelung** ebenfalls. Im Übrigen braucht ein Beteiligter an dem Anhörungstermin nicht teilzunehmen, § 90 Abs. 2 i. V. mit § 83 Abs. 4 Satz 2.

IV. Prozessvertretung in der dritten Instanz

1. Urteilsverfahren

121 Zur Prozessvertretung vor dem Bundesarbeitsgericht sind **Rechtsanwälte und Verbände** berechtigt. Insoweit hat der Gesetzgeber den Kreis der Prozessvertreter erweitert. Verbandsvertreter müssen aber im Gegensatz zu der Regelung für die Landesarbeitsgerichte die Befähigung zum Richteramt besitzen (dazu oben Rn. 45 f.). Im Gegensatz zu der Regelung für den Bundesgerichtshof ist eine besondere Zulassung nicht erforderlich, postulationsfähig ist jeder bei einem deutschen Gericht zugelassene Rechtsanwalt oder jeder Verbandsvertreter, auch die bei dem Bundesgerichtshof zugelassenen Rechtsanwälte können vor dem Bundesarbeitsgericht auftreten, § 172 Abs. 1 Satz 1 BRAO. Untervollmacht kann nur Rechtsanwälten oder ihren amtlich bestellten Vertretern oder Verbandsvertretern mit der Befähigung zum Richteramt erteilt werden. Zur Vertretung durch Rechtsanwälte aus dem EG-Bereich vgl. oben Rn. 29 f.

122 Die Notwendigkeit der Vertretung erfasst neben der **Revisionseinlegung und -begründung** auch die **Rechtsbeschwerde** des § 574 ZPO, **Revisions- und Nichtzulassungsbeschwerde**, §§ 77, 72 a. Ebenso wie in der Berufungsinstanz sind **Ausnahmen** von dem Vertretungszwang nur dann gegeben, wenn Prozesshandlungen zu Protokoll der Geschäftsstelle erklärt werden können. Auch vor dem Bundesarbeitsgericht kann daher beispielsweise die Partei selbst das Ablehnungsgesuch wegen richterlicher Befangenheit stellen, § 44 Abs. 1 ZPO. Auch kann die Partei selbst vor dem Bundesarbeitsgericht einen Antrag auf Gewährung von Prozesskostenhilfe gemäß § 117 Abs. 1 ZPO stellen bzw. im Rahmen des Bewilligungsverfahrens selbst Stellung nehmen, § 118 Abs. 1

Satz 2 ZPO. Für die Zustimmungserklärung zur Einlegung der Sprungrevision ist ein Vertretungszwang ebenfalls nicht gegeben, § 11 Abs. 2 gilt insoweit nicht (vgl. dazu unten § 76 Rn. 17 m. w. N.). Soweit die Partei selbst Prozesshandlungen vornehmen kann, kann sie sich auch der Hilfe eines bei dem Bundesarbeitsgericht nicht postulationsfähigen Prozessvertreters bedienen, insbesondere kann in diesem Falle auch ein Verbandsvertreter tätig werden.

Im Gegensatz zum Berufungsverfahren kann der **Einspruch gegen ein Versäumnisurteil** 123 des Bundesarbeitsgerichts nicht durch die Partei selbst eingelegt werden. In § 72 Abs. 6 ist nämlich auf die Bestimmung des § 59 nicht Bezug genommen worden, eine Erklärung des Einspruches zu Protokoll der Geschäftsstelle ist damit ausgeschlossen (BAG 4. 5. 1956 AP ArbGG 1953 § 72 Nr. 44).

2. Beschlussverfahren

Im Rechtsbeschwerdeverfahren findet über die Verweisungsbestimmung des § 92 124 Abs. 2 Satz 2 die Vorschrift des **§ 11 Abs. 1 bis 3 und 5** entsprechende Anwendung. Für die **Rechtsbeschwerdeschrift** und die Rechtsbeschwerdebegründung gelten § 11 Abs. 4 und 5 entsprechend, § 94 Abs. 1.

V. Richter als Bevollmächtigte, Abs. 5

Völlig neu ist die Beschränkung der Vertretungsmöglichkeit durch Richter in Abs. 5. 125 Damit soll auch der Anschein einer Befangenheit des Gerichts, der aus einer kollegialen Bindung entstehen könnte, vermieden werden. Die **Unabhängigkeit** soll gestärkt werden, außerdem soll vermieden werden, dass der Richter wegen Besorgnis der Befangenheit abgelehnt werden könnte. Die Einschränkungen gelten für alle Instanzen.

Berufsrichter dürfen grundsätzlich nicht vor dem Gericht als Bevollmächtigter auf- 126 treten, dem sie angehören. Voraussetzung ist, dass sie noch dem Gericht angehören, also noch nicht ausgeschieden sind. Ist ein Richter an ein anderes Gericht oder in die Verwaltung versetzt oder abgeordnet worden, gehört er nicht mehr dem ursprünglichen Gericht an. Ist er in den Ruhestand getreten, ist er ebenfalls ausgeschieden. Erfasst wird das gesamte Gericht, nicht nur der einzelne Spruchkörper. Das Verbot gilt für alle Fälle der möglichen Bevollmächtigung, also selbst dann, wenn er Familienangehörige vertreten will.

Eingeschränkt ist der Ausschluss der Vertretungsmöglichkeit für **ehrenamtliche Rich-** 127 **ter**. Hier gilt er nur für das Auftreten vor der Kammer, der sie angehören. Maßgeblich ist dabei die Zuweisung an einen bestimmten Spruchkörper nach dem Geschäftsverteilungsplan. Der Gesetzgeber geht davon aus, dass auf Grund der häufigeren Zusammenarbeit zwischen Berufsrichter und ehrenamtlichem Richter und der daraus möglichen engeren Verbindung eher für die Rechtsuchenden der Eindruck entstehen könnte, dass eine Besorgnis der Befangenheit vorliegen könnte. Aus dieser Zielsetzung des Gesetzes folgt, dass entscheidend die längerfristige Zuweisung an einen Spruchkörper ist. Wird ein ehrenamtlicher Richter vertretungsweise in einem anderen Spruchkörper eingesetzt, rechtfertigt dies allein noch nicht das Vertretungsverbot vor dem Spruchkörper, für den er vertretungshalber tätig geworden ist. Wird ein ehrenamtlicher Richter zwei oder mehr Spruchkörpern auf Dauer zugewiesen, gilt das Vertretungsverbot für diese Spruchkörper. Das Vertretungsverbot beginnt mit der Zuweisung ohne Rücksicht darauf, ob der ehrenamtliche Richter bereits in dem Spruchkörper tätig geworden ist.

Das Verbot gilt in **allen Instanzen**, also auch vor dem Landesarbeitsgericht und dem 128 Bundesarbeitsgericht. Es erfasst auch **Rechtsanwälte oder Verbandsvertreter,** die vor diesen Gerichten auftreten könnten. Sind ehrenamtliche Richter als Rechtsanwälte in einer Sozietät tätig, so gilt das Vertretungsverbot nur für sie persönlich, nicht jedoch für die anderen in der Sozietät tätigen Rechtsanwälte. Das Gleiche gilt für Verbandsvertreter, die in einer juristischen Person nach Abs. 4 tätig sind oder sonst gemeinschaftlich für den Rechtsschutz von Verbandsmitgliedern zuständig sind. Allerdings kann in diesen Fällen eine Ablehnung der ehrenamtlichen Richter wegen Besorgnis der Befangenheit in Betracht kommen (dazu die Erläuterungen bei § 49).

129 Dieses spruchkörperbezogene Vertretungsverbot gilt nicht, wenn ein ehrenamtlicher Richter **für seinen Arbeitgeber oder Dienstherrn**, Abs. 2 Satz 2 Nr. 1, als Prozessvertreter vor Gericht auftritt. Auch hier kann aber eine Ablehnung wegen Besorgnis der Befangenheit nach § 49 in Betracht kommen.

130 Bei Auftreten eines Richters ist entsprechend Abs. 3 Satz 1 durch **unanfechtbaren Beschluss** zu befinden (oben Rn. 108 ff.). Der Richter ist zurückzuweisen. Die Wirkung des Beschlusses richtet sich ebenfalls nach Abs. 3 Satz 2.

VI. Vertretung durch Beistände, Abs. 6

1. Allgemeine Regelung

131 Ebenso wie im im zivilprozessualen Verfahren, § 90 ZPO, können Parteien **in der mündlichen Verhandlung** mit Beiständen vor dem Gericht erscheinen. Die Regelung soll die Unterstützung der Partei durch sachkundige Personen erleichtern, sie dient gleichzeitig der Kostenersparnis für die Partei.

132 **Beistand ist** jede Person, die zur Unterstützung einer Partei in der mündlichen Verhandlung auftritt. Die Vorschrift erfasst zunächst die Personen, die nach Abs. 2 Satz 2 und 3 vertretungsberechtigt sind. Der Beistand muss prozessfähig sein, § 52 ZPO. Er kann jede Prozesshandlung in der mündlichen Verhandlung vornehmen, sein Vortrag gilt als Sachvortrag der Partei, es sei denn, die Partei widerruft unverzüglich oder schränkt den Vortrag ein, Abs. 6 Satz 5. Die Einschränkung des Abs. 5 gilt auch hier. Der Beistand kann auch neben einem Prozessbevollmächtigten auftreteten. Die Vorlage einer **Vollmacht ist nicht erforderlich**, die Anwesenheit der Partei oder ihres Prozessbevollmächtigten macht dies entbehrlich. Im Protokoll der Verhandlung ist das Auftreten des Beistands aufzunehmen.

133 Der Beistand kann **nur in Anwesenheit der Partei** in der mündlichen Verhandlung tätig werden. Aus dem Wortlaut von Abs. 1 und Abs. 4 folgt, dass das Auftreten eines Beistands nur in den Verfahren möglich ist, in denen die Parteien selbst den Prozess führen können. Damit scheidet aber in Auftreten vor dem Landesarbeitsgericht oder dem Bundesarbeitsgericht aus, da dort Vertretungszwang besteht (vgl. *Baumbach/Hartmann* ZPO § 90 Rn. 3). Der Beistand hat keine selbständige Stellung wie ein Prozessbevollmächtigter. Insbesondere kann er nicht eigenständig Schriftsätze einreichen oder Zustellungen empfangen. Prozessführungsbefugt bleibt die Partei. Tritt der bevollmächtigte ohne due Partei auf, kann gegen diese ein Versäumnisurteil ergehen.

134 Bei Sachdienlichkeit kann das Gericht **andere Personen** als die in Abs. 2 Satz 2 und 3 genannten als Beistand zulassen, wenn hierfür ein Bedürfnis besteht. Auch in diesem Falle ist Prozessfähigkeit erforderlich, § 52 ZPO. Das Gericht hat bei der Entscheidung einen weiten Ermessensspielraum. Die Einschränkung des Abs. 5 gilt auch hier. Für die Zulassung ist kein Beschluss erforderlich, es genügt eine entsprechende Aufnahme in das Protokoll.

135 Die **Zurückweisung** eines Beistands ist nach den gleichen Grundsätzen, die für Bevollmächtigte gelten durch unanfechtbaren Beschluss des Gerichts möglich, Abs. 3 Satz 1 und 3 findet entsprechende Anwendung (oben Rn. 108 ff.).

2. Antidiskriminierungsverbände, § 23 AGG

136 Eine **besondere Regelung** gilt für die **Antidiskriminierungsverbände** des § 23 AGG. Diese können als **Beistände** in Verfahren Benachteiligter, für die kein Vertretungszwang

VI. Vertretung durch Beistände, Abs. 6 § 11

besteht, in der mündlichen Verhandlung auftreten, § 23 Abs. 2 AGG. Die Verbände müssen die Voraussetzungen des § 23 Abs. 1 AGG und dort insbesondere des Satzes 2 erfüllen. Sie müssen danach mindestens 75 Mitglieder haben oder ein Zusammenschluss von mindestens sieben Verbänden sein. Die Vertreter der Antidiskriminierungsverbände können nur als Beistand in der mündlichen Verhandlung in der ersten Instanz auftreten. Eine weitere **Beschränkung** ergibt sich aus dem Zweck des Gesetzes. Die Möglichkeit des Auftretens ist begrenzt durch den Satzungszweck. Dieser wiederum wird wesentlich durch § 23 Abs. 1 Satz 1 AGG bestimmt. Die Satzung muss enthalten, dass der Verband die Interessen benachteiligter Personen oder Personengruppen i. S. § 1 AGG wahrnimmt. Daraus folgt, dass der Verband oder sein Vertreter nur insoweit als Beistand auftreten kann, als Rechte aus dem AGG in dem Verfahren geltend gemacht werden. In sonstigen Verfahren ist die Gewährung von Beistand auf Grund dieser Vorschrift nicht möglich. Werden in einem Verfahren Ansprüche nach dem AGG neben anderen Ansprüchen geltend gemacht (Klagehäufung), ist das Auftreten des Verbandes oder eines Vertreters möglich, eine Trennung kann schon aus Praktikabilitätserwägungen nicht vorgenommen werden.

Die Verbände oder ihre Vertreter können weder Klage für die Partei erheben noch 137 selbständig Schriftsätze einreichen. Allerdings können sie der Partei Hilfestellung leisten, sie beraten und ggf. auch Schriftsätze vorbereiten, die von der Partei zu unterzeichnen sind. Einer besonderen Zulassung bedarf es nicht. Die Gewährung des Beistands muss sich aus der Satzung der Verbände ergeben. Die Vertretungsbefugnis betrifft die Verfahren, in denen Ansprüche aus einem Verstoß gegen das Gleichbehandlungsgebot gemäß § 7 AGG geltend gemacht werden. Die Vertretung des Verbandes erfolgt durch die satzungsgemäß bestimmten Vertreter. Auch ist es zulässig, durch besondere Vollmacht des Verbandes Einzelpersonen mit der Wahrnehmung der Rechte des Verbandes zu betrauen. Diese müssen nicht zwingend Mitglied des Verbandes sein, allerdings muss sich die Möglichkeit der Vollmachterteilung aus der Satzung ergeben. Die Beistände haben in der Verhandlung die Rechte der Partei wahrzunehmen, nicht die des Verbandes. Auch ist erforderlich, dass die Partei mit dem Auftreten des Beistandes einverstanden ist. Die **Stellung des Antidiskriminierungsverbandes als Beistand** richtet sich im Übrigen nach § 11 Abs. 6. Die Antidiskriminierungsverbände haben nicht die gleichen Rechte und Pflichten wie Rechtsanwälte und Verbandsvertreter. Sie sind als Beistände nur in der mündlichen Verhandlung zugelassen. Die Untersagung des Vortrags ist unter den Voraussetzungen des Abs. 3 Satz 1 und 3 möglich, § 23 Abs. 2 Satz 2 AGG. Die weiteren Möglichkeiten der Antidiskriminierungsverbände zur Durchführung einer Rechtsberatung nach § 23 Abs. 3 AGG bleiben im Übrigen unberührt.

3. Angehörige diplomatischer Missionen

Zweifelhaft könnte sein, ob sich Arbeitnehmer **durch Angehörige diplomatischer** 138 **Missionen** vertreten lassen können. Diese gehören nicht zum Kreis der zur Vertretung Berechtigten in Abs. 2 Satz 2, eine echte Prozessvertretung ist daher nicht möglich. Allerdings können die Vertreter der diplomatischen Missionen nach Abs. 6 Satz 3 als Beistand durch das Gericht zugelassen werden. In der Regel wird diese Zulassung sachdienlich sein und ein entsprechendes Bedürfnis im Interesse der Partei bestehen, zumal durch die Unterstützung seitens der diplomatischen Vertretung es der Partei erleichtert wird, kostengünstig ihren Anspruch auf Gewährung rechtlichen Gehörs durchzusetzen. Auch hier gilt aber die Ausschlussmöglichkeit nach Abs. 3 Satz 1 und 3.

§ 11 a Beiordnung eines Rechtsanwalts, Prozeßkostenhilfe

(1) ¹Einer Partei, die außerstande ist, ohne Beeinträchtigung des für sie und ihre Familie notwendigen Unterhalts die Kosten des Prozesses zu bestreiten, und die nicht durch ein Mitglied oder einen Angestellten einer Gewerkschaft oder einer Vereinigung von Arbeitgebern vertreten werden kann, hat der Vorsitzende des Arbeitsgerichts auf ihren Antrag einen Rechtsanwalt beizuordnen, wenn die Gegenpartei durch einen Rechtsanwalt vertreten ist. ²Die Partei ist auf ihr Antragsrecht hinzuweisen.

(2) Die Beiordnung kann unterbleiben, wenn sie aus besonderen Gründen nicht erforderlich ist, oder wenn die Rechtsverfolgung offensichtlich mutwillig ist.

(2 a) Die Absätze 1 und 2 gelten auch für die grenzüberschreitende Prozesskostenhilfe innerhalb der Europäischen Union nach der Richtlinie 2003/8/EG des Rates vom 27. Januar 2003 zur Verbesserung des Zugangs zum Recht bei Streitsachen mit grenzüberschreitendem Bezug durch Festlegung gemeinsamer Mindestvorschriften für die Prozesskostenhilfe in derartigen Streitsachen (ABl. EG Nr. L 26 S. 41, ABl. EU Nr. L 32 S. 15).

(3) Die Vorschriften der Zivilprozessordnung über die Prozesskostenhilfe und über die grenzüberschreitende Prozesskostenhilfe innerhalb der Europäischen Union nach der Richtlinie 2003/8/EG gelten in Verfahren vor den Gerichten für Arbeitssachen entsprechend.

(4) Das Bundesministerium für Arbeit und Soziales wird ermächtigt, zur Vereinfachung und Vereinheitlichung des Verfahrens durch Rechtsverordnung mit Zustimmung des Bundesrates Formulare für die Erklärung der Partei über ihre persönlichen und wirtschaftlichen Verhältnisse (§ 117 Abs. 2 der Zivilprozeßordnung) einzuführen.

Übersicht

	Rn.
I. Allgemeines	1–6
1. Verhältnis zum Prozesskostenhilferecht	1, 2
2. Verhältnis zum Beratungshilfegesetz	3
3. Geltungsbereich	4–6
II. Voraussetzungen	7–65
1. Antragsbefugte Parteien	7–15
2. Wirtschaftliche und persönliche Voraussetzungen	16–51
a) Wirtschaftliche Voraussetzungen	16–21
b) Persönliche Voraussetzungen	22, 23
c) Beurteilungsgrundsätze	24–51
3. Fehlende Vertretungsmöglichkeit durch Verbandsvertreter	52–54
4. Vertretung der Gegenseite	55–57
5. Antrag	58–65
III. Absehen von einer Beiordnung	66–71
1. Mangelnde Erforderlichkeit	66–68
2. Offensichtliche Mutwilligkeit	69–71
IV. Verfahren	72–93
1. Grundsätze	72–75
2. Rechtliches Gehör	76–78
3. Entscheidung	79–93
V. Folgen der Beiordnung	94–97
VI. Die Beiordnung im Beschlussverfahren	98–101
VII. Grenzüberschreitende Beiordnung, Abs. 2 a	102–105
VIII. Das Recht der Prozesskostenhilfe, Abs. 3	106–114
1. Grundsatz	106
2. Erfolgsaussicht	107–111
3. Umfang der Bewilligung	112–114

I. Allgemeines

1. Verhältnis zum Prozesskostenhilferecht

§ 11a ist ein **Sonderfall im Bereich des Prozesskostenhilferechts**. Beide Beiordnungsmöglichkeiten stehen nebeneinander (*Hauck/Helml*, § 11a Rn. 2; *Grunsky* § 11a Rn. 2a; GK-ArbGG/*Bader* § 11a Rn. 166; a.A. *Wieser* Arbeitsgerichtsverfahren Rn. 183). Dies folgt schon aus der Regelung in Abs. 3, in der ausdrücklich die entsprechende Anwendbarkeit der §§ 114ff. ZPO gesondert festgelegt worden ist. Dass es sich im Übrigen bei der Bestimmung des § 11a nicht um ein lex specialis zu dem Prozesskostenhilferecht der Zivilprozessordnung handeln kann, folgt auch daraus, dass § 11a nicht alle Tatbestandsmerkmale des § 114 ZPO enthält, es fehlt die Notwendigkeit, dass die beabsichtigte Rechtsverfolgung oder -verteidigung hinreichende Aussicht auf Erfolg bieten muss (*Lepke* DB 1981, 1927, 1928; *Hauck/Helml* § 11a Rn. 2). Auch der Zweck der Vorschrift, nämlich in bestimmten Fällen eine Chancengleichheit der Prozessparteien zu ermöglichen, spricht gegen ihre Natur als speziellere Regelung zum Prozesskostenhilferecht der ZPO. Auch sind die Rechtsfolgen einer Beiordnung nach § 11a anders als die der Bewilligung der Prozesskostenhilfe. Im Unterliegensfall bleibt nämlich die Partei verpflichtet, die Gerichtskosten und im gesetzlichen Umfang (§ 12a ArbGG) die Kosten der Gegenseite zu tragen. Bei der Prozesskostenhilfe ist demgegenüber die Partei nur nach Maßgabe der Bestimmungen, die durch das Gericht getroffen worden sind, verpflichtet, Gerichts- und Gerichtsvollzieherkosten sowie sonstige Kosten zu zahlen. Die Gewährung der Prozesskostenhilfe kann daher nicht mangels eines Rechtsschutzbedürfnisses der den Antrag stellenden Partei zurückgewiesen werden, wenn gleichzeitig die Voraussetzungen des § 11a ArbGG gegeben sind. Stellt eine Partei einen Antrag auf Gewährung von Prozesskostenhilfe, kann eine Beiordnung des Rechtsanwalts im Rahmen des § 11a ArbGG allerdings dann erfolgen, wenn ausdrücklich von der Partei erklärt worden ist, dass der Prozesskostenhilfeantrag als Antrag nach § 11a ArbGG behandelt werden soll. Die Beiordnung nach § 11a kann in diesem Zusammenhang auch nicht als ein Minus gegenüber dem Antrag auf Gewährung einer Prozesskostenhilfe angesehen werden, vielmehr handelt es sich um zwei getrennte Beiordnungsmöglichkeiten, die allerdings in einigen Voraussetzungen übereinstimmen (*Hauck/Helml* § 11a Rn. 2; a.A. *Schwab/Weth/Vollstädt* § 11a Rn. 19; LAG Bremen 26. 2. 1986 MDR 1986, 525; LAG Düsseldorf 29. 10. 1986 LAGE ArbGG 1979 § 11a Nr. 4; LAG Sachsen-Anhalt 11. 6. 1997 LAGE ArbGG 1979 § 11a Nr. 6; GK-ArbGG/*Bader* § 11 Rn. 179; *Dänzer-Vanotti* NZA 1985, 619, 620; ArbGV/*Wolmerath* § 11a Rn. 2). Gerade wegen der Ähnlichkeit der Wirkungen von Prozesskostenhilfe und Beiordnung nach § 11 und der teilweisen Übereinstimmung in den Voraussetzungen sowie der Tatsache, dass die Beiordnung letztlich ebenso wie die Prozesskostenhilfe als Teil der Sozialhilfe angesehen werden muss, ist es aber gerechtfertigt, zugleich in dem **Antrag auf Gewährung von Prozesskostenhilfe auch einen** (hilfsweise gestellten) **Antrag auf Beiordnung** nach § 11a zu sehen, tatsächlich kommt es nämlich der antragstellenden Partei darauf an, zumindest eine finanzielle Erleichterung bei der beabsichtigten Rechtsverfolgung zu erreichen. Allerdings sollte das Gericht vor einer Entscheidung versuchen, die Partei zu informieren und eine entsprechende Klarstellung des Antrags zu erreichen, zumal es nach § 11a Abs. 1 Satz 2 eine Hinweispflicht trifft. Erfüllt es diese nicht, und erfolgt statt einer Bewilligung der Prozesskostenhilfe nur eine Beiordnung nach § 11a, ergeben sich daraus allerdings keine Folgerungen, da es der Partei freisteht, die Rechtsverfolgung wahrzunehmen oder nicht. Allerdings muss in diesem Falle der weitergehende (Haupt-)Antrag zurückgewiesen werden. Aus der Eigenständigkeit der beiden Beiordnungsmöglichkeiten folgt auch, dass durch Gewährung von Prozesskostenhilfe nach §§ 114ff. ZPO der Antrag auf Beiordnung noch nicht erledigt ist, andererseits trotz der Gewährung von Prozesskostenhilfe auch noch die Beiordnung nach § 11 a beantragt werden kann.

2 Da die Beiordnung nach § 11 a ein besonderer Fall der Prozesskostenhilfegewährung ist, kann sie, soweit natürliche Personen betroffen sind, als Teil der Sozialhilfe angesehen werden. Bei juristischen Personen, Parteien kraft Amtes und parteifähigen Vereinigungen, § 116 ZPO, besteht dieser Bezug nicht.

2. Verhältnis zum Beratungshilfegesetz

3 Auch durch das Beratungshilfegesetz (vom 18. 6. 1980 – BGBl. I S. 689) wird § 11 a nicht beeinflusst. Wie sich aus § 2 Abs. 2 Nr. 1 BerHG (i. d. F. des Gesetzes vom 14. 9. 1994 – BGBl. I S. 2323) ergibt, wird **Beratungshilfe auch gewährt** in Angelegenheiten, für deren Entscheidung die Gerichte für **Arbeitssachen** ausschließlich zuständig sind. Das BerHG kann allerdings nur die Wahrnehmung von Rechten außerhalb eines gerichtlichen Verfahrens ermöglichen, § 1 Abs. 1 BerHG. § 11 a betrifft demgegenüber nur die Vertretung in einem anhängigen gerichtlichen Verfahren.

3. Geltungsbereich

4 § 11 a kann nur in dem arbeitsgerichtlichen **Verfahren der ersten Instanz** angewendet werden (LAG Berlin 26. 8. 1980 AP ArbGG 1979 § 11 a Nr. 1; *Grunsky* § 11 a Rn. 3; GK-ArbGG/*Bader* § 11 a Rn. 169; *Becker* AuR 1976, 377, 378). Hierfür spricht schon der Wortlaut der Bestimmung, die Beiordnung hat nämlich durch „den Vorsitzenden des Arbeitsgerichts" zu erfolgen. Außerdem ist die Bestimmung des § 11 a in engem Zusammenhang mit der Regelung der Prozessvertretung durch Rechtsanwälte in der ersten Instanz in § 11 Abs. 1 zu sehen (dazu oben Rn. 1). Die Beiordnung eines Rechtsanwalts in der zweiten oder dritten Instanz gemäß § 11 a ist daher ausgeschlossen, in diesen Instanzen kann eine Beiordnung nur im Rahmen des Prozesskostenhilferechts der §§ 114 ff. ZPO erfolgen.

5 Die Vorschrift gilt auch im **Beschlussverfahren**, hat dort aber angesichts der Regelung in § 40 BetrVG nur eine geringe Bedeutung (vgl. dazu unten Rn. 11 bis 15).

6 Keine Anwendung findet § 11 a im **Mahnverfahren** und im Verfahren **vor einem Ausschuß nach § 111 Abs. 2**. Bei beiden handelt es sich nicht um Prozessverfahren i. S. Abs. 1 (*Schwab/Weth/Vollstädt* § 11 a Rn. 15, 16).

II. Voraussetzungen

1. Antragsbefugte Parteien

7 Partei im Sinne des § 11 a Abs. 1 Satz 1 sind zunächst **natürliche Personen**. Unerheblich ist, ob es sich um deutsche Staatsangehörige, Ausländer oder Staatenlose handelt. Eine entsprechende Einschränkung ist im Prozesskostenhilferecht, auf das Abs. 3 verweist, nicht enthalten (so auch LAG Hessen 23. 8. 2000 LAGE ZPO § 114 Nr. 38).

8 **Prozessfähigkeit** ist nicht erforderlich. Bei Vertretung einer Partei ist für die Beurteilung der Voraussetzungen der Beiordnung allein die Person des Vertretenen maßgeblich.

9 Zweifelhaft ist, ob auch die in § 116 ZPO in den Bereich der Prozesskostenhilfe einbezogenen **juristischen Personen, Parteien kraft Amtes** oder **parteifähigen Vereinigungen** die Beiordnung eines Rechtsanwaltes auf Grund des § 11 a beanspruchen können. Dagegen könnte zunächst der Wortlaut von Abs. 1 Satz 1 sprechen, da Voraussetzung für die Beiordnung ist, dass die Partei außerstande ist, „ohne Beeinträchtigung des für sie und ihre Familie notwendigen Unterhalts" die Prozesskosten zu zahlen. Der notwendige Unterhalt kann nur bei natürlichen Personen von Bedeutung sein. Abs. 3 verweist jedoch auf die entsprechende Anwendbarkeit der Vorschriften der Zivilprozessordnung

II. Voraussetzungen
§ 11 a

über die Prozesskostenhilfe. Damit hat der Gesetzgeber klargestellt, dass ergänzend zu § 11 a die übrigen Vorschriften der §§ 114 ff. ZPO im Rahmen des Beiordnungsrechts Anwendung finden, soweit nicht § 11 a besondere Regelungen enthält. Nach § 116 ZPO können Parteien kraft Amtes bzw. juristische Personen oder parteifähige Vereinigungen ebenfalls Prozesskostenhilfe erhalten. Das Gleiche muss dann auch im Rahmen der Beiordnung nach § 11 a gelten (*Lepke* DB 1981, 1927, 1929). Allerdings ist zu beachten, dass nach § 116 Nr. 2 ZPO neben der Vermögens- und Einkommenslosigkeit zusätzlich vorausgesetzt wird, dass die Unterlassung der Rechtsverfolgung oder Rechtsverteidigung allgemeinen Interessen zuwiderlaufen müsste. Diese Voraussetzung dürfte in der Regel nicht erfüllt sein. Die Beiordnung eines Rechtsanwaltes kann daher der **Insolvenzverwalter** beantragen, dies gilt selbst dann, wenn er selbst Rechtsanwalt ist, die Schwierigkeit der Sache aber die Beiordnung eines Fachanwaltes erfordert. Voraussetzung ist aber, dass die Kosten für den Anwalt nicht aus der zur Verfügung stehenden Vermögensmasse beglichen werden können. Ausländische juristische Personen können die Beiordnung nicht beantragen, da für sie auch die Gewährung von Prozesskostenhilfe im Rahmen des § 116 ZPO nicht möglich ist. Zu den **parteifähigen Vereinigungen** gehören auch die Stellen, die in § 10 ArbGG als beteiligtenfähig genannt sind (vgl. dazu auch unten Rn. 13).

Nicht nur Kläger und Beklagte sind Partei im Sinne der Vorschrift, sondern auch **10 Nebenintervenienten**, sofern sie dem Rechtsstreit beigetreten sind und **Streitgenossen.** Entscheidend ist allein, dass sich diese Personen aktiv an dem Verfahren beteiligen und dass die übrigen Voraussetzungen bei ihnen vorliegen. Bei Streitgenossen sind die Voraussetzungen für die Beiordnung bei jedem Streitgenossen einzeln zu prüfen. Die Beiordnung für einen Streitgenossen kann nicht mit der Begründung verweigert werden, dass bereits ein anderer Streitgenosse anwaltlich, und sei es auch durch denselben Anwalt, vertreten werde. Die Chancengleichheit, die § 11 a Parteien in schlechten wirtschaftlichen Verhältnissen gewähren will, bezieht sich nur auf die konkrete Person. Werden mehrere Streitgenossen durch einen Rechtsanwalt vertreten, so kann gleichwohl von jedem dieser Streitgenossen einzeln die Beiordnung beantragt werden, denn aus § 6 Abs. 2 Satz 1 RVG ergibt sich, dass jeder Auftraggeber dem gemeinsamen Rechtsanwalt die Gebühren schuldet, die er schulden würde, wenn er der alleinige Auftraggeber wäre und zwar auch dann, wenn er nur der zweite oder weitere Auftraggeber ist. Daraus ergibt sich auch für die Höhe des Beiordnungsumfanges, dass nicht nur die Beiordnung hinsichtlich des Erhöhungsbetrages erfolgen kann, der an sich bei der Tätigkeit des Rechtsanwaltes für mehrere Parteien entsteht (so aber BGH 1. 3. 1993 NJW 1993, 1715 zur früheren Regelung in § 6 Abs. 1 Satz 2 BRAGO; näher dazu *Zöller/Philippi* § 114 Rn. 7 m. w. N.; wie hier *Schwab/Weth/Vollstädt* § 11 a Rn., 33), die Haftung der Partei kann u. U. weitergehen. Hinzu kommt, dass auch eine mittellose Partei nicht gezwungen werden kann, sich der Hilfe des von anderen Streitgenossen beauftragten Rechtsanwaltes zu bedienen (*Notthoff* AnwBl. 1996, 611, 612 m. w. N.). Inwieweit dann aus der Beiordnung durch die Staatskasse tatsächlich Zahlungen zu erbringen sind, richtet sich nach dem Verhältnis der Streitgenossen zueinander in Bezug auf die Kostentragungspflicht (vgl. dazu *Rönnebeck* NJW 1994, 2273, 2274). Dies ergibt sich im Übrigen auch aus § 130 BRAGO i. V. m. § 426 BGB in Bezug auf den Ausgleichsanspruch der Staatskasse gegen den nicht mittellosen Streitgenossen (*Notthoff* a. a. O.).

Der Anwendbarkeit des § 11 a im **Beschlussverfahren** steht nicht entgegen, dass das **11** Gesetz in Abs. 1 Satz 1 nur von Parteien spricht, das Beschlussverfahren aber lediglich Beteiligte kennt. In § 80 Abs. 2 ist für das Beschlussverfahren auf Vorschriften verwiesen worden, die für das Urteilsverfahren gelten. Zwar ist in dieser Verweisung nicht unmittelbar die Beiordnung eines Rechtsanwalts genannt worden. Die Beiordnung nach § 11 a ist jedoch eine Regelung, die nur im Zusammenhang mit der Vertretungsregelung des § 11 gesehen werden kann (oben Rn. 1, 6). Wenn der Gesetzgeber daher in § 80 Abs. 2

auf die entsprechende Anwendbarkeit der für das Urteilsverfahren des ersten Rechtszuges geltenden Vorschriften über die Prozessvertretung verweist, wird damit auch auf die Beiordnungsmöglichkeit, die mit der Zulässigkeit der Vertretung zusammenhängt, Bezug genommen. Es ist daher anerkannt, dass eine Beiordnung im Beschlussverfahren zumindest auch dann erfolgen kann, wenn es sich bei den Beteiligten um natürliche Personen handelt (unten § 80 Rn. 48; *Grunsky* § 11 a Rn. 3; GK-ArbGG/*Bader* Rn. 174 und 22). Hierfür spricht auch, dass in § 10 die Beteiligtenfähigkeit im Zusammenhang mit der Parteifähigkeit geregelt ist.

12 Allerdings ist zu dem früheren Recht die Auffassung vertreten worden, dass der Betriebsrat und die anderen nach dem Betriebsverfassungsrecht beteiligten Stellen eine Beiordnung nicht beanspruchen könnten, da sie nicht arm sein könnten, sie seien **nicht vermögensfähig** (*Dietz/Nikisch* § 11 a Rn. 22; *Savaète* AuR 1957, 239, 244; vgl. auch G. *Müller* AuR 1954, 5, 13, der eine Beiordnungsmöglichkeit deshalb verneint, weil es sich bei dem Beschlussverfahren nicht um ein streitiges Verfahren zweier gegenüberstehender Parteien handele).

13 Gegen diese Auffassung spricht, dass die Bestimmung des § 10, die die Partei- und Beteiligtenfähigkeit festlegt, **nicht auf die Rechts- und Vermögensfähigkeit abstellt.** Hinzu kommt, dass nach § 116 Nr. 2 ZPO auch parteifähige Vereinigungen Prozesskostenhilfe erhalten können. Diese Bestimmung, die auch im Rahmen des § 11 a angewendet werden kann (oben Rn. 9) spricht ebenfalls dafür, § 11 a im Beschlussverfahren auf alle Stellen anzuwenden, die nach § 10 beteiligungsfähig sind (*Grunsky* § 11 a Rn. 3; GK-ArbGG/*Bader* § 11 a Rn. 174 und 22; *Lepke* DB 1981, 1927, 1929).

14 Allerdings könnte gegen die Beiordnungsmöglichkeit im Beschlussverfahren sprechen, dass Abs. 1 Satz 1 auf den für die Partei und seine Familie notwendigen Unterhalt abstellt. Dieser wirtschaftliche Prüfungsmaßstab könnte bei den nach § 10 beteiligungsfähigen Stellen im Beschlussverfahren nicht angewendet werden. Der Wortlaut von Abs. 1 Satz 1 ist jedoch lediglich infolge eines Redaktionsversehens bei der Änderung von § 114 Abs. 1 Satz 1 ZPO nicht ebenfalls geändert worden (*Leser* NJW 1981, 791, 793; *Koch* AuR 1981, 49; *Grunsky* § 11 a Rn. 6; *Müller/Bauer* Der Anwalt vor den Arbeitsgerichten, S. 161). Persönliche und wirtschaftliche Verhältnisse, wie sie in § 114 Abs. 1 Satz 1 ZPO als Beurteilungsmaßstab genannt sind, können auch bei den im Beschlussverfahren zu beteiligenden Stellen Grundlage für eine Entscheidung über die Beiordnung eines Rechtsanwaltes sein.

15 Soweit allerdings die beteiligte Stelle **gegen den Arbeitgeber einen Kostentragungsanspruch** geltend machen kann (z. B. §§ 20 Abs. 3, 40 Abs. 1 BetrVG bzw. die entsprechenden Vorschriften in den Personalvertretungsgesetzen), kann ein Beiordnungsanspruch nicht durchgesetzt werden, da die wirtschaftliche Voraussetzung nicht gegeben ist (unten § 80 Rn. 48). Eine Beiordnung kann in diesem Falle erst dann praktisch werden, wenn die nach dem Betriebsverfassungsgesetz zu beteiligende Stelle ihren Kostenerstattungsanspruch gegen den Arbeitgeber nicht realisieren kann, wobei ggf. auch versucht werden muss, den Anspruch im Wege einer einstweiligen Verfügung durchzusetzen (vgl. LAG Hamm 12. 2. 1990 LAGE § 115 ZPO Nr. 42; *Ostrowicz/Künzl/Schäfer* Rn. 709). Erst dann ist in entsprechender Anwendung des § 116 Nr. 2 ZPO eine Beiordnung eines Rechtsanwaltes im Rahmen des § 11 a auch im Beschlussverfahren möglich.

2. Wirtschaftliche und persönliche Voraussetzungen

a) Wirtschaftliche Voraussetzungen

16 Die Prozesskostenhilfe sieht eine **Abkehr von einer starren Bindung** an eine Einkommenstabelle vor. Damit wird unter Berücksichtigung der Rechtsprechung des Bundesverfassungsgerichts gewährleistet, dass das Existenzminimum einer bedürftigen Partei nicht mit den Kosten einer Prozessführung belastet werden kann. Gelöst wird das Prob-

II. Voraussetzungen   § 11 a

lem durch eine **flexible Anpassung** der vom Einkommen einzusetzenden Vermögensbeträge entsprechend der sozialhilferechtlichen Bestimmungen. Nach § 115 ZPO verbleibt es bei dem Grundsatz, dass die Partei ihr Einkommen bei der Rechtsverfolgung einzusetzen hat. Der Einkommensbegriff bleibt dabei zunächst unverändert. In § 115 Abs. 1 Satz 3 ZPO wird jedoch in Katalogform geregelt, welche Beträge von dem Einkommen abzusetzen sind. Hierzu gehören die in § 82 Abs. 2, 3 SGB XII im Einzelnen aufgeführten Beträge, wie Steuern, Vorsorgeaufwendungen und Werbungskosten sowie weitere Beträge in angemessener Höhe für Erwerbstätige, für Personen, die trotz beschränkten Leistungsvermögens einem Erwerb nachgehen und für Erwerbstätige mit bestimmten körperlichen Behinderungen. Diese Beträge können nach den im Sozialhilferecht geltenden Grundsätzen jährlich angepasst werden. Die Veröffentlichung erfolgt jeweils im BGBl. in der Regel für die Zeit vom 1. Juli eines Jahres bis zum 30. Juni eines Jahres. Nach § 115 Abs. 1 Nr. 2 ZPO können weitere Beträge in Abzug gebracht werden, und zwar die für den Lebensbedarf ohne Miete und Heizung abzusetzende Beträge für die Partei und den Ehegatten mit 64 Prozent und bei weiteren Unterhaltsleistungen auf Grund gesetzlicher Unterhaltspflicht für jede unterhaltsberechtigte Person 45 Prozent des Grundbetrages nach § 85 SGB XII. Die maßgebenden Beträge der Bedarfssätze sind vom Bundesministerium der Justiz bekanntzugeben. Bei der Rechtsanwendung im Einzelfall ist der im Zeitpunkt der Bewilligung der Prozesskostenhilfe maßgebende Betrag von dem Einkommen abzusetzen. Dieser bleibt auch während der gesamten Ratenlaufzeit grundsätzlich unverändert.

Des Weiteren sind abzusetzen die **Kosten der Unterkunft** und Heizung, soweit sie nicht 17 in einem auffälligen Missverhältnis zu den Lebensverhältnissen der Partei stehen und weitere Beträge, soweit dies mit Rücksicht auf besondere Belastungen angemessen ist. Bei dem Abzug von Unterkunft und Heizung ist zu berücksichtigen, dass anders als im bisherigen Prozesskostenhilferecht hierfür kein Grundbetrag bereits in einer Tabelle berücksichtigt worden wäre. Die Kosten der Unterkunft umfassen dabei Mietzins und Mietnebenkosten sowie sonstige Umlagen für Betriebskosten. Hierbei können ggf. auch Erfahrungswerte als Pauschbeträge vereinbart werden. Bei Heimbewohnern ist der Anteil am Gesamtentgelt, der auf die Unterkunftskosten entfällt, zu ermitteln. Bei Eigentum können die Belastungen für ausgewiesene Fremdmittel sowie die Instandhaltungskosten berücksichtigt werden, wobei die Regelungen des Wohngeldrechts entsprechende Anwendung finden können.

Neu aufgenommen ist auch, dass bei Körper- und Gesundheitsschäden der **behin-** 18 **derungsbedingte Mehrbedarf** nicht mehr konkret nachzuweisen ist, die sinngemäße Geltung des § 1610 a BGB ist vorgesehen.

Eine **vereinfachte Tabelle** zur Berechnung des einzusetzenden Einkommens und der 19 ggf. zu zahlenden Monatsraten ist in § 115 Abs. 2 ZPO aufgenommen worden. Eine laufende Anpassung dieser Tabelle an geänderte wirtschaftliche Verhältnisse dürfte nicht erforderlich sein, da sich diese Veränderungen bereits bei der Ermittlung des einzusetzenden Einkommens auswirken. Das Prozesskostenhilferecht wird daher voraussichtlich den Streit über die Anpassungsnotwendigkeit überflüssig machen.

Da in den Einkommensfreibeträgen für die Partei und die unterhaltsberechtigten 20 Personen ein **Zukunftszuschlag nicht vorgesehen** ist, müssen die Ratenzahlungsverpflichtungen während ihrer vierjährigen Laufzeit überprüft werden, § 120 Abs. 1 ZPO. Eine Änderung der Festsetzung wegen der in § 115 Abs. 1 Satz 3 Nr. 2 Satz 1 ZPO genannten Beträge soll nur dann zugelassen werden, wenn bei einer Berücksichtigung zwischenzeitlich geänderter Freibeträge keine Monatsrate mehr zu zahlen ist und ein entsprechender Antrag vorliegt, § 120 Abs. 4 Satz 1 ZPO letzter Halbsatz.

In § 127 ZPO ist ferner klargestellt, dass **dem Gegner** der Partei im Verfahren über die 21 Prozesskostenhilfe ohne Zustimmung der die Prozesskostenhilfe beantragenden Partei **keine Angaben über die persönlichen und wirtschaftlichen Verhältnisse** übermittelt werden dürfen, auch die Gründe der Entscheidung dürfen nur insoweit mitgeteilt werden, als sie keine Angaben über die persönlichen und wirtschaftlichen Verhältnisse der Partei enthalten.

b) Persönliche Voraussetzungen

22   Die für die Beurteilung maßgeblichen persönlichen Verhältnisse sind die **aus der Person der Partei und ihren Lebensumständen** folgenden Besonderheiten, wozu auch die Familienverhältnisse einschließlich der Unterhaltsverpflichtungen zählen. In der Regel werden die persönlichen Verhältnisse kaum von den wirtschaftlichen Verhältnissen der Partei getrennt werden können. Persönliche Verhältnisse können aber beispielsweise auch dann die Beiordnung eines Rechtsanwaltes rechtfertigen, wenn im Zeitpunkt der Beiordnung zwar die Partei noch über ausreichende wirtschaftliche Mittel verfügt, jedoch absehbar ist, dass diese in Wegfall geraten werden. Ist beispielsweise die den Antrag stellende Partei nachweislich langfristig erkrankt und ist damit zu rechnen, dass diese in der Person liegende Belastung auf der wirtschaftlichen Seite erfordert, dass das vorhandene Vermögen aufgebraucht werden muss, dann kann dies eine Berücksichtigung im Rahmen von § 115 Abs. 1 Satz 3 Nr. 4 ZPO rechtfertigen.

23   Da es bei der Ermittlung der persönlichen und wirtschaftlichen Verhältnisse allein auf die Person des Antragstellers ankommt, ist es unerheblich, ob das **Ergebnis des Rechtsstreites** vermögenden Gläubigern zugute kommt. Etwas anderes gilt nur dann, wenn die bedürftige Person nur vorgeschoben wird, um das eigene Kostenrisiko zu Lasten des Staates zu verringern. Tritt ein vermögender Gläubiger seine Forderung an einen Dritten ab, um über diesen für die Durchführung des Prozesses Prozesskostenhilfe zu erlangen, wäre dies bei der Beurteilung des Prozesskostenhilfeantrages zu berücksichtigen (BGH 20. 3. 1967 BGHZ 47, 292). Wer in gesetzlicher Prozessstandschaft im Sinne des § 265 ZPO ein fremdes Recht im eigenen Namen geltend macht, muss für die Bewilligung der Prozesskostenhilfe darlegen und ggf. nachweisen, dass auch der Rechtsinhaber, an den er den Anspruch während des Rechtsstreites abgetreten hat, die Voraussetzungen für die Beiordnung nach § 11 a ArbGG erfüllt (vgl. BGH 20. 12. 1984 KostRsp. ZPO § 114 Nr. 100; OLG Celle 27. 2. 1986 NJW 1987, 783). Zu beachten ist hierbei, dass für Parteien kraft Amtes, juristische Personen oder parteifähige Vereinigungen die Sonderregelungen des § 116 ZPO auch im Rahmen des § 11 a gelten.

c) Beurteilungsgrundsätze

24   Für die Beurteilung der wirtschaftlichen Verhältnisse sind die **Grundsätze** anzuwenden, **die auch im Rahmen der Prozesskostenhilfe** Gültigkeit haben. Die dem Wortlaut nach unterschiedliche Regelung in § 11 a Abs. 1 und 2 zu § 114 ZPO ist lediglich ein Redaktionsversehen. §§ 19, 73, 90 SGB XII sowie der entsprechenden Verordnung können Berücksichtigung finden. Bei der Auslegung des Begriffes der wirtschaftlichen Verhältnisse können sozialrechtliche Kriterien herangezogen werden.

25   Der **Begriff des Einkommens** ist dem Sozialrecht § 82 SGB XII, entnommen. Es werden alle Einkünfte in Geld oder Geldeswert erfasst, § 115 Abs. 1 Satz 2 ZPO, § 82 Abs. 1 SGB XII. Auf die Quelle, aus der die Einkünfte herrühren, kommt es grundsätzlich nicht an. Dies folgt aus der wörtlichen Übernahme des Einkommensbegriffes des § 82 Abs. 1 SGB XII und damit aus der Übernahme der sozialrechtlichen Regeln der Einkommensermittlung. Es kommt damit auch nicht darauf an, ob die Geldleistungen zu den Einkunftsarten im Sinne des Einkommensteuergesetzes gehören und ob sie der Steuerpflicht unterliegen oder nicht.

26   Geldleistungen sind zunächst **alle Einkünfte** aus selbständiger oder nichtselbständiger Arbeit einschließlich aller Zulagen, wie beispielsweise Erschwernis-, Über- und Mehrarbeitsstundenvergütungen. Auch Sonderzuwendungen des Arbeitgebers, die für einen längeren Zeitraum gezahlt werden, können zu den zu berücksichtigenden Einkünften zählen, so z. B. das Urlaubsgeld und das Weihnachtsgeld sowie ähnliche Gratifikationen

II. Voraussetzungen § 11 a

(OLG Frankfurt 20. 1. 1982 FamRZ 1982, 418; *Christl* NJW 1981, 785, 787). Da diese Beträge im Regelfall für einen längeren Zeitraum gezahlt werden, sind sie auf den Bezugszeitraum zu verteilen, so dass nur diejenigen Beträge in Anrechnung zu bringen sind, die auf den Bedarfszeitraum entfallen. Auf zurückliegende Zeiträume entfallende Beträge können dann bei Berechnung der Einkünfte nicht mehr berücksichtigt werden.

Auch **Sachbezüge,** wie beispielsweise Deputate, Gewährung von freier Kost und Logis oder sonstige Naturalleistungen haben Geldeswert und sind zu den Einkünften zu rechnen. Ferner sind Naturalleistungen, die durch einen Unterhaltspflichtigen erbracht werden, zu den Einkünften zu zählen (LAG Baden-Württemberg 19. 9. 1984 BB 1984, 1810). Die Bewertung der Naturalleistungen erfolgt nach den Werten, die für die Sozialversicherung maßgeblich sind. Eine kleinliche Berechnung ist zu vermeiden. Essenszuschüsse, die dem Antragsteller nicht unmittelbar zugute kommen, sondern ihn lediglich in die Lage versetzen, verbilligt Mahlzeiten einzunehmen, stellen keine geldeswerte Leistung dar (*Christl* NJW 1981, 785, 787; *Zöller/Philippi* § 115 Rn. 12). Etwas anderes gilt nur dann, wenn der Essenszuschuss dem Antragsteller unmittelbar ausgezahlt wird. 27

Da alle Einnahmen ohne Rücksicht auf ihre Herkunft und ihre Rechtsnatur und ohne Rücksicht darauf, ob sie zu den Einkunftsarten im Sinne des Einkommensteuergesetzes gehören und ob sie der Steuerpflicht unterliegen, zu berücksichtigen sind, können auch **staatliche Leistungen** zum Einkommen gerechnet werden. Z. B. ist das Wohngeld dem Einkommen hinzuzurechnen, da es letztlich dazu bestimmt ist, die Kosten für die Unterkunft des Empfängers, die dieser sonst aus seinen übrigen Einkünften hätte begleichen müssen, zumindest teilweise zu decken (LAG Baden-Württemberg/Freiburg 5. 11. 1981 NJW 1982, 847; LSG Bremen 23. 3. 1984 MDR 1984, 613; LSG Berlin 16. 2. 1984 MDR 1984, 612; LAG München 17. 10. 1986 VersR 1987, 394; a. A. OLG Celle 17. 9. 1987 AnwBl. 1987, 55). Wird Wohnraum unentgeltlich überlassen, so ist dies ein geldwerter Vorteil, der als Sachbezug zu bewerten ist. Das Gleiche gilt für die kostenlose Überlassung eines PKW. 28

Umstritten ist, ob das **Kindergeld** den Einkünften des Antragstellers zuzurechnen ist. Gegen eine Anrechnung wird beispielsweise vorgebracht, dass das Kindergeld aus sozialpolitischen Erwägungen zur Entlastung der Eltern und nicht zur Bestreitung eventueller Prozesskosten diene. Eine Anrechnung käme daher nicht in Betracht (vgl. OLG Celle 17. 9. 1987 KostRsp. Nr. 119 zu § 115 ZPO; 17. 9. 1986 AnwBl. 1987, 55; ferner LAG Rheinland-Pfalz 22. 7. 1994 NZA 1995, 911 f.; LAG Bremen 19. 2. 1986 MDR 1986, 434; OLG Schleswig 4. 3. 1982 SchlHA 1983, 139; OLG Düsseldorf 28. 1. 1982 FamRZ 1982, 513; vgl. zu dem ganzen auch *Petri* MDR 1985, 16 m. w. N.; *Zöller/ Philippi* § 115 Rn. 19). Demgegenüber steht die Auffassung, dass angesichts des umfassenden Einkommensbegriffes in § 115 Abs. 1 Satz 2 ZPO eine Ausklammerung des den Eltern gezahlten und ihnen zur Verfügung stehenden Kindergeldes nicht begründet sei (OVG Münster 14. 9. 1983 KostRsp. Nr. 35 zu § 115 ZPO; OLG Nürnberg 10. 8. 1983 JurBüro 1984, 1093; vgl. OLG Bamberg 8. 5. 1987 JurBüro 1987, 1414; LAG Düsseldorf 11. 4. 1985 LAGE ZPO § 115 Nr. 13; LAG München 17. 10. 1986 LAGE ZPO § 115 Nr. 24; LAG Köln 28. 2. 1985 LAGE ZPO § 115 Nr. 11; LAG Berlin 2. 9. 1992 LAGE ZPO § 115 Nr. 47). Zur Begründung wird u. a. darauf verwiesen, dass das Kindergeld den Eltern und nicht den Kindern gezahlt werde und damit die wirtschaftliche Lage der Eltern verbessere. Es bedeute einen Zuschuss zu dem sonstigen Einkommen, aus dem sie den Kindesunterhalt ohnehin bestreiten müssten. 29

Wie sich aus § 1 Abs. 1 BKGG ergibt, steht der Anspruch auf Kindergeld nur den Eltern bzw. den diesen gleichgestellten Personen zu. Nach § 3 Abs. 1 BKGG kann für jedes Kind nur einer Person Kindergeld gewährt werden. Dies bedingt, dass gegenüber der Kindergeldkasse eine übereinstimmende Erklärung der Berechtigten dahingehend abgegeben werden muss, wer als Anspruchsinhaber bestimmt wird. Diese Bestimmung wäre auch im Rahmen des Prozesskostenhilferechts maßgeblich, nur der so bestimmten 30

Person könnte das Kindergeld als geldwerte Leistung zufließen. Aus diesem Grunde kann **nicht** davon ausgegangen werden, dass es sich hier um **Mittel** handele, **die treuhänderisch von den Eltern** für die Kinder **verwaltet würden** (so aber LAG Bremen 19. 2. 1986 LAGE ZPO § 115 Nr. 16 und wohl auch LAG Rheinland-Pfalz 22. 7. 1994 NZA 1995, 911, 912). Dem steht auch nicht entgegen, dass unter bestimmten Voraussetzungen im Sozialhilferecht von der Vermutung der Vorteilszuwendung auszugehen ist, dass also zu unterstellen ist, dass das Kindergeld seinem Zweck nach zum Unterhalt der Kinder gewährt wird. Diese Ausnahme gilt nur für den Fall, dass die Kinder selbst weder Einkommen noch Vermögen haben, so dass für sie ein sonst sozialhilferechtlich ungedeckter Bedarf bestünde (vgl. dazu BVerwG 27. 1. 1965 BVerwGE 20, 188, 193 sowie 16. 2. 1972 BVerwGE 39, 314, 318). Begründet wird dies letztlich auch damit, dass sich daraus für die Familiengemeinschaft insgesamt eine Erhöhung der Sozialhilfeleistungen nicht ergäbe. Eine derartige Gesamtbetrachtung des Familieneinkommens findet aber im Prozesskostenhilferecht, wie sich aus der Bestimmung in § 115 Abs. 4 Satz 1 ZPO ergibt, gerade nicht statt. Entgegen dieser gesetzlichen Bestimmung kann über den sozialhilferechtlichen Einkommensbegriff nicht gleichwohl ein Familieneinkommen gebildet werden. Im Übrigen dürfte es im Prüfungsverfahren nach dem Prozesskostenhilferecht und damit letztlich auch im Rahmen des § 11a nicht möglich sein, Ermittlungen darüber anzustellen, wie das Kindergeld tatsächlich genutzt wird. Entscheidend ist allein, dass der Gesetzgeber durch die Bestimmung in § 115 Abs. 1 Satz 3 Nr. 2 ZPO zu erkennen gegeben hat, dass lediglich die Person eines Unterhaltsberechtigten in Betracht kommen kann, dem Gesetzgeber waren bei Schaffung der Tabelle im Übrigen auch die Bestimmungen des BKGG bekannt. Das Kindergeld verbessert damit die wirtschaftliche Lage desjenigen, an den es tatsächlich gezahlt wird, bei dessen Einkünften ist es auch im Rahmen des § 11a zu berücksichtigen (vgl. *Künzl/Koller* S. 30 ff.; *Zöller/Philippi* § 115 Rn. 19). Soweit es dem Kinde zugewendet wird, ist es dessen Einkommen und vermindert insoweit den Unterhaltsfreibetrag.

31   Zu den zu berücksichtigenden Einkünften gehören auch **Leistungen im Rahmen der Sozialhilfe,** so auch die Hilfe zum Lebensunterhalt nach dem SGB XII (OLG Celle 22. 10. 1985 NdsRpfl. 1985, 311; OLG Hamm 12. 2. 1986 JurBüro 1986, 767). Auch vom Arbeitsamt darlehensweise gezahlte Beträge sind in Anrechnung zu bringen (LAG Bremen 8. 1. 1988 LAGE ZPO § 115 Nr. 26). Es handelt es sich um Zahlungen, die nach ihrem Zweck der Befriedigung des Lebensunterhaltes der betreffenden Person dienen (vgl. dazu auch *Christl* NJW 1981, 785, 787).

32   Auch **Lohnersatzleistungen** wie Krankengeld, Arbeitslosengeld, Arbeitslosenhilfe oder Kurzarbeitergeld sowie Insolvenzausfallgeld bzw. vergleichbare Leistungen, ferner Ausbildungsbeihilfen (nicht jedoch staatliche Aufbauhilfen) fallen unter den Begriff des Einkommens. Das Gleiche gilt für Renten jeder Art, für Einkünfte aus selbständiger Tätigkeit bzw. Nebentätigkeit, Erträgnisse aus Vermietung und Verpachtung sowie aus Kapitalvermögen, wobei immer ein Zwölftel des Jahresbetrags je Monat zu berücksichtigen ist.

33   **Erziehungsgeld** nach dem BErzGG, sonstige Leistungen im Rahmen der Kindererziehung, beispielsweise nach §§ 294, 299 SGB VI, vergleichbare Leistungen sowie Mutterschaftsgeld, die auf das Erziehungsgeld angerechnet werden, werden allgemein wegen ihres besonderen Charakters und ihrer Zielsetzung nicht zum Einkommen gezählt (OLG Düsseldorf 12. 7. 1993 Rpfleger 1994, 28, 29; LSG Berlin 27. 8. 1992 MDR 1992, 116; GK-ArbGG/*Bader* § 11a Rn. 61; *Zöller/Philippi* § 115 Rn. 15; *Baumbach/Hartmann* § 115 Rn. 22, 28).

34   Nicht zu den Einkünften gehören grundsätzlich **ungenutzte Verdienstmöglichkeiten** (OLG Karlsruhe 26. 3. 1985 NJW 1985, 1787; GK-ArbGG/*Bader* § 11 Rn. 62). Zu berücksichtigen ist aber, dass es sich bei der Sozialhilfe und damit auch bei der Prozesskostenhilfe und bei § 11a um eine subsidiäre Unterstützungsleistung durch den Staat handelt. Ebenso wie im Bereich der Sozialhilfe kann es dem Antragsteller zugemutet

II. Voraussetzungen
§ 11 a

werden, sich durch die Aufnahme einer zumutbaren Arbeit die erforderlichen Mittel zu beschaffen, wenn eine derartige Arbeitsaufnahme unschwer möglich ist (vgl. dazu BGH 26. 9. 1984 FamRZ 1985, 159; KG 12. 8. 1981 NJW 1982, 112; OLG Karlsruhe 26. 3. 1985 NJW 1985, 1787; MünchKommZPO/*Wax* § 114 Rn. 43 will dies bei den persönlichen Verhältnissen i. S. § 114 ZPO berücksichtigen).

Bei doppelverdienenden Ehegatten sind die **Einkünfte des mitverdienenden Ehepartners** im Rahmen des § 115 Abs. 1 Satz 3 Nr. 2 ZPO zu berücksichtigen, d. h. der Unterhaltsfreibetrag ist entsprechend zu vermindern, ggf. kann er dabei ganz entfallen (BAG 29. 10. 2006 NZA 2006, 1117). Arbeitsrechtliche Bestandsstreitigkeiten sind dabei „persönliche Angelegenheiten" i. S. § 1360 a Abs. 4 BGB (BAG a. a. O.). Maßgeblich für die Berechnung ist das um die Freibeträge des § 82 Abs. 2 SGB XII verminderte Einkommen (*Zöller/Philippi* § 115 Rn. 33 a; *Ostrowicz/Künzl/Schäfer* Rn. 163). 35

Zweifelhaft ist, bei welchem Ehegatten in diesem Falle die gemeinsamen **unterhaltsberechtigten Kinder,** die über kein eigenes Einkommen verfügen, zu berücksichtigen sind. Entscheidend ist die auf Gesetz beruhende Unterhaltspflicht. Eine Aufteilung der Kinder zwischen den beiden Ehegatten ist nicht vorgesehen. Eine entsprechende gesetzliche Regelung fehlt. Eine Berücksichtigung der Kinder bei demjenigen Elternteil, der auch nach der Entscheidung der Eltern das Kindergeld nach dem BKGG bezieht, erscheint ebenfalls nicht sachgerecht. Die Bestimmung des empfangsberechtigten Elternteils nach dem BKGG stellt lediglich eine Erklärung gegenüber der Kindergeldkasse dar, ohne dass sich dadurch die Unterhaltspflichten der Ehegatten ändern würden. Vielmehr ist auch für diese Frage von dem Wortlaut des § 115 Abs. 1 Satz 3 Nr. 2 ZPO auszugehen. Bei jedem Antragsteller sind nach dieser Bestimmung die unterhaltsberechtigten Kinder im Rahmen der Prozesskostenhilfe zu berücksichtigen, und zwar mit dem entsprechenden Unterhaltsfreibetrag von 45% des Grundbetrages nach § 85 SGB XII. Dies kann zu einer doppelten Berücksichtigung der unterhaltsberechtigten Kinder bei jedem Elternteil führen, wenn beide Elternteile in eigenen Prozessen Anträge nach § 11 a bzw. im Rahmen der Prozesskostenhilfe gestellt haben. Ein Ausgleich erfolgt jedoch dadurch, dass sich der Unterhaltsfreibetrag vermindert, wenn eigenes Einkommen des Unterhaltsberechtigten gegeben ist. Ein solches Einkommen ist der tatsächlich gewährte Unterhalt durch den jeweils anderen Ehegatten. Fehlen Angaben, kann von der Hälfte des Freibetrages ausgegangen werden. Andere unterhaltsberechtigte Personen sind nur zu berücksichtigen, wenn eine **gesetzliche Unterhaltspflicht** besteht, nicht in Betracht kommen freiwillige oder vertraglich übernommene Unterhaltspflichten (für eine Aufteilung *Künzl* BB 1996, 637, 638; *ders.* in *Ostrowicz u. a.* Arbeitgerichtsprozess Rn. 163). 36

Die Anrechnung der Einkünfte des Partners bei **eheähnlichen Verhältnissen** scheidet in der Regel aus. Etwas anderes gilt nur dann, wenn in einem solchen Verhältnis dem Antragsteller von seinem Partner direkte und regelmäßige Leistungen, wie z. B. für Miete, Unterhalt usw. zugewendet werden (*Zöller/Philippi* § 115 Rn. 10 m. w. Nachw.). Nicht berücksichtigt werden können persönliche Leistungen, die nicht in die Lebensführung eingeführt werden können, wie z. B. Geschenke aus besonderen Anlässen. Auch sonst sind Zuwendungen Dritter zu den Einkünften des Antragstellers zu rechnen, wenn es sich um regelmäßige Leistungen handelt, die auch in die Lebensführung eingeplant werden können. Sie bleiben nur dann außer Betracht, wenn sie ohne rechtliche oder sittliche Verpflichtung erbracht werden und ihre Berücksichtigung für den Antragsteller eine besondere Härte bedeuten würde, der Grundsatz des § 84 Abs. 2 SGB XII findet insoweit entsprechende Anwendung. 37

Nach Feststellung der Zahl der unterhaltsberechtigten Personen ist zu ermitteln, welcher Betrag der **Berechnung** zugrunde zu legen ist. Dieser Grundbetrag wird jedes Jahr von dem Bundesministerium der Justiz für die Zeit vom 1. Juli des Jahres bis zum 30. Juni des Folgejahres im Bundesgesetzblatt bekanntgegeben. **Maßgeblicher Zeitpunkt** für die Berücksichtigung der Zahl der unterhaltsberechtigten Personen und des anzuwenden Grundbetrages ist der Tag der Entscheidung über den Beiordnungsantrag. 38

39 Nicht zum Einkommen zählen **Abfindungen**, die für den Verlust des Arbeitsplatzes gezahlt werden, sei es auf Grund der Bestimmungen der §§ 9, 10 KSchG, sei es aus anderen Erwägungen. Auch Abfindungen, die im Rahmen eines Sozialplans oder auf Grund des § 113 BetrVG an Arbeitnehmer gezahlt werden, fallen nicht unter den Einkommensbegriff. Bei ihnen handelt es sich nicht um wiederkehrende Leistungen, es sind auch keine in die Lebensführung einplanbare Zuwendungen. Derartige Abfindungen können bestenfalls im Rahmen des Vermögensbegriffes Berücksichtigung finden (vgl. dazu unten Rn. 48 f.).

40 Maßgeblich ist das **bereinigte Einkommen** des Antragstellers, § 115 Abs. 1 Satz 3 Nr. 1 bis 4 ZPO. Durch die Verweisung in § 115 Abs. 1 Satz 3 Nr. 1a auf § 82 Abs. 2 SGB XII sind zunächst die von dem Brutto-Einkommen abzusetzenden Beträge festgelegt. Danach sind abzurechnen: die auf das Einkommen entrichteten Steuern, die Pflichtbeiträge zur Sozialversicherung einschließlich der Arbeitslosenversicherung, die Beträge zu öffentlichen oder privaten Versicherungen oder ähnlichen Einrichtungen, soweit diese Beträge gesetzlich vorgeschrieben oder nach Grund und Höhe angemessen sind, die mit der Erzielung des Einkommens verbundenen notwendigen Ausgaben. Weitgehend sind hier steuerrechtliche Maßstäbe entsprechend anzuwenden. Auch kann auf die Regelungen zurückgegriffen werden, die in der Verordnung § 96 SGB XII festgelegt sind. Bei Zweifelsfragen können u. U. die Finanzämter gemäß Art. 35 Abs. 1 GG zur Amtshilfe verpflichtet sein. In der Regel genügt jedoch der Nachweis des Netto-Einkommens durch Vorlage einer Lohn- oder Gehaltsabrechnung des Arbeitgebers, aus der sich die Abzüge im Einzelnen ergeben.

41 Neben den aus einer solchen Bescheinigung ersichtlichen Abzügen können im Rahmen des § 115 Abs. 1 Satz 3 Nr. 1 bis 4 ZPO auch weitere, dort im Einzelnen aufgeführte Beträge abgesetzt werden. Auch hier gelten weitgehend die Maßstäbe des SGB XII und der zu dessen Vorschriften erlassenen Rechtsverordnungen. Unter Umständen können auch nicht gesetzlich vorgeschriebene **Versicherungsbeiträge** in Abzug gebracht werden, wenn sie dem Grunde und der Höhe nach angemessen sind. Hierzu gehören beispielsweise die Beträge für Lebens- oder Sterbegeldversicherungen, private Kranken- und Unfallversicherungen, Hausratsversicherungen usw. Angemessen sind derartige Versicherungen dann, wenn die Versicherungssumme den übrigen persönlichen und wirtschaftlichen Verhältnissen des Antragstellers entspricht. Nicht berücksichtigt werden können wohl die in den Mitgliedstaaten der **EU bestehenden Unterschiede** hinsichtlich der Lebenshaltungskosten. Sie rechtfertigen es grundsätzlich nicht, etwaige Absetzungsbeiträge zu mindern, wenn eine in Deutschland klagende Partei ihren Wohnsitz oder ihren gewöhnlichen Aufenthaltsort in einem Mitgliedstaat mit niedrigeren Lebenshaltungskosten hat (vgl. BGH 10. 6. 2008 NJW-RR 2008, 1453 für die Berechnung des Vermögens). Etwas anderes kann nur dann gelten, wenn es auf die tatsächlich aufgewendeten Kosten, die auch nachzuweisen sind, ankommt, oder wenn die Unterschiede bereits in den sozialrechtlichen Regelungen berücksichtigt worden sind.

42 Ausgaben, die mit der Erzielung des Einkommens verbunden sind, sind beispielsweise die Fahrtkosten zur Arbeitsstätte, der Ankauf von Arbeitsmaterial usw. Hier kann der steuerrechtliche Begriff der **Werbungskosten** einen Anhaltspunkt geben. Die Berücksichtigung setzt einen entsprechenden konkreten Vortrag des Antragstellers voraus, ggf. sind Unterlagen für die Ausgaben dem Gericht einzureichen.

43 Der **Begriff des Vermögens** in § 115 Abs. 3 ZPO entspricht dem in § 90 SGB XII. Während der Begriff des Einkommens die einer Person zufließenden geldlich bewertbaren Güter bezeichnet, handelt es sich bei dem Vermögen um einen statischen Begriff. Er ist unabhängig davon, ob die geldlich bewertbaren Güter, die von ihm erfasst werden, durch Einkommen vermehrt oder aber durch Verlust verringert werden. Zu den geldwerten Gütern im Sinne des Vermögens gehören alle beweglichen und unbeweglichen Sachen sowie Forderungen und sonstigen Rechte, soweit sie einer finanziellen Bewertung zugänglich sind. In der Regel ist das Vermögen nach dem Verkehrswert zu bewerten. Zu berücksichtigen ist hierbei, dass die in den Mitgliedstaaten der **EU bestehenden Unter-**

II. Voraussetzungen § 11 a

schiede hinsichtlich der Lebenshaltungskosten es grundsätzlich nicht rechtfertigen, etwaige Vermögensfreibeträge herabzusetzen, wenn eine in Deutschland klagende Partei ihren Wohnsitz oder ihren gewöhnlichen Aufenthaltsort in einem Mitgliedstaat mit niedrigeren Lebenshaltungskosten hat (BGH 10. 6. 2008 NJW-RR 2008, 1453).

Der Vermögensbegriff des § 90 Abs. 1 SGB XII beschränkt sich auf **das verwertbare** **44** **Vermögen.** Verwertbar sind Vermögensgegenstände nur dann, wenn sie tatsächlich bereitstehen und geeignet sind, die Hilfsbedürftigkeit zu beseitigen (BVerwG 24. 4. 1969 DVBl. 1970, 189). Die Verwertung eines Vermögensgegenstandes muss aktuell möglich sein, erfordert die Verwertung langfristige Zeiträume, steht der Geldwert nicht unmittelbar zur Verfügung. Von einer Verwertbarkeit kann beispielsweise auch nicht gesprochen werden, wenn zur Realisierung einer Forderung erst umfangreiche Prozesse geführt werden müssten. Verwertbares Vermögen ist auch nicht einfach der Überschuss der Aktiva über die Passiva, sondern jeder Vermögensgegenstand, durch dessen Verwertung unmittelbar finanzielle Werte erlangt werden können, die zur Bezahlung der Prozesskosten eingesetzt werden können. Schulden können nur berücksichtigt werden, wenn sie im Falle der Verwertung des Vermögensgegenstandes aus rechtlichen oder anderen zwingenden Gründen aus dem erzielten Erlös vor Begleichung der Prozesskosten getilgt werden müssten (VGH Baden-Württemberg 26. 1. 1983 FEVS 32, 459). Im Übrigen können Schulden aus der Zeit vor der Antragstellung besondere Belastungen i. S. von § 115 Abs. 1 Satz 3 Ziff. 4 ZPO sein. Schulden aus der Zeit nach der Antragstellung sind dies nur dann, wenn sie aus lebenswichtigem Anlass zu machen waren.

Was als verwertbarer bzw. unverwertbarer **Vermögensbestandteil angesehen werden** **45** **muss,** kann nur in dem konkreten Einzelfall entschieden werden. Einen besonderen Katalog nicht verwertbarer Vermögensbestandteile enthält allerdings § 90 Abs. 2 SGB XII. Nicht im Rahmen der Beiordnung nach § 11 a darf danach z. B. berücksichtigt werden ein Vermögen, das aus öffentlichen Mitteln zum Aufbau oder zur Sicherung einer Lebensgrundlage oder zur Gründung eines Hausstandes gewährt wird (Nr. 1), bestimmter Kapitalbeträge mit Bezug zur Altersvorsorge (Nr. 2) und sonstigen Vermögens mit bestimmter Zwecksetzung (Nr. 3), der angemessene Hausrat, wobei die bisherigen Lebensverhältnisse des Antragstellers berücksichtigt werden sollen (Nr. 4) ferner Gegenstände, die zur Aufnahme oder Fortsetzung der Berufsausbildung oder der Erwerbstätigkeit unentbehrlich sind (Nr. 5). Weiterhin sind nicht verwertbar Familien- und Erbstücke, deren Veräußerung für den Antragsteller oder seine Familie eine besondere Härte bedeuten würde (Nr. 6); Gegenstände, die zur Befriedigung geistiger, besonders wissenschaftlicher oder künstlerischer Bedürfnisse dienen und deren Besitz kein Luxus ist (Nr. 7); ein kleines Hausgrundstück, besonders ein Familienheim, wenn der Antragsteller dieses allein oder zusammen mit Angehörigen ganz oder teilweise bewohnt und wenn es den Angehörigen nach dem Tod des Antragstellers weiterhin als Wohnung dienen soll (Nr. 8). Schließlich sind nicht zu berücksichtigen kleinere Barbeträge oder sonstige Geldwerte, wobei ebenfalls eine besondere Notlage des Antragstellers zu berücksichtigen ist (Nr. 9). Weitere Anhaltspunkte, was der Gesetzgeber unter verwertbaren Vermögensbestandteilen versteht, können sich aus der zu § 96 SGB XII erlassenen Rechtsverordnung ergeben (vgl. *Baumbach/Hartmann* § 115 Rn. 47 ff.; GK-ArbGG/ *Bader* § 11 a Rn. 84 ff.). Diese Rechtsverordnung ist für das Gericht in arbeitsrechtlichen Streitigkeiten verbindlich, nicht hingegen die hierzu ergangene Rechtsprechung, obwohl auch sie im Interesse der Rechtssicherheit für den Bürger berücksichtigt werden sollte. Weiterhin können als Auslegungshilfe die Vorschriften der ZPO über Unpfändbarkeit von Gegenständen und bestehenden Pfändungsfreibeträgen herangezogen werden.

Weiterhin ist zu berücksichtigen, dass nach § 90 Abs. 3 SGB XII der Einsatz des **46** Vermögens nicht zu einer **Härte** für den Antragsteller oder für seine unterhaltsberechtigten Angehörigen führen darf. In § 115 Abs. 2 ZPO ist zusätzlich geregelt, dass ein Einsatz des Vermögens nur insoweit gefordert werden könne, als dies für den Antragsteller zumutbar sei. Der Zumutbarkeitsmaßstab im Sinne dieser Vorschrift ist weiter als der Härtemaßstab in § 90 Abs. 3 SGB XII, wobei allerdings häufig eine Überschneidung beider Begriffe besteht. Eine Härte im Sinne dieser Vorschrift liegt vor, wenn und soweit eine wesentliche Erschwerung einer angemessenen Lebensführung eintreten würde. Unzumutbar im Sinne des § 115 Abs. 3 ZPO kann es beispielsweise schon sein, wenn ein Vermögensgegenstand nur bei erheblichem Mindererlös verwertet werden kann. Im Rahmen der Prozesskostenhilfe und damit auch im Rahmen des § 11 a kann von dem Antragsteller nicht erwartet werden, dass er Vermögenswerte unter erheblichen Verlusten veräußert. Auch können persönliche Gründe, sittliche Verpflichtungen oder die Rücksicht auf Familienangehörige verhindern, dass ein Vermögensgegenstand veräußert wird.

47 **Einzusetzen ist beispielsweise** verfügbares Kapital, auch Bauspargutshaben sind einzusetzen, wenn sie einen bestimmten Betrag nicht unerheblich übersteigen (OLG Hamburg 6. 7. 1983 FamRZ 1984, 71; OLG Koblenz 7. 11. 1985 FamRZ 1986, 82), selbst wenn sie noch nicht zuteilungsreif sind (BAG 26. 4. 2006 FamRZ 2006, 1445). Hierbei ist u. U. in Kauf zu nehmen, dass Sparprämien und ähnliche Leistungen bei der Verwertung verlorengehen. Allerdings kann in diesem Verlust eine besondere Härte liegen, so dass aus diesem Grunde eine Verwertung nicht zumutbar sein könnte. Dies kann insbesondere dann gelten, wenn das Bauspargutshaben alsbald zur Ablösung eines Zwischenkredits verwendet werden soll (LAG Hamm 2. 9. 2004, NZA-RR 2005, 327). Auch Beträge, die im Rahmen einer Lebensversicherung angespart worden sind, sind verfügbares Vermögen (BGH 8. 2. 1985 VersR 1985, 454, 455). Zumutbar soll auch die Verwertung einer Kapitallebensversicherung auf die Heirat der Tochter sein (BAG 5. 5. 2006 FamRZ 2006, 1445).

48 Ob auch **Abfindungen,** die für den Verlust des Arbeitsplatzes gezahlt worden sind, zu dem verwertbaren Vermögen zu rechnen sind, ist umstritten. Einerseits wird die Auffassung vertreten, dass derartige Abfindungen zumindest dann als Vermögen anzusehen seien, wenn der Abfindungsbetrag dem Antragsteller zugeflossen sei (LAG Schleswig-Holstein 24. 6. 1987 LAGE ZPO § 115 Nr. 25; LAG Berlin 11. 2. 1983 EzA ZPO § 115 Nr. 6; LAG Köln 7. 3. 1995 MDR 1995, 1044). Andererseits wird die Auffassung vertreten, dass derartige Abfindungen nicht berücksichtigt werden könnten, dies widerspreche der Zweckbestimmung der Abfindung, die deren Einsatz für den Antragsteller unzumutbar mache (LAG Berlin 18. 8. 1981 NJW 1981, 2775; LAG Bremen 16. 8. 1982 EzA ZPO § 115 Nr. 5; 20. 7. 1988 MDR 1988, 995; vgl. *Zöller/Philippi* § 115 Rn. 5).

49 **Abfindungsbeträge, die bereits gezahlt worden sind,** sind Teil des Vermögens des Arbeitnehmers (BAG 24. 4. 2006 NZA 2006, 751; LAG Köln 24. 10. 2007 NZA-RR 2008, 322; vgl. schon früher LAG Nürnberg 27. 1. 2000 MDR 2000, 588 f.; LAG Köln 30. 1. 2002 LAGE ZPO § 115 Nr. 58) und sind in zumutbarem Rahmen einzusetzen (vgl. LAG Köln 9. 7. 2002 LAG Report 2003, 159; LAG Hamm 29. 5. 2002 LAG Report 2003, 125). Allerdings entstehen dem Arbeitnehmer durch den Verlust des Arbeitsplatzes typischerweise Kosten, so dass es ihm in der Regel nicht zumutbar ist, die gesamte Abfindung einzusetzen (BAG 24. 4. 2006 NZA 2006, 751). Das Gleiche gilt auch, wenn der entsprechende Vergleich abgeschlossen bzw. eine gerichtliche Entscheidung hinsichtlich der Abfindung gefällt worden ist. In diesem Fall kann eine Berücksichtigung nur ausscheiden, wenn trotz des Vergleichs oder des Urteils mit einer Zahlung der Abfindungssumme nicht gerechnet werden kann. In diesem Falle würde es sich um einen nicht verwertbaren Vermögensbestandteil handeln. Weiterhin ist aber zu berücksichtigen, dass die Abfindungen für den Verlust des Arbeitsplatzes den Zweck haben, die wirtschaftliche Sicherung des Arbeitnehmers und seiner Unterhaltsberechtigten auch für die Zukunft zu sichern. Daraus folgt, dass die Berücksichtigung derartiger Abfindungen unzumutbar im Sinne des § 90 Abs. 3 SGB XII bzw. § 115 Abs. 2 ZPO ist, wenn tatsächlich die Abfindung auch dazu genutzt wird, die wirtschaftliche Lage des Arbeitnehmers zu sichern und auszugleichen, weil er wegen des Verlustes des Arbeitsplatzes

ohne ausreichende Einkünfte aus einem bestehenden Arbeitsverhältnis ist (LAG Hamm a. a. O. sieht 10% der Abfindung als Obergrenze an). Befindet sich der Arbeitnehmer jedoch im Zeitpunkt der Entscheidung über den Prozesskostenhilfeantrag wieder in einem unbefristeten Arbeitsverhältnis, kann der Abfindungsbetrag als Vermögensbestandteil berücksichtigt werden.

Ob im Rahmen des § 1360a Abs. 4 BGB bzw. § 5 LPartG bestehende **familienrechtliche Unterhaltsansprüche** auf Gewährung eines Prozesskostenvorschusses durchgesetzt werden können, ist unerheblich. Angesichts der Neufassung in § 115 Abs. 1 ZPO kann auch nicht über den Vermögensbegriff letztlich eine Bildung eines Familieneinkommens erreicht werden (vgl. dazu oben näher Rn. 35, 37). Soweit eine **Rechtsschutzversicherung** besteht, kann auch im Rahmen des § 11a die Beiordnung eines Rechtsanwaltes nicht verlangt werden, da der realisierbare Anspruch auf Gewährung von Rechtsschutz gegenüber der Versicherung ein geldwerter Vermögensbestandteil ist. Eine Ausnahme gilt nur dann, wenn die Rechtsschutzversicherung für den gerichtlich geltend zu machenden Anspruch keine Deckung erteilt und die antragstellende Partei sich hiergegen auch erfolglos gewendet hat. Es ist nicht erforderlich, dass sie gegen die Rechtsschutzversicherung zunächst gerichtlich vorgehen müsste (LAG Düsseldorf 12. 11. 1981 AnwBl. 1982, 77; BGH 14. 7. 1981 ZIP 1981, 1034; zu dem Ganzen näher *Schaub* NZA 1989, 865 ff.). Der Anspruch eines Arbeitnehmers auf **gewerkschaftlichen Rechtsschutz** für ein arbeitsgerichtliches Verfahren ist in gleicher Weise ein vermögenswertes Recht i. S. § 115 Abs. 2 ZPO. Lediglich die Zerrüttung des Vertrauensverhältnisses zu dem Prozessvertreter der Gewerkschaft kann u. U. dazu führen, dass der Einsatz dieses Vermögenswertes für den Arbeitnehmer unzumutbar ist (LAG Schleswig-Holstein 24. 10. 2003 NZA-RR 2004, 104; LAG Bremen 8. 11. 1994 NZA 1995, 912).

Als **besondere Belastung** im Sinne des § 115 Abs. 1 Satz 3 Nr. 4 ZPO können auch sonstige Beträge berücksichtigt werden, die zu einer Minderung des Vermögens bzw. des Einkommens führen. Beispielsweise können erbrachte **Unterhaltsleistungen** berücksichtigt werden. Hierbei kommen sowohl Unterhaltsleistungen auf Grund gesetzlicher Bestimmungen als auch auf freiwilliger Basis in Betracht. Auch Unterstützungsleistungen, die aus sittlichen Erwägungen gezahlt werden, können berücksichtigt werden, selbst dann, wenn die Zahlung an Personen im Ausland erfolgt. Erforderlich ist jedoch, dass im Einzelnen der Umfang der Zahlungen glaubhaft gemacht wird. Leistungen, die ein Partner in einem eheähnlichen Verhältnis dem anderen Partner zuwendet, können nicht als besondere Belastung anerkannt werden (LAG Nürnberg 30. 9. 1986 LAGE ZPO § 115 Nr. 22; vgl. ausführlich *Baumbach/Hartmann* § 115 Rn. 16 ff. mit einer alphabetischen Aufzählung).

3. Fehlende Vertretungsmöglichkeit durch Verbandsvertreter

Da auch die **Beiordnung** nach § 11a **grundsätzlich subsidiär** ist, scheidet sie aus, wenn eine Vertretung durch einen Verbandsvertreter möglich ist. § 11a Abs. 1 Satz 1 setzt nach dem Wortlaut voraus, dass eine Vertretung durch ein Mitglied oder einen Angestellten einer Gewerkschaft oder einer Vereinigung von Arbeitgebern nicht möglich sein darf. Dies kann beispielsweise der Fall sein, wenn noch kein satzungsmäßiger Anspruch besteht, weil die erforderliche Wartezeit noch nicht erfüllt ist. Insoweit ist der Wortlaut anders als der in § 11 Abs. 1 Satz 2, wo nur von Vertretern von Gewerkschaften oder von Vereinigungen von Arbeitgebern oder von Zusammenschlüssen solcher Verbände die Rede ist. Da es in erster Linie darauf ankommt, dass die Prozessvertretung auch auf andere Weise als durch Beiordnung eines Rechtsanwalts sichergestellt sein muss, ist der Begriff des Verbandsvertreters in § 11a Abs. 1 Satz 1 trotz des entgegenstehenden Wortlauts in gleicher Weise auszulegen wie derjenige in § 11 Abs. 2 Satz 2 unter Einbeziehung der dortigen Regelung in Nr. 4. Hierfür spricht auch, dass durch die Bestimmung in § 11a Abs. 1 Satz 1 die Formulierung des § 11 ArbGG 1926 übernommen worden ist, ohne dass berücksichtigt wurde, dass bereits mit dem ArbGG 1953 eine Änderung des Begriffes des Verbandsvertreters in das Gesetz aufgenommen worden war. Aus dieser historischen Entwicklung und aus dem Sinn der Vorschrift folgt, dass es sich in diesem Punkt um ein offensichtliches Redaktionsversehen handelt (*Dietz/Nikisch* § 11a Rn. 25; *Grunsky* § 11a Rn. 10; GK-ArbGG/*Bader* § 11a Rn. 193). Erfasst wird damit auch der Anspruch auf Vertretung durch Beschäftigte der DGB-Rechtsschutz GmbH oder einer ähnlichen Einrichtung.

53 Umstritten ist, ob die fehlende Erwähnung der Vertreter von selbständigen **Vereinigungen von Arbeitnehmern mit sozial- oder berufspolitischer Zwecksetzung** in § 11a Abs. 1 Satz 1 bedeutet, dass eine Beiordnung eines Rechtsanwaltes auch dann verlangt werden kann, wenn ein Vertreter einer solchen Vereinigung die Prozessvertretung übernehmen könnte. Hierzu wird die Meinung vertreten, dass kein Anlass bestehe, zwischen den verschiedenen Vertreterkategorien zu differenzieren, die Vertretung durch sämtliche in § 11 aufgeführten Personen schließe die Beiordnung eines Rechtsanwaltes aus (*Grunsky* § 11a Rn. 10; *Schaub* ArbGV § 18 Rn. 52). Dagegen spricht jedoch, dass schon in § 11 die Vertreter von selbständigen Vereinigungen von Arbeitnehmern mit sozial- oder berufspolitischer Zwecksetzung nicht den übrigen Verbandsvertretern gleichgestellt worden sind. Dies ergibt sich zum einen daraus, dass für sie in § 11 Abs. 2 Nr. 3 eine besondere Regelung getroffen worden ist, zum anderen, dass im Gegensatz zu den übrigen Verbandsvertretern diese Vertreter auch nicht in zweiter Instanz auftreten können, § 11 Abs. 4 Satz 2. Der Gesetzgeber hat die Vertreter von Gewerkschaften oder Arbeitgebervereinigungen gegenüber den Vertretern von selbständigen Vereinigungen von Arbeitnehmern mit sozial- oder berufspolitischer Zwecksetzung privilegiert. Daraus wird deutlich, dass der Gesetzgeber davon ausgegangen ist, dass gerade diese Verbandsvertreter in besonderer Weise den Rechtsanwälten gleichwertig gegenüberstehen. Wenn der Gesetzgeber daher die Vertreter von selbständigen Vereinigungen von Arbeitnehmern mit sozial- oder berufspolitischer Zwecksetzung in § 11a Abs. 1 Satz 1 nicht erwähnt hat, so kann daraus geschlossen werden, dass ein Rechtsanwalt auch beigeordnet werden kann, wenn die Partei durch einen solchen Vertreter vertreten werden könnte (*Lepke* DB 1981, 1927, 1932; *Schwab/Weth/Vollstädt* § 11a Rn. 86; *G. Müller* AuR 1954, 5, 9; GK-ArbGG/*Bader* § 11a Rn. 193).

54 Die Beiordnung eines Rechtsanwaltes ist nicht schon dann ausgeschlossen, wenn die Partei die Möglichkeit hat, sich durch einen Verbandsvertreter vertreten zu lassen, wenn sie also Mitglied des Verbandes ist und einen entsprechenden satzungsgemäßen Anspruch hat. Die **Vertretung** durch den Verbandsvertreter **muss** der Partei auch **zumutbar sein**. Letztlich ist die Vertretungsmöglichkeit auch ein vermögenswertes Recht im Sinne des § 115 Abs. 2 ZPO (s. oben Rn. 50 sowie LAG Schleswig-Holstein 24. 10. 2003 NZA 2004, 104; LAG Bremen 8. 11. 1994 NZA 1995, 912), sein Einsatz kann nur verlangt werden, wenn es verwertbar und zumutbar ist (MünchKommZPO/*Wax* § 115 Rn. 43; vgl. aber *Kohte* DB 1981, 1177). Die Bestimmung des § 11a Abs. 1 Satz 1 konkretisiert damit nur den an sich bereits bestehenden allgemein gültigen Grundsatz (vgl. dazu LAG Schleswig-Holstein a. a. O.; LAG Bremen a. a. O.; LAG Düsseldorf 25. 3. 1983 AuR 1983, 250f.; *Grunsky* § 11a Rn. 11; GK-ArbGG/*Bader* § 11a Rn. 88). Nicht verwertbar und damit auch nicht zumutbar ist die Vertretung durch einen Verband beispielsweise dann, wenn dieser die Vertretung abgelehnt hat, das Verbandsmitglied ist nicht verpflichtet, den satzungsgemäßen Rechtsschutz seinerseits im Prozesswege durchzusetzen (LAG Düsseldorf 6. 1. 1954 AP ArbGG 1953 § 11a Nr. 1; LAG Frankfurt 8. 6. 1984 NZA 1984, 236; LAG Niedersachsen 1. 7. 1983 AnwBl. 1984, 164; vgl. auch LAG Kiel 8. 6. 1983 NJW 1984, 830; LAG Berlin 10. 3. 1989 MDR 1989, 572). Ebenfalls unzumutbar ist die Prozessvertretung durch einen Verbandsvertreter dann, wenn zwischen dem Verbandsvertreter und der Partei kein ausreichendes Vertrauensverhältnis besteht (LAG Schleswig-Holstein a. a. O.; LAG Bremen 19. 9. 1984 AuR 1985, 229; vgl. auch dazu näher *Brommann* RdA 1984, 342ff.; *Oswald* AnwBl.

1987, 484 f.). Sowohl bei der Nichtgewährung des Rechtsschutzes durch den Verband als auch bei dem fehlenden Vertrauen zwischen Partei und Verbandsvertreter kommt es bei der Bewertung der Zumutbarkeit auf den jeweiligen Grund an. Hat die Partei es selbst zu vertreten, dass der Verband ihr keinen Rechtsschutz gewähren will, beispielsweise weil Mitgliedsbeiträge nicht rechtzeitig gezahlt worden sind oder weil die Partei den Verbandsvertreter nicht ausreichend oder aber unzutreffend informiert hat, so kann dies dazu führen, dass nicht von einer Unzumutbarkeit der Interessenvertretung durch den Verbandsvertreter ausgegangen werden kann. Das Gleiche gilt für die Zerrüttung des Vertrauensverhältnisses, auch hier kommt es darauf an, ob die Störung auf ein Verhalten der Partei zurückzuführen ist oder nicht. Dass eine Vertretung durch einen Verbandsvertreter nicht möglich ist, ist von der Partei im Rahmen des Antragsverfahrens im Einzelnen darzulegen und ggf. glaubhaft zu machen.

4. Vertretung der Gegenseite

Weitere Voraussetzung für die Beiordnung ist, dass sich die Gegenpartei **durch einen** 55 **Rechtsanwalt** vertreten lässt. Die Vertretung muss durch einen bei einem deutschen Gericht zugelassenen Rechtsanwalt erfolgen, auf die Staatsangehörigkeit kommt es nicht an. Nicht ausreichend ist es, wenn sich die Gegenpartei nur durch einen Rechtsanwalt vertreten lässt, der lediglich im Ausland vor Gericht auftreten darf. Entscheidend ist, dass die Zulassung gerade für das arbeitsgerichtliche Verfahren besteht, soweit die Zulassung des Rechtsanwaltes ruht, sie ihm teilweise oder ganz entzogen worden ist oder er aus der Anwaltschaft ausgeschieden ist, kann der Anspruch auf Beiordnung nicht geltend gemacht werden. Das Erfordernis der Vertretung der Gegenseite durch einen Rechtsanwalt ist auch erfüllt, wenn die Gegenseite aus mehreren Streitgenossen besteht und einer dieser Streitgenossen durch einen Rechtsanwalt vertreten wird. Es ist nicht einmal erforderlich, dass es sich um notwendige Streitgenossen handelt (*Lepke* DB 1981, 1927, 1931; GK-ArbGG/*Bader* § 11 a Rn. 187). Auch im Falle der Nebenintervention, § 66 ZPO, kann die Voraussetzung der Vertretung der Gegenseite durch einen Rechtsanwalt gegeben sein, wenn lediglich der Nebenintervenient sich durch einen Rechtsanwalt vertreten lässt. Voraussetzung ist allerdings, dass er der Gegenpartei beigetreten ist.

Es reicht nicht aus, dass die Gegenpartei durch einen Verbandsvertreter vertreten 56 wird. Das gilt auch dann, wenn der **Verbandsvertreter Volljurist** ist. Zweifelhaft ist, ob die Beiordnungsvoraussetzung dann erfüllt ist, wenn der Verbandsvertreter zugleich zugelassener Rechtsanwalt ist. Da die Vorschrift verhindern soll, dass eine Partei die Meinung haben kann, sich in einer schlechteren Prozesssituation zu befinden, wenn sich die Gegenseite anwaltlicher Hilfe bedient, wird die Auffassung vertreten, dass auch dann eine Beiordnung erfolgen müsse, wenn der Verbandsvertreter zugleich Rechtsanwalt sei (*Schaub* ArbGV § 18 Rn. 50; *Boldt* RdA 1953, 405). Anders die Meinung, nach der aus dem systematischen Zusammenhang mit der Bestimmung in § 11 Abs. 2 zu folgern sei, dass es allein darauf ankomme, ob der Vertreter der Gegenpartei in seiner Eigenschaft als Rechtsanwalt auftrete (vgl. GK-ArbGG/*Bader* § 11 a Rn. 188). Das Gesetz stelle allein auf die formale Zuordnung ab (LAG Rheinland-Pfalz 22. 4. 2008 – 3 Ta 55/08 n. v.; LAG Düsseldorf 9. 6. 1988 LAGE ArbGG 1979 § 11 a Nr. 5). Für diese rein **formale Betrachtungsweise** spricht, dass der Gesetzgeber bei der Neufassung von § 11 den Kreis derjenigen Personen, die als Volljuristen vor Gericht auftreten können, § 11 Abs. 2 Nr. 2, erheblich erweitert hat, ohne gleichzeitig die Bestimmung des § 11 a zu verändern. Der Gesetzgeber hat nicht auf die gleiche juristische Kenntnis, sondern allein auf die formale „Waffengleichheit" abgestellt. Hierfür spricht auch, dass der Rechtsanwalt als Organ der Rechtspflege im Prozess über eine Sonderstellung verfügt, die einem Volljuristen, der nicht Rechtsanwalt ist, nicht zukommt. So gelten beispielsweise für diesen auch nicht das Standesrecht der Rechtsanwälte und weitere prozessuale

Möglichkeiten im Bereich der Zustellung. Prozessvertreter sind in ihrer prozessualen Rechtsstellung den Rechtsanwälten auch nur teilweise gleichgestellt, § 50 Abs. 2 (§ 50 Rn. 23 ff.). Es kann daher bei der Auslegung der Bestimmung deren Schutzzweck nicht in den Vordergrund gerückt werden (vgl. *Schwab/Weth/Vollstädt* § 11 a Rn. 79). Es muss für die Beiordnung eindeutig geklärt werden, in welcher prozessualen Funktion der Vertreter auftritt. Dies gilt auch, wenn eine Partei kraft Amtes zugleich Rechtsanwalt ist (z. B. der Insolvenzverwalter). Auch hier ist entscheidend, ob sie in der Funktion als Rechtsanwalt oder als Partei tätig wird.

57 Die anwaltliche Vertretung der Gegenpartei muss in dem **Zeitpunkt** vorliegen, in dem über die Beiordnung vom Gericht entschieden wird. Fällt die Vertretung durch den Rechtsanwalt im späteren Verlauf des Verfahrens weg, so bleibt es gleichwohl bei der Beiordnung. Ist die Vertretung durch einen Anwalt bereits vor der Entscheidung über den Beiordnungsantrag weggefallen, kann die Beiordnung im Rahmen des § 11 a nicht mehr erfolgen. Es ist nicht erforderlich, dass zuerst die Gegenpartei durch einen Rechtsanwalt vertreten war. Eine Beiordnung nach § 11 a kann auch erfolgen, wenn zunächst die Partei, die die Beiordnung beantragt, durch einen Rechtsanwalt im Prozess vertreten war und erst später die Gegenpartei sich eines Rechtsanwaltes bediente. Auch in diesem Fall kann, da es allein auf den Zeitpunkt der Entscheidung über den Beiordnungsantrag ankommt, die Partei, die zuerst durch einen Rechtsanwalt vertreten war, die Beiordnung beantragen. Erfüllen beide Parteien die Voraussetzungen des § 11 a, können auch beide den Anspruch aus § 11 a geltend machen.

5. Antrag

58 Ebenso wie die Prozesskostenhilfe kann die Beiordnung nach § 11 a nur auf Grund eines Antrages erfolgen. Eine Beiordnung von Amts wegen ist grundsätzlich ausgeschlossen. Der Antrag muss unbedingt gestellt werden, er kann jederzeit zurückgenommen werden. Der Antrag muss **bei dem Arbeitsgericht** gestellt werden, bei dem der Rechtsstreit anhängig ist. § 117 Abs. 1 Satz 1 ZPO findet insoweit entsprechende Anwendung. Der Antrag kann auch zu Protokoll der Geschäftsstelle (bzw. Rechtsantragsstelle) erklärt werden. Es ist nicht erforderlich, dass in dem Antrag das Streitverhältnis dargestellt wird, da der Beiordnungsantrag nur im Rahmen eines bereits anhängigen Prozesses gestellt werden kann. Die Bestimmung des § 117 Abs. 1 Satz 2 ZPO findet deshalb keine Anwendung (GK-ArbGG/*Bader* § 11 a Rn. 183). Der Antrag muss vor Abschluss des Verfahrens gestellt werden, eine Bewilligung von Prozesskostenhilfe nach Klagerücknahme oder sonstiger Beendigung des Verfahrens kommt in der Regel nicht in Betracht, eine Ausnahme kann nur dann gelten, wenn der Antrag bereits **vor Abschluss des Verfahrens** ordnungsgemäß gestellt worden war, das Gericht jedoch auf Grund von Umständen, die von ihm zu vertreten sind, noch nicht über den Antrag entschieden hatte (vgl. LAG Berlin 11. 10. 1989 LAGE ZPO § 122 Nr. 2). Der **Antrag** kann nach Rücknahme oder Zurückweisung **wiederholt gestellt werden.** Das Rechtsschutzbedürfnis für einen wiederholt gestellten Antrag kann nur verneint werden, wenn ein Rechtsmissbrauch vorliegt (BGH 16. 12. 2008 – VIII ZB 78/06). Dies kann nur im Einzelfall entschieden werden und hängt von der jeweiligen Begründung des neuen Antrages ab.

59 Nach der anwendbaren Vorschrift des § 117 Abs. 2 ZPO ist dem Antrag eine **Erklärung** der Partei **über ihre persönlichen und wirtschaftlichen Verhältnisse** beizufügen, entsprechende Belege sind beizufügen. Die für das Prozesskostenhilfeverfahren geltende Verordnung (PKHVV vom 17. 10. 1994 – BGBl. I S. 3001 mit späteren Änderungen) ist entsprechend anwendbar mit der Folge, dass die für das Prozesskostenhilfeverfahren eingeführten Vordrucke zu verwenden sind. Zu den Ausnahmen siehe § 2 PKHVV, die jedoch im arbeitsgerichtlichen Verfahren keine Bedeutung haben. Wird der Vordruck nicht benutzt, ist der Antrag unzulässig (*Schaub* ArbGV § 18 Rn. 33; vgl. OLG Köln 29. 10. 1981 MDR 1982, 152; a. A. LAG Hamm 20. 8. 1981 MDR 1982, 83, das

II. Voraussetzungen § 11a

Unbegründetheit des Antrages annimmt; ferner GK-ArbGG/*Bader* § 11 a Rn. 36; *Grunsky* § 11 a Rn. 20). Letztlich ist dies wohl eher eine theoretische Frage, da auch die Zurückweisung als unbegründet die erneute – formgerechte – Antragstellung in diesem Falle nicht ausschließt. Im Übrigen ist dem Antragsteller Gelegenheit zu geben, einen ausgefüllten Vordruck nachzureichen, § 118 Abs. 2 Satz 4 ZPO, zumal der Antrag selbst bei Zurückweisung in einem späteren Zeitpunkt des Prozesses erneut gestellt werden könnte. Eine Ausnahme von dem Zwang, den entsprechenden Vordruck zu benutzen, besteht – soweit das arbeitsgerichtliche Verfahren betroffen wird – nur für die Erklärung einer Partei kraft Amtes, einer juristischen Person oder einer parteifähigen Vereinigung, § 1 Abs. 1 PKHVV.

Die **Angaben** in dem Antrag sind **glaubhaft zu machen,** hierzu dient die Pflicht zur Einreichung der Belege. Soweit Belege nicht beigefügt sind, muss das Gericht diese von der Partei anfordern, eine angemessene Frist, in der Regel sind 14 Tage ausreichend, kann gesetzt werden. Erfüllt die bedürftige Partei innerhalb dieser Frist die ihr erteilte Auflage nicht und beantragt sie auch nicht aus stichhaltigen Gründen eine Fristverlängerung, kann der Antrag auf Gewährung der Prozesskostenhilfe zurückgewiesen werden. Dies folgt aus einer entsprechenden Anwendung des § 124 Nr. 2 ZPO, danach kann u. a. die Bewilligung der Prozesskostenhilfe aufgehoben werden, wenn eine durch das Gericht zur Erledigung gesetzte Frist nicht eingehalten wird. Wird ein PKH-Verfahren von einem Amts- oder Landgericht an ein Arbeitsgericht verwiesen, so tritt auch insoweit die Bindungswirkung des § 17 a Abs. 2 Satz 3 GVG ein (BAG 27. 10. 1992 EzA GVG § 17 a Nr. 2). Auch wenn der Verweisungsbeschluss fehlerhaft sein sollte, entfaltet er die Bindungswirkung, es sei denn, eine offensichtlich gesetzwidrige Beschlussfassung läge vor. Dies ist jedoch bei der umstrittenen Frage, ob § 17 a GVG auch im Rahmen des PKH-Verfahrens anwendbar ist oder nicht, nicht der Fall. Allerdings bindet der Verweisungsbeschluss im PKH-Verfahren nicht für das Hauptsacheverfahren, hier kann das Gericht in vollem Umfange erneut seine Zuständigkeit prüfen (BGH 18. 4. 1991 LM ZPO 1976 § 281 Nr. 25; BAG 27. 10. 1992 EzA GVG § 17 a Nr. 2). Wird mit Bindungswirkung im Prozesskostenhilfeverfahren der Rechtsstreit verwiesen, kann die Erfolgsaussicht der beabsichtigten Klage nicht deshalb verneint werden, weil der Rechtsweg nicht gegeben wäre (BAG a. a. O.).

Besonderheiten gelten für **Sozialhilfeempfänger.** Diese brauchen zunächst nur den Sozialhilfebescheid vorzulegen, es ist nicht erforderlich, dass sie in dem Vordruck die Abschnitte E bis J zusätzlich ausfüllen, es sei denn, das Gericht ordnet etwas anderes an. Seinen Grund hat dies darin, dass bereits im Verfahren der Gewährung von Sozialhilfe im Einzelnen zu überprüfen ist, ob der Antragsteller über Einkünfte oder Vermögen verfügt. Ergänzende Ausführungen muss ein Sozialhilfeempfänger erst dann machen, wenn er vom Gericht hierzu aufgefordert wird.

Eine eigenhändige **Unterzeichnung des Vordruckes** durch den Antragsteller ist nicht erforderlich, eine Stellvertretung ist möglich (BGH 10. 7. 1985 NJW 1986, 62; wie hier jetzt auch GK-ArbGG/*Bader* § 11 a Rn. 36; a. A. LAG Düsseldorf 28. 10. 1982 EzA ZPO § 117 Nr. 4). Der Vordruck kann daher auch von einem bevollmächtigten Rechtsanwalt unterzeichnet sein. Erfolgt die Unterzeichnung durch eine andere Person, so muss diese ggf. ihre Vollmacht schriftlich nachweisen. Zu berücksichtigen ist in diesem Zusammenhang auch, dass es im Interesse der Glaubwürdigkeit der abgegebenen Erklärung notwendig sein kann, dass die Partei selbst die entsprechenden Erklärungen abgibt.

In dem Antrag ist in der Regel die **Person des Rechtsanwaltes** zu bezeichnen, der beigeordnet werden soll. Allerdings kann die Partei es auch dem Gericht überlassen, einen Rechtsanwalt auszuwählen.

Nach § 11 a Abs. 1 Satz 2 ist die Partei über ihr **Antragsrecht zu belehren.** Das Gericht, das ist in der Regel der oder die Vorsitzende der Kammer, es ist Teil der Verhandlungsführung, muss die Partei ausdrücklich auf die Beiordnungsmöglichkeit hinweisen. In welcher Form dieser Hinweis erfolgt, ist dem Gericht überlassen, auf die

Verständnismöglichkeit der jeweiligen Partei ist dabei abzustellen. Ob daneben gemäß § 139 ZPO auch die Möglichkeit besteht, die Stellung eines entsprechenden Antrages anzuregen (so *Grunsky* § 11 a Rn. 16; GK-ArbGG/*Bader* § 11 a Rn. 180), kann offen bleiben. Dadurch, dass der Gesetzgeber in § 11 a Abs. 1 Satz 2 ausdrücklich die Hinweismöglichkeit aufgenommen hat, hat er im Grunde die Aufklärungspflicht aus § 139 Abs. 1 ZPO konkretisiert. Da die Form, wie der Hinweis zu erfolgen hat, im Gesetz nicht näher bestimmt worden ist, kann das Gericht auch im Rahmen der Hinweispflicht die Stellung ausdrücklicher Anträge anregen, ggf. kann das Gericht der unbeholfenen Partei insoweit auch Hilfestellung gewähren.

65 **Unterbleibt die Belehrung,** so hat dies auf die Wirksamkeit der in dem Rechtsstreit ergehenden Entscheidung keine Auswirkung (*Schaub* ArbGV § 18 Rn. 49; a. A. GK-ArbGG/*Bader* § 11 a Rn. 180). Dies folgt schon daraus, dass nach § 68 ArbGG wegen eines Mangels im Verfahren des Arbeitsgerichts die Zurückverweisung eines Rechtsstreits durch das Landesarbeitsgericht an die erste Instanz unzulässig ist. Auch dürfte zumindest dann, wenn eine Sprungrevision nicht zugelassen ist, ein revisibler Verfahrensverstoß nicht gegeben sein, weil das Berufungsurteil nicht darauf beruhen kann, dass die Partei nicht in der ersten Instanz auf die Möglichkeit der Beiordnung eines Rechtsanwaltes hingewiesen worden ist. Lediglich dann, wenn Sprungrevision oder -rechtsbewerde zugelassen und eingelegt worden sind, wäre möglicherweise eine Zurückverweisung durch das Bundesarbeitsgericht denkbar (GK-ArbGG/*Bader* a. a. O.). Auch eröffnet diese Verletzung der Belehrungspflicht des Gerichts **nicht die Möglichkeit,** auch noch **nach Abschluss des Verfahrens** den **Antrag** auf Beiordnung **stellen zu können.** Diese ist nicht mehr möglich, es gilt der Grundsatz, dass nach Beendigung des Verfahrens eine Beiordnung nicht mehr erfolgen kann (siehe dazu unten Rn. 84). Es könnten bestenfalls Schadenersatzansprüche wegen Verletzung der Belehrungspflicht gegenüber dem Staat geltend gemacht werden.

III. Absehen von einer Beiordnung

1. Mangelnde Erforderlichkeit

66 Im Gegensatz zum Prozesskostenhilferecht ist die in § 114 Satz 1 ZPO genannte hinreichende **Erfolgsaussicht nicht Voraussetzung** für die Beiordnung nach § 11 a. Vielmehr kann von der Beiordnung eines Rechtsanwaltes nur dann abgesehen werden, wenn entweder diese aus besonderen Gründen nicht erforderlich oder aber wenn sie offensichtlich mutwillig ist. Beide Ausschließungsgründe stehen selbständig nebeneinander.

67 Besondere **Gründe, die eine Beiordnung als nicht erforderlich** erscheinen lassen, können nicht-wirtschaftlicher Natur sein. Entscheidend ist nur, ob die Partei auf Grund ihrer persönlichen Kenntnisse und Fähigkeiten in der Lage ist, den Prozess auch ohne Beiordnung eines Rechtsanwaltes sachgerecht zu führen (ErfK/*Koch* § 11 a Rn. 34; *Schaub* ArbGV § 18 Rn. 53; GK-ArbGG/*Bader* § 11 a Rn. 199; *Schwab/Weth/Vollstädt* § 11 a Rn. 94). Da sowohl objektive Merkmale, die tatsächlichen und rechtlichen Schwierigkeiten des Verfahrens, als auch subjektive, nämlich die persönlichen Kenntnisse und Fähigkeiten der Partei, zu berücksichtigen sind, das Gericht die persönlichen Kenntnisse und Fähigkeiten der Partei in den seltensten Fällen ausreichend beurteilen kann, wird in der Regel die Versagung der Beiordnung wegen mangelnder Erforderlichkeit nicht in Betracht kommen (besondere Zurückhaltung: *Schwab/Weth/Vollstädt* § 11 a Rn. 95). Ein Fall der mangelnden Erforderlichkeit der Beiordnung ist allerdings gegeben, wenn ein Rechtsanwalt in eigener Sache seine Beiordnung verlangt. Der **Beiordnung in eigener Sache** steht einmal entgegen, dass der Rechtsanwalt auf Grund seiner Ausbildung über ausreichende Kenntnisse verfügt, im Übrigen die eigene Beiordnung die Eröffnung einer Einnahmequelle für den prozessführenden Anwalt wäre (BAG 14. 11.

2007 NZA 2008, 375). Die Prüfung darf nicht das Hauptverfahren selbst vorwegnehmen. Zu berücksichtigen ist in diesem Zusammenhang auch, dass Voraussetzung für die Beiordnung ohnehin ist, dass sich die Gegenseite durch einen Rechtsanwalt vertreten lässt, was in der Regel auch für eine gewisse Notwendigkeit einer solchen Prozessvertretung sprechen kann. Etwas anderes kann allerdings dann gelten, wenn die Partei selbst rechtskundig ist oder ihr gesetzlicher Vertreter bzw. Pfleger Jurist ist, was beispielsweise der Fall sein kann, wenn der Pfleger einer Partei selbst Rechtsanwalt ist (*Lepke* DB 1981, 1927, 1931; vgl. LAG Berlin 24. 3. 1976 ARSt 1976, 144; vgl. ferner BVerwG 14. 5. 1979 NJW 1979, 2117). Allerdings ist bei der Ablehnung aus diesem Grunde besondere Zurückhaltung geboten, da die juristischen Fähigkeiten selten ausreichend beurteilt werden können. Ferner kann die Beiordnung auch nicht dann zurückgewiesen werden, wenn die Gegenseite anbietet, zunächst – auch auf ihre Kosten – eine **Mediation** durchzuführen. Eine Verpflichtung, im Rahmen eines bereits anhängigen Rechtsstreits noch eine außergerichtliche Einigung zu versuchen besteht nicht, zumal das Güteverfahren des § 54 die Möglichkeit gerichtlichen Einigung vorsieht.

68 Auch ist die Beiordnung eines Rechtsanwaltes nicht erforderlich, wenn die Partei bereits durch einen Verbandsvertreter vertreten wird oder aber wenn sie Anspruch auf eine Prozessvertretung durch einen Verbandsvertreter hat, diesen jedoch aus nicht zu berücksichtigenden Gründen nicht wahrnehmen will.

2. Offensichtliche Mutwilligkeit

69 Weiterhin ist eine Beiordnung nicht vorzunehmen, wenn die Rechtsverfolgung offensichtlich mutwillig ist. Die einfache Mutwilligkeit, wie sie in § 114 Satz 1 ZPO für den Bereich der Prozesskostenhilfe als Ausschlussgrund normiert worden ist, reicht nicht aus. Offensichtlich mutwillig ist eine Rechtsverfolgung dann, wenn **auf den ersten Blick ohne nähere Prüfung** erkennbar ist, dass sie **erfolglos** sein muss (LAG Hamm 14. 1. 1971 MDR 1971, 336; LAG Düsseldorf 29. 10. 1986 LAGE ArbGG 1979 § 11 a Nr. 4). Nur in besonders klar liegenden Fällen aussichtsloser Rechtsverfolgung oder Rechtsverteidigung kann der Beiordnungsantrag zurückgewiesen werden. Die Prüfung darf nicht dazu führen, dass das Nebenverfahren an die Stelle des Hauptverfahrens tritt (vgl. BVerfG 7. 4. 2000 NZA 2000, 900, 901).

70 Offensichtlich mutwillig wäre **beispielsweise** die Rechtsverfolgung dann, wenn der Antragsteller die Klage vor dem eindeutig unzuständigen Gericht erhebt, wenn bereits anderweitig der Anspruch rechtshängig ist oder wenn sicher erkennbar ist, dass eine tarifliche Ausschlussfrist nicht eingehalten worden ist. Zu berücksichtigen ist aber, dass gerade gegenüber einer rechtsunkundigen Partei das Gericht auch von seiner Hinweispflicht gemäß § 139 ZPO Gebrauch machen muss. Von einer offensichtlichen Mutwilligkeit kann daher nur dann gesprochen werden, wenn trotz eines möglichen Hinweises des Gerichts eine Korrektur des Rechtsschutzbegehrens nicht mehr möglich ist.

71 Ist entweder die Beiordnung nicht erforderlich oder ist die Rechtsverfolgung offensichtlich mutwillig, kann das Gericht den entsprechenden **Antrag zurückweisen.** Dem Gericht steht ein Ermessensspielraum zu, der eindeutige Wortlaut schließt eine Interpretation der Bestimmung als Muss-Vorschrift aus (GK-ArbGG/*Bader* § 11 a Rn. 202; a. A. *G. Müller* AuR 1954, 5, 10; *Tschischgale* JR 1954, 89, 90).

IV. Verfahren

1. Grundsätze

72 Ein **gesonderter Sachvortrag** im Verfahren ist seitens des Antragstellers **nicht erforderlich,** die Beiordnung erfolgt in einem Verfahren, in dem die Parteien bzw. Beteiligten bereits Stellungnahmen abgegeben haben bzw. Stellungnahmen abgeben können. Auch ist es nicht erforderlich, Beweismittel zu benennen, die für die Hauptsache maßgeblich sind. Lediglich die Angaben zu den persönlichen und wirtschaftlichen Verhältnissen sind glaubhaft zu machen, wobei das Gericht ggf. dem Antragsteller weitere Auflagen machen kann. Die Regelungen des § 118 Abs. 2 ZPO finden insoweit entsprechende Anwendung. Für die Erfüllung seiner Auflagen kann das Gericht dem Antragsteller Fristen setzen, bei Nichteinhaltung der Fristen kann die Bewilligung der Prozesskostenhilfe abgelehnt werden.

73   Die Anhörung von **Zeugen** oder Sachverständigen scheidet generell aus, auch die Ausnahmeregelung in § 118 Abs. 2 Satz 3 ZPO kann hier keine Anwendung finden, da im Rahmen des Bewilligungsverfahrens nicht zu prüfen ist, ob die Rechtsverfolgung oder Rechtsverteidigung hinreichende Aussicht auf Erfolg bietet und nicht mutwillig erscheint.

74   Die Regelungen in **§ 118 Abs. 1 Satz 3 bis 5 ZPO** finden auf das Beiordnungsverfahren **keine Anwendung**, dies folgt aus der Tatsache, dass das Beiordnungsverfahren im Rahmen eines bereits anhängigen Hauptverfahrens stattfindet.

75   Nach § 20 Nr. 4 a RPflG kann der Vorsitzende der Kammer des Arbeitsgerichts den **Rechtspfleger** mit den Aufgaben betrauen, die sich aus § 118 Abs. 2 ZPO ergeben. Die Beauftragung des Rechtspflegers erfolgt durch Verfügung des Vorsitzenden, der Rechtspfleger kann dann ebenfalls Auflagen erlassen und Fristen setzen. Der Umfang der Beauftragung des Rechtspflegers ist den Parteien mitzuteilen.

2. Rechtliches Gehör

76   Vor der Beiordnung eines Rechtsanwaltes muss das Gericht der Gegenpartei eine **Gelegenheit zur Stellungnahme** einräumen. Dies ergibt sich schon daraus, dass durch die Beiordnung eines Rechtsanwaltes der Gang des Hauptverfahrens beeinflusst werden kann. Etwas anderes gilt nach § 118 Abs. 1 Satz ZPO nur dann, wenn dies aus besonderen Gründen unzweckmäßig erscheint. Dies kann u. U. der Fall sein, wenn die Eilbedürftigkeit des Verfahrens keine Möglichkeit lässt, wie dies bei Verfahren des einstweiligen Rechtsschutzes der Fall sein kann (*Schwab/Weth/Vollstädt* § 11 a Rn. 102).

77   Die Anhörung der Gegenpartei bezieht sich **nicht auf die persönlichen und wirtschaftlichen Verhältnisse, § 117 Abs. 2 Satz 2 ZPO n. F.** Dem Gegner sind weder die von der Partei in diesem Zusammenhang eingereichten Unterlagen noch die Erklärung über die persönlichen und wirtschaftlichen Verhältnisse zur Kenntnis zu geben. Dies folgt aus der Tatsache, dass der Persönlichkeitsschutz des Antragstellers gewährleistet werden muss, auch sind die Bestimmungen des BDSG zu beachten. Etwas anderes gilt nur, wenn die Partei ausdrücklich der Weitergabe der Unterlagen zustimmt, § 117 Abs. 2 Satz 2 ZPO n. F. Das Anhörungsrecht beschränkt sich letztlich auf die materielle Frage, ob die Beiordnung aus besonderen Gründen nicht erforderlich ist oder ob die Rechtsverfolgung offensichtlich mutwillig erscheint, § 11 a Abs. 2 (vgl. für das Prozesskostenhilferecht BGH 15. 11. 1983 NJW 1984, 741; BVerfG 14. 1. 1991 NJW 1991, 2078; *Pentz* NJW 1983, 1037; *Baumbach/Hartmann* § 117 Rn. 29 m. w. Nachw. zu möglichen Ausnahmefällen).

78   Wegen des Persönlichkeitsschutzes sind die Erklärungen der Partei über ihre persönlichen und wirtschaftlichen Verhältnisse sowie die zur Glaubhaftmachung dieser Verhältnisse eingereichten Belege in eine **gesonderte Beiakte** zur Prozessakte zu nehmen (2.1 der Durchführungsbestimmungen zum PKHG vom 1. 1. 1981, zuletzt geändert mit Wirkung vom 1. 3. 1996 und später; vgl. im Übrigen dazu auch die einschlägigen Ausführungsvorschriften der Länder – abgedruckt bei *Baumbach/Hartmann* § 117 Rn. 28). Die besondere Beiakte ist der Prozessakte zu entnehmen, wenn eine Partei in die Prozessakte Einblick nehmen möchte. Die Beiakte darf auch nicht bei Aktenanforderungen an andere Gerichte oder Behörden gesandt werden.

3. Entscheidung

Auf die Entscheidung über den Antrag nach § 11a findet die Bestimmung des § 127 ZPO entsprechende Anwendung. Es entscheidet das Arbeitsgericht, da § 11a nur in der ersten Instanz gilt. Die Entscheidung ist grundsätzlich **ohne mündliche Verhandlung** zu treffen, es trifft sie der Vorsitzende der zuständigen Kammer ohne Hinzuziehung der ehrenamtlichen Richter, § 53 Abs. 1 Satz 1. Über den Antrag kann allerdings auch im Rahmen einer mündlichen Verhandlung über die Hauptsache entschieden werden. Fällt die Entscheidung in der Güteverhandlung, ist auch hier der Vorsitzende allein entscheidungsbefugt. Ist im Rahmen einer Kammerverhandlung über den Antrag zu entscheiden, sind die ehrenamtlichen Richter nicht hinzuzuziehen, § 53 i.V. § 127 Abs. 1 Satz 1 ZPO (*Schwab/Weth/Vollstädt* § 11a Rn. 100). Die Entscheidung ist in diesem Fall in das Protokoll der mündlichen Verhandlung aufzunehmen. Die Entscheidung muss **durch Beschluss** ergehen. Eine stillschweigende Beiordnung eines Rechtsanwaltes ist nicht möglich. 79

Die Entscheidung ist **zum frühestmöglichen Zeitpunkt** zu treffen. Sobald sämtliche Unterlagen von dem Antragsteller beigebracht sind, ist die Entscheidung zu treffen. Eine Verzögerung ist unzulässig, ggf. kann sie zu Schadenersatzansprüchen seitens der Partei führen (GK-ArbGG/*Bader* § 11a Rn. 119). Eine Aussetzung des Verfahrens der Beiordnung ist selbst dann unzulässig, wenn das Hauptverfahren seinerseits gemäß § 148 ZPO ausgesetzt werden müsste. Die Entscheidung über die Beiordnung eines Rechtsanwaltes kann nicht von der Entscheidung in einem anderen Rechtsstreit abhängig sein. Wird die Entscheidung durch das Gericht verzögert, kann u. U. eine Beschwerde zulässig sein (vgl. dazu OLG Celle 5. 3. 1985 MDR 1985, 592 m. w. N.). 80

Aus dem Beschluss muss sich ergeben, dass ein **bestimmter Rechtsanwalt** der Partei beigeordnet wird. Besteht eine **Anwaltssozietät** in Form einer Partnerschaftsgesellschaft bzw. einer Gesellschaft bürgerlichen Rechts, kann diese beigeordnet werden, da sie im Außenverhältnis rechtsfähig und parteifähig ist (BGH 17. 9. 2008 NJW 2009, 440, 441; *Ganter* AnwBl. 2007, 847; zur Rechtsfähigkeit der GbR BGH 29. 1. 2001 NJW 2001, 1056 ff.). Dafür spricht auch, dass nach § 59l BRAO die Rechtsanwaltsgesellschaft als Prozess- und Verfahrensbevollmächtigte beauftragt werden kann. Ferner muss sich ergeben, ob Monatsraten zu zahlen sind und ggf. wie hoch diese sein sollen, ferner wann eine **Ratenzahlungspflicht** beginnt und in welcher Höhe ggf. Vermögenswerte einzusetzen sind. Sind weder Ratenzahlungen festgelegt noch bestimmt, dass Teile des Vermögens eingesetzt werden sollen, so muss dies sich ebenfalls aus dem Beschluss ergeben. Bei der Beiordnung eines Rechtsanwaltes ist zu beachten, dass jeweils nur eine Person, nicht jedoch mehrere Rechtsanwälte in einer Sozietät beigeordnet werden können. Ferner muss der Beschluss den **Umfang** der Gewährung deutlich machen. Insbesondere wenn ein nicht im Bezirk des Prozessgerichts niedergelassener Rechtsanwalt beigeordnet wird, muss erkennbar sein, dass die Beiordnung nach § 121 Abs. 3 ZPO nur mit der Maßgabe erfolgt, dass dadurch keine weiteren Kosten entstehen dürfen (vgl. BGH 10. 10. 2006 NJW 2006, 3783; BAG 18. 7. 2005 NZA 2005, 1078; vgl. 17. 9. 2007 NZA 2007, 1317). Der von dem auswärtigen Rechtsanwalt gestellte Beiordnungsantrag enthält regelmäßig ein konkludentes Einverständnis mit einer dem Mehrkostenverbot des § 121 Abs. 3 ZPO entsprechenden Beiordnung. 81

Der Beschluss ist, sofern er nicht in einer mündlichen Verhandlung verkündet worden ist, den Parteien **formlos mitzuteilen**, § 329 Abs. 2 ZPO. Eine Mitteilung der Entscheidung an die Staatskasse (bzw. den Bezirksrevisor) erfolgt nicht, § 127 Abs. 3 Satz 6 ZPO. 82

Die **Entscheidung ist zu begründen**, wobei ggf. eine stichwortartige Begründung ausreichend sein kann. Bei Entscheidungen, die dem Antrag nicht oder nicht in vollem Umfange stattgeben, bei denen beispielsweise eine Ratenzahlung oder Leistungen aus 83 dem Vermögen angeordnet wird, ergibt sich die Begründungspflicht schon aus der Tatsache, dass diese Entscheidung von dem Antragsteller mit der sofortigen Beschwerde gemäß § 127 Abs. 2 Satz 2 ZPO angegriffen werden kann. Auch bei einer Bewilligung der Beiordnung ohne Einschränkung ist jedoch eine Begründung erforderlich, da in diesem Falle gemäß § 127 Abs. 3 ZPO die Staatskasse bzw. der Bezirksrevisor seinerseits sofortige Beschwerde einlegen kann. Eine Rechtsmittelbelehrung ist erforderlich, § 9 Abs. 5, da es sich bei der sofortigen Beschwerde um ein befristetes Rechtsmittel handelt. Soweit ein Rechtsmittel nicht gegeben ist, muss wegen der Bestimmung in § 9 Abs. 5 Satz 2 ebenfalls eine Belehrung erfolgen.

84 Durch die Beiordnung soll die Partei in die Lage versetzt werden, einen Rechtsstreit zu führen. Grundsätzlich kommt eine Bewilligung **daher nicht mehr in Betracht,** wenn das **Verfahren bereits beendet** ist (LAG Hamm 11. 11. 2003 NZA-RR 2004, 102, 103; 6. 2. 2002 LAG-Report 2002, 88). Dies gilt sowohl bei Beendigung durch Urteil, Vergleich, Klagerücknahme oder Anerkenntnis als auch bei Erledigungserklärung (LAG Hamm a. a. O.). Eine Durchführung des Verfahrens findet letztlich auch nicht statt, wenn das **Ruhen** des Verfahrens angeordnet worden ist (LAG Hamm 11. 11. 2003 NZA-RR 2004, 102, 103). In diesem Falle kann eine Beiordnung erst dann erfolgen, wenn das Ruhen des Verfahrens beendet worden ist und der Rechtsstreit fortgeführt wird. In Ausnahmefällen kann aber die Entscheidung ebenso wie eine Entscheidung im Rahmen der Prozesskostenhilfe (dazu LAG Nürnberg 11. 5. 1988 LAGE ZPO § 117 Nr. 6; LAG Köln 19. 5. 1998 ARSt 1999, 19) **rückwirkend** auch nach Abschluss des Verfahrens erfolgen und die Beiordnung bewilligt werden. Voraussetzung ist jedoch, dass bereits ein formgerechter Antrag mit sämtlichen Unterlagen vor Abschluss des Verfahrens dem Gericht vorgelegen hat, dieses also die Verzögerung zu vertreten hat. Hat das Gericht der Partei eine Nachfrist zur Vervollständigung der Unterlagen gesetzt, kann eine Bewilligung nur erfolgen, wenn diese Frist eingehalten wird. Wird die Frist versäumt, kommt eine Bewilligung bestenfalls nur für die nach diesem Zeitpunkt anfallenden Prozesshandlungen in Betracht. Eine Rückwirkung kann auch nur bis zu dem Zeitpunkt ausgesprochen werden, in dem die Unterlagen dem Gericht vorlagen und dieses hätte entscheiden können.

85 Gegen die Entscheidung ist, sofern dem Antrag nicht vollständig entsprochen worden ist, für den Antragsteller das Rechtsmittel der **sofortigen Beschwerde** gegeben. Die Bestimmungen des § 127 Abs. 2 und 3 ZPO finden entsprechende Anwendung. Die sofortige Beschwerde ist nur **statthaft,** wenn gegen ein Urteil in der Hauptsache auch eine Berufung möglich wäre. Für das Verfahren über die Prozesskostenhilfe soll kein weitergehender Instanzenzug zur Verfügung stehen als in der Hauptsache, die Gefahr widersprüchlicher Entscheidungen soll vermieden werden. Da die Statthaftigkeitsgründe von § 64 Abs. 2 lit. a und d (Zulassung der Berufung und Versäumnisurteil) nicht vorliegen können, ist die sofortige Beschwerde nur in zwei Fällen statthaft: Entweder der Streitwert der Hauptsache übersteigt 600,00 Euro, so dass auch eine entsprechende Beschwer entstehen könnte § 64 Abs. 2 lit. b. In der Regel wird hier der Streitwert im Beschwerdeverfahren zu ermitteln sein. Oder es handelt sich um eine Bestandsschutzstreitigkeit, § 64 Abs. 2 lit. c. Bei dieser ist nach § 46 Abs. 2 Satz 3 die sofortige Beschwerde unabhängig vom Streitwert statthaft. Außerhalb dieser Gründe ist die sofortige Beschwerde statthaft, wenn der Antrag auf Beiordnung nur deshalb zurückgewiesen worden ist, weil die persönlichen oder wirtschaftlichen Gründe nicht gegeben sind, ohne dass auf die Erfolgsaussicht eingegangen worden ist. Erfolgt eine doppelte Begründung auch unter Heranziehung der Erfolglosigkeit, ist dieser Sonderfall der Statthaftigkeit nicht gegeben.

86 Die sofortige Beschwerde kann nur eingelegt werden, wenn der **Antragsteller beschwert** ist. Dies kann außer bei vollständiger Zurückweisung des Antrages auch dann der Fall sein, wenn Ratenzahlungen angeordnet oder Leistungen aus dem Vermögen festgesetzt worden sind. Mit der sofortigen Beschwerde kann der Antragsteller geltend

IV. Verfahren § 11 a

machen, dass keine Raten oder Zahlungen seinerseits hätten festgesetzt werden dürfen oder aber zu hoch ausgefallen seien.

Die sofortige Beschwerde ist binnen einer **Notfrist von einem Monat** nach Zustellung bzw. der Bekanntgabe des Beschlusses Arbeitsgerichts bei dem Arbeits- oder Landesarbeitsgericht einzulegen, § 11 a Abs. 3 i. V. § 127 Abs. 2 Satz 3 ZPO. Spätestens nach Ablauf von drei Monaten nach Verkündung des Beschlusses oder seines Eingangs in der Geschäftsstelle ist die sofortige Beschwerde unstatthaft, § 127 Abs. 2 Satz 1 i. V. Abs. 3 Satz 4 und 5 ZPO. 87

In dem Beschwerdeverfahren muss dem **Gegner rechtliches Gehör** gewährt werden. Eine Ausnahme gilt nur dann, wenn sich die Beschwerde nur gegen die Festsetzung von Raten richtet oder wenn das Beschwerdegericht die Beschwerde von vornherein als unbegründet zurückweist. Als Tatsacheninstanz prüft das Beschwerdegericht die Voraussetzungen für die Beiordnung in vollem Umfange, neue Tatsachen müssen berücksichtigt werden (LAG Köln 18. 1. 1990 JurBüro 1990, 510 f.). Allerdings gilt für das Beschwerdegericht das Verbot der reformatio in peius, zum Nachteil des Beschwerdeführers kann der Beschluss des Arbeitsgerichts nicht abgeändert werden. Es sind drei Fälle zu unterscheiden: 88

Erfolgt die **Beiordnung** des Rechtsanwaltes **ohne jede Einschränkungen,** so steht das Beschwerderecht allein der Staatskasse bzw. dem Bezirksrevisor zu. Im Rahmen der **Beschwerde der Staatskasse** kann nur überprüft werden, ob die wirtschaftlichen und persönlichen Verhältnisse des Antragstellers die Beiordnung rechtfertigen konnten. Allerdings wird die Auffassung vertreten, dass der Vertreter der Landeskasse keine Beschwerde darauf stützen könne, wenn das Arbeitsgericht bei der Beiordnung die Gewerkschaftsmitgliedschaft des Antragstellers übersehen habe (LAG Hamm 22. 2. 1989 – 14 Ta 27/88). Damit wird aber übersehen, dass die Vertretung durch einen Verbandsvertreter letztlich ein vermögenswertes Recht i. S. des § 115 Abs. 2 ZPO ist (oben Rn. 46). Gerade die wirtschaftlichen Verhältnisse des Antragstellers können aber im Rahmen der Beschwerde der Staatskasse überprüft werden. Nicht überprüfbar ist, ob die Beiordnung aus besonderen Gründen nicht erforderlich war oder aber ob die Rechtsverfolgung offensichtlich mutwillig erschien. 89

Die sofortige Beschwerde der Staatskasse ist **nicht statthaft,** wenn nach ihrer Auffassung die festgesetzten Raten oder der aus dem Vermögen des Antragstellers zu zahlende Betrag als zu niedrig angesehen wird. Insoweit ist der Wortlaut von § 127 Abs. 3 Satz 1 und 2 ZPO eindeutig. Keine Beschwerdemöglichkeit besteht auch, wenn das Arbeitsgericht zu Unrecht die Beiordnung mit Rückwirkung angeordnet hat. Lediglich bei greifbarer Gesetzwidrigkeit, wenn also die Beiordnung offenkundig in Widerspruch zu Wortlaut und Sinn des Gesetzes steht, kann eine Beschwerdemöglichkeit angenommen werden (dazu näher *Baumbach/Hartmann* § 127 Rn. 25 m. w. Nachw.). 90

Die sofortige Beschwerde ist innerhalb einer **Notfrist von einem Monat** einzulegen. Die Frist beginnt anders als bei dem Antragsteller erst mit der Bekanntgabe der Entscheidung des Arbeitsgerichts, § 127 Abs. 3 Satz 3 ZPO. Dies beruht darauf, dass die Staatskasse von der Beiordnung selbst nicht formell informiert werden muss, ihr ist der Beschluss nicht förmlich zuzustellen, § 127 Abs. 5 ZPO. Bekanntgabe ist jede Kenntniserlangung, auch im Rahmen der regelmäßigen Überprüfungen durch den Bezirksrevisor. Dieser wird in der Regel auch vor der Streitwertfestsetzung in den Fällen angehört, in denen eine Bewilligung von Prozesskostenhilfe oder eine Beiordnung erfolgt ist. Spätestens zu diesem Zeitpunkt kann er Kenntnis von dem Beschluss erlangen. Nach Ablauf von drei Monaten seit Verkündung der Entscheidung bzw. ihres Eingangs bei der Geschäftsstelle ist die sofortige Beschwerde unstatthaft, § 127 Abs. 3 Satz 4 und 5 ZPO. 91

Wird die sofortige Beschwerde als unzulässig oder unbegründet zurückgewiesen, entsteht **Kostenpflicht** nach Nr. 8613 des Kostenverzeichnisses. Der Wert bemisst sich unabhängig von dem Kosteninteresse des Beschwerdeführers, die Gebühr beträgt 40 Euro. Ist die Beschwerde teilweise erfolgreich, hat der Beschwerdeführer die Kosten auch 92 nur entsprechend dem Anteil zu tragen, hinsichtlich dessen die Beschwerde erfolglos geblieben ist, das Gericht kann dabei die Gebühr auf die Hälfte ermäßigen oder ganz von einer Erhebung absehen. Eine Kostenerstattung für den Gegner erfolgt nicht, § 127 Abs. 4 ZPO. Dies gilt auch bei Zurücknahme der Beschwerde, so dass eine Kostenentscheidung in diesem Falle entbehrlich ist. Werden gleichwohl in diesem Falle dem Antragsteller die Kosten auferlegt, so hat dies nicht zur Folge, dass entgegen der Regelung in § 127 Abs. 4 ZPO Kostenerstattungsansprüche festgelegt worden wären (LAG Berlin 5. 11. 1987 Rpfleger 1988, 204; vgl. auch näher *Zöller/Philippi* § 118 Rn. 28 und § 127 Rn. 39). Die Entscheidung entfaltet dann insoweit keine Wirkung. Auf eine Gegenvorstellung kann sie auch in diesem – der gesetzlichen Regelung widersprechenden – Punkt abgeändert werden.

93   Eine **Rechtsbeschwerde** zum Bundesarbeitsgericht ist nur bei Zulassung statthaft, § 78 Satz 3 sowie § 574 Abs. 1 Nr. 2 ZPO.

V. Folgen der Beiordnung

94   Die Beiordnung hat zur Folge, dass die **Kosten für den** der Partei **beigeordneten Rechtsanwalt** von der Staatskasse getragen werden. Hierbei ist zu beachten, dass die Beiordnung ebenso wie die Prozesskostenhilfe grundsätzlich nur für die Zukunft wirkt, also von dem Zeitpunkt der Mitteilung der Entscheidung über die Beiordnung an die Partei. Eine Rückbeziehung auf einen früheren Zeitpunkt ist nur möglich, wenn dies in dem Beschluss über die Beiordnung ausdrücklich festgelegt worden ist. In der Regel wird eine Rückbeziehung auf einen noch früheren Zeitpunkt als den der Antragseinreichung nicht möglich sein. **Die Beiordnung** eines Rechtsanwaltes **für einzelne Gebührentatbestände** innerhalb eines Rechtszuges ist **nicht möglich**. Eine Abgrenzung kann lediglich hinsichtlich einzelner Anträge oder Streitgegenstände erfolgen. Welche Gebührentatbestände entstanden sind, ist allein im Verfahren nach §§ 45 ff. RVG zu klären. Die Bewilligung gilt grundsätzlich nur für die Anträge und Streitgegenstände, die im Zeitpunkt der Antragstellung anhängig sind. Grundsätzlich muss daher bei jeder Erweiterung des Streitgegenstandes eine erneute Bewilligung der Beiordnung erfolgen. Dies gilt auch bei einer Kündigungsschutzklage für solche Ansprüche, deren Berechtigung unmittelbar vom Fortbestand oder der Beendigung des Arbeitsverhältnisses abhängig sind. Auch in diesem Falle muss nämlich das Gericht überprüfen können, ob die zusätzliche Anhängigmachung dieser Ansprüche unter Umständen mutwillig ist oder ob diese Ansprüche aus anderen Gründen als dem Bestand des Arbeitsverhältnisses von vornherein keine Erfolgsaussicht haben. Das Gleiche gilt, wenn in einem Vergleich mehr Ansprüche erfasst werden, als bei der Entscheidung über die Beiordnung anhängig waren. In diesem Falle muss vor Abschluss des Vergleiches die Beiordnung auf die zusätzlichen Streitgegenstände erweitert werden, wobei allerdings zu überprüfen ist, ob es sich hier überhaupt um streitige Ansprüche handelt. Auch die Beiordnung nach § 11 a als einer besonderen Art der Daseinsvorsorge auf Kosten des Staates steht unter dem Gebot, dass diese Mittel nur für das absolut Notwendige eingesetzt werden dürfen.

95   Die Kostenbefreiung betrifft nur die Kosten des beigeordneten Anwalts, **nicht** jedoch die **Gerichtsgebühren** einschließlich der gerichtlichen Auslagen. Der beigeordnete Rechtsanwalt erhält seine Vergütung gemäß § 49 RVG aus der jeweiligen Landeskasse. Die Bestimmungen der §§ 48 ff. RVG finden Anwendung. Wird ein **auswärtiger Rechtsanwalt** beigeordnet, hat er grundsätzlich Anspruch auf Ersatz der Kosten für Reisen zum Prozessgericht (LAG Sachsen-Anhalt 1. 10. 2003 NZA-RR 2004, 210; vgl. auch LAG Schleswig-Holstein 17. 10. 2003 NZA-RR 2004, 209). Nach der Neufassung des § 121 Abs. 3 ZPO (Art. 4 Nr. 2 SVRAStärkG vom 26. 3. 2007 BGBl. I 358) tritt eine Beschränkung jedoch insoweit ein, als nur die Kosten erstattungsfähig sind, die einem in dem Bezirk des Prozessgerichts – des Arbeitsgerichts – niedergelassenen Rechtsanwalt

entstehen würden (*Fölsch* NZA 2007, 418 ff.; zu dem früheren Recht vgl. schon LAG Schleswig-Holstein 26. 8. 2003 NZA-RR 2004, 212; vgl. BGH 16. 10. 2002 NJW 2003, 898; LAG Berlin 24. 6. 2005 NZA-RR 2005, 657). Dies ergibt sich nicht nur aus der Änderung des § 121 Abs. 3 ZPO, sondern auch daraus, dass ein **Lokalisierungszwang** für Rechtsanwälte nicht mehr besteht, durch Art. 1 Nr. 14 SVRAStärkG ist die bisherige Vorschrift des § 18 BRAGO a. F. aufgehoben worden (dazu *Fölsch* NZA 2007, 418, 419; zum früheren Recht schon BAG 18. 7. 2005 NZA 2005, 1078 f.: *Fölsch* SchlHA 2006, 14). Da Abs. 3 aber nur eine entsprechende Anwendbarkeit der Vorschriften der ZPO vorsieht, kann in analoger Anwendung des § 121 Abs. 3 ZPO der Schluss gezogen werden, dass der Rechtsanwalt im Bezirk des Arbeitsgerichts seinen Kanzleisitz haben muss (dazu näher *Fölsch* NZA 2007, 418 ff.), die bisher bestehende Bindung an die Gerichtsbezirke der ordentlichen Gerichtsbarkeit ist weggefallen. Nur im Einverständnis mit dem im Bezirk des Prozessgerichts ansässigen Rechtsanwalt kann eine Beschränkung der Beiordnung erfolgen. Sie muss sich aus dem Beschluss über die Beiordnung ergeben. Wird ein außerhalb des Bezirks des Prozessgerichts ansässiger Rechtsanwalt beigeordnet, kann dieser zumindest insoweit eine Kostenerstattung verlangen, als die Kosten auch einem im Bezirk des Prozessgerichts ansässigen Rechtsanwalt entstanden wären (vgl. *Fölsch* a. a. O. S. 421). Deutlich wird dies, wenn in der Tenorierung ausgesprochen wird, dass die Beiordnung zu den Bedingungen eines ortsansässigen Rechtsanwalts erfolgt. Mehrkosten können auch auf fiktive Reisekosten der Partei für eine Informationsreise zu einem ortsansässigen Rechtsanwalt beschränkt werden (LAG Sachsen-Anhalt a. a. O.; *Zöller/Philippi* § 121 Rn. 12). Will das Gericht die Beiordnung eines auswärtigen Rechtsanwalts ablehnen oder diese nur zu den Bedingungen eines ortsansässigen Rechtsanwalts vornehmen, hat es vor der Entscheidung darauf **hinzuweisen**. Aus der Staatskasse zu erstattende **Rechtsanwaltsgebühren entstehen nicht,** wenn sich der beigeordnete Rechtsanwalt in der mündlichen Verhandlung durch einen Referendar vertreten lässt, der zu diesem Zeitpunkt zwar in dessen Kanzlei tätig ist, ihm jedoch nicht zur Ausbildung zugewiesen ist und der auch nicht sein amtlich bestellter Vertreter ist. Dies folgt aus der Regelung in § 5 RVG.

Nicht angewendet werden kann die Bestimmung des § 123 ZPO über die Verpflichtung **96** der Partei, die dem Gegner entstandenen **Kosten zu erstatten.** Die Beiordnung kann nämlich nur in der ersten Instanz erfolgen, nach § 12 a Abs. 1 Satz 1 ist im Urteilsverfahren der ersten Instanz aber kein Anspruch der obsiegenden Partei auf Entschädigung und Kostenerstattung gegeben. § 123 ZPO kann daher nur in den Fällen Anwendung finden, in denen zunächst ein unzuständiges Gericht angerufen worden ist und wenn in dem Verfahren vor diesem Gericht bereits erstattungsfähige Kosten entstanden waren.

Entsprechend anwendbar sind aber wiederum die Bestimmungen der §§ 124 ff. ZPO **97** hinsichtlich der **Aufhebung der Beiordnung** und der Beitreibung der Gerichts- bzw. Anwaltskosten. Unter den Voraussetzungen des § 124 ZPO kann auch die Beiordnung nach § 11 a aufgehoben werden.

VI. Die Beiordnung im Beschlussverfahren

Durch die Verweisungsnorm des § 80 Abs. 2 ist klargestellt, dass auch die Bestim- **98** mung des **§ 11 a im Beschlussverfahren** des ersten Rechtszuges **gilt.** Bei § 11 a handelt es sich um eine Regelung, die die Prozessvertretung betrifft (dazu oben Rn. 1, 6, 11 ff.). Antragsberechtigt ist jede beteiligte Person bzw. beteiligte Stelle. Soweit eine Betriebsvertretung bzw. ein Personalvertretungsorgan einen Antrag auf Beiordnung stellen will, bedarf es einer entsprechenden Beschlussfassung durch das Gremium. Der Antrag muss gegenüber dem Gericht vom Vorsitzenden bzw. seinem Stellvertreter abgegeben werden.

Soweit **beteiligte Einzelpersonen** den Antrag stellen, müssen sie ebenfalls eine Erklä- **99** rung über die persönlichen und wirtschaftlichen Verhältnisse auf dem entsprechenden

Vordruck abgeben und ihre Angaben glaubhaft machen. Soweit eine Betriebsvertretung oder ein Personalvertretungsorgan betroffen ist, entfällt die Möglichkeit der Abgabe einer solchen Erklärung. In diesem Falle ist von dem entsprechenden Organ auf andere Weise darzulegen und ggf. glaubhaft zu machen, dass die Voraussetzungen für die Gewährung der Beiordnung gegeben sind. Hierbei kann allerdings davon ausgegangen werden, dass Einkünfte bzw. wirtschaftliche Werte nicht vorhanden sind, da diese Organe nicht vermögensfähig sind. Es muss jedoch im Einzelnen dargelegt werden, warum eine **Kostenerstattung durch den Arbeitgeber** bzw. die Dienststelle **nicht erfolgen kann** (dazu auch oben Rn. 12 f.). Zu den Geschäftsführungskosten, die vom Arbeitgeber bzw. der Dienststelle zu tragen sind, gehören nämlich auch die Kosten, die der gerichtlichen Verfolgung oder Verteidigung von Rechten des jeweiligen Organs oder seiner Mitglieder dienen. Gegebenenfalls muss dieser Anspruch auch zunächst im Beschlussverfahren durchgesetzt werden. Wollte man in diesen Fällen eine Beiordnungsmöglichkeit nicht annehmen, könnte der Betriebs- oder Personalrat bzw. die entsprechende Stelle ihre Rechte nicht durchsetzen, da sie nicht in der Lage wären, die Vertretungskosten für das Beschlussverfahren zu tragen. Damit würde ein Verstoß gegen den Gleichheitssatz des Art. 3 Abs. 1 GG gegeben sein können (vgl. dazu näher *Platz* ZfA 1993, 373, 386 f.; LAG Rheinland-Pfalz 4. 5. 1990 NZA 1991, 32). Eine Kostentragungspflicht des Arbeitgebers bzw. der Dienststelle besteht nur dann nicht, wenn eine anderweitige Klärung der Streitfrage möglich ist, wenn also die Führung des konkreten Verfahrens nicht erforderlich ist, oder aber weil die Rechtsverfolgung oder -verteidigung von vornherein offensichtlich aussichtslos ist. Diese Grundsätze sind die gleichen, wie sie in § 11 a Abs. 2 als Ausschlussgründe für die Beiordnung eines Rechtsanwaltes genannt sind.

100   Auch darf eine **anderweitige Vertretungsmöglichkeit** nicht bestehen. Zu beachten ist, dass die Betriebsvertretung bzw. das Personalvertretungsorgan nicht ohne weiteres darauf verwiesen werden kann, sich im Beschlussverfahren durch den Vertreter einer Gewerkschaft oder eines Berufsverbandes vertreten zu lassen (vgl. dazu näher BAG 26. 11. 1974 AP BetrVG 1972 § 20 Nr. 6; ErfK/*Eisemann*/*Koch* BetrVG § 40 Rn. 4; DKKS/*Berg* § 40 Rn. 28 m. w. N.). Die Verweisung auf die Vertretung durch einen Verbandsvertreter kann daher beispielsweise dann nicht erfolgen, wenn begründet behauptet wird, dass ein Vertrauensverhältnis zu diesem nicht bestehe oder aber wenn in dem betreffenden Organ mehrere Gewerkschaften bzw. Berufsverbände vertreten sind, so dass eine Einigung auf einen bestimmten Verbandsvertreter nicht möglich ist.

101   Schließlich ist Voraussetzung, dass die **Gegenseite durch einen Rechtsanwalt** vertreten ist. Da das Beschlussverfahren als solches außer dem Antragsteller keine Parteirollen kennt, sondern lediglich Beteiligte, genügt es, wenn eine beteiligte Stelle bzw. eine beteiligte Person sich der Vertretung eines Rechtsanwaltes bedient. Schon dann können die übrigen Beteiligten bei Vorliegen der sonstigen Voraussetzungen den Antrag nach § 11 a stellen (a. A. GK-ArbGG/*Bader* § 11 a Rn. 187 der fordert, dass ein Gegenantrag gestellt oder unterstützt wird).

VII. Grenzüberschreitende Beiordnung, Abs. 2 a

102   Die Regelung über die Beiordnung in Verfahren mit grenzüberschreitendem Bezug setzt die Richtlinie 2003/8/EG vom 27. 1. 2003 um. Damit soll der Zugang zu Gerichten innerhalb der Gemeinschaft bei grenzüberschreitenden Streitsachen erleichtert werden.

103   Eine grenzüberschreitende Rechtssache liegt vor, wenn eine Partei ihren Wohnsitz oder gewöhnlichen Aufenthalt in einem anderen Mitgliedsstaat als demjenigen des Gerichtsstandes hat, Art. 2 Abs. 1 RL. Für den Gerichtsstand ist hierbei das deutsche Prozessrecht maßgeblich. Verfügt die Partei innerhalb Deutschlands über einen (Zweit-)Wohnsitz oder regelmäßigen Aufenthaltsort, kann die Regelung nicht angewendet werden. Der Wohnsitzmitgliedstaat wird durch Art. 59 VO (EG) Nr. 44/2001 des Rates vom

VIII. Das Recht der Prozesskostenhilfe, Abs. 3 § 11 a

22. 12. 2000 über die gerichtliche Zuständigkeit und die Anerkennung und Vollstreckung von Entscheidungen in Zivil- und Handelssachen bestimmt (ABl. L 12 vom 16. 1. 2001 S. 1 mit späteren Änderungen – im Folgenden EuGVVO). Zu entscheiden hat das Gericht, das angerufen ist, bei einem Antrag nach 11 a i. d. R. das deutsche Gericht. Die Frage des Wohnsitzes bestimmt sich nach dem Recht des Staates, in dem dieser bestehen soll. Fehlt es an einem inländischen Wohnsitz, ist das Recht des Staates anzuwenden, in dem der Wohnsitz bestehen soll.

Maßgeblicher Zeitpunkt für die Beurteilung ist der Zeitpunkt der Antragstellung. **104**

Durch Abs. 2 a erfolgt hinsichtlich der sonstigen Voraussetzungen und Folgen eine **105** völlige Gleichstellung mit dem gesamten Recht der Beiordnung.

VIII. Das Recht der Prozesskostenhilfe, Abs. 3

1. Grundsatz

Neben der Beiordnung nach § 11 a ist auch sowohl im Urteilsverfahren als auch im **106** Beschlussverfahren die Gewährung von Prozesskostenhilfe nach §§ 114 ff. ZPO möglich (dazu oben Rn. 3). Es gelten im Wesentlichen die gleichen Grundsätze wie bei der Beiordnung nach § 11 a in Bezug auf die Antragstellung, die Darlegung der persönlichen und wirtschaftlichen Verhältnisse, das Verfahren und die Entscheidung durch den Vorsitzenden sowie hinsichtlich der Rechtsmittel und der Anwendbarkeit der Grundsätze hinsichtlich der grenzüberschreitenden Prozesskostenhilfe. Auf die Erläuterungen hierzu kann daher Bezug genommen werden. Auch ergeben sich nur wenige Abweichungen zu den zivilprozessualen Normen, so dass ebenfalls auf die einschlägigen Kommentierungen der §§ 114 ff. ZPO hingewiesen werden darf.

2. Erfolgsaussicht

Die Gewährung von Prozesskostenhilfe setzt zusätzlich voraus, dass die beabsichtigte **107** Rechtsverfolgung oder -verteidigung **hinreichende Aussicht auf Erfolg** bietet und nicht mutwillig erscheint, § 114 ZPO. Das Gericht muss daher vor der Entscheidung auch materiell im Einzelnen überprüfen, ob in tatsächlicher und rechtlicher Hinsicht im Zeitpunkt der Entscheidung über den Prozesskostenhilfeantrag zumindest eine gewisse Aussicht auf Erfolg besteht. Zur Überprüfung kann das Gericht im Rahmen des § 118 Abs. 2 ZPO Ermittlungen anstellen, unter engen Voraussetzungen können sogar Zeugen und Sachverständige gehört werden. In der Regel wird jedoch die Glaubhaftmachung durch die Partei ausreichend sein. Ausgeschlossen ist jedoch, dass die Rechtsverfolgung oder -verteidigung selbst in das Nebenverfahren der Prozesskostenhilfegewährung vorverlegt wird und dieses an die Stelle des Hauptverfahrens tritt (BVerfG 7. 4. 2000 NZA 2000, 900, 901).

Von einer **mangelnden Erfolgsaussicht** kann beispielsweise gesprochen werden, wenn **108** entweder die Klage unschlüssig oder das Verteidigungsvorbringen von vornherein unerheblich ist. Ist eine Beweisaufnahme durchzuführen, ist in der Regel davon auszugehen, dass zumindest eine gewisse Erfolgsaussicht besteht (dazu mit näheren Einzelheiten *Baumbach/Hartmann* § 114 Rn. 86 m. w. Nachw.). Eine hinreichende Aussicht auf Erfolg kann auch dann bestehen, wenn es sich um eine noch nicht geklärte Rechtsfrage handelt, das Gericht aber den Rechtsstandpunkt des Antragstellers nicht teilt. Das ist insbesondere dann der Fall, wenn das Gericht zwar die Klage abweist, wegen grundsätzlicher Bedeutung der Rechtssache oder aber wegen Abweichung von einer anderen Entscheidung eines Landesarbeitsgerichts bzw. des Bundesarbeitsgerichts die Berufung oder Revision zulässt (dazu vgl. BVerfG 26. 6. 2003 NJW 2003, 3190). Damit gibt das Gericht nämlich zu erkennen, dass auch eine andere Rechtsauffassung vertreten werden könnte (vgl. BGH 27. 1. 1982 FamRZ 1982, 368; BFH 16. 12. 1986 DB 1987, 568).

Das Gericht ist nicht befugt, über schwierige, noch nicht geklärte Rechtsfragen statt im Hauptprozess im Prozesskostenhilfeverfahren zu entscheiden (BVerfG 2. 2. 1993 NJW-RR 1993, 1090; 13. 3. 1990 NJW 1991, 413; vgl. 30. 10. 1991 NJW 1992, 889).

109 Die Rechtsverfolgung darf weiterhin nicht mutwillig erscheinen. Der Begriff der **Mutwilligkeit** wird dahingehend konkretisiert, dass eine Partei in ihrem prozessualen Verhalten nicht von demjenigen abweichen dürfe, was eine verständige und ausreichend bemittelte Partei in der gleichen prozessualen Lage zeigen würde (vgl. LAG Kiel 8. 6. 1983 NJW 1984, 830; BFH 19. 9. 1986 BB 1986, 2402; *Baumbach/Hartmann* § 114 Rn. 107 m. w. Nachw.).

110 Mutwillig kann **beispielsweise** die Erweiterung einer Kündigungsschutzklage um Entgeltansprüche aus dem Gesichtspunkt des Verzuges für einen Zeitraum nach Ablauf der Kündigungsfrist sein, wenn dieser Betrag zwischen den Parteien unstreitig und auch nicht zweifelhaft ist, dass er von dem Arbeitgeber im Falle des Unterliegens gezahlt werden würde. Etwas anderes gilt, wenn tarifliche Ausschlussfristen zu beachten sind. Mutwillig wäre auch die Geltendmachung eines Weiterbeschäftigungsanspruches, wenn der Arbeitnehmer zwischenzeitlich einen neuen Arbeitsplatz gefunden hat. Dies kann auch dann gelten, wenn der Antrag auf Weiterbeschäftigung neben einem Kündigungsschutzantrag unbedingt gestellt wird. Der Weiterbeschäftigungsanspruch ist regelmäßig als unechter Hilfsantrag geltend zu machen. Das Gleiche gilt für eine Klageerweiterung um einen Zeugniserteilungsanspruch, wenn dieser ebenfalls zwischen den Parteien unstreitig ist und ihm auch von der Gegenseite nachgekommen werden würde. Auch im Falle einer vergleichsweisen Regelung kann die Prozesskostenhilfe nicht ohne weiteres auf Ansprüche erstreckt werden, die im Vergleich mit geregelt werden, obwohl sie zwischen den Parteien nicht streitig waren. Eine Mutwilligkeit kann ferner dann angenommen werden, wenn offenkundig eine Vollstreckungsmöglichkeit für den angestrebten Titel nicht gegeben oder bei einer Kündigungsschutzklage die Frist des § 4 KSchG versäumt ist und auch eine nachträgliche Zulassung der Kündigungsschutzklage wegen der Regelung des § 5 Abs. 3 KSchG nicht mehr in Betracht kommen kann. Insgesamt ist bei der Frage des Mutwillens darauf zu achten, dass derjenige, der auf Kosten des Staates den Prozess führen will, den billigsten Weg wählen muss. Während die hinreichende Aussicht auf Erfolg die materielle Begründetheit des Klageanspruches betrifft, wird von der Frage der Mutwilligkeit in erster Linie die verfahrensmäßige Geltendmachung des Anspruches betroffen.

111 Einer besonderen Prüfung der Erfolgsaussicht bedarf es nicht, wenn das Arbeitsgericht die Berufung bzw. das Landesarbeitsgericht die Revision zugelassen hat und mit der Prozesskostenhilfe die Durchführung dieses Rechtsmittels ermöglicht werden soll. Durch die **Zulassung des Rechtsmittels** hat das jeweilige Gericht zu erkennen gegeben, dass Fragen von erheblicher rechtlicher Tragweite Gegenstand des Rechtsstreits sind, so dass sowohl die Rechtsverfolgung als auch die Rechtsverteidigung im Allgemeinen als hinreichend aussichtsreich anzusehen ist. Im Verfahren über die Prozesskostenhilfe kann das Gericht nicht die rechtlich schwierigen Fragen des Hauptprozesses abschließend entscheiden.

3. Umfang der Bewilligung

112 Das Verfahren hinsichtlich der Bewilligung der Prozesskostenhilfe ist grundsätzlich das Gleiche wie bei der Beiordnung nach § 11 a. Eine grundsätzliche Ausnahme besteht jedoch darin, dass die Prozesskostenhilfe **auch vor Durchführung eines Hauptsacheverfahrens** beantragt werden kann, was im Rahmen des § 11 a ArbGG ausgeschlossen ist. Wird vor Durchführung eines Hauptverfahrens die Prozesskostenhilfe begehrt, kann das Gericht im Einzelnen die Vorbereitungsmaßnahme treffen, die § 118 ZPO nennt. Insbesondere kann das Gericht in diesem Falle auch Erhebungen anstellen und die Vorlage von Urkunden anordnen und Auskünfte einholen, § 118 Abs. 2 Satz 2 ZPO.

Hinsichtlich der **Wirkung der Bewilligung** der Prozesskostenhilfe findet die Bestimmung des § 122 ZPO Anwendung. Im Gegensatz zur Beiordnung nach § 11 a bewirkt die Bewilligung der Prozesskostenhilfe nicht nur die Befreiung von den Kosten des beigeordneten Rechtsanwaltes, sondern auch von der Zahlung der Gerichts- und Gerichtsvollzieherkosten. Die Bewilligung der Prozesskostenhilfe hat allerdings nicht die Wirkung, dass auch die Verpflichtung, die dem Gegner entstandenen Kosten zu erstatten, auf die Landeskasse übergeht. Soweit das Verfahren erster Instanz betroffen ist, ist allerdings in diesem Zusammenhang zu berücksichtigen, dass eine Erstattungspflicht hinsichtlich der Kosten des gegnerischen Anwalts nicht besteht, § 12 a Abs. 1 Satz 1. 113

Hinsichtlich der **Rechtsmittel** und der Möglichkeit der Aufhebung der Bewilligung gelten die gleichen Grundsätze wie bei der Beiordnung nach § 11 a (dazu oben Rn. 85 ff.). 114

§ 12 Kosten

¹ Die Justizverwaltungskostenordnung und die Justizbeitreibungsordnung gelten entsprechend, soweit sie nicht unmittelbar Anwendung finden. ² Bei Einziehung der Gerichts- und Verwaltungskosten leisten die Vollstreckungsbehörden der Justizverwaltung oder die sonst nach Landesrecht zuständigen Stellen den Gerichten für Arbeitssachen Amtshilfe, soweit sie diese Aufgaben nicht als eigene wahrnehmen. ³ Vollstreckungsbehörde ist für die Ansprüche, die beim Bundesarbeitsgericht entstehen, die Justizbeitreibungsstelle des Bundesarbeitsgerichts.

Übersicht

	Rn.
I. Allgemeines	1–4
II. Die Streitwertfestsetzung als Grundlage der Gebührenberechnung	5–12
III. Das Urteilsverfahren erster Instanz	13–55
1. Die Regelungen des Kostenverzeichnisses	13–45
a) Allgemeines	13, 14
b) Sonderfälle der Kostenprivilegierung	15–42
aa) Beschlussverfahren	16
bb) Bund und Länder	17
cc) Klagerücknahme, Anerkenntnis, Verzicht	18–21
dd) Vergleich	22–34
ee) Versäumnisurteil	35, 36
ff) Abgekürztes Urteil	37–39
gg) Beschluss nach § 91 a ZPO	40–42
c) Verzögerungsgebühr	43–45
2. Die Kosten des Mahnverfahrens	46–48
3. Besondere Verfahrensarten	49–55
a) Selbstständiges Beweisverfahren	49–52
b) Arrest und einstweilige Verfügung	53, 54
c) Abhilfe bei Verletzung des rechtlichen Gehörs, § 78 a	55
IV. Das Urteilsverfahren zweiter Instanz	56–69
1. Die Gebührenberechnung	56–59
2. Sonderfälle	60–65
3. Das Beschwerdeverfahren	66–69
V. Das Urteilsverfahren dritter Instanz	70–73
VI. Kostenvorschüsse und Fälligkeit der Kosten	74–87
1. Verbot der Kostenvorschüsse	74, 75
2. Fälligkeit	76–83
3. Einziehung	84–87
a) Beitreibung	84, 85
b) Kostenschuldner	86, 87
VII. Auslagenerstattung	88–93
1. Grundsatz	88
2. Dolmetscher und Übersetzer	89–92
3. Dolmetscher für behinderte Menschen	93

§ 12 Kosten

	Rn.
VIII. Die Streitwertberechnung bei Bestandsstreitigkeiten, wiederkehrenden Leistungen und Eingruppierungen	94–141
1. Allgemeines	94–96
2. Bestandsstreitigkeiten	97–126
a) Begriff	97–99
b) Bewertungsmaßstäbe	100–103
c) Begriff des Arbeitsentgelts	104, 105
d) Streitwertberechnung bei objektiver Klagehäufung	106–118
e) Streitwertberechnung bei Änderungskündigung	119–122
f) Abfindung	123, 124
g) Berufsausbildungsverhältnis	125
h) Sonstige Ansprüche	126
3. Wiederkehrende Leistungen	127–133
a) Begriff	127, 128
b) Streitwertberechnung	129–133
4. Eingruppierungsstreitigkeiten	134–138
a) Begriff	134
b) Streitwertberechnung	135–138
5. Die Bedeutung des § 62 GKG	139–141
IX. Das betriebsverfassungsrechtliche Beschlussverfahren und sonstige Verfahrensarten	142–146
1. Ausschluss der Kostentragungspflicht, § 2 Abs. 2 GKG	142
2. Entsprechende Anwendbarkeit des § 42 Abs. 4 GKG im betriebsverfassungsrechtlichen Beschlussverfahren	143–146

I. Allgemeines

1 § 12 enthielt ursprünglich Sonderregelungen für die Kostenberechnung und Streitwertfestsetzung für das arbeitsgerichtliche Verfahren, die sich von dem Verfahren vor den ordentlichen Gerichten auch systematisch unterschieden. Durch das **Kostenrechtsmodernisierungsgesetz** (KostRMoG vom 15. 5. 2004 BGBl. I 718 ff. Nr. 21) ist das **gesamte Kostenrecht neu geordnet und für alle Verfahren vereinheitlicht** sowie wesentlich verändert worden. Die bisherigen Sonderregelungen für das arbeitsgerichtliche Verfahren sind beseitigt und in das GKG und dem zu diesem gehörenden Kostenverzeichnis (Anlage 1 zu § 3 Abs. 2 GKG) übernommen worden.

2 Trotz der grundlegenden Veränderungen im Bereich der formellen Ausgestaltung ergeben sich **nur unwesentliche Veränderungen im inhaltlichen Bereich** der Vorschriften (zum Kostenrecht im arbeitsgerichtlichen Verfahren insgesamt *Roloff* NZA 2007, 900). Sie entsprechen weitgehend den bisherigen Regelungsinhalten. Die bis zu dem KostRMoG geltende streitwertabhängige Pauschalgebühr im erstinstanzlichen Verfahren ist allerdings ersetzt worden durch vom Streitwert abhängige Gerichtsgebühren, §§ 3, 34 GKG, insbesondere durch eine Verfahrensgebühr, deren Höhe sich aus einer dem GKG beigefügten Tabelle ergibt. Die Verfahrensgebühr ist gegenüber derjenigen bei den ordentlichen Gerichten vermindert. Auch für das **Kostenfestsetzungsverfahren** bestehen keine Besonderheiten, es gelten die für den Zivilprozess maßgeblichen Vorschriften. Es gilt ebenfalls der Grundsatz, dass jede Partei, auch bei einfach gelagerten Sachverhalten, zu den Anträgen der Gegenseite angehört werden muss, soweit ihre Rechte betroffen werden (OLG Celle 14. 1. 2008 NJW Spezial 2008, 444).

3 Eine früher bestehende Verminderung der Gerichtsgebühren auf Grund des Einigungsvertrages für die neuen Bundesländer (vgl. dazu 5. Auflage § 12 Rn. 5 a) ist in das neue GKG nicht aufgenommen worden.

4 Es können nur die Gebühren erhoben werden, die gesetzlich vorgesehen sind, es gilt das **Enumerationsprinzip**. Enthält das Gesetz keinen Gebührentatbestand, ergibt sich dieser nicht aus Teil 8 der Anlage 1 zum GKG, besteht Gebührenfreiheit.

II. Die Streitwertfestsetzung als Grundlage der Gebührenberechnung

Nach wie vor ist für das arbeitsgerichtliche Verfahren die Streitwertfestsetzung Grundlage für die Berechnung der Gerichtsgebühren. Zwar regelt § 12 n. F. nur noch die entsprechende Anwendbarkeit der Justizverwaltungskostenordnung und der Justizbeitreibungsordnung (dazu unten Rn. 84 f.), diese dienen aber nur der Durchsetzung der zuvor festgelegten Gerichtsgebühren. Diese bestimmen sich jetzt nach § 1 Nr. 5 i. V. § 3 Abs. 2 GKG unter Heranziehung der Anlage 1 zu diesem Gesetz. Die arbeitsgerichtlichen Gebühren ergeben sich aus Teil 8 dieser Anlage, die erstattungsfähigen Auslagen aus deren Teil 9. Soweit dort Gebühren- oder Auslagentatbestände nicht geregelt sind, besteht **Kostenfreiheit** (dazu unten Rn. 15 ff.).

5

Die **Höhe der Gerichtsgebühren** richtet sich im Urteilsverfahren ebenso wie im zivilprozessualen Verfahren nach dem **Streitwert**, § 3 Abs. 1 GKG, wobei für die Höhe die Tabelle der Anlage 1 zu § 3 Abs. 2 GKG Teil 8 maßgeblich ist. Für die **Streitwertberechnung** sind die Vorschriften der §§ 39 ff. GKG und ergänzend der §§ 3 bis 9 ZPO anzuwenden, soweit nicht in § 42 Abs. 3, 4 und 5 GKG n. F. besondere Regelungen enthalten sind. Ergänzend sind Vorschriften der Streitwertfestsetzung in anderen Gesetzen, beispielsweise in § 182 InsO zu beachten. Der Streitwert ist zunächst nur maßgeblich für die Berechnung der Gerichtsgebühren, der der Berechnung der Anwaltsgebühren zugrunde zu legende Gegenstandswert wird meist mit diesem Streitwert übereinstimmen, § 32 RVG. Er kann jedoch dann abweichen, wenn der Gegenstand der anwaltlichen Tätigkeit mit dem der gerichtlichen Tätigkeit nicht übereinstimmt, maßgeblich sind dann die Festsetzungsvorschriften des § 33 RVG und der §§ 63, 64 GKG. Grundlage für die Streitwertberechnung ist der Streitgegenstand.

6

Bei **subjektiver Klagehäufung** auf Beklagtenseite ändert sich der Streitgegenstand in der Regel nicht, so dass auch keine Erhöhung des Streitwertes eintritt. Klagt aber ein Arbeitnehmer in subjektiver Klagehäufung gegen den bisherigen Arbeitgeber und den neuen Betriebsinhaber auf Feststellung, dass mit ihm das bei dem bisherigen Arbeitgeber begründete Arbeitsverhältnis fortbestehe, so handelt es sich um zwei Streitgegenstände, die im Rahmen des § 42 Abs. 4 Satz 1 GKG selbständig zu bewerten sind (LAG Köln 16. 12. 1993 ARSt 1994, 57). Bei der Klage mehrerer Kläger werden meist mehrere Streitgegenstände zusammengefasst, so dass von einer Addition gem. § 5 ZPO ausgegangen werden muss (dazu *Baumbach/Hartmann* § 5 Rn. 3). Zur objektiven Klagehäufung siehe unten Rn. 106.

7

Die Streitwertfestsetzung erfolgt grundsätzlich im Tenor des Urteils, § 61 Abs. 1 (zu den Einzelheiten unten § 61 Rn. 12 ff.). Dieser bezieht sich nur auf die Streitgegenstände, über die durch Urteil entschieden worden ist, nicht auf vorher erledigte. Sie ist für den **Kostenstreitwert** nicht bindend, da § 62 Satz 1 GKG keine Anwendung findet. Vielmehr ist für diesen eine **Streitwertfestsetzung nach § 63 Abs. 2 Satz 2 GKG** notwendig. Diese hat durch den **Richter** bzw. im Rahmen seiner Zuständigkeiten durch den Rechtspfleger zu erfolgen. Eine Festsetzung durch den Urkundsbeamten der Geschäftsstelle ist ausgeschlossen. Dieser kann zwar im Zusammenhang mit der Kostenberechnung bei einer bestimmten Geldforderung einen Kostenstreitwert annehmen, nach ihm die Kosten berechnen und den Kostenschuldner feststellen, §§ 4 Abs. 1, 5 Abs. 1 KostVerfg, dies ist jedoch keine Streitwertfestsetzung nach § 63 Abs. 2 Satz 2 GKG. Diese erfolgt auf **Antrag** einer Partei, eines am Verfahren beteiligten Anwalts, jedem weiteren am Verfahren Beteiligten, der Staatskasse, die i. d. R. durch den Bezirksrevisor tätig wird, oder wenn das Gericht die Festsetzung für angemessen erachtet. **Angemessen** ist die Festsetzung immer dann, wenn sie für die Tätigkeit des Gerichts Bedeutung hat, z. B. die Kostenberechnung, die Feststellung der Rechtsmittelfähigkeit oder der Beschwer. Die

8

§ 12 Kosten

Angemessenheit kann fehlen, wenn der Streitwert bei bestimmten Zahlungsbeträgen eindeutig ist. Sie ist immer gegeben, wenn durch ein Urteil nicht der gesamte ursprüngliche Streitgegenstand entschieden oder die Gerichtsgebühren nicht vollständig entfallen sind. **Die Festsetzung ist nicht erforderlich**, wenn keine Gerichtsgebühren anfallen(dazu unten Rn. 12).

9 **Zuständig für die Streitwertfestsetzung** ist **der Richter** des Gerichts, für das die Festsetzung erfolgen soll. Der Rechtspfleger ist nur für die in seiner Zuständigkeit liegenden Verfahren zur Festsetzung berufen. Die Festsetzung erfolgt durch **Beschluss**. Vor Beschlussfassung sind **die Beteiligten anzuhören,** dies gilt auch bei der Festsetzung für die Berechnung der Gerichtsgebühren. Eine Begründung ist grundsätzlich zumindest stichwortartig notwendig. Gegen den Beschluss findet **die Beschwerde** statt, wenn der Wert des Beschwerdegegenstandes 200,00 EUR übersteigt oder sie wegen grundsätzlicher Bedeutung der Sache zugelassen worden ist, § 68 Abs. 1 Satz 1, 2 GKG. Ist die Festsetzung nicht möglich, weil keine Gerichtsgebühren entstanden sind, hat die Festsetzung auf Antrag gemäß § 33 Abs. 1 RVG zu erfolgen. Ein nach § 32 Abs. 2 RVG gestellter unzulässiger Antrag ist in einen solchen nach § 33 Abs. 1 RVG umzudeuten, da davon ausgegangen werden kann, dass der Rechtsanwalt in jedem Falle die Streitwertfestsetzung erreichen will. Die **Festsetzung** kann nachträglich von dem Gericht, das sie getroffen hat, **geändert werden.** Das Rechtsmittelgericht kann die Festsetzung ändern, wenn es sie selbst getroffen hat oder aber wenn das Verfahren in der Rechtsmittelinstanz entweder in der Hauptsache oder hinsichtlich einer Entscheidung über den Streitwert, den Kostenansatz oder die Kostenfestsetzung in der Rechtsmittelinstanz schwebt, § 63 Abs. 3 GKG. Eine Änderung der Festsetzung des Kostenstreitwerts ist grundsätzlich nur dann erforderlich, wenn sich die der Bewertung zugrunde liegenden Verhältnisse geändert haben oder aber wenn das Gericht bei seiner Entscheidung eine bereits vorhandene ständige Rechtsprechung nicht berücksichtigt hat. Keine Änderung des Kostenstreitwerts kommt in Betracht, wenn sich die einschlägige Rechtsprechung erst nach der Beschlussfassung geändert hat oder wenn das Gericht sein Ermessen in anderer Weise ausüben will. Die Festsetzung **bindet nur für das jeweilige Verfahren** und auch nur die jeweilige Instanz. Ändert sich der Streitwert in einer höheren Instanz, verbleibt es zwar bei der Streitwertfestsetzung im erstinstanzlichen Urteil, die höhere Instanz kann aber durch Beschluss den Streitwert für die Gebührenberechnung gesondert festsetzen. Zur Streitwertänderung während des Verfahrens siehe unten § 61 Rn. 18. Im Übrigen gilt auch hier § 63 GKG mit der Folge, dass eine Streitwertfestsetzung durch Beschluss erfolgen kann.

10 Ist eine Wertfestsetzung für die Gerichtsgebühren nicht erfolgt, oder ist sie für die Berechnung der anwaltlichen Gebühren nicht bindend, so kann der am Verfahren beteiligte Rechtsanwalt eigenständig die Wertfestsetzung beantragen, §§ 32 Abs. 2, 33 Abs. 1 RVG.

11 Für das **Beschwerdeverfahren** ist die Festsetzung notwendig. Ist sie in der Beschwerdeentscheidung nicht selbst enthalten, muss sie ggf. in einem gesonderten Beschluss erfolgen. In den Fällen Nr. 8610 bzw. 8613 Kostenverzeichnis ist dies nicht mehr erforderlich, hier ist ein Festbetrag maßgeblich.

12 Wegen der Gebührenfreiheit in den **Verfahren nach § 2 a Abs. 1, § 103 Abs. 3** sowie **§ 108 Abs. 3** und **§ 109** ist dort eine Festsetzung des Kostenstreitwerts für die Berechnung der Gerichtsgebühren nicht vorzunehmen. In Betracht kommt hier lediglich die Streitwertfestsetzung zur Berechnung der Rechtsanwaltsgebühren nach §§ 32 Abs. 2, 33 Abs. 1 RVG. Zu den Einzelheiten der Wertberechnung in diesen Verfahren vgl. unten Rn. 133.

III. Das Urteilsverfahren erster Instanz

1. Die Regelungen des Kostenverzeichnisses

a) Allgemeines

Für das erstinstanzliche Verfahren berechnen sich die Gerichtsgebühren nach dem Streitwert unter Heranziehung einer Gebührentabelle gem. §§ 34, 35 GKG. Ein fester, nach oben begrenzter Gebührensatz besteht nicht Es gilt der Grundsatz der einmaligen Gebührenerhebung, § 35 GKG Der Mindestsatz einer Gebühr beträgt 25,00 Euro bei einem Streitwert von 300,00 Euro, § 34 GKG. Die Gebührentatbestände sind in Teil 8 der Anlage zu § 3 Abs. 2 GKG abschließend aufgezählt, im arbeitsgerichtlichen Verfahren wird danach nur eine Verfahrensgebühr erhoben. Neben der Gebühr sind die dem Gericht entstandenen Auslagen zu erstatten, die **Auslagenerstattung** richtet sich nach den in Teil 9 der Anlage 1 zu § 3 Abs. 2 GKG festgelegten Tatbeständen mit den Nrn. 9000 ff. Hinsichtlich des arbeitsgerichtlichen Verfahrens ergeben sich durch die Neuregelungen im Wesentlichen hinsichtlich der Tatbestände und auch in Bezug auf die Nummerierung keine grundlegenden Veränderungen. Beispielsweise sind zu erstatten Schreibauslagen für Ausfertigungen und Abschriften. Auslagenfrei sind allerdings für jede Partei und sonstige am Verfahren Beteiligte eine vollständige Ausfertigung oder Abschrift jeder gerichtlichen Entscheidung oder eines vor Gericht abgeschlossenen Vergleiches, eine Urteilsausfertigung ohne Tatbestand und Entscheidungsgründe sowie einer weiteren vollständigen Ausfertigung oder Abschrift gerichtlicher Entscheidungen bei Vertretung durch einen Bevollmächtigten, sei es durch einen Rechtsanwalt, einen Verbandsvertreter oder einen sonstigen Bevollmächtigten sowie schließlich einer Protokollabschrift. Weiterhin sind zu erstatten die Auslagen für Telegramme, ferner die entstandenen Postgebühren für Zustellungen und sonstige Kosten, die durch öffentliche Bekanntmachungen, wie beispielsweise öffentliche Zustellungen entstehen. Weiterhin sind für Zustellungen durch Bedienstete des Arbeitsgerichts nach den § 168 Abs. 1 ZPO anstelle der tatsächlichen Aufwendungen Kosten in Höhe 7,50 Euro zu erheben (vgl. zu dem ganzen Nr. 9001 und 9002 des Kostenverzeichnisses). Schließlich sind die durch die Hinzuziehung von Zeugen und Sachverständigen entstandenen Kosten von dem jeweiligen Kostenschuldner zu tragen, dies gilt auch für Dolmetscher und Übersetzer, es sei denn, die Sonderregelung der Nr. 9005 Abs. 5 Kostenverzeichnis würde Platz greifen. Auch Reisekosten, die für das Gericht anfallen, sind von dem Kostenschuldner zu erstatten. Nicht hierunter fallen jedoch die Kosten, die durch Wahrnehmung eines auswärtigen Gerichtstages für das Personal des Gerichts und die Nutzung von Räumlichkeiten entstehen, soweit es sich um den regelmäßigen auswärtigen Gerichtstag des Gerichts handelt. Hier entstehen nämlich keine Auslagen, die durch den konkreten Rechtsstreit veranlasst worden sind, sondern es handelt sich um die allgemeinen Unkosten, die durch die Gerichtstätigkeit allgemein entstehen.

Nach welchen Vorschriften die Kosten bei einer **Verweisung des Rechtsstreits** von der ordentlichen Gerichtsbarkeit an das Arbeitsgericht bzw. von dem Arbeitsgericht in die ordentliche Gerichtsbarkeit zu berechnen sind, richtet sich nach § 17 b Abs. 2 GVG und § 4 Abs. 1 GKG. Grundsätzlich ist danach das vorangegangene erstinstanzliche Verfahren vor dem unzuständigen Gericht als Teil des Verfahrens vor dem übernehmenden Gericht zu behandeln. Übernimmt daher das Arbeitsgericht ein Verfahren, so ist Teil 8 Kostenverzeichnis anwendbar. Wird der Rechtsstreit von einem ordentlichen Gericht übernommen, so berechnen sich die Gerichtsgebühren nach den Bestimmungen des GKG. Bereits gezahlte Gebühren werden auf die endgültig zu zahlenden Kostenbeträge angerechnet. Die Verweisung des Rechtsstreits an ein Gericht der Arbeitsgerichtsbarkeit hat auch weiter Bedeutung für die Fälligkeit der Gebühren. Wird andererseits beispielsweise ein Rechtsstreit von einem Arbeitsgericht an ein Amts- oder Landgericht verwie-

§ 12 Kosten

sen, so ist nach der Übernahme durch das ordentliche Gericht zu beachten, dass im Gegensatz zum arbeitsgerichtlichen Verfahren nunmehr die Bestimmung des § 6 GKG mit der Pflicht zur Zahlung eines Kostenvorschusses eingreift.

b) Sonderfälle der Kostenprivilegierung

15   In den Fällen, in denen nach dem Gesetz keine Kosten oder nur verminderte Kosten erhoben werden, betrifft dies mit Ausnahme des Beschlussverfahrens (unten unter aa) **nur die Gerichtskosten**, zu erstatten sind in jedem Falle die Auslagen des Gerichts, soweit für diese nicht Sonderregelungen gelten.

aa) Beschlussverfahren

16   Eine **Sonderregelung** über die Kostenfreiheit findet sich sowohl in Nr. 9005 Abs. 5 des Kostenverzeichnisses der Anlage zu § 3 Abs. 2 GKG (dazu unten Rn. 143 ff.) als auch in § 2 Abs. 2 GKG (dazu unten Rn. 142), in dem die Gerichtskostenfreiheit für das **Beschlussverfahren** nach dem Betriebsverfassungsgesetz, dem Sprecherausschussgesetz usw., für Entscheidungen über die Tariffähigkeit und Tarifzuständigkeit einer Vereinigung sowie für das Verfahren über die Ablehnung von Mitgliedern eines Schiedsgerichts und für die Niederlegung eines Schiedsspruches bei dem Arbeitsgericht sowie dessen Vollstreckbarerklärung festgelegt worden ist. Über die Gebührenbefreiung hinaus sind bei diesen Verfahren auch entstandene Auslagen nicht zu erstatten.

bb) Bund und Länder

17   Eine Kostenbefreiung ist in **§ 2 Abs. 4 GKG** ausgeschlossen. In Abweichung von dem Grundsatz in § 2 Abs. 1 GKG besteht in Verfahren vor den Gerichten für Arbeitssachen **keine persönliche Kostenfreiheit für den Bund und die Länder** sowie die nach Haushaltsplänen des Bundes oder eines Landes verwalteten öffentlichen Anstalten und Kassen. Möglich ist in diesen Fällen durch bundesgesetzliche Regelung bzw. durch Landesrecht lediglich die Festlegung einer sachlichen Kostenfreiheit. Der Gesetzgeber hat damit eine nach dem früheren Rechtszustand bestehende Unterscheidung danach, ob Gegenstand des Rechtsstreites ein öffentlich-rechtliches Dienstverhältnis vor dem Verwaltungsgericht oder ein privatrechtliches Arbeitsverhältnis vor dem Arbeitsgericht war, beseitigt (GK-ArbGG/*Wenzel* § 12 Rn. 11). Ob der Gesetzgeber allerdings damit tatsächlich die Waffengleichheit der Parteien auch in den Fällen hergestellt hat, in denen die öffentliche Hand Partei ist, erscheint zweifelhaft, da die Kosten für die Durchführung der Verfahren ohnehin auch dann von der Staatskasse getragen werden müssen, wenn der öffentlichen Hand die Kosten des Verfahrens auferlegt werden. Eine echte persönliche Haftung tritt auch in diesem Falle nicht ein. Zur Kostenfreiheit der Kirchen und sonstigen Religionsgemeinschaften auf Grund von Art. 140 GG vgl. näher GK-ArbGG/*Wenzel* § 12 Rn. 11 m. w. Nachw.

cc) Klagerücknahme, Anerkenntnis, Verzicht

18   Endet das Verfahren durch **Klagerücknahme** ohne vorangegangene streitige Verhandlung, ist eine Gebühr nicht zu zahlen, Nummer 8210 Abs. 2 des Kostenverzeichnisses. Bei **Teilrücknahme** gilt dies nicht (oben Rn. 9). Die Güteverhandlung des § 54 ist hierbei keine streitige Verhandlung i. S. der Nummer 8210. Dies gilt selbst dann, wenn in der Güteverhandlung die Anträge protokolliert worden sind, dadurch wird noch keine streitige Verhandlung eingeleitet. Wird in der Güteverhandlung ein Versäumnisurteil erlassen und kommt es danach zu einer Klagerücknahme gilt die Kostenprivilegierung nicht. Die Klagerücknahme muss dem Gericht gegenüber gemäß § 269 Abs. 2 ZPO erklärt worden sein. Da in der Güteverhandlung keine Anträge gestellt werden können, andererseits aber die mündliche Verhandlung mit der Stellung der Anträge beginnt, § 137 Abs. 1 ZPO, kann die kostenmäßig privilegierte Klagerücknahme noch bis zur Stellung der Anträge auch nach Durchführung der Güteverhandlung erfolgen (vgl. dazu auch § 54 Abs. 2 Satz 1). Werden in der Güteverhandlung die Anträge bereits zu Pro-

tokoll genommen, ohne dass der Sonderfall des § 55 Abs. 3 gegeben ist, so handelt es sich nicht um die Stellung der Anträge im Sinne des § 137 Abs. 1 ZPO, sondern lediglich um die Ankündigung, dass entsprechende Anträge in der streitigen Verhandlung gestellt werden würden. Wird in einem Verfahren nach § 54 Abs. 5 das **Ruhen** angeordnet und es anschließend von den Parteien nicht weiter betrieben, ist nach Ablauf von sechs Monaten von der Fiktion der Klagerücknahme auszugehen, § 54 Abs. 5 Satz 4. Auch in diesem Falle entfallen die Gerichtsgebühren, Nr. 8210 des Kostenverzeichnisses ist entsprechend anwendbar (LAG Rheinland-Pfalz 20. 2. 1991 LAGE ArbGG 1979 § 54 Nr. 4). Wird das Verfahren nach der Güteverhandlung ohne Anordnung des Ruhens von den Parteien nicht weiter betrieben, gilt die Fiktion des § 54 Abs. 5 Satz 4 nicht. In diesem Falle werden Gebühren fällig, von einer Beendigung des Verfahrens i. S. der Nr. 8210 des Kostenverzeichnisses kann nicht ausgegangen werden. Auch wenn die Akte wegen Nichtbetreibens nach Ablauf von sechs Monaten von dem Gericht weggelegt wird, stellt dies keine Beendigung des Verfahrens dar. Diese muss vielmehr in diesem Falle von den Parteien ausdrücklich erfolgen.

Wird das Verfahren nach streitiger Verhandlung, also nach Stellung der Anträge im Sinne des § 137 Abs. 1 ZPO durch **Klagerücknahme**, durch **Anerkenntnis-** oder **Verzichtsurteil** beendet, so ermäßigt sich die Gebühr Nr. 8210, Nr. 8211 des Kostenverzeichnisses. Sowohl bei Anerkenntnis als auch bei Verzicht kann der Vorsitzende allein entscheiden, § 55 Abs. 1 Nr. 2 und 3. Ein Anerkenntnis muss uneingeschränkt erklärt werden (BGH 19. 6. 1985 NJW 1985, 2713, 2716). Das Anerkenntnis ist bedingungsfeindlich, es kann also auch nicht unter Vorbehalt erfolgen. Allerdings kann ein Teil eines Klageanspruches anerkannt werden, wenn über ihn auch ein Teilurteil ergehen könnte. **19**

Auch der **Verzicht** ist grundsätzlich bedingungsfeindlich, auch hier kann allerdings auf einen abtrennbaren Teil eines Klageanspruches verzichtet werden (vgl. BAG 26. 10. 1979 NJW 1980, 1484, 1486). **20**

Die Kostenprivilegierung tritt nicht schon bei Erklärung des Anerkenntnisses oder des Verzichts gemäß §§ 306, 307 ZPO ein, sondern erst bei **Erlass des** darauf beruhenden **Urteils** und auch dann nur, wenn es keinen Tatbestand und keine Entscheidungsgründe enthält, § 313a Abs. 2 ZPO. Die Beendigung des Verfahrens tritt nämlich anders als bei der Klagerücknahme nicht schon durch die Erklärung, sondern erst durch die entsprechende gerichtliche Entscheidung ein. **21**

dd) Vergleich

Eine Kostenbefreiung tritt weiter ein, wenn das gesamte Verfahren durch einen vor Gericht abgeschlossenen **Vergleich** beendet worden ist, Vorbemerkung 8 zu Teil 8 des Kostenverzeichnisses. Die Voraussetzung ist auch erfüllt, wenn ein Vergleich nach § 278 Abs. 6 ZPO zustandegekommen ist. Die gesamte Erledigung des Rechtsstreits erfordert auch, dass eine **Kostenregelung** erfolgt, sei es unmittelbar durch Vereinbarung oder mittelbar über die Bestimmung des § 98 ZPO. Eine Gesamterledigung liegt nicht vor, wenn die Kostenregelung dem Gericht gemäß § 91a ZPO überlassen wird (BAG 16. 4. 2008 NZA 2008, 779). Die Kostenfreiheit greift nicht ein bei einem **Teilvergleich,** dieser führt **nicht,** auch nicht zur teilweisen Kostenbefreiung. Auch hinsichtlich des durch Teilvergleich erledigten Teils des Rechtsstreits ergibt sich dann keine Kostenbefreiung. Die Kostenbefreiung tritt **nur bei einem Prozessvergleich** im Sinne des § 794 Abs. 1 Nr. 1 ZPO ein (zu dessen Rechtsnatur beispielsweise BAG 10. 11. 1977 AP ZPO § 794 Nr. 24; 5. 8. 1982 AP ZPO § 794 Nr. 31; BGH vom 3. 12. 1980, AP Nr. 29 zu § 794 ZPO; *Baumgärtel* ZZP 1987, 133; *Rosenberg/Schwab/Gottwald* Zivilprozessrecht § 132 III 1 jeweils m. w. Nachw.). Er ist eine Prozesshandlung, weil er den Rechtsstreit beendet und ein privatrechtliches Rechtsgeschäft, weil er sachlich-rechtlich die Ansprüche und Verbindlichkeiten der Parteien regelt (BGH 30. 9. 2005 NJW 2005, 3576). Es ist unerheblich, vor welchem ‚Gericht der Vergleich abgeschlossen worden ist. Es kommt **22** weder auf die örtliche noch auf die sachliche Zuständigkeit an (LAG Bremen 26. 8. 1964 BB 1964, 1125; *Baumbach/Hartmann* Anhang zu § 307 Rn. 16). Nicht ausreichend ist, wenn der Vergleich vor einer durch die Landesjustizverwaltung eingerichteten oder anerkannten Gütestelle abgeschlossen worden ist, obwohl § 794 Abs. 1 Nr. 1 ZPO auch diesen Vergleich als Vollstreckungstitel anerkennt. In der Vorbemerkung 8 (bis 30. 6. 2004 Nr. 9112) des Kostenverzeichnisses hat der Gesetzgeber ausdrücklich nur den gerichtlichen Vergleich erwähnt, eine Ausdehnung dieses Begriffes auf Vergleiche vor anderen staatlich anerkannten Stellen ist nicht zulässig. Der Begriff des gerichtlichen Vergleiches erfasst daher beispielsweise auch nicht einen Vergleich, der vor einem Schiedsgericht abgeschlossen worden ist, bei diesem handelt es sich nicht um ein staatliches Gericht im Sinne der Regelung des Kostenverzeichnisses. Der Prozessvergleich erledigt den Prozess, mit seinem Wirksamwerden erlischt die Rechtshängigkeit im Umfange der vergleichsweisen Regelung (BGH 22. 12. 1982 BGHZ 86, 184, 187; BGH 9. 12. 1958 NJW 1959, 532).

23   Der gerichtliche Vergleich bedarf grundsätzlich der **Aufnahme in ein gerichtliches Protokoll,** dies folgt schon aus der Bestimmung des § 118 Abs. 1 Satz 3 ZPO, wo für den Vergleich im Prozesskostenhilfeverfahren ein gerichtliches Protokoll vorgeschrieben wird (BAG 26. 11. 1959 AP ZPO § 794 Nr. 4 mit Anm. *Pohle*). Auch bei dem **nach § 278 Abs. 6 ZPO zustandegekommenen Vergleich** handelt es sich um einen gerichtlichen Vergleich, der Beschluss tritt an die Stelle der Protokollierung. Der Vergleich kann in jeder Verfahrensart, auch im Prozesskostenhilfeverfahren abgeschlossen werden, u. U. kann der Vergleich auch zu Protokoll des Rechtspflegers erklärt werden, wenn dieser zur Beurkundung durch den Vorsitzenden beauftragt worden ist, § 20 Ziffer 4 a RPflG. Im Protokoll ist der volle Wortlaut des gerichtlichen Vergleichs aufzunehmen. Er ist den Parteien vorzulesen oder ihnen zur Genehmigung vorzulegen. Da auch die Unterschrift des Vorsitzenden und die des Urkundsbeamten der Geschäftsstelle unter das Protokoll erforderlich sind, ist ein gerichtlicher Vergleich, der sich lediglich im Stenogramm befindet, nicht wirksam. Ist ein Vergleich auf Tonträger aufgenommen, so muss er, nachdem er den Parteien vorgespielt worden ist, § 162 Abs. 1 Satz 2 ZPO, auch ins Protokoll übertragen werden, um wirksam zu werden. Auch nach streitiger Verhandlung vor dem Arbeitsgericht kann der Vergleich vor dem Vorsitzenden des Arbeitsgerichts allein rechtswirksam geschlossen werden (*Lepke* RdA 1970, 295).

24   Zum Wesensmerkmal des Vergleichs gehört, dass ein **gegenseitiges Nachgeben** der Parteien vorliegt. Das Nachgeben braucht sich hierbei nicht auf die Hauptsache zu beziehen, es genügt, dass eine Partei einen Teil der Gerichtskosten übernimmt oder dass keine Regelung in dem Vergleich über die Tragung der Gerichtskosten getroffen wird, so dass sich automatisch die Kostenfolge des § 98 (Kostenteilung) ergibt (BAG 19. 9. 1958 AP BGB § 611 Deputat Nr. 1; LAG München 25. 1. 1966 AP ArbGG 1953 § 12 Nr. 11; GK-ArbGG/*Wenzel* § 12 Rn. 47; anders *Tschischgale/Satzky* S. 93; *Schwab/Weth/Vollstädt* § 12 Rn. 40).

25   Beschränkt sich der Prozessvergleich auf einen **Teil des Rechtsstreits,** so tritt keine Gebührenfreiheit im Umfange des Wertes des Streitgegenstandes ein, der durch den Vergleich erledigt worden ist, Vorbem. 8 des Kostenverzeichnisses.

26   Die Kostenfreiheit tritt nur ein, wenn der Vergleich **wirksam abgeschlossen** worden ist. Ein unter Vorbehalt des Widerrufs abgeschlossener Vergleich wird wirksam erst nach Ablauf der Widerrufsfrist oder nach Erklärung der Parteien, dass von dem Widerrufsrecht kein Gebrauch gemacht werden würde. Zur Einhaltung der Widerrufsfrist muss der **Widerruf** wirksam erklärt worden sein. Wer Adressat des Widerrufs sein soll, ist im Vergleich zu vereinbaren. Ist im Vergleich festgelegt, dass der Widerruf durch „schriftliche Anzeige an das Gericht" erfolgen soll, kann der Vergleichswiderruf im Zweifel nicht wirksam auch gegenüber dem Prozessgegner ausgeübt werden (BAG 21. 2. 1991 NZA 1992, 134). Da es sich in diesem Falle bei dem Vergleichswiderruf um einen bestimmenden Schriftsatz im Sinne des § 129 ZPO handelt, ist die eigenhändige Unterschrift

III. Das Urteilsverfahren erster Instanz   § 12

erforderlich, ein Namenskürzel reicht nicht aus (LAG Düsseldorf 17. 1. 1990 DB 1990, 1672; BAG 31. 5. 1989 AP ZPO § 794 Nr. 39 mit Anm. von *Vollkommer*). Enthält der Vergleich keine Vereinbarung über den Widerrufsadressaten, kann er sowohl gegenüber dem Gericht als auch gegenüber dem Vergleichspartner erklärt werden (BGH 30. 9. 2005 NJW 2005, 3576). Dies folgt aus der Doppelnatur des Vergleichs (oben Rn. 23). Wird über die Wirksamkeit eines Prozessvergleiches gestritten, so sind die in diesem Verfahren entstehenden Kosten nicht von dem Kostenprivileg erfasst. Selbst wenn in einem Urteil festgestellt werden sollte, dass der Rechtsstreit wirksam durch Vergleich beendet worden ist, so sind die durch dieses Urteil entstehenden Kosten entsprechend der Regelung in Nr. 8210 des Kostenverzeichnisses entstanden. Der Streitwert wird in der Regel die Höhe des Wertes des Vergleiches erreichen. Unerheblich ist für die gebührenrechtliche Frage, ob der Streit über die Wirksamkeit eines Prozessvergleiches in dem ursprünglichen Verfahren oder in einem neuen Verfahren zu erfolgen hat (vgl. zu den verschiedenen Möglichkeiten des Streits *Baumbach/Hartmann* Anhang § 307 Rn. 37 ff.; *Schaub* ArbGV § 50 Rn. 25 f.; ferner BAG 24. 6. 1955 AP ZPO § 794 Nr. 1; ferner 9. 5. 1957, 26. 11. 1959, 14. 7. 1960, 5. 8. 1982 AP ZPO § 794 Nrn. 3, 4, 8, 31; BGH 10. 1. 1974 AP ZPO § 794 Nr. 23).

Die Gebührenfreiheit tritt auch ein, wenn der **Rechtsstreit mit einem Mahnverfahren** 27 **begonnen** hat, für das die Gebühr nach Nr. 8100 des Kostenverzeichnisses entstanden ist. Im Gegensatz zu dem bis zum 30. 6. 2004 geltenden Recht (dazu Nrn. 9112, 9110 und 9111 des früheren Gebührenverzeichnisses) geht der Gesetzgeber in Vorbemerkung 8 des Kostenverzeichnisses von einer gebührenrechtlichen Einheit aus. Auf den Zeitpunkt des Vergleichsabschlusses kommt es nicht an. Zu beachten ist aber, dass ein Prozessvergleich auch Ansprüche erfassen kann, die in anderen Prozessverfahren noch anhängig sind. In einem Arrest- und einstweiligen Verfügungsverfahren kann beispielsweise auch die Hauptsache verglichen werden. Auch in diesem Falle tritt in dem **mitverglichenen Verfahren** die Gebührenfreiheit ein, ohne dass es einer weiteren Erklärung seitens der Parteien bedürfte. Es genügt eine bloße Mitteilung des Vergleichsabschlusses, in der Regel wird diese durch das Gericht erfolgen, vor dem der Vergleich abgeschlossen worden ist.

Die Gebührenfreiheit tritt auch ein, wenn an dem Vergleich **Dritte beteiligt** werden. 28 Diese gelten dann für den Prozessvergleich als Partei, nicht jedoch für den Prozess selbst. Auch dies wäre ebenso wie die Einbeziehung noch nicht rechtshängiger Ansprüche in den Vergleich kostenmäßig unerheblich, da auch in diesem Falle Gerichtskosten nicht zu erheben sind.

Die **Kostenfreiheit erfasst** auch hier **nur die Gerichtsgebühren**, nicht jedoch die gericht- 29 lichen Auslagen. Trotz Vergleichsabschlusses sind daher beispielsweise die Kosten für Postgebühren, Auslagen für Zeugen bzw. Sachverständige oder Dolmetscher zu erstatten (vgl. dazu auch unten Rn. 88 ff.). Da Gerichtsgebühren nicht zu erheben sind, entfällt auch die Notwendigkeit einer Streitwertfestsetzung. Allerdings kann ein beteiligter Rechtsanwalt gemäß § 33 Abs. 1 RVG die Streitwertfestsetzung beantragen. Dieser verdient die Terminsgebühr auch bei einem Vergleichsabschluss nach § 278 Abs. 6 ZPO (BGH 10. 7. 2006 BB 2006, 2442; 3. 7. 2006 NJW-RR 2006, 1507; BAG 20. 6. 2006 NZA 2006, 1060). Soweit Ansprüche in den Vergleich einbezogen worden sind, die noch nicht rechtshängig waren, können diese bei der Bewertung des Streitgegenstandes zum Zwecke der anwaltlichen Gebührenberechnung berücksichtigt werden. Voraussetzung ist allerdings, dass über den entsprechenden Anspruch zwischen den Parteien tatsächlich Streit bestanden hat. Wird lediglich ein an sich unstreitiger Gegenstand in den Vergleich mit aufgenommen, so kann dies nicht berücksichtigt werden (vgl. zu der Frage der Gebührenberechnung in diesen Fällen *v. Eicken/Madert* NJW 1998, 2402, 2404 m. w. Nachw.; *Wielgoss* JurBüro 1999, 629).

Nicht gesondert zu bewerten ist ebenfalls die **allgemeine Ausgleichsklausel** in einem 30 Vergleich, in der festgestellt wird, dass damit sämtliche gegenseitigen Ansprüche aus dem betreffenden Rechtsstreit oder aber aus dem Arbeitsverhältnis und seiner Beendigung ausgeglichen sein sollen. Etwas anderes gilt nur dann, wenn ausdrücklich andere anhängige Rechtsstreitigkeiten mit in den Vergleich einbezogen worden sind, in diesem Falle ist bei der Berechnung des Vergleichswertes auch der Wert dieser Verfahren mit einzubeziehen.

31 Die Kostenfreiheit nach der Vorbemerkung 8 gilt nicht, wenn dem Gericht ein **außergerichtlicher Vergleich** mitgeteilt wird. Auch der außergerichtliche Vergleich muss die **Beendigung des Rechtsstreits** herbeiführen. Er unterliegt im Wesentlichen gleichen Grundsätzen wie der gerichtliche Vergleich, hat aber keine prozessbeendende Wirkung, er gestaltet die materielle Rechtslage, ohne dass damit die prozessuale Seite geregelt wäre (BAG 21. 12. 1972 AP ZPO § 794 Nr. 21; 9. 7. 1981 AP BGB § 620 Bedingung Nr. 4). Um eine Prozessbeendigung zu erreichen, bedarf es daher noch einer Handlung der beteiligten Parteien (so *Grunsky* § 12 Rn. 18; a. A. GK-ArbGG/*Wenzel* Gebührenverzeichnis Rn. 18). Der außergerichtliche Vergleich enthält damit letztlich auch die Verpflichtung, den Prozess durch eine prozessuale Handlung zu beenden, sei es durch Klagerücknahme, durch Erledigungserklärung oder durch Verzicht auf ein Rechtsmittel oder Rücknahme eines Rechtsmittels. In diesem Falle würde, da der außergerichtliche Vergleich dem Gericht nicht mitgeteilt worden ist, eine Kostenbefreiung nur nach den Regeln möglich sein, die für die entsprechende prozessuale Handlung gelten.

32 Teilen die Parteien übereinstimmend den Vergleich mit, so kann darin auch eine **übereinstimmende Erledigungserklärung** gesehen werden, die zu einer Prozessbeendigung führt. Teilt nur eine Partei den außergerichtlichen Vergleich unter Beifügung eines Exemplars des von beiden Parteien unterzeichneten Vergleichstextes mit, so kann nach Ablauf einer gesetzten Frist zur Stellungnahme im Schweigen der gegnerischen Partei von einem stillschweigenden Einverständnis ausgegangen werden (vgl. dazu *Baumbach/ Hartmann* § 91 a Rn. 80, 88; § 98 Rn. 18, 21 m. w. Nachw.). Letztlich führt damit der mitgeteilte außergerichtliche Vergleich, wenn auch auf andere prozessuale Weise als der Prozessvergleich, zu einer Verfahrensbeendigung. Die Kostenprivilegierung nach Nr. 8211 Nr. 3 des Kostenverzeichnisses tritt nur ein, wenn auch eine Einigung der Parteien über die Kostentragung mitgeteilt wird, ohne Kostenregelung kann § 98 ZPO diese Einigung nicht ersetzen.

33 Der **außergerichtliche Vergleich kann jederzeit abgeschlossen werden,** die Kostenprivilegierung tritt auch ein, wenn bereits streitig verhandelt worden ist. Ob die Befreiung auch dann gegeben ist, wenn der Vergleich nach Verkündung aber vor Eintritt der Rechtskraft eines die Instanz abschließenden Urteils geschlossen oder dem Gericht mitgeteilt wird, ist angesichts der Neuregelung in Nr. 8211 des Kostenverzeichnisses nicht mehr zweifelhaft. In diesem Falle ist ein anderes als in Nr. 8211 Nr. 2 genanntes Urteil vorausgegangen, so dass die Ermäßigung nicht eintreten kann.

34 **Heben die Parteien** einen rechtswirksam abgeschlossenen **Prozessvergleich** durch vertragliche Vereinbarung **wieder auf,** so ist nach Auffassung des Bundesarbeitsgerichts (BAG 5. 8. 1982 AP ZPO § 794 Nr. 31 m. w. Nachw. auf divergierende Rechtsprechung) das Verfahren noch nicht beendet, so dass der Rechtsstreit fortzusetzen wäre. Gebührenrechtlich mag offen bleiben, ob die Folgen der Vergleichsaufhebung in dem bisher anhängigen Verfahren oder aber in einem neuen Verfahren geltend zu machen wären. In jedem Falle wäre die Voraussetzung für die Kostenprivilegierung, die für das bisherige Verfahren in dem Abschluss des Prozessvergleiches liegt, nachträglich in Wegfall geraten, so dass die Verfahrensgebühr angefallen wäre. Ist dagegen auf Grund eines außergerichtlichen Vergleichs die Klage zurückgenommen oder der Rechtsstreit übereinstimmend für erledigt erklärt worden, so bleibt es bei den Kostenprivilegierungen, die für diese Arten der Beendigung des Rechtsstreits eingreifen.

ee) Versäumnisurteil

35 Bei Erlass eines **Versäumnisurteils** wird eine volle Gebühr nach Nr. 8210 des Kostenverzeichnisses n. F. erhoben. Nach der bis zum 30. 6. 2004 gültigen Regelung war nur eine halbe Gebühr zu zahlen.

III. Das Urteilsverfahren erster Instanz § 12

Wie ein streitiges Urteil ist das so genannte **unechte Versäumnisurteil** zu behandeln. Es muss auch wie ein streitiges Urteil begründet werden. 36

ff) Abgekürztes Urteil

Bei einem **abgekürzten Urteil** im Sinne des § 313a ZPO wird nur eine ermäßigte 37 Gebühr erhoben, Nr. 8211 Nr. 2 des Kostenverzeichnisses. Nach § 313a Abs. 1 und 3 ZPO bedarf ein Urteil des Tatbestandes und der Entscheidungsgründe nicht, wenn die Parteien auf sie spätestens eine Woche nach dem Schluss der mündlichen Verhandlung verzichten und ein Rechtsmittel gegen das Urteil unzweifelhaft nicht eingelegt werden kann. Die Bestimmung ist auch im arbeitsgerichtlichen Urteilsverfahren entsprechend anwendbar (*Lorenz* BB 1977, 1003; *Philippsen* u. a. NJW 1977, 1135). Der Verzicht muss von allen am Verfahren Beteiligten eindeutig erklärt werden, er muss spätestens eine Woche nach dem Schluss der mündlichen Verhandlung bei dem Gericht eingegangen sein. Wird die Frist nicht eingehalten, ist der erklärte Verzicht unwirksam.

Zusätzlich darf **unzweifelhaft kein Rechtsmittel** zulässig sein. Im arbeitsgerichtlichen 38 Verfahren erster Instanz kommt dies nur in Betracht, wenn der Beschwerdewert des § 64 Abs. 2 b nicht erreicht wird, es sich nicht um eine Bestandsschutzstreitigkeit i. S. § 64 Abs. 2 c handelt, kein Fall des § 64 Abs. 2 d vorliegt und auch die Berufung gemäß § 64 Abs. 2 a nicht zugelassen worden ist. Weiterhin ist ein Rechtsmittel nicht gegeben, wenn die beschwerte Partei einen Rechtsmittelverzicht abgegeben hat. Auch dieser Rechtsmittelverzicht muss eindeutig erfolgt sein, wenn der Verzicht auf Tatbestand und Entscheidungsgründe abgegeben wird, spätestens also am zweiten Tag nach Schluss der mündlichen Verhandlung. In dem Verzicht auf Tatbestand und Entscheidungsgründe kann regelmäßig nicht zugleich auch der Rechtsmittelverzicht gesehen werden, vielmehr muss dieser eindeutig gesondert erklärt werden.

Die Gebührenbefreiung tritt ein, wenn das **Urteil** nach § 313a ZPO **eine Begründung** 39 **nicht enthält.** Sie ist nicht gegeben, wenn lediglich der Tatbestand nach § 313a Abs. 1 Satz 1 ZPO entfallen kann. Liegen die Voraussetzungen des § 313a ZPO vor, begründet das Gericht gleichwohl aber seine Entscheidung, so bleibt es doch bei der Kostenprivilegierung, das überflüssige Handeln des Gerichts kann kostenrechtlich nicht zu Lasten der Partei gehen (so jetzt auch *Schwab/Weth/Vollstädt* § 12 Rn. 68). Zweifelhaft ist, ob die Kostenbefreiung auch dann gilt, wenn ein Urteil ohne Tatbestand und Entscheidungsgründe zugestellt wird, obwohl die Voraussetzungen des § 313a ZPO nicht erfüllt sind. Der festgelegte Gebührentatbestand nennt ausdrücklich ein Urteil, das „nach § 313a ZPO eine Begründung nicht enthält". Damit wird deutlich, dass die Kostenbefreiung nur dann gelten soll, wenn auch die Voraussetzungen des § 313a ZPO erfüllt sind. Begründet daher das Arbeitsgericht seine Entscheidung unter Verkennung der Voraussetzungen des § 313a ZPO nicht, so wird für die betroffene Partei gleichwohl die volle Gebühr fällig, die Kostenprivilegierung findet in diesem Falle keine Anwendung.

gg) Beschluss nach § 91 a ZPO

Schließlich tritt eine Kostenprivilegierung ein, wenn das Arbeitsgericht nur einen 40 **Beschluss nach § 91 a ZPO** bei **gesamter Erledigung** des Rechtsstreits über die Tragung der Gerichtskosten zu treffen hat, Nr. 8211 Nr. 3 des Kostenverzeichnisses. Da nur der Fall des § 91a ZPO erfasst wird, kommt die Kostenermäßigung nur in Betracht, wenn beide Parteien wirksam den Rechtsstreit in der Hauptsache für erledigt erklärt haben. Erfolgt die Erledigungserklärung nur einseitig, so dass das Gericht durch Urteil über die Tatsache der Erledigung zu entscheiden hat, so folgt die Kostenentscheidung nicht aus § 91a ZPO, sondern aus § 91 oder § 92 ZPO, in diesem Falle ist die allgemeine Verfahrensgebühr angefallen (*Grunsky* § 12 Rn. 21). Die Ermäßigung gilt nur, wenn die Parteien eine Kostenvereinbarung getroffen und dem Gericht mitgeteilt haben.

41 Erfolgt die **Erledigungserklärung auf Grund** eines **außergerichtlichen Vergleichs**, so fällt die Gebühr ebenfalls an (vgl. dazu oben Rn. 31 ff.). Etwas anderes kann nur gelten, wenn der außergerichtliche Vergleich in eine gemeinsame Erledigungserklärung umgedeutet werden kann.

42 Die **Bemessungsgrundlage** für die durch den Beschluss nach § 91a ZPO entstehenden Gerichtskosten ist der Gesamtbetrag des bei dem Erlass des Beschlusses bestehenden Gesamtstreitwerts des Hauptsacheverfahrens.

c) Verzögerungsgebühr

43 Im Verfahren vor dem Arbeitsgericht kann auch eine **Verzögerungsgebühr** gemäß § 38 GKG erhoben werden. Bei der Verzögerungsgebühr handelt es sich um eine allgemeine Gebühr, die in jedem Verfahren angewendet werden kann, das der ZPO unterliegt. Es handelt sich um eine Strafgebühr, so dass sie neben den sonstigen Gebühren angewendet werden kann. Diese Gebühr kommt auch dann in Ansatz, wenn hinsichtlich der sonstigen Verfahrensgebühr eine völlige oder teilweise Kostenbefreiung in Betracht kommt.

44 Die Verzögerungsgebühr kann nur verhängt werden, wenn durch Verschulden einer Partei oder eines ihrer Vertreter die Vertagung einer mündlichen Verhandlung oder die Anberaumung eines neuen Termins zur mündlichen Verhandlung erforderlich ist oder die Erledigung des Rechtsstreits durch nachträgliches Vorbringen von Angriffs- oder Verteidigungsmitteln usw. verzögert worden ist. Die **Verzögerung** muss eingetreten sein, die Möglichkeit der Verzögerung reicht nicht aus. Die Verzögerung muss auf einem schuldhaften Verhalten der Partei oder ihres Vertreters beruhen. Fahrlässigkeit genügt. Die Wahrnehmung zulässiger prozessualer Vorgehensweisen reicht nicht aus (*Schwab/Weth/Vollstädt* § 12 Rn. 33). Eine Verzögerung kann insbesondere bei dem Fall der sog. „Flucht in die Säumnis" vorliegen, wenn eine Verschleppungstaktik deutlich wird (LAG Sachsen-Anhalt 8. 5. 2000 LAGE GKG § 34 Nr. 1). Die Verzögerungsgebühr kann nicht erhoben werden, wenn nachträgliches Vorbringen von dem Gericht als verspätet zurückgewiesen wird, da dann eine Verzögerung nicht eingetreten sein kann. Sie wird durch gesonderten **Beschluss** verhängt. Der Partei ist vorher rechtliches Gehör zu gewähren. Zur Beschwerde siehe § 69 GKG.

45 Die **Höhe** richtet sich nach dem Ermessen des Gerichts, Nr. 8700 des Kostenverzeichnisses. Im Regelfall dürfte die Höhe der Gebühr die der normalen Gerichtsgebühr für das Verfahren nicht übersteigen, sie kann nach § 38 Satz 1 GKG bis auf 0,3 des vollen Gebührensatzes ermäßigt werden (*Schwab/Weth/Vollstädt* § 12 Rn. 31).

2. Die Kosten des Mahnverfahrens

46 Für die Entscheidung über den **Antrag auf Erlass** eines Vollstreckungsbescheids entsteht eine Gebühr nach Nr. 8100 des Kostenverzeichnisses. Die Gebühr entsteht erst bei der Entscheidung über den Antrag, wird der Antrag vor der Entscheidung durch den Rechtspfleger zurückgezogen, kann eine Gebühr nicht erhoben werden. Geht das Mahnverfahren nach Widerspruch gegen den Mahnbescheid oder Einspruch gegen den Vollstreckungsbescheid in das Prozessverfahren über, so entfällt die Gebühr, wenn dieses ohne streitige Verhandlung endet. Kommt es zu einer streitigen Verhandlung so verbleibt es bei der entstandenen halben Gebühr für das Mahnverfahren, die in dem Prozessverfahren entstehende weitere Verfahrensgebühr wird abzüglich der für das Mahnverfahren bereits entstandenen Gebühr erhoben, Nr. 8210 des Kostenverzeichnisses.

47 Die Gebühr nach Nr. 8100 des Kostenverzeichnisses bleibt nicht bestehen, wenn in einem **anschließenden** Prozessverfahren zwischen den Parteien ein **Vergleich** abgeschlossen wird. Aus dem in der Vorbemerkung 8 genannten Gebührentatbestand ergibt sich nämlich jetzt, dass die Gebühr der Nr. 8100 entfällt, wenn im ersten Rechtszug ein Vergleich abgeschlossen wird.

III. Das Urteilsverfahren erster Instanz § 12

Der **Streitwert** für die Berechnung der Höhe der Gebühr für das Mahnverfahren richtet sich nach dem Zeitpunkt der Entscheidung über den Antrag auf Erlass eines Mahnbescheides. Verändert sich im späteren Klageverfahren der Streitwert, so hat dies auf die Höhe der Gebühr keine Auswirkung, selbst dann nicht, wenn sich der Streitwert ermäßigen sollte.

48

3. Besondere Verfahrensarten

a) Selbstständiges Beweisverfahren

Bei einem **Antrag auf Durchführung** eines selbständigen Beweisverfahrens gemäß §§ 485 ff. ZPO entsteht bei dem Arbeitsgericht eine Gebühr nach Nr. 8400 des Kostenverzeichnisses Die gleiche Gebühr entsteht, wenn das Beweisverfahren vor dem Landesarbeitsgericht stattfindet, Nr. 8400 des Kostenverzeichnisses gilt auch, wenn das Verfahren vor dem Berufungsgericht anhängig ist.

49

Die Gebühr entsteht, wenn das Verfahren begonnen hat. Durch sie wird das gesamte Verfahren, das durch den Antrag eingeleitet worden ist, abgedeckt. Da sich aus dem Antrag auch die Bezeichnung der Tatsachen ergeben muss, über welche eine Beweisaufnahme erfolgen soll, § 487 Nr. 2 ZPO, kann das Verfahren auch nur im Rahmen der im Antrag bezeichneten Tatsachen von der Gebühr erfasst werden. Erweitert eine Partei im Rahmen des Beweisverfahrens ihren Antrag, so handelt es sich letztlich um einen neuen Antrag, für den eine erneute Gebühr entsteht (*Tschischgale/Satzky* S. 99).

50

Auch diese **Gebühr fällt nicht weg,** wenn in dem späteren Hauptverfahren sich die Parteien vergleichen oder aber wenn eine erhobene Klage vor streitiger Verhandlung zurückgenommen wird.

51

Kostenschuldner ist derjenige, der den Antrag auf Durchführung des Verfahrens gestellt hat, § 22 Abs. 1 GKG. Ein Ausschluss der Anwendung dieser Vorschrift nach § 22 Abs. 2 GKG ist nicht gegeben, da bei Fälligkeit i. d. R. kein Schuldner nach § 29 Nr. 1 oder 2 GKG vorhanden ist. Die Gebühr wird fällig, wenn das Beweisverfahren beendet ist. Sie ist beschränkt auf die im Antrag bezeichneten beweisbedürftigen Tatsachen ((*Schwab/Weth/Vollstädt* § 12 Rn. 101). Neue Anträge sind erneut gebührenpflichtig. Kommt es später zum Hauptprozess, gehören die Kosten des Verfahrens auch dann zu den Kosten des Rechtsstreits, wenn die Ergebnisse des Verfahrens nicht im Hauptprozess verwertet werden. Kostenschuldner kann dann nach § 29 Nr. 1 GKG der Entscheidungsschuldner sein.

52

b) Arrest und einstweilige Verfügung

Die Gebühren über Anträge auf Anordnung, Abänderung oder Aufhebung eines Arrestes oder einer einstweiligen Verfügung richten sich nach Hauptabschnitt 3 des Kostenverzeichnisses. Die Gebühren für das Verfahren des einstweiligen Rechtsschutzes treten neben die Gebühren, die ggf. in dem Hauptsacheverfahren anfallen. Streitwertmäßige Unterschiede zwischen dem Verfahren im einstweiligen Rechtsschutz und dem Hauptsacheverfahren sind für die Berechnung der Gebühren ebenfalls unerheblich, entscheidend für die Gebührenberechnung für das Verfahren des einstweiligen Rechtsschutzes ist der dort festzulegende Streitwert. Hinsichtlich des gleichen Streitgegenstandes kann zweimal eine Gebühr anfallen, nämlich einmal in dem Verfahren über den Antrag auf Anordnung eines Arrestes oder einer einstweiligen Verfügung sowie wenn wegen Nichterhebung der Klage zur Hauptsache innerhalb einer vom Gericht bestimmten Frist oder wegen veränderter Umstände die Aufhebung oder Abänderung des Arrestes oder der einstweiligen Verfügung beantragt wird, §§ 926 Abs. 2 und 927 i. V. § 937 ZPO, Vorbemerkung 8.3.

53

Kostenfreiheit tritt ein, wenn das Verfahren über den Antrag auf Anordnung, Abänderung oder Aufhebung eines Arrestes oder einer einstweiligen Verfügung durch einen vor Gericht abgeschlossenen **Vergleich** endet, Vorbemerkung 8, die – wie sich aus ihrer

54

Stellung ergibt – für alle Verfahren des Teils 8 gilt. Die vergleichsweise Beendigung des Hauptverfahrens hat nach der Entscheidung in dem Verfahren über den einstweiligen Rechtsschutzantrag allerdings nicht die Folge der Kostenbefreiung, auch hier gilt der Grundsatz, dass eine bereits entstandene Gebühr nicht nachträglich in Wegfall geraten kann.

c) Abhilfe bei Verletzung des rechtlichen Gehörs, § 78a

55 Für Verfahren nach § 78a (zu den Voraussetzungen unten § 78a Rn. 1 ff.) gilt Nr. 8500 des Kostenverzeichnisses. Bei Verwerfung oder Zurückweisung beträgt die Gebühr 40 Euro. Hat die Rüge Erfolg, und sei es auch nur teilweise, entstehen keine zusätzlichen Gerichtsgebühren.

IV. Das Urteilsverfahren zweiter Instanz

1. Die Gebührenberechnung

56 Die Gebührenberechnung in der Berufungsinstanz folgt ähnlichen Grundsätzen wie diejenigen der ersten Instanz. Sie sind in Nrn. 8220 bis 8223 geregelt. Dem Grundsatz, das Verfahren in der Arbeitsgerichtsbarkeit kostengünstiger zu gestalten, wird hierbei dadurch Rechnung getragen, dass der Gebührensatz niedriger liegt als in der ordentlichen Gerichtsbarkeit.

57 Die Grundsätze für die Gebührenberechnung gelten für **jedes Verfahren,** das vor dem Landesarbeitsgericht stattfindet, unabhängig davon, ob es sich um ein Rechtsmittelverfahren oder ein sonstiges Verfahren handelt. So gilt das Kostenverzeichnis nach dem GKG als Grundlage der Berechnung auch für Verfahren im Rahmen von Nichtigkeits- oder Restitutionsklagen, wenn die Zuständigkeit des Landesarbeitsgerichts gegeben ist, §§ 578 ff. ZPO. Auch die Anträge auf Anordnung, Aufhebung oder Abänderung eines Arrestes oder einer einstweiligen Verfügung richten sich nach dieser Tabelle, sofern sie in dieser Instanz gestellt werden.

58 Die **Verfahrensgebühr,** § 35 GKG wird für das Verfahren im Allgemeinen erhoben. Sie **entsteht** erstmals mit Einreichen der Rechtsmittelschrift, sie gilt alle gerichtlichen Tätigkeiten ab, für die keine besonderen Gebührentatbestände vorgesehen sind. Daneben kann das Gericht ebenso wie in der ersten Instanz die Erstattung von **Auslagen** geltend machen. Sie wird hinsichtlich jeden Teils des Streitgegenstands (§ 36 GKG) nur einmal erhoben.

59 Eine gesonderte **Urteilsgebühr** ist im Kostenverzeichnis Teil 8 nicht vorgesehen, ergibt sich nunmehr aber ebenfalls aus § 35 GKG. Beide Gebühren entstehen in jedem Rechtszug nur einmal. Soweit sich der Streitgegenstand verändert (Teilvergleich, Teilrücknahme) gilt § 36 GKG.

2. Sonderfälle

60 Die Verfahrensgebühr entfällt, wenn das Verfahren durch einen vor Gericht abgeschlossenen **Vergleich** beendet wird, Vorbemerkung 8 des Kostenverzeichnisses. Es gelten hier sinngemäß die gleichen Grundsätze wie in den Verfahren erster Instanz (vgl. dazu oben Rn. 22 ff.).

61 Erfolgt der **Vergleichsabschluss nach Zurückverweisung** des Rechtsstreits durch das Bundesarbeitsgericht an das Landesarbeitsgericht, so bleibt die Einheit der Instanz erhalten, §§ 37, 35 GKG.

62 Eine Gebührenermäßigung tritt bei **Zurücknahme der Berufung** ein, Nrn. 8221 bzw. 8222 des Kostenverzeichnisses. Werden mehrere Berufungen gegen ein Urteil des Arbeitsgerichts eingelegt, ist bei Rücknahme einer Berufung nur für diese die Ermäßigung maßgeblich. Es muss sich aber um selbständige Berufungen handeln, die nicht nur eine

IV. Das Urteilsverfahren zweiter Instanz   § 12

Wiederholung einer bereits eingelegten Berufung sind. Werden zwei selbständige Berufungen gegen ein Urteil eingelegt, beide Verfahren miteinander verbunden und wird dann eine Berufung zurückgenommen, fällt für diese eine Gebühr im Rahmen der Ermäßigungstatbestände an. Über die Kosten ist allerdings nicht gesondert durch Beschluss, sondern einheitlich durch Urteil zu entscheiden, wenn im Übrigen ein Urteil zu fällen ist. Durch § 516 ZPO tritt allerdings möglicherweise eine kostenrechtliche Trennung ein, wenn der Berufungskläger mit der noch anhängigen Berufung obsiegt.

Die Gebührenermäßigung bei einem **abgekürzten Urteil**, § 313a Abs. 2 ZPO   **63**
(Nr. 8211 Nr. 2 des Kostenverzeichnisses) tritt ein, wenn der Verzicht auf die Abfassung des vollständigen Urteils von den Parteien innerhalb der Frist durch postulationsfähige Personen im Sinne des § 11 Abs. 4 erklärt worden ist. Eine Erklärung seitens der Parteien reicht nicht aus. Zu beachten ist allerdings, dass die Voraussetzungen des § 313a ZPO nur dann gegeben sind, wenn ein **Rechtsmittel** gegen das Urteil **unzweifelhaft nicht eingelegt werden könnte**. Diese Voraussetzung kann im arbeitsgerichtlichen Verfahren nicht eintreten, da jederzeit die **Nichtzulassungsbeschwerde** des § 72a ArbGG möglich ist. Bei dieser handelt es sich zwar nicht um ein Rechtsmittel im eigentlichen Sinne, durch sie kann jedoch eine Rechtsmittelzulassung erreicht werden. Besteht aber diese Möglichkeit, so ist es praktisch immer ausgeschlossen, dass „unzweifelhaft" kein Rechtsmittel gegen das Urteil des Landesarbeitsgerichts eingelegt werden könnte. Dem könnte allerdings entgegenstehen, dass die Parteien auf die Begründung des Urteils verzichten können. Der Verzicht auf die Begründung müsste dann praktisch gleichzeitig stillschweigend einen Rechtsmittelverzicht enthalten, da die Begründung einer Nichtzulassungsbeschwerde ohne Urteilsbegründung des LAG kaum möglich sein dürfte. In dem Verzicht auf die Begründung kann aber ein Verzicht auf Einlegung der Nichtzulassungsbeschwerde nur dann gesehen werden, wenn er eindeutig miterklärt werden sollte.

Zweifelhaft ist, ob die Gebührenermäßigung auch dann eintreten kann, wenn zwar   **64**
die Voraussetzungen des § 313a ZPO wegen der Möglichkeit der Nichtzulassungsbeschwerde nicht vorliegen, gleichwohl die **Parteien auf eine Begründung** der Entscheidung **verzichten** und das **Gericht** auch von einer solchen **absieht**. Der Gesetzgeber wollte die Möglichkeit der Gebührenermäßigung nur für die Fälle schaffen, in denen die Voraussetzungen des § 313a ZPO tatsächlich vorliegen. Dann kann aber praktisch bei Urteilen der Landesarbeitsgerichte eine Gebührenermäßigung nur dann eintreten, wenn die Parteien durch Rechtsmittelverzicht oder Verzicht auf die Nichtzulassungsbeschwerde eindeutig zu erkennen gegeben haben, dass kein Rechtsmittel möglich sein sollte.

Für das **selbständige Beweisverfahren** vor dem Landesarbeitsgericht wird eine Gebühr   **65**
nach Nr. 8400 des Kostenverzeichnisses fällig, wie dies bei der entsprechenden Gebühr für die erste Instanz der Fall ist.

3. Das Beschwerdeverfahren

Auch im Beschwerdeverfahren richten sich die **Gebühren nach der Tabelle der An-** **66**
lage 1 zu § 3 Abs. 2 GKG. Bei sofortiger Beschwerde gegen das Zwischenurteil über den Antrag auf Zurückweisung einer Nebenintervention, § 71 Abs. 2 ZPO, der sofortigen Beschwerde gegen den Kostenbeschluss bei Erledigung der Hauptsache nach § 91a Abs. 2 ZPO, der sofortigen Beschwerde gegen die Kostenentscheidung nach Erledigung der Hauptsache durch auf Grund Anerkenntnisses erfolgte Verurteilung, § 99 Abs. 2 ZPO, und der sofortigen Beschwerde gegen den Kostenauferlegungsbeschluss bei Klagerücknahme, § 269 Abs. 5 ZPO, entsteht in jedem Falle eine Verfahrensgebühr nach Nr. 8610 des Kostenverzeichnisses in Höhe von derzeit 60 Euro. Unerheblich ist, ob die sofortige Beschwerde Erfolg hat oder nicht, endet das Verfahren mit einer Entscheidung, ist Kostenschuldner derjenige, dem durch die Entscheidung die Kosten auferlegt worden sind. Endet das Verfahren nicht auf Grund einer Entscheidung, richtet sich die Kosten-

tragungspflicht nach den allgemeinen Bestimmungen. Für **Rechtsbeschwerdeverfahren** in diesen Fällen gilt Nr. 8620 des Kostenverzeichnisses. Bei Beschwerden gegen die Zurückweisung eines **Arrestes oder einer einstweiligen Verfügung** richtet sich die Beschwerdegebühr nach Nr. 8330 des Kostenverzeichnisses, sie ermäßigt sich bei Zurücknahme der Beschwerde.

67 Für alle **anderen Beschwerdeverfahren** einschließlich der **Nichtzulassungsbeschwerde** entsteht eine Verfahrensgebühr nur dann, wenn die Beschwerde verworfen oder zurückgewiesen wird, Nr. 8611 bis 8613 des Kostenverzeichnisses. Hat die Beschwerde Erfolg, entsteht keine Verfahrensgebühr. Das Gleiche gilt, wenn die Beschwerde zurückgenommen wird. Hat die Beschwerde nur teilweise Erfolg oder wird sie nur teilweise zurückgenommen, so entstehen die Kosten in Höhe des Teils, hinsichtlich dessen die Beschwerde verworfen oder zurückgewiesen wird. In diesem Fall ist eine Kostenentscheidung zu treffen, aus der sich der Anteil der Kostentragungspflicht ergibt. Wird die **Rüge wegen Verletzung des rechtlichen Gehörs**, § 78a verworfen oder zurückgewiesen, ist eine Gebühr von 40,– Euro entstanden (Nr. 8500 des Kostenverzeichnisses). Hat die Rüge auch nur teilweise Erfolg, entfällt die Gebühr in vollem Umfang.

68 Die Gebührenregelungen für Beschwerden finden keine Anwendung, wenn das **Beschwerdeverfahren** auf Grund anderer Vorschriften ausdrücklich **gebührenfrei** ist, z. B. § 66 Abs. 8 und § 68 Abs. 3 GKG bei der Beschwerde gegen die Wertfestsetzung für die Gerichtsgebühren und GKG bei der Erinnerungs- bzw. Beschwerdeentscheidung über den Ansatz der Gerichtskosten. Auch sind die Beschwerden in den Verfahren der gerichtlichen Festsetzung von **Entschädigungen** der Zeugen, Sachverständige und Dolmetscher sowie Übersetzer und der ehrenamtlichen Richter gemäß § 4 Abs. 8 JVEG gebührenfrei.

69 Mit den Gebühren wird das gesamte Beschwerdeverfahren einschließlich der Beschwerdeentscheidung abgegolten. Etwa entstandene Auslagen sind gesondert zu zahlen.

V. Das Urteilsverfahren dritter Instanz

70 Das Revisionsverfahren vor dem Bundesarbeitsgericht regelt sich im Wesentlichen nach den gleichen Grundsätzen wie das Verfahren vor dem Landesarbeitsgericht Nrn. 8230 bis 8232 des Kostenverzeichnisses. Die Verfahrensgebühr erwächst erstmalig mit Einreichen der Revisionsschrift. Kostenprivilegierung bei Rücknahme der Revision oder sonstige Beendigungsgründe enthalten Nrn. 8231 und 8232 des Kostenverzeichnisses.

71 Wird das Verfahren durch einen vor dem Bundesarbeitsgericht abgeschlossenen **Vergleich** beendet, dann entfällt die Verfahrensgebühr, Vorbemerkung Nr. 8.

72 Wird das Verfahren vor dem Bundesarbeitsgericht in der Hauptsache für **erledigt erklärt**, bleibt die Verfahrensgebühr in vollem Umfange bestehen. Sie kann sich mindern, wenn keine Kostenentscheidung ergeht oder eine Kostenvereinbarung mitgeteilt wird, Nr. 8231 und 8232 Nr. 3 Kostenverzeichnis. Die Reduzierung tritt nicht ein, wenn bereits ein Anerkenntnis- oder Verzichtsurteil vorangegangen ist.

73 Auch im Verfahren vor dem Bundesarbeitsgericht kann eine **Verzögerungsgebühr** nach den gleichen Grundsätzen wie vom Arbeits- und Landesarbeitsgericht (vgl. dazu oben Rn. 43 ff.) gemäß § 38 GKG verhängt werden. Die Bedeutung dürfte allerdings gering sein, da das Bundesarbeitsgericht eine Rechtsprüfungsinstanz ist.

VI. Kostenvorschüsse und Fälligkeit der Kosten

1. Verbot der Kostenvorschüsse

74 Nach § 11 GKG dürfen Kostenvorschüsse nicht erhoben werden, das gilt auch für die Zwangsvollstreckung, auch Gerichtsvollzieher dürfen nach § 4 Abs. 1 Satz 4 GVKostG

VI. Kostenvorschüsse und Fälligkeit der Kosten § 12

Gebührenvorschüsse nicht erheben. Mit dieser Regelung weicht das arbeitsgerichtliche Verfahren von den Verfahrensregelungen vor den Zivilgerichten wegen der besonderen sozialen Belange in den Arbeitsrechtsstreitigkeiten ab. Das **Verbot** der Kostenvorschusspflicht **gilt für alle Instanzen,** es gilt nicht nur für die Gerichtsgebühren, sondern auch für die durch die gerichtliche Tätigkeit entstehenden Auslagen (BAG 12. 12. 1966 AP ZPO § 114 Nr. 1). Beispielsweise kann daher bei einer Zeugenladung nicht von derjenigen Partei, die sich auf diesen Zeugen berufen hat, die Zahlung eines Vorschusses verlangt werden, auch kann zur Vermeidung des Entstehens von Kosten durch das Gericht nicht die Stellung des Zeugen durch die Partei angeordnet werden. Bei der Hinzuziehung von Sachverständigen oder Dolmetschern kann von den Parteien kein Vorschuss auf die zu erwartenden Kosten gefordert werden. Für Maßnahmen der Zwangsvollstreckung aus arbeitsgerichtlichen Titeln kann ein Kostenvorschuss nicht erhoben werden. Da auch im arbeitsgerichtlichen Verfahren nach § 764 Abs. 1 ZPO das Amtsgericht Vollstreckungsgericht ist (*Grunsky* § 62 Rn. 11; *Zöller/Stöber* § 764 Rn. 1), gilt das Verbot des Kostenvorschusses auch für Zwangsvollstreckungsmaßnahmen, die durch das Amtsgericht als Vollstreckungsgericht veranlasst werden.

Gerichtsvollzieher dürfen keine Gebührenvorschüsse erheben, § 4 Abs. 1 Satz 4 GVKostG. Das Vorschussverbot betrifft hier aber nur die Gebühren, nicht die Auslagen. Diese dürfen vorschussweise vom Gerichtsvollzieher erhoben werden. Macht der Gerichtsvollzieher die Vornahme einer Vollstreckungshandlung von der Zahlung eines Vorschusses abhängig, kann der Auftraggeber gemäß § 766 ZPO Erinnerung einlegen (GK-ArbGG/*Wenzel* § 12 Rn. 217; *Tschischgale/Satzky* S. 78). 75

2. Fälligkeit

Die Gebühren und Kosten entstehen, wenn der gesetzliche Tatbestand erfüllt ist, in der Regel also mit Beginn des gerichtlichen Verfahrens (z. B. Klageerhebung, Einlegung des Rechtsmittels usw.). In Abweichung von den Verfahren in der ordentlichen Gerichtsbarkeit (§ 6 Abs. 1 GKG) werden aber die Gebühren und Kosten erst bei Verfahrensbeendigung in der jeweiligen Instanz fällig, § 6 Abs. 4 GKG i. V. § 9 GKG. Erforderlich ist, dass entweder eine unbedingte Entscheidung über die Kosten ergangen ist, § 9 Abs. 1 Nr. 1 GKG oder das **gesamte Verfahren** in der Instanz beendet ist, § 9 Abs. 1 Nrn. 2 bis 4 GKG; wird lediglich ein Teil beispielsweise durch Teilurteil oder Teilvergleich erledigt, ohne dass eine Kostenentscheidung getroffen wurde, tritt eine Fälligkeit der Kosten und Gebühren noch nicht ein. Die Regelung über die Fälligkeit betrifft allein die Gerichtsgebühren. Für die Rechtsanwaltsgebühren gelten die Fälligkeitsbestimmungen des RVG, insbes. § 8 RVG. 76

Die **Fälligkeitstatbestände** sind in § 9 Abs. 1 Nrn. 1 bis 4 GKG im Einzelnen aufgeführt. Eine **unbedingte Kostenentscheidung**, § 9 Abs. 1 Nr. 1 GKG, liegt beispielsweise bei einem Endurteil, sei es ein Schlussurteil, Anerkenntnisurteil, Verzichtsurteil oder auch bei einem Beschluss nach § 91 a ZPO vor. Auch bei Erlass eines Versäumnisurteils liegt eine unbedingte Kostenentscheidung vor, obwohl die Instanz wieder auflebt, wenn rechtzeitig ein Einspruch erhoben wird. Im Grunde besteht hier eine Parallele zu der vorläufigen Vollstreckbarkeit des § 62, obwohl diese nicht Voraussetzung der Fälligkeit ist. Diese tritt daher auch ein, wenn Rechtsmittel oder Rechtsbehelf eingelegt worden sind, oder wenn die Zwangsvollstreckung eingestellt wurde. Das Gleiche gilt bei Erlass eines Vollstreckungsbescheids (vgl. dazu ArbGG-*Krönig* § 12 Rn. 24). Allein entscheidend ist auch, dass eine Kostenentscheidung vorliegt, eine Sachentscheidung ist nicht erforderlich. 77

Nach § 9 Abs. 1 Nr. 2 GKG tritt die Fälligkeit weiter bei Beendigung des Verfahrens durch **Vergleich oder Rücknahme** ein. Der Vergleich muss wirksam sein, ein Widerrufsvergleich beendet das Verfahren nur, wenn der Widerruf nicht ausgeübt worden oder auf ihn verzichtet worden ist. Bei einer Klagerücknahme endet das Verfahren mit deren 78

Germelmann 377

Wirksamkeit, ist die Zustimmung des Gegners erforderlich, wird das Verfahren erst mit der Erteilung der Zustimmung beendet. Das Gleiche gilt bei Rücknahme eines Rechtsmittels oder eines sonstigen Antrages. Dass ggf. noch über die Kosten der Klagerücknahme, § 269 Abs. 3, 4 ZPO, zu entscheiden ist, ist für die Fälligkeit unerheblich, diese tritt schon durch die gesetzliche Regelung in § 269 Abs. 3 ZPO unmittelbar ein. Wollte man nämlich darauf abstellen, dass die Fälligkeit erst eintritt, wenn ein entsprechender Antrag nach § 269 Abs. 4 ZPO gestellt worden ist, hätte es die jeweils gegnerische Partei in der Hand, den Zeitpunkt der Fälligkeit durch ihr Verhalten zu bestimmen, sie könnte den Fälligkeitszeitpunkt hinauszögern (*Schwab/Weth/Vollstädt*, § 12 Rn. 107; ArbGG-*Krönig* § 12 Rn. 25 a. A. *Grunsky* § 12 Rn. 24). Bei der Berufungsrücknahme ist über deren Folgen ohnehin von Amts wegen zu entscheiden, § 516 Abs. 3 Satz 2 ZPO. Die **Kostenprivilegierung** in diesen Fällen kann allerdings dazu führen, dass keine Kosten zu erheben sind.

79   Soweit Zustellungen erforderlich sind, tritt die Beendigung des Verfahrens erst mit der Zustellung der betreffenden Entscheidung ein (*Grunsky* § 12 Rn. 24).

80   Weiter werden Kosten und Gebühren fällig, wenn das Verfahren sechs Monate geruht hat oder von den Parteien nicht betrieben worden ist, § 9 Abs. 1 Nr. 3 GKG. Zur Ausnahmeregelung des § 54 Abs. 5 Satz 4 siehe oben Rn. 18. Das **Ruhen des Verfahrens** kann nur vom Gericht gemäß §§ 251 Abs. 1 bzw. 251a Abs. 3 ZPO sowie § 54 Abs. 5 Satz 1 angeordnet werden. Die Fälligkeit tritt nicht schon mit dem Erlass des Beschlusses über die Anordnung des Ruhens des Verfahrens ein, dieser bestimmt aber den Beginn des Laufs der Sechs-Monats-Frist.

81   Das **Nichtbetreiben** des Verfahrens setzt voraus, dass die Parteien in dieser Zeit das Verfahren offenkundig nicht fördern. Es kann daher auch dann gegeben sein, wenn die Parteien zwar Schriftsätze wechseln, diese jedoch nicht den Sach- und Streitstand in irgendeiner Form voranbringen (*Grunsky* § 12 Rn. 25; *Tschischgale/Satzky* S. 77 mit Fußnote 22).

82   Das Nichtbetreiben setzt aber voraus, dass die Parteien das Verfahren tatsächlich auch betreiben können. Dies ist ausgeschlossen, wenn das **Verfahren unterbrochen**, §§ 239 ff. ZPO, oder ausgesetzt, §§ 246 ff. ZPO, worden ist. Die Wirkung der Unterbrechung oder Aussetzung hat nämlich zur Folge, dass Prozesshandlungen nicht wirksam vorgenommen werden können, § 249 Abs. 2 ZPO. Der Gesetzgeber hat daher in § 9 Abs. 1 Nr. 4 GKG auch für diesen Fall die Fälligkeit der Gebühren festgelegt. Damit wird auch die Aussetzung wegen eines Insolvenzverfahrens erfasst. Es ist nicht erforderlich, dass das Verfahren von einer Partei nach den Vorschriften des Insolvenzverfahrens aufgenommen werden müsste.

83   Schließlich tritt die Fälligkeit auch ein, wenn das Verfahren durch **anderweitige Erledigung** beendet worden ist, § 9 Abs. 1 Nr. 5 GKG.

3. Einziehung

a) Beitreibung

84   Für die Einziehung der Gebühren und Kosten sind die Vorschriften der **Justizverwaltungskostenordnung** (JVKostO vom 14. 2. 1940 – RGBl. S. 357, mit späteren Änderungen, z. B. durch Gesetz vom 21. 6. 2002, BGBl. I S. 2144) anzuwenden. Die **Kostenrechnung** ist ein **Justizverwaltungsakt** mit der Folge, dass der Kostenansatz im Verwaltungswege berichtigt werden kann, § 19 Abs. 5 Satz 1 GKG, solange eine gerichtliche Entscheidung nicht getroffen ist. Die Kostenrechnung ist abhängig von der Streitwertfestsetzung durch das Gericht, wird diese geändert, muss auch der Kostenansatz berichtigt und angepasst werden, Satz 2 der Vorschrift. Die Zuständigkeit für den Kostenansatz ergibt sich aus § 19 Abs. 1 GKG, durch § 66 GKG wird festgelegt, dass über Erinnerungen gegen den Kostenansatz das Gericht entscheidet, bei dem die Kosten angesetzt worden sind. Die Beschwerdemöglichkeit richtet sich nach § 66 Abs. 2 GKG.

VI. Kostenvorschüsse und Fälligkeit der Kosten § 12

Aus § 4 Abs. 2 GKG ergibt sich, dass Mehrkosten, die durch Anrufung eines unzuständigen Gerichtes entstehen, nur dann erhoben werden können, wenn die Anrufung auf verschuldeter Unkenntnis der tatsächlichen oder rechtlichen Verhältnisse beruht. Entscheidungsbefugt hierüber ist das Gericht, an das der Rechtsstreit verwiesen worden ist. Im Übrigen handelt es sich bei der Beitreibung der Gerichtskosten nicht um ein zivilprozessuales Vollstreckungsverfahren, sondern ein Verwaltungszwangsverfahren (BVerwG 29. 4. 1982 NJW 1983, 899 f.; GK-ArbGG/*Wenzel* § 12 Rn. 240). Grundlage der Beitreibung ist die Justizbeitreibungsordnung vom 11. 3. 1937 (RGBl. S. 298, mit späteren Änderungen, z. B. durch Gesetz vom 26. 10. 2001 – BGBl. I S. 2710). Durch § 12 ist klargestellt, dass auch die Justizbeitreibungsordnung, soweit sie nicht ohnehin unmittelbar Anwendung findet, auch für das arbeitsgerichtliche Verfahren anzuwenden ist. Nach Satz 2 dieser Bestimmung leisten die Vollstreckungsbehörden der Justizverwaltung oder die sonst nach Landesrecht zuständigen Stellen den Gerichten für Arbeitssachen Amtshilfe. Soweit Ansprüche bei dem Bundesarbeitsgericht entstehen, ist Vollstreckungsbehörde die bei dem Bundesarbeitsgericht eigenständig gebildete Justizbeitreibungsstelle, Satz 3. Auch für diese gelten allerdings die Bestimmungen über die Justizverwaltungskosten einschließlich der Justizbeitreibungsordnung.

Hinsichtlich der **Gerichtsvollziehergebühren** findet die Gebührenordnung für Gerichtsvollzieher auch im arbeitsgerichtlichen Verfahren unmittelbar Anwendung (*Tschischgale/Satzky* S. 279 f.; *Grunsky* § 12 Rn. 29). Hinsichtlich des Verbotes der Vorschusspflicht bei Gerichtsvollziehergebühren s. o. Rn. 71. 85

b) Kostenschuldner

Wer Kostenschuldner ist, richtet sich grundsätzlich nach den gleichen Bestimmungen wie im Verfahren vor den ordentlichen Gerichten. Kostenschuldner kann daher zunächst einmal derjenige sein, der das Verfahren **beantragt** hat, es handelt sich hierbei um den Antrags- oder Veranlassungsschuldner des § 22 Abs. 1 GKG Kostenschuldner kann ferner derjenige sein, dem durch eine **gerichtliche Entscheidung** die Kosten des Verfahrens auferlegt worden sind, § 29 Nr. 1 GKG. Ferner kann auch im arbeitsgerichtlichen Verfahren durch eine vor Gericht abgegebene oder dem Gericht mitgeteilte **Erklärung** eine Kostenübernahme erfolgen, haften tut dann der Übernahmeschuldner, § 29 Nr. 2 GKG. Schließlich ist derjenige Kostenschuldner, der kraft Gesetzes für die Kostenschuld eines anderen haftet, § 29 Nr. 3 GKG. Für die Kosten der Zwangsvollstreckung haftet derjenige, der Vollstreckungsschuldner ist, § 29 Nr. 4 GKG. 86

In Abweichung von diesen Grundsätzen ist in § 22 Abs. 2 GKG die **Zweitschuldnerhaftung** ausdrücklich **ausgeschlossen** worden. Ist durch gerichtliche Entscheidung nach § 29 Nr. 1 GKG oder durch Erklärung gegenüber dem Gericht gemäß § 29 Nr. 2 GKG die Kostentragungspflicht einer Partei bestimmt, so kann daneben eine Haftung des Antrags- oder Veranlassungsschuldners des § 22 Abs. 1 GKG nicht mehr in Betracht kommen. Aus dem Wegfall der Zweitschuldnerhaftung folgt darüber hinaus, dass er einen Anspruch gegen die Staatskasse hat, wenn er die Gebühren und Kosten bereits gezahlt hat, durch eine spätere Entscheidung – auch eine abändernde Entscheidung eines Rechtsmittelgerichts – nunmehr ein anderer Kostenschuldner vorhanden ist. In diesem Falle kann der Veranlassungsschuldner des § 22 GKG gegenüber der Staatskasse selbst dann eine Erstattung der von ihm bereits gezahlten Beträge verlangen, wenn der Entscheidungsschuldner zahlungsunfähig sein sollte. Das Gleiche gilt, wenn in einer späteren Instanz von einer Partei die Kosten mit der Folge übernommen werden, dass der Veranlassungsschuldner nicht mehr haftet (zu dem ganzen vgl. *Tschischgale/Satzky* S. 79). Die **Haftung des Antragsschuldners** ist ferner dann **ausgeschlossen**, wenn der Rechtsstreit an die Vorinstanz zurückverwiesen worden ist und deshalb ein Kostenschuldner nach § 29 Nr. 1 oder 2 GKG noch nicht feststeht. Voraussetzung dafür ist aber, dass der Rechtsstreit noch anhängig ist. Wird jedoch nach Zurückverweisung des 87

§ 12 Kosten

Rechtsstreites dieser von den Parteien nicht betrieben, das Ruhen angeordnet oder das Verfahren ausgesetzt, gelten wieder § 9 Abs. 1 Nrn. 3 oder 4 GKG. Sind deren Voraussetzungen erfüllt, gilt wiederum die allgemeine Haftung des § 22 Abs. 1 GKG. Voraussetzung dafür ist allerdings, dass ein Zeitraum von sechs Monaten nach Zurückverweisung des Rechtsstreites verstrichen ist.

VII. Auslagenerstattung

1. Grundsatz

88   Auslagen sind **in allen Instanzen** unter Zugrundelegung der Vorschriften des Kostenverzeichnisses zum GKG (dort Teil 9 Nr. 9000 ff.) **zu erstatten.** Die Fälligkeit des Auslagenerstattungsanspruches richtet sich nach dem Zeitpunkt der Fälligkeit der Gebühren (oben Rn. 76). Hinsichtlich der Kosten im Einzelnen kann auf die Tatbestände im Kostenverzeichnis zum GKG Teil 9 Nr. 9000 bis 9010 verwiesen werden.

2. Dolmetscher und Übersetzer

89   Die Auslagen von Kosten, die durch die Heranziehung von Dolmetschern oder Übersetzern entstehen, sind nach Nr. 9005 Abs. 5 KV dann nicht zu erstatten, wenn sie durch das Gericht herangezogen worden sind, es muss also eine ausdrückliche **Entscheidung des Gerichts** über die Hinzuziehung des Dolmetschers bzw. Übersetzers vorliegen. Es genügt nicht, wenn das Gericht es lediglich duldet, dass ein von einer Partei beauftragter Dolmetscher oder Übersetzer in der mündlichen Verhandlung oder sonst im Verfahren tätig geworden ist. Weiterhin ist Voraussetzung, dass am Verfahren eine **ausländische Partei** beteiligt ist. Es gilt der unmittelbare Parteibegriff. Entscheidend ist daher, ob eine ausländische natürliche oder juristische Person an dem Rechtsstreit beteiligt ist. **Natürliche Personen** müssen die Staatsangehörigkeit eines anderen Staates besitzen. Haben sie sowohl die deutsche Staatsangehörigkeit wie auch die eines anderen Staates, findet die Vorschrift keine Anwendung, in diesem Falle besteht keine Notwendigkeit der Kostenprivilegierung. Bei ausländischen **juristischen Personen** greift das Privileg ein, wenn sie in einem fremden Staat nach dessen Recht gegründet worden sind. Ist eine juristische Person des deutschen Rechts betroffen, greift die Regelung selbst dann nicht ein, wenn der gesetzliche Vertreter der juristischen Person ein Ausländer ist. Eine ausdehnende Auslegung des eindeutigen Gesetzeswortlauts kommt nicht in Betracht. Eine entsprechende Anwendung des Rechtsgedankens des § 166 BGB scheidet aus, die Frage der Erstattungsfreiheit stellt nicht auf die Kenntnis oder das Kennenmüssen ab. Unerheblich ist auch, ob sich die Partei durch einen deutschen Prozessbevollmächtigten vertreten lässt oder nicht. Entscheidend ist allein die Nationalität der Partei.

90   Die **Befreiung erfasst sämtliche Kosten,** die durch die Heranziehung von Dolmetscher oder Übersetzer entstehen, also neben den unmittelbaren Tätigkeitskosten auch die sonstigen Auslagen wie z. B. Wege- und Reisekosten, Portokosten, Mehrwertsteuerbeträge usw. Auch die bei Zustellungen in das Ausland erforderlichen Übersetzungskosten fallen unter das Privileg der Regelung, da die Vorschrift sich nicht allein auf die mündliche Verhandlung bezieht, sondern das gesamte Verfahren erfasst. Voraussetzung ist aber auch hier, dass die Partei, der zugestellt werden soll, Ausländer ist. Zustellungen an Deutsche, die sich im Ausland aufhalten, werden nicht erfasst, hier verbleibt es bei den allgemeinen Regeln, Übersetzungskosten können daher in diesen Fällen in Rechnung gestellt werden, wenn das Verfahren abgeschlossen ist.

91   Die Kostenbefreiung tritt nur ein, wenn die **Gegenseitigkeit** verbürgt ist. Die Gegenseitigkeit ist nur dann verbürgt, wenn eine deutsche Partei im Rahmen eines arbeitsgerichtlichen Prozesses vor einem Gericht dieses Staates ebenfalls keine Dolmetscher- und Übersetzerkosten bezahlen müsste. Zurzeit ist die Gegenseitigkeit lediglich mit den

Staaten Italien (BArbBl. 1982 Nr. 7/8, S. 44), Indien (BArbBl. 1981 Nr. 4, S. 40) und der Türkei (BArbBl. 1981 Nr. 9, S. 61) durch formelle Vereinbarungen verbürgt. Nach Auffassung der Bundesregierung soll auch im Verhältnis zu Portugal, Belgien und Luxemburg von einer Gegenseitigkeit ausgegangen werden können, ohne dass formelle Vereinbarungen bestünden (GK-ArbGG/*Wenzel* § 12 Rn. 34). Für Portugal soll nach Auffassung des LAG Frankfurt (22. 3. 1999 – 9/6 Ta 339/98) gleichwohl die Gegenseitigkeit nicht verbürgt sein. Keine Gegenseitigkeit besteht für Frankreich und Großbritannien sowie die weiteren, nicht genannten Staaten.

Ist ein **Staatenloser** Partei, tritt die Kostenbefreiung schon dann ein, wenn der Dolmetscher oder Übersetzer vom Gericht herangezogen worden ist. **92**

3. Dolmetscher für behinderte Menschen

Zur Wahrung des rechtlichen Gehörs und der Chancengleichheit muss gewährleistet **93** werden, dass auch seh- und hörbehinderte Menschen die Möglichkeit erhalten, der gerichtlichen Verhandlung zu folgen, vgl. §§ 186, 191 a GVG. Die Kosten sind nun im Rahmen von Nr. 9005 Abs. 3 des Kostenverzeichnisses zum GKG i. d. R. nicht zu erheben. Es handelt sich im Grunde um eine Leistung des Sozialrechts.

VIII. Die Streitwertberechnung bei Bestandsstreitigkeiten, wiederkehrenden Leistungen und Eingruppierungen

1. Allgemeines

Die Streitwertberechnungsregel des § 42 Abs. 3 bis 5 GKG beschränkt das dem **94** Gericht nach § 3 ZPO eingeräumte Ermessen. Diese Sonderregelung verfolgt den **sozialen Zweck**, diejenigen Streitigkeiten, bei denen es regelmäßig um die wirtschaftliche Lebensgrundlage des Arbeitnehmers geht, kostenmäßig besonders günstig zu gestalten (BAG 30. 11. 1984 AP ArbGG 1979 § 12 Nr. 9; *Tschischgale/Satzky* S. 34). Die Bestimmung gilt, wie sich aus dem Ausschluss der Anwendbarkeit des § 62 Satz 1 GKG (dazu unten Rn. 139 ff.) ergibt, in erster Linie für die Berechnung des Gebührenstreitwerts. Sie ist dabei nicht nur Grundlage für die Streitwertfestsetzung zum Zwecke der Berechnung der Gerichtsgebühren, sondern auch für die Berechnung der Rechtsanwaltsgebühren, wobei sie auch für Anwaltsgebühren außerhalb eines gerichtlichen Verfahrens maßgeblich sein kann.

Da die **Streitwertfestsetzung** grundsätzlich in der ersten Instanz **durch Urteil** erfolgt, **95** ist ein **gesonderter Streitwertbeschluss** nur erforderlich, wenn ein Beteiligter – hierzu kann auch der bevollmächtigte Rechtsanwalt gehören – oder die Staatskasse diesen beantragen, § 62 Abs. 2 Satz 2 GKG. Daneben kann das Gericht die Festsetzung vornehmen, wenn sie diese für angemessen hält. Das wird in der Regel der Fall sein, wenn ein Fall des § 9 Abs. 2 GKG gegeben ist, der eine Kostenerhebung ohne Vorliegen eines Urteils erfordert. Eine Wertfestsetzung für die Zuständigkeit des Gerichts oder der Zulässigkeit eines Rechtsmittels erfolgt im arbeitsgerichtlichen Verfahren nicht, § 62 Satz 2 GKG (vgl. näher im Übrigen unten Rn. 139 ff.).

Für die **Wertberechnung** kommt es auf den **Zeitpunkt** der Antragstellung in der **96** jeweiligen Instanz an, § 40 GKG. Spätere Änderungen des Wertes sind damit grundsätzlich unerheblich. Wird jedoch später der Antrag verändert, beispielsweise durch eine Klageerweiterung, ist der dann bestehende Wert maßgeblich. Vergleichbares gilt auch, wenn ein Verfahren in Teilen zu unterschiedlichen Zeitpunkten beendet wird, wenn also beispielsweise Teilurteile verkündet werden. Die Kostenberechnung darf in diesem Falle aber nur nach einem einheitlichen Wert berechnet werden, da grundsätzlich die Kostenentscheidung wegen der Einheit des Verfahrens in diesem Punkt im Schlussurteil zu erfolgen hat. Werden jedoch mehrere gebührenpflichtige Handlungen vorgenommen, für die gesonderte Gebühren zu zahlen sind, sind die Gebühren nur nach dem Wert des jeweils betroffenen Teils zu berechnen, § 36 GKG.

2. Bestandsstreitigkeiten

a) Begriff

97 Der Begriff der Bestandsstreitigkeit, die von § 42 Abs. 4 Satz 1 GKG erfasst wird, ist **umfassend**. Erfasst werden nicht nur die typischen Kündigungsschutzstreitigkeiten, sondern sämtliche Verfahren, die den Bestand oder das Zustandekommen eines rechtswirksamen Arbeitsverhältnisses bzw. das Bestehen eines solchen zum Gegenstand haben. Zu den Bestandsstreitigkeiten zählen daher auch Verfahren, in denen es um die Wirksamkeit einer Anfechtung eines Arbeitsvertrages geht, um die Frage der Wirksamkeit der Befristung, der Fortsetzung eines Arbeitsverhältnisses und der Wirksamkeit eines Auflösungsvertrages bzw. der Erklärung in einer Ausgleichsquittung. Zu einer Bestandsschutzstreitigkeit gehört auch die Vorfrage der nachträglichen Zulassung, § 5 KSchG. Auch Änderungskündigungen betreffen den Bestand des Arbeitsverhältnisses selbst dann, wenn die Änderung der Arbeitsbedingungen unter dem Vorbehalt der Überprüfung der sozialen Rechtfertigung von dem Arbeitnehmer angenommen worden ist, § 2 Satz 1 KSchG. Nicht unter den Begriff der Änderungskündigung fallen die Tatbestände, in denen es um die Wirksamkeit des Widerrufs oder der Einstellung einer Leistung geht, ohne dass eine Änderungskündigung ausgesprochen worden wäre.

98 Weiterhin zählen zu den Bestandsstreitigkeiten auch die Verfahren, in denen es um die **Feststellung** geht, **ob** zwischen den Parteien ein **Arbeitsverhältnis** oder ein sonstiges Dienstverhältnis bzw. freies Mitarbeiterverhältnis **besteht**. Ist jedoch zwischen den Parteien unstreitig, dass es sich um ein freies Mitarbeiterverhältnis handelt und wird nur über die Frage des Bestehens dieses Mitarbeiterverhältnisses gestritten, so findet die Vorschrift des § 42 Abs. 4 Satz 1 GKG keine Anwendung (BGH 13. 2. 1986 NJW 1986, 1178; OLG Köln 8. 9. 1994 NJW-RR 1995, 318). Dies folgt daraus, dass in § 42 Abs. 4 Satz 1 nur das Arbeitsverhältnis genannt ist, nicht jedoch sonstige Rechtsverhältnisse. Ob die Bestimmung anwendbar ist oder nicht, richtet sich dabei nach dem Klagebegehren. Wird die Feststellung des Bestehens eines Arbeitsverhältnisses beantragt, kommt jedoch das Gericht zu dem Ergebnis, dass lediglich ein freies Mitarbeiterverhältnis begründet worden ist, ist für die Frage der Streitwertberechnung von der Vorschrift des § 42 Abs. 4 Satz 1 GKG auszugehen.

99 Bei dem Streit um das Bestehen, das Nichtbestehen oder die Wirksamkeit einer Kündigung des Arbeitsverhältnisses handelt es sich um eine **vermögensrechtliche Streitigkeit** (BAG 24. 3. 1980 AP ArbGG 1979 § 64 Nr. 1; 22. 5. 1984 NZA 1984, 332). Eine vermögensrechtliche Streitigkeit liegt nämlich nicht nur dann vor, wenn Ansprüche auf Geld oder geldwerte Leistungen Gegenstand des Verfahrens sind, sondern auch, wenn mit dem geltend gemachten Anspruch lediglich die Feststellung eines Rechtsverhältnisses begehrt wird, aus dem vermögenswerte Ansprüche erwachsen oder erwachsen können. Das gilt auch, wenn es sich bei dem Arbeitsverhältnis um ein Berufsausbildungsverhältnis handelt, denn zumindest enthält es auch vermögensrechtliche Elemente, der Auszubildende soll auch durch den ordnungsgemäßen Abschluss der Berufsausbildung in die Lage versetzt werden, seine Arbeitsleistung in einem Arbeitsverhältnis gegen Entgelt auszuüben (vgl. dazu BAG 22. 5. 1984 NZA 1984, 332; LAG Berlin 7. 1. 1980 EzA ArbGG 1979 § 64 Nr. 1). Vermögensrechtlichen Charakter haben auch Streitigkeiten, bei denen es um Tatbestände geht, die lediglich eine Kündigung vorbereiten sollten, wie dies bei Verfahren über die Wirksamkeit von Abmahnungen oder deren Entfernung aus der Personalakte der Fall ist (BAG 24. 2. 1982 AP ArbGG 1979 § 64 Nr. 3). Auch hier richtet sich die Klage nämlich gegen die Gefährdung eines Arbeitsplatzes, betrifft also letztlich auch das wirtschaftliche Austauschverhältnis. Eine Wertfestsetzung wie bei einer nichtvermögensrechtlichen Streitigkeit gem. § 48 Abs. 2 GKG scheidet daher aus.

VIII. Die Streitwertberechnung bei Bestandsstreitigkeiten etc.   § 12

b) Bewertungsmaßstäbe

Die einzelnen Bewertungsmaßstäbe im Rahmen des § 42 Abs. 4 Satz 1 GKG sind **100** umstritten. Zum einen wurde die Auffassung vertreten, dass es sich bei dem in der Vorschrift genannten Vierteljahresverdienst um einen **Regelstreitwert** handele, der nur dann unterschritten werden dürfe, wenn das wirtschaftliche Interesse des Arbeitnehmers am Ausgang des Rechtsstreites unter drei Monatseinkommen liege (LAG Hamburg 15. 5. 1990 LAGE ArbGG § 12 Streitwert Nr. 85; LAG Berlin 18. 10. 1982 AnwBl. 1983, 35; LAG Düsseldorf 1. 2. 1982 AnwBl. 1982, 316 mit Anm. von *Kopp*; LAG München 29. 6. 1981 AP ArbGG 1979 § 12 Nr. 4; LAG Hamm 21. 4. 1981 Kostenrechtsprechung ArbGG § 12 Nr. 33; vgl. auch *Kopp* AnwBl. 1980, 499).

Demgegenüber wird in einer Entscheidung des Bundesarbeitsgerichts (30. 11. 1984 **101** NZA 1985, 369 ff. m. w. N.) die Auffassung vertreten, dass es sich bei dem Wert lediglich um die **Obergrenze** des Streitwertes handele und dass im Bereich dieser Obergrenze nach § 3 ZPO das Gericht ein Ermessen auszuüben habe (vgl. dazu schon BAG 10. 6. 1977 AP ArbGG 1953 § 12 Nr. 22; so auch schon LAG Baden-Württemberg 5. 1. 1981 DB 1981, 801; LAG Rheinland-Pfalz 2. 7. 2004 NZA-RR 2005, 131). Streitgegenstand einer Kündigungsschutzklage sei lediglich die Feststellung, ob ein Arbeitsverhältnis aus Anlass einer ganz bestimmten Kündigung zu einem bestimmten Termin aufgelöst worden sei oder nicht, nur das wirtschaftliche Interesse an dieser Feststellung sei zu bewerten. Gegen die Annahme eines Regelstreitwertes spreche auch, dass die Vorschrift ohne Differenzierung für alle Streitigkeiten über das Bestehen oder Nichtbestehen eines Arbeitsverhältnisses oder dessen Kündigung gelte. Mit der Klage auf Feststellung des Fortbestandes des Arbeitsverhältnisses werde nicht in der Regel dessen Fortsetzung auf unbestimmte Zeit begehrt, vielmehr sei der Streitgegenstand einer solchen Klage zeitlich befristet. Auch könne nicht das Interesse an einer einheitlichen Streitwertberechnung gegen die Annahme eines Ermessensspielraumes des Gerichts angeführt werden. Es gäbe nämlich keinen allgemein geltenden Grundsatz der Kostengerechtigkeit in der Weise, dass für vergleichbare Sachverhalte von verschiedenen Gerichten genau der gleiche Streitwert festgesetzt werden müsse, vielmehr lasse gerade auch § 3 ZPO den Gerichten einen Ermessensspielraum offen. Dieses Ermessen müsse aber pflichtgemäß ausgeübt werden, die Gerichte seien an die allgemeinen Wertbemessungsgrundsätze gebunden. Es sei nicht angebracht, von Faktoren außerhalb des Arbeitsverhältnisses, wie z. B. Kinderzahl, Familienstand und Alter des Arbeitnehmers auszugehen, auch die Schwierigkeit der Sache sei regelmäßig kein unter kostenrechtlichen Gesichtspunkten maßgeblicher Aspekt. Vielmehr sei bei der Festsetzung des Wertes des Streitgegenstandes von dem wirtschaftlichen Interesse der klagenden Partei am Streitgegenstand auszugehen. Dieser Wert werde in erster Linie davon bestimmt, wie stark sich das Arbeitsverhältnis verfestigt habe. Im Rahmen einer **typisierenden Wertfestsetzung** hält dabei das Bundesarbeitsgericht bei einem Bestand des Arbeitsverhältnisses bis zu sechs Monaten ein Monatsentgelt, bei einer Bestandsdauer zwischen sechs und zwölf Monaten regelmäßig zwei Monatsverdienste und bei einer Dauer von mehr als zwölf Monaten regelmäßig einen Wert von drei Monatsentgelten für angemessen. Bei Arbeitsverhältnissen, die nur aus wichtigem Grund oder mit behördlicher Zustimmung gekündigt werden könnten, sei stets bei der Wertberechnung von einem Vierteljahresentgelt auszugehen (so auch LAG Berlin 19. 8. 2003 – 17 Ta 6063/03 m. w. Nachw.).

Diese Rechtsprechung ist von den Instanzgerichten **zwiespältig aufgenommen** worden. **102** Während der Entscheidung ohne nähere eigene Begründung allein aus dem Gesichtspunkt einer einheitlichen Rechtsprechung gefolgt wurde (z. B. LAG Berlin 4. 6. 1985 Kostenrechtsprechung ArbGG § 12 Nr. 116 mit ablehnender Anm. *Egon Schneider*; LAG Bremen 29. 1. 1986 Kostenrechtsprechung ArbGG § 12 Nr. 144 mit ablehnender Anm. *Egon Schneider*, a. A. auch LAG Bremen 28. 2. 1986 EzA ArbGG 1979 § 12 Nr. 49; wie das BAG aber auch LAG Baden-Württemberg 8. 10. 1986 EzA ArbGG 1979

Germelmann 383

§ 12 Streitwert Nr. 58 mit Anm. *Egon Schneider*), wurde auch darauf verwiesen, dass in vielen Vorschriften an die Dauer des Arbeitsverhältnisses angeknüpft werde. Dieser komme auch bei der Frage der Wirksamkeit einer arbeitgeberseitigen Kündigung eine wesentliche Bedeutung zu. Der Wert der konkreten Bestandsstreitigkeit sei daher auch unter Berücksichtigung der zurückgelegten Beschäftigungszeit des Arbeitnehmers zu bestimmen (LAG Berlin 13. 3. 2001 – 17 Ta 6026/01 (Kost)). Eine Vielzahl von Entscheidungen der Instanzgerichte ist der vom Bundesarbeitsgericht vertretenen Auffassung entgegengetreten. So wird eingewandt, dass der Wortlaut des § 12 Abs. 7 Satz 1 a. F. eine derartige Auslegung nicht zulasse (LAG Rheinland-Pfalz 24. 3. 1986 EzA ArbGG 1979 § 12 Streitwert Nr. 54), die Voraussetzungen für eine lückenausfüllende Rechtsfortbildung seien nicht gegeben und richterliches Ermessen könne nicht durch Grundsatzentscheidungen des Bundesarbeitsgerichts ersetzt werden (vgl. LAG Hamburg 15. 5. 1990 LAGE ArbGG § 12 Streitwert Nr. 85; LAG Köln 15. 11. 1985 EzA ArbGG 1979 § 12 Streitwert Nr. 42; LAG Niedersachsen 21. 1. 1986 EzA ArbGG 1979 § 12 Streitwert Nr. 46; LAG Nürnberg 5. 5. 1986 EzA ArbGG 1979 § 12 Streitwert Nr. 53), auch sei nicht einsichtig, dass eine langjährige Rechtsprechungspraxis plötzlich fehlerhafte Ermessensausübung sein solle (LAG München 13. 1. 1986 EzA ArbGG 1979 § 12 Streitwert Nr. 51). Auch müssten individuelle Schwierigkeiten bei der Arbeitsplatzsuche berücksichtigt werden (LAG Baden-Württemberg 21. 9. 1992 AnwBl. 1993, 41 f.). Ferner ist in den genannten Entscheidungen darauf hingewiesen worden, dass die Auffassung des BAG gegen Grundregeln des Streitwertrechts verstoße (vgl. zu dem ganzen auch *Egon Schneider* in Anm. zu EzA ArbGG 1979 § 12 Streitwert Nr. 58; *Popp* DB 1990, 481 f.).

103 Wie jede **Streitwertberechnung richtet sich** die nach § 42 Abs. 4 Satz 1 GKG auch **nach dem prozessualen Anspruch**, der in dem Rechtsstreit verfolgt wird. Bestimmend für die Streitwertbemessung ist dabei der Antrag, der gestellt worden ist. Bei den Feststellungsanträgen, die im Rahmen der Bestandsstreitigkeiten Gegenstand des Prozesses sind, ist Streitgegenstand allein die Tatsache, dass der Bestand bzw. Fortbestand des Arbeitsverhältnisses für die Zukunft geltend gemacht wird. Hinsichtlich des um die Feststellung des unveränderten Fortbestehens des Arbeitsverhältnisses erweiterten Antrages siehe unten Rn. 111. Eine Bezugnahme auf die Vergangenheit erfolgt regelmäßig nicht. Ist aber das Klageziel allein auf die Zukunft ausgerichtet, so erscheint es problematisch, den Gegenstandswert nach der bisherigen Dauer des Arbeitsverhältnisses zu bemessen. Damit würde nämlich letztlich ein Bewertungsmaßstab herangezogen werden, der im Rahmen der Erfolgsaussicht der Klage zu berücksichtigen wäre. Gerade dies ist jedoch dem Streitwertrecht fremd, weder die Erfolgsaussicht noch die Schwierigkeit eines Rechtsstreites können Maßstab für die Streitwertberechnung sein. Aus dem gleichen Grunde können auch nicht Kriterien wie Alter des Arbeitnehmers, Zahl der Unterhaltsberechtigten usw. berücksichtigt werden. Kommt es damit aber allein auf den Klageantrag an, so ergibt sich für die Streitwertberechnung, dass **im Regelfall** von einem **Dreimonatsverdienst** als Streitwert auszugehen ist, eine niedrigere Bewertung kommt nur dann in Frage, wenn sich aus dem Antrag bzw. der Begründung zu dem Antrag ergibt, dass der Bestand bzw. Fortbestand des Arbeitsverhältnisses nur für einen kürzeren Zeitraum geltend gemacht werden soll (so LAG Frankfurt 21. 1. 1999 NZA-RR 1999, 159, 160; LAG Niedersachsen 13. 7. 1993 AnwBl. 1994, 152; vgl. zu dem ganzen auch *Grunsky* § 12 Rn. 6 a; GK-ArbGG/*Wenzel* § 12 Rn. 132 ff.: *Schwab/Weth/Vollstädt* § 12 Rn. 172). Es ist auch nicht erkennbar, dass der Gesetzgeber von den allgemein gültigen Grundsätzen des Gebührenrechts mit der Regelung des § 42 Abs. 4 Satz 1 GKG abgehen wollte, vielmehr enthält die Vorschrift, wie sich aus ihrem Wortlaut ergibt, lediglich eine Begrenzung der Höhe nach, ohne dass im Übrigen von den allgemeinen Streitwertgrundsätzen abgewichen werden sollte. Dies spricht dann aber dafür, dass über den Umweg der typisierenden Betrachtungsweise nicht eine Bewertung der Erfolgsaussicht der Klage herbeigeführt werden sollte. Im Übrigen würde eine solche typisierende Betrachtungsweise auch dann versagen, wenn ein Bewerber um einen Arbeitsplatz im Rahmen eines Bestandsstreits einen Einstellungsanspruch durchzusetzen versucht. Hier ist das Klageziel eindeutig lediglich von der Bewertung der Zukunft abhängig. Auch kann die Bewertung nach der zeitlichen Dauer eines Arbeitsverhältnisses in der Vergangenheit nicht überzeugen, da es auch langandauernde Arbeitsverhältnisse gibt, die nicht dem Kündigungsschutzgesetz unterliegen. Will man bei der Streitwertberechnung den möglichen Bestandsschutz bewerten, dann müsste auch in derartigen Rechtsverhältnissen, die nicht dem Kündigungsschutzgesetz unterliegen, grundsätzlich der Streitwert auf höchstens ein Monatsentgelt festgesetzt werden dürfen.

c) Begriff des Arbeitsentgelts

Arbeitsentgelt im Sinne der Vorschrift sind alle Beträge, die der Arbeitgeber auch im Falle des Annahmeverzuges schulden würde (*Grunsky* § 12 Rn. 4 a; GK-ArbGG/*Wenzel* § 12 Rn. 140), bzw. die im Falle der Entgeltfortzahlung im Krankheitsfalle zu leisten wären. Erfasst werden daher auch Zuschläge sowie Prämien und Naturalleistungen, die **Entgeltcharakter** haben. Zahlungen, die nicht erkennbar reinen Entgeltcharakter besitzen, können bei der Bemessung des Arbeitsentgeltes nicht berücksichtigt werden, nicht erfasst werden daher beispielsweise Urlaubs- und Weihnachtsgratifikationen, wenn sie jederzeit widerruflich sind, diese können auch nicht in Höhe eines Zwölftels berücksichtigt werden, da sie neben dem Entgeltcharakter auch eine Bindungswirkung für die Zukunft enthalten (GK-ArbGG/*Wenzel* § 12 Rn. 140 m. w. N.; *Grunsky* a. a. O.; vgl. auch für den Fall des Eingruppierungsrechtsstreits BAG 24. 3. 1981 AP ArbGG 1979 § 12 Nr. 3). Ist das 13. Monatsgehalt unzweifelhaft als Arbeitsentgelt vereinbart, ist es bei der Berechnung des Vierteljahreseinkommens anteilig zu berücksichtigen (LAG Köln 17. 11. 1995 NZA-RR 1996, 392). Entscheidend ist der Zweck, der mit der jeweiligen Zuwendung erkennbar verfolgt werden soll. Sobald die Zuwendung Gratifikationscharakter besitzt, kann sie bei der Bemessung des Arbeitsentgelts selbst dann nicht berücksichtigt werden, wenn sie gleichzeitig daneben auch Entgeltcharakter haben soll (vgl. dazu auch BAG 4. 9. 1996 AP ArbGG 1979 § 12 Nr. 19; LAG Berlin 16. 10. 1985 EzA ArbGG 1979 § 12 Streitwert Nr. 44; *Schwab/Weth/Vollstädt* § 12 Rn. 168; bei Entgeltcharakter für Berücksichtigung LAG Düsseldorf 28. 6. 1990 JurBüro 1990, 1153). Nicht hinzuzurechnen sind Nebenverdienstmöglichkeiten, da diese nicht Entgelt für geleistete Arbeit sind (vgl. aber LAG Rheinland-Pfalz 18. 6. 1991 MedR 1992, 118; LAG Hamm 29. 1. 1976 AnwBl. 1976, 166; *Schwab/Weth/Vollstädt* § 12 Rn. 167; GK-ArbGG/*Wenzel* § 12 Rn. 140). **104**

Für die **Höhe des Arbeitsentgelts** kommt es auf das Arbeitsentgelt an, das der Arbeitnehmer bei Fortbestand des Arbeitsverhältnisses in den ersten drei Monaten nach dem streitigen Beendigungszeitpunkt hätte beanspruchen können (BAG 19. 7. 1973 AP ArbGG 1953 § 12 Nr. 20). Später fällige Beträge können auch nicht anteilmäßig (z. B. $1/12$) berücksichtigt werden. Dies folgt daraus, dass der Streitgegenstand, der für die Streitwertberechnung maßgeblich ist, der in die Zukunft gerichtete Bestand des Arbeitsverhältnisses und nicht das in der Vergangenheit liegende Arbeitsverhältnis ist. Im Grunde gilt auch hier das Lohnausfallprinzip. Maßgeblich ist das **Bruttoentgelt,** da dieses vom Arbeitgeber geschuldet wird (LAG Düsseldorf 7. 1. 1991 LAGE ArbGG 1979 § 12 Streitwert Nr. 89, GK-ArbGG/*Wenzel* § 12 Rn. 140; *Grunsky* § 12 Rn. 4 a). Etwas anderes gilt nur dann, wenn zwischen den Parteien eine Nettolohnvereinbarung getroffen worden ist. Teilen die Parteien dem Gericht lediglich den Nettolohn mit, obwohl ein Bruttolohn geschuldet wird, so muss ggf. im Wege der Schätzung zum Zwecke der Streitwertberechnung der Bruttolohn ermittelt werden. Zuschläge, Prämien sowie Naturalleistungen, die in dem Drei-Monats-Zeitraum zu leisten wären, sind mit ihrem Wert hinzuzurechnen. **105**

d) Streitwertberechnung bei objektiver Klagehäufung

106 Wie der Streitwert festzusetzen ist, wenn **mehrere Kündigungen** auf Grund verschiedener Lebenssachverhalte angegriffen werden, ist umstritten (zur subjektiven Klagehäufung siehe oben Rn. 7). Werden die Kündigungen in **verschiedenen Verfahren** mit einer Feststellungsklage angegriffen, soll nach der einen Ansicht grundsätzlich für jedes Verfahren der Höchstwert von drei Monatsentgelten berechnet werden, wenn das Arbeitsverhältnis von entsprechender Dauer gewesen ist und zwischen den einzelnen Kündigungen ein entsprechender Zeitabstand gelegen hat (LAG Nürnberg 23. 6. 1987 LAGE ArbGG 1979 § 12 Streitwert Nr. 71; dasselbe 21. 2. 1985 NZA 1985, 298; vgl. auch LAG Thüringen 14. 11. 2000 MDR 2001, 538). Ähnlich auch die Auffassung, nach der eine Streitwertaddition vorzunehmen sei, wobei allerdings die Zeitdifferenz zwischen den einzelnen Kündigungen berücksichtigt werden müsse (LAG Köln 19. 7. 1984 EzA ArbGG 1979 § 12 Streitwert Nr. 29; LAG Düsseldorf 8. 7. 1985 LAGE ArbGG 1979 § 12 Nr. 39). Nur geringfügig unterschiedlich auch die Auffassung, nach der bei der Folgekündigung ein Mindestwert von einem Monatsentgelt dem Regelwert für die erste Kündigung hinzuzurechnen sei (LAG Bremen 13. 2. 1987 BB 1987, 479; vgl. LAG Hamburg 23. 4. 1987 LAGE ArbGG 1979 § 12 Streitwert Nr. 64; LAG Düsseldorf 20. 2. 1996 MDR 1996, 296). Begründet wird diese Auffassung damit, dass es sich bei den einzelnen Klagen um verschiedene Streitgegenstände handele, die auch gesondert bewertet werden müssten (vgl. dazu auch LAG Hamm 24. 5. 1984 Kostenrechtsprechung Nr. 92 zu § 12 ArbGG).

107 Werden die **verschiedenen Kündigungen in einem Verfahren** angegriffen, so soll nach einer Auffassung auch in diesem Falle die Höchstgrenze des § 42 Abs. 4 Satz 1 GKG gelten (BAG 6. 12. 1984 NZA 1985, 296; LAG Rheinland-Pfalz 11. 3. 2005 NZA-RR 2005, 386; *Philippsen/Dörner* NZA 1987, 113, 115; ausführlich zu der unterschiedlichen Rechtsprechung die Nachweise bei *H.-G. Meier* Streitwerte, Rn. 183 ff.). Im Wesentlichen wird dies damit begründet, dass in Bestandsstreitigkeiten § 42 Abs. 4 Satz 1 GKG jedenfalls dann die obere Grenze für die Festsetzung des Wertes des Streitgegenstandes bilde, wenn in einem Rechtsstreit mehrere zeitlich aufeinander folgende Kündigungen angegriffen würden (LAG Nürnberg 7. 2. 1992 NZA 1992, 617 f.; LAG Köln 4. 10. 1990 JurBüro 1991, 64 m. Anm. *Mümmler;* LAG Baden-Württemberg 19. 6. 1990 JurBüro 1991, 211 f.). Wirtschaftlich seien nämlich die einzelnen Streitgegenstände identisch, das wirtschaftliche Interesse sei auf den Fortbestand des Arbeitsverhältnisses auf unbestimmte Zeit gerichtet (BAG a. a. O.; LAG Berlin 22. 10. 1984 NZA 1985, 297; LAG Schleswig-Holstein 23. 8. 1984 AnwBl. 1985, 99; *Philippsen/Dörner,* a. a. O.). Demgegenüber wird eingewandt, dass grundsätzlich schon wegen der punktuellen Streitgegenstandstheorie in Kündigungsrechtsstreitigkeiten (dazu BAG 6. 12. 1984 AP ArbGG 1979 § 12 Nr. 8; 12. 6. 1986 NZA 1987, 273 ff.; vgl. aber auch BAG 27. 1. 1994 AP KSchG 1969 § 4 Nr. 28) unterschiedliche Streitgegenstände vorlägen, die auch streitwertmäßig getrennt zu berücksichtigen seien (LAG Hamburg 7. 8. 1987 LAGE ArbGG 1979 § 12 Nr. 67; 8. 2. 1994 NZA 1995, 495 f.; LAG Baden-Württemberg 2. 1. 1991 JurBüro 1991, 667, wobei sicherlich auch Gründe der einfachen Berechnung eine Rolle gespielt haben, vgl. LAG Hamburg 8. 2. 1994 a. a. O.; ferner Hessisches LAG 21. 1. 1999 NZA-RR 1999, 156; ausführlich zu dem Ganzen (*Schwab/Weth/Vollstädt* § 12 Rn. 244 ff.; ErfK/*Koch* § 12 Rn. 17).

108 Für die Streitwertberechnung kann es keinen Unterschied machen, ob mehrere Kündigungen in einem Verfahren oder aber in getrennten Verfahren mit der Kündigungsschutzklage angegriffen werden. Die **prozessuale Vorgehensweise** kann insoweit **keinen Einfluss auf** die **Streitwertberechnung** haben, da wirtschaftlich dasselbe Ziel erreicht werden soll (vgl. dazu auch GK-ArbGG/*Wenzel* § 12 Rn. 138, 138 a). Die Streitwertfestsetzung wird nur für den jeweiligen einzelnen Streitgegenstand im Rahmen eines Bestandsschutzverfahrens begrenzt. Der Schutzzweck der Norm geht nicht so weit, dass

VIII. Die Streitwertberechnung bei Bestandsstreitigkeiten etc. § 12

durch sie auch verschiedene Streitgegenstände zu einer Einheit zusammengefasst werden könnten. Die punktuelle Streitgegenstandstheorie (siehe die Nachweise oben Rn. 107) hat zur Folge, dass jeder Feststellungsantrag, der sich auf eine konkrete Kündigung bezieht, einen eigenen Streitgegenstand beinhaltet. Hierfür spricht im Übrigen auch, dass nach der Auffassung des BAG Urteile in Kündigungsschutzverfahren eine Präklusionswirkung haben (BAG 12. 6. 1986 NZA 1987, 273 ff.). Kann ein Urteil in Bezug auf eine Kündigung mit Rechtsfolgewirkungen auf andere Kündigungen rechtskräftig werden, so bedeutet dies gleichzeitig, dass trotz der möglicherweise bestehenden gleichen Zielrichtung der verschiedenen Feststellungsanträge sie prozessual getrennt zu beurteilen und damit auch zu bewerten sind. Dass letztlich bei allen Anträgen das wirtschaftliche Begehren im Hintergrund steht, den Fortbestand des Arbeitsverhältnisses auf unbestimmte Zeit zu klären, kann dabei nur in der Weise berücksichtigt werden, dass bei der Bewertung der einzelnen Streitgegenstände unterschiedliche Maßstäbe beachtet werden. Hierbei kann allerdings, da es auf die Ausrichtung des Streitgegenstandes in die Zukunft ankommt, nicht hinsichtlich der zeitlich ersten Kündigung bereits der Regelstreitwert des § 42 Abs. 4 Satz 1 GKG festgesetzt werden und für die Folgekündigungen lediglich geringere Streitwerte (so aber LAG Niedersachsen 17. 4. 2001 NZA-RR 2001, 495; LAG Hamm 29. 3. 1990 JurBüro 1990, 1607 ff. m. Anm. *Mümmler;* LAG Köln 8. 3. 1989 JurBüro 1989, 1109 f.; GK-ArbGG/*Wenzel* § 12 Rn. 137 bis 137 c m. w. Nachw.). Vielmehr ist darauf abzustellen, welchen zeitlichen Bereich ein Feststellungsantrag mit dem ihm innewohnenden Streitgegenstand umfasst. Hierbei wird der Feststellungsantrag hinsichtlich der zeitlich ersten Kündigung in jedem Falle begrenzt durch den Feststellungsantrag hinsichtlich der zeitlich zweiten oder der jeweils weiteren Kündigungen. Liegen zwischen der ersten Kündigung und der zweiten Kündigung weniger als drei Monate, so kann der Streitwert auch nur nach dem Zeitraum bemessen werden, der zwischen beiden Kündigungen liegt (vgl. LAG München 8. 5. 1989 JurBüro 1989, 1389 f.; vgl. dazu auch *Ascheid* Rn. 664 f.; ArbGG-*Krönig* § 12 Rn. 34). Beträgt der Zeitraum drei Monate oder mehr, kann der Regelstreitwert ausgeschöpft werden. Hinsichtlich der zeitlich letzten Kündigung kann der Regelstreitwert festgesetzt werden. Die sich danach ergebenden einzelnen Streitwerte sind gemäß § 5 ZPO zu addieren, sofern die Kündigungen in einem einheitlichen Verfahren angegriffen werden. Sind verschiedene Kündigungsschutzverfahren anhängig, so ist nach diesen Grundsätzen in jedem einzelnen Kündigungsschutzverfahren der Streitwert festzusetzen. Für diese Handhabung spricht auch, dass bei teilweisem Obsiegen einer Partei eine dem Ergebnis des Rechtsstreits entsprechende Kostenentscheidung genauer gefasst werden kann. Obsiegt beispielsweise bei zwei ausgesprochenen Kündigungen der Arbeitnehmer mit dem Feststellungsantrag bezüglich der ersten Kündigung, verliert er aber den Prozess hinsichtlich der zweiten Kündigung, kann die Kostenentscheidung entsprechend der Wertfestsetzung für die Anträge getroffen werden. Zu beachten ist in diesem Zusammenhang, dass die Rechtsanwaltsgebühren möglicherweise für unterschiedliche Streitgegenstände berechnet werden müssen, maßgeblich ist der Wert des Streitgegenstandes, der bei Entstehen der Gebühr vorgelegen hat, spätere Veränderungen können nur für weitere Gebührentatbestände berücksichtigt werden.

Etwas anderes kann allerdings dann gelten, wenn der Arbeitgeber nur **vorsorglich eine** **zweite Kündigung** ausgesprochen hat, die auf dieselben Gründe gestützt wird, wie die bereits vorher ausgesprochene Kündigung. In diesem Falle handelt es sich letztlich wirtschaftlich um eine Einheit, auch der Streitgegenstand ist letztlich der gleiche, da die ausgesprochenen Kündigungen von dem Kündigenden ebenfalls als eine Einheit angesehen werden. In diesem Fall kann auch der Streitwert nicht über die Grenzen des § 42 Abs. 4 Satz 1 GKG hinaus festgesetzt werden (vgl. dazu auch (*Schwab/Weth/Vollstädt* § 12 Rn. 247; ArbGG-*Krönig* § 12 Rn. 34; *Ascheid* Rn. 664 f.; LAG Hamburg 23. 4. 1987 LAGE ArbGG 1979 § 12 Streitwert Nr. 64). Werden die wirtschaftlich identischen Kündigungen in getrennten Verfahren angegriffen, so ist bei der Streitwertfestsetzung

109

diese Identität zu berücksichtigen. Der Gesamtrahmen der Vorschrift darf dabei ebenfalls nicht überschritten werden (a. A. aber LAG Hamburg a. a. O.).

110 Auch bei einer **nachgeschobenen Kündigung** ist von den gleichen Grundsätzen auszugehen, die auch für die Bewertung von mehreren Kündigungen gelten. Hinsichtlich der ersten ausgesprochenen Kündigung kommt es auf die Zeitdifferenz zu der nachgeschobenen Kündigung an, diese zweite Kündigung kann, soweit keine weiteren Kündigungen ausgesprochen worden sind, mit dem Regelstreitwert bewertet werden (a. A. LAG Hamm 24. 5. 1984 NZA 1984, 365; sowie 3. 4. 1986 LAGE ArbGG 1979 § 12 Streitwert Nr. 52, das die erste ausgesprochene Kündigung mit dem Regelstreitwert von drei Monatsentgelten und die zweite ausgesprochene Kündigung mit einem Streitwert von zwei Monatsentgelten bewerten will, so auch GK-ArbGG/*Wenzel* § 12 Rn. 137).

111 Unklar ist die Rechtslage in Bezug auf die Streitwertberechnung, wenn der Antrag auf Feststellung der Unwirksamkeit einer Kündigung verbunden wird mit dem Antrag auf **Feststellung des unveränderten Fortbestehens** des Arbeitsverhältnisses (z. B. „... *festzustellen, dass das Arbeitsverhältnis durch die Kündigung vom ... nicht aufgelöst wird, sondern unverändert fortbesteht ...*"). Diese Antragstellung (von *Bitter* instruktiv als „Schleppnetztheorie des BAG" bezeichnet, DB 1997, 1407 ff.) soll bewirken, dass zwischenzeitlich ausgesprochene Kündigungen von der Klage mit erfasst werden, so dass die Frist des § 4 KSchG in jedem Falle eingehalten ist (dazu BAG 21. 8. 1988, 27. 1. 1994 AP KSchG 1969 Nrn. 19, 28; 13. 3. 1997 DB 1997, 1418). Der punktuelle Streitgegenstand der Kündigungsschutzklage ist mit diesem erweiterten Antrag ebenfalls ausgedehnt worden, erstreckt sich doch jetzt das Feststellungsbegehren auch in die Zukunft (*Diller* NZA 1994, 830 f.; *Dütz/Singer* in Anm. zu EzA KSchG n. F. § 4 Nr. 49; a. A. aber wohl BAG 16. 3. 1994 DB 1994, 2039). Betrachtet man aber die Funktion des erweiterten Teils des Antrags, wird deutlich, dass es im Grunde nur ein unselbständiger Anhang ist, der keinen konkreten Feststellungswert hat. Seine Bedeutung liegt lediglich darin, dass bei weiteren Kündigungen die Frist des § 4 KSchG zur Klageerhebung nicht nochmals eingehalten werden muss. Dieser Teil des Antrags gewinnt damit erst bei einer neuen Kündigung eine Bedeutung, die allerdings zumindest streitwertmäßig wiederum von dieser erfasst wird. Der Antragsteil „... *und unverändert fortbesteht ...*" ist daher bei der Streitwertfestsetzung nicht gesondert zu berücksichtigen. Auch der Wortlaut von § 42 Abs. 4 Satz 1 GKG erzwingt dies nicht (vgl. LAG Thüringen 19. 2. 1996; LAGE ArbGG 1979 § 12 Streitwert Nr. 106; Hessisches LAG 21. 1. 1999 NZA-RR 1999, 156). Etwas anderes gilt nur dann, wenn dem Antrag eine eigene Bedeutung dadurch zukommt, weitere Beendigungstatbestände zwischen den Parteien streitig sind. In diesem Falle ist der Antrag so zu bewerten, wie dies bei mehreren Kündigungen der Fall wäre (ArbGG-*Krönig* § 12 Rn. 35).

112 Ob eine im **gleichen Verfahren** wie die Kündigungsfeststellungsklage **anhängig gemachte Leistungsklage** auf Zahlung der Vergütung streitwerterhöhend zu berücksichtigen ist, war umstritten. Einigkeit besteht lediglich dahingehend, dass Entgeltansprüche, die vom Ausgang des Kündigungsschutzverfahrens unabhängig sind, streitwertmäßig zu dem sich aus dem Feststellungsantrag ergebenden Streitwert addiert werden müssen. Hier gilt eine prozessuale Selbständigkeit der Streitgegenstände (GK-ArbGG/*Wenzel* § 12 Rn. 159 ff. m. ausführl. Nachw.; ArbGG-*Krönig* § 12 Rn. 37; *Hauck/Helml* § 12 Rn. 28; ErfK/*Koch* § 12 Rn. 17). Gegen diese Auffassung spricht nicht, dass in der neuen Regelung des § 42 Abs. 5 Satz 1 Halbsatz 2 GKG ausdrücklich geregelt worden ist, dass der Grundsatz der Hinzurechnung der bei Klageeinreichung fälligen Beträge im arbeitsgerichtlichen Verfahren nicht gelten soll. Diese Bestimmung betrifft lediglich die Berechnung bei einer Klage auf wiederkehrende Leistung, gilt jedoch nicht, wenn ein Feststellungsantrag mit einem Antrag auf Entgeltzahlung verbunden wird.

113 Werden mit der Kündigungsschutzklage **Vergütungsforderungen** geltend gemacht, die **nach dem Zeitpunkt,** zu dem die Kündigung erklärt worden ist, **fällig geworden** sind, so ist nach einer Auffassung eine Streitwertaddition durchzuführen, weil hier nichts anderes

gelten könne, als wenn die Ansprüche in getrennten Verfahren geltend gemacht würden (LAG Hamm 1. 12. 1977 AnwBl. 1978, 143; LAG Baden-Württemberg 27. 11. 1981 AnwBl. 1982, 75; LAG Schleswig-Holstein 2. 11. 1981 AnwBl. 1982, 206; LAG Hamm 6. 5. 1982 AnwBl. 1982, 394; LAG Düsseldorf 20. 3. 1986 Kostenrechtsprechung Nr. 141 zu § 12 ArbGG; LAG Baden-Württemberg 6. 11. 1985 DB 1986, 262; LAG Berlin 29. 12. 2003 NZA-RR 2004, 494; LAG Saarland 3. 12. 1984 JurBüro 1985, 592; vgl. dazu GK-ArbGG/*Wenzel* § 12 Rn. 159 ff. m. w. N.). Demgegenüber hat das Bundesarbeitsgericht die Auffassung vertreten, dass beide Ansprüche wirtschaftlich identisch seien, so dass trotz ihrer prozessualen Eigenständigkeit eine Zusammenrechnung nicht erfolgen könne, der Feststellungsanspruch bilde die Rechtsgrundlage für die Vergütungsforderung (BAG 16. 1. 1968 AP ArbGG 1953 § 12 Nr. 17; vgl. LAG Saarland 8. 2. 1977 AnwBl. 1977, 252 [der höhere Betrag sei maßgeblich]; LAG Bremen 1. 11. 1982 MDR 1983, 170; *Philippsen/Dörner* NZA 1987, 113, 116; *Grunsky* § 12 Rn. 5 a). Wieder anders die Auffassung, dass die Folgeansprüche mit einem Monatsentgelt zu bewerten seien (ErfK/*Koch* § 12 Rn. 17; LAG Hamm 30. 1. 2002 NZA-RR 2002, 380; a. A. LAG Hamburg 5. 3. 2002 JurBüro 2002, 479).

Für eine Streitwertaddition könnte sprechen, dass in § 42 Abs. 3 Satz 1 GKG eine besondere Streitwertberechnungsregelung für wiederkehrende Leistungen getroffen worden ist. Aus dem Wortlaut dieser Regelung lässt sich jedoch nicht entnehmen, dass der Gesetzgeber gerade auch den Fall erfassen wollte, in dem es um Leistungen geht, die von dem Ausgang eines anhängigen Kündigungsschutzverfahrens abhängig sind. Vielmehr ist der gesetzgeberische Zweck des § 42 Abs. 4 Satz 1 GKG, der eine möglichst kostengünstige Rechtsverfolgung für den Arbeitnehmer ermöglichen sollte, zu beachten. Hinzu kommt, dass die Bestimmung des § 5 ZPO, die die Streitwertaddition regelt, nur für solche Ansprüche Anwendung findet, die einen selbständigen Wert haben, also verschiedene Streitgegenstände betreffen (vgl. dazu *Baumbach/Hartmann* § 5 Rn. 2 m. w. Nachw.). Gerade das ist jedoch bei dem Feststellungsantrag und dem Leistungsantrag, der von der Entscheidung über den Feststellungsantrag abhängig ist, nicht der Fall. Mit dem Leistungsantrag wird lediglich die Folgerung aus dem Feststellungsantrag gezogen, er stellt letztlich die wirtschaftliche Seite des Feststellungsantrages dar (a. A. mit ausführlicher Begründung Sächsisches LAG 21. 6. 2007 – 4 Ta 10/07 (2) –). Eine **Streitwertaddition kann** daher zunächst **nicht durchgeführt werden**. Für diese Auffassung spricht auch die neue Regelung in § 42 Abs. 5 Satz 1 Halbsatz 2 GKG, die allerdings nicht unmittelbar angewendet werden kann. Wenn aber schon bereits fällige Forderungen nicht hinzugerechnet werden können, muss dies auch für Ansprüche gelten, die noch nicht fällig sind. Der Gesetzgeber will durch möglichst niedrige Streitwerte erreichen, dass das arbeitsgerichtliche Verfahren kostengünstiger durchgeführt werden kann, als das ordentliche zivilprozessuale Verfahren.

Etwas anderes gilt allerdings dann, wenn **mit dem Leistungsantrag der für den Feststellungsantrag festzusetzende Streitwert überschritten** wird. In diesem Falle kann die Streitwertbegrenzung, die durch § 42 Abs. 4 Satz 1 GKG eingeführt worden ist, nicht mehr maßgeblich sein, die wirtschaftliche Identität zwischen Feststellungsantrag und Leistungsantrag ist hinsichtlich des überschießenden Teils des Leistungsantrages nicht mehr gegeben, der höhere Streitwert der beiden Klageanträge ist letztlich maßgeblich (LAG Baden-Württemberg 12. 2. 1991 JurBüro 1991, 1479 f.; *Hauck/Helml* § 12 Rn. 28). Geht man davon aus, dass Bewertungsgrundlage für § 42 Abs. 4 Satz 1 GKG eine wiederkehrende Leistung ist, ist lediglich die Grenze des § 42 Abs. 3 Satz 1 GKG ist zu beachten.

Ob sich der zusammen mit einer Kündigungsschutzklage geltend gemachte **Weiterbeschäftigungsanspruch** werterhöhend auswirkt, ist ebenfalls umstritten. Nach einer Auffassung kommt dem Streit über die Weiterbeschäftigung keine eigenständige Bedeutung zu (LAG Saarland 3. 12. 1984 JurBüro 1985, 591; ArbG Münster 28. 1. 1981 BB 1981, 912; 21. 10. 1982 BB 1983, 504 f. mit zustimmender Anm. *Schumann*; ArbG Mainz

13. 12. 1985 DB 1986, 1184; *Dütz* in Anm. EzA ArbGG 1979 § 12 Nr. 1; *KR/Friedrich*, § 4 KSchG Rn. 281 b mit ausführlichen Nachweisen; *Grunsky* § 12 Rn. 5 c). Demgegenüber wird überwiegend in der Rechtsprechung der Landesarbeitsgerichte die Auffassung vertreten, dass der neben einem Kündigungsschutzantrag geltend gemachte Anspruch auf vorläufige Weiterbeschäftigung streitwertmäßig zusätzlich zu bewerten sei, da es sich wie bei dem geltend gemachten Zahlungsanspruch um eine objektive Klagenhäufung handele (LAG Hamburg 2. 9. 2002, MDR 2002, 178; Hessisches LAG 23. 4. 1999 BB 1999, 1607; LAG Hamm 11. 9. 1986 LAGE ArbGG 1979 § 12 Streitwert Nr. 56; 15. 10. 1981 EzA ArbGG 1979 § 12 Streitwert Nr. 7; LAG Düsseldorf 23. 8. 1985 Kostenrechtsprechung ArbGG § 12 Nr. 120; LAG Köln 19. 4. 1982 EzA ArbGG 1979 § 12 Streitwert Nr. 12; LAG Schleswig-Holstein 14. 9. 1984 LAGE ArbGG 1979 § 12 Streitwert; Nr. 34 siehe auch die umfangreichen Hinweise bei GK-ArbGG/*Wenzel* § 12 Rn. 160 sowie KR/*Friedrich* a. a. O.; LAG Schleswig-Holstein 14. 9. 1984 Kostenrechtsprechung ArbGG § 12 Nr. 110). Die **Höhe des Wertes des Weiterbeschäftigungsanspruches** wird hierbei unterschiedlich angenommen (dazu die Rechtsprechungsnachweise bei *H.-G. Meier* Streitwerte, Rn. 289 ff.). Die Bewertungen reichen von drei Monatsentgelten (LAG Bremen 20. 11. 1980 AuR 1981, 285; LAG Düsseldorf 6. 8. 1980, AnwBl. 1981, 36) über zwei Monatsentgelte (LAG Köln 19. 4. 1982 EzA ArbGG 1979 § 12 Streitwert Nr. 12; LAG Düsseldorf 30. 10. 1980 EzA ArbGG 1979 § 12 Streitwert Nr. 1; LAG Hamm 11. 11. 1982 EzA ArbGG 1979 § 12 Streitwert Nr. 19; 11. 9. 1986 LAGE ArbGG 1979 § 12 Streitwert Nr. 56), eineinhalb Monatsentgelte (*Schaub* ArbGV § 48 Rn. 67) bis zu einem Monatsentgelt (LAG Rheinland-Pfalz 25. 5. 2004 NZA-RR 2005, 326; LAG Sachsen 14. 6. 1993 LAGE ArbGG 1979 § 12 Streitwert Nr. 97; LAG Thüringen 27. 2. 1996 AuA 1996, 250; LAG Hamburg 2. 9. 2002 MDR 2003, 178). Nach anderer Ansicht soll die Bewertung abhängig sein von der Bewertung des Feststellungsantrages, so wird beispielsweise als Wert des Weiterbeschäftigungsanspruches die Hälfte des Wertes des jeweiligen Kündigungsschutzantrages angenommen (LAG Rheinland-Pfalz 23. 7. 1982 AnwBl. 1983, 36) bzw. zwei Drittel des Wertes des Kündigungsfeststellungsantrages (LAG Hamm 11. 9. 1986 LAGE ArbGG 1979 § 12 Streitwert Nr. 56).

117 Ob der Weiterbeschäftigungsanspruch neben dem Feststellungsantrag streitwertmäßig gesondert zu berücksichtigen ist, ist **nach den gleichen Grundsätzen zu beurteilen, wie bei der gleichzeitig erhobenen Leistungsklage.** Grundsätzlich handelt es sich bei dem geltend gemachten vorläufigen Weiterbeschäftigungsanspruch nur um die wirtschaftliche Seite des mit dem Feststellungsantrag verfolgten Klagezieles. Zu berücksichtigen ist dabei, dass der Weiterbeschäftigungsantrag zeitlich nur dadurch begrenzt wird, dass die Weiterbeschäftigung bis zum rechtskräftigen Abschluss des Kündigungsschutzverfahrens erfolgen soll. Der Weiterbeschäftigungsantrag geht damit von seiner Zielrichtung her über den Dreimonatszeitraum des § 42 Abs. 4 Satz 1 GKG hinaus. Dies rechtfertigt es aber, den Weiterbeschäftigungsanspruch zusätzlich zu bewerten, zumal eine völlige Identität des Streitgegenstandes mit dem Feststellungsantrag nicht besteht, so dass nach der Grundregel des § 5 ZPO eine Streitwertaddition vorzunehmen ist. Da es sich bei dem Weiterbeschäftigungsanspruch lediglich um ein vorläufiges Recht handelt, das geltend gemacht wird, ist es gerechtfertigt, den Wert mit einem Monatsentgelt festzulegen. Eine Abhängigkeit von dem für den Feststellungsantrag festgesetzten Streitwert erscheint nicht möglich, da dieser Wert gerade durch die Streitwertregel des § 42 Abs. 4 Satz 1 GKG begrenzt wird, was bei dem Wert des Weiterbeschäftigungsanspruches nicht der Fall ist. Zu beachten ist in diesem Zusammenhang, dass die durch die Erhebung der Klage auf Weiterbeschäftigung entstehenden Kosten im Verhältnis zu den **Rechtsschutzversicherungen** nicht stets als notwendige anzusehen sind, so dass eine Kostenerstattung der Rechtsschutzversicherung nicht erfolgen muss (LG Köln 7. 1. 1988 NZA 1988, 411; vgl. weiter *Löwisch* VersR 1986, 404; enger *Küttner/Sobolewski* AnwBl. 1985, 493; ferner ausführlich *Hümmerich* AnwBl. 1995, 321 ff., 327). Das kann jedenfalls dann

VIII. Die Streitwertberechnung bei Bestandsstreitigkeiten etc.   § 12

gelten, wenn der rechtsschutzversicherte Arbeitnehmer noch tatsächlich beschäftigt wird, oder wenn der Arbeitgeber erklärt, dass er den Arbeitnehmer bis zum Abschluss des Rechtsstreits weiterbeschäftigen werde.

Eine andere Streitwertberechnung ergibt sich, wenn der Weiterbeschäftigungsanspruch nur für den Fall des Erfolgs des Feststellungsantrags hinsichtlich der Unwirksamkeit der Kündigung geltend gemacht wird. Ein solcher **uneigentlicher Hilfsantrag** auf Weiterbeschäftigung ist zulässig (BAG 8. 4. 1988 NZA 1988, 741 m. w. N.; *Ahlenstiel* VersR 1988, 222 ff.). Der Eintritt der in ihm enthaltenen Bedingung wird allein durch das Gericht bestimmt, eine Beeinflussung durch einen verfahrensfremden Umstand oder eine nachträgliche Beeinflussung ist ausgeschlossen. Nach § 45 Abs. 1 Satz 2 GKG bleibt der Wert eines hilfsweise geltend gemachten Anspruchs dann außer Betracht, wenn nicht über ihn entschieden wird, es handelt sich um einen echten Hilfsantrag. Der gegenüber dem Hauptanspruch eigenständige Wert ist nur dann maßgebend, wenn der Hauptantrag abgewiesen und über den Hilfsantrag entschieden wird. Bei dem uneigentlichen Hilfsantrag wird jedoch für den Fall der Begründetheit des Hauptantrages eine weitere Leistung gefordert, es findet also keine Auswechselung der Anträge statt, sondern beide stehen dann nebeneinander. Die Regelung des § 45 Abs. 1 Satz 2 GKG kann daher nicht unmittelbar angewendet werden. Wegen der vergleichbaren wirtschaftlichen Bedeutung ist aber in diesem Fall § 45 Abs. 1 Satz 2 GKG für den Kostenstreitwert dahin modifiziert anzuwenden, dass im Falle der Entscheidung über den uneigentlichen Hilfsantrag eine Zusammenrechnung der Gegenstandswerte des Feststellungsantrages und des Antrages auf Weiterbeschäftigung erfolgt (LAG Schleswig-Holstein 14. 1. 2003 AnwBl. 2003, 308; LAG Düsseldorf 27. 7. 2000 NZA-RR 2000, 613; ErfK/*Koch* § 12 Rn. 17; a. A. *Schwab/Weth/Vollstädt* § 12 Rn. 150 m. w. Nachw.; ArbGG-*Krönig* § 12 Rn. 36; *Creutzfeldt* NZA 1996, 956, 961). Auch in diesem Fall ist der Wert im Regelfall mit einem Monatsentgelt anzusetzen. Wird schon der Feststellungsantrag hinsichtlich der Unwirksamkeit der Kündigung abgewiesen, bleibt der uneigentliche Hilfsantrag bei der Streitwertberechnung außer Betracht (vgl. zu dem ganzen *Ahlenstiel* VersR 1988, 222, 224 m. w. N.; *E. Schneider/Herget* Streitwert-Kommentar, 11. Aufl., Stichwort „Hilfsantrag" Nr. 6 jeweils m. w. Nachw.; GK-ArbGG/*Wenzel* § 12 Rn. 161; *Becker/ Glaremin* NZA 1989, 207 ff.).

118

e) Streitwertberechnung bei Änderungskündigung

Lehnt der **Arbeitnehmer** bei einer Änderungskündigung die **Weiterbeschäftigung** zu geänderten Arbeitsbedingungen **ab**, so führt dies zur **Vollkündigung** des Arbeitsverhältnisses, so dass im Kündigungsschutzverfahren der Streitwert wie bei einer normalen Kündigung festzusetzen ist (LAG Düsseldorf 20. 3. 1986 Kostenrechtsprechung ArbGG § 12 Nr. 140). Wird der **Vorbehalt** gemäß § 2 KSchG **fristgerecht** erklärt, wird nach einer Ansicht bei der Streitwertberechnung die Bestimmung des § 42 Abs. 3 Satz 1 GKG entsprechend angewendet, da mit Rechtskraft des Urteils letztlich feststehe, dass der Arbeitgeber nicht die veränderte, sondern die bisherige Vergütung weiterzuzahlen habe. Höchstens könne jedoch das dreifache Monatsentgelt den Streitwert bilden (LAG Köln 20. 4. 1982 EzA ArbGG 1979 § 12 Nr. 13; LAG München 16. 1. 1984 EzA ArbGG 1979 § 12 Nr. 28; LAG 5. 5. 1987 LAGE ArbGG 1979 § 12 Streitwert Nr. 63; eine völlige Gleichstellung von Beendigungs- und Änderungskündigung, wie sie *Boewer* BB 1996, 2618 ff. vornehmen will, hätte streitwertmäßig zur Folge, dass immer vom dreifachen Monatsentgelt auszugehen wäre). Etwas anders die Auffassung des BAG, das als Rechtsgrundlage für die Bemessung des Gebührenstreitwertes bei einer Änderungsschutzklage insbesondere § 42 Abs. 3 Satz 1 GKG i. V. m. § 3 ZPO anwenden will. Danach sei grundsätzlich von dem dreifachen Jahresbetrag des Wertes der Änderung auszugehen, Höchstgrenze seien dabei aber die Regelungen in § 42 Abs. 4 Satz 1 GKG in der Weise, dass der Gebührenstreitwert keine der beiden genannten Grenzen über-

119

schreiten dürfe, die niedrigere von beiden sei jeweils maßgeblich (BAG 23. 3. 1989 EzA ArbGG 1979 § 12 Streitwert Nr. 64 mit kritischer Anm. *Egon Schneider;* vgl. auch BAG 4. 9. 1996 AP ArbGG 1979 § 12 Nr. 19; LAG Baden-Württemberg 2. 1. 1991 DB 1991, 1840; *Grunsky* § 12 Rn. 4 e; wie das BAG auch *Schaub,* ArbGV § 48 Rn. 68; LAG Berlin 18. 5. 2001 – 17 Ta 6075/01 –). Für die Auffassung des BAG spricht nunmehr nach der Änderung der Gebührenvorschriften, dass das Arbeitsgerichtsgesetz nicht mehr lex specialis zu den Bestimmungen des GKG ist. Allerdings sind nach wie vor § 42 Abs. 3 und 4 GKG n. F. getrennte Regelungen, die nicht miteinander verbunden sind. Auch verstößt die Auffassung des BAG gegen den allgemein anerkannten Grundsatz, dass die Feststellung des Streitwertes möglichst einfach und vorausberechenbar sein soll. Im Übrigen ist zu berücksichtigen, dass bei wirksam erklärtem Vorbehalt nach § 2 KSchG der vollständige Bestand des Arbeitsverhältnisses nicht mehr im Streit ist. Gestritten wird lediglich noch um die Wirksamkeit der beabsichtigten Änderung der Arbeitsbedingungen. Auch hierbei handelt es sich jedoch um einen Streit über den Bestand des Arbeitsverhältnisses mit seinem bisherigen Inhalt, nicht jedoch um einen Streit über wiederkehrende Leistungen. Dem steht auch entgegen, dass eine Änderungskündigung häufig auch ausgesprochen wird, um eine Änderung der Arbeitsbedingungen zu erreichen, ohne dass hierbei eine Veränderung im Bereich der Vergütung eintreten müsste. In diesem Fall kann gerade nicht die Regelung des § 42 Abs. 3 GKG Anwendung finden. Vielmehr ist auch bei Änderungskündigungen nach erklärter Annahme unter Vorbehalt von der Streitwertregelung des § 42 Abs. 4 Satz 1 GKG auszugehen, wobei letztlich offen bleiben kann, ob diese Anwendung direkt oder nur entsprechend erfolgt (für eine direkte Anwendung LAG Frankfurt 10. 4. 1985 NZA 1986, 35; für analoge Anwendung LAG Rheinland-Pfalz 25. 4. 1985 NZA 1986, 34; LAG Berlin 7. 11. 1977 AP ArbGG 1953 § 12 Nr. 24; LAG Bremen 5. 5. 1987 AP ArbGG 1979 § 12 Nr. 14; vgl. ausführlich auch GK-ArbGG/*Wenzel* § 12 Rn. 110 ff.; *H.-G. Meier* Streitwerte, Rn. 232 ff.; kritisch *Zirnbauer* NZA 1995, 1073, 1079; *Kösling* AuA 1995, 159, 61). Für eine solche Anwendung spricht auch, dass bei der Änderungskündigung die gleichen verfahrensmäßigen Regelungen zu beachten sind, wie dies bei einer Vollkündigung des Arbeitsverhältnisses der Fall wäre und dass sie auch nur unter den gleichen Voraussetzungen überprüft werden kann, wie dies bei einer Beendigungskündigung der Fall ist.

120 Soweit die Änderungskündigung eine **Verdienstminderung** des Arbeitnehmers zum Gegenstand hat, bemisst sich der Streitgegenstand nach der **vierteljährlichen Verdienstdifferenz** (LAG Berlin a. a. O.; LAG Rheinland-Pfalz 25. 4. 1985 NZA 1986, 34, anders in der Entscheidung 25. 2. 1991 DB 1991, 764 unter Zugrundelegung des dreijährigen Bezugs; vgl. wie hier auch GK-ArbGG/*Wenzel* § 12 Rn. 110 b; ErfK-*Koch* § 12 Rn. 18). Der Auffassung, dass im Interesse eines einheitlichen und einfach handhabbaren Ermessensvollzuges auch in diesem Falle ein Regelwert von einem Monatsbezug angemessen sei (LAG Frankfurt 10. 4. 1985 NZA 1986, 35; zwei Monatsentgelte: LAG Düsseldorf 30. 8. 1984 EzA ArbGG 1979 § 12 Streitwert Nr. 35), oder dass ein weitergehendes Interesse des Klägers an einer Rehabilitation oder ähnlichem zu berücksichtigen sei (LAG Hamm 19. 10. 1989 DB 1990, 426; wohl auch LAG Berlin a. a. O.; GK-ArbGG/ *Wenzel* § 12 Rn. 110 m. w. Nachw.; *Schwab/Weth/Vollstädt* § 12 Rn. 201 ff. m. w. Nachw., wo aus Praktikabilitätsgründen ein Betrag von zwei Monatsentgelten mit der Möglichkeit der Erhöhung oder Verringerung im Einzelfall vorgeschlagen wird), ist dogmatisch problematisch, da derartige Umstände wirtschaftlich nicht messbar sind und außerdem das Motiv einer Klageerhebung für die Streitwertberechnung in der Regel unerheblich ist. Allerdings ist zuzugeben, dass diese **pauschalierte** Art der **Wertberechnung** den Erfordernissen der Praxis nach einer einheitlichen und einfach zu handhabenden Ermessensausübung Rechnung trägt und damit auch zur Rechtssicherheit und Vorhersehbarkeit der Rechtsanwendung führt. Damit kann eine Entlastung der Gerichte bei den Streitwertfestsetzungsverfahren erreicht werden. Diese Gründe der Praktikabilität rechtfertigen m. E. die Modifizierung der dogmatischen Grundsätze (so wohl auch *Schwab/Weth/Vollstädt* a. a. O.).

Wird von der Änderung der Arbeitsbedingungen die **Vergütung nicht betroffen**, so ist 121 der Wert der Änderung gemäß § 3 ZPO zu schätzen, die Begrenzung durch § 42 Abs. 4 Satz 1 GKG ist allerdings zu beachten (LAG Köln 19. 8. 1999 NZA-RR 2000, 662. Die Änderungskündigung kann nie einen höheren Streitwert haben als die Kündigung, die die volle Beendigung des Arbeitsverhältnisses zum Ziel hat. Auch hier würde bei einer pauschalierten Bemessung im geschilderten Sinne eine Rechtsunsicherheit nicht eintreten.

Ähnlich wie bei einer Änderungskündigung ist die Bewertung vorzunehmen, wenn 122 Gegenstand eines Rechtsstreits die **Veränderung der Arbeitszeit gemäß § 8 TzBfG** ist (LAG Berlin 4. 9. 2001 NZA-RR 2002, 104; 9. 3. 2004 NZA-RR 2004, 493; LAG Niedersachsen 14. 12. 2001 NZA-RR 2002, 550). Maßgebend ist damit der Wert der sich durch die Arbeitszeitveränderung ergebenden Unterschiede in der Vergütung. Ähnliches gilt für die Durchsetzung des Begehrens im Wege der einstweiligen Verfügung, allerdings ist hier ein prozentualer Abschlag wegen der Vorläufigkeit der Regelung vorzunehmen (keinen Abschlag will LAG Nürnberg 12. 9. 2003 NZA-RR 2004, 103 vornehmen). Die Klage auf Abschluss eines **Altersteilzeitvertrages** ist, soweit sie einen längeren Zeitraum erfasst, gemäß § 42 Abs. 4 Satz 1 GKG mit einem Vierteljahresverdienst zu bewerten.

f) Abfindung

Nach § 42 Abs. 4 Satz 1 letzter Satzteil GKG ist eine Abfindung bei der Streitwert- 123 berechnung selbst dann **nicht hinzuzurechnen,** wenn das Arbeitsverhältnis gegen Zahlung einer Abfindung gemäß §§ 9, 10 KSchG aufgelöst wird. Das gilt auch dann, wenn der Arbeitnehmer den Auflösungsantrag stellt und den Abfindungsbetrag beziffert (BAG 26. 6. 1986 NZA 1987, 139; KR/*Spilger* § 9 KSchG Rn. 94; *Grunsky* § 12 Rn. 5 b). Wird dem Abfindungsbegehren bei einer bezifferten Abfindungsforderung nicht in vollem Umfange stattgegeben, ist dies bei der Kostenentscheidung selbst dann zu berücksichtigen, wenn durch die Abfindung keine streitwerterhöhende Wirkung eintritt (BAG a. a. O.). Davon zu trennen ist allerdings die Frage, ob nicht der **Auflösungsantrag** ohne Rücksicht auf die geforderte Abfindung **streitwertmäßig zu berücksichtigen ist.** Dafür spricht, dass der Auflösungsantrag nicht lediglich ein unselbständiger Teil der Kündigungsschutzklage ist, sondern einen eigenständigen Verfahrensteil bildet (vgl. BAG 6. 3. 1979 AP ArbGG 1953 § 72 Streitwertrevision Nr. 31; LAG Berlin 30. 12. 1999 MDR 2000, 526 f.; *H.-G. Meier* Streitwerte, Rn. 101 ff.; a. A. LAG Berlin vom 5. 3. 2001 – 17 Ta 6032 (Kost)). Das Verbot der Hinzurechnung der Abfindung enthält nicht zugleich das Verbot der Hinzurechnung des Wertes eines Auflösungsantrages. Im Grunde ist der Auflösungsantrag ähnlich zu behandeln wie der Antrag auf vorläufige Weiterbeschäftigung. Während dieser die Vergütung für eine in der Zukunft liegende Zeit sichern kann, wird durch den Auflösungsantrag für die Zukunft die wirtschaftliche Basis für die Zahlung des Arbeitsentgelts beseitigt. Es kann daher der Wert ähnlich wie bei dem Weiterbeschäftigungsanspruch festgelegt werden, so dass sich im Regelfall der Wert von einem Monatsentgelt ergibt (dazu näher LAG Berlin a. a. O.). Wird allerdings in der Berufungsinstanz **allein** noch über die **Höhe einer Abfindung** nach §§ 9, 10 KSchG gestritten, dann ist der dort geltend gemachte Betrag für die Streitwertfestsetzung maßgeblich, denn der Bestand des Arbeitsverhältnisses i. S. § 42 Abs. 4 Satz 1 GKG ist nicht mehr Gegenstand des Verfahrens. Hinzu kommt, dass die Auflösung des Arbeitsverhältnisses gem. § 9 KSchG ein gerichtlich gestaltender, nicht ein feststellender Akt ist. Deshalb kann auch aus diesem Grunde bei dem Streit um die Höhe der Abfindung ohne Bezug zu einem Bestandsstreit nicht § 42 Abs. 4 Satz 1 GKG angewendet werden.

124 Die Vorschrift des § 42 Abs. 4 Satz 1 GKG kommt allerdings dann nicht zur Anwendung, wenn die **Abfindung auf einer eigenen Anspruchsgrundlage** beruht, die nicht von dem Ausgang des Kündigungsschutzrechtsstreits abhängig ist. In diesem Falle handelt es sich um verschiedene Streitgegenstände, so dass eine Streitwertaddition erfolgen kann, die Bestimmung des § 45 Abs. 4 GKG. kann nicht angewendet werden (LAG Hamburg 15. 1. 1984 AnwBl. 1984, 315; LAG Hamm 15. 10. 1981 DB 1981, 2388). § 42 Abs. 4 Satz 1 GKG kommt daher nicht zur Anwendung, wenn ein Abfindungsanspruch nach § 113 Abs. 3 BetrVG geltend gemacht wird (LAG Bremen 15. 3. 1983 EzA ArbGG 1979 § 12 Streitwert Nr. 22; LAG Düsseldorf 17. 1. 1985 LAGE ArbGG 1979 § 12 Streitwert Nr. 33). Das Gleiche gilt, wenn der Arbeitnehmer hilfsweise eine Entlassungsentschädigung nach Maßgabe eines Rationalisierungsschutzabkommens begehrt (LAG Hamm 15. 10. 1981 DB 1981, 2388) sowie wenn ein Sozialplan-Abfindungsanspruch mitverfolgt wird, der vom Ausgang des Kündigungsschutzrechtsstreits unabhängig ist (LAG Hamburg 15. 2. 1984 AnwBl. 1984, 315; vgl. auch LAG Düsseldorf/Köln 30. 4. 1981 EzA ArbGG 1979 § 12 Nr. 3; GK-ArbGG/*Wenzel* § 12 Rn. 103 b).

g) Berufsausbildungsverhältnis

125 Die Vorschrift des **§ 42 Abs. 4 Satz 1 GKG gilt auch** für die Wertberechnung bei Rechtsstreitigkeiten über das Bestehen oder Nichtbestehen bzw. die Kündigung eines Berufsausbildungsverhältnisses. Hierbei ist es unerheblich, welche Rechtsnatur das Berufsausbildungsverhältnis tatsächlich hat, durch § 5 Abs. 1 Satz 1 ist nämlich der Arbeitnehmerbegriff für den gesamten Geltungsbereich des ArbGG festgelegt, auch die Vorschrift des § 12 Abs. 7 Satz 1 geht hiervon aus (BAG 22. 5. 1984 AP ArbGG 1979 § 12 Nr. 7; LAG Hamm 27. 11. 1986 LAGE ArbGG 1979 § 12 Streitwert Nr. 57). Grundlage für die Streitwertberechnung bildet die Ausbildungsvergütung (BAG 19. 7. 1973 AP ArbGG 1953 Nr. 20; 22. 5. 1984 AP ArbGG 1979 § 12 Nr. 7).

h) Sonstige Ansprüche

126 Sonstige Ansprüche, die in dem gleichen Verfahren wie die Bestandsschutzstreitigkeit geltend gemacht werden, von deren Ausgang jedoch nicht unmittelbar abhängen, wie dies beispielsweise bei der Geltendmachung von Urlaubsansprüchen, Erteilung eines Zeugnisses oder Entfernung einer Abmahnung aus der Personalakte der Fall ist, werden **entsprechend § 5 ZPO** dem Streitwert für die Bestandsschutzstreitigkeit **hinzugerechnet**, da es sich um verschiedene Streitgegenstände handelt. Dies gilt auch, wenn in einem Vergleich zusätzlich derartige Ansprüche mit geregelt werden (dazu näher *Wielgoss* JurBüro 1999, 629 f.). Eine Berücksichtigung bei der Streitwertberechnung für den Vergleich kann nur dann außer Betracht bleiben, wenn über diese zusätzlichen Ansprüche zwischen den Parteien kein Streit bestand, so dass auch keine vergleichsweise Regelung in diesem Punkte erfolgt ist. Wird in einem Vergleich geregelt, dass das Arbeitsverhältnis zum Kündigungszeitpunkt beendet worden sein soll, begründen aber die Parteien des Rechtsstreits gleichzeitig ein **neues Arbeitsverhältnis,** kann diese Neubegründung dann nicht streitwertmäßig berücksichtigt werden, wenn zwischen Beendigung und Neubegründung ein unmittelbarer Zusammenhang besteht, es ist dann letztlich eine wirtschaftliche Identität gerade auch wegen des Ziels der Kündigungsschutzklage, nämlich den Fortbestand des Arbeitsverhältnisses zu erreichen, gegeben (BAG 18. 1. 1996 NZA 1996, 1175). Wird in einem Vergleich neben der Beendigung des Arbeitsverhältnisses zu einem in der Zukunft liegenden Zeitpunkt auch die **Freistellung** des Arbeitnehmers von der Arbeitsleistung vereinbart, kann der Wert der Freistellung mit 1/4 der für die Freistellungszeit entstehenden Vergütung berücksichtigt werden (LAG Schleswig-Holstein 20. 5. 1998 LAGE ArbGG 1979 § 12 Streitwert Nr. 113 m. w. N.; LAG Köln 17. 4. 1985 AnwBl. 1986 205; vgl. *Worzalla* JurBüro 1999, 286 ff. m. w. N.; a. A. GK-ArbGG/*Wenzel* § 12 Rn. 176 – keine besondere Bewertung; LAG Berlin 11. 3.

1996 – 7 Ta 6/96 (Kost) – 10%; vgl. auch *Hümmerich* AnwBl. 1995, 321, 328) Entscheidend werden aber immer die besonderen Umstände des Einzelfalles sein, wobei insbesondere zu berücksichtigen sein wird, welchen wirtschaftlichen Wert die Freistellung tatsächlich haben kann.

3. Wiederkehrende Leistungen

a) Begriff

Bei Rechtsstreitigkeiten über wiederkehrende Leistungen ist der Streitwert höchstens auf den Wert des **dreijährigen Bezuges** festzusetzen, § 42 Abs. 3 Satz 1 GKG. Eine Modifizierung enthält § 42 Abs. 5 Satz 1 Satzteil 2 GKG, wonach bis zur Klageerhebung entstandene **Rückstände** dem Streitwert **nicht hinzugerechnet** werden. 127

Wiederkehrende Leistungen sind **in gewissen Zeitabschnitten** aus demselben Schuldverhältnis **fällig werdende Leistungen,** wobei sich die Zulässigkeit der Klageerhebung nach § 258 ZPO bzw. § 259 ZPO richtet. In Betracht kommen hierbei insbesondere Entgeltansprüche sowie Ansprüche auf Ruhegelder bzw. Betriebsrenten usw. Ist bei einer Klage auf zukünftige Leistung nur streitig, ob das Arbeitsverhältnis durch eine Kündigung des Arbeitnehmers beendet worden ist oder nicht, so gilt nicht die Sonderregelung des § 42 Abs. 3 Satz 1 GKG, sondern es ist vielmehr die Streitwertberechnung nach Abs. 4 Satz 1 vorzunehmen. In diesem Falle handelt es sich nämlich letztlich um eine Bestandsschutzstreitigkeit (LAG Baden-Württemberg 20. 7. 1982 BB 1983, 579). § 42 Abs. 3 Satz 1 GKG ist auch anzuwenden, wenn der Betrag in einer Summe eingeklagt wird, oder wenn entgangene oder in der Zukunft entgehende Entgeltbeträge als Schadenersatz geltend gemacht werden (LAG Hamm 27. 9. 1990 LAGE ArbGG 1979 § 12 Streitwert Nr. 86), da es auf die Anspruchsgrundlage letztlich für die Gebührenberechnung nicht ankommt. 128

b) Streitwertberechnung

Werden im Rahmen einer Klage auf wiederkehrende Leistung **Zahlungsansprüche** geltend gemacht, ist der Streitwert nach dem vollen Betrag zu berechnen. Höchstgrenze für die Streitwertberechnung ist der dreijährige Bezug der geltend gemachten wiederkehrenden Leistung, es sei denn, der Gesamtbetrag der geforderten Leistungen wäre geringer. 129

Werden **Differenzbeträge, Zulagen,** wiederholt zu zahlende Prämien bzw. Unterschiedsbeträge aus Tariflohnerhöhungen geltend gemacht, so ist maßgeblich der dreijährige Bezug dieser Teilbeträge des Entgelts. Auch hier gilt jedoch, dass dann, wenn der geltend gemachte Gesamtbetrag niedriger ist als der Betrag für den Dreijahreszeitraum, nur der niedrigere Betrag den Streitwert bestimmt. Der Gesamtbetrag der geforderten Leistung ist beispielsweise geringer, wenn der Arbeitsvertrag auf eine kürzere Zeit als drei Jahre befristet ist oder sonst aus einem anderen Grunde vor Ablauf des Dreijahreszeitraums endet (vgl. dazu LAG Baden-Württemberg 8. 11. 1985 BB 1986, 532). 130

Das **vorzeitige Ende muss** jedoch bereits **feststehen,** es genügt nicht, wenn lediglich eine Kündigungsmöglichkeit besteht, ohne dass von dieser schon Gebrauch gemacht worden ist (so aber LAG Baden-Württemberg a. a. O.; vgl. aber GK-ArbGG/*Wenzel* § 12 Rn. 187 a). Der Gesamtbetrag muss nämlich nach dem Wortlaut der Vorschrift schon im Zeitpunkt der Streitwertfestsetzung geringer sein, es genügt nicht, dass er nur u. U. geringer sein könnte. Auch kann nicht von einem Erfahrungssatz ausgegangen werden, dass bei einer Klage auf wiederkehrende Leistungen in der Regel mit einer Kündigung des zugrunde liegenden Arbeitsverhältnisses gerechnet werden könnte. Aus diesem Grunde erscheint es auch zweifelhaft, ob bei einer Klage auf Ruhegeld je nach dem Alter des Klägers von einem geringeren Streitwertbetrag als dem Dreijahresbezug ausgegangen werden kann (so aber *Schaub* ArbGV § 48 Rn. 63). 131

132 Wird die Klage auf wiederkehrende Leistung in Form einer **Feststellungsklage** erhoben, so ist der Streitwert ebenfalls nach § 42 Abs. 3 Satz 1 GKG zu berechnen, allerdings kann, wie bei Feststellungsklagen allgemein, ein Abschlag gegenüber einer entsprechenden Leistungsklage erfolgen, in der Regel ist ein Abschlag in Höhe von 20% angemessen (vgl. dazu LAG Kiel 12. 1. 1989 AnwBl. 1989, 240; LAG Frankfurt 15. 2. 1962 AuR 1962, 184; BAG 18. 4. 1961 AP ZPO § 3 Nr. 6; *Tschischgale/Satzky* S. 44; *Grunsky* § 12 Rn. 7). Bei einer negativen Feststellungsklage, die wiederkehrende Leistungen zum Gegenstand hat, soll nach Auffassung des BAG der Streitwert nicht geringer als bei einer entsprechenden Leistungsklage bewertet werden (BAG 19. 7. 1961 AP ZPO § 3 Nr. 7 mit Anm. *Jauernig*; *Grunsky* a. a. O.).

133 Werden bei einer Klage auf wiederkehrende Leistung sowohl **rückständige Leistungen als auch Leistungen, die in der Zukunft liegen,** geltend gemacht, so sind die bis zur Klageerhebung entstandenen **Rückstände** nach § 42 Abs. 5 Satz 1 letzter Halbsatz GKG n. F. **nicht hinzuzurechnen**. Die wiederkehrende Leistung verliert nicht ihren Charakter durch die Art der Geltendmachung. Maßgeblich für die Streitwertberechnung ist damit der Tag der Klageerhebung. Dieser Grundsatz gilt selbst dann, wenn nur ein geringer Teil der wiederkehrenden Leistung für die Zukunft geltend gemacht wird, während der größte Teil rückständige Leistungen betrifft. Auch in diesem Falle ist nur der Wert des dreijährigen Bezuges und, soweit die für die Zukunft geforderte Leistung geringer ist, nur dieser geringere Wert zu berechnen, die rückständigen Leistungen müssen bei der Wertberechnung außer Betracht bleiben (a. A. LAG Hamm 9. 10. 1986 BB 1986, 2132; GK-ArbGG/*Wenzel* § 12 Rn. 188; vgl. dazu auch kritisch *Lappe* NJW 1987, 1860, 1862). Werden allerdings nur Rückstände geltend gemacht, dann ist der entsprechende Zahlungsbetrag als Streitwert festzusetzen, die Vorschrift des § 42 Abs. 5 Satz 1 GKG findet keine Anwendung, da es sich dann nicht um eine wiederkehrende Leistung im Sinne des § 258 ZPO handelt (wohl anders BAG 10. 12. 2002 NZA 2003, 456; ErfK/*Koch* § 12 Rn. 19).

4. Eingruppierungsstreitigkeiten

a) Begriff

134 Eingruppierung ist die **Festlegung der** für die Entlohnung des Arbeitnehmers maßgebenden **Lohn- bzw. Gehaltsgruppe,** sei es, dass sich diese aus einem Tarifvertrag oder aus einem betriebsüblichen Entlohnungsschema ergibt. Dies kann auch der Fall sein, wenn der Streit um die **Anwendbarkeit eines bestimmten Tarifvertrages** geht. In diesem Fall wird nämlich in der Regel auch die Eingruppierung in eine bestimmte Vergütungsgruppe eines bestimmten Tarifvertrages begehrt. Auch eine vom Arbeitgeber einseitig geschaffene Vergütungsordnung kann Grundlage für eine Eingruppierung sein. Der Begriff der Eingruppierung in § 42 Abs. 4 Satz 2 GKG erfasst auch die Entgeltansprüche, die sich aus einer Umgruppierung, d. h. einer Höher- oder Herabgruppierung ergeben. Auch wenn der Arbeitnehmer in eine andere Vergütungsgruppe „hineinwächst" und dementsprechend Vergütungsansprüche geltend macht, handelt es sich um eine Eingruppierungsstreitigkeit im Sinne der Vorschrift. Aus der Stellung im Gesetz wird erkennbar, dass der Gesetzgeber die Eingruppierungsklage als einen Sonderfall der Klage auf eine wiederkehrende Leistung angesehen hat.

b) Streitwertberechnung

135 Maßgeblich für die Streitwertberechnung ist die **Vergütungsdifferenz** zwischen der Vergütung, die der Arbeitnehmer erhält und derjenigen, die er begehrt. Wie bei Kündigungsschutzstreitigkeiten ist von dem entsprechenden Bruttobetrag auszugehen. Gratifikationen und sonstige zusätzliche Leistungen können nur dann berücksichtigt werden, wenn sie ein Entgelt für geleistete Arbeit darstellen (vgl. dazu auch oben Rn. 104 f.).

VIII. Die Streitwertberechnung bei Bestandsstreitigkeiten etc.   § 12

Wird der Eingruppierungsrechtsstreit im Wege einer **Feststellungsklage** geführt, so ist 136
ein **Abschlag**, wie er bei der Feststellungsklage auf wiederkehrende Leistung angebracht
ist, **nicht** vorzunehmen. Die Eingruppierungsfeststellungsklage hat letztlich den Charakter einer Statusklage, von ihr können nicht nur Vergütungsansprüche, sondern auch
andere arbeitsrechtliche Folgen abhängen, wie beispielsweise die Möglichkeit des Bewährungsaufstiegs, der Anspruch auf Ortszuschläge und Stellenzulagen sowie Reisevergütungen usw. (LAG Niedersachsen 21. 4. 1980 JurBüro 1980, 1547; LAG Berlin 7. 12.
1987 DB 1988, 1172; vgl. BAG 24. 3. 1981 EzA ArbGG 1979 § 12 Streitwert Nr. 5;
Satzky RdA 1979, 23, 26; *Ziege* RdA 1977, 28, 30; *Grunsky*, § 12 Rn. 8; a. A. *Lepke*
RdA 1976, 262; GK-ArbGG/*Wenzel* § 12 Rn. 146, 146 a m. w. Nachw.; vgl. LAG
Hamm 27. 6. 1978 EzA ArbGG § 12 Nr. 7; LAG Baden-Württemberg 12. 7. 1990
JurBüro 1991, 665 f.). Ein **Feststellungsabschlag** kommt daher i. d. R. nicht in Betracht
(dazu *Brinkmann* ZTR 2003, 599, 605). Werden bis zur Klageerhebung entstandene
Rückstände im Rahmen eines Zahlungsantrages neben dem Feststellungsantrag geltend
gemacht, ist eine Zusammenrechnung des Zahlungsantrages mit dem aus § 42 Abs. 4
Satz 2 GKG zu bildenden Streitwert nicht möglich, dies folgt aus dem letzten Halbsatz
der Bestimmung in § 42 Abs. 5 Satz 1 GKG n. F., nach der bis zur Klageerhebung
entstandene Rückstände nicht hinzugerechnet werden. Es gelten die gleichen Grundsätze
wie bei der wiederkehrenden Leistung (oben Rn. 127).

Ergeben sich **keine wirtschaftlich messbaren Vergütungsdifferenzen**, weil z. B. nur die 137
Anwendbarkeit eines anderen Tarifvertrages mit vergleichbaren Vergütungsregelungen
begehrt wird und lassen sich auch sonst keine wirtschaftlichen Unterschiede feststellen
(z. B. verbesserte Aufstiegschancen, längerer Urlaub etc.), kann § 42 Abs. 4 Satz 2 GKG
nicht für die Streitwertberechnung genutzt werden. Letztlich bleibt hier nur der Ausweg,
die Bestimmung des § 12 Abs. 2 Satz 1 GKG entsprechend anzuwenden. Der danach zu
schätzende Wert darf aber nicht mehr betragen als der nach § 42 Abs. 4 Satz 2 GKG zu
bemessende Wert, wenn man von einer Differenz zur nächst höheren Tarifgruppe ausginge.

Werden im Rahmen einer Eingruppierungsklage **mehrere Ansprüche hilfsweise** neben- 138
einander, z. B. Vergütung nach einer bestimmten Vergütungsgruppe, hilfsweise der
nächst niedrigen Vergütungsgruppe, geltend gemacht, richtet sich die Streitwertfestsetzung nach § 42 Abs. 4 Satz 2 GKG unter Berücksichtigung der Regelung in § 45 Abs. 1
Satz 2 GKG. Werden der Hauptantrag und der erste Hilfsantrag abgewiesen und erst
entsprechend dem zweiten Hilfsantrag der Klage stattgegeben, würde eine Zusammenrechnung der drei Werte der Anträge in Frage kommen. Zu berücksichtigen ist aber, dass
der Streitwert des Hauptantrages bereits die Vergütungsdifferenzen, die von den Hilfsanträgen erfasst werden, beinhaltet, nämlich beispielsweise bei der oben geschilderten
Konstellation die Differenz von der höheren Vergütungsgruppe zu der Vergütungsgruppe, nach der bereits eine Zahlung erfolgt. Hier findet dann die Regelung des § 45 Abs. 1
Satz 3 GKG entsprechende Anwendung. Im Grunde erfassen nämlich die Hilfsanträge
einen Teil des Streits, der bereits Gegenstand des Hauptantrags ist. Maßgeblich ist
danach **nur der höhere Streitwert**, also der des Hauptantrags.

5. Die Bedeutung des § 62 GKG

In § 62 Satz 2 GKG ist ausdrücklich geregelt, dass bei der Streitwertberechnung die 139
Bestimmung des § 62 Satz 1 GKG keine Anwendung finden soll. Damit ist klargestellt,
dass im arbeitsgerichtlichen Verfahren generell **Gebührenstreitwert** und **Rechtsmittelstreitwert nicht übereinstimmen** müssen.

Allerdings hat die Festsetzung des Streitwerts im Urteil nach § 61 Abs. 1 und § 64 140
Abs. 2 Buchst. b für die **Statthaftigkeit der Berufung** insoweit mittelbar Bedeutung, als
der von dem Arbeitsgericht festgesetzte Wert meist die Obergrenze für den Wert der
Beschwer darstellt (BAG 2. 3. 1983 AP ArbGG 1979 § 64 Nr. 6 mit Anm. von *Satzky*

Nr. 7; mit Anm. von *Lappe;* 27. 5. 1994 NZA 1994, 1054, dazu näher § 61 Rn. 13). Kommt dem im Urteil festgesetzten Streitwert aber mittelbar über die Beschwer eine Bedeutung für die Zulässigkeit eines Rechtsmittels zu, kann diese Streitwertfestsetzung nicht für die Berechnung der Gerichts- oder der Rechtsanwaltsgebühren maßgeblich sein (BAG 30. 11. 1984 AP ArbGG 1979 § 12 Nr. 9; LAG Rheinland-Pfalz 29. 9. 1992 DB 1992, 2512; LAG Berlin 4. 10. 1982 Kostenrechtsprechung ArbGG § 12 Nr. 56). Der im Urteil nach § 61 Abs. 1 festgesetzte Streitwert hat danach eine prozessuale Bedeutung (dazu näher unten § 64 Rn. 49).

141 Wird der Urteilsstreitwert festgesetzt, kann er auch der Gebührenberechnung durch das Gericht und den Anwalt zugrunde gelegt werden (vgl. *Satzky* RdA 1980, 101, 104). Gleichwohl kann aber für die Gerichts- und für die Rechtsanwaltsgebühren eine **gesonderte Festsetzung** des Gebührenstreitwerts begehrt werden, trotz der Streitwertfestsetzung im Urteil ist der Antrag eines Rechtsanwalts auf Wertfestsetzung nach § 32 Abs. 2 RVG in Verbindung mit § 63 Abs. 1 Satz 2 GKG nicht unzulässig (BAG 30. 11. 1984 AP ArbGG 1979 § 12 Nr. 9; LAG Düsseldorf 23. 3. 1989 JurBüro 1990, 41 m. Anm. *Mümmler*). Die Wertfestsetzung im Urteil kann auch nicht als solche nach § 63 GKG angesehen werden mit der Folge, dass eine Beschwerde gegen die Wertfestsetzung im Urteil unzulässig ist (GK-ArbGG/*Wenzel* § 12 Rn. 48; ArbGG-*Krönig* 12 Rn. 72 ff. dazu im Einzelnen *Creutzfeldt* NZA 1996, 956, 957 ff. sowie oben Rn. 8).

IX. Das betriebsverfassungsrechtliche Beschlussverfahren und sonstige Verfahrensarten

1. Ausschluss der Kostentragungspflicht, § 2 Abs. 2 GKG

142 Durch § 2 Abs. 2 GKG ist für einige Verfahren ausdrücklich geregelt worden, dass Kosten nicht erhoben werden. Der **Ausschluss** der Kostentragungspflicht **ist umfassend,** es können weder gerichtliche Gebühren noch gerichtliche Auslagen, wie beispielsweise für Zustellungen, Zeugen oder Sachverständige, erhoben werden. Auch ist in diesen Fällen die Herstellung weiterer Abschriften von Protokollen und Entscheidungen für Beteiligte unentgeltlich. Der Ausschluss der Kostenerhebung betrifft sämtliche Arten des Beschlussverfahrens, § 2 a Abs. 1, das Verfahren bei Ablehnung von Mitgliedern eines Schiedsgerichts, § 103 Abs. 3, sowie die Kosten für die Niederlegung eines Schiedsspruches gemäß § 108 Abs. 3 und die Kosten, die durch die Vollstreckbarkeitserklärung eines Schiedsspruches gemäß § 109 anfallen. Nicht von der Kostenfreiheit werden Verfahren erfasst, die lediglich anlässlich eines in dieser Bestimmung genannten Verfahrens durchgeführt werden und bei denen **besondere Kostenregelungen** gelten. Beispielsweise ist nicht das Beschwerdeverfahren im Zusammenhang mit der **Streitwertfestsetzung bzw. der Kostenfestsetzung** für den Rechtsanwalt nach § 33 Abs. 3 RVG bzw. § 104 Abs. 3 ZPO erfasst. Die dort ggfls. entstehenden Kosten sind von dem zugrunde liegenden Verfahren unabhängig, es handelt sich um eine eigene Verfahrensart, eine analoge Anwendbarkeit des Rechtsgedankens des § 2 Abs. 2 GKG scheidet aus. In diesem Nebenverfahren werden auch keine betriebsverfassungsrechtlichen Ansprüche bzw. sonstigen Ansprüche, die unmittelbar einer der genannten Verfahrensarten zuzuordnen sind, verfolgt, sondern eigenständige Ansprüche der Verfahrensbevollmächtigten. Diese haben ihren Ursprung allein in der Vergütungsordnung bzw. den Kostenbestimmungen der ZPO, die in diesen Verfahren entstehenden Gerichtskosten können daher in Rechnung gestellt werden (LAG Niedersachsen 22. 3. 1988 JurBüro 1988, 998; VGH Baden-Württemberg 27. 5. 1982 DÖV 1982, 828; a. A. GK-ArbGG/*Wenzel* Gebührenverzeichnis Rn. 64 m. w. N.; *Wenzel* DB 1977, 722). Eine Notwendigkeit für die Gebührenfreiheit ist nicht gegeben, auch wenn der Betriebsrat oder ein Wahlvorstandsmitglied erfolglos eine Streitwertbeschwerde einlegt, treffen ihn nicht notwendigerweise die Kosten, da

auch hier die Regelung des § 40 BetrVG bzw. die vergleichbaren Bestimmungen gelten. Wenn der vom Betriebsrat beauftragte Rechtsanwalt erfolglos Streitwertbeschwerde einlegt, betrifft es nicht die betriebsverfassungsrechtliche Stellung des Betriebsrates, sondern allein die gebührenrechtliche Stellung des Rechtsanwaltes, so dass ihn die Kostentragungspflicht für das Beschwerdeverfahren trifft.

2. Entsprechende Anwendbarkeit des § 42 Abs. 4 GKG im betriebsverfassungsrechtlichen Beschlussverfahren

Der **Ausschluss** der Kostentragungspflicht betrifft **nur die gerichtlichen Kosten**, nicht jedoch die Kosten, die den Beteiligten selbst entstehen. Für die Berechnung der Anwaltsgebühren im betriebsverfassungsrechtlichen Beschlussverfahren ist daher eine Streitwertfestsetzung erforderlich, die gemäß § 32 Abs. 2 RVG beantragt werden kann. 143

Ob in den betriebsverfassungsrechtlichen **Verfahren nach §§ 99, 100, 101 sowie 103 BetrVG** die Streitwertvorschrift des § 42 Abs. 4 GKG entsprechend angewendet werden kann, ist zweifelhaft. Bei den genannten Verfahren handelt es sich um die Entscheidung von Vorfragen, die zu individualrechtlichen Konsequenzen führen können, die ihrerseits im Streitfall u. U. unter die Wertvorschrift des § 42 Abs. 4 GKG fallen können. Eine **direkte Anwendbarkeit** dieser Bestimmung ist **ausgeschlossen**, da nicht das Bestandsschutzverfahren selbst, sondern lediglich eine Vorfrage zur Entscheidung steht, wenn auch, wie im Falle des § 103 BetrVG, die Entscheidung in dem Beschlussverfahren eine präjudizielle Wirkung auf das nachfolgende individualrechtliche Kündigungsschutzverfahren hat (vgl. BAG 24. 4. 1975 AP BetrVG 1972 § 103 Nr. 3; 9. 1. 1986 AP BGB § 626 Ausschlussfrist Nr. 20; 23. 6. 1993 AP ArbGG 1979 § 83a Nr. 2). 144

Grundsätzlich richtet sich die Bemessung des Gegenstandswertes im arbeitsgerichtlichen Beschlussverfahren in betriebsverfassungsrechtlichen Angelegenheiten im Sinne der §§ 80 ff. nach **§ 23 RVG** (dazu näher *Bertelsmann* Gegenstandswerte, S. 72 ff.; *H.-G. Meier* Streitwerte, Rn. 325 ff., 394 ff., jeweils mit weiteren Nachweisen aus der Rechtsprechung). Soweit ein Gegenstandswert nach dieser Vorschrift nicht ermittelt werden kann, und auch sonst nicht feststeht, ist er nach billigem Ermessen zu bestimmen. Im Rahmen dieser Bestimmung muss jedoch berücksichtigt werden, dass in den Verfahren nach §§ 99, 100, 101 BetrVG sowie § 103 BetrVG lediglich eine Vorfrage zu Rechtsstreitigkeiten entschieden wird, die ihrerseits unter die Streitwertvorschrift des § 42 Abs. 4 GKG n. F. fallen würden. Würde man in jedem Falle den Regelwert des § 23 RVG anwenden, könnte eine unverhältnismäßige Streitwertdifferenz zwischen dem Hauptverfahren und dem vorangehenden betriebsverfassungsrechtlichen Beschlussverfahren eintreten. Gerade weil auch § 23 RVG einen erheblich weiteren Streitwertrahmen zur Verfügung stellt, als dies bei § 42 Abs. 4 GKG n. F. der Fall ist, im Übrigen aber die Festsetzung in das billige Ermessen des Gerichtes stellt, scheint es notwendig, die Streitwertregelungen des **§ 42 Abs. 4 GKG** in diesen Verfahren **entsprechend anzuwenden** (LAG Berlin 19. 8. 2003 LAGE BRAGO § 8 Nr. 55; LAG Hamm 19. 3. 1987 LAGE ArbGG 1979 § 12 Streitwert Nr. 70; vgl. auch LAG Stuttgart 25. 11. 1981 AnwBl. 1982, 313), möglicherweise mit gewissen Modifikationen (LAG Hamburg 2. 12. 2004 NZA-RR 2005, 209). Wegen der für das Urteilsverfahren geltenden Streitwertbemessungsgrundlagen sind auch genügend tatsächliche Anhaltspunkte gegeben, die eine Heranziehung des Regelwerkes ausschließen. Daraus folgt, dass in Zustimmungsersetzungsverfahren nach § 99 BetrVG, bei Verfahren, in denen es um die Untersagung der Weiterbeschäftigung eines Arbeitnehmers gemäß § 101 BetrVG oder bei Verfahren, in denen es um die Ersetzung der Zustimmung zur außerordentlichen Kündigung eines Amtsträgers gemäß § 103 BetrVG geht, der Streitwert für die Gebührenberechnung der Rechtsanwälte in Anlehnung an § 42 Abs. 4 Satz 1 GKG festgesetzt werden kann. Bei dem Zustimmungsersetzungsverfahren nach § 103 BetrVG wird hierbei in der Regel der volle Streitwertrahmen ausgeschöpft werden können, da die präjudizielle Wirkung des 145

Beschlussverfahrens wesentlich das individualrechtliche Kündigungsschutzverfahren bestimmt. Allerdings wird darauf verwiesen, dass das Verfahren lediglich die verfahrensmäßigen Rechte des Betriebsrates aus dem BetrVG und nicht die wirtschaftlichen Auswirkungen der beabsichtigten Kündigung betreffe (vgl. LAG Hamburg a. a. O.; LAG Schleswig-Holstein 17. 5. 1999 – 4 Ta 22/99; 12. 4. 1994 – 6 Ta 16/94). Dies ist sicherlich zutreffend, es darf jedoch nicht übersehen werden, dass das betroffene Mitglied des Betriebsrates an dem Verfahren zu beteiligen ist, § 103 Abs. 2 Satz 2 BetrVG, und dass die Entscheidung in dem Ersetzungsverfahren präjudizielle Wirkung für das nachfolgende Kündigungsschutzverfahren hat. Letztlich wird in dem Ersetzungsverfahren damit mit verbindlicher Wirkung doch über die wirtschaftliche Bedeutung und Auswirkung der beabsichtigten Kündigung entschieden (vgl. dazu auch LAG Düsseldorf 11. 5. 1999 – 7 Ta 143/99). In den Verfahren nach §§ 99, 100 und 101 BetrVG muss der Streitwert unter Berücksichtigung der konkreten wirtschaftlichen Interessen von Betriebsrat und Arbeitgeber an der jeweiligen Maßnahme bewertet werden, in der Regel wird hier der volle Streitwertrahmen nicht ausgeschöpft werden können (vgl. dazu näher m. w. Nachw. LAG Hamm 19. 3. 1987 LAGE ArbGG 1979 § 12 Streitwert Nr. 70; LAG Köln 4. 1. 1993 MDR 1993, 357; 29. 10. 1991 MDR 1992, 165 f.). Sind mehrere Personen beteiligt, muss eine Streitwertaddition gemäß § 5 ZPO erfolgen.

146 Im **Streitwertfestsetzungsverfahren** ist in jedem Falle **der Arbeitgeber zu beteiligen,** auch dann, wenn nur der Rechtsanwalt des Betriebsrates einen Antrag gemäß § 32 Abs. 2 RVG stellt. Dies ergibt sich daraus, dass zwar eine Kostenerstattungspflicht auf Grund einer prozessualen Vorschrift nicht besteht, dass letztlich aber der Arbeitgeber über die Bestimmung des § 40 BetrVG auch die Kosten des Rechtsanwaltes des Betriebsrates zu tragen hat.

§ 12 a Kostentragungspflicht

(1) ¹In Urteilsverfahren des ersten Rechtszugs besteht kein Anspruch der obsiegenden Partei auf Entschädigung wegen Zeitversäumnis und auf Erstattung der Kosten für die Zuziehung eines Prozeßbevollmächtigten oder Beistandes. ²Vor Abschluß der Vereinbarung über die Vertretung ist auf den Ausschluß der Kostenerstattung nach Satz 1 hinzuweisen. ³Satz 1 gilt nicht für Kosten, die dem Beklagten dadurch entstanden sind, daß der Kläger ein Gericht der ordentlichen Gerichtsbarkeit, der allgemeinen Verwaltungsgerichtsbarkeit, der Finanz- oder Sozialgerichtsbarkeit angerufen und dieses den Rechtsstreit an das Arbeitsgericht verwiesen hat.

(2) ¹Werden im Urteilsverfahren des zweiten Rechtszugs die Kosten nach § 92 Abs. 1 der Zivilprozeßordnung verhältnismäßig geteilt und ist die eine Partei durch einen Rechtsanwalt, die andere Partei durch einen Verbandsvertreter nach § 11 Abs. 2 Satz 2 Nr. 4 und 5 vertreten, so ist diese Partei hinsichtlich der außergerichtlichen Kosten so zu stellen, als wenn sie durch einen Rechtsanwalt vertreten worden wäre. ²Ansprüche auf Erstattung stehen ihr jedoch nur insoweit zu, als ihr Kosten im Einzelfall tatsächlich erwachsen sind.

Übersicht

	Rn.
I. Allgemeines, Geltungsbereich	1–4
II. Urteilsverfahren erster Instanz	5–36
1. Ausschluss der Kostenerstattung	5–12
a) Prozessualer Kostenerstattungsanspruch	5–7
b) Materiell-rechtlicher Kostenerstattungsanspruch	8–12
2. Umfang	13–16
a) Anwaltskosten	13–15
b) Zeitversäumnis	16

	Rn.
3. Sonderfälle	17–30
a) Anrufung eines unzuständigen Gerichts	17–20
b) Reisekosten	21–24
c) Detektivkosten	25
d) Gutachterkosten	26
e) Zwangsvollstreckungsverfahren	27
f) Parteivereinbarung	28–30
4. Hinweispflicht	31–36
a) Inhalt	31–34
b) Folgen der Verletzung	35, 36
III. Beschlussverfahren erster Instanz	37, 38
IV. Rechtsmittelverfahren	39–45
1. Grundsatz	39–41
2. Kostenteilung bei Vertretung durch einen Verbandsvertreter in zweiter Instanz	42–45

I. Allgemeines, Geltungsbereich

Ebenso wie die Bestimmung des § 42 GKG dient auch diese Vorschrift der **Verbilligung des arbeitsgerichtlichen Verfahrens** für die Parteien. Wegen der grundsätzlichen Abweichung von den Regelungen der §§ 91 ff. ZPO ist es erforderlich, dass die Parteien bei Beauftragung eines Prozessvertreters über diese Unterschiede belehrt werden. Dem dient die Vorschrift des Abs. 1 Satz 2. Jede Partei muss wissen, dass im arbeitsgerichtlichen Verfahren erster Instanz die Beauftragung eines Rechtsanwalts oder eine Zeitversäumnis nicht zu einem Kostenerstattungsanspruch führt. § 12 a Abs. 1 enthält insoweit eine Präklusionswirkung (*Schleusener/Kühn* NZA 2008, 147 ff. gehen davon aus, dass die Unterscheidung zwischen „prozessualem" und „materiell-rechtlichem" Kostenerstattungsanspruch nicht erforderlich sei). 1

Der **Geltungsbereich** ist begrenzt. Die Regelung gilt **nur** für das arbeitsgerichtliche **Urteilsverfahren** in der ersten Instanz (dazu unten Rn. 5), in den **Beschlussverfahren** nach § 2 a ist eine entsprechende Anwendbarkeit nicht erforderlich, da einerseits nach § 2 Abs. 2 GKG in diesen Verfahren keine Kosten erhoben werden, im Übrigen aber sich dort die Kostentragungspflicht nach materiellrechtlichen Normen, wie beispielsweise § 40 BetrVG, richtet. Auch in **schiedsgerichtlichen Verfahren** findet grundsätzlich **keine entsprechende Anwendung** dieser Bestimmung statt, eine Ausnahme kann nur dann gelten, wenn in dem Schiedsvertrag selbst eine entsprechende Regelung enthalten ist. Wird in dem Schiedsvertrag hinsichtlich des Verfahrens auf die Zivilprozessordnung verwiesen, gelten die Regelungen der §§ 91 ff. für die Kostentragungspflicht. Für das Verfahren vor einem **Ausschuss nach § 111 Abs. 2** finden die Regelungen der Kostentragungspflicht des § 12 a ebenfalls **keine Anwendung**. 2

Eine Verweisung auf § 12 a Abs. 1 und 2 enthält **§ 126 Abs. 3 InsO**. In dem besonderen Beschlussverfahren des § 126 Abs. 1 InsO, in dem es darum geht, durch das Gericht auf Antrag des Insolvenzverwalters mit verbindlicher Wirkung die Betriebsbedingtheit von Kündigungen betroffener Arbeitnehmer feststellen zu lassen, können sich danach die Arbeitnehmer zwar durch einen Rechtsanwalt vertreten lassen, müssen aber damit rechnen, dass sie die erstinstanzlichen Kosten des Verfahrens selbst zu tragen haben. Der Gesetzgeber des § 126 Abs. 3 InsO durchbricht damit ein Prinzip, das er selbst in § 126 Abs. 2 InsO aufgestellt hat. Dort ist nämlich geregelt, dass die Vorschriften des betriebsverfassungsrechtlichen Beschlussverfahrens entsprechend anzuwenden sind. Im Beschlussverfahren gilt aber § 12 a nicht. Die Durchbrechung dieses Prinzips ist notwendig, da anders als im Betriebsverfassungsrecht keine materielle Norm zur Verfügung steht, die eine Kostentragungspflicht geregelt hätte. § 91 ZPO wäre hier auch nicht in Frage gekommen. Problematisch ist die Regel aber gleichwohl, da die betroffenen Arbeitnehmer in einer juristisch schwierigen Lage ihre Rechte wahrnehmen müssen, häufig also 3 auf eine sachkundige Vertretung angewiesen sind, andererseits wegen des Insolvenzfalles nicht damit rechnen können, wirtschaftlich ausreichend abgesichert zu werden. Gleichwohl ist die Vorschrift des § 126 Abs. 3 InsO eindeutig, es ist kein Raum für eine korrigierende Auslegung, ein Verstoß gegen übergeordnetes Recht ist ebenfalls nicht erkennbar.

4   Ob die arbeitsgerichtliche Kostenregelung auch in **verwaltungsgerichtlichen Verfahren** heranzuziehen ist, in denen es um die von dem Integrationsamt erteilte oder verweigerte Zustimmung zur Kündigung eines schwerbehinderten Arbeitnehmers geht, ist umstritten (*vgl. dazu Schwab/Weth/Vollstädt* § 12 a Rn. 52; *Kronisch* NVwZ 1993, 253). In §§ 154 Abs. 1 und 155 VwGO sind abschließende Kostenvorschriften für das verwaltungsgerichtliche Verfahren enthalten. Sie sind zwingend und enthalten auch keine Regelungslücke. Für eine entsprechende Anwendbarkeit des § 12 a könnte allerdings sprechen, dass auch in dem Vorverfahren, das letztlich zu einem Kündigungsschutzverfahren führen kann, der Grundsatz der Waffengleichheit gelten müsse (so *Kronisch* NVwZ 1993, 251 ff. m. w. Nachw. zu der gesamten Problematik). Dagegen spricht aber, dass das verwaltungsgerichtliche Verfahren eigenständig geregelt ist, eine Verweisung auf die Bestimmung des § 12 a ist nicht erfolgt. Auch handelt es sich nicht um ein unselbständiges Vorverfahren zum Kündigungsschutzprozess, sondern um ein selbständiges Verfahren mit einem eigenständigen Streitgegenstand (a. A. *Schwab/Weth/Vollstädt* § 12 a Rn. 52, der § 12 a insgesamt anwenden will) Lediglich in § 162 Abs. 3 VwGO ist für diese Verfahren dem Gericht bei der Entscheidung über die außergerichtlichen Kosten der Beigeladenen, zu denen Arbeitgeber oder Arbeitnehmer gehören, ein Ermessensspielraum zugebilligt worden. Nur hier kann im Rahmen der Billigkeitserwägung der soziale Gedanke des § 12 a zum Tragen kommen (vgl. *Schwab/Weth/Vollstädt* § 12 a Rn. 52; *Kronisch* NVwZ 1993, 251, 253).

II. Urteilsverfahren erster Instanz

1. Ausschluss der Kostenerstattung

a) Prozessualer Kostenerstattungsanspruch

5   Der Ausschluss der Kostenerstattung betrifft zunächst den **prozessualen Kostenerstattungsanspruch,** d. h. denjenigen Anspruch, der sich aus § 91 ZPO ergibt. Er gilt **nur für das erstinstanzliche Urteilsverfahren.** Der Begriff des Urteilsverfahrens ist ebenso wie in § 46 Abs. 1 als Gegensatz zu dem Beschlussverfahren der §§ 80 ff. aufzufassen. Es kommt nicht darauf an, ob das Verfahren durch ein Urteil beendet wird oder beendet werden kann. Die Bestimmung gilt bei allen Verfahren, bei denen die Vorschriften der §§ 91 ff. ZPO Anwendung finden können. Die Kostenerstattung ist daher sowohl im **Mahnverfahren** als auch im **Arrest- und einstweiligen Verfügungsverfahren** ausgeschlossen (LAG Hamm 24. 4. 1980 MDR 1980, 698; GK-ArbGG/*Wenzel* § 12 a Rn. 12 f.; *Schwab/Weth/Vollstädt* § 12 a Rn. 45). Die **Vollstreckungsabwehrklage** des § 767 ZPO gehört dabei zum Erkenntnisverfahren, so dass eine Kostenerstattung ausgeschlossen ist (*Hauck/Helml* § 12 a Rn. 6; LAG Düsseldorf 9. 6. 2005 LAGE ArbGG 1979 § 12 a Nr. 23). Zum erstinstanzlichen Verfahren gehört auch das **selbständige Beweisverfahren, §§ 485 ff. ZPO,** da es Teil eines Streitverfahrens ist oder wird, § 494 a ZPO. Nicht von der Vorschrift erfasst werden **verfahrensfremde außergerichtliche Kosten** (dazu *Schleusener/Kühn* NZA 2008, 147, 150). Diese sind nicht Durchsetzungskosten in einem laufenden Gerichtsverfahren. Zu den Besonderheiten im Zwangsvollstreckungsverfahren vgl. unten Rn. 27, zum Umfang unten Rn. 13 ff.

6   **§ 12 a ist verfassungskonform,** der Ausschluss der Kostenerstattung in Abs. 1 Satz 1 verstößt weder gegen den Grundsatz der Gewährung des rechtlichen Gehörs, Art. 103 Abs. 1 GG, noch gegen den Gleichheitsgrundsatz des Art. 3 Abs. 1 GG, auch ist das

II. Urteilsverfahren erster Instanz § 12 a

Rechtsstaatsprinzip nicht verletzt (BVerfG 20. 7. 1971 AP ArbGG 1953 § 61 Nr. 12 – Kosten; LAG Baden-Württemberg 17. 12. 1984 AnwBl. 1986, 106; *Schleusener/Kühn* NZA 2008, 147, 149). Allerdings wird geltend gemacht, dass § 12 a eine unzulässige **Erschwerung bei der Geltendmachung der Diskriminierung** sei, da die klagende Partei in jedem Fall ihre Prozessvertretungskosten zu tragen habe (*Busch* PersR 2006, 322, 324). Dieser **Ansicht** kann jedoch **nicht gefolgt** werden, da das nationale Verfahrensrecht nicht durch diese europäischen Rechtsvorschriften beeinflusst wird, sie regeln nur das materielle Recht, wie dieses durchgesetzt werden muss, bleibt dem nationalen Verfahrensrecht überlassen. In dem Ausschluss der Kostenerstattung im erstinstanzlichen Verfahren liegt auch seinerseits keine Benachteiligung, da dies alle Personen betrifft, die ihre Rechte vor dem Arbeitsgericht im Urteilsverfahren geltend machen müssen. Eine Verletzung des Grundsatzes des rechtlichen Gehörs liegt ebenfalls nicht vor, da dies nur die Möglichkeit schützt, dass die Partei vor Gericht gehört wird, die in der ersten Instanz nicht zwingend notwendige Vertretung fällt nicht hierunter (BVerfG 20. 7. 1971 AP ArbGG 1953 § 61 Nr. 12 – Kosten; *Schleusener/Kühn* NZA 2008, 147, 149).

Abs. 1 Satz 1 enthält ein öffentlich-rechtliches **Festsetzungsverbot**. Dies schließt die Kostenfestsetzung im Kostenfestsetzungsverfahren nach § 104 ZPO grundsätzlich aus. Das gilt auch dann, wenn in einem gerichtlichen Vergleich die Kosten des gesamten Rechtsstreits einschließlich der außergerichtlichen Kosten übernommen worden sind (LAG Rheinland-Pfalz 28. 8. 1990 NZA 1992, 141 f.). Die Kostenübernahme im Vergleich hat aber materiell-rechtliche Wirkungen, die ggf. im Klagewege durchgesetzt werden müssen (vgl. dazu unten Rn. 28 ff.). Der Ausschluss der Kostenerstattung erfasst auch die Gebühren, die in Nebenverfahren entstehen und für die der Rechtsanwalt eine Vergütung verlangen kann. Zweifelhaft ist aber, ob dieser rein prozessrechtliche Erstattungsausschluss auch auf Kostenerstattungsansprüche ausgedehnt werden kann, die ihren Grund im materiellen Recht haben. 7

b) Materiell-rechtlicher Kostenerstattungsanspruch

Ein **materiell-rechtlicher Kostenerstattungsanspruch** kann nur in Form eines Kostenübernahmevertrages oder eines Schadenersatzanspruches entstehen. Als schadensstiftendes Ereignis kommt hierbei neben dem Verzug die Verletzung einer prozessualen Pflicht in Betracht, die bei dem Geschädigten dazu geführt hat, dass dieser mit außergerichtlichen Kosten belastet worden ist. Schon aus dem Wortlaut des § 12 a Abs. 1 Satz 1 ergibt sich allerdings, dass jeder Kostenerstattungsanspruch unabhängig von seiner Anspruchsgrundlage ausgeschlossen ist (BAG 27. 10. 2005 DB 2006, 284, 285; vom 30. 4. 1992 NZA 1992, 1101; *Loritz* S. 126; *Grunsky* § 12 a Rn. 3; vgl. *Busch* BB 2006, 1386, 1387 f.). Dem entspricht es auch, dass Sinn der Bestimmung die Verbilligung des erstinstanzlichen Verfahrens ist. Auch die Belehrungspflicht in § 12 a Abs. 1 Satz 2 verdeutlicht diese besondere Stellung, die aber nur erreicht werden kann, wenn auch materiell-rechtliche Kostenerstattungsansprüche ausgeschlossen werden. Der Zweck von Abs. 1 Satz 1 darf im Grundsatz nicht durch Heranziehung eines Schadensersatzanspruches unterlaufen werden (*Schwab/Weth/Vollstädt* § 12 a Rn. 27; *Hauck/ Helml* § 12 a Rn. 7). Ausnahmen gelten aber dann, wenn Sinn und Zweck des § 12 a den Ausschluss der Kostenerstattung nicht rechtfertigen. In Betracht kommen hierbei in erster Linie zwei Fallgestaltungen: 8

aa) Ob der Ausschluss auch bei **Schadenersatzansprüchen** auf Grund des **§ 840 Abs. 2 Satz 2 ZPO gilt,** ist umstritten. Das Bundesarbeitsgericht hat zunächst die Auffassung vertreten, dass der Schadenersatzanspruch nicht die Kosten für die Zuziehung eines Prozessbevollmächtigten umfasse, insoweit sei die arbeitsgerichtliche Regelung hinsichtlich des Ausschlusses der Kostenerstattung vorrangig (BAG 23. 9. 1960 AP ArbGG 1953 § 61 Kosten Nr. 3 mit ablehnender Anm. *Bötticher*; 2. 5. 1968 AP ArbGG 1953 § 61 Kosten Nr. 10 mit ablehnender Anm. *Grunsky*; 18. 12. 1972 AP ArbGG 1953 § 61 9

Kosten Nr. 13 mit ablehnender Anm. *Lüke*). Diese **Rechtsprechung ist ausdrücklich aufgegeben** worden (BAG 16. 5. 1990 NJW 1990, 2643 = EzA ZPO § 840 Nr. 3 m. Anm. von *Schilken;* BAG 16. 11. 2005 NJW 2006, 717 f.). Zur Begründung ist ausgeführt worden, dass erkennbarer Zweck des § 12 a Abs. 1 Satz 1 sei, einen sonst nach prozessualen Vorschriften bestehenden Kostenerstattungsanspruch auszuschließen. Bei § 840 Abs. 2 Satz 2 ZPO könne dieser Zweck nicht erreicht werden, denn dem Gläubiger stünde ein solcher prozessualer Kostenerstattungsanspruch ohnehin nicht zu. Der Schadenersatzanspruch nach § 840 Abs. 2 Satz 2 ZPO habe mit einem prozessualen Kostenerstattungsanspruch nichts zu tun, damit entfalle aber auch die Notwendigkeit der Begrenzung, die für prozessuale Kostenerstattungsansprüche gelte. Hinzu komme, dass der Schadenersatzanspruch nicht darauf beruhe, dass der Drittschuldner seiner Zahlungspflicht nicht nachkomme, sondern darauf, dass er durch schuldhaftes Verhalten den Pfändungsgläubiger von einer nicht bestehenden Zahlungspflicht nicht ordnungsgemäß unterrichtet habe. Es gehe auch nicht um die Erstattung der Anwaltskosten der obsiegenden, sondern der unterliegenden Partei. Auch der besondere Schutzzweck der Norm erfordere nicht den Ausschluss der Erstattungsfähigkeit der Anwaltskosten, er verlange nämlich nicht, dass der Arbeitgeber vor Kosten geschützt werde, die er einem Dritten, nämlich dem Pfändungsgläubiger durch eigenes schuldhaftes Verhalten zugefügt habe. Auch läge die Erklärungspflicht des § 840 Abs. 1 ZPO außerhalb des Arbeitsverhältnisses (vgl. dazu ferner OLG Karlsruhe 2. 8. 1993 MDR 1994, 95; OLG Koblenz 24. 9. 1990 ZIP 1991, 120; LG Oldenburg 29. 1. 1991 Rpfl. 1991, 218 f.; *Hintzen* Rpfl. 1991, 219; *Hansens* EWiR 1991, 101 f.; *Heymann* JA 1991, 370 f.; *Haas* JurBüro 1990, 429 ff.; ferner OLG Düsseldorf 8. 5. 1990 JurBüro 1990, 1014 f. mit Anm. von *Mümmler*). Diese **Rechtsprechung entspricht** der **herrschenden Meinung** in der Literatur (*Zöller/Stöber* § 840 Rn. 14; *Schwab/Weth/Vollstädt* § 12 a Rn. 29; GK-ArbGG/*Wenzel* § 12 a Rn. 32 f.; *Schleusener/Kühn* NZA 2008, 147, 151 jeweils m. w. Nachw.; *Loritz* S. 126 f.).

10   Die vom **BAG** in der Entscheidung vom 16. 5. 1990 (NJW 1990, 2643) **vertretene Auffassung ist überzeugend.** Es ist entscheidend, dass § 12 a Abs. 1 Satz 1 lediglich eine Abweichung von den Bestimmungen der §§ 91 ff. ZPO erreichen will. Dies würde aber generell deren Anwendbarkeit voraussetzen. Diese ist aber dadurch gekennzeichnet, dass der Kostenerstattungsanspruch von der obsiegenden Partei gegenüber der unterliegenden geltend gemacht werden kann. Hier geht es nicht um die Erstattung der Anwaltskosten der obsiegenden Partei, sondern der der unterliegenden. Hinzu kommt, dass ein außerprozessuales schuldhaftes Verhalten zu dem Schadenersatzanspruch nach § 840 Abs. 2 Satz 2 ZPO führt, nämlich die Verletzung der Auskunftspflicht. Ein arbeitsgerichtliches Streitverfahren ist in diesem Zeitpunkt noch gar nicht anhängig. § 12 a kann aber nur Kostenerstattungsansprüche erfassen, die im Rahmen eines arbeitsgerichtlichen Verfahrens ihren Entstehungsgrund haben. Im Grunde besteht damit ein Konkurrenzverhältnis zwischen prozessualem Kostenerstattungsanspruch und Schadenersatzanspruch nach § 840 Abs. 2 Satz 2 ZPO nicht. Die Sonderstellung des § 840 Abs. 2 Satz 2 ZPO wird auch daraus deutlich, dass die von dem Gläubiger im arbeitsgerichtlichen Rechtsstreit gegen den Drittschuldner aufgewandten Prozesskosten Kosten der Zwangsvollstreckung sind und gemäß § 788 Abs. 1 ZPO gegen den Schuldner festgesetzt werden können (OLG Koblenz 24. 9. 1990 ZIP 1991, 120; KG 7. 3. 1989 MDR 1989, 745 f.; vgl. aber OLG München 31. 5. 1990 MDR 1990, 931 f.). Auch würde das Prinzip der Waffengleichheit, dem die Regelung des § 12 a Abs. 1 entspringt, nicht verletzt sein, wenn durch eigenes schuldhaftes Verhalten des Drittschuldners der Schaden verursacht wird. Im Übrigen gilt auch hier, dass die Verletzung der Auskunftspflicht im Rahmen des § 840 Abs. 2 ZPO nicht mit dem arbeitsgerichtlichen Verfahren, für das § 12 a Abs. 1 Satz 1 gilt, zusammenhängt, sondern eine eigenständige Pflicht aus dem Zwangsvollstreckungsrecht ist (vgl. zu dem Ganzen auch *Schleusener/Kühn* NZA 2008, 147, 151; *B. Schmidt* JurBüro 2006, 344 ff.).

bb) Ein weiterer Fall des Schadenersatzanspruchs, der trotz § 12a geltend gemacht 11
werden kann, ergibt sich im Falle der **sittenwidrigen Schädigung im Sinne des § 826
BGB** (vgl. dazu ErfK/*Koch* § 12a Rn. 2, 3; *Ulrici* BB 2006, 1386/1387). Voraussetzung
für diesen Anspruch ist aber, dass gerade die Regelung des § 12a rechtsmissbräuchlich
ausgenutzt wird, wenn also das Verfahren nicht betrieben wird, um einen möglichen
Anspruch durchzusetzen, sondern wenn Ziel des Verfahrens die Belastung des Gegners
mit außergerichtlichen Kosten ist. Zweck des § 12a ist die Erleichterung der Rechtsverfolgung, nicht jedoch die Ermöglichung der vorsätzlichen Schädigung der gegnerischen Partei (ArbG Leipzig 10. 5. 2006 LAGE BGB § 826 Nr. 1 m. zustimmender Anm.
S. *Müller*; *Ulrici* BB 2006, 1386, 1387; *Schwab/Weth/Vollstädt* § 12a Rn. 27a; a. A.
Korinth ArbRB 2005, 299; ArbG Heilbronn 22. 5. 2001 NZA-RR 2002, 494). Die
Ausnutzung des § 12a mit dem Ziel die Gegenpartei mit außergerichtlichen Kosten zu
belasten und damit ihre prozessuale Stellung zu verschlechtern ist arglistig (S. *Müller*
aaO.), würde sogar zu einer Beschränkung der Rechtsverfolgung für diese Partei führen
und damit deren Anspruch auf ein rechtliches Gehör berühren. Die Anwendung dieser
Vorschrift durch die Gerichte darf nicht diese Zielrichtung ermöglichen. § 12a ist in
seinem Anwendungsbereich daher **zu begrenzen** auf die Fälle der ernsthaften Verfolgung
eines prozessualen Ziels.

Der **Schadenersatzanspruch kann gesondert oder im Wege der Klageänderung** (Kla- 12
geerweiterung) im Rahmen des anhängigen Drittschuldnerprozesses geltend gemacht
werden (vgl. LAG Baden-Württemberg 24. 8. 1993 JurBüro 1994, 135; ArbG Berlin
25. 11. 1993 JurBüro 1993, 404; zum Formellen auch *Behr* JurBüro 1994, 257). Eine
Kostenfestsetzung nach § 788 ZPO **scheidet aus,** da das zu einer Verlagerung von
Rechtsfragen in das Kostenerstattungsverfahren führen würde, für das dieses nicht
geschaffen worden ist (BAG 16. 11. 2005 NJW 2006, 717 f.; vgl. aber BGH 20. 12.
2005 NZA-RR 2006, 210 f.).

2. Umfang

a) Anwaltskosten

Der Ausschluss der Erstattungspflicht betrifft die Kosten, die durch die Hinzuziehung 13
eines Prozessbevollmächtigten entstanden sind. Auf die Person des Prozessbevollmächtigten kommt es nicht an. Erfasst werden **sowohl Rechtsanwälte als auch Verbandsvertreter, Beistände** einschließlich derjenigen, der von den Antidiskriminierungsverbänden
beauftragten oder sonstige Personen. Auch die Hinzuziehung eines **Unterbevollmächtigten** oder eines **Verkehrsanwaltes** führt im Regelfall nicht zu einem Kostenerstattungsanspruch. Das Gleiche gilt, wenn ein Rechtsanwalt als **gesetzlicher Vertreter** einer Partei
oder als Partei kraft Amtes vor dem Arbeitsgericht auftritt oder sich in eigener Sache
selbst vertritt (GK-ArbGG/*Wenzel* § 12a Rn. 30).

Von dem Ausschluss der Erstattungspflicht werden nicht nur die Vertretungskosten 14
einer Partei, sondern auch die Vertretungskosten, die einem **Nebenintervenienten** oder
einem **Streitverkündeten** entstanden sind, erfasst (LAG Baden-Württemberg 27. 9. 1982
AP ArbGG 1979 § 12 Nr. 2).

Nicht erstattungsfähig sind zunächst die **Gebühren nach dem RVG,** die von dem 15
Prozessbevollmächtigten der Partei geltend gemacht werden können. Das Gleiche gilt
für **Auslagen** nach dem RVG (dort z. B. § 46 RVG i. V. mit Nrn. 7000 ff. des Vergütungsverzeichnisses), die dem Prozessbevollmächtigten entstanden sind, wie beispielsweise
Schreibkosten bzw. Portokosten für den Schriftwechsel zwischen den Prozessbevollmächtigten und der Partei (*Hauck/Helml* § 12a Rn. 8; *Schwab/Weth/Vollstädt* § 12a
Rn. 16). Erfasst werden Auslagen einschließlich der Telekommunikationskosten und der
Mehrwertsteuer (*Schwab/Weth/Vollstädt* § 12a Rn. 16). Eine Auslagenerstattung ist nur
in dem Umfange zulässig, in dem durch die Anwaltsbeauftragung eine Partei Kosten
erspart, die sie sonst hätte aufwenden müssen (hypothetische Parteikostenliquidation,

dazu ausführlich GK-ArbGG/*Wenzel* § 12 a Rn. 16). Die ersparten Kosten müssen aber so substantiiert dargetan werden, dass zumindest eine reale Basis für eine Schätzung besteht. Auch vorbereitende Tätigkeiten für die Prozessführung, die von dem Prozessbevollmächtigten durchgeführt werden müssen, lösen grundsätzlich keinen Erstattungsanspruch aus. So besteht beispielsweise kein Anspruch auf Erstattung eines Honorars einschließlich der Nebenkosten, die ein Kläger an seinen Prozessbevollmächtigten für die Errechnung von Versorgungsbezügen hat aufwenden müssen (BAG 30. 11. 1982 AP RegelungsG § 52 Nr. 50). Das Gleiche gilt auch für die Einholung von Privatgutachten deren Kosten generell nicht erstattungsfähig sind. Etwas anderes kann nur dann gelten, wenn das Gutachten den Prozess tatsächlich gefördert hat (LAG Hamm 9. 8. 1984 AP ZPO § 91 Nr. 33; LAG Düsseldorf 14. 5. 1963 AP ZPO § 91 Nr. 28).

b) Zeitversäumnis

16 Der Ausschluss der Gewährung einer Entschädigung wegen Zeitversäumnisses bewirkt, dass die obsiegende Partei auch nicht einen etwa erlittenen **Verdienstausfall** von dem unterlegenen Gegner verlangen kann (*Müller/Bauer* S. 353; *Grunsky* § 12 a Rn. 4). Auch die Zeitversäumnis für vorbereitende Handlungen wie z. B. die Klageerhebung, das Aufsuchen des Prozessbevollmächtigten und das Fertigen von Schriftsätzen und Durchführen von Ermittlungen führt nicht zu einem erstattungsfähigen Anspruch. Auch bei der Anordnung des persönlichen Erscheinens der Parteien gemäß § 51 Abs. 1 Satz 1 entsteht für die Teilnahme am Termin kein Anspruch auf Erstattung eines Verdienstausfalls. Erstattungsfähig sind in diesem Falle ebenso wie bei der sich selbst vertretenden Partei, deren persönliches Erscheinen nicht angeordnet worden ist, lediglich die Kosten, die durch die Terminswahrnehmung tatsächlich entstehen, beispielsweise Kosten für Übernachtung, Fahrtauslagen sowie Verpflegungsgelder (*Schaub* ArbGV § 49 Rn. 8; *Stein/Jonas/Bork* § 91 Rn. 112; *Müller/Bauer* S. 353). Die Kostenerstattung erfolgt in diesem Falle wie bei geladenen Zeugen nach den Bestimmungen des JVEG. Da allerdings eine Entschädigung wegen Zeitversäumnis ausgeschlossen ist, kann zur Begründung von höheren Reisekosten nicht darauf verwiesen werden, dass hierdurch Zeit erspart worden wäre (LAG Frankfurt 6. 9. 1965 AP ArbGG 1953 § 61 Kosten Nr. 9; zu den Reisekosten vgl. im Übrigen unten Rn. 21). Die Kostenerstattung kann nur entsprechend den Grundsätzen des § 91 Abs. 1 Satz 1 ZPO erfolgen.

3. Sonderfälle

a) Anrufung eines unzuständigen Gerichts

17 Schon zum früheren Recht war umstritten, inwieweit ein Kostenerstattungsanspruch bestand, wenn der Kläger zunächst ein unzuständiges Gericht angerufen hatte und der Rechtsstreit dann an das Arbeitsgericht verwiesen wurde (zum Streitstand vgl. GK-ArbGG/*Wenzel* § 12 a Rn. 48 ff.; *Schwab/Weth/Vollstädt* § 12 a Rn. 39 ff.). Die Bestimmung des Abs. 1 Satz 3 hat diese **Streitfrage nicht eindeutig geklärt** (vgl. aber *Wenzel* AuR 1979, 230; ders. in GK-ArbGG § 12 a Rn. 52; LAG Hamm 16. 7. 1987 LAGE ArbGG 1979 § 12 a Nr. 10, die eine Klärung durch den Gesetzgeber annehmen).

18 Aus § 48 Abs. 1 i. V. § 17 b Abs. 2 GVG sowie aus § 4 Abs. 2 GKG könnte der Schluss gezogen werden, dass **nur die Mehrkosten,** also diejenigen Kosten, die zwischen den tatsächlich entstandenen Kosten und den Kosten, die entstanden wären, wenn gleich das zuständige Gericht aufgerufen worden wäre, entstanden sind, erstattungsfähig seien (LAG Rheinland-Pfalz 13. 3. 1986 LAGE ArbGG 1979 § 12 a Nr. 7; LAG Bremen 20. 2. 1986 AP ArbGG 1979 § 1 Nr. 4; 5. 7. 1996 NZA-RR 1997, 26; zum ganzen Problem *Schwab/Weth/Vollstädt* § 12 a Rn. 40 ff.; *Schaub* ArbGV § 49 Rn. 15; GK-ArbGG/*Wenzel* a. a. O.; *Müller/Bauer* S. 352; jeweils m. w. Nachw.).

19 Demgegenüber wird die Ansicht vertreten, dass durch die gesetzliche Regelung klargestellt sei, dass die vor der Verweisung an das Arbeitsgericht bei dem ordentlichen

Gericht entstandenen Anwaltskosten **in vollem Umfang erstattungsfähig seien** und blieben (BAG 1. 11. 2004 NZA 2005, 429 ff.; LAG Düsseldorf 15. 8. 2006 NZA-RR 2006, 658; LAG Hessen 8. 3. 1999 NZA-RR 1999, 498; LAG Niedersachsen 21. 12. 1990 Rpfleger 1991, 218). Für diese Auffassung spricht der Wortlaut der Regelung in Abs. 1 Satz 3. Nach dieser Bestimmung gilt die Beschränkung der Kostenerstattungsmöglichkeit nicht für Kosten, die durch die Anrufung des unzuständigen Gerichtes entstanden sind. Damit sind sämtliche Kosten erfasst, die ihren Entstehungsgrund in dem Verfahren vor dem zuständigen Gericht gehabt haben. Absatz 1 Satz 3 enthält gerade nicht die zusätzliche Einschränkung, die sich in § 17 b Abs. 2 Satz 2 GVG findet. Es ist ausdrücklich von den entstandenen Kosten die Rede, nicht jedoch von den Mehrkosten. Auch enthält Abs. 1 Satz 3 eine gegenüber § 17 b Abs. 2 GVG insoweit selbständige Regelung, er konkretisiert diese weder noch nimmt er auf sie Bezug. Durch § 12 a Abs. 1 Satz 3 wird nicht nur eine einschränkende Regelung zu Satz 1 getroffen, sondern vielmehr die gebührenrechtliche Folge aus § 4 Abs. 1 GKG n. F. und § 17 b Abs. 2 GVG gezogen. Für diese Auffassung spricht schließlich auch die Bestimmung in § 4 Abs. 2 GKG. Auch dort wird nur eine Regelung bezüglich der durch die Anrufung des unzuständigen Gerichts entstandenen Mehrkosten getroffen, der Wortlaut unterscheidet sich daher auch hier von der Bestimmung in § 12 a Abs. 1 Satz 3. Nur soweit die Mehrkosten betroffen sind, kann von der Erhebung abgesehen werden, hierüber entscheidet das Gericht, an das der Rechtsstreit verwiesen worden ist, § 4 Abs. 2 Satz 2 GKG Trotz der Einheit des Verfahrens kann nicht durch die Verweisung in bereits entstandene Gebührenansprüche eingegriffen werden. Erstattungsfähig sind daher sämtliche notwendigen Kosten, die vor dem unzuständigen Gericht bis zum Zeitpunkt der Verweisung entstanden sind, und zwar selbst dann, wenn in dem anschließenden Verfahren vor dem Arbeitsgericht die gleichen Gebühren noch einmal entstehen sollten. Erstattungspflichtig ist der Kläger, der das unzuständige Gericht angerufen hat (LAG Hessen 8. 3. 1999 DB 1999, 1276).

Dem entspricht es auch, dass bei der Verweisung eines Rechtsstreits vom Arbeitsgericht an das ordentliche Gericht die bei dem Arbeitsgericht angefallenen Anwaltskosten nicht zu den erstattungsfähigen Kosten des einheitlichen Verfahrens rechnen, weil sich Berechnung und Erstattungsfähigkeit von Kosten, die vor der Verweisung entstanden sind, allein nach den für das verweisende Gericht geltenden Bestimmungen richten. In diesem Falle gilt auch die Einschränkung der Erstattungsfähigkeit nach § 12 a Abs. 1 (OLG Stuttgart 12. 4. 1984 AnwBl. 1985, 104; OLG Karlsruhe 15. 12. 1989 JurBüro 1990, 1154; 1. 8. 1991 JurBüro 1991, 1637 ff.). Eine Erstattungsmöglichkeit besteht nur dann, wenn die Gebühren in dem späteren Verfahren vor dem ordentlichen Gericht erneut anfallen (KG 30. 8. 1954 AP ArbGG 1953 § 61 Nr. 1; OLG Celle 8. 2. 1957 AP ArbGG 1953 § 61 Nr. 16; OLG Karlsruhe a. a. O.; *Schaub* ArbGV § 49 Rn. 16; *Hauck/Helml* § 12 a Rn. 13). **20**

b) Reisekosten

Reisekosten, die einer Partei selbst zur Wahrnehmung ihrer Rechte entstehen, sind **erstattungsfähig.** Maßgebend für den Umfang der Kostenerstattungspflicht ist die Bestimmung des § 91 Abs. 1 Satz 1 ZPO. Daraus ergibt sich, dass die entstandenen Kosten nur insoweit erstattungsfähig sind, als sie zur zweckentsprechenden Rechtsverfolgung oder Rechtsverteidigung notwendig gewesen sind. Durch diese Regelung wird ein **konkreter, nach objektiven Gesichtspunkten** feststellbarer Maßstab eingeführt, die Berücksichtigung subjektiver Vorstellungen einer Prozesspartei ist ausgeschlossen. Dies gilt auch für die Erstattungspflicht von Reisekosten des Rechtsanwaltes. Nach § 91 Abs. 1 Satz 2 ZPO sind sie nur insoweit zu erstatten, als die Zuziehung zur zweckentsprechenden Rechtsverfolgung oder Rechtsverteidigung notwendig war. Auch hier bleibt die subjektive Zielsetzung der Prozesspartei unberücksichtigt, allein entscheidend ist eine objektive für den konkreten Fall geltende Betrachtungsweise. Nicht in die Prüfung **21** zweckentsprechender Rechtsverteidigung ist daher einzubeziehen, ob die Konzentration der Führung einer Vielzahl von Prozessen an einer Stelle sinnvoll ist. Diese Überlegung betrifft nicht die konkreten Gegebenheiten des einzelnen Prozesses. Ein Anspruch auf Erstattung der Reisekosten besteht danach dann nicht, wenn ein Arbeitgeber am Gerichtsstand des Erfüllungsortes verklagt wird (LAG Düsseldorf 30. 11. 1989 LAGE ArbGG 1979 § 12 a Nr. 13). Im Bereich des öffentlichen Dienstes kann durch Delegation der Endvertretung eine Erstattungsfähigkeit von Reisekosten dann nicht erreicht werden, wenn eine kostengünstigere Regelung der Vertretung am Gerichtsort möglich wäre, wenn dort eine übergeordnete Dienststelle oder eine Außenstelle die Vertretung hätte wahrnehmen können (BAG 21. 1. 2004 AP ZPO § 91 Nr. 37; LAG Niedersachsen 11. 12. 1989 LAGE ZPO § 91 Nr. 15; LAG Berlin 6. 7. 1994 DB 1994, 1628; vgl. für die Privatwirtschaft LAG Nürnberg 23. 11. 1992 LAGE ZPO § 91 Nr. 20; OLG Köln 24. 3. 1993 JurBüro 1993, 681). Die Erstattung der vollen Reisekosten ist auch dann berechtigt, wenn die Vertretung durch einen Rechtsanwalt geringere Kosten verursacht hätte (LAG Hamburg 13. 8. 1992 LAGE ArbGG 1979 § 12 a Nr. 18). Die Fahrtkosten sind der Höhe nach wie die Fahrtkosten eines Zeugen zu erstatten, vgl. § 91 Abs. 1 Satz 2 Halbsatz 2 ZPO. In der Regel ist das verkehrsgünstigste und billigste Verkehrsmittel zu benutzen, da ein Anspruch auf Zeitversäumnis nicht besteht, kommt es auf eine etwaige Zeitersparnis nicht an. Zu den Reisekosten gehören auch die Kosten für **Übernachtung und Verpflegung** (vgl. zu dem Ganzen *Schwab/Weth/Vollstädt* § 12 a Rn. 20; *Wenzel* MDR 1980, 540; *ders.* in GK-ArbGG § 12 a Rn. 21 ff.; *Schaub* ArbGV § 49 Rn. 10 jeweils m. w. Nachw.).

22   Die durch die Beauftragung eines Rechtsanwalts entstehenden Kosten sind im **Rahmen hypothetisch berechneter Reisekosten,** die der Partei sonst entstanden wären, erstattungsfähig (LAG Düsseldorf 8. 7. 2003 MDR 2003, 1321 f.; LAG Hamm 24. 6. 1971 MDR 1971, Seite 877; LAG Rheinland-Pfalz 25. 11. 1975 MDR 1976, 258; LAG Düsseldorf 10. 4. 1986 LAGE ArbGG 1979 § 12 a Nr. 6; *Schwab/Weth/Vollstädt* § 12 a Rn. 25; *Tschischgale/Satzky* S. 167 m. w. Nachw.). Abs. 1 Satz 1 will nämlich nur das Prozessrisiko für die unterliegende Partei begrenzen, es soll ihr aber nicht ein ungerechtfertigter Kostenvorteil verschafft werden. In diesem Falle sind die Reisekosten hypothetisch zu berechnen, d. h., es sind sämtliche Fahrt-, Unterkunfts- und sonstigen Kosten zu berechnen, in der Höhe dieser Kosten können dann die durch die Beauftragung des Rechtsanwaltes entstandenen Gebühren und Auslagen erstattet verlangt werden. Das gilt auch, soweit Reisekosten einer Partei zur Aufnahme einer Klage oder zur Niederschrift der Geschäftsstelle entstanden sind, auch diese Kosten können notwendige Kosten sein.

23   In diese hypothetische Berechnung können nur solche Reisekosten einbezogen werden, die zur zweckentsprechenden Rechtsverfolgung oder Rechtsverteidigung **notwendig** gewesen wären. Auch hier gilt, dass jede Partei verpflichtet ist, die Kosten möglichst niedrig zu halten. Reisekosten, die nicht notwendig waren, können daher nicht in Rechnung gestellt werden. Wird ein Arbeitgeber am Sitz einer Zweigniederlassung verklagt und ist in dieser Zweigniederlassung ein Personalsachbearbeiter vorhanden, so kann in der Regel davon ausgegangen werden, dass dieser die Prozessvertretung vor dem Arbeitsgericht wahrnehmen kann (LAG Nürnberg 23. 11. 1992 LAGE ZPO § 91 Nr. 20). Das Gleiche gilt im Bereich des öffentlichen Dienstes, Reisekosten, die dadurch entstehen, dass ein Beamter der übergeordneten Behörde den Termin wahrnehmen soll, sind im Regelfall nicht erstattungsfähig (LAG Hamm 17. 3. 1977 AP ArbGG 1953 § 61 Kosten Nr. 15; vgl. aber LAG Rheinland-Pfalz 25. 11. 1975 MDR 1976, 258; vgl. ferner *Schaub* ArbGV § 49 Rn. 10 m. w. Nachw. in Fußnote 26).

24   Daraus, dass im Rahmen einer hypothetischen Reisekostenberechnung auch die Kosten eines beauftragten Anwalts erstattungsfähig sind, könnte im Gegenschluss gefolgert werden, dass eine Partei auch nur Reisekosten bis zu der Höhe erstattet verlangen kann, die ihr bei Vertretung durch einen Rechtsanwalt entstanden wären. Höhere Kosten

II. Urteilsverfahren erster Instanz § 12a

würden damit nicht erstattungsfähig sein (dazu *Tschischgale/Satzky* S. 167 f.). Dem steht aber entgegen, dass wegen der Regelung in Abs. 1 Satz 1 im erstinstanzlichen arbeitsgerichtlichen Verfahren grundsätzlich keine Erstattung von Rechtsanwaltskosten möglich ist. Damit hat der Gesetzgeber zu erkennen gegeben, dass die Reise für eine Partei zur Rechtsverfolgung auch dann notwendig im Sinne des § 91 Abs. 1 Satz 2 ZPO ist, wenn die Beauftragung eines am Gerichtsort sesshaften Anwalts kostengünstiger wäre (LAG Frankfurt 6. 9. 1965 AP ArbGG 1953 § 61 Kosten Nr. 9; *Grunsky* § 12 a Rn. 4). Auch muss es grundsätzlich jeder Partei freistehen, selbst zu entscheiden, ob sie sich vor dem Arbeitsgericht selbst vertreten will, oder ob sie die Vertretung durch einen Rechtsanwalt wünscht. Dies kann über die Einschränkung der Kostenerstattungspflicht in Abs. 1 Satz 1 nicht beeinflusst werden.

c) Detektivkosten

Eine Erstattung von Detektivkosten kann nur dann in Betracht kommen, wenn sie zur Vorbereitung oder Verteidigung eines konkreten Rechtsstreits, beispielsweise eines Kündigungsschutzverfahrens, notwendig ist (ArbGG-*Krönig* § 12 a Rn. 13; *Schwab/Weth/Vollstädt* § 12 a Rn. 23; *Frölich* NZA 1996, 464, 465). Notwendig ist die Einschaltung eines Detektivs dann, wenn bereits Verdachtsmomente vorhanden sind, die anders nicht überprüft werden können (vgl. für Kündigungsverfahren LAG Hamm 28. 8. 1991 DB 1992, 431; LAG Köln 23. 2. 1993 LAGE ZPO § 91 Nr. 21; *Lepke* DB 1985, 1231, 1234). Beurteilungszeitpunkt ist der der Beauftragung. Eine Erstattung setzt weiter voraus, dass die Ermittlungsergebnisse auch in den Prozess eingeführt worden sind (vgl. zu dem Ganzen auch weiter *Lepke* DB 1985, 1231 ff.; *Baumbach/Hartmann* § 91 Rn. 91). 25

d) Gutachterkosten

Die Kosten für ein von einem Gericht angeordneten oder eingeholten Gutachten sind stets erstattungsfähig, in der Regel als Auslage des Gerichts. Von einer Partei während des Prozesses ohne Aufforderung seitens des Gerichts eingeholte Gutachten sind in der Regel nicht erstattungsfähig, da es Sache des Gerichts ist, ggf. Beweis zu erheben. Vor einem Rechtsstreit eingeholte Gutachten können nur dann **erstattungsfähig** sein, wenn sie zur Rechtsverfolgung notwendig sind und Einfluss auf das Verfahren gehabt haben (BAG 20. 8. 2007 NZA 2008, 71; weitere Einzelheiten bei *Baumbach/Hartmann* § 91 Rn. 102 ff.). Dies scheidet generell aus, wenn sie lediglich Rechtsfragen betreffen. 26

e) Zwangsvollstreckungsverfahren

Die **Begrenzung** der Erstattungspflicht **gilt nicht** im Zwangsvollstreckungsverfahren. Abs. 1 Satz 1 soll nur das Risiko des noch durchzuführenden Prozesses einschränken, nicht jedoch Kosten begrenzen, für die ein Risiko hinsichtlich des Unterliegens nicht mehr besteht (LAG Berlin 17. 2. 1986 LAGE KSchG § 9 Nr. 1; LAG Baden-Württemberg 12. 9. 1985 LAGE ArbGG 1979 § 12 a Nr. 3; LAG Frankfurt 16. 10. 1967 BB 1968, 630; vgl. BAG 31. 10. 1984 AP ZPO § 840 Nr. 4; *Müller/Bauer* S. 354). Nicht zum Bereich des Vollstreckungsverfahrens, sondern zu demjenigen des Erkenntnisverfahrens ist die Vollstreckungsabwehrklage des § 767 ZPO zu rechnen, das Gleiche gilt für den Drittschuldnerprozess (LAG Baden-Württemberg 12. 9. 1985 LAGE ArbGG 1979 § 12 a Nr. 3). Die Anträge auf Erlass eines Arrestes oder einer einstweiligen Verfügung zählen ebenfalls nicht zum Vollstreckungsverfahren, sondern fallen als besondere Form des Erkenntnisverfahrens unter die Bestimmung des Abs. 1 Satz 1. 27

§ 12 a

f) Parteivereinbarung

28 Durch Parteivereinbarung kann in Abweichung von Abs. 1 Satz 1 eine Kostenerstattungspflicht übernommen werden. Dies ist auch in einem außergerichtlichen **Vergleich** oder in einem Prozessvergleich möglich. Die Vereinbarung muss jedoch eindeutig sein, im Kostenfestsetzungsverfahren kann nicht darüber befunden werden, wie der Vergleich auszulegen ist (LAG Düsseldorf 13. 5. 1982 EzA ArbGG 1979 § 12 a Nr. 3; LAG Düsseldorf 1. 4. 1986 LAGE ArbGG 1979 § 12 a Nr. 9; ausführlich *Weimar* NZA 2003, 540 ff. m. w. Nachw.).

29 Soweit die Kostenerstattungspflicht in einer privatrechtlichen Vereinbarung bzw. einem außergerichtlichen Vergleich erfolgt ist, ist unstreitig, dass eine **Festsetzung im Kostenfestsetzungsverfahren** gemäß § 103 ZPO nicht möglich ist (*Schwab/Weth/Vollstädt* § 12 a Rn. 31; GK-ArbGG/*Wenzel* § 12 a Rn. 157; LAG Rheinland-Pfalz 28. 8. 1990 NZA 1992, 141). Umstritten ist allerdings, ob das Kostenfestsetzungsverfahren bei einem Prozessvergleich Anwendung finden kann. Nach einer Auffassung ist davon auszugehen, dass der Anspruch nach Vergleichsabschluss nicht mehr streitig und der Höhe nach bestimmbar sei. Im Interesse der Prozessökonomie müsse das Kostenfestsetzungsverfahren Anwendung finden können (LAG München 4. 12. 1978 AnwBl. 1979, 67; LAG Frankfurt 9. 7. 1958 NJW 1958, 1415; vgl. auch *Grunsky* § 12 a Rn. 5).

30 Dem steht jedoch entgegen, dass das Kostenfestsetzungsverfahren **nur** für die Ermittlung der **gesetzlichen Prozesskosten** Anwendung finden soll, es kann nicht für privatrechtliche Kostenerstattungsansprüche genutzt werden (LAG Düsseldorf 1. 4. 1986 LAGE ArbGG 1979 § 12 a Nr. 9; 13. 5. 1982 EzA ArbGG 1979 § 12 a Nr. 3; 4. 1. 1955 AP ArbGG 1953 § 61 Nr. 2; 12. 8. 1955 AP ArbGG 1953 § 61 Nr. 9; LAG Hamm 24. 2. 1972 MDR 1972, 546; *Schwab/Weth/Vollstädt* § 12 a Rn. 31; *Tschischgale/Satzky* S. 168, 169 m. w. Nachw.).

4. Hinweispflicht

a) Inhalt

31 Die Verpflichtung gilt nicht nur für **Rechtsanwälte**, sondern auch für **Verbandsvertreter**. Schon nach dem bisherigen **Standesrecht** war der Rechtsanwalt verpflichtet, die Partei auf das Entstehen besonderer Kosten hinzuweisen, die Hinweispflicht erstreckte sich auf alle Besonderheiten, die für die Partei von Bedeutung sein konnten. Die Aufnahme der Verpflichtung, die Partei auf den Ausschluss der Kostenerstattung hinzuweisen, hat lediglich klarstellenden Charakter (*Rewolle* BB 1979, 1353; *Wlotzke/Schwedes/Lorenz* § 12 a Rn. 3; *Müller/Bauer* S. 360; vgl. dazu auch *Weimar* AuR 2003, 172 f.). Wie im Einzelnen die Belehrung zu erfolgen hat, ist im Gesetz nicht geregelt, es genügt daher auch der mündliche Hinweis des Prozessbevollmächtigten. Allerdings empfiehlt es sich aus Gründen der Beweisbarkeit, die entsprechende Belehrung schriftlich durchzuführen.

32 Der Hinweis muss bezüglich des **gesamten Bereichs der Begrenzung der Kostenerstattung** in dem Verfahren vor dem Arbeitsgericht erfolgen. In ihm muss auch aufgenommen werden, dass Kosten nicht erstattungsfähig sind, dass auch die Kosten von der Partei selbst getragen werden müssen, die durch vorbereitende Tätigkeiten des Vertreters entstehen, und zwar auch dann, wenn es zu keinem Rechtsstreit kommt. Auch muss aufgenommen werden, dass die Partei eine Entschädigung wegen Zeitversäumnis nicht erhält. Der Hinweis muss vor **Abschluss des Vertrages** über die Vertretung erfolgen, die Partei muss sich noch frei entscheiden können, ob sie sich selbst vor dem Arbeitsgericht vertreten will oder sich vertreten lassen möchte. Eine besondere Gebühr entsteht durch die Belehrung nicht.

33 Die **Hinweispflicht ist entbehrlich**, wenn die Partei ein Kostenrisiko nicht treffen kann. Dies ist bei der Vertretung durch Verbandsvertreter in der Regel der Fall, ferner bei rechtsschutzversicherten Mandanten möglich (*Ziege* AnwBl. 1980, 179; *Müller/Bauer* S. 360). Allerdings muss dann schon eine konkrete Zusage der Kostenübernahme seitens der Rechtsschutzversicherung vorliegen. Solange noch zweifelhaft ist, ob die Rechtsschutzversicherung die Kosten übernimmt, ist der Hinweis erforderlich. Weiterhin kann der Hinweis entbehrlich sein, wenn der Partei bereits aus vorangegangenen arbeitsgerichtlichen Verfahren die Besonderheiten des Ausschlusses der Kostenerstattung bekannt sind.

Bei Gewährung von **Prozesskostenhilfe** bzw. einer Beiordnung nach § 11 a entfällt die Belehrungspflicht nicht, da u. U. von der Partei Kosten getragen werden müssen, sei es, dass die Beiordnung des Anwalts nur unter Festlegung von Raten erfolgt, sei es, dass im Nachhinein von der Landeskasse Erstattungsansprüche gegenüber der Partei geltend gemacht werden. 34

b) Folgen der Verletzung

Die Rechtsfolgen der Verletzung der Hinweispflicht sind im Gesetz nicht geregelt. Insbesondere hat eine Unterlassung der Belehrung nicht unmittelbar zur Folge, dass der Vergütungsanspruch des Prozessbevollmächtigten entfällt. Da die Belehrung vor Abschluss der Vereinbarung über die Vertretung erfolgen muss, stellt die Verletzung dieser Pflicht nicht eine Vertragsverletzung, sondern ein Verschulden bei Vertragsabschluss dar, §§ 311, 282, 280 BGB (*Ziege* AnwBl. 1980, 179; *Müller/Bauer* S. 360; vgl. aber *Rewolle* BB 1979, 1353). Die schuldhafte Verletzung der Hinweispflicht führt damit zu einem **Schadenersatzanspruch** der Partei (so auch *Philippsen* NJW 1979, 1330; *Schwab/Weth/Vollstädt* § 12 a Rn. 36). Der Schadenersatzanspruch kann dann gegen den Vergütungsanspruch aufgerechnet werden, so dass praktisch der Vergütungsanspruch in Wegfall gerät. 35

Voraussetzung dafür ist aber, dass durch die unterbliebene Belehrung tatsächlich ein **Schaden** entstanden ist. Dieser Schaden kann nur darin bestehen, dass die Partei den Prozessbevollmächtigten bei erfolgter Belehrung nicht mit der Rechtsvertretung beauftragt hätte. Der Umfang des Schadens liegt dann darin, dass die Partei die Gebühren für den Prozessbevollmächtigten hat aufwenden müssen. Hätte die Partei in jedem Falle diesen Rechtsanwalt oder einen anderen Rechtsanwalt beauftragt, kann ein Schaden nicht entstanden sein, der Ausgang des Prozesses ist dabei unerheblich (*Ziege* AnwBl. 1980, 178). Die Darlegungs- und Beweislast trifft die grundsätzlich die Partei. Da aber das Gesetz die Aufklärungspflicht festlegt und die Partei die „Nichtaufklärung", also eine negative Tatsache darlegen und beweisen müsste, kann hier von einer **Umkehrung der Beweislast** ausgegangen werden (vgl. *Schwab/Weth/Vollstädt* § 12 a Rn. 37 unter Hinweis auf BGH 5. 7. 1973 NJW 1973, 1688; vgl ferner *Ziege* a. a. O.; *Müller/Bauer* S. 360 f.). 36

III. Beschlussverfahren erster Instanz

Eine **entsprechende Anwendung** des Abs. 1 auf das Beschlussverfahren **scheidet aus.** Dadurch, dass der Gesetzgeber ausdrücklich nur das Urteilsverfahren in Abs. 1 Satz 1 erwähnt hat, ergibt sich, dass eine entsprechende Anwendbarkeit im Beschlussverfahren nicht gegeben sein sollte. Eine solche ist auch nicht erforderlich, da im Beschlussverfahren grundsätzlich keine Kostenentscheidung zu treffen ist. Die Ansprüche der im Beschlussverfahren Beteiligten auf Erstattung von Kosten, die durch das Beschlussverfahren entstehen, richten sich insbesondere nach den Bestimmungen des Betriebsverfassungsgesetzes und dort in erster Linie nach § 40 BetrVG oder den entsprechenden Regelungen in den Personalvertretungsgesetzen. Dieser materiellrechtliche Anspruch kann nicht dadurch unterlaufen werden, dass die Vorschrift des Abs. 1 Satz 1 entsprechend angewendet wird (so wohl aber *Grunsky* § 12 a Rn. 8). Dieser Grundsatz gilt aber 37 nur für die Rechtsverfolgung unmittelbar im Beschlussverfahren. Macht ein Amtsträger Ansprüche im Urteilsverfahren geltend, die ihre Rechtsgrundlage im Betriebsverfassungsrecht haben, gilt der Ausschluss der Kostenerstattung. Abgrenzungskriterium ist die jeweils – möglicherweise fehlerhaft – gewählte Verfahrensart. Macht ein Betriebsratsmitglied Lohnansprüche im Urteilsverfahren geltend, die ihren Rechtsgrund auch in § 37 Abs. 2 BetrVG haben, so gilt § 12 a Abs. 1 Satz 1, der Anspruch auf Erstattung der erstinstanzlichen Anwaltskosten ist ausgeschlossen (BAG 30. 6. 1993 NZA 1994, 284 ff.).

38 Zu dem besonderen Beschlussverfahren **zum Kündigungsschutz im Insolvenzverfahren**, § 126 Abs. 1 InsO, siehe oben Rn. 3.

IV. Rechtsmittelverfahren

1. Grundsatz

39 In den Rechtsmittelinstanzen findet die Bestimmung des **§ 91 ZPO** ohne jede Einschränkung **Anwendung**. Weder in § 64 Abs. 7 noch in § 72 Abs. 6 ist für das Berufungs- bzw. Revisionsverfahren auf die Bestimmung des § 12 a verwiesen worden. Auch hier gilt der Grundsatz, dass jede Prozesspartei aus dem Prozessrechtsverhältnis verpflichtet ist, die Kosten ihrer Prozessführung, die sie vom Gegner erstattet haben will, so niedrig zu halten, wie sich dies mit der Wahrung ihrer rechtlichen Belange vereinbaren lässt (BAG 14. 11. 2007 NZA 2008, 606 f. zur Erstattung vorgerichtlicher Kosten; *Ostermeier* NZA 2008, 551).

40 Da **Verbandsvertreter** den Rechtsanwälten gleichgestellt sind, § 11 Abs. 2, können die Aufwendungen für diese ebenfalls im Wege der Erstattung geltend gemacht werden, wenn eine Kostenentscheidung zugunsten der Partei nach §§ 91 oder 97 ZPO vorliegt. Das Gleiche gilt für die mit der Vertretung verbundenen Barauslagen der Fall ist (*Tschischgale/Satzky* S. 174; *Grunsky* § 12 a Rn. 13). Allerdings sind die Verbandsvertreter nicht befugt, Gebühren nach dem RVG zu erheben (LAG Hamm 18. 11. 1993 DB 1994, 336). Die erstattungsfähigen Aufwendungen werden der Höhe nach begrenzt durch diejenigen Kosten, die entstanden wären, wenn ein Rechtsanwalt beauftragt worden wäre (GK-ArbGG/*Wenzel* § 12 a Rn. 74; *Müller/Bauer* S. 356). Dies entspricht auch dem Grundsatz, der in § 12 a Abs. 2 Satz 1 zum Ausdruck gekommen ist.

41 Ist der **Verbandsvertreter Rechtsanwalt** und tritt er in dieser Eigenschaft für das vertretene Verbandsmitglied auf, sind die dadurch entstehenden Kosten wie bei einem Rechtsanwalt zu erstatten. Das gilt selbst dann, wenn der Verband im Unterliegensfalle die Kosten des Rechtsanwaltes tragen würde. Insoweit folgt die Rechtsschutzgewährung nämlich ähnlichen Grundsätzen, wie dies bei einer Rechtsschutzversicherung der Fall wäre. Etwas anderes gilt aber dann, wenn der Rechtsanwalt nicht in dieser Funktion, sondern lediglich als Verbandsvertreter vor Gericht auftritt. In diesem Falle kann er keine Gebühren liquidieren, eine Erstattung der durch seine Bevollmächtigung entstandenen Kosten ist nur dann möglich, wenn er gegenüber der vertretenen Partei selbst im Einzelfall Kosten liquidiert.

2. Kostenteilung bei Vertretung durch einen Verbandsvertreter in zweiter Instanz

42 Eine **Sonderregelung** für die Kostenteilung in zweiter Instanz befindet sich in § 12 a Abs. 2. Durch diese Vorschrift wird die Bestimmung in § 92 Abs. 1 ZPO in ihren Auswirkungen modifiziert, wobei dies im Kostenausgleichsverfahren nach den §§ 103 ff. ZPO zu berücksichtigen ist.

43 Im Regelfall erfolgt die Vertretung durch einen Verbandsvertreter nach der Definition in § 11 Abs. 2 Satz 2, 4 und 5 für die Verbandsmitglieder unentgeltlich. Bei einer

Kostenteilung nach § 92 Abs. 1 Satz 1 ZPO hätte dies die durch einen Rechtsanwalt vertretene Partei begünstigt. Um die darin liegenden Probleme zu beseitigen, ist im **Kostenausgleichungsverfahren** zu fingieren, dass jede Partei anwaltlich vertreten war. Auch auf Seiten der verbandsmäßig vertretenen Partei sind fiktive Anwaltskosten (Gebühren und Auslagenpauschalen) anzusetzen, wobei diese nicht besonders angemeldet werden müssen, soweit es sich um die nach dem RVG zu berechnenden Anwaltsgebühren handelt (LAG Hamm 28. 2. 1980 EzA ArbGG 1979 § 12a Nr. 1; GK-ArbGG/ *Wenzel* § 12a Rn. 74; *Schwab/Weth/Vollstädt* § 12a Rn. 61). Lediglich besondere Kosten, die individuell entstanden sind, sind von dem Verbandsvertreter bei dem Kostenausgleichungsverfahren mitzuteilen. Diese Erstattungsansprüche können allerdings nur dann geltend gemacht werden, wenn die Kosten auch im Einzelfall tatsächlich entstanden sind, Abs. 2 Satz 2.

Werden **beide Parteien durch Verbandsvertreter** vertreten, kann Abs. 2 keine Anwendung finden. Dies gilt selbst dann, wenn beide Verbandsvertreter unterschiedliche Aufwendungen in Rechnung stellen. In diesem Fallen sind die tatsächlichen Aufwendungen im Kostenfestsetzungsverfahren auszugleichen. Wortlaut und Sinn der Vorschrift lassen eine ausdehnende Auslegung nicht zu (a. A. *Schwab/Weth/Vollstädt* § 12a Rn. 62). **44**

Die Vorschrift des § 12a Abs. 2 ist entsprechend anwendbar im **Beschwerdeverfahren**, soweit dort die Vorschrift des § 92 Abs. 1 ZPO entsprechende Anwendung findet. Nicht entsprechend anwendbar ist die Vorschrift im Beschwerdeverfahren des **Beschlussverfahrens**. Dies scheitert schon daran, dass in diesem Verfahren eine Kostenentscheidung nicht ergehen darf (BAG 31. 10. 1972 AP BetrVG 1972 § 40 Nr. 2; 7. 7. 1954 AP BetrVG § 13 Nr. 1; 21. 6. 1957 AP ArbGG 1953 § 81 Nr. 2; a.A. *Grunsky* § 80 Rn. 46). **45**

§ 13 Rechtshilfe

(1) ¹Die Arbeitsgerichte leisten den Gerichten für Arbeitssachen Rechtshilfe. ²Ist die Amtshandlung außerhalb des Sitzes eines Arbeitsgerichts vorzunehmen, so leistet das Amtsgericht Rechtshilfe.

(2) Die Vorschriften des Gerichtsverfassungsgesetzes über Rechtshilfe und des Einführungsgesetzes zum Gerichtsverfassungsgesetz über verfahrensübergreifende Mitteilungen von Amts wegen finden entsprechende Anwendung.

Übersicht

	Rn.
I. Allgemeines	1, 2
II. Rechtshilfe im Inland	3–9
1. Rechtshilfe innerhalb der Arbeitsgerichtsbarkeit	3–7
2. Rechtshilfe durch das Amtsgericht	8, 9
III. Die Rechtshilfe im Ausland	10–12
IV. Datenübermittlung – Justizmitteilungsgesetz – EGGVG	13–18

I. Allgemeines

Verfassungsrechtliche Grundlage der Rechtshilfe ist Art. 35 Abs. 1 GG. Danach haben alle Behörden des Bundes und der Länder sich gegenseitige Rechts- und Amtshilfe zu leisten. Rechtshilfe i. S. des § 13 liegt vor, wenn das ersuchende Arbeitsgericht die Amtshandlung auf Grund seiner sachlichen Zuständigkeit nach selbst vornehmen könnte und nur die Zweckmäßigkeit für die Vornahme durch das ersuchte Gericht spricht (BGH 31. 5. 1990 NJW 1990, 2936; *Kissel* GVG § 156 Rn. 3; *Baumbach/Hartmann* Übersicht vor § 156 GVG Rn. 2). **1**

§ 13

2 **Amtshilfe** liegt dagegen vor, wenn der ersuchenden Behörde die Befugnis zur Vornahme der Amtshandlung fehlt, um die nachgesucht wird, oder wenn andere als die den Gerichten vorbehaltenen Handlungen begehrt werden, wie dies beispielsweise bei Auskunftserteilung, Weiterleitung einer Anfrage, Zurverfügungstellung von Räumen, Bereitstellung einer Protokollführerin der Fall ist (vgl. *Kissel* a. a. O. Rn. 4; *Baumbach/Hartmann* a. a. O. m. w. N. sowie § 5 Abs. 1 Nr. 1 VwVfG).

II. Rechtshilfe im Inland

1. Rechtshilfe innerhalb der Arbeitsgerichtsbarkeit

3 Gerichte, die eine Rechtshilfehandlung vornehmen können, sind **grundsätzlich** die **Arbeitsgerichte**. Sie wird durchgeführt von dem Vorsitzenden ohne Beteiligung der ehrenamtlichen Richter, § 53 Abs. 1 Satz 2. Das gilt auch dann, wenn sie im Auftrage einer höheren Instanz tätig werden sollen. Voraussetzung für ein Rechtshilfeersuchen ist zunächst, dass die Amtshandlung außerhalb des Bezirks des Arbeitsgerichts vorzunehmen ist. Ist sie innerhalb des Bezirks des Arbeitsgerichts vorzunehmen, so kann im Falle der Durchführung einer Beweisaufnahme der Vorsitzende beauftragt werden, § 58 Abs. 1 Satz 2, auch kann die Kammer selbst außerhalb der Räumlichkeiten des Gerichts eine Beweisaufnahme durchführen. Das Arbeitsgericht kann Amtshandlungen auch außerhalb seines Gerichtsbezirkes durchführen, wenn das Arbeitsgericht des betroffenen Bezirks seine Zustimmung erteilt hat. Lediglich im Falle von Gefahr im Verzug bedarf es dieser Zustimmung nicht, § 13 Abs. 2 i. V. m. § 166 Abs. 1 GVG. In diesem Falle ist die Amtshandlung von der zuständigen Kammer durchzuführen.

4 Das **Rechtshilfeersuchen** ist an das Arbeitsgericht **zu richten**, in dessen Bezirk die Amtshandlung vorgenommen werden soll, § 13 Abs. 2 i. V. m. § 157 Abs. 1 GVG.

5 Das Rechtshilfeersuchen kann nur unter den Voraussetzungen des § 158 GVG abgelehnt werden. **Nach § 158 Abs. 1 GVG** kann ein Rechtshilfeersuchen grundsätzlich **nicht abgelehnt** werden. Das gilt insbesondere, wie sich aus Abs. 2 Satz 1 der Vorschrift ergibt, bei einem Rechtshilfeersuchen durch das im Instanzenzug übergeordnete Landesarbeitsgericht. Sollte in diesem Falle das Ersuchen unzulässig sein, kann eine Zurückweisung nicht erfolgen, lediglich ein entsprechender Hinweis wäre möglich. Etwas anderes kann bestenfalls dann gelten, wenn die Beweisfrage völlig unklar und damit nicht durchführbar ist. Bei Rechtshilfeersuchen durch ein nicht im Instanzenzug übergeordnetes Gericht kann die Zurückweisung erfolgen, wenn Gegenstand des Ersuchens eine **unzulässige Amtshandlung** ist. Dies wäre der Fall, wenn auf Grund gesetzlicher Bestimmungen die vorzunehmende Handlung verboten ist (vgl. BAG 16. 1. 1991 NZA 1991, 364 f.). In Betracht kämen beispielsweise Verstöße gegen das Gebot des Schutzes der Intimsphäre, den Datenschutz, sonstige Persönlichkeitsrechte. Nicht überprüft werden kann von dem Rechtshilfegericht, ob das Verfahren vor dem ersuchenden Gericht ordnungsgemäß verlaufen ist. Auch führt eine abweichende Rechtsauffassung des Rechtshilfegerichts noch nicht zur Unzulässigkeit des Ersuchens, das Rechtshilfegericht ist lediglich verlängerter Arm des das Ersuchen stellende Gericht und nicht befugt, sein Ermessen an die Stelle von dessen Ermessen zu setzen. Das Rechtshilfegericht kann daher auch nicht überprüfen, ob eine Beweisaufnahme unzweckmäßig oder unangemessen wäre (BGH 31. 5. 1990 NJW 1990, 2936). Auch die Beweiserheblichkeit aufzuklärender Fragen kann das ersuchte Gericht nicht selbständig prüfen, ebenso wenig die Voraussetzungen für eine Beweisaufnahme (BAG 23. 1. 2001 DB 2001, 1044). Unzulässig kann eine Amtshandlung aber weiterhin sein, wenn eine Partei oder ein gesetzlicher Vertreter als Zeuge vernommen werden sollen, wenn in einem Beweisbeschluss die streitigen Tatsachen, über die Beweis erhoben werden soll, unzureichend bezeichnet worden sind, wenn eine Beeidigung vorgenommen werden soll, obwohl sie unzulässig wäre. Ob ein Rechtshilfeersuchen zurückgewiesen werden kann, weil es sich um einen **Ausforschungsbeweis** handele, ist umstritten (vgl. dazu BAG a. a. O.; BAG 26. 10. 1999 NZA 2000, 791; *Schwab/Weth/Vollstädt* § 13 Rn. 24; GK-ArbGG/*Bader* § 13 Rn. 13). Eine Zurückweisung des Rechtshilfeersuchens in diesem Falle wird nur dann möglich sein, wenn der Verstoß offensichtlich ist, wenn also auf den ersten Blick erkennbar ist, dass das ersuchende Gericht einen Ausforschungsbeweis erheben wollte (*Gift/Baur* Teil E, Rn. 1251; zweifelnd *Schwab/Weth/Vollstädt* § 13 Rn. 24). Allerdings ist hierbei Zurückhaltung geboten, da den Gerichten bei der Abfassung der Beweisbeschlüsse erhebliche Entscheidungsspielräume zustehen. Über die Ablehnung des Rechtshilfeersuchens kann ggf. gemäß § 159 GVG die Entscheidung des übergeordneten Landesarbeitsgerichts eingeholt werden. Weist dieses die Beschwerde des ersuchenden Arbeitsgerichts gegen die Ablehnung eines Rechtshilfeersuchens zurück, so kann das ersuchende Arbeitsgericht weitere Beschwerde zum Bundesarbeitsgericht einlegen, § 159 Abs. 1 Satz 3 GVG. Beschwerdeberechtigt sind außer dem ersuchenden Gericht die Parteien und die vom ersuchten Gericht zu vernehmenden Personen, § 159 Abs. 2 GVG.

Ist das ersuchte Arbeitsgericht **örtlich unzuständig**, so gibt es das Verfahren an das 6 zuständige Arbeitsgericht ab, § 158 Abs. 2 Satz 2 GVG. Auch in diesem Falle kann gegebenenfalls die Entscheidung des übergeordneten Landesarbeitsgerichts eingeholt werden, § 159 GVG.

Die durch das Rechtshilfeersuchen entstehenden **Kosten** sind wie die üblichen Kosten 7 im arbeitsgerichtlichen Verfahren zu behandeln, bei Zustellungen, Beweisaufnahmen usw. sind sie Kosten der Hauptsache. Insbesondere gilt auch hier das Verbot der Erhebung von Kostenvorschüssen.

2. Rechtshilfe durch das Amtsgericht

Innerhalb des Gerichtsbezirks eines Arbeitsgerichts kann auch das Amtsgericht um 8 Rechtshilfe ersucht werden, § 13 Abs. 1 Satz 2. Grund für diese Regelung ist, dass die Bezirke der Arbeitsgerichte regelmäßig einen größeren räumlichen Bereich erfassen, als dies bei den Amtsgerichten der Fall ist. Kann daher eine Amtshandlung nicht am Sitz des Arbeitsgerichts vorgenommen werden, so kann das Rechtshilfeersuchen an das Amtsgericht gerichtet werden, in dessen Bezirk die Amtshandlung vorzunehmen ist. Dem ersuchenden Gericht steht dabei ein Ermessensspielraum in der Weise zu, als es entscheiden kann, ob es das zuständige Arbeitsgericht oder aber das Amtsgericht um die Durchführung der Rechtshilfe bittet (*Schaub* ArbGV § 20 Rn. 22; *Hauck/Helml* § 13 Rn. 3; GK-ArbGG/*Bader* § 13 Rn. 25; a. A. *Grunsky* § 13 Rn. 3). Befindet sich jedoch am Sitz des Amtsgerichts gleichzeitig auch ein Arbeitsgericht, so kann nur das Arbeitsgericht um Rechtshilfe ersucht werden.

Hinsichtlich der Möglichkeit der **Ablehnung** eines Rechtshilfeersuchens durch das 9 Amtsgericht gelten die gleichen Grundsätze wie bei der Ablehnung eines Rechtshilfeersuchens durch das ersuchte Arbeitsgericht, vgl. oben Rn. 6. Die kostenrechtliche Sonderstellung des arbeitsrechtlichen Verfahrens gilt auch bei der Durchführung der Rechtshilfe vor einem Amtsgericht, insbesondere besteht im erstinstanzlichen Verfahren auch hier keine Kostenerstattungspflicht, Kostenvorschüsse können nicht erhoben werden (vgl. dazu auch oben Rn. 7).

III. Die Rechtshilfe im Ausland

Die Rechtshilfe im Ausland (Staaten, die nicht der EG angehören) richtet sich nach 10 § 46 Abs. 2 i. V. m. §§ 199 ff. ZPO bzw. § 363 ZPO. Für die Durchführung sind die Rechtshilfeordnung für Zivilsachen vom 19. 10. 1956 (ZRHO BAnz. 1957 Nr. 63), das Haager Zivilprozessübereinkommen (HZPrÜb vom 1. 3. 1954 – BGBl. 1958 II

S. 576 und 1959 II S. 1388 und Haager Übereinkommen v. 18. 3. 1970 – BGBl. 1977 II S. 1472) sowie zwischenstaatliche Abkommen maßgeblich (vgl. die Zusammenstellung bei *Bülow/Böckstiegel/Geimer/Schütze* Der internationale Rechtsverkehr in Zivil- und Handelssachen; ferner die Zusammenstellung der Vorschriften bei *Baumbach/ Hartmann* im Anhang nach § 363). Für **Beweisaufnahmen in Zivil- und Handelssachen in den Mitgliedstaaten der EG** gelten besondere Vorschriften auf Grund der Verordnung (EG) 1206/2001 des Rates vom 28. 5. 2001 und des Gesetzes zur Durchführung gemeinschaftsrechtlicher Vorschriften über die grenzüberschreitende Beweisaufnahme in Zivil- oder Handelssachen in den Mitgliedstaaten (EG-Beweisaufnahmedurchführungsgesetz) vom 4. 11. 2003, BGBl. I 2166. Die entsprechenden Regelungen sind in den §§ 1067 bis 1075 ZPO enthalten, diese Vorschriften sind im arbeitsgerichtlichen Verfahren entsprechend anzuwenden. Auf die **Erläuterungen zu § 13 a** kann verwiesen werden.

11 Für die **Durchführung** eines Rechtshilfeersuchens im Ausland außerhalb der EG sind im Wesentlichen **folgende Möglichkeiten** gegeben:
Der zuständige **Konsul** der Bundesrepublik Deutschland kann ein Rechtshilfeersuchen erledigen, wenn er dazu ermächtigt ist und im Rahmen der bestehenden Staatsverträge eine Befugnis besitzt oder aber wenn der ausländische Staat sein Einverständnis erklärt hat (§ 363 Abs. 2 ZPO i. V. m. §§ 15, 16, 19, 24 KonsularG vom 11. 9. 1974, BGBl. I S. 2317; vgl. ferner Art. 15 ff. Haager Übereinkommen). Weiterhin kann das Rechtshilfeersuchen durch eine **ausländische Behörde** erledigt werden, hierbei muss das Ersuchen entweder im diplomatischen Wege, im konsularischen Wege oder aber, soweit dies in zwischenstaatlichen Abkommen vorgesehen ist, im unmittelbaren Verkehr zwischen den Behörden gestellt werden.

12 Im Übrigen gilt für den Rechtshilfeverkehr mit dem Ausland die **gemeinsame Anordnung** des Bundesministers für Arbeit und Sozialordnung und des Bundesministers für Justiz vom 30. 12. 1959 (BAnz. 1960 Nr. 9 S. 1), in der die Anwendbarkeit der Rechtshilfeordnung für Zivilsachen (ZRHO) für anwendbar erklärt worden ist. In dieser ist u. a. geregelt worden, dass für die Erledigung ausgehender Rechtshilfeersuchen des Bundesarbeitsgerichts gewisse Modifikationen zu beachten sind, u. a. ist Prüfstelle i. S. d. § 9 ZRHO der Präsident des Bundesarbeitsgerichts. Für die Landesarbeitsgerichte sind Prüfungsstelle i. S. des § 9 ZRHO die jeweiligen Präsidenten.

IV. Datenübermittlung – Justizmitteilungsgesetz – EGGVG

13 Durch Artikel 14 JuMiG sind ab dem 1. 6. 1998 die Vorschriften des EGGVG über verfahrensübergreifende Mitteilungen von Amts wegen auch im arbeitsgerichtlichen Verfahren für anwendbar erklärt worden. Es handelt sich hier um Bestimmungen, die die **Amtshilfe auch im Verhältnis zu anderen Gerichten und Behörden** und sonstigen Stellen sichert. Durch die verfahrensübergreifenden Mitteilungen von Amts wegen werden die datenschutzrechtlichen Bestimmungen im Einzelnen konkretisiert, teilweise eingeschränkt (vgl. dazu *Wollweber* NJW 1997, 2488). Durch § 13 Abs. 2 ist der Geltungsbereich der §§ 12 ff. EGGVG auch auf die Arbeitsgerichtsbarkeit erstreckt worden. Danach sind auch die Gerichte für Arbeitssachen berechtigt, personenbezogene Daten zur Erfüllung der in der Zuständigkeit des jeweiligen Empfängers liegenden Aufgaben zu übermitteln. Empfänger der Daten können nach § 12 EGGVG öffentliche Stellen des Bundes oder eines Landes sein, auch öffentlich-rechtliche Religionsgesellschaften gehören zum Adressatenkreis, wenn sichergestellt ist, dass bei diesen ausreichende Datenschutzmaßnahmen getroffen werden. Die Übermittlung hat dann zu unterbleiben, wenn eine besondere bundes- oder entsprechende landesgesetzliche Verwendungsregelung für die Daten beschränkt oder ausschließt. Die Verantwortung für die Prüfung der Voraussetzungen für die Übermittlung trägt dabei die absendende Stelle, also das jeweils

IV. Datenübermittlung – Justizmitteilungsgesetz - EGGVG §13

zuständige Gericht in der Arbeitsgerichtsbarkeit. Die **allgemeinen Vorschriften der Rechts- bzw. Amtshilfe,** wie beispielsweise § 299 ZPO, Art. 35 Abs. 1 GG, § 35 Abs. 1 SGB I, §§ 67 ff., 78 SGB X sind durch die Änderungen des EGGVG nicht berührt, sie **gelten weiter** und können ggf. Grundlage für die Datenübermittlung nach §§ 12 ff. EGGVG sein.

Allgemein zulässig ist die Übermittlung von Daten an die genannten Empfänger, **14** wenn die Voraussetzungen des § 13 EGGVG vorliegen. Eine Übermittlung ist nach § 13 Abs. 1 EGGVG insbesondere dann zulässig, wenn eine **besondere Rechtsvorschrift** dies vorsieht oder sogar zwingend voraussetzt, wenn der **Betroffene eingewilligt hat,** wenn offensichtlich ist, dass die **Übermittlung im Interesse des Betroffenen liegt,** und nicht zu vermuten ist, dass er seine Einwilligung verweigern würde. Darüber hinaus ist die Übermittlung in den in § 13 Abs. 1 Nr. 4 und 5 EGGVG genannten Fällen zulässig, die jedoch im Bereich der Arbeitsgerichtsbarkeit kaum eine Rolle spielen dürften.

Nach § 17 EGGVG, der auch für den Bereich der Arbeitsgerichtsbarkeit eine besonde- **15** re Bedeutung hat, ist die **Übermittlung personenbezogener Daten auch dann zulässig,** wenn die Kenntnis der Daten nach Ansicht des Gerichtes zur **Verfolgung von Straftaten** oder **Ordnungswidrigkeiten** oder aber für ein **Verfahren der internationalen Rechtshilfe** oder zur **Abwehr erheblicher Nachteile für das Gemeinwohl** oder einer **Gefahr für die öffentliche Sicherheit** oder zur Abwehr einer **schwerwiegenden Beeinträchtigung der Rechte einer anderen Person** oder zur Abwehr einer erheblichen **Gefährdung Minderjähriger** erforderlich ist. Mit dieser Regelung wird die Berechtigung zur Übermittlung gegenüber dem bisherigen Rechtszustand erheblich erweitert.

Bei § 17 Nr. 1 EGGVG ist es nicht erforderlich, dass die **Verfolgung** der Straftat oder **16** der Ordnungswidrigkeit **bereits begonnen** hat, es genügt, wenn das Gericht der Auffassung ist, dass ein entsprechendes Verfahren eingeleitet werden müsste. Es ist auch nicht erforderlich, dass dieses Verfahren tatsächlich zur Verhängung einer Strafe oder einer Ordnungsmaßnahme führen müsste. Bei § 17 Nr. 2 EGGVG muss dagegen das Verfahren der internationalen Rechtshilfe bereits eingeleitet sein. Weite Ermessensspielräume enthalten die Berechtigungstatbestände von § 17 Nr. 3 bis 5 EGGVG. Nach § 17 Nr. 3 EGGVG müssen die erheblichen Nachteile für das Gemeinwohl oder die Gefahr für die öffentliche Sicherheit noch nicht eingetreten sein, es genügt ein **konkreter Anlass** für die Annahme, dass erhebliche Nachteile für das Gemeinwohl eintreten könnten oder dass eine Gefahr für die öffentliche Sicherheit besteht. Die bloß **abstrakte Gefährdung** dürfte noch **nicht ausreichen.** Insoweit sind die Schutzgüter gegeneinander abzuwägen, in das Datenschutzrecht des einzelnen darf nur eingegriffen werden, wenn überwiegende allgemeine Interessen dies konkret erfordern. Das Gleiche gilt bei § 17 Nr. 4 EGGVG, die schwerwiegende Beeinträchtigung der Rechte einer anderen Person muss auch hier bereits konkrete Gestalt angenommen haben, die bloße Möglichkeit der Gefährdung reicht nicht aus. Ähnlich konkret muss auch der Tatbestand von § 17 Nr. 5 EGGVG erfüllt sein, es muss bereits ein konkreter Anhaltspunkt für die Gefährdung Minderjähriger, beispielsweise in einem Berufsausbildungsverhältnis, bestehen.

Die Übermittlungsbefugnis aus § 15 EGGVG, die das Grundbuch oder sonstige **17** Register betrifft, hat für das arbeitsgerichtliche Verfahren keine Bedeutung. Die **Mitteilung von Daten an Kranken- oder Sozialversicherungsträger** – auch wenn sie öffentlich-rechtlich organisiert sind – ist durch die Bestimmungen der §§ 12 ff. EGGVG nicht gedeckt. Hier verbleibt es bei den **allgemeinen Vorschriften der Rechts- bzw. Amtshilfe,** wie z. B. § 299 ZPO, Art. 35 Abs. 1 GG, § 35 Abs. 1 SGB I, §§ 67 ff., 78 SGB X. Diese Bestimmungen sind durch die Änderungen des EGGVG nicht berührt.

Auch die weiteren Bestimmungen, die die **Folgen der Übermittlung der Daten** an eine **18** andere Stelle betreffen, **sind** über § 13 Abs. 2 **anwendbar,** insbesondere gilt dies für die weiteren Regelungen der §§ 18 bis 22 EGGVG. Zu beachten ist in diesem Zusammen-

§ 13 a Internationale Verfahren

hang, dass dem Betroffenen auf Antrag Auskunft über die übermittelten Daten und deren Empfänger zu erteilen ist, diese Verpflichtung obliegt der Auskunft erteilenden Stelle, also dem jeweiligen Arbeitsgericht. Der Antrag ist schriftlich zu stellen, § 21 Abs. 1 EGGVG. Die Überprüfung der Auskunftserteilung erfolgt entsprechend den Regelungen der §§ 23 ff. EGGVG, es handelt sich insoweit um Justizverwaltungsakte.

§ 13 a Internationale Verfahren

Die Vorschriften des Buches 11 der Zivilprozessordnung über die justizielle Zusammenarbeit in der Europäischen Union finden in Verfahren vor den Gerichten für Arbeitssachen Anwendung, soweit dieses Gesetz nichts anderes bestimmt.

Übersicht

	Rn.
I. Normzweck	1
II. Grundlagen der justiziellen Zusammenarbeit	2, 3
III. Räumlicher Geltungsbereich	4
IV. Sachlicher Geltungsumfang	5–15
V. Weitere Entwicklung	16

I. Normzweck

1   Die Norm stellt klar, dass das 11. Buch der ZPO (also die §§ 1067 bis 1109 ZPO) auch im arbeitsgerichtlichen Verfahren gilt. § 13 a wurde eingefügt durch Art. 2 des EG-Vollstreckungstitel-Durchführungsgesetzes vom 18. 8. 2005 (BGBl. I 2477). Letztlich dienen das 11. Buch der ZPO und damit zugleich auch § 13 a der Transformation klärungsbedürftiger Details des europäischen Rechts in das deutsche Recht und damit insbesondere auch der Rechtsklarheit. Der Text der in Bezug genommenen europäischen Rechtsakte ist unter anderem abgedruckt bei *Wieczorek/Schütze*, ZPO, 3. Aufl. 2006, Bd. VI; *Musielak*, ZPO, 6. Aufl. 2009, Anh. Europäisches Zivilprozessrecht; *Zöller*, ZPO, 27. Aufl. 2009, Anh.; *Baumbach/Lauterbach/Albers/Hartmann*, ZPO, 67. Aufl. 2009, vor § 1067; *Thomas/Putzo*, ZPO, 28. Aufl. 2007, Anh. zu § 1071.

II. Grundlagen der justiziellen Zusammenarbeit

2   Die Entwicklung eines europäischen Zivilprozessrechts begann mit dem EU-Übereinkommen über die gerichtliche Zuständigkeit und die Vollstreckung gerichtlicher Entscheidungen (EuGVÜ vom 27. 9. 1968). Dieses Übereinkommen und in seiner Ergänzung das sog. Parallelübereinkommen von Lugano (vom 16. 9. 1988) sind zweifellos die erfolgreichsten völkerrechtlichen Verträge im Bereich des internationalen Zivilprozessrechts weltweit gewesen. Allerdings ist mit Inkrafttreten des Vertrages von Amsterdam am 1. 5. 1999 ein Wechsel im Bereich der justiziellen Zusammenarbeit erfolgt. Die Zusammenarbeit ist von der dritten Säule in die erste Säule, also in Art. 65 EGV n. V. übernommen worden. Mit dieser neuen Kompetenz hat die Gemeinschaft eine intensive Rechtssetzungstätigkeit im Bereich des internationalen Zivilverfahrens entwickelt und insbesondere neben der Übernahme des EuGVÜ in eine EuGVVO (VO-EG-Nr. 44/2001) weitere zentrale Verordnungen erlassen (zu den Grundlagen und zur historischen Entwicklung s. Einl. Rn. 259 ff.).

3   Das neu geschaffene 11. Buch der ZPO hat fünf dieser neuen Verordnungen durch nationale Regelungen aufgenommen und begleitet. In einem ersten Abschnitt ist die europäische Zustellungsverordnung behandelt (§§ 1067 bis 1071 ZPO), in einem zweiten Abschnitt ist die europäische Beweisaufnahmeverordnung näher ausgeführt

IV. Sachlicher Geltungsumfang § 13 a

(§§ 1072 bis 1075 ZPO) und schließlich ist in einem vierten Abschnitt die jüngste Verordnung, die Verordnung über einen europäischen Vollstreckungstitel für unbestrittene Forderungen näher behandelt (§§ 1079 bis 1086 ZPO). Zusätzlich hat der Gesetzgeber der ZPO in einem dritten Abschnitt (§§ 1076 bis 1078 ZPO) noch die Richtlinie über Prozesskostenhilfe umgesetzt. Nunmehr hat der Gesetzgeber das 11. Buch um einen fünften und sechsten Abschnitt erweitert, die das europäische Mahnverfahren und das Verfahren für geringfügige Forderungen betreffen. Als Richtlinien hat der europäische Gesetzgeber zuletzt eine MediationsRL vom 21. 5. 2008 erlassen, die bis 20. 5. 2011 in nationales Recht umgesetzt werden muss.

III. Räumlicher Geltungsbereich

Die über § 13 a und das 11. Buch der ZPO in Bezug genommenen Verordnungen **4** gelten unmittelbar in allen EU-Staaten mit Ausnahme von Dänemark. Denn Dänemark beteiligt sich nicht an den Maßnahmen nach Art. 61 ff. EGV. Insoweit gelten die Regelungen des EuGVÜ und des alten Lugano-Übereinkommens fort. Soweit dabei gewisse Lücken entstanden sind, soll die Situation zwischen Dänemark und der EU durch einen neuen völkerrechtlichen Vertrag bereinigt werden. Ein solches Abkommen ist am 19. 10. 2005 vereinbart und vom Rat am 27. 4. 2006 beschlossen worden. Es ist aber bisher (1. 3. 2009) noch nicht in Kraft getreten.

IV. Sachlicher Geltungsumfang

Durch das 11. Buch der ZPO sind zurzeit die genannten sechs europäischen Rechts- **5** akte in Bezug genommen. Daneben gilt für das arbeitsgerichtliche Verfahren selbstverständlich auch die EuGVVO (s. oben Einl. Rn. 261, 265). Weitere existente europäische Vorordnungen aus dem Bereich des Familienrechts und des Insolvenzrechts sind für das arbeitsgerichtliche Verfahren ohne Bedeutung. Im Einzelnen sind folgende europäischen Rechtsakte und ihre ergänzenden Normen im 11. Buch der ZPO zu beachten:

1. Die EuZVO

Die VO (EG) Nr. 1393/2007 über die Zustellung gerichtlicher und außergerichtlicher **6** Schriftstücke vom 13. 11. 2007 (EuZVO) ist am 13. 11. 2008 in Kraft getreten. Sie hat die frühere EuZVO (1348/2000) ersetzt. Sie ermöglicht nunmehr innerhalb Europas Übermittlung durch die Post (Art. 14 EuZVO). Darüber hinaus ist der Umfang erforderlicher Übersetzungen des zuzustellenden Schriftstücks reduziert (vgl. Art. 5, 8 EuZVO). Besonders bemerkenswert ist es, dass bei Ausführung der Zustellung keinerlei sachliche Überprüfung erfolgt, dass es also keinen ordre-public-Vorbehalt mehr gibt.

Das deutsche Recht (§§ 1067 bis 1071 ZPO) füllt die Postzustellung nach Art. 14 **7** EuZVO in der Weise aus, dass ein Einschreiben mit Rückschein erforderlich und ausreichend ist (§ 1068 ZPO). Die Zustellung erfolgt durch Gerichte als Übermittlungsstellen (vgl. § 1069 ZPO). Die bisherigen §§ 1070, 1071 ZPO sind entfallen.

2. Die EuBVO

Die VO (EG) Nr. 1206/2001 über die Zusammenarbeit zwischen den Gerichten der **8** Mitgliedstaaten auf dem Gebiet der Beweisaufnahme vom 27. 6. 2001 (EuBVO) ist am 1. 7. 2001 in Kraft getreten und gilt seit 1. 1. 2004 in allen Mitgliedsstaaten (Art. 24 Abs. 2 EuBVO). Sie ermöglicht den unmittelbaren Geschäftsverkehr zwischen den Gerichten (Art. 2). Die verstärkten Rechte der Parteien und ihrer Vertreter werden dem Recht des ersuchenden Mitgliedsstaates unterstellt (Art. 11, 12 EuBVO).

9   Mit der Zurückdrängung von Zentralstellen und der Zulassung der unmittelbaren Beweisaufnahme durch das Prozessgericht im Ausland sind neben der erstmals einheitlichen Geltung dieser Regelung die wesentlichen Fortschritte benannt.

10 Das deutsche Recht (§§ 1072 bis 1075 ZPO) führt die Teilnahmerechte des ersuchenden deutschen Gerichts (§ 1073 Abs. 1 ZPO) und seine Möglichkeit, eine unmittelbare Beweisaufnahme im Ausland durchzuführen (§ 1073 Abs. 2 ZPO) sowie die nationalen Zuständigkeiten (§ 1074 ZPO) näher aus.

3. Die PKH-RL

11 Die Richtlinie 2002/8/EG des Rates zur Verbesserung des Zugangs zum Recht bei Streitsachen mit grenzüberschreitendem Bezug durch Festlegung gemeinsamer Mindestvorschriften über die Prozesskostenhilfe in derartigen Streitsachen vom 27. 1. 2003 (PKH-RL) will Mindeststandards für die Gewährung von Prozesskostenhilfe ausschließlich im grenzüberschreitenden Verkehr gewährleisten. Dementsprechend ist der Anwendungsbereich der Richtlinie auf Streitsachen mit grenzüberschreitendem Bezug beschränkt (Art. 1 Abs. 1 PKH-RL). Die PKH-RL war bis 30. 11. 2004 in nationales Recht umzusetzen. Der deutsche Gesetzgeber ist dem durch die Schaffung der §§ 1076 bis 1078 ZPO nachgekommen. Nach § 1076 ZPO gelten die §§ 114 bis 127a ZPO auch in allen Fällen, auf die die PKH-RL anwendbar ist. In § 1077 ZPO hat der deutsche Gesetzgeber die Einzelheiten für ausgehende Ersuchen geregelt, in § 1078 ZPO ist dies für die eingehenden Ersuchen geschehen.

4. Die EuVTVO

12 Die VO (EG) Nr. 805/2004 zur Einführung eines europäischen Vollstreckungstitels für unbestrittene Forderungen ist am 21. 1. 2005 in Kraft getreten und gilt seit 21. 10. 2005 in allen Mitgliedstaaten (Art. 33 EuVTVO). Mit dieser Verordnung ist nicht etwa ein echter europäischer Titel geschaffen worden, sondern die nationalen Vollstreckungstitel sind im Falle unbestrittener Forderungen in allen EU-Staaten ohne vorherige Klauselerteilung vollstreckbar. Allerdings hat die EuVTVO eine Einschränkung insoweit gebracht, als Vollstreckungstitel gegen Verbraucher nur mit Wohnsitz im Erststaat durchgeführt werden können. Was im Einzelnen als unbestrittene Forderung anzusehen ist, regelt Art. 3 EuVTVO. Das Entfallen einer Vollstreckungsklausel ergibt sich aus Art. 5 EuVTVO und § 1082 ZPO. Die verbraucherrechtlichen Einschränkungen sind in Art. 6 Abs. 1 d EuVTVO niedergelegt.

13 Das deutsche Recht (§§ 1079 bis 1086 ZPO) gibt die einzelnen Durchführungsbestimmungen zur EuVTVO wieder. Dabei ist in den §§ 1079 bis 1081 ZPO die Ausstellung, die Berichtigung und der Widerruf der Bestätigung als europäischer Vollstreckungstitel nach Art. 9 EuVTVO geregelt. Die §§ 1082 bis 1086 ZPO enthalten ergänzende Regelungen zu solchen Vollstreckungstiteln, die in anderen Mitgliedsstaaten als europäischer Vollstreckungstitel bestätigt worden sind und nunmehr im Inland ohne Klauselerteilung vollstreckt werden sollen.

5. Die EuMahnVO

14 Die VO (EG) Nr. 1896/2006 zur Einführung eines europäischen Mahnverfahrens ist am 13. 12. 2006 in Kraft getreten und gilt seit 12. 12. 2008 in allen Mitgliedstaaten (Art. 33 EuMahnVO). Sie ermöglicht europaweit ein eigenständiges Erkenntnisverfahren und führt zu einer rechtskräftigen Streitbeilegung (vgl. Art. 20 EuMahnVO). Aus deutscher Sicht ist für Anträge auf Erlass und Überprüfung eines europäischen Zahlungsbefehls sowie für die Vollstreckbarerklärung das Amtsgericht Wedding in Berlin ausschließlich zuständig (§ 1087 ZPO). Im Inland wird ein europäischer Zahlungsbefehl nach den Vorschriften der ZPO zugestellt, in den anderen Mitgliedstaaten erfolgt die

Zustellung nach der EuZVO. Mit der Zustellung gilt die Streitsache als rechtshängig (§ 1090 Abs. 3), wenn Einspruch eingelegt wird und die Sache sodann alsbald an das Streitgericht abgegeben wird.

6. EuBagatellVO

Die VO (EG) Nr. 861/2007 über das Verfahren für geringfügige Forderungen vom 11. 7. 2007 (EuBagatellVO) ist am 12. 7. 2007 in Kraft getreten und gilt seit 1. 1. 2009 in allen Mitgliedsstaaten (Art. 29 EuBagatellVO). Diese VO ermöglicht erstmals für streitige Forderungen bis zu einem Betrag von € 2000,- ein Klageverfahren, das mit einem Urteil endet, das sogleich und ohne Sicherheitsleistung vollstreckbar ist (Art. 15 EuBagatellVO). Darüber hinaus ist ein solches nach der VO ergangenes Urteil in jedem Mitgliedstaat anzuerkennen und vollstreckbar, ohne dass es einer Vollstreckbarerklärung bedarf und ohne dass die Anerkennung angefochten werden könnte (Art. 20 EuBagatellVO). Geprägt ist das Verfahren durch kurze Fristen sowie die Verwendung bestimmter Formulare für die Klage und die Klageerwiderung. Das Verfahren wird in der Regel in einem schriftlichen Verfahren durchgeführt und es gibt keinen Anwaltszwang. Das Verfahren steht alternativ neben allen anderen denkbaren nationalen Verfahren, es kann allerdings nur bei grenzüberschreitenden Rechtssachen angewendet werden.

V. Weitere Entwicklung

Neben den hier genannten europäischen Rechtsakten ist damit zu rechnen, dass der europäische Gesetzgeber gestützt auf Art. 65 EGV auch künftig Aktivitäten zur Ausgestaltung des europäischen Zivilverfahrensrechts und damit zugleich des Arbeitsverfahrens entwickeln wird. Jedenfalls ist am 27. 7. 2007 in Brüssel ein spezifisches Programm „Ziviljustiz" aufgelegt worden, das bis zum 31. 12. 2013 laufen wird. Dieses Programm soll die weitere Verbesserung der justiziellen Zusammenarbeit in Zivilsachen fördern. Zu den konkret in Arbeit befindlichen Vorhaben vgl. *Mansel/Thorn/Wagner,* IPRax 2009, 1, 8 ff.

Zweiter Teil.
Aufbau der Gerichte für Arbeitssachen

Erster Abschnitt. Arbeitsgerichte

§ 14 Errichtung und Organisation

(1) In den Ländern werden Arbeitsgerichte errichtet.

(2) Durch Gesetz werden angeordnet
1. die Errichtung und Aufhebung eines Arbeitsgerichts;
2. die Verlegung eines Gerichtssitzes;
3. Änderungen in der Abgrenzung der Gerichtsbezirke;
4. die Zuweisung einzelner Sachgebiete an ein Arbeitsgericht für die Bezirke mehrerer Arbeitsgerichte;
5. die Errichtung von Kammern des Arbeitsgerichts an anderen Orten;
6. der Übergang anhängiger Verfahren auf ein anderes Gericht bei Maßnahmen nach den Nummern 1, 3 und 4, wenn sich die Zuständigkeit nicht nach den bisher geltenden Vorschriften richten soll.

(3) Mehrere Länder können die Errichtung eines gemeinsamen Arbeitsgerichts oder gemeinsamer Kammern eines Arbeitsgerichts oder die Ausdehnung von Gerichtsbezirken über die Landesgrenzen hinaus, auch für einzelne Sachgebiete, vereinbaren.

(4) ¹Die zuständige oberste Landesbehörde kann anordnen, daß außerhalb des Sitzes des Arbeitsgerichts Gerichtstage abgehalten werden. ²Die Landesregierung kann ferner durch Rechtsverordnung bestimmen, daß Gerichtstage außerhalb des Sitzes des Arbeitsgerichts abgehalten werden. ³Die Landesregierung kann die Ermächtigung nach Satz 2 durch Rechtsverordnung auf die zuständige oberste Landesbehörde übertragen.

(5) Bei der Vorbereitung gesetzlicher Regelungen nach Absatz 2 Nr. 1 bis 5 und Absatz 3 sind die Gewerkschaften und Vereinigungen von Arbeitgebern, die für das Arbeitsleben im Landesgebiet wesentliche Bedeutung haben, zu hören.

Übersicht

	Rn.
I. Allgemeines	1–7
1. Bedeutung	1, 2
2. Historische Entwicklung	3–6
3. Parallelnormen	7
II. Die Errichtung der Arbeitsgerichte (Abs. 1)	8–10
1. Aufstellung der Arbeitsgerichte	8, 9
2. Errichtung auf Grund von Landesgesetzen	10
III. Weitere Maßnahmen der Gerichtsorganisation (Abs. 2 und 4)	11–14 a
1. Weitere Maßnahmen	11
2. Gerichtstage	12–14
3. Mündliche Verhandlung außerhalb der Gerichtsstelle	14 a
IV. Die Zusammenarbeit mehrerer Bundesländer (Abs. 3)	15, 16
V. Anhörung (Abs. 5)	17

I. Allgemeines

1. Bedeutung

Die §§ 14 ff. ArbGG beinhalten die gerichtsorganisatorischen Grundlagen der Arbeitsgerichtsbarkeit. Sie gelten sowohl für das Urteils- wie für das Beschlussverfahren. 1

§ 14 ist die zentrale Norm für die Errichtung der Arbeitsgerichte; diese sind – so die Terminologie des Gesetzes – die Gerichte erster Instanz. Die Errichtung und Organisation der Gerichte der weiteren Instanzen, Landesarbeitsgerichte bzw. Bundesarbeitsgericht sind in §§ 33 ff. bzw. 40 ff. ArbGG geregelt. 2

2. Historische Entwicklung

a) Die Geschichte der deutschen Arbeitsgerichtsbarkeit und ihrer gerichtsorganisatorischen Grundlagen beginnt mit der Einrichtung von erstinstanzlichen Gewerbegerichten nach § 8 Gewerbegerichtsgesetz 1890 (vgl. zur allgemeinen historischen Entwicklung oben Einleitung Rn. 7 ff.). Speziell im Blick auf die Geschichte der Errichtung und Organisation der Arbeitsgerichte sind aus heutiger Sicht zwei Dinge bedeutsam. 3

b) Die Arbeitsgerichtsbarkeit ist heute völlig aus der Organisation der ordentlichen Gerichtsbarkeit ausgegliedert. Die Eigenständigkeit der Landesarbeitsgerichte und des Bundesarbeitsgerichts ist in der jetzigen Form erst durch das Arbeitsgerichtsgesetz 1953 eingeführt worden. Im Arbeitsgerichtsgesetz 1926 waren diese Gerichte noch Teil der ordentlichen Gerichtsbarkeit. Die Arbeitsgerichte dagegen waren schon in § 14 ArbGG 1926 als „selbständige Gerichte" bezeichnet worden. Damit war klargestellt, dass es sich bei ihnen um Gerichte handelte, die der ordentlichen Gerichtsbarkeit weder angegliedert noch eingegliedert (*Baumbach* Arbeitsgerichtsgesetz 1927 § 14 Anm. 2) waren. Diese vom Gesetz vorgesehene Selbständigkeit wurde allerdings durch eine praktische Angliederung an die Amtsgerichte (Vorsitzende des Arbeitsgerichts waren meist ordentliche Richter) nahezu aufgehoben (*Wenzel* JZ 1965, 751). 4

c) Die Errichtung der Arbeitsgerichte erfolgte nach § 14 ArbGG 1926 durch die Landesjustizverwaltung im Einvernehmen mit der obersten Landesbehörde für die Sozialverwaltung, gem. § 14 ArbGG 1953 durch die oberste Arbeitsbehörde des Landes im Einvernehmen mit der Landesjustizverwaltung. 5

1979 hat § 14 Abs. 2 seine jetzige Form erhalten; die Errichtung der Arbeitsgerichte ist danach durch Gesetz anzuordnen. Das Arbeitsgerichtsgesetz 1979 hat damit eine Entscheidung des Bundesverfassungsgerichts vom 10. 6. 1953 Genüge getan (BVerfGE 2, 316). In diesem Beschluss hatte das Bundesverfassungsgericht entschieden, dass die Errichtung und Aufhebung von Gerichten, sowie die Änderung der Grenzen ihrer Bezirke Maßnahmen seien, die grundsätzlich nur durch formelles Gesetz angeordnet werden dürfen. § 14 Abs. 4 ist durch das Arbeitsgerichtsgesetz-Änderungsgesetz vom 26. 6. 1990 im Hinblick auf die Ressortierung geändert worden (vgl. § 15 Rn. 32 ff.). Eine Kürzung und Vereinfachung hat Abs. 4 durch das Arbeitsgerichtsbeschleunigungsgesetz 2000 erfahren. 6

3. Parallelnormen

Dem § 14 ArbGG entsprechen folgende Regelungen: §§ 2, 3 VwGO; §§ 2, 3 FGO und §§ 2, 7 SGG. 7

§ 14   Errichtung und Organisation

II. Die Errichtung der Arbeitsgerichte (Abs. 1)

1. Aufstellung der Arbeitsgerichte

8 Die Arbeitsgerichte sind Gerichte der Länder; diese sind zur Errichtung der Arbeitsgerichte verpflichtet; sie haben dieser Verpflichtung genügt. Folgende Arbeitsgerichte gibt es: (Eine Aufstellung der Landesarbeitsgerichte findet sich unten § 33 Rn. 4).

Land Baden-Württemberg

9 *Freiburg,* Habsburgerstr. 103, 79104 Freiburg i. Br., örtlich zuständig für: Stadtkreis Freiburg, Landkreise Breisgau, Hochschwarzwald, Emmendingen, Ortenaukreis, Rottweil, Schwarzwald-Baar-Kreis, Tuttlingen. Auswärtige Kammern: Offenburg, Okenstr. 6, 77652 Offenburg; Villingen-Schwenningen, Kronengasse 14, 78048 Villingen-Schwenningen.

Tel. 07 61-70 80-0; Fax 07 61-70 80-40.

Heilbronn, Paulinenstr. 18, 74076 Heilbronn, örtlich zuständig für: Stadtkreis Heilbronn, Landkreise Heilbronn, Hohenlohekreis, Schwäbisch-Hall, Main-Tauber-Kreis. Auswärtige Kammern: Crailsheim, Schillerstr. 1, 74564 Crailsheim.

Tel. 0 71 31-95 78-0; Fax 0 71 31-95 78-4 44.

Karlsruhe, Ritterstr. 12, 76133 Karlsruhe, örtlich zuständig für: Stadtkreise Baden-Baden, Karlsruhe, Landkreise Karlsruhe, Rastatt.

Tel. 07 21-1 75-0; Fax 07 21-1 75-25 25.

Lörrach, Weinbrennerstr. 5, 79539 Lörrach, örtlich zuständig für: Landkreise Konstanz, Lörrach, Waldshut. Auswärtige Kammern: Radolfzell, Scheffelstr. 14, 78315 Radolfzell.

Tel. 0 76 21-92 47-0; Fax 0 76 21-92 47-20.

Mannheim, E 7, 21, 68159 Mannheim, örtlich zuständig für: Stadtkreise Heidelberg, Mannheim, Landkreise Neckar-Odenwald-Kreis, Rhein-Neckar-Kreis. Auswärtige Kammern: Heidelberg, Hildastr. 18, 69115 Heidelberg.

Tel. 06 21-2 92-0; Fax 06 21-2 92-13 11.

Pforzheim, Simmlerstraße 9, 75172 Pforzheim, örtlich zuständig für: Stadtkreis Pforzheim, Landkreise Calw, Enzkreis, Freudenstadt.

Tel. 0 72 31-15 64-0; Fax 0 72 31-15 64-31.

Reutlingen, Bismarckstr. 64, 72764 Reutlingen, örtlich zuständig für: Landkreise Reutlingen, Tübingen, Zollernalbkreis.

Tel. 0 71 21-9 40-0; Fax 0 71 21-9 40-32 32.

Stuttgart, Johannesstr. 86, 70176 Stuttgart, örtlich zuständig für: Stadtkreis Stuttgart, Landkreise Böblingen, Esslingen, Göppingen, Heidenheim, Ludwigsburg, Ostalbkreis, Rems-Murr-Kreis. Auswärtige Kammern: Aalen, Stuttgarter Str. 7, 73430 Aalen; Ludwigsburg, Friedrichstr. 5, 71638 Ludwigsburg.

Tel. 0711-66 73-0; Fax 07 11-66 73-74 00.

Ulm, Zeughausgasse 12, 89073 Ulm, örtlich zuständig für: Stadtkreis Ulm, Landkreise Alb-Donau-Kreis, Biberach, Bodenseekreis, Ravensburg, Sigmaringen. Auswärtige Kammern: Ravensburg, Marktstr. 8, 88212 Ravensburg.

Tel. 07 31-1 89-0; Fax 07 31-1 89-23 77.

Freistaat Bayern

Augsburg, Ulrichsplatz 3, 86150 Augsburg, örtlich zuständig für: Amtsgerichtsbezirke Aichach, Augsburg, Dillingen a. d. Donau, Günzburg, Neu-Ulm, Nördlingen.

Tel. 08 21-57 09 03; Fax 08 21-5 70 94 00.

Bamberg, Willy-Lessing-Str. 13, 96047 Bamberg, örtlich zuständig für: Amtsgerichtsbezirke Bamberg, Coburg, Forchheim, Kronach, Lichtenfels. Kammer Coburg, Oberer Bürglaß 36, 96450 Coburg, örtlich zuständig für: Amtsgerichtsbezirk Coburg, Kronach, Lichtenfels.

Tel. 09 51-9 80 42-01; Fax 09 51-98042-29.

II. Die Errichtung der Arbeitsgerichte (Abs. 1) § 14

Bayreuth, Ludwig-Thoma-Str. 7, 95447 Bayreuth, örtlich zuständig für: Amtsgerichtsbezirke Bayreuth, Hof, Kulmbach, Wunsiedel. Kammer Hof, Berliner Platz 1, 95030 Hof/Saale, örtlich zuständig für: Amtsgerichtsbezirke Hof, Wunsiedel.
Tel. 09 21-5 93-0; Fax 09 21-5 93-1 11.

Kempten, Königstr. 11, 87435 Kempten/Allgäu, örtlich zuständig für: Amtsgerichtsbezirke Kaufbeuren, Kempten/Allgäu, Lindau/Bodensee, Memmingen.
Tel. 08 31-5 22-1 20; Fax 08 31-2 65 58.

München, Winzererstr. 104, 80797 München, örtlich zuständig für: Amtsgerichtsbezirke Dachau, Ebersberg, Erding, Freising, Fürstenfeldbruck, Garmisch-Partenkirchen, Ingolstadt, Landsberg a. Lech, Miesbach, München, Neuburg a. d. Donau, Pfaffenhofen a. d. Ilm, Starnberg, Weilheim/Oberbay., Wolfratshausen. Kammer Ingolstadt, Proviantstr. 1, 85049 Ingolstadt, örtlich zuständig für: Amtsgerichtsbezirke Ingolstadt, Neuburg a. d. Donau, Pfaffenhofen a. d. Ilm. Kammer Weilheim, Alpenstr. 16, 82362 Weilheim, örtlich zuständig für: Amtsgerichtsbezirke Garmisch-Partenkirchen, Weilheim (Oberbayern).
Tel. 0 89-3 06 19-0; Fax 0 89-3 06 19-2 98.

Nürnberg, Roonstr. 20, 90429 Nürnberg, örtlich zuständig für: Amtsgerichtsbezirke Ansbach, Erlangen, Fürth, Hersbruck, Neustadt a. d. Aisch, Nürnberg, Schwabach, Weißenburg i. Bay.
Tel. 09 11-9 28-0; Fax 09 11-9 28-26 30.

Passau, Eggendobl 4, 94034 Passau, örtlich zuständig für: Amtsgerichtsbezirke Deggendorf, Eggenfelden, Freyung, Passau, Viechtach. Kammer Deggendorf, Bahnhofstr. 94, 94469 Deggendorf, örtlich zuständig für: Amtsgerichtsbezirke Deggendorf, Viechtach.
Tel. 08 51-9 59 49-0; Fax 08 51-9 59 49-49.

Regensburg, Bertoldstr. 2, 93047 Regensburg, örtlich zuständig für: Amtsgerichtsbezirke Kelheim, Landau a. d. Isar, Landshut, Neumarkt i. d. Opf., Regensburg, Straubing. Kammer Landshut, Seligenthaler Str. 10, 84034 Landshut, örtlich zuständig für: Amtsgerichtsbezirke Landau a. d. Isar, Landshut.
Tel. 09 41-5 02 50; Fax 09 41-50 25-69.

Rosenheim, Rathausstr. 23, 83022 Rosenheim, örtlich zuständig für: Amtsgerichtsbezirke Altötting, Laufen, Mühldorf a. Inn, Rosenheim, Traunstein. Kammer Traunstein, Salinenstr. 4, 83278 Traunstein, örtlich zuständig für: Amtsgerichtsbezirke Laufen, Traunstein.
Tel. 08031-305 04; Fax 08031-305-193.

Weiden, Ledererstr. 9, 92637 Weiden, örtlich zuständig für: Amtsgerichtsbezirke Amberg, Cham, Schwandorf, Tirschenreuth, Weiden i. d. Opf. Kammer Schwandorf, Wackersdorfer Str. 78 a, 92421 Schwandorf, örtlich zuständig für: Amtsgerichtsbezirke Amberg, Cham, Schwandorf.
Tel. 09 61-30 00-0; Fax 09 61-30 00-1 77.

Würzburg, Ludwigstr. 33, 97070 Würzburg, örtlich zuständig für: Amtsgerichtsbezirke Aschaffenburg, Bad Kissingen, Bad Neustadt a. d. Saale, Gemünden a. Main, Haßfurt, Kitzingen, Obernburg a. Main, Schweinfurt, Würzburg. Kammer Aschaffenburg, Schloßplatz 4, 63739 Aschaffenburg, örtlich zuständig für: Amtsgerichtsbezirke Aschaffenburg, Obernburg a. Main. Kammer Schweinfurt, Alte Bahnhofstr. 27, 97422 Schweinfurt, örtlich zuständig für: Amtsgerichtsbezirke Bad Kissingen, Bad Neustadt a. d. Saale, Haßfurt, Schweinfurt.
Tel. 09 31-30 87-0; Fax 09 31-30 87-3 03.

Land Berlin

Berlin, Magdeburger Platz 1, 10785 Berlin, örtlich zuständig für: Land Berlin.
Tel. 0 30-9 01 71-0; Fax 0 30-9 01 71-2 22 und 3 33.

Land Brandenburg

Brandenburg, Magdeburger Straße 51, 14770 Brandenburg an der Havel, örtlich zuständig für: Stadt Brandenburg an der Havel und Landkreis Havelland sowie Landkreis Potsdam-Mittelmark ohne die Ämter Beelitz, Fahrland, Groß Kreutz, Michendorf, Rehbrücke, Schwielowsee, Stahnsdorf, Werder und die Gemeinden Kleinmachnow, Seddiner See, Teltow und Werder (Havel).
Tel. 0 33 81-3 98-4 00; Fax 0 33 81-3 98-4 99.

Cottbus, Vom-Stein-Str. 28, 03050 Cottbus, örtlich zuständig für: Stadt Cottbus, Landkreis Dahme-Spreewald und Landkreis Spree-Neiße.
Tel. 03 55-49 91 31 10; Fax 03 55-49 91 32 39.

Eberswalde, Eberswalder Str. 26, 16227 Eberswalde, örtlich zuständig für: Landkreis Barnim und Landkreis Uckermark.
Tel. 0 33 34-21 22 25-6; Fax 0 33 34-21 25 03/04.

Frankfurt (Oder), Eisenhüttenstädter Chaussee 48, 15236 Frankfurt (Oder), örtlich zuständig für: Stadt Frankfurt (Oder), Landkreis Märkisch-Oderland und Landkreis Oder-Spree.
Tel. 03 35-5 53 80; Fax 03 35-5 53 82 27.

Neuruppin, Karl-Liebknecht-Str. 28, 16816 Neuruppin, örtlich zuständig für: Landkreis Oberhavel, Landkreis Ostprignitz-Ruppin und Landkreis Prignitz.
Tel. 0 33 91-45 85-00; Fax 0 33 91-45 85-30.

Potsdam, Zeppelinstr. 136, 14471 Potsdam, örtlich zuständig für: Stadt Potsdam und Landkreis Teltow-Fläming sowie aus dem Landkreis Potsdam-Mittelmark die Ämter Beelitz, Fahrland, Groß Kreutz, Michendorf, Rehbrücke, Schwielowsee, Stahnsdorf, Werder und die Gemeinden Kleinmachnow, Seddiner See, Teltow und Werder (Havel).
Tel. 03 31-98 17-0; Fax 03 31-98 17-1 25.

Senftenberg, Schulstr. 4 b, 01968 Senftenberg, örtlich zuständig für: Landkreis Elbe-Elster und Landkreis Oberspreewald-Lausitz.
Tel. 0 35 73-37 24-0; Fax 0 35 73-37 24-55.

Land Bremen

Bremen, Findorffstr. 14/16, 28215 Bremen, örtlich zuständig für: Stadtgemeinde Bremen (ohne stadtbremisches Überseehafengebiet Bremerhaven).
Tel. 04 21-3 61-53 40; Fax 04 21-3 61-54 53.

Bremerhaven, Brookstr. 1, 27580 Bremerhaven, örtlich zuständig für: Stadtgemeinde Bremerhaven (einschließlich stadtbremisches Überseehafengebiet Bremerhaven).
Tel. 04 71-2 14 66; Fax 04 71-2 19 20.

Land Hamburg

Hamburg, Osterbekstr. 96, 22083 Hamburg, örtlich zuständig für: Land Hamburg.
Tel. 0 40-4 28 63-56 65; Fax 0 40-4 28 63-58 52.

Land Hessen

Darmstadt, Am Steubenplatz 14, 64293 Darmstadt, örtlich zuständig für: Amtsgerichtsbezirke Bensheim, Darmstadt, Dieburg, Fürth, Groß-Gerau, Lampertheim, Michelstadt, Rüsselsheim.
Tel. 0 61 51-8 04-03; Fax 0 61 51-8 04-5 01.

Frankfurt a. M., Adickesallee 36, 60322 Frankfurt a. M., örtlich zuständig für: Amtsgerichtsbezirke Frankfurt a. M., Bad Homburg v. d. Höhe, Königstein im Taunus, Usingen, Bad Vilbel sowie die Stadt Flörsheim des Amtsgerichtsbezirkes Hochheim am Main.
Tel. 0 69-15 35-0; Fax 0 69-15 35-517.

Fulda, Heinrich-von-Bibra-Platz 3, 36037 Fulda, örtlich zuständig für: Amtsgerichtsbezirke Fulda, Hünfeld, Lauterbach.
Tel. 06 61-2 92-2 00; Fax 06 61-2 92-2 22.

Gießen, Friedrich-List-Str. 25, 35398 Gießen, örtlich zuständig für: Amtsgerichtsbezirke Alsfeld, Büdingen, Butzbach, Friedberg (Hessen), Gießen, Nidda.
Tel. 06 41-60 77-0; Fax 06 41-60 77-40.

Hanau, Sandeldamm 24 a, 63450 Hanau, örtlich zuständig für: Amtsgerichtsbezirke Gelnhausen, Hanau, Schlüchtern.
Tel. 0 61 81-9 15 40; Fax 0 61 81-91 54 24.

Bad Hersfeld, Dudenstr. 10, 36251 Bad Hersfeld, örtlich zu ständig für: Amtsgerichtsbezirke Eschwege, Bad Hersfeld, Rotenburg a. d. Fulda.
Tel. 0 66 21-2 03-0; Fax 0 66 21-2 03-5 08.

II. Die Errichtung der Arbeitsgerichte (Abs. 1) § 14

Kassel, Ständeplatz 19, 34117 Kassel, örtlich zuständig für: Amtsgerichtsbezirke Arolsen, Fritzlar, Hofgeismar, Homberg (Efze), Kassel, Korbach, Melsungen, Bad Wildungen, Witzenhausen, Wolfhagen.
Tel. 05 61-28 77 0-0; Fax 05 61-28 77 0 66.

Limburg, Weiersteinstr. 4, 65549 Limburg/Lahn, örtlich zuständig für: Amtsgerichtsbezirke Hadamar, Limburg a. d. Lahn, Weilburg.
Tel. 0 64 31-63 03; Fax 0 64 31-2 65 88.

Marburg, Gutenbergstr. 29 a, 35037 Marburg, örtlich zuständig für: Amtsgerichtsbezirke Biedenkopf, Frankenberg (Eder), Kirchhain, Marburg, Schwalmstadt.
Tel. 0 64 21-17 08 44; Fax 0 64 21-1 21 54.

Offenbach am Main, Kaiserstr. 16-18, 63065 Offenbach am Main, örtlich zuständig für: Amtsgerichtsbezirke Langen, Offenbach am Main, Seligenstadt.
Tel. 0 69-82 97 19-0; Fax 0 69-82 56 45.

Wetzlar, Hausertorstr. 47 b, 35578 Wetzlar, örtlich zuständig für: Amtsgerichtsbezirke Dillenburg, Herborn, Wetzlar.
Tel. 0 64 41-50 02 30; Fax 0 64 41-5 00 23 25.

Wiesbaden, Adolfsallee 53, 65185 Wiesbaden, örtlich zuständig für: Amtsgerichtsbezirke Eltville am Rhein, Hochheim am Main mit Ausnahme der Stadt Flörsheim, die zum Bezirk des Arbeitsgerichts Frankfurt a. M. gehört, Idstein, Rüdesheim am Rhein, Bad Schwalbach, Wiesbaden.
Tel. 06 11-8 15-0; Fax 06 11-8 15-25 99.

Land Mecklenburg-Vorpommern

Neubrandenburg, Südbahnstr. 8 a, 17033 Neubrandenburg, örtlich zuständig für: Stadt Neubrandenburg sowie Landkreise Demmin, Mecklenburg-Strelitz, Müritz und Uecker-Randow.
Tel. 0359-54 44-0; Fax 0359-5 44 46 00.

Rostock, August-Bebel-Str. 15-20, 18055 Rostock, örtlich zuständig für: Hansestadt Rostock, Landkreis Bad Doberan und Landkreis Güstrow.
Tel. 03 81-2 41-0; Fax 03 81-2 41-4 03.

Schwerin, Wismarische Str. 323 B, 19055 Schwerin, örtlich zuständig für: Stadt Schwerin, Hansestadt Wismar, Landkreis Ludwigslust, Landkreis Nordwestmecklenburg und Landkreis Parchim.
Tel. 03 85-74 45-0; Fax 03 85-74 45-1 40.

Stralsund, Frankendamm 17, 18439 Stralsund, örtlich zuständig für: Hansestadt Greifswald, Hansestadt Stralsund, Landkreis Nordvorpommern, Landkreis Ostvorpommern und Landkreis Rügen.
Tel. 0 38 31-2 05-0; Fax 0 38 31-2 05-8 13.

Land Niedersachsen

Braunschweig, Grünewaldstr. 11 A, 38104 Braunschweig, örtlich zuständig für: die kreisfreien Städte Braunschweig, Salzgitter und Wolfsburg und die Landkreise Gifhorn, Goslar, Helmstedt, Peine und Wolfenbüttel.
Tel. 05 31-2 38 50-0; Fax 05 31-2 38 50-66.

Celle, Im Werder 11, 29221 Celle, örtlich zuständig für: die Landkreise Celle und Soltau-Fallingbostel.
Tel. 0 51 41-92 46-0; Fax 0 51 41-92 46 18.

Emden, Am Delft 29, 26721 Emden, örtlich zuständig für: die kreisfreie Stadt Emden und die Landkreise Aurich und Leer.
Tel. 0 49 21-91 42-0; Fax 0 49 21-91 42 33.

Göttingen, Maschmühlenweg 11, 37073 Göttingen, örtlich zuständig für: die Landkreise Göttingen, Northeim und Osterode am Harz.
Tel. 05 51-4 03-0; Fax 05 51-4 03-21 50.

Hameln, Süntelstr. 5, 31785 Hameln, örtlich zuständig für: die Landkreise Hameln-Pyrmont und Schaumburg.
Tel. 0 51 51-93 69-0; Fax 0 51 51-93 69-20.

§ 14   Errichtung und Organisation

Hannover, Ellernstr. 42, 30175 Hannover, örtlich zuständig für: die kreisfreie Stadt Hannover und der Landkreis Hannover.
Tel. 05 11-2 80 66-0; Fax 05 11-2 80 66-21.

Hildesheim, Kreuzstr. 8, 31134 Hildesheim, örtlich zuständig für: die Landkreise Hildesheim und Holzminden.
Tel. 0 51 21-30 45 01-2; Fax 0 51 21-3 04 50-6.

Lingen, Am Wall Süd 18, 49808 Lingen (Ems), örtlich zuständig für: die Landkreise Grafschaft Bentheim und Emsland.
Tel. 05 91-9 12 14-0; Fax 05 91-32 72.

Lüneburg, Adolph-Kolping-Str. 2, 21337 Lüneburg, örtlich zuständig für: die Landkreise Harburg, Lüchow-Dannenberg, Lüneburg und Uelzen.
Tel. 0 41 31-95 28-0; Fax 0 41 31-95 28-30.

Nienburg, Amalie-Thomas-Platz 1, 31582 Nienburg, örtlich zuständig für: die Landkreise Diepholz und Nienburg.
Tel. 0 50 21-9 17 60; Fax 0 50 21-6 56 23.

Oldenburg, Bahnhofstr. 14a, 26122 Oldenburg, örtlich zuständig für: die kreisfreien Städte Delmenhorst und Oldenburg (Oldenburg) und die Landkreise Oldenburg (Oldenburg), Ammerland, Cloppenburg, Vechta und Wesermarsch.
Tel. 04 41-2 20 65 00; Fax 04 41-2 20-66 00.

Osnabrück, Johannisstr. 70, 49074 Osnabrück, örtlich zuständig für: die kreisfreie Stadt Osnabrück und den Landkreis Osnabrück.
Tel. 05 41-3 15-0; Fax 05 41-3 15-69 50.

Stade, Am Sande 4a, 21682 Stade, örtlich zuständig für: die Landkreise Cuxhaven und Stade.
Tel. 0 41 41-4 06-01; Fax 0 41 41-4 06-2 92.

Verden, Bgm.-Münchmeyer-Str. 4, 27283 Verden, örtlich zuständig für: die Landkreise Osterholz, Rotenburg (Wümme) und Verden.
Tel. 0 42 31-2 83 10; Fax 0 42 31-52 29.

Wilhelmshaven, Zedeliusstr. 17a, 26384 Wilhelmshaven, örtlich zuständig für: die kreisfreie Stadt Wilhelmshaven und die Landkreise Friesland und Wittmund.
Tel. 0 44 21-93 24 10; Fax 0 44 21-3 85 52.

Land Nordrhein-Westfalen

Aachen, Aureliusstr. 30, 52064 Aachen, örtlich zuständig für: das Gebiet der kreisfreien Stadt Aachen sowie der Kreise Aachen, Düren und Heinsberg.
Tel. 02 41-4 70 92-0; Fax 02 41-4 84 90.

Arnsberg, Johanna-Baltz-Str. 28, 59821 Arnsberg, örtlich zuständig für: das Gebiet des Hochsauerlandkreises.
Tel. 0 29 31-52 85-0; Fax 0 29 31-52 85-99.

Bielefeld, Detmolder Str. 9, 33604 Bielefeld, örtlich zuständig für: das Gebiet der kreisfreien Stadt Bielefeld und des Kreises Gütersloh.
Tel. 05 21-5 49-0; Fax 05 21-5 49-17 07.

Bocholt, Münsterstr. 76, 46397 Bocholt, örtlich zuständig für: das Gebiet der Kreise Borken und Coesfeld.
Tel. 0 28 71-2 44 09-0; Fax 0 28 71-2 44 09-19.

Bochum, Marienplatz 2, 44787 Bochum, örtlich zuständig für: das Gebiet der kreisfreien Stadt Bochum und der Gemeinde Witten.
Tel. 02 34-68 95-0; Fax 02 34-68 95-2 00.

Bonn, Kreuzbergweg 5, 53115 Bonn, örtlich zuständig für: das Gebiet der kreisfreien Stadt Bonn, des Kreises Euskirchen sowie die Gemeinden Alfter, Bornheim, Mekkenheim, Rheinbach, Swisttal und Wachtberg.
Tel. 02 28-98 56-90; Fax 02 28-69 23 81.

II. Die Errichtung der Arbeitsgerichte (Abs. 1) § 14

Detmold, Richthofenstr. 3, 32756 Detmold, örtlich zuständig für: das Gebiet des Kreises Lippe.
Tel. 0 52 31-7 04-0; Fax 0 52 31-70 42 70.

Dortmund, Ruhrallee 3, 44139 Dortmund, örtlich zuständig für: das Gebiet der kreisfreien Stadt Dortmund sowie des Kreises Unna.
Tel. 02 31-54 15-1 59; Fax 02 31-54 15-5 19.

Düsseldorf, Ludwig-Erhard-Allee 21, 40227 Düsseldorf, örtlich zuständig für: das Gebiet der kreisfreien Stadt Düsseldorf und des Kreises Mettmann ohne die Gemeinden Heiligenhaus, Velbert und Wülfrath.
Tel. 02 11-77 70-0; Fax 02 11-77 70-22 99.

Duisburg, Mülheimer Str. 54, 47057 Duisburg, örtlich zuständig für: das Gebiet der kreisfreien Stadt Duisburg.
Tel. 02 03-30 05-0; Fax 02 03-30 05-2 62.

Essen, Zweigertstr. 54, 45130 Essen, örtlich zuständig für: das Gebiet der kreisfreien Stadt Essen.
Tel. 02 01-79 92-1; Fax 02 01-79 92-4 50.

Gelsenkirchen, Bochumer Str. 86, 45886 Gelsenkirchen, örtlich zuständig für: das Gebiet der kreisfreien Städte Gelsenkirchen und Bottrop sowie der Gemeinde Gladbeck.
Tel. 02 09-17 87-00; Fax 02 09-17 87-1 99.

Hagen, Heinitzstr. 44, 58097 Hagen, örtlich zuständig für: das Gebiet der kreisfreien Stadt Hagen sowie des Ennepe-Ruhr-Kreises ohne die Gemeinde Witten.
Tel. 0 23 31-9 85-0; Fax 0 23 31-9 85-4 53.

Hamm, Marker Allee 94, 59071 Hamm, örtlich zuständig für: das Gebiet der kreisfreien Stadt Hamm und des Kreises Soest.
Tel. 0 23 81-8 91-1; Fax 0 23 81-8 91-2 76.

Herford, Elverdisser Str. 12, 32052 Herford, örtlich zuständig für: das Gebiet des Kreises Herford.
Tel. 0 52 21-10 54-0; Fax 0 52 21-10 45-54.

Herne, Schillerstr. 37-39, 44623 Herne, örtlich zuständig für: das Gebiet der kreisfreien Stadt Herne sowie des Kreises Recklinghausen ohne die Gemeinde Gladbeck.
Tel. 0 23 23-95 32-0; Fax 0 23 23-95 32-32.

Iserlohn, Erich-Nörrenberg-Str. 7, 58636 Iserlohn, örtlich zuständig für: das Gebiet des Märkischen Kreises.
Tel. 0 23 71-82 55-55; Fax 0 23 71-82 55-99.

Köln, Pohligstr. 9, 50969 Köln, örtlich zuständig für: das Gebiet der kreisfreien Stadt Köln, des Erftkreises sowie des Rheinisch-Bergischen Kreises ohne die Gemeinden Burscheid, Leichlingen und Wermelskirchen.
Tel. 02 21-9 36 53-0; Fax 02 21-9 36 53-8 04.

Krefeld, Preußenring 49, 47798 Krefeld, örtlich zuständig für: das Gebiet der kreisfreien Stadt Krefeld und des Kreises Viersen.
Tel. 0 21 51-85 19-0; Fax 0 21 51-85 19-40.

Minden, Königswall 8, 32423 Minden, örtlich zuständig für: das Gebiet des Kreises Minden-Lübbecke.
Tel. 05 71-88 86-0; Fax 05 71-88 86-2 35.

Mönchengladbach, Hohenzollernstr. 155 (Landgerichtsgebäude), 41061 Mönchengladbach, örtlich zuständig für: das Gebiet der kreisfreien Stadt Mönchengladbach und des Kreises Neuss.
Tel. 0 21 61-2 76-0; Fax 0 21 61-2 76-7 68.

Münster, Mecklenbecker Str. 229, 48163 Münster, örtlich zuständig für: das Gebiet der kreisfreien Stadt Münster sowie des Kreises Warendorf.
Tel. 02 51-9 74 13-0; Fax 02 51-9 74 13-49.

Oberhausen, Friedrich-List-Str. 18, 46045 Oberhausen, örtlich zuständig für: das Gebiet der kreisfreien Städte Oberhausen und Mülheim a. d. Ruhr.
Tel. 02 08-8 57 45-0; Fax 02 08-8 57 45-33.

§ 14 Errichtung und Organisation

Paderborn, Grevestr. 1, 33102 Paderborn, örtlich zuständig für: das Gebiet der Kreise Höxter und Paderborn.
Tel. 0 52 51-69 16 20; Fax 0 52 51-6 91 62-30.

Rheine, Dutumer Str. 5, 48431 Rheine, örtlich zuständig für: das Gebiet des Kreises Steinfurt.
Tel. 0 59 71-92 71-0; Fax 0 59 71-92 71-50.

Siegburg, Neue Poststr. 16, 53721 Siegburg, örtlich zuständig für: das Gebiet des Oberbergischen Kreises ohne die Gemeinden Hückeswagen und Radevormwald sowie des Rhein-Sieg-Kreises ohne die Gemeinden Alfter, Bornheim, Meckenheim, Rheinbach, Swisttal und Wachtberg.
Tel. 0 22 41-3 05-1; Fax 0 22 41-5 26 57.

Siegen, Unteres Schloß, 57072 Siegen, örtlich zuständig für: das Gebiet der Kreise Olpe und Siegen-Wittgenstein.
Tel. 02 71-5 85-300; Fax 02 71-50 10 01301.

Solingen, Wupperstr. 32, 42651 Solingen, örtlich zuständig für: das Gebiet der kreisfreien Städte Solingen und Leverkusen sowie der Gemeinden Burscheid, Leichlingen und Wermelskirchen.
Tel. 02 12-28 09-0; Fax 02 12-28 09-61.

Wesel, Ritterstr. 1, 46483 Wesel, örtlich zuständig für: das Gebiet der Kreise Kleve und Wesel.
Tel. 02 81-3 38 91-0; Fax 02 81-3 38 91-44.

Wuppertal, Eiland 2, 42103 Wuppertal, örtlich zuständig für: das Gebiet der kreisfreien Städte Wuppertal und Remscheid sowie der Gemeinden Heiligenhaus, Hückeswagen, Radevormwald, Velbert und Wülfrath.
Tel. 02 02-2 55 86-0; Fax 02 02-2 55 86-40.

Land Rheinland-Pfalz

Kaiserslautern, Bahnhofstr. 24, 67655 Kaiserslautern, örtlich zuständig für: Städte Kaiserslautern, Pirmasens und Zweibrücken sowie die Landkreise Kaiserslautern, Kusel, Pirmasens und Donnersbergkreis. Auswärtige Kammern: Pirmasens, Bahnhofstr. 22, 66953 Pirmasens.
Tel. 06 31-37 21-0; Fax 06 31-3 72 15 10.

Koblenz, Gerichtsstr. 5, 56068 Koblenz, örtlich zuständig für: Stadt Koblenz und die Landkreise Ahrweiler, Altenkirchen (Westerwald), Cochem-Zell, Mayen-Koblenz, Neuwied, den Rhein-Hunsrück-Kreis mit Ausnahme der Verbandsgemeinden Kastellaun, Kirchberg (Hunsrück), Rheinböllen und Simmern, den Rhein-Lahn-Kreis und den Westerwaldkreis. Auswärtige Kammern: Neuwied, Bahnhofstr. 15, 56564 Neuwied.
Tel. 02 61-91 30-0; Fax 02 61-91 30-65.

Ludwigshafen, Wredestr. 6, 67059 Ludwigshafen, örtlich zuständig für: die Städte Frankenthal (Pfalz), Landau in der Pfalz, Ludwigshafen am Rhein, Neustadt an der Weinstraße und Speyer sowie die Landkreise Bad Dürkheim, Germersheim, Südliche Weinstraße und Ludwigshafen. Auswärtige Kammern: Landau, Reiterstr. 16, 76829 Landau/Pfalz.
Tel. 06 21-5 96 05-0; Fax 06 21-5 96 05-30.

Mainz, Ernst-Ludwig-Str. 4, 55116 Mainz, örtlich zuständig für: die Städte Mainz und Worms, die Landkreise Alzey-Worms, Bad Kreuznach, Birkenfeld und Mainz-Bingen sowie die Verbandsgemeinden Kastellaun, Kirchberg (Hunsrück), Rheinböllen und Simmern aus dem Rhein-Hunsrück-Kreis. Auswärtige Kammern: Bad Kreuznach, Wilhelmstr. 7-11, 55543 Bad Kreuznach.
Tel. 0 61 31-1 41-0; Fax 0 61 31-1 41-97 73.

Trier, Dietrichstr. 13, 54290 Trier, örtlich zuständig für: Stadt Trier und die Landkreise Bernkastel-Wittlich, Bitburg-Prüm, Daun und Trier-Saarburg.
Tel. 06 51-4 66-00; Fax 06 51-4 66-8 19.

Saarland

Neunkirchen, Lindenallee 13, 66538 Neunkirchen, örtlich zuständig für: Saar-Pfalz-Kreis sowie die Landkreise Neunkirchen und St. Wendel.
Tel. 0 68 21-40 175-0; Fax 0 68 21-40 175 11.

Saarbrücken, Obere Lauerfahrt 10, 66121 Saarbrücken, örtlich zuständig für: Stadtverband Saarbrücken.
Tel. 06 81-5 01-36 14; Fax 06 81-5 01-36 07.

II. Die Errichtung der Arbeitsgerichte (Abs. 1) § 14

Saarlouis, Handwerkerstr. 2, 66740 Saarlouis, örtlich zuständig für die Landkreise Saarlouis und Merzig-Wadern.
Tel. 0 68 31-94 98 20; Fax 0 68 31-9 49 82 30.

Freistaat Sachsen

Bautzen, Lessingstr. 7, 02625 Bautzen, örtlich zuständig für: Stadt Görlitz, Stadt Hoyerswerda, Landkreis Bautzen, Landkreis Kamenz, Landkreis Löbau-Zittau und Niederschlesischer Oberlausitzkreis. Auswärtige Kammer: Görlitz, Fichtestr. 2, 02826 Görlitz, örtlich zuständig für: Stadt Görlitz, Niederschlesischer Oberlausitzkreis und den ehemaligen Landkreis Zittau.
Tel. 0 35 91-3 61-0; Fax 0 35 91-3 61-3 33.

Chemnitz, Zwickauer Str. 54, 09112 Chemnitz, örtlich zuständig für: Stadt Chemnitz, Landkreis Annaberg, Landkreis Chemnitzer Land, Landkreis Freiberg, Mittlerer Erzgebirgskreis, Landkreis Mittweida und Landkreis Stollberg.
Tel. 03 71-4 53-0; Fax 03 71-4 53-71 57.

Dresden, Löbtauer Str. 4, 01067 Dresden, örtlich zuständig für: Stadt Dresden, Landkreis Meißen-Radebeul, Landkreis Riesa-Großenhain, Landkreis Sächsische Schweiz und Weißeritzkreis.
Tel. 03 51-44 6-0; Fax 03 51-44 6-52 05.

Leipzig, Erich-Weinert-Str. 18, 04105 Leipzig, örtlich zuständig für: Regierungsbezirk Leipzig.
Tel. 03 41-59 56-0; Fax 03 41-59 56-8 49.

Zwickau, Äußere Dresdner Str. 15, 08066 Zwickau, örtlich zuständig für: Stadt Plauen, Stadt Zwickau, Landkreis Aue-Schwarzenberg, Vogtlandkreis und Landkreis Zwickauer Land.
Tel. 03 75-4 21-0; Fax 03 75-4 21-2 22.

Land Sachsen-Anhalt

Dessau, Mariannenstr. 1, 06844 Dessau, örtlich zuständig für: Landgerichtsbezirk Dessau.
Tel. 03 40-2 02-0; Fax 03 40-2 02-16 00.

Halberstadt, Richard-Wagner-Str. 53, 38820 Halberstadt, örtlich zuständig für: Amtsgerichtsbezirke Halberstadt, Oschersleben, Quedlinburg, Wanzleben und Wernigerode.
Tel. 0 39 41-6 70-4 00; Fax 0 39 41-6 70-4 01.

Halle, Thüringer Str. 16, 06122 Halle/Saale, örtlich zuständig für: Amtsgerichtsbezirke Eisleben, Halle-Saalkreis, Hettstedt und Sangerhausen.
Tel. 03 45-2 20-0; Fax 03 45-2 20-20 45.

Magdeburg, Liebknechtstr. 65-91, 39110 Magdeburg, örtlich zuständig für: Amtsgerichtsbezirke Aschersleben, Haldensleben, Magdeburg, Schönebeck, Staßfurt und Wolmirstedt.
Tel. 03 91-6 06-0; Fax 03 91-6 06-50 24.

Naumburg, Nordstr. 13/15, 06618 Naumburg, örtlich zuständig für: Amtsgerichtsbezirke Merseburg, Naumburg, Nebra, Querfurt, Weißenfels und Zeitz.
Tel. 0 34 45-28 16 17; Fax 0 34 45-28 16 15, –28 16 18.

Stendal, Industriestr. 24 b, 39576 Stendal, örtlich zuständig für: Landgerichtsbezirk Stendal.
Tel. 0 39 31-6 94-0; Fax 0 39 31-6 94-1 00.

Land Schleswig-Holstein

Elmshorn, Moltkestr. 28, 25301 Elmshorn, örtlich zuständig für: Kreis Steinburg, Kreis Pinneberg, Kreis Dithmarschen.
Tel. 0 41 21-48 66-0; Fax 0 41 21-8 47 28.

Flensburg, Südergraben 55, 24937 Flensburg, örtlich zuständig für: Stadt Flensburg, Kreis Schleswig-Flensburg, Kreis Nordfriesland.
Tel. 0461-89-0; Fax 04 61-89-3 86.

Kiel, Deliusstr. 22, 24114 Kiel, örtlich zuständig für: Stadt Kiel Kreis Plön, Kreis Rendsburg-Eckernförde.
Tel. 04 31-6 04-0; Fax 04 31-6 04-40 00.

Lübeck, Neustr. 2 a, 23568 Lübeck, örtlich zuständig für: Stadt Lübeck, Kreis Stormarn, Kreis Herzogtum Lauenburg, Kreis Ostholstein.
Tel. 04 51-38 97 80; Fax 04 51-3 22 29.

§ 14 Errichtung und Organisation

Neumünster, Gartenstr. 24, 24534 Neumünster, örtlich zuständig für: Stadt Neumünster, Kreis Segeburg.

Tel. 0 43 21-4 09 70; Fax 0 43 21-4 83 10.

Freistaat Thüringen

Eisenach, Theaterplatz 5, 99817 Eisenach, örtlich zuständig für: Stadt Eisenach, Landkreis Eichsfeld, Wartburgkreis ohne die Gemeinden Behringen, Craula, Reichenbach, Tüngeda und Wolfsbehringen sowie aus dem Unstrut-Hainich-Kreis das Gebiet des ehemaligen Landkreises Mühlhausen. Auswärtige Kammern Mühlhausen, Bastmarkt 9, 99974 Mühlhausen, örtlich zuständig für: Landkreis Eichsfeld und aus dem Unstrut-Hainich-Kreis für: das Gebiet des ehemaligen Landkreises Mühlhausen.

Tel. 0 36 91-24 70; Fax 0 36 91-2 49-2 00.

Erfurt, Rudolfstraße 46, 99092 Erfurt, örtlich zuständig für: Stadt Erfurt, Stadt Weimar, Landkreis Sömmerda ohne die Gemeinden Bilzingsleben und Kannawurf und Landkreis Weimar-Land ohne die Gemeinde Drößnitz sowie die Gemeinden Apfelstädt, Bienstädt, Dachwig, Döllstädt, Gamstädt, Gierstädt, Großfahner, Ingersleben, Neudietendorf, Nottleben, Rockhausen und Zimmernsupra.

Tel. 03 61-3 77 60 01; Fax 03 61-3 77 60 00.

Gera, Hainstr. 21, 07545 Gera, örtlich zuständig für: Stadt Gera, Landkreis Altenburg, Landkreis Greiz, aus dem Saale-Holzland-Kreis das Gebiet des ehemaligen Landkreises Eisenberg, aus dem Saale-Orla-Kreis das Gebiet der ehemaligen Landkreise Lobenstein und Schleiz, sowie die Gemeinde Lehesten.

Tel. 03 65-8 33 72 00; Fax 03 65-8 33 72 65.

Jena, August-Bebel-Str. 3, 07743 Jena, örtlich zuständig für: Stadt Jena, Saale-Holzlandkreis ohne das Gebiet des ehemaligen Landkreises Eisenberg, Saale-Orla-Kreis ohne das Gebiet der ehemaligen Landkreise Lobenstein und Schleiz, Landkreis Saalfeld-Rudolstadt ohne die Gemeinden Cursdorf, Deesbach, Gräfenthal, Katzhütte, Lehesten, Lichte, Lichtenhain/Bergbahn, Mellenbach-Glasbach, Meura, Meuselbach-Schwarzmühle, Oberweißbach/Thür.Wald, Piesau, Reichmannsdorf, Schmiedefeld und Unterweißbach sowie die Gemeinde Drößnitz.

Tel. 0 36 41-40 80; Fax 0 36 41-40 81 00.

Nordhausen, Käthe-Kollwitzstr. 1 b, 99734 Nordhausen, örtlich zuständig für: Kyffhäuserkreis, Landkreis Nordhausen sowie die Gemeinden Bilzingsleben und Kannawurf.

Tel. 0 36 31-6 12 20; Fax 0 36 31-61 22 99.

Suhl, Rimbachstr. 30, 98527 Suhl, örtlich zuständig für: Stadt Suhl, Landkreis Hildburghausen, Landkreis Schmalkalden-Meiningen, Landkreis Sonneberg sowie die Gemeinden Altenfeld, Böhlen, Cursdorf, Deesbach, Elgersburg, Frauenwald, Friedersdorf, Gehlberg, Gehren, Geraberg, Geschwenda, Gillersdorf, Gräfenthal, Großbreitenbach, Herschdorf, Ilmenau, Katzhütte, Langewiesen, Lichte, Lichtenhain/Bergbahn, Martinroda, Mellenbach-Glasbach, Meura, Meuselbach-Schwarzmühle, Möhrenbach, Neustadt am Rennsteig, Oberweißbach/Thür.Wald, Pennewitz, Piesau, Reichmannsdorf, Schmiedefeld, Schmiedefeld am Rennsteig, Stützerbach, Unterweißbach, Wildenspring und Wolfsberg. Auswärtige Kammern Sonneberg, Gustav-König-Str. 10, 96515 Sonneberg, örtlich zuständig für: Landkreis Sonneberg sowie die Gemeinden Cursdorf, Deesbach, Gräfenthal, Katzhütte, Lichte, Lichtenhain/Bergbahn, Mellenbach-Glasbach, Meura, Meuselbach-Schwarzmühle, Oberweißbach/Thür.Wald, Piesau, Reichmannsdorf, Schmiedefeld und Unterweißbach.

Tel. 0 36 81-37 50; Fax 0 36 81-3 75 28.

2. Errichtung auf Grund von Landesgesetzen

10   Diese Arbeitsgerichte sind – wie Abs. 2 dies fordert – auf Grund von Landesgesetzen errichtet (vgl. die Aufstellung dieser Gesetze bei *Schaub* ArbGV § 2 II 2; *Steinkamp* S. 531; *Nipperdey* I Fn. 1 zu § 14 ArbGG; *Schwab/Weth/Liebscher* § 14 Rn. 6, 7).

IV. Die Zusammenarbeit mehrerer Bundesländer (Abs. 3)   § 14

III. Weitere Maßnahmen der Gerichtsorganisation (Abs. 2 und 4)

1. Weitere Maßnahmen

Weitere Maßnahmen, die durch Gesetz angeordnet werden müssen, enthält Abs. 2 **11**
Nr. 2 bis 6. Die in Nr. 5 vorgesehene Errichtung auswärtiger Kammern hat zur Folge,
dass die auswärtigen Kammern zwar organisatorisch einem Arbeitsgericht zugeordnet
sind, aber ihren ständigen Sitz an einem anderen Ort als dieses Gericht haben.

2. Gerichtstage

Nach Abs. 4 können an anderen Orten als dem Ort des Sitzes eines Arbeitsgerichts **12**
Gerichtstage abgehalten werden, d. h. dass ein Gericht bzw. eine Kammer eines Gerichts
regelmäßig an bestimmten Tagen Sitzungen an einem anderen Ort als dem Gerichtssitz
abhält und nach Beendigung der auswärtigen Sitzung wieder zum Gerichtssitz zurückkehrt. Die übrigen Sitzungen des Gerichts bzw. der Kammer finden am Sitz des Arbeitsgerichts statt.

Die Anordnung, auswärtige Gerichtstage abzuhalten, kann entweder durch die zu- **13**
ständige oberste Landesbehörde oder durch die Landesregierung erfolgen. Der Gesetzgeber hat aus Gründen der Verwaltungsvereinfachung das Einvernehmen mit der jeweils
anderen betroffenen obersten Landesbehörde durch das Arbeitsgerichtsbeschleunigungsgesetz 2000 gestrichen. Die behördliche Anordnung ist ein Verwaltungsakt. Die Anordnung der Landesregierung erfolgt dagegen durch Rechtsverordnung; die Ermächtigung
zum Erlass dieser Rechtsverordnungen kann auf die zuständige oberste Landesbehörde
übertragen werden. Ist das der Fall, hat diese die Wahl, ob sie durch Verwaltungsakt
oder durch Rechtsverordnung handelt. Die auf den ersten Blick erstaunliche Regelung
bei der Einrichtung von Gerichtstagen entweder durch behördliches Verwaltungshandeln oder durch Rechtsverordnung der Landesregierung beruht darauf, dass die Gerichtsorganisationsgesetze einiger Bundesländer für Gerichtstage eine Rechtsverordnung
zwingend vorschreiben. Die alternative Regelung in Abs. 4 wollte also die bisherigen
Möglichkeiten für eine Zuordnung von Gerichtstagen bewusst aufrechterhalten.

Die Abhaltung von Gerichtstagen ist z. B. in Nordrhein-Westfalen durch die Verord- **14**
nung über die Abhaltung von Gerichtstagen der Arbeitsgerichte v. 15. 12. 1981
(GVBl. 1981, 729) angeordnet. Auch in anderen großen Flächenstaaten gibt es Gerichtstage, nicht dagegen in den Stadtstaaten und im Saarland. Neuerdings sind die Gerichtstage in Niedersachsen aus Kostengründen abgeschafft worden, in Nordrhein-Westfalen
hat der Justizminister die Abschaffung im November 2003 angekündigt.

3. Mündliche Verhandlung außerhalb der Gerichtsstelle

Von der Abhaltung von Gerichtstagen, also der regelmäßigen Entfernung eines Ge- **14a**
richts von seinem Gerichtssitz, streng zu unterscheiden ist es, wenn im Einzelfall ein
Termin an einem anderen Ort als der Gerichtsstelle abgehalten wird. Ein solcher besonderer Lokaltermin kann nur unter den Voraussetzungen von § 219 Abs. 1 ZPO angeordnet werden. Er ist vom Vorsitzenden des jeweiligen Spruchkörpers gemäß § 216
Abs. 2 ZPO zu bestimmen. Zum speziellen Problem der Abhaltung eines einzelnen
Termins durch das BAG in Erfurt vgl. unten § 40 Rn. 7 f.

IV. Die Zusammenarbeit mehrerer Bundesländer (Abs. 3)

Abs. 3 gewährt den Bundesländern die Möglichkeit, gemeinsame Arbeitsgerichte oder **15**
gemeinsame Kammern eines Arbeitsgerichts zu errichten. Es ist darüber hinaus möglich,

Prütting

Gerichtsbezirke – auch für einzelne Sachgebiete – über die Landesgrenzen hinaus auszudehnen.

16 Es bedarf für alle diese Maßnahmen eines Staatsvertrages der Länder sowie eines Gesetzes in jedem betroffenen Land (GK-ArbGG/*Dörner* § 14 Rn. 8; *Schaub* ArbGV § 2 Rn. 10). Von der Ermächtigung des Abs. 3 ist bisher in keinem Bundesland Gebrauch gemacht worden.

V. Anhörung (Abs. 5)

17 In den Fällen des Abs. 2 Nr. 1 bis 5 und des Abs. 3, nicht jedoch des Abs. 4, sind bei der Vorbereitung gesetzlicher Regelungen die Gewerkschaften und Arbeitgebervereinigungen zu hören, die für das Arbeitsleben im betreffenden Landesgebiet wesentliche Bedeutung haben. Die Beschränkung auf Organisationen von wesentlicher Bedeutung ist unbedenklich (vgl. BVerfG 22. 10. 1985 NJW 1986, 1095).

§ 15 Verwaltung und Dienstaufsicht

(1) ¹Die Geschäfte der Verwaltung und Dienstaufsicht führt die zuständige oberste Landesbehörde. ²Vor Erlaß allgemeiner Anordnungen, die die Verwaltung und Dienstaufsicht betreffen, soweit sie nicht rein technischer Art sind, sind die in § 14 Abs. 5 genannten Verbände zu hören.

(2) ¹Die Landesregierung kann durch Rechtsverordnung Geschäfte der Verwaltung und Dienstaufsicht dem Präsidenten des Landesarbeitsgerichts oder dem Vorsitzenden des Arbeitsgerichts oder, wenn mehrere Vorsitzende vorhanden sind, einem von ihnen übertragen. ²Die Landesregierung kann die Ermächtigung nach Satz 1 durch Rechtsverordnung auf die zuständige oberste Landesbehörde übertragen.

Übersicht

	Rn.
I. Historische Entwicklung	1
II. Verfassungsmäßigkeit der Norm	2–4
1. Absatz 1	2
2. Absatz 2	3, 4
III. Verwaltung und Dienstaufsicht (Abs. 1 Satz 1)	5–16
1. Verwaltung	6–9
2. Zuständigkeit für die Verwaltung	10–12
3. Rechtsschutz gegen Maßnahmen der Verwaltung	13, 14
4. Dienstaufsicht	15, 16
IV. Anhörung (Abs. 1 Satz 2)	17–22
1. Allgemeine Anordnung	18
2. Nicht rein technischer Art	19
3. Unterlassung der Anhörung	20, 21
4. Pflichten der zuständigen obersten Landesbehörde nach Anhörung	22
V. Übertragung von Kompetenzen (Abs. 2)	23–28
VI. Einvernehmen	29–31
VII. Ressortierung	32–36

I. Historische Entwicklung

1 Während nach § 15 ArbGG 1926 die *Justiz*verwaltung für die Arbeitsgerichte *ressortmäßig* zuständig war, hatte das Kontrollratsgesetz Nr. 21 die Arbeitsgerichte „bezüglich ihrer Verwaltung den deutschen Provinz- oder Landesarbeitsbehörden" unterstellt (Art. III). Das ArbGG 1953 hat es bei der „Federführung" der obersten Arbeitsbehörden belassen, diese jedoch in wichtigen Geschäften der Dienstaufsicht und Verwaltung an das Einvernehmen der Justizverwaltung gebunden (vgl. Begr. des RegEntw. RdA 1951, 463). Auch das ArbGG 1979 hat insoweit keine Änderung gebracht, obwohl der Bundesrat sie vehement gefordert hatte. Nach seiner Vorstellung sollte es dem Bund und den Ländern ermöglicht werden, die Gerichte der Arbeitsgerichtsbarkeit einem alles umfassenden Rechtspflegeministerium zuzuordnen (BR-Drucks. 74/79). Eine Änderung, wie sie der Bundesrat damals gefordert hatte, hat nunmehr das Arbeitsgerichtsgesetz-Änderungsgesetz vom 26. 6. 1990 (BGBl. I S. 1206) gebracht (s. u. Rn. 32 ff.). Das Arbeitsgerichtsbeschleunigungsgesetz 2000 hat auch das Einvernehmen zwischen den jeweils betroffenen obersten Landesbehörden beseitigt.

II. Verfassungsmäßigkeit der Norm

1. Absatz 1

In § 15 Abs. 1 weist ein *Bundesgesetz* die Geschäfte der Verwaltung und Dienstaufsicht über die Arbeitsgerichte den obersten Landesbehörden zu. Der Bundesgesetzgeber habe damit – so sieht es eine Mindermeinung – seine Kompetenzen überschritten. Die in § 15 Abs. 1 genannten Aufgaben gehörten nicht zum Recht der Gerichtsverfassung und seien deshalb nicht Gegenstand der konkurrierenden Gesetzgebung. § 15 Abs. 1 sei mit Art. 74 GG nicht vereinbar; die Regelung der in § 15 Abs. 1 genannten Aufgaben unterliege allein der Kompetenz der Länder (*Schäfke* ZRP 1983, 165; vgl. auch *Zuck* NJW 1969, 1100 f.). Die h. M. hält dagegen zu Recht § 15 Abs. 1 für verfassungsgemäß. Nach ihr gehören die dort geregelten Aufgaben zur Gerichtsverfassung (*Kissel/Mayer* GVG 4. Aufl. 2005 Einl. Rn. 38; *Maunz/Dürig/Herzog* Art. 74 Rn. 74; *Plathe* ZRP 1983, 238; *Müller* AuR 1978, 134). Der Bund ist daher gemäß Art. 74 Nr. 1 GG gesetzgebungsbefugt. Die Gesetzgebungskompetenz des Bundes wird darüber hinaus aus Art. 74 GG Nr. 12, 72 Abs. 2, 84 Abs. 1 hergeleitet (vgl. *Plathe* ZRP 1983, 238). Es wird auch vertreten, die Ressortierung der Arbeitsgerichtsbarkeit zu den Arbeitsministerien im Bund und in den Ländern, wie sie bis 1990 bestand, sei letztlich mit Art. 95 Abs. 2 GG zwingend vorgegeben (*Müller* AuR 1978, 132). Diese Auffassung überzeugt jedoch nicht.

2. Absatz 2

In § 15 Abs. 2 hatte der Bundesgesetzgeber bis 2000 bestimmt, dass die zuständige oberste Landesbehörde im Einvernehmen mit der Landesjustizverwaltung bzw. der obersten Arbeitsbehörde Geschäfte der Verwaltung und Dienstaufsicht auf den Präsidenten des LAG oder einen Vorsitzenden des Arbeitsgerichts übertragen kann. Da diese Übertragung nur durch Rechtsverordnung erfolgen konnte, enthielt § 15 Abs. 2 also eine Ermächtigung des Bundesgesetzgebers an eine oberste Landesbehörde zum Erlass von Rechtsverordnungen. Das war verfassungsrechtlich bedenklich, da Art. 80 Abs. 1 Satz 1 GG nur die Ermächtigung einer Landesregierung, nicht die Ermächtigung eines Landesministers vorsieht (vgl. BVerfG 15. 5. 1960 BVerfGE 11, 84 ff.; BVerfG 22. 1. 1963 BVerfGE 15, 271 f.). Die verfassungsrechtlichen Bedenken wurden allerdings durch das Gesetz über Rechtsverordnungen im Bereich der Gerichtsbarkeit v. 1. 7. 1960 (BGBl. I 1960, 481) ausgeräumt (BVerfG 22. 10. 1974 BVerfGE 38, 146 f.). § 1 dieses Gesetzes bestimmt nämlich: „Soweit Bundesgesetze auf den Gebieten der bürgerlichen Rechtspflege einschließlich der Arbeitsgerichtsbarkeit Ermächtigungen der obersten Landesbehörden zum Erlass von Rechtsverordnungen vorsehen, sind die Landesregierungen zum Erlass dieser Rechtsverordnungen ermächtigt. Die Landesregierungen können die Ermächtigungen auf oberste Landesbehörden übertragen." Die in Satz 2 dieses Gesetzes vorgesehene Delegation ist mit Art. 80 GG vereinbar und muss gemäß Art. 80 Abs. 1 Satz 4 GG durch Rechtsverordnung geschehen. Existierte bisher eine solche Rechtsverordnung wie z. B. in Nordrhein-Westfalen (Verordnung zur Übertragung von Ermächtigungen im Bereich der Arbeitsgerichtsbarkeit v. 30. 8. 1983 GVBl. 1983, 378) oder in Bayern (Verordnung über die Zuständigkeit zum Erlass von Rechtsverordnungen im Bereich der Gerichtsbarkeit v. 12. 7. 1960 GVBl. 1960, 131, geändert durch die Verordnung vom 4. 12. 1968 GVBl. 1968, 407), bestanden schon seit langem keine verfassungsrechtlichen Bedenken gegen die Übertragung der Verwaltung und Dienstaufsicht auf die in § 15 Abs. 2 genannten Personen. Nunmehr hat der Gesetzgeber durch das Arbeitsgerichtsbeschleunigungsgesetz 2000 das Problem vollständig beseitigt.

4 Eine Übertragung von der obersten Arbeitsbehörde auf die Gerichte für Arbeitssachen ist z. B. in Bayern durch die Verordnung zur Übertragung der Dienstaufsicht auf die Gerichte für Arbeitssachen vom 9. 5. 1977 (GVBl. 1977, 235) erfolgt.

III. Verwaltung und Dienstaufsicht (Abs. 1 Satz 1)

5 Der Anwendungsbereich des § 15 ist weit enger als der Wortlaut es vermuten lässt. Für wichtige Bereiche der Verwaltung und Dienstaufsicht ist nämlich gerade nicht § 15 anwendbar. Vielmehr gelten insoweit Sondervorschriften (vgl. u. Rn. 11).

1. Verwaltung

6 Unter Verwaltung i. S. des § 15 ist sowohl die *Gerichts-* als auch die *Justizverwaltung* zu verstehen (vgl. in diesem Zusammenhang *Kissel/Mayer* GVG 4. Aufl. 2005 § 12 Rn. 84 ff.).

7 a) **Gerichtsverwaltung** ist die gesamte verwaltende Tätigkeit, die nicht unmittelbar die Erfüllung der dem Gericht zugewiesenen Rechtsprechungsaufgaben beinhalten, aber für diese die unerlässlichen materiellen und personellen Voraussetzungen schaffen muss (*Kissel/Mayer* GVG 4. Aufl. 2005 § 12 Rn. 85). Sie sorgt *innerorganisatorisch* für das reibungslose Ablaufen gerichtlicher Tätigkeit. Sie berührt den Bürger selbst nicht unmittelbar, sondern nur die Arbeiter, Angestellten, Beamten und Richter der einzelnen Gerichtsbarkeiten (*Wolf* Gerichtsverfassungsrecht S. 53). Zur Gerichtsverwaltung gehört – um Beispiele zu geben (vgl. dazu auch *Kissel/Mayer* GVG 4. Aufl. 2005 § 12 Rn. 85; *Wolf* Gerichtsverfassungsrecht, S. 53) – die Bereitstellung der erforderlichen Gebäude- und Arbeitsmittel; die personelle Ausstattung des Gerichts für alle Aufgabenbereiche; die Personalverwaltung (Ernennung, Einstellung, Entlassung, Beförderung, Disziplinargewalt) einschließlich der Dienstaufsicht; die Regelung und konkrete Durchführung des gesamten Dienstbetriebs.

8 b) **Justizverwaltung** (in dem von § 15 gemeinten *materiellen Sinne*) ist Verwaltungstätigkeit mit *unmittelbarer Außenwirkung* gegenüber Bürgern außerhalb eines anhängigen gerichtlichen Verfahrens. Sie hat öffentliche Aufgaben zum Gegenstand, die nicht zur Rechtsprechung zählen (*Kissel/Mayer* GVG 4. Aufl. 2005 § 12 Rn. 106).

9 Als Beispiele für solche Aufgaben seien hier genannt: die Gewährung von Akteneinsicht durch nicht am Verfahren beteiligte Dritte; Erledigung von Dienstaufsichtsbeschwerden; die Berechnung der bei Gericht anfallenden Kosten.

2. Zuständigkeit für die Verwaltung

10 a) Wer für die *Gerichtsverwaltung* zuständig ist, bedarf jeweils der Prüfung im Einzelfall, eine allgemeine Zuständigkeitsbestimmung lässt sich nicht geben (*Kissel/Mayer* GVG 4. Aufl. 2005 § 12 Rn. 86). Im Folgenden seien einige Bereiche der Gerichtsverwaltung aufgegriffen, in denen § 15 nicht bzw. nur teilweise anwendbar ist:

11 aa) Dienstaufsicht (vgl. dazu unten Rn. 15).

11a bb) Errichtung und Besetzung der Geschäftsstelle sowie Aufbringung der Kosten für Arbeitsgerichte und Landesarbeitsgerichte. Hier ist § 7 ArbGG einschlägig.

III. Verwaltung und Dienstaufsicht (Abs. 1 Satz 1) § 15

cc) Die Regelung des Dienstbetriebes, soweit es die Verteilung der richterlichen Geschäfte betrifft, ist nicht Sache der obersten Landesbehörde. Diese Verteilung erfolgt vielmehr durch den Geschäftsverteilungsplan im Wege richterlicher Selbstverwaltung (§§ 6 a ArbGG i. V. m. 21 a ff. GVG). Die Vertretung des Vorsitzenden regeln §§ 6 a ArbGG i. V. m. 21 e Abs. 1 Satz 1 GVG sowie 19 ArbGG. **11 b**

dd) Im Rahmen der Personalverwaltung gibt es eine Vielzahl von Sondervorschriften. Hier sei nur auf folgende hingewiesen: Für die Ernennung des Vorsitzenden der Arbeitsgerichte ist § 18 i. V. m. weiteren Vorschriften einschlägig. Für die Berufung ehrenamtlicher Richter gelten §§ 20 ff. Versetzung und Amtsenthebung der Vorsitzenden kann nur gemäß §§ 30 ff. DRiG erfolgen. Schließlich erfolgen Disziplinarmaßnahmen gegen ehrenamtliche Richter gemäß §§ 28, 27. Gemäß §§ 72 bis 75 DRiG sind Richter- und Präsidialräten Beteiligtenrechte eingeräumt, die bei der Personalverwaltung zu beachten sind (vgl. *Bader/Creutzfeldt/Friedrich* § 15 Rn. 2). **11 c**

b) Wer für die *Justizverwaltung* zuständig ist, lässt sich – wie bei der Gerichtsverwaltung – nicht allgemein sagen. Es bedarf auch hier der Prüfung im Einzelfall (vgl. *Kissel/Mayer* GVG 4. Aufl. 2005 § 12 Rn. 106 f.). **12**

3. Rechtsschutz gegen Maßnahmen der Verwaltung

a) Unter dem Begriff der Gerichtsverwaltung sind äußerst verschiedenartige Maßnahmen zusammengefasst. Demgemäß ist auch der Rechtsschutz gegen die Tätigkeiten im Rahmen der Gerichtsverwaltung sehr unterschiedlich. In Personalangelegenheiten beispielsweise sind teils die Arbeitsgerichte (für Angestellte und Arbeiter bei den Arbeitsgerichten), teils die Verwaltungsgerichte (für Beamte bei den Arbeitsgerichten) und teils die Dienstgerichte (für Richter) zuständig (vgl. *Kissel/Mayer* GVG 4. Aufl. 2005 § 12 Rn. 39). **13**

b) Soweit nicht besondere Rechtsbehelfe vorgesehen sind, ist gegen Maßnahmen der Justizverwaltung der Verwaltungsrechtsweg (§ 40 VwGO) gegeben (*Kissel/Mayer* GVG 4. Aufl. 2005 § 12 Rn. 91). § 23 EGGVG ist hier nicht anwendbar (BVerwG DÖV 1972, 792; *Eyermann/Fröhler* VwGO § 179 Rn. 4 a; *Schunck/deClerck* VwGO § 40, Anm. 8 b bb; *Kissel/Mayer* GVG 4. Aufl. 2005 § 23 EGGVG, Rn. 12; a. A. OLG Schleswig NJW 1989, 110). Das OLG Schleswig verkennt, dass ordentliche und Arbeitsgerichtsbarkeit verfassungsrechtlich zwingend als eigenständige Rechtswege ausgestaltet sind (vgl. Einl. Rn. 89 ff.). Der Hinweis auf den Wortlaut von § 23 EGGVG vermag daran nichts zu ändern (gegen OLG Schleswig auch *Oetker* MDR 1989, 600). **14**

4. Dienstaufsicht

Die *Dienstaufsicht* ist Teil der Gerichtsverwaltung (vgl. oben Rn. 7); sie ist die Überwachung der ordnungsgemäßen Ausführung der Dienstgeschäfte durch Arbeiter, Angestellte, Beamte und Richter (*Wolf* Gerichtsverfassungsrecht S. 54). Der Richter untersteht einer Dienstaufsicht jedoch nur, soweit nicht seine Unabhängigkeit beeinträchtigt wird (so § 26 DRiG). Zu den Problemen, die aus dem Spannungsverhältnis zwischen der richterlichen Unabhängigkeit (Art. 97 GG) auf der einen und der Dienstaufsicht auf der anderen Seite entstehen können, vgl. *Kissel/Mayer* GVG 4. Aufl. 2005 § 1 Rn. 39 ff.; *Papier* Richterliche Unabhängigkeit und Dienstaufsicht NJW 1990, 8; *Schmidt-Räntsch* DRiG 5. Aufl. 1995 § 26 Rn. 17 ff.; *Schmidt-Räntsch, Ruth,* Dienstaufsicht über Richter, Bielefeld 1985; *Wolf* Gerichtsverfassungsrecht S. 195 ff. Es handelt sich um eine sehr schwierige Grenzziehung, die häufig Anlass zu Streit bietet. Darüber entscheiden die Richterdienstgerichte (vgl. § 26 Abs. 3 DRiG i. V. m. §§ 62 Abs. 1 Nr. 4 e, 61 Abs. 1 DRiG; §§ 78 Nr. 4 e, 77 Abs. 1 DRiG). Aus der Rspr. vgl. BGH 7. 6. 1966 BGHZ 46, 149; BGH 9. 3. 1967 BGHZ 47, 282; BGH 27. 9. 1976, 17. 10. 1977, 21. 4. 1978, **15**

18. 4. 1980 NJW 1977, 437; NJW 1978, 824 und 2509; NJW 1980, 2530; weitere Nachweise bei *Papier* NJW 1990, 11 f.; *Schmidt-Räntsch* DRiG 5. Aufl. § 26 Rn. 17 ff.

16 Die Grenzen, die § 26 Abs. 1 und 2 DRiG der Dienstaufsicht setzt, sind auch auf Disziplinarmaßnahmen zu übertragen (*Kissel/Mayer* GVG 4. Aufl. 2005 § 1 Rn. 203; *Schmidt-Räntsch* DRiG 5. Aufl. 1995 Vor §§ 63, 64 Rn. 10).

IV. Anhörung (Abs. 1 Satz 2)

17 Gewerkschaften und Arbeitgebervereinigungen, die für das Arbeitsleben im Landesgebiet wesentliche Bedeutung haben, müssen vor Erlass von bestimmten Anordnungen, die die Verwaltung und Dienstaufsicht betreffen (vgl. oben Rn. 5 ff.), gehört werden.

1. Allgemeine Anordnung

18 Die Verpflichtung zur Anhörung wird nur von solchen Anordnungen ausgelöst, die allgemein gelten, die also nicht lediglich auf den Einzelfall bezogen sind. Verwaltungsakte und Einzelweisungen lösen daher eine Anhörungspflicht *nicht* aus. Diese Pflicht lösen nur abstrakt-generelle Regelungen bzw. Anordnungen aus. Als solche kommen hier **Rechtsverordnungen, Verwaltungsvorschriften** (also: Erlasse, Verfügungen, Dienstanweisungen, Richtlinien) und **Sonderverordnungen** (die Terminologie ist nicht einheitlich; vgl. zu den Begriffen *Erichsen/Martens*, Allgemeines Verwaltungsrecht, 9. Aufl. 1992, § 7 Rn. 30 ff.) in Betracht. Die allgemeinen Anordnungen dürfen allerdings nicht rein technischer Art sein (dazu Rn. 19).

2. Nicht rein technischer Art

19 § 15 bezweckt nicht, dass Gewerkschaften und Arbeitgebervereinigungen sich beispielsweise in die Einzelheiten des Bürobetriebes einmischen (so zu Recht *Dersch/Volkmar* § 15 Rn. 2). Eine Anhörung soll nur dann erfolgen, wenn die Interessen der genannten Verbände tatsächlich berührt werden können (vgl. *Dietz/Nikisch* § 15 Rn. 9), nicht aber bei rein innerorganisatorischen Maßnahmen, die die Interessen der Verbände und der von ihnen vertretenen Mitglieder nicht tangieren. Die letztgenannten Maßnahmen meint das Gesetz, wenn es von Anordnungen rein technischer Art spricht. Wann sie vorliegen, entzieht sich einer generalisierenden Betrachtung und bedarf der Prüfung im Einzelfall.

3. Unterlassung der Anhörung

20 Die Unterlassung einer gesetzlich gebotenen Anhörung im Verfahren zum **Erlass einer Rechtsverordnung** führt nach h. M. grundsätzlich zur Nichtigkeit dieser Verordnung (vgl. BVerfG 17. 11. 1959 BVerfGE 10, 227; zweifelnd BVerwG 25. 10. 1979 NJW 1980, 1763; vgl. auch zum Ganzen *Hill*, Das fehlerhafte Verfahren und seine Folgen im Verwaltungsrecht, 1986, S. 69 ff.).

21 Welche Folgen die Unterlassung der Anhörung beim **Erlass von Verwaltungsvorschriften** hat, ist höchst streitig. Die wohl h. M. in der Literatur geht auch hier von der Nichtigkeit der Verwaltungsvorschriften aus (vgl. zum ganzen *Hill* a. a. O. S. 88 ff.).

4. Pflichten der zuständigen obersten Landesbehörde nach Anhörung

22 In welchem Umfang die Anregungen der Verbände befolgt werden, steht im pflichtgemäßen Ermessen der zuständigen Stelle (*Schaub* ArbGV § 2 Rn. 21).

V. Übertragung von Kompetenzen (Abs. 2)

Die Landesregierung kann durch Rechtsverordnung die Geschäfte der Verwaltung 23
und Dienstaufsicht ganz oder teilweise (*Grunsky* § 15 Rn. 4) auf die in § 15 Abs. 2
genannten Personen übertragen.

Bestehen in einem Land mehrere Landesarbeitsgerichte (Bayern, Nordrhein-West- 24
falen), bestehen keine Bedenken, dem Präsidenten eines Landesarbeitsgerichts etwa die
Dienstaufsicht für den Bezirk seines Gerichts zu übertragen, wie dies in Bayern (§ 1 der
Verordnung zur Übertragung der Dienstaufsicht auf die Gerichte für Arbeitssachen v.
9. 5. 1977, GVBl. 1977, 237) und in Nordrhein-Westfalen (§§ 1, 2 Abs. 1 Nr. 2 der VO
über richter- und beamtenrechtliche Zuständigkeiten im Geschäftsbereich des Ministers
für Arbeit und Soziales, Qualifikation und Technologie vom 27. 11. 1982 GVBl. NW
1982, S. 781) geschehen ist.

Sind an einem Arbeitsgericht mehrere Vorsitzende tätig, so muss die Übertragung 25
nicht an den dienstältesten Vorsitzenden erfolgen. Die zuständige oberste Landesbehörde
kann nach ihrem Ermessen den ihrer Ansicht nach geeigneten Vorsitzenden auswählen
(*Grunsky* § 15 Rn. 4; *Düwell/Lipke* § 15 Rn. 7; a. A. *Hauck/Helml* § 15 Rn. 8; GK-
ArbGG/*Dörner* § 15 Rn. 16).

Die Rechtsverordnung, mit der die Dienstaufsicht bzw. Verwaltung von der Landes- 26
regierung auf eine der in § 15 Abs. 2 genannten Personen übertragen wird, ist selbst
keine allgemeine Anordnung betreffend die Dienstaufsicht und Verwaltung; sie regelt
lediglich die Zuständigkeit für derartige Anordnungen. Die Gewerkschaften und Arbeitgeberverbände müssen daher bei Erlass dieser Verordnung nicht gehört werden (im
Ergebnis ebenso *Grunsky* § 15 Rn. 4; a. A. *Dersch/Volkmar* § 15 Rn. 2).

Ist eine Übertragung erfolgt, so entscheidet der gemäß Abs. 2 Beauftragte in eigener 27
Zuständigkeit. Die Landesregierung muss den vorzunehmenden Maßnahmen nicht zustimmen (vgl. dazu BVerwG 4. 11. 1960 AP ArbGG 1953 § 15 Nr. 1).

Handelt es sich bei den Maßnahmen des Beauftragten um allgemeine Anordnungen, 28
die die Verwaltung und Dienstaufsicht betreffen, müssen gemäß § 15 Abs. 1 die Gewerkschaften und Arbeitgeberverbände gehört werden (*Grunsky* § 15 Rn. 4; *Schaub*
ArbGV § 2 Rn. 21; *Düwell/Lipke* § 15 Rn. 5; a. A. *Dietz/Nikisch* § 15 Rn. 15).

VI. Einvernehmen

Früher bedurfte die zuständige oberste Landesbehörde gemäß § 15 Abs. 1 Satz 1 und 29
Abs. 2 i. V. m. § 14 Abs. 4 Satz 2 des Einvernehmens mit der Landesjustizverwaltung
bzw. der obersten Arbeitsbehörde.

Im Rahmen des Abs. 2 war das Einvernehmen nicht nur zur Übertragung, sondern 30
auch zur Rücknahme oder Beschränkung der Übertragung erforderlich.

Das Arbeitsgerichtsbeschleunigungsgesetz 2000 hat aus Gründen der Verwaltungsver- 31
einfachung das Erfordernis des Einvernehmens vollständig gestrichen.

VII. Ressortierung

Ressortierung ist die Frage nach der Zuordnung von Gerichtszweigen zu bestimmten 32
Ministerien. Bis zum Erlass des Arbeitsgerichtsgesetz-Änderungsgesetzes vom 26. 6.
1990 (BGBl. I 1206) ressortierten die Arbeitsgerichte zwingend bei den Arbeitsministe-
rien der Länder. Diese Ressortierung war ebenso umstritten wie im speziellen Fall die
Übertragung der Verwaltung und Dienstaufsicht auf die obersten Arbeitsbehörden der
Länder und des Bundes (vgl. nur *Kraushaar* BB 1987, 2309; *Kalb* FS Hanau S. 19). Für

§ 15   Verwaltung und Dienstaufsicht

die Zuordnung der Arbeitsgerichte zu den Arbeitsministerien war vor allem mit dem Argument gefochten worden, diese Ressortierung sei sachlich begründet im Hinblick auf den untrennbaren Zusammenhang zwischen materiellem Recht und Prozessrecht sowie im Hinblick auf die enge Zusammenarbeit der Arbeitsressorts mit den Sozialpartnern, denen im ArbGG maßgebliche Beteiligung bei der Gerichtsorganisation zuerkannt worden sei. Die Arbeitsministerien genössen in einem Maße das Vertrauen der Arbeitgeberverbände und Gewerkschaften, wie es von den Justizministerien nicht zu erwarten sei (vgl. dazu nur Ausschussbericht BR-Drucks. 248/1/83; *Plathe* ZRP 1983, 240; *Kraushaar* BB 1987, 2312; *Kalb* FS Hanau, S. 19; sowie den Beschluss der Konferenz der Präsidenten der Landesarbeitsgerichte NZA 1987, 553, die Entschließung des Deutschen Arbeitsgerichtsverbandes, ZIP 1987, S. A 87 und die Erklärung des DGB zur Ressortierung der Arbeitsgerichtsbarkeit AuR 1987, 333).

33   Für die Ressortierung der Arbeitsgerichte bei den Justizministerien wurden folgende Gründe geltend gemacht: Dass die Arbeitsgerichtsbarkeit nicht dem Justizressort zugeordnet sei, widerspreche den von der Aufgabenstellung her engen Verbindungen zwischen allen Gerichtsbarkeiten und der weitgehenden Gemeinsamkeit ihrer Probleme und könne auf weitere Sicht eine rechtspolitisch bedenkliche Isolierung der Arbeitsgerichtsbarkeit bewirken. Die Ressortierung der Arbeitsgerichte bei den Justizministerien sei Voraussetzung dafür, dass auch die Arbeitsgerichtsbarkeit an den Vorteilen der personellen Durchlässigkeit zwischen den einzelnen Gerichtszweigen teilhabe. Schließlich solle es auch der Arbeitsgerichtsbarkeit ermöglicht werden, bei dem Minister zu ressortieren, der als vorrangige Aufgabe die Verantwortung für eine unabhängige Rechtspflege im sozialen Rechtsstaat zu tragen habe (vgl. BR-Drucks. 74/79, S. 4 und BR-Drucks. 248/83, S. 4). Über diese speziell arbeitsgerichtlichen Aspekte hinaus soll Bund und Ländern die Möglichkeit eingeräumt werden, jeweils ein umfassendes Rechtspflegeministerium zu schaffen.

34   Durch das Arbeitsgerichtsgesetz-Änderungsgesetz vom 26. 6. 1990 (BGBl. I S. 1206) ist es den Ländern freigestellt worden, wie sie künftig die Zuständigkeit für die Arbeitsgerichte und Landesarbeitsgerichte regeln. Den Ländern steht es also jetzt offen, ob sie es bei der bisherigen Zuständigkeit der obersten Arbeitsbehörden belassen, oder ob sie die Arbeitsgerichte der Landesjustizverwaltung zuordnen. Den Ländern diese Wahlmöglichkeit einzuräumen war das wesentliche Ziel des Arbeitsgerichtsgesetz-Änderungsgesetzes (vgl. Reg.-Entw., BT-Drucks. 11/5465, S. 11). Dass nunmehr den Ländern die Wahlmöglichkeit eingeräumt ist und nicht mehr durch Bundesgesetz die Kompetenzaufteilung innerhalb der einzelnen Bundesländer festgeschrieben ist, entspricht eher der föderativen Struktur unseres Staates. Das Arbeitsgerichtsbeschleunigungsgesetz 2000 hat die Freiheit der Länder dadurch erweitert, dass das früher verlangte Einvernehmen oder Benehmen zwischen den betroffenen obersten Landesbehörden nun ebenfalls beseitigt ist. Von der Möglichkeit, die Arbeitsgerichte der Landesjustizverwaltung zuzuordnen, haben folgende Bundesländer Gebrauch gemacht: Baden-Württemberg, Bremen, Hessen, Mecklenburg-Vorpommern, Niedersachsen, Nordrhein-Westfalen, Rheinland-Pfalz, Sachsen, Sachsen-Anhalt, Schleswig-Holstein und Thüringen.

35   Die Gesetzesänderung des Jahres 1990 mit der den Ländern eingeräumten Wahlmöglichkeit ist zu begrüßen. Unverändert sprechen die besseren Gründe für eine Ressortierung der Arbeitsgerichte bei den Justizministerien. Denn die Gefahr von Beeinträchtigungen der Unabhängigkeit der Rechtspflege ist größer, soweit der Umfang der ressortmäßig betreuten Gerichtsbarkeit allzu klein ist (a. A. wohl auch heute noch *Düwell/ Lipke* Einl. Rn. 78). Es bleibt zu hoffen, dass die Bundesländer künftig umfassende Rechtspflegeministerien einrichten.

36   Im Einzelnen ressortieren die Arbeitsgerichte bei folgenden Ministerien:
– Justizministerium Baden-Württemberg, Schillerplatz 1, 70173 Stuttgart;
– Bayerisches Staatsministerium für Arbeit, Sozialordnung, Familie und Frauen, Winzererstraße 9, 80797 München;

- Senatsverwaltung für Wirtschaft, Arbeit und Frauen, Martin-Luther-Str. 105, 10825 Berlin;
- Ministerium für Arbeit, Soziales, Gesundheit und Frauen des Landes Brandenburg, Heinrich-Mann-Allee 103, 14473 Potsdam;
- Senator für Justiz und Verfassung, Richtweg 16–22, 28195 Bremen;
- Freie und Hansestadt Hamburg, Behörde für Wirtschaft und Arbeit, Alter Steinweg 4, 20459 Hamburg;
- Hessisches Ministerium der Justiz, Luisenstraße 13, 65185 Wiesbaden;
- Justizministerium Mecklenburg-Vorpommern, Demmlerplatz 14, 19053 Schwerin;
- Niedersächsisches Justizministerium, Am Waterlooplatz 1, 30169 Hannover;
- Justizministerium des Landes Nordrhein-Westfalen, Martin-Luther-Platz 40, 40212 Düsseldorf;
- Ministerium der Justiz Rheinland-Pfalz, Ernst-Ludwig-Straße 3, 56116 Mainz;
- Ministerium für Frauen, Arbeit, Gesundheit und Soziales des Saarlandes, Franz-Josef-Röder-Straße 23, 66119 Saarbrücken;
- Sächsisches Staatsministerium der Justiz, Hospitalstraße 7, 01097 Dresden;
- Ministerium der Justiz des Landes Sachsen-Anhalt, Hegelstraße 40–42, 39104 Magdeburg;
- Ministerium für Justiz, Frauen, Jugend und Familie des Landes Schleswig-Holstein, Lorentzendamm 35, 24103 Kiel;
- Thüringer Justizministerium, Werner-Seelenbinder-Straße 5, 99096 Erfurt.

§ 16 Zusammensetzung

(1) ¹Das Arbeitsgericht besteht aus der erforderlichen Zahl von Vorsitzenden und ehrenamtlichen Richtern. ²Die ehrenamtlichen Richter werden je zur Hälfte aus den Kreisen der Arbeitnehmer und der Arbeitgeber entnommen.

(2) Jede Kammer des Arbeitsgerichts wird in der Besetzung mit einem Vorsitzenden und je einem ehrenamtlichen Richter aus Kreisen der Arbeitnehmer und der Arbeitgeber tätig.

Übersicht

	Rn.
I. Allgemeines	1–3
1. Historische Entwicklung	1, 2
2. Parallelnormen	3
II. Zusammensetzung der Arbeitsgerichte (Abs. 1)	4–8
III. Besetzung der Kammern (Abs. 2)	9–22
1. Normale Besetzung	9–12
2. Die fehlerhafte Besetzung und ihre Folgen	13–20
a) Fehlerhafte Besetzung	13–17
b) Folgen	18–20
3. Alleinentscheidung durch den Vorsitzenden	21, 22
IV. Besonderheiten in den neuen Bundesländern	23

I. Allgemeines

1. Historische Entwicklung

Die Besetzung der Arbeitsgerichte mit zwei ehrenamtlichen Richtern neben dem Berufsrichter als dem Vorsitzenden bestand schon seit dem Gewerbegerichtsgesetz von 1890 und hat sich seither im Grundsatz erhalten. Geändert wurde nur die *Bezeichnung* der ehrenamtlichen Richter (früher „Beisitzer" und ab 1953 „Arbeitsrichter"). Ferner sah das ArbGG 1953 neben der „normalen" Besetzung mit einem Vorsitzenden und

1

§ 16

zwei Beisitzern (§ 15 Abs. 2 Satz 1) die sog. Große Kammer in Tarifstreitigkeiten vor (§ 15 Abs. 2 Satz 2 a. F.). § 15 Abs. 2 Satz 2 wurde durch das ArbGG 1979 gestrichen und damit die Große Kammer abgeschafft. Der Regierungsentwurf hatte dies wie folgt begründet: ein Bedürfnis für diese Kammer bestehe nicht. Zudem entstünden Schwierigkeiten bezüglich der Besetzung bei solchen Streitigkeiten, die sowohl tarifrechtliche als auch sonstige Fragen enthielten oder aber bei denen tarifrechtliche Fragen Vorfragen seien. Der Wegfall der Großen Kammer diene der Vereinfachung und Beschleunigung des Verfahrens, da die Kammer in normaler Besetzung leichter einberufen werden könne und in den genannten Fällen kein Wechsel auf der Richterbank mehr nötig sei (BT-Drucks. 8/1567, S. 30).

2 Die Kammern des Arbeitsgerichts sind daher seit 1979 in allen Streitigkeiten mit einem Vorsitzenden und je einem ehrenamtlichen Richter aus Kreisen der Arbeitnehmer und der Arbeitgeber besetzt.

2. Parallelnormen

3 Eine vergleichbare Beteiligung von ehrenamtlichen Richtern findet sich auch in §§ 9 Abs. 1 SGG; 5 FGO; 5 VwGO. In der Zivilgerichtsbarkeit gibt es ehrenamtliche Richter nur bei den Kammern für Handelssachen (§ 105 GVG).

II. Zusammensetzung der Arbeitsgerichte (Abs. 1)

4 Abs. 1 bezieht sich auf die Zusammensetzung der Arbeitsgerichte im Ganzen. Das Arbeitsgericht muss aus der erforderlichen Zahl von Vorsitzenden und ehrenamtlichen Richtern bestehen.

5 Der Vorsitzende muss Berufsrichter (vgl. dazu § 6 Rn. 5 f.) sein. Seine Ernennung erfolgt gemäß § 18 ArbGG.

6 Die ehrenamtlichen Richter (zu ihrer Rechtsstellung vgl. § 6 Rn. 7 ff.) werden je zur Hälfte aus den Kreisen der Arbeitnehmer (vgl. dazu § 23) und der Arbeitgeber (vgl. dazu § 24) entnommen. Ihre Berufung richtet sich nach §§ 20 ff.

7 Die Zahl der an einem Arbeitsgericht erforderlichen Richter hängt von der Zahl der Kammern ab (vgl. dazu § 17). Die Festlegung der erforderlichen Zahl von Richtern obliegt der zuständigen obersten Landesbehörde (*Grunsky* § 16 Rn. 13). Sie ist eine Maßnahme der Gerichtsverwaltung (vgl. § 15 Rn. 7).

8 1985 gab es bei den erstinstanzlichen Arbeitsgerichten 14 071 Richter, davon 466 Berufsrichter und 13 605 ehrenamtliche Richter (*Halbach/Mertens/Schwedes/Wlotzke*, Übersicht über das Recht der Arbeit, 2. Aufl. 1987, S. 434).

III. Besetzung der Kammern (Abs. 2)

1. Normale Besetzung

9 a) Abs. 2 regelt die Besetzung der einzelnen Kammern der Arbeitsgerichte. Jede Kammer wird in der Besetzung mit einem Vorsitzenden und je einem ehrenamtlichen Richter aus Kreisen der Arbeitnehmer und der Arbeitgeber tätig. In dieser Besetzung werden alle Entscheidungen getroffen, es sei denn, der Vorsitzende ist durch ausdrückliche Vorschriften des ArbGG oder der ZPO *allein* zur Entscheidung berufen (vgl. dazu unten Rn. 21).

10 b) Entscheidet die Kammer, obwohl der Vorsitzende allein zur Entscheidung berufen ist, hat das keine Rechtsfolgen (vgl. statt aller *Bader/Creutzfeldt/Friedrich* § 16 Rn. 9). Entscheidet der Vorsitzende, obwohl richtigerweise die Kammer entscheiden müsste, hat das Gericht in falscher Besetzung entschieden (zu den Folgen vgl. unten Rn. 13, 18).

III. Besetzung der Kammern (Abs. 2) § 16

c) Die Besetzung der Arbeitsgerichte unterscheidet sich nicht danach, ob im Urteils- 11
oder Beschlussverfahren entschieden wird.
Soweit die Regeln des Beschlussverfahrens (§§ 80 ff.) gemäß § 83 Abs. 2 BPersVG 12
anwendbar sind, entscheiden nicht die Arbeitsgerichte, sondern die Verwaltungsgerichte
(§ 83 Abs. 1 BPersVG). Für diese Entscheidungen sind gemäß § 84 Abs. 1 BPersVG bei
den Verwaltungs- und Oberverwaltungsgerichten Fachkammern bzw. -senate zu bilden
(vgl. § 187 Abs. 2 VwGO). Diese bestehen aus einem Vorsitzenden und ehrenamtlichen
Richtern, und zwar je einem aus den Kreisen der Arbeitnehmer und der Arbeitgeber des
öffentlichen Dienstes. Nur beim BVerwG entscheidet wie allgemein ein Senat mit fünf
Berufsrichtern. Für die Berufung und Stellung der ehrenamtlichen Richter sowie für ihre
Heranziehung zu den Sitzungen gelten die Vorschriften des ArbGG über ehrenamtliche
Richter entsprechend (§ 84 Abs. 2 BPersVG). Vergleichbare Regelungen finden sich in
den Personalvertretungsgesetzen der Länder. Zu weiteren Einzelheiten s. u. § 80 Rn. 7 ff.

2. Die fehlerhafte Besetzung und ihre Folgen

a) Fehlerhafte Besetzung

Die Kammer ist nicht richtig besetzt, wenn die Parität zwischen ehrenamtlichen 13
Richtern nicht beachtet ist, also nicht ein Richter aus den Kreisen der Arbeitnehmer und
ein Richter aus den Kreisen der Arbeitgeber stammt (*Grunsky* § 16 Rn. 14). Eine
unrichtige Besetzung liegt auch vor, wenn der Vorsitzende anstelle der Kammer entscheidet (vgl. oben Rn. 10). Gleiches gilt, wenn an einer Entscheidung ehrenamtliche Richter
mitwirken, die nach der Geschäftsverteilung für diese Sitzung nicht hätten herangezogen
werden dürfen (BAG 25. 8. 1983 MDR 1984, 347 = SAE 1984, 290). Die Reihenfolge
der Heranziehung darf aber nach st. Rspr. des BAG und des BVerfG nicht nur irrtümlich
nicht beachtet worden sein, es muss vielmehr Willkür vorliegen (BAG 25. 8. 1983 SAE
1984, 292 m. w. N.; BVerfG 13. 10. 1970 BVerfGE 29, 207; BVerfG 29. 6. 1976 BVerfGE 42, 241 m. w. N.). Von Willkür kann aber hier nur dann die Rede sein, wenn die
Entscheidung über die Heranziehung bei verständiger Würdigung der das Grundgesetz
beherrschenden Gedanken nicht mehr verständlich und offensichtlich unhaltbar ist (vgl.
BVerfG 13. 10. 1970 BVerfGE 29, 207). Fehlerhafte Besetzung und Willkür sind etwa
zu bejahen, wenn die Amtszeit des mitwirkenden ehrenamtlichen Richters bereits abgelaufen war (BAG 16. 5. 2002 EzA GG Art. 101 Nr. 6).
Die Rechtsprechung hat auch in solchen Fällen eine unrichtige Besetzung der Kammer 14
angenommen, in denen zwar die richtigen Richter entschieden haben, in denen aber die
Richter ihre Aufgaben nicht (voll) wahrgenommen haben oder wahrnehmen konnten.
So hat das BAG (31. 1. 1958 AP ZPO § 164 Nr. 1 mit zust. Anm. *Lukes*) eine fehlerhafte Besetzung des Gerichts in dem Fall angenommen, dass ein ehrenamtlicher Richter
während der mündlichen Verhandlung, die der Urteilsfindung unmittelbar vorausging,
zeitweilig abwesend war.
Der BGH hat eine ordnungsgemäße Besetzung eines Spruchkörpers nur dann ange- 15
nommen, wenn der Vorsitzende durch den Umfang seine Tätigkeit einen richtungsgebenden Einfluss auf die Rechtsprechung seines Spruchkörpers hat. Nur so könne die
beabsichtigte, zusätzliche Gewähr für die Güte und Stetigkeit der Rechtsprechung durch
den Einsatz qualifizierter Vorsitzender erreicht werden. Ein richtungsgebender Einfluss
des Vorsitzenden sei nur gegeben, wenn er mindestens 75% der Aufgaben als Vorsitzender selbst wahrnehme (BGH 19. 6. 1962 BGHZ 37, 210; BGH 20. 11. 1967 BGHZ 49,
65; *Kissel/Mayer* GVG 4. Aufl. 2005 § 21 f Rn. 4 und § 59 Rn. 7 ff.; a. A. *Brehm*
MünchHdb ArbR Bd. 3 2. Aufl. 2000 § 388 Rn. 24).
Der Rechtsprechung ist zuzustimmen, wenn sie in den beiden letztgenannten Fällen 16
eine fehlerhafte Besetzung des Gerichts annimmt und diese Fälle damit § 547 ZPO
unterstellt. Es ist bei den in beiden Fällen vorliegenden erheblichen Verfahrensmängeln
durchaus berechtigt, die Schwierigkeiten bei der Feststellung der Kausalität zu umgehen.

17 Keine fehlerhafte Besetzung des Gerichts liegt vor, wenn der Vorsitzende die ehrenamtlichen Richter unzureichend über den Prozessstoff informiert (GK-ArbGG/*Dörner* § 16 Rn. 9; offen gelassen in BAG 13. 5. 1981 AP TVG Presse § 1 Nr. 1; zum *Umfang der Unterrichtungsverpflichtung* des Vorsitzenden vgl. BAG 25. 1. 1963 AP ArbGG 1953 § 43 Nr. 3; BAG 13. 5. 1981 AP TVG Presse § 1 Nr. 1); bei vollständiger Missachtung jeder Informationspflicht kommt jedoch eine fehlerhafte Besetzung in Betracht (GK-ArbGG/*Dörner* § 16 Rn. 9).

b) Folgen

18 Auf die fehlerhafte Besetzung des Gerichts kann die Berufung gestützt werden (*Dietz/Nikisch* § 16 Rn. 17). Das Berufungsgericht kann allerdings den Rechtsstreit wegen eines solchen Verfahrensverstoßes nicht an das Arbeitsgericht zurückverweisen (§ 68) und kann das Urteil nicht wegen der unrichtigen Besetzung allein aufheben (vgl. *Dietz/Nikisch* § 16 Rn. 17). Eine Heilung der fehlerhaften Besetzung nach § 295 ZPO kommt nicht in Betracht (vgl. BAG 25. 8. 1983 MDR 1984, 347 = SAE 1984, 290).

19 In den Fällen fehlerhafter Besetzung des Gerichts kommt auch ein Wiederaufnahmeverfahren gemäß §§ 79 ArbGG, 579 Nr. 1 ZPO in Betracht, soweit ein Rechtsmittel nicht gegeben ist (vgl. § 64 Abs. 2 ArbGG).

20 Da bei Entscheidung in fehlerhafter Besetzung (vgl. oben Rn. 13) auch ein Verstoß gegen Art. 101 Abs. 1 Satz 2 GG vorliegt, kann die fehlerhafte Besetzung nach Erschöpfung des Rechtsweges mit der Verfassungsbeschwerde gerügt werden.

3. Alleinentscheidung durch den Vorsitzenden

21 Der Vorsitzende darf nur in den vom Gesetz besonders aufgeführten Fällen allein tätig werden. Das Gesetz nennt folgende Fälle: § 51 Abs. 1, Anordnung des persönlichen Erscheinens der Parteien; § 51 Abs. 2, Zulassung eines Prozessbevollmächtigten; § 53, Beschlüsse und Verfügungen, die nicht auf Grund mündlicher Verhandlung erlassen werden; § 54, Durchführung der Güteverhandlung; § 55 Abs. 1, Alleinentscheidung bei Klagerücknahme, Verzicht, Anerkenntnis, Säumnis und einstweilige Einstellung der Zwangsvollstreckung; § 55 Abs. 3, in bestimmten Verhandlungen; § 55 Abs. 4, Beweisbeschluss vor streitiger Verhandlung; § 56, die Vorbereitung der streitigen Verhandlung; § 58, bestimmte Fälle der Beweisaufnahme; § 60 Abs. 3, die Verkündung des Urteils; § 98, die Entscheidung über die Besetzung der Einigungsstelle.

22 Dagegen gelten §§ 348–350 ZPO (Einzelrichterregelungen im Zivilprozess) im arbeitsgerichtlichen Verfahren nicht (*Stein/Jonas/Schumann* ZPO Vor § 348 Rn. 9).

IV. Besonderheiten in den neuen Bundesländern

23 Auch in den neuen Bundesländern gelten für die Berufsrichter und die ehrenamtlichen Richter das Deutsche Richtergesetz und die hier dargelegten Grundsätze der Zusammensetzung des Gerichts. Zu Sonderfragen der Übergangszeit vgl. die 5. Aufl. Rn. 23.

§ 17 Bildung von Kammern

(1) **Die zuständige oberste Landesbehörde bestimmt die Zahl der Kammern nach Anhörung der in § 14 Abs. 5 genannten Verbände.**

(2) ¹**Soweit ein Bedürfnis besteht, kann die Landesregierung durch Rechtsverordnung für die Streitigkeiten bestimmter Berufe und Gewerbe und bestimmter Gruppen von Arbeitnehmern Fachkammern bilden.** ²**Die Zuständigkeit einer Fachkammer kann durch Rechtsverordnung auf die Bezirke anderer Arbeitsgerichte oder Teile von ihnen erstreckt werden, sofern die Erstreckung für eine sachdienliche Förderung oder schnellere Erledi-**

§ 17

gung der Verfahren zweckmäßig ist. ³Die Rechtsverordnungen auf Grund der Sätze 1 und 2 treffen Regelungen zum Übergang anhängiger Verfahren auf ein anderes Gericht, sofern die Regelungen zur sachdienlichen Erledigung der Verfahren zweckmäßig sind und sich die Zuständigkeit nicht nach den bisher geltenden Vorschriften richten soll. ⁴§ 14 Abs. 5 ist entsprechend anzuwenden.

(3) Die Landesregierung kann die Ermächtigung nach Absatz 2 durch Rechtsverordnung auf die zuständige oberste Landesbehörde übertragen.

Übersicht

	Rn.
I. Allgemeines	1–6
1. Historische Entwicklung	1–4
2. Parallelnormen	5, 6
II. Bildung von allgemeinen Kammern (Abs. 1)	7–9
III. Fachkammern (Abs. 2)	10–16
1. Errichtung von Fachkammern	10, 11
2. Verhältnis der Fachkammern zu den allgemeinen Kammern	12–15
3. Ermächtigung gemäß § 17 Abs. 2 Satz 2 und 3	16
IV. Übertragung der Ermächtigung (Abs. 3)	17

I. Allgemeines

1. Historische Entwicklung

Die Fachkammern haben eine lange Tradition. Schon das ArbGG 1926 sah sie vor. **1** Die Landesjustizverwaltung war im Einvernehmen mit der obersten Landesbehörde für die Sozialverwaltung zur Entscheidung über die Bildung dieser Kammern (§ 17 Abs. 3 ArbGG 1926) und die Erstreckung ihrer Zuständigkeit auf die Bezirke anderer Arbeitsgerichte (§ 17 Abs. 4 ArbGG 1926) berufen. Auch das ArbGG 1953 sah die Bildung von Fachkammern und die Erstreckung der Zuständigkeit dieser Kammern auf die Bezirke anderer Arbeitsgerichte oder Teile von ihnen vor (§ 17 ArbGG 1953). Zuständig war nach dem ArbGG von 1953 die oberste Arbeitsbehörde des Landes im Einvernehmen mit der Landesjustizverwaltung.

Der Regierungsentwurf zum ArbGG 1979 sah insoweit eine Änderung nicht vor (BT- **2** Drucks. 8/1567, S. 7). Der Bundesrat verlangte dann allerdings „aus rechtsstaatlichen Gründen, insbesondere unter den Gesichtspunkten der Rechtssicherheit und Rechtsklarheit", dass die Erstreckung der Zuständigkeit einer Fachkammer auf die Bezirke anderer Arbeitsgerichte oder Teile von ihnen nur durch Rechtsverordnung erfolgen dürfe (BT-Drucks. 8/1567, S. 44). Der Bundesrat sah dabei sehr wohl, dass eine Harmonisierung des § 17 mit § 14 erforderlich war und verlangte eine Änderung des Regierungsentwurfs dahingehend, dass „die Zuweisung einzelner Sachgebiete an ein Arbeitsgericht für die Bezirke mehrerer Arbeitsgerichte" (§ 14 Abs. 2 Nr. 4 des Entwurfs) aus dem Katalog der Maßnahmen herausgenommen werden sollte, die durch Gesetz angeordnet werden müssen. Nach Auffassung des Bundesrates sollten diese Maßnahmen durch Rechtsverordnung erfolgen können (BT-Drucks. 8/1567, S. 42 ff.). Der Ausschuss für Arbeits- und Sozialordnung stimmte zwar der vom Bundesrat vorgeschlagenen Änderung des § 17 (Erstreckung der Zuständigkeit einer Fachkammer durch *Rechtsverordnung* auf Bezirke anderer Arbeitsgerichte oder Teile von ihnen) zu. Eine Änderung des § 14 lehnte der Ausschuss dagegen ab.

In der Folge hat der Bundesrat auf dieser Änderung des § 14 bestanden und unter **3** anderem deswegen den Vermittlungsausschuss angerufen (BR-Drucks. 74/79, S. 6 ff.). Das Begehren des Bundesrates fand aber nicht die Zustimmung des Vermittlungsausschusses (Stenographische Berichte, Bd. 110, S. 12065). Daher ist nunmehr in § 14 Abs. 2 Nr. 4 vorgesehen, dass die Zuweisung einzelner Sachgebiete an ein Arbeitsgericht

§ 17   Bildung von Kammern

für die Bezirke mehrerer Arbeitsgerichte durch *Gesetz* zu erfolgen hat. Die Erstreckung der Zuständigkeit einer Fachkammer auf die Bezirke anderer Arbeitsgerichte oder Teile von ihnen kann hingegen gemäß § 17 Abs. 2 Satz 2 durch *Rechtsverordnung* erfolgen. Beides scheint nicht miteinander vereinbar (vgl. dazu unten Rn. 16).

4   Durch das Arbeitsgerichtsgesetz-Änderungsgesetz vom 26. 6. 1990 ist Abs. 1 dahin geändert worden, dass nicht die oberste Arbeitsbehörde des Landes, sondern die zuständige oberste Landesbehörde (also oberste Arbeitsbehörde oder Landesjustizverwaltung) die Zahl der Kammern bestimmt. Auch Abs. 3 ist dahin geändert, dass die Landesregierung die Ermächtigung, Fachkammern zu bilden und ihre Zuständigkeit zu bestimmen, auf die zuständige oberste Landesbehörde übertragen kann. Vor der Änderung sah Abs. 3 die Übertragung auf die oberste Arbeitsbehörde des Landes vor. Das Arbeitsgerichtsbeschleunigungsgesetz 2000 hat das jeweils vorgesehene Einvernehmen beseitigt.

2. Parallelnormen

5   In § 10 SGG ist die Errichtung von Fachkammern vorgesehen. Bestimmte Fachkammern (z. B. für Angelegenheiten der Arbeitslosenversicherung) müssen gemäß § 10 Abs. 1 Satz 2 und Abs. 2 jedenfalls errichtet werden, bestimmte Fachkammern (für Angelegenheiten der Knappschaftsversicherung) sind nur bei Bedarf zu bilden.

6   Bei den Verwaltungsgerichten können Fachkammern für das Gebiet des Personalvertretungsrechts gebildet werden (§ 187 Abs. 2 VwGO; vgl. oben § 16 Rn. 12). Bei den Landgerichten können Kammern für Handelssachen gebildet werden (§ 93 GVG).

II. Bildung von allgemeinen Kammern (Abs. 1)

7   Die zuständige oberste Landesbehörde bestimmt die Zahl der Kammern eines Arbeitsgerichts. Der Gesetzgeber hat aus Gründen der Verwaltungsvereinfachung das Einvernehmen mit der jeweils anderen betroffenen obersten Landesbehörde durch das Arbeitsgerichtsbeschleunigungsgesetz 2000 gestrichen. Vor der Entscheidung sind die Gewerkschaften und Vereinigungen von Arbeitgebern zu hören, die für das Arbeitsleben im Landesgebiet wesentliche Bedeutung haben. Die Entscheidung über die Zahl der Kammern ist eine Maßnahme der Gerichtsverwaltung (vgl. *M. Wolf* Gerichtsverfassungsrecht S. 54 i. V. m. S. 44). Sie berührt daher den Bürger nicht unmittelbar (vgl. oben § 15 Rn. 7) und hat auch gegenüber den beim Arbeitsgericht Tätigen keine unmittelbare Rechtswirkung. Diese Entscheidung ist daher nicht Verwaltungsakt (so aber *Grunsky* § 17 Rn. 1), sondern Verwaltungsvorschrift. Daraus ergibt sich unmittelbar, dass es für den Bürger keine Möglichkeit gibt, im Wege verwaltungsrechtlicher Klage eine Änderung der Anzahl der Kammern zu erreichen.

8   Die fehlende Anhörung der Verbände gemäß § 14 Abs. 5 bewirkt die Nichtigkeit der Verwaltungsvorschrift (vgl. oben § 15 Rn. 21).

9   Bei den Arbeitsgerichten können bei vorübergehender Überbelastung einer Kammer Hilfskammern errichtet werden (*Kissel/Mayer* GVG 4. Aufl. 2005 § 60 Rn. 10 ff.). Die Errichtung fällt aber nicht in die Zuständigkeit der obersten Landesbehörde; zuständig ist vielmehr gemäß § 6a ArbGG i. V. m. § 21e Abs. 3 GVG das Präsidium des Arbeitsgerichts (*Kissel/Mayer* GVG 4. Aufl. 2005 § 60 Rn. 13).

III. Fachkammern (Abs. 2)

1. Errichtung von Fachkammern

10   Die Landesregierung kann durch Rechtsverordnung für die Streitigkeiten bestimmter Berufe und Gewerbe und bestimmter Gruppen von Arbeitnehmern Fachkammern bil-

III. Fachkammern (Abs. 2) **§ 17**

den, soweit dafür ein Bedürfnis besteht. Die Errichtung von Fachkammern ist nicht zwingend, einen Anspruch auf Errichtung gibt es nicht. Vor Erlass der Rechtsverordnung sind die in § 14 Abs. 5 genannten Verbände zu hören. Die fehlende Anhörung führt zur Nichtigkeit der Verordnung (siehe oben § 15 Rn. 20).

Fachkammern wurden bisher in sehr unterschiedlichem Umfang errichtet. So gibt es **11** etwa in Berlin Fachkammern für Einzel- und Großhandel, Metall, Gaststättengewerbe, Bau usw., in Schleswig-Holstein für öffentlichen Dienst, Handwerk, Schifffahrt, in Bremen für die Hochseefischerei und im Saarland für den öffentlichen Dienst. Keine Fachkammern gibt es in erster Instanz beispielsweise in Nordrhein-Westfalen und Bayern. Zu der Besonderheit der Fachkammern bei den Verwaltungsgerichten in personalvertretungsrechtlichen Streitigkeiten s. o. § 16 Rn. 12 und u. § 80 Rn. 7 ff. Zur Besetzung der Fachkammern vgl. § 30.

2. Verhältnis der Fachkammern zu den allgemeinen Kammern

Das ArbGG kennt eine § 96 GVG (Antrag auf Verhandlung vor der Kammer für **12** Handelssachen) vergleichbare Regelung nicht. Der Rechtsstreit ist also nicht nur dann vor einer Fachkammer zu verhandeln, wenn der Kläger dies beantragt. Die Fachkammer ist vielmehr unabhängig vom Verhalten der Partei zuständig. Die Frage, welche Kammer des Arbeitsgerichts zuständig ist, ist eine Frage der Geschäftsverteilung (so auch *Dersch/Volkmar* § 17 Rn. 11; *Stein/Jonas/Leipold* § 281 Rn. 87), die das Gericht von Amts wegen prüft (GK-ArbGG/*Dörner* § 17 Rn. 10). Das angegangene Gericht ist für die Zuweisung an die richtige Kammer zuständig (*Schaub* ArbGV § 5 Rn. 10 ff.).

a) Diese Gesichtspunkte sind für die Frage von Bedeutung, ob formlose Abgabe oder **13** Verweisung erfolgen muss, wenn die Verhandlung vor einer Fachkammer begonnen hat, obwohl eine allgemeine Kammer zuständig ist oder umgekehrt. Eine entsprechende Anwendung der §§ 97 ff. GVG (Verweisung auf Antrag), wie sie gelegentlich vertreten wird (*Stein/Jonas/Leipold* § 281 Rn. 87; *Dietz/Nikisch* § 17 Rn. 23), ist abzulehnen. Es ist vielmehr Sache des Gerichts, den ihm mit der Zuweisung an die falsche Kammer unterlaufenen Fehler von Amts wegen zu korrigieren. Der Rechtsstreit ist daher von Amts wegen an die zuständige Kammer abzugeben (h. M., GK-ArbGG/*Dörner* § 17 Rn. 10; *Grunsky* § 17 Rn. 7; *Schaub* ArbGV § 5 Rn. 27). Die Abgabe erfolgt formlos (*Grunsky* § 17 Rn. 7; *Schaub* aaO).

b) Hat die Fachkammer statt der allgemeinen Kammer (oder umgekehrt) entschieden, **14** so liegt **keine Entscheidung eines unzuständigen Gerichts** vor (so aber *Dersch/Volkmar* § 17 Rn. 11). Insbesondere liegt kein Fall *funktioneller* Unzuständigkeit vor (davon geht aber wohl *Schaub* ArbGV § 5 Rn. 28 aus). Bei der funktionellen Zuständigkeit handelt es sich nämlich um die verschiedene Verteilung verschiedener Rechtspflegefunktionen unter verschiedene Rechtspflegeorgane *in derselben Sache* (*Rosenberg/Schwab/Gottwald* ZRP § 31 I S. 154). Gerade darum geht es hier nicht. Auch hat an sich nicht ein fehlerhaft besetztes Gericht entschieden. Die unzuständige Fachkammer bzw. die unzuständige allgemeine Kammer war ja an sich ordnungsgemäß besetzt (so zu Recht *Dersch/Volkmar* § 17 Rn. 11). Es liegt hier vielmehr ein Verstoß gegen die Geschäftsverteilung vor. Dieser Fehler ist allerdings dem Fall der fehlerhaften Besetzung eines Spruchkörpers gleich zu behandeln (siehe oben § 16 Rn. 13).

Entgegen der h. M. (vgl. früher *Bader* in: GK-ArbGG § 17 Anm. 2 b; *Dersch/* **15** *Volkmar* § 17 Rn. 11; RAG 20. 6. 1928 RAGE 2, 86; RAG 24. 8. 1932 ARS 16, 7) bleibt die Entscheidung durch die unzuständige Kammer daher nicht ohne Folgen (wie hier GK-ArbGG/*Dörner* § 17 Rn. 11; zu den Folgen vgl. § 16 Rn. 18 und § 35 Rn. 7; vgl. dazu auch *Rosenberg/Schwab/Gottwald* § 33 II 1 S. 169; *Grunsky* § 17 Rn. 8).

3. Ermächtigung gemäß § 17 Abs. 2 Satz 2 und 3

16 Gemäß Abs. 2 Satz 2 kann die Zuständigkeit einer Fachkammer durch Rechtsverordnung auf die Bezirke anderer Arbeitsgerichte oder Teile von ihnen erstreckt werden. Bestimmte Fachgebiete, also etwa Streitigkeiten in Handwerksbetrieben, werden damit einem Arbeitsgericht (genauer: einer Kammer dieses Gerichts) für die Bezirke mehrerer Arbeitsgerichte zugewiesen. Genau das aber muss gemäß § 14 Abs. 4 durch Gesetz angeordnet werden. Dieser Widerspruch ist im Gesetzgebungsverfahren offenbar nicht ausreichend berücksichtigt worden (vgl. oben Rn. 2). Da § 14 Abs. 2 die Erweiterung der Zuständigkeit über den Bezirk eines Arbeitsgerichts hinaus ausschließlich dem Gesetzgeber übertragen hat, ist § 17 Abs. 2 Satz 2 gegenstandslos. Gleiches gilt für § 17 Abs. 2 Satz 3, der die Übertragung anhängiger Verfahren auf ein *anderes Gericht* vorsieht. Hier schließt § 14 Abs. 2 Nr. 6 den § 17 Abs. 2 Satz 3 aus.

IV. Übertragung der Ermächtigung (Abs. 3)

17 Die Landesregierung kann die Ermächtigung zur Errichtung von Fachkammern (Abs. 2 Satz 1) auf die zuständige oberste Landesbehörde übertragen. Das früher vorgesehene Einvernehmen und die Anhörung der in § 14 Abs. 5 genannten Verbände sind weggefallen (s. o. Rn. 4, 7). Die Ermächtigung gemäß Abs. 2 Satz 2 ist, wie dargestellt, auf Grund § 14 Abs. 2 Nr. 4 gegenstandslos (vgl. oben Rn. 16); gleiches muss daher auch für deren Übertragung gelten.

§ 18 Ernennung der Vorsitzenden

(1) Die Vorsitzenden werden auf Vorschlag der zuständigen obersten Landesbehörde nach Beratung mit einem Ausschuß entsprechend den landesrechtlichen Vorschriften bestellt.

(2) ¹Der Ausschuß ist von der zuständigen obersten Landesbehörde zu errichten. ²Ihm müssen in gleichem Verhältnis Vertreter der in § 14 Abs. 5 genannten Gewerkschaften und Vereinigungen von Arbeitgebern sowie der Arbeitsgerichtsbarkeit angehören.

(3) Einem Vorsitzenden kann zugleich ein weiteres Richteramt bei einem anderen Arbeitsgericht übertragen werden.

(4)–(6) *(weggefallen)*

(7) Bei den Arbeitsgerichten können Richter auf Probe und Richter kraft Auftrags verwendet werden.

Übersicht

	Rn.
I. Verfassungsmäßigkeit	1–3
1. Bestellung des Vorsitzenden	1, 2
2. Richterwahlausschuss	3
II. Der Vorsitzende	4–15
1. Persönliche Voraussetzungen für die Ernennung	4–6
2. Verfahren der Ernennung	7–12
3. Ernennung unter Verletzung des § 18 Abs. 1	13
4. Aufgaben des Vorsitzenden	14
5. Tätigkeit an mehreren Gerichten	15
III. Der Ausschuss gemäß Abs. 2	16–18
IV. Die Verwendung von Richtern auf Probe und kraft Auftrags (Abs. 7)	19, 20

I. Verfassungsmäßigkeit

1. Bestellung des Vorsitzenden

Nach § 18 Abs. 1 wird der Vorsitzende auf Vorschlag der zuständigen obersten 1
Landesbehörde bestellt. Der Gesetzgeber hat aus Gründen der Verwaltungsvereinfachung das Benehmen mit der jeweils anderen betroffenen obersten Landesbehörde durch das Arbeitsgerichtsbeschleunigungsgesetz 2000 gestrichen.

§ 18 Abs. 1 verstößt weder in seiner früheren noch in der geltenden Fassung gegen 2
Art. 98 Abs. 4 GG. Aus Art. 98 GG lässt sich nämlich nicht entnehmen, dass die Entscheidungsbefugnis beim Justizminister (oder beim Arbeitsminister) ressortieren muss (so aber *Teubner*, Die Bestellung zum Berufsrichter in Bund und Ländern, S. 50). Der Bundesgesetzgeber konnte vielmehr die in § 18 gewählte Regelung treffen (vgl. *Herzog* in Maunz/Dürig GG Art. 98 Rn. 40; *Böckenförde*, Verfassungsfragen der Richterwahl, S. 125).

2. Richterwahlausschuss

Auch darin, dass das Arbeitsgerichtsgesetz in § 18 die Errichtung eines Ausschusses, 3
der im Ernennungsverfahren beratend tätig wird, zwingend vorgesehen hat, liegt kein Verstoß gegen Art. 98 Abs. 4 GG. Nach dieser Regelung ist es nämlich dem Bundesgesetzgeber lediglich untersagt, die Bildung von **Richterwahlausschüssen** zwingend vorzusehen (vgl. *Böckenförde*, Verfassungsfragen der Richterwahl, S. 49). Bei dem Ausschuss gemäß § 18 Abs. 2 handelt es sich aber nicht um einen Richterwahlausschuss, sondern lediglich um einen beratenden Ausschuss (vgl. *Meyer-Ladewig* SGG 4. Aufl. 1991 § 11 Rn. 3). Dass § 18 einen solchen Ausschuss vorsieht, ist also verfassungsrechtlich unbedenklich. Zu den in einzelnen Bundesländern daneben bestehenden Richterwahlausschüssen s. u. Rn. 11 f.

II. Der Vorsitzende

1. Persönliche Voraussetzungen für die Ernennung

a) Das ArbGG enthält nur wenig über die persönlichen Voraussetzungen für die 4
Ernennung zum Vorsitzenden. § 6 a Nr. 5 regelt, dass der Vorsitzende Berufsrichter sein muss, er muss also die Befähigung zum Richteramt besitzen (vgl. § 9 Nr. 3 DRiG i. V. m. §§ 5 bis 7 DRiG). § 18 Abs. 7 stellt klar, dass bei den Arbeitsgerichten auch Richter auf Probe und Richter kraft Auftrags als Vorsitzende verwendet werden können.

b) Die weiteren Voraussetzungen ergeben sich aus dem DRiG (vgl. dazu oben § 6 5
Rn. 5 f.). So muss der Vorsitzende z. B. Deutscher im Sinne des Art. 116 GG sein und Gewähr bieten, dass er jederzeit für die freiheitlich demokratische Grundordnung i. S. des Grundgesetzes eintritt (§ 9 DRiG).

c) Anders als § 18 Abs. 3 ArbGG 1953 fordert § 18 heute nicht mehr besondere 6
Kenntnisse und Erfahrungen der Vorsitzenden auf den Gebieten des Arbeitsrechts und des Arbeitslebens.

2. Verfahren der Ernennung

Die Ernennung des Vorsitzenden erfolgt nach *landesrechtlichen Vorschriften* durch die 7
nach dem betreffenden Landesrecht zuständige Stelle. Allerdings stellt § 18 Abs. 1 über die landesrechtlichen Vorschriften hinaus weitere Voraussetzungen auf.

a) Die Ernennung muss auf Vorschlag der zuständigen obersten Landesbehörde erfolgen. Ihr obliegt also letztlich die Entscheidung, wer ernannt wird. Ihr ist damit der 8 entscheidende Einfluss auf die Auswahl des Vorsitzenden eingeräumt. Ohne oder gegen ihren Willen kann eine Ernennung nicht erfolgen (vgl. *Dersch/Volkmar* § 18 Rn. 3; *Grunsky* § 36 Rn. 3).

9   b) § 18 Abs. 1 fordert weiter, dass die Ernennung erst nach Beratung mit dem gemäß Abs. 2 errichteten Ausschuss erfolgen darf. Darüber, zu welchem Zeitpunkt der Ausschuss zu hören ist, lässt sich dem Wortlaut des § 18 Abs. 1 nichts entnehmen. Da der Ausschuss nach dem klaren Wortlaut des § 18 berät, aber kein Mitentscheidungsrecht hat, muss er durch seine Argumente Einfluss auf die Entscheidung nehmen können. Das ist aber in aller Regel nur möglich, wenn der Ausschuss *vor* der Entscheidung gehört wird. Da die Entscheidungsbefugnis – wie gezeigt (s. o. Rn. 8) – bei der zuständigen obersten Landesbehörde liegt, muss diese den Ausschuss anhören bevor sie der für die Ernennung zuständigen Stelle einen Vorschlag macht (vgl. *Dietz/Nikisch* § 18 Rn. 15).

10 c) Bis zum Zeitpunkt, an dem das Erfordernis ersatzlos entfiel, das Benehmen mit der jeweiligen obersten Landesbehörde herzustellen (also zum 1. 5. 2000), war auch diese Beteiligung *vor* Einreihung des Vorschlags durchzuführen.

11 d) Soweit Richterwahlausschüsse bestehen, müssen nebeneinander sowohl diese als auch die Ausschüsse des § 18 Abs. 2 am Verfahren beteiligt werden (vgl. *Dersch/Volkmar* § 18 Rn. 3).

12 Richterwahlausschüsse bestehen in Baden-Württemberg, Berlin, Bremen, Brandenburg, Hamburg, Hessen, Rheinland-Pfalz, Sachsen-Anhalt, Schleswig-Holstein (zu den Einzelheiten vgl. *Schmidt-Räntsch* DRiG Vor § 8 Rn. 8 ff.; *Teubner* S. 45 ff.).

3. Ernennung unter Verletzung des § 18 Abs. 1

13 Ernennungen, die unter Verletzung des § 18 Abs. 1 erfolgen, sind voll wirksam. Die Voraussetzungen der §§ 18, 19 DRiG (Nichtigkeit bzw. Rücknahme der Ernennung) liegen beim Verstoß gegen § 18 Abs. 1 ArbGG nicht vor (*Bader/Creutzfeldt/Friedrich* § 18 Rn. 3; *Grunsky* § 18 Rn. 5).

4. Aufgaben des Vorsitzenden

14 Zu den Aufgaben des Vorsitzenden, soweit sie seine Alleinentscheidungsbefugnis betreffen, s. oben § 16 Rn. 21; vgl. im Übrigen zu den allgemeinen Aufgaben des Vorsitzenden, wie sie die ZPO vorsieht, *Rosenberg/Schwab/Gottwald* ZPR § 22 IV 1, S. 110 f.

5. Tätigkeit an mehreren Gerichten

15 Dem Vorsitzenden kann nach § 18 Abs. 3 zugleich ein weiteres Richteramt an einem anderen Arbeitsgericht übertragen werden.

III. Der Ausschuss gemäß Abs. 2

16 Der Ausschuss gemäß Abs. 2 muss von der zuständigen obersten Landesbehörde errichtet werden; sie bestimmt die zahlenmäßige Stärke des Ausschusses, das Verfahren für die Auswahl seiner Mitglieder sowie die Geschäftsordnung des Ausschusses (*Dersch/Volkmar* § 18 Rn. 4). Die jeweiligen landesrechtlichen Rechtsgrundlagen für diese Ausschüsse sind bei *Schaub* ArbGV § 3 Rn. 8 genannt.

17 Der Ausschuss gemäß Abs. 2 ist kein Richterwahlausschuss (vgl. oben Rn. 3). Er muss paritätisch (also zu je einem Drittel) aus Vertretern der in § 14 Abs. 5 genannten Gewerkschaften, aus Vertretern der in § 14 Abs. 5 genannten Arbeitgeberverbände und aus Vertretern der Arbeitsgerichtsbarkeit bestehen (vgl. *Hanau* DRiZ 1992, 422; *Grun-*

sky § 18 Rn. 3; *Schaub* ArbGV § 3 Rn. 7). Nach Auffassung von *Grunsky* (§ 18 Rn. 3, ebenso *Dietz/Nikisch* § 18 Rn. 22) kann § 18 Abs. 2 nicht entnommen werden, dass nur die dort erwähnten Gruppen bei der Bildung des Ausschusses berücksichtigt werden dürfen. Dieser Ansicht ist nicht zu folgen. Zum einen spricht der Wortlaut des § 18 Abs. 2 eher gegen die Aufnahme der dort nicht genannten Gruppen in den Ausschuss. Zum anderen könnte durch eine großzügige Zulassung weiterer Gruppen der Einfluss der in Abs. 2 genannten Gruppen im Ausschuss weitgehend beseitigt werden. Die Erwähnung dieser Gruppen in Abs. 2 und die Anordnung der Parität dieser Gruppen wäre ohne Sinn. Dem beratenden Ausschuss gemäß § 18 Abs. 2 dürfen also nur die in der Vorschrift genannten Gruppen angehören.

Die Beteiligung des Ausschusses nach § 18 Abs. 1 und 2 beeinträchtigt nicht die richterliche Unabhängigkeit (BAG 20. 4. 1961 AP ZPO § 41 Nr. 1; *Hanau* DRiZ 1992, 422; *Düwell/Lipke* § 18 Rn. 2). **18**

IV. Die Verwendung von Richtern auf Probe und kraft Auftrags (Abs. 7)

Gemäß § 28 Abs. 1 DRiG dürfen bei einem Gericht als Berufsrichter nur Richter auf Lebenszeit tätig werden, soweit nicht ein Bundesgesetz etwas anderes bestimmt. Bundesgesetze, die Ausnahmen vom Grundsatz des § 28 Abs. 1 zulassen, sind die §§ 22 Abs. 5 und 59 Abs. 3 GVG für die Amts- und Landgerichte, § 17 VwGO für die Verwaltungsgerichte erster Instanz, § 11 Abs. 3 SGG für die Sozialgerichte erster Instanz, § 15 FGO für die Finanzgerichte erster Instanz und § 18 Abs. 7 ArbGG für die Arbeitsgerichte erster Instanz. In den genannten Ausnahmefällen – also auch bei den Arbeitsgerichten in erster, nicht aber in zweiter Instanz (§ 36) – können Richter auf Probe (§§ 12, 13 DRiG) oder Richter kraft Auftrags (§§ 14–16 DRiG) als Berufsrichter verwendet werden. Da die Arbeitsgerichte nur mit einem, nicht aber mit mehreren Berufsrichtern besetzt sind, können bei ihnen auch Richter auf Probe und Richter kraft Auftrags den Vorsitz führen (§ 28 Abs. 2 DRiG). **19**

Zu Bedenken gegen die Anforderungen an die richterliche Unabhängigkeit des Richters auf Probe aus dem Gesichtspunkt des Art. 6 Abs. 1 EMRK vgl. *Lippold* NJW 1991, 2383, 2385. **20**

§ 19 Ständige Vertretung

(1) Ist ein Arbeitsgericht nur mit einem Vorsitzenden besetzt, so beauftragt das Präsidium des Landesarbeitsgerichts einen Richter seines Bezirks mit der ständigen Vertretung des Vorsitzenden.

(2) ¹Wird an einem Arbeitsgericht die vorübergehende Vertretung durch einen Richter eines anderen Gerichts nötig, so beauftragt das Präsidium des Landesarbeitsgerichts einen Richter seines Bezirks längstens für zwei Monate mit der Vertretung. ²In Eilfällen kann an Stelle des Präsidiums der Präsident des Landesarbeitsgerichts einen zeitweiligen Vertreter bestellen. ³Die Gründe für die getroffene Anordnung sind schriftlich niederzulegen.

Übersicht

	Rn.
I. Allgemeines	1, 2
1. Bedeutung der Vorschrift	1
2. Parallelnormen	2
II. Ständige Vertretung des Vorsitzenden (Abs. 1)	3
III. Vorübergehende Vertretung (Abs. 2)	4–11
1. Notwendigkeit	5–8
2. Bestellung des vorübergehenden Vertreters	9

§ 19 Ständige Vertretung

	Rn.
3. Anhörung	10
4. Eilfälle	11
IV. Rechtsmittel gegen die Beauftragung	12–16
1. Rechtsmittel der Prozessparteien	12
2. Rechtsmittel des betroffenen Richters	13–16

I. Allgemeines

1. Bedeutung der Vorschrift

1   § 19 befasst sich mit den Sonderfällen, in denen eine Vertretung des Kammervorsitzenden durch einen Richter desselben Gerichts nicht möglich ist. Sofern eine solche Vertretung durch Richter desselben Gerichts erfolgen kann, ist nicht § 19 ArbGG einschlägig, es gelten vielmehr die Vorschriften des GVG (§§ 21 e Abs. 1, 21 f Abs. 2), die über § 6 a ArbGG anwendbar sind.

2. Parallelnormen

2   § 19 entspricht in wesentlichen Teilen der Sonderregelung, die § 22 b GVG für kleinere Amtsgerichte trifft. Regelungen, die § 19 vergleichbar sind, finden sich auch in §§ 70 GVG und 27 Abs. 3 SGG.

II. Ständige Vertretung des Vorsitzenden (Abs. 1)

3   Ist ein Arbeitsgericht nur mit einem Vorsitzenden besetzt und ist daher die Vertretung durch einen anderen Berufsrichter desselben Gerichts nicht möglich, muss die Vertretung auf anderem Wege sichergestellt werden. Daher bestimmt Abs. 1, dass das Präsidium des Landesarbeitsgerichts einen Richter des Bezirks des Vorsitzenden mit dessen *ständiger* Vertretung beauftragen muss. Die Bestellung eines Vertreters darf auf keinen Fall unterbleiben (vgl. nur *Grunsky* § 19 Rn. 1).

III. Vorübergehende Vertretung (Abs. 2)

4   § 19 Abs. 2 regelt die *vorübergehende* Vertretung des Vorsitzenden durch einen Berufsrichter eines anderen Gerichts.

1. Notwendigkeit

5   Voraussetzung für die Beauftragung eines Vertreters ist die *Notwendigkeit* einer vorübergehenden Vertretung.

6   a) In welchen Fällen diese Notwendigkeit vorliegt, ist höchst streitig. Nach einer Auffassung (*Kissel/Mayer* GVG 4. Aufl. 2005 § 22 b Rn. 5; *Baumbach/Albers* ZPO § 22 b GVG Rn. 4) kann eine Notwendigkeit nur bejaht werden, wenn durch eine Mehrzahl von Verhinderungen des geschäftsplanmäßigen zuständigen Richters und der geschäftsplanmäßig als Vertreter vorgesehenen Richter kein gesetzlicher Richter mehr am Gericht vorhanden ist oder der vertretungsbereite Richter nicht auf Lebenszeit ernannt ist. Demgegenüber hält die wohl h. M. eine vorübergehende Vertretung auch schon dann für möglich, wenn am Arbeitsgericht noch weitere Vorsitzende vorhanden sind. Eine Notwendigkeit sei auch auf Grund hoher Arbeitsbelastung, starker Eingangszahlen und vorübergehender Verhinderung eines oder mehrerer Vorsitzender zu bejahen (GK-ArbGG/*Dörner* § 19 Rn. 4; *Bader/Creutzfeldt/Friedrich* § 19 Rn. 5; *Grunsky* § 19 Rn. 3).

IV. Rechtsmittel gegen die Beauftragung   § 19

b) Einigkeit besteht zwischen den verschiedenen Auffassungen darüber, dass eine 7
Notwendigkeit zur Vertretung durch einen auswärtigen Richter *nicht* besteht, wenn die
Vertretung des Vorsitzenden gerichtsintern mit Hilfe des Geschäftsverteilungsplanes
möglich ist.

c) Die Notwendigkeit einer vorübergehenden Vertretung ist schließlich auch dann zu 8
verneinen, wenn abzusehen ist, dass eine ständige Vertretung erforderlich werden wird.
In diesem Fall ist ein ständiger Vertreter zu bestellen.

2. Bestellung des vorübergehenden Vertreters

Die Bestellung des vorübergehenden Vertreters erfolgt – außer in Eilfällen, dazu unten 9
Rn. 11 – durch das Präsidium des Landesarbeitsgerichts für längstens zwei Monate. Die
Zweimonatsfrist ist eine Höchstfrist für den jeweiligen Vertretungsfall; besteht das Vertretungsbedürfnis nach Ablauf der Frist weiter, muss die Justizverwaltung eingreifen
(*Zöller/Gummer* ZPO § 22 b GVG Rn. 2). Eine Wiederholung der Beauftragung (gestützt
auf die gleiche Sachlage) kommt nicht in Betracht, da sonst die Regelung des Abs. 2, die
ausdrücklich die Befristung vorsieht, umgangen würde (*Bader/Creutzfeldt/Friedrich* § 19
Rn. 4; a. A. *Grunsky* § 19 Rn. 2; *Kissel/Mayer* GVG 4. Aufl. 2005 § 22 b Rn. 5).

3. Anhörung

Der auswärtige Richter, der mit der Vertretung beauftragt werden soll, ist vor der 10
Maßnahme zu hören (vgl. statt Aller *Bader/Creutzfeldt/Friedrich* § 19 Rn. 4).

4. Eilfälle

In Eilfällen, etwa bei plötzlicher längerer Krankheit des Vorsitzenden, entscheidet 11
anstelle des Präsidiums der Präsident des Landesarbeitsgerichts. § 19 sieht, ebenso wie
§ 22 b GVG für die Amtsgerichte, keine Regelung dahingehend vor, dass die Eilanordnung des Präsidenten des LAG später dem Präsidium zur Genehmigung vorzulegen ist
und das Präsidium die Entscheidung des Präsidenten ändern kann. Wohl enthält § 21 i
GVG für die Land- und Oberlandesgerichte eine solche Regelung. Auch bei den Amts-
und Arbeitsgerichten wird man aber von dieser Befugnis des Präsidiums ausgehen
müssen. Nur so kann das Primat des Präsidiums für die Bestellung des gesetzlichen
Richters konsequent durchgesetzt werden (so zu Recht *Kissel/Mayer* GVG 4. Aufl. 2005
§ 22 b Rn. 7; *Bader/Creutzfeldt/Friedrich* § 19 Rn. 3; *Baumbach/Albers* ZPO § 22 b
GVG Rn. 4 hält die Genehmigung des Präsidiums für entbehrlich).

IV. Rechtsmittel gegen die Beauftragung

1. Rechtsmittel der Prozessparteien

Den Prozessparteien steht ein Rechtsmittel gegen die Beauftragung eines Richters zum 12
ständigen oder vorübergehenden Vertreter nicht zu (GK-ArbGG/*Dörner* § 19 Rn. 8;
Baumbach/Albers ZPO § 21 e GVG Rn. 24).

2. Rechtsmittel des betroffenen Richters

Ob dem betroffenen Richter gegen die Beauftragung durch das Präsidium bzw. dem 13
Präsidenten des LAG ein Rechtsmittel zusteht, ist höchst streitig.

a) Nach Auffassung von *Kissel* (GVG 1. Aufl. § 21 e Rn. 109 m. w. N.; zurückhalten- 14
der nunmehr die 3. Aufl. § 21 e Rn. 121, wonach dies „auch heute noch im Grundsatz"
gelte; ebenso *Grunsky* § 19 Rn. 3) steht dem Richter gegen Geschäftsverteilungsanordnungen ein Rechtsmittel nicht zu. Auch Art. 19 Abs. 4 GG fordere nicht „Richter zum

Schutz gegen Richter anzurufen und gegen Maßnahmen, die bereits von Richtern in richterlicher Unabhängigkeit und unter gesetzlich vorgeschriebener Wahrung rechtlichen Gehörs getroffen worden sind, einen Rechtsweg zu eröffnen. Die Eigenständigkeit des Präsidiums, seine Aufgaben und seine Rechtsstellung als besonderes unabhängiges Rechtspflegeorgan sollten es im Interesse der Rechtspflege ausschließen, dass seine Anordnungen in anderer Weise als mittelbar im konkreten Rechtsstreit durch Besetzungsrüge überprüft werden". Vom Grundsatz der Nichtanfechtbarkeit solle nur eine Ausnahme anerkannt werden: Die Beeinträchtigung der richterlichen Unabhängigkeit durch eine Anordnung des Präsidiums.

15 b) Demgegenüber lässt das BVerwG zu Recht eine Feststellungsklage zu, mit der die Feststellung begehrt werden kann, dass der Richter den Geschäftsverteilungsanordnungen nicht nachzukommen braucht (BVerwG 28. 11. 1975 BVerwGE 50, 11 = NJW 1976, 1224; vgl. auch *Baumbach/Albers* ZPO § 21e GVG Rn. 24; *Zöller/Gummer* ZPO § 21e GVG Rn. 54 ff.; *Bader* in: GK-ArbGG § 19 Anm. 3; *Kornblum* FS Schiedermair 1976 S. 345; das BVerfG hatte im Beschluss vom 17. 7. 1975 die Frage offen gelassen, ob Präsidialentscheidungen einer unmittelbaren Nachprüfung durch die Gerichte zugänglich sind, BVerfG NJW 1976, 325). Das BVerwG führt in der genannten Entscheidung aus: „Die Zuteilung oder Nichtzuteilung von Geschäften kann einen Richter in seinem Amtsrecht, in seiner persönlichen Rechtsstellung gegenüber dem Staat und damit in seinen Rechten verletzen. Zur Klärung der Frage, ob dies der Fall ist, steht dem Kläger nach Art. 19 IV 1 GG der Rechtsweg offen". Der Geschäftsverteilungsplan enthalte zwar Regelungen, die von Richtern in richterlicher Unabhängigkeit getroffen seien, er sei aber nicht Rechtsprechung in dem Sinne, dass er nicht zur öffentlichen Gewalt des Art. 19 IV 1 GG gehöre und damit der Rechtsweg ausgeschlossen sei. Rechtsprechung in diesem Sinne liege nämlich nur vor, wenn eine Entscheidung in einem gerichtlichen Verfahren von unbeteiligten Dritten erlassen werde und die Möglichkeit bestehe, einen der beteiligten Richter wegen Befangenheit abzulehnen. Diese Voraussetzungen erfülle der Geschäftsverteilungsplan nicht.

16 c) Da die Feststellungsklage keine aufschiebende Wirkung nach § 80 VwGO hat, muss der Richter die Geschäftsverteilungsanordnungen so lange hinnehmen, bis die Rechtswidrigkeit der Anordnung festgestellt oder die Anordnung anderweitig aufgehoben ist.

§ 20 Berufung der ehrenamtlichen Richter

(1) ¹Die ehrenamtlichen Richter werden von der zuständigen obersten Landesbehörde oder von der von der Landesregierung durch Rechtsverordnung beauftragten Stelle auf die Dauer von fünf Jahren berufen. ²Die Landesregierung kann die Ermächtigung nach Satz 1 durch Rechtsverordnung auf die zuständige oberste Landesbehörde übertragen.

(2) Die ehrenamtlichen Richter sind in angemessenem Verhältnis unter billiger Berücksichtigung der Minderheiten aus den Vorschlagslisten zu entnehmen, die der zuständigen Stelle von den im Land bestehenden Gewerkschaften, selbständigen Vereinigungen von Arbeitnehmern mit sozial- oder berufspolitischer Zwecksetzung und Vereinigungen von Arbeitgebern sowie von den in § 22 Abs. 2 Nr. 3 bezeichneten Körperschaften oder deren Arbeitgebervereinigungen eingereicht werden.

Übersicht

	Rn.
I. Überblick	1
II. Historische Entwicklung	2
III. Parallelnormen	3, 4
IV. Die Berufung der ehrenamtlichen Richter	5–13
1. Zuständigkeit	5

	Rn.
2. Ernennung und Amtsenthebung	6–9
3. Vereidigung	10
4. Dauer der Amtszeit	11–13
V. Das Verfahren zur Auswahl ehrenamtlicher Richter	14–42
1. Zustandekommen der Listen	15–22
2. Inhalt der Listen	23, 24
3. Auswahl aus den Listen	25–37
a) Reihenfolge	26–31
b) Angemessenes Verhältnis	32–37
4. Rechtsschutz	38–42
a) Rechtsschutz der Vereinigungen	39
b) Rechtsschutz des Einzelnen	40, 41
c) Rechtsschutz der Prozessparteien	42

I. Überblick

§ 20 ist Ausgangspunkt für eine weithin umfassende Regelung des Rechts der ehren- **1** amtlichen Richter in der Arbeitsgerichtsbarkeit. Insbesondere in §§ 20 bis 31 finden sich Grundsätze zur Berufung und Stellung der ehrenamtlichen Richter. Die hier für die erste Instanz getroffenen Regelungen gelten mit gewissen Abweichungen für das gesamte ArbGG.
Zu Grundfragen der ehrenamtlichen Richter s. oben § 6 Rn. 7 ff.

II. Historische Entwicklung

Schon das Gewerbegerichtsgesetz (§ 12) und das Kaufmannsgerichtsgesetz (§ 12) **2** sahen ehrenamtliche Richter vor. Diese wurden gewählt. Auf Grund des erheblichen zeitlichen und finanziellen Aufwandes solcher Wahlen, der in keinem Verhältnis zum zu erwartenden Erfolg stand, ist die Wahl der ehrenamtlichen Richter mit dem ArbGG 1926 abgeschafft und durch die Berufung ersetzt worden (vgl. dazu den RegE 1921, S. 32). Die Regelung von 1926 hat sich im Wesentlichen bis heute erhalten. Seit 5. 2. 2003 befindet sich der Entwurf eines Gesetzes zur Vereinfachung und Vereinheitlichung der Verfahrensvorschriften zur Wahl und Berufung ehrenamtlicher Richter (BT-Drucks. 15/411) im Gesetzgebungsverfahren, der einheitliche Regelungen zu den Vorschlagslisten, zum Mindestalter und zum Höchstalter bringen soll (Einzelheiten bei *Wendt* ZRP 2003, 286).

III. Parallelnormen

Ehrenamtliche Richter sind im deutschen Recht traditionell verankert und haben auch **3** in der Gerichtsbarkeit der Bundesrepublik Deutschland eine weite Verbreitung gefunden (vgl. *Wassermann,* Die richterliche Gewalt, Heidelberg 1985, S. 99 ff.). Die Vielfalt ihres Einsatzes reicht von den Schöffen in der Strafjustiz über Kaufleute in den Kammern für Handelssachen bis zum vielfältigen Einsatz von Laien in den Bereichen der Verwaltungsgerichtsbarkeit und der Berufsgerichtsbarkeit.
Im Folgenden seien wichtige Beispiele für den Einsatz ehrenamtlicher Richter in der **4** Strafgerichtsbarkeit, Zivilgerichtsbarkeit, Verwaltungsgerichtsbarkeit und Sozialgerichtsbarkeit genannt:
Strafgerichtsbarkeit: Schöffen gemäß §§ 29 Abs. 1, 2 GVG; 76 Abs. 2 GVG; 33 Abs. 3 Satz 1 JGG.
Zivilgerichtsbarkeit: Beisitzer in Landwirtschaftssachen gemäß § 2 Abs. 2 LwVG; Handelsrichter gemäß § 105 Abs. 1 GVG.

Verwaltungsgerichtsbarkeit: ehrenamtliche Verwaltungsrichter gemäß § 9 Abs. 3 VwGO.

Sozialgerichtsbarkeit: ehrenamtliche Sozialrichter gemäß §§ 12 Abs. 1 SGG; 33 Abs. 1 SGG; 40, 33 Abs. 1 SGG.

IV. Die Berufung der ehrenamtlichen Richter

1. Zuständigkeit

5   Gemäß § 20 Abs. 1 Satz 1 ist die zuständige oberste Landesbehörde oder die von der Landesregierung durch Rechtsverordnung beauftragte Stelle für die Berufung der ehrenamtlichen Richter zuständig (das ist z. B. in Nordrhein-Westfalen gemäß § 3 LOG i. V. m. der Bekanntmachung der Geschäftsbereiche der obersten Landesbehörde – GVNW 1986, S. 338, 339 – der Minister für Arbeit, Gesundheit und Soziales). Anders als bei der Berufung der Berufsrichter musste dabei schon früher nicht das Benehmen mit der Landesjustizverwaltung bzw. der obersten Arbeitsbehörde hergestellt werden. In Sachsen ist seit 1. 1. 2002 die Berufung der ehrenamtlichen Richter an den Präsidenten des LAG delegiert (vgl. *Hohmann* NZA 2002, 651).

2. Ernennung und Amtsenthebung

6   a) Die *Berufung* zum ehrenamtlichen Richter ist Verwaltungsakt; sie ist nach h. M. mit Zustellung des Berufungsschreibens abgeschlossen (BAG 11. 3. 1965 AP ArbGG 1953 § 2 Zuständigkeitsprüfung Nr. 28; *Dersch/Volkmar* § 20 Rn. 5 e; *Dietz/Nikisch* § 20 Rn. 18; *Grunsky* § 20 Rn. 3; *Bader/Creutzfeldt/Friedrich* § 20 Rn. 2).

7   b) Eine *Ernennung* der ehrenamtlichen Richter wäre daher entbehrlich. Die Praxis sowie einzelne Richtergesetze der Länder gehen jedoch dahin, dass dem ehrenamtlichen Richter eine Ernennungsurkunde auszuhändigen ist (*Bader/Hohmann/Klein*, S. 31). In Nordrhein-Westfalen erfolgt die Ernennung etwa gemäß § 6 Abs. 1 LRiG i. V. m. §§ 183 ff., 8 LBG.

8   c) Die *Amtsenthebung* der ehrenamtlichen Richter hat in §§ 21 Abs. 5, 27 ArbGG eine *spezielle* Regelung gefunden; die Berufung zum ehrenamtlichen Richter kann daher nicht nach den allgemeinen Vorschriften der Verwaltungsverfahrensgesetze (§§ 48, 49 VwVfG) zurückgenommen werden.

9   Hinsichtlich der Nichtigkeit der Berufung sind die Verwaltungsverfahrensgesetze (§ 44 VwVfG) heranzuziehen (vgl. nur *Grunsky* § 20 Rn. 3).

3. Vereidigung

10   Nach Berufung sind die ehrenamtlichen Richter zu vereidigen (§ 45 Abs. 2 DRiG). Die einheitliche Regelung des § 45 Abs. 2 DRiG für alle ehrenamtlichen Richter ist damit an die Stelle von Einzelnormen wie dem alten § 20 Abs. 2 getreten, der 1974 weggefallen ist (der neue § 20 Abs. 2 ist durch das Arbeitsgerichtsbeschleunigungsgesetz 2000 geschaffen worden). Die Vereidigung muss vor der ersten Dienstleistung in öffentlicher Sitzung des Gerichts, in dem der ehrenamtliche Richter mitwirkt, durch den Vorsitzenden erfolgen. Sie ist Teil der unabhängigen richterlichen Tätigkeit (*Schmidt-Räntsch* DRiG 5. Aufl. 1995 § 45 Rn. 6) und gilt für die gesamte Dauer des Amtes, ist also bei sich unmittelbar anschließender erneuter Berufung nicht zu wiederholen (*Wolmerath* Rn. 133; *Bader/Creutzfeldt/Friedrich* § 20 Rn. 3).

4. Dauer der Amtszeit

11   Die Amtszeit der ehrenamtlichen Richter beträgt seit 1. 5. 2000 fünf Jahre (früher betrug die Amtszeit vier Jahre). Aufgrund der zwingenden Anordnung des § 20 Abs. 1

ist eine kürzere oder längere Amtszeit nicht zulässig; allerdings kann ein ehrenamtlicher Richter mehrmals, d. h. nach Ablauf der Amtszeit von fünf Jahren, erneut berufen werden (*Grunsky* § 20 Rn. 14; *Dietz/Nikisch* § 20 Rn. 19; *Dersch/Volkmar* § 20 Rn. 11).

Scheidet ein ehrenamtlicher Richter vor Ablauf der Fünf-Jahres-Frist aus (z. B. wegen **12** Todes, Amtsenthebung), ist grundsätzlich eine sog. Ergänzungsberufung *nicht* zwingend erforderlich. Eine solche muss allerdings dann vorgenommen werden, wenn die Zahl der ehrenamtlichen Richter nicht mehr zur ordnungsgemäßen Wahrnehmung der Rechtsprechung ausreicht (vgl. *Grunsky* § 20 Rn. 15; *Dietz/Nikisch* § 20 Rn. 20).

Werden im Wege der Ergänzungsberufung neue ehrenamtliche Richter berufen, so ist **13** zweifelhaft, ob die Amtszeit mit Ablauf der fünf Jahre endet, für die die zunächst ernannten Richter berufen waren (so *Grunsky* § 20 Rn. 15; *Dietz/Nikisch* § 20 Rn. 20; *Wolmerath* Rn. 52) oder ob eine neue Amtszeit von fünf Jahren zu laufen beginnt (vgl. *Künzl* ZZP 104, 161; *Dersch/Volkmar* § 20 Rn. 12; *Brehm* MünchHdbArbR Bd. 3 2. Aufl. 2000 § 388 Rn. 60; für das SGG *Meyer-Ladewig* § 13 Rn. 4; unrichtig insoweit *Berger-Delhey* RdA 1988, 17, Fn. 41). Der Wortlaut des Gesetzes spricht eher für die zweite Ansicht, aus Gründen der praktischen Handhabung sollte man aber die erste Meinung vorziehen.

V. Das Verfahren zur Auswahl ehrenamtlicher Richter

Bei der Auswahl der ehrenamtlichen Richter ist die zuständige oberste Landesbehörde **14** oder die von der Landesregierung durch Rechtsverordnung beauftragte Stelle an die bei ihr eingereichten Vorschlagslisten gebunden. Nur solche Personen, die in diesen Listen genannt sind, dürfen als ehrenamtliche Richter berufen werden (so schon der Wortlaut des § 20 Abs. 2).

1. Zustandekommen der Listen

Die Listen werden von den vorschlagsberechtigten Vereinigungen erstellt und bei der **15** zuständigen obersten Landesbehörde oder Stelle eingereicht.

a) Vorschlagsberechtigt sind gemäß § 20 Abs. 2 die jeweiligen im Land bestehenden **16** Gewerkschaften, selbständigen Vereinigungen von Arbeitnehmern mit sozial- oder berufspolitischer Zwecksetzung, die Arbeitgebervereinigungen und die in § 22 Abs. 2 Nr. 3 bezeichneten Körperschaften des öffentlichen Rechts sowie deren Arbeitgebervereinigungen. Unerheblich ist hier (anders als im Fall des § 43 Abs. 1) das Gewicht oder die Bedeutung der Gewerkschaft; entscheidend ist nur, dass die Vereinigung im Land Mitglieder hat. Ohne Bedeutung ist, ob die Vereinigung in dem betreffenden Gerichtsbezirk oder Land auch ihren Sitz hat (*Dietz/Nikisch* § 20 Rn. 5; *Grunsky* § 20 Rn. 5). Listen von nicht vorschlagsberechtigten Vereinigungen sind bei der Berufung nicht zu berücksichtigen (*Dersch/Volkmar* § 20 Rn. 5 d; *Grunsky* § 20 Rn. 5).

b) Die vorschlagsberechtigten Vereinigungen können selbständig die Initiative ergrei- **17** fen und Vorschläge bei der zuständigen obersten Landesbehörde oder sonst zuständige Stelle einreichen; eine Verpflichtung zur Einreichung einer Liste besteht nicht (vgl. *Grunsky* § 20 Rn. 6).

c) Unabhängig vom Tätigwerden der Vereinigungen muss die zuständige oberste **18** Landesbehörde oder die zuständige Stelle die vorschlagsberechtigten Vereinigungen auch zur Einreichung der entsprechenden Listen auffordern.

Über die Art und Weise der Aufforderung enthält § 20 Abs. 1 und 2 keine Regelung. **19** Es ist aber davon auszugehen, dass die Aufforderung, Vorschlagslisten einzureichen, öffentlich erfolgen muss, um Willkür der Behörde zu vermeiden und alle berechtigten

Vereinigungen gleich zu behandeln. Eine lediglich interne Aufforderung der in Frage kommenden Organisationen reicht nicht aus.

20 Eine Verletzung der Bekanntmachungspflicht führt nicht zur Rechtswidrigkeit der Berufung des einzelnen ehrenamtlichen Richters. Unberührt bleibt freilich die Klagemöglichkeit einer übergangenen Vereinigung (vgl. dazu unten Rn. 39).

21 d) Vor der Aufforderung hat die zuständige oberste Landesbehörde oder die zuständige Stelle die Zahl der benötigten ehrenamtlichen Richter festzusetzen; das ist eine Maßnahme der Gerichtsverwaltung (vgl. § 15 Rn. 7). Über die bei der Festsetzung der Zahl zu berücksichtigenden Punkte vgl. *Schnellenbach* NVwZ 1988, 703.

22 e) Ferner ist zu berücksichtigen, dass die Vorschlagslisten immer für die einzelnen Gerichtsbezirke aufgestellt werden, nicht hingegen für sämtliche Bezirke. Auch werden die Vorschläge nicht für spezielle Kammern aufgestellt, sondern für ein Arbeitsgericht insgesamt (*Grunsky* § 20 Rn. 7; *Dersch/Volkmar* § 20 Rn. 5 b). Bei den Fachkammern des jeweiligen Gerichts wird dies anders gehandhabt (vgl. dazu § 30 Satz 1; *Düwell/Lipke* § 20 Rn. 6).

2. Inhalt der Listen

23 Über den genauen Inhalt der Listen lässt sich dem Wortlaut der §§ 20 bis 31 nichts entnehmen. Aus dem Kontext des Gesetzes sowie den Anforderungen, die allgemein an die Ernennung von ehrenamtlichen Richtern zu stellen sind, lässt sich folgendes sagen: Die Liste soll die einreichende vorschlagsberechtigte Organisation als solche bezeichnen, ferner in der Reihenfolge die in Vorschlag gebrachten Personen unter Angabe von Vornamen, Namen, Geburtstag und -ort, Familienstand, Beruf, Adresse und Dauer der bisherigen Tätigkeiten im Gerichtsbezirk. Die Reihenfolge der vorgeschlagenen Personen ist für die spätere Berufung von Bedeutung (s. unten Rn. 27).

24 Es ist zweckmäßig, in der Liste so viele Personen zu bezeichnen wie insgesamt ehrenamtliche Richter benötigt werden.

3. Auswahl aus den Listen

25 Nach Eingang der Listen wählt die zuständige oberste Landesbehörde die benötigten ehrenamtlichen Richter aus.

a) Reihenfolge

26 Streitig ist, ob die zuständige oberste Landesbehörde oder die zuständige Stelle bei der Auswahl der ehrenamtlichen Richter an die Reihenfolge in der Liste gebunden ist.

27 Nach der ganz h.M. in der Literatur zum arbeitsgerichtlichen Verfahren kann die zuständige oberste Landesbehörde nicht irgendeinen ehrenamtlichen Richter aus den eingereichten Listen auswählen. Zusätzlich zu den besonderen Voraussetzungen des § 20 Abs. 2 sei die Behörde insbesondere an die vorgegebene Reihenfolge auf den Vorschlagslisten gebunden (*Grunsky* § 20 Rn. 12; *Dietz/Nikisch* § 20 Rn. 16; *Schaub* ArbGV § 3 Rn. 28; *Düwell/Lipke* § 20 Rn. 10; *Wolmerath* Rn. 62; *Dersch/Volkmar* § 20 Rn. 5 d; *Berger-Delhey* RdA 1988, 19; *ders.* BB 1988, 1664). Das wird z. T. mit Sinn und Zweck des § 20 begründet. Die gesellschaftlich relevanten Gruppen sollten am arbeits- und sozialgerichtlichen Verfahren durch ihre Repräsentanten beteiligt werden. Dieser Zweck gehe verloren, wenn die Behörde selbst noch eine eigene Auswahl treffen würde (*Berger-Delhey* aaO).

28 Im Gegensatz dazu wird in der sozialgerichtlichen Literatur vertreten, dass der auswählenden Stelle die Kompetenz zur freien Auswahl aus den Listen zustehe, die Reihenfolge der benannten Personen spiele dabei keine Rolle (*Meyer-Ladewig* SGG § 3 Rn. 4; § 13 Rn. 3; *Rohwer-Kahlmann* SGG § 14 Rn. 3; *Klausa*, Ehrenamtliche Richter, 1972, S. 147).

V. Das Verfahren zur Auswahl ehrenamtlicher Richter § 20

Wortlaut und historische Auslegung des § 20 helfen bei Beantwortung der angeschnittenen Fragen nicht weiter. Auch das Verfassungsrecht zwingt nicht zu einer der beiden Lösungen. Zwar hat das BVerfG entschieden, das Berufungsverfahren für ehrenamtliche Richter sei nur dann mit Art. 92 GG vereinbar, wenn die für die Ernennung zuständige Stelle nicht an Vorschläge außerstaatlicher Gruppen gebunden sei (BVerfG 9. 12. 1985 NJW 1986, 1324 = NZA 1986, 201; vgl. auch LSG Hessen 9. 7. 1985 SGb 1985, 428 ff.; BSG 26. 9. 1985 SGb 1985, 415 ff.; *Faupel* SozSich. 1985, 375 ff.). Eine solche Bindung liegt jedoch nicht vor, wenn die zuständige oberste Landesbehörde an der Reihenfolge innerhalb der Vorschlagslisten zwar grundsätzlich nichts verändern darf, wenn ihr aber die Möglichkeit und Verpflichtung verbleibt, bei jedem einzelnen Kandidaten zu überprüfen, ob der Betreffende die gesetzlichen Voraussetzungen (§ 21) erfüllt. Erfolgt die Berufung auf Grund einer solchen Prüfung, war sie nicht Folge „einer Bindung des Staates an Vorschläge außerstaatlicher Stellen" (BVerfG 9. 12. 1985 NJW 1986, 1324 = NZA 1986, 202).   29

Die zuständige oberste Landesbehörde bzw. die zuständige Stelle hat über die bereits genannte Prüfungsmöglichkeit hinaus die Möglichkeit, falls kein Bewerber von den Vorschlagslisten die Voraussetzungen für die Berufung zum ehrenamtlichen Richter erfüllt, neue Listen anzufordern (vgl. BVerfG 11. 6. 1969 BVerfGE 26, 186, 197). Schließlich bleibt auch die Auswahl zwischen verschiedenen Listen (vgl. zum Ganzen auch BAG 2. 11. 1983 AP ArbGG 1979 § 45 Nr. 1; BAG 10. 9. 1985 AR-Blattei Arbeitsgerichtsbarkeit IV, Nr. 31).   30

Die zuständige oberste Landesbehörde hat also durchaus einen gewissen Entscheidungsspielraum. Um den vorschlagenden Organisationen nicht jede Einflussmöglichkeit zu nehmen, ist es jedoch erforderlich, in Übereinstimmung mit der genannten arbeitsrechtlichen Literatur **eine Bindung** an die Reihenfolge innerhalb der Listen **anzunehmen** und nicht etwa der Behörde die Möglichkeit zu geben, beliebig Kandidaten aus der Liste herauszugreifen (wie hier *Künzl* ZZP 104, 163; zustimmend nun auch *Hauck/Helml* § 20 Rn. 7).   31

b) Angemessenes Verhältnis

Nach dem Wortlaut des § 20 Abs. 2 sind die ehrenamtlichen Richter in einem angemessenen Verhältnis unter billiger Berücksichtigung der Minderheiten aus den Vorschlagslisten zu entnehmen. Das Erfordernis einer Auswahl in einem angemessenen Verhältnis bedeutet zunächst einmal die Berücksichtigung aller sich im Land befindlichen Organisationen von Arbeitnehmern und Arbeitgebern.   32

Die Berücksichtigung der verschiedenen Organisationen kann **nicht** nach einem präzisen Verteilungsschlüssel erfolgen wie etwa dem d Hondtschen System (vgl. dazu *Grunsky* § 20 Rn. 10; *Dietz/Nikisch* § 20 Rn. 13; *Schaub* ArbGV § 3 Rn. 29), sondern es ist jeweils im Einzelfall zu überprüfen, welche Bedeutung die betreffende Vereinigung im Gerichtsbezirk hat. Nicht entscheidend ist dabei die Tatsache, ob die Organisation auch bundesweit eine wichtige Bedeutung hat.   33

Unsicherheit besteht in der Literatur über die Frage, wonach letztlich die Bedeutung der betreffenden Organisationen ermittelt werden soll. Zum Teil wird die Mitgliederzahl (insbesondere bei Arbeitnehmervereinigungen) als entscheidend angesehen (so *Grunsky* § 20 Rn. 10; *Schaub* ArbGV § 3 Rn. 29). Nach *Dersch/Volkmar* ist die Anzahl der Mitglieder jedenfalls mit zu berücksichtigen (§ 20 Rn. 3); schließlich wird auch vertreten, die Mitgliederzahl sei nicht von Bedeutung (so *Bader* GK-ArbGG § 20 Anm. 5).   34

In Ausnahmefällen, etwa bei wirtschaftlich sehr starken Arbeitgebervereinigungen, wird die Mitgliederzahl vernachlässigt werden können. In aller Regel wird man aber die Mitgliederzahl als wichtiges Indiz für die Bedeutung einer Vereinigung ansehen müssen.   35

Bei der Auswahl der betreffenden Personen sind ferner die Minderheiten im Rahmen des angemessenen Verhältnisses in billiger Weise zu berücksichtigen. Dabei ist insbeson-   36 dere an diejenigen Gruppen zu denken, welche keine große Bedeutung aufweisen. Nach überwiegender Auffassung (vgl. nur *Grunsky* § 20 Rn. 11; *Dietz/Nikisch* § 20 Rn. 14) hat die Behörde auch zu berücksichtigen, dass nicht nur Arbeitnehmer, sondern auch Angestellte, nicht nur Inhaber großer Betriebe, sondern auch Inhaber kleinerer Betriebe wie auch Landwirte und ähnliche zu berücksichtigen sind. Dabei sollte möglichst das gesamte Arbeitleben repräsentiert werden.

37 Sowohl bei der Auswahl aus mehreren Listen wie bei nur einer einzelnen Liste muss die zuständige oberste Landesbehörde bzw. die zuständige Stelle die dargestellten Grundsätze beachten. Das bedeutet, dass sie bei der Auswahl aus den Listen trotz Bindung an die Reihenfolge das angemessene Verhältnis notfalls durch Übergehen eines Namens wahren kann und muss.

4. Rechtsschutz

38 Schwierige Probleme wirft die Frage nach dem Rechtsschutz gegen die Entscheidung über die Berufung bzw. Nichtberufung eines ehrenamtlichen Richters auf. Grundsätzlich ist ein Rechtsschutz möglich, da jeder Streit über die Rechtmäßigkeit einer solchen Berufung bzw. Nichtberufung eine öffentlich-rechtliche Streitigkeit ist, für die gemäß § 40 Abs. 1 Satz 1 VwGO der Verwaltungsrechtsweg eröffnet ist. § 23 EGGVG greift insoweit nicht ein (so auch *Grunsky* § 20 Rn. 3; *Berger-Delhey* RdA 1988, 19; *Schaub* ArbGV § 3 Rn. 37).

a) Rechtsschutz der Vereinigungen

39 Eine vorschlagsberechtigte Vereinigung ist klagebefugt, soweit ihr vom Gesetz eingeräumtes Vorschlagsrecht betroffen ist. Das ist zu bejahen, wenn die Vereinigung in keiner Form zur Einreichung einer Liste aufgefordert und damit *generell übergangen* worden ist oder wenn eine tatsächlich eingereichte Liste ohne zureichenden Rechtsgrund nicht beachtet und damit die einreichende Vereinigung *im Einzelfall übergangen* worden ist. Schließlich kann eine Vereinigung auch dann erfolgreich Klage erheben, wenn die zuständige oberste Landesbehörde bzw. die zuständige Stelle eine willkürliche Auswahl aus der eingereichten Liste vornimmt, die nicht von den oben (Rn. 27 ff., 32 ff.) genannten Kriterien getragen wird. Als Klageart kommt in allen diesen Fällen die Anfechtungs- bzw. Verpflichtungsklage nach § 42 VwGO in Betracht (so wohl auch *Grunsky* § 20 Rn. 3; a. A. *Berger-Delhey* RdA 1988, 19, der eine Feststellungsklage empfiehlt).

b) Rechtsschutz des Einzelnen

40 Für den einzelnen Bewerber um ein ehrenamtliches Richteramt gibt es bei *Nichtberücksichtigung* keine Klagemöglichkeit. Dies gilt sowohl für den Fall, dass ein Bewerber nicht in die Liste einer vorschlagsberechtigten Vereinigung aufgenommen worden ist, als auch, dass er trotz Aufnahme in die Liste nicht berufen worden ist (für diesen Fall a. A. *Künzl* ZZP 104, 164; *Grunsky* § 20 Rn. 3). Denn es gibt für die einzelne Person in keinem Fall einen Anspruch auf ein solches Ehrenamt. Zur Frage, inwieweit bei einer Nichtberücksichtigung der Schutz des § 26 eingreifen kann, vgl. § 26 Rn. 11; offengelassen vom Brandenburgischen VerfG (20. 2. 1997 NJW 1997, 2942).

41 Dagegen kann der tatsächlich *berufene* ehrenamtliche Richter seine Berufung mit der Behauptung angreifen, er sei zu Unrecht ernannt worden (zu den Einzelheiten siehe unten § 21 Rn. 31).

c) Rechtsschutz der Prozessparteien

42 Von den genannten Rechtsschutzmöglichkeiten zu trennen ist die Frage, ob der einzelne Rechtsschutzsuchende in seinem konkreten Prozess im Rahmen der Prüfung der ordnungsgemäßen Besetzung der Richterbank verlangen kann, dass inzident überprüft

wird, ob das Verfahren zur Berufung der ehrenamtlichen Richter etwaige Mängel enthielt. Eine derartige Überprüfungsmöglichkeit ist grundsätzlich denkbar, soweit ein Verstoß gegen zwingende Grundsätze der Heranziehung ehrenamtlicher Richter und damit eine Verletzung von Art. 101, 92 GG vorliegt. Das Rechtsmittel der Berufung (§§ 64 ff.) kann dagegen auf Verfahrensfehler bei der Berufung der ehrenamtlichen Richter nicht gestützt werden (§ 65).

§ 21 Voraussetzungen für die Berufung als ehrenamtlicher Richter

(1) [1] Als ehrenamtliche Richter sind Arbeitnehmer und Arbeitgeber zu berufen, die das 25. Lebensjahr vollendet haben und im Bezirk des Arbeitsgerichts tätig sind oder wohnen.

(2) [1] Vom Amt des ehrenamtlichen Richters ist ausgeschlossen,
1. wer infolge Richterspruchs die Fähigkeit zur Bekleidung öffentlicher Ämter nicht besitzt oder wegen einer vorsätzlichen Tat zu einer Freiheitsstrafe von mehr als sechs Monaten verurteilt worden ist;
2. wer wegen einer Tat angeklagt ist, die den Verlust der Fähigkeit zur Bekleidung öffentlicher Ämter zur Folge haben kann;
3. wer das Wahlrecht zum Deutschen Bundestag nicht besitzt.

[2] Personen, die in Vermögensverfall geraten sind, sollen nicht als ehrenamtliche Richter berufen werden.

(3) Beamte und Angestellte eines Gerichts für Arbeitssachen dürfen nicht als ehrenamtliche Richter berufen werden.

(4) [1] Das Amt des ehrenamtlichen Richters, der zum ehrenamtlichen Richter in einem höheren Rechtszug berufen wird, endet mit Beginn der Amtszeit im höheren Rechtszug. [2] Niemand darf gleichzeitig ehrenamtlicher Richter der Arbeitnehmerseite und der Arbeitgeberseite sein oder als ehrenamtlicher Richter bei mehr als einem Gericht für Arbeitssachen berufen werden.

(5) [1] Wird das Fehlen einer Voraussetzung für die Berufung nachträglich bekannt oder fällt eine Voraussetzung nachträglich fort, so ist der ehrenamtliche Richter auf Antrag der zuständigen Stelle (§ 20) oder auf eigenen Antrag von seinem Amt zu entbinden. [2] Über den Antrag entscheidet die vom Präsidium für jedes Geschäftsjahr im voraus bestimmte Kammer des Landesarbeitsgerichts. [3] Vor der Entscheidung ist der ehrenamtliche Richter zu hören. [4] Die Entscheidung ist unanfechtbar. [5] Die nach Satz 2 zuständige Kammer kann anordnen, daß der ehrenamtliche Richter bis zu der Entscheidung über die Entbindung vom Amt nicht heranzuziehen ist.

(6) Verliert der ehrenamtliche Richter seine Eigenschaft als Arbeitnehmer oder Arbeitgeber wegen Erreichens der Altersgrenze, findet Absatz 5 mit der Maßgabe Anwendung, daß die Entbindung vom Amt nur auf Antrag des ehrenamtlichen Richters zulässig ist.

Übersicht

	Rn.
I. Allgemeines	1–6
1. Bedeutung	1
2. Historische Entwicklung	2–4 a
3. Parallelnormen	5, 6
II. Die Voraussetzungen der Berufung im Einzelnen	7–29
1. Allgemeines	7
2. Die Vollendung des 25. Lebensjahres	8
3. Die Tätigkeit im Arbeitsgerichtsbezirk	9
4. Die Fähigkeit zur Bekleidung öffentlicher Ämter	10–12
5. Die Verurteilung zu Freiheitsstrafe	13–15
6. Der Vermögensverfall	16–19

	Rn.
7. Das Wahlrecht zum Deutschen Bundestag	20
8. Die Voraussetzungen des Abs. 3 und Abs. 4	21–23
9. Gesetz zur Überprüfung ehrenamtlicher Richter	24
10. Ungeschriebene Tatbestandsmerkmale?	25, 26
11. Die Berufung von Anwälten und Notaren	27–29
III. Die Amtsentbindung	30–36
1. Voraussetzungen	30–32
2. Verfahren	33–36

I. Allgemeines

1. Bedeutung

1 § 21 nennt die zwingenden persönlichen Voraussetzungen, die als Grundlage für die Berufung zum ehrenamtlichen Richter erfüllt sein müssen; er gilt für die ehrenamtlichen Richter aus den Arbeitgeber- und aus den Arbeitnehmerkreisen. Ergänzt wird § 21 durch §§ 22 und 23, die spezielle Voraussetzungen für die ehrenamtlichen Richter aus den Kreisen der Arbeitgeber sowie der Arbeitnehmer enthalten.

2. Historische Entwicklung

2 § 21 hat Vorläufer in §§ 10, 19 Gewerbegerichtsgesetz von 1890 und in § 10 Kaufmannsgerichtsgesetz von 1904. Allerdings mussten nach diesen Vorschriften die Beisitzer das 30. Lebensjahr vollendet haben. Dem heutigen § 21 ähnlich war dann bereits die Vorschrift des § 21 ArbGG 1926, die im Jahre 1953 nur unwesentlich geändert wurde. Im Gegensatz zur derzeitigen Regelung unterschieden § 21 ArbGG 1926 sowie § 21 ArbGG 1953 zwischen Muss- und Sollvoraussetzungen. Letztere bestand darin, dass die zu berufenden Personen im Bezirk des Arbeitsgerichts seit mindestens einem Jahr als Arbeitgeber oder Arbeitnehmer tätig gewesen sein sollten.

3 Im Rahmen der Beschleunigungsnovelle von 1979 wurde diese Unterscheidung – jedenfalls für die ehrenamtlichen Richter bei den erstinstanzlichen Arbeitsgerichten mit Ausnahme der Fachkammern (vgl. § 30 Satz 1 und 3) – aufgehoben. Die Änderungen des § 21 beruhen im Wesentlichen auf zwei Gründen. Zum einen wurde das Erfordernis der einjährigen Tätigkeit im Bezirk des Arbeitsgerichts fallengelassen, um versetzte Beschäftigte der Verbände von der Berufung nicht auszuschließen (vgl. BT-Drucks. 8/1567, S. 30). Zum anderen sollte sichergestellt sein, dass die ehrenamtlichen Richter die Arbeitswelt in dem betreffenden Gerichtsbezirk repräsentieren. Daher wurde die Tätigkeit im Bezirk des Arbeitsgerichts zum Mussforderniss erhoben mit der Folge, dass dies auch nach § 21 Abs. 5 zur Entbindung vom Amt berechtigt (BT-Drucks., a. a. O.). Durch Art. 25 EG InsO ist in Abs. 2 Satz 2 allerdings erneut eine Sollvorschrift eingefügt worden (s. u. Rn. 4 a).

4 Sollvoraussetzungen gibt es allerdings noch für die ehrenamtlichen Richter bei den Landesarbeitsgerichten und beim BAG. Die ehrenamtlichen Richter bei den Landesarbeitsgerichten sollen mindestens vier Jahre Richter eines Gerichts für Arbeitssachen gewesen sein (§ 37 Abs. 1). Gleiches gilt für die Richter am BAG (§ 43 Abs. 2 S. 1). Letztere sollen darüber hinaus längere Zeit in Deutschland als Arbeitnehmer oder als Arbeitgeber tätig gewesen sein (§ 43 Abs. 2 S. 2).

4 a Durch Art. 25 des Einführungsgesetzes zur Insolvenzordnung vom 5. 10. 1994 (BGBl. I S. 2911) wurde § 21 mit **Wirkung vom 1. 1. 1999 geändert**. In Abs. 2 wurde die Nr. 3 aufgehoben und die frühere Nr. 4 ist jetzt Nr. 3 geworden. Ferner wurde dem Abs. 2 ein neuer Satz 2 angefügt, wonach Personen, die in Vermögensverfall geraten sind, nicht als ehrenamtliche Richter berufen werden sollen.

II. Die Voraussetzungen der Berufung im Einzelnen §21

3. Parallelnormen

Anders als in § 21 ist in den Vorschriften über die Voraussetzungen für die Berufung 5
zum ehrenamtlichen Richter bei den verschiedenen Spruchkörpern der übrigen Zweige
der Gerichtsbarkeit die Unterscheidung zwischen Muss- und Sollvoraussetzungen häufig
zu finden. Sollvoraussetzungen befinden sich z. B. in § 20 Abs. 1 Satz 2 VwGO, § 17
Abs. 1 Satz 2 FGO sowie in § 16 Abs. 6 SGG.

Der Negativkatalog des § 21 Abs. 2 Nr. 1 bis 3 ArbGG kehrt in den anderen Ver- 6
fahrensordnungen ähnlich oder z.T. identisch wieder (vgl. z. B. § 32 GVG; §§ 21 Nr. 1
VwGO; 17 Abs. 1 Nr. 1 bis 4 SGG; 18 Nr. 1 bis 3, 5 FGO).

II. Die Voraussetzungen der Berufung im Einzelnen

1. Allgemeines

Wie schon erwähnt (vgl. oben Rn. 2 ff.) ist die Unterscheidung zwischen Muss- und 7
Sollvoraussetzungen (mit einer Ausnahme in Abs. 2 Satz 2) in § 21 entfallen; die in § 21
genannten Voraussetzungen für die Berufung zum ehrenamtlichen Richter sind zwingend
und unabdingbar (vgl. auch LAG Bremen 20. 2. 1987 LAGE ArbGG 1979 § 21 Nr. 1).
Einige Voraussetzungen hat der Gesetzgeber positiv formuliert (vgl. unten Rn. 8 f.); die
Abs. 2 bis 4 enthalten Negativvoraussetzungen (vgl. unten Rn. 10–22). Zu der Frage,
ob es darüber hinaus ungeschriebene Voraussetzungen für eine Berufung gibt, s. u.
Rn. 23.

2. Die Vollendung des 25. Lebensjahres

Gemäß Abs. 1 Satz 1 ist erforderlich, dass der ehrenamtliche Richter das 25. Lebens- 8
jahr vollendet hat. Da das Berufungsverfahren mit Zugang des Berufungsschreibens
abgeschlossen ist, ist dieser Zeitpunkt für das Alter der Person maßgebend. Eine Obergrenze für die Berufung als ehrenamtlicher Richter existiert nicht. Allerdings kann ein
ehrenamtlicher Richter bei Erreichen des 65. Lebensjahres das Amt gemäß § 24 Abs. 1
Nr. 1 ablehnen bzw. niederlegen. Zur Frage der Entbindung ehrenamtlicher Richter vom
Amt im Falle des Ruhestandes oder Vorruhestandes vgl. u. Rn. 30. Zweifelhaft ist die
Frage, ob auch dann noch eine Amtsentbindung gemäß Abs. 5 in Betracht kommt, wenn
ein ehrenamtlicher Richter *nach* seiner Berufung das 25. Lebensjahr vollendet hat. Nach
dem Wortlaut des Gesetzes könnte man die Frage bejahen. Nach Sinn und Zweck der
Regelung kommt aber eine Amtsenthebung nicht mehr in Betracht, weil durch die
Voraussetzung eines Mindestalters nur eine gewisse Reife und allgemeine Lebenserfahrung gewährleistet sein soll (so zu Recht *Dietz/Nikisch* § 21 Rn. 16; dem folgend auch
Grunsky § 21 Rn. 4).

3. Die Tätigkeit im Arbeitsgerichtsbezirk

Ferner muss der ehrenamtliche Richter gemäß Abs. 1 Satz 2 im Bezirk des betreffen- 9
den Arbeitsgerichts als Arbeitnehmer oder Arbeitgeber tätig sein bzw. im Falle der §§ 22,
23 hier seinen Wohnsitz oder Sitz haben. Durch diese Mussvoraussetzungen soll sichergestellt werden, dass das Arbeitsleben in dem Bereich des Arbeitsgerichts möglichst
umfassend widergespiegelt und repräsentiert wird (vgl. LAG Hamm 13. 6. 1991 NZA
1991, 822). Bei einem auf mehrjährige Dauer ohne Bezüge beurlaubten Beamten, der
nicht mehr im Gerichtsbezirk tätig ist, fehlt es an dem Merkmal (Bay. VGH 19. 2. 1992,
nicht veröffentlicht). Unabhängig von diesem Erfordernis kann der ehrenamtliche Richter auch in weiteren Arbeitsgerichtsbezirken als Arbeitnehmer oder Arbeitgeber tätig
sein. An einer Tätigkeit fehlt es wohl auch dann, wenn der Arbeitnehmer im Rahmen

des Altersteilzeitgesetzes bereits ans dem Betrieb ausgeschieden ist (Freistellungsphase; anders eindeutig bei noch bestehender Tätigkeit in der Ansparphase; vgl. *Andelewski* NZA 2002, 655).

4. Die Fähigkeit zur Bekleidung öffentlicher Ämter

10 Die Regelungen in Abs. 2 Nr. 1, 1. Halbsatz sowie in Abs. 2 Nr. 2 verlangen, dass der Bewerber die Fähigkeit zur Bekleidung öffentlicher Ämter aufweisen muss. Der Verlust der Fähigkeit, öffentliche Ämter zu bekleiden, richtet sich nach § 45 Abs. 1 und 2 StGB. Nach dieser Vorschrift verliert derjenige, der wegen eines Verbrechens zu einer Freiheitsstrafe von mindestens einem Jahr verurteilt ist, für die Dauer von fünf Jahren die Fähigkeit, öffentliche Ämter zu bekleiden. Allerdings kann das Gericht gemäß § 45 Abs. 2 StGB Härten mildern und dem Verurteilten für die Dauer von zwei bis fünf Jahren die Fähigkeit zur Bekleidung öffentlicher Ämter aberkennen, wenn das Gesetz dies besonders vorsieht (§§ 92 a, 101, 102 Abs. 2, 108 c, 109 i, 358 StGB).

11 Die Regelung des Abs. 1 Nr. 1 Satz 1 wird durch Abs. 2 Nr. 2 erweitert. Nach Abs. 2 Nr. 2 reicht es nämlich für den Ausschluss vom Amt des ehrenamtlichen Richters, dass wegen einer Tat angeklagt ist, die den Verlust der Fähigkeit zur Bekleidung öffentlicher Ämter zur Folge haben *kann*, die also die Folge des § 45 Abs. 1 oder Abs. 2 StGB auslösen kann. Ferner muss gegen die Person in dieser Sache gemäß § 170 Abs. 1 StPO Anklage erhoben worden sein; bloßer Tatverdacht und mithin ein staatsanwaltliches Ermittlungsverfahren gemäß § 160 Abs. 1 StPO reicht dagegen nicht aus (so auch *Bley* RVO-Gesamtkommentar SGG § 17 Anm. 4; *Peters/Sautter/Wolf* SGG § 17 Anm. 2).

12 Wenn ein ehrenamtlicher Richter auf Grund entsprechender Anklage nach § 21 Abs. 5 seines Amtes enthoben und schließlich freigesprochen wird, besteht zwar kein Anspruch auf eine unmittelbare Wiederberufung (*Grunsky* § 21 Rn. 5), weil Abs. 2 Nr. 2 schon die bloße Anklage ausreichen lässt. Allerdings besteht die Möglichkeit, den Betroffenen bei einem späteren Auswahlverfahren erneut zu berücksichtigen (*Meyer-Ladewig* SGG § 17 Rn. 3; missverständlich *Grunsky* § 21 Rn. 5).

5. Die Verurteilung zu Freiheitsstrafe

13 Gemäß Abs. 2 Nr. 1, 2. Halbsatz führt ferner eine Verurteilung zu einer Freiheitsstrafe von mehr als sechs Monaten wegen einer vorsätzlichen Tat zum Ausschluss vom Amt des ehrenamtlichen Richters. Eine bloße Anklageerhebung gemäß § 170 Abs. 1 StPO oder die Eröffnung des Hauptverfahrens gemäß § 203 StPO reicht nicht, entscheidend ist ein rechtskräftiges Urteil.

14 Zweifelhaft ist, ob der Verurteilte auch bei Strafaussetzung zur Bewährung vom Amt des ehrenamtlichen Richters ausgeschlossen ist. Das wird in der Literatur zu Recht bejaht (vgl. *Grunsky* § 21 Rn. 6; *Berger-Delhey* RdA 1988, 16; *Ostheimer/Hohmann* S. 18; *Wolmerath* Rn. 81); der Wortlaut des Abs. 2 Nr. 1, 2. Halbsatz, der nur auf die Verurteilung abstellt, spricht eindeutig für dieses Ergebnis.

15 Wird die Strafe im Bundeszentralregister gemäß §§ 45 ff. BZRG getilgt, so darf dies gemäß § 51 BZRG nicht mehr zum Nachteil des Betroffenen verwertet werden, d. h. die Verurteilung steht dann – vorbehaltlich anderer Ausschlussgründe – einer Berufung des ehrenamtlichen Richters nicht mehr im Wege.

6. Der Vermögensverfall

16 Gemäß dem früheren Abs. 2 Nr. 3 durfte der ehrenamtliche Richter nicht durch gerichtliche Anordnung in der Verfügung über sein Vermögen beschränkt sein (in Kraft bis 31. 12. 1998). Seit 1. 1. 1999 ist eine Regelung in Abs. 2 Satz 2 als Sollvorschrift eingefügt, die allgemein auf den Vermögensverfall abstellt. Diese Regelung ist weiter und flexibler als die frühere Rechtslage. Neben der Insolvenzeröffnung (s. u. Rn. 17) kommt

II. Die Voraussetzungen der Berufung im Einzelnen

insbes. auch die Eintragung in das Schuldnerverzeichnis in Betracht (GK-ArbGG/*Dörner* § 21 Rn. 11; *Düwell/Lipke* § 21 Rn. 6).

Der wichtigste Fall eines Vermögensverfalls ist die Eröffnung eines Insolvenzverfahrens (*Künzl* ZZP 104, 159; a. A. *App* BB 1987, 2016 f. und SGb. 1990, 486, der die Gemeinschuldner generell nicht von Nr. 3 a. F. erfasst sieht; das überzeugt nicht, weil die damit verbundene Unordnung der Vermögensverhältnisse geeignet ist, dem Ansehen der Richterschaft zu schaden; wie hier *Wolmerath* Rn. 88; *Grunsky* § 21 Rn. 7; auch *App* hat in MDR 1987, 106 f. im Hinblick auf § 32 Nr. 3 GVG noch diese Meinung vertreten). Hingegen führt die Bestellung eines Betreuers nach § 1896 BGB nicht zum Ausschluss vom Amt des ehrenamtlichen Richters, weil sie keinen Einfluss auf die Verfügungsbefugnis sowie die Geschäftsfähigkeit des Betroffenen hat (Ausnahmen: Geschäftsunfähigkeit nach § 104 Nr. 2 BGB, Einwilligungsvorbehalt nach § 1903 BGB und Totalbetreuung wegen § 13 Nr. 2 BundeswahlG).

Die flexible Neuregelung in Abs. 2 Satz 2 löst auch die alte Streitfrage, inwieweit die Insolvenz einer oHG, einer KG, einer BGB-Gesellschaft und anderer Gesellschaften ohne Rechtspersönlichkeit (vgl. § 11 Abs. 2 InsO) Auswirkungen auf persönlich haftende Gesellschafter im Hinblick auf deren Berufung als ehrenamtliche Richter hat. Dabei war richtigerweise schon nach früherem Recht zwischen der Haftung des jeweiligen Gesellschafters mit dem Gesellschaftsvermögen und mit seinem Privatvermögen zu trennen gewesen (vgl. dazu die Ausführungen in der 3. Aufl. § 21 Rn. 18). Nunmehr ist die jeweilige Vermögenssituation von Gesellschaften ohne Rechtspersönlichkeit ersichtlich ohne Bedeutung. Es ist immer nur auf die gesamte Vermögenslage der jeweils betroffenen natürlichen Person abzustellen.

Über die Erforderlichkeit von Abs. 2 Nr. 3 a. F. bzw. Abs. 2 Satz 2 n. F. mochte man de lege ferenda streiten. Die Verfassungsmäßigkeit der Norm konnte aber nicht in Zweifel gezogen werden (a. A. insoweit *App* MDR 1987, 107; wie hier *Kissel* GVG 2. Aufl. § 32 Rn. 11 m. w. N.; in der 3. und 4. Aufl. von *Kissel* GVG wird das Problem wegen der Änderung von § 32 GVG nicht mehr behandelt).

7. Das Wahlrecht zum Deutschen Bundestag

Erforderlich ist für das Amt eines ehrenamtlichen Richters weiterhin, dass die Person das Wahlrecht zum Deutschen Bundestag besitzt (Abs. 2 Nr. 3). Gemäß §§ 12, 13 BWahlG ist dazu die deutsche Staatsangehörigkeit i. S. von Art. 116 GG sowie ein dauernder Aufenthalt in der Bundesrepublik Deutschland von mindestens drei Monaten erforderlich. Auch im Übrigen ist nach derzeitiger verfassungsrechtlicher Lage eine Zulassung von Ausländern als ehrenamtliche Richter nicht möglich (vgl. *Jutzi* DRiZ 1997, 377). Ferner darf dem Betroffenen nicht gemäß § 13 Nr. 1 BWahlG auf Grund Richterspruchs das Wahlrecht aberkannt worden sein (vgl. § 45 Abs. 1 und 5 StGB), er darf gemäß § 13 Nr. 2 BWahlG nicht entmündigt sein oder wegen geistigen Gebrechens unter Pflegschaft stehen und er darf sich nicht auf Grund einer Anordnung nach § 63 i. V. m. § 20 StGB in einem psychiatrischen Krankenhaus befinden (§ 13 Nr. 3 BWahlG).

8. Die Voraussetzungen des Abs. 3 und Abs. 4

Gemäß Abs. 3 dürfen Beamte und Angestellte eines Gerichtes für Arbeitssachen nicht als ehrenamtliche Richter berufen werden. Mit dieser Regelung sollen Interessenkollisionen zwischen der Amtstätigkeit und den Beisitzerpflichten vermieden werden (vgl. bereits den RegEnt zum ArbGG 1926, S. 14; ferner *Berger-Delhey* RdA 1988, 16; *Ostheimer/Hohmann* S. 18). Gleichgültig ist dabei, ob die ehrenamtlichen Richter bei demselben oder einem anderen Arbeitsgericht beschäftigt sind (so auch *Ostheimer/Hohmann* S. 18). Angestellte und Beamte, die in anderen Gerichtsbarkeiten oder Verwaltungsstellen beschäftigt sind, können gleichzeitig ehrenamtliche Richter in der Ar-

§ 21   Voraussetzungen für die Berufung als ehrenamtlicher Richter

beitsgerichtsbarkeit sein (so auch *Grunsky* § 21 Rn. 9; *Schaub* ArbGV § 3 Rn. 24), weil die Gefahr einer fachspezifischen Interessenkollision nicht besteht. Abs. 3 schließt auch aus, dass eine Person am selben Gericht als Berufsrichter und als ehrenamtlicher Richter tätig wird.

22   Der Verhinderung von Interessenkollisionen dient ebenfalls Abs. 4 Satz 2, 1. Halbsatz, wonach niemand gleichzeitig ehrenamtlicher Richter der Arbeitnehmerseite und Arbeitgeberseite sein darf; der Betroffene muss sich für die eine oder andere Seite entscheiden. Unbenommen bleibt aber die Möglichkeit, hintereinander je nach Stellung das Amt des ehrenamtlichen Richters auf Arbeitnehmer- und Arbeitgeberseite auszuüben (so auch *Grunsky* § 21 Rn. 11).

23   Schließlich bestimmt § 21 Abs. 4 Satz 2, 2. Halbsatz, dass niemand als ehrenamtlicher Richter bei mehr als einem Gericht für Arbeitssachen berufen werden darf. Nach der Begründung zum Regierungsentwurf zu § 21 ArbGG 1979 (BT-Drucks. 8/1567, S. 30) sollte u. a. klargestellt werden, dass ein ehrenamtlicher Richter nicht gleichzeitig auch in höherer Instanz als ehrenamtlicher Richter tätig ist. Damit wird zum einen verhindert, dass der ehrenamtliche Richter in der nächsten Instanz Streitigkeiten mitentscheidet, bei denen er schon in 1. Instanz mitentschieden hat. Es ist ferner zu beachten, dass das Verbot der mehrfachen Tätigkeit als ehrenamtlicher Richter für alle Instanzen auch bei verschiedenen Arbeitsgerichten gilt. Erfolgt demnach eine Berufung in die höhere Instanz, so endet gemäß Abs. 4 Satz 1 das Amt des ehrenamtlichen Richters mit Beginn der Amtszeit im höheren Rechtszug. Dabei ist kein eigenes Amtsenthebungsverfahren nach Abs. 5 nötig. Aus einer entsprechenden Anwendung des Abs. 4 Satz 1 ergibt sich weiter, dass ein ehrenamtlicher Richter in höherer Instanz nicht gleichzeitig an einem untergeordneten Instanzengericht tätig sein kann (vgl. *Grunsky* § 21 Rn. 12).

9. Gesetz zur Überprüfung ehrenamtlicher Richter

24   Mit Gesetz vom 25. 6. 1992 zur Prüfung von Rechtsanwaltszulassungen, Notarbestellungen und Berufungen ehrenamtlicher Richter (BGBl. I S. 1386) hat der Gesetzgeber u. a. Vorsorge dafür getroffen, dass Personen, die in besonderer Weise in den Machtapparat der ehemaligen DDR verstrickt waren, nicht ehrenamtliche Richter werden können (vgl. §§ 9–11). Insbesondere darf gemäß § 9 dieses Gesetzes nicht ehrenamtlicher Richter werden, wer

„1. gegen die Grundsätze der Menschlichkeit oder der Rechtsstaatlichkeit verstoßen hat oder
2. wegen einer Tätigkeit als hauptamtlicher oder inoffizieller Mitarbeiter des Staatssicherheitsdienstes der ehemaligen DDR i. S. des § 6 Abs. 4 des Stasi-Unterlagen-Gesetzes vom 20. 12. 1991 (BGBl. I S. 2272) oder als diesen Mitarbeitern nach § 6 Abs. 5 des Stasi-Unterlagen-Gesetzes gleichgestellte Person für das Amt eines ehrenamtlichen Richters nicht geeignet ist."

§ 10 dieses Gesetzes gibt die Möglichkeit der Abberufung bei nachträglichem Bekanntwerden derartiger Umstände und verweist im Übrigen auf § 21 ArbGG. § 11 sichert seit Inkrafttreten des Gesetzes (am 25. 7. 1992) einen einheitlichen Rechtszustand für die alten und die neuen Bundesländer.

Das Gesetz ist nicht auf das Gebiet der ehemaligen DDR beschränkt, sondern gilt in der gesamten Bundesrepublik Deutschland. Zur Verfassungsmäßigkeit dieses Gesetzes und zu seinen allgemeinen Grundlagen siehe *Henssler/Prütting* BRAO 2. Aufl. 2004, S. 1347 ff., 1355.

10. Ungeschriebene Tatbestandsmerkmale?

25   Manchmal wird behauptet, die Voraussetzungen zur Berufung der ehrenamtlichen Richter der Arbeitsgerichtsbarkeit seien im Gesetz nicht erschöpfend geregelt (so ins-

besondere *Berger-Delhey* RdA 1988, 16; *ders.* BB 1988, 1662 f. Fn. 17 a. E.). Dem kann aus grundsätzlichen Erwägungen nicht gefolgt werden (wie hier *Künzl* ZZP 104, 160). Ein Eingriff in die Rechtsstellung einer Person wie die Aberkennung der Fähigkeit, ehrenamtlicher Richter zu sein, darf nur auf Grund gesetzlicher Regeln erfolgen (vgl. BVerfG 17. 12. 1969 BVerfGE 27, 322; für die Sozialgerichtsbarkeit so z. B. BSG 16. 12. 1959 BSGE 11, 182). Demgegenüber geht der Hinweis von *Berger-Delhey* (BB 1988, 1662 f. Fn. 17 a. E.) auf die Arbeitnehmer- bzw. Arbeitgebereigenschaft fehl, weil diese Voraussetzungen in § 21 Abs. 1 Satz 2 ausdrücklich enthalten sind. Zum Fall des ehrenamtlichen Richters, der Mitglied einer verfassungsfeindlichen Organisation ist oder an verfassungsfeindlichen Aktionen teilnimmt, vgl. u. § 27 Rn. 7.

Auch das Problem der Betätigung als Anwalt am gleichen Arbeitsgericht (siehe unten Rn. 28) rechtfertigt keine Ausnahme. Denn die dort diskutierte Entscheidung des BAG stützt sich auf das im Grundgesetz verankerte Gebot richterlicher Neutralität.

11. Die Berufung von Anwälten und Notaren

Zu fragen ist, ob Anwälte und Notare zu ehrenamtlichen Richtern in der Arbeitsgerichtsbarkeit berufen werden können. Anders als in der Verwaltungsgerichtsbarkeit (§§ 22 Nr. 5, 24 VwGO) und in der Finanzgerichtsbarkeit (§ 21 FGO) enthält das ArbGG keine Norm, die Anwälte und Notare von der Ausübung des Amtes eines ehrenamtlichen Richters ausschließt. Deshalb wird man die Frage grundsätzlich bejahen müssen (so nunmehr ausdrücklich auch BAG 19. 8. 2004 NZA 2004, 1117). Natürlich ist dabei Voraussetzung, dass der Betroffene entweder Arbeitgeber oder Arbeitnehmer ist und die sonstigen Mussvoraussetzungen gegeben sind.

Problematisch ist allerdings der Fall, dass ein Anwalt neben seiner Tätigkeit als ehrenamtlicher Richter an demselben Gericht regelmäßig als Anwalt auftritt. Das BAG hat es zu Recht abgelehnt, beides in einer Person zu vereinigen (vgl. BAG 22. 10. 1975 AP § 43 Nr. 4 mit insoweit zustimmender Anm. *Grunsky;* a. A. *Däubler* AuR 1976, 369 ff.; ebenso nunmehr *Lemppenau* DRiZ 1992, 381, die allenfalls de lege ferenda eine Unvereinbarkeit bejaht). Das BAG stellt in erster Linie auf die Gefahr einer objektiven Interessenkollision ab, die sich in einer derartigen Konstellation ergebe, weil die Gefahr bestehe, dass der ehrenamtliche Richter einen den anderen Parteien nicht zugänglichen Insider-Informationsvorsprung aufweise. Allerdings sei grundsätzlich gegen die Berufung von Anwälten zu ehrenamtlichen Richtern nichts einzuwenden, weil das ArbGG die Verbandsvertreter, welche zumeist Anwälte seien, nicht von der Tätigkeit als ehrenamtliche Richter ausschließen wolle.

Das BAG hat seine Entscheidung zu Recht auf den Fall beschränkt, dass der ehrenamtliche Richter an *demselben* Gericht als Anwalt tätig ist. Die Tätigkeit an anderen Gerichten steht nicht entgegen.

III. Die Amtsentbindung

1. Voraussetzungen

Beim Fehlen einer der in § 21 aufgeführten Mussvoraussetzungen ist der ehrenamtliche Richter gemäß Abs. 5 Satz 1 von seinem Amt zu entbinden. Dabei macht das Gesetz deutlich, dass ein ehrenamtlicher Richter bis zu einer nach Abs. 5 ergangenen Entscheidung im Amt bleibt; möglich ist aber, dass die entscheidende Kammer gemäß Abs. 5 anordnet, dass der ehrenamtliche Richter bis zu der Entscheidung über die Entbindung vom Amt nicht heranzuziehen ist. Aus § 65 ergibt sich ferner, dass die unter der Beteiligung des ehrenamtlichen Richters ergangenen Entscheidungen wirksam sind und nicht etwa in der Berufungsinstanz mit der Begründung angefochten werden können, dem ehrenamtlichen Richter fehle eine Voraussetzung des § 21.

31 Soweit das Gesetz verlangt, dass „nachträglich" das Fehlen bekannt wird oder die Voraussetzungen entfallen, so sollen dadurch alle Fälle erfasst werden, in denen nicht eine Berufung von Anfang an wegen fehlender Voraussetzungen abgelehnt wurde (vgl. dazu LAG Hamm 13. 6. 1991 NZA 1991, 821).

32 Nach Abs. 6 ist die Entbindung vom Amt nur auf Antrag des ehrenamtlichen Richters zulässig, wenn er seine Eigenschaft als Arbeitnehmer oder Arbeitgeber wegen **Erreichen der Altersgrenze** verliert. Damit wird deutlich, dass das Gesetz weder ein bestimmtes Höchstalter noch den Status des Ruhestands als Grund für einen *zwingenden* Ausschluss vom Amt ansieht. Auf den vom Gesetz nicht ausdrücklich geregelten Fall, dass ein ehrenamtlicher Richter vor Erreichen der Altersgrenze in den Ruhestand tritt, ist daher § 21 Abs. 6 analog anzuwenden. Eine Entbindung vom Amt gegen den Willen des ehrenamtlichen Richters ist also nicht möglich (abweichend wohl *Berger-Delhey* DB 1990, 1334). Eine analoge Anwendung von § 21 Abs. 6 ist auch zu bejahen, wenn der Arbeitnehmer während seiner Zeit als ehrenamtlicher Richter im Rahmen der **Alterteilzeitregelungen** nicht mehr im Betrieb arbeitet (wie hier *Andelewski* NZA 2002, 655, 660).

2. Verfahren

33 Über den **Antrag** der zuständigen Stelle i. S. von § 20 oder des ehrenamtlichen Richters auf Amtsentbindung gemäß Abs. 5 Satz 1 entscheidet gemäß Abs. 5 Satz 2 die vom Präsidium für jedes Geschäftsjahr im Voraus bestimmte Kammer des LAG durch *unanfechtbare* Entscheidung. Das ist verfassungsrechtlich nicht zu beanstanden (vgl. dazu im Gegensatz aber § 24 Rn. 18). Eine Entscheidung *von Amts wegen* ist nicht zulässig. Der ehrenamtliche Richter ist gemäß Abs. 5 Satz 3 vor der Entscheidung zu *hören*. Eine Verletzung des rechtlichen Gehörs eröffnet kein Rechtsmittel gegen die Entscheidung des LAG; auch im Übrigen ist die Entscheidung unanfechtbar (Satz 4). Möglich wäre dann nur die Verfassungsbeschwerde.

34 Gemäß Abs. 5 Satz 5 hat die zuständige Kammer die Möglichkeit, nach der Einleitung des Amtsentbindungs- oder Amtsenthebungsverfahrens eine einstweilige Anordnung nach ihrem Ermessen zu erlassen. Die Anordnung setzt keinen besonderen Antrag voraus, sondern kann vom Gericht auch von Amts wegen getroffen werden. Eine solche Anordnung kommt insbesondere in Betracht, wenn ein ehrenamtlicher Richter sein Amt ungeachtet des dringenden Verdachtes einer groben Amtspflichtverletzung i. S. des § 27 weiter ausüben will (vgl. LAG Hamm 28. 1. 1993 NZA 1993, 479).

35 Bei der *Entscheidung* über die Entbindung hat die Kammer kein Ermessen. Allerdings kann das Gericht beim nur zeitweiligen Fehlen von Voraussetzungen der §§ 21 Abs. 1 bis 4, 22, 23 eine betroffene Person auch nur zeitweise von dem Amt des ehrenamtlichen Richters entbinden (vgl. dazu LAG Hamm 17. 2. 1982 BB 1982, 741; wie hier die h. M.; abweichend nunmehr mit beachtlichen Erwägungen *Keil* NZA 1993, 913 m. w. N. in Fn. 1). Abs. 5 regelt die Möglichkeit der Entbindung der ehrenamtlichen Richter *abschließend* (LAG Hamm 4. 8. 1992 NJW 1993, 281 und 26. 11. 1992 DB 1993, 47 = NZA 1993, 476; *Frehse* NZA 1993, 915 m. w. N.). Auch der in § 20 (Rn. 38 ff.) erwähnte Rechtsschutz des einzelnen, zum ehrenamtlichen Richter Berufenen ist also nur im Rahmen der Entbindung nach Abs. 5 möglich.

36 Ein Problem ist im Rahmen der Entscheidungen über die Unvereinbarkeit des Amtes des ehrenamtlichen Richters mit einer gleichzeitigen Anwaltstätigkeit an demselben Gericht entstanden (siehe oben Rn. 26; vgl. dazu die Entscheidungen BAG 22. 10. 1975 AP § 43 Nr. 4; Hess. VGH 14. 12. 1977 und 28. 7. 1982 AP § 43 Nr. 6 und 8; VG Kassel 25. 4. 1979 AP § 43 Nr. 7). Das Präsidium des BAG hatte auf Grund der Unvereinbarkeit beider Funktionen beschlossen, dass die Zuteilung des betroffenen ehrenamtlichen Richters generell rückgängig gemacht und dieser somit keinem Senat mehr zugeteilt wurde. Der Hess. VGH sowie das VG Kassel lehnten dies mit der Begründung ab, dass ehrenamtliche Richter nicht im Wege der Geschäftsverteilung gänzlich von der rechtsprechenden Tätigkeit ferngehalten werden dürften. Eine Nichtberücksichtigung des Betroffenen käme einer Amtsenthebung gleich und falle daher nicht in den Kompetenzbereich des Präsidiums des BAG. Vielmehr müsse das dafür allein vorgesehene Verfahren des § 21 Abs. 5 ArbGG eingeleitet werden. Aufgrund dieser Bedenken ist die Entscheidung des BAG zu Recht auch in der Literatur abgelehnt worden (vgl. *Grunsky* Anm. zu AP § 43 Nr. 4; *Däubler* AuR 1976, 369, 370; *Bader/Creutzfeldt/Friedrich* § 21 Rn. 3). Damit bleibt nur der Weg, dass das Gericht Mitteilung über die anwaltliche Tätigkeit des ehrenamtlichen Richters bei der zuständigen obersten Landesbehörde macht. Diese muss sodann einen Antrag nach Abs. 5 Satz 1 stellen.

§ 22 Ehrenamtlicher Richter aus Kreisen der Arbeitgeber

(1) Ehrenamtlicher Richter aus Kreisen der Arbeitgeber kann auch sein, wer vorübergehend oder regelmäßig zu gewissen Zeiten des Jahres keine Arbeitnehmer beschäftigt.

(2) Zu ehrenamtlichen Richtern aus Kreisen der Arbeitgeber können auch berufen werden
1. bei Betrieben einer juristischen Person oder einer Personengesamtheit Personen, die kraft Gesetzes, Satzung oder Gesellschaftsvertrag allein oder als Mitglieder des Vertretungsorgans zur Vertretung der juristischen Person oder der Personengesamtheit berufen sind;
2. Geschäftsführer, Betriebsleiter oder Personalleiter, soweit sie zur Einstellung von Arbeitnehmern in den Betrieb berechtigt sind, oder Personen, denen Prokura oder Generalvollmacht erteilt ist;
3. bei dem Bunde, den Ländern, den Gemeinden, den Gemeindeverbänden und anderen Körperschaften, Anstalten und Stiftungen des öffentlichen Rechts Beamte und Angestellte nach näherer Anordnung der zuständigen obersten Bundes- oder Landesbehörde;
4. Mitglieder und Angestellte von Vereinigungen von Arbeitgebern sowie Vorstandsmitglieder und Angestellte von Zusammenschlüssen solcher Vereinigungen, wenn diese Personen kraft Satzung oder Vollmacht zur Vertretung befugt sind.

Übersicht

	Rn.
I. Allgemeines	1–5
1. Bedeutung	1
2. Historische Entwicklung	2–4
3. Parallelnormen	5
II. Der Arbeitgeberbegriff	6–18
1. Die Grundlagen	6
2. Die Gleichstellung nach Abs. 1	7–9
3. Die Ergänzungen des Abs. 2	10–19

I. Allgemeines

1. Bedeutung

§ 22 regelt in den Absätzen 1 und 2 die Voraussetzungen, unter denen Personen, **1** denen im Normalfall die Arbeitgebereigenschaft fehlt, dennoch als ehrenamtliche Richter auf der Seite der Arbeitgeber berufen werden können. § 22 setzt dabei den schon in den §§ 2, 5, 21 Abs. 1 Satz 2 genannten Arbeitgeberbegriff voraus (zu Einzelheiten siehe o. § 5). Bei § 22 handelt es sich mithin um eine Spezialnorm für die ehrenamtlichen Richter der Arbeitgeberseite.

Die Fähigkeit, ehrenamtlicher Richter aus Kreisen der Arbeitgeber zu sein, wird durch die gleichzeitige oder frühere Eigenschaft als Arbeitnehmer nicht berührt (siehe oben § 21 Rn. 21).

2. Historische Entwicklung

2   In § 14 Gewerbegerichtsgesetz von 1890 sowie in § 14 Kaufmannsgerichtsgesetz von 1904 wurden bereits bestimmte Personengruppen den Arbeitgebern gleichgestellt. Eine dem heutigen § 22 Abs. 1 ähnliche Vorschrift enthielt das ArbGG 1926. Als Gründe für die Gleichstellung hob den Gesetzgeber damals hervor, dass auch denjenigen, die im Rahmen insbesondere von juristischen Personen arbeitgeberähnliche Funktionen ausüben, die Möglichkeit gegeben werden müsse, als ehrenamtliche Richter tätig zu werden. Durch die Beteiligung der satzungsmäßigen Vertreter der wirtschaftlichen Vereinigungen der Arbeitgeber sollten deren Erfahrungen für die Arbeitsgerichtsbarkeit nutzbar gemacht werden (vgl. RegEnt zum ArbGG 1926, S. 58, 33).

3   1953 blieb Abs. 1 unverändert (ebenso 1979), während die Regelung der früheren Absätze 2 und 3 des ArbGG 1926, deren Einzelheiten teilweise sehr umkämpft waren (vgl. *Molitor* DB 1953, 866; *Oswald* RdA 1954, 246) nach Änderungen 1953, 1955 (BGBl. I S. 743) und 1979 im heutigen Abs. 2 zusammengefasst sind.

4   Interessant ist vor allem, dass der heutige Abs. 2 Nr. 2 (früher Abs. 3 Nr. 1) 1953 entfallen war und 1955 wieder eingefügt wurde, nachdem sich herausgestellt hatte, dass es anderenfalls der Arbeitgeberseite nicht möglich gewesen wäre, eine ausreichende Zahl von Bewerbern zu benennen. 1979 wurden die Anforderungen an den Personenkreis des Abs. 2 Nr. 2 weiter erleichtert.

3. Parallelnormen

5   Kennzeichnend für die Vorschrift des § 22 ist die Tatsache, dass bestimmte Personen den Arbeitgebern gleichgestellt werden, um ebenfalls auf der Arbeitgeberseite zum ehrenamtlichen Richter berufen werden zu können. Diese Fallkonstellation tritt in den sonstigen Spruchkörpern mit Beteiligung ehrenamtlicher Richter im Normalfall nicht auf. Lediglich in der Sozialgerichtsbarkeit findet sich in § 16 Abs. 4 Nr. 2–4 SGG eine ähnliche Regelung.

II. Der Arbeitgeberbegriff

1. Die Grundlagen

6   Der Arbeitgeberbegriff des ArbGG, der auch dem § 22 zugrunde liegt, bestimmt sich nach dem materiellen Arbeitsrecht. Nach einer Definition der Rechtslehre ist Arbeitgeber, wer mindestens einen Arbeitnehmer beschäftigt (vgl. *Schaub* Handbuch § 171; MünchKomm/*Söllner* BGB § 611 Rn. 156 m. w. N.; *Hanau/Adomeit* 12. Aufl., Arbeitsrecht, S. 160; vgl. auch die Erläuterungen in § 5 Rn. 35 und § 2 Rn. 51). Dem Arbeitgeber im Sinne dieser Definition werden in § 22 Abs. 1 und 2 Personengruppen gleichgestellt, welche an sich *nicht* zur Gruppe der Arbeitgeber im Sinne dieser Definition gehören.

2. Die Gleichstellung nach Abs. 1

7   Gemäß § 22 Abs. 1, 2. Alternative werden den Arbeitgebern zunächst diejenigen Personen gleichgestellt, welche *regelmäßig* zu gewissen Zeiten des Jahres keine Arbeitnehmer beschäftigen und daher keine Arbeitgeber im Sinne der o. g. Definition sind. Bei dieser Alternative werden die Inhaber von Saison- oder Kampagnebetrieben berücksichtigt, bei denen naturgemäß lediglich eine gewisse Zeit im Jahr Arbeitnehmer beschäftigt werden.

II. Der Arbeitgeberbegriff § 22

In § 22 Abs. 1, 1. Alternative werden ferner diejenigen Personen den Arbeitgebern 8 gleichgestellt, welche *vorübergehend* keine Arbeitnehmer beschäftigen. Zweifelhaft ist, wann eine lediglich vorübergehende Beschäftigung i. S. des § 22 Abs. 1, 1. Alternative anzunehmen ist. Nach *Dersch/Volkmar* ist dies lediglich für eine Unterbrechung von bis zu einem Vierteljahr anzunehmen, wenn die Absicht der Wiederaufnahme der Beschäftigung von Arbeitnehmern in dieser Zeit vorhanden ist. Dies ergebe sich u. a. aus der Auslegung von entsprechenden Vorschriften aus dem Sozialversicherungsrecht, die inzwischen allerdings aufgehoben sind (vgl. dazu *Dersch/Volkmar* § 22 Rn. 2). Demgegenüber verzichtet die h. M. zu Recht auf eine Fixierung der vorübergehenden Nichtbeschäftigung auf einen genauen Zeitraum (*Grunsky* § 22 Rn. 3, 4; *Dietz/Nikisch* § 22 Rn. 9; GK-ArbGG/*Dörner* § 22 Rn. 3). Sie grenzt den Tatbestand der nur vorübergehenden Beschäftigung von der endgültigen Betriebsaufgabe ab. Diese Auslegung legt einen Vergleich zu § 111 Satz 2 Nr. 1 BetrVG nahe. Auch im Rahmen der dortigen Abgrenzung der Betriebsstillegung von der nur vorübergehenden „Betriebspause" (vgl. dazu allgemein *Richardi* BetrVG 7. Aufl., § 111 Rn. 50 ff.) hat bereits das RAG entschieden, dass eine lediglich vorübergehende Betriebspause jedenfalls dann nicht vorliegt, wenn der betreffende Arbeitgeber seinen Betrieb endgültig aufgibt und nicht gewillt ist, in Zukunft noch weitere Arbeitnehmer zu beschäftigen; auf die Länge der Dauer der Nichtbeschäftigung von Arbeitnehmern komme es hingegen nicht an (RAG 26. 3. 1930 ARS 9, 21, 23; RAG 31. 7. 1935 ARS 24, 172, 173). Auch im vorliegenden Fall kommt es also gerade nicht auf die Dauer der Nichtbeschäftigung an, sondern auf den ernsthaften und glaubhaften Willen des Arbeitgebers, zukünftig erneut Arbeitnehmer zu beschäftigen.

Insgesamt fallen also unter § 22 Abs. 1 die Personen, deren Tätigkeit grundsätzlich 9 die Beschäftigung von Arbeitnehmern mit sich bringt, welche aber aus irgendwelchen, sei es zufälligen, sei es planvollen Dispositionen zu einer gewissen Zeit keine Arbeitnehmer beschäftigen (so auch *Dietz/Nikisch* § 22 Rn. 8, 9).

3. Die Ergänzungen des Abs. 2

§ 22 Abs. 2 stellt dem Arbeitgeber weitere Personengruppen im Hinblick auf die 10 Berufung zum ehrenamtlichen Richter gleich, denen im Normalfall die Eigenschaft als Arbeitgeber fehlt.

a) Zu dieser Personengruppe gehören gemäß Nr. 1 zunächst die zur Vertretung be- 11 rechtigten Organe bzw. Organmitglieder der juristischen Personen. Der Wortlaut entspricht der Vorschrift des § 5 Abs. 1 Satz 3; die dortige Kommentierung gilt entsprechend (§ 5 Rn. 29 ff.).

b) Gemäß Nr. 2 wird ferner die Gruppe der Geschäftsführer, Betriebsleiter und Per- 12 sonalleiter sowie die Gruppe der Personen, denen Prokura oder Generalvollmacht erteilt ist, den Arbeitgebern gleichgestellt. Die Vorschrift ähnelt der in § 5 Abs. 3 Nr. 1 und 2 BetrVG getroffenen Regelung, die jedoch voraussetzt, dass es sich bei den betreffenden Personen um leitende Angestellte handelt. Nr. 2 setzt dieses Merkmal nicht voraus; erforderlich ist jedoch, dass die betroffenen Personen arbeitgeberähnliche Funktionen ausüben. Das Gesetz hebt dabei hervor, dass die Berechtigung zur Einstellung von Arbeitnehmern im Betrieb gegeben ist. Die erfordert nicht die alleinige oder vollkommen selbständige Einstellungsbefugnis (LAG Hamm 20. 12. 1990 DB 1991, 240).

Nach dem Wortlaut zweifelhaft erscheint die Frage, ob lediglich die Personalleiter zur 13 Einstellung von Arbeitnehmern in dem Betrieb berechtigt sein müssen (so *Grunsky* § 22 Rn. 7) oder ob diese Einschränkung auch für die Geschäftsführer und Betriebsleiter gilt (so GK-ArbGG/*Dörner* § 22 Rn. 5). Die Auslegung nach dem Wortlaut (das erste „oder" wäre sonst verfehlt) und die historische Auslegung (der Personalleiter ist 1979 erst eingefügt worden) sprechen eindeutig dafür, den „soweit"-Satz auf alle drei Personengruppen zu beziehen.

14 Eine wichtige Ausnahme von § 22 Abs. 2 Nr. 2 ist in § 30 Satz 2 vorgesehen. Danach sind diese Angestellten als ehrenamtliche Richter der Arbeitgeberseite ausgeschlossen, soweit für Streitigkeiten der in § 22 Abs. 2 Nr. 2 bezeichneten Angestellten Fachkammern gebildet werden (vgl. unten § 30 Rn. 5).

15 c) Gemäß Nr. 3 können auch Beamte und Angestellte (nicht dagegen Arbeiter), die bei einer juristischen Person des öffentlichen Rechts beschäftigt sind, als ehrenamtliche Richter auf der Arbeitgeberseite tätig sein. Mit dieser Regelung wollte der Gesetzgeber sicherstellen, dass auch die öffentlichen Arbeitgeber in der Arbeitsgerichtsbarkeit durch ehrenamtliche Richter repräsentiert werden.

16 Fraglich ist, ob lediglich Beamte und Angestellte *in leitender Stellung* zu den ehrenamtlichen Richtern berufen werden können (so die h. M.: *Grunsky* § 22 Rn. 8; früher *Bader* GK-ArbGG § 22 Anm. 5; *Dietz/Nikisch* § 22 Rn. 37; differenzierend *Dersch/Volkmar* § 22 Rn. 6; a. A. nunmehr GK-ArbGG/*Dörner* § 22 Rn. 6).

17 Im Zusammenhang mit den anderen in Abs. 2 Nr. 1–4 genannten Personengruppen sowie aus dem Sinn und Zweck der Vorschrift ergibt sich klar, dass arbeitgeberähnliche Funktionen für das Amt des ehrenamtlichen Richters *generell* vorausgesetzt werden. Daher bedarf es keiner teleologischen Reduktion, wonach lediglich Beamte und Angestellte mit arbeitergeberähnlichen Funktionen berufen werden dürfen. Vielmehr lässt sich dieses Ergebnis bereits durch eine systematische Auslegung erzielen. Soweit auf einer Vorschlagsliste nichtleitende Beamte oder Angestellte des öffentlichen Dienstes genannt sind, dürfen sie bei der Auswahl nicht berücksichtigt werden (vgl. LAG Hamm 13. 6. 1991 NZA 1991, 821).

17 a Ausgeschlossen ist es allerdings, dass Spitzenvertreter der Exekutive wie insbesondere Minister und Staatssekretäre als ehrenamtliche Richter im Sinne der Nr. 4 tätig werden. Würde also ein ehrenamtlicher Richter aus den Kreisen der Arbeitgeber von seinem Arbeitgeber beurlaubt, weil er ein Minister- oder Senatorenamt antritt, so müsste er aus der Liste der ehrenamtlichen Richter ausscheiden. Die Möglichkeit, für die Dauer einer solchen Tätigkeit das Amt als ehrenamtlicher Richter nur „ruhen" zu lassen, sieht das Gesetz nicht vor. Es kommt deshalb nur ein völliges Ausscheiden aus dem Amt in Betracht.

18 d) Ferner können gemäß Nr. 4 auch Mitglieder und Angestellte von Vereinigungen von Arbeitgebern (vgl. dazu die Erläuterungen zu § 10 Rn. 12) und Zusammenschlüssen solcher Vereinigungen zu ehrenamtlichen Richtern auf der Arbeitgeberseite berufen werden, sofern die Personen kraft Satzung oder Vollmacht zur Vertretung berufen sind. Überflüssig ist insoweit die ausdrückliche Erwähnung der Mitglieder der Vereinigungen von Arbeitgebern, weil sie schon als Arbeitgeber nach § 22 Abs. 1 zu ehrenamtlichen Richtern berufen werden können (so zutreffend *Grunsky* § 22 Rn. 9; *Dersch/Volkmar* § 22 Rn. 7 b). Insofern hat diese Vorschrift ihre eigentliche Bedeutung lediglich für die Angestellten.

19 Allerdings dürfen nach der Neuregelung von § 11 Abs. 4 (seit 1. 7. 2008) Mitarbeiter von Arbeitgeberverbänden nicht als Bevollmächtigte vor dem Spruchkörper auftreten, dem sie als ehrenamtliche Richter angehören. Diese Vertretungsbeschränkung wirkt faktisch wie ein Vertretungsverbot für das gesamte Gericht, wenn ehrenamtliche Richter keinem festen Spruchkörper zugewiesen sind.

§ 23 Ehrenamtlicher Richter aus Kreisen der Arbeitnehmer

(1) **Ehrenamtlicher Richter aus Kreisen der Arbeitnehmer kann auch sein, wer arbeitslos ist.**

(2) [1]**Den Arbeitnehmern stehen für die Berufung als ehrenamtliche Richter Mitglieder und Angestellte von Gewerkschaften, von selbständigen Vereinigungen von Arbeitnehmern mit sozial- oder berufspolitischer Zwecksetzung sowie Vorstandsmitglieder und Angestellte von Zusammenschlüssen von Gewerkschaften gleich, wenn diese Personen**

kraft Satzung oder Vollmacht zur Vertretung befugt sind. ²Gleiches gilt für Bevollmächtigte, die als Angestellte juristischer Personen, deren Anteile sämtlich im wirtschaftlichen Eigentum einer der im Satz 1 genannten Organisationen stehen, handeln und wenn die juristische Person ausschließlich die Rechtsberatung und Prozeßvertretung der Mitglieder der Organisation entsprechend deren Satzung durchführt.

Übersicht

	Rn.
I. Allgemeines	1–3
1. Bedeutung	1
2. Historische Entwicklung	2
3. Parallelnormen	3
II. Der Arbeitnehmerbegriff	4–8
1. Die Grundlagen	4
2. Arbeitslose (Abs. 1)	5, 6
3. Die Ergänzungen des Abs. 2	7, 8

I. Allgemeines

1. Bedeutung

In § 23 Abs. 1 und 2 werden den Arbeitnehmern hinsichtlich der Berufung ehrenamtlicher Richter auf der Arbeitnehmerseite gewisse Personen gleichgestellt, bei denen Zweifel begründet sind, ob bei ihnen im Einzelfall die Arbeitnehmereigenschaft vorliegt. Dabei gehen Abs. 1 und 2 von dem bereits in § 5 dargestellten Arbeitnehmerbegriff aus (vgl. § 5 Rn. 4 ff.). § 23 ist eine dem § 22 entsprechende Vorschrift in Bezug auf die ehrenamtlichen Richter der Arbeitnehmerseite. **1**

Die Fähigkeit, ehrenamtlicher Richter aus Kreisen der Arbeitnehmer zu sein, wird durch die gleichzeitige oder frühere Eigenschaft als Arbeitgeber nicht berührt (siehe oben § 21 Rn. 21). **1a**

2. Historische Entwicklung

Das ArbGG von 1926 enthielt in § 23 bereits eine der heutigen Vorschrift entsprechende Bestimmung. Eine Änderung wurde im Jahre 1953 lediglich in der Weise vorgenommen, dass die Differenzierung zwischen Arbeitnehmern und Angestellten abgeschafft wurde. **2**

3. Parallelnormen

Eine dem § 23 Abs. 1 vergleichbare Norm enthält das SGG in seinem § 16 Abs. 3. **3**

II. Der Arbeitnehmerbegriff

1. Die Grundlagen

§ 23 Abs. 1 setzt zunächst die Definition des Arbeitnehmers in § 5 mit den dortigen Erweiterungen voraus (siehe oben § 5 Rn. 4 ff.). Damit liegt also auch hier der Arbeitnehmerbegriff des materiellen Rechts zugrunde. Nach einer Definition der Rechtslehre ist Arbeitnehmer, wer als Nichtselbständiger auf Grund freier Bereitschaft für einen anderen fremd bestimmte Arbeit leistet (vgl. dazu MünchKomm/*Söllner* BGB § 611 Rn. 156; *Hanau/Adomeit* Arbeitsrecht 12. Aufl. S. 150; *Zöllner/Loritz* Arbeitsrecht § 4 IV). § 23 Abs. 1 und Abs. 2 erweitern den Kreis der für eine Berufung in Betrachtung kommenden Personen. **4**

2. Arbeitslose (Abs. 1)

5 § 23 Abs. 1 stellt den Arbeitnehmern nur hinsichtlich der Berufung zu ehrenamtlichen Richtern diejenigen Personen gleich, welche arbeitslos sind. Dadurch wird auf der Arbeitnehmerseite ein Gegengewicht zu der Regelung des § 22 Abs. 1 geschaffen. Das Tatbestandsmerkmal der Arbeitslosigkeit bestimmt sich nach den Vorschriften der §§ 118, 119 SGB III. Diese Bestimmungen beschreiben abstrakt die Voraussetzungen für die Arbeitslosigkeit und stellen mithin die Grundlage für alle Ansprüche der Betroffenen dar. Von daher ist nicht Voraussetzung, dass ein Anspruch auf Arbeitslosengeld tatsächlich besteht (so auch *Grunsky* § 23 Rn. 2).

6 Gemäß §§ 118, 119 SGB III gilt als arbeitslos diejenige Person, welche vorübergehend nicht in einem Beschäftigungsverhältnis steht oder nur eine kurzzeitige Beschäftigung ausübt und eine versicherungspflichtige, mindestens 15 Wochenstunden umfassende Tätigkeit sucht. Eine kurzzeitige Beschäftigung liegt dann vor, wenn die Beschäftigungsdauer auf weniger als 15 Stunden wöchentlich beschränkt ist.

3. Die Ergänzung des Abs. 2

7 Gemäß Abs. 2 werden den Arbeitnehmern ferner die Mitglieder und Angestellten von Gewerkschaften, von selbständigen Vereinigungen und Arbeitnehmern mit sozial- oder berufspolitischer Zwecksetzung sowie Vorstandsmitglieder und Angestellte von Zusammenschlüssen von Gewerkschaften gleichgestellt, wenn diese Personen kraft Satzung oder Vollmacht zur Vertretung befugt sind. Diese Vorschrift entspricht dem § 22 Abs. 2 Nr. 4 in Bezug auf die Ernennung von ehrenamtlichen Richtern auf der Arbeitgeberseite. Sie hat allerdings kaum praktische Bedeutung, weil Mitglieder und Angestellte der Gewerkschaften fast immer Arbeitnehmer sind und mithin per se zum ehrenamtlichen Richter auf der Arbeitnehmerseite berufen werden können. Bedeutsam ist die Vorschrift lediglich für diejenigen Personen, welche zwar nicht mehr berufstätig sind, jedoch gleichwohl in den Vorständen der Gewerkschaft tätig sind (so auch *Dietz/ Nikisch* § 23 Rn. 7).

8 Die Tatsache, dass jemand als ehrenamtlicher Richter Mitglied einer Gewerkschaft ist und in einem Prozess unter Beteiligung dieser Gewerkschaft mitwirkt, löst als solches noch keinen Grund im Hinblick auf eine etwaige Ablehnung des ehrenamtlichen Richters wegen Befangenheit aus (vgl. dazu BAG 18. 10. 1977 AP ZPO § 42 Nr. 3; vgl. auch § 6 Rn. 7 und 15).

§ 24 Ablehnung und Niederlegung des ehrenamtlichen Richteramtes

(1) Das Amt des ehrenamtlichen Richters kann ablehnen oder niederlegen,
1. wer die Regelaltersgrenze nach dem Sechsten Buch Sozialgesetzbuch erreicht hat;
2. wer aus gesundheitlichen Gründen daran gehindert ist, das Amt ordnungsgemäß auszuüben;
3. wer durch ehrenamtliche Tätigkeit für die Allgemeinheit so in Anspruch genommen ist, daß ihm die Übernahme des Amtes nicht zugemutet werden kann;
4. wer in den zehn der Berufung vorhergehenden Jahren als ehrenamtlicher Richter bei einem Gericht für Arbeitssachen tätig gewesen ist;
5. wer glaubhaft macht, daß ihm wichtige Gründe, insbesondere die Fürsorge für seine Familie, die Ausübung des Amtes in besonderem Maße erschweren.

(2) ¹Über die Berechtigung zur Ablehnung oder Niederlegung entscheidet die zuständige Stelle (§ 20). ²Die Entscheidung ist endgültig.

Übersicht

	Rn.
I. Allgemeines	1–4
1. Bedeutung	1
2. Historische Entwicklung	2, 3
3. Parallelnormen	4
II. Der Grundsatz	5
III. Die Ablehnungsgründe	6–13
1. Keine abschließende Regelung	6
2. Vollendung des 65. Lebensjahres	7
3. Krankheit oder Gebrechen	8
4. Zumutbarkeit	9, 10
5. Vorausgegangene Tätigkeit als ehrenamtlicher Richter	11
6. Generalklausel	12
7. Rechtspolitische Würdigung des § 24 Abs. 1	13
IV. Die Amtsniederlegung	14
V. Entscheidung über Ablehnung und Niederlegung	15–19
1. Entscheidung der obersten Arbeitsbehörde	15, 16
2. Endgültigkeit der Entscheidung	17
3. Verfassungskonformität des § 24 Abs. 2 Satz 1	18, 19

I. Allgemeines

1. Bedeutung

§ 24 regelt die Frage, ob und unter welchen Voraussetzungen ein ehrenamtlicher **1** Richter sein Amt niederlegen bzw. von vornherein die Übernahme des Amtes ablehnen kann. Dabei geht § 24 unausgesprochen von einer grundsätzlichen Übernahmepflicht aus (vgl. dazu unten Rn. 5).

2. Historische Entwicklung

§ 18 Gewerbegerichtsgesetz knüpfte zunächst an Bestimmungen an, die zur Ablegung **2** eines unbesoldeten Gemeindeamtes berechtigten. Für den Fall des Fehlens einer diesbezüglichen landesgesetzlichen Regelung wurden die Vorschriften im Rahmen der Vormundschaft des BGB herangezogen. In diesen Bestimmungen befanden sich zum Teil schon die Gründe, unter welchen ein ehrenamtlicher Richter auch heute sein Amt ablehnen bzw. niederlegen kann.

§ 24 ArbGG 1926 stimmt in Abs. 1 Nr. 1–4 sowie Abs. 2 nahezu wörtlich mit der **3** heutigen Fassung überein. Der in § 24 Abs. 1 Nr. 5 ArbGG 1926 geregelte Ablehnungsgrund stand allerdings lediglich Frauen zur Verfügung. Diese Regelung wurde im Jahre 1953 im heutigen Sinn geändert (vgl. dazu Regierungsentwurf RdA 1953, 465; vgl. zur historischen Entwicklung und zum aufgehobenen § 25 noch unten Rn. 5).

3. Parallelnormen

In den übrigen Verfahrensgesetzen ist ebenfalls überwiegend die Möglichkeit geregelt, **4** dass die ehrenamtlichen Richter ihr Amt unter bestimmten Voraussetzungen ablehnen bzw. niederlegen können (vgl. z. B. § 35 GVG, § 18 Abs. 1 Nr. 1 bis 5 SGG, § 23 VwGO, § 35 GVG, § 20 FGO). Im Einzelnen gibt es aber erhebliche Abweichungen.

II. Der Grundsatz

Durch die Formulierung des § 24 Abs. 1 wird deutlich, dass eine Ablehnung oder **5** Niederlegung des Amtes als ehrenamtlicher Richter lediglich im Ausnahmefall in Frage kommt. Das Gesetz geht also im Normalfall davon aus, dass das Amt eines ehren-

Prütting

amtlichen Richters nicht ohne weiteres abgelehnt werden kann, ein Gedanke, dem die Vorstellung der Amtsübernahme als Ehrenamt und Ausdruck allgemeiner staatsbürgerlicher Pflichten und Rechte zugrunde liegt. Im ArbGG 1953 ergab sich dies mittelbar aus § 25 Abs. 1, der durch das Gesetz zur Änderung der Bezeichnung der Richter und ehrenamtlichen Richter und der Präsidialverfassung der Gerichte v. 26. 5. 1972 (BGBl. I S. 841) aufgehoben wurde. In § 25 Abs. 1 ArbGG 1953 war nämlich ausdrücklich geregelt, dass das Amt des ehrenamtlichen Richters ein Ehrenamt ist, woraus sich eine grundsätzliche Pflicht zur Amtsübernahme herleiten ließ. Die Änderungen durch das Arbeitsgerichtsbeschleunigungsgesetz 2000 betreffen lediglich Folgeänderungen zu § 20.

III. Die Ablehnungsgründe

1. Keine abschließende Regelung

6   Abs. 1 Nr. 1 bis 5 regelt die Gründe, die zur Ablehnung oder Niederlegung des Amtes als ehrenamtlicher Richter berechtigen, nicht abschließend. Vielmehr ist anerkannt, dass auf Antrag eines ehrenamtlichen Richters eine Amtsniederlegung im Einvernehmen mit der zuständigen obersten Landesbehörde auch dann in Betracht kommt, wenn eine der in § 21 genannten Voraussetzungen für die Berufung zum ehrenamtlichen Richter wegfällt (so mit Recht die h. M.: *Grunsky* § 24 Rn. 1; *Dietz/Nikisch* § 24 Rn. 3; *Dersch/Volkmar* § 24 Rn. 1; BAG 28. 8. 1959 BAGE 8, 109; a. A. GK-ArbGG *Bader* § 24 Anm. 1; *Künzl* ZZP 104, 165). Es entfällt dann ein Bedürfnis für die Einleitung eines Amtsenthebungsverfahrens nach § 21 Abs. 5. Demgegenüber befürchtet *Künzl* (ZZP 104, 165) eine Umgehung des § 21 Abs. 5, wenn man die Regelung nicht für abschließend ansieht. Dabei ist aber übersehen, dass die unterschiedliche Beurteilung von § 21 Abs. 5 und § 24 Abs. 1 jeweils gerade dem Schutz des ehrenamtlichen Richters dienen. Die Spielräume, die sich bei Abs. 1 Nr. 2, 3 und insbes. Nr. 5 ergeben, lassen die Streitfrage aber als wenig bedeutsam erscheinen.

2. Vollendung des 65. Lebensjahres

7   Bisher konnte gemäß Abs. 1 Nr. 1 derjenige das Amt des ehrenamtlichen Richters ablehnen, der das 65. Lebensjahr vollendet hatte. Durch das Altersgrenzenanpassungsgesetz vom 20. 4. 2007 ist dieser Zeitpunkt durch den Hinweis auf die Regelaltersgrenze gemäß dem SGB VI ersetzt worden. Bei der jeweiligen Fristberechnung wird gemäß § 187 Abs. 2 Satz 2 BGB der Tag der Geburt mitgerechnet, so dass mit Beginn des Tages, an dem die betreffende Person die Regelaltersgrenze erreicht hat, der ehrenamtliche Richter das Amt niederlegen bzw. ablehnen kann (vgl. dazu auch § 21 Abs. 6).

3. Krankheit oder Gebrechen

8   Gemäß Abs. 1 Nr. 2 kann diejenige Person das Amt des ehrenamtlichen Richters ablehnen, welche auf Grund von Krankheit oder Gebrechen nicht in der Lage ist, das Amt ordnungsgemäß auszuüben. Entscheidend ist dabei nicht, dass die betreffende Person berufs- oder erwerbsunfähig ist (*Grunsky* § 24 Rn. 4; *Dersch/Volkmar* § 24 Rn. 6); entscheidend ist vielmehr, dass die Krankheit oder das Gebrechen den ehrenamtlichen Richter im konkreten Einzelfall in der Ausübung des Amtes hindern. Die betroffene Person hat dies erforderlichenfalls durch ein Attest glaubhaft zu machen.

4. Zumutbarkeit

9   Gemäß Abs. 1 Nr. 3 besteht ein Ablehnungsgrund ferner darin, dass die betroffene Person die Übernahme des Amtes als ehrenamtlicher Richter auf Grund einer Tätigkeit

für die Allgemeinheit, welche sie erheblich in Anspruch nimmt, nimmt zugemutet werden kann.

Die ehrenamtliche Tätigkeit für die Allgemeinheit kann neben öffentlichen Ämtern auch einen privaten Verein betreffen, der der Allgemeinheit dient; eine ehrenamtliche Tätigkeit in einem privaten Verein, der lediglich für eine kleine Gruppe von Menschen tätig ist, reicht hingegen nicht aus. Ferner erfüllt nicht jede Tätigkeit schlechthin die Voraussetzungen für Abs. 1 Nr. 3; vielmehr ist im Einzelfall zu ermitteln, inwieweit das Amt die Person tatsächlich in Anspruch nimmt, dass ihr die Übernahme nicht zugemutet werden kann. Dabei ist konkret zu überprüfen, wie häufig oder wie arbeitsintensiv die betreffende Person tatsächlich in Anspruch genommen wird.

5. Vorausgegangene Tätigkeit als ehrenamtlicher Richter

Wer gemäß Abs. 1 Nr. 4 während der letzten zehn Jahre, d. h. zwei Amtsperioden (vgl. § 20) unmittelbar vor dem Zeitpunkt der Berufung bereits als ehrenamtlicher Richter bei einem Gericht für Arbeitssachen tätig gewesen ist, kann ebenfalls das Amt des ehrenamtlichen Richters ablehnen. Nach dem klaren Wortlaut des Abs. 1 Nr. 4 gilt diese Vorschrift nicht für die Tätigkeit als ehrenamtlicher Richter an einem anderen Gericht wie z. B. am Sozialgericht. Weiterhin ist erforderlich, dass die betreffende Person während der bisherigen Amtsperioden ohne zeitliche Unterbrechung als ehrenamtlicher Richter tätig gewesen ist (vgl. RegEnt RdA 1951, 465; *Dersch/Volkmar* § 24 Rn. 8).

6. Generalklausel

Abs. 1 Nr. 5 enthält schließlich eine *Generalklausel* in dem Sinne, dass auch diejenigen Personen das Amt des ehrenamtlichen Richters ablehnen können, die glaubhaft machen, dass ihnen die Amtsausübung durch wichtige Gründe wesentlich erschwert wird. Einen wichtigen Grund hat der Gesetzgeber beispielhaft erwähnt; eine starke Beanspruchung durch besondere Fürsorge für die Familie kann die Ablehnung des Amtes als ehrenamtlicher Richter rechtfertigen. Einen wichtigen Grund stellt nach wohl allgemeiner Ansicht die berufliche Überbelastung dar (vgl. *Grunsky* § 24 Rn. 7; *Dietz/Nikisch* § 24 Rn. 10; *Dersch/Volkmar* § 24 Rn. 9). Ob eine schlechte Verkehrsverbindung zwischen dem Wohnort des Berufenen und dem Sitz des Gerichts als wichtiger Grund anzusehen ist (so *Grunsky* § 24 Rn. 7; *Dersch/Volkmar* § 24 Rn. 9) muss in dieser Allgemeinheit bezweifelt und im Einzelfall jeweils sorgfältig geprüft werden. Ein wichtiger Grund im Rahmen des § 24 muss sich jeweils aus einer Abwägung zwischen der allgemein für jedermann geltenden Pflicht zur Übernahme des Amtes des ehrenamtlichen Richters und darüber hinausgehender, im Einzelfall nicht mehr zumutbarer Belastungen ergeben.

7. Rechtspolitische Würdigung des § 24 Abs. 1

Rechtspolitisch ist der Katalog des § 24 Abs. 1 in mehrfacher Hinsicht zweifelhaft und problematisch. Er bedürfte deshalb einer Überarbeitung. Dazu hat sich leider zuletzt das Arbeitsgerichtsbeschleunigungsgesetz 2000 nicht durchringen können.

IV. Die Amtsniederlegung

Tritt einer der in Abs. 1 Nr. 1 bis 5 genannten Gründe oder eine der in § 21 genannten Voraussetzungen nach Amtsübernahme ein, so kann der ehrenamtliche Richter sein Amt niederlegen. Er ist allerdings nicht dazu verpflichtet. Über die dabei zu beachtende Form schweigt der Gesetzeswortlaut, es reicht jedoch eine mündliche oder schriftliche Erklärung gegenüber der entscheidenden Stelle (so auch *Dersch/Volkmar* § 24 Rn. 2 b, 3 b).

V. Entscheidung über Ablehnung und Niederlegung

1. Entscheidung der obersten Arbeitsbehörde

15 Gemäß § 24 Abs. 2 Satz 1 entscheidet die zuständige Stelle i. S. von § 20, d. h. z. B. in Nordrhein-Westfalen der Minister für Arbeit und Soziales, Qualifikation und Technologie über die Berechtigung zur Ablehnung oder Niederlegung des Amtes als ehrenamtlicher Richter. Bis zu dieser Entscheidung hat der ehrenamtliche Richter die Amtsgeschäfte weiterzuführen.

16 Ein Benehmen mit anderen Stellen ist seit 1. 5. 2000 nicht mehr erforderlich.

2. Endgültigkeit der Entscheidung

17 Gemäß Abs. 2 Satz 2 ist diese Entscheidung endgültig. Umstritten ist zunächst, in welchem Sinne dieser Satz verstanden werden soll. Der überwiegende Teil der Literatur geht zutreffend davon aus, dass endgültig im Sinne von „unanfechtbar" wie etwa in § 21 Abs. 5 Satz 4 zu interpretieren ist (so ausdrücklich *Grunsky* § 24 Rn. 10; GK-ArbGG/ *Dörner* § 24 Rn. 10; ähnlich *Dietz/Nikisch* § 24 Rn. 12: Beschwerde ausgeschlossen). Demgegenüber vertreten *Dersch/Volkmar* die Auffassung, dass § 24 Abs. 2 Satz 2 nichts darüber besage, dass es gegen die Entscheidung kein Rechtsmittel gebe; vielmehr besage die Vorschrift lediglich, dass es zur Klageerhebung vor dem Verwaltungsgericht nicht des sonst erforderlichen Einspruchs bedürfe (vgl. insoweit *Dersch/Volkmar* § 24 Rn. 10). Auf die heutige Rechtslage übertragen wäre damit § 24 Abs. 2 Satz 2 so auszulegen, dass mit dieser Vorschrift ein verwaltungsgerichtliches Vorverfahren gemäß §§ 68 ff. VwGO ausgeschaltet würde. Der Gesetzeswortlaut trägt diese Auffassung aber nicht.

3. Verfassungskonformität des § 24 Abs. 2 Satz 1

18 Ausgehend vom Wortlaut des § 24 Abs. 2 Satz 2 stellt sich allerdings die Frage, ob die Bestimmung *verfassungskonform* ist. Bedenken ergeben sich im Hinblick auf Art. 19 Abs. 4 GG, wonach demjenigen, der durch die öffentliche Gewalt in seinen Rechten betroffen ist, der Rechtsweg offensteht. Bei der Entscheidung der zuständigen Stelle nach § 24 Abs. 2 Satz 1 handelt es sich um die Entscheidung einer Behörde auf dem Gebiete des öffentlichen Rechts mit unmittelbarer Rechtswirkung nach außen, d. h. mithin um einen Akt der öffentlichen Gewalt in Form eines Verwaltungsakts, gegen den nach § 40 Abs. 1 VwGO der Verwaltungsrechtsweg gegeben sein müsste. Da § 24 Abs. 2 Satz 2 den Rechtsweg ausschließt, ist die Norm *verfassungswidrig*. Würde ein Verwaltungsgericht in dieser Sache angerufen, so müsste es gemäß Art. 100 Abs. 1 GG die Vorschrift dem BVerfG zur Überprüfung vorlegen.

19 Die ganz überwiegende Meinung hält demgegenüber im Hinblick auf Art. 19 Abs. 4 GG schon heute den Rechtsweg für eröffnet. Streitig ist dort allein, ob der Verwaltungsrechtsweg (*Dersch/Volkmar* § 24 Rn. 10; *Schaub* ArbGV § 3 Rn. 37) oder der ordentliche Rechtsweg (*Grunsky* § 24 Rn. 10; *Bader/Creutzfeldt/Friedrich* § 24 Rn. 6) gegeben sei. Alle diese Auffassungen verkennen, dass eine solche verfassungskonforme Auslegung des § 24 Abs. 2 Satz 2 nicht möglich ist, weil sie mit dem klaren Wortlaut und dem klar erkennbaren Willen des Gesetzgebers in Widerspruch treten würde (vgl. allgemein dazu BVerfG 30. 6. 1964 und 22. 10. 1985 BVerfGE 18, 111; 71, 105). Wie hier jetzt auch *Brehm* MünchHandbuch zum Arbeitsrecht, Bd. 3, 2. Aufl. 2000, § 388 Rn. 67; *Düwell/Lipke* § 24 Rn. 13; vgl. auch *Künzl* ZZP 104 (1991), 165.

§ 25 *(weggefallen)*

§ 26 Schutz der ehrenamtlichen Richter

(1) Niemand darf in der Übernahme oder Ausübung des Amtes als ehrenamtlicher Richter beschränkt oder wegen der Übernahme oder Ausübung des Amtes benachteiligt werden.

(2) Wer einen anderen in der Übernahme oder Ausübung seines Amtes als ehrenamtlicher Richter beschränkt oder wegen der Übernahme oder Ausübung des Amtes benachteiligt, wird mit Freiheitsstrafe bis zu einem Jahr oder mit Geldstrafe bestraft.

Übersicht

	Rn.
I. Allgemeines	1–6
1. Bedeutung	1, 2
2. Historische Entwicklung	3, 4
3. Parallelnormen	5, 6
II. Das Verbot der Benachteiligung (Abs. 1)	7–19
1. Geschützte Personen	7, 8
2. Beschränkung und Benachteiligung	9–18
3. Zeitliche Dauer des Schutzes	19
III. Rechtsfolgen	20–23
1. Zivilrechtliche Folgen	20–22
2. Strafrechtliche Sanktion (Abs. 2)	23

I. Allgemeines

1. Bedeutung

§ 26 bietet einen Schutz der ehrenamtlichen Richter vor Beeinträchtigungen wegen 1 ihrer Tätigkeit in zivilrechtlicher (Abs. 1) und strafrechtlicher (Abs. 2) Hinsicht. Dieser weit ausgestaltete Schutz gewährleistet die persönliche Unabhängigkeit der ehrenamtlichen Richter, durch die ihr Amt neben der sachlichen Unabhängigkeit ebenso wie das der Berufsrichter gekennzeichnet wird (vgl. Art. 97 Abs. 1 GG, § 43 DRiG; dazu insbes. *Bader/Homann/Klein* S. 41 ff.; *Wolmerath* Rn. 18 ff., 29). Jegliche Einwirkung, die die Übernahme sowie die Ausübung des Amtes als ehrenamtliche Richter beeinträchtigen kann, wird von § 26 erfasst. Einschränkungen des Schutzes finden sich in den Vorschriften der §§ 27 und 28. Danach können Sanktionen für grobe Amtspflichtverletzungen und die Nichterfüllung der gesetzlich beschriebenen Pflichten ausgesprochen werden; vgl. auch Einl. Rn. 84 ff.

Von ihrem Regelungsgehalt her entspricht die Vorschrift dem verfassungsrechtlichen 2 Schutz der Abgeordneten aus Art. 48 Abs. 2 GG.

2. Historische Entwicklung

Sowohl im Gewerbegerichtsgesetz von 1890 als auch im Kaufmannsgerichtsgesetz 3 von 1904 wurde kein ausdrücklicher Schutz der bereits bekannten ehrenamtlichen Richter gewährt.

Dies erklärt sich aus der ihnen nach dem Gesetz zugebilligten Stellung als „Beisitzer": 4 Sie stimmten zwar mit über den Urteilsspruch ab, weitere verfahrensrechtliche Befugnisse hatten sie jedoch nicht (*Herschel* AuR 1980, 321). Nach dem ArbGG 1926 stand ein dem heutigen § 26 vergleichbarer Schutz nur denjenigen ehrenamtlichen Richtern zu, die der Gruppe der Arbeitnehmervertreter (vgl. jetzt § 23) angehörten. Damit fand eine Aufwertung der Beisitzer zu Richtern statt. Dementsprechend war auch den ehrenamtlichen Richtern die sich aus Art. 102 WRV ergebende sachliche Unabhängigkeit zu gewähren. Allerdings erstreckte sich diese nur auf die vermeintlich leicht zu beeinträchtigenden Richter der Gruppe der Arbeitnehmer. Erst mit dem ArbGG 1953 wurde ein gleichberechtigter Schutz sowohl der Arbeitnehmer- als auch der Arbeitgebervertreter von jedweder Benachteiligung in den Gesetzestext aufgenommen. Eine sachliche Änderung fand diese Vorschrift in der Folgezeit nicht.

3. Parallelnormen

5   Die Anordnung eines besonderen Schutzes der ehrenamtlichen Richter fand sich ursprünglich nur in denjenigen Verfahrensordnungen, die die Beteiligung bestimmter Gruppen am gerichtlichen Verfahren in der Stellung eines ehrenamtlichen Richters vorsehen. So enthält § 20 SGG eine Vorschrift, die fast wörtlich dem § 26 entspricht.

6   Allerdings gab es schon immer eine generelle Regelung der ehrenamtlichen Richter im DRiG. Dort bestimmt die Grundsatznorm des § 1 DRiG, dass die rechtsprechende Gewalt von den Berufsrichtern und den ehrenamtlichen Richtern ausgeübt wird. Darüber hinaus findet sich in den §§ 44–45 a DRiG eine spezielle Regelung über Rechte und Pflichten der ehrenamtlichen Richter. Geregelt ist zunächst im § 44 DRiG die Bestellung und die Abberufung des ehrenamtlichen Richters, in § 45 die richterliche Unabhängigkeit und in § 45 a die konkrete Bezeichnung der ehrenamtlichen Richter. Im Jahre 2006 hat der Gesetzgeber mit den §§ 44 a, 44 b weitere Regelungen zu den Berufungsvoraussetzungen für ehrenamtliche Richter sowie zur Abberufung in das Gesetz eingefügt. Ferner ist in § 45 Abs. 1 a DRiG ein generelles Verbot der Benachteiligung ehrenamtlicher Richter eingefügt worden, das in Satz 1 wörtlich dem § 26 Abs. 1 entspricht. Diese Neuregelung ist durch Gesetz vom 21. 12. 2004 in das DRiG eingefügt worden.

II. Das Verbot der Benachteiligung (Abs. 1)

1. Geschützte Personen

7   § 26 gebietet, dass niemand in seinem Ehrenamt als Richter beeinträchtigt werden darf. Damit erstreckt sich der Schutz auf alle ehrenamtlichen Richter in der Arbeitsgerichtsbarkeit, unabhängig welcher Gruppe sie angehören. Geschützt wird also jede natürliche Person, die entweder den Kreisen der Arbeitgeber (vgl. § 22) oder den Kreisen der Arbeitnehmer (vgl. § 23) angehört und die bei Vorliegen der Berufungsvoraussetzungen des § 21 berufen worden ist. Dabei setzt die Zugehörigkeit zu dem einen oder anderen Kreis nicht notwendig eine Mitgliedschaft in dem jeweiligen Verband voraus (*Berger-Delhey* RdA 1988, 15, 17). Ändert sich jedoch z. B. die Gruppenzugehörigkeit eines Richters, fallen also Berufungsvoraussetzungen fort, so ist ein Entbindungsverfahren nach § 21 Abs. 5 durchzuführen (so auch *Grunsky* § 21 Rn. 2; missverständlich *Berger-Delhey* RdA 1988, 15, 16). Der Schutz des § 26 erstreckt sich damit nur auf diejenigen ehrenamtlichen Richter, die die Voraussetzung zur Berufung auch während ihrer Amtszeit weiterhin erfüllen.

8   Die Vorschrift richtet sich gegen jedermann; der ehrenamtliche Richter wird nicht nur gegen Beeinträchtigungen durch Angehörige der anderen Gruppen geschützt, sondern auch gegen benachteiligende Maßnahmen durch seine eigene Gruppe (*Grunsky* § 26 Rn. 1).

2. Beschränkung und Benachteiligung

9   § 26 untersagt sowohl Beschränkungen als auch Benachteiligungen im Zusammenhang mit der Übernahme und der Ausübung des ehrenamtlichen Richteramtes.

II. Das Verbot der Benachteiligung (Abs. 1) § 26

a) Unter **Beschränkungen** versteht das Gesetz alle Handlungen, durch die der ehrenamtliche Richter bei der Wahrnehmung der ihm durch Gesetz zugewiesenen Aufgaben in beliebiger Form behindert wird. 10

Dieser Schutz erstreckt sich zunächst auf die **Übernahme** des Richteramtes. Die Übernahme wird dabei nicht im zeitlichen Sinne als Berufung verstanden; vielmehr beginnt die Schutzwirkung des § 26 bereits bei dem Bemühen um die Aufnahme in die Vorschlagsliste, § 20 (früher *Bader* GK-ArbGG § 26 Anm. 1; *Grunsky* § 26 Rn. 2; a. A. *Hauck/Helml* § 26 Rn. 2; GK-ArbGG/*Dörner* § 26 Rn. 3); offengelassen wurde dies durch das Brandenburg. VerfG (20. 2. 1997 NJW 1997, 2942). Eine Beschränkung in der Übernahme des Richteramtes kann z. B. dann angenommen werden, wenn ein Arbeitgeber einem Arbeitnehmer unter der Androhung sofortiger Kündigung die Übernahme des Richteramtes untersagt (*Dersch/Volkmar* § 26 Rn. 4; *Bader/Homann/Klein* S. 42). Der Schutz des § 26 vor Beschränkung der Übernahme des Ehrenamtes reicht allerdings nicht so weit, dass aus dieser Norm ein Urlaubsanspruch eines Arbeitnehmers abgeleitet werden kann, um sich um die Richterstelle zu bemühen (*Bader/Homann/Klein* S. 42). Insoweit besteht eine Abweichung des Regelungsgehaltes des § 26 von Art. 48 Abs. 2 GG. 11

Hat der Richter sein Ehrenamt übernommen, wird er über § 26 auch vor Beschränkungen in der **Ausübung** des Amtes geschützt. Unter der Ausübung des Amtes ist dabei nicht nur die eigentliche richterliche Tätigkeit, d. h. Teilnahme an den Sitzungen sowie an den Entscheidungen, zu verstehen. 12

Auch die Teilnahme an den Sitzungen des Organs der richterlichen Selbstverwaltung, des Ausschusses der ehrenamtlichen Richter (§ 29), fällt darunter (*Bader* GK-ArbGG § 26 Anm. 1). Im weitesten Sinne gehört zur Ausübung der richterlichen Tätigkeit auch die Teilnahme an Schulungsveranstaltungen zur Erhaltung und Förderung der Qualifikation zur Wahrnehmung des Richteramtes. 13

Eine Beschränkung in der Ausübung liegt z. B. dann vor, wenn dem Richter die zur Wahrnehmung seiner Tätigkeit am Arbeitsgericht erforderliche Freistellung nicht gewährt wird (*Grunsky* Anm. zu BAG 25. 8. 1982 AP ArbGG § 26 Nr. 1, Blatt 6; *Bader/Homann/Klein* S. 42). Selbst die Begründung des Arbeitgebers, der betreffende Arbeitnehmer sei im Betrieb „unentbehrlich", kann eine Verhinderung an der Sitzungsteilnahme nicht rechtfertigen (*Dersch/Volkmar* § 26 Rn. 4; *Bader/Homann/Klein* S. 42). Eine Beeinträchtigung ist auch zu bejahen, wenn der Arbeitgeber einem Arbeitnehmer die erforderliche Freistellung zur Teilnahme an einer Schulungsveranstaltung nicht gewährt (BAG 25. 8. 1982 AP ArbGG § 26 Nr. 1; *Grunsky* Anm. zu BAG AP ArbGG § 26 Nr. 1, Blatt 6). 14

b) Als **Benachteiligung** im Sinne des § 26 sind die behindernden Handlungen Dritter zu verstehen, denen der ehrenamtliche Richter in seinem gewöhnlichen Tätigkeitsbereich, z. B. Beruf oder Verbandstätigkeit, ausgesetzt sein kann. 15

Hinsichtlich der inhaltlichen Reichweite der Merkmale Übernahme und Ausübung s. oben Rn. 11 f. und unten 16 f.

Beispielsweise liegt eine Benachteiligung wegen der **Übernahme** dann vor, wenn ein ehrenamtlicher Richter durch eine Kündigung wegen seiner gerichtlichen Tätigkeit seinen Arbeitsplatz verliert (GK-ArbGG/*Dörner* § 26 Rn. 6; *Dersch/Volkmar* § 26 Rn. 5) oder aus diesem Grunde in eine Zweigstelle versetzt wird und damit die Berufungsvoraussetzungen im Sinne von § 21 Abs. 1 Satz 2 verliert (*Dersch/Volkmar* § 26 Rn. 4). Allerdings ist § 26 nach seinem Wortlaut keine eigene Schutznorm des Kündigungsschutzrechtes. Vielmehr beinhaltet Abs. 1 ein allgemeines Benachteiligungsverbot. Die Anwendung von § 26 Abs. 1 setzt somit voraus, dass man unter Berücksichtigung der konkret im Raume stehenden kündigungsrechtlich relevanten Maßnahme im Zusammenhang mit der Auslegung und Bewertung der Norm die Frage entscheidet, ob im konkreten Falle eine Benachteiligung vorliegt (vgl. zu dieser Problematik nunmehr BVerfG 11. 4. 2000 EzA ArbGG 1979 § 26 Nr. 2 sub. II 2 b, cc). 16

17 Um einen Fall der Benachteiligung hinsichtlich der **Ausübung** des Richteramtes handelt es sich, wenn der Richter wegen seiner Tätigkeit einen Lohnabzug erhält (*Dersch/Volkmar* § 26 Rn. 5). Nicht zu verwechseln ist dieser Fall damit, dass ein als ehrenamtlicher Richter tätiger Arbeitnehmer für die Zeit seiner Teilnahme an Sitzungen oder Schulungsveranstaltungen keinen Lohn vom Arbeitgeber erhält; der Wegfall der Lohnzahlungspflicht wegen des durch den Arbeitnehmer verursachten Arbeitsausfalls stellt keine nach § 26 unzulässige Benachteiligung dar (GK-ArbGG/*Dörner* § 26 Rn. 7; *Grunsky* § 26 Rn. 5; *Schaub* ArbGV § 3 Rn. 41, der allerdings kritisch darauf hinweist, dass die Entschädigung den Verdienstausfall oft nicht abdeckt.). Da das Justizvergütungs- und -entschädigungsgesetz vom 5. 5. 2004 (BGBl. I 776) in § 18 einen Verdienstausfall bei den ehrenamtlichen Richtern voraussetzt und zum Ausgleich eine Entschädigung festschreibt, wird ein durch die Tätigkeit entstehender Lohnausfall aufgefangen. Bei Fortbestehen der Zahlungspflicht hätte die Entschädigungsregelung die Wirkung einer Vergütung; dies wäre mit dem Ehrenamt nicht zu vereinbaren. Deckt jedoch die gesetzlich vorgesehene Entschädigung den Lohnausfall des Arbeitnehmers nicht vollständig ab, so ist der Arbeitgeber nach § 616 Abs. 1 BGB zur Zahlung verpflichtet (LAG Bremen 14. 6. 1990 BB 1990, 2050), da anderenfalls die in der Nichtzahlung liegende Verdienstkürzung eine nach § 26 verbotene Benachteiligung in der Ausübung darstellen würde (so insbesondere *Schaub* ArbGV § 3 Rn. 41; *ders.* Handbuch § 97 II 1, S. 623; GK-ArbGG/*Dörner* § 26 Rn. 7). Gleiches gilt für die Lohnfortzahlung bei Besuch einer Schulungsveranstaltung (vgl. jetzt § 15 Abs. 3 Nr. 1 JVEG; ferner *Grunsky* § 26 Rn. 5; *ders.* Anm. zu BAG AP Nr. 1 zu § 26 ArbGG). So hat z. B. ein ehrenamtlicher Richter Anspruch auf Fortzahlung des Lohns gemäß § 616 BGB, wenn er am Tag vor der Sitzung des Arbeitsgerichts, zu der er geladen ist, die Prozessakten einsieht (LAG Bremen 14. 6. 1990 DB 1990, 2073).

18 Beispiele für denkbare Benachteiligungen von Arbeitgeber-Richtern sind seltener. Um eine Benachteiligung handelt es sich jedenfalls dann, wenn ein Arbeitgeber wegen seines Verhaltens bei Gericht boykottiert wird (*Dersch/Volkmar* § 26 Rn. 5) oder ihm bisher wahrgenommene Aufgaben in seinem Verband entzogen werden (GK-ArbGG/*Dörner* § 26 Rn. 6).

3. Zeitliche Dauer des Schutzes

19 Wesentlich sowohl für den Schutz vor Beschränkungen als auch vor Benachteiligungen ist, dass er über den Zeitpunkt der Beendigung der Tätigkeit als ehrenamtlicher Richter hinausgeht (GK-ArbGG/*Dörner* § 26 Rn. 3; *Grunsky* § 26 Rn. 2).

III. Rechtsfolgen

1. Zivilrechtliche Folgen

20 a) § 26 verfolgt den Zweck, die ungestörte Übernahme und Ausübung des Amtes als ehrenamtlicher Richter sicherzustellen (vgl. hierzu BVerfG 11. 4. 2000 EzA ArbGG 1979 § 26 Nr. 2 am Ende). Damit dient § 26 schwerpunktmäßig der Absicherung des arbeitsgerichtlichen Verfahrens als Institution und der Unabhängigkeit der Rechtsprechung. Erst in zweiter Linie dient die Norm dem Individualschutz des einzelnen ehrenamtlichen Richters. Der umfassende Schutz des § 26 hat in zivilrechtlicher Hinsicht zur Folge, dass diese Norm als gesetzliches Verbot uneingeschränkt Beachtung zu finden hat. Nach § 134 BGB werden alle Rechtsgeschäfte, die gegen das Verbot des § 26 verstoßen, mit der Folge der Nichtigkeit belegt (vgl. BGH 6. 5. 1965 BGHZ 43, 384, 387 für die vergleichbare Vorschrift des Art. 48 Abs. 2 GG). Dies gilt sowohl für vertragliche Vereinbarungen, in denen sich beispielsweise ein ehrenamtlicher Richter mit der Zufügung von Nachteilen einverstanden erklärt (*Grunsky* § 26 Rn. 3) als auch für alle einseitigen empfangsbedürftigen Willenserklärungen, durch die Benachteiligungen entstehen wie die Kündigung oder auch eine Versetzung (*Bader* GK-ArbGG § 26 Anm. 4; wohl ebenso GK-ArbGG/*Dörner* § 26 Rn. 10).

b) Da § 26 den Schutz einer bestimmten Personengruppe, nämlich die der ehrenamtlichen Richter, bezweckt, handelt es sich dabei um ein Schutzgesetz im Sinne des § 823 Abs. 2 BGB (*Grunsky* § 26 Rn. 7; GK-ArbGG/*Dörner* § 26 Rn. 12; *Bader/Creutzfeldt/ Friedrich* § 26 Rn. 5; *Schaub* ArbGV § 3 Rn. 40) mit der Folge eines Schadensersatzanspruchs. Obgleich ein Verschulden nicht Anspruchsvoraussetzung des § 26 ist (*Grunsky* § 26 Rn. 6; a. A. zu Unrecht *Dietz/Nickisch* § 26 Rn. 8), erfordert § 823 Abs. 2 BGB mindestens fahrlässiges Handeln. 21

c) Neben dem Schadensersatzanspruch kann bei noch andauernden Benachteiligungen ein Unterlassungsanspruch aus § 823 Abs. 2 BGB i. V. m. § 26, § 1004 BGB analog bestehen. 22

2. Strafrechtliche Sanktion (Abs. 2)

In Abs. 2 des § 26 wird die Beschränkung oder Benachteiligung der Übernahme oder Ausübung des Richteramtes unter Strafe gestellt. Es handelt sich bei dieser Vorschrift um ein Vergehen (§ 12 Abs. 1 StGB); der Strafrahmen erstreckt sich auf Freiheitsstrafe bis zu einem Jahr oder Geldstrafe. Gegenüber der Regelung des § 26 im ArbGG 1926, die lediglich eine Geldstrafe vorsah, wurde mit der Androhung einer Freiheitsstrafe die Sanktion erheblich verschärft. Dieser Straftatbestand ist von Amts wegen durch die Staatsanwaltschaft zu verfolgen; es handelt sich dabei weder um ein Antragsdelikt noch ist die Privatklage nach §§ 374 ff. StPO möglich. Es gilt insoweit das Legalitätsprinzip. 23

§ 27 Amtsenthebung der ehrenamtlichen Richter

¹Ein ehrenamtlicher Richter ist auf Antrag der zuständigen Stelle (§ 20) seines Amtes zu entheben, wenn er seine Amtspflicht grob verletzt. ²§ 21 Abs. 5 Satz 2 bis 5 ist entsprechend anzuwenden.

Übersicht

	Rn.
I. Allgemeines	1–4
1. Bedeutung	1, 2
2. Historische Entwicklung	3
3. Parallelnormen	4
II. Rechtsnatur der Amtsenthebung	5
III. Voraussetzungen der Amtsenthebung	6–11
1. Amtspflichtverletzung	6, 7
2. Grobe Amtspflichtverletzung	8–10
3. Antrag der zuständigen obersten Landesbehörde	11
IV. Verfahren	12, 13
V. Wirkungen	14, 15
VI. Zivilrechtliche Haftung	16–21
1. Haftung gegenüber Dritten	16–20
2. Haftung gegenüber dem Staat	21

I. Allgemeines

1. Bedeutung

Mit der Anordnung einer Amtsenthebung im Falle einer groben Pflichtverletzung durch den ehrenamtlichen Richter, die durch Richterspruch vollzogen wird, stellt § 27 eine weitere Absicherung der persönlichen Unabhängigkeit der ehrenamtlichen Richter dar. Da die Gewährleistung der persönlichen Unabhängigkeit in Art. 97 Abs. 2 GG sich 1 nur auf die hauptberuflichen Richter bezieht, bedarf es eigener Vorschriften, um den ehrenamtlichen Richtern als einen Kernbereich persönlicher Unabhängigkeit zu garantieren, dass sie vor Ablauf ihrer Amtszeit gegen ihren Willen nur kraft richterlicher Entscheidung abberufen werden können (BVerfG 9. 5. 1962 BVerfGE 14, 56, 70). Die Voraussetzungen zur Amtsenthebung ehrenamtlicher Richter sind nicht mit denjenigen identisch, die für Berufsrichter gelten (vgl. §§ 9 Nr. 2, 46, 63, 64 DRiG i. V. m. §§ 5, 10 BDG). Dies ist verfassungsrechtlich nicht zu beanstanden, weil dem ehrenamtlichen Richter bei einer Amtsenthebung nicht zugleich die wirtschaftliche Existenzgrundlage entzogen wird (BVerfG 6. 5. 2008, NJW 2008, 2568).

2   Sowohl § 27 als auch § 28 stellen Disziplinarmaßnahmen gegen ehrenamtliche Richter zur Verfügung. Je nach der Schwere der Amtspflichtverletzung kommt als Disziplinarstrafe die Festsetzung eines Ordnungsgeldes (§ 28) oder eine Amtsenthebung (§ 27) in Betracht. Weitere disziplinarische Maßnahmen stehen gegen ehrenamtliche Richter nicht zur Verfügung.

2. Historische Entwicklung

3   Bereits das Gewerbegerichtsgesetz von 1890 und das Kaufmannsgerichtsgesetz von 1904 sahen eine „Amtsentsetzung" für ehrenamtliche Richter bei groben Amtspflichtverletzungen vor. Allerdings fanden für das gerichtliche Einsetzungsverfahren die Vorschriften über das Strafverfahren Anwendung. Seit Erlass des Arbeitsgerichtsgesetzes 1926 wird das Amtsenthebungsverfahren von einer besonderen Kammer des Landesarbeitsgerichts (vgl. *Dersch/Volkmar* 5. Aufl. 1934 § 27 Anm. 4) durchgeführt. Erst durch das Arbeitsgerichtsgesetz 1953 wurde ein Antragsrecht der obersten Landesarbeitsbehörde geschaffen; Voraussetzung für ein Amtsenthebungsverfahren ist seitdem ein entsprechender Antrag. Sachlich fand § 27 durch das Arbeitsgerichtsgesetz 1979 keine Änderung. Durch das Arbeitsgerichtsgesetz-Änderungsgesetz vom 26. 6. 1990 ist § 27 dahin geändert, dass antragsberechtigt die zuständige oberste Landesbehörde ist. Nunmehr verweist das Gesetz auf die zuständige Stelle i. S. von § 20 (Änderung durch das Arbeitsgerichtsbeschleunigungsgesetz 2000).

3. Parallelnormen

4   Die Amtsentbindung bei grober Pflichtverletzung durch die ehrenamtlichen Richter ist nicht nur im arbeitsgerichtlichen Verfahren bekannt. Entsprechend der allgemeinen Anordnung eines gerichtlichen Verfahrens für die Abberufung eines Richters wider Willen in § 44 Abs. 2 DRiG stellen die Verfahrensordnungen für die verschiedenen Arten der Richter besondere Voraussetzungen auf. Sowohl in § 24 Abs. 1 Nr. 2 VwGO als auch in § 21 Abs. 1 Nr. 3 FGO ist unter den gleichen Voraussetzungen wie bei § 27 die Amtsentbindung vorgesehen; lediglich der Verfahrensbeginn wird durch einen Antrag des Präsidenten des jeweiligen Gerichts, der auch dem Richterwahlausschuss für die ehrenamtlichen Richter angehört, bestimmt. Auch § 22 SGG kennt eine Amtsenthebung bei groben Amtspflichtverletzungen. Zu beachten ist jedoch dort, dass die Verfahrensaufnahme keines Antrags bedarf.

II. Rechtsnatur der Amtsenthebung

5   Die Amtsenthebung des ehrenamtlichen Richters stellt eine Disziplinarmaßnahme dar. Ziel einer solchen Maßnahme ist es, den Richter durch die Zufügung eines Übels zur ordnungsgemäßen Erfüllung seiner Pflichten anzuhalten bzw. ihn dann aus dem Amt zu entfernen, wenn er als Richter nicht mehr tragbar ist (*Schmidt-Räntsch* Vor §§ 63, 64 Rn. 2). Es handelt sich also nicht um eine Kriminalstrafe als Sühne für begangenes Unrecht (vgl. auch *Schuldt* AuR 1961, 172, 174).

III. Voraussetzungen der Amtsenthebung

1. Amtspflichtverletzung

Es muss durch den ehrenamtlichen Richter eine Amtspflicht verletzt werden. In **6** Betracht kommt jede sich aus dem Richteramt ergebende Pflicht (LAG Frankfurt 23. 3. 1950 RdA 1951, 195; *Brill* DB 1970, Beilage Nr. 4, S. 1, 3; *Schaub* ArbGV § 3 Rn. 55, 56). Darunter fallen zunächst alle gesetzlich vorgeschriebenen Pflichten im Zusammenhang mit der richterlichen Tätigkeit. Zu erwähnen ist die Pflicht zur Eidesleistung nach § 45 Abs. 2 DRiG vor Dienstantritt; die Mitwirkung an den Beratungen und Abstimmungen, § 53 Abs. 2 ArbGG, §§ 192 ff. GVG; die Pflicht zur Wahrung des Beratungsgeheimnisses, §§ 45 Abs. 1 Satz 2, 43 DRiG; die Pflicht zur Unterschriftsleistung unter die Entscheidung, §§ 60 Abs. 3 Satz 2, 69 Abs. 1, 75 Abs. 2. Aber auch die Pflicht zum pünktlichen Erscheinen bei den Sitzungen (*Schaub* ArbGV § 3 Rn. 55, 56) sowie das Erscheinen in gebührlicher Kleidung und das gebührliche Verhalten bei den Sitzungen (*Schuldt* AuR 1961, 172, 174) zählen dazu.

Auch außeramtliches Verhalten des ehrenamtlichen Richters kann unter Umständen **7** geeignet sein, eine grobe Amtspflichtverletzung darzustellen (BVerfG 6. 5. 2008, NJW 2008, 2568; LAG Frankfurt 23. 3. 1950 RdA 1951, 195; *Künzl* ZZP 104, 188; *Wolmerath* Rn. 261; *Frehse* NZA 1993, 919; *Ide* Die Arbeitsgerichtsbarkeit, Festschr. zum 100jähr. Bestehen des Dt. Arbeitsgerichtsverbandes, 1994, S. 262; *Thiele* RdA 1954, 453). Da das Amt als ehrenamtlicher Richter nicht erst Wirkungen entfaltet, wenn die Verhandlung beginnt und mit Ende der Verhandlung nicht wieder verloren geht (so aber zu Unrecht *Kaßmann* RdA 1951, 96; *ders.* Anm. zu LAG Frankfurt 23. 3. 1950 RdA 1951, 196; *Thiele* RdA 1953, 245), sondern das Richterverhältnis die ganze Person des Richters erfasst, verpflichtet es nicht nur innerhalb, sondern auch außerhalb des Amtes zur Wahrung der richterlichen Pflichten (*Schmidt-Räntsch* § 39 Rn. 3; *Berger-Delhey* BB 1988, 1662, 1669; *Künzl* ZZP 104, 189; vgl. auch LAG Hamm 26. 11. 1992 DB 1993, 47 = NZA 1993, 476). Insbesondere dann, wenn durch die außeramtliche Handlung des Richters das Vertrauen an seiner Objektivität gefährdet wird, erscheint das Amtsenthebungsverfahren nach § 27 geboten (*Grunsky* § 27 Rn. 2; *Wolmerath* Rn. 261; *Schaub* ArbGV § 3 Rn. 55; *Schuldt* AuR 1961, 172, 174). Beispielsweise kommt dafür ein ungebührliches Verhalten in der Öffentlichkeit in Betracht (LAG Frankfurt 23. 3. 1950 RdA 1951, 195, gegenseitige Tätlichkeiten mit dem Beistand einer Partei im Gerichtsgebäude) oder eine herabwürdigende Kritik an den übrigen Mitgliedern des Gerichts (*Schuldt* AuR 1961, 172, 174; *Brill* DB 1970, Beilage Nr. 4, S. 1, 3). Zu beachten ist, dass weder die Art der politischen und gewerkschaftlichen noch der religiösen Anschauungen als solche einen Enthebungsgrund darstellen (LAG Hamm 4. 8. 1992 NJW 1993, 281, und 26. 11. 1992 DB 1993, 47; *Dersch/Volkmar* § 27 Rn. 3). Dagegen stellen die Teilnahme an Diffamierungskampagnen gegen die Verfassung oder Verfassungsorgane sowie der Aufruf zu Gewaltaktionen und ähnliches eine Amtspflichtverletzung dar. Bereits die Verantwortlichkeit für ein Flugblatt mit unverantwortlichen Pauschalverdächtigungen gegen Ausländer kann hierfür ausreichen (insoweit a. A. LAG Hamm 26. 11. 1992 DB 1993, 47 = NZA 1993, 476). Nach BVerfG 6. 5. 2008, NJW 2008, 2568, reicht zu Recht bereits das Zusammenwirken zur Herstellung verfassungsfeindlichen Liedguts aus. Zur Problematik der Mitgliedschaft in einer verfassungsfeindlichen Partei vgl. LAG Hamm 26. 11. 1992 NZA 1993, 476; *Frehse* NZA 1993, 915. Eine Entfernung aus dem Amt allein wegen der jeweiligen Mitgliedschaft ist nicht möglich (so zu Recht *Frehse* NZA 1993, 915). Entscheidend ist die Würdigung einzelner Verhaltensweisen.

2. Grobe Amtspflichtverletzung

8 Die Amtspflichtverletzung muss in ihrem Ausmaß eine grobe sein. Die Bewertung der Verletzung als „grob" hat sowohl nach objektiven als auch nach subjektiven Gesichtspunkten zu erfolgen (*Schaub* ArbGV § 3 Rn. 56). Objektiv liegt eine grobe Pflichtverletzung dann vor, wenn es sich im konkreten Fall um einen schwerwiegenden Verstoß gegen eine Amtspflicht handelt, der es erforderlich macht, zur Wahrung des Ansehens der Rechtspflege den Richter seines Amts zu entheben. Dies kann beispielsweise bei der wiederholten Verletzung der Pflicht zur Wahrung des Beratungsgeheimnisses oder einer beständigen Verweigerung der Eidesleistung der Fall sein.

9 Zusätzlich bedarf es für eine grobe Amtspflichtverletzung auch der subjektiven Verantwortlichkeit des Richters. Neben den Fällen, in denen der ehrenamtliche Richter unter bewusster Missachtung seiner Pflichten handelt (*Grunsky* § 27 Rn. 3), kann bereits dann eine Verantwortlichkeit bejaht werden, wenn der Richter hätte erkennen können und wissen müssen, dass seine Handlung die Verletzung einer Amtspflicht darstellt. Ausreichend ist bereits die leichte Fahrlässigkeit (*Schmidt-Räntsch* Vor §§ 63, 64 Rn. 13, für den entsprechenden Fall des Dienstvergehens eines Berufsrichters).

10 Fehlt es an den Voraussetzungen für eine grobe Pflichtverletzung, so kommt als Disziplinarmaßnahme nur die Verhängung einer Ordnungsstrafe in Betracht (s. u. § 28).

3. Antrag der zuständigen obersten Landesbehörde

11 Das Amtsenthebungsverfahren kann *nur* auf Antrag der zuständigen Stelle i. S. von § 20 eingeleitet werden (*Bader/Creutzfeldt/Friedrich* § 27 Rn. 2). Kommt der Behörde ein grober Verstoß gegen eine Amtspflicht zur Kenntnis, so ist sie, gegebenenfalls nach vorheriger Aufklärung, verpflichtet, das Verfahren einzuleiten (*Grunsky* § 27 Rn. 4; *Schuldt* AuR 1961, 172, 174; a. A. *Dietz/Nickisch* § 27 Rn. 8), da anderenfalls die nach § 27 bezweckte Erhaltung des Ansehens der Arbeitsgerichtsbarkeit nicht erfüllt werden kann.

IV. Verfahren

12 Hinsichtlich des weiteren Verfahrens der Amtsenthebung wird im Gesetz auf § 21 Abs. 5 Satz 2 bis 5 verwiesen. Damit entspricht das gerichtliche Verfahren der Amtsenthebung demjenigen der Amtsentbindung nach § 21 Abs. 5 (siehe dazu § 21 Rn. 28 ff.).

13 Die zuständige Kammer des Landesarbeitsgerichts entscheidet nach vorheriger Anhörung des ehrenamtlichen Richters über den Enthebungsantrag. Hinsichtlich der Besetzung, Zustellung, Ladung etc. gelten die allgemeinen Vorschriften des arbeitsgerichtlichen Verfahrens. Da es sich um ein dem Disziplinarverfahren ähnliches Verfahren handelt, ist die Öffentlichkeit von der Verhandlung ausgeschlossen (*Dersch/Volkmar* § 27 Rn. 4). Die Entscheidung der Kammer ergeht durch Beschluss. Eine Anfechtung dieses Beschlusses ist nicht möglich. Der Ausschluss eines Rechtsmittels erscheint verfassungsrechtlich unbedenklich: Da die endgültige Amtsenthebung des ehrenamtlichen Richters (anders als in § 24 Abs. 2 Satz 2) durch eine Entscheidung des Landesarbeitsgerichts erfolgt, wird dem Erfordernis der persönlichen Unabhängigkeit der Richter auch in dem für die ehrenamtlichen Richter geltenden Maße Genüge getan (vgl. § 44 Abs. 2 DRiG). Darüber hinaus gewährleisten weder Art. 19 Abs. 4 GG noch das Rechtsstaatsprinzip einen Instanzenzug (st. Rspr.: BVerfG 21. 10. 1954 BVerfGE 4, 74, 95; BVerfG 22. 6. 1960 BVerfGE 11, 232, 233; BVerfG 18. 2. 1970 BVerfGE 28, 21, 36).

V. Wirkungen

Gibt das Landesarbeitsgericht dem Antrag statt, so wird der Beschluss der Amtsenthebung mit der Verkündung, bei Fehlen einer solchen mit der Zustellung, wirksam. Das Amt als ehrenamtlicher Richter erlischt mit Wirkung ex nunc (*Schuldt* AuR 1961, 172, 175). Die Amtsenthebung hat konstitutive Wirkung (*Dersch/Volkmar* § 27 Rn. 5; *Schuldt* AuR 1961, 172, 175). Daher bleiben alle bis dahin durch den Richter vorgenommenen Handlungen gültig. Eine vorläufige Amtsenthebung oder eine Beurlaubung, selbst bei Vorliegen von Gründen für eine voraussichtliche Amtsenthebung, sind nicht zulässig; weder sieht das Gesetz derartige Maßnahmen vor, noch lassen sie sich mit der konstitutiven Bedeutung des gerichtlichen Beschlusses vereinbaren.

Eine erneute spätere Berufung eines einmal seines Amtes enthobenen ehrenamtlichen Richters ist nicht zulässig (*Dersch/Volkmar* § 27 Rn. 5).

Wird der Antrag durch das Landesarbeitsgericht abgelehnt, so bleibt der Richter im Amt. Ein erneuter Amtsenthebungsantrag kann nicht auf denselben Pflichtverstoß gestützt werden.

Hinsichtlich der Frage der Berufung eines Ersatzmannes für den amtsenthobenen Richter s. o. § 20 Rn. 12.

VI. Zivilrechtliche Haftung

1. Haftung gegenüber Dritten

Wenn es durch die Verletzung einer Amtspflicht eines ehrenamtlichen Richters zu einem Schaden kommt, so sind zivilrechtliche Haftungsansprüche möglich.

a) Ein Anspruch aus § 839 Abs. 1 BGB wegen Verletzung einer gegenüber einem Dritten bestehenden Amtspflicht muss allerdings scheitern, da der ehrenamtliche Richter nicht Beamter i. S. des § 839 Abs. 1 BGB ist. Für die zivilrechtliche Haftung aus § 839 Abs. 1 BGB gilt der staatsrechtliche Beamtenbegriff, wonach die Aushändigung einer Ernennungsurkunde an den Beamten erforderlich ist. Dieses Erfordernis erfüllt der ehrenamtliche Richter nicht (zu den Berufungsvoraussetzungen siehe §§ 20, 21).

b) Eine Staatshaftung für Amtspflichtverletzungen von ehrenamtlichen Richtern nach Art. 34 GG, § 839 BGB kommt gleichfalls nicht in Betracht. Zwar fehlt es in diesem Falle nicht an dem Erfordernis eines Beamten, da der haftungsrechtliche Beamtenbegriff auf die ehrenamtlichen Richter Anwendung findet. Die Voraussetzung eines handelnden Beamten ist bereits dann erfüllt, wenn jemand in Wahrnehmung öffentlicher Aufgaben tätig wird. Dementsprechend ist anerkannt, dass auch die ehrenamtlichen Richter zu den Richtern i. S. des § 839 Abs. 2 Satz 1 BGB gehören und daher dem § 839 BGB unterliegen (MünchKomm/*Papier* BGB 2. Aufl. 1986 § 839 Rn. 279). Auch dem ehrenamtlichen Richter kommt aber bei Amtspflichtverletzungen in der Spruchrichtertätigkeit das Spruchrichterprivileg des § 839 Abs. 2 BGB zugute. Ein Richter haftet danach nur dann, wenn seine Amtspflichtverletzung in der Begehung einer Straftat besteht.

Dieses Privileg erstreckt sich nur auf solche Amtspflichtverletzungen, die im Zusammenhang mit richterlichen Entscheidungen begangen werden. Nach dem Gesetzeszweck soll § 839 Abs. 2 BGB nicht in erster Linie die richterliche Unabhängigkeit gewährleisten, sondern verhindern, dass die Rechtskraftwirkung von Entscheidungen bei gleichbleibender Sachlage durch eine erneute Befassung mit der Sache aufgehoben wird (*Staudinger/Schäfer* BGB 12. Aufl. 1986 § 839 Rn. 424).

Das Privileg erstreckt sich nicht auf pflichtwidrige Verweigerungen oder Verzögerungen der Ausübung des Amtes, § 839 Abs. 2 Satz 2 BGB. In diesem Falle kann es zur Staatshaftung nach Art. 34 GG, § 839 BGB kommen, wenn die Verweigerung oder Verzögerung der Ausübung des Amtes schuldhaft erfolgte. Eine persönliche Haftung des ehrenamtlichen Richters ist allerdings wiederum ausgeschlossen, da der Richter nicht die Beamtenvoraussetzungen hat. Zu denken ist jedoch an die Schadensersatzhaftung nach § 823 Abs. 1 BGB bei schuldhafter Verletzung eines der dort aufgezählten Rechtsgüter sowie nach § 823 Abs. 2 BGB bei Verletzung eines Schutzgesetzes. Schutzgesetz i. S. des § 823 Abs. 2 BGB können dabei beispielsweise Verfahrensvorschriften sein, die objektiv den Schutz eines bestimmten Personenkreises gegen bestimmte Schäden und Arten der Schädigung bezwecken (MünchKomm/*Mertens* BGB 2. Aufl. 1986 § 823 Rn. 143). Erwägenswert erscheint auch die Anerkennung von Art. 6 MRK als Schutzgesetz, da diese Vorschrift als grundlegende Rechtsschutzgarantie einen Anspruch auf eine öffentliche Entscheidung in angemessener Frist vor einem unabhängigen und unparteiischen Gericht gibt.

2. Haftung gegenüber dem Staat

21   Die Haftung des ehrenamtlichen Richters wegen Amtspflichtverletzung gegenüber dem Staat kann aus § 839 BGB nicht hergeleitet werden, wie schon das Reichsgericht zu Recht betont hat. Voraussetzung dieses Anspruchs ist die Verletzung einer einem Dritten gegenüber obliegenden Amtspflicht. Damit ist ausschließlich das Verhältnis zwischen dem Beamten und dem Dritten nach außen gemeint, nicht aber das Innenverhältnis des Beamten gegenüber seiner vorgeordneten Dienststelle (RG 13. 12. 1940 RGZ 165, 324, 332). Auch disziplinarrechtliche Vorschriften, die eine Haftung des ehrenamtlichen Richters vorsehen könnten, bestehen nicht, da der Disziplinarkatalog in §§ 27, 28 abschließend geregelt ist (anders z. B. § 21 Satz 1 SGG, wonach dem ehrenamtlichen Richter auch die durch sein Verhalten verursachten Kosten auferlegt werden können).

§ 28 Ordnungsgeld gegen ehrenamtliche Richter

¹Die vom Präsidium für jedes Geschäftsjahr im voraus bestimmte Kammer des Landesarbeitsgerichts kann auf Antrag des Vorsitzenden des Arbeitsgerichts gegen einen ehrenamtlichen Richter, der sich der Erfüllung seiner Pflichten entzieht, insbesondere ohne genügende Entschuldigung nicht oder nicht rechtzeitig zu den Sitzungen erscheint, ein Ordnungsgeld festsetzen. ²Vor dem Antrag hat der Vorsitzende des Arbeitsgerichts den ehrenamtlichen Richter zu hören. ³Die Entscheidung ist endgültig.

Übersicht

	Rn.
I. Allgemeines	1–5
1. Bedeutung	1
2. Historische Entwicklung	2, 3
3. Parallelnormen	4, 5
II. Voraussetzungen einer Ordnungsstrafe	6, 7
1. Objektiver Tatbestand	6
2. Subjektiver Tatbestand	7
III. Verfahren	8–12
IV. Bemessung der Ordnungsstrafe	13, 14
V. Zivilrechtliche Haftung	15

I. Allgemeines

1. Bedeutung

1   § 28 enthält ebenso wie § 27 die Möglichkeit, Disziplinarmaßnahmen auszusprechen. Bei weniger schwerwiegenden Amtspflichtverletzungen wird gegen den ehrenamtlichen Richter ein Ordnungsgeld verhängt. Die Verhängung des Ordnungsgeldes hat weder

II. Voraussetzungen einer Ordnungsstrafe   § 28

Kriminalstrafencharakter (*Dersch/Volkmar* § 28 Rn. 4) noch dient sie der Erzwingung eines bestimmten Verhaltens (OVG Berlin 31. 8. 1978 NJW 1979, 1175, 1176 für den vergleichbaren Fall des § 33 VwGO; *Grunsky* § 28 Rn. 1; *Dersch/Volkmar* § 28 Rn. 4). Vielmehr soll der Richter damit zur ordnungsgemäßen Erfüllung seiner Pflichten angehalten werden.

2. Historische Entwicklung

Die Androhung eines Ordnungsgeldes bei Pflichtverletzungen durch den ehrenamtlichen Richter fand sich bereits im Gewerbegerichtsgesetz von 1890 und dem Kaufmannsgerichtsgesetz von 1904. Allerdings sahen diese Vorschriften die Anordnung der Disziplinarmaßnahme durch den Vorsitzenden der Kammer, der der ehrenamtliche Richter angehörte, vor. Die Ordnungsmaßnahme konnte in Form der Verhängung eines Ordnungsgeldes oder durch Auferlegung der durch die Pflichtverletzung entstandenen Kosten gestaltet werden. Daneben bestand sowohl die Möglichkeit der ganzen oder teilweisen Rücknahme der Ordnungsmaßnahme sowie der Beschwerde an das Landgericht. Das Arbeitsgerichtsgesetz 1926 hielt diese Regelung in ihren wesentlichen Grundzügen bei; als Disziplinarmaßnahme kam allerdings nur noch die Verhängung eines Ordnungsgeldes in Betracht. Erst im Arbeitsgerichtsgesetz 1953 wurde eine wesentliche Änderung eingeführt: Nun traf die erste Kammer des Landesarbeitsgerichts auf Antrag des Vorsitzenden des Arbeitsgerichts eine unanfechtbare Disziplinarentscheidung durch die Verhängung einer Ordnungsstrafe. Der betroffene ehrenamtliche Richter war vor dem Antrag zu hören.

Abweichend davon entscheidet nunmehr seit 1979 über die Festsetzung eines Ordnungsgeldes eine vom Präsidium für jedes Geschäftsjahr im Voraus bestimmte Kammer des Landesarbeitsgerichts.

3. Parallelnormen

Die Androhung eines Ordnungsgeldes bei Pflichtverletzungen des ehrenamtlichen Richters findet sich in ähnlicher Form auch in anderen Verfahrensordnungen: § 33 VwGO, § 56 GVG, § 30 FGO stellen im Wesentlichen untereinander gleiche Vorschriften zur Verfügung, wonach mit einer Entscheidung des Vorsitzenden der jeweiligen Kammer dem ehrenamtlichen Richter als Disziplinarmaßnahme sowohl ein Ordnungsgeld als auch die durch sein Fehlverhalten verursachten Kosten auferlegt werden können. Die Entscheidung kann sowohl ganz oder teilweise zurückgenommen als auch mit dem Rechtsmittel der Beschwerde (§ 146 VwGO; § 56 GVG i. V. m. § 304 StPO; § 128 FGO) angefochten werden.

Im Falle eines nicht rücknehmbaren Ordnungsgeldes nach § 21 SGG kann gegen die Entscheidung des Vorsitzenden Beschwerde bei einer durch das Präsidium für jedes Geschäftsjahr im Voraus bestimmten Kammer des Sozialgerichts eingelegt werden.

II. Voraussetzungen einer Ordnungsstrafe

1. Objektiver Tatbestand

§ 28 als Auffangtatbestand zu § 27 handelt alle in ihrem Umfang weniger schwerwiegenden und damit von § 27 nicht erfassten Verletzungen der richterlichen Pflichten mit einem Ordnungsgeld. Von dieser Norm werden also alle sich unmittelbar aus dem Richteramt ergebenden Pflichten sowie die Pflicht zu korrektem außerdienstlichen Verhalten erfasst (vgl. zu den Einzelheiten § 27 Rn. 6 f.). Beispielhaft für die Einstufung des Schweregrades i. S. von § 28 führt das Gesetz zwei Fälle auf, nämlich dass ein ehrenamtlicher Richter ohne genügende Entschuldigung nicht oder nicht rechtzeitig zu den

Sitzungen erscheint. Um vergleichbare Fälle von leichten Amtspflichtverletzung handelt es sich auch bei der einmaligen Verweigerung der Abstimmung oder Unterzeichnung des Urteils (*Dersch/Volkmar* § 28 Rn. 2), bei der fortgesetzten Störung der Verhandlungsleitung des Vorsitzenden (*AR-Blattei/Matthes* D IV 5 a) und auch bei der Verletzung der Pflicht zur Amtsverschwiegenheit (*Bader/Hohmann/Klein* S. 97). Vgl. zu § 28 nunmehr *Frehse* NZA 1993, 919.

2. Subjektiver Tatbestand

7   Das Gesetz sieht die Festsetzung einer Ordnungsstrafe für den ehrenamtlichen Richter vor, der sich der Erfüllung seiner Pflichten *entzieht*. Unstreitig fallen unter § 28 alle vorsätzlichen, d. h. bewussten und gewollten Pflichtverletzungen des Richters (GK-ArbGG/*Dörner* § 28 Rn. 4; *Dersch/Volkmar* § 28 Rn. 2; *Grunsky* § 28 Rn. 2). Entgegen einer verbreiteten Ansicht, dass *nur* das vorsätzliche Verhalten des Richters eine Ordnungsstrafe auslösen kann (so *Künzl* ZZP 104, 189 f.; *Grunsky* § 28 Rn. 2; GK-ArbGG/*Dörner* § 28 Rn. 4), kommt auch eine fahrlässige Pflichtverletzung in Betracht. Der Begriff des Sichentziehens kann nicht nur dahin verstanden werden, dass ausschließlich eine bewusste und gewollte Handlung vorgenommen wird. Auch die Pflichtverletzungen, die bei individueller Vorhersehbarkeit und Vermeidbarkeit erfolgen, so zum Beispiel das Übersehen eines Ladungstermins oder die Nichtbeachtung einer zur Sitzung festgesetzten Uhrzeit etc., können zu einem Sichentziehen führen. Durch die Häufung solcher kleinerer Unregelmäßigkeiten besteht die Gefahr, dass das Ansehen der Arbeitsgerichtsbarkeit geschädigt wird. Deshalb bedarf es auch hier eines Instrumentariums, den Richter zur pflichtgemäßen Erfüllung seiner Aufgaben anzuhalten.

III. Verfahren

8   Das Disziplinarverfahren zur Verhängung einer Ordnungsstrafe kommt in Gang durch einen Antrag des Vorsitzenden der Kammer, der der ehrenamtliche Richter angehört. Vor der Antragstellung ist der Richter nach § 28 Satz 2 zu hören, um ihm Gelegenheit zur Wahrung seiner Interessen zu geben. Eine Antragstellung ohne vorherige Gewährung des rechtlichen Gehörs ist unzulässig (*Grunsky* § 28 Rn. 4). Verbleibt der Vorsitzende bei der Ansicht des Vorliegens eines Pflichtenverstoßes, so findet das Disziplinarverfahren vor der vom Präsidium für ein Jahr im Voraus bestimmten Kammer des Landesarbeitsgerichtes statt.

9   Über den Ablauf des gerichtlichen Verfahrens bestehen in § 28 keine Angaben. Jedenfalls bedarf es einer erneuten Anhörung des ehrenamtlichen Richters vor der entscheidenden Kammer, um dem verfassungsrechtlichen Grundsatz des rechtlichen Gehörs Genüge zu tun (so auch *Dietz/Nikisch* § 28 Rn. 7; *Grunsky* § 28 Rn. 5; ähnlich *Dersch/Volkmar* § 28 Rn. 3, der die Grundsätze des Verfahrens nach § 21 Abs. 5 auch bei § 28 anwenden will). Darüber hinaus finden die allgemeinen Vorschriften des Arbeitsgerichtsgesetzes für dieses Verfahren Anwendung mit den Einschränkungen, die der Charakter eines Disziplinarverfahrens mit sich bringt.

10   Bei § 28 handelt es sich um eine Kann-Vorschrift. Das bedeutet jedoch nicht, dass die Frage, ob die Kammer bei festgestelltem Pflichtenverstoß eine Ordnungsstrafe verhängt, im Ermessen steht, sondern allein über die Höhe ist nach pflichtgemäßem Ermessen zu entscheiden. Das Landesarbeitsgericht hat dieses Ermessen pflichtgemäß zu betätigen. Sieht das Landesarbeitsgericht einen leichten Verstoß gegen eine Amtspflicht als gegeben an, so setzt es eine auch in der Höhe angemessene Ordnungsstrafe fest. Stellt sich im Laufe der Verhandlung heraus, dass die Amtspflichtverletzung einen groben Verstoß gegen richterliche Pflichten beinhaltet, so ist das Verfahren auszusetzen (§ 46 Abs. 2 ArbGG, § 148 ZPO), um der obersten Landesarbeitsbehörde die Gelegenheit zu geben,

ein Amtsenthebungsverfahren nach § 27 zu beantragen (*Grunsky* § 28 Rn. 3). Stellt die oberste Behörde einen entsprechenden Antrag, so kann nach § 27 die zuständige Kammer des Landesarbeitsgerichts eine Entscheidung über die Amtsenthebung des Richters treffen. Das ursprüngliche Disziplinarverfahren zur Festsetzung einer Ordnungsstrafe wird in diesem Falle nicht weiterverfolgt. Gibt die Kammer aber dem Antrag nicht statt, so kann ein Ordnungsgeld verhängt werden (*Grunsky* § 28 Rn. 3). Sieht die oberste Landesarbeitsbehörde den Verstoß nicht als einen groben an und stellt sie demgemäß keinen Antrag, so nimmt die entscheidende Kammer des Landesarbeitsgerichts das Ordnungsgeldverfahren wieder auf (§ 46 Abs. 2 ArbGG, § 150 ZPO). Da sie ohne Antrag das Amtsenthebungsverfahren nicht durchführen kann, verbleibt nur die Möglichkeit, einen nach ihrer Ansicht groben Verstoß mit einem entsprechenden Ordnungsgeld zu belegen. Hinsichtlich der Einschätzung der Schwere des Verstoßes ist die entscheidende Kammer demnach nicht an die Entscheidung der Arbeitsbehörde gebunden.

Die Entscheidung der Kammer des Landesarbeitsgerichts ergeht durch Beschluss, welcher dem ehrenamtlichen Richter zuzustellen ist (*Dietz/Nikisch* § 28 Rn. 9; *Dersch/Volkmar* § 28 Rn. 3). Dieser Beschluss ist unanfechtbar. Verfassungsrechtliche Bedenken bestehen dagegen (anders als in § 24 Abs. 2 Satz 2) nicht, da sich weder aus dem Rechtsstaatsprinzip noch aus Art. 19 Abs. 4 GG die Garantie eines Instanzenzuges herleiten lässt (siehe oben § 27 Rn. 13). **11**

Bei Verhängung einer Ordnungsstrafe kann – gestützt auf dieselbe Pflichtverletzung – kein Amtsenthebungsverfahren mehr durchgeführt werden (*Dietz/Nikisch* § 28 Rn. 2). Begeht derselbe ehrenamtliche Richter weiterhin Pflichtverletzungen und kann nur unter Hinzunahme des bereits geahndeten Verstoßes ein Amtsenthebungsverfahren eingeleitet werden, so soll nach anderer Ansicht (*Künzl* ZZP 104, 190 mit Fn. 259; *Grunsky* § 28 Rn. 6; *Schwab/Weth/Liebscher* § 28 Rn. 12) dieses Verfahren gleichwohl möglich sein, wobei speziell *Grunsky* dem ehrenamtlichen Richter im Falle der Amtsenthebung einen Anspruch auf Aufhebung der Ordnungsstrafe geben will. Diese Ansicht unterliegt jedoch schwerwiegenden Bedenken. Zwar kann im Disziplinarrecht der Grundsatz „ne bis in idem" (Art. 103 Abs. 3 GG) keine Anwendung finden (*Kunig* in: von Münch, Grundgesetzkommentar, 2. Aufl. 1983, Art. 103 Rn. 42; anders noch *Dietz/Nikisch* § 28 Rn. 2). Der Ansicht von *Grunsky* steht aber die materielle Rechtskraft des Ordnungsgeldbeschlusses im Wege. Dieser Beschluss wird andernfalls in zweifacher Hinsicht durchbrochen: Zunächst würde über die das Ordnungsgeld auslösende Pflichtverletzung erneut trotz entgegenstehender Rechtskraft entschieden; darüber hinaus würde die ergangene Ordnungsgeldentscheidung, obgleich sie endgültig ist, aufgehoben. Auch in diesem Falle kann daher nur dann ein Amtsenthebungsverfahren angestrebt werden, wenn unabhängig von bereits geahndeten Verstößen eine grobe Amtspflichtverletzung vorliegt. **12**

IV. Bemessung der Ordnungsstrafe

Hinsichtlich der Höhe der zu verhängenden Ordnungsstrafe und ihrer Bemessung finden sich keine Angaben im Gesetz. Für die Höhe des Ordnungsgeldes gelten damit die allgemeinen Bestimmungen: Nach Art. 6 Abs. 1 EGStGB beträgt die in einem Bundesgesetz angeordnete Ordnungsstrafe mindestens 5,– EUR und höchstens 1000,– EUR. **13**

Die entscheidende Kammer des Landesarbeitsgerichts hat die Ordnungsstrafe nach pflichtgemäßem Ermessen festzusetzen. Das Ordnungsgeld ist dabei entsprechend der Schwere der Amtspflichtverletzung zu bemessen. Zusätzlich hat das Gericht die Ziele des Disziplinarverfahrens zu beachten, d.h. eine erzieherische Einwirkung auf den ehrenamtlichen Richter muss gewährleistet sein (OVG Berlin 31. 8. 1978 NJW 1979, 1175, 1176; zustimmend *M. Wolf* NJW 1979, 1176). Sind Anhaltspunkte in der Person des ehrenamtlichen Richters vorhanden, aus denen sich der fehlende Wille zur pflichtgemä- **14** ßen Aufgabenerfüllung ergibt, bietet die Verhängung einer Ordnungsstrafe nach § 28 nicht die geeignete Disziplinarmaßnahme (*M. Wolf* NJW 1979, 1176). In diesem Fall ist eine Amtsenthebung nach § 27 geboten.

V. Zivilrechtliche Haftung

15 Für schuldhafte Pflichtverletzungen durch den ehrenamtlichen Richter scheidet sowohl eine Haftung des Staates nach Art. 34 GG, § 839 BGB wegen des auch für den ehrenamtlichen Richter geltenden Spruchrichterprivilegs (§ 839 Abs. 1 BGB) als auch eine Eigenhaftung des Richters nach § 839 Abs. 1 BGB wegen Fehlens der Beamtenvoraussetzungen aus. Lediglich für die Fälle der pflichtwidrigen Verweigerung oder Verzögerung der Ausübung des Amtes kommt eine Schadensersatzpflicht des Staates nach Art. 34 GG, § 839 Abs. 1 BGB in Betracht (zu den Einzelheiten s. o. § 27 Rn. 20).

§ 29 Ausschuß der ehrenamtlichen Richter

(1) ¹Bei jedem Arbeitsgericht mit mehr als einer Kammer wird ein Ausschuß der ehrenamtlichen Richter gebildet. ²Er besteht aus mindestens je drei ehrenamtlichen Richtern aus den Kreisen der Arbeitnehmer und Arbeitgeber in gleicher Zahl, die von den ehrenamtlichen Richtern aus den Kreisen der Arbeitnehmer und der Arbeitgeber in getrennter Wahl gewählt werden. ³Der Ausschuß tagt unter der Leitung des aufsichtführenden oder, wenn ein solcher nicht vorhanden oder verhindert ist, des dienstältesten Vorsitzenden des Arbeitsgerichts.

(2) ¹Der Ausschuß ist vor der Bildung von Kammern, vor der Geschäftsverteilung, vor der Verteilung der ehrenamtlichen Richter auf die Kammern und vor der Aufstellung der Listen über die Heranziehung der ehrenamtlichen Richter zu den Sitzungen mündlich oder schriftlich zu hören. ²Er kann den Vorsitzenden des Arbeitsgerichts und den die Verwaltung und Dienstaufsicht führenden Stellen (§ 15) Wünsche der ehrenamtlichen Richter übermitteln.

Übersicht

	Rn.
I. Allgemeines	1–5
1. Bedeutung	1
2. Historische Entwicklung	2–4
3. Parallelnormen	5
II. Bildung des Ausschusses	6–12
1. Voraussetzungen	6, 7
2. Wahlverfahren	8–9 a
3. Zusammensetzung	10, 11
4. Entschädigung	12
III. Willensbildung des Ausschusses	13–16
IV. Aufgaben	17–20
1. Anhörung	18, 19
2. Übermittlung von Wünschen	20
V. Der Ausschuss in der Praxis	21

I. Allgemeines

1. Bedeutung

1 In § 29 findet sich eine weitere Angleichung der Stellung des ehrenamtlichen Richters an die des Berufsrichters. Da die Mitgliedschaft im Präsidium als Selbstverwaltungsorgan der Richter nur den Berufsrichtern vorbehalten ist (vgl. § 6 a ArbGG, § 21 Abs. 1

II. Bildung des Ausschusses § 29

Satz 2 GVG), ordnet § 29 die Bildung eines eigenen Selbstverwaltungsorgans der ehrenamtlichen Richter ab einer bestimmten Gerichtsgröße an. Damit wirken die ehrenamtlichen Richter nicht nur bei der Spruchrichtertätigkeit mit, sondern es kommt ihnen auch Einfluss bei den Angelegenheiten der Gerichtsverwaltung zu. Darüber hinaus wird in einem weiteren Bereich der Einfluss der Sozialpartner in der Arbeitsgerichtsbarkeit gesichert, da der Ausschuss paritätisch mit ehrenamtlichen Richtern aus Kreisen der Arbeitnehmer und der Arbeitgeber besetzt ist.

2. Historische Entwicklung

Die Herstellung einer Beteiligung der ehrenamtlichen Richter an der Gerichtsverwaltung fand erstmals im ArbGG 1926 Eingang in das Gesetz. Der damalige § 29 entsprach in seinem sachlichen Gehalt der heutigen Regelung. 2

Während der nationalsozialistischen Zeit blieb zwar die Möglichkeit, sog. Beisitzerausschüsse zu bilden, erhalten; jedoch wurde durch die Fassung des Gesetzes vom 10. 4. 1934 (RGBl. I, S. 313, 324) die Bildung in das pflichtgemäße Ermessen des Landesarbeitsgerichtspräsidiums gestellt. Dieser berief auch die Mitglieder in den Ausschuss. 3

Erst durch das ArbGG 1953 kehrte man zur ursprünglichen Fassung des § 29 zurück mit der zwingenden Anordnung einer Bildung von Ausschüssen sowie deren Besetzung durch eine Wahl nach demokratischen Grundsätzen. 4

3. Parallelnormen

§ 23 SGG sieht zur Beteiligung der ehrenamtlichen Richter in der Sozialgerichtsbarkeit an der Gerichtsverwaltung ebenfalls die Bildung eines Ausschusses vor. Abweichend von § 29 wird nach § 23 SGG an jedem Sozialgericht ein solcher Ausschuss bestehend aus sechs ehrenamtlichen Richtern gebildet. Hinsichtlich der Sitzungstätigkeit und der Aufgabenzuweisung an den Ausschuss sind beide Vorschriften inhaltlich gleich. 5

II. Bildung des Ausschusses

1. Voraussetzungen

Der Ausschuss der ehrenamtlichen Richter ist zwingend bei jedem Arbeitsgericht mit mehr als einer Kammer zu bilden. Die Initiative für die Bildung eines Ausschusses geht dabei in der Regel von den ehrenamtlichen Richtern selbst aus. Für die Arbeitsgerichte, die aus nur einer Kammer bestehen, sieht der Gesetzgeber die zwingende Ausschussbildung nicht vor, da die Zusammenarbeit und Einflussnahme auf Grund der Übersichtlichkeit der Verwaltung von vornherein gewährleistet erscheint (*Schuldt* AuR 1958, 336, 337). Damit ist jedoch keine Aussage darüber getroffen, ob eine solche Ausschussbildung bei einem Arbeitsgericht nur mit einer Kammer unterbleiben muss (so aber *Grunsky* § 29 Rn. 2). Die Möglichkeit der fakultativen Bildung eines Ausschusses verstößt nicht gegen § 29 und kann bei entsprechender Initiative der ehrenamtlichen Richter vorgenommen werden. 6

Weitere Voraussetzung für die Bildung eines Ausschusses ist, dass die mindestens erforderliche Zahl der ehrenamtlichen Richter, je drei aus Kreisen der Arbeitgeber und Arbeitnehmer, an dem Arbeitsgericht vorhanden sind. 7

2. Wahlverfahren

Besondere Vorschriften über das Wahlverfahren enthält § 29 nicht. Aus Abs. 1 ergibt sich nur, dass die Mitglieder des Ausschusses aus der Mitte der ehrenamtlichen Richter paritätisch aus den Arbeitgeber- und Arbeitnehmergruppen gewählt werden. Da es sich bei dem Ausschuss um ein echtes Selbstverwaltungsorgan handelt, ist es nicht möglich, 8 die Wahl durch zwingende Vorschriften der Verwaltung zu regeln, die in irgendeiner Weise materielle Wahlrechte der ehrenamtlichen Richter einschränken. Solche Regelungen können nur die ehrenamtlichen Richter selbst treffen. Auch im Übrigen müssen die ehrenamtlichen Richter das Wahlverfahren festlegen (s. auch u. Rn. 9 a). Um eine einheitliche Wahl bei allen Arbeitsgerichten anzustreben, kann die oberste Landesbehörde im Einvernehmen mit der Justizverwaltung den Erlass von Ausführungsbestimmungen vornehmen (Maßnahme der Gerichtsverwaltung, siehe § 15 Rn. 7, 10 ff.). Die Kompetenz hierzu ergibt sich mangels spezieller Regelung in § 29 aus dem § 15 Abs. 1 Satz 1. In Baden-Württemberg wurde durch die „Richtlinien über die Wahl der Mitglieder des Ausschusses der Arbeitsrichter und Landesarbeitsrichter" vom 11. 8. 1976 davon Gebrauch gemacht, ebenso in Hessen durch die Richtlinien vom 26. 2. 1981 (vgl. *Bader/Hohmann/Klein* Anhang 6, S. 156 ff.; die Richtlinien von Baden-Württemberg waren in der 6. Aufl. 1986 abgedruckt gewesen). Mit einer Delegation der Gerichtsverwaltung auf den Vorsitzenden des Arbeitsgerichts nach § 15 Abs. 2 (siehe oben § 15 Rn. 23) kann auch dieser derartige Anordnungen treffen. Dies wird der Regelfall sein, wobei eine Beteiligung der ehrenamtlichen Richter an der Erstellung einer Wahlordnung als sachgerecht erscheint (*Schuldt* AuR 1958, 336, 337 und *Röhsler* AuR 1970, 65, 66 gehen von einem Einvernehmen mit den ehrenamtlichen Richtern aus).

9 Durch die Wahlordnung muss die Gewähr dafür bestehen, dass die Wahl der ehrenamtlichen Richter nach demokratischen Grundsätzen erfolgt (*Röhsler* AuR 1970, 65, 66). Die Ausführungsmodalitäten sind dabei in das Belieben gestellt, z. B. kann die Wahl sowohl geheim als auch öffentlich erfolgen, eine schriftliche Wahl ist nicht notwendig erforderlich. Weiterhin besteht auch in Bezug auf das Wahlsystem Gestaltungsfreiheit: Sowohl die Grundsätze von Verhältnis- und Mehrheitswahl als auch ein Mischsystem können angewandt werden. Aber auch die Voraussetzungen in organisatorischer Hinsicht wie die Bestellung eines Wahlvorstandes oder die Ladung der ehrenamtlichen Richter zur Wahl müssen in der Wahlordnung eine Regelung finden. Einschränkungen materieller Wahlrechte darf eine solche Wahlordnung nicht enthalten, falls sie nicht durch die ehrenamtlichen Richter selbst verabschiedet worden ist.

9a Ohne landesrechtliche Vorschriften oder Anordnungen über eine Delegation gemäß § 15 Abs. 2 können und müssen die Größe des Ausschusses sowie das Wahlverfahren durch die ehrenamtlichen Richter selbst festgelegt werden. Hierbei kann § 14 Abs. 2 BetrVG mit den dort zu einer getrennten Wahl genannten Verfahrensregeln herangezogen werden (vgl. § 14 Abs. 3, 5, 6, 8 BetrVG).

3. Zusammensetzung

10 Der Ausschuss der ehrenamtlichen Richter besteht aus mindestens je drei ehrenamtlichen Richtern aus der Gruppe der Arbeitnehmer und der Arbeitgeber. Die Mindestzahl von sechs Ausschussmitgliedern ist bindend; nach oben kann die Mitgliederzahl jedoch verändert werden (s. o. Rn. 8, 9, 9 a). Allerdings muss auch bei einer Erhöhung der Mitgliederzahl die paritätische Besetzung des Ausschusses gewährt bleiben (*Dersch/Volkmar* § 29 Rn. 2). Die Erhöhung der Zahl der Ausschussmitglieder über die gesetzliche Mindestgröße von sechs hinaus sollte vermieden werden und kommt nur bei großen Arbeitsgerichten in Betracht. In jedem Fall bedarf eine Erhöhung der Zahl einer Mehrheitsentscheidung sämtlicher ehrenamtlicher Richter.

11 Die Ausschussmitglieder werden in nach Gruppen getrennter Wahl gewählt. Die **Dauer ihrer Mitgliedschaft** im Ausschuss reicht nicht über die Amtszeit als ehrenamtlicher Richter, also längstens vier Jahre (siehe § 20 Rn. 11 ff.), hinaus. Eine Wiederwahl der Ausschussmitglieder ist möglich (*Bader/Hohmann/Klein* S. 81). Eine Teilnahmeverpflichtung der ehrenamtlichen Richter an der Wahl des Ausschusses als Amtspflicht oder als deren Ausfluss besteht nicht (*Brill* DB 1970, Beilage Nr. 4, S. 1, 8). Um für die Tätigkeit des Ausschusses in jeder Situation eine paritätische Besetzung zu gewährleisten, erscheint die Wahl von Ersatzmitgliedern, wiederum nach Gruppen getrennt, möglich (*Röhsler* AuR 1970, 65, 67). Sind einzelne Mitglieder zur Teilnahme an den Sitzungen verhindert, kann die Parität in diesem Falle durch Berufung der Ersatzmitglieder wieder hergestellt werden. Auch bei endgültigem Ausscheiden eines Ausschussmitgliedes kann an seine Stelle ein Ersatzmitglied treten (ablehnend *Schuldt* AuR 1958, 336, 337). Bedenklich wird eine solche Regelung nur dann, wenn durch den ständigen Austausch von Ausschussmitgliedern eine Neuwahl umgangen wird. Es erscheint daher günstig, die Amtsdauer des Ausschusses zeitlich zu begrenzen (so auch *Schuldt* AuR 1958, 336, 337), mit der Folge, dass nach Ablauf der Amtszeit ein neuer Ausschuss zu wählen ist.

Letztlich sollte der Gesetzgeber § 29 Abs. 1 abändern und generell eine 4-jährige Amtszeit im Ausschuss einführen. Nur so könnte die allzu aufwändige, ständig erforderliche Neuwahl von Ausschussmitgliedern (die in der Praxis offenbar weitgehend unterbleibt) vermieden werden.

4. Entschädigung

Für ihre Tätigkeit im Ausschuss erhalten die Mitglieder eine Entschädigung nach dem Justizvergütungs- und -entschädigungsgesetz vom 5. 5. 2004; vgl. im Einzelnen § 6 Rn. 17; Entschädigung wird auch für das Wahlverfahren gewährt (§ 15 Abs. 3 Nr. 2 JVEG). **12**

III. Willensbildung des Ausschusses

Der Ausschuss der ehrenamtlichen Richter tagt unter Vorsitz des aufsichtsführenden, bei dessen Fehlen oder Verhinderung unter der Leitung des dienstältesten Vorsitzenden des Arbeitsgerichts. Der Vorsitzende beruft die Sitzungen des Ausschusses ein. Werden vom Richterpräsidium Entscheidungen vorbereitet, für die der Ausschuss ein Anhörungsrecht nach Abs. 3 hat, so erfolgt die Einberufung von Amts wegen (*Dersch/Volkmar* § 29 Rn. 3; *Schuldt* AuR 1958, 336, 337). In anderen Fällen kann der Ausschuss auf Anregung einzelner Mitglieder (a. A. zu Unrecht *Grunsky* § 29 Rn. 4, der die Mehrheit der Mitglieder verlangt) oder des Vorsitzenden, wenn dieser die Einberufung für ratsam betrachtet, zusammentreten. Ein Selbstversammlungsrecht des Ausschusses besteht jedoch nicht (*Röhsler* AuR 1970, 65, 68). **13**

Der die Sitzungen leitende Vorsitzende ist selbst nicht Mitglied des Ausschusses. Ein Stimmrecht steht ihm nicht zu; auch bei einer paritätsbedingten Pattsituation kann er die Entscheidung nicht beeinflussen (*Grunsky* § 29 Rn. 4). **14**

Die gewählten Ausschussmitglieder sind verpflichtet, an den Ausschusssitzungen teilzunehmen. Es handelt sich bei dieser Pflicht um eine Amtspflicht im Sinne der §§ 27, 28, bei deren Verletzung die dort genannten Disziplinarmaßnahmen ausgelöst werden können. **15**

Für seine Arbeit kann sich der Ausschuss eine Geschäftsordnung geben (*Schuldt* AuR 1958, 336, 338). Seine Entscheidungen und Beschlüsse fasst er in kollegialen Sitzungen. Dabei erfolgt die Abstimmung mit einfacher Stimmenmehrheit (*Dersch/Volkmar* § 29 Rn. 3; *Schuldt* AuR 1958, 336, 338). Die auf diese Art und Weise erzielten Beschlüsse des Ausschusses sind sodann durch den Vorsitzenden an die von den ehrenamtlichen Richtern bestimmten Stellen weiterzuleiten. **16**

IV. Aufgaben

Die Aufgaben des Ausschusses der ehrenamtlichen Richter lassen sich in zwei große Gruppen einteilen: Einmal ist der Ausschuss bei bestimmten Aufgaben der richterlichen Selbstverwaltung zwingend anzuhören, § 29 Abs. 2 Satz 1. Darüber hinaus stellt er **17** insofern eine Interessenvertretung der ehrenamtlichen Richter dar, als er Wünsche der Richter an die nach § 15 zuständigen Stellen übermitteln kann, § 29 Abs. 2 Satz 2.

1. Anhörung

18 Für die folgenden Entscheidungen der obersten Landesarbeitsbehörde und des Präsidiums besteht ein Anhörungsrecht des Ausschusses der ehrenamtlichen Richter: Die Bildung von Kammern (§ 17), die Geschäftsverteilung (§ 6a ArbGG, § 21e GVG), die Verteilung der ehrenamtlichen Richter auf die Kammern sowie die Aufstellung der Listen über die Heranziehung der ehrenamtlichen Richter (§ 31). Nicht gesetzlich angeordnet, aber aus dem Sinn des § 29 Abs. 2 Satz 1 ableitbar, besteht das Anhörungsrecht auch bei der Auflösung einer bisher bestehenden Kammer (*Dietz/Nikisch* § 29 Rn. 13).

19 Die nach dem Gesetz vorgesehene Anhörung hat schriftlich oder mündlich zu erfolgen. Unter der Anhörung ist hierbei zu verstehen, dass die ehrenamtlichen Richter eine Stellungnahme zu der betreffenden Frage abgeben, die vom Präsidium zur Kenntnis genommen werden muss. Das Anhörungsrecht reicht jedoch nicht so weit, dass über die Stellungnahme der Richter beraten werden muss oder diese ein Mitwirkungsrecht an der Entscheidung haben (*Bader/Hohmann/Klein* S. 82). Damit beschränkt sich das Anhörungsrecht des Ausschusses auf dessen beratende Funktion (*Röhsler* AuR 1970, 65, 68). Daraus ergibt sich auch, dass ein Unterlassen der Anhörung keine Konsequenzen mit sich bringt. Anders als bei fehlerhaften Beschlüssen des Präsidiums hat die fehlende Anhörung nicht die nicht ordnungsgemäße Besetzung des Gerichts zur Folge und kann demgemäß nicht von Dritten gerügt werden (vgl. dazu *Kissel/Mayer* GVG 4. Aufl. 2005 § 21e Rn. 108; *Dersch/Volkmar* § 29 Rn. 4). Allerdings können die ehrenamtlichen Richter selbst diesen Verstoß gegen § 29 Abs. 2 Satz 1 im Aufsichtswege rügen.

2. Übermittlung von Wünschen

20 Auf Beschluss des Ausschusses hat der Vorsitzende bestimmten Stellen Wünsche der ehrenamtlichen Richter zu übermitteln. Mit dieser Generalklausel wird dem Ausschuss ein weites Betätigungsfeld eröffnet (*Dersch/Volkmar* § 29 Rn. 4; *Röhsler* AuR 1970, 65, 68). Auf diese Weise können beispielsweise die Vorstellungen der ehrenamtlichen Richter betreffend den Sitzungsdienst, Rechtzeitigkeit und Form der Einladung zum Sitzungsdienst, Umfang und Dauer der Sitzungen, Übersendung eines Terminplanes, Art und Weise der Akteneinsicht etc. den zuständigen Stellen zur Kenntnis gebracht werden. Diese sind der Vorsitzende des Arbeitsgerichts, der als geborenes Mitglied dem Präsidium angehört und damit über Geschäftsverteilungsfragen entscheidet (§ 6a ArbGG, § 21a Abs. 2, § 21e GVG, vgl. *Kissel/Mayer* GVG 4. Aufl. 2005 § 21a Rn. 15), und die oberste Landesarbeitsbehörde nach § 15, die im Bereich der Verwaltung und Dienstaufsicht tätig wird (siehe oben § 15 Rn. 5ff.). Aus § 29 Abs. 2 Satz 2 kann kein Anspruch des Ausschusses auf Erfüllung des Wunsches hergeleitet werden. Vielmehr handelt es sich dabei um Anregungen, die im Einzelfall aufgegriffen werden können (weitergehend *Grunsky* § 29 Rn. 7, der eine Pflicht zur Stellungnahme behauptet).

V. Der Ausschuss in der Praxis

21 In der Praxis haben die Ausschüsse der ehrenamtlichen Richter nur eine geringe Bedeutung erlangt. Nach einer Untersuchung von *Röhsler* (AuR 1970, 65 ff.) war im Jahre 1970 noch nicht bei allen Arbeitsgerichten die Bildung von Ausschüssen abgeschlossen. Jedoch ist auch bei vorhandenen Ausschüssen nicht immer eine zufrieden stellende Arbeit gewährleistet, da es häufig am Interesse der ehrenamtlichen Richter fehlt, an Verwaltungsaufgaben mitzuwirken. Eine Aktivierung der Beisitzerausschüsse ist jedoch sinnvoll, da auf diese Weise das Gespräch zwischen Berufsrichtern und ehrenamtlichen Richtern intensiviert und gefördert werden kann. Darüber hinaus erscheint es erforderlich, dass die ehrenamtlichen Richter über den Ausschuss Anteil an den Verwaltungsvorgängen nehmen. Anderenfalls besteht die Gefahr, dass sich die ehrenamtlichen Richter durch Passivität ihres durch § 29 gewährleisteten Rechts der sachlichen Unabhängigkeit begeben. Mit Hilfe von Aufklärungsmaßnahmen durch das betreffende Gericht, aber auch durch die schulenden Verbände, könnte das Interesse der ehrenamtlichen Richter an der Ausschusstätigkeit geweckt werden.

§ 30 Besetzung der Fachkammern

¹Die ehrenamtlichen Richter einer Fachkammer sollen aus den Kreisen der Arbeitnehmer und der Arbeitgeber entnommen werden, für die die Fachkammer gebildet ist. ²Werden für Streitigkeiten der in § 22 Abs. 2 Nr. 2 bezeichneten Angestellten Fachkammern gebildet, so dürfen ihnen diese Angestellten nicht als ehrenamtliche Richter aus Kreisen der Arbeitgeber angehören. ³Wird die Zuständigkeit einer Fachkammer gemäß § 17 Abs. 2 erstreckt, so sollen die ehrenamtlichen Richter dieser Kammer aus den Bezirken derjenigen Arbeitsgerichte berufen werden, für deren Bezirke die Fachkammer zuständig ist.

Übersicht

	Rn.
I. Allgemeines	1, 2
1. Inhalt der Norm	1
2. Die Fachkammern in der Praxis	2
II. Besetzung der Fachkammern	3–5
1. Besetzung nach Satz 1	3, 4
2. Besetzung nach Satz 2	5
III. Die erweiterten Fachkammern	6–8
IV. Gesetzesverstoß	9, 10
1. Verstoß gegen Satz 1 und 3	9
2. Verstoß gegen Satz 2	10

I. Allgemeines

1. Inhalt der Norm

In § 30 befindet sich eine Spezialregelung für die Besetzung der Kammern der Arbeitsgerichte: Bei den nach § 17 Abs. 2 zu bildenden Fachkammern sollen die ehrenamtlichen Richter den Kreisen angehören, für die eine besondere Fachkammer gebildet wird. Eine Ausnahme davon besteht nur für Fachkammern für die in § 22 Abs. 2 Nr. 2 bezeichneten Angestellten, § 30 Satz 2. Auch bei Erstreckung der Zuständigkeit der Fachkammern nach § 17 Abs. 2 Satz 2 auf größere Bezirke enthält § 30 Satz 3 eine Sonderregelung für die Besetzung mit den ehrenamtlichen Richtern. Zur historischen Entwicklung der Fachkammern s. o. § 17 Rn. 1.

1

2. Die Fachkammern in der Praxis

Die Möglichkeit zur Bildung von Fachkammern ergibt sich aus § 17 Abs. 2. In der Praxis haben sie sehr unterschiedliche Bedeutung erlangt. So bestehen beispielsweise in Nordrhein-Westfalen und in Bayern keine Fachkammern, während Berlin für einzelne Wirtschaftsbereiche, z. B. das Baugewerbe, den Einzel- und Großhandel, derartige Kammern gebildet hat (zu weiteren Einzelheiten siehe § 17 Rn. 11). Hervorzuheben ist, dass diese Kammern bisher nur bei den Arbeitsgerichten, nicht aber bei den Landesarbeitsgerichten gebildet worden sind (zu einer Ausnahme vgl. § 35 Rn. 12).

2

II. Besetzung der Fachkammern

1. Besetzung nach Satz 1

3 Die Fachkammern für Streitigkeiten bestimmter Berufe oder Gewerbe sollen nach Satz 1 mit ehrenamtlichen Richtern aus den Arbeitgeber- oder Arbeitnehmerkreisen der betreffenden Berufe oder Gewerbe besetzt werden. Handelt es sich um eine Fachkammer für eine bestimmte Arbeitnehmergruppe, z. B. für technische Angestellte, so sind nur die ehrenamtlichen Richter der Arbeitnehmergruppe den besonderen Fachkenntnissen entsprechend auszuwählen (a. A. *Schwab/Weth/Liebscher* § 30 Rn. 5); demgegenüber gelten für die Besetzung mit Richtern der Arbeitgeberseite keine Besonderheiten (*Grunsky* § 30 Rn. 1).

4 § 30 stellt eine Sollvorschrift dar; das die Geschäftsverteilung vornehmende Präsidium hat § 30 bei der Besetzung der Fachkammern zu beachten. Sind an einem Arbeitsgericht nicht ausreichend spezialisierte ehrenamtliche Richter vorhanden, so können die Fachkammern auch mit anderen Richtern besetzt werden. Eine derartige Besetzung ist nicht unwirksam und führt auch nicht zur unvorschriftsmäßigen Besetzung des Gerichts (*Dietz/Nikisch* § 30 Rn. 8; *Grunsky* § 30 Rn. 1). Ebenso besteht kein Anspruch eines ehrenamtlichen Richters, wegen seiner besonderen Kenntnisse einer Fachkammer zugewiesen zu werden. Er kann seine Interessen nur dadurch zur Geltung bringen, dass er durch den Ausschuss nach § 29 Wünsche äußert (siehe § 29 Rn. 20). Da der Geschäftsverteilungsplan, der auch die Besetzung der Fachkammern mit erfasst, für die Dauer eines Geschäftsjahres beschlossen wird (vgl. § 6a ArbGG, § 21e Abs. 1 Satz 2 GVG; *Kissel/Mayer* GVG 4. Aufl. 2005 § 21e Rn. 97), hat ein Berufswechsel für einen ehrenamtlichen Richter einer Fachkammer zur Folge, dass er für die verbleibende Zeit des Geschäftsjahres die Berufungsvoraussetzungen nicht mehr hat. Sofern noch spezialisierte ehrenamtliche Richter als Ersatzrichter zur Verfügung stehen, wird dieser Richter nicht mehr zu Sitzungen herangezogen. Auch eine Versetzung an eine Kammer erfolgt nicht (*Dersch/Volkmar* § 30 Rn. 10; *Grunsky* § 30 Rn. 1).

2. Besetzung nach Satz 2

5 Für die Fälle, in denen für die in § 22 Abs. 2 Nr. 2 bezeichneten Angestellten (leitende Angestellte) Fachkammern gebildet werden, enthält § 30 Satz 2 eine Ausnahmeregelung. Diese Angestellten können gemäß § 22 Abs. 2 grundsätzlich als ehrenamtliche Richter aus Kreisen der Arbeitgeber herangezogen werden, ohne dass ihre Arbeitnehmerstellung dadurch verändert wird. Bei Bildung einer Fachkammer speziell für ihre Berufsgruppe könnte die Besetzung der Fachkammer ohne die Ausnahmeregelung des Satzes 2 allein aus ehrenamtlichen Richtern in Arbeitnehmerstellung bestehen. Damit wäre das Prinzip der Beteiligung beider Sozialpartner am arbeitsgerichtlichen Verfahren durchbrochen. Zur Erhaltung der paritätischen Besetzung dürfen die in § 22 Abs. 2 Nr. 2 genannten Personen daher in für ihre Berufsgruppe errichteten Kammern die Arbeitgeberseite nicht repräsentieren.

III. Die erweiterten Fachkammern

6 Nach § 17 Abs. 2 Satz 2 besteht die Möglichkeit, durch Rechtsverordnung die Zuständigkeit einer Fachkammer auf die Bezirke anderer Arbeitsgerichte oder deren Teile zu erstrecken. Damit wird der Zuständigkeitsbereich einer Fachkammer erheblich vergrößert. Für den Fall der Erweiterung einer Fachkammer bestehen nach § 30 Satz 3 Besonderheiten hinsichtlich der Besetzung mit ehrenamtlichen Richtern. Die ehrenamtlichen Richter sollen aus allen Bezirken berufen werden, für die die erweiterte Fachkammer zuständig ist. Durch § 30 Satz 3 wird damit die besondere Berufungsvoraussetzung des § 21 Abs. 1 Satz 2, nämlich die Tätigkeit als Arbeitnehmer oder Arbeitgeber im Bezirk des Arbeitsgerichts, für die Besetzung der Fachkammern aufgehoben.

Es handelt sich hierbei um eine Sollvorschrift. Das Ermessen der für die Berufung der **7** ehrenamtlichen Richter zuständigen obersten Landesarbeitsbehörde bezieht sich also nach allgemeinen Gesichtspunkten (o. § 20 Rn. 5) nicht auf die Berufung der ehrenamtlichen Richter außerhalb des eigentlichen Gerichtsbezirks, sondern ebenso wie in Satz 1 auf die erforderlichen Spezialkenntnisse (nicht ganz eindeutig *Grunsky* § 30 Rn. 5).

Die ehrenamtlichen Richter der auswärtigen Bezirke werden nur in der erweiterten **8** Fachkammer tätig. Bei der Verteilung auf eine normale Kammer dürfen sie keine Berücksichtigung finden. Andernfalls würde ihnen eine Berufungsvoraussetzung (§ 21 Abs. 1 Satz 2) fehlen. Folge wäre die nicht ordnungsgemäße Besetzung des Gerichts und die Möglichkeit, dies mit den allgemeinen Rechtsmitteln (insbesondere der Revision, § 547 Nr. 1 ZPO, und der Wiederaufnahmeklage, § 579 Abs. 1 Nr. 1 ZPO) zu rügen (siehe unten Rn. 10). Die Rechte und Pflichten der ehrenamtlichen Richter an der erweiterten Fachkammer entsprechen denen der übrigen ehrenamtlichen Richter.

IV. Gesetzesverstoß

1. Verstoß gegen Satz 1 und 3

Findet bei einer Geschäftsverteilung durch das Präsidium die Vorschrift des § 30 **9** Satz 1 keine Beachtung, obwohl eine eingerichtete Fachkammer mit besonders qualifizierten Richtern besetzt werden könnte, so bleibt dieser Verstoß folgenlos. Eine nicht ordnungsgemäße Besetzung des Gerichts kann in diesem Fall nicht gerügt werden (*Dietz/Nikisch* § 30 Rn. 8; *Grunsky* § 30 Rn. 1). Gleiches gilt für einen Verstoß gegen Satz 3 (*Bader* GK-ArbGG § 30 Anm. 3).

2. Verstoß gegen Satz 2

Mit Hilfe des Satzes 2 soll die paritätische Besetzung des Arbeitsgerichts gewahrt **10** bleiben. Ein Verstoß gegen diese Vorschrift lässt Zweifel an der Objektivität des Gerichts aufkommen. Dieser schwerwiegende Verstoß führt zur nicht ordnungsgemäßen Besetzung des Gerichts (*Grunsky* § 30 Rn. 4). Dem Dritten stehen gegen diesen schweren Verfahrensfehler die allgemeinen Rechtsmittel zur Verfügung (a. A. zu Unrecht *Dersch/Volkmar* § 30 Rn. 10). Insbesondere stellt die nicht ordnungsgemäße Besetzung des Gerichts einen absoluten Revisionsgrund nach § 547 Nr. 1 ZPO dar. Darüber hinaus besteht für den Betroffenen die Möglichkeit, mit Hilfe der Nichtigkeitsklage (§ 579 Abs. 1 Nr. 1 ZPO) die Wiederaufnahme des Verfahrens zu betreiben.

§ 31 Heranziehung der ehrenamtlichen Richter

(1) Die ehrenamtlichen Richter sollen zu den Sitzungen nach der Reihenfolge einer Liste herangezogen werden, die der Vorsitzende vor Beginn des Geschäftsjahres oder vor Beginn der Amtszeit neu berufener ehrenamtlicher Richter gemäß § 29 Abs. 2 aufstellt.

(2) Für die Heranziehung von Vertretern bei unvorhergesehener Verhinderung kann eine Hilfsliste von ehrenamtlichen Richtern aufgestellt werden, die am Gerichtssitz oder in der Nähe wohnen oder ihren Dienstsitz haben.

§ 31 Heranziehung der ehrenamtlichen Richter

Übersicht

	Rn.
I. Allgemeines	1–5
1. Bedeutung	1
2. Historische Entwicklung	2
3. Parallelnormen	3–5
II. Aufstellung der Liste	6–9
III. Heranziehung aus der Liste	10–18
1. Zur Sitzung	10, 11
2. Bindung an die Liste	12
3. Vertagung	13–17
4. Verzicht durch die Parteien	18
IV. Hilfsliste	19

I. Allgemeines

1. Bedeutung

1 Das Verfassungsgebot des gesetzlichen Richters (Art. 101 Abs. 1 Satz 2 GG) fordert u. a. die abstrakte Festlegung der personellen Besetzung der Spruchkörper. Im Hinblick auf die ehrenamtlichen Richter, die in § 31 allein angesprochen sind, müssen deshalb zwei verschiedene Arten der Zuweisung unterschieden werden: zunächst die **Verteilung** ehrenamtlicher Richter auf die Kammern gemäß § 6a ArbGG, § 21e Abs. 1 Satz 1 GVG; sodann innerhalb einer Kammer die Aufstellung einer Liste, nach deren Reihenfolge die ehrenamtlichen Richter dieser Kammer zu den einzelnen Sitzungen herangezogen werden. Nur diesen zweiten Schritt regelt § 31. Daneben bietet § 31 Abs. 2 die Möglichkeit, eine Hilfsliste der ehrenamtlichen Richter zu erstellen, um auch in Sondersituationen eine ordnungsgemäße Besetzung des Gerichts zu gewährleisten.

2. Historische Entwicklung

2 Eine Regelung über die Heranziehung der ehrenamtlichen Richter befand sich bereits im Arbeitsgerichtsgesetz 1926. Dort war die Aufstellung einer Liste nur für den Beginn eines Geschäftsjahres vorgesehen. Im Arbeitsgerichtsgesetz 1953 sollte dann eine Liste auch vor Beginn der Amtszeit neu berufener Arbeitsrichter aufgestellt werden. Das Arbeitsgerichtsgesetz 1979 ermöglicht darüber hinaus noch die Aufstellung einer Hilfsliste für die Heranziehung von Vertretern bei unvorhergesehenen Verhinderungen.

3. Parallelnormen

3 Die Heranziehung der ehrenamtlichen Richter zu den Terminen ist in anderen Verfahrensordnungen unterschiedlich geregelt. Nach § 27 FGO, § 30 VwGO bestimmt das Präsidium des jeweiligen Gerichts die Reihenfolge, nach der die ehrenamtlichen Richter heranzuziehen sind. Listen mit einer Mindestzahl von 12 Richtern werden für jede Kammer/jeden Senat getrennt aufgestellt. Hinsichtlich der Hilfsliste für die Vertreter bestehen keine Unterschiede zum Arbeitsgerichtsgesetz.

4 Auch nach § 6 Nr. 1 SGG übernimmt in der Sozialgerichtsbarkeit das Präsidium die Feststellung der Reihenfolge und die Einteilung der ehrenamtlichen Richter. Die Feststellung wird für mindestens ein Vierteljahr im Voraus getroffen. § 6 Nr. 1 SGG ermöglicht eine Abweichung von der Reihenfolge aus besonderen Gründen.

5 Im Unterschied zum Arbeitsgerichtsgesetz ordnen diese drei Verfahrensordnungen die Einzelheiten über die Heranziehung der Richter zwingend an, während das Arbeitsgerichtsgesetz dazu nur eine Sollvorschrift enthält.

II. Aufstellung der Liste

Die ehrenamtlichen Richter werden in der Reihenfolge einer Liste zu den Sitzungstagen herangezogen. Die Aufstellung einer solchen Liste ist zwingend vorgeschrieben (BAG 30. 1. 1963 AP ArbGG 1953 § 39 Nr. 2; *Dersch/Volkmar* § 31 Rn. 2). Diese Vorschrift bezweckt, dass die Heranziehung nicht nach willkürlicher Auswahl von Fall zu Fall, sondern nach einer im Voraus festgelegten Reihenfolge erfolgt (vgl. schon *Krönig* ArbGer 1927, 331).

Die Liste wird im Voraus für ein Geschäftsjahr, also vor dessen Beginn oder vor Beginn der Amtszeit neu berufener ehrenamtlicher Richter aufgestellt. Die Aufstellung der Liste erfolgt durch den Vorsitzenden der betreffenden Kammer. Allerdings muss er nicht ausdrücklich tätig werden. Ausreichend ist auch, dass der Vorsitzende eine durch das Präsidium aufgestellte Liste stillschweigend billigt (BAG 30. 1. 1963 AP ArbGG 1953 § 39 Nr. 2; *Bader/Creutzfeldt/Friedrich* § 31 Rn. 2). Das Gesetz geht davon aus, dass für die verschiedenen Kammern des Arbeitsgerichts eigene Listen aufgestellt werden (so auch *Dersch/Volkmar* § 31 Rn. 2).

Das Aufstellen einer einzigen allgemeinen Liste für alle Kammern lässt die Frage nach der konkreten Verteilung der Richter auf die einzelnen Kammern offen. Ein solches Verfahren wird dem Grundsatz des Art. 101 Abs. 1 Satz 2 GG nicht gerecht und ist deshalb unzulässig (a. A. *Hauck/Helml* § 31 Rn. 3; GK-ArbGG/*Dörner* § 31 Rn. 5). Die aufzustellenden Listen werden getrennt nach Arbeitgeber- und Arbeitnehmervertretern geführt (BAG 19. 8. 2004 NZA 2004, 1117; *Dietz/Nikisch* § 31 Rn. 2; *Brill* DB 1970, Beilage Nr. 4, S. 1, 4). In welcher Reihenfolge die Richter in der Liste aufgeführt werden, steht im Ermessen des jeweiligen Vorsitzenden. Denkbar ist z. B., dass die Liste nach dem Alphabet oder auch nach dem Berufungsdatum aufgestellt wird (*Bader/Creutzfeldt/Friedrich* § 31 Rn. 3; weitere Gestaltungsmöglichkeiten vgl. BAG 2. 3. 1962 AP ArbGG § 39 1953 Nr. 1). Es ist jedoch auf eine gleichmäßige Heranziehung aller ehrenamtlichen Richter zu achten (*Dietz/Nikisch* § 31 Rn. 11; *Dersch/Volkmar* § 31 Rn. 3; *Franke* ArbGer 1927, 279, 284 f.). In dem Ermessen, das dem Vorsitzenden bei der Aufstellung der Liste zusteht, ist keine unzulässige Einflussnahme auf die Besetzung des Gerichts im konkreten Einzelfall zu sehen. Da die Heranziehung der Richter zwingend in der Reihenfolge der Liste erfolgt (siehe unten Rn. 12), es sich also um eine rotierende Liste handelt (*Dersch/Volkmar* § 31 Rn. 3), ist gewährleistet, dass alle einer Kammer zugewiesenen Richter an der Spruchrichtertätigkeit teilhaben.

Der Vorsitzende hat vor der Aufstellung der Liste den Ausschuss nach § 29 Abs. 2 anzuhören (zu den Einzelheiten siehe § 29 Rn. 18 f.).

III. Heranziehung aus der Liste

1. Zur Sitzung

Die ehrenamtlichen Richter sind „zu Sitzungen" heranzuziehen. Unter einer Sitzung wird dabei nur der einzelne Sitzungstag, nicht aber die Verhandlung einer bestimmten Sache insgesamt verstanden (BAG 2. 3. 1962 AP ArbGG 1953 § 39 Nr. 1; BAG 22. 1. 1987 AP GG Art. 9 Arbeitskampf Nr. 47; BAG 26. 9. 1996 BB 1997, 51; *Bader/Creutzfeldt/Friedrich* § 31 Rn. 6; *Künzl* ZZP 104, 171; *Düwell/Lipke* § 31 Rn. 5).

Wird der ehrenamtliche Richter zur Sitzung geladen, so hat er der Ladung Folge zu leisten (*Schaub* ArbGV § 3 Rn. 48; *Brill* DB 1970, Beilage Nr. 4, S. 1, 4).

2. Bindung an die Liste

12 Für die Heranziehung der ehrenamtlichen Richter ist der Vorsitzende an die Reihenfolge der Liste gebunden. Obgleich es sich bei der Vorschrift nur um eine Sollvorschrift handelt, ist eine Abweichung von der Reihenfolge nicht zulässig. § 31 Abs. 1 konkretisiert das Gebot des gesetzlichen Richters nach Art. 101 Abs. 1 Satz 2 GG. Danach muss die Bestimmung des zuständigen Richters möglichst eindeutig durch Gesetz getroffen werden (BVerfG 16. 1. 1957 BVerfGE 6, 45, 50 f.; BVerfG 8. 2. 1967 BVerfGE 21, 139, 145; BVerfG 16. 7. 1969 BVerfGE 27, 18, 34; BVerfG 28. 10. 1975 BVerfGE 40, 269, 271; *Kunig* in: von Münch, Grundgesetzkommentar, 2. Auflage 1983, Art. 101 Rn. 23). Diesem Erfordernis kann § 31 nur dann entsprechen, wenn die Reihenfolge der Liste bei der Heranziehung eingehalten wird. Eine willkürliche Abweichung von der Reihenfolge stellt einen Verstoß gegen Art. 101 Abs. 1 Satz 2 GG dar, der mit den Rechtsmitteln der Berufung und der Revision (§ 547 Nr. 1 ZPO), aber auch nach Erschöpfung des Rechtsweges mit der Verfassungsbeschwerde angegriffen werden kann (vgl. BAG 26. 9. 1996 BB 1997, 51; ferner BAG 2. 3. 1962 AP ArbGG 1953 § 39 Nr. 1; BAG 30. 1. 1963 AP ArbGG 1953 § 39 Nr. 2; BAG 25. 2. 1983 SAE 1984, 290, 292; zu den Einzelheiten siehe § 16 Rn. 18 ff.). Soweit keine willkürliche Abweichung von der Reihenfolge der Liste vorliegt, wird aus dem Charakter der Sollvorschrift des § 31 Abs. 1 hergeleitet, dass darauf keine verfahrensrechtliche Rüge gestützt werden kann (BAG 30. 1. 1963 AP ArbGG 1953 § 39 Nr. 2; LAG Berlin ARS 4, 18, 20; *Dersch/Volkmar* § 31 Rn. 3; GK-ArbGG/*Dörner* § 31 Rn. 8). Das Wesen der Sollvorschrift bestehe darin, dass aus besonderen, allein aus der Sache zu rechtfertigenden Gründen von der Normalregel abgewichen werden kann (BAG 2. 3. 1962 AP ArbGG § 39 Nr. 1; GK-ArbGG/*Dörner* § 31 Rn. 10; kritisch *Grunsky* § 31 Rn. 3). Dieser Auffassung kann nur im Ergebnis zugestimmt werden. Die Ausgestaltung einer Norm als Sollvorschrift erlaubt keine Abweichung von der Reihenfolge der ehrenamtlichen Richter bei deren Heranziehung. Das schließt auch ein Abweichen aus sachlich gerechtfertigten Gründen aus (wie hier *Schaub* ArbGV § 3 Rn. 48; *Düwell/Lipke* § 31 Rn. 6). Allerdings ist eine solche Abweichung im Hinblick auf die genannte Rechtsprechung des BVerfG zu Art. 101 Abs. 1 Satz 2 GG nicht anfechtbar. Denn die für einen Verstoß gegen Art. 101 Abs. 1 Satz 2 GG aufgestellte Voraussetzung der willkürlichen Abweichung wird allgemein auf die Rüge der nicht vorschriftsmäßigen Besetzung des Gerichts nach § 547 Nr. 1 ZPO übertragen (BAG 26. 9. 1996 BB 1997, 51; BAG 2. 3. 1962 AP ArbGG 1953 § 39 Nr. 1; BAG 25. 8. 1983 SAE 1984, 290, 292; *Stein/Jonas/Grunsky* ZPO, § 551 Rn. 7; *Künzl* ZZP 104, 170 mit Fn. 138). Damit können Verfahrensverstöße, die nicht willkürlich i. S. des Art. 3 GG sind, nicht gerügt werden. Gleiches gilt für irrtümliche Verstöße gegen die Reihenfolge des § 31, da dadurch niemand seinem gesetzlichen Richter entzogen wird (BVerfG 26. 2. 1954 BVerfGE 3, 359, 364; BVerfG 17. 2. 1969 BVerfGE 27, 297, 304; *Grunsky* § 31 Rn. 3). Ein praktisch häufiger Fall der Abweichung von der Liste bei unvorhergesehener Krankheit des betreffenden Richters hat im Übrigen mit der Einführung des § 31 Abs. 2, also der Aufstellung einer Hilfsliste für derartige Fälle, an Aktualität verloren.

3. Vertagung

13 Die Heranziehung der ehrenamtlichen Richter nach der Reihenfolge der Liste führt zu kontrovers diskutierten Ergebnissen in den Fällen der Vertagung (und eventuell der Verlegung) von Sitzungen. Da der Begriff der Sitzung in § 31 als der jeweilige Sitzungstag definiert wird (s. o. Rn. 10), folgt daraus für den Fall der Vertagung oder Verlegung eines Termins, dass für den neuen Sitzungstag in der Reihenfolge der Liste die nächstfolgenden ehrenamtlichen Richter herangezogen werden. Die bereits einmal mit der Sache befassten ehrenamtlichen Richter sollen nach dem BAG nur in Ausnahmefällen

III. Heranziehung aus der Liste   § 31

aus besonderen sachlichen Gründen nochmals herangezogen werden (BAG 2. 3. 1962 AP ArbGG 1953 § 39 Nr. 1: bei entsprechender Regelung im Geschäftsverteilungsplan; zustimmend *Dersch/Volkmar* § 31 Rn. 3; *Bader/Creutzfeldt/Friedrich* § 31 Rn. 8; *Künzl* ZZP 104, 172; *Schaub* ArbGV § 3 Rn. 49). Demgegenüber befürwortet vor allem *Grunsky* (§ 31 Rn. 5), bei Vertagungen etc. die bereits befasst gewesenen ehrenamtlichen Richter wieder heranzuziehen (zustimmend *Herschel* AuR 1980, 321, 325). Er leitet dieses Ergebnis aus § 309 ZPO und wohl auch aus Art. 101 Abs. 1 Satz 2 GG her.

Für das von *Grunsky* vertretene Ergebnis sprechen eine Reihe von **praktischen** Erwägungen: So vermeidet diese Auffassung die Notwendigkeit einer erneuten Einarbeitung anderer Richter; eine übermäßige Stärke der Stellung des Vorsitzenden wird verhindert (so zu Recht auch *Kaßmann* RdA 1951, 376, 377); es ist die Verwertung persönlicher Eindrücke, z. B. aus einer Beweiserhebung, für die Urteilsfindung möglich. Allerdings überzeugt die dogmatische Herleitung dieses Ergebnisses nicht: Art. 101 Abs. 1 Satz 2 GG bietet keine Hilfe, da die Garantie des gesetzlichen Richters nur einen eindeutigen, voraus bestimmbaren Richter meint, nicht aber die Durchführung der Sitzung immer mit demselben Richter. Ansatzpunkt für eine Begründung könnte dagegen der Grundsatz der Unmittelbarkeit der Verhandlung sein, wonach die Verhandlung und die Beweisaufnahme unmittelbar vor dem erkennenden Gericht zu erfolgen hat (*Rosenberg/Schwab/Gottwald* ZPR 16. Aufl. 2004 § 80 I 1). Dieser Grundsatz hat jedoch durch § 309 ZPO eine wesentliche Einschränkung erfahren (*Rosenberg/Schwab/Gottwald* ZPR § 80 II 1); diejenigen Richter, die das Urteil fällen, müssen der mündlichen Verhandlung, womit nur die *letzte* mündliche Verhandlung gemeint ist (*Stein/Jonas/Leipold* ZPO § 309 Rn. 14; *Zöller/Vollkommer* § 309 Rn. 1; *Vollkommer* NJW 1968, 1309), beiwohnen. Damit wird ohne Verletzung des Grundsatzes der Unmittelbarkeit ein Richterwechsel bis zur letzten mündlichen Verhandlung möglich und zulässig. Dieser ist nicht an besondere Gründe wie Urlaub, Krankheit, Pensionierung etc. geknüpft, sondern er kann auch aus Gründen einer sinnvollen Geschäftsverteilung und im Interesse der Beschleunigung des Verfahrens praktiziert werden. Zu Recht hat *Schaub* (ArbGV § 3 IX 5 Rn. 49) darauf hingewiesen, dass eine Heranziehung derselben ehrenamtlichen Richter für vertagte oder verlegte Verhandlungen aus praktischen Erwägungen nicht empfehlenswert ist. Es müsste dann an einem Sitzungstag mit verschiedenen ehrenamtlichen Richtern verhandelt werden, und darüber hinaus könnte es für die Bestimmung der Termine zu erheblichen Verzögerungen kommen, die letztlich nicht im Interesse der Parteien liegen.

Im Ergebnis lassen sich also für beide Auffassungen einleuchtende **praktische** Erwägungen anführen. Andererseits ist ein Richterwechsel nach dem **Gesetz** (§ 309 ZPO) nur im Zeitraum zwischen der letzten mündlichen Verhandlung und der Urteilsverkündung ausgeschlossen (vgl. ausführlich *Vollkommer* NJW 1968, 1309 ff.). Daher verdient die Ansicht des BAG und der h. M. den Vorzug.

Das praktische Gewicht der Streitfrage ist allerdings nicht allzu groß, weil in der Arbeitsgerichtsbarkeit häufiger als in der Zivilgerichtsbarkeit bereits mit einem Termin zur mündlichen Verhandlung das Verfahren abgeschlossen werden kann.

Von dem in der Praxis geübten Verfahren einer rotierenden Liste auch bei mehreren Terminen zur mündlichen Verhandlung kann abgewichen werden, jedoch nur nach von vornherein feststehenden und allgemein anzuwendenden Regeln (vgl. BAG 2. 3. 1962 AP ArbGG § 39 Nr. 1). Der Beschluss einer Kammer (wie er in der Praxis manchmal anzutreffen ist), in einem konkreten Verfahren bei Notwendigkeit eines weiteren Termins zur mündlichen Verhandlung wiederum in gleicher personeller Besetzung ohne Beachtung allgemeiner Besetzungsregeln und ohne besonderen sachlichen Grund zu tagen, ist daher ein Verstoß gegen Art. 101 Abs. 1 Satz 2 GG (so nun auch BAG 26. 9. 1996 BB 1997, 51; a. A. BAG 21. 1. 1987 AP GG Art. 9 Arbeitskampfrecht Nr. 47, unter nicht zutreffender Berufung auf BVerfG 3. 2. 1965 BVerfGE 18, 351; LAG Köln 12. 4. 1985 LAGE BetrVG 1972 § 87 Kontrolleinrichtung Nr. 6). Die Auffassung von *Künzl* (ZZP

4. Verzicht durch die Parteien

18 Ein Verzicht der Parteien auf die Einhaltung der Reihenfolge bei der Heranziehung der ehrenamtlichen Richter und damit ein Verzicht auf die Rüge der ordnungsgemäßen Besetzung des Gerichts ist nicht möglich. Es handelt sich bei § 31 um eine dem öffentlichen Interesse an einer ordnungsgemäßen Rechtsprechung dienende Norm, so dass die Parteien über diese Grundfrage des Prozessrechts nicht verfügen können. Der Mangel des § 31 ist daher unverzichtbar im Sinne des § 295 Abs. 2 ZPO (BAG 25. 8. 1983 SAE 1984, 290, 292; *Bader/Creutzfeldt/Friedrich* § 31 Rn. 10; *Zöller/Greger* § 295 Rn. 4).

IV. Hilfsliste

19 § 31 Abs. 2 eröffnet in Form einer Kannvorschrift die Möglichkeit, für die Fälle der unvorgesehenen Verhinderung die Heranziehung der ehrenamtlichen Richter über eine Hilfsliste zu regeln. Für die Aufstellung der Liste und die Heranziehung der ehrenamtlichen Richter nach der Liste gelten die gleichen Grundsätze wie nach § 31 Abs. 1. Allerdings dürfen die Richter nach der Hilfsliste nur in den Fällen der „unvorhergesehenen Verhinderung" herangezogen werden. Nur ausnahmsweise können berufliche oder auch persönliche Gründe eine unvorhergesehene Verhinderung darstellen (BGH 31. 1. 1978 NJW 1978, 1169; *Grunsky* § 31 Rn. 9). Ebenso fehlt es an dieser Voraussetzung, wenn sich herausstellt, dass die geladenen ehrenamtlichen Richter nicht hätten herangezogen werden dürfen (so auch *Bader/Creutzfeldt/Friedrich* § 31 Rn. 5).

§ 32 *(weggefallen)*

Zweiter Abschnitt. Landesarbeitsgerichte

§ 33 Errichtung und Organisation

¹In den Ländern werden Landesarbeitsgerichte errichtet. ²§ 14 Abs. 2 bis 5 ist entsprechend anzuwenden.

1. Historische Entwicklung

1 Zur historischen Entwicklung kann hier auf § 14 Rn. 3 ff. verwiesen werden.

2. Errichtung und Organisation

2 Die Landesarbeitsgerichte sind Gerichte der Länder. § 33 Satz 1 verpflichtet die Länder zur Errichtung dieser Gerichte. Bezüglich der Einzelheiten der Errichtung und Organisation verweist § 33 in Satz 2 auf § 14 Abs. 2–5 (vgl. dazu oben § 14 Rn. 8, 10 ff.).

3 Die Bundesländer sind ihrer Verpflichtung zur Errichtung der Landesarbeitsgerichte nachgekommen. Dies gilt auch für die neuen Bundesländer (vgl. oben § 8 Rn. 3 und die folgende Übersicht in Rn. 4). Es sind folgende Landesarbeitsgerichte errichtet:

4 *Land Baden-Württemberg*
Stuttgart, Rosenbergstr. 16, 70174 Stuttgart. Auswärtige Kammern: Freiburg, Kirchstr. 7, 79100 Freiburg i. Br.; Mannheim, L 4, 4-6, 68161 Mannheim.

Errichtung und Organisation § 33

Tel. 07 11-1 23-39 71; Fax 07 11-1 23-39 50.

Freistaat Bayern

München, Winzererstr. 104, 80797 München, örtlich zuständig für: Arbeitsgerichtsbezirke Augsburg, Kempten, München, Passau, Regensburg, Rosenheim.

Tel. 0 89-3 06 19-0; Fax 0 89-3 06 19-2 11.

Nürnberg, Roonstr. 20, 90429 Nürnberg, örtlich zuständig für: Arbeitsgerichtsbezirke Bamberg, Bayreuth, Nürnberg, Weiden i. d. Opf., Würzburg.

Tel. 09 11-9 28-0; Fax 09 11-9 28-27 50.

Land Berlin

Berlin, Magdeburger Platz 1, 10785 Berlin.

Tel. 0 30-9 01 71-0; Fax 0 30-9 01 71-2 22 und 333.

Land Brandenburg

Ab 1. 1. 2007 ist es zu einer Zusammenlegung mit dem LAG Berlin gekommen (Staatsvertrag über die Zusammenlegung der Fachobergerichte vom 26. 4. 2004).

Land Bremen

Bremen, Parkallee 79 (Am Stern), 28209 Bremen.

Tel. 04 21-3 61-63 71; Fax 04 21-3 61-65 79.

Land Hamburg

Hamburg, Osterbekstr. 96, 22083 Hamburg.

Tel. 0 40-4 28 63-56 65; Fax 0 40-4 28 63-58 52.

Land Hessen

Frankfurt a. M., Adickesallee 36, 60322 Frankfurt a. M.

Tel. 0 69-15 35-0; Fax 0 69-15 35-5 38.

Land Mecklenburg-Vorpommern

Rostock, August-Bebel-Str. 15-20, 18055 Rostock.

Tel. 03 81-2 41-0; Fax 03 81-2 41-3 54.

Land Niedersachsen

Hannover, Siemensstr. 10, 30173 Hannover.

Tel. 05 11-8 07 08-40; Fax 05 11-8 07 08 25.

Land Nordrhein-Westfalen

Düsseldorf, Ludwig-Erhard-Allee 21, 40227 Düsseldorf, örtlich zuständig für die Bezirke der Arbeitsgerichte Düsseldorf, Duisburg, Essen, Krefeld, Mönchengladbach, Oberhausen, Solingen, Wesel, Wuppertal.

Tel. 02 11-77 70-0; Fax 02 11-77 70-21 99.

Hamm, Marker Allee 94, 59071 Hamm, örtlich zuständig für: die Bezirke der Arbeitsgerichte Arnsberg, Bielefeld, Bocholt, Bochum, Detmold, Dortmund, Gelsenkirchen, Hagen, Hamm, Herford, Herne, Iserlohn, Minden, Münster, Paderborn, Rheine und Siegen.

Tel. 0 23 81-8 91-1; Fax 0 23 81-8 91-2 83.

Köln, Blumenthalstr. 33, 50670 Köln, örtlich zuständig für: die Bezirke der Arbeitsgerichte Aachen, Bonn, Köln und Siegburg.

Tel. 02 21-77 40-1; Fax 02 21-77 40-3 56.

Land Rheinland-Pfalz

Mainz, Ernst-Ludwig-Str. 1, 55116 Mainz.

Tel. 0 61 31-1 41-0; Fax 0 61 31-1 41-95 06.

Saarland

Saarbrücken, Obere Lauerfahrt 10, 66121 Saarbrücken.

Tel. 06 81-5 01-36 03; Fax 06 81-5 01-36 07.

Freistaat Sachsen

Chemnitz, Zwickauer Str. 54, 0 91 12 Chemnitz.

Tel. 03 71-453-0; Fax 03 71-4 53-72 22.
Land Sachsen-Anhalt
Halle, Thüringer Str. 16, 06122 Halle.
Tel. 0371- 45-0; Fax 03 45-2 20-22 39 und 22 40.
Land Schleswig-Holstein
Kiel, Deliusstr. 22, 24114 Kiel.
Tel. 04 31-6 04-0; Fax 04 31-6 04-41 00.
Freistaat Thüringen
Erfurt, Rudolfstr. 46, 99092 Erfurt.
Tel. 03 61-3 77-60 01; Fax 03 61-3 77-60 00.

3. Parallelnormen

5 Parallelnormen zu § 33 finden sich in §§ 2, 3 VwGO; 2, 28 SGG.

§ 34 Verwaltung und Dienstaufsicht

(1) ¹Die Geschäfte der Verwaltung und Dienstaufsicht führt die zuständige oberste Landesbehörde. ²§ 15 Abs. 1 Satz 2 gilt entsprechend.

(2) ¹Die Landesregierung kann durch Rechtsverordnung Geschäfte der Verwaltung und Dienstaufsicht dem Präsidenten des Landesarbeitsgerichts übertragen. ²Die Landesregierung kann die Ermächtigung nach Satz 1 durch Rechtsverordnung auf die zuständige oberste Landesbehörde übertragen.

1 Die Vorschrift entspricht inhaltlich § 15; sie ist verfassungsgemäß (vgl. oben § 15 Rn. 2). Die Änderungen der Norm durch das Arbeitsgerichtsbeschleunigungsgesetz 2000 und das ZPO-Reformgesetz 2001 sind Folgeänderungen zu den §§ 7 und 15.

2 Nach § 34 führt die zuständige oberste Landesbehörde die Verwaltung und Dienstaufsicht über die Landesarbeitsgerichte. Bezüglich der Einzelheiten kann auf die Kommentierung zu § 15 verwiesen werden. Das gilt auch für das Anhörungsrecht der Verbände (§ 34 Abs. 1 Satz 2) und die Übertragung der Verwaltung und Dienstaufsicht auf den **Präsidenten** des LAG (§ 34 Abs. 2).

§ 35 Zusammensetzung, Bildung von Kammern

(1) ¹Das Landesarbeitsgericht besteht aus dem Präsidenten, der erforderlichen Zahl von weiteren Vorsitzenden und von ehrenamtlichen Richtern. ²Die ehrenamtlichen Richter werden je zur Hälfte aus den Kreisen der Arbeitnehmer und der Arbeitgeber entnommen.

(2) Jede Kammer des Landesarbeitsgerichts wird in der Besetzung mit einem Vorsitzenden und je einem ehrenamtlichen Richter aus den Kreisen der Arbeitnehmer und der Arbeitgeber tätig.

(3) ¹Die zuständige oberste Landesbehörde bestimmt die Zahl der Kammern. ²§ 17 gilt entsprechend.

Übersicht

	Rn.
I. Allgemeines	1–4
1. Historische Entwicklung	1–3 a
2. Parallelnormen	4
II. Zusammensetzung der Landesarbeitsgerichte (Abs. 1)	5

II. Zusammensetzung der Landesarbeitsgerichte (Abs. 1) **§ 35**

	Rn.
III. Besetzung der Kammern (Abs. 2)	6–9
1. Normale Besetzung	6
2. Die fehlerhafte Besetzung und ihre Folgen	7, 8
3. Alleinentscheidung durch den Vorsitzenden	9
IV. Zahl der Kammern (Abs. 3)	10–12
1. Bestimmung durch die zuständige oberste Landesbehörde	10
2. Hilfskammern	11
3. Fachkammern	12

I. Allgemeines

1. Historische Entwicklung

a) Mit der Abschaffung der sogenannten großen Kammer für Tarifstreitigkeiten bei den Arbeitsgerichten durch das Arbeitsgerichtsgesetz 1979 sind diese großen Kammern auch bei den Landesarbeitsgerichten abgeschafft worden (zur Begründung vgl. oben § 16 Rn. 1). 1

Im Regierungsentwurf zum Arbeitsgerichtsgesetz 1979 war darüber hinaus eine Umbenennung der Spruchkörper der Landesarbeitsgerichte von Kammern in Senate vorgesehen. An der Besetzung der Senate sollte dadurch nichts geändert werden (BT-Drucks. 8/1567, S. 7). Der Ausschuss für Arbeit und Sozialordnung hat die Umbenennung abgelehnt. Die Umbenennung in Senate könne als Einstieg in die Einführung eines mit drei Berufsrichtern besetzten Spruchkörpers bei den Landesarbeitsgerichten missverstanden werden (BT-Drucks. 8/2535, S. 35). Die geplante Umbenennung ist nicht Gesetz geworden. 2

b) Die vom Ausschuss für Arbeit und Sozialordnung abgelehnte „Senatsbesetzung" mit drei Berufsrichtern und je einem Arbeitnehmer und Arbeitgeberbeisitzer war von dem Präsidenten der Landesarbeitsgerichte im Mai 1960 gefordert worden (RdA 1961, 20 = AuR 1961, 84). Diese Besetzung sei zur Angleichung der Arbeitsgerichtsbarkeit an andere Gerichtsbarkeiten sowie zur Arbeitsentlastung der Vorsitzenden notwendig. In der darauf folgenden wissenschaftlichen Diskussion ist die Senatsbesetzung teils vehement gefordert (*Bötticher* RdA 1962, 1 = NJW 1962, 87; *Gerhard Müller* BB 1967, 1009 m. w. N.) teils heftig abgelehnt worden (*Herschel* AuR 1961, 65; *Wenzel* AuR 1972, 145 m. w. N.). Durch die klare Entscheidung des Arbeitsgerichtsgesetzes 1979 gegen die Senatsbesetzung hat die Diskussion einen (vorläufigen) Abschluss gefunden. 3

c) Für die neuen Bundesländer gelten die in § 16 Rn. 23 gegebenen Hinweise entsprechend. 3a

2. Parallelnormen

Eine § 35 vergleichbare Regelung findet sich in §§ 30 SGG und 9 VwGO. 4

II. Zusammensetzung der Landesarbeitsgerichte (Abs. 1)

Abs. 1 regelt die Zusammensetzung des Landesarbeitsgerichts im Ganzen. Es muss aus dem Präsidenten sowie der erforderlichen Zahl von weiteren Vorsitzenden und ehrenamtlichen Richtern bestehen. Abs. 1 stimmt also mit § 16 Abs. 1 überein (Näheres siehe § 16 Rn. 4 ff.). 5

1985 gab es an den Landesarbeitsgerichten 3018 Richter, davon 141 Berufsrichter und 2877 ehrenamtliche Richter (*Halbach/Mertens/Schwedes/Wlotzke*, Übersicht über das Recht der Arbeit, 2. Aufl. 1987, S. 434). 5a

III. Besetzung der Kammern (Abs. 2)

1. Normale Besetzung

6 Die Kammern des Landesarbeitsgerichts entscheiden in der Besetzung mit einem Vorsitzenden und je einem ehrenamtlichen Richter aus den Kreisen der Arbeitnehmer und der Arbeitgeber. Die Landesarbeitsgerichte entscheiden also in der gleichen Besetzung wie die Arbeitsgerichte (vgl. daher zu den Einzelheiten § 16 Rn. 9 ff.).

2. Die fehlerhafte Besetzung und ihre Folgen

7 Auf Grund der gleichen Besetzung von Arbeitsgerichten und Landesarbeitsgerichten gilt für die fehlerhafte Besetzung beider Spruchkörper nichts Unterschiedliches (vgl. daher § 16 Rn. 13 ff.). Unterschiede ergeben sich allerdings in den Folgen. Die vorschriftswidrige Besetzung des Landesarbeitsgerichts stellt einen absoluten Revisionsgrund gem. § 547 Nr. 1 ZPO dar. Anders als bei der fehlerhaften Besetzung des Arbeitsgerichts (vgl. oben § 16 Rn. 13) kann hier das Urteil allein wegen der fehlerhaften Besetzung aufgehoben und zurückverwiesen werden (§§ 562, 563 ZPO).

8 Das Rügerecht nach § 547 Nr. 1 ZPO ist auch dann nicht gemäß § 295 ZPO ausgeschlossen, wenn beide Parteien sich ausdrücklich mit einer Entscheidung des LAG in der ihnen bekannten fehlerhaften Besetzung einverstanden erklärt haben (BAG 25. 8. 1983 MDR 1984, 347 = SAE 1984, 290).

3. Alleinentscheidung durch den Vorsitzenden

9 Gemäß § 64 Abs. 7 gelten bezüglich der Befugnisse des Vorsitzenden weitgehend die Vorschriften der ersten Instanz (zur Alleinentscheidung in erster Instanz vergleiche oben § 16 Rn. 21). Nicht in zweiter Instanz anwendbar ist § 51 Abs. 2 und mangels Güteverhandlung §§ 54, 55 Abs. 3.

IV. Zahl der Kammern (Abs. 3)

1. Bestimmung durch die zuständige oberste Landesbehörde

10 Die Zahl der an einem Landesarbeitsgericht zu errichtenden Kammern bestimmt die zuständige oberste Landesbehörde. Sie bedarf des Einvernehmens mit der Landesjustizverwaltung bzw. der obersten Arbeitsbehörde. § 17 gilt gemäß § 35 Abs. 3 Satz 2 entsprechend.

2. Hilfskammern

11 Bei den Landesarbeitsgerichten können bei vorübergehender Überbelastung einer Kammer Hilfskammern errichtet werden (vgl. *Kissel/Mayer* GVG 4. Aufl. 2005 § 60 Rn. 11 ff.; nach altem Recht auch BAG 27. 4. 1972 AP ArbGG § 35 Nr. 1). Diese Errichtung fällt aber nicht in die Zuständigkeit der obersten Arbeitsbehörde; zuständig ist vielmehr gemäß § 6a ArbGG i. V. m. § 21e Abs. 3 GVG das Präsidium des Landesarbeitsgerichts (vgl. *Bader* GK-ArbGG § 35; *Kissel/Mayer* GVG 4. Aufl. 2005 § 60 Rn. 14).

3. Fachkammern

12 Gemäß §§ 35 Abs. 3 Satz 2, 17 Abs. 2 können auch bei den Landesarbeitsgerichten **Fachkammern** eingerichtet werden. Zu den Einzelheiten s. o. § 17 Rn. 10 ff. Zurzeit gibt es bei nahezu keinem LAG eine Fachkammer. Eine Ausnahme bilden die Fachkammer

für Öffentlichen Dienst am LAG Schleswig-Holstein und die Bühnenfachkammer am LAG Rheinland-Pfalz.
Zum Fachsenat beim Oberverwaltungsgericht in personalvertretungsrechtlichen Streitigkeiten s. o. § 16 Rn. 12 und u. § 80 Rn. 7 ff.

§ 36 Vorsitzende

Der Präsident und die weiteren Vorsitzenden werden auf Vorschlag der zuständigen obersten Landesbehörde nach Anhörung der in § 14 Abs. 5 genannten Gewerkschaften und Vereinigungen von Arbeitgebern als Richter auf Lebenszeit entsprechend den landesrechtlichen Vorschriften bestellt.

§ 36 regelt die Ernennung des Präsidenten des Landesarbeitsgerichts sowie die Ernennung der weiteren Kammervorsitzenden. Das früher vorgesehene Benehmen (Satz 2 a. F.) ist durch das Arbeitsgerichtsbeschleunigungsgesetz 2000 entfallen.

1. Ernennung

Die Ernennung erfolgt nach landesrechtlichen Vorschriften durch die nach dem betreffenden Landesrecht zuständige Stelle; sie erfolgt auf Vorschlag der zuständigen obersten Landesbehörde. Insoweit entspricht die Regelung des § 36 der des § 18. Bezüglich der Einzelheiten kann auf die dortigen Ausführungen (oben § 18 Rn. 7 ff.) verwiesen werden.

2. Abweichungen von § 18

In folgenden Punkten weicht die Regelung des § 36 von § 18 ab.
a) Im Gegensatz zur ersten Instanz dürfen bei den Landesarbeitsgerichten nur Richter auf Lebenszeit zu Vorsitzenden bestellt werden. Allerdings muss der Vorsitzende nicht unbedingt beim Landesarbeitsgericht auf Lebenszeit ernannt sein. Erforderlich ist nur, dass er überhaupt ein auf Lebenszeit ernannter Richter ist (vgl. BAG 25. 3. 1971 AP ArbGG 1953 § 36 Nr. 3). Es ist daher auch die Abordnung von Richtern der Arbeitsgerichte an die Landesarbeitsgerichte möglich. Die Zulässigkeit der Abordnung von Richtern folgt unmittelbar oder mittelbar aus §§ 29, 37 und 59 DRiG.
b) Bei der Ernennung der Vorsitzenden muss, anders als in erster Instanz, nicht ein Ausschuss mitwirken, vielmehr müssen die in § 14 Abs. 5 genannten Gewerkschaften und Vereinigungen angehört werden. Dass § 36 von Anhörung spricht, während § 18 eine Beratung vorsieht, ist nur ein sprachlicher nicht aber ein sachlicher Unterschied (vgl. *Grunsky* § 36 Rn. 3).

3. Ämterhäufung

Anders als § 18 sieht § 36 nicht vor, dass einem Vorsitzenden zugleich ein weiteres Richteramt bei einem anderen Landesarbeitsgericht übertragen werden kann. Es stellt sich daher die Frage, ob trotz Fehlens einer ausdrücklichen Regelung eine Übertragung möglich ist. § 27 Abs. 2 DRiG steht dem nicht entgegen. Eine Übertragung eines weiteren Richteramtes ist nach Sinn und Zweck dieser Vorschrift immer dann zulässig, wenn die gerichtsverfassungsrechtlichen Vorschriften für die einzelnen Gerichtszweige eine Ämterkumulierung nicht ausschließen (vgl. *Schmidt-Räntsch* DRiG § 27 Rn. 15).
Die Vorschrift des § 18 Abs. 3 regelt in diesem Zusammenhang ausdrücklich die Möglichkeit einer Ämterhäufung. Daraus folgt, dass sie auch bei Landesarbeitsrichtern möglich sein muss; auch dem Vorsitzenden am Landesarbeitsgericht kann daher ein weiteres Richteramt bei einem anderen Landesarbeitsgericht übertragen werden.

§ 37 Ehrenamtliche Richter

(1) Die ehrenamtlichen Richter müssen das dreißigste Lebensjahr vollendet haben und sollen mindestens fünf Jahre ehrenamtliche Richter eines Gerichts für Arbeitssachen gewesen sein.

(2) Im übrigen gelten für die Berufung und Stellung der ehrenamtlichen Richter sowie für die Amtsenthebung und die Amtsentbindung die §§ 20 bis 28 entsprechend.

Übersicht

	Rn.
I. Allgemeines	1–3
1. Bedeutung	1
2. Historische Entwicklung	2
3. Parallelnormen	3
II. Berufungsvoraussetzungen (Abs. 1)	4
III. Berufung und Stellung (Abs. 2)	5

I. Allgemeines

1. Bedeutung

1 § 37 erklärt neben besonderen Berufungsvoraussetzungen die Vorschriften über die ehrenamtlichen Richter bei den Arbeitsgerichten auf die ehrenamtlichen Richter bei den Landesarbeitsgerichten für anwendbar.

2. Historische Entwicklung

2 Nach dem Arbeitsgerichtsgesetz 1926 war für eine Berufung zum ehrenamtlichen Richter am Landesarbeitsgericht eine dreijährige Richtertätigkeit am Arbeitsgericht ausreichend. Mit dem Arbeitsgerichtsgesetz 1953 wurde diese Berufungsvoraussetzung auf vier Jahre angehoben, um die Gewähr für eine besondere Erfahrung der ehrenamtlichen Richter zu schaffen (*Dersch/Volkmar* § 37 Rn. 3). Diese Regelung wurde 1979 beibehalten. Zur Regelung in den neuen Bundesländern vgl. § 16 Rn. 23. Im Jahre 2000 hat der Gesetzgeber die Zeit auf fünf Jahre angehoben (Arbeitsgerichtsbeschleunigungsgesetz).

3. Parallelnormen

3 Die ehrenamtlichen Richter bei den Landessozialgerichten haben in § 35 SGG eine dem § 37 entsprechende Regelung gefunden.

II. Berufungsvoraussetzungen (Abs. 1)

4 Als Berufungsvoraussetzung stellt § 37 abweichend von § 21 auf, dass die ehrenamtlichen Richter an den Landesarbeitsgerichten das 30. Lebensjahr vollendet haben müssen und mindestens fünf Jahre ehrenamtlicher Richter eines Gerichts für Arbeitssachen gewesen sein sollen. Mit dem Gericht für Arbeitssachen ist dabei das erstinstanzliche Gericht gemeint (vgl. auch § 43 Abs. 2; a. A. *Dersch/Volkmar* § 37 Rn. 3, der auch eine Tätigkeit beim Landesarbeitsgericht oder Bundesarbeitsgericht für ausreichend hält). Da § 37 Abs. 1 keine näheren Angaben enthält, ist eine zusammenhängende und unmittelbar vor der Berufung beendete Tätigkeit beim Arbeitsgericht nicht erforderlich (*Dersch/Volkmar* § 37 Rn. 3; *Grunsky* § 37 Rn. 2). In der Gesamtbetrachtung muss der Richter allerdings fünf Jahre tätig gewesen sein. Hinsichtlich der weiteren Berufungsvoraussetzungen ist § 21 entsprechend heranzuziehen.

III. Berufung und Stellung (Abs. 2)

§ 37 Abs. 2 nimmt hinsichtlich der Berufung und Stellung der ehrenamtlichen 5
Richter bei den Landesarbeitsgerichten einen grundsätzlichen Verweis auf die Vorschriften der ehrenamtlichen Richter bei den Arbeitsgerichten vor. Damit unterscheiden sich die ehrenamtlichen Richter am Landesarbeitsgericht von denen an den Arbeitsgerichten nicht. Für die sich im Zusammenhang mit der Berufung, der Stellung, der Amtsentbindung und der Amtsenthebung ergebenden Probleme siehe oben §§ 20 bis 28.

§ 38 Ausschuß der ehrenamtlichen Richter

¹Bei jedem Landesarbeitsgericht wird ein Ausschuß der ehrenamtlichen Richter gebildet. ²Die Vorschriften des § 29 Abs. 1 Satz 2 und 3 und Abs. 2 gelten entsprechend.

Zur Wahrung der Aufgaben der richterlichen Selbstverwaltung der ehrenamtlichen 1
Richter wird beim Landesarbeitsgericht ein Ausschuss gebildet. Im Unterschied zu § 29 besteht ein solcher Ausschuss zwingend bei jedem Landesarbeitsgericht. § 38 Satz 2 verweist auf die Regelungen des § 29. Damit gelten hinsichtlich der Wahl des Vorsitzenden und der Aufgaben des Ausschusses dieselben Bestimmungen wie für die Ausschüsse bei den Arbeitsgerichten. Zu den Einzelheiten siehe § 29 Rn. 6 ff. Gesetzliche Entschädigung wird auch für die Wahl zum Ausschuss gewährt (§ 15 Abs. 3 Nr. 2 JVEG).

§ 39 Heranziehung der ehrenamtlichen Richter

¹Die ehrenamtlichen Richter sollen zu den Sitzungen nach der Reihenfolge einer Liste herangezogen werden, die der Vorsitzende vor Beginn des Geschäftsjahres oder vor Beginn der Amtszeit neu berufener ehrenamtlicher Richter gemäß § 38 Satz 2 aufstellt.
²§ 31 Abs. 2 ist entsprechend anzuwenden.

In § 39 wird eine Regelung darüber getroffen, wie die ehrenamtlichen Richter bei den 1
Landesarbeitsgerichten zu den Sitzungen heranzuziehen sind. Die Vorschrift entspricht dem § 31; zu den Einzelheiten siehe § 31 Rn. 10 ff. Entsprechend § 31 Abs. 2 kann auch beim Landesarbeitsgericht eine Hilfsliste aufgestellt werden; zur Hilfsliste siehe § 31 Rn. 19.

Dritter Abschnitt. Bundesarbeitsgericht

§ 40 Errichtung

(1) Das Bundesarbeitsgericht hat seinen Sitz in Erfurt.
(2) ¹Die Geschäfte der Verwaltung und Dienstaufsicht führt das Bundesministerium für Arbeit und Soziales im Einvernehmen mit dem Bundesministerium der Justiz. ²Das Bundesministerium für Arbeit und Soziales kann im Einvernehmen mit dem Bundesministerium der Justiz Geschäfte der Verwaltung und Dienstaufsicht auf den Präsidenten des Bundesarbeitsgerichts übertragen.

§ 40 Errichtung

Übersicht

	Rn.
I. Historische Entwicklung	1, 2
II. Absatz 1	3–8c
1. Oberster Gerichtshof des Bundes	3
2. Rechtsmittelgericht	4
3. Wahl der Richter	5
4. Sitz und konkreter Terminsort	6–8c
III. Absatz 2	9–11

I. Historische Entwicklung

1 Eine **dritte Instanz** ist in der Arbeitsgerichtsbarkeit erst durch das ArbGG 1926 geschaffen worden. Ziel dieser Maßnahme war die Gewährleistung der „Rechtseinheit im Reiche auf dem Gebiet des Arbeitswesens". (Regierungsentwurf eines Arbeitsgerichtsgesetzes, Berlin 1925, S. 57). Bis zum Inkrafttreten des ArbGG 1926 war die Arbeitsgerichtsbarkeit nur zweistufig. In erster Instanz waren die Gewerbe- und Kaufmannsgerichte zuständig. Gegen deren Entscheidung war die Berufung zum Landgericht möglich; dessen Entscheidung war unanfechtbar (vgl. *Dersch/Volkmar* 5. Aufl., Einl. S. 13). Rechtseinheit war daher nicht gewährleistet.

2 Das **Reichsarbeitsgericht** war gemäß Arbeitsgerichtsgesetz 1926 beim *Reichsgericht* zu errichten; es war Teil des Reichsgerichts (*Dersch/Volkmar* § 40 Rn. 1).

II. Absatz 1

1. Oberster Gerichtshof des Bundes

3 Das BAG ist – im Gegensatz zum RAG – selbständig und von den anderen obersten Gerichten auch organisatorisch unabhängig. Es ist oberster Gerichtshof des Bundes im Sinne des Art. 95 Abs. 1 GG.

Seit dem 3. 10. 1990 ist das BAG auch für alle Rechtsmittel gegen Entscheidungen der Senate für Arbeitsrecht bei den ehemaligen Bezirksgerichten der neuen Bundesländer zuständig, ebenso nunmehr selbstverständlich für alle Revisionen und Rechtsbeschwerden der Landesarbeitsgerichte der neuen Bundesländer. Die am 3. 10. 1990 beim Obersten Gericht der DDR anhängig gewesenen arbeitsrechtlichen Sachen sind ebenfalls auf das BAG übergegangen (vgl. *Kissel* NZA 1990, 837).

2. Rechtsmittelgericht

4 Das BAG ist nahezu ausschließlich Rechtsmittelgericht; in Sonderfällen ist eine Zuständigkeit in erster Instanz denkbar (vgl. GK-ArbGG/*Dörner* § 40 Rn. 4). Das BAG überprüft die Entscheidungen der Vorinstanzen nicht in tatsächlicher, sondern nur in rechtlicher Hinsicht (zur Zuständigkeit im Einzelnen vgl. oben § 8 Rn. 11 f.).

3. Wahl der Richter

5 Zur Wahl der Richter sowie zur Besetzung des BAG vgl. §§ 41 und 42.

4. Sitz und konkreter Terminsort

6 Das BAG hat seinen Sitz seit 22. 11. 1999 in Erfurt. Entsprechend dem früheren Abs. 1a (der durch das ZPO-Reformgesetz 2001 ersatzlos entfallen ist) beruht dies auf der Rechtsverordnung vom 8. 10. 1999 (BGBl. I S. 1954).

II. Absatz 1 **§ 40**

Hausanschrift: Hugo Preuß-Platz 1, 99084 Erfurt.
Postanschrift: 99113 Erfurt.
Telefon: 03 61/26 36-0
Fax: 03 61/26 36-20 00.

Bis zum November 1999 hatte das BAG seit seiner Gründung seinen Sitz in Kassel 6a gehabt. Am 27. 5. 1992 entschied die sog. Föderalismuskommission, dass das BAG von Kassel nach Erfurt verlegt werden solle. Daraufhin änderte der Gesetzgeber zunächst § 40 Abs. 1, wodurch seit 23. 9. 1994 die Möglichkeit bestand, auch Sitzungen in Erfurt abzuhalten, solange Sitz des BAG noch Kassel war. Diese gesetzliche Regelung vom 14. 9. 1994 beendete zunächst den Streit, ob auch schon vor September 1994 Sitzungen in Erfurt zulässig waren (zu dieser Grundsatzfrage s. u. Rn. 7 und 8). Nunmehr hat der Gesetzgeber durch Gesetz vom 23. 7. 1996 (BGBl. I S. 1088) die jetzige Regelung von Abs. 1 geschaffen. Die Übergangsregelung im früheren Abs. 1a ist mit Wirkung zum 31. 12. 2001 wieder entfallen. Die letzte Gerichtssitzung in Kassel fand am 9. 11. 1999 statt, die erste im neuen Gerichtsgebäude (der Berliner Architektin Gesine Weinmiller; vgl. dazu *Fischer* NZA 2004, 408) in Erfurt am 24. 11. 1999.

In der Übergangszeit zwischen 1992 und 1994 kam es zu einzelnen Sitzungen in 7 Erfurt, die jenseits ihrer zeitbedingten Problematik eine grundsätzliche Rechtsfrage aufgeworfen haben: Ausgelöst hatte die Diskussion ein Verfahren des 4. Senats des BAG, bei dem der Vorsitzende Richter als Terminsort einer mündlichen Verhandlung Erfurt bestimmt hatte. Den Antrag auf Aufhebung dieses Termins hatte der Vorsitzende zurückgewiesen (Beschluss 4. 2. 1993 NZA 1993, 237 = ZIP 1993, 230 = AuR 1993, 79). Die dagegen erhobene Gegenvorstellung wurde durch Urteil vom 10. 3. 1993 (ZIP 1993, 466 = SAE 1993, 315) zurückgewiesen. Die zu Beginn der mündlichen Verhandlung in Erfurt nochmals erhobene Rüge wurde schließlich im Zusammenhang mit dem Endurteil zurückgewiesen (BAG 21. 4. 1993 ZIP 1994, 235). Zur Begründung stützte sich die Entscheidung auf § 219 Abs. 1 ZPO. Dieser setze nicht voraus, dass die Durchführung eines Termins am Gerichtsort schlechthin unmöglich sei. Vielmehr liege die Beurteilung der Erforderlichkeit einer solchen Ortsbestimmung im pflichtgemäßen Ermessen des Gerichts. Der 4. Senat legte das Merkmal der Erforderlichkeit in § 219 Abs. 1 ZPO im Sinne einer Zweckmäßigkeit aus, deren sachliche Gründe sich sowohl auf den konkreten Fall als auch auf über den Einzelfall hinausreichende Interessen der Allgemeinheit stützen könnten. Dabei sei allerdings ein Termin am Gerichtssitz die Regel und der auswärtige Termin nur die Ausnahme. Im konkreten Fall sah das BAG eine Ausnahme nach § 219 Abs. 1 ZPO deshalb als gegeben an, weil die Parteien und der rechtliche wie tatsächliche Anlass des Rechtsstreits in den neuen Bundesländern zu lokalisieren waren. Darüber hinaus habe dies die Teilnahme der Parteien an der mündlichen Verhandlung erleichtert und auf diese Weise eine Anschauung von rechtsstaatlichen Abläufen vor den Gerichten ermöglicht. Auch wies das BAG darauf hin, dass es im Sinne des deutschen Einigungsprozesses sei, wenn in der Übergangszeit vor der Veränderung des Gerichtsortes des BAG schon im Einzelfall Verhandlungen in Erfurt stattfinden würden.

Der Streit von 1993 ist vor dem Hintergrund der deutschen Wiedervereinigung zu 8 sehen. Dennoch geht seine Bedeutung über den Einzelfall weit hinaus und hat eine bleibende rechtliche Dimension. Im Ergebnis war 1993 eine Sitzung in Erfurt nicht möglich und nicht von § 219 Abs. 1 ZPO gedeckt. Keiner der dort genannten drei Ausnahmegründe traf zu. Man könnte sogar generell zweifeln, ob überhaupt einer der drei Fälle und insbesondere auch der dritte genannte Ausnahmefall (Erforderlichkeit einer Handlung, die an der Gerichtsstelle nicht vorgenommen werden kann) jemals im Falle der Verhandlung vor einem Revisionsgericht erfüllt sein können. Die Beurteilung der Entscheidung hängt also davon ab, ob man den § 219 Abs. 1 ZPO als Ermächtigung verstehen darf, im Ermessen des Vorsitzenden nach Abwägung der Nützlichkeit eine Bestimmung des Terminsorts vorzunehmen. Die in § 219 ZPO aufgezählten drei Fälle wären dann reine Beispiele (so etwa MünchKommZPO/*Feiber* 1992 § 219 Rn. 3; einschränkend *ders.* in der 2. Aufl. 2000). Der Wortlaut des § 219 Abs. 1 ZPO steht dem freilich klar entgegen. Er zählt drei eindeutig umrissene Ausnahmetatbestände auf, bei deren Vorliegen ein Termin außerhalb der normalen Gerichtsstelle abgehalten wird. Die Entscheidung des BAG war daher sicherlich keine einfache Gesetzesanwendung des § 219 ZPO. Allerdings ist nicht auszuschließen, dass § 219 ZPO in gewissem Umfang analogiefähig ist. Gegen die Entscheidung des BAG bestanden aber selbst dann rechtliche Bedenken, wenn man sie als einen Akt richterlicher Rechtsfortbildung verstehen wollte. Das BAG und andere Revisionsgerichte müssten nämlich bei der Beteiligung von Parteien aus den neuen Bundesländern und bei Lebenssachverhalten, die in den neuen Bundesländern verwurzelt sind, regelmäßig außerhalb der Gerichtsstelle Termine abhalten, wenn man die Begründung des BAG im vorliegenden Fall ernst nehmen wollte. Dies würde aber zwangsläufig das auch vom BAG zu Recht betonte Regel-Ausnahme-Verhältnis in § 219 ZPO vollkommen umkehren. In der Literatur hatte die Entscheidung des BAG ein sehr unterschiedliches Echo gefunden (dem BAG zustimmend: *Däubler* BB 1993, 660; *Hanau* EWiR 1993, 619; *Jost* BB 1993, 662. Kritisch haben sich gegen das BAG geäußert: *Loritz* SAE 1993, 317; *Schwerdtner* EWiR 1993, 311; *Walker* NZA 1993, 491).

8a Das hier vertretene Ergebnis bedeutet auch, dass nunmehr nach der endgültigen Sitzverlagerung des BAG von Kassel nach Erfurt ein Abhalten von Sitzungen außerhalb von Erfurt in aller Regel **nicht** in Betracht kommen wird.

8b Seit dem Wechsel nach Erfurt verlangt das BAG zu Recht, dass Rechtsanwälte von der Verlegung Kenntnis nehmen und alles Erforderliche unternehmen, um Fehladressierungen zu vermeiden (BAG 18. 1. 2000 NJW 2000, 1669).

8c Es ist also auch konsequent, dass der Gesetzgeber nunmehr den früheren Abs. 1a im Rahmen des ZPO-Reformgesetzes ersatzlos gestrichen hat.

III. Absatz 2

9 Die Geschäfte der Verwaltung und Dienstaufsicht (vgl. dazu oben § 15 Rn. 5 ff.) führt der Bundesminister für Arbeit (seit Okt. 2002 BMWA; nunmehr für Arbeit und Soziales) im Einvernehmen (vgl. dazu unten § 117 Rn. 2) mit dem Bundesminister der Justiz.

10 Anders als die obersten Arbeitsbehörden der Länder (§§ 15, 34) bedarf der Bundesarbeitsminister für allgemeine Anordnungen, die die Verwaltung und Dienstaufsicht betreffen, nicht der Zustimmung der in § 14 Abs. 5 genannten Verbände.

11 Im Einvernehmen (vgl. § 117 Rn. 2) mit dem Bundesminister der Justiz kann der Bundesminister für Arbeit (seit Okt. 2002 BMWA; nunmehr für Arbeit und Soziales) die Geschäfte der Verwaltung und Dienstaufsicht auf den Präsidenten des BAG übertragen.

§ 41 Zusammensetzung, Senate

(1) ¹Das Bundesarbeitsgericht besteht aus dem Präsidenten, der erforderlichen Zahl von Vorsitzenden Richtern, von berufsrichterlichen Beisitzern sowie ehrenamtlichen Richtern. ²Die ehrenamtlichen Richter werden je zur Hälfte aus den Kreisen der Arbeitnehmer und der Arbeitgeber entnommen.

(2) Jeder Senat wird in der Besetzung mit einem Vorsitzenden, zwei berufsrichterlichen Beisitzern und je einem ehrenamtlichen Richter aus den Kreisen der Arbeitnehmer und der Arbeitgeber tätig.

(3) Die Zahl der Senate bestimmt das Bundesministerium für Arbeit und Soziales im Einvernehmen mit dem Bundesministerium der Justiz.

II. Zusammensetzung des BAG (Abs. 1) § 41

Übersicht

	Rn.
I. Allgemeines	1, 2
1. Historische Entwicklung	1
2. Parallelnormen	2
II. Zusammensetzung des BAG (Abs. 1)	3–6
1. Zusammensetzung	3
2. Zahl der Richter	4
3. Aufgaben und Befugnisse des Präsidenten	5
4. Aufgaben und Befugnisse der Vorsitzenden	6
III. Besetzung der Senate (Abs. 2)	7–10
1. Normale Besetzung	7
2. Fehlerhafte Besetzung und ihre Folgen	8
3. Entscheidung nur durch die berufsrichterlichen Mitglieder des Senats	9
4. Alleinentscheidung durch den Vorsitzenden	10
IV. Zahl der Senate (Abs. 3)	11, 12
1. Zahl der Senate	11
2. Spezialisierung einzelner Senate	12

I. Allgemeines

1. Historische Entwicklung

Die Besetzung der Senate des obersten Arbeitsgerichts hat sich seit Einführung dieses **1** Gerichts durch das Arbeitsgerichtsgesetz 1926 (vgl. § 40 Rn. 1) nicht geändert. Die Senate waren stets mit einem Vorsitzenden, zwei weiteren Berufsrichtern und zwei Laienrichtern, also insgesamt mit fünf Richtern besetzt. Geändert hat sich lediglich die Bezeichnung dieser Richter. Das Arbeitsgerichtsgesetz 1926 spricht von den Berufsrichtern als den richterlichen Beisitzern, von den ehrenamtlichen Richtern als nichtrichterlichen Beisitzern; das Arbeitsgerichtsgesetz 1953 spricht von berufsrichterlichen Beisitzern sowie von Bundesarbeitsrichtern als nichtberufsrichterlichen Beisitzern.

2. Parallelnormen

Ehrenamtliche Richter gibt es insbesondere auch beim Bundessozialgericht (§ 38 SGG). **2**

II. Zusammensetzung des BAG (Abs. 1)

1. Zusammensetzung

Das BAG besteht aus dem Präsidenten, dem Vizepräsidenten, der erforderlichen Zahl **3** von Vorsitzenden Richtern (derzeit einschließlich des Präsidenten 10, vgl. Handbuch der Justiz 2006/2007, S. 10), von berufsrichterlichen Beisitzern (derzeit 24, vgl. Handbuch der Justiz 2006/2007, S. 10), sowie ehrenamtlichen Richtern (ca. 200, vgl. RdA 1993, 105 f.).

Die ehrenamtlichen Richter werden je zur Hälfte aus den Kreisen der Arbeitgeber und der Arbeitnehmer entnommen.

2. Zahl der Richter

Die Zahl der am BAG erforderlichen Richter hängt von der Zahl der Senate ab (*Dietz/* **4** *Nikisch* § 41 Rn. 5). Die Geschäftsordnung des Bundesarbeitsgerichts (abgedruckt im Anhang zu § 44) bestimmt, dass jeder Senat, einschließlich dem Vorsitzenden, aus mindestens drei Richtern als ständigen Mitgliedern bestehen muss (§ 1 Abs. 1 GO BAG; abgedruckt § 44 Rn. 10). Die Festlegung der genauen Zahl der Richter am BAG obliegt dem Bundesminister für Arbeit (seit Okt. 2002 BMWA; nunmehr für Arbeit und Soziales). Sie ist Maßnahme der Gerichtsverwaltung (vgl. § 15 Rn. 7), die im Einvernehmen mit dem Bundesminister der Justiz erfolgen muss (a. A. *Dietz/Nikisch* § 41 Rn. 8; *Dersch/Volkmar* § 41 Rn. 2, wonach der Bundesminister für Arbeit die Zahl der Berufsrichter im **Benehmen** mit dem Bundesjustizminister bestimmt. Das ergebe sich aus § 42 Abs. 1). Zu den Anforderungen von Einvernehmen und Benehmen vgl. § 117 Rn. 2, 4.

3. Aufgaben und Befugnisse des Präsidenten

5   Die Aufgaben und Befugnisse des Präsidenten des BAG sind in § 3 GO BAG (abgedruckt § 44 Rn. 10) geregelt. Hier sei etwa auf die Leitung und Beaufsichtigung des Geschäftsganges, die Verteilung der Geschäftsräume und seine Stellung als Vorgesetzter und Dienstvorgesetzter der nichtrichterlichen Bediensteten und als Dienstvorgesetzter der Richter hingewiesen.

4. Aufgaben und Befugnisse der Vorsitzenden

6   Zu den Aufgaben und Befugnissen der Vorsitzenden vgl. unten Rn. 10.

III. Besetzung der Senate (Abs. 2)

1. Normale Besetzung

7   Jeder Senat wird grundsätzlich in der Besetzung mit einem Vorsitzenden, zwei berufsrichterlichen Beisitzern und zwei ehrenamtlichen Richtern, von denen einer aus den Kreisen der Arbeitnehmer, einer aus den Kreisen der Arbeitgeber stammen muss, tätig (zu den Ausnahmen von dieser Besetzung vgl. unten Rn. 9 f.).

2. Fehlerhafte Besetzung und ihre Folgen

8   Entscheidet der gesamte Senat anstatt des Kleinen Senats (vgl. dazu unten Rn. 9), hat das keine Rechtsfolgen (vgl. § 16 Rn. 10 und *Grunsky* § 41 Rn. 4). Entscheidet der Kleine Senat bzw. der Vorsitzende, obwohl der gesamte Senat hätte entscheiden müssen, hat das Gericht in falscher Besetzung entschieden. Es kommt dann ein Wiederaufnahmeverfahren gemäß §§ 79 ArbGG, 579 Nr. 1 ZPO in Betracht. Sollte dieses erfolglos bleiben, kann die fehlerhafte Besetzung auch wegen Verstoßes gegen Art. 101 Abs. 1 Satz 2 GG mit der Verfassungsbeschwerde gerügt werden.

3. Entscheidung nur durch die berufsrichterlichen Mitglieder des Senats

9   Verschiedene Entscheidungen werden ohne Zuziehung der ehrenamtlichen Richter nur durch die Berufsrichter getroffen (sog. Kleiner Senat). Es handelt sich um folgende Entscheidungen: Verwerfung der Revision (§ 74 Abs. 2 Satz 2); bestimmte Fälle der Verwerfung der Nichtzulassungsbeschwerde als unzulässig (§ 72 a Abs. 5 Satz 3); Entscheidung über die Revisionsbeschwerde (§ 77 Satz 2) und die Verwerfung der Rechtsbeschwerde (§ 94 Abs. 2 Satz 3 i. V. m. § 74 Abs. 2 Satz 3).

4. Alleinentscheidung durch den Vorsitzenden

10   Gemäß § 72 Abs. 6 gilt § 53 (Befugnisse des Vorsitzenden), nicht aber § 55 (Alleinentscheidung durch den Vorsitzenden) im Verfahren vor dem BAG. Nach ganz h. M. darf der Vorsitzende in den in § 53 genannten Fällen nicht allein entscheiden (a. A. *Dietz/Nikisch* § 41 Rn. 15). Vielmehr sei § 53 für das BAG so auszulegen, dass die berufsrichterlichen Beisitzer bei der Entscheidung mitwirken müssen. Zweck des § 53 Abs. 1 sei nämlich nur, die ehrenamtlichen Richter nicht mitwirken zu lassen. Eine Stärkung des Vorsitzenden über das hinaus, was die ZPO vorsehe, sei mit § 53 ZPO

nicht bezweckt (vgl. BAG 2. 6. 1954 BAGE 1, 13 ff.; GK-ArbGG/*Dörner* § 41 Rn. 3; *Grunsky* § 41 Rn. 5; *Dersch/Volkmar* § 41 Rn. 4 f.). Der Vorsitzende kann also ohne die berufsrichterlichen Beisitzer grundsätzlich keine Beschlüsse erlassen (vgl. *Bader/ Creutzfeldt/Friedrich* § 41 Rn. 3; *Grunsky* § 41 Rn. 5). Er hat nur die Stellung, die die ZPO dem Vorsitzenden des Spruchkörpers einräumt (zu den Einzelheiten der Stellung des Vorsitzenden in der ZPO vgl. *Rosenberg/Schwab/Gottwald* 16. Aufl. 2004 § 20 IV).

IV. Zahl der Senate (Abs. 3)

1. Zahl der Senate

Die Zahl der Senate bestimmt das Bundesministerium für Arbeit (seit Okt. 2002 BMWA; nunmehr für Arbeit und Soziales) im Einvernehmen (dazu § 117 Rn. 2) mit dem Bundesministerium der Justiz. **11**

Die Entscheidung über die Zahl der Senate ist eine Maßnahme der Gerichtsverwaltung; sie ist nicht gerichtlich anfechtbar (vgl. oben § 17 Rn. 7).

Anders als bei den Arbeitsgerichten (§ 17 Abs. 1) und den Landesarbeitsgerichten (§ 35 Abs. 3) müssen die in § 14 Abs. 5 genannten Verbände nicht gehört werden.

Gegenwärtig sind beim BAG zehn Senate gebildet. Zur Besetzung der einzelnen Senate vgl. die jeweiligen Besetzungspläne (unten § 44 Rn. 6).

2. Spezialisierung einzelner Senate

Die Bildung von Fachspruchkörpern für Streitigkeiten bestimmter Berufe und Gewerbe und bestimmter Gruppen von Arbeitnehmern (vgl. § 17 Abs. 2) sieht § 41 nicht vor (vgl. auch GK-ArbGG/*Dörner* § 41 Rn. 6; *Grunsky* § 41 Rn. 2). Eine Spezialisierung der einzelnen Senate des BAG wird aber dadurch erreicht, dass die Geschäftsverteilung beim BAG sich nach den zu entscheidenden Rechtsfragen richtet (vgl. Geschäftsverteilungsplan des BAG für das Geschäftsjahr 1988, RdA 1988, 33 mit Änderung ab 5. 4. 1988, RdA 1988, 294; für 1989 vgl. RdA 1989, 45; für 1990, vgl. RdA 1990, 110; für 1992 vgl. AuR 1992, 20; für 1993 vgl. RdA 1993, 103; für 1994 vgl. AuR 1994, 60; für 1995 vgl. RdA 1995, 107; für 1996 vgl. RdA 1996, 43; für 1997 vgl. AuR 1997, 103; für 1998 vgl. RdA 1998, 48; für 1999 vgl. RdA 1999, 165; für 2001 vgl. AuR 2001, 56; für 2002 vgl. NZA 2002, Heft 4; für 2005 vgl. NZA 2005, Heft 9). **12**

§ 42 Bundesrichter

(1) [1]Für die Berufung der Bundesrichter (Präsident, Vorsitzende Richter und berufsrichterliche Beisitzer nach § 41 Abs. 1 Satz 1) gelten die Vorschriften des Richterwahlgesetzes. [2]Zuständiges Ministerium im Sinne des § 1 Abs. 1 des Richterwahlgesetzes ist das Bundesministerium für Arbeit und Soziales; es entscheidet im Benehmen mit dem Bundesministerium der Justiz.

(2) Die zu berufenden Personen müssen das fünfunddreißigste Lebensjahr vollendet haben.

Übersicht

	Rn.
I. Absatz 1	1–7
1. Berufung der Bundesrichter	1
2. Art. 95 Abs. 2 GG	2
3. Wahlverfahren	3, 4
4. Einzelheiten	5–7
II. Absatz 2	8

I. Absatz 1

1. Berufung der Bundesrichter

1   § 42 regelt die Berufung der Bundesrichter. Damit sind aber, wie sich aus Abs. 1 ergibt, nur die Berufsrichter gemeint. Die Berufung der ehrenamtlichen Richter regelt § 43.

2. Art. 95 Abs. 2 GG

2   Bei der Berufung der Bundesrichter sind die verfassungsrechtlichen Vorgaben des Art. 95 Abs. 2 GG zu berücksichtigen. Nach dieser Vorschrift – die nur für Berufsrichter, nicht aber für ehrenamtliche Richter gilt (BVerfG vom 11. 6. 1969, BVerfGE 26, 186, 201 ff.) – entscheidet über die Berufung der Richter der obersten Gerichtshöfe des Bundes das für das jeweilige Sachgebiet zuständige Bundesministerium gemeinsam mit einem **Richterwahlausschuss.** Dieser Ausschuss besteht aus den für das jeweilige Sachgebiet zuständigen Minister der Länder und einer gleichen Anzahl von Mitgliedern, die vom Bundestag gewählt werden (Art. 95 Abs. 2, 2. Halbsatz).

3. Wahlverfahren

3   Das in Art. 95 Abs. 2 GG angeordnete Wahlverfahren ist durch das Richterwahlgesetz vom 25. 8. 1950, in Kraft getreten am 27. 8. 1950 (mit Änderungen 1968), näher ausgestaltet. Das Richterwahlgesetz hat folgenden Wortlaut:

4   Der Bundestag hat zur Ausführung der Artikel 95 Absatz 3 und 96 Absatz 2 des Grundgesetzes das folgende Gesetz beschlossen:

§ 1
(1) Die Richter der obersten Gerichtshöfe des Bundes werden von dem zuständigen Bundesminister gemeinsam mit dem Richterwahlausschuß berufen und vom Bundespräsidenten ernannt.
(2) Bei der Berufung eines Richters an einen obersten Gerichtshof wirkt der für das jeweilige Sachgebiet zuständige Bundesminister mit.

§ 2
Der Richterwahlausschuß besteht aus den Mitgliedern kraft Amtes und einer gleichen Zahl von Mitgliedern kraft Wahl.

§ 3
(1) Mitglieder kraft Amtes im Ausschuß, der die Richter eines obersten Gerichtshofs wählt, sind die Landesminister, zu deren Geschäftsbereich die diesem obersten Gerichtshof im Instanzenzug untergeordneten Gerichte des Landes gehören.
(2) Sie können sich nur nach den gleichen Regeln vertreten lassen, die für ihre Vertretung in der Landesregierung gelten.

§ 4
(1) Die Mitglieder kraft Wahl müssen zum Bundestag wählbar und im Rechtsleben erfahren sein.
(2) Verändert sich die Zahl der Mitglieder kraft Amtes, so verändert sich die Zahl der Mitglieder kraft Wahl entsprechend. Ihre Neuwahl ist notwendig.
(3) Jedes dieser Mitglieder kann sich durch seinen Stellvertreter vertreten lassen.

§ 5
(1) Die Mitglieder kraft Wahl und ihre Stellvertreter beruft der Bundestag nach den Regeln der Verhältniswahl.
(2) Jede Fraktion kann einen Vorschlag einbringen. Aus den Summen der für jeden Vorschlag abgegebenen Stimmen wird nach dem Höchstzahlverfahren (d Hondt) die Zahl der auf jeden Vorschlag gewählten Mitglieder errechnet. Gewählt sind die Mitglieder und ihre Stellvertreter in der Reihenfolge, in der ihr Name auf dem Vorschlag erscheint.

I. Absatz 1 **§ 42**

(3) Scheidet ein Mitglied aus, so wird sein Stellvertreter Mitglied. Scheidet ein Stellvertreter aus, so wird er durch den nächsten aus der Reihe der nicht mehr Gewählten ersetzt.
(4) Mitgliedschaft und Stellvertretung enden durch Neuwahl oder durch Verzicht, der schriftlich dem Bundesminister der Justiz zu erklären ist.
(5) Jeder neu gewählte Bundestag nimmt eine Neuwahl vor.

§ 6
(1) Der Bundesminister der Justiz verpflichtet die Mitglieder des Richterwahlausschusses und ihre Stellvertreter durch Handschlag auf gewissenhafte Pflichterfüllung.
(2) Die Mitglieder sind zur Verschwiegenheit verpflichtet. Die Genehmigung zur Aussage in gerichtlichen Verfahren erteilt der Bundesminister der Justiz.

§ 7
Ein Mitglied des Richterwahlausschusses ist von der Mitwirkung bei der Wahl eines Richters ausgeschlossen, wenn die Voraussetzungen des § 41 Nr. 3 der Zivilprozessordnung vorliegen.

§ 8
(1) Der Bundesminister der Justiz beruft den Richterwahlausschuß ein.
(2) Die Einladung muss die Tagesordnung für die Sitzung des Richterwahlausschusses enthalten und den Mitgliedern mindestens eine Woche vor der Sitzung zugehen.

§ 9
(1) Der zuständige Bundesminister oder sein Vertreter in der Bundesregierung führt den Vorsitz. Er hat kein Stimmrecht.
(2) Die Sitzungen sind nicht öffentlich.
(3) Über jede Sitzung wird eine Niederschrift gefertigt.

§ 10
(1) Der zuständige Bundesminister der Justiz und die Mitglieder des Richterwahlausschusses können vorschlagen, wer zum Bundesrichter zu berufen ist.
(2) Der zuständige Bundesminister legt dem Richterwahlausschuß die Personalakten der für ein Richteramt Vorgeschlagenen vor.
(3) Zur Vorbereitung der Entscheidung bestellt der Richterwahlausschuß zwei seiner Mitglieder als Berichterstatter.

§ 11
Der Richterwahlausschuß prüft, ob der für ein Richteramt Vorgeschlagene die sachlichen und persönlichen Voraussetzungen für dieses Amt besitzt.

§ 12
(1) Der Richterwahlausschuß entscheidet in geheimer Abstimmung mit der Mehrheit der abgegebenen Stimmen.
(2) Der Richterwahlausschuss ist beschlussfähig, wenn die Mehrzahl sowohl der Mitglieder kraft Amtes als auch der Mitglieder kraft Wahl anwesend ist.

§ 13
Stimmt der zuständige Bundesminister zu, so hat er die Ernennung des Gewählten beim Bundespräsidenten zu beantragen.

§ 14
Die Mitglieder kraft Wahl erhalten Reisekostenentschädigung nach den Bestimmungen des Bundesreisekostengesetzes; die Reisekostenvergütung richtet sich nach der Reisekostenstufe E. Dies gilt nicht für Mitglieder des Bundestages, wenn der Richterwahlausschuß an einem Sitzungstag des Bundestages am Sitzungsort zusammentritt.

§ 15
Dieses Gesetz tritt mit dem Tag nach der Verkündung in Kraft.

4. Einzelheiten

5 a) § 42 bestimmt unter Beachtung der Vorgaben des Art. 95 Abs. 2 GG, dass für die Berufung der Bundesrichter des BAG die Vorschriften des Richterwahlgesetzes gelten. Zuständiger Minister ist der Bundesminister für Arbeit und Sozialordnung; er entscheidet im Benehmen (vgl. dazu § 117 Rn. 4) mit dem Bundesminister der Justiz. Bei der Berufung der Berufsrichter unterscheidet § 42 nicht danach, ob der Präsident des BAG, vorsitzende Richter oder berufsrichterliche Beisitzer berufen werden sollen. Berufungsverfahren und persönliche Voraussetzungen sind für alle Berufsrichter am BAG gleich (vgl. *Grunsky* § 42 Rn. 1; zu Einzelheiten vgl. *Teubner* S. 29 ff.). Über die Beförderung der Bundesrichter entscheidet allein der zuständige Bundesminister ohne Beteiligung des Richterwahlausschusses (*Schmidt-Räntsch* § 10 RichterwahlG, Rn. 1).

6 b) Die Bundesrichter werden vom Bundespräsidenten ernannt (§ 1 RWG).

7 c) Besondere Kenntnis und Erfahrungen auf dem Gebiet des Arbeitsrechts und des Arbeitslebens, wie sie nach § 42 Abs. 2 ArbGG 1953 notwendig waren, fordert § 42 nicht mehr.

II. Absatz 2

8 Die persönlichen Voraussetzungen für die Berufung zum Bundesrichter ergeben sich aus § 9 i. V. m. §§ 5 bis 7 DRiG. Als zusätzliche Voraussetzung verlangt § 42 Abs. 2, dass die zu berufenden Personen das 35. Lebensjahr vollendet haben müssen.

§ 43 Ehrenamtliche Richter

(1) ¹Die ehrenamtlichen Richter werden vom Bundesministerium für Arbeit und Soziales für die Dauer von fünf Jahren berufen. ²Sie sind im angemessenen Verhältnis unter billiger Berücksichtigung der Minderheiten aus den Vorschlagslisten zu entnehmen, die von den Gewerkschaften, den selbständigen Vereinigungen von Arbeitnehmern mit sozial- oder berufspolitischer Zwecksetzung und Vereinigungen von Arbeitgebern, die für das Arbeitsleben des Bundesgebietes wesentliche Bedeutung haben, sowie von den in § 22 Abs. 2 Nr. 3 bezeichneten Körperschaften eingereicht worden sind.

(2) ¹Die ehrenamtlichen Richter müssen das fünfunddreißigste Lebensjahr vollendet haben, besondere Kenntnisse und Erfahrungen auf dem Gebiet des Arbeitsrechts und des Arbeitslebens besitzen und sollen mindestens fünf Jahre ehrenamtliche Richter eines Gerichts für Arbeitssachen gewesen sein. ²Sie sollen längere Zeit in Deutschland als Arbeitnehmer oder als Arbeitgeber tätig gewesen sein.

(3) Für die Berufung, Stellung und Heranziehung der ehrenamtlichen Richter sowie für die Amtsenthebung und die Amtsentbindung sind im übrigen die Vorschriften der §§ 21 bis 28 und des § 31 entsprechend anzuwenden mit der Maßgabe, daß die in § 21 Abs. 5, § 27 Satz 2 und § 28 Satz 1 bezeichneten Entscheidungen durch den vom Präsidium für jedes Geschäftsjahr im voraus bestimmten Senat des Bundesarbeitsgerichts getroffen werden.

Übersicht

	Rn.
I. Allgemeines	1–3
1. Bedeutung	1
2. Historische Entwicklung	2
3. Parallelnormen	3
II. Berufung der ehrenamtlichen Richter (Abs. 1)	4, 5

II. Berufung der ehrenamtlichen Richter (Abs. 1) **§ 43**

	Rn.
III. Berufungsvoraussetzungen (Abs. 2)	6–11 a
1. Lebensalter	6
2. Besondere Kenntnisse	7
3. Fünfjährige Tätigkeit bei einem Gericht für Arbeitssachen	8
4. Tätigkeit als Arbeitnehmer oder Arbeitgeber	9–11 a
IV. Rechtsstellung (Abs. 3)	12, 13

I. Allgemeines

1. Bedeutung

§ 43 stellt die Voraussetzungen für die Berufung der ehrenamtlichen Richter beim **1** Bundesarbeitsgericht in formeller und persönlicher Hinsicht auf und trifft Regelungen hinsichtlich der Stellung und Heranziehung der ehrenamtlichen Richter.

2. Historische Entwicklung

Bereits das Arbeitsgerichtsgesetz 1926 erhielt eine der heutigen Vorschrift entspre- **2** chende Regelung für die ehrenamtlichen Richter beim Reichsarbeitsgericht. Allerdings wurden sie abweichend nur für einen Zeitraum von 3 Jahren berufen. Mit dem Arbeitsgerichtsgesetz 1953 wurde die Berufungszeit auf 4 Jahre ausgedehnt. Die weitere Regelung entspricht dem heutigen § 43 mit Ausnahme des Abs. 2, wonach die Richter mindestens 4 Jahre ehrenamtliche Richter an einem Gericht für Arbeitssachen sein mussten. Mit dem Arbeitsgerichtsgesetz 1979 wurde die Mussvorschrift des Abs. 2 Satz 1 letzter Halbsatz den Verbandsinteressen entsprechend in eine Sollvorschrift umgewandelt. Nunmehr hat das Arbeitsgerichtsbeschleunigungsgesetz 2000 die Zeiträume in Abs. 1 und Abs. 2 auf fünf Jahre angehoben.

3. Parallelnormen

Eine dem § 43 inhaltsgleiche Regelung findet sich in den §§ 45 bis 47 SGG. **3**

II. Berufung der ehrenamtlichen Richter (Abs. 1)

Eine Berufung der ehrenamtlichen Richter zum Bundesarbeitsgericht erfolgt nicht über **4** das Richterwahlgesetz, das nur für die Berufsrichter gilt (siehe § 42 Rn. 2), sondern durch den Bundesminister für Arbeit und Soziales. Darin liegt kein Verstoß gegen verfassungsrechtliche Vorschriften zur Wahl der Bundesrichter (BVerfG 11. 6. 1969 BVerfGE 26, 186, 201; BAG 28. 8. 1985 AP ArbGG 1979 § 43 Nr. 1; BAG 11. 9. 1985 AP TVG § 1 Tarifverträge Nr. 7: Banken; BAG 11. 9. 1985 AP BGB § 616 Nr. 67; BAG 12. 9. 1985 ZIP 1986, 388).

Die Vorschriften über die Berufung der ehrenamtlichen Richter zum Bundesarbeits- **5** gericht entsprechen im Wesentlichen denjenigen für die Berufung zu den Arbeitsgerichten (§ 20) und zu den Landesarbeitsgerichten (§ 37). Spezifische Besonderheiten ergeben sich aus der Berufung zu einem Bundesgericht. Zuständig für das Berufungsverfahren ist der Bundesminister für Arbeit und Soziales. Die Durchführung des Berufungsverfahrens erfolgt entsprechend dem Verfahren nach § 20 (zu den Einzelheiten siehe § 20 Rn. 14 ff.). Der Minister beruft nach Vorschlagslisten, die in diesem Falle nur von Verbänden mit wesentlicher Bedeutung für das Arbeitsleben des Bundesgebietes getrennt nach Arbeitgebern und Arbeitnehmern aufgestellt werden. Zur Frage der Bindung des Bundesministers für Arbeit und Soziales an die Liste siehe § 20 Rn. 27. Der Bundesminister kann, wenn er nach Überprüfung der Liste zu dem Ergebnis gelangt, einzelne ehrenamtliche Richter nicht zu ernennen, weitere Vorschläge anfordern (BVerfG 11. 6.

1969 BVerfGE 26, 186, 197; BAG 28. 8. 1985 AP ArbGG 1979 § 43 Nr. 1; BAG 10. 9. 1985 AR-Blattei (D) Arbeitsgerichtsbarkeit IV, Nr. 31). Aus den Listen werden die Richter in angemessenem Verhältnis, d. h. unter Berücksichtigung der Bedeutung jeder Vereinigung (*Grunsky* § 20 Rn. 10; vgl. § 20 Rn. 32 ff.), unter billiger Berücksichtigung der Minderheiten berufen. Die Berufung erfolgt für die Dauer von 5 Jahren. Zu den weiteren Einzelheiten vergleiche § 20 Rn. 5 ff.

III. Berufungsvoraussetzungen (Abs. 2)

1. Lebensalter

6   Für die Tätigkeit als ehrenamtlicher Richter beim Bundesarbeitsgericht wird als persönliche Voraussetzung die Vollendung des 35. Lebensjahres gefordert. Es handelt sich dabei um eine zwingende Voraussetzung. Eine Obergrenze gibt es auch für ehrenamtliche Richter am BAG nicht (vgl. § 21 Rn. 8). Gemäß der Verweisung des Abs. 3 auf §§ 21 Abs. 6, 24 Abs. 1 Nr. 1 besteht aber die Möglichkeit, ehrenamtliche Richter auf eigenen Antrag von ihrem Amt zu entbinden.

2. Besondere Kenntnisse

7   Darüber hinaus müssen die ehrenamtlichen Richter, anders als für eine Berufung zum Arbeitsgericht oder zum Landesarbeitsgericht, besondere Kenntnisse auf dem Gebiet des Arbeitsrechts und des Arbeitslebens haben. Über die Art dieser Kenntnisse gibt § 43 Abs. 2 keine Auskunft. Denkbar ist daher beispielsweise eine längere Tätigkeit in Arbeitgeber- oder Arbeitnehmerverbänden oder in innerbetrieblichen Gremien. Da es sich auch bei dieser Voraussetzung um eine Mussvorschrift handelt, stellt deren Fehlen bei der Berufung einen Amtsentbindungsgrund nach § 21 Abs. 5 dar (zu den Einzelheiten siehe § 21 Rn. 28 ff.).

3. Fünfjährige Tätigkeit bei einem Gericht für Arbeitssachen

8   Weitere persönliche Voraussetzung ist, dass die ehrenamtlichen Richter mindestens 5 Jahre Richter eines Gerichts für Arbeitssachen gewesen sein sollen. Die ursprüngliche Mussvorschrift des ArbGG 1953 (siehe oben Rn. 2) wurde auf Betreiben der Verbände, die ein Teil ihrer qualifizierten Kräfte wegen der fehlenden richterlichen Erfahrung nicht in die Vorschlagslisten aufnehmen konnten, in eine Sollvorschrift geändert. Nunmehr kann eine wirksame Berufung auch dann erfolgen, wenn die Richtertätigkeit noch keine 5 Jahre andauerte. Allerdings sollte jedenfalls eine gewisse spruchrichterliche Erfahrung vorhanden sein (wie hier auch GK-ArbGG/*Dörner* § 43 Rn. 5). Ausreichend ist die Tätigkeit beim Arbeitsgericht (so auch *Grunsky* § 43 Rn. 6). Für die weiteren Einzelheiten sei auf § 37 Abs. 1 verwiesen, der die entsprechende Regelung für die Berufung der ehrenamtlichen Richter zu den Landesarbeitsgerichten trifft.

4. Tätigkeit als Arbeitnehmer oder Arbeitgeber

9   Als persönliche Berufungsvoraussetzungen sollen die ehrenamtlichen Richter längere Zeit in Deutschland als Arbeitgeber oder Arbeitnehmer tätig gewesen sein. Nach dem Wortlaut der Vorschrift muss die Tätigkeit nicht unmittelbar vor der Berufung als Richter zum Bundesarbeitsgericht ausgeübt worden sein. Erst recht ist nicht erforderlich, dass der ehrenamtliche Richter noch während seiner Richtertätigkeit die jeweilige Funktion ausübt (BAG 21. 9. 1999 NZA 2000, 389). Insofern besteht ein Unterschied zu § 21 Abs. 1 Satz 2 (siehe zu den Einzelheiten § 21 Rn. 9). Die Art der Tätigkeit in der jeweiligen Gruppe wird vom Gesetz offen gelassen; denkbar ist jede erlaubte Tätigkeit. Aus dem Verfassungsgebot der richterlichen Neutralität ergibt sich jedoch, dass ein vor

dem BAG auftretender Rechtsanwalt nicht gleichzeitig ehrenamtlicher Richter sein kann (BAG 22. 10. 1975 AP ArbGG 1953 § 43 Nr. 4; *Grunsky* AP ArbGG 1953 § 43 Nr. 4). Das BAG leitet dieses Ergebnis aus einer verfassungskonformen Auslegung des § 43 ab.

10 Obgleich es sich bei § 43 Abs. 2 Satz 2 um eine Sollvorschrift handelt, bestehen Bedenken gegen eine Berufung eines ehrenamtlichen Richters ohne die jeweilige Erfahrung als Arbeitnehmer oder Arbeitgeber. Da die Beteiligung der Sozialpartner in der Arbeitsgerichtsbarkeit bezwecken soll, dass den speziellen Belangen der am Verfahren beteiligten Kreise durch die besondere Sachkenntnis der ehrenamtlichen Richter Beachtung geschenkt wird, erscheint eine Berufung von ehrenamtlichen Richtern ohne derartige Kenntnisse als ein Verstoß gegen das Prinzip der Gruppenbesetzung des Arbeitsgerichts und damit als fehlerhaft. Bei einem gänzlichen Fehlen der Erfahrung hat deshalb ein Amtsentbindungsverfahren stattzufinden; zu den Einzelheiten siehe § 21 Rn. 28 ff.); in der Praxis scheint das Problem nicht virulent zu werden (vgl. GK-ArbGG/*Dörner* § 43 Rn. 6).

11 Die Tätigkeit als Arbeitgeber oder Arbeitnehmer muss in der Bundesrepublik Deutschland ausgeübt worden sein. Eine vor 1990 in der DDR ausgeübte Tätigkeit genügt nicht.

11a Soweit ein ehrenamtlicher Richter aus den Kreisen der Arbeitnehmer oder der Arbeitgeber während seiner Amtszeit als Richter eine Funktion auf der jeweils anderen Seite übernimmt, entfällt allerdings die Voraussetzung für seine Berufung zum Richter. In diesem Falle würde die Fortführung des Amtes gegen den Grundsatz der paritätischen Besetzung der Gerichte für Arbeitssachen mit ehrenamtlichen Richtern aus den Kreisen der Arbeitnehmer und der Arbeitgeber (vgl. § 6) verstoßen (BAG 21. 9. 1999 NZA 2000, 389; BAG 19. 8. 2004 NZA 2004, 1117). Bei der Bewertung der jeweiligen Funktion ist eine abstrakte Betrachtungsweise erforderlich. Es kann nicht darauf abgestellt werden, ob der Betroffene nach seiner persönlichen Einstellung trotz des Wechsels seiner Funktion sich noch derjenigen Seite verbunden fühlt, die ihn für das Amt vorgeschlagen hat. Eine Ausnahme von diesem Grundsatz will das BAG verständlicherweise dort zulassen, wo etwa die Arbeitgeberfunktion eines ehrenamtlichen Richters, der von der Arbeitnehmerseite vorgeschlagen war, im Bereich der Gewerkschaften ausgeübt wird (BAG 21. 9. 1999 NZA 2000, 389). Dieser Auffassung ist zuzustimmen.

IV. Rechtsstellung (Abs. 3)

12 Hinsichtlich der Stellung und Heranziehung sowie der Disziplinarmaßnahmen stehen die ehrenamtlichen Richter beim Bundesarbeitsgericht den ehrenamtlichen Richtern bei den anderen Arbeitsgerichten gleich. Es gelten die Vorschriften der §§ 21 bis 28 und § 31 entsprechend. Zu den Einzelfragen wird auf die dortige Kommentierung verwiesen. Zuständiges Gericht für die Amtsentbindung und die Verhängung von Disziplinarmaßnahmen ist abweichend von §§ 21 Abs. 5, 27 Satz 2 und 28 Satz 1 ein vom Präsidium des Bundesarbeitsgerichts für jedes Geschäftsjahr im Voraus bestimmter Senat des BAG.

13 Anders als bei den Arbeitsgerichten und beim Landesarbeitsgericht wird beim Bundesarbeitsgericht kein Ausschuss der ehrenamtlichen Richter (§§ 29, 38) gebildet. Für den Bereich der Geschäftsverteilung besteht jedoch nach wie vor ein Anhörungsrecht der ehrenamtlichen Richter, das durch die zwei „lebensältesten" Richter aus den Kreisen der Arbeitgeber und Arbeitnehmer vertreten werden (zu den Einzelheiten siehe § 44 Rn. 7).

§ 44 Anhörung der ehrenamtlichen Richter, Geschäftsordnung

(1) Bevor zu Beginn des Geschäftsjahres die Geschäfte verteilt sowie die berufsrichterlichen Beisitzer und die ehrenamtlichen Richter den einzelnen Senaten und dem Großen Senat zugeteilt werden, sind je die beiden lebensältesten ehrenamtlichen Richter aus den Kreisen der Arbeitnehmer und der Arbeitgeber zu hören.

§ 44

(2) ¹Der Geschäftsgang wird durch eine Geschäftsordnung geregelt, die das Präsidium beschließt; sie bedarf der Bestätigung durch den Bundesrat. ²Absatz 1 gilt entsprechend.

Übersicht

	Rn.
I. Allgemeines	1–4
1. Bedeutung	1
2. Historische Entwicklung	2–4
II. Geschäftsverteilung (Abs. 1)	5, 6
III. Anhörung der ehrenamtlichen Richter	7
IV. Geschäftsordnung (Abs. 2)	8, 9
V. Anhang: Geschäftsordnung des BAG vom 11. 4. 2003	10

I. Allgemeines

1. Bedeutung

1   Die Vorschrift des § 44 regelt die Verteilung der Geschäfte des BAG sowie die Zuteilung der Richter zu den einzelnen Senaten. Zudem kann sich das BAG durch das Präsidium eine Geschäftsordnung zur Bestimmung des Geschäftsganges geben (Abs. 2).

2. Historische Entwicklung

2   Noch im ArbGG 1926 verteilte das Präsidium des Reichsgerichts die Geschäfte sowie die Richter auf die einzelnen Senate des RAG (§ 44 a. F.). Ein Anhörungsrecht der ehrenamtlichen Richter bestand bereits, allerdings fehlte es an der genauen Bestimmung, welche Richter die Ausschussaufgaben übernehmen sollten. Sowohl die Berufsrichter als auch die ehrenamtlichen Richter konnten verschiedenen Senaten angehören. Zusätzlich wurde in Abs. 2 die Heranziehung der ehrenamtlichen Richter entsprechend einem Listenprinzip normiert.

3   Das ArbGG 1953 übertrug die Geschäftsverteilung auf das Präsidium des BAG, dessen Zusammensetzung in Abs. 2 geregelt war. Als anhörungspflichtige ehrenamtliche Richter wurden die zwei von Geburt ältesten Richter aus Kreisen der Arbeitnehmer und Arbeitgeber bestimmt.

4   Der heutige § 44 wurde mit der Gesetzesänderung von 1979 textlich straffer gefasst, die Vorschriften zur Besetzung des Präsidiums entfielen.

II. Geschäftsverteilung (Abs. 1)

5   Für die Geschäftsverteilung durch das Präsidium gelten dieselben Regeln wie für die Arbeitsgerichte und die Landesarbeitsgerichte. Der Geschäftsverteilungsplan wird für ein Geschäftsjahr im Voraus aufgestellt; die Verteilung der Geschäfte erfolgt entsprechend § 6a ArbGG, §§ 21a–21i GVG. Der jährliche Geschäftsverteilungsplan des BAG wird veröffentlicht, so für das Jahr 1988 in RdA 1988, 33 f.; für 1989 in RdA 1989, 45 f.; für 1990 in RdA 1990, 110; für 1992 in AuR 1992, 20; für 1993 in RdA 1993, 103.

6   Ebenso Aufgabe des Präsidiums ist die Zuteilung der Berufsrichter und der ehrenamtlichen Richter auf die einzelnen Senate. Es gelten § 6a ArbGG, § 21e GVG. Der Besetzungsplan für das Jahr 1988 ist veröffentlicht in RdA 1988, 34 f.; für 1989 in RdA 1989, 46 ff.; für 1990 in RdA 1990, 111; für 1992 in AuR 1992, 52; für 1993 in RdA 1993, 105 und 233; für 1995 in RdA 1995, 108; für 1996 in RdA 1996, 45; für 1997 in AuR 1997, 105; für 1998 in RdA 1998, 49; für 1999 in RdA 1999, 166; für 2001 in AuR 2001, 58; für 2003 in NZA 2003, Heft 1 S. IX; für 2005 in NZA 2005, Heft 9.

III. Anhörung der ehrenamtlichen Richter

Beim BAG wird kein Ausschuss der ehrenamtlichen Richter nach § 29 gebildet. Trotzdem findet in einem geringeren Umfang eine Beteiligung der ehrenamtlichen Richter an der Verwaltung des BAG statt. Für die Fragen der Geschäftsverteilung und die Besetzung der Senate sind im Voraus jeweils die zwei lebensältesten ehrenamtlichen Richter aus den Kreisen der Arbeitgeber und Arbeitnehmer anzuhören. Obgleich eine Anhörungspflicht der ehrenamtlichen Richter für die Aufstellung einer Liste zu deren Heranziehung nach §§ 43 Abs. 3, 31 nicht ausdrücklich geregelt ist, ergibt sich diese Pflicht aus dem Verweis auf § 31. An die Stelle des nach § 31 Abs. 1 zu hörenden Ausschusses treten jeweils die zwei lebensältesten ehrenamtlichen Richter, § 44 Abs. 1. Jedoch fehlt es an einer Möglichkeit für die ehrenamtlichen Richter, außerhalb dieser Anhörungspflichten mit Vorschlägen selbst auf die Verwaltungstätigkeit Einfluss nehmen zu können: Die Generalklausel des § 29 Abs. 2 Satz 2 mit der Befugnis zur Äußerung und Weiterleitung von Wünschen der ehrenamtlichen Richter greift für das BAG **nicht** ein. Die Wirkung der Anhörung ist dieselbe wie bei § 29 (zu den Einzelheiten vgl. § 29 Rn. 19). Eine Bindung des Präsidiums an die Vorschläge der ehrenamtlichen Richter tritt nicht ein.

IV. Geschäftsordnung (Abs. 2)

Das BAG kann sich durch das Präsidium eine Geschäftsordnung geben, in der der Geschäftsgang geregelt wird. Auch dazu bedarf es der Anhörung der ehrenamtlichen Richter nach Abs. 1. Inhaltlich erfasst die Geschäftsordnung Regeln über die Organisation, die Kompetenz und das Verfahren des BAG. Die Geschäftsordnungsautonomie des BAG gilt nur im Rahmen der Verfassung und der Gesetze.

Diese Geschäftsordnung hat keine Außenwirkung und bindet nur die Mitglieder des BAG. Lange Zeit galt die Geschäftsordnung in der Fassung der Bekanntmachung vom 9. 11. 1984, BAnz Nr. 218, die nunmehr aber durch die vom Bundesrat am 11. April 2003 bestätigte Fassung ersetzt wurde (hier abgedruckt unten Rn. 10).

V. Anhang: Geschäftsordnung des BAG vom 11. 4. 2003

Geschäftsordnung des Bundesarbeitsgerichts
– In der Fassung der Bekanntmachung vom 11. April 2003 –

§ 1 Senate
(1) Die Senate führen die Bezeichnung „Erster Senat", „Zweiter Senat" usw.
(2) Jeder Berufsrichter[1] gehört mindestens einem Senat als ständiges Mitglied an. Jeder Senat besteht einschließlich des Vorsitzenden aus mindestens drei Berufsrichtern.

§ 2 Präsident
(1) Der Präsident des Bundesarbeitsgerichts leitet und beaufsichtigt den Geschäftsgang des Gerichts. Er regelt insbesondere die Verteilung der Geschäfte auf die nichtrichterlichen Beschäftigten des Gerichts.
(2) Der Präsident ist im Sinne der richter- und beamtenrechtlichen Vorschriften Vorgesetzter und Dienstvorgesetzter der nichtrichterlichen Beschäftigten und Dienstvorgesetzter der Richter.
(3) Soweit nicht gesetzliche Vorschriften oder solche Vorschriften gelten, die das zuständige Bundesministerium auf Grund von Gesetzen erlassen hat, erläßt der Präsident die Bestimmungen über die zu führenden Geschäftsbücher, Kalender, Register, Listen und Dateien.

---
[1] Soweit in dieser Geschäftsordnung Personen oder Personengruppen in der männlichen Form bezeichnet sind, geschieht dies ausschließlich aus Gründen der besseren Lesbarkeit. Gemeint sind jeweils beide Geschlechter.

§ 3 Vertretung des Präsidenten

(1) In Angelegenheiten, in denen die Vertretung des Präsidenten nicht gesetzlich oder durch den Geschäftsverteilungsplan geregelt ist, vertritt ihn der Vizepräsident.

(2) Ist auch dieser verhindert, so wird er nach der Reihenfolge des Dienstalters durch einen Vorsitzenden Richter oder hei Verhinderung aller Vorsitzenden Richter durch einen Richter am Bundesarbeitsgericht vertreten. Bei gleichem Dienstalter entscheidet das Lebensalter.

§ 4 Richterversammlung

(1) Der Präsident kann eine Versammlung der Richter einberufen. Auf Antrag des Präsidiums oder eines Drittels der Richter ist er hierzu verpflichtet.

(2) Die Einberufungsfrist beträgt in der Regel zwei Wochen. Bei der Einberufung ist die Tagesordnung mitzuteilen.

§ 5 Sitzungen

(1) Die Sitzungen der Senate sowie die Sitzungen des Großen Senats werden von den Vorsitzenden einberufen.

(2) Sitzungen der Senate finden an den vom Präsidenten festgelegten Wochentagen statt, soweit die Umstände des Einzelfalls nicht Abweichungen erfordern.

§ 6 Geschäftsgang im Senat

Der Vorsitzende des Senats regelt den Geschäftsgang im Senat, soweit nicht gesetzlich oder auf Grund dieser Geschäftsordnung etwas anderes bestimmt ist.

§ 7 Berichterstattung

Für jede Sache wird ein Berufsrichter des Senats zum Berichterstatter bestellt. Es kann ein Zweitberichterstatter bestellt werden. Der Berichterstatter leitet dem Vorsitzenden im Regelfall zwei Wochen, spätestens jedoch eine Woche vor dem Termin eine schriftliche Bearbeitung der Sache mit den Akten zu.

§ 8 Großer Senat

(1) Der Senat, der eine Entscheidung des Großen Senats einholen will, stellt die zu entscheidenden Rechtsfragen in einem Beschluss fest und übersendet mit diesem Beschluss auch die Akten der Rechtssache dem Vorsitzenden des Großen Senats.

(2) Es werden zwei Berufsrichter zu Berichterstattern bestellt. Alle Mitglieder des Großen Senats erhalten vor der Sitzung je einen Abdruck der schriftlichen Bearbeitungen der Sache.

(3) Der Große Senat entscheidet durch einen mit Gründen versehenen Beschluss.

§ 9 Ehrenamtliche Richter

(1) Die ehrenamtlichen Richter sollen spätestens zwei Wochen vor der Sitzung geladen werden. Die Geschäftsstelle führt die Ladung aus.

(2) Ist ein ehrenamtlicher Richter an der Teilnahme verhindert, so soll er dies sofort dem Bundesarbeitsgericht mitteilen, damit an seiner Stelle ein anderer ehrenamtlicher Richter geladen werden kann.

(3) Abschriften der angefochtenen Entscheidung, der Schriftsätze und der schriftlichen Bearbeitung der Sache werden den ehrenamtlichen Richtern zur Vorbereitung der Beratung zur Verfügung gestellt. Sie sind vertraulich zu behandeln.

§ 10 Beratung und Abstimmung

Der Gang der Beratung, die Stimmabgaben der einzelnen Mitglieder und die von ihnen geltend gemachten Gründe werden nicht aufgezeichnet. Jedes Mitglied ist jedoch berechtigt, seine von der gefaßten Entscheidung abweichende Ansicht mit kurzer Begründung in den Senatsakten (§ 16) niederzulegen; die abweichenden Äußerungen sind in einem verschlossenen Umschlag ohne Namensangabe zusammen mit den Senatsakten aufzubewahren.

§ 11 Form der Entscheidungen

Soweit nicht gesetzlich geregelt, bestimmt der Präsident die formale Gestaltung der Entscheidungen. Beim Bundesarbeitsgericht wird ein Standarisierungskatalog geführt.

§ 12 Tatbestand und Entscheidungsgründe

Der Berichterstatter oder im Falle seiner Verhinderung der Vorsitzende oder der andere berufsrichterliche Beisitzer fertigt einen schriftlichen Entwurf des Tatbestands und der Entscheidungsgründe. Erhebt der Vorsitzende oder ein anderer Richter, der an der Entscheidung mitgewirkt hat, Bedenken und beseitigt sie der Verfasser nicht durch eine Änderung des Entwurfs, so stellt ein Senatsbeschluss die Fassung fest.

§ 13 Leitsätze

Die Berufsrichter des Senats beschließen, welchen Entscheidungen Leitsätze vorangestellt werden, und formulieren den Wortlaut.

§ 14 Siegel

Das Bundesarbeitsgericht führt zwei Siegel:
1. ein großes Bundessiegel, das nur bei förmlichen Ausfertigungen, insbesondere bei den Ausfertigungen der Urteile und der Beschlüsse im Beschlussverfahren gebraucht wird;
2. ein kleines Bundessiegel.

§ 15 Geschäftsstelle

(1) Beim Bundesarbeitsgericht ist eine Geschäftsstelle eingerichtet. Diese ist in Senatsgeschäftsstellen gegliedert.

(2) Der Präsident bestimmt eine der Senatsgeschäftsstellen als Geschäftsstelle des Großen Senats sowie für Angelegenheiten des Gemeinsamen Senats der obersten Gerichtshöfe des Bundes.

(3) Die Geschäftsstelle bereitet die Zuteilung der Rechtssachen gemäß dem Geschäftsverteilungsplan vor.

(4) Zu den Aufgaben der Senatsgeschäftsstellen gehört es, die Senatsentscheidungen auf Rechtschreibung und sonstige formale Richtigkeit sowie auf die Berücksichtigung des Standardisierungskatalogs hin zu überprüfen. In Zweifelsfällen ist Rücksprache mit den Berufsrichtern des Senats zu nehmen.

§ 16 Akten

Die in Verfahren vor dem Bundesarbeitsgericht entstehenden Akten verbleiben, soweit sie Voten enthalten, 40 Jahre, im übrigen 10 Jahre beim Bundesarbeitsgericht. Akten des Großen Senats werden dauernd aufbewahrt. Nähere Bestimmungen über die Aufbewahrung der Akten und sonstigen Unterlagen und die weitere Behandlung nach Ablauf der Aufbewahrungsfristen trifft der Präsident.

§ 17 Bibliothek

Die Bibliothek des Bundesarbeitsgerichts beschafft, erschließt und verwaltet die benötigten fachlichen Informationen.

§ 18 Dokumentationsstelle

Die Dokumentationsstelle des Bundesarbeitsgerichts erfaßt und erschließt die für das Arbeitsrecht und die Arbeitsgerichtsbarkeit bedeutsamen gerichtlichen Entscheidungen, das Schrifttum und wesentliche sonstige Dokumente.

§ 19 Inkrafttreten

(1) Diese Geschäftsordnung tritt mit Beginn des zweiten auf die Bestätigung durch den Bundesrat folgenden Kalendermonats in Kraft. Zugleich tritt die Geschäftsordnung vom 9. November 1984 außer Kraft.

(2) Die Geschäftsordnung wird im Bundesanzeiger bekanntgemacht.

§ 45 Großer Senat

(1) Bei dem Bundesarbeitsgericht wird ein Großer Senat gebildet.

(2) Der Große Senat entscheidet, wenn ein Senat in einer Rechtsfrage von der Entscheidung eines anderen Senats oder des Großen Senats abweichen will.

(3) ¹Eine Vorlage an den Großen Senat ist nur zulässig, wenn der Senat, von dessen Entscheidung abgewichen werden soll, auf Anfrage des erkennenden Senats erklärt hat, daß er an seiner Rechtsauffassung festhält. ²Kann der Senat, von dessen Entscheidung abgewichen werden soll, wegen einer Änderung des Geschäftsverteilungsplanes mit der Rechtsfrage nicht mehr befaßt werden, tritt der Senat an seine Stelle, der nach dem Geschäftsverteilungsplan für den Fall, in dem abweichend entschieden wurde, nunmehr zuständig wäre. ³Über die Anfrage und die Antwort entscheidet der jeweilige Senat durch Beschluß in der für Urteile erforderlichen Besetzung.

(4) Der erkennende Senat kann eine Frage von grundsätzlicher Bedeutung dem Großen Senat zur Entscheidung vorlegen, wenn das nach seiner Auffassung zur Fortbildung des Rechts oder zur Sicherung einer einheitlichen Rechtsprechung erforderlich ist.

(5) ¹Der Große Senat besteht aus dem Präsidenten, je einem Berufsrichter der Senate, in denen der Präsident nicht den Vorsitz führt, und je drei ehrenamtlichen Richtern aus den Kreisen der Arbeitnehmer und Arbeitgeber. ²Bei einer Verhinderung des Präsidenten tritt ein Berufsrichter des Senats, dem er angehört, an seine Stelle.

(6) ¹Die Mitglieder und die Vertreter werden durch das Präsidium für ein Geschäftsjahr bestellt. ²Den Vorsitz im Großen Senat führt der Präsident, bei Verhinderung das dienstälteste Mitglied. ³Bei Stimmengleichheit gibt die Stimme des Vorsitzenden den Ausschlag.

(7) ¹Der Große Senat entscheidet nur über die Rechtsfrage. ²Er kann ohne mündliche Verhandlung entscheiden. ³Seine Entscheidung ist in der vorliegenden Sache für den erkennenden Senat bindend.

Übersicht

	Rn.
I. Grundlagen	1–8
1. Zweck der Vorschrift	1–4
2. Entstehungsgeschichte	5, 6
3. Parallelnormen	7, 8
II. Die Besetzung des Großen Senats	9, 10
III. Zuständigkeit des Großen Senats	11–36
1. Grundsatz	11–15
2. Divergenzvorlage	16–27
3. Grundsatzvorlage	28–35
a) Der Begriff der grundsätzlichen Bedeutung	29, 30
b) Erforderlichkeit einer Rechtsfortbildung und Wahrung der Rechtseinheit	31, 32
c) Das Verhältnis der Grundsatzvorlage zur Divergenzvorlage	33
d) Ermessen bei der Grundsatzvorlage?	34
e) Nachprüfung der grundsätzlichen Bedeutung	35
4. Verletzung der Vorlagepflicht	36
IV. Das Verfahren vor dem Großen Senat	37–53
1. Prüfung der Zulässigkeit	37, 38
2. Vorbereitung und Verhandlung	39–43
3. Entscheidung	44, 45
4. Bindungswirkung	46, 47
5. Anfechtung	48
6. Fortgang des Rechtsstreits	49–52
7. Kosten	53
V. Der Gemeinsame Senat der obersten Gerichtshöfe des Bundes (GemS OGB)	54–59
1. Grundlagen	54–56
2. Gesetzestext RsprEinhG	57
3. Verfahren	58
4. Entscheidungen	59
VI. Richtervorlage zum BVerfG gemäß Art. 100 GG	60, 61
VII. Vorlage an den EuGH gemäß Art. 234 EG	62, 63

I. Grundlagen

1. Zweck der Vorschrift

Die in § 45 vorgesehene **Vorlage an den Großen Senat** ist zusammen mit den parallelen Normen der übrigen Verfahrensgesetze (s. u. Rn. 7) zentraler und grundlegender Ausdruck für die **Aufgabe der Rechtsprechung** zur Wahrung von Rechtseinheit und zur Rechtsfortbildung. Kennzeichen der Vorlage ist es, dass nicht der gesamte Streitfall, sondern nur eine isolierte Rechtsfrage dem Großen Senat vorgelegt wird, und dass die Entscheidung des Großen Senats für den erkennenden Senat bindend ist (§ 45 Abs. 7). 1

Für die gerade in der Arbeitsgerichtsbarkeit immer wieder besonders kontrovers geführte Debatte um die Zulässigkeit und die Grenzen **richterlicher Rechtsfortbildung** (vgl. dazu für das Arbeitsrecht *Dieterich* RdA 1993, 67 m. w. N. in Fn. 2; *Hanau/Preis* JZ 1988, 1072 m. w. N. in Fn. 5; *Picker* JZ 1988, 1 und 62; *Wank* RdA 1987, 129; ferner *Prütting* FS 600 Jahre Universität Köln S. 305 m. w. N.; grundlegend *Wank,* Grenzen richterlicher Rechtsfortbildung, 1978; zuletzt *Hergenröder,* Zivilprozessuale Grundlagen richterlicher Rechtsfortbildung, 1995; *Rose* FS Stege 1997, 186; *Classen* JZ 2003, 693; *Neumann* FS Wiedemann 2002 S. 367) gibt § 45 Abs. 4 mit seiner ausdrücklichen Kompetenzzuweisung für eine solche Fortbildung einen Hinweis von besonderer Wichtigkeit. Ein grobes Missverständnis wäre es freilich, wollte man aus dieser Norm ableiten, richterliche Rechtsfortbildung sei allein den Großen Senaten vorbehalten (so aber *Wagner* BB 1986, 471). Diese Auffassung verkennt, dass sich an vielen Punkten unseres Rechtssystems (z. B. in der Zulassung der Revision und der Ausgestaltung der Revisionsinstanz) zahlreiche weitere Anhaltspunkte für die grundsätzliche Zulässigkeit und Erforderlichkeit richterlicher Rechtsfortbildung ergeben (eingehend dazu *Prütting* FS 600 Jahre Universität Köln, S. 305 und *Hergenröder* a. a. O.). 2

Die außerhalb des Instanzenzuges stehende gerichtsverfassungsrechtliche Sonderposition des Großen Senats wird ergänzt durch den Gemeinsamen Senat der obersten Gerichtshöfe des Bundes, der in einer den Großen Senaten vergleichbaren Weise alle fünf obersten Bundesgerichte überwölbt. Trotz seiner Regelung in einem besonderen Gesetz ist er deshalb an dieser Stelle mit darzustellen (s. u. Rn. 54). 3

In der Praxis aller obersten Bundesgerichte ist eine **Tendenz** möglichst **restriktiver Anrufung** von Gremien wie des Großen Senats oder des Gemeinsamen Senats zu beobachten (vgl. zur Kritik an dieser Haltung *Dütz* NJW 1986, 1781 f.; *Sangmeister* JuS 1999, 21, 22 ff.). Diese Tendenz war schon beim Reichsgericht so ausgeprägt, dass als Kennzeichnung der Situation allgemein vom „horror pleni" gesprochen wurde. Auch wenn nicht verkannt wird, dass die Einschaltung eines weiteren Spruchkörpers zusätzlichen Aufwand, zeitliche Verzögerung und besonders verstärkte Beanspruchung der Mitglieder eines solchen Großen Senats mit sich bringt, muss doch betont werden, dass die Vorlage **zwingend** ist (entgegen weitverbreiteter Ansicht auch bei grundsätzlicher Bedeutung, s. u. Rn. 34) und eine Nichtbeachtung dieser Pflicht (jedenfalls bei Willkür) einen Verstoß gegen Art. 101 Abs. 1 Satz 2 GG darstellt (s. u. Rn. 36). Ausdruck der geschilderten restriktiven Tendenz beim BAG ist es, dass in den Jahren zwischen 1995 und 2000 keine einzige Entscheidung des Großen Senats ergangen ist. 4

2. Entstehungsgeschichte

Die Einrichtung des Großen Senats (ursprünglich Vereinigter Senat genannt) war in der ordentlichen Gerichtsbarkeit seit dem Inkrafttreten des GVG am 1. 10. 1879 bekannt. Damals war allerdings nur der Spezialfall der *Divergenz* (s. u. Rn. 16) geregelt. Die heute mögliche Vorlage bei Divergenz und grundsätzlicher Bedeutung (s. u. Rn. 28) geht auf das Reichsgesetz vom 28. 6. 1935 (RGBl. I S. 844) zurück, das den damaligen 5

§§ 136, 137 GVG (heute § 132 Abs. 2 und 4) eine dem geltenden Recht bereits weitgehend ähnliche Fassung gab. Diese §§ 136, 137 GVG galten damals neben der Entscheidung in Zivilsachen und Strafsachen auch für den Bereich des Arbeitsrechts, weil das RAG als spezieller Zivilsenat des RG institutionalisiert worden war. Dementsprechend hatte § 45 ArbGG 1926 nur eine verfahrensrechtliche Ergänzung zu § 138 GVG a. F. enthalten und war im Übrigen durch das Gesetz von 1935 ersatzlos entfallen. Die heutige Fassung von § 45 geht in Übereinstimmung mit den anderen Verfahrensgesetzen (s. u. Rn. 7) auf das ArbGG 1953 zurück. Der aktuelle Normtext beruht auf dem Rechtspflege-Vereinfachungsgesetz vom 17. 12. 1990 (BGBl. I S. 2847) und ist seit 1. 1. 1992 in Kraft.

6 Obwohl es sich bei § 45 um eine bewährte und unserem Rechtsstaat durchaus angemessene Vorschrift handelt, sollte man nicht die historische Herkunft speziell des heutigen § 45 Abs. 4 aus dem Jahre 1935 und die **eindeutig nationalsozialistische Zielsetzung** des damaligen § 137 GVG verschweigen. Deutlich belegbar ist diese Zielsetzung aus § 137 Abs. 2 GVG a. F. (eigenes Antragsrecht des „Oberreichsanwalts" in Strafsachen) und aus Art. 2 des (bereits genannten) Gesetzes vom 28. 6. 1935, der das Reichsgericht von der Bindung an alle Urteile, die vor dem 1. 9. 1935 erlassen worden waren, befreite und ihm die Aufgabe zuwies, „darauf hinzuwirken, dass bei der Auslegung des Gesetzes dem durch die Staatserneuerung eingetretenen Wandel der Lebens- und Rechtsanschauung Rechnung getragen wird". Zu den Einzelheiten der historischen Entwicklung vgl. *Hanack* Ausgleich S. 7 ff., insbesondere 18 ff.; *Bakker* S. 5 ff.; *Meyer* S. 23 ff., 85 ff.

3. Parallelnormen

7 Die Vorlage an den Großen Senat sowie deren Voraussetzungen sind heute einheitlich in allen Verfahrensgesetzen der fünf Zweige der Gerichtsbarkeit enthalten (vgl. neben § 45 die §§ 132, 138 GVG, 11 VwGO, 11 FGO, 41 SGG; ferner §§ 8, 9 des Entwurfs einer einheitlichen VwPO; vgl. auch §§ 18 WBO, 27 DAG, 55 BDO, 16 BVerfGG, 12 VwGO, 28 Abs. 2 FGG, 79 Abs. 2 GBO, 121 Abs. 2 GVG). Dabei findet sich das Merkmal der Vorlage wegen einer Divergenz (s. u. Rn. 16) insbesondere in den §§ 132 Abs. 4 GVG, 45 Abs. 2 ArbGG, 11 Abs. 2 VwGO, 11 Abs. 2 FGO, 41 Abs. 2 SGG, die Vorlage wegen grundsätzlicher Bedeutung (s. u. Rn. 28) ist in den §§ 132 Abs. 4 GVG, 45 Abs. 4 ArbGG, 11 Abs. 4 VwGO, 11 Abs. 4 FGO, 41 Abs. 4 SGG geregelt. Auch rechtsvergleichend ist das Problem einer verfahrensmäßigen Absicherung der Einheitlichkeit der Rechtsprechung allgemein anzutreffen (vgl. *Klamaris* in: Wege zu einem europäischen Zivilprozessrecht, Symposium zum 80. Geburtstag von Fritz Baur, 1992, S. 85 ff.; *Bakker* S. 50 ff.).

8 Die teilweise wortwörtliche Übereinstimmung und der gemeinsame Verfahrenszweck aller dieser Vorschriften legen in besonderer Weise eine **einheitliche Anwendung** nahe.

II. Die Besetzung des Großen Senats

9 Die Besetzung des Großen Senats hat in § 45 Abs. 5 ArbGG eine neue Regelung erfahren. Neben dem Präsidenten entsendet jeder Senat, in dem der Präsident nicht den Vorsitz führt, einen Berufsrichter. Schließlich gehören dem Großen Senat sechs ehrenamtliche Richter an, je drei aus dem Kreis der Arbeitnehmer und der Arbeitgeber. Zurzeit ist der Große Senat daher mit 16 Richtern besetzt. Die zu entsendenden Berufsrichter und ehrenamtlichen Richter werden gem. Abs. 6 durch den Geschäftsverteilungsplan für ein Jahr im Voraus bestimmt. Durch die Neuregelung sollten Bedenken aus Art. 101 Abs. 1 S. 2 GG, die gegen die bisherige zu unbestimmte Besetzungsregelung bestanden, ausgeräumt und alle Senate an den Entscheidungen des Großen Senats

beteiligt werden. Für die Zuteilung der Berufsrichter und der ehrenamtlichen Richter zum Großen Senat gilt die Verfahrensvorschrift des § 44 Abs. 1 (Anhörung). Die zwingende Beteiligung von ehrenamtlichen Richtern selbst im Großen Senat wird teilweise als zweckwidrig angesehen (*Maetzel* MDR 1966, 454). Allerdings kann diese Kritik beim BAG nur sehr beschränkt gelten, weil die ehrenamtlichen Richter dort nicht selten ebenfalls fachlich ausgewiesene Juristen sind (eine eher positive Bewertung der Besetzung mit ehrenamtlichen Richtern nun auch bei *Bakker* S. 252 ff.).

Die konkrete Besetzung des Großen Senats für das Geschäftsjahr 1993 ist z. B. abgedruckt in RdA 1993, 105 f.; für 1995 vgl. RdA 1995, 109; für 1996 vgl. RdA 1996, 45; für 1997 vgl. AuR 1997, 106; für 2003 vgl. NZA 2003 Heft 2 S. XI; für 2005 vgl. NZA 2005, Heft 9, S. X f. **10**

III. Zuständigkeit des Großen Senats

1. Grundsatz

Die Zuständigkeit des Großen Senats ist in Abs. 2 und 4 **abschließend** aufgezählt. Weitere Vorlagegründe bestehen nicht. Der Große Senat darf daher Vorlagen über Rechtsfragen, die sich nicht auf Abs. 2 und 4 stützen, nicht annehmen. Insbesondere kommen Vorlagen an den Großen Senat **nicht in Betracht**: **11**

– wenn der erkennende Senat von der Verfassungswidrigkeit einer Norm ausgeht (dann allein konkrete Normenkontrolle nach Art. 100 GG zum BVerfG) s. u. Rn. 60; **12**

– wenn der erkennende Senat von der Auffassung eines Spruchkörpers abweichen will, der nicht unter Abs. 2 (also ein anderer Senat des BAG oder der Große Senat des BAG) fällt. Damit entfällt eine Vorlage bei Abweichung von einer früheren Auffassung des eigenen Senats (vgl. dazu *Kissel/Mayer* GVG 4. Aufl. 2005 § 132 Rn. 17; Ausnahme: der eigene Senat hatte die Sache dem Großen Senat vorgelegt, vgl. *Kissel/Mayer* GVG 4. Aufl. 2005 § 132 Rn. 18), der Auffassung eines nicht mehr bestehenden Senats oder eines nicht mehr bestehenden Gerichts (etwa des RAG). In allen diesen Fällen muss der Senat allein entscheiden und kann jederzeit abweichen; **13**

– eine Vorlage zum Großen Senat kommt schließlich nicht in Betracht bei Abweichung von der Auffassung irgendeines anderen Gerichts. Im Einzelnen ist zu trennen, ob es sich um die Abweichung von einem anderen obersten Gerichtshof des Bundes (dann Vorlage an den GemS OGB, s. u. Rn. 54) oder von irgendeinem anderen deutschen Gericht handelt (dann eigene Entscheidung). Auch die Abweichung von einer Entscheidung des BVerfG kann nicht zur Vorlage an den Großen Senat führen. Vielmehr ist der erkennende Senat an die jeweils einer Norm gegebene, verfassungsrechtlich gebotene Auslegung gebunden (§ 31 BVerfGG; vgl. dazu zuletzt BVerfG vom 25. 2. 1988, NJW 1988, 1773; im Einzelnen vgl. *Maunz/Schmidt-Bleibtreu/Klein/Ulsamer* Bundesverfassungsgerichtsgesetz, § 31 Rn. 15 ff.; dieser Zusammenhang wird von *E. Schneider* MDR 2000, 11 f. verkannt); nicht überzeugen kann deshalb auch die Regelung des § 72 Abs. 2 Nr. 2; **14**

– zur Vorlage an den EuGH gemäß Art. 234 EGV bei Abweichung von der Rechtsprechung des EuGH s. o. Einleitung, Rn. 88 und unten Rn. 62. **15**

2. Divergenzvorlage

Die Vorlage bei Divergenz, also bei Abweichung von der Entscheidung eines anderen Senats oder des Großen Senats des BAG, ist in Abs. 2 geregelt. **16**

a) Dabei bedarf es zunächst einer **zeitlich vorausgegangenen** abweichenden **Entscheidung** des BAG, also eines anderen Senats oder des Großen Senats. Die Form der früheren **17**

Entscheidung (Urteil, Beschluss) ist ohne Bedeutung. Keine divergenzfähige Entscheidung in diesem Sinne ist allerdings der Vorlagebeschluss eines Senats an den Großen Senat (BAG 20. 8. 1986 AP ArbGG 1979 § 72a Divergenz Nr. 18; a. A. MünchKomm-ZPO/*Wolf* § 132 GVG Rn. 10). Entscheidungen anderer Gerichte (auch des BVerfG) sind keine divergenzfähigen Entscheidungen i. S. des § 45 (vgl. für die Revision BAG 25. 3. 1991 NJW 1991, 2100).

18 b) Die frühere Rechtsauffassung darf nicht **überholt** sein. Eine Vorlagepflicht entfällt, wenn die frühere Rechtsauffassung vom damaligen Senat später selbst aufgegeben wurde oder nunmehr auf Anfrage aufgegeben wird (zur Aufgabe der Rechtsprechung auf Anfrage s. u. Rn. 40). Dem steht es gleich, dass das Rechtsgebiet nach der Geschäftsverteilung nunmehr einem anderen Senat zugewiesen ist, der diese Rechtsauffassung nicht vertritt (vgl. BAG 24. 11. 1987 SAE 1988, 285, 289 m. Anm. *Walker*). Auch durch eine Gesetzesänderung kann die frühere Rechtsauffassung ihre Relevanz verlieren. Schließlich entfällt die Vorlagepflicht, wenn über die frühere Rechtsauffassung in der Zwischenzeit bereits der Große Senat oder der GemS OGB im jetzt vertretenen Sinne entschieden hat.

19 Dagegen ist die ursprüngliche Rechtsauffassung eines anderen Senats nicht deshalb überholt, weil seither der zur Entscheidung berufene oder ein dritter Senat unter **Verletzung der Vorlagepflicht** bereits abweichend entschieden hatte. Der Normzweck der Wahrung der Rechtseinheit macht es hier erforderlich, bei Divergenz von jeder dieser früheren Entscheidungen vorzulegen.

20 c) Die Divergenz muss bei einer **Rechtsfrage** auftreten. Nur diese isolierte Rechtsfrage, nicht die gesamte Streitsache, wird dem Großen Senat vorgelegt. Keine Rolle spielt es, ob die Rechtsfrage im Rahmen der Zulässigkeit oder der Begründetheit von Bedeutung ist und ob eine Partei sich darauf berufen hat oder ob von Amts wegen zu prüfen ist. Klar ist, dass es sich um eine Divergenz in derselben Rechtsfrage handeln muss. Dies ist jedenfalls dann gegeben, wenn die Frage bei derselben Rechtsnorm auftritt. Die Rechtsfrage muss aber nicht im Rahmen ein und derselben Norm aufgetreten sein, auch bei Divergenz in der Auslegung inhaltsgleicher Normen oder von identischen Rechtsbegriffen in sonst unterschiedlichen Normen ist eine Vorlage erforderlich (im Einzelnen dazu *Prütting* Zulassung, S. 219 f.; nunmehr auch GemS OGB 6. 2. 1973 AP RsprEinhG § 4 Nr. 1 und 30. 4. 1979 AP SGG § 164 Nr. 3; a. A. früher BAG 30. 9. 1975 und 17. 7. 1978 AP ArbGG 1953 § 72 Divergenzrevision Nr. 36, 40; wie auch BAG, GS 3. 12. 1991 BB 1992, 1418). Im Übrigen stehen allgemeine Erfahrungssätze für die Vorlagepflicht den Rechtssätzen gleich (BAG 12. 12. 1968 AP ArbGG 1953 § 72 Divergenzrevision Nr. 34).

21 d) Die Rechtsfrage muss im vorliegenden Rechtsstreit **klärungsfähig, klärungsbedürftig** und ihre **Klärung** muss auch **zu erwarten** sein (im Einzelnen dazu *Prütting* Zulassung S. 127 ff.). Das bedeutet z. B., dass die Vorlage von irreversiblem Recht (vgl. § 73) nicht in Betracht kommt. Insbesondere kann sich also eine Vorlage nicht auf die gemäß § 73 Abs. 2 i. V. m. § 65 ausgeschlossenen Fragestellungen beziehen. Ausgeschlossen ist eine Vorlage z. B. auch, wenn der erkennende Senat die Revision für unzulässig erachtet, die Vorlagefrage aber zur Begründetheit des Rechtsmittels gehört. Ebenso endet die Zuständigkeit des Großen Senats, wenn durch eine Prozesshandlung, z. B. ein Anerkenntnis, der Umfang der Sachprüfung soweit eingeschränkt wird, dass es auf die Vorlagefrage nunmehr nicht mehr ankommt (BAG 4. 9. 1987 AP ArbGG 1979 § 45 Nr. 11).

22 e) Die Rechtsauffassung, von der abgewichen wird, muss **im Rahmen der früheren Entscheidung tragend** gewesen sein. Ein obiter dictum, alles was als Hinweis, als über den konkreten Streitfall hinausführend, als nur aus Anlass der Entscheidung damals formuliert worden war, kommt für eine Divergenzvorlage nicht in Betracht (vgl. BAG 16. 1. 1991 NJW 1991, 2100). Das gilt auch dann, wenn die frühere Rechtsauffassung nur eine Hilfs- oder Alternativbegründung war (a. A. *Grunsky* § 72 Rn. 37; jetzt auch BAG 19. 11. 1979 und 22. 11. 1979 AP ArbGG 1979 § 72a Divergenz Nr. 2, 3). Der

III. Zuständigkeit des Großen Senats § 45

Meinungsstreit ist von geringer Relevanz, da in diesem Fall richtigerweise eine Vorlage wegen grundsätzlicher Bedeutung nach Abs. 4 in Betracht zu ziehen ist (*Prütting* Zulassung S. 225).

f) Der jetzt zur Entscheidung berufene Senat muss von dieser früheren Rechtsmeinung **23** **abweichen**. Auch für ihn muss **die abweichende Auffassung tragend** sein, d.h. die Entscheidung muss auf dieser Auffassung beruhen (vgl. dazu bereits oben Rn. 22). Ob zwischen beiden Rechtsauffassungen tatsächlich eine Divergenz besteht, muss der Große Senat nachprüfen, nicht dagegen, ob die Rechtsfrage in der jeweiligen Streitsache entscheidungserheblich war bzw. ist.

Der **Begriff der Abweichung** ist identisch mit der Regelung im Rahmen der Revisions- **24** zulassung (§ 72 Abs. 2 Nr. 2). Wie dort müssen sich also zwei abstrakte Rechtssätze in der gleichen Rechtsfrage bilden lassen, die divergieren. Zu Einzelheiten s. u. § 72 Rn. 18 ff.; aus der Literatur zusammenfassend zuletzt *Weis*, Der Ausgleich divergierender Entscheidungen in der Rechtsprechung des BAG, 1988; *Meyer* S. 36 ff.; *Bakker* S. 173 ff.

g) Liegen die genannten Voraussetzungen vor, ist eine Vorlage an den Großen Senat **25** **zwingend** geboten. Das ergibt sich neben anderen Überlegungen (s. u. Rn. 34) in Abs. 2 bereits aus dem klaren Gesetzeswortlaut.

h) Zulässig ist auch eine Vorlage, die sich **kumulativ** auf Divergenz und grundsätzliche **26** Bedeutung beruft.

i) Zum Verfahren im Rahmen der Divergenzvorlage s. u. Rn. 37 ff., zur Wirkung und **27** zur Entscheidung der Streitsache s. u. Rn. 44 ff.

3. Grundsatzvorlage

Eine Vorlage kommt auch in Betracht, wenn eine Frage von grundsätzlicher Bedeu- **28** tung zur Entscheidung steht (Abs. 4). Anders als bei der Divergenzvorlage (s. o. Rn. 22, 23) muss die Grundsatzfrage nicht in der Weise erheblich sein, dass die Befolgung der von der Rechtsansicht des vorlegenden Senats abweichenden Ansicht in dem zugrundeliegenden Streitfall zwangsläufig zu einem anderen Endergebnis führen würde (*Groß/Pamp* ZZP 113, 2000, 473 ff.).

a) Der Begriff der grundsätzlichen Bedeutung

aa) Der Gesetzgeber hat den Begriff der grundsätzlichen Bedeutung in sehr unbe- **29** fangener Weise an verschiedenen Stellen des Arbeitsgerichtsgesetzes und ebenso in anderen Prozessgesetzen verwendet (ein Überblick über den Begriff der grundsätzlichen Bedeutung bei *Prütting* Zulassung S. 10 ff., 15 ff.). Hervorzuheben sind neben § 45 der § 64 Abs. 3 Nr. 1 (Zulassung der Berufung) und § 72 Abs. 2 Nr. 1 (Zulassung der Revision). Regelmäßig wird deshalb die Auffassung vertreten, der Begriff der grundsätzlichen Bedeutung in § 45 bestimme sich nach denselben Kriterien wie bei der Zulassung der Revision (vgl. statt aller *Grunsky* § 45 Rn. 6). Dass dem in Wahrheit nicht in gefolgt werden kann, zeigt folgende Überlegung: Wenn nach dieser allgemeinen Auffassung ein erstinstanzliches Gericht zu Recht die Berufung wegen grundsätzlicher Bedeutung der Rechtssache zugelassen hat, müsste in der gleichen Streitsache automatisch das Berufungsgericht die Revision zulassen und das Revisionsgericht müsste – unbeschadet der Ermessensproblematik (dazu sogleich u. Rn. 34) – die grundsätzliche Rechtsfrage dem Großen Senat vorlegen. Das Beispiel macht deutlich, dass ein unbestimmter Rechtsbegriff wie die grundsätzliche Bedeutung der Auslegung und Konkretisierung im Hinblick auf den Stufenbau der Gerichtsbarkeit bedarf. Grundsätzlichkeit bei der Berufungszulassung **verlangt weniger** als bei der Revisionszulassung und muss nur innerhalb des LAG-Bezirks vorliegen. Ebenso ist aber eine graduelle Abstufung der Grundsätzlichkeit zwischen Revisionszulassung und Vorlage an den Großen Senat erforderlich.

30   bb) Im Falle des § 45 muss Ausgangspunkt für die grundsätzliche Bedeutung immer eine **Rechtsfrage** sein. Diese muss **klärungsfähig, klärungsbedürftig** und ihre **Klärung** muss auch **zu erwarten** sein (im Einzelnen dazu *Prütting* Zulassung, S. 127 ff.; *Weyreuther* Revisionszulassung und Nichtzulassungsbeschwerde in der Rechtsprechung der obersten Bundesgerichte, 1971 Rn. 52 ff.). Bei Alternativbegründungen kann es etwa an diesen Merkmalen fehlen (BAG 28. 9. 1989, BB 1990, 71). Sodann ist die für eine Vorlage in Betracht kommende Rechtsfrage als **allgemeiner Rechtssatz** (Leitsatz) zu formulieren und **an Kriterien zu messen,** die einen deutlichen Hinweis auf die mögliche Grundsatzbedeutung geben können. Solche Kriterien sind im Hinblick auf die **Rechtseinheit** alle Divergenzen zu anderen Gerichtsentscheidungen, die nicht von § 45 Abs. 2 erfasst werden (Beispiel: Divergenz zu einer Entscheidung des RG oder des RAG, eines LAG oder des eigenen Senats), im Hinblick auf die **Rechtsfortbildung** kommen Kriterien in Betracht wie die Aufdeckung einer noch nicht richterrechtlich geschlossenen Gesetzeslücke oder die Feststellung einer Rechtslage, die ein Einschreiten des Gesetzgebers erforderlich macht. Weitere Kriterien können sein, dass Grundrechte der Verfassung mit bisher ungeklärter Reichweite im Streit oder dass mit der Entscheidung der kontroversen Rechtsfrage besonders weitreichende Folgen für die Rechtsordnung verbunden sind (zu Einzelheiten vgl. *Prütting* Zulassung S. 159 ff.).

b) Erforderlichkeit einer Rechtsfortbildung und Wahrung der Rechtseinheit

31   Das Gesetz formuliert in § 45 Abs. 4, dass eine Vorlage in Betracht komme, wenn „die Fortbildung des Rechts oder die Sicherung einer einheitlichen Rechtsprechung es erfordern". Damit scheint **neben** der grundsätzlichen Bedeutung ein **zusätzliches** Erfordernis für eine Vorlage gegeben zu sein (vgl. in diesem Sinne *Kissel/Mayer* GVG 4. Aufl. 2005 § 132 Rn. 35 ff.; dies wird weithin so gesehen; zweifelnd *Groß/Pamp* ZZP 113, 2000, S. 479 Fn. 64). Dabei wird allerdings übersehen, dass der Zugang zu jeder Revisionsinstanz und ganz besonders die Vorlage an die Großen Senate nach Sinn und Zweck abhängig sind von den Gesichtspunkten der Wahrung einer einheitlichen Rechtsprechung und der Fortbildung des Rechts (so insbesondere BVerfG 9. 8. 1978 BVerfGE 49, 148 = ZZP 92, 268 mit Anm. *Prütting* insbesondere S. 278; Plenarentscheidung des BVerfG 11. 6. 1980 BVerfGE 54, 277 = ZZP 95, 67 mit Anm. *Prütting* insbesondere S. 78 f.). Das bedeutet, dass ein unbestimmter Rechtsbegriff wie die grundsätzliche Bedeutung ohne den Bezug auf diese Kriterien überhaupt nicht konkretisierbar ist. Anders ausgedrückt enthält die Entscheidung, eine Rechtsfrage sei von grundsätzlicher Bedeutung, untrennbar bereits die Bewertung, dass diese Rechtsfrage im Hinblick auf Rechtseinheit oder Rechtsfortbildung von Bedeutung ist. Das Ergebnis lässt sich mit einem Blick auf die Zulassung der Revision und der Rechtsbeschwerde verdeutlichen. Dort gibt es neben der Zulassung wegen grundsätzlicher Bedeutung (z. B. in den §§ 543 ZPO, 72 ArbGG, 132 VwGO, 160 SGG, 115 FGO) auch eine Zulassung zur Fortbildung des Rechts oder Sicherung der Rechtseinheit (z. B. in §§ 219 Abs. 3 Nr. 3 BEG, 80 Abs. 1 OWiG, 73 Abs. 2 Nr. 2 GWB, 100 Abs. 2 Nr. 2 PatentG), ohne dass sich daraus sachliche Unterschiede ableiten ließen (näher dazu *Prütting* Zulassung S. 206 ff.). Das wird wegen der Neufassung von § 543 Abs. 2 ZPO nunmehr vielfach anders gesehen, freilich ohne überzeugende Begründung.

32   Die untersuchten Merkmale stellen im Ergebnis also **keine eigenständigen Vorlagevoraussetzungen** dar (wie hier GK-ArbGG/*Dörner* § 45 Rn. 55).

c) Das Verhältnis der Grundsatzvorlage zur Divergenzvorlage

33   Das Merkmal der Divergenz ist in Übereinstimmung mit der Rechtsprechung (BAG 6. 6. 1956 BAGE 3, 47 f.) als (besonders hervorgehobener) Unterfall des Begriffs der grundsätzlichen Bedeutung anzusehen (im Einzelnen vgl. *Prütting* Zulassung S. 222 ff.). Das bedeutet nicht nur, dass sich eine Vorlage kumulativ auf Divergenz und (sonstige)

III. Zuständigkeit des Großen Senats § 45

grundsätzliche Bedeutung berufen kann (siehe oben Rn. 26). Es bedeutet auch, dass der umfassende Begriff der grundsätzlichen Bedeutung Auffangfunktion hat. So kommt z. B. unzweifelhaft eine Vorlage wegen Divergenz nicht in Betracht, soweit die Auffassung des Senats von der des Reichsgerichts, des Reichsarbeitsgerichts, des eigenen oder eines nicht mehr bestehenden Senats oder eines Untergerichts abweicht. Dennoch sind alle diese Divergenzen nicht gänzlich ohne Bedeutung. Sie können nämlich **Indikatoren** für eine eventuell bestehende grundsätzliche Bedeutung sein (siehe oben Rn. 29). Daher ist neben der Kumulation auch ein Austauschen der beiden Vorlagegründe möglich. Die Divergenz als der speziellere Tatbestand ist aber immer vor der grundsätzlichen Bedeutung zu prüfen (vgl. dazu BSG 24. 6. 1985 AP SGG § 42 Nr. 2); BGH 15. 2. 2000 ZIP 2000, 404; vgl. auch *Groß/Pamp* ZZP 113, 2000, S. 477).

d) Ermessen bei der Grundsatzvorlage?

Der Wortlaut des Gesetzes („kann") legt es nahe, die Grundsatzvorlage anders als 34 die Divergenzvorlage in das Ermessen des Senats zu stellen (so auch die ganz h. M., vgl. *Grunsky* § 45 Rn. 6; *Kissel/Mayer* GVG 4. Aufl., § 132 Rn. 38). Da aber auch die Normen über die Vorlage einer Rechtsfrage dem Verfassungsgebot des gesetzlichen Richters unterliegen (siehe unten Rn. 36), hat dies die unangenehme Konsequenz, dass eine Ermessenseinräumung in § 45 Abs. 4 einen Verstoß gegen Art. 101 Abs. 1 Satz 2 GG darstellen könnte (so in der Tat *Maetzel* MDR 1966, 453 f. und MDR 1968, 799 f.; *Schefold* S. 41 ff.). Dabei wird freilich übersehen, dass das Wort „kann" nicht notwendig als Ermessensnorm ausgelegt werden muss, sondern dass es auch die Einräumung einer gebundenen Entscheidung darstellen kann. Das Wort „kann" wäre dann zu lesen als „Der Senat hat die Rechtsmacht, vorzulegen". Eine solche Auslegung der Einräumung einer gebundenen Befugnis und der Verneinung von Ermessen hat das Bundesverfassungsgericht in allen Fällen vorgenommen, in denen Zuständigkeitsfragen im Widerspruch zu Art. 101 Abs. 1 Satz 2 GG nach dem Wortlaut scheinbar von einer Ermessensentscheidung abhingen. So hat das Bundesverfassungsgericht für die vom Gesetzgeber unstreitig als Ermessensnorm konzipierte Revisionsannahme in § 554 b ZPO a. F. eine solche **verfassungskonforme Auslegung** vorgenommen (BVerfG 9. 8. 1978 BVerfGE 49, 148 = ZZP 92, 268 mit Anm. *Prütting*, insbesondere S. 273 ff., 278 f.; Plenarentscheidung des Bundesverfassungsgerichts 11. 6. 1980 BVerfGE 54, 277 = ZZP 95, 67 mit Anm. *Prütting*, insbesondere S. 79 f.). Legt man diese Auffassung des Bundesverfassungsgerichts dem § 45 Abs. 4 zugrunde, so bedeutet das, dass zwar der Senat einen (verfassungsrechtlich unbedenklichen) weiten Spielraum bei der Konkretisierung des unbestimmten Rechtsbegriffs „grundsätzliche Bedeutung" hat, dass aber bei Bejahung der Voraussetzungen eine Vorlage **zwingend** ist (vgl. *Prütting* ZZP 92, 278; zustimmend MünchKommZPO/*Wolf* § 132 GVG Rn. 27; *Bakker* S. 224 ff.).

e) Nachprüfung der grundsätzlichen Bedeutung

Der Große Senat kann nach ständiger Rechtsprechung (vgl. BAG 27. 2. 1985 ZIP 35 1985, 1214; BAG 17. 12. 1959 AP BGB § 616 Nr. 21; BAG 16. 3. 1962 BAGE 13, 1 f.; BAG 21. 3. 1958 AP GG Art. 9 Nr. 13) in vollem Umfang nachprüfen, ob die Vorlage sich zu Recht auf eine grundsätzliche Bedeutung der Rechtsfrage stützt. Dagegen soll die Frage, ob eine Entscheidung zur Sicherung einer einheitlichen Rechtsprechung erforderlich ist, nicht zu prüfen sein (BAG 27. 2. 1985 ZIP 1985, 1412; BAG 3. 12. 1991, NZA 1992, 749 – Nachprüfung nur auf Ermessensfehler). Das Problem ist allerdings bedeutungslos (vgl. oben Rn. 31 f.). Darüber hinaus verwechselt die Rechtsprechung hierbei den Spielraum bei der Auslegung unbestimmter Rechtsbegriffe („Beurteilungsspielraum") mit dem Ermessen, das sich auf der Rechtsfolgenseite auswirkt.

4. Verletzung der Vorlagepflicht

36 Die Vorlage einer Rechtsfrage nach § 45 Abs. 2 bzw. 4 ist bei Bejahung von Divergenz oder grundsätzlicher Bedeutung für den Senat **verpflichtend** (siehe oben Rn. 25 und 34). Das muss angesichts in der Praxis häufig zu beobachtender (ungerechtfertigter) Zurückhaltung in dieser Frage eindringlich betont werden (s. o. Rn. 4; vgl. auch *Rüthers/ Bakker* ZfA 1992, 199, 201; eingehend nunmehr *Bakker* insbes. S. 230 ff., der Fallgruppen für eine „vermutete Vorlagepflicht" bildet). Diese Vorlagepflicht ist grundlegender Ausdruck der Rechtsprechungsfunktionen von Wahrung der Rechtseinheit und Rechtsfortbildung. Unterlässt ein Senat trotz Vorliegens der Voraussetzungen eine Vorlage, so ist dadurch Art. 101 Abs. 1 Satz 2 GG verletzt, weil man nach ständiger Rechtsprechung des Bundesverfassungsgerichts seinem gesetzlichen Richter auch dadurch entzogen werden kann, dass ein Gericht die Verpflichtung zur Vorlage an ein anderes Gericht außer acht lässt (das dürfte heute einhellige Auffassung sein, vgl. *Meyer* S. 110 ff.; *Bakker* S. 167 ff.; *E. Schneider* MDR 2000, 10). Das gilt auch dann, wenn das Gericht, dem vorzulegen ist, nur über eine bestimmte Rechtsfrage zu entscheiden hat (BVerfG 3. 10. 1961, 7. 4. 1965, 11. 5. 1965, 14. 5. 1968, 13. 10. 1970, 9. 6. 1971, 29. 6. 1976, 12. 4. 1983, 16. 6. 1987, BVerfGE 13, 143; 18, 447; 19, 43; 23, 319; 29, 207; 31, 171; 42, 241; 64, 12; 76, 96). Allerdings setzt die Verletzung Willkür bei der Nichtvorlage voraus, einen Schutz gegen Irrtümer des Senats bietet Art. 101 Abs. 1 Satz 2 GG nicht (BVerfG 25. 7. 1963, 15. 5. 1984, 16. 6. 1987, BVerfGE 17, 104; 67, 95; 76, 96). Soweit eine willkürliche Nichtvorlage zu bejahen ist, kann dieser Verstoß mit der Verfassungsbeschwerde (Art. 93 Abs. 1 Nr. 4 a GG) gerügt werden. Der vom BVerfG angewandte Willkürmaßstab wird im Schrifttum zum Teil heftig kritisiert (*Rüthers/Bakker* ZfA 1992, 218 f.; *Leisner* NJW 1989, 2446 f.; im Grundsatz zustimmend dagegen *Rodi* DÖV 1989, 750). Er sei völlig konturenlos und zugunsten der Fachgerichte nicht streng genug. Er mache daher auf Verletzung von Art. 101 Abs. 1 S. 2 GG gestützte Verfassungsbeschwerden wegen Nichtbeachtung von Vorlagepflichten zum meist erfolglosen „Verfassungsroulette". Außerdem gewähre die Willkürschranke den Fachgerichten ein kalkuliertes Abweichungsprivileg. Zur Beseitigung der bestehenden Rechtsunsicherheit sei es unverzichtbar, dass das BVerfG Kriterien für eine Präzisierung des Willkürbegriffs aufstelle. Dieser Kritik kann eine grundsätzliche Berechtigung nicht abgesprochen werden.

IV. Das Verfahren vor dem Großen Senat

1. Prüfung der Zulässigkeit

37 Der Große Senat, dem die Rechtsfrage vorgelegt worden ist, prüft – neben der Frage seiner eigenen Besetzung – zunächst die Zulässigkeit der Vorlage. Dabei darf und muss er folgende drei Fragen prüfen:
 – Der vorlegende Senat muss nach der Geschäftsverteilung für den Rechtsstreit zuständig sein, wobei nach der Rechtsprechung des BAG allerdings nur ein Verstoß gegen das verfassungsrechtliche Gebot des gesetzlichen Richters, d. h. eine willkürliche Verletzung des Geschäftsverteilungsplans geprüft und beanstandet wird (BAG 2. 11. 1983 AP ArbGG 1979 § 45 Nr. 1 = SAE 1985, 81 mit insoweit krit. Anm. *Leipold*).
 – Der Große Senat muss prüfen, ob ein Vorlagegrund des Gesetzes geltend gemacht ist. Vorlagen, die sich nicht auf Abs. 2 oder 4 stützen, darf er nicht annehmen (siehe oben Rn. 11 ff.).
 – Es muss eine Divergenz im Falle des § 45 Abs. 2 oder eine grundsätzliche Bedeutung im Falle des § 45 Abs. 4 vorliegen. Diese Merkmale sind vom Großen Senat voll zu überprüfen (siehe oben Rn. 23, 35).

IV. Das Verfahren vor dem Großen Senat § 45

– Im Falle der Divergenz bedarf es zusätzlich einer internen Voranfrage (§ 45 Abs. 3 Satz 1; s. u. Rn. 40).

Ergibt die Prüfung, dass die Voraussetzungen für eine Vorlage nicht gegeben sind, so ergeht ein Beschluss, dass eine Entscheidung der vorgelegten Rechtsfrage abgelehnt wird (§ 7 Abs. 5 Satz 2 a. F. der Geschäftsordnung des BAG, in § 8 Abs. 3 n. F. nicht mehr enthalten, abgedruckt in § 44 Rn. 10). 38

2. Vorbereitung und Verhandlung

a) Bei der **Grundsatzvorlage** werden die Akten der Rechtssache zusammen mit dem Beschluss des vorlegenden Senats über die grundsätzliche Rechtsfrage dem Großen Senat direkt zugestellt (§ 7 Abs. 2 Satz 1 a. F. = § 8 Abs. 1 n. F. der Geschäftsordnung des BAG, abgedruckt in § 44 Rn. 10). 39

b) Bei der **Divergenzvorlage** muss der vorlegende Senat zuvor bei dem Senat, von dessen Entscheidung er abweichen will, anfragen, ob dieser der Abweichung zustimmt oder ob er an seiner Auffassung festhält (§ 45 Abs. 3; vgl. ferner § 7 Abs. 2 Satz 2 a. F. der Geschäftsordnung des BAG, in § 8 Abs. 1 n. F. nicht mehr enthalten, abgedruckt in § 44 Rn. 10). Diese Anfragepflicht entfällt auch dann nicht, wenn der andere Senat auf Grund eines neuen Geschäftsverteilungsplans mit entsprechenden Rechtsstreitigkeiten nicht mehr befasst ist. Die gegenteilige Rechtsprechung hat § 45 Abs. 3 Satz 2 nunmehr ausdrücklich abgeändert. Nunmehr geht die Anfrage an den nach aktuellem Stand zuständigen Senat. Unzulässig ist es weiterhin, den Großen Senat ohne vorherige Anfrage bei dem Senat, von dessen Entscheidung abgewichen werden soll, unter der Bedingung anzurufen, dass dieser Senat an seiner Entscheidung festhält (*Ehmann* ZfA 1980, 841; *Grunsky* § 45 Rn. 4; a. A. BAG 12. 6. 1979 AP BetrVG 1972 § 87 Sozialeinrichtung Nr. 2). Zulässig ist also eine Divergenzvorlage nur, wenn der zuständige Senat auf Anfrage des erkennenden Senats erklärt hat, dass er an seiner Rechtsauffassung festhalte. Über Anfrage und Antwort ist gemäß Abs. 3 Satz 3 durch Beschluss in der für Urteile erforderlichen Besetzung zu entscheiden. 40

c) Nach Eingang der Vorlage beim Großen Senat werden zwei **Berichterstatter** ernannt (§ 8 Abs. 2 Satz 1 der Geschäftsordnung des BAG, abgedruckt in § 44 Rn. 10). 41

d) Der Große Senat tritt zur Entscheidung in einer **Sitzung** zusammen. Die Berichterstatter legen ihre Berichte vor dieser Sitzung schriftlich vor (§ 8 Abs. 2 Satz 2 der Geschäftsordnung des BAG, abgedruckt in § 44 Rn. 10). Die Entscheidung des Großen Senats wird in der Sitzung gefällt, ein schriftliches Umlaufverfahren ist nicht zulässig. Den Vorsitz führt der Präsident (§ 45 Abs. 6 Satz 2). 42

e) Eine **mündliche Verhandlung** war schon nach früherem Recht nicht zwingend vorgeschrieben (vgl. zum alten Recht *Kissel* GVG 1. Aufl. § 138 Rn. 2, 3, 4; *Grunsky* § 45 Rn. 10 m. w. N.). Die ursprünglich vom BAG vertretene abweichende Auffassung (BAG 19. 3. 1970 AP ArbGG 1953 § 45 Nr. 1) hat das Gericht aufgegeben (BAG 2. 11. 1983 AP ArbGG 1979 § 45 Nr. 1 = SAE 1985, 81 mit Anm. *Leipold*). Nunmehr regelt § 45 Abs. 7 Satz 2 die Frage ausdrücklich im Sinne der schon bisher h. A. 43

3. Entscheidung

a) Die Entscheidung des Großen Senats ergeht in **Form eines Beschlusses** mit Entscheidungsgründen (§ 8 Abs. 3 der Geschäftsordnung des BAG, abgedruckt in § 44 Rn. 10). Ist die Vorlage unzulässig, so ergeht Beschluss, dass die Entscheidung der vorgelegten Rechtsfrage abgelehnt wird (dazu s. o. Rn. 38). Auch ein Beschluss allein über die Zulässigkeit der Vorlage ist entsprechend §§ 280, 303 ZPO vorab möglich (BAG 2. 11. 1983 AP ArbGG 1979 § 45 Nr. 1). Da es nur um den Rechtsgedanken aus § 280 Abs. 1 ZPO und § 303 ZPO geht, kommt aus diesen und allgemeinen Erwägungen (s. u. Rn. 48) eine Anfechtung i. S. von § 280 Abs. 2 ZPO nicht in Betracht. 44

45 b) Der Große Senat ist nicht auf eine Beantwortung der vorgelegten Rechtsfrage mit „ja" oder „nein" beschränkt, er ist vielmehr befugt, eine eigenständige und differenzierte Antwort zu geben, sofern sich diese im Rahmen der Vorlagefrage hält (BAG 21. 5. 1971 AP GG Art. 9 Arbeitskampf Nr. 43).

4. Bindungswirkung

46 Die Entscheidung des Großen Senats ist in der vorliegenden Sache für den erkennenden Senat **bindend** (§ 45 Abs. 7 Satz 3). Die Bindungswirkung beschränkt sich freilich auf die die Beantwortung der Vorlagefrage tragenden Ausführungen und auf den isolierten Rechtsstreit, in dem die Vorlage beschlossen worden war.

47 In allen anderen Verfahren des erkennenden Senats oder anderer Senate besteht unmittelbar keine Bindungswirkung (kritisch dazu *Adomeit* NJW 1986, 901; eine weitergehende Bindungswirkung bejaht *Bock* S. 177 ff.). Will ein Senat freilich von der Rechtsauffassung des Großen Senats abweichen, so muss er in diesem Falle wiederum vorlegen (§ 45 Abs. 2).

5. Anfechtung

48 Da der Große Senat nicht die Entscheidung über den gesamten Rechtsstreit trifft, ist sein Beschluss durch einen Rechtsbehelf isoliert **unanfechtbar;** auch ein außerordentlicher Rechtsbehelf oder die Verfassungsbeschwerde kommen nicht in Betracht (*Oswald* DVBl. 1974, 191).

6. Fortgang des Rechtsstreits

49 a) Über den Rechtsstreit wird anschließend vor dem erkennenden Senat weiter verhandelt und entschieden. Soweit eine **erneute mündliche Verhandlung** erforderlich ist, sind die Beteiligten unter Mitteilung der Entscheidung des Großen Senats zu der Verhandlung zu laden (vgl. § 138 Abs. 3 GVG).

50 b) Eine **zweite Vorlage** im Rahmen desselben Rechtsstreits ist ausnahmsweise möglich, wenn sich nunmehr ergibt, dass eine weitere entscheidungserhebliche Rechtsfrage eine Divergenz- oder Grundsatzvorlage rechtfertigt. Nach h. M. soll sogar bezüglich der bereits vorgelegten Rechtsfrage eine erneute Vorlage möglich sein, wenn neue rechtliche Gesichtspunkte aufgetreten sind (*Kissel* GVG 1. Aufl. § 137 Rn. 14 m. w. N.). Ein solcher Fall ist freilich nur im Rahmen einer Grundsatzvorlage denkbar.

51 c) Sollte nach erfolgter Vorlage die Rechtsfrage nicht mehr entscheidungserheblich geworden sein, ist eine **Rücknahme der Vorlage** zulässig.

52 d) Vorlagen haben **keinerlei Sperrwirkung.** Weder ist ein anderer Senat an einer weiteren Vorlage gehindert noch besteht ein Hindernis, dass im Divergenzfalle ein Senat die Rechtsfrage im ursprünglich entschiedenen Sinne vertritt.

7. Kosten

53 Für das Verfahren vor dem Großen Senat entstehen keine zusätzlichen Kosten.

V. Der Gemeinsame Senat der obersten Gerichtshöfe des Bundes (GemS OGB)

1. Grundlagen

54 Bezieht sich eine Abweichung von der bisherigen Rechtsprechung nicht auf einen Senat des BAG, sondern vielmehr auf einen anderen obersten Gerichtshof des Bundes, entscheidet der Gemeinsame Senat der obersten Gerichtshöfe. Die Aufgabe des Gemein-

V. Der Gemeinsame Senat der obersten Gerichtshöfe des Bundes (GemS OGB) § 45

samen Senats besteht damit in der Sicherung einer einheitlichen Rechtsprechung dieser Gerichte (vgl. Einl. Rn. 117).

Durch Art. 95 Abs. 3 GG n. F. i. V. m. dem Gesetz zur Wahrung der Einheitlichkeit der Rechtsprechung der obersten Gerichtshöfe des Bundes vom 19. 6. 1968 (BGBl. I S. 661) wurde anstelle des ursprünglich nach Art. 95 Abs. 1 GG a. F. vorgesehenen obersten Bundesgerichts zur Wahrung der Rechtseinheit der GemS OGB mit Sitz in Karlsruhe geschaffen. Das Gesetz vom 19. 6. 1968 (RsprEinhG) enthält die Einzelheiten über die Bildung, Zuständigkeit, Zusammensetzung und das Verfahren dieses höchsten Spruchkörpers innerhalb des gesamten Gerichtsaufbaus. Der Gemeinsame Senat ist in wesentlichen Fragen der Regelung der Großen Senate nachgebildet (vgl. insbesondere Kommentar zum Bonner GG, Art. 95 Rn. 307 ff.). Der GemS OGB ist keine Rechtsmittelinstanz. Eine Vorlage an ihn kommt nur als Divergenzvorlage, nicht auch als Grundsatzvorlage in Betracht. Relevante Divergenz ist insoweit allein die Abweichung von der Entscheidung eines anderen obersten Bundesgerichts oder des Gemeinsamen Senats selbst.

55

Zu den Grundlagen und zur Besetzung vgl. auch Einl. Rn. 117 f.; zur Kommentierung im Einzelnen vgl. unten Rn. 58 f.

56

2. Gesetzestext RsprEinhG

§ 1 Bildung des Gemeinsamen Senats

(1) Zur Wahrung der Einheitlichkeit der Rechtsprechung der in Artikel 95 Abs. 1 des Grundgesetzes genannten obersten Gerichtshöfe des Bundes wird ein Gemeinsamer Senat dieser obersten Gerichtshöfe gebildet.

(2) Der Gemeinsame Senat hat seinen Sitz in Karlsruhe.

57

§ 2 Zuständigkeit

(1) Der Gemeinsame Senat entscheidet, wenn ein oberster Gerichtshof in einer Rechtsfrage von der Entscheidung eines anderen obersten Gerichtshofs oder des Gemeinsamen Senats abweichen will.

(2) Sind nach den Gerichtsverfassungs- oder Verfahrensgesetzen der Große Senat oder die Vereinigten Großen Senate eines obersten Gerichtshofs anzurufen, so entscheidet der Gemeinsame Senat erst, wenn der Große Senat oder die Vereinigten Großen Senate von der Entscheidung eines anderen obersten Gerichtshofs oder des Gemeinsamen Senats abweichen wollen.

§ 3 Zusammensetzung

(1) Der Gemeinsame Senat besteht aus
1. den Präsidenten der obersten Gerichtshöfe,
2. den Präsidenten der beteiligten Senate und
3. je einem weiteren Richter der beteiligten Senate.

(2) Führt der Präsident eines obersten Gerichtshofs den Vorsitz in einem beteiligten Senat, so wirken außer ihm zwei weitere Richter des beteiligten Senats in dem Gemeinsamen Senat mit.

(3) Bei Verhinderung des Präsidenten eines obersten Gerichtshofs tritt sein Vertreter im Großen Senat, bei Verhinderung des Präsidenten eines beteiligten Senats sein Vertreter im Vorsitz an seine Stelle.

(4) Die zu entsendenden Richter (Absatz 1 Nr. 3 und Absatz 2) und ihre Vertreter werden von den Präsidien der obersten Gerichtshöfe für die Dauer von zwei Geschäftsjahren bestimmt.

§ 4 Beteiligte Senate

(1) Beteiligt sind der vorlegende Senat und der Senat des obersten Gerichtshofs, von dessen Entscheidung der vorlegende Senat abweichen will. Ist der Senat des anderen obersten Gerichtshofs bei Eingang des Vorlegungsbeschlusses für die Rechtsfrage nicht mehr zuständig, so tritt der nach der Geschäftsverteilung nunmehr zuständige Senat an seine Stelle. Haben mehrere Senate des anderen obersten Gerichtshofs über die Rechtsfrage abweichend entschieden, so ist der Senat beteiligt, der als letzter entschieden hat, sofern nach der Geschäftsverteilung nicht ein anderer Senat bestimmt ist.

§ 45 Großer Senat

(2) Wird die Rechtsfrage von dem Großen Senat eines obersten Gerichtshofs vorgelegt oder will der vorlegende Senat von der Entscheidung des Großen Senats eines anderen obersten Gerichtshof abweichen, so ist der Große Senat der beteiligte Senat. Entsprechendes gilt für die Vereinigten Großen Senate eines obersten Gerichtshofs.

§ 5 Vorsitz

Den Vorsitz führt der lebensälteste Präsident der nichtbeteiligten obersten Gerichtshöfe. Er wird bei der Leitung der mündlichen Verhandlung sowie der Beratung und Abstimmung durch den lebensältesten der anwesenden Präsidenten der anderen obersten Gerichtshöfe, bei den übrigen Geschäften des Vorsitzenden durch seinen Vertreter im Großen Senat vertreten.

§ 6 Abstimmung

Der Gemeinsame Senat entscheidet mit der Mehrheit der Stimmen seiner Mitglieder.

§ 7 Vorrang der Amtsgeschäfte im Gemeinsamen Senat

Die Tätigkeit im Gemeinsamen Senat geht der Tätigkeit an dem obersten Gerichtshof vor.

§ 8 Geschäftsstelle

Für den Gemeinsamen Senat wird eine Geschäftsstelle eingerichtet. Das Nähere bestimmt der Bundesminister der Justiz.

§ 9 Rechts- und Amtshilfe

Alle Gerichte und Verwaltungsbehörden leisten dem Gemeinsamen Senat Rechts- und Amtshilfe.

§ 10 Grundsatz

Soweit in den §§ 11 bis 17 nichts anderes bestimmt ist, gelten für das Verfahren vor dem Gemeinsamen Senat die Vorschriften für das Verfahren vor dem vorlegenden Senat entsprechend.

§ 11 Vorlegungsverfahren

(1) Das Verfahren vor dem Gemeinsamen Senat wird durch einen Vorlegungsbeschluss eingeleitet. In diesem ist die Entscheidung des obersten Gerichtshofs, von der der vorlegende Senat abweichen will, zu bezeichnen. Der Beschluss ist zu begründen und den am Verfahren Beteiligten zuzustellen.

(2) Die Senate, die Großen Senate oder die Vereinigten Großen Senate der obersten Gerichtshöfe holen die Entscheidung des Gemeinsamen Senats unmittelbar ein. Gleichzeitig ist das Verfahren vor dem vorlegenden Senat auszusetzen.

§ 12 Stellungnahmen der obersten Gerichtshöfe

(1) Der Vorsitzende des Gemeinsamen Senats gibt den obersten Gerichtshöfen von dem Vorlegungsbeschluss Kenntnis. Die obersten Gerichtshöfe teilen dem Gemeinsamen Senat mit, ob, mit welchem Ergebnis und mit welcher Begründung sie die streitige Rechtsfrage bisher entschieden haben und welche damit zusammenhängenden Rechtsfragen zur Entscheidung anstehen.

(2) Der Gemeinsame Senat kann einen obersten Gerichtshof ersuchen, seine Auffassung zu einer für die Entscheidung erheblichen Rechtsfrage darzulegen. Der ersuchte oberste Gerichtshof legt eine Äußerung des Senats vor, der nach der Geschäftsverteilung zur Entscheidung über die streitige Rechtsfrage zuständig ist oder, wenn nach der Geschäftsverteilung kein bestimmter Senat zuständig ist, vom Präsidium bestimmt wird. Auch ohne Ersuchen kann ein oberster Gerichtshof dem Gemeinsamen Senat eine Äußerung seines zuständigen Senats zu der Rechtsfrage vorlegen.

(3) Der Vorsitzende des Gemeinsamen Senats teilt die eingegangenen Äußerungen den am Verfahren Beteiligten mit.

§ 13 Beteiligte am Verfahren

(1) Die am Verfahren vor dem vorlegenden Senat Beteiligten sind auch am Verfahren vor dem Gemeinsamen Senat beteiligt. Sie sind in dem Vorlegungsbeschluss zu bezeichnen.

(2) Der Generalbundesanwalt beim Bundesgerichtshof kann sich am Verfahren auch beteiligen, wenn er nach den für einen beteiligten Senat geltenden Verfahrensvorschriften berechtigt ist, am Verfahren mitzuwirken. Der Vorsitzende des Gemeinsamen Senats gibt dem Generalbundesanwalt von solchen Verfahren Kenntnis.

V. Der Gemeinsame Senat der obersten Gerichtshöfe des Bundes (GemS OGB) § 45

(3) Der Vorsitzende des Gemeinsamen Senats soll dem Generalbundesanwalt, auch wenn er am Verfahren nicht beteiligt ist, Gelegenheit zur Äußerung geben, wenn die vorgelegte Rechtsfrage für das Rechtsgebiet, für das der Generalbundesanwalt zuständig ist, Bedeutung hat. Die Äußerung ist den am Verfahren Beteiligten mitzuteilen.

(4) Die Absätze 2 und 3 gelten für den Vertreter des Bundesinteresses beim Bundesverwaltungsgericht und den Bundeswehrdisziplinaranwalt entsprechend.

§ 14 Aufgabe der früheren Rechtsprechung
Schließt sich der Senat des obersten Gerichtshofs, von dessen Entscheidung abgewichen werden soll, innerhalb eines Monats durch Beschluss der Rechtsauffassung des vorlegenden Senats an, so ist das Verfahren einzustellen. Die Frist beginnt mit dem Eingang des Vorlegungsbeschlusses bei dem obersten Gerichtshof, von dessen Entscheidung abgewichen werden soll. Sie kann von dem Vorsitzenden des Gemeinsamen Senats verlängert werden.

§ 15 Gegenstand der Entscheidung
(1) Der Gemeinsame Senat entscheidet auf Grund mündlicher Verhandlung nur über die Rechtsfrage. Mit Einverständnis der Beteiligten kann der Gemeinsame Senat ohne mündliche Verhandlung entscheiden. Findet keine mündliche Verhandlung statt, so ist vor der Entscheidung den am Verfahren Beteiligten Gelegenheit zur Äußerung zu geben.

(2) Die Entscheidung ist zu begründen und den Beteiligten zuzustellen.

§ 16 Wirkung der Entscheidung
Die Entscheidung des Gemeinsamen Senats ist in der vorliegenden Sache für das erkennende Gericht bindend.

§ 17 Kosten
(1) Das Verfahren vor dem Gemeinsamen Senat ist kostenfrei.
(2) Außergerichtliche Kosten werden nicht erstattet.

§ 18 Erweiterung der Revisions- und Vorlegungsgründe
(1) Hat ein Gericht die Revision oder die Rechtsbeschwerde zuzulassen, wenn es von einer Entscheidung eines obersten Gerichtshofes abweicht, so ist die Revision oder die Rechtsbeschwerde auch zuzulassen, wenn das Gericht von einer Entscheidung des Gemeinsamen Senats abweicht. Findet die Revision oder die Rechtsbeschwerde an einen obersten Gerichtshof bei einer Abweichung von dessen Entscheidung ohne Zulassung statt, so ist die Revision oder Rechtsbeschwerde auch bei einer Abweichung von einer Entscheidung des Gemeinsamen Senats zulässig.

(2) Hat ein Gericht eine Sache einem obersten Gerichtshof vorzulegen, wenn es von dessen Entscheidung abweichen will, so hat das Gericht die Sache dem obersten Gerichtshof auch vorzulegen, wenn es von einer Entscheidung des Gemeinsamen Senats abweichen will.

§§ 19–23 *(nicht abgedruckt)*

3. Verfahren

Das Verfahren vor dem GemS OGB wird durch den Vorlagebeschluss des erkennenden Senats eingeleitet (§ 11 Abs. 1 Satz 1 RsprEinhG). Nach Mitteilung des Vorsitzenden des GemS OGB über den Vorlagebeschluss an die obersten Gerichtshöfe (also BAG, BGH, BFH, BSG und BVerwG) sind diese verpflichtet, gemäß § 12 RsprEinhG entsprechende Stellungnahmen abzugeben. Die Entscheidung des GemS OGB ist dann gemäß § 16 RsprEinhG in der vorliegenden Sache für den erkennenden Senat bindend.

58

4. Entscheidungen

In der Vergangenheit wurde der GemS OGB nur höchst selten angerufen. In den ersten 19 Jahren des Bestehens des GemS OGB (von 1968 bis 1986) kam es zu insgesamt 14 veröffentlichten Entscheidungen, also weniger als einer Entscheidung pro Jahr (vgl. *Schulte* S. 173).

59

§ 45   Großer Senat

Folgende Entscheidungen haben sich insbesondere mit arbeitsrechtlichen Problemen befasst, ohne dass diese Aufstellung abschließend wäre:
- Beschluss vom 15. 3. 1971 AP VwGO § 40 Nr. 1 (Rechtsweg für Telefongebühren)
- Beschluss vom 6. 7. 1972 AP BGB § 187 Nr. 1 (Fristberechnung bei Auslegung)
- Beschluss vom 6. 2. 1973 AP Rspr. EinhG § 4 Nr. 1 (Bindung nach Zurückweisung, Rechtsfragen aus verschiedenen Gesetzen, beteiligte Senate)
- Beschluss vom 4. 6. 1976 AP RVO § 405 Nr. 3 (Rechtsweg für Zuschuss zur Krankenversicherung)
- Beschluss vom 9. 11. 1976 AP ZPO § 195 Nr. 1 (Zustellung ohne Tagesvermerk)
- Beschluss vom 27. 1. 1983 AP BBiG § 14 Nr. 4 (Ausbildungsende für Krankenschwester)
- Beschluss vom 24. 10. 1983 AP ZPO § 705 Nr. 1 (Rechtskrafteintritt)
- Beschluss vom 12. 3. 1987 AP BetrVG 1972 § 5 Nr. 35 (Arbeitnehmereigenschaft von Auszubildenden)
- Beschluss vom 29. 10. 1987 AP GVG § 13 Nr. 1 (Rechtsweg für Wiederverwendung von Krankenhilfsmitteln)
- Beschluss vom 10. 7. 1989 AP SGG § 51 Nr. 3 = NJW 1990, 1527 (Rechtsweg für Mitgliedswerbung von Krankenkassen)
- Beschluss vom 30. 6. 1992 NJW 1992, 3290 (Abgeschlossenheit von Wohnungen)
- vgl. ferner BGH Beschluss vom 21. 9. 1993 NJW 1994, 856 (Arbeitnehmerhaftung); das in dieser Sache laufende Verfahren vor dem GemS OGB wurde gemäß § 14 Satz 1 RsprEinhG eingestellt.
- Beschluss vom 5. 4. 2000 AP ZPO § 129 Nr. 4 = NJW 2000, 2340 (Schriftform und Computerfax).

Seit dem Beschluss vom 5. 4. 2000 ist bis Ende 2008 eine weitere Entscheidung nicht feststellbar.

VI. Richtervorlage zum BVerfG gemäß Art. 100 GG

60   Grundsätzlich zu trennen von der Anrufung des Großen Senats und des GemS OGB ist die sog. konkrete Normenkontrolle, also die Vorlage der Rechtsfrage an das BVerfG gemäß Art. 100 Abs. 1 GG. Die unterschiedlichen Vorlagen schließen sich gegenseitig aus. Beim Verfahren nach Art. 100 Abs. 1 GG handelt es sich ausschließlich darum, dass ein Gericht eine Norm, auf deren Gültigkeit es bei der Entscheidung ankommt, für verfassungswidrig hält. Die Zuständigkeit des BVerfG und Verfahren im Einzelnen richten sich nach den §§ 13 Nr. 11, 80–82 a BVerfGG (vgl. dazu Einl. Rn. 78 f.).

61   Im Einzelnen setzt die Richtervorlage Folgendes voraus:
- **Zuständig** zur Vorlage ist jedes deutsches Gericht, nicht jedoch ein Rechtspfleger oder eine Behörde. Im Bereich der Arbeitsgerichtsbarkeit ist also zuständig jede Kammer eines Arbeitsgerichts oder eines LAG sowie jeder Senat des BAG in der jeweils vollständigen Besetzung.
- Die **Vorlage** erfolgt unmittelbar vom vorliegenden Spruchkörper an das BVerfG.
- Die Vorlage besteht zwingend aus dem **Beschluss**, das konkrete Verfahren auszusetzen (analog § 148 ZPO) sowie der Darlegung der Vorlagefrage. Vorgelegt wird also eine isolierte Rechtsfrage, nicht die Entscheidung in der Sache. Die Vorlage bzw. der Aussetzungsbeschluss könne nicht mit der Verfassungsbeschwerde angefochten werden (BVerfG 8. 10. 2003 NJW 2004, 501).
- Die Vorlage bedarf der **Begründung**. Darzulegen ist die Entscheidungserheblichkeit der vorgelegten Norm im konkreten Rechtsstreit sowie ihre Verfassungswidrigkeit. Das Gericht muss von der Verfassungswidrigkeit überzeugt sein, bloße Zweifel

reichen nicht. Nicht ausreichend ist es ferner, wenn die Norm verfassungskonform ausgelegt werden kann.
- Der Vorlagebeschluss muss aus sich heraus **verständlich** sein. Die Entscheidungserheblichkeit der Vorlagefrage und Verfassungswidrigkeit der Norm müssen deutlich erkennbar sein und eingehend dargelegt werden.
- Soweit die Voraussetzungen von Art. 100 Abs. 1 GG vorliegen, ist die Vorlage an das BVerfG **zwingend** und von Amts wegen vorzunehmen. Ein Parteiantrag ist nicht erforderlich.
- Die für verfassungswidrig gehaltene Norm muss entweder ein Gesetz im formellen Sinn oder eine gesetzesvertretende Rechtsverordnung sein. Die Norm muss schon und noch in Kraft sein. Sie muss **nachkonstitutioneller** Natur sein. Die Verfassungsmäßigkeit vorkonstitutioneller Normen kann und muss jedes Gericht selbst beurteilen. Allerdings gilt es zu beachten, dass der Gesetzgeber auch vorkonstitutionelles Recht in seinen Willen aufnehmen und so in nachkonstitutionelles Recht umwandeln kann (z. B. durch Neuverkündung, Änderung oder Verweisung).

VII. Vorlage an den EuGH gemäß Art. 234 EG

Auch das Vorabentscheidungsverfahren beim EuGH in Luxemburg gemäß Art. 234 EG (früher Art. 177 EGV) ist ein Vorlageverfahren. Es zielt auf die Herstellung und Wahrung der Einheit des europäischen Gemeinschaftsrechts und gibt dem EuGH die Letztentscheidungskompetenz bezüglich der Auslegung und Gültigkeit des primären und des sekundären Gemeinschaftsrechts. Die Vorlage an den EuGH schließt andere Vorlagen aus (vgl. dazu Einl. Rn. 88 f.).

Im Einzelnen setzt das Vorabentscheidungsverfahren beim EuGH Folgendes voraus:
- Gegeben sein muss zunächst eine **Vorlageberechtigung**. Hierbei sind entsprechend Art. 234 Abs. 2 alle Gerichte der Mitgliedsstaaten vorlageberechtigt, also auch alle deutschen Arbeitsgerichte aller drei Instanzen. Im Einzelnen trennt Art. 234 in Abs. 2 und Abs. 3 allerdings zwischen der Berechtigung aller Gerichte und der Verpflichtung zur Vorlage durch diejenigen Gerichte, deren Entscheidungen selbst nicht mehr mit Rechtsmitteln des innerstaatlichen Rechts angefochten werden können. Unstreitig zur Vorlage verpflichtet sind damit auch die deutschen Revisionsgerichte. Streitig ist, ob auch Berufungsgerichte zur Vorlage verpflichtet sein können oder ob die Möglichkeit der Nichtzulassungsbeschwerde als Rechtsmittel des innerstaatlichen Rechts anzusehen ist. Durchgesetzt hat sich dabei eine konkrete Betrachtungsweise, bei der eine Zulassungspflicht immer dann besteht, wenn im Einzelfall ein Rechtsmittel nicht mehr offensteht (vgl. EuGH 4. 6. 2002 EuZW 2002, 476; ErfKom/*Wißmann* Art. 234 EG Rn. 24 ff.). Damit unterliegt ein LAG, das die Revision gegen seine Entscheidung nicht zugelassen hat, der Vorlagepflicht, soweit die übrigen Voraussetzungen erfüllt sind.
- Die Vorlage muss im Rahmen eines **konkreten anhängigen Verfahrens** erfolgen. Im Einzelnen muss also ein konkreter Rechtsstreit vorliegen, auf den das Gemeinschaftsrecht anwendbar ist. Unzulässig wäre dagegen eine Vorlage, die auf Grund eines fiktiven Streitverfahrens den Versuch macht, abstrakte Rechtsfragen klären zu lassen. Ebenso wäre eine Vorlage unzulässig, bei der Gemeinschaftsrecht offenkundig nicht anwendbar wäre.
- Nach den Text des Art. 234 EG muss die Vorlage entweder die Auslegung des EG-Vertrags, die Gültigkeit oder die Auslegung von Handlungen der Organe der Gemeinschaft oder die Auslegung von Satzungen der durch den Rat geschaffenen Einrichtungen betreffen. **Gegenstand des Vorlageverfahrens** ist also das gesamte primäre Gemeinschaftsrecht und im Hinblick auf die Handlungen der Organe der Gemeinschaft auch das gesamte sekundäre Gemeinschaftsrecht (Verordnungen, Richtlinien, Entscheidungen und Empfehlungen). Schließlich ist anerkannt, dass auch die von der

§ 45

Gemeinschaft abgeschlossenen völkerrechtlichen Verträge und ebenso die allgemeinen Rechtsgrundsätze des Gemeinschaftsrechts der Auslegung durch den EuGH unterliegen.
– Die Vorlage muss eine konkrete **vorlagefähige Rechtsfrage** betreffen, die sich auf den Vorlagegegenstand beziehen muss. Dabei muss das vorlegende Gericht die in Betracht kommende des Gemeinschaftsrechts für auslegungsbedürftig halten. Insoweit ist es erforderlich, dass durch die Vorlage der tatsächliche und rechtliche Zusammenhang vom nationalen Gericht verständlich und umfassend dargelegt wird (*Winter*, Jahrbuch des Arbeitsrechts Band 40, S. 44 ff.).
– Streitig ist in der Vergangenheit gewesen, ob die konkrete Vorlagefrage für die Entscheidung des vorlegenden Gerichts **entscheidungserheblich** sein muss. Der EuGH prüft in st. Rspr. diese Frage nicht nach. Dennoch kann es nicht zweifelhaft sein, dass die Entscheidungserheblichkeit aus der Sicht des vorlegenden Gerichts zu prüfen und zu bejahen ist. Würde das vorlegende Gericht nach seiner eigenen Auffassung eine nicht entscheidungserhebliche Frage als Vorlage formulieren, so wäre dies ein Missbrauch des Art. 234 und damit eine unzulässige Vorlage.
– Zulässig ist nach der Rechtsprechung des EuGH eine **Vorlage in derselben Rechtsfrage,** für die der EuGH früher bereits im Wege der Vorlage angerufen worden war. Dieser Gesichtspunkt einer wiederholten Vorlage hat sich in der Praxis vor allem dann als relevant erwiesen, wenn ein Gericht der Auffassung ist, dass trotz eines bereits abgeschlossenen Vorabentscheidungsverfahrens der nationale Gesetzgeber oder die nationalen Gerichte eine bestimmte Frage des Gemeinschaftsrechts nicht richtig auslegen oder umsetzen.
– Die Vorlage durch ein deutsches Gericht ergeht durch **Beschluss**. Mit diesem Beschluss wird das anhängige Verfahren ausgesetzt und die Vorlagefrage an den EuGH formuliert. Der Vorlagebeschluss bedarf einer Begründung und muss die Vorlagefrage und ihr rechtliches Umfeld verdeutlichen und klarstellen. Die Vorlage wird unmittelbar an den EuGH gerichtet.
– Der Beschluss eines vorlegenden Instanzgerichts **kann nicht mit nationalen Rechtsmitteln (Beschwerde) angefochten werden**. Andernfalls würde ein solches Gericht in seinem Recht zur Vorlage eingeschränkt werden.

Dritter Teil.
Verfahren vor den Gerichten für Arbeitssachen

Erster Abschnitt. Urteilsverfahren

Erster Unterabschnitt. Erster Rechtszug

§ 46 Grundsatz

(1) Das Urteilsverfahren findet in den in § 2 Abs. 1 bis 4 bezeichneten bürgerlichen Rechtsstreitigkeiten Anwendung.

(2) [1]Für das Urteilsverfahren des ersten Rechtszugs gelten die Vorschriften der Zivilprozeßordnung über das Verfahren vor den Amtsgerichten entsprechend, soweit dieses Gesetz nichts anderes bestimmt. [2]Die Vorschriften über den frühen ersten Termin zur mündlichen Verhandlung und das schriftliche Vorverfahren (§§ 275 bis 277 der Zivilprozeßordnung), über das vereinfachte Verfahren (§ 495a der Zivilprozeßordnung), über den Urkunden- und Wechselprozeß (§§ 592 bis 605a der Zivilprozeßordnung), über die Entscheidung ohne mündliche Verhandlung (§ 128 Abs. 2 der Zivilprozeßordnung) und über die Verlegung von Terminen in der Zeit vom 1. Juli bis 31. August (§ 227 Abs. 3 Satz 1 der Zivilprozeßordnung) finden keine Anwendung. [3]§ 127 Abs. 2 der Zivilprozessordnung findet mit der Maßgabe Anwendung, dass die sofortige Beschwerde bei Bestandsschutzstreitigkeiten unabhängig von dem Streitwert zulässig ist.

Übersicht

	Rn.
I. Allgemeines	1–3
1. Überblick	1
2. Begriff des Urteilsverfahrens	2, 3
II. Anwendbarkeit der ZPO	4–35
1. Das amtsgerichtliche Verfahren	4–12
2. Das Verfahren vor dem Landgericht	13–24
3. Ausdrücklich ausgenommene Vorschriften	25–35
a) Früher erster Termin etc., §§ 275–277 ZPO	26
b) Verfahren nach billigem Ermessen, § 495a ZPO	27
c) Entscheidung ohne mündliche Verhandlung	28, 29
d) Urkunden- und Wechselprozess	30–33
e) Terminsverlegung, § 227 Abs. 3 Satz 1 ZPO	34
f) Sofortige Beschwerde in Prozesskostenhilfesachen	35
III. Allgemeine Verfahrensgrundsätze	36–52
1. Mündlichkeitsprinzip	36–43
2. Dispositionsgrundsatz	44–47
3. Bestimmtheitsgrundsatz	48, 49
4. Prozesshindernde Einreden	50, 51
5. Beschleunigungsgrundsatz	52
IV. Die Klagearten	53–122
1. Die Leistungsklage	54–73
a) Zahlungsklage	55–63
b) Klage auf Beschäftigung	64–66
c) Unterlassungsklage, Konkurrentenklage	67–69
d) Herausgabeklage	70
e) Vornahme einer Handlung	71–73
2. Die Feststellungsklage	74–120
a) Begriff des Rechtsverhältnisses	75–80
b) Zwischenfeststellungsklage, § 256 Abs. 2 ZPO	81–83
c) Rechtliches Interesse	84–92

	Rn.
d) Einzelfälle	93–105
e) Sonderfall: Eingruppierungsstreitigkeiten	106–108
f) Sonderfall: Kündigungsschutzklagen	109–120
3. Gestaltungsklage	121, 122

I. Allgemeines

1. Überblick

1   Die **grundsätzliche Anwendbarkeit der zivilprozessualen Vorschriften** war für das Verfahren vor den Gewerbegerichten bereits in § 26 GewerbegerichtsG geregelt worden und gilt seitdem fort, ihm trägt § 46 Abs. 2 Satz 1 Rechnung. Die in Satz 2 und 3 genannten Ausnahmen betreffen Bestimmungen, die den grundlegenden Verfahrensprinzipien im arbeitsgerichtlichen Verfahren widersprechen, insbesondere soll es bei dem stark ausgeprägten Mündlichkeitsgrundsatz, der eine schriftliche Vorbereitung der mündlichen Verhandlung nur beschränkt zulässt, bleiben, auch soll der Sinn der Güteverhandlung durch ein schriftliches Vorverfahren nicht beseitigt werden.

2. Begriff des Urteilsverfahrens

2   Das Urteilsverfahren wird für die in § 2 Abs. 1 bis 4 im Einzelnen bezeichneten bürgerlichen Rechtsstreitigkeiten vorgeschrieben. Damit wird von § 46 Abs. 1 das wiederholt, was bereits in § 2 Abs. 5 geregelt worden ist. Unter Urteilsverfahren ist die für den Zivilprozess typische Verfahrensart beschrieben, bei der auf Grund öffentlicher mündlicher Verhandlung ein Urteil gefällt werden kann, das kraft der **Dispositionsmaxime** auf dem Antrag der Parteien und unter Berücksichtigung der Verhandlungsmaxime auf dem tatsächlichen Vorbringen der Parteien und deren Beweisanträgen beruht. Ob tatsächlich ein Urteil gefällt wird, ist hierbei unerheblich. Der Begriff des Urteilsverfahrens wird im Gegensatz zu dem in §§ 80 ff. geregelten Beschlussverfahren, in dem auf Antrag eines Beteiligten über bestimmte betriebsverfassungsrechtliche oder sonstige in § 2a genannte Fragen zu entscheiden ist, gebraucht. Bei dem Beschlussverfahren gilt auch nicht in gleicher Weise wie im Urteilsverfahren die Dispositions- und Verhandlungsmaxime. Dass der Gesetzgeber den Begriff des Urteilsverfahrens im Gegensatz zum Beschlussverfahren gebraucht hat, ergibt sich auch aus der Regelung in § 80 Abs. 2, in der nur bestimmte Bereiche des Urteilsverfahrens für entsprechend anwendbar erklärt worden sind (vgl. dazu auch ArbGG-*Kloppenburg/Ziemann* § 46 Rn. 2; GK-ArbGG/*Schütz* § 46 Rn. 5). Die besondere Bezugnahme auf einzelne Teile des arbeitsgerichtlichen Urteilsverfahrens in § 80 Abs. 2 schließt es auch aus, die Bestimmung des § 46 generell im Beschlussverfahren entsprechend anzuwenden. Das Urteilsverfahren des Abs. 1 erfasst auch in der ZPO besonders geregelte Verfahrensarten, wie das Mahnverfahren und die Verfahren des einstweiligen Rechtsschutzes.

3   Die Bestimmung ist ebenso **zwingend** wie diejenige des § 2 Abs. 5. Die Parteien können keine andere Verfahrensart wählen, insbesondere steht es ihnen nicht frei zu entscheiden, dass ein unter § 2 fallender Rechtsstreit im arbeitsgerichtlichen Beschlussverfahren nach §§ 80 ff. durchgeführt werden solle. Auch kann nicht ohne weiteres die Entscheidung durch ein Schiedsgericht festgelegt werden, dies ist nur im Rahmen des § 4 nach Maßgabe der §§ 101 bis 110 möglich. § 46 Abs. 2 gilt **nur für das erstinstanzliche Verfahren,** für das Berufungsverfahren enthalten die Bestimmungen des § 64 Abs. 6 und 7 Sonderregelungen, für das Revisionsverfahren gelten § 72 Abs. 5 und 6.

II. Anwendbarkeit der ZPO

1. Das amtsgerichtliche Verfahren

Das in den Angelegenheiten des § 2 vorgeschriebene Erkenntnisverfahren ist ein **echter** **4** **Zivilprozess**, der lediglich durch einige Vorschriften des ArbGG geändert bzw. beeinflusst wird. Soweit die Vorschriften des ArbGG keine Sonderregelungen enthalten, sind die Bestimmungen des normalen Zivilprozessverfahrens anwendbar, wie dies durch die Verweisungsnorm des § 46 Abs. 2 geregelt wird. Aus dem Charakter des arbeitsgerichtlichen Erkenntnisverfahrens als einem zivilprozessualen Verfahren folgt, ohne dass es einer besonderen Verweisung bedürfte, dass die allgemeinen Vorschriften des ersten Buches der ZPO (§§ 1 bis 252 ZPO) soweit eine entsprechende Anwendung finden, als die Regelungen des ArbGG keine Abweichungen enthalten und auch aus dem Charakter des arbeitsgerichtlichen Verfahrens keine Modifikationen erforderlich sind.

Das amtsgerichtliche Verfahren ist in den **§§ 495 bis 510 b ZPO** geregelt. Die Bestimmung des § 495 ZPO über die ergänzende Anwendung der Regelungen über das Verfahren vor den Landgerichten gilt auch im arbeitsgerichtlichen Verfahren, allerdings sind die Vorschriften des landgerichtlichen Verfahrens teilweise nicht anwendbar bzw. nur modifiziert anwendbar (dazu unten Rn. 13 ff.). § 496 ZPO über die Einreichung von Schriftsätzen und die Klageerhebung ist ebenfalls im arbeitsgerichtlichen Verfahren anwendbar, bei der Bestimmung des § 497 ZPO ist ergänzend die Sondervorschrift des § 47 über die Einlassung zu beachten. **5**

Die Regelung des **§ 499 ZPO** hinsichtlich der Belehrung über die Folgen eines schriftlich abgegebenen Anerkenntnisses ist nicht anwendbar, diese Bestimmung gilt nur im Falle des schriftlichen Vorverfahrens des § 276 ZPO, dieses findet jedoch im arbeitsgerichtlichen Verfahren keine Anwendung, Abs. 2 Satz 2. **6**

Im Rahmen der **Belehrung bei Unzuständigkeit des Arbeitsgerichts** findet grundsätzlich die Bestimmung des § 504 ZPO entsprechende Anwendung, zu beachten sind in diesem Zusammenhang auch die Vorschriften der §§ 1, 11 ZPO und der §§ 17 ff. GVG sowie die arbeitsgerichtliche Sonderregelung über Rechtsweg und Zuständigkeit des § 48. **7**

Die Bestimmung des **§ 506 ZPO** findet im arbeitsgerichtlichen Verfahren keine Anwendung, da im Gegensatz zum zivilprozessualen Verfahren nur ein Eingangsgericht besteht. **8**

Bei der Abfassung des **Sitzungsprotokolls** ist die Bestimmung des **§ 160 ZPO** zu beachten, diese Vorschrift wird durch § 510 a ZPO, der dem Gericht einen Spielraum für die Protokollierung sonstiger Erklärungen eröffnet, nicht verdrängt. Ferner ist die an sich überflüssige ergänzende Bestimmung des § 54 Abs. 3 zu beachten, nach der das Ergebnis der Güteverhandlung, insbesondere der Abschluss eines Vergleiches in die Niederschrift aufzunehmen ist. Dies ergibt sich im Grunde schon aus § 160 Abs. 2 und 3 Nr. 1 und 6 ZPO. **9**

Der Inhalt der Bestimmung des **§ 510 b ZPO** ist in § 61 Abs. 2 für das arbeitsgerichtliche Verfahren nochmals ausdrücklich übernommen worden, diese Vorschrift geht als speziellere Regelung dem § 510 b ZPO vor. **10**

Die Bezugnahme auf das amtsgerichtliche Verfahren gilt nur für das erstinstanzliche Verfahren vor dem Arbeitsgericht. Das **zweitinstanzliche Verfahren** vor dem Landesarbeitsgericht richtet sich nach § 64 Abs. 6 grundsätzlich nach den Vorschriften der ZPO über die Berufung. Soweit für das erstinstanzliche Verfahren geltende Vorschriften auch für das Verfahren vor dem Landesarbeitsgericht Anwendung finden sollen, ist dies in § 64 Abs. 7 ausdrücklich geregelt. **11**

Die **Korrektur einer Entscheidung** nach § 321 a ZPO ist nicht möglich. Hier enthält § 78 a eine **Sonderregelung** für das arbeitsgerichtliche Verfahren. **12**

2. Das Verfahren vor dem Landgericht

13   Auch soweit über § 495 ZPO die Vorschriften über das landgerichtliche Verfahren Anwendung finden, sind die Sonderregelungen des ArbGG sowie der besondere Charakter des arbeitsgerichtlichen Verfahrens zu beachten. Bei der **Zustellung der Klageschrift** ist die Sondervorschrift des § 47 zu berücksichtigen, die Bestimmung des § 271 Abs. 2 ZPO gilt nicht, da vor dem Arbeitsgericht kein Vertretungszwang besteht. Im Übrigen wird sie durch die Regelung in § 47 Abs. 2 verdrängt. Bei der **Urteilszustellung**, § 317 ZPO, ist die Sonderregelung des § 50 zu beachten, diese bestimmt ausdrücklich, dass § 317 Abs. 1 Satz 3 ZPO nicht anwendbar ist. Das heißt, dass auch auf Antrag der Parteien die Zustellung verkündeter Urteile nicht hinausgeschoben werden kann, dies würde nämlich dem Beschleunigungsgrundsatz, der das arbeitsgerichtliche Verfahren beherrscht, widersprechen. Die **Beschleunigungsvorschrift** des § 272 ZPO gilt ebenfalls nicht in vollem Umfang für das arbeitsgerichtliche Verfahren, vielmehr enthalten hier die Bestimmungen der §§ 9 Abs. 1, 56 und 61 a Sondervorschriften. Die auch der Beschleunigung dienende Bestimmung des § 273 ZPO wird ebenfalls von den Vorschriften der §§ 56 und 61 a verdrängt.

14   Die in § 274 Abs. 3 Satz 1 ZPO festgelegte **Einlassungsfrist** wird durch die Sondervorschrift des § 47 Abs. 1 verdrängt. Anwendbar bleibt allerdings die Bestimmung des § 274 Abs. 3 Satz 2 ZPO hinsichtlich der Festsetzung des Termins für die Einlassungsfrist bei Zustellungen im Ausland.

15   Die für das zivilprozessuale Verfahren neu geschaffene Vorschrift über die **gütliche Streitbeilegung** und die Güteverhandlung in § 278 Abs. 1 bis 5 ZPO und diejenige über die mündliche Verhandlung in § 279 ZPO können im arbeitsgerichtlichen Verfahren ebenfalls nicht in vollem Umfange angewendet werden. Insoweit enthält § 54, der Vorlage für die neu geschaffenen Vorschriften war, Sonderregelungen. Dies gilt insbesondere für § 278 Abs. 1 bis 4 ZPO. Die Regelung in § 278 Abs. 5 Satz 2 ZPO, wonach das Gericht in geeigneten Fällen den Parteien eine **außergerichtliche Streitschlichtung** (sog. Mediation) vorschlagen kann, ist demgegenüber anwendbar. Dem steht auch der Beschleunigungsgrundsatz nicht entgegen, da der Gesetzgeber der gütlichen Einigung einen besonderen Stellenwert zugewiesen hat, wie auch aus der Möglichkeit der Fortsetzung der Güteverhandlung deutlich wird. Die Parteien können diesen Vorschlag des Gerichts annehmen oder ablehnen, es liegt also in ihrer Dispositionsbefugnis. Ohne ihre Zustimmung ist die Mediation nicht möglich.

16   Zweifelhaft ist, ob auch die Regelung in § **278 Abs. 6 ZPO** anwendbar ist, wonach ein gerichtlicher Vergleich auch dadurch zustande kommen kann, dass entweder ein schriftlicher gerichtlicher **Vergleichsvorschlag durch Schriftsatz** gegenüber dem Gericht **angenommen werden** kann, oder die Parteien dem Gericht einen schriftlichen Vergleichsvorschlag unterbreiten. Eine entsprechende Bestimmung enthält § 54 nicht. In § 57 Abs. 2 ist nur geregelt, dass in jeder Lage des Verfahrens auf eine gütliche Einigung hingewirkt werden soll. Eine Bestimmung über die Form des Vergleichsabschlusses ist nicht vorhanden. § 278 Abs. 6 ZPO enthält eine formelle Regelung über das Zustandekommen eines Vergleichs unabhängig von der Güteverhandlung. Die Regelung gilt in jeder Lage des Verfahrens. Durch sie soll der Abschluss eines Vergleichs möglichst schnell und problemlos erfolgen, die rein formale Aufnahme in das Protokoll einer mündlichen Verhandlung mit den damit verbundenen Terminierungsproblemen soll vermieden werden. Diese formale Vorschrift widerspricht nicht den Grundsätzen des arbeitsgerichtlichen Verfahrens, wird vielmehr sogar die Beschleunigung der Erledigung des Rechtsstreits ermöglichen. Auch die Bestimmung des § 54 Abs. 3 steht nicht entgegen, da diese nur den Vergleichsabschluss in der Güteverhandlung betrifft.

17   Der **gerichtliche Vergleichsvorschlag** ist schriftlich den Parteien zu unterbreiten. Er kann nur unverändert angenommen werden. Eine Annahme mit Änderungen ist eine

II. Anwendbarkeit der ZPO § 46

Ablehnung. Die Annahme muss durch Schriftsätze der beteiligten Parteien erfolgen. Weiterhin können die beteiligten **Parteien einen Vergleich** dadurch schließen, dass sie dem Gericht einen Vergleichsvorschlag unterbreiten. Dies kann entweder durch eine gemeinsam unterzeichnete Urkunde, also einen privat abgeschlossenen Vergleich, erfolgen oder aber durch sich kreuzende Schriftsätze der Parteien. Diese müssen dann inhaltlich übereinstimmen, der Vergleichstext muss identisch sein (*Ostrowicz/Künzl/Schäfer* Rn. 323). Das Zustandekommen des gerichtlichen Vergleichs erfolgt durch **feststellenden Beschluss**. Das Gericht hat dabei, insbesondere wenn der Vergleich auf Vorschlägen der Parteien beruht, zu überprüfen, ob der Vergleichsinhalt den geltenden Gesetzen entspricht. Im Übrigen prüft es nur, ob eine ausreichende Zustimmung vorliegt und dass keine sonstigen Willens- oder Wirksamkeitsmängel erkennbar sind. Die Tenorierung muss den Inhalt des Vergleichs festlegen, z. B. „Es wird festgestellt, dass zwischen (den Parteien des Rechtsstreits) ein Vergleich mit folgendem Inhalt ... zustandegekommen ist". Der Wortlaut des Vergleichs ist wiederzugeben, eine Bezugnahme auf die Akten reicht nicht. Da eine mündliche Verhandlung nicht vorgeschrieben ist, § 128 Abs. 4 ZPO, kann der Beschluss durch den Vorsitzenden allein gem. § 53 Abs. 1 Satz 1 ergehen (*Schmidt/Schwab/Wildschütz* NZA 2001, 1161, 1165; a. A. *Künzl* ZTR 2001, 492, 496). Dies ist auch dann der Fall, wenn der Vergleichsvorschlag des Gerichts durch die Kammer unter Beteiligung der ehrenamtlichen Richter erfolgte. Der auf diese Weise zustandegekommene und durch Beschluss bestätigte Vergleich ist Vollstreckungstitel wie ein zu Protokoll erklärter Vergleich, § 794 Abs. 1 Nr. 1 ZPO.

Zweifelhaft ist, ob durch einen auf diese Weise zustandegekommenen Vergleich auch **18 Formvorschriften in anderen Bestimmungen**, wie z. B. in § 623 BGB und § 14 Abs. 4 TzBfG eingehalten werden. Ein derartiger Vergleich erfüllt das **Schriftformerfordernis** des § 126 Abs. 2 BGB nur dann, wenn Grundlage des gerichtlichen Vergleichs eine von den Parteien gemeinsam unterschriebene Urkunde ist. Hieran fehlt es, wenn ein gerichtlicher Vergleichsvorschlag durch wechselseitige Schriftsätze angenommen wird oder der gerichtliche Vergleich auf nicht gemeinsam unterzeichnete Schriftsätze zurückzuführen ist. Eine unmittelbare Anwendung des § 127a BGB ist ausgeschlossen, dort erfolgt die Ersetzung der notariellen Form dadurch, dass die Erklärungen in ein gerichtliches Protokoll aufgenommen werden, eine mündliche Verhandlung wird vorausgesetzt. Diese ermöglicht es auch dem Gericht, die Parteien über die Bedeutung und Auswirkung der Erklärungen zu belehren. Diese Möglichkeit fehlt bei § 278 Abs. 6 ZPO. Unmittelbar hilft hier die Verweisung in § 126 Abs. 4 BGB auf die Ersetzung der Schriftform durch notarielle Form nicht. Auch die notarielle Form erfordert Anwesenheit der Parteien und ermöglicht die Belehrung durch den Notar. Gleichwohl kann eine analoge Anwendung des Rechtsgedankens aus § 127a BGB in Betracht kommen, da der Gesetzgeber bei der Änderung des § 278 Abs. 6 ZPO diese Problematik nicht gesehen hat. Das Schriftformerfordernis in § 623 BGB und § 14 Abs. 4 TzBfG hat eine klarstellende und beweissichernde Funktion, außerdem dient sie dem Übereilungsschutz. Eine Pflicht zur Belehrung über Inhalt und Auswirkung der Erklärung ergibt sich aus dem reinen Schriftformerfordernis nicht. Der Vergleichsabschluss nach § 278 Abs. 6 ZPO dient sowohl der Beweissicherung, als auch dem Übereilungsschutz, schon das Verfahren ermöglichen den Parteien eine wiederholte Überprüfung ihrer Erklärungen. Auf rechtliche Bedenken muss das Gericht vor Feststellung des Vergleichsabschlusses hinweisen und kann ggf. keinen Beschluss fassen. Dem Schutzgedanken der Schriftform ist daher ausreichend Rechnung getragen (BAG 23. 11. 2006 – 6 AZR 394/06; so wohl auch *Dahlem/Wiesner* NZA 2004, 530, 532; *Ostrowicz/Künzl/Schäfer* Rn. 325; vgl. *Knauer/Wolf* NJW 2004, 2857, 2859; a. A. *Musielak/Foerste* § 278 Rn. 18; *Zöller/Greger* § 278 Rn. 25). Voraussetzung ist aber immer, dass der Beschluss des Gerichtes vorliegt, nur dieser kann das Schriftformerfordernis ersetzen.

Ebenso wie bei diesem sind auch **Berichtigungen** von Fehlern usw. möglich, § 164 **19** ZPO. Die Verweisung auf § 164 ZPO in § 278 Abs. 6 Satz 3 ZPO bedeutet dabei nur, dass die Berichtigung des Beschlusses ebenso wie eine Protokollberichtigung durchgeführt werden muss, nicht jedoch, dass ein Protokoll erstellt, also eine mündliche Verhandlung durchgeführt werden müsste (*Ostrowicz/Künzl/Schäfer* Rn. 328). Der Beschluss unterliegt **nicht der sofortigen Beschwerde**, § 567 Abs. 1 ZPO (*Ostrowicz/Künzl/Schäfer* a. a. O.). Weder ist sie im Gesetz ausdrücklich zugelassen, noch wird durch den Beschluss ein das Verfahren betreffendes Gesuch zurückgewiesen. Entsteht zwischen den Parteien **Streit** darüber, ob der Vergleich das Verfahren **wirksam beendet** hat oder nicht, ist das Verfahren wie bei gerichtlichen Vergleichen fortzusetzen (*Baumbach/Hartmann* Anh. § 307 Rn. 37; *Zöller/Stöber* § 794 Rn. 15 a). Der durch Beschluss festgestellte Vergleich ist auch in dieser Hinsicht dem sonstigen gerichtlichen Vergleich gleichgestellt. Verweigert das Gericht die Beschlussfassung, ist ebenfalls kein Rechtsmittel gegeben, weder die Zustimmung zu einem gerichtlichen Vergleichsvorschlag noch die Einreichung eines Vergleichsvorschlags durch die Parteien ist ein das Verfahren betreffendes Gesuch. In seinen **Wirkungen** steht der Vergleich nach § 278 Abs. 6 ZPO dem in mündlicher Verhandlung abgeschlossenen Vergleich gleich, er ist **Vollstreckungstitel**, **Mängel** sind durch Fortsetzung des Verfahrens geltend zu machen.

20   Bei der **Verweisung eines Rechtsstreits** wegen **örtlicher Unzuständigkeit** des Arbeitsgerichts ist **nicht** die Vorschrift des § 281 ZPO, sondern es sind diejenigen des § 48 und der §§ 17 a, 17 b GVG zu beachten (dazu § 48 Rn. 27). Dies gilt auch für die Kostenregelung des § 281 Abs. 3 ZPO, die durch § 48 Abs. 1 i. V. mit § 17 b Abs. 2 GVG verdrängt wird.

21   Bei den Bestimmungen, die sich mit dem **Urteil** befassen, §§ 300 ff. ZPO, sind die Sonderregelungen der §§ 60 und 61 vorrangig. Eine Besonderheit im arbeitsgerichtlichen Verfahren besteht zum einen darin, dass bereits im Urteil der Streitwert festzusetzen ist, § 61 Abs. 1, und dass der Ausspruch hinsichtlich der vorläufigen Vollstreckbarkeit nicht erforderlich ist, da § 62 Abs. 1 Satz 1 generell regelt, dass die Urteile der Arbeitsgerichte vorläufig vollstreckbar sind, soweit gegen sie Einspruch oder Berufung zulässig ist. Auch im Hinblick auf die Möglichkeit der Einstellung der Zwangsvollstreckung enthält das arbeitsgerichtliche Verfahren in § 62 Abs. 1 Satz 2 eine Sonderregelung. Die Form der Verkündung des Urteils, § 311 ZPO, wird modifiziert durch § 60 Abs. 2 bis 4. Hinsichtlich der Notwendigkeit der Unterschrift der Richter, § 315 ZPO, gilt die Sonderregelung des § 60 Abs. 4.

22   Bei der Anwendung der Vorschriften über das **Versäumnisverfahren** der §§ 330 ff. ZPO ist die besondere Bestimmung des § 59 zu beachten, im Gegensatz zu § 339 Abs. 1 ZPO beträgt die Einspruchsfrist lediglich eine Woche nach Zustellung des Versäumnisurteils. Bei Zustellung des Versäumnisurteils im Ausland bleibt die Vorschrift des § 339 Abs. 2 ZPO gültig.

23   Die Vorschriften über das **Verfahren vor dem Einzelrichter**, §§ 348 ff. ZPO, können wegen der besonderen Besetzung der Kammern keine Anwendung finden, allerdings gilt die Bestimmung des § 58 Abs. 1 Satz 2, wonach in besonderen Fällen die Durchführung einer Beweisaufnahme dem Vorsitzenden übertragen werden kann.

24   Eine weitere Abweichung vom landgerichtlichen Verfahren besteht bei der **Abnahme von Eiden**, § 391 ZPO, hier ist die Sonderregelung des § 58 Abs. 2 maßgeblich, nur in seltenen Fällen wird es im arbeitsgerichtlichen Verfahren notwendig sein, eine Beeidigung eines Zeugen oder Sachverständigen durchzuführen. Diese Einschränkung gilt auch bei schriftlicher Beantwortung einer Beweisfrage, § 377 Abs. 3 und 4 ZPO, die dort vorgesehene eidesstattliche Versicherung ist nur erforderlich, wenn sie im Hinblick auf die Bedeutung der Auskunft von der Kammer für notwendig erachtet wird. Die Vorschrift über die Form der Beeidigung, § 392 ZPO, findet dagegen ebenso Anwendung wie die Bestimmungen über die sonstigen Regeln der Vernehmung.

II. Anwendbarkeit der ZPO § 46

3. Ausdrücklich ausgenommene Vorschriften

In Abs. 2 Satz 2 werden wesentliche Vorschriften des zivilprozessualen Verfahrens 25
von der Anwendbarkeit im arbeitsgerichtlichen Verfahren erster Instanz ausgenommen.
Der Grund für die Nichtanwendbarkeit ist auf grundsätzliche Verfahrensunterschiede
zurückzuführen.

a) Früher erster Termin etc., §§ 275–277 ZPO

Die Vorschriften über den frühen ersten Termin zur mündlichen Verhandlung und das 26
schriftliche Vorverfahren der §§ 275 bis 277 ZPO können nicht angewendet werden, die
Regelung über das Güteverfahren des § 54 und die Bestimmung über die Vorbereitung
der streitigen Verhandlung in § 56 stellen insoweit **Sonderregelungen** dar. Insbesondere
kann damit das Arbeitsgericht nicht nach den §§ 275 Abs. 1, 3 und 4 sowie § 276
Abs. 1 und 3 ZPO Fristen setzen, dies ist nur im Rahmen des § 56 Abs. 1 möglich, bei
Nichtbeachtung können dann die sich aus § 56 Abs. 2 ergebenden Sanktionen eintreten.
Für das Verfahren in Bestandsstreitigkeiten sind dabei die Sonderregelungen des § 61 a
zu beachten, mit denen eine besondere Beschleunigung erreicht werden soll. Ein schriftliches
Vorverfahren i. S. des § 276 ZPO würde auch dem Mündlichkeitsprinzip widersprechen,
das im arbeitsgerichtlichen Verfahren der ersten Instanz eine besondere Bedeutung
hat, die sich auch aus der Bestimmung des § 54 über das Güteverfahren ergibt.
Demzufolge sieht auch § 47 Abs. 2 vor, dass eine Aufforderung an den Beklagten, sich
auf die Klage schriftlich zu äußern, in der Regel nicht erfolgt. Hier wird auch die
Regelung in § 282 Abs. 2 ZPO für den Bereich der Güteverhandlung modifiziert. Die
Güteverhandlung tritt letztlich an die Stelle des frühen ersten Termins zur mündlichen
Verhandlung, sie dient zwar in erster Linie der Erlangung einer gütlichen Einigung
zwischen den Parteien, soll aber auch der Aufklärung des Sachverhaltes, des Hinweises
der Parteien auf die maßgeblichen rechtlichen Gesichtspunkte und der weiteren Vorbereitung
der streitigen Verhandlung dienen. Werden trotzdem in Anwendung der Vorschriften
der §§ 275 bis 277 ZPO Fristen gesetzt, binden diese die Parteien nicht
(*Schwab/Weth/Zimmerling* § 46 Rn. 9). **Anwendbar** ist aber **§ 283 ZPO**, hat das Gericht
einer Partei einen Schriftsatz nachgelassen, kann eine Entscheidung erst nach Ablauf der
gewährten Frist getroffen werden. Der Antrag auf Gewährung einer Erklärungsfrist
kann von einer Partei gestellt werden, wenn sie auf Vortrag des Gegners in der mündlichen
Verhandlung keine Stellungnahme abgeben konnte.

b) Verfahren nach billigem Ermessen, § 495 a ZPO

Ausgenommen ist die Geltung der Bestimmung des § 495 a ZPO, die eine Trennung 27
des Verfahrens von den Vorschriften der Zivilprozessordnung für solche Fälle vorsieht,
in denen der Streitwert 600,– € nicht übersteigt. In diesen Fällen kann das Amtsgericht
sein Verfahren nach billigem Ermessen bestimmen, das Gericht ist in der Gestaltung des
Verfahrens weitgehend frei. Allerdings darf auch hier das rechtliche Gehör nicht verletzt
werden.

c) Entscheidung ohne mündliche Verhandlung

Dem Vorrang des **Mündlichkeitsprinzips** dient auch der Ausschluss der Entscheidung 28
ohne mündliche Verhandlung, wie sie in § 128 Abs. 2 ZPO für das zivilprozessuale
Verfahren vorgesehen ist. Auch im Einverständnis der Parteien kann ein solches schriftliches
Verfahren nicht eingeführt werden. Anwendbar sind aber die Regelungen in § 128
Abs. 3 und 4 ZPO. Soweit nur noch über die Kosten zu entscheiden ist, kann ohne
mündliche Verhandlung entschieden werden (dazu näher unten § 55 Rn. 32 a). Entscheidungen,
die nicht Urteile sind, können nach § 128 Abs. 4 ZPO ebenfalls ohne mündliche
Verhandlung ergehen, soweit nichts anderes vorgeschrieben ist. Zu beachten ist in

diesem Zusammenhang die Sonderregelung in § 55 Abs. 1, die in bestimmten Fällen ein Alleinentscheidungsrecht des Vorsitzenden vorsieht. Durch § 128 Abs. 4 ZPO ist die Durchführung einer mündlichen Verhandlung für entbehrlich erachtet worden. Von Bedeutung ist darüber hinaus auch die Regelung in § 53 Abs. 1, die generell dann ein Alleinentscheidungsrecht des Vorsitzenden vorsieht, wenn ohne mündliche Verhandlung entschieden werden kann und nichts anderes bestimmt ist.

29 In den **Rechtsmittelverfahren** ist ein schriftliches Verfahren möglich, die Verweisungsvorschriften des § 64 Abs. 7 bzw. diejenige des § 72 Abs. 6 beziehen sich nicht auf § 46 Abs. 2, so dass § 128 Abs. 2 ZPO entsprechend anwendbar bleibt.

d) Urkunden- und Wechselprozess

30 Schließlich sind ausdrücklich die Vorschriften über den Urkunden- und Wechselprozess der **§§ 592 bis 605 a ZPO für unanwendbar** erklärt worden. In der Regel wird bei einem Anspruch, der im Urkunden- oder Wechselprozess verfolgt werden soll, schon die sachliche Zuständigkeit des Arbeitsgerichts gem. § 2 fehlen. Eine Zuständigkeit kann nur dann bestehen, wenn das Arbeitsentgelt durch Scheck oder Wechsel bezahlt worden ist oder wenn beispielsweise ein Arbeitnehmer eine Kaution über Wechsel oder eine Bürgschaftserklärung für einen Wechsel oder Scheck gegeben hat. Eine Zuständigkeit des Arbeitsgerichts könnte sich im Übrigen auch kraft des sachlichen Zusammenhanges gem. § 2 Abs. 3 ergeben.

31 Zweifelhaft ist, ob trotz dieser möglichen Zuständigkeit des Arbeitsgerichts durch den Ausschluss in § 46 Abs. 2 Satz 2 nicht nur der Ausschluss einer bestimmten Verfahrensart, sondern auch eine **Zuständigkeitsregelung** getroffen worden ist mit der Folge, dass derartige Ansprüche, die ihren Rechtsgrund in einer Urkunde i. S. des Urkundenprozesses haben, nicht vor dem Arbeitsgericht verfolgt werden können. Hierzu wird die Auffassung vertreten, dass ein abstrakter Anspruch, der von dem zu Grunde liegenden Rechtsverhältnis losgelöst ist, vor dem ordentlichen Gericht eingeklagt werden müsste (*Dietz/Nikisch* § 2 Rn. 12; OLG Hamm 18. 9. 1979 NJW 1980, 1399; *Kirchner* BB 1965, 1233; *Liesecke* DRiZ 1970, 318). Das hätte zur Folge, dass Klagen im Urkunden- oder Wechselprozess vor den ordentlichen Gerichten durchgeführt werden könnten, obwohl der zu Grunde liegende Anspruch in die ausschließliche Zuständigkeit des Arbeitsgerichts gem. § 2 Abs. 1 fallen würde (so wohl auch *Schwab/Weth/Zimmerling* § 46 Rn. 12, da sich aus der Klage im Urkunden- und Wechselprozeß nichts für die Zuständigkeit eines Gerichts ergeben würde). Diese Zuständigkeit des ordentlichen Gerichts würde dann auch im Nachverfahren gem. § 600 ZPO bestehen bleiben, da die Zuständigkeit nicht durch die die Beweismittel im Urkundenprozess einschränkende Vorschrift des § 595 Abs. 2 ZPO schon im Vorverfahren bindend festgestellt werden muss (BAG 12. 4. 1972 AP ZPO § 36 Nr. 12).

32 Dem steht jedoch entgegen, dass § 46 Abs. 2 Satz 2 keine Bestimmung enthält, die der Regelung des § 2 Abs. 1 oder der der §§ 17 ff. GVG vorgeht. Vielmehr enthält § 46 Abs. 2 Satz 2, wie sich schon aus dem Wortlaut ergibt, **nur eine Ausnahmeregelung** hinsichtlich bestimmter **Verfahrensarten**. Dem kann auch nicht entgegengehalten werden, dass wegen der Abstraktheit der Verpflichtung beispielsweise aus Wechsel oder Scheck nicht von einem arbeitsrechtlichen Charakter des Anspruchs gesprochen werden könne. Allerdings spielt bei einem abstrakten Schuldanerkenntnis die ursprüngliche Rechtsgrundlage nur begrenzt eine Rolle, gleichwohl kann ein Anspruch aus einem abstrakten Schuldanerkenntnis zweifelsfrei im Verfahren vor dem Arbeitsgericht verfolgt werden. Auch dass ein Rechtsnachfolger gegebenenfalls die materiellrechtliche Grundlage des Anspruches nicht kennt, kann nicht entscheidend sein, für die Frage der Zuständigkeit ist es unerheblich, ob die beteiligten Parteien die Tatsachen kennen, die zur Beantwortung der Zuständigkeit des Gerichts führen (vgl. zu dem Ganzen *Grunsky* § 2 Rn. 6 m. w. N. sowie GK-ArbGG/*Schütz* § 46 Rn. 22; jetzt auch BAG 7. 11. 1996 EzA ArbGG 1979 § 2 Nr. 34).

III. Allgemeine Verfahrensgrundsätze § 46

Der Ausschluss der §§ 592 ff. ZPO hat daher **keine Auswirkung** auf die **Zuständigkeit** 33
des Gerichts (BAG 7. 11. 1996 a. a. O.; OLG München 31. 3. 1965 NJW 1966, 1418;
Schaub ArbGV § 10 Rn. 8; *Grunsky* a. a. O.; ArbGG-*Kloppenburg/Ziemann* § 45 Rn,
54). Für Klagen aus abstrakten Schuldverhältnissen, die im Rahmen von Arbeitsverhältnissen entstanden sind, ist daher nach wie vor das Arbeitsgericht und nicht das ordentliche Gericht zuständig, dies gilt auch bei einer Klage aus einem Wechsel oder einem
Scheck, lediglich die besondere Verfahrensform des Urkunden- und Wechselprozesses
kann im arbeitsgerichtlichen Verfahren nicht durchgeführt werden mit der Folge, dass
letztlich nur aus dem dem abstrakten Rechtsgeschäft zugrunde liegenden Arbeitsverhältnis die Klage erhoben werden kann.

e) Terminsverlegung, § 227 Abs. 3 Satz 1 ZPO

Die Regelungen der ZPO über die Gerichtsferien, die im arbeitsgerichtlichen Verfah- 34
ren nicht galten, sind durch Gesetz vom 28. 10. 1996 (Gesetz zur Abschaffung der
Gerichtsferien – BGBl. I S. 1996, 1546) abgeschafft worden. An ihre Stelle ist in § 227
Abs. 3 Satz 1 ZPO eine **erleichterte Möglichkeit zur Terminsverlegung** in der Zeit vom
1. 7. bis 31. 8. getreten. Durch die Änderung des § 46 Abs. 2 in Art. 3 des genannten
Gesetzes ist nunmehr klargestellt, dass diese besondere Möglichkeit der Terminsverlegung im arbeitsgerichtlichen Verfahren **nicht gilt**. Hier bedarf es daher auch in der
Hauptferienzeit nach wie vor eines erheblichen Grundes i. S. § 227 Abs. 1 Satz 1 ZPO
für die Terminsänderung. Allerdings dürfte die urlaubsbedingte Abwesenheit einer Partei
oder ihres Prozessvertreters im Regelfall einen ausreichenden Grund für die Terminsverlegung darstellen, wenn nicht überwiegende Interessen der Gegenpartei dem entgegenstehen (dazu näher *Müller-Glöge* RdA 1999, 80).

f) Sofortige Beschwerde in Prozesskostenhilfesachen

Die **Neuregelung in Absatz 2 Satz 3** konkretisiert nochmals den Grundsatz, dass in 35
Prozesskostenhilfesachen die Möglichkeit der sofortigen Beschwerde an die Statthaftigkeit eines Rechtsmittels anknüpft. Sie ist nur gegeben, wenn gegen ein Urteil in der
Hauptsache auch eine Berufung möglich wäre. Für das Verfahren über die Prozesskostenhilfe soll kein weitergehender Instanzenzug zur Verfügung stehen als in der Hauptsache, die Gefahr widersprüchlicher Entscheidungen soll vermieden werden. Da die
Statthaftigkeitsgründe von § 64 Abs. 2 lit. a und d (Zulassung der Berufung und Versäumnisurteil) nicht vorliegen können, ist die sofortige Beschwerde nur in zwei Fällen
statthaft: Entweder der Streitwert der Hauptsache übersteigt 600,– € so dass auch eine
entsprechende Beschwer entstehen könnte § 64 Abs. 2 lit. b. § 64 Abs. 2 tritt insoweit
an die Stelle von § 511 ZPO. In der Regel wird hier der Streitwert im Beschwerdeverfahren zu ermitteln sein. Oder es handelt sich um eine Bestandsschutzstreitigkeit, § 64
Abs. 2 lit. c. Bei dieser ist nach § 46 Abs. 2 Satz 3 die sofortige Beschwerde unabhängig
vom Streitwert statthaft. Außerhalb dieser Gründe ist die sofortige Beschwerde statthaft,
wenn der Antrag auf Beiordnung nur deshalb zurückgewiesen worden ist, weil die
persönlichen oder wirtschaftlichen Gründe nicht gegeben sind, ohne dass auf die Erfolgsaussicht eingegangen worden ist. Erfolgt eine doppelte Begründung auch unter Heranziehung der Erfolglosigkeit, ist dieser Sonderfall der Statthaftigkeit nicht gegeben. Zu
den Einzelheiten vgl. im Übrigen § 11 a Rn. 85 ff.

III. Allgemeine Verfahrensgrundsätze

1. Mündlichkeitsprinzip

In weitaus stärkerem Maße als im normalen Zivilprozess gilt im Verfahren vor dem 36
Arbeitsgericht das Mündlichkeitsprinzip. Grund hierfür ist, dass gerade in der ersten

Instanz häufig prozessunerfahrene Parteien auftreten, für sie soll eine Erschwerung der Wahrnehmung ihrer prozessualen Rechte durch Einführung eines schriftlichen Verfahrens verhindert werden (dazu oben Rn. 28 f.). Das Mündlichkeitsprinzip bzw. der zivilprozessuale **Verhandlungsgrundsatz** (siehe dazu auch Einleitung Rn. 216 ff.) erfordert, dass das Gericht nur von den von den Parteien vorgetragenen Tatsachen ausgeht und sich auf die Prüfung der vorgebrachten Angriffs- und Verteidigungsmittel beschränkt (BAG 16. 3. 1972 AP ZPO § 542 Nr. 1 m. Anm. von *Schumann*). Selbst offenkundige Tatsachen dürfen nicht berücksichtigt werden, wenn sie nicht von der darlegungspflichtigen Partei aufgegriffen worden sind (BAG 30. 9. 1976 AP KSchG 1969 § 9 Nr. 3).

37 Der Grundsatz der Mündlichkeit hat auch zur Folge, dass erhebliches Parteivorbringen immer zum Gegenstand der mündlichen Verhandlung gemacht werden muss. Erfasst wird nicht nur Tatsachenvortrag, der die materiell-rechtliche Seite des Rechtsstreits betrifft, sondern auch Vorbringen, das prozessuale Auswirkungen hat, beispielsweise Zuständigkeitsrügen. Außerhalb des Falles des § 283 ZPO kann daher den Parteien nicht aufgegeben werden, sich nochmals schriftsätzlich zu äußern um dann ohne erneute mündliche Verhandlung eine Entscheidung zu verkünden. Wenn prozesserhebliches Vorbringen nach Schluss der mündlichen Verhandlung, aber vor Verkündung der Entscheidung von einer der Parteien vorgebracht worden ist, muss gegebenenfalls die bereits geschlossene mündliche Verhandlung neu eröffnet werden, § 156 ZPO (vgl. dazu BAG 21. 2. 1973, AP ZPO § 288 Nr. 1 m. Anm. von *Mes;* auch BAG 23. 1. 1996 NZA 1996, 838). Die Beisitzer haben mitzuwirken (BAG 18. 12. 2008 NZA 2009, 334). Eine solche **Wiedereröffnung der mündlichen Verhandlung** kommt allerdings nur dann in Betracht, wenn der bisherige Sachvortrag der Parteien noch aufklärungsbedürftig geblieben ist oder wenn dies sonst zum Zwecke der Korrektur eines Verfahrensfehlers, z. B. nicht ausreichende Wahrnehmung der Aufklärungspflicht gem. § 139 ZPO (*Musielak/Foerste* § 156 Rn. 3), erforderlich erscheint. Sie ist insbesondere notwendig, wenn das Gericht nach Schluss der mündlichen Verhandlung einen richterlichen Hinweis oder eine Auflage für notwendig erachtet (BAG 23. 1. 1996 NZA 1996, 838). Sie ist nicht erforderlich und auch nicht zulässig, wenn lediglich neue Angriffs- oder Verteidigungsmittel nachgereicht werden oder neues Vorbringen zum Gegenstand des Verfahrens gemacht werden sollen. Haben die Parteien einen Vergleich auf Widerruf abgeschlossen und ist für den Fall des Widerrufs ein Verkündungstermin festgelegt worden, kann eine Neueröffnung der Verhandlung in der Regel selbst dann nicht mehr erfolgen, wenn die Parteien nach dem Widerruf oder mit diesem zusammen neue Tatsachen vortragen. In diesem Falle würde nämlich der besondere Beschleunigungsgrundsatz, der das arbeitsgerichtliche Verfahren beherrscht, missachtet (vgl. dazu auch *Baumbach/Hartmann* § 156 Rn. 9, dies gilt insbesondere im Kündigungsschutzverfahren mit dem dort geltenden Grundsatz des § 61 a).

38 **Weitere Fälle der Wiedereröffnung** des Verfahrens ergeben sich aus **§ 156 ZPO.** Mit dieser Vorschrift soll die Gewährung des rechtlichen Gehörs gesichert werden. So ist das Verfahren bei **Verfahrensfehlern,** insbesondere bei Verletzung einer richterlichen Hinweispflicht aus § 139 ZPO wieder zu eröffnen. § 156 Abs. 2 Nr. 1 ZPO. Notwendig kann die Wiedereröffnung beispielsweise sein, wenn in einem Schriftsatz, der nach § 283 ZPO nach der mündlichen Verhandlung eingereicht wurde, neue Tatsachen enthalten sind, zu denen die Gegenpartei Stellung nehmen muss. Ähnliches muss gelten, wenn das Gericht nach Schluss der mündlichen Verhandlung von rechtlichen Gesichtspunkten bei der Entscheidungsfindung ausgehen will, die bislang in dem Verfahren nicht erörtert worden sind. Der Grundsatz des rechtlichen Gehörs verbietet auch Überraschungsentscheidungen. Erforderlich ist aber, dass der Verfahrensfehler entscheidungserheblich ist, dass es beispielsweise auf die neuen Tatsachen oder die neuen rechtlichen Gesichtspunkte ankommt. Weitere Voraussetzung ist, dass der Verfahrensmangel noch rügbar i. S. § 295 ZPO ist. Es genügt, dass das Gericht einen entsprechenden Fehler feststellt, einer ausdrücklichen Rüge durch eine Partei bedarf es nicht. Das Gericht hat in jeder Lage des Verfahrens den Anspruch auf rechtliches Gehör zu wahren.

III. Allgemeine Verfahrensgrundsätze § 46

Eine Wiedereröffnung des Verfahrens ist ebenfalls notwendig bei Vortrag von **Tatsachen, die einen Wiederaufnahmegrund** nach §§ 579, 580 ZPO darstellen, § 156 Abs. 2 Nr. 2 ZPO. Hier bedarf es eines Antrages einer Partei, die Tatsachen sind glaubhaft zu machen. Ebenfalls kann eine Wiedereröffnung einer Verhandlung notwendig sein bei einem **Richterwechsel**, wenn also ein Richter nach Schluss der mündlichen Beratung und vor der Schlussberatung und Abstimmung ausscheidet, § 156 Abs. 2 Nr. 3 ZPO. Auf den Grund des Ausscheidens kommt es nicht an. Dies gilt auch bei Ausscheiden eines ehrenamtlichen Richters. 39

Die Wiedereröffnung erfolgt durch zu begründenden Beschluss der Kammer in der Besetzung der letzten mündlichen Verhandlung, nicht des Vorsitzenden allein (BAG 18. 12. 2008 NZA 2009, 334; BGH 1. 2. 2002 NJW 2002, 1426, 1427; *Luczak* NZA 1992, 917, 919; Einzelheiten unten § 53 Rn. 24), ggf. ohne den ausgeschiedenen Richter. Sind zwei Richter ausgeschieden, kann nur der noch verbliebene Richter die Entscheidung treffen, dies gilt auch, wenn nur noch ein ehrenamtlicher Richter zur Verfügung steht. 40

Der Grundsatz der Mündlichkeit dient letztlich auch der Verwirklichung des Rechtes jeder Partei auf **rechtliches Gehör** gemäß Art. 103 Abs. 1 GG. Jede Partei muss im Prozess ausreichend Gelegenheit haben, sich zum gesamten Prozessstand zu äußern. Nur derjenige Prozessstoff darf zur Grundlage einer Entscheidung gemacht werden, zu dem auch Gehör gewährt worden ist. Einer Partei, die durch Vorbringen der Gegenseite in der mündlichen Verhandlung überrascht worden ist, ist grundsätzlich das Recht einzuräumen, hierzu Stellung zu nehmen, § 283 ZPO. Im arbeitsgerichtlichen Verfahren kann im Falle des § 283 ZPO damit auch aufgegeben werden, dass eine **Gegenerklärung schriftlich nachzubringen** ist, ggf. unter Zuhilfenahme der Rechtsantragsstelle. Gegebenenfalls ist die Verhandlung gem. § 227 Abs. 1 Nr. 2 ZPO zu vertagen. Das Gericht der ersten Instanz kann aber die mündliche Verhandlung auch mit dem Hinweis schließen, dass es weitere Schriftsätze der Parteien abwarte, um dann eine Entscheidung in einem besonders anzuberaumenden Termin zu verkünden. Wird dabei einer Partei gem. § 283 ZPO nachgelassen, einen Schriftsatz nachzureichen, so muss die vom Gericht bestimmte Frist angemessen sein, eine zu kurz bemessene Erklärungsfrist verletzt den Anspruch auf rechtliches Gehör. Was angemessen ist, richtet sich im Einzelnen nach dem Umfang des neuen Vorbringens, der Schwierigkeit und Komplexität des Sachverhaltes und auch den Möglichkeiten der Partei (BAG 19. 1. 1982 AP GG Art. 103 Nr. 33). 41

Gerade auch im arbeitsgerichtlichen Verfahren erster Instanz gilt der **Grundsatz des § 139 ZPO,** wonach das Gericht bei den Parteien auf einen sachgerechten Vortrag hinzuwirken hat. Dem entspricht auch § 54 Abs. 1 Satz 2, wonach der Vorsitzende in der Güteverhandlung das gesamte Streitverhältnis mit den Parteien zu erörtern hat, hierbei hat er auch rechtliche Gesichtspunkte darzulegen. 42

Eine gewisse **Ausnahme von dem Verhandlungsgrundsatz** ist im Kündigungsschutzprozess eines Betriebsratsmitgliedes gegeben, wenn in einem vorangegangenen Beschlussverfahren nach § 103 BetrVG die Zustimmung des Betriebsrates zur Kündigung des Betriebsratsmitgliedes vom Arbeitsgericht ersetzt worden ist. In diesem Falle hat nämlich das Beschlussverfahren präjudizielle Wirkung für den Kündigungsschutzprozess (BAG 15. 8. 2002 AP BetrVG 1972 § 103 Nr. 48; 23. 6. 1993 AP ArbGG 1979 § 83 a Nr. 2). Das Arbeitsgericht kann in diesem Falle nicht erneut prüfen, ob ein wichtiger Grund für eine außerordentliche Kündigung vorliegt, sondern es ist im Grundsatz an die rechtskräftige Entscheidung im Beschlussverfahren gebunden. Durch die in gleicher Weise geltende Präklusionswirkung schließt die Rechtskraft des Beschlussverfahrens in einem späteren Prozess den Vortrag der Partei aus, die bereits zu ihren Ungunsten festgestellte präjudizielle Vorfrage sei unzutreffend entschieden worden, soweit sie sich dabei auf Tatsachen stützt, die in dem früheren Verfahren von ihr erfolglos geltend gemacht worden sind oder von ihr hätten geltend gemacht werden können (BAG a. a. O.; vgl. dazu auch BAG 14. 8. 1974 AP KSchG § 13 Nr. 3 m. Anm. von *Vollkommer*). Damit tritt letztlich in gewissem Umfange auch eine Bindungswirkung des Beschluss- 43

§ 46   Grundsatz

verfahrens hinsichtlich des möglichen Tatsachenvortrages der Parteien im nachfolgenden Kündigungsschutzverfahren ein.

2. Dispositionsgrundsatz

44   Von der Verhandlungsmaxime, die im arbeitsgerichtlichen Verfahren eng mit dem Mündlichkeitsgrundsatz verknüpft ist, ist der Dispositionsgrundsatz bzw. **Verfügungsgrundsatz** zu unterscheiden (zu diesem siehe auch Einleitung Rn. 216 ff.). Dieser beschreibt die Herrschaft über den sachlichen Anspruch, betroffen wird die Entscheidungsfreiheit der Partei, ob sie das Gericht überhaupt anrufen will. Im Rahmen des Dispositionsgrundsatzes ist der Partei die Beeinflussung der Prozess- und Entscheidungsvoraussetzungen weitgehend entzogen.

45   Durch das Gesetz wird weitgehend vorgeschrieben, wie und in welcher **Form die Klage** bzw. sonstige Anträge zu erheben sind. Die Vorschrift des § 253 ZPO findet im arbeitsgerichtlichen Verfahren unbeschränkt Anwendung, auch die notwendigen Erfordernisse der Klageschrift gemäß § 253 Abs. 2 ZPO müssen beachtet werden. Da die Klage ein bestimmender Schriftsatz ist, gilt die Regelung des § 130 ZPO. Es ist die **eigenhändige Unterzeichnung** selbst dann notwendig, wenn die Klage zu Protokoll der Geschäftsstelle erklärt wird (vgl. dazu BAG 27. 1. 1955 AP KSchG § 11 Nr. 5; 26. 1. 1976 NJW 1976, 1285). Die Unterschrift muss ein Schriftbild aufweisen, das individuell und einmalig ist, entsprechende charakteristische Merkmale hat und sich so als eine die Identität des Unterzeichnenden ausreichend kennzeichnende Unterschrift des Namens darstellt, die von Dritten nicht ohne weiteres nachgeahmt werden kann. Wenn auch nicht gefordert wird, dass die Unterschrift lesbar sein müsse, so ist doch notwendig, dass ein Dritter, der den Namen des Unterzeichnenden kennt, diesen Namen aus dem Schriftzug noch herauslesen kann (vgl. dazu BAG 28. 3. 1977 AP ZPO § 518 Nr. 38; 29. 7. 1981 AP ZPO § 518 Nr. 46; BGH 28. 2. 1985 VersR 1985, 503; vgl. kritisch zu diesem Problembereich E. *Schneider* NJW 1998, 1844 ff.). Vom Bundesfinanzhof und vom Bundesgerichtshof wird teilweise sogar verlangt, dass bei der Unterschrift wenigstens einzelne Buchstaben andeutungsweise erkennbar sein müssen, da sonst das Merkmal einer Schrift überhaupt nicht gegeben sei (BFH 28. 5. 1986 BB 1986, 2118; BGH 21. 3. 1974 NJW 1974, 1090; 27. 10. 1983 VersR 1984, 142; 11. 10. 1984 NJW 1985, 1227). Allerdings wird auch anerkannt, dass das Schriftbild einer wirksamen Unterschrift Vereinfachungen, Undeutlichkeiten und Verstümmelungen aufweisen darf. Nur muss es sich vom äußeren Erscheinungsbild her um einen Schriftzug handeln, der erkennen lässt, dass der Unterzeichner seinen vollen Namen und nicht nur eine Abkürzung hat niederschreiben wollen (BGH 4. 6. 1975 NJW 1975, 1705 f.; 23. 10. 1984 VersR 1985, 59, 60; 6. 2. 1985 VersR 1985, 570 f.). Aus der Unterzeichnung muss damit deutlich werden, dass eine endgültige Erklärung gewollt ist und dass es sich nicht nur um die Abzeichnung eines Entwurfes mit einer so genannten Paraphe handelt (BAG 29. 7. 1981 AP ZPO § 518 Nr. 46). Hat das Gericht die Form der Unterschrift längere Zeit nicht beanstandet, kann erst nach einem entsprechenden Hinweis für die Partei eine nachteilige Folge gezogen werden (BVerfG 26. 4. 1988 NJW 1988, 2787; LAG Berlin 21. 5. 2003 MDR 2004, 52). Führt eine Partei oder ihr Prozessbevollmächtigter einen Doppelnamen, so genügt es, wenn der zweite Teil des Doppelnamens mit den beiden Anfangsbuchstaben abgekürzt wird (BAG 15. 12. 1987 BB 1988, 1536; vgl. dazu auch unten § 64 Rn. 67). Bei Massenverfahren kann die Unterschriftsleistung im Matrizenverfahren bzw. im Wege einer sonstigen Vervielfältigung ausreichend sein (BAG 14. 2. 1978 AP GG Art. 9 Arbeitskampf Nr. 59, 60). Eine Abweichung von dem Grundsatz der Notwendigkeit der eigenhändigen Unterzeichnung gilt nach § 130 Nr. 6 ZPO, wenn die Klage im Wege der **Telekopie,** Telebrief bzw. durch eine **Telefax**einrichtung, **Computerfax** oder durch Telegramm bei Gericht erhoben wird, auch eine **eingescannte Unterschrift** ist zulässig (vgl. BGH 15. 7. 2008 NJW 2008, 2649. 2650 für eine Bilddatei). Es

III. Allgemeine Verfahrensgrundsätze   § 46

gelten die gleichen Grundsätze, wie sie auch für Rechtsmittelschriften mittlerweile anerkannt sind (dazu auch oben § 64 Rn. 68 f.: GmS OGB 5. 4. 2000 NJW 2000, 2340; OLG Braunschweig 26. 2. 2004 NJW 2004, 2024; BAG 14. 1. 1986 AP ArbGG 1979 § 94 Nr. 2; 27. 9. 1983 AP ZPO § 518 Nr. 48; 1. 7. 1971 AP ZPO § 129 Nr. 1; 5. 7. 1990 NJW 1990, 3165; BGH 7. 6. 1990 NJW 1990, 3085, 3087; *Baumbach/Hartmann* § 129 Rn. 21, 22 m. w. Nachw.; zum Funkfax BVerwG 30. 3. 2006, NJW 2006, 1989; eine Unterzeichnung mit Computerschrift reicht nicht ohne weiteres, BGH 10. 5. 2005 NJW 20005, 2086). Maßgeblich für die Beurteilung ist nicht eine bei dem Absender vorhandene Kopiervorlage oder eine nur im Textverarbeitungs-PC befindliche Datei, sondern allein die auf seine Veranlassung am Empfangsort erstellte körperliche Urkunde (GmS a. a. O.; BVerwG 30. 3. 2006 NJW 2006, 1989; vgl. auch BGH 4. 12. 2008 – IX ZB 41/08; 15. 7. 2008 NJW 2008, 2649, 2650). Das Computer- oder Funkfax stellt kein eletronisches Dokument i. S. § 46 c dar, es fällt unter die Regelung des § 130 a ZPO (BVerwG a. a. O.; BGH 23. 6. 2005 NJW 2005, 2709). Zu beachten ist, dass der Schriftsatz erst dann vollständig bei Gericht eingegangen ist, wenn die gesendeten Signale noch innerhalb der Frist von dem empfangenden Gerät des Gerichts vollständig empfangen, also gespeichert worden sind (BGH 25. 4. 2006 NJW 2006, 2263; 4. 12. 2008 – IX ZB 41/08). Die notwendige Form – auch für die Klageschrift – wird nach § 46 c ebenfalls gewahrt, wenn eine **elektronische Aufzeichnung** des Dokuments durch das Gericht erfolgt und diese auch für die Weiterverarbeitung durch das Gericht geeignet ist. Hierbei kommt es auf die konkrete technische Ausstattung des Gerichts und die entsprechenden Rechtsverordnungen, § 46 c Abs. 2, an. Vorgeschrieben ist weiter eine **elektronische Signatur** nach dem SigG (vom 16. 5. 2001 – BGBl. I S. 876), die die Unterschrift ersetzt (zu den Einzelheiten vgl. die Erläuterungen zu § 46 c). Wird der Schriftsatz auf Grund eines Defektes der technischen Einrichtung bei Gericht verstümmelt empfangen oder ist er in wesentlichen Teilen unlesbar, so gebietet es der Grundsatz des Vertrauensschutzes, ihn mit seinem vollständigen Inhalt als eingegangen anzusehen, wenn die Ursache für den Mangel der Lesbarkeit oder Vollständigkeit in der Sphäre des Gerichtes gelegen hat (BGH 23. 6. 1988 NJW 1988, 2788; weiter dazu unten § 64 Rn. 68 f.). Auch hier ist zu beachten, dass der Schriftsatz erst dann vollständig bei Gericht eingegangen ist, wenn die gesendeten Signale noch innerhalb der Frist von dem empfangenden Gerät des Gerichts vollständig empfangen, also gespeichert worden sind (BGH 25. 4. 2006 NJW 2006, 2263; 4. 12. 2008 – IX ZB 41/08).

Dem Unterschriftserfordernis ist nicht genüge getan, wenn der nicht unterzeichneten **46** Klage lediglich eine vom Kläger unterzeichnete **Vollmacht** beigelegen hat. Durch die Vorlage einer Vollmacht wird nämlich noch nicht dokumentiert, dass der Bevollmächtigte die Verantwortung für das nicht unterschriebene Schriftstück übernommen hat (BAG 26. 6. 1986 AP KSchG 1969 § 4 Nr. 14). Ist einer nicht unterzeichneten Klageschrift allerdings eine von dem Rechtsanwalt beglaubigte Abschrift beigefügt, genügt dies für das Unterschriftserfordernis.

Ebenso wie die zivilprozessualen Vorschriften über die Einleitung eines Verfahrens **47** finden auch die Bestimmungen über die Möglichkeiten, die **Rechtshängigkeit zu beenden,** oder aber den **Streitgegenstand zu verändern** im arbeitsgerichtlichen Verfahren entsprechende Anwendung. Dies gilt für die Klagerücknahme des § 269 ZPO, die Klageänderung der §§ 263 f. ZPO, den Verzicht und das Anerkenntnis der §§ 306 f. ZPO sowie die Erledigung der Hauptsache des § 91 a ZPO. Allerdings wird diese Möglichkeit im Verfahren vor dem Arbeitsgericht nur von geringerer Bedeutung sein, da zum einen eine Kostenerstattung nicht stattfindet, im Übrigen bei Rücknahme der Klage vor streitiger Verhandlung keine Gebühren entstehen, Nr. 8210 Abs. 2 Satz 1 des Gebührenverzeichnisses der Anlage 1 zum GKG. Bei einem Beschluss nach § 91 a ZPO würden Gebühren nach Nr. 8210 Abs. 2 Satz 2 des Gebührenverzeichnisses der Anlage 1 zum GKG nur unter den dort genannten besonderen Voraussetzungen nicht entstehen.

3. Bestimmtheitsgrundsatz

48 Im arbeitsgerichtlichen Verfahren gilt die Bestimmung des § 253 ZPO entsprechend. Notwendig sind damit die bestimmte Angabe von **Gegenstand und Grund des geltend gemachten Anspruches** sowie die Stellung eines bestimmten **Antrages**. Fehlt es an diesen Voraussetzungen, ist die Klage unzulässig. Gegenstand und Grund des geltend gemachten Anspruches sind der Sachverhalt, aus dem eine bestimmte Rechtsfolge hergeleitet wird. Die rechtliche Qualifizierung durch die Parteien ist hierbei unerheblich. Durch den Klageantrag werden Art und Umfang des Rechtsschutzbegehrens, also der Streitgegenstand, näher bestimmt. An ihn ist das Gericht gebunden, § 308 ZPO, es darf ihn weder von Amts wegen erweitern noch inhaltlich verändern. Durch den Antrag werden der Streitgegenstand und damit die Rechtskraftwirkung des Urteils bestimmt. Der Antrag ist lediglich einer Auslegung zugänglich, insoweit gilt § 133 BGB. Der Klageantrag ist hinreichend bestimmt, wenn der erhobene Anspruch beziffert oder konkret gegenständlich bezeichnet worden ist. Bei Zahlungsanträgen kann auf die Bezifferung nur dann verzichtet werden, wenn das Gericht den Betrag nach § 287 ZPO schätzen oder ihn nach billigem Ermessen festsetzen soll. Stimmen prozessualer Antrag und materielles Prozessziel nicht überein, muss vom Gericht im Rahmen des § 139 ZPO darauf hingewirkt werden, dass die Parteien sachdienliche, ihrem materiellen Ziel entsprechende Anträge stellen (BAG 10. 12. 1991 NZA 1992, 472).

49 Der Bestimmtheitsgrundsatz erfordert auch eine **genaue Bezeichnung der Parteien**. Die zustellungsfähige Anschrift des Beklagten ist ebenfalls von der klagenden Partei anzugeben, da sonst eine Zustellung nicht erfolgen kann. Das Gericht ist nicht befugt, von Amts wegen die zustellungsfähigen Anschriften zu ermitteln. OHG und KG können unter ihrer Firma klagen und verklagt werden, §§ 124 Abs. 1 und 161 Abs. 2 HGB. Die Gesellschaft bürgerlichen Rechts, die parteifähig ist (BAG 1. 12. 2004 NZA 2005, 318; BGH 29. 1. 2001 BGHZ 146, 341; BVerfG 2. 9. 2002 NJW 2002, 3533) ist identifizierbar zu beschreiben, i. d. R. wird dies dadurch geschehen, dass zumindest einige Gesellschafter genannt werden, es sei denn, die Gesellschaft tritt im Rechtsverkehr in bestimmter Weise auf. Bei ihr können aber auch die Gesellschafter verklagt werden. Die Angabe vertretungsberechtigter Personen ist bei Personengesellschaften im Interesse der Zustellung sinnvoll. Bei juristischen Personen usw. sowie prozessunfähigen Parteien ist die Person des gesetzlichen Vertreters anzugeben. Auch die Parteibezeichnung ist allerdings auslegungsfähig. Ist die Angabe nicht eindeutig, so muss durch Auslegung von dem Gericht ermittelt werden, welche Partei gemeint ist, wobei die in der Klageschrift abgegebenen prozessualen Erklärungen Bindungswirkung entfalten. Entscheidend ist, welcher Sinn der von der klagenden Partei in der Klageschrift gewählten Parteibezeichnung bei objektiver Würdigung des Erklärungsinhaltes unter Berücksichtigung des Sachvortrags beizulegen ist (BAG 21. 2. 2002 EzA KSchG § 4 n.F. Nr. 63; 27. 11. 2003 NZA 2004, 452; BGH 4. 10. 2000 NJW 2001, 445; 23. 10. 2003 NJW-RR 2004, 501; 14. 9. 2005 NJW 2006, 42 mit einzelnen Beispielen und Nachweisen Zöller/Vollkommer § 319 Rn. 14). Dies gilt auch, wenn sich die klagende Partei selbst fehlerhaft bezeichnet hat (BGH 15. 1. 2003 NJW 2003, 1043; 14. 9. 2005 NJW-RR 2006, 42) Mit Hilfe der Auslegung können allerdings nur kleinere Mängel der Parteibezeichnung ausgeglichen werden. Notwendig ist, dass die rechtliche Identität zwischen der ursprünglich bezeichneten und der tatsächlich gemeinten Partei bestehen bleibt. Das Rubrum kann dann ergänzt oder umgestellt werden, ein Fall des § 319 ZPO liegt jedoch nicht vor. Die fehlerhafte Bezeichnung einer erkennbar gemeinten Partei ist außerdem unschädlich, wenn dieser auch die Klage zugestellt wird. Es ist aber nicht zulässig, dass im Wege der Auslegung oder „Rubrumsberichtigung" ein Parteiwechsel eintritt. Beispielsweise ist es nicht statthaft, durch **„Rubrumsberichtigung"** statt einer juristischen Person eine andere juristische Person zur beklagten Partei zu machen. Es handelt sich hierbei nicht um eine Berichtigung i. S. § 319 ZPO, sondern es wird im Wege der Parteiänderung eine neue Partei in den Rechtsstreit eingeführt. Ferner ist das Gericht nicht befugt, von sich aus ladungsfähige Anschriften oder weitere Einzelheiten der Parteibezeichnung zu ermitteln. Zulässig ist es lediglich, dass die klagende Partei auf die Mängel der Parteibezeichnung hingewiesen und ihr aufgegeben wird, die Mängel zu beseitigen.

4. Prozesshindernde Einreden

Für die Erhebung prozesshindernder Einreden gilt die Bestimmung des § 282 Abs. 3 ZPO entsprechend. Diese Einreden sind **vor der Verhandlung** zur Hauptsache **vorzubringen**. Da grundsätzlich eine Aufforderung an den Beklagten, zur Klage Stellung zu nehmen, nicht mit Zustellung der Klage erfolgt, § 47 Abs. 2, kann § 282 Abs. 3 Satz 2 ZPO nur beschränkt Anwendung finden. 50

Neben den Rügen der sachlichen und örtlichen Zuständigkeit ist im arbeitsgerichtlichen Verfahren von besonderer Bedeutung die prozesshindernde Einrede des Bestehens eines Schiedsvertrages in Arbeitsstreitigkeiten, §§ 101, 102 (dazu die Erläuterungen zu § 102). Nicht auf Rüge, sondern von Amts wegen ist die besondere Zuständigkeit der nach § 111 Abs. 2 gebildeten Ausschüsse zu beachten (dazu die Erläuterungen zu § 111). 51

5. Beschleunigungsgrundsatz

Das arbeitsgerichtliche Verfahren ist in jeder Lage zu beschleunigen, § 9 Abs. 1. Eine besondere Pflicht zur Beschleunigung gilt in Bestandsstreitigkeiten, § 61 a. Auf die Erläuterungen zu § 9 und § 61 a kann in diesem Zusammenhang verwiesen werden. 52

IV. Die Klagearten

Ebenso wie im zivilprozessualen Verfahren werden die Klagen nach ihrem prozessualen Inhalt in **Leistungs-, Feststellungs-** und **Gestaltungsklagen** eingeteilt. Es gelten im Wesentlichen die gleichen Grundsätze wie im Verfahren vor den ordentlichen Gerichten. Im Rahmen der Kommentierung kann nur auf einige besondere Probleme eingegangen werden. 53

1. Die Leistungsklage

Mit der Leistungsklage wird die Verurteilung des Beklagten zu einer Leistung, Duldung oder Unterlassung begehrt. **Leistungsklagen sind beispielsweise** sämtliche Klagen auf Entgeltzahlung, die Klage auf Weiterbeschäftigung nach Ausspruch einer Kündigung, die Klage auf Zurücknahme einer Abmahnung oder einer sonstigen Erklärung bzw. deren Entfernung aus einer Personalakte, die Gewährung von Urlaub, die Geltendmachung eines Einstellungsanspruchs, eines Schadenersatzanspruches oder die Klage auf Unterlassung von Wettbewerb usw. Für die Leistungsklage ist allgemein ein Rechtsschutzinteresse gegeben, es fehlt nur dann, wenn eine einfachere Möglichkeit der Durchsetzung des Anspruches besteht. 54

a) Zahlungsklage

Die Zahlungsklage bedarf grundsätzlich eines bestimmten Antrags in Form eines genauen Zahlbetrags. Ein unbezifferter Zahlungsantrag ist nur zulässig, wenn er im Wege einer **Stufenklage** mit einem Abrechnungsantrag verbunden ist (BAG 1. 12. 2004 NZA 2005, 289; 12. 7. 2006 NZA 2006, 1294, 1295). Bei einer **Leistungsklage auf Entgeltzahlung** kann sowohl auf den **Bruttobetrag** als auch auf den **Nettobetrag** geklagt werden (BAG Großer Senat 7. 3. 2001 NZA 2001, 1195; 26. 2. 2003 NZA 2003, 922). 55

Die Auffassung, dass bei einer Klage auf einen Nettobetrag, der eine Brutto-Entgeltabrede zugrunde liegt, der Klageantrag nicht bestimmt genug sei (so LAG München 21. 8. 1979 DB 1980, 886 f.; *Berkowsky* BB 1982, 1120, 1121; *ders.* DB 2000, 1710 f.; *Berkowsky/Drews* DB 1994, 1978), dürfte mittlerweile überholt sein. Allerdings sind bei einem Nettobetrag die Besteuerungsmerkmale für den Tag des Zuflusses mitzuteilen (BAG 26. 2. 2003 NZA 2003, 922; *Hauck/Helml* § 46 Rn. 31). Handelt es sich um laufendes Arbeitsentgelt, bestehen keine steuerlichen Unklarheiten. Die auf der Lohnsteuerkarte eingetragenen Verhältnisse des Lohnzahlungszeitraums sind nämlich für die Einbehaltung der Lohnsteuer von laufendem Arbeitslohn maßgebend. Auch die sozialversicherungsrechtlichen Abgaben wären ohne weiteres zu ermitteln (BAG 29. 8. 1984 NZA 1985, 58). Es bestünde allerdings die Gefahr, dass das Finanzamt den „Netto-Zufluss" steuerlich als „Brutto-Zufluss" behandelt. Dies könnte für den Arbeitnehmer nachteilige Auswirkungen haben. Vollstreckungsmäßig bietet aber die Verurteilung zu einem Nettobetrag deshalb noch keine Schwierigkeiten im Hinblick auf den Bestimmtheitsgrundsatz. Ungelöst bleibt allerdings das Problem, dass eine Verurteilung zu einem Nettobetrag keine vollstreckungsfähige Entscheidung hinsichtlich der Abgabenanteile enthält (dazu ausführlich *Berkowsky/Drews* DB 1994, 1978; *Berkowsky* DB 2000, 1711). Es könnten für den Arbeitnehmer Nachteile entstehen, da er möglicherweise die ausstehenden Abgabenanteile gesondert einklagen müsste. Liegt eine Nettoabrede vor, treten diese Probleme nicht auf, da der Arbeitgeber nur den Nettobetrag schuldet. Bei einer Vereinbarung, in der sich der Arbeitgeber verpflichtet, einen bestimmten Nettobetrag auszuzahlen und die Abgaben daneben auch noch abzuführen, handelt es sich im Grunde um eine Bruttolohnabrede. Auch eine **Verurteilung zu einem Bruttobetrag** ist ohne weiteres vollstreckbar, da auch hier von dem zu vollstreckenden Betrag ohne weiteres die Lohnsteuerabgaben bzw. die sozialversicherungsrechtlichen Beiträge in Abzug gebracht werden können, diese sind entweder von dem Arbeitgeber abzuführen oder aber der Gerichtsvollzieher muss die Abführung dieser Beträge an die empfangsberechtigten Dienststellen besorgen (vgl. dazu BAG 14. 1. 1964 AP BGB § 611 Dienstordnungs-Angestellte Nr. 20). Zieht allerdings der Gerichtsvollzieher den gesamten Bruttobetrag ein, was in der Praxis meist der Fall ist, muss der Kläger für die Abführung von Steuern und Sozialbeiträgen sorgen (GK-ArbGG/*Schütz* § 46 Rn. 87), er ist insoweit Schuldner gegenüber Finanzamt und Sozialversicherungsträger. Eine Klage mit dem Leistungsantrag, den Beklagten zu verurteilen, an den Kläger einen **Bruttobetrag abzüglich** eines bestimmten **Nettobetrages** (z. B. Abschlag, Arbeitslosengeld, Krankengeld) zu zahlen, ist ebenfalls bestimmt genug, da sich aus dem Bruttobetrag der nun zu zahlende Nettobetrag, von dem der Abzug vorzunehmen ist, berechnen lässt. Etwas anderes gilt allerdings dann, wenn der Nettobetrag, der in Abzug gebracht werden soll, nicht zahlenmäßig genau bestimmt ist, in diesem Fall bleibt nämlich offen, welcher Teil der Lohnforderung dem Kläger zusteht und welcher Teil an einen anderen Empfänger abzuführen ist (BAG 15. 11. 1978 AP BGB § 613 a Nr. 14).

56 Dies gilt insbesondere dann, wenn gegenüber einem Bruttobetrag die **Aufrechnung mit einem Nettobetrag** oder einer Schadenersatzforderung erklärt wird. Nach § 322 Abs. 2 ZPO ist nämlich auch die Entscheidung über die zur Aufrechnung gestellte Gegenforderung der Rechtskraft fähig. Vom Gericht muss deshalb feststellbar sein, in welchem Umfange die Gegenforderung durch die Aufrechnung erlischt, § 389 BGB. Dies ist aber bei einer Bruttoforderung nicht möglich, da das Gericht die Höhe der Abzüge nicht bestimmt. Soll gegen eine Bruttolohnforderung die Aufrechnung erklärt werden, ist es daher notwendig, dass der die Aufrechnung Erklärende dem Gericht den sich aus dem Bruttobetrag ergebenden Nettobetrag mitteilt und gegenüber diesem dann die Aufrechnung erklärt. In den Fällen, in denen bei der Entscheidung berücksichtigt werden muss, dass bereits auf Grund eines gesetzlichen Forderungsüberganges (z. B. Arbeitslosengeld, Krankengeld) Nettolohnansprüche auf einen Dritten übergegangen sind, ergibt sich diese Problematik nicht. In diesen Fällen ist die Bestimmung des § 322 Abs. 2

IV. Die Klagearten § 46

ZPO nicht entsprechend anwendbar, sie ist als Ausnahmenorm eng auszulegen (vgl. dazu BGH 13. 1. 1984 BGHZ 89, 349, 352 f.; 26. 9. 1991 NJW 1992, 317, 318). Hier liegt auch kein aufrechnungsähnlicher Tatbestand vor, die Forderung ist bereits vorher kraft Gesetzes übergegangen, kann also von der klagenden Partei nicht mehr geltend gemacht werden. Auch die Geltendmachung eines Zurückbehaltungsrechtes wegen einer Gegenforderung fällt nicht unter den Begriff der Aufrechnung (BAG 7. 12. 1961 AP ZPO § 314 Nr. 2).

Mit der Entgeltzahlungsklage kann auch ein Anspruch auf Zahlung von **Zinsen** 57 verbunden werden. Die **Höhe** der gesetzlichen Zinsen richtet sich nach § 288 Abs. 1 Satz 2 BGB i. V. § 247 BGB. Es gibt keinen feststehenden Zinssatz mehr, sondern eine Geldschuld ist während des Verzugs mit 5% (bei Rechtsgeschäften unter Beteiligung eines Verbrauchers 8%, § 288 Abs. 2 BGB) über dem Basiszinssatz (§ 247 Abs. 1 BGB) zu verzinsen. Dieser Basiszinssatz kann Mitteilungen der Deutschen Bundesbank im Bundesanzeiger entnommen werden. Hierbei ist es durchaus möglich, dass während des Verzuges bzw. während des Prozesses Veränderungen hinsichtlich des Basiszinssatzes eintreten. Dem Bestimmtheitsgrundsatz des § 253 ZPO dürfte eine Antragstellung entsprechen, nach der nicht ein fester Zinsbetrag geltend gemacht wird, sondern beantragt wird, den geschuldeten Geldbetrag mit 5% bzw. 8% über dem Basiszinssatz nach § 247 Abs. 1 BGB zu verzinsen. Eine nähere Präzisierung ist nicht erforderlich, die Höhe ergibt sich unmittelbar aus dem Gesetz. Eine Veränderung des Basiszinssatzes würde automatisch berücksichtigt, eine Abänderungsklage gem. § 323 ZPO oder eine Vollstreckungabwehrklage gem. § 767 ZPO wäre nicht erforderlich (dazu *Germelmann* NZA 2000, 1018; *Treber* NZA 2001, 187).

Ob die **Zinszahlung vom Brutto- oder vom Nettobetrag** zu erfolgen hat, war in 58 Literatur und Rechtsprechung heftig umstritten. Nach der Entscheidung des Großen Senats des BAG vom 7. 3. 2001 (NZA 2001, 1195) ist nunmehr davon auszugehen, dass Verzugszinsen aus der in Geld geschuldeten Bruttovergütung verlangt werden können, da die Bruttovergütung auch die an das Finanzamt und andere Träger zu leistenden Beträge erfasst und § 288 BGB insoweit keine Einschränkung enthält. § 288 BGB ist danach ein pauschalierter Schadenersatz. Die Pauschalierung betrifft die gesamte Forderung. Hinzu kommt, dass eine Vollstreckung eines Zinsbetrages von dem sich aus einem Bruttobetrag ergebenden Nettobetrag in der Praxis angesichts schwankender Abzüge sehr schwierig wäre (dazu *Berkowsky* a. a. O.). In der Regel erfolgt die Vollstreckung der Zinszahlungen ohne genaue Beachtung des jeweiligen Tenors vom Bruttobetrag. Im Grunde hängt die Frage der Verzinsung davon ab, welcher Arbeitsentgeltbegriff zu Grunde zu legen ist. Dieser müsste für das Arbeitsrecht, das Steuerrecht und das Sozialrecht einheitlich definiert werden. Solange eine solche Klärung nicht erfolgt ist, müsste berücksichtigt werden, dass gerade wegen der Schwankungen bei den Abzügen der Zinsbetrag in der Höhe kaum befriedigend bestimmt werden kann. Es könnten daher Zweifel an der Bestimmtheit einer entsprechenden Verurteilung gerade im Hinblick auf die Schwierigkeiten der Zwangsvollstreckung bestehen.

Unzulässig ist es, wenn von einem ursprünglich spezifizierten Entgeltanspruch nur 59 noch ein nicht mehr aufgegliederter **Teilbetrag** geltend gemacht wird, in diesem Falle fehlt es an der nach § 253 Abs. 2 Nr. 2 ZPO notwendigen Angabe des Gegenstandes des Anspruches, so dass die Grenzen der Rechtskraft unklar bleiben (BAG 20. 1. 1960 NJW 1960, 1364; 4. 9. 1964 AP ZPO § 496 Nr. 2; 28. 3. 1964 AP BGB § 611 Wegezeit Nr. 3; 8. 7. 1967 AP ZPO § 529 Nr. 5).

Bei der Geltendmachung von **Überstundenbezahlung** muss im Einzelnen die behaupte- 60 te Überstundenleistung von dem Kläger behauptet werden, nach Tagen und Stunden ist die Leistung darzulegen. Ferner muss sich ergeben, dass die Tätigkeiten auf Weisung oder zumindest mit Billigung des Arbeitgebers außerhalb der regulären Arbeitszeit durchgeführt worden sind (BAG 17. 11. 1966 NJW 1967, 413; 4. 5. 1994 EzA BGB § 611 Mehrarbeit Nr. 5; 25. 11. 1993 NZA 1994, 837).

61 Für die Zulässigkeit einer Klage auf **zukünftige Leistung** sind die Bestimmungen der §§ 257 bis 259 ZPO entsprechend anwendbar (ausführlich *Berkowsky* RdA 2006, 77 ff.). Eine Entgeltklage wird meist als Klage auf zukünftige Leistung nicht zulässig sein, da nach § 257 ZPO die materiellrechtliche Geldforderung nicht von einer Gegenleistung abhängig sein darf. Dies ist aber bei den Forderungen aus einem Arbeitsvertrag auf Arbeitsentgelt, Urlaubsentgelt bzw. Urlaubsgeld, Zahlung von Gratifikationen usw. der Fall. Das gilt auch, wenn materiell-rechtlich allein die zutreffende Eingruppierung streitig ist (BAG 9. 4. 2008 NZA 2008, 1257). Es fehlt dann das erforderliche Rechtsschutzinteresse. Eine Ausnahme könnte höchstens bei Vorliegen weiterer Voraussetzungen wie beispielsweise einer besonderen wirtschaftlichen Notlage des Arbeitnehmers dann gelten, wenn die Zahlung einer unzweifelhaft geschuldeten Vergütung vorsätzlich verweigert wird. Die Klage auf zukünftige Leistung i. S. des § 257 ZPO kommt nur in Betracht bei Ansprüchen, die nicht unmittelbar in dem synallagmatischen Verhältnis von Arbeitsleistung und Arbeitsentgelt stehen. Dies ist der Fall bei Rückzahlung von Darlehensraten bzw. Ruhegeldforderungen usw. In diesem Falle muss aber die Leistung kalendermäßig bestimmt und/oder bestimmbar sein. Soweit die Voraussetzungen des § 257 ZPO gegeben sind, können auch künftig fällig werdende Teilbeträge nach § 258 ZPO grundsätzlich eingeklagt werden. § 258 ZPO ist eine Ergänzung zu § 257 ZPO, es werden nur solche Leistungen gemeint, die nicht von einer Gegenleistung abhängen (BAG 10. 12. 1971 AP BGB § 242 Ruhegehalt Nr. 154; *Baumbach/Hartmann* § 258 Rn. 3).

62 Demgegenüber ist die Bestimmung des § 259 ZPO auch auf künftige Lohnforderungen anzuwenden, wenn die **Besorgnis besteht, dass sich der Schuldner der Leistung entziehen werde** (BAG 26. 5. 1993 NZA 1994, 513; *Hauck/Helml* § 46 Rn. 35). Diese Vorschrift lässt auch die Verurteilung zu künftigen Leistungen zu, die von einer Gegenleistung abhängig sind. Die Einwendungen des Arbeitgebers aus einer künftigen Nichtleistung von Diensten des Arbeitnehmers müssen dann gegebenenfalls durch Vollstreckungsgegenklage nach § 767 ZPO geltend gemacht werden (BAG 23. 2. 1983 AP ZPO § 850 c Nr. 4; 29. 7. 1960 AP ZPO § 259 Nr. 2; 26. 6. 1959 AP ZPO § 259 Nr. 1; 19. 11. 1962 AP ZPO § 776 Nr. 1). Ähnlich sind die Fälle zu beurteilen, in denen im Rahmen von Schadenersatzklagen Ansprüche auf Zahlung einer künftigen Vergütungsdifferenz geltend gemacht werden, wie dies bei **Konkurrentenstreitigkeiten** (vgl. BAG 19. 2. 2008 NZA 2008, 1016, 1017) oder **Klagen im Rahmen von § 15 Abs. 2 AGG** der Fall sein kann. Hier wird meist eine Feststellungsklage zulässig sein (BAG a. a. O.). Die Besorgnis, dass der Schuldner sich der rechtzeitigen Leistung entziehen werde, ist dabei schon dann begründet, wenn der Schuldner entgegen einer früheren Aussage erklärt, dass er sich nicht zur Zahlung verpflichtet halte (BAG 19. 11. 1962 AP ZPO § 776 Nr. 1; vgl. BGH 20. 11. 2002 NJW 2003, 1395; 20. 6. 2005 NJW-RR 2005, 1518). Böswilligkeit oder Bösgläubigkeit ist nicht erforderlich. § 259 ZPO ist auch bei einer Drittschuldnerklage auf künftige Lohnforderungen anzuwenden, wenn die Besorgnis besteht, dass sich der Drittschuldner der Leistung entziehen werde. Auch hier muss der Drittschuldner bei Ausbleiben der Gegenleistung gegebenenfalls aus § 767 ZPO vorgehen (BAG 26. 6. 1959; 29. 7. 1960 AP ZPO § 259 Nr. 1, 2; 23. 2. 193 EzA ZPO § 850 c Nr. 3).

63 Ob die Entgeltzahlungsklage unter dem Gesichtspunkte des Verzuges gemäß § 615 BGB bis zum rechtskräftigen Abschluss des Kündigungsschutzverfahrens gemäß § 148 ZPO auszusetzen ist, ist umstritten. Einerseits wird die Auffassung vertreten, dass die **Aussetzung des Entgeltzahlungsverfahrens** dem Beschleunigungsgebot des § 9 Abs. 1 Satz 1 widersprechen würde. Auch würde mit einer Aussetzung die Regelung des § 62 Abs. 1 Satz 1 in ihrer Bedeutung gemindert. Sinn dieser Regelung sei nämlich die sofortige Realisierung zuerkannter Ansprüche. Dem entspreche es auch, dass der Weiterbeschäftigungsanspruch auch vor rechtskräftigem Abschluss des Bestandsschutzverfahrens zuerkannt und vollstreckt werden könne (vgl. LAG Düsseldorf 23. 12. 1982 EzA ZPO § 148 Nr. 13; LAG Hamm 18. 4. 1985 LAGE ZPO § 148 Nr. 14; LAG Köln

17. 12. 1985 DB 1986, 440; LAG Nürnberg 9. 7. 1986 NZA 1987, 211). Auf der anderen Seite wird die Auffassung vertreten, dass den Gerichten ein Ermessensspielraum bei der Frage der Aussetzung zustehe, dieser sei auch nicht durch die Rechtsprechung zum Weiterbeschäftigungsanspruch eingeschränkt, es müsse daher in jedem Einzelfall abgewogen werden, welche Vor- und Nachteile mit einer Aussetzung nach § 148 ZPO verbunden wären (LAG Frankfurt 4. 9. 1987 LAGE ZPO § 148 Nr. 18; LAG Rheinland-Pfalz 9. 5. 1986 LAGE 148 ZPO Nr. 15; LAG Berlin 25. 4. 1978 AuR 1979, 218; vgl. zu dem Ganzen auch *Beiersmann* NZA 1987, 196 f.; *Vossen* RdA 1989, 96, 101 f.; *Dahlem/Wiesner* NZA-RR 2001, 169 ff.). Eine schematische Verneinung der Aussetzungsmöglichkeit ist ausgeschlossen. § 148 ZPO wird weder durch § 9 Abs. 1 Satz 1 noch durch § 61a in seinem Geltungsbereich eingeschränkt. Zwar wird aus diesen Bestimmungen die besondere Beschleunigungs- und Prozessförderungspflicht im arbeitsgerichtlichen Verfahren deutlich. Diese Pflicht gilt jedoch gleichermaßen für beide Parteien. Sie haben nicht nur den Sinn, den Erhalt des Lebensunterhaltes für den Arbeitnehmer auch während eines Bestandsschutzstreites zu sichern. Der Beschleunigungs- und der besondere Prozessförderungsgrundsatz kann nur im Rahmen der Ermessensausübung des Gerichtes bei seiner Entscheidung nach § 148 ZPO berücksichtigt werden. Hierbei wird auch zu werten sein, welche Notwendigkeit besteht, der klagenden Partei auch schon während des Laufes des Bestandsschutzstreites die Vergütung zuzusprechen, die von dessen Ausgang abhängig ist. Berücksichtigt werden kann dabei auch, inwieweit bei negativem Ausgang des Bestandsschutzstreites für die klagende Partei eine Rückabwicklung hinsichtlich der bereits erfolgten Zahlungen möglich ist. Hierbei sind die Anforderungen bei der Ermessensausübung nicht so eng, wie sie im Rahmen der Einstellung der Zwangsvollstreckung nach § 62 wären.

b) Klage auf Beschäftigung

Mit einer Leistungsklage kann sowohl im Rahmen eines bestehenden Arbeitsverhältnisses die Beschäftigung als auch nach Ablauf der Kündigungsfrist auf Grund der Regelung in § 102 Abs. 5 BetrVG bzw. derjenigen in § 79 Abs. 2 BPersVG oder auf Grund des allgemeinen Weiterbeschäftigungsanspruches (zu diesem BAG GS 27. 2. 1985 AP BGB § 611 Beschäftigungspflicht Nr. 14) die Weiterbeschäftigung bis zum rechtskräftigen Abschluss einer Bestandsschutzstreitigkeit verlangt werden. Hierbei handelt es sich um eine auf **Vornahme einer unvertretbaren Handlung** – Zuweisung der vertragsgemäßen Beschäftigung – gerichtete Klage. Dem Bestimmtheitserfordernis des § 253 Abs. 2 Nr. 2 ZPO genügt es hierbei, wenn die Beschäftigung nach Art, Zeit und Ort im Antrag bestimmt wird (vgl. BAG 20. 7. 1977 AP GG Art. 33 Abs. 2 Nr. 3; LAG Berlin 20. 7. 1978 AP BGB § 611 Beschäftigungspflicht Nr. 6). Auch reicht es aus, wenn bei einem gekündigten Arbeitsverhältnis die Weiterbeschäftigung „zu den bisherigen Arbeitsbedingungen" verlangt wird. Eine nähere Präzisierung des Antrages ist nur dann erforderlich, wenn in dem Rechtsstreit zwischen den Parteien Streit über einzelne Arbeitsbedingungen besteht. Ist dies der Fall, muss der Klageantrag präzisiert werden, im Rahmen des Zwangsvollstreckungsverfahrens kann die Klärung einzelner Arbeitsbedingungen nicht erfolgen.

Der Beschäftigungs- bzw. Weiterbeschäftigungsanspruch kann sowohl gesondert als auch im Rahmen der objektiven **Klagehäufung** nach § 260 ZPO in einem Kündigungsprozess oder neben anderen Ansprüchen geltend gemacht werden (BAG 13. 6. 1985 AP BGB § 611 Beschäftigungspflicht Nr. 19). Soweit die Unwirksamkeit der Kündigung nicht nach den Bestimmungen des Kündigungsschutzes geltend gemacht werden muss, ist eine vorher oder zugleich mit dem Beschäftigungsanspruch erhobene Klage auf Feststellung der Unwirksamkeit einer Kündigung nicht erforderlich. Vielmehr ist in diesem Falle die Unwirksamkeit der Kündigung als Vorfrage in dem Weiterbeschäftigungsprozess zu prüfen. Ist das Kündigungsschutzgesetz anwendbar, so ist die Erhebung der

Kündigungsschutzklage nach § 4 KSchG Voraussetzung für den Weiterbeschäftigungsanspruch (BAG a. a. O.; BAG GS 27. 2. 1985 AP BGB § 611 Beschäftigungspflicht Nr. 14). Eine **Aussetzung** des Verfahrens **bezüglich des Weiterbeschäftigungsanspruches** gemäß § 148 ZPO scheidet aus. Die Entscheidung des Großen Senates des BAG sieht gerade vor, dass der Anspruch im Regelfall dann bestehen soll, wenn das erstinstanzliche Gericht positiv über den Feststellungsantrag entschieden hat. Eine Rechtskraft dieser Entscheidung ist nicht erforderlich, würde auch den Weiterbeschäftigungsanspruch als solchen überflüssig machen. Ein Ermessensspielraum steht hier dem Gericht nicht zu, die Voraussetzungen, unter denen von der Verurteilung zur Weiterbeschäftigung abgesehen werden kann, sind durch das Bundesarbeitsgericht vorgegeben worden. Das Gleiche gilt für den Weiterbeschäftigungsanspruch aus § 102 Abs. 5 BetrVG bzw. aus den entsprechenden Bestimmungen in den Personalvertretungsgesetzen. Auch hier ist durch die Vorschriften vorgegeben, unter welchen Voraussetzungen von einem Weiterbeschäftigungsanspruch abgesehen werden kann, damit ist zum Ausdruck gekommen, dass eine Aussetzung des Verfahrens gemäß § 148 ZPO nicht möglich ist.

66   Beschäftigungs- und Weiterbeschäftigungsanspruch können **nur für die Zukunft** geltend gemacht werden, die Arbeitsleistung für die Vergangenheit ist regelmäßig nicht mehr nachholbar (BAG 13. 6. 1985 AP BGB § 611 Beschäftigungspflicht Nr. 19; LAG Berlin 20. 7. 1978 AP BGB § 611 Beschäftigungspflicht Nr. 6). Es handelt sich um eine Klage auf zukünftige Leistung (29. 10. 1997 EzA BGB § 611 Direktionsrecht Nr. 19).

c) Unterlassungsklage, Konkurrentenklage

67   Die **Unterlassungsklage** ist in dem arbeitsgerichtlichen Verfahren unter den gleichen Voraussetzungen zulässig wie im normalen Zivilprozess. Bei ihr handelt es sich um einen **besonderen Fall der Leistungsklage**. Eine Unterlassungsklage, die sich darauf richtet, dem vertragsbrüchigen Arbeitnehmer einen anderweitigen Erwerb verbieten zu lassen wird, vom Sonderfall der konkurrierenden Tätigkeit abgesehen, als unzulässig angesehen. Zulässig ist die Klage, wenn mit ihr die Einhaltung der Pflicht zur Unterlassung anderweitiger Wettbewerbstätigkeit gesichert werden soll (dazu GK-ArbGG/*Schütz* § 46 Rn. 115; BAG 19. 5. 1998 AP BGB § 611 Treuepflicht Nr. 11; 4. 6. 1985 AP HGB § 74 Nr. 50). Der Antrag muss das zu unterlassende Verhalten genau bestimmen. Die Vollstreckung erfolgt nach § 890 ZPO. Häufig kann der entsprechende Anspruch auch durch Erlass einer einstweiligen Verfügung gesichert werden.

68   Einen Sonderfall stellt die so genannte **Konkurrentenklage** dar. Sie ist der beamtenrechtlichen Konkurrentenklage nachgebildet (zu den Einzelheiten *Walker* FS Söllner S. 1231 ff.; *ders.* FS Arbeitsgerichtsbarkeit Rheinland-Pfalz S. 603 ff.; *Zimmerling* ZTR 2000, 489 ff.; *ders.* RiA 2002, 165 ff.). **Ziel einer derartigen Klage** kann die **Unterlassung** der Besetzung einer bestimmten Stelle vor Abschluss eines ordnungsgemäß durchgeführten Auswahlverfahrens sein (BAG 22. 6. 1999 NZA 2000, 606 ff.), es kann aber auch Gegenstand des Klagebegehrens die **Wiederholung der Auswahlentscheidung** sein, also eine **Neubescheidung** (BAG 2. 12. 1997 NZA 1998, 882 f. und 884 f.; vgl. dazu auch *Walker* FS Söllner S. 1231, 1232 f. m. w. Nachw. aus der Rechtsprechung; *Zimmerling* ZTR 2000, 489, 490). Einer Aufhebung eines ablehnenden Bescheides bedarf es hierbei nicht (BAG a. a. O.). Die Mitbewerber des klagenden Arbeitnehmers sind am Verfahren zu beteiligen, hierbei bestehen die Möglichkeiten der Nebenintervention, § 66 ZPO, oder der Streitverkündung, § 72 ZPO (dazu ausführlich *Walker* a. a. O. S. 1242, 1246 jeweils m. w. Nachw.). Das BAG scheint eine Streitverkündung für geeignet zu halten (BAG 5. 3. 1996 NZA 1996, 751, vorhergehend 22. 6. 1993 NZA 1994, 77 und EuGH 17. 10. 1995 NZA 1995, 1095). Die Vollstreckbarkeit eines Urteils auf neue Entscheidung im Auswahlverfahren wird nach § 888 ZPO möglich sein (dazu näher *Walker* a. a. O. S. 1248 f.). Schließlich ist auch die Klage auf Übertragung einer noch nicht besetzten

IV. Die Klagearten § 46

Stelle möglich, wenn der Arbeitgeber keinen Ermessensspielraum hat (vgl. BAG 21. 1. 2003 NZA 2003, 1036 ff.; 7. 9. 2004 NZA 2005, 879). Hier kann hilfsweise auch ein Antrag auf Neubescheidung gestellt werden. Ferner wird eine Feststellungsklage zulässig sein können, wenn bei mehreren Bewerbungen der gleiche Streit zwischen den Parteien erneut auftreten kann (BAG 15. 3. 2005 NZA 2005, 1185). Häufig wird zur Sicherung des Anspruchs der Erlass einer einstweiligen Verfügung notwendig sein (dazu unten § 62 Rn. 77 ff., 117).

Keine Konkurrentenklage ist möglich bei **Verstößen gegen** die Vorschriften des **AGG**. 69
§ 15 AGG gewährt lediglich einen Schadenersatzanspruch, § 15 Abs. 6 AGG gibt selbst bei Verstößen gegen das Benachteiligungsverbot des § 7 AGG keinen Anspruch auf Begründung eines Rechtsverhältnisses.

d) Herausgabeklage

Häufigster Fall ist die Herausgabe der **Arbeitspapiere**. In der Praxis wird dieser 70 Anspruch vornehmlich im Wege der einstweiligen Verfügung verfolgt (dazu unten § 62 Rn. 112). Gegenstand kann auch die Herausgabe von **Sachen** sein, die Eigentum der klagenden Partei sind. Die Sachen sind hierbei genau zu bezeichnen, allgemeine Angaben genügen nicht, da eine Zwangsvollstreckung nicht möglich ist.

e) Vornahme einer Handlung

Eine Besonderheit ist ferner die tarifliche **Einwirkungsklage** (dazu im Einzelnen *Wal-* 71 *ker*, FS Schaub, S. 743 ff.; *Kasper*, DB 1993, 682 ff.).Rechtliche Grundlage ist in der Regel der schuldrechtliche Teil der Tarifverträge, der Durchführungspflichten auch gegenüber den Verbandsmitgliedern festlegen kann. Grundsätzlich ist für die Zulässigkeit eines Antrages auf Einwirkung erforderlich, dass sich ergibt, auf welche Personen oder Stellen die Einwirkung erfolgen soll. Wenn auch die Nennung des Einwirkungsmittels für die Vollstreckbarkeit hilfreich sein dürfte, lässt es das BAG auch genügen, dass für den Schuldner erkennbar ist, durch welche Verhaltensweisen er dem Urteil entsprechen soll (BAG 29. 4. 1992 NZA 1992, 846; 18. 2. 1998 NZA 1998, 1008; 25.2006 DB 2006, 2017). Dafür könnte sprechen, dass es grundsätzlich dem Schuldner freisteht, wie er seine Verpflichtung zu erfüllen hat. Die Vollstreckung erfolgt gemäß § 888 ZPO, auch hier bleibt dem Schuldner die Möglichkeit der Entscheidung, wie er die Verpflichtung erfüllen will (BAG a.a.O.; a.A. *Kasper* DB 1993, 682, 686; wie hier *Walker* a.a.O. S. 757).

Die Vornahme einer unvertretbaren Handlung ist Gegenstand einer Klage auf **Ent-** 72 **fernung einer Abmahnung** aus der Personalakte (BAG 24. 2. 192 EzA ArbGG 1979 § 64 Nr. 7; 14. 12. 1994 ZTR 1995, 175). Der **Widerruf** einer Abmahnung ist vollstreckbar nach § 894 ZPO. Für die Zulässigkeit des Antrags ist die genaue Bezeichnung der Abmahnung mit Datum oder Inhalt erforderlich.

Erteilung, Herausgabe und Berichtigung eines Zeugnisses sind ebenfalls Fälle der 73 Leistungsklage. Die genaue Bezeichnung der Mängel ist bei der Berichtigung notwendig. Bei dem Erteilungsanspruch kann entweder nur die Tatsache der Erteilung Gegenstand des Antrages sein, dann hat der Arbeitgeber den üblichen Ermessensspielraum, es kann aber auch ein bestimmter Inhalt begehrt werden. Bei der **Urlaubsgewährung** ist der Urlaubszeitraum zu benennen (zu den Problemen der Vollstreckung und der einstweiligen Verfügung unten § 62 Rn. 122 f.). Weitere Fälle der Leistungsklage sind Klagen auf **Rechnungslegung bzw. Abrechnungserteilung**. Hier kann neben einer Vollstreckung nach § 888 ZPO möglicherweise auch eine solche nach § 887 ZPO in Betracht kommen, wenn es eine vertretbare Handlung ist. Für die Bestimmtheit des Antrages ist erforderlich, dass der Zeitraum, für den die Abrechnung verlangt wird, genannt wird. Zulässig ist hier auch eine Stufenklage, wenn die Abrechnung zur Erhebung eines bestimmten Antrags erforderlich ist (BAG 12. 7. 2006 NZA 2006, 1294).

2. Die Feststellungsklage

74 Die Feststellungsklage des § 256 Abs. 1 ZPO gibt keinen sachlich-rechtlichen Anspruch, sondern stellt nur eine **besondere Rechtschutzform** bei bestehenden sachlich-rechtlichen Ansprüchen zur Verfügung. Das auf eine Feststellungsklage ergehende Urteil kann keinen Leistungsbefehl enthalten, eine Zwangsvollstreckung ist nur insoweit möglich, als über die Kosten entschieden worden ist. Gegenstand der Klage nach § 256 Abs. 1 ZPO kann nur die Feststellung des Bestehens oder Nichtbestehens eines Rechtsverhältnisses, auf Anerkennung einer Urkunde oder auf Feststellung ihrer Unechtheit sein. Die Voraussetzungen der Feststellungsklage sind in jeder Lage des Verfahrens von Amts wegen zu prüfen, dies gilt auch für die Revisionsinstanz (BAG 10. 12. 1991 AP ZPO § 253 Nr. 20).

a) Begriff des Rechtsverhältnisses

75 Gegenstand einer Feststellungsklage kann zunächst das Bestehen oder Nichtbestehen eines Rechtsverhältnisses sein. Das bedeutet, dass aus einem greifbaren Sachverhalt entstandene **Rechtsbeziehungen** von Personen zu Personen oder Sachen Gegenstand der Klage sein müssen (BAG 14. 4. 1966 AP AZO § 13 Nr. 2; 20. 5. 1957 AP MietSchG § 20 Nr. 1; 19. 6. 1984 AP TVG § 1 Verhandlungspflicht Nr. 3). Die Feststellungsklage muss sich dabei nicht notwendigerweise auf das Rechtsverhältnis in seiner Gesamtheit beziehen, auch einzelne Beziehungen und Folgen eines Rechtsverhältnisses können Gegenstand der Feststellungsklage sein (BAG 19. 6. 1984 a. a. O.; 27. 10. 2005 NZA 2006, 332). Festgestellt werden können daher beispielsweise auch einzelne aus dem Rechtsverhältnis sich ergebende Rechte, Ansprüche und Pflichten, wie z. B. der Umfang der Leistungspflicht aus dem Arbeitsverhältnis (BAG 25. 10. 2001 BAGE 99, 250, 252; 29. 9. 2004 NZA-RR 2005, 501; 9. 2. 2005 ZTR 2005, 419).

76 **Nicht** unter den Begriff des Rechtsverhältnisses fallen dagegen einzelne **Vorfragen oder Elemente** eines Rechtsverhältnisses (BAG 14. 4. 1966 AP AZO § 13 Nr. 2; 19. 9. 1985 AP BUrlG § 13 Nr. 21; 6. 10. 1955 AP ZPO § 256 Nr. 3). Vielmehr soll in diesem Fall die Elementenfeststellungsklage nur dann zulässig sein, wenn durch die entsprechende gerichtliche Entscheidung eine abschließende Klärung erreicht werden kann und sie damit der einfachere und sachgerechtere Weg ist (BAG 3. 6. 1966 AP BGB § 242 Ruhegehalt Nr. 111; 8. 5. 1984 AP BetrAVG Nr. 20 m. w. N.). Damit ist aber letztlich bei der Beantwortung der Frage der Zulässigkeit der Elementenfeststellungsklage die Unterscheidung zwischen Rechtsverhältnis und bloßer Vorfrage aufgegeben worden, im Grunde ist allein entscheidend, ob für den Kläger ein schutzwertes Interesse an der Feststellung des einzelnen Elementes besteht (*Grunsky* § 46 Rn. 17; *Schaub* ArbGV § 21 Rn. 16; ganz deutlich in diese Richtung BAG 9. 11. 1999 AP BetrAVG § 7 Nr. 96; 24. 4. 2001 EzA BetrAVG § 1 Nr. 75; 19. 11. 2002 AP BetrAVG § 1 Ablösung Nr. 40).

77 Im Rahmen einer Feststellungsklage ist es **unzulässig**, lediglich **abstrakte Rechtsfragen** durch das Gericht klären zu lassen. Streitgegenstand und Grund des festzustellenden Anspruches müssen angegeben werden, bei der negativen Feststellungsklage muss dargetan werden, dass sich der Beklagte eines Anspruches berühmt. Zwischen den Parteien muss erkennbar ein konkreter Streit bestehen. Fehlt es daran, dann würde eine Entscheidung lediglich die Erstattung eines Rechtsgutachtens darstellen, dies ist dem Gericht jedoch verwehrt (BAG 12. 11. 1959 AP ZPO § 256 Nr. 24; 20. 12. 1963 AP GG Art. 9 Arbeitskampf Nr. 32 und 33; 14. 2. 1979 AP BGB § 611 Abhängigkeit Nr. 32).

78 Ein feststellungsfähiges Rechtsverhältnis ist ferner dann nicht gegeben, wenn lediglich die **Feststellung einer Tatsache** oder ihrer rechtlichen Bewertung begehrt wird (BAG 5. 3. 1985 AP GG Art. 9 Arbeitskampf Nr. 85; 14. 4. 1966 AP AZO § 13 Nr. 2, 3). Unzulässig ist daher beispielsweise die Feststellung der Rechtswidrigkeit eines Streiks (BAG vom 5. 3. 1985 a. a. O.; vgl. auch 21. 12. 1982 AP GG Art. 9 Arbeitskampf Nr. 76). Zu

IV. Die Klagearten § 46

prüfen ist jedoch in einem solchen Falle, ob nicht in Wahrheit mit dem Antrag auf Feststellung der Rechtswidrigkeit eines bestimmten Verhaltens letztlich ein Unterlassungsanspruch verfolgt werden soll, so dass der Klageantrag entsprechend auszulegen wäre (BAG 21. 12. 1982 a. a. O.). Allerdings müsste das Gericht bei Zweifeln von seiner Aufklärungspflicht nach § 139 ZPO Gebrauch machen. Als unzulässig ist auch der Feststellungsantrag angesehen worden, dass die Heranziehung eines Arbeitnehmers zu einer über täglich 10 Stunden hinausgehend angeordneten Arbeitszeit gegen Arbeitszeitbestimmungen verstoßen habe (BAG 14. 4. 1966 AP AZO § 13 Nr. 3) bzw. dass im Rahmen eines Arbeitsverhältnisses ausgeführte Fahrgastfahrten als Bereitschaftsdienst anzusehen seien (BAG 14. 4. 1966 AP AZO § 13 Nr. 2).

Feststellungsfähig können auch **in der Vergangenheit liegende Rechtsverhältnisse** sein, 79 beispielsweise wenn die ziffernmäßige Berechnung von Ansprüchen noch nicht in vollem Umfange möglich ist (BAG 18. 1. 1966 AP BGB § 242 Ruhegehalt Nr. 106), wenn eine Unterlassungsklage wegen Ablaufs der Gültigkeit eines Wettbewerbsverbotes nicht mehr begründet wäre, von der Feststellung, dass der Unterlassungsanspruch begründet gewesen sei, aber Schadenersatzansprüche abhängen könnten (BAG 28. 11. 1966 AP ZPO § 286 Nr. 1). Das Gleiche gilt, wenn Berechnungsschwierigkeiten auch für die Vergangenheit nicht auszuschließen sind, so dass eine Berechnung der Ansprüche aus diesem Grunde nicht möglich ist (BAG 11. 9. 1974 AP BAT § 44 Nr. 5), sowie wenn von der Feststellung beispielsweise sozialversicherungsrechtliche oder steuerrechtliche Ansprüche wegen der präjudiziellen Wirkung des arbeitsgerichtlichen Feststellungsurteils abhängen können (BAG 10. 5. 1974 AP ZPO § 256 Nr. 48 m. Anm. *Grunsky*). Für eine nur auf Feststellung eines beendeten Rechtsverhältnisses gerichtete Klage ist ein Rechtsschutzinteresse aber nur dann gegeben, wenn sich aus der Feststellung **Folgen für die Gegenwart oder Zukunft** ergeben (BAG 11. 2. 1993 NZA 1993, 1003; 12. 10. 1994 AP BGB Nr. 165 Befristeter Arbeitsvertrag; 20. 7. 1994 AP ZPO 1977 § 256 Nr. 26; vom 23. 4. 1997 NZA 1997, 1246). Pauschale Behauptungen hinsichtlich der Auswirkungen der Feststellung reichen nicht aus, es müssen konkrete Anhaltspunkte gegeben sein. Beispielsweise reicht es nicht aus, wenn lediglich behauptet wird, dass bei Feststellung eines bereits beendeten Arbeitsverhältnisses Anspruch auf eine höhere Erwerbsunfähigkeitsrente bestehen würde (BAG 10. 5. 1974 AP ZPO § 256 Nr. 48; 23. 4. 1997 EzA ZPO § 256 Nr. 47).

Schließlich kann Gegenstand einer Feststellungsklage auch ein **Rechtsverhältnis** zwi- 80 schen einer **Prozesspartei** und einem **Dritten** sein. In diesem Falle muss aber die auf Feststellung klagende Partei ein eigenes rechtliches Interesse an der alsbaldigen Feststellung dieser Rechtsbeziehung zu dem Dritten haben. Das erfordert, dass im Zeitpunkt der letzten mündlichen Verhandlung oder zumindest in der konkreten nahen Zukunft die rechtliche Lage desjenigen, der die Feststellung begehrt, von der Drittrechtsbeziehung beeinflusst werden könnte (BAG 21. 12. 1982 AP GG Art. 9 Arbeitskampf Nr. 76; 20. 2. 1959 AP ZPO § 256 Nr. 19; 8. 2. 1963 AP ZPO § 256 Nr. 42).

b) Zwischenfeststellungsklage, § 256 Abs. 2 ZPO

Die Zwischenfeststellungsklage (Inzidentfeststellungsklage) kann zugleich mit der 81 Hauptklage im Wege der objektiven Klagehäufung gem. § 260 ZPO oder zu einem späteren Zeitpunkt im rechtshängigen Verfahren erhoben werden, § 261 Abs. 2 ZPO. Das Gleiche gilt auch für die entsprechende Widerklage (Gerichtsstand § 33 ZPO). Zweck der Zwischenfeststellungsklage ist die Ausdehnung der Rechtskraftwirkung, sie soll ausgleichen, dass nur die tragenden Grundsätze einer Entscheidung in Rechtskraft erwachsen können. Das setzt aber voraus, dass die **Hauptklage bestimmt genug ist,** nur dann kann deren Rechtskraftwirkung bestimmt werden. Eine Zwischenfeststellungsklage ist daher unzulässig, wenn bereits die Hauptklage wegen Unbestimmtheit unzulässig ist, § 253 Abs. 2 Nr. 2 ZPO. **Verfahrensrechtliche Voraussetzung** der Zwischenfeststellungsklage ist nur, dass ein Rechtsverhältnis unter den Parteien streitig ist, von dem die Entscheidung des Rechtsstreits ganz oder zum Teil abhängig ist, § 256 Abs. 2 ZPO. Die Vorgreiflichkeit begründet das Feststellungsinteresse (BAG 3. 3. 1999 EzA BGB § 611 Croupier Nr. 5; 28. 6. 2006 NZA 2006, 1174; 25. 5. 2004 ZTR 2005, 263). Wird durch die Hauptentscheidung über die Rechtsbeziehungen der Parteien bereits erschöpfend entschieden, so ist für eine Zwischenfeststellungsklage kein Raum, die Auswirkungen, die durch sie erreicht werden könnten, werden bereits durch die Hauptklage bewirkt. In diesem Falle würde eine Ausdehnung der Rechtskraftwirkung auf den Grund der Hauptklage und damit auf das sie präjudizierende Rechtsverhältnis nicht erforderlich sein (BAG 5. 6. 1985 AP HGB § 63 Nr. 39; 6. 11. 1985 AP § 611 BGB Nr. 61; 10. 12. 1965 AP ZPO § 565 Nr. 11). Die Zwischenfeststellungsklage kann auch **hilfsweise** erhoben werden (BGH 21. 2. 1992 NJW 1992, 1897). Sie kann unter den Voraussetzungen des § 530 Abs. 1 ZPO auch noch in der Berufungsinstanz anhängig gemacht werden, lediglich in der Revisionsinstanz ist ihre Erhebung unzulässig (BAG 25. 6. 1981 MDR 1982, 526).

82   Bei der Zwischenfeststellungsklage ist im Gegensatz zu der normalen Feststellungsklage nach § 256 Abs. 1 ZPO nicht Voraussetzung, dass der Kläger an der alsbaldigen Feststellung des Rechtsverhältnisses ein rechtliches Interesse haben müsse. Vielmehr besteht das Feststellungsinteresse in diesem Falle darin, dass die Vorgreiflichkeit des festzustellenden Rechtsverhältnisses für die Hauptklage bestehen muss (BAG 21. 12. 1982 AP GG Art. 9 Arbeitskampf Nr. 76; 3. 3. 1999 EzA BGB § 611 Croupier Nr. 5; 26. 8. 1997 EzA BGB § 133 Nr. 20). Das **Bestehen oder Nichtbestehen** des mit der Zwischenfeststellungsklage geltend gemachten Rechtsverhältnisses muss für die Entscheidung über den **Hauptanspruch vorgreiflich sein,** es müsste also zumindest in den Gründen des Urteils im Hauptprozess über die in der Zwischenfeststellungsklage geltend gemachten Fragen mitentschieden werden. Es genügt hierbei auch, wenn der Partei über die von der Hauptklage erfassten Ansprüche hinaus weitere Ansprüche zustehen könnten. Der arbeitsrechtliche **Weiterbeschäftigungsanspruch** wird nicht im Wege der Zwischenfeststellungsklage verfolgt werden können, hier ist grundsätzlich ein – wenn auch nur als uneigentlicher Hilfsantrag zu stellender – Leistungsantrag möglich. Ein negativer Feststellungsantrag des Arbeitgebers als Widerklage dürfte hier auch nicht zulässig sein, da dieses Vorbringen schon im Rahmen des Antrages auf Leistung (Weiterbeschäftigung) zu überprüfen wäre. Auch der Antrag auf Entbindung von der Weiterbeschäftigung gemäß § 102 Abs. 5 Satz 2 BetrVG kann nicht als Feststellungsantrag im Hauptsacheverfahren geltend gemacht werden, dieser Antrag kann nur im Rahmen des Verfahrens der einstweiligen Verfügung verfolgt werden. Im Übrigen handelt es sich bei diesem Antrag letztlich um eine entsprechende Anwendung des § 767 ZPO, es werden Einwendungen erhoben, die den Hauptanspruch auf Weiterbeschäftigung betreffen (vgl. im Übrigen zu dem ganzen Problem *Pallasch* Der Beschäftigungsanspruch des Arbeitnehmers, 1993, S. 114).

83   Ein Zwischenfeststellungsantrag kann im Übrigen auch im Beschlussverfahren erhoben werden (BAG 1. 2. 1989 DB 1990, 132; *Hager* FS Kissel 1994, S. 338).

c) Rechtliches Interesse

84   Die Zulässigkeit der Feststellungsklage erfordert ein besonderes rechtliches Interesse des Klägers daran, dass das Rechtsverhältnis alsbald durch eine richterliche Entscheidung festgestellt wird. Die Tatsachen, die das Feststellungsinteresse begründen sollen, muss er vortragen, sie sind nicht von Amts wegen zu ermitteln. Es handelt sich hierbei um einen qualifizierten Fall des allgemeinen Rechtsschutzinteresses (BAG 20. 12. 1963 AP Art. 9 GG Arbeitskampf Nr. 32, 33). Das Vorliegen dieser **Prozessvoraussetzung** ist in jeder Lage des Verfahrens von Amts wegen zu überprüfen, dies gilt auch für die Revisionsinstanz (BAG 10. 12. 1991 NZA 1992, 472). Als Prozessvoraussetzung ist das

IV. Die Klagearten § 46

Rechtsschutzinteresse der Vereinbarungsbefugnis der Parteien entzogen. Die dem Rechtsschutzinteresse zugrunde liegenden Tatsachen unterliegen allerdings der Parteiherrschaft, sie können daher unstreitig gestellt werden, auch sind sie einem Geständnis zugänglich. Fehlt das Rechtsschutzinteresse, ist die Klage als unzulässig abzuweisen, das gilt auch dann, wenn im Verlaufe des Verfahrens das Rechtsschutzinteresse in Wegfall geraten ist (BAG a. a. O. und schon 23. 2. 1962 AP ZPO § 256 Nr. 40). Die Prozessvoraussetzung muss noch in der letzten mündlichen Verhandlung vorliegen, also auch noch in der Revisionsinstanz. Ist das rechtliche Interesse während der Dauer des Verfahrens weggefallen, so kann u. U. zur Vermeidung von Kosten von dem Kläger die Hauptsache für erledigt erklärt werden.

Die **Prüfung**, ob das besondere **Feststellungsinteresse** des § 256 ZPO gegeben ist, **kann nicht dahingestellt bleiben**. Allerdings wird die Auffassung vertreten, dass das Gericht die Klage trotz Fehlens eines Feststellungsinteresses sachlich bescheiden könne, wobei sogar ein stattgebendes Urteil möglich sei (*Grunsky* § 46 Rn. 20; *ders*. Grundlagen des Verfahrensrechts § 39 I 2; *Wieser* Arbeitsgerichtsverfahren, Rn. 253; zweifelhaft BAG 11. 2. 1993 AP MTB II § 33 Nr. 1; vgl. OLG Bremen 15. 5. 1986 MDR 1986, 765). Ähnlich auch die Auffassung, wonach der Mangel des Feststellungsinteresses seine Relevanz verliere, wenn der Anspruchsgrund zu verneinen sei und deshalb auch eine Leistungsklage als unbegründet hätte abgewiesen werden müssen. Das Feststellungsinteresse sei echte Prozessvoraussetzung nur für das stattgebende Urteil (BGH 27. 11. 1957 NJW 1958, 384; BAG 10. 12. 1992 NZA 1993, 1040; 30. 1. 2002 NZA 2002, 639; vgl. auch BGH 24. 6. 1969 NJW 1969, 2014 f.; jetzt aber BGH 19. 6. 2000 NJW 2000, 3718; *Zöller/Greger* § 256 Rn. 7 m. w. N.). 85

Diesen Auffassungen steht jedoch schon der Wortlaut des § 256 Abs. 1 ZPO entgegen. Auch sind **diese Auffassungen mit dem System der Sachurteilsvoraussetzungen nicht vereinbar** (GK-ArbGG/*Schütz* § 46 Rn. 154; *Gift/Baur* Teil E Rn. 97; *Baumbach/Hartmann* § 256 Rn. 4; *Reichold* in *Thomas/Putzo* § 256 Rn. 4; *Rosenberg/Schwab/Gottwald* § 93 IV 1; *Jauernig* FS Schiedermair, 1976, S. 289, 307). Auch kann nicht darauf verwiesen werden, dass das besondere Rechtsschutzinteresse des § 256 ZPO das Gericht vor überflüssiger Arbeit schützen wolle, dass auf diesen Schutz das Gericht selbst verzichten könne. Dies dürfte schon deshalb unzutreffend sein, weil die prozessualen Vorschriften nicht allein zum Schutze des Gerichtes vor übermäßiger Arbeitsbelastung, sondern vor allem im Interesse der Parteien geschaffen worden sind, im Übrigen sind prozessuale Bestimmungen zwingend, das Gericht kann von ihnen nicht abweichen. Hinzu kommt, dass eine als unzulässig abgewiesene Klage neu erhoben werden könnte, dies ist nicht möglich, wenn über die Begründetheit entschieden worden wäre. Letztlich hätte damit nicht der gesetzliche Richter über die materielle Begründetheit der Klage entschieden. 86

Ist das Feststellungsinteresse für einen Antrag nach § 256 Abs. 1 ZPO nicht gegeben, so muss geprüft werden, ob **gegebenenfalls** die Klage als **Zwischenfeststellungsklage** nach § 256 Abs. 2 ZPO zulässig sein kann (dazu oben Rn. 59). 87

Das **Feststellungsurteil** muss trotz der fehlenden Vollstreckbarkeit kraft seiner nur inneren Wirkung **geeignet sein,** den Kläger zum Ziel zu führen (BAG 7. 6. 1979 AP BGB § 242 Ruhegehalt – Zusatzversorgung Nr. 2). Das Feststellungsinteresse fehlt daher regelmäßig dann, wenn ein einfacherer Weg gegeben ist, um dasselbe Ziel zu erreichen. Dies ist der Fall, wenn eine Leistungs- bzw. Unterlassungsklage erhoben werden kann oder bereits anhängig ist (BAG 10. 4. 1957 AP ZPO § 256 Nr. 6; 18. 3. 1997 EzA ZPO § 256 Nr. 49; GK-ArbGG/*Schütz* § 46 Rn. 158; *Hauck/Helml* § 46 Rn. 50; *Baumbach/Hartmann* § 256 Rn. 77 ff. m. w. Nachw.; teilweise a. A. *Schwab/Weth/Zimmerling* § 46 Rn. 75). Von dieser Voraussetzung kann allgemein auch nicht dann abgesehen werden, wenn zwischen den Parteien lediglich eine Rechtsfrage streitig ist (vgl. dazu auch unten Rn. 89) oder ein vollstreckbarer Antrag nicht ohne weiteres formuliert werden kann (so *Schwab/Weth/Zimmerling* § 46 Rn. 75). Hier ist es nur möglich, dass die Parteien im 88

Übrigen den Rechtsstreit einvernehmlich regeln, so dass lediglich die Rechtsfrage streitig bleibt, oder dass gerade wegen der Unmöglichkeit der Stellung eines vollstreckbaren Antrags gerade ein Rechtsschutzinteresse besteht, da anders eine Klärung nicht herbeigeführt werden kann. Ein Rechtsschutzinteresse fehlt daher beispielsweise auch dann, wenn die Feststellung der Rechtswidrigkeit von Arbeitskampfmaßnahmen und deren Pflicht zur Unterlassung begehrt wird, obwohl der Arbeitskampf bereits abgeschlossen ist. In diesem Falle könnte nämlich die Frage der Rechtmäßigkeit bzw. Rechtswidrigkeit der Arbeitskampfmaßnahmen immer anhand von Ansprüchen geprüft werden, die auch durchgesetzt werden könnten, beispielsweise im Rahmen der Lohnforderungen einzelner Arbeitnehmer oder aber bei Schadenersatzforderungen gegenüber einer Gewerkschaft (BAG 12. 9. 1984 NZA 1984, 393). Auch die Erhebung einer Stufenklage gem. § 254 ZPO kann u. U. das Feststellungsinteresse ausschließen (BAG 28. 11. 1966 AP zu ZPO § 268 Nr. 1; *Schaub* ArbGV § 21 Rn. 23; *Grunsky* § 46 Rn. 22). Für eine nur auf Feststellung eines beendeten Rechtsverhältnisses gerichtete Klage ist ein Rechtsschutzinteresse nur dann gegeben, wenn sich **aus der Feststellung Folgen für die Gegenwart oder Zukunft** ergeben (BAG 20. 7. 1994 AP ZPO 1977 § 256 Nr. 26; 23. 4. 1997 NZA 1997, 1246). Pauschale Behauptungen hinsichtlich der Auswirkungen der Feststellung reichen nicht aus, es müssen konkrete Anhaltspunkte gegeben sein. Beispielsweise reicht es nicht aus, wenn lediglich behauptet wird, dass bei Feststellung eines bereits beendeten Arbeitsverhältnisses Anspruch auf eine höhere Erwerbsunfähigkeitsrente bestehen würden (BAG 10. 5. 1974 AP ZPO § 256 Nr. 48; 23. 4. 1997 EzA ZPO § 256 Nr. 47).

89 Von diesem Grundsatz sind jedoch in der Rechtsprechung zahlreiche **Ausnahmen** gemacht worden. So soll eine Feststellungsklage trotz der Möglichkeit einer Leistungsklage zulässig sein, wenn zu erwarten sei, dass der Beklagte dem Feststellungsurteil nachkommen werde, dies sei meist im Bereich des Öffentlichen Dienstes der Fall (BAG 27. 11. 1986 AP BAT § 50 Nr. 13; 20. 2. 1991 BAT 1975 §§ 22, 23 Nr. 157; *Hauck/Helml* § 46 Rn. 51). Im Grunde ist dies mittlerweile eine Argumentation mit der Üblichkeit und Praktikabilität. Auch bei Feststellungsklagen gegen juristische Personen des öffentlichen Rechts soll von den gleichen Grundsätzen ausgegangen werden können. Ebenso wie bei dem Öffentlichen Dienst insgesamt ergäben sich als Grund für die erweiterte Zulässigkeit der Feststellungsklage, dass zum einen die Zwangsvollstreckung bei der öffentlichen Hand auf besondere Schwierigkeiten stoße, zum anderen aus der bestehenden Amtspflicht zur Erfüllung der sich aus dem Feststellungsanspruch indirekt ergebenden Leistungsansprüche folge (BAG 20. 2. 1991 AP BAT 1957 §§ 22, 23 Nr. 157 m. w. Nachw.; 20. 11. 1990 NZA 1991, 477). Auf juristische Personen des Privatrechts sollen diese Grundsätze allerdings generell nicht anwendbar sein (BAG 12. 10. 1961 AP BGB § 611 Urlaubsrecht Nr. 83; vgl. aber BAG 25. 9. 1991 EzA TVG § 4 Großhandel Nr. 2). Es fehle an einem allgemeinen Erfahrungssatz dafür, dass wie im Öffentlichen Dienst allgemein auch in der Privatwirtschaft der Arbeitgeber ein Feststellungsurteil ohne weiteres befolgen würde, obwohl aus ihm keine Vollstreckung möglich sei (BAG 27. 10. 1970 AP ZPO § 256 Nr. 46). Etwas anderes soll jedoch bei Streitigkeiten über den Urlaubsumfang gelten, hier habe sich herausgestellt, dass auch die privaten Arbeitgeber sich regelmäßig rügelos auf eine entsprechende Feststellungsklage einließen und sich einem für sie negativen Urteil beugten. Auch sei die Drucksituation in diesem Falle bei einem privaten Arbeitgeber ähnlich wie bei einem Arbeitgeber des Öffentlichen Dienstes, da er gegen seine Fürsorgepflicht verstoße und gegebenenfalls schadensersatzpflichtig sei, falls er einem gegen ihn während des Bestehens des Arbeitsverhältnisses ergehenden Feststellungsurteil nicht entspräche (BAG 5. 11. 1964 AP BUrlG § 3 Nr. 1).

90 Soweit es sich um private Parteien handelt, die der Aufsicht des Amtsgerichts oder einer ähnlichen Institution des Öffentlichen Dienstes unterstehen, können allerdings die gleichen Grundsätze angewendet werden, wie sie für den Bereich der Körperschaften des Öffentlichen Rechts Anwendung finden. Eine Erweiterung der Zulässigkeit der Fest-

IV. Die Klagearten § 46

stellungsklage wäre daher beispielsweise auch bei Insolvenz- und Vergleichsverwaltern sowie Pflegern usw. möglich. Aber auch im Übrigen ist die **Differenzierung** zwischen privaten Arbeitgebern und solchen des Öffentlichen Dienstes hinsichtlich der Erweiterung der Zulässigkeit der Feststellungsklage **nicht einsichtig**. Aus dem Wortlaut des Gesetzes ergibt sich kein Anhaltspunkt. Auch dient die Vorschrift des § 256 Abs. 1 ZPO nicht allein einer Prozessökonomie im Sinne einer Entlastung der Gerichte, sondern sie ist vielmehr im Interesse der beteiligten Parteien geschaffen worden. Das Feststellungsinteresse ist auch ein subjektives Element; entscheidend ist das Interesse des Klägers und nicht das dritter Personen oder Stellen. Es kann daher sowohl in der Privatwirtschaft als auch bei öffentlichen Arbeitgebern nur nach den gleichen Grundsätzen darüber entschieden werden, ob das besondere Rechtsschutzinteresse gegeben ist, hierbei kommt es auf die Prozessparteien des konkreten Verfahrens an, ein Rückgriff auf allgemeine Erfahrenssätze hinsichtlich des Verhaltens der Arbeitgeber des Öffentlichen Dienstes bzw. derjenigen der Privatwirtschaft erscheint nicht zulässig (vgl. dazu auch *Schumann* in Anm. zu BAG 27. 10. 1970 AP ZPO § 256 Nr. 43).

Der **Grundsatz** der Subsidiarität der Feststellungsklage **wird weiter durchbrochen,** 91 wenn das Gericht bei einer möglichen Leistungsklage selbst auf die Stellung eines Feststellungsantrages hingewirkt hat (BAG 24. 3. 1993 NZA 1994, 35; 15. 2. 1990 EzA ZPO § 256 Nr. 34; 6. 3. 1964 NJW 1964, 1043; 25. 6. 1964) hier würde das Gericht die ihm obliegende prozessuale Fürsorgepflicht gegenüber der Partei verletzen, wenn es trotz seiner eigenen Handlungsweise nunmehr den Antrag als unzulässig abweisen wollte. Auch soll eine Feststellungsklage zulässig sein, wenn eine Leistungsklage nur wegen eines Teils eines Anspruches möglich ist, die Feststellungsklage aber den gesamten Anspruch erfasst (BAG 3. 6. 1966 AP BGB § 242 Ruhegehalt Nr. 111), oder dass eine Vielzahl gesetzlicher Vorschriften Anwendung finden (BAG 9. 6. 1993 NZA 1994, 169), wenn eine Klage nur im Rahmen des § 259 ZPO (Klage auf zukünftige Leistung) möglich wäre (BAG 28. 2. 1962 AP BGB § 242 Gleichbehandlung Nr. 31; vom 10. 1. 1989 NZA 1989, 683), oder wenn die Leistungsklage erst im Rahmen des Prozessverfahrens möglich geworden ist, weil erst zu einem späteren Zeitpunkt Schadenersatzansprüche beziffert werden können (BAG 20. 12. 1963 AP GG Art. 9 Arbeitskampf Nr. 32; 31. 10. 1958 AP TVG § 1 Friedenspflicht Nr. 2; 12. 10. 1989 NZA 1990, 95). Die Aufweichung des an sich klar umrissenen Rahmens der Subsidiarität der Feststellungsklage ist allerdings problematisch (vgl. dazu auch GK-ArbGG/*Schütz* § 46 Rn. 160 f.; *Gift/Baur* Teil E Rn. 100). Gerade wegen der fehlenden Durchsetzungsmöglichkeit bei einem Feststellungsurteil und der nur begrenzten Rechtskraftwirkung und unter Berücksichtigung der Tatsache, dass die Gerichte nicht doppelt belastet werden sollen, sind meines Erachtens hier doch **nur vorsichtig die Anforderungen an das Vorliegen des Feststellungsinteresses abzuschwächen.** Generell kann bei nur vergangenheitsbezogenen Fallgestaltungen nicht von dem Vorliegen eines Rechtsschutzinteresses ausgegangen werden, auch die nur in der Vergangenheit liegende und in ihr auch abgeschlossene Frage der Eingruppierung im öffentlichen Dienst (z. B. wird für einen abgeschlossenen Zeitraum eine Höhergruppierung gefordert), kann die Annahme eines Rechtsschutzinteresses nicht rechtfertigen, eine Zahlungsklage wäre möglich. Der Vorrang der Leistungsklage muss immer geprüft werden. Nur wenn eindeutig feststeht, dass auch ein Feststellungsurteil zwischen den Parteien zu einer endgültigen Befriedung führen wird, kann das Rechtsschutzinteresse bejaht werden. Dies gilt auch im Bereich des öffentlichen Dienstes, wenn eine Dienststelle entgegen dem Gebot der Gesetzesbindung und entgegen der üblichen Anerkennung von Feststellungsurteilen im Prozess erklärt, dass sie sich nicht an das Feststellungsurteil halten werde. Ist in diesem Falle eine Leistungsklage möglich, fehlt das besondere Rechtsschutzinteresse des § 256 ZPO.

Das Interesse muss eine **alsbaldige Feststellung** erfordern, schon bei Klageerhebung 92 muss eine begründete Besorgnis der Gefährdung bestehen. Da das Vorliegen des Rechtsschutzinteresses in jeder Lage des Verfahrens zu überprüfen ist, kann es allerdings ausreichend sein, wenn das Interesse an alsbaldiger Feststellung im Zeitpunkt der mündlichen Verhandlung in der Tatsacheninstanz gegeben ist (BAG 8. 11. 1978 AP BAT § 50 Nr. 10). Es genügt auch, dass spätere Schadensfolgen ernsthaft in Betracht kommen können, konkrete Anhaltspunkte müssen bereits bestehen. Für die Tatsache des Bestehens eines Interesses an einer alsbaldigen Feststellung muss der Kläger greifbare Tatsachen vortragen, er muss die Gründe dartun, warum die alsbaldige Klärung notwendig ist (BAG 12. 10. 1979 AP BGB § 620 befristeter Arbeitsvertrag Nr. 48). Dies soll der Fall sein im Rahmen der Hinterbliebenenversorgung (BAG 26. 8. 1997 EzA BetrAVG § 1 Ablösung Nr. 1), bei Bestandsfragen während des Erziehungsurlaubs (BAG 2. 12. 1999 EzA BGB § 613 a Nr. 188).

d) Einzelfälle

93 Die Feststellung der Rechtswidrigkeit einzelner **Arbeitskampfmaßnahmen** wird als unzulässig angesehen, da generell eine Feststellungsklage zur Klärung der Wirksamkeit oder Unwirksamkeit von Rechtshandlungen nicht zulässig sei (BAG 21. 12. 1982 AP GG Art. 9 Arbeitskampf Nr. 76). Auch eine Klage auf Feststellung, dass eine Gewerkschaft in der Vergangenheit verpflichtet gewesen sei, Warnstreiks zu unterlassen, sei unzulässig, da es an dem erforderlichen rechtlichen Interesse fehle (BAG 12. 9. 1984 AP GG Art. 9 Arbeitskampf Nr. 81). Auch die Feststellung, dass die Forderung zur Führung bestimmter Tarifverhandlungen unberechtigt sei, soll unzulässig sein (BAG 19. 6. 1984 AP TVG § 1 Verhandlungspflicht Nr. 3). Da es bei der Frage, ob das besondere Rechtsschutzinteresse des § 256 Abs. 1 ZPO gegeben ist oder nicht, auf die konkreten Parteien des Rechtsstreits ankommt, könnte hier u. U. berücksichtigt werden, dass bei diesen Rechtsstreitigkeiten Tarifvertragsparteien Gegner in dem konkreten Rechtsstreit sind. Für sie kann eine Feststellung der Rechtswidrigkeit bestimmter Arbeitskampfmaßnahmen bzw. der Berechtigung einzelner Forderungen Anhaltspunkt für das zukünftige Verhalten sein. Hinzu kommt, dass sich Arbeitskämpfe oder andere Auseinandersetzungen, bei denen diese Fragen eine Rolle spielen können, jederzeit wiederholen können (vgl. dazu *Seiter* in Anm. zu BAG 12. 9. 1984 EzA GG Art. 9 Arbeitskampf Nr. 54; *Grunsky* § 46 Rn. 21 b; *ders.* RdA 1986, 196). Folgt man der Rechtsprechung des Bundesarbeitsgerichts, dann wäre auch ein Antrag auf Feststellung der Rechtswidrigkeit eines Sympathiearbeitskampfs unzulässig (BAG 5. 3. 1985 AP GG Art. 9 Arbeitskampf Nr. 85), ebenso die Feststellung der Rechtswidrigkeit von Aufrufen während eines Arbeitskampfs (BAG 21. 12. 1982 AP GG Art. 9 Arbeitskampf Nr. 76).

94 Die Feststellung des **zeitlichen Umfangs der Arbeitsleistung** soll zulässig sein (BAG 19. 6. 1985 AP BAT § 4 Nr. 11), die Feststellung einer unzulässigen Überbeschäftigung soll demgegenüber unzulässig sein (BAG 14. 4. 1966 AP AZO § 13 Nr. 3). Auch dass eine bestimmte wöchentliche Arbeitszeit einzuhalten ist, soll im Wege einer Feststellungsklage verfolgt werden können (BAG 28. 11. 1984 AP TVG § 4 Bestimmungsrecht Nr. 1; 12. 12. 1984 AP KSchG 1969 § 2 Nr. 6).

95 Zulässig ist auch die Feststellung der Verpflichtung des Arbeitgebers zur **Eintragung bestimmter Bruttoarbeitsverdienste** in eine Rentenversicherungskarte (BAG 13. 5. 1970 AP BGB § 611 Fürsorgepflicht Nr. 79). Wenn **Entgeltansprüche** oder sonstige Ansprüche sowohl für die Zukunft als auch für die Vergangenheit geltend gemacht werden, soll eine Feststellungsklage möglich sein (BAG 18. 1. 1966 AP BGB § 242 Ruhegehalt Nr. 106). Ebenfalls zulässig ist die Feststellung, dass ein Recht auf Gewährung eines Hausarbeitstages bestehe (BAG 14. 7. 1954 AP GG Art. 3 Nr. 3; 25. 3. 1966 AP HausarbTagsG Hamburg § 2 Nr. 2). Zulässig ist auch ein Antrag, mit dem ein Arbeitnehmer seine **Stellung innerhalb der Hierarchie** eines Betriebes bzw. einer Dienststelle klären will, wenn hiervon weitere Ansprüche abhängen können (BAG 31. 1. 1979 AP BGB § 611 Rundfunk Nr. 1). Nicht zulässig sein soll aber die Feststellungsklage, mit der die Unwirksamkeit der **Zuordnung zum Personalüberhang** (Stellenpool) geltend gemacht wird,

IV. Die Klagearten § 46

da es sich hier nur um ein Element eines Rechtsverhältnisses handelt (BAG 27. 10. 2005 NZA 2006, 621). Derartige Anträge werden jedoch in der Regel nur bei Großbetrieben bzw. im Bereich des Öffentlichen Dienstes zulässig sein können, außerdem kommt es auf den Arbeitsbereich des Klägers an. Im Rahmen der Feststellungsklage kann auch die Zahlung eines **Kinderzuschlages** verfolgt werden (BAG 28. 9. 1977 AP TVG § 1 Tarifverträge – Rundfunk Nr. 4). In der Regel wird auch diese Klage nur im Bereich des Öffentlichen Dienstes erhoben werden können. Zulässig soll die Feststellung der **Anwendbarkeit eines bestimmten Entgelttarifs** auf das Angestelltenverhältnis sein (BAG 27. 7. 1956 AP TVG § 5 Geltungsbereich Nr. 3).

Dass bestimmte Vergütungsteile wie Prämien, Provisionen, Zulagen usw. in die **Bemessungsgrundlage** für das Urlaubsentgelt, das Urlaubsgeld bzw. bei der Berechnung der Entgeltfortzahlungsansprüche einzubeziehen seien, soll nicht im Rahmen einer gesonderten Feststellungsklage geklärt werden können (BAG 19. 9. 1985 AP BUrlG § 13 Nr. 21). **96**

Eine **negative Feststellungsklage** soll möglich sein, wenn eine begründete Besorgnis einer Rechtsgefährdung besteht (BAG 23. 2. 1967 AP ZPO § 256 Nr. 45). Die Darlegungslast hierfür hat der Kläger. **97**

Im Bereich der **Ruhegeldklagen** wurde die Feststellungsklage gerichtet auf die Verpflichtung zur Zahlung eines Ruhegehaltes für zulässig gehalten (BAG 5. 11. 1965 3. 6. 1966 AP BGB § 242 Ruhegehalt Nr. 104, 111). Auch ein Antrag, mit dem ohne nähere ziffernmäßige Bestimmung laufend eine Anpassung an etwaige Rentenänderungen begehrt wird, kann demzufolge als Feststellungsklage erhoben werden (BAG 9. 9. 1966 AP BGB § 611 Fürsorgepflicht Nr. 76). Einzelne Faktoren eines Ruhegeldanspruches können u. U. nach der Rechtsprechung der Klärung durch eine Feststellungsklage zugänglich sein (BAG 18. 11. 1968 AP BGB § 242 Ruhegehalt Nr. 134; vgl. BAG 30. 1. 2002 NZA 2002, 639), es ist ferner danach zulässig, nur die Feststellung zu verlangen, dass bestimmte Zuschläge bei der Berechnung der Versorgungsbezüge zu berücksichtigen seien (BAG 17. 1. 1969 AP BGB § 242 Ruhegehalt Nr. 135). Auch die Frage der vollen oder anteiligen Anrechnung einer Rente auf ein Ruhegehalt konnte Gegenstand einer Feststellungsklage sein (BAG 1. 6. 1970 AP BGB § 242 Ruhegehalt Nr. 142), mit einer Zwischenfeststellungsklage konnte ebenfalls die Vorfrage geklärt werden, ob auf das Ruhegeld andere Leistungen mitanzurechnen seien (vgl. BAG 21. 6. 1971 AP BGB § 315 Nr. 13). Auch braucht sich dementsprechend eine Feststellungsklage nicht notwendigerweise auf das Ruhegeld-Rechtsverhältnis im Ganzen zu erstrecken, wenn zwischen den Parteien lediglich ein Teilbereich streitig ist, wie der Umfang der Anrechnung von Vordienstzeiten (BAG 15. 5. 1984 AP BergmannsversorgSchG NRW § 9 Nr. 22). Die Klage des Arbeitgebers gegenüber dem Pensions-Sicherungs-Verein, mit dem Antrag, dass eine Kürzung oder Einstellung von Leistungen berechtigt sei (BAG 6. 12. 1979 AP BetrAVG § 7 Nr. 4) wurde für zulässig gehalten. **98**

Bei **Schadensersatzklagen** besteht ein Feststellungsinteresse, wenn die Entstehung weiteren Schadens zu erwarten ist oder wenn die Schadensentwicklung noch nicht vollständig abgeschlossen oder der Umfang des Schadens im Zeitpunkt der Entscheidung noch nicht abzusehen ist (BAG 28. 12. 1956 AP ZPO § 256 Nr. 5; 20. 3. 1958 AP ZPO § 256 Nr. 16; 31. 10. 1958, 17. 12. 1958 AP TVG Friedenspflicht § 1 Nr. 2, 3). Für die Feststellungsklage genügt es danach auch, wenn dargetan wird, dass ein Schaden mit größter Wahrscheinlichkeit zu erwarten sei (BAG 31. 10. 1972 AP BGB § 611 Fürsorgepflicht Nr. 80; vom 22. 6. 1972, AP Nr. 1 zu § 611 BGB Ausbildungsverhältnis Nr. 1). Die Wahrscheinlichkeit der Entstehung eines Schadens muss dabei näher dargelegt werden (BAG 14. 2. 1967 AP GG Art. 9 Nr. 10, 11). Ein Rechtsschutzinteresse für eine Klage auf Feststellung der Schadenersatzpflicht aus einem Wettbewerbsverbot soll allerdings fehlen, wenn eine Leistungsklage erhoben werden kann, und sei es auch nur in der Form der Stufenklage gem. § 254 ZPO (BAG 28. 11. 1966 AP ZPO § 286 Nr. 1; vgl. auch 12. 5. 1972 AP HGB § 60 Nr. 6). Hat ein Arbeitnehmer gegenüber einem Dritten einen Schaden verursacht, kann er gegenüber dem Arbeitgeber die Feststellung **99** der Freistellung von Schäden begehren, die aus diesem Schadensereignis entstehen könnten (BAG 9. 8. 1966 AP BGB § 611 Haftung des Arbeitnehmers Nr. 39).

100 Für Klagen auf Feststellung des **Bestehens eines Arbeitsverhältnisses** oder eines unbefristeten Arbeitsverhältnisses wird in der Regel ein Feststellungsinteresse bejaht (BAG 3. 10. 1975 DB 1976, 392; 3. 10. 1975 AP BGB § 611 Abhängigkeit Nr. 15). Soweit das KSchG Anwendung findet, folgt dies schon aus §§ 4, 7 KSchG. Findet das KSchG keine Anwendung, ergibt es sich aus § 256 ZPO (BAG 21. 2. 2001 FA 2001, 274; 12. 6. 1986 NZA 1987, 273; siehe dazu auch unten Rn. 109 ff.). Dies gilt ebenfalls bei den sog. Statusprozessen, bei diesen soll die Klage auf Feststellung der Arbeitnehmereigenschaft zulässig sein, wenn sich der Inhalt des Arbeitsvertrages ausreichend bestimmen lässt (BAG 2. 6. 1976 AP BGB § 611 Nr. 20; 9. 6. 1993 NZA 1993, 174). Allerdings ist auch das Feststellungsinteresse bejaht worden, wenn die Parteien bereits im Statusprozess über einzelne Arbeitsbedingungen gestritten haben, da es prozesswirtschaftlich sei, zunächst nur über das Bestehen des Arbeitsverhältnisses ohne Festlegung der einzelnen Arbeitsbedingungen zu entscheiden (BAG 22. 6. 1977 AP BGB § 611 Abhängigkeit Nr. 22; 15. 3. 1978, 13. 1. 1983 AP BGB § 611 Nr. 22, 26, 42, 43; 20. 7. 1994 AP ZPO 1977 § 256 Nr. 26). Auch für die Feststellung, ob ein arbeitnehmerähnliches Dauerrechtsverhältnis bestehe, ist das Feststellungsinteresse bejaht worden (BAG 7. 1. 1971 AP BGB § 611 Abhängigkeit Nr. 8).

101 Bei **Streitigkeiten zwischen Tarifvertragsparteien** kann ein Feststellungsinteresse bestehen, wenn die Rechtsgültigkeit einzelner Tarifbestimmungen umstritten ist (BAG 23. 3. 1957 AP GG Art. 3 Nr. 18; 15. 11. 1957 AP TVG § 8 Nr. 1; 28. 9. 1977 AP TVG § 9 Nr. 1). Allerdings kann eine Gewerkschaft nicht gegen ein Mitglied des Arbeitgeberverbandes auf Feststellung der Tarifwidrigkeit eines bestimmten Verhaltens klagen (BAG 8. 11. 1957 AP ZPO § 256 Nr. 7; vgl. auch 8. 2. 1963 AP ZPO § 256 Nr. 42). Auch kann auf Feststellung geklagt werden, dass im Bereiche eines bestimmten Tarifvertrages Rufbereitschaft nicht eingeführt werden dürfe (BAG 12. 2. 1969 AP TVAL II § 9 Nr. 1). Ferner soll ein Feststellungsinteresse bestehen, wenn eine Gewerkschaft die Feststellung begehrt, dass sie von dem Arbeitgeber verlangen könne, dass dieser auf seine Mitglieder einwirke, die Pflichtstundenzahl bestimmter Arbeitnehmer so herabzusetzen, dass der tariflich vereinbarte Rahmen nicht überstiegen würde (BAG 9. 6. 1982 AP TVG § 1 Durchführungspflicht Nr. 1).

102 Für die Feststellung, dass ein **Unterlassungsanspruch in der Vergangenheit** begründet gewesen ist, kann ein Rechtsschutzinteresse bestehen, wenn weitere Ansprüche, beispielsweise Schadenersatzansprüche, von dieser Feststellung abhängig sein können (BAG 28. 11. 1966 AP ZPO § 286 Nr. 1; 2. 2. 1968 AP HGB § 74 Nr. 22).

103 Auch die Feststellung eines bestimmten **Urlaubsanspruches** kann gegebenenfalls verlangt werden, das erforderliche Rechtsschutzinteresse soll bestehen (BAG 23. 7. 1987 AP BUrlG § 7 Nr. 11; 18. 7. 1999 EzA BildUG Hamburg § 1 Nr. 2).

104 Für die Feststellung von Ansprüchen soll jedoch das besondere Rechtsschutzinteresse fehlen, wenn von vornherein damit zu rechnen ist, dass **Leistungsverweigerungsrechte** geltend gemacht würden, wenn beispielsweise die Einrede der Verjährung bereits angekündigt ist (BAG 3. 4. 1958 AP ZPO § 256 Nr. 17; 13. 10. 1961 AP BGB § 198 Nr. 8; a. A. 14. 4. 1971 AP ZPO § 256 Nr. 47; 16. 12. 1959 AP ZPO § 256 Nr. 25). Zulässig soll eine Feststellungsklage aber sein, wenn lediglich ein Teil der geltend gemachten Forderung verjährt ist (BAG 4. 5. 1982 AP BGB § 611 Dienstordnungs-Angestellte Nr. 54).

105 Eine Feststellungsklage ist weiter zulässig, wenn es um einen Streit hinsichtlich bestimmter **Vordienstzeiten** geht und durch die Beschäftigungszeit auf Grund tariflicher oder sonstiger vertraglicher Bedingungen der Status des Arbeitnehmers oder sein Besitzstand entscheidend geprägt wird (BAG 6. 11. 2002 AP ZPO 1977 § 256 Nr. 78; für den öffentlichen Dienst BAG 25. 10. 1971 BAGE 99, 250). Im Übrigen besteht aber kein Interesse an der abstrakten Feststellung des durch die Betriebszugehörigkeit ver-

IV. Die Klagearten   § 46

mittelten **Sozialstatus** (BAG 6. 11. 2002 a. a. O.; 19. 8. 2003 – 9 AZR 641/02). Auch die Feststellung der Verpflichtung des Arbeitgebers zur Zahlung einer **Trennungsentschädigung** kann zulässig sein (BAG 11. 9. 1974 AP BAT § 44 Nr. 5), insbesondere wenn es sich um einen Arbeitgeber des Öffentlichen Dienstes handelt. Die Pflicht zur **Weiterversicherung** durch den Arbeitgeber kann ebenfalls Gegenstand eines Feststellungsantrages sein (BAG 3. 11. 1964 AP BGB § 611 Dienstordnungs-Angestellte Nr. 31). Schließlich soll im Rahmen eines Rechtsstreits um die Feststellung der Eingruppierung eines Arbeitnehmers auch die Feststellung begehrt werden können, dass der Arbeitgeber zur Zahlung eines bestimmten Zinssatzes verpflichtet sei (BAG 21. 1. 1970 AP BAT §§ 22, 23 Nr. 30).

e) Sonderfall: Eingruppierungsstreitigkeiten

Im Bereich des Öffentlichen Dienstes ist in der Rechtsprechung allgemein anerkannt, **106** dass Klagen auf Feststellung, dass der Arbeiter bzw. Angestellte aus einer bestimmten Vergütungsgruppe zu entlohnen sei, zulässig sind (vgl. dazu auch oben Rn. 89 f.). Hierbei handelt es sich nicht um ein in die Form der Feststellungsklage gekleideten Zahlungsanspruch. Für die Begründung des besonderen Rechtsschutzinteresses reicht es nicht aus, dass Beklagter ein Arbeitgeber des Öffentlichen Dienstes ist, bei dem davon ausgegangen werden kann, dass er sich an eine Entscheidung im Feststellungsurteil halten würde, und dass Feststellungsurteile üblich seien (vgl. BAG vom 20. 2. 1991, AP BAT §§ 22, 23 Nr. 157; für den kirchlichen Dienst BAG 6. 8. 1997 AP AVR Diakonisches Werk § 12 Nr. 7; vgl. allgemein auch BAG 20. 10. 1993 NZA 1994, 514; ferner oben Rn. 68). Vielmehr rechtfertigt sich das besondere Feststellungsinteresse daraus, dass die Zugehörigkeit eines Arbeitnehmers im Bereich des Öffentlichen Dienstes zu einer bestimmten Vergütungsgruppe nicht nur die Rechtsfolge hat, dass ihm Vergütung nach dieser Vergütungsgruppe zusteht, sondern dass darüber hinaus auch **Auswirkungen in anderen Bereichen** des Arbeitsverhältnisses eintreten können. Weiterhin kann von der Eingruppierung die Möglichkeit des Bewährungsaufstieges abhängen, außerdem können der Erhebung einer Leistungsklage Berechnungsschwierigkeiten hinsichtlich des Entgelts entgegenstehen. Nur durch die Eingruppierungsfeststellungsklage kann eine globale Feststellung sämtlicher Ansprüche im Rahmen des Arbeitsverhältnisses für die Zukunft erfolgen (ständige Rechtsprechung, statt vieler BAG 19. 10. 1983 AP BAT 1975 §§ 22, 23 Nr. 80; 9. 7. 1980 AP BAT § 23 a Nr. 14; 20. 10. 1993 NZA 1994, 514). Betrifft der Feststellungsantrag allerdings einen abgeschlossenen Zeitraum in der Vergangenheit, ohne dass Auswirkungen für die Zukunft bestehen, kann in der Regel eine Berechnung erfolgen, eine Leistungsklage ist möglich, das Feststellungsinteresse fehlt wegen der Vorrangigkeit der Leistungsklage. Unzulässig ist eine Klage, wenn die Feststellung begehrt wird, dass der Arbeitnehmer nach einer bestimmten Fallgruppe einer Vergütungsgruppe zu entlohnen sei (BAG 28. 9. 1994 AP BAT 1975 §§ 22, 23 Nr. 185; 31. 5. 1972 AP BAT §§ 22, 23 Nr. 53; 25. 7. 1973, 9. 7. 1980 AP BAT § 23 a Nr. 14). Die Mindestvergütung und die weiteren rechtlichen Konsequenzen aus der Eingruppierung richten sich nämlich nicht nach den einzelnen Fallgruppen, sondern allein nach den Vergütungsgruppen. Auch die Teilnahme am Bewährungsaufstieg, die nur bei bestimmten Fallgruppen einer Vergütungsgruppe in Betracht kommt, kann hier das Feststellungsinteresse nicht begründen, da die Teilnahme am Bewährungsaufstieg nicht nur von der Erfüllung der Tätigkeitsmerkmale, sondern auch noch von einer Bewährung im tariflichen Sinne abhängt (so früher BAG 9. 7. 1980 AP BAT § 23 a Nr. 14; 11. 2. 1987 AP BAT 1975 §§ 22, 23 Nr. 131; jetzt anders und das Feststellungsinteresse bejahend BAG 27. 7. 1993 NZA 1994, 952). Auch für den Feststellungsantrag, die Eingruppierung nach einem Erlass vorzunehmen, kann unzulässig sein, weil damit die gesonderte Feststellung einer Anspruchsvoraussetzung begehrt wird (BAG 11. 2. 1987 AP zu BAT 1975 §§ 22, 23 Nr. 131).

107 Bei einer Eingruppierungsfeststellungsklage hat der Kläger diejenigen **Tatsachen vorzutragen**, die zur Erfüllung der tariflichen Merkmale notwendig sind. Zu beachten ist bei dem Sachvortrag aber, dass ein anderer Streitgegenstand vorliegt, wenn die Vergütung aus einem anderen Rechtsgrund wie z. B. Schadenersatz oder Diskriminierung (Ungleichbehandlung) begehrt wird (BAG 4. 9. 1996 AP ArbGG 1979 § 64 Nr. 23). Neben der Feststellung der Vergütung nach einer bestimmten Vergütungsgruppe kann auch die **Verzinsung** der sich aus dieser Eingruppierung ergebenden Nachzahlungen im Wege des Feststellungsantrages begehrt werden (so schon BAG 21. 1. 1970 AP BAT §§ 22, 23 Nr. 30; jetzt auch BAG 14. 9. 1994, 22. 3. 1995 AP BAT 1975 §§ 22, 23 Nr. 188, 194; 28. 9. 1994 AP BeschFG 1985 § 2 Nr. 38).

108 Die Gründe, die zur Zulässigkeit der Eingruppierungsfeststellungsklage im Bereich des Öffentlichen Dienstes führen, müssen gleichermaßen auch im Bereich der **Privatwirtschaft** Anwendung finden. Eine Differenzierung zwischen den Arbeitgebern der Privatwirtschaft und denen des Öffentlichen Dienstes ist sachlich nicht gerechtfertigt (*Grunsky* § 46 Rn. 23; vgl. auch oben Rn. 90).

f) Sonderfall: Kündigungsschutzklagen

109 Für Klagen, mit denen die Feststellung der Unwirksamkeit einer ausgesprochenen Kündigung geltend gemacht wird (zu den Anforderungen an eine Kündigungsschutzklage BAG 13. 12. 2007 NZA 2008, 589), ist in der Regel das besondere Feststellungsinteresse des § 256 Abs. 1 ZPO gegeben. Für Arbeitsverhältnisse, die dem Kündigungsschutzgesetz unterliegen, folgt dies aus **§ 4 KSchG**, der die Erhebung einer Feststellungsklage vorschreibt. Bei Arbeitsverhältnissen, die nicht dem Kündigungsschutzverhältnis unterliegen, ist das Rechtsschutzinteresse ebenfalls zu bejahen, da nur auf diese Weise umfassend eine Entscheidung über das Arbeitsverhältnis insgesamt und über die aus ihm erwachsenden Ansprüche getroffen werden kann. Dies gilt insbesondere auch bei einer fristlosen Kündigung, da mit dieser das gesellschaftliche Ansehen und das berufliche Fortkommen des Arbeitnehmers betroffen wird, außerdem ergeben sich Auswirkungen bei der Zahlung von Arbeitslosengeld.

110 Mit einer Kündigungsschutzklage kann auch im Wege der objektiven Klagehäufung i. S. von § 260 ZPO zusätzlich ein **allgemeiner Feststellungsantrag** auf Feststellung des Fortbestehens des Arbeitsverhältnisses gestellt werden. Dies kann durch gesonderten Antrag oder aber durch Hinzufügen eines Antragsteils (z. B. „... *und über diesen Zeitpunkt hinaus fortbesteht*" oder „... *und fortbesteht*") erfolgen. Für den Antrag muss jedoch ein **besonderes Feststellungsinteresse** vorliegen, dieses folgt nicht automatisch aus der Rechtsfolge der §§ 4 und 7 KSchG (BAG 13. 3. 1997 NZA 1997, 844 f.; 7. 12. 1995 NZA 1996, 334 ff.; 27. 1. 1994 NZA 1994, 812 f.; *Hauck/Helml* § 46 Rn. 60). Streitgegenstand einer Kündigungsschutzklage gem. § 4 KSchG ist nämlich die Beendigung des Arbeitsverhältnisses zu einem bestimmten mit der konkreten Kündigung festgelegten Zeitpunkt (punktueller Streitgegenstandsbegriff BAG 6. 9. 2007 NZA 2008, 637), während Streitgegenstand des allgemeinen Feststellungsantrages die Tatsache ist, ob das Arbeitsverhältnis über diesen Zeitpunkt hinaus auch bei der letzten mündlichen Verhandlung in der Tatsacheninstanz noch besteht. Für das Feststellungsinteresse muss für diesen Antrag vorgetragen werden, dass möglicherweise weitere Beendigungstatbestände in Frage kommen könnten (BAG 13. 3. 1997 NZA 1997, 844, 845). Da insoweit eine Fristbindung gem. § 4 KSchG nicht besteht, kann der Vortrag der das Rechtsschutzinteresse begründenden Tatsache noch bis zur letzten mündlichen Verhandlung in der Tatsacheninstanz – vorbehaltlich etwaiger Verspätungsregelungen – erfolgen. Die Einhaltung der Dreiwochenfrist des § 4 KSchG bei Angreifen einer weiteren Kündigung ist dann nicht erforderlich, zumal der Arbeitgeber angesichts des erweiterten Antrags damit rechnen musste, dass auch weitere Kündigungen vom Arbeitnehmer angegriffen werden würden (BAG a. a. O.). Mit dem allgemeinen Feststellungsantrag wird erreicht, dass das

IV. Die Klagearten § 46

Gericht sämtliche möglichen Beendigungstatbestände erörtern und über sie entscheiden muss. Fehlt allerdings ein Tatsachenvortrag in Bezug auf das Rechtsschutzinteresse, ist dieser Antrag oder Teil des Antrages als unzulässig abzuweisen. Zu beachten ist, dass bei Stellen eines Auflösungsantrages gem. §§ 9, 10 KSchG unter Umständen eine Einschränkung des allgemeinen Feststellungsantrages erfolgen muss, da nicht einerseits die Auflösung begehrt, aber andererseits auch der Fortbestand des Arbeitsverhältnisses gewünscht werden kann.

Das Gleiche gilt für eine **Änderungskündigung,** der von einer Änderungskündigung betroffene Arbeitnehmer hat ebenfalls ein rechtsschutzwürdiges Interesse an der Feststellung, dass durch die Kündigung das Arbeitsverhältnis nicht aufgelöst ist, oder dass die mit der Kündigung vorgenommenen Änderungen sozial ungerechtfertigt seien, auch in diesem Falle genügt eine Leistungsklage nicht, § 4 KSchG schreibt im Übrigen auch für diese Fälle die Erhebung einer Feststellungsklage vor (vgl. dazu BAG 3. 10. 1963 AP KSchG § 15 Nr. 9). 111

Die Feststellungsklage muss wie jede andere den **Voraussetzungen des § 253 Abs. 2 ZPO** genügen. Allerdings ist im arbeitsgerichtlichen Verfahren an die Klageschrift ein großzügiger Maßstab anzulegen, es genügt, wenn aus dem Antrag der Wille hinreichend deutlich hervorgeht, eine Kündigungsschutzklage zu erheben. Es ist ferner ausreichend, wenn sich aus der Klage ergibt, gegen wen sie sich richtet und wo der Kläger tätig war und dass er seine Kündigung nicht als berechtigt anerkennen will (BAG 21. 5. 1981 AP KSchG 1969 § 4 Nr. 7; 9. 3. 1961 NJW 1961, 1277). **Neben dem Feststellungsantrag** ist ein Leistungsantrag, beispielsweise auf Entgeltzahlung, möglich (BAG 1. 4. 1976 AP ZPO § 36 Nr. 19), denn das Arbeitsverhältnis erschöpft sich nicht in der Erfüllung der Hauptrechte und Hauptpflichten, sondern erzeugt darüber hinaus noch weitere Rechte und Pflichten zwischen den Parteien. Mit dem Antrag auf Feststellung der Unwirksamkeit einer Kündigung kann auch der Antrag auf Feststellung des Weiterbestehens des Vertragsverhältnisses verbunden werden, wenn daran Zweifel bestehen, z. B. andere Beendigungstatbestände behauptet werden. Es muss ein besonderes Feststellungsinteresse gegeben sein (BAG 13. 3. 1997 NZA 1997, 844; 7. 12. 1995 NZA 1996, 334; 27. 1. 1994 NZA 1994, 812). Dies gilt auch dann, wenn auf Zahlungsleistungen geklagt werden könnte (BAG 20. 3. 1986 AP ZPO 1977 § 256 Nr. 9). 112

Mit dem Antrag auf Feststellung der Unwirksamkeit einer Kündigung kann weiter in Form eines **uneigentlichen Hilfsantrages die Weiterbeschäftigung** für den Fall verlangt werden, dass der Kündigungsschutzklage stattgegeben werde (BAG 27. 2. 1985 NZA 1985, 702; 8. 4. 1988 NZA 1988, 741). Mit der Einschränkung, dass der Antrag nur für den Fall des Erfolges der Kündigungsschutzklage verfolgt werden solle, wird keine willkürliche Bedingung gesetzt, vielmehr hängt es allein von der Entscheidung des Gerichtes ab, ob noch eine Entscheidung über den Weiterbeschäftigungsantrag getroffen werden muss oder nicht. Es handelt sich letztlich um eine besondere Art einer Rechtsbedingung, die zulässig ist (BAG a. a. O.; *Ahlenstiel* VersR 1988, 222 ff.; vgl. auch *Rosenberg/Schwab/Gottwald* § 65 IV 2, 3). Ist der Leistungsantrag auf Weiterbeschäftigung wegen Ablaufs der Zeit, für die die Weiterbeschäftigung begehrt wird, nicht mehr möglich, kann die Feststellung begehrt werden, dass der Arbeitgeber zur Weiterbeschäftigung verpflichtet gewesen sei. Hierbei handelt es sich um eine Klageeinschränkung gem. § 264 Nr. 2 ZPO (BAG a. a. O.; 13. 6. 1985 NZA 1986, 562). 113

Weiterhin können auch **mehrere Kündigungen** in einem Verfahren mit Feststellungsanträgen angegriffen werden. Entspricht ein Feststellungsantrag dem Wortlaut des § 4 Satz 1 KSchG, so ist Streitgegenstand die Frage, ob ein Arbeitsverhältnis aus Anlass einer ganz bestimmten Kündigung zu dem beabsichtigten Termin aufgelöst worden ist oder nicht (punktuelle Streitgegenstandstheorie – dazu BAG 13. 3. 1997 NZA 1997, 844, 845; 27. 1. 1994 NZA 1994, 812 f.; 10. 3. 1977 AP ZPO § 213 Nr. 9; 12. 1. 1977 AP KSchG 1969 § 4 Nr. 3; ferner auch *Weißenfels* BB 1996, 1326 ff.). Das erfordert aber, dass jede einzelne Kündigung gesondert angegriffen werden muss. Wird allerdings 114 rechtskräftig entschieden, dass durch eine spätere Kündigung das Arbeitsverhältnis nicht beendet worden sei, so ist damit zugleich rechtskräftig festgestellt, dass vom Zeitpunkt des Zugangs dieser Kündigung zwischen den Parteien ein Arbeitsverhältnis bestanden hat (BAG 12. 6. 1986 NZA 1987, 273). Zur Verbindung mit einem allgemeinen Feststellungsantrag oben Rn. 110.

115 Das **Interesse** eines Arbeitnehmers an einer Feststellung der Unwirksamkeit einer Kündigung **fehlt**, wenn vorher oder gleichzeitig mit Ablauf der Kündigungsfrist ein anderer Beendigungstatbestand wirksam wird oder geworden ist, und wenn dieser andere Beendigungstatbestand zwischen den Parteien unstreitig ist (BAG 11. 2. 1981 AP KSchG 1969 § 4 Nr. 8). Ist dieser Beendigungstatbestand allerdings zwischen den Parteien streitig, so muss im Kündigungsschutzprozess als Vorfrage geklärt werden, ob die Beendigung eingetreten ist oder nicht, in diesem Falle besteht das Feststellungsinteresse.

116 Wird in Fällen der Anwendbarkeit des Kündigungsschutzgesetzes die **Klagefrist versäumt**, so wird die Kündigung nach § 7 KSchG fiktiv wirksam. Ein besonderes Problem ist hierbei, ob die **Klagefrist** des § 4 KSchG auch durch **Erhebung der Klage bei einem örtlich unzuständigen** Arbeitsgericht oder einem **sonstigen unzuständigen Gericht** gewahrt werden kann (dazu näher z. B. *Schaub* ArbGV § 21 Rn. 38; KR/*Friedrich* § 4 KSchG, Rn. 170–193; *Berkowsky* NZA 2001, 651 jeweils mit weiteren Nachw.). Nach § 48 Abs. 1 finden die §§ 17 bis 17b GVG entsprechende Anwendung. § 4 KSchG bestimmt nur, dass die Klage bei dem Arbeitsgericht erhoben werden soll. Ob damit nur das örtlich zuständige Arbeitsgericht gemeint und ob die Regelung des § 17b Abs. 1 Satz 2 GVG ausgeschlossen sein sollten, ergibt sich aus dem Gesetzeswortlaut nicht. Eine Lösung wird man hier nur dann finden können, wenn man sich den Regelungszweck des § 4 KSchG vor Augen hält. Die dort geregelte Frist soll dafür sorgen, dass möglichst bald für den Arbeitgeber klar ist, ob die Kündigung nach den Bestimmungen des KSchG angegriffen wird oder nicht, es soll für ihn Rechtssicherheit eintreten. Diesem Grundsatz dient im Grunde auch die Regelung des § 270 Abs. 3 ZPO. Diese Rechtssicherheit besteht nicht, wenn der Arbeitgeber durch Zustellung seitens eines Gerichtes Kenntnis von der Klageerhebung erhalten hat. Ab diesem Zeitpunkt muss er damit rechnen, dass die Wirksamkeit der Kündigung überprüft wird. Die Regelungen des § 48 Abs. 1 i. V. mit § 17b Abs. 1 Satz 2 GVG bewirken damit, dass die Klagefrist des § 4 KSchG auch durch Erhebung der Klage vor dem unzuständigen Gericht gewahrt werden kann, wenn nur die alsbaldige Zustellung der Klage – ggf. auch durch das sachlich oder örtlich unzuständige Gericht – im Sinne des § 270 Abs. 3 ZPO erfolgt. Eine verspätet eingereichte Feststellungsklage ist nicht als unzulässig, sondern als unbegründet abzuweisen (so schon frühzeitig BAG 20. 9. 1955 AP KSchG 1951 § 3 Nr. 7). Es handelt sich um eine prozessuale Frist, deren Versäumung materiellrechtliche Folgen hat (BAG 26. 6. 1986 NZA 1986, 761). Die Frist gilt nicht, wenn die Kündigung aus anderen als den im Kündigungsschutzgesetz genannten Gründen unwirksam ist, beispielsweise wegen fehlerhafter Anhörung des Betriebsrates, Nichtbeachtung einer Formvorschrift usw.

117 Eine **nachträgliche Zulassung der Kündigungsschutzklage** ist unter den in § 5 KSchG genannten Voraussetzungen möglich. Nach der bis zum 31. 3. 2008 geltenden Fassung des Abs. 4 war von der Sachentscheidung getrennt in Form eines Beschlusses zu entscheiden (BAG 14. 10. 1982 AP ArbGG 1979 § 72 Nr. 2; zu den damaligen Problemen 5. Aufl. dieses Kommentars zu § 46 Rn. 117 m. w. Nachw.; zu den Übergangsproblemen *Bader* NZA 2008, 620; *Schwab* FA 2008, 135). Nach der ab dem 1. 4. 2008 geltenden Fassung ist in der Regel das Verfahren über die nachträgliche Zulassung mit dem Verfahren über die Klage zu verbinden, die Entscheidung ergeht dann einheitlich durch Urteil. Hiergegen kann Berufung eingelegt werden. In der zweiten Instanz ist dann, über das Rechtsmittel grundsätzlich ebenfalls einheitlich zu entscheiden.

118 Der Antrag auf nachträgliche Zulassung der Kündigungsschutzklage ist stets ein **Hilfsantrag** für den Fall, dass die Klage verspätet ist. Das Gericht darf daher über ihn nur befinden, wenn es die Klage auch für verspätet hält; dies ist gegebenenfalls in der

IV. Die Klagearten **§ 46**

Entscheidung zu begründen. Nach der Neufassung des § 5 Abs. 4 KSchG ist zwar grundsätzlich **einheitlich** über den Zulassungsantrag und den Feststellungsantrag **zu entscheiden**. Das Verfahren kann aber zunächst auf die Verhandlung und Entscheidung über den Zulassungsantrag beschränkt werden, § 5 Abs. 4 Satz 2 KSchG. Die Entscheidung hierüber steht im pflichtgemäßen, nicht nachprüfbaren Ermessen der Kammer des Arbeitsgerichts. Diese Verfahrensweise bietet sich an, wenn die zu treffende Entscheidung besondere Probleme aufwirft, die zunächst auch in einer höheren Instanz geklärt werden sollten und wenn die Aufklärung im Bereich des Feststellungsantrages besondere Schwierigkeiten formeller oder materieller Art aufweist. Wird eine Trennung vorgenommen, ist durch **Zwischenurteil** zu entscheiden, § 5 Abs. 4 Satz 3 KSchG. Dieses steht hinsichtlich der Rechtsmittel einem Endurteil gleich, kann also ebenso wie dieses mit der Berufung angegriffen werden (dazu auch unten § 64 Rn. 7). Auch die Zulassung der Sprungrevision unter den Voraussetzungen des § 76 wäre möglich. Durch die Neuregelung ist auch die früher problematische Frage der Besetzung geklärt, es entscheidet die Kammer unter **Beteiligung der ehrenamtlichen Richter** (Ausnahme § 55 Abs. 3) nach mündlicher Verhandlung.

Durch die Neuregelung ist klargestellt, dass auch in der **Berufungsinstanz** nach mündlicher Verhandlung durch die Kammer unter **Einschluss der ehrenamtlichen Richter** zu entscheiden ist. Zweifelhaft ist, ob die verfahrensrechtlichen **Möglichkeiten des § 5 Abs. 4** KSchG auch dem Berufungsgericht offenstehen, wenn entweder der Zulassungsantrag erst in der Berufungsinstanz gestellt wird, oder wenn das LAG der Auffassung ist, dass eine abgetrennte Verhandlung sinnvoll ist (so wohl ErfK/*Kiel* § 5 KSchG Rn. 33). Gegen diese Möglichkeit der analogen Anwendung spricht jedoch, dass das Gesetz eindeutig nur dem Arbeitsgericht diese Möglichkeit einräumt. Das Berufungsgericht hat nur die Möglichkeit über das eingelegte Rechtsmittel zu entscheiden. Eine Notwendigkeit für eine entsprechende Vorgehensweise in der Berufungsinstanz ist nicht erkennbar. Richtet sich das Rechtsmittel gegen ein Zwischenurteil, ist nur hierüber zu entscheiden. Richtet sich das Rechtsmittel gegen das Endurteil der ersten Instanz, ist über dieses einschließlich der Frage der Zulässigkeit der Klage zu entscheiden. Eine Trennung der Verfahren wäre nur im Rahmen des § 145 ZPO möglich. Diese Vorschrift kann jedoch hier nicht angewendet werden, da keine unterschiedlichen Klagebegehren vorliegen, sondern nur eines mit einem Hilfsantrag. Es ist daher einheitlich zu entscheiden. Dies gilt auch für die Zulassung eines weiteren Rechtsmittels. **119**

Die früher umstrittene Frage, ob im Verfahren der nachträglichen Zulassung eine Rechtsbeschwerde gem. § 78 möglich sein sollte, ist nach der Neuregelung unproblematisch. Da auch das Zwischenurteil einem Endurteil gleichsteht, kann ein weiteres Rechtsmittel – die Revision – zugelassen werden. Hinsichtlich der **Rechtsmittel** ist also die Entscheidung über die nachträgliche Zulassung der Hauptsacheentscheidung gleichgestellt. **120**

3. Gestaltungsklage

Grundlage einer Gestaltungsklage ist ein sachlich-rechtlicher Anspruch auf Rechtsänderung. Ihr kommt im Gegensatz zur Leistungs- und Feststellungsklage keine deklaratorische Wirkung zu, sie **verändert** vielmehr **die Rechtslage** und wirkt damit rechtsbegründend. Für das arbeitsgerichtliche Verfahren hat diese Klageart nur eine begrenzte Bedeutung. Gestaltungsklagen sind beispielsweise der Antrag auf Auflösung eines Arbeitsverhältnisses gegen Zahlung einer Abfindung gem. §§ 9, 10 KSchG, da mit der Entscheidung auf diesen Klageanspruch das Arbeitsverhältnis durch das Gericht beendet wird (vgl. BAG 23. 6. 1993 NZA 1994, 264; 26. 8. 1993 DB 1994, 432). Etwas Ähnliches gilt für den Antrag des Arbeitgebers nach § 78 a Abs. 4 Nr. 2 BetrVG, da auch dort ein bereits begründetes Arbeitsverhältnis durch die gerichtliche Entscheidung aufgelöst wird. Das Gleiche gilt für die Entbindung von der Weiterbeschäftigung gem. § 102 Abs. 5 BetrVG (vgl. BAG 7. 3. 1996 DB 1996, 1985). Ferner gehört zum Bereich der **121**

§ 46 a

Gestaltungsklage die Abänderungsklage nach § 323 ZPO, sie hat im arbeitsgerichtlichen Bereich insbesondere Bedeutung bei der Abänderung von Ruhegeldzahlungen, wenn beispielsweise durch die unveränderte Weiterzahlung der Bestand des Unternehmens gefährdet wäre (BAG 10. 12. 1971 AP BGB § 242 Ruhegehalt Nr. 154 m. w. N.; vgl. dazu auch BAG 11. 9. 1980, 6. 12. 1979 AP zu BetrAVG § 7 Nr. 9, 4). Schließlich kann die Leistungsbestimmung nach § 315 Abs. 3 BGB bzw. die Bestimmung des Direktionsrechts nach § 106 GewO sowie die Herabsetzung einer Vertragsstrafe nach § 343 BGB nur im Wege einer Gestaltungsklage erfolgen.

122 Die Gestaltungsklage **wirkt in der Regel nur für die Zukunft** (ex nunc). Bei der Abänderungsklage des § 323 ZPO ergibt sich dies aus Abs. 3 dieser Vorschrift. Eine Rückwirkung des Gestaltungsurteils ist nur zulässig, wenn sich dies aus einer Vorschrift ergibt (BAG 7. 3. 1996 NZA 1996, 930). Dies kann der Fall sein bei § 9 Abs. 2 KSchG, wenn der Zeitpunkt der Beendigung des Arbeitsverhältnisses durch sozial gerechtfertigte Kündigung in der Vergangenheit liegt. Zu beachten ist in diesem Zusammenhang, dass der Abfindungsanspruch auch bereits vor Rechtskraft des Auflösungsurteils vorläufig vollstreckbar sein kann (vgl. dazu unten § 62 Rn. 63 f.). Keine rückwirkende Gestaltung ergibt sich aus § 78 a Abs. 4 BetrVG. Hier kann die Auflösung eines einmal begründeten Arbeitsverhältnisses nur für die Zukunft erfolgen.

§ 46 a Mahnverfahren

(1) ¹Für das Mahnverfahren vor den Gerichten für Arbeitssachen gelten die Vorschriften der Zivilprozeßordnung über das Mahnverfahren einschließlich der maschinellen Bearbeitung entsprechend, soweit dieses Gesetz nichts anderes bestimmt. ² § 690 Abs. 3 Satz 2 der Zivilprozessordnung ist nicht anzuwenden

(2) Zuständig für die Durchführung des Mahnverfahrens ist das Arbeitsgericht, das für die im Urteilverfahren erhobene Klage zuständig sein würde.

(3) Die in den Mahnbescheid nach § 692 Abs. 1 Nr. 3 der Zivilprozeßordnung aufzunehmende Frist beträgt eine Woche.

(4) ¹Wird rechtzeitig Widerspruch erhoben und beantragt eine Partei die Durchführung der mündlichen Verhandlung, so hat die Geschäftsstelle dem Antragsteller unverzüglich aufzugeben, seinen Anspruch binnen zwei Wochen schriftlich zu begründen. ²Bei Eingang der Anspruchsbegründung bestimmt der Vorsitzende den Termin zur mündlichen Verhandlung. ³Geht die Anspruchsbegründung nicht rechtzeitig ein, so wird bis zu ihrem Eingang der Termin nur auf Antrag des Antragsgegners bestimmt.

(5) Die Streitsache gilt als mit Zustellung des Mahnbescheids rechtshängig geworden, wenn alsbald nach Erhebung des Widerspruchs Termin zur mündlichen Verhandlung bestimmt wird.

(6) ¹Im Fall des Einspruchs hat das Gericht von Amts wegen zu prüfen, ob der Einspruch an sich statthaft und ob er in der gesetzlichen Form und Frist eingelegt ist. ²Fehlt es an einem dieser Erfordernisse, so ist der Einspruch als unzulässig zu verwerfen. ³Ist der Einspruch zulässig, hat die Geschäftsstelle dem Antragsteller unverzüglich aufzugeben, seinen Anspruch binnen zwei Wochen schriftlich zu begründen. ⁴Nach Ablauf der Begründungsfrist bestimmt der Vorsitzende unverzüglich Termin zur mündlichen Verhandlung.

(7) ¹Das Bundesministerium für Arbeit und Soziales wird ermächtigt, durch Rechtsverordnung mit Zustimmung des Bundesrates zur Vereinfachung des Mahnverfahrens und zum Schutze der in Anspruch genommenen Partei Formulare einzuführen. ²Dabei können für Mahnverfahren bei Gerichten, die die Verfahren maschinell bearbeiten, und für Mahnverfahren bei Gerichten, die die Verfahren nicht maschinell bearbeiten, unterschiedliche Formulare eingeführt werden.

(8) ¹Das Bundesministerium für Arbeit und Soziales wird ermächtigt, durch Rechtsverordnung mit Zustimmung des Bundesrates zur Vereinfachung des Mahnverfahrens und zum Schutze der in Anspruch genommenen Partei Formulare einzuführen. ²Dabei können für Mahnverfahren bei Gerichten, die die Verfahren maschinell bearbeiten, und für Mahnverfahren bei Gerichten, die die Verfahren nicht maschinell bearbeiten, unterschiedliche Formulare eingeführt werden.

Übersicht

	Rn.
I. Allgemeines	1, 2
II. Allgemeine Voraussetzungen des Mahnverfahrens	3–14
1. Prozessvoraussetzungen	3
2. Zahlungsansprüche	4–10
3. Mahnantrag	11–14
a) Form	11–13
b) Inhalt	14
III. Zuständigkeit	15, 16
IV. Durchführung des Mahnverfahrens	17–35
1. Entscheidung über den Mahnantrag	17–22
2. Widerspruch	23–27
3. Vollstreckungsbescheid	28–35
V. Kosten des Verfahrens	36–38

I. Allgemeines

Wenn in § 46a Abs. 1 Satz 1 die Vorschriften der ZPO über das Mahnverfahren einschließlich der maschinellen Bearbeitung für entsprechend anwendbar erklärt werden, so hat dies im Grunde nur **klarstellenden Charakter**. Von Bedeutung sind die Regelungen in Abs. 1 Satz 2, die durch das Zweite Justizmodernisierungsgesetz eingefügt worden sind und die Absätze 2 bis 8, die Abweichungen von dem zivilprozessualen Mahnverfahren enthalten. Angesichts der zunehmenden Einführung der Datenverarbeitung auch in der Arbeitsgerichtsbarkeit und der wachsenden Bedeutung des Datenträgeraustauschverfahrens und der Datenfernübertragung und deren Vorzügen hat der Gesetzgeber nunmehr auch in Abs. 7 und 8 dem zivilprozessualen Verfahren entsprechende Regelungen aufgenommen (*Treber* NZA 1998, 856, 861). Weiterhin sind Sonderregelungen hinsichtlich der örtlichen Zuständigkeit und der Widerspruchsfrist geregelt, ähnlich wie im Urteilsverfahren ist auch im Mahnverfahren das Urkunden- und Wechselmahnverfahren unzulässig. Zur Durchsetzung von Forderungen innerhalb der EU-Staaten gelten § 688 Abs. 4 ZPO sowie die Regelungen in § 46b i. V. mit den Bestimmungen der §§ 1087 bis 1096 ZPO, ferner die Vorschriften der Verordnung (EG) 1896/2006. Zu diesen Besonderheiten siehe die Hinweise bei § 46b Rn. 1 ff. 1

Das arbeitsgerichtliche Mahnverfahren kommt **nur für Ansprüche** in Betracht, die auch **im Urteilsverfahren** geltend gemacht werden können. Das folgt aus § 46a Abs. 2. Ansprüche, die im Beschlussverfahren des § 2a geltend gemacht werden müssen, können daher nie Gegenstände eines Mahnbescheids sein. Auch wenn daher beispielsweise ein Betriebsrat Zahlungsansprüche gegenüber dem Arbeitgeber geltend machen will, steht ihm die Möglichkeit des Mahnverfahrens nicht zur Verfügung (zweifelnd und eine Gesetzesänderung anregend *Schwab/Weth/Zimmerling* § 46a Rn. 2). 2

II. Allgemeine Voraussetzungen des Mahnverfahrens

1. Prozessvoraussetzungen

Auch im Mahnverfahren müssen die allgemeinen Prozessvoraussetzungen vorliegen, insbesondere sind deutsche Gerichtsbarkeit, Zuständigkeit, Prozess- und Parteifähigkeit, 3 ggf. gesetzliche Vertretung und Rechtsschutzbedürfnis notwendig. Ferner muss die Zulässigkeit des Rechtsweges gegeben sein, es muss sich also um einen Anspruch handeln, für den die Zuständigkeit der Gerichte für Arbeitssachen im Urteilsverfahren gemäß § 2 gegeben ist. Entsprechende Angaben müssen sich aus dem Antrag ergeben. Allerdings ist zu berücksichtigen, dass angesichts der knappen Angaben nur eine beschränkte Prüfung möglich sein wird, es muss ein konkreter Anlass dafür bestehen, Zweifeln hinsichtlich des Vorliegens der Prozessvoraussetzungen nachzugehen. Ohne konkrete Anhaltspunkte findet keine Amtsermittlung statt.

2. Zahlungsansprüche

4   Weiter ist das Mahnverfahren nur zulässig bei Ansprüchen auf eine **bestimmte Geldsumme**, § 688 Abs. 1 ZPO. Grundsätzlich muss es sich um eine inländische Währung handeln. Die Angabe in Euro ist notwendig (Euro-EG vom 9. 6. 1998 BGBl. I S. 1242; dazu *Kaindl* NZA 1998, 841, 842, 844), ggf. ist eine Umrechnung in Euro erforderlich. Erst im Streitverfahren kann dann wieder der Antrag auf Zahlung einer ausländischen Währung umgestellt werden. Eine Ausnahme von dem Grundsatz, dass nur die Zahlung einer inländischen Währung verlangt werden kann, gilt allerdings in den Fällen, in denen nach § 688 Abs. 3 ZPO i. V. mit § 4 Abs. 1 Anerkennungs- und Vollstreckungsausführungsgesetz (vom 30. 5. 1988 – BGBl. I S. 662 – AVAG) die Zustellung des Mahnbescheids im Ausland erfolgt. In diesem Falle kann der Anspruch auf Zahlung einer bestimmten Geldsumme in einer ausländischen Währung geltend gemacht werden.

5   Der Zahlungsanspruch muss **fällig und unbedingt** sein, er darf nicht von einer **Gegenleistung** abhängen, § 688 Abs. 2 Nr. 2 ZPO. Ausgeschlossen ist die Geltendmachung von Lohnansprüchen für die Zukunft und sonstigen zukünftigen Leistungen, die ihren Grund im Austauschverhältnis haben und bei denen die Gegenleistung noch nicht erbracht ist. Die Regelungen der §§ 257 ff. ZPO finden im Mahnverfahren keine Anwendung. Das Verbot der Abhängigkeit von einer Gegenleistung gilt auch dann, wenn eine Verpflichtung zur Vorleistung besteht. Ist beispielsweise das monatliche Entgelt bereits Anfang des Monats oder Mitte des Monats fällig, so kann für die Entgeltansprüche, für die die Gegenleistung noch nicht erbracht worden ist, trotz eingetretener Fälligkeit das Mahnverfahren nicht beschritten werden. Etwas anderes kann nur dann gelten, wenn die Gegenleistung innerhalb der Widerspruchsfrist erbracht ist. Auch die Anordnung einer Zug-um-Zug-Leistung kann in einem Mahnbescheid nicht erfolgen.

6   **Mehrere Zahlungsansprüche** können in einem Antrag geltend gemacht werden, für jeden Anspruch müssen allerdings die allgemeinen und besonderen Voraussetzungen des Mahnverfahrens gegeben sein. Eine Verbindung mehrerer in verschiedenen Anträgen geltend gemachter Ansprüche zu einem einheitlichen Mahnbescheid in entsprechender Anwendung des § 147 ZPO durch das Gericht ist nicht möglich, da es an einer mündlichen Verhandlung fehlt. Eine subjektive Parteienhäufung gemäß §§ 59, 60 ZPO ist im Rahmen eines Mahnverfahrens zulässig.

7   Selbst wenn die allgemeinen und besonderen Voraussetzungen für das Mahnverfahren gegeben sind, ist es unzulässig, wenn die **Zustellung** des Mahnbescheids **durch öffentliche Bekanntmachung** erfolgen müsste, § 688 Abs. 2 Nr. 3 ZPO. Eine öffentliche Bekanntmachung im Sinne der ZPO würde dem besonderen Charakter des Mahnverfahrens widersprechen. Unzulässig ist das Mahnverfahren auch bei einer Zustellung, die im Ausland erfolgen müsste, es sei denn, die Zustellung des Mahnbescheides könnte in einem ausländischen Staat erfolgen, mit dem ein nach dem Anerkennungs- und Vollstreckungsausführungsgesetz vom 30. 5. 1988 (BGBl. I S. 662 – AVAVG, geändert durch Gesetz vom 19. 2. 2001 – BGBl. I S. 288) durchzuführendes Abkommen besteht. Die **zwischenstaatlichen Vereinbarungen**, auf die das AVAG Anwendung findet, sind in § 1 und §§ 35 ff. AVAG aufgeführt (zu den Einzelheiten *Baumbach/Hartmann* Schlussanh. V C 1 und V D sowie V E; *Musielak/Voit* § 688 Rn. 8). Für den **Bereich der EG**

II. Allgemeine Voraussetzungen des Mahnverfahrens § 46 a

gilt hier die Verordnung (EG) 1896/2006 i.V. §§ 1087 bis 1096 ZPO (dazu unten die Hinweise bei § 46 b).

Soll die **Zustellung des Mahnbescheids im Ausland** erfolgen, muss der Antragsteller in dem Antrag geltend machen, dass das Gericht auf Grund einer Vereinbarung (z. B. Art. 17 EuGVÜ) zuständig sei, ferner hat er dem Mahnantrag die nach dem jeweiligen Abkommen erforderlichen Schriftstücke über die Vereinbarung beizufügen, § 32 Abs. 2 AVAG (zu den Einzelheiten auch *Einhaus* AnwBl. 2000, 557 ff.). Dies ist eine besondere Form der Glaubhaftmachung. Ein anderer Nachweis ist im Mahnverfahren ausgeschlossen. Für Mahnverfahren, in denen der Mahnbescheid im Ausland zugestellt werden muss, ist zu beachten, dass die Widerspruchsfrist einen Monat beträgt, § 32 Abs. 3 AVAG. Ein Hinweis gemäß § 184 Abs. 1 ZPO bezüglich der Notwendigkeit der Bestellung eines Zustellungsbevollmächtigten im Inland ist in das Formular aufzunehmen. 8

Für die Mitgliedstaaten der EG gelten besondere Regelungen, die Vorrang vor älteren Bestimmungen in Staatsverträgen haben. Die Verordnung (EG) Nr. 1348/2000 des Rates vom 29. 5. 2000 über „die Zustellung gerichtlicher und außergerichtlicher Schriftstücke in Zivil- oder Handelssachen in den Mitgliedsstaaten" (ABl. EG Nr. L 160 S. 37, auch abgedruckt in NJW 2001 Beilage zu Heft 1 S. 12 ff.) i. V. mit dem EG-Zustellungsdurchführungsgesetz vom 9. 7. 2001 (BGBl. I S. 1536) hat die Zustellungsverfahren wesentlich vereinfacht. Nach Art. 14 der VO Nr. 1348/2000 kann eine Zustellung nach näherer Maßgabe von Vorschriften des jeweiligen Mitgliedsstaates durch die Post erfolgen, vgl. § 2 EGZustG. Bei den Zustellungen sind die Angaben der Mitgliedstaaten gemäß Art. 23 der VO Nr. 1348/2000 zu beachten, sie werden im Amtsblatt der Gemeinschaft veröffentlicht. Die Regelungen sind durch §§ 1067 ff. ZPO in das deutsche Recht übernommen worden. Die Zustellung durch diplomatische oder konsularische Vertretungen ist in § 1067 ZPO und die durch die Post in § 1068 ZPO geregelt. § 1069 ZPO enthält die Zuständigkeitsregelungen nach der VO Nr. 1348/2000, § 1070 ZPO die Annahmeverweigerung auf Grund der verwendeten Sprache. 9

Stellt sich erst im Laufe des Mahnverfahrens heraus, dass die Voraussetzungen für eine öffentliche Zustellung gegeben sind oder dass sich der Antragsgegner in einem Land aufhält, das nicht von der Bestimmung des § 688 Abs. 3 oder 4 ZPO erfasst wird, so ist davon auszugehen, dass der Mahnbescheid zurückzuweisen ist, § 691 Abs. 1 Nr. 1 ZPO, wobei allerdings vor der Zurückweisung dem Antragsteller rechtliches Gehör zu gewähren ist. Eine Abgabe in das Streitverfahren in entsprechender Anwendung des § 696 ZPO erscheint nicht zulässig, Klageerhebung ist erforderlich (GK-ArbGG/*Bader* § 46 a Rn. 23; MünchKomm-ZPO/*Holch* § 688 Rn. 15 f.; a. A. *Zöller/Vollkommer* § 688 Rn. 8). Durch § 691 Abs. 2 ZPO wird auch sichergestellt, dass materielle oder prozessuale Nachteile auf diese Weise dann nicht entstehen, wenn innerhalb eines Monats seit Zustellung der Zurückweisung des Antrages auf Erlass des Mahnbescheides Klage eingereicht und diese demnächst zugestellt wird, § 691 Abs. 2 ZPO. 10

3. Mahnantrag

a) Form

Der Mahnantrag ist auf den nach Abs. 8 **amtlich vorgeschriebenen Vordrucken** zu stellen (Verordnung vom 15. 12. 1977 – BGBl. I S. 2625 mit späteren Änderungen, z. B. durch ZustRG vom 25. 6. 2001, BGBl. I S. 1206, 1212). Nach § 1 Abs. 1 Satz 2 dieser Verordnung besteht ein Zwang zur Benutzung des Vordruckes nicht, wenn der Antragsteller das Mahnverfahren maschinell betreibt bzw. der Mahnbescheid im Ausland oder nach Art. 32 des Zusatzabkommens zum NATO-Truppenstatut (3. 8. 1959, BGBl. 1961 II, S. 1183, 1218) zuzustellen ist. Der notwendige Inhalt des Mahnantrags ergibt sich aus § 690 Abs. 1 ZPO, insbesondere muss er enthalten die Bezeichnung der Parteien, ihrer gesetzlichen Vertreter und der Prozessbevollmächtigten, die Bezeichnung des Gerichtes, bei dem der Antrag gestellt wird, die Bezeichnung des Anspruches unter 11

§ 46 a

bestimmter Angabe der verlangten Leistung, die Erklärung, dass der Anspruch nicht von einer Gegenleistung abhängt und dass die Gegenleistung ggf. erbracht ist, § 690 Abs. 1 Nr. 1 bis 4 ZPO. Die Bezeichnung des Gerichtes, das für ein streitiges Verfahren sachlich zuständig wäre, § 690 Abs. 1 Nr. 5 ZPO, ist im arbeitsgerichtlichen Verfahren nicht notwendig, weil hier das Arbeitsgericht für das Mahnverfahren zuständig ist, das auch für die Entscheidung des Rechtsstreites zuständig wäre, § 46 a Abs. 2.

12   Weiterhin ist der Mahnantrag handschriftlich **zu unterzeichnen.** Faksimilestempel und gedruckte Unterschriften sind unzulässig, ebenfalls reicht die Unterzeichnung durch bloßes Handzeichen nicht aus. Zweifelhaft ist aber, ob ein Mahnantrag auch durch **Telefax, Telex** oder sonst auf telegrafischem Wege eingelegt werden kann. Da aber bereits bei bestimmenden Schriftsätzen sowie Rechtsmittelschriften, bei denen ebenfalls zwingend eine Unterschriftsleistung vorgeschrieben ist, von der Rechtsprechung anerkannt worden ist, dass eine Einreichung durch **Telekopie, Telegramm** und auf ähnlichen Wegen zulässig ist (BAG 1. 7. 1971 AP ZPO § 129 Nr. 1; 27. 9. 1983 AP ZPO § 518 Nr. 48; 14. 1. 1986 AP ArbGG 1979 § 94 Nr. 2, ferner oben § 46 Rn. 34), muss das Gleiche auch für das Mahnverfahren gelten (vgl. dazu *Baumbach/Hartmann* § 690 Rn. 15; *ders.* § 129 Rn. 44 ff. m. w. N.). Notwendig ist aber, dass immer der Vordruckzwang beachtet wird, dessen Wiedergabe ist bei der Übermittlung erforderlich, ein Telegramm ist also nicht ausreichend (GK-ArbGG/*Bader* § 46 a Rn. 69).

13   Nach dem der Gesetzgeber nunmehr auch in der Arbeitsgerichtsbarkeit den Einsatz der **Datenverarbeitung zur Bearbeitung der Mahnbescheide** für zulässig erklärt hat (oben Rn. 2), kann auch hier die Vorschrift des § 690 Abs. 3 Satz 1 ZPO angewendet werden. Allerdings ist aus Kostengründen nur in seltenen Fällen das maschinelle Mahnverfahren eingeführt worden, z. B. in den Mahnverfahren der ZVK. Werden bei einem Arbeitsgericht die Mahnsachen maschinell bearbeitet kann der Antrag auch in einer maschinell lesbaren Form eingereicht werden, es ist in diesem Falle die handschriftliche Unterzeichnung nicht erforderlich. Es muss aber auch bei fehlender Unterschrift sichergestellt sein, dass der Antrag mit Willen des Antragstellers bzw. seines Bevollmächtigten übermittelt wurde. Es kann jede von dem Arbeitsgericht verarbeitbare Form eines Datenträgers eingereicht werden, z. B. Magnetband, Diskette, CD usw. Entscheidend ist aber, dass das Gericht diese Datenträger auch verarbeiten kann, es besteht kein Anspruch eines Antragstellers dass das Gericht erst die technischen Möglichkeiten schaffen muss. § 690 Abs. 3 Satz 1 ZPO setzt eine bereits bei dem Gericht vorhandene Organisation voraus (*Baumbach/Hartmann* § 690 Rn. 16; *Zöller/Vollkommer* § 690 Rn. 22), dies ergibt sich auch aus § 691 Abs. 3 ZPO. In diesen Grenzen ist auch eine datenträgerlose Übermittlung zulässig. Ein **Verfahrensablaufplan** i. S. Abs. 7 ist derzeit von dem für Arbeit zuständigen Bundesministerium **noch nicht erlassen** worden. Eine Verpflichtung der Rechtsanwälte, Mahnanträge nur in maschinenlesbarer Form einzureichen, besteht für die Arbeitsgerichtsbarkeit ausdrücklich nicht. **§ 690 Abs. 3 Satz 2 ZPO findet keine Anwendung.** Dies liegt daran, dass auf Grund der geringen Zahl von Mahnanträgen in der Arbeitsgerichtsbarkeit bis heute aus Kostengründen von der Einführung des maschinellen Mahnverfahrens abgesehen worden ist.

b) Inhalt

14   Der **Zahlungsanspruch ist zu beziffern,** § 690 Abs. 1 Nr. 3 ZPO. Er muss, da u. U. Rechtskraft eintreten kann, ebenso wie ein Klageanspruch von anderen Ansprüchen abgrenzbar sein. Angaben zur Schlüssigkeit des Anspruches sind nicht notwendig (*Schwab* NJW 1979, 697; *Baumbach/Hartmann* § 690 Rn. 6), da lediglich eine Kontrolle hinsichtlich der Einhaltung der Formalien, nicht jedoch eine Schlüssigkeitsprüfung stattfindet. Allerdings muss sich aus den Angaben ergeben, dass das Arbeitsgericht sachlich zuständig ist, es muss daher beispielsweise erkennbar sein, dass mit dem Antrag Entgeltansprüche aus einem Arbeitsverhältnis geltend gemacht werden. Aus den Angaben muss sich hinrei-

chend der Entstehungsgrund, der Lebenssachverhalt, aus dem der Anspruch hergeleitet wird, ergeben, damit der Antragsgegner sein weiteres prozessuales Vorgehen prüfen kann. Schlagwortartige Angaben reichen. Haupt- und Nebenforderungen sind gesondert aufzuführen. Auch Zinsansprüche müssen hinreichend bestimmt sein, eine nähere Darlegung, ob es sich um Verzugs- oder Fälligkeitszinsen handelt, ist dagegen nicht erforderlich.

III. Zuständigkeit

Die **sachliche Zuständigkeit** richtet sich nach § 2. Hier gelten die gleichen Grundsätze 15 wie für das arbeitsgerichtliche Urteilsverfahren. Die **örtliche Zuständigkeit** bestimmt sich gemäß Abs. 2 nach der Zuständigkeit für eine im Urteilsverfahren erhobene Klage. Im Regelfall ist daher anders als im zivilprozessualen Mahnverfahren nicht das am Wohnsitz oder Sitz des Antragstellers befindliche Arbeitsgericht, sondern das nach den Vorschriften der §§ 12 ff. ZPO zu ermittelnde Arbeitsgericht zuständig. Dies ist meist entweder das Gericht, an dem der Antragsgegner seinen allgemeinen Gerichtsstand hat oder aber das Gericht, das für den Ort zuständig ist, an dem die streitige Verpflichtung zu erfüllen ist. Soweit eine wirksame Gerichtsstandsvereinbarung im Sinne des § 38 Abs. 3 ZPO getroffen worden ist, gilt sie auch für die Zuständigkeit im Mahnverfahren. Die allgemeine Regelung des § 689 ZPO findet demgegenüber keine Anwendung. Im Übrigen hat der Antragsteller nach § 690 Abs. 1 Nr. 5 das Gericht zu bezeichnen, das für ein streitiges Verfahren zuständig wäre. Dadurch ist es nicht mehr automatisch möglich, dass das Verfahren an den allgemeinen Gerichtsstand des Antragsgegners abgegeben werden könnte, vielmehr muss der Kläger sein Wahlrecht nach § 35 ZPO bereits im Antrag ausüben, wenn dies auch im arbeitsgerichtlichen Verfahren nur eine geringe Bedeutung hat.

Stellt der Rechtspfleger bei der Überprüfung des Mahnantrages fest, dass die **sachliche** 16 **Zuständigkeit** eines anderen Gerichtes gegeben ist, kommt eine Verweisung nicht mehr in Betracht. Nach der Neufassung von § 48 sowie §§ 17a und b GVG geht der Gesetzgeber von einem eigenständigen Rechtsweg zu den Gerichten für Arbeitssachen aus. Eine Verweisung wegen sachlicher Unzuständigkeit kann damit nur noch im Urteilsverfahren durch die Kammer ergehen. Eine Kompetenz des Rechtspflegers besteht insoweit nicht (vgl. unten § 48 Rn. 13; so auch *Schwab/Weth/Zimmerling* § 46a Rn. 17; *Ostrowicz/ Schäfer/Künzl* Rn. 439). Stellt der Rechtspfleger die **örtliche Zuständigkeit** eines anderen Arbeitsgerichtes fest, wäre grundsätzlich eine Verweisung in entsprechender Anwendung des § 48 Abs. 1 denkbar (für diese Möglichkeit aus Gründen der Praktikabilität und Prozesswirtschaftlichkeit GK-ArbGG/*Bader* § 46a Rn. 17). Auch diese ist jedoch durch die Bezugnahme in § 48 Abs. 1 auf § 17a GVG ausgeschlossen, da der Rechtspfleger keinen Beschluss i. S. § 17a Abs. 4 GVG erlassen kann (a. A. *Schwab/Weth/Zimmerling* § 46a Rn. 17; ArbGG-*Kloppenburg/Ziemann* § 46a Rn. 19a; *Ostrowicz/Schäfer/Künzl* Rn. 439). Da im Übrigen der Antragsteller bereits bei Antragseinreichung von seinem Wahlrecht nach § 35 ZPO Gebrauch machen muss, kann nach Zustellung des Mahnbescheides dieses Wahlrecht nicht mehr ausgeübt werden (BGH 10. 9. 2002 NJW 2002, 3634, 3635; LG Wiesbaden 24. 3. 1992 NJW 1992, 1634, 1635; MünchKomm-ZPO/ *Holch* § 696 Rn. 39). Dem entspricht auch die Regelung in § 696 Abs. 1 Satz 1 ZPO, nach der bei rechtzeitigem Widerspruch und beantragter Durchführung des streitigen Verfahrens der Rechtsstreit von Amts wegen an das Gericht abgegeben werden soll, das in dem Mahnbescheid bezeichnet worden ist. Etwas anderes kann sich allerdings dann ergeben, wenn eine neue Zustellungsanschrift des Antragsgegners mitgeteilt wird, die die örtliche Zuständigkeit eines anderen Arbeitsgerichtes begründen würde. In diesem Falle kann der Rechtspfleger auf entsprechenden Antrag, der letztlich eine notwendige Korrektur der Angaben nach § 690 Abs. 1 Nr. 5 ZPO enthält, das Mahnverfahren an das örtlich zuständige Arbeitsgericht durch Beschluss **abgeben** (insoweit gilt noch die zum früheren Recht ergangene Entscheidung BAG 28. 12. 1981 AP ZPO § 36 Nr. 28, das aber irrtümlich von Verweisung spricht). Auch in diesem Falle muss allerdings der Antragsteller, falls mehrere andere Arbeitsgerichte in Betracht kommen, sein Wahlrecht nach § 35 ZPO ausüben. Da § 17 a Abs. 4 Satz 2 GVG nicht analog anwendbar ist, ist auch die Begründung des Abgabebeschlusses nicht erforderlich. Im Übrigen ergibt sich die Änderung aus den Akten. Allerdings muss auch der Abgabebeschluss nach Anhörung des Antragstellers ergehen, dies ist entbehrlich, wenn der Antragsteller selbst die entsprechenden Änderungen mitgeteilt und den Antrag gestellt hat. Die Bindungswirkung dieser Abgabe gilt nur für das Mahnverfahren (BAG a. a. O.; 4. 9. 1973 AP ZPO § 36 Nr. 14). Die Abgabe ist nur vor Erlass des Mahnbescheids möglich (BGH 12. 9. 1995 NJW 1995, 3317; auch 10. 9. 2002 NJW 2002, 3634 ff.), nicht nach dessen Zustellung, um den Erlass eines Vollstreckungsbescheids zu erreichen (BGH 12. 10. 1989 NJW 1990, 1119).

IV. Durchführung des Mahnverfahrens

1. Entscheidung über den Mahnantrag

17   Die Entscheidung über den Mahnantrag trifft der **Rechtspfleger**, § 20 Nr. 1 RpflG, dieses Gesetz findet auch im Bereich der Arbeitsgerichtsbarkeit Anwendung, § 9 Abs. 3. Eine Vorlegung an den Richter kommt nur im Rahmen des § 5 RpflG in Betracht. Der Rechtspfleger hat von Amts wegen zu prüfen, ob die allgemeinen und besonderen Zulässigkeitsvoraussetzungen für das Mahnverfahren gegeben sind. Er muss ferner prüfen, ob der geltend gemachte Anspruch hinreichend individualisiert ist und ob sich aus dem Mahnantrag auch die sachliche und örtliche Zuständigkeit des angerufenen Arbeitsgerichts ergibt.

18   Entspricht der **Antrag nicht den gesetzlichen Vorschriften,** so ist er zurückzuweisen, § 691 Abs. 1 ZPO. Nach Nr. 1 dieser Vorschrift ist dies der Fall, wenn z. B.

a) das Mahnverfahren nicht statthaft ist, beispielsweise eine Abhängigkeit von einer Gegenleistung besteht, § 688 Abs. 2 Nr. 1 ZPO

b) die Zustellung durch öffentliche Bekanntmachung erfolgen müsste, § 688 Abs. 2 Nr. 3 ZPO,

c) das angerufene Arbeitsgericht nicht zuständig ist, § 689 ZPO,

d) der Mahnantrag nicht den Formerfordernissen des § 690 ZPO entspricht

e) der Mahnantrag nicht auf einem vorgeschriebenen Formular, § 703 Abs. ZPO, eingereicht worden ist,

f) wenn der Mahnbescheid nur teilweise erlassen werden könnte, § 691 Abs. 1 Nr. 2 ZPO

18 a   Eine vorherige Anhörung des Antragstellers ist erforderlich, § 691 Abs. 1 Satz 2 ZPO. Durch die Anhörung soll dem Antragsteller die Gelegenheit gegeben werden, auf eine ggf. nach § 139 Abs. 2 ZPO erforderliche Zwischenverfügung etwaige Formmängel oder andere Hindernisse auszuräumen. Auch muss es ihm möglich sein, den Antrag, wenn nur ein Anspruchsteil nicht im Mahnverfahren geltend gemacht werden kann, zu beschränken. Der Grundsatz des rechtlichen Gehörs ist damit auch in das Mahnverfahren vollständig übernommen worden. Dem Antragsteller ist eine Frist zu setzen, innerhalb derer er etwa bestehende Mängel beheben kann. Ähnlich wie bei gerichtlichen Auflagen zur Vervollständigung des Sachvortrages ist bei der Fristsetzung darauf hinzuweisen, dass nach Fristablauf die Zurückweisung des Antrages erfolgen werde.

19   Die **Entscheidung über die Zurückweisung** erfolgt durch Beschluss, er ist von Amts wegen zuzustellen, § 329 Abs. 3 ZPO. Der Beschluss ist zu begründen. Hat der Rechtspfleger den zurückweisenden Beschluss erlassen, ist nach § 11 Abs. 1 RpflG die **Erinnerung** innerhalb von zwei Wochen, § 573 Abs. 1 ZPO, gegeben. Der Rechtspfleger kann

IV. Durchführung des Mahnverfahrens § 46 a

der Erinnerung abhelfen, § 11 Abs. 2 Satz 2 RPflG. Wird der Erinnerung nicht abgeholfen, entscheidet der Richter. Der Richter kann die Erinnerung zurückweisen oder aber den Rechtspfleger anweisen, den beantragten Mahnbescheid zu erlassen. Der Beschluss ist nur in dem in § 691 Abs. 3 Satz 1 ZPO genannten Ausnahmefall anfechtbar. Der zurückweisende Beschluss hat keine materielle Rechtskraft, der Antragsteller kann daher seinen Anspruch erneut im Mahnverfahren geltend machen, auch steht es ihm frei, ggf. eine Klage im normalen Urteilsverfahren zu erheben. Wird ein Mahnbescheid nur teilweise erlassen und im Übrigen zurückgewiesen, ist auch hier die sofortige Erinnerung möglich. Diese wird allerdings unzulässig, wenn der Antragsgegner gegen den Mahnbescheid, soweit er erlassen worden ist, Widerspruch eingelegt hat. In diesem Falle kann nämlich der Antragsteller in dem nun erforderlich werdenden Urteilsverfahren seine bisher zurückgewiesenen Ansprüche geltend machen. Bei **maschineller Bearbeitung** ist in den Fällen des § 691 Abs. 3 ZPO die sofortige Beschwerde des § 567 ZPO gegeben.

Sind die Voraussetzungen für den **Erlass des Mahnbescheids** gegeben, so muss der Rechtspfleger unverzüglich den entsprechenden Bescheid erlassen, hierbei sind die in § 692 ZPO genannten Erfordernisse an den Inhalt des Mahnbescheids zu beachten. Die Zustellung des Mahnbescheids erfolgt wiederum von Amts wegen, § 693 ZPO i. V. § 270 Abs. 1 ZPO. § 50, der für den Vollstreckungsbescheid anwendbar ist (unten § 50 Rn. 8), gilt hier nicht. Von der Zustellung ist der Antragsteller zu unterrichten, § 693 Abs. 3 ZPO. Mit dem Erlass des Mahnbescheids und seiner Zustellung ist die Verjährung unterbrochen, Ausschlussfristen sind gewahrt. Zur Zustellung im Ausland oben Rn. 8 und 8 a. Die Auslandszustellung muss auch von Amts wegen erfolgen. 20

Im Gegensatz zum zivilprozessualen Verfahren beträgt die **Erklärungsfrist** des § 692 Abs. 1 Nr. 3 ZPO nur eine Woche. 21

Der Mahnbescheid muss **nicht handschriftlich unterzeichnet** werden, es genügt die Verwendung eines Faksimilestempels, § 692 Abs. 2 ZPO. Bei maschineller Bearbeitung ist auch dieser nicht erforderlich, § 703 b Abs. 1 ZPO, es genügt die Anbringung des Gerichtssiegels. Auch das Siegel kann gedruckt sein. Wird handschriftlich unterzeichnet, so muss die Unterschrift ebenso wie bei übrigen Prozesshandlungen als solche erkennbar sein, ein bloßes Handzeichen ist nicht ausreichend. 22

2. Widerspruch

Die **Widerspruchsfrist** beträgt eine Woche, § 46 a Abs. 3. Bei dieser Frist handelt es sich nicht um eine Ausschlussfrist, der Widerspruch kann noch so lange eingelegt werden, wie der Vollstreckungsbescheid von dem Rechtspfleger noch nicht in den Geschäftsgang gegeben worden ist, § 694 Abs. 1 ZPO. Für die Widerspruchsfrist gilt § 9 Abs. 5 nicht (dazu oben *Prütting* § 9 Rn. 24). 23

Der Widerspruch ist **schriftlich zu erheben,** § 694 Abs. 1 ZPO, in der Regel genügt bei Verwendung eines Vordruckes die Kennzeichnung der entsprechenden Rubrik. Die Aufnahme eines förmlichen Protokolls ist unter den Voraussetzungen des § 702 ZPO nicht erforderlich. Der Widerspruch kann auch zu Protokoll der Geschäftsstelle bzw. der Rechtsantragsstelle eines anderen Arbeitsgerichts erklärt werden, in diesem Falle muss er allerdings innerhalb der Widerspruchsfrist bei dem Arbeitsgericht eingehen, das den Mahnbescheid erlassen hat. Der Widerspruch kann auch ähnlich wie bei Rechtsmitteln durch Telegramm, Fernschreiber, Telefax oder ähnliche Kommunikationsmittel eingelegt werden (vgl. BGH 25. 3. 1986 NJW 1986, 1759; ausführlich *Zöller/Vollkommer* § 694 Rn. 2 m. w. Nachw.). 24

Eine **Begründung** des Widerspruchs ist nicht erforderlich. Wird nämlich rechtzeitig Widerspruch erhoben, so ist auf Antrag einer der Parteien **Termin zur mündlichen Verhandlung** zu bestimmen, § 46 a Abs. 4. Dieser Antrag ist in der Regel auf dem verwendeten Vordruck bereits vorgesehen. Unverzüglich nach Stellung des Antrages auf Durchführung der mündlichen Verhandlung hat der Urkundsbeamte der Geschäftsstelle 25 den Antragsteller und jetzigen Kläger zur Einreichung der Anspruchsbegründung innerhalb einer Frist von zwei Wochen aufzufordern, § 46 a Abs. 4 Satz 1. Der Urkundsbeamte hat dabei den Antragsteller ggf. auch die einzelnen Erfordernisse hinzuweisen (*Zöller/Vollkommer* § 697 Rn. 4; *Baumbach/Hartmann* § 697 Rn. 7 f.). Bei der Frist handelt es sich nicht um eine solche des § 56 Abs. 1 Nr. 1, eine entsprechende Anwendbarkeit dieser Bestimmung ist ausgeschlossen. Nach § 46 a Abs. 4 Satz 2 und 3 hat nämlich der Vorsitzende den Termin erst bei Eingang der Anspruchsbegründung zu bestimmen. Erfolgt die Anspruchsbegründung nicht innerhalb der gesetzten Frist, so wird bis zu ihrem Eingang der Termin nur auf Antrag des Antragsgegners festgesetzt. Erfolgt ein solcher Antrag nicht, wird das Verfahren nicht betrieben. Wird auf Antrag des Antragsgegners und nunmehrigen Beklagten ein Termin bestimmt, kann außerhalb der Regelung des § 46 a Abs. 4 der Richter dem Kläger eine Auflage machen. Eine Anwendbarkeit des § 56 Abs. 1 Nr. 1 i. V. m. Abs. 2 dürfte jedoch daran scheitern, dass der festzusetzende Termin ein **Gütetermin** nach § 54 Abs. 1 ist. Eine streitige Entscheidung wird in diesem Termin in der Regel nicht möglich sein, so dass auch die Zurückweisung eines Vorbringens als verspätet kaum möglich ist. Etwas anderes gilt lediglich dann, wenn Güte- und Kammertermin zusammen anberaumt werden.

26 Wird **Widerspruch eingelegt**, so kann ein Vollstreckungsbescheid nicht mehr ergehen. Wird der Widerspruch nur gegen einen **abtrennbaren Teil** der geltend gemachten Forderung erhoben, § 694 Abs. 1 Hs. 1 ZPO, so kann hinsichtlich des übrigen Teils Vollstreckungsbescheid ergehen. Bei einem unklaren Teilwiderspruch oder bei einem Widerspruch gegen einen nicht abtrennbaren Teil des Gesamtanspruches muss der Rechtspfleger dem Antragsgegner Gelegenheit zur Klarstellung geben. Bis zu dieser gilt der Widerspruch als unbeschränkt eingelegt (BGH 24. 11. 1982 BGHZ 85, 361, 366). Der Rechtspfleger ist nicht befugt, von sich aus den Umfang des Widerspruches festzulegen.

27 Ist der Widerspruch **verspätet** erklärt worden oder bei dem zuständigen Arbeitsgericht eingegangen, so wird er als Einspruch behandelt, § 694 Abs. 2 ZPO. Da es sich bei der Widerspruchsfrist des § 46 a Abs. 3 nicht um eine Ausschlussfrist handelt, ist ein verspäteter Widerspruch erst dann gegeben, wenn bereits der Vollstreckungsbescheid verfügt war, d. h. vom Rechtspfleger in den Geschäftsgang gegeben war (BGH a. a. O.).

3. Vollstreckungsbescheid

28 Ist der Mahnbescheid ordnungsgemäß erlassen und zugestellt worden, ist nach Ablauf der Widerspruchsfrist des § 46 a Abs. 3 der Vollstreckungsbescheid zu erlassen. Das Gleiche gilt, wenn der Widerspruch zurückgenommen worden ist, § 697 Abs. 4 ZPO. Der Vollstreckungsbescheid darf **nur auf Antrag** des Antragstellers erlassen werden, der Antrag kann nicht vor Ablauf der Widerspruchsfrist von einer Woche gestellt werden, § 699 Abs. 1 ZPO. Wird er bereits mit dem Antrag auf Erlass des Mahnbescheids verbunden, so kann wegen der zwingenden Vorschrift des § 699 Abs. 1 Satz 2 ZPO dieser verfrühte Antrag nur zurückgewiesen werden. Auch kann der Antrag nicht vorsorglich gestellt werden, da dadurch die Bestimmung des § 699 Abs. 1 Satz 2 ZPO umgangen würde (*Baumbach/Hartmann* § 699 Rn. 7 m. w. N.). Für den Antrag besteht Vordruckzwang, vgl. § 703 c Abs. 2 ZPO. Es ist die Erklärung erforderlich, ob und welche Zahlungen der Antragsgegner auf den Mahnbescheid geleistet hat. Der Antrag wird dem Gegner nicht mitgeteilt, § 702 Abs. 2 ZPO. Der Antrag kann längstens bis zu einer Frist von sechs Monaten gestellt werden, § 701 ZPO, die Frist beginnt mit der Zustellung des Mahnbescheides. Nach Ablauf dieser Frist fällt die Wirkung des Mahnbescheides weg. Der Mahnbescheid kann allerdings dann neu beantragt werden, in gleicher Weise ist auch eine Klageerhebung möglich. Dem Antrag muss die Erklärung beigefügt sein, ob und ggf. welche Zahlungen auf den Mahnbescheid geleistet worden sind, § 699 Abs. 1 Satz 2 2. Halbsatz ZPO. Der Antrag kann auch hier durch Telekopie oder Telefax oder ein ähnliches Übertragungsmittel dem Gericht übermittelt werden.

IV. Durchführung des Mahnverfahrens § 46 a

Auch hier gilt jedoch der Vordruckzwang, es kommen nur solche Kommunikationswege in Betracht, bei denen der Vordruckzwang beachtet werden kann.

Der Vollstreckungsbescheid steht einem **Versäumnisurteil gleich**, § 700 Abs. 1 ZPO, im arbeitsgerichtlichen Verfahren ist dieses ohne weiteres vorläufig vollstreckbar, § 62 Abs. 1. Der Vollstreckungsbescheid ist damit ein für die Zwangsvollstreckung geeigneter Titel. **29**

Zuständig für die Erteilung des Vollstreckungsbescheids ist **der Rechtspfleger** gemäß § 20 Ziffer 1 RpflG, die Zustellung des Vollstreckungsbescheids erfolgt von Amts wegen, § 50 Abs. 1 bzw. § 699 Abs. 4 Satz 1 ZPO. Kann die Zustellung nicht erfolgen, weil der Antragsgegner inzwischen seinen Wohnsitz in den Bezirk eines anderen Arbeitsgerichts verlegt hat, so kann das Mahnverfahren nicht mehr an ein anderes Arbeitsgericht abgegeben werden (BAG 2. 8. 1982 AP ZPO § 36 Nr. 29). Dies folgt aus § 261 Abs. 3 Nr. 2 ZPO, der im Mahnverfahren entsprechend anwendbar ist. Mit Erlass und Zustellung des Mahnbescheids ist die Sache rechtshängig geworden, die Rechtshängigkeit hat aber die Wirkung, dass die Zuständigkeit des Prozessgerichts durch eine Veränderung der sie begründenden Umstände nicht berührt wird, wechselt der Antragsgegner nach Zustellung des Mahnbescheid seinen Wohnsitz, so ändert dies an der örtlichen Zuständigkeit des einmal angerufenen Arbeitsgerichts nichts. **30**

Da der Vollstreckungsbescheid einem Versäumnisurteil gleichsteht, kann gegen ihn **Einspruch** in entsprechender Anwendung des § 59 eingelegt werden. Über die Möglichkeit des Einspruchs ist gem. § 59 Satz 3 i. V. m. § 9 Abs. 5 zu belehren (vgl. oben *Prütting* bei § 9 Rn. 24; gegen die Anwendbarkeit von § 9 Abs. 5 LAG Köln 7. 8. 1998 AP ArbGG 1979 § 9 Nr. 19; LAG Nürnberg 10. 5. 1988 LAGE ArbGG 1979 § 59 Nr. 1). Die Einspruchsfrist beträgt eine Woche nach Zustellung des Vollstreckungsbescheids. Der Einspruch kann schriftlich oder durch Abgabe einer Erklärung zur Niederschrift der Geschäftsstelle eingelegt werden, auch eine Erklärung gegenüber der Rechtsantragsstelle ist ausreichend. Der Einspruch ist eigenhändig zu unterschreiben (LAG Baden-Württemberg 27. 5. 1993 LAGE ArbGG 1979 § 46 a Nr. 3). Eine Begründung ist nicht erforderlich, § 700 Abs. 3 Satz 3 ZPO, § 340 Abs. 3 ZPO ist nicht anwendbar. **31**

Ohne einen Antrag einer Partei hat das Gericht **bei rechtzeitigem Einspruch** Termin zur mündlichen Verhandlung anzuberaumen, § 46 a Abs. 6. Da der Vollstreckungsbescheid einem Versäumnisurteil gleichgestellt ist, kommt nur die Anberaumung eines Kammertermins, nicht jedoch die einer Güteverhandlung in Betracht, vgl. § 700 Abs. 1 ZPO (wie hier GK-ArbGG/*Bader* § 46 a Rn. 79; *Hauck/Helml* § 46 a Rn. 16; a. A. *Grunsky* § 46 a Rn. 5; *Wieser* Arbeitsgerichtsverfahren Rn. 442; *Schwab/Weth/Zimmerling* § 46 a Rn. 40 – Güteverhandlung). Hierfür spricht auch, dass die frühere Verweisung in Abs. 6 auf Abs. 4 weggefallen ist. Die Anberaumung eines Kammertermins ist nur dann zwingend erforderlich, wenn es sich um einen zulässigen, form- und fristgerecht eingelegten Einspruch handelt. Ist der **Einspruch unzulässig**, so kann er nach Abs. 6 Satz 2 (vgl. § 341 Abs. 1 und 2 ZPO) ohne mündliche Verhandlung durch Urteil **als unzulässig verworfen** werden, dies kann durch den Vorsitzenden allein erfolgen, § 55 Abs. 1 Nr. 4 (GK-ArbGG/*Bader* § 46 a Rn. 80; *Schwab/Weth/Zimmerling* § 46 a Rn. 42; *Oetker* NZA 1989, 201, 202 f.; a. A. LAG Bremen 17. 8. 1988 LAGE ArbGG 1979 § 46 a Nr. 1; LAG Baden-Württemberg 11. 12. 1990 LAGE ArbGG 1979 § 46 a Nr. 2, auch dann sei eine mündliche Verhandlung anzuberaumen). Eine Verwerfung durch Beschluss ist unzulässig. Dies folgt aus der völligen Gleichstellung des Vollstreckungsbescheides in seinen prozessualen Auswirkungen mit einem ersten Versäumnisurteil. **32**

Gegen die Versäumung der Einspruchsfrist kann **Wiedereinsetzung in den vorigen Stand**, § 233 ZPO beantragt werden. Eine Fristversäumnis kann dabei allerdings nur dann vorliegen, wenn der Vollstreckungsbescheid ordnungsgemäß der Partei zugestellt worden ist. Abgesehen von Mängeln der Zustellung selbst, ist dies beispielsweise nicht der Fall, wenn die zugestellte Ausfertigung des Vollstreckungsbescheids **nicht lesbar** ist, das ausstellende Gericht oder ein Aktenzeichen nicht erkennen lässt bzw. nicht ersichtlich ist, welchen Inhalt der Vollstreckungsbescheid hat. **33**

34 Eine **Begründung des Einspruches** ist nicht erforderlich, wird dem Antragsgegner in der Regel auch nicht möglich sein, da eine Begründung des geltend gemachten Anspruches fehlt. Die Einspruchsschrift muss die Voraussetzungen des § 340 Abs. 1 und 2 ZPO erfüllen. Die Bestimmung des § 340 Abs. 3 ZPO ist jedoch nicht anwendbar. Bei rechtzeitigem Einspruch die Geschäftsstelle dem Kläger aufgeben, den Anspruch zu begründen. Das Gesetz sieht eine nicht verlängerbare Frist von zwei Wochen vor, Abs. 6 Satz 3. Nach deren Ablauf erfolgt die Terminierung durch den Vorsitzenden.

35 **Ist die Partei,** die den Einspruch eingelegt hat, in dem anberaumten Termin **säumig,** so kann gegen sie ein Zweites Versäumnisurteil erlassen werden, wenn der Anspruch von dem Kläger innerhalb etwa gesetzter Fristen schlüssig dargetan worden ist. Gegen ein zweites Versäumnisurteil ist das Rechtsmittel der Berufung gegeben, § 64 Abs. 2 lit. d (vgl. oben § 64 Rn. 64). Fehlt es trotz einer entsprechenden Auflage an einer schlüssigen Darlegung des Anspruches durch den Kläger, so kann im Falle der Säumnis des Beklagten ein unechtes Versäumnisurteil ergehen. Das unechte Versäumnisurteil lautet auf Aufhebung des Vollstreckungsbescheides und Abweisung der Klage.

V. Kosten des Verfahrens

36 Die Kosten des Mahnverfahrens richten sich nach dem Kostenverzeichnis der Anlage 1 zu § 3 Abs. 2 GKG (dazu auch oben § 12 Rn. 46). Nach Nr. 8100 des Kostenverzeichnisses wird für das Verfahren auf **Erlass des Vollstreckungsbescheids** eine Verfahrensgebühr erhoben. Wird im anschließenden Prozessverfahren ein **Vergleich geschlossen,** entfällt die Gebühr für die Entscheidung über den Erlass des Vollstreckungsbescheids, Vorbemerkung 8 von Teil 8 des Gebührenverzeichnisses. Wird die **Klage** bzw. der **Antrag auf Erlass** des Mahnbescheids vor streitiger Verhandlung **zurückgenommen,** entfällt die Gebühr.

37 Ein **Kostenerstattungsanspruch** besteht im Mahnverfahren ebenso wie im Urteilsverfahren erster Instanz nicht. Auch besteht nach § 11 GKG keine Vorschusspflicht. Die Erstattung außergerichtlicher Kosten ist nur im Rahmen des § 12 a Abs. 1 möglich.

38 Auch im Mahnverfahren kann **Prozesskostenhilfe** für den Antragsteller beantragt werden. Für die Bewilligung ist der Rechtspfleger zuständig. Die Bewilligung beschränkt sich auf das Mahnverfahren, sie gilt nicht für das sich anschließende Hauptsacheverfahren. Hier bedarf es einer erneuten Bewilligung. Die Regelung des § 11 a findet keine Anwendung, da sie voraussetzt, dass die Gegenseite durch einen Anwalt vertreten ist, dies ist jedoch bei Stellung des Antrages auf Erlass eines Mahnbescheides nicht der Fall. Wird Widerspruch gegen einen Mahnbescheid eingelegt, wäre möglicherweise die Voraussetzung, dass eine Partei durch einen Rechtsanwalt vertreten ist, erfüllt, in diesem Falle wird jedoch das normale Streitverfahren eingeleitet, so dass für die Bewilligung im Rahmen des Mahnverfahrens kein Rechtsschutzinteresse besteht. Im Übrigen ist bei der Bewilligung der Prozesskostenhilfe für das Mahnverfahren zu berücksichtigen, dass dieses in der Regel nicht voraussetzt, dass eine Partei durch einen Rechtsanwalt vertreten sein muss. Die Beiordnung wäre damit nicht ohne weiteres erforderlich.

§ 46 b Europäisches Mahnverfahren nach der Verordnung (EG) Nr. 1896/2006

(1) Für das Europäische Mahnverfahren nach der Verordnung (EG) Nr. 1896/2006 des Europäischen Parlaments und des Rates vom 12. Dezember 2006 zur Einführung eines Europäischen Mahnverfahrens (ABl. EU Nr. L 399 S. 1) gelten die Vorschriften des Abschnitts 5 des Buchs 11 der Zivilprozessordnung entsprechend, soweit dieses Gesetz nichts anderes bestimmt.

I. Allgemeines § 46 b

(2) Für die Bearbeitung von Anträgen auf Erlass und Überprüfung sowie die Vollstreckbarerklärung eines Europäischen Zahlungsbefehls nach der Verordnung (EG) Nr. 1896/2006 ist das Arbeitsgericht zuständig, das für die im Urteilsverfahren erhobene Klage zuständig sein würde.

(3) ¹Im Fall des Artikels 17 Abs. 1 der Verordnung (EG) Nr. 1896/2006 ist § 46 a Abs. 4 und 5 entsprechend anzuwenden. ²Der Antrag auf Durchführung der mündlichen Verhandlung gilt als vom Antragsteller gestellt.

Übersicht

	Rn.
I. Allgemeines	1–3
II. Besonderheiten des arbeitsgerichtlichen Verfahrens	4, 5
1. Zuständigkeit, Abs. 2	4
2. Wirkung des Einspruchs, Abs. 3	5

I. Allgemeines

Die Vorschrift ist durch das Gesetz zur Verbesserung der grenzüberschreitenden Forderungsdurchsetzung und Zustellung (vom 30. 10. 2008 – BGBl. I S. 2122) eingeführt worden. Auf Grund des gleichen Gesetzes sind die Regelungen des 5. Abschnitts des 11. Buches der ZPO (§§ 1087 bis 1096 ZPO) neu geschaffen worden. Mit diesem Gesetz sind die Vorgaben der Verordnung (EG) Nr. 1896/2006 (EuMVVO vom 30. 12. 2006 ABl. L 399 S. 1 bis 12) in das deutsche Recht umgesetzt worden (vgl. dazu die Überblicke bei *Einhaus* IPrax 2008, 323; *Hess* IPrax 2008, 305, Engels AnwBl. 2008, 305). Mit den neuen Bestimmungen sollen die Mahnverfahren auf europäischer Ebene vereinheitlicht und vereinfacht werden. Die Verordnung gilt in den Mitgliedsstaaten unmittelbar, Art 33. Sie regelt nur den grenzüberschreitenden Rechtsverkehr. Das für Deutschland geltende Mahnverfahren der §§ 688 ff. ZPO und § 46 a bleibt unverändert. Die verfahrensrechtlichen Bestimmungen der Verordnung gehen dem nationalen Recht vor. Lediglich soweit die VO keine Regelungen enthält, können nationale Rechtsvorschriften angewendet werden. 1

Die Verordnung hat folgenden Wortlaut:

Artikel 1 Gegenstand 2
(1) Diese Verordnung hat Folgendes zum Ziel:
a) Vereinfachung und Beschleunigung der grenzüberschreitenden Verfahren im Zusammenhang mit unbestrittenen Geldforderungen und Verringerung der Verfahrenskosten durch Einführung eines Europäischen Mahnverfahrens, und
b) Ermöglichung des freien Verkehrs Europäischer Zahlungsbefehle in den Mitgliedstaaten durch Festlegung von Mindestvorschriften, bei deren Einhaltung die Zwischenverfahren im Vollstreckungsmitgliedstaat, die bisher für die Anerkennung und Vollstreckung erforderlich waren, entfallen.

(2) Diese Verordnung stellt es dem Antragsteller frei, eine Forderung im Sinne von Artikel 4 im Wege eines anderen Verfahrens nach dem Recht eines Mitgliedstaats oder nach Gemeinschaftsrecht durchzusetzen.

Artikel 2 Anwendungsbereich
(1) Diese Verordnung ist in grenzüberschreitenden Rechtssachen in Zivil- und Handelssachen anzuwenden, ohne dass es auf die Art der Gerichtsbarkeit ankommt. Sie erfasst insbesondere nicht Steuer- und Zollsachen, verwaltungsrechtliche Angelegenheiten sowie die Haftung des Staates für Handlungen oder Unterlassungen im Rahmen der Ausübung hoheitlicher Rechte („acta jure imperii").

(2) Diese Verordnung ist nicht anzuwenden auf
a) die ehelichen Güterstände, das Gebiet des Erbrechts einschließlich des Testamentsrechts,

b) Konkurse, Verfahren im Zusammenhang mit dem Abwickeln zahlungsunfähiger Unternehmen oder anderer juristischer Personen, gerichtliche Vergleiche, Vergleiche und ähnliche Verfahren,
c) die soziale Sicherheit,
d) Ansprüche aus außervertraglichen Schuldverhältnissen, soweit
   i) diese nicht Gegenstand einer Vereinbarung zwischen den Parteien oder eines Schuldanerkenntnisses sind, oder
   ii) diese sich nicht auf bezifferte Schuldbeträge beziehen, die sich aus gemeinsamem Eigentum an unbeweglichen Sachen ergeben.

(3) In dieser Verordnung bedeutet der Begriff „Mitgliedstaat" die Mitgliedstaaten mit Ausnahme Dänemarks.

Artikel 3 Grenzüberschreitende Rechtssachen

(1) Eine grenzüberschreitende Rechtssache im Sinne dieser Verordnung liegt vor, wenn mindestens eine der Parteien ihren Wohnsitz oder gewöhnlichen Aufenthalt in einem anderen Mitgliedstaat als dem des befassten Gerichts hat.

(2) Der Wohnsitz wird nach den Artikeln 59 und 60 der Verordnung (EG) Nr. 44/2001 des Rates vom 22. Dezember 2000 über die gerichtliche Zuständigkeit und die Anerkennung und Vollstreckung von Entscheidungen in Zivil- und Handelssachen bestimmt.

(3) Der maßgebliche Augenblick zur Feststellung, ob eine grenzüberschreitende Rechtssache vorliegt, ist der Zeitpunkt, zu dem der Antrag auf Erlass eines Europäischen Zahlungsbefehls nach dieser Verordnung eingereicht wird.

Artikel 4 Europäisches Mahnverfahren

Das Europäische Mahnverfahren gilt für die Beitreibung bezifferter Geldforderungen, die zum Zeitpunkt der Einreichung des Antrags auf Erlass eines Europäischen Zahlungsbefehls fällig sind.

Artikel 5 Begriffsbestimmungen

Im Sinne dieser Verordnung bezeichnet der Ausdruck
1. „Ursprungsmitgliedstaat" den Mitgliedstaat, in dem ein Europäischer Zahlungsbefehl erlassen wird,
2. „Vollstreckungsmitgliedstaat" den Mitgliedstaat, in dem die Vollstreckung eines Europäischen Zahlungsbefehls betrieben wird,
3. „Gericht" alle Behörden der Mitgliedstaaten, die für einen Europäischen Zahlungsbefehl oder jede andere damit zusammenhängende Angelegenheit zuständig sind,
4. „Ursprungsgericht" das Gericht, das einen Europäischen Zahlungsbefehl erlässt.

Artikel 6 Zuständigkeit

(1) Für die Zwecke der Anwendung dieser Verordnung wird die Zuständigkeit nach den hierfür geltenden Vorschriften des Gemeinschaftsrechts bestimmt, insbesondere der Verordnung (EG) Nr. 44/2001.

(2) Betrifft die Forderung jedoch einen Vertrag, den eine Person, der Verbraucher, zu einem Zweck geschlossen hat, der nicht der beruflichen oder gewerblichen Tätigkeit dieser Person zugerechnet werden kann, und ist der Verbraucher Antragsgegner, so sind nur die Gerichte des Mitgliedstaats zuständig, in welchem der Antragsgegner seinen Wohnsitz im Sinne des Artikels 59 der Verordnung (EG) Nr. 44/2001 hat.

Artikel 7 Antrag auf Erlass eines Europäischen Zahlungsbefehls

(1) Der Antrag auf Erlass eines Europäischen Zahlungsbefehls ist unter Verwendung des Formblatts A gemäß Anhang I zu stellen.

(2) Der Antrag muss Folgendes beinhalten:
a) die Namen und Anschriften der Verfahrensbeteiligten und gegebenenfalls ihrer Vertreter sowie des Gerichts, bei dem der Antrag eingereicht wird;
b) die Höhe der Forderung einschließlich der Hauptforderung und gegebenenfalls der Zinsen, Vertragsstrafen und Kosten;

I. Allgemeines § 46 b

c) bei Geltendmachung von Zinsen der Zinssatz und der Zeitraum, für den Zinsen verlangt werden, es sei denn, gesetzliche Zinsen werden nach dem Recht des Ursprungsmitgliedstaats automatisch zur Hauptforderung hinzugerechnet;
d) den Streitgegenstand einschließlich einer Beschreibung des Sachverhalts, der der Hauptforderung und gegebenenfalls der Zinsforderung zugrunde liegt;
e) eine Bezeichnung der Beweise, die zur Begründung der Forderung herangezogen werden;
f) die Gründe für die Zuständigkeit, und
g) den grenzüberschreitenden Charakter der Rechtssache im Sinne von Artikel 3.

(3) In dem Antrag hat der Antragsteller zu erklären, dass er die Angaben nach bestem Wissen und Gewissen gemacht hat, und anerkannt, dass jede vorsätzliche falsche Auskunft angemessene Sanktionen nach dem Recht des Ursprungsmitgliedstaats nach sich ziehen kann.

(4) Der Antragsteller kann in einer Anlage zu dem Antrag dem Gericht gegenüber erklären, dass er die Überleitung in ein ordentliches Verfahren im Sinne des Artikels 17 für den Fall ablehnt, dass der Antragsgegner Einspruch einlegt. Dies hindert den Antragsteller nicht daran, das Gericht zu einem späteren Zeitpunkt, in jedem Fall aber vor Erlass des Zahlungsbefehls, hierüber zu informieren.

(5) Die Einreichung des Antrags erfolgt in Papierform oder durch andere auch elektronische Kommunikationsmittel, die im Ursprungsmitgliedstaat zulässig sind und dem Ursprungsgericht zur Verfügung stehen.

(6) Der Antrag ist vom Antragsteller oder gegebenenfalls von seinem Vertreter zu unterzeichnen. Wird der Antrag gemäß Absatz 5 auf elektronischem Weg eingereicht, so ist er nach Artikel 2 Nummer 2 der Richtlinie 1999/93/EG des Europäischen Parlaments und des Rates vom 13. Dezember 1999 über gemeinschaftliche Rahmenbedingungen für elektronische Signaturen zu unterzeichnen. Diese Signatur wird im Ursprungsmitgliedstaat anerkannt, ohne dass weitere Bedingungen festgelegt werden können. Eine solche elektronische Signatur ist jedoch nicht erforderlich, wenn und insoweit es bei den Gerichten des Ursprungsmitgliedstaats ein alternatives elektronisches Kommunikationssystem gibt, das einer bestimmten Gruppe von vorab registrierten und authentifizierten Nutzern zur Verfügung steht und die sichere Identifizierung dieser Nutzer ermöglicht. Die Mitgliedstaaten unterrichten die Kommission über derartige Kommunikationssysteme.

Artikel 8 Prüfung des Antrags

Das mit einem Antrag auf Erlass eines Europäischen Zahlungsbefehls befasste Gericht prüft so bald wie möglich anhand des Antragsformulars, ob die in den Artikeln 2, 3, 4, 6 und 7 genannten Voraussetzungen erfüllt sind und ob die Forderung begründet erscheint. Diese Prüfung kann im Rahmen eines automatisierten Verfahrens erfolgen.

Artikel 9 Vervollständigung und Berichtigung des Antrags

(1) Das Gericht räumt dem Antragsteller die Möglichkeit ein, den Antrag zu vervollständigen oder zu berichtigen, wenn die in Artikel 7 genannten Voraussetzungen nicht erfüllt sind und die Forderung nicht offensichtlich unbegründet oder der Antrag unzulässig ist. Das Gericht verwendet dazu das Formblatt B gemäß Anhang II.

(2) Fordert das Gericht den Antragsteller auf, den Antrag zu vervollständigen oder zu berichtigen, so legt es dafür eine Frist fest, die ihm den Umständen nach angemessen erscheint. Das Gericht kann diese Frist nach eigenem Ermessen verlängern.

Artikel 10 Änderung des Antrags

(1) Sind die in Artikel 8 genannten Voraussetzungen nur für einen Teil der Forderung erfüllt, so unterrichtet das Gericht den Antragsteller hiervon unter Verwendung des Formblatts C gemäß Anhang III. Der Antragsteller wird aufgefordert, den Europäischen Zahlungsbefehl über den von dem Gericht angegebenen Betrag anzunehmen oder abzulehnen; er wird zugleich über die Folgen seiner Entscheidung belehrt. Die Antwort des Antragstellers erfolgt durch Rücksendung des von dem Gericht übermittelten Formblatts C innerhalb der von dem Gericht gemäß Artikel 9 Absatz 2 festgelegten Frist.

(2) Nimmt der Antragsteller den Vorschlag des Gerichts an, so erlässt das Gericht gemäß Artikel 12 einen Europäischen Zahlungsbefehl für den Teil der Forderung, dem der Antragsteller zugestimmt hat. Die Folgen hinsichtlich des verbleibenden Teils der ursprünglichen Forderung unterliegen nationalem Recht.

(3) Antwortet der Antragsteller nicht innerhalb der von dem Gericht festgelegten Frist oder lehnt er den Vorschlag des Gerichts ab, so weist das Gericht den Antrag auf Erlass eines Europäischen Zahlungsbefehls insgesamt zurück.

Artikel 11 Zurückweisung des Antrags
(1) Das Gericht weist den Antrag zurück,
a) wenn die in den Artikeln 2, 3, 4, 6 und 7 genannten Voraussetzungen nicht erfüllt sind, oder
b) wenn die Forderung offensichtlich unbegründet ist, oder
c) wenn der Antragsteller nicht innerhalb der von dem Gericht gemäß Artikel 9 Absatz 2 gesetzten Frist seine Antwort übermittelt, oder
d) wenn der Antragsteller gemäß Artikel 10 nicht innerhalb der von dem Gericht gesetzten Frist antwortet oder den Vorschlag des Gerichts ablehnt.

Der Antragsteller wird anhand des Formblatts D gemäß Anhang IV von den Gründen der Zurückweisung in Kenntnis gesetzt.
(2) Gegen die Zurückweisung des Antrags kann kein Rechtsmittel eingelegt werden.
(3) Die Zurückweisung des Antrags hindert den Antragsteller nicht, die Forderung mittels eines neuen Antrags auf Erlass eines Europäischen Zahlungsbefehls oder eines anderen Verfahrens nach dem Recht eines Mitgliedstaats geltend zu machen.

Artikel 12 Erlass eines Europäischen Zahlungsbefehls
(1) Sind die in Artikel 8 genannten Voraussetzungen erfüllt, so erlässt das Gericht so bald wie möglich und in der Regel binnen 30 Tagen nach Einreichung eines entsprechenden Antrags einen Europäischen Zahlungsbefehl unter Verwendung des Formblatts E gemäß Anhang V. Bei der Berechnung der 30-tägigen Frist wird die Zeit, die der Antragsteller zur Vervollständigung, Berichtigung oder Änderung des Antrags benötigt, nicht berücksichtigt.
(2) Der Europäische Zahlungsbefehl wird zusammen mit einer Abschrift des Antragsformulars ausgestellt. Er enthält nicht die vom Antragsteller in den Anlagen 1 und 2 des Formblatts A gemachten Angaben.
(3) In dem Europäischen Zahlungsbefehl wird der Antragsgegner davon in Kenntnis gesetzt, dass er
a) entweder den im Zahlungsbefehl aufgeführten Betrag an den Antragsteller zahlen kann, oder
b) gegen den Europäischen Zahlungsbefehl bei dem Ursprungsgericht Einspruch einlegen kann, indem er innerhalb von 30 Tagen ab dem Zeitpunkt der Zustellung des Zahlungsbefehls an ihn seinen Einspruch versendet.

(4) In dem Europäischen Zahlungsbefehl wird der Antragsgegner davon unterrichtet, dass
a) der Zahlungsbefehl ausschließlich auf der Grundlage der Angaben des Antragstellers erlassen und vom Gericht nicht nachgeprüft wurde,
b) der Zahlungsbefehl vollstreckbar wird, wenn nicht bei dem Gericht nach Artikel 16 Einspruch eingelegt wird,
c) im Falle eines Einspruchs das Verfahren von den zuständigen Gerichten des Ursprungsmitgliedstaats gemäß den Regeln eines ordentlichen Zivilprozesses weitergeführt wird, es sei denn, der Antragsteller hat ausdrücklich beantragt, das Verfahren in diesem Fall zu beenden.

(5) Das Gericht stellt sicher, dass der Zahlungsbefehl dem Antragsgegner gemäß den nationalen Rechtsvorschriften in einer Weise zugestellt wird, die den Mindestvorschriften der Artikel 13, 14 und 15 genügen muss.

Artikel 13 Zustellung mit Nachweis des Empfangs durch den Antragsgegner
Der Europäische Zahlungsbefehl kann nach dem Recht des Staats, in dem die Zustellung erfolgen soll, dem Antragsgegner in einer der folgenden Formen zugestellt werden:
a) durch persönliche Zustellung, bei der der Antragsgegner eine Empfangsbestätigung unter Angabe des Empfangsdatums unterzeichnet,
b) durch persönliche Zustellung, bei der die zuständige Person, die die Zustellung vorgenommen hat, ein Dokument unterzeichnet, in dem angegeben ist, dass der Antragsgegner das Schriftstück

I. Allgemeines § 46 b

erhalten hat oder dessen Annahme unberechtigt verweigert hat und an welchem Datum die Zustellung erfolgt ist,
c) durch postalische Zustellung, bei der der Antragsgegner die Empfangsbestätigung unter Angabe des Empfangsdatums unterzeichnet und zurückschickt,
d) durch elektronische Zustellung wie beispielsweise per Fax oder E-Mail, bei der der Antragsgegner eine Empfangsbestätigung unter Angabe des Empfangsdatums unterzeichnet und zurückschickt.

Artikel 14 Zustellung ohne Nachweis des Empfangs durch den Antragsgegner
(1) Der Europäische Zahlungsbefehl kann nach dem Recht des Staats, in dem die Zustellung erfolgen soll, dem Antragsgegner auch in einer der folgenden Formen zugestellt werden:
a) persönliche Zustellung unter der Privatanschrift des Antragsgegners an eine in derselben Wohnung wie der Antragsgegner lebende Person oder an eine dort beschäftigte Person;
b) wenn der Antragsgegner Selbstständiger oder eine juristische Person ist, persönliche Zustellung in den Geschäftsräumen des Antragsgegners an eine Person, die vom Antragsgegner beschäftigt wird;
c) Hinterlegung des Zahlungsbefehls im Briefkasten des Antragsgegners;
d) Hinterlegung des Zahlungsbefehls beim Postamt oder bei den zuständigen Behörden mit entsprechender schriftlicher Benachrichtigung im Briefkasten des Antragsgegners, sofern in der schriftlichen Benachrichtigung das Schriftstück eindeutig als gerichtliches Schriftstück bezeichnet oder darauf hingewiesen wird, dass die Zustellung durch die Benachrichtigung als erfolgt gilt und damit Fristen zu laufen beginnen;
e) postalisch ohne Nachweis gemäß Absatz 3, wenn der Antragsgegner seine Anschrift im Ursprungsmitgliedstaat hat; L 399/6 DE Amtsblatt der Europäischen Union 30. 12. 2006
f) elektronisch, mit automatisch erstellter Sendebestätigung, sofern sich der Antragsgegner vorab ausdrücklich mit dieser Art der Zustellung einverstanden erklärt hat.
(2) Für die Zwecke dieser Verordnung ist eine Zustellung nach Absatz 1 nicht zulässig, wenn die Anschrift des Antragsgegners nicht mit Sicherheit ermittelt werden kann.
(3) Die Zustellung nach Absatz 1 Buchstaben a, b, c und d wird bescheinigt durch
a) ein von der zuständigen Person, die die Zustellung vorgenommen hat, unterzeichnetes Schriftstück mit den folgenden Angaben:
   i) die gewählte Form der Zustellung, und
   ii) das Datum der Zustellung sowie, und
   iii) falls der Zahlungsbefehl einer anderen Person als dem Antragsgegner zugestellt wurde, der Name dieser Person und die Angabe ihres Verhältnisses zum Antragsgegner,
   oder
b) eine Empfangsbestätigung der Person, der der Zahlungsbefehl zugestellt wurde, für die Zwecke von Absatz 1 Buchstaben a und b.

Artikel 15 Zustellung an einen Vertreter
Die Zustellung nach den Artikeln 13 oder 14 kann auch an den Vertreter des Antragsgegners bewirkt werden.

Artikel 16 Einspruch gegen den Europäischen Zahlungsbefehl
(1) Der Antragsgegner kann beim Ursprungsgericht Einspruch gegen den Europäischen Zahlungsbefehl unter Verwendung des Formblatts F gemäß Anhang VI einlegen, das dem Antragsgegner zusammen mit dem Europäischen Zahlungsbefehl zugestellt wird.
(2) Der Einspruch muss innerhalb von 30 Tagen ab dem Tag der Zustellung des Zahlungsbefehls an den Antragsgegner versandt werden.
(3) Der Antragsgegner gibt in dem Einspruch an, dass er die Forderung bestreitet, ohne dass er dafür eine Begründung liefern muss.
(4) Der Einspruch ist in Papierform oder durch andere auch elektronische Kommunikationsmittel, die im Ursprungsmitgliedstaat zulässig sind und dem Ursprungsgericht zur Verfügung stehen, einzulegen.
(5) Der Einspruch ist vom Antragsgegner oder gegebenenfalls von seinem Vertreter zu unterzeichnen. Wird der Einspruch gemäß Absatz 4 auf elektronischem Weg eingelegt, so ist er nach Artikel 2 Nummer 2 der Richtlinie 1999/93/EG zu unterzeichnen. Diese Signatur wird im Ursprungsmitgliedstaat anerkannt, ohne dass weitere Bedingungen festgelegt werden können. Eine solche elektronische

Signatur ist jedoch nicht erforderlich, wenn und insoweit es bei den Gerichten des Ursprungsmitgliedstaats ein alternatives elektronisches Kommunikationssystem gibt, das einer bestimmten Gruppe von vorab registrierten und authentifizierten Nutzern zur Verfügung steht und die sichere Identifizierung dieser Nutzer ermöglicht. Die Mitgliedstaaten unterrichten die Kommission über derartige Kommunikationssysteme.

Artikel 17 Wirkungen der Einlegung eines Einspruchs
(1) Wird innerhalb der in Artikel 16 Absatz 2 genannten Frist Einspruch eingelegt, so wird das Verfahren vor den zuständigen Gerichten des Ursprungsmitgliedstaats gemäß den Regeln eines ordentlichen Zivilprozesses weitergeführt, es sei denn, der Antragsteller hat ausdrücklich beantragt, das Verfahren in einem solchen Fall zu beenden. Hat der Antragsteller seine Forderung im Wege des Europäischen Mahnverfahrens geltend gemacht, so wird seine Stellung in nachfolgenden ordentlichen Zivilprozessen durch keine Maßnahme nach nationalem Recht präjudiziert.
(2) Die Überleitung in ein ordentliches Zivilverfahren im Sinne des Absatzes 1 erfolgt nach dem Recht des Ursprungsmitgliedstaats.
(3) Dem Antragsteller wird mitgeteilt, ob der Antragsgegner Einspruch eingelegt hat und ob das Verfahren als ordentlicher Zivilprozess weitergeführt wird.

Artikel 18 Vollstreckbarkeit
(1) Wurde innerhalb der Frist des Artikels 16 Absatz 2 unter Berücksichtigung eines angemessenen Zeitraums für die Übermittlung kein Einspruch beim Ursprungsgericht eingelegt, so erklärt das Gericht den Europäischen Zahlungsbefehl unter Verwendung des Formblatts G gemäß Anhang VII unverzüglich für vollstreckbar. Das Ursprungsgericht überprüft das Zustellungsdatum des Europäischen Zahlungsbefehls.
(2) Unbeschadet des Absatzes 1 richten sich die Voraussetzungen der Zwangsvollstreckung für die Vollstreckbarkeit nach den Rechtsvorschriften des Ursprungsmitgliedstaats.
(3) Das Gericht übersendet dem Antragsteller den vollstreckbaren Europäischen Zahlungsbefehl.

Artikel 19 Abschaffung des Exequaturverfahrens
Der im Ursprungsmitgliedstaat vollstreckbar gewordene Europäische Zahlungsbefehl wird in den anderen Mitgliedstaaten anerkannt und vollstreckt, ohne dass es einer Vollstreckbarerklärung bedarf und ohne dass seine Anerkennung angefochten werden kann.

Artikel 20 Überprüfung in Ausnahmefällen
(1) Nach Ablauf der in Artikel 16 Absatz 2 genannten Frist ist der Antragsgegner berechtigt, bei dem zuständigen Gericht des Ursprungsmitgliedstaats eine Überprüfung des Europäischen Zahlungsbefehls zu beantragen, falls
 a) i) der Zahlungsbefehl in einer der in Artikel 14 genannten Formen zugestellt wurde,
 und
  ii) die Zustellung ohne Verschulden des Antragsgegners nicht so rechtzeitig erfolgt ist, dass er Vorkehrungen für seine Verteidigung hätte treffen können,
 oder
 b) der Antragsgegner aufgrund höherer Gewalt oder aufgrund außergewöhnlicher Umstände ohne eigenes Verschulden keinen Einspruch gegen die Forderung einlegen konnte, wobei in beiden Fällen vorausgesetzt wird, dass er unverzüglich tätig wird.
(2) Ferner ist der Antragsgegner nach Ablauf der in Artikel 16 Absatz 2 genannten Frist berechtigt, bei dem zuständigen Gericht des Ursprungsmitgliedstaats eine Überprüfung des Europäischen Zahlungsbefehls zu beantragen, falls der Europäische Zahlungsbefehl gemessen an den in dieser Verordnung festgelegten Voraussetzungen oder aufgrund von anderen außergewöhnlichen Umständen offensichtlich zu Unrecht erlassen worden ist.
(3) Weist das Gericht den Antrag des Antragsgegners mit der Begründung zurück, dass keine der Voraussetzungen für die Überprüfung nach den Absätzen 1 und 2 gegeben ist, bleibt der Europäische Zahlungsbefehl in Kraft. Entscheidet das Gericht, dass die Überprüfung aus einem der in den Absätzen 1 und 2 genannten Gründe gerechtfertigt ist, wird der Europäische Zahlungsbefehl für nichtig erklärt.

I. Allgemeines

§ 46 b

Artikel 21 Vollstreckung

(1) Unbeschadet der Bestimmungen dieser Verordnung gilt für das Vollstreckungsverfahren das Recht des Vollstreckungsmitgliedstaats. Ein vollstreckbar gewordener Europäischer Zahlungsbefehl wird unter den gleichen Bedingungen vollstreckt wie eine im Vollstreckungsmitgliedstaat vollstreckbar gewordene Entscheidung.

(2) Zur Vollstreckung in einem anderen Mitgliedstaat legt der Antragsteller den zuständigen Vollstreckungsbehörden dieses Mitgliedstaats folgende Dokumente vor:

a) eine Ausfertigung des von dem Ursprungsgericht für vollstreckbar erklärten Europäischen Zahlungsbefehls, die die für seine Beweiskraft erforderlichen Voraussetzungen erfüllt, und

b) gegebenenfalls eine Übersetzung des Europäischen Zahlungsbefehls in die Amtssprache des Vollstreckungsmitgliedstaats oder falls es in diesem Mitgliedstaat mehrere Amtssprachen gibt nach Maßgabe der Rechtsvorschriften dieses Mitgliedstaats in die Verfahrenssprache oder eine der Verfahrenssprachen des Ortes, an dem die Vollstreckung betrieben wird, oder in eine sonstige Sprache, die der Vollstreckungsmitgliedstaat zulässt. Jeder Mitgliedstaat kann angeben, welche Amtssprache oder Amtssprachen der Organe der Europäischen Union er neben seiner oder seinen eigenen für den Europäischen Zahlungsbefehl zulässt. Die Übersetzung ist von einer hierzu in einem der Mitgliedstaaten befugten Person zu beglaubigen.

(3) Einem Antragsteller, der in einem Mitgliedstaat die Vollstreckung eines in einem anderen Mitgliedstaat erlassenen Europäischen Zahlungsbefehls beantragt, darf wegen seiner Eigenschaft als Ausländer oder wegen Fehlens eines inländischen Wohnsitzes oder Aufenthaltsorts im Vollstreckungsmitgliedstaat eine Sicherheitsleistung oder Hinterlegung, unter welcher Bezeichnung es auch sei, nicht auferlegt werden.

Artikel 22 Verweigerung der Vollstreckung

(1) Auf Antrag des Antragsgegners wird die Vollstreckung vom zuständigen Gericht im Vollstreckungsmitgliedstaat verweigert, wenn der Europäische Zahlungsbefehl mit einer früheren Entscheidung oder einem früheren Zahlungsbefehl unvereinbar ist, die bzw. der in einem Mitgliedstaat oder einem Drittland ergangen ist, sofern

a) die frühere Entscheidung oder der frühere Zahlungsbefehl zwischen denselben Parteien wegen desselben Streitgegenstands ergangen ist, und

b) die frühere Entscheidung oder der frühere Zahlungsbefehl die notwendigen Voraussetzungen für die Anerkennung im Vollstreckungsmitgliedstaat erfüllt, und

c) die Unvereinbarkeit im gerichtlichen Verfahren des Ursprungsmitgliedstaats nicht geltend gemacht werden konnte.

(2) Auf Antrag wird die Vollstreckung ebenfalls verweigert, sofern und insoweit der Antragsgegner den Betrag, der dem Antragsteller in einem Europäischen Zahlungsbefehl zuerkannt worden ist, an diesen entrichtet hat.

(3) Ein Europäischer Zahlungsbefehl darf im Vollstreckungsmitgliedstaat in der Sache selbst nicht nachgeprüft werden.

Artikel 23 Aussetzung oder Beschränkung der Vollstreckung

Hat der Antragsgegner eine Überprüfung nach Artikel 20 beantragt, so kann das zuständige Gericht im Vollstreckungsmitgliedstaat auf Antrag des Antragsgegners

a) das Vollstreckungsverfahren auf Sicherungsmaßnahmen beschränken, oder

b) die Vollstreckung von der Leistung einer von dem Gericht zu bestimmenden Sicherheit abhängig machen, oder

c) unter außergewöhnlichen Umständen das Vollstreckungsverfahren aussetzen.

Artikel 24 Rechtliche Vertretung

Die Vertretung durch einen Rechtsanwalt oder sonstigen Rechtsbeistand ist nicht zwingend

a) für den Antragsteller im Hinblick auf die Beantragung eines Europäischen Zahlungsbefehls,

b) für den Antragsgegner bei Einlegung des Einspruchs gegen einen Europäischen Zahlungsbefehl.

Artikel 25 Gerichtsgebühren

(1) Die Gerichtsgebühren eines Europäischen Mahnverfahrens und eines ordentlichen Zivilprozesses, der sich an die Einlegung eines Einspruchs gegen den Europäischen Zahlungsbefehl in einem Mitgliedstaat anschließt, dürfen insgesamt nicht höher sein als die Gerichtsgebühren eines ordentlichen Zivilprozesses ohne vorausgehendes Europäisches Mahnverfahren in diesem Mitgliedstaat.

(2) Für die Zwecke dieser Verordnung umfassen die Gerichtsgebühren die dem Gericht zu entrichtenden Gebühren und Abgaben, deren Höhe nach dem nationalen Recht festgelegt wird.

Artikel 26 Verhältnis zum nationalen Prozessrecht

Sämtliche verfahrensrechtlichen Fragen, die in dieser Verordnung nicht ausdrücklich geregelt sind, richten sich nach den nationalen Rechtsvorschriften.

Artikel 27 Verhältnis zur Verordnung (EG) Nr. 1348/2000

Diese Verordnung berührt nicht die Anwendung der Verordnung (EG) Nr. 1348/2000 des Rates vom 29. Mai 2000 über die Zustellung gerichtlicher und außergerichtlicher Schriftstücke in Zivil- und Handelssachen in den Mitgliedstaaten.

Artikel 28 Informationen zu den Zustellungskosten und zur Vollstreckung

Die Mitgliedstaaten arbeiten zusammen, um der Öffentlichkeit und den Fachkreisen folgende Informationen zur Verfügung zu stellen:

a) Informationen zu den Zustellungskosten, und

b) Information darüber, welche Behörden im Zusammenhang mit der Vollstreckung für die Anwendung der Artikel 21, 22 und 23 zuständig sind, insbesondere über das mit der Entscheidung 2001/470/EG des Rates eingerichtete Europäische Justizielle Netz für Zivil- und Handelssachen.

Artikel 29 Angaben zu den zuständigen Gerichten, den Überprüfungsverfahren, den Kommunikationsmitteln und den Sprachen

(1) Die Mitgliedstaaten teilen der Kommission bis zum 12. Juni 2008 Folgendes mit:
a) die Gerichte, die dafür zuständig sind, einen Europäischen Zahlungsbefehl zu erlassen;
b) Informationen über das Überprüfungsverfahren und die für die Anwendung des Artikels 20 zuständigen Gerichte;
c) die Kommunikationsmittel, die im Hinblick auf das Europäische Mahnverfahren zulässig sind und den Gerichten zur Verfügung stehen;
d) die nach Artikel 21 Absatz 2 Buchstabe b zulässigen Sprachen.

Die Mitgliedstaaten unterrichten die Kommission über alle späteren Änderungen dieser Angaben.

(2) Die Kommission macht die nach Absatz 1 mitgeteilten Angaben durch Veröffentlichung im Amtsblatt der Europäischen Union und durch andere geeignete Mittel öffentlich zugänglich.

Artikel 30 Änderung der Anhänge

Die Formblätter in den Anhängen werden nach dem in Artikel 31 Absatz 2 vorgesehenen Verfahren aktualisiert oder in technischer Hinsicht angepasst; solche Änderungen müssen den Vorschriften dieser Verordnung vollständig entsprechen.

Artikel 31 Ausschuss

(1) Die Kommission wird von dem nach Artikel 75 der Verordnung (EG) Nr. 44/2001 eingesetzten Ausschuss unterstützt.

(2) Wird auf diesen Absatz Bezug genommen, so gelten Artikel 5a Absätze 1 bis 4 und Artikel 7 des Beschlusses 1999/468/EG, unter Beachtung von dessen Artikel 8.

(3) Der Ausschuss gibt sich eine Geschäftsordnung.

Artikel 32 Überprüfung

Die Kommission legt dem Europäischen Parlament, dem Rat und dem Europäischen Wirtschafts- und Sozialausschuss bis zum 12. Dezember 2013 einen detaillierten Bericht über die Überprüfung des Funktionierens des Europäischen Mahnverfahrens vor. Dieser Bericht enthält eine Bewertung des

I. Allgemeines § 46 b

Funktionierens des Verfahrens und eine erweiterte Folgenabschätzung für jeden Mitgliedstaat. Zu diesem Zweck und damit gewährleistet ist, dass die vorbildliche Praxis in der Europäischen Union gebührend berücksichtigt wird und die Grundsätze der besseren Rechtsetzung zum Tragen kommen, stellen die Mitgliedstaaten der Kommission Angaben zum grenzüberschreitenden Funktionieren des Europäischen Zahlungsbefehls zur Verfügung. Diese Angaben beziehen sich auf die Gerichtsgebühren, die Schnelligkeit des Verfahrens, die Effizienz, die Benutzerfreundlichkeit und die internen Mahnverfahren der Mitgliedstaaten. Dem Bericht der Kommission werden gegebenenfalls Vorschläge zur Anpassung der Verordnung beigefügt.

Artikel 33 Inkrafttreten
Diese Verordnung tritt am Tag nach ihrer Veröffentlichung im Amtsblatt der Europäischen Union in Kraft. Sie gilt ab dem 12. Dezember 2008 mit Ausnahme der Artikel 28, 29, 30 und 31, die ab dem 12. Juni 2008 gelten. Diese Verordnung ist in allen ihren Teilen verbindlich und gilt gemäß dem Vertrag zur Gründung der Europäischen Gemeinschaft unmittelbar in den Mitgliedstaaten.

Die in Verfolg dieser Verordnung erlassenen **Regelungen in dem 11. Buch Abschnitt 5 der ZPO** haben folgenden Wortlaut: 3

„Abschnitt 5
Europäisches Mahnverfahren nach der Verordnung (EG) Nr. 1896/2006
Titel 1
Allgemeine Vorschriften

§ 1087 Zuständigkeit
Für die Bearbeitung von Anträgen auf Erlass und Überprüfung sowie die Vollstreckbarerklärung eines Europäischen Zahlungsbefehls nach der Verordnung (EG) Nr. 1896/2006 des Europäischen Parlaments und des Rates vom 12. Dezember 2006 zur Einführung eines Europäischen Mahnverfahrens (ABl. EU Nr. L 399 S. 1) ist das Amtsgericht Wedding in Berlin ausschließlich zuständig.

§ 1088 Maschinelle Bearbeitung
(1) Der Antrag auf Erlass des Europäischen Zahlungsbefehls und der Einspruch können in einer nur maschinell lesbaren Form bei Gericht eingereicht werden, wenn diese dem Gericht für seine maschinelle Bearbeitung geeignet erscheint. § 130 a Abs. 3 gilt entsprechend.
(2) Der Senat des Landes Berlin bestimmt durch Rechtsverordnung, die nicht der Zustimmung des Bundesrates bedarf, den Zeitpunkt, in dem beim Amtsgericht Wedding die maschinelle Bearbeitung der Mahnverfahren eingeführt wird; er kann die Ermächtigung durch Rechtsverordnung auf die Senatsverwaltung für Justiz des Landes Berlin übertragen.

§ 1089 Zustellung
Ist der Europäische Zahlungsbefehl im Inland zuzustellen, gelten die Vorschriften über das Verfahren bei Zustellungen von Amts wegen entsprechend. Die §§ 185 bis 188 sind nicht anzuwenden.
(2) Ist der Europäische Zahlungsbefehl in einem anderen Mitgliedstaat der Europäischen Union zuzustellen, gelten die Vorschriften der Verordnung (EG) Nr. 1393/2007 sowie für die Durchführung § 1068 Abs. 1 und § 1069 Abs. 1 entsprechend.

Titel 2
Einspruch gegen den Europäischen Zahlungsbefehl

§ 1090 Verfahren nach Einspruch
(1) Im Fall des Artikels 17 Abs. 1 der Verordnung (EG) Nr. 1896/2006 fordert das Gericht den Antragsteller mit der Mitteilung nach Artikel 17 Abs. 3 der Verordnung (EG) Nr. 1896/2006 auf, das Gericht zu bezeichnen, das für die Durchführung des streitigen Verfahrens zuständig ist. Das Gericht setzt dem Antragsteller hierfür eine nach den Umständen angemessene Frist und weist ihn darauf hin, dass dem für die Durchführung des streitigen Verfahrens bezeichneten Gericht die Prüfung seiner Zuständigkeit vorbehalten bleibt. Die Aufforderung ist dem Antragsgegner mitzuteilen.

§ 46 b   Europäisches Mahnverfahren nach der Verordnung (EG) Nr. 1896/2006

(2) Nach Eingang der Mitteilung des Antragstellers nach Absatz 1 Satz 1 gibt das Gericht, das den Europäischen Zahlungsbefehl erlassen hat, das Verfahren von Amts wegen an das vom Antragsteller bezeichnete Gericht ab. § 696 Abs. 1 Satz 3 bis 5, Abs. 2, 4 und 5 sowie § 698 gelten entsprechend.

(3) Die Streitsache gilt als mit Zustellung des Europäischen Zahlungsbefehls rechtshängig geworden, wenn sie nach Übersendung der Aufforderung nach Absatz 1 Satz 1 und unter Berücksichtigung der Frist nach Absatz 1 Satz 2 alsbald abgegeben wird.

§ 1091 Einleitung des Streitverfahrens
§ 697 Abs. 1 bis 3 gilt entsprechend.

Titel 3
Überprüfung des Europäischen Zahlungsbefehls in Ausnahmefällen

§ 1092 Verfahren
(1) Die Entscheidung über einen Antrag auf Überprüfung des Europäischen Zahlungsbefehls nach Artikel 20 Abs. 1 oder Abs. 2 der Verordnung (EG) Nr. 1896/2006 ergeht durch Beschluss. Der Beschluss ist unanfechtbar.

(2) Der Antragsgegner hat die Tatsachen, die eine Aufhebung des Europäischen Zahlungsbefehls begründen, glaubhaft zu machen.

(3) Erklärt das Gericht den Europäischen Zahlungsbefehl für nichtig, endet das Verfahren nach der Verordnung (EG) Nr. 1896/2006.

(4) Eine Wiedereinsetzung in die Frist nach Artikel 16 Abs. 2 der Verordnung (EG) Nr. 1896/2006 findet nicht statt.

Titel 4
Zwangsvollstreckung aus dem Europäischen Zahlungsbefehl

§ 1093 Vollstreckungsklausel
Aus einem nach der Verordnung (EG) Nr. 1896/2006 erlassenen und für vollstreckbar erklärten Europäischen Zahlungsbefehl findet die Zwangsvollstreckung im Inland statt, ohne dass es einer Vollstreckungsklausel bedarf.

§ 1094 Übersetzung
Hat der Gläubiger nach Artikel 21 Abs. 2 Buchstabe b der Verordnung (EG) Nr. 1896/2006 eine Übersetzung vorzulegen, so ist diese in deutscher Sprache zu verfassen und von einer in einem der Mitgliedstaaten der Europäischen Union hierzu befugten Person zu beglaubigen.

§ 1095 Vollstreckungsschutz und Vollstreckungsabwehrklage gegen den im Inland erlassenen Europäischen Zahlungsbefehl
(1) Wird die Überprüfung eines im Inland erlassenen Europäischen Zahlungsbefehls nach Artikel 20 der Verordnung (EG) Nr. 1896/2006 beantragt, gilt § 707 entsprechend. Für die Entscheidung über den Antrag nach § 707 ist das Gericht zuständig, das über den Antrag nach Artikel 20 der Verordnung (EG) Nr. 1896/2006 entscheidet.

(2) Einwendungen, die den Anspruch selbst betreffen, sind nur insoweit zulässig, als die Gründe, auf denen sie beruhen, nach Zustellung des Europäischen Zahlungsbefehls entstanden sind und durch Einspruch nach Artikel 16 der Verordnung (EG) Nr. 1896/2006 nicht mehr geltend gemacht werden können.

§ 1096 Anträge nach den Artikeln 22 und 23 der Verordnung (EG) Nr. 1896/2006; Vollstreckungsabwehrklage
(1) Für Anträge auf Verweigerung der Zwangsvollstreckung nach Artikel 22 Abs. 1 der Verordnung (EG) Nr. 1896/2006 gilt § 1084 Abs. 1 und 2 entsprechend. Für Anträge auf Aussetzung oder Beschränkung der Zwangsvollstreckung nach Artikel 23 der Verordnung (EG) Nr. 1896/2006 ist § 1084 Abs. 1 und 3 entsprechend anzuwenden.

(2) Für Anträge auf Verweigerung der Zwangsvollstreckung nach Artikel 22 Abs. 2 der Verordnung (EG) Nr. 1896/2006 gilt § 1086 Abs. 1 entsprechend. Für Klagen nach § 767 sind § 1086 Abs. 1 und § 1095 Abs. 2 entsprechend anzuwenden.

II. Besonderheiten des arbeitsgerichtlichen Verfahrens

1. Zuständigkeit, Abs. 2

Der Anwendungsbereich der VO (EG) 1896/2006 ist in deren Art. 2 festgelegt. Die 4
Zuständigkeit für die Bearbeitung und Prüfung von Anträgen ist in § 1087 ZPO geregelt. Durch die Bestimmung in § 46 b Abs. 2 ist für das arbeitsgerichtliche Verfahren eine **Sonderregelung gegenüber der ZPO** getroffen worden. Danach besteht keine zentrale Zuständigkeit eines Arbeitsgerichts, sondern es ist das Arbeitsgericht zuständig, das für die im Urteilsverfahren erhobene Klage zuständig sein würde. Hier gelten die Zuständigkeitsregelungen der §§ 12 ff. ZPO sowie diejenige des § 48 Abs. 1 a (dazu § 48 Rn. 34 ff.). Durch den Verzicht auf eine zentrale Zuständigkeit hat der Gesetzgeber mögliche Rationalisierungseffekte nicht genutzt, es ist nunmehr erforderlich, dass sich jedes Arbeitsgericht mit den nicht einfachen Bestimmungen des europäischen Mahnverfahrens vertraut macht. Die Regelung ist abschließend, daneben kommt § 1087 ZPO nicht zur Anwendung.

2. Wirkung des Einspruchs, Abs. 3

Nach Art. 17 Abs. 1 i.V. mit Art. 16 Abs. 2 EuMVVO kann gegen einen europäi- 5
schen Zahlungsbefehl binnen 30 Tagen nach Zustellung Einspruch eingelegt werden. Die Folge ist, dass das Verfahren in einem normalen Rechtsstreit weiterzuführen ist, es sei denn, der Antragsteller hätte ausdrücklich beantragt, das Verfahren in diesem Falle zu beenden. Durch Abs. 3 ist in **Abweichung von § 1090 ZPO** festgelegt, dass die Regelungen von § 46 a Abs. 4 und 5 Anwendung finden. Dem Antragsteller ist unverzüglich aufzugeben, seinen Anspruch binnen zwei Wochen schriftlich zu begründen, der Termin ist nach Eingang der Begründung anzuberaumen. Die Streitsache gilt als mit Zustellung des europäischen Zahlungsbefehls anhängig geworden, wenn alsbald nach Erhebung des Einspruchs Termin anberaumt wird. Diese Wirkung tritt nicht ein, wenn eine Anspruchsbegründung nicht rechtzeitig eingeht, da dann Termin nur auf Antrag des Antragsgegners anberaumt wird, also nicht unverzüglich erfolgt.

§ 46 c Einreichung elektronischer Dokumente

(1) ¹Soweit für vorbereitende Schriftsätze und deren Anlagen, für Anträge und Erklärungen der Parteien sowie für Auskünfte, Aussagen, Gutachten und Erklärungen Dritter die Schriftform vorgesehen ist, genügt dieser Form die Aufzeichnung als elektronisches Dokument, wenn dieses für die Bearbeitung durch das Gericht geeignet ist. ²Die verantwortende Person soll das Dokument mit einer qualifizierten elektronischen Signatur nach dem Signaturgesetz versehen. ³Ist ein übermitteltes elektronisches Dokument für das Gericht zur Bearbeitung nicht geeignet, ist dies dem Absender unter Angabe der geltenden technischen Rahmenbedingungen unverzüglich mitzuteilen.

(2) ¹Die Bundesregierung und die Landesregierungen bestimmen für ihren Bereich durch Rechtsverordnung den Zeitpunkt, von dem an elektronische Dokumente bei den Gerichten eingereicht werden können, sowie die für die Bearbeitung der Dokumente geeignete Form. ²Die Landesregierungen können die Ermächtigung durch Rechtsverordnung auf die jeweils zuständige oberste Landesbehörde übertragen. ³Die Zulassung der elektronischen Form kann auf einzelne Gerichte oder Verfahren beschränkt werden.

(3) Ein elektronisches Dokument ist eingereicht, sobald die für den Empfang bestimmte Einrichtung des Gerichts es aufgezeichnet hat.

§ 46 c

Übersicht

	Rn.
I. Allgemeines	1–4
II. Anwendungsbereich	5–16
1. Elektronisches Dokument, Begriff	5, 6
2. Schriftsätze etc.	7
3. Bearbeitungsmöglichkeit durch das Gericht	8, 9
4. Signatur	10–15
5. Hinweispflicht	16
III. Verordnungen	17–20
IV. Zugang	21, 22
V. Einreichung auf andere Weise	23

I. Allgemeines

1 Die Vorschrift ist durch das „**Gesetz zur Anpassung der Formvorschriften des Privatrechts und anderer Vorschriften an den modernen Rechtsgeschäftsverkehr**" (vom 13. 7. 2001 – BGBl. I S. 1542 ff. – FormVAnpG) neu eingefügt worden. Es dient der Umsetzung von zwei EG-Richtlinien (EG-Richtlinie über die gemeinschaftlichen Rahmenbedingungen für elektronische Signaturen vom 13. 12. 1999 – Richtlinie 1999/93/EG; EG-Richtlinie über den elektronischen Geschäftsverkehr vom 8. 6. 2000 – Richtlinie 2000/31/EG). Diese Richtlinien fordern, dass die materiell-rechtlichen Vorschriften der Staaten der EG die elektronische Signatur mit der Unterschrift gleichstellen, ferner soll die elektronische Übermittlung im Gerichtsverfahren auch hinsichtlich der Beweismöglichkeiten zugelassen werden. Das Gesetz zur Anpassung der Formvorschriften des Privatrechts und anderer Vorschriften an den modernen Rechtsgeschäftsverkehr (FormVAnpG) wird weiter ergänzt durch die Bestimmungen des Gesetzes über Rahmenbedingungen für elektronische Signaturen und zur Änderung weiterer Vorschriften (vom 16. 5. 2001 – BGBl. I S. 876 ff. – SigG). Dieses wiederum ist unter Beachtung der Bestimmungen der Richtlinie 98/48 EG vom 20. 7. 1998 und der Richtlinie 98/34/EG vom 22. 6. 1998 erlassen worden. Das FormVAnpG ist am 1. 8. 2001 in Kraft getreten. Die Vorschrift wird ergänzt durch die Bestimmungen über das gerichtliche elektronische Dokument in § 46 d und die elektronische Akte in § 46 e. Für das zivilprozessuale Verfahren finden sich vergleichbare Regelungen in §§ **130 a und b sowie 298 a ZPO**. Diese sind im arbeitsgerichtlichen Verfahren **nicht anwendbar**. Anwendbar sind jedoch die Bestimmungen über den Aktenausdruck in § 298 ZPO, die Akteneinsicht und Erteilung von Abschriften, § 299 ZPO sowie über das Datenträgerarchiv in § 299 a ZPO (dazu näher *Viefhues* NJW 2005, 1009, 1010 ff.). Mit den Regelungen sollen die Voraussetzungen für den elektronischen Rechtsverkehr geschaffen und die Anpassung des gerichtlichen Verfahrens an geänderte technische Gegebenheiten ermöglicht werden (dazu näher *Hähnchen* NJW 2005, 2257; *Viefhues* a. a. O.).

2 Mit der Bestimmung des § 46 c, wird für das arbeitsgerichtliche Verfahren die prozessuale Konsequenz aus der **Änderung der Schriftformvorschriften im BGB,** insbesondere der §§ 126 Abs. 3 und 127 sowie der neu eingefügten §§ 126 a und 126 b BGB gezogen. Im Grunde enthält die Vorschrift eine modifizierte Schriftform, die bereits für das **Mahnverfahren** in § 690 Abs. 3 ZPO eingeführt worden ist. Art. 229 § 2 Abs. 3 EGBGB ist insoweit ohne Bedeutung, da durch diese Vorschrift noch nicht die elektronische Signatur der Unterschrift gleichgestellt worden war.

3 In diesem Zusammenhang ist auch die neu geschaffene Vorschrift des § 371 a ZPO von Bedeutung, die den **Anscheinsbeweis einer in elektronischer Form abgegebenen Willenserklärung** unter Benutzung einer qualifizierten elektronischen Signatur näher regelt. Diese Bestimmung war notwendig, da die Regelungen über den Urkundsbeweis für elektronische Dokumente nicht unmittelbar herangezogen werden können, da dem

II. Anwendungsbereich § 46 c

elektronischen Dokument das Wesensmerkmal der Verkörperung auf einem Schriftträger, der ohne technische Hilfsmittel lesbar ist, fehlt. Ergänzt wird diese Bestimmung durch § 371 Satz 2 ZPO, der den Beweisantritt regelt, wenn sich der Gegenstand oder das Dokument nicht im Besitz des Beweisführers befindet.

Nicht unmittelbar mit der elektronischen Signatur zusammen hängt die Neufassung in 4 § 130 Nr. 6 ZPO, die auch im arbeitsgerichtlichen Verfahren Anwendung finden kann. Danach ist die Unterschrift einer Person, die einen Schriftsatz verantwortet bei Inanspruchnahme eines Telefaxdienstes (Telekopie) auch durch Wiedergabe in Kopie möglich. Hierbei handelt es sich um ein elektronisches Dokument im Sinne der Bestimmungen des FormVAnpG. Das Untewrschriftserfordernis wird hier auch eingehalten, wenn einer elektronischen Nachricht (Telefax) eine Bilddatei (PDF-Datei) als Anhang beigefügt wird (BGH 15. 7. 2008 NJW 2008, 2649 ff.).

II. Anwendungsbereich

1. Elektronisches Dokument, Begriff

Ein elektronisches Dokument wird mit Hilfe von Mitteln der Informatik elektronisch 5 erstellt und **besteht aus den Elementen** Codierung, Struktur, Daten und Format. Die Codierung legt dabei fest, in welcher Form die Daten des Dokumentes elektronisch festgehalten werden, welche elektronischen Zeichen welchem Zeichen entsprechen. Hierbei gibt es bei der Textcodierung verschiedene Systeme bzw. Standards. Das elektronische Dokument soll auch als solches bei dem Empfänger (Gericht) weiterverarbeitet werden, ohne dass es der Umwandlung in eine papiergebundene Urkunde bedarf. Das **Telefax** ist **keine elektronische Urkunde** in diesem Sinne, da es sich hierbei um eine besondere Schriftform handelt, für die auch ein Unterschriftserfordernis besteht. Das Gleiche gilt für das **Computer-** oder **Funkfax,** diese Formen fallen unter die Regelung in § 130 Nr. 6 ZPO (oben § 46 Rn. 45). Entscheidend ist, dass zwar bei dem Absender keine körperliche Urkunde vorhanden ist, diese aber bei dem Empfänger (Gericht) erstellt wird. Es wird also nicht eine Datei weiterverarbeitet, sondern ein papiergebundenes Dokument (BVerwG 30. 3. 2006 NJW 2006, 1989; BGH 10. 5. 2005, NJW 2005, 1470; GK-ArbGG/*Schütz* § 46 c Rn. 16; *Schwab/Weth/Herberger* § 46 b Rn. 5; a. A. ArbGG-*Kloppenburg/Ziemann* § 46 b Rn. 7). Hierfür spricht auch, dass der Gesetzgeber bei Schaffung der neuen Formvorschriften nicht das bisherige Schriftformerfordernis und die dazu ergangene Rechtsprechung verändern wollte (BT-Drucks. 14/4987 S. 23 f.). Eine elektronische Urkunde liegt ferner vor, wenn mit Telefax eine **Bilddatei** übermittelt wird (vgl. BGH 4. 12. 2008 – IX ZB 41/08 –; 15. 7. 2008 NJW 2008, 2649 ff.). Außerhalb des § 46 c kann auf diesem Wege aber eine Frist nur durch den darauf beruhenden Ausdruck gewahrt werden (BGH 4. 12. 2008 – IX ZB 41/08).

Wie die **Übermittlung** erfolgt, ist durch das **Gesetz nicht näher festgelegt** worden. In 6 Betracht kommen beispielsweise ein Datenträgeraustausch (Diskette, CD, DVD oder andere Speichermedien) oder die elektronische Fernübermittlung per Funk, Kabel, E-Mail, Internet oder auf sonstige Weise. Durch die nach Abs. 2 zu erlassende Verordnung kann eine Beschränkung auf bestimmte Übermittlungswege erfolgen. Das Risiko der Übermittlung trifft den Absender, da das Dokument erst mit der Aufzeichnung durch das Gericht eingereicht ist, Abs. 3.

2. Schriftsätze etc.

Die Bestimmung gilt für **sämtliche vorbereitenden Schriftsätze**, die in einem gericht- 7 lichen Verfahren gewechselt werden können, also auch Klage und Rechtsmittelschriften. Erfasst werden auch die Anlagen, sämtliche Anträge und Erklärungen der Parteien, auch Auskünfte beispielsweise im Rahmen einer Beweisaufnahme, Aussagen, Gutachten und Erklärungen Dritter können nach Absatz 1 Satz 1 Gegenstand einer Aufzeichnung als elektronisches Dokument sein, wenn sie auch schon bisher dem Gericht schriftlich übermittelt werden konnten. Damit hat der Gesetzgeber auch die Möglichkeit eröffnet, dass Klageschriften, Berufungsschriften und Berufungsbegründungen, Revisionen und Revisionsbegründungen sowie sonstige Rechtsmittelschriften und weitere Eingaben, auch soweit sie bestimmenden Charakter haben, als elektronisches Dokument eingereicht werden können. Im Grunde geht damit die Regelung im materiell-rechtlichen Sinne genauso weit wie die Neuregelungen der Formvorschriften im bürgerlichen Recht (vgl. dazu näher *Hähnchen* NJW 2001, 2831, 2832 und NJW 2005, 2257).

3. Bearbeitungsmöglichkeit durch das Gericht

8   Die Einreichung elektronischer Dokumente bei einem Gericht setzt voraus, dass dieses über die **technischen Einrichtungen verfügt**, um diese weiter bearbeiten zu können. Es genügt nicht, dass für den Empfang bestimmte Einrichtungen vorhanden sind, es ist auch notwendig, dass sichergestellt ist, dass eine Weiterbearbeitung des eingegangenen Dokumentes durch das Gericht erfolgen kann. Dies erfordert von den Gerichten erhebliche technische Ausrüstungen, die jeweils dem neuesten Stand der Technik angepasst werden müssen. Der **Zugang** für die Einreichung muss durch das Gericht ausdrücklich **eröffnet werden**, die schon jetzt verfügbaren **E-Mail** Adressen der Gerichte stellen einen solchen Zugang grundsätzlich **nicht** dar (GK-ArbGG/*Schütz* § 46c Rn. 18; *Zöller/Greger* § 130a Rn. 1). Insbesondere kann über diese nur dann ein fristwahrender Schriftsatz eingereicht werden, wenn sämtliche Voraussetzungen des § 46c erfüllt. Solange dies nicht der Fall ist, wahrt ein elektronisches Dokument nicht die für bestimmende Schriftsätze vorgeschriebene Form (BGH 4. 12. 2008 – IX ZB 41/08 –). Hierauf sollte von dem Gericht hingewiesen werden.

8a   Der **Zugang eines Schriftsatzes** in dieser Form ist erst erfolgt, wenn die für den Empfang bestimmte Einrichtung des Gerichts ihn vollständig aufgezeichnet hat (BGH 4. 12. 2008 BB 2009, 57). Solange eine Zugangsregelung durch Rechtsverordnung nicht erfolgt ist, ist die Speicherung nur ein Durchgangsstadium, eine Bearbeitung durch das Gericht ist erst möglich, wenn der Schriftsatz ausgedruckt vorliegt, so dass auch erst dann ein Zugang angenommen werden kann (BGH a. a. O.; 15. 7. 2008 NJW 2008, 2649, 2650).

9   Um sicherzustellen, dass derartige technische Ausrüstungen der Gerichte vorhanden sind, ist in Absatz 2 geregelt, dass die Bundesregierung bzw. die Landesregierungen für ihren Bereich durch **Rechtsverordnung den Zeitpunkt bestimmen,** von dem an elektronische Dokumente bei den Gerichten eingereicht werden können, in der Rechtsverordnung ist ferner zu regeln, welche Form für die Bearbeitung der Dokumente geeignet ist. Es kann festgelegt werden, welche Dateiformate verarbeitet werden können, z. B. RTF, HTML, PDF, Word, TIFF etc. Auch die jeweils zu verwendende Version ist zu bestimmen (*Schwab/WethHerberger* § 46b Rn. 6). Die Verordnungen können auch für einzelne Gerichtszweige oder einzelne Gerichte entsprechend den jeweiligen technischen Gegebenheiten erlassen werden. Auch ist es möglich, wie sich aus Absatz 2 Satz 3 ergibt, dass durch die Verordnung einzelne Verfahren festgelegt werden können, diese sind dann für die Absender ebenso verbindlich wie für die Gerichte.

4. Signatur

10   Nach Absatz 1 Satz 2 soll die verantwortende Person das Dokument mit einer qualifizierten elektronischen Signatur nach dem Signaturgesetz (SigG vom 16. 5. 2001 – BGBl. I S. 876) versehen. Die Vorschrift ist als **Sollvorschrift** ausgestaltet, d. h., dass für

II. Anwendungsbereich § 46c

die Wirksamkeit der Übermittlung die elektronische Signatur nicht zwingend erforderlich ist. Es kann auch auf andere Weise sichergestellt werden, dass nur die verantwortende Person das elektronische Dokument abgesandt hat. Dies kann z. B. dann der Fall sein, wenn einer elektronischen Nachricht (Telefax) als Anhang eine Bilddatei (PDF-Datei) beigefügt wird, in der die Unterschrift des Ausstellers wiedergegeben wird (BGH 15. 7. 2008 NJW 2008, 2649 ff.).

Ob diese Form der Sollvorschrift sinnvoll ist, kann zweifelhaft sein. Auf diese Weise wird **verhindert,** dass **eindeutige Zuordnungsmöglichkeiten** für sämtliche elektronischen Dokumente einheitlich bestehen. Auch durch Rechtsverordnung kann insoweit eine Präzisierung nicht erfolgen, da nach Absatz 2 Satz 1 nur die Form der Bearbeitung festgelegt werden kann, nicht jedoch die Form, mit der sichergestellt werden soll, dass das Dokument auch tatsächlich von dem Aussteller stammt. **11**

Zu berücksichtigen ist aber in diesem Zusammenhang die Regelung in § 126 a Abs. 1 BGB. Danach ist bei einer gesetzlich vorgeschriebenen schriftlichen Form, die durch die elektronische Form ersetzt wird, notwendig, dass der Aussteller seinen **Namen hinzufügt** und zusätzlich das elektronische Dokument mit einer qualifizierten elektronischen Signatur nach dem Signaturgesetz versieht. Die Signatur dient danach nicht nur dem Nachweis der Urheberschaft, sondern auch dem Schutz des Dokuments vor nachträglicher Veränderung. Es darf nicht außer Acht gelassen werden, dass bei elektronischen Erklärungen in erheblichem Umfange ein **Missbrauch** eintreten kann. Die Möglichkeit einer Manipulation elektronischer Dokumente darf insoweit nicht unterschätzt werden. Gerade für **bestimmende Schriftsätze** ist daher die Sollvorschrift als **Mußvorschrift** anzuwenden (GK-ArbGG/*Schütz* § 46 c Rn. 27; *Schwab/Weth/Herberger* § 46 b Rn. 10; *Musielak/Stadler* § 130 a Rn. 3; a. A. ArbGG-*Kloppenburg/Ziemann* § 46 b Rn. 12). Allerdings kann in besonderen Ausnahmefällen, die auch bei dem Erfordernis der Unterschrift nach § 130 Nr. 6 ZPO gelten, von der Notwendigkeit der Signatur abgesehen werden. Dies kann der Fall sein, wenn sich aus anderen Umständen eine Gewähr für die Urheberschaft und den Willen ergibt, den Schriftsatz in den Rechtsverkehr zu bringen (BGH 10. 5. 2005 NJW 2005, 1470; BAG 17. 5. 1978 NJW 1979, 183; BVerwG 27. 1. 2003 NJW 1544; vgl. auch zu weiteren Ausnahmen GmS OGB 5. 4. 2000 BGHZ 144, 160 ff.). **12**

Was eine **Signatur** ist, ist in § 2 Signaturgesetz in den Nummern 1 bis 15 im Einzelnen definiert. Betrachtet man sich diese Bestimmungen, zeigt sich, dass eine verständliche Definition nicht vorliegt, vielmehr hat man es „mit einem Knäuel von amtlichen Begriffsbestimmungen" zu tun, das „nur den Eingang ins Labyrinth der technischen Geheimnisse darstellt, nach dessen Durchirren man vielleicht genau weiß, ob nun eine gültige Unterschrift vorliegt oder nicht" (dies beschreibt so anschaulich *Hartmann* NJW 2001, 2557, 2578). Auch diese elektronische Signatur schließt im Übrigen den Missbrauch nicht aus (dazu *Hähnchen* NJW 2001, 2831, 2833). **13**

Die Signatur nach dem Signaturgesetz soll die eindeutige Zuordnung eines elektronischen Dokumentes ermöglichen. Damit soll die **Sicherheit vor Verfälschung** eingedämmt werden. Dies soll weiter dadurch erreicht werden, dass bestimmte Zertifizierungsdiensteanbieter entsprechende Sicherungsmöglichkeiten zur Verfügung stellen (zu den Signaturverfahren im Einzelnen *Roßnagel* NJW 2001, 1817, 1821 ff.; dieser auch zu den einzelnen Signaturmöglichkeiten a. a. O. S. 1819 ff.). **14**

Dass eine elektronische Signatur zur Sicherung auch im prozessualen Verkehr notwendig ist, ergibt sich im Übrigen auch aus der neu geschaffenen Bestimmung in **§ 130 Nr. 6 ZPO**. Danach ist bei der Übermittlung per Telefax oder Telekopie die Wiedergabe der Unterschrift in der Kopie notwendig (vgl. zur eingescannten Unterschrift GmS OGB vom 5. 4. 2000 NJW 2000, 2340 und oben § 46 Rn. 45). Dies ermöglicht zumindest mit einer gewissen Sicherheit die Feststellung, ob die Unterschrift auch von der Person stammt, die Urheber der Urkunde ist. Dies wäre bei einer elektronischen Übermittlung nicht in dem Maße möglich. **15**

5. Hinweispflicht

16 Nach Abs. 1 Satz 3 hat das Gericht den Absender unverzüglich zu informieren, wenn das übermittelte elektronische Dokument nicht für eine Bearbeitung geeignet ist. Erfasst wird jeder Mangel, also Übermittlungsfehler technischer Art, unvollständige Übermittlung oder Verwendung eines nicht vorgesehenen Dateiformates. Der Hinweis muss den Fehler benennen, gleichzeitig sind die geltenden technischen Rahmenbedingungen mitzuteilen. Der Absender muss bei noch laufender Frist in die Lage versetzt werden, eine fehlerfreie Übermittlung durchzuführen. Ist die Frist bereits abgelaufen, kann u. U. ein Antrag auf Wiedereinsetzung in den vorigen Stand in Betracht kommen, wenn der Absender den technischen Fehler nicht erkennen konnte. Allerdings muss sich jeder Nutzer der elektronischen Übermittlungswege über die Rahmenbedingungen vorher unterrichten. Weist das Gericht nach Erkennen des Mangels nicht unverzüglich auf diesen hin und wird dadurch eine Frist versäumt, kommt ebenfalls ein Wiedereinsetzungsantrag in Betracht.

III. Verordnungen

17 Die **Bundesregierung** und die **Landesregierungen** können für den jeweiligen Bereich, für den sie zuständig sind, durch Rechtsverordnung festlegen, ab wann elektronische Dokumente bei den Gerichten eingereicht werden können. Das Gleiche gilt für die Form, die für die Bearbeitung der Dokumente nach Auffassung der jeweiligen Regierungen geeignet ist. Die Ermächtigung kann durch weitere Rechtsverordnung auf die jeweils zuständige oberste Landesbehörde übertragen werden.

18 Um eine möglichst schnelle Umsetzung der gesetzlichen Bestimmungen zu ermöglichen, ist in Absatz 2 Satz 3 zusätzlich festgelegt worden, dass die Zulassung der elektronischen Form auf einzelne Gerichte oder Verfahren **beschränkt werden kann**. Beispielsweise ist es danach möglich bestimmte Arten von Verfahren, wie etwa Klagen der ZVK auf elektronischem Wege zu ermöglichen. Eine ähnliche Regelung ist in § 703c ZPO auch bereits für das Mahnverfahren vorgesehen (vgl. dazu auch § 46a Abs. 7). Damit kann das elektronische Medium für Massenverfahren eher eingesetzt werden als für die übrigen Verfahren, die von dem jeweiligen Gericht zu behandeln sind. Gerade hier ist auch eine Weiterbearbeitung auf elektronischem Wege unter Berücksichtigung des notwendigen technischen Aufwandes eher zu realisieren als bei einer Vielzahl von unterschiedlichen Einzelverfahren.

19 **Weitere Kompetenzen** sind dem Verordnungsgeber **nicht eröffnet worden**. Insbesondere kann er nicht festlegen, in welcher Weise das Dokument wiedergegeben werden muss, wie erkennbar werden soll, wer das Dokument verantwortet. Die Verordnung kann daher beispielsweise nicht vorsehen, dass entgegen der Sollbestimmung des Absatzes 1 Satz 2 doch eine Signatur nach dem Signaturgesetz gegeben sein muss, wenn sich dies nicht durch Interpretation aus Absatz 1 Satz 2 bereits ergibt. Auch weitere Anforderungen an das elektronische Dokument selbst kann die Rechtsverordnung nicht vorsehen. Vielmehr verbleibt es insoweit bei den allgemeinen Bestimmungen des Verfahrensrechts.

20 Verordnungen sind bisher nur in beschränktem Umfange erlassen worden. Für das Bundesarbeitsgericht gilt die Verordnung über den elektronischen Rechtsverkehr beim Bundesarbeitsgericht vom 9. 3. 2006 (BGBl. I 519). Gerichte für Arbeitssachen in den Bundesländern werden bislang kaum erfasst. Der jeweils aktuelle Stand kann unter der Internetadresse des elektronischen Gerichts- und Verwaltungspostfachs (www.egvp.de/gerichte) abgefragt werden. Auch über die Internetadresse des Bundesarbeitsgerichts (www.bundesarbeitsgericht.de) können weitere Informationen erhalten werden.

IV. Zugang

Durch Absatz 3 ist klargestellt, dass ein elektronisches Dokument bei dem Gericht 21 dann eingegangen ist, sobald die für den Empfang bestimmte **Einrichtung** des Gerichts es **aufgezeichnet** hat. Wann das Dokument gelesen, ausgedruckt oder sonst bearbeitet wird, ist unerheblich. Die Übersendung eines Datenträgers per Post reicht daher für den Zugang noch nicht aus, dieser ist erst dann gegeben, wenn die auf dem entsprechenden Medium befindlichen Daten in die technische Einrichtung des Gerichts eingegeben worden sind. Die Risiken der Übermittlung elektronischer Daten gehen – wie auch bei anderen Übermittlungsarten, z. B. von Schriftstücken an die Gerichte – zu Lasten der jeweiligen Partei. Sie muss sicherstellen, dass das elektronische Dokument in einwandfreiem Zustand und in der erforderlichen Verarbeitungsqualität das Gericht erreicht. Insofern ist es auch notwendig, dass sich der Absender eines elektronischen Dokumentes vergewissert, dass dieses auch tatsächlich bei dem Gericht eingegangen ist. Wie dies technisch zu bewerkstelligen ist, ist letztlich Sache der Partei. Insbesondere bei fristwahrenden Schriftsätzen oder Anträgen muss im Übrigen die Partei auch dafür Sorge tragen, dass die Übermittlung bis zum letzten Tag der Frist, 24.00 Uhr, abgeschlossen ist. Elektronische Eingangs- oder Lesebestätigungen reichen alleine nicht aus, sie können bestenfalls einen Anscheinsbeweis darstellen, wenn eine Fälschung oder eine Herstellung durch den Absender ausgeschlossen erscheint (dazu näher *Mankowski* NJW 2004, 1901 ff.). Störungen der Empfangsgeräte des Gerichts können ggf. die Wiedereinsetzung in den vorigen Stand gegen die Versäumung einer Frist rechtfertigen. Dies kann auch gelten bei technischen Störungen, die für den Absender nicht vorhersehbar waren.

Durch die Neuregelung ergibt sich allerdings für die Gerichte auch die Verpflichtung, 22 entsprechende technische Einrichtungen ab **Zeitpunkt der Zulassung durch Verordnung** bereit und funktionsfähig zu halten. Die Parteien können sich ab diesem Zeitpunkt darauf verlassen, dass empfangsbereite elektronische Einrichtungen zur Verfügung stehen. Defekte in der elektronischen Einrichtung des Gerichts können dabei unter Umständen bei Fristversäumnis Grund für eine Wiedereinsetzung in den vorigen Stand sein. Dies gilt nicht ohne weiteres für Mängel, die auf dem Weg zum Gericht bestehen oder eintreten.

V. Einreichung auf andere Weise

§ 46c schließt die **Einreichung** von vorbereitenden Schriftsätzen, Anträgen, Erklä- 23 rungen usw. **auf anderem** als elektronischem **Wege** nicht aus. Das Gericht ist vielmehr verpflichtet, für sämtliche Übermittlungsarten, die nach der Rechtsordnung zugelassen sind, auch entsprechende Einrichtungen vorzuhalten. Durch die Bereitstellung eines Telefaxgerätes und einer elektronischen Einrichtung zur Entgegennahme entsprechender elektronischer Dokumente wird ein Gericht nicht von der Verpflichtung entbunden, auch einen Nachtbriefkasten oder eine Postannahmestelle bereit zu halten. Die Möglichkeit der Einreichung elektronischer Dokumente ist nur ein zusätzliches Instrument, um die gerichtlichen Verfahren veränderten technologischen Situationen anzupassen.

§ 46 d Gerichtliches elektronisches Dokument

So weit dieses Gesetz dem Richter, dem Rechtspfleger, dem Urkundsbeamten der Geschäftsstelle oder dem Gerichtsvollzieher die handschriftliche Unterzeichnung vorschreibt, genügt dieser Form die Aufzeichnung als elektronisches Dokument, wenn die verantwortenden Personen am Ende des Dokuments ihren Namen hinzufügen und das Dokument mit einer qualifizierten elektronischen Signatur nach dem Signaturgesetz versehen.

1 Die seit dem 1. 5. 2005 geltende Vorschrift regelt die Formerfordernisse, die an Stelle einer gesetzlich vorgeschriebenen Unterzeichnung von gerichtlichen Dokumenten zu beachten sind. Sie entspricht der Bestimmung in § 130 b ZPO. Sie verdrängt diese als lex specialis.

2 Der **Personenkreis**, der eine qualifizierte elektronische Signatur im gerichtlichen Verfahren nutzen kann, ist in § 46 c abschließend geregelt. Unter den Begriff des Richters fallen hierbei auch die ehrenamtlichen Richter, sie haben die gleiche Stellung wie der Berufsrichter. Daneben können nur noch die Rechtspfleger und die Urkundsbeamten der Geschäftsstelle und die Gerichtsvollzieher das gerichtliche Dokument mit einer qualifizierten elektronischen Signatur versehen. Der Begriff der qualifizierten elektronischen Signatur ist dabei der gleiche wie in § 46 c (vgl. dort Rn. 13 f.). Die Berechtigung zur Führung der qualifizierten elektronischen Signatur ist von dem Gericht zu erteilen. Es ist auch Aufgabe der Verwaltung des jeweiligen Gerichts, die Voraussetzungen für die Möglichkeit der Signatur zu schaffen.

3 **Signaturfähig sind** beispielsweise Urteile, Beschlüsse, Protokolle, richterliche Verfügungen und Fristsetzungen. Die Unterschrift wird ähnlich wie dies bei Schriftsätzen der Parteien nach § 46 c der Fall ist, durch eine qualifizierte elektronische Signatur ersetzt. Müssen mehrere Personen, z. B. Berufsrichter und ehrenamtliche Richter oder Richter und protokollführende Person das Dokument unterzeichnen, muss jede Person ihre qualifizierte elektronische Signatur unter das Dokument setzen (*Viefhues* NJW 2005, 1009, 1012). Die Signaturen müssen erkennbar nebeneinander stehen, keine Signatur darf eine andere verändern oder zerstören bzw. durch Textzusätze beinträchtigen (GK-ArbGG/*Schütz* § 46 d Rn. 2; *Musielak/Stadler* § 130 b Rn. 2).

4 Der Signatur ist der **Name** der signierenden Person **hinzuzufügen**. Signatur und Name müssen übereinstimmen. Stimmen Signatur und Name nicht überein, liegt ein Formmangel vor. Das Gleiche gilt, wenn die Signatur nicht den Vorschriften des Signaturgesetzes entsprechend angebracht worden ist. Welche Folgen bei derartigen Mängeln entstehen, ist im Gesetz nicht geregelt. Es gelten hier die gleichen Grundsätze, die auch bei fehlender oder fehlerhafter Unterschrift gelten.

§ 46 e Elektronische Akte

(1) ¹Die Prozessakten können elektronisch geführt werden. ²Die Bundesregierung und die Landesregierungen bestimmen für ihren Bereich durch Rechtsverordnung den Zeitpunkt, von dem an elektronische Akten geführt werden sowie die hierfür geltenden organisatorisch-technischen Rahmenbedingungen für die Bildung, Führung und Aufbewahrung der elektronischen Akten. ³Die Landesregierungen können die Ermächtigung durch Rechtsverordnung auf die jeweils zuständige oberste Landesbehörde übertragen. ⁴Die Zulassung der elektronischen Akte kann auf einzelne Gerichte oder Verfahren beschränkt werden.

(2) ¹In Papierform eingereichte Schriftstücke und sonstige Unterlagen sollen zur Ersetzung der Urschrift in ein elektronisches Dokument übertragen werden. ²Die Unterlagen sind, sofern sie in Papierform weiter benötigt werden, mindestens bis zum rechtskräftigen Abschluss des Verfahrens aufzubewahren.

(3) Das elektronische Dokument muss den Vermerk enthalten, wann und durch wen die Unterlagen in ein elektronisches Dokument übertragen worden sind.

Übersicht

	Rn.
I. Allgemeines	1
II. Elektronische Aktenführung	2, 3
III. Medientransfer	4–8
IV. Akteneinsicht	9

I. Allgemeines

Die Vorschrift **ergänzt §§ 46 c und d,** sie entspricht § 298 a ZPO und verdrängt diesen für den Bereich der Arbeitsgerichtsbarkeit. Abs. 1 schafft die gesetzliche Grundlage für die Einrichtung der elektronischen Akte, Abs. 2 ermöglicht die Überleitung in Papierform eingereichter Schriftstücke in die elektronische Akte (**Medientransfer**) und die Aufbewahrung, Abs. 3 forderte die Dokumentation des Datentransfers nach Abs. 2. Ergänzend ist § 298 ZPO anwendbar, der den umgekehrten Fall des Ausdrucks eines elektronischen Dokuments in Papierform erfasst, sowie § 299 ZPO der in Abs. 3 die Einsichtnahme in elektronisch geführte Akten regelt. 1

II. Elektronische Aktenführung

Abs. 1 Satz 1 eröffnet die Möglichkeit für die Gerichte, elektronische Akten zu führen. Satz 2 enthält die **Ermächtigungsnorm** für den Erlass der notwendigen Rechtsverordnungen. Für den Bereich der Arbeitsgerichtsbarkeit sind diese bislang nur begrenzt erlassen worden (siehe oben § 46 c Rn. 17 ff.). 2

In der Rechtsverordnung sind auch die **technischen Bedingungen,** die bei der Führung der elektronischen Akte zu beachten sind, festzulegen. Dazu gehört auch die Bestimmung des Systems, mit dem die Zusammensetzung und der Inhalt einer elektronischen Akte sichergestellt wird. Es kann sich dabei um ein **Dokumenten-Management-System** oder ein vergleichbares System handeln (*Viefhues* NJW 2005, 1009, 1013). Auch die technischen Probleme der Kompatibilität unterschiedlicher elektronischer Systeme gehören hierzu. Angesichts des föderalen Aufbaus sowohl der Verwaltungen als auch der Arbeitsgerichtsbarkeit sind hier technische Lösungen notwendig, wobei in der Rechtsverordnung nur die Rahmenbedingungen, nicht jedoch die technischen Einzelheiten, die einem stetigen Wandel unterliegen, zu regeln sind. Die jeweils zuständigen Verwaltungen haben dafür zu sorgen, dass die verwandten Datenverarbeitungssysteme miteinander verknüpft werden können, dass ein Datenaustausch stattfinden kann. 3

III. Medientransfer

Auch bei Führung elektronischer Akten wird nicht ausgeschlossen werden können, dass Dokumente in Papierform bei Gericht eingereicht werden. Da die einheitliche Bearbeitung der elektronischen Akte sichergestellt werden soll, ist es erforderlich, papiergebundene Schriftstücke und sonstige Unterlagen **elektronisch aufzuarbeiten** und zur Akte zu nehmen. Ebenso wie bei papiergebundenen Akten bisherigen Typs sämtliche Eingänge zu der Akte zu nehmen waren, soll dies auch bei der elektronischen Akte in der dann erforderlichen elektronischen Form erfolgen. 4

Wie die Übertragung einer in Papierform eingereichten Unterlage erfolgen soll, ist durch das Gesetz nicht festgelegt. Die **Form der Übertragung** richtet sich nach den technischen Gegebenheiten des verwendeten Programms und der Form oder des Zustands der Urkunde. Es kann daher mittels z. B. Scannen eine Bilddatei hergestellt 5 werden, die in die Akte übernommen werden kann. Auch andere Formen der Datenaufbereitung sind möglich.

6 Die Vorschrift erfordert nur, dass **eingereichte Schriftstücke** und **sonstige Unterlagen** zu übertragen sind. Nicht erfasst werden daher beispielsweise beigezogene Akten anderer Gerichte oder auch in Schriftform geführte Akten der jeweiligen Vorinstanz. Diese werden auch ohnehin nicht unmittelbar Teil der Akten des entscheidenden Gerichts. Problematisch ist jedoch die Übertragung umfangreicher Dokumente, wie dies beispielsweise bei Sachverständigengutachten, externen Beweisaufnahmen, umfangreichen Anlagen eines Schriftsatzes mit Bildern oder Zeichnungen sein kann. Es können u. U. auch Unterlagen eingereicht werden, die nicht in digitalisiert werden können. Hier obliegt es der Entscheidung des Gerichts, ob eine Digitalisierung durchgeführt werden soll, Abs. 2 Satz 1 eröffnet insoweit einen Ermessensspielraum, da die Übertragung der Unterlagen nur durchgeführt werden „soll" (*Musielak/Huber* § 298a Rn. 6).

7 Bei der Übertragung eines Schriftstücks aus der Papierform in eine digitalisierte Form, ist ein so genannter **Transfervermerk** erforderlich, Abs. 3. In dem Vermerk ist der Zeitpunkt der Übertragung festzuhalten, ferner muss die Person, die die Übertragung durchgeführt hat, festgestellt werden können. Eine elektronische Signatur ist nicht erforderlich. Die Übertragung kann daher auch durch Personen erfolgen, in die nicht über eine qualifizierte elektronische Signatur verfügen.

8 Die in Schriftform eingereichten Unterlagen sind dann mindestens bis zum rechtskräftigen Abschluss des Verfahrens **aufzubewahren,** wenn sie weiterhin in Papierform benötigt werden. Dies ist der Fall, wenn das Papieroriginal einen höheren Beweiswert hat als die elektronisch geführte Akte. Zu berücksichtigen ist in diesem Zusammenhang, dass ein Urkundenbeweis in der Regel nur durch Vorlage des Originals der Urkunde geführt werden kann, § 420 ZPO. Die Einreichung einer elektronischen Datei wird in der Regel nicht ausreichend sein.

IV. Akteneinsicht

9 Eine Einsicht in elektronisch geführte Akten erfolgt in **Anwendung von § 299 ZPO,** der auch im arbeitsgerichtlichen Verfahren anwendbar ist. Nach § 299 Abs. 3 ZPO kann die Geschäftsstelle die Einsicht durch Erteilung eines papiergebundenen Aktenausdrucks oder durch Wiedergabe auf einem Bildschirm oder durch Übermittlung von elektronischen Dokumenten gewähren. Bei Übermittlung auf elektronischem Wege ist die Gesamtheit der Dokumente mit einer qualifizierten elektronischen Signatur zu versehen, dadurch soll gesichert werden, dass Veränderungen nicht stattfinden können, ferner muss die Übermittlung eine unbefugte Möglichkeit der Kenntnisnahme durch Dritte ausschließen. Welche Form der Akteneinsicht gewährt wird, hängt nicht nur von den technischen Voraussetzungen des Gerichts und des die Akteneinsicht Durchführenden, sondern auch von einer Ermessensausübung durch das Gericht ab. § 299 Abs. 3 Satz 2 ZPO gewährt bei Rechtsanwälten oder Verbandsvertretern auch die Möglichkeit, die Akteneinsicht durch elektronischen Zugriff auf den Inhalt der Akte zu gestatten. Auch hier hat das Gericht einen Ermessensspielraum.

§ 47 Sondervorschriften über *Ladung und*[1] Einlassung

(1) **Die Klageschrift muß mindestens eine Woche vor dem Termin zugestellt sein.**

(2) **Eine Aufforderung an den Beklagten, sich auf die Klage schriftlich zu äußern,** erfolgt in der Regel nicht.

---

[1] Amtl. Anm.: Die Worte „Ladung und" sind gegenstandslos.

II. Einlassungsfrist § 47

Übersicht

	Rn.
I. Allgemeines	1
II. Einlassungsfrist	2–15
1. Zustellung im Inland	2–7
2. Zustellung im Ausland	8–10
3. Abkürzung der Frist	11–14
4. Nichteinhaltung der Einlassungsfrist	15
III. Ladungsfrist	16–24
IV. Ausschluss eines Vorverfahrens	25, 26

I. Allgemeines

Abs. 1 enthält nur eine **Sonderregelung** hinsichtlich der **Einlassungsfrist**. Für die **1** Ladungen gelten jetzt die allgemeinen Vorschriften der Zivilprozessordnung, insbesondere die Bestimmung des § 497 ZPO. Form und Inhalt der Klageschrift richten sich nach § 46 Abs. 2 Satz 1 i.V. mit § 253 ZPO (oben § 46 Rn. 45). § 253 Abs. 3 ZPO über die Angabe des Streitwerts gilt im arbeitsgerichtlichen Verfahren nicht, die Zuständigkeit ist nicht von einem Streitwert abhängig.

II. Einlassungsfrist

1. Zustellung im Inland

Unter Einlassungsfrist ist der **Zeitraum** zu verstehen, der dem Beklagten **zwischen der 2 Zustellung** der Klage **und dem ersten Termin**, in der Regel dem Gütetermin, mindestens verbleiben muss, um sich auf das Vorbringen des Klägers vorbereiten zu können. Grundsätzlich findet auch im arbeitsgerichtlichen Verfahren über die Verweisungsnorm des § 46 Abs. 2 die Bestimmung des § 274 ZPO entsprechende Anwendung. Nur die Regelungen in § 274 Abs. 3 Satz 1 und 2 ZPO werden durch die besondere Bestimmung des § 47 Abs. 1 verdrängt. Die Einlassungsfrist **gilt nicht** für die Zustellung von **Klageerweiterungen, Widerklagen** etc., da die gegnerische Partei sich nicht erst noch auf ein Prozessrechtsverhältnis einstellen muss, vielmehr mit den durch die Prozessordnung vorgesehenen Reaktions- und Aktionsmöglichkeiten rechnen muss. Hier muss der gegnerischen Partei nur ausreichend Gelegenheit zur Stellungnahme wegen Gewährung des rechtlichen Gehörs gewährt werden (GK-ArbGG/*Bader* § 47 Rn. 26; *Zöller/Greger* § 274 Rn. 4; a. A. *Schwab/Weth/Berscheid/Weth* § 47 Rn. 5; ArbGG-*Kloppenburg/Ziemann* § 47 Rn. 3; unentschieden *Hauck/Helml* § 47 Rn. 6). Die Streitfrage hat für das arbeitsgerichtliche Verfahren nur eine geringe Bedeutung. Wenn auch die Vorschrift des § 132 ZPO, die nur für den Anwaltsprozess im Sinne des § 78 ZPO gilt, im erstinstanzlichen Verfahren nicht anwendbar ist, dürfte angesichts der kurzen Frist in § 47 nur in wenigen Fällen eine kürzere Zeit vorstellbar sein, innerhalb derer ausreichendes rechtliches Gehör gewährt werden könnte, insbesondere, wenn sich die Parteien vertreten lassen, da ihnen Gelegenheit zur Rücksprache mit dem Prozessvertreter gegeben werden müsste.

Die Einlassungsfrist beträgt **eine Woche**, ohne dass es darauf ankäme, ob die Partei **3** am Ort des Arbeitsgerichts oder außerhalb der politischen Gemeinde wohnt. Für die Berechnung der Wochenfrist gilt § 222 ZPO, nach Abs. 1 dieser Vorschrift gelten die Bestimmungen des bürgerlichen Gesetzbuches. Der Tag der Zustellung ist nicht mitzurechnen, § 187 Abs. 1 BGB. Fällt das Ende der Frist auf einen Sonnabend, Sonntag oder einen allgemeinen Feiertag, so endet die Frist mit Ablauf des nächsten Werktages, § 222 Abs. 2 ZPO.

4 Die Einlassungsfrist von einer Woche gilt auch im Falle einer **öffentlichen Zustellung** im Inland. In diesem Falle beginnt sie mit dem Ablauf der Frist des § 188 ZPO. Enthält die öffentliche Zustellung eine Ladung, so gilt sie als an dem Tage zugestellt, an dem seit der letzten Einrückung des Auszuges in die öffentlichen Blätter ein Monat verstrichen ist. Hat das Arbeitsgericht bei Bewilligung der öffentlichen Zustellung eine längere Frist für erforderlich gehalten, so ist diese für den Fristablauf nach § 188 Satz 2 ZPO maßgeblich. Bei der Terminsbestimmung muss daher sowohl die Frist des § 188 ZPO als auch diejenige des § 47 Abs. 1 beachtet werden.

5 Die Einlassungsfrist gilt auch dann, wenn im **Mahnverfahren** nach Widerspruch gegen den Mahnbescheid eine Terminsanberaumung erfolgt (a. A. GK-ArbGG/*Bader* § 47 Rn. 29). Zu beachten ist dabei allerdings, dass nach § 46 a Abs. 4 zunächst der Antragsteller aufzufordern ist, seinen Anspruch innerhalb von zwei Wochen zu begründen. Erst danach kann Termin zur mündlichen Verhandlung bestimmt werden. Bei der Zustellung des den Anspruch begründenden Schriftsatzes ist die Einlassungsfrist des § 47 Abs. 1 einzuhalten. Entsprechendes gilt bei einem Einspruch gegen den Vollstreckungsbescheid, auch hier ist der Antragsteller zunächst aufzufordern, den Anspruch binnen zwei Wochen zu begründen, §§ 700 Abs. 3 Satz 3, 697 Abs. 1 ZPO i. V. m. § 46 a Abs. 6 und Abs. 4. Bei der Zustellung dieser Anspruchsbegründung ist ebenfalls die Einlassungsfrist des § 47 Abs. 1 einzuhalten.

6 Grundsätzlich gilt die Einlassungsfrist nicht für das Verfahren des **Arrestes** und der **Einstweiligen Verfügung** wegen des dort geltenden besonderen Beschleunigungsprinzips. Hinsichtlich der Möglichkeiten der Abkürzung der Einlassungsfrist siehe unten Rn. 10.

7 Eine entsprechende Anwendbarkeit der Regelung des Abs. 1 auf das **Berufungs-** bzw. **Revisionsverfahren** kommt nicht in Betracht. Weder in § 64 Abs. 7 noch in § 72 Abs. 6 ist auf die Bestimmung des § 47 Bezug genommen worden.

2. Zustellung im Ausland

8 Die Zustellung im Ausland ist in Abs. 1 nicht geregelt, so dass über die Verweisungsnorm des § 46 Abs. 2 die Bestimmung des § 183 ZPO anwendbar ist. Der Vorsitzende sollte in diesem Falle bei der Festsetzung des Termins die **Einlassungsfrist bestimmen.** Diese darf nie kürzer sein als die Einlassungsfrist, die auch bei Zustellungen im Inland gilt, der betroffenen Partei muss die Möglichkeit der Äußerung gegeben werden. Allerdings wird eine einwöchige Einlassungsfrist bei einer Auslandszustellung in der Regel nicht ausreichen, bei Festlegung einer zu kurzen Einlassungsfrist würde der Grundsatz des rechtlichen Gehörs verletzt werden, sinnvoll sind je nach Land, in das zugestellt wird, Fristen von vier Wochen und mehr. Die Verfügung, mit der die Einlassungsfrist bestimmt wird, ist zusammen mit der Klageschrift zuzustellen.

9 **Die Vorschrift** des § 183 ZPO (zuletzt geändert durch das Gesetz zur Verbesserung der grenzüberschreitenden Forderungsdurchsetzung und Zustellung vom 30. 10. 2008 – BGBl. I S. 2122) sieht erhebliche Erleichterungen bei der Zustellung vor und eröffnet unter anderem die Möglichkeit der Zustellung durch Einschreiben mit Rückschein, durch diplomatische oder konsularische Vertretungen der Bundesrepublik oder durch das Auswärtige Amt (zu den Einzelheiten *Baumbach/Hartmann* Anhang nach § 183, Einf. § 1067; *Zöller/Geimer* § 183 Rn. 3 ff.), für Deutschland ist hier auch die Regelung in § 1067 ZPO von Bedeutung. **Im Übrigen** gelten für die **Mitgliedstaaten der EG** besondere Regelungen, die durch das ZustRG unberührt geblieben sind. Die Verordnung (EG) Nr. 1348/2000 des Rates vom 29. 5. 2000 über „die Zustellung gerichtlicher und außergerichtlicher Schriftstücke in Zivil- oder Handelssachen in den Mitgliedsstaaten" (ABl. EG Nr. L 160 S. 37, auch abgedruckt in NJW 2001 Beilage zu Heft 1 S. 12 ff. – **EUZustVO**) i. V. mit dem EG – Zustellungsdurchführungsgesetz vom 9. 7. 2001 (BGBl. I S. 1536) hat die Zustellungsverfahren wesentlich vereinfacht (zu den Einzelheiten ausführlich *Stadler* IPrax 2001, 514 ff.). Durch die §§ 1067 bis 1071 ZPO sind die Regelungen in das deutsche Verfahrensrecht übernommen worden. Nach Art. 14 der VO Nr. 1348/2000 – EUZustVO – kann eine Zustellung nach näherer Maßgabe von Vorschriften des jeweiligen Mitgliedsstaates durch die Post erfolgen, vgl. § 2 EG-ZustG. Hier gilt § 1068 ZPO. Bei den Zustellungen sind die **Angaben der Mitgliedstaaten** gemäß Art. 23 EUZustVO **zu beachten**, sie werden im Amtsblatt der Gemeinschaft veröffentlicht. Insbesondere bleibt die Frage, ob eine Inlands- oder eine Auslandszustellung vorzunehmen ist, dem nationalen Recht überlassen (*Stadler* IPrax 2001, 514, 516). Nach Art. 4 Abs. 1 EUZustVO ist auch ein direkter Verkehr zwischen Justizbehörden ermöglicht worden, für Deutschland gilt die Regelung in § 4 Abs. 2 ZustDG bzw. bei Einschaltung diplomatischer oder konsularischer Vertretungen § 1067 ZPO. Nach Art. 4 Abs. 2 EUZustVO sind jetzt auch andere Übermittlungswege möglich, beispielsweise können auch Telefax oder E-Mail genutzt werden, soweit das empfangene Dokument mit dem versandten völlig übereinstimmt. Grundsätzlich müssen die zu übermittelnden Schriftstücke nicht übersetzt werden, der Adressat kann jedoch die Annahme verweigern, wenn das Schriftstück nicht in die Landessprache übersetzt worden ist, Art. 8 EUZustVO und § 1070 ZPO. Ferner ist nach Art. 14 EUZustVO auch die unmittelbare Zustellung auf dem Postwege möglich, die Bedingungen, unter denen dies erfolgen kann, sind aber von den jeweiligen Mitgliedsstaaten festzulegen, für Deutschland gilt § 1070 ZPO. Dies erfordert, dass die jeweiligen Vorschriften des betroffenen Mitgliedsstaates ermittelt werden müssen (zu den Einzelheiten *Stadler* a. a. O. S. 519 f.). Für die **Besonderheiten im Mahnverfahren** siehe § 46 b mit den dortigen Hinweisen.

Ausland i. S. der Zustellungsvorschriften und damit auch i. S. des § 274 Abs. 3 Satz 2 ZPO ist das Gebiet außerhalb der Bundesrepublik Deutschland. 10

3. Abkürzung der Frist

Die Einlassungsfrist kann als **Zwischenfrist** auf Antrag abgekürzt werden, wenn die Voraussetzungen des § 226 ZPO gegeben sind. Eine Abkürzung liegt nur vor, wenn der Verhandlungstermin bestehen bleibt. Wird auch dieser verlegt, so handelt es sich nicht um einen Fall des § 226 ZPO, sondern um einen des § 227 ZPO. 11

Die Abkürzung kann **nur auf Antrag einer Partei** erfolgen. Eine besondere Form für den Antrag ist nicht vorgeschrieben, er kann also schriftlich oder mündlich gestellt werden. Der Antrag muss begründet werden (GK-ArbGG/*Bader* § 47 Rn. 21; ArbGG-*Kloppenburg/Ziemann* § 47 Rn. 9), eine Glaubhaftmachung ist im Gegensatz zu dem Fall des § 224 Abs. 2 ZPO nicht erforderlich. Der Antrag setzt notwendigerweise begrifflich voraus, dass die Frist, die abgekürzt werden soll, im Zeitpunkt der Entscheidung durch das Gericht noch nicht abgelaufen ist. In der Regel wird der Antrag auf Abkürzung der Einlassungsfrist zusammen mit der Klage bei Gericht gestellt werden. Eine Abkürzung der Einlassungsfrist von Amts wegen ist gesetzlich nicht vorgesehen. 12

Vor der Entscheidung über den Antrag muss der **Gegner angehört** werden. Die Abkürzung der nur einwöchigen Einlassungsfrist führt gerade im arbeitsgerichtlichen Verfahren zu einer Beschränkung der Vorbereitungsmöglichkeit für den Prozessgegner. Bei seiner Entscheidung muss daher das Gericht auch beachten, dass durch die Abkürzung nicht das Recht auf rechtliches Gehör aus Art. 103 Abs. 1 GG verletzt werden darf (dazu BGH 28. 4. 1958 BGHZ 27, 163, 169; KG 20. 2. 1976 NJW 1977, 1016, 1017). Es ist daher in jedem Falle zu erwägen, ob nicht eine Terminsverlegung in Betracht kommen sollte. 13

Die **Entscheidung** des Gerichts über die Abkürzung der Einlassungsfrist erfolgt im Wege einer Verfügung zusammen mit der Terminsbestimmung, oder gesondert durch Verfügung, § 226 Abs. 3 ZPO. Sie wird von dem Vorsitzenden getroffen. Sie ist grundsätzlich zu begründen, wobei bei positiver Entscheidung über den Antrag auf dessen Begründung abgestellt werden kann, eine ablehnende Entscheidung kann mit der sofortigen Beschwerde des § 78 i. V. mit § 567 ZPO angegriffen werden, die dem Antrag 14 entsprechende Entscheidung des Vorsitzenden kann nur zusammen mit dem Urteil angefochten werden, zu beachten ist allerdings in diesem Zusammenhang, dass nach § 68 eine Zurückverweisung an das Arbeitsgericht nicht zulässig ist. Die Entscheidung ist zu unterschreiben, ein Handzeichen genügt nicht (unten Rn. 16).

4. Nichteinhaltung der Einlassungsfrist

15 Wird die Einlassungsfrist nicht eingehalten, findet also der Termin vor Ablauf einer Woche nach Zustellung der Klageschrift statt, ohne dass die Einlassungsfrist abgekürzt worden wäre, kann gegen den Beklagten ein Versäumnisurteil nicht erlassen werden, § 335 Abs. 2 Nr. 2 ZPO, eine Entscheidung nach Aktenlage ist ebenfalls nicht möglich. Der Beklagte hat in diesem Falle auch das Recht, die Einlassung zu verweigern. Durch Verhandlung zur Sache kann allerdings der Mangel geheilt werden, § 295 ZPO (*Baumbach/Hartmann* § 295 Rn. 8, 11).

III. Ladungsfrist

16 Die Ladung setzt eine **Terminsbestimmung** voraus. Diese erfolgt gemäß § 216 ZPO unverzüglich durch den Vorsitzenden. Ob sie durch Beschluss oder Verfügung zu erfolgen hat, ist nicht ausdrücklich geregelt. **Verfügungen** betreffen prozessleitende Handlungen des Vorsitzenden von untergeordneter Bedeutung, in erster Linie solche, die die organisatorische Gestaltung des Verfahrensablaufs zum Gegenstand haben. Hierunter fällt unter anderem auch die Terminsbestimmung des § 216 Abs. 2 ZPO (*Zöller/Vollkommer* § 329 Rn. 1). Sie greift im Gegensatz zu den Entscheidungen, die durch Beschluss zu erfolgen haben, nicht unmittelbar gestaltend in den Rechtskreis der im weitesten Sinne am Verfahren beteiligten Personen ein, sondern stellt lediglich eine Vorbereitungshandlung dar. Damit ist es nicht erforderlich, dass die Terminsbestimmung in Beschlussform erfolgt, es genügt, wenn der Vorsitzende eine entsprechende Verfügung erlässt. Eine volle Unterschrift ist erforderlich (LAG Düsseldorf 31. 3. 1982 EzA ArbGG 1979 § 62 Nr. 6; 22. 7. 1982 EzA ZPO § 340 Nr. 2 m. Anm. von *E. Schneider*). Die Terminsbestimmung kann aber auch durch Beschluss erfolgen, allerdings ist dann eine Rechtsmittelbelehrung nach § 9 Abs. 5 Satz 2 notwendig.

17 Ähnliches gilt, wenn mit der Terminsbestimmung **zusätzliche Anordnungen** getroffen werden wie z. B. Auflagen erteilt, Fristen gem. §§ 56, 61 gesetzt, Zeugen geladen werden oder das persönliche Erscheinen der Parteien angeordnet wird. Hier geht die Terminsbestimmung über eine rein organisatorische Entscheidung hinaus, es wird zumindest mittelbar die Rechtsposition am Verfahren Beteiligter berührt, eine Unterschrift des Vorsitzenden ist erforderlich.

18 Gegen die Terminsbestimmung und die Wahl des Zeitpunkts ist **kein Rechtsbehelf** gegeben, allenfalls ist eine Gegenvorstellung möglich. Die **Ablehnung der Terminsanberaumung** muss, da die Rechtsposition der Parteien unmittelbar betroffen ist, durch Beschluss erfolgen. Hier ist in entsprechender Anwendung des § 252 ZPO eine sofortige Beschwerde möglich Bei **Untätigkeit des Gerichts** kann u. U. eine Dienstaufsichtsbeschwerde im Rahmen des § 26 Abs. 2 DRiG in Frage kommen, möglicherweise kann aber auch der Anspruch auf Gewährung des rechtlichen Gehörs verletzt sein, so dass eine Verfassungsbeschwerde in Betracht kommen könnte. Ob daneben auch in diesem Falle eine „Untätigkeitsbeschwerde" in analoger Anwendung des § 252 ZPO in Betracht kommt, ist zweifelhaft (ablehnend *Schwab/Weth/Berscheid/ Weth* § 47 Rn. 12; ohne Stellungnahme GK-ArbGG/*Bader* § 47 Rn. 32; *Zöller/Stöber* ZPO § 216 Rn. 21; dafür Sächsisches LAG 14. 3. 2008 LAGE GG Art. 19 Nr. 1). Gegen diese Möglichkeit spricht, dass dem Prozessrecht bislang eine allgemeine Regelung der Untätigkeitsbeschwerde fremd ist. Auch setzt § 252 ZPO eine vorherige

III. Ladungsfrist § 47

Entscheidung voraus, eine solche liegt bei einer Untätigkeit aber gerade nicht vor. Eine richterliche Rechtsfortbildung zur Schaffung einer solchen Beschwerde würde den Grundsätzen der Rechtsmittelklarheit widersprechen. Eine stillschweigende Entscheidung kann nicht angenommen werden. Etwas anderes könnte nur dann gelten, wenn ausdrücklich eine Untätigkeitsbeschwerde für das Prozessrecht durch den Gesetzgeber geschaffen würde.

Die **Ladung** ist die Aufforderung zum Erscheinen in dem von dem Vorsitzenden bestimmten Termin. Sie ist von Amts wegen durchzuführen, § 214 ZPO. Soweit sie nicht durch verkündeten Beschluss erfolgt (z. B. § 218 ZPO) hat sie der Urkundsbeamte der Geschäftsstelle auszuführen. Sie ist mit dem notwendigen Inhalt (z. B. Angabe des Gerichts, des Rechtsstreits, der Terminszeit, des Terminsortes sowie des Zwecks) auszufertigen und zuzustellen, § 329 Abs. 2 Satz 2 ZPO. In besonderen Fällen genügt die formlose Mitteilung, z. B. §§ 141 Abs. 2 Satz 2, 377 Abs. 1 und 402 ZPO. Allerdings ist hierbei zu beachten, dass ohne Zustellung möglicherweise nicht der Nachweis des Zugangs erbracht werden kann, so dass die Verhängung von Sanktionen bei Nichtbeachtung der Ladung ausgeschlossen sein kann. Die Regelungen der §§ 208 ff. insbes. §§ 209 und 211 ZPO finden Anwendung. **19**

Die Ladungsfrist richtet sich gemäß § 46 Abs. 2 Satz 1 nach den gleichen Vorschriften wie in der ordentlichen Gerichtsbarkeit, die Bestimmung des § 217 ZPO ist auch im arbeitsgerichtlichen Verfahren anwendbar. Die Ladungsfrist beträgt danach im arbeitsgerichtlichen Verfahren erster Instanz **mindestens drei Tage.** Auch diese Fristberechnung richtet sich nach § 222 ZPO, der Tag der Zustellung der Ladung zählt bei der Berechnung nicht mit, § 187 BGB. Ladungsfrist i. S. des § 217 ZPO ist die Frist, die zwischen der Zustellung der Ladung und dem Terminstag liegen soll. **20**

Die Ladungsfrist **gilt für jede Terminsanberaumung**, nicht nur für den erstmals mit Zustellung der Klage anzuberaumenden ersten Termin. Auch bei Terminsverlegungen ist die Ladungsfrist des § 217 ZPO einzuhalten. Eine Ausnahme gilt nur dann, wenn lediglich eine Verlegung der Terminsstunde innerhalb desselben Terminstages erfolgt (LG Köln 24. 2. 1987 MDR 1987, 590), da lediglich eine Fristberechnung in Tagen und nicht in Stunden erfolgt. Die Ladungsfrist ist auch bei Zustellung einer Klageerweiterung, einer Widerklage u. Ä. einzuhalten. **21**

Bei einer Ladung, die ein Verfahren einleitet, hat die Ladungsfrist kaum eine eigenständige Bedeutung, in diesem Fall tritt sie hinter der längeren Einlassungsfrist des § 47 Abs. 1 zurück. **22**

Auch die Ladungsfrist ist eine Zwischenfrist, die nach § 226 ZPO abgekürzt werden kann. Es gelten hier die gleichen Grundsätze wie bei der Abkürzung der Einlassungsfrist (oben Rn. 10 ff.). Die **Abkürzung der Ladungsfrist** spielt eine besondere Bedeutung in Verfahren auf Erlass eines Arrestes oder einer einstweiligen Verfügung. In diesen Verfahren besteht keine Einlassungsfrist, so dass die Ladungsfrist auch bei der erstmaligen Terminsanberaumung eine Bedeutung hat. Auch in diesem Falle muss allerdings die Abkürzung der Ladungsfrist beantragt werden. Ein entsprechender Antrag kann allerdings in der Regel darin gesehen werden, dass der Antragsteller im **Arrestverfahren** oder dem der **einstweiligen Verfügung** eine möglichst schnelle Entscheidung, ggf. sogar ohne mündliche Verhandlung, erreichen will und dass sich dies aus seinem Vorbringen ergibt. Es wäre daher nicht erforderlich, dass ausdrücklich auch noch die Abkürzung der Ladungsfrist beantragt werden müsste (ArbGG-*Kloppenburg/Ziemann* § 47 Rn. 12; *Hauck/Helml* § 47 Rn. 11; *Schwab/Weth/BerscheidWeth* § 47 Rn. 13; a. A. GK-ArbGG/ *Bader* § 47 Rn. 22). **23**

Die Ladungsfrist gilt unabhängig davon, ob sich die Partei im Inland oder im Ausland aufhält. **24**

IV. Ausschluss eines Vorverfahrens

25 Nach Abs. 2 erfolgt eine Aufforderung an den Beklagten, sich auf die Klage schriftlich zu äußern, in der Regel nicht. Diese Bestimmung ist an sich überflüssig, da bereits in § 46 Abs. 2 Satz 2 ausdrücklich festgelegt worden ist, dass das schriftliche Vorverfahren der §§ 275 bis 277 ZPO im arbeitsgerichtlichen Verfahren keine Anwendung findet. Die Vorschrift hat daher letztlich nur klarstellenden Charakter. Im Übrigen entspricht sie der Tatsache, dass die mündliche Verhandlung mit einem Güteverfahren beginnt, § 54, bei dem eine schriftliche Vorbereitung vom Gesetzgeber nicht erwartet wird. Allerdings kann im Einzelfall eine schriftliche Vorbereitung auch in diesem Stadium des Verfahrens sinnvoll sein, um eine möglichst zügige Entscheidungsfindung zu ermöglichen, ggf. durch Entscheidung unmittelbar im Anschluss an die Güteverhandlung. In diesem Falle kann der beklagten Partei aufgegeben werden, sich auf die Klage auch vor dem Gütetermin schriftlich zu äußern. Allerdings können gesetzte Fristen in diesem Falle nicht dazu führen, dass bei Nichteinhaltung das Vorbringen als verspätet zurückgewiesen werden kann.

26 Unabhängig hiervon kann aber die Regelung des § 56 Abs. 1 Anwendung finden, zur Vorbereitung einer streitigen Verhandlung kann trotz der Bestimmung des § 47 Abs. 2 der Vorsitzende den Parteien Auflagen erteilen, insbesondere kann er auch dem Beklagten aufgeben, sich zur Klage im Einzelnen zu äußern, § 56 Abs. 1 Nr. 1. Nur eine streitige Verhandlung, nicht jedoch das Güteverfahren, kann so vorbereitet werden. Für Bestandschutzstreitigkeiten findet sich eine entsprechende Möglichkeit in § 61 a Abs. 3.

§ 48 Rechtsweg und Zuständigkeit

(1) Für die Zulässigkeit des Rechtsweges und der Verfahrensart sowie für die sachliche und örtliche Zuständigkeit gelten die §§ 17 bis 17 b des Gerichtsverfassungsgesetzes mit folgender Maßgabe entsprechend:
1. Beschlüsse entsprechend § 17 a Abs. 2 und 3 des Gerichtsverfassungsgesetzes über die örtliche Zuständigkeit sind unanfechtbar.
2. Der Beschluß nach § 17 a Abs. 4 des Gerichtsverfassungsgesetzes ergeht, sofern er nicht lediglich die örtliche Zuständigkeit zum Gegenstand hat, auch außerhalb der mündlichen Verhandlung stets durch die Kammer.

(1 a) ¹Für Streitigkeiten nach § 2 Abs. 1 Nr. 3, 4a, 7, 8 und 10 sowie Abs. 2 ist auch das Arbeitsgericht zuständig, in dessen Bezirk der Arbeitnehmer gewöhnlich seine Arbeit verrichtet oder zuletzt gewöhnlich verrichtet hat. ²Ist ein gewöhnlicher Arbeitsort im Sinne des Satzes 1 nicht feststellbar, ist das Arbeitsgericht örtlich zuständig, von dessen Bezirk aus der Arbeitnehmer gewöhnlich seine Arbeit verrichtet oder zuletzt gewöhnlich verrichtet hat.

(2) ¹Die Tarifvertragsparteien können im Tarifvertrag die Zuständigkeit eines an sich örtlich unzuständigen Arbeitsgerichts festlegen für
1. bürgerliche Rechtsstreitigkeiten zwischen Arbeitnehmern und Arbeitgebern aus einem Arbeitsverhältnis und aus Verhandlungen über die Eingehung eines Arbeitsverhältnisses, das sich nach einem Tarifvertrag bestimmt,
2. bürgerliche Rechtsstreitigkeiten aus dem Verhältnis einer gemeinsamen Einrichtung der Tarifvertragsparteien zu den Arbeitnehmern oder Arbeitgebern.

²Im Geltungsbereich eines Tarifvertrags nach Satz 1 Nr. 1 gelten die tarifvertraglichen Bestimmungen über das örtlich zuständige Arbeitsgericht zwischen nicht tarifgebundenen Arbeitgebern und Arbeitnehmern, wenn die Anwendung des gesamten Tarifvertrags zwischen ihnen vereinbart ist. ³Die in § 38 Abs. 2 und 3 der Zivilprozeßordnung vorgesehenen Beschränkungen finden keine Anwendung.

§ 48

Übersicht

	Rn.
I. Allgemeines	1–9
II. Anwendungsbereich	10–63
1. Rechtsweg	10–22
a) Urteilsverfahren	10–12
b) Mahnverfahren	13
c) Prozesskostenhilfeverfahren	14–16
d) Verfahren des Arrestes und der einstweiligen Verfügung	17–22
2. Verfahrensart	23, 24
3. Örtliche Zuständigkeit	25–63
a) Grundlagen	25–31
b) Allgemeiner Gerichtsstand	32–33
aa) Arbeitnehmer	32
bb) Arbeitgeber	33
c) Besonderer Gerichtsstand des Arbeitsortes, Abs. 1 a	34–38
d) Weitere besondere Gerichtsstände	39–49
aa) Erfüllungsort	40–45
(1) Individualstreitigkeiten	40–44
(2) Kollektivrechtliche Streitigkeiten	45
bb) Der Niederlassung	46
cc) Der unerlaubten Handlung	47
dd) Der Widerklage	48
ee) Für Benachteiligungsklagen	49
e) In Arbeitskampfsachen	50–53
f) Gerichtsstandsvereinbarungen	54–59
aa) Nach deutschem Recht	55–58
bb) Nach Art. 23 EuGVVO	59
g) Rügelose Einlassung	60–62
h) Örtliche Zuständigkeit im Beschlussverfahren	63
III. Grundlage der Entscheidung	64–74
1. Prüfungskompetenz	64–70
2. Erhaltung des Rechtsweges	71–74
IV. Verweisungsverfahren	75–116
1. Rechtsweg	75–97
a) Zulässigkeit des Rechtsweges	75–81
b) Unzulässigkeit des Rechtsweges	82–89
c) Bindungswirkung	90–97
2. Örtliche Zuständigkeit	98–104
a) Entscheidungsform	98, 99
b) Bindungswirkung	100–104
3. Verfahrensart	105–109
a) Entscheidungsform	106, 107
b) Bindungswirkung	108, 109
4. Kosten	110–116
V. Rechtsmittel	117–132
1. Ausschluss des Rechtsmittels	117
2. Sofortige Beschwerde	118–126
3. Weitere sofortige Beschwerde	127–130
4. Kostenentscheidung	131, 132
VI. Tarifvertragliche Zuständigkeitsregelung	133–141
1. Inhalt der Regelung	133–137
2. Rechtsnatur	138, 139
3. Erstreckung der Regelung auf Außenseiter	140, 141

I. Allgemeines

Durch die Fassung des § 48 auf Grund des 4. VwGOÄndG (vom 17. 12. 1990, BGBl. I S. 2809) ist ebenso wie für alle anderen Gerichtsbarkeiten auch geregelt worden, wie bei Unklarheiten über die **Frage des Rechtsweges** zu verfahren ist. Es ist eine Verfahrensregelung, die materielle Zuständigkeitsbestimmung ergibt sich vorwiegend aus §§ 2, 2a. Rechtswegstreitigkeiten und damit verbundene Verzögerungen sollen vermieden werden. Auch wurde mit der Regelung klargestellt, dass die verschiedenen Gerichtszweige gleichwertig nebeneinander stehen, die Arbeitsgerichtsbarkeit wurde damit vom Gesetzgeber nicht mehr als in einem besonderen Verhältnis zu den ordentlichen Gerichten stehend angesehen. Sie ist nunmehr gegenüber allen anderen Gerichtsbarkeiten einschließlich der ordentlichen Gerichtsbarkeit ein eigenständiger Rechtsweg (BAG 26. 5. 1992 AP ArbGG 1979 § 48 Nr. 7; BAG 18. 4. 1992 AP BetrVG 1972 § 50 Nr. 11; *Drygala* NZA 1992, 294; *Kissel* NJW 1991, 947; *Koch* NJW 1991, 1858; *Lüke* FS Kissel, S. 715; *Vollkommer* FS Kissel, S. 1191; zweifelnd *Schwab* NZA 1991, 663; *Krasshöfer-Pidde/Molkenbur* NZA 1991, 628; vgl. auch *Mayerhofer* NJW 1992, 1602).

2   Damit trägt die Neuregelung der Tatsache Rechnung, dass die richterliche Unabhängigkeit in allen Gerichtszweigen grundgesetzlich geschützt ist und dass durch Art. 19 Abs. 4 GG nicht danach unterschieden wird, in welchem Rechtszweig der Rechtsschutz gewährt wird. Durch die Bezugnahme in § 48 Abs. 1 auf die Vorschriften der §§ 17, 17a und 17b GVG, wie sie auch in anderen Verfahrensordnungen erfolgt ist, ist nunmehr ein **einheitliches Verweisungsrecht** für alle Rechtswege geschaffen worden. Dies führt zur Rechtssicherheit und Beschleunigung, die noch dadurch verstärkt wird, dass durch § 17 Abs. 2 Satz 1 GVG die Entscheidung über alle in Betracht kommenden rechtlichen Gesichtspunkte bei dem Gericht des zulässigen Rechtsweges konzentriert worden ist. Durch die Neuregelung ist allerdings auch die Kompetenz der **ordentlichen Gerichte** in Wegfall geraten. Diese besitzen auch **nicht** eine **Notkompetenz** in Eilfällen, die Bestimmung des § 942 Abs. 1 ZPO kann im Verhältnis zwischen Arbeitsgerichtsbarkeit und ordentlicher Gerichtsbarkeit nicht mehr angewendet werden (vgl. dazu unten § 62 Rn. 81 m. w. Nachw.).

2a Über die Zulässigkeit des Rechtsweges wird in einem besonderen **Vorabentscheidungsverfahren** entschieden, § 17a Abs. 2–4 GVG, eine Klageabweisung wegen Unzulässigkeit des Rechtsweges ist ausgeschlossen, es erfolgt immer eine Verweisung, ggf. auch ohne Antrag der Parteien, an das jeweils zuständige Gericht, § 17a Abs. 2 Satz 1 GVG. Der Beschleunigung dient auch, dass die Prüfungspflicht und das Prüfungsrecht auf das Verfahren erster Instanz beschränkt ist, § 17a Abs. 5 GVG. Die Rüge der Zulässigkeit des Rechtsweges kann nicht erst in zweiter Instanz erhoben werden.

3   In gleicher Weise wie über die Zulässigkeit des Rechtsweges ist auch über die Zulässigkeit der Verfahrensart zu entscheiden. Das Arbeitsgericht hat daher den Rechtsstreit von Amts wegen in die zutreffende Verfahrensart zu verweisen, wenn die gewählte Verfahrensart von der entscheidenden Kammer für unzutreffend gehalten wird. Damit wird die **Frage der Verfahrensart derjenigen des Rechtsweges gleichgestellt,** obwohl es nicht darum geht, dass ein Gericht unzuständig sei, im Regelfall ist es sogar so, dass die gleiche Kammer, die in der unzulässigen Verfahrensart angerufen worden ist, nunmehr auch in der zulässigen Verfahrensart zu entscheiden hat. Hier von einer Verweisung zu sprechen, erscheint zumindest problematisch, da dieser Begriff regelmäßig voraussetzt, dass ein anderes Gericht nunmehr in der Hauptsache zu entscheiden hätte.

4   Im Gegensatz zu der bisherigen Regelung erfasst das Verfahren des § 48 auch die Frage der **örtlichen Zuständigkeit.** Auch über diese ist daher in entsprechender Anwendung der Bestimmungen der §§ 17 bis 17b GVG zu entscheiden, daneben kann § 281 ZPO nicht mehr angewendet werden. Das Verweisungsverfahren des § 48 i. V. mit §§ 17 ff. GVG findet auch auf die **Verweisung nach § 61b Abs. 2 Satz 2** Anwendung. Allerdings gilt die Besonderheit, dass eine Rüge der örtlichen Zuständigkeit nicht erhoben sein muss, es genügt der Antrag des Arbeitgebers mit der Mitteilung an das Gericht, dass bereits an einem anderen Gericht eine Klage eines anderen Bewerbers anhängig ist. Das Gericht muss dann die Verweisung von Amts wegen vornehmen, ggf. muss es auch feststellen, welches Gericht als erstes mit dem gleichen Themenkomplex befasst worden ist (vgl. dazu unten § 61b Rn. 22 f.). Die Entscheidung erfolgt durch den Vorsitzenden allein gem. § 55 Abs. 1 Nr. 7 (dazu unten § 55 Rn. 21).

I. Allgemeines § 48

Im Wortlaut von § 48 Abs. 1 Satz 1 ist auch die **sachliche Zuständigkeit** erwähnt 5 worden. Dieses steht nicht im Einklang mit der Tatsache, dass in den Überschriften zu § 2 und § 2 a. F. jeweils das Wort „sachliche" durch Art. 6 Nr. 1 und 2 a 4. VwGO-ÄndG gestrichen worden ist und dass § 48 in der Überschrift die Fassung „Rechtsweg und Zuständigkeit" erhalten hat. Daraus ergibt sich, dass das Verhältnis zwischen Arbeitsgerichtsbarkeit und ordentlicher Gerichtsbarkeit keine Frage der sachlichen Zuständigkeit, sondern der Rechtswegzuständigkeit ist (BAG 26. 3. 1992 NZA 1992, 954, 955 f.; GK-ArbGG *Bader* § 48 Rn. 12; a. A. *Schwab* NZA 1991, 657, 663). Die Erwähnung der sachlichen Zuständigkeit ist daher ein redaktionelles Versehen, eine eigenständige Bedeutung kommt ihr nicht zu.

Auf eine **Verweisung innerhalb des Arbeitsgerichtes** selbst findet die Vorschrift ebenfalls keine Anwendung. Wird die Zuständigkeit verschiedener Kammern betroffen, dann ist dies nicht eine Angelegenheit, die die sachliche Zuständigkeit betrifft, sondern lediglich die Geschäftsverteilung (*Schwab/Weth/Walker* § 48 Rn. 17; GK-ArbGG/*Bader* § 48 Rn. 32 a; a. A. wohl *Schaub* BB 1993, 1066 ohne nähere Begründung). Dies gilt insbesondere dann, wenn innerhalb eines Arbeitsgerichts Kammern für verschiedene Fachgebiete gebildet worden sind und ein Rechtsstreit vor eine nach dem Geschäftsverteilungsplan unzuständige Kammer gelangt ist. In diesem Falle kann der Rechtsstreit an die fachlich zuständige Kammer abgegeben werden. Die Abgabe kann von Amts wegen erfolgen, eines Antrages einer Partei bedarf es nicht, auch ist es in diesem Falle nicht erforderlich, dass eine vorherige mündliche Verhandlung oder eine Anhörung der Parteien stattgefunden hat. Eine entsprechende Anwendbarkeit der §§ 97 ff. GVG ist ausgeschlossen, weil im Gegensatz zur Bestimmung des § 96 Abs. 1 GVG ein besonderer Antrag auf Verhandlung vor einer fachlich zuständigen Kammer nicht gestellt werden kann (s. dazu auch oben § 17 Rn. 13; *Grunsky* § 17 Rn. 7). Besondere Förmlichkeiten für die Abgabe können lediglich in dem Beschluss des Präsidiums über die Geschäftsverteilung vorgesehen sein.

Eine Anwendbarkeit des § 48 im **Verhältnis zwischen Arbeitsgericht und Schieds-** 7 **gericht** nach §§ 101 ff. besteht nicht (*Schwab/Weth/Walker* § 48 Rn. 17; GK-ArbGG/ *Bader* § 48 Rn. 9). Die Verweisung eines Rechtsstreites von einem staatlichen Gericht an ein Schiedsgericht i. S. des § 101 ArbGG ist grundsätzlich nicht möglich, da es bindende Verweisungen nur im Verhältnis zwischen staatlichen Gerichten geben kann, Schiedsgerichte jedoch eine privat-rechtliche Einrichtung sind (Tarifschiedsgericht für die Deutsche Seeschifffahrt 25. 5. 1967 AP ArbGG 1953 § 102 Nr. 1; *Germelmann* NZA 1994, 12, 14). Auch aus § 102 folgt, dass es sich bei dem Verhältnis zwischen Arbeitsgerichtsbarkeit und Schiedsgerichtsbarkeit um die Anwendung einer privaten Rechtsprechung unter Aufsicht der staatlichen Arbeitsgerichte handelt.

§ 48 betrifft nur die Verweisung von Rechtsstreitigkeiten innerhalb der bestehenden 8 Rechtswege an andere Gerichte oder in eine andere Verfahrensart. Die Vorschrift gilt nicht für die **Richtervorlage** nach Art. 100 GG an das BVerfG und auch nicht für das **Vorabentscheidungsverfahren** des EuGH. Wegen der völlig anderen Zielsetzung dieses Verfahrens kann sie auch nicht entsprechend herangezogen werden (zu diesen Verfahren näher oben § 45 Rn. 60 f., 62 f.).

Die Vorschrift gilt auch **nicht** im Bereich der in allen Instanzen als Prozessvoraus- 9 setzung zu prüfenden **Internationalen Zuständigkeit** (zu dieser oben Einleitung Rn. 286 ff.; zu den Zustellungen im Ausland oben § 47 Rn. 8 f.; vgl. ferner BAG 26. 2. 1985 NZA 1985, 635; vom 19. 3. 1996 AP ZPO § 328 Nr. 2; ausführlich GK-ArbGG/ *Bader* § 48 Rn. 104 ff.). Sie ist zwar eine von Amts wegen zu prüfende Prozessvoraussetzung, die Regelung der §§ 17 ff. GVG betrifft aber lediglich die Zuständigkeit der innerstaatlichen Gerichte, nicht jedoch die Frage, welches Gericht eines anderen Staates zur Entscheidung berufen ist. Adressat der Normen über die internationale Zuständigkeit sind nämlich die Staaten. Das GVG regelt allein die Verfassung der innerstaatlichen Gerichte, eine Außenwirkung dieses Gesetzes auf andere Staaten besteht nicht. Dem stehen auch weder die Regelung in Art. 5 Nr. 1 noch in Art. 18 VO (EG) Nr. 44/2001 (vom 22. 12. 2000 – ABl. EG 2001 L 12/1 ff.) entgegen, auch sie betreffen die internationale Zuständigkeit und legen insoweit bestimmte Gerichtsstände fest (zu dieser VO auch unten Rn. 12). Sie berühren die innerstaatlichen Zuständigkeitsregelungen aber nicht. Das Gleiche gilt für die VO (EG) Nr. 593/2008 – Rom I – (vom 17. 6. 2008 ABl. EG 2008 L 177/6 ff.), die am 6. 12. 2009 in Kraft tritt (zu dieser *Martiny* ZEuP 2008, 79; ErfK/*Schlachter* Art. 27–34 EGBGB Rn. 2). Sie führt ein einheitliches IPR des materiellen Schuldrechts einschließlich des Arbeitsrechts – Art. 8 der VO ein, ohne jedoch prozessuale Verfahren im Zusammenhang mit innerstaatlichen Zuständigkeiten zu regeln.

II. Anwendungsbereich

1. Rechtsweg

a) Urteilsverfahren

10   Die Neufassung der §§ 17 ff. GVG geht von einer Gleichwertigkeit der verschiedenen Gerichtszweige aus. Grundlage der Zuständigkeitsprüfung im Urteilsverfahren ist die Kompetenzzuweisung in § 2. Die Zulässigkeit des Rechtsweges ist eine **Prozessvoraussetzung**, die vom Arbeitsgericht in der ersten Instanz in jeder Lage des Verfahrens von Amts wegen zu prüfen ist. Bei Zweifeln hinsichtlich der Rechtswegzuständigkeit und der örtlichen Zuständigkeit ist **zunächst über die Zulässigkeit des Rechtsweges** zu entscheiden. Diese Frage ist vorrangig, ist der Rechtsweg nicht gegeben, muss im zutreffenden Rechtsweg über die örtliche Zuständigkeit selbst entschieden werden. Dies folgt schon daraus, dass im Gegensatz zum arbeitsgerichtlichen Verfahren im Zivilprozess die örtliche Zuständigkeit nicht im Rahmen der §§ 17 ff. GVG, sondern vielmehr nach § 281 ZPO geprüft werden muss.

11   Die Frage des zulässigen Rechtsweges ist zwingendes Recht. Eine **Vereinbarung der Parteien** hierüber ist nur dann zulässig, wenn eine entsprechende Öffnungsklausel im Gesetz vorhanden ist. Für das arbeitsgerichtliche Verfahren findet sich eine solche nur in § 2 Abs. 4 hinsichtlich der Streitigkeiten von Organmitgliedern (dazu oben § 2 Rn. 129 ff.). Auch eine **rügelose Einlassung** und eine darauf beruhende Rechtswegzuständigkeit kann nicht erfolgen, das Arbeitsgericht hat in jeder Lage des Verfahrens von Amts wegen auch ohne eine entsprechende Rüge die Zuständigkeit zu prüfen (dazu *Koch* NJW 1991, 1858). Auch eine solche rügelose Einlassung kann lediglich im Bereich des § 2 Abs. 4 Bedeutung erlangen. Bei der weiteren Öffnungsklausel in § 48 Abs. 2 Satz 2 und 3 hinsichtlich der tarifvertraglich bestimmten Zuständigkeitsregelungen handelt es sich nicht um Fragen des Rechtsweges, sondern nur um solche der örtlichen Zuständigkeit, so dass auch hier eine Prüfung von Amts wegen hinsichtlich der Zulässigkeit des Rechtsweges zu erfolgen hat.

12   Eine **Besonderheit gilt für den Bereich der internationalen Zuständigkeit.** In Art. 18, 19 der Verordnung (EG) Nr. 44/2001 (ABl. Nr. L 12, 1 mit späteren Änderungen – EuGVVO) wird für individuelle Arbeitsverträge die Zuständigkeit eines Gerichts in einem Vertragsstaat geregelt. Von diesen Bestimmungen können die Parteien eines Arbeitsvertrages nur unter den Voraussetzungen des Art. 21 EuGVVO abweichen. Diese Vereinbarung ist nur nachträglich möglich, vor Eintritt des Streitfalls nur dann, wenn sie dem Arbeitnehmer die Befugnis einräumt, andere als die im 5. Abschnitt des EuGVVO angeführten Gerichte anzurufen. Sie gilt auch bei grenzüberschreitenden Arbeitsverträgen. Die Regelungen der EuGVVO gelten unmittelbar für die Mitgliedsstaaten der EG, auch die neu hinzugetretenen, (dazu *Thomas/Putzo/Hüßtege* Anhang EuGVVO Vorbem. vor Art. 1 Rn. 1) ohne dass es einer Umsetzung durch nationale Gesetze bedarf. Die Bestimmungen gehen innerstaatlichen Regelungen und denen des EuGVÜ (EWG-Über-

einkommen über die gerichtliche Zuständigkeit und die Vollstreckung gerichtlicher Entscheidungen in Zivil- und Handelssachen vom 27. 9. 1968 BGBl. II 1972, 773) vor (GK-ArbGG/*Bader* § 48 Rn. 105 m. w. Nachw.). Dem EuGVÜ ähnlich lautende Bestimmungen finden sich in dem Lugano-Übereinkommen (vom 16. 9. 1988 – BGBl. II 1994, 2658 mit späteren Änderungen; zu dem Ganzen auch oben § 1 Rn. 27 ff.). Auf der materiell-rechtlichen Seite werden die Regelungen der VO (EG) Nr. 44/2001 ergänzt durch die Bestimmungen in der VO (EG) Nr. 593/2008 – Rom I – (vom 17. 6. 2008 ABl. EG L 177/6 ff.) und der VO (EG) Nr. 864/2007 – Rom II – (vom 11. 7. 2007 ABl. EG L 199/40 ff.). Diese Bestimmungen verweisen aber lediglich auf ein nationales Recht, dieses regelt auf Grund der Zuständigkeitsvorschriften in seinem Prozessrecht, welches konkrete nationale Gericht zuständig ist. Eine Entscheidung im Rahmen des § 48 i.V. mit §§ 17 ff. GVG über die internationale Zuständigkeit ist nicht möglich. Eine besondere Regelung findet sich für den Bereich der **Arbeitnehmerentsendung** in 8 Satz 1 AEntG. Soweit eine Vereinbarung eines Gerichtsstands in entsprechender Anwendung der §§ 38, 40 ZPO zulässig ist, darf sie nicht letztlich zu einer Rechtsverweigerung führen (*Ostrowicz/Künzl/Schäfer* Rn. 65; BAG 29. 6. 1978 AP ZPO § 38 Internationale Zuständigkeit Nr. 8). Dies wäre beispielsweise der Fall, wenn ein Rechtsschutz in dem ausländischen Staat kaum durchsetzbar wäre, wenn eine Vollstreckung auf fast unüberwindliche Schwierigkeiten stoßen könnte. Im Bereich der Mitgliedsstaaten der EU dürften diese Voraussetzungen nicht gegeben sein. Die internationale Zuständigkeit eines deutschen Gerichts in einem Rechtsstreit mit Auslandsberührung kann auch durch rügelose Einlassung gem. § 39 ZPO entstehen (*Ostrowicz/Künzl/Schäfer* a. a. O. mit weiteren Einzelheiten; BAG 30. 1. 1969 AP ZPO § 38 Internationale Zuständigkeit Nr. 1). Ein vorheriger Hinweis in analoger Anwendung des § 504 ZPO gehört zur Aufklärungspflicht des Gerichts.

b) Mahnverfahren

Auch für das Mahnverfahren gilt die Zuständigkeitsregelung des § 2. Gleichwohl **scheidet** eine **entsprechende Anwendbarkeit** des § 48 in dieser Verfahrensart **aus**. Nach § 46a Abs. 1 gelten die Vorschriften der ZPO über das Mahnverfahren entsprechend. Nach § 691 Abs. 1 Nr. 1 ZPO ist ein Mahnantrag zurückzuweisen, wenn er u. a. der Vorschrift des § 689 ZPO nicht entspricht. Nach § 689 ZPO muss aber die Zuständigkeit gegeben sein. Wird daher ein Anspruch geltend gemacht, der nicht in die Zuständigkeit der Arbeitsgerichte fällt, ist der Mahnantrag zurückzuweisen. Dem Antragsteller steht es dann frei, den Antrag erneut bei dem zuständigen Gericht anhängig zu machen. Hierfür spricht im Übrigen auch, dass die Zulässigkeitsprüfung des § 17 GVG die Rechtshängigkeit voraussetzt (BAG 9. 2. 2006 NZA 2006, 454, 455). Nach § 46a Abs. 5 gilt jedoch eine Streitsache erst dann mit Zustellung des Mahnbescheides als rechtshängig geworden, wenn alsbald nach Erhebung des Widerspruchs Termin zur mündlichen Verhandlung bestimmt wird. Wird der Antrag von vornherein zurückgewiesen, kann es nicht zu einer Rechtshängigkeit mehr kommen (vgl. dazu oben § 46a Rn. 13, dort auch zur Abgabe bei örtlicher Unzuständigkeit; wie hier auch *Schwab/Weth/Walker* § 48 Rn. 20). 13

c) Prozesskostenhilfeverfahren

Soweit das Prozesskostenhilfeverfahren **außerhalb eines anhängigen Hauptsacheverfahrens** durchgeführt wird, ist eine entsprechende Anwendbarkeit des **§ 48 ausgeschlossen**. Bei diesem liegt noch keine Rechtshängigkeit vor (dazu BAG 9. 2. 2006 NZA 2006, 454, 455, außerdem passen die Regelungen der §§ 17 ff. GVG nicht zu dem eingeschränkten Entscheidungsrahmen dieses Verfahrensteils (GK-ArbGG/*Bader* § 48 Rn. 41; VGH Mannheim 4. 4. 1995 NJW 1995, 1915 f.; OVG Münster 28. 4. 1993 NJW 1993, 2766; *Zöller/Gummer* vor § 17 GVG Rn. 12; MünchKommZPO/*Manfred* 14

Wolf § 17 GVG Rn. 4; *Baumbach/Hartmann* § 17a GVG Rn. 5; a. A. VGH Mannheim 6. 8. 1991 NJW 1992, 708; *Kissel* NZA 1995, 343, 352; offen gelassen in BAG 27. 10. 1992 NZA 1993, 285, 286). Allerdings kann die Zulässigkeit des Rechtsweges im Rahmen der Erfolgsaussicht geprüft werden, unter Umständen kann aus diesem Grunde auch die Prozesskostenhilfe verweigert werden, allerdings ist der Antragsteller vor Beschlussfassung auf Bedenken hinzuweisen.

15   Ist allerdings **gleichwohl ein Verweisungsbeschluss** im PKH-Bewilligungsverfahren ergangen, entwickelt er in entsprechender Anwendung von § 17a Abs. 2 Satz 3 GVG Bindungswirkung (BAG 27. 10. 1992 NZA 1993, 285, 286). Nur auf diese Weise kann der Zweck der Neuregelung, nämlich unnötige Zuständigkeitsstreitigkeiten zu vermeiden, erreicht werden. Auch fehlerhafte Verweisungsbeschlüsse sind daher bindend, lediglich bei offensichtlicher Gesetzwidrigkeit tritt diese nicht ein (vgl. BAG 1. 7. 1992 NZA 1992, 1047m. w. N.; BGH 26. 7. 2001 NJW 2001, 3633). Ein Verweisungsbeschluss im PKH-Bewilligungsverfahren ist zwar rechtsfehlerhaft, aber nicht offensichtlich gesetzwidrig. Bindungswirkung kann ein solcher Beschluss aber nur für das PKH-Verfahren entfalten, eine Erstreckung der Bindungswirkung auf das Hauptsacheverfahren tritt nicht ein (BAG 27. 10. 1992 NZA 1993, 285 ff.; BGH 18. 4. 1991 AP ZPO 1977 § 281 Nr. 4). Letztlich wird mit der Bindungswirkung nur erreicht, dass das Gericht, an das im PKH-Verfahren rechtsfehlerhaft verwiesen worden ist, über den Antrag zu entscheiden hat und dass es die Erfolgsaussicht der Rechtsverfolgung nicht verneinen darf, weil der Rechtsweg nicht gegeben sei.

16   Ist der **Rechtsstreit bereits anhängig** und wird in diesem Rahmen die Gewährung von Prozesskostenhilfe beantragt oder aber eine Beiordnung gemäß § 11a, ist die Regelung des § 48 anwendbar. In diesem Falle findet die Prüfung des zulässigen Rechtsweges nicht im Rahmen des Prozesskostenhilfeverfahrens, sondern im Rahmen des Hauptsacheverfahrens statt, wird der Rechtsstreit wegen fehlender Zuständigkeit verwiesen, muss das dann zuständig gewordene Gericht unter Umständen auch über den Prozesskostenhilfeantrag bzw. den Antrag nach § 11a befinden.

d) Verfahren des Arrestes und der einstweiligen Verfügung

17   Die besonders beschleunigten Verfahren des Arrestes und der einstweiligen Verfügung unterliegen, abgesehen von den gesetzlich vorgesehenen Besonderheiten, den allgemeinen Verfahrensgrundsätzen. Trotz der besonderen Beschleunigungsbedürftigkeit gilt daher auch für diese Verfahrensarten die Zuständigkeitsregelung des § 2. Es ist daher auch weitgehend anerkannt, dass die Vorschriften der Rechtswegverweisung auch im Verfahren des vorläufigen Rechtsschutzes anzuwenden sind (BAG 24. 5. 2000 NZA 2000, 903; *Schwab/Weth/Walker* § 48 Rn. 24; *Zöller/Gummer* vor §§ 17 bis 17b GVG Rn. 12; *Baumbach/Hartmann* § 17a GVG Rn. 5 jeweils m. w. Nachw.; GK-ArbGG/*Bader* § 48 Rn. 33 f.).

18   Allerdings muss das **Verfahren** dem besonderen Beschleunigungsinteresse des einstweiligen Rechtsschutzes **angepasst werden**. Die Verfahrensregelung des § 17a GVG ist auf die Grundsätze des Rechtsstreites in der Hauptsache abgestimmt. Handelt es sich um ein Sonderverfahren, müssen dessen Grundsätze in die Anwendung des § 17a GVG einbezogen werden (vgl. dazu GK-ArbGG/*Bader* § 48 Rn. 36 ff.).

19   Die Prüfung der Zuständigkeit hat von Amts wegen zu erfolgen. Ist eine besondere Eilbedürftigkeit gegeben, ist die nach § 17a Abs. 2 GVG erforderliche **vorherige Anhörung** des Antragsgegners entbehrlich. Dies folgt daraus, dass auch die „Hauptsacheentscheidung" im Gegensatz zum normalen arbeitsgerichtlichen Verfahren bei besonderer Eilbedürftigkeit ohne Anhörung des Gegners erfolgen kann. Eine Einschränkung des rechtlichen Gehörs des Gegners ist in diesem Falle nicht gegeben, da zum einen ihm die Möglichkeit des Widerspruchs offen steht, § 924 ZPO, im Übrigen Entscheidungen im einstweiligen Rechtsschutz ohnehin nur eine begrenzte Rechtskraft entwickeln können.

II. Anwendungsbereich **§ 48**

Entgegen der Regelung in § 48 Abs. 1 Satz 2 kann bei besonderer Eilbedürftigkeit die **20** Entscheidung auch **außerhalb einer mündlichen Verhandlung** erfolgen, §§ 921 Abs. 1, 937 Abs. 2 ZPO i. V. mit § 53 Abs. 1 Satz 1 ArbGG (GK-ArbGG/*Bader* § 48 Rn. 37; a. A. LAG Frankfurt/Main 11. 9. 1991 LAGE ArbGG 1979 § 48 Nr. 4; vgl. zu dem Ganzen auch *Zwanziger* DB 1991, 2239, 2240). Auch wird man trotz der Regelung in § 48 Abs. 1 Nr. 2 von der fortbestehenden Alleinentscheidungskompetenz des Vorsitzenden aus § 944 ZPO ausgehen müssen, diese Vorschrift ist für Eilverfahren lex specialis (*Kissel* NZA 1995, 345, 352). Soweit die **örtliche Zuständigkeit** betroffen ist, ergibt sich die Alleinentscheidungsbefugnis aus § 55 Abs. 1 Nr. 7.

Findet eine **mündliche Verhandlung** statt, gelten die allgemeinen Grundsätze, in die- **21** sem Falle sind keine Besonderheiten des Verfahrens des einstweiligen Rechtsschutzes gegeben, die es ausschließen könnten, die Verfahrensbestimmungen des § 48 außer Kraft zu setzen.

Eine **Bindungswirkung** tritt nur für das Verfahren des einstweiligen Rechtsschutzes **22** ein, nicht jedoch für das nachfolgende Hauptsacheverfahren (*Schwab/Weth/Walker* § 48 Rn. 27), wenn dieses noch nicht anhängig ist. Andererseits bindet die Zuständigkeitsentscheidung im Hauptsacheverfahren, wenn das Verfahren des einstweiligen Rechtsschutzes erst nachträglich anhängig gemacht wird. Dies ergibt sich aus der Zuständigkeitsregelung in §§ 919, 937 ZPO.

2. Verfahrensart

Durch § 48 Abs. 1 ist klargestellt, dass das Arbeitsgericht auch **von Amts wegen** **23** darüber zu befinden hat, ob die richtige Verfahrensart gewählt worden ist. Das Gericht hat daher zu prüfen, ob ein Rechtsstreit im Urteilsverfahren des § 2 oder aber im Beschlussverfahren des § 2 a i. V. mit § 80 Abs. 1 zu entscheiden ist. Es handelt sich um eine Prozessvoraussetzung, sie ist nach der Zulässigkeit des Rechtswegs aber vor der örtlichen Zuständigkeit zu prüfen (*Schwab Weth/Walker* § 48 Rn. 95).

Dogmatisch ist diese **Zuordnung** zumindest **problematisch.** Während bei der Entschei- **24** dung über den Rechtsweg oder aber auch über die örtliche Zuständigkeit die Frage des zuständigen Gerichtes betroffen ist, spielt dies bei der Entscheidung über die zutreffende Verfahrensart keine Rolle. Vielmehr verbleibt unter Umständen sogar die Sache bei derselben Kammer, wird nur in einer anderen Verfahrensart fortgeführt. Hier von einer Verweisung und von einer entsprechenden Anwendbarkeit der §§ 17 ff. GVG auszugehen, ist nicht überzeugend, es findet eigentlich nur eine Auswechselung der Verfahrensart statt. Über die Einhaltung des richtigen Verfahrens hat aber der jeweils angerufene Spruchkörper selbst zu entscheiden (vgl. zu den Bedenken auch oben § 2 a Rn. 95 unter Darstellung der sich im Einzelnen ergebenden Folgeprobleme). Die gesetzliche Regelung ist jedoch eindeutig.

3. Örtliche Zuständigkeit

a) Grundlagen

Auch über die örtliche Zuständigkeit der §§ 12 ff. ZPO hat das Arbeitsgericht gemäß **25** § 48 von Amts wegen zu entscheiden. Die Regelung des **§ 281 ZPO** findet insoweit **keine Anwendung.** Dies gilt auch hinsichtlich der Kostenfrage, die sich nicht mehr nach § 281 Abs. 3 ZPO, sondern vielmehr nach § 48 Abs. 1 i. V. mit § 17 b Abs. 2 GVG regelt.

Das Vorliegen der **internationalen Zuständigkeit** ist von Amts wegen zu prüfen (BAG **26** 5. 9. 1972 AP BGB § 242 Ruhegehalt Nr. 159; 26. 2. 1985 AP Internationales Privatrecht/Arbeitsrecht Nr. 23), vgl. dazu auch Art 25 VO (EG) Nr. 44/2001 des Rates vom 22. 12. 2000 (ABl. EG 2001, L 12, 1, 9). Es handelt sich nicht um eine Frage der örtlichen Zuständigkeit. Dem steht auch nicht die Regelung in Art. 5 Nr. 1 VO (EG)

Nr. 44/2001 entgegen, auch sie betrifft die internationale Zuständigkeit und legt insoweit bestimmte Gerichtsstände fest (dazu oben Rn. 12). Über sie kann daher auch nicht gemäß § 17a GVG vorab entschieden werden (LAG Rheinland/Pfalz 15. 10. 1991 NZA 1992, 138; vgl. OLG Köln 16. 3. 1988 NJW 1988, 2182, 2183; sowie oben Rn. 12).

27 Hinsichtlich der örtlichen Zuständigkeit enthält das Arbeitsgerichtsgesetz in § 48 Abs. 1a und 2 sowie in § 82 **Sonderregelungen**. Hinzu kommt die Regelung des § 61b Abs. 3, die eine zwingende und abschließende Regelung der örtlichen Zuständigkeit bei Klagen verschiedener Bewerber vor unterschiedlichen Arbeitsgerichten enthält. Hinsichtlich dieser kann auf die Erläuterungen zu § 61b Rn. 14ff. verwiesen werden.

28 Die Frage der örtlichen Zuständigkeit ist in jeder Verfahrensart, also sowohl im Urteils- als auch im Beschlussverfahren zu prüfen. Ebenso wie bei der Frage der Rechtswegzuständigkeit (dazu oben Rn. 11) ist auch bei der Frage der zutreffenden Verfahrensart das Problem der **örtlichen Zuständigkeit sekundärer Natur**. Zunächst muss das Arbeitsgericht prüfen, welcher Rechtsweg eröffnet ist, sodann, welche Verfahrensart Anwendung findet, erst dann kann die Frage der örtlichen Zuständigkeit erörtert werden. Dies folgt unter anderem auch schon daraus, dass die richtige Verfahrensart nicht zur Disposition der Verfahrensbeteiligten steht, anders als dies unter Umständen bei der örtlichen Zuständigkeit der Fall sein kann.

29 Das Arbeitsgerichtsgesetz verweist in § 46 Abs. 2 auf die Vorschriften der Zivilprozessordnung und damit auch auf die **Regelung des Gerichtsstandes der §§ 12–40 ZPO**. Diese Vorschriften bestimmen, welches Gericht einer bestimmten Art für Klagen gegen einen bestimmten Beklagten örtlich zuständig ist. Örtlich zuständig ist jeweils das Gericht, in dessen Bezirk der maßgebende Gerichtsstand des Beklagten liegt. Die Vorschriften über die örtliche Zuständigkeit schaffen **keine rechtswegüberschreitende Zuständigkeit**.

30 Die ZPO unterscheidet zwischen **dem allgemeinen Gerichtsstand** einer Person und **besonderen** sowie **ausschließlichen Gerichtsständen**. Im allgemeinen Gerichtsstand können alle Klagen gegen eine Person erhoben werden, sofern nicht ein ausschließlicher Gerichtsstand gerade für diese Klage gegeben ist, § 12 ZPO. Ein ausschließlicher Gerichtsstand kann auch durch eine zulässige Gerichtsstandsvereinbarung bestimmt werden (GK-ArbGG/*Wenzel* § 2 Rn. 257). Im **besonderen Gerichtsstand** können jeweils nur bestimmte Rechtsstreitigkeiten anhängig gemacht werden. Gelten für eine Klage **mehrere Gerichtstände, besteht ein Wahlrecht** des Klägers, § 35 ZPO. Das Wahlrecht ist ausgeübt, wenn der Rechtsstreit anhängig geworden ist, §§ 253, 261 ZPO. Eine **Einschränkung des Wahlrechts** durch Erwägungen im Kostenbereich ist grundsätzlich nicht möglich. Lediglich Erwägungen aus dem Rechtsgedanken des **Rechtsmissbrauchs** können die Wahlmöglichkeiten einschränken. Treu und Glauben beherrschen auch das Prozessrecht (BVerfG 23. 12. 1996 NJW 1997, 1433; 18. 1. 2000 NJW 2000, 1709 ff.). Die Erschleichung eines Rechtswegs ist ebenso unzulässig wie die einer örtlichen Zuständigkeit. Dies setzt aber ein missbräuchliches Verhalten wie eine Manipulation der Zuständigkeitstatsachen, Täuschungs- und Umgehungshandlungen voraus (*Zöller/Vollkommer* ZPO § 12 Rn. 19; OLG Celle 16. 12. 2003 NJW-RR 2004, 627; OLG Karlsruhe 30. 5. 2005 ZIP 2005, 1475, 1477). Für die Annahme einer rechtsmissbräuchlichen Erschleichung einer Zuständigkeit müssen aber handgreifliche Gesichtspunkte vorliegen.

31 Die örtliche Zuständigkeit eines Gerichts bestimmt weitgehend auch die **internationale Zuständigkeit** (s. § 1 Rn. 16ff.). Neben dieser und der Zuständigkeit der Arbeitsgerichte im Verhältnis zu den anderen Gerichtsbarkeiten – dem Rechtsweg – muss auch die **örtliche Zuständigkeit** des Gerichts gegeben sein, damit über den Rechtsstreit in der Sache entschieden werden kann. Das gilt auch für eine Zusammenhangsklage, wenn durch diese eine dritte Person am Rechtsstreit beteiligt wird.

II. Anwendungsbereich § 48

b) Allgemeiner Gerichtsstand

aa) **Arbeitnehmer.** Der allgemeine Gerichtsstand des Arbeitnehmers wird **durch seinen** 32
Wohnsitz bestimmt, § 13 ZPO i. V. m. § 7 BGB. Maßgeblich ist die ständige Niederlassung in einer politischen Gemeinde in der Absicht, diesen Ort zum Mittelpunkt der wirtschaftlichen und gesellschaftlichen Existenz zu machen. Die Registrierung bei Meldebehörden ist nur ein Beweisanzeichen. Kein Wohnsitz wird begründet durch Ferienwohnungen oder Briefkastenanschriften. Die im **Ausland beschäftigten** Angehörigen des öffentlichen Dienstes haben ihren allgemeinen Gerichtsstand am letzten inländischen Wohnsitz, in Ermangelung eines solchen am Sitz der Bundesregierung, § 15 ZPO. Die Vorschrift ist für im Ausland tätige Arbeitnehmer der Privatwirtschaft nicht entsprechend anwendbar. Hat eine Person im Inland keinen Wohnsitz, wie dies beispielsweise bei im Ausland beschäftigten Arbeitnehmern der Privatwirtschaft der Fall sein kann, so hat sie ihren allgemeinen Gerichtsstand am **Aufenthaltsort im Inland** und, wenn ein solcher nicht bekannt ist, am letzten Wohnsitz, § 16 ZPO.

bb) **Arbeitgeber.** Auch der Arbeitgeber hat einen allgemeinen Gerichtsstand. Handelt 33
es sich um eine natürliche Person, so gilt für ihn das gleiche wie für den Arbeitnehmer. Ist der Arbeitgeber eine **juristische Person,** so hat er seinen allgemeinen Gerichtsstand **am Ort ihres Sitzes.** Das ist im Allgemeinen der Ort, wo die Verwaltung geführt wird, § 17 ZPO. Das gilt auch für Arbeitgeber in der Rechtsform einer parteifähigen Personengesamtheit, wie der Gesellschaft bürgerlichen Rechts, der OHG oder KG, und die nach § 10 vor den Arbeitsgerichten parteifähigen Vereinigungen (s. § 10 Rn. 7 ff.; GK-ArbGG/*Wenzel* § 2 Rn. 234); zu den Problemen im Arbeitskampf siehe unten Rn. 50 ff. Daneben kann auch der besondere Gerichtsstand der Niederlassung, § 21 ZPO (dazu unten Rn. 46) bestehen. Für arbeitsrechtliche Streitigkeiten unter Beteiligung des **Insolvenzverwalters** gilt der allgemeine Gerichtsstand des ursprünglichen Arbeitgebers. Die Sonderregelung des § 19a ZPO dürfte hier nicht zur Anwendung kommen, da dieser nur für Klagen gilt, die sich auf die Insolvenzmasse beziehen. Der **Staat als Arbeitgeber** hat seinen allgemeinen Gerichtsstand am Sitz der Behörde, die zu seiner Vertretung im Rechtsstreit berufen ist, § 18 ZPO. Umfasst der Behördensitz mehrere Gerichtsbezirke, ist das Bestimmungsrecht des Bundesministeriums der Justiz bzw. der Landesjustizverwaltungen zu beachten, § 19 ZPO. Die Vertretungsbefugnis einer Behörde bestimmt sich nach dem Verwaltungsrecht.

c) Besonderer Gerichtsstand des Arbeitsortes, Abs. 1 a

Der **Arbeitsort** als Anknüpfungspunkt für die gerichtliche Zuständigkeit ist mit Wir- 34
kung vom 1. 4. 2008 durch das SGGArbGGÄndG vom 26. 3. 2008 (BGBl. I S. 444) neu eingeführt worden (dazu *Bergwitz* NZA 2008, 443; *Damröse* DB 2008, 1626; *Reinhard/Bögemann* NJW 2008, 1263). Er ist vorwiegend im **internationalen Recht** bekannt. So richtet sich nach Art. 30 Abs. 2 Nr. 1 EGBGB (vgl. Art 6 EG-Übereinkommen vom 19. 6. 1980) die Bestimmung des Arbeitsvertragsstatuts bei fehlender Rechtswahl im Arbeitsvertrag nach dem Ort, in dem der Arbeitnehmer gewöhnlich seine Arbeit verrichtet. Allerdings ist auch hier eine signifikante Unterscheidung zwischen Erfüllungsort und Arbeitsort nicht erfolgt. Der Arbeitsort wird als Anknüpfungspunkt z. B. auch in Art. 19 EuGVVO und in Art. 5 Nr. 1 LugÜ herangezogen. Zwar kann der Begriff des Arbeitsortes, wie er im internationalen Recht und in der Rechtsprechung des EuGH verwandt wird, nicht ohne weiteres auch im Bereich des nationalen Rechts herangezogen werden (vgl. für die Auslegung im europäischen Rahmen EuGH 27. 2. 2002 NZA 2002, 459, 461), allerdings kann bei gleicher Zielsetzung der Regelungen auch das internationale Recht eine Hilfe bei der Auslegung geben, zumal auch das Verfahrensrecht zunehmend Einflüssen durch das europäische Recht unterliegt. Für eine entsprechende Anwendung spricht auch, dass sowohl die Regelungen des internationalen

§ 48

Rechts als auch die der beabsichtigten Änderungen es dem Arbeitnehmer erleichtern sollen, Rechtsschutz zu erlangen.

35 Arbeitsort im Sinne der Vorschrift ist zunächst der Ort, der **tatsächlicher Mittelpunkt der Berufstätigkeit des Arbeitnehmers** ist (vgl. BAG 9. 10. 2002 AP ZPO § 38 Internationale Zuständigkeit Nr. 18; LAG Baden-Württemberg 14. 10. 2004 MDR 2005, 640) oder **gewesen ist**. Dem entspricht die Definition des gewöhnlichen Arbeitsorts i. S. § 5 Nr. 1 LugÜ bzw. Art 19 Nr. 2 VO (EG) Nr. 44/ 2001 (vom 22. 12. 2000 ABl. EG L 12 1, 7), wonach dieser dadurch bestimmt wird, dass der Arbeitnehmer ihn entweder als tatsächlichen Mittelpunkt seiner Tätigkeit gewählt hat, oder von dem aus er den wesentlichen Teil seiner Tätigkeit gegenüber dem Arbeitgeber erfüllt (BAG 29. 5. 2002 NZA 2002, 1108; vgl. BAG 11. 12. 2003 BB 2004, 1393; 20. 4. 2004 NZA 2005, 297). Entscheidend ist damit der gegenwärtige oder frühere wirtschaftliche und technische Mittelpunkt der Berufstätigkeit des Arbeitnehmers (BAG 26. 9. 2000 NZA 2001, 286; 20. 4. 2004 EzA ZPO § 29 Nr. 2). Ein wesentlicher Unterschied zur Bestimmung des Erfüllungsortes besteht insoweit nicht (zu diesem unten Rn. 40). Da es auf die tatsächliche Gestaltung des Arbeitsverhältnisses, den Ort der Erbringung der Arbeitsleistung ankommt, kann eine Vereinbarung in dem Arbeitsvertrag lediglich indizielle Bedeutung für die Bestimmung des Arbeitsorts haben. Durch die Vereinbarung eines Arbeitsorts in dem Arbeitsvertrag, der mit den tatsächlichen Gegebenheiten nicht übereinstimmt, kann keine Gerichtsstandsvereinbarung vorgenommen werden. Die Darlegungslast für das Vorliegen eines bestimmten Arbeitsorts trägt die Partei, die die Klage erhoben hat.

36 Bei **Telearbeiten** ist der gewöhnliche Arbeitsort der Standort des PC (Palandt/*Thorn* (IPR) EGBGB Art. 30 Rn. 7 m. w. Nachw.), bei **Vertretern, Außendienstmitarbeitern und Monteuren** im Außendienst ist der Schwerpunkt der Tätigkeit maßgebend (vgl. EuGH 10. 4. 2003 EuZW 2003, 413; dazu auch unten Rn. 42). Hier zählt nicht die Summe des Einkommens, das an einem Ort verdient wird, sondern der Ort, an dem zeitlich überwiegend tatsächlich eine Tätigkeit ohne Rücksicht auf das erlangte Entgelt entfaltet wird. Lässt sich ein solcher Schwerpunkt nicht ermitteln, kann der Wohnsitz des Arbeitnehmers nicht als Auffangtatbestand maßgeblich sein, da dieser keinen Bezug zum Arbeitsort hat. Ein solcher Bezug besteht aber zu dem Ort, von dem aus regelmäßig der Arbeitseinsatz erfolgt, dieser ist dann der gewöhnliche Arbeitsort. Ähnliches gilt, wenn der Arbeitnehmer ein Büro unterhält oder ein Ort besteht, von dem aus er seine Tätigkeit organisiert (vgl. EuGH 9. 1. 1997 NZA 1997, 225). Erstreckt sich die Tätigkeit des Arbeitnehmers schwerpunktmäßig über einen größeren Bereich, der räumlich die Zuständigkeit mehrerer Arbeitsgerichte umfasst, kann jedes Arbeitsgericht als das Arbeitsgericht des Arbeitsorts angerufen werden (a. A. GK-ArbGG/*Bader* § 48 Rn. 93 a). Dies gilt aber nur dann, wenn nicht ein konkreter Arbeitsort als Schwerpunkt innerhalb der verschiedenen Tätigkeitsbereiche ermittelt werden kann. Die Ausnahmeregelung in Abs. 1 a Satz 2 kann nur dann angewendet werden, wenn festgestellt werden kann, dass ein Arbeitnehmer gewöhnlich seine Arbeit in einem bestimmten Gerichtsbezirk ausübt. Maßgebend ist hierbei eine einen längeren Zeitraum erfassende Betrachtung. Ist auch dieses nicht feststellbar, kommt es auf den Ort an, von dem aus der Arbeitnehmer zuletzt seine Arbeit **verrichtet hat**. Hier ist eine vergangenheitsbezogene Betrachtung notwendig. Umfasst die Tätigkeit schwerpunktmäßig die gesamte Bundesrepublik Deutschland, kann § 48 Abs. 1 a nicht angewandt werden. Auch scheidet eine Zuordnung zu einer bestimmten Niederlassung oder eine Eingliederung in eine bestimmte Organisationsstruktur zur Bestimmung des Arbeitsorts aus, hier greifen die sonstigen Zuständigkeitsregelungen der §§ 12 ff. ZPO. Bei Seeleuten und dem im Flugverkehr tätigen fliegenden Personal scheidet ein bestimmter Arbeitsort im Regelfall ebenfalls aus, hier können nur die anderen in §§ 12 ff. ZPO genannten Gerichtsstände herangezogen werden, insbesondere der Gerichtsstand des Erfüllungsortes kann hier Bedeutung erlangen. Anders ist dies im Bereich des Bahn- oder Frachtverkehrs, hier ist in der Regel der Ort, von dem der Einsatz erfolgt, der Arbeitsort.

II. Anwendungsbereich **§ 48**

Der Gerichtsstand des Arbeitsortes gilt nicht für alle Zuständigkeitszuweisungen in 37 § 2. Die Regelung des Abs. 1 a gilt **nur für die Fälle des § 2 Abs. 1 Nrn. 3, 4 a, 7, 8 und 10 sowie des § 2 Abs. 2.** Er findet nur Anwendung bei Rechtsstreitigkeiten zwischen Arbeitnehmern und Arbeitgebern (§ 2 Abs. 1 Nr. 3 a bis e), zwischen Arbeitnehmern und ihren Hinterbliebenen über Ansprüche, die mit dem Arbeitsverhältnis in rechtlichem oder unmittelbar wirtschaftlichem Zusammenhang stehen (§ 2 Abs. 1 Nr. 4 a), zwischen Entwicklungshelfern und den Beschäftigungsträgern nach dem EntwicklungshelferG (§ 2 Abs. 1 Nr. 7), zwischen Freiwilligen und den Beschäftigungsträgern nach dem JugendfreiwilligenG (§ 2 Abs. 1 Nr. 8), zwischen behinderten Menschen und den Beschäftigungsträgern aus arbeitnehmerähnlichen Verhältnissen nach § 138 SGB IX (§ 2 Abs. 1 Nr. 10). Ferner werden erfasst sämtliche Rechtsstreitigkeiten aus § 2 Abs. 2 also Rechtsstreitigkeiten zwischen Arbeitgebern und Arbeitnehmern aus Arbeitnehmererfindungen und Urheberechtssachen, die den Gerichten für Arbeitssachen zugewiesen sind. Die Aufzählung ist abschließend, eine ausdehnende Auslegung ist nicht möglich. Betrachtet man diese Einschränkung, dann ergibt sich, dass im Grunde der besondere Gerichtsstand des Arbeitsortes nur dann gelten soll, wenn Gegenstand des Rechtsstreits das Beschäftigungsverhältnis und die Arbeitsleistung in weiterem Sinne ist. Maßgebend sind zum einen die Parteien des Rechtsstreits und zum anderen der Streitgegenstand, der in der Regel nach dem gestellten Antrag zu beurteilen ist.

Der besondere Gerichtsstand des Arbeitsortes gilt für **sämtliche Klagearten**, also nicht 38 nur für Erfüllungs- und Unterlassungsklagen, sondern auch für positive und negative Feststellungsklagen. Er kann sowohl im Hauptsacheverfahren als auch im Verfahren des einstweiligen Rechtsschutzes Bedeutung erlangen. Er besteht auch nach Beendigung des Arbeitsverhältnisses fort.

d) Weitere besondere Gerichtsstände

Außer bei dem Gericht des allgemeinen Gerichtsstandes können gegen eine bestimmte 39 Person **bestimmte Klagen** auch vor dem Gericht eines besonderen Gerichtsstandes erhoben werden. Für das Arbeitsgerichtsverfahren sind die besonderen Gerichtsstände des Erfüllungsortes, der Niederlassung, der unerlaubten Handlung und der Widerklage von besonderer Bedeutung. Auch diese schaffen **keine rechtswegüberschreitende Zuständigkeit.**

aa) Erfüllungsort 40

(1) Individualstreitigkeiten. Für Streitigkeiten aus einem Vertragsverhältnis ist nach § 29 Abs. 1 ZPO auch das Gericht des Ortes zuständig, an dem die **streitige Verpflichtung zu erfüllen ist.** Es gilt die Regel des einheitlichen Erfüllungsortes (BAG 20. 4. 2004 NZA 2005, 297). Das gilt auch für Rechtsstreitigkeiten aus einem vertragsähnlichen Vertrauensverhältnis wie bei der Anbahnung von Vertragsverhandlungen oder den Nachwirkungen eines Vertragsverhältnisses. Wo eine vertragliche Verpflichtung zu erfüllen ist, bestimmt sich nach § 269 BGB und damit nach materiellem Recht (BGH 20. 5. 1981 AP ZPO § 38 Internationale Zuständigkeit Nr. 11). § 269 verweist für den Leistungsort zunächst auf eine Bestimmung der Vertragsparteien und auf die Umstände, besonders die Natur des jeweiligen Vertragsverhältnisses. Nur wenn sich danach der Leistungsort nicht bestimmen lässt, ist der Wohnsitz des Schuldners zur Zeit der Entstehung des Schuldverhältnisses maßgebend.

Kann nach § 269 BGB der **Erfüllungsort** von den Vertragsparteien **vereinbart werden,** 41 so begründet diese Vereinbarung den Gerichtsstand des Erfüllungsortes nach § 29 Abs. 2 ZPO jedoch nur, wenn die Parteien Vollkaufleute, juristische Personen des öffentlichen Rechts oder öffentlich-rechtliche Sondervermögen sind. Damit scheidet eine Vereinbarung des **Gerichtsstandes des Erfüllungsortes** für arbeitsrechtliche Streitigkeiten praktisch aus (GK-ArbGG/*Wenzel* § 2 Rn. 238).

42 Der für § 29 ZPO maßgebende **Erfüllungsort** ist daher gerade **bei Arbeitsverhältnissen** aus den Umständen und der Natur des Arbeitsverhältnisses zu entnehmen, es ist meist der Ort des wirtschaftlichen und technischen Mittelpunkts der Arbeitsleistung (BAG 20. 4. 2004 NZA 2005, 297). Danach ist in der Regel Erfüllungsort für die Leistungen des Arbeitnehmers und des Arbeitgebers der **Sitz des Betriebes** jedenfalls in den Fällen, in denen der Arbeitnehmer dort ständig beschäftigt wird (BAG 3. 12. 1985 AP TVG § 1 Tarifverträge: Großhandel Nr. 5 m. w. N.), bei Arbeitnehmern des öffentlichen Dienstes die Behörde oder Dienststelle, in der sie arbeiten (GK-ArbGG/*Wenzel* § 2 Rn. 239). Es kommt darauf an, wo der tatsächliche Mittelpunkt der Berufstätigkeit liegt (BAG 9. 10. 2002 NZA 2003, 339, 340). Wird der Arbeitnehmer nicht ständig am gleichen Ort beschäftigt wie bei **Montagearbeitern** und **Außendienstmitarbeitern** kann außerhalb der Regelung des Abs. 1 a Erfüllungsort der Betrieb sein, von dem aus die Arbeitsleistung gesteuert wird (*Schwab/Weth/Walker* § 2 Rn. 231 m. w. Nachw.). Als Schwerpunkt wurde aber auch der Wohnsitz des Arbeitnehmers angesehen, von dem aus er seine Reisetätigkeit wahrzunehmen hatte (so BAG 12. 6. 1986 AP Brüsseler Abkommen Art. 5 Nr. 1; 3. 11. 1993 AP GVG § 17 a Nr. 11; 29. 5. 2002 AP ZPO § 38 Internationale Zuständigkeit Nr. 38; EuGH 9. 1. 1997 AP Brüsseler Abkommen Art. 5 Nr. 2; *Mülle*, BB 2002, 1094; a. A. *Krasshöfer-Pidde/Molkenbur* NZA 1988, 237; *Ostrop/Zumkeller* NZA 1994, 644; *Ehler* BB 1995, 1849, nach denen es in diesen Fällen keinen Gerichtsstand des Erfüllungsortes gäbe). Für diese Fälle dürfte jetzt die Regelung des Abs. 1 a mit dem Gerichtsstand des Arbeitsortes maßgeblich sein. Für die Bestimmung des Schwerpunktes des Arbeitsverhältnisses kommt es auf alle Umstände des Einzelfalles an, wo der Arbeitsvertrag geschlossen wurde, von wo die Einsätze gesteuert wurden, wo Berichtspflichten und Zahlungspflichten zu erfüllen waren (LAG Rheinland-Pfalz 29. 11. 1984, NZA 1985, 540). Insoweit kann auch eine Vereinbarung der Parteien über den jeweiligen Erfüllungsort von Bedeutung sein (LAG Saarbrücken 23. 2. 1972, BB 1972, 577). Eine solche Vereinbarung kann aber nicht den Gerichtsstand des tatsächlichen Leistungsortes ausschließen. Voraussetzung ist, dass am Ort der tatsächlichen Arbeitsleistung oder des Schwerpunktes eine betriebliche Organisation mit eigener auf das Arbeitsverhältnis bezogener Funktion besteht. Die bloße Arbeitsstelle genügt nicht. Auf der anderen Seite muss es sich noch nicht um eine Niederlassung handeln.

43 An dem Erfüllungsort eines Arbeitsverhältnisses sind grundsätzlich **alle Verpflichtungen der Parteien zu erfüllen** (GK-ArbGG/*Wenzel* § 2 Rn. 242), es besteht in der Regel ein einheitlicher Erfüllungsort (BAG 20. 4. 2004 NZA 2005, 297). Er erfasst beispielsweise die Lohnzahlungspflicht, Urlaubsgewährung, Freistellung, Arbeitsleistung, Unterlassungs- und Feststellungsansprüche usw. Der **Erfüllungsort** bleibt auch **nach Beendigung des Arbeitsverhältnisses** für noch rückständige Verpflichtungen, z. B. auf Rückzahlung von Überzahlungen, Zeugniserteilung und -berichtigung usw. maßgebend. Bei Rechtsstreitigkeiten über **Versorgungsansprüche** bleibt der Erfüllungsort grundsätzlich erhalten (BAG 20. 4. 2004 NZA 2005, 297, dort auch zu den Ausnahmen). Der Gerichtsstand für **Klagen aus Wettbewerbsvereinbarungen** wie z. B. einem nachträglichen Wettbewerbsverbot, Zahlung einer Karenzentschädigung oder Unterlassung von Wettbewerb richtet sich nach den gleichen Grundsätzen (GK-ArbGG/*Wenzel* § 2 Rn. 240; *Bengelsdorf* DB 1992, 1340). Bei Streitigkeiten während einer **Freistellungsphase** z. B. im Rahmen der Altersteilzeit, gilt Entsprechendes.

44 Der Gerichtsstand des Erfüllungsortes ist nicht nur für Klagen auf Erfüllung einer Verpflichtung gegeben, sondern auch für positive und negative Feststellungsklagen hinsichtlich des Bestehens des Vertragsverhältnisses oder einzelner Verbindlichkeiten (BAG 18. 6. 1971 AP ZPO § 38 Internationale Zuständigkeit Nr. 5; BGH 17. 5. 1977, BGHZ 69, 37). Er ist daher auch für die **Kündigungsschutzklage** gegeben (EuGH 26. 5. 1982, EuGHE 1982, 1891; BAG 12. 6. 1986 AP Brüsseler Übereinkommen Art. 5 Nr. 1; GK-ArbGG/*Wenzel* § 2 Rn. 242). Auch für Klagen auf **Schadenersatz** oder **Unterlassung** kann der besondere Gerichtsstand des Erfüllungsortes herangezogen werden.

II. Anwendungsbereich § 48

(2) **Kollektivrechtliche Streitigkeiten.** Der Erfüllungsort bei kollektivrechtlichen Pflichten wie z. B. bei **Tarifverträgen** oder solchen im Zusammenhang mit einem Arbeitskampf bestimmt sich nach vergleichbaren Grundsätzen. Allerdings ist hier zu berücksichtigen, dass eine ortsgebundene Erfüllung beispielsweise im Tarifrecht nicht praktikabel ist, es kann nicht der gesamte Tarifbezirk als Erfüllungsort angesehen werden (*Schwab/Weth/Walker* § 2 Rn. 234; wohl anders BAG 23. 3. 1960 AP Nr. 5 zu § 1 TVG Friedenspflicht). Erfüllungsort ist in diesem Falle der Sitz der verpflichteten Tarifvertragspartei (LAG München 27. 3. 1987 AP ZPO § 29 Nr. 21; LAG Baden-Württemberg 25. 3. 1987 NZA 1988 Beil. 2 S. 22 f.; *Schwab/Weth/Walker* a. a. O.; *Zöller/Vollkommer* ZPO § 29 Rn. 25 „Tarifvertrag"). Zu den Besonderen Problemen im Bereich des Arbeitskampfes siehe unten Rn. 50 ff.

bb) Der Niederlassung

Für **Klagen gegen den Arbeitgeber** ist auch der Gerichtsstand der Niederlassung gegeben, § 21 ZPO, wenn der Gegenstand der Klage auf den Geschäftsbetrieb der Niederlassung Bezug hat. Das ist bei Arbeitsverhältnissen dann der Fall, wenn der Arbeitsvertrag von der Niederlassung abgeschlossen worden ist und das Arbeitsverhältnis von dieser aus wenn auch nur mittelbar durch einen Betrieb oder eine Außenstelle gelenkt wird. Bei der Niederlassung muss es sich nicht um eine Zweigniederlassung im Sinne von § 13 HGB handeln. Es genügt, wenn ein nach außen gerichteter Geschäftsbetrieb erfolgt (LAG Frankfurt 31. 7. 1987, DB 1988, 816). Es können sich Überschneidungen mit dem Gerichtsstand des Erfüllungsortes ergeben.

cc) Der unerlaubten Handlung

Für Rechtsstreitigkeiten aus unerlaubter Handlung ist nach § 32 ZPO auch das Gericht des Ortes zuständig, an dem die unerlaubte Handlung begangen worden (Handlungsort) oder der schädigende Erfolg (Erfolgsort) eingetreten ist. Er gilt für jede Klageart, also sowohl für die Leistungs-, die Feststellungs-, die Unterlassungs-, die negative Feststellungsklage. Der Begriff der **unerlaubten Handlung** ist auch hier **weit auszulegen** und umfasst auch Tatbestände der **Gefährdungshaftung** (BGH 6. 11. 1973 NJW 1974, 411; GK-ArbGG/*Wenzel* § 2 Rn. 244; *Schwab/Weth/Walker* § 2 Rn. 237). Erfasst wird jeder ungerechtfertigte Eingriff in eine fremde Rechtssphäre. Für Klagen des Arbeitgebers aus Arbeitskampfmaßnahmen im Sinne des Abs. 1 Nr. 2 kann auch das Gericht des Ortes des vom **Arbeitskampf** betroffenen Betriebes zuständig sein (GK-ArbGG/*Wenzel* § 2 Rn. 246); siehe dazu unten Rn. 50 ff.

dd) Der Widerklage

Für die Entscheidung über eine Widerklage ist nach § 33 ZPO auch das Gericht zuständig, bei dem die Klage anhängig ist, wenn der mit der Widerklage geltend gemachte Anspruch mit dem Klageanspruch oder mit vorgebrachten Verteidigungsmitteln im Zusammenhang steht. Das gilt nur dann nicht, wenn es sich dabei um nichtvermögensrechtliche Ansprüche handelt oder wenn für die Widerklage ein ausschließlicher Gerichtsstand gegeben ist. Dies ist beispielsweise bei dem Gerichtsstand der Niederlassung, § 21 ZPO, der Fall. Dieser eröffnet nur für den Arbeitnehmer eine Gerichtszuständigkeit, nicht jedoch für den Arbeitgeber. Die Widerklage eines Arbeitgebers wäre daher nicht möglich.

ee) Für Benachteiligungsklagen

Machen mehrere Arbeitnehmer Ansprüche auf Entschädigung nach § 15 AGG geltend, gilt für die örtliche Zuständigkeit die Sonderregelung des § 61 b Abs. 3, die eine zwingende und abschließende Regelung enthält. Hinsichtlich dieser kann auf die Erläuterungen zu § 61 b Rn. 14 ff. verwiesen werden.

e) In Arbeitskampfsachen

50 Ausdrückliche gesetzliche Regelungen zur Bestimmung der örtlichen Zuständigkeit bestehen für die im im Urteilsverfahren auszutragenden **Streitigkeiten in Arbeitskampfsachen** nicht. Die Regelung in Art. 9 VO (EG) Nr. 864/2007 – Rom II – (vom 11. 7. 2007 ABl. EG L 199, 40, 45) enthält eine solche unmittelbare Zuständigkeitsregelung für **grenzüberschreitende Arbeitskampfmassnahmen** ebenfalls nicht, sie legt nur fest, welches staatliche Recht gelten soll. Dem folgt dann auch das anzuwendende prozessuale Verfahren. Zunächst kann der **allgemeine Gerichtsstand** einer Person in Betracht kommen. Besondere Probleme wirft die Bestimmung des **Erfüllungsortes** auf (Darstellungen ohne eigene Stellungnahme *Kissel* Arbeitskampfrecht § 65 Rn. 52; *Korinth* Einstweiliger Rechtsschutz J Rn. 42). Einerseits wird die örtliche Zuständigkeit nach dem Ort bemessen, an dem die Partei ihren Sitz hat, die die aus dem Tarifvertrag folgende Friedenspflicht zu erfüllen habe, hier sei der Gerichtsstand des Erfüllungsortes maßgeblich (LAG Hamburg 24. 3. 1987 LAGE GG Art. 9 Arbeitskampf Nr. 33). Dieser sei überall dort, wo der Tarifvertrag gelte. Demgegenüber wird die Auffassung vertreten, dass der Sitz der Koalition für die Bestimmung des Erfüllungsortes zuständig sei (LAG München 27. 3. 1987 AP ZPO § 29 Nr. 2; LAG Baden-Württemberg 25. 3. 1987 NZA 1988 Beil. Nr. 2 S. 22 f.). Zu einem ähnlichen Ergebnis würde die Auffassung führen, nach der die örtliche Zuständigkeit nach dem allgemeinen Gerichtsstand zu beurteilen sei, wenn bei Anwendung des Gerichtsstandes der unerlaubten Handlung eine Vielzahl von Arbeitsgerichten in Frage komme (ArbG Chemnitz 1. 11. 2007 – 11 Ca 3142/07; ArbG Nürnberg 16. 11. 2007 NZA-RR 2008, 203 ff.). Der örtliche Gerichtsstand sei in diesem Falle unter dem Gesichtspunkt des Willkürverbots beschränkt (ArbG Chemnitz a. a. O.; ArbG Nürnberg a. a. O.; zum „Forum Shoppen" bzw. „Gerichtspflücken" auch Sächsisches LAG 2. 11. 2007 NZA 2008, 59 ff.).

51 Geht man von der **Friedenspflicht** als maßgeblicher Grundlage für die Streitigkeit aus, dann ist für die örtliche Zuständigkeit entscheidend, wer diese Pflicht zu erfüllen hat, wer nach dem Tarifvertrag deren Schuldner ist. Die wechselseitige Pflicht trifft die Parteien des Tarifvertrages, die diesen unterzeichnet haben. Der Sitz der jeweiligen Untergliederung, falls diese den Tarifvertrag abgeschlossen hat oder der jeweiligen Hauptverwaltung, falls diese Vertragspartner ist, ist maßgeblich. Entscheidend sind insoweit die Satzungen der jeweiligen Verbände. Da diese örtliche Zuständigkeit aber an die Friedenspflicht gebunden ist, kann sie nur eingreifen, wenn der Streitgegenstand auch von dieser schuldrechtlichen Verpflichtung erfasst wird. Neben den schuldrechtlichen Verpflichtungen aus Tarifverträgen kann der Gerichtsstand des Erfüllungsortes aber auch gelten, wenn **schuldrechtliche Pflichten** zwischen den Arbeitskampfparteien betroffen werden. Dies kann beispielsweise der Fall sein bei Vereinbarungen über Notdienstarbeiten oder sonstige Modalitäten der Kampfführung.

52 Der Gerichtsstand des **Erfüllungsortes** kann dann **nicht herangezogen** werden, wenn Verstöße außerhalb der schuldrechtlichen Verpflichtungen aus einem Tarifvertrag oder deren Nachwirkungen geltend gemacht werden, z. B. Verletzung von Arbeitskampfregeln, Verwendung unzulässiger Kampfmittel, Unverhältnismäßigkeit von Kampfmassnahmen, Streitigkeiten über die Einhaltung der Kampfparität usw. Hier kann der **Gerichtsstand der unerlaubten Handlung nach § 32 ZPO** von Bedeutung sein. Betroffen sind hier Streitigkeiten, bei denen ein Eingriff in den eingerichteten und ausgeübten Gewerbebetrieb oder eine sittenwidrige Schädigung oder die Verletzung absoluter Rechtsgüter auch Dritter Gegenstand des Rechtsstreits sind. Erfasst wird jeder Eingriff in eine fremde Rechtssphäre. Beispielsweise kommen hier in Betracht Betriebsbesetzungen, Betriebsblockaden, Behinderung oder Benachteiligung von Arbeitswilligen, unzulässiges Einwirken auf Streikende, Ausübung von Druck außerhalb des Arbeitskampfs usw. Es ist das Gericht des Ortes zuständig, an dem die unerlaubte Handlung begangen worden (Handlungsort) oder der schädigende Erfolg (Erfolgsort) eingetreten ist. Bei

II. Anwendungsbereich § 48

Arbeitskampfstreitigkeiten hat dies zur Folge, dass eine **Zuständigkeit mehrerer Arbeitsgerichte** in Betracht kommen kann. Der „fliegende" Gerichtsstand des § 32 ZPO (so *Baumbach/Hartmann* ZPO § 32 Rn. 5) ermöglicht es, bei fast jedem Arbeitsgericht eine Klage zu erheben. Die Regelung des § 261 Abs. 3 Nr. 1 ZPO, die eine Klagesperre wegen Rechtshängigkeit enthält, wird in Arbeitskampfstreitigkeiten kaum eingreifen, da regelmäßig unterschiedliche unerlaubte Handlungen an verschiedenen Orten vorliegen werden. Eine einheitliche örtliche Zuständigkeit wird man hier aus dem **Gesichtspunkt des Willkürverbots** nicht herleiten können (so aber ArbG Chemnitz 1. 11. 2007 – 11 Ca 3142/07; ArbG Nürnberg 16. 11. 2007 NZA-RR 2008, 203 ff.; vgl. aber Sächsisches LAG 2. 11. 2007 NZA 2008, 59 ff.). Das Recht einer jeden Partei, bei unterschiedlichen Streitgegenständen das nach der Prozessordnung zuständige Gericht zu wählen kann selbst dann nicht beschnitten werden, wenn materiell in jedem Falle die gleiche Rechtsfrage zu entscheiden ist. Hier wäre es Sache des Gesetzgebers, eine besondere Regelung der Zuständigkeit zu schaffen, das Gericht ist hierzu nicht berechtigt. Eine **Einschränkung des Wahlrechts** aus dem Rechtsgedanken des **Rechtsmissbrauchs** kann allerdings eintreten (dazu oben Rn. 30). Treu und Glauben beherrschen auch das Prozessrecht (BVerfG 23. 12. 1996 NJW 1997, 1433; 18. 1. 2000 NJW 2000, 1709 ff.). Die Erschleichung eines Rechtswegs ist ebenso unzulässig wie die einer örtlichen Zuständigkeit. Dies setzt aber ein missbräuchliches Verhalten wie eine Manipulation der Zuständigkeitstatsachen, Täuschungs- und Umgehungshandlungen voraus (*Zöller/Vollkommer* ZPO § 12 Rn. 19; OLG Celle 16. 12. 2003 NJW-RR 2004, 627; OLG Karlsruhe 30. 5. 2005 ZIP 2005, 1475, 1477). Für die Annahme einer rechtsmissbräuchlichen Erschleichung einer Zuständigkeit müssen handgreifliche Gesichtspunkte vorliegen. Diese fehlen aber regelmäßig, wenn unterschiedliche Streitgegenstände zu verschiedenen Zuständigkeitszuweisungen führen.

Im Bereich des **Betriebsverfassungsrechts** gilt auch bei arbeitskampfrechtlichen Bezügen die Sonderregelung des § 82. **53**

f) Gerichtsstandsvereinbarungen

Ein an sich örtlich unzuständiges Gericht kann für das arbeitsgerichtliche Verfahren **54** nur unter den Voraussetzungen des § 38 Abs. 2 und 3 ZPO zulässig als zuständiges Gericht vereinbart werden. § 38 Abs. 1 ZPO findet praktisch keine Anwendung. Eine Vereinbarung in allgemeinen Geschäftsbedingungen ist daher für das arbeitsgerichtliche Verfahren nicht möglich. Die Vereinbarung einer Gerichtsstandsklausel wäre auch zusätzlich als überraschende Klausel nach § 305 c BGB unwirksam. Wegen der Vereinbarung eines Gerichtsstandes durch Tarifverträge s. § 48 Abs. 2 (unten Rn. 133 ff.).

aa) Nach deutschem Recht

Eine Gerichtsstandsvereinbarung kann nach § 38 Abs. 2 Satz 1 ZPO zunächst dann **55** getroffen werden, wenn eine der Parteien im Inland **keinen allgemeinen Gerichtsstand** hat. Es muss eine **Auslandsberührung** vorliegen. Dass ein besonderer Gerichtsstand gegeben ist, steht der Vereinbarung nicht entgegen (BAG 27. 1. 1983 AP ZPO § 38 Nr. 12 Internationale Zuständigkeit). Das gilt auch dann, wenn das Arbeitgeberunternehmen seinen Sitz im Ausland und im Inland nur den besonderen Gerichtsstand einer Niederlassung hat. Das Gleiche gilt, wenn ein Arbeitnehmer Grenzgänger ist und sich der Wohnsitz im Ausland befindet. Hat die andere Partei im Inland einen allgemeinen Gerichtsstand, so kann entweder ein Gericht im Ausland oder für das Inland nur das Gericht des allgemeinen oder eines besonderen Gerichtsstands vereinbart werden, § 38 Abs. 2 Satz 3 ZPO. Die **Vereinbarung muss schriftlich** abgeschlossen oder bei mündlicher Vereinbarung schriftlich bestätigt werden. Die Einhaltung der Form bestimmt sich nach deutschem Recht. Die Vereinbarung muss sich auf ein bestimmtes Rechtsverhältnis und aus ihr sich ergebende Streitigkeiten beziehen, anderenfalls sie unwirksam ist, § 40 Abs. 1 ZPO.

§ 48   Rechtsweg und Zuständigkeit

56 Nach § 38 Abs. 3 Nr. 1 ZPO ist eine Gerichtsstandsvereinbarung immer dann zulässig, **wenn eine Streitigkeit** zwischen den Parteien **bereits entstanden ist.** Zu einem Rechtsstreit muss es noch nicht gekommen sein, es genügt das Vorliegen einer ernsthaften Streitigkeit, bei der konkret eine gerichtliche Auseinandersetzung droht (*Schwab/Weth/Walker* § 2 Rn. 243; *Zöller/Vollkommer* ZPO § 38 Rn. 33; großzügiger Münch-KommZPO/*Patzina* § 38 Rn. 35). Sie muss wiederum schriftlich abgeschlossen werden, die entstandene Streitigkeit ausdrücklich bezeichnen und kann sich nur auf diese beziehen.

57 Schließlich kann ein Gerichtsstand vor Entstehung eines Streites für den Fall vereinbart werden, dass die zu verklagende Partei nach Abschluss der Gerichtsstandsvereinbarung ihren **Wohnsitz oder gewöhnlichen Aufenthalt ins Ausland verlegt** und damit ihren allgemeinen Gerichtsstand im Inland verliert, § 38 Abs. 3 Nr. 2 ZPO. Dass sie im Inland einen besonderen Gerichtsstand behält, ist unschädlich (GK-ArbGG/*Wenzel* § 2 Rn. 253). Die Vereinbarung kann auch für den Fall abgeschlossen werden, dass zurzeit der Klageerhebung ihr Wohnsitz oder gewöhnlicher Aufenthalt im In- oder Ausland unbekannt ist. Auch hier ist Schriftform der Vereinbarung und die Angabe des Rechtsverhältnisses sowie des Vorbehaltes erforderlich. Welches Gericht die Parteien vereinbaren, ist anders als nach Abs. 2 gleichgültig (GK-ArbGG/*Wenzel* § 2 Rn. 256). Eine Vereinbarung in allgemeinen Geschäfts- oder Arbeitsbedingungen dürfte, da eine individuelle vertragliche Regelung für den konkreten Fall notwendig ist, nicht möglich sein. Auch wäre hier nach § 305 c BGB eine überraschende Vertragsgestaltung gegeben, so dass die Vereinbarung unwirksam wäre.

58 Eine danach zulässige **Gerichtsstandsvereinbarung unterliegt** auch in arbeitsrechtlichen Streitigkeiten **keinen weiteren Beschränkungen** im Interesse des Arbeitnehmerschutzes. Ob eine Vereinbarung nach Abs. 3 Nr. 2 hinfällig wird, wenn der Beklagte wieder einen allgemeinen Gerichtsstand im Inland hat oder wenn sein Aufenthalt wieder bekannt wird, ist umstritten, aber zu bejahen (LAG Düsseldorf 7. 2. 1984 DB 1984, 651; *Stein/Jonas/Bork* § 38 Rn. 35; GK-ArbGG/*Wenzel* § 2 Rn. 256; *Schwab/Weth/Walker* § 2 Rn. 245). Das gilt jedoch nicht für einen bereits rechtshängigen Rechtsstreit, § 261 Abs. 3 Nr. 2 ZPO. Ist die Gerichtsstandsvereinbarung unwirksam, so ist sie auch dann unbeachtlich, wenn dadurch der Rechtsstreit im Ausland geführt werden muss. Eine Gerichtsstandsvereinbarung begründet regelmäßig die **ausschließliche Zuständigkeit** des vereinbarten Gerichts (a. A. BAG 20. 7. 1970 AP ZPO § 38 Nr. 4; GK-ArbGG/*Wenzel* § 2 Rn. 257). Sie kann nur durch eine neue Vereinbarung und damit auch durch rügelose Einlassung (s. Rn. 60) wieder aufgehoben werden.

bb) Nach Art. 23 EuGVVO

59 Für arbeitsrechtliche Streitigkeiten zwischen **Angehörigen von Mitgliedstaaten der Europäischen Gemeinschaft** gilt Art. 23 EuGVVO und für Dänemark und andere beigetretene Staaten das Übereinkommen der Europäischen Gemeinschaft über die gerichtliche Zuständigkeit und die Vollstreckung gerichtlicher Entscheidungen in Zivil- und Handelssachen, EuGVÜ (näher dazu s. § 1 Rn. 28 ff.; zur Anwendbarkeit der VO (EG) Nr. 44/2001 auf Arbeitsverträge siehe EuGH 22. 5. 2008, NZA 2008, 724). Dieses Abkommen regelt an sich nur die Frage, in welchem Mitgliedstaat die Streitigkeit vor die Gerichte gebracht werden muss, betrifft also die **internationale** und nicht die örtliche **Zuständigkeit** und damit nicht die Frage, welches Gericht des jeweiligen Staates örtlich zuständig ist. Nur nach Art. 23 EuGVVO und Art. 17 EuGVÜ kann eine Zuständigkeitsvereinbarungen nicht nur hinsichtlich der Gerichtsbarkeit eines bestimmten Vertragsstaates, sondern auch mit dem Inhalt, dass ein bestimmtes Gericht dieses Staates örtlich zuständig sein soll, geschlossen werden. Solche Gerichtsstandsvereinbarungen sind unter leichteren Voraussetzungen zulässig als nach § 38 ZPO. Die Verordnung und das EuGVÜ gehen der Regelung in § 38 ZPO vor, so dass in diesen Fällen die Beschränkungen des § 38 ZPO nicht gelten (GK-ArbGG/*Wenzel* § 2 Rn. 258; *Thomas/Putzo*

III. Grundlage der Entscheidung § 48

§ 38 Rn. 14). Auch diese Vereinbarungen bedürfen der Schriftform oder der schriftlichen Bestätigung.

g) Rügelose Einlassung

Die Zuständigkeit eines an sich örtlich nicht zuständigen Gerichts kann auch dadurch **60** begründet werden, dass der Beklagte sich auf eine vor diesem Gericht erhobene Klage in die **Verhandlung zur Hauptsache einlässt, ohne die Unzuständigkeit** vorher **zu rügen,** sofern er über die Unzuständigkeit des Gerichts und die Bedeutung seiner rügelosen Einlassung vorher nach § 504 ZPO **belehrt worden ist,** § 39 ZPO. Die Verhandlung zur Hauptsache setzt eine Sacherörterung voraus. Sie kann außer in der Stellung der Anträge, § 137 ZPO, durch jedes Angriffs- oder Verteidigungsmittel erfolgen. Eine Erörterung der Streitsache in der Güteverhandlung ist noch keine Verhandlung zur Hauptsache (*Schwab/Weth/Walker* § 2 Rn. 250). Keine Verhandlung zur Hauptsache liegt auch vor, wenn lediglich die Prozessvoraussetzungen erörtert werden, wenn nur Vergleichsverhandlungen geführt oder ein Vergleich nach § 278 Abs. 6 ZPO abgeschlossen wird, wenn nur eine Ablehnung einer Gerichtsperson erfolgt. Andererseits kann die Verhandlung zur Hauptsache aber auch konkludent erfolgen, z. B. durch Erhebung der Widerklage. Die Belehrung kann jederzeit im Laufe des Verfahrens erfolgen. Erst wenn danach der Beklagte rügelos weiterverhandelt, wird die Zuständigkeit begründet. Ist die Belehrung unterblieben, kann der Beklagte jederzeit die Unzuständigkeit rügen. Das Gericht hat dann nach § 17a Abs. 3 GVG zu verfahren.

Durch rügelose Einlassung kann die Zuständigkeit des Gerichts dann nicht be- **61** gründet werden, wenn es sich um eine nichtvermögensrechtliche Streitigkeit handelt oder wenn für die Streitigkeit ein ausschließlicher Gerichtsstand begründet ist, § 40 Abs. 2 Satz 2 ZPO. Das gilt nicht für den als ausschließlich vereinbarten Gerichtsstand.

Soweit die EG-Verordnung Nr. 44/2001 Anwendung findet (s. näher § 1 Rn. 23 ff.), **62** wird die Zuständigkeit des angerufenen Gerichts durch rügelose Einlassung schon dann begründet, wenn der Beklagte sich ohne Rüge und ohne eine vorherige Belehrung nach § 504 ZPO (*Däubler,* NZA 2003, 1301) auf den Prozess einlässt. Die rügelose Einlassung kann erst in der Kammerverhandlung diese Folge haben (BAG 2. 7. 2008 NZA 2008, 1084 ff.). Erhebliches Parteivorbringen, und dazu gehört die entsprechende Rüge, muss immer zum Gegenstand der mündlichen Verhandlung gemacht werden (dazu auch § 46 Rn. 36 f.).

h) Örtliche Zuständigkeit im Beschlussverfahren

Für den Fall, dass ein Rechtsstreit im Beschlussverfahren zu verhandeln und zu **63** entscheiden ist, § 2a Abs. 2 ArbGG, bestimmt sich die örtliche Zuständigkeit des Arbeitsgerichts allein nach § 82. Die Vorschriften der ZPO über die Gerichtsstände und über Gerichtsstandsvereinbarungen finden keine Anwendung (s. § 82 Rn. 2).

III. Grundlage der Entscheidung

1. Prüfungskompetenz

Grundlage für die Prüfung von Rechtsweg, Verfahrensart und Zuständigkeit ist der **64** jeweilige **Streitgegenstand,** der durch die angekündigten Anträge bestimmt wird. Im Urteilsverfahren kommt damit dem Tatsachenvortrag des Klägers entscheidende Bedeutung zu (BAG 24. 8. 1972 AP BGB § 611 Gemischter Vertrag Nr. 2; BAG 28. 10. 1993 – 2 AZB 12/93 –). Grundsätzlich kommt es auf die Schlüssigkeit des Tatsachenvortrages der klagenden Partei an (*Zöller/Gummer* GVG vor §§ 17 bis 17b Rn. 8 sowie § 13 Rn. 11, dort auch zur Rechtswegerschleichung). Nur bei der negativen Feststellungsklage kommt es darauf an, gegen welchen Anspruch sie sich richtet, entscheidend ist damit in diesem Falle die Anspruchsbegründung, auf die sich die beklagte Partei beruft (vgl. dazu GMS OGB 29. 10. 1987 NJW 1988, 2295, 2296; OLG Hamm 25. 8. 1992 NJW-RR 1993, 64). Es kommt darauf an, ob bei Annahme der Richtigkeit der Behauptungen sich Rechtsbeziehungen oder Rechtsfolgen ergeben können, für die die Gerichte für Arbeitssachen zuständig sind bzw. für die die örtliche Zuständigkeit eines Gerichtes gegeben ist oder aus denen sich ergibt, welche Verfahrensart die zutreffende ist. Die bloße Rechtsbehauptung, ein Arbeitsverhältnis habe bestanden, genügt dabei in der Regel nicht.

65 Allerdings muss schon in der **Zulässigkeitsstation** geprüft werden, ob die Behauptungen des Klägers den Tatsachen entsprechen, denn sonst könnte der Kläger durch einen schlüssigen, aber streitigen und nicht zutreffenden Sachvortrag die Zuständigkeit einseitig beeinflussen (vgl. BAG 8. 1. 1970 AP ZPO § 528 Nr. 14; 28. 10. 1993 NZA 1994, 234; *Kissel* GVG § 17 Rn. 17 m. w. Nachw.; *ders.* NZA 1995, 345, 353; dazu im Übrigen ausführlich oben § 2 Rn. 151 ff.). Dass im Übrigen das Vorbringen beider Parteien bei der Prüfung des Rechtsweges erforderlich ist und nicht allein der Sachvortrag des Klägers maßgeblich sein kann, ergibt sich aus § 17 a Abs. 2 Satz 1 GVG, der die Anhörung beider Parteien vorschreibt und damit das Gebot des rechtlichen Gehörs auch für diesen Bereich noch einmal festlegt (dazu näher *Hager* FS Kissel, S. 337 ff., 339). Hinzu kommt, dass durch § 17 Abs. 2 Satz 1 GVG das Gericht des zulässigen Rechtsweges den Rechtsstreit unter Berücksichtigung aller rechtlichen Gesichtspunkte zu entscheiden hat. Letztlich ergibt sich damit, dass nur dann allein der Sachvortrag des Klägers maßgeblich sein kann, wenn der Anspruch untrennbar mit der Zuständigkeit des Gerichts verbunden ist (*Hager* a. a. O. S. 335 f.). Kann sich aus einem Tatsachenvorbringen ergeben, dass sowohl die Zuständigkeit der Arbeitsgerichte als auch einer anderen Gerichtsbarkeit gegeben sein kann, so muss unter Umständen darüber **Beweis erhoben werden,** ob ein Arbeitsverhältnis besteht (BAG 30. 8. 1993 NJW 1994, 604; 28. 10. 1993 NZA 1994, 234) oder ob sonst die Voraussetzungen für die Annahme der Zuständigkeit gegeben sind. Dies gilt insbesondere in den Fällen, in denen um die Wirksamkeit einer Kündigung gestritten wird. Ist in einem solchen Falle zwischen den Parteien streitig, ob ein Arbeitsverhältnis oder ein anderes Rechtsverhältnis bestanden hat, muss im Rahmen der Zuständigkeitsprüfung ggf. eine Beweisaufnahme durchgeführt werden. Allerdings ist eine **Wahlfeststellung** zulässig, wenn der Kläger entweder Arbeitnehmer oder arbeitnehmerähnliche Person ist (BAG 14. 1. 1997 EzA ArbGG 1979 § 5 Nr. 16).

66 Etwas anderes gilt aber dann, wenn eine Klage **nur dann Erfolg** haben kann, **wenn** der Kläger **Arbeitnehmer** oder arbeitnehmerähnliche Person ist **(sic-non-Fall).** In diesem Falle genügt für die Frage der Zuständigkeit die Darstellung von dessen Rechtsansicht, dass er Arbeitnehmer oder arbeitnehmerähnliche Person sei (BAG 24. 4. 1996 EzA ArbGG 1979 § 2 Nr. 31; LAG Köln 2. 7. 1996 LAGE ArbGG 1979 § 2 Nr. 21; ausführlich oben § 2 Rn. 157 f.; ferner *Reinecke* ZfA 1998, 359, 376 ff.). Dies kann beispielsweise der Fall sein, wenn die begehrte Feststellung der Unwirksamkeit einer Kündigung allein auf deren Sozialwidrigkeit gemäß § 1 KSchG gestützt wird (BAG 18. 12. 1996 NZA 1997, 509; 9. 10. 1996 – 5 AZB 18/96 –; 24. 4. 1996 EzA ArbGG 1979 § 2 Nr. 31), wenn die Feststellung der Fortdauer „eines Arbeitsverhältnisses" Gegenstand der Klage ist (LAG Köln 17. 2. 1995 – 13 Ta 17/95 –), wenn Gegenstand des Rechtsstreits allein eine Statusfrage ist. Der Anspruch der Prozessbeteiligten auf den gesetzlichen Richter wird durch die Auffassung, dass in sic-non-Fällen die bloße Rechtsbehauptung des Klägers ausreicht, um die Zuständigkeit der Arbeitsgerichte zu begründen, nicht verletzt (BVerfG 31. 8. 1999 EzA ArbGG 1979 § 2 Nr. 47). Eine Manipulationsmöglichkeit kann allerdings dann gegeben sein, wenn im Wege der Zusammenhangsklage weitere Streitgegenstände anhängig gemacht werden, für die die Grundsätze des „sic-non-Falles" nicht gelten (BVerfG a. a. O.).

III. Grundlage der Entscheidung § 48

Ist nach dem Tatsachenvorbringen der Rechtsweg zu den Gerichten für Arbeitssachen **67** gegeben, so ist das Arbeitsgericht befugt, den Rechtsstreit unter allen in Betracht kommenden rechtlichen Gesichtspunkten zu entscheiden, es kommt allein darauf an, dass die Zuständigkeit für einen Klagegrund gegeben gewesen ist, § 17 Abs. 2 Satz 1 GVG. Eine **Teilverweisung** kommt insoweit nicht mehr in Betracht. Das setzt allerdings einen einheitlichen prozessualen Anspruch voraus. Werden getrennte prozessuale Ansprüche geltend gemacht, kann die Zuständigkeit der Arbeitsgerichte über die Zusammenhangsregelung des § 2 Abs. 3 gegeben sein (dazu § 2 Rn. 115 ff.).

Etwas anderes gilt, wenn mehrere selbstständige Ansprüche im Rahmen der **objektiven Klagehäufung** gemäß § 260 ZPO geltend gemacht werden. Hier muss für jeden **68** Anspruch die Zulässigkeit des Rechtsweges bzw. die örtliche Zuständigkeit oder aber die Zulässigkeit der gewählten Verfahrensart gegeben sein. Hier kann auch nicht auf die Ausnahmeregelung des § 17 Abs. 2 Satz 1 GVG verwiesen werden. Diese Vorschrift gilt nur für einen einheitlichen prozessualen Anspruch. Eine Umgehung des Erfordernisses des zulässigen Rechtsweges durch eine Klagehäufung ist nicht möglich (BGH 28. 2. 1991 NJW 1991, 1686; *Kissel* NJW 1991, 951). Eine Gesamtzuständigkeit kann sich in diesem Falle aber aus **§ 2 Abs. 3** bei einer **Zusammenhangsklage** ergeben (vgl. dazu auch BVerfG 31. 8. 1999 EzA ArbGG 1979 § 2 Nr. 47). Die **Beschlussfassung** kann nur **einheitlich** erfolgen. Soll für einen prozessualen Anspruch die Zulässigkeit des Rechtswegs festgestellt werden, ein in derselben Klage erhobener weiterer prozessualer Anspruch aber verwiesen werden, so muss zuvor eine Trennung gemäß § 145 ZPO erfolgen. Es ist ausgeschlossen, dass ein Verfahren bei zwei Gerichten gleichzeitig, wenn auch mit verschiedenen Ansprüchen, anhängig ist. Nicht möglich ist es auch, zunächst nur hinsichtlich eines von mehreren geltend gemachten prozessualen Ansprüchen über die Zulässigkeit des Rechtswegs oder die Zuständigkeit des Gerichtes zu entscheiden und die Entscheidung hinsichtlich weiterer prozessualer Ansprüche offen zulassen oder das Verfahren insoweit auszusetzen. Der Erlass eines Teilbeschlusses ist nicht möglich, da die Entscheidung für ein Verfahren nur einheitlich erfolgen kann, es sei denn, das Gericht würde zuvor eine Trennung nach § 145 ZPO durchführen. In gleicher Weise ist bei Klage und Widerklage zu verfahren.

Das Gleiche gilt auch für den Fall der **Aufrechnung** mit einem Anspruch, der nicht **69** in die Zuständigkeit der Arbeitsgerichte fällt. Soweit keine Zusammenhangszuständigkeit nach § 2 Abs. 3 gegeben ist, wird man hier keine Gesamtzuständigkeit im Sinne des § 17 Abs. 2 Satz 1 GVG annehmen können (dazu schon oben § 2 Rn. 143 ff.; vgl. ferner *Vollkommer* FS Kissel, S. 1201 f.; *Lüke* FS Kissel, S. 717 ff. jeweils m.w.N.; *Leipold* ZZP 107 (1994), 211, 219; sehr ausführlich *Kissel* NZA 1995, 345, 354 ff.). Bei der Frage der Aufrechnung handelt es sich nicht um einen anderen rechtlichen Gesichtspunkt, sondern um einen anderen Anspruch, der auf einem anderen Tatsachengeschehen und auf einer anderen Anspruchsgrundlage beruht. Insoweit entspricht die Aufrechnung eher dem Grundsatz, der für die Klagehäufung im Sinne des § 260 ZPO gilt. Die Aufrechnung ist ein selbstständiges Gegenrecht. Hierbei muss auch berücksichtigt werden, dass die Folge der wirksamen Aufrechnung gemäß § 322 Abs. 2 ZPO Auswirkungen auch auf andere Rechtswege haben kann, wenn für diesen Anspruch die Zuständigkeit der Arbeitsgerichte nicht gegeben wäre (dazu näher *Zöller/ Gummer* § 17 GVG Rn. 10; *Vollkommer* a.a.O.; *Lüke* a.a.O.; *Hager* FS Kissel, S. 339 ff.; a. A. *Drygala* NZA 1992, 294; *Schenke/Ruthig* NJW 1992, 2505; wohl auch *Kissel* NZA 1995, 345, 354 ff., der letztlich wohl ein Wahlrecht des Gerichts annehmen will).

Wird ein Anspruch mit einer **Haupt- und einer Hilfsbegründung** versehen, so ist für **70** die Frage der Zuständigkeit allein der geltend gemachte Hauptanspruch von Bedeutung (*Zöller/Gummer* § 17 GVG Rn. 7; *Baumbach/Hartmann* § 17 GVG Rn. 6). Auch hier handelt es sich letztlich um einen einheitlichen prozessualen Anspruch.

2. Erhaltung des Rechtsweges

71 Nach § 17 Abs. 1 Satz 1 GVG wird die Zulässigkeit des Rechtsweges durch eine **nach Rechtshängigkeit eintretende Veränderung** der sie begründenden Umstände nicht berührt. Damit soll die einmal begründete Rechtswegzuständigkeit erhalten bleiben, um unnötige Kosten und Zeitverluste zu ersparen. Diese Grundsätze entsprechen denjenigen in § 261 Abs. 3 Nr. 2 ZPO, wonach die Zuständigkeit des Prozessgerichts durch eine Veränderung der sie begründenden Umstände nicht berührt wird. So bleibt auch die einmal begründete Zuständigkeit für eine Zusammenhangsklage nach § 2 Abs. 3 bestehen, wenn im späteren Verlauf des Verfahrens die Anhängigkeit der Hauptklage endet.

72 Der Grundsatz der Fortdauer der Zulässigkeit des Rechtsweges (perpetuatio fori) gilt **nur für tatsächliche und rechtliche Veränderungen** (*Kissel* NJW 1991, 948; *Zöller/Gummer* § 17 GVG Rn. 2; BAG 28. 10. 1993 NZA 1994, 234). Wird dagegen der **Streitgegenstand verändert**, so muss eine erneute Rechtswegprüfung erfolgen (BAG a. a. O.; MünchKommZPO/*Manfred Wolf* § 17 GVG Rn. 7). Auch für den Fall der Klageerweiterung durch Einbeziehung neuer Streitgegenstände kann sich die Zuständigkeit nachträglich verändern, die Regelung des § 17 Abs. 1 Satz 1 GVG findet keine Anwendung. Für die Frage der Erhaltung des Rechtsweges unerhebliche Änderungen sind daher vornehmlich Änderungen im Rahmen der gesetzlichen Vorschriften, Änderungen im Bereich der Rechtsprechung, Veränderungen der Rechtspersönlichkeit der beteiligten Parteien, wenn also beispielsweise ein neuer Rechtsträger in den Rechtsstreit eintritt.

73 In § 17 Abs. 1 Satz 2 GVG wird entsprechend der Regelung in § 261 Abs. 3 Nr. 1 ZPO klargestellt, dass während der Rechtshängigkeit die Sache von **keiner Partei anderweitig anhängig gemacht werden** kann. Dementsprechend ist auch in § 17a Abs. 1 GVG geregelt, dass bei positiver Kompetenzentscheidung eines Gerichtes andere Gerichte an diese Entscheidung gebunden sind. Der Grundsatz gilt für alle staatlichen Gerichte aller Gerichtszweige in Deutschland. Er gilt nicht im Verhältnis von staatlichem Gericht und **Schiedsgericht**, da es sich hier nicht um eine Frage des Rechtsweges handelt (dazu oben Rn. 10). Auch für das Verhältnis zwischen deutschen Gerichten und **ausländischen Gerichten** findet die Bestimmung des § 17 Abs. 1 Satz 2 GVG keine Anwendung, vielmehr ist hier Art. 21 des Übereinkommens über die gerichtliche Zuständigkeit und die Vollstreckung gerichtlicher Entscheidungen in Zivil- und Handelssachen (EuGVÜ i. d. F. vom 25. 10. 1982 – BGBl. 1988 II S. 454) maßgeblich, der den Einwand der Rechtshängigkeit auch im Verhältnis zu Gerichten der Mitgliedstaaten des Übereinkommens regelt (dazu näher MünchKommZPO/*Manfred Wolf* § 17 GVG Rn. 9).

74 Ob ein Rechtsstreit bereits bei einem anderen Gericht anhängig ist, ist vor der Prüfung der Zulässigkeit des Rechtsweges oder der örtlichen Zuständigkeit von Amts wegen festzustellen, die Frage der anderweitigen Rechtshängigkeit ist vorrangig. Ist sie gegeben, ist die Klage ohne weiteres als unzulässig abzuweisen.

IV. Verweisungsverfahren

1. Rechtsweg

a) Zulässigkeit des Rechtsweges

75 aa) Die Prüfung der Zulässigkeit des Rechtswegs kann erst nach Eintritt der Rechtshängigkeit, also nach Zustellung der Klageschrift, erfolgen (BAG 9. 2. 2006 NZA 2006, 454, 455). **Rügt keine der Parteien** die Zulässigkeit des Rechtsweges und ist auch das Arbeitsgericht der Überzeugung, dass der richtige Rechtsweg beschritten worden ist, erfolgt die Entscheidung über die Zulässigkeit des Rechtsweges entweder ausdrücklich oder aber konkludent mit der Endentscheidung selbst. Hierbei kann es sich um ein

IV. Verweisungsverfahren § 48

Teilurteil, ein Endurteil, ein Versäumnisurteil, ein Anerkenntnisurteil oder um eine sonstige Endentscheidung handeln. Mit dieser Entscheidung ist die Zulässigkeit des Rechtsweges auch für das weitere Verfahren festgeschrieben, eine Rüge in der Berufungsinstanz ist nicht mehr möglich, § 65 i. V. mit § 17a Abs. 5 GVG (BAG 9. 7. 1996 EzA ArbGG § 65 Nr. 3; BGH 12. 11. 1992 BGHZ 120, 204; 19. 11. 1993 NJW 1994, 387).

Die **Entscheidung** trifft das Gericht **in der üblichen Besetzung,** für diesen Fall gilt die Sonderbestimmung des § 48 Abs. 1 Nr. 2 nicht. Anwendbar ist daher insbesondere die Regelung des § 55 Abs. 1 und 3. Im Verfahren des einstweiligen Rechtsschutzes kann unter Umständen auch der Vorsitzende ohne die ehrenamtlichen Richter bei Eilbedürftigkeit eine entsprechende Entscheidung treffen, § 944 ZPO (vgl. oben Rn. 20). Auch in diesem Falle ist die Rüge der Unzulässigkeit des Rechtsweges im Rechtsmittelverfahren ausgeschlossen. Wird gegen die Entscheidung im einstweiligen Rechtsschutzverfahren Widerspruch gemäß § 924 ZPO eingelegt, kann allerdings das Arbeitsgericht in der darauf folgenden mündlichen Verhandlung über die Frage der Zulässigkeit des Rechtsweges erneut entscheiden, hier kann auch auf eine entsprechende Rüge das Vorabentscheidungsverfahren des § 17a Abs. 4 GVG durchgeführt werden. Entsprechendes gilt im Versäumnisverfahren nach zulässigem Einspruch. 76

bb) Eine **Vorabentscheidung** über die Zulässigkeit des Rechtsweges **außerhalb der Hauptsacheentscheidung kann** das Arbeitsgericht treffen, wenn es dieses für prozessökonomisch sinnvoll hält, § 17a Abs. 3 Satz 1 GVG. Das Arbeitsgericht hat hier einen weiten **Ermessensspielraum,** der auch in der höheren Instanz nicht überprüfbar ist. Das Arbeitsgericht ist, soweit keine Rüge der Zulässigkeit des Rechtsweges von den Parteien erhoben wird, frei in der Gestaltung seines prozessualen Vorgehens. Regelmäßig wird allerdings in diesen Fällen nur die Entscheidung im Zusammenhang mit der Hauptsache sinnvoll sein. Dies schon deshalb, weil sich damit die Bindungswirkung des § 17a Abs. 5 GVG ergibt. Sinnvoll ist eine Vorabentscheidung ohne Zuständigkeitsrüge der Parteien nur dann, wenn die Rechtslage nicht eindeutig ist und möglicherweise die Zulassung der weiteren Beschwerde an das Bundesarbeitsgericht gemäß § 17a Abs. 4 Satz 5 GVG in Betracht kommt. 77

Eine **Vorabentscheidung ist durchzuführen,** wenn eine Partei die Zulässigkeit des Rechtsweges rügt, § 17a Abs. 3 Satz 2 GVG. Bei der **Rüge der Zulässigkeit des Rechtsweges** handelt es sich um eine Prozesshandlung, es gelten daher die für sie gültigen Vorschriften. Die Rüge kann auch noch nach dem Beginn der Verhandlung zur Hauptsache erhoben werden, die Vorabentscheidung ist auch in diesem Falle noch möglich, allein entscheidend ist, dass noch keine Hauptsacheentscheidung selbst getroffen worden ist (*Kissel* NJW 1991, 948). Die **konkludente Bejahung** des Rechtsweges in einem der Klage stattgebenden **Versäumnisurteil** hindert das Gericht nicht, nach Einlegung des Einspruchs die Rechtswegfrage nunmehr erneut zu prüfen. Die Bindungswirkung des § 318 ZPO besteht wegen der Regelung des § 343 ZPO nicht (OLG Köln 10. 1. 1992 VersR 1992, 901). 78

Vor der Entscheidung über die Rüge ist den Parteien Gelegenheit zur Stellungnahme zu geben, das **rechtliche Gehör** muss gewahrt werden. Die Anhörung kann schriftlich erfolgen, da der Beschluss über die Vorabentscheidung ohne mündliche Verhandlung ergehen kann, § 17a Abs. 4 Satz 1 GVG. 79

In Abweichung von dem Grundsatz des § 53 ist der Beschluss auch außerhalb der mündlichen Verhandlung stets durch die **Kammer in ihrer vollen Besetzung** zu fassen, § 48 Abs. 1 Nr. 2. Eine Alleinentscheidung des Vorsitzenden im Anschluss an die Güteverhandlung nach § 55 Abs. 3 ist ebenfalls ausgeschlossen, § 48 Abs. 1 Nr. 2 ist lex specialis (dazu oben § 55 Rn. 45). Eine **Ausnahme** von diesem Grundsatz kann **nur in den Verfahren des einstweiligen Rechtsschutzes** gelten, hier enthält § 944 ZPO eine speziellere Regelung (oben Rn. 20). Allerdings wird für deren Anwendung nur selten Raum sein, da grundsätzlich bei vorheriger Anhörung des Gegners im einstweiligen Rechtsschutzverfahren auch die Anberaumung einer mündlichen Verhandlung möglich 80 sein kann. Zumindest ist in diesen Fällen auch die Ladung von ehrenamtlichen Richtern durchführbar. Die Entscheidung kann daher letztlich im einstweiligen Rechtsschutz durch den Vorsitzenden allein nur dann möglich sein, wenn dieser nach eigenem Ermessen ohne eine entsprechende Rüge seitens einer der Parteien eine Vorabentscheidung für nötig hält, über die dann in entsprechender Anwendung des § 937 Abs. 2 ZPO i. V. mit § 944 ZPO auch von ihm allein entschieden werden kann. Dieser Fall dürfte weitgehend theoretisch sein.

81   Der **Beschluss** über die Vorabentscheidung ist **zu begründen**. Aus dem Beschluss muss erkennbar werden, dass der Sachvortrag der Parteien berücksichtigt worden ist und aus welchen Gründen das Gericht die Zulässigkeit des Rechtsweges annimmt. Die bloße Wiederholung des Wortlautes gesetzlicher Zuständigkeitsregelungen reicht nicht aus.

b) Unzulässigkeit des Rechtsweges

82   Ist der beschrittene Rechtsweg unzulässig, ist das Vorabentscheidungsverfahren des § 17a Abs. 4 GVG zwingend durchzuführen. Eine **Entscheidung im Hauptsacheverfahren ist unzulässig**. Auch kann nach der Neuregelung die Klage bzw. der Antrag nicht mehr als unzulässig zurückgewiesen werden, selbst der Erlass eines unechten Versäumnisurteils ist unzulässig. Vielmehr ist von Amts wegen der Rechtsstreit an das zuständige Gericht zu verweisen.

83   Die **Entscheidung** erfolgt **durch Beschluss**. Er kann ohne mündliche Verhandlung ergehen, § 17a Abs. 4 Satz 1 GVG. Ob das Gericht eine mündliche Verhandlung durchführt oder nicht, steht in seinem pflichtgemäßen Ermessen.

84   Der Beschluss kann durch das Arbeitsgericht nur in der **vollen Kammerbesetzung** getroffen werden, § 48 Abs. 1 Nr. 2. Dies gilt auch bei Beschlüssen außerhalb der mündlichen Verhandlung, die Regelung des § 53 tritt insoweit zurück. Auch wird durch § 48 Abs. 1 Nr. 2 ausgeschlossen, dass über die Zulässigkeit des Rechtsweges eine Alleinentscheidung durch den Vorsitzenden gemäß § 55 Abs. 3 von den Parteien beantragt wird. Eine Ausnahme von diesem Grundsatz kann nur in den Fällen der Verfahren über den einstweiligen Rechtsschutz eintreten (vgl. dazu oben Rn. 20 und 80).

85   Vor dem Beschluss muss das Arbeitsgericht den Parteien **rechtliches Gehör** gewähren. Dieses kann auch schriftlich erfolgen, ausreichende Äußerungsfristen sind dabei einzuhalten. Als Maßstab für ausreichende Fristgewährung können hier die Einlassungsfristen des Urteilsverfahrens sein.

86   In dem Beschluss, der eine Verweisung ausspricht, ist zunächst festzustellen, dass der Rechtsweg zu den Gerichten für Arbeitssachen unzulässig ist. In einem zweiten Teil des **Tenors** ist sodann der Rechtsstreit an das zuständige Gericht zu verweisen. Hierbei hat das Gericht, das die Verweisung ausspricht, nicht nur den zulässigen Rechtsweg festzulegen, sondern es muss auch das in örtlicher und funktioneller Hinsicht zuständige Gericht bestimmen. Die Bindungswirkung tritt allerdings lediglich hinsichtlich der Rechtswegverweisung ein, das Gericht, an das der Rechtsstreit verwiesen worden ist, ist seinerseits nicht gehindert, nunmehr wegen fehlender örtlicher Zuständigkeit eine weitere Verweisung innerhalb des festgelegten Rechtsweges auszusprechen.

87   Grundsätzlich kann der Rechtsstreit **nur im Ganzen verwiesen** werden. Eine Teilverweisung ist nur bei einer objektiven Klagehäufung möglich (vgl. dazu oben Rn. 68). Wird in einem solchen Falle eine Teilverweisung ausgesprochen, muss zuvor das Ausgangsverfahren gemäß § 145 ZPO getrennt werden.

88   Bei der Verweisung ist das Gericht **nicht an die Anträge der Parteien** gebunden. Da die Zuständigkeitsprüfung und die Verweisung von Amts wegen erfolgen kann, gilt insoweit der Grundsatz der Parteimaxime nicht, insbesondere können die Parteien auch durch ihr Verhalten keine Zuständigkeit eines Rechtsweges vereinbaren. Eine Bindung an die Anträge der Parteien besteht für das verweisende Gericht nur insoweit, als bei mehreren zuständigen Gerichten der Kläger bzw. der Antragsteller ein Wahlrecht ausüben kann.

IV. Verweisungsverfahren § 48

Der **Beschluss ist zu begründen.** Er wird wirksam entweder mit Verkündung, wenn er 89
auf Grund einer mündlichen Verhandlung erfolgt, oder wenn er gemäß § 329 Abs. 3
ZPO zugestellt wird.

c) Bindungswirkung

Die positive Rechtswegentscheidung ist bindend, wenn sie in **Rechtskraft** erwachsen 90
ist. Erfolgt die positive Entscheidung im Rahmen eines Vorabentscheidungsverfahrens,
muss die Rechtsmittelfrist des § 17a Abs. 4 Satz 2 GVG abgewartet werden. Für die
Dauer der Frist ist das Verfahren in entsprechender Anwendung des § 148 ZPO in der
Hauptsache auszusetzen (*Schaub* BB 1993, 1666, 1667; GK-ArbGG/*Bader* § 48 Rn. 56;
Kissel NJW 1991, 949; BAG 26. 3. 1992 AP ArbGG 1979 § 48 Nr. 7). Wird sofortige
Beschwerde eingelegt, bleibt das Hauptsacheverfahren ausgesetzt.

Entscheidet das Arbeitsgericht über die Zulässigkeit des Rechtsweges in der **Haupt-** 91
sacheentscheidung selbst, **da keine Rüge** seitens der Parteien erhoben worden ist, tritt die
Bindungswirkung unmittelbar ein, eine erstmalige Rüge in der Rechtsmittelinstanz ist
nicht möglich, § 17a Abs. 5 GVG i. V. mit § 65. Anders ist dies, wenn das Arbeitsgericht
formfehlerhaft trotz Rüge die **Entscheidung im Urteil** trifft. In diesem Falle kann sowohl
das Rechtsmittel der Berufung als auch die sofortige Beschwerde des § 17a Abs. 4 Satz 2
GVG eingelegt werden. Bei Verweisung des Rechtsstreits durch Urteil statt durch
Beschluss kann sowohl das der Entscheidungsform entsprechende Rechtsmittel als auch
dasjenige gewählt werden kann, das gegen die Entscheidung bei richtiger Formwahl
gegeben wäre.

Entscheidet das Arbeitsgericht entgegen § 48 Abs. 1 i. V. mit § 17a Abs. 3 Satz 2 92
GVG trotz einer Rüge seitens einer Partei **ohne Vorabentscheidungsverfahren** in der
Hauptsache, tritt eine Bindungswirkung gemäß § 17a Abs. 5 GVG nicht ein. Allerdings
ist zweifelhaft, ob die beschwerte Partei wahlweise sofortige Beschwerde gemäß § 17a
Abs. 4 Satz 2 GVG oder das Rechtsmittel einlegen kann, das gegen die Hauptsacheentscheidung gegeben wäre. Es wird die Ansicht vertreten, dass hier der Grundsatz der
Meistbegünstigung gelte, durch die unrichtige Entscheidungsform dürften einer Partei
nicht Rechtsmittelmöglichkeiten genommen werden (BAG 26. 3. 1992 AP ArbGG 1979
§ 48 Nr. 7; BSG 9. 2. 1993 NZA 1994, 191; *Schaub* BB 1993, 1666, 1668; *Schwab/
Weth/Walker* ArbGG § 48 Rn. 59). Demgegenüber wird die Auffassung vertreten, dass
es sich bei dem Urteil in der Sache ohne Vorabentscheidung nicht um eine formell
inkorrekte Entscheidung handele (so OLG Frankfurt 3. 9. 2008 NJW 2008, 3796; im
Ergebnis auch *Zöller/Gummer* ZPO, § 17a GVG Rn. 17), es könne nur das der Entscheidungsform entsprechende Rechtsmittel eingelegt werden. Diese Auffassung ist
praktisch nicht befriedigend. Der **Grundsatz der Meistbegünstigung** soll sicherstellen,
dass einer Partei nicht durch eine im Gesetz nicht vorgesehene Entscheidungsform
prozessual Nachteile hinsichtlich der Anfechtbarkeit der Entscheidung entstehen. Formell inkorrekt ist in einem solchen Falle nicht die Entscheidungsform, sondern das
Verfahren, in dem die Rüge übergangen worden ist. Es liegt nicht der Fall vor, dass eine
im Gesetz nicht vorgesehene Entscheidungsform gewählt wurde, sondern das Gericht
hat einen Teil des Rechtsstreits unbeachtet gelassen. In diesem Falle könnte der Grundsatz der Meistbegünstigung an sich keine Anwendung finden (vgl. BGH 19. 11. 1992
NJW 1993, 332; OLG Frankfurt a. a. O.). Würde man aber hier nur das der Entscheidungsform entsprechende Rechtsmittel zulassen, könnte eine Unanfechtbarkeit eintreten, wenn die Berufung nicht statthaft wäre. Auch bei Verwendung einer Entscheidungsform, die nicht zur Anfechtbarkeit führt, muss daher der Grundsatz der Meistbegünstigung Anwendung finden (vgl. MünchKommZPO/*Rimmelspacher* vor §§ 511 ff.
Rn. 82). Hierfür spricht auch, dass das Gericht mit der Sachentscheidung trotz Rüge im
Grunde eine stillschweigende, formfehlerhafte Entscheidung über die Zuständigkeit
getroffen hat. Dem entspricht es auch, dass bei Verweisung durch Urteil statt durch

Beschluss sowohl das der Entscheidungsform entsprechende Rechtsmittel als auch dasjenige gewählt werden kann, das gegen die Entscheidung bei richtiger Formwahl gegeben wäre. Es kann daher auch bei Übergehen der Rüge und Entscheidung durch Urteil in der Sache sowohl Berufung als auch sofortige Beschwerde nach § 17a Abs. 4 Satz 2 GVG eingelegt werden. In jedem Falle hat das Rechtsmittelgericht die Zuständigkeit selbst zu prüfen und über sie zu entscheiden. Es kann auch bei Einlegung einer Berufung durch Beschluss das Urteil der ersten Instanz aufheben und den Rechtsstreit an das zuständige Gericht verweisen.

93 Soweit das Arbeitsgericht die **Unzulässigkeit des** eingeschlagenen **Rechtswegs** ausspricht und den Rechtsstreit an ein anderes Gericht verweist, tritt ebenfalls nach formeller Rechtskraft eine Bindungswirkung ein. Im Gegensatz zu der früheren Regelung hat die Bindungswirkung hier nicht nur abdrängende, sondern auch aufdrängende Wirkung, das Gericht, an das der Rechtsstreit verwiesen worden ist, kann nicht mehr den Rechtsstreit an ein anderes Gericht eines weiteren Rechtsweges weiter verweisen, § 17a Abs. 2 Satz 3 GVG. Auch eine Zurückverweisung ist ausgeschlossen (vgl. dazu *Kissel* NJW 1991, 949). Der Verweisungsbeschluss **bindet** jedoch **lediglich hinsichtlich des Rechtsweges.** Eine Verweisung aus anderen Gründen, insbesondere wegen der örtlichen Zuständigkeit innerhalb seines Rechtsweges kann das Gericht, an das der Rechtsstreit verwiesen worden ist, vornehmen (BAG 1. 7. 1992 NZA 1992, 1047; 14. 1. 1994 EzA ZPO § 36 Nr. 19).

94 Der formell rechtskräftige Verweisungsbeschluss bindet auch, wenn er **fehlerhaft zustande gekommen** ist (BAG 19. 3. 2003 NZA 2003, 683; BGH 9. 4. 2002 NJW 2002, 2474; 12. 3. 2002 NZA 2002, 1109, 1110), sogar wenn die Fehlerhaftigkeit offenkundig ist (*Schwab/Weth/Walker* § 48 Rn. 84; GK-ArbGG/*Bader* § 48 Rn. 77). Die fehlende Begründung eines Verweisungsbeschlusses wäre ein derartiger Fehler, sie schließt jedoch die Bindungswirkung zumindest dann nicht aus, wenn sich der Verweisungsgrund aus den Akten ergibt. In diesem Falle kann nicht von einer der Bindungswirkung entgegenstehenden offensichtlichen Gesetzwidrigkeit ausgegangen werden (BAG 1. 7. 1992 NZA 1992, 1047; *Kissel* § 17 GVG Rn. 33, 34; *Zöller/Gummer* § 17a GVG Rn. 13; *Baumbach/Hartmann* § 17a GVG Rn. 8 m. w. N.). Auch **grundlegende Fehler und Irrtümer** können grundsätzlich nur im Wege der Anfechtung nach § 17a Abs. 4 GVG geltend gemacht werden. Eine Ausnahme wird jedoch dann für möglich gehalten, wenn nicht nur Gesetzesrecht, sondern Verfassungsrecht verletzt worden ist. In Betracht kämen hier das **Willkürverbot** und die **Verletzung des rechtlichen Gehörs** (vgl. dazu *Kissel* NZA 1995, 345, 348; BAG 19. 3. 2006 NZA 2006, 1004; für die örtliche Zuständigkeit BAG 14. 1. 1994 NZA 1994, 478; 3. 11. 1993 NZA 1994, 479; 31. 1. 1994 NZA 1994, 959). Angesichts der Tatsache, dass der Beschluss über die Rechtswegverweisung anfechtbar ist, kann von dieser Möglichkeit nur dann Gebrauch gemacht werden, wenn in der Beschwerdeentscheidung willkürlich oder unter Verletzung des rechtlichen Gehörs eine Entscheidung getroffen sein sollte (BAG 19. 3. 2003 NZA 2003, 683; 22. 7. 1998 NZA 1998, 1190, 1192). Dies kann in Betracht kommen bei einer krassen Verletzung der gesetzlichen Zuständigkeitsregelungen (BAG a. a. O.), ferner bei fehlender Begründung, irrtümlicher Verweisung oder Nichtbeachtung einer Gesetzesänderung, oder wenn das verweisende Gericht in den Gründen des Verweisungsbeschlusses eine Zuständigkeitsnorm nicht erörtert und diese eindeutig seine Zuständigkeit begründet (KG 13. 3. 2008 NJW-RR 2008, 1023 f.). Eine Bindungswirkung wird allerdings selbst dann angenommen, wenn es sich um eine **gesetzwidrige Zurückverweisung** an das Gericht handelt, welches zuvor seine Unzuständigkeit angenommen hatte (BGH 24. 2. 2000 ZIP 2000, 598). Dieser Auffassung kann nicht gefolgt werden. Hier handelt es sich um einen so krassen Gesetzesverstoß, der auch noch offenkundig ist, so dass im Grunde schon von einer Willkür gesprochen werden kann (vgl. *Prütting* NJW 2000, 1850; LAG Köln 28. 7. 2005 AuR 2006, 133; *Schwab/Weth/Walker* § 48 Rn. 109; zu dem Problem auch *Baumbach/Hartmann* § 17a GVG Rn. 8).

IV. Verweisungsverfahren **§ 48**

Die **zeitliche Wirkung der Verweisung** bestimmt sich nach § 17b Abs. 1 GVG. Nach **95** Eintritt der formellen Rechtskraft der Verweisungsentscheidung sind die Akten an das Gericht abzugeben, an das der Rechtsstreit verwiesen worden ist (BAG 1. 7. 1992 NZA 1992, 1047; *Kissel* NJW 1991, 949, 950). Mit Eingang der Akten bei dem Gericht, an das der Rechtsstreit verwiesen worden ist, ist die Rechtssache bei diesem anhängig. Werden in der **Zwischenzeit Anträge** gestellt, kommt es zu einer Klageänderung oder wird beispielsweise die Klage zurückgenommen und ein Antrag auf Kostenentscheidung nach § 269 Abs. 3 ZPO gestellt, kann das verweisende Gericht keine Entscheidungen mehr treffen, vielmehr ist hier in entsprechender Anwendung des § 148 ZPO davon auszugehen, dass das Verfahren solange unterbrochen ist, bis die Akten bei dem nach dem Verweisungsbeschluss zuständigen Gericht eingegangen sind. Prozessuale Veränderungen während der Unterbrechungszeit können dann erst von diesem berücksichtigt werden.

Erfolgt eine **Klagerücknahme vor der Klärung der Rechtswegzuständigkeit** oder wird **96** vor dieser die Hauptsache für erledigt erklärt, so bedarf es einer Entscheidung über die Zulässigkeit des Rechtsweges nicht mehr. Weder für die Entscheidung nach § 269 Abs. 3 ZPO noch für die nach § 91a ZPO ist es notwendig, dass die Zulässigkeit des Rechtsweges geklärt wird. In beiden Fällen erfolgt keine Entscheidung in der Hauptsache, sondern lediglich eine bezüglich der Kosten (vgl. *Zöller/Gummer* § 17a GVG Rn. 19).

Kommt es **trotz** der Regelungen der **§§ 17a ff.** GVG zu einem **negativen Kompetenz-** **97** **streit** von Gerichten verschiedener Gerichtsbarkeiten, gibt es keine ausdrücklich im Gesetz vorgesehene Lösungsmöglichkeit. Verweigert beispielsweise ein Arbeitsgericht trotz rechtskräftigen Verweisungsbeschlusses durch ein Amtsgericht die Übernahme eines Rechtsstreits, so wäre für die Parteien keine Möglichkeit gegeben, Rechtsschutz zu erhalten. Um eine Rechtsverweigerung zu vermeiden, bleibt in einem solchen Falle lediglich die Möglichkeit, § 36 Abs. 1 Nr. 6 ZPO entsprechend anzuwenden (BAG 9. 2. 2006 NZA 2006, 454; 19. 3. 2003 BAGE 105, 305, 307; 22. 7. 1998 NZA 1998, 1190f.; vgl. BGH 11. 11. 2003 FamRZ 2004, 434; 8. 7. 2003 NJW 2003 2990; 17. 5. 1989 NJW 1990, 53, 54; *Baumbach/Hartmann*§ 17a GVG Rn. 8). Die Entscheidung hat trotz der Neuregelung in § 36 Abs. 2 und 3 ZPO durch das Oberste Bundesgericht zu erfolgen, das zuerst in der Sache angegangen wurde (BAG 22. 7. 1998 NZA 1998, 1190f. unter Hinweis auf die Gesetzesmaterialien in BT-Drucks. 13/9124, S. 46).

2. Örtliche Zuständigkeit

a) Entscheidungsform

Bei der örtlichen Zuständigkeit ergeben sich hinsichtlich der Entscheidungsform **keine** **98** **Unterschiede** im Vergleich zu dem Verweisungsverfahren wegen des Rechtsweges. Wird die Zulässigkeit des Rechtsweges angenommen, kann die Entscheidung über die örtliche Zuständigkeit im Rahmen der Hauptsacheentscheidung ggf. auch konkludent erfolgen. Allerdings kann das Gericht im Rahmen seines Ermessens auch das Vorabentscheidungsverfahren nach § 17a Abs. 3 GVG durchführen. Zu berücksichtigen ist allerdings, dass der **Beschluss** über die örtliche Zuständigkeit **unanfechtbar** ist, § 48 Abs. 1 Nr. 1.

Das **Vorabentscheidungsverfahren** ist durchzuführen, wenn eine Partei die örtliche **99** Zuständigkeit des angerufenen Gerichts rügt. Die schriftliche Rüge der örtlichen Unzuständigkeit des angerufenen Gerichts bleibt unberücksichtigt, wenn der Beklagte nicht in der mündlichen Verhandlung erscheint. Sie hindert daher auch nicht den Erlass eines Versäumnisurteils. Allerdings muss das Gericht ebenso wie bei der Frage des Rechtswegs auch die örtliche Zuständigkeit von Amts wegen prüfen (LAG Köln 2. 4. 1996 ARSt 1996, 191). Auch hier gelten die für die Verweisung wegen der Unzulässigkeit des Rechtsweges geltenden Grundsätze entsprechend. Der Beschluss kann ohne mündliche Verhandlung erfolgen, § 17a Abs. 4 Satz 1 GVG, ergeht durch den Vorsitzenden allein, selbst wenn bereits eine Kammerverhandlung stattfindet, § 55 Abs. 1 Nr. 7 (dazu unten

§ 55 Rn. 21 ff.). Er ist unanfechtbar, § 48 Abs. 1 Nr. 1. Die Entscheidung muss in diesem Falle dahin gehen, dass die örtliche Zuständigkeit des angerufenen Gerichts nicht gegeben ist und der Rechtsstreit an das örtlich zuständige Gericht verwiesen wird.

b) Bindungswirkung

100 Auch hinsichtlich der Bindungswirkung ergeben sich im Grundsatz **keine Abweichungen** im Vergleich zur Entscheidung über die Zulässigkeit oder Unzulässigkeit des Rechtsweges. Zu berücksichtigen ist allerdings, dass die **Frage der örtlichen Zuständigkeit** erst **nach der Frage des zulässigen Rechtsweges** vom Gericht zu prüfen ist. Verweist daher ein Arbeitsgericht den Rechtsstreit wegen örtlicher Unzuständigkeit an ein anderes Arbeitsgericht, so hat es damit zumindest konkludent entschieden, dass der Rechtsweg zu den Arbeitsgerichten gegeben ist. An diese Entscheidung ist das Gericht, an das der Rechtsstreit verwiesen worden ist, gebunden, es kann seinerseits nicht wegen Unzulässigkeit des Rechtsweges den Rechtsstreit an ein anderes Gericht eines anderen Rechtsweges weiter verweisen. Dies ergibt sich daraus, dass zunächst die Rechtswegzuständigkeit und erst dann die örtliche Zuständigkeit zu prüfen ist. Bei Verweisung wegen örtlicher Unzuständigkeit ist daher konkludent auch die Rechtswegzuständigkeit bejaht worden (a. A. *Schwab/Weth/Walker* § 48 Rn. 105; LAG Nürnberg 21. 5. 2001 NZA-RR 2001, 327, 328).

101 Bei der Verweisung wegen örtlicher Unzuständigkeit gilt der Grundsatz, dass **fehlerhafte Verweisungsbeschlüsse** ebenfalls bindend sind. Eine Ausnahme gilt allerdings dann, wenn es sich um eine offensichtlich gesetzwidrige Verweisung handelt (BAG 14. 1. 1994 EzA ZPO § 36 Nr. 19; 31. 1. 1994 EzA ZPO § 36 Nr. 20; 29. 9. 1976 AP ZPO § 36 Nr. 20; 1. 7. 1992 NZA 1992, 1047; *Zöller/Vollkommer* ZPO § 36 Rn. 25, 28). Eine Weiterverweisung an ein anderes Gericht ist in diesem Falle möglich. Die unterschiedliche Behandlung zum Verweisungsbeschluss wegen Unzulässigkeit des Rechtsweges rechtfertigt sich daraus, dass der Beschluss über die Verweisung wegen örtlicher Unzuständigkeit nicht anfechtbar ist (GK-ArbGG/*Bader* § 48 Rn. 78).

102 **Offensichtlich gesetzwidrig** ist ein Verweisungsbeschluss, wenn eine Rechtsgrundlage nicht erkennbar ist, z. B. bei Irrtum über die Zuordnung des Ortes zum Gerichtsbezirk, Irrtum über den Wohnsitz des Beklagten, auch wenn dies auf falschen Angaben des Klägers beruhen sollte (BAG 11. 11. 1996 NZA 1997, 228; 31. 1. 1994 AP ZPO § 36 Nr. 44) wenn er willkürlich gefasst wurde, wenn eine **Begründung** fehlt, wenn den Verfahrensbeteiligten das **rechtliche Gehör** nicht gewährt wurde. Keine offensichtliche Gesetzwidrigkeit liegt vor, wenn lediglich einfache Verfahrensfehler vorliegen, wenn beispielsweise die Entscheidung fälschlich durch die Kammer und nicht durch den Vorsitzenden allein erfolgt (GK-ArbGG/*Bader* § 48 Rn. 80; ErfK/*Koch* ArbGG § 48 Rn. 12). Auf alle diese Gründe können sich allerdings die Verfahrensbeteiligten nicht berufen, wenn sie selbst mit der Verweisung einverstanden waren und wenn das verweisende Gericht tatsächlich örtlich unzuständig und das Gericht, an das verwiesen worden ist, tatsächlich örtlich zuständig ist. Eine Ausnahme von dem Grundsatz der Bindungswirkung kann letztlich nur dann gerechtfertigt werden, wenn die Verweisung auch materiell unrichtig ist, da sonst entgegen der Grundtendenz des § 48 und der Regelungen in den §§ 17 ff. GVG eine gerade nicht vom Gesetzgeber beabsichtigte Verzögerung der Erledigung des Rechtsstreites eintreten würde. Folge der fehlenden Bindungswirkung wäre in diesem Falle, dass die Wirkung des § 17 b Abs. 1 Satz 1 GVG nicht eintreten würde. Das Arbeitsgericht, an das der Rechtsstreit unzulässigerweise verwiesen worden wäre, könnte diesen an das verweisende Arbeitsgericht zurückgeben. Ähnlich wie bei der Verweisungsentscheidung wäre bei dem zurückgebenden Beschluss zum Ausdruck zu bringen, dass der Rechtsstreit bei dem Arbeitsgericht, an das er verwiesen worden ist, nicht anhängig geworden sei und dass er an das verweisende Arbeitsgericht zurückgegeben werde. Auch hier ist eine Begründung des Beschlusses

IV. Verweisungsverfahren **§ 48**

erforderlich. Der **Beschluss über die Rückgabe** muss ebenso wie der Verweisungsbeschluss durch den Vorsitzenden ohne Beteiligung der ehrenamtlichen Richter erfolgen. Er enthält eine – wenn auch negative – Entscheidung über die örtliche Zuständigkeit.

Lehnt in einem solchen Falle das Gericht, an das der Rechtsstreit verwiesen worden ist, dessen Übernahme ab (auch hier ist der Vorsitzende zuständig), so ist das **zuständige Gericht** in entsprechender Anwendung von **§ 36 Nr. 6 ZPO zu bestimmen** (BAG 14. 1. 1994 EzA ZPO § 36 Nr. 19; BAG 4. 11. 1971, 3. 3. 2972, 3. 7. 1974 AP ZPO § 36 Nr. 10, 11, 17). Voraussetzung für die Durchführung des Bestimmungsverfahrens ist dabei, dass die die Zuständigkeit leugnende Entscheidung den Parteien bzw. Beteiligten an dem Rechtsstreit bekannt gemacht worden ist, eine lediglich gerichtsinterne Verfügung reicht nicht aus. Die Bestimmung eines gemeinsamen Gerichtsstandes ist nicht mehr möglich, wenn bereits eine bindende Verweisung erfolgt ist, wenn sie auch nur gegen einen von mehreren Beteiligten wirksam sein sollte (BAG 13. 11. 1996 BB 1996, 320; vgl. BAG 25. 4. 1996 NZA 1996, 1062).

Zuständig für die Entscheidung ist das **Landesarbeitsgericht**, zu dessen Bezirk das zuerst mit der Sache befasste Arbeitsgericht gehört, § 46 Abs. 2 i. V. mit § 36 Abs. 2 ZPO (BAG 14. 7. 1998 NZA 1998, 1189 f.). Von diesem ist die Bindungswirkung des Verweisungsbeschlusses zu überprüfen. Die Entscheidung des Landesarbeitsgerichts erfolgt durch Beschluss, vor der Beschlussfassung sind die Parteien zu hören.

3. Verfahrensart

In § 80 Abs. 3 wird ausdrücklich auf § 48 Abs. 1 verwiesen. Aus dem Wortlaut von § 48 Abs. 1 ergibt sich eindeutig, dass auch von Amts wegen über die Frage zu entscheiden ist, in welcher Verfahrensart ein Rechtsstreit auszutragen ist. Zu den Einzelheiten kann zunächst auf die Kommentierung bei § 2 a Rn. 89 ff. verwiesen werden.

a) Entscheidungsform

Die Entscheidung ergeht, soweit sie nicht konkludent mit der Hauptsacheentscheidung getroffen wird, immer durch **Beschluss.** Für das Vorabentscheidungsverfahren gelten die gleichen Grundsätze wie für das Verweisungsverfahren wegen der Zulässigkeit des Rechtsweges. Für das Vorabentscheidungsverfahren ist es unerheblich, ob der Rechtsstreit im Urteilsverfahren oder im Beschlussverfahren begonnen hat, da die Prüfung der Zulässigkeit der gewählten Verfahrensart immer von Amts wegen zu erfolgen hat.

Durch den Wortlaut des Gesetzes ist nunmehr auch eindeutig geklärt, dass **keine Abgabe**, sondern eine **Verweisung** in das Urteils- oder das Beschlussverfahren zu erfolgen hat. In seinem Beschluss muss daher das Arbeitsgericht die Entscheidung treffen, dass die gewählte Verfahrensart unzulässig ist und der Rechtsstreit in die jeweils andere Verfahrensart verwiesen wird. Hierbei ist es unerheblich, ob sich die interne Zuständigkeit verändert oder nicht, selbst wenn der Rechtsstreit in der anderen Verfahrensart bei derselben Kammer verbliebe, wäre eine Verweisung notwendig. Die Verweisung ist ebenso wie bei der örtlichen Zuständigkeit oder der Rechtswegzuständigkeit auch hier kein gerichtsinterner Vorgang. Die Beteiligten an dem Verfahren sind von der Entscheidung des Gerichtes zu informieren.

b) Bindungswirkung

Hinsichtlich der Bindungswirkung ergeben sich **keine Unterschiede** zu der Verweisung des Rechtsstreites in einen anderen Rechtsweg. Die Anfechtbarkeit des Beschlusses ist gemäß § 17 a Abs. 4 Satz 2 GVG gegeben.

Auch hier gilt der Grundsatz, dass bei einer Verweisung in eine andere Verfahrensart das Arbeitsgericht **vorab** von Amts wegen geprüft haben muss, **ob der Rechtsweg** zu den Gerichten für Arbeitssachen gegeben ist. Eine Verweisung bezüglich der Verfahrensart ist nur möglich, wenn der Rechtsweg zu den Gerichten für Arbeitssachen gegeben ist. Insoweit tritt daher auch hier eine Bindungswirkung ein.

4. Kosten

110 Auch im Verweisungsverfahren des § 48 i. V. mit §§ 17 ff. GVG gilt der Grundsatz der **Kosteneinheit**, § 17 b Abs. 2 Satz 1 GVG. Daraus folgt, dass der Verweisungsbeschluss selbst keine Kostenentscheidung enthalten kann. Über die Kosten ist vielmehr mit der Hauptsacheentscheidung zusammen zu befinden. Es hat das Gericht endgültig zu entscheiden, an das der Rechtsstreit verwiesen worden ist. Dieses muss auch über die Mehrkosten entscheiden, die durch die Anrufung des unzuständigen Gerichtes entstanden sind, § 17 b Abs. 2 Satz 2 GVG. Wird die entsprechende Entscheidung über die Auferlegung der durch die Anrufung des unzuständigen Gerichts entstandenen Mehrkosten in der Gerichtsentscheidung übersehen, so kann unter Umständen ein Ergänzungsurteil ergehen, § 321 ZPO, soweit die Voraussetzungen des § 319 ZPO gegeben sind, ist auch eine Urteilsberichtigung möglich. In jedem Falle kann ein derartiger Fehler der gerichtlichen Entscheidung nicht im Kostenfestsetzungsverfahren verändert werden. Zur Kostenentscheidung im Beschwerdeverfahren siehe unten Rn. 131 f.

111 Wegen der **unterschiedlichen Kosten- bzw. Kostenerstattungsregelungen** im ordentlichen Zivilprozess und im arbeitsgerichtlichen Verfahren ergeben sich besondere Probleme, vgl. dazu § 12 Rn. 14 bzw. § 12 a Rn. 17 ff.

112 Auch hinsichtlich der **Rechtsanwaltskosten** bestehen unterschiedliche Regelungen im arbeitsgerichtlichen Verfahren und im Verfahren vor den ordentlichen Zivilgerichten. Wird der Rechtsstreit von einem ordentlichen Gericht an ein Arbeitsgericht verwiesen, so richtet sich die Kostenerstattungspflicht der unterliegenden Partei nach § 12 a Abs. 1. Kosten, die der beklagten Partei dadurch entstanden sind, dass die klagende Partei zunächst ein Gericht der ordentlichen Gerichtsbarkeit oder ein Gericht eines anderen Rechtszweiges wie z. B. ein Verwaltungsgericht, ein Finanzgericht oder ein Sozialgericht angerufen hat, sind jedoch erstattungsfähig, § 12 a Abs. 1 Satz 3. Selbst wenn die beklagte Partei in dem Verfahren vor dem Arbeitsgericht unterliegt, kann sie die Erstattung der Kosten verlangen, die ihr vor dem unzuständigen Gericht erwachsen sind (zum Begriff der Mehrkosten und der Kostenerstattungspflicht oben § 12 a Rn. 17 ff.). Wird der Rechtsstreit andererseits von dem Arbeitsgericht an das ordentliche Gericht verwiesen, so sind die bei den Arbeitsgerichten bereits angefallenen Rechtsanwaltskosten nur dann zu erstatten, wenn der Gebührentatbestand in dem späteren Verfahren vor dem ordentlichen Gericht erneut erfüllt wird. Die zuvor in dem Verfahren vor dem Arbeitsgericht durch die Tätigkeit des Anwalts für diesen erwachsenen Kosten sind nicht erstattungsfähig (KG 30. 8. 1954 AP ArbGG 1953 § 61 Nr. 1 mit Anm. *D. Neumann*; OLG Celle 8. 2. 1957 AP ArbGG 1953 § 61 Nr. 16 mit Anm. *Pohle*; OLG München 16. 11. 1970 AP ArbGG 1953 § 61 Kosten Nr. 11; OLG Stuttgart 12. 4. 1984 AnwBl. 1985, 104).

113 Wird der Rechtsstreit von einem Arbeitsgericht wegen **örtlicher Unzuständigkeit** an ein anderes Arbeitsgericht verwiesen, sind die Mehrkosten ebenfalls der klagenden Partei gemäß § 17 b Abs. 2 Satz 2 GVG aufzuerlegen. Hinsichtlich der Rechtsanwaltskosten gelten hier die Regelungen des § 12 a ohne Einschränkung.

114 Problematisch ist die **Kostenentscheidung bei dem Wechsel der Verfahrensart**. Für das Beschlussverfahren gilt das Kostenprivileg des § 2 Abs. 2 GKG. Wird ein Verfahren im **Urteilsverfahren begonnen** und alsdann in das Beschlussverfahren verwiesen, gilt hinsichtlich der Gerichtskosten die Einheit des Verfahrens. Das Kostenprivileg des § 2 Abs. 2 GKG erfasst daher das gesamte Verfahren von der Antragstellung im Urteilsverfahren an.

115 Hinsichtlich der **außergerichtlichen Kosten** kann im arbeitsgerichtlichen Verfahren wegen der Regelung in § 12 a grundsätzlich keine Kostenerstattung stattfinden. Ob ein bevollmächtigter Rechtsanwalt, der für den Betriebsrat aufgetreten ist, seine außerge-

richtlichen Kosten erstattet bekommt, ist allein auf Grund der Regelung des § 40 BetrVG zu entscheiden. Da auf Grund dieser Bestimmung lediglich die notwendigen Kosten von dem Arbeitgeber zu tragen sind, werden Kosten, die durch die Anrufung des Gerichtes in der falschen Verfahrensart entstanden sind, nicht erstattungsfähig sein. Hierbei muss es sich jedoch um zusätzliche Kosten handeln, die allein darauf zurückzuführen sind, dass sie schon in der falschen Verfahrensart entstanden sind. Soweit es sich um Gebühren handelt, die sowohl im Urteils- als auch im Beschlussverfahren einheitlich entstanden sind und keine Mehrkosten verursacht haben, ist eine Ausgleichung über § 40 BetrVG möglich.

Wird andererseits ein **Rechtsstreit im Beschlussverfahren begonnen** und sodann in das Urteilsverfahren verwiesen, so richtet sich die Kostentragungspflicht für die Gerichtsgebühren nach den allgemeinen Grundsätzen. Hinsichtlich der außergerichtlichen Kosten gilt hier ebenfalls die Bestimmung des § 12a mit der Folge, dass eine Kostenerstattung nicht stattfindet. 116

V. Rechtsmittel

1. Ausschluss des Rechtsmittels

Nach § 48 Abs. 1 Nr. 1 sind Beschlüsse, in denen vorab über die **örtliche Zuständigkeit** entschieden worden ist, nicht anfechtbar. Zur Einleitung des Verfahrens des § 36 Nr. 6 ZPO bei offensichtlicher Gesetzwidrigkeit des Verweisungsbeschlusses siehe oben Rn. 66 ff. 117

2. Sofortige Beschwerde

Soweit über die **Zulässigkeit des Rechtsweges** oder der **Verfahrensart** im Verfahren nach § 17a Abs. 4 GVG durch Beschluss entschieden worden ist, ist das Rechtsmittel der sofortigen Beschwerde des § 78 i.V. mit § 567 ZPO gegeben. Die **Frist** für die sofortige Beschwerde beträgt **zwei Wochen** § 569 Abs. 1 Satz 1 ZPO, sie beginnt mit der Zustellung des Beschlusses spätestens mit Ablauf von fünf Monaten nach der Verkündung des Beschlusses, § 569 Abs. 1 Satz 2 ZPO. Das Gleiche gilt bei seiner formlosen Mitteilung. Der Beschluss muss eine Rechtsmittelbelehrung enthalten, § 9 Abs. 5. Beschwerdegericht ist immer das Landesarbeitsgericht. Für die **Form der Einlegung** gelten § 569 Abs. 2 und 3 Nr. 1 ZPO. Die Beschwerde kann daher sowohl bei dem Arbeitsgericht als auch bei dem Landesarbeitsgericht eingelegt werden. Das Arbeitsgericht kann nach § 572 Abs. 1 ZPO der Beschwerde abhelfen. Die **Abhilfeentscheidung** muss ebenso wie die Beschlussfassung durch die Kammer unter Beteiligung der ehrenamtlichen Richter erfolgen. Dies ergibt sich daraus, dass die Abhilfeentscheidung im Grunde eine erneute Entscheidung in der Sache ist. Auch wenn das Arbeitsgericht auf die Beschwerde nicht abhelfen will, muss diese Entscheidung ebenfalls durch die Kammer, also mit den ehrenamtlichen Richtern, erfolgen. Es müssen nicht die ehrenamtlichen Richter hinzugezogen werden, die an der ursprünglichen Entscheidung mitgewirkt haben, sondern die im Zeitpunkt der Abhilfeentscheidung nach dem Geschäftsverteilungsplan berufenen. 118

Die Beschwerde setzt eine **Beschwer** voraus. Grundsätzlich hat jede Partei Anspruch auf den gesetzlichen Richter und auf das gesetzmäßig vorgesehene Verfahren. Dies würde bedeuten, dass durch die Vorabentscheidung immer in die Rechte der Parteien eingegriffen werden könnte, so dass jede Partei beschwert sein könnte (so GK-ArbGG/ *Bader* § 48 Rn. 61). Zumindest in den Fällen, in denen das Vorabentscheidungsverfahren auf Rüge eines Verfahrensbeteiligten durchgeführt worden ist, wird man für die Ermittlung der Beschwer auf die formelle Seite abstellen können. Ist einem Antrag oder einer Rüge nicht entsprochen worden, ist in diesen Fällen die Beschwerdeberechtigung gegeben. Sie fehlt, wenn das Gericht dem Rechtsstandpunkt eines der Verfahrensbetei- 119 ligten gefolgt ist. Bei Verweisung in einen anderen Rechtsweg bzw. in eine andere Verfahrensart ist damit meist die klagende Partei bzw. der antragstellende Verfahrensbeteiligte beschwerdeberechtigt. Andererseits wird bei einer Zurückweisung der Rüge beschwerdeberechtigt die beklagte Partei oder derjenige Verfahrensbeteiligte sein, der die Verweisung beantragt hatte (ähnlich in der Differenzierung *Schwab/Weth/Walker* § 48 Rn. 65; ErfK/*Koch* ArbGG § 48 Rn. 6). Bei der Rechtswegverweisung kann sich die Beschwer aber nur auf die Frage des Rechtswegs beziehen. Eine ausreichende Begründung einer Beschwerde ist daher nicht gegeben, wenn lediglich gerügt wird, dass die Verweisung an ein anderes Gericht des gleichen Rechtswegs hatte verwiesen werden müssen (BAG 20. 9. 1995 NZA 1996, 112). Der Verweisungsbeschluss ist nur hinsichtlich des Rechtswegs bindend, nur das Gericht, an das verwiesen worden ist, kann mit Bindungswirkung für diesen Rechtsweg darüber befinden, welches Gericht sachlich oder örtlich zuständig ist.

120 Auch wenn der Verweisungsantrag nur als **Hilfsantrag** gestellt wurde, kann sich eine Beschwerdeberechtigung ergeben, wenn dem Hauptantrag, nämlich der Entscheidung in der Hauptsache selbst, nicht entsprochen wurde.

121 Sind die Parteien von einer **Verweisungsentscheidung überrascht** worden, weil ihnen das rechtliche Gehör nicht gewährt wurde und auch von ihnen entsprechende Anträge nicht gestellt wurden, können unter Umständen beide Parteien beschwerdeberechtigt sein, da ihr rechtliches Gehör verletzt worden ist.

122 Hat das Arbeitsgericht entgegen § 17a Abs. 2 und 4 GVG nicht durch Beschluss, sondern **im Urteil** entschieden – **Inzidententscheidung** –, so ist grundsätzlich kein Rechtsmittel gegeben. Hat das Arbeitsgericht trotz Rüge der Zulässigkeit des Rechtswegs hierüber im Urteil und nicht durch Beschluss entschieden, kann gegen dieses Urteil nach dem Grundsatz der Meistbegünstigung sowohl eine sofortige Beschwerde als auch eine Berufung eingelegt werden (dazu oben Rn. 92; *Schwab/Weth/Walker* § 48 Rn. 59). Wird Berufung eingelegt, so muss mit der Berufungsbegründung die Rüge hinsichtlich des Rechtswegs oder der Verfahrensart erneut erhoben werden. Das Landesarbeitsgericht muss in diesem Falle trotz § 65 ArbGG die Zulässigkeit des Rechtsweges oder der Verfahrensart prüfen. Die Entscheidung hierüber ist durch Beschluss zu treffen (BAG 26. 3. 1992 NZA 1992, 554). Wird die Zulässigkeit des Rechtsweges oder der Verfahrensart bejaht, so kann das Landesarbeitsgericht, wenn es nicht gemäß § 17a Abs. 4 Satz 4 und 5 GVG die weitere Beschwerde zulässt (siehe dazu unten Rn. 127ff.), in der Hauptsache entscheiden. Lässt es die weitere sofortige Beschwerde zu, ist der Rechtsstreit in der Hauptsache auszusetzen.

123 Wird die **Zulässigkeit** des Rechtsweges bzw. der Verfahrensart **verneint,** so muss das Landesarbeitsgericht unter Abänderung der arbeitsgerichtlichen Entscheidung in der Hauptsache durch Beschluss den Rechtsstreit an das zuständige Gericht oder in die zulässige Verfahrensart verweisen. Auch hier muss das Landesarbeitsgericht allerdings überprüfen, ob es die weitere sofortige Beschwerde gemäß § 17a Abs. 4 Satz 4 und 5 GVG zulässt.

124 Über die sofortige Beschwerde **entscheidet** das Landesarbeitsgericht **außerhalb der mündlichen Verhandlung durch den Vorsitzenden allein,** dies ergibt sich ausdrücklich aus § 78 Satz 3. Diese Bestimmung ist über § 17a Abs. 4 Satz 3 GVG, die die auf die Vorschriften der jeweiligen Verfahrenordnung verweist, auch hinsichtlich der Besetzung verbindlich.

125 Muss das **Landesarbeitsgericht** eine **Beweisaufnahme** durchführen, um die Zulässigkeit des Rechtsweges oder der Verfahrensart festzustellen (dazu oben Rn. 65), ist die Entscheidung wie bei anderen Beschwerdeverfahren, in denen eine mündliche Verhandlung erforderlich ist, ohne ehrenamtliche Richter zu treffen. Das **Bundesarbeitsgericht** entscheidet auch in diesen Fällen **immer** durch Beschluss **ohne mündliche Verhandlung** und damit auch ohne Beteiligung der ehrenamtlichen Richter, da es auch hier eine reine Rechtsprüfungsinstanz und keine Tatsacheninstanz ist. Ist in der Beschwerdeinstanz ein

notwendiger Beweis unterblieben, so kann das Bundesarbeitsgericht den Rechtsstreit an das Landesarbeitsgericht zurückverweisen.

Die **Beschwerde** kann lediglich **darauf gestützt werden,** dass entweder die unzutref- **126** fende Verfahrensart bestimmt worden ist oder aber, dass das verweisende Arbeitsgericht zu Unrecht den zu ihm beschrittenen Rechtsweg für unzulässig erklärt oder aber den Rechtsstreit in den falschen Rechtsweg verwiesen habe (LAG Düsseldorf 14. 10. 1993 LAGE ArbGG 1979 § 48 Nr. 9). Die örtliche oder funktionelle Unzuständigkeit des Gerichtes kann mit der Beschwerde nicht gerügt werden, da insoweit eine Entscheidung erst in dem richtigen Rechtsweg bzw. in der richtigen Verfahrensart getroffen werden kann (vgl. dazu oben Rn. 10, 28; BAG 20. 9. 1995 NZA 1996, 112).

3. Weitere sofortige Beschwerde

Gegen die Entscheidung des Landesarbeitsgerichts über die sofortige Beschwerde ist **127** grundsätzlich kein weiteres Rechtsmittel gegeben. Nach § 17a Abs. 4 Satz 4, 5 und 6 GVG kann jedoch ein weiteres Rechtsmittel an das Bundesarbeitsgericht zugelassen werden (vgl. auch § 78 Satz 2). In den Verfahren des einstweiligen Rechtsschutzes (oben Rn. 17ff.) dürfte diese Möglichkeit allerdings nicht gegeben sein. In diesen Verfahren können keine Entscheidungen getroffen werden, die einer materiellen Rechtskraft fähig wären, entscheidend ist insoweit immer die Entscheidung im Hauptverfahren. Eine Rechtsfrage kann daher auch nicht mit materieller Rechtskraftwirkung abschließend entschieden werden, die Zulassungsvoraussetzung der grundsätzlichen Bedeutung kann daher nicht gegeben sein. Das Gleiche gilt für die Frage der Abweichung nach § 17a Abs. 4 Satz 5 GVG, da auch hierbei vorausgesetzt wird, dass möglicherweise eine Abweichung mit materieller Rechtskraft eintreten könnte. Im Übrigen könnte ein Vorabentscheidungsverfahren nicht einen längeren Rechtsmittelzug aufweisen als das Verfahren des einstweiligen Rechtsschutzes selbst.

Die weitere sofortige Beschwerde ist **nur statthaft,** wenn sie von dem Landesarbeits- **128** gericht ausdrücklich zugelassen worden ist. Ohne eine entsprechende Zulassung ist die Entscheidung des Landesarbeitsgerichts endgültig, eine **Nichtzulassungsbeschwerde** ist nicht vorgesehen (BAG 22. 2. 1994 AP ArbGG 1979 § 78 Nr. 2). Dies gilt selbst dann, wenn das Beschwerdegericht gegen ein Verfahrensgrundrecht verstoßen hat (BAG 22. 10. 1999 NZA 2000, 503 f.; 21. 4. 1998 AP ArbGG 1979 § 78 Nr. 5). Sind in einem Verfahren **Grundrechtsverstöße** aufgetreten, gilt § 78a, der eine Abhilfemöglichkeit auf entsprechende Rüge gewährt, wenn ein Rechtsmittel oder ein Rechtsbehelf nicht zur Verfügung stehen (dazu ausführlich die Erläuterungen zu § 78a).

Die weitere sofortige Beschwerde **ist zuzulassen,** wenn die Rechtswegfrage bzw. die **129** Frage, ob ein Verfahren in einer bestimmten Verfahrensart durchzuführen ist, von **grundsätzlicher Bedeutung** ist oder aber, wenn eine **Divergenz** zu einer Entscheidung eines obersten Bundesgerichts oder einer Entscheidung des Gemeinsamen Senats der obersten Gerichtshöfe des Bundes besteht, § 17a Abs. 4 Satz 5 GVG. Eine Divergenz von einer Entscheidung eines anderen Landesarbeitsgerichts oder eines Oberlandesgerichts begründet nach dieser Vorschrift nicht die Pflicht zur Zulassung, es sei denn, hieraus ergäbe sich die grundsätzliche Bedeutung der zu entscheidenden Rechtsfrage. Allerdings gilt auch hier auf Grund der Verweisung in § 17a Abs. 4 Satz 3 GVG das Verfahrensrecht des ArbGG, also über § 78 Satz 2 auch die Regelung des § 72 Abs. 2. Damit findet auch § 72 Abs. 2 Nr. 2 in vollem Umfange Anwendung, so dass auch bei Abweichung von einer Entscheidung eines anderen LAG oder einer anderen Kammer des gleichen LAG die weitere Beschwerde zuzulassen ist, wenn noch keine Entscheidung des BAG vorliegt. Eine Nichtzulassungsbeschwerde findet nicht statt (BAG 22. 2. 1994 AP ArbGG § 78 Nr. 2 zu dem früheren Recht, für das jetzige Recht *Schwab/Weth/Walker* § 48 Rn. 75; *Zöller/Gummer* § 574 Rn. 16).

130 Weder § 78 Satz 2 noch § 17a Abs. 4 Satz 4 GVG kann unmittelbar etwas über die **Frist für** diese **weitere Beschwerde** entnommen werden. Da jedoch im Vordergrund der neuen Rechtswegbestimmungen die Beschleunigung des Verfahrens steht, im Übrigen auch schon gegen die Entscheidung des Arbeitsgerichts die sofortige Beschwerde an das Landesarbeitsgericht vorgesehen worden ist und im Übrigen in § 78 Satz 2 gewissermaßen eine Gleichbehandlung der weiteren Beschwerde gegen Beschlüsse des Landesarbeitsgerichts im Falle der Verwerfung des Einspruches und in den Fällen des § 17a Abs. 2 und 3 GVG stattgefunden hat, ist davon auszugehen, dass es sich bei der weiteren Beschwerde auch um eine **Rechtsbeschwerde** i. S. § 574 ZPO handelt. Auch diese muss daher innerhalb von einem Monat nach Zustellung bei dem Bundesarbeitsgericht eingelegt worden sein, § 575 ZPO.

4. Kostenentscheidung

131 Über die Kosten des Beschwerdeverfahrens hat das Landesarbeitsgericht selbständig zu entscheiden. Angesichts der Regelung in Nr. 8613 des Gebührenverzeichnisses kommt eine Kostentragungspflicht nur dann in Betracht, wenn die **Beschwerde verworfen** oder **zurückgewiesen** worden ist. In diesem Falle kann das Landesarbeitsgericht auch trotz der Regelung in § 17b Abs. 2 GVG selbständig über die Kosten entscheiden, da es sich nicht um Kosten der Verweisung selbst im Sinne dieser Vorschrift handelt. Grundlage für die Kostenentscheidung sind dabei §§ 91 ff., insbes. § 97 ZPO (vgl. dazu weiter BGH 17. 6. 1993 NJW 1993, 2541). Hat die Beschwerde Erfolg, ist keine Kostenentscheidung zu treffen. Wird eine Verweisung vorgenommen, gilt § 17b Abs. 2 GVG. Wird der beschrittene Rechtsweg für zulässig gehalten, werden die Verfahrenskosten von der Hauptsacheentscheidung mit erfasst (LAG Köln 10. 4. 1997 – 11 Ta 64/96 –).

132 Für die Kostenberechnung ist der **Streitwert** des Beschwerdeverfahrens maßgebend. Da in der Hauptsache selbst keine Entscheidung getroffen wird, ist der Streitwert regelmäßig niedriger als der Wert der Hauptsache festzusetzen. Das Verfahren des § 48 ArbGG i. V. mit § 17a GVG führt nicht zu einer endgültigen Beendigung des Rechtsstreites, sondern dient allein der Klärung der Rechtswegzuständigkeit. Es ist daher angemessen, den Streitwert in Höhe von einem Drittel des normalen Streitwertes für das Gesamtverfahren festzusetzen (so jetzt auch LG Berlin 13. 11. 1997 NZA-RR 1999, 212 f.; *Schwab/Weth* § 48 Rn. 67).

VI. Tarifvertragliche Zuständigkeitsregelung

1. Inhalt der Regelung

133 Bereits nach der früheren Regelung des § 48 Abs. 2 ArbGG 1953 hatten die Tarifvertragsparteien die Befugnis, im normativen Teil des Tarifvertrages Gerichtsstände für Individualarbeitsprozesse festzulegen. Mit der Neufassung des § 38 ZPO durch die Gerichtsstandsnovelle (Gesetz vom 21. 3. 1974 – BGBl. I S. 753) wurde die **Prorogationsfreiheit** der Prozessparteien **erheblich eingeschränkt.** Vereinbarungen über die sachliche Zuständigkeit innerhalb der Arbeitsgerichtsbarkeit sind nicht möglich, allein das Arbeitsgericht ist Eingangsinstanz. Eine Prorogation hinsichtlich bestimmter Kammern eines Arbeitsgerichts ist nicht zulässig, da es sich lediglich um Geschäftsverteilungsmaßnahmen handelt, nicht jedoch um Fragen der sachlichen Zuständigkeit. Auch Vereinbarungen über die örtliche Zuständigkeit eines Arbeitsgerichts sind angesichts der neu gefassten §§ 38 bis 40 ZPO kaum noch möglich (*Vollkommer* RdA 1974, 206 ff.; *Diederichsen* BB 1974, 377 ff.). Diese Beschränkung der Prorogationsfreiheit der Prozessparteien hat der Gesetzgeber auf die Vereinbarungsbefugnis der Tarifvertragsparteien nicht übertragen. Vielmehr hat er durch die Neufassung des § 48 Abs. 2 ArbGG (Gerichtsstandsnovelle vom 21. 3. 1974 – BGBl. I S. 753 sowie Neufassung vom 21. 5.

VI. Tarifvertragliche Zuständigkeitsregelung § 48

1979 – BGBl. I S. 545) eine Wertentscheidung zugunsten der kollektiven Prorogationsmöglichkeiten getroffen. Mit ihr will der Gesetzgeber eine Konzentration von Rechtsstreitigkeiten in Bereichen, in denen dies von den Tarifvertragsparteien für erforderlich gehalten wird, ermöglichen (*Vollkommer* a. a. O. S. 214; vgl. auch Bericht und Antrag des Rechtsausschusses BT-Drucks. VII/1384, S. 5 unter III 9). Die Vereinbarung kann nur durch Tarifvertragsparteien getroffen werden. Sie muss im normativen Teil des Tarifvertrages enthalten sein, für sie gilt die Schriftform des § 1 Abs. 2 TVG (*Vollkommer* RdA 1974, 206, 214; *Grunsky* § 48 Rn. 27; *Gift/Baur* C Rn. 414).

Vereinbart werden kann die Zuständigkeit eines an sich örtlich unzuständigen Arbeitsgerichts. Hierbei steht es den Tarifvertragsparteien frei, ob sie dieses unzuständige Arbeitsgericht ausschließlich für zuständig erklären wollen, oder ob das örtlich unzuständige Arbeitsgericht nur neben dem örtlich an sich zuständigen Arbeitsgericht ebenfalls eine Zuständigkeit erhalten soll. Die Tarifvertragsparteien können daher darüber frei entscheiden, ob sie eine **ausschließliche Zuständigkeit** oder nur eine **zusätzliche Zuständigkeit** begründen wollen (GK-ArbGG/*Bader* § 48 Rn. 94; *Schwab/Weth/Walker* § 48 Rn. 116). **134**

Die Zuständigkeitsvereinbarung kann nach Abs. 2 Nr. 1 zunächst nur für einen Teil der Fälle vereinbart werden, für den nach § 2 Abs. 1 Nr. 3 die Zuständigkeit der Arbeitsgerichte gegeben ist. Weiter wird vorausgesetzt, was in § 2 Abs. 1 Nr. 3 nicht enthalten ist, dass sich der **Arbeitsvertrag,** der Gegenstand des Rechtsstreites ist, nach einem Tarifvertrag bestimmen muss. Aufgrund welcher Bestimmung sich der Arbeitsvertrag nach dem Tarifvertrag richten muss, ist unerheblich. Es kommt daher sowohl die Tarifbindung auf Grund des § 3 Abs. 1 TVG als auch die Tarifbindung auf Grund einer Allgemeinverbindlichkeitserklärung gemäß § 5 TVG in Betracht. Auch kann eine einzelvertragliche Inbezugnahme auf den Tarifvertrag, nach dem sich das Arbeitsverhältnis richten soll, ausreichend sein. **135**

Umstritten ist, ob auch Streitigkeiten von der Prorogationsklausel erfasst werden können, die lediglich **Nachwirkungen des Arbeitsverhältnisses** zum Gegenstand haben (dafür *Grunsky* § 48 Rn. 29; *Schaub* ArbGV § 9 Rn. 29; a. A. GK-ArbGG/*Bader* § 48 Rn. 95; *Gift/Baur* C Rn. 410; *Schwab/Weth/Walker* § 48 Rn. 114). Gegen eine Einbeziehung der Nachwirkungen des Arbeitsverhältnisses würde sprechen, dass der Gesetzgeber im § 48 Abs. 2 Nr. 1 lediglich einen begrenzten Teil derjenigen Angelegenheiten, für die die Zuständigkeit des Arbeitsgerichts nach § 2 Abs. 1 Nr. 3 gegeben ist, der Prorogationsmöglichkeit der Tarifvertragsparteien unterworfen hat. Auch ist nicht zu verkennen, dass die Regelung in § 48 Abs. 2 Nr. 1 wesentlich davon bestimmt ist, dass ein besonderes Interesse der Tarifvertragsparteien an einer einheitlichen Rechtsprechung in bestimmten Teilgebieten besteht. Wenn der Gesetzgeber dies im Wortlaut nur auf solche Streitigkeiten bezogen hat, die aus einem bestehenden Arbeitsverhältnis oder aber aus einem Arbeitsverhältnis, das entstehen soll, beschränkt, dann hat er damit deutlich zu erkennen gegeben, dass nur diese Rechtsstreitigkeiten ein überwiegendes Interesse der Tarifvertragsparteien überhaupt ermöglichen können, das eine Abweichung von der Prorogationsbefugnis der Parteien des Einzelrechtsstreits zugunsten der Kollektivparteien zulässt. Eine ausdehnende Auslegung des Abs. 2 Nr. 1 kommt daher angesichts des eindeutigen Wortlauts nicht in Betracht. Auch für Ruhegeldstreitigkeiten kann daher im Rahmen des Absatzes 2 Nr. 1 eine Prorogation eines an sich örtlich unzuständigen Arbeitsgerichts durch die Tarifvertragsparteien nicht erfolgen, zumal der Gesetzgeber die Bestimmung in Kenntnis des Problems novelliert hat, ohne insoweit den Wortlaut zu ändern. **136**

Nach Abs. 2 Nr. 2 kann eine Prorogation eines örtlich unzuständigen Arbeitsgerichtes durch die Tarifvertragsparteien erfolgen bei bürgerlichen Rechtsstreitigkeiten aus dem Verhältnis einer **gemeinsamen Einrichtung** der Tarifvertragsparteien zu den Arbeitnehmern oder Arbeitgebern. Damit wird der Vorschrift des § 4 Abs. 2 TVG auch im Rahmen des Verfahrensrechts eine besondere Wirkung verliehen. Auch hier ist der **137**

Gesetzgeber davon ausgegangen, dass die Tarifvertragsparteien ein **besonderes Interesse** daran haben, dass bei Streitigkeiten im Zusammenhang mit den gemeinsamen Einrichtungen eine einheitliche Rechtsprechung schon in den unteren Instanzen erfolgen kann. Der Regelungsinhalt der Nr. 2 entspricht weitgehend den Zuständigkeitsbestimmungen in § 2 Abs. 1 Nr. 4 b und 6. Erfasst werden aber nur bürgerliche Rechtsstreitigkeiten von Arbeitnehmern oder Arbeitgebern im Verhältnis zu einer gemeinsamen Einrichtung der Tarifvertragsparteien. Damit scheiden die Fälle aus, in denen Hinterbliebene gegenüber gemeinsamen Einrichtungen der Tarifvertragsparteien Ansprüche geltend machen. Die dementsprechende Regelung in § 2 Nr. 4 Einleitungssatz hat der Gesetzgeber in der Nummer 2 von § 48 Abs. 2 nicht aufgenommen, obwohl an sich eine entsprechende Regelung auf Grund des Gesetzeszweckes sinnvoll gewesen wäre. Da der Wortlaut der Bestimmung jedoch eindeutig ist, erscheint eine ausdehnende Auslegung ebenso wenig möglich wie bei der Bestimmung in Abs. 2 Nr. 1 (wie hier *Schwab/Weth/Walker* § 48 Rn. 115; GK-ArbGG/*Bader* § 48 Rn. 96; a. A. *Grunsky* § 48 Rn. 31).

2. Rechtsnatur

138 Die Vereinbarung im Tarifvertrag erfolgt im **normativen Teil,** sie hat Bindungswirkung gegenüber den tarifunterworfenen Arbeitnehmern und Arbeitgebern, wobei unerheblich ist, ob die Tarifbindung auf § 3 Abs. 1 TVG oder auf Grund einer Allgemeinverbindlichkeitserklärung gemäß § 5 TVG beruht. Die Vereinbarung muss das Arbeitsgericht, das zuständig sein soll, genau bezeichnen. In der Regel wird die örtliche Benennung des Arbeitsgerichts erforderlich sein. Lediglich bei Abs. 2 Nr. 2 genügt es, wenn der „Sitz der gemeinsamen Einrichtung" als Gerichtsstand festgelegt wird, da diese Bezeichnung jederzeit eine Individualisierung auch für Außenstehende zulässt (BAG 19. 3. 1975 AP TVG § 5 Nr. 14 mit Anm. *Wiedemann;* GK-ArbGG/*Bader* § 48 Rn. 94).

139 Die tarifvertragliche Vereinbarung schließt für die der Tarifbindung unterliegenden Parteien eine anderweitige Vereinbarung der Zuständigkeit eines Arbeitsgerichtes aus. Wird in dem Tarifvertrag eine ausschließliche örtliche Zuständigkeit vereinbart, so können die Prozessparteien auch nicht das ohne diese tarifvertragliche Regelung örtlich zuständige Arbeitsgericht als für die Entscheidung des Rechtsstreits zuständiges Gericht vereinbaren (LAG Düsseldorf/Köln 2. 5. 1967 AP TVG § 1 Nr. 18). Auch durch rügeloses Einlassen des Beklagten auf die vor dem nach dem Tarifvertrag unzuständigen Gericht erhobene Klage kann die tarifvertragliche Bestimmung nicht unterlaufen werden (GK-ArbGG/*Bader* § 48 Rn. 99). Die rügelose Einlassung des § 39 ZPO ist im Grunde auch eine Gerichtsstandsvereinbarung, § 40 Abs. 2 Satz 2 ZPO schließt hier eine Zuständigkeitsbegründung aus (a. A. GK-ArbGG/*Bader* § 48 Rn. 99; *Schwab/Weth/Walker* § 48 Rn. 116). Das Arbeitsgericht muss aber über die örtliche Unzuständigkeit gemäß § 46 Abs. 2 i. V. m. § 504 ZPO die Parteien belehren.

3. Erstreckung der Regelung auf Außenseiter

140 Nach Abs. 2 Satz 2 können auch nicht tarifgebundene Parteien die durch die Tarifvertragsparteien vorgenommene Prorogation eines bestimmten Gerichtsstandes übernehmen. Voraussetzung ist aber, dass der **gesamte Tarifvertrag** von Arbeitgeber und Arbeitnehmer übernommen wird, es ist nicht zulässig, dass nur Teile des Tarifvertrages für anwendbar erklärt werden. Allerdings steht es den Parteien frei, gerade die Gerichtsstandsregelung nicht zu übernehmen (GK-ArbGG/*Bader* § 48 Rn. 101; *Grunsky* § 48 Rn. 30). Der Ausschluss der Übernahme der Prorogationsregelung in dem Tarifvertrag kann auch durch spätere Vereinbarung der Parteien getroffen werden, sie können jederzeit im Einverständnis eine andere Vereinbarung abschließen. Dies ist auch nach Entstehung des Rechtsstreits möglich, auch kann durch rügelose Einlassung von der ursprünglichen Vereinbarung abgewichen werden, § 39 ZPO.

Die Vereinbarung der Übernahme des Tarifvertrages ist auch **nur in seinem Geltungs-** 141
bereich möglich. Das Arbeitsverhältnis zwischen Arbeitnehmer und Arbeitgeber müsste daher im Falle der Tarifbindung dem Tarifvertrag unterliegen können. Sowohl der fachliche als auch der örtliche Geltungsbereich müsste das Arbeitsverhältnis erfassen können. Ausgeschlossen ist die Vereinbarung eines Tarifvertrages aus einem anderen Tarifgebiet oder aus einem anderen fachlichen Bereich.

§ 48 a *(aufgehoben)*

§ 49 Ablehnung von Gerichtspersonen

(1) Über die Ablehnung von Gerichtspersonen entscheidet die Kammer des Arbeitsgerichts.

(2) Wird sie durch das Ausscheiden des abgelehnten Mitglieds beschlußunfähig, so entscheidet das Landesarbeitsgericht.

(3) Gegen den Beschluß findet kein Rechtsmittel statt.

Übersicht

	Rn.
I. Allgemeines	1, 2
II. Betroffener Personenkreis	3–5
III. Ausschließungsgründe	6–14
1. Die Geltung des § 41 ZPO	6
2. Einzelne Ausschließungsgründe	7–13
a) Parteieigenschaft	7
b) Ehe und Verwandtschaft	8
c) Prozessvertreter	9, 10
d) Vernehmung	11
e) Mitwirkung an einer Entscheidung	12, 13
3. Entscheidung über die Ausschließung und Folgen	14
IV. Ablehnung	15–37
1. Die Geltung der §§ 42 ff. ZPO	15
2. Die Ablehnungsgründe	16–29
a) Allgemeine Voraussetzungen	16–18
b) Einzelne Ablehnungsgründe	19–29
3. Das Ablehnungsgesuch	30–32
4. Verlust des Ablehnungsrechts	33–35
a) Zeitablauf	33
b) Rechtsmissbrauch	34, 35
5. Die Selbstablehnung	36–40
V. Die Folgen der Ablehnung	41–43
VI. Entscheidung über das Ablehnungsgesuch	44–51
1. Zuständiges Gericht	44–47
2. Form der Entscheidung	48
3. Rechtsmittel	49–51

I. Allgemeines

§ 49 enthält **nur verfahrensmäßige Regelungen,** die materiellen Ausschließungs- bzw. 1
Ablehnungsgründe richten sich allein nach den §§ 41 ff. ZPO. Absatz 1 und 2 enthalten Abweichungen von der Vorschrift des § 45 ZPO, der generelle Rechtsmittelausschluss in Abs. 3 weicht von § 46 Abs. 2 ZPO ab. Die Vorschrift gilt für das Urteilsverfahren sowie für alle Fälle des Beschlussverfahrens im Sinne des § 2 a, § 80 Abs. 2. Eine entsprechende Anwendbarkeit bei Ablehnung des Einigungsstellenvorsitzenden ist nicht möglich, da § 49 nur das Verfahren regelt, nicht jedoch das materielle Ablehnungsrecht

(vgl. dazu *Bertelsmann* NZA 1996, 234, 236; unten § 98 Rn. 33; BAG 9. 5. 1995 NZA 1995, 156 f.).

2   Die Bestimmung gilt für das Verfahren vor dem Arbeitsgericht. In der zweiten Instanz finden die Absätze 1 und 3 auf Grund der Verweisungen in §§ 64 Abs. 7 und 87 Abs. 2 (dazu unten § 64 Rn. 122), für die Verfahren vor dem BAG die Bestimmung des Abs. 1 gemäß §§ 72 Abs. 6, 92 Abs. 2 Anwendung.

II. Betroffener Personenkreis

3   Die verfahrensmäßigen Sonderregelungen betreffen die Ablehnung von Gerichtspersonen. Der personelle Geltungsbereich ist damit weiter als derjenige der §§ 41 bis 48 ZPO. Erfasst werden alle Personen, die auf Grund ihres Dienst- bzw. Arbeitsverhältnisses oder auf Grund einer Ernennung als ehrenamtlicher Richter für die Gerichtsbehörde tätig sind. Erfasst werden daher sowohl die **Berufsrichter** als auch die **ehrenamtlichen Richter** und die **Urkundsbeamten** der Geschäftsstelle (ArbGG-*Kloppenburg/Ziemann* § 49 Rn. 4; *Ostrowicz/Künzl/Schäfer* Rn. 450, 458; *Grunsky* § 49 Rn. 14). Auch für die Ablehnung von **Rechtspflegern** gilt die Verfahrensvorschrift des § 49. Nach § 10 RPflG sind für die Ausschließung und Ablehnung des Rechtspflegers die für den Richter geltenden Vorschriften entsprechend anzuwenden. Damit ist auch auf die Regelung des § 49 verwiesen. Dass nach § 10 Satz 2 RPflG über die Ablehnung des Rechtspflegers der Richter entscheidet, bedeutet in diesem Zusammenhang nicht, dass der Vorsitzende der Kammer in Abweichung der Regelung des § 49 Satz 1 alleine entscheiden könnte. Vielmehr ist die Bestimmung des § 49 Abs. 1 eine Sonderregelung, die der Vorschrift des § 10 Satz 2 RPflG vorgeht (ebenso *Schaub* ArbGV § 6 Rn. 1; *Ostrowicz/Künzl/Schäfer* Rn. 458).

4   Keine Anwendung findet die Vorschrift auf die Ablehnung von **Sachverständigen** gemäß § 406 ZPO, von **Dolmetschern** gemäß § 191 GVG und von **Gerichtsvollziehern**, § 155 GVG (ebenso *Ostrowicz/Künzl/Schäfer* a. a. O.). Bei dem Sachverständigen handelt es sich nicht um eine Gerichtsperson im Sinne der Vorschrift, er wird nicht im Interesse der Erfüllung der Daueraufgaben der Gerichtsbehörde tätig, sondern nur als Beweismittel in einem konkreten Rechtsstreit. Das Gleiche gilt für Dolmetscher, für deren Ausschließung und Ablehnung ist im Übrigen auch auf die Vorschriften über die Sachverständigen verwiesen worden, § 191 Satz 1 GVG. Die Gerichtsvollzieher dienen ebenfalls nicht unmittelbar der Erfüllung der Aufgaben der Gerichtsbehörde, sie sind auch einem bestimmten Gericht innerhalb der Arbeitsgerichtsbarkeit nicht zugeordnet. Eine Verweisung auf die für die Richter geltenden Vorschriften ist im Übrigen in § 155 GVG nicht erfolgt.

5   Da § 49 lediglich eine das Verfahren regelnde Vorschrift ist, werden durch sie **keine neuen Ablehnungsrechte** geschaffen. Ob materiell gegenüber einer Gerichtsperson ein Ablehnungsrecht geltend gemacht werden kann, entscheidet sich allein nach den entsprechenden Vorschriften der ZPO bzw. des RPflG. Kein Ablehnungsrecht besteht daher gegenüber Gerichtspersonen, die in den entsprechenden Vorschriften nicht genannt worden sind. Beispielsweise können daher weder Schreibkräfte, die nicht zugleich Urkundsbeamte der Geschäftsstelle sind, Wachtmeister, Geschäftsstellenleiter oder -verwalter oder sonstige Bedienstete von einer Partei abgelehnt werden.

III. Ausschließungsgründe

1. Die Geltung des § 41 ZPO

6   Die Regelung der Ausschließungsgründe in § 41 ZPO **gilt auch im arbeitsgerichtlichen Verfahren**. Die dort genannten auf den konkreten zur Entscheidung stehenden Fall

bezogenen relativen Ausschließungsgründe sind abschließend (*Musielak/Smid* § 41 Rn. 4; BGH 4. 12. 1989 NJW 1991, 425). Daneben bestehen nur Ausschließungsgründe, die sich nicht auf den konkreten Fall beziehen, sondern absolut wirken, wie beispielsweise das Fehlen der Voraussetzungen für die Ausübung des Amtes als Berufsrichter oder ehrenamtlicher Richter, das Fehlen der Geschäftsfähigkeit usw. Diese absoluten Ausschließungsgründe ergeben sich nicht aus den Bestimmungen der ZPO, sondern aus den Regelungen des BGB bzw. den die Berufsausübung regelnden Vorschriften. Sowohl bei den relativen als auch bei den absoluten Ausschließungsgründen ist eine Ablehnung der Gerichtsperson nicht erforderlich, vielmehr ist bei jedem Ausschließungsgrund kraft Gesetzes die Ausübung des Richteramtes bzw. die Ausübung des Amtes als Urkundsbeamter der Geschäftsstelle oder als Rechtspfleger unzulässig. Die Ausschließung ist in jeder Lage des Verfahrens von Amts wegen zu beachten. Das Gesetz enthält insoweit eine unwiderlegbare Vermutung der Befangenheit (MünchKommZPO/*Feiber* § 41 Rn. 13; *Schwab/Weth/Kliemt* § 49 Rn. 15). Die Ausschließung tritt auch ein, wenn die betroffene Gerichtsperson keine Kenntnis von den Tatsachen hat, die die Ausschließung begründen. Mit dem Vorliegen eines Ausschließungsgrundes kann auch eine Ablehnung gemäß § 42 Abs. 1 ZPO begründet werden.

2. Einzelne Ausschließungsgründe

a) Parteieigenschaft

Eine Gerichtsperson ist zunächst dann nach § 41 Nr. 1 ZPO von der Ausübung ihres Amtes ausgeschlossen, wenn sie entweder selbst Partei ist oder zu einer Partei in dem Verhältnis eines Mitberechtigten, Mitverpflichteten oder Regresspflichtigen steht. Der **Parteibegriff** erfasst dabei jeden, für oder gegen den die Rechtskraft wirkt, insbesondere sind auch Nebenintervenienten, Streitgenossen sowie Streitverkündete, wenn sie dem Rechtsstreit beigetreten sind, als Partei anzusehen. Eine Mitberechtigung oder Mitverpflichtung setzt eine unmittelbare Beziehung zur Partei voraus. Dies kann bei einer Gesellschaft des bürgerlichen Rechts, einer oHG, einer KG usw. der Fall sein. Nicht ausreichend ist eine bloße Beteiligung als Aktionär. Auch bei der Mitgliedschaft in einem Verband, insbesondere einer Gewerkschaft oder einem Arbeitgeberverband hat das einzelne Mitglied im Verhältnis zu dem Verband nicht die Stellung eines Mitberechtigten oder Mitverpflichteten (BAG 20. 4. 1961 AP ZPO § 41 Nr. 1; 14. 7. 1961 AP ZPO § 322 Nr. 6; vgl. auch 31. 1. 1968, 18. 10. 1977 AP ZPO § 42 Nr. 2, 3 sowie 10. 7. 1996 DB 1996, 2394, wo sogar ein Ablehnungsgrund verneint wurde). Das einzelne Verbandsmitglied kann nämlich nicht unmittelbar für die Verpflichtungen des Verbandes in Anspruch genommen werden. Weiterhin besteht kein Ausschließungsgrund, wenn an dem Rechtsstreit ein Arbeitskollege beteiligt ist. Die nur mittelbar möglicherweise bestehende Betroffenheit reicht für eine Ausschließung nicht aus. Auch kann ein ehrenamtlicher Richter sein Amt ausüben, wenn er Arbeitnehmer einer am Verfahren beteiligten Partei ist. Auch hier ist seine Rechtsstellung nicht unmittelbar betroffen. Allerdings kann u. U. in diesem Falle ein Ablehnungsgrund gemäß § 42 ZPO bestehen.

7

b) Ehe und Verwandtschaft

Weiterhin ist nach § 41 Nr. 2 ZPO eine Gerichtsperson ausgeschlossen, wenn sie Ehegatte einer Partei ist oder gewesen ist. Das Bestehen einer Lebensgemeinschaft reicht ebenso wenig wie ein Verlöbnis. Der Ausschlussgrund besteht auch bei einer Lebenspartnerschaft, § 41 Nr. 2a ZPO. Es muss sich um eine Partnerschaft i. S. § 1 LPartG handeln. Das Gleiche gilt bei bestimmten Verwandtschaftsverhältnissen, § 41 Nr. 3 ZPO. Notwendig ist dabei, dass das **Verwandtschaftsverhältnis zu der Partei** selbst besteht, das Bestehen eines Verwandtschaftsverhältnisses zu einem Prozessvertreter genügt dabei nicht. Allerdings kann in diesem Falle eine Besorgnis der Befangenheit

8

bestehen, so dass eine Ablehnung nach § 42 ZPO in Betracht kommen könnte. Der Begriff der Verwandtschaft bestimmt sich nach §§ 1589 ff., 1754 ff. BGB.

c) Prozessvertreter

9   Der Ausschließungsgrund des § 41 Nr. 4 ZPO gilt **für jeden Prozessvertreter** im Sinne des § 11, also sowohl für die Verbandsvertreter als auch die Rechtsanwälte, Beistände gemäß § 90 ZPO und gesetzlichen Vertreter, § 51 ZPO sowie die Vertreter nach § 11 Abs. 2. Auch der nach § 53 BRAO bestellte Unterbevollmächtigte ist von der Wahrnehmung des Richteramtes ausgeschlossen. Da es allein darauf ankommt, ob jemand als Vertreter bestellt ist oder gewesen ist, ist es unerheblich, ob er auch tatsächlich das Vertretungsrecht wahrgenommen hat. Wird daher beispielsweise mit der Prozessvollmacht eine **Mehrzahl von Prozessvertretern** bevollmächtigt, so sind sie alle von der Ausübung des Richteramtes ausgeschlossen, selbst wenn sie intern mit der Angelegenheit nicht befasst waren. Auch wenn vorsorglich von einem Prozessvertreter eine Untervollmacht erteilt wird, ist der Unterbevollmächtigte ausgeschlossen, selbst wenn er in der Angelegenheit selbst nicht tätig geworden ist. Der Geschäftsführer eines Verbandes (dazu BAG 6. 8. 1997 NZA 1998, 332) oder einer Rechtsschutz GmbH, der nicht selbst bevollmächtigt ist, ist nicht ausgeschlossen. Ausgeschlossen ist auch der Generalprozessbevollmächtigte einer Partei.

10   Die Sache, auf die sich die Vertretungsbefugnis bezieht, muss sich auf dieselbe Rechtsangelegenheit beziehen, die auch jetzt **Gegenstand des** zu entscheidenden **Rechtsstreits** ist. Hierbei muss es nicht zwingend derselbe Prozess sein, es genügt, wenn eine Identität des Streitgegenstandes gegeben ist. Die Tätigkeit in anderen Sachen begründet die Ausschließung nicht.

d) Vernehmung

11   Von der Tätigkeit ausgeschlossen ist ein Berufsrichter, ehrenamtlicher Richter bzw. Urkundsbeamter oder Rechtspfleger dann, wenn er in derselben Sache bereits als Zeuge oder Sachverständiger **vernommen worden ist**, § 41 Nr. 5 ZPO. Hierunter fällt auch die schriftliche Zeugenaussage des § 377 Abs. 3 ZPO und ein nach § 411 ZPO erstelltes schriftliches Sachverständigengutachten (*Schwab/Weth/Kliemt* § 49 Rn. 41). Es genügt nicht, wenn er lediglich als Zeuge oder Sachverständiger von einer Partei benannt worden ist. Wollte man dies nämlich ausreichen lassen, hätten es die Parteien durch ihre Prozessführung in der Hand, die Zusammensetzung des Gerichtes zu bestimmen (BVerwG 12. 10. 1979 MDR 1980, 168). Die Vernehmung muss bereits stattgefunden haben, die bloße Benennung in einem Beweisbeschluss reicht vor dessen Durchführung nicht aus, zumal ein Beweisbeschluss auch jederzeit wieder aufgehoben werden kann (*Baumbach/Hartmann* § 41 Rn. 13 m. w. N.). Die Vernehmung muss nicht in dem Verfahren stattgefunden haben, an dem der Betreffende mitzuwirken hat, es genügt, wenn sie für den gleichen Sachverhalt stattgefunden hat, der jetzt den Gegenstand des Verfahrens bildet (BGH 29. 4. 1983 NJW 1983, 2711). Da es auf eine Vernehmung ankommt, sind auch dienstliche Äußerungen kein Tatbestand, der eine Ausschließung zur Folge hätte (BVerwG a. a. O.; BAG 7. 5. 1988 EzA ZPO § 551 Nr. 6).

e) Mitwirkung an einer Entscheidung

12   Durch die Vorschrift des § 41 Nr. 6 ZPO soll verhindert werden, dass ein Richter, der in einer Vorinstanz oder in einem Schiedsverfahren an einer Entscheidung mitgewirkt hat, diese mit überprüfen kann. Notwendig ist, dass gerade das **konkrete Streitverhältnis** von dem Richter mitentschieden worden ist. Mitwirkung an einer Entscheidung bedeutet dabei, dass der Richter materiell an der Entscheidung beteiligt gewesen sein muss, die bloß formelle Verkündung einer Entscheidung reicht dafür nicht aus. Erfasst wird nicht nur die Mitwirkung an einer Endentscheidung in einer früheren Instanz, sondern auch

III. Ausschließungsgründe **§ 49**

die Mitwirkung an einer auf Widerspruch bestätigten **einstweiligen Verfügung** bzw. einem bestätigten **Versäumnisurteil**, soweit in diesem die Schlüssigkeit der Klage zu prüfen war, § 331 Abs. 2 ZPO (BAG 7. 2. 1968 AP ZPO § 41 Nr. 3; a. A. GK-ArbGG/ *Schütz* § 49 Rn. 15; MünchKommZPO/*Feiber* § 41 Rn. 26). Etwas anderes gilt dann, wenn es sich lediglich um ein echtes Versäumnisurteil gegen den Kläger gehandelt hat, bei dem eine Schlüssigkeitsprüfung nicht erforderlich war. Ebenfalls ist der Ausschließungsgrund nicht gegeben, wenn der Richter lediglich an einem Beweisbeschluss oder an einer Beweisaufnahme bzw. an einem Vorlagebschluss an das BVerfG oder den EuGH mitgewirkt hat (*Baumbach/Hartmann* § 41 Rn. 14; *Schwab/Weth/Kliemt* § 49 Rn. 48; a. A. *Schaub* ArbGV § 6 Rn. 9).

Weiterhin ist ein **Schiedsrichter** in dem Verfahren ausgeschlossen, in dem der Schiedsspruch überprüft wird, an dem er mitgewirkt hat. Dies betrifft zunächst das schiedsrichterliche Verfahren der §§ 101 ff. Daneben wird von dieser Vorschrift aber auch die Mitwirkung des Richters in einem Einigungsstellenverfahren erfasst, wenn er an dem Beschluss der **Einigungsstelle** mitgewirkt hat, der Gegenstand des gerichtlichen Verfahrens ist (GK-ArbGG/*Schütz* § 49 Rn. 17; *Hauck/Helml* § 49 Rn. 9; vgl. aber *Zöller/ Vollkommer* § 41 Rn. 1 und MünchKomm-ZPO/*Feiber* § 41 Rn. 17, die generell eine analoge Anwendung von § 41 ZPO wegen der abschließenden Aufzählung und wegen Art. 101 GG nicht für möglich halten). Da die Ausschließung nur dann eingreift, wenn der Einigungsstellenspruch angefochten wird, gilt der Ausschließungsgrund nicht, wenn aus dem Einigungsstellenspruch von Arbeitnehmern Ansprüche geltend gemacht werden. In diesem Falle handelt es sich nicht um eine Überprüfung des Einigungsstellenspruches selbst, sondern lediglich um dessen Anwendung. § 41 Nr. 6 ZPO gilt aber nur in den Fällen, in denen eine Überprüfung einer vorinstanzlichen oder schiedsgerichtlichen Entscheidung bzw. einer solchen einer Einigungsstelle notwendig ist. Gegebenenfalls kann aber in derartigen Fällen eine Ablehnung des Richters nach § 42 ZPO oder eine Selbstablehnung nach § 48 ZPO in Betracht kommen. **13**

3. Entscheidung über die Ausschließung und Folgen

Eine ausdrückliche Entscheidung über die Ausschließung ist **nicht erforderlich**, sie tritt kraft Gesetzes ein, selbst wenn die betroffene Person keine Kenntnis von der Ausschließung hat. Ist ein Richter oder eine andere Gerichtsperson kraft Gesetzes von der Ausübung des Amtes ausgeschlossen, so tritt automatisch der geschäftsplanmäßige Vertreter ein. Eine Unterbrechung des Verfahrens findet nicht statt. Der Ausgeschlossene kann in dem Verfahren **keinerlei Handlungen** mehr vornehmen, auch unaufschiebbare Handlungen wie z. B. Terminsverlegungen, Vertagungen, Erteilung vollstreckbarer Ausfertigungen usw. sind ausgeschlossen. Durch Vereinbarung der Parteien oder rügelose Einlassung kann eine **Beseitigung** der Ausschlusswirkung **nicht herbeigeführt** werden (*Schwab/Weth/Kliemt* § 49 Rn. 157; ArbGG-*Kloppenburg/Ziemann* § 49 Rn. 14). Das Bestehen des Ausschließungsgrundes ist in einem Vermerk festzuhalten, es empfiehlt sich, die Parteien spätestens in der mündlichen Verhandlung zu informieren. Bestehen **Zweifel**, ob ein Ausschließungsgrund vorliegt oder nicht, muss der Richter die Tatsachen anzeigen, die die Ausschließung begründen könnten. Ebenso wie bei einer Ablehnung muss sodann die Kammer unter Ausschluss des betroffenen Richters darüber befinden, ob der Ausschließungsgrund gegeben ist oder nicht. Die Regelung des § 49 findet entsprechende Anwendung. Der Beschluss hat feststellenden Charakter. Ein Rechtsmittel gegen ihn findet nicht statt. Sowohl die Anzeige des betroffenen Richters als auch die darauf beruhende Entscheidung der Kammer sind zu den Prozessakten zu nehmen, es handelt sich nicht um ein reines gerichtsinternes Verfahren. Die Parteien bzw. Parteivertreter sind an dem Verfahren zu beteiligen. Im Grunde handelt es sich um das gleiche Verfahren wie bei der Selbstablehnung nach § 48 ZPO, auf die Erläuterungen unten Rn. 36 ff. kann daher verwiesen werden. **14**

IV. Ablehnung

1. Die Geltung der §§ 42 ff. ZPO

15   Das materielle Recht der Ablehnung von Gerichtspersonen richtet sich nach §§ 42 ff. ZPO. Diese finden im arbeitsgerichtlichen Verfahren über die Verweisungsvorschrift des § 46 Abs. 2 Anwendung. Das formelle Verfahren richtet sich grundsätzlich nach den Bestimmungen der ZPO, § 49 enthält lediglich einige ergänzende Vorschriften.

2. Die Ablehnungsgründe

a) Allgemeine Voraussetzungen

16   Nach § 42 Abs. 1 ZPO können ein Richter und damit wegen der Bestimmung des § 49 Abs. 1 auch eine andere Gerichtsperson aus **zwei Gründen** abgelehnt werden. Einmal ist eine Ablehnung möglich in den Fällen, in denen ein Ausschließungsgrund nach § 41 ZPO vorliegt. Außerdem ist eine Ablehnung möglich, wenn die Besorgnis der Befangenheit gegenüber der betroffenen Gerichtsperson besteht.

17   Hinsichtlich des Ablehnungsgrundes „**Ausschluss kraft Gesetzes**" gelten die gleichen materiellen Grundsätze, wie sie im Bereich des § 41 ZPO Anwendung finden (dazu oben Rn. 7 ff.). Im Grunde wird in diesem Falle lediglich festgestellt, dass ein Ausschließungsgrund gegeben ist, denn das Vorliegen eines solchen Grundes führt automatisch ohne besondere gerichtliche Entscheidung zum Ausschluss der betroffenen Person. Die gerichtliche Entscheidung hat lediglich feststellenden Charakter.

18   Der Begriff der **Besorgnis der Befangenheit** erfordert, dass bei objektiver und vernünftiger Betrachtungsweise die Partei befürchten kann, dass der Richter nicht unparteiisch entscheiden werde (BVerfG 3. 3. 1996 BVerfGE 20, 9; BAG 29. 10. 1992 NJW 1993, 879; BVerwG 11. 6. 1970 BVerwGE 35, 253; 7. 11. 1972 BVerwGE 46, 38; BGH 18. 4. 1980 BGHZ 77, 72). Die objektive, nach äußeren Tatsachen zu bestimmende Bewertung des Begriffes ist erforderlich, weil die Befangenheit des Richters immer ein innerer Zustand ist, der von der Partei weder korrekt dargelegt noch bewiesen werden kann (vgl. dazu *Hümmerich* AnwBl. 1994, 257, 261; auch BVerfG 15. 12. 1998 BVerfGE 99, 51, 56). Für die Ablehnung muss also ausreichen, dass der Ablehnende einen vernünftigen Grund zu der Annahme hat, der Richter oder die Gerichtsperson könnte in die Verhandlung und Entscheidung des gerade anstehenden Falles sachfremde, unsachliche Erwägungen einfließen lassen (BAG 6. 8. 1997 NZA 1998, 332). Bei Ablehnung aus **mehreren Gründen** kann eine Gesamtschau erforderlich sein, wenn sich aus der Mehrzahl der Vorfälle der Anschein einer Voreingenommenheit ergeben kann (für das Strafrecht KG 10. 7. 2008 NJW 2009, 96, 97). Der innere Zustand der Befangenheit muss aber, wie bei jeder inneren Tatsache, in irgendeiner Form nach außen gedrungen sein, damit er gerichtlich verwertbar ist. Eine subjektiv unvernünftige Einstellung der Partei reicht damit nicht für die Annahme einer Besorgnis der Befangenheit. Es besteht daher auch kein Anspruch einer Partei auf Mitteilung, wo beispielsweise ein ehrenamtlicher Richter beschäftigt ist. Aus Art. 103 GG kann ein derartiges Informationsrecht nur dann hergeleitet werden, wenn konkrete Anhaltspunkte für eine mögliche Befangenheit vorgetragen werden. Der ehrenamtliche Richter muss dann ggf. in seiner dienstlichen Stellungnahme hierzu eine Äußerung abgeben. Andererseits ist es auch nicht notwendig, dass tatsächlich eine Befangenheit seitens des Richters oder der Gerichtsperson besteht, es genügt allein der entsprechende Eindruck. Da die Besorgnis der Befangenheit nach objektiven Maßstäben zu beurteilen ist, kann es nicht für die Bewertung darauf ankommen, dass die betroffene Person in ihrer dienstlichen Stellungnahme nach § 44 Abs. 3 ZPO entweder erklärt, dass sie sich befangen fühle oder aber dass dies nicht der Fall sei (vgl. BVerfG a. a. O.; *Baumbach/Hartmann* § 42 Rn. 10; *Schaub* ArbGV § 6 Rn. 15).

IV. Ablehnung § 49

b) Einzelne Ablehnungsgründe

Ob die Besorgnis der Befangenheit besteht, kann grundsätzlich nur für den jeweiligen Einzelfall entschieden werden (Einzelheiten z. B. bei *Nägele/Böhm* ArbRB 2004, 194; *Hümmerich* AnwBl. 1994, 257; *E. Schneider* MDR 1998, 984). Wird eine Gerichtsperson aus **mehreren Gründen** abgelehnt, kann allerdings eine Gesamtschau aller Ablehnungsgründe erforderlich sein, wenn sich aus der Mehrzahl der Vorfälle der Anschein einer Voreingenommenheit ergeben kann (für das Strafrecht KG 10. 7. 2008 NJW 2009, 96, 97). Eine Besorgnis der Befangenheit kann sich beispielsweise ergeben aus den **Beziehungen zu einer der Parteien** oder zu deren **Prozessbevollmächtigten**. In Betracht kommen bestehendes oder beendetes Verlöbnis, Ehe, enge Freundschaft, bestehende Feindschaft, enge berufliche oder wissenschaftliche Zusammenarbeit. Erforderlich ist immer, dass bei der Partei der Eindruck entstehen kann, dass die zu treffende Entscheidung nicht losgelöst von diesen Beziehungen erfolgen könnte. Bloße Bekanntschaften, Antipathien oder Sympathien reichen nicht aus. Ein Indiz kann aber sein, wenn intensive private Beziehungen existieren. Abgesehen von der Regelung in § 11 Abs. 5 (dazu oben § 11 Rn. 125 ff.) kann auch ein Ablehnungsgrund vorliegen, wenn ein **ehrenamtlicher Richter als Rechtsanwalt** Mitglied in einer Sozietät oder Rechtsanwaltsgesellschaft ist und ein anderes Mitglied dieses Zusammenschlusses eine Partei vor Gericht vertritt. 19

Ein Ablehnungsgrund kann auch bestehen, wenn ein **Interesse an dem Prozessausgang** bestehen, wenn ein Eigeninteresse mit den Interessen einer Partei kollidieren könnte. Das Eigeninteresse muss sich jedoch zumindest objektiv vermuten lassen können. Das könnte gelten bei intensiven Geschäftsbeziehungen zu einer Partei oder ihrem Vertreter, wenn z. B. unverhältnismäßig häufig Nebentätigkeiten wahrgenommen werden, die auf Vermittlung eines oder weniger Prozessvertreter oder Verbände zurückzuführen sind und wenn die erzielten Nebentätigkeitsentgelte erheblich sind und die wirtschaftliche Unabhängigkeit berühren können. 20

Keine Ablehnung ist gerechtfertigt bei nur **gespannten Beziehungen,** die im Rahmen der Prozessführung zum Ausdruck kommen und u. U. bei **Rechtsfehlern,** die im bisherigen Verlauf des Rechtsstreits entstanden sind, ferner bei einer früheren Befassung mit der Sache. Hinsichtlich der Einzelheiten kann hier zunächst auf die Ausführungen in der Kommentarliteratur zu § 42 ZPO verwiesen werden (*Baumbach/Hartmann* § 42 Rn. 14 ff.; *Zöller/Vollkommer* § 42 Rn. 8 ff.; *Stein/Jonas/Bork* § 42 Rn. 3 ff. jeweils m. w. Nachw.). Zu berücksichtigen ist allerdings, dass im arbeitsgerichtlichen Verfahren der Richter noch in stärkerem Maße als im zivilprozessualen Verfahren von seiner Verpflichtung aus § 139 ZPO Gebrauch machen muss, dies ist insbesondere dann der Fall, wenn nicht Prozessvertreter, sondern die Parteien selbst ihren Prozess führen. Allerdings dürfen nur in seltenen Fällen konkrete prozessuale Ratschläge erteilt werden. So ist beispielsweise der Hinweis, dass auch **noch nicht anhängige Ansprüche** geltend gemacht werden sollten, dass gegen weitere Kündigungen Klage zu erheben sei, von der Aufklärungspflicht des § 139 ZPO nicht gedeckt, diese betrifft nur den bereits anhängigen Streitgegenstand, nicht jedoch außerhalb des Rechtsstreits liegende Ansprüche. Auch der Hinweis, dass ein geltend gemachter Anspruch verjährt sei und die **Verjährungseinrede** erhoben werden könne, kann eine Ablehnung rechtfertigen (BGH 2. 10. 2003 NJW 2004, 164 f.; *Rensen* MDR 2004, 489 ff.). Demgegenüber ist der Hinweis auf Eingreifen einer **Ausschlussfrist** zulässig und im Rahmen des § 139 ZPO sogar geboten, da diese von Amts wegen zu berücksichtigen ist, ohne dass es einer Rüge bedürfte. 21

Das **Vertreten von wissenschaftlichen Auffassungen** ist ebenfalls kein Ablehnungsgrund, und zwar auch dann nicht, wenn sich die wissenschaftliche Äußerung mit Rechtsfragen befasst, die in dem Rechtsstreit zu entscheiden sind (BSG 1. 3. 1993 NZA 1993, 621). Etwas anderes kann dann gelten, wenn die Äußerung während der Anhängigkeit des gerichtlichen Verfahrens veröffentlicht wird (vgl. dazu BVerfG 29. 5. 1973 BVerf- 22

GE 35, 173; 28. 5. 1974 BVerfGE 37, 268; 7. 12. 1976 BVerfGE 43, 128; vgl. auch BVerfG 2. 12. 1992 NJW 1993, 2231). Möglicherweise kann ein Ablehnungsgrund vorliegen, wenn die Äußerung als Gutachten den erkennbaren Zweck hatte, die Position einer Partei oder einer Organisation zu stärken oder zu schwächen (BVerfG 2. 12. 1992 NJW 1993, 2231). Kein Ablehnungsgrund ist auch die **Äußerung von Rechtsansichten,** selbst wenn sie keinen wissenschaftlichen Charakter haben, der Richter soll in Verfahren auch seine Rechtsansicht zu erkennen geben, damit die Parteien sich hierauf einstellen können (vgl. BAG 29. 10. 1992 NZA 1993, 238; LSG Nordrhein-Westfalen 21. 2. 1990 NZA 1991, 30). Auch eine vorläufige Äußerung zu den Erfolgsaussichten einer Klage im Verfahren ist ebenso wenig ein Ablehnungsgrund wie die **Entscheidung über einen Prozesskostenhilfeantrag** oder Äußerungen über die Durchsetzbarkeit von Ansprüchen bei Vergleichshandlungen, selbst der Hinweis auf Ausschlussfristen (vgl. BGH 12. 11. 1997 NJW 1998, 612) ist kein Ablehnungsgrund (dazu und zum Hinweis auf die Verjährung siehe oben Rn. 21).

23   Anders ist es zu beurteilen, wenn die Art der **Äußerung der Rechtsansicht Zweifel an der Unvoreingenommenheit** des Richters entstehen lassen kann. Beispielsweise kann dies der Fall sein, wenn der Richter ständig seine Rechtsansicht ändert, wenn er die Äußerungen bezüglich der Prozesschancen nur dazu verwendet, um die Parteien vergleichsbereit zu machen. Das Gleiche kann gelten, wenn gegenüber den Parteien jeweils unterschiedliche Rechtsansichten vertreten werden. Auf der gleichen Ebene liegt es, wenn ein Richter vorprozessual das später bei ihm anhängig gewordene Verfahren mit einer Partei erörtert hat (a. A. LAG Sachsen 20. 12. 2000 MDR 2001, 516, das hierin nur eine „Anfangsvermutung" der Befangenheit sieht). Die Besorgnis der Befangenheit kann bestehen, wenn der Richter die Parteien des Rechtsstreits ungleich informiert, die ihm obliegenden prozessualen Pflichten unterschiedlich gegenüber den Parteien wahrnimmt oder eine Partei im Vorhinein von einer beabsichtigten Entscheidung informiert. So ist es geeignet, eine Ablehnung zu rechtfertigen, wenn ein Richter in einem Telefongespräch mit einer Partei dieser mitteilt, dass er der Kammer vorschlagen werde, das von der gegnerischen Partei eingelegte Rechtsmittel als unzulässig zu verwerfen (LAG Berlin 18. 12. 1996 LAGE ArbGG 1979 § 49 Nr. 7). Hier kann ein **Verstoß gegen das prozessuale Gleichbehandlungsgebot** vorliegen. Auch abfällige Äußerungen über Entscheidungen oder Richter der nächsthöheren Instanz können die Besorgnis der Befangenheit entstehen lassen, wenn dadurch eine unsachliche Missachtung zum Ausdruck gebracht wird. Das Gleiche gilt hinsichtlich negativer Äußerungen über die Vorinstanz, wenn diese in unsachlicher und herabwürdigender Form erfolgen. Zulässig ist aber in jedem Falle sachliche Kritik, auch die Ankündigung, sich der Rechtsauffassung einer höheren Instanz nicht anschließen zu wollen. Dies ist gerade wesentliches Element der richterlichen Unabhängigkeit. Die Abgrenzung von völlig verfehlter Subsumtion, die möglicherweise bei einer Partei die Besorgnis der Befangenheit entstehen lassen könnte, ist allerdings schwierig und nur in dem jeweiligen Einzelfall unter Berücksichtigung aller Umstände möglich. Zu beachten ist in jedem Falle, dass im Ablehnungsverfahren richterliche Entscheidungen nicht auf ihre Richtigkeit überprüft werden können, dieses ist kein gesondertes Rechtsmittel- oder Rechtsüberprüfungsverfahren (vgl. BAG 29. 10. 1992 NZA 1993, 238, 239, dies übersieht wohl *Hümmerich* AnwBl. 1994, 257, 261 f. in seiner von eigenen gerichtlichen Erfahrungen geprägten Kritik, dazu auch *Weißenfels* AnwBl. 1995, 128). Ablehnungsgrund kann es auch sein, wenn ein Richter der Presse das voraussichtliche Prozessergebnis mitteilt (OLG Celle 5. 4. 2001 MDR 2001, 767).

24   **Persönliche Angriffe** einer Partei gegen ein Mitglied des Gerichts können grundsätzlich weder ein Ablehnungsrecht seitens der Partei noch ein Recht zur Selbstablehnung durch den betroffenen Richter rechtfertigen (BAG 30. 5. 1972 AP ZPO § 42 Nr. 2). Sonst hätte es die Partei in der Hand, durch ihre Verhaltensweisen Ablehnungsgründe zu schaffen und damit die Zusammensetzung des Gerichtes zu beeinflussen. Das gilt selbst dann, wenn der betroffene Richter in seiner Funktion als dienstaufsichtsführender

IV. Ablehnung **§ 49**

Richter die beleidigenden Äußerungen der Partei zu beantworten oder aber Strafantrag zu stellen hätte.

Die **Zugehörigkeit** eines Richters **zu einer Gewerkschaft** kann ebenfalls grundsätzlich 25 keinen Grund zur Ablehnung darstellen (BAG 20. 4. 1961, 31. 1. 1968, 18. 10. 1977 AP ZPO § 42 Nr. 1, 2, 3; 10. 7. 1996 DB 1996, 2394; dazu auch näher *Hanau* ZIP 1984, 1165). Durch die Zusammensetzung des Gerichtes hat der Gesetzgeber gerade zu erkennen gegeben, dass er die gewerkschaftliche Betätigung eines Richters für zulässig erachtet. Dies gilt auch dann, wenn über einen Rechtsstreit zu entscheiden ist, an dem die Gewerkschaft beteiligt ist, der der Richter angehört. Eine Ausnahme kann dann bestehen, wenn der Richter in besonders herausgehobener Stellung in der Gewerkschaft tätig ist und gerade den Verlauf des zu entscheidenden Verfahrens mit beeinflussen kann. Es kommt auf die besondere Einstellung des Richters gerade zu dem konkreten Fall als solchem an. Auch Berufsrichter dürfen sich gewerkschaftlich betätigen, dieses Recht ist ihnen nach Art. 9 Abs. 3 GG gewährleistet. Hierzu gehört auch die Teilnahme an Arbeitskreisen innerhalb einer Gewerkschaft, selbst wenn in diesen auch Prozessvertreter mitwirken, die vor dem Arbeitsgericht auftreten (BVerfG 15. 3. 1984 AP ZPO § 42 Nr. 7 = EzA ArbGG 1979 § 49 Nr. 4 mit ausführlicher Anmerkung *Vollkommer;* dazu ausführlich auch weiter *Rüthers* DB 1984, 1620 ff.; *Berglar* ZRP 1084, 4 ff.; *Kempten* AuR 1985, 1 ff.; *Zachert* AuR 1985, 14 ff. jeweils m. w. N.; a. A. *Dietz/Nikisch* § 49 Rn. 3). Zu berücksichtigen ist hierbei allerdings, dass auch in diesem Rahmen das richterliche Mäßigungsgebot (dazu auch *Sendler* NJW 1984, 689 ff.) beachtet werden muss. Ein Ablehnungsgrund ist allerdings dann gegeben, wenn in dem betreffenden Arbeitskreis der konkret zu entscheidende Fall unter Beteiligung des Richters besprochen wird.

Eine **politische Betätigung** des Richters kann im Regelfall eine Ablehnung nicht recht- 26 fertigen (BVerfG a. a. O.; dazu auch *Sendler* a. a. O.; *Vollkommer* a. a. O.; *Schuldt* DB 1984, 2509). Das gilt auch dann, wenn der Richter Aufrufe oder Resolutionen unterzeichnet, allerdings dürfte dies dienstrechtlich nur zulässig sein, wenn er nicht mit seiner Amtsbezeichnung unterzeichnet. Im Rahmen des Ablehnungsverfahrens ist allerdings nur zu prüfen, ob auf Grund der konkreten politischen Meinungsäußerung vom Standpunkt der Partei, die das Ablehnungsgesuch stellt, ein Misstrauen gegen die Unparteilichkeit des Richters bestehen kann (BVerfG a. a. O.; *Sendler* a. a. O.). Auch hier hat der Richter das ihm obliegende Mäßigungsgebot zu beachten (vgl. zu dem Ganzen auch noch ArbG Frankfurt 11. 5. 1982 EzA ArbGG 1979 § 49 Nr. 3; GK-ArbGG/*Schütz* § 49 Rn. 33; *Grunsky* § 49 Rn. 4a, der bei politischen Aufrufen auch die Hinzufügung der Amtsbezeichnung für zulässig hält). Die bloße Mitgliedschaft in einem Verein, der rechtspolitische Ziele verfolgt, begründet ebenfalls nicht die Besorgnis der Befangenheit (BVerfG 2. 12. 1992 NJW 1993, 2230).

Ebenfalls ist es kein ausreichender Ablehnungsgrund, wenn der ehrenamtliche Richter 27 **Mitglied eines Arbeitgeberverbandes** ist (insoweit gelten vergleichbare Grundsätze wie bei der Mitgliedschaft in einer Gewerkschaft, oben Rn. 25), selbst wenn er dessen Geschäftsführer ist (BAG 6. 8. 1997 NZA 1998, 332 f.), oder aber wenn er Aktien oder Geschäftsanteile einer Gesellschaft besitzt, die im Prozess Partei ist. Etwas anderes gilt allerdings dann, wenn es sich um eine maßgebliche Kapitalbeteiligung handelt ebenso, wenn der ehrenamtliche Richter Einfluss auf Personalentscheidungen bei dem Betrieb nehmen kann, der Partei des Verfahrens ist.

Die **Mitwirkung in einem früheren Verfahren,** das zu einem für die Partei ungünstigen 28 Ergebnis geführt hat, kann nur dann für eine Ablehnung herangezogen werden, wenn der Richter von vornherein zu erkennen gibt, dass er nicht bereit ist, seine frühere Entscheidung oder Meinungsäußerung kritisch zu überprüfen (BAG a. a. O.). Das Gleiche gilt, wenn der Richter **nach Zurückverweisung** des Rechtsstreits an der vom Rechtsmittelgericht **verworfenen Rechtsauffassung festhält.** Äußerungen über den Wert von Beweismitteln sind zulässig, es sei denn, sie haben beleidigenden oder verletzenden

Charakter. Der Inhalt eines Beweisbeschlusses oder einer anderen prozessleitenden Verfügung kann ebenfalls nicht Grund für eine Ablehnung sein, es sei denn, hieraus ergebe sich, dass der Richter nicht in der Lage wäre, unparteiisch zu entscheiden. Das gilt auch bei der Mitwirkung an einem Einigungsstellenverfahren, soweit nicht bereits der Ausschließungsgrund nach § 41 Nr. 6 ZPO gegeben ist.

29   Die **Tätigkeit für den Gegner** in einem vorprozessualen Stadium des Rechtsstreits kann einen Ablehnungsgrund darstellen (ArbG Münster 27. 6. 1978 AP ZPO § 42 Nr. 4; vgl. aber auch 21. 8. 1978 AP ZPO § 42 Nr. 5). Grundsätzlich wird daher ein ehrenamtlicher Richter als befangen anzusehen sein, wenn er in der Sache, in der er mit zu entscheiden hat, bereits vor Prozessbeginn für eine Partei tätig geworden ist (a. A. ArbG Münster 21. 8. 1978 AP ZPO § 42 Nr. 5; dies würde auch für eine Gutachtertätigkeit gelten, vgl. BVerfG 2. 12. 1992 NJW 1993, 2231). In diesem Falle ist zumindest der Anschein der Beeinträchtigung der Unparteilichkeit für den Prozessgegner gegeben. Dies gilt auch, wenn von mehreren Verbandsvertretern, die die Prozessvertretung für die Mitglieder des Verbandes wahrnehmen, nur einer Prozessvollmacht erhalten hat, aber ein anderer in dem Verfahren als ehrenamtlicher Richter tätig werden soll.

3. Das Ablehnungsgesuch

30   Form und Inhalt des Ablehnungsgesuches bestimmen sich nach § 44 ZPO. § 49 enthält insoweit keine Sonderregelungen. Das Ablehnungsgesuch ist bei der Kammer des Arbeits- bzw. Landesarbeitsgerichts bzw. dem Senat des Bundesarbeitsgerichts anzubringen, dem der abgelehnte Richter oder die abgelehnte Gerichtsperson angehört. Eine besondere **Form** für das Ablehnungsgesuch ist **nicht vorgeschrieben,** das Ablehnungsgesuch kann daher mündlich, schriftlich oder zu Protokoll der Geschäftsstelle erklärt werden. Wird die Ablehnung zu Protokoll der Geschäftsstelle erklärt, kann dies vor jedem anderen Arbeitsgericht erfolgen, § 129 a ZPO. Ein Vertretungszwang besteht nicht, vor dem Landes- bzw. Bundesarbeitsgericht kann daher auch die Partei selbst den Ablehnungsantrag stellen.

31   Aus dem Ablehnungsgesuch muss sich ergeben, welcher **konkrete Richter** abgelehnt werden soll. Das Gericht kann nicht im Ganzen abgelehnt werden, das Gesetz gewährt den Parteien nur das Recht der Ablehnung einzelner Gerichtspersonen (BSG 26. 11. 1965 AP ZPO § 42 Nr. 1; BAG 1. 4. 1960 AP ArbGG § 49 Nr. 3). Eine namentliche Benennung des Richters ist nur dann entbehrlich, wenn über die Person des Richters kein Zweifel bestehen kann (BAG a. a. O.). Allerdings hat das Bundesarbeitsgericht die gleichzeitige Stellung von Ablehnungsanträgen gegen alle möglicherweise eintretenden ehrenamtlichen Richter eines Senates des Bundesarbeitsgerichts zugelassen, wenn gegen alle der gleiche Ablehnungsgrund geltend gemacht wird (BAG 31. 1. 1968 AP ZPO § 41 Nr. 2 mit kritischer Anm. *Wieczorek*; kritisch auch und wie hier GK-ArbGG/*Schütz* § 49 Rn. 35; ErfK/*Koch* § 49 ArbGG Rn. 13; *Schwab/Weth/Kliemt* § 49 Rn. 110). Dies folge aus den Grundsätzen der Prozessökonomie. Mit dieser Auffassung wird jedoch der **Grundsatz der Individualablehnung** letztlich aufgegeben und übersehen, dass ein Ablehnungsgesuch gegen einen Vertreter erst dann möglich ist, wenn dieser an die Stelle des ursprünglich berufenen Richters getreten ist. Wird im Falle einer Pauschalablehnung bereits das erste Ablehnungsgesuch als unbegründet zurückgewiesen, fehlt es für die Ablehnung der möglichen Vertreter an einem Rechtsschutzinteresse, so dass schon aus diesem Grunde die weiteren Ablehnungen unzulässig sein müssten. Entspricht das Ablehnungsgesuch nicht den gesetzlichen Erfordernissen, ist es als unzulässig zurückzuweisen.

32   In dem Ablehnungsgesuch sind die **Tatsachen anzugeben,** die die Ablehnung rechtfertigen sollen. Sie sind glaubhaft zu machen, § 294 ZPO, wobei die Partei zur Versicherung an Eides Statt nicht zugelassen ist, § 44 Abs. 2 Satz 1 ZPO. Allerdings kann zur Glaubhaftmachung auf das Zeugnis des abgelehnten Richters bzw. der abgelehnten

IV. Ablehnung §49

Gerichtsperson Bezug genommen werden, § 44 Abs. 2 Satz 2 ZPO. Die dienstliche Äußerung des abgelehnten Richters bzw. der abgelehnten Gerichtsperson ist in jedem Falle abzugeben, § 44 Abs. 3 ZPO. Sie ist dem Ablehnenden zur Kenntnis zu geben. Erfolgt dies nicht, kann sie bei der Entscheidungsfindung nicht verwertet werden (BVerfG 25. 6. 1968 NJW 1968, 1621). Die Abgabe einer dienstlichen Äußerung ist nur dann entbehrlich, wenn die Tatsachen offenkundig sind, § 291 ZPO, oder das Ablehnungsgesuch aus offensichtlich querulatorischen Gründen gestellt worden ist, oder um das Verfahren zu verzögern. Werden derartige dem Ablehnungsrecht fremde Absichten verfolgt, fehlt dem Ablehnungsgesuch das Rechtsschutzinteresse (vgl. unten Rn. 34). Zur Glaubhaftmachung kann sich der Ablehnende auf die dienstliche Äußerung der abgelehnten Person beziehen, er kann sich jedoch auch aller anderen Beweismittel bedienen, die Vorschrift des § 294 ZPO findet insoweit Anwendung.

4. Verlust des Ablehnungsrechts
a) Zeitablauf

Durch reinen Zeitablauf verliert eine Partei das Ablehnungsrecht nicht. Vielmehr wird 33 das Ablehnungsrecht vernichtet, wenn sich die Partei bei dem Richter oder bei der abgelehnten Gerichtsperson in eine **Verhandlung eingelassen** und Anträge gestellt hat, ohne dass sie den Ablehnungsgrund geltend gemacht hat, § 43 ZPO. Das gilt auch für den Urkundsbeamten bzw. den Rechtspfleger entsprechend. In eine Verhandlung hat sich die Partei eingelassen, sobald im Termin zur Sache Erörterungen stattgefunden haben oder Anträge gestellt worden sind. Auch die Stellung eines Antrages im Prozesskostenhilfeverfahren bzw. die Beschwerdeeinlegung führt zum Verlust des Ablehnungsrechtes. Keine Einlassung liegt vor, wenn nicht zur Sache selbst verhandelt worden ist, wenn beispielsweise lediglich eine Vertagung der Verhandlung beantragt wurde (wie hier *Schwab/Weth/Kliemt* § 49 Rn. 119; a. A. ErfK/*Koch* § 49 ArbGG Rn. 12; GK-ArbGG/ *Schütz* § 49 Rn. 39). Die Erörterung des Vertagungsantrages stellt keine Kundgabe des Vertrauens in den Richter dar, die Sache selbst wird dabei nicht unmittelbar betroffen (vgl. *Baumbach/Hartmann* § 43 Rn. 6). Der Verlust des Ablehnungsrechts tritt trotz Verhandlung oder Antragstellung nicht ein, wenn der Ablehnungsgrund erst später entstanden oder der Partei erst später bekannt geworden ist. Will sich die Partei hierauf berufen, so muss sie dies glaubhaft machen, § 44 Abs. 4 ZPO.

b) Rechtsmissbrauch

Ein Ablehnungsantrag kann ferner dann unzulässig sein, wenn er rechtsmissbräuch- 34 lich verwendet wird, es fehlt das Rechtsschutzinteresse. Dies ist beispielsweise der Fall, wenn mit dem Ablehnungsgesuch nur eine **Verschleppung des Prozesses** erreicht werden soll (OLG Koblenz 22. 5. 1985 Rpfleger 1985, 368; OLG Zweibrücken 28. 5. 1980 AP ZPO § 42 Nr. 6). Auch die exzessive Ausübung des Ablehnungsrechts kann zu einem Missbrauch führen, wenn es dem Ablehnenden eindeutig nur um das Herbeiführen von Verfahrenskomplikationen geht (OLG Zweibrücken a. a. O.). Das Gleiche gilt, wenn ein bereits abgelehntes Gesuch erneut eingereicht wird, ohne dass neue tatsächliche Behauptungen aufgestellt werden oder wenn das Ablehnungsgesuch nur Beleidigungen und Beschimpfungen der Richter und keinerlei Tatsachenbehauptungen enthält.

Im Falle eines rechtsmissbräuchlich gestellten Ablehnungsgesuches soll die Entscheidung 35 unter **Mitwirkung des abgelehnten Richters** erfolgen können (ErfK/*Koch* § 49 ArbGG Rn. 15; *Hauck/Helml* § 49 Rn. 22; *Baumbach/Hartmann* § 45 Rn. 6 m. w. Nachw.; vgl. aber BVerfG 20. 7. 2007, NJW 2007, 3771, 3772). Hiergegen bestehen aber wegen der Unanfechtbarkeit der Entscheidung Bedenken (dazu unten Rn. 46), auch ist eine praktische Notwendigkeit nicht erkennbar, eine besondere Eilbedürftigkeit nur aus dem Grunde des Rechtsmissbrauchs ist nicht erkennbar, zumal § 47 ZPO die Vornahme unaufschiebbarer Amtshandlungen zulässt.

5. Die Selbstablehnung

36 Für die Selbstablehnung eines Richters findet auch im arbeitsgerichtlichen Verfahren die Bestimmung des § 48 ZPO Anwendung. Die Selbstablehnung kommt in Betracht, wenn entweder ein Ablehnungsgrund im Sinne des § 42 ZPO vorliegen könnte oder wenn Zweifel darüber bestehen könnten, dass ein Ausschließungsgrund nach § 41 vorliegt (dazu schon oben Rn. 14).

37 Das **Verfahren** über die Selbstablehnung wird durch eine entsprechende Anzeige des Richters eingeleitet. In seiner dienstlichen Äußerung hat er die Tatsachen darzustellen, aus denen sich die Rechtfertigung der Selbstablehnung ergeben könnte. Eine Glaubhaftmachung ist in diesem Falle nicht erforderlich.

38 Vor Entscheidung über die Selbstablehnung ist nach einer Entscheidung des Bundesverfassungsgerichts (BVerfG 8. 6. 1993 NJW 1993, 2229 f.) eine **Anhörung der Parteien** erforderlich. Begründet wird dies damit, dass die Beteiligten eines gerichtlichen Verfahrens nach Art. 101 Abs. 1 Satz 2 GG Anspruch auf den gesetzlichen Richter haben, der sich aus den Bestimmungen des GVG und den einschlägigen Prozessordnungen sowie den Geschäftsverteilungs- und Besetzungsregelungen des jeweiligen Gerichtes ergäbe. Die Frage, ob Befangenheitsgründe gegen die Mitwirkung eines Richters sprächen, berührt die prozessuale Rechtsstellung der Verfahrensbeteiligten (vgl. dazu auch *Lamprecht* NJW 1993, 2222 ff.). Mit dieser Entscheidung des Bundesverfassungsgerichts dürfte die bisherige Streitfrage, ob es sich bei dem Verfahren des § 48 ZPO um eine innerdienstliche Angelegenheit handele, deren Vorgang auch nicht in die Prozessakte zu nehmen sei und eine Anhörung der Verfahrensbeteiligten nicht erfordere, abschließend geklärt sein (vgl. zu dem früheren Streitstand BVerfG a. a. O. sowie die Ausführungen in der ersten Auflage dieses Kommentars). Die Führung von Sonderakten ist unzulässig.

39 Über die Selbstablehnung entscheidet das Gericht in der gleichen Besetzung wie über ein Ablehnungsgesuch (dazu unten Rn. 44 ff.). Die **Entscheidung** ergeht **durch Beschluss**, der Beschluss bedarf grundsätzlich keiner eingehenden Begründung (vgl. aber *Baumbach/Hartmann* § 48 Rn. 9; *Zöller/Vollkommer* § 48 Rn. 11), es genügen Stichworte. Diese sind aber notwendig um dem Informationsrecht der Parteien zu genügen. Soweit die Selbstablehnung darauf gestützt wird, dass ein Ausschließungsgrund vorliegen könnte, wird in dem Tenor des Beschlusses festgestellt, dass ein Ausschließungsgrund vorliegt bzw. nicht vorliegt. Soweit das Vorliegen eines Ausschließungsgrundes festgestellt wird, hat der Beschluss deklaratorischen Charakter, die Ausschließung tritt nämlich ohne weiteres ein (dazu oben Rn. 14). Soweit die Selbstablehnung darauf gestützt wird, dass ein Ablehnungsgrund nach § 42 ZPO vorliegen könnte, ist im Tenor des Beschlusses zu entscheiden, dass die Selbstablehnung begründet bzw. unbegründet sei.

40 Der **Beschluss** ist den Parteien **zuzustellen.** Der sich selbst ablehnende Richter erhält auf dem Dienstweg die Entscheidung im vollen Wortlaut. Einem ehrenamtlichen Richter, der sich selbst abgelehnt hat, ist der Beschluss formlos zuzuleiten. Der Beschluss ist unanfechtbar, § 49 Abs. 3. Ob der Richter, dessen Selbstablehnungsgesuch zurückgewiesen worden ist, ein Recht zur Gegendarstellung hat, ist prozessual unerheblich, in jedem Fall wäre dies eine innerdienstliche Angelegenheit, die für das weitere Verfahren keine Bedeutung hat. Ein Beschwerderecht steht ihm nicht zu.

V. Die Folgen der Ablehnung

41 Ein auf Besorgnis der Befangenheit des Richters gestütztes Ablehnungsgesuch bewirkt **keine Unterbrechung** des Verfahrens und keine Hemmung von Notfristen (BAG 28. 12. 1999 DB 2000, 884). Vor der Entscheidung über das Ablehnungsgesuch kann der Richter nur solche Handlungen vornehmen, die keinen Aufschub gestatten, § 47 ZPO. **Unaufschiebbare Amtshandlungen** sind solche, die einer Partei wesentliche Nachteile ersparen und bei deren Unterlassung u. U. auch Gefahr im Verzuge entstehen könnte. Ob eine Maßnahme besonders eilbedürftig ist oder nicht, kann nur anhand des konkreten Einzelfalles entschieden werden. Als besonders eilbedürftig sind schon im Gesetz Arrest und einstweilige Verfügung genannt. Trotz eines Ablehnungsgesuchs, insbesondere eines rechtsmissbräuchlichen Ablehnungsantrags darf die Gewährung einstweiligen Rechtsschutzes nicht unmöglich werden. Auch kann ein abgelehnter Richter u. U. eine Beweisaufnahme oder ein Beweissicherungsverfahren durchführen, wenn sonst das Beweismittel nicht mehr zur Verfügung stehen würde, beispielsweise wenn ein Zeuge sich ins Ausland begeben würde. Zu den eilbedürftigen Handlungen kann auch gehören die Fertigstellung des Protokolls, die Abgabe einer dienstlichen Äußerung, Maßnahmen der Sitzungspolizei, Fristsetzungen zur Stellungnahme zum Ablehnungsantrag. Nicht eilbedürftig sind jedoch im Regelfall Terminsanberaumungen, sonstige prozessleitende Verfügungen, diese müssen von dem Vertreter des abgelehnten Richters durchgeführt werden. Auch die **Verkündung eines Endurteils** dürfte **nicht** zu den unaufschiebbaren Handlungen des § 47 ZPO gehören (vgl. BGH 21. 6. 2007 NJW-RR 2008, 216; OLG Celle 17. 8. 1988 NJW-RR 1989, 569). Die Akte ist dem geschäftsplanmäßigen Vertreter unverzüglich vorzulegen. Der abgelehnte Richter kann nicht eine Frist verfügen, nach der erst die **Vorlegung an den Vertreter** erfolgen soll.

Die Vorschrift des § 47 ZPO findet **keine Anwendung** auf Richter, die nach § 41 ZPO **42** von der **Tätigkeit ausgeschlossen** sind. Sie können keine Amtshandlungen mehr vornehmen. Wirkt ein ausgeschlossener Richter an einer Entscheidung mit, so stellt dieses einen absoluten Revisionsgrund im Sinne des § 547 Nr. 2 ZPO bzw. einen Grund für die Wiederaufnahme des Verfahrens nach § 579 Abs. 1 Nr. 2 ZPO dar. Wirkt der ausgeschlossene Richter nicht an einer Entscheidung mit, sondern ist er an anderen richterlichen Handlungen im Vorfeld der Entscheidung beteiligt, so kann dies ein Verfahrensfehler sein, der mit dem Rechtsmittel geltend gemacht werden kann. Zu beachten ist dabei allerdings, dass nach § 68 eine Zurückverweisung des Rechtsstreits wegen eines Mangels im Verfahren des Arbeitsgerichts durch das Landesarbeitsgericht nicht möglich ist.

Die gleichen Grundsätze gelten entsprechend, wenn über das **Ablehnungsgesuch** einer **43** Partei **positiv entschieden** worden ist und der abgelehnte Richter gleichwohl an dem Verfahren weiter mitwirkt oder mitgewirkt hat. Das Gericht war dann nicht ordnungsgemäß besetzt, das rechtliche Gehör wurde verletzt. Kann eine Überprüfung in einem Rechtsmittelverfahren auch inzident nicht erfolgen, kann die Abhilfemöglichkeit nach § 78a in Betracht kommen. Nimmt ein abgelehnter Richter vor Entscheidung über das Ablehnungsgesuch Amtshandlungen wahr, die nicht unter § 47 ZPO fallen, so gelten ebenfalls die gleichen Grundsätze, es sei denn, später wird das Ablehnungsgesuch zurückgewiesen. In diesem Falle sind auch die an sich mangelhaften Handlungen des Richters geheilt (KG 18. 3. 1977 MDR 1977, 673 m. w. Nachw.; BayVerfGH 16. 10. 1981 NJW 1982, 1746; BAG 28. 12. 1999 DB 2000, 884).

VI. Entscheidung über das Ablehnungsgesuch

1. Zuständiges Gericht

Nach § 49 Abs. 1 entscheidet über die Ablehnung von Gerichtspersonen die **Kammer** **44** **des Arbeitsgerichts,** der diese Gerichtsperson angehört hat. Den Parteien ist vor der Entscheidung rechtliches Gehör zu gewähren. Die Bestimmung weicht teilweise von der vergleichbaren Regelung in § 45 ZPO ab und geht dieser vor. Es **gilt** daher auch **nicht** die Regelung des **§ 45 Abs. 2 Satz 2 ZPO,** wonach es einer Entscheidung nicht bedarf, wenn der abgelehnte Richter das Ablehnungsgesuch für begründet hält. Es entscheidet immer die Kammer in voller Besetzung, selbst wenn über das Ablehnungsgesuch außerhalb einer mündlichen Verhandlung entschieden werden sollte oder wenn die Ablehnung außerhalb der mündlichen Verhandlung erfolgt. Absatz 1 stellt insoweit eine Ausnahme von der Regelung des § 53 Abs. 1 dar (*Grunsky* § 49 Rn. 8; ErfK/*Koch* § 49 ArbGG Rn. 15). Bei Ablehnung eines Richters ist dieser durch den geschäftsplanmäßigen Vertreter zu ersetzen. Auch wenn die Entscheidung über das Ablehnungsgesuch erst nach einer Vertagung in einer späteren Beratung oder Sitzung getroffen werden soll, muss die Kammer in der Besetzung entscheiden, die im Zeitpunkt der Anbringung des Gesuches bestand. Lediglich der abgelehnte Richter ist zu ersetzen. Grund hierfür ist, dass durch die Ablehnung die Verhandlung lediglich unterbrochen worden ist, der Termin, in dem die Ablehnung erfolgte, muss im Grunde noch fortgesetzt werden (vgl. dazu BAG 25. 1. 1963 AP ZPO § 45 Nr. 1 mit Anm. *Pohle; Grunsky* § 49 Rn. 8). Wird das Ablehnungsgesuch außerhalb einer mündlichen Verhandlung angebracht, so sind die ehrenamtlichen Richter zu laden, die nach der aufgestellten Liste als nächste berufen sind. Dass sich der Ablehnungsgrund u. U. auf eine vergangene Sitzung bezieht, ist dabei unerheblich. Die Entscheidung über das Ablehnungsgesuch wird auch nicht dadurch entbehrlich, dass nach § 39 der abgelehnte ehrenamtliche Richter ohnehin nicht zu der weiteren Verhandlung hinzuzuziehen wäre. Denn die Vorschriften über die Richterablehnung gehen der Regelung über die Reihenfolge der Heranziehung der ehrenamtlichen Richter vor (BAG a. a. O.).

45 Eine **Ausnahme** von dem Grundsatz, dass die Kammer unter Beteiligung der ehrenamtlichen Richter zu entscheiden hat, **gilt auch nicht** in den **Fällen des § 55 Abs. 3**, in denen die Parteien sich mit der Alleinentscheidung durch den Vorsitzenden einverstanden erklärt haben. Das Verfahren kann im Falle der Ablehnung nicht unmittelbar durch eine Entscheidung beendet werden, die Voraussetzungen des § 55 Abs. 3 sind nicht mehr gegeben. Wenn die Kammer nach dem **Geschäftsverteilungsplan** nur über Verfahren **ohne** Beteiligung von **ehrenamtlichen Richtern** zu entscheiden hat und ihr auch keine ehrenamtlichen Richter zugeteilt worden sind, entscheidet im Falle der Ablehnung des Berufsrichters auch nur dessen Stellvertreter ohne Hinzuziehung anderer, der Kammer nicht angehörender ehrenamtlicher Richter, denn § 49 Abs. 1 erweitert nicht die Kammerbesetzung für die Fälle der Ablehnung eines Richters.

46 Eine **Ausnahme von dem Verbot der Selbstentscheidung** wird im zivilprozessualen Verfahren angenommen, wenn ein offensichtlich unzulässiges oder **rechtsmissbräuchliches Ablehnungsgesuch** vorliegt (BVerfG 2. 6. 2005 NJW 2005, 3410 ff.; BGH 14. 6. 2005 NJW 2005, 3434, 3435, beide für § 26 a StPO; 14. 11. 1992 NJW 1992, 983, 984 m. w. Nachw.; *Musielak/Heinrich* § 45 Rn. 3; a. A. *Thomas/Putzo/Hüßtege* § 45 Rn. 1; vgl. aber BVerfG 20. 7. 2007 NJW 2007, 3771, 3772). Dies sei gewohnheitsrechtlich anerkannt (BGH 14. 11. 1991 NJW 1992, 983). Ob dies angesichts der Tatsache, dass im arbeitsgerichtlichen Verfahren kein Rechtsmittel gegen den zurückweisenden Beschluss gegeben ist, gelten kann, erscheint zweifelhaft. Anders als im zivilprozessualen Verfahren ist die Beschwerde auch bei einem zurückweisenden Beschluss unter Mitwirkung des abgelehnten Richters nicht gegeben. Eine möglicherweise fehlerhafte Entscheidung wäre daher nicht korrigierbar. Die Voraussetzungen des § 78 a sind nicht gegeben, da es sich um eine der Endentscheidung vorausgehende Entscheidung handelt, § 78 a Abs. 1 Satz 2. Eine Korrektur durch einen unbefangenen Richter spätestens im Rechtsmittelverfahren ist nicht möglich. Hinzu kommt, dass eine dem § 26 a StPO vergleichbare Vorschrift nicht vorhanden ist. Selbst bei dieser ist das Rechtsmittel der sofortigen Beschwerde gegeben, § 28 Abs. 2 StPO. Aus dieser Regelung und aus § 46 Abs. 2 ZPO kann entnommen werden, dass die Garantie des unbefangenen gesetzlichen Richters in Art. 101 Abs. 1 GG nur dann eingehalten ist, wenn bei einer Selbstentscheidung zumindest eine Überprüfung durch einen unbefangenen Richter möglich ist. Da dies im arbeitsgerichtlichen Verfahren nicht der Fall ist, scheidet eine Selbstentscheidung auch bei einem offensichtlich unzulässigen oder rechtsmissbräuchlichen Ablehnungsgesuch aus. Das Beschleunigungsgebot rechtfertigt nicht die Durchbrechung des Grundsatzes des gesetzlichen Richters. Der Rechtsmissbrauch kann allein keine besondere Eilbedürftigkeit zur Entscheidung über das Ablehnungsgesuch rechtfertigen. Etwas anderes kann bestenfalls dann gelten, wenn das zugrundeliegende Verfahren selbst die Eilbedürftigkeit der Entscheidung begründet, wie dies bei einem Verfahren des einstweiligen Rechtsschutzes der Fall sein kann (vgl. GK-ArbGG/*Schütz* § 49 Rn. 48). Allerdings genügt hier schon die Tatsache, dass nach § 47 ZPO unaufschiebbare Handlungen vorgenommen werden dürfen (dazu oben Rn. 41). Eine solche unaufschiebbare Handlung kann der Erlass der Entscheidung im einstweiligen Rechtsschutz sein, insbesondere dann, wenn durch das rechtsmissbräuchliche Ablehnungsgesuch sonst der einstweilige Rechtsschutz verhindert würde *Thomas/Putzo/Hüßtege* ZPO § 47 Rn. 1). Im Grunde ist also keine Entscheidung über das rechtsmissbräuchliche Ablehnungsgesuch erforderlich, sondern es wird von dem abgelehnten Richter eine unaufschiebbare Amtshandlung i. S. § 47 ZPO vorgenommen. Über das Ablehnungsgesuch ist auch hier gesondert zu befinden.

Wird durch das Ausscheiden des abgelehnten Richters die **Kammer beschlussunfähig**, weil die Stellvertretungsregelung erschöpft ist, so hat das Landesarbeitsgericht zu entscheiden, Absatz 2. Auch das Landesarbeitsgericht muss in voller Besetzung die Entscheidung treffen (BAG 30. 5. 1972 AP ZPO § 42 Nr. 2; a. A. LAG Frankfurt a. M. 23. 4. 1963 AP ArbGG § 49 Nr. 5). Die Regelung hat nur noch begrenzte Bedeutung. Werden die drei Richter einer Kammerbesetzung abgelehnt, so tritt an die Stelle des Vorsitzenden der geschäftsplanmäßig berufene Vertreter, für die ehrenamtlichen Richter sind die nach der Liste nächstberufenen ehrenamtlichen Richter heranzuziehen. Die gleichen Grundsätze gelten bei Ablehnung von Richtern in der **zweiten und dritten Instanz**. Wird das Landesarbeitsgericht durch die Ablehnung beschlussunfähig, so muss das Bundesarbeitsgericht über das Ablehnungsgesuch entscheiden (vgl. BAG 7. 2. 1968 AP ZPO § 41 Nr. 3). 47

2. Form der Entscheidung

Über das Ablehnungsgesuch ist durch **Beschluss** zu entscheiden. Den Parteien ist vor Beschlussfassung **rechtliches Gehör** zu gewähren, die dienstliche Stellungnahme des betroffenen Richters oder der betroffenen Gerichtsperson ist sowohl der Partei, die das Ablehnungsgesuch gestellt hat, als auch dem Gegner zuzuleiten. Die Parteien müssen Gelegenheit haben, zu dieser dienstlichen Äußerung eine Stellungnahme abzugeben. Der Beschluss muss eine Rechtsmittelbelehrung gemäß § 9 Abs. 5 Satz 2 enthalten. 48

3. Rechtsmittel

Nach § 49 Abs. 3 findet gegen einen Beschluss, durch welchen über einen Befangenheitsantrag entschieden worden ist, kein Rechtsbehelf statt. Dieser **Rechtsmittelausschluss** ist verfassungsgemäß, er rechtfertigt sich aus dem Gesichtspunkt der besonderen Beschleunigung des arbeitsgerichtlichen Verfahrens (BAG 27. 7. 1998 NJW 1999, 84; 14. 2. 2002 NZA 2002, 872). Weder Art. 101 Abs. 1 Satz 2 GG noch Art. 19 Abs. 4 Satz 1 bzw. 20 Abs. 3 GG fordern zwingend, dass in jedem Falle gegen eine gerichtliche Entscheidung ein Instanzenzug gegeben sein müsse. Das Gebot der Gewährung eines rechtsstaatlichen Verfahrens ist bereits gewährleistet, wenn ein unabhängiges Gericht in der Sache entscheidet. Wird dennoch eine Beschwerde eingelegt, besteht **keine** Möglichkeit der **Abhilfe** gem. § 572 Abs. 1 ZPO durch das Gericht, das die Entscheidung getroffen hat. Die Abhilfe ist nur möglich, wenn das Gericht die Beschwerde für statthaft und begründet erachtet. Hier fehlt es schon an der Statthaftigkeit des Rechtsmittels, so dass die Sache dem übergeordneten Gericht zur Entscheidung vorzulegen ist. 49

Die Unanfechtbarkeit des Beschlusses gilt unabhängig davon, ob dem Ablehnungsgesuch stattgegeben oder es zurückgewiesen wird. Die Frage, ob ein Richter befangen ist oder nicht, liegt damit außerhalb der Nachprüfbarkeit durch die höhere Instanz. Eine 50

Entscheidung des Gerichts kann auch nicht allein mit der Begründung angefochten werden, dass einer der mitwirkenden Richter wegen Besorgnis der Befangenheit hätte abgelehnt werden müssen (BAG 11. 6. 1963 AP BGB § 104 Nr. 1; 18. 3. 1964 AP TOA § 3 Nr. 112). Eine inzidente Überprüfung der Entscheidung über das Ablehnungsgesuch kann das Rechtsmittelgericht auch nicht im Rahmen der Überprüfung der Hauptentscheidung treffen (BAG 23. 9. 2008 – 6 AZN 84/08 –; BGH 30. 11. 2006 MDR 2007, 599). Die Ablehnung des Befangenheitsantrages kann aber mit der Anhörungsrüge des § 78 a angegriffen werden (BVerfG 23. 10. 2007 MDR 2008, 223; BAG 23. 9. 2008 – 6 AZN 84/08 –). Gleiches gilt, wenn die Entscheidung über das Ablehnungsgesuch unter Verletzung des rechtlichen Gehörs erfolgte und deshalb das Gericht nicht ordnungsgemäß besetzt gewesen ist.

51 Die **Unanfechtbarkeit** des Beschlusses soll auch dann gelten, wenn entgegen der hier vertretenen Auffassung (oben Rn. 46) unter **Mitwirkung der abgelehnten Richter** das Ablehnungsgesuch als rechtsmissbräuchlich verworfen wird (LAG Rheinland-Pfalz 10. 3. 1982 EzA ArbGG 1979 § 49 Nr. 2). In diesem Falle würde sich die Zulässigkeit des Rechtsmittels auch nicht aus dem Gesichtspunkt der so genannten greifbaren Gesetzeswidrigkeit ergeben können. Obwohl nach § 49 Abs. 3 ArbGG gegen einen Beschluss, durch welchen über einen Befangenheitsantrag entschieden worden ist, kein Rechtsmittel stattfindet, erscheint es zweifelhaft, ob jede Überprüfungsmöglichkeit damit ausgeschlossen ist. Im Interesse der **Gewährung des rechtlichen Gehörs**, das auch erfordert, dass der gesetzliche Richter – Art. 101 GG – die Entscheidung zu treffen hat, ist in der Vergangenheit die Möglichkeit einer **außerordentlichen Beschwerde** gegen unanfechtbare Beschlüsse diskutiert worden (vgl. BAG 21. 4. 1998 NZA 1998, 1357 f.; 14. 2. 2002 NZA 2002, 872; weitere Nachweise bei ErfK/*Koch* § 78 Rn. 15; *Schwab/ Weth/Kliemt* § 49 Rn. 152 ff.). Nach Auffassung des BVerfG sind jedoch ungeschriebene Rechtsmittel und Rechtsbehelfe mit dem Gebot der Rechtssicherheit nicht vereinbar (BVerfG 30. 4. 2003 NJW 2003, 1924 ff.), die außerordentliche Beschwerde ist daher nicht mehr zulässig (BAG 8. 8. 2005 NZA 2005, 1318; ErfK/*Koch* § 49 Rn. 16, 17). Hinzu kommt, dass der Gesetzgeber in § 78 a eine besondere Bestimmung geschaffen hat, die die Abhilfe bei Verletzung des rechtlichen Gehörs regelt (zu dieser unten die Erläuterungen bei § 78 a). Auf diese Bestimmung kann jedoch im Falle der Entscheidung über ein Ablehnungsgesuch nicht zurückgegriffen werden (a. A. aber wohl *Schwab/Weth/Kliemt* § 49 Rn. 154 f.). Nach § 78 a Abs. 1 Satz 2 findet nämlich die Rüge gegen eine der Endentscheidung vorausgehende Entscheidung nicht statt. Bei dem Beschluss über ein Ablehnungsgesuch handelt es sich um eine solche Zwischenentscheidung. Sie könnte nur zusammen mit der Endentscheidung angegriffen werden. Bei dieser kann dann gerügt werden, dass das Gericht beruhend auf der fehlerhaften Entscheidung über das Ablehnungsgesuch nicht ordnungsgemäß besetzt gewesen ist. In diesem Rahmen ist dann materiell zu prüfen, ob das Ablehnungsgesuch begründet war oder nicht.

§ 50 Zustellung

(1) ¹Die Urteile werden von Amts wegen binnen drei Wochen seit Übermittlung an die Geschäftsstelle zugestellt. ²§ 317 Abs. 1 Satz 3 der Zivilprozeßordnung ist nicht anzuwenden.

(2) **Die §§ 174, 178 Abs. 1 Nr. 2 der Zivilprozessordnung sind auf die nach § 11 zur Prozessvertretung zugelassenen Personen entsprechend anzuwenden.**

Übersicht

	Rn.
I. Allgemeines	1–3
II. Die Zustellung von Amts wegen	4–20
1. Gegenstand der Zustellung nach Abs. 1	6–12

	Rn.
2. Zustellungsfrist	13
3. Zustellungsverfahren	14–20
III. Die Parteizustellung	21, 22
IV. Sonderregelung für Prozessvertreter	23–27

I. Allgemeines

§ 50 Abs. 1 enthält im Grundsatz **keine Modifizierung der Zustellungsvorschriften** 1
der ZPO. Nach § 46 Abs. 2 in Verbindung mit § 270 Abs. 1 ZPO erfolgen auch im arbeitsgerichtlichen Verfahren die Zustellungen grundsätzlich von Amts wegen. Eine Zustellung im Parteibetrieb ist nur in den vom Gesetz genannten Fällen zulässig. Auf die Zustellungsvorschriften der §§ 166 ff. ZPO, 317 ZPO mit Ausnahme von Abs. 1 Satz 3 sowie auf die hierzu vorhandene Kommentarliteratur kann daher verwiesen werden. Zu beachten ist, dass diese Vorschriften durch das Gesetz zur Reform des Verfahrens bei Zustellungen im gerichtlichen Verfahren (vom 25. 6. 2001 – BGBl. I S. 1206 – ZustRG) mit Wirkung ab 1. 7. 2002 neu gefasst worden sind. Eine Abweichung von den zivilprozessualen Bestimmungen enthält Abs. 1 lediglich in Bezug auf die Frist, innerhalb der die Urteile zugestellt werden sollen. Die Dreiwochenfrist des Abs. 1 Satz 1 ist dabei Ausdruck des im arbeitsgerichtlichen Verfahren geltenden Beschleunigungsgrundsatzes des § 9 Abs. 1 Satz 1. Dies wird auch durch den Ausschluss der Anwendbarkeit des § 317 Abs. 1 Satz 3 ZPO deutlich, im arbeitsgerichtlichen Verfahren steht es den Parteien nicht offen, durch Vereinbarung den Zustellungszeitraum durch den Vorsitzenden hinausschieben zu lassen. Diese Möglichkeit würde dem von Amts wegen zu beachtenden Beschleunigungsgrundsatz widersprechen, auch besteht keine Notwendigkeit, den Parteien eine zusätzliche Zeit zur Führung von Vergleichsverhandlungen zu ermöglichen, da bereits nach § 57 Abs. 2 während des ganzen Verfahrens eine gütliche Erledigung des Rechtsstreits angestrebt werden soll. Anwendung findet auch die Vorschrift des § 183 ZPO, die erhebliche **Erleichterungen** bei der **Zustellung im Ausland** vorsieht und unter anderem die Möglichkeit der Zustellung durch Einschreiben mit Rückschein, durch diplomatische oder konsularische Vertretungen der Bundesrepublik oder durch das Auswärtige Amt eröffnet. Durch das Gesetz zur Verbesserung der grenzüberschreitenden Forderungsdurchsetzung und Zustellung (vom 30. 10. 2008 – BGBl. I 2122) ist diese Vorschrift ebenso wie diejenige des § 184 ZPO weiter geändert worden. Im Übrigen gelten für die Mitgliedstaaten der EG besondere Regelungen, die durch das ZustRG unberührt geblieben sind. Die Verordnung (EG) Nr. 1348/2000 des Rates vom 29. 5. 2000 über „die Zustellung gerichtlicher und außergerichtlicher Schriftstücke in Zivil- oder Handelssachen in den Mitgliedsstaaten" (ABl. EG Nr. L 160 S. 37, auch abgedruckt in NJW 2001 Beilage zu Heft 1 S. 12 ff. – EUZustVO) i. V. mit dem EG-Beweisaufnahmedurchführungsgesetz vom 4. 11. 2003 (BGBl. I S. 2166) hat die Zustellungsverfahren im Bereich der EU wesentlich vereinfacht (siehe dazu oben § 47 Rn. 8 und zu den Einzelheiten ausführlich *Stadler* IPrax 2001, 514 ff. und *Heß* NJW 2002, 2417 ff.; *Jastrow* NJW 2002, 3382 ff.). Mit diesem Gesetz sind die Vorschriften der §§ 1067 bis 1075 neu in die ZPO aufgenommen worden, die auch für die Zustellungen im arbeitsgerichtlichen Verfahren gelten.

Durch die Sonderregelung des Abs. 2 wird eine teilweise **Angleichung der Rechts-** 2
stellung der Prozessvertreter i. S. § 11 Abs. 2 an diejenige der Rechtsanwälte erreicht. Der Gesetzgeber hat damit die Konsequenz aus der Regelung des § 11 auch im Bereich des Zustellungsverfahrens gezogen.

Die Regelungen des § 50 sind auch im **Berufungs-** und **Revisionsverfahren** entspre- 3
chend anwendbar, § 64 Abs. 7 und § 72 Abs. 6. Auch im Beschlussverfahren gilt § 50 entsprechend, § 80 Abs. 2.

II. Die Zustellung von Amts wegen

4   Der **Begriff der Zustellung** in § 50 ist der gleiche wie im zivilprozessualen Verfahren. Unter ihn fällt die Übergabe eines Schriftstückes an den Zustellungsgegner in der vorgeschriebenen gesetzlichen Form, wobei die Übergabe beurkundet wird. Mit der Zustellung soll dem Zustellungsgegner Gelegenheit zur Kenntnisnahme vom Inhalt des zugestellten Schriftstücks gegeben werden. Durch die Beurkundung kann jederzeit Zeitpunkt und Art der Übergabe des Schriftstückes nachgewiesen werden. Die Vorschriften über die Zustellung gehören dem öffentlichen Recht an. Neben der Zustellung durch tatsächliche Übergabe des Schriftstückes stehen die Sonderformen der Zustellung, bei denen eine tatsächliche Übergabe lediglich fingiert wird. Hierzu gehört die öffentliche Zustellung der §§ 185 ff. ZPO sowie die Zustellungsform der Niederlegung nach § 181 ZPO. Bei der Zustellung von Amts wegen wird das Zustellungsverfahren von der Geschäftsstelle eingeleitet, Urschrift des zuzustellenden Schriftstückes und der Zustellungsnachweis werden Gegenstand der Gerichtsakten, die Parteien des Verfahrens können sich allerdings den Zeitpunkt der Zustellung bescheinigen lassen, § 169 Abs. 1 ZPO.

5   Ein **Verzicht** der Parteien **auf die** von Amts wegen vorzunehmende **Zustellung** eines Urteils ist nicht möglich, § 50 enthält zwingendes Recht, das nicht zur Parteidisposition steht. Im Übrigen würde dies auch dem Beschleunigungsgrundsatz des § 9 widersprechen. Durch einen Verzicht auf die Zustellung kann daher auch nicht erreicht werden, dass die Berufungsfrist noch nicht in Gang gesetzt wird. Auch bei Massensachen ist eine entsprechende Vorgehensweise selbst dann nicht möglich, wenn damit erreicht werden soll, dass nur einige Musterverfahren in der Rechtsmittelinstanz durchgeführt werden. Hier bleibt nur die Möglichkeit, das Verfahren noch in der ersten Instanz auszusetzen oder aber zunächst nicht weiter zu betreiben. Eine **Hinausschiebung** der Zustellung, wie sie § 317 Abs. 1 Satz 3 ZPO vorsieht, ist durch § 50 Abs. 1 Satz 2 ausdrücklich ausgeschlossen.

1. Gegenstand der Zustellung nach Abs. 1

6   Sämtliche Urteile der Gerichte für Arbeitssachen sind von Amts wegen zuzustellen. Eine **Zustellung im Parteibetrieb** ist **unwirksam** und setzt die Rechtsmittelfristen nicht in Gang (*Schwab/Weth/Berscheid/Korinth* § 50 Rn. 5). Gegenstand der Zustellung ist nicht das Original des Urteils, das in der Akte verbleibt, sondern eine **Ausfertigung**. Die Ausfertigung muss mit der Urschrift übereinstimmen (BAG 2. 8. 1976 AP ZPO § 170 Nr. 1). Zur Erteilung einer Ausfertigung ist dabei nur die Geschäftsstelle des Gerichts befugt, von dem die Urschrift stammt. Die Wirksamkeit der Zustellung wird allerdings nicht dadurch beeinträchtigt, dass Ausfertigungen von der Geschäftsstelle eines unzuständigen Gerichts erteilt worden sind (vgl. dazu BAG 11. 2. 1985 AP ZPO § 317 Nr. 1). Zur Erteilung einer beglaubigten Abschrift können auch andere Stellen befugt sein. Ebenso wie bei der Ausfertigung muss auch die beglaubigte Abschrift in den wesentlichen Teilen leserlich sein und mit der Urschrift übereinstimmen.

7   Auch das **abgekürzte** Urteil nach § 313a ZPO bzw. das ohne Tatbestand und Entscheidungsgründe verkündete Versäumnis-, Anerkenntnis- und Verzichtsurteil des § 313b ZPO wird von Amts wegen zugestellt. Bei dem nach § 313b Abs. 2 ZPO in abgekürzter Form hergestellten Urteil kann die Geschäftsstelle entweder die Ausfertigung auf eine beglaubigte Abschrift der Klageschrift oder ein damit zu verbindendes Blatt setzen oder es wird das abgekürzte Urteil zu einem normalen Urteil ohne Tatbestand und Entscheidungsgründe ergänzt, was allerdings erfordert, dass die Erfordernisse des § 313 ZPO u. U. hinzugefügt werden müssen, § 317 Abs. 4 ZPO. Änderungen oder Ergänzungen, die darüber hinausgehen, darf die Geschäftsstelle nicht vornehmen.

II. Die Zustellung von Amts wegen   § 50

Die Amtszustellung ist auch **Voraussetzung für die Zwangsvollstreckung** aus der gerichtlichen Entscheidung. § 50 Abs. 1 geht insoweit auch der Bestimmung in § 750 Abs. 1 Satz 1 ZPO vor (*Hauck/Helml* § 50 Rn. 5; *Schwab/Weth/Berscheid/Korinth* § 50 Rn. 5; a. A. ErfK/*Koch* § 50 Rn. 2–4). Dass der Gesetzgeber in § 50 Abs. 1 nur die Anwendung des § 317 Abs. 1 Satz 3 ZPO, nicht jedoch die des § 750 Abs. 1 Satz 2 ZPO ausgeschlossen hat, ist unerheblich. Während die eine Vorschrift nur die Frage der Frist, innerhalb der die Zustellung zu erfolgen hat, betrifft, erfasst die andere Vorschrift das Zustellungsverfahren insgesamt. In diesem Falle geht aber die speziellere Grundregelung des § 50 Abs. 1 Satz 1 der allgemeineren Bestimmung vor (wie hier LAG Frankfurt 29. 8. 1985 LAGE ArbGG 1979 § 50 Nr. 1). 8

Die Zustellungsvorschrift des Abs. 1 gilt auch für einen **Vollstreckungsbescheid**, da dieser einem Versäumnisurteil gleichsteht, § 700 Abs. 1 ZPO. Der Vollstreckungsbescheid muss die Worte „für vollstreckbar erklärt" enthalten, sind diese Worte von der Geschäftsstelle des Arbeitsgerichts gestrichen worden, so kann eine wirksame Zustellung nicht erfolgen (BAG 2. 8. 1976 AP ZPO § 170 Nr. 1). Eine Zustellung des Vollstreckungsbescheids im Parteibetrieb, wie sie in § 699 Abs. 4 Satz 2 ZPO vorgesehen ist, findet im arbeitsgerichtlichen Verfahren nicht statt. Auch hier geht die Regelung des § 50 Abs. 1 Satz 1 der zivilprozessualen Regelung vor. 9

Für **Beschlüsse im Beschlussverfahren** gilt auf Grund der Verweisungsnorm in § 80 Abs. 2 ebenfalls die Regelung des Abs. 1. Auch sie sind daher in jedem Falle von Amts wegen den Beteiligten zuzustellen, eine Zustellung durch die Beteiligten des Beschlussverfahrens selbst ist ausgeschlossen. 10

Für **sonstige Entscheidungen** der Gerichte für Arbeitssachen, die nicht in Urteilsform ergehen, wie dies beispielsweise bei anderen Beschlüssen oder Verfügungen der Fall ist, gelten die zivilprozessualen Vorschriften ohne Einschränkung (*Schwab/Weth/Berscheid/Korinth* § 50 Rn. 7). Dies gilt z. B. für die **einstweilige Verfügung und den Arrest**, soweit sie durch Beschluss erlassen werden, §§ 902 Abs. 2, 936, 922 Abs. 2 ZPO. Erfolgt die Entscheidung durch Urteil, gilt § 50. Von besonderer Bedeutung ist in diesem Zusammenhang die Regelung des § 329 ZPO. 11

Nicht unter die Regelung des § 50 Abs. 1 Satz 1 fällt auch die Zustellung von **Prozessvergleichen**. Da sie nach § 794 Abs. 1 Nr. 1 ZPO einen Vollstreckungstitel darstellen, können sie nach § 795 ZPO in Verbindung mit § 750 Abs. 1 ZPO auch im Wege des Parteibetriebs zugestellt werden. Das Gleiche gilt für den Beschluss gem. § 278 Abs. 6 Satz 2 ZPO über das Zustandekommen eines Vergleichs sowie für **Urkunden** gem. § 794 Abs. 1 Nr. 5 ZPO. 12

2. Zustellungsfrist

Die Zustellung hat innerhalb von **drei Wochen seit Übermittlung** an die Geschäftsstelle zu erfolgen, Abs. 1 Satz 1. Das Urteil ist der Geschäftsstelle erst dann übermittelt, wenn es in vollständiger Form abgefasst und von dem Richter erster Instanz bzw. den Richtern der Berufungs- oder Revisionsinstanz unterzeichnet ist. Solange eine Unterzeichnung des Urteils nicht erfolgt ist, handelt es sich lediglich um einen Urteilsentwurf, der die Frist des § 50 Abs. 1 Satz 1 nicht beginnen lassen kann. Die Frist betrifft allein die Verpflichtung der Geschäftsstelle, die Zustellung des Urteils zu bewirken, sie ist unabhängig von der in § 60 Abs. 4 genannten Frist, die der Richter hat, um das Urteil abzufassen. In Satz 2 ist ausdrücklich festgelegt, dass die Parteien **nicht die Möglichkeit** haben, die **Frist** zur Zustellung des Urteils **hinauszuschieben zu lassen**. Dieses dient der Beschleunigung des arbeitsgerichtlichen Verfahrens, die Rechtsmittelfristen sollen möglichst schnell in Gang gesetzt werden können, damit eine möglichst frühzeitige endgültige Erledigung des Rechtsstreites eintreten kann. Eine Fristverlängerung ist selbst dann nicht möglich, wenn erhebliche Gründe, z. B. Erfolg versprechende, noch schwebende Vergleichsverhandlungen, für eine Verschiebung sprechen könnten. Hier bleibt nur die 13

Möglichkeit, das Gericht zu bitten, den Termin zur Verkündung einer Entscheidung aus besonderen Gründen hinauszuschieben, § 60 Abs. 1 Satz 1. Zu beachten sind dann aber die in § 60 Abs. 1 Satz 2 enthaltenen Fristbestimmungen, und dass das Urteil im Zeitpunkt der Verkündung bereits vollständig abgefasst vorliegen muss (zu dem Ganzen § 60 Rn. 28 ff.).

3. Zustellungsverfahren

14   Die Zustellung wird **von der Geschäftsstelle veranlasst**, § 168 ZPO. Die Amtszustellung entbindet allerdings nicht von der Notwendigkeit, eine vollständige Klageschrift i. S. § 253 ZPO einzureichen, es ist nicht Sache des Gerichts, von Amts wegen **Zustellanschriften** zu ermitteln. Diese müssen **von den Parteien beigebracht** werden. Dies gilt auch, wenn sich die Zustellanschrift einer Partei während des Verfahrens ändert. Zuständig für die Zustellung ist die Geschäftsstelle des Gerichtes, bei dem der Prozess anhängig ist oder gewesen ist. Sie hat die Ausführung der Zustellung zu veranlassen. Eine Anweisung des Richters oder des Rechtspflegers ist nicht erforderlich. Nach § 168 Abs. 1 ZPO erfolgt die Zustellung auf Veranlassung der Geschäftsstelle, nur in den Sonderfällen des Abs. 2 dieser Vorschrift ist der Berufsrichter aufgerufen, die Zustellung in besonderer Form zu veranlassen. Hauptfälle der Zustellungsanordnung durch den Richter sind dabei die Beauftragung des Gerichtsvollziehers, einer anderen Behörde, der Auslandszustellung und der öffentlichen Zustellung, § 186 ZPO, bzw. der Anordnung einen Zustellungsbevollmächtigten zu benennen, § 184 Abs. 1 ZPO. Allerdings kann der Urkundsbeamte der Geschäftsstelle auch in Zweifelsfragen bei dem Richter nachfragen. Für die **Auslandszustellung** im Rahmen der EU gelten die Regelungen der 1067 ff. ZPO. Wichtigste Form der Zustellung ist hier diejenige durch die Post mit Einschreiben mit Rückschein, § 1068 ZPO. Bei der **öffentlichen Zustellung** muss das Gericht von Amts wegen ermitteln, ob der Aufenthalt der Partei unbekannt ist, es bedarf auch keines Antrages der Partei (BGH 14. 8. 1987 VersR 1987, 986; LG Zweibrücken 8. 5. 1978 MDR 1978, 851; OLG Köln 1. 8. 1988 Rpfl. 1988, 502). Der Aufenthalt ist unbekannt, wenn ihn keiner kennt. Dies erfordert, dass im Regelfall auch eine Anfrage bei der Einwohnermeldebehörde, dem Gewerbeaufsichtsamt, der Polizei, einer sonstigen Gemeindebehörde oder einer anderen Behörde durchzuführen ist, wenn anders eine Adresse nicht zu erlangen ist. Zweifel, ob ein unbekannter Aufenthalt vorliegt, müssen ausgeräumt werden. Die normale Zustellung muss unmöglich sein. Dies ergibt sich aus den einschneidenden Folgen dieser Zustellungsart für den Betroffenen, die zu einer Versagung des rechtlichen Gehörs führen können. Eine leichtfertige Bewilligung kann eine Amtspflichtverletzung sein. Hinsichtlich der Beispiele des unbekannten Aufenthalts kann auf die zivilprozessuale Literatur verwiesen werden (*Baumbach/Hartmann* § 185 Rn. 6). Vergleichbares gilt bei der **Auslandszustellung,** wenn dort der Aufenthaltsort zwar bekannt, aber die Zustellung unausführbar oder nicht Erfolg versprechend ist, § 185 Nr. 2 ZPO. Ist der Aufenthaltsort im Ausland unbekannt und die Zustellung an einen Vertreter oder Bevollmächtigten nicht möglich, kann nach § 185 Nr. 1 ZPO die öffentliche Zustellung erfolgen. Dieselben Grundsätze gelten nach § 185 Nr. 3 ZPO, wenn bei exterritorialen Personen nicht zugestellt werden kann. Die öffentliche Zustellung ist nicht zulässig im Mahnverfahren, § 688 Abs. 2 Nr. 3 ZPO. § 50 gilt nur für Urteile.

15   Auf **welchem Weg die Zustellung** zu erfolgen hat, bestimmt die Geschäftsstelle nach pflichtgemäßen Ermessen, insbesondere kann sie auch entscheiden, ob die Zustellung durch Gerichtswachtmeister oder per Post erfolgen soll, § 168 Abs. 1 ZPO.

16   Eine **Zustellung ist** nur dann wirksam **bewirkt**, wenn sie an den richtigen Zustellungsempfänger erfolgt ist. Bei Streitgenossen ist die Zustellung an jeden einzelnen zu bewirken, ein Umlaufverfahren ist selbst bei Zustellung an Ehegatten unwirksam (BAG 26. 6. 1975 AP ZPO § 187 Nr. 4). Eine förmliche Zustellung an den einfachen Nebeninterve-

II. Die Zustellung von Amts wegen § 50

nienten ist allerdings nicht erforderlich (BAG 4. 10. 1973 AP ZPO § 67 Nr. 1), da die Zustellung des Urteils an die Hauptpartei auch die Frist für die Einlegung eines Rechtsmittels für den einfachen Nebenintervenienten des § 66 ZPO bestimmt.

Eine **Ersatzzustellung** ist in den in § 178 ZPO geregelten Fällen möglich. In der **17 Wohnung**, § 178 Abs. 1 Nr. 1 ZPO, kann an einen erwachsenen Familienangehörigen, einer in der Familie beschäftigten Person (z. B. Putzfrau, nicht jedoch der auf Grund Werkvertrages tätige Handwerker) oder einem erwachsenen ständigen Mitbewohner (Lebenspartner, Wohngemeinschaft, Untermieter) zugestellt werden. Die Wohnung muss von der Partei genutzt werden, in der Regel ist dies der Fall, wenn sie dort übernachtet oder wohnt, wenn sie der Lebensmittelpunkt ist. Gibt sich die Partei den Anschein, die Wohnung zu nutzen, muss sie dies gegen sich gelten lassen (KG 10. 8. 2004 MDR 2005, 107). Bei **Gewerbetreibenden**, § 178 Abs. 1 Nr. 2 ZPO, die ein besonderes Geschäftslokal unterhalten, kann eine Ersatzzustellung an eine dort beschäftigte Person durchgeführt werden, wenn sie in dem Geschäftslokal nicht angetroffen werden. Dies gilt auch dann, wenn der Rechtsschein von dem Gewerbetreibenden erweckt wird, dass er unter einer angegebenen Adresse ein Geschäftslokal betreibe (BAG 27. 5. 1969 AP ZPO § 183 Nr. 4 mit Anm. *Zeiss*; vgl. BGH 19. 3. 1998 NJW 1998, 1958). Diese Erweiterung der Ersatzzustellung, die auf ein Verhalten der Partei, an die die Zustellung bewirkt wird, zurückzuführen ist, kann jedoch dann keine Anwendung finden, wenn lediglich von der anderen Partei eine falsche Angabe des Sitzes erfolgt ist, die im Prozess nicht berichtigt worden ist. Das rein passive Verhalten der Partei, an die die Zustellung bewirkt werden soll, kann nicht dazu führen, dass entgegen den tatsächlichen Verhältnissen nun ein Geschäftslokal im Sinne der Zustellvorschriften fingiert wird (BAG 27. 10. 1955 AP ZPO § 183 Nr. 1 mit Anm. *Pohle*). Schließlich kann in **Gemeinschaftseinrichtungen** (z. B. Wohnheime, Altersheime, Seniorenresidenzen, Kasernen, Krankenhäuser usw.) die Ersatzzustellung an den Leiter der Einrichtung oder einen ermächtigten Vertreter erfolgen, § 178 Abs. 1 Nr. 3 ZPO Bei der Ersatzzustellung ist zu beachten, dass sie **nicht zulässig** ist, wenn die Person, an die die Zustellung erfolgt, an dem Rechtsstreit als **Gegner der Partei,** an welche die Zustellung erfolgen soll, beteiligt ist, § 178 Abs. 2 ZPO. Dieses Verbot hat seinen Grund in der Besorgnis, dass der Prozessgegner das zugestellte Schriftstück nicht der anderen Partei aushändigen werde. Das Gleiche gilt für Arbeitnehmer des Prozessgegners, wenn an sie eine Ersatzzustellung vorgenommen werden soll (BAG 15. 7. 1974 AP ZPO § 187 Nr. 1). Diese Bestimmung ist entsprechend anzuwenden, wenn der Schuldner für den Drittschuldner einen zuzustellenden Pfändungs- und Überweisungsbeschluss in Empfang nehmen will (BAG 15. 10. 1980 AP ZPO § 829 Nr. 7).

Ist ein **Prozessbevollmächtigter bestellt,** so hat die Zustellung an ihn zu erfolgen. Die **18** Bestellung im Sinne des § 172 ZPO erfolgt dadurch, dass dem Prozessgegner und dem Gericht von dem Vertretungsverhältnis Kenntnis gegeben wird. Hierbei genügt, dass sich aus den Umständen eindeutig ergibt, dass ein Vertretungsverhältnis begründet worden ist (BAG 14. 11. 1962 AP ZPO § 322 Nr. 9 mit Anm. *Pohle*; vgl. BGH 17. 1. 2002 NJW 2002, 1728 f.). Dies gilt allerdings nicht für Unterbevollmächtigte (BAG 12. 3. 1964 AP ZPO § 176 Nr. 1). Wird das Urteil nicht an den bestellten Prozessbevollmächtigten zugestellt, so ist die Zustellung wirkungslos (BAG 27. 7. 1967 AP BUrlG § 7 Abgeltung Nr. 2). Das Gleiche gilt, wenn eine Partei die **Prozessvollmacht wirksam widerrufen** und einen neuen Prozessbevollmächtigten bestellt hat, die Zustellung aber gleichwohl noch an den früheren Prozessbevollmächtigten erfolgt (LAG Köln 22. 1. 1996 AnwBl. 1997, 51). Hat eine Behörde einen Prozessbevollmächtigten bestellt, so kann die Zustellung nur an diesen erfolgen. In diesem Falle ist eine Zustellung nach § 174 ZPO selbst dann ausgeschlossen, wenn der Prozessbevollmächtigte Bediensteter der Behörde ist. Lässt sich hingegen die Behörde lediglich durch Unterbevollmächtigte oder durch Terminsvertreter vertreten, so kann die Zustellung nach § 174 ZPO durch Empfangsbekenntnis durchgeführt werden. Ist eine Generalvollmacht zur Führung aller

Arbeitsgerichtsprozesse bei dem Arbeitsgericht hinterlegt worden, so hat die Zustellung an die Person zu erfolgen, für die die Generalvollmacht hinterlegt worden ist. Eine **Ersatzzustellung** an sonstige **Behördenangestellte** ist auch in diesem Falle ebenso wie bei Erteilung einer Prozessvollmacht ausgeschlossen (BAG 13. 6. 1996 NZA 1997, 204 unter Aufgabe von BAG 12. 12. 1969 NJW 1970, 966). Ist der Aufenthaltsort eines Prozessbevollmächtigten unbekannt, so kann in Abweichung von dem Grundsatz des § 172 ZPO n. F. auch an die Partei selbst die Zustellung erfolgen.

19 In Beschlussverfahren haben **Zustellungen an den Betriebsrat** an den Vorsitzenden zu erfolgen, § 26 Abs. 3 BetrVG (vgl. dazu BAG 20. 1. 1976 AP BetrVG 1972 § 47 Nr. 2 für den Gesamtbetriebsrat). Unter Umständen kann in diesem Falle auch eine Zustellung über die Postannahmestelle des Arbeitgebers bewirkt werden, wenn sich auch der Betriebsrat ständig dieser Postannahmestelle bedient (BAG a. a. O.). Vergleichbares gilt bei der Zustellung an Personalräte.

19a Über die Zustellung ist eine **Zustellungsurkunde** aufzunehmen, § 182 ZPO. Die Zustellung kann an bestimmte Personen (z. B. Anwälte, Notare, Verbandsvertreter, Steuerberater, Gerichtsvollzieher usw.) auch auf **elektronischem Wege** erfolgen, § 174 Abs. 3 ZPO. Für die Übermittlung ist eine elektronische Signatur erforderlich (zu dieser oben § 46c Rn. 10). In diesen Fällen ist das Empfangsbekenntnis auch als elektronisches Dokument möglich, es kann durch Fernkopie oder schriftlich erteilt werden, § 174 Abs. 3 ZPO. Bei Versand als elektronischem Dokument ist an Stelle der Unterschrift der Name des Adressaten ausreichend. Die Zustellungsurkunde ist zur Akte zu nehmen, die Parteien erhalten keine Abschrift, ihnen ist nur ggf. auf Antrag der Zeitpunkt der Zustellung zu bescheinigen, § 169 Abs. 1 ZPO. Die Zustellungsurkunde muss unterzeichnet werden, da sie sonst wirkungslos ist. Wird dieser Mangel von der Geschäftsstelle des Arbeitsgerichts bemerkt, so kann die Unterschrift auch nicht mit der Folge nachgeholt werden, dass der Mangel als geheilt anzusehen wäre (BGH 26. 11. 1980 AP ZPO § 195 Nr. 2). Wird der Tag der Zustellung der Sendung auf der Zustellungsurkunde nicht ausgefüllt, so ist zwar die Zustellung selbst nicht unwirksam, jedoch können Rechtsmittelfristen nicht in Lauf gesetzt werden (GmS OGB 9. 11. 1976 AP ZPO § 195 Nr. 1; vgl. OLG Düsseldorf 19. 7. 2000 NJW 2000, 3511). Ein wesentlicher Mangel der Zustellungsurkunde ist ebenfalls gegeben, wenn die Adresse Unklarheiten aufweist, die nicht eindeutig erkennen lassen, an wen eine Zustellung erfolgen soll (BAG 9. 11. 1978 AP BGB § 242 Nr. 179). Ein weiterer wesentlicher Mangel der Zustellungsurkunde ist gegeben, wenn die Zustellung nicht an den Empfänger, sondern an einen Dritten im Wege der Ersatzzustellung erfolgt ist, und die Zustellungsurkunde dies nicht ausweist (BAG 6. 5. 1977 AP ArbGG § 11 Nr. 36).

20 Im Übrigen wird zunächst durch die Zustellungsurkunde der **Nachweis** dafür, dass die in ihr enthaltenen Angaben zutreffend sind, erbracht, diese Angaben werden von der Unterschrift gedeckt (vgl. BAG 18. 12. 1969 AP ZPO § 191 Nr. 2; *Zöller/Greger* § 182 Rn. 14 m. w. Nachw. aus der Rechtsprechung). Allerdings kann der Inhalt der Zustellungsurkunde durch den Beweis des Gegenteils widerlegt werden.

III. Die Parteizustellung

21 Für die Zustellung im Parteibetrieb **gelten** die allgemeinen **Vorschriften der Zivilprozessordnung**. § 50 enthält insoweit keine Sonderregelung. Von besonderer Bedeutung ist die Parteizustellung insbesondere im Bereich der Zwangsvollstreckung, da nach § 62 Abs. 2 auf die Zwangsvollstreckung einschließlich des Arrestes und der einstweiligen Verfügung die Vorschriften der Zivilprozessordnung Anwendung finden. Ein ohne mündliche Verhandlung durch Beschluss erlassener **Arrestbefehl** muss nach § 922 Abs. 2 ZPO durch die Partei selbst zugestellt werden. Das Gleiche gilt für den Bereich der **einstweiligen Verfügung**, § 936 ZPO i. V. m. § 922 Abs. 2 ZPO. Wird allerdings über

IV. Sonderregelung für Prozessvertreter **§ 50**

den Arrest bzw. die einstweilige Verfügung im Wege eines Urteils entschieden, so verbleibt es bei der Sonderregelung des § 50 Abs. 1, die Zustellung dieses Urteils muss von Amts wegen erfolgen (*Grunsky* § 50 Rn. 3). Bei der Urteilszustellung in diesen Verfahren ist die Frist des § 929 Abs. 2 ZPO zu beachten, die Vollziehung des Arrestes bzw. der einstweiligen Verfügung ist nicht statthaft, wenn die Zustellung nicht innerhalb eines Monats seit Verkündung der Entscheidung erfolgt ist. Die Partei, die die Entscheidung in dem Verfahren des einstweiligen Rechtsschutzes erlangt hat, muss ebenfalls beachten, dass sie diese Entscheidung nur vollziehen kann, wenn noch nicht ein Monat nach Zustellung der Entscheidung verstrichen ist.

Ebenfalls im Parteibetrieb kann ein **Prozessvergleich** zugestellt werden, wenn aus ihm 22 die Vollstreckung betrieben werden soll, §§ 794 Abs. 1 Nr. 1, 795, 750 Abs. 1 ZPO (vgl. dazu oben Rn. 11).

IV. Sonderregelung für Prozessvertreter

Durch Abs. 2 werden die nach § 11 zur Prozessvertretung zugelassenen Prozessvertreter 23 im Hinblick auf die Zustellung von Urteilen, sonstigen Entscheidungen und Schriftstücken den **Rechtsanwälten gleichgestellt.** Erfasst werden alle Bevollmächtigten des § 11 Abs. 2, also nicht wie bisher nur die Verbandsvertreter. Dies gilt allerdings nur für die passive Zustellung, d. h. die Zustellung, die an den Verbandsvertreter erfolgen soll. Nicht entsprechend anwendbar ist die Regelung des § 195 ZPO n. F., die die positive Zustellungsbefugnis der Anwälte untereinander regelt. Dem Verbandsvertreter ist es daher nicht möglich, selbst Zustellungen an andere Verbandsvertreter bzw. an Rechtsanwälte vorzunehmen.

Zustellungen an einen Vertreter des § 11 Abs. 2 können nach § 174 ZPO **in verein-** 24 **fachter Form** erfolgen. Die Aufnahme einer Zustellungsurkunde ist entbehrlich, es genügt ein von dem Verbandsvertreter mit Datum und Unterschrift versehenes schriftliches Empfangsbekenntnis. Die Form des Empfangsbekenntnisses ist dabei vom Gesetz nicht vorgeschrieben, der Empfänger muss daher nicht das übersandte Formular verwenden, er kann sich auch einer anderen schriftlichen Bestätigung bedienen.

Notwendig für die Zustellung ist, dass der **Prozessvertreter selbst Gewahrsam an dem** 25 **Schriftstück erlangt,** das ihm zugestellt werden soll (BAG vom 31. 3. 1971 AP BAT § 23a Nr. 10; vgl. BAG 3. 11. 1970 AP ZPO § 212a Nr. 3 mit Anm. *Schumann*). Wann der Verbandsvertreter Kenntnis vom Inhalt des zuzustellenden Schriftstückes erhalten hat, ist entbehrlich. Grundsätzlich ist daher die Zustellung bewirkt, wenn das Schriftstück im Büro des Verbandsvertreters eingegangen ist, § 178 Abs. 1 Nr. 2 ZPO n. F.

Wann das Empfangsbekenntnis erteilt wird, ist unerheblich. Es kann auch nachträg- 26 lich, selbst noch nach Einlegung eines Rechtsmittels erteilt werden. Es kann jederzeit der Gegenbeweis dafür angetreten werden, dass ein Empfang nicht oder nicht zu der Zeit, die in dem Empfangsbekenntnis bescheinigt worden ist, erfolgte (BAG 30. 5. 1974 AP ArbGG 1953 § 92 Nr. 14; LAG Köln 27. 2. 1987 MDR 1987, 699). Allerdings sind an den Gegenbeweis strenge Anforderungen zu stellen (*Schaub* ArbGV § 45 Rn. 20; vgl. *Baumbach/Hartmann* § 182 Rn. 3 m. w. Nachw.). **Verweigert** der **Prozessbevollmächtigte** (Rechtsanwalt oder Prozessvertreter) die **Bestätigung** der Zustellung oder geht das Empfangsbekenntnis auf dem Postweg verloren, kann das Gericht den Nachweis der Zustellung nicht führen. Eine Mitwirkungspflicht gibt es nicht, allerdings kann für Rechtsanwälte die Verweigerung eine Verletzung von Standespflichten sein. Die **Kosten** der vereinfachten Zustellung (Portokosten) sind keine gerichtlichen Kosten. In KV Nr. 9002 der Anlage 1 zu § 3 Abs. 2 GKG wird nicht auf die Kosten der vereinfachten Zustellung verwiesen. Die Kosten für die Rücksendung des Empfangsbekenntnisses müssen von dem Rechtsanwalt bzw. dem Prozessvertreter getragen werden. Das Gericht kann dabei nicht frankierte Empfangsbekenntnisse zurückweisen, eine Pflicht zur Annahme besteht nicht.

27 Da auch die Bestimmung des § 178 Abs. 1 Nr. 2 ZPO für Prozessvertreter für anwendbar erklärt worden ist, kann eine **Ersatzzustellung** auch **an diesem beschäftigte Personen** erfolgen. Es ist nicht notwendig, dass die Beschäftigten auch gleichzeitig Arbeitnehmer des Prozessvertreters sind (*Dietz/Nikisch* § 50 Rn. 15; *Grunsky* § 50 Rn. 5). Die Person, an die die Ersatzzustellung erfolgen soll, muss jedoch ähnlich wie die Bediensteten eines Rechtsanwaltes organisatorisch dem Prozessvertreter zugeordnet sein, da nur auf diese Weise sichergestellt ist, dass er auch Kenntnis von dem zuzustellenden Schriftstück erhält. Im Übrigen ist auch nur in diesem Falle gewährleistet, dass der Prozessvertreter Gewahrsam erlangen kann (*Grunsky* a. a. O.; a. A. *Dietz/Nikisch* a. a. O.). Eine Ersatzzustellung an einen Stationsreferendar ist nicht möglich, da dieser nicht Beschäftigter des Prozessvertreters ist, er steht in keinem Arbeits- oder Dienstverhältnis zu diesem. Die gleichen Grundsätze gelten für Beschäftigte einer Rechtsschutz GmbH oder einer ähnlichen Gesellschaft.

§ 51 Persönliches Erscheinen der Parteien

(1) ¹Der Vorsitzende kann das persönliche Erscheinen der Parteien in jeder Lage des Rechtsstreits anordnen. ²Im übrigen finden die Vorschriften des § 141 Abs. 2 und 3 der Zivilprozeßordnung entsprechende Anwendung.

(2) ¹Der Vorsitzende kann die Zulassung eines Prozeßbevollmächtigten ablehnen, wenn die Partei trotz Anordnung ihres persönlichen Erscheinens unbegründet ausgeblieben ist und hierdurch der Zweck der Anordnung vereitelt wird. ²§ 141 Abs. 3 Satz 2 und 3 der Zivilprozeßordnung findet entsprechende Anwendung.

Übersicht

	Rn.
I. Allgemeines	1–4
II. Die Anordnung des persönlichen Erscheinens	5–16
1. Anordnung durch den Vorsitzenden	5–11
2. Betroffene Personen	12, 13
3. Die Ladung der Parteien	14, 15
4. Die Anhörung	16
III. Die Folgen des Ausbleibens der Partei	17–33
1. Das entschuldigte Fernbleiben	17–19
2. Die Entsendung eines Vertreters	20, 21
3. Die Verhängung eines Ordnungsgeldes	22–25
4. Die Zurückweisung des Prozessbevollmächtigten, Abs. 2	26–33

I. Allgemeines

1 Die Vorschrift entspricht teilweise der Regelung in § 141 ZPO, der wesentliche **Unterschied zu § 141 Abs. 1 ZPO** besteht darin, dass im arbeitsgerichtlichen Verfahren der Vorsitzende in jeder Lage des Verfahrens ohne einen besonderen Grund anordnen kann, während nach § 141 Abs. 1 ZPO diese Entscheidung nur möglich ist, wenn dies zur Aufklärung des Sachverhalts geboten erscheint. Ähnlich weit wie § 51 Abs. 1 Satz 1 ist im zivilprozessualen Verfahren allerdings § 278 Abs. 3 Satz 1 ZPO, der jedoch nur für Güteverhandlungen gilt. § 141 Abs. 1 Satz 1 ZPO ist daher im arbeitsgerichtlichen Verfahren ebenso wenig anwendbar wie § 278 Abs. 3 Satz 1 ZPO (GK-ArbGG/*Schütz* § 51 Rn. 3; ArbGG-*Kloppenburg/Ziemann* § 51 Rn. 2; undeutlich *Hauck/Helml* § 51 Rn. 2). Dem entspricht auch § 51 Abs. 1 Satz 2, in dem nur die Absätze 2 und 3 des § 141 ZPO für anwendbar erklärt worden sind. Beide Bestimmungen gehen insbesondere hinsichtlich der Sanktionsmöglichkeiten weniger weit als § 51 Abs. 2 Satz 1, der den Ausschluß des Prozessbevollmächtigten ermöglicht. Nach Abs. 1 ist die Anordnung des persönlichen Erscheinens aus jedem sachlichen Grund, auch zum Zwecke des Versuchs einer gütlichen Einigung, zulässig.

Neben § 51 Abs. 1 sieht auch die Bestimmung des § 56 Abs. 1 Nr. 3 die Möglichkeit der Anordnung des persönlichen Erscheinens der Parteien vor. Diese erfolgt zum Zwecke der Vorbereitung der streitigen Verhandlung und wird von dem Vorsitzenden angeordnet. Ebenso wie bei § 51 Abs. 1 liegt die Entscheidung über die Anordnung des persönlichen Erscheinens auch bei dieser Vorschrift im pflichtgemäßen Ermessen des Vorsitzenden. § 56 Abs. 1 Nr. 3 ist eigentlich überflüssig.

§ 51 Abs. 1 gilt auch für das Verfahren in der **Berufungsinstanz,** § 64 Abs. 7. Die Anwendbarkeit des Abs. 2 ist für die Berufungsinstanz ausgeschlossen, da dies dem Vertretungszwang des § 11 Abs. 2 widersprechen würde. Keine Anwendung findet die Bestimmung des § 51 in der **Revisionsinstanz,** da es sich hier nicht um eine Tatsacheninstanz handelt. Der Zweck der Vorschrift, nämlich die Unmittelbarkeit des Verfahrens zwischen den Parteien zu fördern, kann in der Revisionsinstanz keine Rolle spielen.

Im **Beschlussverfahren** ist die entsprechende Anwendbarkeit des § 51 möglich. Das persönliche Erscheinen eines Beteiligten kann auf Grund der Bezugnahme in § 80 Abs. 2 angeordnet werden (zu den Einzelheiten vgl. unten § 80 Rn. 51).

II. Die Anordnung des persönlichen Erscheinens

1. Anordnung durch den Vorsitzenden

Bestimmte **Voraussetzungen,** unter denen die Anordnung des persönlichen Erscheinens nach § 51 Abs. 1 Satz 1 erfolgen kann, sind **im Gesetz nicht genannt.** Ob das persönliche Erscheinen angeordnet wird, steht allein im pflichtgemäßem Ermessen des Vorsitzenden (ArbGG-*Kloppenburg/Ziemann* § 51 Rn. 4; ausführlich *Kahlert* NJW 2003, 3390 ff.). Die Ermessensausübung erfordert vom Vorsitzenden, dass er die Interessen der Partei und diejenigen des Gerichtes an dem persönlichen Erscheinen gegeneinander abwägt. Dies sollte sich aus der Anordnung ergeben, der Grund sollte angegeben werden, damit sich die Partei darauf einstellen und ggf. vorbereiten kann, ohne dass eine entsprechende Begründung vorgeschrieben ist (unten Rn. 11). Dies gebietet der Grundsatz der prozessualen Fairness. Eine Anordnung des persönlichen Erscheinens im Sinne des § 51 Abs. 1 Satz 1 ist in jedem Falle dann gerechtfertigt, wenn auch die Voraussetzungen des § 141 Abs. 1 Satz 1 ZPO erfüllt sind, wenn also die Anordnung ihre Rechtfertigung in der Sicherstellung des richterlichen Fragerechts hat, die Partei zu neuem Vorbringen der Gegenseite gehört werden kann oder wenn sie dazu dient, die gütliche Erledigung des Rechtsstreites zu fördern. Zu beachten ist dabei allerdings, dass die Anordnung des persönlichen Erscheinens kein Selbstzweck ist (vgl. dazu LAG Düsseldorf 17. 1. 1985 EzA ZPO § 141 Nr. 3). Die Anordnung des persönlichen Erscheinens kann auch dann gerechtfertigt sein, wenn sie zum Zwecke der Gegenüberstellung mit einem Zeugen erfolgt (LAG Frankfurt 19. 2. 1963 AP ZPO § 141 Nr. 1).

Die Anordnung kann **in jeder Lage des Verfahrens** erfolgen. Der Vorsitzende kann daher das persönliche Erscheinen auch bereits für das Güteverfahren des § 54 Abs. 1 anordnen. Auch für das Verfahren vor dem ersuchten Richter kann eine entsprechende Entscheidung erfolgen (LAG Frankfurt 19. 2. 1963 AP ZPO § 141 Nr. 1).

Die Anordnung ist **unzulässig, wenn sie willkürlich** erfolgt. Es muss immer ein im Verfahren liegender sachlicher Grund vorhanden sein, der die Ermessensentscheidung des Vorsitzenden rechtfertigt (dazu näher *Kahlert* NJW 2003, 3390 ff.). Nicht gerechtfertigt ist beispielsweise die Anordnung des persönlichen Erscheinens einer Partei, bei reinen Rechtsfragen, wenn bei geklärtem Sachverhalt eine gütliche Einigung ausgeschlossen ist, weil die Partei sich in vergangenen Rechtsstreitigkeiten regelmäßig geweigert hat, einen Vergleich abzuschließen. Auch die Weigerung des Prozessbevollmächtigten einer Partei, eine vergleichsweise Regelung zu treffen, kann in der Regel die Anordnung des persönlichen Erscheinens der Partei nicht rechtfertigen. Allerdings wird die Anordnung des persönlichen Erscheinens einer Partei nicht dadurch ausgeschlossen, dass sie zur Aufklärung der Tatsachen nichts beitragen kann, weil sie selbst nicht informiert ist. Dies gilt beispielsweise bei Großunternehmen. In diesem Fall steht es nämlich der Partei frei, gemäß § 141 Abs. 3 Satz 2 ZPO einen Vertreter zu entsenden, der zur Aufklärung des Tatbestandes in der Lage ist.

8   Ob der Vorsitzende das persönliche Erscheinen einer Partei oder beider Parteien eines Rechtsstreites anordnet, steht ebenfalls in seinem **pflichtgemäßen Ermessen**. Zur Ermessensausübung siehe oben Rn. 7. Ein Antragsrecht der Parteien hinsichtlich der Anordnung besteht nicht, sie können lediglich eine entsprechende Entscheidung des Vorsitzenden anregen. Im Übrigen steht es auch jeder Partei frei, selbst dann an dem Verfahren teilzunehmen, wenn sie durch einen Prozessbevollmächtigten vertreten wird.

9   Erfolgt die Anordnung in Form eines Beschlusses, so ist dieser vom Vorsitzenden mit **voller Unterschrift** zu unterzeichnen (LAG Hamm 11. 3. 1982 AP ZPO § 141 Nr. 3). Die vollständige Unterschrift des Vorsitzenden ist auch erforderlich, wenn die Anordnung des persönlichen Erscheinens der Parteien in Form einer Verfügung erfolgt, in der z. B. der Termin festgelegt wird (LAG Hamm a. a. O.). Die Pflicht, mit vollem Namen zu unterschreiben, folgt aus der Tatsache, dass es sich in diesem Falle nicht um eine nur dem internen Dienstbetrieb dienende Anordnung handelt, sondern eine richterliche Entscheidung ist, die auch Außenwirkung hat. Gerichtliche Entscheidungen, die nicht verkündet werden, bedürfen aber zu ihrer Wirksamkeit der Unterschrift des Richters (*Schaub* ArbGV § 29 Rn. 54). Ist die Anordnung nur mit einer Paraphe abgezeichnet, ist sie unwirksam (LAG Hamm 11. 3. 1982 AP ZPO § 141 Nr. 3; *Schwab/Weth/Berscheid/Korinth* § 51 Rn. 8).

10 Gegen die Anordnung des persönlichen Erscheinens einer Partei ist das Rechtsmittel der **Beschwerde nicht gegeben**. Das folgt zum einen schon daraus, dass nach § 51 Abs. 1 Satz 2 i. V. m. § 141 Abs. 3 Satz 1 i. V. m. § 409 Abs. 2 ZPO nur bei Verhängung eines Ordnungsgeldes eine Beschwerdemöglichkeit vom Gesetz vorgesehen ist. Zum anderen würde die Beschwerdemöglichkeit schon bei der Anordnung des persönlichen Erscheinens dem Grundsatz widersprechen, dass nicht schon in diesem Stadium des Verfahrens in die Unabhängigkeit der Entscheidungsbefugnis des Instanzrichters eingegriffen werden soll (LAG Berlin 17. 4. 1978 EzA ZPO § 141 Nr. 1; *Grunsky* § 51 Rn. 6; *Schaub* ArbGV § 29 Rn. 55).

11 **Zweifelhaft** ist, **ob** die Entscheidung über das persönliche Erscheinen **begründet werden muss** (dazu näher *Baumbach/Hartmann* § 141 Rn. 23; *Stein/Jonas/Leipold* § 141 Rn. 9 jeweils m. w. N.), zumal das Gesetz in § 141 Abs. 3 Satz 3 ZPO **nur** eine **Belehrungspflicht hinsichtlich der Folgen** des Nichterscheinens vorsieht. Da die Anordnung im Gegensatz zu der Regelung in § 141 Abs. 1 ZPO bei § 51 aus jedem Grund erfolgen kann, wird eine allgemeine Formulierung ausreichend sein. Es ist daher nicht erforderlich, dass der Grund für die Anordnung im Einzelnen der Partei mitgeteilt wird, es genügt, wenn auf die Vorschrift des § 51 verwiesen wird (vgl. *Schaub* ArbGV § 29 Rn. 54; ferner oben Rn. 5), aus dem Grundsatz der prozessualen Fairness ist die Mitteilung des Anordnungsgrundes in Kurzform sinnvoll (ArbGG-*Kloppenburg/Ziemann* § 51 Rn. 9). Spätestens bei der Verhängung eines Ordnungsgeldes muss sich jedoch aus dem dann zu fassenden Beschluss ergeben, aus welchem Grunde das persönliche Erscheinen angeordnet worden ist und wie das Gericht sein Ermessen in diesem Zusammenhang ausgeübt hat. **Fehlt** allerdings **die** nach § 141 Abs. 3 Satz 3 ZPO notwendige **Belehrung** über die Folgen des Ausbleibens, kann weder ein Ordnungsgeld verhängt werden, noch ein Ausschluss des Prozessbevollmächtigten nach Abs. 2 erfolgen (LAG Bremen 24. 1. 2002 NZA-RR 2003, 158).

2. Betroffene Personen

Adressat der Anordnung ist die Partei, der Parteibegriff entspricht demjenigen in § 50 12
ZPO und § 10. Bei juristischen Personen, Personengesellschaften und prozessunfähigen Parteien ist der **gesetzliche Vertreter** zu laden (LAG Köln 15. 3. 1996 AuR 1996, 459; LAG Hamm MDR 1999, 825 siehe auch GK-ArbGG/*Schütz* § 51 Rn. 19; dazu näher und teilweise a. A. *Vonderau* NZA 1991, 337 f.). Dies ergibt sich aus dem Normzweck, der besseren Aufklärung des Sach- und Streitstandes. Die Partei selbst kann keine Erklärungen abgeben, diese Möglichkeit hat nur der Vertreter. Grundsätzlich ist dieser namentlich in der Entscheidung nach § 51 aufzunehmen, sind bei einer juristischen Person mehrere gesetzliche Vertreter vorhanden, so muss angegeben werden, welcher von den gesetzlichen Vertretern geladen werden soll. Enthält eine Entscheidung nach § 51 eine solche Individualisierung nicht, so ist diese durch eine ergänzende Entscheidung des Vorsitzenden nachzuholen, hiervon kann nur abgesehen werden, wenn lediglich ein gesetzlicher Vertreter vorhanden ist. In diesem Falle kann die Ladung auch ohne zusätzliche Entscheidung des Vorsitzenden an diesen gesetzlichen Vertreter gerichtet werden. Bei Streitgenossen kann sich die Anordnung des persönlichen Erscheinens gegen jeden Einzelnen richten. Ein einfacher Streithelfer im Sinne des § 66 ZPO kann dagegen nicht gemäß § 51 geladen werden, da er nur prozessuale Befugnisse zur Unterstützung einer Partei, nicht aber die Stellung einer Partei selbst besitzt (*Stein/Jonas/Leipold* § 141 Rn. 7; *Schaub* ArbGV § 29 Rn. 53).

Gibt eine **Partei**, die sich in einem Rechtsstreit vertreten lässt, eindeutig zu **erkennen,** 13
dass sie jede Einlassung verweigern wolle, so hat die Anordnung des persönlichen Erscheinens zu unterbleiben. Auch über die Bestimmung des § 51 kann keine Partei gezwungen werden, prozessuale Erklärungen abzugeben, wenn sie dies nicht will (*Schaub* ArbGV § 29 Rn. 53; *Stein/Jonas/Leipold* § 141 Rn. 7). Die Erklärung der Partei, dass sie sich nicht einlassen wolle, muss allerdings eindeutig vorliegen. Die weitere Einschränkung, dass von der Anordnung des Erscheinens abzusehen sei, wenn dies einer Partei wegen großer Entfernung oder aus sonstigen wichtigen Gründen nicht zumutbar sei, gilt im Bereich des § 51 Abs. 1 nicht. Die Vorschrift des § 141 Abs. 1 Satz 2 ZPO ist nicht in Bezug genommen worden. Allerdings sind diese Umstände bei der Ausübung des Ermessens zu berücksichtigen, so dass im Grunde eine entsprechende Anwendbarkeit des § 141 Abs. 1 Satz 2 ZPO erreicht wird (*Grunsky* § 51 Rn. 3; *Dietz/Nikisch* § 51 Rn. 3; vgl. aber *Schwab/Weth/Berscheid/Korinth* § 51 Rn. 11). Auch dürfte die Anordnung des persönlichen Erscheinens allein zu dem Zweck, Druck für einen Vergleichsabschluss auszuüben, dann unzulässig sein, wenn die Partei eindeutig erklärt hat, dass sie sich nicht vergleichen wolle (*Schaub* ArbGV § 29 Rn. 51; a. A. wohl LAG Hamm 28. 10. 1971 MDR 1972, 362).

3. Die Ladung der Parteien

Auf die Ladung der Parteien findet die Vorschrift des § 141 Abs. 2 ZPO entsprechen- 14
de Anwendung. Sie erfolgt **von Amts wegen durch die Geschäftsstelle.** Die Ladung ist an die Partei persönlich bzw. an den gesetzlichen Vertreter, der namentlich bestimmt sein muss (Rn. 12), zu richten. Eine besondere Form muss nicht eingehalten werden. Wegen der Folgen, die bei unentschuldigtem Ausbleiben der Parteien eintreten können (§ 141 Abs. 3 ZPO bzw. § 51 Abs. 2) ist es jedoch ratsam, die Ladung der Partei mit Zustellungsurkunde vorzunehmen, da sonst ein Nachweis über den Zugang der Ladung nicht möglich ist. Eine Ladung an den Prozessbevollmächtigten ist unzulässig, § 141 Abs. 2 Satz 1 ZPO. Die Prozessbevollmächtigten der Parteien sind von der Anordnung des persönlichen Erscheinens der Parteien zu unterrichten. Auch ist es empfehlenswert, den Grund für die Ladung anzugeben, soweit dieser bei der Anordnung genannt worden ist (vgl. dazu oben Rn. 5).

15 In der Ladung muss auf die Folgen eines unentschuldigten Ausbleibens hingewiesen werden, § 141 Abs. 3 Satz 3 ZPO. Hierbei muss der Hinweis sowohl die in § 141 Abs. 3 ZPO als auch die in § 51 Abs. 2 genannten Folgen erkennen lassen. Fehlt der Hinweis, können Zwangsmittel nicht ergriffen werden (LAG Bremen 24. 1. 2002 NZA-RR 2003, 158). Eine besondere Ladungsfrist ist nicht einzuhalten, insbesondere gilt nicht die Bestimmung des § 217 ZPO, da diese allein die Ladung der Partei als Prozesssubjekt und nicht als Person betrifft. Allerdings ist bei der Frage, ob Zwangsmaßnahmen ergriffen werden können, zu berücksichtigen, ob der Partei unter Abwägung der Umstände des Einzelfalles die Wahrnehmung des Termins möglich war.

4. Die Anhörung

16 Die Anhörung der Partei erfolgt **in der** Güte- oder der streitigen **Verhandlung** durch das Gericht. Der jeweils anderen Partei ist die Möglichkeit der Stellungnahme zu gewähren. Bei der Anhörung sind die Grundsätze der Darlegungs- und Beweislast zu beachten. Eine Partei ist nicht verpflichtet auf Fragen zu antworten, mit denen beispielsweise eine Ausforschung betrieben oder Vorbringen der Gegenpartei schlüssig gemacht werden soll. §§ 138 Abs. 1 und 2 sowie 139 ZPO begrenzen die Anhörung. Die Partei kann auch nicht gezwungen werden, sich zu äußern, § 51 begründet nur eine Pflicht zum Erscheinen, nicht zur Äußerung. Die Anhörung dient nur der Klärung tatsächlicher Fragen oder der Ermittlung von Vergleichsmöglichkeiten, nicht jedoch Beweiszwecken. Inquisitorische Befragungen sind unzulässig, auf die Partei darf auch kein Druck ausgeübt werden. Die Anhörung ist auch **keine Parteivernehmung** i. S. §§ 445 ff. ZPO (GK-ArbGG/*Schütz* § 51 Rn. 6; *Musielak/Stadler* § 141 Rn. 11). Eine Protokollierung nach § 160 Abs. 3 Nr. 4 ZPO ist daher auch nicht vorgeschrieben. Allerdings sind die Erklärungen einer Partei nur dann verwertbar, wenn sie in dem Protokoll oder in dem Tatbestand der Entscheidung festgehalten sind (*Musielak/Stadler* § 141 Rn. 11). Falls die Partei ein gerichtliches Geständnis abgibt, sind die Regelungen der §§ 288 ZPO zu beachten, es ist zu protokollieren, § 160 Abs. 3 Nr. 3 ZPO.

III. Die Folgen des Ausbleibens der Partei

1. Das entschuldigte Fernbleiben

17 Die ordnungsgemäß geladene Partei ist zum Erscheinen in der mündlichen Verhandlung verpflichtet. Sie ist nicht verpflichtet, sich zur Sache einzulassen, allerdings kann ihre Weigerung u. U. im Rahmen des § 286 ZPO gewürdigt werden. Von der Pflicht zu erscheinen ist die Partei nur dann befreit, wenn sie sich **vor dem Termin entschuldigt hat** und ein hinreichender Grund für das Fernbleiben vorliegt. Die Bestimmung des § 381 ZPO ist in diesem Zusammenhang entsprechend anwendbar. Die Entschuldigung muss so rechtzeitig bei dem Gericht eingegangen sein, dass ggf. noch die Aufhebung des Termins möglich ist. Hiervon ist nur dann eine Ausnahme zu machen, wenn das hindernde Ereignis erst kurz vor dem Termin eingetreten ist. Auf Verlangen ist die Partei verpflichtet, die Entschuldigungsgründe glaubhaft zu machen. Ohne besondere Aufforderung ist dies dann notwendig, wenn die Partei sich darauf beruft, dass ihr die Ladung nicht so rechtzeitig zugegangen ist, dass sie sich noch hätte darauf einstellen können.

18 Kein ausreichender Entschuldigungsgrund ist es, wenn die Partei sich darauf verlässt, dass ihr Prozessbevollmächtigter ihr geraten habe, den Termin nicht wahrzunehmen. Ein Anwaltsverschulden ist der Partei in diesem Zusammenhang zuzurechnen (LAG Rheinland-Pfalz 19. 4. 1985 LAGE ArbGG 1979 § 51 Nr. 2; LAG Köln 14. 11. 1994 NZA 1995, 864). Ebenso wenig genügt es, wenn die Partei den Termin lediglich vergessen hat. **Entschuldigungsgründe** (dazu *Schwab/Weth/Berscheid/Korinth* § 51 Rn. 16 f.; ArbGG-*Kloppenburg/Ziemann* § 51 Rn. 16) können aber beispielsweise sein:

III. Die Folgen des Ausbleibens der Partei § 51

– unaufschiebbare Geschäfte, Art und Zeitplan für die Geschäfte sind mitzuteilen.
– Krankheit, Art und Schwere der Erkrankung sind darzulegen, bloße Arbeitsunfähigkeit reicht nicht, es muss Verhandlungsunfähigkeit vorliegen (LAG Köln 15. 3. 1996 AuR 1996, 459). Arbeitsunfähigkeitsbescheinigung und privatärztliches Attest reichen in der Regel nicht aus. Da die ärztliche Schweigepflicht eingehalten werden muss, sind entsprechende Unterlagen ggf. in verschlossenem Umschlag zur Akte zu nehmen.
– Kur- und Krankenhausaufenthalt.
– Schwere Erkrankung eines nahen Angehörigen, die die Anwesenheit der Partei erfordert.
– Tod eines nahen Angehörigen.
– Urlaub, darzulegen ist Zeitraum des Urlaubs, Buchung einer Reise
– Auslandsaufenthalt, der nur unter unangemessenen zeitlichen oder finanziellen Aufwendungen die Terminswahrnehmung ermöglichen würde. Häufig kann dies bei Parteien der Fall sein, die ihren Wohnsitz im Ausland haben.
– unzumutbare wirtschaftliche Belastungen, die durch die Anreise zum Gerichtsort entstehen könnten. Die Kosten sind darzulegen.
– Wahrnehmung von anderen Gerichtsterminen, bei denen man sich nicht vertreten lassen kann. Die Terminsladung ist vorzulegen

Für die Darlegung der Entschuldigungsgründe genügt eine Glaubhaftmachung, allgemein reicht auch die Vorlage von Unterlagen in Kopie. Ob ein Entschuldigungsgrund vorliegt oder nicht, hat der Vorsitzende nach pflichtgemäßem Ermessen zu entscheiden.

Die Partei ist erst dann nicht zum Erscheinen in der mündlichen Verhandlung verpflichtet, wenn sie eine entsprechende **Mitteilung von dem Vorsitzenden** erhalten hat. Solange eine solche nicht vorliegt, besteht die Pflicht zum Erscheinen fort. Erfolgt die Glaubhaftmachung oder die Entschuldigung erst nachträglich, so kann u. U. von der Verhängung von Zwangsmaßnahmen abgesehen bzw. diese wieder aufgehoben werden, dies ergibt sich aus einer entsprechenden Anwendung des § 381 Abs. 1 Satz 2 ZPO. Das Gericht kann sich auch zunächst die Entscheidung über die Verhängung eines Ordnungsgeldes vorbehalten, wenn Anhaltspunkte dafür bestehen, dass ein Entschuldigungsgrund vorliegen könnte. Die Partei hat dann die Möglichkeit der nachträglichen Entschuldigung innerhalb einer zu setzenden Frist. 19

2. Die Entsendung eines Vertreters

Die persönlich geladene Partei kann einen Vertreter zur mündlichen Verhandlung entsenden, wenn dieser **zur Aufklärung des Tatbestandes in der Lage und zur Abgabe der gebotenen Erklärungen** und insbesondere auch zu einem **Vergleichsabschluss ermächtigt ist**, § 51 Abs. 1 Satz 2 in Verbindung mit § 141 Abs. 3 Satz 2 ZPO. Der Vertreter muss selbst zur Aufklärung des Tatbestandes in der Lage sein, in der Regel ist es erforderlich, dass er unmittelbar über eigene Sachkenntnis verfügt, wobei diese auch durch Unterrichtung seitens der Partei erlangt sein kann (ArbGG-*Kloppenburg/Ziemann* § 51 Rn. 18; *Vonderau* 1991, 336, 338). Dies schließt es in der Regel aus, dass der Prozessbevollmächtigte als der besondere Vertreter des § 141 Abs. 3 Satz 2 ZPO auftreten kann (*Stein/Jonas/Leipold* § 141 Rn. 27). Er wird nur dann als Vertreter entsandt werden können, wenn er auch außerhalb seiner Tätigkeit als Prozessbevollmächtigter und über die Kenntnis der Schriftsätze hinaus (*Schwab/Weth/Berscheid/Korinth* § 51 Rn. 19) eigene Kenntnisse über den Sachverhalt hat. Der Vertreter muss auch über sämtliche Umstände des bisherigen Sach- und Streitstandes Auskunft erteilen können, sofern das Gericht sachbezogene Fragen stellt. Er muss in gleicher Weise Auskunft erteilen und Entscheidungen treffen können, wie die Partei selbst (vgl. dazu LAG Rheinland-Pfalz 19. 4. 1985 LAGE ArbGG 1979 § 51 Nr. 2; *Vonderau* NZA 1991, 336, 338). Überraschende Fragen muss der Vertreter auch nur in gleicher Weise beantworten 20 können, wie dies der Partei zuzumuten ist. Auch ihm muss ermöglicht werden, sich zunächst an Hand von Unterlagen sachkundig zu machen.

21 Der Vertreter muss auch im Übrigen von der Partei eine **umfassende Vollmacht** besitzen, diese muss ihn auch ggf. zur Abgabe einer Verzichtserklärung oder eines Anerkenntnisses bzw. zum Abschluss eines Prozessvergleiches ermächtigen. Ist der Vertreter lediglich ermächtigt, einen Vergleich auf Widerruf oder einen Vergleich nach Rücksprache mit der Partei abzuschließen, ist seine Vollmacht nicht ausreichend, gegen die nicht erschienene Partei können in diesem Falle die Zwangsmaßnahmen des § 141 Abs. 3 ZPO bzw. § 51 Abs. 2 ergriffen werden (*Vonderau* a. a. O.; *Baumbach/Hartmann* § 141 Rn. 50). Eine besondere Zurückweisung des nach § 141 Abs. 3 Satz 2 ZPO entsandten Vertreters ist nicht erforderlich. Etwas anderes gilt, wenn bei Abschluss eines Vergleichs noch Rücksprache mit Dritten erforderlich ist, beispielsweise der Arbeitsagentur, dem Rentenversicherungsträger oder sonstigen, nicht unmittelbar am Prozess beteiligten Personen oder Stellen, die auch von der Partei hätten eingeschaltet werden müssen.

3. Die Verhängung eines Ordnungsgeldes

22 Bleibt eine ordnungsgemäß geladene Partei unentschuldigt dem Termin fern, kann das Gericht gegen sie, wie gegen einen nicht erschienenen Zeugen, ein Ordnungsgeld verhängen, Abs. 1 Satz 2 i. V. m. § 141 Abs. 3 Satz 1 ZPO i. V. m. § 380 ZPO. Dass ein Ordnungsgeld nur gegen die Partei selbst verhängt werden kann, gilt auch dann, wenn eine juristische Person, eine Personengesellschaft oder eine prozessunfähige Partei durch ihren gesetzlichen Vertreter in dem Verfahren vertreten wird. Durch seine Stellung tritt der Vertreter nicht automatisch an die Stelle der Partei. Sein Verhalten wird dieser vielmehr zugerechnet, wie sich aus § 51 Abs. 2 ZPO ergibt (LAG Hamm 25. 1. 1999 MDR 1999, 825; *Vonderau* NZA 1991, 336, 339 unter Hinweis auf LAG Rheinland-Pfalz 11. 6. 1990 – 9 Ta 109/90 –). Ob ein Ordnungsgeld zu verhängen ist, steht im **Ermessen des Gerichts,** von dieser Möglichkeit sollte zurückhaltend Gebrauch gemacht werden (LAG Berlin 17. 11. 1977 AP ZPO § 141 Nr. 2; *Baumbach/Hartmann* § 141 Rn. 36). Die Rechtfertigung für die Verhängung des Ordnungsgeldes liegt dabei nicht in der Tatsache der Missachtung des Gerichts durch die Partei, die die entsprechende Anordnung nicht befolgt, sondern allein darin, dass eine notwendige Förderung des Verfahrens wegen des Ausbleibens der Partei nicht erfolgen kann (LAG Niedersachsen 7. 8. 2002 MDR 2002, 1333; LAG Düsseldorf 1. 8. 1985 LAGE ArbGG 1979 § 51 Nr. 3; *Zöller/Greger* § 141 Rn. 12). Im Regelfall soll daher die Verhängung eines Ordnungsgeldes ausgeschlossen sein, wenn das Gericht trotz der Abwesenheit der Partei zu einer Beendigung des Rechtsstreits kommt, sei es durch Vergleich oder sei es durch eine Endentscheidung, ohne dass Fragen zum Sachverhalt offengeblieben sind (BAG 20. 8. 2007 NZA 2008, 1151; LAG Düsseldorf a. a. O.; LAG Schleswig-Holstein 16. 1. 2003 NZA-RR 2003, 215; vgl. aber LAG Köln 19. 3. 2006 – 14(5) Ta 2/06; LAG Hessen 30. 12. 1995 LAGE ZPO § 141 Nr. 7; 1. 11. 2005 AuR 2006, 175; *Schwab/Weth/Berscheid/Korinth* § 51 Rn. 25), oder wenn auf andere Weise eine Klärung des Tatbestandes möglich ist. Zu berücksichtigen ist aber, dass die Anordnung des persönlichen Erscheinens auch erfolgen kann, um eine Förderung des Eintritts des Rechtsfriedens durch eine argumentative Auseinandersetzung in der mündlichen Verhandlung zu erreichen. Durch eine vergleichsweise Regelung kann eine instanzübergreifende Erledigung des Rechtsstreits erfolgen (LAG Hessen a. a. O. m. w. Nachw.; 30. 12. 1995 LAGE ZPO § 141 Nr. 7; LAG Köln 19. 3. 2006 14(5) Ta 2/06; vgl. *Zöller/Greger* § 141 Rn. 12). Dem entspricht es auch dass die Anordnung des persönlichen Erscheinens in jeder Lage des Verfahrens, also auch in der Güteverhandlung (für das zivilprozessuale Verfahren ausdrücklich § 278 Abs. 3 ZPO) angeordnet werden kann. Auch hier gilt daher die Sanktionsmöglichkeit, allerdings ist bei der Verhängung

III. Die Folgen des Ausbleibens der Partei § 51

besondere Zurückhaltung geboten, da nicht die Erzwingung eines Vergleichs gesichert werden soll.

Die **Höhe des Ordnungsgeldes** beträgt mindestens 5,– Euro, höchstens 1000,– Euro, **23** Art. 6 EGStGB. Bei der Festlegung sind die finanziellen Möglichkeiten der Partei zu berücksichtigen. Daneben kann nicht Ordnungshaft oder Vorführung der Partei angeordnet werden, auch kann die Partei im Gegensatz zum Zeugen nicht in die durch ihr Ausbleiben entstehenden zusätzlichen Kosten verurteilt werden, da insoweit in § 141 Abs. 3 Satz 1 ZPO keine Bezugnahme auf die entsprechenden Regelungen für den Zeugen gegeben ist. Bestenfalls kann das Gericht hier eine Verzögerungsgebühr gemäß § 38 GKG n. F. verhängen, wenn dessen Voraussetzungen gegeben sind.

Erfolgt die **Entscheidung** über das Ordnungsgeld in der mündlichen Verhandlung, ist **24** sie **durch die Kammer** in der Besetzung mit den ehrenamtlichen Richtern zu treffen (LAG Bremen 4. 8. 1993 BB 1993, 1952). Die Voraussetzungen des § 53 sind in diesem Falle nicht gegeben, es handelt sich nicht um einen Beschluss, der nicht auf Grund einer mündlichen Verhandlung zu ergehen hat. Im Übrigen ist auch durch die Verweisung in Abs. 1 Satz 2 auf § 141 Abs. 2 und 3 ZPO klargestellt, dass die dort gültigen Regelungen hinsichtlich der Beschlussfassung gelten (vgl. zu diesen *Baumbach/Hartmann* § 141 Rn. 35). Insoweit gelten die gleichen Grundsätze wie bei einem nicht erschienenen Zeugen (wie hier *Hauck/Helml* § 51 Rn. 13; GK-ArbGG/*Kloppenburg/Ziemann* § 51 Rn. 22; a. A. GK-ArbGG/*Schütz* § 51 Rn. 34 – immer Alleinentscheidung nach § 53). Darauf, dass die Anordnung durch den Vorsitzenden allein erfolgt, kommt es nicht an. Dies besagt noch nichts über die Form der Entscheidung über die Folgen der Verletzung der Anordnung. Erfolgt die Verhängung des Ordnungsgeldes außerhalb der mündlichen Verhandlung, gilt § 53. Wird der Prozessbevollmächtigte ausgeschlossen, Abs. 2 Satz 1 und ist deshalb die Partei säumig oder ist sie ohnehin durch das Nichterscheinen säumig, gilt die Sonderregelung des § 55 Abs. 1 Nr. 4, es handelt sich dann um eine Entscheidung, die auf der Säumnis der Partei beruht. Die Entscheidung ist in jedem Falle zu begründen (LAG Bremen a. a. O.). Ergeht der Beschluss in der mündlichen Verhandlung, so ist er zu verkünden. Er ist der betroffenen Partei zuzustellen. Gegen ihn ist das Rechtsmittel der **sofortigen Beschwerde** nach § 380 Abs. 3 ZPO gegeben.

Unter den Voraussetzungen des § 381 ZPO kann das Gericht den Beschluss hinsicht- **25** lich der Verhängung des Ordnungsgeldes **aufheben,** sobald sich die Partei **nachträglich genügend entschuldigt** hat. Hierbei muss die Partei zunächst vortragen und ggf. glaubhaft machen, dass sie ohne ihr Verschulden gehindert war, den Termin wahrzunehmen, dass also ein ausreichender Entschuldigungsgrund vorgelegen hat, zum anderen muss sie zusätzlich darlegen und ggf. glaubhaft machen, dass sie ohne ihr Verschulden gehindert war, diesen Hinderungsgrund bereits vor dem Termin dem Gericht mitzuteilen. Ob in diesem Zusammenhang das **Verschulden des Prozessbevollmächtigten** gemäß § 85 Abs. 2 ZPO der Partei zuzurechnen ist, ist umstritten. Während einerseits die Auffassung vertreten wird, dass die Verhängung der Ordnungsmaßnahme keinen repressiv-strafrechtlichen Charakter habe und daher § 85 Abs. 2 ZPO anwendbar sei (LAG Rheinland-Pfalz 19. 4. 1985 LAGE ArbGG 1979 § 51 Nr. 2; OLG Köln 10. 10. 1977 NJW 1978, 2515), wird andererseits hervorgehoben, dass die Verhängung des Ordnungsgeldes zumindest strafähnlichen Charakter habe (LAG Hamburg 28. 9. 2004 NZA-RR 2005, 213; LAG Köln 27. 7. 1987 LAGE ZPO § 141 Nr. 5; *Zöller/Greger* § 141 Rn. 13; *Grunsky* § 51 Rn. 14, wohl auch LAG Frankfurt/Main 14. 8. 1978 BB 1979, 891). Ähnlich auch *E. Schneider* (Anm. zu OLG Köln a. a. O. in NJW 1979, 987, 988), der auf die Sicht der Partei und das schützenswerte Vertrauen von ihr in die Person ihres Prozessbevollmächtigten abstellt. Zu berücksichtigen ist, dass vorwerfbares Verhalten der Parteien bei der Verhängung des Ordnungsgeldes im Vordergrund steht, nicht die objektive Missachtung der gerichtlichen Anordnung. Dem entspricht es auch, dass durch § 85 Abs. 2 ZPO erreicht werden soll, dass die Heranziehung des Prozessbevollmächtigten nicht das Prozessrisiko zu Lasten der gegnerischen Partei verändern soll. Dieser

Grundgedanke passt jedoch nicht, wenn es sich um die Anordnung des persönlichen Erscheinens der Partei handelt. Allerdings ist bei der Prüfung, ob ihr ein Verschulden zugerechnet werden kann, auch zu berücksichtigen, dass sie nicht jede Anweisung ihres Anwaltes zu befolgen hat. Wenn ein Prozessbevollmächtigter meint, aus prozesstaktischen Gründen solle die Anordnung des persönlichen Erscheinens ohne vorherige Rücksprache mit dem Gericht nicht beachtet werden, so kann sich die Partei hierauf nur dann verlassen, wenn sie sich vorher vergewissert hat, dass der Anwalt sein Verhalten mit dem Gericht abgesprochen hat.

4. Die Zurückweisung des Prozessbevollmächtigten, Abs. 2

26 **Zusätzlich zu den Zwangsmaßnahmen,** die nach Abs. 1 Satz 2 in Verbindung mit § 141 Abs. 2 und 3 ZPO möglich sind, kann der Vorsitzende die Zulassung eines Prozessbevollmächtigten ablehnen, wenn die Partei trotz der Anordnung ihres persönlichen Erscheinens unentschuldigt ausgeblieben ist und zusätzlich dadurch der Zweck der Anordnung vereitelt wird. Diese in Absatz 2 vorgesehene Möglichkeit gilt nicht im Verfahren vor dem Landesarbeitsgericht (dazu oben Rn. 3). Die Sanktion des Ausschlusses des Prozessbevollmächtigten kann neben einem Ordnungsgeld verhängt werden, die Möglichkeiten von Abs. 1 und Abs. 2 stehen gleichwertig nebeneinander (LAG Schleswig-Holstein 24. 11. 2003 NZA-RR 2004, 153).

27 **Voraussetzung** für die Nichtzulassung des Prozessbevollmächtigten ist zunächst, dass das persönliche Erscheinen der Partei ordnungsgemäß angeordnet worden ist und dass die Partei unter Hinweis auf die Folgen des unentschuldigten Fernbleibens geladen wurde (LAG Hamm 29. 11. 1990 DB 1991, 1684; LAG Bremen 24. 1. 2002 NZA-RR 2003, 158). Weiterhin muss die Partei unentschuldigt (unbegründet) ausgeblieben sein, insoweit sind die Voraussetzungen die gleichen wie bei der Verhängung eines Ordnungsgeldes nach Abs. 1 Satz 2 i. V. m. § 141 Abs. 3 ZPO. Zusätzlich muss durch das unentschuldigte Fernbleiben der Partei der Zweck der Anordnung des persönlichen Erscheinens vereitelt worden sein. Als Zweck für die Anordnung des persönlichen Erscheinens kommt in diesem Zusammenhang lediglich die Tatsachenaufklärung oder aber der Versuch einer gütlichen Einigung in Betracht. Bei der nicht möglichen Tatsachenaufklärung ist aber zu berücksichtigen, dass ebenso wie bei der Verhängung eines Ordnungsgeldes der Ausschluss des Prozessbevollmächtigten nur dann erfolgen kann, wenn eine Verzögerung der Erledigung des Rechtsstreites eintritt. Ein Ausschluss ist daher dann nicht möglich, wenn die fehlende Erklärung einer Partei zu einem tatsächlichen Geschehen prozessual bewertet und auf Grund dieser Bewertung eine Entscheidung getroffen werden kann. Zu berücksichtigen ist hierbei, dass dann, wenn das persönliche Erscheinen einer Partei angeordnet ist, ein bloßes Bestreiten des Sachvortrages der gegnerischen Partei oder das Aufstellen unsubstantiierter Behauptungen ohne Darlegung näherer Einzelheiten nicht ausreichen kann. Unter Zugrundelegung der Bestimmungen der §§ 138 und 286 ZPO kann in einem solchen Falle aus der fehlenden Erklärung der persönlich geladenen Partei die entsprechende prozessuale Schlussfolgerung gezogen werden.

28 Wenig sinnvoll, wenn auch möglich, ist der Ausschluss eines Prozessbevollmächtigten in der **Güteverhandlung,** wenn das persönliche Erscheinen der Partei zur Güteverhandlung angeordnet worden ist. In der Güteverhandlung kann nämlich ohnehin eine Endentscheidung noch nicht getroffen werden, Auflagen bezüglich eines bestimmten Sachvortrages erfolgen in der Regel nicht, § 47 Abs. 2, in der Güteverhandlung wird auch regelmäßig keine abschließende Aufklärung des streitigen Sachverhalts erfolgen können. Auch dass in diesem Falle der Abschluss eines Vergleiches bereits in der Güteverhandlung nicht möglich ist, dürfte als Begründung für den Ausschluss des Prozessbevollmächtigten nur selten ausreichend sein (vgl. GK-ArbGG/*Schütz* § 51 Rn. 30; *Hauck/Helml* § 51 Rn. 16; ArbGG-*Kloppenburg/Ziemann* § 51 Rn. 24).

Der Ausschluss des Prozessbevollmächtigten ist nicht zulässig, wenn die Partei zur Verhandlung einen **Vertreter** entsendet, der zur Aufklärung des Tatbestandes in der Lage und zur Abgabe der gebotenen Erklärungen, insbesondere auch zu einem Vergleichsabschluss ermächtigt ist, Abs. 2 Satz 2 in Verbindung mit § 141 Abs. 3 Satz 2 ZPO. Insoweit gelten die gleichen Grundsätze wie bei der Verhängung eines Ordnungsgeldes (vgl. dazu oben Rn. 20). 29

Die **Zurückweisung** des Prozessbevollmächtigten erfolgt **in Form eines Beschlusses**, der in der Kammerverhandlung wegen der ausdrücklichen Regelung in Abs. 2 Satz 1 auch durch den Vorsitzenden allein erfolgt. Ausgeschlossen werden kann jeder Prozessbevollmächtigte, also sowohl ein Rechtsanwalt als auch ein Verbandsvertreter oder ein sonstiger Bevollmächtigter, der nach § 11 Abs. 1 vor dem Arbeitsgericht auftreten kann. 30

Gegen den Beschluss ist **kein Rechtsmittel** gegeben (GK-ArbGG/*Schütz* § 51 Rn. 43; ArbGG-*Kloppenburg/Ziemann* § 51 Rn. 26), die Voraussetzungen des § 567 Abs. 1 ZPO sind nicht erfüllt. Das Gesetz verweist in Abs. 2 Satz 2 lediglich auf die entsprechende Anwendbarkeit von § 141 Abs. 3 Satz 2 und 3 ZPO, nicht jedoch auf Satz 1 dieser Bestimmung, die ihrerseits auf § 380 ZPO verweist. Da aber nur § 380 Abs. 3 ZPO eine Beschwerdemöglichkeit vorsieht, kann die fehlende Verweisung nur dahin gedeutet werden, dass für diese Sanktionsmöglichkeit seitens des Arbeitsgerichts kein Rechtsmittel gegeben sein sollte. Von einer Lücke, die durch entsprechende Anwendung des § 380 Abs. 3 ZPO gefüllt werden müsste (so *Grunsky* § 51 Rn. 11), kann nicht gesprochen werden (LAG Rheinland-Pfalz 11. 11. 1981 EzA ArbGG 1979 § 51 Nr. 1; *Gift/Baur* E Rn. 449; *Stein/Jonas/Leipold* § 141 Rn. 50). 31

Gegen die Zulassung eines Rechtsmittels sprechen auch die **Folgen,** die bei Ausschluss des Prozessbevollmächtigten eintreten. Wird nämlich der Prozessbevollmächtigte zur Verhandlung nicht zugelassen, ist die Partei, die persönlich nicht erschienen ist, in der mündlichen Verhandlung säumig mit der Folge, dass gegen sie ein **Versäumnisurteil** ergehen kann. Sind die Voraussetzungen hierfür erfüllt, kann u. U. auch gegen sie ein zweites Versäumnisurteil erlassen werden (LAG Köln 12. 11. 1997 LAGE ZPO § 513 Nr. 14; *Schaub* ArbGV § 29 Rn. 61; *Gift/Baur* E Rn. 447; *Vonderau* NZA 1991, 336, 340). Wollte man eine Beschwerdemöglichkeit mit der Folge der Abänderung des arbeitsgerichtlichen Beschlusses zulassen, könnte u. U. nachträglich die Voraussetzung für den Erlass eines Versäumnisurteils bzw. eines zweiten Versäumnisurteils entfallen, was zu erheblichen prozessualen Problemen führen könnte. 32

Im Übrigen besteht auch im Gegensatz zur Verhängung eines Ordnungsgeldes **keine Notwendigkeit** für die Zulassung einer Beschwerde. Der Ausschluss des Prozessbevollmächtigten erfolgt immer nur für den Termin, für den das persönliche Erscheinen der Partei angeordnet war. Gegen ein Versäumnisurteil, das nach einem Nichtzulassungsbeschluss des Arbeitsgerichts ergangen ist, ist ein Einspruch möglich, bei Erlass eines zweiten Versäumnisurteils besteht die Möglichkeit, unter den Voraussetzungen von § 64 Abs. 2 lit. d eine Berufung einzulegen. Im Rahmen dieser Berufung kann u. U. überprüft werden, ob die Voraussetzungen für die Säumnis der Partei tatsächlich vorgelegen haben und damit, ob der Ausschluss des Prozessbevollmächtigten zu Recht oder zu Unrecht erfolgte. 33

§ 52 Öffentlichkeit

¹Die Verhandlungen vor dem erkennenden Gericht einschließlich der Beweisaufnahme und der Verkündung der Entscheidung ist öffentlich. ²Das Arbeitsgericht kann die Öffentlichkeit für die Verhandlung oder für einen Teil der Verhandlung ausschließen, wenn durch die Öffentlichkeit eine Gefährdung der öffentlichen Ordnung, insbesondere der Staatssicherheit, oder eine Gefährdung der Sittlichkeit zu besorgen ist oder wenn eine Partei den Ausschluß der Öffentlichkeit beantragt, weil Betriebs-, Geschäfts- oder Erfin-

§ 52

dungsgeheimnisse zum Gegenstand der Verhandlung oder der Beweisaufnahme gemacht werden; außerdem ist § 171 b des Gerichtsverfassungsgesetzes entsprechend anzuwenden. ³Im Güteverfahren kann es die Öffentlichkeit auch aus Zweckmäßigkeitsgründen ausschließen. ⁴§ 169 Satz 2 sowie die §§ 173 bis 175 des Gerichtsverfassungsgesetzes sind entsprechend anzuwenden.

Übersicht

	Rn.
I. Allgemeines	1, 2
II. Die Öffentlichkeit der Verhandlung	3–14
1. Der Begriff der Öffentlichkeit	3, 4
2. Der Begriff der Verhandlung	5–8
3. Der Ausschluss von Ton- und Fernseh-Rundfunkaufnahmen usw.	9–14
III. Der Ausschluss der Öffentlichkeit	15–33
1. Antragserfordernis	15–17
2. Voraussetzungen	18–28
a) Gefährdung der öffentlichen Ordnung oder der Sittlichkeit	18–20
b) Schutz von Geschäfts- oder Betriebsgeheimnissen	21–24
c) Schutz von Persönlichkeitsrechten	25, 26
d) Besonderheiten im Güteverfahren	27, 28
3. Verfahren und Entscheidung	29–31
4. Umfang des Ausschlusses der Öffentlichkeit	32, 33
IV. Verletzung des Öffentlichkeitsgebotes	34–37

I. Allgemeines

1 Die in ihrem Satz 1 sprachlich verunglückte Vorschrift regelt für den Bereich des arbeitsgerichtlichen Verfahrens die Geltung des Grundsatzes der Öffentlichkeit, dieser ist ein **Leitprinzip eines rechtsstaatlichen Gerichtsverfahrens**, ohne dass ihm jedoch Verfassungsrang zukäme, der der Parteiverfügung entzogen ist (vgl. BVerfG 30. 10. 2002 NJW 2003, 500; 24. 1. 2001 DVBl. 2001, 456 ff.; *Kissel* GVG § 169 Rn. 58 m. w. N.; *Baumbach/Hartmann* Übers. vor § 169 GVG Rn. 2). Durch die Öffentlichkeit des Verfahrens soll das Vertrauen in die Rechtspflege gestärkt, eine öffentliche Kontrolle der rechtsprechenden Gewalt ermöglicht und damit auch sichergestellt werden, dass die Richter unabhängig entscheiden können. Dem Öffentlichkeitsprinzip kommt im arbeitsgerichtlichen Verfahren eine nicht so starke Rolle zu, wie dies im Bereich des Strafverfahrens der Fall ist. Es ist weniger der einzelne Bürger, der an einer Verhandlung teilnehmen will, sondern vielmehr wird die Einhaltung des Prinzips der Öffentlichkeit dadurch gewährleistet, dass die Möglichkeit besteht, dass Vertreter der Medien unbeschränkt über den Gang eines Verfahrens berichten können. Damit steht aber im Vordergrund nicht mehr die Sicherungsfunktion für ein einzelnes Verfahren, sondern die kritische Bewertung der Rechtsprechungstätigkeit. Um wenigstens diese Funktion ausfüllen zu können, ist es erforderlich, dass die Vertreter der Medien von den Gerichten auch über deren Tätigkeit unterrichtet werden (dazu *von Coelln* DöV 2006, 804 ff.). Dieses wird allerdings nicht umfassend, sondern bestenfalls punktuell für bestimmte Verfahren erfolgen können. Hierbei ist darauf zu achten, dass das Persönlichkeitsrecht der beteiligten Parteien bzw. der übrigen Prozessbeteiligten nicht verletzt wird, insbesondere ist das informationelle Selbstbestimmungsrecht zu wahren.

2 Durch § 52 ist der auch im allgemeinen Zivilprozess geltende **Grundsatz der Öffentlichkeit nur beschränkt modifiziert** worden, im Wesentlichen finden die Bestimmungen der ZPO und des GVG entsprechende Anwendung. Lediglich hinsichtlich des Umfanges der Öffentlichkeit und der Möglichkeiten des Gerichts, die Öffentlichkeit auszuschließen, sind in § 52 Satz 1 bis 3 Sonderregelungen enthalten. Ausdrücklich für anwendbar erklärt worden sind die Regelungen des § 171 b GVG über den Ausschluss der Öffentlichkeit zum Schutz der Privatsphäre sowie der §§ 173 bis 175 GVG über die öffentliche

II. Die Öffentlichkeit der Verhandlung § 52

Urteilsverkündung, die Grundsätze über die Verhandlung hinsichtlich des Ausschlusses der Öffentlichkeit und die Schweigepflicht der am Prozess Beteiligten sowie die Vorschriften über die Versagung des Zutritts zu öffentlichen Verhandlungen. Ebenfalls im arbeitsgerichtlichen Verfahren anwendbar sind die Vorschriften über das Recht der Sitzungspolizei der §§ 176 ff. GVG, dies ergibt sich allerdings nicht aus § 52, sondern aus § 9 Abs. 2.

II. Die Öffentlichkeit der Verhandlung

1. Der Begriff der Öffentlichkeit

Eine Verhandlung ist öffentlich, wenn **beliebige Zuhörer** die Möglichkeit haben, an 3 ihr teilzunehmen. Das erfordert, dass sich jedermann darüber informieren kann, wann und wo eine Verhandlung stattfindet. Das Gericht muss entsprechende Hinweise vornehmen, in der Regel wird dies durch Terminzettel an den jeweiligen Sitzungsräumen der Fall sein. Es genügt, wenn auf dem Terminzettel die Parteien und die Uhrzeit der Verhandlung bekannt gegeben werden, nicht notwendig ist die Mitteilung des Streitgegenstandes. Auch muss das Gericht ggf. auf telefonische oder schriftliche bzw. sonstige Anfrage über Verhandlungstermine Auskunft erteilen. Ein Anspruch auf eine bestimmte Art der Information, z. B. über das Internet, besteht nicht. Es ist Sache des Gerichts zu entscheiden, wie die Information zu erfolgen hat. Auch hier beschränkt sich die Mitteilungspflicht jedoch auf Angabe der Parteien, Uhrzeit und Sitzungssaal. Der Zugang zu der Sitzung darf nicht durch organisatorische oder räumliche Einschränkungen soweit beeinflusst werden, dass den Zuhörern der Zutritt nicht mehr ohne besondere Schwierigkeiten möglich ist. Solche Schwierigkeiten sollen nicht bestehen, wenn zwar die Eingangstür zum Gerichtsgebäude nach Dienstschluss geschlossen ist, Zuhörer sich aber mithilfe einer Klingel Einlass verschaffen können (BAG 19. 2. 2008 AP ArbGG 1979 § 72 a Nr. 59). Wird eine Sitzung kurzfristig in einen anderen Sitzungssaal verlegt, muss ein entsprechender Hinweis von der Gerichtsverwaltung gemacht werden. Nicht erforderlich ist, dass sämtliche Zuhörer an der Verhandlung teilnehmen können, allerdings darf nicht der Raum so eingeschränkt werden, dass praktisch die Teilnahme beliebiger Personen an der Verhandlung nicht mehr möglich ist (vgl. BGH 10. 1. 2006 JR 2006, 389; *Humberg* JR 2006, 391 f.).

Im Übrigen sind auch im arbeitsgerichtlichen Verfahren die Vorschriften über die 4 Öffentlichkeit der Verhandlung nur dann verletzt, wenn die Ausschließung oder die Beschränkung der Öffentlichkeit entweder **auf einer Anordnung** der Kammer bzw. des Vorsitzenden beruht oder wenn eine tatsächlich eingetretene Beschränkung des Zugangs zum Sitzungssaal von diesen nicht sofort beseitigt wird, obwohl sie die Einschränkung bemerkt haben oder hätten bemerken müssen (BAG 12. 4. 1973 AP BGB § 611 Direktionsrecht Nr. 24; BVerwG 18. 1. 1984 NJW 1985, 448; *Baumbach/Hartmann* § 169 GVG Rn. 2 m. w. N.). Der **Nachweis der Öffentlichkeit** einer Sitzung erfolgt durch das Protokoll, § 160 Abs. 1 Nr. 5 und § 165 ZPO (BAG 13. 11. 2007 NZA 2008, 248).

2. Der Begriff der Verhandlung

Jede Verhandlung vor dem erkennenden Gericht hat öffentlich stattzufinden. Hierun- 5 ter fällt sowohl die **Güteverhandlung** des § 54 als auch die **Kammerverhandlung**. Dass in § 52 Satz 1 zusätzlich auch die **Beweisaufnahme** genannt worden ist, wird allgemein dahin ausgelegt, dass dies keine Abweichung von der Vorschrift des § 169 Satz 1 GVG sei, da grundsätzlich auch in normalen zivilprozessualen Verfahren die Beweisaufnahme öffentlich durchzuführen sei (*Schwab/Weth/Berscheid/Korinth* § 52 Rn. 7; GK-ArbGG/ *Schütz* § 52 Rn. 24; *Grunsky* § 52 Rn. 2). Damit enthält die Bestimmung in Satz 1 lediglich eine Verdeutlichung eines ohnehin schon geltenden Grundsatzes, der allerdings in § 169 GVG nicht ausdrücklich geregelt wurde.

6   Nicht von dem Begriff der Verhandlung ist die **Beweisaufnahme** erfasst, die nicht vor dem erkennenden Gericht, sondern im Wege der **Rechtshilfe**, § 13, durchgeführt wird. Öffentlich sind dagegen diejenigen Beweisaufnahmen, die durch die erkennende Kammer **außerhalb des Gerichtsgebäudes** durchgeführt werden (hierzu auch BGH 10. 1. 2006 JR 2006, 389). Hierunter fallen auch Beweisaufnahmen, deren Durchführung dem Vorsitzenden gemäß § 58 Abs. 1 Satz 2 übertragen worden ist. Es kann sich dabei beispielsweise um Ortstermine oder die Vernehmung von Zeugen handeln, die transportunfähig sind und entweder in einem Privathaus oder in einem Krankenhaus usw. vernommen werden müssen. Für die Wahrung der Öffentlichkeit kommt es allerdings in diesen Fällen auf die Besonderheiten der konkreten Situation an, weigert sich derjenige, bei dem der Ortstermin bzw. die Zeugeneinvernahme durchzuführen ist, außer den Prozessbeteiligten und dem Gericht weitere Personen zuzulassen, so liegt dies nicht in der Gestaltungsmöglichkeit des Gerichts, diesem steht insoweit kein Hausrecht zu (vgl. dazu *Baumbach/Hartmann* § 169 GVG Rn. 3; BGH 14. 6. 1994 NJW 1994, 2773; wie hier *Schwab/Weth/Berscheid/Korinth* § 52 Rn. 7).

7   Die **Verkündung** von Entscheidungen, die in der mündlichen Verhandlung fallen, hat öffentlich zu erfolgen. Der gesondert anberaumte Verkündungstermin muss daher öffentlich stattfinden. Unterbleibt die öffentliche Verkündung, muss sie nachgeholt werden.

8   Ob eine Verhandlung öffentlich stattgefunden hat oder nicht, muss sich aus dem **Protokoll** ergeben, § 160 Abs. 1 Nr. 5 ZPO. Das Protokoll hat insoweit alleinige Beweiskraft, § 165 Satz 1 ZPO, nur bei Nachweis der Fälschung wird diese Beweiskraft beseitigt.

3. Der Ausschluss von Ton- und Fernseh-Rundfunkaufnahmen usw.

9   Nach Satz 4 ist die Regelung des § 169 Satz 2 GVG unmittelbar anwendbar. Diese Vorschrift ist verfassungsgemäß (BVerfG 24. 1. 2001 DVBl. 2001, 527 ff.; vgl. 30. 10. 2002 NJW 2003, 500; 28. 1. 2003 NJW 2003, 2671 f.). Danach sind Ton- und Fernseh-Rundfunkaufnahmen sowie Ton- und Filmaufnahmen zum Zwecke der öffentlichen Vorführung oder Veröffentlichung ihres Inhalts unzulässig. Auf welchem technischen Wege die Aufnahmen hergestellt werden, ist dabei gleichgültig. Entscheidend ist allein, dass der Ablauf der Verhandlung aufgezeichnet und jederzeit wiedergegeben werden kann. Das Verbot erfasst **sämtliche Teile der Verhandlung,** also auch die Beweisaufnahme und die Verkündung von Entscheidungen. Es ist unerheblich, ob die Parteien oder die übrigen Prozessbeteiligten der Anfertigung und Veröffentlichung der Aufnahmen zustimmen oder nicht, selbst bei Zustimmung gilt das Verbot des § 169 Satz 2 GVG (*Baumbach/Hartmann* § 169 GVG Rn. 5; *Kissel* GVG § 169 Rn. 62 ff.).

10 **Zulässig** sind dagegen Aufnahmen, die **außerhalb der mündlichen Verhandlung** durchgeführt werden, beispielsweise in Verhandlungspausen oder vor Beginn oder nach Schluss der Verhandlung. Für die Zulässigkeit derartiger Aufnahmen ist allerdings das Einverständnis der Beteiligten erforderlich, ggf. ist auch die Zustimmung des dienstaufsichtsführenden Richters bzw. Präsidenten einzuholen, soweit sie außerhalb des Sitzungssaales erfolgen (vgl. dazu auch BVerfG 30. 10. 2002 NJW 2003, 500 f.).

11 Weiterhin ist durch § 169 Satz 2 GVG nur die Anfertigung solcher Aufnahmen untersagt, die veröffentlicht werden sollen oder deren Zweck darin besteht, ihren Inhalt zu veröffentlichen. Eine **Veröffentlichung** ist dabei dann gegeben, wenn der Inhalt einer Vielzahl von Personen zugänglich gemacht wird. Das betrifft solche auf technische Weise hergestellten Aufnahmen nicht, die gerichtlichen Zwecken dienen sollen, beispielsweise Tonaufzeichnungen gemäß § 160 a ZPO oder Tonaufzeichnungen während einer Beweisaufnahme, die eine Erinnerungshilfe für das Gericht sein sollen.

III. Der Ausschluss der Öffentlichkeit § 52

Ob im Übrigen **Verfahrensbeteiligte** ihrerseits für eigene Zwecke Tonaufzeichnungen bzw. sonstige mechanische oder elektronische Aufzeichnungen herstellen dürfen, erscheint zweifelhaft, dürfte aber auch im arbeitsgerichtlichen Verfahren kaum von Bedeutung sein (vgl. dazu näher *Kissel* GVG § 169 Rn. 77 m. w. Nachw.; *Baumbach/Hartmann* § 169 GVG Rn. 5, 6). Soweit sie zulässig sind, ist die Zustimmung des Gerichts und der anderen Verfahrensbeteiligten notwendig. **12**

Einen Sonderfall der elektronischen Aufzeichnung stellt die im arbeitsgerichtlichen Verfahren derzeit noch wenig genutzte Möglichkeit der **Verhandlung im Wege der Bild- und Tonübertragung des § 128 a ZPO** dar. Voraussetzung für diese Art der Verhandlung ist, dass alle Verfahrensbeteiligten mit ihr einverstanden sind, auch ein konkludentes Einverständnis kann genügen (rügelose Einlassung nach Kenntnis). Aus Gründen der Wahrung der Persönlichkeitsrechte aller Beteiligten, also z. B. der Protokollführer, der Zeugen usw. ist es sinnvoll, auch deren Einverständnis einzuholen (dazu *Musielak/Stadler* § 128 a Rn. 2 a). Ein Antrag auf Durchführung einer solchen Verhandlung muss von einer Partei gestellt sein, ferner muss das Gericht diese Art der Verhandlung gestattet haben, dies erfolgt in der Regel durch einen Beschluss, der nicht anfechtbar ist, § 128 a Abs. 3 Satz 1 ZPO. Zulässig ist eine derartige Verfahrensweise nur dann, wenn zeitgleich die Übertragung von Bild und Ton zu allen Beteiligten möglich ist. § 169 Satz 2 GVG steht dieser Verfahrensweise nicht entgegen, da hier keine öffentliche Vorführung oder Veröffentlichung erfolgt. Das Gebot der Öffentlichkeit der Verhandlung bezieht sich nur auf den Gerichtssaal, es ist gewahrt, wenn dieser öffentlich zugänglich ist. In gleicher Weise kann das Gericht gestatten, dass sich ein **Zeuge oder Sachverständiger** während der Vernehmung an einem anderen Ort aufhält, § 128 a Abs. 2 ZPO. Eine Aufzeichnung der Video- oder Tonaufnahmen usw. erfolgt nicht, § 128 a Abs. 3 Satz 1 ZPO (zu dem Ganzen auch *Schwab/Weth/Berscheid/Korinth* § 52 Rn. 10). Bei Nutzung dieser Verfahrensart unter Heranziehung elektronischer Medien sind die Regelungen des **Datenschutzes**, insbesondere § 6 b BDSG, zu beachten. **13**

Von dem Verbot der Ton- und Fernsehaufnahmen usw. nicht betroffen sind Aufzeichnungen, die **nicht auf mechanischem** bzw. **elektrischem** oder **elektronischem Wege** erfolgen, wie dies beispielsweise bei Aufzeichnungen für die Wortberichterstattung durch die Presse oder das Zeichnen von Bildern der Fall ist. Hier kann jedoch u. U. ein Verbot im Rahmen der Sitzungspolizei nach § 176 GVG in Betracht kommen, ggf. ist auch das Persönlichkeitsrecht der Prozessparteien zu berücksichtigen. **14**

III. Der Ausschluss der Öffentlichkeit

1. Antragserfordernis

§ 52 kennt drei Fälle, in denen der Ausschluss der Öffentlichkeit nach pflichtgemäßem Ermessen des Gerichts möglich ist. Hierzu gehört einmal die Gefährdung der öffentlichen Ordnung bzw. der Sittlichkeit, zum anderen die Erörterungsbedürftigkeit von Betriebs-, Geschäfts- und Erfindungsgeheimnissen und schließlich im Güteverfahren der Ausschluss der Öffentlichkeit aus Zweckmäßigkeitsgründen. Sowohl im Falle des Ausschlusses der Öffentlichkeit wegen Gefährdung der öffentlichen Ordnung oder der Sittlichkeit und dem der Zweckmäßigkeit im Rahmen der Güteverhandlung erfolgt der Ausschluss, ohne dass es eines Antrages seitens der Parteien bedarf. Das Gericht kann in diesem Falle **von Amts wegen** über den Ausschluss entscheiden. Ein etwa seitens der Parteien gestellter Antrag ist lediglich eine Anregung, von Amts wegen tätig zu werden. **15**

Demgegenüber ist der Ausschluss der Öffentlichkeit zum **Schutz von Geschäfts- oder Betriebsgeheimnissen** nur auf **Antrag** einer der Parteien möglich, das Gericht selbst kann von Amts wegen hier nicht tätig werden. Allerdings muss das Gericht von Amts wegen nach § 139 ZPO auf die Möglichkeit des Ausschlusses der Öffentlichkeit aus diesem **16**

Grunde hinweisen (*Grunsky* § 52 Rn. 3; *Schaub* ArbGV § 20 Rn. 29). Der Antrag kann jederzeit bis zum Schluss der mündlichen Verhandlung durch jede der beteiligten Parteien gestellt werden. Das Antragsrecht steht nicht nur derjenigen Partei zu, die eigene Geschäfts- oder Betriebsgeheimnisse gewahrt wissen will, sondern auch ihrem Gegner, Schutzzweck des § 52 ist nämlich nicht allein das Interesse einer einzelnen Partei, sondern in erster Linie die Möglichkeit, ein Verfahren in völliger Offenheit führen zu können. Der Antrag kann jederzeit von der Partei, die ihn gestellt hat, zurückgenommen werden. Eine **Antragsrücknahme** ist auch dann möglich, wenn das Gericht bereits die Öffentlichkeit ausgeschlossen hatte. In diesem Falle ist bei Antragsrücknahme der Rechtsgrund für den Ausschluss der Öffentlichkeit entfallen, so dass diese unverzüglich wieder herzustellen ist. Die Antragsrücknahme wirkt dabei nur für die Zukunft.

17   Sowohl bei dem Ausschluss der Öffentlichkeit von Amts wegen Gefährdung der öffentlichen Ordnung oder der Sittlichkeit und auf Antrag wegen des Schutzes von Geschäfts- oder Betriebsgeheimnissen steht dem Gericht **kein unbeschränktes Ermessen** zu, obwohl der Wortlaut von § 52 Satz 2 auf eine „Kann-Bestimmung" hindeutet. Vielmehr ist der Ausschluss der Öffentlichkeit vorzunehmen, wenn die Voraussetzungen hierfür vorliegen. Ob die Voraussetzungen gegeben sind, hat das Gericht unter pflichtgemäßer Abwägung der Interessen der Parteien und der Bedeutung des Grundsatzes der Öffentlichkeit zu entscheiden (vgl. *Grunsky* § 52 Rn. 3; *Schaub* ArbGV § 20 Rn. 29).

2. Voraussetzungen

a) Gefährdung der öffentlichen Ordnung oder der Sittlichkeit

18   Der Ausschließungsgrund wegen Gefährdung der öffentlichen Ordnung oder der Sittlichkeit entspricht im Wesentlichen demjenigen in § 172 Nr. 2 GVG. Auf die Einzelheiten der Kommentierung zu dieser Vorschrift kann daher verwiesen werden (*Kissel* GVG § 172 Rn. 20 ff.; *Baumbach/Hartmann*§ 172 GVG Rn. 1 jeweils m. w. Nachw.). Die **Staatssicherheit** ist betroffen, wenn Amtsgeheimnisse oder andere Informationen zu erörtern sind, die entweder die Sicherheit der Bundesrepublik Deutschland oder aber eines verbündeten Staates betreffen. Dies kann im arbeitsgerichtlichen Verfahren u. a. dann der Fall sein, wenn Streitigkeiten von Beschäftigten der Nachrichtendienste oder aus besonderen Bereichen des öffentlichen Dienstes zu verhandeln sind. Unter Umständen kann diese Voraussetzung auch gegeben sein, wenn im Bereich der Privatwirtschaft Güter hergestellt werden, die der militärischen oder sonstigen im öffentlichen Interesse liegenden Geheimhaltungspflicht unterliegen und über diese Gegenstände in der mündlichen Verhandlung Erörterungen durchgeführt werden müssen.

19   Die **öffentliche Ordnung** kann gefährdet sein, wenn von den Zuhörern Störungen zu besorgen sind oder wenn Parteien oder Zeugen gefährdet werden könnten und die Maßnahmen zur Aufrechterhaltung der Ordnung in § 177 GVG bzw. der Sitzungspolizei nach § 176 GVG nicht ausreichend sind (ArbGG-*Kloppenburg/Ziemann* § 52 Rn. 11; GK-ArbGG/*Schütz* § 52 Rn. 10).

20   Die **Gefährdung der Sittlichkeit** kann im arbeitsgerichtlichen Verfahren u. U. dann gegeben sein, wenn im Rahmen von Kündigungsschutzprozessen im Einzelnen sexuelle Verhaltensweisen darzustellen sind. Allerdings dürfte dieser Ausschlusstatbestand in der Praxis nur selten vorkommen.

b) Schutz von Geschäfts- oder Betriebsgeheimnissen

21   Unter einem Geschäfts- oder Betriebsgeheimnis sind **Tatsachen** zu verstehen, die **im unmittelbaren Zusammenhang mit dem Geschäftsbetrieb** einer Partei stehen und die nur einem beschränkten Personenkreis bekannt und nicht offenkundig sind. Auch müssen sie nach dem Willen des Betriebsinhabers der Geheimhaltung unterliegen. Hierunter fallen beispielsweise Kalkulationen, Kundenlisten, Fabrikationsverfahren bzw. -vorgänge, Bilanzen und Konzepte zum Absatz von Waren auf dem Markt. Das Geschäfts-

III. Der Ausschluss der Öffentlichkeit   § 52

geheimnis betrifft dabei in erster Linie die wirtschaftliche Seite des Unternehmens, das Betriebsgeheimnis dagegen die technische Seite. In der Regel ist es erforderlich, dass eine Partei zu erkennen gibt, dass sie eine Tatsache als Geheimnis betrachtet wissen will. Dies ergibt sich spätestens dann, wenn die Partei selbst auch den Antrag auf Ausschluss der Öffentlichkeit stellt. Trotz der entsprechenden Erklärung seitens der Partei muss aber das Gericht überprüfen, ob tatsächlich ein Betriebs- oder Geschäftsgeheimnis vorliegt, die Erklärung der Partei allein reicht nicht aus.

Zu den Betriebs- und Geschäftsgeheimnissen gehören auch **organisatorische Einzelheiten** von Verbänden sowie ihre Strategien zur Mitgliederwerbung, Mitgliederbetreuung (a. A. ArbGG-*Kloppenburg/Ziemann* § 52 Rn. 15) und ggf. auch zur Durchführung von Arbeitskämpfen usw. Auch vertrauliche Angelegenheiten von öffentlichen Dienststellen können unter den Begriff der Betriebs- und Geschäftsgeheimnisse fallen, allerdings wird in der Regel hier die Voraussetzung der Gefährdung der öffentlichen Ordnung, insbesondere der Staatssicherheit, gegeben sein. 22

Unter dem **Begriff des Erfindungsgeheimnisses** ist nicht nur die Erfindung, sondern auch jede Aktivität zu verstehen, die auf eine Erfindung abzielt und diese vorbereiten soll, wenn an der Geheimhaltung ein berechtigtes Interesse besteht (dazu näher *Kissel* GVG § 172 Rn. 42 m. w. N.). 23

Das **Steuergeheimnis** (§ 30 AO, § 355 StGB) ist in § 52 Satz 2 im Gegensatz zu der Bestimmung in § 172 Nr. 2 GVG nicht besonders erwähnt worden. Die Wahrung des Steuergeheimnisses wird meist entweder nur Arbeitnehmer oder nur Arbeitgeber betreffen können, maßgeblich ist der Einzelfall. Häufig wird die Geheimhaltung im Interesse des Arbeitgebers bzw. eines Verbandes liegen (dazu HWK/*Ziemann* ArbGG § 52 Rn. 17, der hier ohne Differenzierung ein schutzwertes Interesse beider Parteien annimmt). In diesem Falle ist es jedoch auch ein Geschäftsgeheimnis. 24

c) Schutz von Persönlichkeitsrechten

Für den Schutz von Persönlichkeitsrechten gilt die Bestimmung des § 171 b GVG auch im arbeitsgerichtlichen Verfahren. Geschützt sind durch diese Vorschrift sämtliche Prozessbeteiligten, also sowohl Parteien, Nebenintervenienten als auch Zeugen. Im Beschlussverfahren fallen unter diese Bestimmung sämtliche Beteiligten. Die Schutzbestimmung des § 171 b GVG greift ein, wenn **Angelegenheiten aus dem persönlichen Lebensbereich** einer der unter den Schutzbereich der Bestimmung fallenden Personen erörtert werden. Die Erörterung muss schutzwürdige Interessen der betroffenen Person berühren, dass sie lediglich gekränkt werden könnte oder dass ihr die Durchführung der Verhandlung peinlich sein könnte, reicht nicht aus (*Baumbach/Hartmann* § 171 b GVG Rn. 3; *Kissel* GVG § 171 b Rn. 5, 6). Erfasst werden können beispielsweise gesundheitliche und familiäre Umstände, wenn ihr Schutz vor dem Einblick Außenstehender erforderlich ist. Bei der eingehenden Erörterung medizinischer Diagnosen mag dies der Fall sein. Nicht ausreichend ist, wenn lediglich die Zahl unterhaltsberechtigter Personen mitgeteilt wird. Auch die Behandlung der Einkommensdaten wird allgemein noch nicht den Ausschluss der Öffentlichkeit rechtfertigen können (vgl. dazu aber *Debong* ArztR 1989, 145 ff.). Bei Ausschluss der Öffentlichkeit ist auch hier eine Interessenabwägung vorzunehmen. 25

Grundsätzlich bedarf es auch hier keines Antrages der betroffenen Person, das Gericht hat vielmehr **von Amts wegen** nach pflichtgemäßer Abwägung der Interessen die Entscheidung über den Ausschluss der Öffentlichkeit zu treffen. Liegen allerdings die Voraussetzungen des § 171 b Abs. 1 GVG vor und stellt die betroffene Person einen Antrag, muss das Gericht die Entscheidung über den Ausschluss treffen. 26

d) Besonderheiten im Güteverfahren

Eine zusätzliche Möglichkeit des Ausschlusses der Öffentlichkeit sieht § 52 Satz 3 vor. Danach kann **aus Zweckmäßigkeitsgründen** die Öffentlichkeit während der Güterver- 27 handlung ausgeschlossen werden. Dieser Ausschlussgrund hat in der Praxis nur eine sehr geringe Bedeutung. Sinn der Regelung ist es, Vergleichsgespräche zwischen den Parteien zu erleichtern. Diese Ausschließungsmöglichkeit steht unabhängig neben derjenigen nach Satz 2.

28 Schließt sich die **streitige Kammerverhandlung** unmittelbar an die Güteverhandlung **an** oder stellen die Parteien den Antrag auf Alleinentscheidung durch den Vorsitzenden gemäß § 55 Abs. 3, so ist nach erfolgloser Beendigung der Güteverhandlung unmittelbar die Öffentlichkeit wieder herzustellen. In diesem anschließenden Verfahren besteht lediglich die Möglichkeit des Ausschlusses der Öffentlichkeit nach Satz 2 (*Grunsky* § 52 Rn. 5; *Schwab/Weth/BerscheidKorinth* § 52 Rn. 18).

3. Verfahren und Entscheidung

29 Auf das Verfahren und die Entscheidung über den Ausschluss der Öffentlichkeit finden die **Vorschriften der §§ 173 bis 175 GVG** entsprechende Anwendung. Die Verhandlung über die Ausschließung der Öffentlichkeit erfolgt in der Regel in nichtöffentlicher Sitzung, dies gilt auch für den Fall, dass das Gericht von Amts wegen über den Ausschluss zu entscheiden hat. Stellt ein Prozessbeteiligter den Antrag auf nichtöffentliche Verhandlung über die Ausschließung, so muss diesem Antrag entsprochen werden. Die **Entscheidung** erfolgt **durch Beschluss,** der in der Regel öffentlich zu verkünden ist. Von diesem Grundsatz kann nur dann abgewichen werden, wenn zu befürchten ist, dass durch die Verkündung des Beschlusses eine erhebliche Störung der Ordnung der Sitzung eintreten könnte. Dies ist in arbeitsgerichtlichen Verfahren aber in der Regel nicht zu erwarten. Der Grund für den Ausschluss ist in dem Beschluss anzugeben, der Beschluss ist in das Protokoll aufzunehmen, § 160 Abs. 3 Nr. 6 ZPO.

30 Hat das Gericht die Öffentlichkeit ausgeschlossen, kann es unter den Voraussetzungen des § 174 Abs. 3 GVG den anwesenden Personen eine **besondere Geheimhaltungspflicht** auferlegen. Dieses gilt auch für Verbandsvertreter (BAG 23. 4. 1985 NZA 1985, 499).

31 Die **Entscheidung** über den Ausschluss der Öffentlichkeit ist in jedem Falle **unanfechtbar** (*Kissel* GVG § 174 Rn. 18, 19; *Baumbach/Hartmann* § 174 GVG Rn. 2; *Schaub* ArbGV § 20 Rn. 30; ArbGG-*Kloppenburg/Ziemann* § 52 Rn. 26, h. M.). Dies gilt selbst dann, wenn eine Partei bzw. eine Person den Antrag auf Ausschluss der Öffentlichkeit nach § 171 b Abs. 2 GVG oder nach § 52 Satz 2 im Falle des Schutzes von Geschäfts- oder Betriebsgeheimnissen gestellt hat und dieser Antrag vom Gericht negativ beschieden worden ist.

4. Umfang des Ausschlusses der Öffentlichkeit

32 Das Gericht hat im Rahmen seines **pflichtgemäßen Ermessens** auch zu entscheiden, **in welchem Umfang** die Öffentlichkeit ausgeschlossen wird. Die Öffentlichkeit kann für die gesamte Dauer der Verhandlung ausgeschlossen werden, der Ausschluss kann jedoch auch nur Teile der gesamten Verhandlung erfassen, z. B. bei der Vernehmung eines bestimmten Zeugen oder Sachverständigen oder bei der Erörterung nur eines Teils des Sachvortrages der Partei. Grundsätzlich ist dabei zu beachten, dass die Öffentlichkeit nur insoweit ausgeschlossen werden darf, als dies unumgänglich notwendig erscheint. In dem Beschluss ist der Umfang des Ausschlusses der Öffentlichkeit näher zu bezeichnen. Ist generell die Öffentlichkeit ausgeschlossen worden, fällt aber nachträglich der Grund für die Ausschließung weg oder erscheint eine Ausschließung nicht mehr erforderlich, ist die Öffentlichkeit wieder herzustellen, hierzu bedarf es eines besonderen Beschlusses.

33 Der Ausschluss der Öffentlichkeit für die **Urteilsverkündung** kann in keinem Falle erfolgen. Ist für das Verfahren die Öffentlichkeit ausgeschlossen worden, ist vor der Urteilsverkündung die Öffentlichkeit wieder herzustellen, in diesem Falle bedarf es jedoch keines besonderen Beschlusses durch das Gericht, da sich unmittelbar aus dem Gesetz ergibt, dass der Ausschluss vor der Urteilsverkündung endet.

IV. Verletzung des Öffentlichkeitsgebotes

Die Verletzung des Grundsatzes der Öffentlichkeit der Verhandlung stellt einen **34** schweren **Verfahrensmangel** dar. Hat das Arbeitsgericht zu Unrecht die Öffentlichkeit ausgeschlossen, kann deswegen allerdings keine Zurückverweisung des Rechtsstreits erfolgen, da nach § 68 wegen eines Mangels im Verfahren des Arbeitsgerichts die Zurückverweisung unzulässig ist. Erfolgt in erster Instanz eine Beweisaufnahme unter Verletzung des rechtlichen Gehörs, ist sie in der Berufungsinstanz zu wiederholen. Übernimmt sie das Berufungsgericht, stellt dies einen Verstoß gegen § 169 GVG dar (BGH 29. 3. 2000 NJW 2000, 1289 ff.).

Hat das Landesarbeitsgericht zu Unrecht die Öffentlichkeit ausgeschlossen, handelt es **35** sich um einen **absoluten Revisionsgrund**, § 547 Nr. 5 ZPO (*Grunsky* § 52 Rn. 7; *Schaub* ArbGV § 20 Rn. 30). Eine besondere Rüge dieses Revisionsgrundes ist nicht erforderlich. Er ist auch nur dann gegeben, wenn der Mangel nicht durch späteres Handeln des Gerichtes geheilt worden ist, beispielsweise dadurch, dass eine Beweisaufnahme, die zu Unrecht unter Ausschluss der Öffentlichkeit stattgefunden hat, wiederholt worden ist (vgl. dazu BGH 19. 12. 1984 NJW 1985, 1848; *Baumbach/Hartmann* § 169 GVG Rn. 4).

Bei der Prüfung, ob der Revisionsgrund des § 547 Nr. 5 ZPO vorliegt, hat das **36** **Revisionsgericht in vollem Umfang zu überprüfen**, ob die Entscheidung des Landesarbeitsgerichts hinsichtlich des Ausschlusses der Öffentlichkeit zu Recht erfolgt ist, insbesondere muss das Revisionsgericht in diesem Zusammenhang im Einzelnen die Voraussetzungen prüfen, die der Entscheidung zugrunde gelegen haben. Weiterhin ist es erforderlich, dass der zu Unrecht erfolgte Ausschluss der Öffentlichkeit auch auf einem Handeln des Gerichtes beruht. Die Beschränkung der Öffentlichkeit ist dann unschädlich, wenn sie nicht auf den Willen des Vorsitzenden oder des Gerichtes zurückgeht, sondern durch Umstände eingetreten ist, die vom Gericht nicht zu vertreten sind (*Baumbach/Hartmann* a. a. O.).

Der absolute Revisionsgrund kommt nur dann zum Tragen, wenn gegen das Urteil **37** nach § 72 Abs. 1 auch eine Revision möglich ist. Ist die Revision weder vom Landesarbeitsgericht noch vom Bundesarbeitsgericht auf eine Nichtzulassungsbeschwerde hin zugelassen worden, schafft die Verletzung des Grundsatzes der Öffentlichkeit keine eigenständige Revisionsmöglichkeit, allerdings kann hierauf eine **Nichtzulassungsbeschwerde** gestützt werden, § 72 a Abs. Nr. 3.

§ 53 Befugnisse des Vorsitzenden und der ehrenamtlichen Richter

(1) ¹Die nicht auf Grund einer mündlichen Verhandlung ergehenden Beschlüsse und Verfügungen erläßt, soweit nichts anderes bestimmt ist, der Vorsitzende allein. ²Entsprechendes gilt für Amtshandlungen auf Grund eines Rechtshilfeersuchens.

(2) Im übrigen gelten für die Befugnisse des Vorsitzenden und der ehrenamtlichen Richter die Vorschriften der Zivilprozeßordnung über das landgerichtliche Verfahren entsprechend.

Übersicht

	Rn.
I. Allgemeines	1–3
II. Befugnisse des Vorsitzenden außerhalb der mündlichen Verhandlung	4–17
1. Beschlüsse	4–16
2. Verfügungen	17
III. Rechtshilfeersuchen	18
IV. Die sonstigen Befugnisse, Abs. 2	19–27

I. Allgemeines

1   Eine **Regelung der Kompetenz des Vorsitzenden** im arbeitsgerichtlichen Verfahren ist **notwendig**, da § 46 Abs. 2 zwar auf die Vorschriften der ZPO über das Verfahren vor den Amtsgerichten verweist, es sich jedoch im Gegensatz zu den Amtsgerichten bei den Gerichten für Arbeitssachen in allen Instanzen um Kollegialgerichte handelt. In diesem Kollegialgericht ist der Vorsitzende grundsätzlich gleichberechtigtes Mitglied des Kollegiums, ohne eine besondere Kompetenzregelung hätte er die gleichen Rechte und Pflichten wie die ehrenamtlichen Richter. Die ehrenamtlichen Richter sind jedoch keine ständigen Mitglieder des Gerichts, sondern wechseln grundsätzlich für jeden Sitzungstag, außerhalb der Sitzungstage sind sie auch nur schwer erreichbar. Die Notwendigkeit, sie auch bei allen Handlungen außerhalb einer mündlichen Verhandlung zu beteiligen, würde dem Beschleunigungsgrundsatz des § 9 Abs. 1 widersprechen.

2   Durch die Verweisungsnorm des **§ 9 Abs.** 2 sind dem Vorsitzenden **weitere Kompetenzen** zugewiesen, insbesondere in Bezug auf die Befugnisse bei Aufrechterhaltung der Ordnung in der Sitzung und bei Durchführung der Beratung und der Abstimmung. Die entsprechenden Bestimmungen des GVG finden auch im arbeitsgerichtlichen Verfahren Anwendung. Eine weitere Kompetenzzuweisung im Hinblick auf die Vorbereitung einer streitigen Verhandlung enthält die Vorschrift des § 56, in § 55 ist darüber hinaus dem Vorsitzenden in bestimmten Fällen ein Alleinentscheidungsrecht eingeräumt worden. Diese Bestimmungen ergänzen die allgemeinere Regelung des § 53 und gehen dieser wegen der bestehenden Spezialität vor. Die Norm ist zwingend, sie unterliegt nicht der Parteidisposition.

3   Die **Vorschrift gilt entsprechend** im Berufungsverfahren, § 64 Abs. 7. Im Revisionsverfahren ist sie ebenfalls entsprechend anwendbar, § 72 Abs. 6, jedoch entscheidet anstelle des Senatsvorsitzenden der gesamte Senat ohne Hinzuziehung der ehrenamtlichen Richter (sog. Kleiner Senat). Zwar ergibt sich dies nicht unmittelbar aus dem Gesetzeswortlaut, folgt jedoch aus dem Sinn des § 53 Abs. 1. Durch diese Bestimmung soll nämlich lediglich erreicht werden, dass die ehrenamtlichen Richter nicht hinzugezogen werden müssen. Eine darüber hinausgehende Stärkung des Vorsitzenden ist vom Gesetzgeber nicht beabsichtigt worden (vgl. dazu oben § 41 Rn. 9 f. m. w. Nachw.). Die Vorschrift ist ebenfalls anwendbar im Beschlussverfahren, § 80 Abs. 2.

II. Befugnisse des Vorsitzenden außerhalb der mündlichen Verhandlung

1. Beschlüsse

4   Der **Begriff des Beschlusses** ist im ArbGG nicht besonders geregelt worden, es gelten die allgemeinen zivilprozessualen Grundsätze (*Grunsky* § 53 Rn. 2; *Schaub* ArbGV § 29 Rn. 16). Unter einem Beschluss ist eine Entscheidung zu verstehen, die nicht in der Form eines Urteils ergeht, sie kann auch feststellenden Charakter haben, z. B. § 278 Abs. 6 ZPO. Die Nichtabhilfeentscheidung im Verfahren der sofortigen Beschwerde gem. § 572 Abs. 1 ZPO erfolgt ebenfalls in Beschlussform, § 572 Abs. 4 ZPO. Sie beinhaltet eine Entscheidung des Gerichts, da sich dieses mit den Gründen der Beschwerde und ggf. mit neuen Tatsachen auseinandersetzen und eine Entscheidung in der Sache treffen muss. Von diesem Beschluss sind die Parteien durch das Gericht zu unterrichten. Allerdings ist gegen diese Entscheidung nicht wiederum eine gesonderte sofortige Beschwerde statthaft, da die Entscheidung bereits im Beschwerdeverfahren erfolgt und die Sache unverzüglich dem Beschwerdegericht vorzulegen ist (vgl. dazu näher unten § 78 Rn. 28 ff.). Sie ergeht meist ohne mündliche Verhandlung oder auf Grund freigestellter mündlicher Verhandlung. Für sie gilt weder die Form des § 313 ZPO, noch diejenige des § 60. Soll

II. Befugnisse des Vorsitzenden außerhalb der mündlichen Verhandlung   § 53

der Beschluss jedoch Grundlage für eine Zwangsvollstreckung sein, wie dies beispielsweise bei Kostenfestsetzungsbeschlüssen, Ordnungsgeldbeschlüssen oder bei Beschlüssen über die Vollstreckbarerklärung eines Schiedsspruchs der Fall ist, ist die Bestimmung des § 750 ZPO zu beachten. In diesem Falle ist die vollständige Bezeichnung der Parteien im Rubrum des Beschlusses notwendig, der Beschluss steht nach § 794 Abs. 1 Nr. 2, 3, 4, 4a ZPO einen vollstreckbaren Urteil gleich. Der **Beschluss** muss daher in der Urschrift, d. h. dem von dem Richter mit vollem Namen unterschriebenen Text **das volle Rubrum enthalten**. Die Verwendung des Kürzels „*In pp. ...*" ist nicht ausreichend. Die Hinzusetzung des vollen Rubrums in der Ausfertigung wäre unzulässig, da damit keine völlige Identität mit der Urschrift bestünde (OLG Brandenburg 24. 11. 1997 NJW-RR 1998, 862, 863 m. w. Nachw.).

Das Alleinentscheidungsrecht des Vorsitzenden besteht nur bei solchen **Beschlüssen,** 5
die **nicht auf Grund einer mündlichen Verhandlung** erlassen werden und bei denen nicht zwingend die Beteiligung der ehrenamtlichen Richter vorgesehen ist, wie z. B. bei § 48 Abs. 1 Nr. 2. Damit scheiden zunächst alle diejenigen Beschlüsse aus, die zwingend eine vorherige mündliche Verhandlung voraussetzen. Eine mündliche Verhandlung wird beispielsweise vorgesehen bei der Tatbestandsberichtigung gem. § 320 ZPO, wenn eine Partei sie beantragt, sowie bei der Urteilsergänzung gem. § 321 ZPO.

In den Fällen, in denen zwar keine **mündliche Verhandlung** ausdrücklich vorgeschrie- 6
ben ist, diese jedoch **stattgefunden** hat, entfällt ebenfalls das Alleinentscheidungsrecht des Vorsitzenden. Aus dem Wortlaut des Gesetzes ergibt sich nämlich, dass es allein auf die tatsächliche Beschlussfassung ohne mündliche Verhandlung und nicht auf die Tatsache ankommt, ob eine solche vom Gesetz zwingend vorgeschrieben wäre. Auch erfordert in diesen Fällen der Zweck des § 53 – die Beschleunigung des Verfahrens – nicht, dass der Beschluss ohne Beteiligung der ehrenamtlichen Richter erfolgt.

In einer Vielzahl von Fällen ist es dem Gericht **freigestellt, ob** es eine **mündliche** 7
Verhandlung durchführt oder nicht, § 128 Abs. 4 ZPO, es sei denn, das Gesetz bestimmt etwas anderes. Zu nennen sind hierbei insbesondere folgende Fälle:
– Bestimmung des örtlich zuständigen Gerichts, §§ 36, 37 ZPO, durch das nächst höhere Gericht,
– Entscheidungen im Kostenfestsetzungsverfahren einschließlich der Entscheidungen auf Streitwertfestsetzung für die Gebührenberechnung,
– Entscheidungen im Rahmen Prozesskostenhilfe außerhalb der mündlichen Verhandlung, § 118 ZPO und der Beiordnung nach § 11 a,
– Entscheidung im Zusammenhang mit der Bewilligung der öffentlichen Zustellung, § 186 Abs. 1 ZPO,
– Abkürzung oder Verlängerung von Fristen gem. §§ 225, 226 ZPO, sowie über Terminsänderungen, § 227 ZPO (zum Fall der Terminsverlegung vgl. BAG 2. 3. 1962 AP ArbGG § 39 Nr. 1),
– Entscheidungen im Zusammenhang mit einer Beweisaufnahme, §§ 360, 362, 363 ZPO,
– Verwerfung der Nichtzulassungsbeschwerde, § 72 a Abs. 5,
– ferner Entscheidungen im Zusammenhang mit dem Zwangsvollstreckungsverfahren, §§ 707, 715, 719, 721, 732, 769, 771, 785, 891 ZPO, bei Einstellung der Zwangsvollstreckung gilt aber § 55 Abs. 1 Nr. 6,
– Entscheidung über die sofortige Beschwerde gegen einen Beschluss des Arbeitsgerichts gem. § 48 ArbGG (BAG 10. 12. 1992 NZA 1993, 619 ff.; LAG Hamburg 19. 8. 1992 LAGE ArbGG 1979 § 48 Nr. 8),
– ferner können alle Entscheidungen, die nicht Urteile sind und für die ausdrücklich nichts anderes vorgeschrieben ist, ohne mündliche Verhandlung ergehen, § 128 Abs. 4 ZPO, was wiederum zum Alleinentscheidungsrecht des Vorsitzenden nach § 53 führt.

8 Ob in diesen Fällen eine **mündliche Verhandlung stattfinden soll** oder nicht, muss der Vorsitzende nach **pflichtgemäßem Ermessen** zunächst entscheiden. Damit entscheidet er aber gleichzeitig, ob bei der Entscheidung die ehrenamtlichen Richter mitwirken können oder nicht (*Dietz/Nikisch* § 53 Rn. 3; *Grunsky* § 53 Rn. 5), es sei denn, es läge ein Fall des § 55 vor.

9 Bei der Entscheidung über die Zulässigkeit eines **Einspruchs gegen ein Versäumnisurteil**, § 341 ZPO, findet § 53 keine Anwendung, hier gilt § 55 Abs. 1 Nr. 4a (dazu unten § 55 Rn. 17a).

10 Im Falle der **Verwerfung einer Berufung** als unzulässig entscheidet, obwohl eine mündliche Verhandlung nicht zwingend vorgeschrieben ist, immer die Kammer unter Beteiligung der ehrenamtlichen Richter, § 66 Abs. 2 Satz 2. Die Verwerfung einer Revision als unzulässig kann gem. § 74 Abs. 2 durch die Berufsrichter des Senats des Bundesarbeitsgericht ohne Beteiligung der ehrenamtlichen Richter erfolgen. Entsprechendes gilt für die Verwerfung einer Beschwerde bzw. Rechtsbeschwerde im Beschlussverfahren.

11 Im **Arrestverfahren** bzw. **einstweiligen Verfügungsverfahren** steht es dem Gericht ebenfalls nach pflichtgemäßem Ermessen frei, ob die Entscheidung auf Grund einer mündlichen Verhandlung oder aber ohne eine solche getroffen wird, §§ 936, 922 ZPO. Wird eine mündliche Verhandlung anberaumt, so hat sie in jedem Fall unter Beteiligung der ehrenamtlichen Richter stattzufinden, die Entscheidung ergeht in diesem Falle durch Urteil, § 922 Abs. 1 ZPO.

12 Umstritten ist dagegen, ob die ehrenamtlichen Richter in diesen Eilverfahren auch dann zu beteiligen sind, wenn die **Entscheidung ohne mündliche Verhandlung** erlassen wird. Nach einer Auffassung soll sich aus dem klaren Wortlaut des § 53 Abs. 1 ergeben, dass in diesen Fällen ebenfalls der Vorsitzende allein zu entscheiden habe (*Grunsky* § 53 Rn. 5; *Schwab/Weth/Berscheid/Korinth* § 53 Rn. 6; GK-ArbGG/*Schütz* § 53 Rn. 12). Demgegenüber steht die Auffassung, dass wegen der besonderen Tragweite der zu treffenden Entscheidung es nicht dem Sinn des § 53 entspräche, wenn die ehrenamtlichen Richter nicht beteiligt würden (*Dietz/Nikisch* § 53 Rn. 4). § 53 stellt nicht darauf ab, ob eine Entscheidung für die Parteien eine besonders große Tragweite hat oder nicht. Allein entscheidend ist, ob eine mündliche Verhandlung stattfindet oder nicht. Deswegen kann in den Verfahren des Arrestes oder der einstweiligen Verfügung der Vorsitzende auch ohne Beteiligung der ehrenamtlichen Richter durch Beschluss eine Entscheidung treffen. Eine Einschränkung dahingehend, dass diese Entscheidungskompetenz des Vorsitzenden nur in besonders dringenden Fällen gegeben sei, kann für den Erlass eines Arrestes nicht angenommen werden, § 921 Abs. 1 ZPO sieht eine derartige Einschränkung nicht vor. Im Verfahren der einstweiligen Verfügung hingegen kann nach § 937 Abs. 2 ZPO der Vorsitzende nur in dringenden Fällen ohne mündliche Verhandlung entscheiden. Da eine einstweilige Verfügung ohnehin nur in dringenden Fällen erlassen werden kann, ist hier eine gesteigerte Dringlichkeit erforderlich, die die Beschränkung der Gewährung des rechtlichen Gehörs in diesen Fällen rechtfertigt. Eine besondere Dringlichkeit im Sinne dieser Vorschrift kann nur dann vorliegen, wenn Zeitablauf oder Benachrichtigung des Gegners den Zweck der einstweiligen Verfügung gefährden könnte (*Baumbach/Hartmann* § 937 Rn. 5 m. w. N.; *Walker* in *Schuschke/Walker* Einstweiliger Rechtsschutz, Rn. 736; *Wieser* Arbeitsgerichtsverfahren, Rn. 520). Auch hier hängt aber die Frage des Alleinentscheidungsrechts davon ab, ob der Vorsitzende nach seinem Ermessen die besondere Dringlichkeit für gegeben erachtet oder nicht, letztlich entscheidet er damit auch über seine Kompetenz nach § 53. In weniger dringenden Fällen wird regelmäßig eine mündliche Verhandlung anzuberaumen sein, bei der gegebenenfalls Ladungs- und Einlassungsfristen abzukürzen sind.

13 In einigen Fällen ist die Entscheidungsbefugnis des Vorsitzenden ohne mündliche Verhandlung im Gesetz ausdrücklich erwähnt. So ist nach § 109 die Erklärung der **Vollstreckbarkeit eines Schiedsspruches** oder aus einem vor dem Schiedsgericht geschlossenen Vergleich allein durch den Vorsitzenden vorzunehmen, selbst wenn dieser die vorher erforderliche Anhörung der beteiligten Parteien in Form einer mündlichen Verhandlung durchgeführt hat, § 109 Abs. 2.

Die Entscheidungskompetenz des Vorsitzenden bei **Kostenentscheidungen**, insbesondere der **Kostenschlussentscheidung** folgt jetzt aus § 55 Abs. 1 Nr. 9 (siehe die Anmerkungen zu § 55 Rn. 32 a). 14

In § 49 Abs. 1 ausdrücklich festgelegt, dass die Entscheidung über die **Ablehnung von Gerichtspersonen** immer unter Beteiligung der ehrenamtlichen Richter zu erfolgen hat, obwohl diese Entscheidung durch einen Beschluss zu ergehen hat, für den eine mündliche Verhandlung nicht erforderlich ist, wenn die Ablehnung außerhalb einer mündlichen Verhandlung erfolgt. 15

Im Übrigen richten sich **Form** des Beschlusses und **Rechtsmittel** nach den allgemeinen Vorschriften, § 53 enthält insoweit keine Regelung. 16

2. Verfügungen

Der **Begriff der Verfügung** ist ebenfalls im Gesetz nicht ausdrücklich geklärt. Unter Verfügungen sind Anordnungen des Vorsitzenden zu verstehen, die der Prozessleitung dienen. Sie sind schon nach dem allgemeinen Prozessrecht in der Regel von dem Vorsitzenden eines Kollegialgerichts allein zu erlassen. U. a. kann hierzu der Bereich des § 56 gehören. 17

III. Rechtshilfeersuchen

Ferner sind die **ehrenamtlichen Richter nicht zu beteiligen** im Rahmen der Erledigung von Rechtshilfeersuchen. Gemeint sind hierbei die Rechtshilfeersuchen des § 13. Das gesamte Rechtshilfeverfahren wird danach alleine vom Vorsitzenden ohne Beteiligung von ehrenamtlichen Richtern durchgeführt. 18

IV. Die sonstigen Befugnisse, Abs. 2

Die sonstigen Befugnisse des Vorsitzenden der ehrenamtlichen Richter richten sich auf Grund der Regelung in Abs. 2 nach den Bestimmungen der ZPO über das landgerichtliche Verfahren. Zu den wichtigsten Befugnissen des Vorsitzenden gehört neben der **Terminsbestimmung** gem. § 216 Abs. 2 ZPO die **Eröffnung und Leitung der mündlichen Verhandlung**, § 136 Abs. 1 ZPO. Ihm steht es auch zu, den am Verfahren beteiligten Personen das Wort zu erteilen und gegebenenfalls auch zu entziehen, § 136 Abs. 2 ZPO. Er hat auch dafür Sorge zu tragen, dass die Streitsache erschöpfend erörtert und die Verhandlung ohne Unterbrechung zu Ende geführt wird, § 136 Abs. 3 ZPO, er muss auch dahin wirken, dass die Parteien über alle erheblichen Tatsachen vollständige Erklärungen abgeben und auch sachdienliche Anträge stellen. Gegebenenfalls muss er auch auf Bedenken hinweisen, § 139 ZPO. Lediglich wenn Anordnungen bzw. Fragen des Vorsitzenden von einem anderen Mitglied des Gerichts oder aber einer am Verfahren beteiligten Person beanstandet werden, muss hierüber das Gericht unter Einschluss der ehrenamtlichen Richter entscheiden, § 140 ZPO. 19

Weiterhin hat der Vorsitzende darüber zu entscheiden, ob die **Hinzuziehung eines Urkundsbeamten** der Geschäftsstelle zur Protokollführung notwendig ist, § 159 Abs. 1 Satz 2 ZPO. Die Unterzeichnung des Protokolls und seine Berichtigung ist allein Sache des Vorsitzenden sowie der das Protokoll führenden Person, §§ 163, 164 ZPO. 20

Die ehrenamtlichen Richter sind in der mündlichen Verhandlung jederzeit berechtigt, Fragen zu stellen, § 136 Abs. 2 Satz 2 ZPO. Der Vorsitzende hat die **Fragestellung durch den ehrenamtlichen Richter** zu gestatten. Will der Vorsitzende die Frage nicht zulassen, so bleibt lediglich die Möglichkeit der Beanstandung der Frage gem. § 140 ZPO mit der 21

Folge, dass die Kammer unter Einschluss der ehrenamtlichen Richter über die Zulässigkeit der Frage zu entscheiden hat. Ein Alleinentscheidungsrecht steht insoweit dem Vorsitzenden nicht zu. Eine Möglichkeit der Entziehung des Wortes gem. § 136 Abs. 2 Satz 1 ZPO steht in diesem Falle dem Vorsitzenden nicht zur Verfügung, die Regelung des § 140 ZPO stellt eine Sonderregelung dar, die der allgemeineren Bestimmung vorgeht.

22   Zweifelhaft ist, ob der Vorsitzende die **Verhandlungsleitung** einem ehrenamtlichen Richter **übertragen** kann. Eine solche Übertragungsmöglichkeit ergibt sich aus dem Wortlaut des § 136 ZPO nicht. Für das Verfahren vor dem Landgericht wird allerdings die Ansicht vertreten, dass die Übertragung der Verhandlungsleitung an einen Beisitzer dann möglich sei, wenn der Vorsitzende durch Heiserkeit oder eine ähnliche Erkrankung an der Verhandlungsleitung gehindert sei (*Baumbach/Hartmann* § 136 Rn. 8). Für das arbeitsgerichtliche Verfahren dürfte diese Möglichkeit ausscheiden, da im Gegensatz zum Landgericht keine berufsrichterlichen Beisitzer vorhanden sind und damit auch nicht die Möglichkeit besteht, den dienstältesten Beisitzer in einem solchen Falle mit der Verhandlungsführung zu betrauen. Die Bestimmung des § 21 f Abs. 2 GVG kann in diesem Falle auch keine Anwendung finden.

23   Auch ist es problematisch, dem ehrenamtlichen Richter durch den Vorsitzenden **einzelne Aufgaben** in der mündlichen Verhandlung zu **übertragen** (dafür *Grunsky* § 53 Rn. 11; *Schwab/Weth/Berscheid/Korinth* § 53 Rn. 12). Auch diese Möglichkeit sieht die Bestimmung des § 136 Abs. 2 Satz 2 ZPO nicht vor, sie sieht nur die Zulassung von Fragen vor. Daher dürfte es auch nicht zulässig sein, einen ehrenamtlichen Richter die gesamte Vernehmung eines Zeugen durchführen zu lassen. Hier besteht nur die Möglichkeit, dass dem ehrenamtlichen Richter gem. § 136 Abs. 2 Satz 2 ZPO ermöglicht wird, Fragen zu stellen, wobei durchaus auch mehrere Fragen (Fragenbündel) gestellt werden können. Es muss aber immer gewährleistet sein, dass der Vorsitzende die Verhandlungsführung selbst behält (so wohl auch *Berscheid/Korinth* a. a. O.), er muss jederzeit eingreifen können. Die Verhandlungsführung selbst und damit auch die Verantwortlichkeit für die Vernehmung von Zeugen oder die Befragung von Parteien muss immer bei ihm verbleiben.

24   Ferner haben die ehrenamtlichen Richter bei der Entscheidung darüber, ob eine **Verhandlung,** die geschlossen war, **wieder zu eröffnen** ist, mit zu entscheiden, § 156 ZPO. Ist daher ein Verkündungstermin anberaumt worden, so kann nur dann erneut in die mündliche Verhandlung eingetreten werden, wenn **dies** unter Beteiligung derjenigen ehrenamtlichen Richter erfolgt, die an der Verhandlung mitgewirkt haben, auf der die noch zu verkündende Entscheidung beruht (BGH 1. 2. 2002 NJW 2002, 1426; so jetzt auch *Schwab/Weth/Berscheid/Korinth* § 53 Rn. 9; ArbGG-*Kloppenburg/Ziemann* § 53 Rn. 9). Dies gilt sowohl dann, wenn die Beratungen der Richter noch nicht beendet sind, als auch dann, wenn bereits eine Entscheidung getroffen, aber noch nicht verkündet worden ist (vgl. dazu ausführlich BGH 1. 2. 2002, NJW 2002, 1426). Nur diese Richter können aus eigner Kenntnis beurteilen, ob das neue Vorbringen im Vergleich zu dem bisherigen Sachvortrag so erheblich ist, dass eine Wiedereröffnung gerechtfertigt ist. Ist ein Richter ausgeschieden, entscheiden die verbliebenen (BGH a. a. O.). Wird die Wiedereröffnung beschlossen, ist ein neuer Termin anzuberaumen. An dieser sind die geschäftsplanmäßig berufenen Richter zu beteiligen (BAG 16. 5. 2002 MDR 2003, 47).

25   Schließlich ist die Entscheidung über die **Zurückweisung ungeeigneter Vertreter** gem. § 157 ZPO nur durch eine Entscheidung der Kammer unter Beteiligung der ehrenamtlichen Richter möglich.

26   Nicht anwendbar sind die Bestimmungen der §§ 348 ff. ZPO, ein Rechtsstreit kann einem ehrenamtlichen Richter nicht zur Entscheidung übertragen werden.

27   Hinsichtlich Beratung und Abstimmung gelten nach § 9 Abs. 2 die Vorschriften der §§ 192 ff. GVG.

§ 54 Güteverfahren

(1) ¹Die mündliche Verhandlung beginnt mit einer Verhandlung vor dem Vorsitzenden zum Zwecke der gütlichen Einigung der Parteien (Güteverhandlung). ²Der Vorsitzende hat zu diesem Zwecke das gesamte Streitverhältnis mit den Parteien unter freier Würdigung aller Umstände zu erörtern. ³Zur Aufklärung des Sachverhalts kann er alle Handlungen vornehmen, die sofort erfolgen können. ⁴Eidliche Vernehmungen sind jedoch ausgeschlossen. ⁵Der Vorsitzende kann die Güteverhandlung mit Zustimmung der Parteien in einem weiteren Termin, der alsbald stattzufinden hat, fortsetzen.

(2) ¹Die Klage kann bis zum Stellen der Anträge ohne Einwilligung des Beklagten zurückgenommen werden. ²In der Güteverhandlung erklärte gerichtliche Geständnisse nach § 288 der Zivilprozeßordnung haben nur dann bindende Wirkung, wenn sie zu Protokoll erklärt worden sind. ³§ 39 Satz 1 und § 282 Abs. 3 Satz 1 der Zivilprozeßordnung sind nicht anzuwenden.

(3) Das Ergebnis der Güteverhandlung, insbesondere der Abschluß eines Vergleichs, ist in die Niederschrift aufzunehmen.

(4) Erscheint eine Partei in der Güteverhandlung nicht oder ist die Güteverhandlung erfolglos, schließt sich die weitere Verhandlung unmittelbar an oder es ist, falls der weiteren Verhandlung Hinderungsgründe entgegenstehen, Termin zur streitigen Verhandlung zu bestimmen; diese hat alsbald stattzufinden.

(5) ¹Erscheinen oder verhandeln beide Parteien in der Güteverhandlung nicht, ist das Ruhen des Verfahrens anzuordnen. ²Auf Antrag einer Partei ist Termin zur streitigen Verhandlung zu bestimmen. ³Dieser Antrag kann nur innerhalb von sechs Monaten nach der Güteverhandlung gestellt werden. ⁴Nach Ablauf der Frist ist § 269 Abs. 3 bis 5 der Zivilprozeßordnung entsprechend anzuwenden.

Übersicht

	Rn.
I. Allgemeines	1–5
II. Geltungsbereich	6–8
III. Verfahren in der Güteverhandlung	9–52
1. Besetzung des Gerichts	9, 10
2. Die Güteverhandlung als Teil der mündlichen Verhandlung	11–15
3. Vorbereitung der Güteverhandlung	16–21
a) Vorbereitende Maßnahmen	16–20
b) Die Anordnung des persönlichen Erscheinens der Parteien	21
4. Die Verhandlung	22–46
a) Erörterung	22, 23
b) Aufklärung des Sachverhaltes	24–28
c) Weiterer Gütetermin	29–36
d) Stellung der Anträge	37
e) Zurücknahme der Klage	38
f) Anerkenntnis und Verzicht	39–41
g) Erledigungserklärung	42
h) Geständnis	43–45
i) Zulässigkeitsrügen	46
5. Ergebnis der Güteverhandlung	47–49
a) Gütliche Einigung	47, 48
b) Erfolglosigkeit der Güteverhandlung	49
6. Protokollierung	50–52
IV. Entbehrlichkeit der Güteverhandlung	53–55
V. Die weitere Verhandlung	56–67
1. Säumnis einer Partei	56–58
2. Säumnis beider Parteien	59–63
3. Erfolglosigkeit der Güteverhandlung	64–67

I. Allgemeines

1 Die Güteverhandlung ist ein **besonderer Verfahrensabschnitt** in dem arbeitsgerichtlichen Verfahren 1. Instanz. Sie hat im Wesentlichen zwei Funktionen. Zum einen soll mit Unterstützung des Vorsitzenden eine Befriedung der Parteien erreicht werden, wobei die Beilegung des Verfahrens durch Klagerücknahme, beiderseitige Erledigungserklärungen oder durch Abschluss eines Vergleiches oder auf sonstige Weise erfolgen kann. Zum anderen soll, soweit eine Beendigung des Verfahrens nicht erreicht werden kann, die Güteverhandlung der Vorbereitung der streitigen Verhandlung dienen. Dass in Abs. 1 Satz 1 die gütliche Einigung als Hauptzweck in den Vordergrund gestellt worden ist, bedeutet nicht, dass dies alleiniges Ziel der Güteverhandlung sein kann (vgl. dazu *van Venrooy* ZfA 1984, 337, 339 ff.). Letztlich ist diese Hervorhebung auch nur Ausdruck des in § 57 Abs. 2 enthaltenen Grundsatzes, dass in jeder Lage des Verfahrens eine gütliche Erledigung des Rechtsstreites angestrebt werden soll.

2 Die Bestimmungen der §§ 278, 279 ZPO hinsichtlich der **Güteverhandlung im zivilprozessualen** Verfahrens sind neben der Regelung des § 54 nicht vollständig anwendbar. Soweit § 278 Abs. 1 Satz 1 ZPO festlegt, dass das Gericht in jeder Lage des Verfahrens auf eine gütliche Beilegung des Rechtsstreits hinwirken solle, so geht dem die Bestimmung in § 57 Abs. 2 als Sonderregelung vor. § 278 Abs. 3 ZPO, nach dem das persönliche Erscheinen der Parteien für den Güteversuch angeordnet werden soll nebst der Verweisung auf § 141 ZPO, ist durch § 51 Abs. 1 verdrängt. Die Bestimmung in § 278 Abs. 5 Satz 1 ZPO wird durch die Sonderregelungen in § 54 Abs. 1 bis 3 verdrängt.

3 **Anwendbar** sind aber die **besonderen Möglichkeiten der gütlichen Einigung,** die § 278 Abs. 5 Satz 2 und 3 ZPO und die besondere Form des Vergleichsabschlusses, die § 278 Abs. 6 ZPO vorsehen, da für sie vergleichbare Regelungen in § 54 nicht vorgesehen sind. Die außergerichtliche Streitschlichtung kann in jeder Lage des Verfahrens angeregt werden (a. A. ErfK/*Koch* § 54 Rn. 1; GK-ArbGG/*Schütz* § 54 Rn. 6). Der Beschleunigungsgrundsatz steht der Anwendbarkeit nicht entgegen, da die Parteien im gegenseitigen Einverständnis ohnehin jederzeit den Weg nach § 251 ZPO beschreiten können. Außerdem stehen sich hier Beschleunigungsgrundsatz des § 9 Abs. 1 und der Grundsatz des jederzeitigen Bemühens um eine gütliche Einigung, § 57 Abs. 2, gegenüber. Durch die gütliche Einigung wird eine endgültige Erledigung erreicht, es tritt damit auch eine Beschleunigung der Beendigung des Rechtsstreits ein. Außerdem bindet der Beschleunigungsgrundsatz nicht unmittelbar die Parteien, sie sind auch hier weitgehend Herr des Verfahrens, einvernehmlich können sie den zeitlichen Rahmen des Prozesses beeinflussen. Nichts anderes erfolgt bei § 278 Abs. 5 Satz 2 und 3 ZPO, die außergerichtliche Streitschlichtung kann nur im Einverständnis der Parteien stattfinden. Hinzu kommt auch, dass damit die Mediation auch im arbeitsgerichtlichen Verfahren mehr Raum gewinnen kann.

4 Auch die Regelung des § 278 Abs. 6 ZPO widerspricht nicht den Grundprinzipien des arbeitsgerichtlichen Verfahrens. Vielmehr wird das Verfahren durch **Annahme eines schriftlichen Vergleichsvorschlages** beschleunigt, da in diesem Falle nicht eine besondere Ansetzung eines Termins zur Protokollierung des Vergleichs notwendig wird. Der Vergleichsvorschlag des Gerichts kann aber nur ohne Änderungen angenommen werden, hier gilt letztlich der in § 150 Abs. 2 BGB festgelegte Grundsatz. Dies ist schon erforderlich, weil sonst die für den Inhalt des Vollstreckungstitels notwendige Eindeutigkeit und Klarheit nicht erreicht werden könnte. Außerdem ist zu berücksichtigen, dass die Parteien nicht anwesend sind. Allerdings kann das Gericht bei Abänderungswünschen seitens der Parteien einen neuen Vorschlag unterbreiten, der wiederum nach § 278 Abs. 6 ZPO angenommen werden kann. Der Beschluss nach § 278 Abs. 6 Satz 2 ZPO hat feststellenden Charakter und legt verbindlich den vollstreckbaren Inhalt des Vergleichs fest. Er ergeht durch den Vorsitzenden außerhalb einer mündlichen Verhandlung, § 53. Zu den Einzelheiten siehe oben § 46 Rn. 15 ff.

In seiner Struktur weist das Güteverfahren viele Elemente auf, die auch bei der **Mediation** angewandt werden. So versucht der Richter in der Verhandlungsführung die wahren Interessen der Parteien zu ermitteln, den wirtschaftlichen oder sozialen Hintergrund des Rechtsstreits zu erkennen und Risiken tatsächlicher und rechtlicher Art zu verdeutlichen. Die Verhandlung ist wesentlich davon bestimmt, einen Konsens zwischen den Parteien zu erreichen (vgl. dazu ausführlich *Wrede* ZfA 2002, 455 ff.; *Notter* DB 2004, 874 f.; *Francken* NJW 2006, 1103). Gleichwohl handelt es sich bei der Güteverhandlung nicht um eine Mediation im eigentlichen Sinne, sie ist ein besonderer Teil der gerichtlichen Verhandlung, während die Mediation selbst im Grundsatz ein außergerichtliches Verfahren ist. Auch die Regelung des § 278 Abs. 5 ZPO, die ohnehin wegen der spezielleren Regelung in § 57 Abs. 2 nicht angewandt werden kann, könnte hier die Möglichkeit einer „gerichtlichen Mediation" nicht schaffen. 5

II. Geltungsbereich

Die Bestimmung gilt **für das erstinstanzliche Urteilsverfahren**. Sie findet auch im **Beschlussverfahren** Anwendung, § 80 Abs. 2 Satz 3 eröffnet dem Vorsitzenden auch in diesem Verfahren die Möglichkeit, ein Güteverfahren anzusetzen, für das dann § 54 entsprechend gilt (dazu unten § 80 Rn. 54 ff.; *Zimmerling* PersV 2002, 194 ff.). 6

Die **Durchführung** eines Güteverfahrens ist in allen Fällen des Urteilsverfahrens mit Ausnahme des einstweiligen Rechtsschutzes (dazu unten Rn. 54) **obligatorisch**. Es ist auch durchzuführen bei einer **Vollstreckungsabwehrklage**, § 767 ZPO, einer Klage gegen die Zulässigkeit einer **Vollstreckungsklausel**, § 768 ZPO, **Wiederaufnahme** eines Verfahrens, nicht jedoch bei Klage auf Feststellung der Unwirksamkeit eines gerichtlichen Vergleichs, da dieses Verfahren durch Fortsetzung des Ursprungsverfahrens durchzuführen ist. Die Durchführung des **Schlichtungsverfahrens** bei Streitigkeiten zwischen Auszubildenden und Ausbildenden nach § 111 Abs. 2 macht das Güteverfahren nicht entbehrlich (*Hauck/Helml* § 54 Rn. 3), ebenso wenig kann auf seine Durchführung verzichtet werden, wenn sie aussichtslos erscheint oder die Parteien auf sie verzichten. Die Regelung des § 278 Abs. 2 Satz 1 ZPO ist nicht anwendbar. **Entbehrlich** ist eine Güteverhandlung dann, wenn sie im Falle der Verweisung wegen **örtlicher Unzuständigkeit** bereits vor dem verweisenden Gericht stattgefunden hat. Das Gleiche gilt bei einer Verweisung von dem Beschlussverfahren in das Urteilsverfahren oder umgekehrt. Bei einer Rechtswegverweisung wegen **sachlicher Unzuständigkeit** ist sie durchzuführen, wenn vor dem verweisenden Gericht noch keine Güteverhandlung stattgefunden hat. Hat in diesem Falle vor dem verweisenden Gericht eine Güteverhandlung nach § 278 ZPO stattgefunden, ersetzt diese ebenfalls nicht die Güteverhandlung nach § 54, da die Verfahrensgrundsätze nicht völlig identisch sind. Nicht erforderlich ist sie ferner, wenn nach der Güteverhandlung eine **Klageänderung** erfolgt, weitere Ansprüche Gegenstand des Verfahrens werden. Das Gleiche gilt bei Erhebung einer Widerklage. Etwas anderes kann bei einer **Prozesstrennung** gelten, wenn wegen der abgetrennten Ansprüche noch keine Güteverhandlung stattgefunden hat (GK-ArbGG/*Schütz* § 54 Rn. 13). Keine erneute Güteverhandlung findet statt, wenn ein gesetzlicher **Parteiwechsel** erfolgt. Bei gewillkürtem Parteiwechsel tritt die neue Partei in die vorgefundene Prozesslage ein, die bisher vorgenommenen Prozesshandlungen bleiben wirksam, so dass die erneute Durchführung der Güteverhandlung nicht erforderlich ist (*Gift/Baur* E Rn. 561; ErfK/*Koch* § 54 Rn. 2; nur, wenn die neue Partei in die Übernahme einwilligt ArbGG-*Kloppenburg/ Ziemann* § 54 Rn. 9; GK-ArbGG/*Schütz* § 53 Rn. 13). 7

Das **Alleinentscheidungsrecht** des Vorsitzenden gem. § 55 Abs. 1 wird für das Güteverfahren durch die Bestimmungen des § 54 teilweise modifiziert. Grundsätzlich kann 8 im Güteverfahren kein Urteil ergehen. Dies ist auch im Falle der Säumnis einer Partei ausgeschlossen, denn § 54 Abs. 4 bestimmt, dass sich in diesem Falle die weitere Verhandlung, das ist die streitige Verhandlung, unmittelbar anschließt. Erst in dieser kann dann das entsprechende Versäumnisurteil ergehen. Demzufolge kann das Alleinentscheidungsrecht des Vorsitzenden, das diesem durch § 55 Abs. 1 gewährt wird, grundsätzlich nur außerhalb der Güteverhandlung Bedeutung erlangen (*Dietz/Nikisch* § 54 Rn. 15 sowie § 55 Rn. 3; a. A. *van Venrooy* ZfA 1984, 337, 374 f.). Im Einzelnen ergibt sich damit für § 55 Abs. 1 in der Güteverhandlung Folgendes: Eine Alleinentscheidung des Vorsitzenden über die **einstweilige Einstellung der Zwangsvollstreckung** gem. § 55 Abs. 1 Nr. 6 kann in der Güteverhandlung nicht praktisch werden. **§ 55 Abs. 1 Nr. 5** wird verdrängt durch die Regelung in § 54 Abs. 5, die Entscheidung über das Ruhen des Verfahrens trifft schon nach dieser Bestimmung der Vorsitzende allein. Das Entscheidungsrecht im Falle der Säumnis einer Partei regelt sich nach § 54 Abs. 4, in der sich nach dieser Bestimmung anschließenden weiteren – streitigen – Verhandlung besteht das Alleinentscheidungsrecht des Vorsitzenden gem. § 55 Abs. 1 Nr. 4, die Regelung des § 55 Abs. 3 findet insoweit keine Anwendung. Der Erlass eines **Verzichtsurteils** gem. § 55 Abs. 1 Nr. 2 bzw. eines **Anerkenntnisurteils** gem. § 55 Abs. 1 Nr. 3 ist in der Güteverhandlung ebenfalls nicht möglich. In diesem Falle kann – bei einem Verzichtsurteil bei Zustimmung der Parteien – die Entscheidung auch ohne mündliche Verhandlung erfolgen. Sie kann daher auch in das Protokoll der Güteverhandlung aufgenommen werden. Der Beschluss gem. § 269 Abs. 3 ZPO über die Kostentragungspflicht derjenigen Partei, die die **Klage zurückgenommen** hat, spielt im Verfahren des Arbeitsgerichts 1. Instanz zumindest dann eine untergeordnete Rolle, wenn die Klagerücknahme bereits in der Güteverhandlung vor Stellung der Anträge erfolgt, da in diesem Falle keine Gerichtskosten entstehen, Nr. 8210 Abs. 2 des Gebührenverzeichnisses der Anlage 1 zum GKG und eine Kostenerstattungspflicht hinsichtlich der außergerichtlichen Kosten nicht besteht, § 12 a Abs. 1. Sollte gleichwohl die Notwendigkeit einer Beschlussfassung bestehen, lässt § 55 Abs. 2, nach der die Entscheidung auch ohne mündliche Verhandlung getroffen werden kann, dem Vorsitzenden einen Spielraum, wie er verfahrensmäßig vorgehen will. Er kann daher die Entscheidung in das Protokoll der Güteverhandlung aufnehmen. Die Entscheidung über die **örtliche Zuständigkeit**, § 55 Abs. 1 Nr. 7, und über die **Aussetzung des Verfahrens**, § 55 Abs. 1 Nr. 8, kann ebenfalls im Zusammenhang mit der Güteverhandlung erfolgen und auch in deren Protokoll aufgenommen werden, auch hier hat der Vorsitzende auf Grund des § 55 Abs. 2 den gleichen verfahrensmäßigen Spielraum wie bei einer Klagerücknahme.

III. Verfahren in der Güteverhandlung

1. Besetzung des Gerichts

9   Die Güteverhandlung findet vor dem Vorsitzenden statt. Eine **Beteiligung der ehrenamtlichen Richter** ist **nicht zulässig** (dazu rechtsvergleichend *Binkert/Eylert* NZA 1989, 872 ff.). Angesichts des eindeutigen Wortlauts von Abs. 1 Satz 1 ist auch die passive Teilnahme der ehrenamtlichen Richter vom Gesetzgeber nicht zugelassen worden (*Grunsky* § 54 Rn. 2; GK-ArbGG/*Schütz* § 54 Rn. 20; *van Venrooy* ZfA 1984, 337, 338 in Fn. 1; a. A. *Schwab/Weth/Berscheid/Korinth* § 54 Rn. 4). Nehmen gleichwohl die ehrenamtlichen Richter – wenn auch nur passiv – an der Verhandlung teil, so erfüllt sie nicht die Voraussetzungen des § 54 Abs. 1 Satz 1, eine Güteverhandlung hat dann nicht stattgefunden. Dies kann allerdings angesichts der Regelung in § 68 nicht mit einem Rechtsmittel gerügt werden, da eine Zurückverweisung des Rechtsstreits an das Arbeitsgericht wegen eines Mangels im Verfahren nicht zulässig ist (so auch GK-ArbGG/*Schütz* § 54 Rn. 20; *Schaub* ArbGV § 28 Rn. 8). Eine Entscheidung ist auch

III. Verfahren in der Güteverhandlung § 54

dann wirksam, wenn eine Güteverhandlung nicht durchgeführt worden ist (*Grunsky* § 54 Rn. 1 a).

Aus § 9 Abs. 2 i.V. § 10 Satz 1 GVG ergibt sich, dass **Referendare**, die dem Vorsitzenden zur Ausbildung zugewiesen worden sind, sowohl an der Güteverhandlung teilnehmen als auch in ihr die mündliche Verhandlung leiten können. 10

2. Die Güteverhandlung als Teil der mündlichen Verhandlung

Schon Abs. 1 Satz 1 legt fest, dass die mündliche Verhandlung mit dem Güteverfahren beginnt. Damit hat der Gesetzgeber klargestellt, dass es sich nicht um ein besonderes Verfahren handelt, sondern Teil der gesamten mündlichen Verhandlung vor dem Arbeitsgericht einschließlich etwaiger Verhandlungen vor der Kammer ist (*Grunsky* § 54 Rn. 3; *Schaub* ArbGV, § 28 Rn. 9). Im Rahmen der einheitlichen mündlichen Verhandlung stellt das Güteverfahren nur einen **besonderen Verfahrensabschnitt** dar. Ein Verzicht der Parteien ist nicht zulässig (*Gift/Baur* E Rn. 553; a. A. *van Venrooy* ZfA 1984, 342 ff.; *Wieser* Arbeitsgerichtsverfahren, Rn. 143). Dies ergibt sich schon aus § 54 Abs. 5 in dem die Folgen des Nichterscheinens oder des Nichtverhandelns der Parteien geregelt sind. 11

Im Güteverfahren gilt damit auch das **Gebot der Öffentlichkeit** des § 52. Nur kann unter den erleichterten Voraussetzungen des § 52 Satz 3 unter den dort genannten Bedingungen die Öffentlichkeit ausgeschlossen werden. Damit soll sichergestellt werden, dass sich die Parteien völlig frei in der Verhandlung äußern können. 12

Da das Güteverfahren Teil der mündlichen Verhandlung vor dem Arbeitsgericht ist, übt der Richter auch eine **rechtsprechende Tätigkeit** aus. Es ist nicht nur eine verwaltende oder schlicht hoheitliche Tätigkeit. Damit ist die Möglichkeit der Einwirkung der Dienstaufsicht auf die Tätigkeit des Richters in der Güteverhandlung ebenso beschränkt, wie dies bei der übrigen rechtsprechenden Tätigkeit der Fall ist. Auch gilt das Haftungsprivileg des § 839 Abs. 2 BGB. 13

Zweifelhaft ist, **ob Angriffs- und Verteidigungsmittel** und insbesondere **prozesshindernde Einreden** wie beispielsweise diejenigen nach § 102 bereits in der Güteverhandlung vorgebracht werden müssen. Zwar gilt auch im arbeitsgerichtlichen Verfahren gem. § 46 Abs. 2 Satz 1 die Vorschrift des § 282 ZPO. Der Begriff der mündlichen Verhandlung in dieser Bestimmung entspricht demjenigen der §§ 128 ff. ZPO. Nach § 137 Abs. 1 ZPO beginnt diese mündliche Verhandlung mit der Stellung der Anträge. Daraus ergibt sich, dass nur die streitige Verhandlung, nicht jedoch das Güteverfahren, gemeint sein kann (*Stein/Jonas/Leipold* § 282 Rn. 47). Wenn demgegenüber die Auffassung vertreten wird, dass als Verhandlung zur Hauptsache im Sinne des § 282 Abs. 3 ZPO auch die Güteverhandlung anzusehen sei (*Dietz/Nikisch* § 54 Rn. 7), so kann dem nicht gefolgt werden. Auch aus der neuen Regelung in § 278 Abs. 2 Satz 1 ZPO wird deutlich, dass die Güteverhandlung keine mündliche Verhandlung im Sinne des § 137 Abs. 1 ZPO ist. Auch dort ist geregelt, dass die Güteverhandlung der mündlichen Verhandlung „vorausgeht". Gegen diese Ansicht spricht auch, dass in der Güteverhandlung gerade keine prozessbeendende Entscheidung bei Begründetheit der Einrede getroffen werden kann, sondern diese kann erst in der sich an das Güteverfahren anschließenden streitigen Verhandlung fallen. Es besteht daher auch keine Notwendigkeit für die Erhebung dieser Einrede, im Übrigen ergeht nach § 47 Abs. 2 auch in der Regel keine Aufforderung an den Beklagten, sich auf die Klage schriftlich zu äußern. 14

Das Gleiche gilt hinsichtlich der **Rüge der fehlenden örtlichen Zuständigkeit**. Die die Zuständigkeit begründende rügelose Verhandlung zur Hauptsache nach § 39 ZPO kann nur in einer streitigen Verhandlung erfolgen. 15

3. Vorbereitung der Güteverhandlung

a) Vorbereitende Maßnahmen

16 Inwieweit eine Vorbereitung der Güteverhandlung durch den Vorsitzenden erfolgen kann, ist **umstritten**. Nach einer Auffassung soll die Güteverhandlung wie jede andere Verhandlung vorbereitet werden können, so dass auch die Vorschrift des § 56 bzw. über § 46 Abs. 2 die des § 273 ZPO anwendbar sei (*Grunsky* § 54 Rn. 8; ArbGG-*Kloppenburg/Ziemann* § 54 Rn. 16). Demgegenüber steht die Auffassung, dass dem Vorsitzenden weder Befugnisse nach § 273 ZPO noch nach § 56 zustehen sollen (*Dütz* RdA 1980, 81, 88; *Stein/Jonas/Leipold* § 273 Rn. 44; GK-ArbGG/*Schütz* § 54 Rn. 22, 23; ErfK/*Koch* § 54 ArbGG Rn. 3). Vermittelnd ist die Auffassung, nach der zumindest die Bestimmung des § 273 ZPO im Wesentlichen auch für das Güteverfahren anwendbar sei, so dass der Vorsitzende nach dieser Bestimmung vorbereitende Handlungen vornehmen könne, die Maßnahmen dürften nur nicht dem Zweck der Güteverhandlung zuwiderlaufen; (HWK/*Ziemann* ArbGG § 54 Rn. 20; *Schaub* ArbGV, § 29 Rn. 7; *Wlotzke/Schwedes/Lorenz* § 56 Rn. 2).

17 Gegen die unmittelbare Anwendbarkeit des § 56 spricht schon, dass diese Bestimmung allein die Vorbereitung der streitigen Verhandlung betrifft. Auch eine entsprechende Anwendbarkeit der Bestimmung des § 273 ZPO erscheint zweifelhaft. Zwar gelten nach § 46 Abs. 2 die Vorschriften der ZPO auch im arbeitsgerichtlichen Verfahren, soweit nicht im ArbGG etwas anderes geregelt ist oder der Eigenart des arbeitsgerichtlichen Verfahrens widersprechen würde. Die in § 273 Abs. 2 ZPO genannten Anordnungen, die durch den Vorsitzenden getroffen werden können, entsprechen weitgehend der Regelung, die auch in § 56 Abs. 1 Nr. 1 bis 4 enthalten ist. Daraus folgt, dass § 56 die speziellere Vorschrift zu § 273 ZPO ist. Da im arbeitsgerichtlichen Verfahren diese Vorbereitungsmöglichkeiten nur für die streitige Verhandlung vorgesehen sind, hat der Gesetzgeber des Arbeitsgerichtsgesetzes letztlich zu erkennen gegeben, dass gerade **die in § 56 Abs. 1 Nr. 1 bis 4 genannten Maßnahmen nicht vor der Güteverhandlung ergriffen werden können**. Damit scheidet eine entsprechende Anwendbarkeit des § 273 Abs. 2 ZPO im Bereich des Güteverfahrens aus. Lediglich eine entsprechende Anwendbarkeit des § 273 Abs. 1 ZPO könnte in diesem Zusammenhang in Betracht kommen, da insoweit der Wortlaut von § 56 Abs. 1 Satz 1 abweicht. Zu berücksichtigen ist aber, dass diese allgemeine Vorbereitungspflicht durch Abs. 2 des § 273 ZPO näher präzisiert wird, so dass letztlich auch hier davon ausgegangen werden muss, dass § 56 Abs. 1 eine Sonderregelung darstellt. Gegen eine Anwendbarkeit des § 273 ZPO für das Güteverfahren spricht ferner, dass in § 47 Abs. 2 ausdrücklich geregelt ist, dass in der Regel eine Aufforderung an den Beklagten, sich auf die Klage schriftlich zu äußern, nicht erfolgt. Auch der Sinn der Güteverhandlung, die eine unbeeinflusste Erörterung des Sach- und Streitstandes durch den Vorsitzenden mit den Parteien ermöglichen soll, um den Rechtsstreit möglichst frühzeitig und ohne große Kosten zu beenden, spricht gegen umfangreiche Vorbereitungshandlungen seitens des Vorsitzenden. Demzufolge kann auch Parteivorbringen, das entgegen einer unter Bezugnahme auf § 56 erteilten Auflage verspätet erfolgt, nicht zurückgewiesen werden, die Pflicht des Gerichts, den gesamten Streitstand mit den Parteien zu erörtern, würde sonst unterlaufen (LAG Niedersachsen 12. 12. 1989 LAGE ArbGG 1979 § 56 Nr. 2). § 139 Abs. 1 Satz 2 ZPO ist zwar nicht ausgeschlossen, für seine Anwendbarkeit besteht aber keine Notwendigkeit, da bereits nach § 54 Abs. 1 Satz 2 dem Vorsitzenden die Pflicht obliegt, das gesamte Streitverhältnis mit den Parteien unter freier Würdigung aller Umstände zu erörtern. Nach Satz 3 kann er zur Aufklärung des Sachverhalts alle Handlungen vornehmen, die sofort erfolgen können. Damit kann der Vorsitzende auch die Parteien auffordern, vollständige Erklärungen in der Güteverhandlung abzugeben. Zur Anwendbarkeit des § 273 ZPO bei der Vorbereitung der streitigen Verhandlung vgl. unten § 56 Rn. 2, 5. Im Übrigen hat der Gesetz-

III. Verfahren in der Güteverhandlung § 54

geber durch die Möglichkeit einer zweiten Güteverhandlung zu erkennen gegeben, dass er gerade nicht von der Vorbereitung der ersten Güteverhandlung ausgeht.

Da weder § 56 noch § 273 ZPO auf das Güteverfahren angewendet werden können, besteht für den Vorsitzenden **keine Möglichkeit, Zeugen und Sachverständige** für die Güteverhandlung zu laden, nur für die sich unmittelbar anschließende streitige Verhandlung wäre dies möglich *Schwab/Weth/Berscheid/Korinth* § 54 Rn. 7. Eine solche Handhabung wäre im Übrigen bedenklich, weil grundsätzlich eine Beweisaufnahme vor der Kammer zu erfolgen hat, § 58 Abs. 1 Satz 1. Eine in der Güteverhandlung durchgeführte Vernehmung von Zeugen oder Sachverständigen wäre daher für eine nachfolgende Kammerverhandlung ohne Bedeutung, sie müsste gegebenenfalls wiederholt werden. Dadurch würden doppelt Kosten entstehen, da die Zeugen bzw. Sachverständigen sowohl für die Wahrnehmung des Gütetermins als auch des Kammertermins eine Entschädigung verlangen können. Das würde aber dem allgemeinen arbeitsgerichtlichen Grundsatz widersprechen, das Verfahren so zu gestalten, dass für die Parteien möglichst wenig Kosten entstehen (a. A. *Grunsky* § 54 Rn. 8; *Wieser* Arbeitsgerichtsverfahren Rn. 145; vgl. dazu weiter unten Rn. 26). 18

Die **Einholung amtlicher Auskünfte** wird in der Regel vor der Güteverhandlung als vorbereitende Maßnahme nicht möglich sein (a. A. ArbGG-*Kloppenburg/Ziemann* § 54 Rn. 17; HWK/*Ziemann* ArbGG § 54 Rn. 21). Demgegenüber kann der Vorsitzende im Rahmen seiner Aufklärungspflicht nach Abs. 1 Satz 3 **Akten beiziehen** oder um Mitteilung von Urkunden ersuchen, da damit noch keine Beweisaufnahme vorweggenommen wird. 19

Trifft der Vorsitzende **gleichwohl vorbereitende Maßnahmen** in Anwendung des § 56 bzw. des § 273 ZPO, so stellt dies zwar einen Verfahrensfehler dar. Dieser ist jedoch für den Gang des weiteren Verfahrens unerheblich, insbesondere kann auf ihn ein mögliches Rechtsmittel nicht gestützt werden. 20

b) Die Anordnung des persönlichen Erscheinens der Parteien

Obwohl weder die Bestimmung des § 56 noch die des § 273 ZPO auf das Güteverfahren anwendbar sind, kann der Vorsitzende zum Gütetermin das persönliche Erscheinen der Parteien anordnen. Nach § 51 Abs. 1 Satz 1 kann nämlich das persönliche Erscheinen **in jeder Lage des Rechtsstreits,** also auch für das Güteverfahren, angeordnet werden. Die Bestimmung des § 51 Abs. 1 Satz 1 geht insoweit weiter als die Regelungen in § 56 Abs. 1 Nr. 3 bzw. § 273 Abs. 2 Nr. 3 ZPO. Die Anordnung des persönlichen Erscheinens der Parteien kann auch sinnvoll sein, da zum einen diese konkretere Auskünfte über die tatsächlichen Grundlagen des Rechtsstreits erteilen können, zum anderen bei ihrer Anwesenheit eine endgültige Erledigung des Rechtsstreites erreicht werden kann. 21

4. Die Verhandlung

a) Erörterung

Wesentlicher Bestandteil der Güteverhandlung ist die Erörterung des Streitverhältnisses. Das Streitverhältnis wird bestimmt durch den mit der Klage anhängig gemachten Streitgegenstand (vgl. dazu näher *van Venrooy* ZfA 1984, 337, 357 ff.). Hierbei hat der Vorsitzende in besonderem Maße von seiner richterlichen Aufklärungspflicht gem. § 139 ZPO Gebrauch zu machen, insbesondere prozessunerfahrenen Parteien hat er die Sach- und Rechtslage im Einzelnen verständlich zu machen. Der Vorsitzende kann dabei auch die Erfolgsaussicht der Klage oder diejenige von Angriffs- oder Verteidigungsmitteln erörtern. Auf rechtliche Probleme hat er hinzuweisen, er kann auch seine Rechtsmeinung den Parteien mitteilen. Abweichende Meinungen in Rechtsprechung oder Literatur, die dem Vorsitzenden bekannt sind, hat er gegebenenfalls ebenfalls in die Erörterung einzubeziehen. 22

23 Auf die rein rechtliche Erörterung ist der Vorsitzende jedoch nicht beschränkt. Die Erörterung hat „unter freier Würdigung aller Umstände" zu erfolgen. Daraus folgt, dass auch **wirtschaftliche, soziale und sonstige Erwägungen**, insbesondere auch Billigkeitserwägungen, in der Güteverhandlung angesprochen werden können, losgelöst von den Formalien des Prozessrechts (*Binkert* 50 Jahre saarländische Gerichtsbarkeit, S. 79, 80). Der Vorsitzende kann auch die mögliche Dauer des Verfahrens und seine Kosten in die Erörterungen einbeziehen, auch wird es zulässig sein, das Risiko einer etwa durchzuführenden Beweisaufnahme anzusprechen. Das Güteverfahren verlangt, wenn es seinen Zweck erfüllen soll, eine möglichst große Offenheit des Vorsitzenden gegenüber den Parteien. Auf die von ihm geäußerten Rechtsansichten kann in der Regel ein Ablehnungsgesuch nach § 49 nicht gestützt werden.

b) Aufklärung des Sachverhaltes

24 In Abs. 1 Satz 3 ist gesondert geregelt, dass der Vorsitzende alle diejenigen Handlungen vornehmen kann, die sofort, also in der Güteverhandlung – auch wenn sie fortgesetzt wird (dazu unten Rn. 29 ff.) –, erfolgen können. Diese Regelung ist in ihrer praktischen Aussagekraft unklar (dazu *van Venrooy* ZfA 1984, 337, 362 ff.). Diese Befugnis des Vorsitzenden widerspricht der sonst vorhandenen Tendenz der Unverbindlichkeit der Güteverhandlung, soweit davon das spätere streitige Verfahren betroffen sein kann. Besonders deutlich wird dies auch durch Abs. 1 Satz 4, wonach eidliche Vernehmungen nicht durchgeführt werden können und weiterhin durch die Bestimmung des § 58 Abs. 1 Satz 1, wonach die Beweisaufnahme vor der Kammer zu erfolgen hat. Es können daher **nur solche Handlungen** von dem Vorsitzenden vorgenommen werden, **die die Dispositionsbefugnis** der Parteien im weiteren Verfahren **nicht beschränken.**

25 Handlungen, die der Vorsitzende **beispielsweise** in der Güteverhandlung vornehmen kann, ist die Aufforderung, bestimmte Unterlagen vorzulegen, bestimmte Gegenstände in Augenschein zu nehmen, er kann die Parteien zur Stellungnahme zu Einzelpunkten im Rahmen des Rechtsstreits auffordern, andere Gerichtsakten beiziehen und mit den Parteien erörtern.

26 Die **Durchführung einer Beweisaufnahme** ist grundsätzlich unzulässig. Zweifelhaft ist, ob eine informelle Befragung von gestellten Zeugen und Sachverständigen zulässig sein kann (bejahend: *Grunsky* § 54 Rn. 12; *Wieser* Arbeitsgerichtsverfahren, Rn. 145; *Schwab/Weth/Berscheid/Korinth* § 54 Rn. 11; *Schaub* ArbGV § 28 Rn. 15). Da das Gesetz den Begriff der Handlungen nicht näher umschreibt, kann nicht davon ausgegangen werden, dass nur im Prozessrecht zugelassene Handlungsweisen des Gerichtes in Betracht kommen. Es ist daher möglich, eine nur informative Befragung von Zeugen und Sachverständigen durchzuführen. Allerdings kann diese Befragung im späteren Verfahren nicht berücksichtigt werden, da sonst der Grundsatz des § 58 Abs. 1 Satz 1 verletzt würde. Auch ist bei der informativen Befragung von Zeugen und Sachverständigen Vorsicht geboten. Wie sich aus § 58 Abs. 1 Satz 1 ergibt, ist einer der Grundsätze des Verfahrens, dass die ehrenamtlichen Richter bei der Durchführung von Beweisaufnahmen zu beteiligen sind. Die rein informative Befragung von Zeugen und Sachverständigen hat, selbst wenn sie keine Bindungswirkung für das weitere Verfahren hat, zumindest Einfluss auf das weitere Verhalten der Parteien und führt möglicherweise auch schon bei dem Vorsitzenden zu einer gewissen Meinungsbildung. Die Beweisaufnahme vor der Kammer kann in diesem Falle u. U. nicht mehr unbeeinflusst durchgeführt werden. Wird eine informelle Befragung durchgeführt und protokolliert, so kann sie in der späteren Verhandlung vor der Kammer selbst dann nicht als Beweisaufnahme (Urkundenbeweis) verwendet werden, wenn sich die Parteien hiermit einverstanden erklären. Dies würde dem Grundsatz des § 58 Abs. 1 Satz 1 widersprechen (so auch GK-ArbGG/*Schütz* § 54 Rn. 37 f.; ArbGG-*Kloppenburg/Ziemann* § 54 Rn. 21; ausführlich *Kramer* Güteverhandlung, S. 179 ff.; a. A. *Grunsky* § 54 Rn. 12; *Schaub* ArbGV

§ 28 Rn. 15; ErfK/*Koch* § 54 ArbGG Rn. 3). Aus diesem Grunde kommt auch ein Urkundenbeweis nicht in Betracht.

Werden Zeugen oder Sachverständige in der Güteverhandlung informativ angehört, so sind sie auch auf ihr etwa bestehendes **Zeugnisverweigerungsrecht** hinzuweisen. Sie können nicht unter Eid genommen werden, Abs. 1 Satz 4, dies würde auch dem informatorischen Charakter widersprechen. Soweit eine Anhörung erfolgt ist, können Zeugen oder Sachverständige u. U. auch Ansprüche auf Entschädigung nach dem ZuSEntschG geltend machen.

Die Durchführung einer **Parteivernehmung** in der Güteverhandlung ist ebenfalls ausgeschlossen, da diese lediglich im Rahmen einer Beweisaufnahme durchgeführt werden kann. Im Übrigen könnte auch die Partei nicht unter Eid genommen werden.

c) Weiterer Gütetermin

Voraussetzung für die Fortsetzung des Gütetermins ist zunächst das **Einverständnis** beider Parteien. Gibt eine Partei keine Erklärung ab, beispielsweise weil sie nicht zum Termin erschienen ist, kann eine zweite Güteverhandlung nicht anberaumt werden. Das Gleiche gilt, wenn beide Parteien nicht erschienen sind oder keine Erklärung abgegeben haben.

Sind **Streitgenossen** an dem Rechtsstreit beteiligt, ist auch deren Einverständnis erforderlich. Sie stehen prozessual selbständig neben den Parteien, § 61 ZPO. Anderes gilt, wenn **Nebenintervenienten** bereits in der Güteverhandlung dem Rechtsstreit beigetreten sind. Anders als der Streitgenosse hat der Nebenintervenient im Prozess nur eine Rechtsstellung, die von der Stellung der Hauptpartei in einer gewissen Abhängigkeit steht, § 67 ZPO. Der Nebenintervenient kann sich mit seinen Handlungen etc. im Prozess nicht in Widerspruch zu Handlungen der Hauptpartei setzen. Dies gilt auch bei Erklärungen rein verfahrensmäßiger Art. Die Zustimmung zur Fortsetzung der Güteverhandlung oder deren Verweigerung durch die Hauptpartei bindet daher auch den Nebenintervenienten.

Das Einverständnis muss **ausdrücklich und eindeutig erklärt** werden. Ohne das Einverständnis ist eine zweite Güteverhandlung nicht zulässig. In welcher Form und in welchem Zeitpunkt die Einverständniserklärung zu erfolgen hat, ist nicht festgelegt. Da die Güteverhandlung „fortgesetzt" werden kann, ist es notwendig, dass sie bereits stattgefunden hat. Damit ist eine Einverständniserklärung nur im Rahmen einer Güteverhandlung möglich, sie kann nicht bereits vor dem Termin abgegeben werden. In der Güteverhandlung kann die Erklärung schriftlich oder mündlich erfolgen. Erfolgt sie mündlich, empfiehlt es sich, sie in das Protokoll aufzunehmen. Ob dies zwingend geboten ist, ergibt sich aus dem Gesetz nicht. Nach § 160 Abs. 3 Nr. 2 ZPO sind die Anträge in dem Protokoll wiederzugeben. Gemeint sind hier aber nur die Sachanträge, nicht die prozessualen Erklärungen sonstiger Art (*Baumbach/Hartmann* § 160 Rn. 9; *Musielak/Stadler* § 160, Rn. 6). Nach § 160 Abs. 3 Nr. 3 ZPO ist die Aufnahme von Erklärungen sonstiger Art notwendig, wenn ihre Feststellung vorgeschrieben ist. Nach § 54 Abs. 3 ist das Ergebnis der Güteverhandlung in die Niederschrift aufzunehmen. Ergebnis ist dabei jede Erklärung einer Partei, die eine prozessuale Bedeutung hat (unten Rn. 50). Ergebnis ist daher auch die Anberaumung des Fortsetzungstermins. Diese ist nicht ohne die Einverständniserklärungen der Parteien möglich. Sie haben eine Bedeutung für die Art der Fortsetzung des Rechtsstreits. Zu berücksichtigen ist, dass durch die Fortsetzung der Güteverhandlung in jedem Falle eine Verzögerung der Erledigung des Rechtsstreits eintritt, wenn in der Fortsetzungsverhandlung keine Erledigung des Rechtsstreits eintritt. Durch die Aufnahme in das Protokoll sichert sich der Vorsitzende gegen den Vorwurf der Prozessverzögerung ab (zu dem Ganzen auch näher *Germelmann* NZA 2000, 1017, 1019).

Die zweite Güteverhandlung muss „**alsbald**" stattfinden. Der Begriff ist nicht näher präzisiert worden. Nach der Begründung des Gesetzentwurfs soll es sich um einen „zeitnahen" Termin handeln (BT-Drs. 14/626 S. 9, dazu ArbGG-*Kloppenburg/Ziemann* § 54 Rn 15 b). Mögliche Gesichtspunkte für die Präzisierung des Zeitpunktes sind einerseits die Ladungsfrist des § 217 ZPO und andererseits der Beschleunigungsgrundsatz des § 9 Abs. 1 bzw. bei Bestandsschutzstreitigkeiten der des § 61 a Abs. 2. Daraus ergibt sich, dass der nächstbereite Gütetermin unter Einhaltung der Ladungsfrist zu wählen ist, bei Bestandsschutzstreitigkeiten dürfte die Zwei-Wochenfrist nicht überschritten werden (ArbGG-*Kloppenburg/Ziemann* § 54 Rn. 15 b). Durch Vereinbarung der Parteien kann jedoch auch ein späterer Termin gewählt werden, die nach dem Gesetz erforderliche „alsbaldige" Terminsanberaumung liegt im Interesse der Parteien, nicht des Gerichts (*Germelmann* a. a. O.). Dies gilt auch für die Frist des § 61 a Abs. 2. Da auf Antrag der Parteien eine Terminsverlegung im Rahmen des § 227 ZPO möglich ist, mit deren Einverständnis sogar für eine gewisse Zeit das Verfahren nicht betrieben werden kann, wenn hierfür außer dem Einverständnis weitere Gründe (Vergleichsverhandlungen, Abwarten einer Entscheidung in einem anderen Rechtsstreit) vorliegen, wird man auch hier den berechtigten Wünschen beider Parteien hinsichtlich einer späteren Terminierung Folge leisten können. Über die Terminierung muss aber ein ausdrückliches Einverständnis der Parteien bestehen.

33 **Gründe für die Fortsetzung der Güteverhandlung** sind im Gesetz nicht genannt. Die Regelung des § 227 ZPO kann nicht angewandt werden, § 54 Abs. 1 letzter Satz enthält insoweit eine Sonderregelung. Lediglich bei einer weiteren Hinausschiebung des Zeitpunktes über den der „alsbaldigen" Anberaumung ist § 227 ZPO zu beachten. Hier reicht das bloße Einverständnis der Parteien nicht mehr aus.

34 In dem **Fortsetzungstermin** gelten die gleichen Grundsätze und Verfahrensregelungen wie im ersten Gütetermin. Insbesondere können auch hier die Parteien die Entscheidung durch den Vorsitzenden allein gemäß § 55 Abs. 3 beantragen.

35 Eine **weitere Fortsetzung** der Güteverhandlung in einem dritten Termin ist ausgeschlossen. Dies kann auch nicht durch Vereinbarung der Parteien erreicht werden.

36 Eine **Verletzung der Regelung** über die Fortsetzung der Güteverhandlung hat keine verfahrensrechtlichen Konsequenzen. Ein Rechtsmittel gegen die Entscheidung über die Fortsetzung der Güteverhandlung ist nicht vorgesehen. Allerdings kann eine Partei einen Antrag auf Terminänderung gem. § 227 ZPO stellen, Grund wäre hierbei die Verletzung des § 54 Abs. 1 letzter Satz. Die Änderung kann dabei neben der zeitlichen Verschiebung auch die Art des Termins erfassen. Eine ablehnende Entscheidung wäre aber auch hier unanfechtbar, § 227 Abs. 2 Satz 3 ZPO.

d) Stellung der Anträge

37 Da das Güteverfahren ein der streitigen Verhandlung vorgeschalteter Verfahrensabschnitt innerhalb der mündlichen Verhandlung ist, ist es **nicht erforderlich, dass** die **Anträge gestellt** werden. Die Regelung des § 137 ZPO findet insoweit auf das Güteverfahren keine Anwendung (LAG München 24. 1. 1989 NZA 1989, 863; *Schwab/Weth/Berscheid/Korinth* § 54 Rn. 13; GK-ArbGG/*Schütz* § 54 Rn. 29). Dies wird auch daraus deutlich, dass in Abs. 2 Satz 1 ausdrücklich erklärt worden ist, dass die Klage bis zum Stellen der Anträge ohne Einwilligung des Beklagten zurückgenommen werden kann, das setzt aber voraus, dass die Güteverhandlung nicht mit dem Stellen der Anträge beginnt. Auch die Zielrichtung des § 54, nämlich eine ungehinderte Erörterung des Rechtsstreites mit den Parteien zu ermöglichen und eine gütliche Beendigung des Verfahrens zu versuchen, spricht dagegen, dass eine Stellung der Anträge in der Güteverhandlung möglich sein kann (*Dütz* RdA 1980, 81, 85; *Hauck/Helml* § 54 Nr. 6; GK-ArbGG/*Schütz* § 54 Rn. 28; *van Venrooy* ZfA 1984, 337, 348 ff.; a. A. *Grunsky* § 54 Rn. 1; *Wieser* Arbeitsgerichtsverfahren, Rn. 144, 148; LAG Baden-Württemberg 13. 5. 1957 AP ArbGG 1953 § 54 Nr. 1). Allerdings können die Anträge wie jede andere Parteierklärung in der Güteverhandlung auch zu Protokoll genommen werden. In der

III. Verfahren in der Güteverhandlung   § 54

streitigen Verhandlung würde dann für die Antragstellung i. S. des § 137 Abs. 1 ZPO
die Bezugnahme auf diese Protokollierung ausreichen (dazu auch unten § 57 Rn. 6).

e) Zurücknahme der Klage

Abs. 2 Satz 1 regelt die Möglichkeit der Klagerücknahme. Anders als in § 269 Abs. 1   **38**
ZPO wird hier nicht abgestellt auf die Tatsache der Verhandlung des Beklagten zur
Hauptsache, sondern allein auf diejenige des Stellens der Anträge. Da in der Güteverhandlung die Anträge nicht wirksam gestellt, sondern bestenfalls angekündigt werden
können, kann die Klage noch **während des gesamten Güteverfahrens** und bis zur
streitigen Verhandlung zurückgenommen werden. Die Kostenfolge richtet sich nach
§ 269 Abs. 3 ZPO, allerdings ist zu beachten, dass in diesem Falle keine Gerichtsgebühren anfallen, Nr. 8210 Abs. 2 Kostenverzeichnis n. F. (Nr. 9112 Gebührenverzeichnis
a. F.). Diese Kostenprivilegierung bleibt auch nach Verweisung des Rechtsstreits erhalten
(OLG Düsseldorf 2. 1. 1996 NZA-RR 1996, 265). Zur Kostenentscheidung vgl. oben
Rn. 5. Wird die Klagerücknahme in der Güteverhandlung erklärt, so ist sie zu protokollieren, diese **Protokollierung** ist von der Partei bzw. ihrem Vertreter zu genehmigen,
§ 160 Abs. 3 Nr. 8 ZPO i. V. m. § 162 Abs. 1 ZPO.

f) Anerkenntnis und Verzicht

In dem Gütetermin kann der Kläger auf den geltend gemachten Anspruch verzichten,   **39**
§ 306 ZPO. In gleicher Weise kann der Beklagte in der Güteverhandlung den Anspruch
des Klägers anerkennen, § 307 ZPO. Beide **Erklärungen** sind **in das Protokoll** aufzunehmen, § 160 Abs. 3 Nr. 1 ZPO, die Erklärungen sind von der klagenden Partei bzw. der
beklagten Partei zu genehmigen, § 162 Abs. 1 ZPO.

Das **Anerkenntnis- bzw. Verzichtsurteil** kann allerdings nicht in der Güteverhandlung   **40**
erlassen werden, da diese schon von ihrer Zielrichtung her eine Beendigung des Rechtsstreites durch eine gerichtliche Entscheidung nicht ermöglicht. Vielmehr kann die entsprechende Entscheidung nur in einer sich unmittelbar an den Gütetermin anschließenden weiteren Verhandlung getroffen werden. Dem entspricht es auch, dass in Abs. 4
Satz 2 im Falle der Säumnis einer Partei vom Gesetzgeber nicht vorgesehen worden ist,
dass das Versäumnisurteil in der Güteverhandlung selbst erlassen werden kann, sondern
dass sich erst die weitere – streitige – Verhandlung anschließt, in der sodann die
entsprechende Säumnisentscheidung getroffen werden kann (für die Notwendigkeit
einer weiteren Verhandlung auch *Grunsky* § 54 Rn. 15; ArbGG-*Kloppenburg/Ziemann*
§ 54 Rn. 32; a. A. *van Venrooy* ZfA 1984, 337, 375 ff.; *Wieser* Arbeitsgerichtsverfahren, Rn. 148; wie hier jetzt GK-ArbGG/*Schütz* § 54 Rn. 53 vgl. dazu im Übrigen auch
oben Rn. 8). Der Übergang von der Güteverhandlung in das streitige Verfahren ist in
das Protokoll aufzunehmen. Häufig unterbleibt allerdings in der Praxis diese Trennung
von Gütetermin und streitiger Verhandlung. Dies ist für die Wirksamkeit der getroffenen
Entscheidung jedoch ohne Belang, da auf diesen verfahrensmäßigen Mangel ein Rechtsmittel nicht mit Erfolg gestützt werden kann, § 68. Die Entscheidung ergeht durch den
Vorsitzenden allein, § 55 Abs. 1 Nr. 2, 3.

Hinsichtlich der Gebühren ist zu beachten, dass nach Nr. 8211 Nr. 2 Kostenverzeich-   **41**
nis eine Ermäßigung eintritt, wenn das Urteil nach § 313 a Abs. 2 ZPO keinen Tatbestand und keine Entscheidungsgründe enthält.

g) Erledigungserklärung

Die **einseitige** Erledigungserklärung beendet weder den Rechtsstreit noch die Rechts-   **42**
hängigkeit. Es ist noch eine Entscheidung in der Hauptsache notwendig, die Güteverhandlung ist in diesem Falle gescheitert. Die **übereinstimmende Erledigungserklärung**
beendet den Rechtsstreit und die Rechtshängigkeit. Sie ist ein Ergebnis der Güteverhandlung und als solches zu protokollieren, Abs. 3. Sie ist keine gütliche Einigung i. S. Abs. 1.

Über die Kosten ist nach § 91a ZPO zu entscheiden. Diese Entscheidung ist nicht mehr Teil der Güteverhandlung, sie kann nach § 128 Abs. 3 ZPO außerhalb der mündlichen Verhandlung erfolgen, zuständig ist der Vorsitzende, § 55 Abs. 1 Nr. 9 (unten § 55 Rn. 32a). Die Aufnahme der Entscheidung in das Protokoll der Güteverhandlung schadet nicht, da dadurch der Charakter des Beschlusses als einer Entscheidung des Vorsitzenden nicht geändert wird, es ist lediglich eine Form der Bekanntmachung an die Parteien.

h) Geständnis

43 Nach Abs. 2 Satz 2 haben **Geständnisse** der Parteien, § 288 ZPO, nur dann eine für das streitige Verfahren bindende Wirkung, wenn sie zu Protokoll erklärt worden sind. Insoweit enthält die arbeitsgerichtliche Regelung keine Besonderheit zum zivilprozessualen Verfahren. Bereits nach § 160 Abs. 3 Nr. 3 ZPO sind Geständnisse in das Protokoll aufzunehmen, sie bedürfen für ihre Wirksamkeit der Genehmigung durch diejenige Partei, die das Geständnis abgegeben hat, § 162 ZPO.

44 Das Geständnis kann sich **nur auf Tatsachen** beziehen, die von einer Partei behauptet worden sind. Hierbei können auch innere Tatsachen Gegenstand des Geständnisses sein, nicht jedoch juristische Wertungen. Das Geständnis hat die Wirkung, dass die zugestandene Tatsache nicht bewiesen werden muss. Im Übrigen finden die Bestimmungen des § 288 ZPO auch auf das Geständnis im arbeitsgerichtlichen Verfahren Anwendung.

45 Tatsachen, die eine Partei zugesteht, ohne dass sie von der Gegenseite behauptet worden sind, sind keine Geständnisse i. S. des § 288 ZPO. Bei ihnen handelt es sich vielmehr um **Parteierklärungen,** die ebenso wie schriftsätzliche Erklärungen für den Verlauf des weiteren Rechtsstreits von Bedeutung sein können.

i) Zulässigkeitsrügen

46 Wie sich aus Abs. 2 Satz 3 ergibt, müssen Rügen, die die Zuständigkeit des angerufenen Arbeitsgerichts bzw. sonstige Fragen der Zulässigkeit betreffen, **nicht bereits in der Güteverhandlung** erhoben werden. Durch die rügelose Einlassung verliert eine Partei nicht das Recht, die entsprechende Rüge vor oder innerhalb der streitigen Verhandlung vor der Kammer geltend zu machen. Werden die Rügen jedoch erhoben, sind sie mit den Parteien im Einzelnen zu erörtern. Gegebenenfalls muss der Vorsitzende auch die Parteien in der Güteverhandlung auf die Unzuständigkeit des Gerichts und die Folgen einer rügelosen Einlassung in der Kammerverhandlung hinweisen, § 504 ZPO findet insoweit auch im Rahmen der Güteverhandlung Anwendung.

5. Ergebnis der Güteverhandlung

a) Gütliche Einigung

47 Neben den Möglichkeiten der Beendigung des Verfahrens durch Klagerücknahme, Anerkenntnis, Verzicht und übereinstimmende Erledigungserklärung (vgl. dazu oben Rn. 40ff.) steht im Vordergrund des § 54 der **Vergleich** als Beendigungstatbestand. Zu seiner Rechtsnatur und weiteren Einzelheiten vgl. oben § 12 Rn. 22ff.

48 Der Vergleich ist zu protokollieren, § 54 Abs. 3. Dieser **Protokollierungszwang** ergibt sich allerdings bereits aus der ebenfalls anwendbaren Bestimmung des § 160 Abs. 3 Nr. 1 ZPO. Zu seiner Wirksamkeit bedarf der Vergleich auch der in das Protokoll aufzunehmenden Verlesung und Genehmigung durch die Parteien, § 162 Abs. 1 ZPO. An die Stelle der Verlesung kann auch das für die Parteien hörbare Diktat, das Vorspielen eines Tonträgers oder die Vorlage treten.

b) Erfolglosigkeit der Güteverhandlung

49 Die Güteverhandlung ist erfolglos, wenn in ihr **keine Verfahrensbeendigung** erreicht werden kann. Sie ist auch erfolglos, wenn die klagende Partei auf ihre Ansprüche

verzichtet oder die beklagte Partei die geltend gemachten Ansprüche anerkennt. In diesem Falle tritt nämlich noch nicht unmittelbar eine verfahrensbeendigende Wirkung ein, dies ist erst durch das Anerkenntnis- bzw. Verzichtsurteil möglich, das aber nur in einer streitigen Verhandlung erlassen werden kann, die sich an die Güteverhandlung anzuschließen hat (dazu oben Rn. 33). Bleibt die Güteverhandlung erfolglos, ist Termin zur streitigen Verhandlung anzuberaumen. Das Gericht kann in diesem Falle den Parteien Auflagen machen, insbesondere kann es auch sämtliche Maßnahmen ergreifen, die der Vorbereitung der streitigen Verhandlung dienen, § 56. In Bestandsschutzstreitigkeiten ist hierbei die Sondervorschrift des § 61 a Abs. 3 bis 6 zu beachten.

6. Protokollierung

Wie bei jeder anderen mündlichen Verhandlung ist auch über die Güteverhandlung ein Protokoll zu erstellen, in dem die **wesentlichen Vorgänge** der Verhandlung aufzunehmen sind, § 160 ZPO. Aus dieser Vorschrift ergibt sich auch der notwendige Inhalt der zu erstellenden Verhandlungsniederschrift. In das Protokoll ist auch das **Ergebnis** der Güteverhandlung aufzunehmen, § 54 Abs. 3. Ergebnis ist hierbei nicht nur der Abschluss des Vergleiches, sondern jede Erklärung der Partei, die eine prozessuale Bedeutung hat. Hierzu gehören insbesondere die in § 160 Abs. 3 ZPO genannten Prozesshandlungen der Partei. 50

Auch in der Güteverhandlung können die **Parteien beantragen**, dass bestimmte Vorgänge oder Äußerungen in das Protokoll aufgenommen werden, § 160 Abs. 4 ZPO. Allerdings kann der Vorsitzende einen entsprechenden Antrag zurückweisen, wenn es seiner Auffassung nach auf die Feststellung des Vorganges oder der Äußerung nicht ankommt, § 160 Abs. 4 Satz 2 ZPO. Der entsprechende Beschluss ist unanfechtbar und muss ebenfalls in das Protokoll aufgenommen werden. 51

Berichtigungen und Beweiskraft des Protokolls richten sich nach §§ 164, 165 ZPO. Die Protokollberichtigung erfolgt nicht durch Beschluss, sondern durch einen Vermerk, der von dem Richter, der das Protokoll unterschrieben hat, und dem Urkundsbeamten der Geschäftsstelle, der zur Protokollführung hinzugezogen war, zu unterzeichnen ist. 52

IV. Entbehrlichkeit der Güteverhandlung

Die Güteverhandlung ist nicht mehr entbehrlich, wenn nach § 111 Abs. 2 Satz 1 **Ausschüsse** gebildet sind, die frühere Regelung in § 111 Abs. 2 Satz 8, der die Entbehrlichkeit der Güteverhandlung vorsah, ist aufgehoben worden. Im Übrigen können die **Parteien** auf die Durchführung der Güteverhandlung **nicht verzichten**, § 54 Abs. 1 schreibt die Durchführung der Güteverhandlung zwingend vor (*Grunsky* § 54 Rn. 1; *Schaub* ArbGV § 28 Rn. 1; *Gift/Baur* E Rn. 553; a. A. *van Venrooy* ZfA 1984, 337, 342 ff.; *Wieser* Arbeitsgerichtsverfahren Rn. 143). Auch kann das Gericht selbst dann nicht von der Durchführung der Güteverhandlung absehen, wenn es selbst von deren Aussichtslosigkeit überzeugt ist, § 278 Abs. 2 Satz 1 ZPO ist nicht anwendbar. In diesem Falle bleibt nur die Möglichkeit, dass im Interesse der Verfahrensbeschleunigung die Güteverhandlung zugleich mit der streitigen Verhandlung zusammen anberaumt wird. 53

Abweichend hiervon **findet** eine **Güteverhandlung nicht statt** bei einem **Einspruch gegen einen Vollstreckungsbescheid**, da dieser einem Versäumnisurteil gleichsteht, § 700 Abs. 1 ZPO, so dass gem. § 341 a ZPO nur eine streitige Verhandlung anberaumt werden kann. Dieser klaren gesetzlichen Regelung kann nicht entgegengehalten werden, dass aus praktischen Gründen die Anberaumung einer Güteverhandlung notwendig sei (so *Schwab/Weth/Korinth* § 54 Rn. 2). Auch Terminierungsprobleme können nicht zu 54 einem anderen Ergebnis führen, da derartige auf den Einzelfall bezogene Argumentationen nicht geeignet sein können, die generelle Auslegung einer prozessualen Regelung zu rechtfertigen. Zweifelhaft ist, ob von der Durchführung eines Gütetermins abgesehen werden kann, wenn in einem **Verfahren des einstweiligen Rechtsschutzes** eine mündliche Verhandlung anberaumt wird. Für die Notwendigkeit spricht, dass § 54 für das gesamte Urteilsverfahren gilt und damit für alle Verfahrensarten, in denen eine mündliche Verhandlung stattfindet (*Grunsky* § 54 Rn. 1). Zu berücksichtigen ist allerdings der besondere Charakter der Verfahren des einstweiligen Rechtsschutzes. Auf möglichst schnellem Wege soll eine gerichtliche Entscheidung herbeigeführt werden. Ladungs- und Einlassungsfristen können zu diesem Zwecke abgekürzt werden. Das Güteverfahren ermöglicht aber eine solche Entscheidung nicht, sie kann erst in der sich anschließenden streitigen Verhandlung fallen. Ziel derartiger Verfahren ist auch nur eine vorläufige Regelung, die endgültige Entscheidung fällt erst in einem Hauptsacheverfahren. Diese Besonderheiten stehen einem vorgeschalteten **Güteverfahren entgegen,** so dass § 54 in den Verfahren des einstweiligen Rechtsschutzes keine Anwendung findet (im Ergebnis ebenso GK-ArbGG/*Schütz* § 54 Rn. 14; *Schwab/Weth/Berscheid/Korinth* § 54 Rn. 3; *Korinth* Einstweiliger Rechtsschutz D Rn. 51). Es ist sofort eine Kammerverhandlung unter Heranziehung der ehrenamtlichen Richter anzuberaumen.

55 Wird die **Güteverhandlung** entgegen § 54 Abs. 1 **nicht durchgeführt,** sondern wird sogleich ein Kammertermin zur streitigen Verhandlung anberaumt, so ist dieses zwar ein Verfahrensfehler, auf diesen kann allerdings ein Rechtsmittel nicht mit der Wirkung gestützt werden, dass der Rechtsstreit an das Arbeitsgericht zurückzuverweisen wäre, § 68. Auch dürfte in diesem Falle für keine der Parteien eine formelle oder materielle Beschwer gegeben sein.

V. Die weitere Verhandlung

1. Säumnis einer Partei

56 Erscheint eine Partei trotz ordnungsgemäßer Ladung in der Güteverhandlung nicht, so schließt sich nach Abs. 4 Satz 1 **unmittelbar** die **weitere Verhandlung** an. Bei dieser handelt es sich um eine streitige Verhandlung vor dem Vorsitzenden allein, da nach § 55 Abs. 1 Nr. 4 der Vorsitzende ein Alleinentscheidungsrecht besitzt. Der Übergang in die streitige Verhandlung ist in diesem Falle im Protokoll zu vermerken. Fehlt der entsprechende Vermerk, ist dies allerdings für das weitere Verfahren unschädlich.

57 Die **Voraussetzungen,** unter denen ein **Versäumnisurteil** erlassen werden kann, richten sich nach den §§ 330, 331, 333, 335 und 337 ZPO. Die Einspruchsmöglichkeit gegen ein Versäumnisurteil richtet sich nach § 59. Voraussetzung für den Übergang in die weitere Verhandlung ist, dass die nicht erschienene Partei ordnungsgemäß geladen worden ist, § 335 Abs. 1 Nr. 2 ZPO, bzw. dass die Einlassungs- oder Ladungsfrist eingehalten wurde, § 337 ZPO. Fehlt es an diesen Voraussetzungen, ist erneut eine Güteverhandlung anzuberaumen (*Grunsky* § 54 Rn. 23; *Wieser* Arbeitsgerichtsverfahren Rn. 23; a. A. *van Venrooy* ZfA 1984, 337, 378 f.). Erfolgt die Terminsbestimmung im Rahmen eines Beschlusses, so ist zur Ordnungsgemäßheit erforderlich, dass der Vorsitzende den Beschluss nicht nur mit einer Paraphe versieht, sondern vollständig unterzeichnet (LAG Düsseldorf 24. 7. 1986 LAGE ArbGG 1979 § 54 Nr. 3).

58 Eine Säumnis ist auch dann gegeben, wenn eine erschienene Partei in der Güteverhandlung nicht verhandelt. Der **Begriff des Verhandelns** bezieht sich hierbei nicht auf die Stellung der Anträge, sondern allein darauf, ob die Partei zur Sache Erklärungen abgibt oder diese verweigert.

V. Die weitere Verhandlung § 54

2. Säumnis beider Parteien

Erscheinen beide Parteien nicht in der Güteverhandlung oder verhandeln sie beide 59
nicht zur Sache, so ist nach Abs. 5 Satz 1 das **Ruhen des Verfahrens** anzuordnen. Als
Nichtverhandeln in diesem Sinne ist es auch anzusehen, wenn **beide Parteien** darum
bitten, das **Ruhen** des Verfahrens anzuordnen, denn daraus wird deutlich, dass sie nicht
ausreichend verhandeln wollen. Es kommt lediglich auf die Tatsache der Säumnis an,
aus welchem Grunde diese eingetreten ist, ist unerheblich. Auch wenn die Parteien aus
sachlich vernünftigen Gründen die Rechtsfolgen des Ruhens des Verfahrens in Kauf
nehmen, gilt Abs. 5 mit der Rücknahmefiktion des Satz 4 (a. A. LAG Saarland 9. 6.
2000 NZA-RR 2000, 546; LAG Berlin 19. 9. 2003 LAGE ArbGG 1979 § 54 Nr. 7).
Ohne Bedeutung ist es daher auch, ob die Tatsache des Ruhens auf einen Prozessvertrag
der Parteien zurückzuführen ist. Die Regelung von Satz 4 stellt auch keine Sanktion der
Untätigkeit der Parteien dar, sondern ist Ausdruck des Beschleunigungsgrundsatzes.
Wollen die Parteien die Rechtsfolge des Abs. 5 ausschließen, kann eine Vereinbarung
abgeschlossen werden, nach der das Verfahren erst nach einem bestimmten Zeitpunkt
(z. B. Entscheidung in einer Parallelsache) fortgesetzt werden soll. Nach Auffassung des
LAG Berlin (a. a. O.) soll dies auch konkludent erfolgen können. Insofern kann die
Anberaumung eines weiteren Güte- oder eines Kammertermins auf Antrag einer der
Parteien die Rechtsfolge des Abs. 5 ausschließen, es wird kein Ruhen des Verfahrens
angeordnet. Als Nichtverhandeln ist es auch anzusehen, wenn bei Säumnis einer Partei
die andere lediglich um die **Anberaumung eines neuen Termins** bittet, denn dies ist kein
Sachantrag, wie er für ein einseitiges Verhandeln notwendig wäre. An sich wäre daher
das Ruhen des Verfahrens anzuordnen. Da aber nach Abs. 5 Satz 2 jede Partei beantragen
kann, Termin zur streitigen Verhandlung anzuberaumen, kann dies auch sofort
geschehen, der Umweg über die Anordnung des Ruhens des Verfahrens wäre nicht
notwendig. Damit wird für das Güteverfahren der Anwendungsbereich der Vorschrift
des § 251 a ZPO ausgeschlossen. Das Arbeitsgericht hat insoweit auch keinen Ermessensspielraum (*Grunsky* § 54 Rn. 24; GK-ArbGG/*Schütz* § 54 Rn. 68). Auch ist eine
Vertagung der Güteverhandlung selbst bei Vorliegen der Voraussetzungen des § 227
ZPO nicht möglich. Eine Güteverhandlung kann grundsätzlich weder vertagt noch
mehrfach durchgeführt werden, es sei denn, dies erfolgte im Einverständnis beider
Parteien, was aber im Falle der Säumnis nicht vorliegen kann. Voraussetzung für die
Anordnung des Ruhens des Verfahrens ist, dass die Parteien ordnungsgemäß zum
Termin geladen worden sind (LAG Düsseldorf 24. 7. 1986 LAGE ArbGG 1979 § 54
Nr. 3).

Die **Beendigung des Ruhens** des Verfahrens kann jederzeit innerhalb von sechs Mona- 60
ten nach der Güteverhandlung von jeder Partei dadurch erreicht werden, dass sie die
Anberaumung eines Termins zur streitigen Verhandlung beantragt. Ein Antrag auf
erneute Anberaumung eines Gütetermins ist nicht möglich. Dem Antrag auf Terminsanberaumung hat das Arbeitsgericht zu entsprechen, es gilt insoweit § 216 Abs. 1 ZPO. Es
entscheidet der Vorsitzende durch Terminsanberaumung (*Schwab/Weth/Berscheid/Korinth* § 55 Rn. 49 c). Die Sechs-Monats-Frist beginnt mit dem Gütetermin und nicht mit
der Zustellung des Protokolls, in dem der Beschluss über die Anordnung des Ruhens des
Verfahrens enthalten ist.

Ist die **Sechs-Monats-Frist abgelaufen**, so gilt die Klage als zurückgenommen. Auf 61
Antrag können dann der klagenden Partei gem. § 269 Abs. 3 ZPO die Kosten des
Rechtsstreits auferlegt werden. Die weiteren Entscheidungen und die Rechtsmittel richten sich nach § 269 Abs. 3 bis 5 ZPO. Da die Klage als zurückgenommen gilt, kann
auch nach Ablauf der sechs Monate das Verfahren nicht wieder aufgenommen werden,
es ist beendet, die Aufnahmeerklärung ist unwirksam (vgl. LAG Düsseldorf 31. 3. 1982
EzA ArbGG 1979 § 54 Nr. 1). Gegen die Versäumung der Frist gibt es keine Wieder-

einsetzung in den vorigen Stand gem. § 233 ZPO, da es sich nicht um eine Notfrist handelt. Eine rückwirkende Bewilligung von Prozeßkostenhilfe oder eine Beiordnung gemäß § 11a sind nicht möglich. Die klagende Partei kann erneut Klage erheben, die frühere Klage steht dem nicht entgegen, da deren Rechtshängigkeit beendet ist. Die fingierte Klagerücknahme hat zur Folge, dass Gerichtsgebühren nicht entstehen, Nr. 8210 Abs. 2 Kostenverzeichnis. Wird gleichwohl nach Ablauf der Frist ein Antrag auf Fortsetzung des Verfahrens gestellt, kann darin keine neue Klageerhebung gesehen werden. Über den **verfristeten Antrag** entscheidet der Vorsitzende durch Beschluss, eine mündliche Verhandlung ist nicht erforderlich, § 55 Abs. 1 Nr. 1 (a. A. GK-ArbGG/ *Schütz* § 54 Rn. 75, der die Notwendigkeit einer streitigen Verhandlung annimmt; ebenso *Gift/Baur* Teil E Rn. 650). Es handelt sich um eine Folge aus § 269 Abs. 3 ZPO, über die nach § 269 Abs. 4 ZPO durch Beschluss zu entscheiden ist.

62 Die Fiktionswirkung von Abs. 5 Satz 4 tritt nur ein, wenn die **Ruhensanordnung** in der Güteverhandlung oder in deren Anschluss getroffen worden ist. **Auf andere Fallgestaltungen** ist diese Bestimmung **nicht entsprechend anwendbar** (LAG Hamm 21. 7. 1983 EzA ArbGG 1979 § 54 Nr. 2). Auch wenn in Massenverfahren die Parteien, ggf. auf Anregung des Gerichts, eine Güteverhandlung nur auf ihren Antrag anberaumt haben wollen und ein entsprechender Beschluss ergeht (z. B. Kammertermin nur auf Antrag einer der Parteien), kann § 54 Abs. 5 Satz 4 nicht entsprechend angewendet werden (LAG Düsseldorf 7. 5. 2003 LAGE ArbGG 1979 § 54 Nr. 6; a. A. LAG Hamm 14. 4. 2003 – 4 Ta 259/02, das hier die Wirkung einer Ruhensordnung annimmt; so wohl auch *Schwab/Weth/Berscheid/Korinth* § 54 Rn. 43 GK-ArbGG/*Schütz* § 54 Rn. 71; wie hier ArbGG-*Kloppenburg/Ziemann* § 54 Rn. 39 a). Das Gericht darf auch nicht bei Massenverfahren von der Anberaumung einer Güteverhandlung absehen. Bleiben die Parteien in einer Kammerverhandlung aus, so kann nur das Ruhen des Verfahrens gem. § 251 ZPO angeordnet werden mit den dort festgelegten weiteren Folgen. Wird in diesem Falle die Akte wegen Nichtbetreibens weggelegt, so beendet das nicht die Rechtshängigkeit der Klage, das Verfahren kann in diesem Falle auch später auf entsprechenden Antrag einer Partei wieder aufgenommen werden.

63 Der **Beschluss nach § 269 Abs. 4 ZPO** ergeht durch den Vorsitzenden auf entsprechenden Antrag der beklagten Partei, § 55 Abs. 1 Nr. 1. Vor Erlass des Beschlusses ist der klagenden Partei rechtliches Gehör zu gewähren. Gegen den Beschluss findet unter den Voraussetzungen des § 269 Abs. 5 ZPO die sofortige Beschwerde statt.

3. Erfolglosigkeit der Güteverhandlung

64 Kommt es zu keiner Beendigung des Rechtsstreits in dem Gütetermin, so hat der Vorsitzende die Verhandlung zu schließen, § 136 Abs. 4 ZPO. Dass die Güteverhandlung erfolglos geblieben ist, ist in das Protokoll aufzunehmen. Nach Abs. 4 Satz 1 schließt sich die weitere Verhandlung unmittelbar an.

65 Ohne Unterbrechung kann sich die weitere – streitige – Verhandlung zunächst dann anschließen, wenn die Parteien übereinstimmend die **Entscheidung durch den Vorsitzenden** der Kammer **allein** beantragt haben, § 55 Abs. 3. Diese Möglichkeit ist aber nur gegeben, wenn keine Vertagung notwendig ist. Ist die Anberaumung eines neuen Termins erforderlich, kann dieser nur – abgesehen von dem weiteren Gütetermin des Abs. 1 Satz 5 – vor der Kammer unter Heranziehung der ehrenamtlichen Richter stattfinden. Weiterhin kann die Entscheidung durch den Vorsitzenden allein nur dann erfolgen, wenn eine das Verfahren beendende Entscheidung ergehen könnte. Dies ist beispielsweise der Fall, wenn ein Urteil gefällt werden kann, nicht aber, wenn eine Verweisung an ein Gericht eines anderen Rechtsweges oder in eine andere Verfahrensart erfolgen soll (dazu § 55 Rn. 21, 45). In diesem Falle liegt keine das Verfahren beendende Entscheidung vor, außerdem steht dem die Regelung in § 48 Abs. 1 Nr. 2 entgegen. Für die Verweisung an ein anderes örtlich zuständiges Arbeitsgericht gilt ebenfalls die Sonderregelung des § 48

Abs. 1 Nr. 2. Ob eine Alleinentscheidung auch möglich ist, wenn lediglich ein Beweisbeschluss erlassen und die Beweisaufnahme durchgeführt werden soll, ohne dass eine Endentscheidung möglich wäre, ist angesichts der Regelung in § 58 Abs. 1 Satz 1 problematisch. Generell wird diese Möglichkeit nicht gegeben sein (vgl. dazu auch unten § 55 Rn. 29). Nicht notwendig ist allerdings, dass tatsächlich in der sich anschließenden Verhandlung vor dem Vorsitzenden auch eine Endentscheidung getroffen wird. Nach dem Wortlaut des Gesetzes muss sie nur möglich sein, kann sie aus nicht vorhersehbaren Gründen dann nicht erfolgen, so ist ein weiterer Termin anzuberaumen, zu dem die ehrenamtlichen Richter hinzugezogen werden müssen. In diesem Falle braucht derjenige Teil des Verfahrens, der vor dem Vorsitzenden stattgefunden hat, nicht vor der Kammer wiederholt zu werden.

Auch die **weitere Verhandlung unter Beteiligung der ehrenamtlichen Richter** soll sich **66** nach dem Wortlaut des Gesetzes unmittelbar an die Güteverhandlung anschließen. Da die ehrenamtlichen Richter jedoch an der Güteverhandlung auch nicht passiv teilnehmen dürfen (oben Rn. 9) wird dies u. U. in der Praxis Probleme aufwerfen. Die Unmöglichkeit, die ehrenamtlichen Richter sofort heranziehen zu können, ist ein Hinderungsgrund i. S. des § 54 Abs. 4. In diesem Falle hat alsbald der Termin zur streitigen Verhandlung stattzufinden. Wann dies möglich ist, richtet sich nach der Belastung des Gerichtes, im Bereich der Kündigungsschutzverfahren ist die Sonderregelung des § 61 a zu beachten. Der **weitere Termin ist sofort anzusetzen,** in der Regel wird er bereits bei Abschluss der Güteverhandlung verkündet. In diesem Falle bedarf es keiner besonderen Ladung der Parteien mehr, § 218 ZPO. Auch entfällt die Einhaltung der Einlassungs- und Ladungsfrist (*Schaub* ArbGV, § 28 Rn. 25; *Grunsky* § 54 Rn. 27). Eine sofortige Terminsanberaumung ist entbehrlich, wenn der Vorsitzende gem. § 55 Abs. 4 vor der streitigen Verhandlung einen Beweisbeschluss erlässt, in dem eine Beweisaufnahme durch den ersuchten Richter angeordnet wird. In diesem Falle kann zwar zugleich auch Termin zur Verhandlung vor der Kammer festgelegt werden; dies ist jedoch nicht zwingend erforderlich, § 370 Abs. 2 ZPO. Wird der Termin entgegen Abs. 4 nicht sofort oder nur Kammertermin von Amts wegen anberaumt, sind die Ladungsfristen einzuhalten.

In dem Beschluss, in dem der Vorsitzende den Termin zur streitigen Verhandlung **67** festlegt, kann er gleichzeitig vorbereitende Handlungen gem. § 56 Abs. 1 vornehmen, insbesondere kann er gegenüber den Parteien **Auflagen** erteilen. Auch können vorsorglich Zeugen und Sachverständige geladen werden, ferner kann der Vorsitzende bereits in diesem Beschluss das persönliche Erscheinen der Parteien anordnen. Diese müssen dann gesondert geladen werden.

§ 55 Alleinentscheidung durch den Vorsitzenden

(1) **Der Vorsitzende entscheidet außerhalb der streitigen Verhandlung allein**
1. bei Zurücknahme der Klage;
2. bei Verzicht auf den geltend gemachten Anspruch;
3. bei Anerkenntnis des geltend gemachten Anspruchs;
4. bei Säumnis einer Partei;
4 a. über die Verwerfung des Einspruchs gegen ein Versäumnisurteil oder einen Vollstreckungsbescheid als unzulässig;
5. bei Säumnis beider Parteien;
6. über die einstweilige Einstellung der Zwangsvollstreckung;
7. über die örtliche Zuständigkeit;
8. über die Aussetzung des Verfahrens;
9. wenn nur noch über die Kosten zu entscheiden ist;
10. bei Entscheidung über eine Berichtigung des Tatbestandes, soweit nicht eine Partei eine mündliche Verhandlung hierüber beantragt;

11. im Falle des § 11 Abs. 3 über die Zurückweisung des Bevollmächtigten oder die Untersagung der weiteren Vertretung.

(2) ¹Der Vorsitzende kann in den Fällen des Absatzes 1 Nr. 1, 3 und 4 a bis 10 eine Entscheidung ohne mündliche Verhandlung treffen. ²Dies gilt mit Zustimmung der Parteien auch in dem Fall des Absatzes 1 Nr. 2.

(3) Der Vorsitzende entscheidet ferner allein, wenn in der Verhandlung, die sich unmittelbar an die Güteverhandlung anschließt, eine das Verfahren beendende Entscheidung ergehen kann und die Parteien übereinstimmend eine Entscheidung durch den Vorsitzenden beantragen; der Antrag ist in die Niederschrift aufzunehmen.

(4) ¹Der Vorsitzende kann vor der streitigen Verhandlung einen Beweisbeschluß erlassen, soweit er anordnet
1. eine Beweisaufnahme durch den ersuchten Richter;
2. eine schriftliche Beantwortung der Beweisfrage nach § 377 Abs. 3 der Zivilprozeßordnung;
3. die Einholung amtlicher Auskünfte;
4. eine Parteivernehmung;
5. die Einholung eines schriftlichen Sachverständigengutachtens.

²Anordnungen nach den Nummern 1 bis 3 und 5 können vor der streitigen Verhandlung ausgeführt werden.

Übersicht

	Rn.
I. Allgemeines	1–4
II. Die Fälle der Alleinentscheidung	5–35
1. Klagerücknahme, Abs. 1 Nr. 1	5–9
2. Verzicht, Abs. 1 Nr. 2	10–13
3. Anerkenntnis, Abs. 1 Nr. 3	14, 15
4. Säumnis einer Partei, Abs. 1 Nr. 4	16, 17
5. Verwerfung des Einspruchs, Nr. 4 a	17 a–17 c
6. Säumnis beider Parteien, Abs. 1 Nr. 5	18, 19
7. Einstweilige Einstellung der Zwangsvollstreckung, Abs. 1 Nr. 6	20
8. Örtliche Zuständigkeit, Abs. 1 Nr. 7	21–23
9. Aussetzung des Verfahrens, Abs. 1 Nr. 8	24–32
10. Kostenentscheidung, Nr. 9	32 a, 32 b
11. Tatbestandsberichtigung, Nr. 10	32 c–32 f
12. Zurückweisung nach § 11 Abs. 3, Nr. 11	32 g
13. Abschließender Charakter der Aufzählung	33–35
III. Das Verfahren bei Alleinentscheidung	36–39
IV. Die Alleinentscheidung auf Antrag beider Parteien, Abs. 3	40–47
1. Voraussetzungen	40–45
2. Das Verfahren	46, 47
V. Beweisbeschluss vor streitiger Verhandlung, Abs. 4	48–58
1. Die Möglichkeit des Beweisbeschlusses	48–57
2. Durchführung vor streitiger Verhandlung	58
VI. Verstöße	59, 60

I. Allgemeines

1 § 55 überträgt dem Berufsrichter Aufgaben zur alleinigen Entscheidung, bei denen es auf die besondere Sachkunde der ehrenamtlichen Richter nicht ankommt. Die Vorschrift muss im **Zusammenhang mit § 53** gesehen werden. Während § 55 das Alleinentscheidungsrecht des Vorsitzenden außerhalb der streitigen Verhandlung auch in den Fällen festlegt, in denen eine mündliche Verhandlung stattfinden kann, regelt § 53 allein die Befugnisse des Vorsitzenden außerhalb der mündlichen Verhandlung bzw. im Rahmen der Rechtshilfe. Beide Vorschriften werden weiterhin ergänzt durch § 56, durch den dem

II. Die Fälle der Alleinentscheidung   § 55

Vorsitzenden die Möglichkeit gegeben wird, Handlungen zur Vorbereitung der streitigen Kammerverhandlung vorzunehmen. Ein weiterer Unterschied zwischen beiden Vorschriften besteht darin, **dass es bei § 55 auf die Entscheidungsform** nicht ankommt. Erfasst werden daher sowohl Beschlüsse als auch Urteile.

§ 55 Abs. 1, 2 und 4 findet auch im **Berufungsverfahren** Anwendung, § 64 Abs. 7. **2** Eine entsprechende Anwendbarkeit im Revisionsverfahren ist nicht vorgesehen, § 72 Abs. 6. Im Beschlussverfahren ist die Bestimmung ebenfalls nicht anwendbar, in § 80 Abs. 2 ist auf § 55 nicht Bezug genommen worden.

Neben der Bestimmung des § 55 können bei dem Arbeitsgericht §§ 349 Abs. 2 und **3** 358a ZPO und bei dem Landesarbeitsgericht § 527 Abs. 3 ZPO nicht entsprechend angewendet werden. § 55 enthält eine **abschließende Regelung,** in allen anderen Fällen, die nicht in § 55 erwähnt sind, ist die Hinzuziehung der ehrenamtlichen Richter erforderlich (*Dütz* RdA 1980, 81, 86 f.; *Grunsky* § 55 Rn. 1; *Hauck/Helml* § 55 Rn. 2). Einer Ausdehnung des Alleinentscheidungsrechts des Vorsitzenden steht entgegen, dass das arbeitsgerichtliche Verfahren wesentlich davon bestimmt ist, dass ehrenamtliche Richter an der Entscheidungsfindung beteiligt werden. Im Übrigen ist dem Beschleunigungsgrundsatz dadurch Rechnung getragen worden, dass in § 53 Abs. 1 ein Alleinentscheidungsrecht des Vorsitzenden außerhalb der mündlichen Verhandlung festgelegt worden ist. Unberührt bleiben allerdings andere Vorschriften, die dem Vorsitzenden weitere Befugnisse übertragen (*Philippsen/Schmidt/Schäfer/Busch* NJW 1979, 1330, 1331 f.; vgl. aber *Wenzel* ZRP 1978, 206, 209). **Anwendbar** neben § 55 ist weiterhin die Regelung in **§ 128 Abs. 4 ZPO,** wonach Entscheidungen, die nicht Urteile sind, ebenfalls ohne mündliche Verhandlung ergehen können, soweit nichts anderes vorgeschrieben ist. Im Übrigen findet § 53 Anwendung.

Der **Einleitungssatz von Abs. 1** stellt allerdings klar, dass das Alleinentscheidungsrecht **3a** des Vorsitzenden nicht besteht, wenn eine **streitige Verhandlung stattfindet.** Während einer streitigen Verhandlung haben die ehrenamtlichen Richter auch dann mitzuwirken, wenn einer der in Abs. 1 geregelten Tatbestände vorliegt. Dies ist auch gerechtfertigt, da ein Aufbrechen der Richterbank in diesem Falle wenig sinnvoll ist, im Übrigen die Regelung des Abs. 1 in erster Linie der Beschleunigung dient, diese Rechtfertigung entfällt aber, wenn die ehrenamtlichen Richter ohnehin anwesend sind.

Entscheidet der Vorsitzende allein, obwohl **kein Fall des Alleinentscheidungsrechts** **4** vorgelegen hat, war das Gericht nicht ordnungsgemäß besetzt, es hat nicht der gesetzliche Richter entschieden. Kann gegen die Entscheidung Rechtsmittel eingelegt werden, ist dies von Amts wegen zu beachten, in der Revisions- bzw. Rechtsbeschwerdeinstanz stellt dies einen absoluten Revisions- bzw. Rechtsbeschwerdegrund dar, § 547 Nr. 1 ZPO. In der Berufungs- bzw. Beschwerdeinstanz ist zu beachten, dass eine Zurückverweisung des Rechtsstreits an das Arbeitsgericht nicht möglich ist, § 68. Ist ein Rechtsmittel gegen die Entscheidung nicht gegeben, kann eine Rüge nach § 78a in Betracht kommen, da der Anspruch auf Gewährung rechtlichen Gehörs verletzt worden ist. Möglich wäre auch eine Nichtigkeitsklage nach § 579 Abs. 1 Nr. 1 ZPO. Ob bei **Mitwirkung der ehrenamtlichen Richter** in Fällen des § 55 ebenfalls das Gericht nicht ordnungsgemäß besetzt gewesen ist siehe unten Rn. 59 f.

II. Die Fälle der Alleinentscheidung

1. Klagerücknahme, Abs. 1 Nr. 1

Die Klagerücknahme erfolgt durch **Erklärung gegenüber dem Gericht.** Sie kann in der **5** mündlichen Verhandlung oder durch Einreichung eines Schriftsatzes erklärt werden. Wird sie in der mündlichen Verhandlung erklärt, so ist dies nach § 160 Abs. 3 Nr. 8 ZPO in das Protokoll aufzunehmen. Die protokollierte Erklärung bedarf der Genehmigung durch die klagende Partei, § 162 ZPO. Die Erklärung muss unmissverständlich sein. Sie ist als Parteiprozesshandlung bedingungsfeindlich, sie kann nicht widerrufen und auch nicht angefochten werden (dazu näher *Baumbach/Hartmann* § 269 Rn. 24). Die Klage kann insgesamt oder nur hinsichtlich eines selbständigen Teils der Klage zurückgenommen werden. Bei **teilweiser Klagerücknahme** gilt zwar als Rechtsgrundlage für die Kostenentscheidung auch § 269 Abs. 3 Satz 2 ZPO, eine Entscheidung kann aber wegen des Grundsatzes der Einheit der Kostenentscheidung nur einheitlich erfolgen. Soweit hier eine Entscheidung durch Urteil notwendig ist, besteht daher das Alleinentscheidungsrecht nicht.

6 Das Alleinentscheidungsrecht besteht in jeder Lage des Verfahrens. Erfolgt die Klagerücknahme vor Beginn des Beklagten zur Hauptsache in der mündlichen Verhandlung, also in der Regel vor Stellung der Anträge, § 137 Abs. 1 ZPO, bedarf es einer Zustimmung seitens der beklagten Partei nicht. Wird die **Klage erst nach Stellung der Anträge zurückgenommen,** muss die beklagte Partei ihre Zustimmung erteilen, § 269 Abs. 1 und 2 ZPO. Nach § 269 Abs. 2 Satz 3 und 4 ZPO kann die ausdrückliche Einverständniserklärung auch dadurch ersetzt werden, dass dem Beklagten der Schriftsatz mit der Klagerücknahme und Belehrung über das Zustimmungserfordernis und die Folgen der Nichtbeachtung der Widerspruchsfrist des Abs. 2 Satz 4 zugestellt wird. Nach Ablauf von zwei Wochen kann in diesem Falle von einer **Fiktion der Klagerücknahme** ausgegangen werden. In diesem Falle kann ebenfalls der Vorsitzende nach der erklärten Zustimmung die Folgeentscheidungen treffen. Wird die Zustimmung nicht erteilt, liegt eine wirksame Klagerücknahme nicht vor, so dass auch ein Alleinentscheidungsrecht des Vorsitzenden nicht besteht (GK-ArbGG/*Schütz* § 55 Rn. 10; *Schaub* ArbGV, § 29 Rn. 5; vgl. aber *Philippsen/Schmidt/Schäfer/Busch* § 55 Rn. 7). Für die Berufungsrücknahme gilt § 516 ZPO. Wird die Notfrist des § 269 Abs. 2 Satz 4 ZPO schuldlos versäumt, kann **Wiedereinsetzung** in den vorigen Stand gemäß §§ 233 ff. ZPO beantragt werden. Über diesen Antrag ist dann im Rahmen eines Zwischenstreits eine Entscheidung zu treffen (*Künzl* ZTR 2001, 492, 495; *Hartmann* NJW 2001, 2577, 2584). Dies kann zu einer längeren Ungewissheit der Wirksamkeit der Klagerücknahme führen.

7 Keine Klagerücknahme im Sinne des Abs. 1 Nr. 1 liegt vor, wenn beide Parteien den Rechtsstreit in der **Hauptsache für erledigt erklärt haben.** Durch die gemeinsame Erledigungserklärung ist die Rechtshängigkeit der Hauptsache beendet, der Streit besteht lediglich hinsichtlich der Kostentragungspflicht (BGH 8. 2. 1989 NJW 1989, 2885, 2886). Da eine Kostenerstattung in erster Instanz wegen der Bestimmung des § 12a nicht stattfindet, ist lediglich über die bei Gericht entstandenen Kosten zu entscheiden, wobei zu berücksichtigen ist, dass sich die Gerichtsgebühren je nach Zeitpunkt der Klagerücknahme reduzieren oder ganz entfallen, Nummern 8210, 8211 des Kostenverzeichnisses der Anlage 1 zu § 3 Abs. 2 GKG. Streiten die Parteien über die Kostentragungspflicht, ist gemäß § 91 a ZPO von Amts wegen zu entscheiden (*Zöller/Vollkommer* § 91a Rn. 22). Die Entscheidung erfolgt durch Beschluss, sie kann ohne mündliche Verhandlung ergehen, § 128 Abs. 3 ZPO. Findet eine mündliche Verhandlung nicht statt, entscheidet der Vorsitzende gemäß § 55 Abs. 1 Nr. 9 allein (vgl. dazu § 55 Rn. 32 a). Findet eine mündliche Verhandlung statt, kann der Beschluss nur durch die Kammer unter Beteiligung der ehrenamtlichen Richter getroffen werden, eine entsprechende Anwendbarkeit der Sonderregelung des § 55 Abs. 1 Nr. 1 ist nicht möglich. Ein Alleinentscheidungsrecht des Vorsitzenden kann aber in den Fällen des Abs. 3 bestehen, wenn die Parteien übereinstimmend unmittelbar im Anschluss an die Güteverhandlung die Entscheidung durch den Vorsitzenden allein beantragen.

8 Das in § 55 Abs. 1 Nr. 1 genannte Alleinentscheidungsrecht des Vorsitzenden betrifft **nur die Entscheidungen, die nach** einer **wirksamen Klagerücknahme** ergehen können. Es besteht nicht, wenn zwischen den Parteien über die Wirksamkeit einer Klagerücknahme gestritten wird. Darüber ist vielmehr von der Kammer unter Beteiligung der ehrenamtlichen Richter unter Fortsetzung des bisherigen Verfahrens zu entscheiden. Bei

II. Die Fälle der Alleinentscheidung **§ 55**

Annahme einer wirksamen Klagerücknahme ist dies durch Endurteil festzustellen und sodann durch Beschluss über die Kosten bzw. die Folgen gem. § 269 Abs. 4 ZPO zu entscheiden (GK-ArbGG/*Schütz* § 55 Rn. 13; *Hauck/Helml* § 55 Rn. 12; a. A. *Schwab/Weth/BerscheidKorinth* § 55 Rn. 13 f.; LAG Berlin vom 5. 9. 1977, MDR 1978, 82, das eine Abweisung durch Urteil für möglich hält; im Ganzen sehr str., vgl. *Baumbach/Hartmann* § 269 Rn. 30; *Zöller/Greger* § 269 Rn. 19 b; *Musielak/Foerste* § 269 Rn. 17 jew. m. w. Nachw.). Mit der wirksamen Klagerücknahme ist nämlich rückwirkend die Rechtshängigkeit entfallen, die Entscheidung über die Kosten hat in ihrem Inhalt deklaratorische Bedeutung, sie dient als Grundlage der Kostenfestsetzung nur, soweit Kosten oder Gebühren überhaupt angesichts von § 12 a und den Regelungen in Nr. 8210 Abs. 2 Kostenverzeichnis erhoben werden können. Dem steht auch nicht entgegen, dass nach § 269 Abs. 4 ZPO über die Wirkungen, die sich aus § 269 Abs. 3 ZPO ergeben, durch Beschluss zu entscheiden ist. Diese Regelung betrifft nur die Wirkungen, die nach wirksamer Klagerücknahme eintreten, nicht jedoch die Tatsache der erfolgten Klagerücknahme selbst. Eine Entscheidung durch Urteil ist nur dann erforderlich, wenn ein trotz wirksamer Klagerücknahme unzulässigerweise verkündetes Urteil aufgehoben werden muss. Wird eine **wirksame Klagerücknahme verneint,** so kann dies im Zusammenhang mit dem Urteil in der Hauptsache entschieden werden. Der Tenor muss dann einen entsprechenden Ausspruch enthalten. In Betracht kommt aber auch ein Zwischenurteil gem. § 303 ZPO mit der Feststellung der Unwirksamkeit und der dann folgenden Fortsetzung des Verfahrens (*Hauck/Helml* § 55 Rn. 12).

Damit bezieht sich das Alleinentscheidungsrecht auf die sich aus § 269 Abs. 4 ZPO **9** ergebenden Folgen, auch wenn diese auf Grund des § 54 Abs. 5 Satz 4 kraft Gesetzes eintreten. **Außerhalb** einer **mündlichen Verhandlung** könnte sich die Befugnis des Vorsitzenden bereits aus § 53 Abs. 1 ergeben, da über die Folgen des § 269 Abs. 3 durch Beschluss zu befinden ist. Allerdings ist § 55 Abs. 1 Nr. 1 in diesem Punkt lex specialis. Bei einer **innerhalb** der **mündlichen Verhandlung** erklärten Klagerücknahme sind die ehrenamtlichen Richter zu beteiligen, dies ergibt sich aus dem Einleitungssatz (oben Rn. 3 a). § 55 dient in erster Linie der Verfahrensbeschleunigung, dieses Ziel wird nicht berührt, wenn die ehrenamtlichen Richter anwesend sind. Vergleichbares gilt im Falle der Berufungsrücknahme hinsichtlich der Rechtsfolgen aus § 516 Abs. 3 ZPO.

2. Verzicht, Abs. 1 Nr. 2

Der Verzicht muss **in der mündlichen Verhandlung** eindeutig erklärt werden, § 306 **10** ZPO. Das Wort Verzicht muss hierbei nicht ausdrücklich verwandt werden, der Wille des Verzichts muss eindeutig sein (ArbGG-*Kloppenburg/Ziemann* § 55 Rn. 8). In Klagerücknahme und einseitiger Erledigungserklärung kann ein Verzicht nicht ohne weiteres gesehen werden. Im Zweifelsfall muss das Gericht von seinem Fragerecht nach § 139 ZPO Gebrauch machen. Eine schriftliche Verzichtserklärung wird daher erst dann wirksam, wenn sie in einer mündlichen Verhandlung bestätigt wird (ArbGG-*Kloppenburg/Ziemann* a. a. O.; *Schaub* ArbGV, § 29 Rn. 6; a. A. *Dütz* RdA 1980, 81, 87; *Schwab/Weth/Berscheid/Korinth* § 55 Rn. 18). Aus dem Zweck der Vorschrift des § 55 kann hier nichts anderes hergeleitet werden. Der Wortlaut lässt nicht erkennen, dass der Gesetzgeber hinsichtlich der formalen Bedingungen des Verzichts von der Regelung des § 306 ZPO abweichen wollte. Geregelt worden ist nur die Form der Entscheidung, nicht jedoch deren Voraussetzung. Im Übrigen ist gerade auch der Schutzzweck des § 306 ZPO im arbeitsgerichtlichen Verfahren von besonderer Bedeutung, wenn prozessual unerfahrene Parteien Erklärungen abgeben. Zum Entscheidungsverfahren unten Rn. 36 ff.

Die Verzichtserklärung ist zu **Protokoll** zu nehmen, § 160 Abs. 3 Nr. 1 ZPO, sie ist **11** auch von der erklärenden Partei zu genehmigen, § 162 Abs. 1 ZPO. Die Verzichtserklärung kann in jeder Lage des Verfahrens abgegeben werden, sie bedarf im Gegensatz zur Klagerücknahme nicht der Zustimmung des Gegners, selbst wenn bereits die Anträge gestellt worden sind.

12 Der Verzicht muss nicht den gesamten Klageanspruch erfassen, es genügt, wenn auf einen **abtrennbaren Teil eines Anspruches** verzichtet wird (BAG 26. 10. 1979 AP KSchG 1969 § 9 Nr. 5 mit Anm. von *Grunsky* und weiteren Nachweisen). Wird ein teilweiser Klageverzicht hinsichtlich eines abtrennbaren Teils des Anspruches erklärt, kann der Gegner in jedem Fall den Erlass eines Teilurteils verlangen, da die Bestimmung des § 306 ZPO derjenigen des § 301 Abs. 2 ZPO vorgeht (*Baumbach/Hartmann* § 306 Rn. 6).

13 **Durch** einen wirksam erklärten **Verzicht wird** die **Rechtshängigkeit** des Anspruches **nicht berührt.** Vielmehr tritt diese Wirkung erst dann ein, wenn auf Antrag des Gegners die Klageabweisung beantragt wird und auf diesen Antrag hin ein Verzichtsurteil ergeht. Dieses Verzichtsurteil kann nach § 55 Abs. 1 Nr. 2 durch den Vorsitzenden allein gefällt werden. Wird auf Grund mündlicher Verhandlung entschieden, dürfen die ehrenamtlichen Richter nicht mitwirken. Zur Entscheidung ohne mündliche Verhandlung siehe unten Rn. 15 a. E. und 36 f. Die Entscheidung ergeht **durch Urteil,** § 311 Abs. 2 ZPO, ggf. in abgekürzter Form, § 313 b ZPO.

3. Anerkenntnis, Abs. 1 Nr. 3

14 Das Anerkenntnis wird in der Regel in der **mündlichen Verhandlung** (Güte- oder Kammerverhandlung) erklärt werden, § 307 ZPO. Eine **schriftsätzliche Erklärung** des Anerkenntnisses ist im Gegensatz zum Verzicht nach der Neufassung in § 307 Satz 2 ZPO möglich (dazu *Troje* NZA 2008, 690, 691). Einer Bestätigung in einer mündlichen Verhandlung bedarf es nicht. In diesem Falle kann das Anerkenntnisurteil **ohne mündliche Verhandlung** durch den Vorsitzenden erlassen werden. Ebenso wie bei dem Verzicht kann ein Anerkenntnis auch konkludent erklärt werden, es muss aber ebenfalls eindeutig und bedingungslos sein. Es muss erkennbar sein, dass der Anerkennende den Anspruch ohne Vorbehalt für begründet erklärt und sich diesem unterwirft. Kein Anerkenntnis liegt vor, wenn die geltend gemachte Forderung erfüllt, gleichzeitig aber Klageabweisung beantragt wird. Bei Unklarheiten und insbesondere bei prozessunerfahrenen Parteien muss das Gericht von seinem Fragerecht Gebrauch machen, § 139 ZPO.

15 Das Anerkenntnis kann grundsätzlich **nur von einer beklagten Partei** (bzw. Widerbeklagter oder Streitgenosse) erklärt werden. Nur in Ausnahmefällen ist ein Anerkenntnis auch durch die klagende Partei möglich (z. B. hinsichtlich der Kostentragungspflicht). Auch ein **Teilanerkenntnis** kann abgegeben werden, soweit es sich um einen teilbaren Anspruch handelt. Es ergeht dann ein Anerkenntnisteilurteil, § 301 ZPO, die Kostenentscheidung bleibt wegen des Grundsatzes der Einheit der Kostenentscheidung dem Schlussurteil vorbehalten. Das Anerkenntnis selbst führt nicht zu einer Beendigung des Streitverfahrens. Vielmehr tritt diese Wirkung erst durch das Anerkenntnisurteil ein. Eines Antrags bedarf es nach der Änderung des § 307 ZPO durch das ZPO-RG nicht (amtl. Begründung BT-Drucks. 14/4722 S. 84). Auch in diesem Falle ist der Vorsitzende allein entscheidungsberechtigt, einer Mitwirkung der ehrenamtlichen Richter bedarf es nicht, es sei denn, das Anerkenntnis würde in einer Kammerverhandlung abgegeben. Eine **Entscheidung ohne mündliche Verhandlung** ist auch möglich, wenn in einer mündlichen Verhandlung das Anerkenntnis erfolgt, das Anerkenntnisurteil aber noch nicht erlassen werden kann, da noch dessen Voraussetzungen zu klären sind. Die Entscheidung ergeht **durch Urteil,** § 311 Abs. 2 ZPO, ggf. in abgekürzter Form, § 313 b ZPO.

4. Säumnis einer Partei, Abs. 1 Nr. 4

16 Eine Alleinentscheidungskompetenz des Vorsitzenden besteht ferner bei Säumnis einer Partei, Abs. 1 Nr. 4, wobei auch über das Vorliegen der Voraussetzungen der Vorsitzende allein zu befinden hat. Der **Begriff der Säumnis** ist der gleiche wie in §§ 330 ff. ZPO. Voraussetzung ist, dass die Partei ordnungsgemäß geladen worden ist, insbesondere dass

II. Die Fälle der Alleinentscheidung § 55

auch die Ladungs- und Einlassungsfrist gewahrt wurde. Auch die Bestimmung des § 333 ZPO findet Anwendung, verhandelt eine erschienene Partei nicht zur Sache, so ist sie als säumig zu behandeln (zum Sonderfall der Güteverhandlung siehe oben § 54 Rn. 56 ff.). Das Alleinentscheidungsrecht bezieht sich jedoch nicht nur auf den Erlass eines Versäumnisurteils, das auf Grund der Säumnis einer Partei ergeht, sondern auch auf den Fall, dass bei Säumnis der beklagten Partei die Klage wegen Unschlüssigkeit abgewiesen wird (so genanntes unechtes Versäumnisurteil). Daraus, dass der Gesetzgeber im Gegensatz zu der früheren Regelung in § 55 Abs. 2 Satz 1 ArbGG 1953 jetzt nur noch die „Säumnis" einer Partei als Voraussetzung genannt hat, folgt, dass er den Anwendungsbereich im Interesse der Beschleunigung des Verfahrens erweitern wollte (*Grunsky* § 55 Rn. 6; *Schaub* ArbGV § 29 Rn. 8).

Das Alleinentscheidungsrecht betrifft **sämtliche Entscheidungen, die bei Säumnis einer** 17 **Partei möglich sind.** Das gilt sowohl für die Entscheidung nach Lage der Akten gemäß § 331 a ZPO – das ist allerdings nur möglich, wenn vorher die Anträge gestellt worden sind – als auch für die Entscheidung, den Antrag auf Erlass eines Versäumnisurteils gemäß § 335 ZPO zurückzuweisen sowie für den Erlass eines unechten Versäumnisurteils. Auch der Erlass eines zweiten Versäumnisurteils gemäß § 345 ZPO kann durch den Vorsitzenden allein erfolgen.

5. Verwerfung eines Einspruchs als unzulässig, Nr. 4 a

Das **Alleinentscheidungsrecht** des Vorsitzenden bei der **Verwerfung eines unzulässigen** 17a **Einspruchs** gegen ein Versäumnisurteil nach § 341 ZPO oder einen Vollstreckungsbescheid, das nach der früheren Regelung zweifelhaft war, ist durch klarstellende Neuregelung in Nr. 4a ausdrücklich festgelegt worden. Die bisher hier (6. Aufl. Rn. 17 m. w. Nachw.) vertretene ausdehnende Auslegung von § 55 Abs. 1 Nr. 4 ist daher nicht mehr erforderlich. Bleibt die Partei, die den – unzulässigen – Einspruch eingelegt hat, auch dem Einspruchstermin unentschuldigt fern, ist durch den Vorsitzenden allein zu entscheiden, allerdings nicht im Wege des zweiten Versäumnisurteils, sondern trotz der Säumnis **durch Urteil** nach § 341 Abs. 2 ZPO. In dem Urteil darf lediglich der Einspruch als unzulässig verworfen werden. Die weitere Entscheidung, das Versäumnisurteil aufrecht zu erhalten, kann nicht getroffen werden (LAG Frankfurt 23. 11. 1981 AuR 1982, 389), da dies nach § 343 ZPO nur dann möglich ist, wenn ein zulässiger Einspruch vorliegt. Da nach der Neufassung von § 341 Abs. 2 ZPO die Verwerfungsentscheidung immer durch Urteil erfolgt, richtet sich die Zulässigkeit des **Rechtsmittels** nach den allgemeinen Vorschriften. Anwendbar sind daher die Regelungen in § 64 Abs. 2 lit. a bis c. Die Regelung des § 64 Abs. 2 lit. d kann nicht angewendet werden, da das Urteil nicht auf Grund der Säumnis ergeht, sondern weil der Einspruch selbst unzulässig ist. Gegen die Verwerfungsentscheidung des LAG, die ebenfalls durch Urteil erfolgen muss, findet das Rechtsmittel der Revision nur statt, wenn diese zugelassen worden ist. Verwirft das Gericht irrtümlich den Einspruch durch Beschluss statt durch Urteil, ist nach dem Grundsatz der Meistbegünstigung auch die Einlegung der sofortigen Beschwerde zulässig (LAG Köln 26. 2. 2003 NZA-RR 2004, 107).

Da der **Vollstreckungsbescheid** einem Versäumnisurteil gleichsteht, ist durch die beab- 17b sichtigte Neuregelung auch die Verwerfung eines Einspruchs gegen einen Vollstreckungsbescheid jetzt ausdrücklich gleichgestellt worden. Die Entscheidung kann **ohne mündliche Verhandlung** getroffen werden, § 55 Abs. 2. Die Regelung des § 341 Abs. 2 ZPO gilt auch in der Neufassung.

Eine **Verweisung** des Rechtsstreites an ein anderes zuständiges Gericht im Wege der 17c Versäumnisentscheidung scheidet aus. Nach § 17a Abs. 2 GVG ist über die Zulässigkeit des beschrittenen Rechtsweges von Amts wegen zu entscheiden. Die Entscheidung erfolgt durch Beschluss, der auch ohne mündliche Verhandlung ergehen kann, § 17a Abs. 4 Satz 1 GVG. Nach § 48 Abs. 1 Nr. 2 muss dieser Beschluss auch außerhalb der mündlichen Verhandlung durch die Kammer des Arbeitsgerichtes erfolgen. Ein Alleinentscheidungsrecht des Vorsitzenden ist damit in diesem Falle ausgeschlossen.

6. Säumnis beider Parteien, Abs. 1 Nr. 5

18   Bei der Säumnis beider Parteien in der Güteverhandlung gilt die Sondervorschrift des § 54 Abs. 5. Hierzu kann auf die Kommentierung bei § 54 Rn. 56 ff. verwiesen werden. Auch im Falle der Säumnis beider Parteien in der streitigen Verhandlung steht jedoch nach § 55 Abs. 1 Nr. 5 dem Vorsitzenden ein Alleinentscheidungsrecht zu. Welche Maßnahmen ergriffen werden können, ergibt sich dabei aus § 251a ZPO. Einmal ist eine **Entscheidung nach Lage der Akten** möglich, wenn in einem früheren Termin mündlich verhandelt worden ist. Die mündliche Verhandlung muss dabei in einer streitigen Verhandlung vor der Kammer erfolgt sein, die Erörterung in der Güteverhandlung soll nicht ausreichen (GK-ArbGG/*Schütz* § 55 Rn. 33; *Gift/Baur* E Rn. 639). Dem wird entgegengehalten, dass die Güteverhandlung nach allgemeiner Meinung bereits Teil der mündlichen Verhandlung sei, und daher bereits im ersten Kammertermin bei Entscheidungsreife ein Aktenlageurteil nach § 251a ZPO ergehen könne (*Lepke* DB 1997, 1564, 1566 unter Hinweis auf die ältere Literatur insbes. in Fn. 36; jetzt auch LAG Hessen 31. 10. 2000 MDR 2001, 517; vgl. ferner ArbG Berlin 13. 7. 1987 DB 1987, 2528; LAG Berlin 3. 2. 1997 LAGE ZPO § 251a Nr. 1). Dass keine Sachanträge gestellt worden seien, sei unerheblich, da die Stellung der Anträge nicht notwendig ein Verhandeln zur Sache i. S. § 333 ZPO bedeute, es genüge jede aktive Beteiligung der Parteien an der Erörterung der Sache vor Gericht. Dies entspricht allerdings nicht den Grundsätzen, die zu § 333 ZPO bislang in Rechtsprechung (vgl. OLG Bamberg 24. 8. 1995 NJW-RR 1996, 317) und Literatur (*Zöller/Herget* § 333 Rn. 1; *Baumbach/Hartmann* § 333 Rn. 4) entwickelt worden sind. Entscheidend für das **Verhandeln** sei danach eine **Teilnahme am Prozessgeschehen** in der mündlichen Verhandlung, die darauf gerichtet sei, eine **Endentscheidung** oder eine **Zwischenentscheidung** zu erreichen. Gerade dies sei aber in der Güteverhandlung nicht möglich, die prozessual erreichbaren Ziele blieben hier begrenzt. Die Verhandlung erstrecke sich gerade auch nicht nur auf den eng begrenzten Streitgegenstand, sondern sei sehr viel umfassender möglich. Ferner solle die Güteverhandlung es den Parteien auch ermöglichen, über die weitere Prozessführung nachzudenken, sie sollten Gelegenheit haben, ihre prozessualen Ziele und Verhaltensweisen noch zu verändern. **Diese Auffassung** ist aber durch den unterschiedlichen Wortlaut in § 54 Abs. 1 Satz 1 und in dem neugefassten § 278 Abs. 2 Satz 1 ZPO **nicht mehr aufrechtzuerhalten**. Während nach § 54 Abs. 1 Satz 1 die mündliche Verhandlung mit der Güteverhandlung „beginnt", geht nach § 278 Abs. 2 Satz 1 ZPO die Güteverhandlung der mündlichen Verhandlung „voraus". Aus diesem unterschiedlichen Wortlaut ist zu schließen, dass der Gesetzgeber für das arbeitsgerichtliche Verfahren eine nuanciert unterschiedliche Regelung beibehalten wollte, obwohl die neue Regelung des § 278 Abs. 2 ZPO dem § 54 nachgebildet worden ist. Es ist daher davon auszugehen, dass der Gesetzgeber mit der Regelung in § 54 Abs. 1 Satz 1 auch eine Abweichung von § 137 ZPO regeln wollte; im Gegensatz zum zivilprozessualen Verfahren ist daher nicht die Stellung der Anträge für den Beginn der mündlichen Verhandlung ausschlaggebend. Dies eröffnet dann aber auch die Möglichkeit zur Entscheidung nach Lage der Akten, selbst wenn noch keine Anträge zu Protokoll erklärt worden sind (*Schwab/Weth/Berscheid/Korinth* § 55 Rn. 29; *Hauck/Helml* § 55 Rn. 17). Denn § 331a Satz 2 ZPO verweist zwar auf § 251a Abs. 2 ZPO, nach dessen Satz 1 ist aber nur Voraussetzung, dass verhandelt worden ist. Für das arbeitsgerichtliche Verfahren ist hierfür die Stellung der Anträge nicht erforderlich (LAG Hessen a. a. O.).

19   Weiterhin kann nach § 251a Abs. 3 ZPO i. V. mit § 227 ZPO eine **Vertagung** erfolgen (dies gilt nicht für das Güteverfahren, vgl. § 54 Rn. 33) oder das Gericht kann das **Ruhen des Verfahrens** anordnen, § 251a Abs. 3 ZPO. Auch diese Entscheidung kann

II. Die Fälle der Alleinentscheidung § 55

der Vorsitzende allein treffen. Für das Güteverfahren gilt auch hier die Sonderregelung des § 54 Abs. 5 Satz 3 (dazu oben § 54 Rn. 60 f.). Der Vorsitzende hat in allen Fällen der Säumnis ein Alleinentscheidungsrecht, es sei denn, die Säumnis tritt in der streitigen Verhandlung ein. In diesem Falle erfolgt die Hinzuziehung der ehrenamtlichen Richter (dazu unten Rn. 35).

7. Einstweilige Einstellung der Zwangsvollstreckung, Abs. 1 Nr. 6

In der Regel erfolgen die Entscheidungen über die Einstellung der Zwangsvollstreckung, z. B. gemäß § 62 Abs. 1 bzw. §§ 707, 719 und 769 ZPO, außerhalb der mündlichen Verhandlung. Durch § 55 Abs. 1 Nr. 6 wird dieses Alleinentscheidungsrecht auch auf die Fälle erweitert, in denen eine mündliche Verhandlung, beispielsweise eine Güteverhandlung, stattfindet. An der mündlichen Verhandlung müssen keine ehrenamtlichen Richter teilnehmen. Wird der Antrag erst in der Kammerverhandlung gestellt, sind die ehrenamtlichen Richter nach Abs. 1 Einleitungssatz zu beteiligen, es sei denn, die Entscheidung wird erst nach Abschluss der Verhandlung getroffen (dazu unten Rn. 35). 20

8. Örtliche Zuständigkeit, Abs. 1 Nr. 7

Durch die **Neuregelung** in § 48 Abs. 1 Nr. 2 ist die Entscheidung über die örtliche Zuständigkeit eines Arbeitsgerichts abweichend von der Regelung in § 17a GVG nicht mehr durch die Kammer zu treffen. Dementsprechend ist in § 55 Abs. 1 Nr. 7 nunmehr ausdrücklich ein Alleinentscheidungsrecht des Vorsitzenden in das Gesetz aufgenommen worden. Dies bedeutet, dass **sowohl außerhalb der mündlichen Verhandlung** die Entscheidung **allein** durch den **Vorsitzenden** zu erfolgen hat (für den Fall der mündlichen Verhandlung *Schwab/Weth/Berscheid/Korinth* § 55 Rn. 31). Dies gilt auch für die Güteverhandlung. In der Verhandlung vor der Kammer sind die ehrenamtlichen Richter zu beteiligen. Vor der Entscheidung ist den Parteien rechtliches Gehör zu gewähren. Der Vorsitzende entscheidet dabei sowohl über die Bejahung der örtlichen Zuständigkeit als auch bei deren Verneinung mit Verweisung des Rechtsstreits an das örtlich zuständige Arbeitsgericht. **Erfolgt keine Vorabentscheidung,** sondern wird in der Endentscheidung ausdrücklich oder stillschweigend die örtliche Zuständigkeit bejaht, dann bildet dieser Teil der Entscheidung eine Einheit mit dem übrigen Entscheidungsinhalt. Im Grunde wird hier stillschweigend die örtliche Zuständigkeit angenommen. Derartige „stillschweigende" Entscheidungen gibt es jedoch nicht, vielmehr kann von einer Alleinentscheidung des Vorsitzenden in diesem Falle nicht gesprochen werden, die Vorschrift des § 55 Abs. 1 Nr. 7 kann wegen des Vorrangs der Einheit der Endentscheidung nicht zur Anwendung kommen. Ein solcher Verfahrensfehler ist für das Berufungsverfahren unerheblich, eine Zurückverweisung des Rechtsstreits ist nicht möglich, § 68. Im Übrigen ist auch in diesem Falle die Entscheidung über die örtliche Zuständigkeit unanfechtbar, § 48 Abs. 1 Nr. 1. 21

Die **Verletzung der Vorschrift** ist **ohne verfahrensrechtliche Folgen.** Der Beschluss über die örtliche Zuständigkeit ist unanfechtbar, auch fehlerhafte Verweisungsbeschlüsse sind bindend. Wenn die ehrenamtlichen Richter an der Entscheidung entgegen dem Gesetz mitgewirkt haben sollten, handelt es sich nicht um einen Fall, in dem von einer offensichtlich gesetzwidrigen Verweisung gesprochen werden könnte. Eine Ausnahme von dem Grundsatz der Bindungswirkung kann nur gerechtfertigt werden, wenn die Verweisung auch materiell unrichtig ist (vgl. BAG 11. 11. 1996 NZA 1997, 228; oben § 48 Rn. 101 ff.). 22

In entsprechender Anwendung der Nr. 7 ist für die **Ablehnung der Übernahme** eines Rechtsstreits nach Verweisung wegen örtlicher Unzuständigkeit ebenfalls allein der Vorsitzende zuständig. Auch hier handelt es sich um eine Entscheidung über die örtliche Zuständigkeit (*Germelmann* NZA 2000, 1017, 1018; GK-ArbGG/*Schütz* § 55 Rn. 38). Die Entscheidung kann und wird in der Regel außerhalb der mündlichen Verhandlung 23 getroffen werden. Den Parteien ist vor der Entscheidung rechtliches Gehör zu gewähren. Das örtlich zuständige Gericht ist dann entsprechend § 36 Nr. 6 ZPO zu bestimmen.

9. Aussetzung des Verfahrens, Abs. 1 Nr. 8

24 Die Aussetzung des Verfahrens fällt außerhalb der mündlichen Verhandlung in die Kompetenz des Vorsitzenden. Erfasst werden von der Vorschrift **sämtliche Fälle**, in denen das Gesetz die **Aussetzung des Verfahrens** vorsieht. Dies sind z. B. die Aussetzungsmöglichkeiten wegen

– Aussetzung des Hauptprozesses bis zur **Entscheidung über die Hauptintervention**, § 65 ZPO,
– **Vorgreiflichkeit einer anderen Entscheidung**, § 148 ZPO,
– **Verdachts einer Straftat**, § 149 ZPO,
– **Tod einer Partei**, § 239 ZPO, **Prozessunfähigkeit** etc., § 241 ZPO, **Eintritt der Nacherbfolge**, § 242 ZPO.
  Zwar tritt in diesen Fällen grundsätzlich eine Unterbrechung des Verfahrens ein. Dies gilt aber nicht, wenn eine Vertretung durch einen Prozessbevollmächtigten stattgefunden hat, § 246 ZPO. Vielmehr ist dann auf Antrag des Bevollmächtigten, bei Tod und Nacherbfolge auch auf Antrag des Gegners, die Aussetzung des Verfahrens anzuordnen, § 246 ZPO.
– Aussetzung in **sonstigen Fällen**, die ausdrücklich in einem Gesetz genannt sind, wie z. B. §§ 104, 105 SGB VII sowie § 97 Abs. 5 (dazu unten § 97 Rn. 9 ff.).

25 **Nicht unter die Vorschrift** fallen die Regelungen der §§ 239, 240, 241, 242 ZPO, nach denen unmittelbar eine **Unterbrechung des Rechtsstreits** eintritt, wenn keine Vertretung durch einen Bevollmächtigten stattgefunden hat, § 246 ZPO. Hier ist eine Entscheidung über die Aussetzung des Verfahrens nicht mehr möglich. Erfolgt sie trotzdem, hat sie lediglich klarstellenden Charakter ohne eigenen Regelungsinhalt.

26 Ebenfalls nicht erfasst wird die Aussetzung eines Verfahrens, wenn diese nur erfolgt, um die **Vorlage des Rechtsstreits an das BVerfG** nach Art. 100 GG oder an den EuGH zu ermöglichen. Gegenstand der Entscheidung ist dabei nicht in erster Linie die Frage der Aussetzung des Rechtsstreits, sondern vielmehr die Frage, ob ein Gesetz verfassungswidrig ist, Art. 100 Abs. 1 GG, oder ob eine Norm des Völkerrechts Bestandteil des Bundesrechts ist, Art. 100 Abs. 2 GG. Diese Vorlageentscheidung trifft die Kammer unter Einschluss der ehrenamtlichen Richter (ArbGG-*Kloppenburg/Ziemann* § 55 Rn. 22), nur die Folgeentscheidung der Aussetzung des Verfahrens kann, wenn sie isoliert erfolgt, durch den Vorsitzenden allein erfolgen.

27 Ähnlich ist dies bei den **Vorabentscheidungsverfahren vor dem EuGH** gem. Art. 234 Abs. 1 und 2 EGV. Muss ein Gericht wegen einer Frage, die das europäische Recht betrifft, den EuGH anrufen, ist das Ausgangsverfahren in entsprechender Anwendung des § 148 ZPO auszusetzen, bis der EuGH entschieden hat. Hier ist aber vorrangig die Entscheidung über die Notwendigkeit der Anrufung des EuGH, diese kann nur durch die Kammer erfolgen (ArbGG-*Kloppenburg/Ziemann* § 55 Rn. 22), die ehrenamtlichen Richter sind zu beteiligen. Nur wenn die Entscheidung über die Aussetzung des Verfahrens als notwendige Folge der Anrufungsentscheidung isoliert erfolgt, kann der Vorsitzende diese allein treffen.

28 Während bei der Aussetzung nach § 246 ZPO das Gericht an den Antrag des Bevollmächtigten gebunden und keinen Ermessensspielraum hat, besteht ein solcher in den Fällen der Aussetzung nach §§ 65, 148 und 149 ZPO. Bei einer **Aussetzung nach § 148 ZPO** ist ohne einen **Ermessensspielraum** festzustellen, ob das andere Verfahren vorgreiflich ist. Erst wenn die Vorgreiflichkeit vorliegt, kann das Ermessen ausgeübt werden. Es handelt sich immer um eine Entscheidung und eine Interessenabwägung in dem jeweiligen Einzelfall. Eine Ermessensreduzierung kann erfolgen, wenn anders eine Sachentscheidung nicht möglich ist. Dies kann beispielsweise der Fall sein, wenn die Entschei-

II. Die Fälle der Alleinentscheidung § 55

dung eines Kündigungsschutzverfahrens allein noch davon abhängt, dass ein Arbeitnehmer den Schutz nach dem SGB IX besitzt oder nicht (a. A. ErfK/*Koch* § 9 Rn. 4; GK-ArbGG/*Schütz* § 55 Rn. 49, der auf die Möglichkeit des Wiederaufnahmeantrages nach § 580 Nr. 6 ZPO verweist). Die Aussetzung kann in diesem Falle nur dann erfolgen, wenn abschließend festgestellt wird, dass auf andere Weise eine Endentscheidung nicht möglich ist, die Kündigung darf nicht schon aus anderen Gründen (Fehlen von Kündigungsgründen, Fristversäumnisse, Nichtanhörung des Betriebsrats) unwirksam und der Rechtsstreit deshalb entscheidungsreif sein. Dies führt zu einer Konkurrenz der Entscheidungskompetenz der Kammer unter Einschluss der ehrenamtlichen Richter und der Entscheidungskompetenz des Vorsitzenden. Im Grunde müssten die ehrenamtlichen Richter mit darüber befinden, ob das Verfahren bereits ohne Aussetzung entscheidungsreif ist oder nicht (vgl. zu dieser Problematik *Germelmann* NZA 2000, 1017, 1020). Nach der jetzigen gesetzlichen Regelung kann jedoch nur davon ausgegangen werden, dass der Vorsitzende auch die Vorfrage der Vorgreiflichkeit inhaltlich bei der von ihm zu treffenden Aussetzungsentscheidung mitzuentscheiden hat. Allerdings tritt insoweit im späteren Verlauf des Verfahrens keine Bindungswirkung ein, die Kammer unter Beteiligung der ehrenamtlichen Richter kann daher zu der Auffassung kommen, dass trotz des Aussetzungsbeschlusses keine Vorgreiflichkeit des anderen Verfahrens gegeben war.

Weitere Einzelfälle der Aussetzung: 29
- **Mehrere Kündigungen** oder Beendigungsgründe: Bestandsschutzverfahren mit dem später wirksam werdenden Beendigungstermin können ausgesetzt werden (ErfK/*Koch* § 55 Rn. 5; GK-ArbGG/*Schütz* § 55 Rn. 48).
- **Beendigungsabhängige Entgeltansprüche:** In der Regel keine Aussetzung, dem steht der Beschleunigungsgrundsatz entgegen (LAG Köln 24. 11. 1997 MDR 1998, 544; vom 19. 6. 2006 BB 2006, 2476).
- **Auflösungsantrag,** der zeitlich einer weiteren Kündigung vorgeht darf nicht ausgesetzt werden (BAG 27. 4. 2006 BB 2006, 2471).
- **Weiterbeschäftigungsanspruch,** in der Regel kommt eine Aussetzung nicht in Betracht, da gerade die Beschäftigung während des Verfahrens gesichert werden soll.
- **Gültigkeit eines Verwaltungsaktes,** Aussetzung nur, wenn die Entscheidung allein hiervon abhängt (vgl. oben Rn. 28).
- **Abfindung,** keine Aussetzung der Verurteilung zur Zahlung einer Abfindung im Rahmen eines Auflösungsantrages nach §§ 9, 10 KSchG, da die Zahlung auch vor Rechtskraft des Auflösungsurteils vorläufig vollstreckbar ist (BAG 9. 12. 1987 NZA 1988, 329; unten § 62 Rn. 63 f.).
- **Sozialplanabfindung,** entsteht Streit über die Wirksamkeit des Sozialplans, wird er angefochten oder liegt ein Fall des Wegfalls der Geschäftsgrundlage vor, kommt eine Aussetzung in Betracht (BAG 18. 8. 1996 NZA 1997, 109).

Keine absolute Bindungswirkung besteht bei einer **Aussetzung nach § 149 ZPO.** Diese 30 erfolgt auch anders als bei § 148 ZPO nicht wegen der Vorgreiflichkeit des Strafverfahrens, sondern letztlich wegen der möglicherweise besseren Erkenntnismöglichkeiten im Strafverfahren, die im Rahmen einer Beweiswürdigung gem. § 286 ZPO auch für das arbeitsgerichtliche Verfahren nutzbar gemacht werden können. Eine Bindung an das Strafurteil besteht nicht, § 14 Abs. 2 Nr. 1 EGZPO. Dieser Regelung entspricht es auch, wenn der Gesetzgeber nunmehr in § 149 Abs. 2 Satz 1 ZPO bestimmt hat, dass auf Antrag einer Partei die **Verhandlung fortzusetzen** ist, wenn seit der Aussetzung ein Jahr verstrichen ist. Damit wird nicht nur eine Beschleunigung der Erledigung des Rechtsstreits beabsichtigt, auch die Gedanken der Unmittelbarkeit der Beweisaufnahme und die nachteilige Auswirkung des Zeitablaufs auf die Beweisführungsmöglichkeit werden hierbei berücksichtigt. Trotz des Antrages kann das Gericht nur bei wichtigen Gründen, die weiterhin die Aussetzung rechtfertigen, von der Fortsetzung der Verhandlung absehen, § 149 Abs. 2 Satz 2 ZPO. Ein wichtiger Grund kann dabei nur dann angenommen werden, wenn durch die Aussetzung nicht die Beweislage für die Parteien verschlechtert wird. Bei Zeugenaussagen wird in der Regel ein solcher wichtiger Grund nicht gegeben sein.

31 Vor der Aussetzung des Verfahrens ist den beteiligten Parteien Gelegenheit zur Stellungnahme zu geben. Das **rechtliche Gehör** muss aber nicht in einer mündlichen Verhandlung gewährt werden, es genügt auch die Einräumung der Möglichkeit zur schriftlichen Stellungnahme. Die Aussetzung selbst erfordert nicht einen entsprechenden Antrag einer der Parteien, vielmehr kann sie auch von Amts wegen erfolgen. Etwas anderes gilt nur für die Fälle, in denen ein gesetzlicher Grund für die Aussetzung des Verfahrens nicht besteht, vielmehr ein Nichtbetreiben des Verfahrens im Einverständnis der Parteien gegeben ist, wie dies z. B. bei dem Abwarten einer Entscheidung in einem Parallelverfahren der Fall ist. In diesen Fällen ist ein ausdrückliches Einverständnis der Parteien erforderlich.

32 Die Aussetzungsentscheidung erfolgt grundsätzlich durch **zu begründenden Beschluss**, § 329 ZPO. Gegen den Beschluss, mit dem das Verfahren ausgesetzt wird, ist die sofortige Beschwerde gegeben, § 252 ZPO i. V. § 78, es sei denn, das LAG hätte die Entscheidung getroffen. Bei Zurückweisung eines Antrags auf Aussetzung des Verfahrens ist ebenfalls die sofortige Beschwerde gegeben. Eine Rechtsbeschwerde ist nur bei Zulassung möglich, § 78 Satz 2. Erfolgt die Entscheidung über die Aussetzung erst im Urteil, ist das dagegen zulässige Rechtsmittel gegeben.

10. Kostenentscheidung, Nr. 9

32 a Das Alleinentscheidungsrecht des Vorsitzenden, wenn nur noch über die Kosten zu entscheiden ist, war bislang nicht ausdrücklich geregelt. Insbesondere die **Kostenschlussentscheidung** kann nach § 128 Abs. 3 ZPO ohne mündliche Verhandlung erfolgen, wenn die Kostenfrage alleiniger Gegenstand der Entscheidung ist. Dies ist beispielsweise der Fall, wenn ein Teilurteil ohne Kostenentscheidung ergangen ist, der Rest des Rechtsstreits beispielsweise durch Vergleich, Klagerücknahme oder Erledigung sein Ende gefunden hat. § 128 Abs. 3 ZPO legt keine Entscheidungsform fest, auch § 98 Satz 2 ZPO regelt nur die materielle Kostenverteilung. § 269 Abs. 4 ZPO und ebenso § 91 a Abs. 1 Satz 1 ZPO regeln zwar die Entscheidungsform, sie gelten aber nur, wenn der gesamte Rechtsstreit durch Klagerücknahme oder Erledigungserklärung beendet worden ist. Die Entscheidungskompetenz, ist nun nicht mehr in § 53, sie folgt auch nicht aus § 128 Abs. 3, sondern ist in § 55 Abs. 1 Nr. 9 geregelt. Die Kostenentscheidung ist, soweit keine Sonderregelungen bestehen, immer Teil des Urteils. Dass sie bei einem Teilurteil noch nicht erfolgt ist, liegt daran, dass der Grundsatz der Einheit der Kostenentscheidung eingehalten werden muss. Dies folgt schon aus §§ 91, 92 ZPO, es ist immer auf den gesamten Rechtsstreit abzustellen. Das Teilurteil ist im Grunde ein unvollständiges Urteil, das noch der Ergänzung bedarf. Dies hat zur Folge, dass auch bei § 128 Abs. 3 ZPO die Urteilsform einzuhalten ist, es muss ein **Kostenschlussurteil** ergehen (vgl. auch BGH 28. 1. 1999 NJW-RR 1999, 1741).

32 b Ein **Antrag auf Entscheidung** über die Kosten ohne mündliche Verhandlung muss nicht ausdrücklich gestellt werden. Es steht im Ermessen des Gerichts, ob es eine mündliche Verhandlung anberaumen will oder nicht. Die Entscheidung erfolgt, wenn keine mündliche Verhandlung stattfindet, ohne Hinzuziehung der ehrenamtlichen Richter. Ist ein Teilurteil ohne Kostenentscheidung erlassen worden, ist die später erforderlich werdende Kostenschlussentscheidung ebenfalls in Urteilsform zu erlassen, da ein Urteil nicht durch einen Beschluss ergänzt oder vervollständigt werden kann. Dass keine mündliche Verhandlung stattfindet, spricht nicht gegen diese Notwendigkeit, da auch § 341 Abs. 2 ZPO den Erlass eines Urteils ohne mündliche Verhandlung vorsieht, der Gesetzgeber also die Entscheidungsform nicht immer von der Frage der mündlichen Verhandlung abhängig macht. Im Grunde ist es ein vom Gesetzgeber ausdrücklich

II. Die Fälle der Alleinentscheidung   § 55

entgegen dem aus § 46 Abs. 2 folgenden Verbot des schriftlichen Verfahrens für diesen Sonderfall des § 128 Abs. 3 ZPO zugelassenes Verfahren, in der eine schriftliche Anhörung der Parteien möglich ist. Der Gesetzgeber hat mit der Aufnahme dieser Regelung in § 55 Abs. 1 klargestellt, dass daneben § 53 Abs. 1 Satz 1 nicht zur Anwendung kommen kann.

11. Tatbestandsberichtigung, Nr. 10

Die Neuregelung gilt nur für die Tatbestandsberichtigung i. S. § 320 ZPO, nicht jedoch für die Urteilsergänzung nach § 321 ZPO oder die Urteilsberichtigung nach § 319 ZPO. Die Vorschrift gilt **nur für das erstinstanzliche** Verfahren, § 64 Abs. 7 nimmt auf sie für das Berufungsverfahren nicht Bezug. Mit ihr wird für die Arbeitsgerichtsbarkeit nicht nur das Alleinentscheidungsrecht des Vorsitzenden festgelegt, sondern auch ausdrücklich die Vorschrift des § 320 Abs. 3 ZPO übernommen. Im Gegensatz zu § 320 Abs. 4 Satz 2 ZPO wird die Hinzuziehung derjenigen ehrenamtlichen Richter, die an der Entscheidung mitgewirkt haben, nicht für erforderlich gehalten. Dies mag darauf zurückzuführen sein, dass der Vorsitzende allein den Text des Urteils zu verantworten und in erster Instanz auch das Urteil im Regelfall allein zu unterschreiben hat, § 60 Abs. 4 Satz 1. Die Regelung, die als geboten angesehen wird (*Francken/Natter/Rieker* NZA 2007, 833, 834) ist zwar für die praktische Handhabung durch das Gericht geeignet, der Rechtsschutz für die Parteien wird aber dadurch eingeschränkt, da sie auf die Erinnerung der ehrenamtlichen Richter aus der mündlichen Verhandlung verzichtet. 32 c

Die Tatbestandsberichtigung erfordert einen **Antrag**, der innerhalb einer Frist von zwei Wochen zu stellen ist, § 320 Abs. 1 ZPO. Es muss angegeben werden, an welcher Stelle und auf welche Weise der Tatbestand unrichtig ist. Der Berichtigungsantrag ist dem Gegner von Amts wegen zur Stellungnahme zuzuleiten, diesem ist rechtliches Gehör zu gewähren. Eine angemessene Frist zur Äußerung ist festzusetzen. Anhaltspunkt für die Angemessenheit der Frist kann die einwöchige Einlassungsfrist des § 47 Abs. 1 sein. Über ihn kann außerhalb einer mündlichen Verhandlung **nur der Vorsitzende** entscheiden, die ehrenamtlichen Richter wirken nicht mit. Es kann **nur der Vorsitzende** über den Tatbestandsberichtigungsantrag entscheiden, der auch an dem Urteil mitgewirkt hat. Insoweit gilt die Regelung des § 320 Abs. 4 Satz 2 ZPO. Ist dieser verhindert, so kann eine Tatbestandsberichtigung im Rahmen des § 55 Abs. 1 Nr. 10 nicht stattfinden. Hierauf sind die Parteien hinzuweisen. 32 d

Jede Partei, also nicht nur der Antragsteller, sondern auch der Gegner, kann einen **Antrag auf mündliche Verhandlung** stellen. Ein Verhandlungstermin ist anzuberaumen, dies gilt selbst dann, wenn der Antrag unzulässig ist. Ladungs- und Einlassungsfrist sind einzuhalten. Ein Versäumnisverfahren findet nicht statt. Die mündliche Verhandlung findet vor der Kammer statt, es handelt sich um eine streitige Verhandlung im Sinne von Satz 1 erster Satzteil. Es gilt die Regelung des § 320 Abs. 4 Satz 2 ZPO, es können nur die Richter teilnehmen, die auch an der vorangegangenen Verhandlung teilgenommen haben. Nur diese sind auch zur Entscheidung befugt. Ist ein Richter verhindert, muss die Verhandlung vor der Kammer in verminderter Besetzung stattfinden. Ist der Vorsitzende verhindert, entscheiden allein die ehrenamtlichen Richter, u. U. nur einer von ihnen. 32 e

Die Entscheidung ergeht in jedem Falle durch **Beschluss**. Dieser ist unanfechtbar. Gleichwohl ist er kurz zu begründen. Nur der Tatbestand kann berichtigt werden, die sachliche Entscheidung wird nicht betroffen. Hier kommt lediglich eine Urteilsergänzung nach § 321 ZPO in Betracht. 32 f

12. Zurückweisung nach § 11 Abs. 3, Nr. 11

Außerhalb einer mündlichen Verhandlung entscheidet über die Zurückweisung eines Bevollmächtigten oder die Untersagung einer weiteren Vertretung durch diesen nach 32 g

§ 11 Abs. 3 (dazu ausführlich oben § 11 Rn. 108 ff.) der Vorsitzende allein ohne Hinzuziehung der ehrenamtlichen Richter. Erfolgt die Beschlussfassung **innerhalb der mündlichen Verhandlung,** sind die ehrenamtlichen Richter zu beteiligen, Satz 1 erster Satzteil. In diesem Falle ist der Beschluss in das Protokoll der mündlichen Verhandlung aufzunehmen. Der Beschluss ist **unanfechtbar.** Ist ein Bevollmächtigter zu Unrecht zurückgewiesen oder ihm die weitere Vertretung untersagt worden und beruht die nachfolgende Entscheidung hierauf, dies eine Verletzung der Pflicht zur Gewährung des rechtlichen Gehörs sein, dies könnte mit einer Rüge nach § 78 a geltend gemacht werden.

13. Abschließender Charakter der Aufzählung

33   Die Aufzählung in § 55 Abs. 1 ist abschließend, durch sie wird der gesetzliche Richter bestimmt (GK-ArbGG/*Schütz* § 55 Rn. 6; *Hauck/Helml* § 55 Rn. 2, 6; ErfK/*Koch* § 55 Rn. 2; a. A. *Schwab/Weth/BerscheidKorinth* § 55 Rn. 4, 8) Dies folgt zum einen aus der genauen Aufzählung, zum anderen aus der Tatsache, dass gerade im arbeitsgerichtlichen Verfahren die ehrenamtlichen Richter eine besonders bedeutsame Stellung haben. Aus diesem Grunde ist auch eine **ausdehnende Auslegung** des § 55 Abs. 1 **nicht möglich** (*Dütz* RdA 1980, 81, 86). Davon unberührt bleibt allerdings das Alleinentscheidungsrecht des Vorsitzenden, das sich aus § 944 ZPO in dringenden Fällen bei Verfahren des einstweiligen Rechtsschutzes ergibt. Diese Entscheidungen ergehen aber notwendigerweise ohne mündliche Verhandlung, so dass sich die Kompetenz des Vorsitzenden bereits aus § 53 Abs. 1 ergibt.

34   Umstritten ist, ob aus § 55 ein Alleinentscheidungsrecht folgt. Unter Heranziehung der zu § 349 ZPO vertretenen Auffassungen (vgl. *Zöller/Greger* § 349 Rn. 1, 5; *Musielak/Wittschier* § 349 Rn. 5) wird die Meinung vertreten, dass ein **Wahlrecht** bestehe, ob der Vorsitzende allein oder mit Beisitzern entscheiden könne (*Schaub* ArbGV § 28 Rn. 1; *Grunsky* § 55 Rn. 5; *Hauck/Helml* § 55 Rn. 6). Etwas anders die Auffassung, nach der eine **Heranziehung der Beisitzer** zu erfolgen habe, wenn sie anwesend seien (vielleicht etwas missverständlich ArbG Bamberg 29. 10. 1997 NZA 1998, 904). Begründet wird dies letztlich mit der besonderen Stellung der ehrenamtlichen Richter. Diese Auffassung überzeugt nicht in vollem Umfang, sie kann nur dann nach dem Wortlaut von Satz 1 erster Satzteil gelten, wenn die Entscheidung **in der mündlichen Verhandlung** erfolgt und Folge von dieser ist (vgl. *Schwab/Weth/BerscheidKorinth* § 55 Rn. 9; ErfK/*Koch* § 55 Rn. 2). Der Wortlaut der Vorschrift ist eindeutig. Angesichts der Tatsache, dass weder die Gesetzgebungsgeschichte noch die systematische Auslegung weitere Hinweise geben, muss die Wortinterpretation schon im Interesse der Rechtssicherheit und Rechtsklarheit maßgebliches Kriterium sein. Sieht man im Übrigen die Regelung als Bestimmung des gesetzlichen Richters an, dann kommt hinzu, dass dieser von vornherein feststehen muss, sie darf nicht vom Willen des Vorsitzenden abhängen. Es wäre daher nicht zulässig, Beschlüsse, die der Vorsitzende vorbereitet hat, in Fällen, in denen nicht mündlich verhandelt worden ist, durch die ehrenamtlichen Richter mit fassen zu lassen.

35   Der Vorsitzende hat daher in allen Fällen des Abs. 1 ein **Alleinentscheidungsrecht.** Nach dem Einleitungssatz besteht dieses nur dann nicht, wenn die Entscheidung in einer mündlichen Verhandlung erfolgt (oben Rn. 3 a). Dieses Alleinentscheidungsrecht besteht selbst dann, wenn die Entscheidungen nach einer mündlichen Verhandlung, aber außerhalb von dieser gefällt werden. Soweit in dieser die ehrenamtlichen Richter anwesend waren, erfolgt die Entscheidungsfindung nach der mündlichen Verhandlung allein durch den Vorsitzenden (vgl. LAG Rheinland-Pfalz 4. 3. 1997 NZA 1997, 1071, 1072; LAG Berlin 14. 7. 1997 NZA 1998, 167; ArbG Bamberg 29. 10. 1997 NZA 1998, 904). Die **Hinzuziehung der ehrenamtlichen Richter** zu der Entscheidungsfindung ist außerhalb der mündlichen Verhandlung **unzulässig.** Durch § 55 wird der gesetzliche Richter bestimmt. Eine Erweiterung der Richterbank wäre eine Veränderung des gesetzlichen Richters, diese steht nicht im Belieben des Vorsitzenden. Er kann nicht auf sein Allein-

entscheidungsrecht verzichten. Das gilt auch für die **Entscheidung nach Lage der Akten** gemäß § 331 a ZPO. Auch in diesem Falle, in dem die Entscheidung frühestens zwei Wochen nach dem Termin verkündet werden darf, können die ehrenamtlichen Richter an der Entscheidung nicht mitwirken, denn der Vorsitzende kann nach § 251 a Abs. 2 ZPO allein zu entscheiden, wenn sich nachträglich herausstellt, dass die Voraussetzungen für die Anberaumung eines neuen Verhandlungstermins gemäß § 251 a Abs. 2 Satz 4 ZPO vorliegen. Hat die nicht erschienene Partei sich rechtzeitig gemeldet und den Antrag auf Anberaumung einer neuen Verhandlung gestellt und gleichzeitig glaubhaft gemacht, dass sie ohne ihr Verschulden an der Wahrnehmung des früheren Termins gehindert war, muss der Vorsitzende den Verkündungstermin aufheben und einen neuen Termin zur streitigen Verhandlung anberaumen. In diesem Falle bedarf es auch nicht der Mitwirkung der ehrenamtlichen Richter. Im Übrigen kann der Vorsitzende, falls in dem Termin, in dem beide Parteien säumig waren, noch keine Entscheidung getroffen wurde, diese auch zu einem späteren Zeitpunkt alleine treffen. Ein Verstoß gegen die Regelung in § 55 Abs. 1 wird in der Regel wegen der Bestimmung des § 68 nicht dazu führen können, dass eine Zurückverweisung des Rechtsstreits durch die Berufungsinstanz erfolgen kann.

III. Das Verfahren bei Alleinentscheidung

In § 55 Abs. 2 ist festgelegt, dass der Vorsitzende in den Fällen des Abs. 1 Nr. 1, 3 und 4 a bis 10 eine Entscheidung auch **ohne mündliche Verhandlung** treffen kann. Das Gleiche soll mit Zustimmung der Parteien auch im Falle des Verzichts gemäß Abs. 1 Nr. 2 gelten. Nur auf Grund mündlicher Verhandlung kann daher die Entscheidung bei Säumnis einer Partei getroffen werden. **36**

In der Regel außerhalb der mündlichen Verhandlung wird die Entscheidung über die einstweilige Einstellung der Zwangsvollstreckung ergehen. In diesem Falle folgt das Alleinentscheidungsrecht aus § 53 Abs. 1. **37**

Anerkenntnis und Verzicht können nur im Rahmen einer mündlichen Verhandlung erklärt werden (dazu oben Rn. 10, 14). Dies wird in der Regel dazu führen, dass auch in dieser mündlichen Verhandlung über den entsprechenden Antrag auf Erlass einer Entscheidung befunden werden kann. Eine Entscheidung über ein Anerkenntnis außerhalb der mündlichen Verhandlung ist denkbar, wenn zwar der Beklagte in der mündlichen Verhandlung den Anspruch anerkannt hat, der Kläger aber wegen Säumnis oder aus einem anderen Grunde den Erlass eines Anerkenntnisurteils nicht beantragt hat. In diesem Fall kann der Kläger schriftlich den entsprechenden Antrag stellen, der Vorsitzende kann außerhalb der mündlichen Verhandlung darüber befinden. Zur **Ausübung des Alleinentscheidungsrechts** vgl. oben Rn. 34, 35. **38**

Im Übrigen spielt es keine Rolle, in welchem Stadium des Verfahrens sich der Rechtsstreit befindet. In jeder Lage des Verfahrens besteht das Alleinentscheidungsrecht des Vorsitzenden. Absatz 2 gibt in den dort genannten Fällen dem Vorsitzenden **völlige Freiheit** darüber, **ob er auf Grund mündlicher Verhandlung oder ohne** eine solche die **Entscheidung treffen will.** Soweit dies den Verzicht betrifft, bedarf das der Zustimmung der Parteien, diese Zustimmung muss entweder zu Protokoll erklärt oder aber nach der mündlichen Verhandlung schriftsätzlich zu den Akten mitgeteilt werden. Die Entscheidung des Vorsitzenden ist unabhängig davon, ob sie auf Grund einer mündlichen Verhandlung oder ohne eine solche getroffen wird, hinsichtlich der Rechtsmittel ebenso zu behandeln wie entsprechende Entscheidungen der Kammer unter Mitwirkung der ehrenamtlichen Richter. Der Vorsitzende tritt an die Stelle der Kammer. **39**

IV. Die Alleinentscheidung auf Antrag beider Parteien, Abs. 3

1. Voraussetzungen

40 Die Bestimmung des Abs. 3 steht in einem engen **Zusammenhang mit der Güteverhandlung**. Sie setzt voraus, dass die Güteverhandlung erfolglos geblieben ist, ferner, dass sich die Verhandlung unmittelbar an die Güteverhandlung anschließt und darüber hinaus, dass in dieser Verhandlung eine das Verfahren beendende Entscheidung ergehen kann. Erst wenn diese Voraussetzungen erfüllt sind, können die Parteien übereinstimmend einen Antrag auf Entscheidung durch den Vorsitzenden allein stellen. Die Regelung ist **verfassungsrechtlich nicht unbedenklich**, nehmen doch auf diese Weise die Parteien Einfluss auf die Besetzung der Richterbank und damit auf den gesetzlichen Richter i. S. Art. 101 GG. Gerechtfertigt werden kann diese Regelung nur mit dem Gedanken der Beschleunigung des Verfahrens und der Tatsache, dass in bestimmten Fällen auch die Anrufung eines Schiedsgerichts möglich ist (§ 101), im Übrigen im zivilprozessualen Bereich die Anrufung eines Schiedsgerichts in weit größerem Umfang möglich ist als im Verfahren vor den Arbeitsgerichten, ohne dass hier verfassungsrechtliche Bedenken geltend gemacht würden.

41 Ein **unmittelbarer Anschluss** an die erfolglose Güteverhandlung ist nur dann gegeben, wenn keine Vertagung erforderlich ist. Die Fortsetzung des Verfahrens muss daher nach Beendigung der Güteverhandlung ohne wesentliche Unterbrechung stattfinden. Eine Unterbrechung, die eine Alleinentscheidung des Vorsitzenden nicht mehr zulässt, ist dabei bereits dann gegeben, wenn zwischen der beendeten Güteverhandlung in dieser Sache und der streitigen Verhandlung eine andere Sache verhandelt wird. Unschädlich sind nur kurzfristige Unterbrechungen, ohne dass andere Termine in der Zwischenzeit stattfinden. Eine Alleinentscheidung durch den Vorsitzenden wäre daher beispielsweise nicht möglich, wenn nach Abschluss eines Gütetermins vor dem Arbeitsgericht mehrere Sachen verhandelt werden und in einer zu Beginn der Sitzung verhandelten Sache nach Erledigung der übrigen Güteverhandlungen in anderen Sachen die streitige Verhandlung durchgeführt werden soll (siehe GK-ArbGG/*Schütz* § 55 Rn. 61). Hier wäre nur der Weg über eine weitere Güteverhandlung mit anschließender Alleinentscheidung, die sich dann unmittelbar anschließt, möglich. Etwas anderes kann nur dann gelten, wenn die Güteverhandlung an diesem Terminstag noch nicht beendet, sondern nur unterbrochen worden ist, um mit ihr fortzufahren. Dann muss aber die Erklärung der Parteien in diesem Teil der Güteverhandlung erfolgen (vgl. ArbGG-*Kloppenburg/Ziemann* § 55 Rn. 30; GK-ArbGG/*Schütz* § 55 Rn. 61).

42 Es muss **eine das Verfahren beendende Entscheidung** ergehen können. Nicht erforderlich ist, dass eine solche Entscheidung auch tatsächlich ergeht, es genügt die Möglichkeit. Die Durchführung einer Beweisaufnahme steht dieser Möglichkeit nicht entgegen, sofern die Beweismittel präsent sind. Stellt sich in der streitigen Verhandlung heraus, dass eine abschließende Entscheidung entgegen der Erwartung nicht möglich ist, so ist das weitere Verfahren vor der Kammer fortzusetzen. Eine **Vertagung** als Ziel der Entscheidung durch den Vorsitzenden allein ist **nicht zulässig**. Der Beschleunigungseffekt, der durch § 55 Abs. 3 beabsichtigt ist, kann in diesem Falle nicht mehr eintreten, so dass der Ausschluss der ehrenamtlichen Richter an der Entscheidungsfindung nicht mehr gerechtfertigt ist (*Dietz/Nikisch* § 55 Rn. 19; *Schaub* ArbGV § 28 Rn. 23). Eine etwa durchgeführte Beweisaufnahme muss in diesem Falle allerdings nicht wiederholt werden (so aber *Grunsky* § 55 Rn. 11; wie hier *Schaub* a. a. O.; *Gift/Baur* E Rn. 655). Die Zulässigkeit der Verhandlung vor dem Vorsitzenden allein hängt nämlich nur von der Möglichkeit einer abschließenden Entscheidung ab, nicht jedoch davon, dass diese auch tatsächlich eintritt. Stellt sich während der streitigen Verhandlung vor dem Vorsitzenden heraus, dass eine Endentscheidung nicht ergehen kann, so bleibt dieses Verfahren gleichwohl wirksam.

IV. Die Alleinentscheidung auf Antrag beider Parteien, Abs. 3 § 55

Demzufolge wirken auch sämtliche Prozesshandlungen, die in dieser Verhandlung vorgenommen worden sind, wie beispielsweise Geständnisse, Klageänderungen, die Stellung der Anträge usw., auch im weiteren Verfahren fort (so wiederum auch *Grunsky* a. a. O.).

Die **Erklärungen der Parteien** hinsichtlich des Einverständnisses mit der Entscheidung 43
des Vorsitzenden allein sind zu protokollieren. Sie ist eine Prozesshandlung und als solche unwiderruflich (GK-ArbGG/*Schütz* § 55 Rn. 62; *Schaub* ArbGV § 28 Rn. 23; a. A. *Grunsky* § 55 Rn. 12). Der Antrag muss von allen am Prozess beteiligten Parteien bzw. Streitgenossen gestellt werden. Sind auf einer Seite mehrere Personen als Streitgenossen beteiligt, so hindert das Fehlen der Einverständniserklärung eines Streitgenossen die Fortsetzung der mündlichen Verhandlung vor dem Vorsitzenden allein.

Die **Erklärung** der Parteien kann **nur in der Güteverhandlung** abgegeben werden. Ist 44
bereits Termin vor der Kammer unter Beteiligung der ehrenamtlichen Richter anberaumt worden, kann das Einverständnis der Parteien im Sinne des Abs. 3 nicht mehr erklärt werden. Insbesondere ist es auch unzulässig, in einer Kammerverhandlung, in der ein ehrenamtlicher Richter fehlt, die Entscheidung durch den Vorsitzenden allein zu beantragen. Eine analoge Anwendung der Vorschrift in diesem Fall kommt auch im Hinblick auf den Beschleunigungsgrundsatz nicht in Frage, dem stehen schon die verfassungsrechtlichen Bedenken (oben Rn. 40) und der Ausnahmecharakter der Vorschrift entgegen. Der Antrag kann sich auf Teile des Streitgegenstandes beziehen, soweit es sich um abtrennbare Teile des Prozessstoffes handelt, die auch einer Entscheidung durch Teilurteil gemäß § 301 ZPO zugänglich wären.

Keine das Verfahren beendende Entscheidung ist die Entscheidung über die **Zulässig-** 45
keit des Rechtswegs oder die **Verfahrensart** i. S. § 48 Abs. 1. Hier wird lediglich der Weg bestimmt, im dem eine Fortsetzung des Verfahrens ermöglicht wird. Außerdem ist die Regelung in § 48 Abs. 1 Nr. 2 lex specialis, die Anwendbarkeit von § 55 Abs. 3 ist damit ausgeschlossen. Eine Ausnahme gilt nur für die Verweisung an ein anderes örtlich zuständiges Arbeitsgericht. Über diese kann durch den Vorsitzenden allein außerhalb der mündlichen Verhandlung entschieden werden, § 48 Abs. 1 Nr. 2. Eine sich an die Güteverhandlung unmittelbar anschließende streitige Verhandlung i. S. § 55 Abs. 3 ist daher nicht erforderlich. Etwas anderes gilt für die Entscheidung über die **nachträgliche Zulassung** einer verspätet erhobenen Kündigungsschutzklage gem. § 5 Abs. 4 KSchG. Der entsprechende Antrag ist mit der Hauptsache zu verbinden. Über diese kann der Vorsitzende nach § 55 Abs. 3 allein entscheiden. Das Gleiche muss dann auch für das Hilfsbegehren gelten (GK-ArbGG/*Schütz* § 55 Rn. 65; *Schwab/ Weth/Berscheid Korinth* § 55 Rn. 54). Im Gegensatz zu der bisherigen Regelung steht auch der Wortlaut von § 5 Abs. 4 KSchG diesem Ergebnis nicht entgegen, da dieser keine Sonderregelung hinsichtlich der Kammerbesetzung enthält, der der Regelung in Abs. 3 als lex specialis vorgehen würde.

2. Das Verfahren

Über den **Antrag** der Parteien **muss nicht** gesondert durch Beschluss **entschieden** 46
werden. Es genügt, wenn nach Aufnahme des Antrages der Parteien in das Protokoll unmittelbar die Verhandlung fortgeführt wird. Zu vermerken im Protokoll ist allerdings, dass nunmehr eine streitige Verhandlung stattfindet.

Im Übrigen richtet sich das Verfahren nach den **gleichen Grundsätzen wie das Ver-** 47
fahren vor der Kammer unter Mitwirkung der ehrenamtlichen Richter. Hinsichtlich der Rechtsmittel steht die Entscheidung, die von dem Vorsitzenden in dieser Verhandlung getroffen wird, den Entscheidungen gleich, die auch von der Kammer getroffen werden müssten.

V. Beweisbeschluss vor streitiger Verhandlung, Abs. 4

1. Die Möglichkeit des Beweisbeschlusses

48 Die Befugnis des Vorsitzenden, vor der streitigen Verhandlung einen Beweisbeschluss zu erlassen, ist im **Grundgedanken auf § 358a ZPO zurückzuführen,** diese Bestimmung ist jedoch nicht vollständig in Abs. 4 aufgenommen worden. So kann der Vorsitzende keinen Beweisbeschluss erlassen, in dem eine Beweisaufnahme vor einem beauftragten Richter, § 361 ZPO, oder die Einnahme eines Augenscheins angeordnet wird. Damit hat der Gesetzgeber des ArbGG der Tatsache Rechnung getragen, dass im arbeitsgerichtlichen Verfahren die Beweisaufnahme nach § 58 Abs. 1 Satz 1 grundsätzlich vor der Kammer zu erfolgen hat, die Beteiligung der ehrenamtlichen Richter ist hier ein wesentliches Merkmal, das nur in wenigen, sachlich begründeten Fällen zurücktreten kann. Insoweit stellt die Bestimmung des Abs. 4 eine speziellere Regelung zu § 358a ZPO dar. Allerdings kann die Kammer unter Beteiligung der ehrenamtlichen Richter in der mündlichen Verhandlung einen entsprechenden Beschluss fassen, auch die Regelung des § 372 Abs. 2 ZPO kann in diesem Falle zur Anwendung kommen.

49 Im Grunde dient die Bestimmung des Abs. 4 dem **Beschleunigungsgrundsatz,** die Vorbereitung der streitigen Verhandlung, für die nach § 56 der Vorsitzende weitere Befugnisse hat, soll möglichst auch hinsichtlich etwaiger Beweiserhebungen ermöglichen, dass in dem ersten Kammertermin eine abschließende Entscheidung getroffen werden kann. Die Befugnisse des Vorsitzenden nach Abs. 4 gelten auch für die Bereiche des **selbstständigen Beweisverfahrens** (Beweissicherungsverfahren), §§ 485 ff. ZPO.

50 Nach Abs. 4 kann ein Beweisbeschluss erlassen werden, soweit er eine Beweisaufnahme durch den **ersuchten Richter,** § 362 ZPO, betrifft. Die Beweisaufnahme muss in diesem Falle durch ein anderes Gericht im Wege der Rechtshilfe erfolgen, § 13, die Parteien haben ein Anwesenheitsrecht bei der Durchführung des Beweisbeschlusses, § 357 ZPO.

51 Weiterhin ist die Einholung einer **schriftlichen Beantwortung einer Beweisfrage** gemäß § 377 Abs. 3 ZPO möglich. In diesem Falle muss der Zeuge darauf hingewiesen werden, dass er zur Vernehmung geladen werden kann. Die Beweisfrage muss sich für eine schriftliche Beantwortung eignen, was eine präzise Fragestellung erfordert. Auch muss bei Abfassung des Beweisbeschlusses davon ausgegangen werden können, dass Zusatzfragen nicht an den Zeugen zu stellen sind. Darüber hinaus dürfen Anhaltspunkte für Zweifel an der Glaubwürdigkeit des Zeugen nicht bestehen. Die Einholung ergänzender schriftlicher Auskünfte des Zeugen, insbesondere auf Grund von Stellungnahmen seitens der Parteien, ist zulässig. Die Beantwortung der Beweisfrage ist eine Zeugenvernehmung in anderer Form, der Zeuge muss daher auf seine Wahrheitspflicht und über das Recht der Zeugnisverweigerung hingewiesen werden. Eine eidesstattliche Versicherung ist nicht vorgesehen.

52 Bei der **Einholung amtlicher Auskünfte,** die in Abs. 4 Nr. 3 ebenfalls durch Beweisbeschluss vor der streitigen Verhandlung von dem Vorsitzenden angeordnet werden kann, handelt es sich um ein selbstständiges Beweismittel, das an die Stelle einer Zeugen- oder Sachverständigenvernehmung bei Behörden tritt (vgl. dazu BGH 23. 11. 1983 BGHZ 89, 114, 119). Die amtliche Auskunft wird unmittelbar durch das Gericht von der Behörde angefordert. Die Auskunft darf sich nur auf Tatsachen beziehen, Rechtsfragen können nicht Gegenstand einer amtlichen Auskunft sein. Die Möglichkeit der Einholung amtlicher Auskünfte gibt dem Gericht nicht das Recht, von Amts wegen zu ermitteln. Bevor eine amtliche Auskunft eingeholt wird, ist ein entsprechender Sachvortrag der Parteien, der die zu erfragende Tatsache beweiserheblich sein lässt, erforderlich.

53 Weiterhin kann der Vorsitzende nach Nr. 4 einen Beweisbeschluss erlassen, der die **Parteivernehmung** ermöglicht. Damit ist der Vorsitzende bei der Vorbereitung des Kam-

V. Beweisbeschluss vor streitiger Verhandlung, Abs. 4 § 55

mertermins nicht darauf beschränkt, lediglich im Rahmen des § 51 das persönliche Erscheinen der Parteien anzuordnen mit der Folge, dass diese sich durch einen Vertreter gemäß § 141 Abs. 3 ZPO vertreten lassen können. Vielmehr kann die Ladung der Partei in diesem Falle gemäß § 450 ZPO durch Zustellung von Amts wegen unter Mitteilung des Beweisbeschlusses erfolgen, bleibt sie in dem Termin aus, können die Rechtsfolgen des § 454 ZPO eintreten.

Ähnlich wie in anderen Verfahrensordnungen (vgl. § 106 Abs. 3 SGG, § 98 VwGO, § 79 FGO) ist die **Einholung eines schriftlichen Sachverständigengutachtens** durch Beschluss des Vorsitzenden ermöglicht worden, Abs. 4 Nr. 5. Hierdurch wird die Erledigung des einzelnen Verfahrens beschleunigt. Allerdings ist die Notwendigkeit der Einholung derartiger Gutachten vor Durchführung der Kammerverhandlung in der Praxis der Arbeitsgerichte nicht so häufig, dass von einer generellen Beschleunigung des gesamten Verfahrensablaufs gesprochen werden könnte. Die Problematik dieser Verfahrensweise liegt darin, dass bei einer Beschlussfassung allein durch den Vorsitzenden die Möglichkeit der ehrenamtlichen Richter zur Einflussnahme auf den Rechtsstreit und die Nutzung von deren Kenntnissen eingeschränkt wird (dazu näher *Germelmann* NZA 2000, 1017, 1021). 54

Ein Fall, in dem eine Einholung eines Sachverständigengutachtens besonders sinnvoll sein kann, ist die **Ermittlung fremden Rechts, § 293 ZPO**. Das Gericht hat zwar ausländisches Recht zunächst gerichtsintern zu ermitteln, es kann auch formlose Ermittlungen außerhalb des Strengbeweises anstellen. Es kann Auskünfte inländischer Stellen, ausländischer Behörden oder europäischer Dienststellen einholen. Ist auf diesem Wege kein abschließendes Ergebnis erkennbar, kann das Gericht auch im Wege eines Beweisverfahrens das gültige Recht feststellen, in Betracht kommt hierbei die Einholung eines Sachverständigengutachtens. Der Beweisbeschluss wird sinnvollerweise vor der mündlichen Verhandlung durch den Vorsitzenden erlassen und durchgeführt, da die Kenntnis des zutreffenden Rechts für die streitige Verhandlung unerlässlich ist. 55

Eine **Bindung** der Kammer **an den Beweisbeschluss**, auch wenn er vor der Verhandlung durchgeführt worden sein sollte, besteht nicht. Die Kammer ist in ihrer Entscheidungsfindung völlig frei. Die entstandenen Kosten sind Kosten des Rechtsstreits, selbst wenn das schriftliche Sachverständigengutachten nicht berücksichtigt werden sollte. Die dann unnütz aufgewendeten **Kosten** können nicht gem. § 21 GKG n. F. wegen unrichtiger Sachbehandlung niedergeschlagen werden, da der Gesetzgeber ausdrücklich diese Möglichkeit der vorherigen Einholung eines Sachverständigengutachtens geschaffen hat. Auch verbleibt es bei der Beweisgebühr für die beteiligten Anwälte, da mit der Einholung des Gutachtens die Gebühr bereits entstanden ist. Wegen des hohen Kostenaufwandes für die Parteien sollte daher die Einholung eines schriftlichen Sachverständigengutachtens nur dann erfolgen, wenn fast mit Sicherheit davon ausgegangen werden kann, dass es auf das Ergebnis des Gutachtens ankommt. 56

Hinsichtlich der **Form** und **Bezeichnung der streitigen Tatsachen** gelten für den Beweisbeschluss des Vorsitzenden die allgemeinen Regeln, §§ 359 ff. ZPO. Der Beweisbeschluss kann in einer mündlichen Verhandlung verkündet werden, in diesem Fall ist er in das Protokoll aufzunehmen. Er kann aber auch vor dieser oder zu einem späteren Zeitpunkt schriftlich erlassen werden, in diesem Falle ist er den Parteien zuzustellen. Gegen einen Beweisbeschluss nach Abs. 4 Satz 1 ist ein Rechtsmittel ebenso wenig zulässig wie gegen einen Beweisbeschluss, der in der streitigen Verhandlung von der Kammer unter Beteiligung der ehrenamtlichen Richter erlassen worden ist. 57

2. Durchführung vor streitiger Verhandlung

Die nach Abs. 4 Satz 1 Nr. 1 bis 3 und 5 gefassten Beschlüsse können auch vor der streitigen Verhandlung ausgeführt werden, Satz 2. Das bedeutet, dass der ersuchte Richter bereits die Zeugen vernehmen kann, ferner, dass der Vorsitzende die schriftlichen 58

Auskünfte der Zeugen bzw. die amtlichen Auskünfte anfordern kann. Eine Durchführung der Parteivernehmung, Nr. 4, ist vor der streitigen Verhandlung nicht zulässig.

VI. Verstöße

59 Trifft der **Vorsitzende der Kammer des Arbeitsgerichts** unter fehlerhafter Anwendung des § 55 ohne Beteiligung der ehrenamtlichen Richter eine Entscheidung, so war das Gericht bei dieser **nicht ordnungsgemäß besetzt**. Soweit gegen die Entscheidung kein Rechtsmittel gegeben ist, besteht die Möglichkeit der Nichtigkeitsklage gemäß § 579 Abs. 1 Nr. 1 ZPO bzw. der Rüge nach § 78 a, wenn eine Verletzung des rechtlichen Gehörs vorliegt. Ist gegen eine entsprechende Entscheidung des Arbeitsgerichts das Rechtsmittel der Berufung zulässig und wird es eingelegt, kann wegen dieses Mangels im Verfahren der Rechtsstreit nicht an das Arbeitsgericht zurückverwiesen werden, § 68. Bei einer zugelassenen Sprungrevision ist ein absoluter Revisionsgrund nach § 547 Abs. 1 Nr. 1 ZPO gegeben. Dieser liegt nicht vor, wenn Revision gegen ein Urteil des LAG eingelegt worden ist, da der Besetzungsfehler der ersten Instanz sich hier nicht mehr auf das Verfahren der zweiten Instanz auswirken konnte (*Musielak/Ball* § 547 Rn. 3; *Baumbach/Hartmann* § 547 Rn. 3).

60 Hat der **Vorsitzende der Kammer eines Landesarbeitsgerichts** unter Missachtung des § 55 ohne Beteiligung der ehrenamtlichen Richter eine Entscheidung getroffen, so war bei dieser das Gericht ebenfalls **nicht ordnungsgemäß besetzt**. Ist gegen die Entscheidung kein Rechtsmittel gegeben, so ist auch hier die Nichtigkeitsklage nach § 579 Abs. 1 Nr. 1 ZPO gegeben. Findet gegen das Urteil des Landesarbeitsgerichts die Revision statt, so ist ein absoluter Revisionsgrund im Sinne des § 547 Nr. 1 ZPO gegeben. Ist in dem Urteil des Landesarbeitsgerichts die Revision nicht zugelassen worden, so dass nur die Möglichkeit der Nichtzulassungsbeschwerde gemäß § 72 a gegeben ist, führt der Mangel in der Besetzung noch nicht zur Zulassung der Revision. Vielmehr bleibt auch dann – sofern die Revision nicht aus anderen Gründen zugelassen wird – nur die Möglichkeit der Nichtigkeitsklage nach § 579 Abs. 1 Nr. 1 ZPO oder der Rüge nach § 78 a.

§ 56 Vorbereitung der streitigen Verhandlung

(1) [1]Der Vorsitzende hat die streitige Verhandlung so vorzubereiten, daß sie möglichst in einem Termin zu Ende geführt werden kann. [2]Zu diesem Zweck soll er, soweit es sachdienlich erscheint, insbesondere
1. den Parteien die Ergänzung oder Erläuterung ihrer vorbereitenden Schriftsätze sowie die Vorlegung von Urkunden und von anderen zur Niederlegung bei Gericht geeigneten Gegenständen aufgeben, insbesondere eine Frist zur Erklärung über bestimmte klärungsbedürftige Punkte setzen;
2. Behörden oder Träger eines öffentlichen Amtes um Mitteilung von Urkunden oder um Erteilung amtlicher Auskünfte ersuchen;
3. das persönliche Erscheinen der Parteien anordnen;
4. Zeugen, auf die sich eine Partei bezogen hat, und Sachverständige zur mündlichen Verhandlung laden sowie eine Anordnung nach § 378 der Zivilprozeßordnung treffen.

[3]Von diesen Maßnahmen sind die Parteien zu benachrichtigen.

(2) [1]Angriffs- und Verteidigungsmittel, die erst nach Ablauf einer nach Absatz 1 Satz 2 Nr. 1 gesetzten Frist vorgebracht werden, sind nur zuzulassen, wenn nach der freien Überzeugung des Gerichts ihre Zulassung die Erledigung des Rechtsstreits nicht verzögern würde oder wenn die Partei die Verspätung genügend entschuldigt. [2]Die

I. Allgemeines § 56

Parteien sind über die Folgen der Versäumung der nach Absatz 1 Satz 2 Nr. 1 gesetzten Frist zu belehren.

Übersicht

	Rn.
I. Allgemeines	1–3
II. Begriff der Verhandlung	4
III. Vorbereitende Maßnahmen	5–23
1. Pflicht des Vorsitzenden	5, 6
2. Der Katalog des Abs. 1	7–20
a) Aufforderung zur Ergänzung des Parteivorbringens usw., Nr. 1	7–15
b) Erteilung amtlicher Auskünfte usw., Nr. 2	16
c) Anordnung des persönlichen Erscheinens der Parteien, Nr. 3	17
d) Ladung von Zeugen und Sachverständigen, Nr. 4	18–20
3. Weitere vorbereitende Maßnahmen	21
4. Benachrichtigung der Parteien	22, 23
IV. Die Zurückweisung verspäteten Vorbringens der Parteien, Abs. 2	24–45
1. Voraussetzungen	24–40
a) Form der Auflage	26–31
b) Belehrung über die Folge des Fristversäumnisses	32
c) Verzögerung der Erledigung des Rechtsstreits	33–37
d) Entschuldigung der Verspätung	38–40
2. Die Entscheidung über die Zurückweisung	41, 42
3. Verhinderung der Zurückweisung	43–45

I. Allgemeines

§ 56 ist **Ausdruck der Konzentrationsmaxime**, das heißt, durch eine ausreichende Vorbereitung des Verfahrens soll erreicht werden, dass der Rechtsstreit bereits im ersten Termin beendet werden kann. Damit steht § 56 in einem engen Zusammenhang zu § 57 Abs. 1 Satz 1, wonach die Verhandlung möglichst in einem Termin zu Ende zu führen ist. § 57 Abs. 1 Satz 1 nimmt das Gebot von § 56 Abs. 1 Satz 1 insoweit auf. Darüber hinaus entspricht die Bestimmung auch dem Beschleunigungsgrundsatz, der in § 9 Abs. 1 Satz 1 besonders hervorgehoben worden ist. Weiterhin steht die Vorschrift in einem Zusammenhang mit § 61 a, der für Bestandsschutzstreitigkeiten eine besondere Prozessförderung durch das Gericht festlegt. 1

Die **Präklusion von Parteivorbringen** ist in Abs. 2 geregelt. Die Bestimmung entspricht teilweise derjenigen in § 296 Abs. 1 ZPO. Schon aus diesem Grunde kann diese Vorschrift im arbeitsgerichtlichen Verfahren nicht angewendet werden. Hinzu kommt, dass die in § 296 Abs. 1 ZPO genannten Fristen im arbeitsgerichtlichen Verfahren nicht gesetzt werden können, § 46 Abs. 2 Satz 2. Die entsprechende Anwendbarkeit des § 273 Abs. 2 Nr. 2 bis 4 ZPO scheidet ebenfalls aus, da § 56 Abs. 1 Nr. 1 insoweit besondere Regelungen enthält (*Stein/Jonas/Leipold* § 296 Rn. 131). Zur Vorlage von Urkunden und der Anwendbarkeit von § 273 Abs. 2 Nr. 1 und 5 ZPO siehe unten Rn. 8. Die Zurückweisung von Angriffs- und Verteidigungsmitteln gemäß § 296 Abs. 2 ZPO besteht dagegen auch im arbeitsgerichtlichen Verfahren. § 282 ZPO ist mit seinem Abs. 1 im arbeitsgerichtlichen Urteilsverfahren erster und zweiter Instanz anwendbar. Für das Verfahren vor dem Arbeitsgericht ergibt sich dies aus § 46 Abs. 2, für das Verfahren vor dem Landesarbeitsgericht aus § 64 Abs. 6 i. V. m. § 46 Abs. 2. Darüber hinaus verweist § 67 Abs. 3 auch auf § 282 Abs. 1 und 2 ZPO. Auch für das Verfahren vor dem Arbeitsgericht kann § 282 Abs. 2 ZPO anwendbar sein, wenn nach § 129 Abs. 2 ZPO die Parteien durch richterliche Anordnung aufgefordert worden sind, die mündliche Verhandlung schriftsätzlich vorzubereiten. In Bestandsschutzstreitigkeiten sieht § 61 a Abs. 4 ebenfalls vor, dass eine schriftsätzliche Vorbereitung des Verfahrens durch das Gericht angeordnet werden kann, in diesem Falle kann bei Nichteinhaltung der Frist 2 verspätetes Vorbringen zurückgewiesen werden, § 61a Abs. 5. Dieser entspricht der Regelung in § 296 Abs. 2 ZPO und verdrängt diese für den Bereich der Bestandsschutzstreitigkeiten.

3   § 56 ist im **Berufungsverfahren** entsprechend anwendbar, § 64 Abs. 7, eine Anwendbarkeit im **Revisionsverfahren** ist ausgeschlossen, § 72 Abs. 6. Auch im **Beschlussverfahren** kann wegen des dort geltenden Untersuchungsgrundsatzes § 56 nicht herangezogen werden. Allerdings haben nach § 83 Abs. 1 Satz 2 die am Beschlussverfahren Beteiligten an der Aufklärung des Sachverhaltes mitzuwirken, nach § 83 Abs. 1a können den Beteiligten auch Ausschlussfristen mit der Möglichkeit der Zurückweisung gesetzt werden.

II. Begriff der Verhandlung

4   Schon aus dem Wortlaut von Abs. 1 Satz 1 folgt, dass die Pflicht des Vorsitzenden zur Vorbereitung **nur für die streitige Verhandlung** gilt. § 56 kann daher nicht entsprechend auf die Güteverhandlung angewendet werden (dazu oben § 54 Rn. 16; a.A. ArbGG-*Kloppenburg/Ziemann* § 56 Rn. 2; *Grunsky* § 56 Rn. 1 sowie § 54 Rn. 8; wie hier *van Venrooy* ZfA 1984, 337, 336 f.; *Hauck/Helml* § 56 Rn. 2; *Schwab/Weth/Berscheid/Korinth* § 56 Rn. 2). Dies würde auch dem Sinn der Güteverhandlung widersprechen, sie soll die Erörterung des gesamten Streitverhältnisses ermöglichen. Aufgrund einer Auflage gemäß § 56 vor der Güteverhandlung kann Vorbringen, das in dieser erfolgt, nicht zurückgewiesen werden (LAG Niedersachsen 12.12.1989 LAGE ArbGG 1979 § 56 Nr. 2). Im Übrigen kann der Vorsitzende in der Güteverhandlung auch nach § 54 Abs. 1 Satz 3 Aufklärungsmaßnahmen ergreifen, hierzu gehören auch die Möglichkeiten des § 56 Abs. 1.

III. Vorbereitende Maßnahmen

1. Pflicht des Vorsitzenden

5   Die Vorbereitung der streitigen Verhandlung ist eine Pflicht des Vorsitzenden. Abs. 1 Satz 1 statuiert diese Pflicht durch seinen Wortlaut noch stärker, als dies bei der vergleichbaren Vorschrift des § 273 Abs. 1 Satz 1 ZPO für das zivilprozessuale Verfahren der Fall ist. Auch Abs. 1 Satz 2 verpflichtet den Vorsitzenden stärker, als dies § 273 Abs. 2 ZPO für das zivilprozessuale Verfahren festlegt. Während es sich dort nämlich lediglich um eine „Kann-Vorschrift" handelt, enthält § 56 Abs. 1 Satz 2 eine „Soll-Vorschrift". Dem Vorsitzenden steht daher **kein Ermessensspielraum** zu, vielmehr hat er die Handlungen vorzunehmen, wenn dies im Interesse der Erledigung des Rechtsstreits im ersten Termin erforderlich ist (vgl. GK-ArbGG/*Schütz* § 56 Rn. 4; *Schaub* ArbGV § 29 Rn. 28; beide Vorschriften gleich behandelnd *Grunsky* NZA 1990, Beil. 2, S. 3, 5). Einen Beurteilungsspielraum hat der Vorsitzende nur insoweit, als er prüfen muss, ob und welche Maßnahmen notwendig bzw. sachdienlich sind, um das Ziel der möglichst frühzeitigen Beendigung des Rechtsstreites zu erreichen. Unterlässt der Vorsitzende die Anordnung von Vorbereitungshandlungen, so ist dies allerdings sanktionslos. Auch ein Rechtsmittel kann hierauf nicht gestützt werden.

6   Bei der Prüfung, ob Vorbereitungsmaßnahmen zu ergreifen sind, muss der Vorsitzende den **bisherigen Sachvortrag** der Parteien **berücksichtigen.** Hat sich der Beklagte zu einer Klage nicht rechtzeitig geäußert, so kann in der Regel eine vorsorgliche Ladung von Zeugen oder Sachverständigen nicht erfolgen, da noch nicht absehbar ist, welche Tatsachen streitig bleiben. Auch kann der Vorsitzende u.U. von der Vorbereitung einer umfangreichen Beweisaufnahme absehen, wenn erst ein komplizierter Streitstoff in der mündlichen Verhandlung geklärt werden soll bzw. wenn möglicherweise eine solche

III. Vorbereitende Maßnahmen § 56

Beweisaufnahme überflüssig werden könnte (vgl. dazu BGH 27. 2. 1980 BGHZ 76, 173, 178; 13. 2. 1980 NJW 1980, 1102, 1103). Auch ist der Vorsitzende grundsätzlich nicht verpflichtet, bei verspätetem Vorbringen seitens der Partei Eilanordnungen zu treffen, um die Zurückweisung des Vorbringens als verspätet zu verhindern (BGH 30. 5. 1984 BGHZ 91, 293, 304; *Schaub* ArbGV § 29 Rn. 29). Ein Vorbereitungszeitraum von zwei bis drei Werktagen ist in der Regel zu kurz (BGH 13. 2. 1980 NJW 1980, 1102, 1103; *Baumbach/Hartmann* § 296 Rn. 17).

2. Der Katalog des Abs. 1
a) Aufforderung zur Ergänzung des Parteivorbringens usw., Nr. 1

Durch die Auflage, die vorbereitenden Schriftsätze zu ergänzen oder zu erläutern entspricht der Vorsitzende seiner Pflicht aus § 139 ZPO. Sinn der Auflage ist es, den **Parteivortrag näher aufzuklären**. Unzulässig ist es, wenn mit Hilfe der Auflage praktisch eine Amtsermittlung betrieben werden soll. Aus den Schriftsätzen, die der Erläuterung bzw. Ergänzung bedürfen, muss sich bereits ein gewisser Sachvortrag für eine aufklärungsbedürftige Tatsache ergeben. Allerdings ist es auch zulässig, dass der Vorsitzende in der Auflage seine Rechtsauffassung näher darlegt und von dieser ausgehend die Parteien auf aufklärungsbedürftige Punkte hinweist. Die allgemeine Aufforderung, zur Klage oder zu einem Schriftsatz Stellung zu nehmen, fällt nicht unter den Begriff der Vorbereitungshandlung nach Abs. 1 Nr. 1. Hierbei handelt es sich nicht um die Ergänzung oder Erläuterung eines bereits vorhandenen Schriftsatzes der Partei, sondern um die bloße Stellungnahme zu dem Vorbringen der gegnerischen Partei. Diese Stellungnahme hat die Partei schon auf Grund ihrer Prozessförderungspflicht aus § 282 ZPO abzugeben. Die aufklärungspflichtigen Tatsachen sind genau zu bezeichnen (BAG 19. 6. 1980 DB 1980, 2399; ErfK/*Koch* § 56 ArbGG Rn. 3). Fehlen beispielsweise Anschriften von Zeugen, muss konkret auf die Notwendigkeit der Ergänzung hingewiesen werden (BVerfG 26. 10. 1999 NJW 2000, 945). Zu Form und Frist der Auflage s. unten Rn. 26 bis 29.

7

Weiterhin hat der Vorsitzende die Möglichkeit, den Parteien die **Vorlegung von Urkunden** aufzugeben. Diese Anordnungsmöglichkeit ist bereits in § 142 Abs. 1 ZPO vorgesehen. Zweifelhaft ist, ob von Nr. 1 neben der Vorlegung von Urkunden, die sich im Besitz der Parteien befinden, auch erfasst wird, dass **Urkunden von Dritten** vorzulegen sind. In Absatz 1 Nr. 1 ist nur geregelt, dass die Vorlegung von Urkunden durch die Parteien angeordnet werden kann. In § 142 Abs. 1 Satz 1 ZPO in der Fassung des ZPO-RG ist die Möglichkeit geschaffen worden, dass auch die Vorlegung von Urkunden durch das Gericht angeordnet werden kann, die sich im Besitz eines Dritten befinden, die Anordnung also direkt gegenüber dem am Verfahren nicht beteiligten Dritten ergehen kann. In § 273 Abs. 2 Nr. 5 ZPO ist geregelt, dass das Gericht „Anordnungen nach den §§ 142, 144 ZPO treffen" kann. Zwar ist der Wortlaut des § 56 Abs. 1 Nr. 1 den Änderungen in der ZPO nicht angepasst worden. Die Einbeziehung Dritter ist also durch eine Veränderung des Gesetzeswortlauts in § 56 Abs. 1 Nr. 1 nicht ausdrücklich erfolgt. Im Grunde verweist aber der Wortlaut der Vorschrift sowohl nach dem bisherigen Recht als auch nach dem neuen Recht hinsichtlich der Vorlegung von Urkunden nur auf die Bestimmungen der ZPO, insbesondere den § 142 ZPO. Die fehlende Anpassung des Gesetzes dürfte ein Fehler im Gesetzgebungsverfahren sein (ebenso jetzt ErfK/*Koch* § 56 ArbGG Rn. 4; GK-ArbGG/ *Schütz* § 56 Rn. 16). Es ist kein Grund ersichtlich, warum im arbeitsgerichtlichen Verfahren diese Möglichkeit nicht bestehen soll. Die Änderungen des § 142 ZPO sind also auch für das arbeitsgerichtliche Verfahren wirksam. Hinzu kommt, dass die Aufzählung in § 56 Abs. 1 Satz 2 nur beispielhaft ist, wie sich aus dem Wort „insbesondere" ergibt. Auch im Interesse einer möglichst schnellen Erledigung des Rechtsstreits wurde gerade dem Richter in der Arbeitsgerichtsbarkeit bisher schon eine

8

stärkere Verpflichtung zur Vorbereitung des Verfahrens auferlegt. Dies hat sich auch nach der Neufassung der ZPO in § 273 Abs. 2 Nr. 5 und § 142 ZPO nicht geändert. Während in § 273 Abs. 2 Satz 1 ZPO nur eine „Kannvorschrift" enthalten ist, handelt es sich in § 56 Abs. 1 Satz 2 um eine „Sollvorschrift". **§ 142 ZPO ist daher auch in der jetzigen Form im arbeitsgerichtlichen Verfahren anzuwenden** (ebenso *Schmidt/Schwab/Wildschütz* NZA 2001, 1161, 1165; ErfK/*Koch* a. a. O.; GK-ArbGG/ *Schütz* a. a. O.).

9   Die Anordnung zur Vorlage von Urkunden nach § 142 ZPO setzt ebenso wie die nach § 56 voraus, dass ein **schlüssiger Sachvortrag** des Klägers und ein erhebliches Bestreiten des Beklagten gegeben ist. Zu dem Vortrag gehört auch, dass die Unterlagen so genau beschrieben werden, dass sie identifiziert werden können. Die Vorlage ist ein Mittel der Beweiserhebung, die nur dann zulässig ist, wenn ein entsprechender streitiger Sachvortrag der Parteien erfolgt ist. Dies gilt insbesondere dann, wenn die Vorlageverpflichtung einen Dritten trifft, der bislang nicht am Prozess beteiligt gewesen ist. Die Möglichkeit der Vorlageanordnung kann also nicht von Amts wegen erfolgen. Erforderlich ist weiterhin, dass sich eine Partei auf die Urkunde zu Beweiszwecken beruft und diese auch so genau bezeichnet, dass sie zweifelsfrei identifiziert werden kann (*Schwab/Weth/BerscheidKorinth* § 55 Rn. 8; vgl. zu dem Ganzen ausführlich *Schwab/Wildschütz/Heege* NZA 2003, 999, 1000).

10   Der **Dritte ist nicht zur Vorlage verpflichtet,** wenn ihm ein Zeugnisverweigerungsrecht zusteht, §§ 383 bis 385 ZPO. Ferner kann er die Vorlage verweigern, wenn sie ihm unzumutbar ist. Die Berufung auf das Zeugnisverweigerungsrecht erfolgt im Hinblick auf die Urkundenvorlegung in entsprechender Anwendung der §§ 386 bis 390 ZPO, § 142 Abs. 2 Satz 2 ZPO. Der Begriff der Unzumutbarkeit erfordert weniger scharf umrissene Anforderungen als das Zeugnisverweigerungsrecht. Es genügt, wenn der wirtschaftliche Aufwand zur Herbeischaffung der Urkunde zu hoch ist, oder wenn Vertraulichkeiten geschützt werden sollen, die nicht die Qualität eines Geschäftsgeheimnisses erreichen (*Schmidt/Schwab/Wildschütz* NZA 2001, 1161, 1165). Erforderlich ist immer eine Abwägung der Interessen der Partei, die sich auf die Urkunde beruft und der Interessen des Dritten in dem konkreten Rechtsstreit. Die Entscheidung über die Unzumutbarkeit erfolgt ebenfalls gemäß § 142 Abs. 2 Satz 2 ZPO in analoger Anwendung der §§ 386 bis 390 ZPO. Sowohl bei dem Zeugnisverweigerungsrecht als auch bei Geltendmachung der Unzumutbarkeit ist daher zunächst ein Zwischenstreit über die Berechtigung des Einwands nach § 387 ZPO zu führen.

11   Wird die Anordnung als vorbereitende Maßnahme nach § 56 getroffen und wird sie von dem Betroffenen beanstandet, gilt darüber hinaus auch die Regelung in § 140 ZPO entsprechend. Die Anordnung betrifft die Sachleitung durch den Vorsitzenden, so dass eine **Entscheidung der Kammer** herbeizuführen ist (*Schmidt/Schwab/Wildschütz* a. a. O.).

12   Die Vorlegung von Urkunden zum Zwecke des Beweises gemäß §§ 420 ff. ZPO, kann zwar auch im Rahmen der Vorbereitung der streitigen Verhandlung vom Vorsitzenden angeordnet werden. Die Vorlegungsvernehmung gemäß § 426 ZPO kann jedoch nur im Rahmen einer Beweisaufnahme vor der Kammer erfolgen.

13   Der **Begriff der Urkunde** ist der Gleiche wie in § 142 Abs. 1 ZPO. Hierunter können beispielsweise auch fallen Skizzen von den Örtlichkeiten innerhalb des Betriebes, Bauzeichnungen, Skizzen von Verkehrsunfällen sowie Fotos. Fremdsprachige Urkunden sind ggf. zu übersetzen, § 142 Abs. 3 ZPO. Urkunden sind auch die **Akten,** die sich bei den Parteien oder Dritten befinden, insbesondere **Personalakten.** Eine Vorlage dieser Akten ist nur dann zulässig, wenn die in ihnen enthaltenen Schriftstücke für die Entscheidung der Sache von Bedeutung sind. Ob sie gemäß § 143 ZPO beigezogen werden liegt insbesondere bei Personalakten im Ermessen des Gerichts (BAG 13. 2. 1974 AP BAT § 70 Nr. 4). Zu beachten ist hierbei, dass gerade bei Personalakten das Persönlichkeitsrecht der Partei berührt sein kann, so dass die Beiziehung der Akte ohne Zustimmung

III. Vorbereitende Maßnahmen § 56

des Betroffenen nicht möglich sein dürfte. Insbesondere kann eine Verwertung des Inhalts der Personalakten gegen den Willen einer Partei nicht erfolgen (BAG 20. 2. 1975 JZ 1975, 737). Erfasst werden auch **Akten über Geschäftsbeziehungen** wie Kundenakten, Lieferunterlagen sowie Rechnungen, ferner **Betriebsunterlagen** wie Akten über Projektplanungen, Personalplanungen, sowie **Buchhaltungsunterlagen**. Bei diesen Unterlagen ist zu beachten, dass möglicherweise überwiegende Interessen einer Partei z. B. wegen des Bestehens von Geschäftsgeheimnissen der Herausgabe entgegenstehen können.

Urkunden können auch in **fremder Sprache** vorgelegt werden, wenn sie in dieser abgefasst sind. Dies betrifft das Original der Urkunde. In welcher Sprache sie abgefasst ist, ist ohne Belang. Das Gericht kann in diesem Falle anordnen, dass in diesem Falle eine Übersetzung beigebracht wird, § 142 Abs. 3 Satz 1 ZPO. Die Übersetzung muss von einem nach landesrechtlichen Vorschriften **ermächtigten** oder **öffentlich bestellten Übersetzer** durchgeführt worden sein. Dieser muss die Richtigkeit und Vollständigkeit der Übersetzung bescheinigen. Diese Bescheinigung soll auf der Urkunde vermerkt werden, § 142 Abs. 3 Satz 2, 3 ZPO. Die **Kosten** für die Übersetzung gehören zu den außergerichtlichen Kosten des § 91 ZPO. Eine private Übersetzung reicht nicht aus. Das Gericht kann von der Vorlage einer Übersetzung nur dann absehen, wenn entweder die Urkunde von vornherein unerheblich ist, oder wenn es selbst über die erforderlichen Sprachkenntnisse verfügt. Hierbei genügt es nicht, dass nur ein oder mehrere Mitglieder des Spruchkörpers über die entsprechenden Sprachkenntnisse verfügen, notwendig ist, dass alle zur Entscheidung berufenen Richter in gleicher Weise sprachkundig sind. Allerdings kann sich das Gericht auch mit einer einfachen Übersetzung oder einer mündlichen Übertragung in die deutsche Sprache in der mündlichen Verhandlung begnügen (*Baumbach/Hartmann* § 142 Rn. 20), allerdings ist hier Zurückhaltung geboten. In diesem Falle besteht keine Sicherheit hinsichtlich Richtigkeit und Vollständigkeit. Die Übersetzung durch ein Mitglied des Gerichts ist nicht ausreichend. Einzureichen hat die Übersetzung die Partei, die die Urkunde vorlegt. Soll ein **Dritter** die Urkunde vorlegen, kann dieser **nicht zur Einreichung einer Übersetzung** aufgefordert werden, § 142 Abs. 3 Satz 5 ZPO.

13a

Die **Richtigkeit oder Vollständigkeit** der Übersetzung kann **bestritten** werden, § 142 Abs. 3 Satz 4. In der Beweisaufnahme sind alle Beweismittel zulässig, auch kann der Übersetzer vernommen oder ein weiterer Übersetzer hinzugezogen werden.

13b

Weiter kann die **Vorlegung von Gegenständen** verlangt werden, hierbei wird es sich im Wesentlichen um Augenscheinsobjekte handeln. In ähnlicher Weise wie nach § 273 Abs. 2 Nr. 5 ZPO i. V. § 142 Abs. 1 ZPO ist auch in § 273 Abs. 2 Nr. 5 ZPO i. V. mit § 144 Abs. 1 Satz 2 ZPO die Möglichkeit geschaffen worden, nicht nur den Parteien, sondern auch Dritten aufzugeben einen in ihrem Besitz befindlichen Gegenstand vorzulegen. Auch diese Vorschrift ist ebenso wie diejenige über die Vorlegung von Urkunden im arbeitsgerichtlichen Verfahren anzuwenden. Es gelten die Grundsätze, wie sie in Rn. 7 ff. dargelegt worden sind, entsprechend.

14

Die Auflage hinsichtlich der Ergänzung oder Erläuterung eines vorbereitenden Schriftsatzes oder zur Erklärung bestimmter klärungsbedürftiger Punkte sowie die Anordnung der Vorlage einer Urkunde bzw. eines Gegenstandes kann mit einer **Fristsetzung** verbunden werden. Erforderlich ist dafür aber, dass die klärungsbedürftigen Punkte bzw. die Urkunde oder der Gegenstand genau bezeichnet werden (BAG 19. 6. 1980 AP ArbGG 1979 § 56 Nr. 1; vgl. ferner dazu unten Rn. 26).

15

b) Erteilung amtlicher Auskünfte usw., Nr. 2

Weiterhin kann der Vorsitzende Behörden oder Träger eines öffentlichen Amtes vorbereitend um Mitteilung von Urkunden oder um Erteilung amtlicher Auskünfte ersuchen. Erfasst werden nicht nur die staatlichen Verwaltungsbehörden, sondern z. B. auch

16

die öffentlich-rechtlich verfassten Krankenkassen, Rentenversicherungsträger, Arbeitsagenturen und Bundesagentur für Arbeit sowie Handwerkskammern. Eine gesetzliche Regelung hinsichtlich der amtlichen Auskunft besteht im Einzelnen nicht, allerdings sind die durch das Justizmitteilungsgesetz (vom 18. 6. 1997 – BGBl. I S. 1430) in das EGGVG eingefügten Vorschriften der §§ 12 bis 22 EGGVG zu beachten, vgl. dazu oben § 13 Rn. 13 ff. Das Auskunftsersuchen ist ein **selbstständiges Beweismittel,** es kann bei Behörden die Vernehmung eines Zeugen oder eines Sachverständigen ersetzen. Die amtliche Auskunft bzw. die Übersendung der Urkunde wird unmittelbar von der betroffenen Behörde erfordert. Notwendig ist eine genaue Bezeichnung der Unterlage oder eine präzise Fragestellung. Bei der Einholung einer amtlichen Auskunft einer **ausländischen Behörde** muss dies im Rahmen des Rechtshilfeverkehrs mit dem Ausland geschehen (vgl. dazu im Einzelnen *Baumbach/Hartmann* Übersicht vor § 373 Rn. 27 f., 32 f.). Auch **Strafakten** können vom Gericht beigezogen werden (BAG 10. 3. 1977 AP ZPO § 313 Nr. 9), ebenso Akten anderer Gerichte, ihre Verwertung außerhalb einer Beweisaufnahme ist jedoch nur zulässig, wenn der Betroffene sein Einverständnis erklärt. § 143 ZPO findet auf ihre Beiziehung keine Anwendung. Zu verfahrensübergreifenden Mitteilungen von Amts wegen auf Grund der durch das Justizmitteilungsgesetz (vom 18. 6. 1997 – BGBl. I S. 1430) geschaffenen Bestimmungen der §§ 12 bis 22 EGGVG siehe oben § 13 Rn. 13 ff.

c) Anordnung des persönlichen Erscheinens der Parteien, Nr. 3

17   Die Anordnung des persönlichen Erscheinens der Parteien ist bereits in § 51 Abs. 1 Nr. 1 geregelt. Hinsichtlich der Einzelheiten kann daher auf die Kommentierung zu dieser Bestimmung verwiesen werden (§ 51 Rn. 5 ff.).

d) Ladung von Zeugen und Sachverständigen, Nr. 4

18   Schließlich kann der Vorsitzende vorbereitend auch Zeugen und Sachverständige laden, diese Ladung erfolgt mit dem **Ziel,** in der ersten Kammerverhandlung bereits **eine Beweisaufnahme** gemäß § 58 Abs. 1 Satz 1 durchzuführen. Nach dem Wortlaut der Bestimmung kann die Ladung von Zeugen nur dann erfolgen, wenn sich eine Partei auf sie bezogen hat. Bei der Ladung von Sachverständigen ist aber zu beachten, dass für ihr Erscheinen eine sachliche Notwendigkeit bestehen muss. Dies kann einmal dann der Fall sein, wenn sich eine Partei zum Beweis einer Behauptung auf ein Sachverständigengutachten bezogen hat, zum anderen kann sich das Gericht gemäß § 144 Abs. 1 ZPO des Sachverständigen auch als einer Hilfsperson bedienen. Insoweit handelt das Gericht im pflichtgemäßen Ermessen (BAG 9. 11. 1973 BB 1974, 559; 24. 9. 1980 BB 1981, 557, 558). In diesem Falle ist ein bestimmter Beweisantrag einer Partei nicht erforderlich. Für die **vorsorgliche Zeugenladung** nach Abs. 1 Nr. 4 gelten die Bestimmungen des § 377 Abs. 1 und 2 ZPO. Der Gegenstand der Vernehmung ist in der Ladung anzugeben. Fehlt er, so kann bei Ausbleiben des Zeugen eine Ordnungsstrafe nicht verhängt werden (KG 15. 1. 1976 NJW 1976, 719 f.; *Musielak/Foerste* § 273 Rn. 14). Ist die **Bekanntgabe des Beweisthemas untunlich,** damit der Zeuge unbeeinflusst bleibt, kann darauf verzichtet werden. Allerdings kann in diesem Falle bei Ausbleiben des Zeugen kein Ordnungsmittel angewandt werden. Ferner ist der Zeuge auf die Säumnisfolgen gemäß § 380 ZPO hinzuweisen. Weist eine Ladung inhaltliche Mängel auf, so muss der Zeuge gleichwohl erscheinen, sie können aber ein Entschuldigungsgrund i. S. des § 381 ZPO sein. Den Änderungen in der Zivilprozessordnung entsprechend kann der Zeuge mit der Ladung aufgefordert werden, sein Gedächtnis anhand von ihm zugänglichen und in seinem Besitz befindlichen Aufzeichnungen oder Unterlagen zu überprüfen bzw. sein Gedächtnis aufzufrischen, § 378 ZPO. Auch diese Anordnung kann vor der streitigen Verhandlung getroffen werden. Es besteht allerdings keine Pflicht des Zeugen, die von ihm verwandten Unterlagen dem Gericht oder

III. Vorbereitende Maßnahmen § 56

den Prozessparteien vorzulegen. Die Anordnung gegenüber dem Zeugen muss eindeutig und konkret gefasst sein. Sie kann mit der Androhung etwaiger Zwangsmaßnahmen gemäß § 390 ZPO verbunden sein. Es dürfen auch nur solche Anordnungen getroffen werden, von denen das Gericht weiß, dass sie der Zeuge auch erfüllen kann. Dies erfordert, dass das Gericht konkrete Kenntnis von dem Vorhandensein von Aufzeichnungen, Unterlagen usw. hat.

Da Abs. 1 Nr. 4 die Ladung von Zeugen und Sachverständigen zur mündlichen Verhandlung ermöglicht, kann **nicht** im Wege der vorbereitenden Maßnahme eine **schriftliche Beantwortung der Beweisfrage** durch den Zeugen gemäß § 377 Abs. 3 ZPO angeordnet bzw. ein schriftliches Sachverständigengutachten gemäß § 411 ZPO eingeholt werden. Beides ist nur nach § 55 Abs. 4 möglich (dazu oben § 55 Rn. 48 ff.). Hierzu bedarf es eines förmlichen Beweisbeschlusses des Vorsitzenden, der auch vor der streitigen Verhandlung bereits ausgeführt werden kann. Die vorsorgliche Ladung des Sachverständigen zur Erläuterung seines bereits erstellten Gutachtens kann im Rahmen des Abs. 1 Nr. 4 erfolgen. 19

Durch die vorsorgliche Ladung eines Zeugen oder Sachverständigen entsteht für den am Prozess beteiligten Rechtsanwalt noch keine **Gebühr** (LAG Nürnberg 23. 10. 1995 JurBüro 1996, 263, 264; 14. 4. 2004 MDR 2004, 1084; vgl. LAG Frankfurt 12. 2. 1999 LAGE BRAGO § 31 Nr. 22 für die Einholung einer amtlichen Auskunft). Die Terminsgebühr fällt erst dann an, wenn der Zeuge bzw. Sachverständige tatsächlich in einem Termin vernommen wird. 20

3. Weitere vorbereitende Maßnahmen

Der Katalog in Abs. 1 erfasst die wichtigsten vorbereitenden Maßnahmen, die der Vorsitzende anordnen kann. Aus dem Wort „insbesondere" ergibt sich aber, dass dieser **Katalog nicht abschließend** ist. Der Vorsitzende kann daher auch andere ihm notwendig erscheinende Vorbereitungsmaßnahmen treffen. Hierzu kann u. a. gehören, dass er statt der Ladung von Zeugen den Parteien anheim stellt, diese zu stellen, er kann von den Parteien Nachweise über fremdes Recht gemäß § 293 ZPO verlangen und Dolmetscher laden. 21

4. Benachrichtigung der Parteien

Abs. 1 Satz 3 legt fest, dass die Parteien von den getroffenen Maßnahmen zu benachrichtigen sind. Damit hat das Gesetz dem Gebot der **Gewährung des rechtlichen Gehörs** Rechnung getragen (*Zöller/Greger* § 273 Rn. 14; *Baumbach/Hartmann* § 273 Rn. 30). Auch wird damit sichergestellt, dass sich beide Parteien auf die Entwicklung des Rechtsstreits, die durch die Anordnungen des Vorsitzenden entsteht, einstellen können. Zu benachrichtigen ist nicht nur die Partei, der eine Auflage gemacht wird, sondern auch die jeweilige gegnerische Partei. Sie darf nicht durch Unterlassen einer Benachrichtigung in der Wahrnehmung ihrer Rechte benachteiligt werden. Eine Beweisaufnahme, die ohne vorherige Benachrichtigung der Parteien von der vorsorglichen Ladung der Zeugen durchgeführt wird, ist u. U. nicht verwertbar, es sei denn, die Parteien rügen die Verletzung des § 56 Abs. 1 Satz 3 nicht, § 295 ZPO (vgl. dazu BVerwG 8. 6. 1979 NJW 1980, 900) oder sie erhalten in der mündlichen Verhandlung Gelegenheit zur Stellungnahme und zur Stellung weiterer Anträge. 22

Die Maßnahmen nach Abs. 1 Nr. 2 und 4 können **sowohl** durch **Beweisbeschluss** als auch durch **prozessleitende Verfügung** angeordnet werden. Wird lediglich von der letztgenannten Möglichkeit Gebrauch gemacht, entsteht eine Terminsgebühr für die Prozessbevollmächtigten erst, wenn die Erkenntnisse in der mündlichen Verhandlung diskutiert werden, wenn sie Gegenstand der mündlichen Verhandlung geworden sind. 23

IV. Die Zurückweisung verspäteten Vorbringens der Parteien, Abs. 2

1. Voraussetzungen

24　Die Zurückweisungsmöglichkeit des Abs. 2 dient ebenfalls der Beschleunigung des Verfahrens. Es soll verhindert werden, dass eine Partei durch ihr Verhalten die Erledigung des Rechtsstreits hinauszögern kann. Die Bestimmung **verletzt nicht die Gewährung rechtlichen Gehörs** (vgl. dazu auch Einleitung Rn. 232). Sie führt nämlich nicht dazu, dass das Gericht den verspäteten Sachvortrag nicht zur Kenntnis nimmt, sondern bewirkt nur, dass dieser Sachvortrag aus Gründen des formellen Rechts ganz oder teilweise unberücksichtigt gelassen wird (BVerfG 2. 7. 1979 AP GG Art. 103 Nr. 31; 13. 9. 1979 AP GG Art. 103 Nr. 32; 26. 10. 1999 NJW 2000, 946). Wegen der erheblichen Eingriffe in die Rechte der Parteien unterliegt die Zurückweisung engen Voraussetzungen.

25　Die Möglichkeit zur Zurückweisung verspäteten Vorbringens betrifft **nur die Auflagen**, die der Vorsitzende **nach § 56 Abs. 1 Nr. 1** gemacht hat. Eine ausdehnende Auslegung der Bestimmung auf andere vom Vorsitzenden oder vom Gericht gesetzten Fristen ist nicht möglich. Auch verdrängt die Bestimmung die im Wesentlichen gleichartige Vorschrift des § 296 Abs. 1 ZPO (vgl. oben Rn. 2).

a) Form der Auflage

26　Eine Zurückweisung verspäteten Vorbringens kann nur dann erfolgen, wenn der Vorsitzende in seiner Auflage, mit der die Fristsetzung verbunden ist, die **klärungsbedürftigen Punkte genau bezeichnet** hat (BAG 19. 6. 1980 AP ArbGG 1979 § 56 Nr. 1). Die bloße Auflage, zu einem Vorbringen der Gegenseite Stellung zu nehmen, reicht hierfür nicht aus. Dies ergibt sich auch aus der gesteigerten Hinweispflicht in § 139 ZPO.

27　Die **Fristsetzung** liegt im Ermessen des Gerichts. Sie setzt, wie die gesamten Verspätungsregelungen voraus, dass das Gericht seiner Pflicht zur Vorbereitung des Verfahrens nachkommt (vgl. BVerfG 14. 4. 1987 NJW 1987, 2003). Bei der **Ausübung des Ermessens** ist zu berücksichtigen, dass die Zurückweisung von Vorbringen immer den Anspruch auf Gewährung rechtlichen Gehörs begrenzt. Die Zurückweisung eines verspäteten Sachvortrages ohne vorwerfbares Verhalten der Partei würde dieses Grundrecht verletzen (BVerfG 14. 4. 1987 NJW 1987, 2003; 26. 10. 1999 NJW 2000, 945, 946). Trotz der notwendigen Prozessbeschleunigung muss einer Partei ausreichend Gelegenheit gegeben werden, sich zu allen wichtigen Punkten in dem Rechtsstreit zu äußern, nur eine solche Versäumung kann zur Präklusion führen, die von der Partei zu vertreten ist (BVerfG 21. 2. 1990 EzA ZPO § 528 Nr. 6; 29. 11. 1990 NJW 1991, 2275). Die fehlerhafte Anwendung der einfach-gesetzlichen Beschleunigungsvorschriften kann daher ein Verfassungsverstoß sein. Das Bundesverfassungsgericht kann in diesem Zusammenhang das Verfahren, das zur Entscheidung geführt hat, überprüfen. In diese Prüfung kann auch einbezogen werden, ob durch mangelhafte oder nicht ausreichende Verfahrensvorbereitung oder -leitung das Gericht zur Verspätung des Vorbringens beigetragen hat (MünchKomm/*Prütting* § 276 Rn. 23 ff.; BVerfG 15. 1. 1991 NJW 1992, 678; GK-ArbGG/*Schütz* § 56 Rn. 41 und 61). Bei Vorliegen der übrigen Voraussetzungen kann auch ein Vorgehen nach § 78 a in Betracht kommen (zu den Einzelheiten die Erläuterungen zu § 78 a).

28　In die gleiche Richtung weist auch die **Hinweispflicht nach § 139 ZPO**. Durch diese Bestimmung werden dem Gericht genauere und inhaltlich engere Vorgaben für die Vorbereitung und Durchführung einer Verhandlung gemacht. Der Richter muss so früh wie möglich die Parteien zu umfassendem Sachvortrag anhalten, § 139 Abs. 1 ZPO. Ferner hat er auch rechtliche Hinweise zu geben, wenn eine Partei einen Gesichtspunkt erkennbar übersehen oder für unerheblich gehalten hat. Das Gleiche gilt, wenn beide

IV. Die Zurückweisung verspäteten Vorbringens der Parteien, Abs. 2 § 56

Parteien einen Punkt anders beurteilen als das Gericht, § 139 Abs. 2 ZPO. Die Hinweise sind aktenkundig zu machen, § 139 Abs. 4 ZPO.

Erfüllt das Gericht diese **Verpflichtung nicht** oder nicht ausreichend, kann es einen Sachvortrag **nicht als verspätet** zurückweisen. Vielmehr muss es, wenn eine Partei nicht in der Lage ist, sofort zu einem aufgeworfenen Problem Stellung zu nehmen, dieser auf Antrag eine angemessene Frist zur Erklärung einräumen. Erfolgt die Zurückweisung eines Vorbringens als verspätet, obwohl das Gericht seine Verpflichtung aus § 139 ZPO nicht wahrgenommen hat, kann der entsprechende Vortrag in der Berufungsinstanz nicht nach § 67 Abs. 1 bis 3 zurückgewiesen werden. 29

Der Vorsitzende muss die Verfügung mit seinem Namen **unterzeichnet** haben. Ein bloßes Handzeichen reicht nicht aus (BGH 21. 9. 1982 VersR 1983, 33; 5. 3. 1990 NJW 1990, 2389; LAG Hamm 11. 3. 1982 MDR 1982, 612). Die Originalunterschrift muss sich auf dem in der Akte befindlichen Exemplar der Verfügung befinden. Hinweise nach § 139 ZPO sind ebenfalls aktenkundig zu machen, § 139 Abs. 4 Satz 1 ZPO. 30

Die Verfügung muss, wenn sie nicht **verkündet** wird, der Partei, an die die Auflage gerichtet ist, **zugestellt** werden, § 329 Abs. 2 Satz 2 ZPO. Die förmliche Zustellung ist notwendig, wenn eine gerichtliche Frist gesetzt worden ist. Ist dies nicht der Fall ist eine förmliche Zustellung nicht unbedingt erforderlich, jedoch ist die Zustellung mit Zustellungsurkunde oder Empfangsbekenntnis auch dann empfehlenswert, da nur so auch der Nachweis geführt werden kann, dass die Verfügung der betroffenen Partei zugegangen ist und dass sie von ihrem Inhalt auch Kenntnis nehmen konnte. 31

b) Belehrung über die Folge des Fristversäumnisses

Die Zurückweisung setzt weiter voraus, dass die Partei über die Folge der Versäumung der gesetzten Frist belehrt worden ist, Abs. 2 Satz 2. Die Belehrung muss in jedem Falle erfolgen, auch dann, wenn die Partei durch einen Verbandsvertreter oder durch einen Anwalt vertreten ist, dem die Bedeutung der Fristsetzung nach § 56 Abs. 2 bekannt ist (vgl. dazu BGH 11. 7. 1985 NJW 1986, 133; 12. 1. 1983 NJW 1983, 822; 16. 5. 1991 NJW 1991, 2773 f.). In diesem Falle mag der Hinweis auf die gesetzliche Bestimmung ausreichen (LAG Schleswig-Holstein 12. 1. 1989 NJW-RR 1989, 441 f.; a. A. und immer eine individuell formulierte Belehrung verlangend BGH 16. 5. 1991 a. a. O.), der bloße **Hinweis auf das Gesetz** ist aber mindestens dann **nicht ausreichend**, wenn die Belehrung an eine nicht vertretene Partei gerichtet ist. Es ist dann in der Regel notwendig, den Inhalt von Abs. 2 Satz 1 bei der Belehrung in Worte zu fassen und individuell auf die Auflage abgestimmt zu formulieren. Unklarheiten, die hinsichtlich einer ordnungsgemäßen Belehrung entstehen können, schließen eine Zurückweisung aus. 32

c) Verzögerung der Erledigung des Rechtsstreits

Weiterhin setzt die Zurückweisung verspäteten Vorbringens voraus, dass bei seiner Berücksichtigung eine Verzögerung der Erledigung des Rechtsstreits eintreten würde. Die Verspätung muss **allein ursächlich** sein. Diese Voraussetzung ist nicht gegeben, wenn entweder der verspätete Sachvortrag unerheblich ist oder aber wenn er von der Gegenseite nicht bestritten wird. Unstreitiges Vorbringen der Parteien kann nie zu einer Verzögerung der Erledigung des Rechtsstreits führen. Die Verzögerung kann nur auf Grund einer im Tatsächlichen liegenden und streitigen Behauptung gesehen werden, die auch nicht sofort aufgeklärt werden kann. Eine Verzögerung kann auch dann nicht zu den Verspätungsfolgen führen, wenn sie durch das **Gericht mitursächlich** entstanden ist. Das Gericht ist auf Grund seiner prozessualen Fürsorgepflicht gehalten, in zumutbarem Rahmen dafür Sorge zu tragen, dass eine Zurückweisung vermieden werden kann (vgl. BVerfG 20. 10. 1994 NJW-RR 1995, 377). 33

Nach Auffassung des Bundesgerichtshofs gilt der **absolute Verzögerungsbegriff** (BGH 31. 1. 1980 NJW 1980, 945; 2. 12. 1982 NJW 1983, 575). Danach ist entscheidend, ob 34 der Rechtsstreit bei Zulassung des Vorbringens länger dauern würde als bei dessen Zurückweisung (ebenso *Thomas/Putzo/Reichold* § 296 Rn. 14; *Baumbach/Hartmann* § 296 Rn. 40 f.; *Musielak/Huber* § 296 Rn. 13). Bei Zurückweisung des Vorbringens ist der Rechtsstreit in der Regel sofort zu entscheiden, während bei Zulassung ein neuer Termin anberaumt werden muss. Dem steht gegenüber der **relative Verzögerungsbegriff** (LAG Berlin 7. 5. 1979 EzA ZPO § 528 Nr. 1; wohl auch OLG Dresden 24. 2. 1998 NJW-RR 1999, 214 f.; *E. Schneider* NJW 1979, 2615 f.). Nach diesem kommt es darauf an, ob bei Zulassung des Vorbringens die Dauer des Verfahrens relativ gegenüber der Dauer des Verfahrens, die bei rechzeitigem Vortrag zu erwarten gewesen wäre, hypothetisch verlängert worden wäre. Im Grunde sind beide Begriffe sehr ähnlich, in der praktischen Anwendung werden sie häufig zu vergleichbaren Ergebnissen führen. Gegen den relativen Verzögerungsbegriff spricht aber, dass der mutmaßliche Geschehensablauf bei rechtzeitigem Vorbringen noch schwerer in der Praxis festgestellt werden kann als bei dem absoluten Verzögerungsbegriff. Hypothetische Beurteilungen lassen einen zu großen Unsicherheitsfaktor, dieser ist dem strengen Fristenrecht grundsätzlich fremd (so auch *Schwab/Weth/Berscheid*Korinth § 56 Rn. 33; ArbGG-*Kloppenburg/Ziemann* § 56 Rn. 55; *Musielak/Foerste* § 296 Rn. 13).

35 Eine **Verzögerung ist insbesondere dann gegeben,** wenn die Anberaumung eines weiteren Termins notwendig würde. Allerdings muss das Gericht, wenn trotz Nichteinhaltung der Frist noch im Rahmen prozessleitender Verfügungen eine Erledigung des Rechtsstreits in dem in Aussicht gestellten Termin sichergestellt werden kann, diese Maßnahmen ergreifen. Insbesondere muss das Gericht auch versuchen, etwa benötigte **Zeugen vorsorglich zu laden** oder aber amtliche Auskünfte einzuholen und das persönliche Erscheinen der Parteien anzuordnen. Allerdings muss das Gericht in diesem Falle nur in zumutbaren Grenzen handeln, es kann nicht gezwungen werden, besonders eilig tätig zu werden. Trotzdem hält das Bundesarbeitsgericht einen **Zeitraum von 10 Tagen** zwischen dem Eingang eines verspäteten Schriftsatzes und des Termins für die Ladung eines Zeugen für ausreichend (BAG 23. 11. 1988 NZA 1989, 436). Auch verspätet benannte, jedoch im Termin präsente Zeugen, sollen vom Gericht zu vernehmen sein (BAG a. a. O.). Etwas anderes gilt nur dann, wenn die Zeugenaussage dazu führen würde, dass gegenbeweislich weitere Zeugen oder andere Beweismittel herangezogen werden müssten und dadurch eine Verzögerung der Erledigung des Rechtsstreits einträte (vgl. zu dem ersten BAG a. a. O.; zu dem zweiten BGH 26. 3. 1982 NJW 1982, 1535; BVerfG 21. 2. 1990 NJW 1990, 2373; BGH 10. 1. 1983 BGHZ 86, 198, 203). Nicht ausreichend ist es, wenn durch die Stellung präsenter Zeugen bei dem Gericht auf Grund der Terminierung ein Zeitdruck entsteht. Dieses ist nicht Verschulden der Partei, es sei denn, die Beweiserhebung wäre außergewöhnlich zeitaufwändig (vgl. dazu auch näher *Moeller* ZTR 1990, 141, 147 f. m. w. N.). Anders liegt die Sachlage aber dann, wenn eine **Vielzahl von Zeugen** vernommen werden müssen, oder wenn ein in seinen Grenzen nicht überschaubarer Streitstoff aufzuklären wäre (vgl. BGH 13. 2. 1980 NJW 1980, 1102; 30. 5. 1984 NJW 1984, 1964). In diesem Zusammenhang wird auch der zeitliche Aufwand zu berücksichtigen sein, den das Gericht für die Klärung bzw. Beweisaufnahme aufzuwenden hat. Es kann dem Gericht nicht zugemutet werden, seinen gesamten Terminsplan wegen des verspäteten Vorbringens einer Partei umzustellen. Auch muss bei **verspätet benannten Zeugen** sichergestellt sein, dass auch bei deren Vernehmung in dem anberaumten Termin eine Endentscheidung fallen kann. Eine Zurückweisung des Vorbringens ist daher dann möglich, wenn entweder der verspätet benannte Zeuge trotz rechtzeitiger Absendung der Ladung durch das Gericht nicht geladen werden konnte (BGH 19. 10. 1988 NJW 1989, 719) oder, wenn durch die Vernehmung die Vernehmung weiterer Zeugen, die nicht ebenfalls hätten geladen werden können, in einem neuen Termin erforderlich werden würde (dazu im Einzelnen *Baumbach/Hartmann* § 296 Rn. 51). Die Grenzen, die durch die Verfassung gesetzt sind, sind hierbei aber nicht eindeutig bestimmbar. Deutlich wird dies in einem Beschluss des Bundesverfas-

sungsgerichts, in dem die Vernehmung von sechs Zeugen zu einem eng begrenzten Beweisthema für notwendig erachtet wurde (BVerfG 26. 8. 1988 NJW 1989, 706). Aus dem Grundsatz einer rechtsstaatlichen Verfahrenshandhabung soll sich dabei das Verbot ergeben, einen Termin so zu planen, dass aus Zeitgründen eine für erforderlich erachtete, grundsätzlich auch durchführbare Beweisaufnahme unterbleiben muss (so auch BVerfG 21. 2. 1990 NJW 1990, 2373). Letztlich ergibt sich damit die Forderung des Bundesverfassungsgerichts, bei der **Terminsanberaumung** einzukalkulieren, dass möglicherweise in dem Termin auch Zeugen vernommen werden können. Erfolgt dies nicht, wird häufig eine Zurückweisung von Vorbringen als verspätet allein aus dem Grunde, dass eine Beweisaufnahme erforderlich werden würde, nicht möglich sein. Dies gilt insbesondere auch in der Berufungsinstanz, wenn zwischen Terminsanberaumung und Berufungsbeantwortung noch ein erheblicher Zeitraum liegt. Eine Verzögerung liegt auch dann vor, wenn zwar ein verspätet benannter Zeuge geladen worden ist, dieser aber in dem Termin nicht erscheint. Das Gleiche gilt, wenn die Vernehmung des Zeugen weitere Beweiserhebungen oder Aufklärungen notwendig macht, die ebenfalls die Anberaumung eines neuen Termins erfordern. Stellt eine Partei einen Zeugen im Termin, so ist dieser in der Regel zu vernehmen, die Zurückweisung der entsprechenden Behauptung der Partei als verspätet kann nicht erfolgen. Eine Verzögerung des Rechtsstreites kann ferner dann vorliegen, wenn das Gericht durch neues Vorbringen einer Partei gezwungen wird, dem Gegner noch **Gelegenheit zur schriftsätzlichen Stellungnahme** zu diesem neuen Vorbringen zu gewähren. Dies gilt auch dann, wenn das Gericht einen Verkündungstermin anberaumt, in dem noch keine Endentscheidung wegen des verspäteten Vorbringens getroffen werden kann. Kann in dem Verkündungstermin allerdings eine Endentscheidung getroffen werden, ist selbst dann nicht von einer Verzögerung der Erledigung des Rechtsstreites auszugehen, wenn dieser Verkündungstermin über den Zeitraum des § 310 Abs. 1 ZPO hinaus angesetzt wird (vgl. BGH 26. 11. 1984 NJW 1985, 1556, 1558). Auch die Anberaumung eines Termins zur Verkündung einer Entscheidung für den Fall des Widerrufs eines abgeschlossenen Vergleiches führt daher nicht ohne weiteres zu einer Zurückweisung des Vorbringens als verspätet. Letztlich bedeutet dies allerdings, dass das verspätete Vorbringen immer dann nicht zu einer Verzögerung der Erledigung des Rechtsstreites führt, wenn es entweder zwischen den Parteien unstreitig oder aber für die Entscheidung des Rechtsstreites unerheblich ist.

Vor der Zurückweisung des Vorbringens als verspätet ist der betroffenen Partei das **rechtliche Gehör** zu gewähren. Ihr muss Gelegenheit gegeben werden, ggf. die Verspätung ihres Vorbringens zu entschuldigen. 36

In den Verfahren des **Arrestes** und der **einstweiligen Verfügung** kann die Zurückweisung des Vorbringens als verspätet nicht vorkommen. Zum einen ist hier das Vorbringen von beiden Seiten nur glaubhaft zu machen, zum anderen unterliegen diese Eilverfahren besonderen Bedingungen hinsichtlich Einlassungs- und Ladungsfrist, es besteht grundsätzlich auch kein Anspruch auf Vertagung, Ziel ist auch nur eine vorläufige Entscheidung (dazu auch *Schwab/Weth/Berscheid/Korinth* § 56 Rn. 41; ArbGG-*Kloppenburg/Ziemann* § 56 Rn. 70). 37

d) Entschuldigung der Verspätung

Das verspätete Vorbringen der Partei ist zu berücksichtigen, wenn die Partei dies 38 genügend entschuldigt. Das setzt aber voraus, dass bei Berücksichtigung des verspäteten Vorbringens eine Verzögerung des Rechtsstreits eintreten würde. Verspätetes Vorbringen, das den Rechtsstreit nicht verzögert, muss in jedem Falle berücksichtigt werden, ohne Rücksicht darauf, ob die Partei ihr Verhalten entschuldigt hat. Ein **besonderer Verschuldensmaßstab** ist im Gesetz **nicht genannt** worden, so dass auch leichte Fahrlässigkeit ausreicht. Die Partei muss sich dabei nicht nur ihr eigenes, sondern auch das Verschulden ihres gesetzlichen Vertreters nach § 51 Abs. 2 ZPO und ihres Prozessvertreters gemäß § 85 Abs. 2 ZPO zurechnen lassen. Hinsichtlich des von dem Prozessvertreter beschäftigten Personals gelten dabei die gleichen Grundsätze wie bei der Wiedereinsetzung in den vorigen Stand, §§ 233 ff. ZPO.

39 Die **Entschuldigungsgründe** sind von der Partei im Einzelnen **schlüssig vorzutragen**. Unter Umständen kann das Gericht eine **Glaubhaftmachung** gemäß § 294 ZPO verlangen. Entschuldigungsgründe können beispielsweise sein die Erkrankung der Partei oder ihres Prozessvertreters, eine nicht vorhersehbare Arbeitsüberlastung, sei es der Partei oder ihres Prozessvertreters oder dass sich die Partei in Urlaub befand und sie auch nicht damit rechnen musste, dass eine prozessleitende Verfügung nach § 56 Abs. 1 Nr. 1 ergehen würde. Weiterhin kann ein Entschuldigungsgrund auch dann vorliegen, wenn Post trotz ordnungsgemäßer Absendung verloren gegangen ist oder wenn durch einen Mangel im Verfahren des Gerichts die Auflage der Partei so spät zugestellt wurde, dass ihr eine Stellungnahme nicht mehr zugemutet werden konnte. Setzt das Gericht von vornherein eine zu kurz bemessene Frist für die Erledigung der Auflage fest, so kann dies nie zu einer Verspätung des Vorbringens führen. Die ordnungsgemäße Fristverfügung setzt nämlich auch voraus, dass der Partei eine ausreichende Zeit gewährt wird, um der Auflage nachkommen zu können, auch muss das Gericht seiner Pflicht der ordnungsgemäßen Vorbereitung und vernünftigen Terminierung nachgekommen sein (*Baumbach/Hartmann* § 296 Rn. 16 ff. m. w. N.).

40 Über die Voraussetzung der Verzögerung und der ausreichenden Entschuldigung hat das Gericht nach **pflichtgemäßem Ermessen** (zu diesem siehe auch oben Rn. 27) zu entscheiden (BGH 31. 1. 1980 BGHZ 76, 133, 136; 12. 7. 1979 NJW 1979, 1988; *Baumbach/Hartmann* § 296 Rn. 38 ff., 52 ff. m. w. N.). Die Präklusionsvorschriften dürfen nicht dazu benutzt werden, verspätetes Vorbringen auszuschließen, wenn ohne jeden Aufwand erkennbar ist, dass die Pflichtwidrigkeit – die Verspätung allein – nicht kausal für die Verzögerung ist (BVerfG 27. 1. 1995 NJW 1995, 1417).

2. Die Entscheidung über die Zurückweisung

41 Über die Zurückweisung des Vorbringens als verspätet entscheidet nicht der Vorsitzende, sondern die Kammer unter Einschluss der ehrenamtlichen Richter. Die Entscheidung über die Zurückweisung des Vorbringens erfolgt in dem **Urteil zur Hauptsache**. Hierbei kann es sich um ein Grundurteil oder ein Teilurteil handeln. Erforderlich ist aber immer, dass in der Sache entschieden wird. Ein Teilurteil, das sich allein darauf beschränkt, einen Sachvortrag als verspätet zurückzuweisen, ist unzulässig, weil damit auch keine Teilentscheidung in der Sache selbst getroffen wird. Weist das Gericht zu Unrecht Vorbringen als verspätet zurück, so kann dies im Rechtsmittelverfahren geltend gemacht werden. Ist ein Rechtsmittel nicht gegeben, kann ggfs. eine Rüge nach § 78 a in Betracht kommen. Gerügt werden kann hierbei neben der Verletzung des rechtlichen Gehörs unter Umständen auch die Verletzung des Willkürverbots des Art. 3 GG sowie des Rechtsstaatsgebots in Art. 20 GG. Das zurückgewiesene Vorbringen bleibt bei der Entscheidung des Rechtsstreits unberücksichtigt mit der Folge, dass u. U. Tatsachenbehauptungen des Gegners als zugestanden anzusehen sind, § 138 Abs. 3 ZPO.

42 Ist verspätetes Vorbringen vom Arbeitsgericht zu Recht zurückgewiesen worden, kann es auch im **Berufungsverfahren** nicht mehr geltend gemacht werden, § 67 Abs. 1. Dem Berufungsgericht steht in diesem Zusammenhang kein Ermessensspielraum zu.

3. Verhinderung der Zurückweisung

43 Um die Zurückweisung des Vorbringens als verspätet zu vermeiden, kann eine Partei durch Nichterscheinen bzw. Nichtverhandeln ein **Versäumnisurteil** gegen sich ergehen lassen. In diesem Falle kann die Partei zusammen mit dem Einspruch gegen das Versäumnisurteil die verspäteten Angriffs- oder Verteidigungsmittel bei dem Gericht

anbringen, § 340 Abs. 3 ZPO. Im Rahmen der Vorbereitung des Einspruchstermins gemäß § 341 a ZPO sowie §§ 55, 56 hat das Gericht alles ihm Zumutbare zu unternehmen, um eine Erledigung des Rechtsstreites unter Berücksichtigung des neuen Vorbringens der Partei zu erreichen. Voraussetzung dafür ist allerdings, dass der Gegner zu dem neuen Vorbringen noch hinreichend Zeit zur Stellungnahme bekommt. Ist dies auf Grund der Terminierung seitens des Gerichts nicht möglich, würden auch die in der Einspruchsschrift vorgebrachten neuen Tatsachen zu einer Verzögerung der Erledigung des Rechtsstreites führen. Maßgeblich ist damit, mit welchen Fristen das Gericht den Einspruchskammertermin ansetzt. Einen Anspruch auf geräumige Terminierung hat insoweit die Partei, die den Einspruch eingelegt hat, nicht (BGH 23. 10. 1980 NJW 1981, 286; Zöller/Greger § 296 Rn. 40; MünchKomm-ZPO/*Prütting* § 340 Rn. 26 ff. m. w. Nachw.; *Prütting/Weth* ZZP 98, 134 ff.; *Gounalakis* DRiZ 1997, 294, 295 f. m. w. Nachw., insbesondere zu der Frage, welcher Sachvortrag in der Einspruchsschrift noch gebracht werden darf, dazu auch unten § 59 Rn. 31 f.).

Weiterhin kann eine Partei davon **absehen,** nach Verstreichen der gesetzten Ausschlussfrist den nunmehr verspäteten **Tatsachenvortrag** in der ersten Instanz **zu bringen.** In diesem Falle ist auch eine Zurückweisung des Vorbringens als verspätet mit Bindungswirkung für die Berufungsinstanz gemäß § 67 Abs. 1 nicht möglich (vgl. dazu MünchKomm-ZPO/*Prütting* § 296 Rn. 112). Es bleibt nur die schwächere Möglichkeit der Zurückweisung durch das Berufungsgericht gemäß § 67 Abs. 2. In der Regel wird von einer Verspätung in diesem Falle nicht ausgegangen werden können. Damit würde nur noch die Sanktionsmöglichkeit des § 97 Abs. 2 ZPO im Rahmen der Kostenentscheidung verbleiben. Die insoweit andere Regelung, die sich aus § 529 Abs. 1 Nr. 2 und § 531 Abs. 2 Nr. 3 ZPO ergibt, ist wegen der Verspätungsregelung in § 67, die die zivilprozessualen Bestimmungen verdrängt, nicht heranzuziehen. **44**

Die Erhebung einer **Widerklage** oder die **Erweiterung einer Klage** kann nicht ohne weiteres dazu genutzt werden, die Entscheidungsreife des Rechtsstreits zu verhindern und damit die Verzögerung der Erledigung auszuschließen (vgl. dazu näher MünchKomm-ZPO/*Prütting* § 296 Rn. 109 ff.). In diesem Falle besteht nämlich für das Gericht die Möglichkeit, durch **Teilurteil** gemäß § 301 ZPO über den bereits entscheidungsreifen Teil des Rechtsstreits zu befinden und den später anhängig gemachten Teil weiter zu verhandeln. Angesichts des im arbeitsgerichtlichen Verfahren geltenden besonderen Beschleunigungsgrundsatzes wird von dieser Möglichkeit Gebrauch gemacht werden können (vgl. aber BGH 26. 6. 1980 BGHZ 77, 306, 308; 23. 4. 1986 NJW 1986, 2257, 2258; MünchKomm-ZPO/*Prütting* § 296 Rn. 110 m. w. Nachw.; GK-ArbGG/*Schütz* § 56 Rn. 88). Diese Möglichkeit versagt jedoch dann, wenn lediglich der Betrag der Klage erhöht wird, die Rechtsgrundlage jedoch die gleiche bleibt. In diesem Falle ist ein Teilurteil nicht möglich, über den Rechtsstreit kann nur im Ganzen entschieden werden. Das Gleiche gilt, wenn Klage und Widerklage denselben Gegenstand betreffen (BGH 5. 6. 1991 NJW 1991, 2699, 2700), in diesem Falle besteht ebenfalls keine Teilbarkeit der Streitgegenstände. Etwas anderes gilt nur dann, wenn die Widerklage einen völlig anderen Streitgegenstand betrifft (dazu im Einzelnen näher *Prütting/Weth* ZZP 98, 131 ff.). Ähnlich liegt die Sachlage, wenn im Prozess die **Aufrechnung** erklärt wird, § 322 ZPO. Ein Vorbehaltsurteil ist nur möglich, wenn kein rechtlicher Zusammenhang zwischen Klage- und Aufrechnungsforderung besteht. **45**

§ 57 Verhandlung vor der Kammer

(1) ¹Die Verhandlung ist möglichst in einem Termin zu Ende zu führen. ²Ist das nicht durchführbar, insbesondere weil eine Beweisaufnahme nicht sofort stattfinden kann, so ist der Termin zur weiteren Verhandlung, die sich alsbald anschließen soll, sofort zu verkünden.

§ 57   Verhandlung vor der Kammer

(2) Die gütliche Erledigung des Rechtsstreits soll während des ganzen Verfahrens angestrebt werden.

Übersicht

	Rn.
I. Allgemeines	1, 2
II. Die Verhandlung	3–8
1. Gang der Verhandlung	3–6
2. Aufklärungspflicht des Gerichts	7, 8
III. Der Beschleunigungsgrundsatz	9–22
1. Erledigung im ersten Termin	9–15
2. Vertagung	16–22
a) Fälle der Vertagung	16–19
b) Verkündung des Termins	20, 21
c) Anberaumung eines Verkündungstermins	22
IV. Versuch einer gütlichen Einigung	23, 24

I. Allgemeines

1   Die Vorschrift in einem engen Zusammenhang mit den Regelungen in §§ 56, 61a und 55. Sie ist entsprechend anwendbar auf das **Berufungsverfahren**, § 64 Abs. 7, sowie auf das **Revisionsverfahren**, § 72 Abs. 6. Im Revisionsverfahren dürfte die Bestimmung allerdings eine geringere Bedeutung haben, da dort im Gegensatz zu den Tatsacheninstanzen nur Rechtsfragen zu klären sind, die in der Regel die Anberaumung mehrerer Termine nicht erfordern. Auch im **Beschlussverfahren** ist § 57 entsprechend anwendbar, § 80 Abs. 2 bzw. § 87 Abs. 2 und § 92 Abs. 2. In Abs. 2 ist nochmals auf die Pflicht des Gerichts, in jeder Lage des Verfahrens eine gütliche Einigung anzustreben, hingewiesen. Dem gleichen Grundsatz dient die Bestimmung von § 278 Abs. 1 ZPO. Damit wird der Vorrang der gütlichen Einigung, wie er in § 54 bereits zum Ausdruck gekommen ist, nochmals besonders hervorgehoben.

2   Über **Inhalt und Form der streitigen Verhandlung** enthält das ArbGG **keine Sondervorschriften**. Es finden daher die Bestimmungen der ZPO über das amtsgerichtliche Verfahren der §§ 495 ff. ZPO sowie damit auch wesentliche Bestimmungen des Verfahrens vor den Landgerichten Anwendung, § 46 Abs. 2 Satz 1 (*Stein/Jonas/Leipold* § 278 Rn. 67; *Grunsky* § 57 Rn. 2). Wesentliche Bedeutung haben dabei die Bestimmungen des § 137 ZPO und des § 279 ZPO.

II. Die Verhandlung

1. Gang der Verhandlung

3   Nach **Aufruf der Sache** wird die **Verhandlung durch den Vorsitzenden eröffnet und geleitet**, § 136 Abs. 1 ZPO. Hierbei gehört es zu den Pflichten des Gerichts, durch geeignete Maßnahmen, wie beispielsweise einem wiederholten Aufruf der Sache, sicherzustellen, dass verspätet erschienene Parteien bzw. Bevollmächtigte noch von dem Aufruf der Sache Kenntnis nehmen können. Erfolgt dies nicht, kann darin eine Verletzung des Anspruchs auf Gewährung rechtlichen Gehörs liegen (BVerwG 12. 7. 1985 NJW 1986, 204 ff.). Ob nach Aufruf der Sache zunächst gem. § 137 Abs. 1 ZPO i. V. mit § 297 ZPO die Anträge zu stellen sind oder ob zunächst eine Einführung in den Sach- und Streitstand stattfinden muss, liegt im Ermessen des Gerichts. Eine zeitliche Reihenfolge lässt sich aus den Vorschriften der ZPO nicht entnehmen (*Stein/Jonas/Leipold* § 278 Rn. 4; *Baumbach/Hartmann* § 137 Rn. 5).

4   Die **Einführung in den Sach- und Streitstand** hat durch den Vorsitzenden zu erfolgen. Eine Delegation auf einen der ehrenamtlichen Richter scheidet aus. Welchen Umfang die

II. Die Verhandlung § 57

Ausführungen des Vorsitzenden haben, liegt in seinem pflichtgemäßen Ermessen. Notwendig ist, dass das tatsächlich und rechtlich Wichtige des Rechtsstreits angesprochen wird, damit die Parteien bei ihrem Vortrag gem. § 137 Abs. 2 ZPO auch im Einzelnen Stellung nehmen können. Bei der Einführung kann der Vorsitzende davon ausgehen, dass den am Verfahren Beteiligten der bisherige Sachvortrag bekannt ist, so dass er nur auf die für das Gericht bedeutsamen Punkte eingehen muss. Sind Vertreter der Medien oder Schulklassen im Sitzungssaal anwesend, so empfiehlt es sich, die Einführung so zu gestalten, dass auch ein Unbeteiligter der weiteren Verhandlung folgen kann. Eine Einführung ist dann entbehrlich, wenn entweder der Sach- und Streitstand einfach ist oder aber wenn er bereits im Gütetermin ausführlich erörtert wurde, ohne dass wesentlicher neuer Sachvortrag seitens der Parteien hinzugekommen wäre. Ein Verstoß gegen die Pflicht des Vorsitzenden ist prozessual belanglos, auf sie kann weder ein Rechtsmittel gestützt werden noch wird hierdurch das rechtliche Gehör beeinträchtigt.

Die **Anhörung der Parteien** ist Teil der Gewährung des rechtlichen Gehörs. Die 5 Parteien haben ihre Stellungnahme in freier Rede vorzubringen, § 137 Abs. 2 ZPO. Welchen Umfang die Stellungnahme hat, steht im Ermessen der Partei; ist ein Rechtsstreit schriftsätzlich vorbereitet worden, genügt u.U. auch die Bezugnahme auf diese Schriftsätze.

Die **Antragstellung** erfolgt durch Verlesung aus den vorbereitenden Schriftsätzen oder 6 durch Verlesung einer dem Protokoll als Anlage beizufügenden Schrift oder durch Bezugnahme auf Schriftsätze und schließlich durch Aufnahme der Anträge zu Protokoll, § 297 ZPO. Die Stellung der Anträge ist in das Protokoll aufzunehmen, § 160 Abs. 3 Nr. 2 ZPO. Werden sie zu Protokoll erklärt, müssen die Anträge den Parteien vorgelesen und von ihnen genehmigt werden, § 162 Abs. 1 ZPO. Die **Antragstellung** selbst ist **noch keine Verhandlung zur Sache,** diese erfolgt erst durch die Sacherörterung, d. h. durch die Stellungnahme seitens der Parteien gem. § 278 Abs. 1 ZPO und § 137 Abs. 2 ZPO. Aus dem Grundsatz der Unteilbarkeit der mündlichen Verhandlung folgt, dass die einmal gestellten Anträge der Parteien in weiteren Terminen nicht ausdrücklich wiederholt werden müssen. Etwas anderes wird für den Fall angenommen, dass ein Wechsel in der Besetzung des Gerichtes eintritt. In diesem Fall soll eine Wiederholung der Anträge notwendig sein, da sonst den Parteien etwas zugesprochen würde, was sie nicht beantragt hätten, § 308 ZPO (so BAG 16. 12. 1970 AP ZPO § 208 Nr. 1 m. Anm. *E. Schumann; Schaub* ArbGV § 34 Rn. 2; *Zöller/Greger* § 137 Rn. 1 – stillschweigende Wiederholung reicht aus –; a. A. *Kirchner* NJW 1971, 2158; *Baumbach/Hartmann* § 137 Rn. 15). Diese Auffassung übersieht, dass die Stellung der Anträge aktenkundig ist, das Gericht in jeder Zusammensetzung sie kennen muss, der Grundsatz der Einheit der mündlichen Verhandlung besteht und außerdem gerade im arbeitsgerichtlichen Verfahren häufig ein Wechsel der ehrenamtlichen Richter erfolgt, so dass fast ständig Anträge wiederholt werden müssten. Allerdings ist eine protokollierte Bezugnahme auf früher gestellte Anträge zur Klarstellung zu empfehlen.

2. Aufklärungspflicht des Gerichts

In § 139 ZPO werden dem Gericht genaue und inhaltlich enge Vorgaben für die 7 Vorbereitung und Durchführung einer Verhandlung im Interesse der Vervollständigung des Streitstoffs (**Konzentrationsmaxime**) gemacht. Der Richter muss so früh wie möglich die Parteien zu umfassendem Sachvortrag anhalten, § 139 Abs. 1 ZPO. Ferner hat er auch rechtliche Hinweise zu geben, wenn eine Partei einen Gesichtspunkt erkennbar übersehen oder für unerheblich gehalten hat. Das Gleiche gilt, wenn beide Parteien einen Punkt anders beurteilen als das Gericht, § 139 Abs. 2 ZPO. Dies gilt für rechtliche und tatsächliche Gesichtspunkte. Die Hinweise sind aktenkundig zu machen, § 139 Abs. 4 ZPO. Eine **Überrumpelung der Parteien soll** damit **verhindert werden.** Dies folgt letztlich auch aus dem Grundsatz der Gewährung des rechtlichen Gehörs aus Art. 103 Abs. 1

GG, wenn auch die Verletzung der Hinweispflicht aus § 139 Abs. 2 ZPO nicht immer auch ein Verstoß gegen die Gewährung des rechtlichen Gehörs sein muss (vgl. dazu BGH 3. 7. 1986 NJW 1987, 781; 11. 11. 1982 BGHZ 85, 288, 291). Gerade bei rechtsunkundigen Parteien wird die Erörterung von Rechtsfragen einen erheblich breiteren Raum einzunehmen haben als dies bei rechtskundigen Parteien oder Parteivertretern der Fall sein muss. Auf Ergänzung des Sachvortrags ist durch das Gericht hinzuweisen bevor die Abweisung eines Antrages wegen Unschlüssigkeit oder mangelnder Substantiierung des Sachvortrags erfolgen kann (BGH 22. 1. 1987 NJW-RR 1987, 797; 11. 7. 1990 NJW-RR 1991, 256). In jedem Falle gibt die rechtliche und tatsächliche Erörterung den Parteien kein Recht zur Ablehnung des Vorsitzenden. Überraschungsentscheidungen dürfen nicht gefällt werden. Im Zweifelsfall ist die Erörterungspflicht weit aufzufassen.

8   **Erfüllt das Gericht die Verpflichtung nicht** oder nicht ausreichend, kann es einen Sachvortrag **nicht als verspätet** zurückweisen. Vielmehr muss es, wenn eine Partei nicht in der Lage ist, sofort zu einem aufgeworfenen Problem Stellung zu nehmen, dieser auf Antrag eine angemessene Frist zur Erklärung einräumen. Erfolgt die Zurückweisung eines Vorbringens als verspätet, obwohl das Gericht seine Verpflichtung aus § 139 ZPO nicht ausreichend wahrgenommen hat, kann der entsprechende Vortrag in der Berufungsinstanz nicht nach § 67 Abs. 1 bis 3 zurückgewiesen werden. Auch kann eine **Wiedereröffnung der Verhandlung** nach § 156 Abs. 2 Nr. 1 ZPO notwendig werden, außerdem kann, wenn es ein Verstoß gegen das Grundrecht auf Gewährung des rechtlichen Gehörs ist und das Urteil nicht mit einem Rechtsmittel angegriffen werden kann, zu einer **Rüge nach § 78 a** berechtigen (dazu unten § 78 a). Im Übrigen ist es ein Verfahrensmangel, der allerdings nicht zu einer Zurückverweisung des Rechtsstreits an das Arbeitsgericht führt, § 68. In der Revisionsinstanz kann u. U. die nicht ausreichende Erörterung einer Rechtsfrage zur Aufhebung des Berufungsurteils und Zurückverweisung des Rechtsstreits an die Vorinstanz führen, wenn eine abschließende Beurteilung durch das Revisionsgericht nicht möglich ist.

III. Der Beschleunigungsgrundsatz

1. Erledigung im ersten Termin

9   Grundsätzlich soll ein Rechtsstreit bereits im ersten Termin erledigt werden. Um dies zu erreichen, sind dem Vorsitzenden in § 55 Abs. 4 und § 56 Möglichkeiten eröffnet worden, die streitige Verhandlung vorzubereiten. In Bestandsschutzstreitigkeiten gilt insoweit die Sonderregelung des § 61 a. In § 56 Abs. 2 bzw. § 61 a Abs. 5 ist dem Gericht ferner die Möglichkeit eingeräumt worden, Vorbringen als verspätet zurückzuweisen. Damit ist die Regelung des **§ 296 Abs. 1 ZPO** für das arbeitsgerichtliche Verfahren **unanwendbar** (dazu oben § 56 Rn. 2). Zweifelhaft ist, ob auch die Zurückweisungsmöglichkeit des § 296 Abs. 2 ZPO sowie die Bestimmung des § 296 a ZPO im arbeitsgerichtlichen Verfahren anwendbar sind.

10 Sowohl die **allgemeine Prozessförderungspflicht** des § 282 Abs. 1 ZPO als auch die Verpflichtung, Vorbringen in vorbereitenden Schriftsätzen so zeitig mitzuteilen, dass dem Gegner noch eine Gelegenheit zur Stellungnahme verbleibt, § 282 Abs. 2 ZPO, gelten im arbeitsgerichtlichen Urteilsverfahren gem. § 46 Abs. 2 bzw. § 64 Abs. 6 ArbGG (*Grunsky* § 57 Rn. 4; *Schwab/Weth/Berscheid/Korinth* § 57 Rn. 9; ArbGG-*Kloppenburg/Ziemann* § 57 Rn. 13). Allerdings gilt § 282 Abs. 2 ZPO in dem Urteilsverfahren vor dem Arbeitsgericht nur dann, wenn der Vorsitzende den Parteien aufgegeben hat, die Verhandlung durch Schriftsätze vorzubereiten, § 129 Abs. 2 ZPO. Diese Möglichkeit besteht für den Vorsitzenden trotz der Regelung in § 47 Abs. 2, da dieser keinen generellen Ausschluss für die entsprechende Auflage vorsieht. Im Übrigen kann der Vorsitzende auch im Rahmen des § 56 Abs. 1 Nr. 1 den Parteien eine schriftsätzliche

III. Der Beschleunigungsgrundsatz § 57

Vorbereitung des Rechtsstreits aufgeben. Auch in Bestandsschutzstreitigkeiten sieht § 61a Abs. 4 vor, dass eine schriftsätzliche Vorbereitung des Verfahrens durch das Gericht angeordnet werden kann.

Die allgemeine Prozessförderungspflicht des § 282 Abs. 1 ZPO betrifft nur den Bereich der mündlichen Verhandlung. Die Prozessförderung durch schriftsätzliches Vorbringen wird allein in § 282 Abs. 2 ZPO geregelt. § 282 Abs. 1 ZPO regelt nicht konkret, in welchem **Zeitpunkt** ein Vorbringen in der mündlichen Verhandlung nicht mehr fristgerecht ist. Vielmehr richtet sich die Verpflichtung nach dem Stand des jeweiligen Rechtsstreits, es ist nicht in jedem Falle erforderlich, dass eine Partei schon zu Beginn der mündlichen Verhandlung sämtliche Punkte tatsächlich und rechtlich erschöpfend in ihrer Stellungnahme anspricht. In Grenzen ist es zulässig, auch hinsichtlich des Vorbringens eine Prozesstaktik zu verfolgen. Begrenzt wird diese allerdings in jedem Falle durch die Verpflichtung einer Partei aus § 138 Abs. 1 und 2 ZPO. **11**

§ 282 Abs. 2 ZPO betrifft jeden Vortrag, der zur Begründung eines Sachantrages oder zur Verteidigung gegenüber einem Sachantrag geboten ist. Erfasst werden damit sämtliche Behauptungen, Einwendungen, einschließlich aller Beweismittel sowie das Bestreiten usw. Auch eine Aufrechnungserklärung kann u. U. ein Angriffs- oder Verteidigungsmittel sein. Voraussetzung für die Anwendbarkeit der Vorschrift ist, dass das Gericht den Parteien gem. § 129 Abs. 2 ZPO die schriftsätzliche Vorbereitung aufgegeben hat. Dies kann im Rahmen einer gerichtlichen Verfügung oder eines Beschlusses erfolgen, wobei dieser u. U. auch in der Güteverhandlung verkündet werden kann. Die Schriftsätze müssen so rechtzeitig mitgeteilt werden, dass der Gegner noch Erkundigungen einzuziehen vermag und sein Vorbringen darauf einstellen kann. Sie müssen, soweit es sich um bestimmende Schriftsätze handelt, d.h. soweit sie eine für das Verfahren wesentliche Prozesshandlung enthalten wie z.B. Anträge usw., handschriftlich unterschrieben sein. Das erfordert, dass eine die Identität des Unterzeichnenden ausreichend kennzeichnende Unterschrift des Namens gegeben sein muss, diese muss nicht lesbar sein, es darf sich aber nicht um eine bloße Paraphe handeln (dazu vgl. BAG 28. 3. 1977 BB 1997, 899; 29. 7. 1981 AP ZPO § 518 Nr. 46; BGH 28. 2. 1985 NJW 1985, 1227; BFH 28. 5. 1986 BB 1986, 2118). Es muss erkennbar sein, dass der Unterzeichner seinen vollen Namen und nicht nur eine Abkürzung hat niederschreiben wollen (BGH 8. 1. 1997 NJW-RR 1997, 760; BAG 30. 8. 2000 NJW 2001, 316). **12**

Eine **Fristsetzung** ist im Rahmen des § 282 Abs. 2 ZPO durch das Gericht **nicht erforderlich,** kann jedoch im Rahmen des § 56 Abs. 1 Nr. 1 erfolgen. Geht der Schriftsatz nicht rechtzeitig ein oder ist das Vorbringen der Parteien in der mündlichen Verhandlung nicht rechtzeitig, so kann das Gericht nach § 296 Abs. 2 ZPO das Vorbringen zurückweisen. Voraussetzung hierfür ist, dass die Zulassung die Erledigung des Rechtsstreites verzögern würde. Insoweit gelten die gleichen Grundsätze wie bei § 56 Abs. 2 (dazu oben § 56 Rn. 33 ff.). Weiterhin ist Voraussetzung, dass die Verspätung auf **grober Nachlässigkeit** beruht. Eine solche liegt vor, wenn eine Partei die Pflicht zur Terminsvorbereitung in besonders schwerwiegender Weise verletzt, wenn jede prozessuale Sorgfalt missachtet wird (BVerfG 30. 1. 1985 BVerfGE 69, 126, 137; BGH 1. 10. 1986 NJW 1987, 502, 503). Sie setzt nicht unbedingt eine Verschleppungsabsicht durch die Parteien voraus. Es muss jedoch eine schwerwiegende Verletzung der prozessualen Sorgfaltspflicht vorliegen. Hierbei ist auf die Besonderheit des Einzelfalles abzustellen, insbesondere auch darauf, ob es sich um eine Naturalpartei handelt, die in prozessualen Dingen unerfahren ist, oder ob das Verschulden bei einem juristisch ausgebildeten Prozessvertreter liegt. Als Verstoß gegen die prozessuale Sorgfaltspflicht kann beispielsweise angesehen werden, dass eine Partei trotz Klageerhebung in den Urlaub fährt, ohne Sorge dafür zu tragen, dass eventuelle Äußerungen seitens des Gerichts empfangen und gegebenenfalls erledigt werden können. Kein grobes Verschulden liegt vor, wenn eine Partei erkrankt, selbst wenn sie durch einen Prozessvertreter vertreten ist, oder wenn sich die Information des Prozessvertreters in einer tatsächlich schwierigen Sache durch Orts- **13** abwesenheit der Parteien erschwert. Auch dürfen die **Fristen,** die entweder vom Gericht den Parteien gesetzt werden, oder aber nach deren Ablauf eine Verspätung des Vorbringens vom Gericht angenommen wird, **nicht so kurz bemessen sein,** dass auch bei zügiger Abwicklung nicht mit einer Stellungnahme der Partei hätte gerechnet werden können. Insbesondere ist bei einer Partei, die sich durch einen Rechtsanwalt oder einen Verbandsvertreter vertreten lässt, zu berücksichtigen, dass auch dieser zunächst die Partei von der entsprechenden Auflage des Gerichts unterrichten muss und dass die Partei selbst sodann Zeit zum Anstellen von Ermittlungen benötigt, ferner dass die Rückantwort der Partei an den Prozessvertreter zunächst bearbeitet und büromäßig erledigt werden muss. Deshalb ist in der Regel eine Frist, die kürzer als 14 Tage ist, zu kurz bemessen, so dass von einer Verspätung und insbesondere von einer Verspätung, die auf einem groben Verschulden der Partei beruht, nicht ausgegangen werden kann.

14 Ist ein Vorbringen nach § 296 Abs. 2 ZPO verspätet und beruht die Verspätung auf grober Nachlässigkeit und wird dadurch die Erledigung des Rechtsstreits verzögert, so besteht ähnlich wie bei der Regelung von § 56 Abs. 2 **ein Zwang des Gerichts,** das **Vorbringen als verspätet zurückzuweisen.** Allerdings steht dem Gericht ein gewisser Ermessensspielraum zu, da es nach seiner freien Überzeugung das Eintreten der Verzögerung zu prüfen hat (dazu näher *Stein/Jonas/Leipold* § 296 Rn. 110; *Baumbach/Hartmann* § 296 Rn. 4 ff., 58 m. w. Nachw.). Der Beschleunigungsgrundsatz des § 9 Abs. 1 ist dabei zu berücksichtigen. Die Ermessensausübung ist in der nächsten Instanz nachprüfbar, so dass die Gründe für die Zurückweisung notwendigerweise in dem Urteil dargelegt werden müssten. Im Falle des § 296 Abs. 3 ZPO besteht dieser Ermessensspielraum nicht, da es nicht auf eine Verzögerung der Erledigung des Rechtsstreits ankommt.

15 **Vorbringen,** dass nach § 46 Abs. 2 i. V. m. § 296 Abs. 2 ZPO in der ersten Instanz zu Recht zurückgewiesen worden ist, **bleibt in der Berufungsinstanz** nach § 67 Abs. 1 **ausgeschlossen.** Ein Ermessensspielraum steht dem Berufungsgericht insoweit nicht zu. Eine Ausnahme gilt dann, wenn das zurückgewiesene Vorbringen in der zweiten Instanz unstreitig bleibt. Wird verspätetes Vorbringen in der ersten Instanz zu Unrecht zugelassen, so kann es in der Berufungsinstanz nicht unberücksichtigt bleiben.

2. Vertagung

a) Fälle der Vertagung

16 Abs. 1 Satz 1 geht davon aus, dass **Angriffs- und Verteidigungsmittel grundsätzlich nur bis zum Schluss der mündlichen Verhandlung** berücksichtigt werden müssen. Die Regelung des **§ 296 a ZPO** gilt dabei auch im arbeitsgerichtlichen Verfahren, d. h. nach Schluss der mündlichen Verhandlung, auf die das Urteil ergeht, kann neuer Tatsachenvortrag nicht mehr berücksichtigt werden. Das gilt auch bei Anberaumung eines Verkündungstermins. Verspätet eingehende Anträge sind zwar noch vom Vorsitzenden zu lesen, es muss geprüft werden, ob die Verhandlung nach § 156 ZPO wiedereröffnet werden muss, oder ob es sich um einen nachgereichten Schriftsatz im Sinne des § 283 ZPO handelt, der noch zu berücksichtigen wäre. Das Gleiche gilt für die Prüfung, ob nach § 139 Abs. 5 ZPO eine Erklärungsfrist einzuräumen war. Sind diese Ausnahmefälle nicht gegeben, ist der verspätet eingereichte Schriftsatz zu den Akten zu nehmen. Prozessuale Erklärungen, wie beispielsweise eine nach Schluss der mündlichen Verhandlung erhobene Widerklage, sind unerheblich, über sie muss nicht befunden werden, in der Entscheidung dürfen sie nicht erwähnt werden. Es ist nicht einmal eine Zustellung an den Prozessgegner notwendig, erfolgt sie dennoch, kann bei einem neuen Antrag Rechtshängigkeit i. S. § 261 ZPO eintreten, mit der Folge, dass über diesen Antrag zu einem späteren Zeitpunkt gesondert zu entscheiden wäre. Eine **Vertagung** des Termins **ist immer eine Ausnahme.** Sie ist nur zulässig, wenn in der Kammerverhandlung eine Endentscheidung nicht getroffen werden kann.

III. Der Beschleunigungsgrundsatz § 57

Der in Abs. 1 Satz 2 genannte Fall der nicht sofort durchführbaren Beweisaufnahme **17** enthält dabei keine abschließende Regelung, sondern vielmehr nur einen von mehreren möglichen Fällen, in denen eine Vertagung vorgenommen werden kann. Da nur in Ausnahmefällen eine Vertagung zulässig ist, bedarf es hierfür eines erheblichen Grundes. Die Vorschrift des § 227 Abs. 1 ZPO gibt insoweit Hinweise, was vom Gesetzgeber **nicht** als **erheblicher Grund** angesehen wird. Dies ist einmal das Ausbleiben einer Partei oder die Ankündigung, nicht zu erscheinen, es sei denn, dass die Partei ihr Ausbleiben oder die entsprechende Ankündigung ausreichend entschuldigt, oder dass das Gericht der Auffassung ist, dass die Partei ohne ihr Verschulden gehindert ist, den Termin wahrzunehmen. Auch ist die Tatsache, dass im Falle der Säumnis einer Partei die Gegenpartei nur um eine Vertagung bittet, noch kein ausreichender Grund, da der Vertagungsantrag allein kein Verhandeln zur Sache darstellt. Etwas anderes gilt dann, wenn der Prozessvertreter der erschienenen Partei sich aus standesrechtlichen Gründen gehindert sieht, gegen die nicht erschienene Partei ein Versäumnisurteil zu beantragen. In diesem Falle wird ein wichtiger Grund zur Vertagung angenommen werden können.

Weiterhin ist kein ausreichender Grund die **mangelnde Vorbereitung** einer Partei, es **18** sei denn, auch dieses würde von der Partei ausreichend entschuldigt. Auch können die Parteien, wie sich aus § 227 Abs. 1 Nr. 3 ZPO ergibt, nicht durch **einvernehmliches Handeln** eine Vertagung der streitigen Verhandlung erzwingen. Ein übereinstimmender Antrag beider Parteien reicht daher nicht aus. Auch dass beide Parteien in der streitigen Verhandlung nicht erscheinen, zwingt das Gericht nicht, eine Vertagung vorzunehmen. Vielmehr ist in diesem Falle das Ruhen des Verfahrens gem. § 251 ZPO anzuordnen bzw. eine Entscheidung nach Lage der Akten zu fällen, soweit die Voraussetzungen des § 251a ZPO vorliegen.

Erhebliche Gründe für eine Vertagung können sein: **19**
- in **Säumnisfällen**, wenn entweder die Einlassungs- oder Ladungsfrist zu kurz bemessen war oder aber das Gericht der Auffassung ist, dass die ausgebliebene Partei ohne ihr Verschulden am Erscheinen verhindert gewesen ist, § 337 ZPO. Auch kann eine Vertagung in Betracht kommen, wenn bei Säumnis einer Partei die erschienene Partei die notwendigen Nachweise nicht erbringen kann oder aber wenn ihr Antrag auf Erlass eines Versäumnisurteils durch Beschluss zurückgewiesen worden ist, § 335 ZPO,
- Verhinderung des Prozessbevollmächtigten aus von ihm nicht zu vertretenden Gründen oder bei Terminschwierigkeiten, wenn er nicht für eine Vertretung sorgen kann,
- wenn bei der Erörterung der Sach- und Rechtsfragen **neue Gesichtspunkte** aufgetreten sind, die es fordern, den Parteien im Interesse der Gewährung des rechtlichen Gehörs eine Frist zur Stellungnahme einzuräumen,
- die Notwendigkeit einer **Beweisaufnahme**, die im Gesetz ausdrücklich als Vertagungsgrund genannt ist. Dies erfordert aber, dass eine Durchführung in dem Kammertermin nicht mehr möglich war. Das ist z. B. der Fall bei Ausbleiben von Zeugen und Sachverständigen,
- weiterhin kann eine Vertagung des Rechtsstreits gerechtfertigt sein, wenn eine **gütliche Einigung** zwischen den Parteien möglich erscheint. Voraussetzung dafür ist aber, dass eine konkrete Möglichkeit für einen Vergleichsabschluss vorhanden ist. Die bloße Behauptung nur einer Partei, dass Vergleichsverhandlungen stattfinden, reicht hier nicht ohne weiteres aus.

b) Verkündung des Termins

Die **Entscheidung über** die Anberaumung eines **Termins** zur weiteren Verhandlung, **20** die von der Kammer zu treffen ist (unten Rn. 21), **muss** nach Abs. 1 Satz 2 **sofort verkündet werden**. Dies ist in die Verhandlungsniederschrift aufzunehmen. Diese Bestimmung in § 57 ist zwingend. Der Wortlaut lässt eine Ausnahme nicht zu. Die „Anberaumung eines **Termins von Amts wegen**" ist keine Terminsverkündung i. S. des Abs. 1 Satz 2 (so auch ArbGG-*Kloppenburg/Ziemann* § 57 Rn. 21). Die Vorschrift meint immer die Festlegung eines konkreten Termins spätestens bei Schluss des Termins. Gleichwohl wird nicht in allen Fällen eine sofortige Terminsanberaumung möglich sein (*Grunsky* § 57 Rn. 6). Beispielsweise lässt sich nicht immer absehen, wann eine Beweisaufnahme durchgeführt werden kann, wann ein schriftliches Sachverständigengutachten vorliegt und wann Auflagen von den Parteien erfüllt werden können. In diesen Fällen, in denen objektive Hinderungsgründe für die sofortige Anberaumung eines weiteren Termins zur streitigen Verhandlung vorhanden sind, ist die Vertagung mit dem Ziel der Anberaumung eines Termins von Amts wegen zulässig (wie hier ArbGG-*Kloppenburg/ Ziemann* § 57 Rn. 21; a. A. GK-ArbGG/*Schütz* § 57 Rn. 10; *Hauck/Helml* § 57 Rn. 6). Allein die Tatsache, dass das Gericht wegen des Wechsels im Vorsitz der Kammer oder wegen der Abwesenheit des ordentlichen Vorsitzenden oder aus sonstigen innerorganisatorischen Gründen meint, noch keinen festen Termin bestimmen zu können, reicht nicht aus. Im Grundsatz widerspricht die Anberaumung eines Termins von Amts wegen dem allgemeinen Beschleunigungsgrundsatz des § 9 Abs. 1 Satz 1, durch § 57 Abs. 1 Satz 2 soll auch sichergestellt werden, dass regelmäßig die Parteien hinsichtlich des zeitlichen Ablaufs der Durchführung des Rechtsstreites konkrete Vorgaben erhalten. Nur vom Gericht nicht verantwortbare und nicht regelbare Umstände können die Anberaumung eines Termins von Amts wegen rechtfertigen.

21 Die **Entscheidung trifft,** soweit sie in dem Termin zur streitigen Verhandlung erfolgt, **die Kammer,** § 227 Abs. 4 Satz 1 ZPO. Sie ist, wie sich aus dieser Vorschrift ergibt, kurz zu begründen. Die Entscheidung ist unanfechtbar, § 227 Abs. 4 Satz 3 ZPO. Beschließt die Kammer, dass eine Terminierung von Amts wegen erfolgen soll, so nimmt der Vorsitzende die Festlegung des konkreten Termins alleine wahr. Auch diese Entscheidung ist im Grundsatz nicht anfechtbar. Etwas anderes gilt insgesamt nur dann, wenn die Entscheidung offenkundig gesetzwidrig ist oder praktisch eine Aussetzung des Verfahrens darstellen würde, so dass eine entsprechende Anwendung der Beschwerdemöglichkeit des § 252 ZPO (sofortige Beschwerde bei Aussetzung des Verfahrens) in Betracht kommt. Dies ist in der Rechtsprechung dann angenommen worden, wenn ein weit hinausgeschobener Termin ohne sachliche Rechtfertigung (Terminsstand und Belastung der Kammer) festgesetzt wurde (LAG Baden-Württemberg 12. 7. 1985 NZA 1985, 636; 24. 9. 1985 NZA 1986, 338; LAG Köln 12. 9. 1995 LAGE ArbGG 1979 § 57 Nr. 5 – neun Monate reichen für Aufhebung noch nicht aus –). In diesem Fall kann das Beschwerdegericht die Ermessensentscheidung des erstinstanzlichen Gerichtes überprüfen. Das setzt allerdings wiederum voraus, dass sich aus der Begründung der Terminierung bzw. aus der Begründung der Nichtabhilfeentscheidung in Bezug auf die Beschwerde Gründe für eine Ermessensabwägung ergeben (dazu LAG Baden-Württemberg a. a. O.).

c) Anberaumung eines Verkündungstermins

22 **Keine echte Vertagung** i. S. des § 57 Abs. 1 Satz 2 ist die Anberaumung eines Termins, in dem eine Entscheidung verkündet werden soll, § 310 ZPO. Der Verkündungstermin als solcher ist letztlich keine streitige Verhandlung mehr, es ist auch nicht erforderlich, dass zu ihm die Parteien erscheinen. Gleichwohl ist auch dieser Verkündungstermin sofort zu verkünden, er darf ebenfalls nicht weit hinausgeschoben werden, da dies sonst praktisch einem Aussetzungsbeschluss gleich käme. Zu den Einzelheiten des Verkündungstermins vgl. die Regelung in § 60 Abs. 1 und 2 (unten § 60 Rn. 7 ff.).

IV. Versuch einer gütlichen Einigung

Abs. 2 nimmt die Grundgedanken des § 54 auf. Er Entspricht § 278 Abs. 1 ZPO. **23** Erfasst wird jede Art der gütlichen Einigung. Dadurch, dass während des gesamten Verfahrens eine gütliche Erledigung des Rechtsstreits angestrebt werden soll, gibt das Gesetz dem Gericht bzw. dem Vorsitzenden nicht nur das Recht, wiederholt zum Zwecke der gütlichen Einigung auf die Parteien einzuwirken, sondern auch die entsprechende Pflicht. Der Richter muss mehr als im Zivilprozess mit den Parteien das Gespräch über die tatsächlichen und rechtlichen Probleme des Falles führen; dies erfordert, dass er auch „offen" verhandelt, die rechtliche Würdigung jederzeit deutlich werden lässt. Es kann daher sowohl während der streitigen Verhandlung als auch außerhalb der Verhandlung jederzeit vom Gericht versucht werden, eine Einigung zwischen den Parteien zu erreichen. Hierbei kann das Gericht den Parteien auch schriftliche Vergleichsvorschläge unterbreiten. Allerdings müssen die Vergleichsbemühungen des Gerichts ebenso wie die Erörterung des Sach- und Streitstandes mit den Parteien von dem **Grundsatz der Klarheit und Ehrlichkeit** getragen sein. Das Gericht muss die Parteien auch im Rahmen der Vergleichsbemühungen offen über seine Auffassungen vom Sach- und Streitstand informieren, es darf weder versuchen, eine Partei gegen die andere auszuspielen, noch darf der Eindruck entstehen, dass sich das Gericht die Arbeit der Entscheidungsfindung und -begründung ersparen will. In der Regel setzt das auch voraus, dass beide Parteien gleichzeitig über die Vergleichsvorstellungen des Gerichts informiert werden. Dies kann entweder schriftlich erfolgen oder aber während der mündlichen Verhandlung. Ein **getrenntes Telefonieren** mit den Parteien zum Zwecke des Eiseichens einer gütlichen Einigung **ist** grundsätzlich **unzulässig**, da auf diese Weise weder eine Offenheit der Vergleichsbemühungen des Gerichts erreicht wird noch eine Verhandlung mit den Parteien, die ein gleichzeitiges informiert werden erfordert, stattfindet. Allerdings zwingt die Regelung des § 278 Abs. 6 ZPO, die einen Vergleichsabschluss auf Grund eines gerichtlichen Vorschlags vorsieht, das Gericht dazu, einen erfolgversprechenden Vorschlag zu unterbreiten. Dies wird in einer Vielzahl von Fällen aber nur möglich sein, wenn vorher mit den Parteien die Rahmenbedingungen eines solchen Vergleichs zumindest telefonisch erörtert worden sind. Die Zulässigkeit derartiger Telefongespräche wird daher im Interesse der Regelungen in § 57 Abs. 2 und in § 278 Abs. 6 ZPO angenommen werden müssen. Die Telefongespräche müssen aber dann auch den Grundsätzen der Offenheit und Ehrlichkeit entsprechend durchgeführt werden. Der Gesprächsinhalt mit einer Partei ist der anderen, zunächst nicht beteiligten Partei, mitzuteilen. Über den jeweiligen Inhalt der Telefongespräche sind Aktenvermerke zu erstellen (vgl. LAG Berlin 18. 12. 1996 LAGE ArbGG § 49 Nr. 7; GK-ArbGG/ *Schütz* § 57 Rn. 15), dies schon um den Richter vor unberechtigten Vorwürfen wegen unfairer Verfahrensweise zu schützen.

Ein **Verstoß** gegen die Pflicht zur Herbeiführung einer gütlichen Einigung hat **keine** **24** **Auswirkungen** auf das Streitverfahren. Dies kann weder mit einem Rechtsmittel noch auf sonstige Weise gerügt werden.

§ 58 Beweisaufnahme

(1) ¹Soweit die Beweisaufnahme an der Gerichtsstelle möglich ist, erfolgt sie vor der Kammer. ²In den übrigen Fällen kann die Beweisaufnahme, unbeschadet des § 13, dem Vorsitzenden übertragen werden.

(2) ¹Zeugen und Sachverständige werden nur beeidigt, wenn die Kammer dies im Hinblick auf die Bedeutung des Zeugnisses für die Entscheidung des Rechtsstreits für notwendig erachtet. ²Im Falle des § 377 Abs. 3 der Zivilprozeßordnung ist die eides-

stattliche Versicherung nur erforderlich, wenn die Kammer sie aus dem gleichen Grunde für notwendig hält.

Übersicht

	Rn.
I. Gesetzliche Grundlagen	1–3 a
1. Regelung des Beweisrechts im Urteilsverfahren	1
2. Regelung des Beweisrechts im Beschlussverfahren	2
3. Die Normen der ZPO	3
4. Verfassungsrechtliche Grundlagen	3 a
II. Wesen und Ziel des Beweises	4
III. Die Arten des Beweises	5–8
1. Ziel des Beweises	5
2. Art der Beweisführung	6
3. Beweisverfahren	7
4. Zweck der Beweisführung	8
IV. Gegenstand des Beweises	9–17
1. Tatsachen	10
2. Rechtssätze	11–16
3. Erfahrungssätze	17
V. Beweismittel	18–31 a
1. Überblick	18
2. Zeuge	19–26 a
a) Wesen	19
b) Zeugnisfähig	20
c) Pflicht zum Erscheinen	21
d) Pflicht zur Aussage; Zeugnisverweigerungsrecht	22
e) Pflicht zur Beeidigung	23–25
f) Verfahren	26
g) Beweiswürdigung	26 a
3. Sachverständiger	27, 27 a
4. Urkunde	28, 29
5. Augenschein	30
6. Parteivernehmung	31, 31 a
VI. Beweisverbote	32–38
1. Erhebungsverbote	33
2. Verwertungsverbote	34–37
3. Ausforschungsbeweis	38
VII. Beweiserhebung	39–47
1. Antretung des Beweises	39
2. Beweisführung	40, 41
3. Anordnung der Beweisaufnahme	42, 43
4. Die Beweisaufnahme	44–47
VIII. Selbständiges Beweisverfahren	48, 49
IX. Freie Beweiswürdigung	50–56
1. Grundsatz	50–53
2. Gesetzliche Beweisregeln und Beweiswert	54
3. Schadensschätzung	55, 56
X. Beweismaß	57–63
1. Das Regelbeweismaß	58–60
2. Abweichungen vom Regelbeweismaß	61, 62
3. Einzelne Abweichungen vom Regelbeweismaß im Arbeitsrecht	63
XI. Anscheinsbeweis	64–68
1. Grundlagen	64–66
2. Einzelheiten im Arbeitsrecht	67, 68
XII. Beweisvereitelung	69, 70
XIII. Beweislast	71–91
1. Begriff und Bedeutung	71, 72
2. Objektive und subjektive Beweislast	73–75
a) Subjektive Beweislast	74
b) Objektive Beweislast	75
3. Verteilung der Beweislast	76–81
a) Ausdrückliche Beweislastverteilung	76
b) Allgemeine gesetzliche Grundregel	77–79

		Rn.
c) Formulierung		80
d) Auslegung		81
4. Beweislastumkehr		82–84
a) Bedeutung		82
b) Fälle aus der Rechtsprechung		83
c) Beurteilung		84
5. Vermutungen		85–88
6. Behauptungslast		89, 90
7. Einzelheiten zur Beweislastverteilung im Arbeitsrecht		91

I. Gesetzliche Grundlagen

1. Regelung des Beweisrechts im Urteilsverfahren

Das ArbGG enthält zu dem großen Bereich des Beweisrechts ähnlich wie alle öffentlichrechtlichen Verfahrensgesetze nur ganz geringe Anhaltspunkte. Neben § 58, der sich als einzige Norm des ArbGG ausschließlich mit dem Beweisrecht beschäftigt, ist noch auf Einzelheiten in den §§ 54 Abs. 1 Satz 3 und Satz 4, 54 Abs. 2 Satz 2, 55 Abs. 4 zu verweisen (Beweis im Güteverfahren und vorterminlicher Beweisbeschluss). Daher finden im arbeitsgerichtlichen Verfahren gemäß der allgemeinen Verweisung des § 46 Abs. 2 mit § 495 ZPO die gesetzlichen Bestimmungen der ZPO in vollem Umfang Anwendung. Auch in der Berufungsinstanz gelten § 58 und die allgemeinen Regeln des Beweisrechts in gleicher Weise (vgl. § 64 Abs. 7).

1

2. Regelung des Beweisrechts im Beschlussverfahren

Auch das Beschlussverfahren enthält kaum eigene Regelungen zum Beweisrecht. Zu nennen sind allenfalls § 83 Abs. 1 und Abs. 2, wo der Untersuchungsgrundsatz und die Mitwirkungspflicht der Beteiligten an der Sachverhaltsaufklärung festgeschrieben sind, sowie § 84 Satz 1, der die Geltung des Grundsatzes der freien Beweiswürdigung auch für das Beschlussverfahren festschreibt, ohne dass damit eine Änderung des Beweismaßes gegenüber § 286 ZPO gewollt wäre (a. A. früher *Depène* ArbGG, 2. Aufl. 1932, § 84 Anm. 1; dagegen *Walter*, Freie Beweiswürdigung, S. 112 f.; die Neufassung des § 84 Satz 1 im Jahre 1979 hat dies noch verdeutlicht, wie die Gesetzesmaterialien zeigen); zu den Einzelheiten s. u. Rn. 57 ff. Im Übrigen verweist § 80 Abs. 2 auf § 58 und § 46 Abs. 2, so dass auch im Beschlussverfahren das Beweisrecht der ZPO vollständig anzuwenden ist (zu Einzelheiten vgl. u. § 83 Rn. 101 ff.).

2

3. Die Normen der ZPO

In der ZPO ist das Beweisrecht ausführlich, freilich teilweise etwas unübersichtlich geregelt. Es sind fünf größere Abschnitte des Gesetzes zu trennen und heranzuziehen:
– die allgemeinen Grundlagen des Beweises: §§ 284 bis 294 ZPO;
– allgemeine Regeln für die konkrete Beweiserhebung: §§ 355 bis 370 ZPO;
– die einzelnen Beweismittel: §§ 371 bis 455 ZPO;
– der Eid: §§ 478 bis 484 ZPO;
– das selbständige Beweisverfahren: §§ 485 bis 494 a ZPO.

3

4. Verfassungsrechtliche Grundlagen

Es ist anerkannt, dass jeder Verfahrensbeteiligte ein verfassungsrechtlich abgesichertes „Recht auf Beweis" hat. Dieses Recht kann sich auf den Justizgewährungsanspruch und damit letztlich auf das Rechtsstaatsprinzip ebenso stützen wie auf Art. 6 Abs. 1 EMRK. Inhalt dieses Rechts ist die Garantie, zur Beweisführung zugelassen zu werden, am

3 a

Beweisverfahren teilzunehmen, zum Beweisergebnis Stellung zu nehmen sowie das Recht auf Unmittelbarkeit der Beweisaufnahme (vgl. dazu insbesondere *Habscheid* ZZP 96, 306; *Kofmel,* Das Recht auf Beweis im Zivilverfahren, 1992). Darüber hinaus kann sich aus Art. 6 Abs. 1 EMRK in Verbindung mit den verfassungsrechtlichen Geboten des fairen Verfahrens und der Waffengleichheit eine Einwirkung auf das Beweisrecht ergeben (vgl. LAG Thüringen 10. 4. 2001 NZA-RR 2001, 347 zum Fall von Mobbing am Arbeitsplatz); s. u. Rn. 31 a.

II. Wesen und Ziel des Beweises

4   Ausgangspunkt für den Beweis ist die Anwendung des geltenden Rechts auf das relevante tatsächliche Geschehen. Die Subsumtion des Sachverhalts unter die jeweiligen Rechtsnormen ist dem Richter aber nur möglich, wenn die Tatsachen zu seiner Überzeugung feststehen. Anderenfalls kommt es zu einer Beweislastentscheidung (s. u. Rn. 71). Das Verfahren, im Richter die Überzeugung von der Wahrheit konkreter streitiger Tatsachenbehauptungen (selten auch von Rechtsnormen, s. u. Rn. 11 ff.) zu begründen, nennt man Beweis oder Beweisführung. Ziel des Beweises ist die Überzeugung des Richters vom behaupteten Geschehensablauf. Auf die Überzeugung Dritter (etwa einer vernünftigen Durchschnittsperson) oder gar auf die objektive Wahrheit schlechthin kommt es nicht an.

III. Die Arten des Beweises

Nach unterschiedlichen Gesichtspunkten lassen sich die verschiedenen Arten des Beweises unterscheiden.

1. Ziel des Beweises

5   Nach dem **Ziel des Beweises** kann man insbesondere den Vollbeweis von der Glaubhaftmachung trennen (dazu u. Rn. 57 ff., 61).

2. Art der Beweisführung

6   Nach der **Art der Beweisführung** trennt man den unmittelbaren Beweis (= Nachweis tatsächlicher Behauptungen, die sich unmittelbar auf ein Tatbestandsmerkmal der fraglichen Norm beziehen) vom mittelbaren Beweis, häufig auch Indizienbeweis genannt (= Nachweis tatbestandsfremder Behauptungen, die aber einen Schluss auf ein unmittelbares Tatbestandsmerkmal zulassen).

3. Beweisverfahren

7   Nach dem **Beweisverfahren** lassen sich **Strengbeweis** und **Freibeweis** unterscheiden. Wird der Beweis allein nach dem im Gesetz vorgesehenen Verfahren und nur mit den dort genannten Beweismitteln durchgeführt, so ist der Strengbeweis geführt (Regelfall). Eine Beweisführung ohne solche Bindungen ist ein Freibeweis, der von der Praxis insbesondere im Rahmen der Zulässigkeit der Klage akzeptiert wird (z. B. BGH 4. 6. 1992 MDR 1992, 1181; BGH 5. 2. 1951 NJW 1951, 441). Wichtigstes Beispiel des Freibeweises ist die formlose Einholung amtlicher Auskünfte (vgl. §§ 56 Abs. 1 Satz 2 Nr. 2, 55 Abs. 4 Satz 1 Nr. 3), die allerdings auch außerhalb des Freibeweises als Beweismittel in Betracht kommt. Zu weiteren Einzelheiten vgl. *Koch/Steinmetz,* MDR 1980, 901; *Rosenberg/Schwab/Gottwald* 16. Aufl. 2004 § 109 II 3.

IV. Gegenstand des Beweises § 58

4. Zweck der Beweisführung

Schließlich lassen sich nach dem **Zweck der Beweisführung** Hauptbeweis und Gegenbeweis trennen. Während der **Hauptbeweis** der beweisbelasteten Partei (dazu s. u. Rn. 71 ff.) obliegt, die den Richter vom Vorliegen des behaupteten Tatbestands überzeugen will und muss, verlangt der **Gegenbeweis** weniger. Er obliegt der nichtbeweisbelasteten Partei, die bereits Erfolg hat, wenn die Tatsachenbehauptungen der beweisbelasteten Partei zweifelhaft bleiben. Der Gegenbeweis bezweckt also die Erschütterung einer richterlichen Überzeugung, der Hauptbeweis verlangt das Bestehen voller Überzeugung. Daraus folgt weiter, dass der sog. „Beweis des Gegenteils", den das Gesetz zulässt, wenn für ein Merkmal eine gesetzliche Vermutung spricht (§ 292 Satz 1 ZPO), keine dritte Art bildet, sondern eine Form des Hauptbeweises ist. Durch gesetzliche Vermutungen wird also die Beweislast verteilt (s. u. Rn. 85) und der Beweisbelastete, der die Vermutung entkräften will, muss das Gegenteil zur vollen Überzeugung des Gerichts beweisen, also einen Hauptbeweis führen.

8

IV. Gegenstand des Beweises

Gegenstand des Beweises sind im Regelfall Tatsachen, darüber hinaus können aber auch Rechtssätze und Erfahrungssätze in Betracht kommen.

9

1. Tatsachen

Über jede in den Prozess eingeführte tatsächliche Behauptung muss – soweit sie erheblich und bestritten ist – Beweis erhoben werden. Solche Tatsachen sind nicht nur reale Ereignisse der Außenwelt (äußere Tatsachen), auch Vorgänge des menschlichen Gefühls- und Seelenlebens (innere Tatsachen), angenommene zukünftige Ereignisse, hypothetische Schlussfolgerungen über die Vergangenheit (hypothetische Tatsachen), die Zusammenfassung von Einzeltatsachen zu Geschehenskomplexen (auch Tatsachenzusammenfassungen genannt), schließlich sogar Tatsachenurteile darüber, dass etwas nicht vorliegt (negative Tatsachen) oder dass etwas unmöglich ist (unmögliche Tatsachen), gehören hierher. Entgegen älterer Auffassungen ist auch der Beweis negativer Tatsachen möglich, wenngleich manchmal schwerer zu erbringen. Daher hat es der Gesetzgeber nicht selten vermieden, demjenigen die Beweislast aufzuerlegen, der dann einen solchen Beweis von Negativem führen müsste (vgl. *Prütting* Gegenwartsprobleme S. 253 f., 259).

10

2. Rechtssätze

Im Bereich der Rechtssätze lautet der anerkannte Grundsatz, dass der Richter das gesamte geltende Recht zu kennen oder selbst festzustellen habe (jura novit curia). Davon macht allerdings § 293 ZPO eine wichtige Ausnahme. Einem Beweisverfahren unterworfen sind danach folgende Bereiche, die also der Richter in Abweichung von der Grundregel nicht kennen muss:

11

a) das **ausländische Recht,** also alle nicht in der Bundesrepublik Deutschland geltenden Rechtsnormen. Hierzu gehören nicht das Recht der Europäischen Gemeinschaften und die allgemeinen Regeln des Völkerrechts, die der Richter kennen muss. Dagegen war das Recht der DDR bis zum 2. 10. 1990 im Sinne von § 293 ZPO ausländisches Recht. Das Recht der neuen Bundesländer ist seit 3. 10. 1990 selbstverständlicher Teil des deutschen Rechts, auch soweit Normen aus der Zeit vor dem Beitritt fortgelten;

12

b) das **Gewohnheitsrecht,** also ungeschriebene Rechtssätze, die durch längere tatsächliche Übung entstanden sind und die von den beteiligten Rechtsgenossen als verbindliche

13

§ 58

Rechtsnormen anerkannt werden (so die Definition des BVerfG 28. 6. 1967 BVerfGE 22, 121);

14   c) das **Statutarrecht,** also das von autonomen Verbänden gesetzte Recht. Auch der normative Teil von Tarifverträgen (BAG 29 3. 1957 und 25 8. 1982 BAGE 4, 39; 39, 328) und Betriebsvereinbarungen (*Richardi* BetrVG, 7. Aufl., 77 Rn. 23 ff., 26, 47 ff.; BAG 20. 2. 2001 ZIP 2001, 1253, 1255) gehören hierher. Ferner hat die Rechtsprechung Ermittlungen über die Arbeitsweise und praktische Bedeutung der Heimarbeitsausschüsse (BAG 10 3. 1972 BAGE 24, 162) und die Anpassung von Begrenzungsklauseln durch Pensionskassen (BAG 17. 1. 1969 AP BGB § 242 Ruhegehalt – Pensionskassen Nr. 1) dem § 293 ZPO unterstellt.

15   d) Ohne dass es im Gesetz ausdrücklich erwähnt wäre, muss der Richter immer nur das aktuell geltende Recht kennen. Soweit also in einem Prozess ausnahmsweise einmal **außer Kraft getretenes Recht** oder **noch nicht geltendes Recht** von Bedeutung wäre, wird man auch dies dem Beweisrecht analog § 293 ZPO unterstellen müssen.

16   Soweit der Richter das Recht kennen muss, spielt auch im Beweisrecht (ähnlich wie im Revisionsrecht) die Unterscheidung von **Rechts- und Tatfrage** eine wichtige Rolle. Nach richtiger Auffassung ist eine Unterscheidung grundsätzlich möglich (vgl. die Einzelheiten bei *Rosenberg/Schwab/Gottwald* 16. Aufl. 2004 § 141 Rn. 1 ff., 27 ff.). Zu den möglichen Wegen der Ermittlung fremden Rechts vgl. MünchKommZPO/*Prütting* 3. Aufl. 2008, § 293 Rn. 23 ff. In Betracht kommen eine gerichtsinterne Ermittlung, ein formloses Beweisverfahren und ein förmliches Beweisverfahren.

3. Erfahrungssätze

17   Erfahrungssätze können unstreitig im Wege des Beweises ermittelt werden, obgleich sie im Prozess nicht wie Tatsachen zu behandeln sind (keine Behauptung durch die Parteien erforderlich, nicht geständnisfähig, revisibel). Der Begriff des Erfahrungssatzes umreißt sowohl die Sätze der allgemeinen Lebenserfahrung wie die mit einer besonderen Sach- oder Fachkunde verknüpften Sätze, also die Regeln und Erkenntnisse aus Wissenschaft, Technik, Gewerbe, Handel und Verkehr (so auch Verkehrssitten und Handelsbräuche).

V. Beweismittel

1. Überblick

18   Jede Beweiserhebung hat das Ziel, in dem Richter eine Überzeugung vom Vorliegen des behaupteten Sachverhalts zu begründen. Eine solche Überzeugung kann der Richter entweder durch eigene Wahrnehmung (Augenschein) oder durch Mitteilung fremder Wahrnehmung (also durch Zeugen, Sachverständige, Parteien) und schließlich durch Vorlegung von Urkunden und deren Einsichtnahme erlangen. Alle diese Träger von Anschauung oder Übermittlung nennen wir Beweismittel. Nach der ZPO und in gleicher Weise im arbeitsgerichtlichen Verfahren gibt es fünf Beweismittel: Zeugen, Sachverständige, Urkunden, Augenschein und Parteivernehmung. Diese Aufzählung ist im Bereich des Strengbeweises (s. o. Rn. 7) abschließend. Im Rahmen des Freibeweises (s. o. Rn. 7) können weitere Beweismittel wie insbesondere Auskünfte und Zeugnisse von Behörden oder eidesstattliche Versicherungen Verwendung finden.

2. Zeuge

a) Wesen

19   Beim Zeugenbeweis (§§ 373 bis 401 ZPO) geht es um die Wahrnehmung (nicht um Schlüsse und Folgerungen) einer dritten Person über vergangene Tatsachen (nicht Erfah-

rungssätze und Rechtssätze) und deren inhaltliche Erfassung durch den Richter. Es kommt jede Art der Wahrnehmung in Betracht, so dass auch der **Zeuge vom Hörensagen** ein taugliches Beweismittel ist (so zu Recht LAG München 2. 7. 1987 LAGE Nr. 2 zu § 373 ZPO).

b) Zeugnisfähig

Zeugnisfähig ist grundsätzlich jede Person, auch Kinder, Gebrechliche oder Geisteskranke. Zeuge kann nicht die Partei sein (vgl. im Einzelnen *Rosenberg/Schwab/Gottwald* 16. Aufl. 2004 § 119 Rn. 5). 20

c) Pflicht zum Erscheinen

Der Zeuge hat die Pflicht zum Erscheinen (vgl. § 380 ZPO). Ausnahmen gelten für den Bundespräsidenten (§ 375 Abs. 2 ZPO), für die Mitglieder von Regierung und Parlament (§ 382 ZPO), für Gerichtsbefreite (also insbesondere Diplomaten), im Falle von Krankheit und ähnlichen Hinderungsgründen (vgl. § 375 Abs. 1 Nr. 2 ZPO) und bei vom Gericht angeordneter schriftlicher Äußerung (§ 377 Abs. 3 und Abs. 4 ZPO i. V. m. § 58 Abs. 2 Satz 2). Erscheint der Zeuge unentschuldigt nicht (vgl. § 381 ZPO), so werden ihm von Amts wegen die verursachten Kosten und ein Ordnungsgeld auferlegt. 21

d) Pflicht zur Aussage; Zeugnisverweigerungsrecht

Der Zeuge hat die Pflicht zur Aussage (vgl. § 390 ZPO). Ausnahmen gibt es nach beamtenrechtlichen Grundsätzen (vgl. § 376 Abs. 1 ZPO mit §§ 61, 62 BBG) und bei Bestehen eines Zeugnisverweigerungsrechts. Ein solches Recht räumt das Gesetz aus persönlichen Gründen (Ehegatten, Verlobte, direkte Verwandte; vgl. § 383 Abs. 1 Nr. 1–3 ZPO), aus beruflichen Gründen (Geistliche, Redakteure, Journalisten, Ärzte, Richter, Rechtsanwälte, Steuerberater usw.; vgl. § 383 Abs. 1 Nr. 4–6 ZPO) und aus sachlichen Gründen (Gefahr von Schäden, Strafverfolgung oder Geheimnisverrat; vgl. § 384 ZPO) ein. 22

e) Pflicht zur Beeidigung

Im Zivilprozess hat der Zeuge die Pflicht zur Beeidigung (vgl. § 390 ZPO). Im arbeitsgerichtlichen Verfahren findet eine Beeidigung nur dann statt, wenn die Kammer dies im Hinblick auf die Bedeutung des Zeugnisses für die Entscheidung des Rechtsstreits für notwendig erachtet (§ 58 Abs. 2 Satz 1). Damit wiederholt § 58 zwar § 391 ZPO teilweise, anders als dort ist aber im arbeitsgerichtlichen Verfahren eine Beeidigung zur Herbeiführung einer wahrheitsgemäßen Aussage nicht zulässig (BAG 5. 11. 1992 NZA 1993, 308). Ob eine Beeidigung erfolgt, entscheidet grundsätzlich das Gericht in der Besetzung, in der es den Zeugen vernimmt, d. h. bei einer Vernehmung durch den Vorsitzenden entscheidet dieser allein und nicht die Kammer über die Beeidigung (so auch *Grunsky* § 58 Rn. 23; a. A. *Dietz/Nikisch* § 58 Rn. 21). In der Güteverhandlung sind eidliche Vernehmungen generell ausgeschlossen (§ 54 Abs. 1 Satz 4). 23

Auch die Regelung in § 391 ZPO, wonach eine Beeidigung ausscheidet, wenn die Parteien darauf verzichten, ist im arbeitsgerichtlichen Verfahren anwendbar. 24

Im Rahmen einer vom Gericht angeordneten schriftlichen Zeugenaussage (§ 58 Abs. 2 i. V. m. § 377 Abs. 3 und Abs. 4 ZPO) ist eine eidesstattliche Versicherung nur im Ausnahmefall erforderlich, soweit die Kammer (nicht der Vorsitzende) diese wegen der Bedeutung der Aussage für die Entscheidung für notwendig hält. 25

f) Verfahren

Der Zeugenbeweis darf nicht von Amts wegen, sondern nur auf Antrag der Partei erhoben werden (Beweisantretung gemäß § 373 ZPO). Die Vernehmung wird durch 26

§ 58 Beweisaufnahme

gerichtliche Anordnung, also den Beweisbeschluss, vorbereitet. Den Vorgang der Vernehmung regeln die §§ 394 bis 398 ZPO. Die Beweisaufnahme ist zu protokollieren (§ 160 Abs. 3 Nr. 4 ZPO). Zur **Entschädigung** von Zeugen gilt gemäß § 9 Abs. 4 das neue JVEG vom 5. 5. 2004 (vgl. dort auch die Literaturangaben).

g) Beweiswürdigung

26 a Eine besonders schwierige Frage ist die Beweiswürdigung von Zeugenaussagen und dessen Glaubwürdigkeit. Jedenfalls kann es eine Beweisregel, wonach einem Zeugen in aller Regel zu glauben sei, nicht geben (vgl. *Reinecke* NZA 1989, 579). Der Richter muss die Zeugenaussage in jedem Einzelfall konkret würdigen und er ist berechtigt, einem Zeugen auch keinen Glauben zu schenken. Er hat allerdings die Verpflichtung, die Gründe für seine Überzeugungsbildung im Urteil anzugeben (vgl. unten Rn. 53).

3. Sachverständiger

27 Sachverständiger ist eine Person, die dem Richter fehlendes Wissen von Rechtsnormen, Erfahrungssätzen, Schlussfolgerungen aus Tatsachen, aber auch über die Tatsachenfeststellung selbst vermittelt (§§ 402 bis 414 ZPO). Sachverständige werden vom Gericht nach dessen freier Auswahl (vgl. § 404 ZPO) zugezogen. Sie können wie Richter abgelehnt werden (§ 406 ZPO). Eine allgemeine Verpflichtung, sich als Sachverständiger zur Verfügung zu stellen, gibt es nicht (Ausnahme: § 407 ZPO). Das Verfahren im Einzelnen ist dem Zeugenbeweis angeglichen (vgl. § 402 ZPO). Die speziellen Pflichten des Gerichts gegenüber dem Sachverständigen regelt § 404 a ZPO, die Pflichten des Sachverständigen sind in § 407 a aufgeführt. Der Sachverständige kann sein Gutachten auch schriftlich erstatten (§ 411 ZPO). Ob ein Gutachten schriftlich oder mündlich zu erstatten ist, kann das Gericht nach seinem Ermessen anordnen. Aber auch im Falle der praktisch häufigen schriftlichen Gutachtenerstattung hat das Gericht die Befugnis, eine mündliche Erläuterung des Gutachtens zu verlangen (§ 411 Abs. 3 ZPO; vgl. dazu *Ankermann* NJW 1985, 1204; *Gehle* DRiZ 1984, 101; *Pantle* MDR 1989, 312; *Schrader* NJW 1984, 2806). Der Sachverständigenbeweis wird auf Antrag oder von Amts wegen (vgl. § 144 Abs. 1 ZPO) erhoben. Soweit hierzu die Vorlage eines Gegenstandes erforderlich ist, kann diese nach § 144 Abs. 1 Satz 2 ZPO von jeder Partei und ebenso von einem Dritten erzwungen werden. Zur **Entschädigung** von Sachverständigen gilt gemäß § 9 Abs. 4 das neue JVEG vom 5. 5. 2004 (vgl. dort auch die Literaturangaben).

27 a Nicht hierher gehören **Privatgutachten**. Bei ihnen handelt es sich um eine besondere Form des Parteivorbringens (BGH 27. 5. 1982 NJW 1982, 2874, 2875).

4. Urkunde

28 Der Urkundenbeweis (§§ 415 bis 444 ZPO) dient zur Ermittlung von Tatsachen, in Ausnahmefällen wohl auch für Erfahrungssätze. Urkunden im Zivilprozess und im arbeitsgerichtlichen Verfahren sind dabei nur die durch Schriftzeichen verkörperten Gedankenäußerungen, die dem Rechtsverkehr zu dienen geeignet sind und den Aussteller erkennen lassen. Deshalb sind (anders als im Strafrecht) **keine** Urkunden: Beweiszeichen (wie z. B. Siegel oder Fahrzeugnummern), Zeichnungen, Pläne, Tonbänder, Schallplatten, Fotografien, EDV-Datenträger usw. Dies alles sind im Zivilprozess Augenscheinsobjekte (vgl. etwa LAG Berlin 15. 2. 1988 DB 1988, 1024). Dagegen wird man ein Telefax, das nach seinem Inhalt Urkundenqualität besitzt, als Urkunde anerkennen können. Als Problem bei der Zustellungen von Kündigungen erweist sich das neue „Einwurf-Einschreiben", das nicht zu einem gesicherten Beweis durch eine öffentliche Urkunde verhilft (vgl. *Bauer/Diller* NJW 1998, 2795).

29 Die ZPO unterscheidet nach dem Aussteller öffentliche Urkunden (§§ 415, 417, 418 ZPO) und Privaturkunden (§ 416 ZPO). Beide haben, soweit sie echt sind, die im Gesetz

V. Beweismittel § 58

geregelte formelle Beweiskraft. Über die Bedeutung und Schlussfolgerungen aus dem so bewiesenen Urkundeninhalt entscheidet der Richter im Rahmen seiner freien Beweiswürdigung (§ 286 Abs. 1 ZPO; s. u. Rn. 50 ff.). Der Urkundenbeweis wird auf Antrag oder von Amts wegen (§ 56 Abs. 1 Satz 2 Nr. 1 und 2; §§ 142 Abs. 1, 273 Abs. 2 Nr. 1 und 2 ZPO) erhoben. Da § 46 Abs. 2 zunächst auf das amtsgerichtliche Verfahren der ZPO verweist, gilt im arbeitsgerichtlichen Verfahren auch § 510 ZPO. Dieser schränkt die Anwendung des § 439 Abs. 3 ZPO erheblich ein, wonach eine Urkunde als echt anzusehen ist, wenn sich der Gegner über deren Echtheit nicht erklärt. Das ZPO-Reformgesetz hat jede Partei und (soweit zumutbar) sogar für Dritte eine prozessuale Pflicht zur Urkundenvorlage eingeführt (vgl. § 142 Abs. 1 ZPO); vgl. *Prütting* FS Nemeth 2003, S. 701.

5. Augenschein

Der Augenscheinsbeweis (§§ 371–372 a ZPO) kann durch jede unmittelbare Sinneswahrnehmung des Richters erfolgen (Sehen, Hören, Fühlen, Schmecken, Riechen). Dabei geht es immer nur um die äußerliche Wahrnehmung, nicht um die inhaltliche Erfassung des Beweisgegenstandes. Daher ist z. B. das Studium einer Urkunde durch den Richter Urkundenbeweis, wenn er den Inhalt der Urkunde erfassen will, es ist Augenscheinsbeweis, wenn er die Schriftzeichen im Hinblick auf den Aussteller mit einer Schriftprobe vergleicht. Augenscheinsobjekt kann jede Person oder Sache sein, insbesondere auch Beweiszeichen, Schallplatte, Tonband usw. (s. o. Rn. 28). Der Augenscheinsbeweis wird auf Antrag oder von Amts wegen (§ 144 Abs. 1 ZPO) erhoben. Ist das Augenscheinsobjekt nicht greifbar, kann der Antrag gestellt werden, über einen Antrag nach § 144 ZPO die Vorlage des Gegenstandes zu erzwingen (vgl. § 371 Abs. 2 ZPO). 30

6. Parteivernehmung

Der Beweis durch Parteivernehmung (§§ 445 bis 455 ZPO) ist vom Gesetz nur subsidiär vorgesehen und es kann nur die Vernehmung des Gegners beantragt werden (§ 445 Abs. 1 ZPO). Letzteres kann das Gericht aber beiseite schieben (vgl. §§ 448, 447 ZPO). Die Parteivernehmung kann außer auf Antrag auch von Amts wegen erfolgen (§ 448 ZPO). Neuerdings wird heftig über die Frage diskutiert, ob eine Partei sich bei ihrer Aussage freiwillig einem Test durch den **Lügendetektor** (Polygraphentest) unterziehen kann. Bisher ist dieser Test generell als unzulässig angesehen worden (BVerfG 18. 8. 1981 NJW 1982, 375 für das Strafverfahren; LAG Rheinland-Pfalz 18. 11. 1997 MDR 1998, 1119 für ein Kündigungsverfahren; BGH 24. 6. 2003 MDR 2003, 1127 für den Zivilprozess). Daran sollte festgehalten werden. 31

Die Subsidiarität und die sonstigen Einschränkungen der Parteivernehmung haben zu der Frage geführt, ob hier das verfassungsrechtliche Gebot der **Waffengleichheit** im Prozess gewahrt ist. Diskutiert wurde diese Frage vor allem im Lichte einer Entscheidung des EGMR (27. 10. 1993 NJW 1995, 1413; dazu *Schlosser* NJW 1995, 1404; *Schöpflin* NJW 1996, 2134; *Roth* ZEuP 1996, 490). In dieser Entscheidung wurde für den Fall einer Beweisnot verlangt, dass das Gericht im Falle eines Vier-Augen-Gesprächs, in dem der eine Gesprächspartner Partei, der andere Gesprächspartner jedoch später Zeuge ist, diese unterschiedliche Situation auszugleichen. In extremen Fällen kann dem unter Berücksichtigung der freien Beweiswürdigung (s. unten Rn. 51 a. E.) und unter Heranziehung von § 141 und § 448 ZPO entsprochen werden. Dies bejahen nunmehr auch das BAG (19. 11. 2008, EzA § 448 ZPO 2002 Nr. 2; 22. 5. 2007 EzA Art. 103 GG Nr. 8), der BGH (16. 7. 1998 NJW 1999, 363) und das BVerfG (21. 2. 2001 NJW 2001, 2531). Ein solcher Extremfall lag aber den Fällen des LAG Köln und des Sächsischen LAG nicht zugrunde, wie die Gerichte zu Recht betont haben (LAG Köln 16. 3. 1999 MDR 1999, 1085; Sächsisches LAG 15. 9. 1999 MDR 2000, 724). Die von *Schlosser* (NJW 1995, 1404) und von *Kocher* (NZA 2003, 1314) geforderte erweiternde 31a

Auslegung des § 448 ZPO erscheint daher nicht generell erforderlich (wie hier BGH 25. 9. 2003 NJW 2003, 3636; OLG München 13. 3. 1996 NJW-RR 1996, 958; OLG Düsseldorf 23. 3. 1996 OLGR Düsseldorf 1996, 274; LAG Köln 16. 3. 1999 MDR 1999, 1085; *Wittschier* DRiZ 1997, 247; *Lange* NJW 2002, 476). Im Fall von Mobbing am Arbeitsplatz bejaht LAG Thüringen (10. 4. 2001 NZA-RR 2001, 347) eine Einwirkung auf das Beweisrecht. Zur gesamten Problematik nunmehr umfassend *Coester-Waltjen* ZZP 113 (2000), 269; *Oberhammer* ZZP 113 (2000), 295; *Sutter-Somm* ZZP 113 (2000), 327; *Stürner* FS Ishikawa 2001 S. 529; *Lange* NJW 2002, 476; *Kwaschik*, Die Parteivernehmung und der Grundsatz der Waffengleichheit im Zivilprozess, 2004.

VI. Beweisverbote

32   Nicht jede Beweisführung, die tatsächlich möglich ist, ist auch rechtlich zulässig. Die verschiedenen Fälle, in denen Beweishindernisse bestehen, werden häufig unter dem Begriff der Beweisverbote diskutiert. Dabei muss man zwischen „Erhebungsverboten" und „Verwertungsverboten" trennen. Ein Sonderfall unzulässiger Beweisantretung (und damit Unterfall eines Beweiserhebungsverbots) ist der Ausforschungsbeweis. Ein Sachvortragsverwertungsverbot oder ein Verwendungsverbot kennt das deutsche Recht nicht (BAG 13. 12. 2007, NZA 2008, 1008).

1. Erhebungsverbote

33   In einzelnen Fällen schließt das Gesetz bestimmte Beweismittel generell oder in besonderen Situationen aus. Wichtigstes Beispiel in der ZPO ist der Urkunden-, Wechsel- und Scheckprozess, wo gemäß §§ 595 Abs. 2, 605 Abs. 1, 605 a ZPO Zeugen, Sachverständige und Augenschein ausgeschlossen und nur der Beweis durch Urkunde und Parteivernehmung zugelassen sind. Allerdings ist dieses Verfahren vor den Arbeitsgerichten generell unzulässig (§ 46 Abs. 2 Satz 2). Weitere Fälle, die auch im Arbeitsrecht in Betracht kommen, sind: § 80 Abs. 1 ZPO (Vollmachtsnachweis nur durch Urkunde), § 165 Satz 1 ZPO (Nachweis über den förmlichen Ablauf der mündlichen Verhandlung nur durch Protokoll), § 314 Satz 2 ZPO (Gegenbeweis gegen den Tatbestand eines Urteils nur durch das Protokoll). Beweishindernisse entstehen auch durch das Geltendmachen von bestehenden Zeugnisverweigerungsrechten (§§ 383 ff. ZPO), im Falle bestehender Schweigepflichten auch ohne Geltendmachen (vgl. §§ 383 Abs. 3 ZPO, 174 Abs. 3 GVG). Zur Einschränkung von Beweismitteln bei der Beweissicherung s. u. Rn. 48 f.

2. Verwertungsverbote

34   Von den genannten und im Gesetz niedergelegten Beweishindernissen zu trennen ist es, wenn ein Beweismittel rechtswidrig erlangt worden ist, sei es, dass ein Zeuge ohne Belehrung über sein Zeugnisverweigerungsrecht bereits vernommen wurde oder dass dem Gericht z. B. Tonbandaufnahmen, Fotos, Briefe, persönliche Aufzeichnungen und ähnliches vorliegen, die die vorlegende Partei rechtswidrig hergestellt oder in Besitz gebracht hat.

35   Das Gesetz enthält kein Verbot der Verwertung solcher Beweismittel und in Rechtsprechung und Literatur schwanken die Auffassungen von genereller Verwertbarkeit (*Lang*, Ton- und Bildträger, 1960; *Roth* JR 1950, 715; *Wieczorek* § 282 Anm. C I a 1; *Kodek* S. 122 ff.; *Werner* NJW 1988, 1002) über vielfältige Mittelmeinungen bis hin zu einem generellen Verbot der Verwertung (*Konzen*, Rechtsverhältnisse zwischen Prozessparteien, 1976, S. 244 ff.; *Gemmeke* S. 163 ff.; *Pleyer* ZZP 69, 334 ff.; *Keller* JR 1950, 271; *Schlosser* ZPR I, Rn. 354 a; *Baumgärtel* ZZP 69, 103 ff.; differenzierend später *ders.* FS Klug 1983 S. 477 ff.).

VI. Beweisverbote § 58

Strikt abzulehnen ist die Auffassung, jedes auch rechtswidrig erlangte Beweismittel 36
sei verwertbar. Aber auch den gegenteiligen Standpunkt, ein generelles Verwertungsverbot, wird man nicht vertreten können. Denn weder hat im Zivilprozess und im Arbeitsprozess die Wahrheitspflicht Vorrang vor allen anderen Prozesszwecken, so dass auch rechtswidrig erlangte Beweismittel **immer** zu verwerten wären, noch kann die materielle Rechtswidrigkeit des Verhaltens von Rechtssubjekten in jedem Fall eine prozessuale Auswirkung haben, so dass ein generelles Verwertungsverbot eintreten müsste (so ausdrücklich BAG 13. 12. 2007, NZA 2008, 1008, 1010). Vielmehr ist in jedem Einzelfall danach zu fragen, ob der **Schutzzweck der verletzten Norm** eine solche prozessuale Sanktion gebietet. Das ist insbesondere zu bejahen beim rechtswidrigen Eingriff in verfassungsrechtlich geschützte Grundpositionen (etwa das allgemeine Persönlichkeitsrecht), bei Verletzung der Belehrungspflicht über Zeugnisverweigerungsrechte und bei Verstoß gegen die §§ 201–203 StGB (Vertraulichkeit des Wortes, Briefgeheimnis, Privatgeheimnis). Mit der hier vertretenen Auffassung stimmen überein *Stein/Jonas/Leipold* 22. Aufl., § 284 Rn. 56 ff. (vgl. auch *Baumgärtel* FS Klug 1983 S. 477 ff., der sehr stark auf eine Abwägung nach Treu und Glauben abhebt). Für das Arbeitsrecht will nun auch *Gemmeke* S. 163 ff. sehr stark auf § 242 BGB zurückgreifen. Abzulehnen ist eine solche prozessuale Sanktion bei Verletzung materiellen Rechts ohne Eingriff in Grundrechtspositionen (im Einzelnen vgl. MünchKomm-ZPO/*Prütting*, 3. Aufl. 2008, § 284 Rn. 62, 64 ff.). Daher sind eine Information oder ein Beweismittel, die unter Verstoß gegen Normen des BetrVG, insbesondere seiner Mitbestimmungsregeln, erlangt worden sind, im Kündigungsschutzprozess verwertbar (BAG 13. 12 2007, NZA 2008, 1008).

Im Arbeitsrecht wurde zu Recht für unzulässig angesehen: die Vernehmung eines 37
Dritten, den der Arbeitgeber über eine Sprechanlage ein als vertraulich ausgegebenes Gespräch mit einem Arbeitnehmer hat mithören lassen (BAG 2. 6. 1982 AP ZPO § 284 Nr. 3 mit Anm. *Baumgärtel* = SAE 1984, 294 mit Anm. *Lorenz-Unger*; ebenso BAG 29. 10. 1997 EzA § 611 BGB Persönlichkeitsrecht Nr. 12 = JZ 1998, 790 m. krit. Anm. *Foerste* = SAE 1998, 285 m. Anm. *Löwisch/Wallisch*; dazu kritisch auch *Kopke* NZA 2001, 917), die Verwertung rechtswidrig hergestellter Tonbandaufnahmen (ArbG Kassel 31. 8. 1954 BB 1955, 31; LAG Berlin 15. 2. 1988 DB 1988, 1024), die Verwertung der Zeugenaussage einer Telefonistin, die ein Telefongespräch eines Arbeitnehmers heimlich mitgehört und mitstenographiert hat (ArbG Essen 21. 8. 1969 BB 1970, 258), die Vernehmung der Ehefrau des Arbeitgebers, die ein Telefongespräch ihres Mannes mit einem Arbeitnehmer unbemerkt abgehört hat (LAG Berlin 15. 2. 1982 AP ZPO § 284 Nr. 1), die Verwertung von Beweismitteln, die durch unzulässige Kontrollen des Arbeitnehmers durch den Arbeitgeber erlangt worden sind (vgl. *Grunsky* § 58 Rn. 3) sowie die heimliche Videoüberwachung durch den Arbeitgeber, soweit nicht der konkrete Verdacht einer strafbaren Handlung oder sonstigen schweren Verfehlens besteht und der Eingriff mangels Alternative verhältnismäßig ist (BAG 27. 3. 2003 NZA 2003, 1193 = NJW 2003, 3436 = JZ 2004, 366; dazu *Schlewing* NZA 2004, 1071; *Altenburg/Leister*, NJW 2006, 469; *Helle* JZ 2004, 340). Das BVerfG hat in einem Fall, in dem es um das Mithören eines Telefonats von einem Diensttelefon durch den Arbeitgeber oder dessen Vertreter ging, entschieden, dass das gesprochene Wort als Ausprägung des grundrechtlichen Persönlichkeitsschutzes gegen jeden Eingriff geschützt ist, so dass die bloße Kenntnis von einer bestehenden Mithörmöglichkeit und die Benutzung eines Diensttelefons für sich allein nicht zur Verneinung der Vertraulichkeit des gesprochenen Wortes führt. Soweit daher der Betroffene dem Mithören nicht zustimmt, kann sich die Rechtfertigung solcher Maßnahmen nur aus einer Abwägung zwischen dem gegen die Verwertung streitenden Persönlichkeitsrecht und einem dafürsprechenden Interesse des Beweisführers ergeben (BVerfG 19. 12. 1991 NJW 1992, 815 = NZA 1992, 307 = AuR 1992, 158 mit Anm. *Linnenkohl*; vgl. nunmehr zum Strafprozess auch BVerfG 27. 4. 2000 NJW 2000, 3556). Die neueste Rechtsprechung bejaht bei telefonischen Lauschzeugen gene-

rell ein Verwertungsverbot (BVerfG 9. 10. 2002 NJW 2002, 3619 = JZ 2003, 1104; dazu *Foerste* JZ 2003, 1111 und NJW 2004, 262; BGH 18. 2. 2003 NJW 2003, 1727).

37 a Zulässig ist dagegen die Vernehmung eines Zeugen vom Hörensagen (LAG München 2. 7. 1987 LAGE Nr. 3 zu § 373 ZPO; *Reinecke* NZA 1989, 581 f.). Auch ein Diebstahl von Unterlagen allein führt noch nicht zu einem Verwertungsverbot (BAG 15. 8. 2002, ZIP 2003, 456, 458). Ebenso macht allein der Verstoß gegen Mitbestimmungstatbestände eine Erkenntnis noch nicht unverwertbar (*Schlewing*, NZA 2004, 1071, 1077; *Altenburg/Leister*, NJW 2006, 469, 470; ebenso nunmehr BAG 13. 12. 2007, NZA 2008, 1008).

3. Ausforschungsbeweis

38 Beim Ausforschungsbeweis kann es darum gehen, dass eine Partei einen völlig vagen und unsubstantiierten Beweisantrag (s. u. Rn. 39) stellt, um dadurch erst konkrete Hinweise für ihren weiteren tatsächlichen Vortrag zu erlangen (daher spricht man teilweise auch vom „Beweisermittlungsantrag"). Ein solcher unbestimmter Antrag ist unzulässig (BGH 9. 7. 1974 NJW 1974, 1710; vgl. auch BAG 21. 10. 1980 AP BetrVG 1972 § 54 Nr. 1). Unsicher ist dagegen die Beurteilung von Anträgen, die zwar genügend konkretisiert, aber ohne jeden Anhaltspunkt „ins Blaue hinein" gestellt worden sind (vgl. dazu BGH 14. 1. 1988 WM 1988, 1478). Mit der Zurückweisung solcher Beweisanträge wird man sehr zurückhaltend sein müssen. Jedenfalls rechtfertigt die Wahrheitspflicht (§ 138 Abs. 1 ZPO) der Parteien die Ablehnung eines solchen Antrags nicht, da § 138 ZPO nur bewusst wahrheitswidrige Behauptungen verbietet. Auszugehen ist vielmehr vom Sinn und Zweck des Beweises als Wahrheitsermittlung über erhebliche und bestrittene Tatsachenbehauptungen. Ein konkreter Beweisantrag über solche Tatsachenbehauptungen kann deshalb nur dann unzulässig sein, wenn ihm erkennbar nur willkürliche und ohne jeden Anhaltspunkt aufgestellte Behauptungen zugrunde liegen, wenn also nicht eine Beweisführung, sondern nur die Erlangung von Hinweisen für spätere Behauptungen gewollt ist.

Spezielle Literatur: *Altenburg/Leister*, Die Verwertbarkeit mitbestimmungswidrig erlangter Beweismittel im Zivilprozeß, NJW 2006, 469.

VII. Beweiserhebung

1. Antretung des Beweises

39 Aus der Sicht der Parteien wird der Beweis durch tatsächliche Behauptungen und Benennung von Beweismitteln für diese angetreten (vgl. § 282 ZPO). Die Beweiserhebung erfolgt dann bei allen Beweismitteln mit Ausnahme des Zeugenbeweises auf Antrag oder von Amts wegen. Allein der Zeugenbeweis ist nur auf Antrag möglich (§ 373 ZPO). Ein Beweisantrag muss das genaue Beweisthema und das jeweilige Beweismittel benennen. Der Beweis muss rechtzeitig angetreten werden, andernfalls droht eine Zurückweisung gemäß § 56 Abs. 2 bzw. § 296 Abs. 2 ZPO.

2. Beweisführung

40 Im Zivilprozess und ebenso im arbeitsgerichtlichen Urteilsverfahren ist die Beweisführung grundsätzlich Sache der Parteien (Ausfluss der Verhandlungsmaxime; vgl. Einl. Rn. 153 f.). Die beweisbelastete Partei muss für ihre erheblichen und bestrittenen Tatsachenbehauptungen Beweis anbieten. Der Beweis wird in der mündlichen Verhandlung oder in den vorbereitenden Schriftsätzen angetreten.

VII. Beweiserhebung § 58

Nicht erforderlich ist dementsprechend eine Beweisführung bei **unstreitigen** (also 41 zugestandenen oder nicht bestrittenen) Behauptungen (vgl. §§ 288 Abs. 1, 138 Abs. 3 ZPO) und bei sog. **offenkundigen** Tatsachen (§ 291 ZPO).

3. Anordnung der Beweisaufnahme

Das Gericht ordnet die Beweisaufnahme durch formellen Beweisbeschluss (vgl. 42 §§ 358, 358 a, 359 ZPO) oder formlos in der mündlichen Verhandlung an (vgl. § 279 Abs. 2 ZPO). Der Beweisbeschluss wird verkündet. Er kann nicht angefochten werden (§ 355 Abs. 2 ZPO). Gemäß § 360 ZPO sind aber Änderungen des Beweisbeschlusses von Amts wegen oder auf Antrag möglich. Da ein förmlicher Beweisbeschluss nach § 358 ZPO nur auf Grund mündlicher Verhandlung ergehen kann, erlässt ihn das Gericht und nicht der Vorsitzende allein (vgl. § 53 Abs. 1 Satz 1). Die Ablehnung der Beweiserhebung bei Vorliegen eines erheblichen Beweisantrags im Wege vorweggenommener Beweiswürdigung verstößt gegen Art. 103 Abs. 1 GG (BVerfG 22. 1. 2001 NJW-RR 2001, 1006).

Nur der Vorsitzende erlässt dagegen nach § 55 Abs. 4 den vorterminlichen Beweis- 43 beschluss. Zum Zeitpunkt der Beweisaufnahme vgl. *Müller* AuR 1989, 274 ff.

4. Die Beweisaufnahme

Regelmäßig soll die Beweisaufnahme vor dem erkennenden Gericht stattfinden, sog. 44 **Unmittelbarkeit** der Beweisaufnahme (§ 355 Abs. 1 Satz 1 ZPO; vgl. dazu *Koukouselis,* Die Unmittelbarkeit der Beweisaufnahme im Zivilprozess, 1990; *Pantle,* Die Beweisunmittelbarkeit im Zivilprozess, 1991; *Weth,* Der Grundsatz der Unmittelbarkeit der Beweisaufnahme, JuS 1991, 34). § 58 Abs. 1 Satz 1 verstärkt diesen Grundsatz noch, indem er die nach der ZPO ausnahmsweise mögliche Übertragung an einen beauftragten oder ersuchten Richter (§§ 355 Abs. 1 Satz 2, 361, 362 ZPO; vgl. ferner §§ 372 Abs. 2, 375, 402, 434, 451 ZPO) ausschließt. Vielmehr muss die Beweisaufnahme vor der Kammer erfolgen, soweit sie im Gerichtsgebäude möglich ist (§ 58 Abs. 1 Satz 1). In allen anderen Fällen kann die Beweisaufnahme dem Vorsitzenden (nicht einem ehrenamtlichen Richter) übertragen werden (§ 58 Abs. 1 Satz 2). Die Übertragung auf den Vorsitzenden erfolgt durch die Kammer. Das Gericht kann auch nach § 13 verfahren, d. h. die Beweisaufnahme im Wege der Rechtshilfe durch ein Amtsgericht durchführen lassen. Findet die Beweisaufnahme außerhalb des Bezirks des Arbeitsgerichts statt, so erfolgt sie im Regelfall durch ein Rechtshilfegericht (§ 13).

Die Parteien haben das Recht, bei der Beweisaufnahme anwesend zu sein (§ 357 ZPO) 45 und über deren Ergebnis zu verhandeln (§ 285 ZPO). Daher ist ein beweisrechtliches **Geheimverfahren,** wie es diskutiert wird (vgl. insbes. *Baumgärtel* FS Habscheid 1989 S. 1; *Stürner* JZ 1985, 453; *Stadler,* Der Schutz des Unternehmensgeheimnisses im deutschen und U.S.-amerikanischen Zivilprozess und im Rechtshilfeverfahren, 1989; *dies.* NJW 1989, 1202), in keinem Falle zulässig (umfassend *Walker* FS E. Schneider S. 147, 155 ff.; ferner *Prütting/Weth* DB 1989, 2273; *dies.* AuR 1990, 269; a. A. *Grunsky* AuR 1990, 105; BAG 25. 3. 1992 NJW 1993, 612 = SAE 1993, 302 m. abl. Anm. *Schilken;* wie hier dagegen BGH 12. 11. 1991 BGHZ 116, 47 = NJW 1992, 1817; BGH 18. 10. 1995 NJW 1996, 391). Möglich ist nur der Schutz einer Partei durch Ausschluss der Öffentlichkeit (vgl. BAG 23. 4. 1985 WM 1985, 1353). Andernfalls wären der verfassungsrechtliche Anspruch auf rechtliches Gehör sowie zwingende Regeln über den Zeugenbeweis, ferner das Recht auf den Gegenbeweis und der Grundsatz der freien richterlichen Beweiswürdigung verletzt. Dies verkennt die vom BAG vertretene Gegenauffassung grundlegend. Vgl. aus verfassungsrechtlicher Sicht dazu auch BVerfG 11. 10. 1994 NJW 1995, 40. Die gegenteilige Entscheidung des BVerfG zum konkreten Fall im Arbeitsrecht (21. 3. 1994 NJW 1994, 2347) nimmt das eigentliche Problem nicht zur Kenntnis und ist deshalb völlig nichts sagend (so zu Recht *Leipold* SAE 1996, 71 f.).

§ 58

46 Der Grundsatz der Unmittelbarkeit der Beweisaufnahme (§ 355 Abs. 1 ZPO) verlangt nicht, dass das Gericht bei Fällung der Entscheidung in gleicher Weise besetzt ist wie bei der Durchführung der Beweisaufnahme. Ein Besetzungswechsel der Kammer in der gleichen Sache ist also möglich, wenngleich er gerade wegen des Grundsatzes der Unmittelbarkeit möglichst vermieden werden sollte (vgl. AK-ZPO/*Rüßmann* § 355 Rn. 1).

47 Im arbeitsgerichtlichen Verfahren ist diese Frage von großer praktischer Bedeutung, weil die Heranziehung ehrenamtlicher Richter in der Praxis nach den jeweiligen Sitzungstagen und nicht nach den jeweiligen Rechtsfällen durchgeführt wird (s. o. § 31 Rn. 10 ff.).

VIII. Selbständiges Beweisverfahren

48 Die Sicherung des Beweises durch ein selbständiges Verfahren ist in den §§ 486 bis 494 a ZPO geregelt. Diese Normen gelten auch im arbeitsgerichtlichen Verfahren (BAG 30. 9. 2008, NZA 2009, 112). Es handelt sich um eine vorsorgliche Beweisaufnahme außerhalb oder während des streitigen Verfahrens. Sie dient der außerprozessualen Aufklärung und Feststellung von Tatsachen mit Hilfe des Prozessrechts. Als Beweismittel sind nur der Augenschein sowie Zeugen und Sachverständige zulässig (§ 485 Abs. 1 ZPO). Das selbständige Beweisverfahren ist nur aus den im Gesetz genannten Gründen zulässig (§ 485 Abs. 2 ZPO), also nur, soweit ein rechtliches Interesse daran besteht, den Zustand einer Person oder den Zustand oder Wert einer Sache festzustellen, ferner die Ursache und den Beseitigungsaufwand für Schäden und Sachmängel festzustellen. Das Verfahren ist durch das Rechtspflege-Vereinfachungsgesetz neu gefasst worden und seit 1. 4. 1991 in Kraft.

49 Verfahrensmäßig ist ein Antrag beim Prozessgericht (§ 486 Abs. 1 ZPO) oder bei dem Gericht, das nach dem Vortrage des Antragstellers zur Entscheidung in der Hauptsache berufen wäre (§ 486 Abs. 2 ZPO), erforderlich. In dringenden Fällen kann der Antrag auch bei dem Amtsgericht gestellt werden, in dessen Bezirk die zu vernehmende oder zu begutachtende Person sich aufhält oder die in Augenschein zu nehmende oder zu begutachtende Sache sich befindet (§ 486 Abs. 3 ZPO). Die Zuständigkeit des Amtsgerichts ist in diesen Fällen auch bei einem Arbeitsgerichtsverfahren begründet. Zum Inhalt des Antrags vgl. § 487 ZPO. Über die Beweisaufnahme hinaus (vgl. § 492 Abs. 1 ZPO) kann das Gericht die Parteien zur mündlichen Erörterung laden, wenn eine Einigung zu erwarten ist. Das Gericht kann ferner einen Vergleich zu gerichtlichem Protokoll nehmen (§ 492 Abs. 3 ZPO), der dadurch die Qualität eines Vollstreckungstitels erhält (§ 794 Abs. 1 Nr. 1 ZPO).

IX. Freie Beweiswürdigung

1. Grundsatz

50 a) Hat das Gericht über die erheblichen und bestrittenen Tatsachenbehauptungen Beweis erhoben, muss es das Ergebnis dieser Beweisaufnahme ebenso wie den gesamten Inhalt der mündlichen Verhandlung frei würdigen (§ 286 Abs. 1 ZPO). Dieser **Grundsatz der freien Beweiswürdigung** ist von prägender Bedeutung für das Beweisrecht und gilt im gesamten deutschen Recht (vgl. §§ 286 ZPO, 261 StPO, 108 Abs. 1 VwGO, 128 Abs. 1 SGG, 96 Abs. 1 FGO, 46 Abs. 2, 84 Satz 1 ArbGG, 30 BVerfGG). Er besagt folgendes:

– **Der Begriff der Beweiswürdigung** allgemein bedeutet zunächst, dass es sich um ein Verfahren zur Prüfung, ob ein Beweis gelungen ist, handelt (dazu und zum folgenden vgl. MünchKomm-ZPO/*Prütting* 3. Aufl. 2007, § 286 Rn. 1 ff., 6 ff.).

IX. Freie Beweiswürdigung								§ 58

– **Richterliche** Würdigung bedeutet, dass dieses Verfahren des Würdigens in der Person des Richters vor sich geht; auf seine subjektive Einschätzung kommt es also an, er muss überzeugt sein. Dabei können ihm seine Berufs- und Lebenserfahrung ebenso wie wissenschaftliche Erkenntnisse (Aussagenpsychologie, Vernehmungslehre usw.) helfen. Als Möglichkeiten der Sachverhaltsermittlung stehen ihm die eigene Wahrnehmung, die Übernahme fremder Wahrnehmung sowie das Erschließen von Tatsachen zu Gebote (vgl. dazu im Einzelnen AK-ZPO-*Rüßmann* § 286 Rn. 2 ff.). Bei der Würdigung der so ermittelten Sachverhaltsergebnisse ist der Richter trotz aller unvermeidbar bestehenden Subjektivität auch an gewisse objektive Vorgaben gebunden. Er muss die Denkgesetze, die Erfahrungsgesetze (sofern sie zwingend sind) und die Naturgesetze beachten. Richterliche Überzeugung ist damit weder ein rein subjektives Kriterium, noch lässt sie sich durch bestimmte rein objektive Merkmale ersetzen. Das gilt unverändert in den Fällen, in denen der Richter auf Feststellungen eines Sachverständigengutachtens angewiesen ist (vgl. *Broß* ZZP 102, 416 ff.). Dazu gehört, dass er Widersprüche zwischen verschiedenen Gutachten aufklärt (BGH 25. 3. 1993 NJW-RR 1993, 1022).
– Dass die Beweiswürdigung eine **freie** ist, will zum Ausdruck bringen, dass der Richter nicht an Beweisregeln gebunden ist (vgl. *Britz* ZZP 110, 1997, 61 ff.; zu Ausnahmen s. unten Rn. 54). Er unterliegt keinem Zwang, welche Beweismittel er heranzieht, welche er in welcher Relation berücksichtigt, und insbesondere ist er nicht an einen bestimmten Beweiswert gebunden (historischer Gegensatz: Gottesbeweis, Zwei-Zeugen-Regel usw.); siehe aber unten Rn. 54.
– Besonders streitig war in jüngster Zeit, ab welcher **Beweisstärke** der Richter überzeugt sein darf und muss. Das Gesetz sagt in § 286 Abs. 1 Satz 1 ZPO, es sei nach freier Überzeugung zu entscheiden, „ob eine tatsächliche Behauptung für wahr oder für nicht wahr zu erachten sei". Damit ist die Frage nach dem Beweismaß (siehe unten Rn. 57) angesprochen, also danach, welchen Inhalt das Gesetz der richterlichen Überzeugung zumisst.
– Da sich der Grundsatz der freien Beweiswürdigung im deutschen Recht nicht nur auf das Ergebnis einer Beweisaufnahme, sondern auch auf den gesamten **Inhalt der Verhandlung** bezieht, kann das Gericht die Problematik ausgleichen, die sich dadurch ergibt, dass formal die Stellung eines Zeugen und die Stellung einer als Beweismittel vernommenen Partei unterschiedlich ist. Das Gericht kann dadurch dem Grundsatz der beweisrechtlichen Waffengleichheit genügen (so zu Recht LAG Köln 16. 3. 1999 MDR 1999, 1085; Sächsisches LAG 15. 9. 1999 MDR 2000, 724; *Musielak/Huber* ZPO 5. Aufl. 2007 § 448 Rn. 7). In diese Richtung geht nun auch BVerfG 21. 2. 2001 NJW 2001, 2531. Zu der durch eine Entscheidung des EGMR (27. 10. 1993 NJW 1995, 1413) aufgeworfenen weitergehenden Problematik s. oben Rn. 31 a.

b) Im Übrigen ergibt sich aus § 286 Abs. 1 ZPO, dass das Gericht seinen Ermittlungen **51** der tatsächlichen Grundlagen des Rechtsstreits alle Informationen zugrunde legen darf und muss, von denen es prozessordnungsgemäße Kenntnis erlangt hat. Ausgeschlossen bleibt allein das sogenannte **private Wissen** des Richters (dazu vgl. *Stein/Jonas/Leipold* 21. Aufl. § 286 Rn. 18). Nicht zulässig ist eine vorweggenommene Beweiswürdigung, durch die eine zulässige Beweisantretung der Parteien als ungeeignet abgelehnt wird (BVerfG 28. 2. 1992 NJW 1993, 254).

c) Von vielfach unterschätzter Bedeutung ist es, wenn § 286 Abs. 1 Satz 2 ZPO **52** verlangt, der Richter müsse im Urteil die Gründe angeben, die für seine Überzeugung leitend gewesen seien. Diese **Begründungspflicht** ist nicht nur die Basis jeder Überprüfung des Urteils durch Parteien und Rechtsmittelgericht. Sie ist auch für den entscheidenden Richter eine wesentliche Selbstkontrolle. Schließlich wirkt das Verlangen nach Begründung irrationalen richterlichen Entscheidungen entgegen.

2. Gesetzliche Beweisregeln und Beweiswert

53   Nach § 286 Abs. 2 ZPO sind vom Grundsatz der Freiheit der Beweiswürdigung nur die in der ZPO ausdrücklich niedergelegten Beweisregeln ausgenommen (vgl. *Britz* ZZP 110, 1997, 61 ff.). Dazu gehören die Vorschriften zur Beweiskraft von Urkunden (§§ 415–418 ZPO) und insbesondere des richterlichen Protokolls (§ 165 ZPO), ferner Normen im Bereich der Zustellung (§§ 198 Abs. 2, 202 Abs. 2, 212 a ZPO) und des Tatbestands (§ 314). Eine Beweisregel mit dem Inhalt: „Einem Zeugen ist immer zu glauben, soweit nicht ganz gewichtige Anhaltspunkte dagegen sprechen" wäre daher ein klarer Verstoß gegen § 286 ZPO (vgl. *Reinecke* NZA 1989, 579). In ähnlicher Weise zum Scheitern verurteilt müssen deshalb auch alle Versuche sein, konkreten Beweismitteln einen ganz bestimmten Beweiswert zuzuschreiben. Versucht wurde und wird dies vor allem bei dem Streit um den Beweiswert einer **ärztlichen Arbeitsunfähigkeitsbescheinigung**. Sowohl das BAG (15. 7. 1992 NZA 1993, 23; BAG 21. 3. 1996 ZIP 1996, 1757; ebenso LAG Rheinland-Pfalz 11. 9. 2000 – 7 Sa 641/00), das der Arbeitsunfähigkeitsbescheinigung einen hohen Beweiswert zuschreibt, als auch die 5. Kammer des LAG München (9. 11. 1988 und 5. 4. 1991 NZA 1989, 597 und BB 1991, 1494), die der Arbeitsunfähigkeitsbescheinigung keinen nennenswerten Beweiswert zuschreiben will, gehen daher fehl in ihrem Versuch, dem Richter einen in allen Fällen anzuwendenden Beweiswert vorzuschreiben. Die freie richterliche Beweiswürdigung ist einzelfallbezogen und umfasst auch die richterliche Befugnis, den konkreten Beweiswert eines Beweismittels im jeweiligen Einzelfall einzuschätzen. Davon geht letztlich auch das BAG aus, wenn es eine „Erschütterung" des Beweiswertes einer ärztlichen Bescheinigung zulässt und sodann der Gegenseite die Darlegungs- und Beweislast aufbürdet (BAG 7. 11. 2007, NZA 2008, 551). Bindungen an abstrakte Regeln könnte allenfalls der Gesetzgeber festschreiben. Im Falle ausländischer Arbeitsunfähigkeitsbescheinigungen könnte sich eine solche Bindung allerdings aus EG-Recht ergeben (vgl. EuGH 3. 6. 1992 NZA 1992, 735; einschränkend nunmehr EuGH 2. 5. 1996 BB 1996, 1116 = ZIP 1996, 1018). Das ärztliche Zeugnis über ein Beschäftigungsverbot nach § 3 Abs. 1 MuSchG soll ebenfalls einen hohen Beweiswert haben (BAG 1. 10. 1997 NJW 1998, 3439).

54   Zum Beweiswert von Stasi-Unterlagen im Arbeitsgerichtsprozess vgl. BAG 23. 9. 1993 DtZ 1994, 190; ferner *Lansnicker/Schwirtzek*, Der Beweiswert von Stasi-Unterlagen im Arbeitsgerichtsprozess, DtZ 1994, 162 und *Kunze*, Nochmals: Der Beweiswert von Stasi-Unterlagen im Arbeitsgerichtsprozess, DtZ 1994, 399.

3. Schadensschätzung

55   Nach § 287 Abs. 1 ZPO ist der Richter bei den Fragen, ob ein Schaden entstanden ist und wie hoch sich der Schaden beläuft, in seiner Würdigung noch freier gestellt. Dabei ist materiellrechtlich zwischen Rechtsgutverletzung (konkreter Haftungsgrund) und Schadensentstehung bzw. Schadenshöhe zu trennen. Zunächst muss nach § 286 ZPO voll bewiesen werden, dass das Verhalten des Schädigers kausal für die Rechtsgutverletzung war (haftungsbegründende Kausalität), dann erst greift die Beweiserleichterung des § 287 ZPO für Schadensentstehung und Schadenshöhe (haftungsausfüllende Kausalität) ein.

56   Soweit § 287 ZPO eingreift, senkt er also nach herrschender und richtiger Auffassung die Anforderungen an das Beweismaß und gehört deshalb in die Reihe der Normen, die vom sogenannten Regelbeweismaß abweichen (siehe unten Rn. 61).

X. Beweismaß

Von der Beweiswürdigung zu trennen ist die Frage, wann der Richter von einer Tatsachenbehauptung überzeugt sein darf. Diese Frage nach dem Maßstab richterlicher Überzeugung wird heute häufig unter dem Begriff „Beweismaß" abgehandelt (manchmal wird auch von Beweiskriterium, Beweisquantum oder Beweisstärke gesprochen). Da es eine Frage abstrakt-genereller Bewertung ist, ab welchem Punkt ein Richter überzeugt sein darf, muss das jeweils geltende Beweismaß **rechtssatzmäßig** festgelegt sein im Gegensatz zur konkreten Beweiswürdigung (also der Einschätzung der im Einzelfall zutage getretenen Umstände aus mündlicher Verhandlung und Beweisaufnahme).

1. Das Regelbeweismaß

Auf die Frage, welche Beweisstärke und Sicherheit für den Richter nach deutschem Recht erforderlich ist, um seinem Urteil eine Tatsachenbehauptung als bewiesen zugrunde zu legen, gibt § 286 Abs. 1 ZPO nach richtiger Auffassung eine eindeutige Antwort (vgl. im Einzelnen *Prütting* Gegenwartsprobleme 1983 S. 59 ff., 73 ff.). Er muss nämlich etwas „für wahr erachten". Aus dieser gesetzlichen Formulierung ergibt sich zweierlei:

a) Das Gesetz stellt hohe Anforderungen an die richterliche Überzeugung. Wie der Wortlaut von § 286 Abs. 1 Satz 1 ZPO und noch deutlicher der (gewollte) Gegensatz zu § 294 ZPO (Glaubhaftmachen) zeigt, darf der Richter all das noch nicht seiner Entscheidung zugrunde legen, wofür nur eine gewisse Plausibilität oder eine überwiegende Wahrscheinlichkeit spricht. Vielmehr verlangt die volle Überzeugung des Richters im Regelfall eine sehr hohe Wahrscheinlichkeit für die streitige Tatsachenbehauptung. Ohne Unterschied in der Sache wird dieses Ergebnis mit sehr verschiedenen Formulierungen umschrieben. So wird z. B. gesagt, es sei ein so hoher Grad von Wahrscheinlichkeit nötig, dass kein vernünftiger, die Lebensverhältnisse klar überschauender Mensch noch zweifelt (*Rosenberg*, Lehrbuch des deutschen Zivilprozessrechts, 9. Aufl. 1961, § 111 I 2 a); die Rechtsprechung meint, der Richter müsse sich mit einem für das praktische Leben brauchbaren Grad von Gewissheit begnügen, der den Zweifeln Schweigen gebietet, ohne sie völlig auszuschließen (BGH 17. 2. 1970 BGHZ 53, 255 – Fall Anastasia). Trotz mancher Bedenken gegen Einzelheiten dieser Formulierungen ist damit der volle Beweis letztlich übereinstimmend und praktisch nachvollziehbar umschrieben.

b) Zugleich macht § 286 Abs. 1 Satz 1 ZPO aber auch deutlich, dass nicht die absolute Wahrheit oder etwas Unbezweifelbares verlangt wird. Der Richter muss die Behauptungen für wahr „erachten", ganz entfernt liegende Zweifel dürfen also bestehen bleiben. Das wird häufig zu Recht in der Formel verdeutlicht, der Richter dürfe sich mit einem für das praktische Leben brauchbaren Grad der Beweisstärke begnügen (*Stein/Jonas/Leipold* 21. Aufl. § 286 Rn. 4 m. w. N.).

2. Abweichungen vom Regelbeweismaß

Vom soeben beschriebenen Vollbeweis im Sinne des § 286 ZPO gibt es im Einzelnen eine größere Anzahl **gesetzlicher** Abweichungen. So verlangt eine richterliche Entscheidung unzweifelhaft ein Weniger an Beweisstärke, wenn Tatsachenbehauptungen nur **glaubhaft** zu machen sind (vgl. § 294 ZPO i. V. m. einzelnen Normen des Prozessrechts oder des materiellen Rechts; dazu *Scherer,* Das Beweismaß der Glaubhaftmachung, 1996). Ähnliches gilt, wenn z. B. § 252 Satz 2 BGB formuliert, dass der als Schadensersatz geltend gemachte entgangene Gewinn „mit Wahrscheinlichkeit erwartet werden konnte", oder wenn §§ 611a Abs. 1 Satz 3, 612 Abs. 3 Satz 3 BGB Rechtsfolgen an Behauptungen knüpfen, die „eine Benachteiligung wegen des Geschlechts vermuten lassen" (weitere Beispiele bei *Prütting* Gegenwartsprobleme 1983 S. 80 ff.; Einzelheiten zum Arbeitsrecht siehe unten Rn. 63).

62 Darüber hinaus ist es möglich, für einzelne Fallgruppen im Wege der Rechtsfortbildung weitere **richterrechtliche** Beweismaßsenkungen vorzunehmen. Dies liegt insbesondere im Bereich des Nachweises der Kausalität nahe (vgl. zu den einzelnen Fallgruppen näher *Walter*, Freie Beweiswürdigung, 1979, S. 215 ff.; nunmehr umfassend *Weber*, Der Kausalitätsbeweis im Zivilprozess, 1997; ferner *Engels*, Der Anscheinsbeweis der Kausalität, 1994). Ferner wird teilweise dem Anscheinsbeweis eine beweismaßsenkende Funktion zugeschrieben (sehr streitig, vgl. unten Rn. 65).

3. Einzelne Abweichungen vom Regelbeweismaß im Arbeitsrecht

63 a) §§ 24 Abs. 1 Nr. 5, 64 Abs. 5, 67 Abs. 1 Satz 2 ArbGG (Glaubhaftmachen);
b) § 3 Abs. 1 AÜG („wenn Tatsachen die Annahme rechtfertigen");
c) § 7 Abs. 2 AÜG (Glaubhaftmachen);
d) § 40 Abs. 2 Satz 2 BerufsbildungsG (Glaubhaftmachen);
e) § 16 BetrAVG (Festlegung nach Billigkeit);
f) § 22 AGG (=§§ 611a Abs. 1 Satz 3, 612 Abs. 3 Satz 3 BGB a. F.) („vermuten lassen");
g) § 17 Abs. 3 Satz 3 KSchG (Glaubhaftmachen).

XI. Anscheinsbeweis

1. Grundlagen

64 Der Anscheinsbeweis, auch prima-facie-Beweis genannt, ist kein besonderes Beweismittel, sondern nur die Anwendung bestimmter gefestigter Sätze der Lebenserfahrung („Erfahrungsgrundsätze") im Rahmen der freien Beweiswürdigung. Voraussetzung dieser Anwendung ist ein sog. typischer Geschehensablauf, also ein sich aus der Lebenserfahrung bestätigender gleichförmiger Vorgang, durch dessen Typizität es sich erübrigt, die tatsächlichen Einzelumstände eines bestimmten historischen Geschehens nachzuweisen. Wichtigste Anwendungsfälle in der Praxis sind der Beweis der Kausalität und des Verschuldens im Schadensersatzprozess.

65 Im Wesentlichen anerkannt ist heute, dass der Anscheinsbeweis nicht die Beweislastverteilung berührt. Das bedeutet, dass eine auf Grund des Anscheinsbeweises gewonnene richterliche Überzeugung schon durch den Gegenbeweis wieder erschüttert werden kann, der volle Beweis des Gegenteils ist nach einhelliger Meinung nicht erforderlich. Höchst streitig ist dagegen, ob der Anscheinsbeweis als Teil der Beweiswürdigung anzusehen ist (und damit zum Vollbeweis führt) oder ob er das Beweismaß senkt. In der Rechtsprechung sind beide Fallgestaltungen zu beobachten. Nach richtiger Auffassung legitimiert der Anscheinsbeweis **nicht** eine generelle Beweismaßsenkung. Er muss und kann vielmehr vollen Beweis erbringen. Davon zu trennen ist es, wenn der Beweis eines Tatbestandsmerkmals nach anderen Regeln (sei es durch Gesetz, Gewohnheitsrecht oder Richterrecht) erleichtert ist (vgl. Rn. 61–63). Hier kann selbstverständlich auch ein Anscheinsbeweis unter erleichterten Bedingungen geführt werden, der dann nicht zum Vollbeweis führt (typisches Beispiel für letzteres: die Kausalität; näher dazu vgl. *Prütting* Gegenwartsprobleme S. 100 ff.).

66 Der Unterschied zwischen dem Anscheinsbeweis und dem normalen Vollbeweis liegt deshalb nur darin, dass (beim Anscheinsbeweis) die Anwendung eines Erfahrungsgrundsatzes die Aufklärung des konkreten Sachverhalts teilweise erübrigt, weil jedenfalls die zu beweisende Tatsachenbehauptung (in welcher Fallgestaltung auch immer) vorliegt. Der Anscheinsbeweis ist somit dem Indizienbeweis nahe verwandt; einziger Unterschied ist, dass der Anscheinsbeweis sich auf einen einzelnen, nach der Lebenserfahrung beson-

ders beweiskräftigen Erfahrungsgrundsatz stützt, während der Indizienbeweis sich aus vielen einzelnen Momenten und Erfahrungssätzen zusammensetzt, von denen jeder Einzelne für sich noch nicht beweiskräftig genug ist.

2. Einzelheiten im Arbeitsrecht

a) Ein Anscheinsbeweis wurde in der Rechtsprechung der Arbeitsgerichte z. B. bejaht: 67
- Alkoholsucht: nach der Lebenserfahrung selbst verschuldet (BAG 7. 12. 1972 AP LFZG § 1 Nr. 26; ferner BAG 2. 3. 1973 AP LFZG § 1 Nr. 21; diese Rechtsprechung wurde aufgegeben durch BAG 1. 6. 1983 AP LFZG § 1 Nr. 52 = EzA Nr. 69 zu § 1 LFZG m. Anm. *Prütting*);
- Arbeitsverhältnis: Nachweis der Beendigung durch Anscheinsbeweis (BAG 29. 8. 1958 AP ZPO § 282 Nr. 1);
- Diskriminierung aus geschlechtsspezifischen Gründen (BAG 11. 1. 1973 AP GG Art. 3 Nr. 110);
- Fortsetzungserkrankung: Nachweis des Vorliegens (BAG 4. 12. 1985 NZA 1986, 289 = NJW 1986, 1567);
- Kfz-Unfälle: leichte Fahrlässigkeit bei Abkommen von übersichtlicher und gut ausgebauter Fahrbahn (BAG 29. 11. 1963 und 13. 3. 1968 AP BGB § 611 Haftung des Arbeitnehmers Nr. 31 und 42; vgl. auch BAG 18. 12. 1970 AP BGB § 611 Haftung des Arbeitnehmers Nr. 63);
- Kündigung: Nachweis für Kündigung wegen Arbeitsunfähigkeit (BAG 20. 8. 1980 AP LFZG § 6 Nr. 11); Nachweis für das bestimmende Motiv einer Kündigung (BAG 5. 2. 1998 EzA § 8 EFZG Nr. 1);
- Lohnfortzahlung (bzw. Entgeltfortzahlung): Nachweis der Ursächlichkeit des Nichtanlegens eines Sicherheitsgurtes für eine Verletzung (LAG Berlin 18. 7. 1979 DB 1979, 2281); bei Arbeitsunfähigkeit infolge einer Schlägerei, insbesondere unter Alkoholeinfluss, spricht der Anscheinsbeweis für ein Verschulden des Arbeiters (LAG Düsseldorf 30. 9. 1977 DB 1978, 215; LAG Hamm 6. 4. 1971 DB 1971, 873); für die Höhe des regelmäßigen Arbeitsentgelts kann im Falle von Überstunden der Anscheinsbeweis eingreifen (BAG 8. 5. 1972 AP LFZG § 2 Nr. 3); ein Selbsttötungsversuch ist prima facie als unverschuldet anzusehen (BAG 28. 2. 1979 AP LFZG § 1 Nr. 44);
- Lohnzahlung: Den Wegfall der Bereicherung beim Anspruch des Arbeitgebers auf Rückzahlung von zu viel gezahltem Lohn kann der Arbeitnehmer nach den Grundsätzen des Anscheinsbeweises belegen (BAG 18. 1. 1995 NJW 1996, 411);
- Streik: Schadensentstehung (BAG 20. 12. 1963 AP GG Art. 9 Arbeitskampf Nr. 32).

b) Ein Anscheinsbeweis wurde in der Rechtsprechung der Arbeitsgerichte z. B. verneint: 68
- Gesundheitsentwicklung: Prognose aus langer Erkrankung (BAG 25. 11. 1982 AP KSchG 1969 § 1 Krankheit Nr. 7);
- Grobe Fahrlässigkeit: Nachweis durch Anscheinsbeweis (BAG 20. 3. 1973 VersR 1974, 379; in dieser Allgemeinheit nicht zutreffend); zu anderen Graden der Fahrlässigkeit vgl. auch BAG 18. 12. 1970 AP BGB § 611 Haftung des Arbeitnehmers Nr. 63;
- Stellensuche: Misserfolg wegen nicht ordnungsgemäßem Zeugnis (BAG 25. 10. 1967 AP HGB § 73 Nr. 6);
- Zugang von Willenserklärungen und geschäftsähnlichen Handlungen: Nachweis aus Absendung eines gewöhnlichen oder eines eingeschriebenen Briefs (BAG 14. 7. 1960 AP BGB § 130 Nr. 3; LAG Düsseldorf 3. 1. 1962 BB 1962, 880; vgl. dazu *Prütting* Gegenwartsprobleme S. 103 ff. zum Einschreibebrief). Ein Telefax-Sendebericht genügt ebenfalls nicht (BAG 14. 8. 2002 EzA BGB § 130 Nr. 29).

XII. Beweisvereitelung

69   Unter der Beweisvereitelung wird ein vorsätzliches oder fahrlässiges Verhalten des Gegners der beweisbelasteten Partei verstanden, das dazu führen kann, einen an sich möglichen Beweis zu verhindern und dadurch die Beweisführung des Gegners scheitern zu lassen. Ein solches beweisvereitelndes Verhalten kann vor oder während des Prozesses in Betracht kommen und sich auf alle Beweismittel beziehen. Typische Beispiele sind die Vernichtung von Urkunden und Augenscheinsgegenständen. Das LAG Köln will den Fall eines Verstoßes gegen § 2 Abs. 1 NachwG gleichstellen, bei dem der Arbeitgeber keine Niederschrift erstellt und ausgehändigt hat (LAG Köln 31. 7. 1998 EWiR 1999, 805 m. Anm. *Plander*). Sehr umstritten ist bis heute, wie der Richter auf eine Beweisvereitelung zu reagieren habe. Im Wesentlichen stehen sich zwei Auffassungen gegenüber: Nach einer Meinung stellt die Beweisvereitelung einen typischen Anwendungsfall der Beweislastumkehr dar (insbesondere *A. Blomeyer* AcP 158, 99), die Gegenauffassung will ein solches Verhalten im Wege der freien Beweiswürdigung berücksichtigen (vgl. *Rosenberg/Schwab/Gottwald* ZPR, 16. Aufl. § 114 Rn. 20 ff.). Auch die Rechtsprechung schwankt zwischen diesen beiden Auffassungen, seit längerem spricht sie häufig sogar von „Beweiserleichterungen bis zur Beweislastumkehr" (BGH 27. 6. 1978 BGHZ 72, 132, ständige Rspr.; LAG Köln 31. 7. 1998 EWiR 1999, 805 m. Anm. *Plander*). Kritisch zu dieser Formel *Laumen* NJW 2002, 3739.

70   Bei der Beweisvereitelung handelt es sich immer um die Bewältigung besonderer Umstände des jeweiligen Einzelfalles. Schon deshalb lässt sich daran keinesfalls eine Beweislastumkehr knüpfen (siehe unten Rn. 82 ff.). Anderenfalls würde sich die endgültige Beweislastverteilung zwischen den Parteien erst im Laufe des jeweiligen Prozesses ergeben. Die Folge wäre u. a. eine enorme Rechtsunsicherheit. Aber auch die Lösung des Problems im Wege der freien Beweiswürdigung weist erhebliche Schwächen auf. Denn insbesondere bei nur fahrlässiger Beweisvereitelung und in den Fällen, in denen es für das mögliche Beweisergebnis keinerlei Anhaltspunkte gibt, wäre der Richter überfordert, wollte man ihm zumuten, eine bestrittene Behauptung allein schon wegen des beweisvereitelnden Verhaltens als bewiesen anzusehen. Die richtige Lösung muss sich aus einer analogen Anwendung der im Gesetz geregelten speziellen Vereitelungstatbestände der §§ 427 Satz 2, 444 ZPO ergeben. Das ZPO-Reformgesetz 2001 hat mit § 371 Abs. 2 ZPO einen weiteren Vereitelungstatbestand normiert, der genau der hier vertretenen Auffassung entspricht. Die §§ 371, 427, 444 ZPO gestatten nach ihrem Normwortlaut, dass Behauptungen „als bewiesen angesehen (angenommen) werden" können. Das bedeutet, dass der Richter in Abweichung von § 286 ZPO ausnahmsweise auch dann vom Vorliegen einer Behauptung ausgehen darf, wenn er sich davon nicht hat überzeugen können. Die §§ 371, 427, 444 ZPO enthalten also eine über die Beweiswürdigung hinausgehende eigenständige Sanktionsmöglichkeit (vgl. *Prütting* Gegenwartsprobleme S. 187 ff.; MünchKomm-ZPO/*Prütting* 3. Aufl. 2008, § 286 Rn. 80 ff.; *Laumen* MDR 2009, 177 ff.).

XIII. Beweislast

1. Begriff und Bedeutung

71   Ist es dem Richter am Ende eines Prozesses nicht gelungen, trotz Ausschöpfens aller möglichen und prozessual zulässigen Beweismittel eine bestimmte Überzeugung zu gewinnen, ist also ein sogenanntes „non liquet" gegeben, so liegt die besondere Schwierigkeit darin, dass der Richter auch in diesem Fall gezwungen ist, den Prozess in der Sache zu entscheiden. Keinesfalls darf er eine Streitentscheidung wegen fehlender Tatsa-

chengrundlage verweigern. Die Möglichkeit zur Entscheidung in der Sache bieten ihm die Regeln über die Beweislast. Daher ist die Entscheidung nach Beweislastgrundsätzen ultima ratio und es bedarf besonderer Regelungen, um im non liquet-Fall das Risiko zwischen den Streitparteien zu verteilen. Durch diese besonderen Regeln wird die Beweislosigkeit überwunden und damit die Entscheidungspflicht des Richters gesichert. Folge für die Parteien ist, dass derjenige, dem die besonderen Beweislastregeln das Risiko aufbürden, den Prozess verliert. Man sagt deshalb, er trage die Beweislast. Weitere Folge für diese beweisbelastete Partei ist, dass es in ihrem besonderen Interesse liegt, im Prozess aktiv zu werden, um ein non liquet zu vermeiden. Die Verteilung der Beweislast ist auch verfassungsrechtlich von Bedeutung (vgl. BVerfG 16. 11. 1993 BVerfGE 89, 289; 27. 1. 1998 BVerfGE 97, 179 = ZIP 1998, 705, 707; 6. 10. 1999 NJW 2000, 1483 = NZA 2000, 110). Dabei dürfen diese Entscheidungen aber nicht in der Weise missverstanden werden, als ginge es um eine Beweislastverteilung im Einzelfall. Die Grundrechte müssen vielmehr bei der Auslegung des einfachen Rechts und insbes. der Generalklauseln (§§ 138, 242 BGB) Berücksichtigung finden.

Nicht mehr ernsthaft streitig ist heute die Tatsache, dass es unabhängig von der jeweils geltenden Verfahrensmaxime zu einem non liquet kommen kann. Beweislastfragen können also nicht nur im arbeitsgerichtlichen Urteilsverfahren, sondern ebenso in jedem Verfahren mit Untersuchungsmaxime, also **auch im Beschlussverfahren,** auftreten. Die Gegenstimmen, die speziell für das arbeitsgerichtliche Beschlussverfahren früher das Vorhandensein jeglicher Beweislastregelung geleugnet haben (*Dietz/Nikisch* § 83 Rn. 34; *Dersch/Volkmar* § 83 Rn. 6; *Dietz* NJW 1953, 1492; *Stahlhacke* BlStSozArbR 1972, 71; *Schmidt* RdA 1963, 89 f.; *Mayer-Maly* AfP 1972, 198; aus der Rechtsprechung vgl. BAG 24. 5. 1957 AP ArbGG 1953 § 92 Nr. 7), unterlagen einem Missverständnis (näher *Prütting* Gegenwartsprobleme S. 36 ff.). Manchmal handelte es sich nur um eine Verwechslung von subjektiver und objektiver Beweislast (vgl. z. B. den Hinweis von *Pohle* AP ArbGG 1953 § 92 Nr. 7). 72

2. Objektive und subjektive Beweislast

Der Begriff Beweislast ist nicht eindeutig. Es sind vielmehr zwei unterschiedliche Situationen und Sichtweisen zu trennen, in denen Beweislastfragen von Bedeutung sind: Einmal wird am Beginn eines Prozesses danach gefragt, welche Partei ein bestimmtes Tatbestandsmerkmal zu beweisen habe (sog. subjektive Beweislast, s. u. Rn. 74). Demgegenüber wird am Ende eines Prozesses aus der Sicht des Gerichts gefragt, zu wessen Nachteil es ausschlägt, dass eine Tatsachenbehauptung im Prozess endgültig unklar geblieben ist (sog. objektive Beweislast, s. u. Rn. 75). 73

a) Subjektive Beweislast

Die subjektive Beweislast (auch Beweisführungslast oder formelle Beweislast genannt) ist also die den Parteien obliegende echte Last, durch eigenes Tätigwerden den Beweis der streitigen Tatsachen zu führen, um den Prozessverlust zu vermeiden. Da es sich um eine Last der Parteien handelt, den Beweis zu führen, gibt es eine subjektive Beweislast nur in Verfahren, die der Verhandlungsmaxime unterliegen (Zivilprozess, arbeitsgerichtliches Urteilsverfahren, nicht aber im Beschlussverfahren). Eine spezielle Ausprägung hat die subjektive Beweislast z. B. in § 445 Abs. 1 ZPO gefunden. Die Verteilung der subjektiven Beweislast ist abstrakt und rechtssatzmäßig festgelegt; sie richtet sich nach den Regeln der objektiven Beweislast. 74

b) Objektive Beweislast

Die objektive Beweislast (auch Feststellungslast oder materielle Beweislast genannt) gibt dem Richter Antwort auf die Frage, zu wessen Nachteil im Falle eines non liquet die Entscheidung zu fällen ist. Die objektive Beweislast ist also keine Last im technischen 75

Sinn. Denn der Begriff der Last setzt immer ein Handeln der Parteien voraus, dessen Fehlen gewisse Nachteile mit sich bringt (vgl. zum Begriff der prozessualen Last näher *Prütting* Gegenwartsprobleme S. 30 ff.). Der Begriff der objektiven Beweislast ist aber unabhängig von jeglichem Handeln der Parteien. Zu einem non liquet kann es nämlich trotz aller erdenklichen Parteibemühungen kommen, wenn der Richter eine Überzeugung von der Wahrheit nicht gewinnen konnte. In Wahrheit ist die objektive Beweislast damit eine Form gesetzlicher Risikoverteilung. Sie muss daher in abstrakt-genereller Form, also rechtssatzmäßig festgelegt sein.

3. Verteilung der Beweislast
a) Ausdrückliche Beweislastverteilung

76   Wie gesehen bedarf die Beweislastverteilung einer normativen Regelung. Tatsächlich finden sich z. B. im BGB (etwa §§ 179 Abs. 1, 345, 363, 476, 543 Abs. 4 S. 2, 619 a, 2336 BGB) und in vielen anderen Gesetzen eine größere Zahl **ausdrücklicher** Beweislastverteilungsnormen. Hinzu kommt, dass auch durch die gesetzlichen Vermutungen (s. u. Rn. 85) die Beweislast ausdrücklich verteilt wird. Eine Aufzählung ausdrücklicher Beweislastnormen und Vermutungen findet sich bei *Prütting* Gegenwartsprobleme S. 292 f.

b) Allgemeine gesetzliche Grundregel

77   Auffallend ist allerdings, dass alle diese Gesetzesnormen nur Einzelfallregelungen darstellen. Eine **allgemeine Grundregel** der Beweislastverteilung enthält das Gesetz scheinbar nicht. Dagegen war eine solche Grundnorm im ersten Entwurf eines bürgerlichen Gesetzbuchs für das Deutsche Reich von 1888 enthalten (§ 193 des Entwurfs). Die schon damals vorgesehene Grundregel lautet in ihrer heute anerkannten Form:
„Der Anspruchsteller trägt die Beweislast für die rechtsbegründenden Tatbestandsmerkmale, der Anspruchsgegner für die rechtshindernden, rechtsvernichtenden und rechtshemmenden Merkmale."

78   Dabei bilden die rechtshindernden Merkmale keine eigene materiellrechtliche Kategorie, sondern nur eine aus Zweckmäßigkeit vorgenommene Zusammenfassung all der Beweislastsondernormen, bei denen rechtsbegründende Tatbestandsmerkmale abweichend von den Grundregeln der Beweislast dem Anspruchsgegner zugeteilt sind (vgl. dazu *Leipold*, Beweislastregeln und gesetzliche Vermutungen, 1966, S. 38 ff.).

79   Die Einordnung der Grundregeln als Teil des geltenden Gesetzesrechts legitimiert sich daraus, dass der Gesetzgeber § 193 des ersten Entwurfs zum BGB nur gestrichen hatte, weil er die Grundregeln für selbstverständlich hielt. Ferner hat der Gesetzgeber die sprachliche Gestaltung des BGB unstreitig im Hinblick auf die Beweislastverteilung so vorgenommen, dass jeweils Abweichungen von der Grundregel verdeutlicht wurden (z. B. durch Formulierungen wie „es sei denn, dass"); schließlich ist die Grundregel historisch und auch heute allgemein anerkannt. Daher kann sie als Teil des geltenden Gesetzesrechts angesehen werden (vgl. im Einzelnen *Prütting* Gegenwartsprobleme S. 279 f.).

c) Formulierung

80   Die praktisch wichtigste Hilfe bei der Ermittlung der Beweislastverteilung durch den Gesetzgeber bildet auch heute noch die **sprachliche und satzbaumäßge Formulierung** der Normen. Alle diese gesetzgeberischen Möglichkeiten lassen sich letztlich darauf zurückführen, dass ein sprachlich bedingtes Regel-Ausnahmeschema entsteht. Typische Beispiele für eine mögliche besondere Beweislastverteilung sind deshalb Satzeinleitungen wie: „Dies gilt nicht, wenn" oder „Diese Vorschrift findet keine Anwendung" oder „Die Rechtsfolge tritt nicht ein, wenn". Eine andere Möglichkeit des Gesetzgebers besteht darin, anstelle eines neuen Satzes an den Hauptsatz einen Nebensatz anzuhängen, dessen

Inhalt konditional untergeordnet wird. Beispiele dafür sind: „es sei denn, dass" – „sofern nicht" – „außer wenn".

Beispiele für solche formulierungsmäßig ausgedrückten Beweislastverteilungen gibt es nicht nur im BGB in großer Zahl, sie lassen sich auch in arbeitsrechtlichen Gesetzestexten in erheblichem Umfang nachweisen (vgl. *Prütting* Gegenwartsprobleme S. 304 f.). **80 a**

d) Auslegung

Trotz Geltung der Grundregel, einzelner ausdrücklicher Beweislastnormen und besonderer Beweislastverteilung durch sprachliche Formulierungen gibt es im Einzelfall eine große Zahl zweifelhafter Beweislastfragen. Dabei geht es jeweils um die sinngerechte Auslegung des materiellen Rechts im Hinblick auf die in ihm enthaltene Beweislastverteilung. Auslegungskriterien sind nach den allgemeinen Regeln der Normwortlaut, historische und systematische Überlegungen sowie Sinn und Zweck des Gesetzes. Von besonderem Gewicht sind hierbei spezielle Sachgründe und Wertungen, die hinter den einzelnen Beweislastregeln stehen. Von ganz besonderer Bedeutung ist das Angreiferprinzip in seiner Verknüpfung mit der Wahrung des Besitzstandes und des Rechtsfriedens (d. h. im Zweifel muss derjenige etwas beweisen, der die bestehende Sach- und Rechtslage verändern will). Andere relevante Sachgründe können die Beweisnähe, der soziale Schutzgedanke, die Waffengleichheit der Prozessparteien usw. sein (zu Einzelheiten vergleiche *Prütting* Gegenwartsprobleme S. 257 ff.). **81**

4. Beweislastumkehr

a) Bedeutung

Ein besonders eigenartiges Phänomen unter den Beweislastproblemen ist die sogenannte Beweislastumkehr. Wollte man darunter wie manche Autoren (z. B. *Grunsky* Zivilprozessrecht, Rn. 50, 180) eine Abweichung der im Einzelnen gesetzlich geregelten Beweislastverteilung von der gesetzlichen Grundregel (siehe oben Rn. 77) verstehen, so handelte es sich um eine unproblematische Rechtsfigur. Freilich ist nicht einzusehen, warum man solche gesetzlichen Beweislastsonderregeln mit einer derartigen Bezeichnung versehen sollte. **82**

Demgegenüber wird als Beweislastumkehr regelmäßig eine Situation bezeichnet, bei der **der Richter** eine Beweislastverteilung abweichend von der gesetzlichen Ausgangslage vornimmt, sei es im Einzelfall oder durch ständige Rechtsprechung (*Baumgärtel/Laumen/Prütting*, Handbuch der Beweislast, Grundlagen, 2. Aufl. 2009, § 19). **82 a**

b) Fälle aus der Rechtsprechung

Eine Beweislastumkehr wird im Zivilrecht beim Anspruch gemäß § 823 BGB im Falle der Produzentenhaftung allgemein bejaht (BGH 26. 11. 1968 BGHZ 51, 91; BGH 24. 11. 1976 BGHZ 67, 359). Im Falle der Arzthaftung wird für den Nachweis der Kausalität eine Beweislastumkehr vertreten, wenn dem Arzt schuldhaft ein grober Behandlungsfehler unterlaufen ist (BGH 17. 12. 1968, 26. 1. 1970, 9. 5. 1978 und 27. 6. 1978, NJW 1969, 553; NJW 1970, 1231; NJW 1978, 1683 und 2338; BGH 21. 9. 1982 BGHZ 85, 212). Diese Rechtsprechung zur groben Verletzung von Berufspflichten ist über den Bereich der Arzthaftung hinaus ausgedehnt worden (vgl. z. B. BGH 13. 3. 1962 NJW 1962, 959 für einen Bademeister; BGH 10. 11. 1970 NJW 1971, 241 für Krankenhauspersonal). Schließlich soll im Falle der Verletzung vertraglicher Aufklärungs- und Beratungspflichten der Beweis dafür, dass der Schaden auch bei pflichtgemäßem Verhalten eingetreten wäre, weil sich der Geschädigte über den Hinweis hinweggesetzt hätte, entgegen der allgemeinen Regel vom Verletzer geführt werden (BGH 5. 7. 1973 und 22. 11. 1983 BGHZ 61, 118; 89, 95). **83**

c) Beurteilung

84 Eine Beurteilung des Phänomens der Beweislastumkehr hat davon auszugehen, dass die Beweislast als Risikoverteilung im Falle des non liquet normativ geregelt ist. Eine Abweichung von dieser gesetzlichen Grundlage kann es daher nur in seltenen Ausnahmefällen geben, in denen nach den anerkannten methodischen Grundlagen eine **richterrechtliche Rechtsfortbildung** zu bejahen ist. Das bedeutet weiter, dass es eine Beweislastumkehr nur als neue generelle Regelbildung geben kann, eine Umkehr aus Gerechtigkeits- oder Billigkeitsgründen im Einzelfall ist in keinem Falle zulässig.

5. Vermutungen

85 a) Das Gesetz kennt eine Vielzahl von Vermutungen. Dies sind Normen, in denen der Gesetzgeber beim Vorliegen bestimmter Tatsachen (Vermutungsbasis) ein anderes Merkmal ohne weiteres als bestehend hinstellt (Vermutung). Dieses vermutete Merkmal kann selbst wieder eine Tatsache sein (= **gesetzliche Tatsachenvermutung**, z. B. § 938 BGB – Vermutung des Eigenbesitzes bei der Ersitzung), es kann aber auch eine Rechtsposition sein (= **gesetzliche Rechtsvermutung**, z. B. § 1006 BGB – Vermutung des Eigentums zugunsten des Besitzers einer beweglichen Sache). Heute ist anerkannt, dass beide Arten von Vermutungen nach Struktur und Wirkung gleichzusetzen sind: Beide sind gemäß § 292 Satz 1 ZPO widerlegbar, beide beinhalten eine besondere Beweislastverteilung, sind also letztlich Beweislastsondernormen; im Einzelnen vgl. MünchKommZPO/*Prütting* 3. Aufl. 2007, § 292 m. w. N.; ferner *Guggenbühl,* Die gesetzlichen Vermutungen des Privatrechts und ihre Wirkungen im Zivilprozess, 1994. Eine gesetzliche Vermutung stellen nunmehr auch die §§ 1 Abs. 5 Satz 1 KSchG, 125 Abs. 1 Nr. 1 InsO dar. In der darin enthaltenen Beweislastumkehr ist zugleich eine Umkehr der Darlegungslast enthalten (BAG 7. 5. 1998 ZIP 1998, 1809; dazu *Berscheid* MDR 1998, 942 ff.; a. A. zu Unrecht *Zwanziger* BB 1997, 627; ders. DB 1997, 2175; ders. AuR 1997, 429). Zur Vermutung bei der Scheinselbständigkeit vgl. § 7 Abs. 4 Satz 1 SGB IV (dazu *Krebs* DB 1999, 1602).

86 b) Davon zu unterscheiden sind die **unwiderlegbaren Vermutungen,** die das Gesetz nur selten kennt (Beispiel: § 1566 BGB – Vermutung des Scheiterns einer Ehe). Sie haben keine Beweis- oder Beweislastfunktion.

87 c) Gesetzlich nicht vorgesehen und deshalb von den bisher genannten Vermutungen streng zu trennen sind die in der Rechtsprechung immer wieder benutzten **tatsächlichen Vermutungen.**

Beispiele:
– BAG 4. 7. 1957 AP KSchG 1951 § 21 Nr. 1: Eine tatsächliche Vermutung dafür, dass ein Betrieb mehr als fünf Arbeitnehmer beschäftigt, gibt es nicht.
– BAG 4. 10. 1957 BAGE 4, 333: Es besteht eine tatsächliche Vermutung, dass ein Arzt, der noch nicht im Besitz der vollen Approbation ist, ärztliche Tätigkeit lediglich zu seiner eigenen Ausbildung ausübt.
– BAG 7. 11. 1975 AP BetrVG 1972 § 99 Nr. 3: Im Rahmen eines Tendenzunternehmens (§ 118 BetrVG 1972) spricht eine tatsächliche Vermutung dafür, dass die Einstellung eines Tendenzträgers auch aus tendenzbedingten Gründen erfolgt.
– BAG 12. 9. 1985 ZIP 1986, 388: Bei alsbaldiger Wiedereröffnung eines Betriebs spricht eine tatsächliche Vermutung gegen die ernsthafte Absicht, den Betrieb stillzulegen.
– BAG 11. 8. 1976 AP LFZG § 3 Nr. 2 und BAG 20. 2. 1985 AP LFZG § 3 Nr. 4: Eine ärztliche Arbeitsunfähigkeitsbescheinigung hat die tatsächliche Vermutung der Richtigkeit für sich (a. A. LAG München 9. 11. 1988 LAGE Nr. 8 zu § 63 HGB mit krit. Anm. *Schilken).*

88 Ohne Verankerung im Gesetz wird mit Hilfe solcher tatsächlicher Vermutungen manchmal eine Abänderung der gesetzlichen Beweislastverteilung herbeigeführt, manchmal finden sie auch im Rahmen der richterlichen Beweiswürdigung Anwendung, so insbesondere beim Anscheinsbeweis. Schon diese uneinheitliche Verwendung zeigt deutlich, dass tatsächliche Vermutungen abzulehnen sind (im Einzelnen *Prütting* Gegenwartsprobleme S. 50 ff.; teilweise abweichend *Baumgärtel* FS Schwab 1990, S. 43). Es genügt, den Inhalt von „tatsächlichen Vermutungen" im Rahmen des Anscheinsbeweises zu verwerten, falls es sich wirklich um einen gesicherten Erfahrungsgrundsatz handelt.

6. Behauptungslast

Die Behauptungslast (auch Darlegungslast genannt) folgt in allen wesentlichen Fragen der Beweislast. Sie ist der Beweislast vorgeschaltet und besagt, wer im Hinblick auf die jeweils begehrte Rechtsfolge das Vorliegen eines bestimmten Tatbestandsmerkmals behaupten muss, welche Partei also Tatsachenbehauptungen aufstellen muss, die dieses Tatbestandsmerkmal zu erfüllen vermögen. Davon zu trennen ist die Frage nach ausreichender **Substantiierung** des Vorbringens. Regelt die Behauptungslast, **wer** etwas in tatsächlicher Hinsicht geltend machen muss, so sagt die Substantiierungslast etwas darüber aus, **wie genau und vertieft** dieser Sachvortrag sein muss. Die Substantiierungslast ist also streng von Behauptungs- und Beweislast zu trennen. Sie folgt vielmehr für jede Partei aus § 138 Abs. 2 und Abs. 3 ZPO, aus dem sich eine gewisse Mitwirkungspflicht gerade auch der nicht beweisbelasteten Partei ergibt. Ein schönes Beispiel für diesen Zusammenhang bietet BAG 24. 11. 1983 AP BGB § 626 Nr. 76 m. Anm. *Baumgärtel* (Beweislast des Kündigenden für den wichtigen Grund gemäß § 626 BGB; volle Beweislast auch für das unberechtigte Verhalten des gekündigten Gegners, wenn dieser einen Rechtfertigungsgrund behauptet; aber genaue Substantiierungspflicht des Gegners für die tatsächlichen Umstände, die den Rechtfertigungsgrund ergeben, so dass der Beweisbelastete die Chance hat, die dargelegten Einzeltatsachen zu widerlegen). 89

Nach allgemeiner Auffassung enthält die Beweislastverteilung immer zugleich auch eine Regelung über die Behauptungslast. Beweislastnormen sind also in Wahrheit immer zugleich auch Behauptungslastnormen. Das Beschlussverfahren kennt keine Behauptungslast (s. u. § 83 Rn. 96). 90

7. Einzelheiten zur Beweislastverteilung im Arbeitsrecht

– **Abmahnung:** Beim Streit um die Berechtigung einer dem Arbeitnehmer erteilten Abmahnung folgt die Darlegungs- und Beweislast den Grundsätzen, die auch für das Kündigungsschutzverfahren gelten. Der Arbeitgeber trägt deshalb die Beweislast für die Behauptung, dass ein Verstoß gegen Pflichten vorgelegen habe. Dagegen muss nach allgemeinen Regeln der Arbeitnehmer Gründe beweisen, die er zur Rechtfertigung seines Pflichtenverstoßes vorbringt, z. B. eine Genehmigung des gerügten Verhaltens durch den Arbeitgeber (vgl. LAG Bremen 6. 3. 1992 NZA 1992, 694). 91

– **Akkordarbeit:** s. u. Haftung des Arbeitnehmers.

– **Arbeitnehmerentsendung:** Beim Streit zwischen ausländischen Arbeitgebern und gemeinsamen Einrichtungen der Tarifvertragsparteien über das Bestehen einer selbstständigen Betriebsabteilung trägt die gemeinsame Einrichtung die Beweislast für die hierfür erforderlichen Tatsachen (BAG 25. 1. 2005, 9 AZR 146/04).

– **Arbeitskampf:** Die Voraussetzungen für die Rechtmäßigkeit eines Streiks müssten nach den allgemeinen Regeln die Arbeitnehmer beweisen. Allerdings gehen Rechtsprechung und Lehre davon aus, dass eine Vermutung dafür bestehe, ein von einer Gewerkschaft geführter Streik werde wegen der Verbesserung der Wirtschafts- und Arbeitsbedingungen geführt und sei generell rechtmäßig (BAG 19. 6. 1973 AP GG Art. 9 Arbeitskampf Nr. 47; *Grunsky* § 58 Rn. 16). Ungeachtet der hier vertretenen grundsätzlichen Bedenken gegen die Aufstellung sog. tatsächlicher Vermutungen durch die Rechtsprechung (s. o. Rn. 87) ist dem weithin vertretenen Ergebnis zuzustimmen. Denn die Loslösung des Arbeitskampfes aus dem Individualarbeitsrecht muss dazu führen, dass eine Beurteilung von Arbeitskämpfen als Eingriff in den eingerichteten und ausgeübten Gewerbebetrieb nicht zulässig ist. Vielmehr ist der gewerkschaftlich geführte Streik als kollektive Maßnahme regelmäßig rechtmäßig, so dass der Einwand der Rechtswidrigkeit als der normative Ausnahmetatbestand bewiesen werden muss.

- **Arbeitsvertrag, Abschluss und Inhalt:** Der Anspruchsteller trägt die Beweislast für einen wirksamen Vertragsschluss, für eine Befristung des Arbeitsvertrags (soweit er sich darauf beruft, vgl. *Baumgärtel*, Handbuch der Beweislast, 2. Aufl., Bd. 1, § 620 Rn. 3) und für den Vertragsinhalt einschließlich der Höhe des Entgelts und der Behauptung einer Nettolohnvereinbarung (vgl. BAG 19. 12. 1963, 18. 1. 1974 AP BGB § 670 Nr. 15, 19; vgl. ferner *Baumgärtel*, Handbuch der Beweislast, 2. Aufl., Bd. 1, § 611 Rn. 1 f.). Dagegen muss der Anspruchsgegner (jedenfalls im Arbeitsrecht) die Behauptung einer aufschiebenden Bedingung (nach der sog. Einwendungstheorie), der vereinbarten Unentgeltlichkeit oder anderer vom Normalfall abweichender Klauseln beweisen. Die Behauptung des Arbeitgebers, eine Kürzung des Arbeitsentgelts sei unter bestimmten Voraussetzungen vorbehalten worden, muss dieser beweisen (BAG 9. 6. 1965 AP BGB § 315 Nr. 10). Ein Arbeitnehmer, der die Bezahlung von Überstunden verlangt, muss deren Grundlagen im Einzelnen genau darlegen und beweisen (LAG Köln 7. 9. 1989 NZA 1990, 349). Behauptet eine Partei eines schriftlich geschlossenen Arbeitsvertrags, dieser sei als Scheingeschäft nichtig, so trägt sie dafür die Beweislast (BAG 9. 2. 1995 NJW 1996, 1299).
- **Arbeitsvertrag, Beendigung:** Die Beweislast für die Beendigung eines tatsächlich bestehenden Arbeitsverhältnisses trägt nach allgemeinen Regeln derjenige, der sich auf die Beendigung beruft (vgl. BAG 29. 8. 1958 AP ZPO § 282 Nr. 1). Zur Beendigung eines Arbeitsverhältnisses durch Kündigung vgl. ferner unten „Kündigung" und „Kündigungsschutz".
- **Arbeitsvertrag, Eingruppierung:** Der Arbeitnehmer muss im Rahmen eines Eingruppierungsstreites nach den allgemeinen Regeln den Beweis erbringen, dass er die Voraussetzungen der geltend gemachten höheren Vergütungsgruppe erfüllt.
- **Arbeitsvertrag, Lohnzahlung:** Bei einem Anspruch auf Rückzahlung zu viel gezahlten Arbeitslohns trägt der Arbeitgeber die Beweislast für die Überzahlung, der Arbeitnehmer trägt die Beweislast für den behaupteten Wegfall der Bereicherung. Beweiserleichterungen bzw. die Regeln des Anscheinsbeweises will das BAG dem Arbeitnehmer für § 818 Abs. 3 BGB zugestehen, soweit dieser nicht zu den Besserverdienenden gehört (BAG 12. 1. 1994 NJW 1994, 2636 = SAE 1994, 323 m. Anm. *Misera/Schwab;* BAG 18. 1. 1995 NJW 1996, 411). Eine solche Differenzierung ist höchst zweifelhaft. Den Anspruch auf Überstundenvergütung hat der Arbeitnehmer darzulegen und zu beweisen (LAG Schleswig-Holstein 14. 11. 2007 – 6 Sa 492/06).
- **Arbeitsvertrag, Vergütung** nach § 615 BGB: Der Arbeitnehmer ist beweisbelastet für sein Angebot und die Nichtannahme durch den Arbeitgeber. Dagegen muss der Arbeitgeber beweisen, dass der Arbeitnehmer seine Leistung nicht erbringen kann oder dass er selbst das Arbeitsverhältnis durch wirksame Kündigung beendet habe (BGH 10. 5. 1988 JZ 1988, 980). Auch die Voraussetzungen der Anrechnungspflicht des § 615 Satz 2 BGB muss der Arbeitgeber beweisen (BAG 18. 10. 1958 und 18. 6. 1965 AP BGB § 615 Böswilligkeit Nr. 1, 2).
- **Befristung:** Für die Dauer eines befristeten Arbeitsvertrags trägt die Beweislast, wer sich auf die frühere Vertragsbeendigung beruft (BAG 12. 10. 1994 NJW 1995, 2941 = MDR 1995, 504).
- **Betriebsrenten, Anpassung:** Für die Gründe, die zur Ablehnung der Anpassung einer Betriebsrente führen (§ 16 BetrAVG), trägt der Arbeitgeber die Beweislast (BAG 23. 4. 1985 WM 1985, 1353).

XIII. Beweislast **§ 58**

– **Betriebsverfassung:** Für den Inhalt und die Erforderlichkeit von Schulungs- und Bildungsveranstaltungen i. S. des § 37 Abs. 6 BetrVG ist das Betriebsratsmitglied nach allgemeinen Regeln beweisbelastet. Der Betriebsrat, der eine Freistellung von mehr als der Mindestzahl an Arbeitnehmern im Rahmen des § 38 BetrVG fordert, muss die Berechtigung dieser Forderung beweisen (BAG 22. 5. 1973 AP BetrVG 1972 § 38 Nr. 1). Verlangt der Betriebsrat Kostenerstattung, ist er für die Notwendigkeit der aufgewendeten Betriebsratskosten (§ 40 Abs. 1 BetrVG) beweisbelastet. Entgegen der früher ganz h. M. (statt aller *Fitting/Kaiser/Heither/Engels* Betriebsverfassungsgesetz, § 99 Rn. 69) trägt für die Gründe des § 99 Abs. 2 BetrVG (Zustimmungsverweigerung bei personellen Einzelmaßnahmen) der Betriebsrat die Beweislast (*Prütting* Gegenwartsprobleme S. 329 ff.; so nunmehr ausdrücklich auch *Richardi* BetrVG, 7. Aufl. § 99 Rn. 277; MünchArbR/*Matthes* § 344 Rn. 119). Das Vorliegen eines Tendenzbetriebs i. S. von § 118 Abs. 1 BetrVG muss nach allgemeinen Regeln der Arbeitgeber beweisen, ebenso das Vorliegen einer tendenzbezogenen Maßnahme im Einzelfall (*Prütting* Gegenwartsprobleme S. 317 ff.). Die Rechtsprechung will allerdings bei tendenzbezogenen Maßnahmen eine sogenannte tatsächliche Vermutung (dazu siehe oben Rn. 87) eingreifen lassen (BAG 7. 11. 1975 und 9. 12. 1975 AP BetrVG 1972 § 118 Nr. 4, 7; BAG 7. 11. 1975 AP BetrVG 1972 § 99 Nr. 3). Dies begegnet Bedenken, kann jedenfalls nichts an der Beweislastverteilung ändern.

– **Diskriminierung** aus geschlechtsspezifischen Gründen: § 611a Abs. 1 Satz 3 BGB a. F. regelte die Verteilung der (objektiven **und** subjektiven) Beweislast ausdrücklich (a. A. *Eich* NJW 1980, 2333; *ders.* in: Das Arbeitsrecht der Gegenwart 1980 S. 67; *Greulich* JA 1981, 104; gegen diese Auffassung *Prütting* Gegenwartsprobleme S. 337 f.). § 611a Abs. 1 enthielt entgegen seinem Wortlaut keine (gesetzliche) Vermutung i. S. von § 292 ZPO (a. A. *Baumgärtel* Handbuch der Beweislast, Band 1, § 611a Rn. 5; anders nunmehr *ders.* 2. Aufl., § 611a Rn. 5 Fn. 14 m. w. N.) näher *Prütting* FS 50 Jahre BAG 2004 S. 1311; vgl. nunmehr § 22 AGG.

– **Fortsetzungserkrankung:** siehe Lohnfortzahlung.

– **Haftung des Arbeitgebers:** Die Voraussetzungen einer Haftung des Arbeitgebers muss der Arbeitnehmer nach allgemeinen Regeln beweisen. Allerdings bietet ihm im Rahmen von § 618 BGB die besondere Beweislastverteilung eine Hilfestellung (siehe unten: Schutzmaßnahmen), ebenso weist § 280 Abs. 1 S. 2 BGB für das (fehlende) Verschulden dem Schuldner, also hier dem Arbeitgeber, die Beweislast zu.

– **Haftung des Arbeitnehmers:** Die Voraussetzungen einer Haftung des Arbeitnehmers wegen der Verletzung des Arbeitsvertrags muss nach allgemeinen Regeln grundsätzlich der Arbeitgeber beweisen. Dies bestätigt auch § 619a BGB. Er muss also insbesondere das Vorliegen einer Vertragsverletzung nachweisen (BAG 24. 7. 1969 AP BGB § 611 Haftung des Arbeitnehmers Nr. 48). Ferner muss er das Entstehen und die Höhe des Schadens sowie die Kausalität zwischen Vertragsverletzung und Schaden beweisen (vgl. BAG 13. 2. 1974 AP BGB § 611 Haftung des Arbeitnehmers Nr. 77). Wird eine Haftungsbeschränkung nach den Regeln der gefahrgeneigten Arbeit geltend gemacht, so muss der Arbeitnehmer die besondere Gefahrneigung beweisen. Für den Verschuldensnachweis im Übrigen verbleibt es bei der Beweislast des Arbeitgebers. § 280 Abs. 1 S. 2 BGB ist in diesem Rahmen nicht anwendbar, wie sich aus § 619a BGB ergibt (BAG 30. 8. 1966 AP BGB § 282 Nr. 5; BAG 13. 3. 1968, 7. 7. 1970 AP BGB § 611 Haftung des Arbeitnehmers Nr. 42, 58). Ist der Schaden im Rahmen der Tätigkeit einer Akkordkolonne entstanden, so genügt es, wenn der Arbeitgeber beweist, dass dieser Schaden durch eine Vertragsverletzung der gesamten Gruppe der Arbeitnehmer entstanden ist. Innerhalb der Gruppe der Arbeitnehmer muss dann der Einzelne den Nachweis führen, dass er selbst keine Vertragsverletzung begangen hat (BAG 24. 4. 1974 AP BGB § 611 Akkordkolonne Nr. 4). Im Rahmen der Mankohaftung (Kassenfehlbetrag) muss der Arbeitgeber den Betrag der der Kasse zugeflossenen Gelder beweisen, der Arbeitnehmer muss dann den Nachweis über die Ausgaben

führen (BAG 21. 6. 1966 AP Erstattungsgesetz § 1 Nr. 2; BAG 11. 11. 1969 AP BGB § 611 Haftung des Arbeitnehmers Nr. 49). Das Verschulden des Arbeitnehmers muss bei nachgewiesenem Fehlbestand der Arbeitgeber beweisen, ausnahmsweise aber dann der Arbeitnehmer, wenn dieser den alleinigen Zugang zu der Kasse hatte (vgl. BAG 6. 6. 1984 NJW 1985, 219; BAG 17. 9. 1998 NJW 1999, 1049 = SAE 2000, 1 m. Anm. *Boemke/Müller*). Von dieser Rspr. zur Mankohaftung scheint das BAG in einzelnen Fällen abzuweichen, ohne dass die sich daraus ergebenden offenen Fragen geklärt wären (vgl. BAG 22. 5. 1997 SAE 1998, 131 m. Anm. *Preis/Kellermann*). Zu weiteren Einzelheiten der Haftung des Arbeitnehmers vgl. insbesondere *Baumgärtel* FS Pleyer 1987 S. 257; *ders*. Handbuch der Beweislast, Bd. 1, 2. Aufl., § 611 Rn. 4 ff.
- **Kündigung,** außerordentliche: Die Voraussetzungen einer wirksamen Kündigung durch den Arbeitgeber nach § 626 Abs. 1 BGB hat dieser zu beweisen (BAG 17. 8. 1972 AP BGB § 626 Ausschlussfrist Nr. 4), ebenso die Fristwahrung des § 626 Abs. 2 BGB (BAG 6. 7. 1972 und 10. 4. 1974 AP BGB § 626 Ausschlussfrist Nr. 3, 7). Erkennt man nach materiellem Recht eine sog. Verdachtskündigung an, so gilt für die Beweislastverteilung bei dieser nichts anderes, es sind nur die Beweisanforderungen ermäßigt (Nachweis eines Verdachts statt der schweren Verfehlung). Der Gegenauffassung von *Grunsky* (ZfA 1977, 168 ff.) ist nicht zu folgen. Das beweisrechtliche Problem stellt sich freilich nicht, wenn man entgegen der h. M. richtigerweise die Verdachtskündigung als besonderen materiellrechtlichen Kündigungsgrund generell ablehnt.
- **Kündigungsschutz:** Das Bestehen eines Arbeitsverhältnisses, das Vorliegen einer Kündigung und die persönlichen Voraussetzungen des § 1 KSchG hat nach allgemeinen Regeln der auf Kündigungsschutz klagende Arbeitnehmer zu beweisen (vgl. BAG 17. 11. 1958 AP KSchG § 3 Nr. 18; *Prütting* Gegenwartsprobleme S. 296). Die Kündigungsgründe (soziale Rechtfertigung) hat gemäß § 1 Abs. 2 Satz 4 KSchG der Arbeitgeber zu beweisen. Dagegen hat der Arbeitnehmer nach § 1 Abs. 3 Satz 3 KSchG die nicht ausreichende Berücksichtigung sozialer Gesichtspunkte bei der Auswahl zu beweisen. Wegen der Vermutung des § 1 Abs. 5 Satz 1 KSchG (vgl. auch § 125 Abs. 1 Nr. 1 InsO) hat der Arbeitnehmer im Falle namentlicher Bezeichnung im Rahmen eines Interessenausgleichs auch die Darlegungs- und Beweislast für die fehlende Betriebsbedingtheit der Kündigung (BAG 7. 5. 1998 ZIP 1998, 1809). Die durch § 1 Abs. 5 KSchG eingeführte Beweislastregel verdrängt also § 1 Abs. 2 Satz 4 KSchG. Ist allerdings eine Sozialauswahl nicht vorgenommen worden, so hilft das BAG dem Arbeitnehmer mit einer tatsächlichen Vermutung, dass die Auswahl auch im Ergebnis sozialwidrig ist (BAG 3. 4. 2008 – 2 AZR 879/06). Insgesamt zu § 1 KSchG näher KR-*Becker* § 1 KSchG Rn. 181 ff.; *Prütting* Gegenwartsprobleme S. 296 ff.; *Altrock* DB 1987, 433 ff. m. w. N.; *ders*. in: Baumgärtel, Handbuch der Beweislast, Bd. 1, 2. Aufl., Anhang zu § 611; *Ascheid*, Beweislastfragen im Kündigungsschutzprozess, 1989; *Becker-Schaffner*, Die Darlegungs- und Beweislast in Kündigungsrechtsstreitigkeiten, BB 1992, 557; *Linck*, Die Darlegungs- und Beweislast bei der sozialen Auswahl nach § 1 Abs. 3 KSchG, DB 1990, 1866; *Oetker* BB 1989, 417 und *Reinecke* NZA 1989, 577 f. Ist eine fehlende Berücksichtigung sozialer Gesichtspunkte (§ 1 Abs. 3 Satz 1 KSchG) bewiesen, so hat den Einwand, dies beruhe auf betrieblichen Bedürfnissen (§ 1 Abs. 3 Satz 2 KSchG), der Arbeitgeber nach allgemeinen Regeln zu beweisen. Die Darlegungs- und Beweislast für die tatsächlichen Voraussetzungen von § 17 KSchG (Anzeigepflicht bei Massenentlassung) trägt der Arbeitnehmer, BAG 24. 2. 2005, NZA 2005, JGG. Den sachlichen Geltungsbereich des KSchG gemäß § 23 Abs. 1 KSchG hat entgegen der Rechtsprechung (BAG 26. 6. 2008, DB 2008, 2311; BAG 4. 7. 1957 AP KSchG 1951 § 21 Nr. 1, BAG 27. 1. 1955 AP KSchG 1969 § 11 Nr. 5; BAG 21. 3. 1959 AP KSchG 1951 § 1 Nr. 55) der Arbeitgeber zu beweisen (*Prütting* Gegenwartsprobleme S. 326 ff.; *Reinecke* NZA 1989, 583; zuletzt ausführlich und m. w. N. noch einmal *Berkowsky* MDR 1998,

XIII. Beweislast § 58

82 ff.; ebenso jetzt LAG Hamm 6. 2. 2003 LAGE KSchG § 23 Nr. 22 m. zust. Anm. *Gravenhorst*; a. A. *Krügermeyer-Kalthoff*, MDR 2006, 130). Im Bereich der betriebsbedingten Kündigung hat die Rechtsprechung eine abgestufte Darlegungs- und Beweislast entwickelt und in jüngster Zeit modifiziert (BAG 17. 6. 1999 NZA 1999, 1095, 1098 und 1157; BAG 24. 2. 2005, NZA 2005, 764; BAG 20. 4. 2005, ZIP 2005, 1803; dazu *Schrader* NZA 2000, 401).

– **Lohnfortzahlung** (bzw. **Entgeltfortzahlung**): Die allgemeinen Voraussetzungen des § 3 EFZG (ebenso wie früher von §§ 616 BGB, 63 HGB, 133 c GewO, 1 LFZG) muss der Arbeitnehmer beweisen (unstreitig), also das Bestehen eines Arbeitsverhältnisses, die Arbeitsunfähigkeit und die Dauer, die Kausalität der Krankheit für die Arbeitsunfähigkeit und die Höhe des Betrags. Dass die eingetretene Arbeitsunfähigkeit vom Arbeitnehmer verschuldet wurde, muss allerdings der Arbeitgeber beweisen (BAG 23. 11. 1971 und 1. 6. 1983 AP LFZG § 1 Nr. 9, 52; BAG 9. 4. 1960 AP HGB § 63 Nr. 12; weitere umfassende Nachweise bei *Prütting* Gegenwartsprobleme S. 310 ff., 312 Fn. 27, 28). Ebenfalls vom Arbeitgeber zu beweisen sind eventuell entgegenstehende tarifliche Ausschlussfristen, ebenso ein Leistungsverweigerungsrecht nach § 5 Satz 1 LFZG oder Einwendungen wie Rechtsmissbrauch, Verjährung, Verwirkung und Verzicht. Auch den Einwand, es handele sich um eine **Fortsetzungserkrankung**, muss der Arbeitgeber beweisen (BAG 4. 12. 1985 DB 1986, 600); modifizierend nunmehr BAG 13. 7. 2005, SAE 2006, 152 m. Anm. *Joussen*; danach trägt der Arbeitnehmer eine Darlegungslast, dass keine Fortsetzungserkrankung vorliegt.

– **Lohnzahlung**: siehe Arbeitsvertrag.

– **Mankohaftung**: s. o. Haftung des Arbeitnehmers.

– **Mutterschutz**: Die Arbeitnehmerin trägt die Beweislast für den Zeitpunkt der Kenntnis von ihrer Schwangerschaft im Hinblick auf § 9 MuSchG (LAG Berlin 5. 7. 1993 LAGE § 9 MuSchG Nr. 19); die Beweislast für die Voraussetzungen eines Beschäftigungsverbots nach § 3 MuSchG liegt beim Arbeitgeber (BAG 12. 3. 1997 AP MuSchG 1968 § 3 Nr. 10); dieser trägt auch die Beweislast für Umstände, die den Beweiswert einer ärztlichen Bescheinigung nach § 3 Abs. 1 MuSchG erschüttern sollen (BAG 21. 3. 2001 NZA 2001, 1017). Dagegen trägt die Arbeitnehmerin die Beweislast dafür, dass trotz des erschütterten Beweiswerts der ärztlichen Bescheinigung ein Beschäftigungsverbot nach § 3 Abs. 1 MuSchG angezeigt war (BAG 21. 3. 2001 NZA 2001, 1017).

– **Schutzmaßnahmen**: Macht der Arbeitnehmer einen auf §§ 618 BGB, 62 HGB, 120 a GewO gestützten Anspruch aus positiver Vertragsverletzung wegen Verletzung der Verpflichtung zu Schutzmaßnahmen geltend, so muss er den objektiven Tatbestand, also den ordnungswidrigen Zustand beweisen. Für das Verschulden und die Kausalität ist der Arbeitgeber beweisbelastet (BAG 8. 6. 1955 und 27. 2. 1970 AP BGB § 618 Nr. 1, 16; eingehend *Prütting* Gegenwartsprobleme S. 341 ff.).

– **Urlaub**: Die Beweislast für eine doppelte Urlaubsgewährung im Sinne von § 6 BUrlG trägt der Arbeitgeber (*Prütting* Gegenwartsprobleme S. 307 ff. m. w. N.).

– **Vorschuss**: Die Beweislast dafür, dass ein gezahlter Vorschuss durch geleistete Arbeiten bereits verdient ist, trägt der Arbeitnehmer (BAG 28. 6. 1965 AP BGB § 614 Gehaltsvorschuss Nr. 3; vgl. auch BGH 3. 2. 1988 NJW-RR 1988, 1264).

– **Weiterbildung**: Bei einer Rückzahlungsvereinbarung von Weiterbildungskosten trägt der Arbeitgeber die Beweislast dafür, dass der Arbeitnehmer durch die Weiterbildung berufliche Vorteile erlangt hat (BAG 16. 3. 1994 EzA § 611 BGB Ausbildungsbeihilfe Nr. 10).

– **Zeugnis**: Der Arbeitgeber ist für die Richtigkeit der in einem Zeugnis enthaltenen Angaben und der Tatsachen, auf die sich die Bewertung der Tätigkeit des Arbeitnehmers stützt, beweisbelastet (BGH 10. 7. 1959 AP HGB § 73 Nr. 5). Will der Arbeitnehmer das Ergebnis (Note) angreifen, muss er Tatsachen behaupten und beweisen, die eine bessere Note rechtfertigen (BAG 14. 10. 2003 NZA 2004, 842). Macht der

Arbeitnehmer Schadensersatz wegen eines nicht oder zu spät erteilten Zeugnisses geltend, so muss er den entstandenen Schaden und die Kausalität beweisen (vgl. BAG 25. 10. 1967 AP HGB § 73 Nr. 6; BAG 26. 2. 1976 AP BGB § 252 Nr. 3; BAG 24. 3. 1977 AP BGB § 630 Nr. 12).

§ 59 Versäumnisverfahren

[1] Gegen ein Versäumnisurteil kann eine Partei, gegen die das Urteil ergangen ist, binnen einer Notfrist von einer Woche nach seiner Zustellung Einspruch einlegen. [2] Der Einspruch wird beim Arbeitsgericht schriftlich oder durch Abgabe einer Erklärung zur Niederschrift der Geschäftsstelle eingelegt. [3] Hierauf ist die Partei zugleich mit der Zustellung des Urteils schriftlich hinzuweisen. [4] § 345 der Zivilprozeßordnung bleibt unberührt.

Übersicht

	Rn.
I. Allgemeines	1–3
II. Das Versäumnisverfahren	4–21
1. Voraussetzungen des Versäumnisurteils	4–11
2. Echtes Versäumnisurteil	12–15
3. Unechtes Versäumnisurteil	16
4. Zurückweisung des Antrages auf Erlass eines Versäumnisurteils	17–20
5. Entscheidung nach Lage der Akten	21
III. Der Einspruch	22–44
1. Belehrung über den Einspruch	22–24
2. Form des Einspruchs	25–28
3. Inhalt des Einspruchs	29–33
4. Frist	34, 35
5. Wirkung des Einspruchs	36, 37
6. Die neue Entscheidung	38–44
a) Zulässiger Einspruch	38–41
b) Unzulässiger Einspruch	42–44
IV. Das zweite Versäumnisurteil	45, 46

I. Allgemeines

1 Die allgemeinen Voraussetzungen für den Erlass eines Versäumnisurteils sind in § 59 nicht geregelt. Das **Versäumnisverfahren** richtet sich **grundsätzlich** gemäß § 46 Abs. 2 Satz 1 **nach den Vorschriften der §§ 330 ff. ZPO.** Nur hinsichtlich der Einspruchsfrist, der Form des Einspruchs und der Belehrung über die Möglichkeit des Einspruchs enthält § 59 eine Sonderregelung mit der Folge, dass insoweit die Bestimmungen des Versäumnisverfahrens der ZPO keine Anwendung finden können. Ausgeschlossen ist ferner die Anwendbarkeit des § 331 Abs. 3 ZPO sowie des § 335 Abs. 1 Nr. 4 ZPO, da diese Bestimmungen darauf beruhen, dass ein schriftliches Vorverfahren gemäß § 276 ZPO stattgefunden hat. Die Vorschriften der §§ 275 bis 277 ZPO finden jedoch im arbeitsgerichtlichen Verfahren keine Anwendung, § 46 Abs. 2 Satz 2.

2 Die Vorschrift dient letztlich der Realisierung des **Beschleunigungsgrundsatzes** des § 9 Abs. 1 auch im Versäumnisverfahren vor den Gerichten für Arbeitssachen. Sie wird ergänzt durch die Sonderregelung für das Güteverfahren in § 54 Abs. 4 und 5 sowie durch § 55 Abs. 1 Nr. 4 und 5, wo ein Alleinentscheidungsrecht des Vorsitzenden in den Fällen der Säumnis einer Partei und der Säumnis beider Parteien vorgesehen ist.

3 § 59 ist entsprechend anwendbar im **Berufungsverfahren**, § 64 Abs. 7. Eine Anwendbarkeit im **Revisionsverfahren** vor dem Bundesarbeitsgericht ist nicht gegeben, § 72 Abs. 6 nimmt nicht auf § 59 Bezug. Im Revisionsverfahren gelten daher die Vorschriften der §§ 330 ff. ZPO. Hinsichtlich der Anfechtbarkeit eines Versäumnisurteils des Landes-

II. Das Versäumnisverfahren   § 59

arbeitsgerichts im Revisionsverfahren gilt über die Verweisungsnorm des § 72 Abs. 5 die Regelung des § 565 ZPO. Die Revision gegen ein zweites Versäumnisurteil des Landesarbeitsgerichts bedarf aber der Zulassung nach § 72 Abs. 1 ArbGG (BAG vom 10. 12. 1986 MDR 1987, 523, 524). Im **Beschlussverfahren** gibt es wegen des Grundsatzes der Amtsermittlung kein Versäumnisverfahren i. S. v. § 59.

II. Das Versäumnisverfahren

1. Voraussetzungen des Versäumnisurteils

Zunächst müssen die allgemeinen, von Amts wegen zu beachtenden **Prozessvoraus-** 4 **setzungen** vorliegen. Im Übrigen sind die Voraussetzungen für die Säumnis die gleichen wie in § 54 Abs. 5 Satz 1 (dazu oben § 54 Rn. 56 ff., 59 ff.). Die Säumnis einer Partei setzt danach zunächst voraus, dass ein **Verhandlungstermin** ordnungsgemäß anberaumt worden ist. Die Terminsbestimmung ist eine gerichtliche Entscheidung, die der Vorsitzende mit seiner vollen Namensunterschrift zu versehen hat (vgl. auch oben § 47 Rn. 16 ff.). Verhandlungstermine sind neben dem Güte- und dem Kammertermin auch der Beweistermin, § 370 Abs. 1 ZPO, der Termin zur Urteilsergänzung, § 321 ZPO, Termine in Verfahren des einstweiligen Rechtsschutzes. Ein Termin vor dem ersuchten Richter des § 362 ZPO reicht ebenso wenig aus wie ein Termin zur Tatbestandsberichtigung, § 320 Abs. 3 ZPO, da in diesen Fällen eine Verhandlung in der Sache selbst nicht stattfindet. Das Verfahren darf nicht nach §§ 239 ff. ZPO unterbrochen sein, da in diesem Falle keine Fristen laufen und auch keine Prozesshandlungen vorgenommen werden können, § 249 Abs. 1 und 2 ZPO.

Die Ladung muss **fristgerecht** erfolgen, Ladungs- und Einlassungsfrist müssen einge- 5 halten sein. Bei der Güteverhandlung genügt die Einhaltung der Ladungsfrist. Für die Ladungsfrist darf eine Frist von drei Tagen in analoger Anwendung von § 217 ZPO nicht unterschritten werden (ArbGG-*Kloppenburg/Ziemann* § 59 Rn. 5; *Schwab/Weth/Berscheid/Korinth* § 59 Rn. 8). Für die Einlassungsfrist gilt § 47. Ob eine Partei ordnungsgemäß geladen worden ist, ist von Amts wegen zu prüfen. Ist die Parteibezeichnung in der Klage noch unklar, kommen beispielsweise bei ähnlicher Parteibezeichnung mehrere Arbeitgeber in Betracht, so muss spätestens vor Erlass des Versäumnisurteils klargestellt werden, wie die genaue Parteibezeichnung lautet. Erst dann kann das Gericht feststellen, ob die richtige Partei auch ordnungsgemäß geladen worden ist. Im Übrigen kann auch nur dann eine wirksame Zustellung des Versäumnisurteils erfolgen, da sonst die Identität des Zustellungsadressaten nicht feststeht. Auch muss sich das Gericht vergewissern, ob ein Prozessvertreter bestellt worden ist (vgl. BVerfG 14. 4. 1987 NJW 1987, 2003), dazu gehört auch, ob eine Generalprozessvollmacht besteht.

Hauptfall der Säumnis ist das **Nichterscheinen** der Partei oder ihres Vertreters im 6 Termin nach Aufruf der Sache. Ausgeblieben ist eine erschienene Partei weiterhin, wenn sie in dem Verfahren vor dem Landesarbeits- bzw. Bundesarbeitsgericht nicht gemäß § 11 Abs. 4 vertreten ist. Zu den Pflichten des Gerichts gehört es, durch geeignete Maßnahmen sicherzustellen, dass die Verfahrensbeteiligten und ihre Bevollmächtigten den Aufruf der Sache zur Kenntnis nehmen können. Ggf. muss der Aufruf mehrfach erfolgen, bedient sich das Gericht einer elektronischen Anzeige oder eines Aufrufs über Lautsprecher muss sich das Gericht vergewissern, dass diese Hilfsmittel funktionieren und bemerkt werden können. In der Regel ist es notwendig, dass sich das Gericht selbst von dem Nichterscheinen der Partei überzeugt. Dies gilt auch, wenn die Beteiligten verspätet erscheinen sollten (vgl. auch BVerwG 12. 7. 1985 NJW 1986, 204). Erfüllt das Gericht diese Pflicht nicht, kann das rechtliche Gehör des Art. 103 Abs. 1 GG verletzt sein. Notwendig kann daher unter Umständen ein mehrfacher Aufruf der Sache sein, insbesondere wird in der Regel ein erneuter Aufruf durchzuführen sein, bevor das

§ 59

Versäumnisurteil erlassen wird. Eine Partei ist auch dann säumig, wenn sie nach Schluss der mündlichen Verhandlung aber noch während der Beratung der Sache erscheint (ArbG Celle 3. 2. 1977 ARSt 1978, 16). Das Gericht muss kurzfristige Verspätungen der Parteien hinnehmen. Die Dauer derartiger Verspätungen kann von Gericht zu Gericht verschieden sein, maßgeblich sind die Üblichkeiten des jeweiligen Gerichts, möglicherweise sind Verkehrsverhältnisse zu berücksichtigen. Im Interesse eines fairen Verfahrens ist aber eine einheitliche Behandlung aller Parteien durch das Gericht notwendig. In der Regel wird eine **Wartezeit** vor Erlass des Versäumnisurteils von 15 Minuten angemessen sein (dazu auch unten Rn. 19). Nach der Wartezeit ist die Sache nochmals aufzurufen.

7 Hat das Gericht das persönliche Erscheinen einer Partei angeordnet, die durch einen Prozessbevollmächtigten vertreten wird, und ist im Falle des **Nichterscheinens der Partei** gemäß § 51 Abs. 2 Satz 1 der Prozessbevollmächtigte nicht zugelassen worden, so kann nur dann ein Versäumnisurteil gegen die Partei ergehen, wenn sie selbst ordnungsgemäß und rechtzeitig persönlich geladen worden ist (vgl. dazu auch oben § 51 Rn. 32). Insoweit findet die Bestimmung des § 335 Abs. 1 Nr. 2 ZPO Anwendung (LAG Hamm 18. 2. 1981 EzA ZPO § 345 Nr. 3). Dass der nicht zugelassene Prozessbevollmächtigte ordnungsgemäß geladen wurde, ist hierbei ohne Belang.

8 Trotz **nicht ordnungsgemäßer Ladung** kann ein Versäumnisurteil verkündet werden, wenn eine Partei **erscheint, aber nicht verhandelt**. Ursächlich für die Säumnis ist in diesem Falle nicht die mangelhafte Ladung (dazu oben Rn. 5). Dem Erlass eines Versäumnisurteils kann aber entgegenstehen, dass ggf. eine Einlassungsfrist nicht gewahrt worden ist.

9 Ein Termin ist von einer Partei auch versäumt, wenn sie zwar anwesend ist, **bis zum Schluss aber nicht verhandelt hat,** §§ 220 Abs. 2, 333 ZPO. Maßgeblicher Zeitpunkt ist dabei der Schluss der mündlichen Verhandlung, der von dem Vorsitzenden zu bestimmen ist, § 136 Abs. 4 ZPO. Ein solches Nichtverhandeln kann vorliegen, wenn eine Partei die Stellung der Anträge verweigert, oder wenn ein Prozessvertreter erklärt, dass er nicht auftrete.

10 Ein **Nichtverhandeln** einer Partei liegt auch vor, wenn sie sich während der Verhandlung entfernt bzw. im Rahmen einer Prozessleitungsanordnung aus dem Sitzungssaal gewiesen wird, § 158 ZPO. Eine erschienene Partei verhandelt auch nicht zur Sache, wenn sie keine Stellungnahme in Bezug auf den Rechtsstreit abgibt, das bloße Stellen der Anträge gemäß § 137 Abs. 1 ZPO reicht für ein Verhandeln allein nicht aus. Es ist notwendig, dass zur Sache selbst Ausführungen erfolgen, dies kann allerdings auch stillschweigend geschehen, wenn bereits vorbereitende Schriftsätze vorliegen und auf sie Bezug genommen wird, § 297 ZPO (GK-ArbGG/*Schütz* § 59 Rn. 18). Erscheint ein nicht informierter Prozessvertreter und stellt ohne vorausgegangenen Schriftsatz einen Antrag, liegt darin kein ausreichendes Verhandeln (*Musielak/Stadler* §§ 333, 334 Rn. 5). Das Stellen nur **formaler Anträge**, wie z. B. auf Vertagung, Aussetzung, Prozesstrennung oder -verbindung, Ablehnung von Gerichtspersonen genügt nicht. Handelt es sich aber um streitgegenstandsbezogene Anträge, wie z. B. einen Beweisantrag oder Klageabweisungsantrag, ist zur Sache verhandelt. Ist zur Sache verhandelt worden, kann die Säumnislage nicht dadurch erneut entstehen, dass sich eine Partei entfernt oder erklärt, dass sie nunmehr zur Sache nichts mehr sagen wolle, die Einheit der mündlichen Verhandlung steht dann der Säumnis entgegen (*Schwab/Weth/Berscheid/Korinth* § 59 Rn. 12). Keine Säumnis liegt vor, wenn eine Partei nur teilweise verhandelt, § 334 ZPO, wenn sie sich zu Tatsachen, Urkunden und Anträgen auf Parteivernehmung nicht äußert. Werden **Anträge nur teilweise gestellt,** so kann bei Teilbarkeit des Streitgegenstandes hinsichtlich des übrigen Teils ein Fall der Säumnis vorliegen.

11 Das Gericht muss vor Erlass einer Versäumnisentscheidung weiter **prüfen, ob** die **Verhandlung** gemäß § 337 ZPO **zu vertagen ist** (BAG 18. 12. 1964 AP ZPO § 89 Nr. 1; dazu ferner unten Rn. 18 ff.) und ob eine **Versäumnisentscheidung zulässig** ist, § 335 ZPO (dazu unten Rn. 17). Ob das Gericht einen vollmachtlosen Vertreter nach § 89

II. Das Versäumnisverfahren § 59

Abs. 1 ZPO zulässt oder nicht, steht in seinem Ermessen. Auch von Amts wegen zu prüfen sind die sonstigen Prozessvoraussetzungen, wie beispielsweise die fehlende Prozessfähigkeit der Parteien. Dies ist ein unverzichtbarer Mangel, es kann nicht zugestanden werden, dass eine nicht prozessfähige Partei doch prozessfähig sei (BAG 28. 2. 1974 AP ZPO § 56 Nr. 4).

2. Echtes Versäumnisurteil

Das Versäumnisurteil **gegen die klagende Partei** ist zu erlassen, wenn sie im Termin säumig ist, § 330 ZPO. Ob diese Voraussetzung vorliegt, ist auch in der Kammerverhandlung durch den Vorsitzenden allein festzustellen, dies liegt in seinem Alleinentscheidungsrecht gemäß § 55 Abs. 1 Nr. 4, 5. Eine sachlich-rechtliche Schlüssigkeitsprüfung hat nicht zu erfolgen. Notwendig ist, dass die beklagte Partei einen entsprechenden Antrag stellt. Es wird angenommen, dass die Stellung eines bloßen Sachantrages ausreichend sei (BGH 4. 4. 1962 BGHZ 37, 79, 83; *Schaub* ArbGV § 40 Rn. 8; *Baumbach/ Hartmann* § 330 Rn. 3). Dagegen spricht aber, dass bei der Stellung eines bloßen Sachantrages offen bleibt, ob die Partei tatsächlich ein Versäumnisurteil oder aber eine Entscheidung nach Lage der Akten begehren will. Dies kann zumindest im zweiten Kammertermin bedeutungsvoll sein, da bei einem Versäumnisurteil ein Einspruch möglich ist, während bei der Entscheidung nach Lage der Akten nur das prozessual vorgesehene Rechtsmittel in Betracht kommt. Mit der Aktenlageentscheidung wird in jedem Falle in der betreffenden Instanz eine abschließende Entscheidung getroffen, was bei einem Versäumnisurteil nicht unbedingt der Fall ist. Aus dem Antrag muss sich daher mindestens bei bereits in einer früheren Kammerverhandlung gestellten Anträgen ergeben, dass der Erlass eines Versäumnisurteils begehrt wird (*Zöller/Herget* § 330 Rn. 5). In dem Sachantrag auf Klageabweisung kann auch der Prozessantrag auf Erlass des Versäumnisurteils liegen. Der Sachantrag ist entsprechend auszulegen (MünchKomm-ZPO/*Prütting* § 330 Rn. 27; GK-ArbGG/*Schütz* § 59 Rn. 37; ErfK/*Koch* § 59 ArbGG Rn. 4). In der ersten Kammerverhandlung kann, da eine Aktenlageentscheidung nicht möglich ist, der Sachantrag so ausgelegt werden, dass ein Säumnisantrag gestellt ist. Im Übrigen müsste bei Unklarheit der Vorsitzende gem. § 139 ZPO auf die Stellung sachdienlicher Anträge hinweisen.

Bei dem Versäumnisurteil **gegen die beklagte Partei** ist das Vorbringen des Klägers als zugestanden zu unterstellen, § 331 Abs. 1 ZPO. Das Zugestehen kann sich nur auf das mündlich vorgetragene und das rechtzeitig schriftsätzlich mitgeteilte Vorbringen des Klägers beziehen. Der Sachvortrag des Beklagten bleibt unberücksichtigt, selbst wenn er dieses rechtzeitig schriftsätzlich mitgeteilt hatte oder wenn es sich um Sachvortrag handelt, der in einem früheren Termin von ihm mündlich vorgetragen wurde. Ein geänderter Klageantrag kann nur berücksichtigt werden, wenn er rechtzeitig der beklagten Partei mitgeteilt bzw. zugestellt worden ist. Auch hier muss sich aus dem Antrag ergeben, dass eine Entscheidung durch Versäumnisurteil begehrt wird (dazu oben Rn. 12). Das zugestandene Vorbringen des Klägers muss schlüssig sein, d. h. es muss den Klageantrag rechtfertigen. § 331 Abs. 1 ZPO beinhaltet lediglich eine Geständnisfiktion, d. h., die Schlüssigkeit kann nur auf solche Tatsachen gestützt werden, die auch einem Geständnis gemäß § 288 ZPO zugänglich sind. Eine Bindungswirkung kann daher beispielsweise nicht eintreten, wenn die vorgetragenen Tatsachen offenkundig unwahr sind, wenn sich aus ihnen ergibt, dass betrügerische Manipulationen vorgenommen werden sollen, z. B. zu Lasten der Krankenkasse, der Arbeitsagenturen oder sonstiger Dritter sowie, wenn die allgemeinen Prozessführungsvoraussetzungen bei der Partei nicht vorliegen. Dies kann der Fall sein bei gesetzlichen Forderungsübergängen z. B. nach § 115 SGB X, § 187 SGB III, wenn diese im Antrag nicht berücksichtigt sind.

Es ist nur eine **einheitliche Entscheidung** möglich, es ist nicht zulässig, durch ein Versäumnisteilurteil über einen Teil des Klageantrags zu entscheiden und über den Rest ein unechtes Versäumnisurteil in Form eines Schlussurteils oder „Teilendurteils" (so *Schwab/Weth/Berscheid/Korinth* § 59 Rn. 65) zu erlassen (BAG 3. 11. 1965 AP BUrlG § 11 Nr. 1). Bei einer **Stufenklage** wird ein Versäumnisteilurteil nur über die aktuelle Stufe erlassen (*Musielak/Stadler* § 331 Rn. 13). Der Kläger kann den Antrag auf Erlass eines Versäumnisurteils auf einen sachlich abtrennbaren Teil des Rechtsstreites beschränken. In diesem Falle kann im Rahmen des § 301 ZPO ein Versäumnisteilurteil ergehen. Auch über dieses Versäumnisteilurteil entscheidet der Vorsitzende allein, § 55 Abs. 1 Nr. 4, 5. Ein Versäumnisurteil über den Grund des Anspruches ist nicht möglich (*Baumbach/Hartmann* § 304 Rn. 21 m. w. Nachw.; *Zöller/Vollkommer* § 304 Rn. 17; Münch-Komm-ZPO/*Musielak* § 304 Rn. 7), da die Fiktion des § 331 Abs. 1 Satz 1 ZPO sowohl Grund als auch Höhe des Anspruchs erfasst.

15   Das Versäumnisurteil bedarf **keiner Begründung**, § 313 b Abs. 1 ZPO. Dieser bedarf es allerdings, wenn zu erwarten ist, dass es im Ausland geltend gemacht werden soll, § 313 b Abs. 3 ZPO. Es ist als solches zu kennzeichnen, es muss von dem Vorsitzenden unterzeichnet sein. Das Alleinentscheidungsrecht des Vorsitzenden ergibt sich aus § 55 Abs. 1 Nr. 4.

3. Unechtes Versäumnisurteil

16   Ergibt sich aus dem als zugestanden zu betrachtenden Vorbringen des Klägers, dass die Klage **unzulässig** ist **oder** aber dass sie **unschlüssig** ist, so ist trotz des Antrages des Klägers auf Erlass des Versäumnisurteils gegen den Beklagten die Klage als unzulässig bzw. als unbegründet abzuweisen. Vor Erlass dieser Entscheidung muss das Gericht auf seine Bedenken gemäß § 139 ZPO hinweisen. Das „unechte" Versäumnisurteil ist im Grund ein normales streitiges Urteil, es kann daher auch nur mit den Rechtsmitteln der Berufung bzw. der Revision angegriffen werden, die Möglichkeit des Einspruches besteht nicht. Auch ist dieses Urteil zu begründen, die Regelung des § 313 b ZPO findet keine Anwendung. Das Alleinentscheidungsrecht des Vorsitzenden in diesem Falle ergibt sich ebenfalls aus § 55 Abs. 1 Nr. 4 (vgl. § 55 Rn. 16).

4. Zurückweisung des Antrages auf Erlass eines Versäumnisurteils

17   Bei behebbaren Verfahrensmängeln ist der Erlass einer Versäumnisentscheidung unzulässig, **§ 335 Abs. 1 ZPO**. Erfasst werden beispielsweise **Zulässigkeitsmängel der Klage**, § 335 Abs. 1 Nr. 1 ZPO, wie das Fehlen einer Vollmacht, § 88 ZPO, von Anerkennungs- oder Vollstreckungsvoraussetzungen, §§ 328, 723 ZPO. Diese Mängel können von der Partei behoben werden, bei fehlender Vollmacht kann eine einstweilige Zulassung, § 89 ZPO, in Betracht kommen. Ferner werden erfasst **Ladungsmängel**, § 335 Abs. 1 Nr. 2 ZPO und **Informationsmängel**, § 335 Abs. 1 Nr. 3 ZPO. Keine Versäumnisentscheidung darf getroffen werden, wenn das Gericht **Fehler bei der Fristsetzung** insbesondere gemäß §§ 56 und 61 a verursacht hat, § 335 Abs. 1 Nr. 4 ZPO. In diesen Fällen der behebbaren Mängel ist der Antrag auf Erlass eines Versäumnisurteils durch Beschluss zurückzuweisen. Er ist der Gegenpartei zuzustellen. Bei nicht behebbaren Mängeln ist durch unechtes Versäumnisurteil zu entscheiden.

18   Darüber hinaus kann ein Versäumnisurteil nicht ergehen, wenn die **Voraussetzungen des § 337 ZPO** erfüllt sind. In diesem Falle ist von Amts wegen eine Vertagung auszusprechen, die Vertagung erfolgt durch Beschluss des Vorsitzenden. Sie hat zu erfolgen, wenn entweder der Vorsitzende die **Einlassungs- oder Ladungsfrist zu kurz bemessen** hat oder aber wenn der Vorsitzende der Auffassung ist, dass die Partei **ohne ihr Verschulden** am Erscheinen verhindert ist. Hierbei genügt eine entsprechende Vermutung des Gerichts. Erforderlich ist aber in jedem Falle, dass die verhinderte Partei rechtzeitig vor Erlass des Versäumnisurteils Mitteilung von dem Hinderungsgrund macht, ggf. sind die Angaben glaubhaft zu machen, § 294 ZPO (zu den einzelnen Fällen vgl. *Baumbach/Hartmann* § 337 Rn. 6 ff.; *Musielak/Stadler* § 337 Rn. 5 f.). Keine schuldlose Säumnis

kann sich aus **standesrechtlichen Grundsätzen** der Anwaltschaft ergeben. Standesrecht kann nicht die Anwendung der Vorschriften der ZPO beeinflussen (BVerfG 14. 12. 1999 NJW 2000, 347; dazu auch *Baumbach/Hartmann* § 337 Rn. 10). Die Pflicht zur Wahrnehmung der Interessen der vertretenen Partei, die auch durch die Vorschriften der Prozessordnung bestimmt werden, haben Vorrang vor dem Standesrecht, dieses ist auch insoweit verfassungswidrig (BVerfG a. a. O.; *Zuck* MDR 2000, 177).

Eine **unverschuldete Säumnis** kann u. a. vorliegen wenn: 19

– eine Partei oder ein Parteivertreter auf dem Weg zum Terminsort eine Autopanne erlitten hat und hiervon das Gericht unverzüglich unterrichtet hat (BAG vom 19. 10. 1971 AP ZPO § 337 Nr. 3).
– wenn eine Partei einen Benachrichtigungszettel über die Niederlegung der Ladung bei der Post übersehen hat (LAG Baden-Württemberg 24. 3. 1983 EzA ZPO § 513 Nr. 6).
– sich eine Partei bzw. ein Parteivertreter darauf verlassen hat, dass einer Üblichkeit bei dem Gericht entsprechend innerhalb von fünfzehn Minuten nach Aufruf der Sache kein Versäumnisurteil ergehen würde. Die Zeitspanne kann je nach Üblichkeit variieren.
– wenn zwischen Prozessvertretern vereinbart war, kein Versäumnisurteil gegeneinander zu nehmen (dazu BGH 9. 10. 1975 NJW 1976, 196; vgl. auch LAG Hamm 8. 3. 1973 NJW 1973, 1950). Der standesrechtliche Grundsatz, dass Anwälte kein Versäumnisurteil gegeneinander nehmen, wenn es nicht vorher angekündigt worden ist, ist jedoch unerheblich. Dies mag standesrechtliche Konsequenzen nach sich ziehen, betrifft jedoch das Gericht und seine Entscheidungsmöglichkeit nicht (BVerfG 14. 12. 1999 NJW 2000, 347; *Baumbach/Hartmann* § 337 Rn. 10).
– wenn eine Partei bzw. ihr Vertreter sich wegen der Wahrnehmung anderer Termine entfernt, weil das Gericht mit dem Aufruf der Sache erheblich in Verzug geraten ist (LAG Hamm a. a. O.). Der Vorsitzende ist von dem Fortgehen zu informieren.
– die Sache vor dem anberaumten Termin aufgerufen wird.
– Krankheit, Unfälle, Verkehrsstörungen das rechtzeitige Erscheinen verhindern. Allerdings sind zumutbare Anstrengungen zu unternehmen, um das Gericht von dem Hinderungsgrund zu informieren.

Hat der **Vorsitzende Zweifel**, **ob** ein **Verschulden** an der Versäumung des Termins 20 vorliegt, kann er auch einen Verkündungstermin für den Erlass des Versäumnisurteils festlegen und der Partei nachlassen, eine ausreichende Entschuldigung beizubringen (*Baumbach/Hartmann* § 337 Rn. 5). In diesem Termin kann er dann entweder das Versäumnisurteil verkünden oder einen neuen Verhandlungstermin bei ausreichender Entschuldigung durch Beschluss anberaumen.

5. Entscheidung nach Lage der Akten

Nach § 331 a ZPO kann bei Ausbleiben einer Partei **statt** des **Erlasses eines Versäum-** 21 **nisurteils** auch eine Entscheidung nach Lage der Akten beantragt werden. Eine Entscheidung nach Lage der Akten ist auch zulässig, wenn **beide Parteien** in dem Kammertermin **säumig sind**. In beiden Fällen ist Voraussetzung, dass in einem früheren Termin eine mündliche Verhandlung stattgefunden hat, § 251 a Abs. 2 ZPO. Eine solche Verhandlung kann auch die Güteverhandlung sein (dazu oben § 55 Rn. 18). Über den Antrag einer Partei nach § 331 a ZPO auf Entscheidung nach Lage der Akten ist vom Gericht nach pflichtgemäßem Ermessen zu entscheiden. Die Ablehnung des Antrages ist nicht anfechtbar, § 336 Abs. 2 ZPO. Der Termin zur Verkündung der Entscheidung nach Lage der Akten ist frühestens nach zwei Wochen möglich, die Drei-Wochen-Frist des § 60 Abs. 1 Satz 2 ist zu beachten. Die nicht erschienene Partei ist zum Termin formlos zu laden.

III. Der Einspruch

1. Belehrung über den Einspruch

22 Bei der Zustellung des Versäumnisurteils ist die Partei über Form und Frist des Einspruchs schriftlich zu belehren. Im Gegensatz zu der Rechtsmittelbelehrung des § 9 Abs. 5, die Inhalt der Entscheidung sein muss, ist dies bei der Belehrung nach § 59 Satz 3 nicht erforderlich. Es **genügt**, wenn die **Belehrung dem Versäumnisurteil beigefügt wird**, sie muss nicht von dem Vorsitzenden mit unterzeichnet sein. § 9 Abs. 5 findet neben § 59 Satz 3 keine Anwendung, § 59 regelt abschließend die Art und Weise der Belehrung (vgl. aber *Schwab/Weth/BerscheidKorinth* § 59 Rn. 65; wie hier GK-ArbGG/*Schütz* § 59 Rn. 55; ArbGG-*Kloppenburg/Ziemann* § 59 Rn. 36). Hinzu kommt, dass es sich bei dem Einspruch nicht um ein Rechtsmittel im Sinne des § 9 Abs. 5, sondern lediglich um einen Rechtsbehelf handelt, da durch den Einspruch das Verfahren nicht in eine höhere Instanz gebracht wird (es fehlt die Devolutivwirkung; vgl. dazu ferner LAG Nürnberg 10. 5. 1988 LAGE ArbGG 1979 § 59 Nr. 1). Die Belehrung kann nur bei einem echten Versäumnisurteil, nicht bei einem so genannten unechten Versäumnisurteil erfolgen. Das unechte Versäumnisurteil ist letztlich wie ein streitiges Urteil in der Sache selbst zu behandeln, es muss die Rechtsmittelbelehrung nach § 9 Abs. 5 enthalten. Der **Inhalt** der Rechtsbehelfsbelehrung richtet sich nach § 59 Satz 1 und 2. In ihr muss auf die Wochenfrist hingewiesen werden, ferner muss die Erklärung enthalten sein, dass der Einspruch bei dem Arbeitsgericht schriftlich oder durch Abgabe einer Erklärung zur Niederschrift der Geschäftsstelle eingelegt werden kann. Die Rechtsbehelfsbelehrung muss sich auch auf den durch § 340 Abs. 3 ZPO geforderten Inhalt der Einspruchsschrift beziehen, es muss also deutlich werden, dass Angriffs- oder Verteidigungsmittel angegeben werden müssen. Die Rechtsbehelfsbelehrung ist in deutscher Sprache abzufassen, § 184 GVG. Ausländische Parteien, die die beigefügte Rechtsbehelfsbelehrung nicht verstehen, können u. U. bei Versäumung der Einspruchsfrist Wiedereinsetzung in den vorigen Stand begehren (dazu BVerfG 15. 1. 1974 AP ArbGG 1953 § 59 Nr. 1).

23 Wird das Versäumnisurteil **ohne** die **Belehrung** zugestellt, beginnt die Frist des § 59 Satz 1 nicht zu laufen (GK-ArbGG/*Schütz* § 59 Rn. 57; *Grunsky* § 59 Rn. 6; *Gift/Baur* E Rn. 1014). Bei unterbliebener Belehrung ist eine erneute Zustellung des Urteils mit der Rechtsbehelfsbelehrung erforderlich (GK-ArbGG/*Schütz* a. a. O.; *Schwab/Weth/BerscheidKorinth* § 59 Rn. 67; *Schaub* ArbGV § 40 Rn. 22; a. A. *Grunsky* § 59 Rn. 6, der das Nachschieben der Belehrung für ausreichend hält). Die Notwendigkeit der erneuten Zustellung des Urteils mit Rechtsbehelfsbelehrung ergibt sich schon aus dem Wortlaut des Gesetzes, die Partei ist nämlich zugleich mit der Zustellung des Versäumnisurteils auf die Einspruchsmöglichkeit schriftlich hinzuweisen. Mit der gleichzeitigen Belehrung wird auch vermieden, dass Unklarheit bei der Partei darüber entstehen kann, für welche Entscheidung die Belehrung Gültigkeit haben soll.

24 Ist die **Rechtsbehelfsbelehrung unvollständig**, weil beispielsweise die Anschrift des Gerichts nicht angegeben ist, so gelten die gleichen Grundsätze. Auch in diesem Falle ist es erforderlich, dass mit einer richtigen Rechtsbehelfsbelehrung erneut das Versäumnisurteil zugestellt wird. Die Wochenfrist läuft dann ab der erneuten Zustellung.

2. Form des Einspruchs

25 Der Einspruch kann **sowohl schriftlich als auch mündlich** zur Niederschrift der Geschäftsstelle (Rechtsantragsstelle) erklärt werden, § 59 Satz 2. Der Einspruch muss dabei nicht als solcher bezeichnet sein, es genügt, wenn erkennbar ist, dass ein bestimmtes Versäumnisurteil angegriffen wird (BAG 11. 3. 1971 AP ZPO § 340 Nr. 2; 18. 1. 1974 AP ZPO § 345 Nr. 4). Auch ein Entschuldigungsschreiben wegen unterbliebener

III. Der Einspruch § 59

Wahrnehmung eines Termins kann als Einspruchsschrift angesehen werden, wenn aus ihm deutlich wird, dass die Partei auch etwaige nachteilige prozessuale Folgen ihrer Säumnis beseitigen wollte (BAG 11. 3. 1971 a. a. O.). Eine großzügige Auslegung der Parteierklärung ist insbesondere dann geboten, wenn sich die Partei in dem Verfahren nicht durch einen Bevollmächtigten vertreten lässt. Da der Einspruch auch mündlich zu Protokoll der Geschäftsstelle erklärt werden kann, besteht auch im Verfahren vor dem Landesarbeitsgericht entgegen § 11 Abs. 4 **kein Vertretungszwang** (BAG 10. 7. 1957 AP ArbGG 1953 § 64 Nr. 5; *Wenzel* AuR 1977, 267). Wenn demgegenüber die Ansicht vertreten wurde, dass bei schriftlicher Einlegung des Einspruches gleichwohl Vertretungszwang bestehe (*Dietz/Nikisch* § 64 Rn. 56), so vermag dies nicht zu überzeugen. In welcher Form ein Einspruch eingelegt werden kann, kann nur einheitlich entschieden werden.

Bei schriftlicher Einlegung des Einspruches ist eine **Unterzeichnung** des Schriftsatzes 26 erforderlich. Es genügt allerdings auch die Einlegung mittels Telegramm, sowie anderer technischer oder elektronischer Übermittlungsmöglichkeiten wie z. B. Telefax. Insoweit gelten hier die gleichen Grundsätze wie bei der Einlegung von Rechtsmitteln (dazu unten § 64 Rn. 68). Wird der Einspruch von einem **vollmachtlosen Vertreter** eingelegt, gilt § 89 ZPO. Der Einspruch ist in diesem Falle nur dann fristgerecht eingelegt worden, wenn das Gericht den vollmachtlosen Vertreter einstweilen zur Prozessführung zugelassen hat. Da eine stillschweigende Zulassung im schriftlichen Verfahren nicht möglich ist, bedarf es eines entsprechenden Beschlusses des Gerichtes. In der bloßen Anberaumung eines Einspruchskammertermins ist eine stillschweigende einstweilige Zulassung nicht zu sehen, es ist nicht zwingend, dass das Gericht mit der Terminsanberaumung auch eine einstweilige Zulassung des vollmachtlosen Vertreters vornehmen wollte. Im Falle der einstweiligen Zulassung kann die Partei gemäß § 89 Abs. 2 ZPO im Nachhinein die Einlegung des Einspruches genehmigen. Erfolgt keine einstweilige Zulassung, ist der Einspruch unzulässig.

Der **Einspruch kann** auch nur **teilweise eingelegt** werden, § 340 Abs. 2 Satz 2 ZPO. In 27 diesem Falle muss der Teil, gegen den sich der Einspruch richtet, genau bezeichnet werden, ferner muss es sich um einen von dem übrigen Streitstoff abgrenzbaren Teil handeln, so dass ggf. auch ein Teilurteil hätte ergehen können.

Der Einspruch kann nur von der Partei eingelegt werden, gegen die das Versäumnis- 28 urteil ergangen ist. Ist ein Versäumnisurteil mit unklar gebliebener Parteibezeichnung ergangen, kann auch noch nach seinem Erlass die Parteibezeichnung richtig gestellt werden (BAG 22. 1. 1975 AP ZPO § 286 Nr. 2). Die **Richtigstellung der Parteibezeichnung** kann dabei auch noch im Einspruchstermin bzw. im weiteren Verlauf des Verfahrens erfolgen. Kann sich das Versäumnisurteil wegen der Unklarheit der Parteibezeichnung gegen zwei natürliche oder juristische Personen richten und legt eine von diesen Einspruch ein, so kann die andere sich den eingelegten Einspruch zu eigen machen, wenn sich herausstellt, dass sie die von dem Versäumnisurteil betroffene Partei ist (BAG a. a. O.).

3. Inhalt des Einspruchs

§ 59 enthält keine Vorschrift über den notwendigen Inhalt der Einspruchsschrift (BAG 29 11. 3. 1971 AP ZPO § 340 Nr. 2). Es ist aber allgemein anerkannt, dass auch im arbeitsgerichtlichen Verfahren die Regelung des **§ 340 Abs. 3 ZPO** Anwendung findet (*Grunsky* § 59 Rn. 5; GK-ArbGG/*Schütz* § 59 Rn. 72; *Schaub* ArbGV § 40 Rn. 15). Die notwendige Begründung des Einspruches ist allerdings keine Zulässigkeitsvoraussetzung, vielmehr kann eine verspätete Begründung des Einspruches nur wie verspätetes Vorbringen der Partei zurückgewiesen werden (LAG Düsseldorf/Köln 6. 6. 1978 EzA ZPO § 340 Nr. 1; BGH 12. 7. 1979 NJW 1979, 1988 mit Anm. von *E. Schneider* S. 2614; OLG München 19. 9. 1977 MDR 1978, 61). Bei der Frist des § 340 Abs. 3

§ 59 Versäumnisverfahren

ZPO handelt es sich um eine prozessrechtliche Frist, die der Beschleunigung des Verfahrens dient (BAG 9. 11. 1983 AP ZPO § 340 Nr. 3). Es genügt, wenn innerhalb der Einspruchsfrist die Angriffs- und Verteidigungsmittel vorgebracht werden (BAG a. a. O.).

30 Die **Frist** zur Begründung des Einspruchs **kann** nach § 340 Abs. 3 Satz 2 ZPO auf Antrag **verlängert werden,** wenn entweder die Erledigung des Rechtsstreits hierdurch nicht verzögert würde oder aber wenn die Partei erhebliche Gründe vorträgt. Eine Glaubhaftmachung der Gründe ist nicht erforderlich, kann vom Vorsitzenden jedoch verlangt werden. Ob die Voraussetzungen für eine Verlängerung gegeben sind, hat der Vorsitzende nach pflichtgemäßem Ermessen zu entscheiden. Zu berücksichtigen hat er dabei allerdings, dass bereits eine Versäumnisentscheidung vorliegt, die Partei also ihre Prozessförderungspflicht aus § 282 ZPO bisher nicht wahrgenommen hat.

31 In der Einspruchsbegründung hat die Partei die Angriffs- und Verteidigungsmittel vorzubringen, sie muss sich insbesondere zu dem bisherigen Sachvortrag der Gegenseite einlassen. Auch hier gilt die Prozessförderungspflicht des § 282 ZPO. Zweifelhaft ist, ob **Vorbringen** in einer Einspruchsbegründung, die nach Ablauf der Einspruchsfrist bzw. der von dem Vorsitzenden verlängerten Frist beim Gericht eingeht, gemäß § 296 Abs. 1 ZPO als verspätet **zurückgewiesen werden kann.** Grundsätzlich findet in arbeitsgerichtlichen Verfahren die Bestimmung des § 296 Abs. 1 ZPO keine Anwendung (dazu oben § 56 Rn. 2; *Deubner* NZA 1985, 113; *Stein/Jonas/Leipold* § 296 Rn. 131). Hieraus wird geschlossen, dass auch im Rahmen des § 340 Abs. 3 ZPO eine Anwendbarkeit des § 296 Abs. 1 ZPO ausgeschlossen sei (*Deubner* a. a. O.; *Stein/Jonas/Leipold* a. a. O.).

32 Dem steht jedoch entgegen, dass in § 340 Abs. 3 Satz 3 ZPO ausdrücklich auf § 296 Abs. 1 ZPO verwiesen worden ist. § 296 Abs. 1 ZPO findet im arbeitsgerichtlichen Verfahren allein deshalb keine Anwendung, weil die dort genannten Vorschriften, die eine Fristsetzung ermöglichen, allgemein nicht angewendet werden können. Dies ist jedoch bei § 340 Abs. 3 ZPO gerade nicht der Fall. Diese Bestimmung ist nicht von der Anwendbarkeit in § 46 Abs. 2 ausgenommen worden, sie wird vielmehr von der allgemeinen Bezugnahme auf das zivilprozessuale Verfahren erfasst, verfahrensmäßige Besonderheiten sprechen auch nicht gegen ihre Anwendung. Die Fristsetzung, die zu einer Verspätung des Vorbringens führt, beruht damit nicht auf einer im arbeitsgerichtlichen Verfahren nicht anwendbaren Vorschrift, sondern allein auf der Bestimmung des § 340 Abs. 3 ZPO. Dann ist es aber auch nicht ausgeschlossen, in diesem Fall die **Verspätungsfolge aus § 296 Abs. 1 ZPO herzuleiten** (so auch LAG Düsseldorf/Köln 6. 6. 1978 EzA ZPO § 340 Nr. 1; wohl auch BAG 9. 11. 1983 AP ZPO § 340 Nr. 3; ferner jetzt auch *Grunsky* § 57 Rn. 5; GK-ArbGG/*Schütz* § 59 Rn. 72).

33 Die Zurückweisung des Vorbringens als verspätet ist aber nur dann möglich, wenn die **Verzögerung** der Erledigung des Rechtsstreites **allein auf die Verspätung** des Sachvorbringens in der Einspruchsbegründung zurückzuführen ist, entscheidend ist die konkrete Verfahrensverzögerung. Wegen der Regelung in § 342 ZPO ist damit bei Fristsetzung gemäß §§ 56 oder 61a einer Partei die **Flucht in die Säumnis ermöglicht.** § 340 Abs. 3 Satz 3 ZPO erlaubt die Zurückweisung des Vorbringens als verspätet erst dann, wenn die Einspruchsbegründungsfrist abgelaufen ist (vgl. dazu *Baumbach/Hartmann* § 342 Rn. 3, 4 m. w. N.; modifiziert enger *Zöller/Herget* § 340 Rn. 7; teilweise anders *Gounalakis* DRiZ 1997, 294, 297 ff.). Ist für die Verzögerung der Erledigung des Rechtsstreits auch eine sachwidrige Terminierung seitens des Gerichts ausschlaggebend, kann eine Zurückweisung des Vorbringens nicht mehr erfolgen. Eine sachwidrige Terminierung seitens des Gerichts ist dann gegeben, wenn der Einspruchstermin bereits dann festgesetzt wird, wenn die Einspruchsfrist noch nicht abgelaufen war, so dass die durch das Versäumnisurteil belastete Partei u. U. noch die Einspruchsbegründung hätte rechtzeitig einreichen können. Durch die zu frühzeitige Terminierung verhindert nämlich u. U. der Vorsitzende, dass das Vorbringen in der Einspruchsbegründung selbst bei rechtzeitigem Eingang bei Gericht verfahrensmäßig hätte berücksichtigt werden können (dazu LAG Berlin 12. 12. 1988 DB 1989, 1632). Bei einer **Flucht in Säumnis** kann allerdings von

III. Der Einspruch § 59

der Möglichkeit der Verhängung einer **Verzögerungsgebühr** gem. § 38 GKG n. F. Gebrauch gemacht werden, wenn die Säumnis schuldhaft und unter Verletzung der Prozessförderungspflicht herbeigeführt worden und eine Verschleppungstaktik erkennbar ist (LAG Sachsen-Anhalt 8. 5. 2000 LAGE GKG § 34 Nr. 1).

4. Frist

Der Einspruch kann sofort nach der Verkündung des Versäumnisurteils, also auch noch im Termin zu Protokoll, erklärt werden. Eine Zustellung muss noch nicht erfolgt sein. Längstens steht der Partei nach Satz 1 eine Notfrist von **einer Woche** nach Zustellung zur Verfügung. Für die Fristberechnung finden die Vorschriften der §§ 222 ZPO und 187 Abs. 1 BGB Anwendung, der Tag der Zustellung ist nicht mitzurechnen. Da die Bestimmung des § 9 Abs. 5 auf den Einspruch keine Anwendung finden kann (oben Rn. 22), kann auch ohne Zustellung durch alleinigen Fristablauf keine Rechtskraft des Versäumnisurteils entstehen (BAG 22. 11. 1956 AP BGB § 615 Betriebsrisiko Nr. 1). Die Frist zur Einlegung eines Einspruchs gegen ein Versäumnisurteil beginnt mit dem auf der Zustellungsurkunde ausgewiesenen Zustelldatum. Bei Ersatzzustellung durch Niederlegung gemäß § 182 ZPO ist maßgeblich der Tag der Niederlegung (vgl. BAG 27. 7. 1970 NJW 1970, 1894). In diesem Falle ist aber zu berücksichtigen, dass bei dieser Art der Zustellung der Anspruch auf rechtliches Gehör gemäß Art. 103 Abs. 1 GG erheblich eingeschränkt wird, die Anforderungen an die Vorsorgepflicht der Partei dürfen nicht überspannt werden. Hat die Partei unverschuldet keine Kenntnis von der Ersatzzustellung, dann kann von ihr keine Vorsorge für die Wahrung der Einspruchsfrist erwartet werden (vgl. dazu LAG Köln 6. 2. 1990 LAGE ZPO § 233 Nr. 5). 34

Auch im arbeitsgerichtlichen Verfahren gilt die Vorschrift des § 339 Abs. 2 ZPO. Muss daher eine **Zustellung im Ausland** oder durch **öffentliche Bekanntmachung** erfolgen, so gilt nicht die Wochenfrist des § 59 Satz 1. Vielmehr muss in diesem Falle der Vorsitzende die Einspruchsfrist im Versäumnisurteil oder nachträglich durch gesonderten Beschluss festsetzen. Der Beschluss ist zu begründen, er muss den Parteien des Rechtsstreits mitgeteilt werden, der Partei, die das Versäumnisurteil beantragt hat formlos, der durch das Versäumnisurteil belasteten Partei durch Zustellung, in der Regel ist hier gegebenenfalls eine öffentliche Zustellung bzw. eine Zustellung im Ausland erforderlich. Ist die Einspruchsfrist in einem gesonderten Beschluss festgesetzt worden, beginnt sie erst von dessen Zustellung an. Die Entscheidung über die Einspruchsfrist ist unanfechtbar. Fehlt die Belehrung über die Einspruchsfrist oder ist sie unzutreffend, beginnt die Frist nicht zu laufen (dazu oben Rn. 23, 24). 35

5. Wirkung des Einspruchs

Ein zulässiger Einspruch hemmt zunächst den Eintritt der Rechtskraft des Versäumnisurteils. Darüber hinaus wird der Prozess **in den Stand zurückversetzt,** in dem er sich vor dem Erlass der Versäumnisentscheidung befand, § 342 ZPO. Das hat zur Folge, dass alle früheren Prozesshandlungen der Parteien und des Gerichts wieder wirksam sind. Allerdings ist das Vorbringen einer Partei in der Einspruchsbegründung gemäß § 340 Abs. 3 ZPO zu berücksichtigen. Damit wird eine Verspätung, die ggf. in dem Termin gegeben war, in dem das Versäumnisurteil erlassen wurde, unerheblich (BGH 27. 2. 1980 BGHZ 76, 173, 177; 15. 1. 1981 NJW 1981, 1378, 1379; a. A. LG Berlin 1. 12. 1978 NJW 1979, 374; *Deubner* NJW 1979, 342). Damit ist einer Partei, deren Vorbringen nach § 56 Abs. 2 oder § 61a Abs. 5 bzw. § 296 Abs. 2 ZPO zurückzuweisen wäre die Möglichkeit gegeben, durch bewusstes Herbeiführen der Säumnis – **Flucht in die Säumnis** – einen neuen Verhandlungstermin zu erzwingen, der ihr die Möglichkeit gibt, an sich verspätete Angriffs- und Verteidigungsmittel noch vorzubringen (vgl. dazu auch oben Rn. 33; *Gounalakis* DRiZ 1997, 294, 297 ff.; *E. Schneider* NJW 1980, 947). Es bleibt nur die Möglichkeit der Verhängung einer **Verzögerungsgebühr** gem. § 38 GKG. 36

37 Trotz des Einspruchs bleibt das Versäumnisurteil **vorläufig vollstreckbar**, § 62 Abs. 1 Satz 1. Die Möglichkeit der Einstellung der Zwangsvollstreckung richtet sich ebenfalls nach § 62 Abs. 1.

6. Die neue Entscheidung

a) Zulässiger Einspruch

38 Ist der Einspruch zulässig, so hat der Vorsitzende unverzüglich einen **Termin** zur mündlichen Verhandlung über den Einspruch und über die Hauptsache anzuberaumen, § 341a ZPO. Der Termin ist den Parteien bekannt zu machen, Ladungsfristen müssen eingehalten werden. Bei der Bestimmung des Termins muss beachtet werden, dass Vorbringen, das in der Einspruchsbegründung erfolgt, noch berücksichtigt werden kann. Andererseits muss das Gericht nicht damit rechnen, dass auch nach Ablauf der Einspruchsbegründungsfrist noch weiteres Vorbringen seitens der Parteien erfolgt, das Gericht ist nicht verpflichtet, die Berücksichtigung verspäteten Vorbringens zu ermöglichen.

39 Bei seiner Entscheidung ist das Gericht nicht an das Versäumnisurteil gebunden. Stimmt die neue Entscheidung mit derjenigen in dem Versäumnisurteil überein, ist auszusprechen, dass die **Entscheidung** aus dem Versäumnisurteil **aufrechterhalten** wird, § 343 Satz 1 ZPO. Richtete sich der Einspruch gegen einen Vollstreckungsbescheid, so ist in diesem Falle auszusprechen, dass die Entscheidung aus dem Vollstreckungsbescheid aufrechterhalten werde. Die Kostenentscheidung richtet sich dann nach § 91 ZPO.

40 Weicht die neue Entscheidung von derjenigen in dem Versäumnisurteil ab, so ist das **Versäumnisurteil aufzuheben** und in der Sache neu zu tenorieren. In diesem Fall muss berücksichtigt werden, dass die Versäumniskosten in jedem Falle demjenigen zur Last fallen, der säumig gewesen ist, § 344 ZPO.

41 Wird in der neuen Entscheidung **teilweise von dem Versäumnisurteil** abgewichen, so kann, wenn es teilbare Ansprüche sind, im Tenor das Versäumnisurteil teilweise aufgehoben und in der Sache neu entschieden und im Übrigen die Entscheidung aus dem Versäumnisurteil aufrechterhalten werden. Zu beachten ist dabei aber, dass u. U. durch eine derartige Tenorierung eine Unklarheit insbesondere im Hinblick auf die Zwangsvollstreckung auftreten kann. In diesem Falle kann es gerechtfertigt sein, unter teilweiser Aufhebung des Versäumnisurteils und unter Aufrechterhaltung der Entscheidung aus dem Versäumnisurteil in einzelnen Punkten in der Sache insgesamt neu zu tenorieren. Eine Aufhebung des gesamten Versäumnisurteils kommt in diesem Falle nicht in Betracht, da unter Umständen der Gläubiger in der Zwangsvollstreckung dann seine bisherige Rangstellung verlieren würde. Auch in diesem Falle ist aber bei der Kostenentscheidung die Bestimmung des § 344 ZPO zu berücksichtigen.

b) Unzulässiger Einspruch

42 Ist der **Einspruch** nicht statthaft oder ist er nicht in der gesetzlichen Form oder Frist eingelegt worden, ist er **als unzulässig zu verwerfen**, § 341 Abs. 1 ZPO. Dies gilt auch, wenn die Partei, die den Einspruch eingelegt hat, in dem anberaumten Termin säumig ist (vgl. dazu oben § 55 Rn. 17a). Die Entscheidung kann ohne mündliche Verhandlung durch Urteil ergehen, § 341 Abs. 2 ZPO. Ob eine mündliche Verhandlung stattfindet oder nicht, steht im freien, nicht nachprüfbaren Ermessen des Vorsitzenden. Vor der Entscheidung ist den Parteien rechtliches Gehör zu gewähren, die betroffene Partei muss die Möglichkeit erhalten, ggf. einen Antrag auf Wiedereinsetzung in den vorigen Stand gegen die Versäumung der Einspruchsfrist zu stellen. Das **Alleinentscheidungsrecht** des Vorsitzenden bei der **Verwerfung des Einspruchs** nach § 341 ZPO, das nach der früheren Regelung zweifelhaft war, ist durch klarstellende Neuregelung in Nr. 4a ausdrücklich festgelegt worden. Die bisher hier (6. Aufl. § 55 Rn. 17 m. w. Nachw.) vertretene aus-

dehnende Auslegung von § 55 Abs. 1 Nr. 4 ist daher nicht mehr erforderlich. Bleibt die Partei, die den – unzulässigen – Einspruch eingelegt hat, auch dem Einspruchstermin unentschuldigt fern, ist durch den Vorsitzenden allein zu entscheiden, allerdings nicht im Wege des zweiten Versäumnisurteils, sondern trotz der Säumnis durch Urteil nach § 341 Abs. 2 ZPO. Da der **Vollstreckungsbescheid** einem Versäumnisurteil gleichsteht, ist durch die beabsichtigte Neuregelung auch die Verwerfung eines Einspruchs gegen einen Vollstreckungsbescheid jetzt ausdrücklich gleichgestellt worden. Die Entscheidung kann **ohne mündliche Verhandlung** getroffen werden, § 55 Abs. 2. Die Regelung des § 341 Abs. 2 ZPO gilt auch in der Neufassung.

In dem Urteil darf lediglich der Einspruch als unzulässig verworfen werden. Die weitere Entscheidung, das Versäumnisurteil aufrecht zu erhalten, kann nicht getroffen werden (LAG Frankfurt 23. 11. 1981 AuR 1982, 389), da dies nach § 343 ZPO nur dann möglich ist, wenn ein zulässiger Einspruch vorliegt. **43**

Da nach der Neufassung von § 341 Abs. 2 ZPO die Verwerfungsentscheidung immer durch Urteil erfolgt, richtet sich die Zulässigkeit des Rechtsmittels nach den allgemeinen Vorschriften. Anwendbar sind daher die Regelungen in § 64 Abs. 2 lit. a bis c. Die Regelung des § 64 Abs. 2 lit. d kann nicht angewendet werden, da das Urteil nicht auf Grund der Säumnis ergeht, sondern weil der Einspruch selbst unzulässig ist. Gegen die Verwerfungsentscheidung des LAG, die ebenfalls durch Urteil erfolgen muss, findet das Rechtsmittel der Revision nur statt, wenn diese zugelassen worden ist. Verwirft das Gericht irrtümlich den Einspruch durch Beschluss statt durch Urteil, ist nach dem Grundsatz der Meistbegünstigung auch die Einlegung der sofortigen Beschwerde zulässig (LAG Köln 26. 2. 2003 NZA-RR 2004, 107). **44**

IV. Das zweite Versäumnisurteil

Besonderheiten im arbeitsgerichtlichen Verfahren hinsichtlich der Voraussetzungen und den Erlass eines zweiten Versäumnisurteils sowie in Bezug auf das Rechtsmittel, das gegen ein solches zweites Versäumnisurteil gegeben ist, **bestehen nicht.** Das Gericht hat vor Erlass des zweiten Versäumnisurteils die allgemeinen Prozessvoraussetzungen und das Vorliegen der Säumnis zu prüfen (LAG Hamm 27. 2. 2003 NZA-RR 2004, 156). Das hat der Gesetzgeber durch die Bezugnahme in Satz 4 auf § 345 ZPO nochmals klargestellt. Vor dem Erlass des zweiten Versäumnisurteils ist ferner die **Schlüssigkeit der Klage erneut** zu prüfen. Dies schreibt § 700 Abs. 6 ZPO für den Vollstreckungsbescheid vor, Vergleichbares gilt auch für das Versäumnisurteil (BAG 2. 2. 1994 NZA 1994, 1102, 1103; 1. 12. 1970 AP ZPO § 345 Nr. 3). Auch vor Erlass eines zweiten Versäumnisurteils muss daher in jedem Falle geprüft werden, ob die Klage überhaupt schlüssig war (vgl. dazu näher auch zum Streitstand *Schwab/Weth/Berscheid/Korinth* § 59 Rn. 1176 ff.; *Thomas/Putzo/Reichold* ZPO § 345 Rn. 4; *Zöller/Herget* § 345 Rn. 4; a. A. *Baumbach/Hartmann* ZPO § 345 Rn. 6; *Musielak/Stadler* ZPO § 345 Rn. 4; jetzt auch GK-ArbGG/*Schütz* § 59 Nr. 91; MünchKomm-ZPO/*Prütting* § 345 Rn. 9 ff. m. ausf. Nachw.; wohl auch BGH 6. 5. 1999 NJW 1999, 2599; 25. 10. 1990 NJW 1991, 43; 16. 4. 1986 NJW 1986, 2113), denn bei unschlüssiger Klage bestand im Grunde kein Anlass, der Ladung Folge zu leisten **45**

Nur unter den Voraussetzungen des § 64 Abs. 2 lit. d der weitgehend § 514 Abs. 2 ZPO entspricht kann gegen ein zweites Versäumnisurteil **Berufung** oder Anschlussberufung eingelegt werden. Die weiteren Voraussetzungen in § 64 Abs. 2 lit. a bis c müssen nicht zusätzlich erfüllt sein. Sie kann nur darauf gestützt werden, dass eine Säumnis in dem Termin, in dem das Versäumnisurteil erlassen worden ist, nicht vorgelegen habe. Damit dient sie ausschließlich der Kontrolle des Verfahrens bei Erlass des angefochtenen Urteils (BAG 30. 1. 1975 AP ZPO § 513 Nr. 6; BAG 2. 2. 1994 NZA 1994, 1102; etwas differenzierend BGH 6. 5. 1999 NJW 1999, 2599; im Übrigen unten § 64 **46**

Rn. 62 ff.). Mit der Berufung kann daher beispielsweise vorgebracht werden, dass ein ordnungsgemäßer Aufruf der Sache nicht erfolgt war, dass die Ladungsfrist nicht eingehalten wurde, dass das Ausbleiben im Termin entschuldigt ist. Ob darüber hinaus ist aber eine Säumnis der beklagten Partei nicht vorgelegen hat, wenn die Klage nicht schlüssig gewesen ist, ist umstritten. Die beklagte Partei, die einer Verhandlung über eine nicht schlüssige Klage fernbleibt, könne nicht säumig sein (LAG Hamm 10. 9. 1980 AP ZPO § 513 Nr. 1). Ein Versäumnisurteil gegen eine beklagte Partei könne nur dann ergehen, wenn das als zugestanden anzusehende Vorbringen der klagenden Partei den Anspruch begründen könne. Auch im Rahmen der Berufung gegen ein zweites Versäumnisurteil könne daher geprüft werden, ob das Klagevorbringen überhaupt schlüssig gewesen sei (so wohl LAG Frankfurt/Main 18. 2. 1992 NZA 1993, 816; LAG Hamm 10. 9. 1980 a. a. O.; BAG 1. 12. 1970 AP ZPO § 345 Nr. 3; 18. 1. 1974 AP ZPO § 345 Nr. 4 mit Anmerkung *Grunsky*). Dem steht jedoch der Wortlaut von § 64 Abs. 2 d entgegen. Danach kann das Rechtsmittel nur darauf gestützt werden, dass ein Fall der schuldhaften Versäumung nicht vorgelegen habe. Es handelt sich um eine Zulässigkeitsvoraussetzung, bei dieser ist wie auch bei anderen Zulässigkeitsvoraussetzungen eine Schlüssigkeitsprüfung nicht vorzunehmen. Es soll nur der Verfahrensfehler gerügt werden können. Dieser kann jedoch nicht über den Umweg der Interpretation des Säumnisbegriffes zu einer Überprüfung der Schlüssigkeit und damit einer Begründetheitsvoraussetzung der Klage ausgedehnt werden (BAG 2. 2. 1994 NZA 1994, 1102, 1103, vgl. dazu auch BGH 6. 5. 1999 NJW 1999, 2599; ArbGG-*Breinlinger* § 64 Rn. 34). Hinzu kommt, dass auch nur die Säumnis bei Erlass des zweiten Versäumnisurteils geprüft werden kann, die Frage der Schlüssigkeit der Klage aber die Säumnis bei dem ersten Versäumnisurteil betrifft.

§ 60 Verkündung des Urteils

(1) ¹Zur Verkündung des Urteils kann ein besonderer Termin nur bestimmt werden, wenn die sofortige Verkündung in dem Termin, auf Grund dessen es erlassen wird, aus besonderen Gründen nicht möglich ist, insbesondere weil die Beratung nicht mehr am Tage der Verhandlung stattfinden kann. ²Der Verkündungstermin wird nur dann über drei Wochen hinaus angesetzt, wenn wichtige Gründe, insbesondere der Umfang oder die Schwierigkeit der Sache, dies erfordern. ³Dies gilt auch dann, wenn ein Urteil nach der Lage der Akten erlassen wird.

(2) ¹Bei Verkündung des Urteils ist der wesentliche Inhalt der Entscheidungsgründe mitzuteilen. ²Dies gilt nicht, wenn beide Parteien abwesend sind; in diesem Fall genügt die Bezugnahme auf die unterschriebene Urteilsformel.

(3) ¹Die Wirksamkeit der Verkündung ist von der Anwesenheit der ehrenamtlichen Richter nicht abhängig. ²Wird ein von der Kammer gefälltes Urteil ohne Zuziehung der ehrenamtlichen Richter verkündet, so ist die Urteilsformel vorher von dem Vorsitzenden und den ehrenamtlichen Richtern zu unterschreiben.

(4) ¹Das Urteil nebst Tatbestand und Entscheidungsgründen ist vom Vorsitzenden zu unterschreiben. ²Wird das Urteil nicht in dem Termin verkündet, in dem die mündliche Verhandlung geschlossen wird, so muß es bei der Verkündung in vollständiger Form abgefaßt sein. ³Ein Urteil, das in dem Termin, in dem die mündliche Verhandlung geschlossen wird, verkündet wird, ist vor Ablauf von drei Wochen, vom Tage der Verkündung an gerechnet, vollständig abgefaßt der Geschäftsstelle zu übermitteln; kann dies ausnahmsweise nicht geschehen, so ist innerhalb dieser Frist das von dem Vorsitzenden unterschriebene Urteil ohne Tatbestand und Entscheidungsgründe der Geschäftsstelle zu übergeben. ⁴In diesem Fall sind Tatbestand und Entscheidungsgründe alsbald nachträglich anzufertigen, von dem Vorsitzenden besonders zu unterschreiben und der Geschäftsstelle zu übermitteln.

I. Allgemeines **§ 60**

Übersicht

	Rn.
I. Allgemeines	1–5
II. Zeitpunkt der Urteilsverkündung	6–17
1. Schluss der mündlichen Verhandlung	6
2. Besonderer Verkündungstermin	7–17
a) Gründe für den besonderen Verkündungstermin	7–10
b) Zeitpunkt des Verkündungstermins	11–17
III. Form der Verkündung	18–22
1. Verlesung der Urteilsformel	18
2. Mitteilung der Entscheidungsgründe	19–21
3. Anwesenheit der ehrenamtlichen Richter	22, 23
4. Protokollierung	24–26
5. Fehlende Verkündung	27
IV. Die Urteilsabfassung	28–38
1. Fristen für die Urteilsabfassung	28–31
a) Bei Verkündung im Anschluss an die mündliche Verhandlung	28–30
b) Bei Verkündung in einem besonderen Verkündungstermin	31
2. Folgen der Nichtbeachtung	32–35
3. Die Unterschriftsleistung	36–38

I. Allgemeines

Die Vorschrift enthält **Sonderregelungen, die** in ihrem Anwendungsbereich die Bestimmungen der **§§ 310 Abs. 1 und 2 sowie 311 Abs. 3 und 4 und § 312 Abs. 1 ZPO verdrängen.** Anwendbar bleiben § 311 Abs. 1 und 2 bezüglich bestimmter Formvorschriften der Urteilsverkündung und § 310 Abs. 3 ZPO bezüglich der Ersetzung der Verkündung durch Zustellung des Urteils. Der Gesetzgeber wollte mit dieser Regelung den Besonderheiten in dem arbeitsgerichtlichen Verfahren, die u. a. darin bestehen, dass ehrenamtliche Richter, die nicht an jeder Sitzung teilnehmen, beteiligt sind, Rechnung tragen. Darüber hinaus war Ziel die Beschleunigung des Verfahrens, der Grundsatz des § 9 Abs. 1 Satz 1 sollte auch bei der Verkündung des Urteils beachtet werden. In der Praxis hat sich jedoch erwiesen, dass durch die Vorschrift über die Verkündung des Urteils eine Beschleunigung kaum zu erreichen ist. 1

§ 60 ist mit Modifikationen in der **Berufungsinstanz** entsprechend anwendbar, § 69 Abs. 1 Satz 2. U. a. ist die Frist zur Urteilsabsetzung auf vier Wochen ausgedehnt worden, damit ist der Tatsache Rechnung getragen worden, dass in der Berufungsinstanz das Urteil auch von den ehrenamtlichen Richtern zu unterschreiben ist. Eine entsprechende Anwendbarkeit in der **Revisionsinstanz** besteht nicht, § 72 Abs. 6 enthält insoweit keine Verweisung. 2

Im **Beschlussverfahren** der §§ 80 ff. ist in der ersten Instanz § 60 entsprechend anwendbar, § 84 Satz 3. In der Beschwerdeinstanz im Beschlussverfahren gilt § 60 ähnlich wie im Berufungsverfahren, § 91 Abs. 1 Satz 2 nimmt Bezug auf § 69 Abs. 1 Satz 2. Für die Rechtsbeschwerdeinstanz fehlt die Bezugnahme in § 96. 3

Mit der Einschränkung hinsichtlich des Beschlussverfahrens der §§ 80 ff. gilt die Vorschrift des § 60 nur für Urteile, **nicht** jedoch **für Beschlüsse, die in einem Urteilsverfahren** erlassen werden. Eine entsprechende Bezugnahme besteht nicht. 4

Die Bestimmung gilt schließlich **nur für** solche **Urteile, die verkündet werden müssen.** Sie ist demzufolge auch anwendbar, wenn im schriftlichen Verfahren nach § 128 Abs. 1 ZPO bei dem Landes- oder Bundesarbeitsgericht Entscheidungen getroffen werden, da diese zu ihrer Wirksamkeit der Verkündung bedürfen, § 128 Abs. 2 Satz 2 ZPO. Nicht anwendbar ist § 60 aber in den Fällen, in denen der Vorsitzende ohne mündliche Verhandlung allein eine Entscheidung treffen kann, wie dies bei Anerkenntnis des geltend gemachten Anspruches, § 55 Abs. 1 Nr. 3, oder bei der Verwerfung des Einspruches gegen ein Versäumnisurteil, § 341 Abs. 2 ZPO, der Fall ist. Hier gilt § 310 5

Germelmann

Abs. 3 Satz 1 ZPO, die Verkündung wird durch die Zustellung ersetzt. Soweit die Parteien bei einem Verzicht ihr Einverständnis mit einer Entscheidung ohne mündliche Verhandlung erklären, unterbleibt ebenfalls die Verkündung des Urteils, § 55 Abs. 2 Satz 2. In diesen Fällen wird die Verkündung durch die Zustellung der Urteilsformel ersetzt, die Regelung des § 310 Abs. 3 ZPO kann insoweit entsprechend angewendet werden (*Grunsky* § 60 Rn. 2; *Schaub* ArbGV § 45 Rn. 1; *Schwab/Weth/Berscheid/ Schwab* § 60 Rn. 2; a. A. GK-ArbGG/*Schütz* § 60 Rn. 6). § 60 Abs. 1 Satz 1 legt nur die Form der Verkündung fest, nicht jedoch, ob tatsächlich eine Verkündung zu erfolgen hat.

II. Zeitpunkt der Urteilsverkündung

1. Schluss der mündlichen Verhandlung

6   Als Regelfall ist vom Gesetzgeber die **Verkündung am Schluss der Sitzung** angesehen worden. Der Schluss der Sitzung wird durch den Vorsitzenden bestimmt, § 136 Abs. 4 ZPO. Der Vorsitzende kann die Verhandlung erst schließen, wenn sämtliche Richter, also auch die ehrenamtlichen Richter, die Sache für vollständig erörtert halten. Der Schluss der Verhandlung kann ausdrücklich oder stillschweigend von dem Vorsitzenden herbeigeführt werden. An ihn schließt sich die Beratung mit der Verkündung des Urteils an. Welche Personen an der **Beratung teilnehmen** können, richtet sich nach § 193 GVG. Neben dem Vorsitzenden und den ehrenamtlichen Richtern, die an der Verhandlung teilgenommen haben, können dies in erster Linie Personen sein, die zu ihrer juristischen Ausbildung dem Gericht überwiesen sind, wenn der Vorsitzende die Teilnahme an der Beratung gestattet. Gemeint sind dabei die **Stationsreferendare**. **Studenten** der Rechtswissenschaft, die bei dem Gericht das vorgeschriebene Praktikum ableisten, dürfen nicht an der Beratung teilnehmen, da sie sich nicht in einer Ausbildung befinden, die derjenigen der Referendare vergleichbar wäre, es ist im Grunde nur ein unverbindliches, rechtlich nicht besonders geregeltes Praktikantenverhältnis, das auch nicht auf einen bestimmten leistungsmäßigen Erfolg ausgerichtet ist. Ein Verstoß kann ggf. mit der Revision gerügt werden (BGH 30. 3. 1995 NJW 1995, 2645 m. w. Nachw.; a. A. *Kissel* § 193 Rn. 22 m. w. N.; *Bayreuther* JuS 1996, 686). In der Arbeitsgerichtsbarkeit dürfte dies aber nur eine geringe Rolle spielen, da die Durchführung des Praktikums in der Regel in der ersten Instanz erfolgt, ein Verstoß gegen § 193 GVG dürfte wegen der Regelung in § 68 nicht eine Zurückverweisung des Rechtsstreits durch das LAG an das ArbG rechtfertigen. Für das Teilnahmerecht **ausländischer Juristen** gilt § 193 Abs. 2 GVG. Ausländische Berufsrichter, Staatsanwälte und Anwälte, die einem Gericht zur Ableistung eines Studienaufenthaltes zugewiesen sind, ferner ausländische Juristen, die sich im Entsendestaat in einem Ausbildungsverhältnis befinden, dürfen daher bei Beratung und Abstimmung – ohne Stimmrecht – zugegen sein, wenn der Vorsitzende der Kammer bzw. des Senats ihre Anwesenheit gestattet und sie ausdrücklich zur Geheimhaltung verpflichtet worden sind, § 193 Abs. 3 GVG. Die Verpflichtung hat durch den Präsidenten des Gerichts bzw. den Aufsichtführenden Richter oder einen von ihnen beauftragten Richter zu erfolgen, § 193 Abs. 4 GVG. Die Verpflichtung ist zwingende Voraussetzung für die Teilnahme. Es genügt, wenn die **Verkündung am Ende eines Terminstages** erfolgt, an dem mehrere Rechtsstreitigkeiten verhandelt worden sind. Zwar wird in diesem Falle für jede Rechtsstreitigkeit zu einem früheren Zeitpunkt die Verhandlung mit der Folge geschlossen, dass die Parteien keine Möglichkeit mehr zu einem Sachvortrag haben, der Termin wird aber erst mit der Verkündung der Entscheidung bzw. der Entscheidungen beendet (vgl. GK-ArbGG/*Schütz* § 60 Rn. 7; *Gift/Baur* E Rn. 1606; BGH 6. 2. 2004 NJW 2004, 1666). Im Protokoll ist dann aufzunehmen, dass die Verkündung am Schluss der Sitzung erfolgt. Zur Form der Verkündung siehe unten Rn. 18 ff.

II. Zeitpunkt der Urteilsverkündung   § 60

2. Besonderer Verkündungstermin
a) Gründe für den besonderen Verkündungstermin

Von dem Grundsatz der Verkündung in dem Termin, auf Grund dessen das Urteil **7**
erlassen wird, kann aus besonderen Gründen abgesehen werden. Wann dies der Fall ist, entscheidet das Gericht nach seinem pflichtgemäßen Ermessen. Bei der Entscheidung **wirken die ehrenamtlichen Richter mit,** ein Alleinentscheidungsrecht des Vorsitzenden besteht weder aus § 55 noch aus § 53 Abs. 1. Die Entscheidung über die Anberaumung eines Verkündungstermins ist nämlich eine Entscheidung, die auf Grund einer mündlichen Verhandlung ergeht. Lediglich wenn die Kammer am Schluss der mündlichen Verhandlung beschließt, dass ein Verkündungstermin von Amts wegen anzuberaumen ist, kann dieser durch den Vorsitzenden allein festgesetzt werden.

Welche **Gründe** für die Anberaumung eines besonderen Verkündungstermins spre- **8**
chen, ist im Gesetz **nicht abschließend genannt**. Nur beispielhaft ist die Anberaumung eines Verkündungstermins für den Fall vorgesehen worden, dass die Beratung nicht mehr am Tag der Verhandlung stattfinden kann. Gründe für einen besonderen Verkündungstermin können z. B. sein:
– Besondere Schwierigkeit der Sache in tatsächlicher oder rechtlicher Hinsicht, die eine umfangreiche Beratung erfordert, die an dem Sitzungstag wegen zeitlicher Probleme nicht mehr durchgeführt werden kann.
– Ein Richter ist wegen anderer Termine gehindert, an der abschließenden Beratung mitzuwirken.
– Neuer Sachvortrag in der mündlichen Verhandlung.
– Berücksichtigung nachgelassener Schriftsätze nach §§ 139 Abs. 5 bzw. 283 ZPO.
– Rechtsfragen, die sich nach der mündlichen Verhandlung neu stellen, so dass eine weitergehende Beratung erforderlich wird, die eine Verkündung der Entscheidung am Sitzungstag nicht mehr zulässt. Allerdings wird in diesem Fall den Parteien rechtliches gehör zu gewähren sein, was einer Verkündung einer Endentscheidung entgegenstehen kann.
– Richter können z. B. nach einer umfangreichen Beweisaufnahme so erschöpft sein, dass eine ordnungsgemäße Beratung nicht mehr stattfinden kann.
– Die Beweiswürdigung ist erst an Hand des fertig gestellten Protokolls möglich.
– Vergleichsgespräche zwischen den Parteien, die durch die Verkündung einer Entscheidung gegenstandslos werden würden.
– Vergleichsabschluss auf Widerruf. Hier kann ein Verkündungstermin für den Fall anberaumt werden, dass ein Widerruf des Vergleichs erfolgt. Voraussetzung hierfür ist allerdings, dass die Rechtssache in der mündlichen Verhandlung abschließend erörtert worden ist und die Parteien auch die Anträge gestellt haben.
– Arbeitsüberlastung des Richters (BVerfG 5. 6. 1992 NJW-RR 1993, 253).
– Organisatorische Probleme des Gerichts (Umzug, Zusammenlegung verschiedener Gerichte usw., Personalmangel).

Ein Verkündungstermin ist in der Berufungsinstanz auch dann anzuberaumen, wenn **9**
eine Entscheidung im **schriftlichen Verfahren** getroffen worden ist, § 128 Abs. 2 ZPO. Die Anberaumung dieses Verkündungstermins richtet sich jedoch nicht nach § 60 Abs. 1, da auch ein Zeitpunkt für die Berechnung der in dieser Bestimmung genannten Fristen nicht gegeben ist. Vielmehr enthält insoweit § 128 Abs. 2 Satz 2 ZPO eine Sonderregelung. Allerdings finden die weiteren Regelungen des § 60 Abs. 2 bis 4 auch auf die Verkündung dieser Entscheidung Anwendung.

Bei der **Entscheidung nach Lage der Akten** nach § 251 a ZPO bzw. § 331 a ZPO ist **10**
ebenfalls eine Verkündung erforderlich. Allerdings gewährt § 55 Abs. 1 Nr. 4 bzw. 5 i. V. m. Abs. 2 Satz 1 dieser Vorschrift dem Vorsitzenden ein Alleinentscheidungsrecht, das im Falle der Säumnis beider Parteien auch ohne mündliche Verhandlung ausgeübt

werden kann. Gleichwohl kann in diesem Falle die Verkündung nicht durch eine Zustellung des Urteils gem. § 310 Abs. 3 ZPO ersetzt werden, diese Bestimmung gilt nur für das Anerkenntnis-, Versäumnis- und gegebenenfalls das Verzichtsurteil (dazu oben Rn. 5). Vielmehr sieht in den Fällen der Entscheidung nach Lage der Akten § 251a Abs. 2 ZPO ausdrücklich einen Verkündungstermin vor. Die Fristvorschrift des § 60 Abs. 1 wird dabei nicht durch die Regelung in § 251a Abs. 2 Satz 2 ZPO verdrängt, da dort nur der frühest mögliche Zeitpunkt für die Anberaumung des Verkündungstermins genannt ist, nicht jedoch der Zeitpunkt, zu dem spätestens die Anberaumung dieses Termins erfolgt sein muss. Auch hier gilt also die Regelfrist von drei Wochen. Für die Form der Verkündung gelten im Übrigen auch hier die Vorschriften in § 60 Abs. 2 bis 4.

b) Zeitpunkt des Verkündungstermins

11   Die Anberaumung des Verkündungstermins erfolgt unmittelbar in dem Termin, in dem die Verhandlung geschlossen worden ist. Grundsätzlich ist ein **datumsmäßig genau bestimmter Termin** festzulegen (GK-ArbGG/*Schütz* § 60 Rn. 10; *Gift/Baur* E Rn. 1609). Dies ist notwendig, um die Einhaltung der Frist des Abs. 1 überprüfen zu können. Dafür spricht auch, dass die Bestimmung des Verkündungstermins von den Beisitzern mitzuentscheiden ist, dies wäre bei einer Festlegung des Verkündungstermins von Amts wegen aber nicht möglich, in diesem Falle würde die Entscheidungsbefugnis von vornherein auf den Vorsitzenden delegiert, eine solche Übertragung der Entscheidungsbefugnis ist aber im Gesetz nicht vorgesehen. Eine Ladung zu dem Verkündungstermin ist in diesem Falle nicht erforderlich. Gleichwohl wird in der Praxis häufig am Schluss der Sitzung ein Beschluss verkündet, nach dem ein **Verkündungstermin von Amts wegen** anberaumt werden soll. Dieser würde dann allein durch den Vorsitzenden festgelegt werden. Wenn dies auch nicht dem Gesetz entspricht, handelt es sich doch um keinen Mangel, der mit der Berufung gerügt werden könnte. In diesem Falle müssten die Parteien allerdings zu dem Verkündungstermin besonders geladen werden.

12   Grundsätzlich hat der Verkündungstermin spätestens innerhalb von **drei Wochen** nach dem Termin, in dem die mündliche Verhandlung beschlossen worden ist, stattzufinden. Es handelt sich um eine zwingende Vorschrift, die allerdings bei wichtigen Gründen eine Ausnahme zulässt.

13   Eine **weiter hinausgeschobene Anberaumung** des Verkündungstermins ist bei Vorliegen eines wichtigen Grundes vom Gesetzgeber zugelassen worden. Was ein wichtiger Grund sein kann, hat die Kammer, gegebenenfalls auch der Vorsitzende, nach pflichtgemäßem Ermessen zu entscheiden (a. A. GK-ArbGG/*Schütz* § 60 Rn. 11, der einen unbestimmten Rechtsbegriff annimmt – da es sich nur um eine Ordnungsvorschrift handelt, spielt diese Streitfrage nur eine geringe Rolle). Als Beispiel für einen wichtigen Grund hat das Gesetz den Umfang oder die Schwierigkeit der Sache genannt. Außer diesen im Gesetz nur beispielhaft genannten Gründen können aber auch andere Umstände die Verlängerung der Frist rechtfertigen. Es können nur solche Fälle einen wichtigen Grund darstellen, die weder von dem Richter zu vertreten noch auf organisatorische Mängel seitens der Gerichtsverwaltung zurückzuführen sind. **Beispielsweise** kann eine länger hinausgeschobene Anberaumung des Verkündungstermins gerechtfertigt sein, wenn:

– die Parteien zur Klärung etwaiger Vergleichsmöglichkeiten mehr als drei Wochen Zeit benötigen
– ein Vergleich auf Widerruf abgeschlossen worden ist und die Widerrufsfrist ebenfalls mehr als drei Wochen beträgt.
– die Kammer innerhalb von drei Wochen nicht zu einer gemeinsamen Beratung zusammentreffen kann, da immer ein Mitglied verhindert ist.
– das Urteil nicht innerhalb der Frist des § 60 Abs. 4 in vollständiger Form abgefasst sein kann. Hierbei darf allerdings die Unmöglichkeit der Abfassung nicht darauf

beruhen, dass der Richter bei der Absetzung des Urteils säumig ist oder aber dass ein organisatorischer Mangel im Gericht das rechtzeitige Schreiben des Urteils hindert,
- entweder ein Richter wegen Krankheit an der Urteilsabsetzung gehindert ist,
- die Schreibkräfte des Gerichts wegen nicht vorhersehbarer Überlastung oder aber wegen Ausfalls von Personal nicht in der Lage sind, das im Entwurf vorliegende Urteil rechtzeitig fertig zu stellen.
- **Kein Grund zur Verlegung** besteht, wenn nach Ablauf der Amtsperiode eines ehrenamtlichen Richters dessen erneute Ernennung abgewartet werden soll (BAG 22. 3. 2001 AP GG Art. 101 Nr. 59; 16. 5. 2002 MDR 2003, 47 – Verstoß gegen Art. 101 Abs. 1 Satz 2 GG).

Der Verkündungstermin kann wie jeder andere Termin **verlegt werden.** Bei der Verlegung sind jedoch die Fristenregelungen in Abs. 1 Satz 1 und 2 zu beachten. Unzulässig ist es, einen Verkündungstermin nach Ablauf der Amtsperiode eines ehrenamtlichen Richters so lange zu verlegen, bis dieser erneut ernannt wird. Dies wäre eine Verletzung von Art. 101 GG, der gesetzliche Richter darf nicht durch eine Ermessensentscheidung des Gerichts bestimmt werden (BAG 16. 5. 2002 MDR 2003, 47 f.).

Im Verfahren vor dem **Landesarbeitsgericht** ist in diesem Zusammenhang die erweiterte Frist des § 69 Abs. 1 Satz 2 zu beachten, die dem Gericht für die Absetzung des Urteils eine Frist von vier Wochen einräumt. Hier ist aber weiterhin zu berücksichtigen, dass innerhalb dieser Vier-Wochen-Frist auch die Unterschriften der ehrenamtlichen Richter einzuholen sind. Ist dies nicht möglich, weil beide ehrenamtliche Richter gehindert sind, ihre Unterschrift rechtzeitig zu leisten, so rechtfertigt dies ein weiteres Hinausschieben des Verkündungstermins.

Innerhalb der Frist vom Schluss der mündlichen Verhandlung bis zur Verkündung der Entscheidung hat die **Beratung** mit den ehrenamtlichen Richtern stattzufinden. Eine fernmündliche Beratung zwischen den Mitgliedern der Kammer ist hierbei unzulässig, dies wäre ein Verstoß gegen § 9 Abs. 2 i. V. m. § 194 GVG (BSG 27. 5. 1971 AP GVG § 194 Nr. 1).

Der **Verstoß gegen § 60 Abs. 1 Satz 2** kann die Anfechtbarkeit des verkündeten Urteils nicht begründen (BAG 25. 9. 2003 EzA ArbGG 1979 § 69 Nr. 3; 21. 8. 1967 AP BGB § 242 Ruhegehalt Nr. 122; BGH 6. 12. 1988 NJW 1988, 1156; *Gift/Baur* E Rn. 1612). Vielmehr hat die Vorschrift nur einen disziplinären Charakter, gegebenenfalls kann bei Verstoß eine Partei hierauf eine Dienstaufsichtsbeschwerde stützen. Zu beachten ist aber, dass dieser Mangel auch gem. § 295 ZPO geheilt werden kann, in diesem Fall kann auch keine Dienstaufsichtsbeschwerde erhoben werden.

III. Form der Verkündung

1. Verlesung der Urteilsformel

Die Verkündung des Urteils erfolgt im Namen des Volkes, § 311 Abs. 1 ZPO ist insoweit neben § 60 Abs. 2 anwendbar. Sie hat immer in **öffentlicher Sitzung** zu erfolgen, § 173 GVG, dies gilt auch dann, wenn die vorangegangene Sitzung nicht öffentlich war. Eine Verkündung im Dienstzimmer des Berufsrichters ist unzulässig. Für die Mitteilung der Urteilsgründe kann allerdings die Öffentlichkeit wieder ausgeschlossen werden. Die Verlesung der Urteilsformel, § 311 Abs. 2 Satz 1 ZPO, und gegebenenfalls die Mitteilung des wesentlichen Inhalts der Entscheidungsgründe, § 60 Abs. 2 Satz 1, erfolgt **durch den Vorsitzenden**, § 136 Abs. 4 ZPO. Eine Unterzeichnung der Urteilsformel ist bei Anwesenheit der ehrenamtlichen Richter nicht notwendig, empfiehlt sich aber zum einen aus Nachweiszwecken, zum anderen, um ggf. eine vollstreckbare Kurzausfertigung erstellen zu können. Von der Verlesung der Urteilsformel kann abgesehen werden, wenn in dem Verkündungstermin keine Partei erschienen ist, § 311 Abs. 2 Satz 2 ZPO.

§ 60 Verkündung des Urteils

In diesem Fall genügt eine Bezugnahme auf die Urteilsformel. Dies gilt auch dann, wenn trotz Abwesenheit der Parteien bei der Verkündung Zuhörer anwesend sind. Die Bezugnahme ist in dem Protokoll zu vermerken. Der zu verkündende Tenor des Urteils erfasst neben der Sachentscheidung auch die Entscheidung über die Kostentragungspflicht, in der ersten Instanz ferner die Entscheidung über den Streitwert, § 61 Abs. 1 sowie in den Fällen des § 64 Abs. 2 lit. a die Entscheidung, ob die Berufung zugelassen wird oder nicht. In der zweiten Instanz ist in den Tenor aufzunehmen und mitzuverkünden, ob die Revision zugelassen wird oder nicht (dazu näher § 61 Rn. 22 ff. und § 72 Rn. 35).

2. Mitteilung der Entscheidungsgründe

19   Im Gegensatz zu § 311 Abs. 3 ZPO ist bei Anwesenheit zumindest einer Partei bei Verkündung des Urteils der wesentliche Inhalt der Entscheidungsgründe mitzuteilen, § 60 Abs. 2. Dies muss sich aus dem Protokoll ergeben. Dem Gericht steht **kein Ermessensspielraum** zu. Dieser besteht nur im Hinblick darauf, was als wesentlicher Inhalt der Entscheidungsgründe anzusehen ist. Der Vorsitzende kann hier entweder bei Vorliegen der schriftlichen Entscheidung die gesamten Entscheidungsgründe verlesen, er kann sie aber auch zusammenfassen. Die Notwendigkeit der Mitteilung des wesentlichen Inhalts der Entscheidungsgründe besteht sowohl bei der Verkündung des Urteils im Anschluss an die mündliche Verhandlung am selben Terminstag als auch bei der Verkündung in einem besonders anberaumten Verkündungstermin.

20   Von der mündlichen **Begründung kann** nur dann **abgesehen werden,** wenn entweder beide Parteien abwesend sind oder aber die anwesenden Parteien auf die Begründung verzichten. Im Verfahren vor dem Landesarbeitsgericht ist eine Partei nur dann anwesend, wenn sie auch durch eine postulationsfähige Person vertreten wird, § 11 Abs. 2. In diesem Falle genügt also nicht die bloße Anwesenheit der Partei selbst ohne ihren Prozessbevollmächtigten. Allerdings sollte der Vorsitzende auch dann, wenn lediglich die Partei anwesend ist, ohne dass sie ordnungsgemäß vertreten ist, den wesentlichen Inhalt der Entscheidungsgründe mitteilen, da der Sinn der gesetzlichen Vorschrift ist, dass die Partei möglichst frühzeitig auch den Inhalt der Entscheidung kennt.

21   Die Vorschrift des Abs. 2 hat **zwingenden Charakter.** Ihre Verletzung führt allerdings nicht zu einer Anfechtbarkeit der Entscheidung (GK-ArbGG/*Schütz* § 60 Rn. 22; *Grunsky* § 60 Rn. 7). Stimmen die mündlich mitgeteilten wesentlichen Entscheidungsgründe nicht mit dem überein, was sich nachher aus der schriftlichen Begründung des Urteils ergibt, so ist dies ebenfalls unschädlich. Allein entscheidend ist in diesem Falle die schriftliche Urteilsbegründung.

3. Anwesenheit der ehrenamtlichen Richter

22   Nach Abs. 3 Satz 1 ist die Anwesenheit der ehrenamtlichen Richter bei der Verkündung der Entscheidung weder dann erforderlich, wenn diese in unmittelbarem Anschluss an die Verhandlung, auf die das Urteil ergeht, erfolgt, noch wenn sie in einem besonders anberaumten Verkündungstermin stattfindet. Insoweit besteht eine Abweichung vom zivilprozessualen Verfahren, wie sich aus § 311 Abs. 4 Satz 1 ZPO ergibt, ist dort im Regelfall eine Verkündung in Anwesenheit der Mitglieder des Gerichts erforderlich, von dieser kann lediglich dann abgesehen werden, wenn das Urteil in einem besonderen Termin verkündet wird. Ob die ehrenamtlichen Richter mitwirken, steht **allein im Ermessen der Kammer.** Die Verkündung kann auch unter Beteiligung anderer ehrenamtlicher Richter als derjenigen, die die Entscheidung mit getroffen haben, erfolgen (BAG 27. 1. 1983 AP ZPO § 38 Internationale Zuständigkeit Nr. 12). Die ehrenamtlichen Richter sind bei der Verkündung auch dann abwesend, wenn der Vorsitzende die Entscheidung allein im Sitzungssaal verkündet und sich die ehrenamtlichen Richter im Beratungszimmer aufhalten. Sie sind bei der Verkündung nur dann anwesend, wenn sie sich ebenfalls in dem Raum befinden, in dem diese erfolgt.

III. Form der Verkündung §**60**

Erfolgt die Verkündung der Entscheidung ohne Beteiligung der ehrenamtlichen Richter, die an ihr mitgewirkt haben, muss die **Urteilsformel** von dem Vorsitzenden und den ehrenamtlichen Richtern **unterzeichnet** sein, § 60 Abs. 3 Satz 2. Die ehrenamtlichen Richter sind zur Unterschriftsleistung verpflichtet. Obwohl die Unterschriftsleistung zwingend vorgeschrieben worden ist, berührt ein Verstoß die Wirksamkeit der Verkündung nicht (GK-ArbGG/*Schütz* § 60 Rn. 24; *Grunsky* § 60 Rn. 8; *Ostrowicz/Künzl/Schäfer* Rn. 335; *Schwab/Weth/Berscheid/Schwab* § 60 Rn. 13; a. A. LAG Chemnitz 2. 8. 1994 LAGE ArbGG 1979 § 60 Nr. 1). 23

4. Protokollierung

Die **Verkündung** des Urteils einschließlich der Urteilsformel **ist im Protokoll festzustellen**, § 160 Abs. 3 Nr. 7 ZPO. Es muss sich ergeben, ob die Verkündung durch Verlesung oder die Bezugnahme auf die Urteilsformel erfolgt ist, § 311 Abs. 2 Satz 2 ZPO. Die Verkündung kann auch in der Weise protokolliert werden, dass die Urteilsformel als Anlage dem Protokoll beigefügt wird *(„… es wird das aus der Anlage ersichtliche Urteil verkündet …")*. Zu der Feststellung gehört, ob die Verkündung in Anwesenheit der Parteien oder in deren Abwesenheit erfolgt und ob die wesentlichen Entscheidungsgründe mitgeteilt worden sind oder nicht. Ferner muss sich aus dem Protokoll ergeben, ob die ehrenamtlichen Richter, die an der Entscheidung mitgewirkt haben, bei der Verkündung anwesend gewesen sind. Ob und in welcher Form die Verkündung des Urteils erfolgt ist, kann nur durch das Protokoll bewiesen werden, es hat insoweit positive und negative Beweiskraft, § 165 ZPO. Die Protokollierung der Verkündung gehört zu den für die mündliche Verhandlung vorgeschriebenen Förmlichkeiten im Sinne dieser Vorschrift. Gegen die in der Sitzungsniederschrift in Bezug auf die vorgeschriebenen Förmlichkeiten festgehaltenen Tatsachen ist nur der Nachweis der Fälschung zulässig, § 165 Satz 2 ZPO. Sonst bleibt nur der Weg der Protokollberichtigung nach § 164 ZPO. Sie erfolgt durch einen Vermerk, der von dem Richter, der das Protokoll unterzeichnet hat, zu unterschreiben ist. War ein Urkundsbeamter beteiligt, muss auch dieser den Berichtigungsvermerk mit unterschreiben. Bei Verhinderung des Richters bzw. des Urkundsbeamten kann jeweils der andere allein unterzeichnen (*Zöller/Stöber* § 164 Rn. 6; a. A. *Franzki* DRiZ 1975, 97, 101). Eine Protokollberichtigung ist erst dann ausgeschlossen, wenn sowohl der Richter als auch der Urkundsbeamte an der Unterschriftsleistung verhindert sind. 24

Weiterhin muss auf dem Urteil von dem Urkundsbeamten der **Tag der Verkündung** vermerkt und unterschrieben werden, § 315 Abs. 3 ZPO. Es muss eine vollständige Unterschrift sein, ein bloßes Handzeichen genügt nicht. An die Unterschriftsleistung sind dieselben Anforderungen zu stellen, die auch bei der Unterzeichnung des Urteils gelten (dazu unten Rn. 34; BGH 27. 10. 1987 NJW 1988, 713). 25

Der **Verkündungsvermerk ersetzt nicht** die **Protokollierung** nach § 160 Abs. 3 Nr. 7 ZPO, er genügt nicht zum Nachweis, dass tatsächlich eine Verkündung des Urteils stattgefunden hat. Dieser Nachweis kann nur durch das Protokoll geführt werden (BAG 2. 9. 1965 AP ZPO § 128 Nr. 4 m. Anm. *Pohle*). Fehlt der Verkündungsvermerk auf der Urschrift des Urteils, so ist dies für die Wirksamkeit des Urteils ohne Belang. 26

5. Fehlende Verkündung

Eine **fehlerhafte** Verkündung ist ein Verfahrensmangel, bei dem gleichwohl die Fünf-Monatsfrist des § 66 Abs. 1 Satz 2 in Gang gesetzt wird. Bloß formale Verkündungsmängel wie beispielsweise Verkündung im falschen Raum, an einem falschen Termin, durch einen unzuständigen Richter, unter Ausschluss der Öffentlichkeit, führen in der Regel nicht zu Rechtsfehlern, auf denen die Entscheidung beruht. Eine fehlerhafte Verkündung kann bis zur Entscheidung der Rechtsmittelinstanz geheilt werden (BGH 12. 3. 2004 NJW 2004, 2019, 2020). Ist eine wirksame Verkündung der Entscheidung unter- 27 blieben oder leidet sie an **schweren Mängeln**, liegt kein Urteil vor. Schwerwiegende Mängel sind gegeben, wenn die an die Verlautbarung eines Urteils zu stellenden Elementarforderungen nicht erfüllt sind (BGH GS 14. 6. 1954 BGHZ 14, 39, 44 ff.; 6. 12. 1988 NJW 1989 1156 f.; 16. 5. 2002 MDR 2003, 47 f.). Es handelt sich um eine Nichtentscheidung oder ein **Scheinurteil**, das keine Rechtswirkungen haben kann, auch die Fünf-Monats-Frist des § 66 Abs. 1 Satz 2 wird nicht in Gang gesetzt. Das Verfahren wird dadurch nicht beendet, sondern verbleibt in der Instanz. Allerdings kann es durch seine bloße Existenz für die Parteien gefährlich werden. Es ist daher wie eine wirksame Entscheidung anfechtbar. Ein nicht verkündetes Urteil des Arbeitsgerichts kann daher, wenn es nach außen gedrungen ist, mit der Berufung angefochten werden (BGH 3. 11. 1994 NJW 1995, 404; OLG Frankfurt 7. 12. 1994 NJW-RR 1995, 911; vgl. weiter BGH 18. 9. 1963 NJW 1964, 248 m. Anm. *Jauernig* NJW 1964, 722). Nur auf diese Weise kann der Rechtsschein des nicht verkündeten Urteils beseitigt werden. Das Scheinurteil ist in diesem Falle aufzuheben. Einer Zurückverweisung an das Arbeitsgericht bedarf es nicht, da die Sache dort noch anhängig ist (vgl. BGH 3. 11. 1994 NJW 1995, 404; LAG Chemnitz 2. 8. 1994 LAGE ArbGG 1979 § 60 Nr. 1). Eine Anwendbarkeit des § 68 scheidet aus, da diese Vorschrift voraussetzt, dass das Verfahren erster Instanz beendet ist (so jetzt auch *Schwab/Weth/Berscheid/Schwab* § 60 Rn. 17; a. A. und eine Zurückverweisung wegen § 68 ausschließend GK-ArbGG/*Schütz* § 60 Rn 29). Entsprechendes gilt für das Beschlussverfahren.

IV. Die Urteilsabfassung

1. Fristen für die Urteilsabfassung

a) Bei Verkündung im Anschluss an die mündliche Verhandlung

28   Wird das Urteil in dem Termin verkündet, in dem die mündliche Verhandlung geschlossen worden ist, muss es im Zeitpunkt der Verkündung noch nicht vollständig abgefasst sein. In diesem Falle muss es aber in vollständiger schriftlicher Fassung **innerhalb von drei Wochen** nach Verkündung der **Geschäftsstelle** übermittelt worden sein. In vollständiger Form abgefasst ist ein Urteil dann, wenn es zumindest handschriftlich und von dem Richter unterzeichnet vorliegt. Bei dem Landesarbeitsgericht ist die Unterzeichnung auch durch die ehrenamtlichen Richter notwendig (BVerfG 15. 9. 2003 NZA 2003, 1355; 12. 8. 2002 NZA 2003, 59). Vorher ist das Urteil nicht vollständig abgefasst. Die Ablieferung eines Tonbands auf der Geschäftsstelle reicht nicht aus. Es muss sich um die endgültige Fassung des Urteils handeln, ein bloßer Urteilsentwurf genügt nicht. Bei Nutzung elektronischer Dokumente oder Übermittlungen ist die Regelung in § 46c zu beachten, das Dokument muss dann neben dem Namen des oder der Richter auch noch die entsprechende qualifizierte elektronische Signatur enthalten. Die bloße Übersendung eines Textes auf elektronischem Wege ohne Signatur genügt nicht, es liegt wie bei einem Tonband nur ein Entwurf vor.

29   Von der Einhaltung der Drei-Wochen-Frist kann nur in **Ausnahmefällen** abgewichen werden. Ein solcher außergewöhnlicher Grund kann gegeben sein, wenn der Umfang der Sache eine rechtzeitige Begründung nicht zulässt, wenn der Richter, der das Urteil abzusetzen hat, erkrankt oder wenn ehrenamtliche Richter, die das Urteil mit unterzeichnen müssen, § 69 Abs. 1, nicht innerhalb der Frist erreicht werden können. Ein gewichtiger Grund kann auch dann vorliegen, wenn ein Urteilsentwurf bzw. das auf Tonband diktierte oder auf elektronischem Wege übersandte Urteil rechtzeitig zum Schreiben abgeliefert worden ist, jedoch aus organisatorischen Gründen nicht innerhalb der Frist geschrieben werden kann.

30   In den Fällen der **Nichteinhaltung der Drei-Wochen-Frist** ist das Urteil ohne Tatbestand und Entscheidungsgründe vom Vorsitzenden unterzeichnet der Geschäftsstelle

IV. Die Urteilsabfassung § 60

zu übergeben. Auch in diesem Falle ist allerdings das Urteil unverzüglich vollständig abzufassen. Dies ist schon deshalb nötig, weil die Berichtigung des Tatbestandes längstens binnen drei Monaten seit Verkündung des Urteils beantragt werden kann, § 320 Abs. 2 Satz 3 ZPO.

b) Bei Verkündung in einem besonderen Verkündungstermin

Erfolgt die Verkündung des Urteils in einem besonderen Verkündungstermin, muss es im Zeitpunkt der Verkündung bereits vollständig abgefasst sein. Das heißt, dass das Urteil mit Tatbestand und Entscheidungsgründen versehen und von allen Richtern unterzeichnet vorliegen muss. Das Vorliegen eines Entwurfs genügt ebenso wenig wie die Tatsache, dass das Urteil bereits auf Tonband diktiert worden ist. Kann das Urteil nicht rechtzeitig vollständig abgefasst werden, ist gegebenenfalls der Verkündungstermin zu verlegen. 31

2. Folgen der Nichtbeachtung

Bei der Drei-Wochen-Frist zur Urteilsabsetzung nach Abs. 4 Satz 3 handelt es sich um eine **Ordnungsvorschrift** (BAG 15. 4. 2008 NZA 2008, 1020 f.; 25. 9. 2003 AP BAT-O §§ 22, 23 Nr. 26; 9. 2. 1994 NZA 1994, 686). Grundsätzlich berührt sie weder die Wirksamkeit der Verkündung noch wird hierdurch das verkündete Urteil wirkungslos. Allerdings ist zu beachten, dass ein Tatbestandsberichtigungsantrag nach § 320 Abs. 2 Satz 3 ZPO nur innerhalb von drei Monaten seit Verkündung des Urteils gestellt werden kann. Erfolgt die Zustellung des vollständig abgefassten Urteils nach Ablauf der drei Monate, ist dies nicht mehr möglich. Diese Verletzung kann auch grundsätzlich nicht mit der Revision gerügt werden (BAG 11. 6. 1963 AP ZPO § 320 Nr. 1; OVG Lüneburg 21. 8. 1957 AP PersVG § 34 Nr. 1). 32

Ein Rechtsmittel gegen ein Urteil, bei dem die Entscheidungsgründe nicht fristgemäß abgesetzt worden sind, kann nur dann eingelegt werden, wenn es nach § 64 Abs. 2 oder § 72 Abs. 1 und 2 statthaft ist. Ein **Verfahrensmangel allein** kann den **Zugang** zur **Rechtsmittelinstanz,** insbesondere zur Revisionsinstanz **nicht rechtfertigen** (BVerfG 26. 3. 2001 NJW 2001, 2161). Bei Urteilen des **Landesarbeitsgerichts** ist eine Nichtzulassungsbeschwerde nicht möglich, § 72 b Abs. 1 Satz 2. Allerdings kann nach **§ 72 b** eine **sofortige Beschwerde** wegen verspäteter Absetzung des Berufungsurteils bei dem Bundesarbeitsgericht eingelegt werden (dazu unten die Erläuterungen zu § 72 b). Ist die Revision statthaft, könnte ein absoluter Revisionsgrund gegeben sein, wenn das Urteil nicht innerhalb von fünf Monaten nach seiner Verkündung schriftlich niedergelegt und von den Richtern unterzeichnet sowie der Geschäftsstelle übermittelt worden ist (vgl. GmS OGB 27. 4. 1993 EzA ZPO § 551 Nr. 1; BAG 4. 8. 1993 NZA 1993, 1150). Dies könnte aus der Bezugnahme in § 72 Abs. 5 auf § 547 Nr. 6 ZPO folgen. Dagegen spricht jedoch § 73 Abs. 1 Satz 2. Danach kann eine Revision nicht auf Gründe gestützt werden, die nach § 72 b eine sofortige Beschwerde ermöglichen. § 72 b schließt also eine Anwendung von § 547 Nr. 6 ZPO für den gleichen Sachverhalt aus. 33

Wird die Fünf-Monats-Frist durch das **Arbeitsgericht** nicht eingehalten, muss, sofern die Voraussetzungen von § 64 Abs. 2 vorliegen, Berufung eingelegt werden. Mit dieser kann das Fehlen der Entscheidungsgründe gerügt werden (zur Möglichkeit der Zurückverweisung unten § 68 Rn. 3). Ist kein Rechtsmittel gegeben, kommt eine Rüge nach § 78 a auf **Abhilfe wegen Verletzung** des Anspruchs auf rechtliches Gehör in Betracht (dazu die Erläuterungen bei § 78 a). 34

Die Frist zur Urteilsabsetzung und auch die Fünf-Monats-Frist beginnen mit dem Tage der Verkündung. Die Zeit zwischen Schluss der mündlichen Verhandlung und Verkündungstermin ist nicht in die Frist einzubeziehen (BAG 25. 9. 2003 EzA ArbGG 1979 § 69 Nr. 3). Sie **endet auch** dann mit Ablauf der fünf Monate, wenn der letzte Tag der **Frist auf einen Sonnabend, Sonntag oder Feiertag** fällt, sie verschiebt sich nicht auf den 35 folgenden ersten Werktag (*Baumbach/Hartmann* § 547 Rn. 16). Die Frist ist keine Überlegungsfrist für die Parteien, sondern dient der technischen Festlegung des Beginns der Frist, zu dem die Rechtsmittelfrist zu laufen beginnt, also die Frist einsetzt, die der Partei für Überlegungen zur Verfügung steht. Außerdem lässt das Erinnerungsvermögen der Richter auch an Sonn- und Feiertagen nach, nicht nur an Werktagen (dazu BAG 17. 2. 2000 NJW 2000, 2835).

3. Die Unterschriftsleistung

36   Das Urteil muss in der ersten Instanz vom Vorsitzenden, in den übrigen Instanzen von sämtlichen an der Entscheidung beteiligten Richtern unterzeichnet sein. Erforderlich ist eine **Unterzeichnung mit vollem Familiennamen,** die Unterzeichnung mit einem Künstlernamen bei ehrenamtlichen Richtern oder mit einer Paraphe ist nicht ausreichend. Die Unterzeichnung muss einen individualisierbaren Schriftzug erkennen lassen (dazu OLG Oldenburg 20. 10. 1987 NJW 1988, 2812 und oben § 46 Rn. 45 m. weit. Nachw.). Eine fehlende Unterschrift kann nachgeholt werden, gegebenenfalls auch nach Einlegung eines Rechtsmittels (BGH 27. 10. 1955 BGHZ 18, 351, 354; OLG Frankfurt/Main 9. 6. 1983 NJW 1983, 2396). Die fehlende Unterschrift hat zur Folge, dass eine wirksame Urteilszustellung nicht erfolgt ist und somit auch eine Rechtsmittelfrist nicht in Lauf gesetzt werden konnte (LAG Köln 23. 2. 1988 BB 1988, 768; GK-ArbGG/*Schütz* § 60 Rn. 31). Bei elektronischer Form nach § 46 d ist die Hinzufügung des Namens und die Beifügung der qualifizierten elektronischen Signatur notwendig.

37   Ist ein **Richter der ersten Instanz** auf Dauer an der **Unterschriftsleistung gehindert** weil er aus dem Amt geschieden oder verstorben ist, kann die Unterschriftsleistung nicht durch die ehrenamtlichen Richter an Stelle des Vorsitzenden erfolgen. § 60 Abs. 4 enthält eine Sonderregelung, die die entsprechende Anwendung des § 315 ZPO über die Verweisung in § 46 Abs. 2 ausschließt (GK-ArbGG/*Schütz* § 60 Rn. 31; ArbGG-*Kloppenburg/Ziemann* § 60 Rn. 16; *Schwab/Weth/Berscheid/Schwab* § 60 Rn. 22 mit rechtspolitischen Bedenken). Die Unterschrift kann in einem solchen Falle auch nicht auf andere Weise ersetzt werden. Ist wenigstens die Urteilsformel unterzeichnet worden, kann diese zugestellt werden, das Urteil ist zu behandeln, als ob keine Entscheidungsgründe vorlägen (vgl. dazu § 68 Rn. 3). Ist auch der Tenor nicht unterzeichnet worden, ist gleichwohl das Urteil bei ordnungsgemäßer Verkündung rechtsmittelfähig existent geworden, es ist nicht mehr nur ein innerer Vorgang des Gerichts. Ein Rechtsmittel kann eingelegt werden. Da das Urteil in diesem Falle aber nicht einmal wirksam zugestellt werden kann, ist es in der Rechtsmittelinstanz aufzuheben. § 68 steht dem nicht entgegen, da nicht einmal eine wirksam zugestellte Entscheidung vorliegt. Das Rechtsmittelgericht kann in diesem Falle den Rechtsstreit an das Arbeitsgericht zurückverweisen, allerdings wird im Interesse der Beschleunigung der Erledigung des Verfahrens gem. § 538 Abs. 1 ZPO eine Entscheidung in der Hauptsache durch die Berufungsinstanz sachdienlich sein.

38   Ist ein **Richter in der Berufungs- oder Revisionsinstanz** an der **Unterschriftsleistung gehindert,** so ist dies unter Angabe des Verhinderungsgrundes von dem Vorsitzenden, falls dieser verhindert ist, von dem ältesten Beisitzer, ggf. auch dem ältesten ehrenamtlichen Richter, auf dem Urteil zu vermerken, § 315 Abs. 1 Satz 2 ZPO (BAG 30. 4. 1971 AP ArbGG 1953 § 9 Nr. 15; 20. 12. 1956 AP ZPO § 315 Nr. 1). Dies folgt aus der Unterschriftsberechtigung und -verpflichtung der ehrenamtlichen Richter nach § 69 Abs. 1 sowie aus § 64 Abs. 6 i. V. §§ 525, 315 ZPO. Entscheidend ist das Lebensalter, nicht das Dienstalter, § 21 f. GVG findet im Rahmen des § 315 ZPO keine Anwendung. Sind mehrere Richter an der Unterschriftsleistung verhindert, kann eine ordnungsgemäße Zustellung nicht erfolgen. **Weigert sich ein ehrenamtlicher Richter,** eine getroffene Entscheidung zu unterzeichnen, so kann ebenfalls nach § 315 Abs. 1 Satz 2 ZPO seine Unterschrift durch einen entsprechenden Vermerk ersetzt werden (*Stein/Jonas/Leipold*

20. Aufl. § 315 Rn. 30). U.U. kann in diesem Falle gegen den ehrenamtlichen Richter ein Ordnungsgeld wegen Verletzung seiner Pflichten verhängt werden, § 28. Diese Bestimmung findet auf die ehrenamtlichen Richter in der Berufungs- bzw. Revisionsinstanz entsprechende Anwendung, § 37 Abs. 2 bzw. § 43 Abs. 3 Satz 1.

§ 61 Inhalt des Urteils

(1) Den Wert des Streitgegenstandes setzt das Arbeitsgericht im Urteil fest.

(2) ¹Spricht das Urteil die Verpflichtung zur Vornahme einer Handlung aus, so ist der Beklagte auf Antrag des Klägers zugleich für den Fall, daß die Handlung nicht binnen einer bestimmten Frist vorgenommen ist, zur Zahlung einer vom Arbeitsgericht nach freiem Ermessen festzusetzenden Entschädigung zu verurteilen. ²Die Zwangsvollstreckung nach §§ 887 und 888 der Zivilprozeßordnung ist in diesem Falle ausgeschlossen.

(3) Ein über den Grund des Anspruchs vorab entscheidendes Zwischenurteil ist wegen der Rechtsmittel nicht als Endurteil anzusehen.

Übersicht

	Rn.
I. Allgemeines	1–4
II. Besonderheiten bei der Abkürzung von Urteilen	5–11
III. Die Streitwertfestsetzung	12–21
1. Die Bedeutung der Streitwertfestsetzung	12–16
2. Die Streitwertberechnung	17–19
3. Die Form der Streitwertfestsetzung	20
4. Die unterbliebene Streitwertfestsetzung	21
IV. Die Zulassung der Berufung	22–24
V. Verurteilung zur Vornahme einer Handlung, Abs. 2	25–42
1. Geltungsbereich	25–28
2. Die Verurteilung zur Zahlung einer Entschädigung	29–40
a) Antrag des Klägers	29–33
b) Festsetzung der Frist	34–36
c) Festlegung der Entschädigung	37–40
3. Zwangsvollstreckung	41, 42
VI. Das Zwischenurteil über den Grund des Anspruchs, Abs. 3	43–45

I. Allgemeines

Neben § 61 sind die §§ 313, 313a und 313b ZPO auch im arbeitsgerichtlichen **1** Verfahren **entsprechend anwendbar**. Insbesondere durch § 313 ZPO werden im wesentlichen Form und Inhalt des arbeitsgerichtlichen Urteils bestimmt. Nur § 61 Abs. 1 enthält in diesem Punkt ein zusätzliches Erfordernis, wenn auch der **Wert des Streitgegenstandes** im Urteil festgesetzt werden muss. Eine weitere, den Inhalt des Urteils betreffende Bestimmung findet sich in § 9 Abs. 5, nach der auch die **Rechtsmittelbelehrung** notwendiger Urteilsbestandteil ist. Weiterhin muss das Urteil eine Entscheidung über die **Zulassung** bzw. **Nichtzulassung** der Berufung bzw. Revision enthalten, § 64 Abs. 3 und 3a bzw. § 72 Abs. 2. Eine Zulassung der Berufung ist nur dann entbehrlich, wenn sie ohnehin gem. § 64 Abs. 2 lit. b und c schon statthaft ist.

Die Bestimmungen in § 61 Abs. 2 und 3 betreffen nicht den Inhalt, sondern die **2** Wirkungen des arbeitsgerichtlichen Urteils. Abs. 2 enthält dabei eine Abweichung im Bereich der Zwangsvollstreckung, Abs. 3 eine Modifikation des § 304 Abs. 2 ZPO.

In der **Berufungsinstanz** sind nur die Bestimmungen in Abs. 2 und 3 entsprechend **3** anwendbar, § 64 Abs. 7. In der **Revisionsinstanz** kann nur Abs. 2 entsprechend angewendet werden, § 72 Abs. 6. Insgesamt nicht angewendet werden kann die Regelung des § 61 im Beschlussverfahren des § 2a, hier enthält § 84 eine eigene Regelung.

4 Zweifelhaft ist, ob die Bestimmung des § 61 auf **Beschlüsse im Urteilsverfahren** anwendbar ist. Eine Verweisungsnorm fehlt. Die über § 46 Abs. 2 anwendbare Bestimmung des § 329 ZPO verweist hinsichtlich des Inhalts der Beschlüsse nicht auf die für Urteile geltenden Normen der §§ 313, 313a ZPO. Hieraus folgt, dass ein Beschluss nicht ein volles Rubrum enthalten muss, dies liegt vielmehr im Ermessen des Gerichts. Ein Rubrum wird nur dann erforderlich sein, wenn der Beschluss an die Stelle eines Urteils tritt, wie dieses also Grundlage der Zwangsvollstreckung sein kann (vgl. dazu näher *Balzer* NJW 1995, 2448 ff.). Dies ist beispielsweise der Fall bei Kostenfestsetzungsbeschlüssen, Beschlüssen im Rahmen der Zwangsvollstreckung, Beschlüssen im Bereich des einstweiligen Rechtsschutzes usw. Bei diesen Beschlüssen ist eine Kostenentscheidung erforderlich, der Streitwert ist ebenfalls festzusetzen. Die Pflicht zur Rechtsmittelbelehrung ergibt sich unmittelbar aus § 9 Abs. 5. Bei allen anderen Beschlüssen, die lediglich verfahrensmäßige Bedeutung haben und nicht Grundlage der Zwangsvollstreckung sein können, sollte im Einzelfall darüber nachgedacht werden, welche Formalien zwingend erforderlich sind. Eine generelle Anwendbarkeit des § 61 auf Beschlüsse im Urteilsverfahren scheidet daher aus.

II. Besonderheiten bei der Abkürzung von Urteilen

5 Unproblematisch wird davon ausgegangen, dass es unter den Voraussetzungen des § 313a ZPO des Tatbestandes und der Entscheidungsgründe bei Urteilen der Arbeitsgerichte in allen Instanzen nicht bedürfe (*Zöller/Vollkommer* § 313a Rn. 2; *Grunsky* § 61 Rn. 2; *Schaub* ArbGV, § 43 Rn. 18; *Schmidt/Schwab/Wildschütz* NZA 2001, 1161, 1165). Nicht erfasst werden Versäumnis-, Anerkenntnis- und Verzichtsurteile, für diese gilt die Sonderregelung des § 313b ZPO. Nach § 313a Abs. 1 ZPO bedarf es eines **Tatbestandes nicht,** wenn unzweifelhaft ein Rechtsmittel nicht statthaft ist. Für die erste Instanz gilt dies, wenn die **Voraussetzungen des § 64 Abs. 2 nicht erfüllt sind.** Jeder Zweifel daran, ob ein Rechtsmittel gegeben ist oder nicht, zwingt das Gericht, den Tatbestand im Urteil niederzulegen. Außerdem sind Entscheidungsgründe nicht erforderlich, wenn entweder die **Parteien** auf sie **verzichten** oder aber der wesentliche **Inhalt der Entscheidungsgründe in das Protokoll** aufgenommen wird. Von dieser Möglichkeit der Abkürzung eines Urteils sollte nur behutsam Gebrauch gemacht werden, da die neu geschaffene Rügemöglichkeit des § 72b und auch die des § 78a zu einem späteren Zeitpunkt die Überprüfung des Verfahrens und der Entscheidung auf etwaige Verstöße gegen die Gewährung des **rechtlichen Gehörs** erfordert (vgl. zu den Problemen BAG 15. 3. 2006 NZA 2006, 876 f.). Die Überprüfung setzt voraus, dass festgestellt werden kann, welcher Sachvortrag der Parteien in welcher Weise berücksichtigt worden ist. Hierbei genügt es nicht, dass ein zentrales Vorbringen einer Partei lediglich mit einer floskelhaften Begründung bedacht wird. Nicht ausreichend ist beispielsweise, dass das Vorbringen unschlüssig sei, ohne dies näher auszuführen, dass hinreichende Anhaltspunkte für die geltend gemachte Rechtsfolge nicht ersichtlich seien. Der Anspruch einer Partei auf Gewährung rechtlichen Gehörs verlangt, dass sich das Gericht mit dem zentralen Vorbringen einer Partei inhaltlich auseinandersetzt. Für die Berufungsinstanz vgl. auch unten Rn. 8.

6 Eine Abkürzung des Urteils ist nach § 313a Abs. 2 ZPO bei einem **Rechtsmittelverzicht** vorgesehen. Danach sind Tatbestand und Entscheidungsgründe entbehrlich, wenn das Urteil in dem Termin, in dem die Verhandlung geschlossen wird, verkündet wird und die Parteien, zumindest die durch das Urteil beschwerte Partei, auf Rechtsmittel verzichten. Der Rechtsmittelverzicht muss wegen der weit reichenden Folgen für die beschwerte Partei eindeutig und unmissverständlich sein. Der Wille, eine Entscheidung als endgültig hinzunehmen, muss eindeutig erklärt sein (BAG 16. 3. 2004 NZA 2004, 1047; 15. 3. 2006 NZA 2006, 876 f. m. Anm. *Gravenhorst* jurisPR extra 2006, 179 f.).

II. Besonderheiten bei der Abkürzung von Urteilen § 61

In dem Verzicht auf eine Begründung kann ein Rechtsmittelverzicht regelmäßig nicht gesehen werden. Sowohl der Begründungs- als auch der Rechtsmittelverzicht nach § 313a Abs. 1 oder 2 ZPO können bereits vor der Verkündung des Urteils erfolgen, sie müssen spätestens innerhalb einer Woche nach dem Schluss der mündlichen Verhandlung gegenüber dem Gericht erklärt worden sein, § 313a Abs. 3 ZPO.

Bei einem **Urteil,** das auf **künftig wiederkehrende Leistungen** gerichtet ist, ist ein **7** Weglassen von Tatbestand und Entscheidungsgründen **nicht statthaft,** § 313a Abs. 4 ZPO, da gegen ein solches Urteil bei Veränderung der Umstände eine Abänderungsklage gem. § 323 ZPO erhoben werden kann. Um deren Zulässigkeit und Begründetheit prüfen zu können, ist die Feststellung erforderlich, ob sich nach Schluss der mündlichen Verhandlung eine Veränderung ergeben hat (*Schaub* ArbGV, § 43 Rn. 18). Weiter kann von den Abkürzungsmöglichkeiten des § 313a. Abs. 1 und 2 ZPO nicht Gebrauch gemacht werden, wenn zu erwarten ist, dass das **Urteil im Ausland geltend gemacht** werden muss, sei es durch Zustellung oder Zwangsvollstreckung im Ausland oder dadurch, dass es Grundlage eines dortigen anderen Verfahrens sein soll, § 313a Abs. 4 Nr. 5 ZPO. Zu erwarten ist die Geltendmachung im Ausland, wenn eine gewisse Wahrscheinlichkeit für diese Möglichkeit besteht, beispielsweise wenn eine Partei ihren Aufenthaltsort im Ausland hat, wenn bereits die Zustellung der Klage im Ausland erfolgte oder wenn eine Partei ihren Wohnsitz während des Prozesses ins Ausland verlegt hat. Stellt sich nachträglich bei einem verkürzten Urteil heraus, dass es im Ausland geltend gemacht werden soll, ist es zu vervollständigen, § 313a Abs. 5 ZPO.

Problematisch ist die **Rechtslage bei Berufungsurteilen** des Landesarbeitsgerichts. **8** Soweit in diesen eine Revision nicht zugelassen worden ist, kann eine Nichtzulassungsbeschwerde eingelegt werden, § 72a, mit der Folge, dass nachträglich noch die Revision durch das Bundesarbeitsgericht zugelassen werden kann. Damit steht aber gerade bei den Urteilen des Landesarbeitsgerichts nicht im Sinne des § 313a Abs. 1 ZPO unzweifelhaft fest, ob nicht doch ein Rechtsmittel eingelegt werden kann. § 313a Abs. 2 ZPO kann daher nur angewandt werden, wenn die durch das Urteil beschwerte Partei auf die Einlegung eines Rechtsmittels verzichtet. Der **Rechtsmittelverzicht** nach § 515 ZPO erfordert, dass klar und eindeutig erklärt wird, dass eine Anfechtung der Entscheidung nicht erfolgen werde, dass man sich mit ihr zufrieden gebe (BAG 15. 3. 2006 NZA 2006, 876f.; 16. 3. 2004 NZA 2004, 1047; BGH 6. 3. 1985 NJW 1985, 2335). Der Ausdruck Verzicht ist nicht zwingend erforderlich. In der Erklärung, dass man auf Tatbestand und Entscheidungsgründe verzichte, könnte eine solche Verzichtserklärung allein nicht gesehen werden. Diese Erklärung ist nicht eindeutig auf ein Rechtsmittel bezogen. Dem steht nicht entgegen, dass in dem Kostenverzeichnis der Anlage 1 zu § 3 Abs. 2 GKG in Nr. 8222 und 8223 eine Gebührenermäßigung vorgesehen ist. Diese ist gerade nur für die Fälle vorgesehen, in denen sämtliche Voraussetzungen des § 313a ZPO erfüllt sind, die Gebührentatbestände schaffen selbst keine gesonderten Tatbestände, die bei der Auslegung des § 313a ZPO berücksichtigt werden könnten. Ist zweifelhaft, welche Partei durch eine Entscheidung beschwert ist, muss der Rechtsmittelverzicht von beiden Parteien erklärt werden. Im Übrigen ist zu berücksichtigen, dass bei Verzicht auf Tatbestand und Entscheidungsgründe eine Nichtzulassungsbeschwerde nach § 72a kaum begründet werden könnte. Ohne Kenntnis von diesen kann das Rechtsmittelgericht regelmäßig nicht beurteilen, ob die Zulassung der Revision hätte erfolgen müssen (BAG 15. 3. 2006 NZA 2006, 876f.). Auch wird die Rüge der Verletzung des rechtlichen Gehörs gem. § 78a kaum erfolgreich sein können, da auch hier eine Überprüfung nicht möglich ist, es lässt sich nicht ermitteln, auf welchen Erwägungen die Entscheidung beruht (BAG a. a. O.).

In der **Revisionsinstanz** ist die entsprechende Anwendbarkeit des § 313a ZPO **9** unproblematisch, da gegen die Urteile des Bundesarbeitsgerichts keine Rechtsmittel eingelegt werden können, sie hat aber kaum eine praktische Bedeutung. Die Möglichkeit der Einlegung einer Verfassungsbeschwerde ist kein Rechtsmittel i. S. des § 313a ZPO.

Im Übrigen gilt die Sonderregelung des § 564 ZPO hinsichtlich des Verzichts auf eine Begründung, wenn die Rüge von Verfahrensmängeln nicht für durchgreifend erachtet wird.

10 Der Rechtsgedanke des § 313 a ZPO kann auf **Beschlüsse im Urteilsverfahren** entsprechend angewendet werden – z. B. Beschluss nach § 91 a ZPO –, obwohl eine entsprechende Verweisungsnorm fehlt (oben Rn. 4). Auch hier ist aber erforderlich, dass unzweifelhaft gegen den Beschluss ein Rechtsmittel nicht eingelegt werden kann, und dass ein Verzicht auf Begründung des Beschlusses von den Beteiligten erklärt wird. Soweit Beschlüsse nicht auf Grund mündlicher Verhandlung ergehen, muss die entsprechende Verzichterklärung bereits vor Zustellung des Beschlusses an die Beteiligten vorliegen, da regelmäßig der Beschluss mit der Begründung zusammen zugestellt wird. Bei Beschlüssen des Landesarbeitsgerichts sind hinsichtlich der Rechtsmittelfähigkeit die Sonderregelungen in § 78 Abs. 2 zu beachten.

11 Die **Anwendbarkeit des § 540 ZPO** für Urteile des Landesarbeitsgerichts über die Verweisungsnorm des § 64 Abs. 6 ist nicht möglich. Ein Verzicht auf die Darstellung des Tatbestandes und gegebenenfalls auf die Entscheidungsgründe kommt im arbeitsgerichtlichen Verfahren nur unter den Voraussetzungen von § 69 Abs. 2 und 3 in Betracht (dazu unten § 69 Rn. 10 ff.). Diese Bestimmung geht § 540 ZPO vor, der der neuen Ausgestaltung des Rechtsmittelverfahrens im Zivilprozess entspricht.

III. Die Streitwertfestsetzung

1. Die Bedeutung der Streitwertfestsetzung

12 Die Berufungsfähigkeit eines Urteils des Arbeitsgerichts hängt im Gegensatz zu der früheren Regelung in § 64 ArbGG 1953 in den Fällen des § 64 Abs. 2 lit. b nicht mehr vom Streitwert, sondern nur noch vom Beschwerdewert ab, dieser muss 600,– Euro übersteigen. Es wurde daher die Auffassung vertreten, dass die Streitwertfestsetzung im arbeitsgerichtlichen Urteil nur noch **kostenrechtliche Bedeutung** habe (zur Darstellung des Streitstandes vgl. *Creutzfeld* NZA 1996, 956, 957 f.; *Schaub* ArbGV § 48 Rn. 8 ff. und die Hinweise in der 4. Auflage).

13 Diese Auffassung hat sich nicht durchgesetzt, vielmehr soll die Streitwertfestsetzung im arbeitsgerichtlichen Urteil eine gewisse **Bedeutung für die Zulässigkeit der Berufung** haben, das Berufungsgericht sei im Rahmen des § 64 an den vom Arbeitsgericht festgesetzten Streitwert gebunden und habe aus diesem als Obergrenze die Höhe der Beschwer zu ermitteln (LAG Rheinland-Pfalz 15. 5. 1981 EzA ArbGG 1979 § 61 Nr. 8; 20. 5. 1980 Kostenrechtsprechung ArbGG § 61 Nr. 2 m. Anm. *E. Schneider;* LAG Baden-Württemberg 6. 10. 1981 BB 1982, 620). Dieser Auffassung hat sich im Wesentlichen das Bundesarbeitsgericht mit seiner Entscheidung vom 2. 3. 1983 (AP ArbGG 1979 § 64 Nr. 6 m. Anm. von *Lappe* und *Satzky;* 30. 11. 1984 NZA 1985, 369; 27. 5. 1994 NZA 1994, 1054 f.) angeschlossen. Das Berufungsgericht ist bei der Ermittlung des Wertes des Beschwerdegegenstandes an die Streitwertfestsetzung des arbeitsgerichtlichen Urteils gebunden. Die Änderung des Rechtsmittelsystems hat nach dieser Auffassung keine Auswirkungen auf die rechtliche Natur der Streitwertfestsetzung im arbeitsgerichtlichen Urteil. Daraus ergibt sich, dass der Beschwerdewert im Regelfall nicht höher sein kann als der festgelegte Streitwert (BAG a. a. O.). Diese Auffassung ist weitgehend von Rechtsprechung und Literatur übernommen worden (z. B. LAG Hamm 24. 11. 1983 EzA ArbGG 1979 § 61 Nr. 10; *Grunsky* § 61 Rn. 3; *Schaub* ArbGV § 51 Rn. 19 ff. m. w. Nachw.; GK-ArbGG/*Schütz* § 61 Rn. 19; *Schwab/Weth/Berscheid/ Schwab* § 61 Rn. 13, 13 a; ArbGG-*Kloppenburg/ Ziemann* § 61 Rn. 11; *Ostrowicz/ Künzl/Schäfer* Rn. 354). Letztlich hat damit hinsichtlich des Rechtsmittels die Streitwertfestsetzung neben der Festlegung der Obergrenze der Beschwer nur noch zwei Funk-

III. Die Streitwertfestsetzung   § 61

tionen, zum einen ist eine Glaubhaftmachung des Beschwerdegegenstandes nach § 64 Abs. 5 dann nicht erforderlich, wenn sich dies schon aus dem festgesetzten Streitwert im Urteil ergibt. Zum anderen lässt die Streitwertfestsetzung für die Parteien verhältnismäßig schnell erkennen, ob die Einlegung eines Rechtsmittels statthaft ist oder nicht. Der Grundsatz der Rechtsmittelklarheit im Sinne einer Erkennbarkeit der Rechtsmittelfähigkeit wird daher verstärkt (vgl. dazu LAG Baden-Württemberg 2. 1. 1991 JurBüro 1991, 668 f.). Eine Bindung des Berufungsgerichts bei der Ermittlung der Beschwer tritt nicht ein, wenn die Streitwertfestsetzung offensichtlich unrichtig ist (BAG 16. 5. 2007 NZA 2007, 829), oder sich der Beschwerdewert nach anderen Kriterien richtet bzw. verändert hat.

Die **Streitwertfestsetzung** hat grundsätzlich **in jedem Urteil** im Tenor (unten Rn. 20) **14** zu erfolgen, also sowohl bei Endurteilen, die den vollständigen Rechtsstreit in der Instanz abschließen, als auch bei Teilurteilen gem. § 301 ZPO, Vorbehaltsurteilen gem. § 302 ZPO und bei Urteilen, die bei abgesonderter Verhandlung über die Zulässigkeit der Klage gem. § 280 Abs. 1 ZPO ergehen. Sie ist auch dann erforderlich, wenn mangels ausreichender Beschwer eine Berufung nicht zulässig ist, § 64 Abs. 2 lit. b (*Grunsky* § 61 Rn. 3 a). Nur einer Streitwertfestsetzung kann nämlich das Berufungsgericht die Zulässigkeit der Berufung überprüfen, nur dann kann auch die beschränkte Bindung des Berufungsgerichts an die Streitwertfestsetzung des Arbeitsgerichts eintreten. Etwas anderes gilt dann, wenn unzweifelhaft gegen ein arbeitsgerichtliches Urteil ein **Rechtsmittel nicht statthaft** ist. Dies ist der Fall bei Zwischenurteilen gem. § 304 ZPO, die nach § 61 Abs. 3 hinsichtlich der Rechtsmittel nicht als Endurteil anzusehen sind (dazu unten Rn. 41 f.). Ebenfalls ist eine Berufung unstatthaft bei Zwischenurteilen, gegen die das Rechtsmittel der sofortigen Beschwerde gegeben ist, wie es bei einem Zwischenstreit über eine Zeugnisverweigerung, § 387 ZPO, einem Zwischenstreit über die Rückgabe einer an einen Prozessvertreter ausgehändigten Urkunde, § 135 ZPO, und bei der Zulassung und Zurückweisung eines Nebenintervenienten, § 71 ZPO, der Fall ist. Eine Streitwertfestsetzung ist ferner dann entbehrlich, wenn beide Parteien vor Verkündung der Entscheidung eindeutig auf die Einlegung eines Rechtsmittels verzichtet haben (*Hauck/Helml* § 61 Rn. 4; *Grunsky* § 61 Rn. 3 a).

Die **Streitwertfestsetzung** im Urteil ist für das Arbeitsgericht **bindend** gem. § 318 ZPO, **15** sie ist unanfechtbar. Insbesondere ist die Möglichkeit einer Beschwerde nach § 68 GKG n. F. nicht gegeben, da diese dem Arbeitsgericht eine Abhilfemöglichkeit gewähren würde, was dem Grundsatz des § 318 ZPO zuwider laufen würde. Auch eine Änderung des Streitwerts durch das Rechtsmittelgericht nach § 63 Abs. 3 GKG n. F. ist nicht möglich.

Obwohl die Streitwertfestsetzung nach § 61 Abs. 1 für die Zulässigkeit des Rechts- **16** mittels zumindest eine Indizfunktion hat, ist sie nicht für die **Berechnung der Gebühren** maßgebend, § 62 Satz 1 GKG n. F. gilt nicht in den Verfahren vor den Gerichten für Arbeitssachen, Satz 2 der genannten Vorschrift. Die Bindungswirkung erstreckt sich daher auch nicht auf die Rechtsanwaltsgebühren gem. § 32 Abs. 1 RVG. Zu den Besonderheiten in den Fällen des § 43 Abs. 3 GKG siehe die Erläuterungen zu § 12 Rn. 139 ff.

2. Die Streitwertberechnung

Da die Streitwertfestsetzung eine Bedeutung für die Berechnung der Beschwer und **17** damit für die Zulässigkeit der Berufung hat, kommt es für die Berechnung auf den Zeitpunkt des **Schlusses der mündlichen Verhandlung** an. Nur die Anträge, die in diesem Zeitpunkt gestellt waren und über die entschieden wird, können bei der Berechnung des Streitwertes berücksichtigt werden (*Hauck/Helml* § 61 Rn. 6; ArbGG-*Kloppenburg/ Ziemann* § 61 Rn. 14). Wird ein Teilurteil erlassen, kann nur der Betrag festgesetzt werden, der dem Streitgegenstand entspricht, über den entschieden worden ist (BAG

30. 3. 1967 AP ArbGG 1953 § 64 Nr. 25; 16. 2. 1959 AP ArbGG 1953 § 69 Nr. 27). Setzt sich eine Klage aus mehreren Anträgen zusammen (**objektive Klagehäufung**), muss sich aus den Gründen der Streitwertfestsetzung ergeben, welcher Wert für jeden einzelnen Antrag berücksichtigt worden ist.

18   Soweit sich der **Streitwert während des Verfahrens verändert**, sei es durch teilweise Klagerücknahme, Teilvergleich oder teilweise Erledigung der Hauptsache, ist in die Streitwertberechnung nur noch derjenige Teil des Streitgegenstandes aufzunehmen, über den tatsächlich in dem Urteil noch entschieden wird. In diesem Falle ist der Gebührenstreitwert sowohl für die Gerichtsgebühren nach § 63 GKG als auch für die Rechtsanwaltsgebühren nach § 32 RVG auf Antrag durch Beschluss festzusetzen. U. U. kann sich in diesem Falle ergeben, dass für die einzelnen Gebühren unterschiedliche Streitwertbeträge festzusetzen sind. Gegen den entsprechenden Beschluss ist die Beschwerde nach § 68 Abs. 1 GKG bzw. nach § 33 Abs. 3 RVG statthaft.

19   Im Übrigen gelten für die Streitwertfestsetzung die Grundsätze der §§ 3 bis 9 ZPO bzw. der §§ 43 Abs. 3, 39 ff. GKG. Insoweit kann auf die Erläuterungen bei § 12 Rn. 5 ff. und 94 ff. verwiesen werden.

3. Die Form der Streitwertfestsetzung

20   Die Streitwertfestsetzung hat grundsätzlich **im Tenor des Urteils** zu erfolgen (*Schaub* ArbGV, § 43 Rn. 15; *Schwab/Weth/Berscheid/Schwab* § 61 Rn. 13). Eine Festsetzung in den Entscheidungsgründen reicht nicht aus (so aber ArbGG-*Kloppenburg/Ziemann* § 61 Rn. 16).

4. Die unterbliebene Streitwertfestsetzung

21   Fehlt eine Streitwertfestsetzung in dem arbeitsgerichtlichen Urteil bzw. ist die Streitwertfestsetzung nicht mit verkündet worden, so scheidet grundsätzlich eine Urteilsberichtigung durch Beschluss nach § 319 ZPO aus. Es handelt sich nicht um einen Schreibfehler, Rechnungsfehler oder eine ähnliche offenbare Unrichtigkeit, sondern vielmehr um eine Unvollständigkeit des Urteils, die den Tatbestand des § 319 ZPO nicht erfüllt. Etwas anderes kann nur dann gelten, wenn die Streitwertfestsetzung zwar mitverkündet, aber versehentlich nicht in den Urteilstenor bzw. die Entscheidungsgründe aufgenommen wurde (*Dietz/Nikisch* § 61 Rn. 20; GK-ArbGG/*Schütz* § 61 Rn. 27). Die Streitwertfestsetzung muss sich in diesem Falle aber zumindest aus dem Protokoll über die Verkündung der Entscheidung ergeben. Ist die Streitwertfestsetzung versehentlich unterblieben, kann in entsprechender Anwendung des § 321 ZPO eine **Urteilsergänzung** erfolgen (*Grunsky* § 61 Rn. 7; ArbGG-*Kloppenburg/Ziemann* § 61 Rn. 18; GK-ArbGG/*Schütz* § 61 Rn. 27).

IV. Die Zulassung der Berufung

22   Soweit nicht gegen ein Urteil des Arbeitsgerichts bereits nach § 64 Abs. 1 oder Abs. 2 die Berufung statthaft ist, muss in dem Urteil über die Zulassung oder Nichtzulassung der Berufung entschieden werden, § 64 Abs. 3 a. Dies gilt für alle Urteile, also auch für Teilurteile, Vorbehaltsurteile, nicht jedoch Zwischenurteile, da diese anders als in § 304 Abs. 2 ZPO nicht als Endurteil anzusehen sind, Abs. 3. Die Entscheidung muss **im Tenor**, erfolgen (vgl. dazu unten § 64 Rn. 29 und § 72 Rn. 34 ff. m. w. Nachw.). Eine Zulassung im Tenor des arbeitsgerichtlichen Urteils ist immer vorzunehmen, da dann von vornherein für die Partei ersichtlich ist, ob ein Rechtsmittel statthaft ist oder nicht, zumal eine Nichtzulassungsbeschwerde gegen die Nichtzulassung der Berufung im arbeitsgerichtlichen Urteil im Gesetz nicht vorgesehen ist. Auch hat es dann die unterlegene Partei in der Hand, bereits vor Zustellung des arbeitsgerichtlichen Urteils das Rechts-

V. Verurteilung zur Vornahme einer Handlung, Abs. 2

mittel einzulegen, um gegebenenfalls gem. § 62 eine Einstellung der Zwangsvollstreckung zu erreichen.

Ist eine Entscheidung über die **Zulassung** oder Nichtzulassung der Berufung **nicht erfolgt,** kommt regelmäßig ein Ergänzungsurteil gem. § 321 ZPO in Betracht, § 64 Abs. 3 a (vgl. dazu unten § 64 Rn. 30 ff. und § 72 Rn. 36 ff.). Eine Urteilsberichtigung gem. § 319 ZPO wird regelmäßig daran scheitern, dass eine offenbare Unrichtigkeit im Sinne dieser Vorschrift nicht vorliegt (vgl. dazu unten § 64 Rn. 34 ff. und § 72 Rn. 36 f.). Bei der Frage, ob eine Urteilsberichtigung in Frage kommen kann, ist aber zu beachten, dass das Rechtsstaatsprinzip auch den Zugang zu den im Arbeitsgerichtsgesetz vorgesehenen Instanzen gewährleistet. Dieser verfassungsrechtliche Anspruch kann auf Grund von Fehlleistungen des Gerichts nicht in jedem Falle beseitigt werden. Eine restriktive Handhabung des § 319 ZPO ist daher zu vermeiden (BVerfG 15. 1. 1992 NZA 1992, 383, das die nachträgliche Zulassung eines Rechtsmittels durch Berichtigungsbeschluss für möglich hält; vgl. dazu auch *Germelmann* NZA 2000, 1017, 1022 f.).

23

Da die Zulassung der Berufung ausdrücklich zu erfolgen hat, kann **in einer Rechtsmittelbelehrung,** die von der Statthaftigkeit der Berufung ausgeht, keine Berufungszulassung gesehen werden. Die Rechtsmittelbelehrung hat insoweit keinen prozessualen Entscheidungsinhalt (vgl. für den Fall der Revisionszulassung BAG 10. 12. 1986 AP ZPO § 566 Nr. 3).

24

V. Verurteilung zur Vornahme einer Handlung, Abs. 2

1. Geltungsbereich

§ 61 Abs. 2 **modifiziert die Regelungen in §§ 510 b und 888 a ZPO.** Im Gegensatz zu § 510 b ZPO steht die Entscheidung über die Zahlung einer Entschädigung nicht im Ermessen des Gerichts, vielmehr muss das Arbeitsgericht einem entsprechenden Antrag stattgeben. Da mit Abs. 2 der klagenden Partei die Möglichkeit gegeben ist, nicht nur die Verurteilung zur Vornahme einer Handlung, sondern auch eine Fristsetzung für die Vornahme und des Weiteren eine Verurteilung zur Entschädigung für den Fall des erfolglosen Fristablaufs zu beantragen, wird eine Beschleunigung des Verfahrens erreicht. Der Anwendungsbereich des § 259 ZPO wird durch § 61 Abs. 2 erweitert, die Verurteilung zu einer erst in der Zukunft fällig werdenden Entschädigung ist vom Gesetzgeber ermöglicht worden.

25

Abs. 2 gilt nur für die Vornahme einer **Handlung, die nach §§ 887 oder 888 ZPO zu** vollstrecken wäre. Das folgt zum einen aus dem Wortlaut der Vorschrift, zum anderen daraus, dass Abs. 2 Satz 2 ausdrücklich die Zwangsvollstreckung nach den §§ 887 und 888 ZPO für den Fall der Verurteilung zu einer Entschädigungsleistung ausschließt. Ob die Zwangsvollstreckung im Einzelfall überhaupt zulässig wäre, ist dabei unerheblich (*Baumbach/Hartmann* § 510 b Rn. 1; *Zöller/Herget* § 510 b Rn. 2). Dass u. U. die Zwangsvollstreckung nach § 888 Abs. 2 ZPO z. B. im Falle der Verurteilung zur Leistung von Diensten aus einem Dienstvertrag unzulässig wäre, ist daher für die Anwendbarkeit des § 61 Abs. 2 ohne Bedeutung. Es ist keine andere Form der Zwangsvollstreckung, sondern ein Schadenersatz.

26

Von der Möglichkeit der gleichzeitigen Verurteilung zur Entschädigungsleistung kann nur dann Gebrauch gemacht werden, wenn hinsichtlich der Handlung ein **Leistungsurteil** ergeht. Nicht ausreichend ist ein Urteil, in dem lediglich eine Handlungspflicht festgestellt wird (*Grunsky* § 61 Rn. 9). Nicht anwendbar ist Abs. 2 weiterhin bei der Verurteilung zur Herausgabe von Sachen (BAG 23. 1. 1958 AP ArbGG § 61 Nr. 22 m. Anm. *Pohle*; GK-ArbGG/*Schütz* § 61 Rn. 37; *Gift/Baur* E Rn. 1645). Auch der Antrag auf Verurteilung zur Abgabe einer Willenserklärung kann nicht mit dem Antrag auf Verurteilung zu einer Entschädigungsleistung verbunden werden, da hier keine

27

§ 61 Inhalt des Urteils

Zwangsvollstreckung nach §§ 887, 888 ZPO erfolgt, sondern vielmehr gem. § 894 ZPO die Erklärung als abgegeben gilt, sobald das Urteil Rechtskraft erlangt hat (zum Falle der Zeugniserteilung s. unten Rn. 28).

28   Übersicht über einige Einzelfälle:
Arbeitsleistung: § 61 Abs. 2 ist unabhängig davon anwendbar, ob es sich bei der Verurteilung zur Arbeitsleistung um eine solche zu einer vertretbaren oder unvertretbaren Handlung (dazu LAG Berlin 6. 6. 1986 BB 1986, 1368; *Brill* BB 1982, 625) handelt. Es ist auch unerheblich, ob die Zwangsvollstreckung gem. § 888 Abs. 2 ZPO ausgeschlossen ist oder nicht. Bei der Verurteilung nach § 61 Abs. 2 handelt es sich nämlich nicht um eine andere Form der Vollstreckungsmöglichkeit, sondern um eine Verurteilung zu einer Schadenersatzleistung (*Schaub* ArbGV § 44 Rn. 18).

Arbeitspapiere: Die Aushändigung von Arbeitspapieren kann nicht mit einem Antrag nach Abs. 2 verbunden werden, da es sich um einen Herausgabeanspruch handelt. Die Verurteilung zur Ausfüllung der Arbeitspapiere kann dagegen mit dem Antrag auf Zahlung einer Entschädigung für den Fall der Nichtausfüllung innerhalb einer Frist verbunden werden (LAG Frankfurt 25. 6. 1980 DB 1981, 535). Das Gleiche gilt für die Berichtigung von Eintragungen in den Arbeitspapieren bzw. die Erteilung einer Arbeitsbescheinigung.

Auskunft, Abrechnung: Auch Verurteilungen auf Erteilung einer Auskunft, Rechnungslegung oder Einsicht in Unterlagen ist grundsätzlich gem. §§ 887, 888 ZPO vollstreckbar (vgl. BAG 28. 7. 2004 NZA 2005, 1188 ff.; 24. 11. 2004 NZA 2005, 1065 f.). Auch hier kann die entsprechende Klage mit einem Antrag auf Entschädigungsleistung für den Fall der Nichterfüllung verbunden werden. Unzulässig ist allerdings die Verbindung von Auskunftsklage mit einem Antrag nach Abs. 2 und einer Zahlungsklage, deren Umfang von der Auskunft abhängt (Stufenklage – BAG 24. 11. 2004 NZA 2005, 1065 f.). Das Gleiche gilt im Bereich der Provisionsansprüche, wenn eine Provisionsabrechnung oder eine Auskunft geltend gemacht wird, die die Geschäfte betrifft, nach denen sich die Provision errechnet. Zu beachten ist allerdings, dass die Verurteilung zur Entschädigungszahlung nach § 61 Abs. 2 stets die Verurteilung zur Auskunftserteilung voraussetzt. Da diese aber in der Rechtsmittelinstanz angegriffen werden kann, kann die Auskunft auch noch innerhalb der Frist nach Zustellung des den Rechtsstreit beendenden Urteils erfolgen (BAG 4. 10. 1989 NZA 1990, 328; 28. 10. 1992 NZA 1993, 520). Wird die Auskunft erteilt, entsteht kein Anspruch auf die Entschädigungssumme. Zu berücksichtigen ist weiter, dass auch bei einem vorläufig vollstreckbaren Urteil in Bezug auf die Auskunftserteilung die Entschädigungssumme vorläufig vollstreckt werden kann (BAG 28. 10. 1992 NZA 1993, 520; LAG Berlin 16. 5. 2006 LAGE ArbGG 1979 § 61 Nr. 14). Wird die Verurteilung im Rechtsmittelverfahren nicht bestätigt, ist auf Grund der vollstreckungsrechtlichen Bestimmungen der Vollstreckungsbetrag zurückzuzahlen. Das Gleiche tritt ein, wenn die erstinstanzliche Verurteilung im Rechtsmittelverfahren bestätigt wird, der Schuldner seine Auskunftsverpflichtung nunmehr innerhalb der gerichtlichen bestimmten Frist nach Zustellung des Urteils in der Rechtsmittelinstanz erfüllt (siehe auch unten Rn. 35).

Einstweilige Verfügung: Da es in § 61 Abs. 2 nur auf den Inhalt der Verurteilung und nicht darauf ankommt, in welchem Verfahren die Verurteilung erfolgt ist, kann § 61 Abs. 2 auch im einstweiligen Verfügungsverfahren angewendet werden (GK-ArbGG/ *Schütz* § 61 Rn. 33; *Schaub* ArbGV § 44 Rn. 21). Allerdings wäre Voraussetzung, dass auch für den Entschädigungsanspruch ein Verfügungsgrund besteht. Dies wird regelmäßig nicht der Fall sein, so dass schon aus diesem Grund ein entsprechender Antrag unbegründet wäre.

Weiterbeschäftigungsanspruch: Wird der Arbeitgeber zur Weiterbeschäftigung des Arbeitnehmers bis zum rechtskräftigen Abschluss des Rechtsstreits verurteilt (BAG GS 27. 2. 1985 AP BGB § 611 Beschäftigungspflicht Nr. 14; BAG 13. 6. 1985 AP BGB § 611 Beschäftigungspflicht Nr. 19), so ist auch dieser Anspruch nach § 888 ZPO zu

V. Verurteilung zur Vornahme einer Handlung, Abs. 2 § 61

vollstrecken. Dass hier eine Handlung des Arbeitgebers den Gegenstand der Verurteilung bildet, wird auch daraus deutlich, dass der Arbeitgeber dem Arbeitnehmer einen Arbeitsplatz zur Verfügung stellen muss, er kommt sogar in Annahmeverzug, wenn er diese Mitwirkungshandlung nicht erfüllt (BAG 9. 8. 1984 AP BGB § 615 Nr. 34; 21. 3. 1985 AP BGB § 615 Nr. 35). § 61 Abs. 2 ist daher auch hier anwendbar, in dem Rechtsstreit, in dem der Weiterbeschäftigungsanspruch geltend gemacht wird, kann der weitere Antrag auf Zahlung einer Entschädigung bei Nichterfüllung dieser Verpflichtung geltend gemacht werden. Soweit der Weiterbeschäftigungsanspruch im Rahmen eines einstweiligen Verfügungsverfahrens durchgesetzt werden soll, wird allerdings meist für den entsprechenden Entschädigungsanspruch in diesem Verfahren der Verfügungsgrund fehlen.

Zeugniserteilung: Bei dem Anspruch auf Ausstellung eines Zeugnisses bzw. dessen Berichtigung handelt es sich um eine unvertretbare Handlung. Die Vollstreckung eines entsprechenden Urteils erfolgt nach § 888 ZPO durch Androhung von Zwangsgeld oder Zwangsstrafen. Auch hier kann zusammen mit dem Hauptanspruch ein Anspruch auf Zahlung von Schadenersatz für den Fall der Nichterfüllung geltend gemacht werden.

2. Die Verurteilung zur Zahlung einer Entschädigung

a) Antrag des Klägers

Die Verurteilung zur Entschädigungsleistung gem. § 61 Abs. 2 kann nur auf entsprechenden Antrag des Klägers erfolgen. Der Antrag muss auch die **Fristsetzung** umfassen, hierbei kann der Kläger entweder eine feste Frist nennen oder aber die Festsetzung in das Ermessen des Gerichts stellen. Der Antrag kann auch nachträglich, selbst noch in der Berufungsinstanz, rechtshängig gemacht werden, § 261 Abs. 2 ZPO. Die Voraussetzungen einer Klageänderung müssen nicht vorliegen. Ist allerdings bereits rechtskräftig über den Leistungsantrag entschieden, kann der Antrag nicht mehr gestellt werden (LAG Berlin 12. 3. 1999 NZA-RR 2000, 43 f.). Tritt die Rechtskraft in der Berufungsinstanz hinsichtlich des Hauptantrages ein (z. B. wegen Rücknahme der Klage oder Berufung), so ist die weiterverfolgte Entschädigungsklage abzuweisen, weil die Grundvoraussetzung nicht mehr gegeben ist (BAG vom 4. 10. 1989 NZA 1990, 328).

29

Es wird die Auffassung vertreten, dass der Antrag nicht begründet werden muss (*Baumbach/Hartmann* § 510 b Rn. 4; *Musielak/Wittschier* § 510 b Rn. 3). Dies mag hinsichtlich des schadensverursachenden Ereignisses zutreffend sein, da dieses allein darin liegt, dass die Handlung, deren Vornahme mit dem Hauptantrag verfolgt wird, nicht fristgerecht erfüllt worden ist. Eine **Begründung** ist jedoch insoweit erforderlich, als der Kläger darlegen muss, dass ihm durch die Nichtvornahme der Handlung tatsächlich ein Schaden entstanden ist und wie hoch dieser sich darstellt. Insoweit gelten die gleichen Grundsätze wie bei normalen Schadenersatzansprüchen.

30

Ob der Anspruch zu beziffern ist, ist umstritten. Während einerseits die Auffassung vertreten wird, dass eine **Bezifferung** nicht notwendig sei (*Schaub* ArbGV § 44 Rn. 23; *Dietz/Nikisch* § 61 Rn. 30), ist nach anderer Auffassung eine Bezifferung notwendig (ArbGG-*Kloppenburg/Ziemann* § 61 Rn. 27), nur wenn die allgemeinen Voraussetzungen für die Zulässigkeit eines unbestimmten Antrages vorlägen, könne von einer solchen Bezifferung abgesehen werden (*Lüke* FS E. Wolff 1985, 467; *Hauck/Helml* § 61 Rn. 10; ArbGG-*Kloppenburg/Ziemann* § 61 Rn. 27). Da es sich bei dem Anspruch aus § 61 Abs. 2 um einen normalen Schadenersatzanspruch handelt, ist auch eine Bezifferung wie bei diesem grundsätzlich erforderlich. Eine Ausnahme kann nur dann gelten, wenn eine Bezifferung nicht möglich oder aus besonderen Gründen nicht zumutbar ist. Weiterhin kann allerdings von einer Bezifferung auch dann abgesehen werden, wenn der Kläger die Höhe des Schadenersatzes in das Ermessen des Gerichts stellt, § 287 ZPO. In diesem Falle müssen sich allerdings aus der Begründung des Antrags zur Höhe Hinweise ergeben, die eine Bewertung durch das Gericht zulassen. Im Übrigen wird eine Beziffe-

31

rung des Antrages auch schon deshalb sinnvoll sein, weil nur dann die Beschwer hinreichend ermittelt werden kann.

32 Durch den Antrag des Klägers tritt eine **Klagehäufung** i. S. des § 260 ZPO ein. Bei dem Anspruch auf Zahlung einer Entschädigungsleistung handelt es sich um einen Eventualanspruch neben dem als Hauptanspruch geltend gemachten Antrag auf Vornahme einer Handlung. Zwar tritt hier der Schadenersatzanspruch an die Stelle des Anspruches der Vornahme einer Handlung. Dieser wird letztlich umgewandelt. Gleichwohl handelt es sich um verschiedenartige Ansprüche, die in einem Eventualverhältnis stehen. Da die Verurteilung zur Entschädigungsleistung nur erfolgen kann, wenn der Hauptantrag erfolgreich war, ist eine ähnliche Konstellation gegeben wie bei dem uneigentlichen Hilfsantrag (*Wieser* Arbeitsgerichtsverfahren Rn. 274; *Grunsky* § 61 Rn. 13; vgl. zu dem uneigentlichen Hilfsantrag auch BAG 8. 4. 1988 DB 1988, 1660).

33 Durch die Stellung des Antrages nach § 61 Abs. 2 erhöht sich der **Gesamtstreitwert** des Verfahrens nicht (*Zöller/Herget* § 510b Rn. 9; *Lüke* FS E. Wolff 1985, 468; *Opolony* FA 2001, 66, 68). Sowohl bei der Ermittlung des Gebühren- als auch des Rechtsmittelstreitwerts findet die Bestimmung des § 5 ZPO keine Anwendung. Eine Zusammenrechnung mehrerer Ansprüche kommt nur dann in Betracht, wenn die verschiedenen Ansprüche einen selbstständigen Wert haben, also verschiedene Tatbestände erfassen. Das ist jedoch vorliegend nicht der Fall. Der Anspruch auf Vornahme einer Handlung ist unmittelbar umgewandelt in den Schadenersatzanspruch, Haupt- und Hilfsanspruch ergeben sich aus demselben Tatbestand. Der Schadenersatzanspruch hat damit letztlich keinen selbstständigen Wert. Auch kommt er nur dann zum Tragen, wenn die Handlung nicht innerhalb der gesetzten Frist vorgenommen worden ist. Der Hauptanspruch bestimmt ähnlich wie bei § 717 Abs. 2 Satz 1 ZPO allein den Streitwert.

b) Festsetzung der Frist

34 Die **Bemessung** der festzusetzenden Frist steht im **Ermessen des Gerichts**. Hier sind die Besonderheiten des Einzelfalles zu berücksichtigen, insbesondere auch, wie lange die beklagte Partei benötigt, um die Handlung vorzunehmen, beispielsweise eine Abrechnung zu erstellen bzw. eine Auskunftserteilung vorzubereiten. Durch eine zu kurze Fristsetzung darf nicht von vornherein die Erfüllung des Hauptanspruches unmöglich gemacht werden. Außerdem ist bei der Festsetzung der Frist zu beachten, dass der Gesetzgeber der unterlegenen Partei eine Überlegungsfrist von einem Monat seit Zustellung des Urteils zur Einlegung eines Rechtsmittels eingeräumt hat. Auch diese Überlegungsfrist darf durch die Fristsetzung nach § 61 Abs. 2 nicht verkürzt werden. Die Festsetzung einer kürzeren Frist ist daher als unzulässig angesehen worden (BAG 5. 6. 1985 AP TVG § 1 Tarifverträge: Bau Nr. 67; ErfK/*Koch* § 61 ArbGG Rn. 5; GK-ArbGG/*Schütz* § 61 Rn. 46; dazu näher *Wieser* Arbeitsgerichtsverfahren Rn. 275).

35 **Nach Ablauf der Frist** wandelt sich der Erfüllungsanspruch nicht automatisch in einen **Schadensersatzanspruch** um. Da der Schadensersatzanspruch den Bestand des Hauptanspruches voraussetzt, kann die Erfüllung, die durch § 61 Abs. 2 gesichert werden soll, auch noch nach Zustellung des Urteils in der Rechtsmittelinstanz innerhalb der gesetzten Frist erfolgen (für den Auskunftsanspruch BAG 28. 10. 1992 NZA 1993, 520f. m. w. N. sowie oben Rn. 28, allerdings nicht mehr nach Rücknahme der Klage (oben Rn. 29). Eine Klage nach Maßgabe des Abs. 2 lässt dem Beklagten die Wahl, ob er den Anspruch auf Vornahme einer Handlung (z. B. Auskunftsanspruch) erfüllen oder Schadenersatz leisten will. Diese **Wahlmöglichkeit** bleibt solange bestehen, bis die Entscheidung nicht mehr mit Rechtsmitteln angegriffen werden kann. Der Anspruch auf Zahlung der Entschädigungssumme entfällt auch dann, wenn der Schuldner nach Verurteilung durch das Rechtsmittelgericht die Handlung vornimmt. Die fristgerechte Vornahme der Handlung begründet eine Einwendung gegen den in einem Urteil nach Abs. 2 festgestellten Entschädigungsanspruch, diese kann auch durch **Vollstreckungsgegenklage** geltend gemacht

V. Verurteilung zur Vornahme einer Handlung, Abs. 2 § 61

werden (für den Auskunftsanspruch BAG 28. 10. 1992 NZA 1993, 520, 521). Nimmt im Übrigen der Gläubiger nach Ablauf der Frist die ursprünglich geschuldete Leistung an, ist er also damit einverstanden, dass die ursprünglich geschuldete Handlung erbracht wird, so verliert er mit der Annahme den Anspruch auf die ihm zugesprochene Entschädigung (BAG 11. 7. 1975 AP ArbGG 1953 § 61 Zwangsvollstreckung Nr. 3 mit Anm. *Walchshöfer;* vgl. BAG 23. 1. 1958 AP ArbGG 1953 § 61 Nr. 22 m. Anm. *Pohle*). Der Annahmewille muss dabei aber deutlich erklärt werden. In diesem Falle hat die Vollstreckungsgegenklage Erfolg (LAG Frankfurt 30. 4. 1996 ARSt 1996, 260).

Wird durch Urteil der Beklagte zur Vornahme einer Handlung verurteilt, der Entschädigungsanspruch aber abgewiesen, entfällt die Möglichkeit im **Rechtsmittelverfahren** noch die Verurteilung zur **Zahlung einer Entschädigung** nach Abs. 2 **weiterzufolgen,** wenn vor Einlegung des Rechtsmittels die Zwangsvollstreckung hinsichtlich der Handlung erfolgt. Eine zu diesem Punkt eingelegte Berufung oder Revision wäre unzulässig, da durch die Vollstreckung der Gläubiger sein Wahlrecht zwischen Entschädigung und Schadenersatz endgültig ausgeübt hat, eine Beschwer besteht nicht. Fällt die Beschwer in der Rechtsmittelinstanz erst später fort, da die Vollstreckung erst nach Einlegung des Rechtsmittels betrieben wird, ist das Rechtsmittel als unbegründet zurückgewiesen. 36

c) Festlegung der Entschädigung

Die für den Fall der nicht rechtzeitigen Erfüllung des Hauptanspruches zugesprochene Entschädigung muss im Urteil **zahlenmäßig genau bestimmt** werden. Die Entscheidung ist auch dann zu treffen, wenn über Grund und Höhe der Entschädigung Beweiserhebungen nötig wären. Bei der Festlegung der Höhe der Entschädigung ist der Schaden zu berücksichtigen, der durch die Nichterfüllung der Handlung entsteht. Besteht die Handlung in einer Auskunftserteilung, so darf die Entschädigung i. S. des § 61 Abs. 2 in der Höhe nicht den Betrag erreichen, der bei der Hauptleistung, die mit einer Leistungsklage zu verfolgen wäre, geltend gemacht werden könnte. Vielmehr besteht der Schaden nur in der nicht erteilten Auskunft und ist dementsprechend geringer zu bewerten (vgl. dazu BAG 28. 7. 2004 NZA 2005, 1188 f.; 5. 6. 1985 AP TVG § 1 Tarifverträge: Bau Nr. 67; 27. 8. 1986 AP TVG § 1 Tarifverträge: Bau Nr. 70). Hierzu wird auch die Auffassung vertreten, dass die nach Abs. 2 festzusetzende Entschädigung nur pauschal den Schaden ausgleichen solle, der durch die Unterlassung der Handlung entstehen könne. Bei Auskunftsansprüchen soll sich dabei ein Abschlag von 20% als Regelwert ergeben (BAG a. a. O.). Diese Auffassung wird dem Charakter der Entschädigungsleistung in § 61 Abs. 2 nicht gerecht. Es handelt sich nicht um eine pauschale Ausgleichung eines Schadens, sondern vielmehr um einen echten Schadenersatzanspruch, der nur mit dem Anspruch auf Vornahme einer Handlung verbunden werden kann, um eine möglichst schnelle Erledigung des gesamten Rechtsstreites zu erreichen. Demzufolge ist der Schadensumfang möglichst genau vorzutragen und gegebenenfalls vom Gericht durch Durchführung einer Beweisaufnahme zu klären. § 61 Abs. 2 gibt **keinen eigenständigen Anspruch,** sondern erleichtert nur die Durchführung eines sachlich-rechtlichen **Schadenersatzanspruches**. Das Gericht muss also prüfen, ob nach materiellem Recht ein Ersatzanspruch besteht. Erleichtert wird nicht die Anforderung an die Darlegung, dass tatsächlich ein Schaden entstehen kann, sondern nur die prozessuale Durchsetzbarkeit in Verbindung mit der Möglichkeit der Ermittlung der Schadenshöhe unter Berücksichtigung des § 287 ZPO. Im Grunde enthält Abs. 2 eine Modifikation der Grundsätze des § 259 ZPO, er ermöglicht die Verurteilung zu einer zukünftigen, von der Bedingung der Nichterfüllung abhängigen Leistung. 37

Hieraus folgt aber weiter, dass daneben nicht noch ein gesonderter Schadenersatzanspruch geltend gemacht werden kann. Die zugesprochene **Entschädigung ist der Schadenersatz.** Der Kläger kann daher auch dann nicht einen erneuten Anspruch auf Schadenersatz geltend machen, wenn sich später herausstellt, dass der eingetretene 38

Schaden höher ist als die zugesprochene Entschädigung. Umgekehrt kann auch der Beklagte nicht die Leistung – möglicherweise teilweise – zurückfordern, wenn sich später ergibt, dass der eingetretene Schaden niedriger ist als die bereits geleistete Entschädigung. Mit der Verurteilung zur Entschädigungsleistung ist abschließend über den Schadenersatzanspruch entschieden worden. Die Annahme eines Regelwertes verbietet sich daher, die Höhe des Schadens kann nur für den jeweiligen Einzelfall konkret bestimmt werden.

39 Da der Anspruch auf Entschädigung von der Verurteilung zur Vornahme einer Handlung abhängig ist, kann über sie nur im **Zusammenhang mit dem Hauptanspruch entschieden** werden. Eine Entscheidung über den Hauptanspruch durch Teilurteil und eine nachträgliche Entscheidung über den Entschädigungsanspruch ist unzulässig, da in diesem Falle die Vollstreckungsmöglichkeit des Teilurteils über den Hauptanspruch unklar bliebe. Die Zwangsvollstreckung nach §§ 887, 888 ZPO ist nämlich erst bei positiver Entscheidung über den Entschädigungsanspruch ausgeschlossen (*Zöller/Herget* § 510b Rn. 4).

40 Ist der **Hauptanspruch** auf Vornahme einer Handlung **unbegründet**, so gilt dies gleichzeitig für den Entschädigungsanspruch. Weiterhin ist der Entschädigungsanspruch als unbegründet abzuweisen, wenn eine Schadenersatzpflicht trotz Nichterfüllung der Handlungspflicht nicht besteht, weil beispielsweise ein geldwerter Schaden nicht denkbar ist. Wird der Entschädigungsanspruch in einem Verfahren geltend gemacht, in dem Hauptanspruch nicht die Vornahme einer Handlung ist, sondern beispielsweise Herausgabe einer Sache, so ist der entsprechende Antrag des Klägers als unzulässig abzuweisen.

3. Zwangsvollstreckung

41 Soweit dem Antrag auf Gewährung einer Entschädigung nicht stattgegeben wird, kann das Urteil auf Vornahme einer Handlung nach **§§ 887, 888 ZPO** vollstreckt werden. Allerdings entfällt in diesem Falle die Möglichkeit beispielsweise im **Rechtsmittelverfahren** noch die Verurteilung zur Zahlung einer Entschädigung nach Abs. 2 weiterzuverfolgen, wenn vor Einlegung des Rechtsmittels die Zwangsvollstreckung hinsichtlich der Handlung erfolgt. Eine zu diesem Punkt eingelegte Berufung oder Revision wäre unzulässig, da durch die Vollstreckung der Gläubiger sein Wahlrecht zwischen Entschädigung und Schadenersatz endgültig ausgeübt hat, eine Beschwer besteht nicht. Fällt die Beschwer in der Rechtsmittelinstanz erst später fort, da die Vollstreckung erst nach Einlegung des Rechtsmittels betrieben wird, ist das Rechtsmittel als unbegründet zurückzuweisen. Diese Vollstreckungsmöglichkeit scheidet erst dann aus, wenn das Gericht über den Antrag auf Entschädigungsleistung positiv entschieden hat. In diesem Falle bedarf es auch keiner Vollstreckung der Verurteilung zur Vornahme einer Handlung, weil sich dieser Anspruch automatisch mit Fristablauf in einen Entschädigungsanspruch umwandelt.

42 Die Vollstreckung der **Verurteilung zur Zahlung** einer Entschädigung richtet sich nach den Bestimmungen über die Vollstreckung von Urteilen, die auf einen Geldbetrag lauten. Voraussetzung ist, dass die Frist zur Vornahme der Handlung, die in dem Urteil gesetzt worden ist, abgelaufen ist, § 751 Abs. 1 ZPO. Hat der Schuldner nach Ablauf der Frist im Einverständnis mit dem Gläubiger die Handlung vorgenommen, kann er gegen eine gleichwohl betriebene Zwangsvollstreckung aus der Verurteilung zur Zahlung einer Entschädigung Vollstreckungsgegenklage erheben, § 767 ZPO (*Lüke* FS für E. Wolff 1985, 468). Allerdings soll die Erteilung einer Vollstreckungsklausel bereits vor Ablauf der Frist und ohne Nachweis der Nichterfüllung möglich sein (LAG Berlin 16. 5. 2006 LAGE ArbGG 1979 § 61 Nr. 14).

VI. Das Zwischenurteil über den Grund des Anspruchs, Abs. 3

Durch Abs. 3 ist die Bedeutung eines **Grundurteils** i. S. des § 304 ZPO für das arbeits- 43
gerichtliche Verfahren eingeschränkt worden. Zwar findet auch im arbeitsgerichtlichen Verfahren die Bestimmung des § 304 Abs. 1 ZPO entsprechende Anwendung, wonach bei Streit über Grund und Betrag eines Anspruches vorab über den Grund entschieden werden kann. Im Gegensatz zum zivilprozessualen Verfahren kann jedoch dieses Grundurteil nicht als Endurteil angesehen werden, es kann daher weder mit der Berufung noch, wenn es in der Berufungsinstanz erlassen worden ist, mit der Revision selbständig angefochten werden. Damit ist die rechtliche Wirkung eines solchen Grundurteils und damit auch seine praktische Bedeutung beschränkt. Es kann nicht ohne das Endurteil rechtskräftig werden, es kann nur mit dem Endurteil zusammen angefochten werden, eine rechtskräftige Klärung der Frage, ob der Anspruch dem Grunde nach besteht, kann nicht erreicht werden (vgl. dazu BAG 1. 12. 1975 AP ArbGG § 61 Grundurteil Nr. 2). Demgegenüber sind die **Zwischenurteile** nach § 5 Abs. 4 Satz 3 KSchG, § 17 TzBfG und § 280 Abs. 2 Satz 1 ZPO kraft ausdrücklicher Regelung hinsichtlich der Rechtsmittel einem Endurteil gleichgestellt, für sie gilt Abs. 3 nicht (dazu unten § 64 Rn. 7).

Wird in dem Grundurteil **fälschlicherweise** ein **Rechtsmittel zugelassen,** so bleibt dieses 44
unstatthaft, eine Bindung des Landesarbeitsgerichts bzw. des Bundesarbeitsgerichts tritt nicht ein. Allerdings ist das entscheidende Gericht im Rahmen des § 318 ZPO an seine Entscheidung gebunden. Wird in einem Urteil über den Grund eines Anspruches und über einen damit nicht zusammenhängenden anderen Teil des Rechtsstreits entschieden, so wird das Rechtsmittel nur für diesen anderen Teil statthaft sein, wenn insoweit eine Rechtsmittelfähigkeit der Entscheidung gegeben ist. Das eingelegte Rechtsmittel muss daher auch auf diesen Teil beschränkt werden. Auch durch eine falsche Rechtsmittelbelehrung oder eine unrichtige Bezeichnung des Urteils kann die Statthaftigkeit eines Rechtsmittels nicht herbeigeführt werden.

Ob tatsächlich mit dem Ausschluss der selbstständigen Anfechtbarkeit des Grund- 45
urteils eine **Beschleunigung des Verfahrens** erreicht werden kann, erscheint **zweifelhaft.** Da das Grundurteil erst mit dem abschließenden Endurteil angefochten werden kann, kann gerade in den Verfahren, in denen sich die Klärung der Höhe des Anspruches schwierig gestaltet, eine geraume Zeit vergehen, bevor auch über den Grund des Anspruches rechtskräftig entschieden worden ist. Umfangreiche und u. U. auch schwierige Ermittlungen hinsichtlich der Höhe des Anspruches in den Instanzen werden bedeutungslos, wenn die übergeordnete Instanz schon den Grund des Anspruches für nicht gegeben erachtet (zu den Zweifeln vgl. auch *Stein/Jonas/Leipold* § 304 Rn. 57 unter Hinweis auf *Pagenstecher* JR 1927, 321; *Dietz/Nikisch* § 61 Rn. 34).

§ 61 a Besondere Prozeßförderung in Kündigungsverfahren

(1) Verfahren in Rechtsstreitigkeiten über das Bestehen, das Nichtbestehen oder die Kündigung eines Arbeitsverhältnisses sind nach Maßgabe der folgenden Vorschriften vorrangig zu erledigen.

(2) Die Güteverhandlung soll innerhalb von zwei Wochen nach Klageerhebung stattfinden.

(3) Ist die Güteverhandlung erfolglos oder wird das Verfahren nicht in einer sich unmittelbar anschließenden weiteren Verhandlung abgeschlossen, fordert der Vorsitzende den Beklagten auf, binnen einer angemessenen Frist, die mindestens zwei Wochen betragen muß, im einzelnen unter Beweisantritt schriftlich die Klage zu erwidern, wenn der Beklagte noch nicht oder nicht ausreichend auf die Klage erwidert hat.

(4) Der Vorsitzende kann dem Kläger eine angemessene Frist, die mindestens zwei Wochen betragen muß, zur schriftlichen Stellungnahme auf die Klageerwiderung setzen.

(5) Angriffs- und Verteidigungsmittel, die erst nach Ablauf der nach Absatz 3 oder 4 gesetzten Fristen vorgebracht werden, sind nur zuzulassen, wenn nach der freien Überzeugung des Gerichts ihre Zulassung die Erledigung des Rechtsstreits nicht verzögert oder wenn die Partei die Verspätung genügend entschuldigt.

(6) Die Parteien sind über die Folgen der Versäumung der nach Absatz 3 oder 4 gesetzten Fristen zu belehren.

Übersicht

	Rn.
I. Allgemeines	1–3
II. Geltungsbereich	4–7
III. Die Pflicht zur vorrangigen Erledigung	8–21
1. Bedeutung	8
2. Die verfahrensrechtlichen Besonderheiten	9–18
a) Güteverhandlung	9–11
b) Das weitere Verfahren	12–18
3. Verspätungsfolgen	19, 20
4. Folge der Nichtbeachtung des § 61 a	21

I. Allgemeines

1   Die Vorschrift ist durch die Novelle vom 21. 5. 1979 (BGBl. I S. 545) in einem Zeitpunkt **neu in das Gesetz aufgenommen** worden, sie ist weitgehend auf **erhebliche Kritik** gestoßen (vgl. dazu *Dütz* RdA 1979, 81, 90; *Grunsky* BB 1979, 941, 951; *Stahlhacke* RdA 1979, 401; *Wenzel* ZRP 1978, 206, 209; *Zimmermann* BB 1984, 478). Insbesondere wurde in der Kritik auch hervorgehoben, dass durch die Fristvorschriften in § 61 a letztlich eine Verzögerung der Erledigung des Rechtsstreits eintreten könne, dass im Übrigen schon die anderen Beschleunigungsvorschriften ausreichende Gewähr für eine möglichst schnelle Erledigung der Rechtsstreitigkeiten böten. Auch seien an die Verletzung der Vorschrift keine Sanktionen geknüpft, so dass ein entsprechendes Handeln des Gerichtes auch nicht erzwungen werden könne. In der Praxis hat die Vorschrift solange keine besondere Bedeutung gewonnen, wie normale Belastungen der Gerichte gegeben waren. Es war nicht feststellbar, dass durch sie die Erledigung von Bestandsschutzstreitigkeiten besonders beschleunigt worden wäre (dazu *Zimmermann* BB 1984, 478 ff.). In Zeiten hoher Eingänge auf Grund konjunktureller Einbrüche mit vermehrten Bestandsschutzstreitigkeiten hat die Bestimmung jedoch zunehmend an Bedeutung gewonnen. Gerade das lässt die Frage entstehen, ob mit einer rein formalen, prozessualen Vorschrift, die nur für einen begrenzten Teil von Rechtsstreitigkeiten gilt, eine Beschleunigung erreicht werden kann, wenn nicht besondere verfahrensmäßige Schwierigkeiten bestehen, sondern allein eine – wenn vielleicht auch nur zeitweise bestehende – Problemlage im Bereich der personellen Ausstattung der Gerichte ausgeglichen werden soll. Dies scheint, wie die Erfahrungen mit § 61 a gezeigt haben, **kein gangbarer Weg** zu sein. Hinzu kommt, dass rein formell auch mit den übrigen Beschleunigungsvorschriften eine genügend schnelle Erledigung der Rechtsstreitigkeiten erreicht werden könnte. So kann nach § 47 Abs. 2 auch eine Aufforderung an den Beklagten, sich auf die Klage schriftlich zu äußern, erfolgen. Nach § 56 kann der Vorsitzende Vorbereitungshandlungen vornehmen, nach § 55 Abs. 4 kann der Vorsitzende auch vor der streitigen Verhandlung ggf. Beweisbeschlüsse anordnen. Werden diese Vorbereitungsmöglichkeiten genutzt, bedarf es im Grunde einer besonderen Beschleunigungsvorschrift für die Bestandsschutzstreitigkeiten nicht. Der Haupteffekt des § 61 a ist daher darin zu sehen, dass den Gerichten die Notwendigkeit für die beschleunigte Erledigung von Bestandsschutzstreitigkeiten vor Augen geführt worden ist.

II. Geltungsbereich   § 61 a

Die Bestimmung hat **durch** die **Entscheidungen** des Bundesarbeitsgerichts **zum Wei-** 2
terbeschäftigungsanspruch in Kündigungsschutzverfahren und in Verfahren über die
Wirksamkeit von Befristungen (BAG GS 27. 2. 1985 AP BGB § 611 Beschäftigungspflicht Nr. 14; BAG 19. 12. 1985 AP BGB § 611 Beschäftigungspflicht Nr. 17) einen
weiteren Bedeutungsverlust erlitten. Durch die Möglichkeit, nach einem obsiegenden
Urteil erster Instanz die Weiterbeschäftigung zu erreichen, wird die Chance des Arbeitnehmers erhöht, selbst bei länger dauerndem Rechtsstreit den Arbeitsplatz zu erhalten.
Hinzu kommt, dass hierdurch auch das wirtschaftliche Risiko für die beteiligten Parteien
verringert wird.

§ 61 a Abs. 3 und 4 sind den Regelungen in § 275 Abs. 3 und 4 ZPO a. F. weitgehend   3
nachgebildet worden. Die Befristungsmöglichkeiten entsprechen denen, die in § 277
Abs. 3 und 4 ZPO festgelegt sind. Absatz 5 und 6 sind § 56 Abs. 2 vergleichbar. Im
Grundsatz gehen diese Regelungen auf § 296 Abs. 1 ZPO a. F. zurück. Als **speziellere
Regelung** verdrängt § 61 a diese allgemeineren Bestimmungen auch in ihren neuen
Fassungen. Insbesondere kann § 56 Abs. 2 nicht neben § 61 a Abs. 5 angewendet werden, wenn auch letztlich ein Unterschied im Ergebnis nicht besteht. Für die **Berufungsinstanz** gilt die besondere Regelung des § 64 Abs. 8.

II. Geltungsbereich

Die in Abs. 1 genannten Verfahren **entsprechen** denjenigen, für die in § **42 Abs. 4** 4
Satz 1 GKG eine besondere Streitwertberechnung festgelegt ist (dazu oben § 12
Rn. 94 ff.) und die in § 2 Abs. 1 Nr. 3 b genannt sind (dazu oben § 2 Rn. 65 ff.). Erfasst
werden daher nicht nur die typischen Kündigungsschutzstreitigkeiten, sondern sämtliche
Verfahren, die den Bestand oder das Zustandekommen eines rechtswirksamen Arbeitsverhältnisses bzw. das Bestehen eines solchen zum Gegenstand haben. Die besondere
Beschleunigung nach § 61 a gilt daher für Rechtsstreitigkeiten, mit dem Streitgegenstand
- Wirksamkeit der **Anfechtung** eines Arbeitsvertrages,
- **Fortsetzung** eines Arbeitsverhältnisses,
- Wirksamkeit eines **Auflösungsvertrages,** gleichgültig aus welchem Grund,
- **Änderungskündigungen,** diese betreffen den Bestand des Arbeitsverhältnisses, das gilt
  auch dann, wenn die Änderung der Arbeitsbedingungen unter dem Vorbehalt der
  Überprüfung der sozialen Rechtfertigung von dem Arbeitnehmer angenommen worden ist (*Hauck/Helml* § 61 a Rn. 3; a. A. ArbGG-*Kloppenburg/Ziemann* § 61 a Rn. 3,
  Schwab/Weth/Berscheid/Korinth § 61 a Rn. 3; GK-ArbGG/ *Schütz* § 61 a Rn. 6),
  denn auch diese fallen unter die Zuständigkeitsregelung des § 2 Abs. 1 Nr. 3 b. Die
  Änderungskündigung ist auch eine Kündigung, der Streit geht nicht nur um den Inhalt
  des Arbeitsverhältnisses.
- Feststellung, ob zwischen den Parteien ein Arbeitsverhältnis oder ein sonstiges Dienstverhältnis bzw. freies Mitarbeiterverhältnis –**Statusklagen**- besteht. Streitpunkt muss
  aber immer das Arbeitsverhältnis sein. Ist zwischen den Parteien lediglich streitig, ob
  ein freies Mitarbeiterverhältnis beendet worden ist oder nicht, so gilt für diesen
  Rechtsstreit selbst bei Zuständigkeit des Arbeitsgerichts nicht die besondere Prozessförderungspflicht nach § 61 a,
- Feststellung bzw. Auflösung nach § **78 a BetrVG** (zu dem Ganzen vgl. *Dütz* RdA
  1980, 81, 91; *Grunsky* § 61 a Rn. 4).

Auf die **Zulässigkeit** der Klage kommt es **nicht an,** allein entscheidend ist der Streitgegenstand, § 61 a regelt nur nach diesem die besonderen Verfahrensregeln. Auch verspätet
erhobene Klagen sind vorrangig zu behandeln.

Auch das Verfahren über die **nachträgliche Zulassung einer Kündigungsschutzklage** 4a
fällt in den Geltungsbereich der Vorschrift, da dieser Antrag mit dem Verfahren über
die Kündigungsschutzklage zu verbinden ist, § 5 Abs. 4 KSchG (dazu oben § 46

Rn. 117 ff.). Diese Verbindung wird auch nicht aufgehoben, wenn die Verhandlung und Entscheidung zunächst auf den Zulassungsantrag beschränkt wird. Wird gegen das dann erfolgende Zwischenurteil, § 5 Abs. 4 Satz 3 KSchG, Berufung eingelegt, gilt für das Verfahren vor dem LAG das Beschleunigungsgebot des § 64 Abs. 8.

5   **Nicht erfasst werden** Rechtsstreitigkeiten, in denen gegenüber dem Arbeitgeber ein **Einstellungsanspruch** geltend gemacht wird (*Grunsky* a. a. O.; GK-ArbGG/*Schütz* § 61 a Rn. 4; a. A. ArbGG-*Kloppenburg/Ziemann* § 61 a Rn. 3). Aus dem Wortlaut des Abs. 1 folgt, dass nur das Bestehen oder Nichtbestehen, nicht jedoch der erst in der Zukunft liegende Abschluss eines Arbeitsvertrages von dem Geltungsbereich erfasst wird. Dieser unterliegt auch i. d. R. der Zuständigkeitsregelung des § 2 Abs. 1 Nr. 3 c. Das Gleiche gilt auch dann, wenn die Parteien nur darüber streiten, ob in der **Vergangenheit** ein mittlerweile bereits beendetes **Arbeitsverhältnis bestanden hat** oder nicht. Hier ist eine besondere Beschleunigung nach dem Sinn der Vorschrift nicht erforderlich, da es weder um die Sicherung des Arbeitsplatzes geht, noch durch eine Verzögerung der Erledigung des Rechtsstreites ein besonders hohes wirtschaftliches Risiko für die Parteien besteht. In diesem Zusammenhang wird auch die Auffassung vertreten, dass § 61 a nicht angewendet werden könne, wenn im Rahmen eines Kündigungsschutzprozesses ein übereinstimmender **Auflösungsantrag** gemäß § 9 KSchG gestellt worden sei (so GK-ArbGG/*Schütz* § 61 a Rn. 7; ArbGG-*Kloppenburg/Ziemann* § 61 a Rn. 3; *Schwab/Weth/Berscheid/Korinth* § 61 a Rn. 3; HWK/*Ziemann* ArbGG § 61 a Rn. 4; *Dütz* RdA 1980, 81, 91). Dieser Auffassung kann jedoch nicht gefolgt werden. Es wird übersehen, dass der Auflösungsantrag nach § 9 KSchG nur im Zusammenhang mit einer Feststellungsklage im Rahmen des Kündigungsschutzgesetzes gestellt werden kann, eine isolierte Antragstellung ist nicht möglich. Für den Hauptantrag besteht jedoch nach dem Wortlaut von Abs. 1 unzweifelhaft die besondere Prozessförderungspflicht. Dass bei dieser Konstellation weder für den Arbeitnehmer noch für den Arbeitgeber der Bestand des Arbeitsverhältnisses im Vordergrund des Rechtsstreits steht und damit auch der Sinn der Vorschrift eine besondere Prozessförderung nicht erfordert, ist unerheblich. Voraussetzung für die Auflösung des Arbeitsverhältnisses ist immer, dass der Bestand des Arbeitsverhältnisses festgestellt wird. Der Wortlaut von Abs. 1 lässt eine einschränkende Auslegung nicht zu. Ist allerdings der **Bestand des Arbeitsverhältnisses lediglich Vorfrage** für andere geltend gemachte Ansprüche, kann die besondere Prozessförderungspflicht in Kündigungsverfahren nicht eingreifen (*Grunsky* § 61 a Rn. 7).

6   Nicht unter den Geltungsbereich fallen schließlich sämtliche Streitigkeiten, in denen der Bestand des Arbeitsverhältnisses zwischen den Parteien nicht umstritten ist. Bei diesen Verfahren kann nur mit Hilfe des § 55 Abs. 3 bzw. des § 56 eine Beschleunigung erreicht werden. Als **lex specialis** kann der Anwendungsbereich des § 61 a nicht auf andere Verfahren ausgedehnt werden, insbesondere steht es auch nicht im Ermessen des Gerichts, ob es die allgemeine Vorschrift des § 56 oder aber 61 a anwendet.

7   Wird mit einer **Bestandsstreitigkeit noch ein weiterer Anspruch** verbunden – **Klagehäufung** –, beispielsweise ein Zahlungsanspruch oder aber ein Zeugniserteilungsanspruch, so findet § 61 a auf das gesamte Verfahren Anwendung. Wird die Bestandsstreitigkeit abgetrennt bzw. entscheidet über diesen Teil des Rechtsstreits das Gericht durch Teilurteil, so kann hinsichtlich des verbliebenen Verfahrensteils nicht mehr § 61 a angewendet werden, vielmehr verbleibt es dann bei den allgemeinen Regelungen des § 56 (*Grunsky* § 61 a Rn. 8; GK-ArbGG/*Schütz* § 61 a Rn. 9).

III. Die Pflicht zur vorrangigen Erledigung

1. Bedeutung

8   Wie im Einzelnen die vorrangige **Erledigung** der Bestandsstreitigkeiten **erreicht wird**, ist grundsätzlich **Sache des Gerichts**, soweit nicht in den Absätzen 2 bis 6 besondere

III. Die Pflicht zur vorrangigen Erledigung   § 61 a

Maßnahmen vorgeschrieben worden sind. § 61 a enthält insoweit keine abschließende Regelung, sondern konkretisiert nur in Teilbereichen den in Abs. 1 zum Ausdruck gekommenen gesetzgeberischen Auftrag. Insbesondere steht es dem Gericht frei, durch Bildung von besonderen Kündigungsschutzkammern, durch besondere personelle Ausstattung oder auf sonstige Weise die Verpflichtung aus Abs. 1 zu erfüllen. Auch kann das Gericht durch eine besondere Terminierung, z. B. durch Freihalten von einzelnen Terminen für Bestandsstreitigkeiten eine Beschleunigung erreichen (*Dütz* RdA 1980, 81, 90). Auch kann u. U. eine Terminsverlegung in anderen Sachen in Betracht kommen, wenn die Verpflichtung zur vorrangigen Erledigung einer Bestandsstreitigkeit erfüllt werden soll. § 61 a Abs. 1 würde einen erheblichen Grund für die Terminsverlegung im Sinne des § 227 ZPO darstellen (*Grunsky* § 61 a Rn. 11; ArbGG *Kloppenburg/Ziemann* § 61 a Rn. 2; anders wohl *Dütz* a. a. O.). Darüber hinaus kann § 61 a als besonderer Ausdruck des Beschleunigungsgrundsatzes die Entscheidungen des Gerichts in anderen Bereichen beeinflussen. Bei der Ausübung seines Ermessens gemäß § 148 ZPO muss beispielsweise das Gericht auch den in § 61 a Abs. 1 ArbGG niedergelegten Beschleunigungsgrundsatz berücksichtigen, aus dem Beschluss muss hervorgehen, dass die Vor- und Nachteile der Aussetzung des Verfahrens gegeneinander abgewogen worden sind (LAG München 22. 2. 1989 LAGE ZPO § 148 Nr. 20; LAG Düsseldorf 16. 2. 1989 LAGE ZPO § 148 Nr. 21; LAG Nürnberg 13. 8. 1999 LAGE ZPO § 148 Nr. 36; LAG Köln 19. 6. 2006 BB 2006, 2476).

2. Die verfahrensrechtlichen Besonderheiten

a) Güteverhandlung

Die Güteverhandlung hat **innerhalb von zwei Wochen** nach Klageerhebung stattzufinden. Die Frist beginnt mit der Zustellung der Klageschrift, § 253 Abs. 1 ZPO. Daraus, dass der Gesetzeswortlaut lediglich festlegt, dass innerhalb von zwei Wochen nach Klageerhebung die Güteverhandlung stattfinden soll, ergibt sich, dass sie auch bereits für einen früheren Zeitpunkt anberaumt werden kann. Notwendig ist nur, dass die Einlassungsfrist des § 47 Abs. 1 eingehalten wird. Absatz 2 führt damit nicht zu einer Verlängerung der Fristen gegenüber anderen Verfahren. Im Übrigen kann auch wegen der Fristregelung in § 47 Abs. 1 eine Güteverhandlung frühestens in der zweiten Woche nach der Klageerhebung stattfinden. 9

Absatz 2 enthält eine **Verpflichtung des Gerichts,** grundsätzlich steht es nicht in seinem Ermessen, ob die Frist von zwei Wochen eingehalten oder überschritten wird. Die Formulierung des Gesetzes gibt dem Gericht lediglich die Möglichkeit, in den Fällen, in denen eine frühere Terminierung nicht erfolgen kann, auch zu einem späteren Zeitpunkt die Güteverhandlung stattfinden zu lassen. In Betracht kommt dies beispielsweise in den Fällen, in denen eine öffentliche Zustellung der Klage und der Ladung erfolgen muss (vgl. dazu auch *Grunsky* § 61 a Rn. 13; *Dütz* RdA 1980, 81, 90); Krankheit oder Urlaub des Vorsitzenden, wenn keine Vertretung zur Verfügung steht, wenn eine Vielzahl von Bestandsstreitigkeiten zu terminieren ist. 10

Für die Güteverhandlung gelten die allgemeinen **Vorschriften des § 54,** auch gilt grundsätzlich § 47 Abs. 2, wonach eine Aufforderung an den Beklagten, sich auf die Klage schriftlich zu äußern, in der Regel nicht erfolgt. Gleichwohl kann der Vorsitzende dem Beklagten bereits vor der Güteverhandlung eine entsprechende Auflage machen. 11

b) Das weitere Verfahren

Das weitere Verfahren bei **erfolgloser Güteverhandlung** richtet sich nach § 54 Abs. 4 und 5 bzw. 55 Abs. 3. Als Besonderheit gibt Abs. 3 dem Vorsitzenden die Möglichkeit dem Beklagten aufzugeben, sich schriftlich auf die Klage zu äußern. Die einzuhaltende Frist beträgt mindestens 14 Tage, gerechnet vom Zugang der entsprechenden Auflage an. Wie die **Klageerwiderung** im Einzelnen gestaltet sein muss, ergibt sich aus § 61 a 12

Abs. 3 nicht. Insoweit kann aber auf die Erläuterung zu § 56 Abs. 1 Nr. 1 verwiesen werden (oben § 56 Rn. 7 ff.).

13 Die **Auflage** des Vorsitzenden nach Abs. 3 muss, wenn die Verspätungsfolge des Abs. 5 eintreten soll, **konkret gestaltet** sein (BAG 25. 3. 2004 AP BGB § 611 Kirchendienst Nr. 40; *Schwab/Weth/Berscheid/Korinth* § 61 a Rn. 9; a. A. *Gift/Baur* E Rn. 805; ArbGG-*Kloppenburg/Ziemann* § 61 a Rn. 10). Die bloße Auflage, zur Klage Stellung zu nehmen, reicht nicht aus, um den Beklagten mit seinem Vorbringen wegen Nichteinhaltung der festgesetzten Frist mit seinem Vorbringen auszuschließen. Auch insoweit gelten die gleichen Grundsätze wie bei § 56 Abs. 1 Nr. 1 (dazu oben § 56 Rn. 7 ff.).

14 Die **Aufforderung** hat **nur** dann zu erfolgen, **wenn** die **Klage zulässig und schlüssig** ist. Das folgt schon daraus, dass eine Zurückweisung des Vorbringens der beklagten Partei nur dann möglich ist, wenn es auch für die Entscheidung des Rechtsstreits erheblich ist. Unerhebliches Vorbringen kann nicht zurückgewiesen werden. Da die Auflage nach Abs. 3 aber gerade Grundlage für die Zurückweisung nach Abs. 5 ist, kann sie nur dann einen Sinn haben, wenn mit ihr dem Beklagten die Möglichkeit gewährt werden soll, erhebliches Vorbringen in den Rechtsstreit einzuführen. Dies ist nicht notwendig, wenn die Klage bereits ohne Rücksicht auf etwaiges Vorbringen des Beklagten unzulässig bzw. unschlüssig ist (a. A. *Grunsky* § 61 a Rn. 16; wie hier *Philippsen/Schmidt/Schäfer/Busch* Beschleunigungsnovelle zum ArbGG 1979 § 61 a Rn. 5). Allerdings wird in der Regel in Bestandsstreitigkeiten nur selten eine unschlüssige Klage vorliegen, da erst ein Vorbringen der beklagten Partei erforderlich ist, insbesondere in Kündigungsschutzverfahren ist es Sache des Arbeitgebers, die Kündigungsgründe im Einzelnen vorzutragen und ggf. unter Beweis zu stellen. Soweit der beklagten Partei eine Frist zur schriftlichen Klageerwiderung gesetzt worden ist, ist sie auch verpflichtet, verzichtbare Zulässigkeitsrügen geltend zu machen, § 282 Abs. 3 ZPO.

15 Die festzusetzende **Frist** beträgt **mindestens zwei Wochen** seit Zustellung der Auflage, sie kann jedoch auch für einen weiteren Zeitraum festgesetzt werden. Obwohl es sich um eine besondere Form der Einlassungsfrist handelt, kann sie **nicht gem. § 226 Nr. 1 ZPO abgekürzt werden**, Abs. 3 ist insoweit lex specialis. Allerdings kann im Einverständnis des Beklagten eine kürzere Frist festgelegt werden, er kann auf die Einhaltung der Frist verzichten. Die Festsetzung der Frist erfolgt wie bei § 56 Abs. 1 Nr. 1 (dazu oben § 56 Rn. 27, 32). Hinsichtlich der **Form** der Auflage gelten ebenfalls die Grundsätze des § 56, sie muss von dem Vorsitzenden unterschrieben sein, ein Handzeichen genügt nicht. Erfolgt die Auflage in der Güteverhandlung, genügt die Verkündung im Termin.

16 Im Ermessen des Vorsitzenden steht es, ob er dem **Kläger** eine **weitere Frist gem. Abs. 4** zur schriftlichen Stellungnahme auf die Klageerwiderung setzt. Allerdings wird dies bei Bestandsstreitigkeiten, bei denen zunächst der Arbeitgeber die Darlegungslast trägt, in der Regel erforderlich sein, um das rechtliche Gehör zu gewähren. Wann die entsprechende Auflage zu erfolgen hat, ergibt sich aus dem Gesetz nicht, es steht dem Vorsitzenden frei, bereits im unmittelbaren Zusammenhang mit der Auflage an die beklagte Partei die klagende Partei zur schriftlichen Stellungnahme nach Abs. 4 aufzufordern. Auch hier beträgt die Mindestfrist zwei Wochen, sie kann je nach Einzelfall jedoch auch länger sein. Eine Abkürzung nach § 226 Abs. 1 ZPO ist nicht möglich (oben Rn. 15), allerdings kann der Kläger auf ihre Einhaltung verzichten. Sie kann frühestens mit der Zustellung der Klageerwiderung der beklagten Partei beginnen. Auch hier können die Verspätungsfolgen des Abs. 5 nur eintreten, wenn sich die Auflage auf konkrete Einzelpunkte bezieht, die allgemeine Auflage, „zur Klageerwiderung Stellung zu nehmen", genügt insoweit nicht (vgl. dazu auch § 56 Rn. 26).

17 Sowohl die Frist nach Abs. 3 als auch diejenige nach Abs. 4 kann verlängert werden. Die **Verlängerung** setzt begrifflich voraus, dass die Frist noch nicht abgelaufen ist, wenn der Antrag auf Verlängerung gestellt wird. Nach § 224 Abs. 2 ZPO müssen für eine Verlängerung der Frist jedoch erhebliche Gründe glaubhaft gemacht werden. Bei der Bewertung, ob ein erheblicher Grund geltend gemacht wird, ist der besondere Beschleu-

nigungszweck des § 61 a zu berücksichtigen. Urlaubsabwesenheit des Prozessvertreters, nicht rechtzeitige Ermittlung der Tatsachen durch die Parteien und ähnliches können im Regelfall eine Fristverlängerung nicht rechtfertigen. Bei mehrfacher Verlängerung der Frist ist der Gegner zu hören, § 225 Abs. 2 ZPO.

Für die **Anberaumung des Termins** zur streitigen Verhandlung vor der Kammer enthält § 61 a keine besondere Vorschrift. Insoweit bewendet es bei der Regelung in § 54 Abs. 4. Daraus ergibt sich, dass die streitige Verhandlung alsbald zu erfolgen hat. Auch hier ist dem Beschleunigungsgedanken in Bestandsstreitigkeiten eine besondere Bedeutung zuzumessen. **18**

3. Verspätungsfolgen

Die Bestimmung des § 61 a Abs. 5 entspricht im Wesentlichen derjenigen in § 56 Abs. 2. Insoweit kann auf die Kommentierung zu dieser Bestimmung (oben § 56 Rn. 24 ff.) verwiesen werden. **19**

Die **Pflicht zur Belehrung** in Abs. 6 entspricht ebenfalls derjenigen in § 56 Abs. 2 Satz 2. Auch hier gelten die gleichen Grundsätze. Auf die Kommentierung zu § 56 Abs. 2 Satz 2 kann daher ebenfalls Bezug genommen werden (oben § 56 Rn. 32). **20**

4. Folge der Nichtbeachtung des § 61 a

Verletzt der Vorsitzende seine Prozessförderungspflicht aus § 61 a, so hat dies im Verfahren selbst **keine Auswirkung**. Die Parteien können weder durch Berufung auf § 61 a eine besondere Prozessförderung oder aber eine frühzeitige Terminierung erzwingen, noch hat der Gesetzgeber sonstige Folgen für die Verletzung der Pflicht festgelegt. Den Parteien steht bestenfalls die Möglichkeit offen, Dienstaufsichtsmaßnahmen zu beantragen (*Dütz* RdA 1980, 81, 90; *Grunsky* § 61 a Rn. 13). Dienstaufsichtsbeschwerden werden allerdings in der Regel erfolglos sein, es sei denn, die Verletzung der Pflichten aus § 61 a wäre besonders grob und sachlich nicht gerechtfertigt oder aber der Vorsitzende würde mehrfach gegen die Verpflichtung verstoßen. **21**

§ 61 b Klage wegen Benachteiligung

(1) Eine Klage auf Entschädigung nach § 15 des Allgemeinen Gleichbehandlungsgesetzes muß innerhalb von drei Monaten, nachdem der Anspruch schriftlich geltend gemacht worden ist, erhoben werden.

(2) ¹Machen mehrere Bewerber wegen Benachteiligung bei der Begründung eines Arbeitsverhältnisses oder beim beruflichen Aufstieg eine Entschädigung nach § 15 des Allgemeinen Gleichbehandlungsgesetzes gerichtlich geltend, so wird auf Antrag des Arbeitgebers das Arbeitsgericht, bei dem die erste Klage erhoben ist, auch für die übrigen Klagen ausschließlich zuständig. ²Die Rechtsstreitigkeiten sind von Amts wegen an dieses Arbeitsgericht zu verweisen; die Prozesse sind zur gleichzeitigen Verhandlung und Entscheidung zu verbinden.

(3) Auf Antrag des Arbeitgebers findet die mündliche Verhandlung nicht vor Ablauf von sechs Monaten seit Erhebung der ersten Klage statt.

Übersicht

	Rn.
I. Allgemeines	1–4
II. Klagefrist (Abs. 1)	5–12
1. Fristbeginn	5–9
2. Bedeutung der Frist	10–12
a) Ausschlussfrist	10, 11
b) Keine Wiedereinsetzung	12

	Rn.
III. Klageform	13
IV. Zuständigkeitsregelung bei Klägermehrheit (Abs. 2)	14–26
1. Örtliche Zuständigkeit	14–21
2. Verweisung	22, 23
3. Verbindung	24–26
V. Verzögerung der mündlichen Verhandlung (Abs. 3)	27–29

I. Allgemeines

1   Die Vorschrift ist eingefügt worden durch Art. 8 des Gesetzes zur Durchsetzung der Gleichberechtigung von Frauen und Männern (2. GleiBG – vom 24. 6. 1994, BGBl. I 1994, 1406, 1412) und geändert durch das Gesetz zur Umsetzung der europäischen Richtlinie zur Verwirklichung des Grundsatzes der Gleichbehandlung vom 14. 8. 2006 (BGBl. I 1897). Sie **ergänzt die Regelung des § 15 AGG** (Allgemeines Gleichbehandlungsgesetz), die ebenfalls erweitert und hinsichtlich der Ersatzansprüche benachteiligter Personen konkretisiert und dem Europäischen Recht angepasst worden ist. § 61 b regelt Besonderheiten der prozessualen Durchsetzung der in § 15 AGG festgelegten **verschuldensabhängigen Ersatzansprüche** (dazu ErfK/*Schlachter* AGG § 15 Rn. 1), die materiell-rechtlichen Regelungen finden sich in den Vorschriften des AGG, insbesondere in §§ 7 und 15 (zu diesen vgl. die zahlreichen Kommentierungen und Aufsätze zum AGG). Die Bestimmung gilt nicht für Erfüllungsansprüche, die möglicherweise beispielsweise auf Grund von §§ 11 bis 14 AGG (Ausschreibungspflicht, Organisationspflichten des Arbeitgebers, Beschwerderechte, Leistungsverweigerungsrechte) ebenfalls bestehen könnten. Sie gilt weiter nicht für die Geltendmachung von Ansprüchen wegen Benachteiligung im Zivilrechtsverkehr. Prozessual bedeutsam ist bei der Wahrnehmung der Rechte im Rahmen des § 15 AGG auch die Bestimmung des § 23 AGG, die eine Möglichkeit der Antidiskriminierungsverbände zur Gewährung von Rechtsbeistand vorsieht (dazu oben § 11 Rn. 200). Weder das AGG, das materiell-rechtlich den Schutz der Beschäftigten vor Benachteiligung im Zivilrechtsverkehr regelt, noch § 61 b führen zu einer erweiterten Zuständigkeit der Gerichte für Arbeitssachen (BAG 27. 8. 2008 NZA 2008, 1259). Die notwendige Klärung von Vorfragen aus anderen Rechtsgebieten hat keine Rechtswegbegründung zur Folge.

2   Abs. 2 legt zwingend die **örtliche Zuständigkeit** eines Arbeitsgerichtes fest, wenn mehrere Ansprüche aus § 15 Abs. 2 AGG bei verschiedenen Arbeitsgerichten geltend gemacht werden. Die Zuständigkeitsregelung nach § 2 wird vorausgesetzt. Die in § 61 b Abs. 2 Satz 2 normierte Verweisungspflicht würde sich im Übrigen auch aus § 48 i. V. m. §§ 17 ff. GVG ergeben.

3   Neu und im arbeitsgerichtlichen Verfahren ungewöhnlich ist die Regelung des Absatzes 3, mit der eine **Verzögerung der mündlichen Verhandlung** auf Antrag des Arbeitgebers eintritt. Hier wird der Beschleunigungsgrundsatz des § 9 Abs. 1 Satz 1 durchbrochen. Die **Fristenregelung** betrifft allein die prozessuale Geltendmachung

4   § 61 b gilt nur für Klagen wegen diskriminierungsbedingter Entschädigungsansprüche auf der Grundlage von § 15 AGG. Die Bestimmung ist nicht entsprechend anwendbar auf andere Klagen oder Schadenersatzansprüche, die nicht auf eine Diskriminierung i. S. § 1 AGG zurückzuführen sind.

II. Klagefrist (Abs. 1)

1. Fristbeginn

5   Der Anspruch aus § 15 Abs. 2 AGG geht grundsätzlich auf Entschädigung in Geld. Für die Geltendmachung gilt eine zweistufige gesetzliche Ausschlussfrist, § 15 Abs. 4

II. Klagefrist (Abs. 1)

§ 61 b

AGG, § 61 b Abs. 1 (dazu unten Rn. 9). Der Anspruch muss zunächst nach § 15 Abs. 4 AGG innerhalb einer Frist von zwei Monaten schriftlich geltend gemacht werden. Tarifverträge können andere Fristen – auch kürzere oder längere – festlegen, nicht jedoch, dass eine mündliche Geltendmachung ausreichen soll. Sie gelten, wenn sie für das Arbeitsverhältnis kraft Tarifbindung oder einzelvertraglicher Vereinbarung anwendbar sind. Die Frist beginnt mit Kenntniserlangung. Eine positive Kenntnis von den die Diskriminierung begründen Tatsachen ist erforderlich. Bei einer Diskriminierung im Zusammenhang mit einer Bewerbung oder einem beruflichen Aufstieg beginnt die Frist mit dem Zugang der Ablehnung. Allerdings kann der betroffene Arbeitnehmer im Regelfall bei Erhalt der Ablehnung seiner Bewerbung noch keine Kenntnisse von den Umständen haben, die eine Diskriminierung begründen könnten. Dies widerspricht dem bei sonstigen Ausschlussfristen geltenden Grundsatz, dass diese erst dann zu laufen beginnen, wenn der Arbeitnehmer Kenntnis von den anspruchsbegründenden Tatsachen hat oder die Unkenntnis von ihm zu vertreten ist (vgl. dazu *Treber* NZA 1998, 856, 860 m. w. Nachw., ferner *Zwanziger* BB 1998, 1330, 1333). Dies könnte den Anforderungen des EuGH an einen effektiven Rechtsschutz widersprechen (vgl. EuGH 10. 7. 1997 NZA 1997, 1041). Um eine Benachteiligung der Arbeitnehmer zu vermeiden, ist daher eine Auslegung des § 15 Abs. 4 Satz 2 AGG notwendig, die eine **europarechtskonforme Anwendung** ermöglicht. Danach könnte die Frist zur schriftlichen Geltendmachung wie bei anderen Schadenersatzansprüchen erst dann beginnen, wenn der Arbeitnehmer von den zugrunde liegenden Tatsachen Kenntnis erlangt oder die Unkenntnis zu vertreten hat (*Kamanabrou* RdA 2006, 321, 338; *Deinert* DB 2007, 398, 402; wohl auch *Walker* NZA 2009, 5, 10). Wird der Anspruch nicht erfüllt, ist spätestens **drei Monate nach der schriftlichen Geltendmachung** die **Klage** bei dem örtlich zuständigen Arbeitsgericht zu **erheben**. Die Frist zur Geltendmachung bemisst sich nach §§ 187, 188 BGB, diejenige zur Klageerhebung nach § 222 ZPO und §§ 187, 188 BGB. Fällt das Fristende auf einen Sonntag, einen allgemeinen Feiertag oder einen Sonnabend, so endet die Frist erst am nächsten Werktag, § 222 Abs. 2 ZPO. Bei der Klage handelt es sich um eine Leistungsklage (unten Rn. 13).

Die Frist wird durch **Eingang der Klage** bei dem Arbeitsgericht gewahrt. Die Einreichung der Klage bei einem örtlich unzuständigen Gericht wahrt die Frist, falls der Rechtsstreit – nach Zustellung der Klage innerhalb der Frist an den Beklagten – an das zuständige Gericht verwiesen wird (BGH 21. 9. 1961 BGHZ 35, 374, 375 ff.; 6. 2. 1961 BGHZ 34, 230, 234; *Zöller/Vollkommer* § 12 Rn. 17). Die für die Erhebung der Kündigungsschutzklage entwickelten Grundsätze (KR/*Friedrich* § 4 KSchG Rn. 181 m. w. Nachw.) können entsprechend angewendet werden (GK-ArbGG/*Schütz* § 61 b Rn. 13). Zum Sonderfall des Abs. 2 vgl. unten Rn. 14 ff. Die fristgerechte Klageerhebung erfordert, dass die Klageschrift nicht in irgendeiner Weise in das Gerichtsgebäude gelangt, vielmehr ist erforderlich, dass eine hierfür befugte Dienstkraft die Klageschrift entgegennimmt oder aber, dass sie mit Hilfe einer hierfür vorgesehenen technischen Einrichtung wie beispielsweise Briefkasten, Nachtbriefkasten oder Telefaxgerät bzw. im Rahmen des § 46 b in den Gewahrsam des Arbeitsgerichts gelangt. Wird ein Nachtbriefkasten bzw. eine sonstige technische Einrichtung gemeinsam für mehrere Gerichte geschaffen, so muss die Klageschrift durch richtige Adressierung kenntlich machen, für welches Gericht die eingehende Sendung bestimmt ist. Die fristwahrende Wirkung der Klage entfällt, wenn sie zurückgenommen wird (BAG 11. 7. 1990 AP TVG § 4 Ausschlussfristen Nr. 108).

Die Frist beginnt **drei Monate nach der schriftlichen Geltendmachung** gegenüber dem Arbeitgeber. Die Geltendmachung muss diesem zugegangen sein. Hierfür ist der Arbeitnehmer darlegungs- und beweispflichtig. Es empfiehlt sich daher eine Form der Geltendmachung zu wählen, die den Zugang bei dem Arbeitgeber dokumentiert. Eine einfache Sendung durch ein Briefzustellunternehmen reicht nicht. Die Geltendmachung ist eine einseitige rechtsgeschäftsähnliche Handlung, mit der die Gegenseite zur Erfüllung eines

Anspruchs, hier des Ersatzanspruchs, aufgefordert wird. Die Forderung muss nach Grund und Höhe deutlich gemacht werden (BAG 22. 4. 2004 AP BAT-O §§ 22, 23 Nr. 28 für die Ausschlussfrist). Allein die Aufforderung, z. B. eine Diskriminierung zu unterlassen, den Bewerbungsvorgang neu zu beurteilen oder Schadenersatz zu leisten, ohne einen Betrag zu fordern, reicht nicht aus.

8   Für den Beginn der Frist des Abs. 1 ist es **unerheblich, ob der Arbeitgeber** nach der schriftlichen Geltendmachung eine **Stellungnahme abgibt oder nicht.** Weder die **Frist** zur Geltendmachung noch zur Klageerhebung werden dadurch **hinausgeschoben,** dass zunächst ein **Anspruch auf Abschluss** eines Arbeitsvertrages oder ein **Auskunftsanspruch** hinsichtlich der Vergütungshöhe von dem betroffenen Arbeitnehmer anhängig gemacht wird. Derartige Verfahren haben keine Vorgreiflichkeit in dem Sinne, dass dadurch die Geltendmachung des Entschädigungsanspruches beeinflusst werden könnte. Möglicherweise käme hier eine Aussetzung des Verfahrens über die Entschädigung gemäß § 148 ZPO in Betracht, geltend zu machen ist der Entschädigungsanspruch jedoch gleichwohl. Die Frist wird auch nicht eingehalten, wenn eine Stufenklage erhoben wird, da der Klageantrag bezüglich des Ersatzanspruchs auch so gestellt werden kann, dass das Gericht eine Schätzung nach § 287 ZPO vornehmen kann (*Schwab/Weth/Walker* § 61 b Rn. 18).

9   Bei der Klagefrist des § 61 b Abs. 1 handelt es sich um den zweiten Teil einer **zweistufigen gesetzlichen Ausschlussfrist.** Die schriftliche Geltendmachung im Sinne des § 15 Abs. 4 AGG kann daher grundsätzlich auch durch die klageweise Geltendmachung ersetzt werden (vgl. dazu BAG 9. 8. 1990 EzA TVG § 4 Ausschlussfrist Nr. 88; *Schwab/Weth/Walker* § 61 b Rn. 9; *Walker* NZA 2009, 5, 10). In diesem Falle müsste aber die Klage innerhalb der Frist des § 15 Abs. 4 AGG erhoben und dem Arbeitgeber zugestellt werden. Erfolgt dies erst innerhalb der Dreimonatsfrist des § 61 b Abs. 1, kann es an der Voraussetzung der schriftlichen Geltendmachung gegenüber dem Arbeitgeber innerhalb der kürzeren Frist des § 15 Abs. 4 Satz 2 AGG fehlen, so dass insgesamt die Fristen nicht eingehalten worden sind.

2. Bedeutung der Frist

a) Ausschlussfrist

10   Bei den Fristen des § 15 Abs. 4 AGG und § 61 b Abs. 1 handelt es sich um gesetzliche Ausschlussfristen (ErfK/*Schlachter* AGG § 15 Rn. 10; *Schwab/Weth/Walker* § 61 b Rn. 9). Die **Grundsätze für die tariflichen Ausschlussfristen** können daher im Wesentlichen angewendet werden (vgl. zu diesen ErfK/*Preis* BGB § 218 Rn. 32 ff., 62 ff.). Die Frist ist wie bei tariflichen Ausschlussfristen von Amts wegen zu beachten. Wird die Klage nicht rechtzeitig erhoben, ist der Anspruch verfallen. Die Klage bleibt zwar zulässig, sie ist jedoch nicht begründet. Diese Wirkung tritt auch ein, wenn der betroffene Arbeitnehmer keine Kenntnis von der Frist hatte.

11   Dem Ablauf der Ausschlussfrist kann grundsätzlich nicht mit der **Einrede der Arglist** begegnet werden. Da es allein auf die objektive Tatsache der Ablehnung der Bewerbung, des Ablaufes der Frist nach schriftlicher Geltendmachung und des Ablaufs der Dreimonatsfrist des Absatzes 1 ankommt, bestehen praktisch keine Möglichkeiten für den Arbeitgeber, durch sein Verhalten darauf hinzuwirken, dass eine Einhaltung der Fristen verhindert wird. Da auch sonst der Anspruch nicht von anderen Tatumständen abhängt, kann die entsprechende Rechtsprechung zu den tariflichen Ausschlussfristen, die die Arglisteinrede dann zulässt, wenn der Arbeitgeber während eines Kündigungsschutzprozesses die geltend gemachten Ansprüche nicht anzweifelt, nach dem Obsiegen des Arbeitnehmers jedoch den Ablauf der Ausschlussfrist rügt, entsprechend angewendet werden (vgl. zu diesen Fällen BAG 18. 12. 1984 AP TVG § 4 Ausschlussfristen Nr. 87; 18. 2. 1992 EzA TVG § 4 Ausschlussfrist Nr. 98). Insbesondere ist die Einrede der Arglist nicht gerechtfertigt, wenn der betroffene Arbeitnehmer seine Ansprüche

nur mündlich geltend gemacht hat und der Arbeitgeber nicht auf die Notwendigkeit der schriftlichen Geltendmachung hingewiesen hat (BAG 30. 3. 1962 AP TVG § 4 Ausschlussfristen Nr. 28; LAG Frankfurt/Main 13. 9. 1990 NZA 1991, 896; vgl. auch GK-ArbGG/*Schütz* § 61 b Rn. 10). Eine Einrede der Arglist kommt allerdings in Betracht, wenn der Arbeitgeber den Arbeitnehmer dadurch an der Einhaltung der Fristen gehindert hat, dass er ihm die Gewährung eines Schadenersatzes ausdrücklich zugesagt hat.

b) Keine Wiedereinsetzung

Gegen die Versäumung der Frist des Absatzes 1 ist keine Wiedereinsetzung in den vorigen Stand möglich. Es handelt sich um **keine Notfrist** im Sinne des § 232 ZPO. Diese Bestimmung kann auch nicht entsprechend angewendet werden. Der Gesetzgeber selbst hat auch keine gesonderte Wiedereinsetzungsmöglichkeit vorgesehen. Auch der **Rechtsgedanke des § 5 KSchG** kann **nicht** entsprechend angewendet werden. Auch bei dieser Vorschrift handelt es sich um einen Ausnahmetatbestand, der auf andere materielle Fristen nicht ausgedehnt werden kann. Eine Wiedereinsetzungsmöglichkeit würde im Übrigen auch dem Charakter der Frist als einer materiellen Ausschlussfrist widersprechen. Sinn der Regelungen sowohl in § 15 Abs. 4 AGG als auch derjenigen in § 61 b Abs. 1 ist es, innerhalb absehbarer Zeiträume endgültige Rechtsklarheit zu schaffen.

12

III. Klageform

In Betracht kommt in erster Linie eine **Leistungsklage,** da nach Abs. 1 Satz 1 eine „Entschädigung ... geltend" gemacht werden muss. In der Regel wird hierbei nur ein zeitlich begrenzter Schaden geltend gemacht werden können (*Adomeit*/Mohr AGG § 15 Rn. 27; *Palandt/Weidenkaff* BGB § 15 AGG Rn. 5; *Heyn/Meinel* NZA 2009, 20, 23; a. A. *Däubler/Bertzbach/Deinert* AGG § 15 Rn. 39 c). Ein zeitlich unbegrenzter Anspruch auf Zahlung einer monatlichen Vergütungsdifferenz dürfte prozessual im Rahmen einer Leistungsklage nur dann geltend gemacht werden können, wenn die Voraussetzungen des § 259 ZPO vorliegen, wenn also die Besorgnis bestehen würde, dass sich der Schuldner der Leistung entziehen werden (dazu § 46 Rn. 62). Die Leistungsklage kann auch ohne eine bestimmte Summenangabe im Antrag erhoben werden, die Regelung des § 287 ZPO findet Anwendung, die Festlegung der Höhe der Entschädigung kann in das Ermessen des Gerichts gestellt werden (vgl. dazu BAG 30. 3. 1989 EzA TVG § 4 Ausschlussfristen Nr. 79; 29. 6. 1989, AP TVG § 4 Ausschlussfristen Nr. 103). Eine **Feststellungsklage** dürfte grundsätzlich unzulässig sein, wenn ein bestimmter Schadersatzbetrag geltend gemacht wird, da wegen der Vorrangigkeit der Leistungsklage das erforderliche besondere Feststellungsinteresse fehlt (ebenso *Schwab/Weth/Walker* § 61 b Rn. 8). Ähnlich wie bei einem Schadenersatzanspruch im Rahmen von Konkurrentenklagen (BAG 19. 2. 2008 NZA 2008, 1016, 1017) kann aber eine Feststellungsklage zulässig sein, wenn mit dieser die Schadenersatzpflicht in Höhe einer Vergütungsdifferenz festgestellt werden soll. In diesem Falle kann prozessual auch ohne Einschränkung durch die Voraussetzungen des § 259 ZPO auch die Höhe einer Vergütungsdifferenz für die Zukunft geltend gemacht werden. **Die Erhebung einer Feststellungsklage** wird ohne Prüfung ihrer Zulässigkeit **ausreichend sein, um die Zuständig**keitsregelung des Abs. 3 eingreifen zu lassen. Nur das danach zuständige Gericht kann über Zulässigkeit und Begründetheit der Klage entscheiden.

13

IV. Zuständigkeitsregelung bei Klägermehrheit (Abs. 2)

1. Örtliche Zuständigkeit

14 Absatz 2 sieht einen **ausschließlichen Gerichtsstand** für die Klagen mehrerer Personen wegen geschlechtsbedingter Benachteiligung vor. Er wird begründet durch die erste Klage von mehreren Personen, die bei einer Bewerbung wegen ihres Geschlechtes benachteiligt worden sind. Für die zweite und jede weitere Klage aus diesem Geschehensablauf ist allein das Gericht, von dem die erste Klage zugestellt worden ist, örtlich zuständig. Es gilt der Begriff der Klageerhebung des § 253 Abs. 1 ZPO. Absatz 2 schließt damit eine Anwendbarkeit der §§ 12 ff. ZPO aus.

15 Eine Verweisung kann nur dann durch das Gericht vorgenommen werden, wenn **mehrere Bewerber** – mindestens zwei – wegen einer Benachteiligung im oder bei der Begründung eines Arbeitsverhältnisses entsprechende **Ansprüche** gegenüber dem Arbeitgeber **geltend gemacht haben**. Hierbei ist es gleichgültig, ob die Benachteiligung im Hinblick auf einen Arbeitsplatz oder im Rahmen eines einheitlichen Auswahlverfahrens oder auf sonstige Weise erfolgt ist, es muss sich um einen Verstoß gegen §§ 1, 7 AGG mit der Folge der Entschädigung nach § 15 AGG handeln. In den Klagen muss die diskriminierungsbedingte Entschädigung Grundlage des geltend gemachten Anspruches sein. Andere Ansprüche erfüllen die Voraussetzungen nicht.

16 Bei der Mehrheit von Klägern handelt es sich um eine **einfache Streitgenossenschaft** i. S. des § 61 ZPO. Die mehreren Prozessrechtsverhältnisse sind grundsätzlich voneinander unabhängig. Jeder Kläger muss seinen Prozess selbständig und unabhängig von den anderen Streitgenossen betreiben. Dies gilt auch nach Verweisung und Verbindung.

17 Eine **notwendige Streitgenossenschaft** i. S. des § 62 ZPO **liegt nicht vor**. Abs. 2 Satz 1 setzt nicht mehr voraus, dass die Entschädigungen für die verschiedenen Kläger im Verhältnis zu einer Höchstsumme festzusetzen sind. Die Festsetzung kann unabhängig voneinander für die einzelnen Verfahren erfolgen, wenn das Gericht Kenntnis von der Tatsache der Mehrzahl der Anspruchsteller hat. Die verschiedenen Kläger stehen auch nicht als Gesamthandsgläubiger dem beklagten Arbeitgeber gegenüber. Ebenso handelt es sich für den Arbeitgeber nicht um eine Gesamtschuld, sondern lediglich um Einzelschulden, die gegenüber den einzelnen Anspruchstellern bestehen.

18 Die **Verweisung** wird erst möglich, wenn der Arbeitgeber dem Gericht gegenüber formell einen entsprechenden **Antrag gestellt** hat. Eine bestimmte Form für den Antrag ist nicht vorgesehen, er kann bei dem Gericht schriftlich eingereicht oder mündlich zu Protokoll der Geschäftsstelle erklärt werden. Er kann **nur im erstinstanzlichen Verfahren** gestellt werden. Dies ergibt sich zum einen aus dem Wortlaut des Abs. 2 Satz 1. Darüber hinaus hat der Antrag nach Abs. 2 Satz 1 die Wirkung, dass eine ausschließliche örtliche Zuständigkeit des zuerst angerufenen Arbeitsgerichtes begründet wird. Hier ist die Regelung des § 17a Abs. 5 GVG i. V. mit § 48 entsprechend anwendbar mit der Folge, dass in der Berufungsinstanz nicht mehr geprüft werden kann, ob eine örtliche Zuständigkeit des ursprünglich angerufenen Arbeitsgerichtes bestanden hat. Damit entfällt aber auch die Möglichkeit der erstmaligen Stellung des Antrages nach Abs. 2 Satz 1. Da auch allein der Arbeitgeber in der Lage ist, dem Gericht mitzuteilen, ob mehrere Klagen wegen Benachteiligung nach § 611a Abs. 2 BGB anhängig gemacht worden sind, ist es auch seine Sache dafür zu sorgen, dass die Entschädigungsbegrenzung, die in seinem Interesse geschaffen worden ist, eintritt oder nicht.

19 Ein **besonderer Inhalt des Antrages** ist **nicht** vorgeschrieben. Es genügt, wenn der Arbeitgeber mitteilt, dass zumindest ein weiteres Verfahren wegen einer Entschädigung anhängig gemacht worden ist. Ferner muss er mitteilen, welches Verfahren bei welchem Arbeitsgericht anhängig ist und welche Klage zuerst erhoben wurde.

IV. Zuständigkeitsregelung bei Klägermehrheit (Abs. 2) § 61 b

Es **empfiehlt** sich, den **Antrag bei jedem der betroffenen Gerichte** unter Angabe der 20
Daten von Klageerhebung und -zustellung in den einzelnen Verfahren zu stellen, da dann
von den einzelnen Gerichten zügig die Verweisung vorgenommen werden kann. Wird
lediglich bei einem Gericht der Antrag gestellt, muss von diesem Gericht erst ermittelt
werden, bei welchen anderen Gerichten mit welchen Daten entsprechende Klagen vorliegen. Dies muss dann von dem Gericht, bei dem der Antrag gestellt worden ist,
entweder den anderen Gerichten mitgeteilt werden, damit diese ihrerseits eine Verweisung vornehmen können, oder es muss das Gericht entsprechend vorgehen, an das zuerst
die Verweisung eines Rechtsstreits erfolgt. Wird der Antrag nicht gestellt, wird die
besondere örtliche Zuständigkeit nicht begründet, es verbleibt bei den allgemeinen
Zuständigkeitsregelungen.

Sind die verschiedenen Klagen bei demselben Arbeitsgericht, aber bei **verschiedenen** 21
Kammern anhängig geworden, kann § 61 b Abs. 2 nicht angewandt werden. Zweck der
Regelung ist jedoch, eine einheitliche Beurteilung zu ermöglichen. Sieht der Geschäftsverteilungsplan für das Gericht keine Regelung vor, ist in entsprechender Anwendung
des § 61 b Abs. 2 Satz 3 Halbsatz 2 zu verfahren (GK-ArbGG/*Schütz* § 61 b Rn. 22;
Schwab/ Weth/Walker § 61 b Rn. 26). Die Verfahren sind dann zu dem zuerst anhängig
gewordenen Verfahren zu verbinden (dazu unten Rn. 24).

2. Verweisung

Der Rechtsstreit ist **von Amts wegen** an das zuerst befasste Arbeitsgericht zu ver- 22
weisen. Das ist das Gericht, das als erstes eine Klage zugestellt hat, § 253 Abs. 1 ZPO
(*Schwab/Weth/Walker* § 61 b Rn. 33; GK-ArbGG/*Schütz* § 61 b Rn. 27; a. A. *Worzalla*
DB 1994, 2446, 2448). Der Begriff „Klage erhoben" ist der Gleiche wie in § 253
Abs. 1 ZPO. Hier gelten die Bestimmungen des § 48 i. V. mit §§ 17 ff. GVG. Ein
besonderer Verweisungsantrag ist nicht erforderlich, jedes Arbeitsgericht hat von Amts
wegen zu prüfen, ob die Voraussetzungen des § 61 b Abs. 2 gegeben sind. Der Antrag
des Arbeitgebers nach Abs. 2 braucht nicht gesondert den Verweisungsantrag zu beinhalten.

Der Beschluss des Arbeitsgerichts über die Verweisung hat die gleichen Wirkungen 23
wie andere Beschlüsse über die örtliche Zuständigkeit (vgl. dazu oben § 48 Rn. 27 ff.).
Die Beschlüsse sind auch unter den gleichen Voraussetzungen wie dort unanfechtbar,
§ 48 Abs. 1 Nr. 1.

3. Verbindung

Anders als bei § 147 ZPO steht dem Gericht bei der Verbindung der verschiedenen bei 24
ihm nach Verweisung durch andere Arbeitsgerichte anhängig gewordenen Rechtsstreitigkeiten **kein Ermessen** zu. Die Pflicht zur Verbindung der Prozesse hat zur Folge, dass bei
Verteilung der verwiesenen Verfahren an verschiedene Kammern eines Gerichtes eine
Abgabe an die Kammer zu erfolgen hat, bei der bereits das erste Verfahren anhängig
war. Eine Regelung durch den Geschäftsverteilungsplan ist nicht notwendig, diese
Rechtsfolge ergibt sich bereits aus Abs. 2 Satz 2 letzter Satzteil.

Über die Prozessverbindung **entscheidet** das Gericht durch **Beschluss.** Zuständig ist 25
der Vorsitzende gemäß § 53 Abs. 1. Der Beschluss ist eine prozeßleitende Maßnahme
und erfordert keine mündliche Verhandlung.

Nach der Verbindung muss das Gericht über die verbundenen Entschädigungsansprü- 26
che **gleichzeitig und einheitlich verhandeln** und entscheiden. Vor der Verbindung erfolgte
Prozesshandlungen wie beispielsweise die Gewährung von Prozesskostenhilfe usw. bleiben wirksam.

V. Verzögerung der mündlichen Verhandlung (Abs. 3)

27 Absatz 3 sieht eine Hinausschiebung der mündlichen Verhandlung in den Verfahren wegen geschlechtsbedingter Benachteiligung vor. Durch Antrag kann der Arbeitgeber erreichen, dass die mündliche Verhandlung **nicht vor Ablauf von 6 Monaten** seit Erhebung der ersten Klage stattfindet. Mündliche Verhandlung im Sinne dieser Vorschrift ist dabei auch der Gütertermin (GK-ArbGG/*Schütz* § 61 b Rn. 37; a. A. ErfK/*Koch* § 61 b Rn. 6), da nach § 54 Abs. 1 Satz 1 die mündliche Verhandlung mit der Güteverhandlung und nicht erst mit der Kammerverhandlung beginnt, auf die Möglichkeit ohne Zustimmung des Arbeitgebers eine Entscheidung zu treffen, kommt es nicht an (so aber *Koch* a. a. O.). Der Antrag des Arbeitgebers muss auf die Verzögerung der Erledigung des Rechtsstreites gerichtet sein. Hier genügt nicht der allgemeine Antrag nach Abs. 2, sondern es muss ein gesonderter Antrag hinsichtlich der Terminierung gestellt werden.

28 Für die Begründetheit des Antrages ist **erforderlich**, dass **bereits** mindestens ein **anderes Verfahren** wegen geschlechtsbedingter Benachteiligung im Hinblick auf einen oder mehrere Arbeitsplätze im Sinne des Abs. 2 **anhängig ist**. Dies folgt aus der Tatsache, dass der Termin ab der „ersten Klage" berechnet wird. Es muss also mindestens eine zweite Klage bereits anhängig sein (GK-ArbGG/*Schütz* § 61 b Rn. 37). Der Antrag kann vor dem Gütertermin gestellt werden. Damit soll sichergestellt werden, dass von den benachteiligten Personen die Fristen des § 611 a Abs. 4 BGB und § 61 b Abs. 1 voll ausgeschöpft werden können. Gleichzeitig wird mit dieser Verzögerung erreicht, dass das Gericht im Zeitpunkt der Entscheidung sicher sein kann, dass alle anhängig gewordenen Rechtsstreitigkeiten hinsichtlich der gleichen Benachteiligung bei der Urteilsfindung berücksichtigt werden können.

29 Die **Hinausschiebung** der mündlichen Verhandlung ist **zwingend**. Dem Gericht steht kein Ermessensspielraum zu. Abs. 4 enthält eine Ausnahme von dem Beschleunigungsgrundsatz des § 9 Abs. 1. Diese Ausnahme rechtfertigt sich aus der Zielsetzung des § 61 b und des § 15 AGG.

§ 62 Zwangsvollstreckung

(1) ¹Urteile der Arbeitsgerichte, gegen die Einspruch oder Berufung zulässig ist, sind vorläufig vollstreckbar. ²Macht der Beklagte glaubhaft, daß die Vollstreckung ihm einen nicht zu ersetzenden Nachteil bringen würde, so hat das Arbeitsgericht auf seinen Antrag die vorläufige Vollstreckbarkeit im Urteil auszuschließen. ³In den Fällen des § 707 Abs. 1 und des § 719 Abs. 1 der Zivilprozeßordnung kann die Zwangsvollstreckung nur unter derselben Voraussetzung eingestellt werden. ⁴Die Einstellung der Zwangsvollstreckung nach Satz 3 erfolgt ohne Sicherheitsleistung. ⁵Die Entscheidung ergeht durch unanfechtbaren Beschluss.

(2) ¹Im übrigen finden auf die Zwangsvollstreckung einschließlich des Arrestes und der einstweiligen Verfügung die Vorschriften des Achten Buchs der Zivilprozeßordnung Anwendung. ²Die Entscheidung über den Antrag auf Erlaß einer einstweiligen Verfügung kann in dringenden Fällen, auch dann, wenn der Antrag zurückzuweisen ist, ohne mündliche Verhandlung ergehen.

Übersicht

	Rn.
I. Allgemeines	1–2
II. Die Vollstreckbarkeit	3–39
1. Allgemeines	3
2. Vollstreckungstitel	4–12
3. Weitere Vollstreckungsvoraussetzungen	13–15

I. Allgemeines

	Rn.
4. Die vorläufige Vollstreckbarkeit	16–39
a) Die Bedeutung des § 62 Abs. 1 Satz 1	16, 17
b) Der Ausschluss der vorläufigen Vollstreckbarkeit, § 62 Abs. 1 Satz 2	18–39
aa) Nicht zu ersetzender Nachteil	18–28
bb) Antrag und Glaubhaftmachung	29–32
cc) Sicherheitsleistung	33
dd) Entscheidung	34–38
ee) Rechtsmittel	39
III. Die Einstellung der Zwangsvollstreckung, § 62 Abs. 1 Satz 3	40–52
1. Voraussetzungen	40–42 a
2. Entscheidung	43–49
a) Form, Inhalt	43–47
b) Rechtsmittel	48
c) Wirkung	49
3. Sonstige Fälle der einstweiligen Einstellung der Zwangsvollstreckung	50–52
IV. Verfahren der Vollstreckung	53–76
1. Vollstreckung in einzelne Ansprüche	55–64
a) Geldforderungen	55–57
b) Herausgabe von Sachen	58
c) Erwirkung von Handlungen	59–62
d) Vollstreckung der Abfindungszahlung bei Auflösung des Arbeitsverhältnisses	63, 64
2. Vollstreckung in Forderungen	65–72
3. Rechtsbehelfe	73–75
4. Vollstreckungsgericht	76
V. Arrest und Einstweilige Verfügung	77–123
1. Anwendbarkeit der Vorschriften der ZPO	77, 78
2. Verfahrensmäßige Besonderheiten	79–88
a) Zuständigkeit	79–82
b) Mündliche Verhandlung	83–85
c) Entscheidungskompetenz	86
d) Widerspruch	87
e) Sonstige Zuständigkeiten	88
3. Arrest	89–91
4. Einstweilige Verfügung	92–100
a) Verfügungsanspruch	94, 95
b) Verfügungsgrund	96, 97
c) Befriedigungsverfügung	98–100
5. Einzelfälle	101–121
a) Einstweilige Verfügung bei Urlaubsgewährung	101, 102
b) Einstweilige Verfügung bei Entgeltzahlung	103, 104
c) Durchsetzung von Beschäftigungsansprüchen	105–111
d) Einstweilige Verfügung auf Herausgabe von Arbeitspapieren	112
e) Einstweilige Verfügung im Arbeitskampf	113–115
f) Einstweilige Verfügung bei Wettbewerbsverboten	116
g) Einstweilige Verfügung bei Konkurrentenschutzklage	117
h) Sonstiges	118–121
6. Zwangsvollstreckung	122, 123

I. Allgemeines

Die Vorschrift enthält in Abs. 1 Sonderregelungen hinsichtlich der Vollstreckbarkeit **1** von arbeitsgerichtlichen Urteilen, die teilweise von den Bestimmungen der ZPO abweichen. Dies dient zum einen der Beschleunigung der Verfahren und soll zum anderen eine möglichst schnelle Absicherung der Parteien im wirtschaftlichen Bereich bewirken. Abs. 2 verweist im Übrigen auf die Regelungen der ZPO. Durch Absatz 2 Satz 2 ist nunmehr eindeutig klargestellt worden, dass in den Verfahren einer **einstweiligen Verfügung** auch dann eine Entscheidung **ohne mündliche Verhandlung** ergehen kann, wenn der Antrag zurückzuweisen ist. Diese Bestimmung dient ebenfalls der Beschleunigung des Verfahrens, es kommt nicht mehr darauf an, dass im Grunde nur stattgebende

Entscheidungen eilbedürftig sind, während bei zurückweisenden Entscheidungen die Eilbedürftigkeit zweifelhaft sein könnte.

2   Auf Urteile in der **Berufungsinstanz** findet § 62 entsprechende Anwendung, § 64 Abs. 7. In der **Revisionsinstanz** gilt § 62 nicht, § 72 Abs. 6, und zwar auch dann nicht, wenn gegen ein Versäumnisurteil des Bundesarbeitsgerichts Einspruch eingelegt wird (BAG 28. 10. 1981 AP ZPO § 522a Nr. 6). Für das **Beschlussverfahren** gilt grundsätzlich die besondere Bestimmung des § 85, allerdings wird in § 85 Abs. 1 Satz 2 hinsichtlich der Möglichkeiten des Ausschlusses der vorläufigen Vollstreckbarkeit bzw. der Einstellung der Zwangsvollstreckung aus einem erstinstanzlichen Beschluss auf die Regelung in § 62 Abs. 1 Satz 2 und 3 verwiesen. Im Übrigen richtet sich auch dort die Zwangsvollstreckung nach den Vorschriften des 8. Buches der ZPO, § 85 Abs. 1 Satz 3. Für die Anwendbarkeit der Bestimmungen der Einstweiligen Verfügung enthält § 85 Abs. 2 ebenfalls eine Sonderregelung, die mit einigen Modifikationen die entsprechenden Vorschriften der ZPO für anwendbar erklärt.

II. Die Vollstreckbarkeit

1. Allgemeines

3   Soweit § 62 keine Sonderregelungen enthält, finden, wie der Gesetzgeber in Abs. 2 klargestellt hat, die **Zwangsvollstreckungsvorschriften der ZPO entsprechende Anwendung.** Bei der Anwendung der Bestimmungen ist zu beachten, dass die Urteile des Arbeitsgerichts keiner Vollstreckbarkeitserklärung bedürfen, sondern kraft Gesetzes bereits vollstreckbar sind. Die Bestimmungen der §§ 708 bis 713 ZPO sind bei der Vollstreckung aus Urteilen des Arbeitsgerichts nicht anwendbar, da bei diesen eine Sicherheitsleistung nicht in Betracht kommt. Die Bestimmung des § 714 ZPO ist ebenfalls nicht anwendbar, der Grundgedanke kann nur in Bezug auf den Antrag auf Ausschließung der Zwangsvollstreckung nach Abs. 1 Satz 2 berücksichtigt werden. § 715 ZPO gilt ebenfalls im arbeitsrechtlichen Verfahren nicht, er kann nur dann Bedeutung erlangen, wenn das Arbeitsgericht fehlerhaft den Ausschluss der Zwangsvollstreckung von einer Sicherheitsleistung abhängig gemacht hat und diese tatsächlich auch gegeben wurde. Ausgeschlossen ist auch § 716 ZPO, da eine Entscheidung über die vorläufige Vollstreckbarkeit nicht erforderlich ist. Die Bestimmung kann allerdings entsprechend angewendet werden, falls über einen rechtzeitig gestellten Antrag auf Ausschluss der vorläufigen Vollstreckbarkeit nicht entschieden worden ist. § 718 ZPO gilt für die Berufungsinstanz insoweit entsprechend, als der Antrag nach § 62 Abs. 1 Satz 2 auch in der Berufungsinstanz erstmalig gestellt werden kann. Eine große praktische Bedeutung dürfte allerdings diese Vorschrift nicht besitzen, da die Einstellung der Zwangsvollstreckung bereits nach § 62 Abs. 1 Satz 3 i. V. m. §§ 719 Abs. 1, 707 Abs. 1 ZPO möglich ist. Gleichwohl entfällt für den Antrag aus § 718 ZPO nicht das Rechtsschutzinteresse, da die Entscheidung über den Ausschluss der vorläufigen Vollstreckbarkeit im Gegensatz zu der einstweiligen Einstellung der Zwangsvollstreckung auch die Aufhebung von Vollstreckungsmaßnahmen ermöglicht. Auch würde eine entsprechende Entscheidung nicht ohne weiteres bereits mit dem Erlass des Urteils in der Berufungsinstanz ihre Wirkung verloren haben, vielmehr kann sie auch für das Revisionsverfahren fortdauern. Die §§ 720, 720a sowie 751 **Abs.** 2 ZPO sind im Verfahren der Zwangsvollstreckung aus Urteilen des Arbeitsgerichts gegenstandslos.

2. Vollstreckungstitel

4   § 62 ist grundsätzlich nur anwendbar bei **Endurteilen,** § 704 ZPO, die noch nicht rechtskräftig sind. Der Begriff des Endurteils entspricht dabei demjenigen in § 300 Abs. 1 ZPO, betroffen ist damit jedes Urteil, das den Prozess für die Instanz endgültig

II. Die Vollstreckbarkeit §62

entscheidet, ein weiteres Urteil über denselben Streitgegenstand darf nicht mehr denkbar sein. Endurteile in diesem Sinne sind auch Teilurteile, § 301 ZPO, nicht jedoch Zwischenurteile, §§ 303, 304 ZPO. Für das Zwischenurteil gem. § 304 ZPO über den Grund des Anspruches folgt dies unmittelbar aus § 61 Abs. 3, da dieses wegen der Rechtsmittel nicht als Endurteil anzusehen ist. Damit kann das Zwischenurteil in der Form des Grundurteils nicht mit der Berufung angefochten werden, die Voraussetzungen des § 62 Abs. 1 Satz 1 sind damit nicht gegeben. Das Zwischenurteil des § 303 ZPO ist ein vorweggenommener Teil der Endentscheidung, und ist deshalb ebenfalls grundsätzlich nicht selbständig anfechtbar (BAG 1. 8. 1974 AP ZPO § 238 Nr. 2). Im Übrigen dürfte hier auch regelmäßig ein vollstreckungsfähiger Inhalt fehlen. Das Versäumnisurteil ist einem Endurteil hinsichtlich der Vollstreckbarkeit gleichgestellt, dies folgt auch aus § 62 Abs. 1 Satz 1. Keine Vollstreckung ist auch aus einem Zwischenurteil über die nachträgliche Zulassung der Kündigungsschutzklage nach § 5 Abs. 4 KSchG möglich, obwohl dieses einem Endurteil gleichsteht, da ein vollstreckbarer Inhalt fehlt. Das Gleiche gilt auch für das Zwischenurteil des § 280 ZPO. Erfasst werden auch Ergänzungsurteile nach § 321 ZPO und Vorbehaltsurteile nach § 302 ZPO.

Die Vorschrift ist **auch anwendbar** in den Fällen des **§ 78a**. Zwar sind die von dieser 5 Vorschrift betroffenen Urteile an sich nicht mit einem Rechtsmittel oder einem Einspruch angreifbar, so dass nach dem Wortlaut des Gesetzes hier eine Einstellung der Zwangsvollstreckung wohl nicht in Frage käme. In § 78a Abs. 7 ist jedoch auf die Einstellungsmöglichkeit nach § 707 Abs. 1 Satz 1 und Abs. 2 ZPO verwiesen worden. Diese Bestimmung betrifft die einstweilige Einstellung der Zwangsvollstreckung in den Fällen der Wiedereinsetzung in den vorigen Stand bzw. der Wiederaufnahme des Verfahrens. Die Fortsetzung der Verhandlung nach § 78a Abs. 5 ist diesen Fällen gleichgestellt. Durch die Bezugnahme in § 62 Abs. 1 Satz 3 findet § 707 Abs. 1 ZPO mit der Maßgabe auch im arbeitsgerichtlichen Verfahren Anwendung, dass die Maßstäbe des § 62 gelten. Auch in den Fällen des § 78a ist also die Einstellung der Zwangsvollstreckung unter den gleichen Voraussetzungen wie bei anfechtbaren Urteilen möglich (vgl. für § 321a ZPO *Schmidt/Schwab/Wildschütz* NZA 2001, 1161, 1167).

Für die Fälle der **Wiedereinsetzung in den vorigen Stand** gegen die Versäumung einer 6 Rechtsmittel- oder Rechtsbehelfsfrist bzw. der **Wiederaufnahme des Verfahrens** gelten die gleichen Grundsätze über § 62 Abs. 1 Satz 3 i. V. mit § 707 Abs. 1 Satz 1 ZPO.

Nicht von der Regelung des § 62 Abs. 1 werden Entscheidungen in den Verfahren des 7 Arrestes bzw. der Einstweiligen Verfügung, § 922 ZPO, erfasst. Jeder **Arrestbefehl** und jede **Einstweilige Verfügung** ist nämlich ohne weiteres vollstreckbar, dies ergibt sich aus § 929 ZPO. Durch die Verweisung in § 62 Abs. 2 ist klargestellt, dass diese Regelung auch im arbeitsgerichtlichen Verfahren gilt. Es ist dabei unerheblich, ob die Entscheidung in Form eines Beschlusses oder in Form eines Urteils, § 922 Abs. 1 ZPO, ergeht. Die Entscheidung bedarf auch grundsätzlich keiner Vollstreckungsklausel, eine Ausnahme gilt nur in den in § 929 Abs. 1 ZPO genannten Fällen. Eine Einstellung der Zwangsvollstreckung kommt nicht in Betracht, liegen nämlich die Voraussetzungen für eine solche vor, fehlt es grundsätzlich an einem Arrestgrund bzw. einem Verfügungsgrund (vgl. dazu auch OLG Karlsruhe 17. 2. 1983 MDR 1983, 677; so jetzt auch GK-ArbGG/ *Vossen* § 62 Rn. 6; *Korinth* Einstweiliger Rechtsschutz E Rn. 35; a. A. BCF/*Creutzfeldt* § 62 Rn. 12).

Keine Anwendung findet § 62 auf **andere Vollstreckungstitel**. Mit der Verweisung in 8 Abs. 2 Satz 1 ist zwar festgelegt, dass ebenso wie im zivilprozessualen Verfahren die in **§ 794 ZPO genannten Vollstreckungstitel** Grundlage der Zwangsvollstreckung sein können. Aus dem Wortlaut ergibt sich aber, dass allein Urteile der Arbeitsgerichte von Gesetzes wegen vorläufig vollstreckbar sind. Auch nur bei ihnen kann auf der Grundlage des § 62 Abs. 1 Satz 2 die Einstellung der Zwangsvollstreckung erfolgen. Soweit andere Vollstreckungstitel betroffen sind, gelten die allgemeinen Regelungen der ZPO über die Einstellung der Zwangsvollstreckung.

9   Bei einem wirksamen gerichtlichen **Vergleich** ist eine Einstellung der Zwangsvollstreckung nur unter den Voraussetzungen des § 769 ZPO möglich. Hierunter fallen auch Vergleiche, die nach § 278 Abs. 6 ZPO geschlossen worden sind. Bei einem auf Widerruf abgeschlossenen Vergleich, bei dem gestritten wird, ob der Widerruf wirksam erfolgte, kann die Einstellung der Zwangsvollstreckung nicht unter den Voraussetzungen des § 62 Abs. 1 Satz 2, sondern allein in entsprechender Anwendung des § 707 Abs. 1 ZPO erfolgen (LAG Hessen 5. 8. 2002 NZA-RR 2004, 158; a. A. GK-ArbGG/ *Vossen* § 62 Rn. 7), da auch bei Wirksamkeit des Vergleichs § 62 nicht anwendbar wäre, er kann einem vorläufig vollstreckbaren Urteil nicht gleichgesetzt werden. Zweifelhaft ist, ob auch Beschlüsse **nach §§ 796 a, 796 b ZPO**, mit denen **Anwaltsvergleiche für vollstreckbar** erklärt worden sind, für die Arbeitsgerichtsbarkeit erfasst werden können. Dass auch vor einem arbeitsgerichtlichen Verfahren oder außerhalb des Gerichts der Anwaltsvergleich nach § 796 a ZPO abgeschlossen werden kann, dürfte angesichts der zunehmenden Bedeutung der Mediation und der vorgerichtlichen Streitbeilegung keinem Zweifel unterliegen. Problematisch ist nur, ob die Vollstreckbarerklärung nach § 796 b ZPO und die Niederlegung nach § 796 a Abs. 1 ZPO bei einem Arbeitsgericht zu erfolgen hat. Zwar sprechen die genannten Bestimmungen nur von dem Amtsgericht bzw. dem für die gerichtliche Geltendmachung zuständigen Gericht, § 796 b Abs. 1 ZPO. Damit ist aber nur auf die sachliche Zuständigkeit nach §§ 23, 71, 96 GVG Bezug genommen worden (*Zöller/Geimer* § 796 b Rn 1; *Musielak/Voit* § 796 b Rn. 2). Bei dem Verhältnis zwischen Arbeitsgericht und Zivilgericht handelt es sich aber um eine Rechtswegzuständigkeit und nicht um eine sachliche Zuständigkeitsverteilung. Die Regelung in § 62 Abs. 2 Satz 1 regelt gerade für den Rechtsweg die Anwendbarkeit der zivilprozessualen Vorschriften. Das bedeutet, dass das Arbeitsgericht als Prozessgericht die Vollstreckbarerklärung eines Anwaltsvergleiches vornehmen muss. Die Verwahrung nach § 796 a Abs. 1 ZPO hat dann auch das Arbeitsgericht vorzunehmen. Eine Aufteilung der Kompetenzen ist praktisch nicht sinnvoll, aber auch nach dem Sinn der gesetzlichen Regelung nicht geboten, der Gesetzgeber rechnet auch die Aufbewahrung zu dem Recht der Zwangsvollstreckung, zumal diese auch formale Voraussetzung der Vollstreckung ist. Besonders deutlich wird dies auch bei § 796 a Abs. 3 ZPO, der im Zusammenhang mit der Niederlegung in Abs. 1 das Recht zur Ablehnung der Vollstreckbarerklärung regelt. Für die Vollstreckbarerklärung ist der Vorsitzende gem. § 53 zuständig. Auch diese führt nicht zu einer Anwendbarkeit der Regelung in § 62 Abs. 1 Satz 2.

10 Auf **Beschlüsse im Urteilsverfahren** wie z. B. solchen in Kostenfestsetzungsverfahren oder gem. § 91 a ZPO kann § 62 nicht entsprechend angewendet werden. Hier besteht auch keine Notwendigkeit, da die materielle Lebensgrundlage des am Verfahren beteiligten Arbeitnehmers nicht betroffen wird In Betracht kommen in erster Linie die Vergleiche einschließlich der auf Widerruf geschlossenen, die Kostenfestsetzungsbeschlüsse, sonstige Entscheidungen, gegen die das Rechtsmittel der (sofortigen) Beschwerde stattfindet und aus Vollstreckungsbescheiden, § 794 Abs. 1 Nrn. 1, 2, 3, 4 ZPO. Der Vergleich nach § 278 Abs. 6 ZPO ist dabei ein gerichtlicher Vergleich i. S. § 794 Abs. 1 Nr. 1 ZPO. Die notarielle Urkunde nach § 794 Abs. 1 Nr. 5 hat im arbeitsgerichtlichen Verfahren nur eine geringe Bedeutung.

11 Auf **Sprüche der Innungsausschüsse** gem. § 111 Abs. 2 bzw. auf **Schiedssprüche** von Schiedsgerichten gem. §§ 101 ff. können die Vollstreckbarkeitsregelungen des § 62 Abs. 1 ebenfalls nicht entsprechend angewendet werden. Diese Entscheidungen bedürfen, wie sich aus §§ 111, 109 ergibt, der gesonderten Vollstreckbarkeitserklärung durch das Arbeitsgericht. Diese ist nur möglich, wenn feststeht, dass der Schiedsspruch bzw. der Spruch des Innungsausschusses nicht angefochten ist, § 109 Abs. 1 Satz 3. Unanwendbar ist die Bestimmung auch auf Vergleiche im Schiedsverfahren i. S. § 1053 ZPO, da diese Bestimmung im arbeitsgerichtlichen Verfahren keine Anwendung findet, § 101 Abs. 3 (dazu § 101 Rn. 31).

II. Die Vollstreckbarkeit   § 62

Für Beschlüsse im **Beschlussverfahren** gem. § 2a gelten die Sonderregelungen des   12
§ 85, nur § 62 Abs. 1 Satz 2 und 3 ist entsprechend anwendbar.

3. Weitere Vollstreckbarkeitsvoraussetzungen

Voraussetzung für § 62 Abs. 1 ist die **Vorläufigkeit**. Das Urteil darf daher noch nicht   13
rechtskräftig sein. Die vorläufige Vollstreckung ist auch ausgeschlossen, wenn eine Verurteilung zur **Abgabe einer Willenserklärung** erfolgt ist, § 894 ZPO. Hier tritt die Fiktion erst mit der Rechtskraft des Urteils ein, eine vorläufige Vollstreckung ist nicht möglich. Dies gilt beispielsweise bei der Zeugniserteilung, der Zeugnisberichtigung, Widerruf von Erklärungen usw. Des Weiteren ist erforderlich, dass die Entscheidung einen **vollstreckbaren Inhalt** hat. Bei Feststellungsurteilen ist dies regelmäßig nicht der Fall. Bei Leistungsurteilen muss die Leistung so genau umschrieben sein, dass aus der Entscheidung selbst die Grenzen des Vollstreckungsumfanges entnommen werden (vgl. BGH 7. 12. 2005 NJW 2006, 695, 697). Bei Leistungsurteilen auf Zahlung ist der Zahlbetrag genau anzugeben. Auf die Ausführungen bei § 46 Rn. 55 ff. (dort auch zur Zulässigkeit der Verurteilung zur Zahlung eines **Bruttobetrages**) kann verwiesen werden. Die Feststellung des Inhalts eines vollstreckbaren Titels kann nicht auf andere Weise und insbesondere auch nicht im Wege der Vollstreckungsgegenklage erfolgen (dazu LAG Frankfurt 3. 5. 1979 ARSt 1979, 176), auch kann nicht im sonstigen Vollstreckungsverfahren bzw. im Rahmen einer Beschwerde innerhalb dieses Verfahrens der vollstreckungsfähige Inhalt näher bestimmt werden. Die Verweisung im Urteilstenor auf in der Akte befindliche Unterlagen reicht in der Regel nicht. Bei Leistungsurteilen auf Weiterbeschäftigung muss sich aus dem Tenor der Entscheidung ergeben, welche Arbeitsleistung und welche Arbeitsbedingungen Gegenstand des Weiterbeschäftigungsrechtsverhältnisses sein sollen. Die bloße Bezugnahme auf die bisherigen Vertragsbedingungen reicht nicht aus. Im Vollstreckungsverfahren kann nämlich insoweit keine Präzisierung erfolgen (vgl. dazu unten Rn. 56).

Zur Vollstreckung ist auch im arbeitsgerichtlichen Verfahren die Erteilung einer **voll-**   14
streckbaren Ausfertigung, § 724 ZPO, mit einer Vollstreckungsklausel, § 725 ZPO, notwendig. Eine Ausnahme von diesem Grundsatz gilt für den Vollstreckungsbescheid, § 796 Abs. 1 ZPO, bei diesem ist eine Vollstreckungsklausel nur erforderlich, wenn die Zwangsvollstreckung für einen anderen als den in dem Bescheid bezeichneten Gläubiger oder gegen einen anderen als den in dem Bescheid bezeichneten Schuldner erfolgen soll. Auch kann im arbeitsgerichtlichen Verfahren die Erteilung einer vollstreckbaren Ausfertigung für und gegen den Rechtsnachfolger gem. § 727 ZPO beantragt werden. Dies ist insbesondere dann erforderlich, wenn nach Rechtshängigkeit eines gegen den Arbeitgeber gerichteten Anspruches ein Betrieb nach § 613a Abs. 1 BGB auf einen neuen Arbeitgeber übergeht und der Rechtsstreit gegen den alten Arbeitgeber fortgesetzt wurde. Das in diesem Rechtsstreit ergangene Urteil wirkt für und gegen den Rechtsnachfolger, § 325 Abs. 1 ZPO, so dass die Erteilung einer vollstreckbaren Ausfertigung gegen den Rechtsnachfolger möglich ist, §§ 727, 731 ZPO (BAG 15. 12. 1976 AP ZPO § 325 Nr. 1 mit Anm. von *Leipold*). Ähnlich wie bei einem Vollstreckungsbescheid bedürfen die Entscheidungen im Arrest- oder Einstweiligen Verfügungsverfahren nur dann einer Vollstreckungsklausel, wenn die Vollziehung für einen anderen als dem in der Entscheidung bezeichneten Gläubiger oder gegen einen anderen als den in der Entscheidung bezeichneten Schuldner erfolgen soll, § 929 Abs. 1 ZPO.

Der Titel muss dem Schuldner zugestellt sein, § 750 Abs. 1 ZPO. Die **Zustellung** kann   15
vor der Zwangsvollstreckung erfolgen oder gleichzeitig mit dieser.

4. Die vorläufige Vollstreckbarkeit

a) Die Bedeutung des § 62 Abs. 1 Satz 1

Im Verfahren vor dem Arbeits- und Landesarbeitsgericht sind die Urteile und die   16
diesen gleichgestellten Entscheidungen ohne besondere gerichtliche Entscheidung schon

Germelmann 835

kraft Gesetzes vorläufig vollstreckbar. Eine Aufnahme in den Tenor erfolgt nicht. Dies gilt für jede Entscheidung, die einen vollstreckungsfähigen Inhalt hat (vgl. dazu näher oben Rn. 4 ff.). Auch Urteile, in denen das Arbeitsverhältnis gem. §§ 9, 10 KSchG aufgelöst und der Arbeitgeber zur Zahlung einer Abfindung verurteilt worden ist, sind vorläufig vollstreckbar (dazu näher unten Rn. 63 f.). Das arbeitsgerichtliche Urteil muss nur dann eine Entscheidung über die vorläufige Vollstreckbarkeit enthalten, wenn diese nach Abs. 1 Satz 2 ausgeschlossen werden soll.

17 Enthält das Urteil eines Arbeits- oder Landesarbeitsgerichts unter Missachtung von § 62 Abs. 1 Satz 1 eine Entscheidung über die vorläufige Vollstreckbarkeit, so ist diese Entscheidung wirkungslos. Eine dem Gesetz widersprechende Regelung im gerichtlichen Urteil ist nicht möglich.

b) Der Ausschluss der vorläufigen Vollstreckbarkeit, § 62 Abs. 1 Satz 2
aa) Nicht zu ersetzender Nachteil

18 Der **Begriff** des nicht zu ersetzenden Nachteils findet sich auch in §§ 707 Abs. 1 Satz 2, 712 Abs. 1 und 719 Abs. 2 ZPO und ist aus diesen Vorschriften übernommen worden. Er ist eng auszulegen, zumal der arbeitsgerichtliche Titel schnell und unkompliziert durchsetzbar sein soll (*Schwab/Weth/Walker* § 62 Rn. 9). Er stellt allein auf die **Interessen des Schuldners** ab, eine Berücksichtigung überwiegender Interessen des Gläubigers, wie sie § 712 Abs. 2 ZPO vorsieht, ist nach dem Gesetzeswortlaut nicht vorgesehen. In dem Begriff „nicht zu ersetzender Nachteil" ist grundsätzlich kein Anknüpfungspunkt für eine Interessenabwägung gegeben. Die Bestimmung wird daher auch für verfassungsrechtlich bedenklich gehalten (*Vogg* Einstweiliger Rechtsschutz, S. 165 ff.; *Dütz* DB 1980, 1069, 1070 f.; anders BAG 5. 11. 2003 EzA ArbGG 1979 § 62 Nr. 12, das sie für verfassungsgemäß hält). § 62 Abs. 1 Satz 2 sei daher im Wege der teleologischen Reduktion dahin einzuschränken, dass die vorläufige Vollstreckbarkeit bei einer arbeitsgerichtlichen Entscheidung trotz des Drohens eines nicht zu ersetzenden Nachteils für den Beklagten durch die Vollziehung nur ausgeschlossen werden dürfe, wenn dem nicht entsprechend § 712 Abs. 2 Satz 1 „ein überwiegendes Interesse des Gläubigers entgegenstehe" (*Vogg* a. a. O., S. 167). Da § 62 Abs. 1 gerade im Interesse des Gläubigers geschaffen worden ist, spricht viel dafür, bei der Prüfung der Möglichkeit der Einstellung der Zwangsvollstreckung auch seine Interessen an deren Durchführung zu berücksichtigen. Dagegen spricht aber, dass der Gesetzgeber auch in Abs. 1 Satz 2 bei der Bezugnahme auf § 707 Abs. 1 und § 719 Abs. 1 ZPO ausdrücklich nicht auf die Teile der Bestimmung Bezug nimmt, in denen die überwiegenden Interessen des Gläubigers an der Durchführung der Zwangsvollstreckung genannt werden. Der Gesetzgeber hat damit bewusst zu erkennen gegeben, dass durch die Erweiterung der Möglichkeiten der Zwangsvollstreckung die Interessen des Gläubigers bereits ausreichend geschützt sind. Hinzu kommt, dass dem Schuldner nicht einmal die Möglichkeit der Sicherheitsleistung zur Anwendung der Zwangsvollstreckung zur Verfügung steht. Weder das verfassungsrechtliche Gebot der Waffengleichheit noch das der Verhältnismäßigkeit erzwingen im Übrigen, dass die Gläubigerinteressen auch über den vom Gesetzgeber geregelten Rahmen hinaus geschützt werden müssen.

19 Unersetzbar ist ein Nachteil, wenn der Schuldner ihn nicht durch sein Verhalten abwenden kann und der die Vollstreckung betreibende Gläubiger nicht in der Lage ist, den Schaden mit Geld oder auf andere Weise bei späterem Wegfall des Vollstreckungstitels auszugleichen, dem Schuldner also ein erheblicher Schaden droht. Ein nicht zu ersetzender Nachteil kann daher dann vorliegen, wenn die Wirkungen der Vollstreckung nicht mehr rückgängig gemacht werden können (LAG Düsseldorf 4. 10. 1979 EzA ArbGG 1979 § 62 Nr. 1 m. Anm. *Dütz;* LAG Düsseldorf 7. 3. 1980 EzA ArbGG 1979 § 62 Nr. 2). In der Regel dürfen durch die Vollstreckung keine vollendeten, nicht mehr korrigierbaren Tatsachen geschaffen werden.

II. Die Vollstreckbarkeit § 62

Von der überwiegenden Meinung wird es für möglich gehalten, im Rahmen des 20
Begriffes des nicht zu ersetzenden Nachteils auch die **Erfolgsaussicht eines Rechtsmittels**
zu berücksichtigen (LAG Düsseldorf 4. 10. 1979 EzA ArbGG 1979 § 62 Nr. 1; 7. 3.
1980 EzA ArbGG 1979 § 62 Nr. 2; 20. 3. 1980 EzA ArbGG 1979 § 62 Nr. 3;
E. *Schneider* MDR 1973, 356, 358; *Groeger* NZA 1994, 251, 253; GK-ArbGG/*Vossen*
§ 62 Rn. 34; *Schwab/Weth/Walker* § 62 Rn. 11; für die Einstellung im Rahmen einer
Nichtzulassungsbeschwerde auf die Erfolgsaussicht der Revision abstellend BAG 27. 6.
2000 NZA 2000, 1072; auch *Zöller/Herget* § 719 Rn. 3; differenzierend ErfK/*Koch*
§ 62 Rn. 4). In dieser Allgemeinheit dürfte diese Aussage jedoch nicht zutreffend sein,
da der Begriff des nicht zu ersetzenden Nachteils grundsätzlich von Erfolg oder Misserfolg eines Rechtsmittels unabhängig ist und sich allein auf die wirtschaftliche, persönliche oder soziale Lage des Schuldners bezieht. Lediglich dann, wenn feststeht, dass ein
Rechtsmittel keine Aussicht auf Erfolg haben könnte, kann auch angenommen werden,
dass bei einer Vollstreckung kein nicht zu ersetzender Nachteil eintreten würde (BAG
6. 1. 1971 AP ZPO § 719 Nr. 3 m. Anm. von *Grunsky*; Baumbach/Hartmann § 719
Rn. 8; vgl. auch *Dütz* in Anm. zu BAG EzA ArbGG 1979 § 62 Nr. 1). Bei der Einbeziehung dieses Merkmals in die Prüfung des nicht zu ersetzenden Nachteils ist aber zu
beachten, dass eine Präjudizierung der Rechtsmittelentscheidung in der Hauptsache
nicht erfolgen darf, zumal die Einstellung der Zwangsvollstreckung im Urteil durch das
Arbeitsgericht erfolgt, während über das Rechtsmittel die Berufungsinstanz zu entscheiden hat. Eine Präjudizierung der Rechtsmittelinstanz durch das Arbeitsgericht in Bezug
auf die Hauptsachenentscheidung dürfte im Regelfall nicht zulässig sein (bedenklich
insoweit BAG 22. 6. 1972 AP ZPO § 719 Nr. 4, das eine kursorische Prüfung der
Rechtslage für ausreichend hält). Berücksichtigt werden kann unter Umständen, dass
eine Entscheidung, die vollstreckt werden soll, aus prozessualen Gründen nicht hätte
ergehen dürfen, weil beispielsweise das Verfahren wegen Vorgreiflichkeit eines anderen
Verfahrens hätte ausgesetzt werden müssen, § 148 ZPO, oder aber, weil das Verfahren
bereits im Zeitpunkt der Entscheidung unterbrochen worden war, §§ 239 ff. ZPO.
Berücksichtigt werden kann weiter, dass ein Rechtsmittel gegen die Entscheidung, aus
der die Zwangsvollstreckung betrieben werden soll, unzweifelhaft nicht zulässig ist.
Insoweit kann der Rechtsgedanke des § 713 ZPO auch hier Anwendung finden.

Wird ein **Anspruch auf Unterlassung, Duldung oder Vornahme einer Handlung** voll- 21
streckt, kann die Wirkung der Vollstreckung meist nicht wieder rückgängig gemacht
werden. Dies kann bei der Interessenabwägung im Rahmen des § 62 Abs. 1 Satz 2 für
die Annahme eines nicht ersetzbaren Nachteils sprechen (vgl. LAG Düsseldorf 7. 3.
1980 EzA ArbGG 1979 § 62 Nr. 2; 4. 10. 1979 EzA ArbGG 1979 § 62 Nr. 1). Bei der
Vollstreckung eines Anspruches auf **Unterlassung von Wettbewerb** ist allerdings zu
beachten, dass die einstweilige Einstellung der Zwangsvollstreckung zu einem nicht
ersetzbaren Nachteil für den Schuldner führen könnte, insbesondere dann, wenn es sich
um ein zeitlich begrenztes Wettbewerbsverbot handelt (vgl. dazu BAG 22. 6. 1972 AP
ZPO § 719 Nr. 4; vgl. dazu auch BGH 6. 7. 1979 AP ZPO § 719 Nr. 5). Der titulierte
Anspruch würde dann faktisch verloren gehen (BGH 20. 6. 2000 NJW 2000, 3008 f.;
ArbGG-*Krönig* § 62 Rn. 8).

Bei der Vollstreckung eines Anspruches auf **Beschäftigung bzw. Weiterbeschäftigung** 22
wurde die Auffassung vertreten, dass ein nicht zu ersetzender Nachteil eintreten könne,
wenn später festgestellt würde, dass die angegriffene Kündigung wirksam sei (dazu
Körnig/Reinecke AuR 1978, 235; *Kraft* ZfA 1979, 136). Dies erscheint jedoch unzutreffend, da einerseits der Arbeitgeber durch die Arbeitsleistung des Arbeitnehmers einen
Gegenwert erhält, zum anderen der bloße Nachteil, nicht frei handeln zu können, noch
keinen nicht zu ersetzenden Nachteil darstellen kann (BAG GS 27. 2. 1985 NZA 1985,
702, 706 f.; LAG Berlin 26. 9. 1980 DB 1980, 2448; LAG Hamm 25. 1. 1982 DB 1982,
653; LAG Frankfurt 28. 7. 1983 DB 1983, 2640; LAG Rheinland-Pfalz 5. 1. 1981 EzA
ArbGG 1979 § 62 Nr. 5). Eine Einstellung der Zwangsvollstreckung ist hier nur dann

möglich, wenn durch die Beschäftigung selbst ein unersetzbarer Nachteil wirtschaftlicher oder immaterieller Art eintreten würde, für den aller Wahrscheinlichkeit nach ein Ersatz von dem Arbeitnehmer nicht erlangt werden könnte, die bloße Nichtrückabwickelbarkeit reicht nicht aus (BAG a. a. O.; LAG Rheinland-Pfalz a. a. O.; LAG Frankfurt a. a. O.; LAG Berlin a. a. O.; *Dütz* DB 1980, 1072; *Kraft* ZfA 1979, 136). Wollte man im Übrigen als nicht ersetzbaren Nachteil ausreichen lassen, dass die Arbeitsleistung des Arbeitnehmers während der Dauer der Weiterbeschäftigung nicht rückgängig gemacht werden könnte, würde über das Vollstreckungsrecht der Weiterbeschäftigungsanspruch letztlich nicht durchgesetzt werden können, womit er seinen Sinn verloren hätte. Der Wegfall des Arbeitsplatzes, auf dem der Arbeitnehmer bisher beschäftigt war, kann nur dann ein unersetzbarer Nachteil sein, wenn der Arbeitgeber keinerlei vergleichbare Beschäftigungsmöglichkeit schaffen kann, wobei auch ein Unternehmens- oder Konzernverbund bei der Beurteilung eine Rolle spielen kann, insbesondere wenn der Arbeitsplatz in diesem Rahmen verlagert worden ist (vgl. LAG Köln 9. 3. 2006 DB 2006, 730). Die Umstände des Einzelfalles sind hier von besonderer Bedeutung. Kein Fall der Einstellung der Zwangsvollstreckung wegen eines nicht zu ersetzenden Nachteils liegt vor, wenn der Arbeitgeber zur Weiterbeschäftigung des Arbeitnehmers verpflichtet wird, danach jedoch erneut eine Kündigung ausspricht oder es tritt danach ein anderer Beendigungstatbestand ein. In diesem Falle endet die Wirkung der Verurteilung zur vorläufigen Weiterbeschäftigung auf Grund des zuerst verkündeten Urteils, zur Durchsetzung des Weiterbeschäftigungsanspruches bedurfte es nunmehr eines neuen Titels (vgl. dazu auch BAG GS 27. 2. 1985 NZA 1985, 702 ff.; LAG Berlin 14. 7. 1993 LAGE ArbGG 1979 § 62 Nr. 20). In diesem Falle wird der durch das Urteil festgestellte Anspruch selbst in seiner Existenz betroffen, so dass nur der Weg über die Vollstreckungsabwehrklage i. S. § 767 ZPO möglich ist, die Einstellung der Zwangsvollstreckung kann dann nach § 769 ZPO durch einstweilige Anordnung erfolgen. Es wäre eine unzulässige Ausdehnung der Einstellungsmöglichkeit nach § 62 Abs. 1 Satz 2 und eine Vermengung mit den Möglichkeiten des § 767 ZPO, wenn man hier das Vorliegen eines unersetzbaren Nachteils annehmen wollte. Die Einstellung nach § 62 Abs. 1 Satz 2 kann nur bei Glaubhaftmachung von Tatsachen erfolgen, die nicht die Existenz des durch Urteil festgestellten Anspruches betreffen (zur Anwendbarkeit von §§ 767, 769 ZPO im arbeitsgerichtlichen Verfahren unten Rn. 50).

23 Bei **Vollstreckung aus Zahlungstiteln** bzw. wegen geldwerter Leistungen besteht ein nicht zu ersetzender Nachteil nur dann, wenn Schäden entstehen, die nicht rückgängig gemacht werden können. Die letztgenannte Voraussetzung kann gegeben sein, wenn der Schadenersatz- bzw. der Rückgewähranspruch nicht realisierbar ist. Dies kann der Fall sein bei:

24 – **Vermögenslosigkeit** des Vollstreckungsgläubigers, wenn nicht damit gerechnet werden kann, dass im Falle der Abänderung oder Aufhebung der Entscheidung eine Rückzahlung erfolgen könnte (LAG Düsseldorf 20. 12. 1981 LAGE ArbGG 1979 § 62 Nr. 13; vgl. LAG Frankfurt/Main 8. 1. 1992 NZA 1992, 427 f.). Noch enger ist die Rechtsprechung der Zivilgerichte, die einen bloß finanziellen Nachteil nicht ausreichen lässt, solange er nicht mit irreparablen Folgeschäden verbunden ist (OLG Köln 21. 2. 1994 ZIP 1994, 1053; OLG Koblenz 29. 7. 2004 FamRZ 2005, 468; *Zöller/Herget* § 707 Rn. 13). Dass der Schuldner unter Umständen nach Abänderung oder Aufhebung der arbeitsgerichtlichen Entscheidung längere Bemühungen unternehmen muss, um die zur Abwendung der Zwangsvollstreckung oder im Rahmen der Zwangsvollstreckung gezahlten Beträge zurück zu erlangen, ist regelmäßig nur ein schwer zu ersetzender, kein nicht zu ersetzender Nachteil. Dies ergibt sich aus der gesetzlichen Wertung in §§ 710, 707 Abs. 1, 719 Abs. 1 ZPO. Die bloße Tatsache der Arbeitslosigkeit bzw. der Gewährung von Prozesskostenhilfe reicht noch nicht aus, um in jedem Fall davon ausgehen zu können, dass eine Rückforderung auf unverhält-

II. Die Vollstreckbarkeit **§ 62**

nismäßige Schwierigkeiten stoßen würde (LAG Bremen 30. 11. 1992 LAGE ArbGG 1979 § 62 Nr. 19). Vielmehr erfordert dies das Vorliegen weiterer Tatsachen, aus denen gefolgert werden kann, dass auch in Zukunft mit einer weiteren Vermögenslosigkeit des Vollstreckungsgläubigers zu rechnen ist. Diese Voraussetzung kann erfüllt sein, wenn ein Insolvenzverwalter aus einem arbeitsgerichtlichen Urteil die Zwangsvollstreckung betreibt und nicht sichergestellt ist, dass nach Obsiegen des Vollstreckungsschuldners in der nächsten Instanz Rückforderungsansprüche aus der Insolvenzmasse oder auf sonstige Weise ausgeglichen werden können (vgl. LAG Bremen vom 30. 7. 1998 – 4 Sa 169/98 n. v.).

– **Arbeitslosigkeit** kann zwar ein Indiz dafür sein, dass der Vollstreckungsgläubiger 25 kaum oder nur sehr schwer auf dem Arbeitsmarkt vermittelt werden kann, insbesondere, wenn bereits wiederholt Vermittlungsversuche gescheitert sind. Allein das reicht zur Einstellung der Zwangsvollstreckung nicht aus. Es muss hinzukommen, dass auf absehbare Zeit nicht mit der Rückgewähr gerechnet werden kann. Etwas anderes kann gelten, wenn aus besonderen Tatsachen der Schluss gezogen werden kann, dass er selbst eine Vermittlung verhindert. Ein Indiz kann auch sein, wie lange bereits die Arbeitslosigkeit angedauert hat und wie sich die Arbeitsmarktlage in dem konkreten Fall darstellt. Entscheidend ist aber immer die Beurteilung im Einzelfall. Die gleichen Grundsätze gelten bei dem Bezug von Sozialhilfeleistungen, wobei allerdings zu berücksichtigen ist, dass in diesen Fällen von einer erheblich ungünstigeren Vermittlungsmöglichkeit auf dem Arbeitsmarkt auszugehen ist.

– Der Tatsache, dass der Vollstreckungsgläubiger ein **ausländischer Arbeitnehmer** ist. 26 Diese reicht für die Einstellung der Zwangsvollstreckung selbst dann nicht aus, wenn **dieser arbeitslos** ist (LAG Bremen 25. 10. 1982 AP ArbGG 1979 § 62 Nr. 2; LAG Frankfurt 15. 10. 1979 ARSt 1980, 112; ArbG Reutlingen 8. 2. 1980 AP ArbGG 1979 § 62 Nr. 1). Eine unterschiedliche Behandlung von deutschen und ausländischen Arbeitnehmern im Hinblick auf die Möglichkeit der Einstellung der Zwangsvollstreckung aus arbeitsgerichtlichen Urteilen ist nicht zulässig, dies würde den Gleichbehandlungsgrundsatz des Art. 3 GG verletzen. Eine Einstellung der Zwangsvollstreckung ist nur dann möglich, wenn sowohl bei deutschen als auch bei ausländischen Arbeitnehmern die **konkrete Gefahr** besteht, dass sie durch Verlassen des Gebietes der Bundesrepublik Deutschland die Durchsetzung etwaiger Rückgriffsansprüche erheblich erschweren würden. Hier genügt die abstrakte Möglichkeit des Verlassens der Bundesrepublik jedoch nicht aus, vielmehr muss bereits eine konkrete Gefahr bestehen, es müssen also bereits Tatumstände darauf hinweisen, dass der Gläubiger in allernächster Zukunft sich etwaigen Rückforderungsansprüchen entziehen wird. Diese Voraussetzung ist nicht erfüllt, wenn der Inhaber eines vorläufig vollstreckbaren Titels sich in einem **anderen Land der EU** als Arbeitnehmer betätigen und deshalb seinen Wohnsitz dorthin verlegen will. Dies ergibt sich aus der durch Art. 48 EG-Vertrag gewährleisteten Freizügigkeit der Bürger. Diese darf auch nicht durch Beschränkung der Vollstreckungsmöglichkeit arbeitsgerichtlicher Urteile negativ beeinflusst werden (LAG Schleswig-Holstein 12. 6. 1998 NZA 1998, 1248).

– **Kreditgefährdung.** Eine Kreditgefährdung ist grundsätzlich jeder Zwangsvollstre- 27 ckung, die durchgeführt werden muss, immanent. Ein nicht zu ersetzender Nachteil liegt auch nicht vor, wenn die Gefahr besteht, dass der Schuldner im Zwangsvollstreckungsverfahren eine eidesstattliche Versicherung gem. § 807 ZPO abgeben muss. Denn auch dieser Nachteil kann sich in jedem Zwangsvollstreckungsverfahren ergeben (LAG Nürnberg 30. 7. 1980 ARSt 1981, 64; so auch BGH 29. 12. 1953 BGHZ 11, 303 f.). Kein unersetzbarer Nachteil ist ferner gegeben, wenn die abstrakte Gefahr besteht, dass der beigetriebene Geldbetrag verschleudert werden würde oder wenn der Kläger in Zukunft nur noch über geringe Einkünfte verfügen wird, wie dies beispielsweise bei Rentnern der Fall sein kann. Der unersetzbare Nachteil darf auch nicht auf ein nach der Vollstreckung liegendes Verhalten des Gläubigers zurückzuführen sein, das im Zeitpunkt der Vollstreckung noch nicht erkennbar ist, es muss seine Ursache in der Vollstreckung selbst haben (BGH a. a. O.). Eine Kreditgefährdung könnte aber gegeben sein, wenn das einzige Geschäftskonto gesperrt und damit die Existenz des Betriebes akut gefährdet werden würde.

28 – **Sonstigen Schäden,** die durch die Vollstreckung entstehen, wenn diese so hoch sind, dass sie nicht ausgeglichen werden können. Dies kann beispielsweise der Fall sein, wenn in Sachgegenstände vollstreckt wird, deren Versteigerung nur einen im Vergleich zum tatsächlichen Wert für den Betrieb geringfügigen Erlös erbringen wird, insbesondere dann, wenn die Sachgegenstände wie beispielsweise Maschinen für die Abwicklung der täglichen Arbeit benötigt werden. In diesem Falle kann aber auch u. U. eine Erinnerung gegen die Art und Weise der Zwangsvollstreckung gem. § 766 ZPO eingelegt werden.

bb) Antrag und Glaubhaftmachung

29 Der Ausschluss der Zwangsvollstreckung kann nur auf entsprechenden **Antrag** der beklagten bzw. widerbeklagten Partei ergehen. Der Antrag ist vor Schluss der mündlichen Verhandlung zu stellen, auf die das Urteil ergeht, § 714 Abs. 1 ZPO ist insoweit entsprechend anwendbar. Eine nachträgliche Stellung des Antrages ist nicht möglich. Wird der Antrag nicht gestellt, so bleibt lediglich die Möglichkeit der Einstellung gem. § 62 Abs. 1 Satz 3 i. V. m. §§ 707 Abs. 1 und 719 Abs. 1 ZPO. Der Antrag kann auch erst in der Berufungsinstanz im Hinblick auf das Berufungsurteil gestellt werden. Ist der Antrag in der ersten Instanz von der beklagten Partei gestellt worden, musste über ihn aber nicht entschieden werden, da die Klage abgewiesen wurde, so lebt der Antrag nicht ohne weiteres in der Berufungsinstanz wieder auf. Vielmehr müsste er neben dem Antrag auf Zurückweisung der Berufung als Hilfsantrag neu gestellt werden.

30 Die tatsächlichen Voraussetzungen für den Antrag sind **glaubhaft zu machen,** § 62 Abs. 1 Satz 2. Insoweit gilt die Bestimmung des § 294 ZPO. Eine Glaubhaftmachung ist allerdings nur für solche Tatsachen notwendig, die umstritten sind. Ergeben sich die Voraussetzungen bereits aus dem Akteninhalt, bedarf es einer zusätzlichen Glaubhaftmachung nicht.

31 **Mittel der Glaubhaftmachung** sind sämtliche in der ZPO vorgesehenen präsenten Beweismittel sowie die Versicherung an Eides Statt. Eine Beweisaufnahme, die nicht sofort erfolgen kann, ist unzulässig, § 294 Abs. 2 ZPO. Die Versicherung an Eides Statt kann mündlich, schriftlich oder auch per Telefax (BayObLG 23. 2. 1995 NJW 1996, 406 f.) abgegeben werden. Sie kann von der Partei selbst, aber auch von Dritten stammen, allerdings ist bei **eigenen eidesstattlichen Versicherungen** einer Partei Vorsicht geboten, da sie häufig nur eine besonders eindringliche Parteierklärung sind. Auch muss bei der Bewertung einer eidesstattlichen Versicherung berücksichtigt werden, ob der die Erklärung Abgebende überhaupt aus eigener Kenntnis etwas über die streitigen Tatsachen bekunden kann. Die eidesstattliche Versicherung, dass der Inhalt eines anwaltlichen Schriftsatzes zutreffend sei, ist meist unerheblich, da in diesem Falle eine eigene Stellungnahme der die Erklärung abgebenden Person ebenso wenig erkennbar ist, wie deren eigene Darstellung der glaubhaft zu machenden Tatsachen. Aus der eidesstattlichen Versicherung muss sich im Übrigen auch ergeben, auf welchem Wege die Kenntnisse im tatsächlichen Bereich erworben worden sind.

32 Neben der eidesstattlichen Versicherung können auch **schriftliche Aussagen von Zeugen** als Mittel der Glaubhaftmachung dienen. Allerdings ist in diesem Falle die Echtheit der Aussage besonders zu prüfen.

cc) Sicherheitsleistung

33 Ein Ausschluss der Zwangsvollstreckung gegen **Sicherheitsleistung kommt** im Rahmen des § 62 Abs. 1 Satz 2 **nicht in Betracht.** An die Voraussetzungen des nicht zu ersetzenden Nachteils können auch nicht dann geringere Anforderungen gestellt werden, wenn

II. Die Vollstreckbarkeit

§ 62

sich der Gläubiger erbietet, Sicherheit zu leisten. Das Gericht kann auch nicht in möglicherweise zweifelhaften Fällen eine Sicherheitsleistung anordnen und damit der Entscheidung ausweichen, ob die Voraussetzungen des § 62 Abs. 1 Satz 2 gegeben sind oder nicht (ausführlich dazu *Beckers* NZA 1997, 1322 ff.). Hierfür spricht auch die seit dem 1. 4. 2008 geltende Regelung in Abs. 1 Satz 4, die sogar für die Vollstreckungsmöglichkeiten des Satz 3 eine Sicherheitsleistung ausschließt (dazu unten Rn. 42 a).

dd) Entscheidung

Die Entscheidung über den Ausschluss der vorläufigen Vollstreckbarkeit muss **in der Urteilsformel** erfolgen. Sie lautet: Die vorläufige Vollstreckbarkeit wird ausgeschlossen. Die Entscheidung ist zu begründen. Es muss sich ergeben, worin das Gericht den nicht zu ersetzenden Nachteil gesehen hat. 34

Auch die **Ablehnung** des Ausschlusses der vorläufigen Vollstreckbarkeit muss **im Urteilstenor** erfolgen. Diese Entscheidung ist zu begründen, es muss ersichtlich sein, warum das Gericht zu der Auffassung gekommen ist, dass die Voraussetzungen des § 62 Abs. 1 Satz 2 nicht gegeben sind (vgl. dazu *Dütz* DB 1980, 1073; *Grunsky* § 62 Rn. 6; *Hauck/Helml* § 62 Rn. 8). Eine Begründung ist auch dann erforderlich, wenn das Gericht den Antrag negativ bescheidet, wenn unzweifelhaft gegen die Entscheidung kein Rechtsmittel gegeben ist, § 713 ZPO oder wenn eine Glaubhaftmachung fehlt bzw. nicht ausreicht. 35

Hat das Gericht den **Antrag übergangen**, kann in entsprechender Anwendung des § 321 ZPO eine **Urteilsergänzung** erfolgen (*Dütz* DB 1980, 1073; *Grunsky* § 62 Rn. 6; *Egerer* NZA 1985, Beilage Nr. 2, S. 22, 23). Diese Möglichkeit besteht allerdings nur dann, wenn der Antrag tatsächlich auch bereits gestellt worden war. Eine Stellung des Antrages nach Schluss der mündlichen Verhandlung ist selbst dann nicht mehr möglich, wenn sich erst dann herausstellt, dass ein nicht zu ersetzender Nachteil durch die Zwangsvollstreckung entstehen würde. In diesem Falle bleibt lediglich die Möglichkeit der Einstellung der Zwangsvollstreckung nach § 62 Abs. 1 Satz 3. Hat das Gericht zwar über den Antrag entschieden, dies jedoch versehentlich nicht mitverkündet, so kann eine **Berichtigung des Urteils** gem. § 319 ZPO in Betracht kommen. Die Unrichtigkeit muss allerdings offenbar sein. Eine Berichtigung ist dann ausgeschlossen, wenn man der Auffassung folgt, dass die Entscheidung über den Ausschluss der vorläufigen Vollstreckbarkeit nicht im Tenor erfolgen müsse, sondern dass es genüge, wenn sie in den Gründen enthalten sei (*Grunsky* § 62 Rn. 3). Diese Auffassung kann jedoch nicht überzeugen im Hinblick auf die Urteilsklarheit und darauf, dass für jedermann, insbesondere auch für die Vollstreckungsorgane ohne weiteres erkennbar sein muss, ob eine Vollstreckung aus dem Urteil möglich ist oder nicht (*Gift/Baur* E Rn. 1686; *Dütz* DB 1980, 1073). 36

Der Ausschluss der vorläufigen Vollstreckbarkeit **beseitigt die Vollstreckbarkeit** insgesamt. Zahlungen, die von dem Schuldner gleichwohl erbracht werden, können keine Zahlungen zur Abwendung der Zwangsvollstreckung sein. Für sie kann dann auch bei späterer Aufhebung oder Abänderung des Urteils kein Schadenersatzanspruch gem. § 717 Abs. 2 ZPO geltend gemacht werden. 37

Kann ein nicht zu ersetzender Nachteil nur in Bezug auf einzelne Vollstreckungsmaßnahmen eintreten, so kann auch der **Ausschluss** der Zwangsvollstreckung auf **bestimmte Vollstreckungsmaßnahmen** beschränkt werden (BAG 24. 9. 1958 AP ZPO § 719 Nr. 2 m. Anm. von *Baumgärtel; Grunsky* § 62 Rn. 4; *Baumbach/Hartmann* § 719 Rn. 8). Z. B. kann die Vollstreckung in einzelne Konten eingestellt werden, wenn gerade dadurch ein nicht zu ersetzender Nachteil für den Vollstreckungsschuldner eintreten würde (BGH 28. 9. 1955 BGHZ 18, 219, 220). Auch kann unter diesem Gesichtspunkt die Einstellung der Zwangsvollstreckung in bestimmte Sachwerte erfolgen, ohne dass insgesamt die Vollstreckung aus dem Urteil eingestellt werden müsste. Droht der unersetzbare Nachteil nur bei Vollstreckung über einen gewissen Betrag hinaus, dann kann auch die Zwangsvollstre- 38 ckung hinsichtlich des darüber hinausgehenden Betrages eingestellt werden (vgl. BGH a. a. O.; BAG a. a. O.; ferner *E. Schneider* MDR 1973, 358).

ee) Rechtsmittel

39 Gegen die Entscheidung im Urteil ist ein isoliertes Rechtsmittel nicht gegeben (LAG Rheinland-Pfalz 25. 4. 2005 NZA-RR 2006, 48). Sie kann nur zusammen mit dem Urteil angefochten werden. Allerdings bleibt die Möglichkeit bei Einlegung eines Rechtsmittels bei dem Rechtsmittelgericht die Einstellung der Zwangsvollstreckung zu beantragen.

III. Die Einstellung der Zwangsvollstreckung, § 62 Abs. 1 Satz 3 bis 5

1. Voraussetzungen

40 **Nach Erlass eines Urteils** kann die Zwangsvollstreckung nur gem. § 62 Abs. 1 Satz 3 eingestellt werden. Die Fälle des Vollstreckungsschutzes nach Abs. 1 Satz 2 und 3 stehen unabhängig nebeneinander(*Schwab/Weth/Walker* § 62 Rn. 21). Das Gesetz verweist in diesem Zusammenhang auf die Fälle des § 707 Abs. 1 ZPO und des § 719 Abs. 1 ZPO. Erfasst wird danach die einstweilige Einstellung der Zwangsvollstreckung bei Anträgen auf Wiedereinsetzung in den vorigen Stand, §§ 233 ff. ZPO bzw. Wiederaufnahme des Verfahrens, § 79 i. V. m. §§ 578 ff. ZPO sowie bei Rügen nach § 78 a wegen Verletzung des rechtlichen Gehörs. Wiederaufnahme des Verfahrens sind danach die Nichtigkeitsklage des § 579 ZPO und die Restitutionsklage des § 580 ZPO. Von § 719 Abs. 1 ZPO wird die einstweilige Einstellung bei Einlegung eines Einspruches oder einer Berufung gegen das Urteil des Arbeitsgerichts erfasst. Der Antrag ist auch zulässig, wenn in der **Vorinstanz die Stellung eines Schutzantrages versäumt** wurde (*Zöller/Herget* § 719 Rn. 3; vgl. aber BGH 31. 10. 2000 NJW 2001, 375), obwohl er hätte gestellt und begründet werden können. In diesem Falle kann aber das Versäumnis bei der Begründetheit des Antrags berücksichtigt werden. Er ist auch zulässig, wenn er in der Vorinstanz erfolglos war, weil der wesentliche Nachteil noch nicht dargelegt werden konnte oder erst später entstanden bzw. erkennbar geworden ist (BGH 17. 11. 1999 – X ZR 147/98 n. v.; BGH 31. 10. 2000 NJW 2001, 375). Die Antragsmöglichkeit nach Abs. 1 Satz 3 soll nämlich in erster Linie der weiteren Entwicklung nach Urteilserlass Rechnung tragen (*Schwab/Weth/Walker* § 62 Rn. 21). Der Berufungskläger hat ferner die Möglichkeit, den Antrag aus § 64 Abs. 7 i. V. § 62 Abs. 1 Satz 2 zu stellen.

41 Die einstweilige Einstellung der Zwangsvollstreckung kommt in diesen Fällen auch nur dann in Betracht, wenn die beklagte Partei glaubhaft macht, dass die Vollstreckung ihr einen **nicht zu ersetzenden Nachteil** bringen wird. Diese Voraussetzung kann dann nicht erfüllt sein, wenn ein Rechtsmittel gegen die Entscheidung, aus der die Zwangsvollstreckung betrieben werden soll, unzweifelhaft nicht zulässig ist. Insoweit kann der Rechtsgedanke des § 713 ZPO auch hier Anwendung finden. Es gelten im Übrigen die oben Rn. 18 ff. dargestellten Grundsätze entsprechend. Dies gilt insbesondere hinsichtlich der umstrittenen Frage, ob die Erfolgsaussicht eines Rechtsmittels oder Rechtsbehelfs berücksichtigt werden kann.

42 Auch hier setzt die Einstellung der Zwangsvollstreckung einen **Antrag** des Vollstreckungsschuldners voraus, die Tatsachen, die zur Begründung des Antrages angegeben werden, sind **glaubhaft zu machen,** sofern sie sich nicht bereits aus den Akten ergeben oder unstreitig sind (dazu oben Rn. 30 ff.). Der Antrag kann erst gestellt werden, wenn der Rechtsbehelf bzw. das Rechtsmittel eingelegt oder der Wiederaufnahmeantrag bzw. der Antrag auf Wiedereinsetzung in den vorigen Stand gestellt worden sind. Im Übrigen kommt es nicht darauf an, ob in der Vorinstanz bereits ein Antrag nach § 62 Abs. 1 Satz 2 auf Ausschluss der Vollstreckbarkeit gestellt worden war oder nicht. Der Antrag auf einstweilige Einstellung der Zwangsvollstreckung ist gegenüber dem Ausschluss der

III. Die Einstellung der Zwangsvollstreckung, § 62 Abs. 1 Satz 3 bis 5   § 62

Vollstreckbarkeit völlig selbständig. Auch steht es einer Partei frei, in der Berufungsinstanz lediglich den Antrag auf Ausschluss der Vollstreckbarkeit zu stellen, ohne vorher einen solchen auf einstweilige Einstellung der Zwangsvollstreckung aus dem arbeitsgerichtlichen Urteil gestellt zu haben.

Durch Satz 4 ist seit dem 1. 4. 2008 klargestellt, dass sowohl bei der Einstellung der Zwangsvollstreckung nach § 707 Abs. 1 ZPO als auch nach § 719 Abs. 1 ZPO anders als im zivilprozessualen **Verfahren nur ohne Sicherheitsleistung** erfolgen kann.   42a

2. Entscheidung

a) Form, Inhalt

Ist glaubhaft gemacht worden, dass die Vollstreckung einen nicht zu ersetzenden Nachteil bringen würde, kann in den Fällen der §§ 707 Abs. 1 und 719 Abs. 1 ZPO das Gericht, bei dem die Hauptsache anhängig ist, die Zwangsvollstreckung einstweilen einstellen. Dem Gericht steht hierbei ein **Ermessensspielraum** zu, der in § 707 Abs. 1 gegebene Spielraum ist nur insoweit eingeengt, als ohne die Darlegung eines nicht zu ersetzenden Nachteils eine Einstellung nicht erfolgen darf. Im Übrigen bleibt aber der Ermessensspielraum des Gerichts unbeschränkt (GK-ArbGG/*Vossen* § 62 Rn. 33; *Dütz* DB 1980, 1074). Bei der Ausübung des Ermessens sind die Belange sowohl des Vollstreckungsgläubigers als auch die des Vollstreckungsschuldners zu berücksichtigen (dazu KG 3. 12. 1986 NJW 1987, 1339; wie hier *Schwab/Weth/Walker* § 62 Rn. 28 und ausführlich dazu *Zöller/Herget* § 707 Rn. 7 ff.).   43

Die Entscheidung ergeht durch **Beschluss,** das Gericht kann eine mündliche Verhandlung anordnen, dies ist jedoch im Regelfall nicht erforderlich. Notwendig ist jedoch, dass dem jeweiligen Antragsgegner vor Erlass der Entscheidung **rechtliches Gehör** gewährt wird, der Grundsatz des Art. 103 Abs. 1 GG gilt auch für diesen Teil des Verfahrens (vgl. BVerfG 13. 3. 1973 BVerfGE 34, 344, 346; LAG Hamm 18. 8. 1971 MDR 1972, 362). Nur in Eilfällen kann die Anhörung des Vollstreckungsgläubigers unterbleiben (BVerfG 9. 3. 1965 BVerfGE 18, 399, 404; OLG Celle 26. 9. 1985 MDR 1986, 63).   44

Die Entscheidung ist **unanfechtbar**, Satz 5. Das Gericht kann auf Antrag, bei Einreichung einer Gegenvorstellung oder bei Einlegung einer Beschwerde, die als Antrag auf Abänderung angesehen werden kann, seine **Entscheidung jederzeit abändern** (*Baumbach/Hartmann* § 707 Rn. 21 m. w. Nachw.). Lediglich von Amts wegen kann eine Abänderung ohne Anregung einer der Parteien nicht erfolgen. Im Falle der Abänderung ist der jeweiligen Gegenseite in jedem Falle rechtliches Gehör zu gewähren, ein Eilfall, der dies ausschließen könnte, wird in der Regel nicht gegeben sein.   45

Die Einstellung der Zwangsvollstreckung kann **nur ohne Sicherheitsleistung** erfolgen. Insoweit wird die Regelung des § 707 Abs. 1 Satz 1 durch die des § 62 Abs. 1 Satz 4 eingeschränkt. Der Gesetzgeber hat durch die Neuregelung in Satz 4 die frühere Streitfrage eindeutig entschieden (zu dieser 6. Aufl. Rn. 46 m. w. Nachw.). Eine unterschiedliche Handhabung danach, ob die Einstellung bereits im Urteil oder erst durch das Rechtsmittelgericht durch gesonderten Beschluss erfolgt, besteht nicht. Auch die **Aufhebung** einer bereits **durchgeführten Vollstreckungsmaßnahme** kann nicht von einer Sicherheitsleistung abhängig gemacht werden, da auch insoweit die Sonderregelung des § 62 Abs. 1 Satz 4 eingreift. Eine Sicherheitsleistung kann auch dann nicht angeordnet werden, wenn das Sicherungsbedürfnis des Vollstreckungsgläubigers ähnlich dem Schutzbedürfnis des Vollstreckungsschuldners zu bewerten ist.   46

Die **Entscheidung ist zu begründen.** Aus der Begründung muss sich ergeben, auf Grund welcher Tatsachen von einem nicht zu ersetzenden Nachteil ausgegangen wird bzw. warum dies nicht der Fall sein soll. Auch ist die Frage der Geltendmachung zu erörtern. Die Entscheidung trifft in der ersten Instanz der Vorsitzende ohne Beteiligung der ehrenamtlichen Richter, §§ 53 Abs. 1 Satz 1, 55 Abs. 1 Nr. 6. Das Gleiche gilt in der Berufungsinstanz auf Grund der Verweisungsnorm des § 64 Abs. 7. In den Fällen der   47

§ 62 Zwangsvollstreckung

Wiedereinsetzung in den vorigen Stand bzw. eines Wiederaufnahmeverfahrens ist derjenige Vorsitzende zur Entscheidung befugt, in dessen Kammer über die Hauptsache zu befinden ist.

b) Rechtsmittel

48   Zwar würde auch hier die Grundregel des § 793 ZPO mit der Möglichkeit der **sofortigen Beschwerde** eingreifen. In den Fällen des § 707 Abs. 1 ZPO ist allerdings die Beschwerde ausgeschlossen, § 707 Abs. 2 Satz 2 ZPO. Dies gilt ebenfalls bei einer Entscheidung nach Urteilsverkündung, § 719 Abs. Satz 1 ZPO. Diese Regelungen hat Abs. 1 Satz 5 aufgenommen. Eine Beschwerde ist nicht gegeben. In der **Berufungsinstanz** ist die Entscheidung des Vorsitzenden ebenfalls **unanfechtbar**. Dies gilt auch dann, wenn der Beschluss formelle oder materielle Mängel aufweisen mag. Eine Ausnahme gilt auch dann nicht, wenn das Gericht die Rechtsbeschwerde zugelassen hat (BAG 5. 11. 2003 NZA 2003, 1421 f.). Eine Ausnahme, wenn die Entscheidung keine gesetzliche Grundlage hat, sie also greifbar gesetzwidrig ist bzw. das rechtliche Gehör verletzt wurde, kann nach der Neufassung des Rügenrechts und der Schaffung des § 78 a nicht mehr angenommen werden (BGH 7. 3. 2002 NJW 2002, 1577). Jetzt kann nur die Rüge nach § 78 a erhoben werden (so jetzt auch *Schwab/Weth/Walker* § 62 Rn. 30). Diese wird jedoch nur geringe praktische Bedeutung haben, denn der **Antrag** kann nach Ablehnung **erneut gestellt** werden, insbesondere wenn neue Tatsachen vorgebracht werden (GK-ArbGG/*Vossen* § 62 Rn. 37 c). Auch ist die Erhebung von **Gegenvorstellungen** möglich (*Musielak/Ball* § 567 Rn. 27 f. sowie *Musielak/Musielak* § 329 Rn. 15; *Schwab/Weth/Walker* § 62 Rn. 31; einschränkend GK-ArbGG/*Vossen* § 62 Rn. 37 b; vgl. zum früheren Recht BAG 22. 10. 1999 NZA 2000, 503 m. ausführlichen Nachw.). Diese sind auch möglich, wenn sich nachträglich herausstellt, dass grundlegende Verfahrensgrundrechte verletzt worden sind (vgl. – allerdings noch zum früheren Recht – BGH 20. 6. 1995 NJW 1995, 2497; 7. 3. 2002 NJW 2002, 1577). Eine unzulässige Beschwerde ist ggf. als Abänderungsantrag auszulegen, da das Gericht jederzeit die Möglichkeit der Abänderung seiner Entscheidung hat.

c) Wirkung

49   Die **Wirkung der Einstellungsentscheidung** liegt zunächst in der Beseitigung der Vollstreckbarkeit. Sie richtet sich in erster Linie an die Vollstreckungsorgane, wirkt aber auch gegenüber dem Drittschuldner des § 840 ZPO. Die Vollstreckungsmaßnahmen, die bisher getroffen worden waren, bleiben in dem Stand bestehen, in dem sie sich zum Zeitpunkt der Einstellung befunden haben. Eine Einstellung der weiteren tatsächlichen Vollstreckung bzw. die Aufhebung der Vollstreckungsmaßnahmen kommt nur gemäß §§ 775 Nr. 2, 776 Satz 2 letzter Satzteil ZPO in Betracht. Die Entscheidung hierüber trifft grundsätzlich das zuständige Vollstreckungsorgan, in der Regel der Gerichtsvollzieher. Die Einstellung erfolgt von Amts wegen nach Vorlage der Einstellungsentscheidung. Allerdings kann die Aufhebung der Vollstreckungsmaßnahmen auch durch das Prozessgericht (Arbeits- oder Landesarbeitsgericht) in der Regel zusammen mit der Einstellungsentscheidung erfolgen, § 776 Satz 2 a. E. ZPO. Wird die Zwangsvollstreckung trotz Einstellung gemäß § 62 Abs. 1 Satz 2, 3 fortgeführt, bleibt dem Schuldner die Möglichkeit der Erinnerung gemäß § 766 ZPO, über die das Vollstreckungsgericht (Amtsgericht, siehe unten Rn. 76) zu entscheiden hat.

3. Sonstige Fälle der einstweiligen Einstellung der Zwangsvollstreckung

50   Zweifelhaft ist, ob für andere in der Zivilprozessordnung geregelte Fälle die Einstellung der Zwangsvollstreckung ebenfalls nur unter den Voraussetzungen des § 62 Abs. 1 Satz 3 möglich ist. Für den Anwendungsbereich des **§ 769 ZPO – Vollstreckungsabwehrklage**, § 767 ZPO und **Klage gegen die Vollstreckungsklausel**, § 768 ZPO –

IV. Verfahren der Vollstreckung   § 62

wird hierbei die Auffassung vertreten, dass eine Einstellung der Zwangsvollstreckung gegen Sicherheitsleistung nicht möglich sei, da dieses dem System der Zwangsvollstreckung im arbeitsgerichtlichen Verfahren widersprechen würde, diese Grundtendenz des arbeitsgerichtlichen Verfahrens gelte auch im Bereich des § 769 ZPO (vgl. dazu näher LAG Köln 12. 6. 2002, 1230; LAG Berlin 28. 4. 1986 MDR 1986, 787 m. w. N.; LAG Nürnberg 7. 5. 1999 BB 1999, 1387; *Grunsky* § 62 Rn. 8). Dem steht jedoch entgegen, dass der Gesetzgeber in § 62 Abs. 1 Satz 3 nur die Fälle des § 707 Abs. 1 und des § 719 Abs. 1 ZPO erwähnt hat. Dadurch, dass der Gesetzgeber gerade nicht den Fall des § 767 ZPO und damit auch nicht die Einstellungsmöglichkeit des § 769 ZPO erwähnt hat, wird deutlich, dass er gerade in diesen Fällen eine Sonderregelung für das arbeitsgerichtliche Verfahren nicht für notwendig erachtet hat (so auch *Schwab/Weth/Walker* § 62 Rn. 32, der allerdings die Regelung nicht für überzeugend hält). Im Übrigen ist der Regelungsbereich des § 767 ZPO wesentlich anders als der Regelungsbereich, der von den §§ 707 Abs. 1 und 719 Abs. 1 ZPO erfasst wird. Bei § 767 Abs. 1 ZPO handelt es sich nämlich um Einwendungen, die den durch das Urteil festgestellten Anspruch betreffen, die Einstellung nach § 62 Abs. 1 Satz 3 betrifft jedoch lediglich den Fall, dass eine an sich formell zulässige Zwangsvollstreckung zu einem unersetzbaren Nachteil bei dem Vollstreckungsschuldner führen würde. § 767 Abs. 1 ZPO betrifft den im Urteil festgestellten Anspruch selbst, während dies im Rahmen der Einstellung der Zwangsvollstreckung nach § 62 Abs. 1 Satz 3 unerheblich ist. Für den Bereich des § 769 ZPO gilt daher, dass die Zwangsvollstreckung auch gegen Sicherheitsleistung eingestellt oder nur gegen Sicherheitsleistung fortgesetzt werden kann. Auch können bereits angeordnete Vollstreckungsmaßregeln gegen Sicherheitsleistung aufgehoben werden (LAG Köln 16. 5. 1983 DB 1983, 1827; ArbGG-*Krönig* § 62 Rn. 18; GK-ArbGG/*Vossen* § 62 Rn. 39).

Die gleichen Grundsätze wie bei der Vollstreckungsabwehrklage gelten für die **Drittwiderspruchsklage** des § 771 ZPO, da in § 771 Abs. 3 ZPO die Vorschriften der §§ 769, 770 ZPO für entsprechend anwendbar erklärt worden sind. 51

Auch in den Fällen des § **732 Abs. 2 ZPO** ist eine Einstellung der Zwangsvollstreckung ohne die einschränkenden Voraussetzungen des § 62 Abs. 1 Satz 3 möglich. Das Gleiche gilt im Rahmen des § 766 Abs. 1 Satz 2 ZPO sowie des § 768 ZPO. In all diesen Fällen wird nämlich die Berechtigung der Zwangsvollstreckung selbst in Zweifel gezogen, während dies bei § 62 Abs. 1 Satz 3 nicht von entscheidender Bedeutung ist. 52

IV. Verfahren der Vollstreckung

Durch § 62 Abs. 2 ist außerhalb der durch Abs. 1 festgelegten Besonderheiten in vollem Umfange auf die Vorschriften des 8. Buches der ZPO, also der §§ 704 bis 945 ZPO, verwiesen. Diese Bestimmungen gelten unmittelbar. Ein Unterschied zum Verfahren vor den ordentlichen Gerichten besteht nicht. 53

Die **Einschränkung der Kostenerstattungsfähigkeit** in erster Instanz, die durch § 12 a Abs. 1 enthalten ist, gilt nicht für das Vollstreckungsverfahren. Durch § 12 a Abs. 1 soll lediglich das Prozessrisiko für die Parteien in kostenrechtlicher Sicht gemindert werden. Dieser Grundsatz gilt aber nicht mehr dann, wenn ein Prozessrisiko nicht mehr vorhanden ist (LAG Frankfurt 16. 10. 1967 BB 1968, 630). Eine Ausnahme gilt jedoch für die Vollstreckungsabwehrklage des § 767 ZPO bzw. die Klage gegen eine Vollstreckungsklausel des § 768 ZPO. Hier handelt es sich um ein Verfahren, bei dem ein Prozessrisiko bestehen kann, so dass der Grundgedanke des § 12 a Abs. 1 Anwendung findet (*Schaub* ArbGV § 49 Rn. 19). Auch bei den Verfahren des Arrestes bzw. der Einstweiligen Verfügung entsteht ein Prozessrisiko. Diese sind auch von ihrer Rechtsnatur her dem streitigen Verfahren und nicht dem Vollstreckungsverfahren zuzuordnen. Für diese Verfahren gilt daher auch der Grundsatz des § 12 a Abs. 1. 54

1. Vollstreckung einzelner Ansprüche

a) Geldforderungen

55 Die Zwangsvollstreckung wegen Geldforderungen richtet sich nach den §§ 803 bis 882a ZPO. Besondere Probleme, die sich gerade aus dem arbeitsgerichtlichen Verfahren ergeben, sind in diesem Zusammenhang nicht erkennbar. Die Vollstreckung in **bewegliche körperliche Sachen** richtet sich nach §§ 808 ff. ZPO. Die Unpfändbarkeitsregelungen in § 811 ZPO sind zu beachten. Die Verwertung erfolgt nach §§ 814, 816 ff. ZPO. Die Vollstreckung **in Forderungen** erfolgt durch das Amtsgericht als Vollstreckungsgericht, § 764 Abs. 1 ZPO. Maßgeblich sind weiter in erster Linie die §§ 850 ff. sowie 829 ff. ZPO (dazu unten Rn. 65).

56 Ein besonders häufiger Fall ist hier nur die Notwendigkeit der **Vollstreckung eines Bruttobetrages** (dazu näher auch oben § 46 Rn. 55 ff. m. w. Nachw.). Es ist anerkannt, dass eine Verurteilung zu einem Bruttobetrag grundsätzlich zulässig ist. Auch die Klage auf einen Bruttobetrag abzüglich eines bestimmten Nettobetrages ist zulässig (zu beiden Problembereichen oben § 46 Rn. 55 ff.). Unzulässig ist dieser Antrag lediglich dann, wenn ein unbestimmter Nettobetrag in Abzug gebracht werden soll, beispielsweise „abzüglich gezahlten Arbeitslosengeldes" oder „abzüglich gezahlten Krankengeldes" (BAG 15. 11. 1978 AP BGB § 613a Nr. 14). In all diesen Fällen ist bei der Zwangsvollstreckung der Gesamtbetrag des Bruttolohnes beizutreiben, soweit nicht im Rahmen der Zwangsvollstreckung eine Berechnung der Abzüge möglich ist. Es ist dann Sache des Arbeitnehmers, die Lohnabzüge im Einzelnen zu errechnen und an das Finanzamt bzw. den Sozialversicherungsträger abzuführen (dazu oben § 46 Rn. 55). Bei einer Vollstreckung eines **Bruttolohnbetrages abzüglich eines Nettobetrages** ist bei Beitreibung des gesamten Bruttobetrages der Nettobetrag unmittelbar in Abzug zu bringen, so dass lediglich der noch offene Restbetrag beigetrieben werden kann. Allerdings kann der Arbeitgeber auch seinerseits die ihm obliegende Pflicht zur Abführung der Lohnabzüge an die dafür zuständigen Stellen erfüllen. In diesem Falle hat der Arbeitgeber bei einem Bruttobetrag die einzelnen Abzüge zu errechnen und an die zuständigen Stellen abzuführen. Gegenüber dem Gerichtsvollzieher muss er die Abführung der Abzüge durch Quittungen nachweisen, § 775 Nr. 4 ZPO. Durch die Abführung ist insoweit Erfüllung eingetreten, wird die Vollstreckung gleichwohl weiter fortgesetzt, kann Vollstreckungsabwehrklage gem. § 767 ZPO erhoben werden, auch kann eine einstweilige Einstellung der Zwangsvollstreckung gem. § 769 ZPO erfolgen. Ferner wäre die nachgewiesene Erfüllung ein Grund für die Einstellung der Zwangsvollstreckung nach § 62 Abs. 1, die Vollstreckung eines bereits erfüllten Betrages würde einen nicht zu ersetzenden Nachteil bringen, da dieser Betrag unzweifelhaft nicht mehr geschuldet wird. Etwas anderes gilt, wenn gegenüber einer Bruttolohnforderung im Prozess die **Aufrechnung** mit einer Nettoforderung erklärt wird. In diesem Falle steht die materielle Rechtskraft des Urteils gemäß § 322 Abs. 2 ZPO nicht fest, eine entsprechende Verurteilung wäre unbestimmt, eine Vollstreckung aus ihr wäre nicht möglich.

57 Ist in einem Vergleich die Vereinbarung getroffen worden, dass eine **Abfindung brutto = netto** zu zahlen ist, so kann im Wege der Zwangsvollstreckung ebenfalls lediglich der Bruttobetrag beigetrieben werden. Die Frage, ob von dem Abfindungsbetrag gesetzliche Abzüge abzuführen sind und durch wen dies gegebenenfalls zu erfolgen hat, kann im Vollstreckungsverfahren nicht geprüft werden. Die Vereinbarung der Zahlung eines Betrages brutto = netto ist hinsichtlich der Abgabenpflichtigkeit nicht ohne weiteres eindeutig, die Parteien eines Rechtsstreits sind auch nicht befugt, steuerrechtliche bzw. sozialversicherungsrechtliche Fragen der Abgabenfreiheit durch eine Vereinbarung anders als die gesetzlichen Vorschriften zu regeln.

IV. Verfahren der Vollstreckung § 62

b) Herausgabe von Sachen

Die Zwangsvollstreckung zur Erwirkung der Herausgabe von Sachen richtet sich nach §§ 883 bis 898 ZPO. Auch hier ergeben sich im Wesentlichen keine durch das arbeitsrechtliche Verfahren bedingten Besonderheiten. Die Herausgabe von **Arbeitspapieren** ist nach § 883 ZPO zu vollstrecken. Lautet der Titel, aus dem die Vollstreckung betrieben wird, nur auf Herausgabe der Arbeitspapiere, so kann nicht gleichzeitig die Auffüllung der Papiere durch den Schuldner im Rahmen der Zwangsvollstreckung verlangt werden, insbesondere kann er nicht nach § 888 Abs. 1 ZPO durch Zwangsgeld oder Zwangshaft zur Vornahme der Eintragungen angehalten werden, da es an einem geeigneten Titel fehlt (LAG Nürnberg 25. 6. 1979 ARSt. 1981, 80; LAG Frankfurt 25. 6. 1980 DB 1981, 534). Erst wenn der Titel auch die Ausfüllung bzw. Berichtigung der Arbeitspapiere beinhaltet, kann eine Vollstreckung nach § 888 ZPO in Betracht kommen. Nur in diesem Falle kann auch die Verurteilung mit einer Verpflichtung nach § 61 Abs. 2 verbunden werden, mit der Folge, dass dann die Zwangsvollstreckung nach §§ 887 und 888 ZPO ausgeschlossen ist. Die Verurteilung zur bloßen Herausgabe der Arbeitspapiere beinhaltet keine Verpflichtung zur Vornahme einer Handlung, so dass ein Antrag nach § 61 Abs. 2 nicht möglich ist. Zur Herausgabe von Dienstwagen durch einstweilige Verfügung vgl. *Schmiedl* (BB 2002, 992 ff.). 58

c) Erwirkung von Handlungen

Die Erwirkung von Handlungen wird nach §§ 887, 888 ZPO vollstreckt. Bei diesen Fällen kann die klagende Partei nach **§ 61 Abs. 2** jedoch auch beantragen, dass der Beklagte für den Fall, dass die Handlung nicht binnen einer bestimmten Frist vorgenommen wird, zur Zahlung einer nach freiem Ermessen festzusetzenden Entschädigung verurteilt wird. In diesem Falle ist eine Vollstreckung nach §§ 887, 888 ZPO nicht möglich (dazu oben § 61 Rn. 39, 41). 59

Während im Zwangsvollstreckungsverfahren grundsätzlich auch für arbeitsgerichtliche Titel das Amtsgericht stets das Vollstreckungsgericht ist, § 764 ZPO (unten Rn. 76), hat die **Erzwingung** der Handlungen und Unterlassungen nach §§ 887 ff. **durch das Prozessgericht** zu erfolgen. Das bedeutet, dass in diesen Fällen nicht das Amtsgericht, sondern vielmehr das Arbeitsgericht tätig werden muss (*Grunsky* § 62 Rn. 11; *Hauck/Helml* § 62 Rn. 17). Das Arbeitsgericht ist selbst dann zuständig, wenn der Prozess selbst noch in der Berufungs- oder der Revisionsinstanz anhängig ist oder aber, wenn es um die Vollstreckung eines Titels aus einer höheren Instanz geht. Die Beschlüsse werden grundsätzlich außerhalb der mündlichen Verhandlung nach § 53 Abs. 1 Satz 1 durch den Vorsitzenden allein gefasst. Ergehen die Beschlüsse nach mündlicher Verhandlung, müssen sie von allen an der Verhandlung teilnehmenden Richtern unterzeichnet werden (LAG Düsseldorf 8. 3. 1979 EzA ZPO § 929 Nr. 1), die Sondervorschrift des § 60 Abs. 4 Satz 1 hinsichtlich der Alleinunterzeichnungsbefugnis des Vorsitzenden bei Urteilen ist auf diese Beschlüsse nicht entsprechend anwendbar. § 55 Abs. 1 Nr. 6 gilt hier nicht, es handelt sich nicht um eine Entscheidung im Zusammenhang mit der Einstellung der Zwangsvollstreckung. Gegen die Entscheidung des Arbeitsgerichts ist die **sofortige Beschwerde** gem. § 793 ZPO i. V. m. § 78 gegeben. Das Landesarbeitsgericht kann ebenfalls ohne mündliche Verhandlung entscheiden, in diesem Falle unterzeichnet auch nur der Vorsitzende den entsprechenden Beschluss. Hat eine mündliche Verhandlung stattgefunden, ist die Unterzeichnung des Beschlusses durch die ehrenamtlichen Richter erforderlich. Eine Rechtsbeschwerde kann nach § 78 Satz 2 i.V. § 72 Abs. 2 zugelassen werden. 60

Vor der Entscheidung über die Verhängung der Zwangsmittel ist dem Schuldner **rechtliches Gehör** zu gewähren, § 891 Satz 2 ZPO. Der Einwand, dass die Handlung bereits vorgenommen worden ist, kann nur dann berücksichtigt werden, wenn die Erfüllung entweder unstreitig ist oder aber gem. § 775 Nr. 3 und 4 ZPO nachgewiesen wird (LAG 61

München 27. 8. 1980 AMBl. 1981 C 19; vgl. zum Erfüllungseinwand auch OLG Köln 5. 2. 2003 MDR 2003, 894; *Musielak/Lackmann* § 888 Rn. 8 m. w. Nachw.; BGH 5. 11. 2004 NJW 2005, 367, 369 m. w. Nachw. Für § 887 ZPO). Ein Zwangsmittel kann weiter nicht angeordnet werden, wenn sich im Vollstreckungsverfahren ergibt, dass die Vollstreckung nicht mehr möglich ist, weil beispielsweise die Handlung nicht mehr vorgenommen werden kann. Dies wäre der Fall bei Handlungen, die nur fristgemäß zu erbringen sind, wie dies bei einer Zwangsvollstreckung wegen einer Arbeitsleistung oder aber wegen einer Weiterbeschäftigung der Fall ist, hier kann nur für die Zukunft eine Vollstreckung möglich sein, nicht jedoch für die Vergangenheit.

62 Im arbeitsgerichtlichen Verfahren besonders **häufige Anwendungsfälle** der §§ 887, 888 ZPO sind beispielsweise:
- **Abmahnung:** Der Anspruch auf Entfernung von Abmahnungen aus einer Personalakte ist allein nach den Grundsätzen der Vollstreckung über unvertretbare Handlungen vorzunehmen (LAG Frankfurt/Main 9. 6. 1993 NZA 1994, 288). Eine Ersatzvornahme durch Wegnahme ist nicht möglich, da allein der Arbeitgeber die Befugnis zur Verfügung über die Personalakten hat.
- **Arbeitsleistung:** Ob es sich hierbei um eine vertretbare oder unvertretbare Handlung handelt, ist umstritten. Wegen des personalen Elementes wurde die Auffassung vertreten, dass eine unvertretbare Handlung vorliegt mit der Folge, dass eine Zwangsvollstreckung nach § 888 Abs. 2 ZPO nicht möglich ist (zu den einzelnen Begründungen MünchArbR/*Blomeyer* § 50 Rn. 2 m. w. Nachw.; MünchKomm/*Müller-Glöge* § 611 Rn. 420; *Wenzel* JZ 1962, 590; LAG Düsseldorf 17. 9. 1957 BB 1958, 82). Nach anderer Auffassung soll das personale Element zumindest dann nicht im Vordergrund stehen, wenn es dem Arbeitgeber wirtschaftlich gleichgültig sei, von wem die Arbeitsleistung erbracht werde (*Baumbach/Hartmann* § 887 Rn. 20; *Schwab/Weth/Walker* § 62 Rn. 66; *Grunsky* § 62 Rn. 13; vgl. auch MünchArbR/*Jacobs* § 346 Rn. 7, der nach der Qualität der Arbeitsanforderungen differenzieren will). Der Gesetzgeber hat durch die Regelung in § 888 Abs. 2 ZPO allerdings zu erkennen gegeben, dass er im Regelfall davon ausgeht, dass die Vollstreckung im Falle der Verurteilung zur Leistung von Diensten eine unvertretbare Handlung darstellt, so dass eine Vollstreckung wegen § 888 Abs. 2 ZPO nicht möglich ist. Eine Ausnahme von diesem Grundsatz, der unmittelbar auch für das Arbeitsverhältnis angewendet werden kann, kann nur dann in Betracht kommen, wenn es sich um eine Arbeitsleistung handelt, bei der es gleichgültig ist, wer sie erbringt. Zumindest bei höherwertigen Diensten bzw. Arbeitsleistungen wird dies aber ausscheiden, nur bei einfachen Arbeitsleistungen kann eine Vollstreckung nach § 887 ZPO erfolgen (vgl. zu dem Ganzen auch LAG Berlin 6. 6. 1986 BB 1986, 1368; GK-ArbGG/*Vossen* § 62 Rn. 46).
- **Arbeitspapiere:** Die Ausfüllung bzw. Berichtigung der Arbeitspapiere ist nach § 888 ZPO zu vollstrecken (dazu oben Rn. 60), die Herausgabe nach § 883 ZPO (oben Rn. 58).
- **Arbeitszeitverkürzung:** Wird ein Arbeitgeber verurteilt, der Arbeitzeitverkürzung für einen Arbeitnehmer zuzustimmen, § 8 Abs. 4 Satz 1 TzBfG, handelt es sich um die Verurteilung zur Abgabe einer Willenserklärung, es gilt § 894 ZPO (GK-ArbGG/*Vossen* § 62 Rn. 47 unter Hinweis auf BAG 19. 8. 2003 ZTR 2004, 542 ff.; 12. 9. 2006 ZTR 2007, 214 ff.; dazu schon BAG 18. 2. 2003 NZA 2003, 1392).
- **Auskunft usw.:** Die Erteilung einer Auskunft, beispielsweise über Umsätze, provisionspflichtiges Einkommen usw., auch die betriebsverfassungsrechtlichen Auskunftsrechte beinhalten unvertretbare Handlungen, so dass eine Vollstreckung nach § 888 ZPO zu erfolgen hat. Das Gleiche gilt für die Gewährung der Einsicht in Unterlagen, Lohnlisten usw. sowie die Rechnungslegung, soweit nur der Schuldner in der Lage ist, die entsprechende Handlung vorzunehmen (vgl. dazu LAG Hamm 21. 8. 1973 DB 1973,

IV. Verfahren der Vollstreckung § 62

1951 und 11. 8. 1983 DB 1983, 2257). Demgegenüber handelt es sich um eine vertretbare Handlung, wenn ein Buchauszug zu erteilen ist oder wenn mit der Auskunft auch Belege, Bücher und Bilanzen vorgelegt werden müssen (vgl. LAG Hamm 11. 8. 1983 DB 1983, 2257). Soweit die Herausgabe keine weiteren Handlungen des Vollstreckungsschuldners erfordert, kann auch eine Vollstreckung nach § 883 ZPO in Betracht kommen. In diesem Fall müssen allerdings die Belege, Bücher und Bilanzen so genau bezeichnet sein, dass eine Vollstreckung durch Wegnahme erfolgen kann.

- **Einsichtnahme:** Die Gewährung der Einsicht in Gehaltslisten, Bewerberlisten, Personalakten usw. ist eine unvertretbare Handlung, die Vollstreckung richtet sich nach § 888 ZPO. Soweit die Listen herauszugeben sind, wie dies beispielsweise bei der Herausgabe von Verzeichnissen für die Wahl von Betriebsverfassungsorganen usw. der Fall ist, kann die Vollstreckung dann eine unvertretbare Handlung zum Gegenstand haben, wenn nur der Vollstreckungsschuldner in der Lage ist, diese Verzeichnisse zu erstellen (LAG Hamm 13. 5. 1977 DB 1977, 1271). Die Vorlage von Bewerbungsunterlagen im Rahmen des § 99 BetrVG bzw. die Gewährung der Einsicht in die Listen über die Bruttolöhne und -gehälter gem. § 80 Abs. 2 BetrVG ist ebenfalls eine unvertretene Handlung mit der Vollstreckungsmöglichkeit nach § 888 ZPO.
- **Entgeltabrechnung:** Die Erteilung einer Entgeltabrechnung ist grundsätzlich eine vertretbare Handlung (LAG Hamm 11. 8. 1983 DB 1983, 2256). Etwas anderes kann nur dann gelten, wenn die Berechnung wegen mangelhafter Unterlagen von einem Dritten nicht vorgenommen werden kann. Auch die Provisionsabrechnung ist grundsätzlich eine vertretbare Handlung, nur in Sonderfällen kann eine unvertretbare Handlung angenommen werden.
- **Konkurrentenklage:** Erfolgt eine Verurteilung zur Zahlung von Schadenersatz, ist eine Vollstreckung wie bei Geldforderungen möglich. Erfolgt eine Verurteilung zur Einstellung oder Beförderung bzw. Höhergruppierung handelt es sich um eine solche zur Abgabe einer Willenserklärung. Es gilt dann § 894 ZPO. Erfolgt eine Verurteilung zur Neubescheidung oder zur erneuten Vornahme des Auswahlverfahrens kann § 894 ZPO keine Anwendung finden, es handelt sich nicht um Eine Verurteilung zur Abgabe einer Willenserklärung, sondern um eine solche zur Vornahme einer Handlung. Die Vollstreckung erfolgt nach § 888 ZPO.
- **Lohnabrechnung:** siehe Entgeltabrechnung
- **Urlaubsanspruch:** Die Verurteilung zur Gewährung von Erholungsurlaub beinhaltet die Verurteilung zur Abgabe einer Willenserklärung. Die Vollstreckung richtet sich nach § 894 ZPO
- **Weiterbeschäftigungsanspruch:** Sowohl bei dem allgemeinen Weiterbeschäftigungsanspruch als auch bei demjenigen auf Grund des § 102 Abs. 5 BetrVG handelt es sich um eine unvertretbare Handlung, da der Arbeitgeber seinerseits Handlungen erbringen muss wie z. B. das Zurverfügungstellen eines Arbeitsplatzes. Es ist daher allgemein anerkannt, dass die Vollstreckung eines Anspruches nach § 888 ZPO zu erfolgen hat (LAG Bremen 21. 2. 1983 EzA ArbGG 1979 § 62 Nr. 10 m. Anm. *Vollkommer;* LAG Berlin 26. 9. 1980 AR-Blattei Zwangsvollstreckung Nr. 33; 19. 1. 1978 EzA ZPO § 888 Nr. 1; 14. 6. 2001 LAGE ZPO § 888 Nr. 46; LAG Köln 17. 2. 1988 DB 1988, 660; LAG Frankfurt 11. 3. 1988 NZA 1988, 743). Voraussetzung für die Vollstreckung ist allerdings, dass entweder zwischen den Parteien unstreitig ist, zu welchen Arbeitsbedingungen die Weiterbeschäftigung erfolgen soll, oder aber, dass die wesentlichen Arbeitsbedingungen im Tenor oder zumindest im Tatbestand oder in den Entscheidungsgründen des Urteils angegeben sind (vgl. dazu LAG Schleswig-Holstein 6. 1. 1987 NZA 1987, 322 f.; LAG Bremen 18. 11. 1988 NZA 1989, 231; vgl. aber LAG Rheinland-Pfalz 7. 1. 1986 NZA 1986, 196). In jedem Fall ist es nicht möglich, im Rahmen des Zwangsvollstreckungsverfahrens zu klären, zu welchen Arbeitsbedingungen die Weiterbeschäftigung zu erfolgen hat. Auch kann aus einem Weiterbeschäf-

tigungstitel nur der Beschäftigungsanspruch, nicht jedoch ein damit zusammenhängender Anspruch auf Entgelt, Urlaub, Zuwendungen etc. vollstreckt werden (LAG Bremen a. a. O.). Nicht erforderlich ist es, dass sich aus dem Titel eine zeitliche Beschränkung des Weiterbeschäftigungsanspruchs ergibt (so aber LAG Hamm 29. 8. 1979 BB 1980, 160 m. abl. Anm. von *Frohner,* S. 162). Denn die Vollstreckung des Weiterbeschäftigungsanspruches betrifft regelmäßig nur die Weiterbeschäftigungspflicht bis zum rechtskräftigen Abschluss des Kündigungsschutzprozesses. Der allgemeine Beschäftigungsanspruch bei fortbestehendem Arbeitsverhältnis ab Rechtskraft des Urteils im Kündigungsschutzverfahren wird von einer Verurteilung zur vorläufigen Weiterbeschäftigung nicht erfasst (LAG Köln 24. 6. 1987 NZA 1988, 39; LAG Frankfurt 11. 3. 1988 NZA 1988, 743). Eine Vollstreckung des Weiterbeschäftigungsanspruches ist nicht möglich, wenn entweder in der Zwischenzeit der Arbeitsplatz weggefallen ist (LAG Hamm 29. 8. 1984 AuR 1985, 62; ihm folgend LAG Hamm 15. 2. 1991 LAGE ZPO § 888 Nr. 22, vgl. dazu aber die Einschränkungen oben Rn. 22) oder wenn sonst objektive Hindernisse, die vom Arbeitgeber nicht beeinflusst werden können, der Beschäftigung entgegenstehen (z. B. Krankheit des Arbeitnehmers, Bestehen eines Beschäftigungsverbotes, von Dritten erteiltes Hausverbot usw., vgl. dazu LAG Berlin 6. 6. 1986 BB 1986, 1368). Nimmt ein Arbeitnehmer bei einer **Änderungskündigung** unter Vorbehalt die neuen Arbeitsbedingungen an, so kommt ein Anspruch auf Weiterbeschäftigung am bisherigen Arbeitsplatz nur dann in Betracht, wenn die Änderung der Arbeitsbedingungen aus betriebsverfassungsrechtlichen Gründen unwirksam ist (LAG Düsseldorf 25. 1. 1993 BB 1993, 1151). Das **Zwangsgeld** ist in einem **einheitlichen Betrag** anzudrohen und festzusetzen, es ist unzulässig, für jeden Tag der Nichtbeschäftigung (Zuwiderhandlung) ein Ordnungsgeld zu verhängen (LAG Berlin 5. 7. 1985 NZA 1986, 36; GK-ArbGG/*Vossen* § 62 Rn. 51). Die Vorschrift des § 890 ZPO kann in diesem Falle nicht entsprechend angewendet werden. Der allgemeine Beschäftigungsanspruch im Rahmen eines bestehenden Arbeitsverhältnisses ist ebenfalls nach § 888 ZPO zu vollstrecken, auch hier handelt es sich um eine unvertretbare Handlung (LAG Berlin 19. 1. 1978 EzA ZPO § 888 Nr. 1; 5. 7. 1985 NZA 1986, 36).

- **Wettbewerbsverbot:** Die Einhaltung eines Wettbewerbsverbots wird durch einen Unterlassungsanspruch gewährleistet. Die Vollstreckung erfolgt nach § 890 ZPO.
- **Zeugnis:** Die Vollstreckung eines Titels auf Erteilung oder Berichtigung eines Zeugnisses erfolgt nach § 888 ZPO. Es handelt sich hier um eine nicht vertretbare Handlung (LAG Frankfurt 25. 6. 1980 DB 1981, 534 f.). Im Vollstreckungsverfahren kann nicht überprüft werden, ob das Zeugnis inhaltlich zutreffend ist, auch kann ein bestimmter Inhalt nicht erzwungen werden, es sei denn, dieser ergäbe sich unmittelbar aus dem der Vollstreckung zu Grunde liegenden Titel (dazu LAG München 23. 5. 1967 AP ZPO § 888 Nr. 7; a. A. wohl LAG Düsseldorf 8. 1. 1958 AP ZPO § 888 Nr. 1 m. Anm. *Zöllner*). Die inhaltliche Richtigkeit kann vielmehr nur in einem gesonderten Verfahren geltend gemacht werden (LAG Frankfurt 14. 8. 1980, DB 1981, 648). Im Zwangsvollstreckungsverfahren überprüfbar ist nur, ob das Zeugnis den allgemeinen Anforderungen an Form und Inhalt entspricht. Eine Anwendbarkeit des § 894 ZPO scheidet aus, da es bei einem Zeugnis nicht allein auf den Inhalt ankommt, sondern auch auf die Form, in der es schriftlich niedergelegt wird. Die Zeugniserteilung ist eine Handlung, die untrennbar mit einer Willenserklärung verbunden ist.

d) Vollstreckung der Abfindungszahlung bei Auflösung des Arbeitsverhältnisses

63 Umstritten ist, ob ein Urteil auf Zahlung einer Abfindung gem. §§ 9, 10 KSchG hinsichtlich der Abfindungssumme nicht vorläufig vollstreckbar ist, da es sich um ein richterliches Gestaltungsurteil handele, das erst mit Eintritt der Rechtskraft vollstre-

IV. Verfahren der Vollstreckung §62

ckungsfähig werde. Einem Vollstreckungsantrag fehle daher vor Eintritt der Rechtskraft das Rechtsschutzinteresse (LAG Hamburg 28. 12. 1982 DB 1983, 724; LAG Berlin 17. 2. 1986 LAGE KSchG § 9 Nr. 1). Demgegenüber wird die Auffassung vertreten, dass ein solches Urteil auch im Hinblick auf die Verurteilung des Arbeitgebers zur Zahlung einer Abfindung vorläufig vollstreckbar sei (LAG Bremen 31. 8. 1983 MDR 1983, 1054; 30. 8. 1983, ebenda). Dieser Auffassung hat sich auch das Bundesarbeitsgericht angeschlossen (BAG 9. 12. 1987 NZA 1988, 329; vgl. bereits 13. 5. 1969 AP KSchG § 8 Nr. 2; vgl. ferner LAG Frankfurt 14. 8. 1986 NZA 1987, 211; LAG Hamm 17. 7. 1975 BB 1975, 1068).

Der Auffassung die eine **vorläufige Vollstreckbarkeit** annimmt, ist zu folgen, die Verurteilung zur Zahlung der Abfindung nach §§ 9, 10 KSchG entsteht zwar endgültig erst im Zeitpunkt der Rechtskraft der Entscheidung, die die Auflösung des Arbeitsverhältnisses bewirkt. Dann ist aber auch der Zahlungsanspruch bereits endgültig und nicht erst vorläufig vollstreckbar entstanden. Auflösung des Arbeitsverhältnisses und Abfindung stellen eine Einheit dar, die prozessrechtlich nicht getrennt werden kann. Für die Frage der vorläufigen Vollstreckbarkeit kommt es wie bei jedem anderen Urteil allein darauf an, dass die Entscheidung in dieser Form besteht, ohne Rücksicht darauf, ob ihre Wirkungen bereits endgültig eingetreten wären. Das Wesen der vorläufigen Vollstreckbarkeit ist es gerade, dass noch keine endgültigen Rechtsfolgen eingetreten sind. Dem trägt auch die Regelung des § 717 Abs. 2 und 3 ZPO Rechnung. Bei der Abfindungsverurteilung handelt es sich auch nicht um ein Gestaltungsurteil, da diese regelmäßig ohne einen bestimmten Leistungsbefehl ausgesprochen werden, die Zahlungsverurteilung enthält demgegenüber einen Leistungsbefehl (BAG 9. 12. 1987 NZA 1988, 329, 330; zu dem ganzen auch *Grunsky* § 62 Rn. 1). 64

2. Vollstreckung in Forderungen

Für die Vollstreckung in Forderungen finden die Vorschriften der §§ 828 ff. ZPO auch im arbeitsrechtlichen Verfahren Anwendung. **Vollstreckungsgericht ist das Amtsgericht,** § 828 Abs. 1 ZPO i. V. m. § 764 ZPO. Die örtliche Zuständigkeit richtet sich nach § 828 Abs. 2 ZPO, danach ist Vollstreckungsgericht das Amtsgericht, bei dem der Vollstreckungsschuldner im Inland seinen allgemeinen Gerichtsstand hat. In anderen Fällen ist das Amtsgericht zuständig, bei dem nach § 23 ZPO gegen den Vollstreckungsschuldner Klage erhoben werden kann. Einzige Ausnahme von diesem Zuständigkeitsgrundsatz stellt die Regelung des § 930 Abs. 1 Satz 3 ZPO dar. Die Pfändung eines Rechts bzw. einer Forderung auf Grund eines Arrestbefehls fällt danach in die ausschließliche Zuständigkeit des Arrestgerichts des § 919 ZPO (BGH 9. 6. 1976 NJW 1976, 1453; *Musielak/Huber* § 930 Rn. 3). In diesem Falle kann daher die Zuständigkeit bei dem Arbeitsgericht liegen, das den Arrestbefehl erlassen hat. Der Pfändungsbeschluss kann mit dem Arrestbefehl verbunden werden. Die Zuständigkeit gilt auch für die Erinnerung nach § 766 ZPO (BGH 9. 6. 1976 BGHZ 66, 394; OLG Frankfurt 2. 7. 1980 Rpfleger 1980, 485; *Musielak/Huber* § 930 Rn. 3). 65

Bei der Pfändung von Lohn- und Gehaltsansprüchen fallen **Rechtsstreitigkeiten zwischen dem Pfändungsgläubiger und dem Drittschuldner** in die Zuständigkeit der Gerichte für Arbeitssachen (dazu oben § 3 Rn. 9). Für den Anspruch des Pfändungsgläubigers aus § 840 ZPO kann, da der Anspruch nicht von dem Schuldner abgeleitet ist, eine Zuständigkeit der Gerichte für Arbeitssachen nur nach § 2 Abs. 3 folgen, es muss also ein rechtlicher und zeitlicher Zusammenhang mit einem anderen Anspruch bestehen (vgl. dazu und zu dem Streitstand oben § 3 Rn. 9; *Grunsky* § 3 Rn. 5; BAG 23. 9. 1960 AP ArbGG 1953 § 61 Kosten Nr. 3). 66

Ein Pfändungs- und Überweisungsbeschluss muss die **zu pfändende Forderung** so **bestimmt bezeichnen,** dass bei Auslegung des Beschlusses auch für Dritte kein Zweifel am Gegenstand der Zwangsvollstreckung besteht. Die genaue Kennzeichnung in allen 67

§ 62

Einzelheiten der Forderung ist nicht notwendig, es genügt, wenn allgemeine Angaben vorhanden sind, aus denen Schuldner und Drittschuldner ohne weiteres entnehmen können, auf welche Forderung sich die Zwangsvollstreckung erstrecken soll (BAG 15. 1. 1975 AP ZPO § 850 c Nr. 3; 12. 9. 1979 AP ZPO § 850 Nr. 10). Im Regelfall genügt die Angabe, dass das Arbeitseinkommen gepfändet wird (BAG a. a. O.). In diesem Falle werden auch die Abfindung des Arbeitnehmers nach § 9, 10 KSchG (BAG 12. 9. 1979 AP a. a. O.) sowie auch Sozialplanabfindungen und Ansprüche aus § 113 BetrVG erfasst. Der Pfändung unterliegen auch nicht abgerechnete Lohnabschlagszahlungen und Lohnvorschüsse aus der Zeit vor Zustellung des Pfändungs- und Überweisungsbeschlusses. Diese Ansprüche werden grundsätzlich auf den pfändungsfreien Betrag angerechnet (BAG 11. 2. 1987 NZA 1987, 485; BAG 9. 2. 1956 AP BGB § 394 Nr. 1). Die **grenzüberschreitende Forderungspfändung** weist besondere Probleme auf, da bei ihr nicht nur drei Personen, nämlich der Vollstreckungsgläubiger, der Vollstreckungsschuldner und der Drittschuldner beteiligt sind, sondern weil bei mindestens einer dieser drei Personen eine Auslandberührung besteht, und wenn sich die Forderung im Ausland befindet (dazu ausführlich *Hök* MDR 2005, 306 ff.). Zu beachtende Vorschriften enthalten hier die Verordnung (EG) Nr. 805/2004 v. 21. 4. 2004 (ABl. 2004 Nr. L 243, 15 ff.) sowie Art. 22 Nr. 5 EuGVVO bzw. Art 16 Nr. 5 EuGVÜ.

68 Die **Zustellung** eines Pfändungs- und Überweisungsbeschlusses, der die Ansprüche eines Arbeitnehmers gegen den Arbeitgeber pfändet, kann an den Drittschuldner nicht wirksam durch Aushändigung an den Schuldner bewirkt werden. Insoweit gilt die Bestimmung des § 185 ZPO entsprechend (BAG 15. 10. 1980 AP ZPO § 829 Nr. 7). Bei einer Zustellung des Pfändungs- und Überweisungsbeschlusses an eine Behörde als Drittschuldnerin tritt die Kenntnis von der Pfändung und Überweisung einer Lohn- oder Gehaltsforderung erst dann ein, wenn der Beschluss bei dem zuständigen Sachbearbeiter eingegangen ist (vgl. LAG Berlin 8. 10. 1968 AP BGB § 407 Nr. 1; LAG Hamm 25. 5. 1983 MDR 1983, 964).

69 Das **Pfändungspfandrecht erstreckt sich** auf die nach der Pfändung fällig werdenden Beträge an Lohn bzw. Gehalt, es sei denn, aus dem Pfändungs- und Überweisungsbeschluss würde sich etwas anderes ergeben, § 832 ZPO. Voraussetzung für die Anwendung des § 832 ZPO ist allerdings, dass die wiederkehrenden Ansprüche aus einem **einheitlichen Arbeitsverhältnis** erwachsen. Zwar muss hierbei nicht der Arbeitsvertrag unverändert bleiben, jedoch ist notwendig, dass das Arbeitsverhältnis im Wesentlichen das Gleiche geblieben ist, wenn es sich also um ein einheitliches Arbeitsverhältnis handelt. Kurze Unterbrechungen, wie beispielsweise durch Streik, Urlaub, sei er bezahlt oder unbezahlt, sowie Suspendierung des Arbeitnehmers stehen der Annahme eines einheitlichen Arbeitsverhältnisses nicht entgegen. Setzt sich ein Arbeitsverhältnis aus mehreren Arbeitsverträgen zusammen, so muss nach der Verkehrsauffassung und nach diesen Grundsätzen entschieden werden, ob es sich um ein einheitliches Arbeitsverhältnis oder um mehrere getrennte Arbeitsverhältnisse gehandelt hat (BAG 31. 12. 1956 AP ZPO § 832 Nr. 1 m. Anm. *Pohle*; 3. 10. 1957 AP ZPO § 832 Nr. 2 m. Anm. *Baumgärtel*). Keine Unterbrechung des Arbeitsverhältnisses stellt es dar, wenn ein Betrieb gem. § 613 a BGB übernommen wird. In diesem Falle besteht das bisherige Arbeitsverhältnis auch zu dem neuen Arbeitgeber fort, der Pfändungs- und Überweisungsbeschluss behält seine Wirkung (LAG Hamm 29. 9. 1975 BB 1976, 364).

70 Der **Pfändungsschutz** richtet sich bei Lohn- und Gehaltsansprüchen nach §§ 850 ff. ZPO. Der **Begriff des Arbeitseinkommens** im Sinne dieser Vorschriften erfasst alle sich aus einem Arbeitsverhältnis ergebenden Ansprüche des Arbeitnehmers. Arbeitseinkommen sind daher auch diejenigen Bezüge, die ein Arbeitnehmer zum Ausgleich für Wettbewerbsbeschränkungen beanspruchen kann; erfasst werden auch Sonderzuwendungen wie Treueprämien, Weihnachtsgratifikationen usw. Dies ergibt sich auch aus der Bestimmung des § 850 a ZPO (BAG 13. 7. 1959 AP ZPO § 850 Nr. 1; 4. 3. 1961 AP BGB § 611 Gratifikation Nr. 21). Erfasst werden auch Ansprüche eines Handelsvertreters auf

IV. Verfahren der Vollstreckung   § 62

Fixum und Provision (BAG 10. 12. 1962 AP ZPO § 850 Nr. 3). Ferner wird auch das während des Urlaubs zu zahlende Urlaubsentgelt, das an die Stelle des Arbeitsentgelts tritt, erfasst (BAG 30. 9. 1965 AP ZPO § 850 Nr. 5). Das Gleiche gilt für die Pfändung von Arbeitnehmersparzulagen, da diese übertragbar und damit gem. § 851 ZPO pfändbar sind (BAG 23. 7. 1976 AP 3. VermBG § 12 Nr. 1). Nicht in die Berechnung einzubeziehen sind Beträge, die unmittelbar auf Grund steuerrechtlicher Vorschriften zur Erfüllung gesetzlicher Verpflichtungen des Schuldners abzuführen sind, wie dies beispielsweise für die vom Arbeitslohn einzubehaltende Lohnsteuer und Kirchensteuer der Fall ist. Ist ein Arbeitnehmer von der Lohn- und Kirchensteuer befreit, können die darauf entfallenden Beträge auch nicht fiktiv als Abzüge berücksichtigt werden (BAG 15. 10. 1985 AP ZPO § 850e Nr. 1).

Die Schutzvorschriften gem. §§ 850 ff. ZPO finden dann **keine Anwendung,** wenn der **71** Arbeitnehmer im Rahmen seines Arbeitsverhältnisses **vorsätzlich** dem Arbeitgeber einen **Nachteil zugefügt** hat. In diesem Falle tritt der allgemeine Sozialschutz zurück (BAG 16. 6. 1960 AP BGB § 394 Nr. 8 m. Anm. *Pohle;* vgl. auch 28. 8. 1964 AP BGB § 394 Nr. 9 m. Anm. *Bötticher;* 5. 12. 1966 AP HGB § 75 b Nr. 1). Der Hauptfall derartiger Umgehungen ist in § 850h ZPO unter dem Begriff des „verschleierten Arbeitseinkommens" geregelt.

Bei der Anwendbarkeit des § 850d ZPO ist weiterhin zu berücksichtigen, dass der **72** **Übergang eines Unterhaltsanspruches** auf den Sozialhilfeträger nicht seinen Charakter verliert, er bleibt vielmehr als Unterhaltsanspruch bestehen, so dass für ihn die erleichterte Pfändbarkeit aus § 850d ZPO bestehen bleibt (BAG 18. 2. 1971 AP ZPO § 850d Nr. 9 m. Anm. *Biederbick;* vgl. auch 5. 12. 1966 AP HGB § 75b Nr. 1; *Grunsky* § 62 Rn. 17; a. A. *Baumbach/Hartmann* § 850d Rn. 1 m. w. Nachw.; *Frisinger* NJW 1972, 75).

3. Rechtsbehelfe

Hinsichtlich der Rechtsbehelfe ergeben sich im arbeitsgerichtlichen Verfahren keine **73** Besonderheiten. Für die Entscheidung über eine **Erinnerung** gem. § 766 ZPO ist ausschließlich das Vollstreckungsgericht zuständig, § 764 ZPO i. V. mit § 820 ZPO. Die Entscheidung trifft der Richter, § 20 Nr. 17 RPflG. Nur wenn ein Arbeitsgericht als Arrestgericht auch Vollstreckungsgericht ist, kann es über die Erinnerung nach § 766 ZPO entscheiden.

Für die **Vollstreckungsabwehrklage,** § 767 ZPO, ist bei im arbeitsgerichtlichen Ver- **74** fahren ergangenen Entscheidungen und abgeschlossenen Vergleichen das Arbeitsgericht in erster Instanz ausschließlich zuständig. Das gilt auch für vom Arbeitsgericht für vollstreckbar erklärte Schiedssprüche und schiedsrichterliche Vergleiche, §§ 107, 108. Das Gleiche gilt für Vergleiche, die vor Innungsausschüssen gem. § 111 Abs. 2 Satz 6 und 7 abgeschlossen worden sind, sowie für die von diesen erlassenen Sprüche, wenn sie von beiden Seiten anerkannt worden sind. Eine einstweilige Anordnung durch das Arbeitsgericht nach § **769 ZPO** kann erlassen werden (dazu oben Rn. 50).

Die **Drittwiderspruchsklage,** § 771 ZPO, ist vor dem Gericht zu erheben, in dessen **75** Bezirk die Vollstreckung erfolgt, eine Zuständigkeit des Arbeitsgerichts kann hier grundsätzlich nicht gegeben sein (LAG Berlin 7. 3. 1989 MDR 1989, 572). Gegenstand des Rechtsstreits ist nicht die Berechtigung der zugrunde liegenden Forderung, sondern die der Vollstreckung, ob nämlich ein dieser entgegenstehendes Recht besteht. Eine Zuständigkeit des Arbeitsgerichts als Arrestgericht dürfte für eine Drittwiderspruchsklage nicht in Betracht kommen.

4. Vollstreckungsgericht

Vollstreckungsgericht für Titel aus einem arbeitsgerichtlichen Verfahren ist **grundsätz- 76 lich das Amtsgericht,** § 764 ZPO. Es handelt sich um eine ausschließliche Zuständigkeit,

§ 802 ZPO. Örtlich zuständig ist das Amtsgericht, in dessen Bezirk die Vollstreckungshandlung vorzunehmen ist oder vorgenommen worden ist. Eine **Ausnahme** besteht dann, wenn das **Arbeitsgericht als Arrestgericht** tätig geworden ist, in diesem Fall ist das Arbeitsgericht für Vollstreckungsmaßnahmen aus dem Arrestbefehl ausschließlich zuständig, § 930 Abs. 1 Satz 1 ZPO (dazu auch oben Rn. 65).

V. Arrest und Einstweilige Verfügung

1. Anwendbarkeit der Vorschriften der ZPO

77 Unbeschränkt anwendbar im arbeitsgerichtlichen Urteilsverfahren sind auch die Vorschriften über den Arrest und die Einstweilige Verfügung der §§ 916 bis 945 ZPO, § 61 Abs. 2 (dazu auch *Korinth* Einstweiliger Rechtsschutz A Rn. 1 ff.; *Schuschke/Walker* vor § 916 Rn. 63). Beide Verfahrensarten gehören systematisch eigentlich nicht in das 8. Buch der ZPO, da es sich nicht um eine besondere Art der Zwangsvollstreckung handelt, sondern um ein **besonders geregeltes Eilverfahren**. Beide Verfahrensarten stehen selbständig neben dem Hauptprozess und können auch während des Laufes des Hauptsacheverfahrens anhängig gemacht und entschieden werden. Durch Arrest bzw. Einstweilige Verfügung können grundsätzlich nur vorläufige Maßnahmen angeordnet werden (LAG Düsseldorf 19. 8. 1977 DB 1977, 1952; 24. 10. 1977 DB 1978, 211). Sie können also im Regelfall nicht an die Stelle des normalen arbeitsgerichtlichen Verfahrens treten (zu den Ausnahmen vgl. unten Rn. 98 f.). Außerdem kann aus einem Verfahren des vorläufigen Rechtsschutzes nicht unmittelbar in das Hauptsacheverfahren übergegangen werden, vielmehr muss dieses gesondert anhängig gemacht werden.

78 Aus der Selbstständigkeit dieser Verfahren ergibt sich auch, dass gegen Entscheidungen dann unabhängig vom Hauptprozess die Möglichkeit der **Verfassungsbeschwerde** in Betracht kommt, wenn kein Rechtsmittel statthaft ist (vgl. dazu BVerfG 11. 5. 1976 BVerfGE 42, 163, 167; 5. 10. 1977 BVerfGE 46, 43, 51). Allerdings werden auch alle mit einem Rechtsmittel nicht anfechtbaren Entscheidungen des einstweiligen Rechtsschutzes von der Regelung des § 78 a erfasst, mit der **eine Gehörsverletzung** gerügt werden kann (*Schwab/Weth/Schwab* § 78 a Rn. 5; *Zöller/Vollkommer* ZPO § 321 a Rn. 3). Eine Korrektur der Gehörsverletzung im Hauptsacheverfahren reicht nicht aus (*Schwab/Weth/Schwab* § 78 a Rn. 5; *Treber* NJW 2005, 98). Zu beachten ist allerdings, dass eine Entscheidung ggf. auch ohne mündliche Verhandlung ergehen kann (dazu unten Rn. 83), der Gesetzgeber also in bestimmten Umfange auch eine Einschränkung der Gewährung des rechtlichen Gehörs wegen der Eilbedürftigkeit der Entscheidung vorgesehen hat, § 922 ZPO. Allerdings ist in diesem Falle die Möglichkeit des Widerspruchs gegeben, § 924 Abs. 1 ZPO, so dass spätestens bei diesem das rechtliche Gehör zu gewähren wäre. Für den Erlass einer Einstweiligen Verfügung im **Beschlussverfahren** gilt die Sonderbestimmung des § 85 Abs. 2 (dazu unten § 85 Rn. 29 ff.).

2. Verfahrensmäßige Besonderheiten

a) Zuständigkeit

79 Im **Arrestverfahren** ist **grundsätzlich das Gericht der Hauptsache** zuständig, also das Arbeitsgericht, das in dem Hauptsacheverfahren zu entscheiden hätte. Im Falle einer Anspruchshäufung richtet sich die Zuständigkeit danach, welcher Anspruch durch den Arrest gesichert werden soll. Wird in der Hauptsache die Klage wegen fehlender Zuständigkeit verwiesen, hat dies für den Arrestantrag erst dann Bedeutung, wenn diese Zuständigkeitsentscheidung in Rechtskraft erwachsen ist. Ist das Hauptsacheverfahren bereits in der Berufungsinstanz abhängig, ist Landesarbeitsgericht zuständig, § 943 ZPO. Ist die Hauptsache in der Revisionsinstanz anhängig, ergibt sich die Zuständigkeit des Arbeitsgerichts.

V. Arrest und Einstweilige Verfügung § 62

In dem Verfahren der **Einstweiligen Verfügung** richtet sich die **Zuständigkeit nach** **80** § 937 ZPO. Zuständig ist damit das **Arbeitsgericht,** bei dem entweder die Hauptsache bereits anhängig ist, oder bei dem der mit der Einstweiligen Verfügung verfolgte Anspruch anhängig zu machen wäre. Diese Zuständigkeitsregelung hat zur Folge, dass im Verfahren auf Erlass einer einstweiligen Verfügung das Rechtsmittelgericht grundsätzlich über einen Anspruch nur entscheiden kann, wenn dieser bereits in der ersten Instanz geltend gemacht worden ist. Neue Ansprüche können in der Rechtsmittelinstanz nicht erstmalig anhängig gemacht werden (LAG Hamm 17. 5. 1990 DB 1990, 1624). Auch hier gilt die Sonderregelung des § 943 Abs. 1 Halbsatz 2 ZPO, nach dem die Zuständigkeit des Landesarbeitsgerichts auch für den Erlass der Einstweiligen Verfügung dann besteht, wenn das Hauptsacheverfahren bereits mit der Berufung angefochten worden ist. Im Falle der Anhängigkeit des Hauptsacheverfahrens in der Revisionsinstanz ergibt sich wieder die Zuständigkeit des Arbeitsgerichts der ersten Instanz. Ob auch dieselbe Kammer, die in dem Hauptsacheverfahren zu entscheiden hat, zuständig ist, ergibt sich nicht aus dem Gesetz, vielmehr sind hierfür die Präsidialbeschlüsse der einzelnen Gerichte über die Geschäftsverteilung maßgeblich.

Eine **Ersatzzuständigkeit des Amtsgerichts** gemäß §§ 919, 942 Abs. 1 ZPO **scheidet aus** **81** (ausführlich *Walker* Einstweiliger Rechtsschutz, Rn. 734 f. m. w. Nachw.; *Schwab/Weth/Walker* § 62 Rn. 100; *Kissel* NZA 1995, 69, 76; *Koch* NJW 1991, 1858; a. A. *Zöller/Vollkommer* § 919 Rn. 10 und § 942 Rn. 1 m. w. Nachw.; *Thomas/Putzo/Reichold* § 919 Rn. 8). Die §§ 17 ff. GVG gelten auch im Verfahren des einstweiligen Rechtsschutzes (BAG 24. 5. 2000 NZA 2000, 903; BGH 5. 4. 2001 NJW 2001, 2181; 29. 7. 2004 NJW-RR 2005, 142). Der Grundsatz der Kompetenzkompetenz der ordentlichen Gerichte des § 17 GVG a. F. gilt nicht mehr. Allerdings wird für den Arrest angenommen, dass wegen der Verweisung in § 62 Abs. 2 Satz 1 auch eine vollständige Anwendbarkeit des § 919 ZPO bestehe, so dass das Wahlrecht bezüglich der Zuständigkeit des **Amtsgerichts der belegenen Sache** bestehen bleibe (LG Fulda 18. 8. 1995 NJW 1996, 265, 266). Damit wird aber übersehen, dass nach der Änderung der §§ 17 ff. GVG die Frage der Rechtswegzuständigkeit geklärt ist, diese Regelungen und die des § 48 gehen der Verweisungsnorm des § 62 Abs. 2 insoweit vor. § 919 ZPO regelt nur eine bestimmte örtliche und sachliche Zuständigkeit, ohne die Frage des Rechtswegs zu berühren. Die entsprechende Übertragung der Regelung des § 919 ZPO auf das arbeitsgerichtliche Verfahren, wie sie § 62 Abs. 2 vorsieht, hat zur Folge, dass lediglich eine zusätzliche Zuständigkeit des Arbeitsgerichts besteht, in der sich der von dem Arrest betroffene Gegenstand bzw. die betroffene Person befindet. Wenn für den Bereich der einstweiligen Verfügung darauf verwiesen wird, dass durch die Verweisung in § 62 Absatz 2 auch die Bestimmung des § 942 ZPO anwendbar sei (*Vollkommer* FS Kissel, S. 1201; MünchKomm-ZPO/*Heinze* § 942 Rn. 21), so wird übersehen, dass diese Bestimmung keine Rechtswegzuständigkeit, sondern lediglich eine örtliche Notzuständigkeit regelt. Die Rechtswegzuständigkeit folgt allein aus § 2 in Verbindung mit den §§ 17 ff. GVG sowie § 48. Auch der Hinweis auf das Fehlen eines Eildienstes bei den Arbeitsgerichten (LAG Bremen 8. 3. 1982 BB 1982, 2188; vgl. *Wenzel* BB 1983, 1225) vermag nicht zu überzeugen. Zum einen könnte dies lediglich dazu zwingen, einen entsprechenden Notdienst einzurichten, zum anderen kann nicht eine fehlende oder schlechte gerichtliche Organisation dazu führen, eine Abweichung von dem Grundsatz der Notwendigkeit des Beschreitens des richtigen Rechtsweges zu rechtfertigen. Auch kann ein allgemeiner, verfassungsrechtlich abgesicherter Grundsatz der Verhinderung von Rechtsschutzlücken durch Notzuständigkeiten angesichts der beschränkten Regelung in Art. 19 Abs. 4 GG nicht angenommen werden. Selbst wenn man entgegen der hier vertretenen Auffassung eine Notzuständigkeit der Amtsgerichte annehmen wollte, würde für das Widerspruchsverfahren und das Hauptsacheverfahren die Zuständigkeit des Arbeitsgerichts bestehen bleiben.

Aus der Geltung der §§ 17 ff. GVG auch im einstweiligen Rechtsschutz folgt, auch die **82** Notwendigkeit der **Verweisung,** §§ 17 ff. GVG i. V. § 48. Ein Verfahren, das bei dem unzuständigen Amtsgericht anhängig gemacht worden ist, ist von diesem durch Beschluss zu verweisen. Dies würde zu einer nicht unerheblichen Verzögerung führen können, zumal Akten erst versandt werden müssten (ein elektronischer Versand ist derzeit kaum möglich). Es empfiehlt sich daher, den bei dem unzuständigen Gericht gestellten Antrag zurückzunehmen und erneut bei dem zuständigen Gericht anhängig zu machen (*Musielak/Wittschier* § 17 GVG Rn. 2). Die Kostenfolge des § 269 Abs. 3 ZPO und die des § 12 a muss aber bedacht werden.

b) Mündliche Verhandlung

83   Über das **Arrestgesuch** kann **ohne mündliche Verhandlung** entschieden werden. Es steht im pflichtgemäßen Ermessen des Gerichtes, ob es eine mündliche Verhandlung durchführen will oder nicht. Anders ist dies bei dem Antrag auf Erlass einer **Einstweiligen Verfügung**, hier kann **nur in dringenden Fällen ohne mündliche Verhandlung** eine Entscheidung ergehen, Abs. 2 Satz 2 sowie § 937 Abs. 2 ZPO. Der dringende Fall im Sinne dieser Bestimmung erfordert ebenfalls eine über die ohnehin im Rahmen des Verfügungsgrundes erforderliche Dringlichkeit hinausgehende zusätzliche Eilbedürftigkeit. Bei ihrem Vorliegen darf eine selbst bei kürzest möglicher Terminierung anzuberaumende mündliche Verhandlung nicht abgewartet werden können. Sie ist beispielsweise gegeben, wenn ehrenamtliche Richter, und sei es auch telefonisch, nicht mehr herangezogen werden können. Ferner kann unter Umständen ein notwendiger Überraschungseffekt die besondere Dringlichkeit begründen. Die Feststellung der besonderen Dringlichkeit muss in der Entscheidung begründet werden. Von der Möglichkeit sollte möglichst zurückhaltend Gebrauch gemacht werden, da in der Regel damit auch eine Beschränkung des rechtlichen Gehörs verbunden ist. Ist die zusätzliche Dringlichkeit nicht gegeben, muss mündliche Verhandlung anberaumt werden.

84   Auch bei Durchführung einer mündlichen Verhandlung ist eine **Güteverhandlung** nicht erforderlich (oben § 54 Rn. 54). Dies wäre mit den Besonderheiten des Eilverfahrens nicht vereinbar (*Schwab/Weth/Walker* § 62 Rn. 102).

85   Nach der Neufassung von Abs. 2 Satz 2, der der Regelung in § 937 Abs. 2 ZPO allerdings nur teilweise entspricht, kann auch die **Zurückweisung eines Antrages** auf Erlass einer einstweiligen Verfügung ohne mündliche Verhandlung erfolgen. Eine besondere Dringlichkeit ist hier im Gegensatz zu § 937 Abs. 2 ZPO erforderlich. Mit der möglichst schnellen Entscheidung soll dem Antragsteller die Möglichkeit eingeräumt werden, entweder einen neuen, verbesserten Antrag zu stellen, oder aber die Rechtsmittelinstanz anzurufen. Allerdings sollte bei behebbaren Mängeln dem Antragsteller die Möglichkeit gegeben werden, seinen Antrag oder Sachvortrag zu ergänzen, um unnötige Rechtsmittel zu vermeiden und das Verfahren zu beschleunigen. Hier wäre auch die Aufklärungspflicht des Gerichts aus § 139 ZPO zu beachten. Im Regelfall wird aber bei Zurückweisung des Antrags keine besondere Dringlichkeit an einer Entscheidung bestehen.

c) Entscheidungskompetenz

86   Trifft das Gericht seine Entscheidung ohne mündliche Verhandlung, kann der **Vorsitzende** in dringenden Fällen **allein** entscheiden, § 53 Abs. 1 (vgl. dazu ausführlich oben § 53 Rn. 11). Diese Bestimmung, die über § 944 ZPO hinausgeht, verdrängt dessen Regelungen (*Schwab/Weth/Walker* § 62 Rn. 103; GK-ArbGG/*Vossen* § 62 Rn. 93; *Walker* Einstweiliger Rechtsschutz, Rn. 736; *Schuschke/Walker* § 944 Rn. 5; vgl. aber LAG Nürnberg 1. 4. 1999 AuA 1999, 274). Auch in diesem Falle muss er der Gegenseite rechtliches Gehör gewähren, dies ist nur dann entbehrlich, wenn die Dringlichkeit eine sofortige Entscheidung ohne Anhörung des Gegners notwendig macht. Das rechtliche Gehör muss in diesem Falle im Widerspruchsverfahren des § 924 Abs. 1 ZPO nachgeholt werden.

d) Widerspruch

Gegen die Anordnung des Arrestes oder der einstweiligen Verfügung ist für den Schuldner nur der **Widerspruch** zulässig, § 924 ZPO. Ergeht die Entscheidung nach mündlicher Verhandlung durch Urteil, ist nur die Berufung unter den Voraussetzungen des § 64 gegeben. Werden dagegen die entsprechenden Anträge durch Beschluss zurückgewiesen, ist sofortige Beschwerde gemäß § 567 ZPO einzulegen. Das Landesarbeitsgericht entscheidet in diesem Falle unter den gleichen Voraussetzungen wie das Arbeitsgericht entweder durch den Vorsitzenden ohne mündliche Verhandlung durch Beschluss oder nach mündlicher Verhandlung durch Urteil. Bei der sofortigen Beschwerde nach § 567 ZPO kann das Arbeitsgericht abhelfen. Vor Weiterleitung an das Landesarbeitsgericht ist ein entsprechender „Nichtabhilfevermerk" in die Akte zu geben. Beraumt das Landesarbeitsgericht auch nach einer Beschwerde eine mündliche Verhandlung an, muss es in jedem Falle durch Urteil entscheiden. Für die Form der Entscheidung ist allein die verfahrensmäßige Behandlung durch das Landesarbeitsgericht und nicht die Art des **Rechtsmittels oder -behelfs** maßgeblich. Es kann also unter Umständen durch Urteil ein Beschluss bestätigt oder abgeändert werden. Gegen die Entscheidung des Landesarbeitsgerichts ist in keinem Falle ein weiteres Rechtsmittel gegeben, § 78 bzw. § 542 Abs. 2 ZPO. Dies ist selbst dann nicht der Fall, wenn es ausdrücklich zugelassen worden sein sollte (BAG 22. 1. 2003 NZA 2003, 399; vgl. BGH 10. 10. 2002 NJW 2003, 69). Zur Einstellung der Vollstreckung bei Einlegung des Widerspruchs unten Rn. 122.

e) Sonstige Zuständigkeiten

Fällt ein Anspruch der durch Arrest oder Einstweilige Verfügung vorläufig gesichert werden soll, in die **Zuständigkeit eines Schiedsgerichts**, §§ 101 ff., bzw. in die Zuständigkeit eines **Ausschusses** nach § 111 Abs. 2, bleibt gleichwohl die allgemeine Zuständigkeit der staatlichen Gerichte erhalten. Ein Schiedsgericht kann weder einen Arrestbefehl noch eine Einstweilige Verfügung erlassen, da unmittelbar eine Zwangsvollstreckung aus den Entscheidungen des Schiedsgerichts nicht möglich ist, § 109. Die gerade in den Verfahren des einstweiligen Rechtsschutzes erforderliche schnelle Erledigung der Anträge und die Sicherung etwaiger Rechtsansprüche ist damit im schiedsgerichtlichen Verfahren nicht möglich.

3. Arrest

Der Arrest spielt im arbeitsgerichtlichen Verfahren nur eine untergeordnete Rolle. Der **Arrestanspruch** muss grundsätzlich auf eine Geldforderung oder eine Forderung gerichtet sein, die in eine solche übergehen kann, § 916 Abs. 1 ZPO. Der Arrest kann als dinglicher Arrest des § 917 ZPO oder als persönlicher Arrest des § 918 ZPO erlassen werden.

Der Arrest ist nur zulässig, wenn ein **Arrestgrund** besteht. Dieser kann sowohl bei dem dinglichen, § 917 ZPO, als auch bei dem persönlichen Arrest, § 918 ZPO, gegeben sein, wenn dies zur Sicherung der Zwangsvollstreckung in das Vermögen des Schuldners notwendig ist. Als Arrestgrund kommt beispielsweise in Betracht, dass der Schuldner wesentliche Vermögensstücke verschiebt oder verschwendet (OLG Düseseldorf 18. 6. 1993 NJW-RR 1994, 453, 454), wenn er entsprechende Handlungen ankündigt, wenn er vorsätzlich das Vermögen des Gläubigers schädigt (vgl. LAG Frankfurt 12. 1. 1965 NJW 1965, 989). Ein Arrestgrund kann auch vorliegen, wenn der Schuldner das Land verlassen will, so dass ein Zugriff erheblich erschwert würde – dies gilt insbesondere, wenn außerhalb der EU vollstreckt werden müsste (ErfK/*Koch* § 62 Rn. 13) –, wenn er seinen Wohnsitz endgültig aufgibt, ohne dass ein neuer Wohnsitz bekannt wäre, wenn er generell keinen festen Wohnsitz hat oder wenn er Vermögenswerte über Gebühr belastet (näher dazu *Zöller/Vollkommer* § 917 Rn. 5). Keinen Arrestgrund stellt es dar, wenn sich die Vermögenslage des Schuldners nur generell verschlechtert, ohne dass eine wesentliche Erschwerung des Zugriffes entstünde (BGH 19. 10. 1995 NJW 1996, 321, 324; vgl. dazu LAG Hamm 31. 3. 1977 MDR 1977, 611). Auch die drohende Konkurrenz anderer Gäubiger reicht nicht aus. Der Arrest dient nicht dazu, den Gläubiger gegenüber anderen Gläubigern des Schuldners bei der Zwangsvollstreckung besser zu stellen. Ein Arrest kann auch dann nicht angeordnet werden, wenn lediglich der Prozess verschleppt wird oder wenn bereits eine hinreichende Sicherung des Gläubigers gegeben ist.

91 Bei einem **persönlichen Arrest** ist zusätzlich erforderlich, dass gerade die Person des Schuldners notwendig ist, um eine Sicherung der Ansprüche zu erreichen. Dies kann der Fall sein, wenn der Schuldner mit dem Vermögen das Gebiet der Bundesrepublik verlassen will, wenn er sich der Abgabe einer Eidesstattlichen Versicherung über seine Vermögensverhältnisse entziehen will. In jedem Falle müssen hier bereits konkrete Anhaltspunkte für ein entsprechendes Verhalten des Schuldners gegeben sein, die bloß abstrakte Möglichkeit reicht nicht aus. Insbesondere kann es niemals ausreichend sein, dass es sich bei dem Schuldner um einen Ausländer handelt.

4. Einstweilige Verfügung

92 Auch im arbeitsgerichtlichen Verfahren kann die Einstweilige Verfügung zwei verschiedenen Zwecken dienen, nämlich einmal der Sicherung eines Anspruches auf eine gegenständliche Leistung, § 935 ZPO (**Sicherungsverfügung**), zum anderen der Regelung eines einstweilgen Zustandes in Bezug auf ein streitiges Rechtsverhältnis, § 940 ZPO (**Regelungsverfügung**). Die Übergänge zwischen Sicherungs- und Regelungsverfügung sind hierbei fließend. Für beide Arten der Verfügung sind ein Verfügungsanspruch und ein Verfügungsgrund erforderlich.

93 Sowohl die Sicherungs- als auch die Regelungsverfügung dienen nur der Festlegung **vorläufiger Maßnahmen**. Sie können nur innerhalb eines Monats vollzogen werden, § 935 ZPO i. V. mit § 929 Abs. 2 ZPO. Die Zustellung der Entscheidung, mit der die Einstweilige Verfügung erlassen wird, muss spätestens innerhalb einer Woche nach Vollziehung erfolgen, § 935 ZPO i. V. m. § 929 Abs. 3 ZPO.

a) Verfügungsanspruch

94 Grundsätzlich kann **Gegenstand einer Einstweiligen Verfügung** nur ein **Anspruch** sein, der auch Gegenstand eines Hauptsacheverfahrens sein kann. Außerdem muss eine **Zwangsvollstreckung in Betracht** kommen können. In erster Linie werden hiervon **Leistungsansprüche** erfasst, auch soweit sie die Vornahme von Handlungen oder deren Unterlassung bzw. Duldung beinhalten. Bei der **Abgabe von Willenserklärungen,** für die die vollstreckungsrechtliche Sonderregelung des § 894 ZPO gilt, kommt der Erlass einer Einstweiligen Verfügung bestenfalls dann in Betracht, wenn nach negativer Entscheidung im Hauptprozess eine Rückabwicklung möglich ist. Ausgeschlossen ist der Erlass einer Einstweiligen Verfügung dann, wenn mit ihr ein **Feststellungsanspruch** verfolgt wird. Feststellungsurteile können nicht mit der Zwangsvollstreckung durchgesetzt werden, sie bilden nur die Grundlage für andere, der Zwangsvollstreckung zugängliche Rechtsansprüche. Nur in besonderen **Ausnahmefällen** kann hier die Zulässigkeit des Erlasses einer Einstweiligen Verfügung anerkannt werden, wenn auf andere Weise das Gebot der Sicherung eines effektiven Rechtsschutzes gem. Art. 19 Abs. 4 GG nicht gewährleistet werden kann. Dies kann der Fall sein, wenn grundrechtlich geschützte Rechtspositionen des Antragstellers sonst endgültig nicht mehr durchgesetzt werden könnten (vgl. dazu beispielsweise LAG Berlin 31. 8. 2000 NZA 2001, 53; OLG Köln 7. 12. 1995 NJW-RR 1997, 59). Gerade im Lizenzsport, in dem die Vereine sich regelmäßig wie Wirtschaftsunternehmen betätigen und die Lizenzbedingungen die beruflichen Möglichkeiten der beschäftigten Sportler erheblich einschränken, kann möglicherweise auch die Feststellung des Nichtbestehens eines Arbeitsverhältnisses zu einem Verein Gegenstand einer

V. Arrest und Einstweilige Verfügung § 62

Einstweiligen Verfügung sein (vgl. dazu LAG Berlin a. a. O.; ArbG Frankfurt 27. 8. 1996 SpuRt 1997, 64; vgl. aber LAG Hamm 10. 6. 1998 SpuRt 1999, 73; *Schuschke/Walker* Vorbemerkung zu § 935 Rn. 37 m. w. Nachw.; *Korinth* Einstweiliger Rechtsschutz I Rn. 325). Diese auf besondere Besonderheiten abgestellte Rechtsprechung kann **nicht verallgemeinert** werden. Es kann immer nur eine Einzelfallentscheidung sein, bei der eine besonders genaue Interessenabwägung notwendig ist.

Der Verfügungsanspruch ist ein materiell-rechtlicher Anspruch, für den der Rechtsweg 95 zu dem Arbeitsgericht gegeben sein muss. Trotz des eingeschränkten Prüfungsmaßstabs ist die **Schlüssigkeit des Anspruchs** in vollem Umfang zu prüfen. Hiervon kann auch bei schwieriger Rechtslage nicht abgesehen werden (*Zöller/Vollkommer* § 935 Rn. 7; *Schuschke/Walker* § 922 Rn. 5; *Korinth* Einstweiliger Rechtsschutz D Rn. 5). Der Anspruch ist glaubhaft zu machen, §§ 936, 920 Abs. 2 ZPO. Es gelten die Grundsätze des § 294 ZPO (vgl. oben Rn. 30 f.).

b) Verfügungsgrund

Der Verfügungsgrund ergibt sich aus der Notwendigkeit der Sicherung des Anspruchs, 96 also der Besorgnis, dass eine Gefährdung der Vollstreckungsmöglichkeit eintreten könnte. Hierzu gehört auch, dass eine Eilbedürftigkeit gegeben ist, die den Erlass einer einstweiligen Verfügung rechtfertigt. Der Verfügungsgrund ist ebenfalls schlüssig darzulegen, die Tatsachen sind glaubhaft zu machen, § 294 ZPO. Das Gericht hat hier einen Beurteilungsspielraum, da es sich um einen unbestimmten Rechtsbegriff handelt.

Bei der Sicherungsverfügung des § 935 ZPO ist Voraussetzung, dass das Recht einer 97 Partei vereitelt oder wesentlich erschwert werden. Bei der Regelungsverfügung des § 940 ZPO ist u. a. als Voraussetzung die Abwendung wesentlicher Nachteile genannt. Aus beiden Vorschriften ergibt sich damit, dass strenge Anforderungen an das Vorliegen des Verfügungsgrundes zu stellen sind (LAG Hamm 6. 5. 2002 NZA-RR 2003, 178; LAG Rheinland-Pfalz 12. 4. 2002 NZA 2002, 856; GK-ArbGG/*Vossen* § 62 Rn. 64).

c) Befriedigungsverfügung

Wenn auch Entscheidungen im Verfahren der Einstweiligen Verfügung grundsätzlich 98 nur vorläufigen Charakter haben, kann in **Einzelfällen** auch eine **Befriedigung** des Gläubigers eintreten. Dies wäre beispielsweise der Fall, wenn durch Einstweilige Verfügung der Urlaubszeitpunkt festgelegt würde oder wenn im Rahmen einer Regelungsverfügung nach § 940 ZPO ein Geldanspruch befriedigt werden würde. Das Gleiche könnte eintreten, wenn einem Arbeitnehmer durch Einstweilige Verfügung aufgegeben würde, Wettbewerb zu unterlassen. In all den Fällen, in denen durch die Einstweilige Verfügung praktisch eine endgültige Regelung herbeigeführt wird, bleibt lediglich die Schadenersatzpflicht des § 945 ZPO, mit dieser kann jedoch der ursprüngliche Zustand nicht wiederhergestellt werden. In den Fällen, in denen die Durchführung einer Einstweiligen Verfügungsentscheidung zur endgültigen Befriedigung des Gläubigers führt, müssen daher besondere Umstände vorliegen, die einen derartigen Ausspruch rechtfertigen. Eine Anordnung ist nur dann zulässig, wenn andere Maßnahmen nicht möglich sind (LAG Düsseldorf 24. 10. 1977 DB 1978, 211; LAG München 19. 12. 1979 NJW 1980, 957). An das Vorliegen des Verfügungsgrundes ist in diesen Fällen ein besonders strenger Maßstab anzulegen. Ähnlich wie bei der Einstellung der Zwangsvollstreckung wird insbesondere dann ein Verfügungsgrund vorliegen können, wenn ohne eine Maßnahme irreparable Entwicklungen eintreten können, die die Durchsetzung eines Anspruchs erheblich erschweren oder unmöglich machen (vgl. LAG Sachsen 19. 2. 2001 NZA-RR 2002, 439, 440; *Schwab/Weth/Walker* § 62 Rn. 98). In der Regel wird auch nicht die eigene Eidesstattliche Versicherung der Partei zum Nachweis dafür ausreichen, dass auf andere Weise keine sachgerechte vorläufige Sicherung eventueller Ansprüche erfolgen kann. Insbesondere wenn es um die Befriedigung eines Geldanspruches im

Rahmen einer Regelungsverfügung des § 940 ZPO geht, muss der Gläubiger, in der Regel der Arbeitnehmer, darlegen, dass er ohne die Leistung seinen Lebensunterhalt nicht sichern kann. Dies ist angesichts der Möglichkeiten der sozialen Sicherung durch Arbeitslosengeld bzw. Sozialhilfe oder andere Sozialleistungen im Regelfall nicht anzunehmen (dazu näher unten Rn. 104). Der Grundsatz, dass im Regelfall durch eine einstweilige Verfügung keine vollendeten Tatsachen geschaffen werden sollen, rechtfertigt es nicht, statt einer einstweiligen Verfügung eine prozessual nicht vorgesehene „**Zwischenverfügung**" zu erlassen (dazu *Zimmerling* ZTR 2006, 365 ff.).

99 Ist durch eine Einstweilige Verfügung eine endgültige Befriedigung des Anspruchs des Gläubigers eingetreten, so fehlt es für das weitere Verfahren an dem erforderlichen **Rechtsschutzinteresse**. Sowohl ein Widerspruch, § 924 ZPO, als auch eine Aufhebung wegen veränderter Umstände, § 927 ZPO, kommt nicht in Betracht. Vielmehr kann die Frage der Berechtigung der Einstweiligen Verfügung nur im Hauptsacheverfahren bzw. in dem Verfahren nach § 945 ZPO überprüft werden.

100 Für die **Vollstreckung** von Entscheidungen im Rahmen der Einstweiligen Verfügung gilt auch die Bestimmung des § 62 Abs. 1 (LAG Hamm 10. 6. 1988 LAGE ArbGG 1979 § 62 Nr. 17). Dazu auch unten Rn. 122.

5. Einzelfälle

a) Einstweilige Verfügung bei Urlaubsgewährung

101 Nicht unproblematisch ist die Gewährung von Urlaub durch Einstweilige Verfügung (vgl. dazu *Korinth* Einstweiliger Rechtsschutz I Rn. 227 f.). Erfasst werden der Erholungsurlaub, der Sonderurlaub mit oder ohne Vergütung und der Bildungsurlaub. Die überwiegende Meinung lässt eine auf Gewährung des Urlaubs gerichtete Einstweilige Verfügung zu (vgl. z. B. LAG Rheinland-Pfalz 7. 3. 2002 NZA-RR 2003, 130; GK-ArbGG/*Vossen* § 62 Rn. 76 m. w. Nachw. *Schwab/Weth/Walker* § 62 Rn. 118, 119). Unabhängig davon, ob eine derartige Entscheidung als eine Regelungs- oder Sicherungsverfügung anzusehen wäre, würde es sich um die **Abgabe einer Willenserklärung** des Arbeitgebers handeln, die nach § 894 ZPO erst mit Rechtskraft der Hauptsacheentscheidung wirksam abgegeben wäre. Der Erlass einer Einstweiligen Verfügung ist hier schon aus prozessualen Gründen nicht möglich. Hinzu käme, dass mit der Einstweiligen Verfügung im Grunde eine **Erfüllung des streitigen Urlaubsanspruches** bewirkt werden würde. Eine Rückabwicklung wäre im Falle einer für den Arbeitnehmer negativen Entscheidung nicht mehr möglich. Im Grunde genügt für den Arbeitnehmer im Rahmen der Einstweiligen Verfügung die gerichtliche Entscheidung, dass er berechtigt ist ohne negative Auswirkungen für das Arbeitsverhältnis der Arbeit fernzubleiben. Ob es sich bei der auf diese Weise erreichten Freizeit um Urlaub handelt oder nicht, ob Urlaubsentgelt oder Urlaubsgeld zu zahlen sind, bleibt dann der Hauptsachenentscheidung überlassen. Dem steht auch nicht entgegen. dass zur Vermeidung des Verfalls von Urlaubsansprüchen diese innerhalb bestimmter Zeiträume genommen werden müssen. Zum einen kann durch eine rechtzeitige Erhebung der Klage in der Hauptsache der Verfall des Anspruchs verhindert werden, zum anderen kann der Arbeitnehmer, der rechtzeitig seinen Urlaubsanspruch geltend gemacht hat, ohne dass der Arbeitgeber seiner Verpflichtung zur Urlaubsgewährung nachgekommen wäre, gegen diesen einen Schadenersatzanspruch geltend machen (BAG 5. 9. 1988 AP BUrlG § 1 Treueurlaub Nr. 1). Zur Sicherung des Anspruches des Arbeitnehmers genügt daher die gerichtliche Erlaubnis, der Arbeit fernzubleiben, ohne dass bewertet werden müsste, ob es sich tatsächlich um einen Urlaubsanspruch handelt. Diese Qualifizierung ist auch nicht notwendig, um den Verfügungsanspruch festzulegen. Dieser Anspruch ergibt sich zwar aus den Regelungen des BUrlG, dem einschlägigen Tarifvertrag oder dem Arbeitsvertrag, aber es genügt für den gerichtlichen Ausspruch im Rahmen der Einstweiligen Verfügung, wenn lediglich die **Freistellung von der Arbeitsleistung** ohne weitere Bestimmung erfolgt, zumal die Entscheidung im Verfahren der Einstweiligen Verfügung

V. Arrest und Einstweilige Verfügung § 62

nicht der materiellen Rechtskraft fähig ist (zu dem Ganzen näher *Corts* NZA 1998, 357 ff.; ebenso *Korinth* a. a. O. Rn. 227; *Reinhard/Kliemt* NZA 2005, 545, 550; ferner *Fischer* AuR 2003, 241, 243). Notwendig ist insoweit die Stellung eines Leistungsantrages (GK-ArbGG/*Vossen* § 62 Rn. 76).

Voraussetzung für den Anspruch auf Freistellung von der Arbeit im Wege der Einstweiligen Verfügung ist, dass dem Arbeitnehmer **keine andere Möglichkeit** offen steht, die Festlegung des Urlaubszeitraumes zu erlangen. Insbesondere muss es ihm auch in Betrieben (Dienststellen), in denen ein Betriebsrat (Personalrat) besteht, nicht möglich sein, über diesen gem. § 87 Abs. 1 Nr. 5 BetrVG (bzw. die entsprechende Vorschrift im Personalvertretungsrecht) eine Festsetzung der zeitlichen Lage des Urlaubs zu erzwingen. Der Arbeitnehmer darf nicht durch eigenes Verhalten selbst die Ursache für die Eilbedürftigkeit gesetzt haben. **102**

b) Einstweilige Verfügung bei Entgeltzahlung

Eine Einstweilige Verfügung auf Entgeltzahlung (zu deren Einzelheiten vgl. *Korinth* Einstweiliger Rechtsschutz I Rn. 232 ff.; *Schuschke/Walker* Vorbem. zu § 935 Rn. 129, 130) führt meist zu einer Befriedigung des Gläubigers. Erforderlich ist daher, dass der Arbeitnehmer, der den entsprechenden Antrag stellt, **darlegt und gegebenenfalls glaubhaft macht**, dass er sich ohne die Entgeltzahlung in einer **Notlage** befindet (vgl. LAG Hessen 9. 7. 1995 LAGE ZPO § 935 Nr. 9; LAG Köln 9. 2. 1991 NZA 1991, 396; LAG Düsseldorf 20. 1. 1976 DB 1976, 587, LAG Frankfurt 7. 5. 1976 NJW 1977, 269, 270; und 8. 9. 1976 NJW 1978, 76; vgl. dazu ausführlich *Vossen* RdA 1991, 216 ff.). Maßstab für das Vorliegen einer solchen Notlage kann beispielsweise sein, dass das zur Verfügung stehende Geld die Sätze des Arbeitslosengeldes II oder den Sozialhilfesatz bzw. die Regelungen über die Pfändungsfreigrenzen des § 850 c ZPO unterschreitet. Eine solche ist nicht gegeben, wenn leicht realisierbare andere Forderungen vorhanden sind (ArbG Frankfurt/Main 6. 1. 1999 DB 1999, 289). Hinsichtlich der besonderen Erfordernisse wegen der Befriedigungswirkung vgl. oben Rn. 98. **103**

Wird das Entgelt wegen einer ausgesprochenen Kündigung vom Arbeitgeber nicht bezahlt, kommt eine Einstweilige Verfügung auf Lohnzahlung nur dann in Betracht, wenn der Arbeitnehmer zum einen die Unwirksamkeit der Kündigung glaubhaft macht, zum anderen darlegt, dass die Voraussetzungen des Verzuges vorliegen und im Übrigen er zur Bestreitung seines Unterhalts dringend auf die Entgeltzahlung angewiesen ist. Gegebenenfalls muss der Arbeitnehmer auch darlegen, aus welchem Grunde er von dritter Seite keine finanziellen Zuwendungen erhält. Ob der Arbeitnehmer in diesem Falle darauf verwiesen werden kann, zunächst **Ansprüche auf Arbeitslosengeld bzw. Sozialhilfe** oder ähnliche Leistungen in Anspruch zu nehmen, ist problematisch. Auf Leistungen der Bundesagentur für Arbeit hat der Arbeitnehmer einen einklagbaren Anspruch. Diesen kann er durchsetzen LAG Köln 26. 6. 2002 LAGE ZPO § 935 Nr. 1; GK-ArbGG/*Vossen* § 62 Rn. 67; a. A. *Schwab/Weth/Walker* § 62 Rn. 116). Anders ist es bei den Leistungen der Sozialhilfe, sie sind subsidiär gegenüber den Entgeltansprüchen (vgl. dazu *Grunsky* § 62 Rn. 22; GK-ArbGG/*Vossen* § 62 Rn. 67). Der Entgeltanspruch wird in diesem Falle auch **nicht in voller Höhe** im Rahmen der Einstweiligen Verfügung zugesprochen werden können, vielmehr kann hier lediglich die Zahlung des für den Lebensunterhalt Notwendigen in Betracht kommen (LAG Baden-Württemberg 19. 4. 1971 BB 1961, 977; LAG Kiel 26. 8. 1958 AP ZPO § 940 Nr. 1; LAG Bremen 20. 4. 1961 BB 1961, 1130; *Walker* Einstweilige Rechtsschutz, Rn. 701 ff.). Soweit eine konkrete Höhe für den notwendigen Lebensunterhalt nicht ermittelt werden kann, kann generalisierend von der Höhe der Pfändungsfreigrenzen ausgegangen werden, da aus ihnen im Regelfall deutlich wird, was der Gesetzgeber als für den notwendigen Lebensunterhalt erforderlich angesehen hat (LAG Kiel a. a. O.; ArbGG-*Krönig* § 62 Rn. 42; GK-ArbGG/*Vossen* § 62 Rn. 67; *Schwab/Weth/Walker* § 62 Rn. 116). **104**

c) Durchsetzung von Beschäftigungsansprüchen

105 Während eines bestehenden Arbeitsverhältnisses kann das **Recht** des Arbeitnehmers, **beschäftigt zu werden,** mit Hilfe einer Leistungsverfügung durchgesetzt werden (vgl. *Schuschke/Walker* Vorbem. zu § 935 Rn. 118 ff.; *Schwab/Weth/Walker* § 62 Rn. 121 ff.; GK-ArbGG/*Vossen* § 62 Rn. 69 ff.). Ein besonderes Beschäftigungsinteresse kann vorliegen, wenn die Beschäftigung notwendig ist, um Qualifikationen nicht zu verlieren, um die Chancen auf dem Arbeitsmarkt zu erhalten oder zu verbessern LAG Thüringen 10. 4. 2001 LAGE GG Art. 2 Persönlichkeitsrecht Nr. 2; LAG Düsseldorf 1. 6. 2005 MDR 2005, 1419, 1420; GK-ArbGG/*Vossen* § 62 Rn. 69). Dass die Beschäftigung wegen Zeitablaufs nicht nachträglich erfolgen kann, reicht allein als Verfügungsgrund nicht aus, da dies ein dem Anspruch immanentes Merkmal ist (vgl. aber LAG München 18. 9. 2002 LAGE BGB § 611 Beschäftigungspflicht Nr. 45). Bei Betriebs- oder Personalräten kann ein besonderes Interesse gegeben sein, um die Amtsaufgaben wahrnehmen zu können (vgl. LAG Hamm 12. 12. 2001 NZA-RR 2003, 311 ff.). Die Vollstreckung der Einstweiligen Verfügung erfolgt gem. § 888 ZPO.

106 Zweifelhaft ist aber, ob der **Arbeitgeber** seinerseits mit Hilfe einer Einstweiligen Verfügung die **Arbeitsleistung erzwingen kann,** die ein Arbeitnehmer nach dem Arbeitsvertrag schuldet. Hierzu wird die Auffassung vertreten, dass eine **Einstweilige Verfügung auf Dienstleistung** in jedem Falle ausscheidet, soweit es sich um vertretbare Dienste handele, fehle es hinsichtlich der Ermächtigung zur Ersatzvornahme am Verfügungsgrund. Soweit es sich um unvertretbare Dienste handele, sei eine Vollstreckung nicht möglich, § 888 Abs. 2 ZPO (vgl. LAG Baden-Württemberg 27. 1. 1958 AP BGB § 611 Anspruch auf Arbeitsleistung Nr. 5; *Dütz* BB 1980, 533, 534; GK-ArbGG/*Vossen* § 62 Rn. 74). Nach anderer Auffassung soll ein vertragsbrüchiger Arbeitnehmer durch Einstweilige Verfügung zur Rückkehr an den Arbeitsplatz angehalten werden können, obwohl weder eine Vollstreckung nach § 888 Abs. 2 ZPO möglich noch eine Entschädigungszahlung gem. § 61 Abs. 2 festgesetzt werden kann (LAG Baden-Württemberg/Mannheim 9. 4. 1963 AP ZPO § 940 Nr. 5; LAG Bremen 9. 11. 1955 AP BGB § 611 Anspruch auf Arbeitsleistung Nr. 3).

107 Soweit es sich bei der **Arbeitsleistung um eine vertretbare Handlung** handelt, kann eine Vollstreckung aus der Entscheidung über die Einstweilige Verfügung nur gem. § 887 ZPO durchgeführt werden. Die Vollstreckung kann nur durch eine Ersatzvornahme erfolgen. Für diese fehlt es jedoch an einem Verfügungsgrund; im Übrigen würde sich in diesem Falle der Anspruch gegen den Arbeitnehmer lediglich auf eine Ersatzleistung reduzieren (LAG Hamburg 18. 7. 2002 LAGE ZPO 2002 § 940 Nr. 2; *Schwab/Weth/Walker* § 62 Rn. 117). Dies kann jedoch auch im Rahmen eines Schadenersatzprozesses gegen den vertragsbrüchigen Arbeitnehmer durchgesetzt werden, eine Einstweilige Verfügung ist nicht erforderlich. Soweit es sich um eine **unvertretbare Arbeitsleistung** handelt, steht der Notwendigkeit des Erlasses der Einstweiligen Verfügung schon die Bestimmung des § 888 Abs. 2 ZPO entgegen. Eine Einstweilige Verfügung, die nicht vollstreckbar ist, ist weder in der Lage, einen Rechtsanspruch zu sichern, noch eine Regelung zu erzwingen. Damit hätte die Einstweilige Verfügung lediglich einen deklaratorischen Charakter, für diesen fehlt es jedoch an einem Verfügungsgrund. Gegen die Zulassung einer Einstweiligen Verfügung spricht in diesem Falle auch die besondere Natur dieses Verfahrens mit ihrem vorläufigen Charakter, der begrenzten Aufklärungsmöglichkeit und der eingeschränkten Rechtsmittel. Es ist ein Verfahren, das nur in Ausnahmesituationen angewendet werden kann, bloße deklaratorische Entscheidungen können regelmäßig in dieser Verfahrensart nicht ergehen (vgl. dazu *Grunsky* § 62 Rn. 20; *Walker* Einstweiliger Rechtsschutz, Rn. 698).

108 Der allgemeine **(Weiter-)Beschäftigungsanspruch während der Dauer eines Kündigungsschutzprozesses** (BAG GS 27. 2. 1985 NZA 1985, 702 ff.) kann nur in besonderen Fällen durch eine Einstweilige Verfügung durchgesetzt werden. Hat das erstinstanzliche

V. Arrest und Einstweilige Verfügung § 62

Gericht im Rahmen des Kündigungsschutzprozesses die Unwirksamkeit der ausgesprochenen Kündigung festgestellt, bedarf es einer Einstweiligen Verfügung zur Durchsetzung des darauf beruhenden Weiterbeschäftigungsanspruches in der Regel nicht, da keine Dringlichkeit im Sinne eines Verfügungsgrundes gegeben ist. Der Arbeitnehmer hätte nämlich bereits die Kündigungsschutzklage mit dem Antrag auf Verurteilung des Arbeitgebers zur Weiterbeschäftigung verbinden können. Er hat damit letztlich selbst den Grund für die Eilbedürftigkeit gesetzt. Etwas anderes gilt in den Fällen, in denen bereits vor Erlass der erstinstanzlichen Entscheidung im Kündigungsschutzprozess ein Weiterbeschäftigungsanspruch geltend gemacht werden soll. Dies ist nach der Entscheidung des Großen Senats möglich einmal bei einer offensichtlich unwirksamen Kündigung oder bei Vorliegen besonderer schutzwürdiger Belange des gekündigten Arbeitnehmers, die das Interesse des Arbeitgebers an einer Nichtbeschäftigung im Einzelfall zurücktreten lassen (LAG Berlin 22. 2. 1991 LAGE BGB § 611 Beschäftigungspflicht Nr. 29; GK-ArbGG/*Vossen* § 62 Rn. 70). Ein solches überwiegendes Interesse des Arbeitnehmers kann beispielsweise gegeben sein bei einer ungesicherten wirtschaftlichen Position des Arbeitnehmers, wenn er auf ein regelmäßiges Arbeitseinkommen angewiesen ist usw. In diesen Fällen kann die Einstweilige Verfügung bis zur Beendigung des Kündigungsschutzverfahrens in erster Instanz begrenzt werden, in diesem kann die Hauptsache, nämlich die Weiterbeschäftigung bis zur Beendigung des Kündigungsschutzprozesses, geltend gemacht werden (vgl. dazu *Dütz* NZA 1986, 209, 213; *Grunsky* § 62 Rn. 24; *Schäfer* NZA 1985, 691, 694; *Heinze* RdA 1986, 282; *Walker* Einstweiliger Rechtsschutz Rn. 675 ff.). Verfügungsanspruch und Verfügungsgrund müssen von dem Arbeitnehmer dargelegt und glaubhaft gemacht werden. Für die Annahme eines Verfügungsgrundes reicht es hierbei nicht aus, dass der Anspruch auf Weiterbeschäftigung gegeben ist (so wohl aber *Dütz* NZA 1986, 209, 213; *Grunsky* § 62 Rn. 24 a). Vielmehr ist bei der Frage, ob ein Verfügungsgrund besteht, zu prüfen, ob die Beschäftigung als solche für den Arbeitnehmer gerade auch in einem Eilverfahren durchgesetzt werden muss. Zwar wird häufig die Annahme des Verfügungsanspruches auch das Vorliegen des Verfügungsgrundes indizieren, eine Prüfung ist jedoch gleichwohl erforderlich.

Der **Weiterbeschäftigungsanspruch des § 102 Abs. 5 BetrVG** kann entweder im 109
Wege der Klage im Urteilsverfahren oder aber bei besonderer Eilbedürftigkeit im Wege der Einstweiligen Verfügung durchgesetzt werden (*Walker* Einstweiliger Rechtsschutz Rn. 687; GK-ArbGG/*Vossen* § 62 Rn. 72; vgl. LAG Frankfurt 8. 9. 1976 NJW 1978, 76; LAG Nürnberg 27. 10. 1992 LAGE BetrVG 1972 § 102 Beschäftigungspflicht Nr. 11; LAG Hamburg 14. 9. 1992 LAGE BetrVG 1972 § 102 Beschäftigungspflicht Nr. 10).

Die **Entbindung des Arbeitgebers von der Verpflichtung zur Weiterbeschäftigung** 110
erfolgt nach § 102 Abs. 5 Satz 2 BetrVG unter den dort genannten Voraussetzungen ebenfalls durch Einstweilige Verfügung im Rahmen eines Urteilsverfahrens. Die Voraussetzungen für die Entbindung von der Weiterbeschäftigungspflicht sind vom Arbeitgeber darzulegen und glaubhaft zu machen. Es ist nicht erforderlich, dass der Verfügungsgrund in diesem Falle besonders dargetan wird, da das Gesetz ausdrücklich die Einstweilige Verfügung als Mittel zur Durchsetzung des Verlangens des Arbeitnehmers genannt hat. Die Einstweilige Verfügung ist auch dann zu erlassen, wenn ein unbeachtlicher Widerspruch des Betriebsrates vorliegt, so dass der Weiterbeschäftigungsanspruch nicht besteht. Zwar wird in diesem Zusammenhang die Auffassung vertreten, dass dann für den Antrag auf Erlass einer Einstweiligen Verfügung ein Rechtsschutzinteresse fehle (LAG Berlin 11. 6. 1974 DB 1974, 1629; *Dütz* DB 1978, Beilage 13, S. 9). Diese Auffassung ist jedoch zu formalistisch, im Interesse der Rechtssicherheit muss dem Arbeitgeber die Möglichkeit gegeben werden, in jedem Falle die Frage seiner Weiterbeschäftigungsverpflichtung zu klären. Da das Gesetz in § 102 Abs. 5 Satz 2 die Einstweilige Verfügung als das geeignete Mittel vorausgesetzt hat, muss dies auch gelten,

wenn nicht nur ein Gegenrecht gegen den Weiterbeschäftigungsanspruch besteht, sondern vielmehr der Weiterbeschäftigungsanspruch selbst nicht gegeben ist (LAG Baden-Württemberg 15. 5. 1974 BB 1975, 43; LAG Hamm 31. 1. 1979 DB 1979, 1232; *Fitting* BetrVG § 102 Rn. 120 f.).

111 Die Entscheidung über die Entbindung von der Weiterbeschäftigungspflicht ergeht in jedem Falle nach heute wohl fast einhelliger Meinung im **Urteils-** und nicht im **Beschlussverfahren** (LAG Berlin 11. 6. 1974 DB 1974, 1629; *Richardi/Thüsing* BetrVG § 102 Rn. 249; *Grunsky* § 62 Rn. 23 m. w. Nachw.; *Walker* Einstweiliger Rechtsschutz Rn. 691).

d) Einstweilige Verfügung auf Herausgabe von Arbeitspapieren

112 Einen häufigen Fall der Einstweiligen Verfügung im arbeitsgerichtlichen Verfahren stellt der Antrag auf Herausgabe von Arbeitspapieren dar (dazu ausführlich *Korinth* Einstweiliger Rechtsschutz, Anhang zu §§ 935, 940 ZPO Rn. 151 ff.; *Schuschke/Walker* Vorbem. zu § 935 Rn. 113). Anspruchsgrundlagen sind für die Lohnsteuerkarte §§ 39 b Abs. 1 Satz 3, 41 b Abs. 1 Satz 4 EStG, § 6 Abs. 2 BUrlG für die Urlaubsbescheinigung und im Hinblick auf andere Papiere eine Nebenpflicht aus dem Arbeitsvertrag. Ein Zurückbehaltungsrecht des Arbeitgebers besteht nicht (BAG 20. 12. 1958 AP BGB § 611 Urlaubskarten Nr. 2). Es handelt sich um eine Regelungsverfügung i. S. des § 940 ZPO. Für die Glaubhaftmachung reicht es aus, dass der Arbeitnehmer darlegt, dass der Arbeitgeber trotz Beendigung des Arbeitsverhältnisses weder die Arbeitspapiere noch eine Zwischenbescheinigung übergeben hat und dass er diese benötigt, um ein neues Arbeitsverhältnis anzutreten (z. B. wegen § 312 Abs. 1 Satz 1 SGB III) bzw. um Arbeitslosengeld zu beantragen (§ 323 Abs. 1 Satz 1 SGB III). Zur Glaubhaftmachung genügt eine eigene Eidesstattliche Versicherung.

e) Einstweilige Verfügung im Arbeitskampf

113 Der Erlass einer Einstweiligen Verfügung im Arbeitskampf ist **grundsätzlich zulässig** (vgl. LAG Hamm 17. 3. 1987 NZA 1988, Beilage 2 S. 26; LAG Hamburg 24. 3. 1987 NZA 1988, Beilage 2 S. 27 ff.; LAG Schleswig-Holstein 25. 3. 1987 NZA 1988, Beilage 2 S. 31; LAG Hamm 7. 8. 1987 NZA 1987, 825; dazu allgemein *Walker* Einstweiliger Rechtsschutz Rn. 705 ff. mit ausführlichen Nachweisen; MünchArbR/*Jacobs* § 346 Rn. 19 f.; *Kissel* Arbeitskampf § 65 Rn. 9; *Grunsky* § 62 Rn. 25 m. w. Nachw.; *Schwab/Weth/Walker* § 62 Rn. 142 ff.; *Schuschke/Walker* Vorbem. zu § 935 Rn. 131; GK-ArbGG/*Vossen* § 62 Rn. 81). Es handelt sich in der Regel um eine **Unterlassungsverfügung**. Der Erlass einer im Gesetz nicht vorgesehenen „**Zwischenverfügung**" ist auch im Arbeitskampfrecht nicht erforderlich. Der einstweilige Rechtsschutz von § 62 Abs. 2 i. V. mit §§ 935, 940 ZPO bietet einen hinreichenden Rechtsschutz (*Zimmerling* ZTR 2006, 365 ff.). **Verfügungsanspruch** ist daher ein Unterlassungsanspruch, der sich entweder aus der tarifvertraglichen Friedenspflicht, dem Recht auf Durchführung eines Arbeitskampfes aus Art. 9 Abs. 3 GG unter Berücksichtigung der durch die Rechtsprechung gezogenen Grenzen sowie die Regelungen der §§ 823 Abs. 1 BGB und 1004 BGB (Eingriff in den eingerichteten und ausgeübten Gewerbebetrieb) ergeben kann. Bei Betriebsbesetzungen kann zusätzlich § 862 Abs. 1 BGB einschlägig sein, ebenfalls kann § 823 Abs. 2 BGB in Verbindung mit einem Schutzgesetz wie beispielsweise Hausfriedensbruch als Anspruchsgrundlage herangezogen werden. Bei Ansprüchen gegen einzelne Arbeitnehmer oder von diesen gegen ihren Arbeitgeber können auch Unterlassungsansprüche aus der Verletzung arbeitsvertraglicher Pflichten in Betracht kommen. **Voraussetzung** für den Erlass einer Einstweiligen Verfügung ist jedoch, dass die **Rechtswidrigkeit** der Arbeitskampfmaßnahmen bzw. des Arbeitskampfes im Einzelnen dargelegt und glaubhaft gemacht wird. Hierbei ist es nicht nötig, dass die Rechtswidrigkeit offenkundig ist (so aber LAG Sachsen 2. 11. 2007 NZA 2008, 59; *Zeuner* RdA

V. Arrest und Einstweilige Verfügung
§ 62

1971, 7; vgl. *Scholz/Konzen* Die Aussperrung im System von Arbeitsverfassung und kollektivem Arbeitsrecht, 1980, 229 ff.; zutreffend dazu *Walker* Einstweiliger Rechtsschutz, Rn. 716). Nicht zum Verfügungsanspruch gehört, dass die Durchführung der Maßnahme zu einer Existenzgefährdung des Kampfgegners führen müsste (vgl. aber *Heckelmann* AuR 1970, 177; vgl. auch *Zeuner* RdA 1971, 7; zutreffend *Walker* a. a. O. Rn. 720 f.). Diese Einschränkungen ergeben sich nämlich nicht aus dem Recht der Einstweiligen Verfügung. Es gibt kein besonderes Recht der Einstweiligen Verfügung im Arbeitskampf (*Schwab/Weth/Walker* § 62 Rn. 142). Vielmehr muss das Gericht, ebenso wie bei allen anderen Einstweiligen Verfügungen, auch die Frage der Rechtswidrigkeit nach den allgemein gültigen Kriterien prüfen (vgl. LAG Hamm 31. 1. 1991 LAGE GG Art. 9 Arbeitskampf Nr. 41; LAG Köln 14. 6. 1996 LAGE 66 Art. 9 Arbeitskampf Nr. 63; GK-ArbGG/*Vossen* § 62 Rn. 81). Dies muss selbst angesichts des summarischen Charakters des Einstweiligen Verfügungsverfahrens und des beschränkten Instanzenzuges durchgeführt werden. Auch kann der Richter nicht schwierige Rechtsfragen ungeprüft lassen.

Verfügungsgrund ist die **Gefahr des endgültigen Rechtsverlustes.** Hier ist eine Interessenabwägung der beteiligten Parteien vorzunehmen, in die sämtliche in Betracht kommenden materiell-rechtlichen und vollstreckungsrechtlichen Erwägungen sowie die wirtschaftlichen Auswirkungen für beide Parteien einzubeziehen sind (LAG Köln 12. 12. 2005 NZA 2006, 62 f.; 14. 6. 1996 NZA 1997, 327; LAG Hessen 2. 5. 2003 NZA 2003, 679 f.). Hierbei kann neben der Eindeutigkeit der Sach- und Rechtslage auch von Bedeutung sein, dass ein Schadenersatzanspruch gemäß § 945 ZPO bei einem Erfolg des Verfügungsgegners im Hauptprozess nicht in der Lage ist, die entstandenen Nachteile auszugleichen. Auch muss bei der Entscheidungsfindung berücksichtigt werden, welchen Umfang die gestellten Anträge haben. Anträge, die den Arbeitskampf insgesamt verhindern sollen, greifen in die grundgesetzlich geschützte Rechtsposition des Verfügungsgegners so stark ein, dass der Kernbereich des Grundrechts aus Art. 9 Abs. 3 GG gefährdet sein kann. Auch wenn der Einsatz eines Kampfmittels verhindert werden soll, kann ein entscheidender Eingriff in die Kampfposition vorliegen. Weniger stark wird eingegriffen, wenn lediglich die Rechtswidrigkeit einzelner Kampfhandlungen im Rahmen der einstweiligen Verfügung geltend gemacht wird. Wegen des zeitlich begrenzten Rahmens von Arbeitskampfmaßnahmen führt in der Regel ihre Untersagung auch zu einer endgültigen Entscheidung, bereits im Verfahren nach Widerspruch bzw. im Verfahren zweiter Instanz ist der Rechtsstreit in der Hauptsache erledigt. Hinzu kommt, dass von dem Erlass einer Einstweiligen Verfügung auch ein erheblicher Einfluss auf die weitere Durchführung des Arbeitskampfes ausgeht, und dass in dringenden Fällen die EinstweiligeVerfügung auch durch den Vorsitzenden allein erlassen werden kann. Dies gebietet, dass Einschränkungen der Kampfmöglichkeiten der Parteien im Arbeitskampf durch Einstweilige Verfügung nur in ganz seltenen Fällen vorgenommen werden. Insbesondere ist auch hier zu beachten, dass das Vorliegen eines Verfügungsanspruches noch nicht einen Rückschluss darauf zulässt, dass auch ein Verfügungsgrund gegeben sein müsste. Da es gerade Wesen des Arbeitskampfes ist, durch Ausübung wirtschaftlichen Drucks auf den jeweiligen Gegner einzuwirken, kann noch nicht jede Schädigung, die durch Kampfmaßnahmen eintritt, den Erlass einer Einstweiligen Verfügung rechtfertigen. Vielmehr müssen schon erhebliche und unverhältnismäßige wirtschaftliche oder sonstige Schäden durch die rechtswidrige Kampfmaßnahme eintreten, die das Eingreifen durch das Gericht notwendig erscheinen lassen. Der Erlass einer Einstweiligen Verfügung kann dabei dann gerechtfertigt sein, wenn durch die rechtswidrigen Kampfmaßnahmen nicht nur die jeweils gegnerische Kampfpartei, sondern vielmehr auch Dritte betroffen werden. Da im Verfahren der Einstweiligen Verfügung die Entscheidung des BAG nicht erreicht werden kann, sollte im Interesse des Vertrauensschutzes eine Abweichung von der Rechtsprechung des BAG zu Lasten einer Kampfpartei nicht erfolgen (*Walker* Einstweiliger Rechtsschutz Rn. 717).

115 Wegen des summarischen und eilbedürftigen Verfahrens hat sich mehr und mehr herausgebildet, dass schon bei Beginn eines Arbeitskampfes sog. **Schutzschriften** bei den Gerichten für Arbeitssachen von den Parteien des Arbeitskampfes hinterlegt werden (dazu näher *Leipold* RdA 1983, 164 ff.; *May* Die Schutzschrift im Arrest- und Einstweiligen-Verfügungs-Verfahren, 1983; vgl. auch *Schaub* ArbGV § 56 Rn. 40; Erfk/*Koch* § 62 ArbGG Rn. 21). Das Rechtsinstitut einer solchen Schutzschrift ist in der Zivilprozessordnung nicht ausdrücklich vorgesehen, es handelt sich im Grunde um eine bedingte Prozesshandlung, die in der Regel unzulässig ist. Es ist dem Prozessrecht auch fremd, dass ein bedingter Antrag gestellt wird. Auch ist bei der Einreichung der Schutzschrift noch kein Verfahren anhängig, zu dem sie eingereicht werden könnte. Da aber über den Antrag im einstweiligen Rechtsschutz auch ohne Anhörung der Gegenpartei entschieden werden kann, ist ihre Zulässigkeit zur Gewährung rechtlichen Gehörs notwendig. Die Gerichte sind verpflichtet, den Inhalt einer Schutzschrift bei der Entscheidungsfindung zu berücksichtigen (BGH 13. 2. 2003 NJW 2003, 1257), dies gehört zur Gewährung rechtlichen Gehörs. Der die Schutzschrift Einreichende geht davon aus, dass das Gericht von Amts wegen den Inhalt berücksichtigt, wobei allerdings nicht sicher ist, ob und zu welchem Zeitpunkt diese Berücksichtigung notwendig wird. Die **Kosten** der Einreichung **einer Schutzschrift,** die üblicherweise unter bestimmten Voraussetzungen erstattungsfähig sein können (BGH 13. 2. 2003 NJW 2003, 1257; *Zöller/Vollkommer* § 937 Rn. 5), sind im arbeitsgerichtlichen Urteilsverfahren erster Instanz wegen § 12 a nicht erstattungsfähig.

f) Einstweilige Verfügung bei Wettbewerbsverboten

116 Der **Verfügungsanspruch** für Wettbewerbsverbote in einem Arbeitsverhältnis kann sich z. B. aus §§ 60, 61 HGB, aus dem Arbeitsvertrag in Verbindung mit § 74 HGB oder aus der Treuepflicht des Arbeitnehmers als einer nebenvertraglichen Pflicht aus dem Arbeitsverhältnis sowie nachvertraglich aus § 74 HGB oder § 110 Satz 1 GewO ergeben. Hieraus ergeben sich für den Arbeitgeber **Unterlassungsansprüche,** die eigenständig eingeklagt und vollstreckt und die auch mit einer Unterlassungsverfügung gesichert werden können (ausführlich dazu *Korinth* Einstweiliger Rechtsschutz I Rn. 39). Dem steht auch § 888 Abs. 2 ZPO nicht entgegen, da es sich nicht um eine Verurteilung zur Leistung von Diensten handelt. Ferner muss die konkrete Gefahr des Wettbewerbsverstoßes vorgetragen und glaubhaft gemacht werden (§ 294 ZPO). Die Gefahr eines erstmaligen Verstoßes kann ausreichen, da eine Rückgängigmachung nicht möglich ist. Der **Verfügungsgrund** folgt in der Regel aus den Darlegungen zur Gefährdung. Bei dem Erlass einer Einstweiligen Verfügung müssen aber die beiderseitigen Interessen besonders sorgfältig gegeneinander abgewogen werden, da für den betroffenen Arbeitnehmer mit dem Verbot ein besonders gravierender Eingriff in seine wirtschaftliche Existenz verbunden sein kann. Hinzu kommt, dass in der Regel der Sachvortrag in derartigen Verfahren nicht unstreitig sein wird, die Abwägung, ob ein Wettbewerbsverstoß tatsächlich vorliegt, schwierig sein kann, so dass meist eine Klärung erst in einem Hauptsacheverfahren möglich ist.

g) Einstweilige Verfügung bei Konkurrentenschutzklage

117 Im Beamtenrecht ist der Anspruch der Bewerber bei der Besetzung einer Stelle auf korrekte Bewerberauswahl und Durchführung eines fairen Auswahlverfahrens anerkannt (BVerfG 1. 8. 2006 NVwZ 2006, 1401; 20. 3. 2007 NZA 2007, 607 ff.; vgl. schon BVerwG 25. 8. 1988 BVerwGE 80, 127 ff.; dazu auch BAG 2. 12. 1997 NZA 1998, 882; 22. 6. 1999 AP GG Art. 33 Abs. 2 Nr. 49; vgl. ferner *Korinth* Einstweiliger Rechtsschutz I Rn. 286 ff.; *Schwab/Weth/Walker* § 62 Rn. 112; auch oben § 46 Rn. 68). Diese Grundsätze sind auch insbesondere auf das Arbeitsrecht im öffentlichen Dienst übertragen worden (dazu BAG a. a. O.), können aber auch im Bereich der Privatwirt-

schaft zum Tragen kommen, wenn ein materieller Einstellungs- oder Beförderungsanspruch bzw. ein Anspruch auf Durchführung eines korrekten Auswahlverfahrens besteht. Dieser Anspruch könnte gegenstandslos (BAG 2. 12. 1997 NZA 1998, 882 ff.) oder seine Durchsetzung wesentlich erschwert werden, wenn die betreffende Stelle zwischenzeitlich besetzt würde. Zur **Sicherung des Anspruchs auf Durchführung eines fairen Auswahlverfahrens** kann im Wege der Sicherungsverfügung dem Arbeitgeber aufgegeben werden, bis zum Abschluss des Hauptverfahrens eine **Stellenbesetzung nicht durchzuführen** (LAG Thüringen 13. 1. 1997 NZA-RR 1997, 234; LAG Düsseldorf 25. 10. 1994 ZTR 1995, 184; ausführlich *Zimmerling* ZTR 2000, 489, 495 vgl. aber LAG Berlin 12. 7. 1993 NZA 1994, 526). Dieser Anspruch kann geltend gemacht werden, wenn konkrete Anhaltspunkte dafür von dem Mitbewerber vorgetragen werden, aus denen sich ergibt, dass ein korrektes Auswahlverfahren nicht durchgeführt wird oder worden ist. Für den Einstweiligen Rechtsschutz zur Sicherung des Bewerbungsverfahrensanspruchs genügt es, dass die Aussichten des Bewerbers, im Falle eines ordnungsgemäß durchgeführten Verfahrens zum Zuge zu kommen, offen sind, seine Auswahl muss nur möglich erscheinen (BVerfG 1. 8. 2006 NVwZ 2006, 1401). Es ist nicht in jedem Falle notwendig, dass bereits eine ablehnende Entscheidung mitgeteilt worden ist. Allein die allgemeine Besorgnis, dass unkorrekt verfahren werden würde, reicht jedoch noch nicht aus (LAG Düsseldorf vom 25. 10. 1994, ZTR 1995, 184 f.), es müssen bereits konkrete Tatsachen vorliegen.

h) Sonstiges

Der Anspruch auf **Herausgabe eines Dienstwagens** kann durch einstweilige Verfügung gesichert werden. Der Arbeitgeber muss darlegen, dass der Anspruch auf Herausgabe besteht, z. B. das Arbeitsverhältnis gekündigt ist, und dass eine sofortige Regelung notwendig ist, weil entweder mit einer Wertminderung des Wagens zu rechnen ist oder aber betriebliche Gründe die Rückgabe erfordern (vgl. näher dazu *Schmiedl* BB 2002, 992 ff. m. w. Nachw.; GK-ArbGG/*Vossen* § 62 Rn. 80 a). Da die Herausgabe i. d. R. auch eine Befriedigung des Anspruchs darstellt, kann als weniger weitgehende Maßnahme auch eine Sequestration bzw. die Anordnung einer Nutzungsunterlassung in Betracht kommen. Beide Maßnahmen können hilfsweise beantragt werden. **118**

Der **Teilzeitanspruch aus § 8 Abs. 1 TzBfG** kann, soweit es um die Abgabe der Erklärung des Arbeitgebers geht, nicht im Wege einer einstweiligen Verfügung geregelt werden. Dem steht schon die Tatsache entgegen, dass nach § 894 ZPO die Willenserklärung erst mit Rechtskraft der Entscheidung in der Hauptsache als abgegeben gilt (*Meinel/Heyn/Herms* TzBfG § 8 Rn. 129; *Dütz* AuR 2003, 161, 164; vgl. auch *Beckschulze* DB 2000, 2598, 2606; *Rolfs* RdA 2001, 129, 136, die die Vorwegnahme der Hauptsache als Hauptproblem sehen; vgl. ferner LAG Hamm 6. 5. 2002 NZA-RR 2003, 178, 181 f.; GK-ArbGG/*Vossen* § 62 Rn. 75). In Betracht kommen könnte allerdings eine einstweilige Verfügung auf teilweises Fernbleiben von der Arbeit (*Meinel/Heyn/Herms* a. a. O.; *Dütz* a. a. O. 163 ff.; vgl. dazu auch *Corts* NZA 1998, 357 zum Urlaubsrecht; so auch *Grobys/Bram* NZA 2001, 1175, 1181). Der Verfügungsanspruch könnte sich dabei aus § 8 Abs. 1 TzBfG ergeben. Problematisch ist aber der Verfügungsgrund, der schon eine vorfristige Gewährung der Teilzeitarbeit sichern soll. Durch das in § 8 Abs. 3 und 5 TzBfG vorgesehene Verfahren hat der Gesetzgeber zu erkennen gegeben, dass er grundsätzlich keine vorfristige Arbeitszeitregelung vorgesehen hat. Eine einstweilige Verfügung kann daher nur dann in Betracht kommen, wenn ganz überwiegende Interessen des Arbeitnehmers die vorfristige Umstellung erfordern. Dies kann z. B. der Fall sein, wenn familiäre Gründe (Betreuung von im Haushalt lebenden Personen, gesundheitliche Beeinträchtigungen etc.) glaubhaft gemacht werden (LAG Düsseldorf 4. 12. 2003 NZA-RR 2004, 181, 182; LAG Hamm 6. 5. 2002 NZA-RR 2003, 178, 181 f.; *Schwab/Weth/Walker* § 62 Rn. 136). **119**

120 Die Schaffung eines **rauchfreien Arbeitsplatzes** kann nur in seltenen Fällen mit einer einstweiligen Verfügung erreicht werden. An den Sachvortrag hinsichtlich der gesundheitlichen Beeinträchtigungen sind strenge Anforderungen zu stellen (vgl. dazu LAG München 2. 3. 1990 LAGE BGB § 618 Nr. 4; GK-ArbGG/*Vossen* § 62 Rn. 82). Es muss sich im Grunde ergeben, dass ein sofortiges Handeln unabdingbar ist.

121 **Verstöße gegen** den normativen Teil von **Tarifverträgen** können für die beteiligten Verbände nur in seltenen Ausnahmefällen den Erlass einer einstweiligen Verfügung rechtfertigen. In der Regel wird z. B. bei untertariflicher Bezahlung oder bei Nichteinhaltung festgelegter Arbeitsbedingungen der einzelne Arbeitnehmer selbst seine Rechte verfolgen müssen, auch im Übrigen können die Verbände nur dann selbst tätig werden, wenn sie in ihren Rechten betroffen sind (vgl. dazu LAG Sachsen 19. 2. 2001 MDR 2001, 882).

6. Zwangsvollstreckung

122 Für die Vollstreckung von Arrest und einstweiliger Verfügung gelten im Wesentlichen die gleichen Vorschriften, da § 936 ZPO auf die Arrestvorschriften und damit auf §§ 929 ff. ZPO verweist. Nicht anwendbar für die Einstweilige Verfügung sind die §§ 930, 931, 932 Abs. 1 und 2, 933, 934 ZPO, die typische Fallgestaltungen der Arrestvollziehung regeln. Im Übrigen gelten die gleichen Grundsätze wie bei sonstigen vollstreckbaren Titeln mit einigen Besonderheiten. Insbesondere kann auch hier die Einstellung der Zwangsvollstreckung nur unter den Voraussetzungen von § 62 Abs. 1 erfolgen. Diese werden in der Regel weder bei einem Arrest noch bei einer Einstweiligen Verfügung vorliegen, da die entsprechenden Erwägungen meist schon bei Erlass der Entscheidung im Rahmen der Interessenabwägung im Zusammenhang mit dem Verfügungsgrund anzustellen sind. Etwas anderes kann nur in Betracht kommen, wenn sich die Umstände nach Erlass der Entscheidung wesentlich verändert haben. U. a. folgende **Besonderheiten** sind zu beachten:

123 – Die **Vollziehungsfrist** beträgt einen Monat nach Verkündung oder Zustellung der Entscheidung, § 929 Abs. 2 ZPO. Die Frist ist eingehalten, wenn am letzten Tag der Frist der Antrag bei dem Vollstreckungsorgan eingegangen ist (BGH 25. 10. 1990 NJW 1991, 496 f.; vgl. 15. 12. 2005 NJW 2006, 1290; *Zöller/Vollkommer* § 929 Rn. 10, str.) Die Zustellung der Entscheidung kann auch nach Beginn der Vollstreckung, spätestens innerhalb einer Woche, erfolgen, § 929 Abs. 3 ZPO. Nach Ablauf der Vollziehungsfrist ist eine Vollstreckung aus dem Titel nicht mehr statthaft.

– Die **Vollstreckungsklausel** ist nur bei Gläubiger- oder Schuldnerwechsel notwendig, § 929 Abs. 1 ZPO.

– Wegen **veränderter Umstände** kann die Entscheidung aufgehoben werden, § 927 ZPO. Dies kann auch erfolgen, wenn die Vollziehungsfrist verstrichen ist.

– Die **Klageerhebung** kann angeordnet werden, § 926 ZPO. Ebenfalls kann eine Frist festgelegt werden, innerhalb derer die Ladung des Gegners zur mündlichen Verhandlung beantragt werden muss, § 942 Abs. 1 ZPO.

– Nach Ablauf der Vollziehungsfrist kann ein **neuer Antrag** gestellt werden (*Zöller/Vollkommer* § 929 Rn. 23). Der Antrag kann auch im Widerspruchsverfahren, nicht jedoch im Berufungsrechtszug gestellt werden (GK-ArbGG/*Vossen* § 62 Rn. 101a m. w. Nachw.; *Thomas/Putzo/Reichold* § 929 Rn. 5; a. A. *Zöller/Vollkommer* § 929 Rn. 23).

– Erweist sich eine Einstweilige Verfügung oder ein Arrest als von Anfang an ungerechtfertigt oder wird die Entscheidung wegen nicht erfolgter Klageerhebung nach § 926 Abs. 2 ZPO oder nicht erfolgter Antragstellung nach § 942 ZPO aufgehoben, kann ein **Schadenersatzanspruch** geltend gemacht werden, § 945 ZPO.

§ 63 Übermittlung von Urteilen in Tarifvertragssachen

¹Rechtskräftige Urteile, die in bürgerlichen Rechtsstreitigkeiten zwischen Tarifvertragsparteien aus dem Tarifvertrag oder über das Bestehen oder Nichtbestehen des Tarifvertrages ergangen sind, sind alsbald der zuständigen obersten Landesbehörde und dem Bundesministerium für Arbeit und Soziales in vollständiger Form abschriftlich zu übersenden oder elektronisch zu übermitteln. ²Ist die zuständige oberste Landesbehörde die Landesjustizverwaltung, so sind die Urteilsabschriften oder das Urteil in elektronischer Form auch der obersten Arbeitsbehörde des Landes zu übermitteln.

Übersicht

	Rn.
I. Allgemeines	1
II. Übermittlungspflicht	2–9
1. Zu übermittelnde Entscheidungen	2–6
2. Form der Übermittlung	7–9

I. Allgemeines

Durch § 9 TVG wird die **Rechtskraft** arbeitsgerichtlicher Entscheidungen über § 325 ZPO hinaus in der Weise **erweitert**, dass in Rechtsstreitigkeiten zwischen tarifgebundenen Parteien sowie zwischen diesen und Dritten für Gerichte und Schiedsgerichte eine Bindungswirkung eintritt. Damit wird zum einen dem normativen Charakter der tarifvertraglichen Bestimmungen Rechnung getragen, zum anderen dient dies der Rechtssicherheit und der Rechtsklarheit sowie der Prozessökonomie (BAG 28. 9. 1977 AP TVG 1969 § 9 Nr. 1; ErfK/*Franzen* TVG § 9 Rn. 2). Die Übersendungspflicht in § 63 hat dabei den Sinn, sicherzustellen, dass die entsprechenden Entscheidungen jederzeit zugänglich sind, zum anderen ist es Aufgabe der obersten Arbeitsbehörde des Landes bzw. des zuständigen Bundesministeriums, für eine geeignete Veröffentlichung Sorge zu tragen.

II. Übermittlungspflicht

1. Zu übermittelnde Entscheidungen

Zu übermitteln sind **nur Entscheidungen, die zwischen Tarifvertragsparteien** ergangen 2 sind. § 63 ist damit enger gefasst als die Zuständigkeitsnorm des § 2 Abs. 1 Nr. 1. Rechtsstreitigkeiten zwischen Tarifvertragsparteien und Dritten aus Tarifverträgen oder über das Bestehen oder Nichtbestehen von Tarifverträgen werden weder von § 9 TVG noch von § 63 erfasst (wohl a. A. *Grunsky* § 63 Rn. 2; wie hier *Hauck/Helml* § 63 Rn. 3; GK-ArbGG/*Vossen* § 63 Rn. 6; vgl. *Schwab/Weth/BerscheidSchwab* § 63 Rn. 3). Hierfür spricht im Übrigen auch der Wortlaut der Bestimmung, durch die Novelle vom 21. 5. 1979 ist nämlich die früher weitergehende Fassung des § 63 ArbGG 1953, die auch noch die Urteile zwischen Tarifvertragsparteien und Dritten erwähnte, eingeschränkt worden. In dem Rechtsstreit müssen sich daher die Tarifvertragsparteien als Prozessbeteiligte gegenübergestanden haben, Urteile zwischen einer Tarifvertragspartei und einem einzelnen Arbeitgeber, der nicht zugleich Tarifvertragspartei ist, bzw. einem Arbeitnehmer genügen nicht.

Weiter muss es sich in dem Rechtsstreit um **Fragen aus dem Tarifvertrag** oder über das 3 Bestehen bzw. Nichtbestehen des Tarifvertrages gehandelt haben. Hierbei ist es gleichgültig, welche zivilprozessrechtliche Klageart vorgelegen hat. Eine Einschränkung ergibt sich auch nicht aus § 2 Abs. 1 Nr. 1, da dort lediglich die sachliche Zuständigkeit geregelt wird, nicht jedoch eine bestimmte prozessuale Klageart. Im Regelfall wird es sich allerdings bei den Rechtsstreitigkeiten um Feststellungsklagen gemäß § 256 ZPO handeln. Nicht erforderlich ist, dass Gegenstand des Rechtsstreits ein Tarifvertrag in seiner Gesamtheit gewesen ist, es genügt, wenn um einzelne Tarifvertragsbestimmungen gestritten wurde. Insbesondere auch Rechtsstreitigkeiten über Auslegungsfragen werden hiervon erfasst (BAG 19. 2. 1965 AP TVG § 8 Nr. 4).

4   Zu übermitteln sind **nur rechtskräftige Sachentscheidungen** (Urteile und Beschlüsse), da nur von diesen auch die Bindungswirkung nach § 9 TVG ausgehen kann. Unerheblich ist es hierbei, von welcher Instanz die Entscheidung erlassen worden ist. Sie muss die Sache selbst betreffen. Wird in einem Rechtsstreit zwischen den Tarifvertragsparteien die Klage als unzulässig abgewiesen, so kann hieraus keine Bindungswirkung in Sachfragen entstehen, so dass ein Grund für die Übersendung nicht gegeben ist (*Grunsky* § 63 Rn. 2; *Hauck/Helml* § 63 Rn. 2). Wird in einem Rechtsstreit der hier genannten Art ein Rechtsmittel als unzulässig verworfen, ist nicht diese prozessuale Entscheidung zu übersenden, sondern vielmehr die Sachentscheidung der Vorinstanz, die damit rechtskräftig geworden ist.

5   Auf Rechtsstreitigkeiten über **Tarifzuständigkeit und Tariffähigkeit** gemäß § 2 a Abs. 1 Nr. 4 ist § 63 entsprechend anzuwenden, § 97 Abs. 3. Hierbei kann offen bleiben, ob für diese Streitigkeiten § 9 TVG analog anwendbar ist.

6   **Nicht zu übermitteln** sind ferner rechtskräftige Vergleiche bzw. Sprüche von Schiedsgerichten, selbst wenn diese nach § 109 Abs. 1 für vollstreckbar erklärt worden sind.

2. Form der Übermittlung

7   Eine bestimmte **Form** der Übermittlung ist **nicht vorgeschrieben**. Geregelt ist nur, dass die Urteile schriftlich und in vollständiger Form zu übermitteln sind, das heißt, dass Kürzungen nicht vorgenommen werden dürfen. Insbesondere darf bei einem Rechtsstreit, in dem mehrere Fragen zu entscheiden waren, von denen aber nur eine in den Geltungsbereich des § 9 TVG und des § 63 fällt, nicht eine Abkürzung dahingehend durchgeführt werden, dass nur dieser einschlägige Teil übersandt wird. Zulässig und meist aus datenschutzrechtlichen Gründen auch geboten ist es, das Urteil zu neutralisieren, allerdings müssen die klagenden Parteien erkennbar bleiben, da nur so festgestellt werden kann, welche Tarifverträge im Einzelnen von der Entscheidung erfasst werden können. Die Übermittlung kann in Abschrift, Fotokopie, per Telefax oder in elektronischer Form, z. B. per E-Mail erfolgen. Die letztgenannte Form wird sich bei elektronischer Aktenführung aber auch dann empfehlen, wenn Urteile ohnehin in das Internet gestellt oder auf diese Weise an Interessenten versandt werden.

8   Die **Übermittlung** der Entscheidung **hat der Vorsitzende** der Kammer des Arbeits- bzw. Landesarbeitsgerichts bzw. des Senats des Bundesarbeitsgerichts **zu veranlassen,** von der/dem die Entscheidung getroffen wurde. Eine Frist für die Übermittlung ist ebenfalls nicht im Gesetz genannt, sie muss alsbald nach Eintritt der Rechtskraft erfolgen. Die Verletzung der Übermittlungspflicht ist sanktionslos, sie ist eine Dienstpflicht des Richters, bei wiederholter Missachtung kann u. U. eine Dienstaufsichtsbeschwerde erhoben werden. Die Übermittlungspflicht unterliegt nicht dem Rechtsprechungsprivileg.

9   Die Übermittlung hat zunächst an das für **Arbeit** und soziales **zuständige Bundesministerium** zu erfolgen. Maßgeblich ist hierbei der Teilbereich Arbeit, wechselt daher das Ministerium seinen Zuständigkeitsbereich ist das Ministerium zuständig, das für Arbeit die Zuständigkeit hat. Daneben muss das Urteil auch der gemäß § 15 bestimmten **zuständigen obersten Behörde des Landes,** in dem das Gericht, das die Entscheidung getroffen hat, seinen Sitz hat, zugeleitet werden. Handelt es sich hierbei um die Landesjustizverwaltung, so muss eine weitere Urteilsabschrift auch an die oberste Behörde des Landes erfolgen, die für Arbeit zuständig ist. Auch hier handelt es sich um die Behörde des Landes, in dem das Gericht seinen Sitz hat. Es kommt nicht darauf an, in welchem Land der Tarifvertrag Gültigkeit hat. Wollte man die Zusendung an die zuständige

oberste Behörde des Landes für notwendig erachten, in dem der Tarifvertrag Gültigkeit hat, würde bei bundesweit geltenden Tarifverträgen eine Zuständigkeit einer obersten Arbeitsbehörde eines Bundeslandes nicht bestehen können. Dies würde aber dem Wortlaut des § 63 widersprechen. Entscheidungen des Bundesarbeitsgerichts sind demzufolge der zuständigen obersten Behörde des Landes Thüringen, ggf. zusätzlich der Arbeitsbehörde und dem zuständigen Bundesministerium zuzuleiten (vgl. GK-ArbGG/*Vossen* § 63 Rn. 12; zweifelnd *Schwab/Weth/Berscheid/Schwab* § 63 Rn. 8). Diese Behörden haben sodann in der ihnen geeignet erscheinenden Form dafür Sorge zu tragen, dass die Entscheidung bekannt gemacht wird.

Zweiter Unterabschnitt. Berufungsverfahren

§ 64 Grundsatz

(1) Gegen die Urteile der Arbeitsgerichte findet, soweit nicht nach § 78 das Rechtsmittel der sofortigen Beschwerde gegeben ist, die Berufung an die Landesarbeitsgerichte statt.

(2) Die Berufung kann nur eingelegt werden,

a) wenn sie in dem Urteil des Arbeitsgerichts zugelassen worden ist,

b) wenn der Wert des Beschwerdegegenstands 600 Euro übersteigt,

c) in Rechtsstreitigkeiten über das Bestehen, das Nichtbestehen oder die Kündigung eines Arbeitsverhältnisses oder

d) wenn es sich um ein Versäumnisurteil handelt, gegen das der Einspruch an sich nicht statthaft ist, wenn die Berufung oder Anschlussberufung darauf gestützt wird, dass der Fall der schuldhaften Versäumung nicht vorgelegen habe.

(3) Das Arbeitsgericht hat die Berufung zuzulassen, wenn

1. die Rechtssache grundsätzliche Bedeutung hat,

2. die Rechtssache Rechtsstreitigkeiten betrifft

   a) zwischen Tarifvertragsparteien aus Tarifverträgen oder über das Bestehen oder Nichtbestehen von Tarifverträgen,

   b) über die Auslegung eines Tarifvertrags, dessen Geltungsbereich sich über den Bezirk eines Arbeitsgerichts hinaus erstreckt, oder

   c) zwischen tariffähigen Parteien oder zwischen diesen und Dritten aus unerlaubten Handlungen, soweit es sich um Maßnahmen zum Zwecke des Arbeitskampfes oder um Fragen der Vereinigungsfreiheit einschließlich des hiermit im Zusammenhang stehenden Betätigungsrechts der Vereinigungen handelt, oder

3. das Arbeitsgericht in der Auslegung einer Rechtsvorschrift von einem ihm im Verfahren vorgelegten Urteil, das für oder gegen eine Partei des Rechtsstreits ergangen ist, oder von einem Urteil des im Rechtszug übergeordneten Landesarbeitsgerichts abweicht und die Entscheidung auf dieser Abweichung beruht.

(3 a) [1] Die Entscheidung des Arbeitsgerichts, ob die Berufung zugelassen oder nicht zugelassen wird, ist in den Urteilstenor aufzunehmen. [2] Ist dies unterblieben, kann binnen zwei Wochen ab Verkündung des Urteils eine entsprechende Ergänzung beantragt werden. [3] Über den Antrag kann die Kammer ohne mündliche Verhandlung entscheiden.

(4) Das Landesarbeitsgericht ist an die Zulassung gebunden.

(5) Ist die Berufung nicht zugelassen worden, hat der Berufungskläger den Wert des Beschwerdegegenstandes glaubhaft zu machen; zur Versicherung an Eides Statt darf er nicht zugelassen werden.

(6) [1] Für das Verfahren vor den Landesarbeitsgerichten gelten, soweit dieses Gesetz nichts anderes bestimmt, die Vorschriften der Zivilprozeßordnung über die Berufung

§ 64 Grundsatz

entsprechend. ²Die Vorschriften über das Verfahren vor dem Einzelrichter finden keine Anwendung.

(7) Die Vorschriften des § 49 Abs. 1 und 3, des § 50, des § 51 Abs. 1, der §§ 52, 53, § 55 Abs. 1 Nr. 1 bis 9, Abs. 2 und 4, der §§ 56 bis 59, 61 Abs. 2 und 3 und der §§ 62 und 63 über Ablehnung von Gerichtspersonen, Zustellungen, persönliches Erscheinen der Parteien, Öffentlichkeit, Befugnisse des Vorsitzenden und der ehrenamtlichen Richter, Vorbereitung der streitigen Verhandlung, Verhandlung vor der Kammer, Beweisaufnahme, Versäumnisverfahren, Inhalt des Urteils, Zwangsvollstreckung und Übersendung von Urteilen in Tarifvertragssachen gelten entsprechend.

(8) Berufungen in Rechtsstreitigkeiten über das Bestehen, das Nichtbestehen oder die Kündigung eines Arbeitsverhältnisses sind vorrangig zu erledigen.

Übersicht

	Rn.
I. Allgemeines	1–6
II. Statthaftigkeit der Berufung	7–11
1. Berufungsfähige Urteile	7–9
2. Formfehlerhafte Entscheidung	10
3. Urteile, die der sofortigen Beschwerde unterliegen	11
III. Die Voraussetzungen des Abs. 2	12–65
1. Allgemeines	12, 13
2. Allgemeine Beschwer	14, 15
3. Zulassung der Berufung, Abs. 2 lit. a	16–48
a) Voraussetzung der Zulassung	16–18
b) Zulassungsgründe	19–28
c) Form der Entscheidung, Abs. 3 a	29–38
aa) Entscheidung im Tenor	29
bb) Ergänzung des Tenors	30–36
cc) Frist für Ergänzungsantrag	37, 38
d) Beschränkte Zulassung	39–43
e) Rechtsmittel	44–46
f) Bindungswirkung	47, 48
4. Die Beschwerdewertberufung, Abs. 2 lit. b	49–59
5. Berufung in Bestandsschutzstreitigkeiten, Abs. 2 lit. c	60–61 a
6. Berufung bei Versäumnisentscheidungen, Abs. 2 lit. d	62–65
IV. Die anwendbaren Vorschriften der ZPO über die Berufung	66–120
1. Einlegung der Berufung	67–73
2. Die Begründung der Berufung	74–93
3. Die Prüfung der Zulässigkeit der Berufung	94–103
4. Die Anschlussberufung	104–108
5. Rücknahme und Verzicht der Berufung	109–117
a) Rücknahme	109–114
b) Verzicht	115–117
6. Zuständigkeitsprüfung	118–120
V. Entsprechend anwendbare Vorschriften des erstinstanzlichen Verfahrens	121–131
1. Ablehnung von Gerichtspersonen	122
2. Persönliches Erscheinen der Parteien	123
3. Befugnisse des Vorsitzenden	124–128
4. Schriftliches Verfahren	129
5. Versäumnisverfahren	130
6. Verweisung des Rechtsstreits	131
VI. Die besondere Beschleunigungspflicht in Bestandsschutzverfahren	132, 133

I. Allgemeines

1 § 64 enthält einige Sonderregelungen für das Recht der Berufung in Abweichung der Regelungen in der ZPO. Insbesondere die Statthaftigkeitsvraussetzungen in Abs. 2 sind unabhängig von denen der ZPO geregelt worden. Sie sind in der Vergangenheit wiederholt geändert und immer mehr den für die ordentliche Gerichtsbarkeit geltenden Rege-

I. Allgemeines

§ 64

lungen angenähert worden (dazu 5. Aufl. § 64 Rn. 1 ff.; GK-ArbGG/*Vossen* § 64 Rn. 1 ff.). War die Statthaftigkeit zunächst von einem Streitwert abhängig, galt seit der Novelle vom 21. 5. 1979 (BGBl. I, 545) der Grundsatz der Beschwerdewertberufung, wobei zwischen vermögensrechtlichen und nichtvermögensrechtlichen Streitigkeiten unterschieden wurde, bei den letztgenannten war die Berufung auch ohne Erreichen eines Beschwerdewertes statthaft. Daneben gab es die Berufungsmöglichkeit, wenn das Arbeitsgericht das Rechtsmittel zugelassen hatte. Der Beschwerdewert wurde in der Folgezeit angehoben. Durch die Novelle vom 30. 3. 2000 (BGBl. I, 333) wurde der Beschwerdewert erneut angehoben und die in der Praxis ohnehin wenig brauchbare Unterscheidung zwischen vermögensrechtlichen und nichtvermögensrechtlichen Streitigkeiten aufgehoben. Neben der Beschwerdewertberufung und der Zulassungsberufung war jetzt auch die Berufung bei Bestandsstreitigkeiten ohne Rücksicht auf den Beschwerdewert und seit dem ZPO-RG (vom 27. 7. 2001 BGBl. I, 1887) die Berufung gegen das zweite Versäumnisurteil statthaft.

Nicht anwendbar ist die Vorschrift auf das **Revisionsverfahren und das Beschlussverfahren.** Für das Revisionsverfahren wird nur in § 72 Abs. 1 Satz 2 auf die Form der Zulassung in § 64 Abs. 3a verwiesen und daher auch für das Urteil des Landesarbeitsgerichts vorgeschrieben, dass die Entscheidung über Zulassung oder Nichtzulassung ausdrücklich im Tenor erfolgen muss. Im Beschlussverfahren nach § 2a enthält § 87 eine Sonderregelung. **2**

Zum **Wesen der Berufung** gehört der **Suspensiveffekt,** d. h., dass durch die rechtzeitige Einlegung der an sich statthaften Berufung der Eintritt der Rechtskraft gehemmt wird, § 705 Satz 2 ZPO. Wird eine nicht statthafte Berufung eingelegt, wird dadurch der Eintritt der Rechtskraft nicht gehemmt. Dies folgt daraus, dass nach § 705 Satz 1 ZPO die Rechtskraft vor Ablauf der für die Einlegung des zulässigen Rechtsmittels bestimmten Frist nicht eintritt. Ist jedoch ein Rechtsmittel gar nicht statthaft, kann § 705 Satz 1 ZPO nicht angewendet werden. Wird eine statthafte Berufung rechtzeitig eingelegt, ergibt sich aber aus anderen Gründen ihre Unzulässigkeit, beispielsweise weil sie nicht rechtzeitig begründet worden ist, so tritt die Rechtskraft des angefochtenen Urteils i. S. von § 705 ZPO erst mit der Rechtskraft einer entsprechenden Verwerfungsentscheidung ein (GmS OGB 24. 10. 1983 NJW 1984, 1027). Dies ergibt sich daraus, dass der Gesetzgeber die Rechtskraft einer Entscheidung im Interesse der Rechtssicherheit von einem einheitlichen und leicht bestimmbaren zeitlichen Bezugsmerkmal abhängig machen wollte. Das zeigt auch die Regelung in § 705 Satz 1 ZPO, wo der Eintritt der Rechtskraft vor Ablauf der Rechtsmittelfrist im Grundsatz nicht eintreten soll. **3**

Charakteristisch für die Berufung ist weiterhin der sog. **Devolutiveffekt,** d. h. die Anfallwirkung. Mit der Einlegung der Berufung gelangt die Rechtssache automatisch in die Berufungsinstanz, nur diese ist für die weitere Bearbeitung zuständig. Das Arbeitsgericht hat keine Möglichkeit, im Wege der Abhilfe seine Entscheidung zu verändern und damit der Berufung die Grundlage zu entziehen. **4**

Wie andere Rechtsmittel und Rechtsbehelfe kann eine Berufung grundsätzlich **nicht an eine Bedingung** oder Zeitbestimmung geknüpft werden. Dies würde die Rechtssicherheit und Rechtsklarheit, die generell bei Prozesshandlungen gegeben sein muss, beeinträchtigen. Insbesondere würden damit die prozessualen Folgen wie Rechtshängigkeit, Rechtskraft und deren Hemmung usw. ungewiss. Allerdings geht dies nicht soweit, dass Rechtsbehelfe und Rechtsmittel „schlechthin bedingungsfeindlich sind" (so aber BAG 13. 12. 1995 NJW 1996, 2533). Eine solche Unsicherheit würde nämlich nicht eintreten, wenn das Gericht ohne weiteres selbst entscheiden kann, ob die Bedingung eingetreten ist oder nicht. Dies ist der Fall, wenn eine Abhängigkeit von einer bestimmten prozessualen Lage besteht. Hier handelt es sich um eine **innerprozessuale Bedingung,** die allgemein für **zulässig** erachtet wird (dazu ausführlich *Kornblum* NJW 1997, 922 f. m. w. Nachw.; *Zöller/Greger* vor § 128 Rn. 20). Allerdings muss von einer der Prozessparteien ein unbedingter Antrag oder ein entsprechendes Vorbringen vorliegen, damit eine sichere **5**

§ 64 Grundsatz

Grundlage für eine Entscheidung gegeben ist (*Kornblum* a. a. O.; *Arens/Lüke* Zivilprozessrecht, Rn. 212). Eine zulässige innerprozessuale Bedingung liegt vor, wenn der Berufungskläger beantragt, die Berufung erst nach Bewilligung von Prozesskostenhilfe als eigenständige Berufung zu behandeln. Unzulässig ist es dagegen, die Rücknahme der Berufung davon abhängig zu machen, dass Prozesskostenhilfe versagt werden sollte. Eine innerprozessuale Bedingung kann entstehen, wenn ein **Rechtsmittel mehrfach eingelegt** wird (zur Zulässigkeit vgl. BAG 17. 10. 1995 NZA 1996, 278; 20. 9. 1993 AP ZPO § 518 Nr. 62) und es nicht lediglich eine Wiederholung eines bereits eingelegten Rechtsmittels ist (dazu BAG 17. 10. 1995 a. a. O. sowie unten Rn. 71 f.). In diesem Fall kann das zweite eingelegte Rechtsmittel davon abhängig gemacht werden, dass das zuerst eingelegte Rechtsmittel nicht wirksam war oder nicht mehr wirksam ist (*Kornblum* NJW 1997, 922). Dies wäre beispielsweise der Fall, wenn ein zweites Rechtsmittel eingelegt wird, weil bei dem Prozessvertreter Unsicherheit darüber besteht, ob die erste Rechtsmittelschrift unterzeichnet war oder nicht. Das Gleiche kann gelten, wenn in der Berufungsbegründung, die nach Ablauf der Berufungsbegründungsfrist für die zuerst eingelegte Berufung eingeht, eine erneute Berufungseinlegung gesehen wird (vgl. dazu BAG 13. 9. 1995 NZA 1996, 446 sowie unten Rn. 53).

6 Die Berufungsinstanz ist **nicht** mehr eine einfache **Wiederholung der Tatsacheninstanz**. Vielmehr dient sie der Fehlerkontrolle und -beseitigung, Abs. 6 Satz 1 i. V. mit § 529 ZPO. Das bedeutet, dass der Klärung der Tatsachengrundlage in der ersten Instanz eine erhebliche Bedeutung zukommt. Die Nutzung der ersten Instanz als reine „Durchlaufstation" ist nicht mehr ohne Gefahr für das Berufungsverfahren möglich (*Schwab/Weth/Schwab* § 64 Rn. 11). Neue Tatsachen können nur im Rahmen des § 67 eingeführt werden. Im Übrigen kann das Berufungsgericht nur im Rahmen des § 529 Abs. 1 Nr. 1 ZPO bei fehlerhafter Erfassung der Tatsachengrundlage durch das Arbeitsgericht eine Korrektur vornehmen, wenn eine Bindung an die Feststellungen des Arbeitsgerichts nicht besteht, da konkrete Anhaltspunkte Zweifel an Richtigkeit und Vollständigkeit der entscheidungserheblichen Feststellungen bestehen (vgl. dazu BGH 12. 3. 2004 NJW 2004, 1876; 8. 6. 2004 NJW 2004, 2828; zu den Einzelheiten siehe unten Rn. 77). Konkrete Anhaltspunkte für Zweifel an der Vollständigkeit und Richtigkeit der erstinstanzlichen Feststellungen können sich aus Verfahrensfehlern (BGH 12. 3. 2004 NJW 2004, 1876; 8. 6. 2004 NJW 2004, 2828) oder auch Rechtsfehlern ergeben. Rechtsfehler führen häufig zu unzutreffenden Tatsachenfeststellungen. Das Berufungsgericht hat bei seinem Erkenntnis selbständig festzustellen, welche Tatsachen streitig und unstreitig sind. Allerdings zwingt möglicherweise eine entsprechende Feststellung in dem arbeitsgerichtlichen Urteil die Parteien zu einem Tatbestandsberichtigungsantrag (vgl. OLG Karlsruhe 20. 2. 2003 NJW-RR 2003, 891). Unrichtigkeiten im Tatbestand sind einer Korrektur über § 529 ZPO nicht zugänglich, hier bleibt nur die Möglichkeit der Tatbestandsberichtigung nach § 320 ZPO. Das Berufungsgericht hat eine Beweisaufnahme selbst zu würdigen und ggf. insbesondere bei der Frage der Glaubwürdigkeit der Zeugen, diese zu wiederholen (BVerfG 22. 11. 2004 NJW 2005, 1487; BGH 12. 3. 2004 NJW 2004, 1876).

II. Statthaftigkeit der Berufung

1. Berufungsfähige Urteile

7 Die Berufung kann grundsätzlich nur gegen **Endurteile des Arbeitsgerichts** eingelegt werden. **Nicht mit der Berufung** anfechtbar ist ein über den Grund des Anspruches vorab entscheidendes **Zwischenurteil**, § 61 Abs. 3, da dieses wegen der Rechtsmittel nicht als Endurteil anzusehen ist. Betroffen werden hiervon das **Grundurteil des § 304 ZPO** und das **Zwischenurteil des § 303 ZPO** (dazu oben § 61 Rn. 43 f.). Diese Entschei-

II. Statthaftigkeit der Berufung § 64

dungen können nur im Zusammenhang mit dem Endurteil angefochten werden, § 61 Abs. 3 und § 512 ZPO. Etwas **anderes** gilt für das **Zwischenurteil des § 5 Abs. 4 Satz 3 KSchG**, das auf Grund ausdrücklicher gesetzlicher Regelung einem Endurteil gleichsteht und wie dieses angefochten werden kann. Vergleichbares gilt bei Befristungsklagen, § 17 TzBfG. Auch das **Zwischenurteil nach § 280 ZPO**, in dem über die Zulässigkeit der Klage gesondert entschieden wird, steht nach § 280 Abs. 2 Satz 1 ZPO im Hinblick auf das Rechtsmittel einem Endurteil gleich (BAG 23. 11. 2000 NZA 2001, 683; 7. 11. 2000 NZA 2001, 1211; vgl. BGH 25. 11. 1987 NJW 1988, 1733). Auch das Zwischenurteil, durch das ein **Antrag auf Wiedereinsetzung** in den vorigen Stand bei hierauf beschränkter Verhandlung nach § 238 Abs. 1 Satz 2 ZPO abgelehnt wird (BGH 15. 10. 1981 NJW 1982, 184), steht im Hinblick auf die Anfechtbarkeit einem Endurteil gleich, § 238 Abs. 2 Satz 1 ZPO. In der Berufungsinstanz wird dann nur der Zwischenstreit anhängig, der durch das Zwischenurteil entschieden worden ist. Als Endurteil mit der Berufung anfechtbar sind ferner auch **Teilurteile** gem. § 301 ZPO und **Ergänzungsurteile** gem. § 321 ZPO sowie das Vorbehaltsurteil des § 302 ZPO.

Ist eine wirksame Verkündung der Entscheidung unterblieben oder leidet sie an schweren Mängeln, liegt kein Urteil vor. Es handelt sich um eine Nichtentscheidung oder ein **Scheinurteil**, das keine Rechtswirkungen haben kann. Das Verfahren wird dadurch nicht beendet. Allerdings kann durch seine bloße Existenz das Scheinurteil für die Parteien problematisch werden. Es ist daher wie eine wirksame Entscheidung anfechtbar. Ein nicht verkündetes Urteil des Arbeitsgerichts kann daher, wenn es nach außen gedrungen ist, mit der Berufung angefochten werden, wenn diese im Übrigen statthaft wäre (BGH 3. 11. 1994 NJW 1995, 404; OLG Frankfurt 7. 12. 1994 NJW-RR 1995, 911; vgl. weiter BGH 18. 9. 1963 NJW 1964, 248 m. Anm. *Jauernig* NJW 1964, 722). Nur auf diese Weise kann der Rechtsschein des nicht verkündeten Urteils beseitigt werden. Das Scheinurteil ist in diesem Falle aufzuheben. Einer **Zurückverweisung** an das Arbeitsgericht bedarf es **nicht**, da die Sache dort noch anhängig ist. 8

Nicht mit der Berufung kann ein **Versäumnisurteil** angefochten werden, gegen das der Einspruch zulässig ist, § 514 Abs. 1 ZPO. Lediglich ein Versäumnisurteil, gegen das der Einspruch nicht statthaft ist, unterliegt unter den Beschränkungen des § 64 Abs. 2 lit. d der Berufung (dazu unten Rn. 62 ff.). 9

2. Formfehlerhafte Entscheidung

Wird eine Entscheidung fälschlicherweise nicht als Urteil, sondern als Beschluss bezeichnet oder wird ein streitiges Endurteil unzutreffend als Versäumnisurteil verkündet, so gilt nach der heute herrschenden Meinung der sog. **Grundsatz der Meistbegünstigung** (vgl. statt vieler BGH 16. 10. 2003 NJW-RR 2004, 408; 3. 11. 1998 NJW 1999, 583 f.; 17. 10. 1986 NJW 1987, 442; BAG 5. 12. 1984 AP ArbGG 1979 § 72 Nr. 3; *Schenkel* MDR 2003, 136; *Baumbach/Hartmann* Grundz. § 511 Rn. 28 jeweils m. w. Nachw.). Eine Partei darf durch Fehler des Gerichts keine Nachteile in ihren prozessualen Rechten erleiden. Es ist daher sowohl das richtige als auch das der Entscheidungsform entsprechende Rechtsmittel gegeben. Eine Ausnahme von diesem Grundsatz gilt allerdings dann, wenn das Rechtsmittel an sich nicht statthaft ist. Auch durch eine formell fehlerhafte Entscheidung des Gerichts kann eine Partei nicht einen Vorteil erlangen, der sonst nicht gegeben wäre (vgl. BGH 20. 4. 1993 NJW-RR 1993, 956, 957; 24. 6. 1987 NJW 1988, 49, 51). Auch wenn das Arbeitsgericht in seinem Urteil die Berufung zulassen sollte, dies jedoch falsch bezeichnet (z. B. als Nichtzulassungsbeschwerde oder als Beschwerde), so gilt, dass das prozessual zulässige Rechtsmittel zugelassen werden sollte (BAG 5. 12. 1984 AP ArbGG 1979 § 72 Nr. 3). Eine formfehlerhafte Entscheidung liegt z. B. vor, wenn ein Urteil als Versäumnisurteil bezeichnet wird, obwohl es ein streitiges Urteil ist, sowohl Berufung als auch Einspruch sind möglich. Wenn umgekehrt ein Versäumnisurteil nicht als solches gekennzeichnet ist, 10 können sowohl Berufung als auch Einspruch eingelegt werden. Wird ein Zwischenurteil als Teilurteil bezeichnet, so ist die Berufung möglich, obwohl gegen ein Zwischenurteil an sich kein Rechtsmittel gegeben ist. Wird ein Urteil als Beschluss bezeichnet, können sofortige Beschwerde (Rechtsbeschwerde bei Zulassung) oder Berufung (oder Revision bei Zulassung) möglich sein. Zu prüfen hat aber das Gericht, das die unzutreffende Bezeichnung gewählt hat, ob möglicherweise eine Berichtigung der Entscheidung nach § 319 ZPO möglich ist. Zum **Scheinurteil** siehe oben Rn. 8.

3. Urteile, die der sofortigen Beschwerde unterliegen

11 Nicht statthaft ist die Berufung in den Fällen, in denen gegen ein Urteil die sofortige Beschwerde des § 78 gegeben ist. Hierunter fallen die Kostenentscheidung bei einem **Anerkenntnisurteil**, § 99 Abs. 2 ZPO, über die Entscheidung über die Zulassung oder Zurückweisung des Streithelfers, § 71 Abs. 2 ZPO, sowie das Zwischenurteil, mit dem über das Aussageverweigerungsrecht eines Zeugen entschieden wird, § 387 Abs. 3 ZPO.

III. Die Voraussetzungen des Abs. 2

1. Allgemeines

12 In Abs. 2 sind vier Tatbestände geregelt, bei denen **unabhängig voneinander** (dazu unten Rn. 16) die **Berufung** gegen ein Urteil des Arbeitsgerichts **statthaft** ist. Während bei der Erreichung des Beschwerdewertes nach Abs. 2 lit. b oder in Bestandsschutzstreitigkeiten nach Abs. 2 lit. c oder bei der Versäumnisentscheidung nach Abs. 2 lit. d die Statthaftigkeit der Berufung kraft Gesetzes ohne weiteres gegeben ist, gilt dies bei der Zulassungsberufung nach Abs. 2 lit. a nur dann, wenn eine ausdrückliche Entscheidung des Gerichts vorliegt. Fehlt diese, kann eine Berufung nicht eingelegt werden, selbst wenn eine negative Entscheidung nach Abs. 3 a nicht getroffen worden ist.

13 Die Einzelnen **Gründe der Statthaftigkeit** des Rechtsmittels sind immer **auf den prozessualen Anspruch** (Streitgegenstand) bezogen. Wird beispielsweise eine Kündigungsschutzklage mit einer Zahlungsklage verbunden, ergibt sich die Berufungsfähigkeit des arbeitsgerichtlichen Urteils hinsichtlich des Kündigungsschutzantrages aus Abs. 2 lit. c, hinsichtlich des Zahlungsantrages aus Abs. 2 lit. b. Für die Statthaftigkeit des Rechtsmittels genügt es in diesem Falle, wenn für einen Streitgegenstand die Voraussetzungen von Abs. 2 erfüllt sind. Das gesamte Urteil kann dann angefochten werden. Soll aber nur ein Teil mit dem Rechtsmittel angegriffen werden, muss hinsichtlich dieses Teils des Urteils einer der Tatbestände des Abs. 2 vorliegen. Ist daher für den Zahlungsantrag der erforderliche Beschwerdewert nicht erreicht, kann in Bezug auf diesen Teil des Rechtsstreits die Berufungsfähigkeit des Urteils nur dann erreicht werden, wenn sie bei Vorliegen der Voraussetzungen des Abs. 3 im Tenor des Urteils zugelassen wird. Daraus folgt, dass die **Entscheidung über Zulassung oder Nichtzulassung** nach Abs. 3 a dann **für jeden Streitgegenstand gesondert getroffen** werden muss, **wenn** für ihn **nicht** schon kraft Gesetzes eine Berufungsfähigkeit besteht und von den übrigen Streitgegenständen unabhängig die Einlegung einer Berufung ermöglicht werden soll (vgl. BAG 27. 1. 2004, AP ArbGG 1979 § 64 Nr. 35). Dass nach § 5 ZPO bei mehreren Streitgegenständen eine Zusammenrechnung der Werte zu erfolgen hat, steht dem nicht entgegen. Zwar ist dieser Wert auch Indiz für die Beschwer, durch diese Berechnungsmethode können aber verschiedene Streitgegenstände nicht zu einer Einheit zusammengefasst werden, wenn eine nur teilweise Rechtsmitteleinlegung ermöglicht werden soll. Ist eine Entscheidung im Tenor nicht erfolgt, kann sie auch in den Entscheidungsgründen nicht nachgeholt werden (vgl. für die Revisionszulassung BAG 19. 3. 2003 NZA 2003, 575).

III. Die Voraussetzungen des Abs. 2 § 64

2. Allgemeine Beschwer

Die Berufung kann in allen Fällen des Abs. 2 nur dann statthaft sein, wenn eine 14
Beschwer des Berufungsklägers vorliegt und sein Bestreben dahin geht, diese in der
Berufungsinstanz zu beseitigen. Für die allgemeine Beschwer des Berufungsklägers (zur
besonderen Beschwer bei der Beschwerdewertberufung i. S. des Abs. 2 lit. b siehe unten
Rn. 49 ff.) ist **maßgeblich der rechtskraftfähige Inhalt** der angefochtenen Entscheidung
mit dem in der Berufungsinstanz **verfolgten Begehren,** meist lässt sich dieser durch einen
Vergleich zwischen den für die Berufung angekündigten Anträgen und dem Urteilstenor
feststellen. Sie darf nicht allein in der Kostenentscheidung liegen. Sie ist auch gegeben,
wenn das Urteil unter Verletzung des § 308 Abs. 1 Satz 1 ZPO über etwas entschieden
hat, was gar nicht beantragt worden war (BGH 9. 10. 1990 NJW 1991, 703). Andererseits kann bei vollem Obsiegen, beispielsweise mit dem Feststellungsantrag nach § 4
KSchG, eine Berufung nicht mit dem Ziel eines bislang nicht gestellten Auflösungsantrages nach § 9 KSchG eingelegt werden, eine Beschwer kann nicht erst in der
Berufungsinstanz hergestellt werden. Ebenso kann eine Beschwer nicht vorliegen, wenn
das Urteil der ersten Instanz nicht angegriffen und die bisherigen Anträge auch nicht
teilweise weiterverfolgt, sondern völlig neue Anträge gestellt werden (BAG 10. 2. 2005
NZA 2005, 597; BGH 6. 5. 1999 NJW 1999, 2118 ff.; 11. 10. 2000 NJW 2001, 226).
Unterliegt der Kläger mit einem von ihm gestellten Auflösungsantrag, ohne dass er
jedoch eine bestimmte Abfindungssumme genannt, sondern deren Höhe in das Ermessen
des Gerichts gestellt hatte, kann eine Beschwer vorliegen. Wird allerdings in diesem Falle
dem Antrag stattgegeben und eine Abfindung festgelegt, kann der Kläger nicht mit dem
Ziel der Erreichung einer höheren Abfindung in die Berufung gehen. Eine Beschwer
kann auch dann vorliegen, wenn das Arbeitsgericht durch sachwidrige Trennung in
einem Verfahren versucht, den Beschwerdewert zu unterschreiten (vgl. dazu BVerfG
10. 7. 1996 NJW 1997, 649). Für den **Beklagten** genügt eine sog. **materielle Beschwer,**
d. h. eine Beschwer ist immer dann gegeben, wenn er ganz oder zum Teil verurteilt
wurde, unabhängig davon, ob er dem in der ersten Instanz widersprochen hatte oder
nicht und er eine zu seinen Gunsten abweichende Entscheidung in der Berufung begehrt.
Für ihn kann eine Beschwer auch dann gegeben sein, wenn die Klage als unzulässig statt
als unbegründet abgewiesen worden ist, da in diesem Falle eine erneute Klage möglich
wäre (BGH 18. 11. 1958 NJW 1959, 436; OLG Zweibrücken 23. 4. 1999 NJW-RR
1999, 1666; BAG 19. 11. 1985 NZA 1986, 480; vgl. für das Beschlussverfahren nach
§ 103 BetrVG BAG 18. 9. 1997 EzA KSchG n. F. § 15 Nr. 46). Das Gleiche gilt, wenn er
sich gegen ein Anerkenntnisurteil wendet (OLG Koblenz 11. 12. 1992 NJW-RR 1993,
462; *Zöller/Gummer/Heßler* vor § 511 Rn. 19 a). Eine Beschwer für den Beklagten liegt
aber nicht vor, wenn er die Klagabweisung mit einer anderen Begründung erreichen oder
nur unerwünschte Formulierungen angreifen will. **Keine Beschwer** ist erforderlich bei
der **Anschlussberufung** des § 524 ZPO. Allerdings muss eine Abänderung der angefochtenen Entscheidung zugunsten des Anschlussrechtsmittelklägers möglich sein, dieser
muss also mehr verlangen als in der ersten Instanz (vgl. *Zöller/Gummer/Heßler* § 524
Rn. 31).

Zeitpunkt der Ermittlung der Beschwer ist derjenige der Berufungseinlegung, sie muss 15
noch im Zeitpunkt der Entscheidung über das Rechtsmittel vorliegen (statt vieler BGH
29. 6. 2004 NJW-RR 2004, 1365). Sie kann nicht durch eine Klageerweiterung oder die
Erhebung einer Widerklage erst in der Rechtsmittelinstanz geschaffen werden, da die
Klageerweiterung wie die Klageänderung und die Widerklage ein zulässig eingelegtes
Rechtsmittel voraussetzen. Der Übergang von einer Feststellungsklage zu einer Leistungsklage wäre hierbei eine Klageerweiterung.

3. Zulassung der Berufung, Abs. 2 lit. a

a) Voraussetzung der Zulassung

16 Die Berufung ist schon wie in der Vergangenheit statthaft, wenn sie durch das Arbeitsgericht zugelassen worden ist. Die **vier Tatbestände** in Absatz 2, in denen die Voraussetzungen für die Statthaftigkeit des Rechtsmittels festgelegt sind, **stehen unabhängig nebeneinander.** Dies ergibt sich aus dem Wortlaut der neuen Gesetzesfassung. Die Tatbestände sind in Abs. 2 getrennt und unabhängig voneinander geregelt worden. Abs. 2 lit. a ArbGG deutet darauf hin, dass eine Trennung der Voraussetzungen für die Berufungsfähigkeit vom Gesetzgeber vorausgesetzt worden ist. Nur im Falle des § 64 Abs. 2 lit. a ArbGG ist danach eine ausdrückliche Zulassungsentscheidung notwendig. Nur diese wird in Abs. 3 a bestimmten Formalien unterworfen. Ist die Berufung ohnehin schon statthaft, bedarf es einer Entscheidung über die Zulassung nicht. Das ergibt sich aus § 64 Abs. 5 ArbGG, in dem ausdrücklich die Glaubhaftmachung des Beschwerdegegenstandes bei fehlender Zulassung geregelt ist. Diese Bestimmung wäre überflüssig, wenn in jedem Falle eine Zulassung des Rechtsmittels notwendig wäre. Dem entspricht es, dass in Abs. 3 ebenso wie schon zum früheren Recht abschließend die Tatbestände aufgelistet worden sind, in denen eine Zulassung der Berufung zu erfolgen hat. Das bedeutet, dass es im Grundsatz einer **besonderen Zulassung der Berufung nicht bedarf,** wenn bereits der Wert des Beschwerdegegenstandes 600,– Euro übersteigt, Abs. 2 lit. b, das Verfahren so genannte Bestandsstreitigkeiten betrifft, Abs. 2 lit. c oder eine Versäumnisentscheidung, lit. d enthält.

17 Da die einzelnen Gründe der **Statthaftigkeit** des Rechtsmittels immer **auf den prozessualen Anspruch** (Streitgegenstand) bezogen sind, ist für **jeden dieser gesonderten Ansprüche die Notwendigkeit** der **Berufungszulassung zu prüfen** (oben Rn. 13 und unten Rn. 39). Letztlich kommt eine Zulassungsentscheidung nur bei Streitgegenständen in den Fällen von Abs. 2 lit. b in Betracht, in denen der erforderliche Beschwerdewert nicht erreicht wird, wobei der im arbeitsgerichtlichen Urteil festgesetzte Streitwert nicht mit dem Beschwerdewert identisch sein muss. Auch muss der für das Arbeitsgericht erkennbare Beschwerdewert nicht für die Berufungseinlegung maßgeblich sein, wenn beispielsweise das arbeitsgerichtliche Urteil nur teilweise angefochten wird. Das Arbeitsgericht muss daher in jedem Falle darüber entscheiden, ob ein Grund für eine Berufungszulassung vorliegt (vgl. GK-ArbGG/*Vossen* § 64 Rn. 53; *Schwab/Weth/Schwab* § 64 Rn. 48).

18 Die **Entscheidung** über die Zulassung hat **von Amts wegen** zu erfolgen, ein **Antrag** kann **nicht** gestellt werden. Die Parteien können lediglich die Zulassung der Berufung anregen. Wird von einer oder beiden Parteien gleichwohl ein Antrag auf Zulassung der Berufung gestellt, so muss dieser bei negativer Entscheidung des Arbeitsgerichts nicht ausdrücklich zurückgewiesen werden.

b) Zulassungsgründe

19 Die Zulassungsgründe sind in Abs. 3 Nr. 1 bis 3 **abschließend festgelegt.** Liegt einer der dort genannten Zulassungsgründe vor, muss das Arbeitsgericht die Berufung zulassen. Ein Ermessensspielraum besteht für das Gericht nicht (*Dütz* RdA 1980, 81, 92; GK-ArbGG/*Vossen* § 64 Rn. 65; *Schwab/Weth/Schwab* § 64 Rn. 95). Ist dagegen kein Zulassungsgrund des Abs. 3 erfüllt, darf das Arbeitsgericht eine Zulassung nicht vornehmen. Es kann daher auch nicht die Berufung zulassen, weil es die zu entscheidende Rechtsfrage für schwierig hält, oder weil es Zweifel an der Richtigkeit seiner Entscheidung hat.

20 Der Zulassungsgrund der **grundsätzlichen Bedeutung** setzt voraus, dass die Beantwortung einer Rechtsfrage zweifelhaft ist, oder dass zu ihr verschiedene nicht von vornherein abwegige Ansichten vertreten werden, und dass sie noch nicht oder nicht aus-

III. Die Voraussetzungen des Abs. 2 § 64

reichend höchstrichterlich geklärt ist. Der Klärungsbedarf entfällt, wenn eine Rechtsänderung für die Zukunft den Klärungsbedarf entfallen lässt (vgl. dazu BVerfG 4. 11. 2008 NZA 2009, 53 ff.). Der Begriff entspricht weitgehend demjenigen in § 72 Abs. 2 Nr. 1. Auf die Erläuterungen zu dieser Vorschrift kann daher zunächst verwiesen werden (§ 72 Rn. 12 ff.; § 72 a Rn. 12).

Bei der Konkretisierung des Begriffes der grundsätzlichen Bedeutung ist zu berücksichtigen, dass hier eine **geringere Ranghöhe** besteht **als** dies **bei der Zulassung der Revision** durch das Landesarbeitsgericht der Fall ist (*Schaub* ArbGV § 44 Rn. 11; *Grunsky* § 64 Rn. 9). Es genügt, wenn die Rechtsfrage grundsätzliche Bedeutung für den Bereich des Bezirks des Landesarbeitsgerichts hat, es ist nicht notwendig, dass eine darüber hinausgehende Bedeutung gegeben ist. Beispielsweise kann daher eine grundsätzliche Bedeutung bestehen, wenn in Betrieben oder öffentlichen Verwaltungen innerhalb des Bezirks eines Landesarbeitsgerichts besondere Rechtsfragen auftauchen, die in anderen Bundesländern bzw. Landesarbeitsgerichtsbezirken in dieser Form nicht zu entscheiden sind. Eine grundsätzliche Bedeutung kann angenommen werden, wenn die Klärung einer Rechtsfrage von allgemeiner Bedeutung für die Rechtsordnung ist. Das kann beispielsweise der Fall sein bei einer Fortbildung des Rechts oder bei Fragen der Einheitlichkeit der Rechtsordnung. Sie kann auch gegeben sein, wenn tatsächliche (z. B. wirtschaftliche) Auswirkungen der Entscheidung die Interessen der Allgemeinheit oder eines größeren Teils der Allgemeinheit berührt (BAG 15. 11. 1995 NZA 1996, 550, 551 f.). Dass die letztgenannte Voraussetzung nur gegeben sein kann, wenn 20 oder mehr Arbeitsverhältnisse betroffen sind (so BAG aaO.; GK-ArbGG/*Vossen* § 64 Rn. 66; anders noch BAG 20. 10. 1982 AP ArbGG 1979 § 72 a Nr. 24) vermag zumindest für die Berufungszulassung mit dem engeren Bedeutungsrahmen nicht zu überzeugen, zumal der Gesetzgeber eine solche schematische Beurteilung gerade nicht vorgenommen hat. 21

Hinsichtlich der Zulassung der Berufung bei Rechtsstreitigkeiten zwischen Tarifvertragsparteien aus **Tarifverträgen** oder über das Bestehen oder Nichtbestehen von Tarifverträgen nach Abs. 3 Nr. 2 a ergeben sich im Hinblick auf die vergleichbare Regelung in § 2 Abs. 1 Nr. 1 keine Besonderheiten (vgl. dazu § 2 Rn. 12 ff.). Der Zulassungsgrund ist über § 2 Abs. 2 Nr. 1 hinaus eingeschränkt. Es genügt im Gegensatz zu der dort getroffenen Regelung nicht, dass auf einer Seite des Rechtsstreits ein Dritter beteiligt ist, vielmehr müssen beide Parteien Tarifvertragsparteien sein. Unerheblich ist es allerdings, ob auf einer Seite noch eine dritte Person am Rechtsstreit als Nebenintervenient oder Streitgenosse beteiligt ist, auch in diesem Falle müsste, da zwei Tarifvertragsparteien auch Parteien des Rechtsstreits sind, die Zulassung der Berufung erfolgen (*Grunsky* § 64 Rn. 11). Welchen Geltungsbereich der Tarifvertrag, der Gegenstand des Rechtsstreits ist, hat, ist unerheblich. 22

Bei Rechtsstreitigkeiten über die **Auslegung eines Tarifvertrages,** Abs. 3 Nr. 2 b, ist zu beachten, dass sich der Geltungsbereich des Tarifvertrages nur über den Bezirk eines Arbeitsgerichts hinaus erstrecken muss. Sinn der Regelung ist, die möglichst einheitliche Auslegung eines Tarifvertrages zu erreichen. Dies kann aber nur dann erforderlich sein, wenn eine einheitliche Entscheidung möglich ist. Der Zulassungsgrund gilt auch, wenn der Bezirk eines Arbeitsgerichts mit demjenigen des Landesarbeitsgerichts identisch ist, wie dies häufig bei Stadtstaaten der Fall sein kann. Auch in diesem Falle kann nämlich die Rechtseinheit nur durch eine Entscheidung eines oberen Landesgerichtes gewahrt werden. Verfügt eine Fachkammer des Arbeitsgerichts über einen erweiterten Zuständigkeitsbereich, so ist für die Frage der Berufungszulassung entscheidend, ob der Geltungsbereich des Tarifvertrages, um dessen Auslegung gestritten wird, diesen Zuständigkeitsbereich überschreitet. Die Auslegung des Tarifvertrages muss nicht unmittelbar Gegenstand des Rechtsstreites sein, es genügt, wenn die Auslegung Vorfrage für die Entscheidung ist (*Grunsky* § 64 Rn. 13; *Schaub* ArbGV § 44 Rn. 14; *Ostrowicz/Künzl/Schäfer* Rn. 473). Die Zulassung ist nicht erforderlich, wenn das Arbeitsgericht die Entscheidung auf 23

§ 64   Grundsatz

mehrere Gründe stützt, aber nur bei einer Begründung die Auslegung eines Tarifvertrages von Bedeutung ist (BAG 28. 9. 1989 EzA ArbGG 1979 § 72 a Nr. 55).

24   Ob zwischen den Parteien des Rechtsstreits **Tarifbindung** besteht oder nicht, ist hierbei **unerheblich**. Entscheidend ist allein, dass der Tarifvertrag auf das Arbeitsverhältnis zwischen den Parteien Anwendung findet, sei es auch nur auf Grund einzelvertraglicher Vereinbarung, und dass gegebenenfalls bei Tarifbindung der Parteien der Tarifvertrag unmittelbar Anwendung finden kann. Notwendig ist aber, dass es sich um einen Tarifvertrag i. S. des TVG handelt. Dies ist nicht der Fall bei der Anwendung von Dienstordnungen, von Richtlinien im Bereich des Öffentlichen Dienstes oder der kirchlichen Einrichtungen, bindenden Festsetzungen im Heimarbeitsrecht sowie bei Vorverträgen, die noch kein Tarifvertrag sind. Die Auslegung von Betriebsvereinbarungen kann ebenfalls nicht den Zulassungsgrund des Abs. 3 Nr. 2 b erfüllen, selbst dann nicht, wenn ihr Abschluss in einem Tarifvertrag vorgesehen ist (BAG 24. 2. 1981 AP ArbGG 1979 § 72 a Grundsatz Nr. 15).

25   Der Zulassungsgrund des **Abs. 3 Nr. 2 c** entspricht ohne Einschränkungen § 2 Abs. 1 Nr. 2. Auf die Erläuterungen bei § 2 Rn. 43 ff. kann daher verwiesen werden.

26   Schließlich muss die Berufung zugelassen werden, wenn eine Partei in dem Verfahren **ein Urteil vorlegt,** das **für oder gegen eine Partei** des Rechtsstreits ergangen ist oder wenn das Arbeitsgericht von einer Entscheidung des übergeordneten Landesarbeitsgerichts abweicht und die Entscheidung auch auf dieser Abweichung beruht, Abs. 3 Nr. 3. Mit der Regelung wird versucht, die Rechtssicherheit für eine Partei zu sichern. Das vorgelegte Urteil muss nicht denselben Rechtsstreit betreffen, es muss auch nicht von einem Gericht desselben Rechtswegs stammen, es genügt, wenn die gleiche Rechtsproblematik behandelt worden ist. Vorlage bedeutet, dass die Partei das entsprechende Urteil in Kopie zu den Akten einzureichen hat. Die Einreichung einer beglaubigten Abschrift oder Ausfertigung ist nicht erforderlich. Ist das Urteil dem Gericht bekannt, ist die Vorlage grundsätzlich nicht mehr erforderlich, da sie allein bezweckt, dass das Gericht Kenntnis von der entsprechenden Entscheidung erlangt. Allerdings kann das Gericht in diesem Falle die Einreichung der Entscheidung verlangen. Auch Urteile, die gegenüber einem Rechtsvorgänger einer Partei des jetzigen Rechtsstreits ergangen sind, können die Zulassung der Berufung begründen (*Schwab/Weth/Schwab* § 64 Rn. 108; *Grunsky* § 64 Rn. 14).

27   Bei **Abweichung von einer Entscheidung** des **übergeordneten Landesarbeitsgerichts** ist ebenfalls die Berufung zuzulassen, eine Vorlage ist nicht erforderlich. Das Arbeitsgericht muss sich die Entscheidung selbst verschaffen. Voraussetzung ist, dass die Entscheidung auf einer Abweichung von der Entscheidung beruht. Eine Divergenz liegt dabei nur dann vor, wenn in beiden Entscheidungen Rechtssätze aufgestellt worden sind, die voneinander abweichen und wenn das Ergebnis der Entscheidung auf diesen Rechtssätzen beruht. Bestehen nur Abweichungen bei Begründungen, die für die getroffene Entscheidung nicht von tragender Bedeutung sind, besteht keine Notwendigkeit der Berufungszulassung. Diese nicht entscheidungserheblichen Begründungen sind überflüssig. Das Gleiche gilt, wenn die Entscheidung eine doppelte Begründung enthält und nur eine auf einer Abweichung beruht.

28   Eine **Abweichung von einer Entscheidung** eines **anderen Landesarbeitsgerichts** oder aber des Bundesarbeitsgerichts rechtfertigt die Zulassung nach Abs. 3 Nr. 3 nicht. In diesem Falle ist aber eine Zulassung der Berufung wegen grundsätzlicher Bedeutung nach Abs. 3 Nr. 1 vorzunehmen.

c) Form der Entscheidung, Abs. 3 a

29   aa) Durch die Regelung in Abs. 3 a hat der Gesetzgeber eine bisher in Literatur und Rechtsprechung umstrittene Problematik eindeutig gelöst. Sowohl die positive als auch die negative Entscheidung (*Ostrowicz/Künzl/Schäfer* Rn. 469; *Schwab/Weth/Schwab*

§ 64 Rn. 50; GK-ArbGG/*Vossen* § 64 Rn. 56–60) über die Zulassung der Berufung **muss im Tenor** des arbeitsgerichtlichen Urteils enthalten sein. Eine Zulassung in den Entscheidungsgründen oder in der Rechtsmittelbelehrung genügt nicht (vgl. aber zum früheren Recht BAG 11. 12. 1998 NJW 1999, 1420, 1421). Dies gilt unabhängig davon, ob die Zulassung von einer oder beiden Parteien beantragt worden ist. Zu berücksichtigen ist dabei auch, dass der Gesetzgeber in Abs. 3 a Satz 2 selbst eine Möglichkeit geschaffen hat, die unterlassene Entscheidung über die Zulassung des Rechtsmittels nachzuholen. Die Entscheidung muss eindeutig erkennen lassen, ob die Berufung für das gesamte Urteil oder nur für einen Teilbereich zugelassen wird oder nicht. Soll die Zulassungsentscheidung nur einen Streitgegenstand oder sonst abtrennbaren Teil des Urteils betreffen, muss dies eindeutig aus dem Tenor zu entnehmen sein. Dies gilt insbesondere dann, wenn das Verfahren mehrere Streitgegenstände umfasst, die nicht alle die Zulassungsvoraussetzungen des Abs. 3 erfüllen. Der Tenor könnte in diesem Falle z. B. lauten: „Soweit ... wird die Berufung zugelassen, im Übrigen wird sie nicht zugelassen".

bb) Fehlt eine Entscheidung über die Zulassung des Rechtsmittels im Tenor, so kann nach der Regelung in Abs. 3 a Satz 2 von einer Partei oder beiden Parteien binnen 2 Wochen ab Verkündung des Urteils eine entsprechende **Ergänzung des Tenors** beantragt werden. Nach Absatz 3 a Satz 3 kann die Kammer ohne mündliche Verhandlung über den Antrag entscheiden. Ob es sich bei dieser Entscheidung um eine besondere Form des **Ergänzungsurteils** im Sinne des § 321 ZPO handelt, oder ob es nur eine besondere Form der Vervollständigung des Tenors ist, ist vom Gesetzgeber nicht gelöst worden, die Begründung des Regierungsentwurfs enthielt hierzu keinerlei Ausführungen (BT-Drs 13/11289, S. 10; ausführlich dazu *Germelmann* NZA 2000, 1017, 1022). 30

§ 321 Abs. 1 ZPO sieht die Ergänzung eines Urteils unter anderem dann vor, wenn eine Kostenentscheidung fehlt oder unvollständig ist. Hierbei handelt es sich um einen notwendigen Urteilsbestandteil im prozessualen Bereich. Das Gleiche könnte für die Zulassungsentscheidung gelten, da auch diese durch die Regelung in Abs. 3 a Satz 1 notwendiger Bestandteil des Urteils ist. Im Gegensatz zur Urteilsergänzung nach § 321 ZPO kann jedoch die Entscheidung nach Abs. 3 a Satz 3 auch ohne mündliche Verhandlung erfolgen, dies steht im Gegensatz zu § 321 Abs. 3 ZPO. Allerdings ist der **Zweck der Normen** zumindest insoweit **identisch**, als sie die Ergänzung einer formal nicht vollständigen Entscheidung ermöglichen sollen. Eine Vergleichbarkeit mit § 321 ZPO in seiner grundlegenden Zielsetzung besteht daher, es ist eine Urteilsergänzung eigener Art, die sich auch im Wesentlichen auf den Tenor beschränkt. 31

Allerdings beginnt im Gegensatz zu der Regelung in § 321 Abs. 2 ZPO die **Frist**, innerhalb derer der Antrag gestellt werden muss, schon mit der Verkündung des Urteils, nicht erst mit dessen Zustellung. Die mündliche Verkündung in der Sitzung reicht dabei aus. Die Parteien müssen dafür Sorge tragen, dass ihnen der verkündete Tenor zur Kenntnis gelangt. 32

Anders als in § 321 ZPO kann die nachträgliche Entscheidung über die Zulassung der Berufung **ohne mündliche Verhandlung** erfolgen, Abs. 3 a Satz 3. Die Entscheidung erfolgt dann durch Beschluss. Nicht geregelt hat der Gesetzgeber, ob hier die **Kammer in derselben Besetzung** zur Entscheidung befugt ist, die auch in der mündlichen Verhandlung die Entscheidung getroffen hat. Aus der Regelung in Abs. 3 a ergibt sich letztlich, dass es sich um eine einheitliche Entscheidung mit der Hauptsache handelt. Dem entspricht auch der Grundsatz des § 309 ZPO, nach dem das Urteil nur von denjenigen Richtern gefällt werden kann, welche der dem Urteil zugrunde liegenden Verhandlung beigewohnt haben (ebenso ArbGG-*Breinlinger* § 64 Rn. 21; das gleiche Ergebnis aus dem Gedanken des § 320 ZPO herleitend GK-ArbGG/*Vossen* § 64 Rn. 62 b). Wird die Ergänzung ohne mündliche Verhandlung durchgeführt, können auch nur diese Richter beurteilen, ob die Voraussetzungen für die Zulassung des Rechtsmittels gegeben sind oder nicht. Hier können nicht die Grundsätze des § 321 33

§ 64 Grundsatz

ZPO angewendet werden (so aber *Schwab/Weth/Schwab* § 64 Rn. 56), da im Gegensatz zu dieser Vorschrift eben keine neue mündliche Verhandlung zwingend erforderlich ist (zu dieser Voraussetzung *Baumbach/Hartmann* ZPO § 321 Rn. 9). Daraus folgt, dass bei Verhinderung eines Richters im Grunde keine Entscheidung mehr getroffen werden könnte. Allerdings kann der Vorsitzende eine **mündliche Verhandlung** anordnen. Die Entscheidung hat dann durch Ergänzungsurteil zu erfolgen. In diesem Falle kann ein anderer Richter über den Antrag entscheiden, der nach der Geschäftsverteilung berufen ist. Absatz 3a Satz 3 lässt die Möglichkeit der mündlichen Verhandlung offen. In diesem Falle erfolgt die Ergänzung des Urteils ebenfalls durch ein Urteil wie bei § 321 ZPO, dessen Grundsätze, auch hinsichtlich der Beteiligung der Richter, sind anzuwenden (*Schwab/Weth/Schwab* § 64 Rn. 56; dazu *Baumbach/Hartmann* ZPO § 321 Rn. 9).

33 a Wird der Tenor des Urteils nachträglich ergänzt und die Berufung zugelassen, und ist ferner das ursprüngliche Urteil mit einem unzutreffenden Tenor und einer unzutreffenden Rechtsmittelbelehrung bereits zugestellt worden, ist eine erneute Zustellung des nunmehr vollständigen Urteils notwendig, um die Rechtsmittelfristen in Gang zu setzen.

34 Unklar ist, ob das Gericht auch **von Amts wegen** seine Entscheidung im Wege der **Berichtigung nach § 319 ZPO** ergänzen kann. Zum einen wird die Auffassung vertreten, dass es aus verfassungsrechtlichen Gründen möglich sein müsse, dass das Gericht auch von Amts wegen seinen Urteilstenor ergänze (*Lakies* BB 2000, 676, 669). Andererseits wird vertreten, dass das Gericht über § 319 ZPO die Möglichkeit habe, die entsprechende Korrektur jederzeit herbeizuführen (*Appel/Kaiser* AuR 2000, 281, 282; enger *Schwab/Weth/Schwab* § 64 Rn. 54 bei offenbarer Unrichtigkeit Verlautbarungsfehler, keine Nachholung einer vergessenen Entscheidung).

35 Diese **Auffassung** ist angesichts des Wortlauts der Neuregelung **nicht unproblematisch.** In Angleichung an die Wortwahl des § 321 Abs. 1 ZPO regelt Abs. 3a Satz 2 die „Ergänzung" des Urteilstenors. Dies bedeutet aber, dass der Tenor insoweit keine Regelung enthält, das Gericht die Pflicht zur Entscheidung über die Zulassung verletzt hat. Demgegenüber betrifft § 319 ZPO nur Fälle, in denen zwar eine Entscheidung getroffen, diese aber unrichtig wiedergegeben ist. Allerdings hat das BAG (11. 12. 1998 NJW 1999, 1420, 1421) zu der Bestimmung des § 64 Abs. 2 a.F. die Auffassung vertreten, dass eine Verkündung nicht erforderlich sei. Diese Auffassung kann allerdings auf die jetzige Fassung des Abs. 3a nicht ohne weiteres übertragen werden. War bisher die Zulassung im „Urteil" ausreichend, muss sie jetzt im „Tenor" erfolgen, dieser ist aber in der Regel zu verkünden, § 136 Abs. 4 ZPO. Die Bestimmungen über das schriftliche Verfahren finden in dem arbeitsgerichtlichen Verfahren keine Anwendung, § 46 Abs. 2. Folge ist, dass die Voraussetzungen des § 319 ZPO in der Regel nicht vorliegen werden (mit dieser Einschränkung wohl auch GK-ArbGG/*Vossen* § 64 Rn. 64), im Übrigen der Gesetzgeber durch die nicht sehr glückliche Neufassung im Grunde eine Beschränkung der Korrekturmöglichkeiten verursacht hat (dazu noch *Germelmann* NZA 2000, 1017, 1022 f., vgl. auch GK-ArbGG/*Vossen* § 64 Rn. 64; ErfK/*Koch* § 64 Rn. 11,12; *Ostrowicz/Künzl/Schäfer* Rn. 469).

36 Dieses Ergebnis widerspricht aber dem **verfassungsrechtlichen Grundsatz,** dass bei technischen **Fehlleistungen und Irrtümern des Gerichtes** eine **Berichtigung** durch das Gericht selbst möglich sein müsste (BVerfG 15. 1. 1992 NZA 1992, 383 f.; 15. 1. 1992 NZA 1992, 383 f.; 23. 8. 1999 AP ZPO 1977 § 233 Nr. 59; grundsätzlich 30. 4. 2003 NJW 2003, 1924 ff.). Auch durch unklare gesetzliche Regelungen darf nicht bewirkt werden, dass Fehler des Gerichts im Rahmen der geltenden Prozessordnung nicht beseitigt werden könnten. Im Gegensatz zum Wortlaut des Gesetzes (dazu *Germelmann* a.a.O.) muss es daher dem Gericht möglich sein, offenbare Fehler bei der Urteilsverkündung gem. § 319 ZPO zu berichtigen. Allerdings muss es sich um einen nach § 319 ZPO korrigierbaren Fehler handeln, d.h. der Fehler muss ohne weiteres für Außenstehende aus dem Urteil oder aus den Vorgängen bei seinem Erlass oder seiner Ver-

III. Die Voraussetzungen des Abs. 2 § 64

kündung erkennbar sein. Die Bestimmung wird gerade wegen der Antragsmöglichkeit der Parteien auf Urteilsergänzung nicht ausdehnend ausgelegt werden können. Die bisherige Rechtsprechung des BAG (11. 12. 1998 NJW 1999, 1420, 1421) wird daher nicht ohne Modifikationen angewendet werden können. Eine **offensichtliche Unrichtigkeit** im Zusammenhang mit der Tenorierung kann nur dann angenommen werden, wenn das Gericht die mitverkündete Entscheidung über die Zulassung nicht in den schriftlichen Tenor aufgenommen hat. Dass eine Verkündung unterblieben ist, in den Entscheidungsgründen aber die Zulassungsentscheidung enthalten ist, dürfte jetzt für eine Berichtigung nicht mehr ausreichen, da hier die Regelung des Abs. 3 a Satz 2 lex specialis sein dürfte. Auch ist durch diese Bestimmung eine zeitliche Begrenzung der Korrekturmöglichkeit geschaffen worden (so wohl jetzt auch *Schwab/Weth/Schwab* § 64 Rn. 54).

cc) Der Antrag auf Ergänzung des Urteils kann nur innerhalb **einer Frist** von 14 Tagen 37 ab Verkündung des Urteils beantragt werden. Die Fristberechnung erfolgt gemäß § 222 ZPO i. V. mit §§ 187 Abs. 1, 188 Abs. 2 BGB. Auf eine schriftliche Zustellung oder Mitteilung des Urteilstenors kommt es nicht an. Die Partei selbst muss dafür Sorge tragen, dass sie von der verkündeten Entscheidung Kenntnis erhält. Durch einen Tatbestandsberichtigungsantrag kann die Frist nicht verlängert werden, da es allein auf den Tenor der Entscheidung ankommt.

Eine **Wiedereinsetzung in den vorigen Stand** gegen die Versäumung der 14-Tage-Frist 38 ist nicht möglich. Nach § 233 ZPO kommt eine Wiedereinsetzung nur in Betracht, wenn eine Partei ohne ihr Verschulden verhindert war, eine Notfrist oder die Frist zur Begründung der Berufung einzuhalten. Notfristen sind nach § 224 Abs. 1 Satz 2 ZPO nur diejenigen Fristen, die als solche bezeichnet werden. § 64 Abs. 3 a Satz 2 ArbGG enthält solch eine Bezeichnung nicht. Die 14-Tage-Frist ist auch nicht Teil der Berufungsfrist des § 66 Abs. 1 ArbGG, die nach § 615 ZPO eine Notfrist wäre. Verfassungsrechtlich ist diese Regelung wohl auch unbedenklich, zwar besteht der Grundsatz, dass das Rechtsstaatprinzip erfordert, dass der Zugang zu den in den Verfahrensordnungen eingeräumten Instanzenzügen gewährleistet sein muss, ohne dass Fehler bei der gerichtlichen Bearbeitung Hinderungsgründe darstellen könnten (BVerfG 15. 1. 1992 NZA 1992, 383). Hier ist jedoch in der Verfahrensordnung der Zugang geregelt, das Fristversäumnis beruht nicht auf einem Fehler bei der gerichtlichen Bearbeitung, sondern darauf, dass eine Partei sich nicht rechtzeitig Kenntnis von dem verkündeten Urteilstenor verschafft oder die Frist nicht eingehalten hat. Das Rechtsstaatprinzip fordert nicht, dass in jedem Fall auch ein Instanzenzug eröffnet sein müsste.

d) Beschränkte Zulassung

Ebenso wie bei der Zulassung der Revision (dazu ausführlich § 72 Rn. 34 ff.) kann 39 auch die **Berufung beschränkt für einen bestimmten Teil des Rechtsstreits zugelassen** werden. Dies ergibt sich im Grunde aus der Tatsache, dass der Berufungskläger ebenfalls das Urteil nur beschränkt anfechten kann. Es gelten hier die gleichen Grundsätze (auf die Ausführungen zu § 72 Rn. 38 ff. kann verwiesen werden), allerdings mit der Besonderheit, dass die Zulassung nur in den Fällen des Abs. 2 lit. b erfolgen kann (oben Rn. 16 ff.). Für jeden selbständigen und abtrennbaren Teil des Rechtsstreits kann die Zulassung erfolgen, es sei denn, die Berufung wäre ohnehin auch für diesen Teil ohne Zulassung nach Abs. 2 lit. b statthaft. Die beschränkte Zulassung der Berufung kommt daher für einzelne Teile des Rechtsstreits nur dann in Betracht, wenn bei diesen der Beschwerdewert nicht mehr als 600 Euro beträgt. Eine beschränkte Zulassung ist immer dann möglich, wenn über diesen Teil des Rechtsstreits auch ein Teilurteil ergehen könnte oder die Voraussetzungen für eine Abtrennung des Verfahrens erfüllt sind.

Möglich ist daher die beschränkte Zulassung bei **objektiver Klagehäufung**, wenn ver- 40 schiedene Streitgegenstände im Verfahren geltend gemacht werden. Dies gilt ebenfalls bei **Klage und Widerklage** (zu dem Ganzen § 72 Rn. 40 m. w. Nachw.). Auch wenn **Haupt-**

§ 64

und **Hilfsantrag** gestellt werden, kann eine beschränkte Berufungszulassung in Betracht kommen. Ist ein Hilfsantrag für den Fall des Unterliegens mit dem Hauptantrag (Fall des echten Eventualantrages) gestellt worden, kann bei Abweisung des Hauptantrags eine beschränkte Zulassung der Berufung für den Hauptantrag nur erfolgen, wenn über den Hilfsantrag noch keine Entscheidung getroffen worden ist. Im Grunde muss dann das Arbeitsgericht ein Teilurteil verkünden. Wird über Haupt- und Hilfsantrag entschieden, kann wegen der Vorgreiflichkeit der Entscheidung über die Hauptsache nur eine Beschränkung der Zulassung der Berufung im Hinblick auf den Hilfsantrag erfolgen. Das Gleiche gilt bei einem unechten Eventualantrag, wenn über den Hilfsantrag nur bei Erfolg des Hauptantrages entschieden werden kann. Auch hier hängt die Möglichkeit der Entscheidung über den Hilfsantrag von dem Schicksal des Hauptantrages ab.

41   Bei **subjektiver Klagehäufung** kann die Beschränkung der Zulassung für einzelne Streitgenossen erfolgen. Diese Möglichkeit scheidet allerdings bei einer notwendigen Streitgenossenschaft aus, vgl. § 62 ZPO.

42   Eine **Beschränkung** der Zulassung **kommt nicht in Betracht** hinsichtlich einzelner **Anspruchsgrundlagen** oder bestimmter **Rechtsfragen** (dazu ausführlich § 72 Rn. 33). Sie erfassen keinen selbständig abtrennbaren Teil des Rechtsstreits. Ähnliches gilt auch für die Bereiche, über die durch nicht isoliert anfechtbares Zwischenurteil entschieden worden ist, § 303 ZPO. Wollte man hier eine beschränkte Zulassung für möglich halten, würde der Grundsatz, dass diese Entscheidungen nicht isoliert angefochten werden können, umgangen werden. Soweit selbständig anfechtbare Zwischenurteile möglich sind, vgl. z. B. §§ 304, 280 Abs. 2 Satz 1 ZPO, kann eine Beschränkung der Zulassung erfolgen.

43   Bei der Beschränkung der Zulassung der Berufung muss die **Bezeichnung im Tenor eindeutig** sein. Es muss sich unmittelbar ergeben, für welchen Teil des Rechtsstreits hier der Instanzenzug eröffnet werden soll und für welchen nicht. Ist die Zulassung der Berufung ohne Einschränkung im Tenor erfolgt, kann sich gleichwohl eine **Zulassungsbeschränkung auch aus den Gründen** der Entscheidung ergeben (BGH 14. 5. 2008 NJW 2008, 2351 ff.; 17. 6. 2004 NJW 2004, 3264, 3265; 9. 3. 2000 NJW 2000, 1794, 1796). Dies erfordert aber eine eindeutige Begründung, aus dieser muss sich ergeben, dass die Möglichkeit der Nachprüfung nur für einen abtrennbaren Teil der Entscheidung eröffnet werden sollte (BGH 14. 5. 2008 NJW 2008, 2351 ff.; 12. 7. 2000 NJW-RR 2001, 485, 486).

e) Rechtsmittel

44   Erfolgt die **Entscheidung** über Zulassung oder Nichtzulassung der Berufung **im Tenor** des arbeitsgerichtlichen Urteils, kann dies **nicht gesondert angefochten** werden. Sowohl die positive wie die negative Entscheidung binden das Landesarbeitsgericht, Abs. 4 (dazu unten Rn. 47 f.). Das Gleiche gilt, wenn das Gericht nach mündlicher Verhandlung durch Urteil seine Entscheidung ergänzt und die Berufung zugelassen hat. Zweifelhaft könnte dies erscheinen, wenn eine nachträgliche Entscheidung über die Zulassung nachträglich **durch Beschluss** nach Abs. 3 a erfolgt. Das Gesetz enthält keinen Hinweis. Gegen die Möglichkeit einer Beschwerde spricht jedoch, dass damit die Bindungswirkung nach Abs. 4 aufgehoben würde. Außerdem wird durch den Beschluss der Tenor ergänzt, der Inhalt des Beschlusses ist damit Inhalt der ergänzten Entscheidung. Auch handelt es sich bei dem Antrag nach Abs. 3 a nicht um ein das Verfahren betreffendes Gesuch i. S. von § 78 Abs. 1 i. V. mit § 567 Abs. 1 ZPO. Nach Abs. 3 a kann nur die Ergänzung des Tenors begehrt werden, es kann aber ebenso wenig wie bei der Entscheidung im Urteilstenor ein bestimmter materieller Antrag gestellt werden. Eine Beschwerdemöglichkeit in der Sache selbst scheidet daher aus.

45   Sie könnte allerdings gegeben sein, wenn der **Antrag auf Urteilsergänzung selbst zurückgewiesen wird**, z. B. weil die Zwei-Wochen-Frist für den Antrag nicht eingehalten

III. Die Voraussetzungen des Abs. 2 § 64

wurde. Hier besteht keine Bindungswirkung nach Abs. 4, auch liegt in diesem Falle eine Entscheidung vor, durch die ein das Verfahren betreffendes Gesuch zurückgewiesen worden ist, § 78 Abs. 1 i. V. mit § 567 Abs. 1 Nr. 2 ZPO. Eine sofortige Beschwerde ist daher in diesem Falle möglich, das Landesarbeitsgericht kann aber nur überprüfen, ob eine Ergänzung des Urteils aus formalen Gründen in Betracht kommen kann oder nicht, es ist nicht berechtigt, die materielle Entscheidung selbst zu treffen. Hat das Arbeitsgericht den Antrag zu Unrecht zurückgewiesen, kann auf die Beschwerde der Beschluss des Arbeitsgerichts aufgehoben werden, dieses muss dann in der Sache selbst entscheiden, es ist nur hinsichtlich der formellen Seite durch die Entscheidung des Landesarbeitsgerichts gebunden.

Eine **Frist zur Einlegung der Beschwerde** besteht ausdrücklich nicht, es handelt sich daher um eine sofortige Beschwerde, da der Gesetzgeber insoweit keine Regelung getroffen hat. Zu berücksichtigen ist auch, dass der Antrag selbst innerhalb von zwei Wochen nach Verkündung des Urteils gestellt werden muss. Dies dient der Beschleunigung des Verfahrens, es soll möglichst schnell Klarheit über die Rechtsmittelfähigkeit erzielt werden. Hinzu kommt, dass die Rechtsmittelfrist unabhängig von der Ergänzung des Tenors zu laufen beginnt. Daraus ergibt sich, dass die Beschwerde in Anwendung der Fristvorschrift in § 569 Abs. 1 ZPO innerhalb von zwei Wochen nach Zustellung des ablehnenden Beschlusses hinsichtlich der Urteilsergänzung eingelegt werden muss. 46

f) Bindungswirkung

Das **Landesarbeitsgericht ist** an eine Entscheidung des Arbeitsgerichts über die Zulassung der Berufung **gebunden,** selbst wenn es der Auffassung ist, dass ein Zulassungsgrund nicht vorgelegen hat, Abs. 4 (zur Bindungswirkung vgl. auch § 72 Rn. 47 ff.). Eine Bindungswirkung besteht nur dann nicht, wenn das Urteil selbst nicht rechtsmittelfähig ist, wie dies bei einem Zwischenurteil der Fall ist, § 61 Abs. 3 (vgl. dazu auch oben Rn. 7). Eine **Begründung** der Zulassungsentscheidung durch das Arbeitsgericht ist **nicht erforderlich.** Enthält daher das arbeitsgerichtliche Urteil zwar eine Begründung für die Zulassung, ist diese jedoch unzutreffend, weil die Voraussetzungen eines Zulassungsgrundes des Abs. 3 falsch subsumiert worden sind, so tritt ebenfalls eine Bindungswirkung ein. Entscheidend ist allein die tatsächliche Zulassung, nicht jedoch ihre Begründung. Dementsprechend tritt die Bindungswirkung auch ein, wenn das Arbeitsgericht aus einem Grund, der in Abs. 3 nicht genannt worden ist, die Berufung zugelassen hat. Auch die Rechtsmittelklarheit gebietet dieses Ergebnis, die Parteien müssen sich auf eine einmal erfolgte Zulassung verlassen können (GK-ArbGG/*Vossen* § 64 Rn. 75/76; *Schwab/Weth/Schwab* § 64 Rn. 111). Ist eine Begründung der Zulassungsentscheidung ohnehin nicht erforderlich, so kann auch eine fehlerhafte Begründung nicht die Zulassungsentscheidung unwirksam werden lassen. Eine falsche Begründung kann nicht anders behandelt werden als eine fehlende Begründung. **Keine Bindung** tritt ein, wenn kraft Gesetzes ein Rechtsmittel ausgeschlossen ist (dazu oben Rn. 7 ff.). 47

Das Landesarbeitsgericht ist auch **an die Entscheidung über die Nichtzulassung** der Berufung durch das Arbeitsgericht **gebunden.** Zwar ergibt sich dies nicht unmittelbar aus dem Gesetz, jedoch hat der Gesetzgeber eine Nichtzulassungsbeschwerde, wie sie bei der Revisionszulassung in § 72a vorgesehen ist, für das Berufungsverfahren nicht geschaffen. Eine analoge Anwendung des § 72a ist nicht möglich. Hat das Arbeitsgericht die Berufung nicht zugelassen, obwohl einer der Zulassungsgründe des § 64 Abs. 3 vorgelegen hat, kann daher eine Berufung nicht eingelegt werden. Eine Prüfungs- und Entscheidungskompetenz des Berufungsgerichts fehlt. Diese gesetzliche Regelung verstößt auch nicht gegen Art. 3 Abs. 1 oder Art. 101 Abs. 2 GG, da das Grundgesetz nicht verlangt, dass ein bestimmter Instanzenzug immer gegeben sein müsste. 48

4. Die Beschwerdewertberufung, Abs. 2 lit. b

49 Eine Berufung ist statthaft, wenn der Wert des Beschwerdegegenstandes 600,– Euro übersteigt. Zu den allgemeinen Grundsätzen der Beschwer vgl. zunächst oben Rn. 14. Eine Unterscheidung zwischen vermögensrechtlichen und nichtvermögensrechtlichen Streitigkeiten besteht in Angleichung an die zivilprozessuale Regelung des § 511 ZPO nicht mehr. Der Beschwerdewert muss daher nun auch im arbeitsgerichtlichen Verfahren bei nichtvermögensrechtlichen Streitigkeiten erreicht sein. Der Festsetzung des Streitwertes in dem arbeitsgerichtlichen Urteil kommt bei der Ermittlung des Beschwerdewertes und dessen Glaubhaftmachung eine besondere Bedeutung zu. Der **Beschwerdewert** entspricht nicht unbedingt dem im erstinstanzlichen Urteil festgesetzten Streitwert, er wird ermittelt durch die Anträge des Berufungsklägers im Verhältnis zu dem rechtskraftfähigen Inhalt des erstinstanzlichen Urteils. Der **Streitwert des erstinstanzlichen Urteils** bindet im Regelfall das Landesarbeitsgericht (BAG 12. 11. 2003 NZA-RR 2004, 433) und hat für die Ermittlung des Beschwerdewertes eine **Indizfunktion.** Dieser wird meist nicht höher sein als der im erstinstanzlichen Urteil festgesetzte Streitwert, es sei denn, die Streitwertfestsetzung im arbeitsgerichtlichen Urteil wäre offensichtlich unzutreffend oder der Wert hätte sich bis zur Einlegung der Berufung verändert. Eine Ausnahme gilt auch, wenn die Parteien in der ersten Instanz nur teilweise obsiegt haben oder unterlegen sind oder wenn nur beschränkt Berufung eingelegt wird. Bei negativen Feststellungsklagen oder bei Auskunftsansprüchen kann die Beschwer höher sein als der festgesetzte Streitwert. Legt die bei dem Arbeitsgericht in vollem Umfang unterlegene Partei uneingeschränkt Berufung ein, so stimmt der Wert der Beschwer daher meist mit dem im Urteil des Arbeitsgerichts festgesetzten Streitwert überein, eine gesonderte Ermittlung des Beschwerdewerts in der Berufungsinstanz ist in den meisten Fällen nicht nötig (BAG 12. 11. 2003 NZA-RR 2004, 433; 13. 1. 1988 NZA 1988, 705; 2. 3. 1983 AP ArbGG 1979 § 64 Nr. 6; 11. 6. 1986 AP ArbGG 1979 § 61 Nr. 3). Ist der Streitwert im arbeitsgerichtlichen Urteil auf 600 Euro oder weniger festgesetzt worden, ohne dass diese Streitwertfestsetzung offensichtlich unzutreffend wäre, ist in der Regel der Beschwerdewert des Abs. 2 nicht erreichbar (BAG 22. 5. 1984 AP ArbGG 1979 § 12 Nr. 7; 2. 3. 1983 AP ArbGG 1979 § 64 Nr. 6). Eine ausreichende Beschwer kann in diesem Falle auch nicht dadurch erreicht werden, dass mit der Berufung der Streitgegenstand erweitert wird (BGH vom 20. 12. 1972 NJW 1973, 370; 6. 5. 1999 NJW 1999, 2118ff.: 11. 10. 2000 NJW 2001, 226). Weder eine **Klageerweiterung** noch die Erhebung einer unzulässigen **Widerklage** können den Beschwerdewert beeinflussen. Auch kann der Beklagte nicht durch Verzicht auf einen Teil seines Anspruches die Beschwerdesumme senken und damit die Berufung unzulässig machen. Nur Wertveränderungen bis zum Zeitpunkt der Einlegung des Rechtsmittels können berücksichtigt werden.

50 Für die Berechnung der Beschwer gelten die §§ 3 bis 9 ZPO. Bei nichtvermögensrechtlichen Streitigkeiten kann als Maßstab für das nach § 3 ZPO auszuübende Ermessen die Bestimmung des § 48 Abs. 2 GKG herangezogen werden. Die Werte einzelner **Streitgegenstände** können **zusammengerechnet** werden. Dies gilt auch bei **Klage und Widerklage.** Entgegen dem Wortlaut von § 5 ZPO, der den Zuständigkeitsstreitwert betrifft, ist hier § 45 Absatz 1 GKG heranzuziehen, wenn eine Partei betroffen wird (BGH 28. 9. 1994 NJW 1994, 3292; GK-ArbGG/*Vossen* § 64 Rn. 46; *Schwab/Weth/Schwab* § 64 Rn. 80). Maßgeblicher **Zeitpunkt** für die Berechnung, die das Berufungsgericht nach eigenem Ermessen durchführen muss, ist der Zeitpunkt der Einlegung der Berufung, § 4 Abs. 1 Satz 1 ZPO). Bei der Berechnung sind die Anträge des Berufungsklägers zu berücksichtigen. Werden mehrere Anträge nebeneinander gestellt, so können für die Beschwerdewertberechnung nur diejenigen herangezogen werden, die für die Überprüfung der angefochtenen Entscheidung maßgeblich sind.

III. Die Voraussetzungen des Abs. 2 § 64

Verändert sich der **Beschwerdewert** nach Einlegung der Berufung unter die Rechtsmittelgrenze, so wird die Berufung unzulässig, wenn die Einschränkung des Berufungsantrages auf einer freien Entscheidung des Berufungsklägers beruht (BAG 9. 7. 2003, 19. 1. 2006 AP ArbGG 1979 § 64 1979 Nrn. 33, 39; vgl. BGH 16. 1. 1951 NJW 1951, 274; OLG Hamburg 15. 7. 1997 NJW-RR 1998, 356). Anderes gilt dann, wenn die Reduzierung durch die Entwicklung des Rechtsstreites geboten war (*Schaub* ArbGV § 51 Rn. 22). Diese Voraussetzung ist aber nicht schon dann gegeben, wenn das Berufungsgericht eine teilweise Berufungsrücknahme anregt ohne darauf hinzuweisen, dass mit dieser das Rechtsmittel unzulässig werden würde (BAG 19. 1. 2006 AP ArbGG 1979 § 64 Nr. 39). Die Beschwer entfällt auch, wenn die in erster Instanz verurteilte Partei freiwillig und nicht nur zur Abwendung der Zwangsvollstreckung die im Urteil festgelegte Verpflichtung endgültig erfüllt. In diesem Falle entfällt auch eine Beschwer, wenn die Erfüllung vor Einlegung der Berufung erfolgt (LAG Frankfurt 11. 11. 1985 LAGE ArbGG 1979 § 64 Nr. 11). Die Beschwer bleibt dagegen bestehen, wenn die Zahlung zur Abwendung der Zwangsvollstreckung erfolgt. 51

Bei **Änderung des Antrags** verändert sich ebenfalls der Beschwertdewert. Wird ein Leistungsantrag umgestellt auf einen Feststellungsantrag, kann eine Verminderung der Beschwer eintreten. Dies gilt aber nicht, wenn die Veränderung nicht auf einer freiwilligen Entscheidung des Berufungsklägers beruht, sondern durch äußere Umstände erzwungen wird (vgl. oben Rn. 51). Ist beispielsweise die Umstellung von einem Leistungsantrag auf einen Feststellungsantrag dadurch bedingt, dass in einem Insolvenzverfahren nur noch auf Feststellung zur Tabelle geklagt werden kann, tritt eine Verminderung der Beschwer nicht ein. 52

Hat eine Partei vor dem Arbeitsgericht die Höhe einer zu gewährenden **Leistung in das Ermessen des Gerichts** gestellt, so kann bei einer Verurteilung durch das Arbeitsgericht eine Beschwer für die den Antrag stellende Partei nicht bestehen. Beantragt der Kläger die Auflösung des Arbeitsverhältnisses gem. § 9 KSchG gegen **Zahlung einer Abfindung** und nennt er keinen bestimmten Abfindungsbetrag, so kann bei Festlegung der Entschädigung nur von der beklagten Partei, nicht jedoch von dem Kläger Berufung eingelegt werden. Dies dürfte selbst dann nicht ohne weiteres möglich sein, wenn das Gericht bei der Bemessung der Abfindungssumme Tatsachen unberücksichtigt lässt, die der Kläger vorgetragen hatte. Selbst wenn er mit der Berufung dies rügen will, lässt sich allein hieraus noch nicht eine Beschwer errechnen (GK-ArbGG/*Vossen* § 64 Rn. 11; vgl. aber dazu nicht ganz eindeutig LAG Hamm 5. 12. 1996 LAGE ArbGG § 64 Nr. 32). Dies ist nur dann möglich, wenn sich zusätzlich aus dem Sachvortrag des Klägers ergibt, dass er eine bestimmte Höhe der Abfindung als Mindestbetrag für angemessen hält, oder wenn sich aus den einzelnen vorgetragenen Tatsachen im Zusammenhang mit dem sonstigen Vortrag des Klägers eine seiner Vorstellung entsprechende wirtschaftliche Bewertung für jede einzelne Tatsache entnehmen lässt, so dass bei Nichtberücksichtigung der Tatsache auch deren rechnerischer Wert im Hinblick auf die Gesamtabfindung festgestellt werden kann. Nicht erforderlich ist es, dass ein Mindestwert im Antrag genannt werden muss, es genügt, wenn er sich dem sonstigen Vorbringen entnehmen lässt. 53

Ist in dem arbeitsgerichtlichen Urteil ein **Hauptantrag abgewiesen** und nur **auf den Hilfsantrag erkannt** worden, so liegt die Beschwer für den Kläger in dem Wert des Hauptantrages, nicht jedoch in der Differenz zwischen Haupt- und Hilfsantrag. Wird mit der Berufung nur noch geltend gemacht, dass eine **Leistung Zug um Zug** gegen eine Gegenleistung zu erbringen ist, so muss dies bei der Berechnung des Beschwerdewertes berücksichtigt werden (LAG Berlin 17. 3. 1980 MDR 1980, 612). Ist die Verurteilung zu einer **Bruttovergütung abzüglich** einer geleisteten **Nettozahlung** erfolgt, so sind für die Berechnung der Beschwer mangels abweichender Vereinbarung dem Nettobetrag die darauf entfallenden Steuern und Versicherungsbeiträge hinzuzurechnen (LAG Berlin 19. 10. 1981 MDR 1982, 172). Es ist nämlich davon auszugehen, dass in Höhe der 54

§ 64

Nettobeträge bereits die entsprechenden Abgaben abgeführt worden sind. Etwas anderes ergibt sich dann, wenn auf Grund Forderungsüberganges beispielsweise wegen Zahlung von Arbeitslosengeld oder Krankengeld nur noch ein Differenzbetrag zwischen Bruttoentgelt und erhaltenem Arbeitslosengeld bzw. Krankengeld geltend gemacht wird. In diesem Falle ist maßgeblich für den Beschwerdewert der Differenzbetrag zwischen Bruttobetrag und Netto-Betrag. Dass u. U. die von Dritten erbrachten Leistungen zu erstatten sind, ist bei der Streitwertberechnung unerheblich (vgl. dazu LAG Düsseldorf 26. 8. 1981 EzA ArbGG 1979 § 64 Nr. 6 m. Anm. von *Grunsky*).

55   Legen mehrere **Streitgenossen** gegen das sie jeweils beschwerende arbeitsgerichtliche Urteil eine Berufung ein, so sind für die Berechnung des Beschwerdegegenstandes die auf die einzelnen Streitgenossen entfallenden Beschwerdewerte zusammenzurechnen (BAG 31. 1. 1984 NZA 1984, 167). Etwas anderes gilt nur dann, wenn es sich in diesem Falle um wirtschaftlich identische Streitgegenstände handelt. Legen nur einige Streitgenossen die Berufung ein, so können auch nur die auf sie entfallenden Beschwerdewerte zusammengerechnet werden. Nimmt einer der Streitgenossen das Rechtsmittel zurück und sinkt dadurch der Beschwerdewert unter die Grenze des § 64 Abs. 2, so wird das Rechtsmittel unzulässig (BGH 7. 1. 1965 NJW 1965, 761).

56   Bei einem **Anerkenntnisurteil** liegt eine materielle Beschwer auch dann in Höhe der Verurteilung vor, wenn die beklagte Partei tatsächlich das Anerkenntnis abgegeben hat (vgl. dazu BGH 9. 12. 1958 LM ZPO § 263 Nr. 5; 5. 1. 1955 NJW 1955, 544, 545; OLG Karlsruhe 18. 12. 1981 MDR 1982, 417; nicht eindeutig BAG 29. 7. 1966 AP ArbGG 1953 § 72 Streitwertrevision Nr. 19; a. A. LAG Berlin 5. 11. 1979 EzA ArbGG 1979 § 64 Nr. 5 mit ablehnender Anmerkung *Dütz*; zu dem Ganzen auch *Lepke* DB 1980, 974 m. weit. Nachw.; vgl. ferner auch LAG Baden-Württemberg 23. 2. 1978 AuR 1979, 59).

57   Bei einer **Auskunftsklage** bemisst sich der Beschwerdewert unterschiedlich, je nach dem, ob der Kläger oder der Beklagte Berufung einlegt. Für den Kläger ist sein Interesse an der Auskunftserteilung maßgeblich, dies hängt davon ab, welche Auskunft er verlangt, welches Ziel er verfolgt (vgl. BGH 18. 9. 1995 FamRZ 1996, 500). In der Regel ist es ein Bruchteil des Wertes des Hauptanspruchs, der durchgesetzt werden soll. Legt der Beklagte Berufung mit dem Ziel ein, die Auskunft nicht zu erteilen, ist maßgeblich sein Interesse, die Auskunft nicht zu erteilen, in der Regel also der wirtschaftliche Aufwand, der durch die Auskunftserteilung erforderlich werden würde (vgl. BGH GrZS 24. 11. 1994 NJW 1995, 664; BAG 27. 5. 1994 NZA 1994, 1055).

58   Bei einer **Aufrechnung** sind zur Ermittlung des Beschwerdewertes Klageforderung und die vorsorglich zur Aufrechnung gestellte Gegenforderung, soweit über sie entschieden worden ist, zusammenzurechnen (BGH 26. 9. 1991 NJW 1992, 317; 24. 2. 1994 NJW 1994, 1538). Dies ergibt sich aus der Rechtskraftwirkung des § 322 Abs. 2 ZPO. Das Gleiche gilt, wenn die zur Aufrechnung gestellte Forderung aus materiellen Gründen unberücksichtigt bleibt. Etwas anderes gilt, wenn die Hauptforderung von dem Beklagten nicht bestritten wird und im Grunde nur über die Aufrechnungsforderung gestritten wird (LAG Köln 17. 6. 1993 LAGE ArbGG 1979 § 64 Nr. 29) oder die Aufrechnung für unzulässig erklärt oder nicht zugelassen wird (BGH 31. 7. 2001 NJW 2001, 3616).

59   Der Beschwerdewert ist glaubhaft zu machen, wobei der Berufungskläger keine eigene eidesstattliche Versicherung abgeben kann. Die **Glaubhaftmachung** kann bis zum Ablauf der Berufungsfrist erfolgen, sie kann allerdings auch noch bis zur Verwerfung der Berufung als unzulässig nach § 522 ZPO nachgeholt werden. Die Glaubhaftmachung erfolgt nach § 294 ZPO. Sie ist entbehrlich, wenn sich der Beschwerdewert bereits aus der Akte ergibt. Die Streitwertfestsetzung in dem arbeitsgerichtlichen Urteil kann von entscheidender Bedeutung sein.

III. Die Voraussetzungen des Abs. 2   § 64

5. Berufung in Bestandsschutzstreitigkeiten, Abs. 2 lit. c

Erfasst werden von der Bestimmung Verfahren in Rechtsstreitigkeiten über das Bestehen, das Nichtbestehen oder die Kündigung eines Arbeitsverhältnisses. Die Anwendbarkeit des KSchG ist dabei ohne Bedeutung. Die Begriffsbildung entspricht der Regelung in § 61a Abs. 1. Die zu dieser Bestimmung entwickelten Grundsätze gelten hier entsprechend (vgl. § 61a Rn. 4 ff.). Sie entsprechen auch denjenigen Verfahren, für die in § 43 Abs. 4 GKG n. F. eine besondere Streitwertberechnung festgelegt ist (dazu oben § 12 Rn. 94 ff.) und die in § 2 Abs. 1 Nr. 3b genannt sind (dazu oben § 2 Rn. 65 ff.). Erfasst werden nicht nur die typischen Kündigungsschutzstreitigkeiten, sondern sämtliche Verfahren, die den Bestand oder das Zustandekommen eines Arbeitsverhältnisses bzw. das Bestehen eines solchen zum Gegenstand haben. Der Begriff der **Kündigung** erfasst auch die Fälle der **Änderungs- und Teilkündigung** sowie die Fälle, in denen es nur um die Einhaltung der Kündigungsfrist geht. Auch wenn es bei diesen nicht um den gesamten Bestand des Arbeitsverhältnisses geht, sondern lediglich um die Veränderung der Arbeitsbedingungen, ist der Begriff der Kündigung in Abs. 2 lit. c umfassend. Er entspricht insoweit nicht in vollem Umfange dem Begriff der Beendigung des Arbeitsverhältnisses durch Kündigung oder Auflösungsvertrag in § 623 BGB. Nicht erfasst wird die so genannte **Nichtverlängerungsmitteilung** im Bereich des künstlerischen Personals oder das Berufen des Arbeitgebers auf Eintritt einer auflösenden Bedingung oder eines Befristungstatbestandes. Diese Beendigungsmöglichkeiten fallen jedoch unter den Begriff des **Bestehens oder Nichtbestehens** eines Arbeitsverhältnisses, so dass auch hier die Berufung ohne gesonderte Zulassung und ohne die Notwendigkeit, einen bestimmten Beschwerdewert zu erreichen, statthaft ist. Erfasst wird auch ein Streit über einen **Auflösungsantrag** gemäß § 9 KSchG, da auch dieser letztlich zum Gegenstand hat, ob das Arbeitsverhältnis beendet wird oder nicht. 60

Nicht erfasst werden jedoch Rechtsstreitigkeiten, in denen gegenüber dem Arbeitgeber ein **Einstellungsanspruch** geltend gemacht wird, so dass auch die so genannte **Konkurrentenklage** nicht ohne weiteres die Statthaftigkeit einer Berufung zur Folge hat, vielmehr ist hier in der Regel die Beschwerdewertberufung nach Abs. 2 lit. b möglich. 61

Außerhalb des Geltungsbereichs liegen auch die mit einer Bestandsstreitigkeit **verbundenen Anträge**, wie z. B. der Beschäftigungs- oder Weiterbeschäftigungsantrag, der Entgeltanspruch, der Zeugnisanspruch (vgl. dazu *Schwab/Weth/Schwab* § 64 Rn. 92). Wird in diesen Fällen das gesamte Urteil angefochten, kann die Statthaftigkeit der Berufung auch für diesen Teil des Rechtsstreits ohne Erreichen der Beschwerdesumme von 600,– € nur dann gegeben sein, wenn eine wirtschaftliche Identität besteht, wenn beispielsweise von einer Kündigung abhängige Entgeltansprüche (Verzugslohn) geltend gemacht werden. Eine grundsätzliche Bedeutung, die die Rechtsmittelzulassung rechtfertigen würde, dürfte hier i. d. R. nicht vorliegen. Ist keine wirtschaftliche Identität gegeben, beispielsweise werden von der Kündigung unabhängige Entgeltansprüche, Weiterbeschäftigungsansprüche, Zeugnisansprüche geltend gemacht, die weder den Beschwerdewert erreichen noch von grundsätzlicher Bedeutung sind, kann insoweit die Berufung unstatthaft sein. Weder die Aussetzung des Verfahrens nach § 148 ZPO noch die Möglichkeit des Wiederaufnahmeverfahrens nach § 79 i. V. m. § 580 Nr. 6 ZPO kann insoweit eine Lösung bieten, da das Feststellungsurteil i. d. R. nicht vorgreiflich sein wird (vgl. aber hierzu *Schwab/Weth/Schwab* § 64 Rn. 92). Im Grunde besteht hier auch keine zwingende Notwendigkeit, eine Einheitlichkeit der Rechtsmittelmöglichkeit zu schaffen, da die geltend gemachten Ansprüche eben nicht voneinander abhängig sind. 61a

6. Berufung bei Versäumnisentscheidungen, Abs. 2 lit. d

Die Regelung ist § 514 Abs. 2 ZPO nachgebildet. Sie **verdrängt diese Bestimmung** für das arbeitsgerichtliche Verfahren und stellt nunmehr unmittelbar für dieses klar, dass 62

§ 64   Grundsatz

auch hier dem verfassungsrechtlichen Grundsatz der Gewährung des Zugangs zu den Instanzenzügen Rechnung getragen werden soll.

63   Die Berufungsmöglichkeit ist nur gegeben, wenn ein Einspruch gegen eine Versäumnisentscheidung nicht statthaft ist. Der Hauptanwendungsfall ist der des **zweiten Versäumnisurteils** gemäß § 345 ZPO. Außerdem kann der in der Praxis sehr seltene Fall erfasst werden, wonach ein Antrag auf Wiedereinsetzung in den vorigen Stand durch Versäumnisurteil gemäß § 238 Abs. 2 ZPO zurückgewiesen wird.

64   Die Berufung kann nur darauf gestützt werden, dass ein Fall der **Versäumung nicht vorgelegen** habe bzw. die Versäumung nicht schuldhaft gewesen sei (BGH 22. 2. 1999 NJW 1999, 1522 ff.; ausführlich GK-AbGG/*Vossen* § 64 Rn. 90 ff.). Die Verschuldensfrage ist nach den gleichen Kriterien zu beurteilen wie bei der Wiedereinsetzung in den vorigen Stand (BGH a. a. O.; *Musielak/Gummer/Heßler* § 514 Rn. 9). Die Darlegungs- und Beweislast hinsichtlich der unverschuldeten Säumnis liegt bei dem Berufungskläger. Die Berufung kann nicht auf die fehlende Schlüssigkeit der Klage gestützt werden, also nicht auf die Tatsache, dass eigentlich ein Versäumnisurteil nicht hätte ergehen dürfen (BGH 6. 5. 1999 NJW 1999, 2599; ausführlich GK-ArbGG/*Vossen* § 64 Rn. 86–88). Damit setzt der Erfolg der Berufung nur voraus, dass ein zweites Versäumnisurteil nicht hätte ergehen dürfen. Dieser eng begrenzte Ausnahmetatbestand deutet daraufhin, dass durch die Regelung in Abs. 2 lit. d letztlich nur das rechtliche Gehör nachgeholt werden soll, das an sich schon in dem arbeitsgerichtlichen Verfahren hätte gewährt werden müssen. Etwas **anderes** wird angenommen, wenn Grundlage für das zweite Versäumnisurteil ein **vorangegangener Vollstreckungsbescheid** gewesen ist, § 700 Abs. 6 ZPO. Hier schreibt § 700 Abs. 6 ZPO durch die Verweisung auf § 331 Abs. 1 und 2 erster Halbsatz ZPO ausdrücklich vor, dass der Einspruch nur nach Prüfung von Zulässigkeit und Schlüssigkeit der Klage verworfen werden darf. Die Berufung soll daher auch auf die Verletzung dieser Prüfungspflicht gestützt werden können (BGH 25. 10. 1990 NJW 1991, 43; *Zöller/Gummer/Heßler* § 514 Rn. 8 a; ArbGG-*Breinlinger* § 64 Rn. 34; vgl. aber GK-ArbGG/*Vossen* § 64 Rn. 89).

65   Durch Entscheidung des Landesarbeitsgerichts kann bei Erfolg der Berufung das Urteil des Arbeitsgerichts aufgehoben und der Rechtsstreit an dieses **zurückverwiesen** werden, § 538 Abs. 2 Nr. 6 ZPO. Das Verbot der Zurückverweisung in § 68 steht in diesem Falle nicht entgegen (dazu unten § 68 Rn. 14).

IV. Die anwendbaren Vorschriften der ZPO über die Berufung

66   Nach Abs. 6 gelten für das Verfahren vor den Landesarbeitsgerichten die Vorschriften der **§§ 511 ff. ZPO entsprechend.** Ausgenommen sind nur die Vorschriften über das Verfahren vor dem Einzelrichter, § 527 ZPO kann damit nicht angewendet werden. Allerdings finden über die Verweisungsbestimmung des Abs. 7 die Vorschriften des § 53 und des § 55 Abs. 1, 2 und 4 entsprechende Anwendung, mit denen dem Vorsitzenden auch im Berufungsverfahren Alleinentscheidungsbefugnisse zugewiesen werden. Weitere Modifikationen des zivilprozessualen Berufungsverfahrens ergeben sich aus Abs. 7, in dem auf bestimmte Vorschriften des arbeitsgerichtlichen Verfahrens erster Instanz für das Berufungsverfahren verwiesen worden ist.

1. Einlegung der Berufung

67   Das Berufungsgericht hat die Zulässigkeitsvoraussetzungen der Berufung von Amts wegen zu prüfen (BAG 24. 4. 2008 NZA 2008, 1314, 1315; 17. 1. 2007 NZA 2007, 566; BVerwG 24. 7. 2008 NJW 2008, 3588) Ihre Einlegung erfolgt innerhalb der Frist des § 66 (dazu näher § 66 Rn. 3 ff.) bei dem dem Arbeitsgericht übergeordneten Landesarbeitsgericht. Zur Wahrung der Rechtsmittelfrist reicht die Einreichung einer in

IV. Die anwendbaren Vorschriften der ZPO über die Berufung — § 64

fremder Sprache gehaltenen Rechtsmittelschrift nicht aus, es gilt § 184 GVG (BGH 14. 7. 1981 AR-Blattei Arbeitsgerichtsbarkeit X A 1979 Nr. 2 m. Anm. *D. Neumann*). Die **Form der Berufungseinlegung** richtet sich im Einzelnen nach § 519 ZPO. Die Berufungsschrift muss von einem nach § 11 Abs. 2 postulationsfähigen Prozessbevollmächtigten (siehe § 11) handschriftlich und eigenhändig unterzeichnet sein, § 64 Abs. 2 i. V. m. § 519 Abs. 4, § 130 Nr. 6 ZPO (BAG 29. 7. 1981 AP ZPO § 518 Nr. 46; 5. 12. 1984 AP ArbGG 1979 § 72 Nr. 3; 15. 12. 1987 NZA 1989, 227; 27. 3. 1996 NZA 1996, 1115). Die **Unterschrift** dient dem Nachweis, dass für den Schriftsatz eine Person, die befähigt und befugt ist, Prozesshandlungen vorzunehmen, die Verantwortung trägt. Die Unterschrift muss ein Schriftbild aufweisen, dass individuell und einmalig ist, entsprechende charakteristische Merkmale hat und sich so als eine die Identität des Unterzeichnenden ausreichend kennzeichnende Unterschrift des Namens darstellt, die von Dritten nicht ohne weiteres nachgeahmt werden kann. Die Unterschrift muss nicht lesbar sein (BAG 28. 3. 1977 AP ZPO § 518 Nr. 38; 29. 7. 1981 AP ZPO § 518 Nr. 46; 5. 12. 1984 AP ArbGG 1979 § 72 Nr. 3; 27. 3. 1996 NZA 1996, 1115; vgl. zu diesem Problembereich *E. Schneider* NJW 1998, 1844 f.). Vereinfachungen, Verstümmelungen, Undeutlichkeiten sind dabei nicht schädlich, es muss sich lediglich um einen Schriftzug handeln, der erkennen lässt, dass der Unterzeichner seinen vollen Namen und nicht nur eine Abkürzung hat niederschreiben wollen (BGH 18. 1. 1996 NJW 1996, 997; 13. 7. 1967 NJW 1967, 2310 f.; BAG 29. 7. 1981 AP ZPO § 518 Nr. 46). Dem Erfordernis der persönlichen Unterzeichnung ist allerdings genügt, wenn der zweite Teil eines Doppelnamens abgekürzt wird (BAG 15. 12. 1987 AP ZPO § 130 Nr. 6; BGH 18. 1. 1996 NJW 1996, 997), da in diesem Falle Zweifel hinsichtlich der Urheberschaft nicht bestehen können. Eine fehlende oder nicht ausreichende Unterschrift kann nicht dadurch ersetzt werden, dass der Prozessbevollmächtigte die Berufungsschrift persönlich bei dem Gericht abgibt (BGH 25. 9. 1979 MDR 1980, 220). Hat allerdings eine Kammer des Landesarbeitsgerichts eine bestimmte Form der Unterschrift eines Prozessbevollmächtigten hingenommen und will sie diese Unterschrift nun nicht mehr als ausreichend ansehen, so gebietet es die Pflicht zur fairen Verfahrensgestaltung, dass erst nach Vorwarnung gegenüber dem Prozessbevollmächtigten entsprechende nachteilige Folgen gezogen werden (BVerfG 26. 4. 1988 NJW 1988, 2787). Dies ergibt sich daraus, dass die Parteien darauf vertrauen dürfen, dass sich ein Gericht nicht widersprüchlich verhält. Da sich diese Bindung jedoch lediglich auf einen bestimmten Spruchkörper bezieht, kann ein Prozessbevollmächtigter nicht darauf vertrauen, dass andere Kammern des Landesarbeitsgerichts seine Unterschrift anerkennen. Spruchkörper in diesem Sinne ist dabei die konkrete Kammer des Landesarbeitsgerichts ohne Rücksicht auf die jeweilige Besetzung, ein Wechsel der Richter ist daher unschädlich. Der **Mangel** der Unterschrift kann durch Nachholen **geheilt** werden, jedoch nur mit Wirkung „ex nunc", also nur innerhalb der Berufungs- oder Berufungsbegründungsfrist. Eine Pflicht des Gerichts, auf den Mangel vor Ablauf der Frist hinzuweisen, besteht grundsätzlich nicht, es sei denn, dass von einer bisherigen Handhabung abgewichen werden soll. Die nicht ausreichende Unterzeichnung gibt in der Regel auch keinen Grund für die Gewährung der Wiedereinsetzung.

68 Vom Erfordernis der eigenhändigen Unterschrift wird bei **telegrafischen Schriftsätzen** eine Ausnahme gemacht (*Zöller/Greger* § 130 Rn. 18; BAG 27. 9. 1983 AP ZPO § 518 Nr. 48; 14. 1. 1986 AP ArbGG 1979 § 94 Nr. 2). Um den Parteien die Möglichkeiten zu geben, von den technischen Übermittlungsmöglichkeiten Gebrauch zu machen, muss insoweit von den Formerfordernissen abgewichen werden, als dies durch die Technik bedingt ist. Erforderlich ist aber, dass eindeutig erkennbar ist, wer für die telegrafische Berufungseinlegung verantwortlich ist (BAG aaO). Auch die Berufungseinlegung durch **Fernschreiber** ist unter diesen Voraussetzungen zulässig, ein Unterschriftserfordernis besteht nicht (BGH 3. 6. 1987 NJW 1987, 2586, 2587). Bei der Einlegung eines Rechtsmittels durch **Telekopie** oder **Telefax** kann zwar ebenfalls eine eigenhändige Unterschrift nicht vorhanden sein, da es jedoch technisch möglich ist, das Original in vollem Umfange zu übermitteln, muss in der bei dem Berufungsgericht eingehenden Kopie die Unterschrift wiedergegeben sein (BAG 27. 3. 1996 NZA 1996, 1115; 14. 1. 1986 ArbGG 1979 § 94 Nr. 2; 24. 9. 1986 EzA ZPO § 554 Nr. 4). In Prozessen mit Vertretungszwang besteht nach einer Entscheidung des Gemeinsamen Senats der Obersten Gerichtshöfe des Bundes (vom 5. 4. 2000, NZA 2000, 959; Vorlagebeschluss BGH 29. 9. 1998 NJW 1998, 3649; dazu näher *Römermann/van der Moolen* BB 2000, 1640 ff.; kritisch *Düwell* NJW 2000, 3334; *ders.* NZA 1999, 291) die Möglichkeit, bestimmende Schriftsätze und damit auch die Einlegung der Berufung formwirksam durch **elektronische Übertragung** einer **Textdatei** mit eingescannter Unterschrift (**Computerfax**) auf ein Faxgerät des Gerichts zu übermitteln (dazu auch GmSOGB vom 5. 4. 2000 NJW 2000, 2340). Dieser Rechtsprechung hat der Gesetzgeber durch § 46 c und durch eine Änderung von § 130 Nr. 6 ZPO ausdrücklich Rechnung getragen (vgl. dazu § 46 c Rn. 1 ff.). Entscheidend für die Wirksamkeit sei nicht das Vorliegen einer vom Absender unterzeichneten Kopiervorlage, sondern allein die auf seine Veranlassung am Empfangsort, also bei Gericht, erstellte körperliche Urkunde. Die Rechtssicherheit könne auch bei elektronischer Übermittlung gewahrt werden. Die Autorisierung durch den Absender ergebe sich aus der eingescannten Unterschrift oder dem Hinweis, dass der benannte Urheber wegen des technischen Übermittlungsweges nicht unterzeichnen könne. Das Gleiche muss dann auch für eine elektronische Signatur gelten. Da bei allen technischen Übermittlungen die Verantwortlichkeit eines bestimmten Prozessbevollmächtigten erkennbar sein muss, genügt nicht die Angabe einer Rechtsanwaltssozietät oder die Angabe der Namen von mehreren Verbandsvertretern. **Eingegangen ist die Berufung** auf diesem Wege dann, wenn die Empfangssignale von der technischen Empfangseinrichtung des Gerichts (Telefaxgerät, Computer etc.) vollständig aufgezeichnet worden sind (vgl. unten Rn. 68 a und BGH 15. 7. 2008 NJW 2008, 2649 ff.; 25. 4. 2006 NJW 2006, 2263; BAG 19. 1. 1999 NZA 1999, 925; dazu auch oben § 46 Rn. 45; *Dästner* NJW 2001, 3469 f.; zur Einreichung elektronischer Dokumente oben § 46 Rn. 45). Kommt ein Schreiben des Prozessbevollmächtigten auf Grund eines Mangels der benutzten Telekommunikationseinrichtung verstümmelt oder unleserlich bei dem Gericht an, ohne dass dies der Prozessbevollmächtigte bemerken kann, so kann das Schreiben auf Grund des Art. 2 Abs. 1 GG i. V. mit dem Rechtsstaatsprinzip und dem Grundsatz rechtsstaatlicher Verfahrensgestaltung als vollständig zu den Akten gekommen angesehen werden müssen, wenn der Mangel in der technischen Einrichtung des Gerichts begründet ist. Dies ist insbesondere der Fall, wenn Anhaltspunkte dafür vorliegen, dass die abgesandten Signale eingegangen sind, das Empfangsgerät daraus aber keinen vollständigen Ausdruck gefertigt hat (BVerfG 1. 8. 1996 EzA ZPO § 233 Nr. 37). Zumindest kann in diesem Falle ein Grund für eine Wiedereinsetzung in den vorigen Stand gegen die Versäumung der Frist liegen (vgl. dazu BGH 23. 6. 1988 NJW 1988, 2788; BVerfG a. a. O.). Zu berücksichtigen ist dabei aber, dass in der Regel davon ausgegangen werden kann, dass auf Grund der Prüfungseinrichtungen in den genutzten Telekommunikationsanlagen der Absender feststellen kann, ob die Übermittlung einwandfrei erfolgt ist. Ein Prozessvertreter muss bei **Scheitern der elektronischen Übermittlung** selbst bei Defekten im Empfangsgerät oder der Leitungen sicherstellen, dass die Übermittlung auf andere Weise erfolgen kann (BVerfG 25. 2. 2000, NZA 2000, 789, 790 m. w. Nachw.; zur Frage der Wiedereinsetzung in den vorigen Stand vgl. *G. Müller* NJW 2000, 322). Andererseits gibt es keinen allgemeinen Erfahrungssatz, dass Telefaxsendungen den Empfänger vollständig und richtig erreichen. Einem Sendebericht mit „OK-Vermerk" kommt nicht der Wert eines Anscheinsbeweises zu (BAG 14. 8. 2002 DB 2002, 2549; BGH 7. 12. 1994 NJW 19965, 665). Von welchem Anschluss die Übermittlung der Telekopie oder des Telefaxes an das Gericht erfolgt, ist unerheblich, auch die Benutzung eines Privatanschlusses ist zulässig (BAG 14. 3. 1989 DB 1989, 1144; vgl. auch BAG 5. 7. 1990 DB 1990, 2176).

IV. Die anwendbaren Vorschriften der ZPO über die Berufung § 64

Die Einlegung einer Berufung per **E-Mail** oder in einer anderen elektronischen Form 68 a
fällt nicht unter § 519 Abs. 4 i. V. § 130 ZPO, es handelt sich vielmehr um die Einreichung eines elektronischen Dokuments gemäß § 46 c. Dieses ist erst eingereicht, wenn es von der für den Empfang bestimmten Einrichtung des Gerichts aufgezeichnet ist, § 46 c Abs. 3. Die Frist wird aber zusätzlich nur dann gewahrt, wenn es für die Bearbeitung durch das Gericht geeignet ist, § 46 c Abs. 1 Satz 1. Hierfür bedarf es aber erst einer ausdrücklichen Bestimmung durch die jeweils zuständige Regierung, § 46 c Abs. 2 (dazu die näheren Erläuterungen bei § 46 c). Erst wenn diese Voraussetzungen erfüllt sind, kann auch auf diesem Wege eine Berufung eingelegt werden. Eine Ausnahme gilt dann, wenn mit einer E-Mail eine eingescannte Bilddatei als Anhang übermittelt und diese ausgedruckt wird (BGH 15. 7. 2008 NJW 2008, 2649 ff.; 4. 12. 2008 BB 2009, 57). Der Ausdruck stellt in diesem Falle das schriftliche Dokument dar, nicht die übermittelte Bilddatei.

Weiterhin ist notwendiger Inhalt der Rechtsmittelschrift, dass **das angefochtene Urteil** 69
angegeben wird, § 519 Abs. 2 Nr. 1 ZPO. Gericht und Gegner müssen zweifelsfrei wissen, welche Entscheidung mit der Berufung angegriffen werden soll (BGH 18. 4. 2000 NJW-RR 2000, 1371). Erforderlich ist daher die Bezeichnung des Gerichtes, das die Entscheidung erlassen hat, ferner ist die Angabe des Aktenzeichens notwendig (BGH 24. 4. 2003 NJW 2003, 1950). Sind in einem Verfahren nicht mehrere Urteile, z. B. Teil- und Schlussurteile ergangen, ist die Mitteilung des Verkündungsdatums nicht notwendig (BAG 9. 2. 1981 AP ZPO § 518 Nr. 45). Bei unrichtiger Angabe des Gerichts ist die Berufung unzulässig (BAG 5. 12. 1974 AP ZPO § 518 Nr. 26), es sei denn, der Mangel wäre vor Ablauf der Berufungsfrist behoben worden. Formfehler einer Berufungsschrift können nämlich noch innerhalb der Berufungsfrist behoben werden, so dass sie nicht zwangsläufig schon zur Unzulässigkeit des Rechtsmittels führen müssen (BAG 28. 4. 1982 AP ZPO § 518 Nr. 47). Die Prozessförderungspflicht des Richters kann es dabei gebieten, unklare Angaben durch Auslegung zu beseitigen, wobei zur Verfügung stehende Unterlagen herangezogen werden müssen (BAG 27. 8. 1996 NZA 1997, 456). Eine formfehlerhafte Berufung kann daher nicht sofort nach ihrem Eingang noch innerhalb der Berufungsfrist als unzulässig verworfen werden. Die Berufungsschrift muss noch nicht die Ankündigung von Berufungsanträgen enthalten, auch der Umfang der Anfechtung des arbeitsgerichtlichen Urteils muss noch nicht klargestellt werden. Enthält die Berufungsschrift bereits einzelne, aber nicht alle vom Rechtsmittelführer im arbeitsgerichtlichen Verfahren gestellten Anträge, so kann hieraus allein noch nicht auf eine Beschränkung der Berufung geschlossen werden (BGH 30. 3. 1983 NJW 1983, 1561, 1562; BAG 4. 8. 1993 NZA 1994, 271). Vielmehr kann auch in diesem Falle der Umfang des Rechtsmittels noch in der Begründung bestimmt werden.

Weiterhin gehört es zu den Formerfordernissen einer Berufungsschrift, dass sich 70
ergibt, **für wen und gegen wen** die Berufung eingelegt wird, dies folgt aus § 519 Abs. 2 Nr. 2 ZPO. Auch hierfür ist die Schriftform einzuhalten (BGH 19. 9. 2002 MDR 2003, 46, 47; 19. 2. 2002 NJW 2002, 1430; 9. 7. 1985 AP ZPO § 518 Nr. 52; BAG 23 7. 1975; 9. 3. 1978 AP ZPO § 518 Nr. 31, 41). Die erforderliche Klarheit über die Parteirollen in der Berufungsinstanz kann neben einer ausdrücklichen Bezeichnung aber auch im Wege der Auslegung der Berufungsschrift oder sonstiger vorhandener Unterlagen erfolgen (BAG 26. 6. 2008 NZA 2008, 1241, 1242; BGH 9. 4. 2008 NJW-RR 2008, 1161 jeweils m. w. Nachw.). Zu diesen Unterlagen soll auch eine bei dem Berufungsgericht anhängige weitere Berufung gehören können, selbst wenn diese einer anderen Kammer zugeteilt worden ist und erst nach Ablauf der Berufungsfrist die Parteirollen ermittelt werden können. Entscheidend sei, dass das Rechtsmittel nicht bei einer Kammer, sondern bei dem Landesarbeitsgericht einzulegen sei (BGH 9. 4. 2008 NJW-RR 2008, 1161). Zu den zu berücksichtigenden Unterlagen kann auch eine rechtzeitig bei dem Rechtsmittelgericht eingehende schriftliche Mitteilung des Gerichts der unteren Instanz gehören. Eine bloße Verwechslung der Parteirollen ist unschädlich, wenn sich

aus dem übrigen Inhalt der Berufungsschrift ergibt, für wen tatsächlich die Berufung eingelegt werden soll. Insbesondere die Rolle des Rechtsmittelführers muss sich im Interesse der Rechtssicherheit des Rechtsmittelverfahrens zweifelsfrei erkennen lassen (BAG aaO.; BGH aaO.). Nach der Entscheidung des Großen Senats des BAG 16. 9. 1986 (AP ZPO § 518 Nr. 53) ist es nunmehr auch im arbeitsgerichtlichen Verfahren **nicht mehr** notwendig, die **ladungsfähige Anschrift des Rechtsmittelbeklagten** oder seines Prozessbevollmächtigten in der Berufungsschrift anzugeben. Es genügt, wenn dies ermittelbar ist.

71 Werden **mehrere Rechtsmittelschriften** gegen dasselbe Urteil eingelegt, was sich bei Zweifeln hinsichtlich der Formgültigkeit oder des tatsächlichen Eingangs empfiehlt, – so liegen keine selbständigen Berufungen vor. Gegen ein Urteil gibt es nur ein Rechtsmittel, über das einheitlich zu entscheiden ist (BAG 19. 5. 1999 NZA 1999, 895; BGH 10. 7. 1985 NJW 1985, 2834; 20. 9. 1993 NJW 1993, 3141; ausführlich GK-ArbGG/*Vossen* § 66 Rn. 66; *Baumbach/Hartmann* § 519 Rn. 18, jeweils m. w. Nachw.). Dies gilt auch bei Übermittlung der Berufung durch Telefax und nachfolgender zusätzlicher Übersendung per Post (BAG 17. 10. 1995 NZA 1996, 278). Die **später eingelegten Berufungen**, die zunächst keine Wirkung entfalten, werden erst dann wirksam, wenn das zuerst bei dem Gericht eingegangene Rechtsmittel seine Wirksamkeit verloren hat, z. B. durch die Rücknahme oder Verwerfung als unzulässig etc. (vgl. BAG 19. 5. 1999 NZA 1999, 895; BGH 20. 9. 1993 NJW 1993, 3141). Keine mehrfache Einlegung eines Rechtsmittels liegt vor, wenn zunächst per **Telefax** oder mit Hilfe **elektronischer Technik** oder durch Telegramm etc. eine Übermittlung erfolgt und der Original-Schriftsatz nachgesandt wird.

72 Die mehrfache Einlegung eines Rechtsmittels beseitigt nicht den Grundsatz, dass gegen ein Urteil nur ein Rechtsmittel gegeben ist, über das nur **einheitlich entschieden** werden kann. Ist eine Berufung zulässig, ist einheitlich zu entscheiden, ist keine der mehrfach eingelegten Berufungen form- und fristgerecht eingelegt und begründet worden, kann nur eine einheitliche Verwerfung nach § 522 ZPO in Betracht kommen. Es darf daher nicht eine der mehreren Berufungsschriften als selbständige Berufung betrachtet werden und allein über sie entschieden werden, es sei denn, ein entsprechender Wille des Berufungsführers wäre ausdrücklich erklärt oder ließe sich ermitteln. Durch das Abstellen der Frist für Einlegung und Begründung der Berufung einheitlich auf den Zeitpunkt der Zustellung des in vollständiger Form abgefassten Urteils in § 66 Abs. 1 Satz 1 und 2 entfällt die bisherige Problematik, ab wann bei mehrfacher Berufungseinlegung die Frist zur Begründung zu berechnen ist. Auch dürfen die mehreren Berufungen nicht statistisch als eigenständige Berufungen gezählt werden, vielmehr bleibt es bei dem einmal zugestellten Aktenzeichen.

73 Ebenso erfasst die **Berufung gegen ein Scheinurteil** auch das später ergehende gleich lautende wirkliche Urteil (BGH 18. 9. 1993 NJW 1994, 248; zum Scheinurteil vgl. auch oben Rn. 8).

2. Die Begründung der Berufung

74 Die Berufungsbegründung muss nach § 64 Abs. VI i. V. § 520 Abs. 3 Nr. 2 die Umstände bezeichnen, aus denen sich die Rechtsverletzung durch das angefochtene Urteil und deren Erheblichkeit für das Ergebnis der angegriffenen Entscheidung ergibt. Dazu gehört eine aus sich heraus verständige Angabe, welche bestimmten Punkte der angefochtenen Entscheidung bekämpft und welche Argumente geltend gemacht werden sollen (BAG 8. 10. 2008 NZA 2008, 1429, 1430; BGH 27. 5. 2008 NJW-RR 2008, 1308 f.; 18. 6. 1998, NJW 1998 3126; 24. 6. 2003 NJW 2003, 3345). Eine Begründung, die sich nur aus Textbausteinen oder Schriftsätzen aus anderen Verfahren zusammensetzt, genügt diesem Erfordernis nicht (BGH 27. 5. 2003 NJW-RR 2008, 1308 f.). Erforderlich ist der Vortrag auf den Fall bezogener Umstände rechtlicher oder tatsäch-

licher Art, aus denen sich die Rechtsfehlerhaftigkeit des Urteils ergeben soll (BAG 24. 4. 2008 NZA 2008, 1314, 1315; 8. 10. 2008 NZA 2008, 1429, 1430; 14. 12. 2004 NZA 2005, 818). Nach § 513 Abs. 1 ZPO kann eine Berufung nur darauf gestützt werden, dass **Rechtsfehler und nicht auf Rechtsfehlern beruhende Irrtümer bei der Tatsachenfeststellung** vorliegen, die Berufungsinstanz dient damit in erster Linie der Fehlerkontrolle und -beseitigung. Nach § 64 Abs. 6 gelten die Bestimmungen der ZPO, soweit das ArbGG keine Sonderregelung enthält. Eine ausdrückliche Regelung hinsichtlich der Berufungsgründe ist im ArbGG nicht geregelt. § 513 Abs. 1 kann daher grundsätzlich entsprechend angewandt werden (Sächsisches LAG 31. 7. 2002 NZA-RR 2003, 438 f.; ErfK/*Koch* § 66 ArbGG Rn. 26; *Holthaus/Koch* RdA 2002, 140, 159; vgl. aber HWK/ *Kalb* § 64 ArbGG Rn. 50, der einen weiteren Sachvortrag zulassen will). Zweifelhaft ist aber, ob nicht doch gewisse Modifikationen notwendig sind. Soweit nach **§ 513 Abs. 1 ZPO 1. Alternative** i. V. § 546 ZPO die Rüge von Rechtsfehlern für die Berufungsbegründung ausreicht, ergibt sich für das arbeitsgerichtliche Verfahren nichts anderes. Schon nach altem Recht genügte dies für die Begründung des Rechtsmittels. Allerdings dürfte die Bestimmung des § 546 ZPO, die für die Revisionsinstanz gilt, nicht in vollem Umfange zu einer Einschränkung der Prüfungsmöglichkeiten des Berufungsgerichts führen. Zu berücksichtigen ist, dass auf Grund der Vorschrift des § 67 im arbeitsgerichtlichen Verfahren in größerem Umfange als im zivilprozessualen Verfahren Tatsachen berücksichtigt werden können. Hinzu kommt, dass sowohl § 546 ZPO als auch § 73 Abs. 1 von ihrem Zweck bestimmt sind, im Allgemeininteresse Fragen von grundsätzlicher Bedeutung zu prüfen. Eine Bezugnahme auf § 73 fehlt im Übrigen in den §§ 64 ff. Die Auslegung unbestimmter Rechtsbegriffe und individueller Erklärungen kann daher in vollem Umfange erfolgen. Dieser Prüfungsumfang bestimmt auch den Umfang der Rüge im Rahmen der 1. Alternative des § 513 Abs. 1 ZPO.

Auch die **Rüge von Irrtümern bei der Tatsachenfeststellung** entsprechend der **zweiten Alternative von § 513 Abs. 1 ZPO** kann für eine Berufungsbegründung ausreichend sein. Die **Verweisung auf § 529 ZPO** ist hierbei von Bedeutung. Diese Regelung betrifft zwar den Prüfungsumfang für das LAG, ist aber wegen der Bezugnahme in der 2. Alternative von § 513 Abs. 1 ZPO auch bei der Zulässigkeit der Rüge zu beachten. § 529 Abs. 1 Nr. 1 ZPO erfordert **konkrete Anhaltspunkte** für die Fehlerhaftigkeit der Tatsachenfeststellung durch das Arbeitsgericht. Dies wird auch im arbeitsgerichtlichen Verfahren gelten können. Konkrete Anhaltspunkte für Zweifel an der Vollständigkeit und Richtigkeit der erstinstanzlichen Feststellungen können sich aus Verfahrensfehlern (BGH 12. 3. 2004 NJW 2004, 1876; 8. 6. 2004 NJW 2004, 2828) oder auch Rechtsfehlern ergeben. Rechtsfehler führen häufig zu unzutreffenden Tatsachenfeststellungen. Das Berufungsgericht hat bei seinem Erkenntnis selbständig festzustellen, welche Tatsachen streitig und unstreitig sind. Allerdings zwingt möglicherweise eine entsprechende Feststellung in dem arbeitsgerichtlichen Urteil die Parteien zu einem Tatbestandsberichtigungsantrag (vgl. OLG Karlsruhe 20. 2. 2003 NJW-RR 2003, 891). Unrichtigkeiten im Tatbestand sind einer Korrektur über § 529 ZPO nicht zugänglich, hier bleibt nur die Möglichkeit der Tatbestandsberichtigung nach § 320 ZPO. Das Berufungsgericht hat eine Beweisaufnahme selbst zu würdigen und ggf. insbesondere bei der Frage der Glaubwürdigkeit der Zeugen, diese zu wiederholen (BVerfG 22. 11. 2004 NJW 2005, 1487; BGH 12. 3. 2004 NJW 2004, 1876). Die Prüfung des Berufungsgerichts geht über eine solche reine Fehlerprüfung aber hinaus, da es ggf. sein eigenes Ermessen ausüben muss, es hat die Auslegung von Willenserklärungen nicht nur auf Vertretbarkeit, zu überprüfen, sondern sie selbst auszulegen (BGH 28. 3. 2006 NJW 2006, 1589, 1592; 14. 7. 2004 NJW 2004, 2751, 2752; *Stackmann* NJW 2007, 9, 10).

Etwas **anders** ist aber die Bestimmung in § 529 Abs. 1 Nr. 2 ZPO zu werten. Die Zulässigkeit der Berücksichtigung neuer Tatsachen richtet sich hier **nicht** nach § 531 ZPO, sondern nach § 67. Diese Bestimmung zieht den Kreis der zu berücksichtigenden Tatsachen erheblich weiter, als dies im zivilprozessualen Verfahren der Fall ist (vgl. die

Erläuterungen zu § 67). Für die Rüge nach § 513 Abs. 1 ZPO bedeutet dies aber, dass eine Berufung auch dann zulässig begründet ist, wenn im Rahmen des § 67 neue Tatsachen angeführt werden, die eine andere Beurteilung rechtfertigen können. Ob diese dann tatsächlich auch zu berücksichtigen sind, ist keine Frage der Zulässigkeit, sondern der Begründetheit der Berufung (vgl. Sächsisches LAG 31. 7. 2002 NZA-RR 2003, 438 f.; ErfK/*Koch* § 66 ArbGG Rn. 26; *Holthaus/Koch* RdA 2002, 140, 159).

77 **Keine unbeschränkte Anwendung** findet § 513 Abs. 2 ZPO (dazu näher unten Rn. 84, 85). Bei § 529 Abs. 2 ZPO führt die Regelung des § 65 zu einer Modifikation, die partiell eine Einschränkung der Prüfungsmöglichkeit bei der Heranziehung der ehrenamtlichen Richter festlegt. Außerdem ist hier auch das Verbot der Zurückverweisung des § 68 zu beachten.

78 § 520 ZPO ist nur mit Einschränkungen anwendbar. **§ 520 Abs. 1 ZPO** ist in vollem Umfange anwendbar, in § 66 ist keine vergleichbare Regelung enthalten. **Nicht anwendbar** ist § 520 Abs. 2 ZPO, hier ist § 66 Abs. 1 lex specialis. Mit Modifikationen sind die Regelungen in § 520 Abs. 3 ZPO anwendbar. Dies gilt zunächst für § 520 Abs. 3 Nr. 1 ZPO. Aus der Berufungsbegründung muss ersichtlich sein, in welchem Umfange das arbeitsgerichtliche Urteil angefochten wird und welche Abänderungen von dem Berufungskläger begehrt werden. In der Regel bedarf es konkret gefasster **Berufungsanträge**. Eine Ausnahme gilt dann, wenn sich aus der Berufungsbegründung insgesamt eindeutig ergibt, inwieweit das arbeitsgerichtliche Urteil angefochten werden soll (BAG 11. 9. 1974 AP BAT § 44 Nr. 5; BGH 13. 11. 1991 NJW 1992, 698; 13. 5. 1998 NJW-RR 1999, 211). Die Anträge können bis zum Schluss der mündlichen Verhandlung eingeschränkt bzw. erweitert werden, §§ 263, 264 und 530 Abs. 1 ZPO können entsprechend angewendet werden. Allerdings kann eine Erweiterung der Berufungsanträge nach Ablauf der Begründungsfrist eine wegen Nichterreichens der Beschwerdesumme des § 64 Abs. 2 unzulässige Berufung nachträglich nicht zulässig machen.

79 Die Regelungen in **§ 520 Abs. 3 Nrn. 2 bis 4 ZPO**, die alternativ nebeneinander stehen, sind entsprechend anwendbar (vgl. BAG 24. 4. 2008 NZA 2008, 1314, 1315; 14. 12. 2004 NZA 2005, 818). Während der Antrag nach § 520 Abs. 3 Nr. 1 ZPO in jedem Falle gestellt werden muss, muss von den Gründen in § 513 Abs. 3 Nrn. 2 bis 4 nur einer genannt werden, allerdings kann die Berufung auch auf mehrere der dort genannten Gründe gestützt werden. Zu berücksichtigen dabei, dass anders als im Zivilprozess neue Tatsachen in größerem Umfange als dort herangezogen werden können, § 67. Die Berufungsinstanz im arbeitsgerichtlichen Verfahren ist wie bisher in erster Linie eine Tatsacheninstanz.

80 Da die Rüge von Rechtsfehlern (dazu auch oben Rn. 74) zur Berufungsbegründung ausreicht, genügt für eine Begründung auch, wenn die Rechtsverletzung dargestellt und ihre Erheblichkeit für die angefochtene Entscheidung aufgezeigt wird, **§ 520 Abs. 3 Nr. 2 ZPO**, wenn also eine Auseinandersetzung mit den Rechtsausführungen der ersten Instanz erfolgt. Hierunter fällt beispielsweise die Rüge, dass eine Rechtsnorm übersehen, falsch angewendet, oder dass bei der Subsumtion gegen Denk- oder Erfahrungssätze verstoßen worden ist.

81 Sollen die Tatsachenfeststellungen (dazu auch oben Rn. 75) des erstinstanzlichen Urteils gerügt werden, **§ 520 Abs. 3 Nr. 3 ZPO**, muss dies konkret in der Berufungsbegründung dargetan werden. Maßgeblich sind herbei die Feststellungen des Gerichts über tatsächliche Behauptungen der Parteien, wobei auch Beweiswürdigungen, Geständnisse, Vermutungen und Auslegungen erfasst werden, die Grundlage der Entscheidung sind. Keine Tatsachenfeststellung enthält dabei in der Regel die Wiedergabe des streitigen Vorbringens der Parteien, es sei denn, dies wäre dadurch zur Grundlage der Entscheidung geworden, dass das Vorbringen des Gegners als unerheblich angesehen worden ist. Damit ist aber im Grunde auch dieses nicht ausreichend bestrittene Vorbringen als unstreitig behandelt worden. Der Tatbestandsberichtigungsantrag nach § 320 Abs. 1 ZPO ist hier dann erforderlich, wenn sonst entsprechender Sachvortrag in der Beru-

IV. Die anwendbaren Vorschriften der ZPO über die Berufung § 64

fungsbegründung als neu zu behandeln wäre, so dass die Einschränkungen von § 67 eingreifen könnten.

Die Regelung in § 520 Abs. 2 Nr. 4 ZPO kann nur modifiziert angewandt werden. Gegenüber § 531 Abs. 2 ZPO ist § 67 lex specialis. Die Behandlung neuen Vorbringens ist dort geregelt, dies gilt auch für den Vortrag hinsichtlich der die Zulassung rechtfertigenden Gründe. **82**

§ 520 Abs. 4 ZPO ist wegen der besonderen Gründe für die Statthaftigkeit der Berufung in § 64 Abs. 2 und des Ausschlusses der Entscheidung durch den Einzelrichter nicht anwendbar. § 520 Abs. 5 ZPO kann demgegenüber angewandt werden. **83**

Bei der Begründung muss der Berufungskläger eine der Eigenart des Falles angepasste **Begründung** geben (BAG 5. 4. 1962 AP ZPO § 245 Nr. 4; 21. 11. 2002 ZTR 2003, 395). Es muss deutlich erkennbar sein, in welchen Punkten tatsächlicher oder rechtlicher Art das angefochtene Urteil unrichtig sein soll (BGH 24. 11. 1987 NJW 1988, 827, 828; BAG 27. 2. 1970 AP BGB § 781 Nr. 2; 20. 7. 1971 AP ZPO § 519 Nr. 25). Auch in einfach liegenden Streitfällen ist es erforderlich, dass zu erkennen gegeben wird, weshalb die Beurteilung durch das Arbeitsgericht unrichtig sein soll. Die Bezugnahme auf den erstinstanzlichen Vortrag oder dessen Wiederholung reicht nicht aus (BGH 13. 11. 2001 NJW 2002, 682; 24. 1. 2000 NJW 2000, 1576; 21. 6. 1999 NJW 1999, 3270; 18. 6. 1998 NJW 1998, 3126). Dies setzt in der Regel eine **Auseinandersetzung mit den Gründen des angefochtenen Urteils** voraus. Aus dem Gesetzeswortlaut ergibt sich dabei, dass das angefochtene Urteil in der Regel bereits schriftlich vorliegen muss. Wie der Berufungsführer Kenntnis von der Begründung des Arbeitsgerichts erhalten hat, ist im Übrigen unerheblich. Es genügt daher beispielsweise auch, wenn das Arbeitsgericht seine Entscheidung bereits in der Verhandlung mündlich begründet hat. Auch ohne Kenntnis von den Entscheidungsgründen ist es ausreichend, wenn sich die Begründung im Vorgriff mit diesen hypothetisch auseinandersetzt (BAG 13. 9. 1995 NZA 1996, 446; 6. 3. 2003 NZA 2003, 814 f.; BGH 24. 6. 1999 NJW 1999, 3271; für die Revisionsbegründung BAG 16. 4. 2003 DB 2003, 2796). Eine Berufungsbegründung vor Zustellung des angefochtenen Urteils ist daher zulässig. Allerdings wird eine Berufung mangels formgerechter Berufungsbegründung als unzulässig angesehen, wenn das Rechtsmittel ohne Kenntnis der Urteilsgründe begründet worden ist (LAG Nürnberg 30. 12. 1986 LAGE ZPO § 519 Nr. 6; LAG Köln 21. 5. 1992 LAGE ZPO § 519 Nr. 6). Ob diese Auffassung generell zutreffend ist, erscheint angesichts der Entscheidung des Gemeinsamen Senats der Obersten Gerichtshöfe des Bundes (27. 4. 1993 EzA ZPO § 551 Nr. 1; BAG 10. 10. 1990 NZA 1991, 265; 1. 7. 1992 NZA 1992, 1047; dazu auch unten § 68 Rn. 4) und der Regelung in § 66 Abs. 2 hinsichtlich der Fünfmonatsfrist für die Urteilsbegründung zweifelhaft. Wird die **Fünfmonatsfrist** zur Begründung des arbeitsgerichtlichen Urteils **nicht eingehalten,** kann der beschwerten Partei nicht zugemutet werden, länger zuzuwarten, sie muss dann innerhalb der Fristen des § 66 Abs. 2 Satz 2 die Berufung einlegen und begründen. In diesem Falle ist es für die Begründung des Rechtsmittels ausreichend, wenn dieser Verfahrensmangel gerügt wird (so jetzt auch BAG 13. 9. 1995 NZA 1996, 446; 6. 3. 2003 NZA 2003, 814 f.; BGH 24. 6. 1999 NJW 1999, 3271). Auch bei einem arbeitsgerichtlichen Urteil muss nämlich davon ausgegangen werden, dass eine Entscheidung, die nach mehr als fünf Monaten abgesetzt wird, nicht mehr das wiedergibt, was Gegenstand der Beratung bei Verkündung der Entscheidung gewesen ist. Damit ist aber auch eine Auseinandersetzung mit dem materiellen Inhalt der arbeitsgerichtlichen Entscheidung nicht mehr möglich. Da wegen der Vorschrift des § 68 eine Zurückverweisung des Rechtsstreites an das Arbeitsgericht wegen dieses Verfahrensmangels nicht möglich ist, muss die entsprechende Rüge in der Berufung ausreichend sein, um das Rechtsmittel in zulässiger Weise zu begründen (LAG Frankfurt 12. 1. 1994 BB 1994, 1152). Das Berufungsgericht muss nämlich in der Lage sein, den Rechtsstreit zeitnah zu entscheiden (*Willemsen/Hohenstatt* DB 1994, 374, 375). Der Grundsatz des rechtlichen Gehörs fordert auch, dass ein Rechtsstreit innerhalb absehbarer Fristen beendet werden kann. **84**

§ 64

Eine Auseinandersetzung mit den Gründen des angefochtenen Urteils ist nur dann nicht erforderlich, wenn die Berufung allein auf neue Tatsachen und Beweismittel gestützt wird, allerdings müssen diese dann genau angegeben werden. Dies setzt aber voraus, dass derselbe Streitgegenstand gegeben ist. Wird dieser ausgewechselt, liegt eine ordnungsgemäße Berufungsbegründung nicht vor. Die Klageänderung selbst ist also keine Urteilsanfechtung. Die Zulässigkeit einer in der Berufungsbegründung enthaltenen Klageänderung setzt einen ordnungsgemäß begründeten Angriff gegen das erstinstanzliche Urteil voraus (BGH 17. 9. 1992 NJW 1992, 3243, 3244). Auf die Berufungsbegründung in einer Parallelsache kann Bezug genommen werden, wenn im Wesentlichen gleich lautende erstinstanzliche Urteile angegriffen werden. Es genügt dann, wenn eine Abschrift der Begründung in der Parallelsache eingereicht wird (BAG 10. 6. 1965 AP ZPO § 519 Nr. 17 m. Anm. *Pohle;* 14. 10. 1968 AP ZPO § 519 Nr. 20 m. Anm. *Wieczorek*).

85 Wird lediglich die **Verletzung einer bestimmten Vorschrift** gerügt, so ist dies keine ausreichende Begründung der Berufung, vielmehr muss in diesem Falle der Berufungskläger zusätzlich angeben, was durch das Landesarbeitsgericht nachgeprüft werden soll (BAG 31. 1. 1957 AP § 519 ZPO § 519 Nr. 3; BGH 9. 3. 1995 NJW 1995, 1559). Unerheblich ist es, ob die Begründung schlüssig oder haltbar ist, dies ist erst bei der Begründetheit der Berufung zu prüfen (BGH 13. 11. 2001 NJW 2002, 682).

86 Hat das Arbeitsgericht über **mehrere Streitgegenstände** entschieden, so muss sich die Berufungsbegründung konkret mit jedem einzelnen Streitgegenstand befassen, wenn das Urteil insgesamt angegriffen werden soll (BAG 8. 5. 2008 NZA 2008, 1148, 1150; BGH 15. 12. 2006 NJW-RR 2007, 414). Fehlt für einen Gegenstand die Begründung, ist das Rechtsmittel insoweit unzulässig (BAG 23. 11. 2006 NZA 2007, 630; 8. 5. 2008 NZA 2008, 1148, 1150). Eine Ausnahme gilt nur dann, wenn ein Anspruch unmittelbar von einem anderen Anspruch in seinem Bestehen abhängt, es genügt dann, wenn die Berufungsbegründung sich allein mit den Ausführungen in dem arbeitsgerichtlichen Urteil zu dem Grundanspruch befasst. Nicht erforderlich ist daher, dass sich die Berufungsbegründung mit einem Weiterbeschäftigungsanspruch befasst, wenn im arbeitsgerichtlichen Urteil bereits die Feststellungsklage hinsichtlich der Unwirksamkeit der Kündigung abgewiesen worden ist (BAG 2. 4. 1987 NZA 1987, 808; 3. 4. 1987 NZA 1988, 37 gegen 13. 6. 1985 NZA 1986, 600).

87 Wird ein Anspruch auf **mehrere rechtliche Anspruchsgrundlagen** gestützt, bleibt also der Streitgegenstand gleich, und verneint das Arbeitsgericht in seiner Begründung das Vorliegen aller dieser Anspruchsgrundlagen, so muss in der Berufungsbegründung auch auf sämtliche Anspruchsgrundlagen eingegangen werden, es sei denn, diese würden nicht weiter verfolgt. Hat das Arbeitsgericht demgegenüber nur eine Anspruchsvoraussetzung verneint und deshalb die Klage abgewiesen, so genügt es, wenn in der Berufungsbegründung allein auf diesen Punkt eingegangen wird. Hat das Arbeitsgericht seine Entscheidung auf mehrere voneinander unabhängige, selbständige **rechtliche Erwägungen (Doppelbegründung)** gestützt, so muss sich die Berufungsbegründung mit sämtlichen rechtlichen Begründungen auseinandersetzen. Wird nur eine von mehreren Begründungen angegriffen, so genügt dies nicht, da die Begründung des angefochtenen Urteils nicht insgesamt zur Überprüfung durch das Landesarbeitsgericht gestellt wurde, die Berufung ist unzulässig (BGH 25. 1. 1990 NJW 1990, 1184; 15. 6. 1993 NJW 1993, 3073; 10. 1. 1996 NJW-RR 1996, 572; BAG 11. 3. 1998 NZA 1998, 959).

88 **Keine ausreichende Berufungsbegründung** stellt es dar, wenn eine Partei **umfangreiche Unterlagen** einreicht, ohne im Einzelnen gesondert mitzuteilen, was sich aus diesen Unterlagen ergeben soll und inwieweit dies der Bewertung im arbeitsgerichtlichen Urteil widerspricht. Auch kann eine Begründung dann nicht ausreichend sein, wenn lediglich **Textbausteine** oder Schriftsätze aus anderen Verfahren zur Begründung verwandt werden (BGH 27. 5. 2003 NJW-RR 2008, 1308 f.).

89 Wird mit der Berufung die **Beweiswürdigung gerügt,** so genügt es nicht, dass allein die Auffassung vertreten wird, dass die Beweiswürdigung einseitig oder unzureichend sei.

IV. Die anwendbaren Vorschriften der ZPO über die Berufung § 64

Vielmehr ist es erforderlich, im Einzelnen darzulegen, worin die Unglaubwürdigkeit eines Zeugen gesehen wird oder weshalb die Bewertung durch das Arbeitsgericht unzutreffend sein soll. Wird dies auf neue Tatsachen gestützt, so sind diese konkret darzustellen. Sie müssen im Rahmen des § 67 noch berücksichtigungsfähig sein. Rechtsanwendungsfehler können ebenfalls zumindest mittelbar zu Fehlern bei der Beweiswürdigung führen.

Wird gerügt, dass das Arbeitsgericht die **Aufklärungspflicht des § 139 ZPO** nicht ausreichend beachtet habe, muss vorgetragen werden, welche Fragen das Gericht hätte stellen oder welche Hinweise es hätte geben müssen und inwieweit die rügende Partei ihren Sachvortrag darauf abgestellt hätte. 90

Bei **Klageänderung, Aufrechnungserklärung, Widerklage** findet § 533 ZPO Anwendung. Voraussetzung ist, dass entweder der Gegner zustimmt oder das Gericht es für sachdienlich hält (Nr. 1) und zusätzlich die erforderlichen Tatsachen nach § 67 in der Berufungsinstanz herangezogen werden können (Nr. 2). Durch alle drei Maßnahmen wird der Streitstoff in der Berufungsinstanz erweitert oder modifiziert. Sie setzen eine zulässige Berufung voraus. Für die **Klageänderung** gelten die §§ 263, 264 ZPO. Soweit die Voraussetzungen von § 264 ZPO erfüllt sind, liegt keine Klageänderung i. S. § 533 ZPO vor, so dass weder eine Sachdienlichkeit noch eine Zustimmung der Gegenpartei vorliegen muss. Das Gleiche gilt für den Auflösungsantrag nach § 9 KSchG, dieser kann bis zum Schluss der mündlichen Verhandlung in der Berufungsinstanz gestellt werden, § 9 Abs. 1 Satz 3 KSchG. Für die Einwilligung gilt die Vermutung des § 267 ZPO, wenn sich der Gegner in der mündlichen Verhandlung ohne Widerspruch eingelassen hat. Der **Begriff der Sachdienlichkeit** ist vornehmlich unter dem Gesichtspunkt der Prozesswirtschaftlichkeit zu betrachten. So ist bei einem Bestandsschutzverfahren die erstmalige Geltendmachung von Annahmeverzugsansprüchen in der Berufungsinstanz in der Regel sachdienlich, weil sie auf den gleichen Lebenssachverhalt zurückzuführen sind. Die Ausdehnung des Rechtsstreits auf einen weiteren Beklagten oder die Auswechslung einer Partei in der Berufungsinstanz ist nur dann zulässig, wenn der neue Beklagte zustimmt, es sei denn, die Verweigerung der Zustimmung wäre rechtsmissbräuchlich (BGH 18. 3. 1997 NJW 1997, 2885). Angesichts der Regelungen in § 613 a BGB kann die Zustimmungsverweigerung des Betriebsübernehmers rechtsmissbräuchlich sein. 91

Auch bei der **Widerklage** gilt die Vermutung des § 267 ZPO. Die Sachdienlichkeit ist ebenfalls unter dem Gesichtspunkt der Prozesswirtschaftlichkeit zu beurteilen. Sie ist anzunehmen, wenn der gesamte Streitstoff zwischen den Parteien endgültig und alsbald erledigt werden kann. Sie ist nicht gegeben, wenn ein völlig neuer Sachvortrag in das Verfahren eingeführt werden soll, beispielsweise bei einem Kündigungsschutzprozess die im Wege der Widerklage geltend gemachten Schadenersatzansprüche. Die Sachdienlichkeit ist anzunehmen, wenn der Sachvortrag für den Anspruch unstreitig ist (zu den Einzelheiten *Zöller/Gummer/Heßler* § 533 Rn. 8 ff.; *Musielak/Ball* § 533 Rn. 16 ff.). 92

Die mit der **Aufrechnung** geltend gemachte Gegenforderung muss in der Berufungsinstanz erstmalig Gegenstand des Verfahrens sein. Für die Sachdienlichkeit gilt auch hier der Grundsatz der Prozesswirtschaftlichkeit, wenn eine umfassende Beilegung des Streits zwischen den Parteien möglich ist (zu den Einzelheiten *Zöller/Gummer/Heßler* § 533 Rn. 16 ff.; *Musielak/Ball* § 533 Rn. 8 ff.). 93

3. Die Prüfung der Zulässigkeit der Berufung

Im Berufungsverfahren vor dem Landesarbeitsgericht findet die Vorschrift des § 522 Abs. 1 ZPO ebenfalls entsprechende Anwendung. Vor jeder Entscheidung in der Sache selbst muss das Landesarbeitsgericht sämtliche Zulässigkeitsvoraussetzungen prüfen. Hierzu gehören die Zuständigkeit, die Statthaftigkeit der Berufung, das Vorliegen einer Beschwer und in den Fällen des § 64 Abs. 2 das Vorliegen der Statthaftigkeitsvoraus- 94 setzungen, ferner Form und Frist der Berufungseinlegung und der Berufungsbegründung, wobei der Berufungskläger die Rechtzeitigkeit im Einzelnen darzulegen und gegebenenfalls zu beweisen hat (BAG 17. 2. 1961 AP ZPO § 519 Nr. 16; 3. 11. 1970 NJW 1971, 671; 19. 10. 1971 NJW 1972, 790). Dass die Prüfung von Amts wegen zu erfolgen hat, bedeutet nicht, dass das Berufungsgericht auch von Amts wegen Ermittlungen führen müsste, vielmehr ist es auf den vorliegenden oder offenkundigen Prozessstoff angewiesen, der Grundsatz der Parteimaxime wird hier grundsätzlich nicht durchbrochen. Fehlt nur eine Voraussetzung, ist die Berufung als unzulässig zu verwerfen, § 522 Abs. 1 Satz 2 ZPO. Sind sämtliche Zulässigkeitserfordernisse gegeben, ist in der Regel Termin anzuberaumen. Allerdings könnte auch nach mündlicher Verhandlung durch Zwischenurteil über die Zulässigkeit des Rechtsmittels entschieden werden, dies ist jedoch in der Praxis unüblich. Die Entscheidung über die Terminsanberaumung, die der Vorsitzende allein trifft, enthält noch kein Präjudiz hinsichtlich der Zulässigkeit des Rechtsmittels. Die Kammer ist nicht gehindert, nach mündlicher Verhandlung gleichwohl die Unzulässigkeit des Rechtsmittels festzustellen und die Berufung zu verwerfen.

95 Die **Prüfung der Zulässigkeit** der Berufung **darf** auch **nicht** dann **unterbleiben**, wenn sich rechtliche und tatsächliche Probleme in diesem Teil des Rechtsstreits ergeben, andererseits aber der materiellrechtliche Teil in jedem Falle zur Unbegründetheit des Rechtsmittels führen würde. Wegen der unterschiedlichen Wirkung der Verwerfung als unzulässig und der Zurückweisung der Berufung als begründet, kann die Zulässigkeit nicht offen gelassen werden, da theoretisch eine erneute Berufungseinlegung möglich sein könnte, wenn die Berufungsfrist noch nicht abgelaufen ist (a. A. für einen in der Praxis selten vorkommenden Fall *Schwab/Weth/Schwab* § 64 Rn. 182).

95 a Ergibt die Prüfung **Zweifel an der Zulässigkeit** des Rechtsmittels, ist dies den Parteien mitzuteilen, ihnen ist **rechtliches Gehör** zu gewähren (vgl. BAG 31. 7. 2007 AP ArbGG 1979 § 77 Nr. 11). Die Pflicht zur Anhörung folgt unmittelbar aus Art. 103 Abs. 1 GG (BAG 29. 3. 1971 NJW 1971, 1823; BGH 29. 6. 1993 NJW 1994, 392; 16. 12. 1981 VersR 1982, 246). Erfolgt keine vorherige Anhörung, so kann gegen die Entscheidung eine Rüge nach § 78 a zulässig sein. Nach § 139 ZPO ist eine Partei auch darauf hinzuweisen, wenn eine Berufungsbegründung bei einer an sich unzulässigen Berufung in eine **unselbständige Anschlussberufung umgedeutet** werden kann (BAG 31. 7. 2007 AP ArbGG 1979 § 77 Nr. 11; 12. 12. 2006 NZA-RR 2007, 434 f.; BGH 1. 10. 1986 FamRZ 1987, 154; 30. 4. 2003 NJW 2003, 2388). Fehlt ein entsprechender Hinweis, kann darin ebenfalls eine Verletzung des rechtlichen Gehörs liegen.

96 Die **Verwerfungsentscheidung** kann durch Urteil nach mündlicher Verhandlung erfolgen, wird sie, wie dies meist der Fall sein wird, ohne mündliche Verhandlung getroffen, § 522 Abs. 1 Satz 3 ZPO, so ergeht sie durch Beschluss. Der Beschluss kann nur unter Mitwirkung der ehrenamtlichen Richter erfolgen, ein Alleinentscheidungsrecht des Vorsitzenden besteht nicht. **Vor der Verwerfung** als unzulässig sind die Parteien in jedem Falle **zu hören**, die Pflicht zur Anhörung folgt unmittelbar aus Art. 103 Abs. 1 GG (BAG 29. 3. 1971 NJW 1971, 1823; BGH 29. 6. 1993 NJW 1994, 392; 16. 12. 1981 VersR 1982, 246). Erfolgt keine vorherige Anhörung, so kann gegen die Entscheidung eine Rüge nach § 78 a zulässig sein.

97 Der **Beschluss ist zu begründen,** aus der Begründung muss sich im Einzelnen ergeben, aus welchem Grunde das Rechtsmittel unzulässig ist. Von einer Begründung kann auch dann nicht abgesehen werden, wenn gegen die Entscheidung kein weiteres Rechtsmittel gegeben ist. Die Begründung kann allerdings kurz gefasst sein, die bloße Nennung von Paragraphen oder die Wiederholung des Gesetzestextes reicht jedoch nicht aus.

98 Soweit über eine Berufung durch Teilurteil entschieden werden könnte, kann auch eine **teilweise Verwerfung** als unzulässig erfolgen, wenn nur hinsichtlich eines Teils die Zulässigkeitserfordernisse nicht gegeben sind, wenn beispielsweise für einige Ansprüche eine ausreichende Berufungsbegründung fehlt. Diese Teilentscheidung kann auch durch Beschluss oder durch Urteil erfolgen.

IV. Die anwendbaren Vorschriften der ZPO über die Berufung § 64

Zu welchem **Zeitpunkt** die **Verwerfungsentscheidung** getroffen wird, steht im Ermessen des Gerichts. Allerdings kann das Berufungsgericht eine Berufung dann nicht mehr als unzulässig verwerfen, wenn im Zeitpunkt dieser Entscheidung bereits eine weitere Berufungsschrift derselben Partei vorliegt, die sich gegen dasselbe Urteil richtet und eine zulässige Berufung enthält. Richten sich nämlich mehrere Rechtsmittelschriften einer Partei gegen dasselbe Urteil, so ist grundsätzlich eine einheitliche Entscheidung zu treffen (BAG 12. 11. 1976 AP ZPO § 519 b Nr. 11; 13. 9. 1972 AP ZPO § 519 b Nr. 8 sowie oben Rn 53, 53 a). Zu beachten ist dabei, dass eine nach Ablauf der Berufungsbegründungsfrist eingegangene Berufungsbegründung regelmäßig als zulässige Wiederholung der Berufung mit gleichzeitiger Begründung angesehen werden kann (oben Rn 71 f.; BAG 13. 9. 1995 NZA 1996, 446). Etwas Ähnliches muss gelten, wenn eine Partei eine unzulässige Berufung eingelegt hat, von der Gegenpartei jedoch innerhalb der Berufungsfrist eine zulässige Berufung eingegangen ist. In diesem Falle könnte – soweit die übrigen Voraussetzungen erfüllt sind – die an sich unzulässige Berufung als unselbständige Anschlussberufung anzusehen sein. Eine Verwerfung als unzulässig darf weiterhin dann nicht erfolgen, wenn der Berufungskläger einen **Antrag auf Wiedereinsetzung** in den vorigen Stand wegen Versäumung der Berufungsfrist oder Berufungsbegründungsfrist gestellt hat und über diesen noch nicht entschieden worden ist. Allerdings kann über den Wiedereinsetzungsantrag gleichzeitig entschieden werden. Ferner kann eine Verwerfung nicht erfolgen, wenn über einen **Fristverlängerungsantrag** noch nicht entschieden ist. 99

Der Verwerfungsentscheidung kommt **keine materielle Rechtskraft** zu (dieser Auffassung folgend *Schwab/Weth/Schwab* § 64 Rn. 178 a). Innerhalb der Berufungsfrist kann jederzeit eine erneute Berufung eingelegt werden. Auch kann innerhalb der Berufungsbegründungsfrist eine neue Berufungsbegründung erfolgen, wenn die Berufung wegen nicht ausreichender Begründung als unzulässig verworfen worden war. Auch kann trotz der Entscheidung gegen die Versäumung der Berufungsfrist bzw. Berufungsbegründungsfrist ein Antrag auf Wiedereinsetzung in den vorigen Stand gestellt werden. 100

Der Beschluss, durch den die Berufung als unzulässig verworfen worden ist, kann durch das Landesarbeitsgericht nicht wieder abgeändert werden, er steht einem Urteil gleich, so dass die **Bindungswirkung des § 318 ZPO** eintritt (BAG 21. 8. 2003 NZA 2003, 1292 m. w. Nachw.). Möglich ist nur noch eine Rüge nach § 78 a wegen Verletzung des rechtlichen Gehörs oder eine Verfassungsbeschwerde wegen der Verletzung des prozessualen Gleichbehandlungsgrundsatzes (vgl. BVerfG 2. 4. 1974 NJW 1974, 1279; 9. 7. 1980 NJW 1980, 2698). 101

Gegen den Beschluss, mit dem eine Berufung als unzulässig verworfen worden ist, ist die **Rechtsbeschwerde** des § 522 Abs. 1 Satz 4 ZPO nur zulässig, wenn das Landesarbeitsgericht sie in dem Verwerfungsbeschluss wegen der Bedeutung der Rechtssache zugelassen hat, § 77 Satz 1. Der Begriff der Bedeutung der Rechtssache in § 77 Satz 1 entspricht dem der grundsätzlichen Bedeutung in § 72 Abs. 2 Nr. 1. Die Rechtsbeschwerde kann auch dann zugelassen werden, wenn in dem Beschluss die Wiedereinsetzung in den vorigen Stand abgelehnt wird (BAG 29. 3. 1971 AP ZPO § 519 b Nr. 7). Eine Nichtzulassungsbeschwerde ist nicht gegeben, die Bestimmung des § 72 a kann auch in diesem Falle nicht entsprechend angewendet werden (BAG 25. 10. 1979; 8. 11. 1979, AP ArbGG 1979 § 77 Nr. 1, 2). Die Rechtsbeschwerde kann nur bei dem BAG eingelegt werden, sie unterliegt dem Vertretungszwang. 102

Nicht anwendbar sind die Regelungen in **§ 522 Abs. 2 und 3 ZPO**, § 66 Abs. 2 Satz 3 verbietet dies. Ausgeschlossen ist damit die Zurückweisung der Berufung durch einstimmigen Beschluss wegen mangelnder Erfolgsaussicht, § 522 Abs. 2 Nrn. 1 bis 3 ZPO. Diese Regelung beruht im Grunde darauf, dass die Berufungsinstanz im zivilprozessualen Verfahren in stärkerem Maße als das Landesarbeitsgericht eine Rechtsprüfungsinstanz ist. 103

Germelmann

4. Die Anschlussberufung

104 Die Regelungen des §§ 524 ZPO finden entsprechende Anwendung. Die Möglichkeit der Anschließung wird auch nicht dadurch beschränkt, dass das Arbeitsgericht die Berufung nur für einen Teil des Rechtsstreits wegen grundsätzlicher Bedeutung zugelassen hat. Sie **verlangt keine Beschwer** (BAG 14. 5. 1976 NJW 1976, 2143; BGH 5. 12. 1979 NJW 1980, 702). Sie kann daher auch eingelegt werden, wenn die Partei bei dem Arbeitsgericht in vollem Umfange obsiegt hat und in der Berufungsinstanz im Wege der Klageerweiterung weitere Ansprüche geltend machen will (BAG 29. 9. 1993 EzA ZPO § 521 Nr. 1; vgl. BGH 12. 10. 1989 NJW 1990, 840). Jede Klageerweiterung oder Widerklage in der Berufungsinstanz durch den Berufungsbeklagten, jede Erweiterung des Rechtsschutzzieles, ist eine unselbständige Anschlussberufung. Die **Unterscheidung** in selbständige und unselbständige Anschlussberufung hat nach der Neufassung des § 524 ZPO nicht mehr die frühere Bedeutung. Ist für beide Prozessparteien eine Berufung statthaft, können sie innerhalb der Berufungsfrist eigenständig Berufung einlegen. Der Auflösungsantrag, der nach § 9 Abs. 1 Satz 3 KSchG bis zum Schluss der mündlichen Verhandlung in der Berufungsinstanz gestellt werden kann, kann von der durch die Entscheidung in der ersten Instanz nicht beschwerten Partei in der Berufungsinstanz im Wege der Anschlussberufung gestellt werden.

105 Eine **Anschlussberufung** ist **nur bei einer zulässigen Berufung** des Rechtsmittelgegners möglich. Mit dem Wegfall der Hauptberufung verliert die unselbständige Anschlussberufung kraft Gesetzes, § 524 Abs. 4 ZPO, ihre Wirksamkeit BGH 30. 3. 2006 NJW 2006, 2124). Das ist auch dann der Fall, wenn die Parteien hinsichtlich der Hauptberufung einen Vergleich abschließen. Eine gleichwohl aufrecht erhaltene unselbständige Anschlussberufung müsste als unzulässig verworfen werden (BAG 3. 4. 2008 NZA 2008, 1258 f.; 14. 5. 1976 AP ZPO § 522 Nr. 1). Das gilt auch im Falle des Auflösungsantrages nach § 9 Abs. 1 Satz 3 KSchG, wenn dieser im Wege der Anschlussberufung geltend gemacht wird (BAG 3. 4. 2008 NZA 2008, 1258 f.) und diese nicht als selbständige Berufung aufrechterhalten werden kann. Wird die Hauptberufung vor der mündlichen Verhandlung zurückgenommen, trägt der Berufungskläger die Kosten der wirkungslos gewordenen unselbständigen Anschlussberufung. Erfolgt die Rücknahme nach Beginn der mündlichen Verhandlung, so trägt der Anschlussberufungskläger die Kosten seiner Anschließung (OLG München 3. 2. 1989 MDR 1989, 552; BGH 17. 12. 1951 NJW 1952, 384). Wird die Hauptberufung als unzulässig verworfen, trägt ebenfalls der Anschlussberufungskläger die Kosten seiner Anschlussberufung (BGH a. a. O.; OLG Celle 16. 10. 2002 NJW 2003, 2755 f.). Gegebenenfalls sind dann die Kosten von Berufung und Anschlussberufung nach § 92 ZPO zu quoteln. Weist die Anschlussberufung selbst Mängel auf, die sie unzulässig machen, trägt die Kosten der Anschlussberufung in jedem Fall der Anschlussberufungskläger (OLG Köln 17. 1. 2003 NJW 2003, 1879; a. A. *Ludwig* MDR 2003, 670, 671) ebenso, wenn die Anschlussberufung unbegründet oder zurückgenommen worden ist (vgl. dazu BGH a. a. O.; LAG Hamm 7. 10. 1991 LAGE ZPO § 97 Nr. 1). Das Gleiche gilt, wenn trotz Rücknahme der Hauptberufung die unselbständige Anschlussberufung weiterverfolgt und als unzulässig verworfen wird. Hinsichtlich der Kosten der selbständigen Anschlussberufung ergeben sich keine Besonderheiten gegenüber einer normalen Berufung. Sie ist eigenständig und von dem Schicksal der Hauptberufung nicht abhängig.

106 Die **Einlegung** der Anschlussberufung – hier gelten über § 524 Abs. 3 ZPO die Formvorschriften des § 519 Abs. 2 und 4 ZPO – erfolgt durch Einreichung eines entsprechenden Schriftsatzes bei dem Landesarbeitsgericht bis zum Ablauf der dem Berufungsbeklagten gesetzten Frist zur Berufungserwiderung, § 524 Abs. 2 Satz 2 ZPO. Diese Frist ergibt sich aus § 66 Abs. 1 Satz 3. Danach ist sie innerhalb eines Monats nach Zustellung der Berufungsbegründungsschrift einzulegen. Wird die Beantwortungsfrist

nach § 66 Abs. 1 Satz 5 verlängert, ist diese Frist maßgeblich. Die Verlängerung der Beantwortungsfrist wirkt sich so mittelbar auf die Anschlussfrist aus (nicht ganz klar *Schwab/Weth/Schwab* § 64 Rn. 192). Wird die **Anschließungsfrist** nicht eingehalten, ist die Anschlussberufung als unzulässig zu verwerfen, § 522 Abs. 1 ZPO gilt entsprechend. Für die Anschlussschrift gelten die gleichen Grundsätze wie für eine Berufungs- und Berufungsbegründungsschrift, insbesondere §§ 519, 520 ZPO. Eine Erklärung zu Protokoll der Geschäftsstelle oder aber zu gerichtlichem Protokoll in der mündlichen Verhandlung ist nicht zulässig.

Die **Anschlussberufung** ist in der Anschlussschrift **zu begründen,** § 524 Abs. 3 ZPO. **107** Eine Verlängerung der Frist ist nicht vorgesehen. Ebenso wie bei einer verspäteten Berufungsbegründung kann auch in einer verspäteten Begründung der Anschlussberufung die wiederholte Einlegung gesehen werden. Für den Inhalt der Begründung gelten die Grundsätze von § 520 Abs. 3 ZPO, § 524 Abs. 3 ZPO.

Die **Verwerfung** als unzulässig erfolgt nach § 522 Abs. 1 ZPO. Weder durch Teilurteil **108** noch durch Zurückweisungsbeschluss kann aber vorab entschieden werden (*Zöller/ Gummer/Heßler* § 524 Rn. 42) da sie von der Hauptberufung abhängig ist (vgl. aber den Sonderfall BGH 26. 10. 1990 NJW-RR 1991, 510). Die Anschlussberufung **verliert ihre Wirkung,** wenn die Berufung insgesamt zurückgenommen oder verworfen wird, § 524 Abs. 4 ZPO. Dies gilt auch dann, wenn in der Berufungsinstanz erstmals im Wege der Anschlussberufung der Auflösungsantrag nach § 9 KSchG gestellt wird, dieser wird dann unzulässig (BAG 3. 4. 2008 NZA 2008, 1258). Das Gleiche gilt bei Verzicht auf die Berufung, Klagerücknahme, Vergleich und übereinstimmender Erledigungserklärung, weil dann kein Sachurteil mehr gefällt werden kann (ausführlich *Musielak/Ball* § 524 Rn. 29 f.).

5. Rücknahme und Verzicht der Berufung

a) Rücknahme

Für die Rücknahme der Berufung **gilt § 516 ZPO.** Sie ist **bis zur Verkündung des** **109** **Urteils** in der Berufungsinstanz möglich. Eine Zustimmung des Berufungsbeklagten ist nicht mehr notwendig. Der Gesetzgeber hat kein schützenswertes Interesse des Berufungsbeklagten angenommen, dass seine Zustimmung erforderte. Insbesondere soll ein solches auch nicht hinsichtlich der Durchführung einer unselbständigen Anschlussberufung bestehen (Begründung des Regierungsentwurfs zum ZPO-RG, BR-Drucks. 536/00 S. 241).

Die Rücknahme ist **gegenüber dem Landesarbeitsgericht zu erklären.** Die Erklärung **110** unterliegt dem Vertretungszwang. Sie kann in der mündlichen Verhandlung zu Protokoll oder durch Einreichung eines Schriftsatzes erfolgen. Die Erklärung einer teilweisen Berufungsrücknahme ist zulässig, soweit der Streitstoff teilbar ist. Letzter Zeitpunkt für die Erklärung ist die Verkündung des Berufungsurteils. Ist die Verkündung abgeschlossen kann eine Rücknahme nicht mehr erfolgen. In diesem Falle bleibt den Parteien nur noch der Abschluss eines Vergleichs.

Die **Rücknahmeerklärung** muss eindeutig erfolgen, sie ist **unwiderruflich** und kann **111** auch nicht durch Parteivereinbarung rückgängig gemacht werden. Eine **Anfechtung** wegen Irrtums ist **grundsätzlich** ebenfalls **ausgeschlossen.** Allerdings kann u. U. eine Widerrufsmöglichkeit in Betracht kommen, wenn ein Irrtum über die Grundlagen der Berufungsrücknahme für Gericht und Gegner offenkundig gewesen ist oder wenn der Irrtum durch den Gegner verursacht wurde (*Zöller/Gummer* § 516 Rn. 9; vgl. *Musielak/Ball* § 516 Rn. 7 jeweils m. w. Nachw.). Das Gleiche gilt, wenn der Prozessgegner den Berufungskläger zur Rücknahme des Rechtsmittels durch arglistige Täuschung bewogen hat. Entsprechendes kann angenommen werden, wenn ein Restitutionsgrund vorliegt (vgl. BGH 28. 3. 1989 AP ZPO § 514 Nr. 4; 7. 11. 1989, NJW 1990, 1118; aber auch MünchKomm-ZPO/*Rimmelspacher* § 514 Rn. 5 ff.). In diesem Falle würde der Berufungsbeklagte gegen Treu und Glauben verstoßen, wenn er sich auf die Wirkungen der Rücknahme berufen würde. Keine Möglichkeit des Widerrufs besteht, wenn das Gericht selbst den Irrtum hinsichtlich der Berufungsrücknahme verursacht hat. Hat beispielsweise das Berufungsgericht durch Annahme falscher Zustellungsdaten hinsichtlich der erstinstanzlichen Entscheidung bei dem Berufungskläger einen Irrtum über die Rechtzeitigkeit seines Rechtsmittels erregt, so kann die darauf beruhende Berufungsrücknahme nicht widerrufen werden, da der Gegner diesen Irrtum nicht verursacht hat.

112 Über die **Folgen der Berufungsrücknahme** – Rechtsmittelverlust und Kostentragungspflicht – ist nach § 516 Abs. 3 ZPO von Amtswegen durch Beschluss zu entscheiden. Eines Antrages bedarf es nicht. Ist die Rücknahme in einem Vergleich erklärt worden und haben die Parteien hinsichtlich der Kosten in dem Vergleich keine Regelung getroffen, kann nach § 516 Abs. 3 ZPO entschieden werden; die Regelung des § 98 ZPO ist in der Regel nicht anwendbar, da mit der Verpflichtung zur Berufungsrücknahme auch deren Folgen vereinbart sind. Zur Wirkung der Rücknahme auf eine Anschlussberufung siehe oben Rn. 105.

113 Wird nach der Berufungsrücknahme das **Berufungsverfahren** auf Grund einer eigenständigen Berufung des Berufungsbeklagten **fortgesetzt,** ist über die Kosten des Berufungsverfahrens, auch soweit sie durch die Rücknahme bedingt sind, einheitlich im Urteil zu entscheiden (BAG 26. 5. 1977 AP BetrVG 1972 § 102 Nr. 13; Zöller/Gummer/Heßler § 516 Rn. 22). Der Grundsatz der Einheit der Kostenentscheidung ist nicht durch die Regelung in § 516 Abs. 3 Satz 2 ZPO aufgehoben worden. Die Kostenteilung erfolgt dann auf Grund des § 92 ZPO. Nehmen beide Parteien ein von ihnen eingelegtes Rechtsmittel zurück, so ist ebenfalls einheitlich zu entscheiden, auch hier gilt die Kostenteilungsvorschrift des § 92 ZPO.

114 Auch eine **Erledigung der Hauptsache** gemäß § 91a ZPO ist in der Berufungsinstanz möglich. Durch Auslegung der Prozesserklärungen ist zu ermitteln, ob in der Erledigungserklärung des Berufungsklägers unter Umständen auch eine Berufungsrücknahme liegen kann (BGH 25. 1. 1961 BGHZ 34, 200, 203). Eine Erledigung der Hauptsache ist nur möglich, wenn das Rechtsmittel statthaft und zulässig war. Wird lediglich die Hauptberufung für erledigt erklärt, so ist das jeweilige Anschlussrechtsmittel damit noch nicht ebenfalls erledigt, hier bedarf es ergänzender Erklärungen seitens der Parteien (vgl. BGH 22. 5. 1984 NJW 1986, 852). Die Erledigungserklärung kann sich auf die Hauptsache selbst oder aber lediglich auf das Rechtsmittel beziehen. Wird lediglich das Rechtsmittel für erledigt erklärt, bleibt das erstinstanzliche Urteil bestehen. Wird die Hauptsache erledigt, so betrifft dies auch den Bestand der arbeitsgerichtlichen Entscheidung.

b) Verzicht

115 Der Verzicht auf eine Berufung richtet sich nach § 515 ZPO. Er kann auch vor Urteilsverkündung in der ersten Instanz erklärt werden (vgl. BGH 10. 7. 1985 NJW 1986, 198). Es handelt sich um eine **einseitige Prozesshandlung,** die keiner Annahme durch den Prozessgegner bedarf. Der Verzicht kann gegenüber dem Gericht in mündlicher Verhandlung oder aber auch schriftlich erklärt werden. Soweit die Verzichtserklärung noch während der Anhängigkeit des Verfahrens in erster Instanz erfolgt, muss die Erklärung nicht durch einen in § 11 Abs. 2 genannten Vertreter abgegeben werden. Der Verzicht kann auch gegenüber dem Prozessgegner erfolgen. Auch hier ist eine mündliche oder schriftliche Erklärung zulässig.

116 Notwendig ist, dass eindeutig der **Verzichtswille** zum Ausdruck kommt, dass also die Partei klar zu erkennen gibt, dass sie sich mit der arbeitsgerichtlichen Entscheidung zufrieden gibt und diese nicht anfechten wird. Nicht erforderlich ist, dass ausdrücklich der Begriff des Verzichts verwendet wird (BAG 16. 3. 2004 BAGE 110, 45 ff.). Nicht ausreichend ist in diesem Zusammenhang die Erklärung, dass man auf eine schriftliche Begründung des erstinstanzlichen Urteils verzichtet. Hierin kann noch kein ausreichend

deutlich erklärter Rechtsmittelverzicht gesehen werden (vgl. dazu OLG Hamm 23. 4. 1996 NJW-RR 1997, 318). Auch in der Beschränkung von Berufungsanträgen kann in der Regel kein Rechtsmittelverzicht gesehen werden, allerdings kann hier u. U. eine teilweise Berufungsrücknahme in Betracht kommen.

Die **Wirkung** eines Verzichts liegt darin, dass eine gleichwohl eingelegte Berufung auf Einrede als unzulässig verworfen werden muss, der Rechtsstreit wird also nicht unmittelbar durch die Verzichtserklärung beendet. Im Gegensatz zur Berufungsrücknahme kann durch Vereinbarung zwischen den Parteien die Wirkung des Verzichts wieder beseitigt werden (BGH 8. 5. 1985 MDR 1985, 830, 831). Auch kann der den Rechtsmittelverzicht Erklärende trotz des Verzichts eine unselbständige Anschlussberufung einlegen. Ist die Verzichtserklärung gegenüber dem Landesarbeitsgericht durch eine nach § 11 vertretungsberechtigte Person erfolgt, ist seine Wirkung von Amts wegen zu berücksichtigen, die Berufung muss als unzulässig verworfen werden (BGH 1. 4. 1958 BGHZ 27, 60; *Zöller/Gummer/Heßler* § 515 Rn. 13; *Musielak/Ball* § 515 Rn. 12). Ist der Verzicht gegenüber der anderen Partei oder aber vor Erlass des Urteils erklärt worden, kann die Verwerfungsentscheidung nur auf Einrede erfolgen, da es sich um einen zivilrechtlichen Vertrag handelt (*Musielak/Ball* § 515 Rn. 8, 16). Eine Anfechtung oder der Widerruf eines Rechtsmittelverzichts ist nicht möglich (BGH 16. 12. 1992 FamRZ 1993, 694; vgl. 12. 3. 2002 NJW 2002, 2108). 117

6. Zuständigkeitsprüfung

Die Bestimmung des § 513 Abs. 2 ZPO findet im Berufungsverfahren vor dem Landesarbeitsgericht nur teilweise Anwendung. Hinsichtlich der örtlichen Zuständigkeit tritt an seine Stelle § 48 Abs. 1 Nr. 1, danach sind Beschlüsse über die örtliche Zuständigkeit nicht anfechtbar. Dies gilt selbst dann, wenn trotz entsprechender Rüge nicht vorab durch Beschluss, sondern durch Urteil entschieden worden sein sollte. Durch eine möglicherweise fehlerhafte Entscheidungsform wird kein Rechtsmittel geschaffen, das nicht besteht. Hat daher das Arbeitsgericht zu Unrecht seine **örtliche Zuständigkeit** angenommen, so kann hierauf die Berufung nicht gestützt werden. Dies gilt auch dann, wenn sich bei Annahme der richtigen Zuständigkeit für die Berufungsinstanz die Zuständigkeit eines anderen Landesarbeitsgerichts ergeben hätte. 118

§ 513 Abs. 2 ZPO ebenso wie § 48 Abs. 1 Nr. 1 finden keine Anwendung, wenn das Arbeitsgericht die **internationale Zuständigkeit** für gegeben gehalten hat (BGH GSZ 14. 6. 1965 NJW 1965, 1665 und 1966, 287 mit Anm. *Cohn*). 119

Die Fragen der **Rechtswegzuständigkeit** und der zutreffenden **Verfahrensart** fallen unter die Regelung des § 513 Abs. 2 ZPO, hier gelten zusätzlich die Bestimmungen des § 48 i. V. m. §§ 17 ff. GVG (siehe dazu die Erläuterungen bei § 48). Sie werden ergänzt durch § 513 Abs. 2 ZPO wonach die Berufung nicht darauf gestützt werden kann, dass das Arbeitsgericht seine Zuständigkeit zu Unrecht angenommen hat (vgl. dazu auch unten § 65 Rn. 5 bis 7). 120

V. Entsprechend anwendbare Vorschriften des erstinstanzlichen Verfahrens

In Abs. 7 sind diejenigen Vorschriften des erstinstanzlichen Verfahrens genannt, die auch für das Verfahren vor dem Landesarbeitsgericht Anwendung finden. Die **Aufzählung ist abschließend,** weitere als die genannten Vorschriften gelten für das Berufungsverfahren nicht. Hinsichtlich der Einzelheiten kann auf die Erläuterungen zu den Vorschriften für das erstinstanzliche Verfahren verwiesen werden. Für das Berufungsverfahren sind nur wenige Besonderheiten zu beachten: 121

1. Ablehnung von Gerichtspersonen

122 § 49 Abs. 1 und 3 ist entsprechend anwendbar. Über die Ablehnung **entscheidet die Kammer** des Landesarbeitsgerichts unter Heranziehung des jeweils nächstberufenen Vertreters für den abgelehnten Richter. Werden sämtliche Richter einer Kammerbesetzung abgelehnt, so entscheidet hierüber die gleiche Kammer, jedoch unter Heranziehung von Vertretern für sämtliche drei abgelehnten Richter. Werden sämtliche Vorsitzenden des Landesarbeitsgerichts abgelehnt, so entscheidet der nach der Geschäftsverteilung zuständige Senat des BAG in voller Besetzung (*Grunsky* § 64 Rn. 39; *Schwab/Weth/Schwab* § 64 Rn. 238; ferner oben § 49 Rn. 47). Die Bestellung von Hilfsrichtern nur für diesen Fall ist unzulässig.

2. Persönliches Erscheinen der Parteien

123 Unter den gleichen Voraussetzungen wie in der ersten Instanz kann auch durch das Landesarbeitsgericht das persönliche Erscheinen der Parteien angeordnet werden, § 51 Abs. 1 findet entsprechende Anwendung. Im Gegensatz zum Verfahren vor dem Arbeitsgericht kann allerdings die **Zulassung eines Prozessbevollmächtigten nicht abgelehnt** werden, wenn die Partei trotz Anordnung des persönlichen Erscheinens unbegründet ausgeblieben ist. § 51 Abs. 2 findet keine Anwendung, da im Gegensatz zum erstinstanzlichen Verfahren vor dem Landesarbeitsgericht Vertretungszwang besteht.

3. Befugnisse des Vorsitzenden

124 § 53 kann **in vollem Umfange** angewendet werden, auch in der Berufungsinstanz kann daher der Vorsitzende die nicht auf Grund einer mündlichen Verhandlung ergehenden Beschlüsse und Verfügungen ohne Beteiligung der ehrenamtlichen Richter erlassen. Eine Ausnahme gilt für den Beschluss, mit dem eine Berufung als unzulässig verworfen wird, § 522 ZPO, dieser Beschluss, kann nur unter Beteiligung der ehrenamtlichen Richter erlassen werden. Auch über einen Wiedereinsetzungsantrag gegen die Versäumung der Berufungs- bzw. der Berufungsbegründungsfrist kann der Vorsitzende nicht allein entscheiden, vielmehr bedarf es auch hier der Mitwirkung der ehrenamtlichen Richter. Das Gericht entscheidet nämlich über den Wiedereinsetzungsantrag in gleicher Weise wie über die Zulässigkeit der nachgeholten Prozesshandlung, § 238 ZPO.

125 In den in § 55 Abs. 1 Nrn. 1 bis 9 und Abs. 2 genannten Fällen kann der Vorsitzende ebenfalls außerhalb der mündlichen Verhandlung und nach Maßgabe von Abs. 2 allein ohne Beteiligung der ehrenamtlichen Richter entscheiden. Der Vorsitzende kann daher entscheiden bei Rücknahme der Berufung, Verzicht auf die Berufung, wenn die Parteien mit einer Entscheidung ohne mündliche Verhandlung einverstanden sind, Anerkenntnis und in den Fällen der Säumnis beider Parteien einschließlich der Verwerfung eines Einspruchs. Auch die Entscheidung über die einstweilige Einstellung der Zwangsvollstreckung aus dem Urteil des Arbeitsgerichts und über die Aussetzung des Verfahrens trifft der Vorsitzende allein. Das Gleiche gilt, wenn nur noch über die Kosten zu entscheiden ist oder bei der Entscheidung über die Berichtigung des Tatbestandes. Zwar erfasst die Regelung auch den Fall der Entscheidung über die örtliche Zuständigkeit, § 55 Abs. 1 Nr. 7, dieser Fall dürfte aber im Berufungsverfahren angesichts der Regelung in § 48 Abs. 1 Nr. 1 kaum vorkommen.

126 Schließlich kann der Vorsitzende in der Berufungsinstanz auch schon vor der Verhandlung **Beweisbeschlüsse** gem. § 55 Abs. 4 erlassen. Diese Beweisbeschlüsse können ebenfalls vor der streitigen Verhandlung ausgeführt werden.

127 Die Bestimmung des § 55 Abs. 3 ist nicht anwendbar, da auch die Regelung des § 54 hinsichtlich des Güteverfahrens in der Berufungsinstanz keine Gültigkeit hat. Die Durchführung einer **Güteverhandlung ist** generell **ausgeschlossen,** Ausnahmen von diesem

V. Entsprechend anwendbare Vorschriften des erstinstanzlichen Verfahrens   § 64

Grundsatz gibt es nicht. Es kann daher auch keine Verhandlung vor dem Vorsitzenden allein anberaumt werden, selbst wenn dies die Parteien wünschen. Allerdings hat der Vorsitzende auch in der Berufungsinstanz in jeder Lage des Verfahrens auf eine gütliche Erledigung des Rechtsstreits hinzuwirken, § 57 Abs. 2. Ein im Rahmen der Bemühungen um eine gütliche Einigung erzielter **Vergleich** kann auch bei fehlerhafter Besetzung der Kammer des Landesarbeitsgerichts protokolliert werden. Ist daher die Kammer des Landesarbeitsgerichts nicht ordnungsgemäß besetzt, weil beispielsweise ein ehrenamtlicher Richter fehlt, so kann gleichwohl ein den Rechtsstreit beendender Vergleich protokolliert werden (vgl. dazu *Baumbach/Hartmann* Anhang zu § 307 Rn. 15).

Schließlich findet die Vorschrift des § 56 über die **Vorbereitung der streitigen Verhandlung** ebenfalls entsprechende Anwendung, der Vorsitzende kann also den Parteien Auflagen erteilen, amtliche Auskünfte einholen, das persönliche Erscheinen der Parteien anordnen und Zeugen sowie Sachverständige vorsorglich laden. Er kann in diesem Zusammenhang den Parteien auch Ausschlussfristen setzen mit der Folge, dass verspätetes Vorbringen zurückgewiesen werden kann. Ebenso wie im arbeitsgerichtlichen Verfahren muss jedoch die Auflage, soll aus der nicht rechtzeitigen Erfüllung eine prozessual nachteilige Folge hergeleitet werden, ganz präzise diejenigen Tatsachen umschreiben, die von den Parteien noch vorgetragen werden sollen. Das Gleiche gilt hinsichtlich der Vorlegung von Urkunden und sonstigen Gegenständen. Diese Auflage ist vom Vorsitzenden mit vollem Namen zu unterzeichnen, ein bloßes Handzeichen genügt nicht. Im Übrigen ist hinsichtlich der Zulassung neuer Angriffs- und Verteidigungsmittel die Sonderregelung des § 67 zu beachten.

128

4. Schriftliches Verfahren

In § 64 Abs. 7 ist auf die Bestimmung des § 46 nicht Bezug genommen worden, so dass im Gegensatz zu dem Verfahren vor dem Arbeitsgericht die Vorschrift über die **Entscheidung ohne mündliche Verhandlung** des § 128 Abs. 2 ZPO entsprechende Anwendung finden kann (*Grunsky* § 64 Rn. 37; GK-ArbGG/*Vossen* § 64 Rn. 129, 131). Das gilt auch für die **Entscheidung nach Lage der Akten** bei Säumnis beider Parteien gem. § 251a ZPO. Das Einverständnis der Parteien zur Entscheidung ohne mündliche Verhandlung muss eindeutig erklärt sein, die Erklärung muss durch bei dem Landesarbeitsgericht zugelassene Vertreter i. S. des § 11 abgegeben werden. Das Gericht entscheidet in voller Besetzung, d. h. die ehrenamtlichen Richter haben an der Entscheidung mitzuwirken.

129

5. Versäumnisverfahren

Auf das Verfahren der Säumnis findet die Bestimmung des § 59 auch im Berufungsrechtszug Anwendung. Auch bei dem Landesarbeitsgericht beträgt daher die **Einspruchsfrist** gegen ein Versäumnisurteil nur **eine Woche** nach Zustellung des Versäumnisurteils. Da in vollem Umfange auf die Regelung des § 59 Bezug genommen worden ist, kann der Einspruch auch von der Partei selbst durch Abgabe einer Erklärung zur Niederschrift der Geschäftsstelle eingelegt werden, insoweit besteht entgegen § 11 Abs. 4 kein Vertretungszwang (BAG GS 10. 7. 1957 AP ArbGG 1953 § 64 Nr. 5 m. Anm. von *Nikisch*). Für die Begründung des Einspruchs besteht der Vertretungszwang (*Schwab/Weth/Schwab* § 64 Rn. 244). Bei Säumnis beider Parteien kann gem. § 251a ZPO eine Entscheidung nach Lage der Akten erfolgen, wenn in einem früheren Termin mündlich verhandelt worden ist.

130

6. Verweisung des Rechtsstreits

Auch hinsichtlich der Möglichkeiten des Landesarbeitsgerichts, den Rechtsstreit noch in der Berufungsinstanz in einen anderen Rechtsweg zu verweisen, ergeben sich keine

131

Besonderheiten. Es gelten die Regelungen des § 48 i.V.m. §§ 17 ff. GVG (siehe die Erläuterungen bei § 48) sowie die ergänzende Bestimmung des § 65.

VI. Die besondere Beschleunigungspflicht in Bestandsschutzverfahren

132 In Abs. 8 ist eine allgemeine Förderungspflicht in Bestandsschutzstreitigkeiten als zwingende Vorschrift enthalten. Wie im Einzelnen die Beschleunigung durchgeführt werden soll, steht im **Ermessen des Gerichts**, im Gegensatz zu § 61 a, der im Berufungsverfahren keine Anwendung findet, sind dem Gericht weder bestimmte Terminierungsfristen vorgegeben, noch sind ihm besondere Möglichkeiten bei der Vorbereitung der streitigen Verhandlung eingeräumt worden. Das Gericht kann daher nur im Rahmen seiner allgemeinen Pflicht zur Vorbereitung der mündlichen Verhandlung gem. § 56 Auflagen usw. erteilen und Ausschlussfristen setzen. Zu beachten ist aber, dass die Frist zur Berufungserwiderung nach § 66 Abs. 1 Satz 2 einen Monat beträgt. Diese Frist kann auch in Bestandsschutzstreitigkeiten nicht abgekürzt werden.

133 Obwohl es sich bei Abs. 8 um eine zwingende Vorschrift handelt, hat der Gesetzgeber an die **Nichtbeachtung keinerlei** prozessuale **Konsequenzen** geknüpft. Weder kann eine frühzeitige Terminierung erzwungen werden, noch kann in der Revisionsinstanz wegen Verletzung des Abs. 8 das Urteil des Berufungsgerichts aufgehoben und gegebenenfalls der Rechtsstreit an dieses zurückverwiesen werden. Dies würde im Übrigen auch dem erklärten Zweck des Abs. 8, nämlich der Beschleunigung des Verfahrens, widersprechen. Auch kann auf die Verletzung dieser Bestimmung keine Nichtzulassungsbeschwerde gestützt werden. Letztendlich ergibt sich damit, dass diese Beschleunigungsvorschrift nicht mehr als einen Appell an die Landesarbeitsgerichte darstellt. Darüber hinaus kann die Bestimmung den Gerichten ein Argument an die Hand geben, wenn die Frage einer Stellenvermehrung oder einer technischen Ausstattung aktuell sein sollte. Ob das aber Sinn einer prozessualen Vorschrift sein kann, erscheint zumindest zweifelhaft.

§ 65 Beschränkung der Berufung

Das Berufungsgericht prüft nicht, ob der beschrittene Rechtsweg und die Verfahrensart zulässig sind und ob bei der Berufung der ehrenamtlichen Richter Verfahrensmängel unterlaufen sind oder Umstände vorgelegen haben, die die Berufung eines ehrenamtlichen Richters zu seinem Amte ausschließen.

Übersicht

	Rn.
I. Allgemeines	1
II. Die eingeschränkte Prüfungskompetenz	2–12
1. Rechtsweg	2–4
2. Zuständigkeit	5–7
3. Verfahrensart	8
4. Berufung der ehrenamtlichen Richter	9–12
a) Mängel des Verfahrens bei der Berufung der ehrenamtlichen Richter	9–11
b) Umstände, die der Berufung des ehrenamtlichen Richters entgegenstehen	12
III. Ausnahmen von der beschränkten Prüfungskompetenz	13, 14
IV. Verstoß gegen das Prüfungsverbot	15

I. Allgemeines

1 Ziel der Regelung, die ihren jetzigen Inhalt durch das Gesetz zur Neuregelung des verwaltungsgerichtlichen Verfahrens (BGBl. I 1990, 2809) und das ZPO-RG erhalten hat, ist die Beschleunigung des Verfahrens. Soweit der Ausschluss der Prüfung der

Rechtswegzuständigkeit betroffen ist, entspricht sie § 17 a Abs. 5 GVG. Sie gilt nur innerhalb der staatlichen Gerichtsbarkeit, nicht im Verhältnis zur Schiedsgerichtsbarkeit, dort gilt § 102.

II. Die eingeschränkte Prüfungskompetenz

1. Rechtsweg

Die Zulässigkeit des Rechtsweges ist vom Arbeitsgericht **von Amts wegen** zu überprüfen. Ist der Rechtsweg nicht gegeben, ist durch Beschluss der Rechtsstreit an das zuständige Gericht des zulässigen Rechtsweges zu verweisen, § 48 Abs. 1 i. V. mit § 17 a Abs. 2 GVG. Eine Abweisung der Klage als unzulässig durch Urteil kommt nicht in Betracht. Auch wenn der Rechtsweg gegeben ist, kann dies das Gericht vorab durch Beschluss aussprechen, § 48 Abs. 1 i. V. mit § 17 a Abs. 3 GVG. Gegen die Beschlüsse, in denen die Zulässigkeit oder Unzulässigkeit des Rechtsweges ausgesprochen wird, ist das Rechtsmittel der sofortigen Beschwerde gegeben. Wird diese nicht eingelegt, ist die Rechtswegentscheidung bindend. Außer im Falle der sofortigen Beschwerde ist es dem Landesarbeitsgericht nicht möglich, erneut die Zulässigkeit des Rechtsweges zu überprüfen. Dem entspricht es auch, dass bis zur Entscheidung über die Zulässigkeit des Rechtsweges das **Hauptsacheverfahren** gemäß § 148 ZPO **auszusetzen** ist (BAG 26. 3. 1992 EzA ArbGG 1979 § 48 Nr. 5; *Kissel* NJW 1991, 945, 949 f.; *Schwab* NZA 1991, 657, 662). Durch die Anfechtbarkeit des Verweisungsbeschlusses und der von jeder Partei erzwingbaren Vorabentscheidung sind im Übrigen auch die Überprüfungsmöglichkeiten der Entscheidung hinsichtlich der Zulässigkeit des Rechtsweges voll gewährleistet. 2

Der Grundsatz der eingeschränkten Prüfungskompetenz **gilt auch**, wenn das Arbeitsgericht den Rechtsweg zu den Gerichten für Arbeitssachen **stillschweigend durch Erlass eines Urteils** bejaht hat (BAG 8. 6. 1999 NZA 1999, 1103 ff.; 21. 8. 1996 DB 1996, 2548; 9. 7. 1996 NZA 1996, 1117 f.; BGH 19. 11. 1993 NJW 1994, 387). 3

Eine Überprüfbarkeit im allgemeinen Rechtsmittelverfahren ist nicht gegeben, § 65 nimmt insoweit den Gedanken des § 17 a Abs. 5 GVG nochmals auf. Betroffen ist **jedes Rechtsmittelverfahren**, auch die Beschwerde im Verfahren des einstweiligen Rechtsschutzes wird erfasst. **Hauptsacheentscheidung** in diesem Sinne ist jede Entscheidung innerhalb des Rechtsstreites, die nicht die Frage der Zulässigkeit des Rechtsweges betrifft. Eine Hauptsacheentscheidung ist daher beispielsweise auch dann gegeben, wenn eine Klage als unzulässig abgewiesen wird, weil eine andere Prozessvoraussetzung fehlt, weil ein unbestimmter Klageantrag gestellt wird oder weil das erforderliche Rechtsschutzinteresse fehlt. § 65 gilt auch, wenn bei Erledigung der Hauptsache über eine sofortige Beschwerde nach § 91 Abs. 2 ZPO entschieden werden muss. Hierbei ist allerdings zu beachten, dass eine Klärung der Rechtswegfrage dann entbehrlich erscheint, wenn die Hauptsache vor Klärung der Zulässigkeit des Rechtsweges für erledigt erklärt wird (*Zöller/Gummer* § 17 a GVG Rn. 19). Zu Besonderheiten bei Veränderung des Streitgegenstandes unten Rn. 13. 4

2. Zuständigkeit

Die gleichen Grundsätze wie für die Überprüfung der Zulässigkeit des Rechtsweges durch die Rechtsmittelinstanz gelten auch für die Fragen der sachlichen und der **örtlichen Zuständigkeit**. Für die örtliche Zuständigkeit ergibt sich das Verbot der Überprüfung durch die Rechtsmittelinstanz bereits aus § 48 Abs. 1 Nr. 1. Danach sind die Entscheidungen des Arbeitsgerichts in diesem Bereiche unanfechtbar (dazu auch oben § 48 Rn. 117). 5

6   Bei der Prüfung der **sachlichen Zuständigkeit** gilt § 513 Abs. 2 ZPO. Danach kann auf die fehlerhafte Annahme die Berufung nicht gestützt werden. Allerdings wird die Frage der sachlichen Zuständigkeit meist mit der Frage des richtigen Rechtsweges im Zusammenhang stehen.

7   Nicht unter § 65 fällt die Frage der **funktionellen Zuständigkeit** auf Grund der Geschäftsverteilung innerhalb des Gerichts. § 65 kann daher auch dann nicht angewendet werden, wenn es darum geht, ob der Streit bei dem Arbeitsgericht vor einer Fachkammer oder vor einer Allgemeinen Kammer zu entscheiden gewesen wäre. Im Übrigen könnte die Entscheidung durch eine funktionell unzuständige Kammer auch nicht zu einer Zurückverweisung des Rechtsstreites an das Arbeitsgericht führen, § 68. Die Frage der funktionellen Zuständigkeit ist daher für das Rechtsmittelgericht belanglos.

3. Verfahrensart

8   Ebenso wie die Frage der Zulässigkeit des Rechtsweges wird auch die Frage der zutreffenden Verfahrensart behandelt. Ob ein Rechtsstreit im Beschluss- oder im Urteilsverfahren auszutragen ist, kann daher nur vom Arbeitsgericht durch Beschluss mit der Möglichkeit der sofortigen Beschwerde gemäß § 48 Abs. 1 i. V. mit § 17 a Abs. 4 Satz 3 GVG entschieden werden. Eine **Überprüfung** dieser Entscheidung im Rahmen des Hauptsacheverfahrens ist **ausgeschlossen**. Es ist daher nach der Neufassung nicht mehr möglich, dass in der Rechtsmittelinstanz eine Entscheidung der Vorinstanz aufgehoben wird, weil die Verfahrensart fehlerhaft gewesen sei, so dass der Rechtsstreit in die richtige Verfahrensart an die Vorinstanz zurückzuverweisen wäre. Die Entscheidung im Rahmen des § 17 a GVG ist auch hier für das Rechtsmittelgericht bindend. Zu den Ausnahmen siehe unten Rn. 13 f.

4. Berufung der ehrenamtlichen Richter

a) Mängel des Verfahrens bei der Berufung der ehrenamtlichen Richter

9   Erfasst werden **Verstöße gegen § 20 Abs. 1**. Die Anfechtung einer Entscheidung kann nicht darauf gestützt werden, dass die zuständige oberste Landesbehörde bei der Berufung der ehrenamtlichen Richter fehlerhaft gehandelt hätte. Die Berufung kann beispielsweise nicht damit begründet werden, dass ein ehrenamtlicher Richter nicht ordnungsgemäß vorgeschlagen war oder dass die Behörde bei der Auswahl die Minderheiten nicht ausreichend berücksichtigt hätte (zur Verfassungsgemäßheit der Vorschlagsregelung BAG 28. 8. 1985 AP ArbGG 1979 § 43 Nr. 1 für die Regelung in § 43 Abs. 1 Satz 2). Auch wenn ein ehrenamtlicher Richter berufen wird, der von einem nichtvorschlagsberechtigten Verband vorgeschlagen worden ist, kann dies in der Rechtsmittelinstanz nicht gerügt werden.

10 Von § 65 wird **nur das Verfahren bis zur Berufung** des ehrenamtlichen Richters durch die oberste Arbeitsbehörde betroffen, jedoch nicht die sich daran anschließende Aushändigung der Ernennungsurkunde oder die Entscheidung des Präsidiums des Arbeitsgerichts über die Zuteilung des ehrenamtlichen Richters für eine bestimmte Kammer und die nach § 45 DRiG erforderliche Eidesleistung. Ist ein ehrenamtlicher Richter entgegen § 45 DRiG nicht oder nicht ordnungsgemäß vereidigt worden, so kann hierauf die Berufung gestützt werden (*Schwab/Weth/Schwab* § 65 Rn. 29). Ist die Vereidigung unterblieben, so ist das Gericht nicht ordnungsgemäß besetzt (vgl. BVerfG 9. 6. 1971 BVerfGE 31, 181, 184; BVerwG 21. 10. 1980 BVerwGE 73, 78, 79). Auch kann trotz § 65 gerügt werden, wenn ein ehrenamtlicher Richter unter Abweichung von der nach § 31 aufgestellten Liste zu den Sitzungen hinzugezogen wird. In diesem Falle handelt es sich um eine Verletzung des Grundsatzes des gesetzlichen Richters, nicht jedoch um einen Mangel des Verfahrens bei der Berufung des ehrenamtlichen Richters (zum Ausscheiden eines ehrenamtlichen Richters zwischen Schluss der mündlichen Verhandlung

und Verkündung der Entscheidung vgl. BAG 16. 5. 2002 EzA GG Art. 101 Nr. 1 m. abl. Anmerkung von *Vollkommer*). Das Gleiche gilt, wenn ein ehrenamtlicher Richter nach Beendigung des Amtes oder vor der Ernennung zu einer Sitzung herangezogen wird (vgl. dazu ausführlich *Hohmann* RdA 2008, 336, 341). Gerügt werden kann ferner, dass ein ehrenamtlicher Richter nach § 41 ZPO von der Ausübung des Richteramtes kraft Gesetzes ausgeschlossen gewesen ist. Das Gleiche gilt, wenn ein ehrenamtlicher Richter in der ersten Instanz zu Recht abgelehnt worden ist, gleichwohl aber an der Entscheidung mitgewirkt hat (GK-ArbGG/*Vossen* § 65 Rn. 18; *Grunsky* § 65 Rn. 8). Zu beachten sind aber die beschränkten Zurückverweisungsmöglichkeiten des § 68.

Auf Mängel bei der **Bestellung des Vorsitzenden** findet **§ 65 keine Anwendung**. Die Folgen der Nichtbeachtung der in § 18 enthaltenen Regelungen über die Ernennung der Vorsitzenden werden in den §§ 18, 19 DRiG geregelt. Unter Umständen kann in diesen Fällen die Kammer des Arbeitsgerichts nicht richtig besetzt gewesen sein. Auch dieser Mangel kann unter Umständen nicht zu einer Zurückverweisung des Rechtsstreites an das Arbeitsgericht führen, § 68 gilt auch in diesem Falle (vgl. dazu § 68 Rn. 3). **11**

b) Umstände, die der Berufung des ehrenamtlichen Richters entgegenstehen

Erfasst werden die in §§ 21 bis 23 genannten Voraussetzungen, bei deren Fehlen oder nachträglichem Wegfall ggf. eine Entbindung von dem Amt in Betracht kommen kann, § 21 Abs. 5. Darunter fällt auch der Fall, dass ein Richter wegen grober Amtspflichtverletzung hätte entbunden werden müssen, § 27. Es kommt allein darauf an, ob die tatsächlichen Voraussetzungen gegeben sind, nicht jedoch darauf, ob aus ihnen die entsprechenden Konsequenzen, wie Amtsenthebung oder Entbindung gezogen worden sind. Der Ausschließungsgrund muss nicht schon bereits bei der Berufung des ehrenamtlichen Richters vorhanden gewesen sein, es genügt für § 65 auch, wenn eine Voraussetzung nachträglich fortfällt. Verliert beispielsweise ein ehrenamtlicher Richter die Eigenschaft als Arbeitgeber oder Arbeitnehmer und wirkt er gleichwohl an einer Entscheidung des Arbeitsgerichts mit, so kann dies nicht mit dem Rechtsmittel gerügt werden. **12**

III. Ausnahmen von der beschränkten Prüfungskompetenz

Die Beschränkung der Prüfungskompetenz gilt nur dann, wenn das Arbeitsgericht eine Prüfung vornehmen konnte. Wird die **Klage** in der Rechtsmittelinstanz **erweitert** oder wird sie **geändert** bzw. eine **Widerklage** gemäß § 533 ZPO erstmalig erhoben oder eine Aufrechnung erklärt, so kann das Rechtsmittelgericht in vollem Umfange prüfen, ob der Rechtsweg gegeben ist, die Gerichte für Arbeitssachen zuständig sind und ob die richtige Verfahrensart gewählt wurde (*Schwab/Weth/Schwab* § 65 Rn. 20). Die Rechtswegentscheidung des Arbeitsgerichts betrifft nur den einheitlichen prozessualen Anspruch. Allerdings wird häufig in diesen Fällen eine Zusammenhangszuständigkeit gemäß § 2 Abs. 3 gegeben sein. Im Übrigen ist § 17 Abs. 2 Satz 1 GVG zu beachten, der eine Rechtsweg überschreitende Sachkompetenz eröffnet. Diese betrifft aber nur die rechtlichen Gesichtspunkte, unter denen die Entscheidung zu erfolgen hat. **13**

Die Prüfungsmöglichkeit für das Rechtsmittelgericht ist ferner dann nicht beschränkt, wenn die in § 48 i. V. mit § 17a GVG geregelten **Verfahrensgrundsätze** vom Arbeitsgericht **nicht beachtet** worden sind. Entscheidet das Arbeitsgericht trotz Rüge über die Zulässigkeit des Rechtsweges, die Zuständigkeit oder das Verfahren anstatt durch Beschluss durch Urteil in den Gründen der Hauptsache statt eine Vorabentscheidung vorzunehmen, so kann durch dieses fehlerhafte Vorgehen den Parteien kein prozessualer Vor- oder Nachteil entstehen (BAG 21. 5. 1999 NZA 1999, 837; 8. 6. 1999 NZA 1999, 1103 ff.; 21. 8. 1996 DB 1996, 2548; BGH a. a. O.; ferner ausführ- **14** lich *Boin* NJW 1998, 3747 ff.). Anderenfalls würde die vom Gesetz gewollte Möglichkeit der Überprüfung der Rechtswegentscheidung durch das Berufungsgericht auf Grund eines Verfahrensfehlers abgeschnitten. Der beschwerten Partei steht in einem solchen Falle entweder das Rechtsmittel der sofortigen Beschwerde oder das Rechtsmittel der Berufung bzw. Beschwerde im arbeitsgerichtlichen Beschlussverfahren zur Verfügung, es gilt der Grundsatz der Meistbegünstigung. Das Rechtsmittelgericht ist in diesem Falle berechtigt, auch die Frage der Zulässigkeit des Rechtsweges oder der Verfahrensart bzw. Zuständigkeit zu überprüfen. Ist eine Klage wegen Unzulässigkeit des Rechtsweges abgewiesen worden, so kann ebenfalls in der Rechtsmittelinstanz eine Überprüfung erfolgen (BGH 23. 9. 1992 NJW 1993, 470, 471; BAG 21. 5. 1999 NZA 1999, 837; 26. 3. 1992 AP ArbGG 1979 § 48 Nr. 7; ausführlich *Boin* NJW 1998, 3747 m. w. N.; für die Verfahrensart BAG 20. 4. 1999 NZA 1999, 897 ff.; OVG Nordrhein-Westfalen 29. 1. 1999 ZTR 1999, 360 ff.; vgl. aber auch LAG Rheinland-Pfalz 25. 11. 1991 NZA 1992, 473 ff.). Die Entscheidung erfolgt durch Beschluss. Ist aber wie in § 48 Abs. 1 Nr. 1 (Entscheidung über die örtliche Zuständigkeit) kein Rechtsmittel vorgesehen, kann dieses auch nicht durch eine unzutreffende Verfahrensweise entstehen, dem steht der Grundsatz der beschränkten Prüfungskompetenz des § 65 entgegen.

IV. Verstoß gegen das Prüfungsverbot

15 Prüft das Landesarbeitsgericht entgegen der Bestimmung des § 65 oder der des § 513 Abs. 2 ZPO die Zulässigkeit des Rechtsweges, die Zuständigkeit oder die Wahl der richtigen Verfahrensart bzw. die Voraussetzungen für die Berufung der ehrenamtlichen Richter und beruht seine Entscheidung auf dieser unzulässigen Prüfung, so leidet das **Verfahren** an einem **wesentlichen Mangel**. Auf entsprechende Rüge in der Revisions- bzw. Rechtsbeschwerdeinstanz kann die Entscheidung des Landesarbeitsgerichts in diesem Falle aufgehoben werden. Gegebenenfalls kommt eine Zurückverweisung des Rechtsstreites an das Arbeitsgericht in Betracht, §§ 564, 565 ZPO. Spricht das Landesarbeitsgericht bei einer unzulässigen Überprüfung eine verfahrensfehlerhafte Verweisung des Rechtsstreites an ein anderes Gericht oder in eine andere Verfahrensart aus, so kann das Gericht, an das der Rechtsstreit verwiesen worden ist, nochmals im Rahmen des § 48 i. V. mit § 17a GVG eine Entscheidung treffen. Die Bindungswirkung des § 17a Abs. 1 GVG ist in diesem Falle nicht eingetreten.

§ 66 Einlegung der Berufung, Terminbestimmung

(1) ¹Die Frist für die Einlegung der Berufung beträgt einen Monat, die Frist für die Begründung der Berufung zwei Monate. ²Beide Fristen beginnen mit der Zustellung des in vollständiger Form abgefassten Urteils, spätestens aber mit Ablauf von fünf Monaten nach der Verkündung. ³Die Berufung muß innerhalb einer Frist von einem Monat nach Zustellung der Berufungsbegründung beantwortet werden. ⁴Mit der Zustellung der Berufungsbegründung ist der Berufungsbeklagte auf die Frist für die Berufungsbeantwortung hinzuweisen. ⁵Die Fristen zur Begründung der Berufung und zur Berufungsbeantwortung können vom Vorsitzenden einmal auf Antrag verlängert werden, wenn nach seiner freien Überzeugung der Rechtsstreit durch die Verlängerung nicht verzögert wird oder wenn die Partei erhebliche Gründe darlegt.

(2) ¹Die Bestimmung des Termins zur mündlichen Verhandlung muss unverzüglich erfolgen. ²§ 522 Abs. 1 der Zivilprozessordnung bleibt unberührt; die Verwerfung der Berufung ohne mündliche Verhandlung ergeht durch Beschluss des Vorsitzenden. ³§ 522 Abs. 2 und 3 der Zivilprozessordnung findet keine Anwendung.

§ 66

Übersicht

	Rn.
I. Allgemeines	1, 2
II. Fristen	3–29
1. Berufungsfrist	3–18
a) Dauer	3–8
b) Beginn der Frist	9–18
2. Berufungsbegründungsfrist	19–23
3. Berufungsbeantwortungsfrist	24–29
III. Fristverlängerung	30–42
1. Antrag	30–32
2. Entscheidung	33–39
3. Verlängerungsgründe	40–42
IV. Versäumung der Fristen	43–44
V. Terminsanberaumung	45–48

I. Allgemeines

Die Änderung durch das ZPO-RG hat zur Folge, dass für das **arbeitsgerichtliche** 1 **Verfahren** in größerem Umfange als bisher **eigenständige Regelungen** hinsichtlich Fristbeginn und Verlängerungsmöglichkeit der Berufungsbegründungs- und -beantwortungsfrist entstanden sind, die zivilprozessualen Regelungen werden insoweit verdrängt. Anwendbar ist aber die Bestimmung des § 518 ZPO hinsichtlich des Beginns der **Berufungsfrist bei Urteilsergänzung** gemäß § 321 ZPO. Damit verlängert sich automatisch auch die Berufungsbegründungsfrist. Hinsichtlich des **Inhalts** von **Berufungsschrift** sowie der Formalien der Einlegung gelten die Regelungen des **§ 519 ZPO**. Für die **Berufungsbegründungsschrift** kann die Vorschrift des **§ 520 Abs. 3 und 4 ZPO** nur insoweit herangezogen werden, als dem nicht die Tatsachen entgegensteht, dass die Berufungsinstanz im arbeitsgerichtlichen Verfahren eine zweite Tatsacheninstanz ist. Dies gilt in besonderer Weise für § 520 Abs. 3 Nrn. 2 und 3 ZPO, entscheidend ist wie bisher, dass eine Auseinandersetzung mit der erstinstanzlichen Entscheidung erfolgt, bei der neben der tatsächlichen Würdigung natürlich auch auf Rechtsfehler hingewiesen werden kann (vgl. dazu näher auch oben § 64 Rn. 74 ff.). Die Notwendigkeit einer neuen Tatsachenfeststellung steht dabei aber nicht im Vordergrund, da diese durch das Berufungsgericht ohnehin erfolgen muss. Keine Geltung hat § 520 Abs. 4 Nr. 2 ZPO, eine Einzelrichterentscheidung ist nicht möglich. Herangezogen werden können aber die §§ 515 und 516 ZPO über **Verzicht und Rücknahme der Berufung.** Nicht anwendbar ist die neue Regelung in § 522 Abs. 2 Satz 1 Nrn. 1 bis 3 und Abs. 3 ZPO, die die Möglichkeit der Zurückweisung der Berufung wegen fehlender Aussicht auf Erfolg oder mangels grundsätzlicher Bedeutung bzw. weil die Sicherung einer einheitlichen Rechtsprechung oder Fortbildung des Rechts nicht erforderlich ist, zulässt, Abs. 2 Satz 3. Die bisherige Regelung der Verwerfung der Berufung als unzulässig ist aufrechterhalten worden, die Prüfungsmaßstäbe des § 522 Abs. 1 ZPO sind anwendbar. Vor der Verwerfung ist aber auch hier in entsprechender Anwendung von § 522 Abs. 2 Satz 2 ZPO, der unmittelbar nicht anwendbar ist, eine Anhörung der Parteien wegen der Notwendigkeit der Gewährung rechtlichen Gehörs, erforderlich. Die Verwerfung erfolgt ohne Beteiligung der ehrenamtlichen Richter, eine mündliche Verhandlung ist nicht erforderlich. Keine Anwendung findet die Terminsbestimmungsregelung des § 523 Abs. 1 ZPO, sie wird verdrängt durch § 66 Abs. 1 Satz 1.

Die Vorschrift ist im **Beschlussverfahren** entsprechend anwendbar, § 87 Abs. 2.   2

II. Fristen

1. Berufungsfrist

a) Dauer

3   Die Berufungsfrist ist eine **Notfrist**. Zwar ergibt sich dies nach der Neufassung nicht mehr durch eine direkte Anwendbarkeit des § 517 ZPO. Der Gesetzgeber wollte jedoch insoweit keine Abweichung vom zivilprozessualen Verfahren erreichen. Es dürfte sich vielmehr bei dem Fehlen der entsprechenden Regelung in Abs. 1 um eine unabsichtliche Auslassung handeln. Die Berufungsfrist **kann weder verlängert noch abgekürzt werden**, § 224 Abs. 1 ZPO. Auch in den Verfahren des Arrestes bzw. der einstweiligen Verfügung ist, falls das Arbeitsgericht durch Urteil entschieden hat, eine Verkürzung nicht möglich, diese kann auch nicht mit der besonderen Eilbedürftigkeit dieser Verfahrensarten gerechtfertigt werden. Vielmehr obliegt es der unterlegenen Partei, durch eine möglichst frühzeitige Einlegung der Berufung das Verfahren zu beschleunigen. Wird die Berufungsfrist nicht eingehalten, ist gegen ihre Versäumung nur die Wiedereinsetzung in den vorigen Stand gemäß §§ 230 ff. ZPO möglich.

4   Die Frist beträgt **einen Monat**. Sie berechnet sich nach § 222 ZPO und §§ 187, 188 BGB. Wird das Urteil am 31. 1. zugestellt, endet die Frist am 28. 2. bzw. in Schaltjahren am 29. 2., § 188 Abs. 3 BGB. Wird das Urteil am 28. 2. oder in Schaltjahren am 29. 2. zugestellt, endet die Monatsfrist am 28. 3. bzw. 29. 3., § 188 Abs. 2 (vgl. dazu BGH 19. 10. 1984 MDR 1985, 471; 23. 11. 1983 NJW 1984, 1358). Fällt das Fristende auf einen Sonntag, einen allgemeinen Feiertag oder einen Sonnabend, so endet die Frist erst am nächsten Werktag, § 222 Abs. 2 ZPO. Was allgemeiner Feiertag ist, wird regelmäßig durch den Landesgesetzgeber festgelegt. Das Ende der Berufungsfrist wird wegen eines allgemeinen Feiertages aber nur dann hinausgeschoben, wenn der betreffende Tag an dem Ort, wo das Rechtsmittel einzulegen ist, gesetzlicher Feiertag ist (BAG 15. 10. 1959 AP ZPO § 222 Nr. 1; 26. 3. 1976 AP BAT §§ 22, 23 Nr. 92; BAG 16. 1. 1989 AP ZPO § 222 Nr. 3). Da die Berufung bei dem Landesarbeitsgericht einzulegen ist, kommt es daher auf den Ort an, an dem das Landesarbeitsgericht seinen Sitz hat.

5   Die Berufungsfrist wird durch **Eingang der Berufungsschrift** bei dem Landesarbeitsgericht gewahrt. Die fristgerechte Einlegung (zur Einlegung siehe zunächst § 64 Rn. 67 ff.) erfordert, dass die Berufungsschrift nicht in irgendeiner Weise in das Gerichtsgebäude gelangt, vielmehr ist erforderlich, dass eine hierfür befugte Dienstkraft die Berufungsschrift entgegennimmt oder aber dass sie mit Hilfe einer hierfür vorgesehenen technischen Einrichtung wie beispielsweise Briefkasten, Nachtbriefkasten oder Telefaxgerät in den Gewahrsam des Landesarbeitsgerichts gelangt (BAG 21. 10. 1963 AP ZPO § 233 Nr. 38). Da die Frist vom Berufungskläger voll ausgenutzt werden kann, ist es Pflicht des Landesarbeitsgerichts die Einreichung auch nach Dienstschluss zu ermöglichen. In jedem Falle gehört hierzu die Schaffung eines Nachtbriefkastens und ggf. die Zurverfügungstellung eines empfangsbereiten Fernschreibers bzw. eines Telefaxgerätes. Die **Berufungseinlegung mit modernen Kommunikationsmitteln** (dazu auch § 64 Rn. 68 m. w. Nachw. dort auch zur Einlegung per Computerfax oder ähnlichen Übermittlungsarten; dazu auch *Lakies* NJ 1999, 244; vgl im Übrigen auch §§ 46 c und d) erfordert, dass die Aufzeichnung von dem automatisch arbeitenden Empfangsgerät des Gerichts bis 24 Uhr des letzten Tages der Berufungsfrist abgeschlossen ist (LAG Hamm 27. 11. 1989 LAGE ZPO § 518 Nr. 3; LAG Schleswig-Holstein 12. 1. 1989 NJW-RR 1989, 441; BAG 5. 7. 1990 NZA 1990, 985 f.). Mit der elektronischen Übermittlung muss so rechtzeitig begonnen werden, dass die Übertragung noch bis 24.00 Uhr abgeschlossen werden kann (BFH 28. 9. 2000 NJW 2001, 991). Der Absender hat dafür zu sorgen, dass die Verwendung einer zutreffenden Empfängernummer sichergestellt ist (BGH 3. 12. 1996 NJW 1997, 948). Der Sendebericht muss entsprechend kontrolliert

werden (BAG 30. 3. 1995 AP ArbGG 1979 § 66 Nr. 11; vgl. zur Kontrolle durch Büropersonal BAG 21. 9. 2000 BB 2001, 1202; *K. Schmid* BB 2001, 1198). Allerdings muss feststehen, dass der Sendebericht den „OK-Vermerk" ausschließlich dann ausdruckt, wenn die Übertragung ordnungsgemäß erfolgt ist (BAG 14. 8. 2002 DB 2002, 2549). Notwendig bei der Übermittlung der Telekopie ist ferner, dass sichergestellt wird, dass es sich bei dem übermittelten Schriftstück nicht nur um einen Entwurf handelt. Aus diesem Grunde ist die Übermittlung an einen privaten Telefax-Anschluss eines Dritten und die danach folgende Übermittlung durch diesen an das Berufungsgericht nicht zulässig (BAG a. a. O.; BGH 5. 2. 1981 BGHZ 79, 314). Eine Verfälschung auf dem Übermittlungswege soll ausgeschlossen sein, zulässig soll nur die Übermittlung an ein Empfangsgerät der Post und von diesem eine Weiterübermittlung an das Berufungsgericht sein (BAG a. a. O. sowie BAG 1. 7. 1983 AP LohnFG § 1 Nr. 54; 14. 1. 1986 AP ArbGG 1979 § 72 Nr. 12). Diese Rechtsprechung dürfte allerdings auf Grund der technischen und rechtlichen Entwicklung überholt sein. Die Absendung der Telekopie kann von einem Privatanschluss eines Dritten erfolgen (BAG 14. 3. 1989 DB 1989, 1144; 5. 7. 1990 NZA 1990, 985). Die Möglichkeit zur Berufungseinlegung muss jeder vertretungsbefugten Person nach § 11 Abs. 2 möglich sein, das schließt aus, dass das Landesarbeitsgericht nur solche technischen Mittel zur Verfügung stellt, die nur einem Teil der Prozessvertreter den Zugang auch nach Dienstschluss ermöglichen. In jedem Falle ist daher die Einrichtung eines Nachtbriefkastens notwendig. Wird ein Nachtbriefkasten bzw. eine sonstige technische Einrichtung gemeinsam für Arbeitsgericht und Landesarbeitsgericht geschaffen, so muss der Rechtsmittelkläger durch **richtige Adressierung** kenntlich machen, für welches Gericht die eingehende Sendung bestimmt ist (BAG 5. 11. 1974 AP ZPO § 518 Nr. 25; 14. 7. 1988 EzA ZPO § 518 Nr. 34). Der Einwurf in einen Tagesbriefkasten des Berufungsgerichts genügt zur Wahrung der Berufungsfrist zumindest dann, wenn nach den Umständen mit einer Leerung noch an diesem Tage zu rechnen ist (BGH 26. 3. 1981 NJW 1981, 1789).

Sind bei einem Landesarbeitsgericht **Außenkammern** (detachierte Kammern) gebildet, **6** kann die Berufung fristwahrend auch bei diesen eingelegt werden (BAG 23. 9. 1981 AP ArbGG 1979 § 64 Nr. 2; 15. 10. 1959 AP ZPO § 222 Nr. 1).

Die Berufungsfrist wird nicht gewahrt, wenn der Berufungsschriftsatz in einen für die **7** **Justizbehörden** geschaffenen **Fristenbriefkasten** geworfen wird, es sei denn, dieser Fristenbriefkasten wäre auch zusätzlich für die Gerichte für Arbeitssachen geschaffen (LAG Frankfurt 13. 3. 1980 ARSt. 1981, 176), was bei einer entsprechenden Ressortierung der Fall sein kann. Besteht ein **gemeinsamer Briefkasten** für das Rechtsmittelgericht und andere Gerichte, genügt für den rechtzeitigen Eingang bei dem Rechtsmittelgericht der Einwurf in diesen Briefkasten unabhängig davon, wie die personelle Zuordnung dieser Briefannahmestelle zwischen den Gerichten geregelt ist (BAG 2. 12. 1999 EzA ZPO § 518 Nr. 41). Die Berufungsschrift muss dann aber eine ordnungsgemäße Adressierung aufweisen, so dass eine Zuordnung ohne weiteres möglich ist. Die Organisation der Postverteilung nach der geschaffenen Zugangseinrichtung spielt für die Frage des Zugangs keine Rolle.

Die **Beweislast** für die **Wahrung der Frist** hat der Berufungskläger. Er hat ggf. zu **8** beweisen, wann ihm das erstinstanzliche Urteil zugestellt worden ist und zu welchem Zeitpunkt die Berufung bei dem Landesarbeitsgericht eingegangen ist. Im Regelfall wird sich die rechtzeitige Einlegung der Berufung aus dem Akteninhalt ergeben. Hat aber beispielsweise ein Prozessvertreter bei einer Zustellung nach § 212 a ZPO den Eingangsstempel des Empfangsbekenntnisses verändert, so ist er für die Richtigkeit der handschriftlichen Änderung darlegungs- und beweispflichtig (LAG Berlin 12. 2. 1979 BB 1979, 1041). Weist eine Berufungsschrift, die nach Behauptung des Prozessvertreters in den Nachtbriefkasten eingeworfen worden sein soll, weder den Nachtbriefkastenstempel auf und enthält sie auch keine sonstigen Kennzeichnungen, die bei in der Nacht eingeworfenen Schriftstücken angebracht werden, so reicht es zur Darlegung eines rechtzeitigen Eingangs nicht aus, wenn anwaltlich versichert wird, dass die Post zu einem bestimmten Zeitpunkt des Tages vor 24 Uhr in den Nachtbriefkasten eingeworfen worden ist (LAG Berlin 30. 10. 1981 ARSt. 1983, 79). Vielmehr muss dann eine Beweisaufnahme hinsichtlich des rechtzeitigen Einwurfs durchgeführt werden. Bei Übermittlung der Rechtsmittelschrift per **Telefax, Telekopie** oder sonstigen **Datenübermittlung** ist der **Eingang** bei dem Rechtsmittelgericht erst dann erfolgt, wenn die Empfangssignale von dem Telefaxgerät oder der sonstigen technischen Einrichtung des Gerichts vollständig aufgezeichnet worden sind. Unerheblich ist dabei, ob dies erst nach Dienstschluss erfolgte und wann der Schriftsatz tatsächlich der Geschäftsstelle vorgelegt wurde (BAG 19. 1. 1999 NZA 1999, 925, 926; vgl. auch oben § 64 Rn. 68). Da allein entscheidend die empfangenen Signale sind, ist es auch ohne Bedeutung, wann der Ausdruck des Schriftsatzes durch das Gericht erfolgt und ob dieser auf Grund eines Fehlers in der Technik des Gerichts unvollständig ist (für den Papierstau BGH 14. 3. 2001 NJW 2001, 1581). Der Absender muss die **Verwendung der richtigen Empfängernummer** nachweisen, er bzw. sein Prozessvertreter muss durch organisatorische Maßnahmen sicherstellen, dass der Sendebericht nicht nur auf vollständige und fehlerfreie Übermittlung des Textes, sondern auch auf die richtige Empfängernummer abschließend kontrolliert wird (BAG 30. 3. 1995 AP ArbGG 1979 § 66 Nr. 11; BGH 3. 12. 1996 NJW 1997, 948; hinsichtlich des Sendeberichts oben Rn. 5 und BAG 14. 8. 2002 DB 2002, 2549).

b) Beginn der Frist

9   Die Berufungsfrist beginnt **mit der Zustellung** des in vollständiger Form abgesetzten und mit Rechtsmittelbelehrung (§ 9) versehenen Urteils, § 50 Abs. 1. Das Urteil ist im Sinne des § 66 Abs. 1 Satz 2 auch dann „in vollständiger Form abgefasst", wenn auf der zugestellten Urteilsausfertigung die Zeilen einer Seite des unstreitigen Tatbestandes nicht vollständig lesbar sind. Das gilt jedenfalls dann, wenn es sich bei den fraglichen Zeilen erkennbar um die wörtliche Wiedergabe von schriftsätzlichem Parteivortrag handelt. Übersendet die Geschäftsstelle auf telefonische Beanstandung einer Partei hin eine weitere, vollständig lesbare Urteilsausfertigung, wird hierdurch eine neue Berufungsfrist jedenfalls dann nicht ausgelöst, wenn die Übersendung formlos ohne Empfangsbekenntnis geschieht (LAG Berlin 24. 4. 2003 MDR 2003, 1376; vgl. weiter unten Rn. 11). Die Zustellung erfolgt von Amts wegen. Für die Zustellung des arbeitsgerichtlichen Urteils gilt § 50 mit den daneben anwendbaren Vorschriften der §§ 166 ff. ZPO (vgl. dazu oben § 50 Rn. 1 und 14 ff.). Bei Zustellung mit Empfangsbekenntnis ist zu beachten, dass dieses von dem Prozessbevollmächtigten eigenhändig unterschrieben sein muss. Die Unterzeichnung mit Handzeichen oder durch einen Angestellten reicht nicht (BGH 6. 2. 1985 NJW 1985, 2651; 15. 11. 1988 NJW 1989, 838; ausführlich *E. Schneider* NJW 1998, 1844). Ferner muss dass Datum der Zustellung dem Empfangsbekenntnis entnommen werden können. Bei Fehlen oder Verweigerung der Unterzeichnung des Empfangsbekenntnisses kann der Nachweis des Zugangs allerdings auch auf andere Weise geführt werden. Bei Behörden ist von diesen im Rahmen des § 174 ZPO festzulegen, welche Bediensteten gegen Empfangsbekenntnis Zustellungen entgegennehmen dürfen (BAG 2. 12. 1994 EzA ZPO § 212 a Nr. 6). Anderen Bediensteten kann auf diese Weise nicht zugestellt werden. Eine Zustellung, die im Parteibetrieb erfolgt ist, setzt die Frist nicht in Lauf.

10   Nur eine **wirksame Zustellung** kann die Frist in Gang setzen. Die Zustellung einer unbeglaubigten Abschrift des Urteils erster Instanz ist unwirksam (BAG 23. 7. 1971 AP BGB § 242 Prozessverwirkung Nr. 3). Auch die Zustellung der Ausfertigung eines Urteils, bei dem die Unterschrift eines Richters ohne Angabe des Verhinderungsgrundes ersetzt worden ist, genügt den Erfordernissen nicht (BGH 21. 5. 1980 MDR 1980, 842). Das Gleiche gilt, wenn das Urteil überhaupt nicht verkündet worden ist. Auch das

II. Fristen **§ 66**

Fehlen einer Rechtsmittelbelehrung lässt die Berufungsfrist nicht mit der Zustellung beginnen. Eine nicht vom Gericht unterschriebene Rechtsmittelbelehrung setzt diese Rechtsmittelfrist nicht in Lauf (BAG 6. 3. 1980 AP ArbGG 1979 § 9 Nr. 1; LAG Hamm 7. 2. 1980 BB 1980, 265). Das Gleiche gilt bei einer unvollständigen oder fehlerhaften Rechtsmittelbelehrung (zum notwendigen Inhalt der Rechtsmittelbelehrung siehe § 9 Rn. 37 ff.), sie muss den Parteien Klarheit darüber geben, welches Rechtsmittel gegeben ist, bei welchem Gericht mit Anschrift es einzulegen ist und welche Form und Frist zu beachten sind. Sie braucht sich nicht darauf zu erstrecken, unter welchen Voraussetzungen eine Anschlussberufung möglich ist (BAG 20. 2. 1997 AP Nr. 16 zu § 9 ArbGG 1979). In allen diesen Fällen beginnt aber die Fünf-Monatsfrist nach Verkündung der Entscheidung (dazu unten Rn. 16 ff.).

Nicht jede **Abweichung zwischen Ausfertigung und Urschrift** des Urteils führt zur Unwirksamkeit der Zustellung. Es kommt auf den konkreten Einzelfall an. Eine Zustellung kann daher u. U. wirksam sein, selbst wenn eine Seite in einem Urteil fehlt (LAG Düsseldorf 4. 5. 1988 LAGE ArbGG 1979 § 66 Nr. 4; LAG Berlin 14. 12. 1987 LAGE ArbGG 1979 § 66 Nr. 3; 24. 4. 2003 MDR 2003, 1376). Auch dass die Ausfertigung durch einen unzuständigen Urkundsbeamten der Geschäftsstelle erfolgt ist, führt nicht in jedem Falle zur Unwirksamkeit der Zustellung (vgl. BAG 11. 2. 1985 NJW 1986, 1008). Auslassungen und offenbare Unrichtigkeiten, die gemäß §§ 319, 320 ZPO berichtigt werden können, schließen die Wirksamkeit der Zustellung nicht aus (vgl. BGH 9. 12. 1983 NJW 1984, 1041). Eine Ausnahme gilt nur dann, wenn auf Grund der Unrichtigkeiten die Partei die Notwendigkeit oder aber die Möglichkeit der Berufungseinlegung nicht ordnungsgemäß überprüfen konnte (BGH 21. 5. 1985 NJW 1986, 935, 936; *Schwab/Weth/Schwab* § 66 Rn. 14). Eine **Berichtigung** des Tatbestandes nach § 320 ZPO oder eine Berichtigung des Urteils wegen Schreibfehlern, Rechnungsfehlern und ähnlichen offensichtlichen Unrichtigkeiten gemäß § 319 ZPO beeinflussen grundsätzlich nicht den Beginn und die Dauer der Berufungsfrist. Etwas anderes gilt nur dann, wenn erst durch die Berichtigung die Beschwer entsteht oder aber für die Partei erkennbar wird (BGH 9. 11. 1994 NJW 1995, 1033 – „rechtsmittelfähiger Berichtigungsbeschluss"). Dies kann beispielsweise der Fall sein, wenn der Tenor durch die Berichtigung in sein Gegenteil verkehrt wird oder wenn bei teilweiser Abweisung der Klage eine Berichtigung in eine vollständige Abweisung oder eine vollständige Stattgabe erfolgt. Auch die Berichtigung eines ausgeurteilten Zahlungsbetrages wegen eines Rechenfehlers kann unter Umständen dazu führen, dass erst dann die erforderliche Beschwerdesumme für die beteiligten Parteien erkennbar wird. Das Gleiche gilt, wenn erst durch die Urteilsberichtigung zweifelsfrei erkennbar wird, ob ein Rechtsmittel statthaft ist (BAG 15. 8. 2001 NZA 2002, 112) oder gegen wen das Rechtsmittel zu richten ist, wenn also eine Berichtigung des Rubrums erfolgt ist (BGH 17. 1. 1991 NJW 1991, 1834; zur Frage der Parteiauswechselung siehe OLG Düsseldorf 21. 5. 1990 MDR 1990, 930; *Vollkommer* MDR 1992, 642 m. w. Nachw.). Wird durch den Berichtigungsbeschluss eine Partei ausgewechselt, so beginnt für sie die Berufungsfrist erst zu laufen, wenn ihr das Urteil zugestellt wird (vgl. dazu OLG Düsseldorf vom 21. 5. 1990, MDR 1990, 930). Voraussetzung ist allerdings, dass sie schon am Verfahren beteiligt war, eine neue Partei kann nicht durch Berichtigungsbeschluss in ein Verfahren hereingezogen werden (*Zöller/Gummer/Heßler* § 517 Rn. 6; *Vollkommer* MDR 1992, 642).

Wird innerhalb der Berufungsfrist das Urteil durch ein **Ergänzungsurteil** im Sinne des § 321 ZPO nachträglich ergänzt, beginnt mit der Zustellung dieser nachträglichen Entscheidung der Lauf der Berufungsfrist auch für das zuerst ergangene Urteil von neuem, § 518 ZPO. Ergeht das Ergänzungsurteil nach Ablauf der Berufungsfrist aber vor Ablauf der Berufungsbegründungsfrist des ergänzten Urteils, kann § 518 ZPO nicht angewendet werden. Auch der Lauf der Berufungsbegründungsfrist, die ebenfalls mit der Zustellung des ursprünglichen Urteils beginnt, wird dadurch nicht verändert, die

Regelung des § 518 ZPO kann angesichts des eindeutigen Wortlauts nicht entsprechend angewendet werden (BGH 30. 10. 2008 – III ZB 41/08).

13 Das Gleiche gilt bei einer nachträglichen **Zulassung der Berufung durch Entscheidung** gem. § 64 Abs. 3 a. Diese führt zu einer entsprechenden Ergänzung des Tenors des Urteils, das Urteil mit dem nun vollständigen Tenor muss erneut zugestellt werden, vorher konnten die Parteien nicht davon ausgehen, dass ein Rechtsmittel gegeben wäre.

14 Ist **kein Urteil verkündet** worden, ist eine Berufungseinlegung nicht möglich, es liegt lediglich ein Urteilsentwurf vor (GK-ArbGG/*Vossen* § 66 Rn. 7). Auch durch die spätere Verkündung oder Zustellung der Entscheidung wird die vorher eingelegte Berufung nicht nachträglich zulässig. Dies folgt daraus, dass die bedingte Einlegung von Rechtsmitteln nicht möglich ist (vgl. BAG 13. 8. 1985 AP ArbGG 1979 § 72 a Nr. 22). Die Wiederholung der Einlegung ist notwendig.

15 Ist ein Urteil **zwar verkündet, aber** noch **nicht zugestellt** oder nicht ordnungsgemäß zugestellt worden, ist die Einlegung der Berufung möglich (vgl. dazu BAG 28. 2. 2008 NZA 2008, 660, 661; 16. 4. 2003 DB 2003, 2796). Auch vor dem gesetzlich festgelegten Fristbeginn kann ein Rechtsmittel eingelegt und begründet werden, eine Begründung ist nicht von vornherein ausgeschlossen (BAG 28. 2. 2008 NZA 2008, 660, 661; BGH 24. 6. 1999 NJW 1999, 3269). Nach der **Neufassung von § 66 Abs. 1 Satz 2** in der Fassung des ZPO-RG **beginnt** der Lauf der Berufungs- und der Berufungsbegründungsfrist spätestens mit der **Verkündung der Entscheidung,** wenn bis zu diesem Zeitpunkt keine Zustellung des Urteils in vollständiger Form erfolgt ist. Als der Gesetzgeber die Fünf-Monatsfrist in § 66 Abs. 1 Satz 2 geschaffen hat, war ihm bewusst, dass bei der Verkündung eine Rechtsmittelbelehrung nicht erfolgt und auch nicht vom Gesetz vorgeschrieben ist (vgl. zu dem Problem BAG 28. 10. 2004 AP ArbGG 1979 § 66 Nr. 29; *Schmidt/Schwab/Wildschütz* NZA 2001, 1217, 1218; *Schwab* FA 2003, 258 ff.; *Schwab/Weth/Schwab* § 66 Rn. 11; *Ostrowicz/Künzl/Schäfer* Rn. 486; modifiziert ErfK/ *Koch* § 66 Rn. 12; a. A. *Holthaus/Koch* RdA 2002, 150). Die Bestimmung steht daher im Gegensatz zu § 9 Abs. 5, in dem geregelt ist, dass die Einlegung eines Rechtsmittels bei fehlender oder unrichtiger Rechtsmittelbelehrung nur innerhalb eines Jahres seit Zustellung der Entscheidung zulässig ist. Die **frühere Regelung** in § 64 Abs. 6 i. V. mit § 516 ZPO a. F. regelte, dass die Berufungsfrist bei fehlender oder nicht ordnungsgemäßer Zustellung des Urteils spätestens fünf Monate nach der Verkündung des Urteils begann. Da in diesem Falle in der Regel keine ordnungsgemäße Rechtsmittelbelehrung vorliegen konnte, hatte dies nach der damals herrschenden Auffassung zu Folge, dass dann die Jahresfrist des § 9 Abs. 5 Satz 4 im Anschluss an die Fünf-Monatsfrist des § 516 ZPO a. F. zu laufen begann (BAG 8. 6. 2000 NJW 2000, 3515; 23. 11. 1994 NZA 1995, 655). Mit Ablauf der insgesamt **17 Monate dauernden Frist** begann dann aber nicht die Monatsfrist des § 66 Abs. 1 a. F. zur Einlegung der Berufung. Vielmehr sollte nach Ablauf der Fünf-Monats-Frist des § 516 ZPO a. F. unmittelbar die Jahresfrist des § 9 Abs. 5 Satz 4 beginnen (BAG 16. 11. 2005 NZA 2006, 784 ff.).

16 Die jetzt im Gesetz vorgenommene Bindung auch der Berufungsbegründungsfrist an den Zeitpunkt der Verkündung des erstinstanzlichen Urteils lässt **zweifelhaft** erscheinen, ob die **frühere Auffassung** noch **aufrechterhalten** werden kann (ausführlich zu dem ganzen Problem *Künzl* ZZP 2005, 59 ff., 69 ff.). Das Bundesarbeitsgericht hat diese Auffassung ausdrücklich aufgegeben (BAG 28. 10. 2004 AP ArbGG 1979 § 66 Nr. 29; 16. 12. 2004 EzA ArbGG 1979 § 66 Nr. 39). § 9 Abs. 5 betrifft nur die Fristen für die Einlegung eines Rechtsmittels, nicht für dessen Begründung. Die **Neufassung des § 66 Abs. l Satz 2** regelt aber den Beginn der Begründungsfrist unabhängig von der Einlegung des Rechtsmittels. Wenn man gleichwohl § 9 Abs. 5 weiterhin anwenden wollte, hätte dies zur Folge, dass die Berufungseinlegung noch 17 Monate nach Verkündung der erstinstanzlichen Entscheidung möglich wäre, die Frist zur Begründung aber schon abgelaufen wäre, da hier § 9 Abs. 5 nicht angewandt werden kann (BAG 4. 6. 2003 NZA 2003, 1087, 1088). Dieses Ergebnis ist widersinnig. Dem Gesetzgeber muss bekannt gewesen sein, dass bei Verkündung einer Entscheidung noch keine Rechtsmittelbelehrung erfolgt. Durch die Nichtanpassung des § 9 Abs. 5 an die neue Regelung der Rechtsmittelfristen hat er eine Unklarheit geschaffen, die unter Heranziehung der Gesetzesmaterialien nicht gelöst werden kann, in ihnen findet sich keinerlei Hinweis (BR-Drucks. 536/00 S. 350). Da die Regelung in § 66 Abs. l Satz 2 der Neuregelung in § 520 Abs. 2 ZPO nachgebildet worden ist, kann aber auch auf deren Motive zurückgegriffen werden. Durch die Neuregelung sollten Fehler bei der Fristberechnung verringert werden. Die Zahl der Wiedereinsetzungsgesuche sollte durch eine klare Fristenberechnung zurückgedrängt werden (BR-Drucks. 536/00 S. 242). Zu berücksichtigen ist ferner, dass bei Notwendigkeit einer Berufungseinlegung vor Zustellung des Urteils, z. B. um die Einstellung der Zwangsvollstreckung zu erreichen, nicht eine Fristverlängerung für die Berufungsbegründung mit ungewissem Zeitrahmen nötig ist. Hinzu kommt, dass auch die Begrenzung auf einen Fünf-Monatszeitraum letztlich in den Fällen der nicht rechtzeitigen Zustellung des Urteils eine Beschleunigung der Erledigung des Verfahrens eintritt und damit dem Grundgedanken des § 9 Abs. 1 entsprochen wird. Außerdem sollte in Rechnung gestellt werden, dass nach Ablauf von fünf Monaten davon auszugehen ist, dass ein dann noch nicht mit Tatbestand und Entscheidungsgründen versehenes Urteil als nicht mit Gründen versehen ist; dieser Mangel kann auch nicht mehr nachträglich geheilt werden (dazu GmS OGB 27. 4. 1993 EzA ZPO § 551 Nr. 1 sowie ausführlich unten § 68 Rn. 3). Angesichts dieser Rechtsprechung ist eine 17 Monate dauernde Berufungsmöglichkeit, wie sie nach altem Recht gegeben war wenig sinnvoll. Die Neuregelung nimmt im Grunde diese Rechtsprechung auf. Auch wird die Regelung des § 9 Abs. 5 nicht völlig bedeutungslos, sie hat weiter Gültigkeit für alle anderen Entscheidungen, die mit einem befristeten Rechtsmittel angegriffen werden können, wie dies z. B. bei vielen Beschlüssen im Urteilverfahren der Fall ist, die mit der sofortigen Beschwerde angegriffen werden können. **§ 66 Abs. 1 Satz 2 ist daher lex specialis zu § 9 Abs. 5,** die 12-Monatsfrist dieser Vorschrift kann im Rahmen der Berufungsfrist nicht mehr herangezogen werden (so auch *Schmidt/Schwab/Wildschütz* NZA 2001, 1217, 1218; ferner *Schwab* FA 2003, 258 ff.; *Ostrowicz/Künzl/Schäfer* Rn. 486; GK-ArbGG/*Vossen* § 66 Rn. 39; *Künzl* ZZP 118 (2005) 59, 73 f.; modifiziert ErfK/*Koch* § 66 Rn. 12; a. A. *Holthaus/Koch* RdA 2002, 150; LAG Köln 20. 2. 2003 NZA-RR 2003, 602). Nach Ablauf der Fünf-Monatsfrist beginnt die einmonatige Einlegungsfrist, nach Ablauf von sechs Monaten nach Urteilsverkündung ist das Urteil rechtskräftig. Das Gleiche gilt bei **fehlender oder fehlerhafter Rechtsmittelbelehrung.**

Bei der **Berechnung der Fünf-Monatsfrist** gilt § 222 Abs. 2 ZPO nicht, es ist für das **17** Ende der Frist unerheblich, ob es auf einen Feiertag, Sonnabend bzw. Sonntag fällt (*Zöller/Gummer/Heßler* § 517 Rn. 18; MünchKommZPO/*Rimmelspacher* § 518 Rn. 20), da das Fristende nicht erfordert, dass eine Prozesshandlung vorgenommen wird, es beginnt lediglich die weitere einmonatige Einlegungsfrist. Für den Fristbeginn ist es unerheblich, ob er auf einen Feiertag, Sonnabend bzw. Sonntag fällt (a. A. ohne nähere Begründung und § 222 Abs. 2 ZPO anwendend *Schwab/Weth/Schwab* § 66 Rn. 12; *Baumbach/Hartmann* ZPO § 517 Rn. 13). Erst für die Einlegungsfrist gilt § 222 Abs. 2 ZPO.

Erfolgt die Zustellung des Urteils in vollständiger Form **nach Ablauf von fünf Mona- 18 ten** aber vor Ablauf von sechs Monaten, beginnt nicht eine Einlegungsfrist von einem weiteren Monat. Wie sich aus dem Wortlaut von § 66 Abs. 1 Satz 2 ergibt, beträgt die längstmögliche Einlegungsfrist sechs Monate. Dies gilt grundsätzlich auch bei fehlender oder fehlerhafter Rechtsmittelbelehrung, § 9 Abs. 5 kann auch hier nicht angewendet werden (vgl. *Schwab/Weth/Schwab* § 66 Rn. 9).

2. Berufungsbegründungsfrist

Die Berufungsbegründungsfrist **beträgt** zwei Monate. Beginn und Berechnung der **19** Frist richten sich nach den gleichen Grundsätzen wie die Berechnung der Berufungsfrist (dazu oben Rn. 4 und 9 ff.). Die Begründungsfrist ändert sich auch dann nicht, wenn die Berufung bereits vor Zustellung des Urteils eingelegt wird. Auch dann beginnt sie erst mit dem Zeitpunkt der Urteilszustellung.

20 Im Gegensatz zu der Berufungsfrist handelt es sich bei der Berufungsbegründungsfrist nicht um eine Notfrist. Das bedeutet, dass sie verlängert werden kann (dazu unten Rn. 30 ff.). Eine **Verkürzung** der Frist kommt **grundsätzlich nicht** in Frage, § 224 Abs. 2 ZPO, da es sich um eine gesetzliche Frist handelt, bei der dies nicht besonders bestimmt ist. Auch in den Fällen des Arrestes und der einstweiligen Verfügung kommt eine Verkürzung der Berufungsbegründungsfrist nicht in Frage, da es Sache des Berufungsklägers ist, wegen der Eilbedürftigkeit der Angelegenheit für eine möglichst umgehende Begründung der Berufung zu sorgen.

21 Die Frist wird durch **Einreichung der Berufungsbegründungsschrift** bei dem zuständigen Landesarbeitsgericht gewahrt. Es gelten hier im Wesentlichen die gleichen Grundsätze wie hinsichtlich der Einreichung der Berufungsschrift (dazu oben Rn. 5 bis 8). Durch Einreichung einer versehentlich **nicht unterzeichneten Berufungsbegründungsschrift** kann die Frist nicht gewahrt werden, es sei denn, eine beigefügte beglaubigte Abschrift ist von dem Prozessbevollmächtigten handschriftlich unterzeichnet worden (vgl. BGH 27. 3. 1980 VersR 1980, 765). Keine ausreichende **Unterzeichnung** soll vorliegen, wenn ein Rechtsanwalt oder Verbandvertreter, der nicht zum Kreis der Prozessbevollmächtigten gehört, **mit dem Zusatz „im Auftrag"** oder „i. A." unterzeichnet hat, damit soll lediglich eine Botenfunktion zum Ausdruck gekommen sein (LAG Niedersachsen 17. 11. 1998 DB 1999, 644). Dieser Auffassung kann jedoch nur dann gefolgt werden, wenn sich aus den sonstigen Umständen ergibt, dass von dem Unterzeichner keine Verantwortung für den Inhalt der Begründungsschrift übernommen werden sollte. Dies kann aber durch den Zusatz „i. A." alleine noch nicht nachgewiesen werden, da auch die Fertigung der Begründungsschrift im Auftrag übernommen worden sein könnte.

22 Erfolgt die Übermittlung der Begründungsschrift **per Telefax** oder mit Hilfe neuer Technologien, gelten die gleichen Grundsätze wie bei der Berufungsschrift (dazu § 64 Rn. 68, 68 a und oben Rn. 5). Treten hier **Fehler bei der Übermittlung** auf, ist eine Wahrung der Begründungsfrist nur dann anzunehmen, wenn sich aus den übermittelten Teilen eindeutig ergibt, dass die Rechtsmittelanträge durch die Unterschrift des Prozessvertreters gedeckt sind, dass der Umfang der Anfechtung deutlich wird, und dass hinreichend erkennbar wird, welche Angriffe gegen die erstinstanzliche Entscheidung vorgebracht werden (BAG 27. 1. 2000 AP GG Art. 3 Nr. 281). Werden diese Voraussetzungen eingehalten, kann auch die verstümmelte Übermittlung der Berufungsbegründung für die Einhaltung der Frist ausreichen.

23 Die **Begründung** kann schon **vor Zustellung** des angefochtenen Urteils erfolgen (BAG 28. 2. 2008 NZA 2008, 660, 661; 16. 4. 2003 DB 2003, 2796). Zur Begründung in diesem Fall siehe oben § 64 Rn. 84.

3. Berufungsbeantwortungsfrist

24 Die Regelung der Berufungsbeantwortungsfrist des § 66 Abs. 1 Satz 3 weicht von dem zivilprozessualen Verfahren ab, es steht **nicht im Ermessen des Vorsitzenden** bzw. des Gerichts, ob dem Berufungsbeklagten eine Frist zur schriftlichen Berufungserwiderung gegeben wird oder nicht. Auch ein Verzicht der Parteien auf diese Frist ist nicht möglich, dem Berufungsbeklagten steht nur frei, die Frist nicht einzuhalten unter Inkaufnahme der sich daraus ergebenden prozessualen und materiellen Nachteile. Es besteht keine Pflicht zur Berufungsbeantwortung (*Ostrowicz/Künzl/Schäfer* Rn. 490). Die Beantwortungsfrist dient der Konzentration und Beschleunigung des Berufungsverfahrens (Begründung des Regierungsentwurfs BT-Drucks. 8/1567 S. 20) und der Gewährung des rechtlichen Gehörs. Durch die Frist soll eine zügige Vorbereitung des Berufungs-

verfahrens ermöglicht werden. Wird der Termin zur Verhandlung von dem Landesarbeitsgericht vor Ablauf der Berufungsbeantwortungsfrist festgesetzt, so kann ein Versäumnisurteil gegen den nicht erschienenen Berufungsbeklagten in diesem Termin nicht ergehen, die Berufungsbeantwortungsfrist muss abgewartet werden. Anderenfalls würde dem Berufungsbeklagten die Möglichkeit des rechtlichen Gehörs verkürzt werden. Die Berufungsbeantwortungsfrist gilt allerdings nicht für die **unselbständige Anschlussberufung**, da es sich bei dieser lediglich um einen prozessualen Antrag innerhalb des Berufungsverfahrens und nicht um ein eigenes Rechtsmittel handelt. Bei dieser gilt lediglich die Einlassungsfrist des § 274 Abs. 3 Satz 1 ZPO (a. A. *Schwab/Weth/Schwab* § 66 Rn. 60, der in analoger Anwendung des § 521 Abs. 2 ZPO eine richterliche Fristsetzung für sinnvoll hält).

Die Berufungsbeantwortungsfrist beträgt ebenfalls einen Monat. Für die Berechnung **25** gelten die gleichen Grundsätze wie bei der Berufungsfrist (oben Rn. 4). Die **Frist beginnt** mit der Zustellung der Berufungsbegründung. Dies gilt auch dann, wenn nur die Berufungsbegründung zugestellt wird, ohne dass gleichzeitig eine Terminsanberaumung erfolgt. Die Zustellung der Berufungsbegründung wird nachgewiesen durch Zustellungsurkunde bzw. gemäß § 195 ZPO durch Empfangsbekenntnis (dazu auch oben Rn. 9). Bei handschriftlicher Veränderung des Stempels auf einem Empfangsbekenntnis ist für den Tag der Zustellung der Berufungsbeklagte beweispflichtig, wenn es darauf ankommt, ob die Berufungsbeantwortungsfrist eingehalten worden ist oder nicht.

Mit der Zustellung der Berufungsbegründung ist der Berufungsbeklagte auf die Frist **26** zur Berufungsbeantwortung hinzuweisen, § 66 Abs. 1 Satz 3. Der **Hinweis** darf sich nicht in der bloßen Mitteilung der Berufungsbeantwortungsfrist erschöpfen, vielmehr ist auch auf die Rechtsfolgen hinzuweisen, die bei Versäumung der Frist eintreten können. Insbesondere ist ein Hinweis auf § 67 Abs. 2 ArbGG notwendig. Zwar hat der Hinweis zunächst nur deklaratorischen Charakter, da die Frist selbst nicht durch das Gericht bestimmt werden kann. Die Hinweispflicht kann aber nur dann ihren Sinn erfüllen, wenn gleichzeitig die Parteien auch auf die Folgen der Nichtbeachtung hingewiesen werden (*Lepke* NZA 1986, 186, 187; *Grunsky* § 66 Rn. 7; *Schaub* ArbGV § 51 Rn. 85).

Da es sich auch bei der Berufungsbeantwortungsfrist um eine gesetzliche Frist im **27** Sinne des § 224 Abs. 2 ZPO handelt, ist zwar eine **Verlängerung** möglich, da diese im Gesetz vorgesehen ist, nicht jedoch eine **Abkürzung**, dies wäre eine Beschränkung des rechtlichen Gehörs. Nur die Parteien selbst können eine Abkürzung durch Vereinbarung vornehmen, § 224 Abs. 1 ZPO, einseitig können sie aber nicht auf die Einhaltung der Berufungsbeantwortungsfrist bei einer Ladung verzichten. Erklären sich die Parteien mit einer Abkürzung der Berufungsbeantwortungsfrist im Interesse einer schnellen Terminierung einverstanden, so ist hieran das Gericht gebunden. Bei Nichteinhaltung der verkürzten Frist treten die gleichen Folgen ein wie bei Versäumung der gesetzlichen Frist.

Zweifelhaft ist, ob dies auch in den Verfahren des **Arrestes** und der **einstweiligen** **28** **Verfügung** gilt, die durch Urteil in der ersten Instanz entschieden worden sind. Grundsätzlich ist anerkannt, dass die Einlassungsfrist der §§ 274 Abs. 3 und 520 Abs. 3 ZPO, die auch im arbeitsgerichtlichen Verfahren in zweiter Instanz gilt, nicht eingehalten werden muss (LAG Berlin 20 5. 1985 LAGE BUrlG § 7 Nr. 9; *Baumbach/Hartmann* § 274 Rn. 3). Ihre Einhaltung wäre mit dem Zweck der raschen Verfahrensdurchführung nicht vereinbar. Hieraus wird der Schluss gezogen, dass auch die Berufungsbeantwortungsfrist des § 66 Abs. 1 Satz 3 in diesen Eilverfahren keine Anwendung finden kann (LAG Berlin a. a. O.; *Lepke* a. a. O.; GK-ArbGG/*Vossen* § 66 Rn. 149 ohne nähere Begründung). Dieser Auffassung ist zu folgen, letztlich stellt die Berufungsbeantwortungsfrist des § 66 Abs. 1 Satz 3 nur eine besondere Form der Einlassungsfrist des § 274 ZPO dar. Wenn der Gesetzgeber bei der Schaffung des § 66 Abs. 1 Satz 3 das Problem der Eilverfahren nicht gesehen hat, so ist dies eine gesetzgeberische Lücke, die nach dem Sinn und Zweck dieser besonderen Verfahrensart zu schließen ist. Bei der Abkürzung der Berufungsbeantwortungsfrist im Arrest- und einstweiligen Verfügungsverfahren muss allerdings das Interesse des Antragstellers an einer möglichst schnellen Entscheidung und das Interesse des Antragsgegners an einer sorgfältigen Vorbereitung gegeneinander abgewogen werden. Über die Dauer der Abkürzung kann daher nur im Einzelfall entschieden werden.

29 Über die **Folgen der Nichtbeachtung der Berufungsbeantwortungsfrist** enthält das Gesetz keine ausdrückliche Regelung. Sie hat nur präklusionsrechtliche Folgen im Rahmen des § 67. In § 67 Abs. 4 Satz 1 ist jedoch geregelt, dass gegenüber der ersten Instanz neues Vorbringen grundsätzlich in der Berufungsbeantwortung vorzutragen ist. Verspätetes Vorbringen kann nur unter den Einschränkungen des § 67 Abs. 4 Satz 2 zugelassen werden (BAG 5. 9. 1985 EzA TVG § 4 Tariflohnerhöhung Nr. 7; *Lepke* NZA 1986, 186, 187; *Dütz* RdA 1980, 81, 93; vgl. *Schaub* ArbGV § 51 Rn. 84). Eine Zurückweisung von Vorbringen, das unter Nichteinhaltung der Berufungsbeantwortungsfrist von dem Berufungsbeklagten vorgetragen worden ist, kommt dann nicht in Betracht, wenn der Hinweis nach Abs. 1 Satz 3 nicht erfolgt ist (*Grunsky* § 66 Rn. 7; *Schaub* ArbGV § 51 Rn. 85).

III. Fristverlängerung

1. Antrag

30 Sowohl die Berufungsbegründungsfrist als auch die Berufungsbeantwortungsfrist können auf Antrag jeweils einmal verlängert werden. Wegen des Ausnahmecharakters der Vorschrift und des eindeutigen Wortlauts, ist eine entsprechende Anwendung auf die Frist zur Begründung eines Einspruchs gegen ein in der Berufungsinstanz ergangenes Versäumnisurteil nicht möglich (vgl. dazu im Übrigen § 59 Rn. 29 f.). Bei einer **Anschlussberufung** i. S. § 524 ZPO scheidet eine eigenständige Verlängerung der Begründungsfrist aus (OLG Celle 12. 7. 2002 NJW 2002, 2651; vgl. *Liesching* NJW 2003, 1224). Die Regelung in § 524 Abs. 3 Satz 1 ZPO stellt eine zwingende Bindung an die Anschlussschrift her, die durch die Verlängerungsmöglichkeit nach Abs. 1 Satz 4 nicht aufgehoben wird. Der Antrag muss durch einen nach § 11 Abs. 4 **zugelassenen Vertreter schriftlich** gestellt werden. Er muss eindeutig sein, die Bitte des Berufungsklägers, die Berufungsbegründung bis zu einem bestimmten Zeitpunkt noch ergänzen zu können, ist nicht als Antrag auf Verlängerung der Berufungsbegründungsfrist anzusehen (BGH 10. 7. 1990 NJW 1990, 2628). In dem Antrag muss enthalten sein, für welchen Zeitraum die Fristverlängerung begehrt wird (BAG 29. 9. 1972 DB 1973, 288). Fehlt diese Angabe, kann der Antrag zurückgewiesen werden. Wird jedoch gleichwohl dem Antrag stattgegeben und setzt das Landesarbeitsgericht seinerseits eine Frist fest, so ist dieser Verlängerungsbeschluss wirksam.

31 Der Antrag auf Verlängerung der Berufungsbegründungsfrist **setzt voraus,** dass eine **Berufung bereits eingelegt** ist. Zwar beginnen sowohl die Berufungsfrist als auch die Frist zu ihrer Begründung unabhängig voneinander zu laufen, es widerspricht aber der Natur der Sache, eine Frist für die Begründung eines Rechtsmittels zu verlängern, wenn dieses gar nicht eingelegt ist (*Kramer* MDR 2003, 434, 436). Wird daher zunächst nur ein Antrag auf Gewährung von Prozesskostenhilfe für die Einreichung einer Berufung gestellt, kann eine Verlängerung der bereits laufenden Begründungsfrist selbst dann nicht erfolgen, wenn innerhalb der laufenden Berufungsfrist noch nicht über das Prozesskostenhilfegesuch entschieden ist. Erfolgt die Entscheidung erst nach Ablauf der Frist, bleibt nur die Möglichkeit eines Wiedereinsetzungsantrages (*Kramer* a. a. O., insbes. S. 437). Der Antrag ist vor Ablauf der Frist zu stellen.

32 Weiterhin sind die **Gründe** (dazu unten Rn. 40) für die Fristverlängerung **glaubhaft zu machen,** § 224 Abs. 2 ZPO. Zur Glaubhaftmachung kann sich eine Partei neben den in

III. Fristverlängerung **§ 66**

§ 294 ZPO genannten Mitteln auch auf eine anwaltliche Versicherung oder auf eine dienstliche Versicherung des Prozessbevollmächtigten berufen, wenn es sich um Tatsachen handelt, die diesem bekannt sind.

2. Entscheidung

Über den Antrag auf Fristverlängerung entscheidet **der Vorsitzende** allein. Es steht ihm frei, ob er die Entscheidung in Form einer Verfügung oder in Form eines Beschlusses trifft. In jedem Fall ist gegen den Beschluss ein Rechtsmittel nicht gegeben, auch eine Überprüfung der rechtlichen Beurteilung durch das Revisionsgericht ist nicht möglich. Allerdings kann bei Verletzung des rechtlichen Gehörs eine Rüge nach § 78 a im Zusammenhang mit der Entscheidung in der Hauptsache in Betracht kommen. Die Entscheidung muss schriftlich erfolgen, sie ist von dem Vorsitzenden mit vollem Namen zu unterzeichnen (vgl. BAG 22. 2. 1978 AP MTB II § 21 Nr. 3), ein Handzeichen genügt nicht. 33

Die **Entscheidung** über die Fristverlängerung kann auch **nach** deren **Ablauf** wirksam getroffen werden (BAG GS 24. 8. 1979 AP ArbGG 1979 § 66 Nr. 1; BGH GSZ 18. 3. 1982 AP ZPO § 519 Nr. 35). Voraussetzung ist, dass der Antrag auf Fristverlängerung noch innerhalb der Frist bei dem Gericht eingegangen ist. Gegebenenfalls muss sich der Prozessbevollmächtigte vor Fristablauf vergewissern, ob sein Antrag eingegangen ist (vgl. dazu BGH 23. 2. 1983 WM 1983, 478). Konnte er allerdings damit rechnen, dass sein Antrag rechtzeitig bei Gericht eingehen würde, kann in der fehlenden Erkundigung kein Verschulden gesehen werden, so dass Wiedereinsetzung in den vorigen Stand gegen die Versäumung der Frist zu gewähren ist (BAG 10. 9. 1985 NZA 1986, 107). 34

Eine **Anhörung** der Gegenseite vor Fristverlängerung ist **nicht erforderlich**, § 225 ZPO (vgl. aber BVerfG 9. 12. 1999 NJW 2000, 945). Der Sonderfall des § 225 Abs. 2 ZPO kann nicht vorliegen, da die Fristen zur Berufungsbegründung bzw. zur Berufungsbeantwortung nur jeweils einmal verlängert werden dürfen. 35

Die **Entscheidung** über die Fristverlängerung ist den Parteien **formlos mitzuteilen**, in der Regel erfolgt dies schriftlich, jedoch ist auch eine telefonisch ausgesprochene Verlängerung wirksam (BGH 23. 1. 1985 NJW 1985, 1558, 1559; 22. 10. 1997 NJW 1998, 1156). Es empfiehlt sich im Interesse der Eindeutigkeit das Ende der Frist **datumsmäßig zu bestimmen**. Wird die Fristverlängerung nach Wochen oder Monaten zugesprochen, beginnt die Frist der Verlängerung mit dem Ende der vorangegangenen Frist zu laufen. Stimmt die dem Antragsteller vom Gericht mitgeteilte Fristverlängerung für die Berufungsbegründung bzw. Berufungsbeantwortung nicht mit der in dem Beschluss des Vorsitzenden der Kammer überein, so kann sich der Antragsteller **grundsätzlich auf die** Übereinstimmung mit der **Urschrift** verlassen, maßgeblich ist der objektive Inhalt (BGH 30. 4. 2008 NJW-RR 2008, 1162 f.; BAG 16. 1. 1979 AP BetrVG 1972 § 38 Nr. 5). Das Vertrauen auf die gewährte Fristverlängerung besteht auch dann, wenn eine Frist über den in dem Antrag genannten Zeitpunkt hinaus verlängert worden ist. Auch diese Frist darf voll ausgenutzt werden (BAG 26. 1. 1962 NJW 1962, 1413; 16. 1. 1979 BB 1979, 1772). Erfolgt die **Fristverlängerung** „antragsgemäß", hat sich das Gericht den Fristverlängerungsantrag zu Eigen gemacht. Dieser gilt dann für die Dauer der Frist, auch wenn eine unrichtige Berechnung zu Grunde liegt (BGH 30. 4. 2008 NJW-RR 2008, 1162 f.). Da bei einer solchen art der Fristverlängerung immer Probleme entstehen können, sollte sie in der Praxis nicht vorgenommen werden. 36

Über die **Dauer der Fristverlängerung** enthält § 66 Abs. 1 keine ausdrückliche Bestimmung, die Regelung des § 74 Abs. 1 Satz 3 kann nicht entsprechend angewendet werden. Zu berücksichtigen ist aber, dass im arbeitsgerichtlichen Verfahren der besondere Beschleunigungsgrundsatz des § 9 Abs. 1 Satz 1 gilt. Diesem Beschleunigungsgrundsatz würde es widersprechen, wenn man eine unbegrenzte Fristverlängerung für möglich halten würde. Aus der Tatsache, dass in § 66 Abs. 1 Berufungsfrist und Berufungsbeant- 37 wortungsfrist auf jeweils einen Monat festgelegt worden sind und dass der Gesetzgeber eine mehrmalige Fristverlängerung nicht zugelassen hat, wird ebenfalls deutlich, dass auch in der Berufung das Verfahren besonders beschleunigt werden soll. Eine Verlängerung **über einen Monat** hinaus kann daher **grundsätzlich nicht** in Betracht kommen (ArbGG-*Breinlinger* § 66 Rn. 15; GK-ArbGG/*Vossen* § 66 Rn. 116 a; wohl anders HWK/*Kalb* § 66 ArbGG Rn. 16; *Schwab/Weth/Busemann* § 89 Rn. 12), diese stellt auch nicht den Regelfall der Verlängerungsdauer dar. Vielmehr kann häufig auch eine kürzere Verlängerung ausreichend sein. Eine **längere Dauer** kann aber nur in Betracht kommen, wenn man den Beschleunigungsgrundsatz und die Interessen der beteiligten Parteien berücksichtigt (BAG 16. 7. 2008 DB 2008, 2837). Es müssen erhebliche Gründe von dem Antragsteller geltend gemacht werden. Sie kann beispielsweise dann in Betracht kommen, wenn die Berufung bereits vor Zustellung des vollständigen Urteils eingelegt werden musste, da zum Zwecke der Zwangsvollstreckung eine Kurzausfertigung des noch nicht begründeten Urteils zugestellt wurde und der Berufungskläger auf andere Weise keinen Antrag auf Einstellung der Zwangsvollstreckung als durch Einlegung der Berufung erreichen konnte. In diesem Falle kann eine Verlängerung der Berufungsbegründungsfrist bis zum Ablauf von einem Monat nach Zustellung des vollständig abgesetzten Urteils erfolgen. Eine derartige Fristverlängerung ist auch bestimmt genug, da sich aus den Akten der Tag der Zustellung und damit auch der Endpunkt der verlängerten Berufungsbegründungsfrist ergibt. Eine längere Frist kann auch eingeräumt werden, wenn dies einer rationellen Erledigung (Vergleich) dienlich sein kann. Die Verlängerung wirkt nur für diejenige Partei, die sie beantragt hat.

38 Die Frist zur Berufungsbegründung bzw. zur Berufungsbeantwortung kann nur einmal auf Antrag verlängert werden. Eine **mehrmalige Verlängerung** ist selbst dann **ausgeschlossen,** wenn bei der ersten Verlängerung der Zeitraum von einem Monat noch nicht voll ausgeschöpft oder wenn das erstinstanzliche Urteil immer noch nicht mit Begründung zugestellt worden ist (BAG 13. 9. 1995 NZA 1996, 446; 6. 12. 1994 AP ArbGG 1979 § 66 Nr. 7). Wird gleichwohl eine mehrmalige Fristverlängerung vorgenommen, so kann sich der Antragsteller auf die entsprechenden Entscheidungen des Landesarbeitsgerichts nicht verlassen. Da sich die Parteien vor dem Landesarbeitsgericht durch besondere Prozessvertreter vertreten lassen müssen, kann davon ausgegangen werden, dass diesen die Sonderregelung in § 66 Abs. 1 bekannt ist. Eine Unkenntnis wäre nicht unverschuldet. Ein Vertrauensbestand, der geschützt werden müsste, kann damit nicht bestehen. Die mehrmalige Verlängerung wäre wegen eines Gesetzesverstoßes nichtig (GK-ArbGG/*Vossen* § 66 Rn. 109; *Ostrowicz/Künzl/Schäfer* Rn. 491). Eine innerhalb der verlängerten Frist eingehende Berufungsbegründung bzw. Berufungsbeantwortung wäre damit verspätet. Ein Grund für eine Wiedereinsetzung in den vorigen Stand gegen die Versäumung dieser Frist wird in der Regel nicht gegeben sein können, da hier das Verschulden des Prozessbevollmächtigten der Partei zuzurechnen wäre, § 85 Abs. 2 ZPO.

39 Wird ein Antrag auf Verlängerung der Begründungs- oder der Beantwortungsfrist gestellt, fehlt aber noch eine hinreichende Darlegung der Gründe für die Dauer der Verlängerung und will das Gericht der Partei noch Gelegenheit zur Ergänzung des Vortrags geben, kann dem Antrag zunächst nur teilweise durch Beschluss entsprochen werden. Wird in diesem Falle der Antrag nicht im Übrigen zurückgewiesen, sondern vielmehr ausdrücklich deutlich gemacht, dass es sich nur um einen Teilbeschluss handelt, kann in einem „Schlussbeschluss" über den noch offenen Teil des Antrages befunden werden. Ebenso wie ein Teilurteil möglich ist, ist hier auch eine Teilung hinsichtlich der Dauer der Verlängerung statthaft. Allerdings muss in jedem Falle, auch im negativen, eine Schlussentscheidung erfolgen. In diesem Falle handelt es sich nicht um eine zweimalige Verlängerung, sondern um eine einmalige, die in zwei Teilen erfolgt. Ist allerdings schon vollständig über einen Antrag entschieden und dieser zum Teil zurückgewiesen worden, kann eine nachträgliche Änderung dann nicht mehr erfolgen, wenn die ur-

III. Fristverlängerung § 66

sprüngliche Begründungs- oder Beantwortungsfrist bereits abgelaufen ist. Ist die Frist noch nicht abgelaufen, kann eine entsprechende Verlängerung noch erfolgen, da das Gericht seine Entscheidung noch abändern kann und der Antrag mit der Ergänzung oder Gegenvorstellung als Einheit zu sehen ist.

3. Verlängerungsgründe

Die Verlängerung der Berufungsbegründungsfrist erfordert die Darlegung erheblicher 40 Gründe, die die rechtzeitige Begründung hindern. Diese müssen die Verzögerung der Erledigung des Rechtsstreits unter Berücksichtigung des das arbeitsgerichtliche Verfahren beherrschenden Beschleunigungsgrundsatzes rechtfertigen. Erst wenn von dem Antragsteller die erheblichen Gründe für die Fristverlängerung vorgebracht und ggf. glaubhaft gemacht worden sind, ist Raum für eine Ermessensentscheidung des Gerichts (vgl. BGH 11. 7. 1985 VersR 1985, 972; BVerfG 28. 2. 1989 NJW 1989, 1147 vgl. LAG Berlin 26. 1. 1990 LAGE ArbGG 1979 § 66 Nr. 8). Die Bewertung wird immer einzelfallbezogen erfolgen müssen, da die konkreten Umstände jedes Einzelfalles zu berücksichtigen sind. Nicht gefolgt werden kann der Auffassung, dass die **pauschale Angabe** „Arbeitsüberlastung" oder „Vielzahl gleichzeitig ablaufender Fristen" ausreichend wäre (so wohl aber BAG 4. 2. 1994 EzA ArbGG 1979 § 66 Nr. 17; LAG Rheinland-Pfalz 11. 12. 1995 LAGE ArbGG 1979 § 66 Nr. 16). Eine Verlängerung ist außer in dem Fall der nicht eintretenden Verzögerung nur bei Vorliegen erheblicher Gründe zulässig. Das setzt aber voraus, dass sich der Richter ein Bild über den Verlängerungsgrund machen und diesen gegenüber dem Beschleunigungsgrundsatz und der eintretenden Verzögerung abwägen kann. Das setzt aber eine gewisse Substantiierung der Verlängerungsgründe durch die Partei zumindest dann voraus, wenn Zweifel bestehen, ob die geltend gemachten Gründe tatsächlich vorliegen (so wohl auch BVerfG 12. 1. 2000 NZA 2000, 446; BAG 4. 2. 1994 NZA 1994, 907). Allerdings ist es notwendig einer Partei vor Ablehnung des Verlängerungsantrages **Gelegenheit zur Ergänzung der Begründung** zu geben. Dies folgt aus dem zwingenden Grundsatz der Gewährung rechtlichen Gehörs. Insbesondere wenn sich der Antragsteller auf eine eindeutige Rechtsprechung eines obersten Bundesgerichts verlassen darf oder eine unterschiedliche Handhabung bei den einzelnen Kammern des Landesarbeitsgerichts besteht, kann ein Verlängerungsantrag nicht zurückgewiesen werden, ohne dass vorher eine Gelegenheit zur Ergänzung der Begründung gegeben würde (vgl. BVerfG 12. 1. 2000 NZA 2000, 446 und 556). Bei der Frage der Arbeitsüberlastung oder des Urlaubs eines Prozessbevollmächtigten wird eine ins Einzelne gehende Darstellung nicht verlangt (BAG 27. 9. 1994 NJW 1995, 1446 f.; 20. 10. 2004 AP ArbGG 1979 § 66 Nr. 28; ErfK/*Koch* § 66 Rn. 19), so dass hier Gelegenheit zur Ergänzung des Vorbringens gegeben werden müsste, wenn man dies nicht für ausreichend hält. Die Anhörung des Prozessbevollmächtigten der Partei kann dabei auch telefonisch erfolgen, allerdings muss dann ein entsprechender Vermerk des Richters zu der Akte genommen werden. Die Anhörung muss auch dann erfolgen, wenn der Verlängerungsantrag am letzten Tag der Frist gestellt worden ist, da möglicherweise die Ergänzung der Begründung nicht ein neuer Antrag, sondern lediglich eine Präzisierung des ursprünglichen Antrages ist, so dass die Frist gewahrt bleibt. Im Übrigen dürfen Fragen der Fristverlängerung nicht zu eng betrachtet werden, insbesondere wenn der Terminstand der Kammer ohnehin keine schnelle Terminierung zulässt. **Erhebliche Gründe** im Sinne der Vorschrift können beispielsweise bei entsprechender Darlegung und Berücksichtigung der Umstände des Einzelfalles sein:

– Vergleichsgespräche,
– das **Abwarten einer Grundsatzentscheidung** des Bundesarbeitsgerichts,
– **konkret dargelegte Arbeitsüberlastung** des Prozessbevollmächtigten,
– **Personalschwierigkeiten** in der Kanzlei des Rechtsanwaltes bzw. des Verbandsvertreters,

- noch erforderliche **Rücksprache** mit der Partei, die nicht innerhalb der Begründungsfrist erfolgen könne (BGH 23. 6. 1994 NJW 1994, 2957),
- **Erkrankung** des Bevollmächtigten,
- ein noch nicht beschiedener **Prozesskostenhilfeantrag**,
- der **Umfang oder die Schwierigkeit** einer Rechtssache,
- **zeitaufwändige Recherchen**, Beschaffung von Unterlagen oder Urkunden,
- notwendige **Kontaktaufnahme ins Ausland**.

Kein erheblicher Grund für die Verlängerung einer Frist kann ohne weitere Darlegung gesehen werden:
- wenn der Prozessbevollmächtigte in **Urlaub** gehen will. Im Regelfall hat er dafür zu sorgen, dass für die Zeit seiner Urlaubsabwesenheit ein Vertreter bestellt wird.
- bei Prozessbevollmächtigten, die sich in einer **Anwaltskanzlei mit mehreren Rechtsanwälten** bzw. in einem Verband mit mehreren Verbandsvertretern befinden, wird die Ortsabwesenheit eines Prozessbevollmächtigten allein noch nicht einen Verlängerungsantrag rechtfertigen können,
- bei einer **Vereinbarung** über die Fristverlängerung zwischen den Prozessparteien
- wenn die **Berufung vor Zustellung** des vollständigen Urteils des Arbeitsgerichts eingelegt wird und die Verlängerung nur dazu dient, die Zustellung des vollständig abgefassten Urteils abzuwarten. Hier hätte nämlich der Prozessbevollmächtigte mit der Einlegung des Rechtsmittels zuwarten können. Etwas anderes kann sich allerdings dann ergeben, wenn die frühzeitige Einlegung des Rechtsmittels notwendig war, um ggf. einen Antrag auf Einstellung der Zwangsvollstreckung gemäß § 62 stellen zu können.

41 Grundsätzlich darf sich ein **Prozessbevollmächtigter nicht darauf verlassen**, dass eine Verlängerung der Berufungsbegründungsfrist erfolgen wird. Gerade weil die Bewertung des Grundes für eine Fristverlängerung erhebliche Ermessensspielräume für den Vorsitzenden offen lässt, kann in der Regel kein schützenswertes Vertrauen auf die Verlängerung bestehen. Der Prozessbevollmächtigte muss daher vor Ablauf der Frist bei dem Gericht nachfragen, ob dem Verlängerungsantrag stattgegeben worden ist, damit er ggf. auch bei Zurückweisung des Antrages noch die Begründung fertigen kann. Besteht aber eine Praxis hinsichtlich der Bewertung von Verlängerungsgründen in der höchstrichterlichen Entscheidungspraxis oder im Bereich des angerufenen Landesarbeitsgerichts, kann insoweit ein Vertrauen des Prozessbevollmächtigten auf entsprechende Behandlung seines Antrages bestehen (BAG 27. 9. 1994 NZA 1995, 189; ihm folgend BVerfG 12. 1. 2000 NZA 2000, 446 und 556). Will in diesem Falle der Vorsitzende von der bisherigen Praxis abweichen, muss er hiervon den Prozessbevollmächtigten in Kenntnis setzen, anderenfalls kann dies möglicherweise bei Versäumung der Begründungsfrist einen Antrag auf Wiedereinsetzung in den vorigen Stand wegen Versäumung der Begründungsfrist rechtfertigen (BAG a. a. O.). Dies folgt schon aus dem Grundsatz der Gewährung des rechtlichen Gehörs, der Überraschungsentscheidungen auch auf dem Gebiet des Prozessrechts nicht zulässt. Verfahrensrecht ist insoweit auch nicht Selbstzweck, sondern nur ein Recht, das ein Mittel zur Durchsetzung des materiellen Rechts ist, es hat insoweit eine Hilfsfunktion.

42 Liegt ein erheblicher Grund für die Fristverlängerung nicht vor, kann sie nur dann erfolgen, wenn nach der freien Überzeugung des Vorsitzenden der Rechtsstreit durch sie **nicht verzögert wird**. Eine solche Verzögerung wird regelmäßig bei der Verlängerung der Berufungsbegründungsfrist eintreten, da die Terminierung erst nach Eingang der Berufungsbegründung erfolgt. Dies gilt auch, wenn der Terminsstand der Kammer weit hinausgeschoben ist, da auch dann durch die Verlängerung eine zusätzliche Verzögerung eintreten würde (*Schwab/Weth/Schwab* § 66 Rn. 73; aber GK-ArbGG/*Vossen* § 66 Rn. 118). Hinsichtlich der Verlängerung der Frist zur Berufungsbeantwortung kommt es auf den Terminsstand der Kammer und auf die Notwendigkeit, vorbereitende Maßnah-

IV. Versäumung der Fristen

Die **Versäumung der Berufungsbegründungsfrist** führt dazu, dass eine später eingehende Begründung unbeachtlich ist, der Sachvortrag ist nicht mehr berücksichtigungsfähig (BAG8. 5. 2008 NZA 2008, 1148, 1150). Die Berufung ist gemäß § 522 Abs. 1 ZPO als unzulässig zu verwerfen. Die Verwerfung ergeht durch Beschluss des Vorsitzenden ohne Beteiligung der ehrenamtlichen Richter auch dann, wenn sie nach mündlicher Verhandlung erfolgt. **Vor Verwerfung** der Berufung als unzulässig muss dem Berufungskläger **Gelegenheit zur Stellungnahme** gewährt werden (BAG 15. 8. 1989 NZA 1989, 537; BVerfG 2. 4. 1974 NJW 1974, 1279; 9. 7. 1980 NJW 1980, 2698). Der Verwerfungsbeschluss kann durch das Gericht nicht abgeändert werden, diese Möglichkeit besteht nur, wenn eine Wiedereinsetzung in den vorigen Stand gewährt wird. Trotz der Verwerfung der Berufung als unzulässig ist allerdings die Wiederholung des Rechtsmittels bis zum Ablauf der Berufungsfrist zulässig. Hinsichtlich der Rechtsmittel vgl. oben § 64 Rn. 69 sowie die Erläuterungen zu § 77. Bezüglich der Folgen der **Nichtbeachtung der Berufungsbeantwortungsfrist** vgl. oben Rn. 24. 43

Die **Rechtsmittelfähigkeit des Verwerfungsbeschlusses** richtet sich nach § 522 Abs. 1 ZPO i. V. mit § 77. Die Rechtsbeschwerde ist danach nur zulässig, wenn sie ausdrücklich zugelassen worden ist. Die Zulassung richtet sich nach § 72 (vgl. die Erläuterungen dort). Die Möglichkeit der Nichtzulassungsbeschwerde besteht nicht. 43 a

Werden die Fristen des Abs. 1 nicht eingehalten, ohne dass die Partei bzw. ihren Prozessbevollmächtigten ein Verschulden trifft, kann eine **Wiedereinsetzung in den vorigen Stand** (zu dieser ausführlich mit Rechtsprechungsnachweisen *Gerda Müller* NJW 1993, 681 ff.; 1995, 3224 ff.; 1998, 497 ff.; 2000, 322 ff.; *von Pentz* NJW 2003, 858 ff.) in Betracht kommen. Dies gilt insbesondere auch dann, wenn eine Fristversäumnis auf einem Fehler des Gerichts beruht (BVerfG 26. 2. 2008 NJW 2008, 2167 ff.). Die zivilprozessualen Regelungen der §§ 233 ff. ZPO finden in vollem Umfange auch im arbeitsgerichtlichen Verfahren Anwendung. Hinsichtlich der Voraussetzungen und der Wiedereinsetzungsgründe kann in vollem Umfange auf die einschlägigen Kommentierungen zur ZPO verwiesen werden (vgl. ferner die Ausführungen bei *Schaub* ArbGV § 44 Rn. 17 ff.; GK-ArbGG/*Vossen* § 66 Rn. 121; *Ostrowicz/Künzl/Schäfer* Rn. 429 ff.). Bei der Entscheidung ist zu beachten, dass sich der Antragsteller auf eine eindeutige Rechtsprechung eines obersten Bundesgerichts verlassen darf. Ein Verhalten, dass sich an dieser Rechtsprechung ausrichtet, kann nicht als schuldhaftes Versäumnis angesehen werden. Wird gleichwohl ein Antrag auf Wiedereinsetzung in den vorigen Stand zurückgewiesen, kann darin eine unzumutbare Erschwerung des Zugangs zu den Instanzen angenommen werden (vgl. BVerfG 12. 1. 2000 NZA 2000, 446 und 556; zu diesen Entscheidungen näher *Kreuder* BB 2000, 1348 ff.). Die Anforderungen daran, was der Antragsteller veranlasst haben muss, um die Wiedereinsetzung zu erlangen, dürfen nicht überspannt werden (BVerfG 26. 2. 2008 NJW 2008, 2167 ff.). Über den Antrag auf Wiedereinsetzung in den vorigen Stand entscheidet die Kammer in ihrer vollen Besetzung, nicht der Vorsitzende allein. Die Entscheidung ist auch dann möglich, wenn die Berufung zwischenzeitlich durch rechtskräftigen Beschluss nach § 522 Abs. 1 ZPO wegen Versäumung einer Frist als unzulässig verworfen worden war (BAG 24. 11. 1970 AP ZPO § 233 Nr. 54). Wird die Wiedereinsetzung gewährt, gilt für die Fristeinhaltung § 234 Abs. 1 Satz 2 ZPO. Maßgeblich für den **Fristbeginn** ist die Mitteilung der Entscheidung über die Wiedereinsetzung. Dies gilt auch, wenn Ursache der Fristversäumnis die Mittellosigkeit einer Partei war und ein Antrag auf Prozesskostenhilfe gestellt war. Auch in 44 diesem Falle ist nicht der Zeitpunkt der Mitteilung der Prozesskostenhilfe, sondern der der Mitteilung der gewährten Wiedereinsetzung maßgeblich (BGH 19. 6. 2007 NJW 2007, 3354, 3356). Die für die Rechtsbeschwerde nach § 575 anderslautende Entscheidung des BGH (29. 5. 2008 NJW 2008, 3500) kann wegen der grundsätzlich unterschiedlich geregelten Fristen für Einlegung und Begründung nicht auf die Rechtsbeschwerde des § 92 angewendet werden.

V. Terminsanberaumung

45   Nach Abs. 2 Satz 1 hat die Bestimmung des Termins zur mündlichen Verhandlung **unverzüglich** zu erfolgen. Dies geht der vergleichbaren Bestimmung des § 523 Abs. 1 ZPO vor. Voraussetzung ist allerdings ebenso wie in § 523 Abs. 1 Satz 1 ZPO, dass die Berufung nicht als unzulässig durch Beschluss verworfen worden ist. Die unverzügliche Terminsanberaumung hat sowohl dann zu erfolgen, wenn keine Bedenken gegen die Zulässigkeit der Berufung bestehen als auch in den Fällen, in denen über die Frage der Zulässigkeit erst auf Grund mündlicher Verhandlung entschieden werden soll.

46   Unverzüglich ist nur der Termin anzusetzen, hinsichtlich der Lage des Termins gibt das Gesetz keine Auskunft. Die **Terminsanberaumung** erfolgt durch den Vorsitzenden allein, sie **muss ohne schuldhaftes Zögern** erfolgen. Auch während des Urlaubs bzw. der Krankheit eines Richters muss die Terminsanberaumung durchgeführt werden. Ein sachlich gerechtfertigter Grund, in diesen Fällen von einer Terminierung abzusehen, ist im Regelfall nicht erkennbar. Auch die besondere Schwierigkeit einer Rechtssache oder eine Überlastung der Kammer schließt in diesem Zusammenhang die Terminierung nicht aus. Etwas anderes gilt nur dann, wenn der Richter vor Durchführung der mündlichen Verhandlung bereits gemäß § 55 Abs. 4 eine Beweisaufnahme durchführen lassen will oder die Einholung amtlicher Auskünfte für erforderlich hält. Der bloße Wunsch des Richters, bei den Terminierungen selbst eine Gewichtung der Rechtsstreitigkeiten vornehmen zu können, rechtfertigt die Hinauszögerung nicht.

47   Vor Terminsanberaumung muss in jedem Falle die **Berufungsbegründung vorliegen.** Nur wenn diese rechtzeitig bei Gericht eingegangen ist, kann beurteilt werden, ob die Berufung überhaupt zulässig ist oder nicht. Der Eingang der Berufungsbeantwortung ist im Regelfall nicht erforderlich, da das Berufungsverfahren vor dem Landesarbeitsgericht kein schriftliches Vorverfahren kennt (GK-ArbGG/*Vossen* § 66 Rn. 151; *Grunsky* § 66 Rn. 9), allerdings ist die Länge der Beantwortungsfrist zu berücksichtigen, ebenso die Ladungsfrist des § 217 ZPO. Die Lage des Termins bestimmt der Vorsitzende nach seinem Ermessen, allerdings ist er auf Grund der Sonderregelung des § 64 Abs. 8 gehalten, Berufungen in Bestandsschutzstreitigkeiten vorrangig zu erledigen (dazu § 64 Rn. 132).

48   Die **Terminsladung** hat **von Amts wegen** durch Zustellung zu erfolgen, Rechtsanwälte und Verbandsvertreter können im Wege vereinfachter Zustellung gemäß § 195 ZPO geladen werden. Die Ladung sollte für den Berufungsbeklagten den Hinweis enthalten, dass sich die Parteien vor dem Landesarbeitsgericht durch eine der in § 11 Abs. 2 genannten Personen vertreten lassen müssen, obwohl die frühere zwingende Vorschrift des § 520 Abs. 3 Satz 2 ZPO a. F. durch das ZPO-RG aufgehoben worden ist. Die **Einlassungsfrist** beträgt im Berufungsverfahren ebenso wie im normalen zivilprozessualen Verfahren gemäß § 523 Abs. 2 ZPO in Verbindung mit § 274 Abs. 3 ZPO mindestens zwei Wochen vorbehaltlich der Sonderregelung bezüglich der Berufungsbeantwortungsfrist (dazu oben Rn. 24). Die Sondervorschrift des § 47 findet auf das Berufungsverfahren keine Anwendung, eine entsprechende Verweisung in § 64 Abs. 7 fehlt. Die **Ladungsfrist** für die Parteien beträgt eine Woche, § 217 ZPO. Eine Abkürzung der Einlassungs- und der Ladungsfrist ist gemäß § 226 Abs. 1 ZPO möglich. Die Abkürzung erfolgt durch Entscheidung des Vorsitzenden, diese muss den Parteien mit der Ladung mitgeteilt werden. Die Abkürzung kann grundsätzlich nur auf Grund eines

entsprechenden Antrags seitens einer der Parteien erfolgen. In Rechtsstreitigkeiten, die einen **Arrest** bzw. den Erlass einer **einstweiligen Verfügung** zum Gegenstand haben, ist regelmäßig in der Einlegung des entsprechenden Rechtsmittels gegen die arbeitsgerichtliche Entscheidung der Antrag zu sehen, die Einlassungs- und Ladungsfristen abzukürzen. Etwas anderes gilt dann, wenn die das Rechtsmittel einlegende Partei die ihr zur Verfügung stehenden Fristen zur Einlegung und Begründung des Rechtsmittels voll ausgeschöpft hat. In diesem Fall lässt sie durch ihr eigenes Verhalten erkennen, dass sie eine besonders schnelle Erledigung des Verfahrens nicht für notwendig erachtet. Allerdings kann der Rechtsmittelbeklagte gesondert einen entsprechenden Abkürzungsantrag stellen. Erfolgt die Abkürzung erst nach erfolgter Terminierung, muss zusammen mit der Entscheidung über die Terminsverlegung auch die Entscheidung über die Abkürzung der Fristen den Parteien zugestellt werden.

§ 67 Zulassung neuer Angriffs- und Verteidigungsmittel

(1) Angriffs- und Verteidigungsmittel, die im ersten Rechtszug zu Recht zurückgewiesen worden sind, bleiben ausgeschlossen.

(2) ¹Neue Angriffs- und Verteidigungsmittel, die im ersten Rechtszug entgegen einer hierfür nach § 56 Abs. 1 Satz 2 Nr. 1 oder § 61a Abs. 3 oder 4 gesetzten Frist nicht vorgebracht worden sind, sind nur zuzulassen, wenn nach der freien Überzeugung des Landesarbeitsgerichts ihre Zulassung die Erledigung des Rechtsstreits nicht verzögern würde oder wenn die Partei die Verspätung genügend entschuldigt. ²Der Entschuldigungsgrund ist auf Verlangen des Landesarbeitsgerichts glaubhaft zu machen.

(3) Neue Angriffs- und Verteidigungsmittel, die im ersten Rechtszug entgegen § 282 Abs. 1 der Zivilprozessordnung nicht rechtzeitig vorgebracht oder entgegen § 282 Abs. 2 der Zivilprozessordnung nicht rechtzeitig mitgeteilt worden sind, sind nur zuzulassen, wenn ihre Zulassung nach der freien Überzeugung des Landesarbeitsgerichts die Erledigung des Rechtsstreits nicht verzögern würde oder wenn die Partei das Vorbringen im ersten Rechtszug nicht aus grober Nachlässigkeit unterlassen hatte.

(4) ¹Soweit das Vorbringen neuer Angriffs- und Verteidigungsmittel nach den Absätzen 2 und 3 zulässig ist, sind diese vom Berufungskläger in der Berufungsbegründung, vom Berufungsbeklagten in der Berufungsbeantwortung vorzubringen. ²Werden sie später vorgebracht, sind sie nur zuzulassen, wenn sie nach der Berufungsbegründung oder der Berufungsbeantwortung entstanden sind oder das verspätete Vorbringen nach der freien Überzeugung des Landesarbeitsgerichts die Erledigung des Rechtsstreits nicht verzögern würde oder nicht auf Verschulden der Partei beruht.

Übersicht

	Rn.
I. Allgemeines	1, 2
II. Die Zurückweisung bei Nichtbeachtung einer gesetzten Frist, Abs. 2	3–10
1. Neue Angriffs- und Verteidigungsmittel	3–6
2. Die Fristsetzung in erster Instanz	7
3. Ermessensspielraum	8–10
a) Verzögerung der Erledigung des Rechtsstreits	9
b) Entschuldigung der Verspätung	10
III. Die Zurückweisung wegen Verletzung der allgemeinen Prozessförderungspflicht, Abs. 3	11–16
1. Inhalt der allgemeinen Prozessförderungspflicht	11–13
2. Ermessensspielraum des LAG	14–16
IV. Ausschluss zurückgewiesenen Vorbringens, Abs. 1	17–22
V. Besondere Prozessförderungspflicht in der Berufungsinstanz, Abs. 4	23–33
1. Zeitpunkt des Vorbringens	23
2. Ausnahmen	24–33
VI. Überprüfbarkeit der Zurückweisungsentscheidung	34

I. Allgemeines

1 § 67 erfasst nach der Neuregelung durch das ZPO-RG das in der ersten Instanz zu Recht zurückgewiesene Vorbringen und alle Fallgestaltungen neuen Vorbringens in der Berufungsinstanz. Die Vorschrift dient der Beschleunigung und nicht der Sanktion (BAG 19. 2. 2008 NJW 2008, 2362). Sie tritt an die Stelle von §§ 530 und 531 ZPO und verdrängt diese (BAG 15. 2. 2005 AP ArbGG 1979 § 72 a Divergenz Nr. 50). Die Vorschrift berücksichtigt, dass im arbeitsgerichtlichen Verfahren anders als im Zivilprozess die zweite Instanz in stärkerem Maße eine Tatsacheninstanz ist. § 67 schränkt die Möglichkeit neuen Sachvortrags erheblich ein. Die **Absätze 1 bis 3 stellen einen Bezug zum Vorbringen erster Instanz** her. Demgegenüber betrifft **Abs. 4** allein die Frage der **Verspätung des Vorbringens in der Berufungsinstanz,** hat also keinen unmittelbaren Bezug zu dem Verfahren vor dem Arbeitsgericht. Vorbringen, das nach Abs. 1 bis 3 noch zulässig wäre, kann nach Abs. 4 ausgeschlossen werden. Andererseits kann Vorbringen, das nach Abs. 1 bis 3 zurückgewiesen werden muss bzw. werden kann, nicht über die Bestimmung des Abs. 4 doch noch zugelassen werden. Es besteht eine Abhängigkeit des Abs. 4 von den übrigen Absätzen, nicht jedoch umgekehrt. Abgesehen davon besteht jedoch kein Rangverhältnis der Vorschriften zueinander, das zwingend eine bestimmte Prüfungsfolge für das Gericht vorschreiben würde (*Schaub* ArbGV § 51 Rn. 117 ff.; *Grunsky* § 67 Rn. 2). Es steht dem Landesarbeitsgericht daher frei, Vorbringen entweder nach Abs. 1, 2 oder nach Abs. 3 zurückzuweisen, wobei es von den leichter feststellbaren Voraussetzungen ausgehen kann. Eine kumulative Begründung der Zurückweisungsentscheidung, in der sowohl auf die Voraussetzungen der Abs. 1 als auch auf diejenigen des Abs. 2 oder 3 verwiesen wird, ist nicht möglich.

2 Durch die Möglichkeit der Zurückweisung verspäteten Vorbringens wird das **rechtliche Gehör eingeschränkt.** Dies ist jedoch verfassungsrechtlich unbedenklich, da der Anspruch auf Gewährung rechtlichen Gehörs nicht verletzt ist, wenn der Sachvortrag eines Prozessbeteiligten zur Kenntnis genommen wird, aber aus Gründen des formellen oder materiellen Rechts ganz oder teilweise unberücksichtigt bleibt (BVerfG 15. 11. 1982 NJW 1983, 1307 f.; 16. 3. 1982 NJW 1982, 1453; vgl. 7. 10. 1980 NJW 1981, 271). Die unrichtige Anwendung der Vorschriften kann allerdings das Grundrecht auf rechtliches Gehör, ferner Art. 3 Abs. 1 GG oder Art. 20 GG verletzen (vgl. BVerfG 14. 4. 1987 NJW 1987, 2003; 26. 1. 1995 NJW 1995, 2980; ausführlich dazu unten Rn. 8).

II. Die Zurückweisung bei Nichtbeachtung einer gesetzten Frist, Abs. 2

1. Neue Angriffs- und Verteidigungsmittel

3 Nach Abs. 2 kann nur das Vorbringen neuer Angriffs- und Verteidigungsmittel zurückgewiesen werden. **Nicht** erfasst werden **unstreitiges Vorbringen** sowie **Rechtsausführungen. Angriffs- und Verteidigungsmittel sind** Behauptungen tatsächlicher Art, das Bestreiten von tatsächlichem Vorbringen der Gegenseite, Einwendungen, wie beispielsweise die Geltendmachung der Aufrechnung. Die **Aufrechnung** ist ein Verteidigungsmittel (BGH 30. 5. 1984 BGHZ 91, 293, 303), ihre Geltendmachung im Prozess ist eine Prozesshandlung (*Weth* Zurückweisung, S. 71; *Zöller/Greger* § 145 Rn. 15; *Rosenberg/Schwab/Gottwald* § 105 I 1). Sie ist ein Verteidigungsmittel, da sie eine rechtsvernichtende Einrede darstellt. Soweit die Aufrechnungserklärung in der Berufungsinstanz erfolgt, ist jedoch die Sondervorschrift des § 533 ZPO zu beachten, nach der die darauf gegründete Einwendung nur zuzulassen ist, wenn entweder der Kläger einwilligt oder aber das Gericht die Geltendmachung für sachdienlich hält, § 533 Nr. 1 ZPO. Sind diese Voraus-

II. Die Zurückweisung bei Nichtbeachtung einer gesetzten Frist, Abs. 2 § 67

setzungen nicht gegeben, ist die Aufrechnung nicht zuzulassen. Die Nichtzulassung hindert dann die erneute Geltendmachung der Gegenforderung nicht. § 533 Nr. 2 ZPO beschränkt darüber hinaus kumulativ den Tatsachenvortrag bei Aufrechnung, Klageänderung und Widerklage. Diese Einschränkung rechtfertigt sich, weil in dem zivilprozessualen Verfahren engere Voraussetzungen hinsichtlich des neuen Sachvortrags in der Berufungsinstanz gelten. Für das arbeitsgerichtliche Verfahren stellt § 67 insoweit gegenüber § 529 ZPO die speziellere Regelung dar, sie sieht eine erweiterte Möglichkeit der Heranziehung neuen Sachvortrags vor. § 533 Nr. 2 ZPO wird modifiziert, bei Vorliegen der Voraussetzungen des § 533 Nr. 1 ZPO müssen die weiteren Voraussetzungen des § 67 vorliegen (vgl. ErfK/*Koch* § 67 ArbGG Rn. 1, 2 sowie unten Rn. 7 ff.).

Die **Erklärung der Anfechtung** fällt nicht unter den Begriff der Verteidigungs- oder 4 Angriffsmittel i. S. des § 67 (BAG 9. 11. 1983 BB 1984, 345; GK-ArbGG/*Vossen* § 67 Rn. 34). Die Anfechtungserklärung beispielsweise eines Arbeitsvertrages wegen Irrtums oder arglistiger Täuschung kann von der anfechtungsberechtigten Partei jederzeit innerhalb der materiell-rechtlichen Fristen vorgenommen werden. Etwas anderes gilt dann, wenn die Anfechtungserklärung außerhalb des Verfahrens erfolgt ist und innerhalb des Verfahrens nur die Tatsachenbehauptung aufgestellt wird, dass das Gestaltungsrecht ausgeübt wurde. In diesem Falle handelt es sich um ein Verteidigungsmittel, das innerhalb der durch § 67 gesetzten Fristen geltend zu machen wäre.

Ebenfalls nicht unter den Geltungsbereich des § 67 fällt der Antrag auf **Auflösung des** 5 **Arbeitsverhältnisses** gegen Zahlung einer Abfindung gem. § 9 KSchG. Nach § 9 Abs. 1 Satz 3 KSchG kann dieser Antrag nämlich bis zum Schluss der Letzten mündlichen Verhandlung in der Berufungsinstanz gestellt werden. Er kann auch dann weiterverfolgt werden, wenn die Berufung zurückgenommen wird.

Nicht von § 67 **erfasst wird der Angriff selbst,** wie beispielsweise die Klage und 6 Widerklage (BGH 24. 10. 1984 NJW 1985, 3079, 3080). Auch die Klageänderung fällt nicht hierunter, sie ist nach § 525 ZPO i. V. m. § 263 ZPO zulässig, wenn entweder der Beklagte einwilligt oder aber das Gericht die Klageänderung für sachdienlich hält. Die Klageänderung setzt ein zulässiges Rechtsmittel voraus, mit der Klageänderung kann nicht die Zulässigkeit des Rechtsmittels, beispielsweise die Beschwer, erst geschaffen werden. Wird die Klageänderung zugelassen, kann das zu ihrer Begründung notwendige Tatsachenvorbringen weder nach § 67 Abs. 2 noch nach Abs. 1 oder 3 zurückgewiesen werden (BGH 23. 4. 1986 NJW 1986, 2257 f.), § 533 Nr. 2 ZPO findet keine Anwendung (vgl. oben Rn. 3). Vielmehr gilt in diesem Falle die allgemeine Prozessförderungspflicht des § 56. Für die Erhebung von Klage und Widerklage gilt ähnlich wie bei der Aufrechnung, dass sie nur zuzulassen ist, wenn der Gegner einwilligt oder aber das Gericht sie für sachdienlich hält, § 533 Nr. 1 ZPO. Hält das Gericht sie für sachdienlich, so gilt auch hier die Prozessförderungspflicht des § 56, die Ausschlussmöglichkeiten des § 67 können demgegenüber ebenso wenig angewendet werden wie die Regelung des § 533 Nr. 2 ZPO (oben Rn. 3). Ein **neu in den Rechtsstreit eingeführter prozessualer Anspruch** ist ein selbständiger Angriff. Das gilt auch **für die nachträgliche Klagehäufung in Eventualstellung.** Sie ist wie eine Klageänderung zu behandeln (BGH 15. 1. 2001 NJW 2001, 1210).Von § 67 wird nicht erfasst, wenn neben dem bisherigen Anspruch hilfsweise ein auf einen anderen Lebenssachverhalt gestützter Anspruch geltend gemacht wird (BAG 11. 4. 2006 NZA 2006, 750 f.).

2. Die Fristsetzung in erster Instanz

Die Zurückweisung ist **nur** bei **Fristen** möglich, die nach § 56 Abs. 1 Satz 2 Nr. 1 **oder** 7 nach § 61 a Abs. 3 oder 4 gesetzt worden sind (vgl. dazu oben § 56 Rn. 26 ff. sowie § 61 a Rn. 13). Auf andere Fristen findet § 67 Abs. 1 keine Anwendung. Ist die in erster Instanz nach § 56 Abs. 2 Nr. 1 erfolgte Auflage nicht konkret genug formuliert (LAG Nürnberg 18. 12. 1989 LAGE ArbGG 1979 § 56 Nr. 1) oder ist die Fristsetzung ohne

§ 67 Zulassung neuer Angriffs- und Verteidigungsmittel

Hinweis auf die Folgen der Verspätung erfolgt oder ist der entsprechende Beschluss bzw. die Verfügung vom Vorsitzenden nicht mit vollem Namen unterzeichnet worden, kann § 67 Abs. 2 ebenfalls keine Anwendung finden. Die Belehrungspflicht gilt auch, wenn die Partei anwaltlich vertreten ist. Das Landesarbeitsgericht hat im Einzelnen die Ordnungsgemäßheit der Fristsetzung zu überprüfen, bevor es seine Entscheidung über die Zurückweisung der neuen Angriffs- und Verteidigungsmittel trifft.

3. Ermessensspielraum

8   Ist Tatsachenvortrag verspätet vorgebracht worden und wird durch ihn die Erledigung des Rechtsstreits verzögert und kann die Partei die Verspätung auch nicht entschuldigen, müssen die neuen Angriffs- und Verteidigungsmittel zurückgewiesen werden, ein Ermessensspielraum steht dem Gericht nicht zu. Von Absatz 1 werden nur Angriffs- und Verteidigungsmittel betroffen, die im erstinstanzlichen Verfahren noch nicht vorgetragen worden sind. Unerheblich ist, ob das Arbeitsgericht das Vorbringen als verspätet hätte zurückweisen müssen, entscheidend ist allein, ob sich die Erledigung des Verfahrens vor dem Gericht verzögert oder nicht (dazu BVerfG 26. 1. 1995 NJW 1995, 2980). Voraussetzung ist daher auch, dass der Prozessgegner das Vorbringen bestreitet, unstreitiger Sachvortrag kann nie zu einer Verzögerung der Erledigung des Rechtsstreits führen (LAG Hamm 2. 2. 1995 LAGE ArbGG 1979 § 67 Nr. 3; BGH 31. 8. 1980 NJW 1980, 945; vgl. aber OLG Hamm 10. 2. 2003 MDR 2003, 650). Die Prüfung ist eine reine Frage der Rechtsanwendung. Abs. 2 Satz 1 enthält **zwingendes Recht,** das auch im Interesse der Gegenpartei Gültigkeit hat. Über die Zurückweisung ist von Amts wegen zu entscheiden. Die Entscheidung erfolgt im Urteil, vorher ist zumindest der Partei, deren Vorbringen zurückgewiesen werden soll, Gelegenheit zur Äußerung zu geben (OLG Karlsruhe 29. 11. 1978 NJW 1979, 879; *Weth* Zurückweisung, S. 35 m. w. Nachw.; a. A. OLG Düsseldorf 18. 1. 1985 MDR 1985, 417). Wegen des **Eingriffs in das Grundrecht auf rechtliches Gehör** ist der Partei in jedem Falle Gelegenheit zu geben, ggf. die Verspätung zu entschuldigen. Die Präklusionsvorschriften sind nur dann verfassungsrechtlich verträglich, wenn bei der Feststellung der Verspätung rechtsstaatliche Grundsätze beachtet werden (vgl. BVerfG 21. 2. 1990 NJW 1990, 2373; 1. 4. 1992 NJW 1992, 2556). Ihr Ausnahmecharakter führt zu einer strengeren verfassungsrechtlichen Überprüfung, als dies sonst bei der Anwendung einfachen Rechts der Fall ist (BVerfG 26. 1. 1995 NJW 1995, 2980). Das Gericht muss daher auch ausdrücklich feststellen, dass eine von der Partei zu vertretende Verspätung vorliegt (BVerfG 1. 4. 1992 NJW 1992, 2556). Die Zurückweisung von Sachvortrag ohne vorwerfbares Verhalten einer Partei und den entsprechenden Feststellungen wäre nicht mit dem Anspruch auf Gewährung rechtlichen Gehörs vereinbar (BVerfG 14. 4. 1987 NJW 1987, 2003). Das bedeutet aber gleichzeitig, dass allein das Verhalten der Partei zu der Verspätung geführt haben muss. Ist hierfür noch ein anderer Grund maßgeblich, beispielsweise die Verletzung der richterlichen Fürsorgepflicht, die durch die Neufassung des § 139 ZPO noch gesteigert worden ist, oder sonstige Fehler des Gerichts oder Dritter, die von der Partei nicht zu vertreten sind, ist eine Präklusion ausgeschlossen (vgl. dazu BVerfG a. a. O. sowie 21. 2. 1990 NJW 1990, 2373; 26. 10. 1999 NJW 2000, 945, 946; BGH 9. 6. 2005 NJW 20005, 2624; GK-ArbGG/*Vossen* § 67 Rn. 15). Die Ermittlung der entsprechenden Tatsachen und die Unterlassung der verfassungsrechtlich erforderlichen Anhörung ist immer eine Verletzung des Anspruches auf Gewährung rechtlichen Gehörs, eine entsprechende Entscheidung könnte im Wege der Anhörungsrüge nach § 78 a angegriffen werden (vgl. dazu BVerfG 5. 5. 1987 NJW 1987, 2733; 29. 11. 1990 NJW 1991, 2275; 21. 2. 1990 NJW 1990, 2373).

a) Verzögerung der Erledigung des Rechtsstreits

9   Eine Verzögerung der Erledigung des Rechtsstreits ist dann gegeben, wenn die **Entscheidungsfindung** in der Berufungsinstanz durch das verspätete Vorbringen **hinaus-**

geschoben wird, wenn also bei Berücksichtigung des Vorbringens später entschieden werden würde (OLG Celle 24. 4. 1978 NJW 1979, 377; OLG Frankfurt 23. 6. 1978 NJW 1979, 375; LAG Berlin 7. 5. 1979 EzA ZPO § 528 Nr. 1). Dies erfordert eine genaue Prüfung, ob das Vorbringen schlüssig bzw. erheblich ist und welche beweisrechtlichen Konsequenzen aus ihm folgen. Entscheidend ist allein die Verzögerung in der Berufungsinstanz, nicht jedoch, ob bei rechtzeitigem Vorbringen in der ersten Instanz die Tatsachen bereits in dem Urteil des Arbeitsgerichts hätten berücksichtigt werden können (LAG Hamm 2. 2. 1995 LAGE ArbGG 1979 § 67 Nr. 3). Über die Dauer der Verzögerung lässt sich dem Gesetz nichts entnehmen, der Gesetzgeber hat allein auf die Tatsache der Verzögerung, nicht aber ihre Dauer angestellt (GK-ArbGG/*Vossen* § 66 Rn. 42; *Weth* Zurückweisung S. 254). Eine Verzögerung ist beispielsweise gegeben, wenn die Anberaumung eines weiteren Termins notwendig würde. Im Rahmen seiner Verpflichtung zur Vorbereitung der streitigen Verhandlung muss allerdings der Vorsitzende gegebenenfalls prozessleitende Verfügungen erlassen, Zeugen vorsorglich laden (vgl. BAG 23. 11. 1988 EzA ArbGG 1979 § 67 Nr. 1), amtliche Auskünfte einholen und Ergänzung und Erläuterung des bisherigen Vorbringens verlangen, § 56 Abs. 1. Nur soweit eine vorbereitende Maßnahme nicht möglich ist, kann die Verspätung des Vorbringens ursächlich für die Verzögerung der Erledigung des Rechtsstreites sein. Eilanordnungen braucht hierbei das Gericht im Regelfall nicht zu treffen, es sei denn, durch gerichtsinterne Verzögerungen ist erst die Eilbedürftigkeit der vorbereitenden Handlung entstanden. Meist wird hier auch ein Antrag der Gegenpartei auf Gewährung einer Erklärungsfrist gem. § 283 ZPO in Betracht kommen (dazu LAG Hamm 2. 2. 1995 LAGE ArbGG 1979 § 67 Nr. 3). Keine Verzögerung des Rechtsstreits liegt beispielsweise auch vor, wenn nur Urkunden geringen Umfangs zu Beweiszwecken vorgelegt werden oder wenn früheres Prozessvorbringen ergänzend erläutert wird bzw. Rechtsausführungen erfolgen (BAG 5. 7. 1978 AP BAT 1975 §§ 22, 23 Nr. 7). Anders ist es, wenn die Partei, deren Vorbringen nicht rechtzeitig erfolgt ist, präsente Zeugen zur Verhandlung stellt. Hier kann eine Verspätung mit Verzögerungswirkung vorliegen, wenn die Gegenpartei Vertagung zur Gewährung rechtlichen Gehörs beantragt, z. B. um Rücksprache zu nehmen oder um Gegenbeweismittel anbieten zu können (dazu LAG Köln 2. 6. 1995 LAGE ArbGG 1979 § 67 Nr. 4). Eine Verzögerung liegt ebenfalls vor, wenn eine umfangreiche Beweisaufnahme in dem angesetzten Termin nicht mehr durchgeführt werden kann. Auch hier ist entscheidend, dass die Verzögerung **allein von der Partei zu vertreten** ist. Sobald auch das Gericht oder das Verhalten Dritter, dass der Partei nicht zuzurechnen ist, Ursachen für die Verzögerung gesetzt haben, kann eine Zurückweisung nicht erfolgen. Das bedeutet auch, dass das Gericht bei der Terminierung diese so planen muss, dass notwendige Beweisaufnahmen bereits im ersten Termin durchgeführt werden können. Es wäre eine Verletzung des rechtlichen Gehörs, wenn das Gericht die **Terminsplanung** so gestaltet, dass eine absehbare Beweisaufnahme nicht durchgeführt werden könnte und dass ein weiterer Termin erforderlich werden würde (vgl. BVerfG 26. 8. 1988 NJW 1989, 706).

b) Entschuldigung der Verspätung

Ist eine Verzögerung der Erledigung des Rechtsstreits in der Berufungsinstanz gegeben, ist **vor Zurückweisung** des Vorbringens **festzustellen**, ob die Partei die Verspätung genügend entschuldigen kann. Hierauf ist die Partei vor der Entscheidung hinzuweisen (oben Rn. 8). Hinsichtlich der Entschuldigungsgründe gelten die gleichen Grundsätze wie bei § 56 (dazu oben § 56 Rn. 38 ff.). Die Entschuldigungsgründe sind glaubhaft zu machen, § 294 ZPO (vgl. dazu § 56 Rn. 39).

10

III. Die Zurückweisung wegen Verletzung der allgemeinen Prozessförderungspflicht, Abs. 3

1. Inhalt der allgemeinen Prozessförderungspflicht

11   Durch § 67 Abs. 3 ist klargestellt, dass **die allgemeine Prozessförderungspflicht** des § 282 ZPO auch **im arbeitsgerichtlichen Verfahren gilt**. Nach § 282 Abs. 1 ZPO hat jede Partei in der mündlichen Verhandlung ihre Angriffs- bzw. Verteidigungsmittel so zeitig vorzubringen, wie es nach der Prozesslage einer sorgfältigen und auf Förderung des Verfahrens bedachten Prozessführung entspricht. Es soll verhindert werden, dass die Parteien die Tatsachen nur in einzelnen Teilen vortragen. In welchem Umfang der Sachvortrag erforderlich ist, richtet sich nach der konkreten Prozesslage. Es besteht nicht von vornherein der Zwang, tatsächlich oder rechtlich erschöpfend alles vorzutragen, der Sachvortrag kann auch unter Berücksichtigung prozesstaktischer Erwägungen erfolgen. Der Umfang der Darlegungspflicht hängt auch von dem Verhalten des Prozessgegners ab (*Baumbach/Hartmann* § 282 Rn. 7 ff. m. weit. Nachw.).

12   Nach § 282 Abs. 2 ZPO müssen Anträge sowie Angriffs- und Verteidigungsmittel, auf die der Gegner voraussichtlich ohne vorhergehende Erkundigung keine Erklärung abgeben kann, rechtzeitig durch vorbereitende Schriftsätze mitgeteilt werden. Im arbeitsgerichtlichen Verfahren ist dabei die Sondervorschrift des § 47 Abs. 2 zu beachten, nach der in der Regel eine Aufforderung an den Beklagten, sich auf die Klage schriftlich zu äußern, nicht erfolgt. Auch muss berücksichtigt werden, dass im arbeitsgerichtlichen Verfahren vor der streitigen Verhandlung ein Güteverfahren stattfindet, § 54. Gleichwohl kann § 282 Abs. 2 ZPO dann von Bedeutung sein, wenn das Gericht in der Güteverhandlung oder nach der Güteverhandlung den Parteien die schriftsätzliche Vorbereitung der streitigen Verhandlung aufgegeben hat. Allerdings wird in diesem Zusammenhang die Regelung des § 56 Abs. 1 Nr. 1 vorrangig sein, so dass der Anwendungsbereich des § 282 Abs. 2 ZPO im arbeitsgerichtlichen Verfahren begrenzt ist.

13   Schließlich folgt aus der allgemeinen Prozessförderungspflicht des § 282 Abs. 2 ZPO, dass **Rügen, die die Zulässigkeit der Klage** betreffen, der Beklagte rechtzeitig vor seiner Verhandlung zur Hauptsache vorzubringen hat. Die Zulässigkeitsrüge muss allerdings nicht bereits in der Güteverhandlung erhoben werden, es genügt die Rüge spätestens in der Kammerverhandlung, § 54 Abs. 2 Satz 3.

2. Ermessensspielraum des LAG

14   Verletzt eine Partei ihre Verpflichtungen aus der allgemeinen Prozessförderungspflicht des § 282 Abs. 1 und 2 ZPO, so kann das neue Vorbringen grundsätzlich in der Berufungsinstanz nicht zugelassen werden. Auch diese **Bestimmung ist obligatorisch**, d. h., dem Landesarbeitsgericht steht ein Ermessensspielraum nicht zu, es ist Rechtsanwendung. Insoweit ist die Regelung unterschiedlich zu derjenigen in § 296 Abs. 2 ZPO. Während dort dem Arbeitsgericht hinsichtlich der Zurückweisung des Vorbringens noch ein Ermessensspielraum eingeräumt wird, ist dies im Berufungsrechtszug nicht mehr der Fall. Eine Ausnahme von diesem Grundsatz gilt nur dann, wenn die Zulassung des Vorbringens die Erledigung des Rechtsstreits in der Berufungsinstanz nicht verzögern würde oder wenn die Partei das Vorbringen im ersten Rechtszuge nicht aus grober Nachlässigkeit unterlassen hat. Der Begriff der Verzögerung der Erledigung des Rechtsstreits ist dabei der gleiche wie in Abs. 1 Satz 1 (vgl. dazu oben Rn. 9).

15   Anders als in Abs. 2 Satz 1 sind jedoch die Voraussetzungen hinsichtlich des **Verschuldens an der Verspätung des Vorbringens**. Während nach Abs. 2 Satz 1 eine genügende Entschuldigung der Verspätung bereits die Zulassung ermöglicht, kann nach Abs. 3 die Zurückweisung des Vorbringens dann erfolgen, wenn die Partei das Vorbringen im

ersten Rechtszug aus grober Nachlässigkeit unterlassen hat. Der Begriff der groben Nachlässigkeit stellt dabei andere Anforderungen an den Verschuldensmaßstab. Von einer groben Nachlässigkeit kann nur dann gesprochen werden, wenn die Partei in besonders schwerwiegender Weise ihre Pflichten aus § 282 Abs. 1 und 2 ZPO verletzt hat (BVerfG 30. 1. 1985 NJW 1985, 1149, 1150), es muss dasjenige prozessuale Verhalten unbeachtet geblieben sein, was üblicherweise von jeder Partei hätte erwartet werden können. Eine grobe Nachlässigkeit scheidet dabei aus, wenn die Verspätung durch Fehler seitens des Gerichts verursacht worden ist, beispielsweise dass das Gericht seiner jetzt erweiterten Hinweispflicht aus § 139 ZPO nicht genügt hat, dass es auf rechtliche Probleme nicht hingewiesen hat. Auch fehlerhafte rechtliche Ausführungen des Gerichts in der mündlichen Verhandlung schließen in der Regel die Annahme einer groben Nachlässigkeit bei verspätetem Vorbringen dann aus, wenn dieses von der unrichtigen Rechtsansicht abhängig war. Ein Verschulden ist ferner nicht anzunehmen, wenn die in erster Instanz obsiegende Partei ihr Vorbringen an der Rechtsauffassung des Arbeitsgerichts orientiert. Das Gleiche gilt, wenn Parteien außergerichtliche Vergleichsverhandlungen führen und aus diesem Grunde Sachvortrag verzögert wird. Auch muss das Gericht die aufklärungsbedürftigen Punkte genau bezeichnen. Eine grobe Nachlässigkeit kann dann angenommen werden, wenn die Partei gegen die ihr nach § 138 Abs. 1 ZPO obliegende Wahrheitspflicht verstoßen hat, wenn sie ihren Sachvortrag wesentlich verändert, wenn sie gerichtliche Hinweise nicht beachtet. Prozesstaktische Erwägungen dürfen in diesem Zusammenhang auch nur unter Berücksichtigung der Wahrheitspflicht des § 138 Abs. 1 ZPO entlastend berücksichtigt werden. Auch findet die Berechtigung zur Verfolgung prozesstaktischer Ziele ihre Grenzen dann, wenn das Gericht konkrete Fragen hinsichtlich aufklärungsbedürftiger Tatsachen stellt.

Fehlt es an der groben Nachlässigkeit hinsichtlich der verspätet vorgetragenen Tatsachen, so ist dieser Sachvortrag selbst dann zuzulassen, wenn hierdurch die Erledigung des Rechtsstreits verzögert wurde. Die **Entscheidung** über die Zulassung oder Zurückweisung des Vorbringens erfolgt in dem Urteil in der Hauptsache. Zumindest soweit ein Sachvortrag als verspätet zurückgewiesen wird, ist diese Entscheidung im Einzelnen zu begründen. Die Zulassung verspäteten Vorbringens kann nicht mit der Revision angegriffen werden (BVerfG 26. 1. 1995 NJW 1995, 2980; BAG 19. 2. 2008 NJW 2008, 2362; 20. 4. 1983 AP TVAL II § 21 Nr. 2; 31. 10. 1984 AP TVAL II § 42 Nr. 3), die Präklusionsvorschriften dienen nämlich der Beschleunigung und nicht der Sanktion. Eine einmal eingetretene Verzögerung kann auch nicht rückgängig gemacht werden (ErfK/*Koch* § 67 ArbGG Rn. 10; BVerfG 26. 1. 1995 NJW 1995, 2980). 16

IV. Ausschluss zurückgewiesenen Vorbringens, Abs. 1

Schlüssiger Sachvortrag, der in der ersten Instanz zu Recht zurückgewiesen worden ist, bleibt auch in der zweiten Instanz ausgeschlossen. **Auf eine Verzögerung** der Erledigung des Rechtsstreits in zweiter Instanz **kommt es** hierbei im Gegensatz zu Abs. 2 Satz 1 bzw. zu Abs. 3 **nicht an**. Die Bestimmung des Abs. 1 ist verfassungsgemäß, das gesetzgeberische Ziel, die Konzentration und Beschleunigung des Verfahrens schon in der ersten Instanz durchsetzen zu können, verletzt weder Art. 103 GG noch den Gleichheitsgrundsatz des Art. 3 GG, zumal die Beschleunigungsvorschriften auch verfassungskonform ausgelegt werden können (BVerfG 30. 1. 1985 NJW 1985, 1149, 1150; 7. 10. 1980 NJW 1981, 271 zu § 528 Abs. 3 ZPO a. F.). 17

Der **Geltungsbereich des Abs. 1** erstreckt sich auf alle Fälle der Zurückweisungsmöglichkeit in erster Instanz, insbesondere also auf die Zurückweisungsmöglichkeit nach § 56 Abs. 2, 61 a Abs. 5 sowie § 296 Abs. 2 ZPO. Wird Vorbringen aus anderen Gründen von dem Arbeitsgericht nicht berücksichtigt, so löst dies nicht die Folge des Abs. 1 mit dem Ausschluss in der Berufungsinstanz aus. Hält daher beispielsweise das Arbeits- 18 gericht den Sachvortrag für unschlüssig (BGH 24. 4. 1985 NJW 1985, 1539; GK-ArbGG/*Vossen* § 67 Rn. 23) oder unterlässt es, einen Zeugen zu vernehmen, so kann der entsprechende Sachvortrag unter den übrigen Voraussetzungen des § 67 auch in der zweiten Instanz berücksichtigt werden. Hat eine Partei nach Schluss der mündlichen Verhandlung in erster Instanz neue Tatsachen vorgetragen und versagt das Arbeitsgericht nach § 156 ZPO die Wiedereröffnung der Verhandlung oder gewährt es entgegen § 139 Abs. 5 ZPO keine Frist zur Stellungnahme und lässt demzufolge Tatsachenvortrag unberücksichtigt, § 296a ZPO, so stellt dies ebenfalls keine Zurückweisung des Vorbringens i. S. des Abs. 1 dar, vielmehr kann dieser Sachvortrag auch in der Berufungsinstanz unter den Voraussetzungen des § 67 berücksichtigt werden (BGH 10. 7. 1979 MDR 1979, 1012; 29. 9. 1988 NJW 1989, 716).

19 Schließlich findet Abs. 1 dann **keine Anwendung,** wenn das in erster Instanz ausgeschlossene **Vorbringen unstreitig** ist oder in zweiter Instanz geworden ist (BVerfG 17. 10. 1980 BVerfGE 55, 72, 84 ff.; BGH 31. 1. 1980 BGHZ 76, 133, 141; *Weth* Zurückweisung S. 81 ff. m. weit. Nachw.). Dieses folgt u. a. daraus, dass unstreitiges Vorbringen weder ein Angriffs- noch ein Verteidigungsmittel sein kann, ferner kann ein Richter auch nicht gezwungen werden, bewusst eine unzutreffende Entscheidung zu fällen (dazu näher *Weth* a. a. O. S. 82 f.). Das Gleiche gilt für offenkundige bzw. gerichtsbekannte Tatsachen.

20 Bei der **Entscheidung über den Ausschluss des Tatsachenvortrags** hat das Landesarbeitsgericht in vollem Umfange zu überprüfen, ob das Arbeitsgericht die Verspätungsvorschriften des § 56 Abs. 2, 61a Abs. 5 bzw. des § 296 Abs. 2 ZPO zutreffend angewandt hat; dies folgt aus dem Tatbestandsmerkmal „zu Recht" in Abs. 1. Insbesondere kann das Landesarbeitsgericht nachprüfen, ob tatsächlich eine Verzögerung bei Berücksichtigung des Vorbringens eingetreten wäre und ob diese Verzögerung durch eine vorbereitende Maßnahme des Gerichts nach § 56 Abs. 1 bzw. § 55 Abs. 4 hätte vermieden werden können (vgl. BGH 30. 9. 1986 NJW 1987, 499; GK-ArbGG/*Vossen* § 67 Rn. 24). Auch kann das Landesarbeitsgericht von seinem Standpunkt aus entscheiden, ob die Partei die Verspätung ihres Vorbringens in erster Instanz genügend entschuldigt hat. Zu beachten ist in diesem Zusammenhang, dass die Entschuldigung bereits im Verfahren erster Instanz vorgebracht worden sein muss. Die Entschuldigung kann grundsätzlich in der zweiten Instanz nicht nachgeholt werden (OLG Frankfurt 17. 10. 1978 MDR 1979, 148). Ist allerdings in erster Instanz die Entschuldigung ihrerseits schuldlos unterblieben, beispielsweise weil das Arbeitsgericht der Partei keine Gelegenheit zur Stellungnahme gegeben hat, so ist sie bei verfassungskonformer Auslegung des Abs. 1 auch noch in zweiter Instanz zu berücksichtigen (BVerfG 14. 4. 1987 NJW 1987, 2003).

21 Ist das Vorbringen in erster Instanz zu Recht als verspätet zurückgewiesen worden, besteht für das Berufungsgericht **kein Ermessensspielraum.** Das Vorbringen bleibt auch in zweiter Instanz ausgeschlossen. War die Zurückweisung des Vorbringens durch das Arbeitsgericht nicht gerechtfertigt, kann das Landesarbeitsgericht die Angriffs- und Verteidigungsmittel noch berücksichtigen, wenn die übrigen Voraussetzungen des § 67 Abs. 1 oder 2 dem nicht entgegenstehen (GK-ArbGG/*Vossen* § 67 Rn. 27).

22 Hat das Arbeitsgericht tatsächliches **Vorbringen zugelassen,** obwohl es verpflichtet gewesen wäre, dieses Vorbringen als verspätet zurückzuweisen, so ist hieran das **Landesarbeitsgericht gebunden** (*Grunsky* § 67 Rn. 9; BGH 21. 1. 1981 NJW 1981, 928). Die Zurückweisungsmöglichkeit für das Arbeitsgericht dient nämlich der Konzentration und der Beschleunigung des arbeitsgerichtlichen Verfahrens. Dieses Ziel kann bei einer Zurückweisung in der zweiten Instanz nicht mehr erreicht werden (*Schaub* ArbGV § 51 Rn. 138). Durch Vereinbarung zwischen den Parteien können die Rechtsfolgen des Abs. 1 beseitigt werden. Die Bestimmung dient nicht dem Gericht, sondern dem Interesse der Parteien an einer schnellen Erledigung des Rechtsstreits.

V. Besondere Prozessförderungspflicht in der Berufungsinstanz, Abs. 4

1. Zeitpunkt des Vorbringens

Soweit neuer Sachvortrag in der Berufungsinstanz möglich ist, muss er vom Berufungskläger in der Berufungsbegründungsschrift und vom Berufungsbeklagten in der Berufungsbeantwortung vorgebracht werden. Eine Fristsetzung durch das Landesarbeitsgericht ist angesichts der nach § 66 Abs. 1 Satz 1 und 2 festgelegten Fristen nicht möglich. Es handelt sich insoweit um eine **gesetzliche Ausschlussfrist**. Wird die Frist nicht eingehalten, sind die verspätet vorgebrachten Angriffs- und Verteidigungsmittel zurückzuweisen. Ein Ermessensspielraum steht dem Gericht auch hier nicht zu (so jetzt auch *Ostrowicz/Künzl/Schäfer* Rn. 500). Darüber hinausgehende Konsequenzen ergeben sich aus § 67 Abs. 4 nicht, insbesondere muss die Nichteinhaltung der Berufungserwiderungsfrist nicht in gleicher Weise behandelt werden wie die nicht rechtzeitige Berufungsbegründung (BAG 5. 9. 1985 NZA 1986, 472).

2. Ausnahmen

Von diesem Grundsatz lässt Abs. 4 Satz 2 nur beschränkte Ausnahmen zu. Zuzulassen sind neue Angriffs- und Verteidigungsmittel, die erst **nach der Berufungsbegründung** oder der **Berufungsbeantwortung entstanden** sind. Maßgeblich ist hierbei der Zeitpunkt, in dem die Berufungsbegründung bzw. die Berufungsbeantwortung bei dem Landesarbeitsgericht eingegangen sind, nicht entscheidend ist der Ablauf der Fristen nach § 66 Abs. 1 (wie hier *Schwab/Weth/Schwab* § 67 Rn. 50; a. A. *Schaub* ArbGV § 51 Rn. 125; wohl auch *Ostrowicz/Künzl/Schäfer* Rn. 501). Das Vorbringen ist in diesem Fall auch dann zugelassen, wenn es zu einer Verzögerung der Erledigung des Rechtsstreites führen würde.

Nach der Berufungsbegründung bzw. der Berufungsbeantwortung entstanden sind auch Tatsachen, die erst durch **Ausübung eines Gestaltungsrechtes** durch die Partei entstanden sind, wie dies beispielsweise bei der Erklärung einer Anfechtung, dem Ausspruch einer Kündigung usw. der Fall ist. Hierbei kommt es nicht darauf an, ob die Gestaltungswirkung selbst auch zu einem früheren Zeitpunkt hätte erreicht werden können. Das Gesetz stellt allein auf das Entstehen der Tatsache, nicht jedoch auf eine etwaige Verpflichtung der Partei, das Entstehen auch herbeizuführen, ab (*Schaub* a. a. O.; *Grunsky* § 67 Rn. 10). Mit dieser Regelung hat der Gesetzgeber der Tatsache Rechnung getragen, dass sonst u. U. eine Vollstreckungsabwehrklage gem. § 767 Abs. 2 ZPO in Betracht kommen könnte. Da es allein auf das objektive Entstehen der Tatsachen ankommt, ist die Kenntnis der Partei unerheblich (vgl. BAG 31. 1. 1979 NJW 1980, 141, 143 zu § 767 Abs. 2 ZPO; OLG Düsseldorf 15. 4. 1987 MDR 1987, 682). Hängt das Entstehen der Tatsachen von einer Willenserklärung der Partei ab, so kann dann etwas anderes gelten, wenn sie rechtsmissbräuchlich die Willenserklärung erst nach der Berufungsbegründung bzw. der Berufungsbeantwortung abgibt, um den Rechtsstreit zu verzögern. Auch eine **nachträgliche Klagehäufung**, die wie eine Klageänderung zu behandeln ist (BGH 15. 1. 2001 NJW 2001, 1210), wird von § 67 nicht erfasst, wenn neben dem bisherigen Anspruch hilfsweise ein auf einen anderen Lebenssachverhalt gestützter Anspruch geltend gemacht wird (BAG 11. 4. 2006 NZA 2006, 750 f.).

Angriffs- und Verteidigungsmittel, die bereits früher entstanden waren, sind trotz verspätetem Vorbringen dann zu berücksichtigen, wenn durch sie die **Erledigung** des Rechtsstreites in der Berufungsinstanz **nicht verzögert** würde. Hier gelten die gleichen Grundsätze wie bei Abs. 1 (dazu oben Rn. 12). Nach diesem Grundsatz ist auch dann zu verfahren, wenn zwischen den Parteien streitig ist, ob ein Angriffs- oder Verteidigungsmittel vor oder nach der Berufungsbegründung bzw. der Berufungsbeantwortung entstanden ist und die Ermittlung des zutreffenden Zeitpunktes ebenso viel Zeit benötigen würde wie dies bei einer Berücksichtigung des Vorbringens der Fall wäre (*Schaub* ArbGV § 51 Rn. 125; *Grunsky* § 67 Rn. 10). Ziel des Abs. 2 ist nämlich auch die Beschleunigung und Konzentration des Verfahrens, kann dieses jedoch durch die Zurückweisung des Vorbringens nicht erreicht werden, ist es in jedem Falle zu berücksichtigen.

27   Besonderheiten ergeben sich für **Angriffs- und Verteidigungsmittel, die nach Ablauf der in Abs. 4** genannten Fristen vorgebracht sind in Bezug auf die Vorbereitungspflicht des Gerichtes. Kann das Gericht verspätet benannte Zeugen noch rechtzeitig zum Termin laden, wird eine Verzögerung der Erledigung des Rechtsstreites nicht eintreten können (BAG 23. 11. 1988 NZA 1989, 436; vgl. BGH 10. 11. 1988 NJW 1989, 717). Dies gilt insbesondere dann, wenn nur einfache klar abgrenzbare Streitpunkte in der Beweisaufnahme in einem angemessenen zeitlichen Aufwand zu klären sind (vgl. BGH 9. 11. 1990 NJW 1991, 1181). Etwas anderes gilt aber, wenn nach der Durchführung der Beweisaufnahme der Gegenseite noch Gelegenheit zur Stellungnahme und für den Antritt eines Gegenbeweises gegeben werden müsste (BAG 23. 6. 2005 NZA 2005, 1233). Für das Gericht wird es ebenfalls unzumutbar sein, umfangreiche Beweisaufnahmen im Wege der prozessleitenden Verfügung zu ermöglichen, bei denen zahlreiche Zeugen vernommen und ein umfangreicher Streitstoff aufgeklärt werden müssen (BGH 13. 2. 1980 NJW 1980, 1102; 30. 5. 1984 NJW 1984, 1964). Zu berücksichtigen ist dabei aber, dass das Gericht in diesem Rahmen auch überprüfen muss, ob es ggf. den zeitlichen Rahmen des Termins, der bereits anberaumt ist, noch verändern kann oder nicht, so dass der Verzögerungseffekt nicht eintreten würde (dazu GK-ArbGG/*Vossen* § 67 Rn. 73). Unter Umständen kann auch eine Umterminierung geboten sein (*Vossen* a. a. O.; vgl. zu dem Ganzen auch MünchKomm-ZPO/*Prütting* § 296 Rn. 117). Geringfügige Überschreitungen eines Verhandlungstermins durch eine Zeugenvernehmung sind hierbei zulässig und rechtfertigen nicht die Zurückweisung eines Vorbringens als verspätet. Das Gericht darf auch nicht von vornherein durch knappe Terminierung die Durchführung einer Beweisaufnahme unmöglich machen (BGH 9. 11. 1990 MDR 1991, 518; GK-ArbGG/*Vossen* § 67 Rn. 73). Lediglich unangemessene Überschreitungen des zeitlichen Rahmens würden dies rechtfertigen. Wann eine terminliche Überschreitung unangemessen ist, kann nur nach dem jeweiligen Einzelfall beurteilt werden. Einen Anhaltspunkt mag hierbei geben, dass vor Erlass eines Versäumnisurteils in jedem Falle 15 Minuten auf die säumige Partei gewartet werden muss. Auch ist zu berücksichtigen, dass das Gericht selbst hin und wieder die angesetzte Terminszeit einer Verhandlung überschreitet. Eine Überziehung eines Termins um eine entsprechende Zeitspanne wäre in jedem Falle hinzunehmen.

28   Lädt das Gericht vorsorglich **Zeugen** und bleibt einer der Zeugen unentschuldigt oder entschuldigt dem Termin fern, kann eine Zurückweisung des Vorbringens als verspätet nicht erfolgen (BGH 9. 3. 1981 NJW 1982, 2559; 13. 1. 1987 EzA ZPO § 528 Nr. 3; 19. 10. 1988 NJW 1989, 719). Entscheidend ist nämlich allein, ob das Vorbringen der Partei zu einer Verzögerung der Erledigung des Rechtsstreites führen würde, nicht jedoch, ob durch das Verhalten eines Zeugen, also eines Dritten, diese Verzögerung erst hervorgerufen wird. Bei einer schriftlichen Beantwortung einer Beweisfrage nach § 377 Abs. 3 ZPO bzw. der Einholung amtlicher Auskünfte (§ 55 Abs. 4 Nr. 2 und 3) wird eine Verzögerung der Erledigung des Rechtsstreites in der Regel nicht eintreten können, da diese bereits vor dem Termin durchgeführt werden können. Die Einholung eines Sachverständigengutachtens im Wege einer prozessleitenden Verfügung dürfte in der Regel nicht möglich sein, lediglich im Rahmen des § 56 Abs. 1 Nr. 4 kann vorsorglich ein Sachverständiger zu einer mündlichen Verhandlung geladen werden. Diese Ladung wird allerdings nur dann einen Sinn haben können, wenn der Sachverständige bereits vorher sich mit der entsprechenden Beweisfrage vertraut gemacht haben kann. Die Notwendigkeit der Einholung eines Sachverständigengutachtens wird daher in der Regel zu einer Verzögerung der Erledigung des Rechtsstreites führen.

V. Besondere Prozessförderungspflicht in der Berufungsinstanz, Abs. 4 § 67

Zu einem früheren Zeitpunkt entstandene Tatsachen können berücksichtigt werden, wenn das Landesarbeitsgericht zu dem Ergebnis kommt, dass das verspätete Vorbringen **nicht auf einem Verschulden** der Partei beruht. Der Begriff des Verschuldens ist nicht derjenige des § 67 Abs. 3, eine grobe Nachlässigkeit ist nicht erforderlich. Vielmehr ist ein besonderer Verschuldensmaßstab im Gesetz nicht genannt worden, so dass auch leichte Fahrlässigkeit ausreicht. Die Partei muss sich dabei nicht nur ihr eigenes, sondern auch das Verschulden ihres Prozessvertreters gem. § 85 Abs. 2 ZPO zurechnen lassen (BAG 23. 6. 2005 NZA 2005, 1233; ArbGG-*Breinlinger* § 67 Rn. 24). Soweit Verschulden des Personals des Prozessvertreters eine Rolle spielt, gelten die gleichen Grundsätze wie bei der Wiedereinsetzung in den vorigen Stand gem. §§ 233 ff. ZPO. 29

Für Aufrechnung und Widerklage gilt die **Sonderregelung des § 533 ZPO** (dazu bereits oben Rn. 3). Die **Widerklage** kann regelmäßig erstmalig in der Berufungsinstanz nur im Rahmen einer Anschlussberufung geltend gemacht werden (dazu oben § 64 Rn. 91, 104 ff.). Neben den dort genannten Zulässigkeitsvoraussetzungen ist weiter erforderlich (§ 533 Nr. 1 ZPO), dass die Gegenpartei entweder ihrer Erhebung ausdrücklich zustimmt oder sich doch zumindest rügelos auf sie einlässt. Ist dies der Fall, muss das Gericht die Widerklage zulassen, ein Entscheidungsspielraum steht ihm nicht zu. Fehlt es an dem Einverständnis der Partei, kann das Gericht die Widerklage zulassen, wenn es ihre Erhebung für sachdienlich hält. Zu berücksichtigen wird dabei sein, dass mit der Erhebung der Widerklage der Gegenpartei eine Instanz verloren geht. Eine **Sachdienlichkeit** wird daher in der Regel nur angenommen werden können, wenn damit eine Gesamtbereinigung eines einheitlichen Streitkomplexes erfolgt und auch keine Verzögerung der Erledigung des Rechtsstreits entsteht. Weiter ist sie zulässig, wenn sie auf Tatsachen gestützt werden kann, die ohnehin in der Berufungsinstanz zu berücksichtigen sind. Liegen weder die Voraussetzungen nach § 533 Nr. 1 oder des § 67 ZPO hierbei gelten an Stelle von § 533 Nr. 2 ZPO die Regelungen von § 67 (oben Rn. 6) vor, ist die Widerklage durch Prozessurteil zurückzuweisen. 30

Unter den gleichen Voraussetzungen ist auch eine erst in der Berufungsinstanz erfolgte **Aufrechnung** statthaft, § 533 ZPO. Der Aufrechnung steht die Abrechnung mit Verrechnung von Gegenforderungen gleich. Hierbei ist es für die Anwendung des § 533 ZPO unerheblich, ob die Aufrechnung bereits vorprozessual oder außerhalb des Prozesses erfolgte. Erfasst wird allein die prozessuale Geltendmachung der Erklärung, also die Einführung in den Prozess. Neu ist das Vorbringen dann, wenn es erstmalig in der Berufungsinstanz erfolgt. Ist die Aufrechnung bereits in erster Instanz Gegenstand des Rechtsstreits gewesen aber unberücksichtigt geblieben, liegt keine neue prozessuale Erklärung vor. Dies gilt auch dann, wenn in erster Instanz die Aufrechnung vom Arbeitsgericht für unsubstanziiert gehalten oder als Verteidigungsvorbringen als verspätet zurückgewiesen worden ist oder das Arbeitsgericht sie übersehen hat. 31

Liegt keine Einwilligung oder rügelose Einlassung des Gegners vor, kann das Gericht die Aufrechnung zulassen, wenn sie **sachdienlich** ist. Auch hier steht dem Gericht ein breiter Ermessensspielraum zur Verfügung, bei dem aber auch der Beschleunigungsgrundsatz des § 9 Abs. 1 zu berücksichtigen ist. Die Tatsache, dass die Partei die Aufrechnung bereits in erster Instanz in das Verfahren hätte einführen können, schließt nicht die Zulassung aus, § 533 ZPO ist keine Sanktionsvorschrift für Verletzung der Prozessförderungspflicht. Auch dass dem Gegner möglicherweise eine Instanz genommen werden würde, ist nicht entscheidend. Eine Zulassung könnte aber sachdienlich sein, wenn die der Aufrechnung zugrundeliegenden Tatsachen für das Gericht leicht zu ermitteln sind, in einem engen Zusammenhang mit dem bisherigen Sachvortrag stehen und die Gegenforderung in einem engen Verhältnis zu der geltend gemachten Klageforderung steht. Keiner besonderen Zulassung bedarf es, wenn die Gegenforderung erst nach Ablauf der ersten Instanz fällig geworden oder entstanden ist. Das Gleiche gilt, wenn sie gegenüber einem von einer Partei in der Berufungsinstanz im Wege der Klageer- 32 weiterung geltend gemachten neuen Anspruch erklärt wird. § 533 ZPO setzt für seine Anwendbarkeit voraus, dass die Aufrechnung auch schon in erster Instanz hätte geltend gemacht werden können. Andererseits ist die Sachdienlichkeit einer Aufrechnung aber dann zu prüfen, wenn die Partei sich erst in der Berufungsinstanz die Forderung hat abtreten lassen, mit der sie die Aufrechnung erklärt. Hier wird in der Regel eine Sachdienlichkeit nicht angenommen werden können, da erst die prozessuale Stellung nach Ablauf der ersten Instanz erworben wurde.

33 Schließlich stellt der **Antrag auf Auflösung** des Arbeitsverhältnisses gegen Zahlung einer Abfindung gem. § 9 Abs. 1 KSchG eine weitere Ausnahme dar. Der entsprechende Antrag kann von jeder Partei bis zum Schluss der Letzten mündlichen Verhandlung in der Berufungsinstanz gestellt werden, § 9 Abs. 1 Satz 3 KSchG. Die Stellung dieses Antrages ist selbst dann zulässig, wenn hinsichtlich der Begründetheit weitere Ermittlungen und gegebenenfalls Beweisaufnahmen und damit eine Fortsetzung des Verfahrens notwendig werden sollten.

VI. Überprüfbarkeit der Zurückweisungsentscheidung

34 **Lässt das Landesarbeitsgericht** Angriffs- oder Verteidigungsmittel **zu, so kann dies mit der Revision nicht angefochten werden** (dazu BVerfG 26. 1. 1995 NJW 1995, 2980; BGH 21. 1. 1981 NJW 1981, 928, 26. 2. 1991 NJW 1991, 1896). Überprüfbar ist es aber, wenn das Vorbringen als verspätet zurückgewiesen bzw. nicht berücksichtigt wird. In diesem Falle muss die Entscheidung des Landesarbeitsgerichts begründet werden, das Revisionsgericht kann im Einzelnen überprüfen, ob die rechtlichen Voraussetzungen erfüllt sind, insbesondere ob die Begriffe der „Nachlässigkeit" und der „genügenden Entschuldigung" bzw. des „Verschuldens" richtig angewandt worden sind. Auch kann das Revisionsgericht überprüfen, ob das Arbeitsgericht verspätetes Vorbringen zu Recht zurückgewiesen hat. Hinsichtlich der Tatsachen ist allerdings das Revisionsgericht an die Feststellungen in dem Urteil des Landesarbeitsgerichts gebunden.

§ 67 a *(aufgehoben)*

§ 68 Zurückverweisung

Wegen eines Mangels im Verfahren des Arbeitsgerichts ist die Zurückverweisung unzulässig.

Übersicht

	Rn.
I. Allgemeines	1, 2
II. Die Zurückverweisung wegen eines Verfahrensmangels	3–9
1. Grundsätzlicher Ausschluss des § 538 Abs. 2 Nr. 1 ZPO	3
2. In der Berufungsinstanz nicht korrigierbare Verfahrensmängel	4–9
III. Die Zurückverweisung des § 538 Abs. 2 Nrn. 2 bis 7 ZPO	10–28
1. Die Anwendbarkeit der Vorschrift	10–13
2. Die einzelnen Zurückverweisungsgründe	14–25
a) Verwerfung eines Einspruchs, § 538 Abs. 2 Nr. 2 ZPO	14
b) Prozessurteil, § 538 Abs. 2 Nr. 3 ZPO	15–19
c) Grundurteil, § 538 Abs. 2 Nr. 4 ZPO	20, 21
d) Versäumnisurteil, § 538 Abs. 2 Nr. 6 ZPO	22
e) Teilurteil, § 538 Abs. 2 Nr. 7 ZPO	23–25
3. Die eigene Sachentscheidung nach § 538 Abs. 1 ZPO	26–28

II. Die Zurückverweisung wegen eines Verfahrensmangels § 68

I. Allgemeines

Mit § 68 bezweckt der Gesetzgeber, das arbeitsgerichtliche Verfahren entsprechend 1
dem Grundsatz in § 9 Abs. 1 Satz 1 zu konzentrieren und zu beschleunigen. Die in der ordentlichen Gerichtsbarkeit in § 538 ZPO vorgesehene Möglichkeit der Zurückverweisung an die erste Instanz wird weitgehend eingeschränkt. Der Grundsatz, dass das Berufungsgericht in der Regel in der Sache selbst zu entscheiden hat, wird damit im arbeitsgerichtlichen Verfahren verstärkt. § 68 wird **ergänzt durch** § 65, nach dem eine Berufung nicht auf Mängel des Verfahrens bei der Berufung der ehrenamtlichen Richter oder auf Umstände, die die Berufung eines ehrenamtlichen Richters zu seinem Amt ausschließen, gestützt werden kann.

§ 68 findet auf das **Beschlussverfahren** des § 80 Abs. 1 keine Anwendung, § 91 Abs. 1 2
Satz 2 enthält insoweit eine Sonderregelung. Auf das **Beschwerdeverfahren** des § 78 kann die Vorschrift ebenfalls nicht angewendet werden (GK-ArbGG/*Vossen* § 68 Rn. 29; für das Beschwerdeverfahren nach § 17a Abs. 4 GVG BAG 17. 2. 2003 NZA 2003, 517; LAG Bremen 5. 1. 2006 LAGE ArbGG 1979 § 68 Nr. 9 m. Anm. *Gravenhorst* in juris PR extra 2006, 157 ff.). § 78 verweist auf das Beschwerderecht der Zivilprozessordnung, § 572 Abs. 3 ZPO enthält eine Sondervorschrift hinsichtlich der Zurückverweisung, die auch im arbeitsgerichtlichen Verfahren gilt (vgl. unten § 78 Rn. 35).

II. Die Zurückverweisung wegen eines Verfahrensmangels

1. Grundsätzlicher Ausschluss des § 538 Abs. 2 Nr. 1 ZPO

Die sonst im Zivilprozess dem Berufungsgericht nach § 538 Abs. 2 Nr. 1 ZPO gege- 3
bene Möglichkeit der Zurückverweisung wegen eines dem erstinstanzlichen Gericht unterlaufenen wesentlichen Verfahrensmangels ist durch § 68 ausdrücklich ausgeschlossen. Der Verlust eines mangelfreien Verfahrens vor dem Arbeitsgericht soll durch die Beschleunigung des Verfahrens insgesamt aufgewogen werden. Das Zurückverweisungsverbot gilt daher nicht nur im Interesse der Arbeitnehmer, sondern im Interesse des für alle Parteien geltenden Beschleunigungsgrundsatzes (BAG 4. 12. 1958 AP ArbGG 1953 § 68 Nr. 3 m. Anm. *Pohle* vgl. auch BAG 25. 5. 1960 AP KSchG § 15 Nr. 6). Das **Zurückverweisungsverbot gilt auch bei schwersten Verfahrensfehlern** (ErfK/*Koch* § 68 ArbGG Rn. 2, 3; GK-ArbGG/*Vossen* § 68 Rn. 5; *Grunsky* § 68 Rn. 6). So z. B. bei einer falschen Besetzung des Gerichts (§ 65), einer unzulässigen Alleinentscheidung, einer Entscheidung ohne mündliche Verhandlung (a. A. LAG Sachsen 8. 4. 1997 NZA 1998, 223), einer Tenorierung, die keinen vollstreckbaren Inhalt erkennen lässt, wenn über die gestellten Anträge hinausgegangen wird, wenn streitiges Vorbringen als unstreitig angesehen wird, bei Fehlern in der Verhandlungsführung, bei fehlender Verkündung der Entscheidung, Unterzeichnung durch falschen Richter usw. Bei einem **Scheinurteil** liegt allerdings eine instanzbeendende Entscheidung nicht vor, hier kommt eine echte Zurückverweisung nicht in Betracht, es ist allein das Scheinurteil aufzuheben (vgl. zum Scheinurteil oben § 64 Rn. 8). Hier hätte die Zurückverweisung nur klarstellenden Charakter. Auch die Verletzung des rechtlichen Gehörs nach Art. 103 GG (vgl. BAG 13. 9. 1995 NZA 1996, 446) oder die Nichtbeachtung des Gleichbehandlungsgrundsatzes des Art. 3 GG im prozessualen Verfahren kann die Zurückverweisung nicht rechtfertigen. Das **Fehlen von Entscheidungsgründen** kann ebenfalls eine Zurückverweisung nicht rechtfertigen, das Landesarbeitsgericht hat in diesem Falle selbst die vollständige Sachaufklärung vorzunehmen (BAG 13. 9. 1995 AP ArbGG 1979 § 66 Nr. 12; 24. 4. 1996 AP ArbGG 1979 § 68 Nr. 2). Die Zurückverweisung ist auch ausgeschlossen, wenn zwi-

schen der Verkündung des erstinstanzlichen Urteils und dessen Zustellung mehr als fünf Monate liegen (so schon BAG 24. 2. 1982 NJW 1982, 2792). Zwar ist auch im arbeitsgerichtlichen Verfahren davon auszugehen, dass ein bei Verkündung noch nicht vollständig abgefasstes Urteil dann nicht mit Gründen versehen ist, wenn Tatbestand und Entscheidungsgründe **nicht innerhalb von 5 Monaten** nach Verkündung **schriftlich niedergelegt** und von den Richtern unterschrieben worden sind (GmS OGB 27. 4. 1993 NJW 1993, 2603 Nr. 1 zu § 551 ZPO; BSG 13. 5. 1992 NZA 1993, 240; 6. 5. 1992 NZA 1993, 140; BAG 1. 10. 2003 NZA 2003, 1356 ff; 10. 10. 1990 NZA 1991, 265; 1. 7. 1992 NZA 1992, 1047; BVerfG 15. 9. 2003 NZA 2003, 1355 f.). In diesem Falle kann nicht davon ausgegangen werden, dass die zu spät abgesetzten Entscheidungsgründe noch dasjenige wiedergeben, was bei der Beratung Grundlage der Entscheidung gewesen ist. Gleichwohl ist eine Zurückverweisung ausgeschlossen. Der Gesetzgeber hat durch die Bezugnahme in § 72 Abs. 5 auf § 547 Nr. 6 ZPO nur für den Bereich der Revisionsinstanz eine Zurückverweisungsmöglichkeit geschaffen, § 563 Abs. 1 ZPO. Dies beruht darauf, dass es sich bei der Revisionsinstanz um eine reine Rechtsüberprüfungsinstanz handelt. Aus der Tatsache, dass der Gesetzgeber für die Berufungsinstanz nicht in gleicher Weise eine Zurückverweisungsmöglichkeit geschaffen hat, sondern diese vielmehr durch § 68 ausdrücklich ausgeschlossen hat, wird deutlich, dass auch in den Fällen des Fehlens einer Entscheidungsbegründung das Landesarbeitsgericht in der Sache selbst entscheiden muss. Die Berufung eröffnet eine weitere Tatsacheninstanz, das Landesarbeitsgericht kann selbst die Tatsachen feststellen. Die Parteien verlieren auf diese Weise auch nicht eine Tatsacheninstanz, da in der ersten Instanz verhandelt worden ist, es fehlt lediglich die Würdigung des Vorbringens in den Entscheidungsgründen des Gerichtes. Die Möglichkeit zum Tatsachenvortrag ist nicht beschränkt worden. Auch Verstöße gegen die Vorschriften über die Öffentlichkeit, über die Beratung, des Übergehens streitigen Vorbringens, der Fällung einer Überraschungsentscheidung, der Überschreitung der Grenzen der Parteianträge sowie grobe Verstöße gegen die Aufklärungspflicht des § 139 ZPO rechtfertigen eine Zurückverweisung an das Arbeitsgericht nicht (BAG 24. 4. 1996 NJW 1996, 3430). Das Gleiche gilt ferner, wenn das Arbeitsgericht bewusst streitiges Vorbringen als unstreitig behandelt (a. A. LAG Köln 4. 12. 1985 BB 1986, 464; wie hier GK-ArbGG/*Vossen* § 68 Rn. 8). Das Urteil ist in einem solchen Falle nicht nichtig, sondern verfahrensmäßig nur grob fehlerhaft, der Fehler kann auch in der Berufungsinstanz noch korrigiert werden. Auch die falsche Besetzung der Richterbank führt, sofern nicht bereits durch § 65 eine Berufung darauf nicht gestützt werden kann, nicht zu einer Zurückverweisungsmöglichkeit. Selbst wenn in der Sitzung ein geschäftsverteilungsmäßig unzuständiger Berufsrichter den Vorsitz geführt hat, muss das Landesarbeitsgericht selbst in der Sache entscheiden. Hinsichtlich der **Tenorierung** gilt das zu Rn. 28 Gesagte entsprechend. Zum **unzulässigen Teilurteil** unten Rn. 23 ff.

2. In der Berufungsinstanz nicht korrigierbare Verfahrensmängel

4   Nach einhelliger Meinung gilt eine **Ausnahme** von dem Grundsatz der Unmöglichkeit der Zurückverweisung dann, **wenn ein Verfahrensmangel** vorliegt, der in der Berufungsinstanz **nicht mehr korrigiert werden kann** (LAG Berlin 15. 8. 2003 MDR 2003, 1437, 1438; BAG 26. 6. 2008 NZA 2008, 1204, 1206; *Hauck/Helml* § 68 Rn. 4; GK-ArbGG/ *Vossen* § 68 Rn. 12). Ein solcher Verfahrensfehler liegt z. B. vor, wenn trotz Unterbrechung des Verfahrens ein Urteil verkündet wird (LAG Berlin 15. 8. 2003 MDR 2003, 1437; BAG 26. 6. 2008 NZA 2008, 1204, 1206).

5   Im Gegensatz zu der bis zum 31. 3. 2008 geltenden Rechtslage (zu dieser 6. Aufl. § 68 Rn. 4, 5 m.w. Nachw.) liegt nach der Neuregelung von § 5 Abs. 4 Satz 1 KSchG keine formfehlerhafte Entscheidung vor, wenn das Arbeitsgericht über den Antrag auf **nachträgliche Zulassung der Kündigungsschutzklage** einheitlich mit der Hauptsache durch

Endurteil entscheidet (dazu oben § 64 Rn. 7). Das Gleiche gilt für Befristungsklagen, § 17 TzBfG.

Nach **§ 6 Satz 1 KSchG** kann ein Arbeitnehmer bis zum Schluss der ersten Instanz die Unwirksamkeit einer Kündigung aus anderen Gründen außerhalb der Drei-Wochenfrist des § 4 KSchG geltend machen, wenn er innerhalb der Frist diese Gründe nicht geltend gemacht hat. Nach § 6 Satz 2 KSchG soll das Arbeitsgericht ihn hierauf hinweisen. Zweifelhaft ist, ob das Unterlassen des Hinweises durch das Gericht eine Zurückverweisung erfordert. Der eindeutige Wortlaut des § 6 Satz 1 KSchG könnte dafür sprechen, dass hier die Notwendigkeit der Zurückverweisung anzunehmen, da die Geltendmachung der anderen Gründe nur bis zum Schluss der mündlichen Verhandlung in der ersten Instanz möglich ist (BAG 30. 11. 1961 AP KSchG 1951 § 5 Nr. 3; LAG Frankfurt 31. 7. 1986 LAGE BGB § 130 Nr. 5; LAG Düsseldorf 9. 6. 2004 LAGE KSchG § 4 Nr. 49). Dagegen wird eingewandt, dass durch die Änderung des § 6 KSchG diese Möglichkeit nicht mehr bestehe (KR-*Friedrich* § 6 KSchG Rn. 38; *Raab* RdA 2004, 321, 329; *Bader* NZA 2004, 65, 69; *Bayreuther* ZfA 2005, 391, 398).

Die Vorschrift des § 6 KSchG hat materiellen und nicht prozessualen Charakter, sie erweitert die materielle Frist des § 4 KSchG (*Bayreuther* ZfA 2005, 391, 398). § 6 Satz 2 KSchG regelt einen Fall der prozessualen Hinweispflicht des Gerichts aus § 139 Abs. 2 ZPO. Dieser Hinweis darf sich nicht allein in der Wiedergabe des Wortlauts von § 6 KSchG erschöpfen. Vielmehr muss sich aus dem Sachvortrag der Parteien die Möglichkeit weiterer Unwirksamkeitsgründe ergeben, der Hinweis des Gerichts muss sich dann konkret auf diese beziehen (*Bayreuther* ZfA 2005, 391, 398 m. Fn. 33). Bei Verletzung dieser Pflicht kann eine Rüge nach § 520 Abs. 3 Nr. 2 ZPO mit der Folge der Notwendigkeit der Berücksichtigung im Rahmen des § 67 kann in Betracht kommen (vgl. *Bader* NZA 2004, 65, 69). Auch wenn man davon ausgeht, dass nur weitere Unwirksamkeitsgründe, also weiterer Sachvortrag, geltend gemacht werden können, so ist doch zu beachten, dass dieser Vortrag **nur in der ersten Instanz** möglich ist, § 6 Satz 1 KSchG. Der Fehler kann nicht in der zweiten Instanz korrigiert werden (ErfK/*Kiel* § 6 KSchG Rn. 7; *Schwab/Weth/Schwab* § 68 Rn. 43).

Ein nicht durch das Landesarbeitsgericht korrigierbarer Fehler ist ferner angenommen worden, wenn das Arbeitsgericht ein **streitiges Urteil** verkündet hat, obwohl der Erlass eines **Versäumnisurteils beantragt** worden war. Über den nicht beschiedenen Antrag auf Erlass des Versäumnisurteils kann nur das Arbeitsgericht entscheiden (LAG Rheinland-Pfalz 4. 3. 1997 NZA 1997, 1071).

Kein Fall der Zurückverweisungsmöglichkeit wegen Unkorrigierbarkeit des Fehlers ist gegeben, wenn lediglich das materielle Recht fehlerhaft angewendet worden ist. Ist in einem Kündigungsschutzprozess streitig, ob ein Kläger leitender Angestellter ist oder nicht und kommt das Arbeitsgericht zu dem Ergebnis, dass die Voraussetzungen des § 5 Abs. 3 BetrVG nicht erfüllt sind und erklärt es deshalb eine ausgesprochene Kündigung wegen mangelnder Anhörung des Betriebsrates für unwirksam, so kann das Landesarbeitsgericht keine Zurückverweisung aussprechen, wenn es selbst der Auffassung ist, dass es sich bei dem Kläger um einen leitenden Angestellten handelt, bei dem eine Anhörung des Betriebsrates nicht erforderlich ist (BAG 4. 7. 1978 AP ZPO § 538 Nr. 1). Eine Zurückverweisung ist allerdings möglich, wenn das Arbeitsgericht eine Entscheidung nur gegen einen von mehreren Prozessbeteiligten getroffen hat sowie dann, wenn das gesamte Verfahren des Arbeitsgerichtes nichtig gewesen ist.

III. Die Zurückverweisung des § 538 Abs. 2 Nrn. 2 bis 7 ZPO

1. Die Anwendbarkeit der Vorschrift

Die Anwendung von **§ 538 Abs. 2 Nrn. 2 bis 7 ZPO** wird durch § 68 nicht ausgeschlossen (vgl. *Hauck/Helml* § 68 Rn. 5; GK-ArbGG/*Vossen* § 68 Rn. 19; ErfK/*Koch*

§ 68 ArbGG Rn. 4). Eine Ausnahme gilt für § 538 Abs. 2 Nr. 5 ZPO, da im arbeitsgerichtlichen Verfahren ein Urkunden- oder Wechselprozess nicht geführt werden kann.

11 Die **Entscheidung über die Zurückverweisung** trifft das Landesarbeitsgericht in den Fällen des § 538 Abs. 2 Nr. 2 bis 6 ZPO **nicht von Amts wegen,** ein entsprechender **Antrag** durch eine der Parteien ist erforderlich. Lediglich im Falle des § 538 Abs. 2 Nr. 7 ZPO ist kein Antrag erforderlich. Er kann als Hauptantrag oder hilfsweise (OLG Frankfurt 13. 6. 2003 OLGR 2003, 388) bis zum Schluss der mündlichen Verhandlung in der Berufungsinstanz (ÖLG Saarbrücken 19. 2. 2003 NJW-RR 2003, 573) gestellt werden. Wird er nicht gestellt, muss das Landesarbeitsgericht trotz des Mangels der erstinstanzlichen Entscheidung selbst entscheiden, § 538 Abs. 1 ZPO. Die Parteien haben darüber zu entscheiden, ob sie die zeitliche Verzögerung durch eine Zurückverweisung in Kauf nehmen wollen. Betrifft der Zurückverweisungsgrund einen abtrennbaren Teil des Verfahrens, so kann die zurückverweisende Entscheidung auch nur bezüglich dieses Prozessteils erfolgen, im Übrigen muss das Landesarbeitsgericht eine eigene Sachentscheidung treffen. § 538 Abs. 2 ZPO gilt für alle Rechtsstreitigkeiten, die im Urteilsverfahren auszutragen sind. Die Zurückverweisungsmöglichkeit besteht daher auch in den Verfahren des Arrestes und der Einstweiligen Verfügung, jedoch wird wegen der besonderen Eilbedürftigkeit in diesen Fällen regelmäßig die eigene Sachentscheidung des Landesarbeitsgerichts nach § 538 Abs. 1 ZPO sachdienlich sein.

12 Will das Landesarbeitsgericht einen Rechtsstreit an das Arbeitsgericht zurückverweisen, so hat es die **Entscheidung des Arbeitsgerichts aufzuheben** und im Urteil die Zurückverweisung auszusprechen. Von der Aufhebung ist die gesamte erstinstanzliche Entscheidung betroffen, d. h. auch der Ausspruch über die Kostentragung und die Streitwertfestsetzung sind hinfällig. Die Entscheidung des Landesarbeitsgerichts enthält selbst keine eigene Kostenentscheidung, diese ist der Entscheidung des Arbeitsgerichts nach der Zurückverweisung vorzubehalten. Beruht die Zurückverweisung auf einer fehlerhaften Handlungsweise des Arbeitsgerichts, kann u. U. eine Niederschlagung der Gerichtskosten gem. § 21 GKG in Betracht kommen. Die Entscheidung über die Niederschlagung der Kosten trifft das Berufungsgericht. Durch die Zurückverweisung wird das Verfahren vor dem Arbeitsgericht in vollem Umfange fortgesetzt, die bisher gestellten Anträge behalten ihre Gültigkeit.

13 Das **Arbeitsgericht** ist in analoger Anwendung des § 563 Abs. 2 ZPO an die **Rechtsauffassung des Landesarbeitsgerichts gebunden,** es sei denn, der Tatsachenstoff würde sich noch verändern. Die Bindungswirkung tritt nur für solche Teile der Begründung des Landesarbeitsgerichts nicht ein, die nur anlässlich der Aufhebung und Zurückverweisung erfolgt sind, diese jedoch nicht tragen. Umgekehrt ist allerdings auch das Landesarbeitsgericht an seine Rechtsauffassung gebunden, es sei denn, der Tatsachenvortrag hätte sich verändert oder es hätte vorher in einem anderen Verfahren seine eigene Rechtsauffassung bereits aufgegeben (vgl. dazu für das Revisionsrecht BAG 19. 2. 1997 NZA 1997, 821 ff.). Wegen dieser Bindungswirkung **bedarf das Urteil** des Landesarbeitsgerichts in jedem Falle **einer Begründung,** ein Verzicht auf sie ist selbst dann nicht möglich, wenn unzweifelhaft kein Rechtsmittel eingelegt werden könnte. Das Arbeitsgericht hat unverzüglich nach Zurückverweisung einen Kammertermin anzuberaumen.

2. Die einzelnen Zurückverweisungsgründe

a) Verwerfung eines Einspruchs, § 538 Abs. 2 Nr. 2 ZPO

14 Zurückverwiesen werden kann der Rechtsstreit dann, wenn der Einspruch nach § 341 ZPO als unzulässig verworfen worden ist. Es kommt nicht darauf an, ob dies auf Grund einer mündlichen Verhandlung oder ohne sie erfolgt ist. Das gilt auch, wenn ein Antrag auf Wiedereinsetzung in den vorigen Stand wegen Versäumung der Einspruchsfrist durch Urteil zurückgewiesen worden ist, obwohl dieser begründet war (*Schwab/Weth/Schwab* § 68 Rn. 11). Das Landesarbeitsgericht hat nur zu überprüfen, ob der Einspruch zulässig gewesen ist oder nicht, eine materielle Überprüfung hat in erster Instanz noch überhaupt nicht stattgefunden. Die Vorschrift ist **nicht analog anwendbar,** wenn in einem Kündigungsschutzprozess das Arbeitsgericht der Kündigungsschutzklage wegen mangelnder Anhörung des Betriebsrates stattgegeben hat, ohne die Kündigungsgründe im Einzelnen zu überprüfen (BAG 4. 7. 1978 AP ZPO § 538 Nr. 1). In diesem Fall hat nämlich das Arbeitsgericht in der Sache selbst entschieden. Kommt das Landesarbeitsgericht zu dem Ergebnis, dass eine ordnungsgemäße Anhörung des Betriebsrates vorgelegen hat bzw. nicht erforderlich war, muss es selbst über die Kündigungsgründe entscheiden.

b) Prozessurteil, § 538 Abs. 2 Nr. 3 ZPO

Eine Zurückverweisung kommt ferner dann in Betracht, wenn das Arbeitsgericht nur über die **Zulässigkeit der Klage** entschieden hat. Entscheidend ist, dass die Verneinung der Zulässigkeit tragender Entscheidungsgrund ist. Enthält das Urteil außerdem sachliche Abweisungsgründe, so hindert dies die Zurückverweisung des Rechtsstreits nicht, da diese zusätzlichen Gründe nicht entscheidungserheblich sind. Hauptfälle sind: Fehlen des Feststellungsinteresses, des Rechtschutzbedürfnisses, Unbestimmtheit der Klage, Entscheidung, weil zu Unrecht von einer Klagerücknahme ausgegangen worden ist.

Hat das Arbeitsgericht durch **Zwischenurteil nach** § 280 ZPO über die Zulässigkeit der Klage entschieden, so kommt eine Zurückverweisung des Rechtsstreits nicht in Betracht, wird das Zwischenurteil bestätigt, so muss das Arbeitsgericht in der bei ihm verbliebenen Hauptsache endgültig entscheiden, hält das Landesarbeitsgericht die Klage entgegen der Ansicht des Arbeitsgerichts für unzulässig, so muss es selbst die Klage als unzulässig abweisen, so dass damit der Rechtsstreit insgesamt erledigt ist.

Verneint daher das Arbeitsgericht beispielsweise das Bestehen eines Feststellungsinteresses, so kann das Landesarbeitsgericht, wenn es eine andere Auffassung vertritt, den Rechtsstreit an das Arbeitsgericht zurückverweisen. Unerheblich ist, ob das Arbeitsgericht im Tenor seiner Entscheidung die Klage als unzulässig abgewiesen hat, **allein entscheidend** ist, dass es sich bei der Begründung **nicht materiell mit der Sache befasst** hat oder befassen musste. Hat dagegen das Arbeitsgericht unzulässigerweise offen gelassen, ob die Klage zulässig oder unzulässig ist, und sie als unbegründet abgewiesen, kommt eine Zurückverweisung nicht in Betracht, da in diesem Falle in der Sache selbst entschieden worden ist.

§ 538 Abs. 2 Nr. 3 ist entsprechend anzuwenden, wenn das Arbeitsgericht den Rechtsstreit als beendet angesehen hat, weil es von dem Vorliegen eines wirksamen **Prozessvergleichs** ausgegangen ist (BAG 18. 7. 1969 AP ZPO § 794 Nr. 17 m. Anm. *Schumann*). In diesem Falle hat das Arbeitsgericht nämlich nur aus formellen Gründen den Prozess beendet, ohne in eine sachliche Prüfung über die erhobenen Ansprüche einzutreten. Das Gleiche gilt bei unzutreffender Annahme einer **Erledigungserklärung** durch die Parteien (LAG Hamm 24. 11. 1998 DB 1999, 491). Entsprechend kann die Zurückverweisungsmöglichkeit gegeben sein bei einer Berufung gegen ein **Anerkenntnisurteil,** wenn das Arbeitsgericht irrtümlich vom Vorliegen eines Anerkenntnisses ausgegangen ist, oder aber das Anerkenntnis wirksam widerrufen wird. Auch dann ist nämlich in der Sache selbst nicht entschieden worden, das Urteil ist allein aus prozessualen Gründen ergangen (OLG München 23. 10. 1990 MDR 1991, 795; *Zöller/Gummer/ Heßler* § 538 Rn. 54). Eine Sachentscheidung fehlt auch, wenn das Arbeitsgericht zu Unrecht von einer unzulässigen Klageänderung ausgeht (OLG Koblenz 20. 11. 2003 OLGR 2004, 354, 357) oder sonst sich an einer Prüfung der materiellen Rechtslage gehindert sieht (*Baumbach/Hartmann* § 538 Rn. 11).

Keine Anwendung findet § 538 Abs. 2 Nr. 3 ZPO, wenn das Arbeitsgericht nur eine materielle Anspruchsvoraussetzung für gegeben hält und andere, die möglicherweise zu dem gleichen Erfolg führen könnten, ungeprüft lässt, in diesem Falle hat nämlich das

Arbeitsgericht zur Sache selbst entschieden (BAG 4. 7. 1978 AP ZPO § 538 Nr. 1). Das Gleiche gilt, wenn das Arbeitsgericht wegen Versäumens einer Ausschlussfrist oder wegen Eintritt der Verjährung oder auf Grund von Verwirkung einen Anspruch nicht für gegeben hält.

c) Grundurteil, § 538 Abs. 2 Nr. 4 ZPO

20 Die Zurückverweisung nach § 538 Abs. 2 Nr. 4 ZPO setzt voraus, dass ein **Anspruch nach Grund und Höhe streitig** ist, wobei das erstinstanzliche Gericht zur Höhe nicht Stellung genommen hat. Grundsätzlich genügt es dabei auch, wenn erst im Berufungsverfahren von einer Feststellungsklage zur Leistungsklage übergegangen wird. Im arbeitsgerichtlichen Verfahren dürfte dieser Zurückverweisungsgrund keine Bedeutung haben. Nach § 61 Abs. 3 ist nämlich ein über den Grund des Anspruchs vorab entscheidendes Zwischenurteil wegen der Rechtsmittel nicht als Endurteil anzusehen. Der Rechtsstreit kann damit zulässigerweise nicht in die Berufungsinstanz gelangen. Wird gegen ein Grundurteil i. S. des § 304 ZPO gleichwohl eine Berufung eingelegt, ist sie als unzulässig zu verwerfen, da das Rechtsmittel nicht statthaft ist (*Grunsky* § 68 Rn. 4; vgl. aber BAG 28. 11. 1963 AP ArbGG 1953 § 2 Zuständigkeitsprüfung Nr. 25).

21 Zweifelhaft ist, ob dieser Zurückverweisungsgrund bei einer **Stufenklage** entsprechend anwendbar ist, wenn das Arbeitsgericht die Klage insgesamt abgewiesen hat und das Berufungsgericht seinerseits den Anspruch auf Rechnungslegung für begründet hält, so dass auch über die weiteren Stufen der Klage nach der Rechnungslegung zu entscheiden wäre. Im zivilprozessualen Verfahren ist in diesen Fällen eine Zurückverweisung für zulässig gehalten worden (BGH 22. 5. 1981 NJW 1982, 235; 8. 11. 1978 NJW 1979, 925; *Baumbach/Hartmann* § 538 Rn. 16; a. A. *Grunsky* § 68 Rn. 4). Da es sich in diesem Falle bei der arbeitsgerichtlichen Entscheidung nicht um ein Grundurteil gehandelt hat und im Übrigen auch das Urteil des Landesarbeitsgerichts, das einen Teil der geltend gemachten Ansprüche für begründet erachtet, ein Teilurteil und kein Grundurteil ist, ist auch im arbeitsgerichtlichen Verfahren die Zurückverweisungsmöglichkeit gegeben (LAG Köln 11. 8. 1992 NZA 1993, 864; vgl. BAG 21. 11. 2000 NZA 2001, 1093; *Schwab/Weth/Schwab* § 68 Rn. 19; ErfK/*Koch* § 68 ArbGG Rn. 7, der Bedenken wegen des Beschleunigungseffekts hat). Durch die Zurückverweisung wird nicht die Bestimmung des § 61 Abs. 3 umgangen.

d) Versäumnisurteil, § 538 Abs. 2 Nr. 6 ZPO

22 Diese Zurückverweisungsmöglichkeit betrifft allein **das Zweite Versäumnisurteil**. Ähnlich wie bei § 538 Abs. 2 Nr. 2 ZPO ist auch hier vom Arbeitsgericht in der Sache selbst nicht entschieden worden, das Landesarbeitsgericht kann lediglich überprüfen, ob ein Fall der Versäumung vorgelegen hat oder nicht. Auf unechte Versäumnisurteile findet diese Bestimmung keine Anwendung. Allerdings soll eine Zurückverweisung dann möglich sein, wenn das Arbeitsgericht entgegen § 308 ZPO bei einem Antrag auf Erlass eines Versäumnisurteils durch streitiges Urteil für die den Antrag stellende Partei positiv entscheidet (LAG Rheinland-Pfalz 4. 3. 1997 NZA 1997, 1072).

e) Teilurteil, § 538 Abs. 2 Nr. 7 ZPO

23 Diese durch die Änderung des § 538 ZPO durch das ZPO-RG neu geschaffene Möglichkeit der Zurückverweisung betrifft nur die Fälle, in denen **entgegen § 301 Abs. 1 ZPO** von dem Arbeitsgericht ein **Teilurteil erlassen** worden ist. Der Fall, dass das Arbeitsgericht von dem Erlass eines Teilurteils absieht, § 301 Abs. 2 ZPO, wird nicht erfasst. Die Möglichkeit der Zurückverweisung erfolgt im Gegensatz zu den übrigen auf das arbeitsgerichtliche Verfahren anwendbaren Regelungen **von Amts wegen,** eines Antrages einer Partei bedarf es nicht. Die Zurückverweisung ist jedoch nicht zwingend

III. Die Zurückverweisung des § 538 Abs. 2 Nrn. 2 bis 7 ZPO § 68

geboten, vielmehr kommt sie auch hier nur in Betracht, wenn in erster Instanz eine weitere Verhandlung notwendig ist, § 538 Abs. 1 ZPO.

Erlässt das Arbeitsgericht unzulässigerweise ein **Teilurteil** entgegen der Regelung in § 301 ZPO, gilt zunächst § 538 Abs. 2 Nr. 7 ZPO, der die Zurückverweisung vorsieht. Im arbeitsgerichtlichen Verfahren aber kommt es für die Möglichkeit der Zurückverweisung wiederum darauf an, ob der darin liegende Mangel in zweiter Instanz behoben werden kann oder nicht. Erlässt das Arbeitsgericht ein Teilurteil, ohne dass erkennbar wird, über welchen Anspruch oder welchen Teil eines Anspruchs entschieden worden ist, kann eine Klärung in der Regel auch noch in der Berufungsinstanz erfolgen (vgl. BAG 21. 3. 1978 AP GG Art. 9 Arbeitskampf Nr. 62; 12. 8. 1993 NZA 1994, 133 f.; BGH 12. 7. 1989 BGHZ 108, 256). Demgegenüber wird eine Zurückverweisung für möglich erachtet, wenn in einem arbeitsgerichtlichen Teilurteil ohne Entscheidung über **frühere Beendigungstatbestände** festgestellt wird, dass das Arbeitsverhältnis durch eine bestimmte Kündigung zu einem bestimmten Zeitpunkt nicht aufgelöst worden sei (LAG Düsseldorf 28. 2. 1997 LAGE KSchG § 4 Nr. 35; vgl. LAG Düsseldorf 13. 8. 1987 LAGE BGB § 611 Abmahnung Nr. 8). Dieser Auffassung ist dann zu folgen, wenn durch die Wahl des Teilurteils als Entscheidungsform wirklich offen geblieben ist, ob die vorausgegangenen Beendigungstatbestände tatsächlich nicht von der Entscheidung erfasst worden sein sollten. Im Regelfall ist aber davon auszugehen, dass das Gericht, wenn es über einen späteren Beendigungstatbestand befindet, zumindest inzident auch darüber entschieden hat, dass ein früherer Beendigungstatbestand nicht bereits vorher zu einer Beendigung des Arbeitsverhältnisses geführt hat. Hat das Arbeitsgericht dies ausdrücklich nicht getan, sind die früheren Beendigungstatbestände nicht in der Berufungsinstanz angefallen, das Landesarbeitsgericht könnte über sie nicht befinden, dies wäre allein dem Arbeitsgericht möglich. Die Entscheidung des Arbeitsgerichts müsste in diesem Falle aufgehoben und der Rechtsstreit an das Arbeitsgericht zurückverwiesen werden (so auch LAG Frankfurt 20. 9. 1999 NZA-RR 2000, 418 ff.). Ähnliches gilt für den Fall, wenn das Arbeitsgericht bei einer Abmahnung wegen verschiedener Fehlverhalten des Arbeitnehmers ein Teilurteil nur wegen eines Fehlverhaltens erlässt, über die Wirksamkeit der Abmahnung kann nur einheitlich entschieden werden (LAG Düsseldorf 13. 8. 1987 LAGE BGB § 611 Abmahnung Nr. 8). Die Aufspaltung eines an sich unteilbaren Stoffes ist in der Berufungsinstanz nicht mehr rückgängig zu machen. Ähnlich ist zu verfahren bei einem vom Arbeitgeber nach § 9 KSchG hilfsweise gestellten **Auflösungsantrag**. Über den Feststellungsantrag des Klägers hinsichtlich der Unwirksamkeit der Kündigung und des Fortbestandes des Arbeitsverhältnisses über den Kündigungszeitpunkt hinaus kann positiv nur einheitlich mit dem Hilfsantrag des Arbeitgebers auf Auflösung des Arbeitsverhältnisses entschieden werden (LAG Rheinland-Pfalz 10. 7. 1997 LAGE ArbGG 1979 § 68 Nr. 4; GK-ArbGG/*Vossen* § 68 Rn. 18). Da die Auflösung zum Zeitpunkt der Kündigung erfolgen müsste, könnte nicht die Feststellung des Fortbestandes des Arbeitsverhältnisses über diesen Zeitpunkt hinaus erfolgen. Etwas anderes gilt aber dann, wenn lediglich die Feststellung der Unwirksamkeit der Kündigung ohne den weiteren in die Zukunft gerichteten Teils des Antrags begehrt worden ist. In diesem Falle kann in der Berufungsinstanz ohne Beeinflussung des noch in der ersten Instanz anhängigen Teils des Rechtsstreits entschieden werden, die Auflösung zum Zeitpunkt der Kündigung kann noch erfolgen.

Der Fehler eines unzulässigen Teilurteils kann in der Berufungsinstanz nicht dadurch geheilt werden, dass diese den noch bei dem Arbeitsgericht befindlichen Teil des Rechtsstreits **an sich zieht**. Zwar hat das Bundesarbeitsgericht angenommen (BAG 12. 8. 1993 NZA 1994, 133, 135), dass bei unzulässigem Teilurteil, bei dem nicht erkennbar sei, welche Ansprüchen erfasst sein sollten, eine Zurückverweisung wegen § 68 nicht möglich sei und daher die Berufungsinstanz in der Sache selbst zu entscheiden habe (so wohl auch *Schwab/Weth/Schwab* § 68 Rn. 32). Dabei wird aber übersehen, dass hier ein Teil des Rechtsstreits noch gar nicht in der Berufungsinstanz anhängig geworden ist. Die Unklarheit eines unzulässigen Teilurteils führt nicht zu einem Anwachsen des restlichen Streitstoffs in der Berufungsinstanz. Die Zuständigkeit des Berufungsgerichts kann nicht durch seine eigene Entscheidung begründet werden, dies ist im Gesetz nicht vorgesehen, würde die Grundsätze des gesetzlichen Richters und der Rechtsmittelklarheit verletzen.

3. Die eigene Sachentscheidung nach § 538 Abs. 1 ZPO

26   Nach § 538 Abs. 1 ZPO hat das Berufungsgericht in erster Linie in der Sache selbst zu entscheiden. § 538 Abs. 2 ZPO eröffnet selbst bei entsprechendem Antrag einer Partei nur die Möglichkeit der Zurückverweisung, nicht den Zwang hierzu. Die Bestimmung ist im arbeitsgerichtlichen Verfahren entsprechend anwendbar. Ob die eigene Entscheidung erfolgen kann oder nicht, hat das Landesarbeitsgericht nach seinem **Ermessen** zu entscheiden. Hierbei ist zu berücksichtigen, dass gerade im arbeitsgerichtlichen Verfahren das Beschleunigungsprinzip eine sehr viel stärkere Bedeutung hat als dies im normalen zivilprozessualen Verfahren der Fall ist. Jede Zurückverweisung des Rechtsstreits führt zur Verzögerung seiner Erledigung.

27   Das Landesarbeitsgericht kann auch dann in der Sache selbst entscheiden, wenn es zu Lasten des Berufungsklägers ein klagabweisendes Sachurteil erlässt, dies stellt keinen Verstoß gegen das Verbot der reformatio in peius dar (BAG 23. 8. 1956 AP ZPO § 536 Nr. 1 m. Anm. *Baumgärtel;* 10. 12. 1965 AP ZPO § 565 Nr. 11). Das gilt auch, wenn das Arbeitsgericht eine Klage durch Prozessurteil als unzulässig abgewiesen hat und das Landesarbeitsgericht seinerseits die Klage als unbegründet abweisen will. Die Abweisung durch Prozessurteil enthält keine geschützte Rechtsposition (BGH 21. 4. 1988 AP ZPO § 536 Nr. 3). **Voraussetzung für die Entscheidung** ist aber immer, dass der in der ersten Instanz eingetretene **Fehler in der Berufungsinstanz korrigierbar** ist. Sinnvoll und erforderlich ist eine eigene Entscheidung des Landesarbeitsgerichts in jedem Falle auch dann, wenn eine weitere Sachaufklärung durch das Arbeitsgericht nicht notwendig ist. Die Annahme der Entscheidungsreife ist ausgeschlossen, wenn notwendiges neues sachliches Vorbringen der Parteien wegen der Vorschrift des § 67 im Berufungsverfahren nicht mehr zugelassen werden würde.

28   Über die **Möglichkeit der Entscheidung** entscheidet allein das Landesarbeitsgericht, die Parteien können nicht vereinbaren, dass das Berufungsgericht über den gesamten Rechtsstreit befinden solle. Dies würde eine unzulässige Vereinbarung hinsichtlich des Instanzenzuges sein. Macht das Landesarbeitsgericht von der Möglichkeit der eigenen Sachentscheidung Gebrauch, so steht es ihm bei der **Tenorierung** frei, entweder die Entscheidung des Arbeitsgerichts aufzuheben und zur Sache selbst zu entscheiden oder aber, wie auch sonst, das Urteil des Arbeitsgerichtes abzuändern und dann die Sachentscheidung zu treffen. Ein rechtlicher Unterschied ergibt sich bezüglich der beiden Tenorierungen nicht. Auch kostenrechtlich ergeben sich keine Besonderheiten, es gelten bei beiden Tenorierungsarten die §§ 91 ff. ZPO.

§ 69 Urteil

(1) ¹Das Urteil nebst Tatbestand und Entscheidungsgründen ist von sämtlichen Mitgliedern der Kammer zu unterschreiben. ²§ 60 Abs. 1 bis 3 und Abs. 4 Satz 2 bis 4 ist entsprechend mit der Maßgabe anzuwenden, dass die Frist nach Absatz 4 Satz 3 vier Wochen beträgt und im Falle des Absatzes 4 Satz 4 Tatbestand und Entscheidungsgründe von sämtlichen Mitgliedern der Kammer zu unterschreiben sind.

(2) Im Urteil kann von der Darstellung des Tatbestandes und, soweit das Berufungsgericht den Gründen der angefochtenen Entscheidung folgt und dies in seinem Urteil feststellt, auch von der Darstellung der Entscheidungsgründe abgesehen werden.

II. Formalien **§ 69**

(3) ¹Ist gegen das Urteil die Revision statthaft, so soll der Tatbestand eine gedrängte Darstellung des Sach- und Streitstandes auf der Grundlage der mündlichen Vorträge der Parteien enthalten. ²Eine Bezugnahme auf das angefochtene Urteil sowie auf Schriftsätze, Protokolle und andere Unterlagen ist zulässig, soweit hierdurch die Beurteilung des Parteivorbringens durch das Revisionsgericht nicht wesentlich erschwert wird.

(4) ¹§ 540 Abs. 1 der Zivilprozessordnung findet keine Anwendung. ²§ 313 a Abs. 1 Satz 2 der Zivilprozessordnung findet mit der Maßgabe entsprechende Anwendung, dass es keiner Entscheidungsgründe bedarf, wenn die Parteien auf sie verzichtet haben; im Übrigen sind die §§ 313 a und 313 b der Zivilprozessordnung entsprechend anwendbar.

Übersicht

	Rn.
I. Allgemeines	1–3
II. Formalien	4–14
1. Unterschriftserfordernis	4–9
2. Entbehrlichkeit von Tatbestand und Entscheidungsgründen	10–12
3. Die Anwendbarkeit des § 60	13
4. Anwendbarkeit des § 540 ZPO	14

I. Allgemeines

Durch das **ZPO-RG** vom 22. 6. 2001 sind mit Wirkung ab 1. 1. 2002 dem bisherigen **1** § 69 die Absätze 2 bis 4 hinzugefügt worden. Mit dieser Ergänzung ist für das arbeitsgerichtliche Verfahren im Wesentlichen der vor der Reform bestehende Rechtszustand beibehalten worden. Abs. 2 entspricht der früheren Bestimmung des § 543 Abs. 1 ZPO a. F., Abs. 3 der des früheren § 543 Abs. 2 ZPO a. F. mit einer sprachlichen Änderung. In Abs. 4 ist die Anwendbarkeit des neuen § 540 ZPO ausgeschlossen, §§ 313 a und b ZPO sind mit einer Maßgabe in Bezug auf § 313 a Abs. 1 Satz 2 ZPO für entsprechend anwendbar erklärt worden.

Durch die Verweisung in Abs. 1 Satz 2 ist klargestellt, dass im Übrigen die **erstinstanz- 2 lichen Vorschriften** über die Verkündung des Urteils des § 60 auch auf das Berufungsurteil Anwendung finden. Lediglich die Frist für die Urteilsabsetzung ist gegenüber dem erstinstanzlichen Verfahren auf vier Wochen erweitert worden. Hinsichtlich des formalen Inhalts des Urteils enthält § 69 in den Absätzen 2 bis 4 nur teilweise eigene Bestimmungen, nach § 64 Abs. 7 gilt jedoch insoweit die Vorschrift des § 61 Abs. 2 und 3.

Auf die Beschwerde im **Beschlussverfahren** findet § 69 nur beschränkt entsprechende **3** Anwendung. In § 91 Abs. 2 Satz 1 ist entsprechend § 69 Abs. 1 Satz 1 geregelt, dass der Beschluss nebst Gründen von den Mitgliedern der Kammer zu unterschreiben ist. Im Übrigen ist in § 91 Abs. 2 Satz 2 auf die Bestimmung des § 69 Abs. 1 Satz 2 bezog genommen worden, so dass auch hier die Vorschriften über das erstinstanzliche Urteil des § 60 in gleicher Weise gelten, wie dies für das Berufungsurteil der Fall ist. Betroffen wird sowohl die Verkündung der Entscheidung als auch die auf vier Wochen verlängerte Frist zur Abfassung der Beschwerdeentscheidung.

II. Formalien

1. Unterschriftserfordernis

Im Gegensatz zu dem Urteil erster Instanz ist das Berufungsurteil von **sämtlichen 4 Mitgliedern der Kammer,** die bei der Entscheidung mitgewirkt haben, zu unterzeichnen. Es ist daher auch die Unterschrift der ehrenamtlichen Richter erforderlich. Notwendig ist die Unterzeichnung mit vollem Familiennamen, die Unterschrift mit einem Künst-

§ 69

lernamen bei ehrenamtlichen Richtern oder mit einer Paraphe ist nicht ausreichend. Es muss ein individualisierbarer Schriftzug erkennbar sein (dazu oben § 46 Rn. 45 sowie § 60 Rn. 36 ff. m. w. Nachw.). Eine **fehlende Unterschrift kann nachgeholt** werden, gegebenenfalls auch nach Einlegung einer Nichtzulassungsbeschwerde oder einer Revision (BGH 27. 10. 1955 BGHZ 18, 351, 354; 24. 6. 2003 NJW 2003, 3057). Allerdings muss dann eine erneute Urteilszustellung durchgeführt werden, da bei fehlender Unterschrift eine wirksame Urteilszustellung nicht erfolgt ist (BGH 26. 9. 1997 NJW-RR 1998, 141; LAG Köln 23. 2. 1988 BB 1988, 768). Das Urteil ist auch erst dann abgesetzt, wenn es von allen Kammermitgliedern unterschrieben ist (BVerfG 15. 9. 2003 NZA 2003, 1355 f.). Die Nachholung muss aber in der fünfmonatigen Frist des § 66 Abs. 2 Satz 2 erfolgt sein (BGH 27. 1. 2006 NJW 2006, 1881).

5 Das Unterschriftserfordernis gilt nur für das **vollständige Urteil**, d. h. einschließlich des Tatbestandes, der Entscheidungsgründe und der nach § 9 Abs. 5 Satz 1 erforderlichen Rechtsmittelbelehrung (BAG 20. 12. 1956 AP ZPO § 315 Nr. 1). Die Unterzeichnung nur **des verkündeten Tenors** wird durch Abs. 1 Satz 1 nicht vorgeschrieben. Gleichwohl ist eine solche Unterzeichnung sinnvoll, wenn in dem Urteil des Landesarbeitsgerichts eine Verurteilung mit einem vollstreckungsfähigen Inhalt erfolgt ist, da auch dieses Urteil vorläufig vollstreckbar ist und die Vollstreckung u. U. bereits vor Zustellung des vollständig abgefassten Urteils von der obsiegenden Partei begehrt wird. Die Herstellung einer vollstreckbaren Kurzausfertigung des Urteils ist in diesem Falle leichter und schneller zu bewerkstelligen, als wenn erst die Unterschriften der ehrenamtlichen Richter eingeholt werden müssten. Außerdem dient die Unterzeichnung des verkündeten Tenors durch die ehrenamtlichen Richter und den Vorsitzenden auch der Sicherung des Nachweises, dass ein Urteil mit diesem Inhalt beraten und verkündet worden ist. Auch bei Unterzeichnung des Tenors ist in jedem Falle noch das vollständig abgefasste Urteil erneut zu unterschreiben. Die Unterzeichnung der Urteilsformel ist aber erforderlich, wenn das Urteil ohne Hinzuziehung der ehrenamtlichen Richter verkündet wird, § 60 Abs. 3 Satz 2. Wird das Urteil in einem gesonderten Termin verkündet, muss es vollständig abgefasst sein, § 60 Abs. 4 Satz 2.

6 Die ehrenamtlichen Richter haben das Recht und die Pflicht, das Urteil des Landesarbeitsgerichts vor der Unterzeichnung zu lesen. Ein Beisitzer kann aber nicht die Unterschrift unter das Urteil versagen, weil er in einer Frage auch hinsichtlich der Abfassung des Tatbestandes oder der Entscheidungsgründe überstimmt worden ist, vgl. § 195 GVG. Grundsätzlich ist auch die **Formulierung des Urteils Sache des Vorsitzenden** und damit der Einflussnahme durch die ehrenamtlichen Richter entzogen. Verlangt aber ein Beisitzer gleichwohl eine Änderung von Tatbestand oder Entscheidungsgründen, so muss die Kammer in der Besetzung darüber abstimmen, in der sie bei der Verkündung der Entscheidung tätig geworden ist (ErfK/*Koch* § 69 ArbGG Rn. 2). Weigert sich ein Beisitzer, das Urteil zu unterzeichnen, so können gegen ihn Ordnungsmaßnahmen nach § 28 ergriffen werden (*Grunsky* § 69 Rn. 1; GK-ArbGG/*Vossen* § 69 Rn. 5).

7 Bei **Verhinderung eines** ehrenamtlichen **Richters** gilt nach § 64 Abs. 6 i. V. m. § 525 ZPO die Regelung in § 315 Abs. 1 Satz 2 ZPO (vgl. dazu BAG 30. 4. 1971 AP ArbGG § 9 Nr. 15; 17. 8. 1999 NZA 2000, 55). Über die erforderliche **Dauer der Verhinderung** lässt sich aus den gesetzlichen Vorschriften nichts entnehmen. Nach Auffassung des BAG (22. 8. 2007 AP ZPO § 315 Nr. 1) soll eine Orientierung an den Urteilsabsetzungsfristen und dem Beschleunigungsgrundsatz notwendig sein. Danach soll eine Verhinderung von mehr als zwei Wochen ausreichend sein. Die Verhinderung ist in diesem Falle vom Vorsitzenden unter Angabe des Verhinderungsgrundes unter dem Urteil zu vermerken. Eine ohne Angabe des Verhinderungsgrundes erfolgte Unterschrift des Vorsitzenden ist unwirksam. Ist der Vorsitzende verhindert, hat der dienstälteste ehrenamtliche Richter für den Vorsitzenden zu unterzeichnen. Auch hier ist der Verhinderungsgrund anzugeben. Wer der dienstälteste ehrenamtliche Richter ist, bemisst sich nach der Dauer der

II. Formalien **§ 69**

Tätigkeit an dem Landesarbeitsgericht. Es kann jeweils nur eine Unterschrift nach § 315 Abs. 1 Satz 2 ZPO ersetzt werden.

Verhinderungsgründe können beispielsweise sein eine längere Erkrankung des Richters, länger andauernder Urlaub oder eine nicht nur kurzfristige berufliche Ortsabwesenheit. Bei nur kurzfristigen Verhinderungen ist die Ersetzung der Unterschrift nicht zulässig (BAG 17. 8. 1999 NZA 2000, 54 f.). Ein Verhinderungsgrund liegt auch vor, wenn ein an der Entscheidung beteiligter Richter verstirbt oder aus dem Amt ausscheidet. Der ausgeschiedene Richter, sei es dass der Berufsrichter an ein anderes Gericht versetzt worden oder in den Ruhestand getreten ist oder dass die Amtszeit eines ehrenamtlichen Richters abgelaufen ist, hat seine Beurkundungsfähigkeit als Richter des erkennenden Gerichts verloren (BVerwG 1. 6. 1990 NJW 1991, 1192; *Baumbach/Hartmann* § 315 Rn. 6 m. w. Nachw.; GK-ArbGG/*Vossen* § 69 Rn. 6; *Schwab/Weth/Schwab* § 69 Rn. 14; a. A. LAG Sachsen 10. 11. 1999 NZA-RR 2000, 609; *Musielak/Musielak* § 315 Rn. 6 für den Fall der Versetzung). Weigert sich ein ehrenamtlicher Richter, eine getroffene Entscheidung zu unterzeichnen, so kann ebenfalls seine Unterschrift mit einem entsprechenden Vermerk ersetzt werden (*Stein/Jonas/Leipold* 20. Aufl., § 315 Rn. 30; *Hauck/Helml* § 69 Rn. 2), da Zwangsmittel zur Erreichung der Unterschrift nicht bestehen. **8**

Verstirbt der Vorsitzende, ohne dass das Urteil bereits abgesetzt worden ist, so kann die **Entscheidung auch von den ehrenamtlichen Richtern verfasst werden.** Das Gesetz hat nicht festgelegt, dass die Urteile des Landesarbeitsgerichts nur von dem Vorsitzenden als dem einzigen Berufsrichter verfasst werden dürften (BAG 30. 4. 1971 AP ArbGG 1953 § 9 Nr. 15; ArbGG-*Breinlinger* § 69 Rn. 13; GK-ArbGG/*Vossen* § 69 Rn. 7). Das Gleiche gilt, wenn der Vorsitzende an ein anderes Gericht **versetzt** worden ist und daher formell an der Abfassung des Urteils gehindert ist. Das gilt auch, wenn ein abgeordneter Richter nach Beendigung der Abordnung an sein früheres Gericht zurückkehrt. Wechselt der Vorsitzende oder der ehrenamtliche Richter nur innerhalb desselben Gerichts die Kammer, bleibt er unterschriftsberechtigt. **9**

2. Entbehrlichkeit von Tatbestand und Entscheidungsgründen

Ein völliges Absehen von der Darstellung des Tatbestandes gem. § 313 a Abs. 1 Satz 1 ZPO kommt bei Berufungsurteilen **nur dann** in Betracht, wenn eindeutig und zweifelsfrei ein **Rechtsmittelverzicht** nach § 515 ZPO **erklärt worden ist** (BAG 15. 3. 2006 NZA 2006, 876 ff.; 16. 3. 2004 AP TzBfG § 8 Nr. 10, ferner dazu m. w. Nachw. § 61 Rn. 6 ff.). Mit dem Rechtsmittelverzicht verliert die Partei die Möglichkeit der Einlegung einer Nichtzulassungsbeschwerde (BAG a. a. O.). Ist ein Rechtsmittelverzicht nicht erklärt, kann ggf. auf Beschwerde der unterlegenen Partei die Revision durch das Bundesarbeitsgericht zugelassen werden, § 72 a. In diesem Falle wäre das Urteil des Landesarbeitsgerichts ohne Tatbestand von Amts wegen aufzuheben und der Rechtsstreit an das Landesarbeitsgericht zurückzuverweisen (vgl. BAG 15. 8. 2002 AP ZPO 1977 § 543 Nr. 12; 25. 4. 2002 NJW 2003, 918 f.). Die Voraussetzungen des § 313 a Abs. 1 ZPO wären nicht erfüllt. Der **Verzicht auf Tatbestand und Entscheidungsgründe** allein reicht daher nicht aus. Der Rechtsmittelverzicht muss durch die beschwerte Partei erfolgen, ggf. durch beide Parteien. Er ist aktenkundig zu machen, sei es durch Protokollerklärung oder durch Schriftsatz. Eine Verzichtserklärung, die sich auf das Vorliegen von Tatbestand und Entscheidungsgründen bezieht, kann unter Umständen dahin ausgelegt werden, dass in ihr auch ein Rechtsmittelverzicht liegt (oben § 61 Rn. 6). Für **Versäumnis-, Anerkenntnis- und Verzichtsurteil** gelten die besonderen Abkürzungsmöglichkeiten des § 313 b Abs. 3 Satz 1 ZPO. **10**

Nach **Abs. 2,** kann unter den dort genannten Voraussetzungen von der Darstellung des Tatbestandes und gegebenenfalls auch der Entscheidungsgründe abgesehen werden (dazu § 61 Rn. 5 m. w. Nachw.). Ein Verzicht auf die Darstellung von Tatbestand und **11**

Entscheidungsgründen kommt danach im arbeitsgerichtlichen Verfahren nur dann in Betracht, wenn der Sachverhalt unstreitig ist, in zweiter Instanz nichts Neues vorgetragen wurde und lediglich eine Rechtsfrage Gegenstand des Rechtsstreits ist, da die Bezugnahme auf das arbeitsgerichtliche Urteil nur den erstinstanzlichen Sach- und Streitstand betrifft und die Darstellung der Fortentwicklung des Rechtsstreits in zweiter Instanz fehlt (BAG 28. 5. 1997 EzA ZPO § 543 Nr. 9). Ein völliger Verzicht ist aber problematisch, da die Möglichkeit einer Nichtzulassungsbeschwerde besteht. Zumindest eine sehr verkürzte Darstellung des zweitinstanzlichen Vorbringens ist notwendig (BGH 13. 8. 2003 NJW 2003, 3352 f.; vgl. BAG 15. 8. 2002 AP ZPO 1977 § 543 Nr. 12). Eine **Begründung fehlt auch dann,** wenn die Entscheidungsgründe des Urteils trotz neuen Vorbringens der Parteien in der Rechtsmittelinstanz nur die Gründe eines erstinstanzlichen Urteils in einem Parallelrechtsstreit wörtlich zitieren und nur hinzugefügt wird, dass diese Gründe auf den vorliegenden Fall übertragbar seien (BAG 16. 6. 1998 NZA 1998, 1079 f.). Keine ausreichende Begründung und möglicherweise eine Verletzung des rechtlichen Gehörs liegt vor, wenn das Gericht den zentralen Vortrag einer Partei lediglich mit einer formellen Wendung abhandelt (BAG 5. 11. 2008 NZA 2009, 55).

12   Abs. 3 enthält eine Sondervorschrift für Urteile, die der Revision unterliegen. Da hier eine Nachprüfung durch das Revisionsgericht möglich sein muss, ist eine **gedrängte Darstellung** des Sach- und Streitstandes notwendig. Hierzu gehört auch die Wiedergabe der Anträge. Werden diese nicht wörtlich wiedergegeben, muss wenigstens erkennbar sein, was der Berufungskläger mit dem Rechtsmittel erstrebt hat (BGH 26. 2. 2003 NJW 2003, 130). Eine Bezugnahme auf das angefochtene Urteil sowie auf Schriftsätze und Protokolle sowie sonstige Unterlagen ist zulässig, soweit dadurch die Beurteilung des Parteivorbringens durch das Revisionsgericht nicht wesentlich erschwert wird. Enthält das Urteil keine Bezugnahme auf die tatsächlichen Feststellungen im angefochtenen urteil mit der Darstellung etwaiger Änderungen oder Ergänzungen, ist es i. d. R. in der Revisionsinstanz aufzuheben und der Rechtsstreit zurückzuverweisen (BGH 22. 12. 2003 NJW-RR 2004, 494). Mit der Bezugnahme auf den Tatbestand des angefochtenen Urteils wird dieser praktisch in seiner Tatsachendarstellung Gegenstand der Berufungsentscheidung, die Beweiskraft des § 315 ZPO gilt dann auch für den Tatbestand des angefochtenen Urteils. Das Gleiche gilt, wenn das Berufungsgericht auf ein in demselben Rechtsstreit zuvor ergangenes Revisionsurteil Bezug nimmt, hierbei handelt es sich um die Bezugnahme auf eine andere Unterlage i. S. d. § 69 Abs. 3. Soweit in dem Revisionsurteil Tatsachendarstellungen enthalten sind, werden sie durch die Bezugnahme Teil des festgestellten Tatbestandes des Berufungsurteils (BAG 7. 12. 1988 NZA 1989, 527). Zulässig ist es daher, in dem Tatbestand des Urteils des Berufungsgerichts auf die Darstellung des Vorbringens der Parteien in erster Instanz unter Bezugnahme auf den Tatbestand des angefochtenen Urteils zu verzichten und nur den in zweiter Instanz erfolgten Tatsachenvortrag wiederzugeben. In diesem Falle wird die Beurteilung des Parteivorbringens durch das Revisionsgericht nicht wesentlich erschwert, der Beurkundungsfunktion des § 315 ZPO ist in vollem Umfange genügt. Eine Zurückverweisung des Rechtsstreits wegen fehlenden Tatbestands ist durch das Bundesarbeitsgericht in diesem Falle nicht möglich. Eine Bezugnahme auf den Tatbestand des erstinstanzlichen Urteils scheidet allerdings dann aus, wenn das Tatsachenvorbringen der Parteien in den Instanzen widersprüchlich ist oder wenn der Tatbestand des angefochtenen Urteils selbst unklar, widersprüchlich oder missverständlich ist bzw. keine Tatsachenfeststellungen enthält. Auch wenn in dem Tatbestand des angefochtenen Urteils zwischen streitigem und unstreitigem Vorbringen nicht klar unterschieden worden ist, scheidet eine Bezugnahme aus.

3. Die Anwendbarkeit des § 60

13   Im Übrigen finden die Vorschriften des § 60 hinsichtlich der Verkündung des Urteils und die Frist zur Abfassung entsprechende Anwendung. Auf die Erläuterungen zu § 60

Rn. 8 ff. kann daher insoweit verwiesen werden. Die **Frist zur Abfassung** des Urteils beträgt im Berufungsverfahren vier Wochen, damit wird berücksichtigt, dass hier auch die Unterschrift der ehrenamtlichen Richter erforderlich ist. Hinsichtlich der Bedeutung der Fristen und der Folgen ihrer Nichtbeachtung gelten die gleichen Grundsätze wie im erstinstanzlichen Verfahren (§ 60 Rn. 28 ff.; 32 f.). Wird ein Urteil nicht binnen 5 Monaten nach Verkündung schriftlich niedergelegt und von den Richtern besonders unterschrieben und der Geschäftsstelle übergeben, ist das Urteil als nicht mit Gründen versehen anzusehen, § 547 Nr. 6 ZPO (GmS OGB 27. 4. 1993 NZA 1993, 1147; BAG 17. 8. 1999 NZA 2000, 54 f.; 17. 2. 2000 BB 2000, 1683; vgl. BSG 6. 5. 1992 NZA 1993, 140; 13. 5. 1992 NZA 1993, 240; vgl. auch BAG 1. 7. 1992 NZA 1992, 1047). Eine Fristüberschreitung liegt auch vor, wenn der letzte Tag der Fünfmonatsfrist auf einen Sonnabend, Sonntag oder Feiertag fällt und das vollständig abgefasste und von allen Richtern unterschriebene Urteil erst am folgenden Werktag der Geschäftsstelle übergeben wird (BAG 17. 2. 2000 BB 2000, 1683, 1684). Ist in dem Urteil die Revision zugelassen worden, ist auf eine entsprechende Rüge das Urteil selbst dann aufzuheben und zur erneuten Verhandlung an das Landesarbeitsgericht zurückzuverweisen, wenn nach Ablauf der Fünfmonatsfrist die Absetzung und Zustellung des Urteiles erfolgte. Ist die Revision nicht zugelassen worden, liegt allein in der Überschreitung der fünfmonatigen Frist zur vollständigen Absetzung von Tatbestand und Entscheidungsgründen noch nicht ein Grund für die Zulassung der Revision auf Grund einer Divergenzbeschwerde (BAG 2. 11. 2006 NZA 2007, 111; 20. 9. 1993 NZA 1993, 1151). In § 72 a ArbGG sind die Gründe, die den Erfolg einer Nichtzulassungsbeschwerde rechtfertigen könnten, abschließend aufgezählt worden. Eine Regelung, dass die Nichtzulassungsbeschwerde auf Verfahrensverstöße gestützt werden könne, ergibt sich nicht. Es bleibt aber die Möglichkeit der sofortigen Beschwerde nach § 72 b wegen verspäteter Absetzung des Berufungsurteils (dazu die Erläuterungen bei § 72 b). Eine Umdeutung einer nicht zulässigen Nichtzulassungsbeschwerde nach § 72 a kommt in diesem Falle nur in Betracht, wenn die Frist des § 72 b Abs. 2 eingehalten ist (BAG 2. 11. 2006 NZA 2007, 111) und sich aus dem Vorbringen ergibt, dass auch dieser Rechtsbehelf gewollt ist.

4. Anwendbarkeit des § 540 ZPO

Durch **Abs. 4 Satz 1** ist die Anwendbarkeit des § **540 Abs. 1** ZPO ausgeschlossen. 14 Damit wird auch hier der Tatsache Rechnung getragen, dass wegen des im Grundsatz anders gearteten Charakters des Berufungsverfahrens in arbeitsrechtlichen Streitigkeiten die besonderen Abkürzungsmöglichkeiten des Berufungsurteils im zivilprozessualen Verfahren nicht möglich sind. An die Stelle des § 540 Abs. 1 sind die Regelungen der Absätze 2 und 3 getreten. Für die Anwendbarkeit des § **540 Abs. 2** ZPO ist ebenfalls kein Raum, diese Bestimmung wird durch die speziellere Regelung in § 69 Abs. 4 Satz 1 ausgeschlossen. Diese bestimmt im Einzelnen die Anwendbarkeit von §§ 313 a und 313 b ZPO (dazu oben Rn. 10).

§§ 70 und 71 *(aufgehoben)*

Dritter Unterabschnitt. Revisionsverfahren

§ 72 Grundsatz

(1) ¹Gegen das Endurteil eines Landesarbeitsgerichts findet die Revision an das Bundesarbeitsgericht statt, wenn sie in dem Urteil des Landesarbeitsgerichts oder in dem Beschluß des Bundesarbeitsgerichts nach § 72 a Abs. 5 Satz 2 zugelassen worden ist. ²§ 64 Abs. 3 a ist entsprechend anzuwenden.

(2) Die Revision ist zuzulassen, wenn
1. eine entscheidungserhebliche Rechtsfrage grundsätzliche Bedeutung hat,
2. das Urteil von einer Entscheidung des Bundesverfassungsgerichts, von einer Entscheidung des Gemeinsamen Senats der obersten Gerichtshöfe des Bundes, von einer Entscheidung des Bundesarbeitsgerichts oder, solange eine Entscheidung des Bundesarbeitsgerichts in der Rechtsfrage nicht ergangen ist, von einer Entscheidung einer anderen Kammer desselben Landesarbeitsgerichts oder eines anderen Landesarbeitsgerichts abweicht und die Entscheidung auf dieser Abweichung beruht oder
3. ein absoluter Revisionsgrund gemäß § 547 Nr. 1 bis 5 der Zivilprozessordnung oder eine entscheidungserhebliche Verletzung des Anspruchs auf rechtliches Gehör geltend gemacht wird und vorliegt.

(3) Das Bundesarbeitsgericht ist an die Zulassung der Revision durch das Landesarbeitsgericht gebunden.

(4) Gegen Urteile, durch die über die Anordnung, Abänderung oder Aufhebung eines Arrestes oder einer einstweiligen Verfügung entschieden wird, ist die Revision nicht zulässig.

(5) Für das Verfahren vor dem Bundesarbeitsgericht gelten, soweit dieses Gesetz nichts anderes bestimmt, die Vorschriften der Zivilprozeßordnung über die Revision mit Ausnahme des § 566 entsprechend.

(6) Die Vorschriften des § 49 Abs. 1, der §§ 50, 52 und 53, des § 57 Abs. 2, des § 61 Abs. 2 und des § 63 über Ablehnung von Gerichtspersonen, Zustellung, Öffentlichkeit, Befugnisse des Vorsitzenden und der ehrenamtlichen Richter, gütliche Erledigung des Rechtsstreits sowie Inhalt des Urteils und Übersendung von Urteilen in Tarifvertragssachen gelten entsprechend.

Übersicht

	Rn.
I. Allgemeines	1–4
II. Revisible Urteile	5–10
1. Endurteile des Landesarbeitsgerichts	5–8
2. Nichtrevisible Urteile	9, 10
III. Zulassung der Revision durch das Landesarbeitsgericht	11–51
1. Zulassungsgründe	11–33
a) Grundsätzliche Bedeutung	12–17
b) Divergenz	18–25
c) Absoluter Revisionsgrund	26–27
d) Rechtliches Gehör	28–33
2. Zulassungsentscheidung	34–43
a) Zulassung im Urteil	34–37
b) Beschränkte Zulassung	38–43
3. Wirkung der Zulassung der Revision	44–51
a) Statthaftigkeit der Revision	44–46
b) Bindung des Bundesarbeitsgerichts	47–51
IV. Anwendbare Vorschriften	52–59
1. Zivilprozessordnung	52–56
2. Arbeitsgerichtsgesetz	57–59

I. Allgemeines

1 Die §§ 72 bis 77 regeln das Revisionsverfahren im Rahmen des arbeitsgerichtlichen Urteilsverfahrens. Mit der **Revision wird eine dritte Instanz eröffnet,** in der die Entscheidungen des Landesarbeitsgerichts, im Falle der Sprungrevision nach § 76 des Arbeitsgerichts, einer Überprüfung in rechtlicher, nicht aber in tatsächlicher Hinsicht unterworfen werden. Die Revision dient der zutreffenden Entscheidung des einzelnen Rechtsstreits. Gleichzeitig ist es Aufgabe des Revisionsgerichts, für die **Einheitlichkeit der**

I. Allgemeines **§ 72**

Rechtsprechung und für eine gebotene **Rechtsfortbildung** Sorge zu tragen. **Revisionsgericht ist das Bundesarbeitsgericht**. Eine Möglichkeit für die Bundesländer, entsprechend § 8 EGGVG ein oberstes Landesarbeitsgericht zu errichten, besteht nicht. Im Jahre 2008 wurden beim Bundesarbeitsgericht 1045 Revisionen eingelegt. Soweit über diese Revisionen durch Urteil entschieden wurde, waren laut Jahresbericht des Bundesarbeitsgerichts 62,9% erfolglos. Insgesamt waren 2,14% aller Revisionen unzulässig. In 11,4% der Revisionsurteile kam es zur Aufhebung des LAG-Urteils und Zurückverweisung der Sache. In weiteren 25,7% wurde unter zumindest teilweiser Aufhebung des Berufungsurteils vom Bundesarbeitsgericht abweichend entschieden.

§ 72 in seiner heutigen Fassung (vgl. zur Rechtsentwicklung 5. Aufl. Rn. 2) kennt nur **2** noch die **Zulassungsrevision**. Die Revision muss entweder vom Landesarbeitsgericht oder auf eine Nichtzulassungsbeschwerde nach § 72a vom Bundesarbeitsgericht zugelassen worden sein. Vergleichbare Regelungen über die Zulassung der Revision sind in den §§ 132 VwGO, 115 FGO und 160, 160a SGG enthalten. Auch schwerste Verfahrensfehler, Verletzung von Grundrechten oder die Tatsache, dass das Urteil nicht innerhalb von fünf Monaten schriftlich abgefasst und von den Richtern unterschrieben zur Geschäftsstelle gelangt ist, eröffnen ohne Zulassung nicht die Revisionsinstanz (BAG 4. 5. 1994 AP ArbGG 1979 § 72a Nr. 31; BAG 13. 12. 1995 AP ArbGG 1979 § 72a Nr. 36). Mit dieser Regelung soll das Bundesarbeitsgericht entlastet und in die Lage versetzt werden, sich mehr seinen eigentlichen Aufgaben der Wahrung der Rechtseinheit und der Rechtsfortbildung zu widmen. Wegen der Zulassung der Revision gegen ein Urteil des Arbeitsgerichts s. § 76.

Die Regelung über die Zulässigkeit der Revision in § 72 ist in der Weise abschließend, **3** dass die nicht in Bezug genommenen Vorschriften der ZPO grundsätzlich keine Anwendung finden. Insbesondere gelten §§ 543, 544 ZPO im arbeitsgerichtlichen Verfahren nicht (*Hauck/Helml* § 72 Rn. 18; zur früheren Rechtslage: BAG 10. 12. 1986 AP ZPO § 566 Nr. 3; *Grunsky* § 72 Rn. 9; *Dütz* RdA 1980, 95). Des Weiteren nimmt das Bundesarbeitsgericht (19. 1. 1973 AP ZPO § 566 Nr. 2; BAG 10. 12. 1986 AP ZPO § 566 Nr. 3; BAG 22. 6. 1994 AP ArbGG 1979 § 72 Nr. 24; BAG 22. 4. 2004 NZA 2004, 871; BAG 5. 6. 2007 AP ZPO § 345 Nr. 7 = NZA 2007, 944; zustimmend *Dütz* RdA 1980, 81, 95; *Hauck/Helml* § 72 Rn. 4; aA *Grunsky* § 72 Rn. 9; *Vollkommer* Anm. AP ZPO § 566 Nr. 2; *Rimmelspacher/Abel* NZA 1990, 511; MünchArbR/*Brehm* § 391 Rn. 21; *Gravenhorst* NZA 2004, 1261. 1262) an, § 514 Abs. 2 ZPO (aF § 513 Abs. 2 ZPO) in Verbindung mit § 565 ZPO (aF § 566 ZPO) sei im arbeitsgerichtlichen Verfahren unanwendbar. Deshalb könne anders als im zivilgerichtlichen Verfahren (vgl. dazu BGH 11. 10. 1978 NJW 1979, 166; Musielak/*Ball* § 565 Rn. 2; Baumbach/ *Hartmann* § 565 Rn. 3; aA GK-ArbGG/*Mikosch* § 72 Rn. 11 [§ 543 ZPO erfordere Revisionszulassung]) gegen ein **zweites Versäumnisurteil** die Revision nicht ohne Zulassung mit der Begründung eingelegt werden, es habe ein Fall der Säumnis nicht vorgelegen. Die Brisanz dieser Streitfrage ist durch die zum 1. 1. 2005 in Kraft getretene Neuregelung des Rechts der Nichtzulassungsbeschwerde entschärft worden. Seither kann mit der Nichtzulassungsbeschwerde die Verletzung des Anspruchs auf rechtliches Gehör geltend gemacht werden. Der Erlass eines zweiten Versäumnisurteils ohne Vorliegen einer Säumnis erfüllt diesen Tatbestand. So dass bei wirklichem Verfahrensverstoß die Revision auf Beschwerde der beschwerten Partei nachträglich vom Bundesarbeitsgericht zugelassen wird (vgl. Rn. § 72a Rn. 50; BAG 5. 6. 2007 AP ZPO § 345 Nr. 7 = NZA 2007, 944; *Bepler* RdA 2005, 65, 73 f.; *ders.* JbArbR 43 (2006), 45, 60). In einem solchen Fall kann das Bundesarbeitsgericht sogleich in dem die Nichtzulassungsbeschwerde bescheidenden Beschluss das zweite Versäumnisurteil des Landesarbeitsgerichts aufheben und die Sache zur neuen Verhandlung und Entscheidung an das Landesarbeitsgericht zurückverweisen (§ 72a Abs. 7).

Für das Verfahren vor dem Bundesarbeitsgericht verweist § 72 Abs. 5 und 6 auf die **4** Vorschriften der Zivilprozessordnung über die Revision und einige Vorschriften über das arbeitsgerichtliche Urteilsverfahren. Durch die Verweisung auf § 555 ZPO sind zugleich die §§ 253 bis 494a ZPO (mit Ausnahme der Vorschriften über das Verfahren vor dem Einzelrichter – §§ 348 bis 350 ZPO), die das erstinstanzliche Verfahren regeln, einbezogen. Sie wirken zumindest subsidiär, sofern sich nicht aus ihrer besonderen Ausgestaltung ergibt, dass die entsprechende Anwendung im Revisionsverfahren ausscheidet (wie zB § 321a ZPO). Auf die sich hieraus ergebenden Folgerungen wird jeweils im Sachzusammenhang eingegangen. Bereits hier soll auf die auch im Revisionsverfahren nach **§ 278 Abs.** 6 **ZPO** gegebene Möglichkeit hingewiesen werden, dass die Parteien dem Gericht einen schriftlichen Vergleichsvorschlag unterbreiten oder einen schriftlichen Vergleichsvorschlag des Gerichts durch Schriftsatz gegenüber dem Gericht annehmen und das Gericht das **Zustandekommen und den Inhalt des Prozessvergleichs** durch Beschluss feststellt (vgl. *Nungeßer* NZA 2005, 1027). Damit ist die früher im Gebührenverzeichnis anerkannte Möglichkeit der Prozessbeendigung durch Mitteilung eines außergerichtlich geschlossenen Vergleichs in eine Neuregelung der Zivilprozessordnung überführt worden. Beim Bundesarbeitsgericht ist der Vergleichsvorschlag des Gerichts vom Senat ohne Mitwirkung der ehrenamtlichen Richter zu beschließen und vom Vorsitzenden den Parteien mitzuteilen. Am feststellenden Beschluss wirken gleichfalls allein die berufsrichterlichen Mitglieder des Senats in der sich aus der senatsinternen Geschäftsverteilung ergebenden Zusammensetzung mit. Der Beschluss ist unanfechtbar, kann aber berichtigt werden. Die Gebühr für das Revisionsverfahren entfällt nach der Vorbemerkung 8 zum Teil 8 des Kostenverzeichnisses der Anlage 1 zu § 3 Abs. 2 GKG nur dann, wenn das gesamte Verfahren durch Vergleich beendet wird. Dies ist nicht der Fall, wenn der Vergleich nicht die Verteilung der Kosten regelt, sondern über diese nach § 91a ZPO entschieden wird (BAG 16. 4. 2008 NZA 2008, 783). Eine in der Revisionsinstanz getroffene vergleichsweise Regelung der Kosten lässt die Regeln über die Kostenhaftung (§§ 29, 30 GKG) hinsichtlich der jeweils durch Urteil abgeschlossenen ersten und zweiten Instanz unberührt (vgl. Hess. LAG 30. 12. 2008 – 16/10 Sa 1955/02 –), so dass durch den Vergleich lediglich zivilrechtliche Kostenerstattungsansprüche der Parteien begründet werden.

II. Revisible Urteile

1. Endurteile des Landesarbeitsgerichts

5   Die **Revision** ist, sofern die erforderliche Zulassung vorliegt, **statthaft** gegen **Endurteile des Landesarbeitsgerichts,** § 72 Abs. 1. Dazu gehören Teil- und Schlussurteile nach den §§ 300, 301 ZPO, gleichgültig ob sie in der Sache entschieden haben oder Prozessurteile sind. Endurteile sind auch das unechte Versäumnisurteil und das Ergänzungsurteil nach § 321 ZPO. Hat das Landesarbeitsgericht einen Wiedereinsetzungsantrag verfahrensfehlerhaft durch Zwischenurteil als unzulässig verworfen, ist gegen dieses Urteil die Revision statthaft (BAG 9. 12. 1955 AP ZPO § 300 Nr. 1). Hat das Landesarbeitsgericht entgegen § 17a Abs. 4 GVG über die Zulässigkeit des Rechtsweges trotz einer Rüge durch Urteil anstatt durch Beschluss entschieden, findet gegen dieses Urteil die Revision allein nach entsprechender Zulassung statt (vgl. BAG 22. 2. 1994 AP ArbGG 1979 § 78 Nr. 2).

6   Kraft ausdrücklicher gesetzlicher Anordnung sind auch **Zwischenurteile** nach § 280 Abs. 2 ZPO (BAG 17. 10. 1990 AP ArbGG 1979 § 5 Nr. 9) und **Vorbehaltsurteile** nach § 302 ZPO Endurteile. Gleiches gilt für ein Zwischenurteil über die Unwirksamkeit eines Prozessvergleichs (BAG 10. 11. 1966 AP ZPO § 275 Nr. 1), nicht aber für ein Zwischenurteil, durch das die Wiedereinsetzung in den vorigen Stand gewährt wird. Die Wiedereinsetzung ist auch zusammen mit dem Endurteil nicht anfechtbar, § 238 Abs. 3 ZPO. Ist ein Antrag auf Wiedereinsetzung durch Versäumnisurteil abgewiesen worden,

II. Revisible Urteile § 72

ist dieses Urteil ein Endurteil, denn der Einspruch ist nicht gegeben – § 238 Abs. 2 Satz 2 ZPO. Auch gegen ein **zweites Versäumnisurteil** ist der Einspruch nicht gegeben, so dass es als Endurteil der Berufung oder Revision unterliegt (BAG 22. 6. 1994 AP ArbGG 1979 § 72 Nr. 24; s. näher Rn. 3).

Endurteile, die **ungeachtet einer eingetretenen Unterbrechung des Verfahrens** wegen Todes einer Partei oder Insolvenzeröffnung erlassen wurden, sind ausschließlich unter den Voraussetzungen des § 72 mit der Revision anfechtbar. Die Revision kann auch während der Unterbrechung eingelegt werden (BAG 3. 6. 1954 AP ArbGG 1953 § 77 Nr. 1; BAG 7. 5. 1963 AP ZPO § 249 Nr. 2; BAG 6. 12. 2006 – 5 AZR 844/06 –). Ist die Revision vom Landesarbeitsgericht nicht zugelassen worden, wird regelmäßig die Nichtzulassungsbeschwerde auf den absoluten Revisionsgrund des § 547 Nr. 4 (nicht gesetzmäßige Vertretung einer Partei) gestützt werden können (BAG 6. 9. 2006 – 5 AZN 578/06 –; BGH 21. 6. 1995 AP ZPO § 240 Nr. 4). § 249 Abs. 2 ZPO steht der Wirksamkeit der Revisionseinlegung nicht entgegen. Zwar ist das gerichtliche Verfahren mit der Eröffnung des Insolvenzverfahrens gem. § 240 ZPO unterbrochen. Die Revision ist aber nicht „der anderen Partei gegenüber" vorzunehmen und stellt auch keine „in Ansehung der Hauptsache vorgenommene Rechtshandlung" dar, sondern soll lediglich die Unterbrechung des Verfahrens zur Geltung bringen (vgl. BAG 24. 1. 2001 – 5 AZR 228/00 – ZInsO 2001, 727 = NZA 2002, 351 [LS]; BAG 6. 12. 2006 – 5 AZR 844/ 06 –; BAG 18. 10. 2006 AP ZPO § 240 Nr. 6 = NZA 2007, 765). In dem Revisionsverfahren bleibt der Insolvenzschuldner selbst prozessführungsbefugt und wird (ohne Aufnahme des Rechtsstreits) vom Insolvenzverwalter vertreten (vgl. BGH 21. 6. 1995 AP ZPO § 240 Nr. 4). Der Insolvenzverwalter kann aber auch für den Schuldner als dessen Rechtsnachfolger auftreten (vgl. BAG 24. 1. 2001 – 5 AZR 228/00 – ZInsO 2001, 727 = NZA 2002, 351 [LS]; BAG 6. 12. 2006 – 5 AZR 844/06 –; BGH 16. 1. 1997 NJW 1997, 1445).

Hat das Landesarbeitsgericht **irrtümlich durch Beschluss anstelle durch Urteil entschieden**, ist nach dem Grundsatz der Meistbegünstigung gegen diesen Beschluss die Revision statthaft (Musielak/*Ball* Vor § 511 Rn. 31 ff. m. w. N.; MünchKommZPO/ *Rimmelspacher* Vor §§ 511 ff. Rn. 82 ff.). Durch die falsche Entscheidungsform – Urteil anstelle von Beschluss oder umgekehrt – wird aber kein Rechtsmittel eröffnet, das gegen die zutreffende Entscheidung nicht statthaft wäre (BAG 14. 10. 1982 AP ArbGG 1979 § 72 Nr. 2; GK-ArbGG/*Mikosch* § 72 Rn. 10).

2. Nichtrevisible Urteile

Nach § 72 Abs. 4 ist gegen Urteile, durch die über die Anordnung, Abänderung oder Aufhebung eines **Arrestes** oder einer **einstweiligen Verfügung** entschieden wird, die Revision nicht statthaft. Es bedarf keines entsprechenden Ausspruchs im Tenor des LAG-Urteils (BAG 16. 12. 2004 AP ArbGG 1979 § 72 Nr. 50). Eine gleichwohl vom Landesarbeitsgericht ausgesprochene Revisionszulassung ist unwirksam (*Hauck/Helml* § 72 Rn. 6). Ebenso wenig ist die Revisionsbeschwerde statthaft, wenn die Berufung gegen eine auf Grund mündlicher Verhandlung durch Urteil erlassene einstweilige Verfügung als unzulässig verworfen wird (s. § 77 Rn. 4).

Nach § 64 Abs. 7 in Verbindung mit § 61 Abs. 3 ist ein **Zwischenurteil, das über den Grund des Anspruchs** vorab entschieden, § 304 ZPO, nicht als Endurteil anzusehen. Es kann nur zusammen mit dem Urteil über den Betrag angefochten werden und gelangt mit einer Revision gegen das Betragsurteil auch ohne besonderen Antrag in die Revisionsinstanz (BAG 1. 12. 1975 AP ArbGG 1953 § 61 Grundurteil Nr. 2; GK-ArbGG/ *Mikosch* § 72 Rn. 9). Ist allerdings in einem einheitlichen Urteil über den Grund eines Teilanspruches und gleichzeitig über die Feststellung, allen künftigen Schaden zu ersetzen, entschieden worden, so ist das Urteil auch hinsichtlich der Entscheidung über den Grund des Anspruches revisibel (BAG 15. 8. 1967 AP ArbGG 1953 § 61 Grundurteil

Müller-Glöge

Nr. 1). Schließlich ist gegen Urteile, die mit der sofortigen Beschwerde anfechtbar sind, die Revision nicht statthaft. Es sind dies Urteile nach § 99 Abs. 2 ZPO über die Kosten bei einem Anerkenntnisurteil, nach § 71 Abs. 2 ZPO über die Zulässigkeit einer Nebenintervention (BAG 17. 12. 1987 AP BGB § 611 Dienstordnungs-Angestellte Nr. 65) und nach § 387 Abs. 3 ZPO über die Berechtigung einer Zeugnisverweigerung. Hat das Arbeitsgericht über einen Antrag auf nachträgliche Zulassung der Kündigungsschutzklage nach § 5 Abs. 4 KSchG abgesondert durch Zwischenurteil entschieden, ist dieses wie ein Endurteil anfechtbar. Das nachfolgende Berufungsurteil ist nach allgemeinen Regeln revisibel.

III. Zulassung der Revision durch das Landesarbeitsgericht

1. Zulassungsgründe

11 Sofern ein Urteil des Landesarbeitsgerichts grundsätzlich revisibel ist, hängt die Zulässigkeit der Revision im konkreten Fall davon ab, dass sie zugelassen worden ist (BAG 10. 12. 1986 AP ZPO § 566 Nr. 3). Nach Abs. 2 muss das Landesarbeitsgericht die Revision zulassen, wenn einer der **im Gesetz bezeichneten Gründe** vorliegt. Ein objektiv willkürlicher Ausschluss des Zugangs zur Revisionsinstanz ist mit dem Gebot wirkungsvollen Rechtsschutzes nicht zu vereinbaren, so dass die Entscheidung des Berufungsgerichts auf Verfassungsbeschwerde der Aufhebung unterliegt (BVerfG 26. 4. 2005 NJW 2005, 1931). Für die Praxis der Landesarbeitsgerichte sind allein die Zulassungsgründe „grundsätzliche Bedeutung einer entscheidungserheblichen Rechtsfrage" (Nr. 1) und Divergenz (Nr. 2) relevant. Die weiteren Zulassungsgründe der Nr. 3 sind für ein gesetzmäßig handelndes Berufungsgericht nicht in Betracht zu ziehen. Ihre Bedeutung entfaltet sich allein über die Nichtzulassungsbeschwerde. So wird das Berufungsgericht, das im Begriff steht, einen absoluten Revisionsgrund nach § 547 Nr. 1 bis 5 ZPO zu verwirklichen oder den Anspruch einer Partei auf rechtliches Gehör in entscheidungserheblicher Weise zu verletzen, den Mangel seines Verfahrens noch vor der Verkündung des Urteils beheben und nicht deshalb die Revision zulassen (GK-ArbGG/*Mikosch* § 72 Rn. 34 d). Allenfalls bei unterlassener Entscheidung über die Revisionszulassung und Ergänzungsbeschluss entsprechend § 64 Abs. 3 a kann das Berufungsgericht die Zulassungsgründe der Nr. 3 des Abs. 2 (ernsthaft) in Betracht ziehen (vgl. Rn. 36).

a) Grundsätzliche Bedeutung

12 Die **grundsätzliche Bedeutung einer entscheidungserheblichen Rechtsfrage** als Grund für die Zulassung der Revision ist ein mit dem Anhörungsrügengesetz neu formulierter, spezifischer Tatbestand des arbeitsgerichtlichen Verfahrens, der vom Gesetzgeber unter Berücksichtigung der Rechtsprechung des Bundesarbeitsgerichts neu gefasst worden ist. Dieser Tatbestand liegt vor, wenn die Entscheidung des Rechtsstreits von einer klärungsfähigen und klärungsbedürftigen Rechtsfrage abhängt und diese Klärung entweder von allgemeiner Bedeutung für die Rechtsordnung ist oder wegen ihrer tatsächlichen Auswirkungen die Interessen der Allgemeinheit oder eines größeren Teiles der Allgemeinheit eng berührt (BAG 16. 9. 1997 AP ArbGG 1979 § 72 a Grundsatz Nr. 54). Das Landesarbeitsgericht entscheidet selbst, ob eine Rechtsfrage grundsätzliche Bedeutung hat. Ob es die Frage zutreffend beantwortet, ist ohne Bedeutung, wenn es die Revision zugelassen hat, denn die Zulassung bindet das Bundesarbeitsgericht (s. unten Rn. 47). Die Frage nach der grundsätzlichen Bedeutung einer Rechtsfrage ist vom Bundesarbeitsgericht ausschließlich auf Grund einer Nichtzulassungsbeschwerde zu entscheiden (s. dazu § 72 a Rn. 12 ff.).

13 Es muss um die Frage nach der Gültigkeit (auch Vereinbarkeit mit dem GG – BVerfG 27. 2. 2009 – 1 BvR 3505/08 –; BAG 25. 7. 2006 AP ArbGG 1979 § 72 a Nr. 67 =

III. Zulassung der Revision durch das Landesarbeitsgericht § 72

NZA 2007, 407) oder nach dem Inhalt einer Norm gehen, die durch einen aufzustellenden Obersatz ohne Berücksichtigung der Besonderheiten des Einzelfalls zu beantworten ist (vgl. *Prütting* S. 251 ff.). Die Rechtsfrage muss nicht das Arbeitsrecht betreffen. Auch Rechtsfragen des Verfahrensrechts oder anderer Rechtsgebiete können für die Entscheidung des Rechtsstreits nicht nur erheblich, sondern von grundsätzlicher Bedeutung sein (GK-ArbGG/*Mikosch* § 72 Rn. 18; *Grunsky* § 72 Rn. 10 a). **Die Rechtsfrage muss für den Rechtsstreit entscheidungserheblich** sein. Das ist der Fall, wenn die Entscheidung des Landesarbeitsgerichts von ihr abhängt. Das ist nicht der Fall, wenn es sich um ein obiter dictum handelt (*Prütting* S. 127) oder die Entscheidung von einer weiteren Begründung getragen wird, es sei denn, auch diese Begründung enthält eine klärungsbedürftige Rechtsfrage von grundsätzlicher Bedeutung (BAG 27. 11. 1984 AP ArbGG 1979 § 72 a Grundsatz Nr. 27; BAG 28. 9. 1989 AP ArbGG 1979 § 72 a Grundsatz Nr. 38). Ein Rechtsgrund zur Zulassung durch das Berufungsgericht besteht regelmäßig nur, wenn sich das Landesarbeitsgericht mit der Rechtsfrage befasst hat, sie also beantwortet hat (BAG 13. 6. 2006 AP ArbGG 1979 § 72 a Grundsatz Nr. 65 = NZA 2006, 1004; BAG 25. 7. 2006 AP ArbGG 1979 § 72 a Nr. 67 = NZA 2007, 407; GK-ArbGG/*Mikosch* § 72 Rn. 23; vgl. aber BVerfG 4. 11. 2008 NZA 2009, 53). Es genügt nicht, dass das Landesarbeitsgericht sich nach Auffassung der unterlegenen Partei mit Rechtsfragen grundsätzlicher Bedeutung hätte befassen müssen, die sich nach der vom Berufungsgericht gegebenen Begründung nicht stellen (BAG 13. 6. 2006 AP ArbGG 1979 § 72 a Grundsatz Nr. 65 = NZA 2006, 1004). Das Landesarbeitsgericht kann seine Entscheidung allein auf die klärungsbedürftige Rechtsfrage stützen und ist nicht gehalten, für seine Entscheidung eine andere Begründung zu suchen (GK-ArbGG/*Mikosch* § 72 Rn. 23).

Die **Rechtsfrage ist klärungsbedürftig,** wenn sie höchstrichterlich noch nicht entschieden und ihre Beantwortung nicht offenkundig ist (BAG 15. 2. 2005 AP ArbGG 1979 § 72 a Divergenz Nr. 50). Somit fehlt es an der Klärungsbedürftigkeit einer Rechtsfrage, wenn diese so einfach zu beantworten ist, dass keine divergierenden Entscheidungen der Landesarbeitsgerichte zu erwarten sind (HWK/*Bepler* ArbGG § 72 Rn. 12). Dies ist anzunehmen, wenn die gesetzliche oder tarifliche Regelung völlig eindeutig ist (BAG 25. 10. 1989 AP ArbGG 1979 § 72 a Grundsatz Nr. 39; BAG 2. 10. 2007 AP BetrVG 1972 § 75 Nr. 52 = DB 2008, 69). Die Klärungsbedürftigkeit fehlt auch, wenn die Rechtsfrage von einem anderen obersten Gerichtshof des Bundes bereits entschieden ist (BAG 7. 2. 2007 – 5 AZN 1014/06 – betr. st. Rspr. des BGH). Doch kann eine vom Bundesarbeitsgericht oder einem anderen obersten Gerichtshof des Bundes bereits entschiedene Rechtsfrage (wieder) klärungsbedürftig werden, wenn gegen diese Entscheidung in Rechtsprechung und Schrifttum gewichtige Gesichtspunkte vorgebracht werden (BVerfG 4. 11. 2008 NZA 2009, 53; BAG 9. 9. 1981 AP TVG § 1 Tarifverträge: Metallindustrie Nr. 9; BAG 3. 11. 1982 AP ArbGG 1979 § 72 a Nr. 17; BAG 22. 4. 1987 AP ArbGG 1979 § 72 a Grundsatz Nr. 32; BAG 10. 12. 1997 AP ArbGG 1979 § 72 a Nr. 40; BAG 20. 5. 2008 AP ArbGG 1979 § 72 a Rechtliches Gehör Nr. 12 = NZA 2008, 839; zur Problematik einer gefestigten Rechtsprechung vgl. *Prütting* S. 134 ff.). 14

Die Klärungsbedürftigkeit einer Rechtsfrage erfordert die Zulassung der Revision, wenn die zu erwartende Klärung über den konkreten Einzelfall hinaus der Rechtseinheit oder der **Rechtsfortbildung** dient. Das ist nicht der Fall, wenn künftig keine Auswirkungen mehr zu erwarten sind, weil es sich um außer Kraft getretenes oder wesentlich verändertes Recht handelt (BAG 21. 10. 1998 AP ArbGG 1979 § 72 a Grundsatz Nr. 55) oder die Rechtsfrage durch neues Recht beantwortet ist (BVerwG 29. 1. 1975 Buchholz 310 § 132 VwGO Nr. 129; BVerwG 9. 3. 1984 Buchholz 442.30 Seeverkehrsrecht Nr. 2). 15

Die Rechtsfrage ist **klärungsfähig,** wenn sie durch das Bundesarbeitsgericht nach Maßgabe des Prozessrechts beantwortet werden kann (BVerfG 4. 11. 2008 NZA 2009, 53; BVerfG 27. 2. 2009 – 1 BvR 3505/08 –; HWK/*Bepler* ArbGG § 72 Rn. 11), auf die fehlende Verwerfungsbefugnis des BAG kommt es nicht an (BVerfG 27. 2. 2009 – 1 BvR 3505/08). Wegen der im Vergleich zum Bundesgerichtshof umfassenderen Prüfungs- 16 befugnis des Bundesarbeitsgerichts (vgl. § 73) wird diese Klärungsfähigkeit idR gegeben sein, doch können die spezifischen Grenzen der revisionsgerichtlichen Kontrolle auch beim Bundesarbeitsgericht wirksam werden (vgl. hierzu § 73 Rn. 29 ff.). Insbesondere ist die Klärungsfähigkeit zu verneinen, wenn es hierzu weiterer tatsächlicher Feststellungen bedürfte, die in der Revisionsinstanz nicht mehr in den Rechtsstreit eingeführt werden können. Hier kommen prozessrechtliche Regelungen der Unanfechtbarkeit berufungsgerichtlicher Entscheidungen zum Tragen. ZB ist nach § 238 Abs. 3 ZPO die Wiedereinsetzung in den vorigen Stand unanfechtbar, so dass die damit verbundenen Rechtsfragen vom Bundesarbeitsgericht nicht geklärt werden können (vgl. BAG 7. 11. 2007 – 5 AZN 1019/07 –).

17 Die **allgemeine Bedeutung der Rechtsfrage** ist zu bejahen, wenn die tatsächlichen Auswirkungen der Entscheidung von wirtschaftlicher Tragweite für die Allgemeinheit oder einen größeren Teil der Allgemeinheit sind (BAG 22. 3. 2005 AP ArbGG 1979 § 72 a Rechtliches Gehör Nr. 3; BAG 14. 4. 2005 AP ArbGG 1979 § 72 a Rechtliches Gehör Nr. 4). Die aufgeworfene Rechtsfrage muss sich in einer unbestimmten Vielzahl weiterer Fälle stellen können und deshalb das abstrakte Interesse der Allgemeinheit an der einheitlichen Entwicklung und Handhabung des Rechts berühren (BVerfG 4. 11. 2008 NZA 2009, 53; BGH 14. 12. 2005 NJW-RR 2006, 1061). An der Rechtsprechung des Bundesarbeitsgerichts zum alten Recht, die danach fragte, ob die Entscheidung für mehr als zwanzig gleich oder ähnlich liegende Arbeitsverhältnisse rechtliche Bedeutung hatte (vgl. BAG 15. 11. 1995 AP ArbGG 1979 § 72 a Grundsatz Nr. 49; BAG 21. 10. 1998 AP ArbGG 1979 § 72 a Grundsatz Nr. 55; BAG 26. 9. 2000 AP ArbGG 1979 § 72 a Grundsatz Nr. 61; vgl. zur Kritik *Bepler* RdA 2005, 65, 70), kann deshalb nicht festgehalten werden. Vor allem die im Rahmen einer **Verbandsklage** zu klärenden Rechtsfragen werden wegen der sich aus § 9 TVG ergebenden Bindungswirkung der rechtskräftigen Entscheidung zumeist grundsätzliche Bedeutung besitzen (BAG 17. 6. 1997 AP ArbGG 1979 § 72 a Grundsatz Nr. 51). Hingegen reicht es nicht aus, dass der konkrete Rechtsstreit für die Parteien von erheblicher wirtschaftlicher Bedeutung ist. Ob der Geltungsbereich der Norm, aus der die Rechtsfrage abgeleitet wird, über den Bezirk eines Landesarbeitsgerichts hinaus reicht, ist für den Zulassungsgrund unerheblich (BAG 26. 9. 2007 AP ArbGG 1979 § 72 a Grundsatz Nr. 69 = NZA 2007, 1316; aA *Ostrowicz/Künzl/Schäfer* Rn. 536).

b) Divergenz

18 Nach § 72 Abs. 2 Nr. 2 ist die Revision vom Landesarbeitsgericht zuzulassen, wenn seine Entscheidung **von der Entscheidung bestimmter anderer Gerichte** (s. dazu Rn. 23) abweicht und auf dieser Abweichung beruht. Eine solche Abweichung, Divergenz, liegt vor, wenn das Urteil des Landesarbeitsgerichts zu einer Rechtsfrage einen abstrakten Rechtssatz aufstellt, der von einem abstrakten Rechtssatz zu der gleichen Rechtsfrage in der anderen Entscheidung abweicht. Ein Rechtssatz ist aufgestellt, wenn das Gericht seiner Subsumtion einen Obersatz voranstellt, der über den Einzelfall hinaus für vergleichbare Sachverhalte Geltung beansprucht (BAG 1. 3. 2005 AP ArbGG 1979 § 72 a Rechtliches Gehör Nr. 2). Der abstrakte Rechtssatz muss vom Landesarbeitsgericht **nicht ausdrücklich formuliert** worden sein, er kann sich auch aus scheinbar fallbezogenen Ausführungen ergeben (BAG 4. 8. 1981 AP ArbGG 1979 § 72 a Divergenz Nr. 9; BAG 18. 5. 2004 AP ArbGG 1979 § 72 a Divergenz Nr. 46; BAG 6. 12. 2006 AP ArbGG 1979 § 72 a Nr. 51 = NZA 2007, 349). In Fällen dieser Art muss sich aber der Rechtssatz, von dem das Landesarbeitsgericht ausgegangen ist, zweifelsfrei ergeben (BAG 9. 6. 1998 NZA 1999, 503; BAG 18. 5. 2004 AP ArbGG 1979 § 72 a Divergenz Nr. 46; BAG 6. 12. 2006 AP ArbGG 1979 § 72 a Nr. 51 = NZA 2007, 349; *Kittner/Zwanziger* § 167 Rn. 38). Nur so ist eine Abgrenzung zur „lediglich" falschen Rechtsanwendung möglich (BAG 10. 7. 1984 AP ArbGG 1979 § 72 a Divergenz Nr. 15; BAG 18. 5. 2004 AP ArbGG 1979 § 72 a Divergenz Nr. 46). Gibt das Berufungsurteil den Inhalt einer

III. Zulassung der Revision durch das Landesarbeitsgericht §72

Gesetzes- oder Tarifvorschrift sinngemäß wieder, stellt es allein damit keinen Rechtssatz auf (BAG 8. 8. 1997 AP ArbGG 1979 § 72 a Divergenz Nr. 35; BAG 16. 9. 1997 AP ArbGG 1979 § 72 a Divergenz Nr. 36). Ebenso wenig stellt das Berufungsgericht einen eigenen Rechtssatz auf, wenn es Rechtssätze wörtlich aus der Rechtsprechung des Bundesarbeitsgerichts übernimmt (BAG 28. 4. 1998 AP ArbGG 1979 § 72 a Divergenz Nr. 37). Der Rechtssatz kann grundsätzlich **jede Rechtsfrage** betreffen. Er kann sich auf unbestimmte Rechtsbegriffe beziehen, wenn dazu ein neuer Obersatz aufgestellt wird (*Prütting* S. 219). Der Rechtssatz kann auch in einem allgemeinen Erfahrungssatz bestehen (BAG 12. 12. 1968 AP ArbGG 1953 § 72 Divergenzrevision Nr. 34). Entsprechendes gilt für die angezogene Entscheidung. ZB enthalten Ausführungen im berichtenden Teil einer Entscheidung des Bundesverfassungsgerichts keine Rechtssätze, die eine Divergenz begründen können (BAG 10. 3. 1999 AP ArbGG 1979 § 72 a Nr. 41).

Der Rechtssatz muss in der die **Instanz beendenden Entscheidung** des Landesarbeitsgerichts enthalten sein oder in einem vorausgegangenen, das Landesarbeitsgericht bindenden Zwischen- oder Grundurteil (GK-ArbGG/*Mikosch* § 72 Rn. 25). Dass er lediglich einem Beweisbeschluss (*Etzel* AR-Blattei SD 160.10.5 Rn. 34), einem PKH-Beschluss (BAG 18. 6. 1997 FA 1998, 52) oder einem anderen das Verfahren betreffenden Beschluss zugrunde liegt, genügt nicht (BAG 17. 11. 1988 AP ArbGG 1979 § 72 a Divergenz Nr. 22). Ebenso wenig kann ein abweichender Rechtssatz in der Entscheidung über die Kosten des Rechtsstreits (BAG 23. 7. 1996 AP ArbGG 1979 § 72 a Divergenz Nr. 34) oder die Zulassung der Revision eine Divergenz im Sinne von § 72 Abs. 2 Nr. 2 begründen (BAG 9. 1. 1989 AP ArbGG 1979 § 72 a Divergenz Nr. 23; BAG 23. 7. 1996 AP ArbGG 1979 § 72 a Divergenz Nr. 34). Ist das Landesarbeitsgericht der Entscheidung des Arbeitsgerichts gefolgt und hat es deshalb gemäß § 69 Abs. 2 von der Darstellung der Entscheidungsgründe abgesehen, muss der abstrakte Rechtssatz in der Entscheidung des Arbeitsgerichts enthalten sein (BAG 3. 2. 1981 AP ArbGG 1979 § 72 a Divergenz Nr. 4).

Die voneinander divergierenden Rechtssätze müssen sich grundsätzlich auf dieselbe **gesetzliche Bestimmung** beziehen. Liegen den Rechtssätzen verschiedene gesetzliche Bestimmungen zugrunde, müssen sie zumindest in Wortlaut und Regelungsgehalt übereinstimmen und nicht nur vergleichbar sein (BAG 8. 12. 1994 AP ArbGG 1979 § 72 a Divergenz Nr. 28; BVerwG 28. 3. 1994 AP ArbGG 1979 § 92 a Nr. 8; *Kittner/Zwanziger* § 167 Rn. 38; Schwab/Weth/*Ulrich* § 72 Rn. 40; *Hauck/Helml* § 72 Rn. 10 und § 72 a Rn. 4; vgl. auch GemS OGB 12. 3. 1987 AP BetrVG 1972 § 5 Nr. 35; aA GK-ArbGG/*Mikosch* § 72 Rn. 28; BAG 20. 8. 2002 AP ArbGG 1979 § 72 a Divergenz Nr. 45 hat offen gelassen, ob im Anschluss an den Beschluss des GemS OGB vom 6. 2. 1973 [AP RsprEinhG § 4 Nr. 1] anzunehmen sei, bei identischem Regelungsgegenstand schließe ein unterschiedlicher Wortlaut der Normtexte die Divergenz nicht aus). Ist die gesetzliche Bestimmung substantiell geändert worden, steht dies der Annahme divergierender Rechtssätze entgegen.

Die Entscheidung des Landesarbeitsgerichts muss **auf dem divergierenden abstrakten Rechtssatz beruhen,** dieser muss die Entscheidung tragen (BAG 9. 10. 1954 AP ArbGG 1953 § 72 Nr. 20; *Hauck/Helml* § 72 Rn. 11). Das ist dann der Fall, wenn bei anderer Beantwortung der Rechtsfrage die Entscheidung möglicherweise zu einem anderen Ergebnis geführt hätte (BAG 15. 7. 1986 AP ArbGG 1979 § 92 a Nr. 5; *Prütting* S. 220). Ist der abstrakte Rechtssatz nur in einer Hilfs- oder weiteren Begründung des Landesarbeitsgerichts enthalten, beruht die Entscheidung nicht auf der Divergenz (BAG 9. 12. 1980 AP ArbGG 1979 Divergenz § 72 a Nr. 3; BAG 27. 10. 1998 AP ArbGG 1979 § 72 a Divergenz Nr. 39; *Prütting* S. 224).

Nicht erforderlich ist, dass auch die **Entscheidung des anderen Gerichts** auf dem abstrakten Rechtssatz **beruht.** Die Rechtseinheit ist schon dann gefährdet, wenn sich das Landesarbeitsgericht mit seiner Entscheidung zu einem Rechtssatz, insbesondere des Bundesarbeitsgerichts, in Widerspruch setzt, der nur anlässlich der Entscheidung einer anderen Rechtsfrage aufgestellt worden ist (BAG 16. 7. 1980 AP ArbGG 1979 § 72a Divergenz Nr. 2; BAG 17. 2. 1981 AP ArbGG 1979 § 72a Divergenz Nr. 7; GK-ArbGG/*Mikosch* § 72 Rn. 30; *Hauck/Helml* § 72 Rn. 11; *Germelmann* RdA 2000, 45, 46; *Kittner/Zwanziger* § 167 Rn. 39; aA BVerwG 26. 6. 1984 Buchholz 407.4 § 17 FStrG Nr. 56; *Prütting* S. 224, der in diesen Fällen jedoch eine Zulassung wegen grundsätzlicher Bedeutung befürwortet). Eine Abweichung liegt jedoch nicht vor, wenn die Rechtsfrage in der anderen Entscheidung für eine bestimmte Fallgestaltung ausdrücklich offengelassen worden ist und das Landesarbeitsgericht nunmehr diese Fallgestaltung entscheidet (BAG 27. 7. 1967 AP ArbGG 1953 § 72 Divergenzrevision Nr. 30).

23 Die andere Entscheidung, von der das Landesarbeitsgericht abweicht, muss eine Entscheidung des **Bundesverfassungsgerichts**, des **Gemeinsamen Senats** der obersten Gerichtshöfe des Bundes, des **Bundesarbeitsgerichts**, oder, solange eine Entscheidung des Bundesarbeitsgerichts in dieser Rechtsfrage nicht ergangen ist (vgl. dazu BAG 10. 2. 1988 AP ArbGG 1979 § 92a Nr. 6), eine Entscheidung eines **anderen Landesarbeitsgerichts** oder einer **anderen Kammer** desselben Landesarbeitsgerichts (s. dazu *Bichler* DB 1981, 694) sein. Eine Abweichung von einer früheren Entscheidung derselben Kammer des Landesarbeitsgerichts in einer anderen Sache begründet keine Divergenz iSv. § 72 Abs. 2 Nr. 2 (BAG 21. 2. 2002 AP ArbGG 1979 § 72a Divergenz Nr. 43), denn ein Meinungswandel innerhalb desselben Spruchkörpers gefährdet die Rechtseinheit nicht in gleicher Weise wie eine Divergenz zwischen verschiedenen Spruchkörpern. Gleichgültig ist, in welchem Verfahren und in welcher Form die Entscheidung eines dieser Gerichte ergangen ist. Eine aufgehobene Entscheidung des Landesarbeitsgerichts ist nicht mehr divergenzfähig (BAG 5. 12. 1995 AP ArbGG 1979 § 72a Divergenz Nr. 32). Eine Entscheidung des Bundesarbeitsgerichts ist auch eine des Großen Senats (BAG 25. 1. 1957 AP ArbGG 1953 § 72 Nr. 46) oder eine solche, die in derselben Sache vor einer Zurückverweisung ergangen ist (BAG 24. 10. 1988 AP ArbGG 1979 § 72a Divergenz Nr. 21), nicht aber ein **Vorlagebeschluss** an den Großen Senat (BAG 20. 8. 1986 AP ArbGG 1979 § 72a Divergenz Nr. 18; GK-ArbGG/*Mikosch* § 72 Rn. 31; Schwab/Weth/*Ulrich* § 72 Rn. 35) oder eine Kostenentscheidung (BAG 23. 7. 1996 AP ArbGG 1979 § 72a Divergenz Nr. 34). Rechtssätze in Leitsätzen oder Pressemitteilungen des angezogenen Gerichts vermögen keine Divergenz zu begründen (vgl. § 72a Rn. 35). Die Aufzählung der Gerichte ist abschließend, so dass eine Abweichung von Entscheidungen **anderer oberster Bundesgerichte oder Oberlandesgerichte oder Oberverwaltungsgerichte oder des Gerichtshofs der europäischen Gemeinschaften** keine die Zulassung der Revision rechtfertigende Divergenz begründet (BAG 25. 3. 1991 AP ArbGG 1979 § 72a Divergenz Nr. 26; BAG 29. 1. 1986 AP ArbGG 1979 § 72a Divergenz Nr. 17; BAG 30. 6. 1997 NZA 1997, 1184). In Fällen dieser Art wird jedoch eine Zulassung der Revision wegen grundsätzlicher Bedeutung in Betracht kommen (BVerwG 22. 6. 1984 Buchholz 310 § 132 VwGO Nr. 225; *Prütting* S. 225).

24 Die Entscheidung des anderen Gerichts muss notwendig **vor der Entscheidung des Landesarbeitsgerichts ergangen** sein (BAG 10. 2. 1981 AP ArbGG 1979 § 72a Divergenz Nr. 6). Die Divergenz muss zur jeweils letzten Entscheidung des Gerichts zu dieser Rechtsfrage bestehen (BAG 15. 7. 1986 AP ArbGG 1979 § 92a Nr. 5). Entscheidungen, die aufgehoben oder aufgegeben worden sind, vermögen eine Divergenz nicht zu begründen (BAG 5. 12. 1995 AP ArbGG 1979 § 72a Divergenz Nr. 32; BVerwG 20. 11. 1981 Buchholz 427.3 § 12 LAG Nr. 164). Die Entscheidung eines Landesarbeitsgerichts ist nur dann divergenzfähig, wenn die Rechtsfrage **vom Bundesarbeitsgericht noch nicht entschieden** worden ist. Die Entscheidung des anderen Landesarbeitsgerichts muss nicht rechtskräftig sein (*Grunsky* § 72 Rn. 28), darf aber nicht durch Klagerücknahme oder übereinstimmende Erledigungserklärungen in der Revisionsinstanz oder Vergleich gegenstandslos geworden sein.

25 Das Landesarbeitsgericht entscheidet selbst, ob es von einer der genannten Entscheidungen abweicht. Es kann die Revision schon dann zulassen, wenn es die **Möglichkeit**

III. Zulassung der Revision durch das Landesarbeitsgericht § 72

einer Abweichung bejaht (BGH 30. 10. 1961 AP ZPO § 546 Nr. 1; *Prütting* S. 219). Lässt es die Revision zu, so ist das Bundesarbeitsgericht an die Zulassung gebunden (s. unten Rn. 47). Das Bundesarbeitsgericht kann darüber, ob eine Divergenz vorliegt, selbst nur im Rahmen der Nichtzulassungsbeschwerde entscheiden.

c) Absoluter Revisionsgrund

Zum 1. 1. 2005 neu eingefügt worden ist der Zulassungsgrund eines schweren Verfahrensverstoßes mit dem Gewicht eines absoluten Revisionsgrundes iSv. § 547 Nr. 1 bis 5 ZPO. Dies sind 26
– die nicht vorschriftsmäßige Besetzung des erkennenden Gerichts (Nr. 1),
– die Mitwirkung eines Richters bei der Entscheidung, der von der Ausübung des Richteramtes kraft Gesetzes ausgeschlossen war, sofern dieses Hindernis nicht mittels Ablehnungsgesuchs erfolglos geltend gemacht ist (Nr. 2),
– die Mitwirkung eines Richters, obgleich er wegen Besorgnis der Befangenheit abgelehnt und das Ablehnungsgesuch für begründet erklärt war (Nr. 3),
– die nicht gesetzmäßige Vertretung einer Partei in dem Verfahren, sofern sie nicht die Prozessführung ausdrücklich oder stillschweigend genehmigt hat (Nr. 4),
– die Entscheidung auf Grund einer mündlichen Verhandlung, bei der die Vorschriften über die Öffentlichkeit des Verfahrens verletzt sind (Nr. 5). Zu den an die Gewährleistung der Öffentlichkeit zu stellenden Anforderungen vgl. BAG 19. 2. 2008 AP ArbGG 1979 § 72 a Nr. 59 (Öffnung des Gerichtsgebäudes nur nach Klingeln). Eine versehentliche und dem Gericht unbekannt gebliebene Zugangsbehinderung stellt keinen solchen absoluten Revisionsgrund dar (BAG 13. 7. 2005 – 5 AZN 292/05 –). Zudem ist nach § 160 Abs. 1 Nr. 5 ZPO im Protokoll anzugeben, ob öffentlich verhandelt oder die Öffentlichkeit ausgeschlossen wurde. Nach § 165 ZPO kann die Beachtung der für die Verhandlung vorgeschriebenen Förmlichkeiten einerseits allein durch das Protokoll bewiesen werden (Satz 1), andererseits ist gegen den diese Förmlichkeiten betreffenden Inhalt des Protokolls nur der Nachweis der Fälschung zulässig (Satz 2). Liegt ein in sich vollständiges und der Auslegung nicht fähiges Protokoll vor, durch das bestätigt ist, dass die Sitzung des Landesarbeitsgerichts tatsächlich öffentlich stattgefunden hat, kann der absolute Revisionsgrund ausschließlich durch den Beweis der Protokollfälschung belegt werden (BAG 13. 11. 2007 NZA 2008, 248; vgl. zur notwendigen Darlegung in der Nichtzulassungsbeschwerdebegründung § 72 a Rn. 36).

Allein die nicht vorschriftsmäßige Besetzung des Landesarbeitsgerichts vermag die Zulassung der Revision zu rechtfertigen, ein in der Vorinstanz aufgetretener Fehler genügt nicht (BAG 16. 10. 2008 AP ArbGG 1979 § 72 a Nr. 63). Zur Besetzung der Berufungskammer mit einem abgeordneten Richter erster Instanz und der zulässigen Dauer einer Vertretung vgl. BAG 6. 6. 2007 AP TVG § 9 Nr. 11 = NZA 2008, 1086. Nicht in den Katalog aufgenommen ist der absolute Revisionsgrund der nicht mit Gründen versehenen Entscheidung (Nr. 6). Hierzu gehört insbesondere (aber nicht ausschließlich) das zwar verkündete, aber nicht binnen fünf Monaten vollständig abgefasste und unterschriebene Urteil. Dieser Tatbestand ist heute besonders in § 72 b geregelt. Wegen der verspäteten Absetzung des Berufungsurteils ist ausschließlich die sofortige Beschwerde nach § 72 b gegeben (BAG 20. 12. 2006 AP ArbGG 1979 § 72 b Nr. 2 = NZA 2007, 226; *Natter* JbArbR 42 (2005), 95, 107). Allerdings erfasst die sofortige Beschwerde nach § 72 b den absoluten Revisionsgrund des § 547 Nr. 6 ZPO nicht vollständig, so dass die Fälle vollkommen unklarer oder lückenhafter Entscheidungsgründe (vgl. BGH 24. 5. 1988 NJW 1989, 773; BGH 18. 2. 1993 NJW-RR 1993, 706) weder unter die in § 72 genannten fünf absoluten Revisionsgründe noch unter den Anwendungsbereich des § 72 b (vgl. § 72 b Rn. 23) fallen. Sind die Entscheidungsgründe eines LAG-Urteils vollkommen unklar oder lückenhaft, kommt eine nachträgliche Zulassung der Revision durch das Bundesarbeitsgericht nur in Betracht, wenn in diesem Mangel eine entschei- 26 a dungserhebliche Verletzung des Anspruchs auf rechtliches Gehör liegt. Ansonsten ist kein Zulassungsgrund gegeben (*Bepler* RdA 2005, 65, 72).

27 Die **Entscheidungserheblichkeit eines absoluten Revisionsgrundes** ist nicht zu prüfen. Dieser Zulassungsgrund erlangt seine Bedeutung allein durch die Nichtzulassungsbeschwerde, mit der das Vorliegen eines der in § 547 Nr. 1 bis 5 ZPO genannten absoluten Revisionsgrundes geltend gemacht werden kann.

d) Rechtliches Gehör

28 Die Revision ist zuzulassen, wenn eine entscheidungserhebliche Verletzung des Anspruchs auf rechtliches Gehör geltend gemacht wird und vorliegt. Dieser Zulassungsgrund ist durch das Anhörungsrügengesetz neu in das ArbGG eingefügt worden, um das Bundesverfassungsgericht zu entlasten. Deshalb kann auf die vom Bundesverfassungsgericht entwickelten **Maßstäbe für Verfassungsbeschwerden** gegen Gerichtsurteile wegen Verletzung des Anspruchs auf rechtliches Gehör zurückgegriffen werden (insbesondere BVerfG 19. 5. 1992 BVerfGE 86, 133, 146; BVerfG 17. 7. 1996 AP ZPO § 551 Nr. 45; BVerfG 9. 7. 2007 NJW 2007, 3418). Unterlaufen dem Berufungsgericht Rechtsfehler, ist nicht schon aus diesem Grund der Anspruch auf rechtliches Gehör verletzt, sondern erst bei objektiver Willkürlichkeit (BVerfG 26. 7. 2005 NJW 2005, 3345). Objektive Willkürlichkeit ist gegeben, wenn die Rechtsanwendung oder das Verfahren unter keinem denkbaren rechtlichen Aspekt mehr vertretbar ist und sich daher der Schluss aufdrängt, dass sie auf sachfremden und damit willkürlichen Erwägungen beruhen (BVerfG 26. 7. 2005 NJW 2005, 3345). Von Willkür kann aber nicht gesprochen werden, wenn das Gericht sich mit der Rechtslage auseinandergesetzt hat und seine Auffassung nicht jeden sachlichen Grundes entbehrt (BVerfG 9. 7. 2007 NJW 2007, 3418). Übergeht das Gericht Vortrag, auf den es aus seiner Sicht nicht ankommt, verstößt es daher grundsätzlich nicht gegen Art. 103 Abs. 1 GG, auch wenn seine Auffassung unrichtig ist (vgl. BVerfG 26. 7. 2005 – 1 BvR 85/04 – NJW 2005, 3345; BAG 19. 2. 2008 AP ArbGG 1979 § 72 a Nr. 60 = NJW 2008, 2362). Das Übergehen eines gestellten Hilfsantrags ist zwar eine Gehörsverletzung, doch ist der gebotene Behelf nicht die Zulassung der Revision, sondern die Urteilsergänzung gemäß § 321 ZPO ggf. (bei Nichtaufnahme des Hilfsantrags in den Tatbestand des Berufungsurteils) nach vorangegangener Tatbestandsberichtigung gemäß § 320 ZPO (BAG 26. 6. 2008 AP ArbGG 1979 § 72 a Rechtliches Gehör Nr. 13 = NZA 2008, 1028).

29 Das Gebot der Gewährung rechtlichen Gehörs (Art. 103 Abs. 1 GG) verpflichtet das Gericht, die **Ausführungen der Prozessparteien zur Kenntnis zu nehmen** und in Erwägung zu ziehen. Dabei müssen die Parteien bei Anwendung der von ihnen zu verlangenden Sorgfalt erkennen können, auf welche Gesichtspunkte es für die Entscheidung ankommen kann. Doch muss ein Verfahrensbevollmächtigter auch bei umstrittener oder problematischer Rechtslage grundsätzlich alle vertretbaren rechtlichen Gesichtspunkte von sich aus in Betracht ziehen und bei seinem Vortrag berücksichtigen (BVerfG 19. 5. 1992 BVerfGE 86, 133, 145; BVerfG 17. 2. 2004 DStRE 2004, 1050; BAG 31. 8. 2005 AP ArbGG 1979 § 72 a Rechtliches Gehör Nr. 7). Bei der Beurteilung, ob ein Bestreiten mit Nichtwissen zulässig ist, hat das Berufungsgericht auf den Zeitpunkt abstellen, zu dem sich eine Partei im Prozess zu erklären hat (BAG 13. 11. 2007 AP GG Art. 103 Nr. 66 = NZA 2008, 246). Im Fall eines nachgereichten Schriftsatzes müssen die ehrenamtlichen Richter an der Entscheidung des LAG über eine Wiedereröffnung der mündlichen Verhandlung mitwirken, andernfalls wird das rechtliche Gehör nicht gewährt (BAG 18. 12. 2008 NJW 2009, 1163).

30 Stellt das Gericht seine Entscheidung ohne vorherigen Hinweis auf einen rechtlichen Gesichtspunkt ab, mit dem auch ein **gewissenhafter und kundiger Prozessbevollmächtigter** nicht zu rechnen brauchte, wird das rechtliche Gehör zu einer streitentscheidenden Frage versagt (BAG 20. 3. 2008 NZA 2008, 662). Dies kann der Fall sein, wenn das Berufungsgericht entgegen einem zuvor gegebenen Hinweis auf tragende rechtliche Gesichtspunkte

III. Zulassung der Revision durch das Landesarbeitsgericht § 72

abstellt, für die sich eine Partei weiteren Vortrag vorbehalten hatte (BAG 31. 8. 2005 AP ArbGG 1979 § 72 a Rechtliches Gehör Nr. 7 = NZA 2005, 1204; BAG 20. 3. 2008 NZA 2008, 662). Ansonsten ist das Gericht vor Schluss der mündlichen Verhandlung grundsätzlich nicht zur Offenlegung seiner Rechtsauffassung verpflichtet (vgl. BVerfG 19. 5. 1992 BVerfGE 86, 133; BVerfG 17. 2. 2004 DStRE 2004, 1050; BAG 31. 8. 2005 AP ArbGG 1979 § 72 a Rechtliches Gehör Nr. 7; BAG 31. 5. 2006 AP ArbGG 1979 § 78 a Nr. 3 = NZA 2006, 875; *Schrader* NZA-RR 2006, 57, 63). Der Anspruch auf rechtliches Gehör gebietet es nicht, dass das Rechtsmittelgericht auf seine vom erstinstanzlichen Gericht abweichende Rechtsauffassung in einer entscheidungserheblichen Rechtsfrage hinweist, wenn die angefochtene Entscheidung in diesem Punkt vom Rechtsmittelführer mit vertretbaren Ausführungen angegriffen wird. In einem solchen Fall muss der Rechtsmittelgegner in Betracht ziehen, dass das Rechtsmittelgericht den Ausführungen des Rechtsmittelführers folgt, so dass es für ihn nahe liegen sollte, diesen Ausführungen zwecks Verteidigung der erstinstanzlichen Entscheidung entgegenzutreten (BVerwG 24. 7. 2008 NZA-RR 2008, 37). Das Übergehen von Beweisanträgen zu streitig gebliebenem Sachvortrag ist geeignet, eine Gehörsverletzung auszulösen (vgl. zur Revision § 74 Rn. 61; dort auch zur unterlassenen persönlichen Anhörung der Partei).

Der Anspruch der klagenden Partei auf rechtliches Gehör kann dadurch verletzt 31 werden, dass das Landesarbeitsgericht sein klageabweisendes Urteil auf einen, von der klagenden Partei nicht aufgegriffenen Lebenssachverhalt stützt, ohne ihr zuvor Gelegenheit zu geben, entsprechende Tatsachen dafür vorzutragen. Ein solcher Austausch der Streitgegenstände verstößt gegen den Grundsatz des „fairen Verfahrens" (BAG 11. 4. 2006 AP ZPO § 533 Nr. 1 = NZA 2006, 750). Ausnahmsweise kann das Gericht auf die Stellungnahme einer Partei zu einem Geständnis der anderen verzichten (BAG 26. 6. 2008 AP ArbGG 1979 § 72 a Rechtliches Gehör Nr. 13 = NZA 2008, 1028). Hingegen ist die **ungerechtfertigte Zurückweisung von Sachvortrag als verspätet** eine Verletzung des Anspruchs auf rechtliches Gehör. Gleiches gilt für die Säumnisentscheidung gegen eine im Rechtssinne nicht säumige Partei. Deshalb hat die bislang problematische Revisibilität eines zweiten Versäumnisurteils des Landesarbeitsgerichts ihre praktische Bedeutung verloren (vgl. Rn. 3). Die **fehlende Säumnis** kann mit der auf die Verletzung des Anspruchs auf rechtliches Gehör gestützten Nichtzulassungsbeschwerde geltend gemacht werden (*Bepler* JbArbR 43 (2006), 45, 60).

Der **Nachweis der Gehörsverletzung** gilt regelmäßig als erbracht, wenn das Landes- 32 arbeitsgericht in seiner Begründung auf ein **zentrales Vorbringen** der beschwerdeführenden Partei nicht eingegangen ist, sofern dieses Vorbringen nicht – beurteilt nach dem Rechtsstandpunkt des Landesarbeitsgerichts – unerheblich oder aber offensichtlich unsubstantiiert war (BVerfG 19. 5. 1992 BVerfGE 86, 133, 146; BVerfG 17. 7. 1996 AP ZPO § 551 Nr. 45). Doch rechtfertigt nicht jede in den Entscheidungsgründen niedergelegte, im Verhältnis zum Tatbestand widersprüchliche und in der Sache unrichtige Schlussfolgerung des Gerichts die Annahme, das Gericht habe den Anspruch auf das rechtliche Gehör iSv. Art. 103 Abs. 1 GG verletzt (BAG 18. 11. 2008 AP ArbGG 1979 § 72 a Rechtliches Gehör Nr. 14 = NZA 2009, 223).

Das rechtliche Gehör ist **kein Auffangtatbestand,** unter den Verstöße gegen andere 33 Verfahrensgrundrechte subsumiert werden könnten (aA *Natter* JbArbR 42 (2005), 95, 105). Unterlaufen derartige Fehler dem Landesarbeitsgericht und liegt hierin kein anderer Zulassungsgrund (insbesondere kein absoluter Revisionsgrund nach § 547 Nr. 1 bis 5 ZPO), verbleibt der belasteten Partei nur die Verfassungsbeschwerde.

2. Zulassungsentscheidung

a) Zulassung im Urteil

Bejaht das Landesarbeitsgericht die grundsätzliche Bedeutung oder das Vorliegen 34 einer Divergenz, muss es die Revision zulassen. Lässt es sie in anderen Fällen zu, bindet auch diese Entscheidung das Bundesarbeitsgericht (vgl. Rn. 47). Ein Antrag der Parteien ist nicht erforderlich. Das Landesarbeitsgericht entscheidet von Amts wegen. Die **Zulassungsentscheidung** muss nicht begründet werden (BAG 24. 6. 1955 AP ArbGG 1953 § 69 Nr. 7; *Grunsky* § 72 Rn. 23; *Prütting* S. 268). Die Zulassung der Revision durch das Landesarbeitsgericht ist unanfechtbar. Wird in einem Grundurteil die Revision zugelassen, bleibt diese unstatthaft. Sie bindet aber das Gericht gemäß § 318 ZPO bei Erlass des Endurteils, so dass dann die Revision zuzulassen ist. Ergeht diese Zulassungsentscheidung im Endurteil nicht, bleibt die fehlerhafte Zulassung im Zwischenurteil wirkungslos (aA *Grunsky* § 72 Rn. 4). Die Zulassung im Endurteil gilt auch für das Grundurteil. Anders beim Ergänzungsurteil nach § 321 ZPO. Hier muss die Zulassung ggf. für jedes Urteil gesondert ausgesprochen werden.

35 Seit dem 1. 5. 2000 ist durch die Einfügung von Satz 2 in § 72 Abs. 1 und Abs. 3 a in § 64 geregelt, dass die Entscheidung des Landesarbeitsgerichts über die Zulassung oder die Nichtzulassung der Revision in den **Urteilstenor** aufzunehmen ist. Eine falsche Wortwahl – Revisionsbeschwerde statt Revision – schadet nicht (BAG 5. 12. 1984 AP ArbGG 1979 § 72 Nr. 3). Damit ist die frühere Rechtsprechung des Bundesarbeitsgerichts überholt, die zuletzt auch die Zulassung in den nicht verkündeten Entscheidungsgründen ausreichen ließ (vgl. BAG 11. 12. 1998 AP ArbGG 1979 § 64 Nr. 30 mit ausführlicher Darstellung der Rechtsprechungsentwicklung). Durch die Neufassung ist klargestellt, dass eine Revisionszulassung in den Entscheidungsgründen oder der Rechtsmittelbelehrung unbeachtlich ist (BAG 19. 3. 2003 AP ArbGG 1979 § 72 Nr. 47; *Hauck/Helml* § 72 Rn. 13; zur alten Rechtslage: BAG 24. 2. 1988 AP TVG § 1 Tarifverträge: Schuhindustrie Nr. 2; BAG 21. 8. 1990 AP BetrAVG § 1 Unverfallbarkeit Nr. 1; BAG 20. 9. 2000 AP ArbGG 1979 § 72 Nr. 43; *Ostrowicz/Künzl/Schäfer* Rn. 544). Deshalb kann an der bisherigen Rechtsprechung (BAG 6. 9. 1990 AP BGB § 615 Nr. 47) nicht festgehalten werden, die eine nachträgliche Beschränkung einer im Tenor unbeschränkt zugelassenen Revision in den Entscheidungsgründen für zulässig erachtet hat (BAG 19. 3. 2003 AP ArbGG 1979 § 72 Nr. 47; BAG 5. 11. 2003 AP ArbGG 1979 § 72 Nr. 49 = NZA 2004, 447; GK-ArbGG/*Mikosch* § 72 Rn. 40; *Hauck/Helml* § 72 Rn. 13; *Ostrowicz/Künzl/Schäfer* Rn. 544; BCF/*Friedrich* § 72 Rn. 4 b [s. aber Rn. 6]). Enthält der verkündete Tenor des Berufungsurteils eine unbeschränkte Zulassung der Revision, kann deren Zulässigkeit durch die Fassung der Entscheidungsgründe nicht eingeschränkt werden (BAG 19. 3. 2003 AP ArbGG 1979 § 72 Nr. 47; BAG 5. 11. 2003 AP ArbGG 1979 § 72 Nr. 49 = NZA 2004, 447).

36 Fehlt die Entscheidung über die Zulassung der Revision, kann zunächst kein Rechtsmittel eingelegt werden (BAG 26. 9. 1980 AP ZPO 1977 § 321 Nr. 1; *Appel/Kaiser* AuR 2000, 281, 282). Stattdessen ist entsprechend § 64 Abs. 3 a Satz 2 innerhalb einer Frist von zwei Wochen nach Verkündung eine **Ergänzung der Entscheidung** zu beantragen. Die Frist beginnt sofort mit der Verkündung des Berufungsurteils. Es kommt nicht auf die Erstellung des Protokolls und dessen Eingang bei den Prozessbevollmächtigten an. Die Parteien werden so gezwungen, bei der Verkündung persönlich anwesend zu sein oder sich beim Berufungsgericht nach der Entscheidung über die Revisionszulassung zu erkundigen. Anders als bei einem Ergänzungsurteil (§ 321 Abs. 3 ZPO) ist keine mündliche Verhandlung erforderlich (§ 64 Abs. 3 a Satz 3). Die Ergänzung des Urteilstenors kann deshalb auch durch Beschluss vorgenommen werden. Zuständig ist entsprechend § 309 ZPO die Kammer in der gleichen Besetzung wie bei Erlass des Berufungsurteils. Wird die Zwei-Wochen-Frist versäumt, kann das Urteil weder von Amts wegen noch auf Antrag einer Partei ergänzt werden. In diesem Fall ist die Revision vom Berufungsgericht nicht zugelassen. Die beschwerte Partei muss Nichtzulassungsbeschwerde einlegen, um die Revisionszulassung zu erreichen. Im Ergebnis steht das Unterlassen einer Entscheidung über die Zulassung der Revision einer negativen Entscheidung gleich (*Germelmann* NZA 2000, 1017, 1023). Allerdings provoziert das Schweigen des Tenors einen Antrag nach § 64 Abs. 3 a (*Ostrowicz/Künzl/Schäfer* Rn. 544). Da der Gesetzgeber die

III. Zulassung der Revision durch das Landesarbeitsgericht   § 72

Zwei-Wochen-Frist nicht als Notfrist bezeichnet hat (§ 224 Abs. 1 Satz 2 ZPO), sind die Vorschriften über die Wiedereinsetzung in den vorigen Stand (§ 233 ZPO) unanwendbar (HWK/*Bepler* ArbGG § 72 Rn. 29; *Germelmann* NZA 2000, 1017, 1023).

Die besondere gesetzliche Regelung der Urteilsergänzung durch Beschluss schließt hinsichtlich der Revisionszulassung eine „großzügige" Anwendung der Vorschriften über die **Urteilsberichtigung** (§ 319 ZPO) aus. Eine Unrichtigkeit ist nur dann offenbar, wenn ein außenstehender Dritter sie im Zeitpunkt der Verkündung erkennen kann (BAG 29. 8. 2001 AP ZPO § 319 Nr. 24; BGH 14. 9. 2004 NJW 2005, 156). Dies kann bei einem Schreibfehler oder einem Widerspruch zwischen verkündetem Tenor und mündlich mitgeteilten Entscheidungsgründen anzunehmen sein (ähnlich GK-ArbGG/*Vossen* § 64 Rn. 64; Düwell/Lipke/*Bepler* § 72 Rn. 40). Erst nach der Verkündung der Entscheidung eintretende Tatsachen vermögen die offenbare Unrichtigkeit der gerichtsinternen Beschlussfassung nicht zu begründen (BGH 14. 9. 2004 NJW 2005, 156; aA BAG 10. 5. 2005 AP BUrlG § 8 Nr. 4). Eine Ergänzung analog § 321 ZPO scheidet aus, weil bei unterbliebener Zulassung der Revision kein Anspruch übergangen worden ist (GK-ArbGG/*Vossen* § 64 Rn. 64).   37

b) Beschränkte Zulassung

Ist die grundsätzliche Bedeutung einer Rechtsfrage oder die Divergenz nur hinsichtlich eines Teiles des Rechtsstreits zu bejahen, darf die **Revision beschränkt auf diesen Teil** zugelassen werden (BAG 12. 8. 1981 AP ArbGG 1979 § 72 a Nr. 11). Die Beschränkung muss sich jedoch auf einen tatsächlich und rechtlich selbständigen und abtrennbaren Teil des Gesamtstreitstoffes beziehen, über den auch durch Teilurteil gesondert entschieden werden könnte (BAG 19. 10. 1982 AP ArbGG 1979 § 72 Nr. 1; BAG 11. 12. 1984 AP BetrAVG § 17 Nr. 8; BAG 3. 2. 1987 AP HGB § 74 Nr. 54; BAG 8. 2. 1994 AP ArbGG 1979 § 72 Nr. 23; BAG 6. 11. 2008 – 2 AZR 935/07 –; BGH 12. 1. 1970 AP ZPO § 546 Nr. 7).   38

Die Revisionszulassung kann bei einem einheitlichen Streitgegenstand auf den Kläger oder Beklagten beschränkt werden (BAG 28. 5. 1998 AP ArbGG 1979 § 72 Nr. 36), bei subjektiver Klagehäufung auf einzelne **Streitgenossen** (BGH 21. 5. 1968 NJW 1968, 1476; ErfK/*Koch* ArbGG § 72 Rn. 25), nicht jedoch bei notwendiger Streitgenossenschaft (BAG 28. 3. 1956 AP ArbGG 1953 § 72 Nr. 38; BGH 23. 4. 1951 LM § 546 ZPO Nr. 3; BVerwG 28. 9. 1960 NJW 1961, 982; *Prütting* S. 230). Zulässig ist die Beschränkung auf den **Haupt- oder Hilfsantrag** (BAG 28. 2. 1985 AP BGB § 622 Nr. 21; BAG 24. 9. 2008 NZA 2009, 154; aA *Prütting* S. 230) oder auf die Berufung oder Anschlussberufung (BAG 28. 3. 1956 AP ArbGG 1953 § 72 Nr. 45; GK-ArbGG/*Mikosch* § 72 Rn. 40; *Grunsky* § 72 Rn. 16). Wird die Zulassung der Revision auf eine Partei beschränkt, ist eine Anschlussrevision der anderen Partei gleichwohl zulässig (vgl. Rn. 46).   39

Bei mehreren **selbständigen Streitgegenständen** (vgl. hierzu BAG 17. 4. 2002 AP ZPO § 322 Nr. 34) kann die Revisionszulassung auf einzelne Streitgegenstände beschränkt werden, so auf die Klage oder Widerklage. Ebenso die Trennung der Streitgegenstände „Unwirksamkeit eines Aufhebungsvertrags" und „Wiedereinstellung" (vgl. BAG 8. 5. 2008 AP BGB § 620 Aufhebungsvertrag Nr. 40 = NZA 2008, 1148). Das gilt auch dann, wenn die einzelnen Streitgegenstände voneinander abhängen (BAG 28. 5. 1986 AP BGB § 620 Befristeter Arbeitsvertrag Nr. 101: Klage auf Feststellung des Bestehens eines Arbeitsverhältnisses und Unwirksamkeit der Befristung; aA noch BAG 17. 11. 1966 AP ArbGG 1953 § 72 Divergenzrevision Nr. 29; BVerwG 28. 9. 1960 NJW 1961, 982; *Prütting* S. 230). Die Gefahr sich widersprechender Entscheidungen hinsichtlich des präjudiziellen Rechtsverhältnisses besteht nicht, weil das Revisionsgericht bei der Entscheidung über den abhängigen Klageanspruch an die rechtskräftige Entscheidung des Landesarbeitsgerichts über das präjudizielle Rechtsverhältnis gebunden ist.   40

Die Zulassung der Revision kann auf diejenigen Teile des Rechtsstreits beschränkt werden, über die durch **selbständig anfechtbares Zwischenurteil** hätte entschieden wer-   41

Müller-Glöge

§ 72 Grundsatz

den können, so über ein Zwischenurteil nach § 280 Abs. 2 ZPO über die Zulässigkeit der Klage, soweit nicht über den Rechtsweg nach § 17a GVG im besonderen Verfahren zu entscheiden ist (Bedenken äußert BAG 18. 2. 1986 AP BetrVG 1972 § 99 Nr. 33), wohl auch über die Zulässigkeit der Berufung, weil es sich um eine Prozessfortsetzungsvoraussetzung handelt (im Ergebnis zutreffend LAG Berlin 13. 10. 1980 EzA ArbGG 1979 § 64 Nr. 4). Ebenso auf die Klageforderung oder die zur Aufrechnung gestellte Gegenforderung entsprechend § 302 ZPO (BGH 12. 1. 1970 AP ZPO § 546 Nr. 7; BGH 13. 6. 2006 NJW 2006, 3068; GK-ArbGG/*Mikosch* § 72 Rn. 43; *Grunsky* § 72 Rn. 16; *Prütting* S. 239), auf den Grund oder die Höhe der Klageforderung entsprechend § 304 ZPO (BGH 30. 9. 1980 AP ZPO § 546 Nr. 9; *Grunsky* § 72 Rn. 16). Dass im Arbeitsgerichtsprozess ein Grundurteil nicht selbständig anfechtbar ist, §§ 61 Abs. 3, 64 Abs. 7, steht dem nicht entgegen (aA Düwell/Lipke/*Bepler* § 72 Rn. 31). Auch auf ein geltend gemachtes Zurückbehaltungsrecht kann die Zulassung beschränkt werden (BGH 26. 6. 1966 BGHZ 45, 289). In allen diesen Fällen ist entscheidend, dass über denjenigen Teil des Streitstoffs auf den die Zulassung der Revision beschränkt worden ist, auch getrennt entschieden werden kann oder dass dieser allein hätte angefochten werden können (vgl. BAG 19. 6. 1981 AP ArbGG 1979 § 72a Nr. 8; BGH 7. 7. 1983 JR 1984, 113).

42 Nicht zulässig ist es, die Zulassung der Revision **auf einzelne Rechtsfragen oder Anspruchsgrundlagen** zu beschränken (BAG 14. 11. 1984 AP BGB § 626 Nr. 89; BAG 26. 3. 1986 AP BGB § 180 Nr. 2; BAG 8. 2. 1994 AP ArbGG 1979 § 72 Nr. 23; BAG 6. 11. 2008 – 2 AZR 935/07–; BGH 12. 1. 1970 AP ZPO § 546 Nr. 7; BGH 13. 6. 2006 NJW 2006, 3068; anders für Mitverschulden BAG 30. 9. 1980 AP ZPO § 546 Nr. 9; *Weyreuther* Rn. 34; aA *Prütting* S. 240; *Grunsky* ZZP 84, 129). Das gilt auch dann, wenn über eine Rechtsfrage oder Anspruchsgrundlage rechtsfehlerhaft durch Teilurteil entschieden worden ist (BAG 18. 5. 1988 AP BAT §§ 22, 23 Datenverarbeitung Nr. 2).

43 Bis zum 30. 4. 2000 genügte es, wenn die **Beschränkung** der Zulassung der Revision **in den Gründen der Entscheidung ausgesprochen** wurde (BAG 28. 5. 1998 AP ArbGG 1979 § 72 Nr. 36; BGH 12. 1. 1976 AP ZPO § 546 Nr. 7). Seit der Änderung des Abs. 1 muss auch die Nichtzulassung der Revision in den Tenor aufgenommen werden (vgl. Rn. 35f.). Deshalb ist im Tenor eine beschränkte Zulassung entweder positiv oder negativ in einer für eine Entscheidungsformel hinreichenden Bestimmtheit auszudrücken. Weicht die **Rechtsmittelbelehrung** von der im Tenor enthaltenen Zulassungsentscheidung ab, ist die Statthaftigkeit der Revision ausschließlich vom Tenor abhängig (BAG 24. 2. 1988 AP TVG § 1 Tarifverträge: Schuhindustrie Nr. 2; BAG 20. 9. 2000 AP ArbGG 1979 § 72 Nr. 43; GK-ArbGG/*Mikosch* § 72 Rn. 50). Die abweichende Rechtsmittelbelehrung ist insofern irrelevant, durch sie kann lediglich eine verlängerte Revisionsfrist ausgelöst werden (vgl. § 9 Abs. 5 Satz 4).

3. Wirkung der Zulassung der Revision

a) Statthaftigkeit der Revision

44 Mit der Zulassung der Revision durch das Landesarbeitsgericht wird diese statthaft. Eine widersprechende Rechtsmittelbelehrung steht dem nicht entgegen (BAG 24. 2. 1988 AP TVG § 1 Tarifverträge: Schuhindustrie Nr. 2). Die Zulassung erfasst auch die nicht selbständig anfechtbaren Zwischenurteile (BAG 31. 8. 1964 AP ArbGG 1953 § 72 Divergenzrevision Nr. 25), Ergänzungsurteile und Grundurteile (BAG 29. 9. 1958 AP ArbGG 1953 § 64 Nr. 17; s. auch Rn. 10).

45 Ist die Revision **unbeschränkt** zugelassen worden, kann **jede Partei Revision einlegen**, auch soweit der Zulassungsgrund zu ihren Gunsten entschieden worden ist (BAG 31. 1. 1956 AP ArbGG 1953 § 69 Nr. 15). Ebenso zulässig ist eine Revision, die sich auf einen Teil des Streitstoffes beschränkt, für den der Zulassungsgrund keine Rolle spielt (*Grunsky* § 72 Rn. 15). Eine Revision kann ausschließlich von den Prozessbeteiligten eingelegt

IV. Anwendbare Vorschriften § 72

werden (BGH 16. 1. 1997 NJW 1997, 2385). Dazu zählen neben den Parteien auch die Streithelfer (§ 66 Abs. 2 ZPO). Ein Streitverkündeter, der dem Rechtsstreit in den Tatsacheninstanzen nicht beigetreten ist, kann keine Revision einlegen, denn er ist weder Partei noch Streithelfer (BAG 31. 1. 2008 AP ArbGG 1979 § 72 Nr. 52). Die Revision bleibt statthaft, **wenn der Zulassungsgrund** später wegfällt (ErfK/*Koch* ArbGG § 72 Rn. 26), sei es, dass die Frage von grundsätzlicher Bedeutung geklärt oder die divergierende Entscheidung aufgehoben wird (BGH 27. 2. 1958 LM § 546 ZPO Nr. 29; *Grunsky* Anm. AP ArbGG 1979 § 72 a Nr. 17).

Ist die **Revision nur beschränkt zugelassen,** so kann derjenige Teil des Rechtsstreits, für den die Revision nicht zugelassen worden ist und der einen selbständigen Streitgegenstand ausmachen kann, zwar nicht durch eine Revision, wohl aber durch eine **Anschlussrevision des Gegners** angefochten werden (vgl. hierzu § 74 Rn. 74). In jedem Fall ist die Anschlussrevision eine unselbständige. Sie wird unzulässig, wenn die Partei, für die die Revision zugelassen worden ist, ihr Rechtsmittel zurücknimmt oder die (Haupt-)Revision als unzulässig verworfen wird. **46**

b) Bindung des Bundesarbeitsgerichts

Nach § 72 Abs. 3 ist das Bundesarbeitsgericht an die **Zulassung** der Revision durch das Landesarbeitsgericht **gebunden.** Damit ist die frühere Rechtsprechung des Bundesarbeitsgerichts, die eine Bindung bei offensichtlich fehlerhafter Zulassung aus nicht im Gesetz genannten Gründen verneinte (vgl. zuletzt BAG 20. 6. 1978 AP BetrVG 1972 § 99 Nr. 8), überholt (BAG 16. 4. 1997 AP ArbGG 1979 § 72 Nr. 35). Wegen des streitigen Umfangs der Bindung des Bundesarbeitsgerichts an die Zulassung der Sprungrevision durch das Arbeitsgericht s. § 76 Rn. 20. **47**

Auf die vom Landesarbeitsgericht gegebene **Begründung** für die Zulassung der Revision **kommt es** für die Bindung des Bundesarbeitsgerichts **nicht an** (BAG 16. 4. 1997 AP ArbGG 1979 § 72 Nr. 35). Es ist daher unerheblich, wenn das Landesarbeitsgericht die Revision wegen einer Abweichung von einer Entscheidung eines nicht in § 72 Abs. 2 Nr. 2 genannten Gerichts zulässt oder der Zulassungsgrund eine Frage betrifft, die nach § 73 nicht revisibel ist. **48**

Nicht gebunden ist das Bundesarbeitsgericht, wenn das Landesarbeitsgericht die Revision gegen ein Urteil zulässt, das **überhaupt nicht revisibel** ist (s. oben Rn. 9 f.; GK-ArbGG/*Mikosch* § 72 Rn. 58; *Prütting* S. 125, 261; ErfK/*Koch* ArbGG § 72 Rn. 26). Auch wenn das Landesarbeitsgericht irrtümlich durch Urteil anstatt durch unanfechtbaren Beschluss entschieden hat, bindet die Zulassung im Urteil nicht (BAG 14. 10. 1982 AP ArbGG 1979 § 72 Nr. 2), wohl aber dann, wenn die Zulassung in einem Zwischenurteil erfolgt, das anstelle eines zulässigen Teilurteils ergangen ist (BAG 10. 11. 1966 AP ZPO § 275 Nr. 1). **49**

Unverzichtbare Voraussetzung für die Bindung des Bundesarbeitsgerichts ist, dass die **Zulassungsentscheidung selbst wirksam** ist (s. dazu oben Rn. 34 ff.; ferner *Prütting* S. 258). **50**

Im Falle einer beschränkten Zulassung der Revision, darf das Revisionsgericht die **Wirksamkeit der Beschränkung** nachprüfen. Eine unwirksame Beschränkung macht die Revision in vollem Umfange zulässig (BAG 18. 12. 1984 AP BetrAVG § 17 Nr. 8; BGH 26. 3. 1982 NJW 1982, 1535; GK-ArbGG/*Mikosch* § 72 Rn. 48). **51**

IV. Anwendbare Vorschriften

1. Zivilprozessordnung

Nach § 72 Abs. 5 finden auf das Revisionsverfahren vor dem Bundesarbeitsgericht die Vorschriften der Zivilprozessordnung **über die Revision** Anwendung, sofern das **52**

Arbeitsgerichtsgesetz selbst nichts anderes bestimmt. Zu den Vorschriften über die Revision gehören auch § 717 Abs. 3 und § 719 ZPO. Die Sprungrevision ist abschließend in § 76 geregelt, was durch die ausdrückliche Herausnahme des § 566 ZPO aus dem Kreis der anwendbaren Vorschriften der ZPO verdeutlicht wird.

53 Durch die vorhandenen eigenständigen Vorschriften des Arbeitsgerichtsgesetzes über das Revisionsverfahren wird die **Anwendung** der §§ 542 bis 545, 548, 553, 558 und 560 ZPO **ausgeschlossen.** Allerdings dürfte § 545 Abs. 2 ZPO sektoral entsprechend anwendbar sein, weil ansonsten eine sinnwidrige Regelungslücke verbliebe (vgl. § 73 Rn. 30; *Schmidt/Schwab/Wildschütz* NZA 2001, 1223). Die übrigen Vorschriften des 2. Abschnitts des 3. Buches der Zivilprozessordnung (Revision) sind anwendbar, zum Teil mit den **Modifikationen,** die sie durch die §§ 73, 74 und 75 erfahren. Hierzu gehört auch die durch das 1. JuMoG mit Wirkung ab 1. 9. 2004 in die Zivilprozessordnung eingefügte Möglichkeit des **§ 552 a ZPO**, eine Revision durch einstimmigen Beschluss als unbegründet zurückzuweisen (vgl. § 74 Rn. 88).

54 Die der Vereinheitlichung des Revisionsrechts dienende Verweisung in § 72 Abs. 5 hat zur Folge, dass die Vorschriften der Zivilprozessordnung über das Berufungsverfahren nur über § 565 ZPO in beschränktem Umfange zur Anwendung kommen. Wesentlicher ist die Verweisung auf § 555 ZPO. Danach finden die **Vorschriften für das landgerichtliche Verfahren im ersten Rechtszug** (§§ 253 bis 494 a ZPO) entsprechende Anwendung und damit auch die allgemeinen Vorschriften im 1. Buch der Zivilprozessordnung. Ausdrücklich ausgenommen sind die Vorschriften über das Verfahren vor dem Einzelrichter (§§ 348 bis 350 ZPO). Somit sind u. a. die Vorschriften der §§ 145, 147 und 148 ZPO über die Prozessverbindung und -trennung (so auch BGH 6. 12. 2006 – XII ZR 97/04 – NJW 2007, 909) sowie die Aussetzung anwendbar.

55 Die Vorschriften der ZPO über die **Prozesskostenhilfe** finden gemäß § 11 a Abs. 3 auch im Revisionsverfahren Anwendung (vgl. § 11 a Rn. 1). Für die Prüfung der persönlichen und wirtschaftlichen Verhältnisse ist in arbeitsgerichtlichen Rechtsstreiten zu beachten, dass diese regelmäßig zu den persönlichen Angelegenheiten zählen, für die ein Ehegatte gegen den anderen Anspruch auf Prozesskostenvorschuss hat (§ 130 a Abs. 4 Satz 1 BGB; vgl. BAG 29. 10. 2007 NZA 2008, 967). Nach § 119 Abs. 1 Satz 2 ZPO ist bei der Bewilligung von Prozesskostenhilfe in einem höheren Rechtszug nicht zu prüfen, ob die Rechtsverteidigung hinreichende Aussicht auf Erfolg bietet oder mutwillig erscheint, wenn der Gegner das Rechtsmittel eingelegt hat. Diese Vorschrift wird im Hinblick auf den Zweck der Prozesskostenhilfe einschränkend dahingehend ausgelegt, dass sich die bedürftige Partei erst dann eines Rechtsanwalts bedienen darf, wenn das **im Einzelfall wirklich notwendig** ist (vgl. BAG 15. 2. 2005 AP ZPO § 119 Nr. 2; BGH 7. 2. 2001 NJW-RR 2001, 1009). Nur dann ist es gerechtfertigt, die Staatskasse mit den hierdurch entstehenden Kosten zu belasten. Deshalb wird dem Rechtsmittelgegner Prozesskostenhilfe grundsätzlich erst gewährt, wenn das Rechtsmittel begründet worden ist und die Voraussetzungen für eine Verwerfung des Rechtsmittels nicht gegeben sind (vgl. BAG 15. 2. 2005 AP ZPO § 119 Nr. 2; BGH 10. 2. 1988 FamRZ 1988, 942; Musielak/ *Fischer* § 119 Rn. 17). In diesem Zusammenhang ist zu bedenken, dass auch die Partei, die ihren Rechtsanwalt aus eigenen Mitteln vergütet, im Fall der Rechtsmittelrücknahme des Gegners keinen Kostenerstattungsanspruch wegen der Anwaltsvergütung hat, wenn für sie klar sein durfte, dass das vom Gegner eingelegte Rechtsmittel ohne Weiteres als unzulässig verworfen werden würde, soweit keine weitere Entwicklung einträte (BAG 14. 11. 2007 NZA 2008, 606). Seit der am 1. 7. 2008 in Kraft getretenen Änderung des § 11 Abs. 4 ist auch beim BAG nach § 121 Abs. 2 ZPO und nicht Abs. 1 über die Beiordnung eines Rechtsanwalts zu entscheiden (vgl. zum Berufungsverfahren BAG 14. 11. 2007 NZA 2008, 375).

56 Beantragt der Rechtsmittelführer Prozesskostenhilfe, dürfen bei der dann notwendigen **Prüfung der Erfolgsaussicht** seines Rechtsmittels oder seines Rechtsbehelfs schwierige, noch nicht geklärte Rechtsfragen nicht mittels Versagung der Prozesskostenhilfe

IV. Anwendbare Vorschriften § 72

„durchentschieden" werden (BVerfG 13. 3. 1990 BVerfGE 81, 347 = NJW 1991, 413). Andererseits ist allein die Zulassung der Revision durch das Berufungsgericht kein Grund, die hinreichende Erfolgsaussicht des Rechtsmittels zu bejahen (BFH 13. 10. 2005 ZfZ 2006, 123). Nach Auffassung des Bundesverfassungsgerichts muss die Partei, die ein Prozesskostenhilfegesuch selbst stellt, wenigstens im Kern deutlich machen, welche Beanstandungen sie gegen die anzufechtende Entscheidung vorbringen will (vgl. BVerfG 20. 10. 1993 – 1 BvR 1686/93 –). Nach der Rechtsprechung des Bundesgerichtshofs zu Prozesskostenhilfegesuchen in der Berufungsinstanz bedarf es hinsichtlich der Erfolgsaussichten des Rechtsmittels keiner sachlichen Begründung, um die Wiedereinsetzung zu gewährleisten (BGH 11. 11. 1992 NJW 1993, 732; BGH 18. 10. 2000 NJW-RR 2001, 570). Dies sei in Bezug auf ein beabsichtigtes Rechtsmittel zwar zweckmäßig und erwünscht. Ein Zwang sei hierzu aber mit dem verfassungsrechtlichen Gebot der prozessualen Chancengleichheit von bemittelten und mittellosen Parteien nicht zu vereinbaren. Da eine bedürftige Partei nicht über die Mittel verfüge, um einen Rechtsanwalt zu konsultieren, würde sie gegenüber einer bemittelten Partei benachteiligt, wenn der Erfolg ihres Prozesskostenhilfegesuchs von einer Stellungnahme zu Fragen abhängig gemacht würde, deren sachgerechte Beantwortung juristische Sachkunde erfordere, wie es in Bezug auf Rechtsmittel regelmäßig der Fall sei. Nach der Rechtsprechung des Bundesverwaltungsgerichts ist einem anwaltlich vertretenen Beschwerdeführer Prozesskostenhilfe für das Nichtzulassungsbeschwerdeverfahren zu versagen, wenn nicht wenigstens in groben Zügen dargelegt worden ist, welcher der im Gesetz bezeichneten Gründe für eine Zulassung der Revision mit der Beschwerde geltend gemacht werden soll (BVerwG 13. 9. 1989 – 1 ER 619.89 – Buchholz 310 § 166 VwGO Nr. 20). Ein von der Partei selbst eingereichter Antrag sei dagegen von Amts wegen auf seine Erfolgsaussichten zu prüfen: Eine Begründung sei in diesem Falle nicht unerlässliche Voraussetzung für die Bewilligung von Prozesskostenhilfe. Der Bundesfinanzhof hat diese Frage bislang offen gelassen (BFH 13. 7. 2005 – X S 13/05 – [PKH]). Demgegenüber fordert das Bundesarbeitsgericht in Nichtzulassungsbeschwerdeverfahren von einer anwaltlich nicht vertretenen Partei eine **Umschreibung eines gesetzlichen Zulassungsgrundes** zumindest mit eigenen Worten, die es erlaubt, die Erfolgsaussichten der beabsichtigten Revision oder Nichtzulassungsbeschwerde zu beurteilen (BAG 9. 5. 2005 – 10 AZA 1/05 –). Der Antragsteller müsse im Kern deutlich machen, welche Beanstandungen er gegen die anzufechtende Entscheidung vorbringen will (BAG 17. 1. 2007 – 5 AZA 15/06 –). In jedem Fall biete ein von der bedürftigen Partei gestellter Antrag keine hinreichende Erfolgsaussicht, wenn die von der Partei selbst angeführten Zulassungsgründe offensichtlich nicht gegeben und auch keine Anhaltspunkte für andere Zulassungsgründe iSv. § 72 Abs. 2 ersichtlich seien (BAG 26. 1. 2006 AP ZPO 1977 § 233 Nr. 81). Vgl. ferner zur Bewilligung von Prozesskostenhilfe für das Verfahren der Nichtzulassungsbeschwerde § 72 a Rn. 57 f.).

2. Arbeitsgerichtsgesetz

Abs. 6 erklärt eine Reihe von Vorschriften des Arbeitsgerichtsgesetzes auch für das Revisionsverfahren für entsprechend anwendbar. Wird das Bundesarbeitsgericht ausnahmsweise erstinstanzlich tätig (vgl. § 158 Nr. 5 SGB IX), bestimmt sich das Verfahren ohnehin entsprechend den Bestimmungen für das Arbeitsgericht. Im Einzelnen: Anwendbar ist § 49 Abs. 1, wonach über die Ablehnung von Gerichtspersonen die Kammer entscheidet. Daraus folgt, dass über die **Ablehnung eines Richters** in allen Verfahrensarten der Senat stets in voller Besetzung, also unter Mitwirkung der ehrenamtlichen Richter, zu entscheiden hat (zum Revisionsverfahren: BAG 30. 5. 1972 AP ZPO § 42 Nr. 2; BAG 29. 10. 1992 AP ZPO § 42 Nr. 9; zum PKH-Bewilligungsverfahren BAG 10. 1. 2007 – 5 AZA 15/06 – (A); aA HWK/*Bepler* ArbGG § 72 Rn. 37). Da der Geschäftsverteilungsplan des Bundesarbeitsgerichts bei Verhinderung der berufsrichterli- 57 chen Mitglieder eines Senats und ihrer regelmäßigen Vertreter die Heranziehung aller Richter des Gerichts in der alphabetischen Reihenfolge ihrer Nachnamen vorsieht, wird das Ausscheiden abgelehnter Richter nur in Extremfällen zur Beschlussunfähigkeit führen. § 50 (Zustellung der Urteile) und § 52 (Öffentlichkeit der Verhandlung) sind anwendbar.

58 Ebenfalls anwendbar ist § 53, der das Verhältnis des Vorsitzenden des Arbeitsgerichts zu den ehrenamtlichen Richtern regelt. Danach erlässt die nicht auf Grund einer mündlichen Verhandlung ergehenden Beschlüsse und Verfügungen der Vorsitzende allein, soweit nichts anderes bestimmt ist. Beim Bundesarbeitsgericht treten an die Stelle des Vorsitzenden der Kammer des Arbeitsgerichts der **Vorsitzende des Senats und zwei berufsrichterliche Beisitzer,** nicht etwa der Vorsitzende des Senats allein (BAG 2. 6. 1954 AP ArbGG 1953 § 53 Nr. 1; BAG 10. 12. 1992 AP GVG § 17 a Nr. 4; GK-ArbGG/*Mikosch* § 72 Rn. 67; aA *Dietz/Nikisch* § 72 Rn. 89). § 53 regelt das Verhältnis der Berufsrichter zu den ehrenamtlichen Richtern, erweitert aber nicht die Entscheidungsbefugnisse des Vorsitzenden gegenüber den berufsrichterlichen Mitgliedern des Spruchkörpers. Aus den §§ 74 Abs. 2 Satz 3 und 77 Abs. 2 ist nicht zu folgern, die berufsrichterlichen Beisitzer seien von der Mitwirkung an Entscheidungen ausgeschlossen, die nicht auf Grund einer mündlichen Verhandlung ergehen. Auch die Tatsache, dass im Beschlussverfahren die §§ 81 Abs. 2 Satz 2, 83 a Abs. 2 Satz 1, Abs. 3 trotz einer gleichen Verweisung auf § 53 in § 80 Abs. 2 dem Vorsitzenden allein Befugnisse zuweisen, macht deutlich, dass § 53 lediglich das Verhältnis der Berufsrichter zu den ehrenamtlichen Richtern regelt. Das Verhältnis des Vorsitzenden des Senats zu den weiteren berufsrichterlichen Mitgliedern im Übrigen wird durch die Bestimmungen der ZPO geregelt. Auf § 55 wird für das Revisionsverfahren nicht verwiesen, so dass in den dort genannten Fällen der Senat (jedenfalls bei mündlicher Verhandlung) in vollständiger Besetzung zu entscheiden hat (betrifft vor allem Anerkenntnis- und Versäumnisurteile).

59 Nach § 57 Abs. 2 ist auch im Revisionsverfahren die **gütliche Erledigung** des Rechtsstreits jederzeit anzustreben. Aus der Anwendbarkeit des § 61 Abs. 2 im Revisionsverfahren folgt, dass der Antrag, den Beklagten zu einer Entschädigung zu verurteilen, falls er einer auferlegten Verpflichtung zur Vornahme einer Handlung nicht fristgemäß nachkommt, noch erstmals in der Revisionsinstanz gestellt werden kann (s. § 74 Rn. 50). Nach § 63 sind rechtskräftige Urteile in bürgerlichen Rechtsstreitigkeiten über das Bestehen oder Nichtbestehen eines Tarifvertrags (s. § 2 Rn. 12 ff.) auch vom Bundesarbeitsgericht alsbald der zuständigen obersten Landesbehörde (ggf. zusätzlich der obersten Arbeitsbehörde des betreffenden Landes) und dem Bundesministerium für Arbeit und Soziales in vollständiger Form abschriftlich zu übersenden (s. § 75 Rn. 10).

§ 72 a Nichtzulassungsbeschwerde

(1) Die Nichtzulassung der Revision durch das Landesarbeitsgericht kann selbständig durch Beschwerde angefochten werden.

(2) ¹Die Beschwerde ist bei dem Bundesarbeitsgericht innerhalb einer Notfrist von einem Monat nach Zustellung des in vollständiger Form abgefaßten Urteils schriftlich einzulegen. ²Der Beschwerdeschrift soll eine Ausfertigung oder beglaubigte Abschrift des Urteils beigefügt werden, gegen das die Revision eingelegt werden soll.

(3) ¹Die Beschwerde ist innerhalb einer Notfrist von zwei Monaten nach Zustellung des in vollständiger Form abgefaßten Urteils zu begründen. ²Die Begründung muss enthalten:

1. die Darlegung der grundsätzlichen Bedeutung einer Rechtsfrage und deren Entscheidungserheblichkeit,

2. die Bezeichnung der Entscheidung, von der das Urteil des Landesarbeitsgerichts abweicht, oder
3. die Darlegung eines absoluten Revisionsgrundes nach § 547 Nr. 1 bis 5 der Zivilprozessordnung oder der Verletzung des Anspruchs auf rechtliches Gehör und der Entscheidungserheblichkeit der Verletzung.

(4) [1] Die Einlegung der Beschwerde hat aufschiebende Wirkung. [2] Die Vorschriften des § 719 Abs. 2 und 3 der Zivilprozeßordnung sind entsprechend anzuwenden.

(5) [1] Das Landesarbeitsgericht ist zu einer Änderung seiner Entscheidung nicht befugt. [2] Das Bundesarbeitsgericht entscheidet unter Hinzuziehung der ehrenamtlichen Richter durch Beschluß, der ohne mündliche Verhandlung ergehen kann. [3] Die ehrenamtlichen Richter wirken nicht mit, wenn die Nichtzulassungsbeschwerde als unzulässig verworfen wird, weil sie nicht statthaft oder nicht in der gesetzlichen Form und Frist eingelegt und begründet ist. [4] Dem Beschluss soll eine kurze Begründung beigefügt werden. [5] Von einer Begründung kann abgesehen werden, wenn sie nicht geeignet wäre, zur Klärung der Voraussetzungen beizutragen, unter denen eine Revision zuzulassen ist, oder wenn der Beschwerde stattgegeben wird. [6] Mit der Ablehnung der Beschwerde durch das Bundesarbeitsgericht wird das Urteil rechtskräftig.

(6) [1] Wird der Beschwerde stattgegeben, so wird das Beschwerdeverfahren als Revisionsverfahren fortgesetzt. [2] In diesem Fall gilt die form- und fristgerechte Einlegung der Nichtzulassungsbeschwerde als Einlegung der Revision. [3] Mit der Zustellung der Entscheidung beginnt die Revisionsbegründungsfrist.

(7) Hat das Landesarbeitsgericht den Anspruch des Beschwerdeführers auf rechtliches Gehör in entscheidungserheblicher Weise verletzt, so kann das Bundesarbeitsgericht abweichend von Absatz 6 in dem der Beschwerde stattgebenden Beschluss das angefochtene Urteil aufheben und den Rechtsstreit zur neuen Verhandlung und Entscheidung an das Landesarbeitsgericht zurückverweisen.

Übersicht

	Rn.
A. Nichtzulassungsbeschwerde	1–24
I. Allgemeines	1–11
II. Nichtzulassungsbeschwerde wegen grundsätzlicher Bedeutung	12–17
III. Nichtzulassungsbeschwerde wegen Divergenz	18–20
1. Divergenz	18, 19
2. Maßgeblicher Zeitpunkt	20
IV. Nichtzulassungsbeschwerde wegen eines absoluten Revisionsgrundes	21
V. Nichtzulassungsbeschwerde wegen Verletzung rechtlichen Gehörs	22–24
B. Einlegung der Nichtzulassungsbeschwerde	25–43
I. Frist und Form	25–29
II. Begründung der Nichtzulassungsbeschwerde	30–40
1. Begründungsfrist	30
2. Inhalt der Begründung	31–40
a) Allgemeines	31
b) Bei grundsätzlicher Bedeutung	32, 33
c) Bei Divergenz	34, 35
d) Bei absolutem Revisionsgrund	36
e) Bei Verletzung des rechtlichen Gehörs	37–40
III. Wirkung der Nichtzulassungsbeschwerde	41–43
C. Entscheidung über die Nichtzulassungsbeschwerde	44–62
I. Unzulässige Nichtzulassungsbeschwerde	44–48
1. Formelle Mängel	44–46
2. Mangelhafte Begründung	47, 48
II. Zulassung der Revision	49, 50
III. Entscheidung durch Beschluss	51–58
1. Mitwirkung der ehrenamtlichen Richter	51
2. Begründung	52
3. Rechtsmittel	53
4. Kosten, Prozesskostenhilfe	54–58

	Rn.
IV. Wirkung der Zulassung	59–61
1. Revisibilität des landesarbeitsgerichtlichen Urteils	59, 60
2. Beginn der Revisionsbegründungsfrist	61
V. Aufhebung und Zurückverweisung der Sache	62

A. Nichtzulassungsbeschwerde

I. Allgemeines

1 § 72 a regelt die Nichtzulassungsbeschwerde. Die Vorschrift ist durch die Novelle vom 21. 5. 1979 in das Arbeitsgerichtsgesetz eingefügt und durch das Anhörungsrügengesetz zum 1. 1. 2005 grundlegend reformiert (näher Rn. 3) worden. Die Nichtzulassungsbeschwerde im arbeitsgerichtlichen Verfahren ist ausschließlich in den **Fällen der §§ 72 a, 92 a** statthaft, nicht aber hinsichtlich anderer, von diesen Bestimmungen nicht erfasster Rechtsmittel und Rechtsbehelfe (BAG 14. 8. 2001 AP ArbGG 1979 § 72 a Divergenz Nr. 44).

2 **Ziel der Nichtzulassungsbeschwerde** ist die Zulassung der Revision. Sie stellt einen Ausgleich dafür dar, dass das Arbeitsgerichtsgesetz nur noch die Zulassungsrevision kennt und damit die Entscheidung über die Revisibilität eines Urteils grundsätzlich dem Landesarbeitsgericht überlässt. Da in Verfahren des einstweiligen Rechtsschutzes die Revision ausgeschlossen ist (§ 72 Abs. 4; dazu § 72 Rn. 9), fehlt es an der Statthaftigkeit einer darauf abzielenden Nichtzulassungsbeschwerde (Lansnicker/*Lansnicker* § 2 D Fn. 466). Die Erhebung einer Nichtzulassungsbeschwerde gehört zum Rechtsweg iSv. § 90 Abs. 2 Satz 1 BVerfGG, sofern sie nicht offensichtlich aussichtslos ist (BVerfG 18. 3. 1998 NZA 1998, 959).

3 Nach altem Recht konnte in Rechtsstreitigkeiten, die nicht unter Abs. 1 Nr. 1 bis 3 fielen, die Nichtzulassungsbeschwerde **nicht auf Verstöße gegen Gesetzes-, Verfahrens- oder Verfassungsrecht** gestützt werden (vgl. BAG 12. 12. 1979 AP ArbGG 1979 § 72 a Grundsatz Nr. 2; BAG 23. 1. 1980 AP ArbGG 1979 § 72 a Grundsatz Nr. 4; BAG 14. 8. 1985 AP ArbGG 1979 § 72 a Grundsatz Nr. 28; BAG 5. 8. 1986 AP ArbGG 1979 § 72 a Nr. 24; BAG 4. 5. 1994 AP ArbGG 1979 § 72 a Nr. 31; aA für die Beurteilung der Vereinbarkeit von Tarifverträgen mit höherrangigem Recht im Rahmen der Nr. 2: BAG 25. 4. 1996 AP ArbGG 1979 § 76 Nr. 10). Art. 7 des Gesetzes über die Rechtsbehelfe bei Verletzung des Anspruchs auf rechtliches Gehör (Anhörungsrügengesetz) vom 9. 12. 2004 (BGBl. I S. 3220) hat mit Wirkung vom 1. 1. 2005 diese in § 72 a Abs. 1 aF vorgegebene Beschränkung aufgehoben. Seither kann jede Rechtsfrage von grundsätzlicher Bedeutung zur nachträglichen Zulassung der Revision durch das Bundesarbeitsgericht führen, unabhängig davon, in welchem Urteilsverfahren sie sich stellt. Die Neuregelung hat den Zugang zum Bundesarbeitsgericht grundlegend verändert. Das Anhörungsrügengesetz hat durch die Erweiterung der Zulassungsgründe die inhaltlichen Anforderungen an eine Beschwerdebegründung verändert. Mit dieser Änderung des Gesetzes sind Vorteile für die Beschwerdeführer verbunden, denn die Überprüfungsmöglichkeiten des Bundesarbeitsgerichts sind deutlich erweitert worden.

4 Das Anhörungsrügengesetz ist am 1. 1. 2005 **ohne Übergangsregelung** in Kraft getreten (Art. 22). Aus dem Fehlen einer Übergangsregelung folgt, dass auf Beschwerdeverfahren, in denen die – unverändert gebliebene – Begründungsfrist des § 72 a Abs. 3 Satz 1 erst nach dem 31. 12. 2004 und damit unter Geltung des neuen Rechts ablief, bereits das neue Recht anzuwenden ist (BAG 9. 2. 2005 AP ArbGG 1979 § 72 a Grundsatz Nr. 62; BAG 15. 2. 2005 AP ArbGG 1979 § 72 a Grundsatz Nr. 63; BAG 14. 4. 2005 AP ArbGG 1979 § 72 a Rechtliches Gehör Nr. 4; BAG 10. 5. 2005 AP ArbGG

A. I. Allgemeines § 72a

1979 § 72a Rechtliches Gehör Nr. 5). Daraus folgt aber auch, dass sich die Anforderungen an eine Nichtzulassungsbeschwerde, wenn die Frist zu ihrer Begründung schon vor dem 1. 1. 2005 ablief, nach dem bis dahin geltenden Recht richteten (BAG 9. 2. 2005 AP ArbGG 1979 § 72a Grundsatz Nr. 62; BAG 14. 4. 2005 AP ArbGG 1979 § 72a Rechtliches Gehör Nr. 4). Folglich kommt es nicht darauf an, wann die Entscheidung des Landesarbeitsgerichts ergangen ist oder das Bundesarbeitsgericht über die Beschwerde entscheidet.

Durch die Einfügung von § 72b in das Arbeitsgerichtsgesetz ist die Rechtsprechung des Bundesarbeitsgerichts bestätigt worden, dass eine Nichtzulassungsbeschwerde nicht auf die Gründe einer erst nach Ablauf der Fünf-Monats-Frist zur Geschäftsstelle gelangten Entscheidung gestützt werden kann (BAG 1. 10. 2003 AP ArbGG 1979 § 72a Nr. 50 = NZA 2003, 1356, 1358). Die verspätet abgesetzten Gründe sind keine verlässliche Grundlage einer Überprüfung im Nichtzulassungsbeschwerdeverfahren. Wird die Nichtzulassungsbeschwerde gegen ein Berufungsurteil erhoben, das **nicht binnen fünf Monaten** nach der Verkündung vollständig abgefasst und mit den Unterschriften sämtlicher Mitglieder der Kammer versehen der Geschäftsstelle übergeben worden ist (= Tatbestand des § 72b), ist die Nichtzulassungsbeschwerde als unzulässig zu verwerfen (BAG 2. 11. 2006 AP ArbGG 1979 § 72b Nr. 1 = NZA 2007, 111). Zwischen der sofortigen Beschwerde und der Nichtzulassungsbeschwerde besteht gemäß § 72b Abs. 1 Satz 2 das **Verhältnis der Ausschließlichkeit** (BAG 2. 11. 2006 AP ArbGG 1979 § 72b Nr. 1 = NZA 2007, 111). Eine auf die Überschreitung der Fünf-Monats-Frist des § 72b gestützte und damit unstatthafte Nichtzulassungsbeschwerde kann in den statthaften Rechtsbehelf der sofortigen Beschwerde nach § 72b umgedeutet werden. Doch müssen die deutlich kürzeren Fristen zur Einlegung und Begründung der sofortigen Beschwerde gewahrt sein (vgl. § 72b Rn. 12 und 17; BAG 2. 11. 2006 AP ArbGG 1979 § 72b Nr. 1 = NZA 2007, 111). Der in § 72b Abs. 1 Satz 2 angeordnete Ausschluss der Nichtzulassungsbeschwerde greift nicht, wenn die Parteien nach § 69 Abs. 4 iVm. § 313a Abs. 1 Satz 2 ZPO auf die Entscheidungsgründe verzichtet haben (BAG 15. 3. 2006 AP ArbGG 1979 § 69 Nr. 5). Bei einem Verzicht auf Tatbestand und Entscheidungsgründe ist das abgekürzte Urteil das vollständig abgefasste Urteil iSv. § 72b. Die durch ein solches Urteil beschwerte Partei kann keine verspätete Urteilsabsetzung rügen. Der Rechtsbehelf der Nichtzulassungsbeschwerde ist grundsätzlich eröffnet. Doch wird eine zulässigerweise gegen ein Urteil ohne Tatbestand und Entscheidungsgründe gerichtete Nichtzulassungsbeschwerde zumeist ohne Erfolg bleiben, weil das Bundesarbeitsgericht regelmäßig in Unkenntnis von Tatbestand und Entscheidungsgründen des anzufechtenden Urteils nicht beurteilen kann, ob das Landesarbeitsgericht wegen eines der in § 72 Abs. 2 genannten Zulassungsgründe die Revision hätte zulassen müssen (BAG 15. 3. 2006 AP ArbGG 1979 § 69 Nr. 5).

Hat das Berufungsgericht die Revision ausdrücklich nicht zugelassen (vgl. §§ 72 Abs. 1 Satz 2, 64 Abs. 3a) oder keine Entscheidung über die Revisionszulassung (auch nicht binnen der Zwei-Wochen-Frist ab Verkündung) in den Tenor aufgenommen, kann **jede Partei**, die durch das Urteil des Landesarbeitsgerichts beschwert ist, Nichtzulassungsbeschwerde einlegen. Für § 72a Abs. 1 kommt es auf die materielle Wirkung der Nichtzulassung der Revision, nicht aber darauf an, ob diese Wirkung auf einem Formfehler oder der Versäumung einer Frist beruht (*Germelmann* NZA 2000, 1017, 1024). Ist die Revision nur beschränkt zugelassen worden (s. § 72 Rn. 38 ff.), kann hinsichtlich des übrigen Teiles Nichtzulassungsbeschwerde eingelegt werden (GK-ArbGG/*Mikosch* § 72a Rn. 4; *Grunsky* § 72a Rn. 1). Die Nichtzulassungsbeschwerde kann **vorsorglich** für den Fall eingelegt werden, dass die Zulassung der Revision durch das Landesarbeitsgericht unwirksam ist (s. dazu § 72 Rn. 35 f. und unten Rn. 29). Während des Beschwerdeverfahrens können die Parteien übereinstimmend die **Hauptsache für erledigt erklären** (§ 91a ZPO) und damit den Rechtsstreit beenden (BAG 24. 6. 2003 AP ArbGG 1979 § 72a Nr. 48). Zum Fall der einseitigen Erledigungserklärung vgl. Rn. 42.

7 Da die Nichtzulassungsbeschwerde nicht die Sachentscheidung des Berufungsgerichts, vielmehr allein die Nichtzulassung der Revision beim Bundesarbeitsgericht anfallen lässt, ist sie kein Rechtsmittel, sondern ein **Rechtsbehelf** (BAG 9. 7. 2003 AP ArbGG 1979 § 72 a Nr. 49 = NZA-RR 2004, 42; BAG 22. 7. 2008 – 3 AZN 584/08 (F) – NJW 2009, 541; ErfK/*Koch* ArbGG § 72 a Rn. 2; HWK/*Bepler* ArbGG § 72 a Rn. 9; BCF/*Friedrich* § 72 a Rn. 2; *Hauck/Helml* § 72 a Rn. 1 a). Über die Möglichkeit der Nichtzulassungsbeschwerde braucht daher das Landesarbeitsgericht nicht nach § 9 Abs. 5 zu belehren (s. § 9 Rn. 25 f.), vielmehr genügt ein Hinweis auf den gegebenen Rechtsbehelf (BAG 9. 7. 2003 AP ArbGG 1979 § 72 a Nr. 49 = NZA-RR 2004, 42; GK-ArbGG/*Mikosch* § 72 a Rn. 45; Düwell/Lipke/*Bepler* § 72 a Rn. 5; *Schäfer* NZA 1986, 249; *Friedrichs* NJW 1976, 1875; aA *Ostrowicz/Künzl/Schäfer* Rn. 552; *Grunsky* § 72 a Rn. 2; *Frohner* BB 1980, 1164; offen gelassen von BVerfG 26. 3. 2001 AP GG Art. 20 Nr. 33 = NJW 2001, 2161). Die im Abs. 7 neu geschaffene Möglichkeit des Bundesarbeitsgerichts, bei begründeter Nichtzulassungsbeschwerde wegen Verletzung des Anspruchs auf rechtliches Gehör das Berufungsurteil aufzuheben und die Sache sogleich durch Beschluss an das Landesarbeitsgericht zurückzuverweisen, ist zwar geeignet, Zweifel an dieser ganz herrschenden Einordnung der Nichtzulassungsbeschwerde als Rechtsbehelf aufkommen zu lassen. Doch ist der mit dieser neuen Entscheidungsmöglichkeit verbundene Effekt, die Sache selbst für eine „logische Sekunde" an das Bundesarbeitsgericht zu ziehen, um sie sogleich wieder an das Landesarbeitsgericht zurückzuverweisen, so marginal, dass von einem Devolutiveffekt der Nichtzulassungsbeschwerde nicht gesprochen werden kann. Es wird deshalb die Einordnung als Rechtsbehelf weiterhin zutreffend sein (GK-ArbGG/*Mikosch* § 72 a Rn. 2).

8 Eine Nichtzulassungsbeschwerde ist nur dann begründet, wenn die Verletzung des Anspruchs auf rechtliches Gehör oder die Rechtsfrage, die grundsätzliche Bedeutung besitzt oder mit der das anzufechtende Urteil von einer angezogenen Entscheidung abweicht, entscheidungserheblich ist. Wird hingegen ein absoluter Revisionsgrund gemäß § 547 Nr. 1 bis 5 ZPO geltend gemacht, bedarf es keiner Entscheidungserheblichkeit dieser Rechtsverletzung. Ansonsten ist **Entscheidungserheblichkeit gegeben,** wenn es auf die Rechtsfrage für die anzufechtende Entscheidung ankommt. Dh. es hat ausgehend von den Entscheidungsgründen des anzufechtenden Urteils je nach Parteirolle des Beschwerdeführers eine Prüfung der Schlüssigkeit des erhobenen Anspruchs bzw. der Erheblichkeit der erhobenen Einwendung zu erfolgen (BAG 31. 8. 2005 AP ArbGG 1979 § 72 a Rechtliches Gehör Nr. 6; *Schrader* NZA-RR 2006, 57, 64). Die Entscheidungserheblichkeit besteht, wenn sich das Landesarbeitsgericht mit der in der Beschwerdebegründung gerügten Rechtsfrage befasst, sie also ausdrücklich (BAG 13. 6. 2006 AP ArbGG 1979 § 72 a Grundsatz Nr. 65 = NZA 2006, 1004) oder zwingend unausgesprochen beantwortet hat. Dabei wird ein faires Verfahren des Landesarbeitsgerichts vorausgesetzt. Hätte das Landesarbeitsgericht die Klage jedenfalls nicht ohne weitere Hinweise abweisen dürfen, muss dem Beschwerdeführer die Möglichkeit eingeräumt werden, seine bisher unschlüssige Klage durch einen auf Grund der gebotenen Hinweise noch erfolgenden ergänzenden Vortrag nachzubessern. In einer solchen Situation kann die notwendige Entscheidungserheblichkeit nicht verneint werden. Bei ordnungsgemäßer Verfahrensführung des Berufungsgerichts behebbare Mängel sind zugunsten des Beschwerdeführers auszugleichen. Andererseits genügt es nicht, dass das Landesarbeitsgericht sich nach Auffassung des Beschwerdeführers mit den Fragen hätte befassen müssen, die die Verletzung des Anspruchs auf rechtliches Gehörs begründen sollen, sich aber nach den Entscheidungsgründen des anzufechtenden Urteils nicht stellen (vgl. BAG 13. 6. 2006 AP ArbGG 1979 § 72 a Grundsatz Nr. 65 = NZA 2006, 1004).

9 **Keine Entscheidungserheblichkeit** besteht bei einem unabhängig von der möglichen Rechtsverletzung entscheidungsreifen Rechtsstreit. Deshalb kann dem Neunten Senat des Bundesarbeitsgerichts (10. 5. 2005 AP ArbGG 1979 § 72 a Rechtliches Gehör Nr. 5) nicht in vollem Umfang gefolgt werden, wenn er annimmt, es sei für die Begründetheit

der Beschwerde von der Erheblichkeit der Beweistatsachen auszugehen, wenn eine Partei im Nichtzulassungsbeschwerdeverfahren geltend mache, das Landesarbeitsgericht habe ihren Anspruch auf rechtliches Gehör dadurch verletzt, dass es über eine streitige Tatsache nicht alle hierzu benannten Zeugen, sondern nur präsente, nicht zum Termin geladene Zeugen vernommen habe. Habe das Landesarbeitsgericht Beweis erhoben, sei für die Begründetheit der Beschwerde von der Erheblichkeit der Beweistatsachen auszugehen. **Entscheidender Maßstab** ist nicht der Beweisbeschluss, sondern das anzufechtende Urteil. Das Berufungsgericht kann im Verlaufe der mündlichen Verhandlung zu einer gegenüber dem Zeitpunkt der Anordnung der Beweiserhebung veränderten Rechtsauffassung gelangt sein. Diese das anzufechtende Urteil tragende Rechtsauffassung ist zur Beurteilung der Entscheidungserheblichkeit heranzuziehen.

Entscheidungserheblichkeit setzt nicht voraus, dass eine sachlich abweichende Entscheidung im Revisionsverfahren sicher oder nur wahrscheinlich ist. Das Bundesarbeitsgericht legt sich im Beschwerdeverfahren nicht fest. Zur notwendigen Wahrung eines fairen Verfahrens genügt die **ernsthafte Möglichkeit eines Erfolgs** des Beschwerdeführers in der Hauptsache. Dies darf nicht im Sinne einer Beliebigkeit verstanden werden. Vielmehr muss bei abweichender Beantwortung der Rechtsfrage das Ergebnis in der Sache ein anderes als das vom anzufechtenden Urteil Gefundene sein. **10**

Beruft sich der Beschwerdeführer auf eine entscheidungserhebliche Verletzung des rechtlichen Gehörs, so hat er lediglich nachvollziehbar darzulegen, dass das Landesarbeitsgericht nach seiner Argumentationslinie unter Berücksichtigung des entsprechenden Gesichtspunktes **möglicherweise anders entschieden** hätte (BAG 22. 3. 2005 AP ArbGG 1979 § 72 a Rechtliches Gehör Nr. 3; BAG 11. 4. 2006 AP ZPO § 533 Nr. 1 = NZA 2006, 750; ähnlich *Bepler* JbArbR 43 [2006], 45, 60). Demgegenüber wendet der Bundesgerichtshof (18. 7. 2003 NJW 2003, 3205; 10. 8. 2005 MDR 2005, 1241; zust. Musielak/*Ball* § 543 Rn. 9 k) im Falle der auf Verletzung des Anspruchs auf rechtliches Gehör gestützten Nichtzulassungsbeschwerde § 561 ZPO entsprechend an und prüft, ob das anzufechtende Urteil sich trotz der begangenen Verfahrensfehler aus anderen Gründen im Ergebnis als richtig erweist. **11**

II. Nichtzulassungsbeschwerde wegen grundsätzlicher Bedeutung

Nach § 72 Abs. 2 Nr. 1 n. F. ist die Revision zuzulassen, wenn eine entscheidungserhebliche Rechtsfrage grundsätzliche Bedeutung hat. Lässt das Landesarbeitsgericht gleichwohl die Revision nicht zu, kann dies mit der Nichtzulassungsbeschwerde geltend gemacht werden. Die Entscheidung über die erhobenen Ansprüche muss von einer **klärungsfähigen und klärungsbedürftigen Rechtsfrage** (dazu gehört auch die Verfassungsgemäßheit einer Norm – BVerfG 27. 2. 2009 – 1 BvR 3505/08 –; BAG 25. 7. 2006 AP ArbGG 1979 § 72 a Nr. 67 = NZA 2007, 407) abhängen und diese Klärung muss entweder von allgemeiner Bedeutung für die Rechtsordnung sein oder wegen ihrer tatsächlichen Auswirkungen die Interessen der Allgemeinheit oder zumindest eines größeren Teiles der Allgemeinheit berühren (BAG 22. 3. 2005 AP ArbGG 1979 § 72 a Rechtliches Gehör Nr. 3; BAG 14. 4. 2005 AP ArbGG 1979 § 72 a Rechtliches Gehör Nr. 4; vgl. näher § 72 Rn. 17). Dass die anzufechtende Entscheidung objektiv willkürlich sei und deshalb gegen den allgemeinen Gleichheitssatz verstoße, ist keine zulässige Rüge grundsätzlicher Bedeutung (BAG 12. 12. 2006 AP ArbGG 1979 § 72 a Nr. 68 = NZA 2007, 581). **12**

Die Revision ist vom Bundesarbeitsgericht als Beschwerdegericht nur zuzulassen, wenn das Landesarbeitsgericht die Revision entgegen § 72 Abs. 2 Nr. 1 rechtsfehlerhaft nicht zugelassen hat. Ein Rechtsgrund zur Zulassung besteht regelmäßig nur, wenn sich **das Landesarbeitsgericht mit der Rechtsfrage befasst hat**, sie also beantwortet hat (BAG 13. 6. 2006 AP ArbGG 1979 § 72 a Grundsatz Nr. 65 = NZA 2006, 1004; BAG 25. 7. 2006 AP ArbGG 1979 § 72 a Nr. 67 = NZA 2007, 407; GK-ArbGG/*Mikosch* § 72 **13**

Rn. 23). Es genügt nicht, dass das Landesarbeitsgericht nach Auffassung des Beschwerdeführers sich mit Rechtsfragen von grundsätzlicher Bedeutung hätte befassen müssen, die sich nach der vom Berufungsgericht gegebenen Begründung nicht stellen (BAG 13. 6. 2006 AP ArbGG 1979 § 72 a Grundsatz Nr. 65 = NZA 2006, 1004). Auszugehen ist stets von der Entscheidung des Landesarbeitsgerichts. Deshalb kann die grundsätzliche Bedeutung nicht deswegen verneint werden, weil die Entscheidung des Rechtsstreits auch mit einer anderen Begründung, für die es auf die Rechtsfrage nicht ankommt, möglich ist. Wollte man darauf abstellen, müsste schon im Verfahren über die Nichtzulassungsbeschwerde letztlich über die Revision entschieden werden. Andererseits ist es nicht ausgeschlossen, dass die Zulassung der Revision wegen der grundsätzlichen Bedeutung einer Rechtsfrage erfolgt, die von der Berufungsinstanz nicht gesehen worden ist (BVerfG 4. 11. 2008 NZA 2009, 53).

14 Bei **mehrfacher Begründung,** insbesondere einer Hilfsbegründung, muss für eine begründete Nichtzulassungsbeschwerde die grundsätzliche Bedeutung hinsichtlich einer jeden Begründung gegeben sein (BAG 27. 11. 1984 AP ArbGG 1979 § 72 a Grundsatz Nr. 27; BAG 28. 9. 1989 AP ArbGG 1979 § 72 a Grundsatz Nr. 38) beziehungsweise für die Hilfsbegründung eine Divergenz aufgezeigt werden (BAG 10. 3. 1999 AP ArbGG 1979 § 72 a Nr. 41). Andernfalls ist die Rechtsfrage, der grundsätzliche Bedeutung zukommen soll, nicht klärungsbedürftig. Das ist auch dann der Fall, wenn es auf die Rechtsfrage schon nach der Entscheidung des Landesarbeitsgerichts nicht ankommt (im Ergebnis zutreffend BAG 28. 1. 1981 AP ArbGG 1979 § 72 a Grundsatz Nr. 13) oder wenn es auf die Rechtsfrage erst unter Berücksichtigung von Tatsachen ankäme, die bislang nicht vorgebracht worden sind und im Revisionsverfahren nicht mehr vorgebracht werden können (BAG 20. 10. 1982 AP ArbGG 1979 § 72 a Grundsatz Nr. 24).

15 Die Nichtzulassungsbeschwerde wegen grundsätzlicher Bedeutung war nach der **bis zum 31. 12. 2004 geltenden Rechtslage** nicht in allen Fällen, sondern nur dann zulässig, wenn die Rechtssache die in einer abschließenden Aufzählung genannten Rechtsstreitigkeiten betraf (vgl. hierzu 5. Aufl. § 72 a Rn. 6 ff.). Diese Beschränkung der Nichtzulassungsbeschwerde ist ersatzlos entfallen.

16 Maßgebend für die Beurteilung der grundsätzlichen Bedeutung der entscheidungserheblichen Rechtsfrage ist der **Zeitpunkt der Entscheidung des Bundesarbeitsgerichts** über die Nichtzulassungsbeschwerde (BAG 16. 9. 1997 AP ArbGG 1979 § 72 Grundsatz Nr. 54; GK-ArbGG/*Mikosch* § 72 a Rn. 28; *Hauck/Helml* § 72 a Rn. 3). Die Rechtsfrage ist auch geklärt, wenn die Entscheidung des Bundesarbeitsgerichts zu einem von einer anderen Tarifvertragspartei mit gleichem Wortlaut abgeschlossenen Anschlusstarifvertrag ergangen ist (BAG 16. 9. 1997 AP ArbGG 1979 § 72 Grundsatz Nr. 54).

17 Wird zwischenzeitlich die die grundsätzliche Bedeutung der Rechtsfrage auslösende **tarifliche Bestimmung geändert,** muss die gerügte Tarifauslegung noch Bedeutung für zahlreiche weitere Rechtsstreitigkeiten haben (BAG 21. 10. 1998 AP ArbGG 1979 § 72 a Grundsatz Nr. 55). Abweichendes gilt, wenn das Landesarbeitsgericht die Revision zugelassen hatte. Die daraufhin eingelegte Revision bleibt statthaft, selbst wenn die Zulassungsvoraussetzungen später wegfallen oder vom Landesarbeitsgericht zu Unrecht bejaht wurden (s. § 72 Rn. 45). In solchen Fällen kann das Bundesarbeitsgericht die Revision durch einstimmigen Beschluss als unbegründet zurückweisen (§ 552 a ZPO; s. § 74 Rn. 88).

III. Nichtzulassungsbeschwerde wegen Divergenz

1. Divergenz

18 Mit der Nichtzulassungsbeschwerde kann geltend gemacht werden, das Urteil des Landesarbeitsgerichts weiche von einer Entscheidung der in § 72 Abs. 2 Nr. 1 genannten

Gerichte ab und **beruhe auf dieser Abweichung,** so dass das Landesarbeitsgericht die Revision hätte zulassen müssen.

Zu den **Voraussetzungen einer beachtlichen Divergenz** – auch bei einer Mehrfachbegründung – s. § 72 Rn. 18 ff. Dass das Urteil des Landesarbeitsgerichts sich aus anderen, im anzufechtenden Urteil nicht berücksichtigten Gründen als richtig darstellen kann, § 561 ZPO, ist für die Frage der Divergenz ohne Bedeutung (*Grunsky* § 72 a Rn. 3; anders im Ergebnis BAG 20. 11. 1973 AP BetrVG 1972 § 65 Nr. 1). Ein Rechtssatz ist aufgestellt, wenn das Berufungsgericht seiner Subsumtion einen Obersatz voranstellt, der über den Einzelfall hinaus für vergleichbare Sachverhalte Geltung beansprucht (BAG 1. 3. 2005 AP ArbGG 1979 § 72 a Rechtliches Gehör Nr. 2). Eine fehlerhafte oder den Grundsätzen der höchstrichterlichen Rechtsprechung nicht genügende Rechtsanwendung vermag eine Divergenz nicht zu begründen (BAG 23. 7. 1996 AP ArbGG 1979 § 72 a Divergenz Nr. 33; BAG 18. 5. 2004 AP ArbGG 1979 § 72 a Divergenz Nr. 46). Eine Divergenz in der Kostenentscheidung eröffnet keine Zulassung der Revision in der Hauptsache (BAG 23. 7. 1996 AP ArbGG 1979 § 72 a Divergenz Nr. 34).

2. Maßgeblicher Zeitpunkt

Die Nichtzulassungsbeschwerde wegen Divergenz ist nur dann begründet, wenn die Divergenz des anzufechtenden Urteils zur angezogenen Rechtsprechung (noch) im **Zeitpunkt der Entscheidung des Bundesarbeitsgerichts über die Nichtzulassungsbeschwerde** besteht (BAG 3. 11. 1982 AP ArbGG 1979 § 72 a Nr. 17; GK-ArbGG/*Mikosch* § 72 a Rn. 28, 37; *Hauck/Helml* § 72 a Rn. 5; *Ostrowicz/Künzl/Schäfer* Rn. 553; ErfK/*Koch* ArbGG § 72 a Rn. 11; *Kittner/Zwanziger* § 167 Rn. 35). Das Nichtzulassungsbeschwerdeverfahren dient der Vereinheitlichung der Rechtsprechung durch das Bundesarbeitsgericht. Weicht das anzufechtende Urteil nicht mehr ab, bedarf es keines Revisionsverfahrens in dieser Sache, um die Rechtseinheit zu gewährleisten (BAG 8. 8. 2000 AP ArbGG 1979 § 72 a Divergenz Nr. 40). Die die Divergenz begründende angezogene Entscheidung des anderen Gerichts muss vor der anzufechtenden Entscheidung des Landesarbeitsgerichts ergangen sein (BAG 10. 2. 1981 AP ArbGG 1979 § 72 a Divergenz Nr. 6). Es genügt, wenn ein der Entscheidung des Landesarbeitsgerichts vorangehendes unselbständiges Zwischenurteil nach § 303 ZPO oder ein Grundurteil nach § 304 ZPO von der Entscheidung eines der anderen genannten Gerichte abweicht (BAG 31. 8. 1964 AP ArbGG 1953 § 72 Divergenzrevision Nr. 25). Die Entscheidung des anderen Gerichts muss in einem solchen Falle nur vor dem Schlussurteil des Landesarbeitsgerichts ergangen sein. Für die Begründung der Nichtzulassungsbeschwerde ist es als ausreichend angesehen worden, wenn die angezogene Entscheidung zwar nach der anzufechtenden ergangen ist, aber wiederholend auf eine frühere Rechtsprechung verweist (BAG 15. 11. 1994 AP ArbGG 1979 § 72 a Divergenz Nr. 27).

IV. Nichtzulassungsbeschwerde wegen eines absoluten Revisionsgrundes

Nach § 72 Abs. 2 Nr. 3 ist die Revision zuzulassen, wenn einer der in § 547 Nr. 1 bis 5 gelisteten absoluten **Revisionsgründe geltend gemacht** wird und vorliegt (vgl. § 72 Rn. 26). Die Feststellung der Begründetheit einer hierauf gestützten Beschwerde kann die Erhebung von Beweisen durch das Bundesarbeitsgericht bedingen (*Etzel* ZTR 2005, 249, 251). Die Entscheidungserheblichkeit eines absoluten Revisionsgrundes braucht nicht dargelegt zu werden und ist vom Bundesarbeitsgericht nicht zu prüfen (GK-ArbGG/*Mikosch* § 72 a Rn. 75 a).

V. Nichtzulassungsbeschwerde wegen Verletzung rechtlichen Gehörs

22   Zu den Voraussetzungen dieses Zulassungsgrundes vgl. § 72 Rn. 28 ff. Der Nichtzulassungsbeschwerde wegen Verletzung des Anspruchs auf rechtliches Gehör kommt erhebliches Gewicht zu, weil das Bundesverfassungsgericht einen Gehörsverstoß, den das Berufungsgericht begangen haben soll, nicht mehr auf Grund einer Verfassungsbeschwerde überprüft, wenn diese Rüge nicht zuvor (erfolglos) im Nichtzulassungsbeschwerdeverfahren vorgebracht wurde (BVerfG 15. 9. 2008 – 1 BvR 2216/08). In der Sache sind Gehörsrügen schwer zu begründen, denn das Berufungsgericht ist nicht verpflichtet, im Urteil zu jeder von den Parteien angesprochenen Frage ausdrücklich Stellung zu nehmen (BVerfG 8. 10. 2003 – 2 BvR 949/02 – EzA GG Art. 103 Nr. 5; BAG 22. 3. 2005 AP ArbGG 1979 § 72 a Rechtliches Gehör Nr. 3; BAG 13. 6. 2006 AP ArbGG 1979 § 72 a Grundsatz Nr. 65 = NZA 2006, 1004; *Ostrowicz/Künzl/Schäfer* Rn. 555). Vielmehr ist im Grundsatz davon auszugehen, dass ein Gericht das Vorbringen der Parteien zur Kenntnis genommen und in Erwägung gezogen hat. Nach § 313 Abs. 3 ZPO sollen die Entscheidungsgründe eine „kurze Zusammenfassung" der Erwägungen enthalten, auf denen die Entscheidung in tatsächlicher und rechtlicher Hinsicht beruht. Angesichts der dank elektronischer Textverarbeitung nicht selten aufgeblähten Schriftsätze der Parteien ein nicht mehr erreichbares Ziel, das Kompromisse erfordert. In jedem Fall muss aus dem Gesamtzusammenhang der Entscheidungsgründe hervorgehen, dass **das Gericht die wesentlichen Punkte berücksichtigt und in seine Überlegungen mit einbezogen hat** (BGH 5. 4. 2005 NJW 2005, 1950). Allein der Umstand, dass sich die Gründe einer Entscheidung mit einem bestimmten Gesichtspunkt nicht ausdrücklich auseinander setzen, rechtfertigt daher nicht die Annahme, das Gericht habe diesen Gesichtspunkt bei seiner Entscheidung nicht erwogen. Vielmehr bedarf es hierzu besonderer Umstände (vgl. BVerfG 8. 10. 2003 – 2 BvR 949/02 – EzA GG Art. 103 Nr. 5; BAG 22. 3. 2005 AP ArbGG 1979 § 72 a Rechtliches Gehör Nr. 3; BAG 18. 11. 2008 AP ArbGG 1979 § 72 a Rechtliches Gehör Nr. 14 = NZA 2009, 223). Die Darlegung der Gehörsverletzung wird erleichtert, wenn das Landesarbeitsgericht in seiner Begründung auf ein **zentrales Vorbringen** der beschwerdeführenden Partei nicht eingegangen ist (vgl. näher § 72 Rn. 32; BVerfG 19. 5. 1992 BVerfGE 86, 133, 146; BVerfG 17. 7. 1996 AP ZPO § 551 Nr. 45). Nicht jede im Verhältnis zum Tatbestand widersprüchliche und in der Sache unrichtige Schlussfolgerung in den Entscheidungsgründen rechtfertigt die Annahme einer Gehörsverletzung iSv. Art. 103 Abs. 1 GG (BAG 18. 11. 2008 AP ArbGG 1979 § 72 a Rechtliches Gehör Nr. 3; BAG 18. 11. 2008 AP ArbGG 1979 § 72 a Rechtliches Gehör Nr. 14 = NZA 2009, 223). Das Übergehen eines gestellten Hilfsantrags ist zwar eine Gehörsverletzung, doch kann eine Nichtzulassungsbeschwerde hierauf nicht gestützt werden, weil allein der Weg über die Urteilsergänzung gemäß § 321 ZPO ggf. (bei Nichtaufnahme des Hilfsantrags in den Tatbestand des Berufungsurteils) nach vorangegangener Tatbestandsberichtigung gemäß § 320 ZPO eröffnet ist (BAG 26. 6. 2008 AP ArbGG 1979 § 72 a Rechtliches Gehör Nr. 3; BAG 18. 11. 2008 AP ArbGG 1979 § 72 a Rechtliches Gehör Nr. 13 = NZA 2008, 1028).

23   Haben die Parteien nach § 69 Abs. 4 iVm. § 313 a Abs. 1 S 2 ZPO auf die **Entscheidungsgründe verzichtet,** kann das Bundesarbeitsgericht das Vorbringen des Beschwerdeführers nicht auf der Grundlage der schriftlichen Begründung des Berufungsgerichts prüfen (BAG 15. 3. 2006 AP ArbGG 1979 § 69 Nr. 5). Der vom Beschwerdeführer mitverursachte Mangel erweitert die Prüfung nicht. Insbesondere kann die Revision nicht wegen einer „möglichen" Verletzung des Anspruchs auf rechtliches Gehör zugelassen werden. Der Zulassungsgrund muss tatsächlich bestehen (BAG 15. 3. 2006 AP ArbGG 1979 § 69 Nr. 5).

24   Die Möglichkeit der Nichtzulassungsbeschwerde wegen Verletzung des Anspruchs auf rechtliches Gehör besteht **nicht neben der Rüge nach § 78 a,** weil die Nichtzulassungs-

beschwerde ein Rechtsbehelf iSv. § 78a Abs. 1 Satz 1 Nr. 1 ist und damit das Rügerecht zum Landesarbeitsgericht ausschließt (LAG München 21. 4. 2005 LAGE ArbGG 1979 § 78a Nr. 1; entsprechend zu § 321a ZPO BVerfG 9. 7. 2007 NJW 2007, 3418; BGH 13. 12. 2004 AP ZPO 2002 § 321a Nr. 1; *Ostrowicz/Künzl/Schäfer* Rn. 541; *Natter* JbArbR 42 (2005), 95, 101; *Treber* NJW 2005, 97, 100; *Oberthür* ArbRB 2005, 26, 28).

B. Einlegung der Nichtzulassungsbeschwerde

I. Frist und Form

Die Nichtzulassungsbeschwerde ist nach § 72a Abs. 2 innerhalb einer **Notfrist von einem Monat** nach Zustellung des in vollständiger Form abgefassten Urteils schriftlich einzulegen. Grundsätzlich kann wegen der zu beachtenden Form- und Fristvorschriften auf die Erläuterungen zu der gleich gelagerten Rechtslage bei der Revision (§ 74 Rn. 6 ff.) verwiesen werden. Die Fristberechnung erfolgt nach §§ 221, 222 ZPO. Da § 74 Abs. 1 Satz 1 nicht entsprechend gilt und § 9 Abs. 5 Satz 4 auf den Rechtsbehelf der Nichtzulassungsbeschwerde keine Anwendung findet, läuft vor Zustellung des Urteils keine Frist. Doch ist § 72b Abs. 1 Satz 2 zu beachten (vgl. zu den Konsequenzen § 72b Rn. 12). Gegen die Versäumung der Beschwerdefrist kann **Wiedereinsetzung in den vorigen Stand** nach den §§ 233 ff. ZPO gewährt werden (BAG 19. 9. 1983 AP ArbGG 1979 § 72a Nr. 18). Ein Grund zur Wiedereinsetzung kann sein, dass der Beschwerdeführer von einer divergenzfähigen Entscheidung eines der in § 72 Abs. 2 Nr. 2 genannten Gerichte ohne sein Verschulden innerhalb der Beschwerdefrist keine Kenntnis erlangt hat (aA GK-ArbGG/*Mikosch* § 72a Rn. 84; *Ostrowicz/Künzl/Schäfer* Rn. 552a). Relativ häufig sind die Fälle der Wiedereinsetzung in den vorigen Stand, wenn eine Partei wegen Mittellosigkeit nicht in der Lage war, die Nichtzulassungsbeschwerde wirksam zu erheben. Die Wiedereinsetzung setzt voraus, dass der Beschwerdeführer innerhalb der Beschwerdefrist alles in seinen Kräften Stehende und Zumutbare getan hat, um das in seiner Mittellosigkeit bestehende Hindernis zu beheben. Aus diesem Grund muss er bis zum Ablauf der Beschwerdefrist alle Voraussetzungen für die **Bewilligung der Prozesskostenhilfe** schaffen (BAG 26. 1. 2006 AP ZPO 1977 § 233 Nr. 81). Wegen der ggf. versäumten Fristen kann nach der Bewilligung von Prozesskostenhilfe innerhalb der Frist des § 234 Abs. 1 Satz 1 ZPO Wiedereinsetzung für die Einlegung der Beschwerde und nach § 234 Abs. 1 Satz 2 ZPO Wiedereinsetzung für die Begründung der Beschwerde beantragt werden (BAG 26. 1. 2006 AP ZPO 1977 § 233 Nr. 81). Zur kurzen Überlegungsfrist bei Versagung der PKH vgl. BGH 20. 1. 2009 – VIII ZA 21/08 –. 25

Die Nichtzulassungsbeschwerde ist beim Bundesarbeitsgericht einzureichen, die Einreichung beim Landesarbeitsgericht wahrt die Frist nicht, sofern die Beschwerde nicht innerhalb der Frist an das Bundesarbeitsgericht weitergeleitet wird und dort eingeht (BAG 4. 11. 1980 AP ArbGG 1979 § 72a Nr. 7). Sie kann **ohne Zustimmung des Gegners** bis zum Erlass der Entscheidung des Bundesarbeitsgerichts **zurückgenommen** werden (§ 516 ZPO analog). Die Zurücknahme ist bedingungsfeindlich, sie kann auch nicht von einer innerprozessualen Bedingung abhängig gemacht werden, darüber hinaus ist sie unwiderruflich und unanfechtbar (vgl. BGH 26. 9. 2007 NJW-RR 2008, 85). Im Falle der Zurücknahme hat der Beschwerdeführer entsprechend §§ 565, 516 Abs. 3 ZPO die Kosten des Beschwerdeverfahrens zu tragen. 26

Die Beschwerdeschrift ist ein bestimmender Schriftsatz. Sie muss die Entscheidung des Landesarbeitsgerichts, gegen die die Zulassung der Revision beantragt wird, eindeutig nach Gericht, Datum und Aktenzeichen bezeichnen (BAG 27. 10. 1981 AP ArbGG 1979 § 72a Nr. 12). Nach § 72a Abs. 2 Satz 2 soll der Beschwerdeschrift eine Ausfertigung oder beglaubigte Abschrift des anzufechtenden Urteils beigefügt werden. Die Nichtbeachtung dieser Sollvorschrift berührt zwar als solche nicht die Zulässigkeit des Rechts- 27 behelfs, ihre Einhaltung ist aber angezeigt, um notfalls fehlende Angaben des Beschwerdeschriftsatzes zu ersetzen (GK-ArbGG/*Mikosch* § 72 a Rn. 42). Die Beschwerdeschrift muss angeben **für und gegen wen** Nichtzulassungsbeschwerde eingelegt wird (BAG 27. 10. 1981 AP ArbGG 1979 § 72 a Nr. 13; vgl. zum Umfang der Prüfungspflicht des Gerichts BGH 9. 4. 2008 NJW-RR 2008, 1161), braucht jedoch nicht das volle Rubrum des Berufungsurteils zu enthalten. Die Beschwerdeschrift muss weiter die Erklärung enthalten, dass Nichtzulassungsbeschwerde eingelegt wird. Hierzu genügt es, wenn sich dies aus den Umständen ergibt. Eine mangels Zulassung unzulässige Revision kann nicht in eine Nichtzulassungsbeschwerde umgedeutet werden (BSG 23. 6. 1975 NJW 1975, 1800; BAG 4. 7. 1985 – 5 AZR 318/85 – nicht veröffentlicht; *Hauck/Helml* § 72 a Rn. 9; ErfK/*Koch* ArbGG § 72 a Rn. 14–18; aA *Grunsky* § 72 a Rn. 10). Etwas anderes kann anzunehmen sein, wenn noch innerhalb der Begründungsfrist die eingelegte Revision begründet wird und diese Begründung ergibt, dass es sich um eine Nichtzulassungsbeschwerde handelt.

28 Die Nichtzulassungsbeschwerde muss nach § 11 Abs. 4 durch einen **Rechtsanwalt** oder eine Person mit Befähigung zum Richteramt, die für eine der in § 11 Abs. 2 Satz 2 Nr. 4 und 5 bezeichneten Organisationen handelt, eingelegt werden (noch zum alten Recht: BAG 17. 11. 2004 AP ArbGG 1979 § 11 Prozessvertreter Nr. 19; GK-ArbGG/*Mikosch* § 72 a Rn. 39). Auf ihren Antrag kann einer Partei für das Nichtzulassungsbeschwerdeverfahren ein Rechtsanwalt beigeordnet werden, wenn sie keinen zu ihrer Vertretung bereiten Prozessvertreter findet (§ 72 Abs. 5 iVm. §§ 555, 78 b ZPO). Die Partei muss darlegen und glaubhaft machen, dass sie eine gewisse Anzahl von Rechtsanwälten vergeblich um die Übernahme eines Mandats ersucht hat (BAG 28. 12. 2007 AP ArbGG 1979 § 72 a Nr. 58 = NZA 2008, 491). Die Beiordnung eines Notanwalts setzt ferner voraus, dass die Rechtsverfolgung nicht mutwillig oder aussichtslos erscheint (§ 78 b Abs. 1 ZPO).

29 Nach Auffassung des Bundesarbeitsgerichts kann eine **Nichtzulassungsbeschwerde** vorsorglich, aber nicht hilfsweise für den Fall eingelegt werden, dass die vom Landesarbeitsgericht ausgesprochene Zulassung der Revision unwirksam ist (*Hauck/Helml* § 72 a Rn. 9). Das Bundesarbeitsgericht sieht in der hilfsweisen Beschwerde eine unzulässig bedingte Prozesserklärung (BAG 13. 8. 1985 AP ArbGG 1979 § 72 a Nr. 22; BAG 13. 12. 1995 AP ArbGG 1979 § 72 a Nr. 36; zust. GK-ArbGG/*Mikosch* § 72 a Rn. 43; *Ostrowicz/Künzl/Schäfer* Rn. 552 d meinen die „hilfsweise" könne als „vorsorglich eingelegte" und damit unbedingte Beschwerde ausgelegt werden). Diese Rechtsauffassung, die den Beschwerdeführer auf die unbedingte Einlegung der Nichtzulassungsbeschwerde verweist, bringt keine prozessökonomische Lösung. Bei der Entscheidung über eine solche Nichtzulassungsbeschwerde müsste für die Frage, ob der Beschwerdeführer überhaupt beschwert ist, die Wirksamkeit der Zulassung der Revision durch das Landesarbeitsgericht ohnehin geprüft werden. Sie könnte hier bejaht werden, so dass die Nichtzulassungsbeschwerde unzulässig wäre. Gleichwohl wäre das Gericht daran bei der Entscheidung über die Revision nicht gebunden und könnte auch diese als unzulässig – weil nicht wirksam zugelassen – verwerfen. Deshalb ist die „vorsorgliche" als innerprozessual bedingte Einlegung zulässig.

II. Begründung der Nichtzulassungsbeschwerde

1. Begründungsfrist

30 Die Nichtzulassungsbeschwerde muss nicht schon innerhalb der Beschwerdefrist begründet werden. Für die Begründung läuft vielmehr nach § 72 a Abs. 3 Satz 1 eine eigene Beschwerdebegründungsfrist von zwei Monaten, die ebenfalls **mit der Zustellung des** (in vollständiger Form abgefassten) **Urteils** und nicht mit der Einlegung der Nichtzulassungsbeschwerde **beginnt**. Die Begründungsfrist ist eine Notfrist und beginnt auch dann mit der Zustellung des landesarbeitsgerichtlichen Urteils zu laufen, wenn die Beschwerdefrist versäumt wurde und über einen Wiedereinsetzungsantrag bei Ablauf der Begründungsfrist noch nicht entschieden ist (BAG 26. 7. 1988 AP ArbGG 1979 § 72a Nr. 25). **Die Begründungsfrist kann als Notfrist nicht verlängert** werden (GK-ArbGG/*Mikosch* § 72a Rn. 50; *Hauck/Helml* § 72a Rn. 10; ErfK/*Koch* ArbGG § 72a Rn. 14–18; Düwell/Lipke/*Bepler* § 72a Rn. 18; BCF/*Friedrich* § 72a Rn. 7; HWK/*Bepler* ArbGG § 72a Rn. 14; *Grunsky* § 72a Rn. 16; *Ostrowicz/Künzl/Schäfer* Rn. 552g). Wegen Versäumung der Begründungsfrist kann Wiedereinsetzung in den vorigen Stand gewährt werden (zum Verschulden des Prozessbevollmächtigten bei der Berechnung der Begründungsfrist s. BAG 20. 6. 1995 AP ZPO 1977 § 233 Nr. 42). Insofern beträgt nach § 234 Abs. 1 Satz 2 ZPO die Frist zur Beantragung der Wiedereinsetzung einen Monat. Ein etwaiger Prozesskostenhilfeantrag hemmt die Begründungsfrist nicht, wenn die Nichtzulassungsbeschwerde unbedingt eingelegt worden ist (BAG 12. 2. 1997 AP ArbGG 1979 § 72a Nr. 38). Ist die Begründungsfrist gewahrt worden, kann keine Wiedereinsetzung gewährt werden, um einen Zulassungsgrund vorzutragen, von dem der Beschwerdeführer rechtzeitig Kenntnis zu nehmen nicht in der Lage war (BAG 8. 2. 1961 AP ArbGG 1953 § 72 Divergenzrevision Nr. 14).

2. Inhalt der Begründung

a) Allgemeines

Die ordnungsgemäße Begründung der Nichtzulassungsbeschwerde ist Zulässigkeitsvoraussetzung. Nach § 72a Abs. 5 Satz 3 ist eine Nichtzulassungsbeschwerde als unzulässig zu verwerfen, wenn sie nicht statthaft oder nicht in der gesetzlichen Form und Frist eingelegt und begründet ist. Für die Zulässigkeit genügt die bloße Benennung eines Zulassungsgrundes nicht. Der Beschwerdeführer hat vielmehr zu dessen Voraussetzungen substantiiert vorzutragen (BAG 20. 1. 2005 AP ArbGG 1979 § 72a Rechtliches Gehör Nr. 1; BAG 14. 3. 2005 AP ArbGG 1979 § 72a Nr. 53). Gegen diese Anforderungen an die Substantiierung bestehen von Verfassungs wegen keine Bedenken (vgl. BVerfG 11. 9. 2008 – 1 BvR 1616/05). Die Überprüfung einer Nichtzulassungsentscheidung durch das Bundesarbeitsgericht ist an die in der Beschwerde angegebenen Gründe gebunden (vgl. § 72a Abs. 3 Satz 2). Dabei kommt es jedoch nicht darauf an, welche Rechtsansicht der Beschwerdeführer über die Zulassungsmöglichkeiten hat, sondern darauf, welche Gründe er in der Beschwerdebegründung anführt. Nicht ausgeschlossen ist es deshalb, dass die auf Divergenz abzielende Begründung einer Beschwerde die Anforderungen einer Grundsatzbeschwerde oder wegen Verletzung des Anspruchs auf rechtliches Gehör erfüllt (vgl. BAG 15. 2. 2005 AP ArbGG 1979 § 72a Divergenz Nr. 50; BAG 26. 6. 2008 – 6 AZN 648/07 – NZA 2008, 1145). Die Begründung braucht keinen besonderen Antrag zu enthalten. Es genügt, wenn deutlich wird, dass der Beschwerdeführer die Zulassung der Revision gegen das Urteil des Landesarbeitsgerichts erstrebt. Ist die Revision teilweise zugelassen worden, betrifft die Nichtzulassungsbeschwerde den nicht zugelassenen Teil. Hat der Beschwerdeführer seinen Antrag auf einen selbständig anfechtbaren Teil des landesarbeitsgerichtlichen Urteils beschränkt, kann er die Beschwerde nach Ablauf der Beschwerdefrist nicht auf einen anderen Teil erweitern, denn das Urteil ist insoweit mit Ablauf der Beschwerdefrist rechtskräftig geworden (s. unten Rn. 48; GK-ArbGG/*Mikosch* § 72a Rn. 40; aA *Grunsky* § 72a Rn. 17). Hat das Landesarbeitsgericht über mehrere selbständige Klageansprüche entschieden, muss die Begründung der Nichtzulassungsbeschwerde für alle Klageansprüche einen Zulassungsgrund aufzeigen, wenn die Revision unbeschränkt zugelassen werden soll. Geschieht dies nicht, ist die Nichtzulassungsbeschwerde hinsichtlich der nicht begründeten Klageansprüche unzulässig und die Revision ggf. nur beschränkt zuzulassen (BAG 6. 12. 1994 AP ArbGG 1979 § 72a Nr. 32).

b) Bei grundsätzlicher Bedeutung

32 Die Beschwerdebegründung muss aufzeigen, dass die Entscheidung über die erhobenen Ansprüche von einer klärungsfähigen und klärungsbedürftigen Rechtsfrage abhängt und diese Klärung entweder von allgemeiner Bedeutung für die Rechtsordnung ist oder wegen ihrer tatsächlichen Auswirkungen die Interessen der Allgemeinheit oder zumindest eines größeren Teiles der Allgemeinheit berührt (BAG 22. 3. 2005 AP ArbGG 1979 § 72a Rechtliches Gehör Nr. 3; BAG 14. 4. 2005 AP ArbGG 1979 § 72a Rechtliches Gehör Nr. 4). Der Beschwerdeführer hat somit die durch die anzufechtende Entscheidung aufgeworfene Rechtsfrage konkret zu benennen (BAG 5. 11. 2008 – 5 AZN 842/08 – NZA 2009, 55; BAG 23. 1. 2007 AP ArbGG 1979 § 72a Nr. 66 = NJW 2007, 1165 formuliert überspitzt, sie dürfe nur mit „Ja" oder „Nein" beantwortet werden können; ebenso BAG 26. 6. 2008 – 6 AZN 648/07 – NZA 2008, 1145; BAG 23. 9. 2008 AP ArbGG 1979 § 78a Nr. 5) und ihre **Klärungsfähigkeit, Klärungsbedürftigkeit, Entscheidungserheblichkeit und allgemeine Bedeutung** für die Rechtsordnung oder ihre Auswirkung auf die Interessen jedenfalls eines größeren Teiles der Allgemeinheit aufzuzeigen (BAG 14. 4. 2005 AP ArbGG 1979 § 72a Rechtliches Gehör Nr. 4). Unzureichend ist eine Fragestellung, deren Beantwortung von den Umständen des Einzelfalls abhängt (BAG 23. 1. 2007 AP ArbGG 1979 § 72a Grundsatz Nr. 66 = NZA 2008, 376; BAG 29. 5. 2007 – 4 AZN 80/07 –; BAG 5. 11. 2008 – 5 AZN 842/08 – NZA 2009, 55). In der Beschwerdebegründung ist auszuführen, welche abstrakte Interpretation das Landesarbeitsgericht bei Behandlung der Rechtsfrage vorgenommen hat und dass diese nach Auffassung des Beschwerdeführers fehlerhaft ist (BAG 15. 2. 2005 AP ArbGG 1979 § 72a Grundsatz Nr. 63 = NZA 2005, 542; BAG 5. 11. 2008 – 5 AZN 842/08 – NZA 2009, 55; vgl. aber Rn. 13 und BVerfG 4. 11. 2008 NZA 2009, 53).

33 Fehlt es an diesen Darlegungen, ist die **Nichtzulassungsbeschwerde unzulässig** (vgl. BAG 24. 3. 1987 AP ArbGG 1979 § 72a Grundsatz Nr. 31). Ob der Rechtssache tatsächlich die grundsätzliche Bedeutung zukommt, ist eine Frage der Begründetheit und nicht der Zulässigkeit der Nichtzulassungsbeschwerde.

c) Bei Divergenz

34 Bei einer auf Divergenz gestützten Nichtzulassungsbeschwerde – zur Frage, wann eine Divergenz vorliegt, s. § 72 Rn. 18 ff. – ist nach Abs. 3 Satz 2 in der Beschwerdebegründung die Entscheidung zu bezeichnen, von der das anzufechtende Urteil des Landesarbeitsgerichts abweicht. Die Bezeichnung muss so eindeutig sein, dass das Urteil ohne Schwierigkeiten auffindbar ist. Dazu gehören die Angabe des Gerichts, des Datums und des Aktenzeichens oder einer Fundstelle (BAG 22. 10. 2001 EzA ArbGG 1979 § 72a Nr. 95; *Hauck/Helml* § 72a Rn. 12). Es ist nicht Aufgabe des Revisionsgerichts, von sich aus eine abweichende Entscheidung zu ermitteln. In der Beschwerdebegründung **müssen die voneinander abweichenden abstrakten Rechtssätze** sowohl aus dem anzufechtenden Urteil des Landesarbeitsgerichts als auch aus der angezogenen anderen Entscheidung aufgezeigt werden. Dh. nach der eigenen Darlegung des Beschwerdeführers müssen die in der Beschwerdebegründung wiedergegebenen Rechtssätze divergieren. Darüber hinaus muss konkret fallbezogen dargelegt werden, dass die Entscheidung des Landesarbeitsgerichts auf dieser Abweichung beruht (BAG 22. 11. 1979 AP ArbGG 1979 § 72a Nr. 3; BAG 10. 7. 1996 ZTR 1996, 420; BAG 14. 2. 2001 AP ArbGG 1979 § 72a Divergenz Nr. 42; BAG 15. 9. 2004 AP ArbGG 1979 § 72a Divergenz Nr. 47; *Schrader* NZA-RR 2006, 57, 62). Es ist jedoch eine Frage der Begründetheit der Nichtzulassungsbeschwerde, ob die von der anzufechtenden und der angezogenen Entscheidung tatsächlich aufgestellten Rechtssätze divergieren und die anzufechtende Entscheidung auf der Abweichung beruht (BVerfG 23. 8. 1995 AP ArbGG 1979 § 72a Divergenz Nr. 31). Hat das Landesarbeitsgericht nach § 69 auf die Entscheidungsgründe des Arbeitsgerichts Bezug genommen, ist der entsprechende Rechtssatz im Urteil des Arbeitsgerichts aufzuzeigen (BAG 3. 2. 1981 AP ArbGG 1979 § 72a Divergenz Nr. 4).

B. II. Begründung der Nichtzulassungsbeschwerde § 72a

Allein die Darlegung einer fehlerhaften Rechtsanwendung oder der fehlerhaften oder 35
unterlassenen Anwendung der Rechtsprechung des Bundesarbeitsgerichts oder eines
anderen der im Gesetz genannten Gerichte reicht zur Begründung einer Divergenzbeschwerde nicht aus (BAG 14. 4. 2005 AP ArbGG 1979 § 72a Rechtliches Gehör
Nr. 4; BAG 23. 7. 1996 AP ArbGG 1979 § 72a Divergenz Nr. 33). Nennt das Landesarbeitsgericht ausdrücklich einen Rechtssatz, von dem es ausgeht, wird in der Regel aus
weiteren Ausführungen nicht auf einen widersprechenden Rechtssatz geschlossen werden können (BAG 22. 2. 1983 AP ArbGG 1979 § 72a Divergenz Nr. 13; BAG 10. 12.
1997 AP ArbGG 1979 § 72a Nr. 40). Macht der Beschwerdeführer geltend, das Landesarbeitsgericht habe den Rechtssatz zwar nicht ausdrücklich, wohl aber zwingend in
scheinbar fallbezogenen Ausführungen aufgestellt (vgl. § 72 Rn. 18), hat er konkret und
im Einzelnen zu begründen, warum das Berufungsgericht von dem betreffenden abstrakten Rechtssatz ausgegangen sein muss (BAG 6. 12. 2006 AP ArbGG 1979 § 72a Nr. 51
= NZA 2007, 349). Die veröffentlichten **Leitsätze** zu Entscheidungen des Bundesarbeitsgerichts werden allein von den berufsrichterlichen Mitgliedern des Senats beschlossen
und der Entscheidung vorangestellt (§ 13 Geschäftsordnung des Bundesarbeitsgerichts
in der vom Bundesrat am 11. 4. 2003 bestätigten Fassung), sie sind ebenso wie Pressemitteilungen des Gerichts keine Bestandteile der Urteile, so dass die Divergenz oder die
grundsätzliche Bedeutung allein anhand der Entscheidungsgründe, nicht aber eines hiervon unter Umständen abweichenden Leitsatzes aufgezeigt werden kann (BAG 6. 12.
1994 AP ArbGG 1979 § 72a Nr. 32; BAG 26. 3. 1997 – 4 AZN 1073/96 –; GK-ArbGG/*Mikosch* § 72a Rn. 68; *Wagner* FS Leinemann 2006 S 633, 636).

d) Bei absolutem Revisionsgrund

Die Beschwerdebegründung muss die Darlegung des absoluten Revisionsgrundes ent- 36
halten (vgl. hierzu § 72 Rn. 26; § 73 Rn. 41 ff.). Da nach § 557 Abs. 2 ZPO iVm. § 72
Abs. 5 der Beurteilung des Revisionsgerichts nicht die dem Endurteil vorausgegangenen
unanfechtbaren Entscheidungen des Landesarbeitsgerichts unterliegen, scheidet die inzidente Überprüfung einer solchen Entscheidung auf Grund einer Nichtzulassungsbeschwerde aus (BAG 23. 9. 2008 AP ArbGG 1979 § 78a Nr. 5). Deshalb kann die
Entscheidung des Berufungsgerichts über ein Ablehnungsgesuch nicht überprüft werden
(BAG 23. 9. 2008 AP ArbGG 1979 § 78a Nr. 5; BGH 30. 11. 2006 – III ZR 93/06 – MDR
2007, 599; vgl. auch BVerfG 31. 7. 2008 – 1 BvR 416/08 –; BAG 20. 1. 2009 – 1 ABR 78/
07 –). Der Partei, deren Befangenheitsantrag abgelehnt wurde, steht allein die beim Ausgangsgericht zu erhebende Anhörungsrüge (§ 78a) offen (näher § 73 Rn. 29). Ungeklärt
ist noch (so ausdrücklich BAG 23. 9. 2008 AP ArbGG 1979 § 78a Nr. 5; BAG 20. 1. 2009
– 1 ABR 78/07 –), ob ausnahmsweise die aus § 557 Abs. 2 ZPO folgende Bindung wegen
eines fortwirkenden Verstoßes gegen das Gebot des gesetzlichen Richters entfällt, wenn die
Zurückweisung des Ablehnungsgesuchs auf willkürlichen oder manipulativen Erwägungen beruht oder sich ihr entnehmen lässt, dass das Berufungsgericht Bedeutung und Tragweite der Verfassungsgarantie des Art. 101 Abs. 1 Satz 2 GG grundlegend verkannt hat
(vgl. BVerfG 31. 7. 2008 – 1 BvR 416/08 –; BSG 2. 11. 2007 – B 1 KR 72/07 B –; BSG 9. 1.
2008 – B 12 KR 24/07 B), Die Tatsachen, aus denen sich der **Verfahrensfehler des
Berufungsgerichts** ergeben soll, müssen wie bei der Verfahrensrüge nach § 551 Abs. 3
Satz 1 Nr. 2 Buchst. b ZPO konkret angegeben werden (BAG 13. 7. 2005 – 5 AZN 292/
05 –; GK-ArbGG/*Mikosch* § 72a Rn. 75a). Wird geltend gemacht, das Landesarbeitsgericht habe in ungesetzlicher Weise auf Grund einer nichtöffentlichen mündlichen Verhandlung entschieden, muss die Beschwerdebegründung Umstände bezeichnen, aus denen
sich die Protokollfälschung, also die wissentlich falsche Beurkundung ergibt (BAG 13. 11.
2007 NZA 2008, 248). Diese Umstände können mit allen zulässigen Beweismitteln unter
Beweis gestellt werden. Die Anforderungen an die Partei dürfen in diesem Zusammenhang
nicht überspannt werden, so dass zumeist auf Indizien für den objektiven und auf Schluss-

folgerungen für den subjektiven Tatbestand zurückgegriffen werden darf (vgl. BGH 16. 10. 1984 NJW 1985, 1782). Die sorgfältige Partei wird zunächst einen Antrag auf Protokollberichtigung stellen, um der von ihr erkannten Unrichtigkeit des Protokolls abzuhelfen (BAG 11. 12. 1964 AP ZPO § 159 Nr. 1 = NJW 1965, 931).

e) Bei Verletzung des rechtlichen Gehörs

37   Wird mit einer Nichtzulassungsbeschwerde gemäß § 72 Abs. 2 Nr. 3 eine entscheidungserhebliche Verletzung des Anspruchs auf rechtliches Gehör (Art. 103 Abs. 1 GG) geltend gemacht, muss nach § 72 a Abs. 3 Satz 2 Nr. 3 die Beschwerdebegründung die substantiierte (BAG 20. 5. 2008 AP ArbGG 1979 § 72 a Rechtliches Gehör Nr. 12 NZA 2008, 839) **Darlegung der Verletzung** dieses Anspruchs und deren Entscheidungserheblichkeit enthalten (BAG 18. 11. 2008 AP ArbGG 1979 § 72 a Rechtliches Gehör Nr. 14 = NZA 2009, 223; GK-ArbGG/*Mikosch* § 72 a Rn. 75 b). Will der Beschwerdeführer das Übergehen seines Vortrags rügen, muss er konkret und im Einzelnen schlüssig dartun, welches wesentliche und entscheidungserhebliche Vorbringen das Landesarbeitsgericht bei seiner Entscheidung übergangen haben soll (BAG 31. 6. 2006 AP ArbGG 1979 § 78 a Nr. 3 = NZA 2006, 875; BAG 5. 11. 2008 – 5 AZN 842/08). Das BAG muss dadurch in die Lage versetzt werden, allein anhand der Lektüre der Beschwerdebegründung und des Berufungsurteils die Voraussetzungen für die Zulassung prüfen zu können (BAG 23. 9. 2008 AP ArbGG 1979 § 78 a Nr. 5; BAG 5. 11. 2008 – 5 AZN 842/08). Die Darlegung hat den Anforderungen an eine zulässige Verfahrensrüge iSv. § 551 Abs. 3 Satz 1 Nr. 2 Buchst. b ZPO zu genügen (BAG 23. 9. 2008 AP ArbGG 1979 § 78 a Nr. 5; BAG 5. 11. 2008 – 5 AZN 842/08). Ggf. hat das Bundesarbeitsgericht Beweis zu erheben.

38   Will der Beschwerdeführer geltend machen, das Landesarbeitsgericht habe seinen Anspruch auf rechtliches Gehör verletzt, indem es seine **Ausführungen nicht berücksichtigt** habe, muss er konkret dartun, welches wesentliche Vorbringen das Landesarbeitsgericht bei seiner Entscheidung übergangen haben soll (BAG 22. 3. 2005 AP ArbGG 1979 § 72 a Rechtliches Gehör Nr. 3). Es wird aber von dem Grundsatz ausgegangen, dass ein Gericht das Vorbringen der Beteiligten zur Kenntnis genommen und in Erwägung gezogen hat. Die Gerichte brauchen nicht jedes Vorbringen in den Gründen der Entscheidung ausdrücklich zu behandeln (BVerfG 8. 10. 2003 – 2 BvR 949/02 – EzA GG Art. 103 Nr. 5; BAG 5. 11. 2008 – 5 AZN 842/08). Ein Verstoß gegen Art. 103 Abs. 1 GG liegt nur vor, wenn besondere Umstände hinreichend deutlich machen, dass der Richter den Vortrag der Partei nicht zur Kenntnis genommen oder nicht in Erwägung gezogen hat (BVerfG 23. 6. 1991 – 1 BvR 485/92 –; BAG 18. 11. 2008 AP ArbGG 1979 § 72 a Rechtliches Gehör Nr. 14 = NZA 2009, 223). Art. 103 Abs. 1 GG schützt aber nicht davor, dass das Gericht dem Vortrag einer Partei nicht die aus deren Sicht richtige Bedeutung beimisst (BAG 14. 6. 2006 – 5 AZN 73/06 – Rn. 9, ZUM-RD 2007, 506; BAG 18. 11. 2008 AP ArbGG 1979 § 72 a Rechtliches Gehör Nr. 14 = NZA 2009, 223). Der notwendige Nachweis der Gehörsverletzung wird dem Beschwerdeführer nur erleichtert, wenn das Landesarbeitsgericht in seiner Begründung auf ein **zentrales Vorbringen** der beschwerdeführenden Partei gar nicht eingegangen ist, obwohl dieses Vorbringen – beurteilt nach dem Rechtsstandpunkt des Landesarbeitsgerichts – weder unerheblich noch offensichtlich unsubstantiiert war (BVerfG 19. 5. 1992 BVerfGE 86, 133, 146; BVerfG 17. 7. 1996 AP ZPO § 551 Nr. 45; BGH 31. 8. 2005 – XII ZR 63/03 – NJW-RR 2005, 1603). Dem Übergehen zentralen Vorbringens steht es gleich, wenn das Landesarbeitsgericht dieses mit einer formelhaften Wendung abtut, die nicht erkennen lässt, das Landesarbeitsgericht habe den ausführlichen Parteivortrag zur Kenntnis genommen und erwogen (zB durch die Formulierung „entsprechende Anhaltspunkte" seien „nicht ersichtlich"; vgl. BAG 5. 11. 2008 – 5 AZN 842/08 –). Selbstverständlich genügt eine Bezugnahme auf die erstinstanzliche Entscheidung nicht, wenn sich das Arbeitsgericht mit dieser Frage gar nicht befasst hat und der in Frage stehende Sachvortrag aus der Berufungsbegründung stammt (BAG 5. 11. 2008 – 5 AZN 842/08 –).

B. III. Wirkung der Nichtzulassungsbeschwerde § 72 a

Wird das **Übergehen eines Beweisantritts** gerügt, muss der Beschwerdeführer nach 39
Beweisthema und Beweismittel angeben, zu welchem Punkt das Landesarbeitsgericht eine
an sich gebotene Beweisaufnahme unterlassen haben soll (BAG 10. 5. 2005 AP ArbGG
1979 § 72 a Rechtliches Gehör Nr. 5). Hat das Berufungsgericht den Tatsachenvortrag
zwar zur Kenntnis genommen, aber die dazu angebotenen Beweise nicht erhoben, ist der
Anspruch auf rechtliches Gehör verletzt, wenn das Unterlassen der Beweisaufnahme im
Prozessrecht keine Stütze mehr findet (BGH 7. 12. 2006 – IX ZR 173/03 – NJW-RR 2007,
500). Dies ist bei einer „Überspannung" der Substantiierungslast der Fall (BGH 1. 6. 2005
– XII ZR 275/02 – NJW 2005, 2710; BFH 1. 2. 2007 BFHE 216, 409 = NJW 2007, 1615).

Will der Beschwerdeführer geltend machen, das Landesarbeitsgericht habe seinen 40
Anspruch auf rechtliches Gehör verletzt, indem es der **Hinweispflicht nach § 139 Abs. 2
ZPO** nicht nachgekommen sei, muss er zum einen konkret vortragen, welchen Hinweis
das Landesarbeitsgericht hätte geben müssen (BAG 14. 3. 2005 AP ArbGG 1979 § 72 a
Nr. 53). Darüber hinaus muss er auch hier die Entscheidungserheblichkeit der Verletzung der Hinweispflicht dartun. Ebenso wie bei einer Verfahrensrüge nach § 551 Abs. 3
Nr. 2 Buchst. b ZPO muss die Kausalität zwischen der Gehörsverletzung und dem
Ergebnis des Berufungsurteils dargelegt werden. Dabei genügt der nachvollziehbare
Vortrag, dass das Berufungsgericht bei Beachtung seiner Hinweispflicht möglicherweise
anders entschieden hätte (BAG 31. 7. 2007 AP ArbGG 1979 § 77 Nr. 11; BAG 18. 11.
2008 AP ArbGG 1979 § 72 a Rechtliches Gehör Nr. 14 = NZA 2009, 223; BAG 23. 9.
2008 AP ArbGG 1979 § 78 a Nr. 5; vgl. zur Verfahrensrüge nach § 551 Abs. 3 Nr. 2
Buchst. b ZPO BAG 6. 1. 2004 AP ArbGG 1979 § 74 Nr. 11). Hierzu ist darzulegen,
wie der Beschwerdeführer auf einen entsprechenden Hinweis des Berufungsgerichts
reagiert, insbesondere welchen tatsächlichen Vortrag er gehalten oder welche für die
Entscheidung erheblichen rechtlichen Ausführungen er gemacht hätte (BGH 2. 12. 2004
– IX ZR 56/04 –). Begründet der Beschwerdeführer die Verletzung seines Anspruchs auf
rechtliches Gehör damit, dass das Landesarbeitsgericht in der mündlichen Verhandlung
eine bestimmte **Rechtsfrage nicht angesprochen** habe, ist die Beschwerde nur zulässig,
wenn der Inhalt des gesamten Rechtsgesprächs dargelegt wird (BAG 1. 3. 2005 AP
ArbGG 1979 § 72 a Rechtliches Gehör Nr. 2; BVerwG 10. 7. 2008 NZA-RR 2008, 659;
Ostrowicz/Künzl/Schäfer Rn. 555). Macht der Beschwerdeführer geltend, sein Anspruch
auf Gewährung rechtlichen Gehörs sei dadurch verletzt worden, dass in der mündlichen
Verhandlung eine ausreichende Erörterung der Sach- und Rechtslage nicht stattgefunden
habe, hat er darzulegen, wozu er sich nicht habe äußern können und warum er ggf.
keine zumutbare Möglichkeit gehabt habe, sich Gehör zu verschaffen (BAG 23. 9. 2008
AP ArbGG 1979 § 78 a Nr. 5; BFH 13. 11. 2007 – VIII B 214/06 –), insbesondere selbst
entsprechende Fragen an das Gericht zu stellen (BAG 20. 5. 2008 AP ArbGG 1979
§ 72 a Rechtliches Gehör Nr. 12 = NZA 2008, 839, 841).

III. Wirkung der Nichtzulassungsbeschwerde

Nach § 72 a Abs. 4 Satz 1 hat die Einlegung der Nichtzulassungsbeschwerde aufschie- 41
bende Wirkung. Diese Vorschrift ergänzt § 705 ZPO und **hemmt damit den Eintritt der
Rechtskraft** des Berufungsurteils. Sind beide Parteien durch das Berufungsurteil beschwert, legt aber nur eine Partei Nichtzulassungsbeschwerde ein, erfasst die aufschiebende Wirkung das Urteil auch hinsichtlich des den Gegner belastenden Teiles, denn bei
erfolgreicher Nichtzulassungsbeschwerde und zulässiger Revision könnte der Gegner
hinsichtlich seiner Beschwer (unselbständige) Anschlussrevision einlegen (GK-ArbGG/
Mikosch § 72 a Rn. 47; vgl. § 74 Rn. 74).

Mit der Einlegung der Nichtzulassungsbeschwerde fällt die Entscheidung über die 42
Zulassung der Revision dem Bundesarbeitsgericht an. Das Landesarbeitsgericht ist zu
einer **Änderung seiner Entscheidung nicht befugt**, § 72 a Abs. 5 Satz 1. Erklärt der

§ 72 a

Kläger nach Einlegung der Nichtzulassungsbeschwerde durch den Beklagten (aber vor der Entscheidung des Revisionsgerichts) einseitig die **Hauptsache für erledigt**, ist zweistufig zu prüfen: In der ersten Stufe ist zu klären, ob die Nichtzulassungsbeschwerde zulässig und begründet war. In der zweiten Stufe, ob die Revision in der Sache zurückzuweisen wäre. Nur dann darf die Erledigung der Hauptsache festgestellt werden. Andernfalls ist die Nichtzulassungsbeschwerde zu verwerfen bzw. zurückzuweisen (BGH 21. 12. 2006 – IX ZR 204/05 – NJW-RR 2007, 639).

43   Ab dem Zeitpunkt der Einlegung der Nichtzulassungsbeschwerde kann entsprechend § 719 Abs. 2 ZPO beim Bundesarbeitsgericht die **Einstellung der Zwangsvollstreckung** aus dem anzufechtenden Urteil des Landesarbeitsgerichts beantragt werden, § 72 a Abs. 4 Satz 2. Die Einstellung darf angeordnet werden, wenn der Beschwerdeführer glaubhaft macht, dass ihm die Vollstreckung einen nicht zu ersetzenden Nachteil bringen würde. Eine Einstellung der Zwangsvollstreckung kommt nicht in Betracht, wenn die Nichtzulassungsbeschwerde keine Aussicht auf Erfolg bietet (BAG 27. 6. 2000 AP ArbGG 1979 § 72 a Nr. 42 = NZA 2000, 1072; BGH 6. 5. 2004 NJW-RR 2004, 936; GK-ArbGG/*Mikosch* § 72 a Rn. 49; *Ostrowicz/Künzl/Schäfer* Rn. 552 f). Gleiches kann anzunehmen sein, wenn die beabsichtigte Revision keine Aussicht auf Erfolg verspricht (BAG 6. 1. 1971 AP ZPO § 719 Nr. 3). Ist die Verurteilung des Beklagten zeitlich beschränkt erfolgt, hat im Regelfall eine Einstellung der Zwangsvollstreckung zu unterbleiben, weil anderenfalls dem Urteil jede Wirkung genommen würde (BAG 22. 6. 1972 AP ZPO § 719 Nr. 4; BGH 6. 7. 1979 AP ZPO § 719 Nr. 5).

C. Entscheidung über die Nichtzulassungsbeschwerde

I. Unzulässige Nichtzulassungsbeschwerde

1. Formelle Mängel

44   Eine Nichtzulassungsbeschwerde ist unzulässig, wenn sie nicht statthaft ist, dh. wenn die Zulassung der Revision gegen ein Urteil begehrt wird, gegen das die Revision nicht gegeben ist (s. § 72 Rn. 9 ff.; BAG 16. 12. 2004 AP ArbGG 1979 § 72 Nr. 50). Sie ist weiter unzulässig, wenn sie **nicht frist- und formgerecht** eingelegt und begründet worden ist (s. oben Rn. 25) oder wenn der Beschwerdeführer durch das Urteil des Landesarbeitsgerichts nicht beschwert ist (BAG 12. 8. 1981 AP ArbGG 1979 § 72 a Nr. 11; zur Beschwer s. § 74 Rn. 79). Im Jahre 2008 hat das Bundesarbeitsgericht laut eigenem Jahresbericht 32,8% aller erledigten Nichtzulassungsbeschwerden als unzulässig verworfen.

45   Hat das Landesarbeitsgericht über **mehrere selbständige Streitgegenstände** entschieden, ist die Nichtzulassungsbeschwerde hinsichtlich derjenigen Teile des Urteils unzulässig, für die die Beschwerde nicht begründet worden ist (BAG 10. 3. 1999 AP ArbGG 1979 § 72 a Nr. 41). Es gilt insoweit das Gleiche wie für die Revision (s. § 74 Rn. 57; aA *Grunsky* § 72 a Rn. 15).

46   Die **Nichtzulassungsbeschwerde** ist weiter unzulässig, wenn der Beschwerdeführer auf sie **verzichtet** hat. Ebenso schließt der Verzicht einer Partei auf das Rechtsmittel der Revision gegen ein zu ihren Lasten ergehendes Urteil des Landesarbeitsgerichts die Einlegung einer Nichtzulassungsbeschwerde aus (BAG 15. 3. 2006 AP ArbGG 1979 § 69 Nr. 5). Denn die Beschwerde kann ihren Zweck, die anzufechtende Entscheidung revisionsrechtlich überprüfen zu lassen, nicht erreichen. Die vom Bundesarbeitsgericht zugelassene Revision wäre wegen des erklärten Rechtsmittelverzichts ohne weitere Sachbehandlung als unzulässig zu verwerfen (s. § 74 Rn. 27).

2. Mangelhafte Begründung

47   Die Nichtzulassungsbeschwerde ist auch unzulässig, wenn die Begründung inhaltlich nicht den **Anforderungen des § 72 a Abs. 3 Satz 2** entspricht (s. oben Rn. 31 ff.).

C. III. Entscheidung durch Beschluss   § 72 a

Erweist sich die Nichtzulassungsbeschwerde als **unzulässig,** ist sie **zu verwerfen.** **48**
Erweist sie sich als unbegründet, ist sie zurückzuweisen. Die Zulässigkeit der Nichtzulassungsbeschwerde kann dahingestellt bleiben, wenn sie auf jeden Fall unbegründet ist (BFH 11. 2. 1987 BB 1987, 749; GK-ArbGG/*Mikosch* § 72 a Rn. 77), denn die Entscheidung über die Nichtzulassungsbeschwerde ist keine Entscheidung über die Hauptsache und kein Rechtsmittel (vgl. Rn. 7). Mit der Verwerfung oder Zurückweisung der Nichtzulassungsbeschwerde wird die Entscheidung des Landesarbeitsgerichts rechtskräftig (vgl. GemS OGB 24. 10. 1983 AP ZPO § 705 Nr. 1).

II. Zulassung der Revision

Die Nichtzulassungsbeschwerde ist begründet, wenn die Voraussetzungen des Abs. 3 **49** gegeben sind. Bei der Prüfung der Begründetheit der Nichtzulassungsbeschwerde ist das **Bundesarbeitsgericht an den** geltend gemachten **Zulassungsgrund gebunden** (HWK/ *Bepler* ArbGG § 72 a Rn. 30; *Hauck/Helml* § 72 a Rn. 15). Es hat nicht zu prüfen, ob die anzufechtende Entscheidung des Landesarbeitsgerichts von einer anderen als der in der Begründung genannten Entscheidung abweicht, anderenfalls wäre die in § 72 a Abs. 3 Satz 2 geforderte Bezeichnung derjenigen Entscheidung, von der das Landesarbeitsgericht abgewichen sein soll, überflüssig.

Ist die Nichtzulassungsbeschwerde begründet, **muss das Bundesarbeitsgericht die Revi- 50 sion zulassen.** Es kann die Zulassung nicht deswegen ablehnen, weil die Revision keine Aussicht auf Erfolg verspricht (*Hauck/Helml* § 72 a Rn. 15). Hat das Landesarbeitsgericht über mehrere selbständige Streitgegenstände entschieden und liegt ein Grund zur Zulassung nur für einen dieser Streitgegenstände vor, wird die Revision beschränkt auf diesen Teil des landesarbeitsgerichtlichen Urteils zugelassen (BAG 19. 6. 1981 AP ArbGG 1979 § 72 a Nr. 8; GK-ArbGG/*Mikosch* § 72 a Rn. 78). Die Revision ist jeweils **nur für den Beschwerdeführer zuzulassen** (BAG 12. 8. 1981 AP ArbGG 1979 § 72 a Nr. 11).

III. Entscheidung durch Beschluss

1. Mitwirkung der ehrenamtlichen Richter

Über die Nichtzulassungsbeschwerde entscheidet das Bundesarbeitsgericht durch Be- **51** schluss, der ohne mündliche Verhandlung ergehen kann, Abs. 5 Satz 2. Die **ehrenamtlichen Richter** wirken an der Entscheidung unabhängig davon mit, ob diese ohne mündliche Verhandlung oder auf Grund mündlicher Verhandlung ergeht. Ihre Mitwirkung unterbleibt aber, wenn die Nichtzulassungsbeschwerde als unzulässig verworfen wird, weil sie nicht statthaft oder nicht form- und fristgerecht eingelegt und begründet worden ist (Abs. 5 Satz 3).

2. Begründung

Die Entscheidung über die Nichtzulassungsbeschwerde soll kurz begründet werden. **52** **Von einer Begründung** kann **abgesehen** werden, wenn sie nicht geeignet wäre, zur Klärung der Voraussetzungen des § 72 Abs. 2 beizutragen. Das wird durchweg dann der Fall sein, wenn die Entscheidung des Bundesarbeitsgerichts von der bisherigen Rechtsprechung ausgeht und diese lediglich auf den Einzelfall anwendet. Seit dem 1. 1. 2005 kann des Weiteren von einer Begründung abgesehen werden, wenn der Beschwerde stattgegeben und die Revision zugelassen wird. Ist die Beschwerde nur zT begründet, bedarf es grundsätzlich einer Begründung wegen des zurückweisenden oder verwerfenden Teils.

3. Rechtsmittel

53 Der Beschluss des Bundesarbeitsgerichts ist endgültig und kann auch auf Gegenvorstellung (vgl. § 78 Rn. 7) hin nicht abgeändert werden. Ein **Rechtsmittel** findet gegen diese Entscheidung, gleichgültig wie sie ausgefallen ist, nicht statt (BAG 4. 3. 1980 AP ZPO § 329 Nr. 2; BAG 15. 5. 1984 AP ArbGG 1979 § 72 a Nr. 19). Zur **Anhörungsrüge** vgl. § 78 a. Eine Wiederaufnahme des Verfahrens nach § 79 ArbGG ist möglich (BAG 11. 1. 1995 AP ZPO § 579 Nr. 5).

4. Kosten, Prozesskostenhilfe

54 Die Kosten einer erfolglosen Nichtzulassungsbeschwerde hat in **entsprechender Anwendung von § 97 ZPO** der Beschwerdeführer zu tragen. Wird auf die Beschwerde die Revision (in vollem Umfang) zugelassen, sind die Kosten der Nichtzulassungsbeschwerde **Teil der Kosten des Revisionsverfahrens** und von demjenigen zu tragen, dem diese Kosten auferlegt werden (BAG 12. 8. 1981 AP ArbGG 1979 § 72 a Nr. 11). Gleiches gilt, wenn auf die begründete Nichtzulassungsbeschwerde das Urteil des Landesarbeitsgerichts aufgehoben und der Rechtsstreit gemäß Abs. 7 zur neuen Verhandlung und Entscheidung an das Landesarbeitsgericht zurückverwiesen wird. In diesem Fall entscheidet das Berufungsgericht auch über die Kosten des Nichtzulassungsbeschwerdeverfahrens. Ist die Nichtzulassungsbeschwerde nur zum Teil erfolgreich, weil sie zum Teil als unzulässig verworfen oder zurückgewiesen wird, hat das Bundesarbeitsgericht eine Kostenentscheidung hinsichtlich des erfolglosen Teiles zu fällen (BAG 10. 1. 2007 – 5 AZN 809/06 –; BAG 19. 12. 2007 – 5 AZN 1190/07).

55 Für das Nichtzulassungsverfahren fällt nach Nr. 8611 des Gebührenverzeichnisses zu § 34 GKG eine **Verfahrensgebühr von 1,6** an, wenn die Beschwerde verworfen oder zurückgewiesen wird. Wird die Nichtzulassungsbeschwerde zurückgenommen oder das Verfahren nicht streitig erledigt, reduziert sich die Gebühr auf 0,8 (Nr. 8612), bei Teilrücknahme nach diff. festzusetzenden Streitwerten (BAG 28. 8. 2007 – 5 AZN 701/07 –). Ist die Beschwerde von einer nicht postulationsfähigen Partei eingelegt und wieder zurückgenommen worden, findet diese Regelung über die Minderung der Gebühr entsprechende Anwendung (BAG 17. 11. 2004 AP ArbGG 1979 § 11 Prozessvertreter Nr. 19). Wird die Revision zugelassen, entfällt die Gebühr ganz (Nr. 8612). Gesonderte Kosten des Beschwerdeverfahrens sind Teil der Kosten des sich sofort anschließenden Revisionsverfahrens. Ist die Beschwerde nur zum Teil begründet, wird die Gebühr nach dem Wert des erfolglosen Teiles bemessen und eine gequotelte Kostenentscheidung gefällt. Weist das Bundesarbeitsgericht die Beschwerde zurück oder verwirft es sie, ist es gehindert, in diesem Beschluss die Kostenentscheidung des Berufungsurteils abzuändern (vgl. BGH 27. 5. 2004 NJW 2004, 2598), denn die Nichtzulassungsbeschwerde führt als Rechtsbehelf zu keiner Überprüfung des Berufungsurteils in der Sache.

56 Der **Streitwert** entspricht der für den Beschwerdeführer mit dem landesarbeitsgerichtlichen Urteil verbundenen Beschwer. Bei einem Antrag auf beschränkte Zulassung entspricht der Streitwert dem Wert desjenigen Teiles des Rechtsstreits, für den die Zulassung begehrt wird. Der Streitwert ist von Amts wegen festzusetzen (§ 63 II GKG).

57 Die Vorschriften der ZPO über die **Prozesskostenhilfe** finden gemäß § 11 a Abs. 3 auch im Beschwerdeverfahren Anwendung (vgl. § 11 a Rn. 1). Grundsätzlich ist der ausgefüllte und unterzeichnete amtliche Vordruck für die Erklärung über die persönlichen und wirtschaftlichen Verhältnisse spätestens mit Ablauf der Beschwerdebegründungsfrist bei Gericht einzureichen (BGH 28. 10. 2004 – III ZR 381/03 – FamRZ 2005, 196). Sowohl dem Beschwerdeführer als auch dem Beschwerdegegner kann für das Verfahren Prozesskostenhilfe gewährt werden (BAG 28. 4. 1980 AP ArbGG 1979 § 72 a Nr. 6; BAG 19. 9. 1983 AP ArbGG 1979 § 72 a Nr. 18). Nach § 119 Abs. 1 Satz 2 ZPO ist bei der Bewilligung von Prozesskostenhilfe in einem höheren Rechtszug nicht zu prüfen, ob die Rechtsverteidigung hinreichende Aussicht auf Erfolg bietet oder mutwillig erscheint, wenn der Gegner das Rechtsmittel einlegt. Diese Vorschrift wird im Hinblick auf den Zweck der Prozesskostenhilfe einschränkend dahingehend ausgelegt, dass sich die bedürftige Partei erst dann eines Rechtsanwalts bedienen darf, wenn das im Einzelfall wirklich notwendig ist (vgl. BAG 15. 2. 2005 AP ZPO § 119 Nr. 2; BGH 7. 2. 2001 NJW-RR 2001, 1009). Nur dann ist es gerechtfertigt, die Staatskasse mit den hierdurch entstehenden Kosten zu belasten. Deshalb wird dem Rechtsmittelgegner Prozesskostenhilfe grundsätzlich erst gewährt, wenn das Rechtsmittel begründet worden ist und die Voraussetzungen für eine Verwerfung des Rechtsmittels nicht gegeben sind (vgl. BAG 15. 2. 2005 AP ZPO § 119 Nr. 2; BGH 10. 2. 1988 FamRZ 1988, 942; Musielak/*Fischer* § 119 Rn. 17).

Wird das Prozesskostenhilfegesuch von der Partei selbst gestellt (vgl. hierzu § 11 Rn. 122), hat sie in entsprechender Anwendung von § 117 Abs. 1 Satz 2 ZPO wenigstens im Kern deutlich zu machen, welche Beanstandungen sie gegen die anzufechtende Entscheidung vorbringen will (vgl. BVerfG 20. 10. 1993 – 1 BvR 1686/93 –; BVerfG 23. 10. 2007 NZA 2008, 1201; BAG 17. 1. 2007 – 5 AZA 15/06 –). Dh. die anwaltlich nicht vertretene Partei hat einen gesetzlichen Zulassungsgrund zumindest mit eigenen Worten so zu umschreiben, dass die **Erfolgsaussichten der beabsichtigten Nichtzulassungsbeschwerde** beurteilt werden kann (BAG 9. 5. 2005 – 10 AZA 1/05 –; BAG 26. 1. 2006 AP ZPO 1977 § 233 Nr. 81; enger GK-ArbGG/*Mikosch* § 72 a Rn. 86 [Entwurf einer Beschwerdebegründung]). **58**

IV. Wirkung der Zulassung

1. Revisibilität des landesarbeitsgerichtlichen Urteils

Seit dem Inkrafttreten des Anhörungsrügengesetzes am 1. 1. 2005 führt die begründete Nichtzulassungsbeschwerde mit der Zulassung der Revision **zur Fortsetzung des Verfahrens als Revisionsverfahren** (Abs. 6 Satz 1). In diesem Fall gilt die form- und fristgerechte Einlegung der Beschwerde als Einlegung der Revision (BAG 8. 5. 2008 – 1 ABR 56/06 – NZA 2008, 726). In diesem Sinne waren im Jahre 2008 5,7% aller vom Bundesarbeitsgericht erledigten Nichtzulassungsbeschwerdeverfahren erfolgreich (Jahresbericht des Bundesarbeitsgerichts). Die Zahl der nach Abs. 7 sofort an das Landesarbeitsgericht zurückverwiesenen Verfahren kommt hinzu (vgl. Rn. 62). Die Zulassung der Revision gegen ein Schlussurteil erstreckt sich ohne weiteres auch auf die nicht selbständig anfechtbaren Zwischenurteile (BAG 31. 8. 1964 AP ArbGG 1953 § 72 Divergenzrevision Nr. 25). Die Zulassung der Revision wirkt nur für den Beschwerdeführer. Der Beschwerdegegner kann lediglich (unselbständige) Anschlussrevision einlegen (s. § 74 Rn. 69), sofern er nicht selbst Nichtzulassungsbeschwerde eingelegt hat und auf diese hin die Revision auch für ihn zugelassen worden ist. **59**

Wird die **Revision nur beschränkt zugelassen,** wird das Urteil im Übrigen rechtskräftig. Wegen der Zulässigkeit einer Anschlussrevision in einem solchen Falle s. § 74 Rn. 74. **60**

2. Beginn der Revisionsbegründungsfrist

Die Zustellung des Zulassungsbeschlusses löst den Lauf der zweimonatigen Revisionsbegründungsfrist aus (Abs. 6 Satz 3 iVm. § 74 Abs. 1 Satz 1). Hierüber braucht nicht belehrt zu werden (*Bepler* RdA 2005, 65, 75). Unterbleibt die Begründung der Revision, ist dieses Rechtsmittel als unzulässig zu verwerfen (BAG 8. 5. 2008 – 1 ABR 56/06 – NZA 2008, 726). Allerdings findet § 551 Abs. 3 Satz 2 ZPO Anwendung, so dass in der Revisionsbegründungsschrift auf die Begründung der **Nichtzulassungsbeschwerde Bezug genommen** werden kann. Dh. es bedarf einer besonderen Revisionsbegründungsschrift, mit der ausdrücklich auf den früheren Schriftsatz Bezug genommen wird, die zusammen mit der Begründung der Nichtzulassungsbeschwerde den formalen Anforderungen des **61**

§ 551 ZPO genügt (BAG 8. 5. 2008 – 1 ABR 56/06 – NZA 2008, 726 [Verfassungsbeschwerde nicht zur Entscheidung angenommen – BVerfG 13. 8. 2008 – 1 BvR 1743/08]; BGH 20. 12. 2007 – III ZR 27/06 – NJW 2008, 588; vgl. § 74 Rn. 39).

V. Aufhebung und Zurückverweisung der Sache

62 Das Bundesarbeitsgericht kann von der zum 1. 1. 2005 eingeführten Möglichkeit Gebrauch machen, unter Aufhebung des Berufungsurteils den Rechtsstreit an das Landesarbeitsgericht zur neuen Verhandlung und Entscheidung zurückzuverweisen (Abs. 7). Im Jahre 2008 war dies laut Jahresbericht des Bundesarbeitsgerichts in 3,8 % aller erledigten Nichtzulassungsbeschwerdeverfahren der Fall. Voraussetzung ist eine begründete Nichtzulassungsbeschwerde wegen **Verletzung des Anspruchs auf rechtliches Gehör**. Andere Zulassungsgründe genügen nicht (GK-ArbGG/*Mikosch* § 72 a Rn. 83 c; für eine analoge Anwendung ErfK/*Koch* § 72 a Rn. 25; *Bepler* RdA 2005, 65, 75 f.; *ders*. JbArbR 43 (2006), 45, 50; *Gravenhorst* NZA 2005, 24, 26). Die Entscheidung über die Aufhebung des Berufungsurteils und die Zurückverweisung ergeht im Nichtzulassungsbeschwerdeverfahren durch Beschluss. Eine Zulassung der Revision wird nicht ausgesprochen (so auch BGH 5. 4. 2005 – VIII ZR 160/04 – NJW 2005, 1950; BGH 9. 6. 2005 – V ZR 271/04 – NJW 2005, 2624; aA BGH 18. 1. 2005 – XI ZR 340/03 – BGHReport 2005, 939; BGH 1. 6. 2005 – XII ZR 275/02 – NJW 2005, 2710; BGH 31. 8. 2005 – XII ZR 63/03 – NJW-RR 2005, 1603; BGH 7. 12. 2006 – IX ZR 173/03 – NJW-RR 2007, 500). Diese Verfahrensweise bietet sich insbesondere dann an, wenn revisible Rechtsfragen nicht ersichtlich sind und das Revisionsverfahren keine Möglichkeit bietet, die Verletzung des rechtlichen Gehörs zu heilen (BAG 10. 5. 2005 AP ArbGG 1979 § 72 a Rechtliches Gehör Nr. 5; BAG 11. 4. 2006 AP ZPO § 533 Nr. 1 = NZA 2006, 750) oder das Berufungsurteil keinen Tatbestand enthält, also bei einer Fortsetzung als Revisionsverfahren gleichfalls eine Zurückverweisung erfolgen müsste (BAG 31. 8. 2005 AP ArbGG 1979 § 72 a Rechtliches Gehör Nr. 6). Im Falle einer nur zT begründeten Nichtzulassungsbeschwerde kann die Teil-Aufhebung und Zurückverweisung lediglich des aufgehobenen Teiles erfolgen. Die Zurückverweisung kann an eine andere Kammer des Landesarbeitsgerichts erfolgen (BAG 12. 12. 2006 AP ArbGG 1979 § 72 a Nr. 68 = NZA 2007, 581; GK-ArbGG/*Mikosch* § 72 a Rn. 83 c; ebenso zu § 544 Abs. 7 ZPO BGH 1. 2. 2007 BGHReport 2007, 524; MünchKommZPO/*Wenzel* § 544 Rn. 27; vgl. § 74 Rn. 132).

§ 72 b Sofortige Beschwerde wegen verspäteter Absetzung des Berufungsurteils

(1) ¹Das Endurteil eines Landesarbeitsgerichts kann durch sofortige Beschwerde angefochten werden, wenn es nicht binnen fünf Monaten nach der Verkündung vollständig abgefasst und mit den Unterschriften sämtlicher Mitglieder der Kammer versehen der Geschäftsstelle übergeben worden ist. ²§ 72 a findet keine Anwendung.

(2) ¹Die sofortige Beschwerde ist innerhalb einer Notfrist von einem Monat beim Bundesarbeitsgericht einzulegen und zu begründen. ²Die Frist beginnt mit dem Ablauf von fünf Monaten nach der Verkündung des Urteils des Landesarbeitsgerichts. ³§ 9 Abs. 5 findet keine Anwendung.

(3) ¹Die sofortige Beschwerde wird durch Einreichung einer Beschwerdeschrift eingelegt. ²Die Beschwerdeschrift muss die Bezeichnung der angefochtenen Entscheidung sowie die Erklärung enthalten, dass Beschwerde gegen diese Entscheidung eingelegt werde. ³Die Beschwerde kann nur damit begründet werden, dass das Urteil des Landesarbeitsgerichts mit Ablauf von fünf Monaten nach der Verkündung noch nicht vollständig abgefasst und mit den Unterschriften sämtlicher Mitglieder der Kammer versehen der Geschäftsstelle übergeben worden ist.

(4) ¹Über die sofortige Beschwerde entscheidet das Bundesarbeitsgericht ohne Hinzuziehung der ehrenamtlichen Richter durch Beschluss, der ohne mündliche Verhandlung ergehen kann. ²Dem Beschluss soll eine kurze Begründung beigefügt werden.

(5) ¹Ist die sofortige Beschwerde zulässig und begründet, ist das Urteil des Landesarbeitsgerichts aufzuheben und die Sache zur neuen Verhandlung und Entscheidung an das Landesarbeitsgericht zurückzuverweisen. ²Die Zurückverweisung kann an eine andere Kammer des Landesarbeitsgerichts erfolgen.

Übersicht

	Rn.
I. Rechtsentwicklung und Normzweck	1–5
II. Anwendungsbereich	6–11
III. Einlegung der sofortigen Beschwerde	12–16
IV. Begründung der sofortigen Beschwerde	17
V. Entscheidung über die sofortigen Beschwerde	18–31
1. Zulässigkeit der sofortigen Beschwerde	18
2. Begründetheit der sofortigen Beschwerde	19–27
3. Entscheidung durch Beschluss	28–30
4. Wirkung eines stattgebenden Beschlusses	31
VI. Rechtsmittel	32
VII. Kosten, Prozesskostenhilfe	33, 34

I. Rechtsentwicklung und Normzweck

Der **Gemeinsame Senat der Obersten Gerichtshöfe des Bundes** hat am 27. 4. 1993 **1** (AP ZPO § 551 Nr. 21) entschieden, dass ein Urteil als eine nicht mit Gründen versehene Entscheidung iSv. § 138 Abs. 6 VwGO (entsprechend § 551 Nr. 7 ZPO aF = § 547 Nr. 6 ZPO n. F.) anzusehen ist, wenn der Tatbestand und die Entscheidungsgründe nicht binnen fünf Monaten nach der Verkündung der Entscheidung schriftlich niedergelegt und von allen mitwirkenden Richtern unterschrieben zur Geschäftsstelle gelangt sind. Hieran anknüpfend hat das **Bundesverfassungsgericht** (26. 3. 2001 AP GG Art. 20 Nr. 33) festgestellt, dass ein Urteil, das nicht innerhalb von fünf Monaten nach der Verkündung in vollständiger Form unterschrieben der Geschäftsstelle übergeben wird, als nicht mit Gründen versehen anzusehen sei. Da mit Überschreiten der Fünf-Monats-Frist endgültig feststehe, dass eine rechtsstaatlich unbedenkliche Begründung durch das Landesarbeitsgericht nicht mehr erfolgen könne, sei davon auszugehen, dass der Lauf der Frist zur Einlegung der Verfassungsbeschwerde gemäß § 93 BVerfGG zu diesem Zeitpunkt beginne. Vor dem Inkrafttreten der Neuregelung des § 72 b konnte allein das Bundesverfassungsgericht auf Verfassungsbeschwerde ein LAG-Urteil aufheben, wenn in ihm die Revision nicht zugelassen war und es nicht binnen fünf Monaten nach Verkündung vollständig abgefasst und unterschrieben zur Geschäftsstelle gelangte (vgl. BVerfG 27. 4. 2005 NZA 2005, 781).

Dieser Rechtsprechungsentwicklung trägt § 72 b Rechnung, der durch das Anhö- **2** rungsrügengesetz zum 1. 1. 2005 in das ArbGG eingefügt wurde. Auf diese Neuregelung waren im Jahre 2008 vier Verfahren des Bundesarbeitsgerichts gestützt, von denen vier zur Aufhebung des LAG-Urteils und Zurückverweisung der Sache geführt haben (Jahresbericht des Bundesarbeitsgerichts 2008). Seither kann auf den Mangel der fristgerechten Absetzung des Berufungsurteils **weder eine Nichtzulassungsbeschwerde** (vgl. § 72 b Abs. 1 Satz 2) **noch eine Revision** gestützt werden (vgl. § 73 Abs. 1 Satz 2; *Natter* JbArbR 42 (2005), 95, 107; Schwab/Weth/*Ulrich* § 72 b Rn. 7). Kraft der besonderen Regelung in § 73 Abs. 1 Satz 2 darf im Rahmen des Revisionsverfahrens nicht geprüft werden, ob das angefochtene Urteil binnen fünf Monaten nach der Verkündung vollständig abgefasst und mit den Unterschriften sämtlicher Mitglieder der Kammer versehen der Geschäftsstelle übergeben worden ist. Dies schränkt nicht nur die prozessualen

§ 72 b   Sofortige Beschwerde wegen verspäteter Absetzung des Berufungsurteils

Möglichkeiten des Revisionsklägers ein, sondern nimmt dem Revisionsbeklagten die Gegenrüge des § 547 Nr. 6 ZPO (aA GK-ArbGG/*Mikosch* § 73 Rn. 62 a).

3   Entsprechend der Rechtsprechungsentwicklung stellt das Gesetz auf den **Zeitpunkt der Übergabe an die Geschäftsstelle** und nicht einen späteren, ggf. besser nach außen erkennbar werdenden Zeitpunkt (zB Zustellung des Urteils) ab (deshalb krit. *Gravenhorst* NZA 2005, 24, 27).

4   Aus **Art. 6 Abs. 1 EMRK** folgt ein Recht auf ein zügiges Gerichtsverfahren, gleichwohl kennt das arbeitsgerichtliche Verfahrensrecht keine allgemeine Untätigkeitsbeschwerde (vgl. BVerfG 20. 9. 2007 NJW 2008, 503; zum sozialgerichtlichen Verfahren BSG 13. 12. 2005 SozR 4–1500 § 160 a Nr. 11). Einen Teilbereich deckt die Neuregelung des § 72 b ab.

5   Die sofortige Beschwerde nach § 72 b ist eine **eigenständig geregelte Untätigkeitsbeschwerde** und kein Rechtsmittel iSv. §§ 567 ff. ZPO. Konsequenterweise enthält § 72 b keine § 72 a Abs. 4 entsprechende Regelung über die aufschiebende Wirkung. Dem liegt die Vorstellung des Gesetzgebers zugrunde, dass ohnehin während des Beschwerdeverfahrens noch kein vollständiges LAG-Urteil vorhanden sei. Kommt es während des Beschwerdeverfahrens zur Zustellung des vollständigen LAG-Urteils wird mittels analoger Anwendung von § 72 a Abs. 4 die aufschiebende Wirkung der sofortigen Beschwerde zu begründen sein. Darauf aufbauend kann nach § 719 ZPO über die Einstellung der Zwangsvollstreckung entschieden werden (aA GK-ArbGG/*Mikosch* § 72 b Rn. 34). Wie die Nichtzulassungsbeschwerde nach § 72 a besitzt die auf § 72 b gestützte sofortige Beschwerde keinen Devolutiveffekt (vgl. § 72 a Rn. 7; aA Schwab/Weth/*Ulrich* § 72 b Rn. 6), denn die Sache selbst fällt beim Bundesarbeitsgericht nicht zur Entscheidung an. Auch bei begründeter Beschwerde kann das Bundesarbeitsgericht lediglich die Aufhebung des LAG-Urteils und die Zurückverweisung der Sache anordnen. Eine Sachentscheidung ist damit nicht verbunden. Die Prüfung durch das Bundesarbeitsgericht beschränkt sich auf formale Aspekte der Urteilsabsetzung durch das Berufungsgericht, nicht aber den Inhalt der Entscheidung oder gar der Prozessakten. Deshalb kann die sofortige Beschwerde nach § 72 b **im Ergebnis nicht als Rechtsmittel eingeordnet** werden (aA GK-ArbGG/*Mikosch* § 72 b Rn. 5; Düwell/Lipke/*Bepler* § 72 b Rn. 6; *Treber* NJW 2005, 97, 101).

II. Anwendungsbereich

6   Nach dem Wortlaut betrifft § 72 b sämtliche **Endurteile der Landesarbeitsgerichte**. Ob das Landesarbeitsgericht die Revision oder ein anderes Rechtsmittel zugelassen hat, ist nicht relevant (Düwell/Lipke/*Bepler* § 72 b Rn. 11). Somit werden vom Wortlaut auch Entscheidungen in Verfahren des einstweiligen Rechtsschutzes erfasst, obgleich gegen diese eine Revision nicht statthaft ist (§ 72 Abs. 4). Diese Erstreckung des Anwendungsbereichs der sofortigen Beschwerde auf im einstweiligen Rechtsschutz ergehende Urteile beruht offenbar auf einem Redaktionsversehen des Gesetzgebers und ist in der Sache nicht zu rechtfertigen. Es spricht deshalb alles für eine analoge Anwendung von § 72 Abs. 4 (HWK/*Bepler* ArbGG § 72 b Rn. 5; GK-ArbGG/*Mikosch* § 72 b Rn. 9; aA ErfK/*Koch* ArbGG § 72 b Rn. 2).

7   Auf arbeitsgerichtliche Urteile, die die **Sprungrevision** zugelassen haben, findet § 72 b unmittelbar keine Anwendung. Für eine entsprechende Anwendung sprechen keine überzeugenden Gründe, denn wird ein solches arbeitsgerichtliches Urteil nicht vollständig abgefasst, kann die beschwerte Partei Berufung einlegen. Erst die Einlegung der zugelassenen Sprungrevision gilt nach § 76 Abs. 5 als Verzicht auf die Berufung. Eine Aufhebung und Zurückverweisung durch das Bundesarbeitsgericht brächte keinen Verfahrensvorteil (ErfK/*Koch* ArbGG § 72 b Rn. 2; aA *Bepler* RdA 2005, 65, 76; BCF/*Friedrich* § 72 b Rn. 5).

In **zeitlicher Hinsicht** ist der zum 1. 1. 2005 in Kraft getretene § 72 b auf alle LAG-Urteile anzuwenden, die nach dem 31. 7. 2004 verkündet worden sind (GK-ArbGG/*Mikosch* § 72 b Rn. 62).

8

Die Aufwertung des absoluten Revisionsgrundes des § 547 Nr. 6 ZPO durch die besondere Regelung des § 72 b begründet Zweifel, ob ein erst nach Ablauf von fünf Monaten abgesetztes Urteil überhaupt eine geeignete Grundlage für eine revisionsgerichtliche Überprüfung sein kann. Doch lässt § 73 Abs. 1 Satz 2 darauf schließen, dass ein zulässiges Revisionsverfahren auch gegen ein erst nach Ablauf der Fünf-Monats-Frist abgesetztes Urteil durchgeführt werden kann. Wozu sollte sonst der Ausschluss einer ganz bestimmten Rüge dienen? Andererseits geht der Bundesgerichtshof davon aus, dass nach Ablauf der längsten Rechtsmittelfrist von fünf plus eins Monaten (§§ 517, 548 ZPO) die dann noch fehlenden Unterschriften der Richter nicht mehr nachgeholt werden können (BGH 16. 10. 2006 – II ZR 101/05 – NJW-RR 2007, 141). In dieser Situation bleibt der durch das landesarbeitsgerichtliche Urteil beschwerten Partei die **Wahl zwischen der sofortigen Beschwerde nach § 72 b und der vom Landesarbeitsgericht zugelassenen Revision** (BR-Drucks. 636/04 S. 50; GK-ArbGG/*Mikosch* § 72 b Rn. 20; ErfK/*Koch* ArbGG § 72 b Rn. 3; HWK/*Bepler* ArbGG § 72 b Rn. 10; *ders*. RdA 2005, 65, 77; *Natter* JbArbR 42 (2005), 95, 107). Diese Wahlmöglichkeit endet mit Ablauf des sechsten auf die Verkündung folgenden Monats, weil sowohl die Revision als auch die Untätigkeitsbeschwerde an diese Ausschlussfrist gebunden sind (vgl. Rn. 12 und § 74 Abs. 1 Satz 2).

9

Legt dieselbe Partei neben der sofortigen Beschwerde die vom Landesarbeitsgericht zugelassene Revision ein, folgt aus einer entsprechenden Anwendung von § 74 Abs. 2 Satz 2, dass bevor Termin zur mündlichen Verhandlung über die Revision anberaumt wird, die **Möglichkeiten zur Entscheidung im Beschlusswege** auszuschöpfen sind. Deshalb ist auf Grund der sofortigen Beschwerde vorrangig über die Aufhebung des LAG-Urteils und die Zurückverweisung der Sache an das Landesarbeitsgericht zu entscheiden (aA GK-ArbGG/*Mikosch* § 72 b Rn. 21). Mit Erlass eines entsprechenden Beschlusses ist eine auf das gleiche Ziel gerichtete, zulässige Revision gegenstandslos. Dieses Rechtsmittel kann für erledigt erklärt werden (GK-ArbGG/*Mikosch* § 72 b Rn. 59; vgl. § 74 Rn. 28).

10

Ist die **Revision vom Landesarbeitsgericht nicht zugelassen** worden, kann die durch ein nicht binnen fünf Monaten nach der Verkündung vollständig abgefasstes und mit den Unterschriften sämtlicher Mitglieder der Kammer versehenes und der Geschäftsstelle übergebenes Urteil beschwerte Partei ausschließlich die sofortige Beschwerde nach § 72 b einlegen (BAG 2. 11. 2006 AP ArbGG 1979 § 72 b Nr. 1 = NZA 2007, 111; GK-ArbGG/*Mikosch* Rn. 4 und 20). Die Nichtzulassungsbeschwerde ist nicht statthaft (vgl. § 72 a Rn. 5).

11

III. Einlegung der sofortigen Beschwerde

Die sofortige Beschwerde ist innerhalb einer Notfrist von einem Monat beim Bundesarbeitsgericht einzulegen. Die Einlegung beim Berufungsgericht ist nicht fristwahrend möglich. Die Frist beginnt mit dem Ablauf von fünf Monaten nach der Verkündung des Urteils des Landesarbeitsgerichts, endet somit mit **Ablauf des sechsten auf die Verkündung folgenden Monats**. Der Tag der Verkündung rechnet nicht mit. Für die Berechnung der Beschwerdefrist von sechs Monaten Dauer, ist es unerheblich, ob das Ende des Fünf-Monats-Zeitraums auf ein Wochenende oder einen gesetzlichen Feiertag fällt, anders für die Sechs-Monats-Frist. Ist das Urteil zB am 31. März verkündet worden, läuft die Frist zur Einlegung der sofortigen Beschwerde am 30. September, 24.00 Uhr, ab, sofern es sich nicht um einen (beurteilt nach dem Feiertagsrecht des Freistaates Thüringen) gesetzlichen Feiertag, einen Samstag oder einen Sonntag handelt. § 9 Abs. 5 findet auf diese

12

Beschwerdefrist keine Anwendung, was § 72 b Abs. 2 Satz 3 ausdrücklich bestätigt. Daraus folgt zudem, dass eine tatsächlich erteilte, aber inhaltlich fehlerhafte Belehrung die Beschwerdefrist nicht beeinflusst. Dieser Umstand kann aber für ein Wiedereinsetzungsgesuch erheblich werden.

13 Wird die verspätet abgesetzte Entscheidung noch während des Laufs der Beschwerdefrist zugestellt, lässt dies den Fristenlauf unberührt. Die sofortige Beschwerde kann zwar bereits **vor Ablauf der Fünf-Monats-Frist eingelegt** werden (GK-ArbGG/*Mikosch* § 72 b Rn. 25), doch läuft der Beschwerdeführer Gefahr, dass sich die sofortige Beschwerde als unbegründet erweist, weil noch vor Ablauf der Frist ein vollständig abgefasstes und unterschriebenes Urteil zur Geschäftsstelle gelangt.

14 Die sofortige Beschwerde wird durch **Einreichung einer Beschwerdeschrift** eingelegt. Das Gesetz lässt eine Einlegung zu Protokoll der Geschäftsstelle nicht zu, so dass § 11 Abs. 4 Anwendung findet (HWK/*Bepler* ArbGG § 72 b Rn. 7; zur alten Rechtslage: *Ostrowicz/Künzl/Schäfer* Rn. 566). Eine telefonische Einlegung zu Protokoll der Geschäftsstelle ist erst recht nicht möglich (vgl. BGH 12. 3. 2009 – V ZB 71/08). Die Beschwerde muss von einem Rechtsanwalt oder einer Person mit Befähigung zum Richteramt, die für eine der in § 11 Abs. 2 Satz 2 Nr. 4 und 5 bezeichneten Organisationen handelt, unterzeichnet sein. Des Weiteren muss sie die Bezeichnung der angefochtenen Entscheidung sowie die Erklärung enthalten, dass Beschwerde gegen diese Entscheidung eingelegt werde. Es sind die gleichen Anforderungen wie an eine Revisionsschrift zu stellen (vgl. § 74 Rn. 12 ff.). Bei subjektiver und/oder objektiver Klagehäufung kann die sofortige Beschwerde auf einzelne Streitgegenstände beschränkt werden (GK-ArbGG/*Mikosch* § 72 b Rn. 30). Die sofortige Beschwerde kann nicht bedingt, sehr wohl aber vorsorglich eingelegt werden. Die Beschwerdeschrift wird dem Gegner zugestellt.

15 Wird die Frist zur Einlegung der sofortigen Beschwerde unverschuldet versäumt, kann **Wiedereinsetzung in den vorigen Stand** beantragt und gewährt werden, denn das Gesetz kennzeichnet diese Frist als Notfrist (Abs. 2 Satz 1 iVm. § 233 ZPO).

16 Die sofortige Beschwerde kann bis zur Entscheidung des Bundesarbeitsgericht zurückgenommen werden. Einer Zustimmung des Gegners bedarf es zur **Zurücknahme** nicht. Die Zurücknahme ist in der gleichen Form wie die Beschwerde zu erklären. § 516 Abs. 3 ZPO findet entsprechende Anwendung. Die Zurücknahme der sofortigen Beschwerde ist bedingungsfeindlich, sie kann auch nicht von einer innerprozessualen Bedingung abhängig gemacht werden, darüber hinaus ist sie unwiderruflich und unanfechtbar (vgl. BGH 26. 9. 2007 NJW-RR 2008, 85).

IV. Begründung der sofortigen Beschwerde

17 Die sofortige Beschwerde muss nicht sofort bei ihrer Einlegung begründet werden. Die Begründung kann innerhalb der Einlegungsfrist nachgeholt werden (BCF/*Friedrich* § 72 b Rn. 3). Die Beschwerde kann ausschließlich damit begründet werden, dass das Urteil des Landesarbeitsgerichts mit Ablauf von fünf Monaten nach der Verkündung noch nicht vollständig abgefasst und mit den Unterschriften sämtlicher Mitglieder der Kammer versehen der Geschäftsstelle übergeben worden ist (BAG 20. 12. 2006 AP ArbGG 1979 § 72 b Nr. 2 = NZA 2007, 226). Wegen **Versäumung der Begründungsfrist** kann Wiedereinsetzung in den vorigen Stand beantragt und gewährt werden, denn das Gesetz kennzeichnet diese Frist als Notfrist (Abs. 2 Satz 1 iVm. § 233 ZPO). Beweisantritte sind nicht erforderlich (GK-ArbGG/*Mikosch* § 72 b Rn. 37). Die Beschwer ist darzulegen, sofern sie sich nicht aus den Protokollen der Berufungsinstanz ergibt (ähnlich GK-ArbGG/*Mikosch* § 72 b Rn. 39). Wird die Beschwerde in einem gesonderten Schriftsatz begründet, wird dieser dem Gegner zugestellt, wenn er den Aufhebungsantrag enthält, andernfalls formlos zugeleitet. Will der Gegner Stellung nehmen, hat er sich nach § 11 Abs. 4 vertreten zu lassen (noch zur aF: GK-ArbGG/*Mikosch* § 72 b Rn. 41).

V. Entscheidung über die sofortige Beschwerde

1. Zulässigkeit der sofortigen Beschwerde

Die sofortige Beschwerde muss innerhalb der gesetzlichen Fristen formgerecht eingelegt und begründet werden (vgl. Rn. 12 und 17). Die sofortige Beschwerde kann nur eine durch das verkündete, aber nicht fristgerecht abgefasste und unterschriebene, grundsätzlich mit einer Revision anfechtbare (vgl. Rn. 6) Urteil **beschwerte Partei** bzw. ihr Streithelfer einlegen (HWK/*Bepler* ArbGG § 72 b Rn. 5). Allein das Fehlen des Tatbestands löst nur dann eine Beschwer der in der Sache obsiegenden Partei aus, wenn die Geltendmachung im Ausland oder die Vollstreckung zukünftiger Leistungen vereitelt wird (vgl. § 313 a Abs. 4 Nr. 4 und 5 ZPO).

18

2. Begründetheit der sofortigen Beschwerde

Die Beschwerde ist begründet, wenn nach den Feststellungen des Bundesarbeitsgerichts das Berufungsurteil nicht binnen fünf Monaten nach der Verkündung (nicht der Letzten mündlichen Verhandlung) vollständig abgefasst und mit den Unterschriften sämtlicher Mitglieder der Kammer versehen der Geschäftsstelle übergeben worden ist. Die dazu **notwendigen Feststellungen** sind (ggf. im Wege des Freibeweises) von Amts wegen zu treffen (GK-ArbGG/*Mikosch* § 72 b Rn. 42). Grundlage werden vorrangig die Prozessakten sein. Insbesondere wird das Datum der Verkündung durch das Protokoll bewiesen. Darüber hinaus kommt die Einholung dienstlicher Auskünfte in Betracht.

19

Der Begriff der **Vollständigkeit** bestimmt sich gemäß §§ 311 ff. ZPO und § 69. Danach hat das Endurteil eines Landesarbeitsgerichts zu enthalten:

20

(1) die Bezeichnung der Parteien, ihrer gesetzlichen Vertreter und der Prozessbevollmächtigten;
(2) die Bezeichnung des Gerichts und die Namen der Richter, die bei der Entscheidung (tatsächlich) mitgewirkt haben;
(3) den Tag, an dem die mündliche Verhandlung geschlossen worden ist;
(4) die Urteilsformel;
(5) den Tatbestand, in dem die erhobenen Ansprüche und die dazu vorgebrachten Angriffs- und Verteidigungsmittel unter Hervorhebung der gestellten Anträge nur ihrem wesentlichen Inhalt nach knapp dargestellt werden (§ 313 Abs. 2 Satz 1 ZPO);
(6) die Entscheidungsgründe, die eine kurze Zusammenfassung der Erwägungen enthalten, auf denen die Entscheidung in tatsächlicher und rechtlicher Hinsicht beruht (§ 313 Abs. 3 ZPO); die Entscheidungsgründe brauchen keinem bestimmten Schema zu folgen (BAG 19. 4. 2007 AP BGB § 611 Direktionsrecht Nr. 77)
(7) die Rechtsmittelbelehrung gemäß § 9 Abs. 5 und
(8) die Unterschriften der Richter, die bei der Entscheidung mitgewirkt haben (§ 315 ZPO).

Aus der Terminologie des § 72 b („vollständig abgefasst" einerseits und Unterschriften andererseits) folgt, dass ein vollständig abgefasstes LAG-Urteil die Punkte (1) bis (7) umfasst (BAG 20. 12. 2006 AP ArbGG 1979 § 72 b Nr. 2 = NZA 2007, 226). Die Unterschriften der Richter gehören nicht mehr zum Abfassen, sondern schließen das Urteil ab. Soll die vorschriftsmäßige Besetzung des Gerichts gerügt werden, ist hierfür nicht die sofortige Beschwerde nach § 72 b eröffnet (Abs. 1 Satz 2).

20 a

21 Die **Vollständigkeit ist rein formal im Zeitpunkt der Entscheidung** über die sofortige Beschwerde zu beurteilen. Das Landesarbeitsgericht kann offenbare Unrichtigkeiten nach § 319 ZPO durch Beschluss berichtigen und dadurch eine etwaige Unvollständigkeit beseitigen. Für das Verfahren nach § 72 b sind diese Berichtigungen zu berücksichtigen, weil Berichtigungsbeschlüssen Rückwirkung zukommt (BGH 9. 12. 1992 NJW 1993, 1399, 1400). Mit Erlass eines wirksamen Berichtigungsbeschlusses tritt gemäß § 319 ZPO an die Stelle der bisherigen Urteilsfassung die berichtigte Fassung. Sie ist so zu behandeln, als hätte sie von Anfang an bestanden (BGH 24. 4. 1955 BGHZ 17, 149, 151). Das wirkt sich auch auf den Erfolg etwaiger Rechtsmittel aus (BGH 9. 12. 1992 NJW 1993, 1399, 1400).

22 Jedes Urteil enthält üblicherweise eine **Überschrift** wie Schlussurteil, Urteil, Endurteil, Teilurteil, Versäumnisurteil, Anerkenntnisurteil oder Verzichtsurteil. Fehlt eine solche Überschrift begründet dies keine Unvollständigkeit iSv. § 72 b, denn das Gesetz schreibt eine solche Überschrift nicht zwingend vor. Gleiches ist für die Angabe „**Im Namen des Volkes**" anzunehmen. § 311 Abs. 1 ZPO spricht nur davon, dass die Urteile im Namen des Volkes ergehen, also im Namen des Volkes verkündet werden, der Inhalt des schriftlichen Urteils wird aber nicht zwingend geregelt (Musielak/*Musielak* § 311 Rn. 2).

23 Ob die im Urteil enthaltenen **Angaben inhaltlich zutreffend** und insbesondere lückenlos vollständig sind, unterliegt nicht der Beurteilung durch das Bundesarbeitsgericht im Verfahren der sofortigen Beschwerde nach § 72 b (BAG 20. 12. 2006 AP ArbGG 1979 § 72 b Nr. 2 = NZA 2007, 226; HWK/*Bepler* ArbGG § 72 b Rn. 5; aA GK-ArbGG/*Mikosch* § 72 b Rn. 16 f.). Dementsprechend können die als Anwendungsfälle von § 547 Nr. 6 ZPO anerkannten Tatbestände lückenhafter oder widersprüchlicher Entscheidungsgründe nicht mit der auf § 72 b gestützten sofortigen Beschwerde geltend gemacht werden. Hierfür sind bei zugelassener Revision die Revisionsbegründung und bei nicht zugelassener Revision die auf Verletzung rechtlichen Gehörs gestützte Nichtzulassungsbeschwerde eröffnet (BAG 20. 12. 2006 AP ArbGG 1979 § 72 b Nr. 2 = NZA 2007, 226).

24 Das **Fehlen der Unterschriften** stellt einen absoluten Revisionsgrund nach § 547 Nr. 6 ZPO dar (BGH, 27. 1. 1977 NJW 1977, 765) und kann im arbeitsgerichtlichen Verfahren als Mangel iSv. § 72 b geltend gemacht werden (BAG 22. 8. 2007 AP ZPO § 315 Nr. 1). Ein wirksam angebrachter Verhinderungsvermerk (§ 315 Abs. 1 Satz 2 ZPO) ersetzt die Unterschrift, wenn der Richter bei Unterschriftsreife längere Zeit tatsächlich oder rechtlich an der Unterschriftsleistung gehindert war (BAG 17. 8. 1999 AP ZPO § 551 Nr. 51). Ein Verhinderungsvermerk ist formell ordnungsgemäß, wenn er die Tatsache der Verhinderung und deren Grund angibt, ohne dass dabei detaillierte Angaben erforderlich sind (BAG 22. 8. 2007 AP ZPO § 315 Nr. 1). Der Vorsitzende hat die Verhinderung zu vermerken, braucht aber den entsprechenden Vermerk nicht gesondert zu unterschreiben. Es reicht aus, dass sich aus der Fassung des Vermerks und dessen räumlicher Stellung zweifelsfrei ergibt, dass der Vermerk vom Vorsitzenden stammt, er also die Verantwortung für den Vermerk übernimmt. Diese Voraussetzung ist jedenfalls dann erfüllt, wenn der Vermerk mit dem Wort „zugleich" beginnt und sich unter der Unterschrift des Vorsitzenden befindet (BAG 22. 8. 2007 AP ZPO § 315 Nr. 1; BGH 30. 1. 1984 – II ZR 159/83 – VersR 1984, 287). Ob ein ehrenamtlicher Richter vom Zeitpunkt des Vorliegens der unterschriftsreifen Entscheidung aus gesehen auf Dauer oder für eine längere Zeit an der Unterschriftsleistung gehindert ist, wird unabhängig von einem etwa bevorstehenden Ablauf der Fünf-Monats-Frist beurteilt (BVerwG 9. 7. 2008 NJW 2008, 3450). Bei einer Verhinderung vom mehr als zwei Wochen geht die Rechtsprechung davon aus, dass die Unterschrift des derart verhinderten Richters nach § 315 Abs. 1 ZPO ersetzt werden kann (BAG 22. 8. 2007 AP ZPO § 315 Nr. 1). Jedenfalls bei einer Verhinderung von nicht mehr als einer Woche kann nicht mehr davon ausgegangen werden, dass die Unterschrift eines derart verhinderten

V. Entscheidung über die sofortige Beschwerde § 72 b

ehrenamtlichen Richters durch den Vorsitzenden ersetzt werden darf (BVerwG 9. 7. 2008 NJW 2008, 3450). Fehlende richterliche Unterschriften können mit Wirkung für die Zukunft nachgeholt werden (BGH 23. 10. 1997 BGHZ 137, 49, 53), und zwar auch noch in der Revisionsinstanz (BGH 24. 6. 2003 NJW 2003, 3057). Dieser Grundsatz gilt aber nicht, wenn die für die Einlegung eines Rechtsmittels längste Frist abgelaufen ist (BGH 27. 1. 2006 NJW 2006, 1881; Musielak/*Musielak* § 315 Rn. 11). Denn mit dieser Fristenregelung wird die Zeit für die nachträgliche Abfassung, Unterzeichnung und Übergabe an die Geschäftsstelle des bei der Verkündung noch nicht vollständig abgefassten Urteils begrenzt; darin kommt die gesetzliche Wertung zum Ausdruck, Fehlerinnerungen der an der Entscheidung beteiligten Richter zu vermeiden und damit zur Rechtssicherheit beizutragen (GemS OGB 27. 4. 1993 NJW 1993, 2603, 2604; BGH 27. 1. 2006 NJW 2006, 1881). Dieser Zweck würde verfehlt, wenn das Nachholen fehlender Richterunterschriften unter einem Urteil auch noch nach dem Ablauf der Fünf-Monats-Frist zulässig wäre (BGH 27. 1. 2006 NJW 2006, 1881). Die Gefahr, dass das richterliche Erinnerungsvermögen im Einzelfall nicht mehr ausreicht, um durch die Unterschriftsleistung mit Sicherheit zu dokumentieren, dass der darüber stehende Urteilstext dem Ergebnis der Beratung des Spruchkörpers entspricht, der das Urteil gefällt hat, wird in dem Maß größer, in welchem der Zeitabstand zwischen der Urteilsberatung und der Unterschriftsleistung zunimmt. Deshalb ist es geboten, eine klare und für alle Beteiligten ohne weiteres erkennbare zeitliche Grenze für das Nachholen fehlender Unterschriften unter gerichtlichen Entscheidungen festzulegen (BGH 27. 1. 2006 NJW 2006, 1881).

Während die mitwirkenden Richter das Urteil noch an einem Sonnabend, Sonntag oder gesetzlichen Feiertag unterschreiben könnten, ist die Übergabe an die Geschäftsstelle durchweg nur an Werktagen möglich. Deshalb stellt sich bisweilen die Frage nach der Anwendbarkeit von § 222 Abs. 2 ZPO. Zu der Vorläuferbestimmung von § 547 Nr. 6 ZPO (§ 551 Nr. 6 ZPO) hat der Zweite Senat des Bundesarbeitsgerichts die Auffassung vertreten, **§ 222 Abs. 2 ZPO** finde auf die Fünf-Monats-Frist keine Anwendung, so dass bei Ablauf der Frist an einem Wochenende die Übergabe an die Geschäftsstelle am folgenden Montag die Frist nicht wahren würde (BAG 17. 2. 2000 AP ZPO § 551 Nr. 52). Diese Auffassung kann auf die nunmehr gesetzlich geregelte Fünf-Monats-Frist des § 72 b nicht übertragen werden (aA GK-ArbGG/*Mikosch* § 72 b Rn. 12; HWK/ *Bepler* ArbGG § 72 b Rn. 5). Die seinerzeitige Entscheidung gründet sich auf die zum Beginn der Revisionsfrist vertretene und auch hier geteilte Rechtsansicht (vgl. § 74 Rn. 7), dass die Revisionsfrist in jedem Falle sechs Monate nach der Urteilsverkündung ende. Dabei kommt es bei Ablauf des sechsten Monats auf § 222 Abs. 2 ZPO an, während das Ende der Fünf-Monats-Frist keine praktische Relevanz besitzt, weil ein am ersten Tag nach Ablauf dieser Frist vollständig abgefasst und unterschrieben zur Geschäftsstelle gelangtes Urteil immer bis zum Ablauf des sechsten Monats mittels Revision angefochten sein muss. Es tritt durch die Zustellung während des sechsten Monats keine Verlängerung der Revisionsfrist mehr ein. Demgegenüber ist § 222 Abs. 2 ZPO zur Beurteilung der materiellen Entscheidungsvoraussetzung „Versäumung der Fünf-Monats-Frist" heranzuziehen. Es gibt keinen Grund, diese gesetzliche Bestimmung bei der Berechnung zivilprozessualer Fristen unangewendet zu lassen. Deshalb endet die Fünf-Monats-Frist mit Ablauf des nächsten Werktags, wenn ihr Ende auf einen Sonnabend, Sonntag oder (beurteilt nach dem Landesrecht am Sitz des Landesarbeitsgerichts) gesetzlichen Feiertag fällt.

Ist der Erlass eines abgekürzten Urteils zulässig, besteht wegen Fehlens von Tatbestand und Entscheidungsgründen keine Beschwerdemöglichkeit nach § 72 b. Haben insbesondere die Parteien nach **§ 69 Abs. 4 iVm. § 313 a Abs. 1 Satz 2 ZPO** auf die Entscheidungsgründe verzichtet und wird vor Ablauf der Fünf-Monats-Frist ein ansonsten vollständiges Urteil der Geschäftsstelle übergeben, ist eine gegen ein solches abgekürztes Urteil gerichtete sofortige Beschwerde unbegründet. Wird das Endurteil des Landesarbeitsgerichts fristgerecht auf Grund des Verzichts ohne Entscheidungsgründe erstellt,

Müller-Glöge

§ 72 b Sofortige Beschwerde wegen verspäteter Absetzung des Berufungsurteils

liegen die Voraussetzungen des § 72 b nicht vor (BAG 15. 3. 2006 AP ArbGG 1979 § 69 Nr. 5). Daraus folgt, dass Abs. 1 Satz 2 die Nichtzulassungsbeschwerde nach § 72 a nicht ausschließt, wenn die Parteien nach § 69 Abs. 4 iVm. § 313 a Abs. 1 Satz 2 ZPO auf die Entscheidungsgründe verzichtet haben (BAG 15. 3. 2006 AP ArbGG 1979 § 69 Nr. 5).

27 Wegen der Fassung des Gesetzes geht die **Nichterweislichkeit** der die verspätete Abfassung und Übergabe des unterschriebenen Urteils bestimmenden Tatsachen zu Lasten des Beschwerdeführers (GK-ArbGG/*Mikosch* § 72 b Rn. 43).

3. Entscheidung durch Beschluss

28 Über die sofortige Beschwerde entscheidet das Bundesarbeitsgericht ohne Hinzuziehung der ehrenamtlichen Richter durch Beschluss, der **ohne mündliche Verhandlung** ergehen kann und regelmäßig ohne eine solche ergehen wird (*Ostrowicz/Künzl/Schäfer* Rn. 567). Der Beschluss soll kurz begründet werden. Er wird den Parteien und ihren Streithelfern zugestellt.

29 Auf Grund einer zulässigen und begründeten Beschwerde ist das Urteil des Landesarbeitsgerichts aufzuheben und die Sache zur neuen Verhandlung und Entscheidung **an das Landesarbeitsgericht zurückzuverweisen**. Die Zurückverweisung kann auch an eine andere als die Kammer erfolgen, die die aufgehobene Entscheidung getroffen hat (Abs. 5 Satz 2). Eine abweichende Entscheidungsmöglichkeit (zB Überleitung in das Revisionsverfahren) ist dem Bundesarbeitsgericht nicht eröffnet (GK-ArbGG/*Mikosch* § 72 b Rn. 48; *Schrader* NZA-RR 2006, 57, 63).

30 Ist für beide Parteien die Revision zugelassen, legt aber nur eine Partei die sofortige Beschwerde nach § 72 b ein, muss das Berufungsurteil nicht insgesamt aufgehoben werden, wenn die Entscheidung **trennbare Streitgegenstände** betrifft.

4. Wirkung eines stattgebenden Beschlusses

31 Der stattgebende Beschluss steht in seiner Wirkung einem im Revisionsverfahren ergehenden **Urteil des Bundesarbeitsgerichts** gleich, mit dem das Berufungsurteil aufgehoben und die Sache zur neuen Verhandlung und Entscheidung an das Landesarbeitsgericht zurückverwiesen wird.

VI. Rechtsmittel

32 Gegen den Beschluss des Bundesarbeitsgerichts ist ein Rechtsmittel nicht gegeben. Eine Abänderung auf Gegenvorstellung ist ausgeschlossen. Ein Wiederaufnahmeverfahren nach § 79 und die **Anhörungsrüge nach § 78 a** sind möglich.

VII. Kosten, Prozesskostenhilfe

33 Wird die sofortige Beschwerde als unzulässig verworfen oder zurückgewiesen, sind die Kosten gemäß § 97 ZPO dem Beschwerdeführer aufzuerlegen. Die Gerichtsgebühr beträgt nach Nr. 8613 der Anlage 1 zu § 3 Abs. 2 GKG unabhängig vom Streitwert einheitlich 40,00 Euro. Ist die Beschwerde begründet, fällt keine Gerichtsgebühr an. Über die Kosten des Beschwerdeverfahrens ist dann im nachfolgenden Berufungsverfahren zu entscheiden (GK-ArbGG/*Mikosch* § 72 b Rn. 53).

34 Für das Beschwerdeverfahren kann dem **Beschwerdeführer** Prozesskostenhilfe bewilligt werden. Eine Bewilligung für den Gegner ist regelmäßig abzulehnen (GK-ArbGG/*Mikosch* § 72 b Rn. 56), weil auch eine bemittelte, aber kostenbewusst handelnde Partei auf die Bestellung eines Verfahrensbevollmächtigten verzichten wird.

§ 73 Revisionsgründe

(1) ¹Die Revision kann nur darauf gestützt werden, daß das Urteil des Landesarbeitsgerichts auf der Verletzung einer Rechtsnorm beruht. ²Sie kann nicht auf die Gründe des § 72b gestützt werden.

(2) § 65 findet entsprechende Anwendung.

Übersicht

	Rn.
I. Allgemeines	1, 2
II. Verletzung einer Rechtsnorm	3–38
1. Maßgebender Zeitpunkt	3–5
2. Gesetzesrecht	6–13
3. Normatives Privatrecht	14–17
4. Verträge, Willenserklärungen	18–28
a) Typische Verträge	18–22
b) Atypische Willenserklärungen	23–26
c) Rechtsgeschäftsähnliche Erklärungen	27
d) Prozesshandlungen	28
5. Ausgeschlossene Revisionsgründe	29–37
a) Rechtsweg, Zuständigkeit und Verfahrensart	30–34
b) Berufung der ehrenamtlichen Richter	35, 36
c) Anwendungsbereich von § 72b	37
6. Ordnungsvorschriften	38
III. Beruhen auf der Rechtsverletzung	39–54
1. Allgemeines	39, 40
2. Absolute Revisionsgründe	41–54
a) Ordnungsgemäße Besetzung des Gerichts	41–46
b) Fehlerhafte Zuständigkeitsentscheidung	47
c) Fehlerhafte Vertretung, Verletzung der Öffentlichkeit	48
d) Entscheidung ohne Gründe	49–54

I. Allgemeines

§ 73 regelt für das arbeitsgerichtliche Urteilsverfahren selbständig und abschließend **1** die Frage, worauf eine Revision gestützt werden kann. § 545 Abs. 1 ZPO, wonach im Wesentlichen nur Bundesrecht und Landesrecht, das über den Bezirk eines Oberlandesgerichts hinaus gilt, revisibel ist, findet auf die Revision vor dem Bundesarbeitsgericht keine Anwendung (BAG 7. 10. 1981 AP ArbGG 1979 § 48 Nr. 1). Dagegen gelten die §§ 546, 547 ZPO. Diese Vorschriften legen keine Revisionsgründe fest, sondern definieren, wann eine **Verletzung einer Rechtsnorm** vorliegt und wann eine Entscheidung auf einer Rechtsverletzung beruht.

Mit der Bestimmung der zulässigen Revisionsgründe wird der Umfang der Überprü- **2** fung des angefochtenen Urteils durch das Bundesarbeitsgericht festgelegt, nicht aber der Inhalt der Revisionsbegründung geregelt (s. dazu § 74 Rn. 40). Das Bundesarbeitsgericht kann das angefochtene Urteil nur daraufhin überprüfen, ob eine revisible Rechtsnorm verletzt ist und ob die Entscheidung auf dieser Rechtsverletzung beruht. Dagegen ist das Bundesarbeitsgericht an den im Berufungsurteil **festgestellten Tatbestand** gebunden, § 559 ZPO, sofern nicht bei den tatsächlichen Feststellungen Rechtsvorschriften verletzt worden sind und dies ordnungsgemäß gerügt worden ist (s. § 74 Rn. 108 ff.). Zum Tatbestand gehört auch das im Berufungsurteil in Bezug genommene Vorbringen der Parteien (BAG 19. 5. 2004 AP BGB § 615 Nr. 108). Das anzuwendende Recht hat das Bundesarbeitsgericht selbst zu kennen, soweit es sich dabei um Bundes- oder Landesrecht handelt. Die Existenz anderen Rechts, insbesondere des **ausländischen Rechts**, des Gewohnheitsrechts, von Satzungen, Tarifverträgen und Betriebsvereinbarungen, ist von den Parteien vorzutragen und zu beweisen, wenn es dem Bundesarbeitsgericht unbekannt ist. Bei der Ermittlung dieser Rechtsnormen ist das Gericht nicht auf die von den Parteien vorgebrachten Beweise beschränkt, sondern kann alle in Betracht kommenden Erkenntnisquellen nutzen, § 293 ZPO. Das Bundesarbeitsgericht kann die Ermittlung dieser Rechtsnormen selbst vornehmen oder dem Landesarbeitsgericht übertragen und den Rechtsstreit dafür an dieses zurückverweisen (BAG 18. 12. 1958 AP ZPO § 293 Nr. 4; BAG 10. 4. 1975 AP Internationales Privatrecht-Arbeitsrecht Nr. 12; BAG 9. 8. 1995 AP ZPO § 293 Nr. 8). Das gilt nicht nur für die Feststellung der Existenz einer solchen Rechtsnorm, sondern auch für die Ermittlung ihres Inhalts durch eine auf Tatsachen zu stützende Auslegung.

II. Verletzung einer Rechtsnorm

1. Maßgebender Zeitpunkt

3   Nach § 546 ZPO ist eine **Rechtsnorm verletzt,** wenn diese nicht oder nicht richtig angewendet worden ist. Welche Rechtsnorm dieser Überprüfung zugrunde zu legen ist, bestimmt sich nach dem auf den zu entscheidenden Sachverhalt anwendbaren Recht. Das kann auch eine Rechtsnorm sein, die zum Zeitpunkt der Entscheidung über die Revision nicht mehr in Kraft ist (BGH 20. 5. 1957 BGHZ 24, 253 = NJW 1957, 1236). Auch eine Rechtsnorm, die erst nach Erlass des Berufungsurteils verkündet worden ist, kann verletzt sein, sofern diese Rechtsnorm wirksam rückwirkend in Kraft gesetzt worden ist (BAG 22. 1. 1959 AP AltbankenG Berlin § 7 Nr. 2; BAG 14. 11. 1979 AP TVG § 4 Gemeinsame Einrichtungen Nr. 2; BAG 25. 1. 2005 AP BetrVG 1972 § 99 Einstellung Nr. 48; BGH 25. 2. 1958 AP ArbNErfG § 43 Nr. 1; Schwab/Weth/*Ulrich* § 73 Rn. 59).

4   Maßgebend ist die rechtliche Beurteilung durch das Revisionsgericht anlässlich der Entscheidung über die Revision. Gelangt eine zurückverwiesene Sache erneut vor das Revisionsgericht, so ist dieses in gleicher Weise wie das Berufungsgericht an die frühere **rechtliche Beurteilung gebunden** (§ 563 Abs. 2 ZPO; BAG 28. 7. 1981 AP BetrVG 1972 § 87 Provision Nr. 2; BAG 22. 4. 2004 AP BGB § 628 Nr. 18; BAG 13. 12. 2007 NZA-RR 2008, 341; vgl. § 74 Rn. 144). Die Bindung entfällt, wenn das Revisionsgericht zwischenzeitlich seine Rechtsprechung geändert hat (GemS OGB 6. 2. 1973 AP RsprEinhG § 4 Nr. 1= NJW 1973, 1273; BAG 28. 7. 1981 AP BetrVG 1972 § 87 Provision Nr. 2).

5   Hat das Bundesarbeitsgericht wiederholt eine Rechtsnorm in gleicher Weise interpretiert, will es diese Rechtsauffassung aber aufgeben (zB um der Interpretation europäischen Rechts durch den Gerichtshof der europäischen Gemeinschaften Folge zu leisten), kann im zur Entscheidung anstehenden Revisionsverfahren **Vertrauensschutz in die bisherige Rechtsprechung** zu gewährleisten sein (vgl. BAG 23. 3. 2006 AP KSchG 1969 § 17 Nr. 21; BAG 13. 7. 2006 AP KSchG 1969 § 17 Nr. 22 = NZA 2007, 25; BAG 22. 3. 2007 – 6 AZR 499/05 – NZA 2007, 1101; BGH 8. 2. 1979 BGHZ 73, 266, 271; aA *Koch* JbArbR 44 (2007), 91, 103 ff.).

2. Gesetzesrecht

6   Rechtsnormen sind vorrangig im Gesetzesrecht enthalten. Dazu gehören das gesamte staatliche **Recht des Bundes und der Länder** (auch in Form von Rechtsverordnungen) sowie fortgeltendes früheres Reichs- und Landesrecht. Auch Staatsverträge können unmittelbar geltendes Recht enthalten. **Kirchliches Recht** ist revisibel (BAG 19. 12. 1969 AP BetrVG § 81 Nr. 12; GK-ArbGG/*Mikosch* § 73 Rn. 21; Schwab/Weth/*Ulrich* § 73 Rn. 12). Gleiches gilt für Satzungen und Statuten der öffentlich-rechtlichen Körperschaften, Anstalten und Stiftungen. Die Anwendung ausländischen Rechts und des Gemeinschaftsrechts ist gleichfalls durch das Bundesarbeitsgericht überprüfbar, gleichgültig

II. Verletzung einer Rechtsnorm § 73

welchen Rang dieses Recht in der ausländischen Rechtsordnung einnimmt (BAG 10. 4. 1975 AP Internationales Privatrecht-Arbeitsrecht Nr. 12; aA *Rosenberg/Schwab/Gottwald* § 141 Rn. 15). Zum revisiblen Recht gehören auch **Gewohnheitsrecht** (BAG 7. 7. 1955 AP AOG § 32 Tarifordnung Nr. 1), Observanzen und Handelsbräuche.

Die Revision kann des Weiteren auf die Verletzung von **Verfahrensrecht** gestützt werden. Allerdings findet eine Überprüfung des angefochtenen Urteils auf Verstöße gegen Verfahrensrecht zum wesentlichen Teil allein auf eine zulässige Rüge hin statt, § 557 Abs. 3 Satz 2 ZPO (s. dazu § 74 Rn. 59 ff. und 108 ff.). Die **Beweislastverteilung** folgt aus der jeweils anzuwendenden Rechtsnorm, kann also sowohl dem materiellen als auch dem formellen Recht angehören. In jedem Fall sind ihr Inhalt und ihre Anwendung revisibel (GK-ArbGG/*Mikosch* § 73 Rn. 44; Musielak/*Ball* § 557 Rn. 18). Um die Beweiswürdigung anzugreifen, wird es regelmäßig einer Verfahrensrüge bedürfen (vgl. § 74 Rn. 110). Dementsprechend ist es unzureichend, wenn der Revisionskläger lediglich seine eigene **Beweiswürdigung** vorträgt (BAG 9. 3. 1972 AP ZPO § 561 Nr. 2). Revisionsrechtlich ist vielmehr an § 286 ZPO anzuknüpfen. Gemäß § 286 Abs. 1 ZPO haben die Tatsacheninstanzen unter Berücksichtigung des gesamten Inhalts der Verhandlung und des Ergebnisses einer durchgeführten Beweisaufnahme nach ihrer Überzeugung zu entscheiden, ob sie eine tatsächliche Behauptung für wahr oder für nicht wahr erachten. Die Beweiswürdigung muss vollständig, widerspruchsfrei und umfassend sein, ohne dass das Gericht verpflichtet ist, auf jede Einzelaussage eines Zeugen einzugehen. Der Richter hat zu prüfen, ob er an sich mögliche Zweifel überwinden kann, braucht diese aber nicht vollständig auszuschließen. Ausreichend ist ein für das praktische Leben brauchbarer Grad von Gewissheit, der den Zweifeln Schweigen gebietet, ohne sie völlig auszuschließen. Zweifel können die **Gewissheit** nur dann ausschließen, wenn sie sich auf festgestellte Tatsachen stützen (BAG 23. 9. 1993 AP Einigungsvertrag Anlage I Kap. XIX Nr. 19). Dabei kann eine Beweiserleichterung nach den Regeln des primafacie-Beweises zu berücksichtigen sein (BAG 13. 10. 1970 AP BGB § 823 Nr. 6). Der **Anscheinsbeweis erleichtert die Beweisführung** in Fällen typischer Geschehensverläufe, die so selbstverständlich sind, dass sie keiner gesonderten Beweiserhebung bedürfen. Der Anscheinsbeweis beruht auf der Lebenserfahrung, wonach bestimmte Geschehensabläufe eine gleich bleibende Ursache haben (BAG 28. 1. 1993 AP Einigungsvertrag Art. 13 Nr. 3; BAG 5. 2. 1998 AP TVG § 1 Tarifverträge: Apotheken Nr. 3; BAG 14. 8. 2002 AP TVG § 4 Ausschlussfristen Nr. 166). Typische Geschehensabläufe sind solche Tatbestände, bei denen die allgemeine Lebenserfahrung ohne weiteres eine nahe liegende Erklärung bietet und bei denen die konkreten Umstände angesichts des typischen Charakters ohne Belang sind. Ein gesicherter Erfahrungssatz ist dafür unverzichtbar. Dieser muss in jederzeit überprüfbarer Weise zu formulieren sein, andernfalls würde es sich lediglich um ein Vorurteil handeln. Im Rechtsstreit kommt der Anscheinsbeweis nicht zum Zuge, wenn es an verifizierbaren Erfahrungssätzen fehlt.

Vom Revisionsgericht wird die Beweiswürdigung daraufhin überprüft, ob die Subsumtion **Denkgesetze oder allgemeine Erfahrungssätze** verletzt und das Landesarbeitsgericht alle vernünftigerweise in Betracht kommenden Umstände, die für oder gegen die Wahrheit der streitigen Tatsache sprechen, widerspruchsfrei beachtet hat (BAG 18. 11. 1999 AP BGB § 626 Verdacht strafbarer Handlung Nr. 32; BGH 22. 11. 1994 NJW 1995, 966 f.). Deshalb darf das Revisionsgericht beurteilen, ob der gesamte Inhalt der Verhandlung berücksichtigt worden ist, eine Würdigung aller erhobenen Beweise stattgefunden hat, die Beweiswürdigung in sich widerspruchsfrei und frei von Verstößen gegen Natur- und Denkgesetze sowie allgemeine Erfahrungssätze ist und das Berufungsgericht keine überspannten Anforderungen an das Maß der richterlichen Überzeugung gestellt hat (BAG 3. 4. 1986 AP BGB § 626 Verdacht strafbarer Handlung Nr. 18).

Anders als bei festen Rechtsbegriffen (zB Druckmaschine – BAG 18. 3. 2009 – 5 AZR 186/08) kann das Revisionsgericht die Rechtsanwendung des Berufungsgerichts bei **unbestimmten Rechtsbegriffen nur beschränkt überprüfen** (BAG 17. 5. 1984 AP BGB

§ 73
Revisionsgründe

§ 626 Verdacht strafbarer Handlung Nr. 14; BAG 5. 2. 1998 AP BGB § 626 Nr. 143; BAG 16. 10. 2002 AP BAT 1975 §§ 22, 23 Nr. 294). Unbedingt einleuchtend ist dies für die Anwendung des gesetzlich nicht näher ausgestalteten Grundsatzes von „Treu und Glauben" in seinen verschiedenen Unterfällen wie der Verwirkung (vgl. BAG 12. 12. 2006 – 9 AZR 747/06 – NZA 2007, 396; BGH 6. 12. 1988 AP BGB § 242 Verwirkung Nr. 44; BGH 30. 4. 1993 BGHZ 122, 308 = NJW 1993, 1521; BGH 17. 3. 1994 BGHZ 125, 303 = NJW-RR 1995, 106) oder des Rechtsmissbrauchs (BAG 26. 1. 1983 AP TVG § 1 Tarifverträge: Metallindustrie Nr. 14). Anerkannt ist dies für weitere unbestimmte Rechtsbegriffe wie „in der Regel" zur Bestimmung der maßgeblichen Beschäftigtenzahl (BAG 16. 11. 2004 AP BetrVG 1972 § 111 Nr. 58), „wichtiger Grund" in § 626 BGB (BAG 4. 6. 1997 AP BGB § 626 Nr. 137; BAG 5. 2. 1998 AP BGB § 626 Nr. 143) oder „sozialwidrig" in § 1 KSchG (BAG 15. 11. 2001 AP KSchG 1969 § 1 Abmahnung Nr. 4) bzw. „soziale Gesichtspunkte ausreichend berücksichtigt" in § 1 Abs. 3 KSchG (BAG 12. 10. 1979 AP KSchG 1969 § 1 Betriebsbedingte Kündigung Nr. 7) oder „Gründe, die eine den Betriebszwecken dienliche Zusammenarbeit zwischen Arbeitgeber und Arbeitnehmer nicht erwarten lassen," in § 9 KSchG (BAG 7. 3. 2002 AP KSchG 1969 § 9 Nr. 42) oder das Verschulden und seine Arten sowie das Mitverschulden iSv. § 254 BGB (BAG 19. 2. 1998 AP BGB § 254 Nr. 8, BAG 18. 1. 2007 AP BGB § 254 Nr. 15; BAG 19. 2. 2009 – 8 AZR 188/08) oder die Würdigung eines verständigen Arbeitgebers im Rahmen des § 123 BGB (BAG 5. 12. 2002 AP BGB § 123 Nr. 63) oder die Angemessenheit eines Nachtarbeitszuschlags iSv. § 6 Abs. 5 ArbZG (BAG 5. 9. 2002 AP ArbZG § 6 Nr. 4; BAG 11. 2. 2009 – 5 AZR 148/08 –) oder Merkmale der tariflichen Eingruppierung wie „besondere Schwierigkeit" bzw. „gründliche, umfassende Fachkenntnisse" (BAG 16. 10. 2002 AP BAT 1975 §§ 22, 23 Nr. 294; BAG 12. 5. 2004 AP BAT 1975 §§ 22, 23 Nr. 301) oder „entsprechende Tätigkeiten" (BAG 7. 5. 2008 AP BAT-O §§ 22, 23 Nr. 34 = ZTR 2008, 553) oder „selbständige Tätigkeit" (BAG 8. 11. 2006 AP BAT 1975 §§ 22, 23 Nr. 304). Dem Landesarbeitsgericht wird jeweils ein **Beurteilungsspielraum** eingeräumt (BAG 9. 10. 1973 AP BetrVG 1972 § 38 Nr. 3; BAG 21. 1. 1977 AP BetrVG 1972 § 103 Nr. 7; *Hauck/Helml* § 73 Rn. 5; enger Schwab/Weth/*Ulrich* § 73 Rn. 18; abl. GK-ArbGG/*Mikosch* § 73 Rn. 27 ff.). Eine Rechtsverletzung liegt nur dann vor, wenn der Rechtsbegriff selbst verkannt worden ist oder wenn bei der Unterordnung des festgestellten Sachverhalts unter diesen Rechtsbegriff Denkgesetze oder allgemeine Erfahrungssätze verletzt worden sind oder wenn bei der gebotenen Interessenabwägung nicht alle wesentlichen Umstände berücksichtigt worden sind oder das Ergebnis in sich widersprüchlich ist (st. Rspr. BAG 24. 7. 1991 AP BetrVG 1972 § 78 a Nr. 23; BAG 29. 8. 1991 AP BGB § 622 Nr. 32; BAG 21. 5. 1991 AP KSchG 1969 § 1 Verhaltensbedingte Kündigung Nr. 28). Diese Rechtsprechung wird kritisiert (vgl. GK-ArbGG/ *Mikosch* § 73 Rn. 27 ff.; *Grunsky* Anm. AP ArbGG 1979 § 72 a Grundsatz Nr. 1; *Adam* ZTR 2001, 349), sie verkenne die Aufgabe des Revisionsgerichts, auch bei unbestimmten Rechtsbegriffen die Rechtseinheit dadurch zu wahren, dass diese verbindlich ausgelegt werden. Dieser Kritik kann nicht gefolgt werden. Wenn der Überprüfung des Revisionsgerichts unterliegt, ob der Rechtsbegriff selbst verkannt ist, so wird damit der Inhalt dieses Rechtsbegriffs verbindlich festgelegt. Wird der festgestellte Sachverhalt unter diesen rechtsfehlerfrei subsumiert, ist die Rechtseinheit nicht gefährdet, auch wenn im Einzelfall gleiche oder nahezu gleiche Tatbestände unterschiedlich beurteilt werden (ebenso *Hauck/ Helml* § 73 Rn. 5; ErfK/*Koch* ArbGG § 73 Rn. 8, 9). Unbestimmte Rechtsbegriffe sollen gerade die Berücksichtigung aller Umstände des Einzelfalls ermöglichen und eine schematische Beurteilung vermeiden.

10 Einzelne Senate des Bundesarbeitsgerichts nehmen an, die **Wahrung billigen Ermessens iSv. § 315 BGB** sei in der Revisionsinstanz uneingeschränkt nachprüfbar (BAG 24. 4. 1996 AP BGB § 611 Direktionsrecht Nr. 48; BAG 12. 9. 1996 AP ZDG § 30 Nr. 1; BAG 3. 12. 2002 AP TVG § 1 Altersteilzeit Nr. 2; aA BAG 30. 4. 1975 AP MTB II § 38 Nr. 8; BAG 12. 1. 1989 AP BAT § 50 Nr. 14; BGH 10. 10. 1991 BGHZ

II. Verletzung einer Rechtsnorm
§ 73

115, 311, 321; BGH 24. 11. 1995 NJW 1996, 1054, 1055; Staudinger/*Rieble* § 315 BGB Rn. 240; Zöller/*Heßler* § 546 Rn. 14; ErfK/*Koch* ArbGG § 73 Rn. 10, 11; offen BAG 29. 1. 1992 AP BGB § 611 BGB Lehrer, Dozenten Nr. 104; BAG 4. 5. 1993 AP BetrAVG § 1 Pensionskasse Nr. 1). Dies kann nicht überzeugen. Eine Entscheidung nach § 315 BGB setzt voraus, dass die beiderseitigen Interessen abgewogen und dabei alle wesentlichen Umstände berücksichtigt werden. Ob die Entscheidung der Billigkeit entspricht, unterliegt der gerichtlichen Kontrolle (§ 315 Abs. 3 Satz 2 BGB). Davon zu unterscheiden ist aber die Frage, inwieweit die diesbezügliche Entscheidung des Landesarbeitsgerichts revisionsrechtlich überprüft werden kann. Da das billige Ermessen im Sinne von § 315 BGB zu den eher weiten unbestimmten Rechtsbegriffen gerechnet werden kann und unbedingt sachverhaltsbezogen zu beurteilen ist, kann dem Revisionsgericht nur eine eingeschränkte Beurteilung der vorinstanzlichen Bewertung zukommen (ebenso ErfK/*Koch* ArbGG § 73 Rn. 10, 11; *Hauck/Helml* § 73 Rn. 6; krit. GK-ArbGG/*Mikosch* § 73 Rn. 33). Das Bundesarbeitsgericht darf deshalb lediglich prüfen, ob das Tatsachengericht den Rechtsbegriff verkannt hat, den äußeren Ermessensrahmen überschritten oder innere Ermessensfehler begangen hat, also von unsachlichen Erwägungen ausgegangen ist oder wesentliche Tatsachen außer acht gelassen hat.

Stellt das Recht eine Entscheidung in das **Ermessen des Gerichts,** darf das Revisionsgericht sein Ermessen nicht an die Stelle des Ermessens des Berufungsgerichts setzen (GK-ArbGG/*Mikosch* § 73 Rn. 34; Schwab/Weth/*Ulrich* § 73 Rn. 19; ErfK/*Koch* ArbGG § 73 Rn. 10, 11; Düwell/Lipke/*Düwell* § 73 Rn. 20; *Hauck/Helml* § 73 Rn. 6). Die Überprüfung der Ermessensentscheidung ist nur daraufhin möglich, ob das Berufungsgericht überhaupt seine Ermessensfreiheit erkannt hat und ob es von seinem Ermessen einen fehlerfreien Gebrauch gemacht hat, indem es alle relevanten Umstände gewürdigt und sich nicht von sachfremden Erwägungen hat leiten lassen. Das gilt in gleicher Weise für Ermessensentscheidungen im Verfahrensrecht wie im materiellen Recht (BAG 16. 10. 1967 AP BGB § 394 Nr. 11 für die Aussetzung des Verfahrens; BAG 4. 11. 1968 AP HGB § 65 Nr. 5 für das Zurückweisen von neuem Vorbringen; BAG 26. 1. 1971 AP BGB § 847 Nr. 10 für die Bemessung des Schmerzensgeldes). Allerdings kann das Ermessen im Einzelfall auf Null reduziert sein (zur Aussetzung wegen eines vorgreiflichen Kündigungsschutzprozesses: BAG 11. 1. 2006 AP BGB § 615 Nr. 13). Wie Ermessensvorschriften werden die gesetzlichen Regelungen behandelt, die dem Gericht als Rechtsfolge lediglich einen Rahmen oder ganz allgemeine Richtlinien vorgeben, also die Rechtsfolge so vage umschreiben, dass es prozessual gerechtfertigt ist, einen unbezifferten Leistungsantrag als ausreichend bestimmt anzusehen. Neben § 847 BGB kommt arbeitsgerichtlich vor allem **§ 10 KSchG** in unmittelbarer und entsprechender Anwendung (kraft Verweisung in **§ 113 Abs. 3 BetrVG**) in Betracht. Nach gefestigter Rspr. (BAG 20. 11. 2001 AP BetrVG 1972 § 113 Nr. 39; BAG 4. 12. 2002 AP InsO § 38 Nr. 2) wird die Festsetzung des Nachteilsausgleichs revisionsrechtlich nur eingeschränkt überprüft. Das Berufungsgericht muss alle wesentlichen Umstände berücksichtigt und darf nicht gegen Rechtsvorschriften oder Denkgesetze verstoßen haben. 11

Bloße „**Soll**"-**Vorschriften** können in der Regel nicht verletzt werden, so dass darauf eine Revision nicht gestützt werden kann (ErfK/*Koch* ArbGG § 73 Rn. 10, 11; *Hauck/Helml* § 73 Rn. 6; aA GK-ArbGG/*Mikosch* § 73 Rn. 34). 12

Zu den Rechtsnormen iSv. § 546 ZPO werden auch **Denkgesetze** und allgemeine **Erfahrungssätze** gerechnet (BAG 16. 5. 1964 AP ZPO § 561 Nr. 1; BAG 9. 3. 1972 AP ZPO § 561 Nr. 2; Schwab/Weth/*Ulrich* § 73 Rn. 21 f.; MünchKommZPO/*Wenzel* § 546 Rn. 5; grds. zust., aber nach der Qualität der Erfahrungssätze diff. GK-ArbGG/*Mikosch* § 73 Rn. 35; *Hauck/Helml* § 73 Rn. 7). So können auch Rechenfehler eine Revision begründen, wenn sie nicht als offenbare Fehler schon nach § 319 ZPO zu berichtigen sind. 13

3. Normatives Privatrecht

14 Zum revisiblen Recht gehört der normative Teil eines **Tarifvertrags** (BAG 30. 9. 1971 AP TVG § 1 Auslegung Nr. 121; BAG 22. 10. 2002 AP TVG § 1 Auslegung Nr. 184; BAG 8. 3. 2006 AP TVG § 1 Tarifverträge: Telekom Nr. 3; BAG 7. 6. 2006 AP BGB § 611 Hausmeister Nr. 15; GK-ArbGG/*Mikosch* § 73 Rn. 17; Schwab/Weth/*Ulrich* § 73 Rn. 13). Dies schließt die Frage ein, ob ein Vertrag ein Tarifvertrag ist (BAG 18. 11. 1965 AP TVG § 1 Nr. 17). Dagegen hat das Bundesarbeitsgericht nicht von Amts wegen zu prüfen, ob überhaupt im zur Entscheidung stehenden Einzelfall ein Tarifvertrag anwendbar ist (BAG 12. 7. 1972 AP TVG § 4 Ausschlussfristen Nr. 51). Der schuldrechtliche Teil eines Tarifvertrags ist gleichermaßen revisibel wie einzelvertragliche Abreden (vgl. Rn. 23).

15 Eine Rechtsnorm ist auch verletzt, wenn Vorschriften aus dem normativen Teil einer **Betriebsvereinbarung** (oder eines sie ersetzenden Spruches einer Einigungsstelle) nicht oder falsch angewendet worden sind (BAG 19. 4. 1963 AP BetrVG § 52 Nr. 3; BAG 30. 8. 1963 AP BetrVG § 57 Nr. 4; Schwab/Weth/*Ulrich* § 73 Rn. 15; GK-ArbGG/*Mikosch* § 73 Rn. 19).

16 Die Anwendung von Bestimmungen der Satzung juristischer Personen **des Privatrechts** einschließlich der nicht rechtsfähigen Vereine unterliegt der Überprüfung durch das Revisionsgericht (BAG 27. 11. 1964 AP TVG § 2 Tarifzuständigkeit Nr. 1; BAG 14. 11. 1974 AP BGB § 242 Ruhegehalt – Zusatzversorgung Nr. 1; ebenso BVerwG 23. 11. 1962 AP PersVG § 2 Nr. 1; GK-ArbGG/*Mikosch* § 73 Rn. 20; aA BAG 21. 4. 1956 AP ZPO § 549 Nr. 2 für einen kleinen Versicherungsverein auf Gegenseitigkeit). Das gilt auch für die Satzung des Pensionssicherungsvereins.

17 Revisible Rechtsnormen sind ferner die **Dienstordnungen** der Sozialversicherungsträger (BAG 26. 9. 1984 AP BGB § 611 Dienstordnungs-Angestellte Nr. 59) und bindende Festsetzungen der Heimarbeitsausschüsse (BAG 12. 8. 1976 AP HAG § 19 Nr. 9). **Eingruppierungsrichtlinien** gehören demgegenüber nicht zu den Rechtsnormen (BAG 18. 8. 1999 ZTR 2000, 270 [LS]), sie können aber als typische Willenserklärungen vom Bundesarbeitsgericht wie Rechtsnormen ausgelegt werden, wenn sie einzelvertraglich in Bezug genommen sind (vgl. Rn. 18 ff.; ErfK/*Koch* ArbGG § 73 Rn. 5). Die **Richtlinien für Arbeitsverträge des kirchlichen Bereichs** (AVR) wirken – jedenfalls ohne eine entsprechende kirchengesetzliche Regelung und ohne eine staatliche Verweisungsnorm – nicht normativ, sondern bedürfen für ihre Geltung einer individualrechtlichen Einbeziehung (BAG 14. 1. 2004 AP AVR Caritasverband Anl. 1 Nr. 3; BAG 8. 6. 2005 AP MitarbeitervertretungG-EK Rheinland-Westfalen § 42 Nr. 1 = NZA 2006, 611; BAG 26. 7. 2007 AP AVR Diakonisches Werk § 1 Nr. 14 = NZA-RR 2007, 397). Sie stehen AGB (vgl. Rn. 19) gleich, sind somit revisibel, aber nicht wie Betriebs- oder Dienstvereinbarungen von der gerichtlichen AGB-Kontrolle ausgenommen (BAG AP Kirchendienst Nr. 45 = NZA 2006, 872; BAG 26. 7. 2007 AP AVR Diakonisches Werk § 1 Nr. 14 = NZA-RR 2007, 397; aA *Richardi*, Arbeitsrecht in der Kirche, § 15 Rn. 43; *Günther* AGB-Kontrolle S. 129; *Thüsing* NZA 2002, 306, 310; *ders.* ZTR 2005, 507, 510).

4. Verträge, Willenserklärungen

a) Typische Verträge

18 Die Feststellung, ob eine Erklärung abgegeben worden ist und ggf. mit welchem Wortlaut, gehört zu den tatsächlichen Feststellungen, die nur auf Grund zulässiger Verfahrensrüge in der Revisionsinstanz überprüft werden können. Die Auslegung der vom Berufungsgericht festgestellten Willenserklärung durch das Berufungsgericht kann revisibel sein. Vom Revisionsgericht kontrolliert wird die **Auslegung typischer Willenserklärungen**, also solcher Erklärungen, die in einer Vielzahl von Fällen gleich lautend

II. Verletzung einer Rechtsnorm   § 73

verwendet werden, so dass die besonderen Umstände des Einzelfalls nicht zu beachten sind, weil die Wirkungen dieser Verträge über das einzelne Rechtsverhältnis hinausreichen (BAG 20. 5. 2008 AP BGB § 305 Nr. 13). Insofern besteht ein Bedürfnis nach einheitlicher Auslegung. Deshalb werden typische Verträge wie Rechtsnormen behandelt, ihr Inhalt und ihre Auslegung vom Revisionsgericht überprüft (BAG 17. 12. 1960 AP ZPO § 550 Nr. 11; BAG 20. 6. 1985 AP BetrVG 1972 § 112 Nr. 33; Schwab/Weth/*Ulrich* § 73 Rn. 24). Entscheidend ist nicht der Vertrag in seiner Gesamtheit, sondern die Einzelne vertragliche Bestimmung. Insbesondere Bezugnahmeklauseln in Allgemeinen Geschäftsbedingungen iSv. §§ 305 ff. BGB sind revisionsrechtlich voll überprüfbar (BAG 30. 8. 2000 AP TVG § 1 Bezugnahme auf Tarifvertrag Nr. 12; BAG 27. 11. 2002 AP TVG § 1 Bezugnahme auf Tarifvertrag Nr. 28; BAG 23. 3. 2005 AP TVG § 4 Tarifkonkurrenz Nr. 29; BAG 15. 3. 2006 AP TVG § 1 Bezugnahme auf Tarifvertrag Nr. 38 = NZA 2006, 690; Schwab/Weth/*Ulrich* § 73 Rn. 25). Ebenso kann das in einer Ausgleichsquittung enthaltene negative Schuldanerkenntnis als typische Willenserklärung revisibel sein (BAG 23. 2. 2005 AP TVG § 1 Tarifverträge: Druckindustrie Nr. 42; Düwell/Lipke/*Düwell* § 73 Rn. 18; BCF/*Friedrich* § 73 Rn. 4).

Die **Auslegung Allgemeiner Geschäftsbedingungen** ist in der Revision vom Bundesarbeitsgericht voll überprüfbar (BAG 31. 8. 2005 AP ArbZG § 6 Nr. 8; GK-ArbGG/*Mikosch* § 73 Rn. 42; Schwab/Weth/*Ulrich* § 73 Rn. 25; ErfK/*Koch* ArbGG § 73 Rn. 12–14). Die revisionsrechtliche Überprüfung der Auslegung Allgemeiner Geschäftsbedingungen unterscheidet sich im arbeitsgerichtlichen Verfahren von der im Verfahren der ordentlichen Gerichtsbarkeit (BAG 31. 8. 2005 AP ArbZG § 6 Nr. 8). Dort kann der Bundesgerichtshof als Revisionsgericht Allgemeine Geschäftsbedingungen nur dann selbst auslegen, wenn eine unterschiedliche Auslegung durch verschiedene Berufungsgerichte, dh. verschiedene Landgerichte, verschiedene Oberlandesgerichte oder durch ein Landgericht und ein Oberlandesgericht denkbar ist (BGH 5. 7. 2005 BGHZ 163, 321 = NJW 2005, 2919). Diese Einschränkung beruht darauf, dass Allgemeine Geschäftsbedingungen wie revisible Rechtsnormen zu behandeln sind. Sie müssen deshalb in der ordentlichen Gerichtsbarkeit nach § 545 ZPO bestimmten Anforderungen in Bezug auf ihren räumlichen Geltungsbereich genügen. Danach kann die Revision nur auf die Verletzung von Bundesrecht oder einer Vorschrift, deren Geltungsbereich sich über den Bezirk eines Oberlandesgerichts hinaus erstreckt, gestützt werden (BGH 21. 8. 2008 und 2. 12. 2008 – X ZR 80/07 – MDR 2009, 402). Seit Geltung des zum 1. 1. 2002 in Kraft getretenen neuen Revisionsrechts, nach dem gegen die Urteile aller Berufungsgerichte, seien es Landgerichte oder Oberlandesgerichte, die Revision statthaft ist (§ 542 Abs. 1 ZPO), hält es der Bundesgerichtshof für geboten, den in § 545 Abs. 1 ZPO enthaltenen Begriff „Oberlandesgericht" durch „Berufungsgericht" zu ersetzen, um die AGB-Kontrolle auch auf Klauseln erstrecken zu können, bei denen eine unterschiedliche Auslegung durch die Landgerichte eines Oberlandesgerichtsbezirks oder – wenn es in einem Oberlandesgerichtsbezirk nur ein Landgericht gibt – durch das Landgericht und das Oberlandesgericht möglich ist (BGH 5. 7. 2005 BGHZ 163, 321 = NJW 2005, 2919). Die in § 545 Abs. 1 ZPO enthaltene Beschränkung der Revisionsgründe gilt im arbeitsgerichtlichen Revisionsverfahren nicht. § 73 bestimmt ohne Einschränkung, dass die Revision auf die Verletzung einer Rechtsnorm durch das Landesarbeitsgericht gestützt werden kann. **19**

Unter Allgemeinen Geschäftsbedingungen sind Vertragsbedingungen zu verstehen, die **für eine Vielzahl von Verträgen** (mindestens drei: BAG 25. 5. 2005 AP BGB § 310 Nr. 1) vorformuliert sind, und die eine Vertragspartei, der Verwender, der anderen Vertragspartei bei Abschluss eines Vertrags oder dessen Änderung stellt (§ 305 Abs. 1 BGB). Es genügt, wenn eine Partei die von einem Dritten vorformulierten Vertragsbedingungen benutzt, selbst wenn die Partei eine mehrfache Verwendung nicht plant (BGH 16. 11. 1990 NJW 1991, 843). ZB der Arbeitgeber einmalig ein von dritter Seite formuliertes Vertragsmuster verwendet. Das äußere Erscheinungsbild entscheidet nicht. Der Arbeit- **20** geber muss die **Vertragsbedingungen stellen,** also konkret die Einbeziehung in den Vertrag verlangen. Da der Arbeitnehmer Verbraucher iSv. § 13 BGB ist (BVerfG 23. 11. 2006 AP BGB § 307 Nr. 22 = NZA 2007, 85; BAG 25. 5. 2005 AP BGB § 310 Nr. 1; BAG 7. 12. 2005 AP TzBfG § 12 Nr. 4), findet auf Arbeitsverträge § 310 Abs. 3 BGB Anwendung (BAG 25. 5. 2005 AP BGB § 310 Nr. 1; BAG 31. 8. 2005 AP ArbZG § 6 Nr. 8). Das Merkmal des Stellens liegt folglich nur dann nicht vor, wenn der Arbeitnehmer die AGB in den Vertrag eingeführt hat (§ 310 Abs. 3 Nr. 1 BGB), wofür den Arbeitgeber die Beweislast trifft. Die Verwendung von vorformulierten Arbeitsverträgen durch den Arbeitgeber ist der Regelfall (ErfK/*Preis* BGB §§ 305–310 Rn. 22).

21   Eine **Gesamtzusage** ist als typische Willenserklärung vom Bundesarbeitsgericht uneingeschränkt zu überprüfen (BAG 21. 1. 2003 EzA BGB 2002 § 611 Gratifikation, Prämie Nr. 5 = NZA 2003, 879 [LS]; HWK/*Bepler* ArbGG § 73 Rn. 11; Schwab/Weth/*Ulrich* § 73 Rn. 27 b). Gleichermaßen können Inhalt und Reichweite einer **betrieblichen Übung** in der Revisionsinstanz vollumfänglich überprüft werden (BAG 28. 6. 2006 AP BGB § 242 Betriebliche Übung Nr. 74 = NZA 2006, 1174; BAG 12. 12. 2006 AP BGB § 242 Betriebliche Übung Nr. 77; GK-ArbGG/*Mikosch* § 73 Rn. 42; *Hauck/Helml* § 73 Rn. 4; Düwell/Lipke/*Düwell* § 73 Rn. 18; *Reinecke* BB 2004, 1625, 1631; noch offen BAG 25. 6. 2002 AP BetrAVG § 16 Nr. 50; BAG 19. 11. 2002 AP BetrAVG § 1 Nr. 41; BAG 20. 1. 2004 AP BGB § 242 Betriebliche Übung Nr. 65; Schwab/Weth/*Ulrich* § 73 Rn. 27 b [jedenfalls deren Auslegung]). Vom Arbeitgeber im Arbeitsverhältnis verwendete Vordrucke (zB zur Dienstzeitberechnung) enthalten zwar keine Willenserklärungen sind aber als typische Erklärungen revisibel (BAG 18. 11. 2004 AP TVG § 1 Tarifverträge: Deutsche Bahn Nr. 23).

22   Die Auslegung **gerichtlicher Vergleiche** ist in der Revision vollständig überprüfbar, selbst wenn ihr Inhalt ausschließlich individuell bestimmt ist (BAG 9. 10. 1996 AP SGB IX § 115 Nr. 9; BAG 16. 1. 2003 AP ArbGG 1979 § 57 Nr. 2; BAG 22. 5. 2003 AP ZPO § 767 Nr. 8; BAG 19. 5. 2004 AP BGB § 615 Nr. 108; ErfK/*Koch* ArbGG § 73 Rn. 15; Düwell/Lipke/*Düwell* § 73 Rn. 22; offen BAG 22. 10. 2008 – 10 AZR 617/07 – NZA 2009, 139; aA BAG 5. 9. 2002 AP BGB § 280 n. F. Nr. 1; BAG 15. 9. 2004 AP BGB § 157 Nr. 29; diff. BAG 8. 3. 2006 AP HGB § 74 Nr. 79 = NZA 2006, 854 [danach diff., ob die jeweilige Klausel typisch sei]; BAG 1. 6. 2006 AP InsO § 61 Nr. 2 = NZA 2007, 94; BAG 13. 12. 2006 EzA BGB 2002 § 779 Nr. 3 = NZA 2007, 408 [LS]; ebenso GK-ArbGG/*Mikosch* § 73 Rn. 43; MünchKommBGB/*Habersack* § 779 Rn. 45 und 71; Musielak/*Ball* § 546 Rn. 7; MünchKommZPO/*Wenzel* § 546 Rn. 12; Rosenberg/Schwab/*Gottwald* § 129 Rn. 42; Lansnicker/*Lansnicker* § 2 D Rn. 503; *Ostrowicz/Künzl/Schäfer* Rn. 588; vom BGH wird die Frage wie vom BAG uneinheitlich entschieden, zT wendet der BGH bei Anerkennung eines Beurteilungsspielraums des Berufungsgerichts bemerkenswert strenge Auslegungsregeln an; vgl. BGH 22. 6. 2005 NJW-RR 2005, 1323), weil eine Differenzierung in der Kontrolle zwischen der darin liegenden Prozesserklärung und dem bürgerlichrechtlichen Rechtsgeschäft nicht möglich ist. Wird der Vertragstext vom Arbeitgeber iSv. §§ 305 Abs. 1, 310 Abs. 3 Nr. 1 BGB gestellt (vgl. Rn. 20), kann die Kontrollfähigkeit des Inhalts von Prozessvergleichen daraus resultieren, dass die Formulierung vom protokollierenden Richter nach eigenen Mustern vorgegeben worden ist, es sich also um von dritter Seite formulierte Allgemeine Geschäftsbedingungen handelt (vgl. Rn. 19; HWK/*Bepler* ArbGG § 73 Rn. 15).

b) Atypische Willenserklärungen

23   Die Auslegung **atypischer Willenserklärungen** ist Sache der Tatsachengerichte und in der Revision nur in Grenzen nachprüfbar (BAG 5. 9. 2002 AP BGB § 280 n. F. Nr. 1; BAG 24. 9. 2003 AP InsO § 47 Nr. 1; BAG 13. 11. 2007 AP BetrAVG § 1 Nr. 50 = NZA-RR 2008, 457). Enthält ein Vertrag nur einzelne typische Klauseln, kann dies zur Folge haben, dass der ganze Vertrag als atypischer einer vollständigen revisionsgericht-

lichen Kontrolle entzogen ist (so BAG 16. 10. 1987 AP BAT § 53 Nr. 2). Zwingend ist dies aber nicht. Vielmehr sind abgrenzbare Regelungskomplexe im Zweifel gesondert auf ihre Revisibilität zu überprüfen (GK-ArbGG/*Mikosch* § 73 Rn. 39). Durch die Verwendung Allgemeiner Geschäftsbedingungen in Arbeitsverträgen und wegen der durch die Schuldrechtsmodernisierung im Arbeitsrecht eingeführten AGB-Kontrolle (vgl. Rn. 19), hat die praktische Bedeutung dieser (zumindest teilweisen) Revisibilität von Arbeitsverträgen stark zugenommen.

Hat das Landesarbeitsgericht eine atypische Willenserklärung ausgelegt, unterliegt der **24** Überprüfung durch das Revisionsgericht allein, ob bei der Auslegung die Rechtsvorschriften über die Auslegung (§§ 133, 157 BGB) richtig angewandt worden sind, ob der Tatsachenstoff vollständig verwertet oder dabei gegen Denkgesetze und Erfahrungssätze verstoßen (st. Rspr.; BAG 23. 1. 2002 AP BGB § 620 Befristeter Arbeitsvertrag Nr. 230; BAG 5. 9. 2002 AP BGB § 280 n. F. Nr. 1; BAG 24. 9. 2003 AP InsO § 47 Nr. 1; GK-ArbGG/*Mikosch* § 73 Rn. 38) oder eine gebotene Auslegung unterlassen worden ist (BAG 18. 2. 1992 AP TVG § 4 Ausschlussfristen Nr. 115). Entsprechend wird überprüft, ob die **Voraussetzungen für eine vorgenommene ergänzende Vertragsauslegung** (BAG 8. 11. 1972 AP BGB § 157 Nr. 3; GK-ArbGG/*Mikosch* § 73 Rn. 38) oder für eine Beurteilung durch den Arbeitgeber oder eine Einigungs- oder Schiedsstelle gegeben waren (BAG 22. 6. 1993 AP GG Art. 3 Nr. 193; BAG 22. 1. 1997 AP TVG § 1 Tarifverträge: Metallindustrie Nr. 146). Insofern wird die Verletzung von Rechtsnormen im Sinne von § 73 überprüft. Die Auslegung selbst ist aber nicht revisibel.

Von der Auslegung zu unterscheiden ist die **Feststellung der für die Auslegung erheb-** **25** **lichen Tatsachen** durch das Landesarbeitsgericht. An dessen tatsächliche Feststellungen ist das Revisionsgericht gebunden, soweit nicht dabei Rechtsfehler unterlaufen und mit der Revision gerügt worden sind, § 559 Abs. 2 ZPO (BAG 17. 2. 1966 AP BGB § 133 Nr. 30). Die Feststellung, eine Willenserklärung habe einen bestimmten Inhalt, ist keine tatsächliche Feststellung, sondern Ergebnis einer Auslegung und daher für das Revisionsgericht nicht bindend, wenn bei der Auslegung Rechtsfehler der aufgezeigten Art unterlaufen sind (GK-ArbGG/*Mikosch* § 73 Rn. 36; aA BAG 14. 9. 1972 AP BGB § 133 Nr. 34).

Erweist sich die Auslegung einer atypischen Erklärung durch das Landesarbeitsgericht **26** als fehlerhaft oder hat das Landesarbeitsgericht eine gebotene Auslegung unterlassen, darf das Revisionsgericht auch atypische Verträge und Willenserklärungen selbst auslegen, wenn der erforderliche Sachverhalt vollständig festgestellt und **kein weiteres tatsächliches Vorbringen** zu erwarten ist (BAG 17. 5. 1984 AP BAT § 55 Nr. 3; BAG 28. 2. 1991 AP ZPO § 550 Nr. 21; BAG 23. 4. 2002 AP BetrAVG § 1 Berechnung Nr. 22; BAG 15. 12. 2005 AP BGB § 611 Haftung des Arbeitgebers Nr. 36; BGH 6. 7. 2005 NJW 2005, 3205; BAG 3. 5. 2006 AP TVG § 1 Kündigung Nr. 8 = NZA 2006, 1125; BAG 13. 12. 2006 EzA BGB 2002 § 779 Nr. 3 = NZA 2007, 40 [LS]; BAG 11. 7. 2007 AP HRG § 57a Nr. 12; BGH 22. 6. 2005 NJW-RR 2005, 1323; GK-ArbGG/ *Mikosch* § 73 Rn. 40; Musielak/*Ball* § 546 Rn. 5; MünchKommZPO/*Wenzel* § 546 Rn. 10; *Hauck/Helml* § 73 Rn. 8), oder es um die Auslegung einer **Urkunde** geht und für deren Auslegung außerhalb der Urkunde liegende Umstände nicht in Betracht kommen (BAG 28. 2. 1990 AP BeschFG 1985 § 1 Nr. 14; GK-ArbGG/*Mikosch* § 73 Rn. 40; *Hauck/Helml* § 73 Rn. 8). Ist die Feststellung weiterer Tatsachen erforderlich, wird die Sache an das Landesarbeitsgericht zurückverwiesen (§ 563 Abs. 1 ZPO).

c) Rechtsgeschäftsähnliche Erklärungen

Rechtsgeschäftsähnliche Erklärungen (zB Abmahnung, Anhörung des Betriebsrats vor **27** einer Kündigung, **Geltendmachung einer Forderung** im Sinne einer tariflichen Ausschlussfrist) können sowohl typischen als auch atypischen Inhalt haben. Die revisionsrechtliche Überprüfung entspricht der vergleichbarer Willenserklärungen (BAG 22. 9.

2005 AP KSchG 1969 § 1 Wartezeit Nr. 20; aA Schwab/Weth/*Ulrich* § 73 Rn. 27a [ausschließlich wie atypische Willenserklärungen]).

d) Prozesshandlungen

28 Prozesshandlungen unterliegen der uneingeschränkten Auslegung durch das Revisionsgericht (BAG 2. 3. 1971 AP BSeuchG § 18 Nr. 2; BAG 22. 5. 1985 AP TVG § 1 Tarifverträge: Bundesbahn Nr. 7; BAG 15. 3. 2001 AP KSchG 1969 § 4 Nr. 46; BAG 27. 11. 2003 AP ZPO § 319 Nr. 27 [zur Auslegung der Klageschrift]; Musielak/*Ball* § 546 Rn. 7; GK-ArbGG/*Mikosch* § 73 Rn. 43; ErfK/*Koch* ArbGG § 73 Rn. 15; aA MünchKommZPO/*Wenzel* § 546 Rn. 11; *Grunsky* § 73 Rn. 18). Unabhängig von Revisionsrügen ist zu prüfen, ob ein Bestreiten ausreichend und wirksam war oder ob eine Erklärung als Geständnis (§ 288 ZPO) zu werten ist (BGH 12. 3. 1991 NJW 1991, 1683; BGH 24. 6. 1999 NJW 1999, 2889; Musielak/*Ball* § 557 Rn. 18; MünchKommZPO/*Wenzel* § 557 Rn. 27). Zur Auslegung von Prozessvergleichen s. Rn. 22.

5. Ausgeschlossene Revisionsgründe

29 Aus dem materiellen Recht können sich Grenzen der revisionsgerichtlichen Prüfungsbefugnis ergeben. Ein arbeitsrechtlich bedeutsames Beispiel bietet § 6 KSchG. Danach kann sich ein Arbeitnehmer, der innerhalb der Klagefrist des § 4 KSchG die Rechtsunwirksamkeit einer Kündigung im Klagewege geltend gemacht hat, in diesem Verfahren bis zum Schluss der mündlichen Verhandlung erster Instanz zur Begründung der Unwirksamkeit auch auf innerhalb der Klagefrist noch nicht geltend gemachte Gründe berufen. Deshalb ist es ihm materiellrechtlich nicht mehr möglich, erstmals in der Revisionsinstanz weitere Unwirksamkeitsgründe geltend zu machen (BAG 8. 11. 2007 AP KSchG 1969 § 4 Nr. 63 = NZA 2008, 936). Nach § 557 Abs. 2 ZPO iVm. § 72 Abs. 5 unterliegen der Beurteilung des Revisionsgerichts nicht die dem Endurteil vorausgegangenen unanfechtbaren Entscheidungen. Deshalb ist eine inzidente Überprüfung der Entscheidung des Berufungsgerichts über ein Ablehnungsgesuch im Rahmen eines Rechtsmittels gegen die unter Mitwirkung des erfolglos abgelehnten Richters getroffene Hauptentscheidung ausgeschlossen (BAG 23. 9. 2008 AP ArbGG 1979 § 78a Nr. 5; BAG 20. 1. 2009 – 1 ABR 78/07 –; BGH 30. 11. 2006 – III ZR 93/06 – MDR 2007, 599; vgl. auch BVerfG 31. 7. 2008 – 1 BvR 416/08 –). Der Partei, deren Befangenheitsantrag abgelehnt wurde, steht vielmehr allein die beim Ausgangsgericht zu erhebende Anhörungsrüge (§ 78a) offen. Abweichendes ergibt sich nicht aus § 78a Abs. 1 Satz 2, denn diese Vorschrift ist verfassungskonform dahin auszulegen, dass Entscheidungen, die ein selbständiges Zwischenverfahren abschließen, das im Hinblick auf mögliche Gehörsverletzungen im weiteren fachgerichtlichen Verfahren nicht mehr überprüft und korrigiert werden kann, mit der Anhörungsrüge angegriffen werden können (BVerfG 23. 10. 2007 – 1 BvR 782/07 – MDR 2008, 223; BVerfG 31. 7. 2008 – 1 BvR 416/08 –; BAG 23. 9. 2008 AP ArbGG 1979 § 78a Nr. 5; vgl. auch BVerfG 31. 7. 2008 – 1 BvR 416/08 –). Nach § 238 Abs. 3 ZPO ist die Wiedereinsetzung in den vorigen Stand unanfechtbar, so dass die damit verbundenen Rechtsfragen nicht revisibel sind. Hieraus folgt zudem, dass sie für das BAG nicht klärungsfähig sind, also ihretwegen die Revision nicht zugelassen werden darf (vgl. BAG 7. 11. 2007 – 5 AZN 1019/07 –). Darüber hinaus kann die Revision nach § 73 Abs. 2 iVm. § 65, obwohl es sich jeweils um die Verletzung einer Rechtsnorm handelt, in vier Fällen nicht auf diese gestützt werden. Es sind dies **der Rechtsweg, die örtliche Zuständigkeit, die richtige Verfahrensart und die Berufung der ehrenamtlichen Richter**. Zudem kann die Revision nicht auf die Gründe des § 72b gestützt werden (Abs. 1 Satz 2). Zur Frage, ob eine Revision, die nur mit einer nach § 73 ausgeschlossenen Rüge begründet wird, unzulässig ist, s. § 74 Rn. 78 und 103.

II. Verletzung einer Rechtsnorm

a) Rechtsweg, Zuständigkeit und Verfahrensart

Die Frage des richtigen Rechtswegs, der örtlichen Zuständigkeit (eine sachliche Zuständigkeit spielt innerhalb der Gerichte für Arbeitssachen keine Rolle) und der Verfahrensart (Urteils- oder Beschlussverfahren) wird nach § 48 Abs. 1 **vorab in dem besonderen Verfahren** nach § 17a GVG entschieden (s. die Erl. zu § 48). Folglich bestimmen § 73 Abs. 2 iVm. § 65 bzw. § 545 Abs. 2 ZPO (bezüglich aller Formen der Zuständigkeit – vgl. BGH 26. 6. 2003 – III ZR 91/03 – MDR 2003, 1369), dass diese Fragen vom Bundesarbeitsgericht auf Grund einer Revision nicht mehr geprüft werden (vgl. BAG 21. 1. 2003 AP SGB V § 257 Nr. 3; BAG 18. 11. 2008 – 3 AZR 192/07). 30

Das Prüfungsverbot gilt unabhängig davon, ob insoweit ein Rechtsfehler vom Revisionskläger gerügt wird oder nicht. Haben jedoch die Vorinstanzen rechtsfehlerhaft, ungeachtet der von einer Partei erhobenen Rüge (BAG 21. 8. 1996 AP ArbGG 1979 § 2 Nr. 42; BAG 8. 6. 1999 AP BetrAVG § 1 Lebensversicherung Nr. 26; vgl. auch BGH 4. 3. 1998 NJW 1998, 2057) über den Rechtsweg oder die zutreffende Verfahrensart – nicht aber über die örtliche Zuständigkeit (BAG 5. 9. 1995 AP TVG § 1 Vorruhestand Nr. 24) – **nicht vorab durch einen Beschluss nach § 17a GVG,** sondern nur in den Gründen des Sachurteils entschieden und wird dies von der Revision gerügt, kann das Bundesarbeitsgericht darüber unter den Voraussetzungen des § 17a Abs. 4 Satz 4 GVG entscheiden, dh. wenn das Landesarbeitsgericht die Revision zugelassen hat (vgl. BAG 19. 3. 2003 AP ZPO § 253 Nr. 41). Die Zulassung der Revision ist insoweit wie eine Zulassung der Rechtsbeschwerde nach § 17a Abs. 4 Satz 4 bis 6 GVG zu behandeln (aA BAG 28. 4. 1992 AP BetrVG 1972 § 50 Nr. 11). Das gilt auch dann, wenn das Landesarbeitsgericht den Rechtsweg zu den Gerichten für Arbeitssachen, die Zuständigkeit oder die Zulässigkeit des gewählten Verfahrens nur in den Gründen der Entscheidung verneint hat. 31

Ist die Revision erst auf eine **Nichtzulassungsbeschwerde** durch das Bundesarbeitsgericht zugelassen worden, besteht das Prüfungsverbot des § 73 Abs. 2 fort, da es gegen einen Beschluss nach § 17a Abs. 4 GVG, in dem eine Rechtsbeschwerde nicht zugelassen wird, nach § 78 keine Nichtzulassungsbeschwerde gibt (s. § 78 Rn. 43). 32

Soweit danach die Prüfung des Rechtswegs, der Zuständigkeit oder der Verfahrensart doch noch dem Bundesarbeitsgericht anfällt, entscheidet dieses darüber **vorab durch Beschluss,** der ohne mündliche Verhandlung und ohne Hinzuziehung der ehrenamtlichen Richter ergehen kann (BAG 26. 3. 1992 AP ArbGG 1979 § 48 Nr. 7). 33

Das Prüfungsverbot des § 73 Abs. 2 gilt **nicht** für die Prüfung der **internationalen Zuständigkeit** (zum alten Recht BAG 5. 9. 1972 AP BGB § 242 Ruhegehalt Nr. 159; BGH GS 14. 6. 1965 AP ZPO § 512a Nr. 3; vgl. § 74 Rn. 98) und die Zuständigkeit der staatlichen Gerichte im Verhältnis zu den kirchlichen Gerichten (BGH 28. 3. 2003 NZA-RR 2004, 426; Musielak/*Ball* § 545 Rn. 13). 34

b) Berufung der ehrenamtlichen Richter

Die Revision kann schließlich nicht auf Mängel des Verfahrens bei der **Berufung der ehrenamtlichen Richter** gestützt werden. Die Berufung der ehrenamtlichen Richter ist in den §§ 20 bis 23 geregelt. Dass diese Vorschriften nicht beachtet worden seien, kann mit der Revision nicht geltend gemacht werden. Ist der ehrenamtliche Richter formell berufen worden, so kommt es darauf, ob er hätte berufen werden dürfen, nicht an. Es kann auch nicht geltend gemacht werden, dass der ehrenamtliche Richter nach § 21 Abs. 5 oder 6 schon von seinem Amt hätte entbunden oder wegen grober Verletzung seiner Amtspflicht seines Amtes nach § 27 enthoben werden müssen. 35

Die Berufung der ehrenamtlichen Richter ist zu unterscheiden von der Heranziehung der ehrenamtlichen Richter zu den einzelnen Sitzungen nach der jeweiligen Liste (§§ 31, 39). Die Heranziehung betrifft die **ordnungsgemäße Besetzung des Gerichts.** Ihre Verletzung ist ein absoluter Revisionsgrund im Sinne von § 547 Nr. 1 ZPO (BAG 36

26. 9. 1996 AP ArbGG 1979 § 39 Nr. 3; BAG 16. 5. 2002 AP GG Art. 101 Nr. 61; dazu Rn. 41).

c) Anwendungsbereich von § 72 b

37 Seit dem Inkrafttreten des Anhörungsrügengesetzes am 1. 1. 2005 kann sich die Revision in Arbeitsrechtssachen nur noch eingeschränkt auf den absoluten Revisionsgrund des § 547 Nr. 6 ZPO (**Entscheidung ohne Gründe**) berufen. Kraft der besonderen Regelung in § 73 Abs. 1 Satz 2 kann die Revision nicht auf die Gründe des § 72 b gestützt werden. Deshalb darf im Rahmen des Revisionsverfahrens nicht geprüft werden, ob das angefochtene Urteil binnen fünf Monaten nach der Verkündung vollständig abgefasst und mit den Unterschriften sämtlicher Mitglieder der Kammer versehen der Geschäftsstelle übergeben worden ist. Hingegen kann mit der Revision weiterhin gerügt werden, die Entscheidungsgründe seien widersprüchlich oder lückenhaft, also einer der weiteren Fälle des § 547 Nr. 6 ZPO liege vor (vgl. Rn. 49; BAG 19. 4. 2007 AP BGB § 611 Direktionsrecht Nr. 77).

6. Ordnungsvorschriften

38 Die Verletzung von Verfahrensvorschriften im Berufungsverfahren ist nur dann revisionsrechtlich zu beachten, wenn es sich nicht lediglich um Ordnungsvorschriften handelt und eine entsprechende ordnungsgemäße Verfahrensrüge erhoben wird. Als Ordnungsvorschriften, auf die die Revision nicht erfolgreich gestützt werden kann, gelten die **Regelungen über die Verkündungsfrist und die vollständige Abfassung des Urteils** bei Verkündung in einem eigens anberaumten Termin (§§ 69 Abs. 1 Satz 2, 60 Abs. 1 und 4 – BAG 9. 2. 1994 AP BGB § 613 a Nr. 105; BAG 16. 5. 2002 AP GG Art. 101 Nr. 61; BAG 25. 9. 2003 AP BAT-O §§ 22, 23 Nr. 26).

III. Beruhen auf der Rechtsverletzung

1. Allgemeines

39 Die Revision ist nur **begründet,** wenn das angefochtene Urteil auf einer Rechtsverletzung im dargelegten Sinne beruht. Das muss nicht stets der Fall sein, vielmehr kann sich ergeben, dass das **Urteil aus anderen Gründen zutreffend ist,** § 561 ZPO. Dann ist die Revision trotz der gegebenen Rechtsverletzung zurückzuweisen.

40 Wäre die Entscheidung in der Sache wahrscheinlich zugunsten des Revisionsklägers ausgefallen, wenn der festgestellte Verfahrensfehler unterblieben wäre, ist die entsprechende Verfahrensrüge begründet (BAG 6. 1. 2004 AP ArbGG 1979 § 74 Nr. 11 = NZA 2004, 449; Düwell/Lipke/*Düwell* § 73 Rn. 51 [Möglichkeit genügt]; Schwab/Weth/*Ulrich* § 73 Rn. 62). Einfacher liegt es bei den in § 547 Nr. 1 bis 6 ZPO abschließend aufgeführten **absoluten Revisionsgründen.** Hier wird unwiderleglich vermutet, dass das Urteil auf der Gesetzesverletzung beruht. In diesen Fällen findet § 561 ZPO keine Anwendung. Das Urteil ist stets in seiner Gesamtheit aufzuheben und die Sache an das Berufungsgericht zurückzuverweisen (BAG 26. 9. 1996 AP ArbGG 1979 § 39 Nr. 3). Das Vorliegen absoluter Revisionsgründe macht aber die Revision als solche noch nicht zulässig und kann für sich allein die Zulassung der Revision auf eine Nichtzulassungsbeschwerde hin nicht rechtfertigen. Ob ein absoluter Revisionsgrund iSv. § 547 Nr. 1 bis 6 ZPO vorliegt, hat das Bundesarbeitsgericht ausschließlich auf eine **zulässige Rüge** nach § 551 Abs. 3 Nr. 2 ZPO hin zu prüfen (BAG 25. 8. 1983 AP ZPO § 551 Nr. 11; GK-ArbGG/*Mikosch* § 73 Rn. 49 ff.). Diese Rüge kann auch vom Revisionsbeklagten noch bis zum Schluss der Revisionsverhandlung erhoben werden („**Gegenrüge**"), ohne dass es dazu der Erhebung der Anschlussrevision bedürfte (vgl. hierzu § 74 Rn. 69 und 109).

III. Beruhen auf der Rechtsverletzung § 73

2. Absolute Revisionsgründe

a) Ordnungsgemäße Besetzung des Gerichts

Ein absoluter Revisionsgrund ist gegeben, wenn das erkennende **Gericht nicht vor-** 41
schriftsmäßig besetzt war, § 547 Nr. 1 ZPO. Erkennendes Gericht ist das Gericht, dessen Entscheidung angefochten wird und zwar in der Besetzung bei Schluss der mündlichen Verhandlung, auf die das Urteil ergeht oder – bei schriftlichem Verfahren – bei der Beschlussfassung (BAG 27. 3. 1961 AP ZPO § 551 Nr. 1).

Das Gericht ist zB nicht ordnungsgemäß besetzt, wenn die Berufsrichter nicht nach 42
§ 8 DRiG berufen worden sind. Ein Richter am Arbeitsgericht kann aber als Vorsitzender einer Kammer beim Landesarbeitsgericht eingesetzt werden (BAG 25. 3. 1971 AP ArbGG 1953 § 36 Nr. 3). Ein absoluter Revisionsgrund nach § 547 Nr. 1 ZPO ist es, wenn der **Vorsitzende** außerhalb der Fälle des § 55 Abs. 1 und 2 anstelle der Kammer **allein entschieden** hat. Bei übersetzten Spruchkörpern des Bundesarbeitsgerichts muss die Hinzuziehung der Berufsrichter zu den einzelnen Sitzungen vorab abstrakt geregelt sein und darf nicht dem Ermessen des Vorsitzenden überlassen werden (§ 21 g GVG; vgl. dazu BVerfG 8. 4. 1997 AP GG Art. 101 Nr. 53; BGH 30. 3. 1993 AP GVG § 21 g Nr. 1).

Sind die **ehrenamtlichen Richter** nicht vor Beginn der mündlichen Verhandlung für 43
ihre Amtsperiode **vereidigt** worden (BAG 11. 3. 1965 AP ArbGG 1953 § 2 Zuständigkeitsprüfung Nr. 28) oder war ihre Amtsperiode abgelaufen (BAG 12. 5. 1961 AP ZPO § 551 Nr. 2), führt ihre Mitwirkung zur nicht ordnungsgemäßen Besetzung des Gerichts. Die **Heranziehung der ehrenamtlichen Richter** muss nach einer Liste gemäß §§ 31, 39 erfolgen. Sie muss sich nach abstrakt-generellen Regeln vollziehen (BAG 26. 9. 1996 AP ArbGG 1979 § 39 Nr. 3; BAG 2. 12. 1999 AP ArbGG 1979 § 79 Nr. 4; BAG 16. 10. 2008 AP ArbGG § 72 a Nr. 63). Sie darf nicht einer Ermessensentscheidung des Vorsitzenden oder der Kammer überlassen bleiben, auch nicht für den Fall der Fortsetzung der mündlichen Verhandlung in der gleichen Besetzung (BAG 16. 11. 1995 AP Einigungsvertrag Anlage I Kap. XIX Nr. 54; BAG 26. 9. 1996 AP ArbGG 1979 § 39 Nr. 3). War die Heranziehung der ehrenamtlichen Richter willkürlich, ist das ein absoluter Revisionsgrund auch dann, wenn die Parteien mit der Mitwirkung dieser ehrenamtlichen Richter einverstanden waren (BAG 25. 8. 1983 AP ZPO § 551 Nr. 11; s. aber BAG 7. 5. 1998 AP ZPO § 551 Nr. 49). § 547 Nr. 1 ZPO ist nicht erfüllt, wenn das Präsidium eines Landesarbeitsgerichts die bei diesem Gericht berufenen ehrenamtlichen Richter allen Kammern zuweist (BAG 16. 10. 2008 AP ArbGG § 72 a Nr. 63). Weder das Gerichtsverfassungs- noch das Arbeitsgerichtsgesetz stehen einer Regelung in einem richterlichen Geschäftsverteilungsplan eines Landesarbeitsgerichts entgegen, wonach die bei dem Gericht berufenen ehrenamtlichen Richter allen Kammern angehören. Die Pflicht zur Aufstellung einer Liste durch die jeweiligen Kammervorsitzenden des Landesarbeitsgerichts (§ 39 Satz 1 iVm. § 31 Abs. 1) betrifft nicht die Verteilung der ehrenamtlichen Richter auf die einzelnen Spruchkörper, sondern nur das Verfahren für die Heranziehung der vom Präsidium der Kammer zugewiesenen ehrenamtlichen Richter zu den Sitzungen (BAG 16. 10. 2008 AP ArbGG § 72 a Nr. 63).

Die Besetzung des Gerichts ist nicht vorschriftsmäßig, wenn ein ehrenamtlicher Richter 44
mitwirkt, dessen **Amtsperiode abgelaufen** ist (BAG 16. 5. 2002 AP GG Art. 101 Nr. 61). Dieser Mangel bleibt auch dann bestehen, wenn derselbe ehrenamtliche Richter erneut berufen wird (BAG 16. 5. 2002 AP GG Art. 101 Nr. 61). Ist wegen der zu erwartenden erneuten Berufung desselben ehrenamtlichen Richters der Verkündungstermin verlegt worden, beseitigt dies den Mangel nicht (BAG 16. 5. 2002 AP GG Art. 101 Nr. 61). Kein Verstoß gegen die ordnungsgemäße Besetzung des Gerichts ist es, wenn bei der Berufung der ehrenamtlichen Richter Verfahrensverstöße unterlaufen sind (§ 73 Abs. 2 iVm. § 65; offenbar aA BAG 10. 9. 1985 AP TVG § 2 Nr. 34; hierzu Rn. 35).

45 Hat eine nach dem **Geschäftsverteilungsplan unzuständige Kammer** des Landesarbeitsgerichts entschieden, liegt ein absoluter Revisionsgrund vor, wenn die Kammer außerhalb der Geschäftsverteilung tätig geworden ist. Im Falle einer kammerübergreifenden Verbindung von Rechtsstreiten zur gemeinsamen Verhandlung und Entscheidung bedarf es einer normativen, abstrakt-generellen Vorherbestimmung des zuständigen Richters. Eine Ermessensentscheidung ist unzureichend und verletzt den Grundsatz des gesetzlichen Richters (BAG 22. 3. 2001 AP GG Art. 101 Nr. 59). Die vom Präsidium des Gerichts im Falle eines Zuständigkeitskonflikts bestimmte Kammer ist die zuständige.

46 Eine nicht ordnungsgemäße Besetzung des Gerichts ist anzunehmen, wenn ein mitwirkender Richter während eines Teiles der mündlichen Verhandlung abwesend war oder schlief (BAG 31. 1. 1958 AP ZPO § 164 Nr. 1; BVerwG 6. 5. 1965 AP ZPO § 551 Nr. 5; zur Mitwirkung eines blinden Richters s. BSG 21. 7. 1965 AP ZPO § 551 Nr. 7; *Schulze* MDR 1995, 670). Hat ein **Richter** mitgewirkt, der kraft Gesetzes (§ 41 ZPO) oder auf Grund eines begründeten Ablehnungsgesuchs (§ 42 ZPO) von der Mitwirkung **ausgeschlossen** war, liegt nach § 547 Nr. 2 bzw. Nr. 3 ZPO ein absoluter Revisionsgrund vor. Anders, wenn der Ablehnungsantrag zurückgewiesen wurde. Das gilt auch für ehrenamtliche Richter (BVerwG 27. 4. 1979 Buchholz 238. 3A § 84 BPersVG Nr. 1).

b) Fehlerhafte Zuständigkeitsentscheidung

47 Hat das Gericht seine Zuständigkeit oder Unzuständigkeit zu Unrecht angenommen, war dies nach der **bis zum 31. 12. 2001 geltenden Rechtslage** ein absoluter Revisionsgrund (§ 551 Nr. 4 ZPO), sofern es sich nicht um die rechtskräftige Bejahung oder Verneinung des Rechtswegs, der örtlichen Zuständigkeit oder der gewählten Verfahrensart im Verfahren nach § 17a GVG handelte. § 547 ZPO hat diesen absoluten Revisionsgrund nicht übernommen.

c) Fehlerhafte Vertretung, Verletzung der Öffentlichkeit

48 Die Entscheidung des Landesarbeitsgerichts beruht gemäß § 547 Nr. 4 ZPO auch dann auf einer Gesetzesverletzung, wenn eine Partei in dem Verfahren nicht nach den Vorschriften der Gesetze vertreten war. Dieser absolute Revisionsgrund entfällt, wenn die nicht vertretene Partei die Prozessführung ausdrücklich oder stillschweigend genehmigt. Dieser Revisionsgrund liegt zB vor, wenn ein Arbeitnehmer von einem nicht vertretungsberechtigten Gewerkschaftssekretär vertreten wurde (BAG 16. 5. 1975 AP ArbGG 1953 § 11 Nr. 35) oder das Berufungsgericht trotz eingetretener Verfahrensunterbrechung verhandelt und entschieden hat (BAG 6. 12. 2006 – 5 AZR 844/06 –). Nach § 547 Nr. 5 ZPO rechnet es zu den absoluten Revisionsgründen, wenn die Entscheidung auf Grund einer mündlichen Verhandlung ergangen ist, bei der die Vorschriften über die **Öffentlichkeit des Verfahrens** (§ 52 in Verbindung mit §§ 173 bis 175 GVG) verletzt wurden.

d) Entscheidung ohne Gründe

49 Ein absoluter Revisionsgrund ist es schließlich, wenn die **Entscheidung des Landesarbeitsgerichts nicht mit Gründen versehen ist** (§ 547 Nr. 6 ZPO). Dieser Tatbestand liegt nicht vor, wenn das Berufungsgericht zulässigerweise nach § 69 Abs. 2 auf das Urteil des Arbeitsgerichts verwiesen hat (BAG 24. 6. 1980 AP ZPO 1977 § 543 Nr. 2). Eine Entscheidung ohne Gründe ist nicht nur gegeben, wenn das Berufungsurteil überhaupt keine Begründung enthält, sondern auch dann, wenn aus dem Urteil nicht zu erkennen ist, welche tatsächlichen Feststellungen und welche rechtlichen Erwägungen für die getroffene Entscheidung maßgeblich waren (BAG 13. 12. 2005 AP BetrAVG § 1 Auslegung Nr. 5; BAG 19. 4. 2007 AP BGB § 611 Direktionsrecht Nr. 77). Deshalb fehlen Gründe im Rechtssinne, wenn die Ausführungen des Urteils gänzlich unverständ-

III. Beruhen auf der Rechtsverletzung   § 73

lich sind, sie also die für die Entscheidung maßgeblichen Überlegungen nicht erkennen lassen, etwa bei leeren Redensarten (BAG 20. 1. 2000 AP InsO § 126 Nr. 1). Dem vollständigen Fehlen der Gründe steht es gleich, wenn diese zu wesentlichen Punkten nicht Stellung nehmen oder der Tenor im Widerspruch zu den Gründen steht (BAG 30. 6. 1994 AP Einigungsvertrag Art. 22 Nr. 1; BGH 21. 12. 1962 BGHZ 39, 333) oder das Berufungsurteil nur die Gründe des arbeitsgerichtlichen Urteils zitiert, ohne auf neues Vorbringen des Berufungsklägers einzugehen (BAG 16. 6. 1998 AP ZPO § 543 Nr. 3).

Darauf, dass das Urteil nicht gemäß § 60 Abs. 4 oder § 69 Abs. 1 innerhalb der dort **50** genannten Fristen zur Geschäftsstelle gelangt ist, kann eine Revision nicht gestützt werden (BAG 23. 1. 1996 AP ArbGG 1979 § 64 Nr. 20; BAG 25. 9. 2003 AP BAT-O §§ 22, 23 Nr. 26; BAG 19. 4. 2007 AP BGB § 611 Direktionsrecht Nr. 77).

Liegen Tatbestand und Entscheidungsgründe **nicht innerhalb von fünf Monaten** nach **51** der Verkündung des Urteils schriftlich niedergelegt und von allen Richtern unterschrieben vor, steht dies einer Entscheidung ohne Gründe gleich (GemS OGB 27. 4. 1993 AP ZPO § 551 Nr. 21; BAG 4. 8. 1993 AP ZPO § 551 Nr. 22; BAG 8. 2. 1994 AP ArbGG 1979 § 72 Nr. 23; BAG 16. 5. 2002 AP GG Art. 101 Nr. 61). Doch kann nach Abs. 1 Satz 2 die Revision nicht mehr auf die Gründe des § 72 b gestützt werden. Dh. die Nichtabsetzung des Berufungsurteils binnen fünf Monaten nach Verkündung kann ausschließlich durch Beschwerde nach § 72 b, nicht aber durch Revision geltend gemacht werden. Damit ist der Anwendungsbereich dieses absoluten Revisionsgrundes im Verfahren vor dem Bundesarbeitsgericht stark eingeschränkt worden.

Sind zurzeit der **Verkündung des Berufungsurteils** seit der Letzten mündlichen Ver- **52** handlung mehr als fünf Monate vergangen sind, steht dies dem Fehlen der Gründe nicht gleich und rechtfertigt weder die Beschwerde nach § 72 b noch die Revision (vgl. BAG 20. 11. 1997 AP ZPO § 551 Nr. 47; BAG 16. 5. 2002 AP GG Art. 101 Nr. 61; BAG 25. 9. 2003 AP BAT-O §§ 22, 23 Nr. 26).

Das **Fehlen des nach dem Gesetz nicht entbehrlichen Tatbestands** ist **von Amts wegen** **53** zu beachten (BAG 25. 4. 2002 AP ZPO 1977 § 543 Nr. 11; BAG 15. 8. 2002 AP ZPO 1977 § 543 Nr. 12; BAG 17. 6. 2003 AP ZPO 1977 § 543 Nr. 13; BAG 1. 10. 2003 AP ArbGG 1979 § 72 a Nr. 50 = NZA 2003, 1356, 1358; BAG 18. 5. 2006 AP KSchG 1969 § 15 Ersatzmitglied Nr. 2 = NZA 2006, 1037; BAG 19. 6. 2007 AP ZPO § 313 Nr. 15; GK-ArbGG/*Mikosch* § 73 Rn. 70; vgl. ferner § 74 Rn. 99, 105). Dies gilt auch dann, wenn das Berufungsurteil einen Tatbestand enthält, dieser aber derart unvollständig ist, dass diese Unvollständigkeit dem Revisionsgericht eine Überprüfung der Revisionsangriffe unmöglich macht (BAG 19. 6. 2007 AP ZPO § 313 Nr. 15; BGH 10. 2. 2004 NJW 2004, 1389). Damit kommt Abs. 1 Satz 2 für diesen Fall keine Bedeutung zu, obgleich das „völlige" Fehlen des Tatbestands unter den Anwendungsbereich von § 72 b fällt. Ist ein kurzer, aber inhaltlich unzureichender Tatbestand vorhanden, führt dies ohnehin nicht zur Anwendbarkeit von § 72 b.

Das Landesarbeitsgericht darf von der Darstellung des Tatbestands ausschließlich **54** dann absehen, wenn gegen das Berufungsurteil die Revision nicht stattfindet bzw. ein **Rechtsmittel gegen das Urteil** unzweifelhaft nicht eingelegt werden kann. Ist die Revision gegen das Urteil an sich statthaft, also vom Landesarbeitsgericht zugelassen oder ist die Zulassung durch das Bundesarbeitsgericht auf Grund einer Nichtzulassungsbeschwerde möglich, darf das Landesarbeitsgericht den Tatbestand nicht vollständig durch eine Bezugnahme auf das Urteil des Arbeitsgerichts ersetzen (§ 69 Abs. 3; BAG 18. 5. 2006 AP KSchG 1969 § 15 Ersatzmitglied Nr. 2 =NZA 2006, 1037; zur früheren Rechtslage BAG 28. 5. 1997 AP ZPO 1977 § 543 Nr. 9; BAG 25. 4. 2002 AP ZPO 1977 § 543 Nr. 11; BAG 15. 8. 2002 AP ZPO 1977 § 543 Nr. 12; BAG 17. 6. 2003 AP ZPO 1977 § 543 Nr. 13). Das Landesarbeitsgericht muss neben einer **Bezugnahme auf die tatsächlichen Feststellungen im erstinstanzlichen Urteil** zumindest die Fortentwicklung im Sach- und Streitstand in der Berufungsinstanz wiedergeben (BAG 18. 5. 2006 AP KSchG 1969

§ 15 Ersatzmitglied Nr. 2 = NZA 2006, 1037; BGH 13. 8. 2003 BGHZ 156, 97 = NJW 2003, 3352; *Hauck/Helml* § 73 Rn. 18). Dabei dürfen sich bei einer Zusammenschau der eigenen Darstellung des Berufungsurteils und der in Bezug genommenen erstinstanzlichen Feststellungen keine Widersprüche ergeben. Schließen diese Widersprüche eine rechtliche Überprüfung des Berufungsurteils aus, führt dies von Amts wegen zur Aufhebung des Berufungsurteils und zur Zurückverweisung der Sache (BGH 7. 11. 2003 WM 2004, 894). Ausnahmsweise kann sich der vom Landesarbeitsgericht festgestellte Tatbestand aus den Entscheidungsgründen ergeben und so eine revisionsgerichtliche Überprüfung des Berufungsurteils ermöglichen (BAG 25. 4. 2002 AP ZPO 1977 § 543 Nr. 11; BAG 19. 8. 2003 AP TVG § 1 Tarifverträge: Luftfahrt Nr. 20; BAG 23. 2. 2005 AP TVG § 1 Tarifverträge: Druckindustrie Nr. 42; BAG 28. 9. 2005 AP TVG § 1 Tarifverträge: Bau Nr. 279; BAG 18. 5. 2006 AP KSchG 1969 § 15 Ersatzmitglied Nr. 2 = NZA 2006, 1037). Der Erste Senat des Bundesarbeitsgerichts hat es vor dem Inkrafttreten von § 72b als möglich angesehen, dass die Beteiligten eines Rechtsbeschwerdeverfahrens den fehlenden Tatbestand der Entscheidung des Landesarbeitsgerichts durch das „Unstreitig-Stellen" des erstinstanzlichen Tatbestands ersetzen (BAG 26. 4. 2005 AP BetrVG 1972 § 87 Arbeitszeit Nr. 118).

§ 74 Einlegung der Revision, Terminbestimmung

(1) ¹Die Frist für die Einlegung der Revision beträgt einen Monat, die Frist für die Begründung der Revision zwei Monate. ²Beide Fristen beginnen mit der Zustellung des in vollständiger Form abgefassten Urteils, spätestens aber mit Ablauf von fünf Monaten nach der Verkündung. ³Die Revisionsbegründungsfrist kann einmal bis zu einem weiteren Monat verlängert werden.

(2) ¹Die Bestimmung des Termins zur mündlichen Verhandlung muß unverzüglich erfolgen. ²§ 552 Abs. 1 der Zivilprozeßordnung bleibt unberührt. ³Die Verwerfung der Revision ohne mündliche Verhandlung ergeht durch Beschluß des Senats und ohne Zuziehung der ehrenamtlichen Richter.

Übersicht

	Rn.
I. Allgemeines	1–5
II. Einlegung der Revision	6–20
1. Revisionsfrist	6–11
2. Form der Revisionsschrift	12–14
3. Inhalt der Revisionsschrift	15–19
4. Zustellung an den Gegner	20
III. Zurücknahme der Revision	21–24
IV. Verzicht auf die Revision	25–27
V. Erledigung der Hauptsache	28–32
VI. Begründung der Revision	33–68
1. Begründungsfrist	33–38
2. Form der Revisionsbegründung	39
3. Inhalt der Revisionsbegründung	40–68
a) Antrag	40–50
b) Revisionsgrund	51–58
c) Verfahrensrüge	59–68
VII. Anschlussrevision	69–76
VIII. Entscheidung über die Zulässigkeit der Revision	77–86
1. Unzulässige Revision	77–83
2. Verwerfung der Revision	84, 85
3. Feststellung der Zulässigkeit	86
IX. Einstellung der Zwangsvollstreckung	87
X. Zurückweisung der Revision durch Beschluss	88, 89
XI. Überprüfung des Berufungsurteils	90–121
1. Bindung an die Parteianträge	90

II. Einlegung der Revision **§ 74**

	Rn.
2. Bindung an Revisionsgründe	91–93
3. Prüfung auf Verfahrensfehler	94–104
a) Prüfung von Amts wegen	95–102
b) Prüfung auf Rüge	103, 104
4. Tatsächliche Entscheidungsgrundlagen	105–121
a) Bisheriges Parteivorbringen	105–107
b) Tatsächliche Feststellungen des Landesarbeitsgerichts	108–113
c) Neues tatsächliches Vorbringen	114–121
XII. Entscheidung über die Revision	122–149
1. Terminsbestimmung	122, 123
2. Zurückweisung der Revision	124, 125
3. Aufhebung des Urteils	126–130
4. Erneute Sachentscheidung	131–140
a) Zurückverweisung an das Landesarbeitsgericht	131–133
b) Eigene Sachentscheidung	134–140
5. Bindungswirkung der Entscheidung	141–144
6. Versäumnisverfahren	145–149

I. Allgemeines

§ 74 regelt einzelne Besonderheiten der **Einlegung der Revision** und ihrer **Begründung** 1
sowie des nachfolgenden Verfahrens vor dem Bundesarbeitsgericht. Daneben sind
gemäß § 72 Abs. 5 die entsprechenden Vorschriften der Zivilprozessordnung anzuwenden (vgl. § 72 Rn. 52 ff.).

Die rechtzeitige Einlegung einer Revision **hindert den Eintritt der Rechtskraft** des 2
Berufungsurteils, § 705 ZPO. Das Landesarbeitsgericht kann seine Entscheidung nicht
mehr ändern (s. aber BAG 4. 8. 1969 AP ZPO § 519 b Nr. 6).

Revision kann nicht nur **jede Partei** des Rechtsstreits, sondern auch ein **Nebenintervenient**, der streitgenössische Nebenintervenient auch gegen den Willen der Hauptpartei, 3
einlegen (BAG 15. 1. 1985 AP ZPO § 67 Nr. 3), jedoch nur soweit und solange auch die
Hauptpartei Revision einlegen könnte (BAG 17. 8. 1984 AP ZPO § 67 Nr. 2). An eine
Entscheidung des Landesarbeitsgerichts, dass die Nebenintervention zulässig sei, ist das
Bundesarbeitsgericht gebunden (BAG 17. 12. 1987 AP BGB § 611 Dienstordnungs-
Angestellte Nr. 65).

Die Revision ist **beim Bundesarbeitsgericht** einzulegen, § 549 Abs. 1 Satz 1 ZPO iVm. 4
§ 72 Abs. 1. Die Einlegung der Revision beim Landesarbeitsgericht wahrt die Revisionsfrist nicht (BAG 17. 11. 1975 AP ZPO § 234 Nr. 12). Die Einlegung der Revision beim
Landesarbeitsgericht ist jedoch unschädlich, wenn sie an das Bundesarbeitsgericht weitergeleitet wird und noch innerhalb der Revisionsfrist dort eingeht.

Eine Revision kann **mehrfach eingelegt** werden. Dies wird anzunehmen sein, wenn der 5
durch Telefax eingelegten Revision noch der Originalschriftsatz nachgereicht wird (BAG
19. 5. 1999 AP ZPO § 518 Nr. 72). Keine weitere Revision wird eingelegt, wenn dem
Telefax die beglaubigten Abschriften nachfolgen (BAG 17. 10. 1995 AP ZPO § 518
Nr. 66). Demzufolge kann eine unzulässige Revision durch eine zulässige **wiederholt**
werden (BAG 13. 9. 1995 AP ArbGG 1979 § 66 Nr. 12).

II. Einlegung der Revision

1. Revisionsfrist

Die Revisionsfrist beträgt **einen Monat,** § 74 Abs. 1 Satz 1. Sie ist eine Notfrist (§ 548 6
ZPO) und **beginnt mit der Zustellung** des in vollständiger Form abgefassten Urteils.
Abzustellen ist auf die Zustellung von Amts wegen. Eine Zustellung im Parteibetrieb
setzt die Frist nicht in Lauf. Von welchem Gericht das Urteil ausgefertigt worden ist, ist

Müller-Glöge

gleichgültig (BAG 11. 2. 1985 AP ZPO § 317 Nr. 1). Bei Zustellung an mehrere Prozessbevollmächtigte ist die erste Zustellung mit Wirkung für alle maßgeblich (BAG 23. 1. 1986 AP BetrVG 1972 § 5 Nr. 31; BGH 10. 7. 1969 LM § 176 ZPO Nr. 7; Schwab/Weth/*Ulrich* § 74 Rn. 27). Die Zustellung an einen Unterbevollmächtigten reicht nicht (BAG 12. 3. 1964 AP ZPO § 176 Nr. 1; BGH 28. 11. 2006 – VIII ZB 52/06 – NJW-RR 2007, 356; *Hauck/Helml* § 74 Rn. 6). Ergibt sich die Zulassung der Revision unzweideutig erst aus einem Berichtigungsbeschluss, beginnt mit dessen Zustellung eine neue Revisionsfrist zu laufen (BGH 7. 11. 2003 WM 2004, 891). Die Berechnung der Frist erfolgt gemäß § 222 ZPO, §§ 187, 188 BGB. Als allgemeine Feiertage im Sinne dieser Vorschriften gelten die gesetzlichen Feiertage am Sitz des Bundesarbeitsgerichts in Erfurt (BAG 24. 9. 1996 AP BUrlG § 7 Nr. 22). Sie ergeben sich aus dem Feiertagsgesetz des Freistaates Thüringen vom 21. 12. 1994 (GVBl. S. 1221), es sind dies die neun bundesweit üblichen Feiertage und zusätzlich der 31. Oktober (Reformationstag). Die Revisionsfrist läuft nicht, wenn das Verfahren vor Ablauf der Frist unterbrochen wird, § 249 ZPO. Das gilt auch dann, wenn das Urteil des Landesarbeitsgerichts trotz der Unterbrechung des Verfahrens verkündet worden ist. Gegen ein solches Urteil kann bereits vor Beendigung der Unterbrechung Revision eingelegt werden, um diesen Mangel geltend zu machen (BAG 18. 3. 1976 AP ZPO § 244 Nr. 2; BAG 24. 1. 2001 – 5 AZR 228/00 – ZInsO 2001, 727; BAG 6. 12. 2006 – 5 AZR 844/06 –; HWK/*Bepler* ArbGG § 74 Rn. 4). Wegen des Laufes der Revisionsfrist bei unrichtiger **Rechtsmittelbelehrung** s. § 9 Rn. 46 ff.

7 Nach der früheren Rechtsprechung des Bundesarbeitsgerichts (u. a. BAG 23. 11. 1994 AP ArbGG 1979 § 9 Nr. 12; BAG 8. 6. 2000 AP ArbGG 1979 § 66 Nr. 21) begann mit **Ablauf der Fünf-Monats-Frist** des § 552 ZPO aF nicht die einmonatige Revisions-, sondern wegen Fehlens der vorgeschriebenen Rechtsmittelbelehrung die Jahresfrist des § 9 Abs. 5 Satz 4. Wurde das Berufungsurteil mit ordnungsgemäßer Rechtsmittelbelehrung innerhalb von 16 Monaten nach der Verkündung zugestellt, begann die einmonatige Revisionsfrist zu laufen. Bei einer späteren Zustellung verblieb es bei einer Frist von 17 Monaten (BAG 6. 8. 1997 AP ZPO § 516 Nr. 8). Seit dem 1. 1. 2002 ergibt sich der Fristbeginn mit Ablauf der Fünf-Monats-Frist nicht mehr aus § 552 ZPO aF, sondern aus der neuen Regelung in § 74 Abs. 1 Satz 1. Damit ist die Kombination mit § 9 Abs. 5 Satz 4 obsolet geworden. Die Revisionsfrist für eine vom Berufungsgericht zugelassene Revision endet (auch bei unterbliebener Zustellung des vollständigen, schriftlich abgefassten Urteils oder Zustellung einer fehlerhaften Urteilsausfertigung [vgl. BGH 7. 7. 2004 NJW-RR 2004, 1651]) mit Ablauf des sechsten auf die Verkündung des Urteils folgenden Monats (BAG 16. 4. 2003 AP ZPO 2002 § 551 Nr. 1; BAG 1. 10. 2003 AP ArbGG 1979 § 72a Nr. 50 = NZA 2003, 1356, 1358; *Hauck/Helml* § 74 Rn. 6; GK-ArbGG/*Mikosch* § 74 Rn. 26; Schwab/Weth/*Ulrich* § 74 Rn. 23; vgl. zu der gleich gelagerten Problematik des § 66 Abs. 1 Satz 2: BAG 28. 10. 2004 AP ArbGG 1979 § 66 Nr. 29; BAG 16. 12. 2004 AP ArbGG 1979 § 66 Nr. 30). Das Datum der Verkündung wird durch das Protokoll bewiesen. Die Revisionsfrist endet in jedem Falle sechs Monate nach der Urteilsverkündung. Dabei kommt es zur Berechnung der Sechs-Monats-Frist auf § 222 Abs. 2 ZPO an. Demgegenüber besitzt das Ende der Fünf-Monats-Frist für die Revisionsfrist keine Bedeutung, weil ein am ersten Tag nach Ablauf dieser Frist vollständig abgefasst und unterschrieben zur Geschäftsstelle gelangtes Urteil immer bis zum Ablauf des sechsten Monats mittels Revision angefochten sein muss. Es tritt durch die Zustellung während des sechsten Monats keine Verlängerung der Revisionsfrist mehr ein (vgl. § 72b Rn. 9).

8 Wird die Revision gemäß § 72 Abs. 1 Satz 2, § 64 Abs. 3a Satz 2 auf Antrag einer Partei durch Beschluss des Landesarbeitsgerichts nachträglich mittels Ergänzung des Urteilstenors zugelassen, beginnt die Revisionsfrist mit der Zustellung dieses Beschlusses, wenn die Zustellung des in vollständiger Form abgefassten Urteils bereits zuvor erfolgt sein sollte (HWK/*Bepler* ArbGG § 74 Rn. 10; Schwab/Weth/*Ulrich* § 74 Rn. 24). Ergeht

II. Einlegung der Revision § 74

innerhalb der Revisionsfrist ein **Ergänzungsurteil** nach § 321 ZPO, beginnt mit der Zustellung des Ergänzungsurteils der Lauf der Revisionsfrist auch gegen das zuerst ergangene Urteil von neuem. § 518 ZPO findet auch im Revisionsverfahren Anwendung (BGH 24. 2. 1953 LM § 517 ZPO Nr. 1). Dies setzt aber voraus, dass gegen das Ergänzungsurteil die Revision zulässig ist (Schwab/Weth/*Ulrich* § 74 Rn. 24).

Die Revision kann wirksam vor der Zustellung des Berufungsurteils eingelegt werden 9 (BAG 6. 3. 2003 AP ArbGG 1979 § 64 Nr. 32; BAG 6. 11. 2003 AP BGB § 626 Verdacht strafbarer Handlung Nr. 39), jedoch nicht **vor Verkündung** eines Urteils. Eine solche vorzeitige Revision wird nicht mit der Verkündung des späteren Urteils wirksam (BGH 18. 9. 1963 LM § 511 ZPO Nr. 17 = NJW 1964, 722; Schwab/Weth/*Ulrich* § 74 Rn. 20).

Die Revision ist **beim Bundesarbeitsgericht eingegangen,** wenn sie unter Aufhebung 10 der Verfügungsgewalt des Einreichers in die Verfügungsgewalt des Gerichts gelangt, gleichgültig, wann sie bearbeitet werden kann (vgl. BVerfG 9. 10. 2007 NJW-RR 2008, 446; BAG 29. 4. 1986 AP ZPO § 519 Nr. 36; BGH 12. 2. 1981 AP ZPO § 519 Nr. 33). Über die Rechtzeitigkeit entscheidet das Gericht im Wege des Freibeweises (BGH 15. 9. 2005 NJW 2005, 3501). Ein als Telekopie übermittelter Schriftsatz wird beim Revisionsgericht „eingereicht", sobald die Empfangssignale vom Telefaxgerät des Gerichts vollständig aufgezeichnet worden sind (BGH 25. 4. 2006 NJW 2006, 2263). Unerheblich ist, ob das nach Dienstschluss der Geschäftsstelle geschieht. Ein vom Geschäftsstellenbeamten nach Wiederaufnahme des Dienstes angebrachter Vermerk, in dem als Eingangsdatum der Tag bezeichnet wird, an dem ihm der Ausdruck des gerichtlichen Telefaxgerätes vorgelegt worden ist, ist für die Beurteilung der Einhaltung der Notfrist unbeachtlich (BAG 19. 1. 1999 AP BGB § 615 Nr. 79).

Die Revisionsfrist kann **nicht verlängert** werden. Gegen ihre Versäumung kann nach 11 den §§ 233 ff. ZPO Wiedereinsetzung in den vorigen Stand gewährt werden. Eine verspätet eingelegte Revision kann als unselbständige Anschlussrevision aufrechterhalten werden (s. unten Rn. 70).

2. Form der Revisionsschrift

Die Revision wird durch Einreichung einer Revisionsschrift, eines bestimmenden 12 Schriftsatzes, eingelegt. Sie muss also **schriftlich** erfolgen (§ 130 Nr. 6 ZPO). Das Erfordernis der Schriftlichkeit soll gewährleisten, dass dem Schriftstück der Inhalt der Erklärung und die Person, von der diese ausgeht, hinreichend zuverlässig entnommen werden können. Es soll feststehen, dass der Schriftsatz mit Wissen und Wollen des Berechtigten dem Gericht zugeleitet worden ist (GemS OGB 30. 4. 1979 AP SGG § 164 Nr. 3). Der Einreichung durch Schriftsatz stehen gleich die **telegrafische Einlegung** (BAG 1. 7. 1971 AP ZPO § 129 Nr. 1; BVerwG 22. 6. 1978 Buchholz 310 § 81 VwGO Nr. 6), ein **Fernschreiben** (BVerfG 11. 2. 1987 NJW 1987, 2067) oder eine **Telekopie**, sofern das Fernschreiben oder die Telekopie dem Revisionsgericht auf postalischem Wege zugeleitet wird oder das Gericht selbst über entsprechende Empfangsgeräte verfügt (BAG 1. 6. 1983 AP LohnFG § 1 Nr. 54; BAG 24. 9. 1986 AP ArbGG 1979 § 72 Nr. 12; BAG 5. 7. 1990 AP ArbGG 1979 § 72 Nr. 34; BGH 5. 2. 1981 BGHZ 79, 314). Von welchem Sendegerät die Telekopie gesendet worden ist, ist gleichgültig (BAG 14. 3. 1989 AP ZPO § 130 Nr. 10). Scannt der Anwalt seine Unterschrift in seinen Rechner ein und sendet sie verbunden mit einem als Datei abgespeicherten Schriftsatz über ein Modem an das Telefaxgerät des Gerichts, fehlt in Ermangelung eines auf Papier geschriebenen Originals zwangsläufig die Unterschrift. Der Bundesgerichtshof hat einen so mittels **Computerfax** erstellten bestimmenden Schriftsatz als unzulässig angesehen (BGH 29. 9. 1998 AP ArbGG 1979 § 64 Nr. 31) und den Gemeinsamen Senat der obersten Gerichtshöfe des Bundes angerufen. Dieser hat das Computerfax zugelassen, um dem technischen Fortschritt Rechnung zu tragen (Beschluss 5. 4. 2000 AP ZPO § 129 Nr. 2). Aus dem Gleichheitssatz abzuleitende Zweifel bleiben bestehen, wenn bei konventioneller Über-

Müller-Glöge

mittlung des Schriftsatzes ein Faksimile nicht zugelassen wird (vgl. *Düwell* NZA 1999, 293).

13 Seit dem 1. 4. 2006 können beim Bundesarbeitsgericht in allen Verfahrensarten **elektronische Dokumente** eingereicht werden (§ 1 der Verordnung über den elektronischen Rechtsverkehr beim Bundesarbeitsgericht vom 9. 3. 2006 – BGBl. I S. 519). Dazu ist ein elektronischer Gerichtsbriefkasten eingerichtet worden, der über die vom Bundesarbeitsgericht zur Verfügung gestellte Zugangs- und Übertragungssoftware erreichbar ist. Die Software kann über die Internetseite „www.bundesarbeitsgericht.de" lizenzfrei heruntergeladen werden. Die Übermittlung erfolgt durch die Übertragung des zur Einreichung bestimmten elektronischen Dokuments in den elektronischen Gerichtsbriefkasten des Gerichts mittels der von dem Gericht zur Verfügung gestellten Zugangs- und Übertragungssoftware auf der Basis des Protokolls OSCI (Online Services Computer Interface). Die qualifizierte elektronische Signatur muss dem Profil „ISIS-MTT" entsprechen und das ihr zugrunde liegende Zertifikat muss durch das Gericht, das mit einer automatisierten Überprüfung andere Stellen beauftragen kann, prüfbar sein (zur Bedeutung einer monetären Beschränkung vgl. BFH 18. 10. 2006 – XI R 22/06 – BFHE 115, 47 = BB 2007, 144). Das elektronische Dokument muss eines der folgenden Formate in einer für das Gericht bearbeitbaren Version aufweisen: ASCII (American Standard Code for Information Interchange) als reiner Text ohne Formatierungscodes und ohne Sonderzeichen, Unicode, Microsoft RTF (Rich Text Format), Adobe PDF (Portable Document Format), XML (Extensive Markup Language), Microsoft Word, soweit keine aktiven Komponenten (zB Makros) verwendet werden, oder das Dokumentenformat der Textverarbeitung der Open Source Software „Open Office", soweit keine aktiven Komponenten verwendet werden. Besteht der Inhalt des einzureichenden Dokuments nicht ausschließlich aus Text oder in den ausdrücklich zugelassenen Formaten darstellbaren Grafiken, ist die Übermittlung als Bilddatei in dem Format TIFF (Tag Image File Format) möglich. Demgegenüber ist die Einreichung mittels (einfacher) E-Mail nicht fristwahrend möglich (vgl. BGH 4. 12. 2008 IX ZB 41/08 –; zur Einreichung einer PDF-Datei mit eingescannter Unterschrift s. BGH 15. 7. 2008 NJW 2008, 2649).

14 Die Revisionsschrift muss von einem **Rechtsanwalt** oder einer Person mit Befähigung zum Richteramt, die für eine der in § 11 Abs. 2 Satz 2 Nr. 4 und 5 bezeichneten Organisationen handelt, **unterzeichnet** sein, § 11 Abs. 4. Die Unterschrift einer in Untervollmacht handelnden Person genügt, wenn sie ihrerseits zu den in § 11 Abs. 4 bezeichneten Personen genügt (s. § 11 Rn. 107; zur alten Rechtslage vgl. BAG 22. 5. 1990 AP ZPO § 519 Nr. 38). Auch Fernschreiben und Telegramme müssen erkennen lassen, dass ein Rechtsanwalt Urheber des Schriftstückes ist, die bloße Angabe der Sozietät reicht nicht aus (BAG 27. 9. 1983 AP ZPO § 518 Nr. 48). Eine telefonische Einlegung zu Protokoll der Geschäftsstelle ist nicht möglich (BGH 12. 3. 2009 – V ZB 71/08). Eine Telekopie (BAG 27. 3. 1996 AP ZPO § 518 Nr. 67; BSG 28. 6. 1985 AP SGG § 160a Nr. 1) oder ein Computerfax (BGH 10. 5. 2005 NJW 2005, 2086) muss die Originalunterschrift wiedergeben. Eine Paraphe reicht nicht aus (BAG 27. 3. 1996 AP ZPO § 518 Nr. 67). Ist die Revisionsschrift nicht unterzeichnet, wohl aber eine Abschrift durch den Rechtsanwalt beglaubigt worden, so genügt dies, wenn der beglaubigende Anwalt und der Verfasser der Revisionsschrift derselbe ist (BAG 30. 5. 1978 AP ZPO § 518 Nr. 42; vgl. auch BAG 27. 3. 1996 AP ZPO § 518 Nr. 67). Zu den Anforderungen an eine Unterschrift im Gegensatz zum Handzeichen vgl. BAG 30. 8. 2000 AP ZPO § 130 Nr. 17; BGH 10. 7. 1997 NJW 1997, 3380; BGH 27. 9. 2005 NJW 2005, 3775.

3. Inhalt der Revisionsschrift

15 Nach § 549 Abs. 1 ZPO muss in der Revisionsschrift das **Urteil bezeichnet werden**, gegen das die Revision gerichtet ist. Der Prozessgegner und – innerhalb der Revisionsfrist – das Revisionsgericht müssen in der Lage sein, sich Gewissheit über die Identität des angefochtenen Urteils zu verschaffen. Es ist daher anerkannt, dass eine vollständige Bezeichnung die Angabe der Parteien, des Gerichts, das das angefochtene Urteil erlassen hat, des Verkündungsdatums und des Aktenzeichens erfordert (BAG 27. 8. 1996 NZA 1997, 456; BAG 24. 6. 2004 AP SGB VII § 104 Nr. 3; *Hauck/Helml* § 74 Rn. 4). Nicht jede Ungenauigkeit, die eine Revisionsschrift bei einzelnen Angaben enthält, führt zur Unzulässigkeit des Rechtsmittels. Fehlerhafte oder unvollständige Angaben schaden nicht, wenn auf Grund der sonstigen erkennbaren Umstände für Gericht und Prozessgegner nicht zweifelhaft bleibt, welches Urteil angefochten wird (BAG 24. 6. 2004 AP SGB VII § 104 Nr. 3; Schwab/Weth/*Ulrich* § 74 Rn. 14). Ob ein solcher Fall gegeben ist, hängt von den Umständen des Einzelfalls ab (BAG 27. 8. 1996 NZA 1997, 456; BAG 12. 1. 2005 AP BGB § 612 Nr. 69; BGH 11. 1. 2001 NJW 2001, 1070, 1071; BGH 24. 4. 2003 NJW 2003, 1950). Eine Nachforschungspflicht des Gerichts besteht nicht. Richtet sich die Revision gegen ein **Schlussurteil,** so erfasst diese auch ein vorangegangenes **Grundurteil** oder ein nicht selbständig anfechtbares Zwischenurteil, unabhängig davon, ob diese Urteile ausdrücklich bezeichnet werden (BAG 1. 12. 1975 AP ArbGG 1953 § 61 Grundurteil Nr. 2).

Die Revisionsschrift muss weiter die Erklärung enthalten, dass gegen das Urteil **Revision eingelegt** wird, § 549 Abs. 1 Satz 2 Nr. 2 ZPO. Eine falsche Bezeichnung des Rechtsmittels ist unschädlich, wenn der Wille, das zutreffende Rechtsmittel einzulegen, klar ersichtlich ist (BAG 3. 12. 1985 AP BAT § 74 Nr. 1). Die Einreichung einer Abschrift der Revision als Anlage zum Gesuch um Bewilligung von Prozesskostenhilfe beinhaltet noch nicht die Erklärung, dass Revision eingelegt werde (BAG 17. 3. 1960 AP ArbGG 1953 § 64 Nr. 21). 16

Die **Revision muss unbedingt eingelegt** werden, eine nur für den Fall ihrer Zulässigkeit eingelegte Revision ist ebenso unzulässig (BAG 22. 11. 1968 AP ZPO § 518 Nr. 13) wie eine für den Fall der Bewilligung von Prozesskostenhilfe eingelegte Revision (vgl. BGH 20. 7. 2005 MDR 2006, 43). Der Revisionsführer kann jedoch vorsorglich für den Fall der Versäumung der Revisionsfrist Wiedereinsetzung in den vorigen Stand beantragen (BAG 4. 8. 1969 AP ZPO § 519 b Nr. 6) oder für den Fall einer fehlenden Zulassung der Revision Nichtzulassungsbeschwerde einlegen (s. § 72 a Rn. 29). Das Rechtsmittel der Revision kann wiederholt eingelegt werden (vgl. Rn. 5). Legt eine Partei mehrfach Revision ein, sind diese Revisionen als ein Rechtsmittel anzusehen (BAG 16. 8. 1991 AP SchwbG 1986 § 15 Nr. 2). Wenn die Partei von dem Rechtsmittel mehrfach Gebrauch macht, bevor über dasselbe, schon früher eingelegte Rechtsmittel entschieden ist, hat das Rechtsmittelgericht über diese Rechtsmittel einheitlich zu entscheiden (BAG 21. 8. 2003 AP ZPO § 318 Nr. 9). Hat das Rechtsmittelgericht bereits entschieden, kann es wegen der Bindungswirkung seiner früheren Entscheidung (§ 318 ZPO) an einer abweichenden Beurteilung gehindert sein (BAG 21. 8. 2003 AP ZPO § 318 Nr. 9). 17

Die Revisionsschrift muss eindeutig angeben, **für und gegen wen** die Revision eingelegt wird (BAG 4. 7. 1973 AP ZPO § 518 Nr. 20; BAG 23. 8. 2001 NZA 2001, 1214; BGH 25. 9. 1975 BGHZ 65, 114). Aus Gründen der Rechtssicherheit und im Interesse eines geordneten Verfahrensablaufs müssen die Parteien des Rechtsmittelverfahrens und insbesondere die Person des Rechtsmittelführers bei verständiger Würdigung des gesamten Vorgangs der Rechtsmitteleinlegung in einer jeden Zweifel ausschließenden Weise erkennbar sein (BGH 22. 11. 2005 NJW-RR 2006, 284). Allerdings dürfen an die Bezeichnung der Partei nicht rein formalistische Anforderungen gestellt werden, die zur Erreichung der genannten Zwecke nicht erforderlich sind. Die notwendige Klarheit über die Person des Rechtsmittelführers kann im Wege der Auslegung der Revisionsschrift und der sonst etwa vorliegenden Unterlagen gewonnen werden (BGH 9. 4. 2008 NJW-RR 2008, 1161). Die Angaben hierzu müssen dem Revisionsgericht bis zum Ablauf der Revisionsfrist vorliegen (BAG 13. 12. 1995 AP TVG § 1 Rückwirkung Nr. 15; BAG 23. 8. 2001 EzA ZPO § 518 Nr. 44; BAG 12. 1. 2005 AP BGB § 612 Nr. 69). Wegen des Schriftformerfordernisses dürfen mündliche oder fernmündliche Erklärungen zur 18

Ergänzung der Revisionsschrift selbst dann nicht berücksichtigt werden, wenn sie beim Bundesarbeitsgericht aktenkundig gemacht worden sind (BAG 26. 6. 2008 AP BErzGG § 18 Nr. 11 = NZA 2008, 1241; vgl. zum Zivilprozess BGH 9. 7. 1985 NJW 1985, 2650; BGH 4. 6. 1997 AP ZPO § 518 Nr. 71). Vielmehr müssen sich die ergänzenden Angaben aus Schriftstücken ergeben, die dem Rechtsmittelgericht innerhalb der Rechtsmittelfrist vorliegen (BGH 9. 4. 2008 NJW-RR 2008, 1161). Dementsprechend reicht es nicht aus, wenn das Gericht die notwendigen – ergänzenden – Informationen lediglich durch eigene Ermittlungen mündlich zur Kenntnis bekommt (BAG 26. 6. 2008 AP BErzGG § 18 Nr. 11 = NZA 2008, 1241; vgl. zum sozialgerichtlichen Verfahren BSG 14. 8. 1986 NJW 1987, 1358). Dagegen ist es nicht erforderlich, dass die Revisionsschrift die **ladungsfähige Anschrift** des Revisionsbeklagten oder seiner Prozessbevollmächtigten enthält (BAG GS 16. 9. 1986 AP ZPO § 518 Nr. 53).

19 Im Interesse der Rechtsmittelsicherheit soll mit der Revision eine **Ausfertigung oder beglaubigte Abschrift** des angefochtenen Urteils eingereicht werden (§ 550 Abs. 1 ZPO). Damit wird zudem die Chance erhöht, dass lücken- oder fehlerhafte Angaben der Revisionsschrift noch während der Revisionsfrist erkannt und ergänzt bzw. korrigiert werden (vgl. Rn. 15; Schwab/Weth/*Ulrich* § 74 Rn. 14).

4. Zustellung an den Gegner

20 Die Revisionsschrift ist dem Gegner zuzustellen (§ 550 Abs. 2 ZPO). Die erforderliche Zahl von **beglaubigten Abschriften** soll mit der Revision eingereicht werden. Die Geschäftsstelle teilt dem Gegner den Zeitpunkt mit, zu dem die Revision beim Bundesarbeitsgericht eingegangen ist.

III. Zurücknahme der Revision

21 Seit dem Inkrafttreten der Zivilprozessreform 2002 kann die Revision nach § 565 in Verbindung mit § 516 ZPO **ohne Einwilligung des Revisionsbeklagten** bis zur Verkündung des Revisionsurteils (nicht eines Versäumnisurteils – BGH 30. 3. 2006 NJW 2006, 2124) ganz oder teilweise zurückgenommen werden. Nach der früheren Rechtslage war die Zurücknahme nur bis zum Eintritt des Revisionsbeklagten in die mündliche Verhandlung zur Hauptsache, also Stellung seines Antrags auf Verwerfung oder Zurückweisung der Revision oder aus der Anschlussrevision, möglich. Danach bedurfte die wirksame Zurücknahme der Zustimmung des Revisionsbeklagten. Da die Zurücknahme der Revision heute bis zur „Verkündung des Revisionsurteils" erklärt werden kann, endet die Rücknahmemöglichkeit erst mit dem Beginn der Verkündung (GK-ArbGG/*Mikosch* § 74 Rn. 86). Sie kann nicht mehr wirksam in voller oder teilweiser Kenntnis des Revisionsurteils erklärt werden (zu § 516 ZPO BGH 30. 3. 2006 NJW 2006, 2124). Bereits das erste Wort des Tenors lässt zumeist das Wesentliche erkennen („Auf" im Falle einer zumindest teilweise erfolgreichen Revision, „Die" im Falle einer erfolglosen Revision).

22 Die Zurücknahme ist gegenüber dem Gericht zu erklären. Sie erfolgt entweder in mündlicher Verhandlung oder durch Einreichung eines Schriftsatzes. Als Prozesshandlung muss sie nach § 11 Abs. 4 **durch einen Rechtsanwalt** oder eine Person mit Befähigung zum Richteramt, die für eine der in § 11 Abs. 2 Satz 2 Nr. 4 und 5 bezeichneten Organisationen handelt, erklärt werden. Die Zurücknahme der Revision ist bedingungsfeindlich, sie kann auch nicht von einer innerprozessualen Bedingung abhängig gemacht werden, darüber hinaus ist sie unwiderruflich und unanfechtbar (BGH 26. 9. 2007 NJW-RR 2008, 85). Die Zurücknahme der Revision bewirkt den Verlust der eingelegten Revision, nicht aber das Recht, erneut Revision einzulegen, sofern dies noch möglich ist (GK-ArbGG/*Mikosch* § 74 Rn. 84). Eine Anschlussrevision verliert ihre Wirkung (BGH

7. 2. 2006 NJW-RR 2006, 1147). Ein etwaiges Versäumnisurteil, gegen das rechtzeitig Einspruch eingelegt wurde, wird mit der Zurücknahme der Revision wirkungslos (BGH 30. 3. 2006 NJW 2006, 2124).

Der Revisionskläger hat die **Kosten der zurückgenommenen Revision und einer etwaigen (zulässigen) Anschlussrevision** (BGH 26. 1. 2005 NJW-RR 2005, 727; BGH 7. 2. 2006 NJW-RR 2006, 1147) zu tragen. Diese Wirkungen sind durch Beschluss auszusprechen. Seit dem Wirksamwerden der Neuregelung ergeht dieser Beschluss von Amts wegen, denn § 516 Abs. 3 Satz 2 ZPO sieht abweichend von § 515 Abs. 3 Satz 2 ZPO aF und § 269 Abs. 4 ZPO keinen Antrag des Gegners mehr vor. Die Revision kann auch nur teilweise zurückgenommen werden. Im Falle der Zurücknahme der Revision vor Einreichung der Revisionsbegründung ermäßigt sich die Gerichtsgebühr für das Revisionsverfahren im Allgemeinen nach Nr. 8231 der Anlage 1 zu § 3 Abs. 2 GKG vom 4,0-fachen auf das 0,8-fache der Gebühr nach § 34 GKG. Wird die Revision später zurückgenommen, entsteht nach Nr. 8232 eine 2,4-fache Gebühr. 23

Für die **Klagerücknahme** in der Revisionsinstanz gilt § 269 ZPO. Sie bedarf der Einwilligung des Beklagten, diese gilt aber gemäß § 269 Abs. 2 Satz 4 ZPO als erteilt, wenn der Beklagte innerhalb einer Notfrist von zwei Wochen seit Zustellung des Schriftsatzes und entsprechender Belehrung der Zurücknahme nicht widersprochen hat. Im Falle der Zurücknahme der gesamten (vgl. dazu auch Rn. 32) Klage nach Einlegung der Revision, aber vor Einreichung der Revisionsbegründung ermäßigt sich die Gerichtsgebühr für das Revisionsverfahren im Allgemeinen nach Nr. 8231 der Anlage 1 zu § 3 Abs. 2 GKG vom 4,0-fachen auf das 0,8-fache der Gebühr nach § 34 GKG. Wird die gesamte Klage später zurückgenommen, entsteht nach Nr. 8232 eine 2,4-fache Gebühr. 24

IV. Verzicht auf die Revision

Jede Partei kann nach § 565 in Verbindung mit § 515 ZPO auf die Revision verzichten. Der Verzicht bedarf **nicht der Einwilligung des Gegners,** auch wenn dadurch dessen Anschlussrevision (s. Rn. 76) unzulässig wird. Der Verzicht kann gegenüber dem Gericht oder dem Gegner erklärt werden. Er ist im ersten Fall von Amts wegen, im zweiten nur auf Einrede hin zu berücksichtigen (BAG 16. 3. 2004 AP TzBfG § 8 Nr. 10). Darüber hinaus kann auf die Revision durch Parteivereinbarung verzichtet werden (GK-ArbGG/*Mikosch* § 74 Rn. 89). Dieser Fall ist gesetzlich nicht geregelt, wird aber allgemein anerkannt (Baumbach/*Hartmann* § 515 Rn. 2). Ein Rechtsmittelverzicht muss wegen seiner weitreichenden Folgen für die beschwerte Partei klar und unmissverständlich formuliert sein. An ihrem Willen, das Urteil unwiderruflich als endgültig hinzunehmen, darf kein Zweifel bestehen (BAG 16. 3. 2004 AP TzBfG § 8 Nr. 10; BAG 15. 3. 2006 AP ArbGG 1979 § 69 Nr. 5). Ein Verzicht auf die Entscheidungsgründe nach § 69 Abs. 4 iVm. § 313a Abs. 1 Satz 2 ZPO steht dem Verzicht auf das Rechtsmittel nicht gleich (BAG 15. 3. 2006 AP ArbGG 1979 § 69 Nr. 5). Ob in einer nur teilweisen Anfechtung des Urteils ein Verzicht auf die Revision hinsichtlich des weiteren Teiles liegt, ist eine Frage der Auslegung (BGH 28. 3. 1989 AP ZPO § 514 Nr. 4). 25

Das Revisionsgericht muss prüfen, ob die **Einrede des Revisionsbeklagten,** auf die Revision sei verzichtet worden, begründet ist. Der Verzicht ist als Prozesshandlung unanfechtbar, sofern nicht ein Restitutionsgrund gegeben ist (BGH 6. 3. 1985 AP ZPO § 514 Nr. 3). 26

Hat eine Partei wirksam **auf die Revision verzichtet,** ist die von ihr gleichwohl eingelegte Revision unzulässig und zu verwerfen. Andererseits hindert ein Verzicht die Partei nicht, sich der Revision der anderen Partei anzuschließen, § 554 Abs. 2 ZPO. 27

V. Erledigung der Hauptsache

28 Für die Erledigung der Hauptsache in der Revisionsinstanz gilt § 91 a ZPO (BAG 25. 7. 2002 AP BGB § 611 Direktionsrecht Nr. 62; dazu *Schumann* FS Richardi 2007 S 403, 409 f., 417 f.). Grundsätzlich bedarf es der Erledigungserklärungen beider Parteien (§ 91 a Abs. 1 Satz 1 ZPO). Hat der Kläger die Erledigung der Hauptsache erklärt, gilt nach § 91 a Abs. 1 Satz 2 ZPO die Erledigungserklärung des Beklagten als abgegeben, wenn er nach Hinweis auf diese Folge nicht binnen einer Notfrist von zwei Wochen seit der Zustellung des Schriftsatzes widerspricht. Eine Kostenentscheidung auf Grund übereinstimmender Erledigungserklärungen beider Parteien setzt voraus, dass die **Revision zulässig** ist (BAG 17. 8. 1961 AP ZPO § 91 a Nr. 9; BAG 22. 1. 2004 AP ZPO § 91 a Nr. 25; BGH 23. 6. 1981 VersR 1981, 956). Fehlt es daran, ist die Erledigungserklärung wirkungslos, die Revision ist als unzulässig zu verwerfen (GK-ArbGG/ *Mikosch* § 73 Rn. 138). Außerhalb der mündlichen Verhandlung kann die Erledigungserklärung von der Partei selbst abgegeben werden, einer anwaltlichen Vertretung bedarf es nicht (BAG 22. 1. 2004 AP ZPO § 91 a Nr. 25). Zur Frage, ob und in welchen Fällen anstelle der Hauptsache isoliert das Rechtsmittel für erledigt werden kann, vgl. BAG 20. 12. 2007 NZA 2008, 902; BGH 12. 5. 1998 NJW 1998, 2453; BGH 11. 11. 2004 NJW-RR 2005, 418; GK-ArbGG/*Mikosch* § 73 Rn. 145).

29 Erklärt allein der Kläger die Hauptsache für erledigt und widerspricht dem der Beklagte, liegt hierin eine Klageänderung. Die Klage ist nunmehr auf Feststellung der Erledigung der Hauptsache gerichtet (Musielak/*Wolst* § 91 a Rn. 29). Bei zulässiger Revision ist vom Bundesarbeitsgericht zu **prüfen, ob sich die Hauptsache tatsächlich erledigt hat** (BAG 25. 7. 2002 AP BGB § 611 Direktionsrecht Nr. 62). Eine Erledigung setzt voraus, dass die Klage ursprünglich zulässig und begründet war und dass nachträglich ein Ereignis eingetreten ist, das den Kläger hindert, diese Klage mit Aussicht auf Erfolg weiter zu betreiben (BAG 9. 12. 1981 AP BAT § 4 Nr. 8; BAG 5. 7. 2000 – 5 AZR 901/98 – insoweit nv.; BGH 7. 11. 1968 AP ZPO § 91 a Nr. 14; BFH 30. 4. 1980 AP ZPO § 91 a Nr. 16). Darüber, ob ein erledigendes Ereignis eingetreten ist, hat das Revisionsgericht notfalls Beweis zu erheben (BGH 7. 11. 1968 AP ZPO § 91 a Nr. 14; aA GK-ArbGG/*Mikosch* § 73 Rn. 143; Düwell/Lipke/*Düwell* § 75 Rn. 34; offen BAG 25. 7. 2002 AP BGB § 611 Direktionsrecht Nr. 62).

30 Fehlt es an einem erledigenden Ereignis, ist der Feststellungsantrag („Erledigung der Hauptsache") abzuweisen. Ggf. ist zu prüfen, ob der Kläger mit seiner einseitigen Erledigungserklärung eine **Zurücknahme der Klage** oder eine **Zurücknahme der Revision** erklärt hat. Der Kläger kann den ursprünglichen Sachantrag als Hilfsantrag aufrechterhalten (Musielak/*Wolst* § 91 a Rn. 31).

31 Ist ein erledigendes Ereignis eingetreten, war aber die Klage von Anfang an unzulässig oder unbegründet, ist die Feststellungsklage abzuweisen (BAG 9. 12. 1981 AP BAT § 4 Nr. 8). War die ursprüngliche Klage zulässig und begründet, ist die **Erledigung durch Urteil festzustellen** (BAG 25. 7. 2002 AP BGB § 611 Direktionsrecht Nr. 62). Die Kostenentscheidung ergeht in beiden Fällen nach § 91 ZPO. Bei Erledigung der Hauptsache hat der Beklagte die Kosten zu tragen, wenn er der Erklärung des Klägers widersprochen hatte (BAG 25. 7. 2002 AP BGB § 611 Direktionsrecht Nr. 62; BFH 4. 7. 1986 BFHE 147, 110 = BB 1986, 1703).

32 Bei übereinstimmenden Erledigungserklärungen beider Parteien ist über die **Kosten** unter Berücksichtigung des bisherigen Sach- und Streitstands **nach billigem Ermessen** zu entscheiden, § 91 a ZPO. Bei einer unklaren Rechtslage braucht die Rechtsfrage nicht abschließend entschieden zu werden, vielmehr kann das Kostenrisiko auf beide Parteien verteilt werden (BAG 12. 6. 1967 AP ZPO § 91 a Nr. 12; BAG 23. 8. 1999 AP ArbGG 1979 § 53 Nr. 1; BGH 8. 11. 1976 BGHZ 67, 343; Schwab/Weth/*Ulrich* § 75 Rn. 48). Erklärt eine Partei, dass sie (ggf. auch ohne Anerkennung einer Rechtspflicht) die Kosten des Rechtsstreits übernehme, sind dieser Partei ungeachtet des bisherigen Sach- und Streitstands die Kosten des Rechtsstreits aufzuerlegen (BAG 11. 9. 2003 AP ZPO § 91a Nr. 24). Ergeht der Beschuss ohne mündliche Verhandlung (vgl. § 128 Abs. 3 ZPO), wirken die ehrenamtlichen Richter nicht mit (BAG 23. 8. 1999 AP ArbGG 1979 § 53 Nr. 1; Schwab/Weth/*Ulrich* § 75 Rn. 48). Wird das Revisionsverfahren nach Einlegung der Revision, aber vor Einreichung der Revisionsbegründung insgesamt (vgl. hierzu *Roloff* NZA 2007, 900, 906; *Francken/Natter/Rieker* NZA 2007, 833, 837) durch übereinstimmende Erledigungserklärungen beendet, ermäßigt sich die Gerichtsgebühr für das Revisionsverfahren im Allgemeinen nach Nr. 8231 der Anlage 1 zu § 3 Abs. 2 GKG vom 4,0-fachen auf das 0,8-fache der Gebühr nach § 34 GKG, wenn keine Kostenentscheidung ergeht oder diese Entscheidung des Senats die Einigung der Parteien über die Kostentragung übernimmt oder einer Kostenübernahmeerklärung einer Partei folgt. Wird unter denselben Voraussetzungen das Revisionsverfahren zu einem späteren Zeitpunkt durch übereinstimmende Erledigungserklärungen beendet, entsteht nach Nr. 8232 eine 2,4-fache Gebühr.

VI. Begründung der Revision

1. Begründungsfrist

Nach § 551 Abs. 1 ZPO muss der Revisionskläger die Revision begründen. Die **Frist für die Begründung der Revision** beträgt **zwei Monate** (§ 74 Abs. 1). Sie beginnt bei Zulassung der Revision durch das Landesarbeitsgericht im selben Zeitpunkt wie die Frist zur Einlegung der Revision (vgl. Rn. 6). Bei unterbliebener Zustellung des vollständigen, schriftlich abgefassten Urteils oder Zustellung einer fehlerhaften Urteilsausfertigung endet die Begründungsfrist mit Ablauf des siebten auf die Verkündung des Urteils folgenden Monats (BAG 19. 3. 2008 AP BGB § 620 Befristeter Arbeitsvertrag Nr. 265 = ZTR 2008, 506). Bei Zulassung der Revision auf Grund einer Nichtzulassungsbeschwerde durch das Bundesarbeitsgericht beginnt die Begründungsfrist mit der Zustellung des stattgebenden Beschlusses (vgl. § 72a Rn. 61). Über die Begründungsfrist ist weder vom Landesarbeitsgericht noch vom Bundesarbeitsgericht zu belehren. § 9 Abs. 5 regelt die Belehrung über die Einlegung des Rechtsmittels, nicht aber über seine Begründung. Doch ist die Revisionsbegründungsfrist jedenfalls so lange gehemmt, wie die Frist zur Einlegung der Revision infolge der unrichtig erteilten Rechtsmittelbelehrung nicht in Lauf gesetzt ist (vgl. zur entspr. Lage bei der Berufungsbegründung BAG 13. 4. 2005 AP ArbGG 1979 § 9 Nr. 28).

33

Die **Frist** zur Begründung der Revision ist keine Notfrist. Sie kann einmal bis zu einem weiteren Monat **verlängert werden**, § 74 Abs. 1 Satz 2. Erforderlich ist, dass der Antrag vor Ablauf der Begründungsfrist beim Revisionsgericht eingeht, die Verlängerung kann auch noch nach Fristablauf erfolgen (BAG GS 24. 8. 1979 AP ArbGG 1979 § 66 Nr. 1; BGH GS 18. 3. 1982 AP ZPO § 519 Nr. 35).

34

Geht der **Verlängerungsantrag nach Ablauf** der Begründungsfrist beim Bundesarbeitsgericht ein, ist die Revision unabhängig von der Bescheidung dieses Antrags als unzulässig zu verwerfen, sofern nicht Wiedereinsetzung in den vorigen Stand gewährt werden kann (GK-ArbGG/*Mikosch* § 74 Rn. 33; vgl. zur Berufungsbegründung BAG 4. 6. 2003 AP InsO § 209 Nr. 2). Ist wegen Versäumung der Begründungsfrist Wiedereinsetzung beantragt worden, muss die Revisionsbegründung gleichzeitig erfolgen; ein Antrag auf Verlängerung der Begründungsfrist genügt nicht (BAG 16. 1. 1989 AP ZPO § 222 Nr. 3; BGH 13. 7. 1988 NJW 1988, 3021).

35

Eine Verlängerung ist **nur einmal** möglich, auch wenn die Höchstfrist von einem Monat bei der ersten Verlängerung nicht ausgeschöpft wurde (BAG 6. 12. 1994 AP ArbGG 1979 § 66 Nr. 7). Eine zweite Verlängerung der Begründungsfrist ist auch dann

36

nicht möglich, wenn das Urteil des Landesarbeitsgerichts noch nicht zugestellt ist (BAG 13. 9. 1995 AP ArbGG 1979 § 66 Nr. 12; Schwab/Weth/*Ulrich* § 74 Rn. 33). Läuft die Zwei-Monats-Frist des § 74 Abs. 1 Satz 1 2. Halbsatz wegen eines gesetzlichen Feiertags, eines Samstags oder eines Sonntags gemäß § 222 Abs. 2 ZPO mit Ablauf des nächsten Werktags ab, kann sie maximal um einen Monat gerechnet ab diesem Werktag verlängert werden (BGH 14. 12. 2005 NJW 2006, 700; BGH 15. 8. 2007 NJW-RR 2008, 76; Musielak/*Stadler* § 224 Rn. 5; GK-ArbGG/*Mikosch* § 74 Rn. 34; aA OLG Rostock 28. 7. 2003 NJW 2003, 3141). Die Revisionsbegründungsfrist endet mit dem im Beschluss angegebenen Tag, auch wenn dadurch die Frist um mehr als beantragt oder um mehr als einen Monat verlängert wurde (BAG 14. 3. 1979 AP BAT 1975 §§ 22, 23 Nr. 17; vgl. zum notwendigen Vertrauensschutz BGH 30. 4. 2008 NJW-RR 2008, 1162; aA BAG 20. 1. 2004 AP LPVG Rheinland-Pfalz § 112 Nr. 1; BAG 19. 3. 2008 AP BGB § 620 Befristeter Arbeitsvertrag Nr. 265 = ZTR 2008, 506 [diese Entscheidungen haben aber wegen Versäumung der Revisionsbegründungsfrist Wiedereinsetzung in den vorigen Stand gewährt]; GK-ArbGG/*Mikosch* § 74 Rn. 34; ErfK/*Koch* ArbGG § 74 Rn. 7).

37   Die Entscheidung über den Verlängerungsantrag ergeht durch den **Vorsitzenden** allein (§ 551 Abs. 2 Satz 5 ZPO). Zur Gewährung rechtlichen Gehörs vor Ablehnung der Verlängerung s. BAG 4. 2. 1994 AP ArbGG 1979 § 66 Nr. 5. Da das Gesetz die Verlängerung nicht an bestimmte Gründe bindet (anders als in § 551 Abs. 2 Satz 6 ZPO), kann auf die Bewilligung der Fristverlängerung als solche regelmäßig vertraut werden, wenn der Antrag begründet worden ist, nicht aber auf die Ausschöpfung der Dauer von einem weiteren Monat (BAG 27. 9. 1994 AP ArbGG 1979 § 66 Nr. 6; GK-ArbGG/*Mikosch* § 74 Rn. 33; Schwab/Weth/*Ulrich* § 74 Rn. 32).

38   Wegen Versäumung der Begründungsfrist, auch der verlängerten Frist, kann **Wiedereinsetzung in den vorigen Stand** gewährt werden, § 233 ZPO. Nach § 234 Abs. 1 Satz 2 ZPO beträgt die Wiedereinsetzungsfrist allgemein einen Monat, wenn die Partei verhindert ist, die Begründungsfrist einzuhalten (vgl. dazu BAG 24. 8. 2005 AP ZPO § 234 Nr. 16). Ist die Revision fristgemäß begründet worden, kann keine Wiedereinsetzung gewährt werden, um dem Revisionskläger das Nachschieben eines weiteren Revisionsgrundes zu ermöglichen, der ohne Verschulden nicht rechtzeitig geltend gemacht werden konnte (BAG 6. 6. 1962 AP ZPO § 554 Nr. 10; GK-ArbGG/*Mikosch* § 74 Rn. 37, 64; Schwab/Weth/*Ulrich* § 74 Rn. 36; *Hauck/Helml* § 74 Rn. 12; aA *Grunsky* § 74 Rn. 8; *Dietz/Nikisch* § 74 Rn. 38; Düwell/Lipke/*Düwell* § 74 Rn. 32). Dies wirkt sich allein auf unterlassene Verfahrensrügen aus, denn materiellrechtliche Rügen können auch nach Ablauf der Begründungsfrist vorgebracht werden, wenn die Revision mit anderen Rügen fristgerecht begründet wurde (*Schreiber* Anm. AP ArbGG 1979 § 74 Nr. 11).

2. Form der Revisionsbegründung

39   Die Revisionsbegründung ist wie die Revisionsschrift ein **bestimmender Schriftsatz**. Sie muss selbst die Begründung enthalten, eine Bezugnahme auf im Berufungsverfahren gewechselte Schriftsätze reicht nicht aus (*Hauck/Helml* § 74 Rn. 9). Genügend ist aber eine Bezugnahme auf Schriftsätze im PKH-Bewilligungsverfahren vor dem Revisionsgericht (BAG 2. 2. 1968 AP ZPO § 554 Nr. 14) oder im Verfahren über eine **Nichtzulassungsbeschwerde** (§ 551 Abs. 3 Satz 2 ZPO). Diese Bezugnahme muss ausdrücklich in der Revisionsbegründungsschrift enthalten sein; sie ergibt sich nicht von selbst (BAG 8. 5. 2008 NZA 2008, 726 [Verfassungsbeschwerde nicht zur Entscheidung angenommen – BVerfG 13. 8. 2008 – 1 BvR 1743/08]; BGH 20. 12. 2007 NJW 2008, 588). Auf andere Revisionen im selben Rechtsstreit, etwa auf die eines Streitgenossen, kann gleichfalls Bezug genommen werden (*Dietz/Nikisch* § 74 Rn. 30).

VI. Begründung der Revision § 74

3. Inhalt der Revisionsbegründung
a) Antrag

Nach § 551 Abs. 3 Nr. 1 ZPO muss die Revisionsbegründung eine Erklärung darüber **40** enthalten, **inwieweit das Urteil angefochten** und dessen Aufhebung beantragt wird. Die Revisionsbegründung muss daher einen Revisionsantrag enthalten. Nicht erforderlich ist, dass dieser gesondert hervorgehoben und ausdrücklich formuliert wird (BAG 6. 10. 1965 AP PersVG § 59 Nr. 4; BAG 17. 8. 2004 AP BetrAVG § 2 Nr. 46). Zum Revisionsantrag gehört auch der **Sachantrag,** dh. der Antrag, wie in der Sache selbst entschieden werden soll (Schwab/Weth/*Ulrich* § 74 Rn. 40). Dementsprechend muss der in erster Instanz erfolgreich gewesene Kläger neben der Aufhebung des Berufungsurteils auch die Zurückweisung der Berufung des Beklagten beantragen. Es genügt, wenn aus dem Inhalt der Begründung ersichtlich ist, in welchem Umfang die Entscheidung des Landesarbeitsgerichts angefochten wird und aufgehoben werden soll (BAG 16. 3. 1966 AP TVG § 4 Ausschlussfristen Nr. 33; BAG 22. 5. 1985 AP TVG § 1 Tarifverträge: Bundesbahn Nr. 6; BAG 22. 10. 1985 AP BetrVG 1972 § 99 Nr. 24; BAG 16. 8. 2005 AP TVG § 1 Gleichbehandlung Nr. 8). Eine klare Fassung des Revisionsantrags empfiehlt sich vorrangig dann, wenn nur beschränkt Revision eingelegt wird, damit ersichtlich ist, in welchem Umfang das Urteil angefochten wird (*Hauck/Helml* § 74 Rn. 13). Der Revisionsantrag als notwendiger Bestandteil der Revisionsbegründung hat bis zum Schluss der mündlichen Verhandlung lediglich vorläufigen Charakter (vgl. BAG 18. 11. 2008 – 3 AZR 192/07). Eine Erweiterung des Revisionsantrags ist nach Ablauf der Begründungsfrist ausschließlich im Rahmen der [fristgerechten] Revisionsbegründung möglich (BGH 22. 12. 1953 BGHZ 12, 52, 67 f.; BGH 6. 10. 1987 NJW-RR 1988, 66; MünchKommZPO/*Wenzel* § 551 Rn. 19; Musielak/*Ball* § 551 Rn. 7; *Ostrowicz/Künzl/Schäfer* Rn. 605; ebenso zum Berufungsverfahren BGH 9. 11. 2004 NJW-RR 2005, 714). Wegen dieser Voraussetzung kommt eine Erweiterung durchweg nur bei einer betragsmäßigen Erweiterung des Antrags im Rahmen desselben Streitgegenstands in Betracht (enger Schwab/Weth/*Ulrich* § 74 Rn. 44). Doch ist stets zu prüfen, ob in einer **Beschränkung des Revisionsantrags** ein Verzicht auf die Revision hinsichtlich weiterer Teile des Berufungsurteils liegt (s. Rn. 25 f.). Dies ist eine Frage der Auslegung. Nach der BGH-Rechtsprechung bedeutet ein eingeschränkter Revisionsantrag zu Beginn der mündlichen Verhandlung noch keinen teilweisen Rechtsmittelverzicht, wenn es an einer hinreichend bestimmten Erklärung fehlt, die durch die Revisionseinlegung und Revisionsbegründung eröffnete Anfechtungsmöglichkeit vor Schluss der mündlichen Verhandlung endgültig preisgeben zu wollen (vgl. BGH 14. 7. 1952 BGHZ 7, 143, 144 f.).

Ein **Antrag auf Zurückverweisung** der Sache an das Berufungsgericht ist nicht erfor- **41** derlich. Darüber hat das Revisionsgericht von Amts wegen zu befinden und kann auch ungeachtet eines solchen Antrags in der Sache selbst entscheiden, § 563 Abs. 3 ZPO (BAG 6. 10. 1965 AP PersVG § 59 Nr. 4).

Der Revisionsantrag muss darauf gerichtet sein, die aus dem Berufungsurteil folgende **42** **Beschwer des Revisionsklägers zumindest teilweise zu beseitigen** (BAG 29. 10. 1960 AP ZPO § 511 Nr. 3; BGH 16. 9. 2008 NJW 2008, 3570; Schwab/Weth/*Ulrich* § 74 Rn. 42). Dieses Ziel muss bis zum Schluss der mündlichen Verhandlung vor dem BAG aufrechterhalten werden (vgl. BGH 15. 3. 2002 NJW-RR 2002, 1435). Wird ein Antrag gestellt, der nicht diesen Inhalt hat, liegt eine unzulässige Antragsänderung vor (s. unten Rn. 44), die zur Unzulässigkeit der Revision führt.

Mit der Revision gegen eine Entscheidung über den Hauptantrag fällt auch ein **43** etwaiger (in der Vorinstanz gestellter) **Hilfsantrag** zur Entscheidung an, ohne dass es insoweit eines besonderen Antrags bedarf (BAG 18. 12. 1980 AP BetrVG 1972 § 102 Nr. 22; BGH 24. 1. 1990 NJW-RR 1990, 518; Schwab/Weth/*Ulrich* § 74 Rn. 43). Ist in der Vorinstanz dem Hauptantrag einer Partei stattgegeben worden, so fällt mit der

Revision des Gegners der Hilfsantrag ohne weiteres (also ohne Anschlussrechtsmittel) in der Rechtsmittelinstanz an. Dies gilt zumindest dann, wenn zwischen dem Haupt- und dem Hilfsantrag ein enger sachlicher und rechtlicher Zusammenhang besteht (BAG 20. 8. 1997 AP BGB § 626 Verdacht strafbarer Handlung Nr. 27; BAG 10. 10. 2002 AP KSchG 1969 § 1 Betriebsbedingte Kündigung Nr. 123), wie dies zB zwischen der Kündigungsschutzklage und dem Auflösungsantrag des Arbeitgebers der Fall ist (BAG 10. 10. 2002 AP KSchG 1969 § 1 Betriebsbedingte Kündigung Nr. 123). Hat der Beklagte gegen die Verurteilung auf den Hilfsantrag, der Kläger gegen die Abweisung des Hauptantrags Revision eingelegt, wird die Revision des Beklagten gegenstandslos, wenn das Revisionsgericht dem Hauptantrag stattgibt. Die Verurteilung auf den Hilfsantrag ist aufzuheben.

44 Der Schluss der mündlichen Verhandlung in zweiter Instanz bildet nicht nur bezüglich des tatsächlichen Vorbringens, sondern auch bezüglich der Sachanträge der Parteien die Entscheidungsgrundlage für das Revisionsgericht (BAG 27. 1. 2004 AP ArbGG 1979 § 64 Nr. 35; BAG 7. 12. 2005 AP TzBfG § 12 Nr. 4). Eine **Änderung des Sachantrags** ist in der Revisionsinstanz grundsätzlich **unzulässig** (BAG 8. 9. 1971 AP BAT §§ 22, 23 Nr. 46; BAG 16. 11. 1982 AP SchwbG § 42 Nr. 8; BGH 23. 5. 1957 BGHZ 24, 279), insbesondere können neue prozessuale Ansprüche grundsätzlich nicht zur gerichtlichen Entscheidung gestellt werden (BAG 5. 6. 2003 AP ZPO 1977 § 256 Nr. 81; BAG 13. 2. 2007 AP TzBfG § 9 Nr. 2 = NZA 2007, 807; BAG 15. 7. 2008 AP ZPO § 253 Nr. 48). Eine Ausnahme von diesem Grundsatz wird dann zugelassen, wenn es sich um eine Änderung des Klageantrags im Sinne von § 264 Nr. 2 oder 3 ZPO handelt und der geänderte Antrag auf den vom Landesarbeitsgericht festgestellten Sachverhalt oder/und auf unstreitiges tatsächliches Vorbringen gestützt wird (BAG 26. 5. 1993 AP AVR Diakonisches Werk § 12 Nr. 2; BAG 19. 2. 2002 – 3 AZR 589/99 –; BAG 26. 8. 2003 AP BetrAVG § 1 Zusatzversorgungskassen Nr. 64; BAG 2. 7. 2003 AP BGB § 620 Befristeter Arbeitsvertrag Nr. 254; BAG 1. 2. 2006 AP BetrVG 1972 § 77 Betriebsvereinbarung Nr. 28 = NZA 2006, 563; BAG 28. 10. 2008 – 3 AZR 903/07 –). Unter diesen Voraussetzungen kann in der Revisionsinstanz auch von einer Leistungs- auf eine Feststellungsklage übergegangen werden (BAG 13. 5. 1970 AP BGB § 611 Fürsorgepflicht Nr. 79; BAG 3. 9. 1986 AP BAT 1975 §§ 22, 23 Nr. 125; BAG 5. 6. 2003 AP ZPO 1977 § 256 Nr. 81; BAG 28. 6. 2005 AP BetrVG 1972 § 102 Nr. 146). Dies wird vor allem in den Fällen der Aufnahme eines durch Insolvenzeröffnung unterbrochenen Rechtsstreits relevant, wenn der anspruchstellende Arbeitnehmer von einem Leistungsantrag auf einen Feststellungsantrag zur Tabelle (§§ 179, 180 InsO; vgl. hierzu BAG 16. 6. 2004 AP BGB § 611 Lohnrückzahlung Nr. 9) übergehen muss (vgl. BAG 24. 1. 2006 AP BetrAVG § 3 Nr. 15 = NZA 2007, 278). Gleiches gilt für den umgekehrten Fall, wenn die notwendigen Tatsachenfeststellungen getroffen sind oder getroffen werden (BAG 28. 1. 2004 AP EntgeltFG § 3 Nr. 21; BGH 25. 11. 1993 NJW 1994, 944; *Hauck/Helml* Rn. 14; enger BAG 5. 6. 2003 AP ZPO 1977 § 256 Nr. 81; *Ostrowicz/ Künzl/Schäfer* Rn. 604; aA Schwab/Weth/*Ulrich* § 74 Rn. 44). Wird in der Revisionsbegründung der Streitgegenstand vollständig ausgetauscht und damit keine Beseitigung der im Berufungsurteil liegenden Beschwer des Revisionsklägers mehr erstrebt, ist die Revision mangels ordnungsgemäßer Begründung als unzulässig zu verwerfen (BGH 16. 9. 2008 NJW 2008, 3570), denn es fehlt an der notwendigen Auseinandersetzung mit dem Berufungsurteil (s. Rn. 78). Greift der Revisionskläger das Berufungsurteil zumindest teilweise ordnungsgemäß an und erweitert seine Klage erstmals in der Revisionsinstanz um einen zusätzlichen Antrag, ist die Revision zwar zulässig, doch ist die Klage hinsichtlich des unwirksam erweiterten Teiles als unzulässig abzuweisen. Wird bei gleich bleibendem Antrag ein weiterer Streitgegenstand durch neuen Sachvortrag eingeführt (vgl. hierzu BGH 25. 2. 1999 NJW 1999, 1407), bedarf es keiner Teilabweisung der Klage als unzulässig, vielmehr wird insofern die Revision als unzulässig verworfen (BAG 9. 11. 2005 AP TVG § 1 Tarifverträge: Metallindustrie Nr. 196; BAG 28. 10. 2008 – 3 AZR 903/07). Eine Antragsbeschränkung ist in der Revisionsinstanz noch zulässig (BAG 28. 6. 2005 AP BetrVG 1972 § 102 Nr. 146 = NZA 2006, 48; BAG 1. 2. 2006 AP BetrVG 1972 § 77 Betriebsvereinbarung Nr. 28 = NZA 2006, 563). § 269 ZPO findet zwar neben § 264 ZPO Anwendung, so dass die in einer Antragseinschränkung liegende teilweise Klagerücknahme zu ihrer Wirksamkeit der Zustimmung der beklagten Partei bedarf (vgl. BAG 24. 1. 2006 AP BetrAVG § 3 Nr. 15 = NZA 2007, 278), doch wird regelmäßig eine teilweise Zurücknahme der Revision vorliegen, die zustimmungsfrei erklärt werden kann. Da sich der Streitgegenstand auch ändert, wenn zwar der gestellte Antrag beibehalten, aber der ihm zugrundeliegende Lebenssachverhalt ausgetauscht wird, liegt hierin eine in der Revisionsinstanz unzulässige Klageänderung (BAG 2. 10. 2007 NZA 2008, 429; BGH 16. 9. 2008 NJW 2008, 3570). Im Falle der einseitigen Erledigungserklärung kann die entsprechende Antragsänderung auch in der Revisionsinstanz zulässig sein (BAG 6. 6. 2007 AP TVG § 9 Nr. 11 = NZA 2008, 1086).

Eine unzulässige Antragsänderung ist es, in der Revisionsinstanz einen globalen Unterlassungsantrag durch neue konkrete Feststellungsanträge zu ersetzen (BAG 11. 12. 2001 AP BetrVG 1972 § 87 Arbeitszeit Nr. 93). Nach Auffassung des Bundesarbeitsgerichts kann der **Hilfsantrag in der Revisionsinstanz** zum Hauptantrag erhoben werden (so BAG 23. 4. 1985 AP BetrVG 1972 § 87 Überwachung Nr. 11; BAG 19. 9. 2006 AP BetrVG 1972 § 77 Betriebsvereinbarung Nr. 29; aA BGH 18. 9. 1958 BGHZ 28, 131; GK-ArbGG/*Mikosch* § 73 Rn. 95). **45**

Die **Einführung eines zusätzlichen Hilfsantrags** in der Revisionsinstanz stellt eine nachträgliche Anspruchshäufung (§ 260 ZPO) und damit eine Klageänderung gem. § 263 ZPO dar. Es liegt nicht lediglich einer der Fälle des § 264 ZPO vor. Diese Klageänderung ist in der Revisionsinstanz unzulässig (BAG 12. 7. 2006 AP BGB § 611 Lohnabrechnung Nr. 1 = NZA 2006, 1294; BAG 3. 5. 2006 EzA BGB 2002 § 611 Gratifikation, Prämie Nr. 18 = NZA-RR 2006, 582). Das Revisionsgericht kann nicht erstmals ein bisher nicht beschiedenes Begehren beurteilen, welches die Feststellung neuer Tatsachen erfordert (BAG 9. 11. 2005 AP TVG § 1 Tarifverträge: Metallindustrie Nr. 196; BAG 28. 10. 2008 – 3 AZR 903/07). Es führt zur Unzulässigkeit der Antragsänderung in der Revisionsinstanz, wenn aus der Sicht des Revisionsgerichts die Notwendigkeit weiterer tatsächlicher Feststellungen nicht auszuschließen ist (BAG 10. 5. 2005 AP TVG § 1 Altersteilzeit Nr. 20). Aus dem gleichen Grund ist es unzulässig, erstmals in der Revisionsinstanz eine **Widerklage** zu erheben (Schwab/Weth/*Ulrich* § 74 Rn. 45; Baumbach/*Hartmann* § 253 Anhang Rn. 10; aA *Ostrowicz/Künzl/Schäfer* Rn. 606). **46**

Hat das Berufungsgericht unter **Verletzung von § 308 Abs. 1 ZPO** prozessuale Ansprüche abgewiesen, die der Kläger gar nicht zur Entscheidung gestellt hatte, kann diese Klageabweisung durch das Revisionsgericht (ggf. auf Anschlussrevision) aufgehoben werden (BAG 10. 5. 2007 AP BGB § 626 Unkündbarkeit Nr. 1 = NZA 2007, 1278), die abgewiesenen Ansprüche können aber idR nicht in der Revisionsinstanz durch Klageerweiterung in das Verfahren einbezogen werden (BAG 28. 6. 2007 AP BAT § 15 Nr. 55; BGH 29. 11. 1990 NJW 1991, 1683). Hiervon kann nur abgewichen werden, wenn auf der Grundlage des festgestellten und unstreitigen Sachverhalts ohne Beschränkung der Verteidigungsmöglichkeiten des Gegners eine abschließende Entscheidung möglich und sachdienlich ist (BAG 28. 6. 2007 AP BAT § 15 Nr. 55; BGH 29. 11. 1990 NJW 1991, 1683). Zur Erweiterung um **Zinsforderungen** s. BAG 31. 10. 1995 AP BetrVG 1972 § 87 Lohngestaltung Nr. 80. Da es sich um eine Änderung des Antrags nach § 264 Nr. 2 und 3 ZPO handelt, bedarf diese Änderung keiner Zustimmung des Gegners (BAG 5. 11. 1965 AP BGB § 242 Ruhegehalt Nr. 104). **47**

Eine **Zwischenfeststellungsklage** nach § 256 Abs. 2 ZPO kann nicht erstmals in der Revisionsinstanz erhoben werden (BGH 21. 12. 1960 NJW 1961, 777; Schwab/Weth/*Ulrich* § 74 Rn. 45; diff. BAG 25. 6. 1981 AP ZPO 1977 § 256 Nr. 1; *Ostrowicz/Künzl/Schäfer* Rn. 606), jedenfalls dann nicht, wenn sie schon in der Berufungsinstanz hätte erhoben werden können und dafür neue tatsächliche Feststellungen erforderlich sind (BAG 25. 6. 1981 AP ZPO 1977 § 256 Nr. 1). **48**

49 Keine unzulässige Antragsänderung ist es, wenn der geänderte Antrag bereits in der Berufungsinstanz gestellt, die Antragsänderung aber vom Berufungsgericht nicht zugelassen worden ist und der geänderte Antrag nunmehr weiterverfolgt wird. In einem solchen Fall kann das Revisionsgericht selbst über die Zulässigkeit der Antragsänderung nach § 263 ZPO und bejahendenfalls über den geänderten Antrag entscheiden (BAG 23. 4. 1985 AP BetrVG 1972 § 87 Überwachung Nr. 11; BGH 23. 11. 1960 BGHZ 33, 398).

50 In der Revisionsinstanz können erstmals Anträge nach **§ 717 Abs.** 3 ZPO auf Schadensersatz wegen der Vollstreckung des Urteils oder nach **§ 61 Abs.** 2 ArbGG auf Entschädigung für eine nicht fristgerecht vorgenommene Handlung gestellt werden. Der Sachantrag kann an die sich aus der Insolvenz des Gegners ergebenden Folgen angepasst werden (BGH 16. 12. 2003 NJW 2004, 947; Schwab/Weth/*Ulrich* § 74 Rn. 47).

b) Revisionsgrund

51 Zum notwendigen Inhalt der Revisionsbegründung gehört weiter die **Angabe der Revisionsgründe,** § 551 Abs. 3 Nr. 2 ZPO. Darunter versteht das Gesetz die Bezeichnung der Umstände, aus denen sich die Rechtsverletzung ergibt und – bei Verfahrensrügen (s. unten Rn. 59 ff.) – die Angabe der den Verfahrensfehler begründenden Tatsachen.

52 Damit ist seit dem Wirksamwerden der Zivilprozessreform 2002 die **Angabe der Rechtsvorschrift** oder des allgemeinen Rechtsgrundsatzes, dessen falsche Anwendung gerügt werden soll, nicht mehr erforderlich (BAG 10. 5. 2005 AP SGB IX § 81 Nr. 8). Demgegenüber verlangte § 554 Abs. 3 Nr. 3 a ZPO aF die bestimmte Bezeichnung der verletzten Rechtsnorm. Gleichwohl reicht eine rein formelhafte Begründung, das materielle Recht oder das Kündigungsschutzrecht sei verletzt, nach wie vor nicht aus.

53 Bei sachlich-rechtlichen Revisionsangriffen ist eine sorgfältige, über ihren Umfang und Zweck keine Zweifel lassende Begründung zu verlangen, die sich mit den **Erwägungen des angefochtenen Urteils auseinandersetzt** und einzeln darlegt, warum diese unrichtig sind (BAG 4. 9. 1975 AP ZPO § 554 Nr. 15; BAG 13. 3. 2003 AP BAT § 11 Nr. 7; Schwab/Weth/*Ulrich* § 74 Rn. 49). Somit muss die Revisionsbegründung den aus der Sicht des Rechtsmittelklägers gegebenen Rechtsfehler des Berufungsurteils aufzeigen. Gegenstand und Richtung des Revisionsangriffs müssen erkennbar sein (BAG 16. 4. 2003 ZPO 2002 § 551 Nr. 1; BAG 14. 7. 2005 AP BGB § 242 Auskunftspflicht Nr. 41). Vollkommen unzureichend ist es, die angefochtene Entscheidung als „rechtsirrig" zu bezeichnen (BAG 15. 5. 2002 AP ZPO § 554 Nr. 38; BAG 15. 3. 2006 AP ZPO § 551 Nr. 63) oder eigene Rechtsansichten des Rechtsmittelführers ohne Auseinandersetzung mit den Gründen des Berufungsurteils darzustellen (BAG 11. 10. 2006 EzA ZPO 2002 § 551 Nr. 3 = NZA 2007, 408 [LS]; BAG 28. 1. 2009 – 4 AZR 912/07 –; Schwab/Weth/ *Ulrich* § 74 Rn. 49). Doch gibt das angefochtene Urteil das Maß der notwendigen Auseinandersetzung vor (BAG 15. 4. 2008 AP BetrVG 1972 § 87 Lohngestaltung Nr. 133 = NZA 2008, 888).

54 Wird der Rechtsfehler in der Anwendung eines unbestimmten Rechtsbegriffs gesehen, der in der Revision keiner uneingeschränkten Überprüfung unterliegt und dem Landesarbeitsgericht einen **Beurteilungsspielraum** belässt, muss die Revisionsbegründung revisionsrechtlich erhebliche Mängel der Rechtsanwendung rügen (BAG 16. 10. 2002 AP BAT 1975 §§ 22, 23 Nr. 294).

55 Diese von der Rechtsprechung entwickelten **Anforderungen an den Inhalt** der Revisionsbegründung sind angemessen und lassen sich aus dem Gesetz ableiten (*Hauck/Helml* § 74 Rn. 16; GK-ArbGG/*Mikosch* § 74 Rn. 57; Schwab/Weth/*Ulrich* § 74 Rn. 49). Sie sind auch dann zu beachten, wenn das angefochtene Berufungsurteil zurzeit der Erstellung der Revisionsbegründung noch nicht zugestellt ist (BAG 16. 4. 2003 ZPO 2002 § 551 Nr. 1). Die Revisionsbegründung hat sich dann an verlässlichen Anhaltspunkten zu orientieren, wie sie insbes. in der mündlichen Verhandlung deutlich geworden sind.

VI. Begründung der Revision § 74

Wesentlich ist, dass die Revisionsbegründung bereits dem Gesetz genügt, wenn sie lediglich einen zulässigen Angriff auf das Berufungsurteil führt (BAG 6. 3. 2003 AP ArbGG 1979 § 64 Nr. 32). Grundsätzlich nicht ausgeschlossen ist es, die falsche Rechtsanwendung auch mit neuen, erst nach Schluss der mündlichen Verhandlung vor dem Landesarbeitsgericht entstandenen Tatsachen zu begründen (BAG 16. 5. 1990 AP ZPO § 554 Nr. 21).

Der Revisionskläger ist nicht auf die **Gründe** beschränkt, **die zur Zulassung der** 56 **Revision geführt** haben. Er braucht diese nicht einmal als Revisionsgrund anzuführen (BVerwG 23. 1. 1976 Buchholz 421.2 Hochschulrecht Nr. 43). Unerheblich ist, ob die als verletzt bezeichnete Rechtsnorm überhaupt revisibel ist (BGH 26. 10. 1979 ZZP 93, 331) oder ob auf diese Rechtsverletzung die Revision nach § 73 gestützt werden kann (BAG 29. 6. 1978 AP ZPO § 38 Internationale Zuständigkeit Nr. 8). Erst recht ist es für die Frage, ob die Revision ordnungsgemäß begründet worden ist, ohne Bedeutung, ob die geltendgemachte Rechtsverletzung tatsächlich vorliegt. Für die Zulässigkeit der Revision ist es ohne Belang, wenn die Revisionsbegründung eine falsche Vorschrift als verletzt bezeichnet (BAG 22. 7. 2003 BAGReport 2003, 334 = NZA 2004, 568[LS]).

Hat das Berufungsgericht über mehrere selbständige Streitgegenstände mit jeweils 57 eigenständiger Begründung entschieden, muss die Revision **für jeden Streitgegenstand begründet** werden, andernfalls ist sie hinsichtlich des nicht begründeten Streitgegenstandes unzulässig (BAG 16. 4. 1997 AP ArbGG 1979 § 72 Nr. 35; BAG 13. 3. 2003 AP BAT § 11 Nr. 7; BAG 19. 4. 2005 AP BErzGG § 15 Nr. 43; BAG 15. 3. 2006 AP ZPO § 551 Nr. 63; *Hauck/Helml* § 74 Rn. 17). Einer eigenständigen Begründung bedarf es nicht, wenn die Entscheidung des Berufungsurteils über den einen Streitgegenstand denknotwendig von der Entscheidung über den anderen korrekt angefochtenen abhängig ist (BAG 9. 4. 1991 AP BetrVG 1972 § 18 Nr. 8; BAG 16. 4. 1997 AP ArbGG 1979 § 72 Nr. 35). Ein Beispiel gibt die Begründetheit eines Kündigungsschutzantrags, die vom Bestehen des Arbeitsverhältnisses nach früherer Kündigung abhängig ist, die wiederum einen weiteren Streitgegenstand bildet (vgl. BAG 5. 10. 1995 AP ZPO § 519 Nr. 48). Hat das Berufungsgericht zu einem Streitgegenstand verschiedene materiell-rechtliche Anspruchsgrundlagen geprüft, genügt die Revisionsbegründung den gesetzlichen Anforderungen, wenn die Sachrüge den gesamten Streitgegenstand erfasst (BAG 21. 10. 2003 AP BetrVG 1972 § 80 Nr. 62). Stützt das Landesarbeitsgericht sein Ergebnis auf mehrere voneinander unabhängige rechtliche Erwägungen, erfordert die zulässige Revisionsbegründung eine Auseinandersetzung mit allen Begründungen des Berufungsurteils, wenn nur so die Sachentscheidung in Frage gestellt wird (BAG 15. 11. 2006 – 7 ABR 6/06 –; BAG 16. 5. 2007 AP BetrVG 1972 § 40 Nr. 90 = NZA 2007, 1117; BAG 17. 10. 2007 AP TVG § 1 Tarifverträge: Deutsche Bahn Nr. 30 = NZA-RR 2008, 306; BAG 19. 3. 2008 NZA 2008, 1031; *Zöller/Heßler* § 551 Rn. 12).

Da das Revisionsgericht an die geltend gemachten sachlich-rechtlichen Revisionsgrün- 58 de nicht gebunden ist, können auch **nach Ablauf der Revisionsbegründungsfrist** weitere Rechtsfehler des Urteils aufgezeigt werden, sofern eine Rüge bereits frist- und formgerecht erhoben worden ist (*Grunsky* § 74 Rn. 7 a; GK-ArbGG/*Mikosch* § 74 Rn. 55). Hierin liegt die Anregung an das Bundesarbeitsgericht, im Rahmen seiner Prüfungskompetenz tätig zu werden (*Schreiber* Anm. AP ArbGG 1979 § 74 Nr. 11).

c) Verfahrensrüge

Wird die **Verletzung einer das Verfahren betreffenden Rechtsvorschrift** gerügt, also eine 59 Verfahrensrüge erhoben, sind nach § 551 Abs. 3 Nr. 2 b ZPO auch diejenigen Tatsachen vorzutragen, die den Verfahrensmangel ergeben. Verfahrensfehler ergeben sich nicht allein aus dem angefochtenen Urteil selbst, sondern es bedarf weiterer Feststellungen. Deshalb müssen in der Revisionsbegründung die den Mangel ergebenden Tatsachen (ggf. auch Rechtsgrundlagen, vgl. BAG 28. 1. 2009 – 4 AZR 912/07) im Einzelnen dargelegt werden. Es muss genau angegeben werden, auf Grund welchen Vortrags das Berufungsgericht zu welchen Tatsachenfeststellungen hätte gelangen müssen (BAG 16. 10. 2007 AP TzBfG § 8 Nr. 22 = NZA-RR 2008, 210). Darüber hinaus ist aufzuzeigen (Ausnahme absolute Revisionsgründe des § 547 ZPO), dass das Urteil auf dem Verfahrensfehler beruht, also bei richtigem Verfahren das Berufungsgericht möglicherweise anders entschieden hätte, sofern sich dies nicht aus der Art des gerügten Verfahrensfehlers von selbst ergibt (BAG 9. 3. 1972 AP ZPO § 561 Nr. 2; BAG 29. 1. 1992 AP BetrVG 1972 § 7 Nr. 1 zur Rüge der Nichtberücksichtigung von Parteivorbringen; BAG 6. 1. 2004 AP ArbGG 1979 § 74 Nr. 11 m. zust. Anm. *Schreiber;* Schwab/Weth/*Ulrich* § 74 Rn. 53; höhere Anforderungen an die Darlegung der Kausalität stellt BAG 15. 11. 2006 – 7 ABR 6/06 –). Es gibt eine ganze Reihe von Verfahrensfehlern, die das Bundesarbeitsgericht **von Amts wegen** zu beachten hat (vgl. Rn. 95 ff.). Insofern bedarf es keiner formgerechten Verfahrensrüge. Ein entsprechender Hinweis ist aber angezeigt. Problematisch ist dies für den Fall, dass das Berufungsgericht unzulässigerweise ein Teilurteil erlassen hat. Nach richtiger Auffassung ist dieser Mangel wegen der dadurch hervorgerufenen Gefahr sich widersprechender Entscheidungen vom Revisionsgericht von Amts wegen und nicht nur auf (zulässige) Verfahrensrüge zu beachten (MünchKommZPO/*Wenzel* § 557 Rn. 26; Musielak/*Ball* § 557 Rn. 16; offen BAG 23. 3. 2005 AP ZPO § 301 Nr. 5; BGH 12. 1. 1994 NJW-RR 1994, 379, 381; BGH 30. 4. 2003 NJW 2003, 2380). Nach der früheren Rechtsprechung des Bundesgerichtshofs war die Unzulässigkeit eines Teilurteils – von Ausnahmen abgesehen – nur auf entsprechende Verfahrensrüge hin zu berücksichtigen (BGH 22. 3. 1991 NJW 1991, 2082, 2083; BGH 17. 5. 2000 NJW 2000, 3007).

60 Wird eine **Verletzung des § 139 ZPO** gerügt, muss im Einzelnen vorgetragen werden, was der Revisionskläger auf eine entsprechende Frage oder einen Hinweis des Gerichts vorgetragen hätte (BAG 5. 7. 1979 AP BGB § 242 Ruhegehalt-Unterstützungskassen Nr. 9; BAG 12. 4. 2000 AP TVG § 1 Tarifverträge: Einzelhandel Nr. 72; BAG 20. 8. 2003 AP BGB § 620 Befristeter Arbeitsvertrag Nr. 245; BAG 6. 1. 2004 AP ArbGG 1979 § 74 Nr. 11; BAG 19. 1. 2006 AP InsO § 61 Nr. 1 = NZA 2006, 860). Wird vom Revisionskläger mit einer Hinweisrüge geltend gemacht, das Berufungsgericht habe zu Unrecht einen Klageantrag als nicht hinreichend bestimmt iSv. § 253 Abs. 2 Nr. 2 ZPO beurteilt, hat er in der Revisionsbegründung den entsprechend geänderten Klageantrag zu formulieren (BAG 10. 5. 2005 AP SGB IX § 81 Nr. 8).

61 Bei der Rüge einer **unterlassenen Beweiserhebung** muss bestimmt angegeben werden, über welches Thema Beweis hätte erhoben werden müssen, wo konkret das entsprechende Beweisangebot gemacht worden ist, welches Ergebnis die Beweisaufnahme voraussichtlich gehabt hätte und weshalb das angefochtene Urteil auf dem Verfahrensfehler beruhen kann (BAG 12. 4. 2000 AP TVG § 1 Tarifverträge: Einzelhandel Nr. 72; BAG 6. 1. 2004 AP ArbGG 1979 § 74 Nr. 11; BAG 23. 3. 2006 AP BGB § 611 Dienstordnungs-Angestellte Nr. 76 = NZA-RR 2006, 547, 549; BAG 12. 7. 2007 AP KSchG 1969 § 1 Betriebsbedingte Kündigung Nr. 168; *Schreiber* Anm. AP ArbGG 1979 § 74 Nr. 11). Geht es um eine Indiztatsache, ist darzulegen, was aus dieser auf die Haupttatsache zu schließen ist. Hat das Berufungsgericht Tatsachenvortrag zur Kenntnis genommen, aber die dazu angebotenen Beweise nicht erhoben, wird sogar Art. 103 Abs. 1 GG verletzt, wenn das Unterlassen der Beweisaufnahme im Prozessrecht keine Stütze mehr findet (BGH 7. 12. 2006 – IX ZR 173/03 – NJW-RR 2007, 500). Schriftliche Aussagen sowie Protokolle über die Aussagen von Zeugen in einem anderen Rechtsstreit können im Wege des Urkundenbeweises verwertet werden, wenn die beweispflichtige Partei dies beantragt. Unzulässig ist die Verwertung der früheren Aussage im Wege des Urkundenbeweises anstelle der beantragten Anhörung aber dann, wenn eine Partei zum Zwecke des unmittelbaren Beweises die Vernehmung des Zeugen beantragt (BAG 12. 7. 2007 AP ZPO § 551 Nr. 64 = NJW 2008, 540; BGH 13. 6. 1995 NJW 1995, 2856). Einer Partei, die ihre Behauptung über den Inhalt eines Gesprächs allein durch ihre eigene Vernehmung führen kann, darf ein entsprechender Beweisantrag nicht als unzulässig

zurückgewiesen werden. Vielmehr kommt neben der Parteivernehmung gemäß § 448 ZPO auch die persönliche Anhörung der Partei (§ 141 ZPO) in Betracht (BAG 22. 5. 2007 AP ZPO § 448 Nr. 6 = NZA 2007, 885).

Soll die **fehlerhafte Beweiswürdigung** des Berufungsgerichts gerügt werden, ist konkret darzulegen, aus welchen Gründen die Beweiswürdigung gegen Erfahrungs- und Denkgesetze verstößt oder in sich widersprüchlich ist (BAG 25. 2. 1987 AP TVG § 1 Tarifverträge: Bau Nr. 81; vgl. ferner Rn. 110 ff.). Dabei ist die Rüge der Verletzung von Erfahrungssätzen oder Denkgesetzen keine des Verfahrens, sondern eine materiellrechtliche (GK-ArbGG/*Mikosch* § 74 Rn. 55). Ebenso ist die Rüge, das Landesarbeitsgericht habe die **Beweislast** hinsichtlich der tatsächlichen Voraussetzungen einer Norm des materiellen Rechts unrichtig beurteilt, keine Rüge des Verfahrens-, sondern eine des materiellen Rechts (vgl. § 73 Rn. 7). 62

Wird ein **Sachverständigengutachten** als unzutreffend gerügt, muss die Begründung das Revisionsgericht in die Lage versetzen, nachzuprüfen, ob die zugrundegelegten Erkenntnisse und Gutachten ihren Zweck nicht erfüllen konnten und sich der Mangel dem Berufungsgericht aufdrängen musste (vgl. BAG 21. 11. 1996 AP BAT SR 2d § 2 Nr. 1). Wird geltend gemacht, dass das Sachverständigengutachten nicht der wissenschaftlichen Methodenlehre entspreche, so ist die Rüge nur dann ausreichend begründet, wenn ausgeführt wird, welche in der Fachliteratur oder in Fachzeitschriften erörterten oder sonst zugänglichen Erkenntnisse der Sachverständige bei der Erstattung des Gutachtens nicht berücksichtigt hat, welche anderen wissenschaftlichen Methoden hätten verwertet werden müssen und inwiefern bei Verwertung dieser Erkenntnisse ein anderes Ergebnis zu erwarten gewesen wäre (BAG 6. 1. 2004 AP ArbGG 1979 § 74 Nr. 11 m. zust. Anm. *Schreiber*). 63

Ein Verfahrensverstoß ist es auch, wenn das Berufungsgericht die **Glaubwürdigkeit eines Zeugen** anders beurteilt als das Arbeitsgericht, ohne ihn erneut vernommen zu haben (BAG 26. 9. 1989 AP ZPO § 398 Nr. 3), nicht aber, wenn es einen Zeugen nicht erneut vernimmt. Es steht grundsätzlich im Ermessen des Berufungsgerichtes, ob es die im ersten Rechtszug gehörten Zeugen nochmals nach § 398 ZPO vernimmt oder sich mit der Verwertung der protokollierten erstinstanzlichen Aussagen begnügt. Will es die Glaubwürdigkeit der erstinstanzlich gehörten Zeugen anders als das Arbeitsgericht beurteilen und beeinflusst dies seine Tatsachenfeststellung, reduziert sich das Ermessen auf Null (BAG 26. 9. 1989 AP ZPO § 398 Nr. 3). 64

Wird gerügt, das Urteil sei zu spät zugestellt worden, so dass ein **Tatbestandsberichtigungsantrag** nicht mehr habe gestellt werden können, muss angegeben werden, welche Berichtigung beantragt worden wäre (BAG 11. 6. 1963 AP ZPO § 320 Nr. 1; vgl. Rn. 106). 65

Die **Zulassung verspäteten Vorbringens** durch das Landesarbeitsgericht kann mit der Revision nicht gerügt werden (BAG 20. 4. 1983 AP TVAL II § 21 Nr. 2; vgl. auch BGH 22. 1. 2004 NJW 2004, 1458 [zu § 531 Abs. 2 ZPO]), wohl aber die unzulässige Zurückweisung von Vorbringen (zur engen Auslegung von Präklusionsvorschriften s. BVerfG 26. 1. 1995 AP ArbGG 1979 § 67 Nr. 3). Das im Rechtszug übergeordnete Gericht darf weder eine von der Vorinstanz unterlassene Zurückweisung nachholen noch die Zurückweisung auf eine andere als die von der Vorinstanz angewandte Vorschrift stützen (BGH 4. 5. 2005 NJW-RR 2005, 1007; BGH 23. 2. 2006 NJW 2006, 1741). 66

Die Rüge, das Landesarbeitsgericht habe eine **Klageänderung** zu Unrecht als sachdienlich zugelassen, ist nach § 268 ZPO ausgeschlossen. Entsprechend § 268 ZPO kann im Revisionsverfahren nicht erfolgreich geltend gemacht werden, das Berufungsgericht habe zu Unrecht in der Sache über eine in der Berufungsinstanz erhobene Widerklage entschieden (BGH 25. 10. 2007 NJW-RR 2008, 262). Wegen der Rüge, das Berufungsgericht habe zu Unrecht im Urteilsverfahren und nicht im Beschlussverfahren entschieden, s. § 73 Rn. 30 ff.; wegen **Verfahrensrügen des Revisionsbeklagten** s. Rn. 69, 109. 67

68 Nach **Ablauf der Revisionsbegründungsfrist** können vom Revisionskläger keine weiteren Verfahrensrügen erhoben werden (BAG 6. 1. 2004 AP ArbGG 1979 § 74 Nr. 11; GK-ArbGG/*Mikosch* § 74 Rn. 64). Wegen der Wiedereinsetzung in den vorigen Stand gegen die Versäumung der Begründungsfrist zur Geltendmachung weiterer Verfahrensmängel s. oben Rn. 38.

VII. Anschlussrevision

69 Nach § 554 ZPO kann sich der Revisionsbeklagte der Revision des Gegners bis **zum Ablauf eines Monats nach Zustellung der Revisionsbegründung** anschließen, selbst wenn er auf die Revision verzichtet hat (s. Rn. 27). Seit dem Inkrafttreten der Zivilprozessreform kennt das Gesetz nur noch die unselbständige Anschlussrevision. Die selbständige Anschlussrevision (§ 556 Abs. 2, § 522 Abs. 2 ZPO aF) ist ersatzlos entfallen. Legt eine Partei gleichwohl eine „selbständige" Anschlussrevision ein, ist durch Auslegung zu ermitteln, ob eine selbständige Revision oder eine unselbständige Anschlussrevision gemeint ist (vgl. BGH 30. 4. 2003 NJW 2003, 2388). Wichtige Indizien sind die Einlegung während der noch laufenden Revisionsfrist und die Zulassung der Revision auch für diese Partei durch das Berufungsurteil. Wer als Revisionsbeklagter durch das Berufungsurteil beschwert ist, kann selbständig Revision einlegen, wenn die sonstigen Zulässigkeitsvoraussetzungen erfüllt sind. Der Revisionsbeklagte braucht keine Anschlussrevision einzulegen, um bis zum Schluss der mündlichen Verhandlung vor dem Bundesarbeitsgericht **Gegenrügen** erheben zu können (vgl. Rn. 109).

70 Eine Anschlussrevision braucht zwar nicht als solche bezeichnet zu sein, in dem Schriftsatz muss aber klar und **eindeutig der Wille zum Ausdruck** kommen, eine Änderung des vorinstanzlichen Urteils zugunsten des Revisionsbeklagten zu erreichen (vgl. BGH 28. 10. 1953 NJW 1954, 266; BGH 3. 11. 1989 NJW 1990, 447). Eine verspätet eingelegte Revision kann als unselbständige Anschlussrevision aufrechterhalten werden. In jedem Fall muss der Gegner wissen, dass eine Anschlussrevision eingelegt worden ist. Nur dann kann er darüber befinden, ob er das Risiko einer Abänderung des angefochtenen Urteils zu seinen Ungunsten in Kauf nehmen oder lieber seine eigene Revision zurücknehmen und damit der Anschlussrevision den Boden entziehen will. Eine hinreichende Klarheit über das Rechtsschutzbegehren wird in der Regel dadurch erzielt, dass der Rechtsmittelbeklagte einen auf Abänderung oder Aufhebung des vorinstanzlichen Urteils zielenden (Sach-)Antrag stellt. Der bloße Antrag auf Zurückweisung des gegnerischen Rechtsmittels reicht für die Annahme einer Anschlussrevision nicht aus, denn diese muss einen Angriff gegen den Inhalt des vorinstanzlichen Urteils enthalten und darf sich nicht auf eine Auseinandersetzung mit dessen Gründen beschränken (BGH 3. 11. 1989 NJW 1990, 447).

71 Hat der Revisionskläger das Berufungsurteil nur zum Teil angefochten, kann er sich – nach gegenwärtig herrschender Auffassung – seinerseits einer **Anschlussrevision** des Revisionsbeklagten hinsichtlich des bislang nicht angefochtenen Teiles **nicht anschließen**, denn § 554 ZPO sieht dies nicht vor und eine entsprechende Anwendung wird abgelehnt (vgl. BGH 27. 10. 1983 AP ZPO § 521 Nr. 7; BGH 22. 11. 2007 NJW 2008, 920 [obiter dictum]; Zöller/*Heßler* § 554 Rn. 7; Baumbach/*Hartmann* § 554 Rn. 5; GK-ArbGG/*Mikosch* § 74 Rn. 93; zT aA MünchKommZPO/*Wenzel* § 554 Rn. 9; krit. *Gehrlein* NJW 2008, 896, 898). Diese Auffassung ist wegen der zu gewährleistenden Waffengleichheit beider Parteien zu überdenken, wenn sich die (auch hier vertretene) Auffassung durchsetzt, der Streitgegenstand der Anschlussrevision müsse in keinem rechtlichen oder wirtschaftlichen Zusammenhang mit dem der Revision stehen (vgl. Rn. 74).

72 Die Anschließung erfolgt gemäß § 554 Abs. 1 Satz 2 ZPO in einem Schriftsatz, der beim Revisionsgericht einzureichen ist. Für dessen Form und Inhalt gilt § 549 ZPO

VII. Anschlussrevision   § 74

entsprechend (s. oben Rn. 12 ff.). Bei Versäumung der Einlegungsfrist ist eine **Wiedereinsetzung in den vorigen Stand unzulässig**, denn das Gesetz bezeichnet diese Frist nicht als Notfrist (vgl. § 224 ZPO) und erwähnt sie auch nicht in § 233 ZPO (GK-ArbGG/ *Mikosch* § 74 Rn. 95; Schwab/Weth/*Ulrich* § 74 Rn. 92; *Hauck/Helml* § 74 Rn. 30; aA *Ostrowicz/Künzl/Schäfer* Rn. 612).

Die Anschlussrevision ist **in der Anschlussschrift zu begründen** (§ 554 Abs. 3 ZPO). **73** Für den notwendigen Inhalt der Begründung der Anschlussrevision gilt das Gleiche wie für die Begründung der Revision, § 551 Abs. 3 (s. Rn. 39). Innerhalb der Anschlussfrist kann eine erneute Anschließung mit einer ergänzenden Begründung versehen werden. Wird die Begründungsfrist unverschuldet versäumt, kann Wiedereinsetzung in den vorigen Stand gewährt werden (Düwell/Lipke/*Düwell* § 74 Rn. 93; *Hauck/Helml* § 74 Rn. 30; krit. GK-ArbGG/*Mikosch* § 74 Rn. 95).

Ist die **Revision nur beschränkt zugelassen** worden (s. oben § 72 Rn. 38 und § 72a **74** Rn. 50), kann die Anschlussrevision auf Grund der Neuregelung in § 554 Abs. 2 ZPO auch gegen den Teil des Urteils gerichtet werden, für den die Revision nicht zugelassen worden ist (BAG 3. 12. 2003 AP TVG § 1 Tarifverträge: Musiker Nr. 19; BAG 16. 6. 2005 AP BBiG § 14 Nr. 12; BGH 23. 2. 2005 NJW-RR 2005, 651; MünchKommZPO/ *Wenzel* § 554 Rn. 6; Schwab/Weth/*Ulrich* § 74 Rn. 93; aA BAG 19. 10. 1982 AP ArbGG 1979 § 72 Nr. 1; BAG 7. 12. 1995 AP KSchG 1969 § 4 Nr. 33). Dies gilt selbst dann, wenn eine diesbezügliche Nichtzulassungsbeschwerde des Revisionsbeklagten erfolglos geblieben ist (*Gehrlein* NJW 2008, 896, 897). Revision und Anschlussrevision müssen nicht denselben Streitgegenstand betreffen (BGH 14. 3. 2006 NJW-RR 2006, 965; BGH 14. 6. 2006 NJW-RR 2006, 1542). Sie müssen auch nicht in einem rechtlichen oder wirtschaftlichen Zusammenhang stehen (ErfK/*Koch* ArbGG § 74 Rn. 21, 22; Musielak/*Ball* § 554 Rn. 4; GK-ArbGG/*Mikosch* § 74 Rn. 94 [noch anders § 72 Rn. 47, 56]; Schwab/Weth/*Ulrich* § 74 Rn. 93; aA BGH 22. 11. 2007 NJW 2008, 920; *Gehrlein* NJW 2008, 896, 898; *Hauck/Helml* § 74 Rn. 30; BCF/*Friedrich* § 72 Rn. 5; HWK/*Bepler* ArbGG § 74 Rn. 40; *Ostrowicz/Künzl/Schäfer* Rn. 545, 548, 612; *Reichold* in *Thomas/Putzo* § 554 Rn. 2; MünchKommZPO/*Wenzel* § 554 Rn. 5; Düwell/ Lipke/*Düwell* § 74 Rn. 92; wohl auch Zöller/*Heßler* § 554 Rn. 7 a).

Die Anschlussrevision setzt eine **Beschwer** durch das Berufungsurteil voraus (BAG **75** 26. 1. 1995 EzA BGB § 626 n. F. Nr. 155; BAG 15. 3. 2001 AP KSchG 1969 § 4 Nr. 46; MünchKommZPO/*Wenzel* § 554 Rn. 5; GK-ArbGG/*Mikosch* § 74 Rn. 93; *Ostrowicz/ Künzl/Schäfer* Rn. 612; *Reichold* in *Thomas/Putzo* § 554 Rn. 2; Baumbach/*Hartmann* § 554 Rn. 5;). Deshalb kann sich der Revisionsbeklagte nur im Rahmen seiner Beschwer durch das angefochtene Berufungsurteil anschließen, eine etwaige Beschwer durch das erstinstanzliche Urteil genügt nicht (BGH 16. 3. 1983 NJW 1983, 1858; Zöller/*Heßler* § 554 Rn. 3).

Die **Anschlussrevision verliert** nach § 554 Abs. 4 ZPO **ihre Wirkung,** wenn die Revisi- **76** on zurückgenommen oder als unzulässig verworfen wird (BGH 7. 2. 2006 NJW-RR 2006, 1147). Gleiches gilt bei einer Zurücknahme der Klage oder einem Verzicht auf die Revision oder wenn sich die Parteien hinsichtlich des mit der Hauptrevision angegriffenen Teiles vergleichen (BAG 14. 5. 1976 AP ZPO § 522 Nr. 1). Der Revisionsbeklagte kann aber seine Einwilligung zur Klagerücknahme verweigern und damit seine Anschlussrevision aufrechterhalten. Wird über die Hauptrevision in der Sache entschieden oder tritt insoweit eine Erledigung der Hauptsache ein, bleibt die Wirkung der Anschlussrevision erhalten (BGH 22. 5. 1984 NJW 1986, 852). Hält der Revisionsbeklagte seine wirkungslos gewordene Anschlussrevision aufrecht, ist sie als unzulässig zu verwerfen (BAG 14. 5. 1976 AP ZPO § 522 Nr. 1). Der Revisionskläger hat die Kosten der Anschlussrevision zu tragen, wenn diese wegen Zurücknahme der Revision ihre Wirkung verliert (BGH 26. 1. 2005 NJW-RR 2005, 727; BGH 7. 2. 2006 NJW-RR 2006, 1147).

VIII. Entscheidung über die Zulässigkeit der Revision

1. Unzulässige Revision

77 Eine **Revision** ist unzulässig, wenn sie weder vom Landesarbeitsgericht noch durch einen Beschluss des Bundesarbeitsgerichts nach § 72 a Abs. 5 **zugelassen worden** ist. Gleiches gilt, wenn die vom Landesarbeitsgericht ausgesprochene Zulassung das Revisionsgericht nicht bindet (s. § 72 Rn. 49). Der Umstand, dass die Revision auf eine Nichtzulassungsbeschwerde hin hätte zugelassen werden müssen, macht sie nicht zulässig. Auch das Vorliegen eines absoluten Revisionsgrundes (s. § 73 Rn. 41 ff.) führt die Zulässigkeit der Revision nicht herbei, kann vielmehr nur auf eine zulässige Revision hin geprüft werden (BAG 20. 2. 2001 AP ArbGG 1979 § 72 Nr. 45; BAG 8. 10. 2002 AP ArbGG 1979 § 72 a Nr. 46 = NZA 2003, 287). Soweit die Nichteinhaltung der Fünf-Monats-Frist (vgl. § 72 b) geltend gemacht werden soll, ist der durch das anzufechtende Berufungsurteil beschwerten Partei allein der Rechtsbehelf der sofortigen Beschwerde eröffnet.

78 Ebenso unzulässig ist eine Revision, wenn sie nicht frist- und formgerecht eingelegt worden ist. Formfehler können nur innerhalb der Revisionsfrist geheilt, fehlende Angaben nur bis zum Fristablauf nachgeholt werden (BAG 28. 4. 1982 AP ZPO § 518 Nr. 47). Gleiches gilt für eine **nicht frist- und formgerecht begründete Revision** (BAG 14. 11. 1975 AP ArbGG 1953 § 9 Nr. 16). Fehlt es an einer inhaltlich ordnungsgemäßen Begründung der Revision (s. oben Rn. 33 ff.), ist die Revision gleichfalls unzulässig. Eine Revision, die auf die Verletzung nicht revisiblen Rechts oder eine in der Revision unbeachtliche Rechtsverletzung (zB § 65 oder § 72 b) gestützt wird, ist zulässig (BGH 26. 10. 1979 ZZP 93, 331; ErfK/*Koch* ArbGG § 74 Rn. 18, 19; aA BAG 2. 2. 1983 AP ArbGG 1979 § 73 Nr. 1 mit ablehnender Anm. *Grunsky*; GK-ArbGG/*Mikosch* § 74 Rn. 78). Das gilt auch, wenn eine nach § 295 Abs. 1 ZPO verzichtbare Verfahrensrüge erstmals in der Revisionsbegründung erhoben wird (BAG 17. 4. 1985 AP TVG § 1 Tarifverträge: Presse Nr. 4). Eine Revision, die ausschließlich einen Verfahrensfehler in ungenügender Form rügt, ist unzulässig. Wird aber gleichzeitig hinreichend die Verletzung materiellen Rechts gerügt, ist die Revision zulässig, die nicht ordnungsgemäß begründete Verfahrensrüge wird jedoch zu keiner Aufhebung des Berufungsurteils führen.

79 Die Revision ist des Weiteren unzulässig, wenn der **Revisionskläger** durch die angefochtene Entscheidung **nicht beschwert** ist. Die Beschwer ergibt sich aus der Differenz zwischen dem vor dem Berufungsgericht gestellten Sachantrag und der darüber ergangenen Entscheidung. Ist der Urteilstenor nicht eindeutig, kann sich die Beschwer auch aus der Begründung der Entscheidung ergeben (BAG 24. 6. 1969 AP ZPO § 564 Nr. 1; BGH 17. 10. 1985 ZIP 1986, 319; GK-ArbGG/*Mikosch* § 74 Rn. 65). Hat der Revisionskläger obsiegt, kann sich aus der Begründung der Entscheidung allein keine Beschwer ergeben (BSG 29. 4. 1964 AP ZPO § 556 Nr. 3). Eine Beschwer ist aber anzunehmen, wenn das Landesarbeitsgericht den Rechtsstreit an das Arbeitsgericht zurückverwiesen hat, statt in der Sache zu entscheiden (BAG 24. 2. 1982 AP ArbGG 1979 § 68 Nr. 1).

80 Der Beklagte ist bei einer **Abweisung der Klage als unzulässig** anstatt als unbegründet beschwert (BAG 19. 11. 1985 AP TVG § 2 Tarifzuständigkeit Nr. 4). Ist die Klage sowohl unbegründet als auch unzulässig, wird die Revision des Beklagten gegen das die Klage abweisende bzw. die erstinstanzliche Klageabweisung bestätigende Berufungsurteil in der Regel unbegründet sein: Hat das Berufungsgericht ein Prozess- und kein Sachurteil erlassen (vgl. zum grundsätzlichen Vorrangverhältnis: BGH 19. 6. 2000 NJW 2000, 3718), weist die Entscheidung keinen Rechtsfehler auf. Im umgekehrten Falle wäre der Beklagte nicht beschwert (BAG 15. 4. 1986 AP BetrVG 1972 § 99 Nr. 36), es sei denn, diese Entscheidung beruhte auf einer Hilfsaufrechnung (BAG 24. 1. 1974 AP ArbGG

VIII. Entscheidung über die Zulässigkeit der Revision § 74

1953 § 72 Streitwertrevision Nr. 24). Hat der Nebenintervenient Revision eingelegt, ist die Beschwer der Hauptpartei maßgebend (BAG 5. 8. 1959 AP ZPO § 511 Nr. 1). Es ist nicht erforderlich, dass die Beschwer 600,– Euro übersteigt. § 64 Abs. 2 gilt im Revisionsverfahren nicht (GK-ArbGG/*Mikosch* § 74 Rn. 65; *Ostrowicz/Künzl/Schäfer* Rn. 603). Der Revisionsantrag muss auf die Beseitigung der Beschwer gerichtet sein (BAG 29. 10. 1960 AP ZPO § 511 Nr. 3; vgl. Rn. 40). Das ist auch der Fall, wenn lediglich ein unzulässigerweise geänderter Antrag (s. oben Rn. 44) gestellt wird (BAG 8. 9. 1971 AP BAT §§ 22, 23 Nr. 46).

Unzulässig ist die Revision, wenn der Revisionskläger auf dieses Rechtsmittel verzichtet hat. Ist der **Verzicht** nicht dem Gericht gegenüber erklärt worden, ist er nur auf Einrede des Revisionsbeklagten hin zu beachten (BAG 16. 3. 2004 AP TzBfG § 8 Nr. 10). Die Erhebung dieser Einrede kann auch in dem Antrag auf Zurückweisung der Revision liegen (BAG 8. 3. 1957 AP ZPO § 514 Nr. 1). 81

Die **Prozessführungsbefugnis des Revisionsklägers** und seine ordnungsgemäße gesetzliche Vertretung sind von Amts wegen zu beachten (vgl. Rn. 95). Die Vollmacht des Prozessbevollmächtigten wird nur auf Rüge des Revisionsbeklagten geprüft, § 88 Abs. 2 ZPO. Fehlt es an der Vollmacht, ist die Revision unzulässig. 82

Erweist sich das als Revision gegen ein Urteil des Landesarbeitsgerichts eingelegte Rechtsmittel als unzulässig, hat aber das Landesarbeitsgericht unzutreffend **durch Urteil anstelle durch Beschluss** entschieden, ist zu prüfen, ob die Revision nicht den Erfordernissen desjenigen Rechtsmittels entspricht, das gegen eine zutreffende Entscheidung gegeben wäre (BGH 18. 11. 1963 BGHZ 40, 265; GK-ArbGG/*Mikosch* § 74 Rn. 77). 83

2. Verwerfung der Revision

Ist die Revision unzulässig, wird sie nach § 552 Abs. 1 Satz 2 ZPO als unzulässig verworfen. Diese Vorschrift gilt für alle Fälle der Unzulässigkeit einer Revision, nicht nur bei mangelnder Statthaftigkeit sowie Form- und Fristfehlern (*Grunsky* § 74 Rn. 14; aA *Oetker* NZA 1989, 201). Die Entscheidung kann als Beschluss **ohne mündliche Verhandlung** und ohne Mitwirkung der ehrenamtlichen Richter ergehen, § 74 Abs. 2 Satz 3. Der Verwerfungsbeschluss ist unabänderbar, auch wenn er auf groben Verfahrensverstößen beruht (BFH 19. 6. 1979 AP ZPO § 329 Nr. 1; *Hauck/Helml* § 74 Rn. 24; GK-ArbGG/*Mikosch* § 74 Rn. 81). Ist die Revision nur zum Teil unzulässig, kann sie insoweit durch Beschluss verworfen werden (BAG 17. 11. 1966 AP ArbGG 1953 § 72 Divergenzrevision Nr. 29). Ist die Zulässigkeit der Revision zweifelhaft, kann ausnahmsweise das Rechtsmittel als unbegründet zurückgewiesen werden, wenn die Klärung der Zulässigkeit die Entscheidung des Rechtsstreits zB wegen einer notwendigen Anrufung des Großen Senats erheblich verzögern würde (BAG 29. 7. 1997 AP BetrAVG § 6 Nr. 24; *Hauck/Helml* § 74 Rn. 24; krit. GK-ArbGG/*Mikosch* § 74 Rn. 75). 84

Die Verwerfung der **Revision** als unzulässig hindert nicht, diese **erneut einzulegen**, sofern die Revisionsfrist noch nicht abgelaufen oder Wiedereinsetzung in den vorigen Stand wegen Versäumung der Revisionsfrist gewährt werden kann. Mit der Wiedereinsetzung wird der Verwerfungsbeschluss gegenstandslos (GK-ArbGG/*Mikosch* § 74 Rn. 82). Von diesen Fällen abgesehen wird das Urteil des Landesarbeitsgerichts mit der Verwerfung der Revision rechtskräftig (vgl. GemS OGB 24. 10. 1983 AP ZPO § 705 Nr. 1). Die Kosten hat nach § 97 ZPO der Revisionskläger zu tragen. 85

3. Feststellung der Zulässigkeit

Das Revisionsgericht kann die **Zulässigkeit** der Revision **durch gesonderten Beschluss feststellen**. Dieser Beschluss bedarf keiner mündlichen Verhandlung. In diesem Fall ergeht er ohne Zuziehung der ehrenamtlichen Richter (BAG 29. 2. 1956 AP ArbGG 1953 § 72 Nr. 37; BAG 15. 5. 1984 NZA 1984, 98). Diese Entscheidung bindet das 86

Revisionsgericht (BAG 22. 12. 1956 AP ZPO § 554 a Nr. 2; GK-ArbGG/*Mikosch* § 74 Rn. 80).

IX. Einstellung der Zwangsvollstreckung

87 Unter den Voraussetzungen des § 719 Abs. 2 ZPO kann auf Antrag die Zwangsvollstreckung aus dem Urteil des Landesarbeitsgerichts eingestellt werden (GK-ArbGG/*Mikosch* § 74 Rn. 98; Schwab/Weth/*Ulrich* § 74 Rn. 97). Eine Einstellung der Zwangsvollstreckung kommt regelmäßig nicht in Betracht, wenn die Revision keine Aussicht auf Erfolg bietet (BAG 6. 1. 1971 AP ZPO § 719 Nr. 3), oder wenn bei einer zeitlich beschränkten Verurteilung dem Urteil durch die Einstellung der Zwangsvollstreckung jede Wirkung genommen würde (BAG 22. 6. 1972 AP ZPO § 719 Nr. 4; BGH 6. 7. 1979 AP ZPO § 719 Nr. 5). Ein Urteil des Landesarbeitsgerichts, dessen vorläufige Vollstreckbarkeit gemäß § 62 ausgeschlossen worden ist, kann auf Antrag vom Bundesarbeitsgericht in entsprechender Anwendung von § 558 ZPO durch Beschluss **für vollstreckbar erklärt werden**, soweit es nicht angefochten worden ist (GK-ArbGG/*Mikosch* § 74 Rn. 98; Schwab/Weth/*Ulrich* § 74 Rn. 96).

X. Zurückweisung der Revision durch Beschluss

88 Durch das 1. JuMoG wurde mit Wirkung ab 1. 9. 2004 § 552 a in die Zivilprozessordnung eingefügt. Nach dieser Vorschrift weist das Revisionsgericht nach vorherigem Hinweis die vom Berufungsgericht zugelassene Revision durch einstimmigen Beschluss (als unbegründet) zurück, wenn es davon überzeugt ist, dass die Voraussetzungen für die Zulassung der Revision nicht (mehr) vorliegen und die Revision keine Aussicht auf Erfolg hat. Eine Übergangsvorschrift zu § 552 a ZPO wurde nicht erlassen (vgl. § 29 EGZPO). Somit erweitert **§ 552 a ZPO** über § 552 hinaus die Möglichkeiten, über eine Revision zum Nachteil des Revisionsklägers ohne mündliche Verhandlung zu entscheiden. Diese Neuregelung ist vom Bundesverfassungsgericht als wirksam beurteilt worden (BVerfG 17. 3. 2005 NJW 2005, 1485; vgl. auch BVerfG 26. 4. 2005 NJW 2005, 1931), doch erfordert es das Gebot effektiven Rechtsschutzes, dass klärungsbedürftige und klärungsfähige Rechtsfragen nicht im Beschlusswege entschieden werden (vgl. BVerfG 26. 4. 2005 NJW 2005, 1931; BVerfG 4. 11. 2008 NZA 2009, 53). § 552 a ZPO ist im Verfahren vor dem Bundesarbeitsgericht anwendbar (aA GK-ArbGG/*Mikosch* § 74 Rn. 96; zweifelnd *Düwell* FA 2004, 364, 365). § 74 Abs. 2 Satz 2 steht dem nicht entgegen, denn diese Regelung begründet nicht die Anwendbarkeit von § 552 Abs. 1 ZPO im arbeitsgerichtlichen Revisionsverfahren, sondern bestätigt lediglich die sich aus § 72 Abs. 5 ergebende Lage. § 552 a ZPO gewinnt seine besondere Bedeutung nicht durch die Fälle, in denen das Landesarbeitsgericht von vornherein zu Unrecht die Revision zugelassen hat, sondern durch die **Fälle eines späteren Wegfalls des Zulassungsgrundes** (zB durch Klärung einer Rechtsfrage in einem anderen Revisionsverfahren; vgl. Musielak/*Ball* § 552 a Rn. 1 MünchKommZPO/*Wenzel* § 552 a Rn. 2).

89 An dem Beschluss wirken die ehrenamtlichen Richter auf Grund des aus § 74 Abs. 2 Satz 3 zu ziehenden Umkehrschlusses in entsprechender Anwendung von § 72 a Abs. 5 Satz 2 und 3 mit. Die in § 74 Abs. 2 Satz 3 geregelte Entscheidung ohne Mitwirkung der ehrenamtlichen Richter betrifft allein die Verwerfung der Revision (als unzulässig) durch Beschluss. Damit verdeutlicht das ArbGG die grundsätzliche **Mitwirkung der ehrenamtlichen Richter** an der Prüfung der Begründetheit eines Rechtsmittels oder Rechtsbehelfs, wie sie in § 72 a Abs. 5 Satz 2 und 3 ausdrücklich geregelt ist. Dies ist auch in der Sache gerechtfertigt, denn die Zurückweisung einer Revision als unbegründet ist zumindest ebenso bedeutend wie die Zurückweisung einer Nichtzulassungsbeschwerde als unbegründet. Im Übrigen entscheidet auch beim Bundesgerichtshof der vollständig besetzte Senat. Da der Beschluss einstimmig ergehen muss, ist damit nach außen die Entscheidung aller fünf Mitglieder des Senats erkennbar. Demgegenüber wird der vorbereitende Hinweis (§§ 552 a, 522 Abs. 2 Satz 2 ZPO) von den berufsrichterlichen Mitgliedern oder dem Vorsitzenden allein gegeben. Der Hinweis ist zu begründen und darf sich nicht auf formelhafte Wendungen beschränken (vgl. BVerfG 17. 3. 2005 NJW 2005, 1485). Dem Revisionskläger ist Gelegenheit zur Stellungnahme zu geben. Der das Revisionsverfahren beendende Beschluss ist zu begründen, soweit nicht auf die im Hinweis enthaltenen Gründe verwiesen werden kann (§ 522 Abs. 2 Satz 3 ZPO).

XI. Überprüfung des Berufungsurteils

1. Bindung an die Parteianträge

Ist die Revision zulässig, wird das Berufungsurteil auf seine materielle Richtigkeit 90 überprüft. Nach § 557 Abs. 1 ZPO erfolgt diese Prüfung ausschließlich im Rahmen der von den Parteien gestellten Anträge, soweit diese in der Revisionsinstanz zulässig gestellt worden sind (s. Rn. 44). Eine **Abänderung der Entscheidung** des Berufungsgerichts **zum Nachteil des Revisionsklägers**, eine reformatio in peius, ist deshalb nicht zulässig. Gleichwohl kann das Revisionsgericht eine Klage auf die Revision des Klägers gegen ein die Klage als unzulässig abweisendes Prozessurteil als unbegründet abweisen (GK-ArbGG/*Mikosch* § 73 Rn. 11 und 116). Da der Revisionskläger stets einen Sachantrag stellen muss, kann er die Revision nicht auf die Aufhebung des Prozessurteils beschränken, vielmehr muss das Revisionsgericht in der Sache selbst entscheiden (BAG 31. 1. 1979 AP BGB § 611 Rundfunk Nr. 1; BGH 14. 3. 1978 NJW 1978, 2031; BVerwG 15. 6. 1965 BVerwGE 22, 45). In Fällen dieser Art dürfte aber regelmäßig eine Zurückverweisung der Sache an das Landesarbeitsgericht erfolgen, weil es an den notwendigen tatsächlichen Feststellungen fehlen wird. Gleichfalls kein Verstoß gegen das Verbot der reformatio in peius ist es, wenn eine als zurzeit unbegründet abgewiesene Klage endgültig als unbegründet abgewiesen wird (BGH 21. 4. 1988 AP ZPO § 536 Nr. 3). Hat das Berufungsgericht eine Klage nur auf Grund der vom Beklagten erklärten Hilfsaufrechnung abgewiesen und legt allein der Kläger das Rechtsmittel der Revision ein, ist es dem Revisionsgericht verwehrt, das Bestehen der Klageforderung zu überprüfen (BGH 3. 11. 1989 NJW 1990, 447).

2. Bindung an Revisionsgründe

An die geltend gemachten **Revisionsgründe** (s. dazu Rn. 51 ff.) ist das Revisionsgericht 91 bei der Überprüfung des Berufungsurteils **nicht gebunden,** § 557 Abs. 3 ZPO. Es hat das angefochtene Urteil unter allen rechtlichen Gesichtspunkten auf seine materielle Richtigkeit und mögliche Rechtsfehler hin zu überprüfen (BAG 15. 4. 2008 AP TVG § 1 Altersteilzeit Nr. 38 = NZA-RR 2008, 586). Das gilt auch dann, wenn der geltend gemachte Revisionsgrund nicht vorliegt, die allein erhobene Verfahrensrüge nicht begründet ist oder als Revisionsgrund eine Rechtsverletzung angeführt ist, auf die nach § 73 Abs. 1 Satz 2 und Abs. 2 die Revision nicht gestützt werden kann (BGH 26. 10. 1979 ZZP 93, 331).

Das Revisionsgericht ist insbesondere **nicht an die Gründe gebunden, die zur Zulas-** 92 **sung der Revision,** sei es durch das Landesarbeitsgericht, sei es durch das Bundesarbeitsgericht selbst, **geführt haben.** Es muss auf die in der Revisionszulassung angesprochenen Rechtsfragen nicht eingehen, wenn es über die Revision aus anderen Gründen abschließend entscheiden kann.

Der Revisionskläger kann die Überprüfung des angefochtenen Urteils **nicht auf einzel-** 93 **ne Rechtsfragen beschränken.** Andererseits braucht er über die ordnungsgemäße Begründung der Revision hinaus keine rechtliche Würdigung des angefochtenen Urteils vorzutragen (BAG 28. 6. 1973 AP BUrlG § 2 Nr. 2; BAG 13. 2. 1975 AP ZPO § 308 Nr. 2).

3. Prüfung auf Verfahrensfehler

94 Von dem Grundsatz, dass das angefochtene Urteil auf alle möglichen Rechtsfehler hin zu überprüfen ist, macht § 557 Abs. 3 Satz 2 ZPO eine Ausnahme für Verfahrensmängel, dh. für mögliche Verletzungen der das Verfahren betreffenden Vorschriften, soweit diese nicht von Amts wegen zu berücksichtigen sind. Auf solche Verfahrensmängel darf das angefochtene Urteil nur geprüft werden, **wenn solche Mängel in der Revisionsinstanz in zulässiger Weise gerügt worden sind** (s. dazu Rn. 59 ff.). Das gilt auch für die absoluten Revisionsgründe des § 547 ZPO (s. § 73 Rn. 41 ff.), soweit diese nicht von Amts wegen zu berücksichtigen sind. Ohnehin liegt kein erheblicher Verfahrensfehler vor, wenn das Berufungsgericht die Zulässigkeit des Rechtswegs oder die örtliche Zuständigkeit zu Unrecht bejaht hat (s. § 73 Rn. 29 ff.). Dass über den geltend gemachten Anspruch statt im Urteils- im Beschlussverfahren nach § 2a hätte entschieden werden müssen, ist vom Revisionsgericht auch auf eine etwaige Rüge hin nicht mehr zu prüfen (s. § 73 Rn. 30).

a) Prüfung von Amts wegen

95 Von Amts wegen zu berücksichtigen sind die allgemeinen **Prozessvoraussetzungen,** wie die Parteifähigkeit (BAG 16. 5. 2002 AP MuSchG 1968 § 9 Nr. 30), die Prozessfähigkeit (BAG 28. 2. 1974 AP ZPO § 56 Nr. 4; BAG 15. 9. 1977 AP ZPO § 56 Nr. 5), auch die des Prozessbevollmächtigten (BAG 18. 8. 1965 AP ZPO § 244 Nr. 17), Prozessführungsbefugnis und Prozessstandschaft (BGH 24. 2. 1994 BGHZ 125, 196, 200); das Rechtsschutzinteresse (BAG 15. 1. 1992 AP ArbGG 1979 § 2 Nr. 21 = NZA 1992, 996; BAG 9. 5. 2006 ZTR 2007, 100; BAG 16. 10. 2007 AP BGB § 241 Nr. 3 = NZA 2008, 367) und die Zulässigkeit einer (Zwischen-)Feststellungsklage mit dem notwendigen rechtlichen Interesse des Klägers an der begehrten Feststellung (BAG 15. 12. 1999 AP ZPO 1977 § 256 Nr. 40; BAG 26. 9. 2002 AP ZPO 1977 § 256 Nr. 73; BAG 5. 6. 2003 AP ZPO 1977 § 256 Nr. 81; BAG 24. 9. 2008 – 6 AZR 76/07 – NZA 2009, 154 [echte Prozessvoraussetzung nur für das stattgebende Urteil]; BGH 28. 9. 2006 NJW 2007, 82). Gleiches gilt für die **Prozessfortsetzungsbedingungen** (BAG 14. 12. 1971 AP ZPO § 233 Nr. 58; BAG 4. 6. 2003 AP InsO § 209 Nr. 2; BAG 19. 1. 2006 AP ArbGG 1979 § 64 Nr. 39; BAG 8. 10. 2008 AP ZPO § 520 Nr. 1), also, ob ein Einspruch gegen ein Versäumnisurteil rechtzeitig eingelegt worden ist (BAG 27. 5. 1969 AP ZPO § 183 Nr. 4; GK-ArbGG/*Mikosch* § 73 Rn. 48) oder ob eine Berufung oder Anschlussberufung zulässig war (BAG 25. 10. 1973 AP ZPO § 518 Nr. 22; BAG 28. 10. 1981 AP ZPO § 522a Nr. 6; BAG 15. 8. 2002 AP ZPO § 519 Nr. 55; BAG 21. 11. 2002 AP BGB § 611 Direktionsrecht Nr. 63; BAG 6. 3. 2003 AP ArbGG 1979 § 64 Nr. 32; BAG 19. 1. 2006 AP ArbGG 1979 § 64 Nr. 39; BAG 17. 1. 2007 AP TzBfG § 14 Nr. 30 = NZA 2007, 566; BAG 8. 10. 2008 AP ZPO § 520 Nr. 1; BGH 23. 6. 2005 MDR 2006, 110). Dass das Berufungsgericht das Rechtsmittel der Berufung für zulässig gehalten hat, ist hierbei ohne Bedeutung (BAG 21. 11. 2002 AP BGB § 611 Direktionsrecht Nr. 63; BAG 5. 2. 2004 AP BGB § 611a Nr. 23 = NZA 2004, 540).

96 Ist die zunächst gegebene **Zulässigkeit der Berufung wegen nachträglicher Einschränkung des Klagantrags entfallen,** wird die gleichwohl ergangene Sachentscheidung des Berufungsgerichts vom Bundesarbeitsgericht von Amts wegen aufgehoben und die Berufung als unzulässig verworfen (BAG 9. 7. 2003 AP ArbGG 1979 § 64 Nr. 33; BAG 23. 3. 2004 AP ArbGG 1979 § 64 Nr. 36; BAG 19. 1. 2006 AP ArbGG 1979 § 64 Nr. 39). Die Beschwer muss bei jedem Rechtsmittel noch zum Zeitpunkt der Entscheidung gegeben sein; ihr Wegfall macht das Rechtsmittel unzulässig (BGH 29. 6. 2004

NJW-RR 2004, 1365). Eine zunächst zulässige Berufung wird unzulässig, wenn der Berufungskläger nach Wegfall der Beschwer aus dem erstinstanzlichen Urteil (zB durch Abschluss eines Vergleichs) mit der Berufung nur noch eine Erweiterung der Klage in zweiter Instanz verfolgt. Auf die Zulässigkeit der Klageerweiterung als solcher kommt es dann nicht mehr an, das Revisionsgericht weist die Klageerweiterung ab (BGH 30. 11. 2005 NJW-RR 2006, 442; GK-ArbGG/*Mikosch* § 73 Rn. 48). Zur Bestimmung der Beschwer bei Antragsänderungen in der Berufungsinstanz BGH 9. 11. 2004 NJW-RR 2005, 714.

Hat das Berufungsgericht die **Erhebung einer Widerklage** im Berufungsverfahren nicht zugelassen, kann seine Ermessensentscheidung in der Revisionsinstanz nur beschränkt überprüft werden. Hat aber das Landesarbeitsgericht den Begriff der Sachdienlichkeit verkannt, kann das Bundesarbeitsgericht die Widerklage als zugelassen behandeln und bei Entscheidungsreife selbst eine Sachentscheidung treffen (BAG 25. 6. 2002 AP AEntG § 1 Nr. 15 m.w.N. zur BGH-Rechtsprechung). Das Revisionsgericht darf aber nicht überprüfen, ob eine **Wiedereinsetzung** zu Recht gewährt worden ist, denn die Wiedereinsetzung ist unanfechtbar, § 238 Abs. 3 ZPO. Ist die Revision jedenfalls unbegründet, kann eine dem Rechtsmittelkläger günstige Entscheidung eines vom Landesarbeitsgericht wegen unrichtiger Sachbehandlung nicht beschiedenen Wiedereinsetzungsantrags vom Bundesarbeitsgericht unterstellt werden (BAG 4. 6. 2003 AP InsO § 209 Nr. 2). 97

Zu den von Amts wegen zu berücksichtigenden Umständen gehört auch das Vorliegen der **internationalen Zuständigkeit** (BAG 5. 9. 1972 AP BGB § 242 Ruhegehalt Nr. 159; BAG 13. 11. 2007 AP EGBGB Art. 27 nF Nr. 8 = NZA 2008, 761; s. auch § 73 Rn. 34) und der deutschen **Gerichtsbarkeit,** aber nicht die Zuständigkeit der ordentlichen Gerichte oder eines Gerichts der Verwaltungs-, Sozial- oder Finanzgerichtsbarkeit (s. § 73 Rn. 31). 98

Ferner ist von Amts wegen zu berücksichtigen, ob das angefochtene Urteil **keinen oder einen widersprüchlichen Tatbestand** enthält (BAG 29. 8. 1984 AP ZPO 1977 § 543 Nr. 4; BAG 15. 8. 2002 AP ZPO 1977 § 543 Nr. 12; BAG 17. 6. 2003 AP ZPO 1977 § 543 Nr. 13; BAG 1. 10. 2003 NZA 2003, 1356, 1358; BAG 18. 5. 2006 AP KSchG 1969 § 15 Ersatzmitglied Nr. 2 = NZA 2006, 1037; vgl. § 73 Rn. 53). Ausreichend ist es, wenn der Tatbestand eine gedrängte Darstellung des Sach- und Streitstandes enthält (§ 69 Abs. 3). 99

Auch ohne Rüge ist zu berücksichtigen, wenn aus Tenor und Entscheidungsgründen des angefochtenen Urteils nicht zweifelsfrei zu erkennen ist, inwieweit über die geltend gemachten Ansprüche entschieden worden ist (BAG 24. 6. 1969 AP ZPO § 322 Nr. 12), wenn das Landesarbeitsgericht gegen **§ 308 Abs. 1 ZPO** (BAG 18. 12. 1974 AP BGB § 615 Nr. 30) oder das Verschlechterungsverbot (Musielak/*Ball* § 557 Rn. 15; Münch-KommZPO/*Wenzel* § 557 Rn. 27) verstoßen hat. Ebenso ist die Bestimmtheit des Klageantrags von Amts wegen zu beachten (BAG 2. 11. 1961 AP ZPO § 253 Nr. 8; BAG 19. 3. 2003 AP ArbGG 1979 § 72 Nr. 47; BGH 20. 2. 1997 BGHZ 135, 1, 6; GK-ArbGG/*Mikosch* § 73 Rn. 48), dies umfasst die Bestimmtheit des Berufungsurteils und vor allem dessen Vollstreckungsfähigkeit (BGH 2. 6. 1966 BGHZ 45, 287; BGH 18. 9. 1992 NJW 1993, 324). Das Bundesarbeitsgericht prüft des Weiteren von Amts wegen, ob anderweitige Rechtshängigkeit besteht oder eine andere rechtskräftige Entscheidung zu beachten ist (vgl. BGH 24. 6. 1993 NJW 1993, 3204). 100

Nach zutreffender Auffassung ist es von Amts wegen zu beachten, wenn das Landesarbeitsgericht ein **unzulässiges Teilurteil** erlassen hat. Gleiches gilt, wenn das Landesarbeitsgericht die Zulässigkeit der Klage hat dahingestellt sein lassen und der Klage durch Sachurteil stattgegeben hat (BAG 28. 11. 1966 AP ZPO § 275 Nr. 2). Für das zivilgerichtliche Grundurteil (vgl. § 61 Abs. 3) steht die Prüfung seiner Zulässigkeit von Amts wegen außer Frage (BGH 27. 1. 2000 NJW 2000, 1572; BGH 17. 2. 2000 NJW 2000, 1498, 1499). 101

Prüfung von Amts wegen bedeutet **nicht Amtsermittlung** der Tatsachen durch das Revisionsgericht. Das Revisionsgericht hat lediglich anhand des vorliegenden Prozess- 102 stoffes die von Amts wegen zu berücksichtigenden Umstände zu prüfen, die Parteien auf Bedenken hinzuweisen und sie zur Beschaffung der erforderlichen Nachweise aufzufordern (GK-ArbGG/*Mikosch* § 73 Rn. 47).

b) Prüfung auf Rüge

103 Alle **übrigen Verfahrensfehler** sind ausschließlich auf eine in zulässiger Form erhobene Rüge hin (s. dazu Rn. 59 f.) zu überprüfen. Dies gilt auch für die absoluten Revisionsgründe des § 547 ZPO. Soweit nach § 73 Abs. 2 iVm. § 65 bestimmte Verfahrensfehler nicht zu prüfen sind, führt dies zur Unbegründetheit, nicht zur Unzulässigkeit der Rüge (s. Rn. 78). Rügen, auf die nach § 295 Abs. 1 ZPO verzichtet worden ist, sind unbegründet, wenn sie erstmals in der Revisionsinstanz erhoben werden (BAG 17. 4. 1985 AP TVG § 1 Tarifverträge: Presse Nr. 4). ZB ist die ordnungsgemäße **Besetzung des Gerichts** nur auf Rüge hin zu prüfen (BAG 28. 9. 1961 AP ZPO § 551 Nr. 3; BSG 15. 5. 1985 NZA 1986, 38; aA BVerwG 14. 12. 1962 AP PersVG § 71 Nr. 9). Die Auslegung von Willenserklärungen prüft das Revisionsgericht von Amts wegen, Verfahrensfehler bei der Feststellung der für die Auslegung erheblichen Tatsachen dagegen nur auf zulässige Verfahrensrüge (BGH 13. 12. 1995 NJW 1996, 838).

104 Ob die erhobene **Rüge begründet ist,** bestimmt sich nach dem Inhalt der als verletzt gerügten Norm. ZB ist die Rüge, das Landesarbeitsgericht habe verspätetes Vorbringen zu Unrecht zugelassen, stets unbegründet (BAG 31. 10. 1984 AP TVAL II § 42 Nr. 3; BGH 12. 11. 1959 LM Nr. 17 zu § 529 ZPO). Wegen der Möglichkeit von **Verfahrensrügen durch den Revisionsbeklagten** s. Rn. 69, 109.

4. Tatsächliche Entscheidungsgrundlagen

a) Bisheriges Parteivorbringen

105 Nach § 559 ZPO unterliegt der Beurteilung des Revisionsgerichts nur dasjenige Parteivorbringen, das aus dem **Tatbestand des Berufungsurteils oder dem Sitzungsprotokoll** ersichtlich ist. Dazu gehört auch das Parteivorbringen in Schriftsätzen und Anlagen, auf die im Berufungsurteil Bezug genommen worden ist (BAG 19. 5. 2004 AP BGB § 615 Nr. 108; BAG 26. 4. 2005 AP BetrVG 1972 § 87 Arbeitszeit Nr. 118; BGH 13. 8. 2003 NJW 2003, 3352). Auch Parteivorbringen, das in den Entscheidungsgründen des Berufungsurteils wiedergegeben ist, darf bei der Überprüfung berücksichtigt werden (BAG 14. 6. 1967 AP ZPO § 91 a Nr. 13; BAG 28. 10. 1999 ZTR 2000, 267). Der Tatbestand des Urteils beweist das wiedergegebene mündliche Parteivorbringen. Dieser Beweis kann ausschließlich durch das Sitzungsprotokoll entkräftet werden, § 314 ZPO. Die in den **Entscheidungsgründen** enthaltenen tatsächlichen Feststellungen werden dem Tatbestand zugerechnet (BAG 18. 9. 2003 AP ZPO § 314 Nr. 4; BGH 19. 5. 1998 BGHZ 139, 36, 39; BGH 17. 5. 2000 NJW 2000, 3007). Ist der **Tatbestand in sich widersprüchlich,** kann er keine Grundlage für eine Sachentscheidung des Revisionsgerichts abgeben (BAG 14. 6. 1967 AP ZPO § 91 a Nr. 13; BAG 18. 9. 2003 AP ZPO § 314 Nr. 4; Schwab/Weth/*Ulrich* § 73 Rn. 54). Gleiches gilt für widersprüchliche Tatsachenfeststellungen in den Entscheidungsgründen (BAG 23. 8. 2006 AP TVAL II § 51 Nr. 12). Dieser Mangel ist von Amts wegen zu beachten (BAG 18. 9. 2003 AP ZPO § 314 Nr. 4; BGH 9. 7. 1993 NJW 1993, 2530, 2531). Der Rechtsstreit muss dann an das Landesarbeitsgericht zurückverwiesen werden, wenn nach der Rechtsauffassung des Revisionsgerichts diese widersprüchlichen Feststellungen Entscheidungserheblichkeit besitzen. Widersprechen sich tatbestandliche Feststellungen des Berufungsurteils und in Bezug genommene Schriftsätze, geht der Tatbestand vor (BGH 8. 1. 2007 BGHReport 2007, 572). Ergibt das vom Berufungsgericht (ggf. durch Bezugnahme) wiedergegebene Vorbringen der Parteien ein Geständnis, kann dieses vom Revisionsgericht festgestellt werden (BGH 6. 10. 2005 NJW-RR 2006, 281).

XI. Überprüfung des Berufungsurteils   § 74

Ein **unrichtiger Tatbestand** kann grundsätzlich allein über einen **Berichtigungsantrag** 106
nach § 320 ZPO mit Bindungswirkung für das Revisionsgericht berichtigt werden.
Etwas anderes gilt nur dann, wenn ein Berichtigungsantrag nach § 320 Abs. 2 Satz 3
ZPO deswegen nicht mehr möglich war, weil das Urteil später als drei Monate nach
seiner Verkündung zugestellt wurde. In diesem Fall kann der Tatbestand so, wie er auf
einen Berichtigungsantrag hin berichtigt worden wäre, zu Grunde gelegt werden, wenn
die Partei darlegt, dass sie einen Berichtigungsantrag gestellt (BAG 3. 5. 1957 AP ArbGG
1953 § 60 Nr. 2) und zu welcher Berichtigung des Tatbestands er geführt hätte.

Hat das Landesarbeitsgericht festgestellt, dass eine **tatsächliche Behauptung nicht** 107
bestritten worden ist, ist das keine tatsächliche Feststellung im Sinne von § 559 Abs. 2
ZPO, sondern eine Aussage über das tatsächliche Parteivorbringen, die allein mit einem
Antrag auf Tatbestandsberichtigung nach § 320 ZPO berichtigt werden kann (BAG
13. 3. 1964 AP BGB § 611 Haftung des Arbeitnehmers Nr. 32). Fehlt es an einer
Aussage des Berufungsgerichts darüber, ob eine tatsächliche Behauptung bestritten
worden ist, kann dies vom Revisionsgericht selbst festgestellt werden (BAG 27. 1. 1983
AP ZPO § 38 Internationale Zuständigkeit Nr. 12; vgl. auch BGH 27. 11. 1957 LM
Nr. 5 zu § 565 Abs. 3 ZPO).

b) Tatsächliche Feststellungen des Landesarbeitsgerichts

Hat das Landesarbeitsgericht festgestellt, dass eine **tatsächliche Behauptung wahr** 108
oder nicht wahr ist, ist diese Feststellung grundsätzlich für das Revisionsgericht bindend,
§ 559 Abs. 2 ZPO. Einer solchen Feststellung wird regelmäßig eine Beweisaufnahme
vorausgegangen sein. Für den Eintritt der Bindungswirkung des § 559 Abs. 2 ZPO ist es
nicht stets erforderlich, dass die einem Rechtsbegriff zugrundeliegenden tatsächlichen
Umstände konkret vorgetragen und festgestellt worden sind. Die Parteien können bestimmte Tatsachen durch allgemein geläufige, einfache rechtliche Ausdrücke in den
Rechtsstreit einführen, wenn diese den Teilnehmern des Rechtsverkehrs geläufig sind
und mit ihnen das Vorliegen entsprechender tatsächlicher Umstände verbunden wird.
Dies ist zB für die Feststellung einer „Abtretung" BGH 19. 3. 2004 NJW 2004, 2152)
oder eines „Betriebsübergangs" (BAG 6. 11. 2007 AP BGB § 613a Nr. 337 = NZA
2008, 542) bejaht worden. Die Bindung des Revisionsgerichts an diese Feststellung
entfällt nur dann, wenn hinsichtlich des Verfahrens, das zu dieser Feststellung geführt
hat, eine zulässige und begründete Verfahrensrüge erhoben worden ist.

Der **Revisionsbeklagte** kann **Verfahrensrügen ("Gegenrügen")** noch bis zum Schluss 109
der mündlichen Verhandlung vor dem Revisionsgericht erheben, ohne dass es dazu der
Erhebung der Anschlussrevision bedürfte (BAG 14. 7. 1965 AP BGB § 276 Vertragsbruch Nr. 2; BAG 8. 1. 1970 AP ZPO § 528 Nr. 14; BAG 5. 10. 1995 AP ZPO § 519
Nr. 48; BGH 17. 12. 1992 BGHZ 121, 86; *Rosenberg/Schwab/Gottwald* § 141 Rn. 22;
Vollkommer Anm. AP ZPO § 253 Nr. 20; *Grunsky* § 74 Rn. 11; GK-ArbGG/*Mikosch*
§ 74 Rn. 72; Zöller/*Heßler* § 557 Rn. 12 f.; HWK/*Bepler* ArbGG § 74 Rn. 25; *Kittner/
Zwanziger* § 167 Rn. 57). Der Revisionsbeklagte wird die Gegenrüge erheben, um ihm
ungünstige Feststellungen des Berufungsurteils aus der Welt zu schaffen, die nach der
bisherigen Rechtsauffassung des Landesarbeitsgerichts für ihn keine Bedeutung besaßen,
ihm aber unter Zugrundelegung der Rechtsauffassung des Bundesarbeitsgerichts zum
Nachteil gereichen würden (BAG 28. 9. 2005 AP TVG § 1 Tarifverträge: Bau Nr. 278).

Die **Beweiswürdigung** durch das Landesarbeitsgericht kann sowohl mit einer **Verfah-** 110
rensrüge als auch mit einer Sachrüge anzugreifen sein (BAG 9. 3. 1972 AP ZPO § 561
Nr. 2; GK-ArbGG/*Mikosch* § 74 Rn. 55; aA [grds. Verfahrensrüge] *Kittner/Zwanziger*
§ 167 Rn. 65; [grds. nicht mittels Verfahrensrüge] Schwab/Weth/*Ulrich* § 73 Rn. 34;
unklar BAG 18. 9. 1991 AP MuSchG 1968 § 14 Nr. 10). Soweit der Revisionskläger die
Beweiswürdigung mit der Behauptung von Verfahrensverstößen oder außerhalb des
Berufungsurteils liegenden Tatsachen angreifen will, bedarf es hierzu der ordnungsgemä-

§ 74   Einlegung der Revision, Terminbestimmung

ßen und insbesondere rechtzeitigen Verfahrensrüge (BAG 22. 11. 1988 AP TVG § 2 Tarifzuständigkeit Nr. 5; BAG 8. 6. 2000 AP BeschSchG § 2 Nr. 3). Will der Revisionskläger aus dem Berufungsurteil selbst ersichtliche Fehler der Beweiswürdigung angreifen, steht ihm die **Sachrüge** zur Verfügung. Dabei ist zu beachten, dass zu den Rechtsnormen iSv. § 546 ZPO auch Denkgesetze und allgemeine Erfahrungssätze gerechnet werden (BAG 16. 5. 1964 AP ZPO § 561 Nr. 1; BAG 9. 3. 1972 AP ZPO § 561 Nr. 2; BAG 13. 11. 2007 AP BetrAVG § 1 Nr. 50 = NZA-RR 2008, 457; vgl. ferner § 73 Rn. 8), also diesbezügliche Fehler des Berufungsgerichts von Amts wegen zu beachten sind. Insofern unterliegt die Beweiswürdigung sogar ohne Rüge der Überprüfung durch das Revisionsgericht (vgl. BAG 25. 3. 1992 AP BetrVG 1972 § 2 Nr. 4 unter B. IV. der Gründe).

111 Sind die notwendigen Verfahrensrügen erhoben, wird die **Beweiswürdigung des Berufungsgerichts** lediglich beschränkt überprüft. Sie wird daraufhin beurteilt, ob sie die gesetzlichen Voraussetzungen und Grenzen des § 286 ZPO bzw. des § 287 ZPO wahrt, insbesondere ob der gesamte Inhalt der Verhandlung berücksichtigt worden ist, ob eine Würdigung aller erhobenen Beweise stattgefunden hat und ob die Beweiswürdigung in sich widerspruchsfrei und frei von Verstößen gegen Denkgesetze und allgemeine Erfahrungssätze ist (vgl. § 73 Rn. 8; BAG 30. 5. 1984 AP MTL II § 21 Nr. 2; BAG 16. 5. 2002 AP MuSchG 1968 § 9 Nr. 30; BGH 19. 4. 2005 NJW-RR 2005, 897; zu Glaubhaftigkeitsgutachten BGH 30. 7. 1999 NJW 1999, 2746). Dabei gehören die Denkgesetze und allgemeinen Erfahrungssätze zum revisiblen Recht und sind deshalb vom Revisionsgericht auch ohne entsprechende Verfahrensrüge in die Prüfung einzubeziehen. Dementsprechend kann die nach § 286 Abs. 1 Satz 1 ZPO gewonnene Überzeugung des Berufungsgerichts von der Kausalität im Sinne einer überwiegenden Wahrscheinlichkeit revisionsrechtlich nur darauf überprüft werden, ob sie möglich und in sich widerspruchsfrei ist und nicht gegen Denkgesetze, Erfahrungssätze oder andere Rechtssätze verstößt (BAG 24. 4. 2008 NZA 2008, 1351; BAG 16. 9. 2008 AP SGB IX § 81 Nr. 15). Hat das Berufungsgericht ein **Geständnis** iSv. § 288 ZPO übergangen, ist dies vom Revisionsgericht zu beachten, die entgegenstehende Feststellung des Berufungsgerichts bindet nicht (BGH 6. 10. 2005 NJW-RR 2006, 281). Hat das Berufungsgericht Sachvortrag einer Partei ohne gesetzliche Grundlage (zB Präklusionsvorschrift) unbeachtet und unverwertet gelassen, ist dies auf Rüge vom Bundesarbeitsgericht zu beachten (BAG 13. 12. 2007 AP BGB § 626 Nr. 210 = NZA 2008, 1008).

112 Die Frage, ob ein **Anscheinsbeweis** eingreift, unterliegt der Prüfung durch das Revisionsgericht (BGH 17. 2. 1988 NJW-RR 1988, 789; BGH 5. 10. 2004 BGHZ 160, 308 = NJW 2004, 3623). Die Grundsätze über den Beweis des ersten Anscheins sind nur bei typischen Geschehensabläufen anwendbar, dh. in Fällen, in denen ein bestimmter Sachverhalt feststeht, der nach der allgemeinen Lebenserfahrung auf eine bestimmte Ursache oder auf einen bestimmten Ablauf als maßgeblich für den Eintritt eines bestimmten Erfolges hinweist (BGH 4. 12. 2000 NJW 2001, 1140). Dabei bedeutet Typizität nicht, dass die Ursächlichkeit einer bestimmten Tatsache für einen bestimmten Erfolg bei allen Sachverhalten dieser Fallgruppe notwendig immer vorhanden ist; sie muss aber so häufig gegeben sein, dass die Wahrscheinlichkeit, einen solchen Fall vor sich zu haben, sehr groß ist (BGH 6. 3. 1991 VersR 1991, 460; BGH 5. 10. 2004 BGHZ 160, 308 = NJW 2004, 3623). Spricht ein Anscheinsbeweis für einen bestimmten Ursachenverlauf, kann der Inanspruchgenommene diesen entkräften, indem er Tatsachen darlegt und gegebenenfalls beweist, die die ernsthafte, ebenfalls in Betracht kommende Möglichkeit einer anderen Ursache nahelegen (BGH 3. 7. 1990 NJW 1991, 230; BGH 17. 1. 1995 VersR 1995, 723). Der Anscheinsbeweis kann auch erschüttert werden, wenn unstreitig oder vom Inanspruchgenommenen bewiesen ist, dass ein schädigendes Ereignis durch zwei verschiedene Ursachen mit jeweils typischen Geschehensabläufen herbeigeführt worden sein kann und jede für sich allein den Schaden verursacht haben kann; haftet der Inanspruchgenommene in einem solchen Fall nur für eine der möglichen Ursachen, sind

die Regeln über den Anscheinsbeweis nicht anwendbar (BGH 17. 1. 1995 VersR 1995, 723). Dabei kommt es nicht darauf an, ob die eine oder andere Verursachungsmöglichkeit nach den Erfahrungen des täglichen Lebens die wahrscheinlichere ist (BGH 5. 10. 2004 BGHZ 160, 308 = NJW 2004, 3623). Diese Voraussetzungen hat das Berufungsgericht festzustellen; seine Entscheidung ist insoweit voll revisibel (BGH 5. 10. 2004 BGHZ 160, 308 = NJW 2004, 3623).

Ob das Landesarbeitsgericht eine tatsächliche Feststellung im Sinne von § 559 Abs. 2 ZPO getroffen hat, bedarf dann besonders sorgfältiger Prüfung, wenn es nach der Entscheidung des Landesarbeitsgerichts auf diese **tatsächliche Feststellung** nicht ankommt, etwa wenn diese sich lediglich **in einer Hilfsbegründung** findet (vgl. BGH 25. 11. 1966 BGHZ 46, 281). Feststellungen des erstinstanzlichen Urteils, die im Tatbestand des Berufungsurteils und dem Protokoll der Berufungsverhandlung nicht wiederholt und auch nicht in Bezug genommen werden, weil das Berufungsgericht sie für unerheblich erachtet hat, können weder Grundlage der Nachprüfung noch einer bestätigenden Neuentscheidung des Revisionsgerichts sein (BGH 11. 12. 2008 – IX ZR 194/07 – NJW-RR 2009, 340). 113

c) Neues tatsächliches Vorbringen

Neues tatsächliches Vorbringen, dh. Vorbringen, das sich nicht aus dem Tatbestand des Berufungsurteils ergibt, ist in der Revisionsinstanz **grundsätzlich ausgeschlossen**. Auf die Gründe, warum es nicht bis zum Schluss der mündlichen Verhandlung vor dem Berufungsgericht vorgebracht worden ist, insbesondere ob die Partei an dem Unterlassen des Vorbringens ein Verschulden trifft, kommt es nicht an. Von diesem Grundsatz gibt es jedoch eine Reihe von **Ausnahmen**. 114

Nach § 559 Abs. 1 Satz 2 ZPO ist zunächst dasjenige tatsächliche Vorbringen, auch wenn es neu ist, zu berücksichtigen, das gemäß § 551 Abs. 3 Nr. 2 b ZPO zur Begründung eines **Verfahrensmangels** vorgebracht wird (Schwab/Weth/*Ulrich* § 73 Rn. 58; *Ostrowicz/Künzl/Schäfer* Rn. 616). 115

Darüber hinaus hat die Rechtsprechung die Berücksichtigung neuen tatsächlichen Vorbringens dann zugelassen, wenn es **unstreitig** oder seine **Richtigkeit offenkundig** ist (BGH 5. 2. 1974 AP ZPO § 561 Nr. 3; BGH 11. 11. 1982 BGHZ 85, 288; BVerwG 16. 9. 1977 Buchholz 238.3 A § 75 BPersVG Nr. 4; zust. Schwab/Weth/*Ulrich* § 73 Rn. 58; enger *Ostrowicz/Künzl/Schäfer* Rn. 616). Für die Zulassung neuen Vorbringens in diesen Fällen sprechen Gründe der Prozesswirtschaftlichkeit sowie der Umstand, dass bei unstreitigem Vorbringen nicht zu befürchten ist, dass die tatsächlichen Grundlagen der Entscheidung des Berufungsgerichts einseitig von einer Partei in Frage gestellt werden. 116

Neues Vorbringen wird ferner zugelassen, wenn es (bei Nichtzulassung) einen **Grund für die Wiederaufnahme des Verfahrens** abgeben würde (BAG 15. 5. 1997 AP BGB § 123 Nr. 45; BAG 16. 5. 2002 AP MuSchG 1968 § 9 Nr. 30; BGH 13. 1. 2000 LM ÜberlG Nr. 1 = NJW 2000, 1871 [LS]; BSG 20. 12. 1962 AP ZPO § 580 Nr. 6; Schwab/Weth/*Ulrich* § 73 Rn. 58; *Ostrowicz/Künzl/Schäfer* Rn. 616). Das Revisionsgericht darf nicht gezwungen sein, sehenden Auges ein rechtskräftiges Urteil zu erlassen, das alsbald durch eine Restitutionsklage wieder beseitigt würde. Ferner ist das der Begründung eines Antrags nach **§ 717 Abs. 3 ZPO** (vgl. Rn. 50) dienende neue Vorbringen zu berücksichtigen. 117

Neues Vorbringen ist auch dann zu berücksichtigen, wenn sich nach Erlass des Berufungsurteils das auf den Streitstoff anzuwendende **Recht geändert hat** und danach weitere tatsächliche Feststellungen für die Entscheidung des Rechtsstreits erforderlich sind. Gleiches wird gelten, wenn sich die **Rechtsprechung geändert** hat. Zwischenzeitlich ergangene rechtskräftige Entscheidungen in vorgreiflichen Rechtsfragen sind ebenso zu berücksichtigen wie die Feststellungs- und Tatbestandswirkung von **Verwaltungsakten,** 118 die bis zum Schluss der mündlichen Verhandlung beim Bundesarbeitsgericht ergehen (Schwab/Weth/*Ulrich* § 73 Rn. 58).

119 Kein neues tatsächliches Vorbringen liegt darin, dass eine Partei das auf den Rechtsstreit anwendbare und von ihr nach § 293 ZPO vorzutragende **fremde Recht** darlegt. Das ausländische Recht ist revisibel. Jedoch kann neues tatsächliches Vorbringen in der Behauptung liegen, dieses Recht sei auf den Streitfall anwendbar, so in der Behauptung, die Anwendung eines bestimmten Tarifvertrags sei vereinbart worden.

120 Neues tatsächliches Vorbringen ist vom Revisionsgericht immer dann zu berücksichtigen, wenn es die von Amts wegen zu berücksichtigenden **Prozessvoraussetzungen** oder **Prozessfortsetzungsbedingungen** betrifft (BAG 27. 1. 1961 AP ArbGG 1953 § 11 Nr. 26; BAG 3. 5. 2006 AP TVG § 1 Kündigung Nr. 8 = NZA 2006, 1125; *Ostrowicz/ Künzl/Schäfer* Rn. 616; aA *Grunsky* § 73 Rn. 32). Gleiches gilt für die Frage des Fortbestehens oder des **Wegfalls des Rechtsschutzinteresses** (BAG 23. 1. 1986 AP BetrVG 1972 § 5 Nr. 31; BAG 3. 5. 2006 AP TVG § 1 Kündigung Nr. 8 = NZA 2006, 1125) oder für die Frage, ob sich die **Hauptsache** durch ein nachträgliches Ereignis **erledigt** hat. In diesen Fällen kann das Revisionsgericht die erforderlichen tatsächlichen Feststellungen selbst treffen (BAG 14. 12. 1971 AP ZPO § 233 Nr. 58; BVerwG 29. 7. 1976 Buchholz 427 207 § 17 FeststellungsDV Nr. 36) oder die Sache an das Landesarbeitsgericht zurückverweisen.

121 Neues tatsächliches Vorbringen kann schließlich zu berücksichtigen sein, wenn die Parteien nach der Rechtsauffassung des Berufungsgerichts ersichtlich **keinen Anlass hatten, bestimmte Tatsachen vorzutragen,** wenn es aber nach der Rechtsansicht des Revisionsgerichts auf diese Tatsachen ankommt (BAG 27. 4. 2000 AP BMT-G II § 14 Nr. 1). In einem solchen Fall ist den Parteien durch Zurückverweisung des Rechtsstreits Gelegenheit zu geben, ihr Vorbringen zu ergänzen (BAG 9. 10. 1973 AP BetrVG 1972 § 37 Nr. 4; BAG 9. 12. 1975 AP BetrVG 1972 § 118 Nr. 7; *Ostrowicz/Künzl/Schäfer* Rn. 616), sofern nicht die Parteien das Vorbringen schon in der Revisionsinstanz nachholen können und dieses vom Revisionsgericht berücksichtigt werden kann, weil es unstreitig ist.

XII. Entscheidung über die Revision

1. Terminsbestimmung

122 Ist die Revision zulässig, wird nach § 74 Abs. 2 Satz 1 der **Termin zur mündlichen Verhandlung** unverzüglich, also ohne schuldhaftes Zögern bestimmt. Wegen der großen Zahl anhängiger Revisionen genügt dem die Praxis, Termin erst dann zu bestimmen, wenn die mündliche Verhandlung auch in absehbarer Zeit stattfinden kann. Die Terminsbestimmung ist Sache des Vorsitzenden. Dazu soll auch die Bestimmung des Terminsortes gehören (BAG 4. 2. 1993 AP ZPO § 216 Nr. 1; BAG 10. 3. 1993 AP ZPO § 216 Nr. 2).

123 Die bloße Bestimmung des Termins zur mündlichen Verhandlung enthält noch **keine** das Revisionsgericht bindende **Vorentscheidung über die Zulässigkeit** der Revision (GK-ArbGG/*Mikosch* § 74 Rn. 73). Die Revision kann auch noch auf Grund der mündlichen Verhandlung als unzulässig verworfen werden. In diesem Fall ergeht die Entscheidung durch Urteil. Die ehrenamtlichen Richter wirken mit.

2. Zurückweisung der Revision

124 Ergibt die Prüfung, dass das Urteil des Landesarbeitsgerichts keine Rechtsnorm, weder eine solche des Verfahrensrechts noch des materiellen Rechts, verletzt, ist die Revision unbegründet und zurückzuweisen. Die Revision ist ferner unbegründet, wenn das Urteil des Landesarbeitsgerichts zwar eine Rechtsnorm verletzt, sich aber aus anderen Gründen

im Ergebnis als richtig erweist. Auch in diesem Fall ist die Revision zurückzuweisen, § 561 ZPO. Dabei ist gleichgültig, ob die andere Begründung, die das Ergebnis trägt, schon vom Landesarbeitsgericht in einer Alternativ- oder Hilfsbegründung gegeben worden ist oder ob erst das Revisionsgericht eine andere Begründung für das vom Landesarbeitsgericht gefundene Ergebnis gibt.

Hat das Landesarbeitsgericht die **Klage zu Unrecht als unzulässig abgewiesen** und kommt das Bundesarbeitsgericht auf Grund einer ihm möglichen eigenen Sachentscheidung zu dem Ergebnis, dass die **Klage unbegründet** ist, erweist sich das Urteil des Landesarbeitsgerichts nicht im Sinne von § 561 ZPO im Ergebnis als richtig. Es ist aufzuheben und die Klage als unbegründet abzuweisen (BAG 10. 12. 1965 AP ZPO § 565 Nr. 11). Die Praxis, in einem solchen Fall die Revision zurückzuweisen und lediglich in den Gründen auszusprechen, dass die Klage nicht unzulässig, sondern unbegründet sei, genügt dem nicht. Zumindest ist die Revision mit einer entsprechenden, in den Tenor aufzunehmenden „Maßgabe" zurückzuweisen. 125

3. Aufhebung des Urteils

Ergibt die Überprüfung, dass das **Urteil des Landesarbeitsgerichts einen Rechtsfehler** enthält und auf diesem beruht, weil es sich nicht aus anderen Gründen als zutreffend erweist, ist das angefochtene Urteil aufzuheben, § 562 Abs. 1 ZPO. Betrifft der Rechtsverstoß nur einen selbständigen, abtrennbaren Streitgegenstand, ist die Aufhebung auf diesen Streitgegenstand zu beschränken und die Revision im Übrigen zurückzuweisen. Wird ein Teilurteil des Landesarbeitsgerichts angefochten, beschränkt sich die Überprüfung durch das Bundesarbeitsgericht grundsätzlich auf den von dem Teilurteil erfassten Teil des Rechtsstreits. Die anderen Teile des Rechtsstreits sind weiterhin beim Landesarbeitsgericht anhängig (BAG 24. 11. 2004 AP ArbGG 1979 § 61 Nr. 12). 126

Hat das Landesarbeitsgericht ein unzulässiges **Teilurteil** erlassen, ist dieses auch dann aufzuheben, wenn die Revision in der Sache zurückzuweisen wäre (BAG 12. 8. 1993 AP BMT-G II § 2 SR 2 a Nr. 1). Der unzulässig geteilte Streitgegenstand kann in der Rechtsmittelinstanz zusammengeführt werden, wenn die Aufhebung des Urteils nur wegen einer Rechtsverletzung bei Anwendung des Gesetzes auf den festgestellten Sachverhalt erfolgt und nach den getroffenen Feststellungen die Sache zur Endentscheidung reif ist (BAG 24. 11. 2004 AP ArbGG 1979 § 61 Nr. 12). Es entspricht den Besonderheiten des arbeitsgerichtlichen Verfahrens, dass unter bestimmten Voraussetzungen das Revisionsgericht den **Zugriff auf den bei den Instanzgerichten anhängigen Teil** des Streitgegenstands hat. In gleicher Weise ist zu verfahren, wenn mit der Entscheidung über die Revision gleichzeitig über ein nicht selbständig anfechtbares Zwischenurteil oder ein Grundurteil zu entscheiden ist. Beschränkt sich der Rechtsverstoß auf das Schlussurteil, ist lediglich dieses aufzuheben, an das aufrechterhaltene Zwischen- oder Grundurteil bleibt das Landesarbeitsgericht bei Zurückverweisung des Rechtsstreits nach § 318 ZPO gebunden. 127

Haben die Vorinstanzen auf Grund einer **Stufenklage** über einzelne Stufen durch Teilurteil entschieden und kommt das Bundesarbeitsgericht zu dem Ergebnis, der Anspruch auf Abrechnung bestehe aus einem Grunde nicht, der auch den weiteren im Rahmen der Stufenklage geltend gemachten Ansprüchen die Grundlage entzieht, kann das Revisionsgericht die Klage insgesamt als unbegründet abweisen (BAG 28. 9. 2005 AP BGB § 611 Ärzte, Gehaltsansprüche Nr. 66). 128

Hat das Landesarbeitsgericht einem **Hauptantrag** entsprochen und deshalb einen **Hilfsantrag** des Klägers nicht beschieden, wird dieser allein durch die Rechtsmitteleinlegung des Beklagten Gegenstand des Revisionsverfahrens (BAG 24. 11. 2004 AP ArbGG 1979 § 61 Nr. 12; BAG 8. 8. 2002 AP BAT-O §§ 22, 23 Nr. 23; GK-ArbGG/ *Mikosch* § 74 Rn. 47). Hat das Berufungsgericht den mit der Klage geltend gemachten Hauptanspruch abgewiesen und deshalb über den Hilfsantrag ganz oder teilweise ent- 129 schieden, bedarf es einer Revision oder Anschlussrevision um die Entscheidung über den Hilfsantrag beim Bundesarbeitsgericht anfallen zu lassen (GK-ArbGG/*Mikosch* § 74 Rn. 47). Hat das Berufungsgericht den mit der Klage geltend gemachten Hauptanspruch abgewiesen und gleichzeitig dem Hilfsantrag ganz oder teilweise stattgegeben, muss das Revisionsgericht, wenn es auf die Revision des Klägers die Abweisung des Hauptanspruchs aufhebt und die Sache insoweit an das Berufungsgericht zurückverweist, die unangefochten gebliebene Berufungsentscheidung über den Hilfsantrag bestehen lassen. Kommt das Berufungsgericht bei der erneuten Prüfung zu dem Ergebnis, dass der Hauptanspruch begründet sei, hat es in dem Urteil, das diesem Anspruch stattgibt, gleichzeitig die frühere Entscheidung über den Hilfsantrag aufzuheben (BGH 14. 12. 1988 BGHZ 106, 219). Die Rechtshängigkeit eines Hilfsantrags endet mit Rechtskraft der dem Hauptantrag stattgebenden Entscheidung. Erlässt das Bundesarbeitsgericht diese Entscheidung, verliert die Entscheidung des Landesarbeitsgerichts über den Hilfsantrag ihre Wirkung (BAG 12. 8. 2008 – 9 AZR 620/07 –). Zur Klarstellung ist dies vom Bundesarbeitsgericht auszusprechen. Hat das Berufungsgericht einen Hilfsantrag übergangen und auch nicht in den Tatbestand seines unvollständigen Urteils aufgenommen, muss der allein möglichen Urteilsergänzung nach § 321 ZPO (vgl. zur Nichtzulassungsbeschwerde § 72 a Rn. 22) eine Berichtigung des Tatbestands nach § 320 ZPO vorangehen (BAG 26. 6. 2008 AP ArbGG 1979 §72 a Rechtliches Gehör Nr. 13 = NZA 2008, 1028; BGH 16. 2. 2005 NJW-RR 2005, 790). Die Zwei-Wochen-Frist des § 321 Abs. 2 ZPO beginnt in einem solchen Fall erst mit der Zustellung des Berichtigungsbeschlusses (BGH 18. 2. 1982 NJW 1982, 1821). Wird diese Frist versäumt, entfällt die Rechtshängigkeit der Klage, soweit sie Gegenstand des übergangenen Antrags gewesen ist (BAG 26. 6. 2008 AP ArbGG 1979 § 72 a Rechtliches Gehör Nr. 13 = NZA 2008, 1028; BGH 16. 2. 2005 NJW-RR 2005, 790; BGH 9. 11. 2006 – VII ZR 176/05 – BauR 2007, 431).

130 Betrifft der **Rechtsverstoß das Verfahren des Landesarbeitsgerichts,** ist dieses gleichzeitig insoweit aufzuheben, als es durch den Rechtsverstoß betroffen ist, § 562 Abs. 2 ZPO. Ein solcher die Aufhebung des Verfahrens erfordernder Verfahrensverstoß liegt ua. vor, wenn Tenor und Entscheidungsgründe des angefochtenen Urteils nicht zweifelsfrei erkennen lassen, inwieweit über die geltend gemachten Ansprüche entschieden worden ist (BAG 24. 6. 1969 AP ZPO § 322 Nr. 12), oder Vorbringen der Parteien zu Unrecht als verspätet zurückgewiesen worden ist (BGH 13. 3. 1980 NJW 1980, 1167). Im Übrigen ist es eine Frage des Einzelfalls, inwieweit das durchgeführte Verfahren von einem Verfahrensverstoß betroffen ist. Vielfach wird der Verfahrensverstoß lediglich darin liegen, dass das Verfahren nicht vollständig durchgeführt worden ist. ZB angebotene Beweise nicht erhoben worden sind oder von der Aufklärungspflicht nach § 139 ZPO nicht Gebrauch gemacht worden ist. In solchen Fällen bedarf es einer Aufhebung des durchgeführten Verfahrens regelmäßig nicht. Eine durchgeführte Beweisaufnahme, die nicht aufgehoben worden ist, braucht nicht wiederholt zu werden (BAG 14. 2. 1964 AP ZPO § 565 Nr. 10).

4. Erneute Sachentscheidung

a) Zurückverweisung an das Landesarbeitsgericht

131 Mit der Aufhebung des landesarbeitsgerichtlichen Urteils fehlt es an einer Sachentscheidung über die Berufung des Berufungsklägers und damit über den Sachantrag. Zur **neuen Verhandlung und Entscheidung über die Berufung** ist der Rechtsstreit grundsätzlich an das Landesarbeitsgericht **zurückzuverweisen,** § 563 Abs. 1 Satz 1 ZPO. Eine Zurückverweisung an das Bühnenschiedsgericht ist unzulässig (BAG 27. 1. 1993 AP ArbGG 1979 § 110 Nr. 3).

132 Über die Berufung hat die nach dem Geschäftsverteilungsplan zuständige Kammer des Landesarbeitsgerichts zu entscheiden. Die **Zurückverweisung** kann auch **an eine andere** als die **Kammer** erfolgen, die die aufgehobene Entscheidung getroffen hat (§ 563 Abs. 1 Satz 2 ZPO). Obgleich das Bundesverfassungsgericht eine Bestimmung des konkreten

XII. Entscheidung über die Revision § 74

Spruchkörpers durch das zurückverweisende Revisionsurteil als verfassungsgemäß zulässt (BVerfG 25. 10. 1966 BVerfGE 20, 336), bestimmt das Bundesarbeitsgericht wegen Art. 101 GG nicht selbst die andere Kammer, sondern überlässt diese Frage dem Geschäftsverteilungsplan des Landesarbeitsgerichts (zust. Schwab/Weth/*Ulrich* § 75 Rn. 7; anders der BGH, vgl. zB 1. 2. 2007 BGHReport 2007, 524; wegen notwendiger Bestimmung des gesetzlichen Richters auch BAG 20. 6. 2007 AP ZPO § 547 Nr. 6 = NZA 2007, 1315).

Anstelle einer Zurückverweisung an das Landesarbeitsgericht kommt auch eine **Zurückverweisung an das Arbeitsgericht** in Betracht, wenn auch das Landesarbeitsgericht die Sache an das Arbeitsgericht hätte zurückverweisen können (BAG 28. 11. 1963 AP ArbGG 1953 § 2 Zuständigkeitsprüfung Nr. 25; BAG 23. 2. 1967 AP ZPO § 256 Nr. 45; BAG 19. 4. 2005 AP BGB § 242 Auskunftspflicht Nr. 39; BAG 18. 10. 2006 AP ZPO § 240 Nr. 6 = NZA 2007, 765; Schwab/Weth/*Ulrich* § 75 Rn. 8). Verweist das Bundesarbeitsgericht an das Arbeitsgericht zurück, muss es auch das Urteil des Arbeitsgerichts aufheben. 133

b) Eigene Sachentscheidung

Anstatt den Rechtsstreit an das Landesarbeitsgericht zurückzuverweisen, muss das **Bundesarbeitsgericht selbst in der Sache entscheiden**, wenn sich die **Klage als unzulässig erweist**, etwa weil es am Feststellungsinteresse, der Bestimmtheit des Klageantrags oder an der internationalen Zuständigkeit der deutschen Gerichte fehlt. 134

Das Bundesarbeitsgericht hat weiter in der Sache **selbst zu entscheiden**, wenn das Urteil nur wegen einer Gesetzesverletzung bei der Anwendung des Gesetzes auf den festgestellten Sachverhalt aufzuheben wäre, nach diesem Sachverhalt **die Sache aber zur Entscheidung reif ist**. Das ist dann der Fall, wenn auch unter Berücksichtigung des bisherigen Parteivorbringens weitere tatsächliche Feststellungen nicht erforderlich sind. Unter dieser Voraussetzung kann das Bundesarbeitsgericht auch Willenserklärungen und nichttypische Verträge (s. § 73 Rn. 26) selbst auslegen, wenn alle dafür maßgeblichen tatsächlichen Umstände feststehen und weitere nicht in Frage kommen (BAG 21. 11. 1958 AP BGB § 611 Gratifikation Nr. 11; BAG 4. 3. 1961 AP BGB § 611 Gratifikation Nr. 21). Dies ist auch denkbar, wenn das Landesarbeitsgericht die Klage zu Unrecht als unzulässig abgewiesen und zu ihrer Begründetheit keine Ausführungen gemacht hatte (BAG 25. 10. 2001 AP BMT-G II § 6 Nr. 1). Entscheidet das Bundesarbeitsgericht abschließend, darf es den Tenor des angefochtenen Urteils gemäß § 319 Abs. 1 ZPO hinsichtlich offenbarer Unrichtigkeiten berichtigen (BAG 10. 12. 2002 AP BetrVG 1972 § 80 Nr. 59; BAG 27. 11. 2002 AP BGB § 611 Rotes Kreuz Nr. 18; BGH 3. 4. 1996 NJW 1996, 2100, 2101; *Reichold* in Thomas/Putzo § 319 Rn. 5; Zöller/*Vollkommer* § 319 Rn. 22). Hierzu gehört zB der im Berufungsurteil nicht bezeichnete Anfangstermin ausgeurteilter Zinsen (BAG 15. 11. 2000 AP MuSchG 1968 § 4 Nr. 7). 135

Kommt es bei der Anwendung des festgestellten Sachverhalts auf dessen Subsumtion unter **unbestimmte Rechtsbegriffe** an, bei denen den Tatsachengerichten ein Beurteilungsspielraum zusteht (s. oben § 73 Rn. 9), scheidet eine eigene Sachentscheidung des Bundesarbeitsgerichts regelmäßig aus, weil diese Würdigung dem Landesarbeitsgericht nicht entzogen werden darf. 136

An einem festgestellten Sachverhalt als Grundlage für eine eigene Sachentscheidung des Bundesarbeitsgerichts **fehlt es regelmäßig**, wenn hinsichtlich der tatsächlichen Feststellungen eine zulässige und begründete Verfahrensrüge erhoben worden ist. Ob tatsächliche Feststellungen in einer Hilfsbegründung ausreichen, ist eine Frage des Einzelfalls. Eine eigene Sachentscheidung scheidet aus, wenn den Parteien mehrerer erst in der Revisionsinstanz verbundener Rechtsstreite noch rechtliches Gehör gewährt werden muss (BAG 27. 3. 1981 AP BGB § 611 Arbeitgebergruppe Nr. 1) oder dies dem Gebot eines fairen Verfahrens entspricht (BAG 12. 11. 2008 – 7 AZR 499/07). 137

138 Der Rechtsstreit ist an sich auch dann zur Entscheidung reif, wenn das Revisionsgericht selbst hinsichtlich noch zu berücksichtigenden neuen tatsächlichen Vorbringens **eigene Feststellungen treffen,** insbesondere eine Beweisaufnahme durchführen muss. Gleichwohl kann das Bundesarbeitsgericht auch in diesen Fällen den Rechtsstreit an das Landesarbeitsgericht zurückverweisen, wenn es zweckmäßiger erscheint, dass die erforderliche Beweisaufnahme vom Landesarbeitsgericht durchgeführt wird (BAG 15. 9. 1977 AP ZPO § 56 Nr. 5).

139 Das Revisionsgericht hat **von Amts wegen** darüber zu befinden, ob der Rechtsstreit an das Landesarbeitsgericht zurückzuverweisen ist oder ob es selbst entscheiden kann. Ein entsprechender Antrag der Partei ist nicht erforderlich und, wenn er gestellt worden ist, unbeachtlich.

140 Ist nur ein **Teil des Rechtsstreits zur Entscheidung** durch das Bundesarbeitsgericht **reif,** kann sich die Sachentscheidung des Bundesarbeitsgerichts auf diesen Teil beschränken. Ggf. kann es in einem **Teilurteil** (vgl. BAG 25. 6. 1981 AP ZPO 1977 § 256 Nr. 1) in der Sache selbst entscheiden oder ein Grundurteil verkünden und hinsichtlich des übrigen Teiles oder des Betrags an das Landesarbeitsgericht zurückverweisen (BAG 7. 6. 1988 AP GG Art. 9 Arbeitskampf Nr. 106).

5. Bindungswirkung der Entscheidung

141 Bei der erneuten Verhandlung und Entscheidung ist das Landesarbeitsgericht an die **rechtliche Beurteilung** des Bundesarbeitsgerichts gebunden, die der Aufhebung zugrunde liegt, § 563 Abs. 2 ZPO. Die Bindung erstreckt sich nicht nur auf diejenigen Entscheidungsgründe, die unmittelbar zur Aufhebung des Urteils geführt haben (so BAG 20. 3. 2003 AP ZPO § 565 Nr. 23), sondern auch auf die vorhergehenden Gründe, die dafür notwendige Voraussetzung waren (BAG 16. 2. 1961 AP ZPO § 565 Nr. 1; BGH 17. 12. 1956 BGHZ 22, 370, 373; BVerwG 30. 5. 1973 BVerwGE 42, 243). Rechtliche Erwägungen in einem bestätigenden Teil des Urteils binden für den zurückverwiesenen Teil nicht (BAG 24. 2. 1972 AP BUrlG § 11 Nr. 10). Richtlinien für die weitere Behandlung der Sache binden gleichfalls nicht. Ist die Aufhebung wegen eines Verfahrensverstoßes erfolgt, muss das Landesarbeitsgericht diesen beheben. Es ist dabei auch daran gebunden, dass dieser Verfahrensverstoß für die Entscheidung ursächlich war. Es kann daher nicht weiteren Beweis erheben und anschließend entscheiden, dass es auf diese Beweisaufnahme unter Zugrundelegung einer anderen Rechtsansicht nicht ankomme (BAG 28. 7. 1981 AP BetrVG 1972 § 87 Provision Nr. 2).

142 Die Bindungswirkung besteht nur insoweit und so lange, als die **tatsächlichen Feststellungen,** die der Entscheidung des Bundesarbeitsgerichts zugrunde lagen, **unverändert bleiben** (BAG 14. 4. 1967 AP ZPO § 565 Nr. 12; BAG 20. 3. 2003 AP ZPO § 565 Nr. 23). Die Zurückverweisung an das Landesarbeitsgericht eröffnet eine neue Verhandlung über die Berufung. Die Parteien können daher neue Tatsachen vorbringen und neue Angriffs- und Verteidigungsmittel geltend machen. Das Landesarbeitsgericht ist berechtigt und verpflichtet, neue tatsächliche Feststellungen zu treffen (BAG 14. 4. 1967 AP ZPO § 565 Nr. 12). Das gilt auch dann, wenn hinsichtlich bisheriger tatsächlicher Feststellungen keine Revisionsrügen erhoben oder wenn diese für unbegründet erachtet worden sind (BGH 7. 2. 1969 AP ZPO § 565 Nr. 13). Allein die Änderung der Anträge im Rahmen von § 264 Nr. 3 ZPO lässt die Bindungswirkung nicht entfallen (BAG 20. 3. 2003 AP ZPO § 565 Nr. 23).

143 Die **Bindungswirkung entfällt,** wenn sich die Rechtslage nach dem Aufhebungsurteil ändert oder wenn das Bundesarbeitsgericht seine der Aufhebung zugrundeliegende Rechtsauffassung später ändert (GemS OGB 6. 2. 1973 AP RsprEinhG § 4 Nr. 1; BAG 20. 3. 2003 AP ZPO § 565 Nr. 23) oder wenn diese durch eine Entscheidung des Gemeinsamen Senats oder des Bundesverfassungsgerichts überholt ist. Soweit die Bindung reicht, besteht sie **nur in dem Verfahren,** in dem das Urteil durch das Bundes-

arbeitsgericht aufgehoben worden ist, nicht in anderen, gleich gelagerten oder späteren Verfahren.

Aus der Bindung des Berufungsgerichts an die Rechtsauffassung des Revisionsgerichts folgt auch eine **Selbstbindung des Revisionsgerichts,** wenn es erneut mit derselben Sache befasst wird (BAG 20. 3. 2003 AP ZPO § 565 Nr. 23; BAG 22. 4. 2004 AP BGB § 628 Nr. 18; BAG 13. 12. 2007 NZA-RR 2008, 341; MünchKommZPO/*Wenzel* § 563 Rn. 18; vgl. § 73 Rn. 4). Nur dann, wenn das Bundesarbeitsgericht seine Rechtsansicht in der Zwischenzeit, wenn auch nach der Entscheidung des Landesarbeitsgerichts, geändert hat, ist es an seine frühere Rechtsansicht nicht gebunden (GemS OGB 6. 2. 1973 AP RsprEinhG § 4 Nr. 1; BAG 20. 3. 2003 AP ZPO § 565 Nr. 23; BAG 22. 4. 2004 AP BGB § 628 Nr. 18). Das Bundesarbeitsgericht ist aber gehindert, anlässlich der erneuten Befassung mit derselben Sache seine Rechtsansicht erstmalig zu ändern (BAG 28. 7. 1981 AP BetrVG 1972 § 87 Provision Nr. 2; BAG 22. 4. 2004 AP BGB § 628 Nr. 18; Schwab/Weth/*Ulrich* § 75 Rn. 20). 144

6. Versäumnisverfahren

Für das Versäumnisverfahren vor dem Bundesarbeitsgericht gelten nach § 555 ZPO die Vorschriften der §§ 330 ff. ZPO entsprechend. § 539 ZPO über das Versäumnisverfahren in der Berufungsinstanz ist nicht in Bezug genommen worden, gleichwohl kann diese Regelung in der Revisionsinstanz entsprechend angewandt werden (Schwab/Weth/ *Ulrich* § 75 Rn. 37; GK-ArbGG/*Mikosch* § 73 Rn. 132). Ist der **Revisionskläger säumig,** wird die (zulässige) Revision auf Antrag des Beklagten durch Versäumnisurteil zurückgewiesen, die unzulässige durch unechtes Versäumnisurteil verworfen. Ist der **Revisionsbeklagte säumig,** wird über eine zulässige Revision (andernfalls vgl. Rn. 149) durch Versäumnisurteil sachlich entschieden (BAG 16. 8. 1990 AP BGB § 611 Treuepflicht Nr. 10; BAG 10. 4. 1991 AP BBiG § 10 Nr. 3). Die Fiktion des § 331 Abs. 1 Satz 1 ZPO, dass das tatsächliche Vorbringen als zugestanden gilt, ist grundsätzlich nicht anwendbar, weil das Revisionsgericht auf der Grundlage des schon vom Landesarbeitsgericht festgestellten Sachverhalts zu entscheiden hat (BAG 26. 7. 2007 AP BGB § 628 Nr. 19 = NZA 2007, 1419). Lediglich soweit zulässigerweise neues tatsächliches Vorbringen berücksichtigt werden darf (s. Rn. 114 ff.), kann dieses unter der Voraussetzung des § 335 Abs. 1 Nr. 3 ZPO als zugestanden angesehen werden. Gleiches gilt für das tatsächliche Vorbringen zur Begründung einer Verfahrensrüge, soweit es sich nicht auf Verfahrensmängel bezieht, die von Amts wegen zu berücksichtigen sind. 145

Das Bundesarbeitsgericht kann nicht selbst gemäß § 563 Abs. 3 ZPO in der Sache entscheiden, also das Berufungsurteil durch ein **Versäumnisurteil zweiter Instanz** ersetzen, wenn das Berufungsgericht in der Situation der Säumnis des Berufungsbeklagten zu Unrecht die Berufung zurückgewiesen und die Klage durch unechtes Versäumnisurteil abgewiesen hat (BAG 18. 8. 2004 AP ZPO § 539 Nr. 1; BAG 25. 1. 2006 AP ZPO § 539 Nr. 2). Nach § 539 Abs. 2 Satz 1 ZPO ist das zulässige tatsächliche Vorbringen des Berufungsklägers als zugestanden anzunehmen, wenn der Berufungsbeklagte nicht erscheint und der Berufungskläger gegen ihn ein Versäumnisurteil beantragt. Soweit es der Berufungsantrag rechtfertigt, ist gemäß § 539 Abs. 2 Satz 2 ZPO nach dem Antrag zu erkennen. Andernfalls ist die Berufung zurückzuweisen. Umstände, die für die Unrichtigkeit des Vorbringens des Berufungsklägers sprechen könnten, sind nicht zu berücksichtigen (BAG 18. 8. 2004 AP ZPO § 539 Nr. 1; BAG 25. 1. 2006 AP ZPO § 539 Nr. 2). Das Ergebnis einer Beweisaufnahme bleibt unberücksichtigt. Dies gilt selbst dann, wenn die Beweisaufnahme das Gegenteil des Vortrags des Berufungsklägers ergeben hat. Allerdings kann sich der Berufungskläger das Ergebnis einer Beweisaufnahme zu Eigen machen. In analoger Anwendung von § 336 Abs. 1 Satz 2 ZPO ist zu der nachfolgenden Verhandlung des Berufungsgerichts die ehemals säumige Partei nicht zu laden (LAG Berlin 20. 9. 2006 – 15 Sa 891/06 – EzA – SD 2006, 15 [LS]). 146

§ 75

147 Als säumig ist auch diejenige Partei anzusehen, die zwar erschienen ist, nicht aber **zur Sache verhandelt,** § 333 ZPO. Das Verhandeln im Sinne von § 333 ZPO setzt auf Seiten des Revisionsklägers das Stellen eines Sachantrags voraus (BAG 4. 12. 2002 AP ZPO § 333 Nr. 1). Nach § 297 Abs. 2 ZPO kann die Verlesung dadurch ersetzt werden, dass die Parteien auf die Schriftsätze Bezug nehmen, die die Anträge enthalten. Da die Verlesung der Anträge „ersetzt" werden soll, muss die Bezugnahme zum Zwecke der Antragstellung erfolgen. Es muss deutlich werden, dass es um die Antragstellung geht. Diesem Erfordernis kann aus Gründen der prozessualen Klarheit nicht durch die bloße streitige Erörterung der Sach- und Rechtslage Genüge getan werden. Eine konkludente Inbezugnahme der Anträge kommt nur dann in Betracht, wenn die prozessualen Erklärungen zweifelsfrei ergeben, dass und in welchem Umfang das Rechtsbegehren verfolgt wird (BAG 4. 12. 2002 AP ZPO § 333 Nr. 1; vgl. auch BAG 28. 8. 2008 – 2 AZR 63/07 NZA 2009, 275). Auf Seiten des Rechtsmittelbeklagten kann die ausdrückliche Stellung des Zurückweisungsantrags entbehrlich sein (BAG 23. 1. 2007 AP ZPO 1977 § 233 Nr. 83 = NZA 2007, 1450). – Unter den Voraussetzungen des § 331a ZPO ist eine **Entscheidung nach Aktenlage** in der Revisionsinstanz möglich (BAG 1. 3. 1963 AP ZPO § 56 Nr. 2; BAG 26. 7. 2007 AP BGB § 628 Nr. 19 = NZA 2007, 1419; GK-ArbGG/*Mikosch* § 73 Rn. 135; Schwab/Weth/*Ulrich* § 75 Rn. 45).

148 Die **Einspruchsfrist** beträgt entsprechend §§ 565, 539 Abs. 3, 339 ZPO **zwei Wochen.** § 59 gilt im Revisionsverfahren nicht. Der Einspruch unterliegt dem Anwaltszwang (BAG 4. 5. 1956 AP ArbGG 1953 § 72 Nr. 44). Ist der Einspruch unzulässig, wird er nach § §§ 565, 539 Abs. 3, 341 ZPO durch Urteil als unzulässig verworfen. Dabei steht es dem Gericht frei, ob es auf Grund einer mündlichen Verhandlung entscheiden will (§ 341 Abs. 2, § 341a ZPO). Mit dem Inkrafttreten der Zivilprozessreform 2002 ist die frühere Möglichkeit der Verwerfung durch Beschluss entfallen. Die ehrenamtlichen Richter haben in jedem Falle mitzuwirken, denn § 55 findet im Revisionsverfahren keine Anwendung (GK-ArbGG/*Mikosch* § 73 Rn. 134; Schwab/Weth/*Ulrich* § 75 Rn. 42; zur alten Rechtslage BAG 17. 5. 1968 AP ZPO § 340a Nr. 1). Ein Versäumnisurteil ist nach § 708 Nr. 2 ZPO für vorläufig vollstreckbar zu erklären (GK-ArbGG/*Mikosch* § 73 Rn. 134; Schwab/Weth/*Ulrich* § 75 Rn. 43). § 62 gilt im Revisionsverfahren nicht (BAG 28. 10. 1981 AP ZPO § 522a Nr. 6).

149 Wird trotz Säumnis des Revisionsbeklagten die Revision durch **unechtes Versäumnisurteil** zurückgewiesen, steht dem Revisionskläger dagegen weder ein Rechtsmittel noch ein Rechtsbehelf zu.

§ 75 Urteil

(1) ¹Die Wirksamkeit der Verkündung des Urteils ist von der Anwesenheit der ehrenamtlichen Richter nicht abhängig. ²Wird ein Urteil in Abwesenheit der ehrenamtlichen Richter verkündet, so ist die Urteilsformel vorher von sämtlichen Mitgliedern des erkennenden Senats zu unterschreiben.

(2) Das Urteil nebst Tatbestand und Entscheidungsgründen ist von sämtlichen Mitgliedern des erkennenden Senats zu unterschreiben.

Übersicht

	Rn.
I. Allgemeines	1
II. Urteil	2–11
1. Verkündung	2–4
2. Form des Urteils	5, 6
3. Unterschriften	7, 8
4. Zustellung	9, 10
5. Kosten	11

I. Allgemeines

§ 75 enthält einzelne Vorschriften über die **Verkündung des Urteils** des Bundesarbeits- 1
gerichts und dessen **Unterzeichnung**, besagt aber nichts über dessen Form und Inhalt.
Insoweit gelten nach § 72 Abs. 5 die ZPO-Vorschriften über die Revision entsprechend
einschließlich der darin enthaltenen Verweisung auf das Verfahren vor den Landgerichten. Die in § 72 Abs. 6 in Bezug genommenen Vorschriften des Arbeitsgerichtsgesetzes,
nämlich § 61 Abs. 2 und § 63, führen insoweit zu keinen Abweichungen von den
Vorschriften der ZPO. Zu Vorlagen an den Großen Senat des BAG und den Gemeinsamen Senat der obersten Gerichtshöfe des Bundes vgl. § 45 Rn. 11 ff. und 53 ff.

II. Urteil

1. Verkündung

Grundsätzlich ist jedes Urteil des Bundesarbeitsgerichts zu verkünden. Für die Ver- 2
kündung gelten nach § 555 ZPO die §§ 310, 311 und 312 ZPO, nicht jedoch § 60
ArbGG. Lediglich Anerkenntnisurteile (§ 307) und die einen Einspruch gegen ein Versäumnisurteil verwerfenden Urteile nach § 341 Abs. 2 ZPO werden, sofern sie ohne
mündliche Verhandlung ergehen, nicht verkündet, sondern den Parteien zugestellt (§ 310
Abs. 3 ZPO; BAG 6. 12. 2006 – 5 AZR 311/06 –). Nach § 310 ZPO steht es dem
Bundesarbeitsgericht frei, ob es das Urteil im Anschluss an die mündliche Verhandlung
oder in einem besonderen Termin verkünden will, der dann alsbald anzuberaumen ist.
Der **Verkündungstermin** soll nicht über drei Wochen hinaus angesetzt werden. Wird das
Urteil nicht im unmittelbaren Anschluss an die mündliche Verhandlung verkündet, muss
es bei der Verkündung in vollständiger Form abgefasst sein, § 310 Abs. 2 ZPO. Schon
dieses Erfordernis lässt wegen der notwendigen Mitwirkung der ehrenamtlichen Richter
die Anberaumung eines Verkündungstermins innerhalb von drei Wochen regelmäßig
nicht zu (so auch GK-ArbGG/*Mikosch* § 75 Rn. 4 f.; Schwab/Weth/*Ulrich* § 75 Rn. 23).
Allerdings ist die Verkündung auch dann wirksam, wenn das Urteil zu diesem Zeitpunkt
noch nicht vollständig abgefasst und unterschrieben vorliegt (BGH 2. 3. 1988 NJW
1988, 2046; BGH 6. 12. 1988 NJW 1989, 1156; vgl. zu § 60 Abs. 4 Satz 2: BAG 16. 5.
2002 AP GG Art. 101 Nr. 61; BAG 19. 4. 2007 AP BGB § 611 Direktionsrecht Nr. 77).

Nach § 75 Abs. 1 Satz 1 brauchen die **ehrenamtlichen Richter** bei der Verkündung 3
des Urteils **nicht anwesend** zu sein. Das gilt auch dann, wenn das Urteil in dem Termin,
in dem die mündliche Verhandlung geschlossen worden ist, verkündet wird. Die Anwesenheit der berufsrichterlichen Beisitzer des Senats ist erforderlich (*Hauck/Helml* § 75
Rn. 2). Nur wenn das Urteil in einem besonderen Verkündungstermin verkündet wird,
kann der Vorsitzende des Senats allein das Urteil verkünden (§ 311 Abs. 4 Satz 1 ZPO).
Wird das Urteil in Abwesenheit der ehrenamtlichen Richter verkündet, ist die Urteilsformel vorher von sämtlichen Mitgliedern des erkennenden Senats zu unterschreiben,
§ 75 Abs. 1 Satz 2.

Für die **Form der Verkündung** gilt § 311 ZPO. Bei kontradiktorischen Urteilen wird 4
die schriftlich niedergelegte (nicht notwendig unterschriebene) Urteilsformel verlesen.
Die Vorlesung der Urteilsformel kann durch eine Bezugnahme auf die schriftlich niedergelegte Urteilsformel ersetzt werden, wenn bei der Verkündung von den Parteien niemand erschienen ist (§ 311 Abs. 2 Satz 2 ZPO; Schwab/Weth/*Ulrich* § 75 Rn. 25; BCF/
Friedrich § 75 Rn. 3; ErfK/*Koch* ArbGG § 75 Rn. 7). **Versäumnis-, Anerkenntnis- und
Verzichtsurteile** brauchen nicht schriftlich niedergelegt zu sein (§ 311 Abs. 2 Satz 2
ZPO). Diese Regeln gelten unabhängig davon, ob das Urteil in einem besonders anberaumten Verkündungstermin oder noch am Verhandlungstag verkündet wird. Anders

§ 75

als nach § 60 Abs. 2 werden auch bei Anwesenheit der Parteien die **Entscheidungsgründe nur dann mitgeteilt**, wenn das für angemessen erachtet wird, § 311 Abs. 3 ZPO (Schwab/Weth/*Ulrich* § 75 Rn. 26; *Hauck/Helml* § 75 Rn. 2).

2. Form des Urteils

5   Für Form und **Inhalt kontradiktorischer Urteile** gilt § 313 ZPO. Das Urteil wird regelmäßig (vgl. Rn. 6) Tatbestand und Entscheidungsgründe enthalten. Eine Begründung ist nicht erforderlich, soweit Verfahrensrügen mit Ausnahme solcher nach § 547 ZPO als nicht zulässig oder unbegründet beschieden werden, § 564 ZPO. In der Entscheidungsformel kann zur näheren Konkretisierung des Ausspruchs auf Anlagen Bezug genommen werden, wenn diese Bestandteil der Akten sind und später dem Urteil beigeheftet werden (BGH 9. 5. 1985 NJW 1986, 192). Versäumnisurteile müssen keinen Tatbestand und keine Entscheidungsgründe enthalten (§ 313 b ZPO; BAG 9. 3. 1993 – 9 AZR 180/92 –; Schwab/Weth/*Ulrich* § 75 Rn. 28). Das gilt aber nur für das echte Versäumnisurteil. In der Entscheidungsformel kann selbst dann, wenn die Revision zurückgewiesen wird, der Tenor des landesarbeitsgerichtlichen Urteils zur Klarstellung neu gefasst werden (BAG 13. 2. 1976 AP ZPO § 276 Nr. 22).

6   Da gegen Urteile des Bundesarbeitsgerichts ein Rechtsmittel „unzweifelhaft" nicht zulässig ist (§ 313 a Abs. 1 Satz 1 ZPO), bedürfen sie von Gesetzes wegen keines Tatbestands. Tatsächlich wird vom Bundesarbeitsgericht in der Mehrzahl der Fälle ein Tatbestand in das Urteil aufgenommen. Eine **Berichtigung des Tatbestands** nach § 320 ZPO kommt für das Revisionsurteil gleichwohl nicht in Betracht, weil dieser auf den Feststellungen des Landesarbeitsgerichts beruht und keine eigenständige Beweiskraft hat (BAG 13. 8. 1985 AP ZPO § 320 Nr. 5; GK-ArbGG/*Mikosch* § 75 Rn. 17). Offenbare Unrichtigkeiten können nach § 319 ZPO berichtigt werden. Über die Berichtigung entscheiden allein die berufsrichterlichen Mitglieder des Senats (BAG 29. 11. 2004 – 7 ABR 38/03 –; BAG 23. 1. 2008 – 8 AZR 593/06 –; BAG 25. 11. 2008 – 2 AZR 63/07 –; BAG 9. 3. 2009 – 7 AZR 253/07 –; aA BAG 25. 10. 2001 – 6 AZR 718/00 – [fünf Richter]). Der Entscheidungsgründe bedarf es nicht, wenn die Parteien auf sie verzichten oder ihr wesentlicher Inhalt in das Protokoll aufgenommen worden ist (§ 313 a Abs. 1 Satz 2 ZPO). Ob hiervon Gebrauch gemacht wird, steht im Ermessen des Gerichts, also des vollständig besetzten Senats. Dieser wird die Aufgaben eines Revisionsgerichts beachten und hiervon allein in geeigneten Fällen Gebrauch machen. Dafür spricht auch § 75 Abs. 2 (GK-ArbGG/*Mikosch* § 75 Rn. 12). Danach ist das Urteil nebst **Tatbestand und Entscheidungsgründen** von sämtlichen Mitgliedern des erkennenden Senats zu unterschreiben. Ausnahmen bleiben unerwähnt. Andererseits sah die Nr. 9134 der Anlage 1 zu § 12 Abs. 1 (Gebührenverzeichnis) bis zum 30. 6. 2004 ausdrücklich vor, dass das Revisionsurteil keine Begründung enthält oder sie nach § 313 a ZPO nicht zu enthalten braucht. Teil 8 der Anlage 1 zu § 3 Abs. 2 GKG idF des KostRMoG kennt diese Gebührenermäßigung nicht mehr. Wird die Sache an das Landesarbeitsgericht zurückverwiesen, sind die Entscheidungsgründe des Revisionsurteils unverzichtbar (Schwab/Weth/*Ulrich* § 75 Rn. 29). Steht zu erwarten, dass das Urteil im Ausland geltend gemacht werden wird oder enthält es eine Verurteilung zu künftig fällig werdenden wiederkehrenden Leistungen, gelten die Regeln des § 313 a Abs. 1 ZPO gemäß Abs. 4 und 5 nicht.

3. Unterschriften

7   Nach § 75 Abs. 2 ist das vollständige Urteil von sämtlichen Mitgliedern des erkennenden Senats, also auch von den ehrenamtlichen Richtern, zu unterschreiben. Dies entspricht § 315 Abs. 1 Satz 1 ZPO. Für den Fall der Verhinderung eines Richters gilt § 315 Abs. 1 Satz 2 ZPO. Ein ehrenamtlicher Richter ist an der Unterschrift verhindert, wenn seine Amtszeit inzwischen abgelaufen ist. Auch der überstimmte Richter darf seine Unterschrift nicht verweigern (BCF/*Friedrich* § 75 Rn. 7).

Urteile, die im Anschluss an die mündliche Verhandlung verkündet worden sind, sind **8** **innerhalb von drei Wochen** vollständig abgefasst und unterschrieben der Geschäftsstelle zu übergeben (§ 315 Abs. 2 Satz 1 ZPO). Ist dies – wie in der Regel – nicht möglich, muss innerhalb dieser Frist das von allen Richtern unterschriebene Urteil ohne Tatbestand und Entscheidungsgründe der Geschäftsstelle übergeben werden (GK-ArbGG/*Mikosch* § 75 Rn. 16; abw. *Ostrowicz/Künzl/Schäfer* Rn. 623 [nur die Unterschriften der Berufsrichter]). Das zu übergebende abgekürzte Urteil muss die in § 313 Abs. 1 Nr. 1 bis 4 ZPO genannten Bestandteile enthalten. Die von sämtlichen Mitgliedern des Senats unterschriebene Urteilsformel (vgl. § 75 Abs. 1 Satz 2) reicht nicht aus. Tatbestand und Entscheidungsgründe sind alsbald nachträglich anzufertigen und von allen Mitgliedern des Senats zu unterschreiben. Liegt fünf Monate nach der Verkündung kein vollständig abgefasstes und unterschriebenes Urteil vor, ist das Urteil als endgültig unvollständig anzusehen (GK-ArbGG/*Mikosch* § 75 Rn. 16; vgl. auch BVerfG 26. 3. 2001 AP GG Art. 20 Nr. 33). Wird das Urteil verkündet (§ 310 Abs. 1 Satz 1 ZPO), so genügt allerdings diese förmliche öffentliche Bekanntgabe (vgl. § 160 Abs. 3 Nr. 7 ZPO), um es auch ohne Unterschrift sämtlicher an der Entscheidungsfindung mitwirkender Richter als endgültigen, verbindlichen hoheitlichen Ausspruch erscheinen zu lassen.

4. Zustellung

Für die Zustellung des Urteils gilt § 50 (vgl. § 72 Abs. 6). Auch das abgekürzte Urteil **9** nach § 315 Abs. 2 Satz 2 ZPO ist zuzustellen. § 317 Abs. 1 Satz 3 ZPO, wonach die Zustellung des Urteils auf Antrag der Parteien bis zu fünf Monate aufgeschoben werden kann, gilt im arbeitsgerichtlichen Verfahren nicht (§ 50 Abs. 1 Satz 2).

Rechtskräftige Urteile, die in bürgerlichen Rechtsstreitigkeiten zwischen Tarifvertrags- **10** parteien aus dem Tarifvertrag oder über das Bestehen oder Nichtbestehen des Tarifvertrags ergangen sind, sind alsbald **der obersten Arbeitsbehörde** des Landes (ggf. auch der zuständigen obersten Landesbehörde iSv. § 15) und dem Bundesministerium für Arbeit und Soziales in vollständiger Form abschriftlich **mitzuteilen,** § 72 Abs. 6 in Verbindung mit § 63. Es handelt sich um Urteile, die in Rechtsstreitigkeiten nach § 2 Abs. 1 Nr. 1 ergehen (s. § 2 Rn. 12 ff.), sofern der Rechtsstreit unmittelbar zwischen den Tarifvertragsparteien selbst geführt worden ist. Das Urteil muss in der Sache entschieden haben. Urteile, die den Rechtsstreit an das Landesarbeitsgericht zurückverweisen, sind nicht zu übersenden.

5. Kosten

Die Kosten einer erfolglosen Revision hat nach § 97 ZPO der Revisionskläger zu **11** tragen. Wird auf die Revision das Berufungsurteil aufgehoben und die Sache zur neuen Verhandlung und Entscheidung an das Landesarbeitsgericht zurückverwiesen, hat das Berufungsgericht entsprechend dem **Ausgang des Rechtsstreits nach §§ 91 ff. ZPO** auch über die Kosten des Revisionsverfahrens zu entscheiden. Hebt das Bundesarbeitsgericht das Berufungsurteil auf und entscheidet den Rechtsstreit in der Sache selbst, hat es über die Kosten des Rechtsstreits gemäß §§ 91, 92 ZPO zu befinden. Die **Gerichtsgebühr** für das Revisionsverfahren im Allgemeinen beträgt nach Nr. 8230 der Anlage 1 zu § 3 Abs. 2 GKG das 4,0-fache der Gebühr nach § 34 GKG (vgl. zu Kostenprivilegierungen § 74 Rn. 24 und 32).

§ 76 Sprungrevision

(1) [1]Gegen das Urteil eines Arbeitsgerichts kann unter Übergehung der Berufungsinstanz unmittelbar die Revision eingelegt werden (Sprungrevision), wenn der Gegner schriftlich zustimmt und wenn sie vom Arbeitsgericht auf Antrag im Urteil oder nach-

träglich durch Beschluß zugelassen wird. ²Der Antrag ist innerhalb einer Notfrist von einem Monat nach Zustellung des in vollständiger Form abgefaßten Urteils schriftlich zu stellen. ³Die Zustimmung des Gegners ist, wenn die Revision im Urteil zugelassen ist, der Revisionsschrift, andernfalls dem Antrag beizufügen.

(2) ¹Die Sprungrevision ist nur zuzulassen, wenn die Rechtssache grundsätzliche Bedeutung hat und Rechtsstreitigkeiten betrifft

1. zwischen Tarifvertragsparteien aus Tarifverträgen oder über das Bestehen oder Nichtbestehen von Tarifverträgen,
2. über die Auslegung eines Tarifvertrags, dessen Geltungsbereich sich über den Bezirk des Landesarbeitsgerichts hinaus erstreckt, oder
3. zwischen tariffähigen Parteien oder zwischen diesen und Dritten aus unerlaubten Handlungen, soweit es sich um Maßnahmen zum Zwecke des Arbeitskampfes oder um Fragen der Vereinigungsfreiheit einschließlich des hiermit im Zusammenhang stehenden Betätigungsrechts der Vereinigungen handelt.

²Das Bundesarbeitsgericht ist an die Zulassung gebunden. ³Die Ablehnung der Zulassung ist unanfechtbar.

(3) ¹Lehnt das Arbeitsgericht den Antrag auf Zulassung der Revision durch Beschluß ab, so beginnt mit der Zustellung dieser Entscheidung der Lauf der Berufungsfrist von neuem, sofern der Antrag in der gesetzlichen Form und Frist gestellt und die Zustimmungserklärung beigefügt war. ²Läßt das Arbeitsgericht die Revision durch Beschluß zu, so beginnt mit der Zustellung dieser Entscheidung der Lauf der Revisionsfrist.

(4) Die Revision kann nicht auf Mängel des Verfahrens gestützt werden.

(5) Die Einlegung der Revision und die Zustimmung gelten als Verzicht auf die Berufung, wenn das Arbeitsgericht die Revision zugelassen hat.

(6) ¹Verweist das Bundesarbeitsgericht die Sache zur anderweitigen Verhandlung und Entscheidung zurück, so kann die Zurückverweisung nach seinem Ermessen auch an dasjenige Landesarbeitsgericht erfolgen, das für die Berufung zuständig gewesen wäre. ²In diesem Falle gelten für das Verfahren vor dem Landesarbeitsgericht die gleichen Grundsätze, wie wenn der Rechtsstreit auf eine ordnungsmäßig eingelegte Berufung beim Landesarbeitsgericht anhängig geworden wäre. ³Das Arbeitsgericht und das Landesarbeitsgericht haben die rechtliche Beurteilung, die der Aufhebung zugrunde gelegt ist, auch ihrer Entscheidung zugrunde zu legen. ⁴Von der Einlegung der Revision nach Absatz 1 hat die Geschäftsstelle des Bundesarbeitsgerichts der Geschäftsstelle des Arbeitsgerichts unverzüglich Nachricht zu geben.

Übersicht

	Rn.
I. Allgemeines	1, 2
II. Zulassung der Sprungrevision	3–18
1. Zulassungsfälle	3–5
2. Zulassung im Urteil	6–8
3. Zulassung durch Beschluss	9–14
4. Zustimmung des Gegners	15–17
5. Kein Rechtsmittel	18
III. Wirkung der Zulassungsentscheidung	19–24
1. Bindung des Bundesarbeitsgerichts	19–22
2. Beginn der Revisionsfrist	23
3. Erneute Berufungsfrist	24
IV. Sprungrevision und Berufung	25–28
V. Durchführung der Sprungrevision	29–32
1. Einlegung des Rechtsmittels; Ausschluss von Verfahrensrügen	29–31
2. Zurückverweisung	32

I. Allgemeines

§ 76 enthält eine **eigenständige Regelung der Sprungrevision** für das arbeitsgerichtliche Urteilsverfahren. § 566 ZPO ist auch nicht entsprechend anzuwenden, § 72 Abs. 5. Mit der Sprungrevision soll eine schnelle Entscheidung des Rechtsstreits durch das Bundesarbeitsgericht ermöglicht werden.

Im Interesse einer Beschleunigung des Rechtsstreits gibt die Sprungrevision die Möglichkeit, ein **Urteil des Arbeitsgerichts** unter Übergehung des Landesarbeitsgerichts **unmittelbar durch Revision zum Bundesarbeitsgericht anzufechten**, allerdings nur in bestimmten Rechtsstreitigkeiten, bei denen in der Regel der Tatbestand unstreitig oder unschwer festzustellen ist und davon ausgegangen werden kann, dass ohnehin das Bundesarbeitsgericht angerufen werden wird.

II. Zulassung der Sprungrevision

1. Zulassungsfälle

Die Sprungrevision bedarf in jedem Falle der **Zulassung durch das Arbeitsgericht**, um statthaft zu sein. Nach § 76 Abs. 2 ist die Sprungrevision nur zuzulassen, wenn die Rechtssache grundsätzliche Bedeutung hat und eine der in den Nummern 1 bis 3 aufgeführten Rechtsstreitigkeiten betrifft. Der Begriff der grundsätzlichen Bedeutung entspricht dem der grundsätzlichen Bedeutung einer entscheidungserheblichen Rechtsfrage im § 72 (GK-ArbGG/*Mikosch* § 76 Rn. 8; s. § 72 Rn. 12 ff.). Während jedoch das Landesarbeitsgericht die Revision in jedem Rechtsstreit zulassen muss, sofern einer Rechtsfrage grundsätzliche Bedeutung zukommt, darf das Arbeitsgericht die Sprungrevision nur zulassen, wenn die die Rechtssache bestimmende Rechtsfrage eine der ausdrücklich bezeichneten Rechtsstreitigkeiten betrifft. Es sind die gleichen Rechtsstreitigkeiten, wie sie bis Ende 2004 nach § 72 a eine Nichtzulassungsbeschwerde wegen grundsätzlicher Bedeutung erlaubten. Also Rechtsstreitigkeiten zwischen Tarifvertragsparteien aus Tarifverträgen oder über das Bestehen oder Nichtbestehen von Tarifverträgen, über die Auslegung eines Tarifvertrags, dessen Geltungsbereich sich über den Bezirk des Landesarbeitsgerichts hinaus erstreckt, oder um Rechtsstreitigkeiten über Maßnahmen des Arbeitskampfes und über Fragen der Vereinigungsfreiheit und des Betätigungsrechts der Vereinigungen. Aus der gesetzlichen Formulierung, dass die Sprungrevision „nur" in diesen Fällen zuzulassen ist, folgt, dass in anderen Rechtsstreitigkeiten die Sprungrevision nicht zugelassen werden kann und eine gleichwohl erfolgte Zulassung die Sprungrevision nicht eröffnet (s. unten Rn. 20). In Arrest- und einstweiligen Verfügungssachen (§ 72 Abs. 4 ArbGG), in denen das Landesarbeitsgericht die Revision nicht wirksam zulassen könnte, kann dies das Arbeitsgericht auch nicht (GK-ArbGG/*Mikosch* § 76 Rn. 8; Schwab/Weth/*Ulrich* § 76 Rn. 21). Liegen die Voraussetzungen des § 76 Abs. 2 für die Zulassung der Sprungrevision vor, muss das Arbeitsgericht diese zulassen. Diese Entscheidung steht nicht in seinem Ermessen (GK-ArbGG/*Mikosch* § 76 Rn. 12; *Grunsky* § 76 Rn. 3; *Ostrowicz/Künzl/Schäfer* Rn. 635; Schwab/Weth/*Ulrich* § 76 Rn. 33).

Betrifft der Rechtsstreit **mehrere selbständige Klageansprüche**, von denen nur einer oder einige nach § 76 Abs. 2 privilegiert sind, kann, ebenso wie bei der Zulassung der Revision (s. § 72 Rn. 38 ff.), die Sprungrevision für den ganzen Rechtsstreit oder nur beschränkt hinsichtlich der privilegierten Klageansprüche zugelassen werden (*Grunsky* § 76 Rn. 3; GK-ArbGG/*Mikosch* § 76 Rn. 11). Gleiches gilt bei subjektiver Klagehäufung, so dass die Sprungrevision ggf. nur hinsichtlich einzelner Streitgenossen zugelassen werden kann, während die anderen auf die Anfechtung des Urteils mit der Berufung verwiesen sind. Eine solche Prozesstrennung ist aber nicht opportun (Düwell/Lipke/ Bepler § 76 Rn. 8; aA GK-ArbGG/*Mikosch* § 76 Rn. 11).

5   **Die Zulassung** der Sprungrevision **erfolgt auf Antrag.** Der Antrag ist schriftlich oder zu Protokoll zu stellen.

2. Zulassung im Urteil

6   Das Arbeitsgericht kann die Sprungrevision im Urteil selbst zulassen, wenn der **Antrag von einer Partei oder beiden Parteien** schon vor dem Schluss der mündlichen Verhandlung gestellt worden ist. Einer Zustimmung des Gegners (s. unten Rn. 15 f.) derjenigen Partei, die den Antrag gestellt hat, bedarf es dazu nicht.

7   In entsprechender Anwendung von § 64 Abs. 3 a ArbGG muss die **Zulassung in den Urteilstenor** aufgenommen werden (vgl. Rn. 9 ff.). Ist der Zulassungsantrag im Tenor nicht beschieden worden, kann binnen einer Notfrist von einem Monat ab Zustellung des Urteils eine Entscheidung über die Zulassung der Sprungrevision durch Beschluss beantragt werden. Für eine entsprechende Anwendung von § 64 Abs. 3 a Satz 2 besteht deshalb kein Bedürfnis (Schwab/Weth/*Ulrich* § 76 Rn. 24; aA Düwell/Lipke/*Bepler* § 76 Rn. 6). Eine Zulassung lediglich in den Gründen ist nicht ausreichend (Schwab/Weth/ *Ulrich* § 76 Rn. 23).

8   Erfolgt die Zulassung der Sprungrevision im Urteil, sind die Parteien nicht verpflichtet, gegen das Urteil das Rechtsmittel der Revision einzulegen. Sie können das Urteil ungeachtet der Zulassung der Sprungrevision mit der Berufung anfechten. Erst die Einlegung der Revision und die Zustimmung gelten als Verzicht auf die Berufung, § 76 Abs. 5 (s. unten Rn. 25). Daraus folgt, dass das Urteil eine **Rechtsmittelbelehrung** sowohl hinsichtlich der Berufung als auch hinsichtlich der Revision enthalten muss, § 9 Abs. 5, und zwar auch dann, wenn beide Parteien die Zulassung der Sprungrevision beantragt haben (Schwab/Weth/*Ulrich* § 76 Rn. 25; aA ArbG Siegen 16. 11. 1979 EzA BUrlG § 7 Nr. 23). Ungeachtet der Änderung von § 64 ArbGG ist anzunehmen, dass die Zulassung der Revision gleichzeitig die **Zulassung der Berufung** beinhaltet, soweit eine solche nach § 64 Abs. 2 erforderlich ist (GK-ArbGG/*Mikosch* § 76 Rn. 9; *Hauck/Helml* § 76 Rn. 4). Denn mit der Zulassung der Sprungrevision werden gleichzeitig die Voraussetzungen bejaht, unter denen nach § 64 Abs. 3 Nr. 1 und 2 die Berufung zuzulassen ist.

3. Zulassung durch Beschluss

9   Ist die Sprungrevision nicht schon im Tenor des Urteils zugelassen worden, kann sie auf Antrag noch **nachträglich durch Beschluss** zugelassen werden, § 76 Abs. 1 Satz 1. Der Antrag kann nur innerhalb eines Monats nach Zustellung des in vollständiger Form abgefassten Urteils gestellt werden, § 76 Abs. 1 Satz 2, spätestens sechs Monate nach Verkündung des Urteils, weil sonst die Rechtskraft des Urteils eintritt (vgl. § 66 Abs. 1 Satz 2). Diese Frist ist eine Notfrist, gegen ihre schuldlose Versäumung kann daher Wiedereinsetzung in den vorigen Stand gewährt werden, § 233 ZPO.

10 Welche Partei den Antrag stellt, ist gleichgültig, wenn beide Parteien durch das Urteil beschwert sind. Für einen Antrag derjenigen Partei, die voll obsiegt hat, fehlt das **Rechtsschutzinteresse.** Ihr Antrag kann in einem solchen Fall aber als Zustimmung zum Antrag des Gegners verstanden werden (s. unten Rn. 16). Wird die Zulassung der Sprungrevision von beiden Parteien beantragt, kann darüber nur einheitlich entschieden werden. Der Antrag kann von der Partei selbst gestellt werden. Es besteht **kein Anwaltszwang** (Düwell/Lipke/*Bepler* § 76 Rn. 10; Schwab/Weth/*Ulrich* § 76 Rn. 7).

11 Hat das Arbeitsgericht die Zulassung der Sprungrevision schon im Urteil abgelehnt, kann diese nicht erneut beantragt werden, weil die **Ablehnung nach Abs. 2 Satz 3 unanfechtbar ist** (*Wlotzke/Schwedes/Lorenz* § 76 Rn. 4; HWK/*Bepler* ArbGG § 76 Rn. 14; Schwab/Weth/*Ulrich* § 76 Rn. 29). Das gilt auch dann, wenn in der mündlichen Verhandlung nur eine Partei die Zulassung der Sprungrevision beantragt hat und jetzt

II. Zulassung der Sprungrevision § 76

die andere Partei nachträglich die Zulassung beantragt, denn über die Zulassung für und gegen beide Parteien kann nur einheitlich entschieden werden. Das ist anders, wenn die Sprungrevision nur hinsichtlich eines abtrennbaren Teiles des Streitstoffs beantragt und abgelehnt worden ist. Hinsichtlich eines anderen Teiles kann noch nachträglich die Zulassung beantragt werden.

Dem Antrag ist die **Zustimmung des Gegners** (s. unten Rn. 15 f.) **beizufügen**, § 76 Abs. 1 Satz 3. Sie ist Voraussetzung für die Zulassung der Sprungrevision durch nachträglichen Beschluss. Das Arbeitsgericht soll über die Zulassung nicht entscheiden, wenn von vornherein mangels Zustimmung des Gegners feststeht, dass es nicht zu einer Sprungrevision kommt.

12

Über den Antrag entscheidet diejenige Kammer des Arbeitsgerichts, die über den Rechtsstreit selbst entschieden hat, nicht notwendig derselbe Richter. Die Entscheidung kann **ohne mündliche Verhandlung** ergehen und daher nach § 53 Abs. 1 durch den Vorsitzenden allein (BAG 9. 6. 1982 AP BAT §§ 22, 23 Lehrer Nr. 8; GK-ArbGG/ *Mikosch* § 76 Rn. 10; Schwab/Weth/*Ulrich* § 76 Rn. 27). Wegen der Beschränkung der Zulassung bei mehreren Streitgegenständen oder hinsichtlich einzelner Streitgenossen s. oben Rn. 4. Der Beschluss bedarf keiner Begründung, wenn dem Antrag voll stattgegeben wird (Schwab/Weth/*Ulrich* § 76 Rn. 28). Wird die Sprungrevision nur beschränkt zugelassen, ist die abweisende Entscheidung zu begründen.

13

Da die Zustellung des Zulassungsbeschlusses die Revisionsfrist in Lauf setzt, § 76 Abs. 3 Satz 2, muss der Beschluss eine **Rechtsmittelbelehrung** hinsichtlich der Revision enthalten (entsprechend § 9 Abs. 5).

14

4. Zustimmung des Gegners

Eine Sprungrevision ist nur mit Zustimmung des Gegners möglich. Aus diesem Grund bestimmt § 76 Abs. 1 Satz 3, dass die Zustimmung entweder dem **Antrag auf nachträgliche Zulassung** der Sprungrevision beizufügen ist (s. oben Rn. 12) oder, wenn die Sprungrevision schon im Urteil zugelassen worden ist, **der Revisionsschrift** selbst **beigefügt werden muss**. Obwohl es in § 76 Abs. 1 Satz 3 heißt, dass die Zustimmung dem Antrag bzw. der Revisionsschrift beizufügen ist, genügt es, wenn die Zustimmung innerhalb der Antragsfrist beim Arbeitsgericht bzw. beim Bundesarbeitsgericht eingeht (BAG 25. 4. 1979 AP ArbGG 1953 § 76 Nr. 1; BGH 5. 7. 1984 BGHZ 92, 76, 77). Die Zustimmung zur Einlegung der Sprungrevision muss spätestens bei Ablauf der Revisionsfrist dem Bundesarbeitsgericht vorliegen (BAG 4. 12. 2002 AP ArbGG 1979 § 76 Nr. 14). Die Zustimmungserklärung ist von dem Moment an **unwiderruflich**, in dem sie beim Arbeitsgericht oder Bundesarbeitsgericht eingeht (GK-ArbGG/*Mikosch* § 76 Rn. 6; Schwab/Weth/*Ulrich* § 76 Rn. 16).

15

Die **Zustimmung** zur Sprungrevision durch den Gegner muss wegen der damit verbundenen Risiken (Verlust der Berufung – s. unten Rn. 26 f. –, keine Verfahrensrügen – s. unten Rn. 29 f.), **eindeutig erklärt** werden. Aus diesem Grunde hat das Bundesarbeitsgericht entschieden (BAG 28. 10. 1986 AP ArbGG 1979 § 76 Nr. 7; BAG 16. 6. 1998 AP TVG § 1 Tarifverträge: Schuhindustrie Nr. 6), dass die Zustimmungserklärung nicht allein in dem schon in mündlicher Verhandlung vor dem Arbeitsgericht gestellten Antrag auf Zulassung der Sprungrevision gesehen werden könne. Ebenso wenig hat es die Erklärung des „Einverständnisses mit der Zulassung der Sprungrevision" genügen lassen (BAG 4. 12. 2002 AP ArbGG 1979 § 76 Nr. 14).

16

Die **Zustimmung** kann durch die **Partei selbst** oder durch ihren **Prozessvertreter** (vgl. § 11) erteilt werden. Sie unterliegt auch dann nicht dem **Anwaltszwang iSv. § 11 Abs. 4**, wenn sie erst der Revisionsschrift der anderen Partei beizufügen ist und damit letztlich dem Bundesarbeitsgericht gegenüber abgegeben wird (BAG 9. 6. 1982 AP BAT §§ 22, 23 Lehrer Nr. 8; BAG 30. 7. 1992 AP TV Ang Bundespost § 1 Nr. 1; *Ostrowicz/Künzl/ Schäfer* Rn. 633; GK-ArbGG/*Mikosch* § 76 Rn. 3; Schwab/Weth/*Ulrich* § 76 Rn. 12).

17

§ 76 Sprungrevision

Die Zustimmung zur Sprungrevision bedarf der **Schriftform,** kann aber auch zur **Niederschrift des Urkundsbeamten** oder zu Protokoll in mündlicher Verhandlung erklärt werden. In letzterem Fall ist eine beglaubigte Abschrift oder Fotokopie des Protokolls dem Bundesarbeitsgericht vorzulegen (BAG 16. 11. 1981 AP ArbGG 1979 § 76 Nr. 1; GK-ArbGG/*Mikosch* § 76 Rn. 4; Schwab/Weth/*Ulrich* § 76 Rn. 13; offen gelassen BAG 28. 10. 1986 AP ArbGG 1979 § 76 Nr. 7; aA BGH 5. 7. 1984 NJW 1984, 2890, wonach die Zustimmungserklärung eigenhändig unterschrieben sein muss). Ein Hinweis auf die protokollierte Zustimmungserklärung genügt, wenn die das Protokoll enthaltende Akte noch innerhalb der Revisionsfrist beim Bundesarbeitsgericht eingeht. Die Zustimmung kann auch vom Gegner selbst unmittelbar dem Arbeitsgericht oder dem Bundesarbeitsgericht eingereicht werden (Schwab/Weth/*Ulrich* § 76 Rn. 14). Die Schriftform ist bei Übermittlung durch Telegramm, Fernschreiben oder Telefax unter den gleichen Voraussetzungen gewahrt, unter denen ein Rechtsmittel auf diese Weise eingelegt werden kann (s. § 74 Rn. 12 ff.; BAG 30. 5. 2001 AP BAT § 23 b Nr. 4; BAG 27. 5. 2004 AP BAT § 37 Nr. 13; BGH 25. 4. 1955 BB 1955, 463; GK-ArbGG/*Mikosch* § 76 Rn. 4). Unzureichend ist es, wenn der Revisionskläger vertreten durch seinen Prozessbevollmächtigten eine Ablichtung des Zustimmungsschreibens des Gegners beglaubigt und dem Bundesarbeitsgericht einreicht (BAG 14. 3. 2001 – 4 AZR 367/00 –; GK-ArbGG/*Mikosch* § 76 Rn. 4; ErfK/*Koch* ArbGG § 76 Rn. 8, 9). Geht die Zustimmungserklärung nicht innerhalb der Revisionsfrist beim Bundesarbeitsgericht ein, wird die Sprungrevision als unzulässig verworfen. Wegen der dadurch bewirkten Versäumung der Revisionsfrist kann auf Antrag Wiedereinsetzung in den vorigen Stand gewährt werden (vgl. Rn. 29; GK-ArbGG/*Mikosch* § 76 Rn. 21; Schwab/Weth/*Ulrich* § 76 Rn. 15; offen gelassen von BAG 14. 3. 2001 – 4 AZR 367/00 –).

5. Kein Rechtsmittel

18 Nach Abs. 2 Satz 3 ist die **Ablehnung der Zulassung** der Sprungrevision durch das Arbeitsgericht **unanfechtbar** (s. Rn. 11). Dabei ist gleichgültig, ob das Arbeitsgericht darüber schon im Urteil oder erst auf einen nachträglichen Antrag hin durch Beschluss entschieden hat. Unanfechtbar ist auch die **Zulassung der Sprungrevision,** wenn sie vom Arbeitsgericht im Urteil ausgesprochen wird. Für ein Rechtsmittel in diesem Falle besteht auch kein Bedürfnis, weil der Gegner die Zustimmung zur Sprungrevision jederzeit verweigern kann. Wird die Sprungrevision durch Beschluss zugelassen, ist das Rechtsmittel der sofortigen Beschwerde zum Landesarbeitsgericht nicht gegeben (aA GK-ArbGG/*Mikosch* § 76 Rn. 13; HWK/*Bepler* ArbGG § 76 Rn. 14; Schwab/Weth/*Ulrich* § 76 Rn. 35; *Ostrowicz/Künzl/Schäfer* Rn. 637), weil kein das Verfahren betreffendes Gesuch zurückgewiesen worden ist (§ 567 Abs. 1 ZPO).

III. Wirkung der Zulassungsentscheidung

1. Bindung des Bundesarbeitsgerichts

19 Grundsätzlich ist das Bundesarbeitsgericht an die **Zulassung der Sprungrevision durch das Arbeitsgericht gebunden,** § 76 Abs. 2 Satz 2.

20 Doch ist die Zulassung der Sprungrevision nach bisheriger Rechtsprechung für das Bundesarbeitsgericht **nicht bindend,** wenn sie in einem Rechtsstreit ausgesprochen wird, der nicht zu den in Abs. 2 Satz 1 Nr. 1 bis 3 genannten gehört. Denn Abs. 2 bestimmt ausdrücklich, dass die Sprungrevision **nur in den privilegierten Rechtsstreitigkeiten** zuzulassen ist, während für die Zulassung der Revision durch das Landesarbeitsgericht eine solche Beschränkung auf bestimmte Rechtsstreitigkeiten oder Fälle fehlt (BAG 16. 11. 1982 AP SchwbG § 42 Nr. 8; BAG 12. 2. 1985 AP ArbGG 1979 § 76 Nr. 4; GK-ArbGG/*Mikosch* § 76 Rn. 15; *Hauck/Helml* § 76 Rn. 7; aA BAG 25. 4. 1996 AP

IV. Sprungrevision und Berufung § 76

ArbGG 1979 § 76 Nr. 10; Düwell/Lipke/*Bepler* § 76 Rn. 21; HWK/*Bepler* ArbGG § 76 Rn. 15; Schwab/Weth/*Ulrich* § 76 Rn. 39; offen ErfK/*Koch* ArbGG § 76 Rn. 5–7).

Die Zulassung der Sprungrevision ist des Weiteren nicht bindend, wenn ein entsprechendes Berufungsurteil **in keinem Falle mit der Revision angefochten werden** könnte (s. dazu Rn. 3 und § 72 Rn. 9 f.; vgl. ferner BAG 14. 10. 1982 AP ArbGG 1979 § 72 Nr. 2). **21**

Ansonsten ist das Bundesarbeitsgericht an die Zulassung der Sprungrevision auch dann gebunden, wenn die **Entscheidung des Arbeitsgerichts fehlerhaft** ist, etwa zu Unrecht die grundsätzliche Bedeutung der Rechtssache bejaht hat (BAG 16. 11. 1982 AP SchwbG § 42 Nr. 8; BAG 12. 6. 1996 AP ArbGG 1979 § 96 a Nr. 2), ohne Antrag einer Partei oder auf Grund eines verspätet gestellten Antrags entschieden hat oder wenn über die Zulassung nachträglich durch Beschluss entschieden worden ist, obwohl keine oder keine wirksame Zustimmung des Gegners vorlag (enger HWK/*Bepler* ArbGG § 76 Rn. 16). Hat das Arbeitsgericht die Sprungrevision im Urteil zugelassen, darf das Bundesarbeitsgericht die der Revision beizufügende Zustimmung des Gegners prüfen, sofern nicht das Arbeitsgericht im Urteil festgestellt hat, der Gegner stimme der Sprungrevision zu, und dieses Urteil innerhalb der Revisionsfrist dem Bundesarbeitsgericht vorgelegt wird (vgl. *Vollkommer* Anm. AP ArbGG 1979 § 76 Nr. 1). **22**

2. Beginn der Revisionsfrist

Hat das Arbeitsgericht die Sprungrevision im Urteil zugelassen, beginnt die Revisionsfrist mit der **Zustellung** des in vollständiger Form abgefassten **Urteils** (s. § 74 Rn. 6), spätestens aber mit Ablauf von fünf Monaten nach der Verkündung (§ 74 Abs. 1 Satz 3). Ist die Zulassung erst durch Beschluss ausgesprochen worden, so beginnt die Revisionsfrist mit der **Zustellung dieses Beschlusses** zu laufen, § 76 Abs. 3 Satz 2, sofern der Beschluss die erforderliche Rechtsmittelbelehrung enthält (s. oben Rn. 14). **23**

3. Erneute Berufungsfrist

Lehnt das Arbeitsgericht die nachträgliche Zulassung der Sprungrevision ab, so beginnt mit der Zustellung dieses Beschlusses die **Berufungsfrist von neuem zu laufen.** Voraussetzung ist, dass der Antrag auf Zulassung der Sprungrevision form- und fristgerecht gestellt worden ist und die Zustimmungserklärung des Gegners innerhalb der Antragsfrist vorgelegen hat, § 76 Abs. 3 Satz 1 (Schwab/Weth/*Ulrich* § 76 Rn. 38). **24**

IV. Sprungrevision und Berufung

Ist die Sprungrevision zugelassen worden, sind gegen das Urteil sowohl die **Berufung als auch** die **Revision** möglich. Die beschwerte Partei hat ein **Wahlrecht,** welches Rechtsmittel sie einlegen will. Weder der Antrag auf Zulassung der Sprungrevision noch die Zulassung durch das Arbeitsgericht zwingt sie, die Revision auch einzulegen (aA *Grunsky* § 76 Rn. 7, der zustimmende Gegner sei gebunden und könne selbst keine Berufung einlegen). Die durch das Urteil beschwerte Partei kann daher den Antrag auf Zulassung der Sprungrevision stellen und gleichzeitig Berufung gegen das Urteil einlegen. Dass nach Ablehnung der Zulassung eine neue Berufungsfrist zu laufen beginnt (s. oben Rn. 24) steht dem nicht entgegen. Wird innerhalb der zunächst laufenden Berufungsfrist vorsorglich Berufung eingelegt, führt dies zumindest zu einer Beschleunigung des Rechtsstreits. Anders als nach § 566 Abs. 1 Satz 2 ZPO gelten der Antrag auf Zulassung der Sprungrevision und die Einwilligungserklärung des Gegners nicht als Verzicht auf das Rechtsmittel der Berufung. Erst die **Einlegung der** zugelassenen **Sprungrevision gilt** nach Abs. 5 **als Verzicht auf die Berufung.** Eine bereits eingelegte Berufung wird daher unzulässig, wenn sie nicht zurückgenommen wird. Das Gleiche gilt für die **Zustimmung 25** des Gegners. Auch sie gilt nach Abs. 5 **als Verzicht auf die Berufung,** wenn die Revision zugelassen wird und die andere Partei die Revision tatsächlich einlegt (BGH 24. 4. 1997 NJW 1997, 2387; *Ostrowicz/Künzl/Schäfer* Rn. 637; GK-ArbGG/*Mikosch* § 76 Rn. 17; Schwab/Weth/*Ulrich* § 76 Rn. 44; aA *Grunsky* § 76 Rn. 7, der die Verzichtswirkung in dem Moment eintreten lassen will, in dem die Zustimmungserklärung dem Arbeitsgericht oder Bundesarbeitsgericht vorgelegt wird). Wenn erst der Revisionskläger mit der Einlegung der Revision das Rechtsmittel der Berufung verliert, ist kein Grund ersichtlich, warum der Gegner schon früher an seine Zustimmung gebunden sein und das Rechtsmittel der Berufung verlieren soll. Er kann zwar auf Grund der Zulassung selbst Revision einlegen, was auch zum Verlust der Berufung für die andere Partei führen würde, er würde damit aber schon mit der Zustimmung zur Einlegung der Revision gebunden (ggf. bevor ihm das Urteil bekannt ist), während der Gegner sein Wahlrecht behielte.

26 Somit kann der Gegner, solange die Revision nicht eingelegt wird, Berufung gegen das Urteil einlegen. Eine eingelegte Berufung hindert ihn nicht, dem Zulassungsantrag oder der Revision der anderen Partei zuzustimmen. **Erst mit der Einlegung der Revision** durch ihn selbst oder die andere Partei wird die Berufung unzulässig. Die gegenüber dem Arbeitsgericht oder dem Bundesarbeitsgericht abgegebene Zustimmungserklärung kann nicht als Zurücknahme der Berufung ausgelegt werden, denn diese muss gegenüber dem Landesarbeitsgericht erklärt werden, § 516 Abs. 2 ZPO.

27 Ist der **Verzicht** auf die Berufung wirksam geworden, **bleibt dieser wirksam,** auch wenn die Sprungrevision zurückgenommen oder als unzulässig verworfen wird (*Grunsky* § 76 Rn. 7; *Wlotzke/Schwedes/Lorenz* § 76 Rn. 13; GK-ArbGG/*Mikosch* § 76 Rn. 17; Schwab/Weth/*Ulrich* § 76 Rn. 45; aA BSG 6. 7. 1964 NJW 1964, 2080: nur eine zulässige Revision sei als Verzicht auf die Berufung anzusehen). Das gilt auch dann, wenn die Revision deswegen als unzulässig verworfen wird, weil die der Revisionsschrift beizufügende Zustimmungserklärung fehlte (dann Verlust der Berufung nur für den Revisionskläger) oder unwirksam war.

28 Etwas anderes wird anzunehmen sein, wenn das Bundesarbeitsgericht die Revision als unzulässig verwirft, **weil es die Zulassung** der Sprungrevision durch das Arbeitsgericht als **nicht bindend ansieht** (s. oben Rn. 19 f.). Eine Zulassung der Revision, die letztlich die Revisionsinstanz doch nicht eröffnen kann, vermag den Parteien nicht das Rechtsmittel der Berufung gegen das Urteil zu nehmen. In diesem Falle kann gegen das Urteil noch Berufung eingelegt werden (*Hauck/Helml* § 76 Rn. 8; *Ostrowicz/Künzl/Schäfer* Rn. 639; BCF/*Friedrich* § 76 Rn. 9; offen gelassen in BAG 12. 2. 1985 AP ArbGG 1979 § 76 Nr. 4). Gegen die inzwischen versäumte Berufungsfrist kann Wiedereinsetzung in den vorigen Stand gewährt werden, sofern man nicht in entsprechender Anwendung von Abs. 3 Satz 1 davon ausgeht, dass die Zustellung des Verwerfungsbeschlusses ebenso wie des Ablehnungsbeschlusses des Arbeitsgerichts eine neue Berufungsfrist in Lauf setzt.

V. Durchführung der Sprungrevision

1. Einlegung des Rechtsmittels; Ausschluss von Verfahrensrügen

29 Für die **Einlegung der Sprungrevision** selbst gelten keine Besonderheiten, es kann auf die Ausführungen zu § 74 verwiesen werden. Wegen der Beifügung der Zustimmungserklärung des Gegners im Falle, dass die Revision schon durch das Urteil des Arbeitsgerichts zugelassen worden ist, s. oben Rn. 17. Wird die Zustimmungserklärung nicht innerhalb der Revisionsfrist eingereicht, ist die Revision als unzulässig zu verwerfen. Da die Zustimmungserklärung Teil der Revision ist, kann Wiedereinsetzung gegen die Versäumung der Revisionsfrist auch dann gewährt werden, wenn der Revisionskläger

ohne sein Verschulden außerstande war, die Zustimmungserklärung innerhalb der Frist einzureichen, wobei hier allerdings ein Verschulden des Gegners dem Verschulden des Revisionsklägers gleichstehen muss (vgl. Rn. 17; GK-ArbGG/*Mikosch* § 76 Rn. 21; *Ostrowicz/Künzl/Schäfer* Rn. 638). Der Gegner kann **Anschlusssprungrevision** einlegen (s. zur Anschlussrevision § 74 Rn. 69 ff.; GK-ArbGG/*Mikosch* § 76 Rn. 19; *Hauck/Helml* § 76 Rn. 11; BVerwG 4. 2. 1982 NVwZ 1982, 372; vgl. BAG 12. 6. 1996 AP ArbGG 1979 § 96a Nr. 2 zur unselbständigen Anschlusssprungrechtsbeschwerde). Einer Zustimmung des Revisionsklägers bedarf es hierzu nicht.

Von der Einlegung einer Sprungrevision hat die Geschäftsstelle des Bundesarbeitsgerichts dem Arbeitsgericht **unverzüglich Nachricht** zu geben, § 76 Abs. 6 Satz 4. **30**

Nach Abs. 4 kann die Revision **nicht auf Mängel des Verfahrens gestützt** werden. Damit soll eine schnelle Entscheidung des Rechtsstreits gefördert werden (BAG 12. 6. 1996 AP ArbGG 1979 § 96a Nr. 2). Das gilt jedoch nur für Mängel, die nicht schon von Amts wegen zu berücksichtigen sind (s. oben § 74 Rn. 95 ff.; BAG 12. 6. 1996 AP ArbGG 1979 § 96a Nr. 2; GK-ArbGG/*Mikosch* § 76 Rn. 20; Schwab/Weth/*Ulrich* § 76 Rn. 49; *Hauck/Helml* § 76 Rn. 12; *Grunsky* § 76 Rn. 8). Wird die Sprungrevision gleichwohl nur mit einer ausgeschlossenen Verfahrensrüge begründet, führt dies nicht zur Unzulässigkeit des Rechtsmittels. Über dieses ist vielmehr in der Sache zu entscheiden (GK-ArbGG/*Mikosch* § 76 Rn. 21). Will eine Partei allein auf Rüge zu berücksichtigende Verfahrensmängel geltend machen, muss sie die Berufung anstelle der Sprungrevision wählen (BAG 28. 5. 1998 AP BGB § 611 Bühnenengagementsvertrag Nr. 52). **31**

2. Zurückverweisung

Ergibt die Überprüfung des angefochtenen Urteils, dass der Rechtsstreit zurückzuverweisen ist (s. § 74 Rn. 131 ff.), kann das Bundesarbeitsgericht nach seinem Ermessen den Rechtsstreit an das **Arbeitsgericht oder** an dasjenige **Landesarbeitsgericht zurückverweisen**, das für die Berufung gegen das erstinstanzliche Urteil zuständig gewesen wäre, § 76 Abs. 6. In diesem Falle gelten für das Verfahren vor dem Landesarbeitsgericht die gleichen Grundsätze, wie wenn der Rechtsstreit auf eine ordnungsgemäße Berufung bei ihm anhängig geworden wäre. Dasjenige Gericht, an das zurückverwiesen wird, ist nach Abs. 6 Satz 3 an die der Aufhebung zugrundeliegende Rechtsansicht des Bundesarbeitsgerichts gebunden (s. dazu § 74 Rn. 131 ff.). Obgleich der Wortlaut des Abs. 6 Satz 1 („anderweitige Verhandlung") aus nicht nachvollziehbaren Gründen von § 563 Abs. 1 Satz 1 ZPO („neuen Verhandlung") abweicht, sollte die sprachlich jüngere Fassung der ZPO für die Tenorierung verwendet werden. **32**

§ 77 Revisionsbeschwerde

[1] Gegen den Beschluss des Landesarbeitsgerichts, der die Berufung als unzulässig verwirft, findet die Rechtsbeschwerde nur statt, wenn das Landesarbeitsgericht sie in dem Beschluss zugelassen hat. [2] Für die Zulassung der Rechtsbeschwerde gilt § 72 Abs. 2 entsprechend. [3] Über die Rechtsbeschwerde entscheidet das Bundesarbeitsgericht ohne Zuziehung der ehrenamtlichen Richter. [4] Die Vorschriften der Zivilprozessordnung über die Rechtsbeschwerde gelten entsprechend.

Übersicht

	Rn.
I. Allgemeines	1, 2
II. Zulässigkeit der Revisionsbeschwerde	3–11
1. Verwerfung der Berufung durch Beschluss	3, 4
2. Zulassung der Revisionsbeschwerde	5–8
3. Keine Nichtzulassungsbeschwerde	9, 10
4. Bindung des Bundesarbeitsgerichts	11

§ 77 Revisionsbeschwerde

	Rn.
III. Verfahren	12–16
1. Einlegung der Revisionsbeschwerde	12, 13
2. Entscheidung über die Revisionsbeschwerde	14–16

I. Allgemeines

1 § 77 regelt die **Anfechtung von Beschlüssen** des Landesarbeitsgerichts, mit denen gemäß § 66 Abs. 2 Satz 2 iVm. § 522 Abs. 1 ZPO eine **Berufung als unzulässig verworfen worden** ist. Ein solcher Beschluss des Landesarbeitsgerichts ist nur dann anfechtbar, wenn das Landesarbeitsgericht die Rechtsbeschwerde, die hier laut Überschrift des Paragraphen **Revisionsbeschwerde** heißt, aber in der Praxis zunehmend als Rechtsbeschwerde bezeichnet wird (vgl. nur BAG 30. 5. 2002 EzA ArbGG 1979 § 66 Nr. 35 = NZA 2003, 176 [LS]; BAG 13. 4. 2005 AP ArbGG 1979 § 9 Nr. 28; BAG 24. 8. 2005 AP ZPO § 234 Nr. 16), **zugelassen** hat.

2 Auf die Revisionsbeschwerde finden die **Vorschriften über das Rechtsbeschwerdeverfahren** in §§ 574 bis 577 ZPO Anwendung (§ 77 Satz 4). Auf § 77 waren im Jahre 2008 13 Verfahren des Bundesarbeitsgerichts gestützt, von denen keines zur Aufhebung des LAG-Beschlusses führte (Jahresbericht des Bundesarbeitsgerichts 2008).

II. Zulässigkeit der Revisionsbeschwerde

1. Verwerfung der Berufung durch Beschluss

3 § 77 betrifft den Fall, dass das Landesarbeitsgericht eine **Berufung** gemäß § 66 Abs. 2 in Verbindung mit § 522 Abs. 1 ZPO **durch Beschluss als unzulässig verworfen** hat. Hat das Landesarbeitsgericht die Berufung durch Urteil verworfen, ist gegen dieses Urteil unter den Voraussetzungen des § 72 das Rechtsmittel der Revision gegeben. Dem Verwerfungsbeschluss steht ein Beschluss des Landesarbeitsgerichts gleich, mit dem ein Antrag auf Wiedereinsetzung wegen Versäumung der Berufungsfrist oder der Frist zur Begründung der Berufung zurückgewiesen worden ist (BAG 22. 2. 1977 AP ArbGG 1953 § 77 Nr. 16; BAG 23. 5. 1989 AP ZPO 1977 § 233 Nr. 14). Dabei ist es gleichgültig, ob die Berufung zuvor schon durch Beschluss als unzulässig verworfen worden war (BAG 4. 8. 1969 AP ZPO § 519 b Nr. 6; Schwab/Weth/*Ulrich* § 77 Rn. 5; *Grunsky* § 77 Rn. 2).

4 Die Revisionsbeschwerde ist nur eröffnet, wenn **gegen ein Urteil gleichen Inhalts die Revision**, abgesehen von ihrer Zulassung, **überhaupt gegeben wäre** (s. § 72 Rn. 9 f.). § 72 Abs. 4 findet entsprechende Anwendung. Deshalb kann in Arrest- und einstweiligen Verfügungsverfahren die Revisionsbeschwerde in einem Verwerfungsbeschluss des Landesarbeitsgerichts nicht zugelassen werden (Schwab/Weth/*Ulrich* § 77 Rn. 6; ErfK/*Koch* ArbGG § 77 Rn. 2–4; *Dietz/Nikisch* § 72 Rn. 11; GK-ArbGG/*Mikosch* § 77 Rn. 11; *Hauck/Helml* § 77 Rn. 3; Düwell/Lipke/*Düwell* § 77 Rn. 5; aA *Ostrowicz/Künzl/Schäfer* Rn. 218).

2. Zulassung der Revisionsbeschwerde

5 Das Landesarbeitsgericht muss **die Revisionsbeschwerde** im Beschluss, mit dem die Berufung als unzulässig verworfen wird, **zugelassen haben**. Eine Zulassung der „Revision" in dem Verwerfungsbeschluss ist als Zulassung der Revisionsbeschwerde zu werten (BAG 5. 12. 1984 AP ArbGG 1979 § 72 Nr. 3). Wie bei anderen nicht verkündeten Beschlüssen des Landesarbeitsgerichts genügt es (vgl. § 78 Rn. 40), wenn die Zulassung in den Gründen erfolgt (BAG 17. 1. 2007 AP ArbGG 1979 § 64 Nr. 40 = NZA 2007, 644; BCF/*Friedrich* § 77 Rn. 2; HWK/*Bepler* ArbGG § 77 Rn. 4; aA

II. Zulässigkeit der Revisionsbeschwerde § 77

Hauck/Helml § 77 Rn. 3). Zu den Möglichkeiten einer nachträglichen Zulassung vgl. § 78 Rn. 41 f.

Wird nach Verwerfung der Berufung ein **Wiedereinsetzungsantrag** gestellt, kann in **6** dem Beschluss, mit dem der Antrag zurückgewiesen wird, die Revisionsbeschwerde zugelassen werden (s. oben Rn. 3). In einer Entscheidung, die auf Gegenvorstellung des Berufungsklägers hin den Verwerfungsbeschluss lediglich bestätigt, kann die Revisionsbeschwerde nicht zugelassen werden, weil das Landesarbeitsgericht an die Nichtzulassung im ersten Beschluss nach § 318 ZPO gebunden ist (BAG 23. 7. 1973 AP ArbGG 1953 § 77 Nr. 15).

Für die Entscheidung über die Zulassung der Revisionsbeschwerde gilt § 72 Abs. 2 **7** entsprechend (§ 77 Satz 2). Da die Nichtzulassung der Revisionsbeschwerde nicht angefochten werden kann (s. unten Rn. 9) und die Zulassung für das Bundesarbeitsgericht bindend ist (s. unten Rn. 11), kommt es für das Bundesarbeitsgericht nicht darauf an, warum das Landesarbeitsgericht die Revisionsbeschwerde zugelassen hat. Auch wenn das Landesarbeitsgericht seine Zulassungsentscheidung begründet, wozu es nicht verpflichtet ist, und dabei auf eine Abweichung zur Entscheidung eines anderen in § 72 Abs. 2 Nr. 2 nicht genannten Gerichts hinweist, ist diese Zulassung nicht nichtig, sondern bindend (GK-ArbGG/*Mikosch* § 77 Rn. 15; *Hauck/Helml* § 77 Rn. 4; aA *Grunsky* § 77 Rn. 1; *Stahlhacke/Bader* § 77 Rn. 2).

Lässt das Landesarbeitsgericht die Revisionsbeschwerde zu, muss der Beschluss nach **8** § 9 Abs. 5 eine **Rechtsmittelbelehrung** über die Revisionsbeschwerde enthalten, denn diese ist ein befristetes Rechtsmittel (s. unten Rn. 12).

3. Keine Nichtzulassungsbeschwerde

Hat das Landesarbeitsgericht die Revisionsbeschwerde nicht zugelassen, ist dagegen **9** **ein Rechtsbehelf nicht gegeben**, insbesondere kann die Nichtzulassung nicht entsprechend § 72 a mit der Nichtzulassungsbeschwerde angefochten werden (BAG 25. 10. 1979 AP ArbGG 1979 § 77 Nr. 1; BAG 23. 5. 2000 AP ArbGG 1979 § 77 Nr. 10; GK-ArbGG/*Mikosch* § 77 Rn. 16; Schwab/Weth/*Ulrich* § 77 Rn. 13; *Grunsky* § 77 Rn. 1). Die Zulassung kann nicht durch das Bundesarbeitsgericht ersetzt werden, auch wenn ein Verstoß gegen den Grundsatz des rechtlichen Gehörs (Art. 103 GG) geltend gemacht wird (BVerfG 10. 10. 1978 NJW 1979, 538; BAG 8. 3. 1978 AP ArbGG 1953 § 77 Nr. 18; vgl. ferner BVerfG 7. 10. 2003 BVerfGE 108, 341 = NJW 2003, 3687). Damit hängt die Zulässigkeit des Rechtsbehelfs Nichtzulassungsbeschwerde allein von der Entscheidung des Landesarbeitsgerichts darüber ab, ob es durch Urteil oder Beschluss entscheidet (BAG 31. 7. 2007 AP ArbGG 1979 § 77 Nr. 11). Dies ist aus Verfassungsgründen nicht zu beanstanden (BVerfG 10. 8. 1978 AP ArbGG 1953 § 77 Nr. 19), zumal die Möglichkeit der Anhörungsrüge nach § 78 a eröffnet ist.

Hat das Landesarbeitsgericht **durch den Beschluss** in Wahrheit nicht über die Zuläs- **10** sigkeit der Berufung, sondern **in der Sache selbst entschieden**, liegt eine sogenannte unkorrekte Entscheidung vor, gegen die der Rechtsbehelf gegeben ist, der bei einer korrekten Entscheidung möglich wäre, im Falle der Nichtzulassung der Revision also die Nichtzulassungsbeschwerde nach § 72 a (GK-ArbGG/*Mikosch* § 77 Rn. 17).

4. Bindung des Bundesarbeitsgerichts

In entsprechender Anwendung von § 72 Abs. 3 und § 76 Abs. 3 ist das **Bundes-** **11** **arbeitsgericht an die Zulassung** der Revisionsbeschwerde durch das Landesarbeitsgericht **gebunden**.

III. Verfahren

1. Einlegung der Revisionsbeschwerde

12 Für das Verfahren gelten die Vorschriften der Zivilprozessordnung über das Rechtsbeschwerdeverfahren, §§ 574 ff. ZPO. Die Revisionsbeschwerde ist ohnehin eine Rechtsbeschwerde (vgl. Rn. 1). Die **Beschwerdefrist** beträgt nach § 575 Abs. 1 ZPO **einen Monat**, gerechnet von der Zustellung des Verwerfungsbeschlusses an. Wegen des Beginns der Beschwerdefrist bei einer fehlenden Rechtsmittelbelehrung s. § 9 Rn. 46 ff. Wird die Revisionsbeschwerde nachträglich entsprechend § 64 Abs. 3a Satz 2 zugelassen (vgl. Rn. 5), beginnt die Beschwerdefrist mit Zustellung des Ergänzungsbeschlusses. Die Beschwerdefrist ist eine Notfrist, gegen ihre Versäumung kann daher die **Wiedereinsetzung** in den vorigen Stand beantragt werden (Schwab/Weth/*Ulrich* § 77 Rn. 14). Die Revisionsbeschwerde ist nach § 575 Abs. 1 ZPO beim Bundesarbeitsgericht einzulegen. Für die Revisionsbeschwerde besteht **Vertretungszwang**. Sie muss nach § 11 Abs. 4 von einem Rechtsanwalt oder einer Person mit Befähigung zum Richteramt, die für eine der in § 11 Abs. 2 Satz 2 Nr. 4 und 5 bezeichneten Organisationen handelt, unterzeichnet sein. Das Landesarbeitsgericht kann der Revisionsbeschwerde **nicht abhelfen** (BAG 29. 3. 1971 NJW 1971, 1823; GK-ArbGG/*Mikosch* § 77 Rn. 9; Schwab/Weth/*Ulrich* § 77 Rn. 15; *Schmidt/Schwab/Wildschütz* NZA 2001, 1226).

13 Die **Revisionsbeschwerde** ist binnen einer Frist von einem Monat zu begründen (§ 575 Abs. 2 Satz 1 ZPO). Die Frist beginnt mit der Zustellung der angefochtenen Entscheidung (Satz 1); sie kann nach den Regeln der ZPO über die Verlängerung der Revisionsbegründungsfrist (§ 551 Abs. 2 Satz 5 und 6 ZPO) verlängert werden (Satz 3). Willigt der Gegner ein, besteht von Gesetzes wegen keine zeitliche Grenze für das Maß der Verlängerung. Andernfalls kann die Frist **um bis zu zwei Monate** verlängert werden, wenn nach der freien Überzeugung des Vorsitzenden der Rechtsstreit durch die Verlängerung nicht verzögert wird oder wenn der Beschwerdeführer erhebliche Gründe darlegt. Läuft wegen der unterbliebenen oder fehlerhaften Rechtsmittelbelehrung nach § 9 Abs. 5 Satz 4 die Jahresfrist (vgl. Rn. 12), ist diese Frist auch für die Begründung maßgebend. Der notwendige Umfang der Begründung ergibt sich aus § 575 Abs. 3 ZPO.

2. Entscheidung über die Revisionsbeschwerde

14 Über die Revisionsbeschwerde kann das Bundesarbeitsgericht ohne mündliche Verhandlung entscheiden. Der zuständige Senat entscheidet in jedem Fall **ohne Zuziehung der ehrenamtlichen Richter,** wie sich aus § 77 Satz 3 ergibt, durch Beschluss (§ 577 Abs. 6 ZPO). Von einer Begründung kann unter den in § 577 Abs. 6 Satz 2 und 3 ZPO genannten Voraussetzungen abgesehen werden (vgl. § 78 Rn. 57).

15 Die Revisionsbeschwerde ist als **unzulässig zu verwerfen,** wenn sie nicht form- und fristgerecht eingelegt und begründet worden ist oder vom Landesarbeitsgericht nicht zugelassen wurde.

16 Erweist sich die Revisionsbeschwerde als begründet, ist der **Verwerfungsbeschluss aufzuheben.** In der Regel wird die Begründung der Aufhebungsentscheidung besagen, dass die Berufung zulässig ist. Das Landesarbeitsgericht ist dann daran gebunden und hat über die Berufung in der Sache selbst zu entscheiden (BAG 4. 6. 2008 AP ArbGG 1979 § 64 Nr. 42 = NJW 2009, 171; § 577 Abs. 4 Satz 4 ZPO). In Ausnahmefällen kann eine **Zurückverweisung** an das Landesarbeitsgericht zur erneuten Entscheidung über die Zulässigkeit der Berufung in Frage kommen, so etwa wenn das Landesarbeitsgericht über einen Wiedereinsetzungsantrag entgegen § 66 Abs. 2 Satz 2 durch den Vorsitzenden allein entschieden hat, also ein Verfahrensverstoß vorliegt und die Sache noch nicht zur Entscheidung reif ist (GK-ArbGG/*Mikosch* § 77 Rn. 27).

I. Allgemeines   § 78

**Vierter Unterabschnitt.
Beschwerdeverfahren, Abhilfe bei Verletzung des Anspruchs auf rechtliches Gehör**

§ 78 Beschwerdeverfahren

¹Hinsichtlich der Beschwerde gegen Entscheidungen der Arbeitsgerichte oder ihrer Vorsitzenden gelten die für die Beschwerde gegen Entscheidungen der Amtsgerichte maßgebenden Vorschriften der Zivilprozessordnung entsprechend. ²Für die Zulassung der Rechtsbeschwerde gilt § 72 Abs. 2 entsprechend. ³Über die sofortige Beschwerde entscheidet das Landesarbeitsgericht ohne Hinzuziehung der ehrenamtlichen Richter, über die Rechtsbeschwerde das Bundesarbeitsgericht.

Übersicht

	Rn.
I. Allgemeines	1–8
II. Beschwerdefähige Entscheidungen des Arbeitsgerichts	9–19
III. Einlegung der sofortigen Beschwerde	20–27
IV. Entscheidung über die sofortige Beschwerde	28–37
1. Abhilfe durch das Arbeitsgericht	28, 29
2. Entscheidung durch das Landesarbeitsgericht	30–37
V. Rechtsbeschwerde	38–58
VI. Entscheidungen und Verfügungen des Bundesarbeitsgerichts	59
VII. Bestimmung des zuständigen Gerichts	60, 61

I. Allgemeines

§ 78 Satz 1 regelt die sofortige **Beschwerde als Rechtsmittel** gegen Entscheidungen **1** des Arbeitsgerichts und seines Vorsitzenden, soweit es sich dabei nicht um Entscheidungen in der Sache selbst handelt. Die Vorschrift hat ihre heutige Fassung durch Art. 30 des Zivilprozessreformgesetzes vom 27. 7. 2001 (BGBl. I S. 1887) erhalten. Wesentlich ist die Verweisung auf die Vorschriften der Zivilprozessordnung über das Beschwerdeverfahren (§§ 567 ff.) und zwar nicht nur hinsichtlich des Beschwerdeverfahrens selbst, sondern auch hinsichtlich der Zulässigkeit dieses Rechtsmittels. Nach der ersatzlosen Aufhebung von § 70 zum 31. 12. 2001 sieht das Arbeitsgerichtsgesetz für Beschwerden im Urteilsverfahren (vgl. BAG 28. 2. 2003 AP ArbGG 1979 § 78 n. F. Nr. 2) Abweichungen von der ZPO nur noch in § 77 und § 78 vor. § 78 gilt für das arbeitsgerichtliche **Urteilsverfahren**, jedoch verweist § 83 Abs. 5 für entsprechende Beschwerden im **Beschlussverfahren** auf § 78 (BAG 28. 2. 2003 AP ArbGG 1979 § 78 n. F. Nr. 2; BAG 25. 8. 2004 AP BetrVG 1972 § 23 Nr. 41). Die hier geregelte Beschwerde ist nicht mit der Beschwerde nach § 87 Abs. 1 gegen die das Verfahren beendenden Beschlüsse der Arbeitsgerichte im Beschlussverfahren zu verwechseln, die der Berufung im Urteilsverfahren entspricht und in den §§ 87 ff. eine eigene Regelung gefunden hat.

Die Zivilprozessreform 2002 hat die hergebrachte **Unterscheidung von einfacher und 2 sofortiger Beschwerde** aufgegeben. Es gibt nur noch die sofortige Beschwerde, die Elemente der früheren einfachen Beschwerde (zB Abhilfeentscheidung) und der früheren sofortigen Beschwerde (zB Rechtsmittelfrist) vereinigt. Die gesetzliche Einordnung der sofortigen Beschwerde **als Rechtsmittel** (3. Buch der ZPO: Rechtsmittel) wird allgemein anerkannt, obgleich der sofortigen Beschwerde nur in Teilbereichen aufschiebende Wirkung zukommt (vgl. Rn. 25). Im arbeitsgerichtlichen Verfahren hat dies zur Folge, dass jede mit der sofortigen Beschwerde anfechtbare Entscheidung zuzustellen ist (§ 329 Abs. 3 ZPO) und eine § 9 Abs. 5 genügende **Rechtsmittelbelehrung** zu enthalten hat

Müller-Glöge

(vgl. BAG 26. 9. 2002 AP GVG § 17 a Nr. 48; BAG 8. 5. 2003 AP ArbGG 1979 § 9 Nr. 25; BAG 5. 11. 2003 AP RPflG § 20 Nr. 1).

3   Die nach altem Recht vorgesehene, im arbeitsgerichtlichen Verfahren bedeutungslose „weitere sofortige Beschwerde" ist durch die **Rechtsbeschwerde** abgelöst worden. Wie sich aus § 78 Satz 2 und 3 hinreichend deutlich ergibt, ist die Rechtsbeschwerde auch im Verfahren der Gerichte für Arbeitssachen anwendbar (BAG 20. 8. 2002 AP KSchG 1969 § 5 Nr. 14; BAG 28. 2. 2003 AP ArbGG 1979 § 78 n. F. Nr. 2; BAG 25. 8. 2004 AP BetrVG 1972 § 23 Nr. 41; *Kaiser* DB 2002, 325; *Bader* NZA 2002, 122; *Dietermann/ Gaumann* NJW 2003, 799). Die Rechtsbeschwerde ist im Zivilprozess statthaft, wenn sie im Gesetz vorgesehen ist (§ 574 Abs. 1 Nr. 1 ZPO) oder sie vom Beschwerdegericht, dem Berufungsgericht oder dem Oberlandesgericht anlässlich einer Entscheidung im ersten Rechtszug zugelassen worden ist (§ 574 Abs. 1 Nr. 2 ZPO). Im zivilgerichtlichen Verfahren ist die Rechtsbeschwerde wegen grundsätzlicher Bedeutung oder zur Fortbildung des Rechts oder zur Sicherung einer einheitlichen Rechtsprechung zuzulassen (§ 574 Abs. 2 ZPO). Im arbeitsgerichtlichen Verfahren gelten die Zulassungsgründe der Revision (§ 72 Abs. 2: grundsätzliche Bedeutung einer Rechtsfrage, Divergenz, absoluter Revisionsgrund und Verletzung des Anspruchs auf rechtliches Gehör) für die Zulassung der Rechtsbeschwerde durch das Landesarbeitsgericht entsprechend (vgl. näher Rn. 38 ff.).

4   Die Neufassung findet gemäß **§ 26 Nr. 10 EGZPO** Anwendung, wenn die anzufechtende Entscheidung nach dem 31. 12. 2001 verkündet oder unterschrieben der Geschäftsstelle übergeben worden ist (*Schmidt/Schwab/Wildschütz* NZA 2001, 1227).

5   Die §§ 567 ff. ZPO finden kraft der Verweisung in § 78 auf die sich nach der ZPO (vgl. BT-Drucks. 14/4722 S. 68; BT-Drucks. 14/3750 S. 45; BR-Drucks. 536/00 S. 359) und damit dem ArbGG geregelten **Beschwerden** Anwendung (BAG 20. 8. 2002 AP KSchG 1969 § 5 Nr. 14; BAG 17. 3. 2003 AP ArbGG 1979 § 78 n. F. Nr. 3; *Bader* NZA 2002, 122). Gleiches gilt für die Beschwerdeverfahren nach Rechtsvorschriften, die auf diese Gesetze verweisen. Dies trifft insbesondere auf das Rechtswegbestimmungsverfahren nach § 17 a GVG zu, denn § 17 a Abs. 4 Satz 3 GVG verweist für das arbeitsgerichtliche Verfahren auf die Regelungen der ZPO. Entsprechendes gilt für die vom Anwalt gegen seine Partei gemäß § 11 RVG betriebene Festsetzung der Vergütung, denn § 11 Abs. 2 Satz 2 RVG verweist auf die §§ 103 ff. ZPO (vgl. BAG 4. 2. 2003 AP BRAGO § 23 Nr. 1). Fehlt es dagegen an einer Verweisung auf die Vorschriften der ZPO, kommt allenfalls eine entsprechende Anwendung einzelner Bestimmungen des Beschwerderechts der ZPO in Betracht. Dies ist zB für die Beschwerde gegen Ordnungsmittel im Sinne der §§ 178 und 180 GVG anzunehmen (Zöller/*Lückemann* § 181 GVG Rn. 2). Folge dieses eingeschränkten Anwendungsbereichs ist, dass im **Kostenrecht des GKG und des RVG** weiterhin die einfache Beschwerde als Rechtsmittel eröffnet ist (*Bader* NZA 2002, 122; *ders.* NZA-RR 2005, 346). Des Weiteren besteht ohne besondere gesetzliche Regelung (zB in Form der Verweisung auf §§ 103 ff. ZPO) keine Möglichkeit, Rechtsbeschwerde zum Bundesarbeitsgericht einzulegen (BAG 17. 3. 2003 AP ArbGG 1979 § 78 n. F. Nr. 3; BAG 4. 8. 2004 – 3 AZB 15/04 –; *Kaiser* DB 2002, 326; *Bader* NZA 2002, 123; aA *Schmidt/Schwab/Wildschütz* NZA 2001, 1226 f.; *Holthaus/Koch* RdA 2002, 158). Das Gesetz über die Entschädigung der ehrenamtlichen Richter verwies wegen der Rechtsmittel weder auf das ArbGG noch die ZPO, sondern regelte eigenständig eine unbefristete Beschwerde (§ 12 Abs. 2). Eine Beschwerde an das Bundesarbeitsgericht fand nicht statt. Das am 1. 7. 2004 in Kraft getretene Justizvergütungs- und -entschädigungsgesetz (vgl. § 6 Rn. 17) hat hieran festgehalten (§ 4 Abs. 3 bis 9).

6   Die in § 573 Abs. 1 ZPO geregelte **Erinnerung** findet auch im arbeitsgerichtlichen Verfahren Anwendung. Sie kann sich gegen Entscheidungen des beauftragten oder ersuchten Richters und Anordnungen des Urkundsbeamten der Geschäftsstelle richten. Weitere Fälle einer Erinnerung finden sich in § 766 ZPO (Art und Weise der Zwangsvollstreckung), § 66 GKG und in § 56 RVG (Festsetzung der PKH-Anwaltsvergütung).

I. Allgemeines § 78

Die Erinnerung kann schriftlich oder zur Niederschrift des Urkundsbeamten der Geschäftsstelle eingelegt werden (§ 573 Abs. 1 Satz 2 ZPO). Es ist eine Notfrist von zwei Wochen einzuhalten (§ 573 Abs. 1 Satz 1 ZPO). Über die Erinnerung entscheidet das Arbeitsgericht. Gegen diese Entscheidung findet die sofortige Beschwerde statt (§ 573 Abs. 2 ZPO). Die Rechtsbeschwerde kann zugelassen werden, soweit das Erinnerungsverfahren eine nach der ZPO ergangene Entscheidung betrifft (vgl. Rn. 46). In Kostensachen setzt die Erinnerung keine Beschwerdesumme voraus, während dies für die nachfolgende sofortige Beschwerde der Fall ist (vgl. Rn. 23). Die Erinnerung ist auch im Berufungs- und Revisionsrechtszug denkbar (§ 573 Abs. 3 ZPO). Es entscheidet dann die mit der Hauptsache befasste Kammer bzw. der Senat (Zöller/*Heßler* § 573 Rn. 6).

Kein Rechtsmittel oder Rechtsbehelf ist die **Gegenvorstellung**. Mit ihr kann eine Partei beim entscheidenden Richter (Gericht) die Abänderung einer mit Rechtsmittel nicht anfechtbaren Entscheidung begehren. Sie ist von der **Dienstaufsichtsbeschwerde** zu unterscheiden, die sich an den Dienstvorgesetzten des Richters richtet und die Amtsführung des Richters betrifft. Die Gegenvorstellung ist nicht gänzlich unstatthaft (so allerdings BFH 26. 9. 2007 NJW 2008, 543), kann aber nur dort zum Erfolg führen, wo der entscheidende Richter (noch) nicht an seine Entscheidung gebunden ist, insbesondere keine Rechtskraft eingetreten ist (vgl. BVerfG 25. 11. 2008 – 1 BvR 848/07 –; BAG 4. 3. 1980 AP ZPO § 329 Nr. 2, für einen weiteren Anwendungsbereich *Nägele/Böhm* ArbRB 2004, 126). Die in §§ 23 ff. EGGVG geregelte **Anfechtung von Justizverwaltungsakten** ist im arbeitsgerichtlichen Verfahren nicht anzuwenden, hier ist der Rechtsweg zu den Verwaltungsgerichten eröffnet (BGH 16. 7. 2003 NZA 2003, 1165). 7

Über die Regelung in § 567 Abs. 1 ZPO hinaus war eine Entscheidung oder Verfügung des Gerichts nach bisheriger Auffassung des Bundesarbeitsgerichts auch dann anfechtbar, wenn eine solche Entscheidung durch das Gericht oder in diesem Verfahren gesetzlich überhaupt nicht vorgesehen ist, es für die Entscheidung also an jeglicher Gesetzesgrundlage fehlte (BAG 8. 10. 1992 ZIP 1992, 1644; BAG 10. 7. 1996 AP ArbGG 1979 § 78 Nr. 4; anders jetzt BGH 7. 3. 2002 NJW 2002, 1577; BGH 23. 7. 2003 NJW 2003, 3137; BGH 19. 11. 2003 NJW-RR 2004, 356; BGH 19. 1. 2004 NJW 2004, 1531; BVerwG 16. 5. 2002 NJW 2002, 2657; BFH 5. 12. 2002 NJW 2003, 919, 920; offen BAG 5. 11. 2003 AP ArbGG 1979 § 78 Nr. 12; für krasse Ausnahmefälle LAG Köln 28. 12. 2005 NZA-RR 2006, 434, 435; BFH 13. 10. 2005 NJW 2006, 861; BFH 8. 9. 2005 NJW 2005, 3374; weiterhin für die Anerkennung *E. Schneider* MDR 2006, 969, 975). Da nach Ansicht des Bundesverfassungsgerichts **ungeschriebene Rechtsmittel** und -behelfe mit dem Gebot der Rechtssicherheit nicht vereinbar sind (BVerfG 30. 4. 2003 AP GG Art. 103 Nr. 64; zust. BAG 3. 2. 2009 – 3 AZB 101/08) und andererseits mit dem Anhörungsrügegesetz wesentliche Rechtsschutzlücken im arbeitsgerichtlichen Verfahren geschlossen worden sind, wird die **außerordentliche Beschwerde** nur noch in ganz extrem seltenen Fällen statthaft sein. Jedenfalls ist seit dem In-Kraft-Treten von § 78a am 1. 1. 2005 eine außerordentliche Beschwerde wegen (des speziellen Falls der) Verletzung des Anspruchs auf **Gewährung rechtlichen Gehörs** in keinem Fall mehr statthaft (BAG 8. 8. 2005 AP ArbGG 1979 § 78a Nr. 1; LAG Düsseldorf 23. 2. 2006 JurBüro 2006, 359; vgl. BGH 7. 3. 2002 BGHZ 150, 133; BGH 8. 5. 2006 NJW-RR 2006, 1184). Hat das Gericht den Anspruch einer Partei auf rechtliches Gehör verletzt, ist nach § 78a auf Rüge der durch die Entscheidung beschwerten Partei das Verfahren fortzusetzen. Mit dieser Bestimmung hat der Gesetzgeber den Plenarbeschluss des Bundesverfassungsgerichts vom 30. 4. 2003 (BVerfGE 107, 395 = AP GG Art. 103 Nr. 64) umgesetzt, die Möglichkeit der Korrektur einer fehlerhaften Verweigerung rechtlichen Gehörs geschaffen und so die Notwendigkeit zu einer außerordentlichen Beschwerde entfallen lassen. Ansonsten wird eine außerordentliche Beschwerde nur noch anzuerkennen sein, wenn die angefochtene Entscheidung dermaßen eindeutig gegen maßgebende Rechtsvorschriften verstößt, dass dieser Rechtsverstoß für jedermann erkennbar ist, weil die Entscheidung jeder gesetzlichen Grundlage entbehrt und dem Gesetz inhaltlich fremd ist (vgl. BAG 29. 8. 2001 AP ZPO § 319 8

Nr. 24; BAG 14. 2. 2002 EzA ArbGG 1979 § 49 Nr. 8 = NZA 2002, 872 [LS]; aA HWK/*Kalb* ArbGG § 78 Rn. 33).

II. Beschwerdefähige Entscheidungen des Arbeitsgerichts

9   Nach § 567 Abs. 1 ZPO findet die sofortige Beschwerde statt gegen die im ersten Rechtszug ergangenen Entscheidungen, wenn dies die Zivilprozessordnung **ausdrücklich bestimmt** (vgl. *Treber* in Hannich/Meyer-Seitz, ZPO-Reform 2002, § 567 Rn. 4) oder wenn es sich um Entscheidungen handelt, die eine mündliche Verhandlung nicht erfordern und durch die ein das Verfahren betreffendes **Gesuch zurückgewiesen** wird. Eine Untätigkeitsbeschwerde kennt das Gesetz nicht (BVerfG 20. 9. 2007 NJW 2008, 503; *Treber* in Hannich/Meyer-Seitz, ZPO-Reform 2002, § 567 Rn. 6), sie wird aber in Extremfällen zugelassen, wenn durch eine Maßnahme des Gerichts die Entscheidung in einer Weise verzögert wird, dass dies der Ablehnung eines Gesuchs gleichkommt (LAG Hamm 30. 10. 2006 – 18 [7] Ta 249/06 – betr. Nichtbescheidung eines PKH-Gesuchs; Baumbach/*Hartmann* § 567 Rn. 9; Zöller/*Heßler* § 567 Rn. 21; vgl. ferner § 72 b). Auf Entscheidungen des Landesarbeitsgerichts findet § 567 ZPO keine Anwendung (vgl. OLG Celle 17. 6. 2002 OLGR Celle 2002, 228; *Treber* in Hannich/Meyer-Seitz, ZPO-Reform 2002, § 567 Rn. 13). In diesen Fällen kann aber das Landesarbeitsgericht bei Vorliegen der Voraussetzungen des § 72 Abs. 2 die Rechtsbeschwerde zulassen.

10   Zu den anfechtbaren Entscheidungen des Arbeitsgerichts gehören **Beschlüsse, Verfügungen** und unter besonderen Umständen auch **Urteile**. So können verschiedene Zwischenurteile mit der sofortigen Beschwerde angefochten werden (§ 71 Abs. 2 ZPO: Zulassung eines Nebenintervenienten; § 135 Abs. 3 ZPO: Herausgabe einer Urkunde; § 387 Abs. 3 ZPO: Rechtmäßigkeit einer Zeugnisverweigerung). Des Weiteren wird die sofortige Beschwerde als zulässig angesehen, wenn das Gericht rechtsfehlerhaft in der Form des Urteils anstelle eines mit der sofortigen Beschwerde anfechtbaren Beschlusses entschieden hat. Hat das Arbeitsgericht irrtümlich einen verspäteten Einspruch gegen ein Versäumnisurteil entgegen § 341 Abs. 2 ZPO durch Beschluss statt durch Urteil verworfen, so ist die hiergegen eingelegte sofortige Beschwerde nach dem Meistbegünstigungsgrundsatz zulässig (LAG Köln 26. 2. 2003 NZA-RR 2004, 107, 108; Baumbach/ *Hartmann* § 341 Rn. 11). Über dieses Rechtsmittel entscheidet das LAG in der gesetzlich vorgesehenen Form des Urteils (LAG Köln 26. 2. 2003 NZA-RR 2004, 107, 108; Baumbach/*Hartmann* § 341 Rn. 11). Die Kostenentscheidung in einem Anerkenntnisurteil ist mit dem Rechtsmittel der sofortigen Beschwerde anfechtbar (§ 99 Abs. 2 ZPO). Insgesamt strebt die Neuregelung der ZPO-Reform eine **Konvergenz von Hauptsache- und Beschwerdeverfahren** in dem Sinne an, dass die sofortige Beschwerde nur dort zulässig ist, wo in der Hauptsache die Berufung zulässig wäre (*Treber* in Hannich/ Meyer-Seitz, ZPO-Reform 2002, Vor § 567 Rn. 12). Zur Ausnahme einer Dritte belastenden Kostenentscheidung vgl. BAG 18. 7. 2005 AP ZPO § 240 Nr. 5. Dabei wird auf die Regelung der Berufung im Zivilprozess abgestellt, was beim Beschwerdewert zu keinem abweichenden Ergebnis führt (in jedem Falle 600 Euro). Jedoch wirkt die Privilegierung der Bestandsstreitigkeiten (§ 64 Abs. 1 Buchst. c) hier nicht (*Schwab/ Wildschütz/Heege* NZA 2003, 999; aA *Holthaus/Koch* RdA 2002, 144), wie die Ausnahmeregelung in § 46 Abs. 2 Satz 3 für die Anfechtung von PKH-Entscheidungen bestätigt.

11   **Ausdrücklich** vorgesehen ist die sofortige Beschwerde in § 127 ZPO gegen Entscheidungen im PKH-Bewilligungsverfahren, gegen die Aussetzung des Verfahrens, in den §§ 380 Abs. 3, 390 Abs. 3, 409 Abs. 2 ZPO betreffend Maßnahmen gegen Zeugen oder Sachverständige, in § 141 Abs. 3 ZPO bei Maßnahmen gegen die Partei selbst oder in § 793 ZPO gegen Beschlüsse im Rahmen der Zwangsvollstreckung, gegen die Abweisung eines **Rechtshilfeersuchens** nach § 159 GVG sowie gegen Entscheidungen des

II. Beschwerdefähige Entscheidungen des Arbeitsgerichts § 78

Arbeitsgerichts über die Zulässigkeit des beschrittenen Rechtswegs (§ 48 Abs. 1 iVm. § 17 a Abs. 4 GVG), nicht über die örtliche Zuständigkeit.

Der zweite Fall des § 567 Abs. 1 ZPO einer Entscheidung, die keine mündliche Verhandlung erfordert, und durch die ein das Verfahren betreffendes **Gesuch zurückgewiesen** wird, ist weniger deutlich umschrieben und kann zu Auslegungszweifeln Anlass geben. Jedenfalls ist die sofortige Beschwerde (vorbehaltlich einer besonderen gesetzlichen Bestimmung iSd. ersten Alternative des § 567 Abs. 1 ZPO) nicht statthaft, wenn die Entscheidung von Rechts wegen einer vorherigen **mündlichen Verhandlung** bedurfte. 12

Hingegen ist es für die Zulässigkeit der sofortigen Beschwerde unerheblich, ob tatsächlich mündlich verhandelt wurde oder verhandelt werden durfte. **Ohne mündliche Verhandlung** kann ein das Verfahren betreffendes Gesuch zurückgewiesen werden im Falle der Ablehnung der öffentlichen Zustellung nach § 186 ZPO, im Falle der Verlängerung oder Abkürzung einer Frist nach § 225 ZPO (vgl. aber dort Abs. 3) oder im Falle der Ablehnung eines Arrestes nach § 922 Abs. 3 ZPO bzw. einer einstweiligen Verfügung nach § 937 Abs. 2 ZPO. 13

Das Gesuch **betrifft das Verfahren,** wenn es um den Rechtsstreit als solchen in allen seinen Teilen, nicht aber um die Entscheidung über den Streitgegenstand des Rechtsstreits geht. Andererseits sind die Akte abzugrenzen, die nicht den einzelnen Rechtsstreit, sondern den Dienstbetrieb und Akte der Justizverwaltung betreffen. 14

In einer ganzen Reihe von Fällen, in denen nach § 567 Abs. 1 Nr. 2 ZPO die sofortige Beschwerde statthaft wäre, ist die **Anfechtbarkeit ausdrücklich ausgeschlossen.** So die Bewilligung der Prozesskostenhilfe in § 127 Abs. 2 Satz 1 ZPO, die Zurückweisung eines Gesuchs um Verlängerung einer Frist (§ 225 Abs. 3 ZPO), die Gewährung der Wiedereinsetzung in den vorigen Stand in § 238 Abs. 3 ZPO, die Verweisung des Rechtsstreits in § 281 Abs. 2 ZPO, die Ablehnung der Berichtigung eines Urteils (§ 319 Abs. 3 ZPO, dazu BGH 20. 4. 2004 – X ZB 39/03 – NJW-RR 2004, 1654), die Ablehnung eines Antrags auf Entscheidung nach Lage der Akten (§ 336 Abs. 2 ZPO) und die Entscheidung über die Ablehnung einer Gerichtsperson (§ 49 Abs. 3). Ein Beschluss, durch den die eine oder andere Art der Beweisaufnahme angeordnet wird **(Beweisbeschluss)**, ist gem. § 355 Abs. 2 ZPO unanfechtbar (vgl. LAG Köln 28. 12. 2005 NZA-RR 2006, 434, 435). Nach § 707 Abs. 2 Satz 2 ZPO, der über § 719 Abs. 1 Satz 1 ZPO auch im arbeitsgerichtlichen Verfahren Anwendung findet, ist die Einstellung der Zwangsvollstreckung durch Beschluss nicht anfechtbar. Diese Bestimmung ist im Falle der Einstellung der Zwangsvollstreckung nach § 769 Abs. 1 ZPO entsprechend anwendbar (BGH 21. 4. 2004 NJW 2004, 2224; BGH 17. 10. 2005 NJW-RR 2006, 286; LAG Düsseldorf 23. 2. 2006 JurBüro 2006, 359; Musielak/*Lackmann* § 769 Rn. 6; aA Hess. LAG 8. 5. 2003 NZA-RR 2004, 380). Nicht mit der sofortigen Beschwerde anfechtbar ist ein Beschluss nach § 51 Abs. 2 Satz 1, mit dem im Falle des Ausbleibens einer persönlich geladenen Partei die **Zulassung eines Prozessbevollmächtigten** abgelehnt wird. 15

Wird eine Partei vor dem Arbeitsgericht von einer nicht nach § 11 vertretungsberechtigten Person vertreten, ist dieser Mangel vom Gericht von Amts wegen zu beachten. Einer Entscheidung über die **Zurückweisung des Bevollmächtigten** bedarf es nicht. Ergeht gleichwohl ein Beschluss, ist dieser unanfechtbar (vgl. § 11 Rn. 36 m. w. N.). Aus der **Natur der Sache** folgt der Ausschluss einer Anfechtung von Entscheidungen über die **Berichtigung des Protokolls** (§ 164 ZPO), denn das Protokoll können ausschließlich die Mitwirkenden, nicht aber ein Beschwerdegericht beurkunden (vgl. BGH 14. 7. 2004 NJW-RR 2005, 214; BAG 25. 11. 2008 – 3 AZB 64/08 – NJW 2009, 1161; Zöller/*Stöber* § 164 Rn. 11 m. w. N. zu besonderen Konstellationen). Nach § 320 Abs. 4 Satz 4 ZPO findet eine Anfechtung des Beschlusses, mit dem über die Berichtigung des Tatbestands eines Urteils entschieden wird, nicht statt. Hiervon wird eine Ausnahme gemacht, wenn der **Tatbestandsberichtigungsantrag** einer Partei ohne Sachprüfung zu- 16 rückgewiesen worden ist (Hess. LAG 12. 8. 2003 NZA-RR 2004, 105, 106; Baumbach/ *Hartmann* § 320 Rn. 14; Musielak/*Musielak* § 320 Rn. 10; vgl. ferner BVerfG 1. 10. 2004 NJW 2005, 657; aA GK-ArbGG/*Dörner* § 78 Rn. 25).

17 Ist die Entscheidung von einem **ersuchten oder beauftragten Richter** oder vom **Urkundsbeamten der Geschäftsstelle** getroffen worden, so ist zunächst die Entscheidung des Prozessgerichts nachzusuchen (**Erinnerung** – vgl. Rn. 6). Die sofortige Beschwerde ist erst gegen dessen Entscheidung möglich, § 573 Abs. 2 ZPO. Wegen der Anfechtung von Entscheidungen des **Rechtspflegers** s. § 11 RPflG. Nach Abschaffung der Durchgriffserinnerung im Jahre 1998 (BGBl. I S. 2030) ist gegen die Entscheidungen des Rechtspflegers die sofortige Beschwerde gegeben. Seit dem 1. 1. 2002 kann der Rechtspfleger auf Grund der Anwendbarkeit der allgemeinen Vorschriften einer sofortigen Beschwerde abhelfen. In Kostensachen muss die Beschwerdesumme erreicht sein (vgl. Rn. 23), andernfalls ist nach § 11 Abs. 2 RPflG die Erinnerung gegeben. Hilft der Rechtspfleger der Erinnerung nicht ab, entscheidet der Richter.

18 Die Zulässigkeit der sofortigen Beschwerde setzt voraus, dass die Entscheidung auf Grund eines entsprechenden Gesuchs ergangen ist. Mit Gesuch meint das Gesetz einen Antrag. Die Beschwerdemöglichkeit ist nicht eröffnet, wenn die **Entscheidung von Amts wegen** getroffen werden musste, auch wenn der Entscheidung ein „Gesuch" einer Partei vorausgegangen sein sollte. Eine von Amts wegen und nach freiem Ermessen des Gerichts getroffene Entscheidung ist aber ausnahmsweise anfechtbar, wenn dies im Gesetz vorgesehen ist. Folglich sind die von Amts wegen zu treffenden Entscheidungen über die **Terminierung** nicht mit der sofortigen Beschwerde anfechtbar. Ausnahmsweise wird die Beschwerde zugelassen, wenn die Bestimmung des Termins zur mündlichen Verhandlung einer Aussetzung des Rechtsstreits gleichkommt (LAG Bad.-Württ. 12. 7. 1985 NZA 1985, 636; LAG Bad.-Württ. 24. 9. 1985 NZA 1986, 338; GK-ArbGG/ *Dörner* § 78 Rn. 28).

19 Nicht mit der sofortigen Beschwerde anfechtbar sind Entscheidungen des Vorsitzenden zur **Prozessleitung innerhalb der mündlichen Verhandlung**. Werden diese beanstandet, entscheidet darüber die Kammer, § 140 ZPO.

III. Einlegung der sofortigen Beschwerde

20 Nach § 569 Abs. 2 ZPO wird die sofortige Beschwerde durch Einreichung einer **Beschwerdeschrift** eingelegt. Grundsätzlich ist die sofortige Beschwerde bei dem Gericht einzulegen, von dem oder dessen Vorsitzenden die angefochtene Entscheidung erlassen ist. Die sofortige Beschwerde kann aber auch beim Beschwerdegericht eingelegt werden, § 569 Abs. 1 ZPO. Sie kann nach Abs. 3 dieser Vorschrift auch zu Protokoll der Geschäftsstelle eines anderen Arbeitsgerichts, eines Amtsgerichts (§ 129a ZPO) oder eines Landesarbeitsgerichts erklärt werden, weil vor dem Arbeitsgericht nach § 11 Abs. 1 Satz 1 kein **Vertretungszwang** besteht (Ausnahme § 11 Abs. 1 Satz 2). Die Beschwerdefrist (vgl. Rn. 24) wird allerdings nur gewahrt, wenn dieses Protokoll dem Gericht, dessen Entscheidung angefochten wird, oder dem Beschwerdegericht innerhalb der Frist zugeht. Nach § 78 Abs. 5 ZPO besteht auch bei Einreichung einer Beschwerdeschrift kein Vertretungszwang (GK-ArbGG/*Dörner* § 78 Rn. 42; Düwell/Lipke/*Treber* § 78 Rn. 31; *Grunsky* § 78 Rn. 3; *Ostrowicz/Künzl/Schäfer* Rn. 646; aA *Dietz/Nikisch* § 78 Rn. 6). Ordnet der Vorsitzende die mündliche Verhandlung über die sofortige Beschwerde an, greift allerdings § 11 Abs. 4 ein. Die Beschwerde kann telegrafisch, durch Fernschreiben oder durch Telekopie eingelegt werden (BGH 28. 2. 1983 NJW 1983, 1498). Die sofortige Beschwerde kann wirksam durch Erklärung zu richterlichem Protokoll erhoben werden, denn dieses steht dem der Geschäftsstelle zumindest gleich (Musielak/*Ball* § 569 Rn. 8; Zöller/*Heßler* § 569 Rn. 9; Schwab/Weth/*Schwab* § 78 Rn. 32; GK-ArbGG/*Dörner* § 78 Rn. 37; MünchKommZPO/*Lipp* § 569 Rn. 12).

III. Einlegung der sofortigen Beschwerde § 78

Die sofortige Beschwerde muss die **Entscheidung bezeichnen,** gegen die sie sich richtet, **21** und die Erklärung enthalten, dass gegen die Entscheidung sofortige Beschwerde eingelegt wird. Geschieht dies nicht ausdrücklich, muss sich dieses jedenfalls hinreichend deutlich dem eingereichten Schriftstück entnehmen lassen. Eines bestimmten Antrags bedarf es grundsätzlich nicht (*Treber* in Hannich/Meyer-Seitz, ZPO-Reform 2002, § 569 Rn. 19), doch muss sich die notwendige Beschwer (vgl. Rn. 23) ermitteln lassen (enger LAG Bremen 27. 8. 2004 NZA 2004, 1179). Die **Beschwerdeschrift** muss vom Beschwerdeführer bzw. seinem bevollmächtigten Vertreter eigenhändig oder (beim elektronischen Dokument) per Signatur unterschrieben sein, sofern nicht ihre Einreichung durch Telegramm, Fernschreiben oder Telebrief erfolgt (LAG Mecklenburg-Vorpommern 21. 8. 1997 NZA-RR 1998, 32; OLG Zweibrücken 10. 4. 2001 JurBüro 2001, 493; KG Berlin 26. 7. 2001 KGR Berlin 2002, 27; LG Rostock 17. 3. 2003 JurBüro 2003, 549; GK-ArbGG/*Dörner* § 78 Rn. 40; vgl. zu denkbaren Ausnahmefällen BGH 4. 10. 1984 BGHZ 92, 251, 256; aA Zöller/*Heßler* § 569 Rn. 7). Die Beschwerdeschrift ist dem Gegner zuzustellen (§ 270 ZPO).

Die sofortige Beschwerde soll begründet werden (§ 571 Abs. 1 ZPO). Fehlt es an **22** einer **Begründung,** führt dies nicht zur Unzulässigkeit der sofortigen Beschwerde (Zöller/*Heßler* § 571 Rn. 2; GK-ArbGG/*Dörner* § 78 Rn. 43; *Ostrowicz/Künzl/Schäfer* Rn. 647; *Treber* in Hannich/Meyer-Seitz, ZPO-Reform 2002, § 571 Rn. 4; Schmidt/Schwab/*Wildschütz* NZA 2001, 1225; Holthaus/*Koch* RdA 2002, 157; Schwab/Weth/*Schwab* § 78 Rn. 36; Baumbach/*Hartmann* § 571 Rn. 1). Die sofortige Beschwerde kann auf neue Angriffs- und Verteidigungsmittel gestützt werden. Im Beschwerdeverfahren wegen Aufhebung der Prozesskostenhilfebewilligung kann die Partei eine nach § 120 Abs. 4 ZPO geforderte Erklärung unabhängig von ihrem Verschulden noch nachholen (BAG 18. 11. 2003 AP ZPO § 124 Nr. 1). Die sofortige Beschwerde kann nicht darauf gestützt werden, dass das Gericht des ersten Rechtszuges seine Zuständigkeit zu Unrecht angenommen habe. Der Vorsitzende des Landesarbeitsgerichts kann für das **Vorbringen von Angriffs- und Verteidigungsmitteln** eine Frist setzen (vgl. § 571 Abs. 3 ZPO iVm. § 78 Satz 3). Werden Angriffs- und Verteidigungsmittel nicht innerhalb der Frist vorgebracht, sind sie nur zuzulassen, wenn nach der freien Überzeugung des Vorsitzenden ihre Zulassung die Erledigung des Verfahrens nicht verzögern würde oder wenn die Partei die Verspätung genügend entschuldigt. Der Entschuldigungsgrund ist auf Verlangen des Landesarbeitsgerichts glaubhaft zu machen. Eine Belehrung der Parteien über die Folgen der Fristversäumung ist gesetzlich nicht vorgesehen und folgt auch nicht aus einer Analogie zu § 56 Abs. 2 Satz 2, § 61a Abs. 6 (*Treber* in Hannich/Meyer-Seitz, ZPO-Reform 2002, § 571 Rn. 11; Holthaus/*Koch* RdA 2002, 157; diff. Schmidt/Schwab/*Wildschütz* NZA 2001, 1225; aA Düwell/Lipke/*Treber* § 78 Rn. 34; *Ostrowicz/Künzl/Schäfer* Rn. 648 [wegen § 139 ZPO]).

Der Beschwerdeführer muss durch die Entscheidung beschwert sein (Musielak/*Ball* **23** § 567 Rn. 19; *Treber* in Hannich/Meyer-Seitz, ZPO-Reform 2002, § 567 Rn. 20; *Ostrowicz/Künzl/Schäfer* Rn. 642; Schwab/Weth/*Schwab* § 78 Rn. 9). Diese **Beschwer** muss noch zurzeit der Entscheidung des Landesarbeitsgerichts über die sofortige Beschwerde fortbestehen (BCF/*Friedrich* § 78 Rn. 4; MünchKommZPO/*Lipp* § 567 Rn. 26). Gegen Entscheidungen über Kosten, Gebühren und Auslagen ist die Beschwerde nur zulässig, wenn der **Wert des Beschwerdegegenstandes** 200,– Euro übersteigt, § 567 Abs. 2 ZPO. Nach § 127 Abs. 2 Satz 2 ZPO kann die Versagung von Prozesskostenhilfe nur dann mit der sofortigen Beschwerde angefochten werden, wenn sie wegen der fehlenden persönlichen und wirtschaftlichen Verhältnisse der Partei erfolgt ist oder der Streitwert der Hauptsache die in § 511 ZPO geregelte Berufungssumme von 600,– Euro übersteigt. Diese Verweisung gilt im arbeitsgerichtlichen Verfahren nach § 46 Abs. 2 Satz 3 mit der Maßgabe, dass in Bestandsschutzstreitigkeiten die sofortige Beschwerde unabhängig vom Streitwert zulässig ist.

24 Die sofortige Beschwerde ist, soweit gesetzlich keine andere Frist bestimmt ist (zB ein Monat gemäß § 127 Abs. 2 Satz 3 und Abs. 3 Satz 3 ZPO), binnen einer **Notfrist von zwei Wochen** einzulegen, § 569 Abs. 1 Satz 1 ZPO. Die Frist beginnt mit der Zustellung der angefochtenen Entscheidung. Wegen § 9 Abs. 5 Satz 4 beginnt bei fehlerhafter oder unterbliebener Rechtsmittelbelehrung eine Rechtsmittelfrist von einem Jahr zu laufen. Ist der Beschluss lediglich verkündet worden und fehlt es somit an einer Zustellung, wird in entsprechender Anwendung der Vorschriften über die Fünf-Monats-Frist (§§ 517, 548 ZPO) angenommen, die wegen § 9 Abs. 5 Satz 4 auf ein Jahr verlängerte Beschwerdefrist beginne fünf Monate nach der Verkündung des anzufechtenden Beschlusses zu laufen (*Schmidt/Schwab/Wildschütz* NZA 2001, 1225), so dass bei unterbliebener Zustellung der Entscheidung eine 17-Monats-Frist gilt (BAG 5. 8. 1996 AP GVG § 17a Nr. 25; Düwell/Lipke/*Treber* § 78 Rn. 27; *Ostrowicz/Künzl/Schäfer* Rn. 645; aA Schwab/Weth/*Schwab* § 78 Rn. 27 und BCF/*Friedrich* § 78 Rn. 4 [17 Monate und zwei Wochen]; GK-ArbGG/*Dörner* § 78 Rn. 46 [5 Monate]). Anders als in § 66 Abs. 1 Satz 2 und in § 74 Abs. 1 Satz 2 hat das ArbGG in § 78 auf eine eigenständige Regelung des Fristbeginns bei unterbliebener Zustellung der Entscheidung verzichtet und damit § 9 Abs. 5 Satz 4 einen wesentlichen Anwendungsbereich bewahrt. Wird die Frist versäumt, erwächst der Beschluss in **formelle Rechtskraft**. Eine materielle Rechtskraft tritt aber nur ein, wenn die Entscheidung einer solchen fähig ist (BGH 3. 3. 2004 NJW 2004, 1805; zB kann ein PKH-Antrag erneut gestellt werden). Gegen die Versäumung der Beschwerdefrist kann gemäß § 233 ZPO **Wiedereinsetzung** in den vorigen Stand gewährt werden. Vor Erlass der Entscheidung kann noch keine sofortige Beschwerde eingelegt werden, eine gleichwohl erhobene ist unzulässig (Zöller/*Heßler* § 567 Rn. 14).

25 Die sofortige Beschwerde hat nur dann **aufschiebende Wirkung,** wenn sie gegen die Festsetzung eines Ordnungs- oder Zwangsmittels gerichtet ist. Allerdings kann das Gericht oder der Vorsitzende, dessen Entscheidung angefochten wird, anordnen, dass ihre Vollziehung auszusetzen ist, § 570 Abs. 2 ZPO. Die gleiche Anordnung kann auch das Beschwerdegericht treffen, § 570 Abs. 3 ZPO. Darüber hinaus kann das Landesarbeitsgericht **einstweilige Anordnungen** treffen. Sofern sie nicht befristet erlassen werden, verlieren sie ihre Wirkung mit der Entscheidung über die sofortige Beschwerde. Wegen ihrer vorläufigen Natur dürfen sie ohne Antrag und ohne vorherige Anhörung der Parteien erlassen werden (GK-ArbGG/*Dörner* § 78 Rn. 67 und 70).

26 Nach § 567 Abs. 3 ZPO kann sich der Beschwerdegegner der sofortigen Beschwerde auch dann anschließen, wenn er auf dieses Rechtsmittel verzichtet hat oder die Beschwerdefrist bereits verstrichen ist. Eine Anschließungsfrist und die selbständige **Anschlussbeschwerde** sind nicht vorgesehen (*Treber* in Hannich/Meyer-Seitz, ZPO-Reform 2002, § 567 Rn. 45 und 47). Für die **Anschlussbeschwerde** bedarf es keiner Beschwer (Musielak/*Ball* § 567 Rn. 24; *Ostrowicz/Künzl/Schäfer* Rn. 653; Schwab/Weth/*Schwab* § 78 Rn. 13; HWK/*Kalb* ArbGG § 78 Rn. 17), in Kostensachen nicht der Beschwerdesumme (vgl. Rn. 23). Die Anschlussbeschwerde kann wie die sofortige Beschwerde sowohl beim „judex a quo" als auch beim „judex ad quem" eingelegt werden. Sie verliert ihre Wirkung, wenn die sofortige Beschwerde zurückgenommen oder als unzulässig verworfen wird (§ 567 Abs. 3 Satz 2 ZPO).

27 Die sofortige Beschwerde kann bis zur Entscheidung über die **Beschwerde zurückgenommen** werden. Einer Einwilligung des Gegners bedarf es nicht. Im Falle der Zurücknahme ergibt sich die Kostenfolge aus einer entsprechenden Anwendung von § 516 Abs. 3 ZPO (Schwab/Weth/*Schwab* § 78 Rn. 42). Die Zurücknahme der sofortigen Beschwerde ist bedingungsfeindlich, sie kann auch nicht von einer innerprozessualen Bedingung abhängig gemacht werden, darüber hinaus ist sie unwiderruflich und unanfechtbar (vgl. BGH 26. 9. 2007 NJW-RR 2008, 85).

IV. Entscheidung über die sofortige Beschwerde

1. Abhilfe durch das Arbeitsgericht

Das Arbeitsgericht oder der Vorsitzende muss **der sofortigen Beschwerde abhelfen,** 28
wenn es/er diese für begründet erachtet (§ 572 Abs. 1 ZPO); Ausnahme § 318 ZPO (vgl.
hierzu *Quecke* NZA 2007, 897 ff.). Die unmittelbar beim Landesarbeitsgericht eingelegte Beschwerde ist dem Arbeitsgericht zur Prüfung der Frage vorzulegen, ob ihr abgeholfen wird. Die Nichtabhilfeentscheidung des Arbeitsgerichts ist regelmäßige, aber
nicht unverzichtbare Voraussetzung einer Beschwerdeentscheidung des Landesarbeitsgerichts (LAG Berlin 15. 2. 2006 NZA-RR 2006, 493, 494; Zöller/*Heßler* § 572 Rn. 4;
Gehrlein MDR 2003, 552; aA LAG Schleswig-Holstein 8. 8. 2005 NZA-RR 2005, 601;
LAG Bremen 5. 1. 2006 LAGE ArbGG 1979 § 68 Nr. 9; GK-ArbGG/*Dörner* § 78
Rn. 55). Ist die sofortige Beschwerde unzulässig, darf das Arbeitsgericht ihr nur abhelfen, wenn es auch auf Grund einer Gegenvorstellung abweichend entscheiden dürfte
(vgl. Rn. 7), ansonsten kann das LAG ohne vorherige Abhilfeentscheidung des Arbeitsgerichts die Verwerfung der sofortigen Beschwerde beschließen (MünchKommZPO/
Lipp § 572 Rn. 6; Musielak/*Ball* § 572 Rn. 4; enger LAG Berlin-Brandenburg 29. 5.
2007 LAGE ZPO 2002 § 572 Nr. 2; OLG Celle 3. 1. 2008 OLGR Celle 2008, 216; diff.
Reichold in *Thomas/Putzo* § 572 Rn. 2 [sofortige Beschwerde muss statthaft sein]).
Über die Abhilfe entscheidet der Vorsitzende allein, sofern nicht eine Kammerentscheidung angefochten ist (LAG Bad.-Württ. 7. 8. 2002 LAGReport 2003, 150, 151; LAG
Schleswig-Holstein 1. 7. 2005 NZA 2005, 1079; LAG Rheinland-Pfalz 25. 1. 2007 – 11
Ta 10/07 –; ErfK/*Koch* ArbGG § 78 Rn. 9; Schwab/Weth/*Schwab* § 78 Rn. 45; *Schmidt/
Schwab/Wildschütz* NZA 2001, 1225). Im zweiten Fall entscheidet die Kammer in der
für diesen Entscheidungstag abstrakt bestimmten, nicht notwendig derselben Besetzung
(LAG Bad.-Württ. 7. 8. 2002 LAGReport 2003, 150, 152; LAG Schleswig-Holstein
8. 8. 2005 NZA-RR 2005, 601; LAG Berlin 15. 2. 2006 NZA-RR 2006, 493, 494;
LAG Köln 10. 3. 2006 NZA-RR 2006, 319; ErfK/*Koch* ArbGG § 78 Rn. 9; Schwab/
Weth/*Schwab* § 78 Rn. 45; *Holthaus/Koch* RdA 2002, 157). Die Abhilfeentscheidung
hat neue Tatsachen zu berücksichtigen (§ 571 Abs. 2 Satz 1 ZPO; Schwab/Weth/*Schwab*
§ 78 Rn. 43; Baumbach/*Hartmann* § 572 Rn. 4; Zöller/*Heßler* § 572 Rn. 7), doch
umfasst die Entscheidungsbefugnis des Arbeitsgerichts nicht die in der sofortigen Beschwerde erstmals gestellten Hilfsanträge, über die ausschließlich das Landesarbeitsgericht zu befinden hat (vgl. BGH 21. 12. 2006 – IX ZB 81/06 – NZI 2007, 166). Über
die Abhilfe ist **durch Beschluss** zu entscheiden (Zöller/*Heßler* § 572 Rn. 10; ErfK/*Koch*
ArbGG § 78 Rn. 9; *Holthaus/Koch* RdA 2002, 157; *Schmidt/Schwab/Wildschütz* NZA
2001, 1226; Düwell/Lipke/*Treber* § 78 Rn. 41; zT aA GK-ArbGG/*Dörner* § 78 Rn. 58
und HWK/*Kalb* ArbGG § 78 Rn. 21 [Nichtabhilfevermerk genügt]; Schwab/Weth/
Schwab § 78 Rn. 46 [Verfügung]), der den Parteien mitzuteilen ist (ggf. durch das
Landesarbeitsgericht). Die Nichtabhilfeentscheidung bedarf der Begründung, wenn die
angefochtene Entscheidung keine Begründung enthält oder die sofortige Beschwerde
neue Tatsachen vorgetragen hat (ErfK/*Koch* ArbGG § 78 Rn. 9; *Treber* in Hannich/
Meyer-Seitz, ZPO-Reform 2002, § 572 Rn. 8).

Soll der sofortigen Beschwerde abgeholfen werden, ist dem Gegner **rechtliches Gehör** 29
zu gewähren (Musielak/*Ball* § 572 Rn. 5; GK-ArbGG/*Dörner* § 78 Rn. 57; *Ostrowicz/
Künzl/Schäfer* Rn. 650; Schwab/Weth/*Schwab* § 78 Rn. 47; Zöller/*Heßler* § 572 Rn. 9;
Holthaus/Koch RdA 2002, 157). Bis zur Beschlussfassung kann das Arbeitsgericht **einstweilige Anordnungen** treffen (§ 570 Abs. 2 ZPO). Eine teilweise Abhilfe ist grundsätzlich möglich (Baumbach/*Hartmann* § 570 Rn. 5). Wird der Gegner durch die Abhilfe
beschwert, ist ihm das Rechtsmittel der sofortigen Beschwerde (ggf. bei Erreichen der
Beschwerdesumme) eröffnet (Musielak/*Ball* § 572 Rn. 6). Mit der Abhilfe durch das

2. Entscheidung durch das Landesarbeitsgericht

30 Das Landesarbeitsgericht hat nach § 572 Abs. 2 ZPO von Amts wegen zu prüfen, ob die sofortige Beschwerde statthaft sowie form- und fristgerecht eingelegt worden ist. Der Beschwerdeführer muss durch die angefochtene Entscheidung noch beschwert sein. Das ist nicht der Fall, wenn die angefochtene Entscheidung durch den Fortgang des Verfahrens überholt oder das Verfahren in der ersten Instanz bereits abgeschlossen ist. Erweist sich die sofortige Beschwerde als unzulässig, ist sie zu verwerfen. Ist die **Unzulässigkeit** offensichtlich, bedarf es keiner vorherigen Anhörung des Beschwerdegegners. Die Entscheidung des Landesarbeitsgerichts über die sofortige Beschwerde ergeht stets durch Beschluss (§ 572 Abs. 4 ZPO; Musielak/*Ball* § 572 Rn. 19; Baumbach/*Hartmann* § 572 Rn. 17; MünchKommZPO/*Lipp* § 572 Rn. 35).

31 Wird die sofortige Beschwerde nicht als unzulässig verworfen, ist über ihre Begründetheit zu entscheiden. Dabei können **neue Tatsachen und Beweise** berücksichtigt werden (§ 571 Abs. 2 Satz 1 ZPO). Die Beschwerdeinstanz ist eine **zweite Tatsacheninstanz** (*Treber* in Hannich/Meyer-Seitz, ZPO-Reform 2002, § 571 Rn. 5; MünchKommZPO/ *Lipp* § 572 Rn. 28). Ausgeschlossen ist die Prüfung der Zuständigkeit des Arbeitsgerichts (§ 571 Abs. 2 Satz 2 ZPO). Im Fall der sofortigen Beschwerde gegen eine nach § 91a ZPO ergangene Kostenentscheidung ist wegen der besonderen gesetzlichen Anordnung in § 91a Abs. 1 ZPO auf den „bisherigen" und damit erstinstanzlichen Sach- und Streitstand abzustellen (Musielak/*Wolst* § 91a Rn. 25; *Treber* in Hannich/Meyer-Seitz, ZPO-Reform 2002, § 571 Rn. 7).

32 Das Beschwerdegericht hat **§ 139 Abs. 2 ZPO** zu beachten. Sieht das Beschwerdegericht die sofortige Beschwerde als offensichtlich unbegründet an, kann es das Rechtsmittel ohne vorherige Anhörung des Beschwerdegegners zurückweisen. Ansonsten wird es **rechtliches Gehör** gewähren. Eine gesetzliche Beantwortungsfrist gibt es nicht, so dass gemäß § 571 Abs. 3 ZPO eine richterliche gesetzt werden sollte. § 571 Abs. 3 ZPO gibt dem Beschwerdegericht die Möglichkeit, durch das Setzen von Schriftsatzfristen verspätet vorgetragene Angriffs- und Verteidigungsmittel unberücksichtigt zu lassen. Verspätetes Vorbringen muss aber zugelassen werden, wenn dies die Erledigung des Verfahrens nicht verzögern würde oder die Partei die Verspätung genügend entschuldigt.

33 Das Landesarbeitsgericht ist zwar zweite Tatsacheninstanz, hat aber in der Sache die Entscheidung des Arbeitsgerichts zu überprüfen. Dies besitzt vor allem für Ermessensentscheidungen des Arbeitsgerichts Bedeutung. Das Beschwerdegericht ist auf eine Rechtskontrolle beschränkt, darf also nicht sein Ermessen an die Stelle der erstinstanzlichen **Ermessensentscheidung** setzen (BGH 12. 12. 2005 MDR 2006, 704; LAG Nürnberg 11. 11. 1992 NZA 1993, 430; aA Baumbach/*Hartmann* § 572 Rn. 13; Schwab/ Weth/*Schwab* § 78 Rn. 57; GK-ArbGG/*Dörner* § 78 Rn. 71; LAG Nürnberg 27. 2. 2003 NZA-RR 2003, 602). Somit hat das Landesarbeitsgericht die Entscheidung lediglich auf Ermessensfehler zu kontrollieren (zur Ermessenreduzierung: BAG 11. 1. 2006 AP BGB § 615 Nr. 13; BAG 27. 4. 2006 AP KSchG 1969 § 9 Nr. 55). Setzt die maßgebliche Norm (wie zB § 148 ZPO) für die Ermessensanwendung auf der Tatbestandsseite Rechtsbegriffe voraus, ist die Überprüfung dieser Voraussetzungen durch das Beschwerdegericht nicht eingeschränkt (BGH 12. 12. 2005 NJW-RR 2006, 1289).

34 Ist die sofortige Beschwerde begründet, wird die angefochtene **Entscheidung aufgehoben**. Das Beschwerdegericht kann in der Sache selbst entscheiden, aber auch von einer eigenen Entscheidung absehen und die Sache an das Arbeitsgericht zurückverweisen (LAG Bad.-Württ. 7. 8. 2002 LAGReport 2003, 150, 151). Dabei können dem Arbeitsgericht oder dem Vorsitzenden die erforderlichen Anordnungen übertragen werden, § 572 Abs. 3 ZPO. Das Arbeitsgericht oder der Vorsitzende ist dabei an die Rechts-

IV. Entscheidung über die sofortige Beschwerde § 78

auffassung des Beschwerdegerichts entsprechend § 563 Abs. 2 ZPO gebunden (BGH 18. 10. 1968 BGHZ 51, 131, 136; Musielak/*Ball* § 572 Rn. 18; Baumbach/*Hartmann* § 572 Rn. 15; s. auch § 74 Rn. 141 ff.; MünchKommZPO/*Lipp* § 572 Rn. 29). Eine **Zurückverweisung zur erneuten Sachentscheidung** kommt insbesondere dann in Betracht, wenn das Arbeitsgericht seine Entscheidung nicht begründet hat und sich eine Begründung für die Entscheidung auch nicht aus der Äußerung darüber ergibt, warum der sofortigen Beschwerde nicht abgeholfen wird (LAG Berlin 12. 10. 1981 AP ZPO 1977 § 149 Nr. 1).

Die Zurückverweisung ist wohl nicht an die Voraussetzungen des § 68 gebunden **35** (LAG Bad.-Württ. 7. 8. 2002 LAGReport 2003, 150, 151; LAG Bremen 5. 1. 2006 LAGE ArbGG 1979 § 68 Nr. 9; MünchKommZPO/*Lipp* § 572 Rn. 14 [zu § 538 Abs. 2 ZPO]; Schwab/Weth/*Schwab* § 78 Rn. 55; Düwell/Lipke/*Treber* § 78 Rn. 40; enger HWK/*Kalb* ArbGG § 78 Rn. 26 und *Ostrowicz/Künzl/Schäfer* Rn. 651 [zurückhaltender Gebrauch]). In jedem Falle ist eine Ausnahme für das Rechtswegbestimmungsverfahren nach §§ 17 a ff. GVG zu machen (BAG 17. 2. 2003 AP ArbGG 1979 § 68 Nr. 6). Wegen des im arbeitsgerichtlichen Verfahren **besonders bedeutsamen Beschleunigungsgrundsatzes** darf in dem vorgeschalteten Verfahren der Rechtswegbestimmung eine die Hauptsacheentscheidung weiter verzögernde Aufhebung und Zurückverweisung an das Arbeitsgericht nicht beschlossen werden (BAG 17. 2. 2003 AP ArbGG 1979 § 68 Nr. 6; aA LAG Bremen 5. 1. 2006 LAGE ArbGG 1979 § 68 Nr. 9). Aus dem gleichen Grund ist auch eine „Rückgabe" an das Arbeitsgericht zwecks erneuter, nunmehr ordnungsgemäßer Beschlussfassung über die Abhilfe ausgeschlossen (ErfK/*Koch* ArbGG § 78 Rn. 9; aA LAG Schleswig-Holstein 8. 8. 2005 NZA-RR 2005, 601; MünchKommZPO/*Lipp* § 572 Rn. 14 [zum zivilgerichtlichen Beschwerdeverfahren]). Die Zivilgerichte gehen von einer notwendigen Zurückverweisung aus, wenn erstinstanzlich statt des funktionell zuständigen Richters der Rechtspfleger entschieden hat (BGH 2. 6. 2005 NJW-RR 2005, 1299). Die Zurückverweisung an eine andere Kammer des Arbeitsgerichts ist gesetzlich nicht zugelassen und bindet nicht (aA LAG Sachsen 8. 4. 1997 NZA 1998, 233; Schwab/Weth/*Schwab* § 78 Rn. 55).

Die Entscheidung über die sofortige Beschwerde ergeht durch Beschluss (§ 572 Abs. 4 **36** ZPO). Sie kann und wird in der Regel (im PKH-Bewilligungsverfahren zwingend – § 127 Abs. 1 Satz 1 ZPO) **ohne mündliche Verhandlung** erfolgen. In jedem Falle **wirken die ehrenamtlichen Richter nicht mit** (§ 78 Satz 3). Das gilt auch für eine Entscheidung nach § 17 a Abs. 4 GVG (BAG 10. 12. 1992 AP GVG § 17 a Nr. 4). Beschlüsse, die der Rechtsbeschwerde unterliegen, müssen den maßgeblichen Sachverhalt, über den entschieden wird, wiedergeben (BGH 20. 6. 2002 NJW 2002, 2648; BGH 7. 4. 2005 NJW-RR 2005, 916; BGH 26. 1. 2009 NJW 2009, 1083; Musielak/*Ball* § 572 Rn. 19). Für die Verkündung und Zustellung der Entscheidung ist § 329 ZPO zu beachten. Ordnet das Gericht eine schriftliche Erklärung des Gegners zur Beschwerde an, § 571 Abs. 4 ZPO, kann diese Erklärung auch von der Partei selbst schriftlich oder zu Protokoll der Geschäftsstelle abgegeben werden. Ist bestimmt, dass über die Beschwerde auf Grund mündlicher Verhandlung entschieden werden soll, besteht für die mündliche Verhandlung **Vertretungszwang** nach § 11 Abs. 4 (GK-ArbGG/*Dörner* § 78 Rn. 73: Schwab/Weth/*Schwab* § 78 Rn. 32). Ist die Partei im Termin säumig oder gibt sie keine schriftliche Erklärung ab, bleibt dies ohne rechtliche Folgen. Ein Versäumnisverfahren findet nicht statt. Das Gericht entscheidet vielmehr auf Grund des Beschwerdeantrags nach Aktenlage.

Entscheidet das Beschwerdegericht durch, hat es, sofern im Beschwerdeverfahren **37** Gerichtskosten entstanden sind oder ein Kostenerstattungsanspruch der Parteien besteht, eine **Kostenentscheidung** gemäß §§ 91 ff. ZPO zu fällen (Musielak/*Ball* § 572 Rn. 23 f.; diff. GK-ArbGG/*Dörner* § 78 Rn. 85).

V. Rechtsbeschwerde

38 Die **Rechtsbeschwerde an das Bundesarbeitsgericht** findet gegen einen Beschluss des Landesarbeitsgerichts ausschließlich bei Zulassung durch das Beschwerdegericht statt (BAG 21. 6. 2006 NZA 2006, 1006). Eine Zulassung der Rechtsbeschwerde durch das Arbeitsgericht ist gesetzlich nicht vorgesehen, denn § 574 ZPO nennt allein das Beschwerdegericht, das Berufungsgericht und das Oberlandesgericht. Lässt ein Arbeitsgericht gleichwohl die (Sprung-)Rechtsbeschwerde zu und wird diese eingelegt, ist sie als unstatthaft zu verwerfen (vgl. BGH 10. 10. 2006 – X ZB 6/06 – NJW-RR 2007, 285 betr. die Zulassung durch ein Amtsgericht). Das Landesarbeitsgericht kann nach der ersatzlosen Streichung von § 70 die Rechtsbeschwerde auch bei **eigenen Erstentscheidungen** zulassen (BAG 20. 8. 2002 AP KSchG 1969 § 5 Nr. 14; ErfK/*Koch* ArbGG § 78 Rn. 16; Schwab/Weth/*Schwab* § 78 Rn. 74; BCF/*Friedrich* § 78 Rn. 7; *Kaiser* DB 2002, 325; *Treber* in Hannich/Meyer-Seitz, ZPO-Reform 2002, § 574 Rn. 10; *Roth* FS Richardi 2007 S 379, 382; wohl aA *Schwab/Wildschütz/Heege* NZA 2003, 1004). Eine sofortige Beschwerde gegen Entscheidungen des Landesarbeitsgerichts gibt es nicht (BAG 21. 6. 2006 NZA 2006, 1006; BAG 19. 9. 2007 – 3 AZB 38/07 –). Die in § 574 Abs. 1 Nr. 1 ZPO vorgesehene Möglichkeit, dass die Rechtsbeschwerde im Gesetz ausdrücklich bestimmt ist, kommt im arbeitsgerichtlichen Verfahren derzeit nicht zum Tragen (Schwab/Weth/*Schwab* § 78 Rn. 74). Die entsprechenden Bestimmungen (wie zB § 7 InsO; § 15 AVAG) sind im arbeitsgerichtlichen Verfahren nicht anwendbar. Insbesondere wird die in § 522 Abs. 1 Satz 4 ZPO vorgesehene Rechtsbeschwerde bei Verwerfung einer Berufung durch Beschluss als unzulässig durch die eigenständige Regelung der Revisionsbeschwerde in § 77 verdrängt. Im Jahre 2008 wurden vom Bundesarbeitsgericht 86 Rechtsbeschwerdeverfahren erledigt, davon waren nur elf Verfahren für den Beschwerdeführer erfolgreich (Jahresbericht des Bundesarbeitsgerichts 2008).

39 Im arbeitsgerichtlichen Verfahren bestimmen sich die **Voraussetzungen der Zulassung** der Rechtsbeschwerde nach § 72 Abs. 2 (§ 78 Satz 2), also wegen grds. Bedeutung einer Rechtsfrage, Divergenz, eines absoluten Revisionsgrundes analog § 547 Nr. 1 bis 5 oder einer entscheidungserheblichen Verletzung des Anspruchs auf rechtliches Gehör (vgl. hierzu § 72 Rn. 11 ff.). Die Anfechtung der Entscheidung des LAG muss aber grds. statthaft sein (zB ist der Beschluss über die Ablehnung eines Sachverständigen entsprechend § 49 Abs. 3 unanfechtbar, vgl. BAG 22. 7. 2008 NJW 2009, 235).

40 Die **Zulassung der Rechtsbeschwerde** bedarf keines Antrags der Parteien. Über sie ist von Amts wegen zu entscheiden (Düwell/Lipke/*Treber* § 78 Rn. 50). Die Zulassung muss in der anzufechtenden Entscheidung ausdrücklich ausgesprochen werden (BGH 24. 11. 2003 NJW 2004, 779). Enthält der Beschluss in dieser Frage keine Aussage, ist die Rechtsbeschwerde nicht zugelassen. Jedenfalls in Beschlüssen, die nicht verkündet werden, braucht die Zulassungsentscheidung nicht in die Beschlussformel aufgenommen zu werden, vielmehr kann sie in den Gründen erfolgen (BAG 17. 1. 2007 AP ArbGG 1979 § 64 Nr. 40 = NZA 2007, 644; Zöller/*Heßler* § 574 Rn. 14; Schwab/Weth/*Schwab* § 78 Rn. 75; ErfK/*Koch* ArbGG § 78 Rn. 12; HWK/*Kalb* ArbGG § 78 Rn. 27; HWK/*Bepler* ArbGG § 77 Rn. 4 [zur Revisionsbeschwerde]). § 78 verweist weder unmittelbar noch mittelbar (über § 72) auf § 64 Abs. 3 a. Vielmehr nimmt § 78 Satz 2 allein auf Abs. 2 des § 72 Bezug, bezieht aber § 72 Abs. 1 Satz 2 nicht in die Bezugnahme ein. Eine analoge Anwendung von § 64 Abs. 3 a ist im Beschwerdeverfahren jedenfalls dann nicht gerechtfertigt, wenn, wie üblich, der Beschluss des Landesarbeitsgerichts ohne mündliche Verhandlung ergeht und deshalb nicht verkündet wird. In den Fällen des verkündeten Berufungsurteils und des zugestellten LAG-Beschlusses sind die gegebenen Interessenlagen nicht vergleichbar. Durch die Aufnahme der Zulassungsentscheidung in den Urteilstenor des Berufungsurteils soll bereits im Zeitpunkt der Urteilsverkündung klar sein, ob und in welchem Umfang den Parteien gegen das verkündete, aber noch

V. Rechtsbeschwerde § 78

nicht mit Gründen versehene und zugestellte Urteil das Rechtsmittel der Revision zusteht. Es soll keine Phase der Ungewissheit entstehen. Demgegenüber werden die nicht verkündeten Beschlüsse des Landesarbeitsgerichts erst mit ihrer Zustellung wirksam. Die Parteien können die Beschlussformel und die Gründe im selben Zeitpunkt zur Kenntnis nehmen. In dieser Situation ist es ausreichend, wenn die Parteien den Gründen des zugestellten Beschlusses entnehmen können, ob ihnen das Rechtsmittel der Rechtsbeschwerde eröffnet ist. Zumal ihnen die Rechtslage durch die Rechtsmittelbelehrung des Beschlusses verdeutlicht wird.

Die Zulassungsentscheidung kann grundsätzlich **nicht nachgeholt werden**. Insbesondere kann die Zulassung der Rechtsbeschwerde nicht mittels Ergänzungsentscheidung entsprechend § 321 ZPO ausgesprochen werden (BGH 24. 11. 2003 NJW 2004, 779; Musielak/*Ball* § 574 Rn. 7 a; MünchKommZPO/*Lipp* § 574 Rn. 10). Denkbar bleibt, dass das Landesarbeitsgericht die Rechtsbeschwerde wegen einer Verletzung des Anspruchs auf rechtliches Gehör nach § 78 a nachträglich durch Beschluss zulässt (vgl. zu § 321 a ZPO BGH 19. 5. 2004 NJW 2004, 2529). Gleichfalls denkbar ist die spätere Zulassung entsprechend § 319 ZPO durch Berichtigungsbeschluss, wenn das Gericht die Rechtsbeschwerde in dem Beschluss zulassen wollte und dies nur versehentlich unterblieben ist (BGH 14. 9. 2004 NJW 2005, 156; Musielak/*Ball* § 574 Rn. 7 a; MünchKommZPO/*Lipp* § 574 Rn. 10). Dieses Versehen muss sich aus dem Zusammenhang der Entscheidung selbst oder mindestens aus den Vorgängen bei der Beschlussfassung ergeben und auch für Dritte ohne weiteres deutlich sein (BGH 11. 5. 2004 NJW 2004, 2389; BGH 14. 9. 2004 NJW 2005, 156). 41

Bei **verkündeten Beschlüssen** des Landesarbeitsgerichts lässt sich eine entsprechende Anwendung der §§ 72 Abs. 1, 64 Abs. 3 a Satz 2 begründen. Danach kann das Landesarbeitsgericht die verkündete Beschlussformel durch Beschluss um die Zulassung der Rechtsbeschwerde ergänzen, wenn dies binnen zwei Wochen ab Zustellung des Beschlusses beantragt wird (vgl. GK-ArbGG/*Mikosch* § 77 Rn. 12; ErfK/*Koch* ArbGG § 78 Rn. 12; *Hauck/Helml* § 77 Rn. 3; Schwab/Weth/*Ulrich* § 77 Rn. 8). 42

Das Bundesarbeitsgericht als Rechtsbeschwerdegericht kann die Zulassung in keinem Fall nachträglich aussprechen (BAG 3. 12. 2002 – 5 AZB 64/02 –; BAG 19. 12. 2002 AP ArbGG 1979 § 72 a Nr. 47). Eine **Nichtzulassungsbeschwerde** kennt das Gesetz nicht, sie ist **nicht statthaft** (BAG 3. 12. 2002 – 5 AZB 64/02 –; BAG 19. 12. 2002 AP ArbGG 1979 § 72 a Nr. 47; BAG 2. 6. 2008 AP ArbGG 1979 § 85 Nr. 11; *Schmidt/Schwab/Wildschütz* NZA 2001, 1227; *Holthaus/Koch* RdA 2002, 158; s. auch § 77 Rn. 9 für die Revisionsbeschwerde). 43

Das Bundesarbeitsgericht ist zwar an die Zulassung gebunden (§ 574 Abs. 3 Satz 2 ZPO – BAG 19. 12. 2002 AP ArbGG 1979 § 72 a Nr. 47; BAG 28. 2. 2003 AP ArbGG 1979 § 78 n. F. Nr. 2), doch hat es die **Statthaftigkeit der Rechtsbeschwerde** stets zu prüfen (BAG 20. 8. 2002 AP KSchG 1969 § 5 Nr. 14; BAG 17. 3. 2003 AP ArbGG 1979 § 78 n. F. Nr. 3; BAG 5. 11. 2003 AP ArbGG 1979 § 78 Nr. 12; BAG 22. 7. 2008 NJW 2008, 935; BAG 30. 9. 2008 – 3 AZB 47/08 – NZA 2009, 112 [LS]; *Gehrlein* MDR 2003, 553; *Kerwer* RdA 2004, 122, 124). Ist bereits die Entscheidung des Arbeitsgerichts von Gesetzes wegen unanfechtbar, kann das gleichwohl tätig gewordene Landesarbeitsgericht die Rechtsbeschwerde nicht wirksam zulassen (vgl. BGH 17. 10. 2005 NJW-RR 2006, 286; aA BAG 25. 11. 2008 – 3 AZB 64/08 – NJW 2009, 1161, um auf die statthafte Rechtsbeschwerde die Beschwerdeentscheidung des Landesarbeitsgerichts aufzuheben). Dies gilt auch für nachfolgende Beschlüsse in derselben Sache (BGH 6. 10. 2004 NJW 2005, 73). Auch der Bundesgerichtshof ist als Rechtsbeschwerdegericht nach § 574 Abs. 3 Satz 2 ZPO gehindert zu prüfen, ob die Rechtssache zu Recht wegen grundsätzlicher Bedeutung iSv. § 574 Abs. 2 Nr. 1 ZPO zugelassen worden ist, nimmt aber an, diese Bindungswirkung gelte nicht für die Fälle des § 574 Abs. 1 Satz 1 Nr. 1 ZPO (BGH 20. 2. 2003 NJW-RR 2003, 784; BGH 22. 11. 2005 NJW-RR 2006, 342; BGH 26. 1. 2006 BB 2006, 577). Im arbeitsgerichtlichen Verfahren findet diese Norm 44 keine Anwendung, vielmehr gilt gemäß Satz 2 § 72 Abs. 2 entsprechend (offenbar aA BAG 5. 4. 2006 AP ZPO § 115 Nr. 3 = NZA 2006, 294).

45 Wie bei der Zulassung der Revision durch das Landesarbeitsgericht und der Sprungrevision durch das Arbeitsgericht unterliegt die **Einschätzung der grundsätzlichen Bedeutung** durch das zulassende Gericht nicht der Überprüfung durch das Bundesarbeitsgericht. Obgleich die Kostenentscheidung eines Berufungsgerichts nach § 91 a ZPO zumeist keine grundsätzliche Bedeutung besitzen wird (vgl. BGH 17. 3. 2004 BB 2004, 1078), tritt gleichwohl eine Bindung des Bundesarbeitsgerichts an eine Zulassungsentscheidung des Landesarbeitsgerichts ein. Im Fall einer **Vorabentscheidung** über die Zulässigkeit des Rechtswegs tritt die Bindung an die Zulassung auch dann ein, wenn die Entscheidung, anders als nach § 17 a GVG vorgesehen, erstmals im Berufungsrechtszug getroffen worden ist (BAG 24. 9. 2002 AP ArbGG 1979 § 5 Nr. 56; vgl. auch BGH 12. 11. 1992 BGHZ 120, 198, 199 f.).

46 Die Möglichkeit der Zulassung der Rechtsbeschwerde nach § 574 Abs. 1 Nr. 2 ZPO ist ausschließlich **in Verfahren nach der ZPO oder dem ArbGG** eröffnet (BAG 17. 3. 2003 AP ArbGG 1979 § 78 n. F. Nr. 3) und weiter eingeschränkt, wenn eine Anfechtung ausdrücklich ausgeschlossen ist (wie zB in § 707 Abs. 2 Satz 2 ZPO; vgl. dazu BAG 5. 11. 2003 AP ArbGG 1979 § 78 Nr. 12; BGH 17. 10. 2005 NJW-RR 2006, 286). Somit ist in Verfahren nach dem RVG oder dem GKG eine Möglichkeit, die Rechtsbeschwerde zuzulassen, nur dann gegeben, wenn diese auf Bestimmungen der ZPO verweisen (wie zB auf §§ 103 ff. ZPO, vgl. BAG 4. 2. 2003 AP BRAGO § 23 Nr. 1; BAG 17. 3. 2003 AP ArbGG 1979 § 78 n. F. Nr. 3; *Brinkmann* JurBüro 2003, 422; krit. *Natter* NZA 2004, 686, 688). Ebenso eigenständig ist die Beschwerde gegen Entscheidungen des LAG in Rechtshilfeangelegenheiten geregelt (§ 159 GVG; ebenso *Treber* in Hannich/Meyer-Seitz, ZPO-Reform 2002, Vor § 567 Rn. 5). Dementsprechend hat das Bundesarbeitsgericht die Rechtsbeschwerde in Verfahren über die nachträgliche Zulassung der Kündigungsschutzklage gemäß § 5 KSchG aF als nicht statthaft angesehen (BAG 20. 8. 2002 AP KSchG 1969 § 5 Nr. 14; BAG 15. 9. 2005 NZA-RR 2006, 211; a. A. LAG Niedersachsen 13. 7. 2005 LAGReport 2005, 281 [m. ausf. Begründung]; *Schwab* NZA 2002, 1378; *Dietermann/Gaumann* NJW 2003, 800 f.; *Löhnig/Althammer* ZZP 117 (2004), 217, 233; *Gravenhorst* NZA 2006, 1199, 1202; *Roth* FS Richardi 2007 S 379, 389 f.). In Kostenfestsetzungsverfahren nach § 104 ZPO und in Verfahren der Klauselerteilung ist die Rechtsbeschwerde statthaft (BAG 5. 11. 2003 AP RPflG § 20 Nr. 1; BAG 14. 11. 2007 NZA 2008, 606; BGH 19. 11. 2003 NJW-RR 2004, 356). Der in § 567 Abs. 2 ZPO geregelte Mindestwert des Beschwerdegegenstandes bei Entscheidungen über Kosten, Gebühren und Auslagen von mehr als 200 Euro gilt für die Rechtsbeschwerde nicht (BGH 28. 10. 2004 AP ZPO § 567 Nr. 8). Die **Beschwer** muss bei jedem Rechtsmittel, also auch bei der Rechtsbeschwerde, noch zum Zeitpunkt der Entscheidung gegeben sein; ihr Wegfall macht das Rechtsmittel unzulässig (BGH 29. 6. 2004 NJW-RR 2004, 1365).

47 Wird im Berufungsrechtszug die beantragte **Prozesskostenhilfe** versagt, kommt die Zulassung der Rechtsbeschwerde nur in Betracht, wenn dies aus Gründen des Verfahrens oder der persönlichen und wirtschaftlichen Voraussetzungen erfolgt ist (BAG 5. 4. 2006 AP ZPO § 115 Nr. 3 = NZA 2006, 294; BGH 21. 10. 2002 NJW 2003, 1126; vgl. auch BAG 8. 5. 2003 AP ArbGG 1979 § 9 Nr. 25). Ist demgegenüber die Beurteilung der Erfolgsaussicht der Hauptsache von schwierigen oder grundsätzlichen Fragen abhängig, die einer höchstrichterlichen Klärung zugeführt werden sollten, ist die Prozesskostenhilfe zu bewilligen, weil die Sache hinreichende Aussicht auf Erfolg verspricht (vgl. BVerfG 13. 3. 1990 NJW 1991, 414; BVerfG 7. 5. 2002 – 1 BvR 1699/01 – VIZ 2002, 594). Die Bewilligung der Prozesskostenhilfe ist für den Gegner unanfechtbar. Die gleichwohl vom Landesarbeitsgericht zugelassene Rechtsbeschwerde ist nicht statthaft (vgl. BGH 12. 9. 2002 NJW 2002, 3554). Gleiches gilt für die Gewährung der Wiedereinsetzung in den vorigen Stand (BGH 8. 10. 2002 NJW 2003, 211). Hat das Berufungsgericht die Beiordnung eines Rechtsanwalts (§ 121 Abs. 2 ZPO) abgelehnt, kann es

V. Rechtsbeschwerde   § 78

gegen diese Entscheidung die Rechtsbeschwerde zulassen. Hierüber ist gesondert von
der PKH-Bewilligung zu entscheiden (BAG 14. 11. 2007 NZA 2008, 375).

In **Verfahren des einstweiligen Rechtsschutzes** kann das Landesarbeitsgericht die **48**
Rechtsbeschwerde nicht zulassen, eine gleichwohl zugelassene ist nicht statthaft
(MünchKommZPO/*Lipp* § 574 Rn. 3). Dies folgt seit dem 1. 9. 2004 aus § 574 Abs. 1
Satz 2 iVm. § 542 Abs. 2 ZPO, früher aus einer analogen Anwendung von § 72 Abs. 4
(BAG 22. 1. 2003 AP ArbGG 1979 § 78 n. F. Nr. 1; *Kerwer* RdA 2004, 122, 124).
Dieser Ausschluss betrifft auch die Kostenentscheidung nach Beendigung des Verfahrens
durch übereinstimmende Erledigungserklärungen der Parteien (BGH 8. 5. 2003 NJW-
RR 2003, 1075).

Nach § 17a Abs. 4 Satz 4 GVG ist eine **Beschwerde** an das Bundesarbeitsgericht gegen **49**
die Beschwerdeentscheidung über die **Zulässigkeit des Rechtswegs** gleichfalls nur dann
gegeben, wenn sie vom Landesarbeitsgericht zugelassen worden ist. Da § 17a GVG keine
eigenen Regelungen des Beschwerderechts enthält, vielmehr auf die jeweils anzuwendende
Verfahrensordnung verweist (Abs. 4 Satz 2), ist mit dieser Beschwerde zum Bundesarbeitsgericht seit dem In-Kraft-Treten der Zivilprozessreform zum 1. 1. 2002 die Rechtsbeschwerde gemäß §§ 574 ff. ZPO iVm. § 78 gemeint (BAG 26. 9. 2002 AP GVG § 17a
Nr. 48; BAG 19. 12. 2002 AP ArbGG 1979 § 72a Nr. 47; ebenso für den Zivilprozess
BGH 16. 10. 2002 NJW-RR 2003, 277; BGH 12. 11. 2002 NJW 2003, 433; BGH 2. 6.
2005 NJW-RR 2005, 1138; BGH 27. 10. 2005 NZA 2006, 119; *Gehrlein* MDR 2003,
552; aA *Treber* in Hannich/Meyer-Seitz, ZPO-Reform 2002, § 567 Rn. 19). Das Bundesarbeitsgericht ist an die Zulassung gebunden. Doch wirkt die Änderung des § 574 Abs. 1
Satz 2 ZPO auch hier (vgl. Rn. 48), so dass entgegen der früheren Rspr. des BAG (24. 5.
2000 AP GVG § 17a Nr. 45) im einstweiligen Verfügungsverfahren eine Rechtsbeschwerde nach § 17a Abs. 4 Satz 4 GVG unstatthaft ist (BVerwG 8. 8. 2006 NVwZ 2006,
1291; BSG 24. 1. 2008 SozR 4–1720 § 17a Nr. 4; Schwab/Weth/*Walker* § 48 Rn. 78; aA
BGH 9. 11. 2006 NJW 2007, 1819; MünchKommZPO/*Lipp* § 574 Rn. 5). Die Rechtsbeschwerde zum BAG ist ferner eröffnet, wenn gemäß § 48 Abs. 1 in entsprechender
Anwendung von § 17a GVG über die richtige Verfahrensart (Urteils- oder Beschlussverfahren) entschieden wird (vgl. § 48 Rn. 92 ff.).

Lässt das Landesarbeitsgericht die Rechtsbeschwerde zu, muss der Beschluss eine **50**
entsprechende **Rechtsmittelbelehrung** enthalten, § 9 Abs. 5.

Die Rechtsbeschwerde ist innerhalb einer **Notfrist von einem Monat** nach Zustellung **51**
des LAG-Beschlusses beim Bundesarbeitsgericht einzulegen. Bei fehlerhafter oder unterbliebener Rechtsmittelbelehrung beginnt gemäß § 9 Abs. 5 Satz 4 eine Rechtsmittelfrist
von einem Jahr zu laufen. Ist der Beschluss lediglich verkündet worden und fehlt es
somit an einer Zustellung, wird in entsprechender Anwendung der Vorschriften über die
Fünf-Monats-Frist (§§ 517, 548 ZPO) angenommen, die wegen § 9 Abs. 5 Satz 4 auf
ein Jahr verlängerte Rechtsbeschwerdefrist beginne fünf Monate nach der Verkündung
des anzufechtenden Beschlusses zu laufen, so dass bei unterbliebener Zustellung der
Entscheidung des LAG eine 17-Monats-Frist gilt (vgl. BAG 5. 8. 1996 AP GVG § 17a
Nr. 25; BCF/*Friedrich* § 78 Rn. 8; Schmidt/*Schwab*/*Wildschütz* NZA 2001, 1225; aA
GK-ArbGG/*Dörner* § 78 Rn. 98 [5 Monate]; Schwab/Weth/*Schwab* § 78 Rn. 78). Anders als in § 66 Abs. 1 Satz 2 und in § 74 Abs. 1 Satz 2 hat das ArbGG in § 78 auf eine
eigenständige Regelung des Fristbeginns bei unterbliebener Zustellung der Entscheidung
verzichtet. Es bedarf der Einreichung einer **Beschwerdeschrift** beim Bundesarbeitsgericht, aus der sich die angefochtene Entscheidung und das gewollte Rechtsmittel
ergeben (§ 575 Abs. 1 Satz 2 ZPO). Da die Einlegung zu Protokoll der Geschäftsstelle
nicht zugelassen ist (auch nicht telefonisch zu Protokoll, vgl. BGH 12. 3. 2009 – V ZB
71/08), besteht Vertretungszwang (§ 11 Abs. 4 Satz 1). Die Rechtsbeschwerde muss
nach § 11 Abs. 4 von einem Rechtsanwalt oder einer Person mit Befähigung zum
Richteramt, die für eine der in § 11 Abs. 2 Satz 2 Nr. 4 und 5 bezeichneten Organisationen handelt, unterzeichnet sein (zur alten Rechtslage: Schwab/Weth/*Schwab* § 78

Rn. 78; *Holthaus/Koch* RdA 2002, 158; GK-ArbGG/*Dörner* § 78 Rn. 99, anders aber in Rn. 97 für das Rechtswegbestimmungsverfahren). Das Landesarbeitsgericht kann der Rechtsbeschwerde **nicht abhelfen** (Schwab/Weth/*Schwab* § 78 Rn. 78; *Schmidt/Schwab/ Wildschütz* NZA 2001, 1226). Die Einlegung der Rechtsbeschwerde beim Landesarbeitsgericht wahrt die Notfrist nicht.

52 Die **Rechtsbeschwerde muss innerhalb einer Frist von einem Monat nach Zustellung des LAG-Beschlusses begründet werden** (BAG 29. 3. 2006 AP RVG Anlage 1 § 1 Nr. 1 = NZA 2006, 693, BAG 25. 1. 2007 AP SGB II § 16 Nr. 1 = NZA 2007, 580 [beide zur etwaigen Wiedereinsetzung]; *Ostrowicz/Künzl/Schäfer* Rn. 659). Damit laufen die Fristen für Einlegung und Begründung der Rechtsbeschwerde parallel. Die Belehrungspflicht nach § 9 Abs. 5 betrifft das Rechtsmittel selbst, nicht dessen Begründungspflicht und –frist (BAG 30. 9. 2008 – 3 AZB 47/08 – NZA 2009, 112 [LS]). Deshalb hat das Landesarbeitsgericht nicht über die Rechtsbeschwerdebegründungsfrist zu belehren (Schwab/Weth/*Schwab* § 78 Rn. 82). Belehrt es aus Unkenntnis oder Unachtsamkeit falsch, kommt für den gutgläubig auf die Belehrung vertrauenden Rechtsbeschwerdeführer eine Wiedereinsetzung in Betracht (BAG 25. 1. 2007 AP SGB II § 16 Nr. 1 = NZA 2007, 580; evtl. sogar von Amts wegen BAG 30. 9. 2008 – 3 AZB 47/08 – NZA 2009, 112 [LS]). Die Begründungsfrist kann gemäß § 575 Abs. 2 ZPO nach den Regeln der ZPO (nicht des ArbGG!) über die Verlängerung der Revisionsbegründungsfrist (§ 551 Abs. 2 Satz 5 und 6 ZPO) auf Antrag des Beschwerdeführers vom Vorsitzenden des Senats verlängert werden. Willigt der Gegner ein, besteht von Gesetzes wegen keine zeitliche Grenze für das Maß der Verlängerung. Andernfalls kann die Frist **um bis zu zwei Monate** verlängert werden, wenn nach der freien Überzeugung des Vorsitzenden der Rechtsstreit durch die Verlängerung nicht verzögert wird oder wenn der Beschwerdeführer erhebliche Gründe darlegt. Kann dem Beschwerdeführer innerhalb der Monatsfrist nicht für angemessene Zeit Akteneinsicht gewährt werden, kann ihm der Vorsitzende die Frist auf Antrag (ohne Zustimmung des Gegners) um bis zu zwei Monate nach Übersendung der Prozessakten verlängern. Läuft wegen der unterbliebenen oder fehlerhaften Rechtsmittelbelehrung nach § 9 Abs. 5 Satz 4 die Jahresfrist (vgl. Rn. 51), ist diese Frist auch für die Begründung maßgeblich.

53 Die Begründung muss im arbeitsgerichtlichen Verfahren neben dem **Beschwerdeantrag** die Angabe der Beschwerdegründe enthalten. Dazu bedarf es ähnlich der Revisionsbegründung der bestimmten Bezeichnung der Umstände, aus denen sich die Rechtsverletzung ergeben soll, bzw. bei der Rüge von Verfahrensverstößen die Angabe der Tatsachen, aus denen sich der Mangel ergeben soll (§ 575 Abs. 3 ZPO). Ergibt sich aus der Begründung unzweideutig das Begehren des Beschwerdeführers, braucht der Antrag nicht besonders formuliert zu sein (BAG 25. 8. 2004 AP BetrVG 1972 § 23 Nr. 41). Die ordnungsgemäße Begründung ist Zulässigkeitsvoraussetzung (BAG 30. 9. 2008 – 3 AZB 47/08 – NZA 2009, 112 [LS]; BGH 7. 4. 2004 MDR 2004, 1074; *Ostrowicz/ Künzl/Schäfer* Rn. 661; *Schmidt/Schwab/Wildschütz* NZA 2001, 1226). Die **Beschwerdebegründung** muss sich sachlich mit den Gründen der angefochtenen Entscheidung auseinandersetzen (BAG 30. 9. 2008 – 3 AZB 47/08 – NZA 2009, 112 [LS]; BGH 7. 4. 2004 MDR 2004, 1074). Außerhalb des Rechtswegbestimmungsverfahrens nach § 17 a GVG kann die Rechtsbeschwerde nicht darauf gestützt werden, dass das Arbeitsgericht seine Zuständigkeit zu Unrecht angenommen oder verneint habe (§ 576 Abs. 2 ZPO). Die Rechtsbeschwerde hat nur im Falle der Anfechtung einer Ordnungs- oder Zwangsmittelfestsetzung aufschiebende Wirkung (§§ 575 Abs. 5, 570 Abs. 1).

54 Der Rechtsbeschwerdegegner kann sich der **Rechtsbeschwerde anschließen** (§ 574 Abs. 4 ZPO). Dafür besteht eine Notfrist von einem Monat nach Zustellung der Begründungsschrift der Rechtsbeschwerde. Die Anschließung erfolgt durch Einreichen einer Rechtsbeschwerdeanschlussschrift beim Bundesarbeitsgericht (§ 574 Abs. 4 Satz 1 ZPO). Ein früherer Verzicht auf das Rechtsmittel der Rechtsbeschwerde, der Ablauf der Rechtsbeschwerdefrist oder die fehlende Zulassung der Rechtsbeschwerde für den Be-

V. Rechtsbeschwerde § 78

schwerdegegner steht der Anschließung nicht entgegen. Die Anschlussrechtsbeschwerde ist in der Anschlussschrift zu begründen. Die Anschließung ist unselbständig, verliert also ihre Wirkung, wenn die Rechtsbeschwerde zurückgenommen oder als unzulässig verworfen wird (§ 574 Abs. 4 Satz 3 ZPO).

Das Bundesarbeitsgericht entscheidet über die Rechtsbeschwerde stets **durch Beschluss**. Die ehrenamtlichen Richter wirken auch dann nicht mit (§ 78 Satz 3), wenn auf Grund (fakultativer) mündlicher Verhandlung entschieden wird (BAG 10. 12. 1992 AP GVG § 17a Nr. 4; Schwab/Weth/*Schwab* § 78 Rn. 98 [wegen analoger Anwendung des § 72 Abs. 6 iVm. § 53 Abs. 1 Satz 1). Das Bundesarbeitsgericht kann zuvor – ggf. von Amts wegen (vgl. BGH 27. 7. 2006 NJW 2006, 3553) – einstweilige Anordnungen treffen (§§ 575 Abs. 5, 570 Abs. 3 ZPO). Es kann sowohl die Vollziehung der erstinstanzlichen Entscheidung (BGH 11. 5. 2005 FamRZ 2005, 1064; BGH 27. 7. 2006 NJW 2006, 3553) als auch die **Vollziehung der angefochtenen Entscheidung aussetzen**. Eine Aussetzung kommt nur in Betracht, wenn dem Rechtsbeschwerdeführer durch die weitere Vollziehung größere Nachteile drohen als den anderen Beteiligten im Falle der Aussetzung, die Rechtslage zumindest zweifelhaft ist und die Rechtsbeschwerde zulässig erscheint (vgl. BGH 21. 3. 2002 NJW 2002, 1658). 55

Ist die Rechtsbeschwerde zulässig, hat das Bundesarbeitsgericht im Rahmen der gestellten Anträge (§ 577 Abs. 2 Satz 1 ZPO) über die Begründetheit zu entscheiden, ohne an die in der Beschwerdebegründung angeführten Gründe gebunden zu sein (§ 577 Abs. 2 Satz 2 ZPO). Allerdings dürfen die **nicht von Amts wegen zu beachtenden Verfahrensmängel** nur auf Rüge geprüft werden (§ 577 Abs. 2 Satz 3 ZPO). Dies gilt auch für die entsprechend anzuwendenden „absoluten Revisionsgründe" (§§ 547, 576 Abs. 3 ZPO). Werden sie gerügt, wird dies die Aufhebung und Zurückverweisung nach sich ziehen (vgl. BGH 20. 6. 2002 NJW 2002, 2648). Beschlüsse, die der Rechtsbeschwerde unterliegen, müssen den maßgeblichen Sachverhalt, über den entschieden wird, wiedergeben (vgl. Rn. 31 ff.). Fehlt es hieran, ist dieser Mangel von Amts wegen zu beachten. Der Beschluss des Beschwerdegerichts ist aufzuheben und die Sache zurückzuverweisen (BGH 7. 4. 2005 NJW-RR 2005, 916). Die Zulässigkeit der sofortigen Beschwerde gehört zu den von Amts wegen zu beachtenden Voraussetzungen der Sachentscheidung durch das Rechtsbeschwerdegericht (BGH 23. 10. 2003 NJW 2004, 1112). Doch darf hierüber nur bei Zulässigkeit der Rechtsbeschwerde entschieden werden (BGH 17. 10. 2005 NJW-RR 2006, 286; BGH 21. 12. 2006 – IX ZB 81/06 – NZI 2007, 166). Der Prüfungsumfang entspricht dem der Revision, was insbesondere bei der Anwendung unbestimmter Rechtsbegriffe zum Tragen kommt (BAG 8. 5. 2003 AP ArbGG 1979 § 9 Nr. 25; vgl. § 73 Rn. 9). **Neue Tatsachen** können in der Rechtsbeschwerdeinstanz nur in dem Umfange vorgebracht werden, wie dies im Revisionsverfahren möglich ist (vgl. § 74 Rn. 114 ff.; BAG 5. 11. 2003 AP ArbGG 1979 § 78 Nr. 12; BGH 22. 11. 2005 NJW-RR 2006, 342). 56

Ist die **Rechtsbeschwerde begründet,** wird der Beschluss des Landesarbeitsgerichts aufgehoben und die Sache zur erneuten Entscheidung zurückverwiesen (§ 577 Abs. 4 ZPO). Die Zurückverweisung kann an eine andere Kammer erfolgen. Das Landesarbeitsgericht ist an die rechtliche Beurteilung, die der Aufhebung zugrunde liegt, gebunden (§ 577 Abs. 4 Satz 4 ZPO). Das Beschwerdegericht muss den Parteien Gelegenheit geben, sich erneut zu der Sache zu äußern (BGH 6. 10. 2005 NJW-RR 2005, 1727). Das Bundesarbeitsgericht kann aber bei Entscheidungsreife unter Aufhebung des LAG-Beschlusses eine eigene Sachentscheidung treffen (§ 577 Abs. 5 ZPO). Es hat die Rechtsbeschwerde zurückzuweisen, wenn sich die angefochtene Entscheidung aus anderen Gründen als richtig erweist (§ 577 Abs. 3 iVm. § 561 ZPO; BAG 4. 2. 2003 AP ZPO § 89 Nr. 2). Nach § 577 Abs. 6 Satz 3 ZPO kann das Bundesarbeitsgericht von einer Begründung seines Beschlusses absehen, wenn diese nicht geeignet wäre, zur Klärung von Rechtsfragen grundsätzlicher Bedeutung, zur Fortbildung des Rechts oder zur Sicherung einer einheitlichen Rechtsprechung beizutragen (krit. *Knauer/Wolf* NJW 57

2004, 2857, 2865). Nicht durchgreifende Verfahrensrügen brauchen nicht behandelt zu werden (§ 564 iVm. § 577 Abs. 6 Satz 2 ZPO), sofern sie nicht absolute Revisionsgründe iSv. § 547 ZPO betreffen.

58 Über die **Kosten der Rechtsbeschwerde** ist nach §§ 91 ff. ZPO zu entscheiden (BAG 19. 12. 2002 AP ArbGG 1979 § 72 a Nr. 47; BAG 22. 1. 2003 AP ArbGG 1979 § 78 n. F. Nr. 1; BAG 17. 3. 2003 AP ArbGG 1979 § 78 n. F. Nr. 3; BGH 17. 6. 1993 NJW 1993, 2541 [auch im Verfahren nach § 17 a Abs. 4 GVG]). Hätte bereits das Beschwerdegericht die Sache an die erste Instanz zurückverweisen müssen, hat das Rechtsbeschwerdegericht dies nachzuholen (BGH 2. 6. 2005 NJW-RR 2005, 1299). Im Fall der Zurückverweisung der Sache kann die Kostenentscheidung dem Landesarbeitsgericht übertragen werden (BAG 4. 2. 2003 AP ZPO § 89 Nr. 2). Betrifft die Rechtsbeschwerde die Bewilligung von Prozesskostenhilfe und wird über diese entschieden, unterbleibt jede Kostenentscheidung (BAG 8. 5. 2003 AP ArbGG 1979 § 9 Nr. 25; BAG 5. 4. 2006 AP ZPO § 115 Nr. 3 = NZA 2006, 294). In Rechtswegbestimmungsverfahren wird der Streitwert der Rechtsbeschwerde idR auf $^{1}/_{3}$ des Hauptsachewertes festgesetzt (BAG 19. 12. 2002 AP ArbGG 1979 § 72 a Nr. 47; vgl. auch BGH 27. 10. 2005 NZA 2006, 119 [$^{1}/_{5}$ bis $^{1}/_{3}$]). Die Rechtsbeschwerde kann bis zur Entscheidung des Bundesarbeitsgerichts zurückgenommen werden. Einer Zustimmung des Gegners bedarf es nicht (Schwab/Weth/*Schwab* § 78 Rn. 83). Die Zurücknahme der Rechtsbeschwerde ist bedingungsfeindlich, sie kann auch nicht von einer innerprozessualen Bedingung abhängig gemacht werden, darüber hinaus ist sie unwiderruflich und unanfechtbar (vgl. BGH 26. 9. 2007 NJW-RR 2008, 85). Im Falle der Zurücknahme ergibt sich die Kostenfolge aus einer entsprechenden Anwendung von § 516 Abs. 3 ZPO. Die in diesem Fall anfallende Gebühr bestimmt sich nach Nr. 8624 des Kostenverzeichnisses zum GKG. Diese Norm regelt einen eigenständigen Gebührentatbestand für den Fall der Zurücknahme der Rechtsbeschwerde, der auch in PKH-Verfahren Anwendung findet (BAG 8. 7. 2008 NZA-RR 2008, 540).

VI. Entscheidungen und Verfügungen des Bundesarbeitsgerichts

59 Entscheidungen und Verfügungen des Bundesarbeitsgerichts unterliegen keinem Rechtsmittel, auch nicht der sofortigen Beschwerde nach § 567 ZPO. Gemäß § 78 a Abs. 1 Satz 2 ist eine Gehörsrüge gegen eine der Endentscheidung vorausgehende Entscheidung nicht statthaft. Wird gleichwohl eine Beschwerde eingelegt, kann diese als **Gegenvorstellung** (vgl. Rn. 7) gewertet werden, auf die hin das Bundesarbeitsgericht seine Entscheidung abändern kann, wenn die angefochtene Entscheidung überhaupt geändert werden darf (BAG 19. 7. 1972 AP ZPO § 567 Nr. 1). Unabänderlich sind alle über ein Rechtsmittel, eine Nichtzulassungsbeschwerde (vgl. BGH 19. 1. 2004 NJW 2004, 1531) oder einen Wiedereinsetzungsantrag getroffenen Entscheidungen (BAG 21. 7. 1993 AP ZPO § 579 Nr. 4), nicht aber Entscheidungen über den Gang des Verfahrens selbst, wie die Anberaumung oder Verlegung eines Termins, oder im Zuge einer vor dem Bundesarbeitsgericht erforderlich werdenden Beweisaufnahme sowie Entscheidungen nach § 719 Abs. 2 ZPO über die Einstellung der Zwangsvollstreckung. Nach § 66 Abs. 1 GKG entscheidet das Gericht über **Erinnerungen des Kostenschuldners** und der Staatskasse gegen den Kostenansatz. Dies kann auch eine Entscheidung des Bundesarbeitsgerichts sein. Funktionell zuständig für die Entscheidung ist der Senat in der Besetzung mit drei Berufsrichtern (BAG 17. 4. 2007 – 5 AZN 1226/06 –; BAG 8. 7. 2008 NZA-RR 2008, 540). Die in § 66 Abs. 6 Satz 1 GKG vorgesehene Entscheidung durch den Einzelrichter gilt nicht für das Bundesarbeitsgericht, bei dem Entscheidungen durch den Einzelrichter gerichtsverfassungs- und prozessrechtlich nicht vorgesehen sind (ebenso für das Verfahren vor dem Bundesfinanzhof: BFH 28. 6. 2005 BFHE 209, 422; BFH 1. 9. 2005 – III E 1/05 –; vor dem Bundesgerichtshof: BGH 13. 1. 2005 NJW-RR 2005, 584; vor dem Dienstgericht des Bundes: BGH 22. 2. 2006 NJW-RR 2006,

1003; aA für das Verfahren vor dem Bundesverwaltungsgericht: BVerwG 25. 1. 2006 NVwZ 2006, 479). Aus dem Umstand, dass § 66 Abs. 6 GKG dem § 568 ZPO nachgebildet wurde (BT-Drucks. 15/1971 S. 157), ergibt sich, dass die mit einer Entscheidung durch den Einzelrichter möglichen Beschleunigungseffekte nur bei den Gerichten genutzt werden sollen, bei denen eine Entscheidung durch Einzelrichter überhaupt vorgesehen ist. In jedem Fall entscheidet der Senat ohne Mitwirkung ehrenamtlicher Richter. Für eine Erinnerung nach § 66 Abs. 1 Satz 1 GKG besteht kein Vertretungszwang.

VII. Bestimmung des zuständigen Gerichts

Nach § 46 Abs. 2 findet § 36 Abs. 1 Nr. 3 ZPO im arbeitsgerichtlichen Verfahren Anwendung. Danach wird das zuständige Gericht durch das im Rechtszug zunächst höhere Gericht bestimmt, wenn mehrere Personen, die bei verschiedenen Gerichten ihren allgemeinen Gerichtsstand haben, als Streitgenossen im allgemeinen Gerichtsstand verklagt werden sollen und für den Rechtsstreit ein gemeinschaftlicher besonderer Gerichtsstand nicht begründet ist. Eine Entscheidung des Bundesarbeitsgerichts kommt seit der Reform des § 36 im Jahre 1997 nicht mehr in Betracht. Vielmehr wird das zuständige Gericht **durch das Landesarbeitsgericht** bestimmt, zu dessen Bezirk das zuerst mit der Sache befasste Arbeitsgericht gehört (BAG 22. 7. 1998 AP ZPO § 36 Nr. 55; BAG 21. 11. 2002 – 5 AS 10/02 – nicht veröffentlicht).

60

Gemäß § 17a Abs. 2 Satz 3 GVG, § 48 Abs. 1 ArbGG sind rechtskräftige **Verweisungsbeschlüsse** für das Gericht, an das der Rechtsstreit verwiesen worden ist, bindend. Auch ein rechtskräftiger Verweisungsbeschluss, der nicht hätte ergehen dürfen, ist grundsätzlich einer weiteren Überprüfung entzogen (BAG 22. 7. 1998 AP ZPO § 36 Nr. 55; BAG 19. 3. 2003 AP ZPO § 36 Nr. 59; BAG 17. 6. 2004 AP ZPO § 36 Nr. 60; BAG 12. 7. 2006 NZA 2006, 1004; BGH 24. 2. 2000 NJW 2000, 1343; BGH 13. 11. 2001 AP GVG § 17a Nr. 46; BGH 8. 7. 2003 NJW 2003, 2990; BFH 26. 2. 2004 BFHReport 2004, 454). **Nur bei krassen Rechtsverletzungen** kommt eine Durchbrechung der gesetzlichen Bindungswirkung ausnahmsweise in Betracht (BAG 17. 6. 2004 AP ZPO § 36 Nr. 60). Dies ist etwa anzunehmen, wenn der Beschluss dazu führt, dass sich die Verweisung bei Auslegung und Anwendung der maßgeblichen Normen in einer nicht mehr hinnehmbaren, willkürlichen Weise von dem verfassungsrechtlichen Grundsatz des gesetzlichen Richters entfernt oder auf der Versagung rechtlichen Gehörs gegenüber den Verfahrensbeteiligten beruht (BGH 13. 11. 2001 AP GVG § 17a Nr. 46) und damit unter Berücksichtigung elementarer rechtsstaatlicher Grundsätze nicht mehr verständlich erscheint und offensichtlich unhaltbar ist (BAG 19. 3. 2003 AP ZPO § 36 Nr. 59; BGH 9. 4. 2002 NZA 2002, 813). Der Verweisungsbeschluss muss ein **Beleg (objektiv) willkürlicher Rechtsfindung** sein. Objektive Willkürlichkeit ist gegeben, wenn die Rechtsanwendung oder das Verfahren unter keinem denkbaren rechtlichen Aspekt mehr vertretbar ist und sich daher der Schluss aufdrängt, dass sie auf sachfremden und damit willkürlichen Erwägungen beruhen (BVerfG 26. 7. 2005 NJW 2005, 3345). Von Willkür kann aber nicht gesprochen werden, wenn das Gericht sich mit der Rechtslage auseinandergesetzt hat und seine Auffassung nicht jeden sachlichen Grundes entbehrt (BVerfG 9. 7. 2007 NJW 2007, 3418). Somit ist ein unanfechtbar gewordener Verweisungsbeschluss, der nicht hätte ergehen dürfen, grundsätzlich einer weiteren Überprüfung entzogen. Bleibt aber eine zentrale Vorschrift unberücksichtigt (zB § 5 Abs. 1 Satz 3 [hierzu BAG 12. 7. 2006 NZA 2006, 1004] oder § 48 Abs. 1a [hierzu LAG München 28. 10. 2008 NZA-RR 2009, 218]; einschränkend BGH 16. 12. 2003 AP GVG § 17a Nr. 53 [nicht bei bloßem Übersehen der Norm]) oder weicht das Gericht ohne ein Wort der Auseinandersetzung mit der ständigen Rechtsprechung und ganz herrschenden Auffassung im Schrifttum von der bisherigen Interpretation einer Norm ab (zB Komplementär einer KG als Arbeitgeber der Arbeitnehmer der KG im Sinne von § 5 – BAG 28. 2.

61

2006 AP ArbGG 1979 § 2 Nr. 88 = NZA 2006, 453; ebenso BGH 13. 12. 2005 NJW 2006, 847) oder ist der Rechtsstreit vor Zustellung der Klage verwiesen worden (BAG 9. 2. 2006 AP ZPO § 36 Nr. 61 = NZA 2006, 454; BAG 28. 6. 2006 – 5 AS 6/06 –), liegt eine in diesem Sinne objektiv willkürliche Rechtsanwendung vor. Liegt ein solcher Fall der krassen Rechtsverletzung vor, wird ausnahmsweise die Bindungswirkung des Verweisungsbeschlusses durchbrochen. In analoger Anwendung von **§ 36 Abs. 1 Nr. 6 ZPO** wird das zuständige Gericht bestimmt, wenn dies zur Wahrung einer funktionierenden Rechtspflege und der Rechtssicherheit notwendig ist (BAG 22. 7. 1998 AP ZPO § 36 Nr. 55; BAG 13. 1. 2003 NZA 2003, 285; BAG 19. 3. 2003 AP ZPO § 36 Nr. 59; BAG 12. 7. 2006 NZA 2006, 1004; BGH 26. 7. 2001 NJW 2001, 3631; BGH 13. 11. 2001 AP GVG § 17a Nr. 46). Erforderlich ist, dass innerhalb eines Verfahrens zu Zweifeln über die Bindungswirkung von rechtskräftigen Verweisungsbeschlüssen kommt und keines der in Frage kommenden Gerichte bereit ist, die Sache zu bearbeiten, oder die Verfahrensweise eines Gerichts die Annahme rechtfertigt, der Rechtsstreit werde von diesem nicht prozessordnungsgemäß betrieben, obwohl er gemäß § 17b Abs. 1 GVG vor ihm anhängig ist (BGH 9. 4. 2002 NZA 2002, 813). Zuständig für die Zuständigkeitsbestimmung ist derjenige oberste Gerichtshof des Bundes, der zuerst darum angegangen wird (BAG 13. 1. 2003 NZA 2003, 285; BAG 19. 3. 2003 AP ZPO § 36 Nr. 59). Zur Klarstellung und zur Vermeidung weiterer Verzögerungen wird der angerufene oberste Gerichtshof die sich aus dem bindenden Beschluss ergebende Rechtsfolge nochmals aussprechen (BAG 12. 7. 2006 NZA 2006, 1004; BGH 16. 12. 2003 AP GVG § 17a Nr. 53).

§ 78 a Abhilfe bei Verletzung des Anspruchs auf rechtliches Gehör

(1) ¹Auf die Rüge der durch die Entscheidung beschwerten Partei ist das Verfahren fortzuführen, wenn
1. ein Rechtsmittel oder ein anderer Rechtsbehelf gegen die Entscheidung nicht gegeben ist und
2. das Gericht den Anspruch dieser Partei auf rechtliches Gehör in entscheidungserheblicher Weise verletzt hat.

²Gegen eine der Endentscheidung vorausgehende Entscheidung findet die Rüge nicht statt.

(2) ¹Die Rüge ist innerhalb einer Notfrist von zwei Wochen nach Kenntnis von der Verletzung des rechtlichen Gehörs zu erheben; der Zeitpunkt der Kenntniserlangung ist glaubhaft zu machen. ²Nach Ablauf eines Jahres seit Bekanntgabe der angegriffenen Entscheidung kann die Rüge nicht mehr erhoben werden. ³Formlos mitgeteilte Entscheidungen gelten mit dem dritten Tage nach Aufgabe zur Post als bekannt gegeben. ⁴Die Rüge ist schriftlich bei dem Gericht zu erheben, dessen Entscheidung angegriffen wird. ⁵Die Rüge muss die angegriffene Entscheidung bezeichnen und das Vorliegen der in Absatz 1 Satz 1 Nr. 2 genannten Voraussetzungen darlegen.

(3) Dem Gegner ist, soweit erforderlich, Gelegenheit zur Stellungnahme zu geben.

(4) ¹Das Gericht hat von Amts wegen zu prüfen, ob die Rüge an sich statthaft und ob sie in der gesetzlichen Form und Frist erhoben ist. ²Mangelt es an einem dieser Erfordernisse, so ist die Rüge als unzulässig zu verwerfen. ³Ist die Rüge unbegründet, weist das Gericht sie zurück. ⁴Die Entscheidung ergeht durch unanfechtbaren Beschluss. ⁴Der Beschluss soll kurz begründet werden.

(5) ¹Ist die Rüge begründet, so hilft ihr das Gericht ab, indem es das Verfahren fortführt, soweit dies aufgrund der Rüge geboten ist. ²Das Verfahren wird in die Lage zurückversetzt, in der es sich vor dem Schluss der mündlichen Verhandlung befand. ³§ 343 der Zivilprozessordnung gilt entsprechend. ⁴In schriftlichen Verfahren tritt an die Stelle des Schlusses der mündlichen Verhandlung der Zeitpunkt, bis zu dem Schriftsätze eingereicht werden können.

I. Grundlagen § 78a

(6) ¹Die Entscheidungen nach den Absätzen 4 und 5 erfolgen unter Hinziehung der ehrenamtlichen Richter. ²Die ehrenamtlichen Richter wirken nicht mit, wenn die Rüge als unzulässig verworfen wird oder sich gegen eine Entscheidung richtet, die ohne Hinziehung der ehrenamtlichten Richter erlassen wurde.

(7) § 707 der Zivilprozessordnung ist unter der Voraussetzung entsprechend anzuwenden, dass der Beklagte glaubhaft macht, dass die Vollstreckung ihm einen nicht zu ersetzenden Nachteil bringen würde.

(8) Auf das Beschlussverfahren finden die Absätze 1 bis 7 entsprechende Anwendung.

Übersicht

	Rn.
I. Grundlagen	1–5
1. Entstehungsgeschichte	1, 2
2. Normzweck	3
3. Parallelnormen	4
4. Rechtstatsächliche Hinweise	5
II. Rechtsnatur	6–9
1. Kein Rechtsmittel	6
2. Außerordentlicher Rechtsbehelf eigener Art	7
3. Abgrenzung zur Gegenvorstellung	8
4. Außerordentliche Beschwerde	9
III. Statthaftigkeit der Anhörungsrüge	10–13
IV. Zulässigkeit der Anhörungsrüge	14–17a
V. Begründetheit der Anhörungsrüge	18
VI. Verfahren und Entscheidung des Gerichts	19–30
1. Erhebung der Rüge	19
2. Stellungnahme des Gegners	20
3. Prüfung durch das Gericht	21, 22
4. Besetzung des Gerichts	23, 24
5. Verfahrensfortgang	25
6. Aussetzung bei Einlegung eines Rechtsmittels?	26–30
VII. Die Zwangsvollstreckung	31
VIII. Das Beschlussverfahren	32
IX. Analoge Anwendung der Norm	33–38

I. Grundlagen

1. Die Entstehungsgeschichte

Am 1. 1. 2005 ist die neu in das Gesetz eingefügte Norm in Kraft getreten. Sie hat eine **1** sehr wechselvolle Entstehungsgeschichte. Schon seit dem Jahre 1964 gibt es in der StPO mit den §§ 33a, 311a eine gesetzliche Regelung der Anhörungsrüge. Darüber hinaus hat es für den Zivilprozess und für das arbeitsgerichtliche Verfahren in den Jahren 1979 und 1983 gesetzgeberische Initiativen gegeben, die allerdings jeweils im ersten Entwurfsstadium gescheitert sind. Im Zivilprozess (nicht aber im ArbGG) wurde dann erstmals durch das Gesetz zur Reform des Zivilprozesses vom 27. 7. 2001 ein neuer § 321a in die ZPO eingefügt. Diese Norm war in den Ende 1999 veröffentlichten ersten Entwürfen noch nicht enthalten gewesen. Sie wurde ein wenig überraschend und weithin unbemerkt in den Fraktionsentwurf der Koalition vom 4. 7. 2000 und später in den Regierungsentwurf vom 24. 11. 2000 aufgenommen. Die Norm ist ohne nennenswerte rechtspolitische Diskussion mit dem ZPO-Reformgesetz verabschiedet worden und zum 1. 1. 2002 in Kraft getreten.

Der ursprüngliche § 321a ZPO hatte einen sehr engen Anwendungsbereich. Trotz des **2** klaren Normwortlauts waren deshalb von Anfang an der Umfang und der Anwendungsbereich der Norm streitig. So wurde teilweise die Auffassung vertreten, die Norm sei auch auf unanfechtbare Urteile höherer Instanzen sowie auf unanfechtbare Beschlüsse analog anwendbar. Divergierende höchstrichterliche Entscheidungen führten allerdings zunächst nicht zur Anrufung eines großen Senats oder des Gemeinsamen Senats der obersten Gerichtshöfe des Bundes. Daher lag eine Klärung der anstehenden Streitfragen durch das BVerfG nahe. Allerdings hatte früher das BVerfG zum Erfordernis von Anhörungsrügen außerordentlich zurückhaltend agiert. In st. Rspr. ging das BVerfG davon aus, dass de lege lata die Verfahrensordnungen eine Anhörungsrüge nicht kennen und auch nicht vorsehen müssten (BVerfG 30. 6. 76, 2. 3. 82 BVerfGE 42, 252, 255; BVerfGE 60, 96, 98). Die berühmte **Entscheidung des Plenums des BVerfG** vom 30. 4. 2003 stellt insoweit einen grundlegenden Wandel der Rechtsprechung des BVerfG dar (BVerfGE 107, 395 = NJW 2003, 1924). Das BVerfG hat in dieser Entscheidung deutlich gemacht, dass das Grundrecht auf Gewährung rechtlichen Gehörs eine ausreichende Rechtsschutzmöglichkeit gegen Gehörsverletzungen in jeder einzelnen Verfahrensordnung erfordere. Dem Gesetzgeber wurde deshalb aufgegeben, bis zum 31. 12. 2004 Lücken im Rechtsschutz gegenüber Gehörsverstöße zu schließen. In diesem Zusammenhang hat das BVerfG in besonderer Weise Rechtsmittelklarheit verlangt und ungeschriebene Rechtsbehelfe wie die früher idR für zulässig erachtete außerordentliche Beschwerde verworfen. Das BVerfG hat vom Gesetzgeber verlangt, in der geschriebenen Rechtsordnung und für den Bürger erkennbar eine Rügemöglichkeit bei Verstoß gegen das rechtliche Gehör vorzusehen. Auf dieser Basis hat der Gesetzgeber am 9. 12. 2004 das Anhörungsrügegesetz erlassen (BGBl. I 2004, 3220); es ist am 1. 1. 2005 in Kraft getreten. Es hat § 321a ZPO erheblich erweitert und in den anderen Verfahrensgesetzen weitgehend wortgleiche Normen geschaffen. In das ArbGG hat das Gesetz den § 78a neu eingefügt.

2. Normzweck

3   Die vielfältigen Versuche in der Praxis, gerichtliche Entscheidungen mit einer Verfassungsbeschwerde wegen der Verletzung des rechtlichen Gehörs anzugreifen, haben ein Handeln des Gesetzgebers herausgefordert. Die Norm hat daher das erklärte Ziel, zur Entlastung des BVerfG beizutragen und den Arbeitsgerichten eine ausdrückliche gesetzliche Möglichkeit zu eröffnen, Verletzungen des rechtlichen Gehörs in eigener Regie zu bereinigen (vgl. BT-Drucks. 14/4722, S. 63). Dieser Normzweck konnte nur erreicht werden, wenn der Gesetzgeber die Anhörungsrüge gegen gerichtliche Entscheidungen in jeder Instanz eröffnet. Die ursprüngliche Begrenzung des Anwendungsbereichs von § 321a ZPO a. F. auf erstinstanzliche Urteile war von Anfang an zum Scheitern verurteilt. Die ausdrückliche gesetzliche Regelung in allen Verfahrensordnungen folgt der Logik der Plenarentscheidung des BVerfG vom 30. 4. 2003, wonach die Rechtsmittelklarheit ausdrücklich geregelte Rechtsbehelfe erfordere und keinen Spielraum für eine nur richterrechtlich entwickelte außerordentliche Beschwerde lasse. Damit ist zugleich eine abschließende Klärung für das ArbGG erreicht. Dem Gesetzgeber war es bei weithin wörtlicher Übernahme der Regelungen aus § 321a ZPO möglich, durch die besondere Norm des § 78a die arbeitsgerichtlichen Spezialfragen der Mitwirkung der ehrenamtlichen Richter und des arbeitsgerichtlichen Beschlussverfahrens eigenständig zu regeln (vgl. Abs. 6, 8).

3. Parallelnormen

4   Durch das Anhörungsrügegesetz vom 9. 12. 2004 wurden nahezu wortgleiche Regelungen für eine Anhörungsrüge nicht nur in § 321a ZPO und § 78a ArbGG eingefügt, sondern auch in §§ 152a VwGO, 178a SGG, 133a FGO. Darüber hinaus gibt es vergleichbare Normen in verschiedenen anderen Verfahrensrechten, z. B. in § 29a FGG, § 44 FamFG und § 81 Abs. 3 GBO, in § 69a GKG sowie in § 12a RVG.

4. Rechtstatsächliche Hinweise

Eine umfassende Evaluation der ZPO-Reform hat ergeben, dass es im Jahre 2002 insgesamt 390 Verfahren gemäß § 321 a ZPO gegeben hat, im Jahre 2003 363 Verfahren und im Jahre 2004, 586 Verfahren (vgl. *Hommerich/Prütting/Ebers/Lang/Traut* Rechtstatsächliche Untersuchung zu den Auswirkungen der Reform des Zivilprozessrechts auf die gerichtliche Praxis, 2006 S. 127). In allen drei untersuchten Jahren lag der Anteil der unzulässigen bzw. unbegründeten Rügen bei ca. 60 bis 70%. Das Abhilfeverfahren selbst dauerte im Schnitt ca. 4 Monate. Diese Zahlen beziehen sich ausschließlich auf den Zivilprozess und dürften für das arbeitsgerichtl. Verfahren nicht grundsätzlich abweichen.

II. Rechtsnatur

1. Kein Rechtsmittel

Die Anhörungsrüge ist als ein Rechtsbehelf ausgestaltet, soweit ein Rechtsmittel oder ein anderer Rechtsbehelf gegen die angegriffene Entscheidung nicht oder nicht mehr gegeben ist. Die Anhörungsrüge ist also rechtskraftdurchbrechend (a. A. *Bader/Creutzfeldt/Friedrich* ArbGG, 4. Aufl. 2006 § 78 a, Rn. 26). Sie führt zum iudex a quo, besitzt also auch keinen Devolutiveffekt. Der fehlende Suspensiveffekt ergibt sich auch aus der gesetzgeberischen Änderung des § 705 Satz 2 ZPO. Daraus ergibt sich zugleich, dass die Anhörungsrüge kein Rechtsmittel im technischen Sinn ist.

2. Außerordentlicher Rechtsbehelf eigener Art

Durch die im Gesetz vorgenommene Formalisierung des Rechtsbehelfs und durch die Ausgestaltung als rechtskraftdurchbrechener Rechtsbehelf kann die Anhörungsrüge mit der Wiederaufnahme des Verfahrens verglichen werden. Hier wie dort handelt es sich also um einen gesetzlich geregelten und besonderen Fall eines außerordentlichen Rechtsbehelfs. Von einer echten Beschwerde ist dieser Rechtsbehelf durch den fehlenden Devolutiv- und Suspensiveffekt abgegrenzt (s. oben Rn. 6); zur Abgrenzung von einer Gegenvorstellung s. unten Rn. 8; zur Abgrenzung von der sog. außerordentlichen Beschwerde s. unten Rn. 9.

3. Abgrenzung zur Gegenvorstellung

Als Gegenvorstellung bezeichnet man die außerhalb eines formal ausgestalteten Rechtsbehelfsverfahrens vorgetragene Bitte an das Gericht, ein bestimmtes Anliegen zu prüfen. Wegen der Formlosigkeit dieses Rechtsbehelfs ist dieser Bitte bereits dann Genüge getan, wenn Sie sachlich geprüft und rein informatorisch (also die Art der Erledigung mitteilend) beschieden wird. Damit kann die G. anders als die Anhörungsrüge in keinem Falle rechtskraftdurchbrechende Wirkung aufweisen. Eine Gegenvorstellung ist also neben der Anhörungsrüge weiterhin zulässig (OVG Weimar 11. 10. 2007, NJW 2008, 1609). Sie darf allerdings nicht die Rüge der Verletzung rechtlichen Gehörs betreffen. Sinnvoll kann daher eine Gegenvorstellung im arbeitsgerichtlichen Verfahren nur dort sein, wo das Gericht die Kompetenz hat, eine eigene Entscheidung von Amts wegen zu überprüfen. So etwas ist ausnahmsweise in den Fällen der §§ 107, 124, 319 ZPO möglich. Zu Unrecht wird allerdings in Rechtsprechung und Literatur die Gegenvorstellung nicht selten als ein außerordentlicher Rechtsbehelf betrachtet (vgl. *Zuck* ZRP 2008, 44). So wird teilweise auch die Gegenvorstellung zu Unrecht einer Frist unterworfen (vgl. OLG Rostock 10. 06. 2008, MDR 2009, 49 mwN).

4. Außerordentliche Beschwerde

9   Vor dem Jahr 2002 hat die Rechtsprechung in vielfältiger Weise versucht, unanfechtbare Gerichtsentscheidungen einer Überprüfung zuzuführen, wenn der Betroffene in seinen Verfahrensgrundrechten verletzt war. Teilweise wurde im Hinblick auf die Evidenz des Rechtsfehlers von einer außerordentlichen Beschwerde wegen greifbarer Gesetzwidrigkeit gesprochen, zum Teil wurde sogar eine außerordentliche Berufung, eine außerordentliche Revision oder eine außerordentliche weitere Beschwerde diskutiert (statt Aller vgl. *Schnabl* S. 6 ff., 166 ff.). Die Besonderheit dieser außerordentlichen Rechtsbehelfe lag darin, dass sie keinerlei gesetzliche Grundlage hatten, sondern rein richterrechtlich entwickelt worden sind. Nach Inkrafttreten des § 321 a ZPO hat zunächst der BGH (BGH 7. 3. 2002 BGHZ 150, 133) solche außerordentlichen Rechtsbehelfe für grundsätzlich nicht mehr statthaft angesehen. Im Jahre 2003 hat dann das BVerfG letztlich diese Tendenz bestätigt, indem es im Hinblick auf die Rechtsmittelklarheit die Statthaftigkeit ungeschriebener Rechtsbehelfe grundsätzlich verneint hat (BVerfG vom 30. 4. 2003 BVerfGE 107, 395 = NJW 2003, 1924). Zu den Einzelheiten s. unten Rn. 37 f. und *Prütting* FS Adomeit, 2008, S. 571 ff.

III. Statthaftigkeit der Anhörungsrüge

10   Die Anhörungsrüge ist statthaft, wenn eine Endentscheidung des Arbeitsgericht oder einer höheren Instanz vorliegt, wenn gegen diese Endentscheidung ein Rechtsmittel oder ein anderer Rechtsbehelf nicht gegeben ist und wenn die Partei diese Endentscheidung mit der Rüge angreift, ihr Anspruch auf rechtliches Gehör sei verletzt.

11   Im Einzelnen bedeutet dies, dass die Rüge gegen **Endentscheidungen in allen Instanzen** in Betracht kommt. Unter die angreifbaren Entscheidungen fallen nach neuem Recht sowohl Urteile als auch Beschlüsse im Urteils- wie im Beschlussverfahren. Dabei kommen nicht nur die Endentscheidungen in der Hauptsache in Betracht, sondern auch in allen **Nebenverfahren**. Solche Nebenverfahren sind etwa die Entscheidung über ein Richterablehnungsgesuch (BVerfG 23. 10. 2007, MDR 2008, 223), eine Entscheidung über die Gewährung von Prozesskostenhilfe, die Beschlüsse nach § 5 Abs. 4 KSchG, nach § 17a Abs. 2, 3 GVG oder Entscheidungen in der Zwangsvollstreckung sowie Streitwertbeschlüsse. Auch im Verfahren des einstweiligen Rechtsschutzes ist die Anhörungsrüge statthaft. Ausgeschlossen sind lediglich die Zwischenentscheidungen, die einer Endentscheidung vorausgehen und nicht selbständig anfechtbar sind. Besonders wichtig ist die Neuregelung im Hinblick auf einen Zurückweisungsbeschluss nach § 522 Abs. 2 ZPO, der seit 1. 1. 2005 also ebenfalls mit der Anhörungsrüge angreifbar ist. Diese Möglichkeit der Zurückweisung findet allerdings wegen § 66 Abs. 2 Satz 2 ArbGG im arbeitsgerichtlichen Berufungsverfahren keine Anwendung.

12   Hervorzuheben ist, dass die Anhörungsrüge nur dann statthaft ist, wenn eine Entscheidung nicht mit einem Rechtsmittel oder einem sonstigen Rechtsbehelf angegriffen werden kann. Die Anhörungsrüge ist also **subsidiär**. Praktisch bedeutet dies, dass Anhörungsrügen gegenüber Urteilen in 1. und 2. Instanz relativ selten in Betracht kommen werden, da diese Urteile in aller Regel der Berufung bzw. der Revision oder der Nichtzulassungsbeschwerde unterliegen (LAG Bremen 11. 6. 2008, NZA 2008, 968). Der Hauptanwendungsbereich der Norm wird also bei Entscheidungen des BAG sowie den mit der Berufung nicht anfechtbaren Entscheidungen 1. Instanz liegen. Darüber hinaus können Endentscheidungen angefochten werden, die nicht in Urteilsform ergehen und gegen die ein anderer Rechtsbehelf nicht gegeben ist (unanfechtbare Beschlüsse).

13   Umstritten ist die Frage, ob eine Anhörungsrüge dann statthaft ist, wenn ein Rechtsmittel oder ein Rechtsbehelf zwar grundsätzlich gegeben war, zurzeit der Erhebung der Rüge aber insbesondere wegen Fristablaufs nicht mehr gegeben ist. Es sind nämlich Fälle

denkbar, in denen die Notfrist des § 78 a Abs. 2 Satz 1 dann noch nicht abgelaufen ist. Auch bei einem Rechtsmittelverzicht stellt sich diese Frage. Nimmt man den Gesetzeswortlaut ernst, so muss man die Statthaftigkeit verneinen. Darüber hinaus ließe sich vertreten, dass die Anhörungsrüge als ein rechtskraftdurchbrechender außerordentlicher Rechtsbehelf die Ausnahme bleiben muss, so dass eine enge Auslegung des Anwendungsbereichs vorzuziehen wäre. Dem steht allerdings gegenüber, dass der Gesetzeszweck (nämlich die Nachholung gerichtlicher Versäumnisse im Rahmen des rechtlichen Gehörs im ordentlichen Verfahren und damit die Entlastung des BVerfG) deutlich für eine weite Auslegung spricht. Auch die Gesetzesmaterialien geben Anhaltspunkt für diese Auffassung (BR-Drucks. 663/04 S. 31). Für diese weite Auslegung auch *Düwell/ Lipke/Treber* ArbGG 2. Aufl. 2005 § 78 a Rn. 15; *Zöller/Vollkommer* § 321 a Rn. 5; a. A. *Bader/Creutzfeldt/Friedrich* § 78 a Rn. 4; GK-ArbGG/*Dörner* § 78 a Rn. 12. Dies entspricht letztlich der Teleologie des Gesetzes, während die engere Gegenauffassung eher vom Gesetzeswortlaut und von der Systematik eines rechtskraftdurchbrechenden außerordentlichen Rechtsbehelfs getragen ist. Im Ergebnis ist die Anhörungsrüge also statthaft.

IV. Zulässigkeit der Anhörungsrüge

Für die Zulässigkeit der Anhörungsrüge sind zunächst die Einhaltung von Form und **14** Frist des Rechtsbehelfs erforderlich. Bezüglich der **Form** schreibt Abs. 2 Satz 3 ausdrücklich Schriftform vor, wobei die Rüge die angegriffene Entscheidung bezeichnen muss und im Einzelnen die Voraussetzungen des Abs. 1 darlegen muss. Zu erheben ist die Rüge beim iudex a quo. Die Einreichung der Rüge bei einer höheren Instanz wahrt die Frist nicht. Für die schriftliche Einreichung genügt nach allgemeinen Regeln die Erklärung zum Protokoll der Rechtsantragsstelle des Prozessgerichts oder eines anderen Arbeitsgerichts (vgl. § 46 Abs. 2 ArbGG i. V. mit § 496 ZPO). Dagegen kann die Rüge in 2. und 3. Instanz nur durch einen Anwalt oder gleichgestellte Vertretung erhoben werden (§ 11 Abs. 2).

Die **Frist** des Abs. 2 Satz 1 ist eine Notfrist von zwei Wochen, wobei der Lauf der Frist **15** mit Kenntnis der Verletzung des Anspruchs auf rechtliches Gehör beginnt. Auch bei dieser Regelung ist eine deutliche Änderung zu § 321 a ZPO a. F. eingetreten, wonach die Frist mit Zustellung des Urteils begann. Streitig ist dabei, ob die Kenntnis im Sinne des Normtextes auch ein Kennenmüssen erfasst, wie dies insbesondere *Bepler* RdA 2005, 65, 67; *Treber* NJW 2005, 97, 99 vertreten (a. A. Dörner GK-ArbGG § 78 Rn. 21). Mit dem insoweit eindeutigen Gesetzeswortlaut wird man nur auf echte Kenntnis abstellen dürfen.

Eine **Rechtsmittelbelehrung** i. S. von § 9 Abs. 5 kommt nicht in Betracht. Denn § 9 **16** Abs. 5 meint nur Rechtsmittel im technischen Sinn (BAG 22. 7. 2008, EzA § 78 a ArbGG 1979 Nr. 6).

Neben der gehörigen Form und Frist ist für die Zulässigkeit zu bedenken, dass die Rüge **17** entsprechend Abs. 1 ausreichend begründet ist (dazu BFH 29. 3. 2007, NJW 2008, 1342) und dass die rügende Partei von der angegriffenen Entscheidung beschwert ist. Das Vorliegen einer **Beschwer** ist in Abs. 1 Satz 1 ausdrücklich genannt und ist darüber hinaus nach allgemeinen Regeln zu fordern. Schließlich verlangt die Zulässigkeit, dass die behauptete Verletzung des Anspruchs auf rechtliches Gehör die Partei in entscheidungserheblicher Weise in ihren Rechten verletzt hat. Der Rechtsbehelfsführer muss also geltend machen, dass bei Wahrung des rechtlichen Gehörs der Ausgang des Rechtsstreits beeinflusst worden wäre. Von besonderer Bedeutung ist dies, wenn bei mehrfacher Entscheidungsbegründung die Rüge sich nur auf einen Begründungsteil bezieht.

Unzulässig ist eine sekundäre Anhörungsrüge, die sich nur dagegen wendet, dass das **17 a** Fachgericht zu Unrecht einen angeblichen Gehörsverstoß der Vorinstanz in dem durchgeführten Rechtsbehelfsverfahren nicht geheilt hat (BVerfG 5. 5. 2008, NJW 2008, 2635; BGH 13. 12. 2007, NJW 2008, 2126; BGH 20. 11. 2007, AnwBl 2008, 384; BVerwG 28. 11. 2008, NJW 2009, 457; *Zwanziger* NJW 2008, 3388).

V. Begründetheit der Anhörungsrüge

18   Über die Begründetheit einer statthaften und zulässig erhobenen Anhörungsrüge ist im Verfahren gemäß Abs. 4 und Abs. 5 in der Besetzung des Abs. 6 zu entscheiden. Begründet ist die Anhörungsrüge dann, wenn die in der konkreten Rüge geltend gemachte Verletzung des Anspruchs der Partei auf rechtliches Gehör in entscheidungserheblicher Weise vom zuständigen Gericht als tatsächlich gegeben angesehen wird. Es sind also vom Gericht alle Aspekte zu prüfen, die Art. 103 Abs. 1 GG den Prozessparteien gewährleisten. Im Einzelnen sind dies die Pflicht des Gerichts zur **Information** der Beteiligten, das Recht der Betroffenen zur **Äußerung** gegenüber dem Gericht und schließlich die Pflicht des Gerichts, die Parteiäußerungen **zur Kenntnis zu nehmen und in Erwägung zu ziehen**.

VI. Verfahren und Entscheidung des Gerichts

1. Erhebung der Rüge

19   Das Verfahren kommt nur auf Grund schriftlicher Rüge zustande (s. oben Rn. 14). Dabei sind Form und Frist gemäß Abs. 2 Satz 4 (Form) sowie Abs. 2 Satz 1 bis 3 (Frist) zu beachten. Ferner ist der im Gesetz genannte Mindestinhalt zu wahren (Abs. 2 Satz 5).

2. Stellungnahme des Gegners

20   Wie in Abs. 3 ausdrücklich vorgesehen ist vor der gerichtlichen Entscheidung dem Gegner Gelegenheit zur Stellungnahme zu geben. Eine solche Stellungnahme ist nach dem Gesetzeswortlaut nur „soweit erforderlich" vorzusehen. Dies wird aber wohl in aller Regel notwendig sein. Einer Einholung der Stellungnahme des Gegners bedarf es nicht, wenn die erhobene Rüge offensichtlich unzulässig oder unbegründet ist (GK-ArbGG/*Schütz* § 46 Rn. 50; *Düwell/Lipke/Treber* ArbGG § 78 a Rn. 42; *Polep/Rensen* S. 58).

3. Prüfung durch das Gericht

21   Das Gericht prüft zunächst von Amts wegen gemäß Abs. 4, ob die erhobene Rüge statthaft und ob sie im Einzelfall zulässig ist. Anderenfalls ist die Rüge als unzulässig zu verwerfen. Anschließend prüft das Gericht die Begründetheit der Rüge. Soweit die Rüge unbegründet ist, wird sie vom Gericht durch unanfechtbaren Beschluss zurückgewiesen. Das Gesetz sieht ausdrücklich vor, dass der Beschluss kurz begründet werden soll. Damit ist die Begründung des Beschlusses zwingend vorgesehen, freilich ohne dass bei fehlender Begründung eine Sanktion eingreifen würde.

22   Soweit die Rüge begründet ist, hilft das Gericht ihr ab. Dies bedeutet, dass das Verfahren fortgesetzt wird. Dabei wird das Verfahren insoweit in die Lage zurückversetzt, in der es sich vor Schluss der Letzten mündlichen Verhandlung befunden hatte. Damit kann die Gewährung rechtlichen Gehörs nachgeholt werden. Die anschließende Entscheidung des Gerichts ergeht ohne Bindung an die bereits getroffene Entscheidung. § 318 ZPO wird also durch § 78 a aufgehoben.

VI. Verfahren und Entscheidung des Gerichts § 78 a

4. Besetzung des Gerichts

Die Entscheidung über die Gehörsrüge trifft derjenige Spruchkörper, dessen richterliche Entscheidung mit der Rüge angegriffen worden war. Dieser Spruchkörper entscheidet in der Besetzung, die sich aktuell aus dem Geschäftsverteilungsplan ergibt (BAG 22. 7. 2008, EzA § 78 a ArbGG 1979 Nr. 6). Dabei erfolgt gemäß Abs. 6 die Entscheidung über die Begründetheit dieser Rüge grundsätzlich unter Beteiligung der ehrenamtlichen Richter, soweit diese an der angegriffenen Entscheidung selbst beteiligt waren. Dabei stellt sich die im Gesetz nicht eindeutig geregelte Frage, welche ehrenamtlichen Richter im Einzelfall heranzuziehen sind. In der Praxis werden jeweils neue ehrenamtliche Richter in der Reihenfolge der jeweiligen Vorschlagsliste herangezogen. Allerdings hat auch die Rechtsprechung anerkannt, dass die einmal mit der Sache befassten ehrenamtlichen Richter in Ausnahmefällen aus besonderen sachlichen Gründen nochmals heranzuziehen sind (s. oben § 31 Rn. 13). Geht man von dieser Auffassung aus, so mag es nahe liegen, auch im Falle des Abs. 6 ähnlich wie bei § 31 zu verfahren. Überwiegend wird dagegen im Schrifttum die Auffassung vertreten, im Falle der Verhandlung über eine Anhörungsrüge seien diejenigen ehrenamtlichen Richter heranzuziehen, die schon früher an dem Verfahren mitgewirkt haben (*Bepler* RdA 2005, 65, 68; *Treber* NJW 2005, 97, 100; *Düwell* FA 2005, 75, 76; a. A. *Dörner* GK-ArbGG § 78 a Rn. 38 ff.: *Düwell/Lipke/Treber* § 78 a Rn. 51). Es stellt sich allerdings die Frage, aus welchen Gründen die überwiegende Meinung von der in § 31 im Allgemeinen vertretenen Auffassung abweichen will. Aus dem Gesetzestext lässt sich dafür wenig entnehmen. Auch der häufige Hinweis auf das Gebot des gesetzlichen Richters erscheint zur Begründung nicht ausreichend. Schließlich führt auch der Hinweis auf den Zweck der Vorschrift, eine Panne des Gerichts im Wege der Selbstreinigung auszugleichen, nicht zwingend zur Heranziehung der früher beteiligten ehrenamtlichen Richter. 23

Soweit die Beteiligung ehrenamtlicher Richter nach Abs. 6 Satz 1 nicht erforderlich ist, kann der Vorsitzende gemäß Abs. 6 Satz 2 allein entscheiden. Eine Entscheidung ohne ehrenamtliche Richter ist also insbesondere möglich, wenn die Rüge als unzulässig verworfen wird oder wenn eine Entscheidung überprüft wird, die durch den Vorsitzenden allein ergangen war. 24

5. Verfahrensfortgang

Die Erhebung einer zulässigen und begründeten Anhörungsrüge gibt dem angerufenen Gericht nach Abs. 5 die Möglichkeit, der Rüge abzuhelfen. Dazu muss das Gericht das Verfahren fortführen. Ähnlich wie im Falle des § 342 ZPO wird deshalb das Verfahren in den Stand zurückversetzt, in dem es sich vor Schluss der mündlichen Verhandlung befunden hatte. Damit kann die Gewährung rechtlichen Gehörs nachgeholt werden. Die anschließende Entscheidung des Gerichts ergeht ohne Bindung an die bereits getroffene Entscheidung. § 318 ZPO wird also durch § 78 a ArbGG aufgehoben. Die neue Entscheidung muss gemäß § 343 ZPO entweder die bestehende Entscheidung aufrechterhalten oder sie in der neu zu erlassenden Entscheidung ausdrücklich aufheben. Es ist damit wie bei einem Versäumnisurteil zu tenorieren. Zu beachten ist im Rahmen des Abhilfeverfahrens allerdings, dass die Verfahrensfortführung nur insoweit in Betracht kommt, als dies auf Grund der Rüge geboten ist (Abs. 5 Satz 1). Dies bedeutet, dass etwa im Falle einer objektiven Klagehäufung nur derjenige Streitgegenstand zur erneuten Verhandlung steht, der von der Verletzung des rechtlichen Gehörs kausal betroffen ist. 25

6. Aussetzung bei Einlegung eines Rechtsmittels?

Grundsätzlich ist es denkbar, dass in einem arbeitsgerichtlichen Verfahren gegen die ergangene Entscheidung einer Partei ein Rechtsmittel zusteht, der anderen Partei jedoch 26 nicht. In einem solchen Falle könnte die eine Partei zulässigerweise ein Rechtsmittel einlegen, während der anderen Partei bei Behauptung eines Verstoßes gegen das Recht auf rechtliches Gehör die Anhörungsrüge offen stehen könnte. Für diesen Fall ist streitig, wie das Gericht sich zu verhalten hat. Eine weit verbreitete Auffassung macht hier geltend, es sei zunächst das Rechtsmittelverfahren nach § 148 ZPO auszusetzen (*Musielak* ZPO 5. Aufl. 2007 § 321 a Rn. 7; Schmidt MDR 2002, 915, 916). Die Gegenauffassung geht davon aus, dass durch das zulässig eingelegte Rechtsmittel die Sache in der höheren Instanz anhängig ist. Daher ist nunmehr für die nicht rechtsmittelbefugte Partei eine Situation eingetreten, in der sie nach § 524 ZPO Anschlussberufung einlegen kann. Durch diese Anschlussberufung wird der subsidiäre Rechtsbehelf des § 78 a ArbGG, 321 a ZPO verdrängt (s. unten § 46 Rn. 11 e). Bei genauer Sicht der Dinge wird man differenzieren müssen.

27 a) Ist in erster Instanz zuerst eine Anhörungsrüge erhoben worden und sodann von der Gegenseite Berufung eingelegt, so liegt es nahe, das Verfahren nach § 78 a als subsidiären Rechtsbehelf auszusetzen. Insoweit wird man der zuletzt genannten Auffassung zustimmen müssen.

28 b) Ist dagegen zuerst das Rechtsmittel eingelegt und danach die Anhörungsrüge erhoben, so ist diese Rüge unzulässig. Darauf und auf die stattdessen eröffnete Möglichkeit der Anschlussberufung wird das Gericht die Partei nach § 139 ZPO hinweisen.

29 c) Der wohl heikelste Fall liegt dann vor, wenn eine Partei Berufung erhebt und die Gegenseite sodann Anschlussberufung einlegt, mit der sie eine Verletzung von Art. 103 Abs. 1 GG rügt. Nimmt in diesem Falle der Berufungskläger sein Rechtsmittel zurück, wodurch die Anschließung ihre Wirkung verliert (vgl. § 524 Abs. 4 ZPO), so wird man wohl den Streit über Art. 103 Abs. 1 GG vor dem erstinstanzlichen Gericht isoliert fortsetzen müssen. Denn so weit die Gegenpartei mit ihrer Anschlussberufung die Verletzung rechtlichen Gehörs geltend gemacht hat, ist darin inzident die Rüge nach § 78 a zu sehen.

30 d) Ist allerdings in dem zuletzt genannten Fall die Frist zur Einlegung der Anhörungsrüge bereits abgelaufen gewesen, als der Berufungsbeklagte die Anschlussberufung eingelegt hat, so wird man eine Fortsetzung des Verfahrens nicht mehr zulassen können.

VII. Die Zwangsvollstreckung

31 Soweit aus dem angegriffenen Titel bereits eine Zwangsvollstreckung begonnen worden ist, hat der Gesetzgeber nach der Neufassung von § 707 Abs. 1 ausdrücklich vorgesehen, dass das Gericht auf Antrag die Zwangsvollstreckung einstellen oder nur gegen Sicherheitsleistung fortführen kann. Diese Ergänzung des § 707 Abs. 1 ZPO ist im Hinblick darauf bedeutsam, dass die Anhörungsrüge keinen Suspensiveffekt aufweist (s. oben Rn. 6). Zu beachten ist freilich im Einzelnen, dass der Beklagte glaubhaft macht, dass die Vollstreckung ihm einen nicht zu ersetzenden Nachteil bringen würde. Diese Regelung stimmt mit § 62 Abs. 1 überein.

VIII. Das Beschlussverfahren

32 Vor dem 1. 1. 2005 wurde darüber gestritten, ob § 321 a ZPO a. F. im Hinblick auf die Verweisungen in den §§ 46 Abs. 2, 80 Abs. 2 auch für das Beschlussverfahren gilt. Insoweit hat der Gesetzgeber nunmehr in Abs. 8 eine ausdrückliche Regelung getroffen und damit eventuelle Streitfragen beseitigt. Die Anhörungsrüge kann auch gegen alle Endentscheidungen im Beschlussverfahren angewendet werden.

IX. Analoge Anwendung der Norm

Vor dem 1. 1. 2005 war es eine besonders umstrittene Frage, ob § 321a ZPO a. F. in seinem Anwendungsbereich auszudehnen und analog auf nicht geregelte Situationen anzuwenden sei. Soweit vor allem darum gestritten wurde, dass im Wege der Analogie eine Anhörungsrüge gegen Entscheidungen aller Instanzen in Betracht kommt, ist dieser Streit durch die Neufassung des Gesetzes gegenstandslos geworden. 33

Bedeutsam geblieben und durch die gesetzliche Neufassung nicht entschieden ist aber die Frage, ob über die Rüge der Verletzung rechtlichen Gehörs hinaus eine Partei auch **andere verfassungsrechtlich relevante Grundrechtsverstöße** geltend machen kann. Denkbar wäre z. B. die Rüge nach § 78 a mit der Behauptung, es sei das Recht auf den gesetzlichen Richter verletzt worden. Diese früher vielfach vertretene Auffassung (vgl. *Düwell/Lipke* ArbGG 2. Aufl. 2005 § 78 a Rn. 3 m. w. Nachw.) hat sicherlich manches für sich gehabt. Allerdings wird man anerkennen müssen, dass sich insoweit die Rechtslage seit der Plenarentscheidung des BVerfG vom 30. 4. 2003 und der gesetzlichen Neuregelung vom 1. 1. 2005 geändert hat. Das BVerfG hat sich bekanntlich in Abkehr von seiner früheren Auffassung zu der Meinung durchgerungen, dass die Besonderheiten des Rechtsschutzes im Rahmen einer Anhörungsrüge auf Art. 103 Abs. 1 GG beschränkt seien. Demgegenüber würden alle außerhalb des geschriebenen Rechts geschaffenen Rechtsbehelfe den verfassungsrechtlichen Anforderungen an die Rechtsmittelklarheit nicht genügen. Vielmehr müsse der Gesetzgeber Rechtsbehelfe in der geschriebenen Rechtsordnung regeln und in ihren Voraussetzungen für den Bürger erkennbar machen. Nimmt man diese Auffassung des Plenums des BVerfG ernst und bezieht sie auf den Normwortlaut, so bleibt die Rügemöglichkeit auf die Verletzung des Anspruchs auf das rechtliche Gehör beschränkt. Diese Beschränkung hat der Gesetzgeber unzweifelhaft gewollt und sprachlich eindeutig vorgenommen. Dem entspricht nunmehr auch die Rechtsprechung (vgl. BGH 17. 7. 2008, NJW-RR 2009, 144). 34

Lehnt man grundsätzlich die analoge Anwendung des § 78 a auf andere verfassungsrechtlich relevante Rügen ab, so bleiben immer noch Fragen offen. Ungeklärt ist nach wie vor insbesondere die Frage, wie in den Fällen von Willkürentscheidungen zu verfahren ist. Es handelt sich um richterliche Entscheidungen, die nach der Auffassung des BVerfG sachlich schlechthin unhaltbar und daher objektiv willkürlich sind. Sind solche Entscheidungen mit Rechtsmitteln oder Rechtsbehelfen nicht mehr angreifbar, bleibt an sich nur noch die Verfassungsbeschwerde. Die Praxis hat hier bekanntlich immer wieder mit einer außerordentlichen Beschwerde wegen greifbarer Gesetzwidrigkeit geholfen. Es ist eine besonders heikle Frage, ob eine solche außerordentliche Beschwerde heute noch möglich ist (dazu s. unten Rn. 37 f.). 35

Schließlich gibt es auch Streit über den Umfang der Norm, der sich daran entzündet, inwieweit einzelne Verfahrensverstöße unter den Anspruch auf rechtliches Gehör fallen. Nach ganz h. A. ist der Anspruch auf rechtliches Gehör in § 78 a Abs. 1 ArbGG mit dem Regelungsumfang von Art. 103 Abs. 1 GG identisch. Eine Gegenauffassung will allerdings das rechtliche Gehör insoweit weiter fassen (*Vollkommer* FS Schumann 2001 S. 507, 516, 526; *Zöller/Vollkommer* § 321a Rn. 7). So führe insbesondere jede Verletzung von Hinweispflichten nach § 139 ZPO im Sinne der genannten Normen zu einem Verstoß gegen das rechtliche Gehör. Diese Auffassung von *Vollkommer* ist abzulehnen. Er begründet seine Auffassung mit dem gesetzgeberischen Ziel der Entlastung des BVerfG durch die Anhörungsrüge. Dieser Entlastungseffekt wäre nicht voll erreicht, wenn nicht jede mit der Verfassungsbeschwerde geltend zu machende Gehörsverletzung für § 321a ZPO in Betracht käme. Ein weitergehender innerzivilprozessualer Schutz von Gehörsverletzungen über Art. 103 Abs. 1 GG hinaus sei dadurch aber nicht ausgeschlossen. Diese Argumentationskette macht deutlich, dass die Auffassung von *Vollkommer* weder dem Wortlaut noch der historischen und systematischen Auslegung der 36

§ 78 a   Abhilfe bei Verletzung des Anspruchs auf rechtliches Gehör

Norm entspricht. Vielmehr will er aus einem extrem weit verstandenen Gesetzeszweck auf eine Möglichkeit schließen, die dann ohne zusätzliche Argumentation zum Gesetzesinhalt gemacht wird. Hintergrund einer solchen Argumentation ist der Versuch, die heute sog. materielle Prozessleitung des § 139 ZPO in jeder Hinsicht aufzuwerten. Das reicht freilich erkennbar für eine ausdehnende Anwendung der Norm nicht aus.

37   Die wohl schwierigste Frage im Zusammenhang mit der neuen Anhörungsrüge ist die Möglichkeit einer außerordentlichen Beschwerde. Bekanntlich hat die Rechtsprechung beginnend mit einer Entscheidung des BGH aus dem Jahre 1958 in Fällen krasser Willkür Rechtsbehelfe und Rechtsmittel auch dort zugelassen, wo die angegriffene Entscheidung an sich jeder Nachprüfung entzogen war (BGH 18. 11. 58 BGHZ 28, 349 = NJW 1959, 436). Daraus hat sich über lange Jahre hinweg ein eigenständiger Rechtsbehelf der sog. außerordentlichen Beschwerde wegen greifbarer Gesetzwidrigkeit entwickelt (vgl. *Schmidthals*, Die greifbare Gesetzwidrigkeit, Diss. jur. Köln 1982; *Tappeiner*, Die außerordentliche Beschwerde im Zivilprozess; *Kutsch*, Das Institut der außerordentlichen Beschwerde nach dem Zivilprozessreformgesetz 2004). Die Anwendung dieser außerordentlichen Beschwerde wegen greifbarer Gesetzwidrigkeit, die zunächst auf Fälle von besonders krassem Unrecht bezogen war, hat sich im Laufe der Jahrzehnte in vieler Hinsicht deutlich ausgeweitet. Es hat daher große Überraschung ausgelöst, dass der BGH in seiner Entscheidung vom 7. 3. 2002 erklärt hat, wegen der Normierung von § 321 a ZPO a. F. sei nunmehr eine solche außerordentliche Beschwerde grundsätzlich nicht mehr eröffnet (BGH 7. 3. 2002 BGHZ 150, 133 = NJW 2002, 1577). Auch wenn sich dieser Rechtsprechung des BGH andere oberste Bundesgerichte und viele Oberlandesgerichte angeschlossen haben, so war diese Auffassung doch mehr als überraschend. Zunächst will es kaum einleuchten, dass ein vom Gesetzgeber eingeführter Rechtsbehelf, der sich (damals) ausschließlich auf Urteile der 1. Instanz bezieht und der ausschließlich die Rüge der Verletzung rechtlichen Gehörs ermöglicht, Auswirkungen auf eine außerordentliche Beschwerde wegen greifbarer Gesetzwidrigkeit haben soll, die in jeder Hinsicht über den Anwendungsbereich des § 321 a ZPO a. F. hinausgeht. Darüber hinaus hatte der Gesetzgeber in den Materialien zum ursprünglichen § 321 a ZPO formuliert, dass es zu erwarten sei, dass wegen des neuen § 321 a die außerordentliche Beschwerde wegen greifbarer Gesetzwidrigkeit zahlenmäßig zurückgehen werde (BT-Drucks. 14/4722 S. 69). Dieser Hinweis in den Materialien spricht sehr deutlich dafür, dass der Gesetzgeber mit § 321 a ZPO die außerordentliche Beschwerde nicht gänzlich abschaffen wollte.

38   Nun hat allerdings dieser heftige Meinungsstreit dadurch einen neuen Akzent erhalten, dass zum einen die Plenarentscheidung des BVerfG im Hinblick auf die Rechtsmittelsicherheit sehr deutlich gegen ungeschriebene Rechtsbehelfe und Rechtsmittel argumentiert. Darüber hinaus hat der Gesetzgeber die Anhörungsrüge bekanntlich seit 1. 1. 2005 in ihrem Anwendungsbereich so deutlich erweitert, dass eine Konkurrenz zur außerordentlichen Beschwerde heute wesentlich einleuchtender erscheint. So hat das BAG in einer Entscheidung vom 8. 8. 2005 entschieden, dass seit Inkrafttreten von § 78 a ArbGG am 1. 1. 2005 eine außerordentliche Beschwerde wegen Verletzung des Anspruchs auf Gewährung rechtlichen Gehörs nicht mehr statthaft sei (BAG 8. 8. 2005 NZA 2005, 1318). Die Auffassung des BAG überzeugt insofern, als die Entscheidung sich auf eine in 2. Instanz erhobene außerordentliche Beschwerde bezieht, mit der ausdrücklich die Verletzung rechtlichen Gehörs geltend gemacht worden war. Dagegen ergibt sich aus der Entscheidung des BAG, dass unabhängig davon eine außerordentliche Beschwerde für möglich gehalten wird, wenn durch einen krass rechtswidrigen Verweisungsbeschluss etwa eine nicht mehr hinnehmbare willkürliche Entscheidung zustande kommt. Es leuchtet ein, dass ein außerordentlicher ungeschriebener Rechtsbehelf auszuscheiden hat, soweit der Anwendungsbereich der §§ 321 a ZPO, 78 a ArbGG reicht. Die entscheidende Frage ist demgegenüber, ob außerhalb des gesetzlich geregelten Anwendungsbereichs noch Raum für eine außerordentliche Beschwerde bleibt. Der BGH

hat dies in seiner Entscheidung aus dem Jahre 2002 und später ersichtlich verneint. Dem scheint die Plenarentscheidung des BVerfG zur Seite zu stehen. Freilich wird durch beide Entscheidungen letztlich das Problem nicht gelöst, wie der Richter ganz grundsätzlich im Falle einer planwidrigen Gesetzeslücke rechtsfortbildend zu entscheiden hat. Das eigentliche Problem ist also methodischer Natur. Es stellt sich nämlich die Frage, ob es angesichts der vom Gesetzgeber gerade in den letzten Jahren vielfältig überarbeiteten Rechtsmittel und Rechtsbehelfsmöglichkeiten planwidrige Gesetzeslücken im Verfahrensrecht insoweit gibt und geben kann. Schon früher sprach manches dafür, dass insoweit die außerordentliche Beschwerde wegen greifbarer Gesetzwidrigkeit ein Rechtsbehelf war, der methodisch nicht sauber zu begründen war und der in Kollision zu Rechtskraftfragen geraten konnte. Aus einer solchen Sicht der Dinge fällt es leichter, mit der Rechtsprechung der obersten Gerichtshöfe des Bundes und dem BVerfG die Existenz jeder außerordentlichen Beschwerde heute abzulehnen. Die entscheidende Begründung liegt dann freilich nicht in der Existenz von § 321 a ZPO, 78 a ArbGG. Im Ergebnis wird man also heute eine außerordentliche Beschwerde generell ablehnen müssen (*Prütting* FS Adomeit, 2008, S. 571 ff.).

Fünfter Unterabschnitt. Wiederaufnahme des Verfahrens

§ 79 [Wiederaufnahme des Verfahrens]

¹Die Vorschriften der Zivilprozeßordnung über die Wiederaufnahme des Verfahrens gelten für Rechtsstreitigkeiten nach § 2 Abs. 1 bis 4 entsprechend. ²Die Nichtigkeitsklage kann jedoch nicht auf Mängel des Verfahrens bei der Berufung der ehrenamtlichen Richter oder auf Umstände, die die Berufung eines ehrenamtlichen Richters zu seinem Amt ausschließen, gestützt werden.

Übersicht

	Rn.
I. Allgemeines	1–5
II. Zu den Wiederaufnahmegründen	6–9
1. Falschaussage	6
2. Nicht vorschriftsmäßige Besetzung des Gerichts	7, 8
3. Sonstige Wiederaufnahmegründe	9

I. Allgemeines

§ 79 erklärt die Vorschriften der Zivilprozessordnung über die Wiederaufnahme des Verfahrens für diejenigen Rechtsstreitigkeiten, über die im Urteilsverfahren zu entscheiden ist, für entsprechend anwendbar. Es handelt sich um die in § 2 Abs. 1 bis 4 genannten Rechtsstreitigkeiten. Die Wiederaufnahme des Verfahrens ist in den §§ 578 ff. ZPO geregelt. Grundsätzlich gelten gemäß § 585 ZPO die allgemeinen Verfahrensvorschriften entsprechend. Eine **Restitutions- und eine Nichtigkeitsklage** können verbunden werden. Die Vorschriften über das Versäumnisverfahren sind anwendbar. Wiederaufnahmeklagen sind grundsätzlich nur statthaft gegen rechtskräftige Endurteile (§ 578 Abs. 1 ZPO). Darüber hinaus findet die Wiederaufnahme des Verfahrens statt, wenn der Rechtsstreit durch einen **urteilsvertretenden Beschluss** abgeschlossen wurde, etwa den Beschluss nach § 66 Abs. 2 Satz 2 iVm. § 522 ZPO oder § 74 Abs. 2 Satz 2 iVm. § 552 Abs. 2 ZPO, durch den die Berufung oder Revision als unzulässig verworfen wurde (BAG 20. 1. 1955 AP ArbGG 1953 § 66 Nr. 3; BGH 18. 11. 1982 NJW 1983, 883; BGH 8. 5. 2006 NJW-RR 2006, 1184; Schwab/Weth/*Schwab* § 79 Rn. 7). Gleiches gilt für einen Beschluss, durch den eine Nichtzulassungsbeschwerde verworfen oder zurückgewiesen worden ist (BAG 18. 10. 1990 AP ZPO § 579 Nr. 2; BAG 11. 1. 1995 AP ZPO § 579 Nr. 5). Die nachträgliche Auffindung einer Entscheidung, von der das Urteil des Landesarbeitsgerichts abweicht, ist jedoch kein Restitutionsgrund im Sinne von § 580 Nr. 7 b ZPO (BAG 4. 3. 1977 AP ZPO § 580 Nr. 9). Wird ein Revisionsurteil angefochten, ist für die Nichtigkeitsklage gemäß § 579 ZPO das Revisionsgericht zuständig (§ 584 Abs. 1 ZPO). Dies gilt auch dann, wenn der Nichtigkeitsgrund nicht im Revisionsverfahren, sondern im vorausgegangenen Berufungsrechtszug gesehen wird (BAG 20. 8. 2002 AP ZPO § 586 Nr. 2).

2   Das Verfahren gliedert sich in **drei Abschnitte**. In der ersten Phase prüft das Gericht von Amts wegen die **Zulässigkeit der Wiederaufnahme,** also das Vorliegen der allgemeinen und der besonderen Zulässigkeitsvoraussetzungen einer Wiederaufnahmeklage (§ 589 Abs. 1 ZPO). Hierzu gehören u. a. die Rechtskraft des angefochtenen Urteils und die Beschwer des Klägers durch dieses Urteil, die form- und fristgerechte Klageerhebung sowie die schlüssige Darlegung eines Wiederaufnahmegrundes im Sinne von §§ 579, 580 ZPO. Besondere Bedeutung kommt dabei der **Klagefrist** zu. Die Wiederaufnahmeklage muss vor Ablauf einer Notfrist von einem Monat ab Kenntniserlangung von dem Anfechtungsgrund, sofern dieser Zeitpunkt nach Eintritt der Rechtskraft des Urteils liegt, erhoben werden. „Kenntnis vom Anfechtungsgrund" bedeutet grundsätzlich die positive, sichere Kenntnis der Tatsachen, die den Wiederaufnahmegrund ausfüllen. Diesem positiven Wissen stehen aber Tatsachen gleich, deren Kenntnisnahme sich die Partei bewusst verschließt. Weiß sie schon länger um die Anfechtungsgründe, unterlässt sie es aber, sich positive, sichere Kenntnis der näheren Umstände zu verschaffen, so hemmt dies den Lauf der Notfrist des § 586 Abs. 1 ZPO nicht (BAG 20. 8. 2002 AP ZPO § 586 Nr. 2). Nach **Ablauf von fünf Jahren** ab Eintritt der Rechtskraft ist jede Wiederaufnahmeklage unstatthaft (§ 586 Abs. 2 Satz 2 ZPO). Sinn und Zweck der Notfrist des § 586 Abs. 1 ZPO ist es, dem Gebot der Rechtssicherheit Geltung zu verschaffen. Dem widerspräche es, wenn ein Wiederaufnahmekläger die Ermittlungen, die ihm die Präzisierung seines Vortrages erlauben, innerhalb der Fünf-Jahres-Frist des § 586 Abs. 2 Satz 2 ZPO beliebig lange hinauszögern könnte (BAG 20. 8. 2002 AP ZPO § 586 Nr. 2).

3   Stellt das Gericht auf der ersten Stufe einen Mangel der Klage fest, wird die Klage als unzulässig verworfen (§ 589 Abs. 1 ZPO). Bei Zulässigkeit der Klage folgt die **zweite Phase,** das **aufhebende Verfahren.** Es wird geprüft, ob ein Wiederaufnahmegrund vorliegt und dessen Berücksichtigung nicht gesetzlich ausgeschlossen ist. Bejahendenfalls schließt sich der **dritte Verfahrensabschnitt,** das **ersetzende Verfahren,** an. Der Rechtsstreit ist neu zu entscheiden. Entscheidungsgrundlage ist das Ergebnis der neuen Verhandlung einschließlich dessen, was von dem früheren Verfahren geblieben ist. Im Wiederaufnahmeverfahren gelten hinsichtlich der Rechtsmittel gemäß § 591 ZPO keine Besonderheiten (GK-ArbGG/*Mikosch* § 79 Rn. 99; MünchKommZPO/*Braun* § 591 Rn. 1).

4   Im arbeitsgerichtlichen Verfahren werden die Vorschriften der Zivilprozessordnung lediglich dahingehend modifiziert, dass der Nichtigkeitsgrund des § 579 Abs. 1 Nr. 1 ZPO hinsichtlich der Mitwirkung der ehrenamtlichen Richter eingeschränkt ist (s. unten Rn. 7). Für das **Beschlussverfahren** gelten die gleichen Voraussetzungen, denn § 80 Abs. 2 verweist auf § 79.

5   § 79 ist in seinem sachlichen Gehalt **seit 1953 unverändert** geblieben und hat lediglich redaktionelle Änderungen dadurch erfahren, dass an die Stelle des Begriffs der „Beisitzer" der Begriff des „ehrenamtlichen Richters" getreten und die Verweisung auf die im Urteilsverfahren zu entscheidenden Rechtsstreitigkeiten der Neufassung des § 2 durch die Arbeitsgerichtsnovelle angepasst worden ist.

II. Zu den Wiederaufnahmegründen

1. Falschaussage

Die von einem Zeugen begangene Straftat der Falschaussage wird erst dann zum **6** Restitutionsgrund iSv. § 580 Nr. 3 ZPO, wenn der **Zeuge rechtskräftig verurteilt** ist oder zumindest die Durchführung eines Strafverfahrens nicht mehr möglich ist (BAG 16. 5. 2002 AP MuSchG 1968 § 9 Nr. 30; offen gelassen von BGH 13. 1. 2000 LM ÜberlG Nr. 1= NJW 2000, 1871 [LS]).

2. Nicht vorschriftsmäßige Besetzung des Gerichts

Die Wiederaufnahme des Verfahrens ist möglich, wenn das zuletzt erkennende **Gericht** **7** **nicht vorschriftsmäßig besetzt** war (s. dazu § 73 Rn. 41 ff.), es sei denn, dieser Mangel hätte noch durch ein Rechtsmittel geltend gemacht werden können, § 579 Abs. 1 Nr. 1 und Abs. 2 ZPO. Das erkennende Gericht ist zB dann nicht vorschriftsmäßig besetzt, wenn außerhalb der Fälle der §§ 53 Abs. 1, 55 anstelle der Kammer **der Vorsitzende allein entschieden hat,** nicht aber wenn die ehrenamtlichen Richter an einer Entscheidung mitgewirkt haben, die vom Vorsitzenden allein hätte getroffen werden können (*Hauck/Helml* § 79 Rn. 4; *Grunsky* § 79 Rn. 2). Entsprechendes gilt für das Bundesarbeitsgericht, wenn der Senat zu Unrecht unter Hinzuziehung der ehrenamtlichen Richter entschieden hat.

Nach der ausdrücklichen Regelung in § 79 ist es kein Mangel der Besetzung des **8** Gerichts, wenn das Verfahren bei der **Berufung der ehrenamtlichen Richter,** die an der Entscheidung mitgewirkt haben, fehlerhaft war oder wenn Umstände vorlagen, die die Berufung des ehrenamtlichen Richters zu seinem Amt ausschlossen. Mit dem Verfahren bei der Berufung der ehrenamtlichen Richter ist das Berufungsverfahren nach den §§ 20 ff. durch die zuständige oberste Landesbehörde oder die beauftragte Stelle bzw. das Bundesministerium für Arbeit und Soziales (§ 43 Abs. 1) gemeint, nicht die Heranziehung der ehrenamtlichen Richter zu den einzelnen Sitzungen nach §§ 31, 39, 43 Abs. 3 (GK-ArbGG/*Mikosch* § 79 Rn. 21). Umstände, die die Berufung des ehrenamtlichen Richters zu seinem Amt ausschließen, können sich aus den §§ 21 bis 23 ergeben. Darauf, dass der ehrenamtliche Richter im konkreten Streitfall von der Ausübung des Richteramtes kraft Gesetzes ausgeschlossen war, § 41 ZPO, kann die Wiederaufnahme des Verfahrens nach § 579 Abs. 1 Nr. 2 ZPO jedoch gestützt werden. Die Sonderregelung in § 79 betrifft diesen Fall nicht.

3. Sonstige Wiederaufnahmegründe

Wegen der möglichen Wiederaufnahmegründe ist auf die Vorschriften der §§ 579, **9** 580 ZPO zu verweisen. Von diesen ist für das arbeitsgerichtliche Urteilsverfahren anerkannt, dass die Wiederaufnahme eines **Kündigungsschutzprozesses eines schwerbehinderten Menschen** zulässig ist, wenn die Zustimmung des Integrationsamtes zur Kündigung nach rechtskräftigem Abschluss des Kündigungsschutzprozesses im Verwaltungsrechtsweg aufgehoben wird (BAG 25. 11. 1980 AP SchwbG § 12 Nr. 7). Wird nach rechtskräftiger Abweisung der Kündigungsschutzklage im verwaltungsgerichtlichen Anfechtungsverfahren die Zulässigerklärung einer Kündigung nach § 9 Abs. 3 MuSchG aufgehoben, muss die Arbeitnehmerin im Wege der Restitutionsklage vorgehen (BAG 17. 6. 2003 AP MuSchG 1968 § 9 Nr. 33). In gleicher Weise ist die Wiederaufnahme eines Kündigungsschutzprozesses möglich, wenn nach dessen rechtskräftigem Abschluss ein Bescheid des Versorgungsamtes ergeht, aus dem sich ergibt, dass der gekündigte Arbeitnehmer im Zeitpunkt der Kündigung schwerbehindert war (BAG 15. 8. 1984 AP SchwbG § 12 Nr. 13). Zu den die Restitution begründenden Urkunden iSd. § 580 Nr. 7 Buchst. b ZPO gehören nicht nur Urkunden mit formeller Beweiskraft iSd. §§ 415 ff. ZPO, sondern auch Urkunden (wie zB Strafurteile), die für die zu beweisende Tatsache lediglich einen frei zu würdigenden Beweiswert besitzen (BAG 25. 4. 2007 AP ZPO § 580 Nr. 15 = NZA 2007, 1387). Nach § 580 Nr. 8 ZPO findet die Restitutionsklage statt, wenn der Europäische Gerichtshof für Menschenrechte eine Verletzung der Europäischen Konvention zum Schutz der Menschenrechte und Grundfreiheiten oder ihrer Protokolle festgestellt hat und das Urteil eines Gerichts für Arbeitssachen auf dieser Verletzung beruht.

Zweiter Abschnitt. Beschlußverfahren

Erster Unterabschnitt. Erster Rechtszug

§ 80 Grundsatz

(1) Das Beschlußverfahren findet in den in § 2 a bezeichneten Fällen Anwendung.

(2) ¹Für das Beschlußverfahren des ersten Rechtszugs gelten die für das Urteilsverfahren des ersten Rechtszugs maßgebenden Vorschriften über Prozeßfähigkeit, Prozeßvertretung, Ladungen, Termine und Fristen, Ablehnung und Ausschließung von Gerichtspersonen, Zustellungen, persönliches Erscheinen der Parteien, Öffentlichkeit, Befugnisse des Vorsitzenden und der ehrenamtlichen Richter, Vorbereitung der streitigen Verhandlung, Verhandlung vor der Kammer, Beweisaufnahme, gütliche Erledigung des Verfahrens, Wiedereinsetzung in den vorigen Stand und Wiederaufnahme des Verfahrens entsprechend, soweit sich aus den §§ 81 bis 84 nichts anderes ergibt. ²Der Vorsitzende kann ein Güteverfahren ansetzen; die für das Urteilsverfahren des ersten Rechtszugs maßgebenden Vorschriften über das Güteverfahren gelten entsprechend.

(3) § 48 Abs. 1 findet entsprechende Anwendung.

Übersicht

	Rn.
I. Allgemeines	1, 2
II. Die Rechtsnatur des Beschlussverfahrens	3–6
III. Das Beschlussverfahren in personalvertretungsrechtlichen Streitigkeiten vor den Verwaltungsgerichten	7–29
1. Anwendbarkeit des Beschlussverfahrens	7–11
2. Besondere Spruchkörper	12
3. Zuständigkeit der Verwaltungsgerichte im Beschlussverfahren	13–27
4. Verhältnis zu anderen Verfahren	28, 29
IV. Überblick über das Beschlussverfahren	30–39
V. Regelung des Beschlussverfahrens erster Instanz	40–64
1. Verweisung auf das Urteilsverfahren	40–44
2. Die ausdrücklich in Bezug genommenen Vorschriften	45–64
a) Prozessfähigkeit	45
b) Prozessvertretung	46–48
c) Ladungen, Termine und Fristen	49
d) Ausschluss und Ablehnung von Gerichtspersonen	50
e) Zustellung	51
f) Persönliches Erscheinen der Parteien	52
g) Öffentlichkeit	53
h) Gütetermin	54–58
i) Befugnisse des Vorsitzenden und der ehrenamtlichen Richter	59
j) Vorbereitung der mündlichen Verhandlung	60
k) Verhandlung vor der Kammer	61
l) Beweisaufnahme	62
m) Wiedereinsetzung in den vorigen Stand	63
n) Wiederaufnahme des Verfahrens	64
3. Rechtsweg, Verfahrensart und Zuständigkeit	65

I. Allgemeines

§ 80 leitet die Regelung des arbeitsgerichtlichen Beschlussverfahrens im Arbeitsgerichtsgesetz ein. Er bestimmt in Absatz 1, in welchen Fällen das Beschlussverfahren Anwendung findet Die Verweisung allein auf § 2 a ist unvollständig. Das Beschlussverfahren findet auch in dort nicht geregelten Angelegenheiten statt, so vor allen Dingen im **1**

§ 80 Grundsatz

Insolvenzverfahren nach den §§ 122 und 126 InsO. (s. dazu näher die Erläuterungen zu § 2 a Rn. 21 ff.). Er verweist in Absatz 2 für die nähere Ausgestaltung des Beschlussverfahrens auf bestimmte Vorschriften des arbeitsgerichtlichen Urteilsverfahrens (s. dazu unten Rn. 45 ff.).

2   Die Vorschrift ist seit dem Arbeitsgerichtsgesetz 1953 nahezu unverändert geblieben. Lediglich die Verweisung in Absatz 1 auf diejenigen Vorschriften, die die Zuständigkeit der Arbeitsgerichte für im Beschlussverfahren zu entscheidende Angelegenheiten begründen, musste verschiedenen Neufassungen angepasst werden. Abs. 2 ist durch Satz 2 mit der Regelung über das Güteverfahren durch das Arbeitsgerichtsbeschleunigungsgesetz vom 30. 3. 2000 erweitert worden. Abs. 3 ist durch das 4. VerwGOÄndG vom 17. 12. 1990 angefügt worden.

II. Die Rechtsnatur des Beschlussverfahrens

3   Über die Rechtsnatur des Beschlussverfahrens bestand von Anfang an Streit, der auch heute noch nicht endgültig entschieden ist. So wurde vereinzelt die Ansicht vertreten, beim Beschlussverfahren handele es sich um ein **Verwaltungshandeln** der Arbeitsgerichte als Arbeitsbehörden. Überwiegend wurde jedoch im Beschlussverfahren ein gerichtliches Verfahren gesehen, das zum Teil als Verfahren der **Verwaltungsgerichtsbarkeit** verstanden, überwiegend jedoch der **Zivilgerichtsbarkeit** zugeordnet wurde, wobei wiederum seine Zugehörigkeit zur streitigen Zivilgerichtsbarkeit oder zur **freiwilligen Gerichtsbarkeit** umstritten war.

4   Dieser Streit ist weitgehend ohne Bedeutung. Er hatte eine gewisse Berechtigung für die Frage, welche Verfahrensgrundsätze und Verfahrensbestimmungen angesichts der lückenhaften Regelung des Beschlussverfahrens analog auf dieses Verfahren anzuwenden sind. Nachdem die **Regelung des Beschlussverfahrens** durch die Arbeitsgerichtsnovelle **näher ausgestaltet worden** ist und wesentliche Streitfragen eine gesetzliche Regelung gefunden haben, bedarf es eines Rückgriffs auf andere Verfahrensordnungen nicht mehr. Offene Fragen sind aus dieser Regelung heraus zu beantworten.

5   Heute besteht Übereinstimmung darüber, dass die Tätigkeit der Arbeitsgerichte im **Beschlussverfahren Rechtsprechung** ist (GK-ArbGG/*Dörner* § 80 Rn. 2; Schwab/Weth/ *Weth* § 80 Rn. 4; ErfK/*Eisemann* ArbGG § 80 Rn. 1; *Hauck/Helml* § 80 Rn. 1). Der Umstand, dass Entscheidungen im Beschlussverfahren auch gestaltende oder regelnde Wirkung haben, etwa bei der Auflösung des Betriebsrates nach § 23 Abs. 1 BetrVG, der Bestellung eines Wahlvorstandes nach § 16 Abs. 2 BetrVG oder der Bestellung eines Vorsitzenden der Einigungsstelle und der Bestimmung der Zahl der Beisitzer nach § 76 Abs. 2 BetrVG (s. dazu die Erläuterung zu § 98), steht dem nicht entgegen. Auch mit der ständigen Betonung durch die Rechtsprechung, dass das Beschlussverfahren in der Regel nicht so sehr der Durchsetzung von Ansprüchen oder der Feststellung von Rechtsverhältnissen sondern mehr der **Klärung und Feststellung von Zuständigkeiten, Befugnissen und Pflichten der Betriebsverfassungsorgane diene** (vergl. BAG 18. 3. 1964 AP BetrVG § 56 Entlohnung Nr. 4; BVerwG 24. 10. 1975 BVerwGE 49, 259), soll und kann die Rechtsprechungstätigkeit der Arbeitsgerichte im Beschlussverfahren nicht geleugnet werden. Auch die Beantwortung der Frage, welche Zuständigkeiten, Befugnisse oder Pflichten innerhalb der Betriebsverfassung bestehen, stellt die Beantwortung einer Rechtsfrage dar. Dass sie streitig sein muss, ist eine Frage des Rechtsschutzinteresses (s. § 81 Rn. 23 ff.). Wenn in § 2 a Abs. 1 anstatt von „Rechtsstreitigkeiten" von „Angelegenheiten" und in § 80 Abs. 1 von „Fällen" gesprochen wird, so kann daraus gegen die Tätigkeit der Gerichte im Beschlussverfahren als Rechtsprechungstätigkeit nichts hergeleitet werden, zumal heute auch die Regelung des Beschlussverfahrens im Arbeitsgerichtsgesetz in den §§ 2 a Abs. 2 und 92 a den Begriff der „Rechtsstreitigkeiten" kennt.

Das Beschlussverfahren ist als ein **Rechtsprechungsverfahren eigener Art** zu verstehen, das in den §§ 80 ff. seine **abschließende Ausgestaltung** erfahren hat. Seine Besonderheiten sollen den im Beschlussverfahren zu entscheidenden Rechtsstreitigkeiten und deren Bedeutung Rechnung tragen (GK-ArbGG/*Dörner* § 80 Rn. 1). Ob diese ein eigenes Verfahren erfordern, ist eine rechtspolitische Frage und für die Anwendung der Vorschriften der §§ 80 ff. ohne Bedeutung. Mit der Schaffung eines eigenen Beschlussverfahrens wird eine **Abgrenzung zum Urteilsverfahren** und eine Regelung des Verhältnisses dieser beiden Verfahren zueinander erforderlich. An einer solchen Regelung fehlte es zunächst. Die Frage ist heute durch § 48 Abs. 1 i. V. mit den §§ 17–17 b GVG gesetzlich geregelt (s. näher die Erl. zu § 2 a Rn. 89 ff.). Zur **Abgrenzung** des Beschlussverfahrens **zum Regelungsverfahren** vor der Einigungsstelle oder einer Schlichtungsstelle s. § 2 a Rn. 100 ff.

6

III. Das Beschlussverfahren in personalvertretungsrechtlichen Streitigkeiten vor den Verwaltungsgerichten

1. Anwendbarkeit des Beschlussverfahrens

§ 80 Abs. 1 bestimmt lediglich für das Verfahren vor den Arbeitsgerichten, in welchen Fällen das Beschlussverfahren Anwendung findet. Daneben findet das **Beschlussverfahren** jedoch auch vor den Verwaltungsgerichten Anwendung, soweit diese **über Streitigkeiten aus dem Personalvertretungsrecht** zu entscheiden haben. So erklärt § 83 Abs. 2 BPersVG für Rechtsstreitigkeiten aus dem Bundespersonalvertretungsgesetz die Vorschriften des Arbeitsgerichtsgesetzes über das Beschlussverfahren für entsprechend anwendbar. Für das **Personalvertretungsrecht der Länder** bestimmt § 106 BPersVG, dass für Streitigkeiten aus dem Personalvertretungsrecht die Verwaltungsgerichte zuständig sind, überlässt aber den Ländern die Wahl, ob über personalvertretungsrechtliche Streitigkeit die Verwaltungsgerichte im Beschlussverfahren nach dem Arbeitsgerichtsgesetz oder im Verwaltungsverfahren nach der Verwaltungsgerichtsordnung entscheiden sollen. Dabei lässt § 187 Abs. 2 VerwGO den Ländern auch die Freiheit, das Verfahren in Personalvertretungsstreitigkeiten auch dann abweichend von der Verwaltungsgerichtsordnung zu regeln, wenn sie dafür nicht das Beschlussverfahren nach dem Arbeitsgerichtsgesetz vorschreiben.

7

Entsprechend dieser bundesgesetzlichen Rahmenregelung haben **alle Länder** für Streitigkeiten aus ihrem Personalvertretungsrecht das **Beschlussverfahren nach dem Arbeitsgerichtsgesetz für anwendbar erklärt**, § 86 Abs. 2 PersVG Baden-Württ., Art. 81 Abs. 2 PersVG Bayern, § 91 Abs. 2 PersVG Berlin, § 95 Abs. 2 PersVG Brandenburg, § 70 Abs. 2 PersVG Bremen, § 100 Abs. 2 PersVG Hamburg, § 111 Abs. 3 PersVG Hessen, § 87 Abs. 2 PersVG Mecklenburg-Vorpommern, § 85 Abs. 2 PersVG Niedersachsen, § 79 Abs. 2 PersVG Nordrhein-Westf., § 114 Abs. 2 PersVG Rheinland-Pfalz, § 113 Abs. 2 PersVG Saarland, § 88 Abs. 2 PersVG Sachsen, § 78 Abs. 2 PersVG Sachsen-Anhalt und § 88 Abs. 2 MitbestG Schleswig-Holstein, § 83 Abs. 1 PersVG Thüringen. Nach Art. 81 Abs. 2 PersVG Bayern sind jedoch die Vorschriften der §§ 92 bis 96 ArbGG über das Rechtsbeschwerdeverfahren nicht anzuwenden, der Verwaltungsgerichtshof entscheidet endgültig.

8

Soweit die Länderpersonalvertretungsgesetze das Beschlussverfahren nach dem Arbeitsgerichtsgesetz für anwendbar erklären, umfasst dies – außer in Bayern – auch die Möglichkeit der **Rechtsbeschwerde nach § 92 an das Bundesverwaltungsgericht,** auch wenn dies in einigen Länderpersonalvertretungsgesetzen nicht ausdrücklich vorgesehen ist (BVerwG vom 10. 2. 1967 AP PersVG NRW § 74 Nr. 3). Auch über diese Rechtsbeschwerden entscheidet das Bundesverwaltungsgericht nach den Vorschriften des Arbeitsgerichtsgesetzes über das Beschlussverfahren. Damit ist nach § 93 ArbGG entgegen

9

§ 137 VerwGO auch das **Länderpersonalvertretungsrecht revisibel** (BVerwG 13. 1. 1961 AP PersVG Hamburg § 76 Nr. 1).

10 Soweit danach durch die Verwaltungsgerichte über personalvertretungsrechtliche Streitigkeiten im Beschlussverfahren nach dem Arbeitsgerichtsgesetz zu entscheiden ist, **bestimmt sich dieses Verfahren ausschließlich nach dem Arbeitsgerichtsgesetz** (GK-ArbGG/*Dörner* § 80 Rn. 65). Vorschriften der Verwaltungsgerichtsordnung können auch nicht ergänzend zur Anwendung kommen. Das gilt auch für Nebenentscheidungen und die Beteiligung des **Vertreters** des **öffentlichen Interesses bzw. des Oberbundesanwaltes** (s. dazu § 83 Rn. 78 f.).

11 Die Begründung der Zuständigkeit der Verwaltungsgerichte für personalvertretungsrechtliche Streitigkeiten hat ihren Grund darin, dass das **Personalvertretungsrecht die dem öffentlichen Recht angehörende Organisation der Behörden und Dienststellen und das öffentliche Dienstrecht berührt.** Es gilt nicht nur für die im öffentlichen Dienst beschäftigten Arbeiter und Angestellten sondern in gleicher Weise auch für Beamte, deren Rechtsverhältnis zum Dienstherrn gleichfalls dem öffentlichen Recht angehört. Angesichts der nahen Verwandtschaft von Betriebsverfassungs- und Personalvertretungsrecht, die durch eine Vielzahl nahezu wortgleicher Vorschriften im Betriebsverfassungsgesetz und den einzelnen Personalvertretungsgesetzen auch äußerlich dokumentiert wird, muss die Begründung der Zuständigkeit zweier Gerichtsbarkeiten für Rechtsstreitigkeiten aus diesem Rechtsgebiet als verfehlt angesehen werden. Sie führt notwendig zu sich **widersprechenden Entscheidungen der Arbeits- und Verwaltungsgerichte** hinsichtlich gleicher Rechtsfragen und gleicher Vorschriften. Das gilt nicht nur für das materielle Betriebsverfassungs- bzw. Personalvertretungsrecht sondern auch **für das Recht des Beschlussverfahrens** selbst. Von der Möglichkeit, bei unterschiedlicher Auffassung zur gleichen Rechtsfrage eine Entscheidung des Gemeinsamen Senates der Obersten Gerichtshöfe des Bundes herbeizuführen, wird nur selten Gebrauch gemacht. Aus diesem Grunde ist immer wieder gefordert worden, den Arbeitsgerichten auch die Zuständigkeit zur Entscheidung personalvertretungsrechtlicher Streitigkeiten zu übertragen. Solchen Forderungen ist jedoch bislang der Erfolg versagt geblieben.

2. Besondere Spruchkörper

12 Für die Entscheidung personalvertretungsrechtlicher Streitigkeiten sieht § 84 BPersVG bei den Verwaltungsgerichten bzw. Oberverwaltungsgerichten oder Verwaltungsgerichtshöfen die Bildung von **besonderen Fachkammern bzw. Fachsenaten** vor. Entsprechende Vorschriften enthalten auch alle Personalvertretungsgesetze der Länder. Danach entscheiden die Fachkammern und Fachsenate in der Besetzung mit einem Vorsitzenden und je zwei ehrenamtlichen Richtern aus Kreisen der Arbeitnehmer und Arbeitgeber des öffentlichen Dienstes. Wegen der Einzelheiten s. die Erläuterungen zu § 16 Rn. 12. Lediglich das **Bundesverwaltungsgericht** entscheidet auch in personalvertretungsrechtlichen Streitigkeiten in der sich aus § 10 Abs. 3 VerwGO ergebenden Besetzung **mit fünf Berufsrichtern.**

3. Zuständigkeit der Verwaltungsgerichte im Beschlussverfahren

13 § 83 Abs. 1 BPersVG bestimmt diejenigen Rechtsstreitigkeiten aus dem Personalvertretungsrecht des Bundes, über die die Verwaltungsgerichte im Beschlussverfahren entscheiden. Die Vorschrift **enthält eine abschließende katalogartige Aufzählung der möglichen Streitigkeiten** und entspricht damit der früheren Regelung in § 2 Abs. 1 Nr. 4 bis n ArbGG a. F. Nachdem die Zuständigkeit der Arbeitsgerichte durch § 2 a Abs. 1 Nr. 1 generalklauselartig für alle Angelegenheiten aus dem Betriebsverfassungsgesetz begründet worden ist (s. dazu § 2 a Rn. 7 f.), hätte es nahe gelegen, auch die Zuständigkeit der Verwaltungsgerichte für personalvertretungsrechtliche Streitigkeiten entsprechend zu regeln. Eine unterschiedliche Grenze für den Rechtsschutz im Betriebsverfas-

III. Das Beschlussverfahren in personalvertr. Streitigkeiten vor den Verwaltungsgerichten § 80

sungs- und Personalvertretungsrecht lässt sich nicht begründen (*Dietz/Richardi* BPersVG § 83 Rn. 3, 22). § 83 Abs. 1 BPersVG ist daher **weit auszulegen** (GK-ArbGG/*Dörner* § 80 Rn. 68), so dass die Verwaltungsgerichte auch über nicht ausdrücklich genannte personalvertretungsrechtliche Rechtsstreitigkeiten zu entscheiden haben, bei denen eine gleiche Rechts- und Interessenlage die Gewährung eines gerichtlichen Rechtsschutzes erfordert.

Die **Personalvertretungsgesetze der Länder regeln die Zuständigkeit** der Verwaltungsgerichte ebenfalls in einem Katalog im Einzelnen genannter Rechtsstreitigkeiten, der vielfach der Regelung in § 83 Abs. 1 BPersVG entspricht, aber auch Abweichungen enthält und wie etwa § 111 Abs. 2 PersVG Hessen darüber hinaus geht. Wegen der Einzelheiten muss auf § 86 Abs. 1 PersVG Bad.-Württ., Art. 81 Abs. 1 PersVG Bayern, § 91 Abs. 1 PersVG Berlin, § 95 Abs. 1 PersVG Brandenburg, § 70 Abs. 1 PersVG Bremen, § 100 Abs. 1 PersVG Hamburg, §§ 111 u. 112 Abs. 1 und 2 PersVG Hessen, § 85 Abs. 1 PersVG Niedersachsen, § 79 Abs. 1 PersVG Nordrhein-Westf., § 87 Abs. 2 PersVG Mecklenburg-Vorpommern, § 122 Abs. 1 PersVG Rhld.-Pfalz, § 113 Abs. 1 Saarland, § 88 Abs. 1 PersVG Sachsen, § 78 Abs. 1 PersVG Sachsen-Anhalt und § 88 Abs. 1 MitbestG Schleswig-Holstein und § 83 Abs. 1 PersVG Thüringen verwiesen werden. 14

Das **Bundespersonalvertretungsgesetz** sieht in einigen Vorschriften unmittelbar Entscheidungen durch die Verwaltungsgerichte vor. Im Einzelnen handelt es sich um folgende Fälle: 15

Nach § 9 Abs. 4 BPersVG entscheidet das Verwaltungsgericht auf Antrag des Arbeitgebers darüber, ob mit dem Mitglied einer Personalvertretung oder einer Jugend- und Auszubildendenvertretung nach Beendigung des Berufsausbildungsverhältnisses auf Grund seines Weiterbeschäftigungsverlangens ein **Arbeitsverhältnis begründet oder ein bereits begründetes Arbeitsverhältnis wieder aufgelöst wird**. Die Regelung entspricht § 78a Abs. 4 BetrVG (s. zur Zuständigkeit der Arbeitsgerichte in diesen Fällen § 2a Rn. 51 ff.). Die dort aufgetauchte Frage, ob über diesen Antrag im Beschlussverfahren oder im Urteilsverfahren zu entscheiden ist, bestand wegen der ausdrücklichen Regelung im Bereich des Personalvertretungsrechts nicht (vergl. BVerwG 26. 6. 1981 BVerwGE 82, 364). Über einen Antrag des Arbeitnehmers, auf Feststellung, dass nach § 9 Abs. 2 BPersVG ein Arbeitsverhältnis zustande gekommen ist, haben jedoch die Arbeitsgerichte im Urteilsverfahren zu entscheiden (s. § 2a Rn. 51 ff.). 16

Nach § 25 BPersVG entscheiden die Verwaltungsgerichte über die **Anfechtung der Wahl des Personalrates**. Gleiches gilt für die Anfechtung der Wahl des Gesamtpersonalrates, der Stufenvertretungen, der Jugend- und Auszubildendenvertretung und der Vertretung der nicht ständig Beschäftigten, da § 25 in den §§ 53 Abs. 3, 56, 60 und 65 BPersVG für entsprechend anwendbar erklärt wird. Das gilt auch dann, wenn nur die Wahl einzelner Personalratsmitglieder oder die Wahl der Mitglieder einer Gruppe angefochten wird (a. A. BVerwG 8. 6. 1962 AP PersVG § 22 Nr. 17). Über die Anfechtung der Wahl der **Vertrauensperson der Schwerbehinderten** in den Dienststellen entscheiden nach der Neuregelung nunmehr die Arbeitsgerichte (BAG 11. 11. 2003 AP SGB IX § 94 Nr. 1, s. die Erl. zu § 2a Rn. 23 ff.). 17

Nach § 28 Abs. 1 BPersVG entscheiden die Verwaltungsgerichte weiter über die **Auflösung des Personalrats** oder den Ausschluss eines Mitglieds aus dem Personalrat wegen grober Vernachlässigung seiner gesetzlichen Befugnisse oder grober Verletzung seiner Pflichten. Gleiches gilt auch hier für den Gesamtpersonalrat, die Stufenvertretungen, die Jugend- und Auszubildendenvertretung und die Vertretung der nichtständig Beschäftigten. Bei Auflösung der genannten Vertretungen hat das Verwaltungsgericht nach § 28 Abs. 2 BPersVG gleichzeitig einen Wahlvorstand zu bestellen, nicht jedoch bei der Auflösung der Vertretung der nichtständig Beschäftigten. 18

Nach § 47 Abs. 1 BPersVG ist das Verwaltungsgericht weiter zuständig für die **Ersetzung der Zustimmung des Personalrates,** zur außerordentlichen Kündigung eines Per- 19

§ 80   Grundsatz

sonalratsmitgliedes, das in einem Arbeitsverhältnis steht oder eines Mitglieds des Gesamtpersonalrats, der Stufenvertretungen, der Jugend- und Auszubildendenvertretung oder des Wahlvorstandes oder eines Wahlbewerbers, nicht aber eines Mitglieds der Vertretung der nichtständig Beschäftigten. Für die Ersetzung der Zustimmung zur Versetzung oder Abordnung eines Mitgliedes des Personalrates nach § 47 Abs. 2 BPersVG fehlt eine entsprechende Regelung. Auch in diesen Fällen muss jedoch die vom Personalrat verweigerte Zustimmung durch das Verwaltungsgericht ersetzt werden können (*Dietz/Richardi* BPersVG § 47 Rn. 61; *Schaub* ZTR 2001, 98).

20   § 83 Abs. 1 BPersVG nennt in Nr. 1 zunächst Rechtsstreitigkeiten über die **Wahlberechtigung und Wählbarkeit** von Bediensteten der Dienststellen. Dazu gehören auch Streitigkeiten über die Gruppenzugehörigkeit einzelner Bediensteter (*Dietz/Richardi* BPersVG § 83 Rn. 15) sowie über die Frage der Abstimmungsberechtigung bei Vorabstimmungen im Verlauf einer Personalratswahl. Grundsätzlich ist aber nicht erforderlich, dass die Rechtsstreitigkeit im Zusammenhang mit einer bevorstehenden Wahl des Personalrates steht.

21   Nach Nr. 2 sind die Verwaltungsgerichte zuständig zur Entscheidung über Rechtsstreitigkeiten in Bezug auf die **Wahl und Amtszeit der Personalvertretungen** einschließlich der Jugend- und Auszubildendenvertretung und der Vertretung der nichtständig Beschäftigten sowie über die Zusammensetzung dieser Vertretungen. Damit sind alle Rechtsstreitigkeiten im Zusammenhang mit der Wahl von Personalvertretungen erfasst. Hierzu gehören auch Rechtsstreitigkeiten über die Personalratsfähigkeit einer Dienststelle, über die Abgrenzung der Dienststellen und ihrer Nebenstellen und Teile, über die Bildung des Wahlvorstandes und über die Durchführung der Wahl sowie Streitigkeiten über die Kosten der Wahl und über eine Wahlbehinderung. Streitigkeiten über die Zusammensetzung der Personalvertretung betreffen die Verteilung der Sitze auf die Gruppen nach § 17 BPersVG aber auch die Frage, ob ein Mitglied noch Mitglied der Vertretung ist oder ob ein Ersatzmitglied nachgerückt oder heranzuziehen ist.

22   § 83 Abs. 1 Nr. 3 BPersVG begründet die Zuständigkeit der Verwaltungsgerichte für alle Rechtsstreitigkeiten über **die Zuständigkeit, die Geschäftsführung und die Rechtsstellung der Personalvertretungen,** der Jugend- und Auszubildendenvertretung und der Vertretung der nichtständig Beschäftigten. Diese Vorschrift stellt eine **beschränkte Generalklausel** dar (BVerwG 6. 12. 1963 AP PersVG Berlin § 73 Nr. 1; *Dietz/Richardi* BPersVG § 83 Rn. 22). Rechtsstreitigkeiten über die Zuständigkeit der Personalvertretung sind alle Streitigkeiten über das **Bestehen und den Umfang von Beteiligungsrechten der Personalvertretung** an Maßnahmen der Dienststelle, gleichgültig ob es sich um Anhörungs-, Beratungs-, Mitwirkungs- oder Mitbestimmungsrechte handelt. Auch Streitigkeiten über die Wirksamkeit eines Spruchs der Einigungsstelle sind Streitigkeiten über die Zuständigkeit der Personalvertretung (BVerwG 21. 10. 1983 BVerwGE 68, 116). Nicht im Beschlussverfahren zu entscheiden sind nach der Rechtsprechung der Verwaltungsgerichte Streitigkeiten darüber, **welche Folgen eine Verletzung von Beteiligungsrechten des Personalrates** für das Arbeits- oder Beamtenverhältnis eines Bediensteten der Dienststelle hat (BVerwG 6. 12. 1963 AP PersVG Berlin § 73 Nr. 1; 10. 7. 1964 AP PersVG Berlin § 53 Nr. 2). Darüber ist vielmehr im arbeitsgerichtlichen Urteilsverfahren oder im Klageverfahren vor den Verwaltungsgerichten zu entscheiden. Die Frage, ob der Personalrat die **Rückgängigmachung** einer Maßnahme der Dienststelle, die ohne seine Beteiligung getroffen worden ist, verlangen kann oder ob er einen Anspruch darauf hat, **dass eine mitbestimmungspflichtige Maßnahme solange unterbleibt,** bis das Mitbestimmungsverfahren abgeschlossen ist, ist aber nicht deswegen zu verneinen, weil § 83 Abs. 1 Nr. 3 BPersVG insoweit keine Zuständigkeit der Verwaltungsgerichte vorsieht (so aber BVerwG 6. 12. 1963 AP PersVG Berlin § 73 Nr. 1), sondern eine Frage der Begründetheit des geltend gemachten Anspruches des Personalrates, über den im Beschlussverfahren entschieden werden kann und entschieden werden muss. Ansprüche des Personalrats auf **Einleitung eines Beteiligungsverfahrens** oder auf **Unterrichtung**

III. Das Beschlussverfahren in personalvertr. Streitigkeiten vor den Verwaltungsgerichten   § 80

betreffen die Zuständigkeit des Personalrats und sind ebenfalls im Beschlussverfahren zu entscheiden (BVerwG 27. 7. 1990 AP ArbGG 1979 § 72 a Divergenz Nr. 25; 20. 1. 1993 AP LPVG Baden-Württemberg § 79 Nr. 6; näher *Schaub* ZTR 2001, 99). Um die Zuständigkeit der Personalvertretungen wird auch gestritten, wenn unter Personalvertretungsorganen untereinander streitig ist, welche Vertretung in einer bestimmten Angelegenheit zu beteiligen ist (*Dietz/Richardi* BPersVG § 83 Rn. 24).

Die **Geschäftsführung der Personalvertretungen** betrifft alle Handlungen des Personalrats und der anderen Vertretungen, die dieser bei und zur Erfüllung seiner Aufgaben vornimmt, so die Anberaumung von Personalratssitzungen, die Einrichtung von Sprechstunden, die Einberufung von Personalversammlungen, die Zuziehung von Gewerkschaftsbeauftragten und ähnliche Maßnahmen. Hierher gehören auch Streitigkeiten über die von der Dienststelle zu tragenden Aufwendungen für die Tätigkeit der Personalvertretungen. 23

Zu entscheiden haben die Verwaltungsgerichte auch über die Rechtsstellung der Personalvertretungen, womit insbesondere auch die **Rechtsstellung der einzelnen Mitglieder der Personalvertretungsorgane** in dieser ihrer Eigenschaft gemeint ist. Es geht in solchen Rechtsstreitigkeiten darum, welche Rechte – oder Pflichten – das einzelne Personalratsmitglied gegenüber der Dienststelle hat (BVerwG 19. 12. 1980 BVerwGE 61, 251), ob Personalratsmitglieder von ihrer dienstlichen Tätigkeit freizustellen sind, ob sie Anspruch auf den Besuch einer Schulungsveranstaltung haben oder ob deren Pkw im dienstlichen Interesse gehalten wird (BVerwG 27. 4. 1983 BVerwGE 67, 135). 24

Schließlich sind die Verwaltungsgerichte zuständig zur Entscheidung von Rechtsstreitigkeiten über das **Bestehen oder Nichtbestehen von Dienstvereinbarungen**, § 83 Abs. 1 Nr. 4 BPersVG. Anders als nach § 76 Abs. 5 Satz 4 BetrVG die Arbeitsgerichte können die Verwaltungsgerichte jedoch nicht über die Zweckmäßigkeit einer auf einem Spruch der Einigungsstelle beruhenden Dienstvereinbarung sondern nur über deren Rechtmäßigkeit entscheiden (auch das nicht nach dem PersVG Bremen, OVG Bremen 8. 4. 1981 PersVRE 6 § 70 Nr. 3). Eine Frage des Bestehens einer Dienstvereinbarung ist auch die Frage, welchen Inhalt eine Dienstvereinbarung hat, so dass auch **Auslegungsstreitigkeiten** in die Zuständigkeit der Verwaltungsgerichte fallen. Soweit eine Dienstvereinbarung dem Personalrat Rechte bei der Durchführung der Dienstvereinbarung oder einen unmittelbaren Anspruch gegen die Dienststelle auf bestimmte Maßnahmen einräumt, handelt es sich bei einem Streit darüber um eine Rechtsstreitigkeit über die Geschäftsführung oder die Rechtsstellung der Personalvertretung nach Nr. 3, so dass die Verwaltungsgerichte auch dafür zuständig sind. 25

Insgesamt gesehen begründet § 83 Abs. 1 BPersVG die **Zuständigkeit der Verwaltungsgerichte** zur Entscheidung über personalvertretungsrechtliche Streitigkeiten **in etwa dem gleichen Umfang wie § 2 a Abs. 1 Nr. 1** die Zuständigkeit der Arbeitsgerichte für betriebsverfassungsrechtliche Streitigkeiten begründet. Es kann daher ergänzend auf die Erläuterung zu § 2 a Rn. 7 ff., verwiesen werden. 26

Angesichts der enumerativen Aufzählung der verwaltungsgerichtlichen Zuständigkeit in § 83 Abs. 1 BPersVG stellt sich für die Verwaltungsgerichte weniger als für die Arbeitsgerichte die Frage, inwieweit **individualrechtliche Streitigkeiten der Mitglieder von Personalvertretungsorganen** im Beschlussverfahren oder im Urteilsverfahren zu entscheiden sind. Die Abgrenzung muss nach den gleichen Grundsätzen wie in den Verfahren vor den Arbeitsgerichten erfolgen. Ansprüche von Mitgliedern der Personalvertretungsorgane aus ihrem Arbeits- oder Dienstverhältnis sind daher im **Urteilsverfahren vor den Arbeits- oder Verwaltungsgerichten** auch dann geltend zu machen, wenn diese aus ihrer Amtstätigkeit herrühren oder durch diese bestimmt werden, so etwa die Ansprüche auf Zahlung der Vergütung oder der Bezüge für Zeiten einer Personalratstätigkeit, oder die Frage, ob auch Personalratsmitglieder Dienstkleidung tragen müssen (OVG Lüneburg 19. 2. 1986 PersR 1987, 272). Im Einzelnen kann auf die Erläuterungen zu § 2 a Rn. 12 ff. verwiesen werden. 27

4. Verhältnis zu anderen Verfahren

28 Die Tatsache, dass die Verwaltungsgerichte über personalvertretungsrechtliche Streitigkeiten im Beschlussverfahren nach dem Arbeitsgerichtsgesetz zu entscheiden haben, macht die Verwaltungsgerichte insoweit nicht zu Gerichten der Arbeitsgerichtsbarkeit. Sie bleiben Gerichte der Verwaltungsgerichtsbarkeit. **Wird daher vor den Fachkammern oder Fachsenaten der Verwaltungsgerichte für Personalvertretungssachen ein Rechtsstreit anhängig, über den die Arbeitsgerichte,** gleich ob im Urteilsverfahren oder im Beschlussverfahren **zu entscheiden haben,** so handelt es sich um eine Frage des zulässigen Rechtsweges nicht aber um eine bloße Frage der richtigen Verfahrensart (GK-ArbGG/ *Dörner* § 80 Rd. 70; *Hauck/Helml* § 80 Rn. 4). Darüber hat das Verwaltungsgericht nach § 17a GVG zu entscheiden. Das Verwaltungsgericht hat daher den Rechtsstreit von Amts wegen **durch Beschluss an das Arbeitsgericht zu verweisen.** Es unterliegt dann der Entscheidung des Arbeitsgerichts, ob über diesen Rechtsstreit im Urteils- oder Beschlussverfahren zu entscheiden ist (GK-ArbGG/*Dörner* § 80 Rn. 70). Eine unmittelbare Verweisung in eine dieser Verfahrensarten durch das Verwaltungsgericht wäre für das Arbeitsgericht nicht bindend (so für den umgekehrten Fall der Verweisung vom Arbeitsgericht an die Fachkammer für Personalvertretungssachen OVG Lüneburg 4. 3. 1981 PersVRE 13 § 92 Nr. 4).

29 Wird vor den Verwaltungsgerichten ein Rechtsstreit anhängig, etwa eine Klage eines Beamten als Mitglied des Personalrats, so ist von Amts wegen zu prüfen, ob über diesen Rechtsstreit durch die **Fachkammer für Personalvertretungssachen** oder durch eine **allgemeine Kammer** im Verwaltungsverfahren nach der VerwGO zu entscheiden ist. Auch insoweit handelt es sich, anders als im Verhältnis zwischen dem arbeitsgerichtlichen Urteils- und Beschlussverfahren (s. § 2a Rn. 76 ff.), nicht um eine Frage der richtigen Verfahrensart sondern um eine **Frage der sachlichen Zuständigkeit** eines bestimmten Spruchkörpers (BVerwG 12. 12. 1979 PersVRE 13 § 92 Nr. 3). In diesen Fällen ist daher in entsprechender Anwendung von § 83 VerwGO i. V. m. § 17a GVG an den zuständigen Spruchkörper zu verweisen. Ein solcher Beschluss ist unanfechtbar.

IV. Überblick über das Beschlussverfahren

30 Das **Beschlussverfahren** war schon im Arbeitsgerichtsgesetz 1926 und noch im Arbeitsgerichtsgesetz 1953 nur sehr unvollkommen geregelt. Erst die Arbeitsgerichtsnovelle vom 21. 5. 1979 hat eine Reihe von entscheidenden Ergänzungen gebracht, die es jedenfalls jetzt gestatten, die Regelung in den §§ 80 ff. als **eine in sich geschlossene und eigenständige Regelung** zu betrachten (*Weth* S. 29). Ein Rückgriff auf Vorschriften anderer Verfahrensordnungen ist nicht mehr erforderlich, soweit nicht in den §§ 80 ff. ausdrücklich darauf verwiesen wird (s. dazu unten Rn. 40 ff.).

31 Das Beschlussverfahren hat seinen Namen daher, dass die in ihm ergehenden Entscheidungen nicht „Urteil" sondern „Beschluss" genannt werden. Da auch andere Verfahrensordnungen instanzbeendende Entscheidungen in Beschlussform kennen, ist die Bezeichnung „Beschlussverfahren" als solche ohne Aussagekraft, vom Gesetzgeber aber als Bezeichnung für dasjenige Verfahren gewählt worden, in dem über die in § 2a und den Personalvertretungsgesetzen genannten Rechtsstreitigkeiten verhandelt und entschieden werden soll. Dieses Verfahren zeichnet sich durch eine **Reihe von Besonderheiten** aus, die nicht nur äußerlicher Natur sind, hat aber auch **viele Gemeinsamkeiten mit dem Urteilsverfahren.** In einer Vielzahl von Rechtsstreitigkeiten kann es vorkommen, dass die Besonderheiten des Beschlussverfahrens nicht zum Tragen kommen.

32 Das Beschlussverfahren wird **durch einen Antrag,** mit dem eine bestimmte **Sachentscheidung** des Gerichts begehrt wird, **eingeleitet** (s. § 81 Rn. 7 ff.). Umstritten ist, inwieweit der Antragsteller befugt sein muss, diesen Antrag zu stellen (zur Antragsbefugnis s.

IV. Überblick über das Beschlussverfahren § 80

§ 81 Rn. 52 ff.). Eine Entscheidung des Gerichts über diesen Antrag setzt ein Rechtsschutzinteresse für die begehrte Entscheidung voraus (s. § 81 Rn. 23 ff.). Der Antrag kann in der ersten Instanz jederzeit zurückgenommen werden. Im Übrigen können über den weiteren Fortgang des Verfahrens die Beteiligten durch Zustimmung zur Antragsrücknahme (s. § 87 Rn. 24 ff. und § 92 Rn. 23 f.) durch übereinstimmende Erledigungserklärung (s. § 83 a Rn. 12) oder durch Vergleich (s. § 83 a Rn. 2 ff.) nur gemeinsam verfügen.

Das Beschlussverfahren ist kein Parteienverfahren. Es kennt nur den **Antragsteller und** 33 **Beteiligte,** zu denen auch ein möglicher Antragsgegner gehört (GK-ArbGG/*Dörner* § 80 Rn. 10; Schwab/Weth/*Weth* § 80 Rn. 5, s. § 81 Rn. 40 und § 83 Rn. 14 ff.). Wer an einem Beschlussverfahren im Einzelfall beteiligt ist, bestimmt sich danach, ob er durch die begehrte Entscheidung in seinen betriebsverfassungsrechtlichen Rechten betroffen werden kann. Das Gericht hat die Beteiligten von Amts wegen festzustellen und am Verfahren zu beteiligen. Antragsteller und Beteiligte können nicht nur natürliche oder juristische Personen sondern auch betriebsverfassungsrechtliche, personalvertretungsrechtliche oder mitbestimmungsrechtliche Stellen, Verbände und Behörden sein. Alle Beteiligten können selbst auftreten oder sich durch einen Rechtsanwalt oder Verbandsvertreter vertreten lassen (s. § 11 Rn. 54 ff.). Vor dem Landesarbeitsgericht und dem Bundesarbeitsgericht besteht lediglich für den Rechtsmittelführer Vertretungszwang (s. § 89 Rn. 13 und § 94 Rn. 14).

Für das Verfahren gilt der **Untersuchungsgrundsatz,** fälschlich auch Offizialmaxime 34 genannt. Das Gericht hat im Rahmen der gestellten Anträge den für die Entscheidung erheblichen **Sachverhalt von Amts wegen zu erforschen** (s. § 83 Rn. 82 ff.). Die Beteiligten haben jedoch daran mitzuwirken (s. § 83 Rn. 86 ff.). Die erforderlichen Beweise hat das Gericht von Amts wegen zu erheben, es ist nicht auf die von den Beteiligten angebotenen Beweise beschränkt. Es kann die Beteiligten als Partei vernehmen.

Über den Antrag entscheidet das Gericht grundsätzlich auf Grund **mündlicher Ver-** 35 **handlung,** unter bestimmten Voraussetzungen auch nur auf schriftliche Anhörung hin (s. § 83 Rn. 116). Die Beteiligten sind nicht verpflichtet, zur mündlichen Verhandlung zu erscheinen. Ein **Versäumnisverfahren** gegen ausgebliebene Beteiligte findet nicht statt. Der mündlichen Verhandlung vor der Kammer kann ein **Güteverfahren** vorausgehen (s. näher Rn. 54 f.).

Über den Antrag entscheidet das Gericht durch einen **Beschluss,** dem die gleiche 36 **Bedeutung und Wirkung wie einem Urteil** zukommt, § 84. Aus dem Beschluss findet die **Zwangsvollstreckung** statt (s. die Erläuterung zu § 85). In Angelegenheiten, über die im Beschlussverfahren zu entscheiden ist, kann eine **einstweilige Verfügung** erlassen werden, § 85 Abs. 2. Eine Kostenentscheidung ergeht nicht (s. § 84 Rn. 31 ff.).

Gegen den Beschluss des Arbeitsgerichts kann das **Rechtsmittel der Beschwerde** einge- 37 legt werden (s. die Erläuterung zu § 87). Die Beschwerde entspricht weitgehend der Berufung im Urteilsverfahren. Rechtsmittelführer kann jeder Beteiligte sein (s. § 89 Rn. 3 ff.). Über die Beschwerde entscheidet das Landesarbeitsgericht wiederum durch einen Beschluss.

Gegen den Beschluss des Landesarbeitsgerichts findet als weiteres Rechtsmittel die 38 **Rechtsbeschwerde** statt, wenn sie vom Landesarbeitsgericht zugelassen worden ist (s. § 92 Rn. 8 ff.). Gegen die Nichtzulassung der Rechtsbeschwerde kann unter bestimmten Voraussetzungen **Nichtzulassungsbeschwerde** zum Bundesarbeitsgericht erhoben werden, § 92 a. Das Bundesarbeitsgericht entscheidet über die Rechtsbeschwerde grundsätzlich ohne mündliche Anhörung, § 95.

Im personalvertretungsrechtlichen Beschlussverfahren treten an die Stelle der Arbeits- 39 gerichte die Fachkammern der **Verwaltungsgerichte,** an die Stelle der Landesarbeitsgerichte die Fachsenate der **Oberverwaltungsgerichte** (Verwaltungsgerichtshöfe) und an die Stelle des Bundesarbeitsgerichts das **Bundesverwaltungsgericht.**

V. Regelung des Beschlussverfahrens erster Instanz

1. Verweisung auf das Urteilsverfahren

40 § 80 Abs. 2 verweist für das Beschlussverfahren auf Vorschriften des Arbeitsgerichtsgesetzes über das Urteilsverfahren des ersten Rechtszuges. Er nimmt aber diese Vorschriften nicht allgemein in Bezug, sondern **erklärt nur Vorschriften über einzelne Teilaspekte** des Verfahrens **für entsprechend anwendbar**. Diese Teilaspekte werden anders als in § 64 Abs. 7 und § 72 Abs. 6 nur allgemein bezeichnet, nicht aber werden die entsprechenden Paragraphen ausdrücklich genannt. Das macht eine Entscheidung der Frage, welche Vorschriften des arbeitsgerichtlichen Urteilsverfahrens in Bezug genommen sind, unnötig schwierig. Ein Vergleich mit den Verweisungen in den §§ 64 Abs. 7 und 72 Abs. 6 kann aber die Reichweite der Verweisung in § 80 Abs. 2 klären helfen.

41 Eine **allgemeine Verweisung** auf § 46 Abs. 2 und damit **auf die Vorschriften der Zivilprozessordnung** für das Verfahren vor den Amtsgerichten enthält § 80 Abs. 2 nicht. Die in § 80 Abs. 2 in Bezug genommenen Vorschriften des Urteilsverfahrens über bestimmte Teilaspekte regeln diese jedoch in keinem Falle abschließend, enthalten vielmehr nur Sonderregelungen gegenüber den Vorschriften der Zivilprozessordnung. Mit der Verweisung auf die Vorschriften eines Teilaspektes, etwa der Ablehnung und Ausschließung von Gerichtspersonen, sind daher über die entsprechende Vorschrift des arbeitsgerichtlichen Urteilsverfahrens gemäß § 46 Abs. 2 auch die diesen Teilaspekt regelnden Vorschriften der Zivilprozessordnung in Bezug genommen. **Damit findet eine Vielzahl von Vorschriften der Zivilprozessordnung auch im Beschlussverfahren Anwendung.**

42 Gleichwohl bleibt die Regelung des Beschlussverfahrens lückenhaft, zumal die nachfolgenden §§ 81 bis 84 das Beschlussverfahren nur in seinen Grundzügen regeln. Von daher fragt sich, ob Vorschriften der Zivilprozessordnung im Beschlussverfahren auch dann Anwendung finden können, wenn sie nicht die in § 80 Abs. 2 in Bezug genommenen Teilaspekte des Verfahrens regeln. Diese Frage ist zu bejahen. Aus der nur beschränkten Verweisung in § 80 Abs. 2 kann nicht der Schluss gezogen werden, dass im Übrigen Vorschriften der Zivilprozessordnung keine Anwendung finden sollen (*Weth* S. 37; GK-ArbGG/*Dörner* § 80 Rn. 25; Schwab/Weth/*Weth* § 80 Rn. 27; *Hauck/Helml* § 80 Rn. 6). Es blieben sonst **Fragen ungeregelt**, die in jedem gerichtlichen Verfahren auftreten können und zu entscheiden sind. Das gilt etwa für Fragen der Rechtshängigkeit und der Rechtskraft, des Inhaltes bestimmender Schriftsätze, des Inhalts, der Änderung und der Zurücknahme von Anträgen, der Form der Bekanntmachung von Verfügungen und Beschlüssen des Gerichts, der möglichen Entscheidungen in einem Rechtsstreit, der Aussetzung und Unterbrechung eines Verfahrens und ähnliches. Für diese mangels einer § 46 Abs. 2 entsprechenden Verweisung nicht ausdrücklich geregelten Fragen kann nur auf die Zivilprozessordnung zurückgegriffen werden. Soweit das Beschlussverfahren in den §§ 80 ff. nicht selbst eine Regelung erfahren hat, verweist es in § 80 Abs. 2 aber auch in den §§ 87 Abs. 2 und 92 Abs. 2 und an vielen anderen Stellen auf das arbeitsgerichtliche Urteilsverfahren. Dieses baut auf dem Verfahren der Zivilprozessordnung auf. In § 85 wird unmittelbar auf die Zivilprozessordnung verwiesen. Daraus wird deutlich, dass auch das **Beschlussverfahren seine Grundlage im Verfahren der Zivilprozessordnung** hat (GK-ArbGG/*Dörner* § 80 Rn. 25; Schwab/Weth/*Weth* § 80 Rn. 27; ErfK/*Eisemann* ArbGG § 80 Rn. 2). Lücken in der Regelung des Beschlussverfahrens sind daher unter Rückgriff auf die Zivilprozessordnung, nicht aber auf andere Verfahrensordnungen zu schließen.

43 Für eine Vielzahl von Vorschriften der Zivilprozessordnung ist daher in der Rechtsprechung anerkannt, dass diese trotz Fehlens einer entsprechenden Verweisung auch im arbeitsgerichtlichen Beschlussverfahren Anwendung finden. So kann auch ein **Beschlussverfahren** nach § 148 ZPO **ausgesetzt werden** (LAG Düsseldorf 15. 11. 1974 EzA § 148

V. Regelung des Beschlussverfahrens erster Instanz § 80

Nr. 1; LAG Hamm 26. 3. 1979 EzA § 148 Nr. 8). Die **Rechtshängigkeit** einer Sache hat auch im Beschlussverfahren die in § 261 Abs. 3 ZPO beschriebene Wirkung (BAG 16. 7. 1996 AP BetrVG 1972 § 76 Nr. 53, auch wenn beide Verfahren gleichzeitig anhängig gemacht werden; BVerwG 11. 2. 1981 Buchholz 238.36 § 78 Nr. 2). § 264 ZPO gilt ergänzend auch für die in § 81 Abs. 3 geregelte **Antragsänderung** (BAG 14. 1. 1983 AP BetrVG 1972 § 19 Nr. 9). § 253 ZPO gilt auch für die Antragsschrift im Beschlussverfahren (BAG 8. 11. 1983 AP BetrVG 1972 § 87 Arbeitszeit Nr. 11; vergl. aber *Fabricius* Anm. zu AP BetrVG 1972 § 95 Nr. 5). Auch im Beschlussverfahren kann ein **Zwischenfeststellungsantrag** nach § 256 Abs. 2 ZPO gestellt werden (BAG 1. 2. 1989 AP BetrVG 1972 § 99 Nr. 63). Auch Entscheidungen im Beschlussverfahren können gemäß § 319 ZPO wegen offenbarer **Unrichtigkeit berichtigt** werden (BAG 14. 11. 1958 AP ArbGG 1953 § 81 Nr. 6), nach § 320 ZPO kann die Berichtigung des Tatbestandes eines Beschlusses beantragt werden (LAG Berlin 18. 12. 1978 AP ArbGG 1953 § 83 Nr. 6) und kann ein ergangener Beschluss nach § 321 ZPO ergänzt werden (BAG 21. 6. 1957 AP ArbGG 1953 § 81 Nr. 2). Auch die neue Bestimmung in § 331 a ZPO über die Abhilfe bei Verstößen gegen das Gebot des rechtlichen Gehörs findet im Beschlussverfahren Anwendung.

Die in § 80 Abs. 2 in Bezug genommenen Vorschriften über Teilaspekte des arbeitsgerichtlichen Urteilsverfahrens gelten allerdings **nur, soweit sich aus den besonderen Vorschriften über das Beschlussverfahren in den §§ 81 bis 84 nichts anderes ergibt.** Gleiches muss für die übrigen grundsätzlich anwendbaren Vorschriften der Zivilprozessordnung gelten. Es ist daher jeweils zu prüfen, ob nicht Vorschriften des Beschlussverfahrens und die in ihnen zum Ausdruck gekommenen Grundsätze dieses Verfahrens einer Anwendung von Vorschriften der Zivilprozessordnung entgegenstehen. So steht beispielsweise die Regelung über die Beteiligung von Personen und Stellen in § 10 und § 83 Abs. 3 der Anwendung der Vorschriften über die Nebenintervention, §§ 66 ff. ZPO, entgegen (BAG 5. 12. 2007 AP BetrVG 1972 § 118 Nr. 82; GK-ArbGG/*Dörner* § 80 Rn. 27). Diese Frage kann nur im Zusammenhang mit der Erläuterung der einzelnen Vorschriften des Beschlussverfahrens beantwortet werden. 44

2. Die ausdrücklich in Bezug genommenen Vorschriften

a) § 80 Abs. 2 verweist zunächst auf die Vorschriften über die **Prozessfähigkeit.** Besondere Vorschriften darüber enthält das Arbeitsgerichtsgesetz jedoch nicht. Über § 46 Abs. 2 gelten daher die Vorschriften des § 50 ZPO auch im Beschlussverfahren. Diese setzen die Parteifähigkeit der Verfahrenssubjekte voraus. Diese ist für das arbeitsgerichtliche Urteils- und Beschlussverfahren in § 10 geregelt. Danach können im Beschlussverfahren nicht nur natürliche und juristische Personen sondern auch Organe der Betriebsverfassung und des Personalvertretungsrechtes, sogenannte „Stellen", aber auch Vereinigungen, Behörden und Dienststellen parteifähig sein (s. § 10 Rn. 20 ff.). Zu deren Prozessfähigkeit s. die Erläuterung zu § 10 Rn. 39 ff. Deren **Prozessführungsbefugnis** im Einzelfall ist für das Beschlussverfahren eine Frage ihrer Antragsbefugnis (s. dazu § 81 Rn. 52 ff.). Gleiches gilt für die Frage der **Prozessstandschaft** im Beschlussverfahren (s. § 81 Rn. 61). 45

b) Für die **Prozessvertretung** im Beschlussverfahren gilt § 11. Die Beteiligten können daher den Rechtsstreit selbst führen oder sich vertreten lassen. Prozessbevollmächtigte können Rechtsanwälte, Vertreter von Gewerkschaften oder Arbeitgeberverbänden oder von Zusammenschlüssen solcher Verbände, in erster Instanz auch Vertreter von Vereinigungen von Arbeitnehmern mit sozial- oder berufspolitischer Zwecksetzung sein (s. die Erl. zu § 11. Für das Beschlussverfahren in Personalvertretungssachen vor den Verwaltungsgerichten stehen **Vereinigungen von Beamten** den Gewerkschaften im Sinne von § 11 Abs. 1 Satz 2 gleich (GK-ArbGG/*Dörner* § 80 Rn. 32), so dass die Beteiligten sich auch noch vor dem Oberverwaltungsgericht oder Verwaltungsgerichtshof durch Vertre- 46 ter von Beamtenvereinigungen vertreten lassen können (s. auch § 10 Rn. 31). Soweit im Beschlussverfahren über Angelegenheiten der Vertretung der Schwerbehinderten durch einen Vertrauensmann zu entscheiden ist (s. § 2 a Rn. 23 ff. und oben Rn. 17), werden auch Vereinigungen von Behinderten den Gewerkschaften gleichzustellen sein.

47 Betriebsverfassungsrechtliche und personalvertretungsrechtliche **Stellen können** schon dann **durch einen Verbandsvertreter vertreten werden,** wenn nur ein Mitglied dieser Stelle Mitglied des entsprechenden Verbandes ist (BAG 3. 12. 1954 AP ArbGG 1953 § 11 Nr. 7). Welcher Verbandsvertreter zum Prozessbevollmächtigten bestellt wird, hat die Stelle durch Beschluss zu bestimmen. Hat die Stelle selbst keine eigene Organisation, wie etwa eine Gruppe im Betriebs- oder Personalrat oder eine Mehrheit von Arbeitnehmern, so können die einzelnen Mitglieder jeder für sich oder auch gemeinsam einen zugelassenen Prozessbevollmächtigten bestellen, der – soweit nicht Vertretungszwang durch einen Verbandsvertreter oder Rechtsanwalt besteht – auch einer von ihnen sein kann (GK-ArbGG/*Dörner* § 80 Rn. 34). Gleiches gilt, wenn ein Antrag von einer bestimmten Zahl von Arbeitnehmern getragen sein muss (s. § 81 Rn. 47 f.).

48 Zu den in Bezug genommenen Vorschriften über die Prozessvertretung gehört auch § 11 a über die **Beiordnung eines Rechtsanwaltes** und über § 11 a Absatz 3 auch die Vorschriften über die Bewilligung von **Prozesskostenhilfe.** Sie kommen jedoch nur dann zum Tragen, wenn der Beteiligte eine natürliche Person ist. Organe der Betriebsverfassung und des Personalvertretungsrechtes sind nicht vermögensfähig und können daher nicht „arm" im Sinne des Gesetzes sein (GK-ArbGG/*Dörner* § 80 Rn. 35). Ihre Kosten hat nach § 40 BetrVG bzw. § 44 BPersVG der Arbeitgeber bzw. die Dienststelle zu tragen.

49 c) Über **Ladungen, Termine und Fristen** verhält sich lediglich § 47 Abs. 1. Im Übrigen gelten dafür über § 46 Abs. 2 die §§ 214 ff. ZPO.

50 d) Für den **Ausschluss und die Ablehnung von Gerichtspersonen** gelten § 49 und über § 46 Abs. 2 die §§ 41 ff. ZPO. Soweit in § 41 ZPO auf das Verhältnis eines Richters zu einer Partei abgestellt wird, kommt es im Beschlussverfahren auf das entsprechende Verhältnis zu einem der Beteiligten an, gleichgültig, ob dieser Beteiligte im Verfahren Antragsteller, Antragsgegner oder sonstiger Beteiligter ist (Schwab/Weth/*Weth* § 80 Rn. 31; ErfK/*Eisemann* ArbGG § 80 Rn. 3; GK-ArbGG/*Dörner* § 80 Rn. 40). Besteht das angesprochene Verhältnis nur zu einem Mitglied eines Organs der Betriebsverfassung oder Personalvertretung, so ist der Richter nicht schon kraft Gesetzes von der Ausübung des Richteramtes ausgeschlossen. Entsprechend § 41 Abs. 6 ist in einem Verfahren, in dem es um die Wirksamkeit eines Spruchs der Einigungsstelle geht, der Richter ausgeschlossen, der **als Mitglied der Einigungsstelle** tätig geworden ist.

51 e) Bestimmungen über die **Zustellung** enthält § 50. Im Übrigen gelten über § 46 Abs. 2 auch im Beschlussverfahren die Vorschriften der §§ 166 ff. ZPO. Entsprechend § 50 Abs. 2 gelten die §§ 174 und 178 Abs. 1 Nr. 2 ZPO im verwaltungsgerichtlichen Beschlussverfahren auch für Vertreter von Beamtenvereinigungen und gegebenenfalls für Vereinigungen von Behinderten (s. oben Rn. 46). Zustellungen an den Betriebsrat, Personalrat oder andere Organe der Betriebsverfassung müssen entsprechend § 171 Abs. 2 ZPO an den Vorsitzenden erfolgen. Eine Ersatzzustellung nach § 184 Abs. 1 ZPO kommt in der Regel nur dann in Betracht, wenn der Betriebs- oder Personalrat ein eigenes Büro hat Schwab/Weth/*Weth* § 80 Rn. 32). Die Dienststelle oder der Betrieb als solcher können nicht als Geschäftslokal auch des Betriebs- oder Personalrats angesehen werden (GK-ArbGG/*Dörner* § 80 Rn. 42). Etwas anderes gilt nur dann, wenn die Postannahmestelle des Arbeitgebers ständig auch vom Betriebs- oder Personalrat damit betraut ist, für diese bestimmte Post entgegenzunehmen und weiterzuleiten (BAG 20. 1. 1976 AP BetrVG 1972 § 47 Nr. 2). In diesem Falle ist der dort beschäftigte Bedienstete auch nicht als Gegner des Betriebs- oder Personalrats im Sinne von § 185 ZPO anzusehen. Zur Zustellung an eine Gewerkschaft über ein Gerichtsfach s. BAG 17. 2. 1983 AP ZPO § 212 a Nr. 6. Ein Hinausschieben der Zustellung verkündeter

V. Regelung des Beschlussverfahrens erster Instanz § 80

Entscheidungen nach § 317 Abs. 1 Satz 3 ZPO ist durch § 50 Abs. 1 Satz 2 ArbGG ausgeschlossen.

f) Für die Anordnung des **persönlichen Erscheinens der Parteien** gelten auch im Beschlussverfahren die §§ 51 ArbGG und 141 ZPO. Partei im Sinne dieser Vorschrift ist jeder Beteiligte des Verfahrens. Eine Zurückweisung des Prozessbevollmächtigten bei Nichterscheinen des Beteiligten gemäß § 51 Abs. 2 kommt jedoch nicht in Betracht. Dem steht entgegen, dass es im Beschlussverfahren kein Versäumnisverfahren gibt (s. § 83 Rn. 112 ff.) und dass das Gericht den maßgebenden Sachverhalt von Amts wegen zu erforschen hat und daher auch das Vorbringen des Prozessbevollmächtigten als Erkenntnisquelle nutzen muss (a. A. Schwab/Weth/*Weth* § 80 Rn. 34). Ein Ordnungsgeld nach § 141 Abs. 3 ZPO kann gegen den nicht erschienenen Beteiligten festgesetzt werden. Bei Organen der Betriebsverfassung und der Personalvertretung betrifft die Anordnung des persönlichen Erscheinens den Vorsitzenden bzw. seinen Stellvertreter. Das festgesetzte Ordnungsgeld betrifft diesen persönlich. Der Umstand, dass diese Organe nicht vermögensfähig sind, steht daher der Festsetzung eines Ordnungsgeldes nicht entgegen (GK-ArbGG/*Dörner* § 80 Rn. 44). 52

g) Für die **Öffentlichkeit** der Verhandlung und den Ausschluss der Öffentlichkeit gilt auch im Beschlussverfahren § 52 in Verbindung mit den Vorschriften der §§ 169, 173 bis 175 GVG, soweit eine mündliche Verhandlung stattfindet (s. dazu § 83 Rn. 105 ff.). 53

h) Durch das Arbeitsgerichtsbeschleunigungsgesetz vom 30. 3. 2000 ist auch für das Beschlussverfahren die Möglichkeit eröffnet worden, zunächst einen **Gütetermin** anzuberaumen. Damit soll eine größere Beschleunigung auch des Beschlussverfahrens erreicht werden. Ob ein Gütetermin stattfinden soll, steht im **Ermessen des Vorsitzenden.** Eine Güteverhandlung wird sich vor allen Dingen in Verfahren empfehlen, in denen die Beteiligten sich über die streitige Angelegenheit vergleichen können (s. § 83 a Rn. 6 ff.) oder in denen eine umfassende Erörterung eines komplizierten Sachverhalts notwendig erscheint (krit. dazu *Germelmann* NZA 2000, 1024). 54

Findet eine Güteverhandlung statt, so gelten für diese die für den Gütetermin im Urteilsverfahren maßgebenden Vorschriften entsprechend. Es kann daher insoweit zunächst auf die Erläuterungen zu § 54 verwiesen werden. Die nur entsprechende Anwendung dieser Vorschriften bedingt jedoch einige Abweichungen. So ist z. B. die Rücknahme des Antrags in § 81 eigenständig geregelt. 55

Das **Ausbleiben der Beteiligten** führt nicht zu den in § 54 Abs. 5 geregelten Folgen. Nach § 83 Abs. 4 können sich die Beteiligten schriftlich äußern. Der Pflicht zur Anhörung ist damit genügt, weitere Folgen hat das Ausbleiben nicht. Bei dieser Rechtslage wäre es sinnwidrig, wenn das Ausbleiben im Gütetermin etwa dazu führen müsste, dass nach § 54 Abs. 5 das **Ruhen des Verfahrens** angeordnet wird (GK-ArbGG/*Dörner* § 80 Rn. 53). Eine **Säumnisentscheidung** scheidet ohnehin aus (s. § 83 Rn. 112 f.). 56

Findet eine Güteverhandlung statt und bleibt diese erfolglos, so fragt sich, ob nach § 55 Abs. 3 der **Vorsitzende auch allein** eine das Verfahren beendenden Entscheidung treffen kann, wenn die Beteiligten damit einverstanden sind. Das ist zu bejahen (GK-ArbGG/*Dörner* § 80 Rn. 55; *Hauck/Helml* § 80 Rn. 8; BCF/*Friedrich* ArbGG § 80 Rn. 8; a. A. ErfK/*Eisemann* ArbGG § 80 Rn. 4; ArbGV/*Koch* § 80 Rn. 13). Der Gütetermin im Beschlussverfahren soll der Beschleunigung des Rechtsstreits dienen. Dieser Effekt ginge verloren, wenn der Rechtsstreit trotz Entscheidungsreife auf den nächsten Kammertermin vertagt werden müsste (MünchArbR/*Brehm* § 392 Rn. 48). Notwendig ist allerdings die **Zustimmung aller Beteiligten** des Verfahrens, nicht nur des Antragstellers und Antragsgegners (GK-ArbGG/*Dörner* § 80 Rn. 55; Schwab/Weth/*Weth* § 80 Rn. 36; *Hauck/Helml* § 80 Rn. 8). Eine Entscheidung über die **örtliche Zuständigkeit** kann nach Änderung des § 48 Abs. 1 Nr. 2 der Vorsitzende stets auch ohne Zustimmung der Beteiligten allein treffen. Der Verweisungsbeschluss nach § 17 a Abs. 2 GVG und der Zwischenbeschluss nach § 17 a Abs. 3 GVG, mit dem die Zuständigkeit des 57

§ 80

angerufenen Gerichts bejaht wird, ergehen nach § 48 Abs. 1 Nr. 2 an sich stets durch die Kammer. Dabei handelt es sich jedoch nur um eine andere Bestimmung i. S. von § 53, der das Verhältnis des Vorsitzenden zu den ehrenamtlichen Richtern regelt. § 55 Abs. 3 ist demgegenüber eine Spezialvorschrift. Im Einverständnis der Beteiligten können daher auch die Beschlüsse nach § 17 a GVG im Anschluss an eine Güteverhandlung durch den Vorsitzenden allein ergehen, zumal es sich auch bei diesen Beschlüssen um eine das Verfahren – vor dem angerufenen Gericht – beendende Entscheidung handelt. Soweit in betriebsverfassungsrechtlichen oder personalvertretungsrechtlichen Streitigkeiten die Beteiligten über den Streitgegenstand verfügen können – wie etwa bei Ansprüchen auf Kostenerstattung – ist im Beschlussverfahren entsprechend §§ 306, 307 ZPO auch ein Anerkenntnis oder Verzichtsbeschluss möglich, der dann vom Vorsitzenden allein erlassen werden kann (GK-ArbGG/Dörner § 80 Rn. 49).

58 Im Übrigen kann der Vorsitzende, wenn der Gütetermin erfolglos bleibt, alle zur Vorbereitung des Kammertermins erforderlichen Maßnahmen treffen.

59 i) Vorschriften über die **Befugnisse des Vorsitzenden und der ehrenamtlichen Richter** sind die §§ 53 und 55, wie ein Vergleich mit § 64 Abs. 7 ausweist. Wegen der Abgrenzung der Befugnisse des Vorsitzenden und der ehrenamtlichen Richter in der mündlichen Verhandlung s. § 53 Rn. 4 ff. Zum Alleinentscheidungsrecht des Vorsitzenden in der Sache selbst s. oben Rn. 57.

60 j) Die **Vorbereitung der mündlichen Verhandlung** regelt § 56 Abs. 1, der durch § 80 Abs. 2 für anwendbar erklärt wird. Die dort genannten vorbereitenden Maßnahmen sind vom Vorsitzenden auch im Beschlussverfahren zu ergreifen. Über § 56 Abs. 1 Satz 2 Nr. 4 hinaus können wegen der Ermittlung des Sachverhaltes von Amts wegen auch Zeugen geladen werden, auf die sich bislang noch kein Beteiligter bezogen hat. Eigenständig regelt jetzt § 83 Abs. 1 a, dass der Vorsitzende den Beteiligten eine Frist zum Vorbringen von Angriffs- und Verteidigungsmitteln setzen kann, so dass die Bestimmung in § 56 Abs. 1 Nr. 1 insoweit nicht anwendbar ist (s. näher § 83 Rn. 88 ff.). Für die Verfahren nach den §§ 122 und 126 InsO (s. § 2 a Rn. 20 a ff.) schreibt jedoch deren Abs. 2 jeweils vor, dass § 61 a Abs. 3 bis 6 Anwendung finden. Damit sollte eine besondere Beschleunigung und Straffung dieser Verfahren erreicht werden. Nachdem durch § 83 Abs. 1 a eine den § 61 a Abs. 3 bis 6 nahezu gleiche Regelung für alle Beschlussverfahren getroffen wurde, dürfte die dort getroffene Verweisung auf § 61 a gegenstandslos geworden sein. Voll anwendbar ist § 55 Abs. 4. Jedenfalls dann, wenn kein Gütetermin stattfindet, ist § 47 Abs. 2 im Beschlussverfahren nicht anzuwenden, wonach der Beklagte – hier die Beteiligten – regelmäßig nicht aufgefordert wird, sich schriftlich zu äußern.

61 k) Für die **Verhandlung vor der Kammer** gilt § 57, wonach diese möglichst in einem Termin zu Ende zu führen ist. Der Vorbereitung dieses Termins durch den Vorsitzenden nach § 56 kommt daher eine besondere Bedeutung zu, zumal wenn eine vorläufige Erörterung des Sach- und Streitstandes in einem Güteverfahren nicht stattgefunden hat. Die gütliche Erledigung des Rechtsstreites soll während des ganzen Verfahrens angestrebt werden, § 57 Abs. 2. Dabei ist jedoch zu beachten, dass ein Vergleich nur möglich ist, sofern die Beteiligten über den Gegenstand des Vergleichs verfügen können (s. § 83 Rn. 6 f.).

62 l) Die **Beweisaufnahme** erfolgt nach § 58 vor der Kammer, soweit sie an Gerichtsstelle möglich ist. Im Übrigen kann sie dem Vorsitzenden übertragen werden, was einen Beschluss der Kammer voraussetzt (§ 58 Rn. 42 f.). Eine Beweisaufnahme im Wege der **Rechtshilfe** ist zulässig, § 13. Im Übrigen gelten für die Beweisaufnahme über § 46 Abs. 2 die Vorschriften der Zivilprozessordnung. Zur Beweisaufnahme im Allgemeinen und zur Vernehmung der Beteiligten als Partei s. § 83 Rn. 99 ff.

63 m) Entsprechend anwendbar sind auch die Vorschriften der Zivilprozessordnung über die **Wiedereinsetzung in den vorigen Stand**, §§ 233 ff. Das gilt auch für die Versäumung der Frist zur Begründung der Beschwerde nach § 87 Abs. 2, der Rechtsbeschwerde nach

§ 92 Abs. 2 und der Nichtzulassungsbeschwerde nach § 92a in Verbindung mit § 72a Abs. 2. Gegen die Versäumung **materieller Antragsfristen**, etwa nach § 19 Abs. 2 oder § 76 Abs. 5 Satz 4 BetrVG ist eine Wiedereinsetzung in den vorigen Stand nicht möglich (Schwab/Weth/*Weth* § 80 Rn. 42).

n) § 80 Abs. 2 erklärt schließlich über § 79 die Vorschriften der Zivilprozessordnung **64** über die **Wiederaufnahme des Verfahrens**, die §§ 578 ff. ZPO, für entsprechend anwendbar (s. die Erläuterung zu § 79). Die Wiederaufnahme des Verfahrens kann von jedem Beteiligten beantragt werden. Soweit die §§ 579, 580 auf bestimmte Verhältnisse einer Partei oder auf das Verhalten einer Partei oder ihres Vertreters abstellen, sind damit im Beschlussverfahren alle Beteiligten des jeweiligen Verfahrens gemeint (Schwab/Weth/ *Weth* § 80 Rn. 43; GK-ArbGG/*Dörner* § 80 Rn. 62).

3. Rechtsweg, Verfahrensart und Zuständigkeit

Die Verweisung in Abs. 3 auf § 48 Abs. 1 bewirkt, dass auch im Beschlussverfahren **65** die Vorschriften über das Verfahren bei notwendig werdenden Entscheidungen über den Rechtsweg, die Verfahrensart und die örtliche Zuständigkeit anzuwenden sind (s. dazu die Erläuterungen zu § 2a Rn. 85 ff. und zu § 48).

§ 81 Antrag

(1) Das Verfahren wird nur auf Antrag eingeleitet; der Antrag ist bei dem Arbeitsgericht schriftlich einzureichen oder bei seiner Geschäftsstelle mündlich zur Niederschrift anzubringen.

(2) ¹Der Antrag kann jederzeit in derselben Form zurückgenommen werden. ²In diesem Fall ist das Verfahren vom Vorsitzenden des Arbeitsgerichts einzustellen. ³Von der Einstellung ist den Beteiligten Kenntnis zu geben, soweit ihnen der Antrag vom Arbeitsgericht mitgeteilt worden ist.

(3) ¹Eine Änderung des Antrags ist zulässig, wenn die übrigen Beteiligten zustimmen oder das Gericht die Änderung für sachdienlich hält. ²Die Zustimmung der Beteiligten zu der Änderung des Antrags gilt als erteilt, wenn die Beteiligten sich, ohne zu widersprechen, in einem Schriftsatz oder in der mündlichen Verhandlung auf den geänderten Antrag eingelassen haben. ³Die Entscheidung, daß eine Änderung des Antrags nicht vorliegt oder zugelassen wird, ist unanfechtbar.

Übersicht

	Rn.
A. Der Antrag	1–39
I. Allgemeines	1
II. Bestimmung der Verfahrensart	2–6
1. Vor den Arbeitsgerichten	2–5
2. Vor den Verwaltungsgerichten	6
III. Der Sachantrag	7–39
1. Die Antragsschrift	7–13
2. Die möglichen Anträge	14–22
a) Leistungsantrag	14
b) Feststellungsantrag	15–18
c) Gestaltungsantrag	19, 20
d) Antragshäufung	21
e) Hilfsantrag	22
3. Das Rechtsschutzinteresse	23–32
a) Die bisherige Rechtsprechung	23, 24
b) Die neuere Rechtsprechung	25–27
c) Einzelfälle	28–32
4. Bedeutung des Antrages	33–39
a) Bestimmung des Streitgegenstandes	33, 34

	Rn.
b) Wahrung von Fristen	35–38
c) Begründung der Rechtshängigkeit	39
B. Der Antragsteller	40–70
I. Die Person des Antragstellers	40–45
1. Natürliche und juristische Personen	40
2. Vereinigungen	41
3. Stellen	42–45
II. Antragsteller und Beteiligte	46
III. Mehrheit von Antragstellern	47–51
1. Notwendige Mehrheit	47, 48
2. Tatsächliche Mehrheit	49–51
IV. Die Antragsbefugnis	52–70
1. Die Lehre von der Antragsbefugnis	52–55
2. Die Antragsbefugnis in Abhängigkeit vom Streitgegenstand	56–58
3. Gesetzliche Regelungen der Antragsbefugnis	59, 60
4. Gewillkürte Prozessstandschaft im Beschlussverfahren	61
5. Einzelfälle	62–70
a) Betriebsrat	63, 64
b) Betriebsratsmitglieder	65
c) Arbeitgeber, Dienststelle	66
d) Arbeitnehmer	67
e) Gewerkschaften	68–70
C. Zustellung des Antrages und Ladung der Beteiligten	71, 72
D. Rücknahme des Antrages	73–82
I. Zulässigkeit der Rücknahme	73–75
1. Zeitpunkt	73, 74
2. Mehrere Antragsteller	75
II. Form der Rücknahme	76
III. Einstellung des Verfahrens	77–81
1. Durch Beschluss	77–79
2. Rechtsmittel	80, 81
IV. Wirkung der Antragsrücknahme	82
E. Antragsänderung	83–94
I. Die Antragsänderung	83–86
II. Zustimmung der Beteiligten	87–90
1. Die Beteiligten	87
2. Die Zustimmung	88–90
III. Sachdienlichkeit der Antragsänderung	91
IV. Entscheidung über die Antragsänderung	92–94

A. Der Antrag

I. Allgemeines

1 § 81 enthält einige Vorschriften über den Antrag im Beschlussverfahren. Neu durch die Arbeitsgerichtsnovelle vom 21. 5. 1979 eingefügt ist Absatz 3, der die **Änderung des Antrages** in der ersten Instanz regelt. Über die Anwendung von § 264 ZPO s. unten Rn. 83.

II. Bestimmung der Verfahrensart

1. Vor den Arbeitsgerichten

2 Nach § 81 Abs. 1 wird das Beschlussverfahren nur auf Antrag eingeleitet. Rechtsprechung und herrschende Lehre entnahmen dieser Bestimmung, dass es Sache des Antragstellers sei, mit seinem Antrag zu bestimmen, ob **im Beschlussverfahren oder im Urteilsverfahren** entschieden werden soll. Gleichwohl unterliege es nicht der Disposition der

A. II. Bestimmung der Verfahrensart   § 81

Parteien oder Beteiligten, ob über eine zur Zuständigkeit der Arbeitsgerichte gehörende Streitigkeit im Urteils- oder Beschlussverfahren zu entscheiden ist (BAG 9. 12. 1975 AP BetrVG 1972 § 78a Nr. 1; 5. 4. 1984 AP BetrVG 1972 § 78a Nr. 13; BVerwG 12. 12. 1979 PersVRE 13 § 92 Nr. 3; BayVGH 4. 11. 1968 AP PersVG Bayern § 76 Nr. 1). Wähle der Kläger bzw. Antragsteller die falsche Verfahrensart, so sei sein **Antrag als unzulässig** abzuweisen.

Dieser Ansicht kann zumindest nach der Neuregelung in § 48 Abs. 1 nicht mehr gefolgt werden. § 81 Abs. 1 verlangt nicht, dass der Antragsteller ein Beschlussverfahren beantragt. Der hier vorausgesetzte **Antrag ist der Sachantrag,** über den das Gericht in der Sache entscheiden soll (s. dazu Rn. 33 ff.). Ein solcher Sachantrag ist zwar Voraussetzung für ein Tätigwerden des Gerichts auch im Beschlussverfahren, da es ein von Amts wegen durchzuführendes Beschlussverfahren trotz des in diesem Verfahren herrschenden Untersuchungsgrundsatzes nicht gibt. Dass § 81 Abs. 1 lediglich diesen Sachantrag meint, wird zusätzlich aus der Regelung in § 81 Abs. 3 über die Antragsänderung deutlich. Mit ihr sollte den Beteiligten eine größere Dispositionsbefugnis über den Streitgegenstand gegeben und damit eine Beschleunigung des Verfahrens erreicht werden. Für eine Änderung des Antrags auf Durchführung eines Beschlussverfahrens wäre sie ohne Sinn. Sie würde bedeuten, dass der Antragsteller das andere – richtige – Verfahren nur mit Zustimmung der übrigen Beteiligten oder des Gerichts wählen könnte. **3**

Nach § 48 Abs. 1 i. V. m. § 17a GVG, der nach § 80 Abs. 3 auch im Beschlussverfahren gilt, hat das Gericht vielmehr **von Amtswegen** zu entscheiden, in welcher Verfahrensart über den durch den Sachantrag bestimmten Streitgegenstand nach § 2 Abs. 5 bzw. § 2a Abs. 2 zu entscheiden ist (zum Verfahren s. die Erl. zu § 2a Rn. 85 ff. und zu § 48). Ein auf die Verfahrensart bezogener „Antrag" einer Partei oder eines Beteiligten ist nur Wiedergabe einer Rechtsansicht über das gebotene Verfahren und für das Gericht nicht bindend (unklar GK-ArbGG/*Dörner* § 81 Rn. 7f. und Schwab/Weth/*Weth* § 81 Rn. 19; ErfK/*Eisemann* ArbGG § 81 Rn. 1; *Hauck*/Helml § 81 Rn. 1; BCF/*Friedrich* ArbGG § 81 Rn. 1). Das Gericht **muss** nur nach § 17a Abs. 3 Satz 2 GVG über die Verfahrensart vorab durch Beschluss entscheiden, wenn die Parteien oder Beteiligten über diese unterschiedlicher Ansicht sind, und es **kann** darüber vorab entscheiden, wenn es dies für angebracht hält, etwa weil insoweit unterschiedliche Auffassungen in der Rechtsprechung und Literatur bestehen. **4**

Der Antragsteller oder Kläger kann – etwa aus Kostengründen – ein Interesse daran haben, dass in dem einen oder im anderen Verfahren über seinen Sachantrag entschieden wird. Steht die gewünschte Verfahrensart für die Entscheidung über seinen Sachantrag jedoch nicht zur Verfügung, muss er seinen Antrag entweder zurücknehmen oder darüber in der vom Gericht für zulässig erachteten Verfahrensart entscheiden lassen. Hält er diese für falsch, kann er die Entscheidung mit der sofortigen Beschwerde nach § 17a Abs. 4 GVG anfechten. **5**

2. Vor den Verwaltungsgerichten

Über personalvertretungsrechtliche Streitigkeiten (s. § 80 Rn. 13 ff.) entscheiden die Verwaltungsgerichte und Oberverwaltungsgerichte bzw. Verwaltungsgerichtshöfe durch besondere Spruchkörper – **Fachkammern** und **Fachsenate für Personalvertretungssachen** – § 84 BPersVG und die entsprechenden Vorschriften der Landespersonalvertretungsgesetze. Damit geht es anders als vor den Arbeitsgerichten nicht nur um die von Amts wegen zu beachtende richtige Verfahrensart sondern auch um die **Zuständigkeit eines besonderen Spruchkörpers** zur Entscheidung über den gestellten Sachantrag (BVerwG 12. 12. 1979 PersVRE 13 § 92 Nr. 3). Gleichwohl verlangt § 81 Abs. 1 nicht, dass der Antragsteller beantragt, dass über seinen Sachantrag durch die Fachkammer für Personalvertretungssachen entschieden wird. Ergibt vielmehr der gestellte Antrag, dass der Antragsteller eine Sachentscheidung über eine personalvertretungsrechtliche Streitigkeit **6** begehrt, so hat darüber auch ohne Antrag die Fachkammer für Personalvertretungssachen zu entscheiden. Besteht Streit, ob über einen Sachantrag durch die Fachkammer für Personalvertretungssachen oder eine andere Kammer zu entscheiden ist, so ist auch darüber vorab durch gesonderten Beschluss von Amts wegen zu entscheiden. Zwar betrifft § 17a GVG nur die Frage der Zulässigkeit des Rechtsweges nicht auch die einer bestimmten Verfahrensart oder der sachlichen Zuständigkeit innerhalb eines Rechtsweges, gleichwohl wird man § 17a GVG hier analog anzuwenden haben. Eine Entscheidung nach § 53 VerwGO kommt nicht in Betracht, da diese zunächst voraussetzt, dass sich zwei Gerichte (Kammern) für unzuständig erklärt haben. Eine direkte Anwendung von § 48 Abs. 1 ArbGG i. V. mit § 17a GVG scheidet aus, weil die Vorschriften des ArbGG durch die Verwaltungsgerichte erst anzuwenden sind, wenn feststeht, dass es sich um eine personalvertretungsrechtliche Streitigkeit handelt, über die im Beschlussverfahren zu entscheiden ist.

III. Der Sachantrag

1. Die Antragsschrift

7   Nach § 81 Abs. 1 ist der Antrag beim Arbeitsgericht schriftlich einzureichen oder bei seiner Geschäftsstelle mündlich zur Niederschrift zu bringen. Bei schriftlicher Einreichung muss die **Antragschrift** die Unterschrift des Antragstellers oder seines Verfahrensbevollmächtigten tragen (BAG 21. 10. 1969 AP BetrVG § 3 Nr. 10). Eine durch Telekopie übermittelte Antragschrift genügt unter den gleichen Voraussetzungen, unter denen ein Rechtsmittel durch Telekopie eingelegt werden kann (Schwab/Weth/*Weth* § 81 Rn. 3; s. § 74 Rn. 12 ff.). Soweit die Länder entsprechende Verordnungen erlassen haben, genügt auch ein **elektronisches Dokument,** das mit einer qualifizierten Signatur versehen ist, § 130a ZPO.

8   Für den Inhalt der Antragschrift gilt im Übrigen § 253 Abs. 2, 4 und 5 ZPO entsprechend (BAG 8. 11. 1983 AP BetrVG 1972 § 87 Arbeitszeit Nr. 11; 22. 10. 1985 AP BetrVG 1972 § 87 Lohngestaltung Nr. 18). Danach muss die Antragschrift einen **bestimmten Sachantrag** enthalten (vergl. dazu *Matthes* DB 1984, 453; Schwab/Weth/*Weth* § 81 Rn. 4). Dem Antrag muss zu entnehmen sein, über welche konkrete Streitfrage das Gericht mit bindender Wirkung für die Beteiligten entscheiden soll (*Weth* S. 239). Zur Auslegung des Antrages s. unten Rn. 34. Der Vorsitzende des Arbeitsgerichts hat nach § 139 ZPO auf sachdienliche, d. h. das Begehren des Antragstellers bestimmt bezeichnende Anträge hinzuweisen (GK-ArbGG/*Dörner* § 81 Rn. 40).

9   Bei Anträgen auf **Feststellung des Bestehens oder Nichtbestehens eines Mitbestimmungsrechts** des Betriebsrates muss daher diejenige Maßnahme des Arbeitgebers oder derjenige betriebliche Vorgang, für die bzw. für den ein Mitbestimmungsrecht vom Betriebsrat in Anspruch genommen oder vom Arbeitgeber geleugnet wird, so genau bezeichnet werden, dass mit der Entscheidung über diesen Antrag feststeht, für welche Maßnahme oder welchen Vorgang ein Mitbestimmungsrecht bejaht oder verneint worden ist. (BAG 16. 8. 1983 AP ArbGG 1979 § 81 Nr. 2; 14. 9. 1984 AP BetrVG 1972 § 87 Überwachung Nr. 9; 23. 7. 1984 AP BetrVG 1972 § 87 Ordnung des Betriebes Nr. 8 87; 3. 5. 2006 AP ArbGG 1979 § 81 Nr. 61; ErfK/*Eisemann* ArbGG § 81 Rn. 3). Dem Bestimmtheitserfordernis genügt auch ein sogen. **Globalantrag,** mit dem etwa die Feststellung eines Mitbestimmungsrechts hinsichtlich einer jeden Anordnung von Überstunden begehrt wird. Ein solcher Antrag ist nicht unzulässig aber schon dann unbegründet, wenn nur hinsichtlich *einer* denkbaren Anordnung von Überstunden ein Mitbestimmungsrecht zu verneinen ist (ständige Rechtspr. seit BAG 10. 6. 1986 AP BetrVG 1972 § 87 Arbeitszeit Nr. 18; 19. 7. 1995 AP BetrVG 1972 § 23 Nr. 25; 28. 2. 2006 AP GG Art. 9 Nr. 127; GK-ArbGG/*Dörner* § 81 Rn. 34 ff.; Schwab/Weth/*Weth* § 81

A. III. Der Sachantrag   § 81

Rn. 5 f. ArbGV/*Koch* § 81 Rn. 3; BCF/*Friedrich* ArbGG § 81 Rn. 2). Ein Antrag, der lediglich den Gesetzeswortlaut wiederholt, ist unzulässig, wenn gerade der Inhalt der Norm unter den Parteien streitig ist (BAG 17. 3. 1987 AP BetrVG 1972 § 23 Nr. 7; 7. 4. 2004 AP BetrVG 1972 § 106 Nr. 17). Unzulässig ist auch ein unter einer **Bedingung** gestellten Antrag (BAG 7. 5. 1986 AP BetrVG 1972 § 103 Nr. 18) nicht aber ein vorsorglich gestellter Antrag.

Über den eigentlichen Sachantrag hinaus muss die Antragschrift den Grund des 10
erhobenen Anspruches angeben, d. h. eine **Begründung des Antrages** enthalten. Es muss derjenige Sachverhalt vorgetragen werden, aus dem sich das mit dem Antrag geltend gemachte Recht ergeben soll. Da jedoch nach § 83 Abs. 1 das Arbeitsgericht den Sachverhalt im Rahmen der gestellten Anträge von Amts wegen erforscht, sind die an die Begründung des Sachantrages durch den Antragsteller zu stellenden Anforderungen geringer als im Urteilsverfahren (GK-ArbGG/*Dörner* § 81 Rn. 29; s. dazu näher § 83 Rn. 82 ff.).

Nach § 252 Abs. 2 Nr. 1 ZPO müssen in der Antragschrift die Parteien bezeichnet 11
werden. Da das Beschlussverfahren keine Parteien kennt und das Gericht die Beteiligten von Amts wegen zu ermitteln hat (s. § 83 Rn. 17), kann § 253 Abs. 2 Nr. 1 ZPO nur beschränkt Anwendung finden. Die Antragschrift muss angeben, wer der **Antragsteller** ist. Die **Bezeichnung der übrigen Beteiligten** kann jedoch vom Antragsteller grundsätzlich nicht verlangt werden (ErfK/*Eisemann* ArbGG § 81 Rn. 1; *Hauck*/Helml § 81 Rn. 5). Der Antrag muss sich nicht ausdrücklich gegen bestimmte Beteiligte richten (GK-ArbGG/*Dörner* § 81 Rn. 27). So ist etwa bei der Anfechtung einer Betriebsratswahl nicht erforderlich, den Betriebsrat als Anfechtungsgegner zu bezeichnen, auch brauchen die Namen der von der Anfechtung betroffenen Betriebsrats- oder Aufsichtsratsmitglieder nicht angegeben zu werden (BAG 24. 5. 1965 AP BetrVG § 18 Nr. 14; 20. 7. 1982 AP BetrVG § 76 Nr. 26). Das schließt nicht aus, dass schon mit Rücksicht auf die erforderliche Bestimmtheit des Sachantrages in der Antragschrift neben dem Antragsteller auch andere Personen oder Stellen angegeben werden müssen. Wird die Verpflichtung einer Person oder Stelle zur Vornahme einer Handlung beantragt, so bedarf es notwendig der Angabe dieser Person, oder Stelle, die zur Vornahme der Handlung verpflichtet werden soll. Diese Person oder Stelle konkretisiert den Streitgegenstand und bindet damit auch das Gericht. Es kann nicht eine andere Person oder Stelle zur Vornahme der Handlung verpflichten (Schwab/Weth/*Weth* § 81 Rn. 15). Darüber, ob diese Person oder Stelle „**Antragsgegner**" ist und welche Bedeutung dem Antragsgegner im Beschlussverfahren zukommt, s. unten Rn. 46.

Soweit in der Antragschrift Personen, Vereinigungen oder Stellen als **Beteiligte be-** 12
zeichnet werden, ist dies für das Gericht nicht bindend (GK-ArbGG/*Dörner* § 81 Rn. 28; s. § 83 Rn. 18 ff.). Sind Beteiligte unrichtig oder unvollständig bezeichnet worden, so kann ihre Bezeichnung jederzeit auch von Amts wegen ergänzt oder richtig gestellt werden (BAG 22. 1. 1975 AP ZPO § 268 Nr. 2).

Die allgemeinen Vorschriften über die **vorbereitenden Schriftsätze** § 253 Abs. 4 in 13
Verbindung mit §§ 130 ff. ZPO sind auf die Antragschrift nur insoweit anzuwenden, als nicht die Besonderheiten des Beschlussverfahrens, das vom Untersuchungsgrundsatz beherrscht wird, entgegenstehen. Mit der Antragschrift sollen nach § 153 Abs. 5 ZPO die erforderliche Zahl von Abschriften eingereicht werden. Unterbleibt dies, so ist das ohne rechtliche Bedeutung.

2. Die möglichen Anträge

a) Leistungsantrag

Auch im Beschlussverfahren können Leistungsanträge gestellt werden. Sie gehen, weil 14
aus ihnen vollstreckt werden kann, § 85, regelmäßig einem entsprechenden Feststellungsantrag vor (BAG 19. 6. 1984 AP BetrVG 1972 § 92 Nr. 2). Leistungsanträge

können die **Verpflichtung zur Vornahme einer Handlung** zum Inhalt haben, auch erst künftiger Handlungen, § 259 ZPO (BAG 17. 5. 1983 AP BetrVG 1972 § 80 Nr. 19). Als Handlungen kommen in Betracht die Vorlage oder die Rückgabe von Unterlagen, die Erteilung von Auskünften, die Zurverfügungstellung von Sachmitteln, die Erstattung von Kosten oder die Freistellung von Verbindlichkeiten (vergl. BAG 9. 9. 1975 AP ArbGG 1953 § 83 Nr. 6; 27. 3. 1979 AP ArbGG 1953 § 80 Nr. 7; Schwab/Weth/*Weth* § 81 Rn. 25) aber auch die Durchführung einer Betriebsvereinbarung (BAG 18. 1. 2006 – 3 ABR 21/04 AP BetrVG 1972 § 77 Betriebsvereinbarung Nr. 24). Anträge auf Vornahme einer Handlung sind auch die Anträge nach §§ 98 Abs. 5, 101 und 104 BetrVG. Inhalt eines Leistungsantrages kann auch die **Verpflichtung zur Unterlassung** bestimmt zu bezeichnender Handlungen sein (BAG 22. 7. 1980 AP BetrVG 1972 § 74 Nr. 3). Schließlich kann auch die **Verpflichtung zur Duldung** eines Verhaltens, etwa des Zutritts von Gewerkschaftsbeauftragten zum Betrieb, beantragt werden (GK-ArbGG/*Dörner* § 81 Rn. 11; zur Bestimmtheit eines Unterlassungsantrags s. BAG 25. 8. 2004 AP BetrVG 1972 § 23 Nr. 41).

b) Feststellungsantrag

15 Von besonderer Bedeutung im Beschlussverfahren sind Feststellungsanträge. Entsprechend § 256 Abs. 1 ZPO kann auch im Beschlussverfahren das **Bestehen oder Nichtbestehen eines Rechtsverhältnisses** oder einzelner Berechtigungen aus diesem Rechtsverhältnis zum Gegenstand eines Antrages gemacht werden, wobei das Rechtsverhältnis nicht notwendig ein solches zwischen den Verfahrensbeteiligten selbst sondern auch zwischen diesen und einem Dritten sein kann (vergl. BAG 22. 10. 1985 AP BetrVG 1972 § 87 Werkmietwohnungen Nr. 5; GK-ArbGG/*Dörner* § 81 Rn. 13; Schwab/Weth/*Weth* § 81 Rn. 27). Dagegen ist ein Antrag auf **Feststellung von Tatsachen** unzulässig, so die Feststellung, dass ein Personalratsmitglied seine Schweigepflicht verletzt hat (BVerwG 15. 3. 1968 BVerwGE 29, 219); anders für die Feststellung, dass ein Personalratsmitglied gegen Vorschriften des Personalvertretungsrechts verstoßen hat und deswegen aus dem Personalrat hätte ausgeschlossen werden können (BVerwG 24. 10. 1975 BVerwGE 49, 259), oder dass ein bestimmter Vorgang eine Betriebsänderung im Sinne von § 111 BetrVG ist (BAG 26. 10. 1982 AP BetrVG 1972 § 111 Nr. 10). Das Bundesverwaltungsgericht lässt aus seinem anderen Verständnis vom Zweck des personalvertretungsrechtlichen Beschlussverfahrens (s. dazu unten Rn. 23) regelmäßig Anträge auf Feststellung zu, dass eine Maßnahme der Dienststelle Mitbestimmungsrechte des Personalrates **verletzt hat** (vergl. BVerwG 24. 10. 1975 BVerwGE 49, 259).

16 Gegenstand von Feststellungsanträgen kann das **Bestehen oder Nichtbestehen von Mitbestimmungsrechten** an einer – bestimmt zu bezeichnenden Maßnahme (s. oben Rn. 8) – sein (BAG 16. 8. 1983 AP ArbGG 1979 § 81 Nr. 2). Wird die Feststellung eines Mitbestimmungsrechts aus **verschiedenen Mitbestimmungstatbeständen** beantragt, so kann die Angabe der betreffenden Paragraphen entweder nur Teil der rechtlichen Begründung des Antrags sein, aber auch deutlich machen, dass mehrere Mitbestimmungsrechte, d. h. Mitbestimmungsrechte unterschiedlicher Reichweite, geltend gemacht werden (s. dazu auch BVerwG 13. 8. 1992 AP BPersVG § 75 Nr. 39). Es liegt dann eine Antragshäufung vor (s. Rn. 21). Was gemeint ist, ist durch Auslegung zu ermitteln (s. Rn. 34). Gegenstand des Antrags kann auch die Frage sein, ob von einem Mitbestimmungsrecht eine bestimmte Detailregelung, ein bestimmtes Regelungsverlangen gedeckt ist (BAG 22. 12. 1981 AP BetrVG 1972 § 87 Lohngestaltung Nr. 7; 6. 12. 1983 AP BetrVG 1972 § 87 Überwachung Nr. 7; vom 23. 10. 1984 AP BetrVG 1972 § 87 Ordnung des Betriebes Nr. 8; zusammenfassend BAG 13. 10. 1987 AP BetrVG 1972 § 87 Arbeitszeit Nr. 24; näher dazu *Matthes* DB 1984, 453; ErfK/*Eisemann* ArbGG § 81 Rn. 3). Ein Antrag auf Feststellung der Zuständigkeit oder **Unzuständigkeit einer Einigungsstelle** ist ein Antrag auf Feststellung des Bestehens oder Nichtbestehens eines Mitbestimmungsrechtes (BAG

A. III. Der Sachantrag   § 81

vom 24. 11. 1981 AP BetrVG 1972 § 76 Nr. 11; GK-ArbGG/*Dörner* § 81 Rn. 16 *Fitting/Engels/Schmidt/Trebinger/Linsenmaier,* nach § 1 Rn. 17).

Gegenstand eines Feststellungsantrages kann auch die Frage sein – obwohl es dabei zum Teil um die **Feststellung von Tatsachen** geht –, ob ein Arbeitnehmer Leitender Angestellter ist (BAG 19. 11. 1974 AP BetrVG 1972 § 5 Nr. 2), ob ein Arbeitnehmer oder bestimmte Gruppen von Arbeitnehmern wahlberechtigt oder wählbar für den Betriebs oder Personalrat sind (BVerwG 7. 11. 1975 BVerwGE 49, 342), die Unwirksamkeit eines Spruchs der Einigungsstelle (BAG 31. 8. 1982 AP BetrVG 1972 § 87 Arbeitszeit Nr. 8; 22. 10. 1985 AP BetrVG 1972 § 87 Leistungslohn Nr. 3) oder einer Dienstvereinbarung (BVerwG 17. 12. 2003 AP LPVG Hamburg § 81 Nr. 1), ob ein Betrieb ein Betriebsteil, ein Nebenbetrieb, selbständiger Betrieb oder ein Gemeinschaftsbetrieb ist (BAG 25. 11. 1980 AP BetrVG 1972 § 18 Nr. 3) oder ob die Zustimmung des Betriebsrates zu einer personellen Einzelmaßnahme nach § 99 Abs. 3 BetrVG als erteilt gilt (BAG 28. 1. 1986 AP BetrVG 1972 § 99 Nr. 34).

17

Der Feststellungsantrag kann positiv oder negativ gefasst sein. Dazu, ob beide Anträge nebeneinander zulässig sind s. unten Rn. 39. Er kann entsprechend § 256 Abs. 2 ZPO auch als **Zwischenfeststellungsantrag** gestellt werden (BAG 1. 2. 1989 AP BetrVG 1972 § 99 Nr. 63; GK-ArbGG/*Dörner* § 81 Rn. 17; Schwab/Weth/*Weth* § 81 Rn. 27).

18

c) Gestaltungsantrag

Neben dem Leistungs- und Feststellungsantrag kennt das Betriebsverfassung und Personalvertretungsrecht eine Vielzahl von gerichtlichen Entscheidungen, denen eine **gestaltende Wirkung** zukommt, und damit auch entsprechende Gestaltungsanträge (GK-ArbGG/*Dörner* § 81 Rn. 12; Schwab/Weth/*Weth* § 81 Rn. 26). Solche Anträge sind etwa der Antrag auf Auflösung des Betriebs- oder Personalrats oder auf Ausschluss eines Mitgliedes, § 23 Abs. 1 BetrVG und § 28 Abs. 1 BPersVG, der Antrag auf **Ersetzung der Zustimmung des Betriebsrates** zur fristlosen Kündigung eines Betriebsrats- oder Personalratsmitglieds nach § 103 Abs. 2 BetrVG oder § 47 BPersVG oder auf Ersetzung der Zustimmung des Betriebsrates zu einer personellen Maßnahme nach § 99 Abs. 4 BetrVG, die Anträge auf Bestellung oder Abberufung eines Wahlvorstandes nach den §§ 16 Abs. 2, 17 Abs. 3 und 18 Abs. 1 BetrVG und der Antrag auf Bestellung eines Vorsitzenden der Einigungsstelle und Bestimmung der Zahl der Beisitzer nach § 76 Abs. 2 BetrVG. Gleiches gilt für die Anträge des Arbeitgebers auf Auflösung eines Arbeitsverhältnisses nach § 78 a Abs. 4 Nr. 2 BetrVG und § 9 Abs. 4 Nr. 2 BPersVG.

19

Eine Gestaltung der Rechtslage wird schließlich auch begehrt mit Anträgen, die auf Aufhebung eines Verwaltungsaktes gerichtet sind, etwa des Bescheides über die Anerkennung oder Nichtanerkennung einer Schulungsveranstaltung als geeignet im Sinne von § 37 Abs. 7 BetrVG (BAG 18. 12. 1973 AP BetrVG 1972 § 37 Nr. 7) oder die Anerkennung des dienstlichen Interesses an der Nutzung eines privaten Pkw durch ein Personalratsmitglied (BVerwG 27. 4. 1983 BVerwGE 67, 135). Gestaltende Wirkung kommt im Ergebnis auch der Entscheidung über die **Anfechtung der Betriebs- oder Personalratswahl** oder der Wahl von Arbeitnehmervertretern zum Aufsichtsrat zu (*Dütz* ArbRGegw Bd. 20 S. 48; Schwab/Weth/*Weth* § 81 Rn. 26). Zwar geht die Entscheidung nur dahin, dass die Wahl unwirksam ist, diese Entscheidung hat jedoch Wirkung für die Zukunft und führt damit praktisch zur Beendigung der Amtszeit des gewählten Organs. Das gilt erst recht, wenn lediglich das festgestellte Wahlergebnis berichtigt wird (vergl. BAG 26. 11. 1968 AP BetrVG § 76 Nr. 18). Der Entscheidung, dass eine Wahl nichtig war, kommt hingegen nur feststellende Wirkung zu.

20

d) Antragshäufung

Der Antragsteller kann gleichzeitig **mehrere Anträge** stellen – objektive Antragshäufung. Die Zulässigkeitsvoraussetzungen sind auch in diesem Falle für jeden Antrag

21

§ 81

gesondert zu prüfen. Da das Beschlussverfahren keinen „Antragsgegner" kennt (s. unten Rn. 46) ist entgegen § 260 ZPO nicht erforderlich, dass sich die mehreren Anträge gegen den gleichen Beteiligten richten oder dass hinsichtlich des Rechtsstreites über jeden Antrag die gleichen Personen oder Stellen beteiligt sind (ErfK/*Eisemann* ArbGG § 81 Rn. 5; GK-ArbGG/*Dörner* § 81 Rn. 21; Schwab/Weth/*Weth* § 81 Rn. 32). Eine **Antragshäufung kraft Gesetzes** ergibt sich bei der Durchführung vorläufiger personeller Maßnahmen aus § 99 Abs. 4 und § 100 Abs. 2 Satz 3 BetrVG (BAG 7. 11. 1977 AP BetrVG 1972 § 100 Nr. 1; 15. 9. 1987 AP BetrVG 1972 § 99 Nr. 46). Eine Antragshäufung kommt insbesondere dann in Betracht, wenn nicht nur ein Mitbestimmungsrecht hinsichtlich einer bestimmten Angelegenheit streitig ist sondern gleichzeitig auch darüber entschieden werden soll, ob das Mitbestimmungsrecht auch ein bestimmtes Regelungsverlangen des Betriebsrates deckt (BAG 29. 7. 1982 AP ArbGG 1979 § 83 Nr. 5). Wegen des unterschiedlichen Streitgegenstandes und der unterschiedlichen Rechtskraftwirkung handelt es sich auch um eine Antragshäufung, wenn die Nichtigkeit einer Betriebsratwahl geltend gemacht und diese gleichzeitig – hilfsweise – angefochten wird (BAG 17. 1. 1978 AP BetrVG 1972 § 1 Nr. 1).

e) Hilfsantrag

22 Auch Hilfsanträge können im Beschlussverfahren gestellt werden, etwa der Antrag auf Ersetzung der Zustimmung des Betriebsrates zur fristlosen Kündigung nach § 103 Abs. 2 BetrVG und hilfsweise der Antrag auf Ausschluss aus dem Betriebsrat nach § 23 Abs. 1 BetrVG (BAG 21. 2. 1978 AP BetrVG 1972 § 74 Nr. 1) oder auf Feststellung, dass die Zustimmung des Betriebsrates zu einer personellen Einzelmaßnahme als erteilt gilt, hilfsweise auf Ersetzung dieser Zustimmung (BAG 28. 1. 1986 AP BetrVG 1972 § 99 Nr. 34).

3. Das Rechtsschutzinteresse

a) Die bisherige Rechtsprechung

23 Auch im Beschlussverfahren ist Voraussetzung für eine Sachentscheidung, dass der Antragsteller ein Rechtsschutzinteresse an der begehrten Entscheidung hat (so schon BAG 1. 12. 1961 AP ArbGG 1953 § 80 Nr. 1; und jetzt BAG 18. 2. 2003 AP BGB § 611 Arbeitsbereitschaft Nr. 12). Bei der Prüfung des Rechtsschutzinteresses im Beschlussverfahren hat sich die Rechtsprechung jedoch von anderen Kriterien leiten lassen, als im Urteilsverfahren. Sie hat auf den **objektiven Charakter dieses Verfahrens** abgestellt, das bis zur Neuregelung durch die Arbeitsgerichtsnovelle vom 21. 5. 1979 weitgehend der Disposition der Beteiligten entzogen war, und auf den **Zweck des Beschlussverfahrens**, der weniger darin gesehen wurde, persönliche Rechtspositionen zu klären und Ansprüche durchzusetzen als betriebsverfassungsrechtliche Fragen zu klären, bei denen es um die Abgrenzung der gegenseitigen Kompetenzen im Bereich der Betriebsverfassung gehe. Die Rechtsprechung hat es zwar abgelehnt, abstrakte Rechtsfragen zu beantworten, also gutachterlich tätig zu werden, gleichwohl jedoch vielfach nicht über den gestellten Antrag sondern nur über die dahinterstehende Rechtsfrage entschieden. Angesichts des Umstandes, dass der für eine gerichtliche Entscheidung vorausgesetzte konkrete Anlass einer betriebsverfassungsrechtlichen Streitigkeit unter den Beteiligten sich während des Verfahrens vielfach erledigte, hat sie die Möglichkeit genügen lassen, dass im Betrieb gleiche oder ähnliche Streitfälle wieder auftreten können, um über den an sich erledigten Antrag noch in der Sache zu entscheiden (vergl. aus der unübersehbaren Rechtsprechung BAG 9. 10. 1973 AP BetrVG 1972 § 37 Nr. 4; 18. 3. 1975 AP BetrVG 1972 § 111 Nr. 1; 13. 9. 1977 AP BetrVG 1972 § 42 Nr. 1; zuletzt 20. 4. 1999 AP ArbGG 1979 § 81 Nr. 43; BVerwG 24. 10. 1975 BVerwGE 49, 259; 21. 6. 1982 Buchholz 238.3 A § 71 Nr. 1). Das Rechtsschutzinteresse für die Klärung einer Rechtsfrage entfalle nur, wenn der Streitfall durch Umstände gegenstandslos werde, die entweder dem Begehren

A. III. Der Sachantrag   § 81

des Antragstellers Rechnung tragen oder von ihm zu vertreten sind (BVerwG 29. 4. 1983 Buchholz 238.3 A § 25 Nr. 6).

Die Rechtsprechung hat dabei nicht danach unterschieden, ob es sich um einen Leistungs-, Feststellungs- oder Gestaltungsantrag gehandelt hat. Sie war auch nicht einheitlich und hat Fälle, in denen der Antrag unbegründet geworden war, unter dem Gesichtspunkt geprüft, ob das Rechtsschutzinteresse fortbestand oder nicht (so bei dem Antrag auf Freistellung eines Betriebsratsmitgliedes zum Besuch einer bestimmten Schulungsveranstaltung, nachdem die Schulung vom Betriebsratsmitglied besucht worden war, BAG 16. 3. 1976 AP BetrVG 1972 § 37 Nr. 22; eine Wahlanfechtung noch nach Ablauf der Amtszeit des gewählten Organs, BVerwG 12. 2. 1986 Buchholz 238.3 A § 83 Nr. 31). 24

b) Die neuere Rechtsprechung

Mit der Entscheidung des 6. Senats des Bundesarbeitsgerichts vom 29. 7. 1982 (AP ArbGG 1979 § 83 Nr. 5) hat die Rechtsprechung des Bundesarbeitsgerichts eine **grundlegende Änderung** erfahren (Schwab/Weth/*Weth* § 81 Rn. 88). Danach fehlt es am Rechtsschutzbedürfnis für einen Antrag, mit dem die Feststellung begehrt wird, dass eine bestimmte, bereits **abgeschlossene Maßnahme** unwirksam sei oder dass an ihr ein Mitbestimmungsrecht des Betriebsrates bestanden habe, wenn diese Maßnahme für die Verfahrensbeteiligten im Zeitpunkt der Entscheidung keine Rechtwirkungen mehr entfaltet (so für die Anfechtung einer Betriebsratswahl nach Ablauf der Amtszeit BAG 13. 3. 1991 AP BetrVG 1972 § 19 Nr. 20, anders nur bei Rücktritt des Betriebsrats, LAG Niedersachsen 15. 5. 1991 DB 1991, 2248) oder nach Ausscheiden der anfechtenden Arbeitnehmer aus dem Betrieb (BAG 15. 2. 1989 AP BetrVG 1972 § 19 Nr. 17). Eine solche Entscheidung könne einem Verfahrensbeteiligten lediglich bescheinigen, dass er Recht oder Unrecht gehabt habe. Allein der Umstand, dass die Entscheidung **für künftige Fälle Richtschnur** für das Handeln der Beteiligten sein könne, begründe kein Rechtsschutzinteresse. Mit einer solchen Entscheidung würde das Gericht lediglich gutachterlich tätig werden. Das sei nicht Aufgabe der Gerichte. Sofern zu erwarten sei, dass bei künftigen Vorgängen und Maßnahmen gleicher Art die gleiche Streitfrage unter den Beteiligten wieder auftrete (krit. dazu Schwab/Weth/*Weth* § 81 Rn. 96), könne die **Streitfrage bezogen auf diese künftigen Fälle** zur Entscheidung gestellt werden. Der auf den abgeschlossenen Vorgang bezogene Antrag und der Antrag hinsichtlich künftiger gleichartiger Vorgänge beträfen unterschiedliche Streitgegenstände. Der eine sei nicht im anderen enthalten. Dieser Rechtsprechung hat sich der 1. Senat des Bundesarbeitsgerichts ausdrücklich angeschlossen (BAG 10. 4. 1984 AP ArbGG 1979 § 81 Nr. 3). Auch das Bundesverwaltungsgericht hat in neueren Entscheidungen sich dieser Rechtsprechung angenähert (BVerwG 12. 2. 1986 Buchholz 238 3. A § 83 Nr. 31; 12. 3. 1986 BVerwGE 74, 100; 23. 9. 1993 AP BetrVG 1972 § 5 Nr. 53; 18. 12. 1990 PersR 1991, 59; und sich ihr für Rechtsbeschwerden ab 1994 angeschlossen, s. BVerwG 15. 2. 1994 PersR 1994, 167). 25

Mit dieser Rechtsprechung ist sichergestellt, dass die **betriebsverfassungsrechtliche Streitfrage** nicht nur anlässlich eines erledigten Streitfalles ohne Bindungswirkung für die Beteiligten beantwortet wird, sondern dass diese **mit Rechtskraftwirkung** für künftige gleichgelagerte Fälle entschieden wird und damit den Streit der Beteiligten tatsächlich befriedigt. So kann etwa mit bindender Wirkung für die Beteiligten entschieden werden, dass bestimmt zu bezeichnende (s. dazu oben Rn. 8 ff.) personelle Einzelmaßnahmen als Versetzung der Zustimmung des Betriebsrats bedürfen (BAG 18. 2. 1986 AP BetrVG 1972 § 99 Nr. 33), ob der Betriebsrat die Zustimmung zur Einstellung eines Arbeitnehmers mit der Begründung verweigern könne, die vorgesehene Befristung des Arbeitsvertrages sei unzulässig (BAG 16. 7. 1985 AP BetrVG 1972 § 99 Nr. 21) oder ob die Beschäftigung bestimmter Personen mit bestimmten Arbeiten als Einstellung der Zustimmung des Betriebsrates bedarf (BAG 15. 4. 1986 AP BetrVG 1972 § 99 Nr. 35; GK- 26

ArbGG/*Dörner* § 81 Rn. 130; ErfK/*Eisemann* ArbGG § 81 Rn. 8). In der gleichen Weise kann mit bindender Wirkung für die Beteiligten festgestellt werden, ob bestimmte Personen oder Personengruppen wahlberechtigt oder wählbar zum Betriebsrat sind, ohne dass zur Klärung dieser Streitfrage eine Betriebsratswahl angefochten werden muss. Dabei ist nicht erforderlich, dass der auf den Anlassfall für den Streit bezogene Antrag neben den auf künftige Vorgänge oder Maßnahmen bezogenen Antrag gestellt wird (BAG 18. 2. 1986 AP BetrVG 1972 § 99 Nr. 33).

27 Das Rechtschutzinteresse für den Antrag muss noch im **Zeitpunkt der letzten Entscheidung über diesen Antrag,** also auch noch in der Rechtsbeschwerdeinstanz gegeben sein (BAG 29. 7. 1982 AP ArbGG 1979 § 83 Nr. 5; a. A. noch BVerwG 1. 10. 1965 AP PersVG § 26 Nr. 7). Neues tatsächliches Vorbringen zum Fortbestehen oder zum Wegfall des Rechtsschutzinteresses ist auch noch in der Rechtsbeschwerdeinstanz zu berücksichtigen (s. § 74 Rn. 120 f.). Fehlt es am erforderlichen Rechtsschutzinteresse, so ist der Antrag als unzulässig abzuweisen.

c) Einzelfälle

28 Auf dem Hintergrund dieser Entwicklung können frühere Entscheidungen zum Rechtsschutzinteresse nur noch bedingt maßgebend sein.

29 Bei **Leistungsanträgen** ist die gesonderte Prüfung eines Rechtsschutzinteresses regelmäßig nicht erforderlich (BAG 25. 8. 1983 AP KO § 59 Nr. 14; 19. 6. 1984 AP BetrVG 1972 § 92 Nr. 2; GK-ArbGG/*Dörner* § 81 Rn. 115; Schwab/Weth/*Weth* § 81 Rn. 90). Es ist nicht deswegen zu verneinen, weil ein Leistungstitel u. U. nicht vollstreckt werden kann (a. A. BAG 17. 3. 1987 AP BetrVG 1972 § 23 Nr. 7; GK-ArbGG/*Dörner* § 81 Rn. 119). Wird die Leistung erbracht oder unmöglich, so ist der Antrag unbegründet, nicht aber wegen Wegfall des Rechtsschutzinteresses unzulässig. Wegen der Erledigung der Hauptsache in solchen Fällen s. § 83 a Rn. 12 ff.

30 Für einen **Gestaltungsantrag** fehlt das Rechtsschutzinteresse, wenn die begehrte Entscheidung keine gestaltende Wirkung mehr haben kann (GK-ArbGG/*Dörner* § 81 Rn. 121; Schwab/Weth/*Weth* § 81 Rn. 92). So wird der Antrag auf Ausschluss eines Betriebsratsmitgliedes aus dem Betriebsrat unzulässig, wenn die Amtszeit des Betriebsrats abgelaufen und das Betriebsratsmitglied nicht wiedergewählt worden ist (BAG 8. 12. 1961 AP BetrVG § 23 Nr. 7). Ist das Mitglied wiedergewählt worden, so ist es eine Frage der Begründetheit des Antrages, ob Verfehlungen während der früheren Amtszeit jetzt noch den Ausschluss rechtfertigen. Selbst wenn das nicht der Fall ist, wird dadurch der Antrag nicht unzulässig (so aber BAG 29. 4. 1969 AP BetrVG § 23 Nr. 9; vergl. auch BVerwG 1. 10. 1965 AP PersVG § 26 Nr. 7). Der Antrag auf **Ersetzung der Zustimmung** des Betriebsrates zu einer personellen Einzelmaßnahme wird unzulässig, wenn diese Maßnahme, gleich auf welche Weise, ihr Ende gefunden hat. In der Regel fehlt auch das Rechtsschutzinteresse für die **Anfechtung einer Wahl,** wenn die Amtszeit des gewählten Organs abgelaufen ist (a. A. BVerwG 29. 4. 1983 Buchholz 238.3 A § 25 Nr. 6). nicht aber, wenn das Organ zurückgetreten ist (LAG Düsseldorf 16. 10. 1986 DB 1987, 177). An einem Feststellungsinteresse für die Anfechtung einer Wahl wegen der Verkennung des Betriebsbegriffs fehlt es auch dann, wenn nur die Wahl eines der mehreren Betriebsräte angefochten wird (BAG 7. 12. 1988 AP BetrVG 1972 § 19 Nr. 15). Etwas anderes kann nur dann gelten, wenn die Nichtigkeit der Wahl geltend gemacht wird und diese Nichtigkeit trotz Beendigung der Amtszeit noch für die Rechtsbeziehungen der Beteiligten von Bedeutung ist. In diesem Fall kann auch der Betriebsrat einen entsprechenden negativen Feststellungsantrag stellen (unrichtig daher BAG 20. 2. 1986 AP BetrVG 1972 § 5 Rotes Kreuz Nr. 2). Der Antrag auf Bestellung eines Wahlvorstandes wird unbegründet, wenn ein Wahlvorstand von der Betriebsversammlung gewählt wird (a. A. BAG 19. 3. 1974 AP BetrVG 1972 § 17 Nr. 1, wo das Rechtsschutzinteresse verneint wird).

A. III. Der Sachantrag   § 81

Von Bedeutung ist das Rechtsschutzinteresse in Form des **Feststellungsinteresses** insbesondere bei Feststellungsanträgen (GK-ArbGG/*Dörner* § 81 Rn. 123 ff.). Es ist zu bejahen, wenn unter den Beteiligten Streit über das Bestehen oder Nichtbestehen eines Rechtsverhältnisses oder eines Rechts besteht, so insbesondere bei Anträgen auf Feststellung eines Mitbestimmungsrechtes hinsichtlich einer bestimmten Maßnahme oder eines konkreten betrieblichen Vorganges, aber auch dann, wenn unter den Beteiligten streitig ist, ob ein – möglicherweise unstreitiges – Mitbestimmungsrecht ein bestimmtes Regelungsverlangen des Betriebsrates deckt (BAG 17. 12. 1985 AP BetrVG 1972 § 111 Nr. 15; BAG 13. 10. 1987 AP BetrVG 1972 § 87 Arbeitszeit Nr. 24; vergl. auch *Ehmann* Anm. EzA § 87 BetrVG 1972 Bildschirmarbeitsplatz Nr. 1). Für den Antrag auf Feststellung eines Mitbestimmungsrechts an einer bereits durchgeführten personellen Einzelmaßnahme fehlt das Feststellungsinteresse, weil der Betriebsrat nach § 101 BetrVG die Aufhebung der Maßnahme verlangen kann (BAG 15. 4. 2008 AP BetrVG 1972 § 95 Nr. 54). Betriebsrat und Arbeitgeber haben ein rechtliches Interesse an der Feststellung der Unwirksamkeit eines Spruchs der Einigungsstelle unabhängig davon, ob sie durch den Spruch beschwert werden (BAG 8. 6. 2004 AP BetrVG 1972 § 77 Einigungsstelle Nr. 20). Das Rechtsschutzinteresse entfällt nicht dadurch, dass eine Einigungsstelle im Verfahren nach § 98 errichtet wird. Es wird in der Regel fehlen, wenn die Betriebspartner oder die Einigungsstelle trotz des Streits über das Mitbestimmungsrecht eine Regelung der Angelegenheit getroffen haben, deren Wirksamkeit nicht im Streit ist oder die das Regelungsverlangen des Betriebsrats nicht mehr aufgegriffen hat (BAG 13. 10. 1987 AP ArbGG 1979 § 81 Nr. 7; 12. 1. 1988 AP ArbGG 1979 § 81 Nr. 8; 11. 6. 2002 AP ZPO 1977 § 256 Nr. 12; vergl. auch BVerwG 17. 7. 1987 PersR 1988, 17). Ein Rechtsschutzinteresse soll auch dann fehlen, wenn das Mitbestimmungsrecht außer Streit steht, die Betriebspartner aber darüber streiten, ob die getroffene Regelung rechtlich zulässig ist (BAG 27. 1. 2004 AP ArbGG 1979 § 81 Nr. 56; 27. 1. 2004 AP ArbGG 1979 § 81 Nr. 56).

Das Feststellungsinteresse besteht für einen Antrag auf Feststellung der **Wahlberechtigung** oder der **Wählbarkeit** eines Arbeitnehmers auch außerhalb einer konkreten Wahl (BVerwG 18. 10. 1977 Buchholz 238.32 § 13 Nr. 1; a. A. BAG 13. 7. 1962 AP BetrVG § 24 Nr. 2 nach Ablauf der Amtszeit oder wenn aus dem Betriebsrat ausgeschieden). Für den Antrag nach § 18 Abs. 2 BetrVG auf Feststellung, ob ein Betriebsteil, Nebenbetrieb oder selbständiger **Betrieb** vorliegt oder ob mehrere Betriebe einen Betrieb bilden, ist nicht erforderlich, dass der Streit im Zusammenhang mit einer bestimmten Betriebsratswahl steht (BAG 25. 11. 1980 AP BetrVG 1972 § 18 Nr. 3). Die Feststellung, dass ein Arbeitnehmer **Leitender Angestellter** ist, kann beantragt werden, auch wenn kein akuter Streitfall vorliegt (BAG 19. 11. 1974 AP BetrVG 1972 § 5 Nr. 3). Das Feststellungsinteresse entfällt jedoch, wenn der Arbeitnehmer ausgeschieden ist oder eine andere Tätigkeit übernommen hat (BAG 23. 1. 1986 AP BetrVG 1972 § 5 Nr. 31). Ein Feststellungsinteresse für einen Antrag ist zu verneinen, wenn das Antragsziel mit einem Leistungsantrag geltend gemacht werden kann (BAG 19. 6. 1984 AP BetrVG 1972 § 92 Nr. 2; für einen Antrag auf Feststellung, dass der Arbeitgeber in der Vergangenheit wiederholt Mitbestimmungsrechte verletzt hat, um damit einen Unterlassungsantrag nach § 23 Abs. 3 BetrVG vorzubereiten, BAG 5. 10. 2000 AP BetrVG 1972 § 23 Nr. 35).

4. Bedeutung des Antrages

a) Bestimmung des Streitgegenstandes

Der Antrag bestimmt den Streitgegenstand des Verfahrens (Schwab/Weth/*Weth* § 81 Rn. 18). Auch im Beschlussverfahren ist das Gericht an den Antrag des Antragstellers gebunden und darf diesem nicht etwas zusprechen, was dieser nicht beantragt hat, § 308 ZPO (BAG 20. 12. 1988 AP BetrVG 1972 § 87 Arbeitszeit Nr. 11). Nur innerhalb des

§ 81   Antrag

durch den gestellten Antrag gezogenen Rahmens ist das Gericht zur Aufklärung des Sachverhalts verpflichtet (s. § 83 Rn. 85 ff.). Mit dem Antrag **bestimmt der Antragsteller die Streitfrage,** über die mit bindender Wirkung für die Beteiligten entschieden wird (vergl. BAG 6. 12. 1983 AP BetrVG 1972 § 87 Überwachung Nr. 7). Nicht aber kann der Antragsteller bestimmen, unter Berücksichtigung welcher rechtlichen Gesichtspunkte in der Sache entschieden werden soll. Er kann dem Gericht hinsichtlich der rechtlichen Prüfung keine Vorschriften machen, insbesondere nicht einzelne möglicher Anspruchsgrundlagen von der Prüfung ausschließen (BAG 11. 3. 1986 AP BetrVG 1972 § 87 Überwachung Nr. 14, anders noch BAG 26. 6. 1973 AP BetrVG 1972 § 2 Nr. 2 mit ablehnender Anm. von *Richardi*).

34 Darüber, dass der Antrag bestimmt sein muss, s. oben Rn. 8 ff. Unschädlich ist es, wenn sich das Antragsbegehren in der erforderlichen Bestimmtheit erst durch **Auslegung** ermitteln lässt. Auch im Beschlussverfahren ist der Antrag der Auslegung fähig und vielfach auch bedürftig. Grundlage einer Auslegung ist das tatsächliche Vorbringen des Antragstellers zur Begründung des Antrages und derjenige Vorgang, der Anlass für den Streit der Beteiligten gegeben hat (vergl. BAG 15. 12. 1972 AP ArbGG 1953 § 80 Nr. 5; 26. 10. 1982 AP BetrVG 1972 § 111 Nr. 10; 3. 12. 1985 AP BetrVG 1972 § 99 Nr. 28; 18. 2. 1986 AP BetrVG 1972 § 99 Nr. 33; BVerwG 6. 6. 1991 AP LPVG Berlin § 12 Nr. 1). Eine Auslegung darf sich jedoch nicht über einen eindeutigen Antrag hinwegsetzen (BAG 9. 9. 1975 AP ArbGG 1953 § 83 Nr. 6; 27. 3. 1979 AP ArbGG 1953 § 80 Nr. 7). Entspricht der Antrag nicht dem Verfahrensziel des Antragstellers, so ist es dessen Sache, den Antrag zu ändern (GK-ArbGG/*Dörner* § 81 Rn. 42; *Hauck*/Helml § 81 Rn. 4; s. dazu unter Rn. 83 ff.). Das Gericht hat auf die Stellung eines sachdienlichen Antrages hinzuwirken, § 139 ZPO. Die Ansicht, dass das Gericht bei der Auslegung des Antrages im Beschlussverfahren freier gestellt sei und einen Antrag großzügiger auslegen könne, lässt sich angesichts der neuen strengeren Rechtsprechung zum Rechtsschutzinteresse (s. oben Rn. 25 ff.) nicht mehr rechtfertigen (GK-ArbGG/*Dörner* § 81 Rn. 42; Schwab/Weth/*Weth* § 81 Rn. 33; so aber noch BAG 16. 2. 1973 AP BetrVG 1972 § 19 Nr. 1; 13. 9. 1977 AP BetrVG 1972 § 42 Nr. 1). Insbesondere kann ein auf einen abgeschlossenen und erledigten Vorgang bezogener Antrag nicht als ein Antrag verstanden werden, der eine Entscheidung der Streitigkeit hinsichtlich künftiger Fälle begehrt (BAG 29. 7. 1982 AP ArbGG 1979 § 83 Nr. 5).

b) Wahrung von Fristen

35 Die Anfechtung von Betriebsrats und Personalratswahlen sowie der Wahlen der Arbeitnehmervertreter zum Aufsichtsrat ist nur innerhalb von 2 Wochen nach Bekanntgabe des Wahlergebnisses möglich. Der Spruch der Einigungsstelle kann wegen Ermessensüberschreitung nur innerhalb von zwei Wochen von der Zuleitung des Beschlusses an die Beteiligten an gerechnet beim Arbeitsgericht angefochten werden, § 76 Abs. 5 Satz 4 BetrVG. Wegen der Frist zur Anfechtung der Wahl des Seebetriebsrates s. § 116 Abs. 3 Nr. 8 BetrVG. Diese **Fristen werden gewahrt,** wenn die Antragsschrift innerhalb der Frist beim Arbeitsgericht eingeht. Dass die Antragsschrift demnächst dem Beteiligten zugestellt wird, ist nicht erforderlich. § 270 Abs. 3 ZPO gilt insoweit nicht (a. A. GK-ArbGG/*Dörner* § 81 Rn. 8; Schwab/Weth/*Weth* § 81 Rn. 22). Der Eingang der Antragsschrift bei einem unzuständigen Arbeitsgericht oder Verwaltungsgericht reicht aus, wenn der Rechtsstreit an das zuständige Gericht verwiesen wird, § 17 b GVG, § 281 ZPO (BAG 15. 7. 1960 AP BetrVG § 76 Nr. 10; GK-ArbGG/*Dörner* § 81 Rn. 8). Eine Begründung der Anfechtung ist zur Fristwahrung nur insoweit erforderlich, als Tatsachen zur Bestimmung des Streitgegenstandes vorgetragen werden müssen (s. § 83 Rn. 89; a. A. BAG 3. 6. 1969 AP BetrVG § 18 Nr. 17, wonach innerhalb der Antragsfrist wenigstens ein Anfechtungsgrund vorgetragen werden muss). Gegen die Versäumung der Frist ist eine Wiedereinsetzung nicht möglich.

Wird die **Frist zur Anfechtung einer Wahl versäumt,** so ist dieser Antrag unzulässig. 36
Ein Antrag auf Feststellung der Unwirksamkeit der Wahl enthält aber regelmäßig den
Anfechtungsantrag und den Antrag auf Feststellung der Nichtigkeit der Wahl (s. oben
Rn. 21; BAG 24. 1. 1964 AP BetrVG § 3 Nr. 6; 17. 1. 1978 AP BetrVG 1972 § 1 Nr. 1).
Auch nach Ablauf der Frist ist daher die Begründetheit dieses zweiten Antrages zu
prüfen und dieser gesondert zu bescheiden. Wird die Wahl von mehreren Anfechtungs-
berechtigten angefochten, ist für jeden Antrag zu prüfen, ob die Frist gewahrt ist (vergl.
BAG 10. 6. 1983 AP BetrVG 1972 § 19 Nr. 10).

Bei der Anfechtung eines **Spruchs der Einigungsstelle** macht die Versäumung der Frist 37
den Antrag nicht unzulässig, sondern hindert nur die Prüfung, ob die Einigungsstelle ihr
Ermessen überschritten hat (BAG 14. 5. 1985 AP BetrVG 1972 § 76 Nr. 16). Die Frist
ist auch dann versäumt, wenn der Antrag zwar fristgerecht gestellt, aber nicht im
Hinblick auf eine Ermessensüberschreitung begründet worden ist (BAG 26. 5. 1988 AP
BetrVG 1972 § 76 Nr. 26).

Wird der Antrag nach § 103 Abs. 2 BetrVG nicht innerhalb der Zweiwochenfrist des 38
§ 626 Abs. 2 BGB gestellt, so führt das nicht zur Unzulässigkeit sondern zur Unbegründetheit des Antrages (BAG 18. 8. 1977 AP BetrVG 1972 § 103 Nr. 10). Ein vor
dem Beschluss des Betriebsrats – vorsorglich – gestellter Antrag auf Ersetzung der
Zustimmung bleibt zulässig (BAG 7. 5. 1986 AP BetrVG 1972 § 103 Nr. 18).

c) Begründung der Rechtshängigkeit

Mit der Zustellung des Antrages an die Beteiligten (s. dazu unter Rn. 71) wird die 39
Streitsache rechtshängig. Damit treten die in § 261 Abs. 3 ZPO normierten Rechtsfolgen
ein. Die Zuständigkeit des angerufenen Gerichts wird nicht mehr dadurch berührt, dass
sich die zuständigkeitsbegründenden Tatsachen nach Eintritt der Rechtshängigkeit ändern (zur örtlichen Zuständigkeit s. d. Erläuterung zu § 82). Die Streitsache kann nicht
in einem anderen Verfahren anhängig gemacht werden (anders, wenn die gleiche Rechtsfrage zwischen anderen Beteiligten anhängig ist, BVerwG 27. 3. 1990 AP BPersVG § 77
Nr. 3). Das ist von Bedeutung für die Frage, ob einem positiven Feststellungsantrag von
anderen Beteiligten auch mit einem negativen Feststellungsantrag begegnet werden
kann. Die Rechtsprechung hat dies früher zugelassen und für einen solchen negativen
Feststellungsantrag auch das Rechtschutzinteresse bejaht (BAG 17. 12. 1974 AP § 58 zu
Nr. 6 BetrVG 1972; 30. 6. 1981 AP BetrVG 1972 § 118 Nr. 20). Ein solcher negativer
Feststellungsantrag ist jedoch unzulässig, da er den gleichen Streitgegenstand betrifft
(BVerwG 11. 2. 1981 Buchholz 238.36 § 78 Nr. 2; BAG 19. 11. 1985 AP TVG § 2
Tarifzuständigkeit Nr. 4; GK-ArbGG/*Dörner* § 81 Rn. 23; *Naendrup* Anm. AP BetrVG
1972 § 118 Nr. 20). Sofern ein Beteiligter mit Rücksicht darauf, dass der Antrag in der
ersten Instanz jederzeit zurückgenommen werden kann (s. dazu unten Rn. 73 f.), eine
Sachentscheidung auch in diesem Falle begehrt, wird man jedoch seinen negativen Feststellungsantrag als Hilfsantrag für den Fall verstehen können, dass der Antrag zurückgenommen wird. Die Rechtshängigkeit eines **Wahlanfechtungsantrages** macht jedoch die
Anfechtung der Wahl durch andere Anfechtungsberechtigte nicht unzulässig.

B. Der Antragsteller

I. Die Person des Antragstellers

1. Natürliche und juristische Personen

Antragsteller im Beschlussverfahren kann zunächst jede natürliche oder juristische 40
Person sein. Sie ist nach § 50 ZPO parteifähig und damit im Beschlussverfahren beteiligtenfähig (s. § 10 Rn. 4, 18). Gleichgültig ist, ob die natürliche oder juristische Person

§ 81   Antrag

gleichzeitig in einer betriebsverfassungsrechtlichen oder mitbestimmungsrechtlichen Funktion, als Mitglied des Betriebsrates oder Wahlvorstandes, als Vertrauensmann der Schwerbehinderten, als Arbeitgeber oder Unternehmen handelt. Das ist eine Frage ihrer Antragsbefugnis (s. dazu unter Rn. 52 ff.; BAG 25. 8. 1981 AP ArbGG 1979 § 83 Nr. 2; GK-ArbGG/*Dörner* § 81 Rn. 45), nicht aber eine Frage ihrer Fähigkeit, Antragsteller eines Beschlussverfahrens zu sein.

2. Vereinigungen

41   Soweit Vereinigungen juristische Personen sind, können sie schon nach dem oben gesagten Antragsteller eines Beschlussverfahrens sein. Von den nichtrechtsfähigen Vereinigungen verleiht § 10 lediglich den **Gewerkschaften** die generelle Beteiligtenfähigkeit im Beschlussverfahren und damit auch die Fähigkeit, Antragsteller eines Beschlussverfahrens zu sein. Dabei muss es sich um Gewerkschaften im arbeitsrechtlichen Sinne handeln (BAG 23. 4. 1971 AP ArbGG 1953 § 97 Nr. 2). Dazu, dass die entsprechende Anwendung der Vorschrift für das personalvertretungsrechtliche Beschlussverfahren vor den Verwaltungsgerichten eine Ausdehnung dieses Gewerkschaftsbegriffes auf andere Vereinigungen von Bediensteten erfordert, s. § 10 Rn. 9, 32. Kommt es für die Beteiligtenfähigkeit einer Vereinigung als Antragsteller darauf an, ob sie eine Gewerkschaft im arbeitsrechtlichem Sinne ist, so ist das Verfahren auszusetzen und darüber im Verfahren nach § 97 zu entscheiden (s. § 97 Rn. 9 ff.). Zum Fortbestand einer Vereinigung als Antragsteller, die in eine andere Vereinigung eintritt oder in einer neuen Organisation aufgeht, vergl. BAG 14. 3. 1978 AP ArbGG 1953 § 97 Nr. 3. Andere Arbeitnehmervereinigungen als Gewerkschaften sind im Beschlussverfahren nur in den Fällen des § 2 a Abs. 1 Nr. 3 b, d, e, f und Nr. 4 (s. § 2 a Rn. 75 ff.) beteiligtenfähig und können daher in anderen Verfahren nicht Antragsteller sein (s. aber § 10 Rn. 33).

3. Stellen

42   Im Beschlussverfahren sind nach § 10 auch die sogen. Stellen, d. h. betriebsverfassungsrechtliche Organe und Einrichtungen beteiligtenfähig (s. § 10 Rn. 20 ff.). Diese können daher auch Antragsteller in einem Beschlussverfahren sein.

43   Beteiligtenfähig und damit **Antragsteller** ist jeweils die betriebsverfassungsrechtliche **Stelle als solche**, also der Betriebs- oder Personalrat, nicht ihre einzelnen Mitglieder allein oder neben ihr (BAG 5. 2. 1965 AP BetrVG § 56 Urlaubsplan Nr. 1). Das schließt nicht aus, dass auch einzelne Organmitglieder als solche Antragsteller eines Beschlussverfahrens sein können. Stellen in diesem Sinne sind auch betriebsverfassungsrechtliche Einrichtungen oder Gruppierungen, die keine eigene Verfassung haben, wie etwa der Wirtschaftsausschuss oder die Arbeitsgruppe nach § 28 a BetrVG. Die einzelnen Gruppen der Beschäftigten im Personalvertretungsrecht können jedoch einen Vorstand haben, § 32 BPersVG. Auch in diesem Falle ist Antragsteller die Stelle und nicht ihre einzelnen Mitglieder, wenn diese Stelle auch nur durch ihre einzelnen Mitglieder handeln kann (s. § 10 Rn. 41). Die Identität einer Stelle als Antragsteller bleibt erhalten, auch wenn in den Personen ihrer Mitglieder eine Änderung eintritt (GK-ArbGG/*Dörner* § 81 Rn. 47; ErfK/*Eisemann* ArbGG § 81 Rn. 9). Das gilt auch für den Leiter einer **Dienststelle**, da die betriebs- oder personalvertretungsrechtlichen Befugnisse an die Stelle und nicht an die Person gebunden sind (BVerwG 10. 8. 1978 Buchholz 238.3 A § 25 Nr. 2). Wird ein **Organ neu gewählt,** so bleibt dessen Identität als Antragsteller erhalten (BAG 25. 4. 1978 AP BetrVG 1972 § 80 Nr. 11; 3. 4. 1979 AP BetrVG 1972 § 13 Nr. 1; LAG Hamm 4. 2. 1977 EzA § 23 BetrVG 1972 Nr. 5; GK-ArbGG/*Dörner* § 81 Rn. 47; *Dietz/Richardi* BPersVG § 83 Rn. 55). Geht im Laufe des Verfahrens das umstrittene Recht auf eine andere Stelle über – etwa vom Betriebsrat auf einen neu gebildeten Gesamtbetriebsrat – so wird diese Stelle Beteiligter und ggfs. Antragsteller des Verfah-

rens (BAG 18. 10. 1988 AP ArbGG 1979 § 81 Nr. 10). Ein solcher Wechsel ist auch noch in der Rechtsbeschwerdeinstanz zu beachten.

Auch dann, wenn die **Amtszeit oder Funktion einer Stelle endet** und keine neue Stelle gewählt wird, berührt das die Beteiligtenfähigkeit der Stelle und damit ihre Stellung als Antragsteller im anhängigen Verfahren nicht (BAG 25. 8. 1981 AP ArbGG 1979 § 83 Nr. 2). Ob die Stelle nach Ablauf ihrer Amtszeit oder Beendigung ihrer Funktion etwa auf Grund eines sog. Restmandates im Beschlussverfahren noch Rechte geltend machen kann, ist eine Frage ihrer **Antragsbefugnis** oder der Begründetheit ihres Antrages, nicht aber eine solche ihrer Beteiligtenfähigkeit. Nach den gleichen Kriterien beurteilt sich, ob ein Betriebsrat, dessen Amtszeit abgelaufen ist, trotz Neuwahl eines Betriebsrates noch eigene Rechte als Antragsteller im Beschlussverfahren geltend machen kann. Auch eine **aufgelöste Dienststelle** bleibt beteiligtenfähig (BVerwG 3. 10. 1983 Buchholz 238.3 A § 83 Nr. 22). 44

Zur Prozessfähigkeit der Stellen, zur internen Willensbildung und zur Vertretung nach außen s. § 10 Rn. 36 ff. Für die **Jugend- und Auszubildendenvertretung** gilt, auch wenn sie gegenüber dem Arbeitgeber selbst keine wirksamen Beschlüsse fassen kann (vergl. BAG 8. 2. 1977 AP BetrVG 1972 § 80 Nr. 10), dass sie als betriebsverfassungsrechtliche Stelle beteiligtenfähig ist und daher Antragsteller eines Beschlussverfahrens sein kann. Ob sie selbständig ohne Beteiligung des Betriebsrates Prozesshandlungen vornehmen kann, also prozessfähig ist (s. dazu § 10 Rn. 42), ist eine Frage des Betriebsverfassungsrechtes, die jedenfalls für den Fall zu bejahen ist, dass die Jugend- und Auszubildendenvertretung Rechte gegenüber dem Betriebsrat geltend macht (GK-ArbGG/*Dörner* § 81 Rn. 50). 45

II. Antragsteller und Beteiligte

Das Beschlussverfahren kennt als Subjekte des Verfahrens lediglich den **Antragsteller** und die nach § 83 Abs. 3 **Beteiligten** am konkreten durch den Antrag des Antragstellers eingeleiteten Verfahren (GK-ArbGG/*Dörner* § 81 Rn. 52). Der Antragsteller selbst gehört nicht zu den Beteiligten im Sinne von § 83 Abs. 3 (BAG 25. 8. 1981 AP ArbGG 1979 § 83 Nr. 2). Gleichwohl fasst das Arbeitsgerichtsgesetz den Antragsteller und die Beteiligten nach § 83 Abs. 3 unter dem Oberbegriff der Beteiligten des Verfahrens zusammen, so in § 83 Abs. 1 und 4, § 83a Abs. 1 und 2 und in § 81 Abs. 3, wo die Beteiligten nach § 83 Abs. 3 als die „übrigen Beteiligten" bezeichnet werden. Der Begriff eines **Antragsgegners** ist dem Beschlussverfahren fremd (BVerwG 27. 4. 1983 BVerwGE 67, 145; GK-ArbGG/*Dörner* § 81 Rn. 52; *Hauck*/Helml § 81 Rn. 7), wenn auch im arbeitsgerichtlichen Verfahren nicht jedoch im Verfahren vor den Verwaltungsgerichten allgemein gebräuchlich. Das schließt nicht aus, dass der Antragsteller mit seinem Antrag Rechtsschutz gerade gegen einen Beteiligten begehrt, so dass sich beide notwendig in einer Gegnerschaft gegenüberstehen. Zur Rechtsstellung der Beteiligten auch in Form eines Antragsgegners s. näher § 83 Rn. 34 ff. 46

III. Mehrheit von Antragstellern

1. Notwendige Mehrheit

Die §§ 19 BetrVG, 8 SprAuG, 25 BPersVG und 21, 22 MitbestG sehen vor, dass die Wahl von mindestens drei Arbeitnehmern bzw. Beschäftigten angefochten werden kann. Nach § 23 Abs. 1 BetrVG kann ein Viertel der wahlberechtigten Arbeitnehmer die Auflösung des Betriebsrates oder den Ausschluss eines Mitglieds aus dem Betriebsrat beantragen. Damit verlangt das Gesetz eine **bestimmte Mindestzahl von Antragstellern**, damit über den Antrag in der Sache entschieden werden kann. Das Vorhandensein dieser 47

Mindestzahl von Antragstellern ist eine zusätzliche Prozessvoraussetzung, die während der gesamten Dauer des Verfahrens vorliegen muss (BAG 14. 2. 1978 AP BetrVG 1972 § 19 Nr. 7; 8. 12. 1981 AP BetrVG § 26 Nr. 25; GK-ArbGG/*Dörner* § 81 Rn. 59; Schwab/Weth/*Weth* § 81 Rn. 97). Fehlt es an der Zahl der erforderlichen Antragsteller, so sind alle Anträge als unzulässig abzuweisen. Die erforderliche Zahl von Arbeitnehmern bilden zusammen **keine einheitliche Gruppe** und damit eine betriebsverfassungsrechtliche Stelle, die in ihrer Identität durch einen Wechsel in der Person einzelner Arbeitnehmer nicht berührt wird. Die einzelnen Antragsteller bleiben vielmehr selbständig, sodass jeder seinen Antrag soweit verfahrensrechtlich zulässig jederzeit zurücknehmen kann (s. dazu unten Rn. 73 ff.; BAG 12. 2. 1985 AP BetrVG § 76 Nr. 27; BVerwG 8. 2. 1982 BVerwGE 65, 33). Über alle Anträge ist in einem Verfahren einheitlich zu entscheiden. Keine Mehrheit von Antragstellern liegt vor, wenn die Mitglieder einer Stelle einen Antrag stellen, weil diese wie etwa die Angestelltengruppe keine Außenvertretung hat. Davon zu unterscheiden ist der Fall, dass ein Gruppenmitglied die Beachtung von Rechten der Gruppe aus eigenem Recht allein geltend macht (vergl. BAG 1. 6. 1976 AP BetrVG 1972 § 28 Nr. 1; 29. 7. 1982 AP ArbGG 1979 § 83 Nr. 5).

48 Zu einer Mehrheit von Antragstellern kommt es auch dann, wenn eine Wahl – abgesehen von einer Mindestzahl anfechtungsberechtigter Arbeitnehmer – von mehreren sonstigen anfechtungsberechtigten Personen oder Stellen angefochten wird, etwa vom Arbeitgeber und einer Gewerkschaft, von mehreren im Betrieb vertretenen Gewerkschaften oder bei der Wahl der Arbeitnehmervertreter zum Aufsichtsrat von mehreren Gesamtbetriebsräten oder Betriebsräten. Gleiches gilt, wenn der Antrag nach § 23 Abs. 1 BetrVG neben der Gewerkschaft auch vom Arbeitgeber gestellt wird. Auch in diesem Falle kann über den Antrag nur **einheitlich entschieden** werden, sodass etwa mehrere anhängig gewordene Verfahren miteinander zu verbinden sind (BAG 26. 11. 1968 AP BetrVG § 76 Nr. 18; GK-ArbGG/*Dörner* § 81 Rn. 54; Schwab/Weth/*Weth* § 81 Rn. 98). Auch dann bleiben die einzelnen Antragsteller jedoch selbständig. Nimmt einer von ihnen den Antrag zurück, ist über die anhängig gebliebenen Anträge zu entscheiden. Ob derjenige, der seinen Antrag zurücknimmt, Beteiligter des Verfahrens bleibt, richtet sich nach den Erläuterungen zu § 83 Abs. 3.

2. Tatsächliche Mehrheit

49 Darüber hinaus kann es in einem Beschlussverfahren zu einer Mehrheit von Antragstellern dadurch kommen, dass mehrere Antragsteller etwa der Gesamtbetriebsrat und ein Betriebsrat oder mehrere Betriebsräte gemeinsam den gleichen oder unterschiedliche Anträge stellen. Der in einem durch einen Antrag eingeleiteten Verfahren **Beteiligte kann selbst einen Sachantrag** stellen und sich damit zum Antragsteller machen (BAG 31. 1. 1989 AP ArbGG 1979 § 81 Nr. 12; GK-ArbGG/*Dörner* § 81 Rn. 56; Schwab/Weth/ *Weth* § 81 Rn. 98). Stellt ein Beteiligter den gleichen Antrag wie der Antragsteller, so ist es eine Frage der Auslegung, ob er aus eigenem Recht eine Sachentscheidung begehrt oder das Begehren des Antragstellers lediglich **unterstützen** will (vergl. BAG 5. 3. 1974 AP BetrVG 1972 § 5 Nr. 1; 25. 8. 1981 AP ArbGG 1979 § 83 Nr. 2). Ein solcher unterstützender Antrag eines ohnehin Beteiligten führt nicht zu einer Mehrheit von Antragstellern (GK-ArbGG/*Dörner* § 81 Rn. 57). Er braucht nicht besonders beschieden zu werden (a. A. BAG 26. 3. 1987 AP BetrVG 1972 § 26 Nr. 7). Darüber, dass Dritte keinen lediglich unterstützenden Antrag stellen können – Nebenintervention – s. § 83 Rn. 23 ff. Werden mehrere eigene Sachanträge gestellt, so ist für jeden Antragsteller die Zulässigkeit seines Antrages hinsichtlich seiner Beteiligtenfähigkeit, seiner Antragsbefugnis (s. unten Rn. 52 ff.), der Zulässigkeit des Beschlussverfahrens, der Bestimmtheit des Antrages, des Rechtsschutzinteresses und der Zuständigkeit des Arbeitsgerichtes (s. dazu § 82) zu prüfen. Wegen der Zulässigkeit eines negativen Feststellungsantrages als Antwort auf einen positiven Feststellungsantrag s. oben Rn. 39.

Soweit die Verhandlung über mehrere unterschiedliche Anträge in einem Verfahren nicht sachdienlich erscheint, kann das Verfahren hinsichtlich einzelner Anträge **abgetrennt** werden.

Dadurch, dass ein Beteiligter einen **Abweisungsantrag** stellt, wird er nicht zum Antragsteller. Das Beschlussverfahren kennt keinen Abweisungsantrag (BAG 15. 11. 1963 AP TVG § 2 Nr. 14), auch nicht für den „Antragsgegner". Ein solcher ist daher nicht erforderlich. Wird er gleichwohl gestellt, begründet dies keine besondere Rechtsstellung für den betreffenden Beteiligten im anhängigen Verfahren. Darüber, dass ein Beteiligter gegen die Entscheidung ein Rechtsmittel einlegen kann, auch wenn er keinen Antrag gestellt hat, s. § 89 Rn. 3 ff.

IV. Die Antragsbefugnis

1. Die Lehre von der Antragsbefugnis

Kann nach dem Gesagten jede natürliche oder juristische Person, jede Vereinigung oder Stelle als Antragsteller im Beschlussverfahren auftreten, so fragt sich doch, ob jeder mögliche Antragsteller auch stets antragsbefugt ist, d. h. eine **gerichtliche Entscheidung** in einer bestimmten, im Beschlussverfahren zu entscheidenden Angelegenheit im Sinne von § 2 a Abs. 1 oder § 83 Abs. 1 BPersVG oder der entsprechenden Bestimmungen der Länderpersonalvertretungsgesetze **beantragen kann**. Eine Vielzahl von Bestimmungen des materiellen Betriebsverfassungs- oder Personalvertretungsrechtes oder des Rechts der Unternehmensmitbestimmung räumen bestimmten Personen, Vereinigungen oder Stellen das Recht ein, eine bestimmte gerichtliche Entscheidung beantragen zu können (s. unten Rn. 59 ff.). Abgesehen von diesen Fällen ist jedoch umstritten, ob der jeweilige Antragsteller auch befugt sein muss, die mit seinem Antrag begehrte gerichtliche Entscheidung zu erbitten.

Rechtsprechung und Schrifttum haben die Notwendigkeit einer solchen Antragsbefugnis als **Voraussetzung für eine Sachentscheidung** stets gefordert. Die Antragsbefugnis sei eine von Amts wegen in jeder Lage des Verfahrens zu prüfende Prozessvoraussetzung, deren Fehlen zur Abweisung des Antrages als unzulässig führe (BAG 27. 11. 1973 AP BetrVG 1972 § 40 Nr. 4; 15. 8. 1978 AP BetrVG 1972 § 23 Nr. 1; 25. 8. 1981 AP ArbGG 1979 § 83 Nr. 2; BVerwG 11. 3. 1982 BVerwGE 65, 127; s. im Einzelnen Schwab/Weth/*Weth* § 81 Rn. 49 ff.; *Sabottig* PersR 1985, 28). Bundesarbeitsgericht und Bundesverwaltungsgericht haben dabei regelmäßig die Antragsbefugnis an § 83 Abs. 3 über die Beteiligung von Personen und Stellen am Beschlussverfahren gemessen – zum Teil aber auch unmittelbar aus § 10 hergeleitet (BAG 9. 9. 1975 AP ArbGG 1953 § 83 Nr. 6) – und ausgesprochen, dass „beteiligt und damit antragsberechtigt nur derjenige sei, der nach materiellem Recht, insbesondere nach dem Betriebsverfassungsgesetz und den dazu ergangenen Rechtsverordnungen, im konkreten Falle durch die begehrte Entscheidung unmittelbar betroffen wird" und zwar in seiner betriebsverfassungsrechtlichen oder mitbestimmungsrechtlichen Stellung (BAG 15. 8. 1978 AP BetrVG 1972 § 47 Nr. 3; 3. 4. 1979 AP BetrVG 1972 § 13 Nr. 1; BVerwG 26. 10. 1977 Buchholz 238.3 A § 83 Nr. 7; 15. 12. 1978 Buchholz 238.3 § 75 Nr. 7; 24. 11. 1983 BVerwGE 68, 203; 27. 2. 1986 Buchholz 238.37 § 79 Nr. 3; vergl. auch *Dütz* SAE 1975, 38).

Nicht einheitlich beantwortet wird dabei die Frage, ob die Betroffenheit in einer betriebsverfassungsrechtlichen oder personalvertretungsrechtlichen Stellung durch die begehrte Entscheidung tatsächlich vorliegen muss oder ob es genügt, dass diese möglich erscheint oder vom Antragsteller lediglich behauptet wird.

Dabei wird übersehen, dass **Antrags- und Beteiligungsbefugnis nicht gleichgesetzt** werden dürfen (GK-ArbGG/*Dörner* § 81 Rn. 64, Schwab/Weth/*Weth* § 81 Rn. 50). § 83 Abs. 3 macht es dem Gericht zur Pflicht, diejenigen Personen und Stellen anzuhören, die im Einzelfall beteiligt sind (s. dazu § 83 Rn. 106 ff.). Diese Prüfung setzt voraus, dass ein Verfahren durch einen Antragsteller eingeleitet worden ist, der stets Beteiligter des Verfahrens ist (s. oben Rn. 46). Seine Antragsbefugnis kann sich daher nicht aus § 83 Abs. 3 ergeben, sondern muss – wenn überhaupt – eine andere rechtliche Grundlage haben (so jetzt auch BAG 25. 8. 1981 AP ArbGG 1979 § 83 Nr. 2; 29. 8. 1985 AP ArbGG 1979 § 83 Nr. 13; vergl. auch *Dütz* Anm. AP Nr. 8 zu § 118 BetrVG 1972).

2. Die Antragsbefugnis in Abhängigkeit vom Streitgegenstand

56   Die Frage, ob die Antragsbefugnis **Sachentscheidungsvoraussetzung** ist, kann nicht für alle Beschlussverfahren einheitlich beantwortet werden. Grundlage der Lehre von der Antragsbefugnis ist das Bestreben, **Popularklagen** auszuschließen (vergl. BAG 27. 8. 1968 AP BetrVG § 81 Nr. 11; *Weth* S. 90; GK-ArbGG/*Dörner* § 81 Rn. 62; Schwab/Weth/*Weth* § 81 Rn. 49; ErfK/*Eisemann* ArbGG § 81 Rn. 10; *Hauck*/Helml § 81 Rn. 8). Damit entspricht die Antragsbefugnis der Prozessführungsbefugnis im Zivilprozess. Einer besonderen Prüfung der Prozessführungsbefugnis und damit im Beschlussverfahren der Antragsbefugnis bedarf es jedoch in allen denjenigen Fällen nicht, in denen der **Antragsteller** ausweislich seines Antrages **ein eigenes Recht geltend macht**, sei es, dass er eine ihm geschuldete Leistung begehrt, sei es, dass er die Feststellung eines Rechtsverhältnisses beantragt, das zwischen ihm und einem Beteiligten besteht (GK-ArbGG/*Dörner* § 81 Rn. 66). Um ein eigenes Recht handelt es sich dabei auch dann, wenn der Antragsteller ein an ihn abgetretenes Recht geltend macht (BVerwG 22. 3. 1984 Buchholz 238.3 A § 44 Nr. 10). Immer ist es unerheblich, ob das in Anspruch genommene Recht tatsächlich besteht. Das ist eine Frage der Begründetheit des Antrags (ErfK/*Eisemann* ArbGG § 81 Rn. 10; Schwab/Weth/*Weth* § 81 Rn. 55).

57   Macht der Antragsteller ein **fremdes Recht** geltend, so handelt es sich auch in diesen Fällen nicht um eine Frage der Antragsbefugnis sondern um eine solche der Prozessführungsbefugnis in Form der **Prozessstandschaft** (s. dazu unten Rn. 61). Nur wenn diese Prozessführungsbefugnis fehlt, ist der Antrag unzulässig. Ist sie gegeben, so ist das Bestehen des geltend gemachten Rechts oder Rechtsverhältnisses eine Frage der Begründetheit des Antrages nicht aber eine solche der möglichen oder tatsächlichen Betroffenheit des Antragstellers und damit seiner Antragsbefugnis.

58   Denjenigen Bestimmungen des Betriebsverfassungs- oder Personalvertretungsrechtes oder der Mitbestimmungsgesetze, die für bestimmte Personen und Stellen ausdrücklich **Antragsrechte normieren**, ist gemeinsam, dass es jeweils darum geht, dass das Gericht in irgendeiner Weise gestaltend oder ordnend tätig werden soll. Das gilt etwa für die Bestellung eines Wahlvorstandes nach den §§ 16 Abs. 2, 17 Abs. 3 BetrVG, für die Auflösung des Betriebsrates oder den Ausschluss eines Betriebsratsmitgliedes nach § 23 Abs. 1 BetrVG, für die Bestellung des Einigungsstellenvorsitzenden nach § 76 Abs. 2 BetrVG oder für die Ersetzung der Zustimmung des Betriebsrates zu einer personellen Maßnahme nach § 99 Abs. 4 oder § 103 Abs. 2 BetrVG, aber auch für die Feststellung, nach § 18 Abs. 2 BetrVG ob ein Betrieb, Nebenbetrieb oder Betriebsteil vorliegt. Auch Entscheidungen über die Anfechtung von Wahlen stellen letztlich gestaltende Entscheidungen dar, auch wenn sie nur mit Wirkung für die Zukunft aussprechen, dass das gewählte Organ nicht mehr besteht (s. oben Rn. 19 f.). Den in diesen Bestimmungen als antragsberechtigt bezeichneten Personen und Stellen wird die **Befugnis eingeräumt, gestaltend auf die betriebsverfassungs-, personalvertretungs- oder unternehmensverfassungsrechtliche Ordnung einzuwirken.** Eine solche gestaltende Einflussnahme soll nicht jeder beteiligungsfähigen Person oder Stelle eröffnet sein sondern nur bestimmten Personen oder Stellen. Wird daher vom Antragsteller mit seinem Antrag nicht ein eigenes Recht im Sinne eines Anspruches sondern eine solche Befugnis zur gestaltenden Einflussnahme auf die betriebsverfassungsrechtliche Ordnung geltend gemacht, so bedarf es der Prüfung dieser Befugnis als Antragsbefugnis und Sachentscheidungsvoraussetzung für

die begehrte gestaltende Entscheidung. Sie kann sich aus einer ausdrücklichen Zuerkennung der Antragsbefugnis aber auch mittelbar aus dem materiellen Recht ergeben (s. unten Rn. 59). Sie muss tatsächlich gegeben sein. Dass der Antragsteller sie lediglich behauptet, reicht nicht aus.

3. Gesetzliche Regelungen der Antragsbefugnis

Das Betriebsverfassungsgesetz, die Personalvertretungsgesetze, die Mitbestimmungsgesetze und die Wahlordnungen enthalten eine **Vielzahl von Bestimmungen,** in denen bestimmten Personen oder Stellen ein Antragsrecht eingeräumt wird. Diese Regelungen sind in der Regel dahin zu verstehen, dass lediglich die dort genannten Antragsteller ein Antragsrecht haben, nicht aber auch andere Personen oder Stellen (Schwab/Weth/*Weth* § 81 Rn. 63; a. A. *Hanau* RdA 1973, 288). So kann ein Betriebsrat nicht seine eigene Wahl anfechten (so im Ergebnis BAG 20. 2. 1986 AP BetrVG 1972 § 5 Rotes Kreuz Nr. 2, wo jedoch ein Rechtsschutzinteresse für einen solchen Antrag verneint wird), die Jugend und Auszubildendenvertretung keinen Antrag nach § 23 Abs. 3 BetrVG stellen (BAG 15. 8. 1978 AP BetrVG 1972 § 23 Nr. 1). Das schließt jedoch eine **analoge Anwendung** dieser Vorschriften auf vergleichbare Anträge nicht aus (*Leipold* SAE 1988, 3). Zur Anfechtung einer Aufsichtsratswahl ist auch der Betriebsrat befugt, wenn das Unternehmen nur aus einem Betrieb besteht (BAG 8. 12. 1981 AP BetrVG 1952 § 76 Nr. 25). Die Wahl des Betriebsratsvorsitzenden und seines Stellvertreters kann ebenfalls von den in § 19 BetrVG anfechtungsberechtigten Personen und Stellen angefochten werden (BAG 16. 2. 1973 AP BetrVG 1972 § 19 Nr. 1; 12. 10. 1976 AP BetrVG 1972 § 26 Nr. 2; a. A. *Laux* S. 104; *Lepke* AuR 1973, 110). Wer eine Wahl anfechten kann, kann auch die Unwirksamkeit der Bestellung des Wahlvorstandes geltend machen, Maßnahmen des Wahlvorstandes im Laufe des Wahlverfahrens angreifen oder die Feststellung der Wählbarkeit von Arbeitnehmern beantragen (BAG 14. 12. 1965 AP BetrVG 1952 § 16 Nr. 5; 28. 11. 1977 AP BetrVG 1972 § 19 Nr. 6; BVerwG 7. 11. 1975 BVerwGE 49, 342; 17. 3. 1983 Buchholz 238.31 § 86 Nr. 3; jedoch kein Anfechtungsrecht der Gewerkschaften hinsichtlich einzelner Maßnahmen des Wahlvorstandes, BVerwG 11. 5. 1962 AP PersVG § 22 Nr. 16). An Stelle des Leiters der Dienststelle ist auch der Dienstherr selbst antragsbefugt (BVerwG 13. 2. 1976 BVerwGE 50, 186). Für den Antrag auf Feststellung der Nichtigkeit einer Wahl bedarf es keiner besonderen Antragsbefugnis, zu prüfen ist jedoch, ob gerade der Antragsteller ein Rechtsschutzinteresse an dieser Feststellung hat (vergl. BAG 28. 11. 1977 AP BetrVG 1972 § 19 Nr. 6). Zur Antragsbefugnis in Verfahren nach § 2a Abs. 1 Nr. 4 s. § 97 Rn. 15 ff.

Soweit es nach dem Gesagten einer **Antragsbefugnis** bedarf, ist deren Vorliegen in jeder Lage des Verfahrens, auch noch in der Rechtsbeschwerdeinstanz, **von Amts wegen zu prüfen** (BAG 15. 8. 1978 AP BetrVG 1972 § 23 Nr. 1). Bei einer Mehrheit von Antragstellern (s. oben Rn. 47 ff.) muss die Antragsbefugnis bei einem jeden von ihnen gegeben sein. Die Antragsbefugnis kann im Laufe des Verfahrens entfallen (BAG 25. 8. 1981 AP ArbGG 1979 § 83 Nr. 2; BVerwG 13. 2. 1985 AuR 1985, 293). Anfechtungsberechtigte Arbeitnehmer verlieren die Antragsbefugnis jedoch nicht dadurch, dass sie aus dem Betrieb ausscheiden und damit die Wahlberechtigung verlieren (BAG 4. 12. 1986 AP BetrVG 1972 § 19 Nr. 13; BVerwG 27. 4. 1983 Buchholz 238.31 § 25 Nr. 3; Schwab/Weth/*Weth* § 81 Rn. 65). Auch bei einer Verneinung der Antragsbefugnis bleibt der Antragsteller Beteiligter des Verfahrens und kann gegen eine die Antragsbefugnis verneinende Entscheidung ein Rechtsmittel einlegen (BAG 25. 8. 1981 AP ArbGG 1979 § 83 Nr. 2).

4. Gewillkürte Prozessstandschaft im Beschlussverfahren

Eine gewillkürte Prozessstandschaft ist im Beschlussverfahren nicht grundsätzlich ausgeschlossen. Nach § 50 Abs. 2 und § 58 Abs. 2 BetrVG können der Gesamtbetriebs-

§ 81

rat oder der Konzernbetriebsrat vom Betriebsrat ermächtigt werden, eine Angelegenheit für diesen zu regeln. Das schließt auch die **Ermächtigung** ein, entsprechende **Rechtsstreitigkeiten für den Betriebsrat zu führen** (BAG 1. 3. 1966 AP BetrVG; § 69 Nr. 1 6. 4. 1976 AP BetrVG 1972 § 50 Nr. 2). § 23 Abs. 3 BetrVG und § 17 Abs. 2 AGG enthalten Fälle einer gesetzlichen Prozessstandschaft für die im Betrieb vertretene Gewerkschaft oder den Betriebsrat zur Geltendmachung von Rechten Dritter, des Betriebsrates oder der Arbeitnehmer (so für den Anspruch des Arbeitnehmers auf Zuziehung eines Betriebsratsmitglieds bei der Einsicht in die Personalakte BAG 16. 11. 2004 AP BetrVG 1972 § 82 Nr. 3). Der Betriebsrat kann in gewillkürter Prozessstandschaft Kostenerstattungsansprüche seiner Mitglieder geltend machen (BAG 29. 1. 1974 AP BetrVG 1972 § 37 Nr. 8; 9. 9. 1975 AP ArbGG 1953 § 83 Nr. 6; BVerwG 27. 4. 1979 Buchholz 238.3 A § 46 Nr. 6). Mitglieder einer Gruppe können Rechte der Gruppe in eigenem Namen geltend machen (BAG 1. 6. 1976 AP BetrVG 1972 § 28 Nr. 1; 29. 7. 1982 AP ArbGG 1979 § 83 Nr. 5). Gleiches gilt für die Listenführer einer Wahlvorschlagsliste. Ob über diese Fälle hinaus eine gewillkürte Prozessstandschaft im Beschlussverfahren allgemein zulässig ist, hat das Bundesarbeitsgericht offengelassen (Beschluss 29. 8. 1985 AP ArbGG 1979 § 83 Nr. 13; einschränkend GK-ArbGG/*Dörner* § 81 Rn. 82). Eine Wahl kann nicht durch einen Dritten in Prozessstandschaft für den Anfechtungsberechtigten angefochten werden (BVerwG 11. 2. 1981 BVerwGE 61, 334), eine Gewerkschaft kann nicht betriebsverfassungsrechtliche Rechte des Betriebsrates als Prozessstandschafter verfolgen (BAG 27. 11. 1973 AP BetrVG 1972 § 40 Nr. 4; GK-ArbGG/*Dörner* § 81 Rn. 81), der Betriebsrat nicht als Prozessstandschafter Ansprüche einzelner Arbeitnehmer geltend machen (BAG 24. 2. 1987 AP BetrVG 1972 § 80 Nr. 28; 10. 6. 1986 AP BetrVG 1972 § 80 Nr. 26; 20. 5. 2008 DB 2008, 2490). Die Geltendmachung betriebsverfassungs- oder personalvertretungsrechtlicher Rechte durch Dritte im Wege der Prozessstandschaft setzt die **Ermächtigung des Dritten** durch den Rechtsinhaber zur gerichtlichen Geltendmachung voraus. Diese kann nur erteilt werden, wenn der Rechtsinhaber, etwa der Betriebs- oder Personalrat oder der Arbeitgeber materiellrechtlich befugt ist, über seine Rechtsposition zu verfügen. Das wird regelmäßig nicht der Fall sein, so dass eine gewillkürte Prozessstandschaft im Beschlussverfahren unter den allgemeinen Voraussetzungen dieses Rechtsinstitutes nur dann in Frage kommen wird, wenn es sich um die Geltendmachung auf Geld gerichteter oder ähnlicher Ansprüche handelt.

5. Einzelfälle

62 Bundesarbeitsgericht und Bundesverwaltungsgericht mussten auf der Grundlage ihres Verständnisses der Antragsbefugnis nahezu in jeder Entscheidung dazu Stellung nehmen. Das hat zu einer umfangreichen Kasuistik mit nicht immer einheitlicher Begründung geführt. Für die Praxis wichtige Entscheidungen sollen im Folgenden erwähnt werden, zumal sie auch auf der Grundlage der hier vertretenen Ansicht im Ergebnis weitgehend zutreffend die Antragsbefugnis bejaht oder verneint haben.

a) Betriebsrat

63 Der Betriebsrat kann **Kostenerstattungsansprüche** seiner Mitglieder geltend machen (BAG 9. 9. 1975 AP ArbGG 1953 § 83 Nr. 6; BVerwG 27. 4. 1979 Buchholz 238.3 A § 46 Nr. 6; 27. 8. 1990 AP BPersVG § 44 Nr. 5(, der Personalrat auch dann, wenn das Mitglied diese selbst geltend machen kann (BVerwG 26. 2. 2003 AP ArbGG 1979 § 81 Nr. 55), anders für Kostenerstattungsansprüche der von ihm benannten Mitglieder der Einigungsstelle (BAG 15. 12. 1978 AP BetrVG 1952 § 76 Nr. 6). Eigene Rechte macht der Betriebsrat geltend, wenn er gestützt auf § 80 Abs. 1 BetrVG vom Arbeitgeber eine bestimmte **Anwendung eines Tarifvertrages** verlangt (BAG 10. 6. 1986 AP BetrVG 1972 § 80 Nr. 26), wenn er die Unzulässigkeit von Entnahmen aus dem Tronc feststellen lassen will (BAG 14. 8. 2002 AP BetrVG 1972 § 41 Nr. 2), wenn er für sich

Rechte des Wirtschaftsausschusses geltend macht (BAG 18. 7. 1978 AP BetrVG 1972 § 108 Nr. 1) oder die Freistellung seiner Mitglieder zum Besuch von Schulungsveranstaltungen begehrt (BAG 6. 11. 1973 AP BetrVG 1972 § 37 Nr. 5). Der Betriebsrat kann die Feststellung beantragen, **ob eine Dienst- oder Betriebsvereinbarung wirksam ist** (BAG 18. 2. 2003 AP BetrVG 1972 § 77 Betriebsvereinbarung Nr. 11; BVerwG vom 5. 2. 1971 AP Nr. 7 § 67 PersVG). Der Betriebsrat kann die Unterlassung mitbestimmungswidriger Handlungen des Arbeitgebers verlangen, auch wenn sein Mitbestimmungsrecht nicht im Streit ist (a. A. BAG 18. 2. 2003 AP BetrVG 1972 § 77 Betriebsvereinbarung Nr. 11, das fälschlich die Antragsbefugnis in einem solchen Fall verneint). Der Personalrat ist antragsbefugt für einen Antrag, mit dem seine Rechte gegenüber der Stufenvertretung geklärt werden sollen (BVerwG 24. 11. 1961 AP PersVG § 74 Nr. 2). Gleiches gilt für den Betriebsrat im Verhältnis zum Gesamt- oder Konzernbetriebsrat (BAG 20. 12. 1995 AP BetrVG 1972 § 58 Nr. 1). Der Betriebsrat kann beantragen, dass ein Sprecherausschuss der Leitenden Angestellten seine Tätigkeit einstellt (LAG Hamm 22. 11. 1973 EzA BetrVG 1972 § 5 Nr. 6), er kann die Wahl von Arbeitnehmervertretern zum Aufsichtsrat nach § 76 BetrVG 1952 anfechten (BAG 8. 12. 1981 AP BetrVG 1952 § 76 Nr. 25), nicht die Wahl des Vertrauensmannes der Schwerbehinderten (BVerwG 17. 3. 1983 Buchholz 238.31 § 86 Nr. 3) und nicht seine eigene Wahl (BAG 20. 2. 1986 AP BetrVG 1972 § 5 Rotes Kreuz Nr. 2). Ein Betriebsrat, dessen **Amtszeit abgelaufen** und für den kein neuer Betriebsrat gewählt worden ist, ist außer in den Fällen eines Restmandats nicht mehr antragsbefugt (BAG 27. 8. 1996 AP ArbGG § 83a Nr. 41 979; 11. 10. 1995 AP BetrVG 1972 § 21 Nr. 2), kann aber noch nicht erfüllte Kostenerstattungsansprüche geltend machen (BAG 24. 10. 2001 AP BetrVG 1972 § 40 Nr. 71; zur Beteiligtenfähigkeit s. aber § 10 Rn. 23). Die **Stufenvertretung** ist antragsbefugt, wenn das Mitbestimmungsrecht ihr gegenüber bestritten wird (BVerwG 4. 4. 1985 PersVRE 1 § 75 Nr. 84). Zur Antragsbefugnis des örtlichen Personalrates oder der Stufenvertretung, wenn die vorgesetzte Dienstbehörde entschieden hat, s. *Sabottig* PersR 1985, 28.

Die **Jugend- und Auszubildendenvertretung** kann keinen Antrag nach § 23 Abs. 3 BetrVG stellen (BAG 15. 8. 1978 AP BetrVG 1972 § 23 Nr. 1). Sie ist jedoch antragsbefugt, wenn sie eigene Rechte gegenüber dem Betriebsrat geltend macht (s. oben Rn. 45).

b) Betriebsratsmitglieder

Betriebsratsmitglieder sind antragsbefugt in einem Verfahren, in dem die Wirksamkeit eines Beschlusses des Betriebsrates oder der Bildung eines Ausschusses überprüft werden soll (BAG 1. 6. 1976 AP BetrVG 1972 § 28 Nr. 1; 3. 4. 1979 AP BetrVG 1972 § 13 Nr. 1; BVerwG 21. 6. 1982 Buchholz 238.3 A § 71 Nr. 1; 24. 11. 1983 BVerwGE 68, 203). Sie können nicht die Wirksamkeit der Errichtung des Gesamtbetriebsrates zur Entscheidung stellen (so aber zu Unrecht BAG 15. 8. 1978 AP BetrVG 1972 § 47 Nr. 3, da es sich insoweit nur um ein Recht des Betriebsrates handelt), wohl aber die Entsendung von Mitgliedern in den Gesamtbetriebsrat anfechten (BAG 21. 7. 2004 AP BetrVG 1972 § 47 Nr. 13) Sie können die Erstattung verauslagter Betriebsratskosten verlangen (BAG 6. 11. 1973 AP BetrVG 1972 § 37 Nr. 6; BVerwG 26. 10. 1962 AP PersVG § 44 Nr. 4). Im Übrigen setzt eine Antragsbefugnis von Betriebsratsmitgliedern im Beschlussverfahren voraus, dass diese eigene Rechte in ihrer Funktion als Betriebsratsmitglied und nicht nur als Arbeitnehmer geltend machen (BAG 13. 7. 1955 AP BetrVG § 81 Nr. 2). Eine Betriebsratsminderheit kann nicht gegen den Willen der Mehrheit Rechte des Betriebsrats geltend machen (LAG Düsseldorf 24. 10. 1989 BB 1990, 184 und LAG Frankfurt vom 21. 4. 1988 DB 1988, 487, das aber zu Unrecht eine Antragsbefugnis der Minderheit für eine „Untätigkeitsklage" gegen den Betriebsrat verneint hat, da damit die Minderheit ein eigenes Recht auf Tätigwerden des Betriebsrats geltend macht).

§ 81

c) Arbeitgeber, Dienststelle

66 Der Arbeitgeber oder der Leiter der Dienststelle ist antragsbefugt für ein Verfahren, in dem geklärt werden soll, welche Rechte der Betriebs- oder Personalrat oder einzelne seiner Mitglieder haben (BVerwG 19. 12. 1980, BVerwGE 61, 251), für ein Verfahren zur Feststellung der Wahlberechtigung bestimmter Beschäftigter (BVerwG 11. 3. 1982 Buchholz 238.3 A § 14 Nr. 1) oder des Vorliegens eines Betriebes gemäß § 18 Abs. 2 BetrVG (BAG 25. 9. 1986 AP BetrVG 1972 § 1 Nr. 7). Den Antrag nach § 9 Abs. 4 BPersVG kann auch der Leiter der Dienststelle stellen (vergl. BVerwG 13. 2. 1976 BVerwGE 50, 186). Ist **Arbeitgeber eine Gesellschaft,** so können die Antragsrechte des Arbeitgebers nicht von einzelnen Gesellschaftern wahrgenommen werden (BAG 28. 11. 1977 AP BetrVG 1972 § 19 Nr. 6; 29. 8. 1985 AP ArbGG 1979 § 83 Nr. 13). Im Verfahren auf **Anerkennung einer Schulung** als geeignet im Sinne von § 37 Abs. 7 BetrVG ist der einzelne Arbeitgeber nicht antragsbefugt (BAG 25. 6. 1981 AP BetrVG 1972 § 37 Nr. 38; 17. 12. 1981 AP BetrVG 1972 § 37 Nr. 41; s. auch *Richardi* SAE 1984, 8). Auch der einzelne Arbeitgeber kann die **Tariffähigkeit** oder **Tarifzuständigkeit** einer Gewerkschaft zur Entscheidung stellen (BAG 17. 2. 1970 AP TVG § 2 Tarifzuständigkeit Nr. 2).

d) Arbeitnehmer

67 Der einzelne Arbeitnehmer ist antragsbefugt für ein Verfahren, in dem seine betriebsverfassungsrechtliche Stellung, etwa als Leitender Angestellter, oder seine Wahlberechtigung geklärt werden soll (BAG 28. 4. 1964 AP BetrVG § 4 Nr. 3; 15. 12. 1972 AP BetrVG 1972 § 14 Nr. 1) oder ob er Mitglied des Aufsichtsrates geworden ist (BAG 21. 12. 1965 AP BetrVG 1952 § 76 Nr. 14). Er bleibt antragsbefugt für die Anfechtung einer Betriebsrats- oder Personalratswahl, auch wenn er seine Wahlberechtigung im Laufe des Verfahrens verliert (BVerwG 27. 4. 1983 Buchholz 238.31 § 25 Nr. 3; BAG 4. 12. 1986 AP BetrVG 1972 § 19 Nr. 13). Er kann nicht die Feststellung beantragen, ob eine Betriebs- oder Dienstvereinbarung unwirksam ist (OVG Hamburg 23. 8. 1966 AP PersVG § 76 Nr. 17; a. A. *Dütz* AuR 1973, 353, wenn er durch die Betriebsvereinbarung oder den Spruch der Einigungsstelle in seiner betriebsverfassungsrechtlichen Position betroffen wird).

e) Gewerkschaften

68 Eine Gewerkschaft kann nicht die Feststellung beantragen, dass in einem Betrieb ein Betriebsrat gewählt werden kann (BAG 3. 2. 1976 AP BetrVG 1972 § 118 Nr. 8), sie kann nicht die Wahl des Vertrauensmannes der Schwerbehinderten anfechten (BVerwG 17. 3. 1983 Buchholz 238.31 § 86 Nr. 3). Sie ist grundsätzlich **antragsbefugt nur dann, wenn dies im Gesetz ausdrücklich vorgeschrieben ist** (BAG 3. 2. 1976 AP BetrVG 1972 § 118 Nr. 8; BVerwG 11. 5. 1962 AP Nr. 16 zu § 22 PersVG; 18. 1. 1990 Buchholz 251.0 § 9 BaWüPersVG Nr. 5), sie kann daher nicht einzelne Maßnahmen des Wahlvorstandes anfechten (BVerwG vom 9. 6. 1962 BVerwGE 14, 241; a. A. BAG 14. 12. 1965 AP BetrVG § 16 Nr. 5; *Dütz* SAE 1975, 38). Sie kann keinen Antrag stellen festzustellen, dass ein Personalratsmitglied seine Pflichten grob verletzt hat (BVerwG 13. 3. 1964 AP PersVG § 26 Nr. 6). Sie ist auch nicht antragsbefugt für ein Verfahren auf Feststellung der **Unwirksamkeit einer Betriebsvereinbarung** (BAG 30. 10. 1986 AP BetrVG 1972 § 47 Nr. 6; 18. 8. 1987 AP ArbGG 1979 § 81 Nr. 6; GK-ArbGG/*Dörner* § 81 Rn. 109; a. A. noch BAG 21. 2. 1967 AP BetrVG § 59 Nr. 25 und *Matthießen* DB 1988, 285). Verlangt die Gewerkschaft, dass der Arbeitgeber eine nach § 77 Abs. 3 BetrVG unwirksame **Betriebsvereinbarung nicht anwendet,** so macht sie damit ein eigenes Recht – ihre Tarifautonomie – geltend und ist aus diesem Grunde antragsbefugt (BAG 3. 5. 1994 AP BetrVG 1972 § 23 Nr. 23). Eigene Rechte macht die Gewerkschaft geltend und ist daher antragsbefugt in einem Verfahren um das Teilnahmerecht von

Gewerkschaftsvertretern an Sitzungen des Wirtschaftsausschusses, des Betriebsrates oder an einer Betriebsversammlung (BAG 14. 2. 1967 AP BetrVG § 45 Nr. 2; 18. 11. 1980 AP BetrVG 1972 § 108 Nr. 2). Sie ist auch berechtigt, die Wahl der Arbeitnehmer zum Aufsichtsrat nach § 76 BetrVG 1952 anzufechten (BAG 21. 12. 1965 AP BetrVG § 76 Nr. 14) oder die Wahl des Betriebsratsvorsitzenden und seines Stellvertreters (BAG 16. 2. 1973 AP BetrVG 1972 § 19 Nr. 1), nicht aber die Wahl des Vorstandes des Personalrates (BVerwG 27. 9. 1990 AP BPersVG § 19 Nr. 2).

Soweit einer Gewerkschaft Antragsrechte zustehen, können diese auch von der Kreisverwaltung oder der **örtlichen Verwaltungsstelle** wahrgenommen werden (BAG 1. 6. 1966 AP BetrVG § 18 Nr. 15; 6. 12. 1977 AP BetrVG 1972 § 118 Nr. 10; VGH Bad.Württ. 9. 2. 1988 PersR 1988, 305) nicht aber von einer **Spitzenorganisation** (BVerwG 11. 2. 1981 BVerwGE 61, 334). Muss die Gewerkschaft im Betrieb vertreten sein, so genügt es für den Antrag nach § 18 Abs. 2 BetrVG, wenn sie in einem Betrieb des Unternehmens vertreten ist (BAG 5. 6. 1964 AP BetrVG § 3 Nr. 7). Im Verfahren auf **Anerkennung einer Schulungsveranstaltung** als geeignet im Sinne von § 37 Abs. 7 BetrVG sind die Spitzenorganisationen der Gewerkschaften und **Arbeitgeberverbände** antragsbefugt (BAG 5. 11. 1974 AP BetrVG 1972 § 37 Nr. 19; 11. 8. 1993 AP BetrVG 1972 § 37 Nr. 92) bei Ablehnung der Anerkennung auch die einzelne Gewerkschaft als Träger der Schulungsveranstaltung (*Kopp*, AuR 1976, 333). Die Gewerkschaft kann außer im Falle des § 23 Abs. 3 BetrVG nicht in gewillkürter **Prozessstandschaft** Rechte des Betriebsrates geltend machen (BAG 27. 11. 1973 AP BetrVG 1972 § 40 Nr. 4).

Ein **Arbeitgeberverband** kann die Tarifzuständigkeit einer Gewerkschaft auch für ein einzelnes Mitglied feststellen lassen (BAG 19. 11. 1985 AP TVG § 2 Tarifzuständigkeit Nr. 4).

C. Zustellung des Antrages und Ladung der Beteiligten

§ 81 schreibt nicht ausdrücklich vor, dass der Antrag zuzustellen ist, Abs. 2 Satz 2 spricht vielmehr nur von einer Mitteilung des Antrages an die Beteiligten. Nach § 80 Abs. 2 in Verbindung mit § 47 muss jedoch die **Antragsschrift** zugestellt werden und zwar mindestens eine Woche vor dem Termin zur Güteverhandlung oder zur Anhörung vor der Kammer. Zu diesem Termin sind die Beteiligten zu laden, wie sich aus § 83 Abs. 4 Satz 1 ergibt. Auch diese Ladung bedarf nach § 215 ZPO der Zustellung. Die Antragsschrift ist daher **allen Beteiligten** von Amts wegen **zuzustellen** (GK-ArbGG/ *Dörner* § 81 Rn. 150). Mit der ersten Zustellung an einen Beteiligten wird die Streitsache rechtshängig, § 261 Abs. 1 ZPO. Wer im konkreten Verfahren beteiligt ist, hat das Gericht von Amts wegen zu ermitteln (s. § 83 Rn. 17). Stellt sich erst im Laufe des Verfahrens heraus, dass weitere Beteiligte zu hören sind, ist diesen die Antragsschrift nachträglich zuzustellen. Wird der Antrag geändert (s. unten Rn. 83 ff.), so ist der geänderte Antrag erneut allen Beteiligten, ggfs. auch weiteren Beteiligten zuzustellen. Der Antragsteller ist verpflichtet, bei der Ermittlung der Beteiligten, deren Vertreter und Anschriften mitzuwirken (Schwab/Weth/*Weth* § 81 Rn. 99; s. § 83 Rn. 86 ff.).

Die **Terminsbestimmung** hat unverzüglich zu erfolgen, § 216 Abs. 2 ZPO. Das wird jedoch in der Regel erst dann möglich sein, wenn die Beteiligten ermittelt sind und ihnen die Antragsschrift und die Ladung zugestellt werden kann.

D. Rücknahme des Antrages

I. Zulässigkeit der Rücknahme

1. Zeitpunkt

73   Nach § 81 Abs. 2 kann der Antrag jederzeit zurückgenommen werden. Anders als in der Beschwerde- und Rechtsbeschwerdeinstanz (s. § 87 Rn. 24 f. und § 92 Rn. 23 f.) und nach § 269 Abs. 1 ZPO bedarf die Rücknahme des Antrages **nicht der Zustimmung** der übrigen Beteiligten. Diese Privilegierung der Antragsrücknahme gilt bis zum Ende der Instanz, d. h. bis zur Verkündung einer die Instanz beendenden Entscheidung nach § 84. Ob bis dahin die Beteiligten zur Sache gehört worden sind oder ob eine Beweisaufnahme stattgefunden hat, ist unerheblich (Schwab/Weth/*Weth* § 81 Rn. 102).

74   Für die Zeit nach Verkündung der Entscheidung gilt § 81 Abs. 2 Satz 2 nicht, vielmehr bedarf die Antragsrücknahme jetzt entsprechend § 87 Abs. 2 Satz 3 der Zustimmung der Beteiligten (a. A. Schwab/Weth/*Weth* § 81 Rn. 102). Anders hätte es der Antragsteller in der Hand, eine seinen Antrag abweisende Entscheidung auch gegen den Willen der Beteiligten wirkungslos zu machen. Das aber will § 87 Abs. 2 Satz 3 ebenso wie § 269 Abs. 1 ZPO gerade verhindern (GK-ArbGG/*Dörner* § 81 Rn. 154; ErfK/ *Eisemann* ArbGG § 81 Rn. 6).

2. Mehrere Antragsteller

75   Haben mehrere Antragsteller einen Antrag gestellt (s. oben Rn. 47 ff.), so kann jeder seinen Antrag unabhängig vom Verhalten der anderen zurücknehmen (*Laux* S. 27). Das gilt auch dann, wenn – wie in den §§ 19 Abs. 2, 23 Abs. 1 BetrVG – der Antrag von einer bestimmten Mindestzahl von Arbeitnehmern getragen werden muss (BAG 12. 2. 1985 AP BetrVG § 76 Nr. 27; *Weth* S. 324). Hinsichtlich der Anträge der übrigen Antragsteller bleibt das Verfahren anhängig. Über diese ist nach § 84 zu entscheiden. Gegebenenfalls sind die anhängigen Anträge als unzulässig abzuweisen, wenn die erforderliche Mindestzahl von Antragstellern nicht mehr erreicht ist (vergl. BAG 10. 6. 1983 AP BetrVG 1972 § 19 Nr. 10).

II. Form der Rücknahme

76   Der Antrag kann in der gleichen Form zurückgenommen werden, in der er auch gestellt werden kann, also durch Einreichung eines Schriftsatzes oder zur Niederschrift bei der Geschäftsstelle (s. oben Rn. 7). Daneben kann die Rücknahme des Antrages auch im Termin zur Anhörung der Beteiligten **zu Protokoll erklärt** werden, § 160 Abs. 3 Nr. 8 ZPO. Die Rücknahme muss nicht gerade in derjenigen Form erfolgen, in der der Antrag gestellt worden ist. Zulässig ist auch eine **teilweise Rücknahme** des Antrages, wenn der Streitgegenstand teilbar ist (GK-ArbGG/*Dörner* § 81 Rn. 154; Schwab/Weth/*Weth* § 81 Rn. 105).

III. Einstellung des Verfahrens

1. Durch Beschluss

77   Wird der Antrag zurückgenommen, so ist das Verfahren durch Beschluss einzustellen. **Der Beschluss ergeht von Amts** wegen, ohne dass es eines entsprechenden Antrages des Antragstellers oder der übrigen Beteiligten bedarf. Der Beschluss ergeht auch dann durch den Vorsitzenden allein, wenn der Antrag im Anhörungstermin zurückgenommen wird.

D. IV. Wirkung der Antragsrücknahme   § 81

Einer vorherigen Anhörung der Beteiligten bedarf es nicht (GK-ArbGG/*Dörner* § 81 Rn. 151).

Das Verfahren ist nur insoweit einzustellen, als der Antrag zurückgenommen ist, so **78** dass bei nur teilweiser Antragsrücknahme oder bei **Rücknahme durch einen von mehreren Antragstellern** das Verfahren im Übrigen anhängig bleibt.

Von der Einstellung ist den übrigen Beteiligten **Kenntnis zu geben**, soweit ihnen der **79** Antrag bereits mitgeteilt worden war. Einer Zustellung des Einstellungsbeschlusses bedarf es nicht, auch nicht an den Antragsteller. Auch bedarf es keiner besonderen Mitteilung, wenn die Beteiligten – etwa im Anhörungstermin – schon von der Rücknahme und der Einstellung des Verfahrens Kenntnis bekommen haben. Unterbleibt die Mitteilung, so ist dies ohne rechtliche Bedeutung.

2. Rechtsmittel

Umstritten ist, ob der Einstellungsbeschluss lediglich **deklaratorische Bedeutung** hat **80** oder eine die Instanz beendende Entscheidung im Sinne der §§ 87 und 92 ist mit der Folge, dass gegen den Einstellungsbeschluss das **Rechtsmittel** der Beschwerde nach § 87 gegeben ist (so LAG Rhld.Pfalz 25. 6. 1982 EzA § 92 ArbGG 1979 Nr. 1; GK-ArbGG/ *Dörner* § 81 Rn. 160; ArbGV/*Koch* § 81 Rn. 7; ErfK/*Eisemann* ArbGG § 81 Rn. 6; LAG Frankfurt 24. 1. 1984 NZA 1984, 269; LAG Hamm 26. 5. 1989 DB 1989, 1578 halten die einfache Beschwerde nach § 83 Abs. 5 für gegeben; a. A. Schwab/Weth/*Weth* § 81 Rn. 107). Die §§ 81 Abs. 2, 83 a Abs. 2, 89 Abs. 4 und 94 Abs. 3 machen deutlich, dass die Zurücknahme eines Antrages oder eines Rechtsmittels und auch die Erledigungserklärung der Beteiligten nicht von selbst zur Beendigung des Verfahrens führen sollen, dass es dazu vielmehr noch einer Handlung des Gerichts, der Einstellung des Verfahrens, bedarf. Ein bereits beendetes Verfahren kann nicht mehr eingestellt werden.

Über das Vorliegen oder die **Wirksamkeit einer Antragsrücknahme** kann auch durch **81** Zwischenbeschluss entsprechend § 303 ZPO oder als Vorfrage anlässlich der Entscheidung über anhängig gebliebene Anträge anderer Antragsteller entschieden werden, etwa wenn es darauf ankommt, ob die anhängig gebliebenen Anträge anderer Antragsteller noch zulässig sind, weil die erforderliche Zahl von Antragstellern nicht mehr erreicht ist. Macht der Antragsteller geltend, dass keine Antragsrücknahme vorliege, das Verfahren daher zu unrecht eingestellt worden sei, so kann darin auch ein neuer Antrag gesehen und über diesen in der Sache entschieden werden. Mit Rücksicht darauf kann aber die Wirksamkeit einer Antragsrücknahme dann nicht dahingestellt bleiben, wenn es darauf ankommt, ob mit dem Antrag eine Frist gewahrt worden ist (s. oben Rn. 35 ff.).

IV. Wirkung der Antragsrücknahme

Mit der Rücknahme des Antrages endet noch nicht die Rechtshängigkeit (s. oben **82** Rn. 80). Bleibt das Verfahren hinsichtlich eines Teils des Antrages oder hinsichtlich des Antrages anderer Antragsteller anhängig, so kann der Antragsteller, der seinen Antrag zurückgenommen hat, doch **Beteiligter des anhängigen Verfahrens bleiben**, etwa wenn der Arbeitgeber und eine Gewerkschaft eine Betriebsratswahl angefochten haben und der Arbeitgeber seinen Antrag zurücknimmt. Nimmt die Gewerkschaft ihren Antrag zurück, so scheidet sie als Beteiligter aus (s. § 83 Rn. 76). Für eine Anwendung von § 269 Abs. 3 ZPO ist bei einer Antragsrücknahme nach § 81 Abs. 2 Satz 1, also bis zum Erlass einer instanzbeendenden Entscheidung, kein Raum, da noch keine Entscheidung vorliegt, die wirkungslos werden kann (a. A. auch hier Schwab/Weth/*Weth* § 81 Rn. 106), und eine **Kostenentscheidung** nicht in Betracht kommt (s. dazu näher § 84 Rn. 31 ff.).

E. Antragsänderung

I. Die Antragsänderung

83 § 81 Abs. 3 regelt die Antragsänderung in der ersten Instanz. Die Vorschrift ist durch die Arbeitsgerichtsnovelle neu eingeführt worden. Frühere Entscheidungen der Gerichte zur Antragsänderung im Beschlussverfahren sind daher nur noch bedingt verwertbar.

84 Der Begriff der Antragsänderung entspricht dem der Klageänderung in § 263 ZPO. Änderung des Antrages bedeutet **Änderung des Streitgegenstandes** (GK-ArbGG/*Dörner* § 81 Rn. 162: ErfK/*Eisemann* § 81 Rn. 7; Schwab/Weth/*Weth* § 81 Rn. 111). Auch wenn der formulierte Antrag äußerlich gleich bleibt, das Antragsbegehren aber auf einen anderen Sachverhalt gestützt wird, liegt eine Antragsänderung vor (BAG 2. 10. 2007 NZA 2008, 429). Auf der anderen Seite ist nicht jede Änderung des formellen Antrags eine Antragsänderung. Es kann sich auch nur um eine Klarstellung des von Anfang an gestellten Antrages handeln. Durch Auslegung des Antrages (s. oben Rn. 34) ist zu ermitteln, ob mit dem äußerlich geänderten Antrag auch ein anderes Begehren verfolgt wird. In den Fällen des § 264 ZPO, der auch im Beschlussverfahren Anwendung findet (BAG 14. 1. 1983 AP BetrVG 1972 § 19 Nr. 9), liegt trotz Änderung des Streitgegenstandes keine Änderung des Antrages im Sinne von § 81 Abs. 3 vor. Auf die Zustimmung der Beteiligten oder die Sachdienlichkeit der Änderung des Antrages kommt es daher in diesen Fällen nicht an. In diesen Fällen ist die Änderung des Antrages kraft Gesetzes sachdienlich.

85 Eine Änderung des Antrages liegt auch vor bei einem **Wechsel in der Person des Antragstellers** (BVerwG 21. 3. 1985 Buchholz 238.37 § 72 Nr. 9; Schwab/Weth/*Weth* § 81 Rn. 112), im Beitritt eines weiteren Antragstellers (BAG 16. 12. 1986 NZA 1987, 355; 31. 1. 1989 AP ArbGG 1979 § 81 Nr. 12) oder in der Person desjenigen Beteiligten, gegen den das Recht geltend gemacht wird. Eine Antragsänderung kommt im Beschlussverfahren insbesondere dann in Betracht, wenn sich der ursprünglich streitige Vorfall erledigt hat, die dabei aufgetretene Streitfrage aber für die Zukunft entschieden werden soll (vergl. BAG 29. 7. 1982 AP ArbGG 1979 § 83 Nr. 5; 10. 4. 1984 AP ArbGG 1979 § 81 Nr. 3). In einem Verfahren um die Rechtmäßigkeit einer Maßnahme des Wahlvorstandes kann der Antrag dahin geändert werden, dass nunmehr die Wahl selbst angefochten wird, wenn diese zwischenzeitlich stattgefunden hat (BAG 15. 12. 1972 AP ArbGG 1953 § 80 Nr. 5; 14. 1. 1983 AP BetrVG 1972 § 19 Nr. 9). Eine automatische Antragsänderung nimmt die Rechtsprechung zu Unrecht an, wenn über einen Feststellungsantrag nach § 9 Abs. 4 BPersVG oder § 78a Abs. 4 BetrVG vor Begründung des Arbeitsverhältnisses nicht rechtskräftig entschieden werden kann, sodass dieser sich in einen Auflösungsantrag umwandelt (BAG 11. 1. 1995 AP BetrVG 1972 §§ 78a Nr. 24; BVerwG 31. 10. 1987 PersR 1988, 47).

86 Auch der geänderte Antrag muss wie der zunächst gestellte Antrag **begründet werden** (s. dazu oben Rn. 10 ff.), andernfalls er als unzulässig abgewiesen werden muss (BAG 11. 2. 1981 AP ZPO § 261 Nr. 1). Die Antragsänderung ist aber ein selbständiger Angriff. Für die zu ihrer Begründung vorgetragenen Tatsachen gelten daher nicht die Bestimmungen über die Zulässigkeit neuen Vorbringens (BAG 11. 4. 2006 AP ZPO § 533 Nr. 1).

II. Zustimmung der Beteiligten

1. Die Beteiligten

87 Die Antragsänderung bedarf der Zustimmung der Beteiligten. Wer in dem anhängigen Beschlussverfahren Beteiligter ist, bestimmt sich nach materiellem Recht (s. § 83

Rn. 14 ff.). Es müssen daher **alle Beteiligten der Antragsänderung** zustimmen (GK-ArbGG/*Dörner* § 81 Rn. 167; ErfK/*Eisemann* ArbGG § 81 Rn. 7; Schwab/Weth/*Weth* § 81 Rn. 114), nicht nur der oder die Antragsgegner. Ist der Kreis der Beteiligten nach dem ursprünglich gestellten Antrag ein anderer als der nach dem neuen Antrag, so bedarf es lediglich der Zustimmung der nach dem ursprünglich gestellten Antrag Beteiligten. Ist die Antragsänderung gegenüber Beteiligten eine – teilweise – Antragsrücknahme, so bedarf es insoweit nicht deren Zustimmung, solange das Verfahren in der ersten Instanz schwebt.

2. Die Zustimmung

Die Zustimmung der Beteiligten muss gegenüber dem Gericht erklärt werden. Das kann schriftsätzlich, zu Protokoll der Geschäftsstelle oder auch im Anhörungstermin, wo sie zu protokollieren ist, geschehen. Die Zustimmung ist unwiderruflich. **88**

Nach § 81 Abs. 3 Satz 2 gilt die Zustimmung eines Beteiligten als erteilt, wenn er sich ohne der Änderung zu widersprechen, in einem Schriftsatz oder in der mündlichen Verhandlung **auf den geänderten Antrag eingelassen hat.** Die Vorschrift geht insoweit über § 267 ZPO hinaus. Die in der schriftsätzlichen widerspruchslosen Einlassung auf den geänderten Antrag liegende Zustimmung kann auch nicht durch einen Widerspruch in der späteren mündlichen Anhörung beseitigt werden. Nicht geregelt ist der Fall, dass ein Beteiligter, der zum Anhörungstermin nicht erscheinen muss (s. § 83 Rn. 111 ff.), sich auf den geänderten Antrag überhaupt nicht oder nicht mehr erklärt. In diesem Fall kann keine Zustimmung des Beteiligten angenommen werden, eine § 83a Abs. 3 entsprechende Regelung fehlt für die Antragsänderung (GK-ArbGG/*Dörner* § 81 Rn. 170; ErfK/*Eisemann* ArbGG § 81 Rn. 7). Für die Zulässigkeit der Antragsänderung kommt es daher in einem solchen Fall darauf an, ob diese **sachdienlich** ist. **89**

Das Erfordernis der Zustimmung der Beteiligten zur Antragsänderung auch schon in der ersten Instanz ist **wenig sinnvoll,** da der Antragsteller ohne eine solche Zustimmung seinen zunächst gestellten Antrag jederzeit zurücknehmen und den neuen Antrag in einem neuen Verfahren anhängig machen kann (ArbGV/*Koch* § 81 Rn. 8; Schwab/Weth/*Weth* § 81 Rn. 116). **90**

III. Sachdienlichkeit der Antragsänderung

Ohne Zustimmung aller Beteiligten ist die Änderung des Antrages nur zulässig, wenn das **Gericht sie für sachdienlich** hält. Die Entscheidung darüber steht im pflichtgemäßen Ermessen der Kammer, nicht des Vorsitzenden allein. Sachdienlichkeit ist gegeben, wenn der bisherige Streitstoff und das Ergebnis des bisherigen Verfahrens auch für die Entscheidung über den geänderten Antrag nutzbar gemacht werden können und wenn der Streit der Beteiligten mit einer Entscheidung über den geänderten Antrag endgültig oder besser beigelegt werden kann und ein weiteres Verfahren vermieden wird. Dass die Erledigung des Verfahrens verzögert wird, weil weitere tatsächliche Feststellungen erforderlich werden, steht der Bejahung der Sachdienlichkeit nicht entgegen, auch nicht der Umstand, dass der Antrag schon in der ersten Instanz hätte geändert werden können (BAG 6. 12. 2001 AP ZPO § 263 Nr. 3). Auf die Erfolgsaussichten für den geänderten Antrag kommt es nicht an. Hat das Beschwerdegericht über die Sachdienlichkeit einer – hilfsweisen – Antragsänderung nicht entschieden, so kann darüber das Rechtsbeschwerdegericht selbst befinden, wenn es erstmalig über den Hilfsantrag entscheidet (BAG 23. 4. 1985 AP BetrVG 1972 § 87 Überwachung Nr. 11). **91**

IV. Entscheidung über die Antragsänderung

92 Ist die Antragsänderung zulässig, weil alle Beteiligten zugestimmt haben oder weil das Gericht sie für sachdienlich hält, so ist **über den geänderten Antrag in der Sache zu entscheiden**. Die Zulässigkeit der Antragsänderung ist gegebenenfalls in den Gründen zu erörtern. Das Gericht kann aber auch durch Zwischenbeschluss entsprechend § 303 ZPO die Zulässigkeit der Antragsänderung aussprechen. In beiden Fällen ist die **Entscheidung unanfechtbar**, § 81 Abs. 3 Satz 3 (a. A. BVerwG 8. 11. 1989 PersR 1990, 102).

93 Ist die Antragsänderung unzulässig, so ist der geänderte Antrag als unzulässig abzuweisen. Ob daneben **über den ursprünglich gestellten Antrag zu entscheiden** ist, hängt davon ab, ob der Antragsteller diesen zurückgenommen hat oder hilfsweise weiter verfolgt. Anders in den Rechtsmittelinstanzen, da hier der Antrag nicht ohne Zustimmung der Beteiligten zurückgenommen werden kann und in der Verweigerung der Zustimmung zur Antragsänderung gleichzeitig die Verweigerung der Zustimmung zur Antragsrücknahme liegen kann, so dass der ursprünglich gestellte Antrag anhängig bleibt. Die Abweisung des geänderten Antrages als unzulässig kann mit der **Beschwerde** nach § 87 angefochten werden, vom Antragsteller auch dann, wenn er mit dem hilfsweise weiterverfolgten ursprünglichen Antrag obsiegt hat (GK-ArbGG/*Dörner* § 81 Rn. 175).

94 Erfolgt die Abweisung des geänderten Antrages als unzulässig durch eine gesonderte Entscheidung, weil der hilfsweise verfolgte ursprüngliche Antrag noch nicht entscheidungsreif ist, so handelt es sich um einen **Teilbeschluss** nach § 301 ZPO, der selbständig mit der Beschwerde nach § 87 angefochten werden kann. Wird die Antragsänderung vom Beschwerdegericht für zulässig erachtet, so entfällt rückwirkend die Rechtshängigkeit des ursprünglich gestellten Antrages. Eine zwischenzeitlich darüber ergangene Entscheidung wird entsprechend § 269 Abs. 3 ZPO wirkungslos (GK-ArbGG/*Dörner* § 81 Rn. 175).

§ 82 Örtliche Zuständigkeit

(1) ¹Zuständig ist das Arbeitsgericht, in dessen Bezirk der Betrieb liegt. ²In Angelegenheiten des Gesamtbetriebsrats, des Konzernbetriebsrats, der Gesamtjugendvertretung oder der Gesamt-Jugend- und Auszubildendenvertretung, des Wirtschaftsausschusses und der Vertretung der Arbeitnehmer im Aufsichtsrat ist das Arbeitsgericht zuständig, in dessen Bezirk das Unternehmen seinen Sitz hat. ³Satz 2 gilt entsprechend in Angelegenheiten des Gesamtsprecherausschusses, des Unternehmenssprecherausschusses und des Konzernsprecherausschusses.

(2) ¹In Angelegenheiten eines Europäischen Betriebsrats, im Rahmen eines Verfahrens zur Unterrichtung und Anhörung oder des besonderen Verhandlungsgremiums ist das Arbeitsgericht zuständig, in dessen Bezirk das Unternehmen oder das herrschende Unternehmen nach § 2 des Gesetzes über Europäische Betriebsräte seinen Sitz hat. ²Bei einer Vereinbarung nach § 41 des Gesetzes über Europäische Betriebsräte ist der Sitz des vertragschließenden Unternehmens maßgebend.

(3) In Angelegenheiten aus dem SE-Beteiligungsgesetz ist das Arbeitsgericht zuständig, in dessen Bezirk die Europäische Gesellschaft ihren Sitz hat; vor ihrer Eintragung ist das Arbeitsgericht zuständig, in dessen Bezirk die Europäische Gesellschaft ihren Sitz haben soll.

(4) In Angelegenheiten aus dem SCE-Beteiligungsgesetz ist das Arbeitsgericht zuständig, in dessen Bezirk die Europäische Genossenschaft ihren Sitz hat; vor ihrer Eintragung

I. Allgemeines   § 82

ist das Arbeitsgericht zuständig, in dessen Bezirk die Europäische Genossenschaft ihren Sitz haben soll.

(5) In Angelegenheiten nach dem Gesetz über die Mitbestimmung der Arbeitnehmer bei einer grenzüberschreitenden Verschmelzung ist das Arbeitsgericht zuständig, in dessen Bezirk die aus der grenzüberschreitenden Verschmelzung hervorgegangene Gesellschaft ihren Sitz hat; vor ihrer Eintragung ist das Arbeitsgericht zuständig, in dessen Bezirk die aus der grenzüberschreitenden Verschmelzung hervorgehende Gesellschaft ihren Sitz haben soll.

Übersicht

	Rn.
I. Allgemeines	1–6
II. Zuständigkeit am Sitz des Betriebes/der Dienststelle	7–10
III. Zuständigkeit am Sitz des Unternehmens	11–19
1. Betriebsverfassungsrechtliche und personalvertretungsrechtliche Streitigkeiten	12, 13
2. Mitbestimmungsrechtliche Streitigkeiten	14
3. Streitigkeiten um den Europäischen Betriebsrat	15–17
4. Angelegenheiten der Europäischen Gesellschaft und Genossenschaft	18, 19
IV. Sonstige Zuständigkeiten	20–23

I. Allgemeines

§ 82 regelt, welches **Arbeitsgericht örtlich** für ein anhängig zu machendes oder **1** anhängig gewordenes Beschlussverfahren **zuständig** ist. Die Vorschrift ist wiederholt ergänzt worden und hat durch Art. 8 des SCEEG vom 16. 8. 2006 (BGBl. I 1811) ihre jetzige Fassung erhalten. Keinen Niederschlag in § 82 haben einige Änderungen in § 2a über die im Beschlussverfahren zu verhandelnden Angelegenheiten gefunden. So werden Streitigkeiten um die Schwerbehindertenvertretung oder den Werkstattrat nach dem SGB IX oder die Interessenvertretung der Auszubildenden nach § 51 BBiG nicht erwähnt. Auch für die nach § 3 BetrVG jetzt möglichen anderen Interessenvertretungen gibt § 82 keine unmittelbare Antwort auf die Frage, welches Arbeitsgericht örtlich zuständig ist, wird aber für diese entsprechend anwendbar sein (s. GK-ArbGG/*Dörner* § 82 Rn. 19 ff.; ErfK/*Eisemann* § 82 Rn. 2; Schwab/Weth/*Weth* § 81 Rn. 22 f.).

Soweit § 82 die örtliche Zuständigkeit regelt, ist diese Regelung zwingend und ver- **2** drängt sie die Vorschriften der ZPO. Eine andere örtliche Zuständigkeit kann nicht durch **Parteivereinbarung** und auch nicht durch rügelose Einlassung begründet werden (GK-ArbGG/*Dörner* § 82 Rn. 3; ErfK/*Eisemann* ArbGG § 82 Rn. 1; Hauck/Helml § 82 Rn. 1). Etwas anderes muss nur dann gelten, wenn auch nach der Regelung in § 82 die örtliche Zuständigkeit mehrerer Arbeitsgerichte in Betracht kommt (ErfK/*Eisemann* ArbGG § 82 Rn. 1; Schwab/Weth/*Weth* § 81 Rn. 2 s. unten Rn. 8 und Rn. 10). In diesen Fällen besteht ein Wahlrecht des Antragstellers unter den zuständigen Gerichten. Insoweit kann auch durch Vereinbarung der Beteiligten eines dieser Gerichte als ausschließlich zuständig bestimmt werden, mag eine solche Vereinbarung auch wegen der Ungewissheit der möglichen Beteiligten im konkreten Streitfall nur selten in Frage kommen.

§ 82 regelt die Zuständigkeit allein danach, ob der **Streit** materiell einen **Betrieb oder 3 das Unternehmen betrifft,** nicht aber nach dem Gerichtsstand der einzelnen Beteiligten. Es kommt daher auch nicht darauf an, ob der Betrieb oder das Unternehmen Antragsteller oder Beteiligter des Verfahrens ist (BAG 19. 6. 1986 AP ArbGG 1979 § 82 Nr. 1).

Die örtliche Zuständigkeit ist vom Arbeitsgericht **von Amts wegen** zu prüfen. Ist das **4** angerufene Gericht örtlich unzuständig, so ist der Rechtsstreit nach § 48 Abs. 1 i. V. mit

§ 17a GVG von Amts wegen an das örtlich zuständige Arbeitsgericht zu verweisen (GK-ArbGG/*Dörner* § 82 Rn. 3; zum Verfahren s. die Erl. zu § 48).

5 Für die Verweisung eines – wenn auch zu Unrecht im Beschlussverfahren – anhängig gewordenen Rechtsstreits an ein Gericht einer anderen Gerichtsbarkeit gilt ebenfalls § 48 Abs. 1 i. V. mit § 17a GVG (s. § 2 Rn. 195 ff.). Nicht notwendig ist es, dass das Verfahren zunächst durch Beschluss in das Urteilsverfahren abgegeben wird.

6 Die Entscheidung des Arbeitsgerichts über die örtliche Zuständigkeit – gleich ob diese in einem Verweisungsbeschluss verneint oder lediglich in den Gründen der Entscheidung über den Sachantrag – meist inzident – bejaht wird – ist nach § 48 Abs. 1 Nr. 1 ArbGG unanfechtbar. Der Vorsitzende des Arbeitsgerichts entscheidet allein und kann die Entscheidung auch ohne mündliche Anhörung der Beteiligten treffen, § 55 Abs. 1 Nr. 7 und Abs. 2 ArbGG.

II. Zuständigkeit am Sitz des Betriebes/der Dienststelle

7 Nach § 82 Abs. 1 ist zuständig das Arbeitsgericht, in dessen Bezirk der Betrieb liegt. Damit ist keine Auffangzuständigkeit für alle nicht in Satz 2 erwähnten Angelegenheiten begründet worden. Hinzukommen muss vielmehr, dass es sich auch um eine **Angelegenheit des Betriebes** bzw. der **Dienststelle** handelt. Für Beschlussverfahren die keinen Bezug zu irgendeinem Betrieb haben (s. unten Rn. 14 f.) fehlt es an einem Anknüpfungspunkt für die in Satz 1 geregelte Zuständigkeit des Arbeitsgerichts. Eine Angelegenheit des Betriebsrates ist es, wenn Gegenstand des Verfahrens seine Organisation oder seine betriebsverfassungsrechtlichen Rechte sind. Um eine Angelegenheit des Betriebes handelt es sich auch bei Rechtsstreitigkeiten über die Zuordnung von leitenden Angestellten nach § 18a BetrVG, und zwar auch dann, wenn ein Unternehmenssprecherausschuss nach § 20 SprAuG gewählt werden soll. Geht es jedoch um das Recht des Betriebsrats, Vertreter in den Gesamt oder Konzernbetriebsrat zu entsenden, so ist Gegenstand des Streits die Bildung des Gesamt oder Konzernbetriebsrats und damit eine Angelegenheit dieser Gremien. Zuständig ist hier nach Satz 2 das Arbeitsgericht am Sitz des herrschenden Unternehmens (GK-ArbGG/*Dörner* § 82 Rn. 10).

8 Ein Betrieb liegt dort, wo die **Verwaltung des Betriebes** ihre Tätigkeit entfaltet, wo die Betriebsleitung ihren Sitz hat. Das ist von Bedeutung insbesondere in denjenigen Fällen, in denen ein Betrieb aus mehreren Betriebsstellen, Verkaufsstellen oder Filialen besteht, für die ein gemeinsamer Betriebsrat gewählt worden ist. Hier ist das Arbeitsgericht am Sitz der gemeinsamen Betriebsleitung auch dann zuständig, wenn sich die streitige Angelegenheit, etwa eine personelle Maßnahme auf eine einzelne Betriebs- oder Verkaufsstelle bezieht und diese außerhalb des Arbeitsgerichtsbezirkes liegt, in dem die Betriebsleitung ihren Sitz hat (ErfK/*Eisemann* ArbGG § 82 Rn. 2). Besteht Streit in Fällen des § 18 Abs. 2 BetrVG oder des § 6 Abs. 2 und 3 BPersVG, ob ein Nebenbetrieb oder Betriebsteil, eine Nebenstelle oder Teil einer Dienststelle ein selbständiger Betrieb bzw. eine selbständige Dienststelle ist, oder ob mehrere Betriebe einen Betrieb bilden, so kann, wenn die einzelnen Einheiten in verschiedenen Gerichtsbezirken liegen, die Zuständigkeit mehrerer Arbeitsgerichte oder Verwaltungsgerichte in Betracht kommen. Darauf abzustellen, welche dieser Einheiten der eigentliche Betrieb oder die eigentliche Dienststelle ist, würde bedeuten, dass die sachliche Entscheidung des Streits für die Prüfung der örtlichen Zuständigkeit vorweggenommen werden müsste. In einem solchen Falle kann daher der **Antragsteller wählen,** bei welchem der an sich zuständigen Gerichte er den Rechtsstreit anhängig machen will (s. auch oben Rn. 2; Schwab/Weth/*Weth* § 81 Rn. 11; a. A. GK-ArbGG/*Dörner* § 82 Rn. 5b, der darauf abstellt, welche Einheit nach dem schlüssigen Vortrag des Antragstellers der Betrieb ist).

9 Macht der **Gesamtbetriebsrat** nach § 50 Abs. 2 BetrVG die Angelegenheit eines Betriebsrates gerichtlich geltend, so handelt es sich nicht um eine Angelegenheit des

Gesamtbetriebsrates im Sinne von Satz 2 sondern um eine solche des Betriebes, so dass das Arbeitsgericht örtlich zuständig ist, in dessen Bezirk der Betrieb liegt, für dessen Betriebsrat der Gesamtbetriebsrat handelt. Geht es um eine Angelegenheit, in der eine nachgeordnete Dienststelle zur Entscheidung befugt ist, so ist das Verwaltungsgericht, in dessen Bezirk diese Dienststelle liegt, auch dann zuständig, wenn der Streit zwischen einer übergeordneten Dienststelle und der bei dieser gebildeten Stufenvertretung ausgetragen wird (a. A. *Dietz/Richardi* BPersVG § 83 Rn. 59).

Für die nach § 3 BetrVG möglichen anderen betrieblichen Organisationseinheiten, die nach § 3 Abs. 5 BetrVG als Betrieb gelten, muss für die örtliche Zuständigkeit darauf abgestellt werden, ob sie das gesamte Unternehmen (oder den gesamten Konzern) erfassen – dann Zuständigkeit am Sitz des Unternehmens – oder dezentrale Einheiten darstellen – dann Zuständigkeit am Sitz dieser Einheit – (s. näher GK-ArbGG/*Dörner* § 82 Rn. 13 a ff.). 10

III. Zuständigkeit am Sitz des Unternehmens

In einer Vielzahl von Rechtsstreitigkeiten ist das Arbeitsgericht örtlich zuständig, in dessen Bezirk das **Unternehmen seinen Sitz** hat. Der Sitz des Unternehmens bestimmt sich nach § 17 ZPO. Dieser ist danach entweder satzungsmäßig bestimmt oder ist mangels einer solchen Bestimmung der Ort, an dem die Verwaltung geführt wird. Damit ist die Zuständigkeit eindeutig bestimmt (GK-ArbGG/*Dörner* § 82 Rn. 8). Ein **ausländisches Unternehmen** hat seinen Sitz da, wo im Inland die zentrale Leitung der inländischen Betätigung liegt (BAG 31. 10. 1975 AP BetrVG 1972 § 106 Nr. 2; Schwab/Weth/ *Weth* § 81 Rn. 15). 11

1. Betriebsverfassungsrechtliche und personalvertretungsrechtliche Streitigkeiten

In betriebsverfassungsrechtlichen Angelegenheiten bestimmt sich die örtliche Zuständigkeit des Arbeitsgerichts nach dem Sitz des Unternehmens dann, wenn es sich um **Angelegenheiten des Gesamtbetriebsrates** des Konzernbetriebsrates, der Gesamtjugend- und Auszubildendenvertretung, des Unternehmens-, Gesamt- oder Konzernsprecherausschusses oder des Wirtschaftsausschusses handelt. Es müssen Angelegenheiten sein, die die originäre Zuständigkeit des Gesamtbetriebsrates oder des Konzernbetriebsrates betreffen nicht aber nur Zuständigkeiten, die ihnen von einem oder mehreren Betriebsräten nach § 50 Abs. 2 bzw. § 58 Abs. 2 BetrVG übertragen worden sind. Auch bei einer Übertragung bleiben es Angelegenheiten der einzelnen Betriebsräte, die vor den für den jeweiligen Betrieb zuständigen Arbeitsgerichten anhängig zu machen sind. Auch wenn alle Betriebsräte bzw. Gesamtbetriebsräte den Gesamtbetriebsrat bzw. Konzernbetriebsrat mit der Wahrnehmung derselben Aufgabe betraut haben, bleibt die örtliche Zuständigkeit des Arbeitsgerichts am Sitz der einzelnen Betriebsräte erhalten (GK-ArbGG/ *Dörner* § 82 Rn. 12 ErfK/*Eisemann* § 82 Nr. 2). Eine Angelegenheit des Gesamtbetriebsrats ist es, wenn ein Betriebsrat die Wirksamkeit einer vom Gesamtbetriebsrat abgeschlossenen Betriebsvereinbarung anficht (BAG 19. 6. 1986 AP ArbGG 1979 § 82 Nr. 1). 12

Für das Beschlussverfahren vor den Verwaltungsgerichten hat Satz 2 allenfalls Bedeutung für den nach § 55 zu bildenden Gesamtpersonalrat, sofern sich die Nebenstellen und Teile einer Dienststelle über die Bezirke mehrerer Verwaltungsgerichte verteilen. Für **Angelegenheiten der Stufenvertretung** richtet sich die örtliche Zuständigkeit der Verwaltungsgerichte nach dem Sitz der Dienststelle, bei der die Stufenvertretung errichtet ist. 13

2. Mitbestimmungsrechtliche Streitigkeiten

14 Soweit es im Beschlussverfahren um die **Wahl von Arbeitnehmervertretern** in den Aufsichtsrat eines Unternehmens geht (s. dazu § 2a Rn. 64 ff.), ist stets das Arbeitsgericht örtlich zuständig, in dessen Bezirk das **Unternehmen seinen Sitz** hat, in dessen Aufsichtsrat Arbeitnehmervertreter zu wählen sind. Das gilt nicht nur für die Anfechtung der Wahl selbst, sondern auch für alle Rechtsstreitigkeiten im Zusammenhang mit der Wahl. Das gilt auch, wenn lediglich die Wahl der Delegierten in einem Betrieb nach § 21 MitbestG angefochten wird (*Hanau/Ulmer* § 21 Rn. 4; *Matthes* MitbestG § 21 Rn. 64). Werden die Arbeitnehmervertreter zum Aufsichtsrat sowohl des herrschenden Unternehmens als auch eines abhängigen Unternehmens gleichzeitig gewählt, so kommt es darauf an, ob die Rechtsstreitigkeit die Wahl im herrschenden oder im abhängigen Unternehmen betrifft. Betrifft sie beide Wahlen, etwa die Wahl der Delegierten mit Mehrfachmandat, so ist das Arbeitsgericht örtlich zuständig, in dessen Bezirk der Sitz des herrschenden Unternehmens liegt.

3. Streitigkeiten um den Europäischen Betriebsrat

15 Streitigkeiten aus dem Gesetz über den Europäischen Betriebsrat sind grundsätzlich vor dem Arbeitsgericht auszutragen, in dessen Bezirk das Unternehmen bzw. herrschende Unternehmen seinen Sitz hat. Der Sitz des Unternehmens muss im Inland liegen, da es sonst schon an der internationalen Zuständigkeit der deutschen Arbeitsgerichte fehlen würde (GK-ArbGG/*Dörner* § 82 Rn. 15). Für diesen Fall stellt § 2 Abs. 2 EBRG auf die im Inland gelegene zentrale Leitung, das zum Vertreter bestimmte Unternehmen oder den dazu bestimmte Betrieb sowie letztlich auf den größten im Inland liegende Betrieb des Unternehmens oder der Unternehmensgruppe ab, umso auch die internationale Zuständigkeit der Arbeitsgerichte zu begründen.

16 Ist die grenzüberschreitende Unterrichtung und Anhörung der Arbeitnehmer vor dem 22. 9. 1996 in einer Vereinbarung geregelt worden, so ist für Streitigkeiten aus dieser Vereinbarung oder über deren Fortgeltung oder Gültigkeit das Arbeitsgericht zuständig, in dessen Bezirk das Unternehmen seinen Sitz hat, das die Vereinbarung abgeschlossen hat.

17 Werden Ansprüche der Mitglieder eines Europäischen Betriebsrats nach § 40 ERBG i. V. m. § 37 Abs. 1 bis 5 BetrVG geltend gemacht, die sich in der Regel gegen den eigenen Arbeitgeber richten werden, wie etwa ein Anspruch auf bezahlte Freistellung für Tätigkeiten im Europäischen Betriebsrat, verbleibt es bei der Zuständigkeit des Arbeitsgerichts, das auch sonst für Rechtsstreitigkeiten mit dem Arbeitgeber im Urteils- oder Beschlussverfahren zuständig ist. Das gilt erst Recht für Rechtsstreitigkeiten um die Kündigung solcher Arbeitnehmer nach § 103 BetrVG oder § 15 KSchG.

4. Angelegenheiten der Europäischen Gesellschaft und Genossenschaft

18 Die neuen Abs. 3 und 4 begründen die örtliche Zuständigkeit der Arbeitsgerichte auch für die in § 2a Abs. 1 Nr. 3 d bis f genannten Angelegenheiten aus den Beteiligungsgesetzen für die genannten Gesellschaften. In Betracht kommen Streitigkeiten anlässlich der Wahl des besonderen Verhandlungsgremiums oder des SE- oder SCE-Betriebsrats oder um deren Beteiligungsrechte, sowie Streitigkeiten anlässlich der Wahl oder der Abberufung der Arbeitnehmervertreter im Aufsichtsrat oder Verwaltungsgremium dieser Gesellschaften.

19 Örtlich zuständig ist das Arbeitsgericht, in dessen Bezirk der Sitz der Gesellschaft liegt. Dieser muss in der Satzung – auch der erst zu gründenden – Gesellschaft bestimmt werden, lässt sich also leicht feststellen. Der Sitz muss im Inland liegen, da es sonst an der internationalen Zuständigkeit der deutschen Gerichte fehlt.

IV. Zuständigkeiten für sonstige Angelegenheiten

§ 82 regelt nicht diejenigen Fälle, in denen das Beschlussverfahren nicht einen Betrieb oder ein Unternehmen betrifft. Das gilt insbesondere für Streitigkeiten um die **Tariffähigkeit** oder **Tarifzuständigkeit** einer Vereinigung im Sinne von § 2 a Abs. 1 Nr. 3 (s. § 2 a Rn. 65 ff.). Für solche Verfahren ist nach herrschender Meinung das Arbeitsgericht örtlich zuständig, in dessen Bezirk die Vereinigung ihren Sitz hat, deren Tariffähigkeit oder Tarifzuständigkeit umstritten ist. Ob diese Vereinigung als Antragsteller auftritt oder nur Beteiligte in einem von einem Anderen anhängig gemachten Verfahren ist, ist ohne Bedeutung (GK-ArbGG/*Dörner* § 82 Rn. 18; Schwab/Weth/*Weth* § 81 Rn. 21; ErfK/*Eisemann* ArbGG § 82 Rn. 3; *Hauck/Helml* § 82 Rn. 6; MünchArbR/*Brehm* § 389 Rn. 82). 20

In Streitigkeiten über die **Anerkennung einer Schulungsveranstaltung** als geeignet nach § 37 Abs. 7 BetrVG ist das Arbeitsgericht örtlich zuständig, in dessen Bezirk die für die Anerkennung zuständige Behörde ihren Sitz hat. Zuständig ist die oberste Arbeitsbehörde des Landes, in dem der Träger der Schulungsveranstaltung seinen Sitz hat (GK-ArbGG/*Dörner* § 82 Rn. 20; ErfK/*Eisemann* ArbGG § 82 Rn. 3). 21

Für Beschlussverfahren in Angelegenheiten der **Schwerbehindertenvertretung** und des **Werkstattrates** gilt für die Zuständigkeit das Gleiche wie für den Betriebsrat (GK-ArbGG/*Dörner* § 82 Rn. 19). 22

Die Interessenvertretung der Auszubildenden nach § 51 BBiG ist stets nur auf betrieblicher Ebene zu bilden. Für auf diese bezogene Streitigkeiten ist daher das Arbeitsgericht örtlich zuständig, in dessen Bezirk der Ausbildungsbetrieb liegt (GK-ArbGG/*Dörner* § 82 Rn. 21). 23

§ 83 Verfahren

(1) ¹Das Gericht erforscht den Sachverhalt im Rahmen der gestellten Anträge von Amts wegen. ²Die am Verfahren Beteiligten haben an der Aufklärung des Sachverhalts mitzuwirken.

(1 a) ¹Der Vorsitzende kann den Beteiligten eine Frist für ihr Vorbringen setzen. ²Nach Ablauf einer nach Satz 1 gesetzten Frist kann das Vorbringen zurückgewiesen werden, wenn nach der freien Überzeugung des Gerichts seine Zulassung die Erledigung des Beschlussverfahrens verzögern würde und der Beteiligte die Verspätung nicht genügend entschuldigt. ³Die Beteiligten sind über die Folgen der Versäumung einer nach Satz 1 gesetzten Frist zu belehren.

(2) Zur Aufklärung des Sachverhalts können Urkunden eingesehen, Auskünfte eingeholt, Zeugen, Sachverständige und Beteiligte vernommen und der Augenschein eingenommen werden.

(3) In dem Verfahren sind der Arbeitgeber, die Arbeitnehmer und die Stellen zu hören, die nach dem Betriebsverfassungsgesetz, dem Sprecherausschussgesetz, dem Mitbestimmungsgesetz, dem Mitbestimmungsergänzungsgesetz, dem Drittelbeteiligungsgesetz, den §§ 94, 95, 139 des Neunten Buches Sozialgesetzbuch, dem § 18 a des Berufsbildungsgesetzes und den zu diesen Gesetzen ergangenen Rechtsverordnungen sowie dem Gesetz über Europäische Betriebsräte, dem SE-Beteiligungsgesetz, dem SCE-Beteiligungsgesetz und dem Gesetz über die Mitbestimmung der Arbeitnehmer bei einer grenzüberschreitenden Verschmelzung im einzelnen Fall beteiligt sind.

(4) ¹Die Beteiligten können sich schriftlich äußern. ²Bleibt ein Beteiligter auf Ladung unentschuldigt aus, so ist der Pflicht zur Anhörung genügt; hierauf ist in der Ladung hinzuweisen. ³Mit Einverständnis der Beteiligten kann das Gericht ohne mündliche Verhandlung entscheiden.

§ 83

(5) Gegen Beschlüsse und Verfügungen des Arbeitsgerichts oder seines Vorsitzenden findet die Beschwerde nach Maßgabe des § 78 statt.

Übersicht

	Rn.
A. Allgemeines	1–5
B. Die Beteiligten des Beschlussverfahrens	6–81
I. Der Beteiligtenbegriff	6–16
1. Grundlagen	6–10
2. Die materiell Beteiligten	11–16
a) Der Antragsteller	11, 12
b) Die übrigen Beteiligten	13–16
II. Beteiligung kraft Gesetzes	17–25
1. Keine gewillkürte Beteiligung	17–22
2. Keine Beteiligung Dritter im Beschlussverfahren	23–25
III. Verfahrensfragen fehlerhafter Beteiligung	26–33
1. Nichtbeteiligung von Beteiligten	26–31
2. Beteiligung Nichtbeteiligter	32, 33
IV. Rechtsstellung der Beteiligten	34–36
V. Die möglichen Beteiligten im Einzelfall	37–81
1. Arbeitgeber, Unternehmer und Dienststellen	38–42
2. Arbeitnehmer, Beschäftigte, Beamte	43–48
3. Betriebsrat, Personalrat, Sprecherausschuss	49–54
4. Gesamtbetriebsrat, Konzernbetriebsrat, Gesamtsprecherausschuss	55–57
5. Jugend und Auszubildendenvertretung	58, 59
6. Organmitglieder	60–64
7. Wirtschaftsausschuss	65
8. Einigungsstelle	66, 67
9. Wahlvorstand	68, 69
10. Aufsichtsrat	70, 71
11. Gewerkschaften	72–76
12. Arbeitgeberverband	77
13. Oberbundesanwalt	78, 79
14. Sonstige Beteiligte	80, 81
C. Der Untersuchungsgrundsatz	82–103
I. Aufklärung des Sachverhalts	82–94
1. Allgemeines	82
2. Umfang der Aufklärungspflicht	83–91
a) Im Rahmen der gestellten Anträge	83–85
b) Mitwirkungspflicht der Beteiligten	86–91
3. Bedeutung des Untersuchungsgrundsatzes	92–94
II. Mittel zur Aufklärung des Sachverhaltes	95–103
1. Allgemeines	95–98
2. Beweisaufnahme	99–103
D. Die Anhörung der Beteiligten	104–115
I. Vorbereitung des Anhörungstermins	104
II. Anhörung vor der Kammer	105–115
1. Mündliche Anhörung	105–110
2. Schriftliche Äußerung	111
3. Ausbleiben eines Beteiligten	112–115
III. Schriftliches Verfahren	116
IV. Verfahrensfehler	117
E. Beschwerdeverfahren	118

A. Allgemeines

1 § 83 ist durch die Arbeitsgerichtsnovelle vom 23. 5. 1979 neu gefasst worden. Die Neufassung beinhaltete nicht nur redaktionelle Änderungen sondern enthielt zum Teil grundlegend neue, zum Teil auch klarstellende Vorschriften für das Beschlussverfahren in der ersten Instanz.

Neu war die Regelung des Absatzes 1, wonach das Gericht den Sachverhalt im 2
Rahmen der gestellten Anträge von Amts wegen erforscht und die am Verfahren Beteiligten an der Aufklärung des Sachverhaltes mitzuwirken haben. Damit wurde erstmals gesetzlich geregelt, dass im Beschlussverfahren im Gegensatz zum Urteilsverfahren der **Untersuchungsgrundsatz** gilt, wovon jedoch bislang schon die Rechtsprechung des Bundesarbeitsgerichts und die herrschende Meinung im Schrifttum ausgegangen waren (BAG 13. 3. 1973 AP BetrVG 1972 § 20 Nr. 1). Der Untersuchungsgrundsatz wird ergänzt durch die Verpflichtung der Beteiligten, an der Aufklärung des Sachverhaltes mitzuwirken. Diese Verpflichtung ist durch das Arbeitsgerichtsbeschleunigungsgesetz vom 30. 3. 2000 und durch das Zivilprozessreformgesetz vom 27. 7. 2001 in Abs. 1a dahin konkretisiert worden, dass den Beteiligten nunmehr Fristen für ihr Vorbringen gesetzt werden können, deren Versäumung zu Rechtsnachteilen führen kann (s. näher Rn. 91 ff.).

Absatz 2 nennt die Mittel, die zur Aufklärung des Sachverhaltes genutzt werden 3
können. Neu ist die Regelung, dass neben Zeugen und Sachverständigen auch die **Beteiligten vernommen** werden können.

Absatz 3 entspricht dem früheren Absatz 1 und schreibt vor, dass die Beteiligten zu 4
hören sind. Wer im Einzelfalle **Beteiligter** ist, wird in Absatz 3 selbst nicht abschließend geregelt (GK-ArbGG/*Dörner* § 83 Rn. 2). Die jeweils Beteiligten sollen sich vielmehr aus dem Betriebsverfassungsgesetz, dem Sprecherausschussgesetz, den Mitbestimmungsgesetzen, dem Drittelbeteiligungsgesetz, dem Neunten Buch Sozialgesetzbuch, dem Berufsbildungsgesetz – die Änderung des § 18a in § 51 wurde übersehen – aus dem Gesetz über Europäische Betriebsräte, dem SE-Beteiligungsgesetz und dem SCE-Beteiligungsgesetz und aus den zu diesen Gesetzen ergangenen Rechtsverordnungen, den Wahlordnungen, ergeben.

Für die zutreffende Durchführung des Beschlussverfahrens ist von wesentlicher Bedeu- 5
tung, wer im einzelnen Verfahren **Beteiligter** ist. Die Beteiligten haben an der Aufklärung des Sachverhalts mitzuwirken, die Beteiligten sind vor der Entscheidung zu hören und nur die Beteiligten können über das Verfahren und dessen Fortgang disponieren. Es bedarf daher zunächst einer **Darstellung des Beteiligtenbegriffes** und seiner Bedeutung für die Frage, wer Beteiligter in einem Beschlussverfahren ist.

B. Die Beteiligten des Beschlussverfahrens

I. Der Beteiligtenbegriff

1. Grundlagen

Das Arbeitsgerichtsgesetz bezeichnet die Subjekte eines Beschlussverfahrens einheitlich 6
mit dem Wort „Beteiligte". Überall da, wo Träger oder Adressaten verfahrensrechtlicher Rechte oder Pflichten benannt werden, ist von „Beteiligten" die Rede. Lediglich einmal in § 83a Abs. 3 S. 1 taucht der Begriff „**Antragsteller**" im Gegensatz zu den „übrigen Beteiligten" auf. Andere Bezeichnungen werden nicht verwendet, auch nicht der Begriff „**Antragsgegner**". Auch § 85 bezeichnet als „Schuldner" des Zwangsvollstreckungsverfahrens nicht den Antragsgegner, sondern den „nach dem Beschluss Verpflichteten".

Schon diese einheitliche konsequente Terminologie des Gesetzes zwingt zu der Annah- 7
me, dass das Beschlussverfahren nur einen **einheitlichen Beteiligtenbegriff** kennt und damit jede Differenzierung zwischen „notwendigen" Beteiligten und „sonstigen oder anderen" Beteiligten, denen jeweils unterschiedliche Rechte und Pflichten im Verfahren zukommen, verbietet (GK-ArbGG/*Dörner* § 83 Rn. 8; ErfK/*Eisemann* ArbGG § 83 Rn. 6; *Hauck/Helml* § 83 Rn. 11; ArbGV/*Koch* § 83 Rn. 15; a. A. Schwab/Weth/*Weth* § 83 Rn. 38 ff., der zwischen formell und materiell Beteiligten unterscheidet).

8 § 83 Abs. 3 bestimmt nicht selbst, wer Beteiligter des jeweiligen Verfahrens ist. Diese Vorschrift ordnet lediglich an, dass die hier genannten **Personen und Stellen im Verfahren zu hören sind**. Eine erste Antwort auf die Frage, wer Beteiligter des Beschlussverfahrens ist, gibt jedenfalls seinem Wortlaut nach lediglich § 10 2. Halbs. Danach sind – in den Fällen des § 2a Abs. 1 Nr. 1 bis 3e – „Beteiligte" die nach den dort genannten Gesetzen und Verordnungen „beteiligten Personen und Stellen". Auch wenn die Definition **„Beteiligte sind die beteiligten Personen und Stellen"** wenig geglückt erscheint, wird aus der in ihr enthaltenen Verweisung auf die genannten Rechtsvorschriften deutlich, dass sich nach eben diesen Rechtsvorschriften, also nach materiellem Recht, bestimmt, welche Personen und Stellen Beteiligte des jeweiligen Beschlussverfahrens sind.

9 Allerdings enthält § 10 2. Halbs. **keine vollständige Aufzählung** derjenigen Rechtsvorschriften, nach denen sich im Beschlussverfahren bestimmt, wer Beteiligter des einzelnen Verfahrens ist. Für das Beschlussverfahren in personalvertretungsrechtlichen Streitigkeiten bestimmen sich die **Beteiligten nach den Personalvertretungsgesetzen** und den dazu erlassenen Rechtsverordnungen. Darüber hinaus gibt es weitere Rechtsvorschriften betriebsverfassungsrechtlichen Inhaltes, die also „Angelegenheiten aus dem BetrVG" im Sinne von § 2a Abs. 1 Nr. 1 regeln (vergl. § 10 Rn. 24ff.), nach denen sich dann bestimmt, wer Beteiligter in Streitigkeiten über diese Angelegenheiten ist.

10 Die in § 10 2. Halbs. ausdrücklich oder sinngemäß in Bezug genommenen Rechtsvorschriften enthalten jedoch nur in Ausnahmefällen eine **ausdrückliche Bestimmung darüber, wer Beteiligter** in einem bestimmten Beschlussverfahren ist. Es sind dies etwa die §§ 78a Abs. 4 und 103 Abs. 2 BetrVG sowie 9 Abs. 4 und 47 Abs. 1 BPersVG. Fehlt es an einer solchen ausdrücklichen Vorschrift, muss anhand der jeweiligen, das streitige Rechtsverhältnis regelnden Vorschriften im Sinne von § 2a Abs. 1 Nr. 1 bis 3 festgestellt werden, welche Personen und Stellen an diesem Rechtsverhältnis beteiligt sind.

2. Die materiell Beteiligten

a) Der Antragsteller

11 Schon § 83a Abs. 3 S. 1 weist aus, dass der Antragsteller eines Beschlussverfahrens **stets Beteiligter** dieses Verfahrens im Sinne der Vorschriften über das Beschlussverfahren ist. Der Antragsteller wird hier den „übrigen Beteiligten" gegenübergestellt. Jedes Beschlussverfahren setzt einen Antrag und damit einen Antragsteller voraus, § 81 Abs. 1. Erst der vom Antragsteller gestellte Antrag umschreibt den Streitgegenstand und damit den einzelnen Fall, der die Grundlage für die Feststellung bietet, welche Stellen und Personen nach materiellem Recht an diesem Streitgegenstand beteiligt sind. Für den Antragsteller ist daher nicht wie für die übrigen Beteiligten erforderlich, dass er durch die begehrte Entscheidung in seiner betriebsverfassungsrechtlichen, personalvertretungsrechtlichen oder mitbestimmungsrechtlichen Position unmittelbar betroffen werden kann (s. dazu unten Rn. 13). Für ihn genügt die in dem Antrag liegende Behauptung einer solchen Position. Ob ihm diese Position zusteht, ist eine Frage seiner Antragsbefugnis (s. § 81 Rn. 52ff.) oder der Begründetheit seines Antrages, nicht aber einer Frage seiner Stellung als Beteiligter des durch seinen Antrag eingeleiteten Verfahrens (BAG 27.1.1981 AP ArbGG 1979 § 83 Nr. 2; 30.10.1986 AP BetrVG 1972 § 47 Nr. 6; GK-ArbGG/*Dörner* § 83 Rn. 22; *Hauck/Helml* § 83 Rn. 8; Schwab/Weth/*Weth* § 83 Rn. 40). Der Antragsteller hat die gleichen Rechte und Pflichten im Verfahren wie jeder Beteiligte und diejenigen zusätzlichen Rechte, die ihm als Antragsteller ausdrücklich eingeräumt werden, so das **Recht zur Antragsrücknahme und Antragsänderung**, § 81 Abs. 2 und 3, und das Recht, das **Verfahren** mit den in § 83a Abs. 3 genannten Folgen einseitig **für erledigt zu erklären**.

12 Antragsteller in diesem Sinne ist nur, wer einen **eigenen Sachantrag** stellt. Die Stellung lediglich eines **Abweisungsantrages** reicht nicht aus (BAG 13.3.1984 AP ArbGG 1979 § 83 Nr. 9). Darüber, dass es in einem Beschlussverfahren eine Mehrheit von Antragstellern geben kann, s. § 81 Rn. 47 ff. Antragsteller und damit Beteiligter des Beschlussverfahrens in diesem Sinne ist auch derjenige, der in Prozessstandschaft einen Antrag stellt (s. § 81 Rn. 61).

b) Die übrigen Beteiligten

Wer neben dem Antragsteller Beteiligter des durch den Antrag eingeleiteten und in **13** seinem Streitgegenstand bestimmten Verfahren ist, bestimmt sich nach materiellem Betriebsverfassungs-, Personalvertretungs- oder Mitbestimmungsrecht (s. oben Rn. 8). Es kommt darauf an, welche **Person oder Stelle** durch die vom Antragsteller begehrte Entscheidung, und sei es auch nur über den Hilfsantrag (BAG 12. 10. 1976 AP BetrVG 1972 § 8 Nr. 1), **in ihrer betriebsverfassungsrechtlichen, personalvertretungsrechtlichen oder mitbestimmungsrechtlichen Rechtsstellung unmittelbar betroffen wird** (BAG 13. 3. 1984 AP ArbGG 1979 § 83 Nr. 9; 29. 8. 1985 AP ArbGG 1979 § 83 Nr. 13; 19. 9. 1985 AP BetrVG 1972 § 19 Nr. 12; 25. 9. 1986 AP BetrVG 1972 § 1 Nr. 7; 28. 3. 2006 AP BetrVG 1972 § 87 Lohngestaltung Nr. 128; BVerwG 25. 7. 1979 AP BPersVG § 44 Nr. 1; 27. 7. 1979 Buchholz 138.3 A § 77 Nr. 3; GK-ArbGG/*Dörner* § 83 Rn. 30; ErfK/ *Eisemann* ArbGG § 83 Rn. 6; BCF/*Friedrich* ArbGG § 83 Rn. 2; ArbGV/*Koch* § 83 Rn. 15; ähnlich Schwab/Weth/*Weth* § 83 Rn. 57). Da die materielle Betroffenheit einer Person oder Stelle sich im Laufe des Verfahrens ändern kann, kann auch ein **Wechsel in der Person oder Stelle als Beteiligte** eintreten, der ebenfalls in jeder Lage des Verfahrens von Amts wegen zu beachten ist (BAG 28. 8. 1988 AP BetrVG 1972 § 99 Nr. 55; 18. 10. 1988 AP ArbGG 1979 § 81 Nr. 10). Dass bloße rechtliche Interessen einer Person oder Stelle oder die individualrechtliche Rechtsposition einer Person durch die Entscheidung berührt werden, genügt nicht, um die Stellung der Person oder Stelle als Beteiligter zu begründen (GK-ArbGG/*Dörner* § 83 Rn. 44). Eine gesetzlich eingeräumte **Antragsbefugnis** macht für sich allein noch nicht zum Beteiligten, wenn von dieser kein Gebrauch gemacht wird (BAG 19. 9. 1985 AP BetrVG 1972 § 19 Nr. 12; s. Rn. 76). Wegen der Einzelheiten siehe die Darstellungen zu den einzelnen möglichen Beteiligten (s. Rn. 37 ff.).

Durch die begehrte Entscheidung in ihren Rechten betroffen wird stets diejenige **14** Person oder Stelle, der gegenüber vom Antragsteller ein Recht geltend gemacht wird, sei es, dass eine Leistung begehrt wird oder ein Recht oder Rechtsverhältnis zwischen Antragsteller und dieser Person oder Stelle festgestellt werden soll. Diese Person oder Stelle, der gegenüber Rechtsschutz begehrt wird, wird in der arbeitsgerichtlichen Rechtsprechung und arbeitsrechtlichen Literatur regelmäßig als „Antragsgegner" bezeichnet. Das ist unschädlich, führt aber zu Verwirrungen. Das Beschlussverfahren **kennt den Begriff des Antragsgegner nicht** (BAG 20. 7. 1982 AP BetrVG 1952 § 76 Nr. 26; GK-ArbGG/*Dörner* § 83 Rn. 35). Auch diejenige Person oder Stelle, gegen die Rechtsschutz in oben dargelegtem Sinne begehrt wird, ist Beteiligter des Beschlussverfahrens wie jede sonstige Person oder Stelle, die durch die begehrte Entscheidung in ihrer betriebsverfassungsrechtlichen oder gleichgestellten Rechtsposition betroffen werden kann. Nur diese Betroffenheit macht zum Beteiligten, nicht aber die bloße Bezeichnung einer Person oder Stelle in der Antragsschrift als Antragsgegner. Die Benennung eines Antragsgegners in der Antragsschrift ist daher einmal nicht erforderlich (s. § 81 Rn. 11), zum anderen ohne rechtliche Bedeutung. Sie verleiht der so bezeichneten Person oder Stelle keine besonderen prozessualen Rechte (GK-ArbGG/*Dörner* § 83 Rn. 36). Allerdings ist eine Stelle, gegen die Rechtsschutz begehrt wird, auch dann Beteiligte des Beschlussverfahrens, wenn sie nicht beteiligtenfähig im Sinne von § 10 ist (BAG 19. 11. 1985 AP TVG § 2 Tarifzuständigkeit Nr. 4). Abgesehen von den Fällen, in denen unmittelbar gegen eine Person oder Stelle Rechtsschutz begehrt wird, braucht in einem Beschlussverfahren zwischen den Beteiligten keine Gegensätzlichkeit gegeben zu sein.

Auch in einem Wahlanfechtungsverfahren sind daher die gewählten Organmitglieder **15** oder das Organ, dessen Wahl angefochten wird, nicht Antragsgegner in diesem Sinne gleichwohl aber Beteiligte des Verfahrens (BAG 20. 7. 1982 AP BetrVG 1952 § 76 Nr. 26). Beteiligte eines Beschlussverfahrens sind, weil von der Entscheidung betroffen, stets die Parteien oder Beteiligten eines Urteils- oder Beschlussverfahrens, das nach § 97 Abs. 5 bis zur Entscheidung dieses Verfahrens ausgesetzt worden ist (BAG 5. 3. 1974 AP BetrVG 1972 § 5 Nr. 1; s. auch § 97 Rn. 24 f.). Sind **mehrere Anträge** anhängig – objektive Antragshäufung –, so sind hinsichtlich eines jeden Antrages die Beteiligten zu bestimmen. Sie müssen nicht notwendig identisch sein (vergl. BAG 31. 1. 1989 AP ArbGG 1979 § 81 Nr. 12).

16 Das Beschlussverfahren kennt daher nur **Beteiligte mit gleicher Rechtsstellung,** von denen lediglich der Antragsteller hinsichtlich der Dispositionsbefugnis über den von ihm gestellten Antrag eine besonders ausgestaltete Rechtsstellung einnimmt. Dem entspricht es, dass es im personalvertretungsrechtlichen Beschlussverfahren vor den Gerichten der Verwaltungsgerichtsbarkeit im Rubrum einer Entscheidung nur zutreffend heißt: *„In dem Beschlussverfahren des ..., Antragstellers, mit den Beteiligten: ...".* Das in der Arbeitsgerichtsbarkeit übliche Rubrum: „In dem Beschlussverfahren des, ..., Antragstellers, gegen den, ..., Antragsgegner ..., Beteiligte: ..." entspricht nicht der gesetzlichen Regelung und führt lediglich zur Begriffsverwirrung.

II. Beteiligung kraft Gesetzes

1. Keine gewillkürte Beteiligung

17 Ergibt sich damit unmittelbar aus dem materiellen Betriebsverfassungs-, Personalvertretungs- oder Mitbestimmungsrecht, wer neben dem Antragsteller Beteiligter eines konkreten Beschlussverfahrens ist, so folgt daraus gleichzeitig, dass der **Erwerb dieser Rechtsstellung** eines Beteiligten am Verfahren weder von einer darauf gerichteten Handlung des Gerichts noch vom Willen oder einer Handlung des Beteiligten selbst abhängig ist (BAG 15. 11. 1963 AP TVG § 2 Nr. 14; BVerwG 25. 7. 1979 AP BPersVG § 44 Nr. 1; ErfK/*Eisemann* ArbGG § 83 Rn. 6; *Hauck/Helml* § 83 Rn. 10; Schwab/Weth/ *Weth* § 83 Rn. 51 a). Das Gericht hat vielmehr von Amts wegen die Beteiligten tatsächlich am Verfahren zu beteiligen, ihnen den Antrag zuzustellen (GK-ArbGG/*Dörner* § 83 Rn. 6 ff.; s. § 81 Rn. 71), sie zu hören (s. unten Rn. 104 ff.) und zum Gütetermin oder zum Termin vor der Kammer zu laden, und ihre das Verfahren betreffende Erklärungen, etwa zur Antragsänderung nach § 81 Abs. 3 oder zur Erklärung des Antragstellers, dass das Verfahren erledigt sei, § 83 a Abs. 3, einzuholen bzw. entgegenzunehmen und ihnen die Entscheidung zuzustellen (s. § 84 Rn. 18 f.). Wer jeweils **Beteiligter** ist, hat das Gericht **von Amts wegen zu ermitteln** (BAG 3. 4. 1979 AP BetrVG 1972 § 13 Nr. 1; 20. 7. 1982 AP BetrVG 1952 § 76 Nr. 26).

18 Das wird es im Verfahren nach § 126 InsO erforderlich machen, die Antragsschrift allen im Antrag namentlich benannten Arbeitnehmern zuzustellen und sie zur Erklärung darüber aufzufordern, ob sie mit der geplanten Kündigung oder Änderung der Arbeitsbedingungen einverstanden sind.

19 Dadurch, dass das Gericht eine materiell nicht beteiligte Person oder Stelle tatsächlich am Verfahren beteiligt und sie **als Beteiligte ansieht,** wird diese noch nicht zur Beteiligten des Verfahrens mit den daraus sich ergebenden Rechten und Pflichten (BAG 25. 8. 1981 AP ArbGG 1979 § 83 Nr. 2; BVerwG 26. 7. 1979 AP BPersVG § 75 Nr. 4).

20 Unterbleibt auf der anderen Seite die tatsächliche Beteiligung eines am Verfahren Beteiligten, so **verliert** dieser dadurch **nicht seine Beteiligtenstellung.** Er kann gleichwohl seine Beteiligtenrechte wahrnehmen, sich zum Verfahren äußern und insbesondere unter den allgemeinen Voraussetzungen gegen eine ergangene Entscheidung ein Rechtsmittel einlegen (BAG 19. 5. 1978 AP BetrVG 1972 § 43 Nr. 3; BVerwG 18. 9. 1970 PersV 1971, 60).

B. II. Beteiligung kraft Gesetzes   § 83

Daraus, dass sich die Stellung eines Beteiligten unmittelbar aus dem materiellen Recht ergibt, folgt weiter, dass keine Person oder Stelle sich durch **Selbstbeteiligung** zum Beteiligten eines Beschlussverfahrens machen kann, wenn sie es nicht schon kraft Gesetzes ist (GK-ArbGG/*Dörner* § 83 Rn. 50). Von daher ist es unzutreffend, wenn in Rechtsprechung und Literatur von einer **Beteiligten- oder Beteiligungsbefugnis** – auch der materiell Beteiligten – gesprochen wird. Die Beteiligtenstellung ist nicht Ausfluss der Wahrnehmung einer Befugnis, eines Rechtes, sich zu beteiligen, sondern ergibt sich unmittelbar aus dem Gesetz. Beteiligter eines Beschlussverfahrens kraft eigener Entschließung kann nur der Antragsteller durch Stellung eines Sachantrages werden. 21

Eine Ausnahme vom Verbot der **gewillkürten Beteiligtenstellung** enthält lediglich Abs. 9 des Unterzeichnungsprotokolls zu Art. 56 Abs. 9 des Zusatzabkommens zum NATO-Truppenstatut, wonach sich die Bundesrepublik im Namen einer Truppe oder eines zivilen Gefolges auf deren Antrag anstelle der beteiligten Dienststelle am Verfahren beteiligt und damit zum Beteiligten wird. 22

2. Keine Beteiligung Dritter im Beschlussverfahren

Die Vorschriften des Arbeitsgerichtsgesetzes über das Beschlussverfahren enthalten keine ausdrückliche Regelung der Frage, ob ein Dritter einem anhängigen **Verfahren zur Unterstützung** des Antragstellers oder eines anderen Beteiligten **beitreten kann**. Die Verweisung in § 80 Abs. 2 auf die Vorschriften des Urteilsverfahrens nehmen die dort über § 46 Abs. 2 anwendbaren Vorschriften der §§ 44 ff. ZPO nicht unmittelbar in Bezug. Die Verweisung in § 80 Abs. 2 auf das Urteilsverfahren ist jedoch nicht vollständig (s. § 80 Rn. 42 ff.). Von daher ist nicht schon nach § 80 Abs. 2 ausgeschlossen, dass auch im Beschlussverfahren die Vorschriften über die **Nebenintervention** und die **Streitverkündung** zur Anwendung kommen können. Ihre Anwendung kommt jedoch nur in Betracht, soweit sich aus den Vorschriften der §§ 81 ff. über das Beschlussverfahren nichts anderes ergibt. Das aber ist der Fall (LAG Frankfurt 24. 10. 1989 DB 1990, 2126). 23

Das Beschlussverfahren kennt als Subjekte des Verfahrens nur den Antragsteller und die übrigen Beteiligten (s. oben Rn. 7 ff.). Die Beteiligung von Personen und Stellen am konkreten Verfahren ergibt sich unmittelbar aus dem materiellen Recht und ist unabhängig davon, ob jemand sich selbst oder einen anderen am Verfahren beteiligen will. Eine Nebenintervention oder Streitverkündung **widerspricht diesem Beteiligtenbegriff** (GK-ArbGG/*Dörner* § 83 Rn. 54; ErfK/*Eisemann* ArbGG § 83 Rn. 8; a. A. Schwab/Weth/*Weth* § 83 Rn. 94 ff.). Sie führt dazu, dass Personen oder Stellen zu Subjekten eines Beschlussverfahrens werden, allein weil sie sich am Verfahren beteiligen wollen oder ein bereits Beteiligter ihre Beteiligung wünscht. 24

Für die Zulassung einer Nebenintervention oder Streitverkündung besteht im Beschlussverfahren auch kein Bedürfnis. Im Beschlussverfahren wird über betriebsverfassungsrechtliche, personalvertretungsrechtliche und mitbestimmungsrechtliche Angelegenheiten entschieden. Diejenigen Personen und Stellen, die durch diese Entscheidung unmittelbar in ihrer betriebsverfassungsrechtlichen oder gleichgestellten Rechtsstellung betroffen werden, sind ohnehin kraft Gesetzes Beteiligte des Verfahrens. Die Frage stellt sich daher vornehmlich für eine „Beteiligung" der im Betrieb vertretenen **Gewerkschaften** oder einzelner Arbeitnehmer, sei es, dass die Gewerkschaften ein organisations- oder ordnungspolitisches Interesse an einer bestimmten Entscheidung einer betriebsverfassungsrechtlichen Angelegenheit haben, sei es, dass **einzelne Arbeitnehmer** vom Ausgang eines Beschlussverfahrens – etwa über personelle Einzelmaßnahmen nach §§ 99 Abs. 4 oder 101 BetrVG – in ihrer individualrechtlichen Stellung mittelbar betroffen werden. Ein solches berechtigtes Interesse an der Entscheidung in einem anhängigen Beschlussverfahren nötigt jedoch nicht zur Zulassung einer Nebenintervention. Diese Interessen werden in ausreichendem Umfange auch dann gewahrt, wenn die 25 betreffenden Personen oder Stellen nicht Beteiligte des Verfahrens, wenn auch nur mit den Rechten eines Nebenintervenienten, werden können. Das Gericht hat den für die Entscheidung erheblichen Sachverhalt von Amts wegen zu erforschen (s. unten Rn. 85 ff.). Darauf, dass von einem Nebenintervenienten auch Angriffs- oder Verteidigungsmittel, Beweisanträge und tatsächliche Behauptungen vorgebracht werden können, kommt es daher nicht an. Darüber hinaus sind nach der hier vertretenen Auffassung (s. unten Rn. 45) auch diejenigen **Personen,** die als Nebenintervenienten infrage kommen, **zu hören,** ohne dass sie Beteiligte des Verfahrens sind. Soweit diesen Personen damit die Möglichkeit genommen wird, selbst Prozesshandlungen vorzunehmen insbesondere gegen eine Entscheidung ein Rechtsmittel einzulegen, rechtfertigt sich dies schon daraus, dass sie über betriebsverfassungsrechtliche Rechte, über die im Beschlussverfahren regelmäßig zu entscheiden ist, nicht selbst verfügen und daher auch nicht gegen den Willen des von ihnen unterstützten Beteiligten ein Rechtsmittel einlegen könnten.

III. Verfahrensfragen fehlerhafter Beteiligung

1. Nichtbeteiligung von Beteiligten

26 Werden Personen oder Stellen, die nach materiellem Recht Beteiligte des Verfahrens sind, vom Gericht nicht beteiligt, d. h. angehört und zum Verfahren zugezogen, so liegt darin ein **Verfahrensfehler** (BAG 20. 2. 1986 AP BetrVG 1972 § 63 Nr. 1). Dieser Fehler kann für die Zukunft jederzeit dadurch beseitigt werden, dass die betreffende Person oder Stelle künftig beteiligt wird. Eines förmlichen Antrages durch irgendeinen Beteiligten bedarf es dazu nicht (GK-ArbGG/*Dörner* § 83 Rn. 50; ErfK/*Eisemann* ArbGG § 83 Rn. 10; Schwab/Weth/*Weth* § 83 Rn. 100). Dem Beteiligten ist Gelegenheit zu geben, zum bisherigen Verfahren Stellung zu nehmen, wozu ihm die Antragsschrift und die schriftlichen Äußerungen der übrigen Beteiligten zuzuleiten sind.

27 Auch in der **Beschwerde- und Rechtsbeschwerdeinstanz** ist von Amts wegen zu prüfen, wer Beteiligter des Verfahrens ist, und sind auch diejenigen Beteiligten zu Verfahren hinzuziehen, die bislang nicht beteiligt wurden. Einer Rüge der Nichtbeteiligung bedarf es dazu nicht (BAG 3. 4. 1979 AP BetrVG 1972 § 40 Nr. 16).

28 Eine davon zu unterscheidende Frage ist, ob eine bereits **ergangene Entscheidung** wegen des Verfahrensfehlers der Nichtbeteiligung **aufzuheben** ist. Das **Landesarbeitsgericht** hat über eine Beschwerde ohnehin unter Beteiligung auch eines bislang nicht Beteiligten neu zu entscheiden (GK-ArbGG/*Dörner* § 83 Rn. 62). Eine Zurückweisung des Verfahrens an das Arbeitsgericht wegen der dort unterbliebenen Beteiligung ist nach § 91 Abs. 1 ausgeschlossen.

29 Die vor dem Landesarbeitsgericht unterbliebene Hinzuziehung eines Beteiligten kann in der Rechtsbeschwerdeinstanz vom **Bundesarbeitsgericht** anlässlich der sachlichen Überprüfung der angefochtenen Entscheidung **nur auf eine ordnungsgemäße Rüge hin** berücksichtigt werden (BAG 15. 8. 1978 AP BetrVG 1972 § 47 Nr. 3). Gleichgültig ist, welcher Beteiligter Rechtsbeschwerde eingelegt und diese Verfahrensrüge erhoben hat (BAG 20. 2. 1986 AP BetrVG 1972 § 63 Nr. 1). Legt der bislang nicht Beteiligte Rechtsbeschwerde ein (s. unten Rn. 33), so wird darin regelmäßig auch die Rüge dieses Verfahrensfehlers zu sehen sein.

30 Der ordnungsgemäß gerügte Verfahrensfehler führt zur **Aufhebung der Entscheidung** des Landesarbeitsgerichts und zur Zurückverweisung immer dann, wenn die Entscheidung auf diesem Verfahrensfehler beruht (s. § 96 Rn. 16 ff.). Das ist nur dann anzunehmen, wenn die Anhörung des bislang nicht Beteiligten zu einer weiteren Sachaufklärung und damit zu einer anderen Entscheidung hätte führen können, wofür jedenfalls dann nichts spricht, wenn der bislang nicht Beteiligte keinen weiteren Sachvortrag bringt

(BAG 19. 2. 1975 AP BetrVG 1972 § 5 Nr. 9; 29. 7. 1982 AP ArbGG 1979 § 83 Nr. 5; BVerwG 15. 5. 1991 AP BPersVG § 25 Nr. 2; *Weth* S. 224).

Der bislang nicht Beteiligte kann seine Beteiligung selbst jederzeit auch dadurch 31 geltend machen, dass er gegen eine ergangene Entscheidung das gegebene **Rechtsmittel einlegt** (BAG 30. 8. 1963 AP ArbGG 1953 § 88 Nr. 2; BVerwG 18. 9. 1970 Buchholz 238.37 § 84 Nr. 1; ErfK/*Eisemann* § 83 Nr. 10). In der Regel wird aber der nicht beteiligte Beteiligte von der Entscheidung mangels Zustellung nichts erfahren, so dass die Entscheidung nach § 66 Abs. 1 nach Ablauf von 6 Monaten rechtskräftig wird (BAG 16. 12. 2004 AP ArbGG 1979 § 66 Nr. 30). Dem Beteiligten bleibt dann nur die Wiederaufnahme des Verfahrens nach § 579 Abs. 1 Nr. 4 ZPO.

2. Beteiligung Nichtbeteiligter

Auch die Hinzuziehung von Personen und Stellen, die nicht Beteiligte des Verfahrens 32 sind, ist ein **Verfahrensfehler** (GK-ArbGG/*Dörner* § 83 Rn. 64; *Laux* S. 32). Der Fehler kann jederzeit dadurch behoben werden, dass künftig eine Beteiligung am Verfahren unterbleibt. Das gilt auch für die Rechtsmittelinstanzen (BAG 3. 12. 1985 AP BetrVG 1972 § 99 Nr. 31). Dass die Person oder Stelle in der Vorinstanz beteiligt worden ist, nötigt nicht zur weiteren Beteiligung auch in der Rechtsmittelinstanz. Einer förmlichen Entscheidung bedarf es nicht (Schwab/Weth/*Weth* § 83 Rn. 105), jedoch kann darüber, ob eine Person oder Stelle Beteiligte des Verfahrens ist, auch durch unselbständigen **Zwischenbeschluss** nach § 303 ZPO entschieden werden. Eine entsprechende Anwendung von § 71 ZPO kommt wegen der für jede Instanz bestehenden Pflicht, die Beteiligten von Amts wegen zu ermitteln und zu beteiligen, nicht in Betracht. Der bislang zu Unrecht Beteiligte scheidet vielmehr rein tatsächlich aus dem Verfahren aus, nachdem ihm Gelegenheit zur Äußerung gegeben worden ist (BAG 31. 5. 1983 AP BetrVG 1972 § 118 Nr. 27; GK-ArbGG/*Dörner* § 83 Rn. 65; *Weth* S. 217). Etwas anderes gilt nur dann, wenn der **zu Unrecht Beteiligte** gegen die ergangene Entscheidung ein **Rechtsmittel** eingelegt hat. Über die Zulässigkeit dieses Rechtsmittels muss förmlich entschieden werden (ErfK/*Eisemann* ArbGG § 83 Rn. 10). Für dieses Verfahren ist der nicht Beteiligte gewissermaßen Antragsteller der Instanz und daher insoweit Beteiligter. Er kann daher auch gegen eine Entscheidung, die sein Rechtsmittel als unzulässig verwirft, ein weiteres Rechtsmittel einlegen, soweit dieses an sich gegeben ist (GK-ArbGG/*Dörner* § 83 Rn. 66).

Die Beteiligung eines nicht Beteiligten durch das Landesarbeitsgericht kann vom 33 Bundesarbeitsgericht nur auf eine förmliche **Rüge dieses Verfahrensfehlers** hin geprüft werden. Eine Aufhebung der Entscheidung des Landesarbeitsgerichts wegen dieses Verfahrensfehlers wird regelmäßig nicht in Betracht kommen. Da der Sachverhalt von Amts wegen aufzuklären ist (s. unten Rn. 85 ff.), wird die Entscheidung regelmäßig nicht auf der Anhörung des nicht Beteiligten beruhen. Hat das Landesarbeitsgericht allein auf eine Beschwerde des nicht Beteiligten hin zu Unrecht in der Sache entschieden, so ist die Entscheidung des Landesarbeitsgerichts auch ohne Rüge aufzuheben und die Beschwerde als unzulässig zurückzuweisen, da die **Verfahrensfortsetzungsbedingungen** von Amts wegen zu prüfen sind (BVerwG 27. 7. 1979 PersVRE 1 § 75 Nr. 21; GK-ArbGG/*Dörner* § 83 Rn. 68).

IV. Rechtsstellung der Beteiligten

Kennt das Beschlussverfahren als Verfahrenssubjekte nur die nach materiellem Recht 34 Beteiligten, ohne zwischen diesen zu unterscheiden, so folgt daraus, dass alle Beteiligten im Verfahren die **gleichen Rechte und Pflichten** haben (GK-ArbGG/*Dörner* § 83 Rn. 22; wegen weiterreichender Rechte des Antragstellers s. Rn. 11).

35   Allen Beteiligten ist daher der Antrag zuzustellen (s. § 81 Rn. 71) von einer Antragsrücknahme und der Einstellung des Verfahrens sind sie zu unterrichten (s. § 81 Rn. 79). Eine Antragsänderung bedarf ihrer Zustimmung (s. § 81 Rn. 87). Alle Beteiligten sind im Verfahren von Amts wegen zu hören. Sie sind berechtigt, zum Verfahren in sachlicher und rechtlicher Hinsicht Stellung zu nehmen (s. Rn. 105 ff.). Sie haben ihrerseits an der Aufklärung des Sachverhaltes mitzuwirken (s. unten Rn. 86 ff.). Die Beteiligten können das Verfahren durch einen Vergleich beenden und das Verfahren für erledigt erklären § 83 a. Jeder Beteiligte kann selbst einen **Sachantrag stellen** und sich damit zum Antragsteller eines weiteren Verfahrens machen, das mit dem anhängigen Verfahren verbunden bleiben oder abgetrennt werden kann (s. § 81 Rn. 49). Sie können gegen eine Entscheidung das gegebene Rechtsmittel einlegen (s. § 89 Rn. 3 ff., § 94 Rn. 2 f.), das Betriebsratsmitglied im Verfahren nach § 103 Abs. 2 BetrVG auch dann, wenn der Betriebsrat die Entscheidung hinnimmt (BAG 10. 12. 1992 AP ArbGG 1979 § 87 Nr. 1). Die Rechtskraftwirkung einer Entscheidung erstreckt sich auf alle Beteiligten (GK-ArbGG/*Dörner* § 83 Rn. 24; s. § 84 Rn. 20 ff.). Sind Personen oder Stellen nur hinsichtlich eines von mehreren anhängigen Anträgen beteiligt (s. Rn. 16), so stehen ihnen diese Rechte auch nur hinsichtlich dieses Antrages zu (BAG 31. 1. 1989 AP ArbGG 1979 § 81 Nr. 12).

36   Die aus der Beteiligtenstellung folgenden Rechte und Pflichten der Beteiligten bestehen für die gesamte **Dauer des Verfahrens** unabhängig davon, ob der Beteiligte von seinen einzelnen Rechten Gebrauch macht, etwa sich zur Sache äußert. Ein **Verzicht** auf die Beteiligtenstellung ist nicht möglich (GK-ArbGG/*Dörner* § 83 Rn. 24). In der Rechtsmittelinstanz sind die Beteiligten daher auch dann zu beteiligen, wenn sie sich in der Vorinstanz nicht geäußert haben.

V. Die möglichen Beteiligten im Einzelfall

37   Es ist nicht möglich, für alle denkbaren betriebsverfassungsrechtlichen, personalvertretungsrechtlichen oder mitbestimmungsrechtlichen Streitigkeiten abschließend festzulegen, welche Personen oder Stellen jeweils im Einzelfall Beteiligte des Verfahrens sind. Im Folgenden kann daher nur zu denjenigen Fällen Stellung genommen werden, in denen die Beteiligung einzelner Personen oder Stellen problematisch erscheint oder die Rechtsprechung beschäftigt hat. Die Rechtsprechung zeigt keine einheitliche Linie. Die angeführten Entscheidungen können nur als Hinweis verstanden werden.

1. Arbeitgeber, Unternehmer und Dienststellen

38   Nach § 83 Abs. 3 sind in dem Verfahren der Arbeitgeber, die Arbeitnehmer und die Stellen zu hören, die nach materiellem Recht (s. oben Rn. 10 f.) beteiligt sind. Aus dieser Vorschrift entnimmt die herrschende Lehre und Rechtsprechung, dass der **Arbeitgeber** in jedem Beschlussverfahren Beteiligter ist (BAG 19. 2. 1975 AP BetrVG 1972 § 5 Nr. 10; BVerwG 27. 4. 1983 BVerwGE 67, 135; für die Dienststelle *Dietz/Richardi* BPersVG § 83, 43). Dabei wird übersehen, dass § 83 Abs. 3 nicht selbst regelt, wer im einzelnen Verfahren beteiligt ist, vielmehr nur vorschreibt, dass die dort genannten Personen im Verfahren zu hören sind. Nach § 83 Abs. 3 ist daher der **Arbeitgeber in jedem Verfahren zu hören,** da sich der Relativsatz lediglich auf die Arbeitnehmer und die genannten Stellen bezieht, der Arbeitgeber ist jedoch nicht in jedem Verfahren Beteiligter. Die Rechtsstellung eines Beteiligten mit den daraus sich ergebenden Rechten und Pflichten im Verfahren kommt ihm nur dann zu, wenn er durch die begehrte Entscheidung in seiner betriebsverfassungsrechtlichen oder mitbestimmungsrechtlichen Rechtsstellung unmittelbar betroffen wird (ErfK/*Eisemann* ArbGG § 83 Rn. 7). Für Streitigkeiten innerhalb der Betriebsverfassungsorgane trifft dies regelmäßig nicht zu (a. A. GK-

B. V. Die möglichen Beteiligten im Einzelfall **§ 83**

ArbGG/*Dörner* § 83 Rn. 71; *Hauck/Helml* § 83 Rn. 12; Schwab/Weth/*Weth* § 83 Rn. 60; ErfK/*Eisemann* § 83 Nr. 7 für die Anfechtung der Wahl des Betriebsratsvorsitzenden). Eine unmittelbare Betroffenheit des Arbeitgebers in seiner betriebsverfassungsrechtlichen oder mitbestimmungsrechtlichen Rechtsstellung wird zwar vielfach gegeben sein, insbesondere in allen Streitigkeiten, die das Rechtsverhältnis zwischen Arbeitgeber und Organen der Betriebsverfassung oder des Personalvertretungsrechtes betreffen, kann aber fehlen bei Streitigkeiten insbesondere innerhalb der einzelnen Organe oder zwischen einzelnen Organen der Betriebsverfassung.

So ist der Arbeitgeber Beteiligter in einem **Wahlanfechtungsverfahren** auch wenn er die Wahl nicht selbst angefochten hat (BAG 4. 12. 1986 AP BetrVG 1972 § 19 Nr. 13; GK-ArbGG/*Dörner* § 83 Rn. 72). Das gilt auch für eine Anfechtung der Wahl von Arbeitnehmervertretern im Aufsichtsrat. Bei einem Streit über die Entsendung von Mitgliedern des Konzernbetriebsrates durch den Gesamtbetriebsrat eines Konzernunternehmens sind sowohl das herrschende Unternehmen als auch das betreffende abhängige Unternehmen als Arbeitgeber Beteiligte des Verfahrens (BAG 29. 8. 1985 AP ArbGG 1979 § 83 Nr. 13). Da der Arbeitgeber auch Stelle sein kann, ist auch eine im Inland gelegene **Niederlassung** eines ausländischen Unternehmens oder eine Zweigniederlassung Beteiligte eines auf die Niederlassung bezogenen Verfahrens (BAG 11. 6. 2002 AP BetrVG 1972 § 99 Nr. 118; *Oetker* Anm. zu dieser Entscheidung). Nicht beteiligt ist der Arbeitgeber in einem Verfahren über die **Anerkennung einer Schulungsveranstaltung** als geeignet nach § 37 Abs. 7 BetrVG, auch wenn er auf bezahlte Freistellung eines Betriebsratsmitgliedes in Anspruch genommen wird (a. A. BAG 6. 4. 1976 AP BetrVG 1972 § 37 Nr. 23). Nach Eröffnung des Insolvenzverfahrens tritt der **Insolvenzverwalter** auch in die betriebsverfassungsrechtliche Stellung des Gemeinschuldners ein und kann daher ebenfalls als Arbeitgeber Beteiligter im Verfahren sein (BAG 17. 9. 1974 AP BetrVG 1972 § 113 Nr. 1). Geht der **Betrieb** im Laufe des Verfahrens auf einen **neuen Inhaber** über, so wird dieser als Arbeitgeber Beteiligter des anhängigen Verfahrens (BAG 28. 9. 1988 AP BetrVG 1972 § 99 Nr. 55; 5. 2. 1991 AP BGB § 613 a Nr. 89; BAG 12. 12. 2006 AP BetrVG 1972 § 1 Gemeinsamer Betrieb Nr. 27). **39**

Bei einem **gemeinsamen Betrieb mehrerer Unternehmen** wird regelmäßig die „gemeinsame Leitung" als Arbeitgeber zu beteiligen sein, wenn sich die Rechtsstreitigkeit auf den gemeinsamen Betrieb als solchen bezieht, wie etwa bei einer Arbeitszeitregelung (a. A. GK-ArbGG/*Dörner* § 83 Rn. 74; Schwab/Weth/*Weth* § 83 Rn. 61, alle am gemeinsamen Betrieb beteiligten Unternehmen). Besteht das streitige Mitbestimmungsrecht nur gegenüber einem einzelnen Arbeitnehmer, wie etwa bei einer Einstellung, ist Beteiligter nur der jeweilige Vertragsarbeitgeber (BAG 23. 9. 2003 AP BetrVG 1972 Eingruppierung Nr. 28). **40**

Im Personalvertretungsrecht tritt an die Stelle des Arbeitgebers die **Dienststelle**. Diese ist Beteiligte des Verfahrens, nicht aber der Rechtsträger, also die jeweilige Gebietskörperschaft oder Anstalt (BVerwG 26. 7. 1979 AP BPersVG § 75 Nr. 4). Beteiligt ist diejenige Dienststelle, die die streitige Maßnahme tatsächlich getroffen hat oder treffen will, unabhängig davon, ob sie für die Maßnahme rechtlich zuständig ist (BVerwG 14. 2. 1977 Buchholz 238.32 § 85 Nr. 1; 20. 6. 1986 DVBl. 1986, 971; 27. 7. 1979 PersVRE 1 § 75 Nr. 21; a. A. *Sabottig* PersR 85, 28, der die übergeordnete Dienststelle als Beteiligte ansieht, wenn diese die Maßnahme durch die nachgeordnete Dienststelle verfügt hat). Bei Streitigkeiten zwischen der **übergeordneten Dienststelle** und der bei ihr bestehenden **Stufenvertretung** im Laufe eines Mitbestimmungsverfahrens über mitbestimmungspflichtige Maßnahmen einer nachgeordneten Dienststelle sind auch diese und der dort bestehende Personalrat Beteiligte (vergl. *Dietz/Richardi* BPersVG § 83 Rn. 52). **41**

In betriebsvertretungsrechtlichen Streitigkeiten bei den **Stationierungsstreitkräften** ist Arbeitgeber ebenfalls die Dienststelle oder Behörde der Truppe oder des zivilen Gefolges und daher selbst Beteiligte im Beschlussverfahren (BAG 14. 4. 1988 AP BPersVG § 66 **42**

Nr. 1). Auf Antrag – besser auf Ersuchen – der Truppe oder des zivilen Gefolges beteiligt sich jedoch die Bundesrepublik im Namen der Dienststelle an dem Verfahren (UP Abs. 10 zu Art. 56 Abs. 9 ZA zum NATO-Truppenstatut). Das Hauptquartier der amerikanischen Streitkräfte hat am 9. 6. 1964 die Bundesrepublik allgemein beauftragt, sich für sie im Beschlussverfahren zu beteiligen. Der Bundesfinanzminister hat diese Ermächtigung an die Länder weitergegeben, die im Verfahren ihrerseits regelmäßig durch die Oberfinanzdirektion vertreten werden.

2. Arbeitnehmer, Beschäftigte, Beamte

43   Die Frage, wann einzelne **Arbeitnehmer oder Beschäftigte** Beteiligte eines Beschlussverfahrens sind, ist ebenso umstritten wie die Beteiligung des Arbeitgebers. Der Begriff des Arbeitnehmers ist dabei für das personalvertretungsrechtliche Beschlussverfahren vor den Verwaltungsgerichten weiter zu verstehen. Er umfasst alle Beschäftigten der Dienststelle also auch **Beamte** (BVerwG 10. 2. 1967 AP PersVG § 66 Nr. 9).

44   Nach der hier vertretenen Ansicht, wonach § 83 Abs. 3 nicht zu entnehmen ist, wer Beteiligter im jeweiligen Beschlussverfahren ist (s. oben Rn. 9 ff.), bestimmt sich auch die Beteiligung einzelner Arbeitnehmer **nach materiellem Recht**. Ein Arbeitnehmer ist daher nur dann am Beschlussverfahren beteiligt, wenn er durch die erbetene Entscheidung unmittelbar in seiner betriebsverfassungsrechtlichen, personalvertretungsrechtlichen oder mitbestimmungsrechtlichen Stellung betroffen werden kann (BAG 27. 5. 1982 AP ArbGG 1979 § 80 Nr. 3; BVerwG 13. 2. 1976 BVerwGE 50, 186, 193). Nach der ausdrücklichen Vorschrift in § 126 Abs. 2 InsO sind allerdings in dem hier geregelten **Kündigungsschutzverfahren** diejenigen Arbeitnehmer Beteiligte, die mit der Beendigung ihres Arbeitsverhältnisses nicht einverstanden sind, obwohl es nicht um ihre betriebsverfassungsrechtliche Rechtsstellung geht. Sie sind also nicht nur zu hören, haben vielmehr alle Rechte, die ein am Beschlussverfahren Beteiligter hat (s. Rn. 36 ff.). Sie sind insbesondere von Amts wegen zu beteiligen. Davon abgesehen, ordnet § 83 Abs. 3 für Arbeitnehmer nur an, dass sie im Verfahren zu **hören** sind. Allerdings bringt die Vorschrift auch bei diesem Verständnis keine abschließende Klarheit. Bezieht sich der Relativsatz „*die ... beteiligt sind*" nach seinem Wortlaut und grammatikalischer Auslegung nur auf die genannten Stellen, so bleibt offen, welche Arbeitnehmer im Verfahren zu hören sind. Versteht man darunter „die" Arbeitnehmer des Betriebes, wären jeweils alle Arbeitnehmer des Betriebes zu hören, was schon praktisch unmöglich ist und nicht gewollt sein kann. Soll § 83 Abs. 3 auch hinsichtlich der Arbeitnehmer einen Sinn haben, bleibt nur die Möglichkeit, den Relativsatz sinngemäß auch auf die Arbeitnehmer zu beziehen. Im Beschlussverfahren wären dann diejenigen **Arbeitnehmer anzuhören**, die durch die erbetene Entscheidung zwar nicht unmittelbar in ihrer betriebsverfassungsrechtlichen oder gleichgestellten Rechtsstellung betroffen werden können und daher **nicht schon Beteiligte** des Verfahrens sind, deren betriebsverfassungsrechtliche oder individualrechtliche Interessen jedoch durch die Entscheidung berührt werden. Das sind insbesondere diejenigen Arbeitnehmer, die von einer personellen Einzelmaßnahmen berührt werden, deren betriebsverfassungsrechtliche Zulässigkeit unter den Betriebspartnern im Streit ist (s. unten Rn. 48). Es können aber auch Arbeitnehmer sein, über deren aktives oder passives Wahlrecht, über deren Zugehörigkeit zu einer bestimmten Gruppe und ähnliche Fragen als Vorfrage in einem Wahlanfechtungsverfahren zu entscheiden ist. Ihre durch § 83 Abs. 3 gebotene Anhörung im Verfahren, die schon praktisch nur selten möglich sein wird, macht sie aber nicht zu Subjekten dieses Verfahrens, verschafft ihnen nicht die Rechtsstellung eines Beteiligten mit den daraus sich ergebenden Rechten und Pflichten (BAG 22. 3. 2000 AP AÜG § 14 Nr. 8).

45   **Beteiligter** eines Beschlussverfahrens ist der einzelne Arbeitnehmer zunächst immer dann, wenn er selbst **Antragsteller** des Verfahrens ist. Er ist auch dann Beteiligter, wenn er durch die erbetene Entscheidung unmittelbar in seiner betriebsverfassungsrechtlichen

B. V. Die möglichen Beteiligten im Einzelfall   § 83

Stellung betroffen wird. Das ist etwa der Fall, wenn darum gestritten wird, ob er leitender Angestellter ist (BAG 23. 1. 1986 AP BetrVG 1972 § 5 Nr. 31; GK-ArbGG/ Dörner § 83 Rn. 79; ErfK/*Eisemann* ArbGG § 83 Rn. 7; Schwab/Weth/*Weth* § 83 Rn. 64). Um seine betriebsverfassungsrechtliche Stellung geht es aber auch in Rechtsstreitigkeiten über sein aktives oder passives Wahlrecht oder über seine Eintragung in die Wählerliste, sofern diese Fragen selbst Gegenstand der erbetenen Entscheidung sind und darüber nicht nur als Vorfrage entschieden werden muss (a. A. ohne diese Einschränkung BAG 13. 7. 1955 AP BetrVG 1952 § 81 Nr. 2; 28. 4. 1964 AP BetrVG 1952 § 4 Nr. 3). In einem Verfahren über die Gültigkeit eines Wahlvorschlages ist der **Listenführer** Beteiligter des Verfahrens. Geht es um das aktive oder passive Wahlrecht einer bestimmten **Gruppe von Arbeitnehmern** insgesamt, so sind die einzelnen Angehörigen dieser Gruppe nicht Beteiligte (BAG 10. 2. 1981 AP BetrVG 1972 § 5 Nr. 25; GK-ArbGG/*Dörner* § 83 Rn. 86).

In Rechtsstreitigkeiten um die betriebsverfassungsrechtliche bzw. personalverfassungsrechtliche Zulässigkeit **personeller Einzelmaßnahmen** etwa nach den §§ 98 Abs. 5, 99 Abs. 4, 101 oder 104 BetrVG ist der betroffene Arbeitnehmer nicht Beteiligter (BAG 27. 5. 1982 AP ArbGG 1979 § 80 Nr. 3; 17. 5. 1983 AP BetrVG 1972 § 99 Nr. 18; 3. 12. 1985 AP BetrVG 1972 § 99 Nr. 31; BVerwG 13. 2. 1976 BVerwGE 50, 186; GK-ArbGG/*Dörner* § 83 Rn. 81; Schwab/Weth/*Weth* § 83 Rn. 63; ErfK/*Eisemann* § 83 Nr. 7; *Oetker* Anm. AP BetrVG 1972 § 99 Nr. 118). Dass der **Arbeitnehmer nicht Beteiligter** eines solchen Beschlussverfahrens, vielmehr nur anzuhören ist, folgt aus § 103 Abs. 2 BetrVG bzw. § 47 Abs. 1 BPersVG. Wenn hier ausdrücklich bestimmt wird, dass das von einer fristlosen Kündigung betroffene Betriebs- oder Personalratsmitglied im Zustimmungsersetzungsverfahren Beteiligter ist, so folgt daraus, dass der Gesetzgeber davon ausgeht, dass der von einer solchen personellen Maßnahme betroffene einfache Arbeitnehmer grundsätzlich nicht Beteiligter eines Beschlussverfahrens über diese Maßnahme ist.

46

Nicht beteiligt ist der Arbeitnehmer in einem Verfahren nach § 85 Abs. 2 BetrVG über die Berechtigung einer von ihm vorgebrachten **Beschwerde** (BAG 28. 6. 1984 AP BetrVG 1972 § 85 Nr. 1) oder in einem Verfahren über die Einsichtnahme des Betriebsrats in Gehaltslisten, der der Arbeitnehmer widersprochen hat (BAG 22. 11. 2005 AP BetrVG 1972 § 85 Nr. 2, GK-ArbGG/*Dörner* § 83 Rn. 80).

47

Zur Frage, wann Arbeitnehmer, die gleichzeitig Mitglieder eines betriebsverfassungsrechtlichen Organs sind, Beteiligte eines Beschlussverfahrens sind. s. unten Rn. 61 ff.

48

3. Betriebsrat, Personalrat, Sprecherausschuss

Weder § 10 noch § 83 Abs. 3 enthalten eine ausdrückliche Bestimmung darüber, dass der Betriebs- oder Personalrat oder der Sprecherausschuss in **allen** Beschlussverfahren in Angelegenheiten aus den Betriebsverfassungs- oder Personalvertretungsgesetzen oder dem Sprecherausschussgesetz zu beteiligen ist. Auch für den **Betriebs- bzw. Personalrat** oder den Sprecherausschuss gilt daher, dass dieser nur dann Beteiligter eines Beschlussverfahrens ist, wenn er durch die begehrte Entscheidung unmittelbar in seiner betriebsverfassungsrechtlichen bzw. personalvertretungsrechtlichen Stellung betroffen ist (BAG 28. 3. 2006 AP BetrVG 1972 § 87 Lohngestaltung Nr. 128; GK-ArbGG/*Dörner* § 83 Rn. 82). Das wird zwar in einer Vielzahl von Beschlussverfahren der Fall sein, doch sind auch Verfahren denkbar, in denen diese Stellen nicht Beteiligte sind.

49

Auch die **Arbeitsgruppe** nach § 28a BetrVG kann Beteiligte in einem Beschlussverfahren sein, etwa wenn es um ihre Beteiligungsrechte gegenüber dem Arbeitgeber oder dem Betriebsrat oder um die Wirksamkeit einer von ihr abgeschlossenen Vereinbarung mit dem Arbeitgeber geht.

50

Unmittelbar in seiner Rechtsstellung betroffen wird der Betriebs bzw. Personalrat oder der Sprecherausschuss zunächst in allen Verfahren, in denen es um seine **Wahl**, seine

51

Zusammensetzung oder seinen **Fortbestand** geht. Er ist daher Beteiligter, wenn auch nur die Wahl einzelner Mitglieder angefochten wird, wenn die Nichtwählbarkeit eines Mitgliedes festgestellt werden soll oder wenn es um den Ausschluss eines Mitgliedes oder um seine Auflösung selbst geht. Was für den Betriebsrat gilt, gilt auch für durch Tarifvertrag oder Betriebsvereinbarung nach § 3 BetrVG errichtete Betriebsvertretungen (vergl. BAG 5. 11. 1985 AP BetrVG 1972 § 117 Nr. 4). Der Betriebsrat als Organ ist auch Beteiligter in einem Verfahren über die **Befugnisse des Betriebsratsvorsitzenden** als Leiter der Betriebsversammlung (BAG 19. 5. 1978 AP BetrVG 1972 § 43 Nr. 3). Gleiches gilt für ein Beschlussverfahren über die wirksame **Errichtung des Gesamtbetriebsrates** oder des Gesamtsprecherausschusses oder die Anfechtung der Wahl der Jugend- und Auszubildendenvertretung (BAG 30. 10. 1986 AP BetrVG 1972 § 47 Nr. 6; 20. 2. 1986 AP BetrVG 1972 § 63 Nr. 1; 13. 3. 1991 AP BetrVG 1972 § 60 Nr. 2). Machen Mitglieder des Betriebsrates oder Personalrates Ansprüche auf Erstattung von **Kosten** geltend, die ihnen durch ihre Amtstätigkeit oder durch den Besuch von **Schulungsveranstaltungen** entstanden sind, so ist in diesen Verfahren auch der Betriebs bzw. Personalrat beteiligt (BAG 13. 7. 1977 AP ArbGG 1953 § 83 Nr. 8; 3. 4. 1979 AP BetrVG 1972 § 40 Nr. 16; BVerwG 22. 7. 1982 Buchholz 238.3 A § 46 Nr. 12; a. A. *Wiese* EzA § 37 BetrVG 1972 Nr. 17). Das gilt jedoch dann nicht, wenn die – abgetretenen – Kostenerstattungsansprüche von der Gewerkschaft geltend gemacht werden und über deren Berechtigung dem Grunde nach kein Streit besteht (BAG 15. 1. 1992 AP BetrVG 1972 § 40 Nr. 43; GK-ArbGG/*Dörner* § 83 Rn. 83). Nachdem den außerbetrieblichen **Beisitzern der Einigungsstelle** durch § 76 a BetrVG ein eigener Honoraranspruch gegen den Arbeitgeber zusteht, ist der Betriebsrat in einem Verfahren über diesen Honoraranspruch nicht mehr beteiligt (BAG 24. 2. 1992 AP BetrVG 1972 § 76 a Nr. 2).

52 Immer ist der Betriebsrat, Personalrat oder Sprecherausschuss Beteiligter in einem Verfahren, in dem es um das Bestehen und die Grenzen seiner **Beteiligungsrechte** gegenüber dem Arbeitgeber geht. Nur wenn der Betriebsrat mit der Wahrnehmung seiner Rechte nach § 50 Abs. 2 BetrVG den Gesamtbetriebsrat beauftragt hat, ist er in einem Verfahren um diese Rechte nicht selbst Beteiligter (vergl. auch BAG 10. 9. 1985 AP BetrVG 1972 § 117 Nr. 2), auch nicht in einem Verfahren um originäre Mitbestimmungsrechte des Gesamtbetriebsrats (BAG 28. 3. 2006 AP BetrVG § 87 Lohngestaltung Nr. 128). Beteiligt in einem solchen Verfahren um Beteiligungsrechte ist der *jeweilige Betriebsrat* (BAG 13. 7. 1977 AP ArbGG 1953 § 83 Nr. 8; LAG Hamm 4. 2. 1977 EzA § 23 BetrVG 1972 Nr. 5). Das gilt auch für Verfahren um Kostenerstattung früherer Betriebsratsmitglieder (BAG 3. 4. 1979 AP BetrVG 1972 § 13 Nr. 1). Geht das umstrittene Beteiligungsrecht im Laufe des Beschlussverfahrens auf ein anderes Organ über, so wird dieses Beteiligter des Verfahrens (BAG 18. 10. 1988 AP ArbGG 1979 § 81 Nr. 10). Soweit es um Beteiligungsrechte geht, die einem Betriebsrat auf Grund eines **Restmandates** auch über die Beendigung seiner Amtszeit hinaus zustehen, ist dieser Betriebsrat Beteiligter (vergl. BAG 16. 6. 1987 AP BetrVG 1972 § 111 Nr. 19).

53 In Verfahren auf Anfechtung der **Wahl** der Arbeitnehmervertreter **zum Aufsichtsrat** nach den verschiedenen mitbestimmungs- und Beteiligungsgesetzen ist jeweils geregelt, ob Betriebsräte, Gesamtbetriebsräte oder andere Vertretungsorgane der Arbeitnehmer zur Anfechtung berechtigt sind. Machen sie von ihrem Anfechtungsrecht Gebrauch, sind sie als Antragsteller naturgemäß Beteiligter des Verfahrens. Tun sie das nicht, sind sie in einem von einem anderen Anfechtungsberechtigten eingeleiteten Verfahren nicht zu beteiligten (BAG 19. 9. 1985 AP BetrVG 1972 § 19 Nr. 12 für eine anfechtungsberechtigte im Betrieb vertretene Gewerkschaft; s. auch BAG 25. 8. 1981 AP ArbGG 1979 § 83 Nr. 2).

54 Ob in personalvertretungsrechtlichen Beschlussverfahren der **Personalrat** der Dienststelle oder die **Stufenvertretung** zu beteiligen ist, hängt davon ab, ob das umstrittene Beteiligungsrecht dem Personalrat oder der Stufenvertretung zusteht. Ist unter den Voraussetzungen von § 82 Abs. 1 BPersVG die Stufenvertretung an der Maßnahme zu

beteiligen, so ist auch nur diese Beteiligte eines entsprechenden Beschlussverfahrens. Geht es hingegen um die Beteiligungsrechte des Personalrates selbst, so ist dieser ebenso wie die Dienststelle Beteiligter, auch wenn das Verfahren Streitigkeiten zwischen der Stufenvertretung und der vorgesetzten Dienststelle betrifft, die im Zuge des Stufenverfahrens entstanden sind (*Dietz/Richardi* BPersVG § 83 Rn. 52).

4. Gesamtbetriebsrat, Konzernbetriebsrat, Gesamtsprecherausschuss

Für die Beteiligung eines Gesamtbetriebsrates, Gesamtsprecherausschusses oder Konzernbetriebsrates gilt weitgehend das Gleiche wie für die Beteiligung des Betriebsrates selbst. So ist der Gesamtbetriebsrat Beteiligter in einem Verfahren, in dem es um die Rechtmäßigkeit seiner **Errichtung** geht (BAG 15. 8. 1978 AP BetrVG 1972 § 47 Nr. 3). Um seine betriebsverfassungsrechtliche Stellung geht es auch im Verfahren über die Wirksamkeit der Errichtung eines **Gesamtsprecherausschusses für leitende Angestellte**, so dass dieser in diesem Verfahren Beteiligter ist (so schon für freiwillig gebildete Sprecherausschüsse BAG 19. 2. 1975 AP BetrVG 1972 § 5 Nr. 10). In Streitigkeiten um Mitbestimmungsrecht des oder der Betriebsräte in den einzelnen Betrieben ist der Gesamtbetriebsrat nur dann Beteiligter, wenn er das streitige Mitbestimmungsrecht für sich selbst beansprucht. Ein eigenes Interesse daran, dass ein Mitbestimmungsrecht den örtlichen Betriebsräten zusteht, macht ihn in einem Verfahren über dieses Mitbestimmungsrecht nicht zum Beteiligten (BAG 13. 3. 1984 AP ArbGG 1979 § 83 Nr. 9). Er ist auch nicht Beteiligter in einem Verfahren über die Wirksamkeit einer vom Betriebsrat abgeschlossenen **Betriebsvereinbarung**. Umgekehrt sind in einem Verfahren über die Wirksamkeit einer Gesamtbetriebsvereinbarung **alle** Betriebsräte Beteiligte des Verfahrens (BAG 31. 1. 1989 AP ArbGG 1979 § 81 Nr. 12). Zur Beteiligung des Gesamtbetriebsrats im Verfahren über die Anfechtung der **Wahl** der Arbeitnehmervertreter **zum Aufsichtsrat** s. Rn. 53.

55

Der **Gesamtpersonalrat** nach § 55 BPersVG ist im Verfahren über Mitbestimmungsrechte Beteiligter des verwaltungsgerichtlichen Beschlussverfahrens dann, wenn sich die mitbestimmungspflichtige Maßnahme auf die Gesamtdienststelle oder auf mehrere personalvertretungsrechtlich verselbständigte Dienststellen bezieht (BVerwG 21. 3. 1985 Buchholz 238.37 § 72 Nr. 9).

56

Der **Konzernbetriebsrat** ist Beteiligter in einem Verfahren, in dem darüber gestritten wird, aus welchen Unternehmen Mitglieder in ihn entsandt werden können (BAG 29. 8. 1985 AP ArbGG 1979 § 83 Nr. 13).

57

5. Jugend- und Auszubildendenvertretung

Auch die Jugend- und Auszubildendenvertretung hat eine eigene betriebsverfassungsrechtliche Rechtsstellung und Rechte sowohl gegenüber dem Betriebsrat als auch gegenüber dem Arbeitgeber, mögen letztere von ihr auch nicht selbständig wahrgenommen werden können und ihr daher insoweit die Antragsbefugnis fehlen (s. § 81 Rn. 45). In Verfahren über diese Rechtsstellung der Jugend- und Auszubildendenvertretung und ihre Befugnisse ist diese Vertretung Beteiligte (BAG 8. 2. 1977 AP BetrVG 1972 § 80 Nr. 10; 15. 8. 1978 AP BetrVG 1972 § 23 Nr. 1; GK-ArbGG/*Dörner* § 83 Rn. 92). Sie ist auch Beteiligte eines Verfahrens über die Erforderlichkeit der Teilnahme eines ihrer Mitglieder an einer Schulungsveranstaltung (BAG 10. 5. 1974 AP BetrVG 1972 § 65 Nr. 2).

58

Kraft ausdrücklicher gesetzlicher Vorschrift ist die Jugend- und Auszubildendenvertretung Beteiligte in dem Verfahren nach § 78 a Abs. 4 BetrVG bzw. § 9 Abs. 4 BPersVG über die Frage, ob im Anschluss an die Berufsausbildung ein Arbeitsverhältnis mit einem Mitglied des Betriebs- bzw. Personalrats oder der Jugend und Auszubildendenvertretung zustande gekommen oder aufzulösen ist.

59

6. Organmitglieder

60 Eine Beteiligung von Mitgliedern betriebsverfassungsrechtlicher oder personalvertretungsrechtlicher Organe schreiben § 103 Abs. 2 BetrVG und § 47 Abs. 1 BPersVG nur für das Verfahren auf **Ersetzung der Zustimmung** des Betriebs- bzw. Personalrats zur **fristlosen Kündigung** oder **Versetzung** eines Mitgliedes vor. Arbeitnehmer – Beschäftigte – **als Organmitglieder** können aber auch sonst Beteiligte eines Beschlussverfahrens sein. Sie haben selbst betriebsverfassungsrechtliche Rechte, sei es gegenüber dem Organ selbst, sei es gegenüber dem Arbeitgeber. Sie sind daher in Verfahren, in denen es um diese Rechte geht, Beteiligte. So sind sie Beteiligte in einem Verfahren über die Erforderlichkeit von ihnen zu besuchender **Schulungsveranstaltungen** (BAG 28. 1. 1975 AP BetrVG 1972 § 37 Nr. 20) oder auf **Erstattung von Kosten,** die ihnen durch den Schulungsbesuch oder durch eine sonstige Amtstätigkeit entstanden sind (BAG 24. 8. 1976 AP ArbGG 53 § 95 Nr. 2). Das gilt jedoch dann nicht, wenn die – abgetretenen – Kostenerstattungsansprüche von der Gewerkschaft geltend gemacht werden und über deren Berechtigung dem Grunde nach kein Streit besteht (BAG 15. 1. 1992 AP BetrVG 1972 § 40 Nr. 41). Nicht zu beteiligen sind sie jedoch in einem Verfahren, durch das sie erst eine Rechtsstellung als Organmitglied erlangen sollen, etwa in einem Verfahren auf **Bestellung eines Wahlvorstandes** nach § 16 Abs. 2 BetrVG (BAG 6. 12. 1977 AP BetrVG 1972 § 118 Nr. 7) oder über die Rechtmäßigkeit eines Freistellungsbeschlusses des Personalrates (BVerwG 26. 10. 1977 Buchholz 238.32 § 43 Nr. 1). Sie sind beteiligt in einem **Wahlanfechtungsverfahren** oder einem Verfahren auf Berichtigung des Wahlergebnisses, das zum Verlust ihrer Mitgliedschaft im Organ führen kann (BAG 12. 10. 1976 AP BetrVG 1972 § 8 Nr. 1; a. A. BVerwG 8. 7. 1977 Buchholz 238.32 § 91 Nr. 1) oder zum Verlust einer betriebsverfassungsrechtlichen Stellung wie der eines Betriebsratsvorsitzenden (BAG 19. 3. 1974 AP BetrVG 1972 § 26 Nr. 1; BVerwG 15. 5. 1991 AP BPersVG § 25 Nr. 2). Zur Beteiligung von Betriebsratsmitgliedern in Verfahren über die Wirksamkeit eines Betriebsratsbeschlusses über die Bildung von Ausschüssen s. BAG 1. 1. 1976 AP BetrVG 1972 § 28 Nr. 1. Erst recht ist das **Betriebsratsmitglied** Beteiligter in einem Verfahren, das seinen **Ausschluss aus dem Betriebsrat** zum Gegenstand hat.

61 Beteiligt ist das **Personalratsmitglied** in einem Verfahren über die Zulässigkeit **seiner Versetzung,** auch wenn diese nicht zum Verlust seines Amtes führt (BVerwG 29. 4. 1981 Buchholz 238.3 A § 47 Nr. 3), sofern sich die Maßnahme nicht bereits erledigt hat (BVerwG 29. 4. 1981 Buchholz 238.3 A § 47 Nr. 4).

62 Geht es um Rechte des **Organs selbst,** so ist dieses Beteiligte des Verfahrens nicht aber die einzelnen Organmitglieder allein oder neben dem Organ (BAG 13. 7. 1975 AP BetrVG 1952 § 81 Nr. 2; 3. 10. 1978 AP BetrVG 1972 § 40 Nr. 14; GK-ArbGG/*Dörner* § 83 Rn. 101).

63 Stehen betriebsverfassungsrechtliche oder personalvertretungsrechtliche Rechte nicht einzelnen Organmitgliedern sondern nur einer Mehrheit von ihnen gemeinsam zu, wie dies für die verschiedenen **Gruppen der Arbeitnehmer** bzw. Beschäftigten, die Arbeiter, Angestellten und Beamtengruppe, der Fall ist, so sind in einem Verfahren über diese Rechte **alle Mitglieder der Gruppe** Beteiligte (BAG 29. 7. 1982 AP ArbGG 1979 § 83 Nr. 5; 26. 2. 1987 AP BetrVG 1972 § 38 Nr. 7; GK-ArbGG/*Dörner* § 83 Rn. 109). Gleiches gilt, wenn nur die Wahl einer Gruppe von Arbeitnehmervertretern im Aufsichtsrat angefochten wird. Zur Beteiligtenfähigkeit von Gruppen s. § 10 Rn. 29.

64 Anders ist es im **Personalvertretungsrecht.** Hier wählt jede Gruppe ein eigenes **Vorstandsmitglied,** § 32 Abs. 1 BPersVG. Es genügt daher, wenn das Vorstandsmitglied der jeweiligen Gruppe als deren Vertreter beteiligt wird. Organmitglieder bleiben Beteiligte des Verfahrens auch dann, wenn ihre Mitgliedschaft im Organ beendet ist. Ob das strittige Recht über die Zeit der Mitgliedschaft hinaus besteht, ist eine Frage der Zulässigkeit oder Begründetheit des Antrages.

7. Wirtschaftsausschuss

Umstritten ist, inwieweit ein Wirtschaftsausschuss Beteiligter eines Verfahrens sein kann. Da der Wirtschaftsausschuss lediglich Hilfsfunktionen für den Betriebsrat hat, ist fraglich, ob ihm selbst betriebsverfassungsrechtliche Rechte zustehen oder nur dem Betriebs bzw. Gesamtbetriebsrat. In Streitigkeiten über die Frage, ob ein **Wirtschaftsausschuss zu bilden** ist, ist der Wirtschaftsausschuss nach der Rechtsprechung des Bundesarbeitsgerichts nicht Beteiligter (BAG 7. 4. 1981 AP BetrVG 1972 § 118 Nr. 16; 8. 3. 1983 AP BetrVG 1972 § 118 Nr. 26; a. A. LAG Berlin 1. 7. 1981 EzA § 118 BetrVG 1972 Nr. 23). Ob der Wirtschaftsausschuss Beteiligter eines Verfahrens ist, in dem es um dessen **Geschäftsführung** und Aufgaben geht (bejahend GK-ArbGG/*Dörner* § 83 Rn. 96; ArbGV/*Koch* § 83 Rn. 21), hat das Bundesarbeitsgericht bislang offen gelassen (BAG 18. 7. 1978 AP BetrVG 1972 § 108 Nr. 1), seine Beteiligteneigenschaft jedoch in einem Verfahren bejaht, in dem Rechte gegen den Wirtschaftsausschuss geltend gemacht wurden (BAG 29. 7. 1982 AP ArbGG 1979 § 83 Nr. 5; 5. 11. 1985 AP BetrVG 1972 § 117 Nr. 4).

65

8. Einigungsstelle

Die Einigungsstelle ist nicht Beteiligte in einem Beschlussverfahren, in dem es um die **Wirksamkeit eines** von ihr gefällten **Spruches** geht (BAG 28. 7. 1981 AP BetrVG 1972 § 87 Arbeitssicherheit Nr. 3; 31. 8. 1982 AP BetrVG 1972 § 87 Arbeitszeit Nr. 8; widersprüchlich BVerwG 17. 12. 2003, ZBR 2004, 197 einerseits und BVerwG 13. 2. 1976 BVerwGE 50, 176; 26. 8. 1987 PersR 1988, 45 andererseits). Das gilt auch dann, wenn geltend gemacht wird, die Einigungsstelle habe die Grenzen ihres Ermessens überschritten (BAG 28. 4. 1981 AP BetrVG 1972 § 87 Vorschlagswesen Nr. 1; GK-ArbGG/ *Dörner* § 83 Rn. 94; Schwab/Weth/*Weth* § 83 Rn. 86). Für eine auf Grund eines Tarifvertrages oder einer Betriebsvereinbarung gebildete Einigungsstelle gilt das Gleiche (BAG 9. 5. 1978 AP BetrVG 1972 § 88 Nr. 1).

66

In einem Verfahren mit einem anderen Streitgegenstand kann jedoch auch die Einigungsstelle Beteiligte sein, so etwa wenn sich ein Betriebspartner gegen die Aussetzung des Einigungsverfahrens durch die Einigungsstelle wendet oder wenn sonst das Tätigwerden der Einigungsstelle im Streit ist, nicht aber wenn sie sich für unzuständig erklärt hat (BAG 22. 1. 1980 AP BetrVG 1972 § 111 Nr. 7). Nicht beteiligt ist die Einigungsstelle in Verfahren ihrer Mitglieder auf **Erstattung ihrer Kosten**.

67

9. Wahlvorstand

Im Verfahren auf Bestellung eines Wahlvorstandes durch das Arbeitsgericht sind die vorgeschlagenen Mitglieder nicht beteiligt (BAG 6. 12. 1977 AP BetrVG 1972 § 118 Nr. 10), auch nicht im Beschwerdeverfahren (LAG Hamm 21. 1. 1977 EzA § 118 BetrVG 1972 Nr. 13). Der Wahlvorstand ist auch nicht Beteiligter eines **Wahlanfechtungsverfahrens,** gleichgültig ob es sich um eine Betriebsratswahl oder um die Wahl von Arbeitnehmervertretern zum Aufsichtsrat handelt (BVerwG 18. 4. 1978 Buchholz 238.34 § 26 Nr. 1), auch dann nicht, wenn die Wahlanfechtung auf Mängel seiner Bestellung gestützt wird (BAG 14. 1. 1983 AP BetrVG 1972 § 19 Nr. 9; ErfK/*Eisemann* § 83 Nr. 8).

68

Beteiligt ist der Wahlvorstand jedoch in allen Verfahren, die im **Laufe des Wahlverfahrens** hinsichtlich einzelner Wahlhandlungen oder Maßnahmen des Wahlvorstandes erforderlich werden, so etwa in einem Verfahren über das Vorliegen eines selbständigen Betriebes nach § 18 Abs. 2 BetrVG (BAG 25. 9. 1986 AP BetrVG 1972 § 1 Nr. 7). Er bleibt Beteiligter dieses Verfahrens auch dann, wenn die Wahl zwischenzeitlich abgeschlossen ist (BAG 25. 8. 1981 AP ArbGG 1979 § 83 Nr. 2; a. A. BAG 14. 11. 1975 AP

69

BetrVG 1972 § 18 Nr. 1; GK-ArbGG/*Dörner* § 83 Rn. 97; ArbGV/*Koch* § 83 Rn. 22). Eine andere Frage ist, ob sich das Verfahren durch den Abschluss der Wahl erledigt hat. Der Wahlvorstand ist schließlich zu beteiligen in Verfahren über seine Geschäftsführung oder Abberufung oder Ersetzung nach § 18 Abs. 1 BetrVG. Soweit einzelne Mitglieder des Wahlvorstandes eigene Rechte in Bezug auf das Wahlverfahren haben und diese im Streit sind, sind auch diese Mitglieder des Wahlvorstandes selbst Beteiligte (vergl. BAG 25. 8. 1981 AP ArbGG 1979 § 83 Nr. 2).

10. Aufsichtsrat

70   Wird die Wahl von Arbeitnehmervertretern zum Aufsichtsrat angefochten, so sind Beteiligte des Anfechtungsverfahrens diejenigen **Aufsichtsratsmitglieder,** deren Wahl angefochten worden ist (BAG 26. 11. 1968 AP BetrVG 1952 § 76 Nr. 18) oder die bei einer Berichtigung des Wahlergebnisses ihren Aufsichtsratssitz verlieren bzw. einen solchen erhalten würden (BAG 24. 11. 1981 AP BetrVG 1952 § 76 Nr. 24). Das jeweils für ein Aufsichtsratsmitglied gewählte **Ersatzmitglied** ist jedoch nicht beteiligt, da es durch die Wahl noch keine mitbestimmungsrechtliche Rechtsstellung erworben hat und daher durch die Entscheidung über die Anfechtung auch nicht in einer solchen betroffen werden kann.

71   Umstritten ist, ob der **Aufsichtsrat** als solcher Beteiligter eines Wahlanfechtungsverfahrens ist. Das ist zu bejahen. Durch die begehrte Entscheidung wird der Aufsichtsrat selbst in seiner Zusammensetzung und Funktionsfähigkeit betroffen (*Petereck* SAE 86, 23, 28; a. A. BAG 12. 2. 1985 AP BetrVG 1952 § 76 Nr. 27 mit der für die Frage der Beteiligung nicht tragenden Begründung, der Aufsichtsrat sei zur Anfechtung der Wahl der Arbeitnehmervertreter nicht befugt).

11. Gewerkschaften

72   Streit besteht auch darüber, inwieweit die im Betrieb oder Unternehmen vertretenen **Gewerkschaften** in Beschlussverfahren, die sie nicht selbst als Antragsteller betreiben, Beteiligte sind. Insbesondere geht es um die Frage, ob allein die Tatsache, dass den Gewerkschaften in einer Vielzahl von Angelegenheiten ausdrücklich ein Antragsrecht eingeräumt worden ist (s. § 81 Rn. 68 ff.), bedeutet, dass eine Gewerkschaft durch eine in dieser Angelegenheit ergehende Entscheidung stets betroffen und sie daher Beteiligte des Verfahrens ist. das ist nicht der Fall. Nach der Rechtsprechung des Bundesverwaltungsgerichts (BVerwG 12. 5. 1961 AP PersVG § 22 Nr. 14; 8. 7. 1977 BVerwGE 54, 172) und des Bundesarbeitsgerichts (BAG 19. 9. 1985 AP BetrVG 1972 § 19 Nr. 12; so auch GK-ArbGG/*Dörner* § 83 Rn. 108; ArbGV/*Koch* § 83 Rn. 25; ErfK/*Eisemann* § 83 Nr. 8; Dietz/*Richardi* BPersVG § 83 Rn. 50) ist eine im Betrieb vertretene Gewerkschaft an einem Wahlanfechtungsverfahren nur dann beteiligt, wenn sie die Wahl selbst angefochten hat. Das gilt auch dann, wenn die Anfechtung der Wahl gerade darauf gestützt wird, ein von der Gewerkschaft gemachter Wahlvorschlag sei zu Unrecht berücksichtigt worden.

73   In Fortführung dieser Rechtsprechung ist eine Gewerkschaft auch nicht zu beteiligen in einem Verfahren nach § 18 Abs. 2 BetrVG über die Frage, ob ein **selbständiger Betrieb** vorliegt (BAG 25. 9. 1986 AP BetrVG 1972 § 1 Nr. 7) in einem Verfahren über die **Errichtung des Gesamtbetriebsrates** (BAG 30. 10. 1986 AP BetrVG 1972 § 47 Nr. 6; anders noch 15. 12. 1978 AP BetrVG 1972 § 47 Nr. 3) oder über die Berechtigung zur Entsendung von Mitgliedern des Gesamtbetriebsrates in einen Konzernbetriebsrat (BAG 29. 8. 1985 AP ArbGG 1979 § 83 Nr. 13).

74   Nicht beteiligt ist die Gewerkschaft in einem Verfahren zwischen Arbeitgeber und Betriebsrat über das **Bestehen von Mitbestimmungsrechten** oder die Abgrenzung sonstiger Kompetenzen (BAG 24. 4. 1979 AP GG Arbeitskampf Nr. 63 Art. 9), auch nicht wenn das Mitbestimmungsrecht von tariflichen Bestimmungen abhängig ist (BAG 25. 2.

1982 AP BetrVG 1972 § 87 Prämie Nr. 2; GK-ArbGG/*Dörner* § 83 Rn. 112), oder über die **Wirksamkeit einer Betriebsvereinbarung** (BAG 9. 2. 1984 AP BetrVG 1972 § 77 Nr. 9; s. aber 20. 8. 1991 AP BetrVG 1972 § 77 Tarifvorbehalt Nr. 2). Macht die Gewerkschaft aus eigenem Recht einen **Unterlassungsanspruch** gegenüber einer unwirksamen betrieblichen Regelung geltend, ist sie als Antragsteller natürlich Beteiligte des Verfahrens (BAG 20. 4. 1999 AP GG Art. 9 Nr. 89).

Die Gewerkschaft ist auch nicht Beteiligte in einem Verfahren über die Erforderlichkeit des **Besuchs einer Schulungsveranstaltung,** auch wenn sie selbst Träger dieser Veranstaltung ist (BAG 28. 1. 1975 AP BetrVG 1972 § 37 Nr. 20). Gleiches gilt für Verfahren auf Erstattung von **Schulungskosten** (GK-ArbGG/*Dörner* § 83 Rn. 112). Im Verfahren auf Anerkennung einer Schulungsveranstaltung als geeignet im Sinne von § 37 Abs. 7 BetrVG ist die Gewerkschaft, die Träger dieser Schulungsveranstaltung ist, Beteiligte. Gleiches gilt für die schon im Verwaltungsverfahren anzuhörenden Spitzenorganisationen (BAG 6. 4. 1976 AP BetrVG 1972 § 37 Nr. 23).

Im Verfahren über den Status eines Arbeitnehmers als **leitender Angestellter** hat das Bundesarbeitsgericht eine Beteiligung der im Betrieb vertretenen Gewerkschaft dann bejaht, wenn ein Verfahren über die von der Gewerkschaft betriebene Anfechtung einer Betriebsratswahl mit Rücksicht auf diese Frage ausgesetzt worden ist (s. dazu näher § 97 Rn. 9 ff.; BAG 5. 3. 1974 AP BetrVG 1972 § 5 Nr. 1), die Frage der Beteiligung der Gewerkschaft aber im Übrigen offen gelassen (BAG 19. 11. 1974 AP BetrVG 1972 § 5 Nr. 3). Eine Beteiligung der Gewerkschaft in diesen Verfahren kommt jedoch nicht in Betracht. Dagegen ist die Gewerkschaft Beteiligte in einem Verfahren über die **Entsendung eines Beauftragten** zur Betriebsversammlung oder über die Teilnahme eines solchen Beauftragten an den Sitzungen des Wirtschaftsausschusses (BAG 18. 3. 1964 AP BetrVG 1952 § 45 Nr. 1; 18. 11. 1980 AP BetrVG 1972 § 108 Nr. 2).

12. Arbeitgeberverband

Anders als den im Betrieb vertretenen Gewerkschaften räumen das Betriebsverfassungsgesetz und das Personalvertretungsgesetz den Arbeitgeberverbänden **keine eigenen betriebsverfassungs- oder personalvertretungsrechtlichen Rechtspositionen** ein. Soweit ein Vertreter des Arbeitgeberverbandes zu Betriebsversammlungen hinzugezogen werden kann, handelt es sich nicht um ein eigenes Recht des Verbandes sondern nur um ein solches der Arbeitgeber. Der Arbeitgeberverband ist daher auch in einem Beschlussverfahren über die Befugnis des Arbeitgebers, einen Verbandsvertreter hinzuzuziehen oder ihm das Wort zu erteilen, nicht Beteiligter (BAG 19. 5. 1978 AP BetrVG 1972 § 43 Nr. 3). Ebenso wie die Gewerkschaft ist auch der Arbeitgeberverband nicht zu beteiligen in Verfahren über das Bestehen oder den Umfang von Mitbestimmungsrechten oder die **Wirksamkeit von Betriebsvereinbarungen,** selbst wenn diese von tariflichen Vorschriften abhängig sind (BAG 9. 2. 1984 AP BetrVG 1972 § 77 Nr. 9). Im Verfahren nach § 37 Abs. 7 BetrVG über die **Anerkennung einer Schulungsveranstaltung** ist lediglich die Spitzenorganisation der Arbeitgeberverbände Beteiligte, nicht aber der Arbeitgeberverband, dessen Mitglied auf Lohnfortzahlung für den Besuch der Schulungsveranstaltung in Anspruch genommen wird (*Kopp* AuR 1976, 337).

13. Oberbundesanwalt

Nach § 35 Abs. 1 Satz 2 VwGO kann sich der beim Bundesverwaltungsgericht bestellte Oberbundesanwalt zur Wahrung des öffentlichen Interesses an jedem Verfahren vor dem Bundesverwaltungsgericht mit Ausnahme vor den Disziplinar- oder Wehrdienstsenaten beteiligen. Ob damit auch das **personalvertretungsrechtliche Beschlussverfahren** vor dem Bundesverwaltungsgericht gemeint ist, erscheint zumindest fraglich. Das Bundesverwaltungsgericht bejaht diese Frage (BVerwG 2. 5. 1957 BVerwGE 4, 357; 8. 11. 1989 PersR 1990, 102; auch *Dietz/Richardi* BPersVG § 83 Rn. 53). Selbst wenn

§ 83 Verfahren

damit dem Oberbundesanwalt in diesen Verfahren Gelegenheit zur Äußerung zu geben ist, bedeutet dies doch nicht, dass er die **Stellung eines Beteiligten** im Beschlussverfahren im Sinne von § 10 und § 83 Abs. 3 hat. Ihm kommen insbesondere keine den Beteiligten eingeräumten prozessualen Befugnisse zu (GK-ArbGG/*Dörner* § 83 Rn. 116). Wenn § 63 Nr. 4 VerwGO den Oberbundesanwalt zum Beteiligten des Verwaltungsstreitverfahrens erklärt, sofern er von seiner Beteiligungsbefugnis Gebrauch macht, bedeutet dies lediglich, dass er die den Beteiligten im Verwaltungsstreitverfahren durch die Verwaltungsgerichtsordnung eingeräumten Rechte wahrnehmen kann. Wer Beteiligter im Beschlussverfahren ist und welche Befugnisse diese Beteiligten haben, bestimmt sich allein nach dem Arbeitsgerichtsgesetz (GK-ArbGG/*Dörner* § 83 Rn. 116). Die **Rücknahme des Antrags** in der Rechtsbeschwerdeinstanz bedarf daher nicht auch der Zustimmung des Oberbundesanwalts. Im Falle der **Erledigungserklärung** des Verfahrens nach § 83 a kommt es auf die Stellungnahme des Oberbundesanwalts nicht an.

79 Für den **Vertreter des öffentlichen Interesses** vor den Verwaltungsgerichten und Oberverwaltungsgerichten nach § 36 VwGO gilt das Gleiche, sofern ihm nicht die Vertretung der beteiligten Dienststelle übertragen worden ist. Als ein solcher Vertreter hat er keine weitergehenden Rechte als die vertretene Dienststelle selbst. Auch für den Vertreter des öffentlichen Interesses besteht daher für die Einlegung der Rechtsbeschwerde Rechtsanwaltszwang, § 89 Abs. 1.

14. Sonstige Beteiligte

80 Der als Sachverständiger vom Betriebsrat hinzugezogene **Rechtsanwalt** ist nicht Beteiligter in einem Beschlussverfahren, das vom Betriebsrat wegen der Freistellung von Honoraransprüchen des Rechtsanwaltes eingeleitet wird (BAG 25. 4. 1978 AP BetrVG 1972 § 80 Nr. 11; GK-ArbGG/*Dörner* § 83 Rn. 99), Gleiches gilt von dem als Verfahrensbevollmächtigten hinzugezogenen Rechtsanwalt (BAG 3. 10. 1978 AP BetrVG 1972 § 40 Nr. 14). Beteiligt ist die **Schwerbehindertenvertretung** oder der **Vertrauensmann der Zivildienstleistenden**, wenn es um deren betriebsverfassungsrechtliche Rechte geht (BAG 4. 6. 1987 AP SchwbG § 22 Nr. 2) oder um die Anfechtung ihrer Wahl geht. Gleiches gilt für den **Werkstattrat** nach § 134 SGB IX. Der **Pensionssicherungsverein** ist nicht Beteiligter in einem Streit zwischen Betriebsrat und Insolvenzverwalter über das zulässige Sozialplanvolumen, auch wenn er als Insolvenzgläubiger an einer möglichst ungeschmälerten Erhaltung der Insolvenzmasse interessiert ist (LAG BadenWürttemberg 29. 10. 1980 ZIP 1981, 529). Aus den gleichen Gründen sind in einem Beschlussverfahren zwischen Betriebsrat und Insolvenzverwalter auch die anderen Insolvenzgläubiger oder der Gläubigerausschuss nicht Beteiligte.

81 Beteiligt sein können auch die **Behörden des Unfall- und Gesundheitsschutzes**, wenn es etwa um Rechte des Betriebsrats nach § 89 BetrVG geht. Wegen der Beteiligung der **Beauftragten des Arbeitgebers** für Schwerbehinderte, den Zivilschutz oder den Datenschutz (s. GK-ArbGG/*Dörner* § 83 Rn. 117) sowie der **Betriebsärzte** und der **Fachkräfte für Arbeitssicherheit** s. ArbGV/*Koch* § 83 Rn. 27.

C. Der Untersuchungsgrundsatz

I. Aufklärung des Sachverhalts

1. Allgemeines

82 § 83 Abs. 1 verpflichtet das Gericht, den **Sachverhalt von Amts wegen zu erforschen**. Das Arbeitsgerichtsgesetz normiert daher für das Beschlussverfahren ausdrücklich die Geltung des **Untersuchungsgrundsatzes**. Sinn der Vorschrift ist es, wegen der Bedeutung der Entscheidung im Beschlussverfahren über den Kreis der eigentlichen Beteiligten

C. I. Aufklärung des Sachverhalts   § 83

hinaus, für den Betrieb und die Arbeitnehmer des Betriebes, die Verantwortung für die Beibringung des entscheidungserheblichen Sachverhaltes nicht den Beteiligten allein zu überlassen. Das Gericht ist damit verantwortlich dafür, dass die Entscheidung auf einem zutreffenden und vollständig aufgeklärten Sachverhalt beruht (GK-ArbGG/*Dörner* § 83 Rn. 121; ErfK/*Eisemann* ArbGG § 83 Rn. 1). Dass die Beteiligten an der Aufklärung des Sachverhaltes mitzuwirken haben, ändert daran grundsätzlich nichts (s. unten Rn. 86 ff.).

2. Umfang der Aufklärungspflicht

a) Im Rahmen der gestellten Anträge

Das Gericht hat nur **denjenigen Sachverhalt** aufzuklären, **der** zur Entscheidung über **den gestellten Antrag erforderlich ist.** Worüber das Gericht entscheiden soll, bestimmen die Beteiligten durch ihre Anträge. Insoweit verbleibt ihnen die Disposition über den Verfahrensgegenstand. Die Pflicht des Gerichts zur Aufklärung des Sachverhaltes bezieht sich nicht nur auf diejenigen **Tatsachen**, die geeignet sind, den Antrag zu stützen, sondern auch auf jene, die einer stattgebenden Entscheidung entgegenstehen (ErfK/*Eisemann* § 83 Nr. 1). 83

Die Aufklärungspflicht des Gerichts zwingt jedoch nicht zu einer uferlosen Ermittlungstätigkeit des Gerichts „ins Blaue". Die Ermittlung ist vielmehr nur soweit auszudehnen als das bisherige Vorbringen der Beteiligten und der schon bekannte Sachverhalt bei pflichtgemäßer Würdigung Anhaltspunkte dafür bieten, dass der entscheidungserhebliche Sachverhalt noch nicht vollständig ist und noch weitere Aufklärung bedarf (BGH 8. 3. 1955 MDR 1955, 347; BVerwG 16. 6. 1989 AP BPersVG § 8 Nr. 3; OLG Frankfurt 10. 11. 1986 DB 1986, 2658; GK-ArbGG/*Dörner* § 83 Rn. 133). 84

Die Pflicht zur Ermittlung des Sachverhaltes umfasst auch die Pflicht, die am Verfahren Beteiligten von Amts wegen zu ermitteln und tatsächlich am Verfahren zu beteiligen (BAG 26. 11. 1968 AP BetrVG 1952 § 76 Nr. 18). 85

b) Mitwirkungspflicht der Beteiligten

§ 83 Abs. 1 S. 2 bestimmt ausdrücklich, dass die am Verfahren Beteiligten an der Aufklärung des Sachverhaltes mitzuwirken haben. Der Antragsteller ist zunächst schon nach § 253 Abs. 2 ZPO verpflichtet, seinen **Antrag begründen,** d. h. denjenigen Sachverhalt vorzutragen, aus dem sich das mit dem Antrag geltend gemachte Recht ergeben soll. Die Begründung muss soweit gehen, dass der Verfahrensgegenstand, der Klagegrund, dadurch bestimmt wird (GK-ArbGG/*Dörner* § 83 Rn. 127). Der Antragsteller ist aber nicht von sich aus verpflichtet, einen vollständigen und schlüssigen Sachverhalt vorzutragen mit der Folge, dass für das Gericht kein Anlass zu weiterer Sachverhaltsaufklärung besteht, wenn die Antragsbegründung nicht schlüssig ist (GK-ArbGG/*Dörner* § 83 Rn. 131). Das Gericht hat vielmehr, wenn es das Vorbringen des Antragstellers – oder eines anderen Beteiligten – für nicht ausreichend substantiiert hält, den betreffenden darauf hinzuweisen, damit dieser sein Vorbringen ergänzen kann (BAG 11. 3. 1998 AP BetrVG 1972 § 40 Nr. 57). Das Gericht hat auch diejenigen Tatsachen von Amts wegen zu ermitteln, die erst den Anspruch begründen können. Es muss von sich aus die **Antragsbegründung konkretisieren und vervollständigen** (BAG 21. 10. 1980 AP BetrVG 1972 § 54 Nr. 1; GK-ArbGG/*Dörner* § 83 Rn. 130). Die vom Gericht vorzunehmende weitere Aufklärung des Sachverhaltes kann allerdings zunächst darin bestehen, dass es den Antragsteller auffordert, konkrete Fragen zum entscheidungserheblichen Sachverhalt zu beantworten. 86

Die Pflicht, an der **Aufklärung des Sachverhaltes** mitzuwirken, trifft jedoch nicht nur den Antragsteller sondern **alle Beteiligten** des Verfahrens. Sie haben unabhängig von ihrer Stellung im Verfahren und von ihrem Interesse am Ausgang des Verfahrens alle 87

§ 83   Verfahren

entscheidungserheblichen Tatsachen vorzutragen (ErfK/*Eisemann* § 83 Rn. 2; *Hauck/ Helml* § 83 Rn. 4).

88   Die Mitwirkungspflicht der Beteiligten ist nicht mit **Zwangsmitteln erzwingbar.** Nach Abs. 1 a kann aber der Vorsitzende jetzt den Beteiligten konkrete **Auflagen erteilen** und für ihr Vorbringen **eine Frist setzen** (krit. zur Neuregelung *Trittin/Backmeister* DB 2000, 618). Vorbringen, das nach Ablauf der Frist vorgebracht wird, **kann zurückgewiesen werden,** wenn nach der freien Überzeugung des Gerichts seine Zulassung die Erledigung des Verfahrens verzögern würde und der Beteiligte die Verspätung nicht genügend entschuldigt. Auf die Folgen der Versäumung der gesetzten Frist sind die Beteiligten vorher hinzuweisen. Die Auflage kann dem oder den Beteiligten gemacht werden, von denen das Gericht meint, dass sie ihr am besten nachkommen können. Auf eine Darlegungslast der Beteiligten kommt es hier noch nicht an. In den Verfahren nach den §§ 122 und 126 InsO (s. § 2 a Rn. 27 ff.) schreibt deren Abs. 2 jeweils vor, dass § 61 a Abs. 3 bis 6 Anwendung findet, wonach den Beteiligten ebenfalls Fristen für ihr Vorbringen gesetzt werden können (zum Verhältnis dieser Vorschriften s. § 80 Rn. 60).

89   Verspätetes Vorbringen „kann" zurückgewiesen werden, ist daher nicht von vornherein unzulässig (zur Verzögerung des Rechtsstreits und zur ausreichenden Entschuldigung s. § 67 Rn. 8 ff.). Angesichts der häufig großen Bedeutung der Entscheidung in einem Beschlussverfahren für die Beteiligten und den ganzen Betrieb ist sorgfältig zu prüfen, ob es nicht besser ist, eine Verzögerung des Rechtsstreits hinzunehmen als eine Entscheidung auf der Grundlage eines nur unvollkommen aufgeklärten Sachverhalts zu treffen (*Schaub* NZA 2000, 344; ErfK/*Eisemann* ArbGG § 83 Rn. 3). Es kommt auf den jeweiligen Streitgegenstand an, ob es sich beispielsweise um persönliche Ansprüche und Rechte des nachlässigen Beteiligten handelt oder um Fragen von Bedeutung für den ganzen Betrieb wie etwa die Wirksamkeit einer Betriebsratswahl oder das Bestehen von Mitbestimmungsrechten. Zweck der Vorschrift ist es, bewusste Verzögerungen des Rechtsstreits zu verhindern, nicht aber aus dem Beschlussverfahren ein Parteiverfahren zu machen.

90   Die **Aufklärungspflicht des Gerichts** findet nicht dort automatisch **ihre Grenze,** wo die Beteiligten ihrer Mitwirkungspflicht nicht nachkommen oder eine Auflage nicht erfüllen (s. dazu auch *Germelmann* NZA 2000, 1024; so aber BVerwG 14. 5. 1975 Buchholz 310 § 86 Nr. 101; 23. 10. 1979 Buchholz 310 § 86 Nr. 122), für weitere Ermittlungen durch das Gericht wird aber ohne vorherige Mitwirkung der Beteiligten vielfach kein Anlass oder keine Möglichkeit bestehen. Soweit jedoch das Gericht Tatsachen auch ohne Mitwirkung der Beteiligten ermitteln kann, muss es diese von Amts wegen auf andere Weise erforschen (ErfK/*Eisemann* § 83 Rn. 2).

91   Aus der **Weigerung eines Beteiligten,** an der Aufklärung des Sachverhalts mitzuwirken, kann das Gericht je nach den vorgetragenen Weigerungsgründen auch Schlüsse in Bezug auf den Sachverhalt ziehen, wenn die Beteiligten darüber vorher belehrt worden sind (BVerwG 26. 9. 1958 BVerwGE 8, 29). Die bloße Nichtäußerung eines Beteiligten im Verfahren kann noch nicht als Weigerung, an der Aufklärung des Sachverhaltes mitzuwirken, angesehen werden, da es den Beteiligten grundsätzlich freisteht, sich zu äußern oder zum Anhörungstermin zu erscheinen. Erforderlich ist dafür regelmäßig, dass der oder die Beteiligten zu bestimmten Erklärungen zum Sachverhalt durch das Gericht unter Fristsetzung aufgefordert worden sind (GK-ArbGG/*Dörner* § 83 Rn. 126; ErfK/*Eisemann* § 83 Rn. 2).

3. Bedeutung des Untersuchungsgrundsatzes

92   Das Gericht soll nicht nur **einen** sondern **den** wahren Sachverhalt erforschen. Aus diesem Grund ist es an **Geständnisse** der Beteiligten nicht gebunden und bedeutet Nichtbestreiten einer Behauptung nicht, dass diese wahr ist. § 138 Abs. 3 und § 288 ZPO finden im Beschlussverfahren keine Anwendung (GK-ArbGG/*Dörner* § 83 Rn. 148;

ErfK/*Eisemann* ArbGG § 83 Rn. 1; *Hauck/Helml* § 83 Rn. 3). Auch das Ausbleiben eines Beteiligten im Anhörungstermin bedeutet nicht gemäß § 331 Abs. 1 ZPO, dass das Vorbringen der anderen Beteiligten als zugestanden anzusehen ist.

Die Verpflichtung, den wahren Sachverhalt zu erforschen, bedeutet nicht, dass über jede Tatsachenbehauptung Beweis zu erheben ist. Soweit die Beteiligten einen Sachverhalt übereinstimmend vortragen oder das detaillierte Vorbringen eines Beteiligten von anderen nicht bestritten wird oder sich an dessen Richtigkeit keine Zweifel aufdrängen, bedarf es in der Regel keiner Beweisnahme (BAG 10. 12. 1992 AP ArbGG 1979 § 87 Nr. 1; GK-ArbGG/*Dörner* § 83 Rn. 152; ErfK/*Eisemann* § 83 Rn. 1).

Eine **Darlegungslast** in zivilprozessualem Sinne kennt das Beschlussverfahren nicht. Allerdings trägt auch im Beschlussverfahren ein Beteiligter, insbesondere der Antragsteller, die Gefahr, dass der für eine ihm positive Entscheidung erforderliche Sachverhalt mangels seiner oder der anderen Beteiligten Mitwirkung an der Sachverhaltsaufklärung nicht festgestellt werden kann. Beruht dies darauf, dass eine Beweisaufnahme die Richtigkeit einer Tatsachenbehauptung nicht ergibt, so kann man auch davon sprechen, dass der betroffene Beteiligte auch die **Beweislast** trägt (GK-ArbGG/*Dörner* § 83 Rn. 153; *Hauck/Helml* § 83 Rn. 5; ErfK/*Eisemann* § 83 Rn. 4; Schwab/Weth/*Weth* § 83 Rn. 23).

II. Mittel zur Aufklärung des Sachverhaltes

1. Allgemeines

Als Mittel zur Aufklärung des Sachverhaltes nennt § 83 Abs. 2 Einsichtnahme in Urkunden, die Einholung von Auskünften und die Vernehmung von Zeugen, Sachverständigen und Beteiligten sowie die Einnahme des Augenscheins. Auch im Beschlussverfahren sind daher Beweise zu erheben (s. unten Rn. 99 ff.). Darüber hinaus sollen jedoch alle angebrachten Mittel genutzt werden.

§ 83 Abs. 2 ist nicht vollständig. Zur Aufklärung des Sachverhaltes gehört in erster Linie die Anhörung der Beteiligten selbst (s. Rn. 105 ff.). Zur Vorbereitung des Anhörungstermins hat der Vorsitzende die gleichen Befugnisse wie zur **Vorbereitung des Kammertermins** im Urteilsverfahren, § 80 Abs. 2 in Verbindung mit § 56 Abs. 1. Er kann die Beteiligten zur Ergänzung und Erläuterung ihres Vorbringens auffordern, er kann ihnen die Vorlegung von Urkunden und sonstigen Unterlagen aufgeben und ihnen dafür auch eine Frist setzen (s. oben Rn. 88 f.). Der Vorsitzende kann bei Behörden und sonstigen Stellen Auskünfte einholen oder um Übersendung von Urkunden bitten. Er kann das **persönliche Erscheinen der Beteiligten** anordnen.

§ 83 Abs. 2 bestimmt ausdrücklich, dass zur Aufklärung des Sachverhaltes Urkunden eingesehen werden können. Der Inhalt solcher Urkunden kann daher zur Ermittlung des Sachverhalts verwertet werden. Auch Dritte können durch eine Anordnung des Gerichts verpflichtet werden, Urkunden vorzulegen, § 142 ZPO. Für Behörden ergibt sich diese Pflicht aus der Pflicht zur Amtshilfe. Ob Urkunden eingesehen und Akten beigezogen werden sollen, bestimmt allein das Gericht im Rahmen seiner Aufklärungspflicht. Ein Antrag eines Beteiligten oder eine Bezugnahme auf Urkunden und Akten durch einen Beteiligten ist dazu nicht erforderlich. Die Verwertung von Urkunden und Akten und die Einholung von Auskünften ersetzt aber noch nicht eine erforderliche Beweisaufnahme, soweit es sich nicht um Auskünfte nach § 377 Abs. 3 ZPO handelt.

Ordnet das Gericht das **persönliche Erscheinen** eines oder mehrerer **Beteiligter** an, § 80 in Verbindung mit § 56 Abs. 1 Nr. 3, so gilt auch § 141 Abs. 2 und 3 ZPO. Handelt es sich bei den Beteiligten um Stellen mit einer verfassten Organisation, so ist der Vorsitzende oder Vorstand zu laden, im Übrigen liegt es im Ermessen des Gerichtes, ob es das persönliche Erscheinen aller Mitglieder einer Stelle oder nur einzelner Mitglieder anordnet. Die Zurückweisung eines anstelle des geladenen Beteiligten erschienenen Vertreters entsprechend § 51 Abs. 2 Satz 1 kommt wegen der Amtsermittlungspflicht nicht in Betracht (GK-ArbGG/*Dörner* § 83 Rn. 139).

2. Beweisaufnahme

99 Obwohl es in § 83 Abs. 2 heißt, dass Zeugen, Sachverständige und Beteiligte vernommen werden „können", steht eine Beweisaufnahme nicht im Belieben des Gerichts. Es ist vielmehr **verpflichtet, Beweis immer dann zu erheben,** wenn die Wahrheit einer entscheidungserheblichen Tatsache nicht feststeht. Auch ein beantragter Gegenbeweis muss erhoben werden (BAG 25. 9. 1986 AP BetrVG 1972 § 1 Nr. 7; BFH 3. 8. 1984 BB 1986, 1497).

100 Aus der Pflicht des Gerichts, den Sachverhalt von Amts wegen zu erforschen, folgt, dass eine Beweiserhebung keines **Beweisantrages** durch einen Beteiligten bedarf (Schwab/Weth/*Weth* § 83 Rn. 32). Auf der anderen Seite ist es grundsätzlich keine Verletzung der Aufklärungspflicht, wenn ein Gericht einen Beweis nicht erhebt, der von keinem Beteiligten angeboten worden ist (vergl. BVerwG 16. 6. 1989 AP BPersVG § 8 Nr. 3). Gleichgültig ist auch, von welchem Beteiligten das Beweismittel benannt worden ist.

101 Für die Beweisaufnahme gelten nach § 80 Abs. 2 die Vorschriften über das Urteilsverfahren, also über § 58 und § 46 Abs. 2 auch die Vorschriften der ZPO über den Zeugenbeweis, §§ 373 ff., die Vernehmung von Sachverständigen, §§ 402 ff., für die Einnahme des Augenscheins §§ 377 ff. und für den Urkundsbeweis §§ 415 ff., soweit nicht die Besonderheiten des Beschlussverfahrens dem entgegenstehen, insbesondere also ein Beweisantrag nicht erforderlich ist. Die Beweisaufnahme selbst darf nicht zu einem **Ausforschungsbeweis** führen (BAG 21. 10. 1980 AP BetrVG 1972 § 54 Nr. 1), im Übrigen bedingt aber gerade die Amtsermittlungspflicht des Gerichts ein Ausforschen der Beteiligten, von Auskunftspersonen, Behörden und Stellen.

102 Durch § 83 Abs. 2 ist nunmehr die Streitfrage klargestellt, dass auch die Beteiligten vernommen werden können. Da Beteiligter nur ist, wer durch die erbetene Entscheidung unmittelbar in seinen Rechten selbst betroffen wird (s. oben Rn. 14 ff.), kommt eine Vernehmung der Beteiligten nur als **Parteivernehmung** in Betracht, da niemand in eigener Sache als Zeuge vernommen werden kann (GK-ArbGG/*Dörner* § 83 Rn. 173; ErfK/ *Eisemann* ArbGG § 83 Rn. 5; *Hauck/Helml* § 83 Rn. 7). Eine Unterscheidung nach Antragsteller und Antragsgegner und sonstigen Beteiligten mit der Folge, dass letztere als Zeugen zu vernehmen sind, kommt nicht in Betracht. Ist der Betriebsrat als solcher Beteiligter, kann der Vorsitzende als Partei, ein Betriebsratsmitglied aber als Zeuge vernommen werden (*Hauck/Helml* § 83 Rn. 7). Welche Beteiligten vernommen werden sollen, steht im Ermessen des Gerichts. Die §§ 445–447 ZPO finden wegen des Untersuchungsgrundsatzes keine Anwendung. Die bloße Anhörung eines Beteiligten ist keine Parteivernehmung. Auch im Beschlussverfahren wird eine Vernehmung der Beteiligten nur als letztes Mittel zur Feststellung des umstrittenen Sachverhaltes in Betracht kommen (BFH 3. 8. 1984, BB 1986, 1497).

103 Die Beweisaufnahme findet grundsätzlich **vor der Kammer** statt § 58 Abs. 1 S. 1. Sie kann dem Vorsitzenden übertragen werden, wenn sie nicht an Gerichtsstelle möglich ist, oder im Wege der Rechtshilfe durchgeführt werden muss, § 13. Eine Beweisaufnahme durch den ersuchten Richter, die Einholung schriftlicher Auskünfte nach § 377 Abs. 3 und 4 ZPO und die Einholung amtlicher Auskünfte kann vom Vorsitzenden vor dem Anhörungstermin angeordnet und durchgeführt werden, § 55 Abs. 4. Für die Vereidigung von Zeugen und Sachverständigen gilt § 58 Abs. 2, für die Vereidigung von Beteiligten § 452 ZPO. Zeugen und Sachverständige haben Anspruch auf Entschädigung. Gezahlte Entschädigungen werden als **Gerichtskosten** nach § 12 Abs. 5 von den Beteiligten nicht erhoben.

D. Die Anhörung der Beteiligten

I. Vorbereitung des Anhörungstermins

Auch für das Beschlussverfahren gilt § 57 Abs. 1, wonach die Verhandlung möglichst in einem Termin zu Ende zu führen ist. Der **Anhörungstermin** ist daher vom Vorsitzenden umfassend vorzubereiten. Für die Vorbereitung des Termins gilt § 55 Abs. 4 und § 56 Abs. 1. Von besonderer Wichtigkeit ist die rechtzeitige Ermittlung aller Beteiligten. Wegen der Zustellung der Antragsschrift und der Ladung der Beteiligten s. § 81 Rn. 71 f. **104**

II. Anhörung vor der Kammer

1. Mündliche Anhörung

Die Anhörung der Beteiligten erfolgt vor der Kammer. Der erste Halbsatz von Abs. 4 ist zwar durch das Arbeitsgerichtsbeschleunigungsgesetz gestrichen worden, in der Sache hat sich dadurch aber nichts geändert. Das folgt schon daraus, dass die Beteiligten zu laden sind und ihnen gestattet wird, sich schriftlich zu äußern. Die Anhörung vor der Kammer erfolgt auch dann, wenn nach der Neuregelung ein Güteverfahren stattgefunden hat (s. § 80 Rn. 54 ff.). Die mündliche Anhörung aller Beteiligten soll die erschöpfende Aufklärung des Sachverhaltes ermöglichen und den Beteiligten das rechtliche Gehör gewährleisten. Die Beteiligten sind zu dem Sachverhalt und zu den maßgeblichen rechtlichen Gesichtspunkten zu hören. Die Anhörung vor der Kammer ist **öffentlich**, §§ 80 Abs. 2, 52. **105**

Nach § 80 Abs. 2 in Verbindung mit § 56 Abs. 2 beginnt auch die Anhörung der Beteiligten mit der Stellung der Anträge, § 137 Abs. 1 ZPO. Über den Anhörungstermin ist ein Protokoll aufzunehmen, § 159 ZPO. Für den Inhalt des Protokolls gilt grundsätzlich § 160 ZPO. Gestellte Anträge sind daher zu protokollieren. Da jedoch auch der Antragsteller im Anhörungstermin ausbleiben kann (s. unten Rn. 112), kommt in diesem Falle im Beschlussverfahren eine **Stellung von Anträgen** durch den Antragsteller und damit deren Protokollierung nicht in Betracht. Zu verhandeln und zu entscheiden ist in diesen Fällen über den in der Antragsschrift gestellte Antrag (ErfK/*Eisemann* § 83 Rn. 11). Das Gericht hat ggf. auf sachdienliche Anträge hinzuwirken (BAG 27. 3. 1979 AP ArbGG 1953 § 80 Nr. 7). **106**

Sind Beteiligte **Stellen** mit einer verfassten Ordnung, so ist der Vorsitzende zu hören, nicht aber alle Mitglieder (GK-ArbGG/*Dörner* § 83 Rn. 163). Die Identität einer angehörten Stelle bleibt erhalten, auch wenn ihre **Mitglieder wechseln** oder sie neu gewählt wird (GK-ArbGG/*Dörner* § 83 Rn. 163). Eine erneute Anhörung einer neugewählten oder bestellten Stelle ist daher nicht erforderlich. Die bloße Anwesenheit von Betriebsratsmitgliedern im Anhörungstermin kann die Anhörung des Betriebsrates durch seinen Vorsitzenden nicht ersetzen (BAG 13. 7. 1977 AP ArbGG 1953 § 83 Nr. 8). Zur Aufklärung des Sachverhaltes können aber auch andere Mitglieder einer Stelle als der Vorsitzende angehört werden (GK-ArbGG/*Dörner* § 83 Rn. 163). **107**

Der Vorsitzende hat die Beteiligten nicht nur anzuhören und die zur Aufklärung des Sachverhalts erforderlichen Fragen zu stellen, nach § 139 ZPO hat er den Streitstoff mit den Beteiligten auch unter **rechtlichen Gesichtspunkten** zu erörtern. Hat ein Beteiligter einen Gesichtspunkt übersehen oder offenbar für unerheblich gehalten, so muss er darauf hingewiesen und ihm Gelegenheit zur Äußerung gegeben werden. Anderenfalls darf das Gericht seine Entscheidung nicht auf diesen Gesichtspunkt stützen. Beurteilt es eine Frage anders als die Beteiligten, muss es auch darauf hinweisen. Es muss auf **108**

Bedenken hinweisen, die hinsichtlich der von Amts wegen zu beachtenden Punkte, wie etwa hinsichtlich der Zuständigkeit, der Verfahrensart oder der Antragsbefugnis, bestehen.

109 Neu ist, dass alle diese Hinweise **aktenkundig zu machen** sind, § 139 Abs. 4 ZPO (krit. dazu *Schmidt/Schwab/Wildschütz* NZA 2000, 851). Sie sind zu protokollieren. Sind die Beteiligten schon vor dem Anhörungstermin entsprechende Hinweise gegeben worden, ergibt sich dies ohnehin aus den Akten. Dass die erforderlichen Hinweise gegeben worden sind, kann nur durch die Akten bewiesen werden, gegen deren Inhalt nur der Nachweis der Fälschung zulässig ist.

110 Die Beteiligten müssen zum Termin nicht erscheinen. Es fragt sich daher, ob auch den ausgebliebenen Beteiligten die entsprechenden Hinweise gegeben werden müssen, deren Notwendigkeit sich vielfach erst im Termin ergeben kann. Das würde zu einer erheblichen Verzögerung des Verfahrens führen. Schon von daher ist die Frage zu verneinen. Erscheint ein Beteiligter trotz Ladung nicht zum Termin ohne sein Ausbleiben zu entschuldigen, so ist der Pflicht zur Anhörung genügt, § 83 Abs. 4 Satz 2. Ist daher nicht einmal dessen Anhörung mehr erforderlich, besteht auch keine Pflicht des Gerichts, ihn noch auf mögliche Bedenken und Gesichtspunkte hinzuweisen.

2. Schriftliche Äußerung

111 Den Beteiligten ist die schriftliche Äußerung durch § 83 Abs. 4 gestattet. Auch ihr schriftliches Vorbringen ist daher bei der Entscheidung des Rechtsstreites zu berücksichtigen. Ob die Beteiligten sich schriftlich äußern wollen, steht in ihrem Belieben, das Gericht kann eine schriftliche Äußerung nicht verlangen (BAG 2. 3. 1955 AP ArbGG 1953 § 96 Nr. 2). Es kann aber durch **Auflagen** an die Beteiligten diese mittelbar anhalten, sich wenigstens zu den Fragen der Auflage zu äußern, wenn sie nicht wollen, dass ihr Vorbringen unberücksichtigt bleibt. Auflagen können nur schriftlich erfüllt werden, es sei denn, die Auflage gestattet den Beteiligten, ihr noch mündlich im Anhörungstermin nachzukommen. Auf die Möglichkeit zur schriftlichen Äußerung kann in der Ladung hingewiesen werden. Der Hinweis muss aber deutlich machen, dass eine schriftliche Äußerung dem Beteiligten nicht das Recht auf mündliche Anhörung nimmt (GK-ArbGG/*Dörner* § 83 Rn. 164).

3. Ausbleiben eines Beteiligten

112 Die Beteiligten sind nicht verpflichtet, zum **Anhörungstermin zu erscheinen**. Das gilt auch für den Antragsteller. Bleiben sie im Anhörungstermin unentschuldigt aus, so ist der Pflicht zur Anhörung genügt. Darauf ist allerdings in der Ladung hinzuweisen. Sonstige Nachteile sind mit dem Ausbleiben nicht verbunden.

113 Anders ist es, wenn der Beteiligte sein Ausbleiben im Termin **entschuldigt**. Dann ist ein **neuer Termin zur Anhörung** zu bestimmen. Erfolgt die Entschuldigung rechtzeitig, kann der Anhörungstermin verlegt werden, § 227 ZPO. Ob die vorgebrachte Entschuldigung ausreicht und damit überhaupt eine Entschuldigung ist, hängt vom vorgebrachten Entschuldigungsgrund, der auch an der Bedeutung der Streitsache zu messen ist, ab.

114 Entschuldigt ein Beteiligter sein Ausbleiben ausreichend, so ist ein neuer Termin auch dann zu bestimmen, wenn der Beteiligte sich schriftlich geäußert hat. Etwas anderes gilt nur dann, wenn sich aus der schriftlichen Äußerung selbst ergibt, dass der Beteiligte auf seine **mündliche Anhörung verzichtet** (GK-ArbGG/*Dörner* § 83 Rn. 167).

115 Wird wegen des entschuldigten Ausbleibens eines Beteiligten oder aus anderen Gründen die Anberaumung eines **neuen Termins** erforderlich, so sind zu diesem Termin alle Beteiligten erneut **zu laden** (GK-ArbGG/*Dörner* § 83 Rn. 168). § 218 ZPO kann im Beschlussverfahren keine Anwendung finden, da die Beteiligten nicht zum Termin erscheinen müssen und daher für sie auch keine Obliegenheit angenommen werden kann, sich nach dem Terminsergebnis alsbald zu erkundigen.

III. Schriftliches Verfahren

§ 83 Abs. 4 S. 3 sieht vor, dass das Gericht auch ohne mündliche Verhandlung 116 entscheiden kann. Voraussetzung dafür ist das **Einverständnis aller Beteiligten.** Das Einverständnis muss ausdrücklich erklärt sein. Eine Aufforderung an die Beteiligten, ihr Einverständnis mit einer Entscheidung im schriftlichen Verfahren zu erklären, mit der Maßgabe, dass das Einverständnis angenommen wird, falls nicht innerhalb bestimmter Frist der Beteiligte widerspricht, ist nicht möglich. § 83 a Abs. 3 kann nicht entsprechend angewandt werden (Schwab/Weth/*Weth* § 83 Rn. 116). Auch die Tatsache, dass alle Beteiligten sich schriftlich geäußert haben, reicht für eine Entscheidung im schriftlichen Verfahren nicht aus. Ob das Gericht auch bei Einverständnis aller Beteiligten ohne mündliche Anhörung entscheiden will, liegt in seinem Ermessen. Eine Verpflichtung dazu besteht nicht. § 128 Abs. 2 Satz 3 ZPO, wonach die Entscheidung innerhalb von drei Monaten nach dem Einverständnis ergehen muss, gilt nicht. Für die Verkündung der Entscheidung ist jedoch alsbald ein **Termin** zu bestimmen, schon um den gesetzlichen Richter zu gewährleisten (s. § 84 Rn. 16 f.).

IV. Verfahrensfehler

Verstöße gegen die Vorschriften über die Anhörung der Beteiligten stellen einen Ver- 117 fahrensfehler dar. Ist dem Arbeitsgericht ein solcher Verfahrensfehler unterlaufen, so kann dieser mit der Beschwerde gerügt werden. Er ist durch das Landesarbeitsgericht zu korrigieren. Eine **Zurückweisung** der Sache an das Arbeitsgericht wegen dieses Verfahrensfehlers ist nicht zulässig, § 91 Abs. 1 S. 2.

E. Beschwerdeverfahren

Nach § 83 Abs. 5 findet gegen Beschlüsse und Verfügungen des Arbeitsgerichts oder 118 seines Vorsitzenden das Rechtsmittel der sofortigen Beschwerde statt. Wegen der Einzelheiten wird auf § 78 verwiesen, der seinerseits auf die Vorschriften der Zivilprozessordnung über das Beschwerdeverfahren, die §§ 567 ff. verweist. **Beschwerdefähige Entscheidungen** im Sinne von § 83 Abs. 5 sind Anordnungen und Entscheidungen die im Laufe des Verfahrens ergehen, sowie eine Vorabentscheidung über den zulässigen Rechtsweg oder die zutreffende Verfahrensart nach § 17 a Abs. 2 und 3 GVG und § 48 Abs. 1 (s. § 2 Rn. 195 f., § 2 a Rn. 89 ff.). Ein Beschluss über die örtliche Zuständigkeit ist nach § 48 Abs. 1 Nr. 1 nicht anfechtbar. Nicht gemeint ist der Beschluss nach § 84, durch den das Arbeitsgericht in der Sache selbst über den Antrag entscheidet. Auch das Rechtsmittel gegen diesen Beschluss in der Sache heißt Beschwerde. Bei dieser handelt es sich jedoch um ein der Berufung im Urteilsverfahren entsprechendes Rechtsmittel, das in den §§ 87 ff. näher geregelt ist. Soweit **Urteile** mit der Beschwerde anfechtbar sind (s. § 78 Rn. 4), gilt dies auch im Beschlussverfahren. Infrage kommt insoweit aber lediglich ein Zwischenbeschluss über die Rechtmäßigkeit einer Zeugnisverweigerung nach § 387 ZPO.

§ 83 a Vergleich, Erledigung des Verfahrens

(1) Die Beteiligten können, um das Verfahren ganz oder zum Teil zu erledigen, zur Niederschrift des Gerichts oder des Vorsitzenden einen Vergleich schließen, soweit sie über den Gegenstand des Vergleichs verfügen können, oder das Verfahren für erledigt erklären.

(2) ¹Haben die Beteiligten das Verfahren für erledigt erklärt, so ist es vom Vorsitzenden des Arbeitsgerichts einzustellen. ²§ 81 Abs. 2 Satz 3 ist entsprechend anzuwenden.

(3) ¹Hat der Antragsteller das Verfahren für erledigt erklärt, so sind die übrigen Beteiligten binnen einer von dem Vorsitzenden zu bestimmenden Frist von mindestens zwei Wochen aufzufordern, mitzuteilen, ob sie der Erledigung zustimmen. ²Die Zustimmung gilt als erteilt, wenn sich der Beteiligte innerhalb der vom Vorsitzenden bestimmten Frist nicht äußert.

Übersicht

	Rn.
I. Allgemeines	1
II. Vergleich im Beschlussverfahren	2–11
1. Beendigung des Verfahrens	2–5
2. Verfügungsbefugnis über den Vergleichsgegenstand	6–10
3. Außergerichtlicher Vergleich	11
III. Erledigung des Verfahrens	12–26
1. Übereinstimmende Erledigungserklärung	12
2. Einstellung des Verfahrens	13–16
3. Erledigungserklärung des Antragstellers	17–24
a) Zustimmung der Beteiligten	17–20
b) Fehlende Zustimmung der Beteiligten	21–24
4. Erledigungserklärung durch Beteiligte	25
5. Erledigung von Amts wegen	26

I. Allgemeines

1 § 83 a ist durch die Arbeitsgerichtsnovelle vom 21. 5. 1979 in das Arbeitsgerichtsgesetz neu eingefügt worden. Die Vorschrift erklärt nunmehr Vergleiche grundsätzlich für zulässig und gibt den Beteiligten die Möglichkeit, ein Verfahren auch für erledigt zu erklären. Die Vorschrift erweitert damit ebenso wie die Regelung über die Antragsrücknahme und Antragsänderung die **Dispositionsbefugnis der Beteiligten** über das Verfahren (zum Verzicht und Anerkenntnis s. § 84 Rn. 6). Das Gericht hat auch im Beschlussverfahren auf eine vergleichsweise Erledigung des Rechtsstreits hinzuwirken, § 80 Abs. 2, § 57 Abs. 2. Die Vorschrift gilt auch im Beschwerde- und Rechtsbeschwerdeverfahren, § 90 Abs. 2 und § 95 Abs. 4.

II. Vergleich im Beschlussverfahren

1. Beendigung des Verfahrens

2 Nach § 83 a Abs. 1 können die Beteiligten das **Verfahren** ganz oder zum Teil **beenden,** indem sie einen Vergleich schließen. Der Vergleich soll **zur Niederschrift des Gerichts oder des Vorsitzenden** geschlossen werden. Er muss also nach den Vorschriften der §§ 160 ff. ZPO protokolliert werden. Die Vorschrift berücksichtigt nicht die Neuregelung in § 178 Abs. 6 ZPO, wonach ein gerichtlicher Vergleich auch dadurch geschlossen werden kann, dass die Parteien dem Gericht einen schriftlichen Vergleichsvorschlag unterbreiten oder einen schriftlichen Vergleichsvorschlag des Gerichts durch Schriftsatz gegenüber dem Gericht annehmen. § 278 Abs. 6 findet über die Verweisung in § 80 Abs. 2 – „gütliche Erledigung des Verfahrens" und § 46 Abs. 2 auch im Beschlussverfahren Anwendung. soweit sich aus § 83 a nichts anderes ergibt. Das ist nicht der Fall (so auch ArbGV/*Koch* § 83 a Rn. 2; wohl auch ErfK/*Eisemann* § 83 a Rn. 1; a. A. GK-ArbGG/*Dörner* § 83 a Rn. 3a; Schwab/Weth/*Weth* § 83 a Rn. 2). Die Regelung, dass der Vergleich zu protokollieren ist, trägt keiner Besonderheit des Beschlussverfahrens Rechnung. In den Fällen des § 278 ZPO hat allerdings der Vorsitzende das Zustande-

II. Vergleich im Beschlussverfahren § 83 a

kommen und den Inhalt des so geschlossenen Vergleichs durch einen Beschluss festzustellen.

Der gerichtlich protokollierte oder durch Beschluss festgestellte Vergleich beendet das **3** Verfahren von selbst. Anders als bei der Erledigungserklärung und der Antragsrücknahme ist daher eine **Einstellung des Verfahrens** durch den Vorsitzenden nicht vorgesehen (GK-ArbGG/*Dörner* § 83 a Rn. 14). Etwa im Verfahren schon ergangene noch nicht rechtskräftige Entscheidungen werden ohne besondere Aufhebung wirkungslos (GK-ArbGG/*Dörner* § 83 a Rn. 14; *Hauck/Helml* § 83 a Rn. 1; ErfK/*Eisemann* ArbGG § 83 a Rn. 1). Der gerichtlich protokollierte Vergleich ist **Vollstreckungstitel**, § 85 Abs. 1 S. 1.

Der Vergleich muss von **allen am Verfahren Beteiligten geschlossen werden** (GK- **4** ArbGG/*Dörner*, § 83 a Rn. 7; *Hauck/Helml* § 83 a Rn. 3; ErfK/*Eisemann* § 83 a Rn. 1; Schwab/Weth/*Weth* § 83 a Rn. 4). § 83 a unterscheidet wie auch die anderen Vorschriften über das Beschlussverfahren nicht zwischen verschiedenen Beteiligten. Der Vergleichsvorschlag an das Gericht ist daher von allen Beteiligten zu unterschreiben, der Vorschlag des Gerichts allen Beteiligten zuzuleiten, die ihn alle annahmen müssen. Anders ist es nur dann, wenn der Verfahrensgegenstand teilbar ist und nur ein Teil des Verfahrens durch Vergleich erledigt werden soll. Dann bedarf es auch nur der Mitwirkung derjenigen Beteiligten, die durch eine Entscheidung über diesen Teil des Verfahrens unmittelbar betroffen würden, sofern für die einzelnen Teilanträge verschiedene Beteiligte in Betracht kommen (GK-ArbGG/*Dörner* § 83 a Rn. 9; s. dazu § 83 Rn. 15).

Wird ein Vergleich nur von einigen Beteiligten geschlossen oder ein Vergleichsvor- **5** schlag nur von einigen Beteiligten bei Gericht eingereicht, so hat der Vorsitzende die übrigen Beteiligten zur Erklärung darüber aufzufordern, ob sie dem Vergleich zustimmen. Erforderlich ist eine ausdrückliche **Zustimmung**, § 83 a Abs. 3, wonach Schweigen auf eine Erledigungserklärung als Zustimmung gilt (s. unten Rn. 17), kann für § 83 a Abs. 1 nicht entsprechend angewandt werden (Schwab/Weth/*Weth* § 83 a Rn. 5). Fehlt es an der Zustimmung eines Beteiligten, so ist das Verfahren nicht erledigt. Über den Antrag muss in der Sache entschieden werden, sofern nicht in der Anzeige des Vergleichs durch den Antragsteller eine Antragsrücknahme zu sehen ist, die in der ersten Instanz nicht der Zustimmung der übrigen Beteiligten bedarf (zweifelnd GK-ArbGG/*Dörner* § 83 a Rn. 9). Ob die von nur einigen Beteiligten vereinbarte materielle Regelung wirksam und bei der Sachentscheidung über den Antrag zu berücksichtigen ist, ist eine Frage des Einzelfalles.

2. Verfügungsbefugnis über den Vergleichsgegenstand

Voraussetzung für einen Vergleich im Beschlussverfahren ist, dass die Beteiligten über **6** den Gegenstand des Vergleichs verfügen können. Das ist eine Selbstverständlichkeit. Deutlich gemacht werden soll damit, dass gerade in betriebsverfassungsrechtlichen und mitbestimmungsrechtlichen Streitigkeiten eine vergleichsweise Regelung vielfach deswegen nicht möglich ist, weil zwingende **Rechtsvorschriften entgegenstehen**. Da alle Beteiligten am Vergleichsabschluss mitwirken müssen, müssen auch alle Beteiligten über den Vergleichsgegenstand verfügen können.

Die Vorschrift spricht nicht vom Verfahrensgegenstand, sondern vom **Vergleichs-** **7** **gegenstand**. Sie trägt damit der Tatsache Rechnung, dass die Beteiligten sich auch über streitige Rechte vergleichen können, die nicht Gegenstand des anhängigen Verfahrens sind. Immer aber muss auch der Verfahrensgegenstand ganz oder teilweise Gegenstand des Vergleiches sein, da sonst der Vergleich das Verfahren ganz oder teilweise nicht beenden kann.

Ob die Beteiligten über den Vergleichsgegenstand verfügen können, ist eine Frage des **8** **materiellen Rechts** (GK-ArbGG/*Dörner* § 83 a Rn. 11; Schwab/Weth/*Weth* § 83 a Rn. 7; *Hauck/Helml* § 83 a Rn. 3; ErfK/*Eisemann* § 83 a Rn. 2). Eine solche Verfügungsbefugnis ist zunächst anzunehmen für alle **vermögensrechtlichen Streitigkeiten** (s. dazu § 85 Rn. 6 f.), etwa über die Erstattung von Betriebsratskosten oder sächliche Mittel für die Betriebsratstätigkeit. Bei Streitigkeiten über Mitbestimmungs- und sonstige Beteiligungsrechte ist zu unterscheiden. Für den konkreten Mitbestimmungsfall können sich die Beteiligten auf eine vorläufige oder endgültige Regelung auch in einem gerichtlichen Vergleich einigen (GK-ArbGG/*Dörner* § 83 a Rn. 13; *Hauck/Helml* § 83 a Rn. 3; ArbGV/*Koch* § 83 a Rn. 3; ErfK/*Eisemann* § 83 a Rn. 2). Auf Mitbestimmungsrechte in künftigen, von der Regelung noch nicht erfassten Fällen kann der Betriebsrat nicht verzichten. Zu beachten ist, dass die **Verfügungsbefugnis des Arbeitgebers** weitergehen kann als die des Betriebsrates, so dass dem Betriebsrat vergleichsweise auch weitergehende Beteiligungsrechte eingeräumt werden können. Nicht verfügen können die Beteiligten regelmäßig über die Organisation der Betriebsverfassung im weitesten Sinne. So kann kein Vergleich über das aktive oder passive Wahlrecht von Arbeitnehmern, über die Notwendigkeit einer Betriebsratswahl oder über den Rücktritt des Betriebsrates geschlossen werden, auch nicht über die Frage, ob ein Arbeitnehmer leitender Angestellter ist oder nicht. Die Jugend- und Auszubildendenvertretung ist gegenüber dem Betriebsrat im Innenverhältnis verfügungsbefugt über ihre Beteiligungsrechte (zu ihrer Stellung gegenüber dem Arbeitgeber s. § 81 Rn. 45).

9 Fehlt es an der Verfügungsbefugnis der Beteiligten, ist der Vergleich **materiell unwirksam**. Der protokollierte oder durch Beschluss festgestellte Vergleich **beendet** gleichwohl das anhängige Verfahren (ArbGV/*Koch* § 83 a Rn. 3; a. A. GK-ArbGG/*Dörner* § 83 a Rn. 16a; Schwab/Weth/*Weth* § 83 a Rn. 9; ErfK/*Eisemann* ArbGG § 83 a Rn. 2; *Hauck/Helml* § 83 a Rn. 3, die aber gleichwohl den Vorsitzenden für verpflichtet halten, den Vergleich zu protokollieren). Das Gericht kann die Beteiligten auf Bedenken gegen die Wirksamkeit des Vergleichs hinweisen, muss diesen aber im Übrigen protokollieren. Das folgt schon daraus, dass im Abschluss des Vergleichs durch alle Beteiligten gleichzeitig die prozessuale Erklärung liegt, dass alle Beteiligten das Verfahren mit Rücksicht auf den geschlossenen Vergleich für erledigt ansehen. Auch bei einer übereinstimmenden Erledigungserklärung prüft das Gericht nicht, ob das Verfahren tatsächlich erledigt ist (s. unten Rn. 14). Die Beteiligten könnten den Vergleich auch außergerichtlich schließen und ausdrücklich übereinstimmend die Erledigung des Verfahrens erklären, ohne dass das Gericht die Wirksamkeit des Vergleichs prüfen könnte oder müsste. Ein Streit darüber, ob der Vergleich wirksam zustande gekommen ist und daher das Verfahren beendet hat, ist im anhängigen Verfahren zu entscheiden (BAG 25. 6. 1981 AP ZPO § 795 Nr. 30; GK-ArbGG/*Dörner* § 83 a Rn. 17). Die Entscheidung darüber kann als instanzbeendende Entscheidung mit der Beschwerde nach § 87 angefochten werden (ArbGV/*Koch* § 83 a Rn. 5). Die prozessuale Unwirksamkeit eines Vergleichs kann, wenn aus diesem vollstreckt wird, auch im Wege der Zwangsvollstreckungsgegenklage nach § 776 ZPO geltend gemacht werden.

10 Der prozessual wirksame Vergleich hindert einen Beteiligten nicht, die Rechtsfrage erneut zur gerichtlichen Entscheidung zu stellen. Es gibt keine Einrede des rechtskräftigen Vergleichs. Die vergleichsweise getroffene Regelung ist dabei auf ihre materielle Wirksamkeit zu prüfen und ggfs. bei der Sachentscheidung zu berücksichtigen (GK-ArbGG/*Dörner* § 83 a Rn. 15 a).

3. Außergerichtlicher Vergleich

11 Die Beteiligten können sich auch außergerichtlich vergleichen. Ein solcher Vergleich beendigt jedoch nicht das anhängige Beschlussverfahren. Dazu bedarf es entweder der **Rücknahme des Antrages** durch den Antragsteller (s. § 81 Rn. 73 ff.) oder der **Erledigungserklärung** aller Beteiligten (GK-ArbGG/*Dörner* § 83 a Rn. 19; s. unten Rn. 12 f.). Es ist daher für das anhängige Verfahren auch ohne Bedeutung, ob der Vergleich zwischen allen Beteiligten abgeschlossen worden ist und ob diese über den Vergleichsgegenstand verfügen konnten. Wird das Verfahren trotz des außergerichtlichen Vergleichs nicht beendet, sondern fortgesetzt, so ist der Vergleich, sofern er wirksam ist, bei der Sachentscheidung über den weiterverfolgten Antrag zu berücksichtigen (BAG 29. 1. 1974 AP BetrVG 1972 § 37 Nr. 8; GK-ArbGG/*Dörner* § 83 a Rn. 20).

III. Erledigung des Verfahrens

1. Übereinstimmende Erledigungserklärung

Nach § 83 a Abs. 2 können die Beteiligten das Verfahren für erledigt erklären. Auch hier ist erforderlich, dass **alle Beteiligten** die Erledigungserklärung abgeben (GK-ArbGG/ *Dörner* § 83 a Rn. 23). Die Erledigungserklärung ist gegenüber dem Gericht schriftlich oder zu Protokoll abzugeben. Sie ist als Prozesshandlung unwiderruflich. Die Erledigungserklärung kann auch noch zwischen den Instanzen **aber vor Rechtskraft** der bereits verkündeten Entscheidung abgegeben werden (BAG 27. 8. 1996 AP ArbGG 1979 § 83 a Nr. 4; BAG 25. 7. 2002 AP BGB § 611 Direktionsrecht Nr. 62; GK-ArbGG/*Dörner* § 83 a Rn. 22). Keiner Erledigungserklärung bedarf der Antrag des Arbeitgebers nach § 100 Abs. 2 Satz 3 BetrVG auf Feststellung der dringenden Erforderlichkeit der personellen Einzelmaßnahmen, wenn diese endgültig zulässig wird (BAG 19. 6. 1984 AP ZA NATO-Truppenstatut Art. 72 Nr. 1) oder nicht mehr aufrecht erhalten wird (BAG 15. 9. 1987 AP BetrVG 1972 § 99 Nr. 46). Er erledigt sich mit der Erledigung des Zustimmungsersetzungsverfahrens (BAG 18. 10. 1988 AP BetrVG 1972 § 100 Nr. 4; *Matthes* DB 1989, 1288).

12

2. Einstellung des Verfahrens

Anders als beim gerichtlichen Vergleich führt die Erledigungserklärung der Beteiligten noch nicht zur Beendigung des Verfahrens. Erforderlich ist vielmehr, dass dieses **vom Vorsitzenden des Gerichts eingestellt wird** (GK-ArbGG/*Dörner* § 83 a Rn. 24; *Hauck/ Helml* § 83 a Rn. 5).

13

Der Vorsitzende hat dabei **nicht** zu prüfen, ob das **Verfahren tatsächlich erledigt ist** und ob die Beteiligten über den Verfahrensgegenstand verfügen können, da die Erledigungserklärung lediglich eine Prozesshandlung ist und die materielle Rechtslage nicht berührt (GK-ArbGG/*Dörner* § 83 a Rn. 25; *Hauck/Helml* § 83 a Rn. 5). Der Vorsitzende hat jedoch zu prüfen, ob alle Beteiligten das Verfahren für erledigt erklärt haben (Schwab/Weth/*Weth* § 83 a Rn. 18). Mit der Einstellung des Verfahrens werden bisher ergangene **Entscheidungen von selbst wirkungslos**. Entsprechend § 269 Abs. 3 ZPO kann dies auf Antrag durch Beschluss ausgesprochen werden. Von der Einstellung ist den Beteiligten Kenntnis zu geben, § 81 Abs. 2 S. 3, und zwar allen Beteiligten. Gegen den Einstellungsbeschluss des Vorsitzenden findet das Rechtsmittel der **Beschwerde** nach § 87 statt (BAG 23. 8. 2008 NZA 2008, 841; GK-ArbGG/*Dörner* § 83 a Rn. 24; ErfK/ *Eisemann* ArbGG § 83 a Rn. 3; s. § 81 Rn. 80 f.).

14

Die Einstellung des Verfahrens hindert die Beteiligten nicht, die Streitsache erneut anhängig zu machen.

15

Eine **Kostenentscheidung** entsprechend § 91 a ZPO erfolgt nicht (zur Kostenentscheidung im Beschlussverfahren s. § 84 Rn. 31 ff.).

16

3. Erledigungserklärung des Antragstellers

a) Zustimmung der Beteiligten

Einen Unterfall der übereinstimmenden Erledigungserklärung regelt § 83 a Abs. 3. Hat zunächst lediglich der Antragsteller das Verfahren für erledigt erklärt, so hat der Vorsitzende die übrigen Beteiligten aufzufordern, binnen einer von ihm zu setzenden

17

Frist zu erklären, ob sie der Erledigung zustimmen. Die Frist muss mindestens 2 Wochen betragen. Äußern sich die Beteiligten nicht innerhalb der Frist, so gilt ihre **Zustimmung als erteilt**. Auf diese Rechtsfolge ihres Schweigens ist in der Aufforderung hinzuweisen (GK-ArbGG/*Dörner* § 83 a Rn. 26). Auch hier sind alle Beteiligten zur Erklärung aufzufordern. Die Erklärung der Beteiligten ist dem Gericht gegenüber abzugeben. Die Zustimmungserklärung ist unwiderruflich. Gegen die Versäumung der Frist ist eine Wiedereinsetzung nicht möglich (GK-ArbGG/*Dörner* § 83 a Rn. 27).

18 Haben alle Beteiligten der Erledigungserklärung des Antragstellers zugestimmt oder gilt ihre Zustimmung als erteilt, so hat der Vorsitzende wiederum das **Verfahren einzustellen** und von der Einstellung den Beteiligten Kenntnis zu geben. Er hat nicht zu prüfen, ob das Verfahren tatsächlich erledigt ist (*Hauck/Helml* § 83 a Rn. 6).

19 Die Regelung des § 83 a Abs. 3 ist für das Verfahren vor dem Arbeitsgericht ohne Bedeutung. Der Antragsteller kann seinen Antrag jederzeit zurücknehmen, § 81 Abs. 2. Er bedarf dazu nicht der Zustimmung der übrigen Beteiligten. Stimmen daher nicht alle Beteiligten der Erledigungserklärung zu, kann das Verfahren gleichwohl eingestellt werden, § 81 Abs. 2 S. 2, sofern in der Erledigungserklärung des Antragstellers auch eine **Rücknahme des Antrags** gesehen werden kann (Schwab/Weth/*Weth* § 83 a Rn. 19). Das wird vielfach der Fall sein oder kann beim Antragsteller erfragt werden. In diesem Falle erübrigt sich das Verfahren nach § 83 a Abs. 3. Voraussetzung für die Wirksamkeit der Erledigungserklärung oder der Antragsrücknahme ist, dass der Antragsteller **noch antragsbefugt** ist (BAG 27. 8. 1996 AP ArbGG 1979 § 83 a Nr. 4; s. dazu § 81 Rn. 63).

20 Sind in einem Verfahren **mehrere Antragsteller** vorhanden, so kann jeder die Erledigungserklärung nur hinsichtlich seines Antrages abgeben. Die Zustimmungserklärung des anderen Antragstellers beinhaltet nicht gleichzeitig die Erklärung, dass auch sein Antrag erledigt sei. Das gilt auch dann, wenn beide Anträge das gleiche Verfahrensziel verfolgen, etwa wenn zwei Anfechtungsberechtigte die gleiche Betriebsratswahl angefochten haben.

b) Fehlende Zustimmung der Beteiligten

21 § 83 a Abs. 3 regelt nicht den Fall, dass nicht alle Beteiligten der Erledigungserklärung durch den Antragsteller zustimmen. Für diesen Fall der **einseitigen Erledigungserklärung** hat die Rechtsprechung des Bundesarbeitsgerichts früher angenommen, dass insoweit die Regeln über das Urteilsverfahren entsprechend gelten. Das Gericht habe zunächst zu prüfen, ob der Antrag ursprünglich zulässig und begründet war, weil nur ein zulässiger und begründeter Antrag sich durch ein nachträglich eintretendes Ereignis erledigen können (BAG 10. 6. 1969 AP BetrVG 1972 § 80 Nr. 26; 15. 9. 1987 AP BetrVG 1972 § 99 Nr. 46). Erst dann könne, wenn sich das Verfahren tatsächlich erledigt hat, dieses eingestellt werden.

22 Diese Rechtsprechung hat das Bundesarbeitsgericht aufgegeben. Erklärt der Antragsteller eines Beschlussverfahrens das Verfahren für erledigt und widersprechen Beteiligte der Erledigungserklärung, so hat das Gericht lediglich zu prüfen, ob ein erledigendes Ereignis tatsächlich eingetreten ist. Ein erledigendes Ereignis liegt vor, wenn nach Rechtshängigkeit des Antrages tatsächliche Umstände eingetreten sind, auf Grund derer der Antrag jedenfalls jetzt als unzulässig oder unbegründet abgewiesen werden müsste. Darauf, ob der Antrag ursprünglich zulässig und begründet war, kommt es nicht an (BAG 26. 4. 1990 AP ArbGG 1979 § 83 a Nr. 3; zuletzt 19. 2. 2008 AP ArbGG 1979 § 83 a Nr. 11; GK-ArbGG/*Dörner* § 83 a Rn. 30; Schwab/Weth/*Weth* § 83 a Rn. 23; *Hauck/Helml* § 83 a Rn. 6; ErfK/*Eisemann* ArbGG § 83 a Rn. 4; im Ergebnis zustimmen *Jost/Sundermann* ZZP 105, 261 ff.). Nach einer neueren Entscheidung des Bundesarbeitsgerichts kann das erledigende Ereignis auch schon vor Rechtshängigkeit eingetreten sein (BAG 23. 1. 2008 AP ArbGG 1979 § 83 a Nr. 10). Der Antragsteller wird auch auf diese Weise gehindert, sich ohne ein erledigendes Ereignis einseitig einer ihm negativen Entscheidung zu entziehen, was § 87 Abs. 2 und § 92 Abs. 2 Satz 3 gerade

dadurch verhindern wollen, dass es die Antragsrücknahme in den höheren Instanzen an die Zustimmung der Beteiligten bindet. Hat sich die Sache nicht erledigt, so ist über den Antrag in der Sache zu entscheiden.

Zum Beispiel erledigt sich der Antrag des Arbeitgebers auf Ersetzung der Zustimmung des Betriebsrats zur fristlosen Kündigung eines Betriebsratsmitglieds mit der Erteilung der Zustimmung durch den Betriebsrat (BAG 23. 6. 1993 AP ArbGG 1979 § 83a Nr. 2). Anträge des Arbeitgebers auf Ersetzung der Zustimmung des Betriebsrats zu einer personellen Einzelmaßnahme oder auf Feststellung, dass eine vorläufige personelle Maßnahme aus sachlichen Gründen dringend erforderlich ist (§§ 99 Abs. 4, 100 Abs. 2 Satz 1 BetrVG), sowie der Antrag des Betriebsrats auf Aufhebung einer personellen Maßnahme (§ 101 BetrVG) erledigen sich mit der Beendigung der betreffenden personellen Einzelmaßnahme (BAG 26. 4. 1990 AP ArbGG 1979 § 83a Nr. 3) oder mit der Rücknahme des Zustimmungsersuchens des Arbeitgebers (BAG 28. 2. 2006 AP BetrVG 1972 § 99 Einstellung Nr. 51). Ein Beschlussverfahren über Mitbestimmungsrechte erledigt sich mit der Stilllegung des Betriebes (BAG 14. 9. 2001 AP BetrVG 1972 § 21b Nr. 2; s. näher GK-ArbGG/*Dörner* § 83a Rn. 31a).

Ist das Verfahren erledigt, so ist es entsprechend § 83a Abs. 2 ArbGG einzustellen. Gegen diesen Beschluss ist die Beschwerde nach § 87 oder bei Vorliegen der sonstigen Voraussetzungen, die Rechtsbeschwerde nach § 92 gegeben.

4. Erledigungserklärung durch Beteiligte

Erklärt ein **anderer Beteiligter** als der Antragsteller das Verfahren für erledigt, so gilt dafür § 83a Abs. 3 nicht (GK-ArbGG/*Dörner* § 83a Rn. 32 Schwab/Weth/*Weth* § 83a Rn. 24; ErfK/*Eisemann* ArbGG § 83a Rn. 4). Eine solche Erklärung ist für die Beendigung des Verfahrens ohne Bedeutung. Eine solche Erklärung und der Vortrag eines erledigten Ereignisses ist jedoch regelmäßig Anlass zur Prüfung der Frage, ob für den Antrag noch ein **Rechtsschutzinteresse** besteht. Da es sich um die Feststellung von Prozessvoraussetzungen handelt, kann auch noch in der Rechtsbeschwerdeinstanz behauptet werden, das Rechtsschutzinteresse sei durch ein nachträgliches Ereignis weggefallen (s. § 76 Rn. 26). Ist das Rechtsschutzinteresse nachträglich entfallen und hält der Antragsteller seinen Antrag gleichwohl aufrecht, so ist dieser als unzulässig abzuweisen (BAG 6. 10. 1978 AP BetrVG 1972 § 101 Nr. 2; 23. 1. 1986 AP BetrVG 1972 § 5 Nr. 31).

5. Erledigung von Amts wegen

Von Amts wegen kann das Gericht ein Verfahren **nicht für erledigt erklären**. Über einen Antrag hat das Gericht zu entscheiden, solange dieser nicht zurückgenommen oder das Verfahren in zulässiger Weise für erledigt erklärt worden ist (GK-ArbGG/*Dörner* § 83a Rn. 33; ErfK/*Eisemann* ArbGG § 83a Rn. 4). Die Entscheidung des BAG (19. 6. 1984 AP ZA-NATO-Truppenstatut Art. 72 Nr. 1; 18. 10. 1988 AP BetrVG 1972 § 100 Nr. 4), wonach ein Antrag nach § 100 Abs. 2 S. 3 BetrVG auf Feststellung, dass eine vorläufige personelle Maßnahme aus sachlichen Gründen dringend erforderlich ist, sich mit der rechtskräftigen Ersetzung der Zustimmung des Betriebsrates zur endgültigen Maßnahme erledigt, steht dem nicht entgegen, da dieser Antrag von vornherein nur einen Zwischenstreit für die Dauer des Zustimmungsersetzungsverfahrens betrifft (GK-ArbGG/*Dörner* § 83a Rn. 34).

§ 84 Beschluß

[1] Das Gericht entscheidet nach seiner freien, aus dem Gesamtergebnis des Verfahrens gewonnenen Überzeugung. [2] Der Beschluß ist schriftlich abzufassen. [3] § 60 ist entsprechend anzuwenden.

§ 84

Übersicht

	Rn.
I. Entscheidung im Beschlussverfahren	1–9
1. Entscheidung durch Beschluss	1–7
2. Entscheidungsgrundlagen	8, 9
II. Formalien des Beschlusses	10–21
1. Schriftform	10, 11
2. Vollstreckbarerklärung	12, 13
3. Festsetzung des Streitwertes	14
4. Rechtsmittelbelehrung	15
5. Verkündung des Beschlusses	16, 17
6. Zustellung	18, 19
7. Zulassung der Rechtsbeschwerde	20
8. Abhilfeverfahren	21
III. Rechtskraft des Beschlusses	22–30
1. Bedeutung der Rechtskraft	22–26
2. Subjektive Grenzen der Rechtskraft	27–30
IV. Kostenentscheidung im Beschlussverfahren	31–35

I. Entscheidung im Beschlussverfahren

1. Entscheidung durch Beschluss

1   Nach § 84 entscheidet das Gericht im Beschlussverfahren über den gestellten Antrag durch einen **Beschluss**. Dieser Beschluss darf nicht mit im Laufe des Verfahrens ergehenden Beschlüssen des Vorsitzenden oder des Gerichts nach § 83 Abs. 5 im Sinne von § 329 ZPO verwechselt werden. Es handelt sich vielmehr um einen Beschluss, der inhaltlich und seiner Funktion nach **dem Urteil** im Urteilsverfahren **gleichsteht**. Von ihm hat das Verfahren seinen Namen.

2   Der Beschluss beendet das Verfahren für die Instanz. Er ergeht jeweils durch das Gericht, also unter Mitwirkung der **ehrenamtlichen Richter**. Das gilt auch dann, wenn nach § 83 Abs. 4 ohne mündliche Anhörung der Beteiligten entschieden wird. Zum Recht des Vorsitzenden, im Anschluss an eine Güteverhandlung in der Sache allein zu entscheiden, s. § 80 Rn. 57 ff. (GK-ArbGG/*Dörner* § 80 Rn. 55). Entscheidet davon abgesehen der Vorsitzende allein, so ist der Beschluss nicht nichtig, vielmehr nur mit der Beschwerde nach § 87 anfechtbar. Die Nichtbeteiligung der ehrenamtlichen Richter ist darüber hinaus ein Grund zur Wiederaufnahme des Verfahrens, §§ 80 Abs. 2, 79 in Verbindung mit § 579 Abs. 1 Nr. 1 ZPO (GK-ArbGG/*Dörner* § 84 Rn. 2; *Hauck/Helml* § 84 Rn. 2).

3   § 84 S. 3 erklärt § 60 für entsprechend anwendbar. Damit sind auch die für das Urteil im **Urteilsverfahren** anwendbaren Vorschriften der §§ 300 ff. ZPO im Beschlussverfahren entsprechend anwendbar (s. § 80 Rn. 41).

4   Das Gericht hat zu entscheiden, sobald der Rechtsstreit zur Entscheidung reif ist. Der Beschleunigungsgrundsatz des § 9 Abs. 1 gilt auch im Beschlussverfahren. Ist über Anträge mehrerer Antragsteller zu entscheiden, so kann **über jeden Antrag** entschieden werden, sobald der Rechtsstreit insoweit entscheidungsreif ist, § 300 Abs. 2 ZPO (GK-ArbGG/*Dörner* § 84 Rn. 4). Das gilt nur dann nicht, wenn über die Anträge mehrerer Antragsteller – wie etwa im Wahlanfechtungsverfahren – nur einheitlich entschieden werden kann.

5   Entsprechend § 301 ZPO kann auch ein **Teilbeschluss** ergehen, wenn ein selbständiger Teil des Verfahrens zur Entscheidung reif ist (BAG 31. 1. 1995 AP BetrVG 1972 § 118 Nr. 56; GK-ArbGG/*Dörner* § 84 Rn. 4). Insbesondere ist über den Antrag des Arbeitgebers nach § 100 Abs. 2 S. 3 BetrVG festzustellen, dass eine **vorläufige personelle Einzelmaßnahme** aus sachlichen Gründen dringend erforderlich war, vorab durch Teilbeschluss zu entscheiden. Auch ein Beschluss über den Grund des geltend gemachten

Anspruches ist gemäß § 304 ZPO möglich. Da § 61 Abs. 3 nicht in Bezug genommen wird, ist ein solcher **Grundbeschluss** selbständig anfechtbar.

Zulässig ist auch ein **Zwischenbeschluss** nach § 280 ZPO über die Zulässigkeit des Antrages, etwa über die Antragsbefugnis GK-ArbGG/*Dörner* § 84 Rn. 4). Soweit die Beteiligten über den Streitgegenstand verfügen können (s. dazu § 83 a Rn. 7 f.), kann auch ein **Anerkenntnis** oder **Verzichtsbeschluss** nach den §§ 306, 307 ZPO ergehen. Seltener infrage kommen wird ein Beschluss nach § 302 ZPO unter **Vorbehalt der Aufrechnung**. Ein solcher Beschluss ist jedoch zulässig. Ist über die zur Aufrechnung gestellte Forderung im Urteilsverfahren zu entscheiden, so ist das Nachverfahren von Amts wegen in das Urteilsverfahren zu verweisen, § 17 a Abs. 2 GVG (s. § 2 a Rn. 81 ff.). Ein Beschluss kann nach § 319 ZPO auch wegen offenbarer Unrichtigkeit **berichtigt** werden. 6

Eine **Versäumnisentscheidung** kommt im Beschlussverfahren nicht in Betracht (s. § 83 Rn. 112 ff.). 7

2. Entscheidungsgrundlagen

Das Gericht entscheidet nach seiner freien aus dem Gesamtergebnis des Verfahrens gewonnenen Überzeugung, § 84 S. 1. Das bedeutet nicht, dass das Gericht eine **Ermessensentscheidung** treffen kann. Auch die Entscheidung im Beschlussverfahren ist eine Rechtsentscheidung, die sich ausschließlich am materiellen und formellen Recht zu orientieren hat (GK-ArbGG/*Dörner* § 84 Rn. 9; Schwab/Weth/*Weth* § 84 Rn. 2; *Hauck/ Helml* § 84 Rn. 3; ErfK/*Eisemann* § 84 Rn. 1). Entscheidungsgrundlage ist der von Amts wegen unter Mitwirkung der Beteiligten festgestellte Sachverhalt. Auch in der Feststellung des der Entscheidung zugrundeliegenden Sachverhaltes ist das Gericht nicht frei etwa in dem Sinne, dass es von dem ihm am wahrscheinlichsten erscheinenden Sachverhalt ausgehen kann. 8

Das Gericht hat nur **über den gestellten Antrag** zu entscheiden, § 308 ZPO. Das folgt auch aus § 83 Abs. 1, wonach der Sachverhalt nur im Rahmen der gestellten Anträge von Amts wegen zu erforschen ist. Das Gericht ist frei in der Entscheidung, auf welche **rechtlichen Gesichtspunkte** es seine Entscheidung stützen will. Die Beteiligten können das Gericht nicht auf die Prüfung bestimmter rechtlicher Gesichtspunkte beschränken (BAG 2. 2. 1962 AP BetrVG 1952 § 13 Nr. 10; 13. 2. 1975 AP ZPO § 308 Nr. 2; GK-ArbGG/*Dörner* § 84 Rn. 10). Ob das Gericht, auch wenn dies zur Begründung der Entscheidung nicht erforderlich ist, auch auf diejenigen rechtlichen Gesichtspunkte eingeht, die die Beteiligten als entscheidend angesehen haben, liegt in seinem Ermessen. 9

II. Formalien des Beschlusses

1. Schriftform

Der Beschluss ist schriftlich abzufassen, § 84 Abs. 2. Er ist nach § 60 Abs. 4 S. 1 allein vom **Vorsitzenden zu unterschreiben.** Für seinen Inhalt gilt § 313 ZPO. Nach § 60 Abs. 4 S. 1 muss der Beschluss Tatbestand und Entscheidungsgründe enthalten. Dass diese regelmäßig äußerlich unter der Überschrift „Gründe" zusammengefasst werden, ist unschädlich. Der Beschluss hat – schon im Hinblick auf seine Rechtskraftwirkung (s. unten Rn. 25 ff.) – die **Bezeichnung aller Beteiligten** zu enthalten (GK-ArbGG/*Dörner* § 84 Rn. 5; ErfK/*Eisemann* § 84 Rn. 2), nicht nur derjenigen, die sich tatsächlich zum Verfahren geäußert haben. Zutreffend ist es, allein den Antragsteller besonders hervorzuheben (so die Praxis der Verwaltungsgerichte) und einen etwaigen „Antragsgegner" nur unter den übrigen Beteiligten aufzuführen (GK-ArbGG/*Dörner* § 84 Rn. 5). 10

Ein **Verzicht auf Tatbestand und Entscheidungsgründe** entsprechend § 313 a Abs. 1 ZPO kommt grundsätzlich nicht in Betracht, da jeder Beschluss mit der Beschwerde 11 angefochten werden kann (GK-ArbGG/*Dörner* § 84 Rn. 7). Nach dem neuen § 313a Abs. 2 ZPO n. F. können aber Tatbestand und Entscheidungsgründe entfallen, wenn der Beschluss im Anschluss an die mündliche Anhörung – also nicht in einem besonderen Verkündungstermin – verkündet wird und die Beteiligten auf ein **Rechtsmittel verzichten** (*Hauck/Helml* § 84 Rn. 5; ErfK/*Eisemann* § 84 Rn. 2). Ist der Beschluss nur für einen oder einige Beteiligte anfechtbar, genügt deren Verzicht. Der Verzicht muss spätestens binnen einer Wochen nach Schluss der mündlichen Verhandlung dem Gericht gegenüber erklärt werden, kann aber auch schon vorher erfolgen. Selbstverständlich muss der Beschluss einen Entscheidungstenor haben, § 313 Abs. 1 Nr. 4 ZPO.

2. Vollstreckbarerklärung

12 Während im arbeitsgerichtlichen Urteilsverfahren alle Urteile grundsätzlich vorläufig vollstreckbar sind, § 62 Abs. 1 S. 1, sind **Beschlüsse** im Beschlussverfahren nur dann **vorläufig vollstreckbar**, wenn sie in **vermögensrechtlichen Streitigkeiten** entschieden haben, § 85 Abs. 1 S. 1. Da aus dem Beschlusstenor nicht ohne weiteres zu ersehen ist, ob eine vermögensrechtliche Streitigkeit vorliegt, muss das Gericht im Tenor zum Ausdruck bringen, ob die Entscheidung vorläufig vollstreckbar ist oder nicht (*Hauck*/Helml § 84 Rn. 6; GK-ArbGG/*Dörner* § 84 Rn. 11; Schwab/Weth/*Weth* § 84 Rn. 5; ErfK/ *Eisemann* ArbGG § 84 Rn. 2). Es kann diese Entscheidung nicht dem Vollstreckungsorgan überlassen. Es kann auch nicht davon ausgegangen werden, dass alle Entscheidungen, die zu einer Leistung verpflichten, in vermögensrechtlichen Streitigkeiten ergangen sind. Wird beispielsweise der Arbeitgeber verpflichtet, dem Betriebsrat Auskunft zu geben, ihm Unterlagen vorzulegen oder eine Maßnahme zu unterlassen, so handelt es sich nicht um eine vermögensrechtliche Streitigkeit (zu diesem Begriff s. näher § 85 Rn. 6 f.). Fehlt ein Ausspruch über die vorläufige Vollstreckbarkeit, so ist der Beschluss erst vollstreckbar, wenn er rechtskräftig geworden ist, auch wenn er eine vermögensrechtliche Streitigkeit betrifft.

13 Ist die vorläufige Vollstreckbarkeit eines an sich vorläufig vollstreckbaren Beschlusses nach § 62 Abs. 1 S. 2 auszuschließen, so kann der Ausspruch über die vorläufige Vollstreckbarkeit unterbleiben. Zur Klarstellung empfiehlt sich jedoch ein ausdrücklicher Ausspruch.

3. Festsetzung des Streitwertes

14 Einer Festsetzung des Streitwertes im Beschluss bedarf es nicht. § 61 Abs. 1 wird in § 84 nicht für anwendbar erklärt. Für die Festsetzung eines Streitwertes im Beschluss besteht auch kein Bedürfnis. Weder die Zuständigkeit des Gerichts noch die Rechtsmittelfähigkeit der Entscheidung im Beschlussverfahren ist vom Streitwert abhängig. Gerichtsgebühren werden nach § 2 Abs. 2 GKG n. F. im Beschlussverfahren nicht erhoben. Das GKG regelt die Streitwertfestsetzung für die Gerichtsgebühren. Werden solche nicht erhoben, bedarf es auch keiner Festsetzung des Streitwerts. Der Streitwert eines Beschlussverfahrens ist nur von Bedeutung, sofern ein **Beteiligter durch einen Rechtsanwalt vertreten wird,** dessen Gebühren sich nach dem Streitwert berechnen. In einem solchen Fall ist nach § 33 Abs. 1 RVG der Streitwert vom Gericht des Rechtszuges auf Antrag des Rechtsanwalts, seines Mandanten oder des erstattungspflichtigen Beteiligten festzusetzen. Das kann nach Beendigung der Instanz außerhalb des Beschlusses nach § 84 geschehen. Die Festsetzung des Streitwerts ist mit der Beschwerde nach § 33 Abs. 3 RVG anfechtbar. Für die Wertfestsetzung gilt § 23 RVG. Soweit es sich nicht um vermögensrechtliche Streitigkeiten handelt (s. dazu § 85 Rn. 6 f.), beträgt der Regelgegenstandswert 4000 € (zur Streitwertfestsetzung im Beschlussverfahren s. näher GK-ArbGG/*Wenzel* § 12 Rn. 440 ff.; *Steffen* FA 1998, 74; *Natter,* NZA 2004, 686).

II. Formalien des Beschlusses **§ 84**

4. Rechtsmittelbelehrung

Nach § 9 Abs. 5 muss auch der Beschluss im Beschlussverfahren eine Rechtsmittel- 15
belehrung enthalten. Über deren Inhalt s. die Erläuterung zu § 9. Regelmäßig wird es sich um eine Belehrung über die Beschwerde nach § 87 handeln, in den Fällen der §§ 122, 126 InsO oder der Sprungrechtsbeschwerde nach § 96a jedoch um die Belehrung über die Rechtsbeschwerde. Eine **unterschiedliche Belehrung der einzelnen Beteiligten** etwa dahin, dass für bestimmte Beteiligte ein Rechtsmittel nicht gegeben ist, empfiehlt sich nicht. Die Frage, welche Beteiligten beschwerdeberechtigt sind, unterliegt der Entscheidung des Landesarbeitsgerichts. Dieses kann die Rechtslage anders beurteilen als das Arbeitsgericht. Würde daher ein Beteiligter fälschlicherweise dahin belehrt, dass für ihn kein Rechtsmittel gegeben ist, würde für ihn die Rechtsmittelfrist nicht zu laufen beginnen und daher die Entscheidung nicht alsbald rechtskräftig werden können.

5. Verkündung des Beschlusses

Durch die Verweisung auf § 60 ist klargestellt, dass der **Beschluss zu verkünden** ist. 16
Das gilt auch dann, wenn die Kammer nach § 83 Abs. 4 S. 3 ohne mündliche Anhörung der Beteiligten entschieden hat. In diesem Fall ist ein **Beratungstermin** zu bestimmen und die Entscheidung im Anschluss an diesen zu verkünden (GK-ArbGG/*Dörner* § 84 Rn. 15; *Hauck/Helml* § 84 Rn. 4). Ist ein besonderer **Verkündungstermin** nach § 60 Abs. 1 bestimmt worden, muss die Entscheidung bei Verkündung in vollständiger Form abgefasst sein, § 60 Abs. 4 S. 2. Die Anwesenheit der ehrenamtlichen Richter bei der Verkündung ist nicht erforderlich, jedoch muss in diesem Fall der Beschlusstenor auch von den ehrenamtlichen Richtern unterschrieben sein, § 60 Abs. 3. Dass der vollständig abgefasste, lediglich vom Vorsitzenden unterschriebene Beschluss vorliegt, genügt nicht. Ist bei der Verkündung auch nur ein Beteiligter anwesend, so ist ihm der wesentliche Inhalt der **Entscheidungsgründe mitzuteilen**. Für die Verkündung der Entscheidung selbst gilt § 311. Es genügt nach § 311 Abs. 2 Satz 2 ZPO n. F. die Bezugnahme auf den Beschlusstenor, wenn kein Beteiligter bei der Verkündung anwesend ist. Auch die Entscheidung im Beschlussverfahren ergeht **im Namen des Volkes**. Wegen der Einzelheiten der Verkündung im Übrigen kann auf die Erläuterung zu § 60 verwiesen werden.

Für die **Übergabe** der Entscheidung **an die Geschäftsstelle** gilt ebenfalls § 60 (s. auch 17
dazu die Erläut. zu § 60).

6. Zustellung

Der Beschluss ist nach § 80 Abs. 2 in Verbindung mit § 50 Abs. 1 den Beteiligten 18
innerhalb von drei Wochen nach Übergabe an die Geschäftsstelle von Amts wegen **zuzustellen**. Ein Hinausschieben der Zustellung nach § 317 Abs. 1 S. 3 ZPO kommt nicht in Betracht.

Die Zustellung hat **an alle Beteiligten** zu erfolgen, gleichgültig ob sie sich zum Ver- 19
fahren geäußert haben oder zum Anhörungstermin erschienen sind oder nicht (BAG 6. 10. 1978 AP BetrVG 1972 § 101 Nr. 2; GK-ArbGG/*Dörner* § 84 Rn. 16; Schwab/Weth/*Weth* § 84 Rn. 7; ErfK/*Eisemann* § 84 Rn. 2). Enthält der Beschluss eine Entscheidung dahin, dass eine Person oder Stelle nicht Beteiligter des Verfahrens ist, so ist die Entscheidung auch dieser Person oder Stelle zuzustellen, damit auch dieser gegenüber die Rechtsmittelfrist in Lauf gesetzt wird.

Wegen der Einzelheiten zur Zustellung s. die Erläuterungen zu § 50.

7. Zulassung der Rechtsbeschwerde

In den Verfahren nach § 122 Abs. 2 und § 126 Abs. 2 InsO muss der Beschluss eine 20
Entscheidung darüber enthalten, ob die Rechtsbeschwerde an das Bundesarbeitsgericht

Matthes

wegen grundsätzlicher Bedeutung oder Divergenz zugelassen wird. Zum Inhalt und zur Form der Zulassungsentscheidung s. § 91 Rn. 8 ff.

8. Abhilfeverfahren

21 Das durch § 312 a ZPO n. F. neu geschaffene Abhilfeverfahren bei **Verletzung des Anspruchs auf rechtliches Gehör** findet auf Beschlüsse nach § 84 schon deswegen keine Anwendung, weil gegen alle Beschlüsse das Rechtsmittel der Beschwerde gegeben ist.

III. Rechtskraft des Beschlusses

1. Bedeutung der Rechtskraft

22 Auch Beschlüsse im arbeitsgerichtlichen Beschlussverfahren können in Rechtskraft erwachsen, wie schon die Möglichkeit der Wiederaufnahme rechtskräftig abgeschlossener Beschlussverfahren nach § 80 Abs. 2 in Verbindung mit § 79 ausweist (BAG 27. 1. 1981 AP ArbGG 1979 § 80 Nr. 2).

23 Formell rechtskräftig wird der Beschluss, wenn er von keinem Beteiligten mehr angefochten werden kann. Das ist in dem Moment der Fall, in dem die Beschwerdefrist (s. dazu näher § 89 Rn. 10 ff.) für alle Beteiligten abgelaufen ist, ohne dass gegen den Beschluss eine Beschwerde eingelegt worden ist. Die Rechtskraft einer Entscheidung des Landesarbeitsgerichts tritt erst ein, wenn auch die Frist für die Einlegung einer Nichtzulassungsbeschwerde abgelaufen ist (BAG 28. 2. 2008 AP ZPO § 189 Nr. 1). Über den Eintritt der formellen Rechtskraft kann entsprechend § 706 ZPO ein **Rechtskraftzeugnis** erteilt werden.

24 Beschlüssen im Beschlussverfahren kommt auch eine **materielle Rechtskraftwirkung** zu. Die rechtskräftige Entscheidung einer Streitfrage hat zur Folge, dass einmal die gleiche Streitfrage nicht erneut zur gerichtlichen Entscheidung gestellt werden kann. Ein solcher Antrag ist als unzulässig abzuweisen. Die Rechtskraft einer Entscheidung, die den Antrag als unzulässig abweist, steht aber einer erneuten Sachentscheidung auf zulässigen Antrag hin nicht entgegen, auch wenn das Gericht in den Gründen auch zum Sachantrag Stellung genommen hat (BAG 19. 1. 1992 AP ArbGG 1979 § 11 Prozessvertreter Nr. 14). Das kann auch dann gelten, wenn die Entscheidung den Antrag als unzulässig abgewiesen hat (BAG 3. 12. 1954 AP ArbGG 1953 § 11 Nr. 7) etwa mit der Begründung, dem Antragsteller fehle die Antragsbefugnis. Der gleiche Antragsteller kann den gleichen Antrag nicht erneut zur Entscheidung stellen. Eine materielle Rechtskraft kommt nach § 127 InsO auch der Entscheidung zu, die im Beschlussverfahren zum Kündigungsschutz nach § 126 InsO ergeht.

25 Die rechtskräftige Entscheidung einer Streitfrage hat aber auch zur Folge, dass die gleiche Streitfrage in einem anderen Verfahren von einem anderen Gericht nicht erneut und anders entschieden werden kann (BAG 3. 7. 1996 AP ArbGG 1979 § 84 Nr. 3).

26 Die materielle Rechtskraft einer Entscheidung wirkt jedoch nur solange, als sich der entscheidungserhebliche **Sachverhalt nicht geändert** hat. Eine wesentliche Änderung der tatsächlichen oder gesetzlichen Voraussetzungen der rechtskräftigen Entscheidung macht eine neue Sachentscheidung zulässig (BAG 27. 1. 1981 AP ArbGG 1979 § 80 Nr. 2; 6. 6. 2000 AP ArbGG 1979 § 97 Nr. 9; GK-ArbGG/*Dörner* § 84 Rn. 23), nicht aber eine Änderung der Rechtsprechung (BAG 20. 3. 1996 AP BetrVG 1972 § 19 Nr. 32). So kann die Frage zur Tarifzuständigkeit einer Gewerkschaft für einen Betrieb erneut zur Entscheidung gestellt werden, wenn nach der rechtskräftigen Entscheidung die Zuständigkeitsbestimmungen der Satzung geändert worden sind (BAG 19. 11. 1985 AP TVG § 2 Tarifzuständigkeit Nr. 4). Eine wesentliche Änderung des entscheidungserheblichen Sachverhaltes liegt immer dann vor, wenn die Änderung der tatsächlichen Verhältnisse die Feststellung verbietet, der hinsichtlich der nunmehr vorgetragenen tatsächlichen

Verhältnisse bestehende Streit der Beteiligten sei schon entschieden worden (BAG 1. 2. 1983 AP ZPO § 322 Nr. 14).

2. Subjektive Grenzen der Rechtskraft

Die Rechtskraft eines Beschlusses erstreckt sich zunächst **auf alle Beteiligten des Verfahrens**, unabhängig davon, ob sie sich im Verfahren geäußert haben (BAG 26. 11. 1968 AP BetrVG 1952 § 76 Nr. 18; 27. 1. 1981 AP ArbGG 1979 § 80 Nr. 2; BAG 20. 3. 1996 AP BetrVG 1972 § 19 Nr. 32) nicht aber auf den fehlerhaft nicht hinzugezogenen materiell Beteiligten (GK-ArbGG/*Dörner* § 84 Rn. 26, § 83 Rn. 63; ErfK/*Eisemann* ArbGG § 84 Rn. 3). Sie erstreckt sich nach § 325 ZPO auch auf **Rechtsnachfolger** eines Beteiligten. Ist der Beteiligte eine Stelle, etwa der Betriebsrat, so erstreckt sich die Rechtskraft auch auf alle später neugewählten Betriebsräte des gleichen Betriebes (BAG 27. 1. 1981 AP ArbGG 1979 § 80 Nr. 2; GK-ArbGG/*Dörner* § 84 Rn. 25) oder auf eine nach § 3 Abs. 1 Nr. 1 Buchst. b BetrVG neu gebildete Einheit (BAG 18. 3. 2008 NZA 2008, 1259). Gleiches gilt auf Arbeitgeberseite für den neuen Inhaber des Betriebes auf Grund eines Betriebsinhaberwechsels (BAG 5. 2. 1991 AP BGB § 613 a Nr. 89). 27

Umstritten ist (zum Streitstand s. *Prütting* RdA 1991, 257; Schwab/Weth/*Weth* § 84 Rn. 24 ff.), inwieweit die Rechtskraft einer Entscheidung im Beschlussverfahren auch **über die Beteiligten des Verfahrens hinaus** wirkt. Soweit es sich um **gestaltende Entscheidungen** handelt (s. dazu § 81 Rn. 19 ff.), wie Entscheidungen über die Anfechtung einer Betriebsratswahl, die Auflösung des Betriebsrates oder des Wahlvorstandes, die Ausschließung eines Betriebsratsmitgliedes oder die Feststellung, dass ein Betrieb ein selbständiger Betrieb ist, § 18 Abs. 2 BetrVG, wirkt eine solche Entscheidung gegenüber allen, insbesondere auch gegenüber den Arbeitnehmern des Betriebs und den im Betrieb vertretenen Gewerkschaften (für eine Entscheidung nach § 18 Abs. 2 BetrVG s. BAG 9. 4. 1991 AP BetrVG 1972 § 18 Nr. 8; GK-ArbGG/*Dörner* § 84 Rn. 35; ErfK/*Eisemann* ArbGG § 84 Rn. 3). Das gilt auch für die Entscheidung, dass ein Arbeitnehmer leitender Angestellter ist oder das passive Wahlrecht zum Betriebs oder Personalrat hat (*Dietz/Richardi* BPersVG § 83 Rn. 17; *Weth* S. 362; a. A. Schwab/Weth/*Weth* § 84 Rn. 26) oder dass eine bestimmte Gruppe von Beschäftigten keine Arbeitnehmer des Betriebes und damit nicht wahlberechtigt sind (BAG 20. 3. 1996 AP BetrVG 1972 § 19 Nr. 32). 28

Aber auch für andere Streitigkeiten im Beschlussverfahren ist davon auszugehen, dass eine rechtskräftige Entscheidung auch **für und gegen andere Personen und Stellen** wirken kann als die am Verfahren Beteiligten. Ist etwa in einem Streit zwischen Arbeitgeber und Betriebsrat rechtskräftig festgestellt worden, dass dem Betriebsrat an einer bestimmten Maßnahme des Arbeitgebers kein **Mitbestimmungsrecht** zusteht, so kann in einem Individualprozess eines einzelnen Arbeitnehmers um diese Maßnahme nicht entschieden werden, diese Maßnahme sei wegen Verletzung des Mitbestimmungsrechts des Betriebsrats unwirksam (BAG 10. 3. 1998 AP ArbGG 1979 § 84 Nr. 5). Gleiches muss für eine Entscheidung über die Wirksamkeit oder **Unwirksamkeit einer Betriebsvereinbarung** gelten (BAG 17. 2. 1992 AP ArbGG 1972 § 84 Nr. 1; GK-ArbGG/*Dörner* § 84 Rn. 33). Ist rechtskräftig festgestellt, dass der Spruch der Einigungsstelle die Grenzen des Ermessens wahrt, kann der einzelne Arbeitnehmer nicht mehr die Unangemessenheit der Regelung geltend machen (BAG 17. 2. 1981 AP BetrVG 1972 § 112 Nr. 11). Die rechtskräftige Feststellung zwischen Arbeitgeber und Betriebsrat, dass eine Maßnahme des Arbeitgebers keine Betriebsänderung ist, steht der Zuerkennung von Abfindungsansprüchen nach § 113 BetrVG an von der Maßnahme betroffene Arbeitnehmer entgegen (BAG 10. 11. 1987 AP BetrVG 1972 § 113 Nr. 15). Ist rechtskräftig festgestellt, dass eine personelle Maßnahme des Arbeitgebers nicht der Zustimmung des Betriebsrats bedarf, wirkt dies auch gegenüber dem von der Maßnahme betroffenen Arbeitnehmer (BAG 21. 9. 1989 AP BetrVG 1972 § 99 Nr. 72; GK-ArbGG/*Dörner* § 84 Rn. 37). Immer aber muss es sich um die Entscheidung eines kollektivrechtlichen Rechtsstreites 29 oder die Feststellung eines solchen Rechtsverhältnisses im Sinne von § 256 ZPO handeln, das auch für das Individualrechtsverhältnis nach materiellem Recht relevant ist. Von der Möglichkeit einer Rechtskrafterstreckung auf das Einzelarbeitsverhältnis geht offenbar auch der Große Senat des BAG aus (BAG GS 16. 9. 1986 AP BetrVG 1972 § 77 Nr. 17), wenn er – hier allerdings zu Unrecht – darauf hinweist, dass die Betriebspartner in einem Beschlussverfahren die Rechtsfrage zur Entscheidung stellen können, ob und in welchem Umfang vertraglich begründete Ansprüche an eine veränderte Geschäftsgrundlage anzupassen sind.

30 Die **Ersetzung der Zustimmung** des Betriebsrates zur fristlosen Kündigung eines Betriebsratsmitgliedes nach § 103 Abs. 2 BetrVG stellt für den nachfolgenden Kündigungsschutzprozess bindend fest, dass die fristlose Kündigung berechtigt ist (BAG 24. 4. 1975 AP BetrVG 1972 § 103 Nr. 3; GK-ArbGG/*Dörner* § 84 Rn. 39). Auf der anderen Seite hat jedoch die Ersetzung der Zustimmung des Betriebsrates zur Eingruppierung eines Arbeitnehmers keine präjudizielle Wirkung für einen Eingruppierungsprozess (BAG 13. 5. 1981 AP HGB § 59 Nr. 24; differenzierend BAG 3. 5. 1994 AP BetrVG 1972 § 99 Eingruppierung Nr. 2, wonach der Arbeitnehmer mindestens die Vergütung derjenigen Vergütungsgruppe erlangen kann, der der Betriebsrat zugestimmt hat bzw. für die die Zustimmung ersetzt worden ist).

IV. Kostenentscheidung im Beschlussverfahren

31 Gebühren und Auslagen werden nach § 2 Abs. 2 GKG n. F. im Beschlussverfahren nicht erhoben. Es bedarf daher auch keiner gerichtlichen Entscheidung, wer die Gerichtskosten zu tragen hat (GK-ArbGG/*Dörner* § 84 Rn. 12; ErfK/*Eisemann* ArbGG § 84 Rn. 2). Eine Kostenentscheidung kommt daher nur für die Frage in Betracht, wer **außergerichtliche Kosten** eines oder mehrerer Beteiligter zu tragen hat. Mit der Begründung, das Beschlussverfahren sei kein Parteiverfahren, hat die Rechtsprechung von jeher eine Kostenentscheidung im Beschlussverfahren abgelehnt und ausgesprochen, dass dafür kein Raum sei (BAG zuletzt 2. 10. 2007 AP ArbGG 1979 § 2 a Nr. 23; BVerwG 2. 5. 1957 BVerwGE 4, 357 und von da an in ständiger Rechtsprechung; GK-ArbGG/*Dörner* § 84 Rn. 12; Schwab/Weth/*Weth* § 84 Rn. 8; Hauck/*Helml* § 84 Rn. 6).

32 Eine entsprechende Anwendung der §§ 91 ff. ZPO im Beschlussverfahren kommt nicht in Betracht. Das Beschlussverfahren kennt keinen Antragsgegner (s. § 83 Rn. 15), mögen sich auch in einer Vielzahl von Beschlussverfahren nur Antragsteller und ein Beteiligter mit unterschiedlichen Rechtsansichten und Anträgen gegenüberstehen, so etwa wenn der Betriebsrat die Erstattung von Betriebsratskosten verlangt. Nach § 91 ZPO hängt die Frage, wer die außergerichtlichen Kosten eines Prozesses zu tragen hat, allein davon ab, **wer im Verfahren unterliegt.** Eine solche Betrachtung lässt sich für das Beschlussverfahren jedenfalls nicht durchgängig anstellen. Wird eine Wahlanfechtung für begründet erklärt, kann weder der Betriebsrat noch der Arbeitgeber als „Verlierer" des Verfahrens angesehen werden, auch dann nicht, wenn sie einen Abweisungsantrag gestellt haben, obwohl dies nicht erforderlich ist (§ 81 Rn. 51). Hinzu kommt, dass die einzelnen Beteiligten auf Grund des materiellen Rechts am Verfahren beteiligt sind und sich dem Verfahren auch nicht entziehen können. Auch das verbietet es, ihnen Kosten des Verfahrens aufzuerlegen, nur weil die Entscheidung sie materiell beschwert und sie daher „Verlierer" des Verfahrens sind. Schließlich sind die Beteiligten eines Beschlussverfahrens vielfach vermögenslose Stellen. Ihnen die Kosten eines Rechtsstreites aufzuerlegen, wäre ohne Sinn, da ein Kostenfestsetzungsbeschluss ihnen gegenüber nicht vollstreckt werden könnte. Eine Auferlegung der Kosten des Verfahrens auf den im Beschlussverfahren unterlegenen Betriebsrat würde gleichzeitig materiell bedeuten, dass es sich insoweit um vom Arbeitgeber nach § 40 BetrVG zu tragende Kosten der Betriebsratstätigkeit handelt, obwohl mit einer allein auf das Unterliegen abstellenden Kostenentscheidung nichts über die Erforderlichkeit der Kosten gesagt wäre. Eine Kostenentscheidung entsprechend §§ 91 ff. ZPO nur in den Fällen zu treffen, in denen sich ausschließlich Beteiligte wie im Urteilsverfahren in Gegnerschaft gegenüber stehen und in denen wenigstens der Unterlegene vermögensfähig ist und daher Kostenschuldner sein kann, würde dem Grundsatz widersprechen, dass alle Beteiligten im Beschlussverfahren die gleiche Rechtsstellung haben. Für eine am Obsiegen oder Unterliegen orientierte Kostenentscheidung ist daher im Beschlussverfahren kein Raum.

Das schließt nicht aus, dass im Beschlussverfahren der Antragsteller oder ein anderer Beteiligter gleichzeitig die **Feststellung beantragen kann, dass der Arbeitgeber** materiell, etwa nach § 20 Abs. 3 S. 1 oder § 40 Abs. 1 BetrVG, **verpflichtet ist,** seine **außergerichtlichen Kosten,** insbesondere seine Rechtsanwaltskosten **zu tragen.** Bei einem solchen Antrag handelt es sich jedoch um einen **Sachantrag** (vgl. LAG Hamm 21. 7. 2006 jurisdPR-ArbR 40/06). Die Entscheidung darüber hat sich am materiellen Recht zu orientieren. Es gilt insoweit nichts anderes, als wenn der Kostenerstattungsanspruch in einem besonderen Verfahren geltend gemacht würde. Dieses gesonderte Verfahren, das vielfach wiederum außergerichtliche Kosten verursachen wird, über deren Erforderlichkeit gestritten werden kann, würde sich bei einem solchen Vorgehen erübrigen. Stünde auf Grund einer solchen Entscheidung die Kostentragungspflicht des Arbeitgebers dem Grunde nach fest, käme hinsichtlich der Höhe der zu erstattenden Kosten auch eine **Kostenfestsetzung** nach § 104 ZPO in Betracht. 33

Im **Beschlussverfahren zum Kündigungsschutz** nach § 126 InsO ist hingegen eine Kostenentscheidung zu treffen – jedenfalls dann, wenn im Verfahren Arbeitnehmer beteiligt sind, da Abs. 3 von einer gegenseitigen Kostenerstattungspflicht der Parteien (Beteiligten) ausgeht. Das ist auch gerechtfertigt, weil hier Insolvenzverwalter und Arbeitnehmer beteiligt sind und – auch – um individualrechtliche Rechte, Beendigung oder Änderung des Arbeitsverhältnisses, gestritten wird. Eine Verurteilung des Betriebsrats zur Kostenerstattung kommt jedoch nicht in Betracht. 34

Die außergerichtlichen Kosten eines Betriebsratsmitgliedes als Beteiligter des **Zustimmungsersetzungsverfahrens** nach § 103 Abs. 2 BetrVG sind keine Kosten der Betriebsratstätigkeit und daher vom Arbeitgeber nicht zu tragen (BAG 3. 4. 1979 AP BetrVG 1972 § 40 Nr. 16). Gleiches gilt für die außergerichtlichen Kosten eines Betriebsratsmitglieds in einem Beschlussverfahren, mit dem er die Unwirksamkeit eines Rücktrittsbeschlusses des Betriebsrates geltend gemacht hat (BAG 3. 4. 1979 AP BetrVG 1972 § 13 Nr. 1). Eine Gewerkschaft kann ihre außergerichtlichen Kosten eines Zutrittsverfahrens nicht als Schadensersatz verlangen (BAG 2. 10. 2007 AP ArbGG 1979 § 2a Nr. 23). 35

§ 85 Zwangsvollstreckung

(1) ¹Soweit sich aus Absatz 2 nichts anderes ergibt, findet aus rechtskräftigen Beschlüssen der Arbeitsgerichte oder gerichtlichen Vergleichen, durch die einem Beteiligten eine Verpflichtung auferlegt wird, die Zwangsvollstreckung statt. ²Beschlüsse der Arbeitsgerichte in vermögensrechtlichen Streitigkeiten sind vorläufig vollstreckbar; § 62 Abs. 1 Satz 2 bis 5 ist entsprechend anzuwenden. ³Für die Zwangsvollstreckung gelten die Vorschriften des Achten Buches der Zivilprozeßordnung entsprechend mit der Maßgabe, daß der nach dem Beschluß Verpflichtete als Schuldner, derjenige, der die Erfüllung der Verpflichtung auf Grund des Beschlusses verlangen kann, als Gläubiger gilt und in den Fällen des § 23 Abs. 3, des § 98 Abs. 5 sowie der §§ 101 und 104 des Betriebsverfassungsgesetzes eine Festsetzung von Ordnungs- oder Zwangshaft nicht erfolgt.

(2) ¹Der Erlaß einer einstweiligen Verfügung ist zulässig. ²Für das Verfahren gelten die Vorschriften des Achten Buches der Zivilprozeßordnung über die einstweilige Verfügung entsprechend mit der Maßgabe, daß die Entscheidungen durch Beschluß der

§ 85

Kammer ergehen, erforderliche Zustellungen von Amts wegen erfolgen und ein Anspruch auf Schadensersatz nach § 945 der Zivilprozeßordnung in Angelegenheiten des Betriebsverfassungsgesetzes nicht besteht.

Übersicht

	Rn.
A. Zwangsvollstreckung im Beschlussverfahren	1–27
I. Allgemeines	1
II. Vollstreckungstitel	2–10
1. Rechtskräftige Beschlüsse	2–4
2. Vorläufig vollstreckbare Beschlüsse	5–8
3. Vergleiche	9
4. Sonstige Vollstreckungstitel	10
III. Vollstreckungsgläubiger und Vollstreckungsschuldner	11–22
1. Natürliche und juristische Personen	11
2. Stellen als Vollstreckungsgläubiger	12, 13
3. Stellen als Vollstreckungsschuldner	14–21
4. Die Dienststelle als Vollstreckungsschuldner	22
IV. Das Zwangsvollstreckungsverfahren	23–27
1. Das normale Vollstreckungsverfahren	23–26
2. Besondere Vollstreckungsverfahren	27
B. Arrest und einstweilige Verfügung	28–50
I. Der Arrest	28
II. Die einstweilige Verfügung	29–41
1. Allgemeines	29, 30
2. Der Verfügungsanspruch	31–34
3. Der Verfügungsgrund	35–38
4. Ausschluss einstweiliger Verfügungen	39–41
III. Das Verfahren	42–50
1. Das Verfügungsgericht	42
2. Das Verfahren im Einzelnen	43–47
3. Rechtsmittel	48–50
4. Ausschluss von Schadensersatzansprüchen	51

A. Zwangsvollstreckung im Beschlussverfahren

I. Allgemeines

1 § 85 hat seine heutige Fassung durch das Betriebsverfassungsgesetz 1972 und die Arbeitsgerichtsnovelle vom 21. 5. 1979 und zuletzt durch das Gesetz zur Änderung des Sozialgerichtsgesetzes und des Arbeitsgerichtsgesetzes vom 26. 3. 2008 erfahren. Danach ist die Zwangsvollstreckung auch aus gerichtlichen Vergleichen möglich und sind Beschlüsse des Arbeitsgerichtes in vermögensrechtlichen Streitigkeiten vorläufig vollstreckbar. Für das Verfahren der Zwangsvollstreckung verweist § 85 in vollem Umfang auf die Vorschriften des 8. Buches der Zivilprozessordnung, die entsprechend anzuwenden sind. Das gilt auch für die Zwangsvollstreckung aus Beschlüssen und Vergleichen, die im personalvertretungsrechtlichen Beschlussverfahren vor den Verwaltungsgerichten ergangen bzw. geschlossen worden sind (GK-ArbG/*Vossen* § 85 Rn. 4).

II. Vollstreckungstitel

1. Rechtskräftige Beschlüsse

2 Vollstreckungsfähig sind nur Beschlüsse, die einem Beteiligten des Beschlussverfahrens eine **Verpflichtung auferlegen**. Welche Verpflichtungen einem Beteiligten, insbesondere

Organen und Stellen der Betriebs- bzw. Personalverfassung überhaupt auferlegt werden können, ist eine Frage des materiellen Rechts. Es kann sich um die Verpflichtung zur Vornahme einer vertretbaren oder unvertretbaren Handlung, zur Unterlassung oder Duldung einer Handlung handeln ebenso wie um die Verpflichtung, bewegliche Sachen herauszugeben oder eine Geldzahlung zu leisten. Spricht der Beschluss eine Verpflichtung zur **Vornahme einer Handlung** aus, so gilt für einen solchen Beschluss § 61 Abs. 2 nicht, wonach der Beteiligte gleichzeitig zur Zahlung einer Entschädigung zu verurteilen ist für den Fall, dass er die Handlung nicht innerhalb einer bestimmten Frist vornimmt (GK-ArbG/*Vossen* § 85 Rn. 6). In welcher **Form** der Beschluss die Verpflichtung ausspricht, ist unerheblich. Da im Beschlussverfahren eine „Verurteilung" regelmäßig nicht erfolgt, genügt auch die Verpflichtung des Beteiligten oder die Feststellung, dass der Beteiligte verpflichtet ist, etwas zu tun, dies zumindest dann, wenn sich aus den Entscheidungsgründen ergibt, dass dem Beteiligten eine Verpflichtung tatsächlich auferlegt werden sollte. Der Tenor des Beschlusses hat die Verpflichtung, also die vorzunehmende, zu unterlassende oder zu duldende Handlung so bestimmt zu bezeichnen, dass für das Zwangsvollstreckungsverfahren darüber kein Zweifel bestehen kann (GK-ArbG/*Vossen* § 85 Rn. 7; *Hauck/Helml* § 85 Rn. 3).

Nicht vollstreckbar sind Beschlüsse, die lediglich ein **Recht** oder Rechtsverhältnis oder auch eine **Tatsache feststellen,** so die Beschlüsse nach § 97 ArbGG oder § 18 Abs. 2 BetrVG. Gleiches gilt für Beschlüsse mit gestaltender Wirkung, wie die Bestellung oder Abberufung eines Wahlvorstandes nach den §§ 16 Abs. 2, 18 Abs. 1 BetrVG, für Beschlüsse nach § 23 Abs. 1 BetrVG über die Auflösung des Betriebsrates oder den Ausschluss eines Betriebsratsmitgliedes sowie Beschlüsse auf Ersetzung der Zustimmung des Betriebsrates nach den §§ 99 Abs. 4 oder 103 Abs. 2 BetrVG.

3

Der Beschluss, der einem Beteiligten eine Verpflichtung auferlegt, muss grundsätzlich **rechtskräftig** sein (s. dazu § 84 Rn. 22 ff.). Der Beschluss eines Landesarbeitsgerichts oder des Verwaltungsgerichtshofes, der die **Rechtsbeschwerde nicht zulässt,** wird nicht vor Ablauf der Frist zur Einlegung der Nichtzulassungsbeschwerde rechtskräftig (BAG 28. 2. 2008 AP ZPO § 189 Nr. 1; 25. 1. 1979 AP BetrVG 1972 § 103 Nr. 12).

4

2. Vorläufig vollstreckbare Beschlüsse

Abweichend von der Regel sind nach § 85 Abs. 1 S. 2 Beschlüsse der Arbeitsgerichte oder Verwaltungsgerichte in **vermögensrechtlichen Streitigkeiten vorläufig vollstreckbar.** Der Begriff der vermögensrechtlichen Streitigkeiten ist ein allgemeiner Begriff des Prozessrechts, wie er auch in § 64 Abs. 2 verwandt wurde. Danach liegt eine vermögensrechtliche Streitigkeit dann vor, wenn über Ansprüche entschieden werden soll, die auf eine Geld oder geldwerte Leistung zielen oder die auf vermögensrechtlichen Beziehungen beruhen, oder wenn mit dem Verfahren in erheblichem Umfang wirtschaftliche Zwecke verfolgt werden (BAG 24. 3. 1980 AP ArbGG 1979 § 94 Nr. 1; 22. 5. 1984 AP ArbGG 1979 § 12 Nr. 7; BAG 28. 9. 1989 AP ArbGG 1979 § 64 Nr. 14; GK-ArbG/*Vossen* § 85 Rn. 10; s. auch § 64 Rn. 17 ff.).

5

Dieser Begriff der **vermögensrechtlichen Streitigkeiten** kann nicht unbesehen auf Streitigkeiten im Betriebsverfassungs- oder Personalvertretungsrecht übertragen werden. Die Wahrnehmung oder Beachtung von Beteiligungsrechten des Betriebs- oder Personalrates oder anderer Stellen mag zwar vielfach vermögenswerte Interessen der Arbeitnehmer und des Arbeitgebers sowie dessen wirtschaftliche Zwecke berühren, gleichwohl geht es bei diesen Beteiligungsrechten nicht um die Verfolgung wirtschaftlicher Zwecke im weiteren Sinne, sondern um Teilhabe an der Gestaltung des Geschehens im Betrieb und in der Dienststelle. Streitigkeiten über das Bestehen von Beteiligungsrechten und über deren Ausübung sind daher keine vermögensrechtlichen Streitigkeiten im Sinne von § 85 Abs. 1 S. 2, auch dann nicht, wenn als Beteiligungsrecht nur Ansprüche auf **Unterrichtung** oder **Vorlage von Unterlagen** geltend gemacht werden. Auch der Streit über die

6

Wirksamkeit eines Sozialplanes oder einer Betriebsvereinbarung bzw. eines Spruchs der Einigungsstelle über Fragen der betrieblichen Lohngestaltung ist daher keine vermögensrechtliche Streitigkeit (LAG Niedersachsen 19. 12. 1986 DB 1987, 1440; GK-ArbG/*Vossen* § 85 Rn. 11; *Hauck/Helml* § 85 Rn. 4; ErfK/*Eisemann* ArbGG § 85 Rn. 1). Als vermögensrechtliche Streitigkeiten im Beschlussverfahren kommen daher im Wesentlichen nur Streitigkeiten über **Sachmittel und Kosten der Tätigkeit** der betriebsverfassungsrechtlichen oder personalvertretungsrechtlichen Organe einschließlich der **Wahlkosten,** aber auch **Schadensersatzansprüche** in Betracht. Insoweit können auch gegen den Betriebsrat oder Personalrat vermögensrechtliche Ansprüche gegeben sein (s. Rn. 16). Eine Ausnahme von der vorläufigen Vollstreckbarkeit von Beschlüssen in vermögensrechtlichen Streitigkeiten besteht dann, wenn dem Arbeitgeber eine Verpflichtung vermögensrechtlicher Art im Verfahren nach § 23 Abs. 3 BetrVG auferlegt wird. Ein solcher Beschluss ist erst vollstreckbar, wenn er rechtskräftig ist. Die vorläufige Vollstreckbarkeit eines Beschlusses in vermögensrechtlichen Streitigkeiten ist im Beschluss selbst auszusprechen (GK-ArbGG/*Vossen* § 85 Rn. 13; s. auch § 84 Rn. 12 f.). Eines besonderen Antrags des Antragsstellers bedarf es dazu nicht. Unter den Voraussetzungen des § 62 Abs. 1 S. 2 kann der Beteiligte beantragen, dass die vorläufige Vollstreckbarkeit ausgeschlossen wird (s. dazu § 62 Rn. 14 ff.). Der Ausspruch der vorläufigen Vollstreckbarkeit kann dann unterbleiben (§ 84 Rn. 12 f.).

7   Ist der Ausspruch der vorläufigen Vollstreckbarkeit unterblieben oder ist die vorläufige Vollstreckbarkeit trotz eines Antrags des Verpflichteten nicht ausgeschlossen worden, so kann dies mit der Beschwerde nach § 87 geltend gemacht werden. Nach § 718 ZPO ist dann **über** die **vorläufige Vollstreckbarkeit** der Entscheidung des Arbeitsgerichtes auf Antrag vom Beschwerdegericht **vorab zu entscheiden** (Schwab/Weth/*Walker* § 85 Rn. 10). Die Entscheidung erfolgt auf Grund mündlicher Anhörung der Beteiligten durch einen **Teilbeschluss,** wobei die Anhörung des Antragstellers und des oder der verpflichteten Beteiligten genügt. Nur mit Einverständnis aller anzuhörenden Beteiligten kann ohne mündliche Anhörung entschieden werden. Diese Entscheidung ist unanfechtbar, § 718 Abs. 2 ZPO.

8   Für die **Einstellung der Zwangsvollstreckung** aus einem für vorläufig vollstreckbar erklärten Beschluss gilt § 719 ZPO in Verbindung mit § 62 Abs. 1 entsprechend (GK-ArbG/*Vossen* § 85 Rn. 14). Gleiches gilt für die Einstellung der Zwangsvollstreckung aus einem rechtskräftigen Beschluss in den Fällen des § 707 ZPO. Die Entscheidung kann ohne mündliche Verhandlung und daher ohne Zuziehung der ehrenamtlichen Richter erfolgen, § 53 Abs. 1.

3. Vergleiche

9   Durch die Arbeitsgerichtsnovelle ist klargestellt worden, dass die Zwangsvollstreckung auch aus **gerichtlichen Vergleichen** nach § 83a Abs. 1 stattfindet (*Hauck/Helml* § 85 Rn. 3). Es muss sich um Vergleiche handeln, nach deren Inhalt ein Beteiligter zu einem bestimmten Tun verpflichtet ist. Das gilt auch dann, wenn der vergleich in einem Verfahren zwischen Arbeitgeber und Gewerkschaft nach § 23 Abs. 3 BetrVG abgeschlossen worden ist. Die Beschränkungen des Abs. 1 S. 3 gelten insoweit nicht (a. A. Schwab/Weth/*Walker* § 85 Rn. 47). Die vollstreckbare Ausfertigung des gerichtlichen Vergleichs wird vom Rechtspfleger des Gerichts erteilt, vor dem der Vergleich geschlossen wurde (BAG 5. 11. 2003 AP RPflG § 20 Nr. 1). Eine Prüfung dahin, ob die Beteiligten über den Vergleichsgegenstand verfügen konnten, erfolgt dabei nicht. Bei Einwendungen gegen die Wirksamkeit des Vergleichs entscheidet nach § 767 ZPO das Arbeits- bzw. Verwaltungsgericht im normalen Beschlussverfahren auch dann, wenn der Vergleich im Beschwerderechtszug geschlossen worden ist.

4. Sonstige Vollstreckungstitel

Abgesehen von den genannten Beschlüssen und Vergleichen findet die Zwangsvollstreckung auch im Beschlussverfahren aus nach § 85 Abs. 2 zulässigen **einstweiligen Verfügungen** statt, sofern sie ebenfalls einem Beteiligten eine Verpflichtung auferlegen. Geht man mit der herrschenden Meinung davon aus, dass es im Beschlussverfahren keine Kostenentscheidung gibt, entfällt die Möglichkeit eines **Kostenfestsetzungsbeschlusses** und einer Zwangsvollstreckung aus diesem (s. aber § 84 Rn. 33). Kein zur Zwangsvollstreckung geeigneter Titel ist der **Spruch einer Einigungsstelle** (GK-ArbG/*Vossen* § 85 Rn. 5; *Richardi* § 76 Rn. 111; BVerwG 27. 2. 1986 Buchholz 238.37 § 79 Nr. 3). Eine Vollstreckbarkeitserklärung eines Einigungsstellenspruches entsprechend § 109 ArbGG kommt auch dann nicht in Betracht, wenn die Einigungsstelle im freiwilligen Verfahren entsprechend § 76 Abs. 6 BetrVG über Rechtsansprüche verbindlich entscheidet. Soweit der Spruch der Einigungsstelle einem Beteiligten eine Verpflichtung auferlegt, muss darüber im normalen Beschlussverfahren ein vollstreckungsfähiger Titel erwirkt werden.

III. Vollstreckungsgläubiger und Vollstreckungsschuldner

1. Natürliche und juristische Personen

Das Vollstreckungsverfahren kennt als Parteien nur **Gläubiger und Schuldner**. Mit Rücksicht darauf bestimmt § 85 Abs. 1 S. 3, dass die nach dem Beschluss – aber auch nach anderen Vollstreckungstiteln – verpflichteten Beteiligten als Schuldner und die berechtigten Beteiligten als Gläubiger gelten. Soweit es sich bei diesen Beteiligten um natürliche oder juristische Personen handelt, bereitet die unmittelbare Anwendung der Vorschriften der Zivilprozessordnung über die Zwangsvollstreckung keine Schwierigkeiten. Das gilt auch dann, wenn ein Beteiligter ein nicht rechtsfähiger Verein oder eine Personengesellschaft ist (vergl. §§ 124, 161 Abs. 2, 489 HGB, 735, 736 ZPO).

2. Stellen als Vollstreckungsgläubiger

Schwieriger gestaltet sich die Anwendung des Zwangsvollstreckungsrechts der Zivilprozessordnung dann, wenn Gläubiger aus dem Zwangsvollstreckungstitel ein **Organ, eine Stelle** des Betriebsverfassungs- oder Personalvertretungsrechtes ist, wie der Betriebs- oder Personalrat, der Wirtschaftsausschuss, der Wahlvorstand oder die Dienststelle im Gegensatz zur Körperschaft oder Anstalt, deren Teil die Dienststelle ist. Wenn diese Stellen nach § 10 für das Beschlussverfahren **beteiligtenfähig** sind, muss zunächst diese Beteiligtenfähigkeit auch für das sich anschließende Zwangsvollstreckungsverfahren gelten und zwar auch insoweit, als dieses nicht vor den Arbeits- oder Verwaltungsgerichten sondern in einem durch die Zivilprozessordnung geregelten Verfahren, etwa vor dem Amtsgericht als Vollstreckungsgericht, stattfindet (Schwab/Weth/*Walker* § 85 Rn. 10).

Inwieweit Stellen des Betriebs und Personalvertretungsrechtes Ansprüche gegen andere Stellen oder Personen zustehen können, ist eine Frage des materiellen Rechtes. Wird ihnen im Vollstreckungstitel ein solcher Anspruch zugesprochen, sind sie für das Vollstreckungsverfahren insoweit auch **rechtsfähig** und können in der Zwangsvollstreckung Rechte erwerben. So ist eine Pfändung zugunsten des Betriebsrates zulässig (GK-ArbG/*Vossen* § 85 Rn. 20; ErfK/*Eisemann* § 85 Rn. 2) und kann der Betriebsrat Besitz an den vom Schuldner herauszugebenden Sachen erwerben. Soweit der Arbeitgeber verpflichtet ist, dem Betriebs- oder Personalrat Sachmittel für die Geschäftsführung zur Verfügung zu stellen und entsprechend durch einen Beschluss verpflichtet wird, handelt es sich um eine vertretbare Handlung (BAG 21. 4. 1983 AP BetrVG 1972 § 40 Nr. 20), die nach § 887 ZPO zu vollstrecken ist. Der Betriebsrat kann daher auch zur **Ersatzvornahme** ermächtigt und der Arbeitgeber zur Bevorschussung der Kosten verpflichtet werden. Keine Schwierigkeiten bestehen auch dann, wenn betriebsverfassungsrechtliche Stellen Gläubiger eines Anspruchs auf Vornahme einer unvertretbaren Handlung oder auf Duldung oder Unterlassung einer Handlung durch den Schuldner sind. Ob und inwieweit dem Betriebsrat gegen den Arbeitgeber Ansprüche auf Unterlassung mitbestimmungswidriger Handlungen zustehen, ist eine Frage des materiellen Betriebsverfassungsrechts, nicht aber der Zwangsvollstreckung.

3. Stellen als Vollstreckungsschuldner

14   Stellen der Betriebs- und Personalverfassung sind regelmäßig **nicht vermögensfähig** (GK-ArbG/*Vossen* § 85 Rn. 21; ErfK/*Eisemann* ArbGG § 85 Rn. 2). Damit scheiden Zwangsvollstreckungsmaßnahmen unmittelbar gegen Stellen aus, soweit diese ein Vermögen des Vollstreckungsschuldners voraussetzen Schwab/Weth/*Walker* § 85 Rn. 26). Gegen die Stelle als solche kann ein Zwangsgeld oder Ordnungsgeld nicht festgesetzt werden, die Pfändung von Sachen im Besitz der Stelle wäre zwar theoretisch möglich, scheidet jedoch praktisch aus, weil Geldforderungen gegen die Stelle allenfalls dem Arbeitgeber zustehen können (s. unten Rn. 16) und die im Besitz des Betriebsrats befindlichen Sachen dem Arbeitgeber gehören.

15   Zulässig ist die Zwangsvollstreckung wegen der **Herausgabe von** im Besitz der Stelle befindlichen **Sachen** nach § 838 ZPO. Diese setzt lediglich den Besitz des Vollstreckungsschuldners voraus und der Betriebsrat und andere Stellen können im Besitz von Akten, Unterlagen, Geschäftsbedarf und Räumen sein. Verpflichtet zur Abgabe der Erklärung nach § 883 Abs. 2 ZPO kann jedes Mitglied der Stelle sein (Schwab/Weth/*Walker* § 85 Rn. 28). Das Mitglied der Stelle, das die Erklärung abgeben soll, ist im Antrag des Gläubigers nach § 883 Abs. 2 zu bezeichnen. Das Mitglied kann gegen seine Heranziehung etwa mit der Begründung, es sei nicht mehr Mitglied der Stelle, Erinnerung nach § 766 ZPO einlegen.

16   Der Betriebs- oder Personalrat kann **Besitzer auch von Geldmitteln** sein, wenn ihm zur Bestreitung von Geschäftsführungskosten ein Vorschuss gegeben worden ist. Ein Titel auf Rückzahlung des Vorschusses ist damit ein Titel auf Herausgabe von Sachen im Sinne von § 883 ZPO (MünchArbR/*Brehm* § 393 Rn. 24). Sind die Geldmittel mit Mitteln des Betriebsratsvorsitzenden oder anderer Mitglieder vermischt und so in deren Eigentum übergegangen, bedarf es eines Titels gegen das jeweilige Betriebsratsmitglied, der dann gegen dieses nach den allgemeinen Vorschriften entsprechend den §§ 803 ff. ZPO zu vollstrecken ist.

17   Umstritten ist, inwieweit eine Zwangsvollstreckung möglich ist, wenn gegen Stellen, insbesondere gegen den Betriebs- oder Personalrat ein Titel auf **Vornahme, Duldung oder Unterlassung einer Handlung** vollstreckt werden soll. Angesichts der Vermögenslosigkeit des Betriebsrats und anderer Stellen scheidet die Anordnung von Zwangsgeld oder Ordnungsgeld unmittelbar gegen diese aus und kommt bei vertretbaren Handlungen eine Ersatzvornahme auf Kosten der Stelle nicht in Betracht. Wenn geltend gemacht wird, der Betriebsrat könne im Besitz von Geldmitteln – als Vorschuss auf Geschäftsführungskosten – sein, Zwangsgeld und Ordnungsgeld könnten daher in diese Geldmittel vollstreckt werden, so wird übersehen, dass diese Geldmittel zweckgebunden und kein Vermögen des Betriebsrates sind. In diese kann daher nur ein Titel auf Rückzahlung des Vorschusses zugunsten des Arbeitgebers vollstreckt werden (s. Rn. 16). Die Androhung von Ordnungs- und Zwangsgeld gegen eine Stelle ist daher nicht möglich. Da eine Stelle als solche nicht in Ordnungs- oder Zwangshaft genommen werden kann, kommt eine Zwangsvollstreckung nach den §§ 887, 888 und 890 ZPO auf Vornahme, Duldung oder Unterlassung einer Handlung unmittelbar gegen die Stelle nicht in Betracht GK-ArbGG/*Vossen* § 85 Rn. 21; Schwab/Weth/*Walker* § 85 Rn. 31).

Da andererseits § 85 Abs. 2 die Vollstreckung von Beschlüssen in Angelegenheiten des **18** Betriebsverfassungs- und Personalvertretungsrechts grundsätzlich ausnahmslos vorsieht und die dargelegte weitgehende Unmöglichkeit einer Zwangsvollstreckung gegen betriebsverfassungsrechtliche Stellen dem widersprechen würde, fragt sich, ob aus Titeln gegen eine Stelle unmittelbar **gegen Mitglieder der Stelle** vollstreckt werden kann derart, dass diese für ein Zwangs- oder Ordnungsgeld mit ihrem Privatvermögen haften und gegen sie selbst eine Zwangs- oder Ordnungshaft verhängt werden kann (so mit ausführlicher Begründung *Jahnke* S. 73 ff.). Diese Möglichkeit wird von der herrschenden Meinung verneint. Ein gegen eine Stelle gerichteter Titel könne auch nicht gegen ihre Mitglieder umgeschrieben werden (GK-ArbG/*Vossen* § 85 Rn. 26; *Hauck/Helml* § 85 Rn. 5; ErfK/*Eisemann* ArbGG § 85 Rn. 3; *Rudolf* NZA 1988, 420). Das gelte auch, wenn die Stelle nur aus einer natürlichen Person besteht, wie das beim Betriebsobmann der Fall ist.

Die Lösung der Frage ist vornehmlich im materiellen Recht zu suchen. Handeln kann **19** eine Stelle als Organ nur dadurch, dass sie entsprechende Beschlüsse fasst. Soweit die Verpflichtung einer Stelle tituliert ist, einen bestimmten **Beschluss zu fassen,** richtet sich die Zwangsvollstreckung eines solchen Beschlusses nach § 894 ZPO. Mit der Rechtskraft des Beschlusses gilt der Beschluss des Organs als gefasst (Schwab/Weth/*Walker* § 85 Rn. 34). Handeln in der Außenwelt können nur bestimmte oder alle Mitglieder der Stelle. Das ist bei Organen, die einen Vorsitzenden haben, in der Regel der Vorsitzende. Auch sonst verpflichtet das materielle Betriebsverfassungs- oder Personalvertretungsrecht vielfach nur bestimmte Mitglieder des Organs zu einem bestimmten Verhalten, so den Vorsitzenden zur Einberufung einer Betriebsratssitzung, zur Einladung von Gewerkschaftsvertretern, zur Einberufung von Betriebsversammlungen und ähnlichem. Schon vom materiellen Recht her kommt daher regelmäßig nur ein **Titel gegen eine natürliche Person als Mitglied einer Stelle** in Betracht. Lautet der Titel gleichwohl gegen die Stelle als solche, liegt es bei der durch § 85 Abs. 2 lediglich geforderten entsprechenden Anwendung der Vorschriften der Zivilprozessordnung nahe, auf Antrag des Gläubigers **die Vollstreckungsklausel** gegen den Vorsitzenden oder bestimmte Mitglieder der Stelle entsprechend § 731 ZPO zu erteilen (ErfK/*Eisemann* ArbGG § 85 Rn. 3; ähnlich LAG Hamburg 3. 9. 1987 NZA 1988, 371). Da über einen solchen Antrag das Arbeitsgericht als **Prozessgericht** wiederum im Beschlussverfahren entscheidet, ist ein ausreichender Rechtsschutz des betroffenen Mitgliedes der Stelle gewahrt. Es wird geprüft, ob das betreffende Mitglied materiellrechtlich zur Vornahme der Handlung für die Stelle verpflichtet ist, deren Verpflichtung als solche rechtskräftig feststeht. Dieses Verfahren nähert sich damit einem Verfahren, mit dem unmittelbar die Verpflichtung des entsprechenden Mitglieds zur Vornahme der Handlung begehrt wird. Es hat aber den Vorteil, dass auch bei einem Mitglieder- oder Funktionswechsel der Titel schneller gegen das jeweils für die Handlung zuständige Mitglied der Stelle erwirkt werden kann. Lautet der Titel dann gegen das Mitglied einer bestimmten Stelle, kann gegen dieses als natürliche Person nach den normalen Vorschriften vollstreckt werden (*Hauck/Helml* § 85 Rn. 5). Die Vollstreckung von Zwangs- oder Ordnungsgeld erfolgt in sein Privatvermögen, gegen das Mitglied selbst kann Zwangs- oder Ordnungshaft verhängt werden (MünchArbR/*Brehm* § 393 Rn. 24).

Lautet der **Titel** gegen eine Stelle **auf Duldung oder Unterlassung** einer Handlung, so **20** werden durch eine solche Entscheidung unmittelbar alle Mitglieder der Stelle zur Duldung oder Unterlassung verpflichtet (ErfK/*Eisemann* ArbGG § 85 Rn. 3). Dasjenige Mitglied, das dieser Verpflichtung – schuldhaft – zuwiderhandelt, verwirkt selbst unmittelbar die Sanktionen in Form von Ordnungsgeld oder Ordnungshaft. Sie können auf Antrag des Gläubigers gegen dieses Mitglied festgesetzt werden. Dafür genügt es, dass das Ordnungsgeld oder die Ordnungshaft schon im Titel gegen die Stelle angedroht war.

Über den Antrag entscheidet das **Prozessgericht** – also das Arbeitsgericht – nach **21** Anhörung des jeweiligen Mitgliedes nach § 891 ZPO ohne mündliche Verhandlung. In diesem Verfahren ist wie auch sonst zu prüfen, ob das entsprechende Mitglied zurzeit der Zuwiderhandlung (noch) Mitglied der Stelle und daher zu Duldung oder Unterlassung verpflichtet war sowie ob es ggf. schuldlos gehandelt hat.

4. Die Dienststelle als Vollstreckungsschuldner

22 Handelndes Subjekt im Personalvertretungsrecht ist die jeweilige Dienststelle nicht aber die öffentlichrechtliche Körperschaft oder Anstalt, deren organisatorischer Teil die Dienststelle ist. Fehlt auch der Dienststelle die Vermögensfähigkeit, so stellen sich bei einer Zwangsvollstreckung gegen diese die gleichen Probleme wie bei einer Zwangsvollstreckung gegen ein Organ der Betriebsverfassung oder des Personalvertretungsrechtes. Schwierigkeiten entstehen anders als im Betriebsverfassungsrecht schon dann, wenn die Dienststelle verpflichtet wird, **Kosten der Personalratstätigkeit** zu tragen. Zahlungsansprüche und Ansprüche auf Zurverfügungstellung von Geschäftsbedarf könnten sich nur gegen die rechts- und vermögensfähige Körperschaft oder Anstalt richten, § 882 a ZPO. Eine ausdrückliche gesetzliche Regelung fehlt. Wenn § 44 BPersVG jedoch ausdrücklich regelt, dass die durch die Tätigkeit des Personalrats entstehenden Kosten die Dienststelle trägt, und wenn § 85 Abs. 2 nur die entsprechende Anwendung der Vorschriften der Zivilprozessordnung vorschreibt, dann muss in entsprechender Anwendung von § 882 a ZPO auch die **Zwangsvollstreckung gegen die Dienststelle selbst** möglich sein (GK-ArbG/*Vossen* § 85 Rn. 27). Dass die Dienststelle als Behörde zu Geldleistungen verurteilt werden kann, ergibt sich auch aus § 172 VerwGO, wonach gegen eine Behörde selbst ein Zwangsgeld angedroht und von Amts wegen vollstreckt werden kann. Die Zwangsvollstreckung gegen eine Dienststelle kann daher insgesamt so erfolgen, als ob die Dienststelle selbst rechts- und vermögensfähig wäre. Für die Dienststelle handelt nach § 7 BPersVG der Dienststellenleiter bzw. sein ständiger Vertreter. Eine Zwangs- oder Ordnungshaft ist daher gegen diesen zu vollstrecken.

IV. Das Zwangsvollstreckungsverfahren

1. Das normale Vollstreckungsverfahren

23 Für das Vollstreckungsverfahren gelten die Vorschriften des 8. Buchs der Zivilprozessordnung, also die §§ 704 bis 915, soweit sie das Verfahren selbst regeln. Gläubiger und Schuldner sind in diesem Vollstreckungsverfahren auch soweit sie nicht rechtsfähige Stellen sind, **prozessfähig**. Auch bei der Zwangsvollstreckung aus Vollstreckungstiteln im Beschlussverfahren wirkt der Gerichtsvollzieher mit, soweit die Zwangsvollstreckung nicht den Gerichten zugewiesen ist, § 753 ZPO. Soweit im Zwangsvollstreckungsverfahren das **Vollstreckungsgericht** tätig wird, ist dieses das **Amtsgericht**, § 764, soweit das **Prozessgericht** entscheidet, ist dieses das **Arbeits- bzw. Verwaltungsgericht** (GK-ArbG/ *Vossen* § 85 Rn. 28). Auch für das Zwangsvollstreckungsverfahren vor dem Arbeits- oder Verwaltungsgericht als Prozessgericht gelten die **Verfahrensvorschriften der ZPO**, nicht die Vorschriften des Beschlussverfahrens. Beschlüsse des Prozessgerichtes nach den §§ 887, 888 oder 890 ZPO können entsprechend § 891 ZPO ohne mündliche Verhandlung ergehen und nach § 53 Abs. 1 vom Vorsitzenden allein getroffen werden. Gegen diese Beschlüsse ist die sofortige Beschwerde nach § 793 ZPO in Verbindung mit § 78 zulässig. Eine weitere Beschwerde als Rechtsbeschwerde findet nur statt, wenn sie in der Beschwerdeentscheidung zugelassen worden ist, § 78 Satz 2 n. F.

24 Die Regel, dass das Arbeitsgericht als Prozessgericht im Zwangsvollstreckungsverfahren nicht nach den Vorschriften über das Beschlussverfahren entscheidet, gilt dann nicht, wenn Vorschriften des Zwangsvollstreckungsrechtes eine „Klage" vor dem Prozessgericht vorschreiben, wie etwa in den §§ 731, 767 oder 771 ZPO. In diesen Fällen ist

A. IV. Das Zwangsvollstreckungsverfahren   § 85

über den entsprechenden Antrag im **Beschlussverfahren** zu entscheiden (GK-ArbG/*Vossen* § 85 Rn. 29).

Nach § 22 Abs. 2 GKG n. F. werden im Verfahren nach § 2 a Abs. 1, also im Beschlussverfahren, **Kosten nicht erhoben**. Zum Beschlussverfahren gehört schon seiner systematischen Stellung im Gesetz nach auch § 85 und damit die Zwangsvollstreckung aus im Beschlussverfahren erwirkten Vollstreckungstiteln. Damit werden auch im Zwangsvollstreckungsverfahren nach § 85 Kosten, d. h. Gebühren und Auslagen, nicht erhoben (ErfK/*Eisemann* ArbGG § 85 Rn. 4; GK-ArbGG/*Wenzel* § 12 Rn. 501). Der Grund für die Kostenfreiheit des Beschlussverfahrens, die Vermögenslosigkeit eines großen Teils der möglichen Beteiligten, trifft auch für das Zwangsvollstreckungsverfahren zu. Dieses ist daher auch dann kostenfrei, wenn das Amtsgericht als Vollstreckungsgericht tätig wird oder das Arbeits- oder Verwaltungsgericht als Prozessgericht im Vollstreckungsverfahren entscheidet (GK-ArbG/*Vossen* § 85 Rn. 30). Die Gerichtsvollzieher dürfen nach § 12 Abs. 4 S. 3 Gebührenvorschüsse nicht erheben. Entstandene Gebühren können sie nach Abschluss der Zwangsvollstreckung von Stellen der Betriebs oder Personalvertretung als Gläubiger oder Schuldner mangels deren Vermögensfähigkeit nicht beitreiben. **25**

Ist aus einem vorläufig vollstreckbaren Titel vollstreckt worden, so ist nach § 717 Abs. 2 ZPO der Gläubiger dem Schuldner zum **Ersatz des Schadens** aus der Zwangsvollstreckung verpflichtet, wenn der Titel später aufgehoben wird. Diese Vorschrift kann in der Zwangsvollstreckung nach § 85 Abs. 1 ZPO keine Anwendung finden. Wenn die für die Vollstreckung von einstweiligen Verfügungen entsprechende Vorschrift des § 745 ZPO durch § 85 Abs. 2 ausdrücklich für nicht anwendbar erklärt wird, kann für § 717 Abs. 2 nichts anderes gelten, da der maßgebende Grund, die Vermögenslosigkeit von betriebsverfassungsrechtlichen und personalvertretungsrechtlichen Stellen auch hier gilt (GK-ArbG/*Vossen* § 85 Rn. 32; Schwab/Weth/*Walker* § 85 Rn. 42; *Hauck/Helml* § 85 Rn. 6). **26**

2. Besondere Vollstreckungsverfahren

Regeln der Zwangsvollstreckung enthalten auch die §§ 23 Abs. 3 S. 2 und 3, 98 Abs. 5 S. 2 und 3, 101 S. 2 und 104 S. 2 BetrVG. Entsprechende Vorschriften in den Personalvertretungsgesetzen fehlen. Auch hier wird geregelt, wie die Erfüllung der durch das Gericht im Beschlussverfahren ausgesprochene Verpflichtung des Arbeitgebers, eine Handlung vorzunehmen, zu dulden oder zu unterlassen, einen Ausbilder nicht zu bestellen oder abzuberufen, eine personelle Einzelmaßnahme aufzuheben, einen Arbeitnehmer zu versetzen oder zu entlassen, durch Zwangsmittel gesichert werden soll. Gegen den Arbeitgeber ist ein **Ordnungs- oder Zwangsgeld** festzusetzen. Durch die Regelung in § 85 Abs. 1 S. 3, wonach in diesen Fällen eine Festsetzung von **Ordnungs- oder Zwangshaft** nicht erfolgt, wird klargestellt, dass die in den genannten Vorschriften angeordneten Zwangsmaßnahmen Maßnahmen der Zwangsvollstreckung sind, in den genannten Vorschriften daher die Zwangsvollstreckung gerichtlicher Entscheidungen geregelt wird. Das hat Bedeutung für das Verfahren. Über den Antrag auf Festsetzung eines Zwangs- oder Ordnungsgeldes ist nicht im Beschlussverfahren sondern im **Zwangsvollstreckungsverfahren** entsprechend §§ 888, 890 ZPO zu entscheiden (s. oben Rn. 23). Die Entscheidung ergeht daher **ohne mündliche Verhandlung** durch Beschluss des Vorsitzenden, § 891 ZPO, § 53 Abs. 1. Das Ordnungs- oder Zwangsgeld kann schon im Titel angedroht werden (GK-ArbG/*Vossen* § 85 Rn. 31; LAG Frankfurt 3. 6. 1988 DB 1989, 536). Die nach der ZPO in solchen Fällen an sich mögliche Festsetzung von **Ordnungs- oder Zwangshaft** gegen den Arbeitgeber ist jedoch ausgeschlossen. Soweit für den Fall der Zuwiderhandlung gegen die Verpflichtung, einen Ausbilder abzuberufen, eine Einstellung oder Versetzung aufzuheben, einen Arbeitnehmer zu entlassen oder zu versetzen, verstoßen wird, kann das Zwangsgeld für jeden Tag der Zuwiderhandlung 250 € **27** betragen. Richtigerweise handelt es sich um ein **Ordnungsgeld**. Der Titel nach den §§ 85 Abs. 5, 101 oder 104 BetrVG ist seiner Natur nach ein **Unterlassungstitel**, der dem Arbeitgeber verbietet, die tatsächliche Beschäftigung des Arbeitnehmers fortzusetzen. Der Arbeitgeber handelt daher der Verpflichtung schon dann zuwider, wenn er die Maßnahme tatsächlich nicht aufhebt, also etwa einen ohne Zustimmung des Betriebsrates eingestellten Arbeitnehmer tatsächlich weiterbeschäftigt. Dass er dem Arbeitnehmer kündigt, reicht nicht aus (s. näher *Matthes*, FS Richardi S. 685).

B. Arrest und einstweilige Verfügung

I. Der Arrest

28   § 85 Abs. 2 erklärt ausdrücklich nur einstweilige Verfügungen als zulässig. Daraus kann jedoch nicht hergeleitet werden, dass die Anordnung eines Arrests im Sinne von § 916 ZPO zur Sicherung einer im Beschlussverfahren geltend zu machenden Geldforderung ausgeschlossen ist. Als im Beschlussverfahren geltend zu machende Geldforderungen kommen nur **Kostenerstattungsansprüche** betriebsverfassungsrechtlicher Organe oder ihrer Mitglieder gegen den Arbeitgeber in Betracht. Solche Ansprüche unterscheiden sich in keiner Weise von anderen Geldforderungen gegen den Arbeitgeber. Die Sicherung der Zwangsvollstreckung wegen solcher Geldforderungen zu verneinen, wäre daher nicht gerechtfertigt. Auch die Anordnung eines **Arrestes ist daher zulässig** (MünchArbR/*Brehm* § 393 Rn. 28; Schwab/Weth/*Walker* § 85 Rn. 52; GK-ArbG/*Vossen* § 85 Rn. 34). Für das Verfahren gelten die Vorschriften der §§ 916 ff. ZPO. Arrestgericht kann das Amtsgericht aber auch das Arbeits- oder Verwaltungsgericht als Gericht der Hauptsache sein, § 919 ZPO. Auch im Verfahren vor dem Amtsgericht sind Organe der Betriebsverfassung oder Personalvertretung prozessfähig.

II. Die einstweilige Verfügung

1. Allgemeines

29   § 85 Abs. 2 bestimmt ausdrücklich, dass auch in Angelegenheiten, über die im Beschlussverfahren zu entscheiden ist, der Erlass einer einstweiligen Verfügung zulässig ist, eine Frage, die früher umstritten war. Die Regelung trägt damit dem Verfassungsgebot eines **effektiven Rechtsschutzes** Rechnung (BVerfG 19. 10. 1977 BVerfGE 46, 116). Für das einstweilige Verfügungsverfahren gelten die Vorschriften der Zivilprozessordnung, die §§ 916 ff. ZPO, entsprechend (s. unten Rn. 41 ff.). Auch im Beschlussverfahren sind daher einstweilige Verfügungen in Form der **Sicherungsverfügung** nach § 935 ZPO, der **Regelungsverfügung** nach § 940 ZPO und der **Leistungs- und Befriedungsverfügung**, wie sie die Rechtsprechung für besondere Fälle entwickelt hat, zulässig (Schwab/Weth/*Walker* § 85 Rn. 53). Das gilt auch in personalvertretungsrechtlichen Streitigkeiten vor den Verwaltungsgerichten (so auch – mit Einschränkungen – BVerwG 27. 7. 1990 AP ArbGG 1979 § 72 a Divergenz Nr. 25; *Schaub* ZTR 2001, 97, 102). Voraussetzung für den Erlass einer einstweiligen Verfügung ist in allen Fällen, dass der Antragsteller einen zu sichernden **Verfügungsanspruch** hat und ein **Verfügungsgrund** gegeben ist. Einstweilige Verfügungen sind sofort vollstreckbar. An **feststellenden Verfügungen** besteht regelmäßig kein Rechtsschutzinteresse. Ein entsprechender Antrag ist daher unzulässig (VGH Bayern 19. 10. 1983 PersV 1985, 336; GK-ArbG/*Vossen* § 85 Rn. 40).

30   Der einstweilige Rechtsschutz des Betriebs- oder Personalrates durch einstweilige Verfügungen hat in den letzten Jahren zunehmend an Bedeutung gewonnen. Das gilt vor allen Dingen für gegen den Arbeitgeber gerichtete **einstweilige Verfügungen auf Unter-**

B. II. Die einstweilige Verfügung   § 85

lassung oder Beseitigung von Maßnahmen, die dieser ohne Beachtung von Beteiligungsrechten des Betriebsrates durchgeführt hat.

2. Der Verfügungsanspruch

Organen der Betriebs- und Personalverfassung, ihren Mitgliedern, aber auch Gewerkschaften können **Ansprüche gegen den Arbeitgeber** oder andere Organe und Stellen zustehen. Das ist eine Frage des materiellen Rechts. Solche Ansprüche können sich auch aus anderen Gesetzen, Tarifverträgen aber auch aus Betriebsvereinbarungen ergeben, deren Durchführung der Betriebsrat verlangen kann (BAG 24. 2. 1987 AP BetrVG 1072 § 77 Nr. 21). Das gilt auch für den Anspruch auf Einhaltung eines **Interessenausgleiches** (a. A. BAG 28. 8. 1991 AP ArbGG 1979 § 85 Nr. 2) oder auf Durchführung eines Einigungsstellenspruchs (LAG Berlin 18. 11. 1990 BB 1991, 206). Alle solche Ansprüche kommen grundsätzlich als zu sichernde Verfügungsansprüche in Betracht, so etwa der **Anspruch** eines Gewerkschaftsbeauftragten **auf Zutritt zum Betrieb** (LAG Hamm 9. 3. 1977 AP BetrVG 1972 § 2 Nr. 1), ein **Anspruch auf Duldung** von Betriebsrats- oder Wahlvorstandtätigkeit nach Kündigung des Arbeitsverhältnisses ohne Zustimmung des Betriebsrates (LAG Hamm 27. 4. 1972 DB 1972, 1119; LAG Düsseldorf 8. 9. 1975 NJW 1976, 386), ein **Anspruch auf Freistellung** eines Betriebsratsmitgliedes für den Besuch einer Schulungsveranstaltung (LAG Hamm 23. 11. 1972 DB 1972, 2489) oder des Arbeitgebers auf Untersagung von (Teil-)Betriebsversammlungen (LAG SchleswigHolstein 26. 6. 1991 AiB 1991, 391). Auch dem Arbeitgeber können durch einstweilige Verfügung zu sichernde Ansprüche gegen den Betriebs- oder Personalrat oder einzelne Mitglieder oder gegen eine im Betrieb vertretene Gewerkschaft zustehen, so ein Anspruch auf Unterlassung von gegen § 74 Abs. 2 verstoßenden Maßnahmen (BAG 21. 7. 1980 AP BetrVG 1972 § 74 Nr. 3), ein Anspruch auf Unterlassung der Amtsausübung durch ein Betriebsratsmitglied, gegen das ein Amtsenthebungsverfahren eingeleitet worden ist (LAG Hamm 18. 9. 1975 BB 1975, 1302) oder ein Anspruch auf Verlegung einer Betriebsversammlung (LAG Düsseldorf 24. 10. 1972 DB 1972, 2212). 31

Von Bedeutung aber umstritten ist die Frage, ob die **Beteiligungsrechte des Betriebs- oder Personalrates** in ihrer unterschiedlichen Ausgestaltung auf Unterrichtung, Anhörung, Beratung, Zustimmung oder Mitbestimmung auch entsprechende Ansprüche für den Betriebs- oder Personalrat begründen, die als zu sichernde Verfügungsansprüche in Betracht kommen. Einstweilige Verfügungen zur Sicherung dieser Ansprüche, die etwa dem Arbeitgeber aufgeben, eine Maßnahme mit dem Betriebsrat zu beraten, die Einigungsstelle anzurufen oder ein Zustimmungsersetzungsverfahren durchzuführen, geben jedenfalls keinen Sinn und spielen daher in der Praxis keine Rolle. Eine effektive Sicherung der Beteiligungsrechte des Betriebsrates durch eine einstweilige Verfügung wird jedoch dann erreicht, wenn dem Arbeitgeber oder der Dienststelle durch einstweilige Verfügung aufgegeben wird, eine **Maßnahme solange zu unterlassen,** bis die erforderliche Beteiligung des Betriebs- oder Personalrates erfolgt ist, oder ihm aufgegeben werden kann, eine ohne Beachtung von Beteiligungsrechten durchgeführte **Maßnahme aufzuheben.** 32

Das Bestehen eines solchen Unterlassungsanspruches war umstritten (verneinend noch BAG 22. 2. 1983 AP BetrVG 1972 § 23 Nr. 2; BVerwG 15. 12. 1978 Buchholz 230.3 A § 76 Nr. 1; *Konzen* S. 76 ff.; bejahend jetzt BAG 18. 4. 1985 AP BetrVG 1972 § 23 Nr. 5; und zuletzt BAG 3. 5. 1994 AP BetrVG 1972 § 23 Nr. 23; *Dütz* BB 1984, 115; *Derleder* AuR 1983, 289 und AuR 1985, 65 mit weiteren Nachweisen; *Prütting* RdA 1995, 257). 33

Für eine **Unterlassungsverfügung** kommt es allein darauf an, dass der Betriebs- oder Personalrat ein **Recht** auf Beteiligung an denjenigen Maßnahmen hat, die nach materiellem Recht seiner Beteiligung in unterschiedlicher Form unterliegen. Zur **Sicherung dieser Beteiligungsrechte** kann eine einstweilige Verfügung ergehen (GK-ArbG/*Vossen* § 85 34

Rn. 44 ff. Schwab/Weth/*Walker* § 85 Rn. 106; ErfK/*Eisemann* ArbGG § 85 Rn. 5; ArbGV/*Koch* § 85 Rn. 29 Buchner SAE 1986, 129). Nach § 938 ZPO bestimmt das Gericht nach freiem Ermessen, welche Anordnungen zur Erreichung des Zwecks erforderlich sind. Nach Abs. 2 kann dem Verfügungsgegner auch eine Handlung geboten oder verboten werden. Damit kommt zur Sicherung der Beteiligungsrechte grundsätzlich auch eine **Unterlassungsverfügung** oder eine Beseitigungsverfügung in Betracht, sofern gleichzeitig ein Verfügungsgrund gegeben ist (s. dazu besonders Rn. 37). Der Betriebsrat hat aber anlässlich einer **Betriebsänderung** keinen Anspruch auf einen Interessenausgleich, sondern nur auf Unterrichtung und Beratung (MünchArbR/*Matthes* § 273 Rn. 33). Eine solche Unterlassungsverfügung führt nicht zur Befriedigung des Verfügungsanspruches, da dieser nicht auf Unterlassung sondern auf Beteiligung an der Maßnahme geht, die mit der einstweiligen Verfügung lediglich ermöglicht werden soll (a. A. *Heinze* RdA 1986, 285, der die Beteiligungsrechte des Betriebsrates nicht als sicherungsfähige Verfügungsansprüche ansieht).

3. Der Verfügungsgrund

35 Der Erlass einer einstweiligen Verfügung setzt einen Verfügungsgrund voraus. Es muss die Besorgnis bestehen, dass die **Verwirklichung eines Rechts** ohne eine alsbaldige einstweilige Regelung **vereitelt** oder wesentlich erschwert **wird**. Zur Abwendung dieser Gefahr muss die einstweilige Verfügung erforderlich sein. Nicht ist es Sinn einer einstweiligen Verfügung, eine möglichst schnelle Erfüllung des Verfügungsanspruches zu ermöglichen.

36 Bei der Prüfung der Frage, ob die Voraussetzungen für den Erlass einer einstweiligen Verfügung gegeben sind, ist auf der einen Seite zu beachten, dass – von vermögensrechtlichen Streitigkeiten abgesehen (s. oben Rn. 5 ff.) die **Vollstreckung** einer im normalen Beschlussverfahren ergangenen Entscheidung **erst nach Rechtskraft** des Beschlusses und damit regelmäßig erst nach langer Zeit möglich ist (LAG Hamm 19. 4. 1973 BB 1973, 1024). Auf der anderen Seite schaffen einstweilige Verfügungen für die vergangene Zeit regelmäßig einen irrevisiblen Zustand. Darüber hinaus schließt § 85 Abs. 2 die Anwendung von § 945 ZPO aus, sodass ein durch den Vollzug der einstweiligen Verfügung entstandener Schaden nicht ersetzt wird (s. unten Rn. 50). Damit erfordert die Prüfung des Verfügungsgrundes eine umfassende Interessenabwägung (GK-ArbG/*Vossen* § 85 Rn. 45; ErfK/*Eisemann* ArbGG § 85 Rn. 6; *Hauck/Helml* § 85 Rn. 11).

37 Bei einstweiligen Verfügungen zur **Sicherung von Beteiligungsrechten** des Betriebs oder Personalrates wird regelmäßig die Gefahr bestehen, dass deren Wahrnehmung ohne eine Unterlassungsverfügung vereitelt wird, ganz, wenn es sich um eine kurzfristige, zeitlich begrenzte Maßnahme handelt, bei einer auf Dauer gerichteten Maßnahme jedenfalls für die Vergangenheit. Das allein rechtfertigt eine Unterlassungsverfügung jedoch nicht. Das durch eine Unterlassungsverfügung zu sichernde **Beteiligungsrecht** des Betriebs oder Personalrates ist **kein subjektives, absolutes Recht** sondern eine Berechtigung, zum Schutz der Arbeitnehmer durch Ausübung des jeweiligen Beteiligungsrechtes mitgestaltend tätig zu werden. Für die Feststellung eines Verfügungsgrundes kommt es daher nicht darauf an, ob dem Betriebsrat die Ausübung seiner Beteiligungsrechte ganz oder jedenfalls für die Vergangenheit unmöglich gemacht wird, – das wird immer der Fall sein – sondern darauf, ob für die Zeit bis zum Inkrafttreten einer mitbestimmten Regelung der damit bezweckte notwendige Schutz der Arbeitnehmer unwiederbringlich vereitelt wird (GK-ArbG/*Vossen* § 85 Rn. 56 f.; *Matthes*, FS Dietrich S. 355 ff.). Das aber ist abhängig davon, wie sich die Verletzung von Beteiligungsrechten im Verhältnis zwischen Arbeitgeber und Arbeitnehmer auswirkt und in welchem Umfange die Arbeitnehmer in diesem Falle geschützt sind und diesen Schutz realisieren können. So bedarf es keiner einstweiligen Verfügung zur Unterlassung einer Kündigung vor Anhörung des Betriebsrates, da eine ohne Anhörung des Betriebsrates ausgesprochene Kündigung

B. II. Die einstweilige Verfügung   § 85

ohnehin unwirksam ist, § 102 BetrVG (*Hauck/Helml* § 85 Rn. 11). Sinnlos wäre auch eine einstweilige Verfügung auf Untersagung der Einführung von Kurzarbeit, da die Arbeitnehmer bei ohne Beachtung des Mitbestimmungsrechts eingeführter Kurzarbeit ihre Lohnansprüche behalten (LAG Frankfurt 3. 4. 1978 BB 1979, 942). Sind die **Folgen einer Missachtung von Beteiligungsrechten abschließend geregelt** und ist der damit bewirkte Schutz der Arbeitnehmer auch ohne eine einstweilige Verfügung nicht eingeschränkt, kommt eine Unterlassungsverfügung nicht in Betracht. Der Betriebsrat kann daher auch aus diesem Grunde (s. oben Rn. 34) die Unterlassung einer Betriebsänderung nicht verlangen, bis der Versuch eines Interessenausgleichs gescheitert ist (BAG 28. 8. 1991 AP ArbGG 1979 § 85 Nr. 2 in einem obiter dictum: *Heinze* RdA 1986, 293; *Buchner* S. 48; GK-ArbG/*Vossen* § 85 Rn. 57; a. A. LAG Hamburg 8. 6. 1983 DB 1983, 2369; 5. 2. 1986 RdV 1987, 83; LAG Frankfurt 21. 9. 1982 DB 1983, 613; *Dütz* DB 1984, 125 ff.).

Für die Frage, ob **Wahlen** zum Betriebs-, Personal- oder Aufsichtsrat wegen der 38
Verletzung von Wahlrechten, Wahlvorschlagsrechten oder sonstigen Wahlvorschriften bis zur Beseitigung des Mangels **aufgeschoben werden können,** ist bei der Interessenabwägung auf der einen Seite zu berücksichtigen, dass mit dem Abschluss der Wahl Wahlrechte oder Wahlvorschlagsrechte für diese Wahl nicht mehr realisiert werden können. Fehler im Wahlverfahren können die Anfechtbarkeit und auch Nichtigkeit der Wahl begründen und deren Wiederholung erforderlich machen, was zu zusätzlichen Kosten für den Arbeitgeber führt. Auf der anderen Seite kann die Aussetzung eines Wahlverfahrens zu einem betriebsratslosen Zustand führen (vergl. dazu BAG 15. 12. 1972 AP ArbGG 1953 § 80 Nr. 5; LAG Hamm 27. 4. 1972 DB 1972, 1297; 10. 4. 1975 DB 1975, 1176; LAG Düsseldorf 24. 10. 1977 DB 1978, 211). Eine Aussetzung der Wahl wegen eines Wahlfehlers im Wege einer einstweiligen Verfügung wird daher regelmäßig nur dann in Betracht kommen, wenn entweder der Fehler in kurzer Zeit beseitigt werden kann oder mit hoher Wahrscheinlichkeit anzunehmen ist, dass die Wahl wegen des Wahlfehlers mit Erfolg angefochten werden kann (ErfK/*Eisemann* ArbGG § 85 Rn. 6).

4. Ausschluss einstweiliger Verfügungen

Regelungen des Betriebsverfassungs- oder Personalvertretungsrechts können ergeben, 39
dass die Verletzung von Rechten eines Betriebspartners durch den anderen abschließend geregelt ist und daher eine einstweilige Verfügung, mit der solchen Rechtsverletzungen vorgebeugt werden soll, nicht in Betracht kommt. Das gilt für die Missachtung des **Zustimmungsrechtes des Betriebsrats** nach § 99 BetrVG bzw. den § 69 Abs. 5, § 72 Abs. 6 BPersVG ebenso für § 98 Abs. 5 BetrVG. Der Betriebsrat ist hier auf das Aufhebungsverfahren verwiesen (GK-ArbGG/*Vossen* § 85 Rn. 58 f.; Schwab/Weth/*Walker* § 85 Rn. 54 ff.; LAG Frankfurt 15. 12. 1987 NZA 1989, 232; a. A. *Lipke* DB 1980, 2239 für den Fall, der Arbeitgeber Beteiligungsrechte des Betriebsrates überhaupt nicht beachtet). Gleiches gilt für § 104 BetrVG (a. A. *Dütz* ZFA 1972, 254, der eine einstweilige Verfügung auf Suspendierung des zu entlassenden Arbeitnehmers für zulässig hält). Die in § 23 Abs. 3 gesicherten eigenen Rechte des Betriebsrates oder einer im Betrieb vertretenen Gewerkschaft vor Missachtung durch den Arbeitgeber können nur in diesem Verfahren, nicht aber auch durch eine einstweilige Verfügung gesichert werden (LAG Hamm 4. 2. 1977 DB 1977, 1514; s. auch *Trittin* DB 1983, 231 mit weiteren Nachweisen; a. A. Schwab/Weth/*Walker* § 85 Rn. 62; LAG Düsseldorf 16. 5. 1990 NZA 1991, 29). Eine Unterlassungsverfügung gegen den Arbeitgeber kommt weiter dann nicht in Betracht, wenn dieser ausdrücklich zu vorläufigen Maßnahmen berechtigt ist, wie in § 100 BetrVG oder § 69 Abs. 5 BPersVG.

Keine einstweilige Verfügung ist möglich auf einstweilige Regelung einer mitbestim- 40
mungspflichtigen Angelegenheit selbst, für die Zeit bis zu einer Einigung durch die

Betriebspartner (GK-ArbG/*Vossen* § 85 Rn. 64; ArbGV/*Koch* § 85 Rn. 24; a. A. *Worzalla* BB 2005, 1737; s. auch § 2 a Rn. 100 ff.). Dem Arbeitsgericht fehlt auch im einstweiligen Verfügungsverfahren eine solche Regelungskompetenz. Es kann nur Regelungen zur Sicherung der Mitregelungsbefugnis treffen, wobei allerdings die Unterlassungsverfügung gleichzeitig eine „Regelung" dahin enthält, dass keine Änderung erfolgt. Der Ausschluss einer Regelungsverfügung gilt auch für Eilfälle. Auch in diesen Fällen bleiben die Mitbestimmungsrechte des Betriebsrates zu beachten (BAG 2. 3. 1982 AP BetrVG 1972 § 87 Arbeitszeit Nr. 6). Hat die Einigungsstelle bereits eine Regelung getroffen, die vom Betriebsrat angefochten worden ist, so kann der Betriebsrat nicht die Unterlassung der Durchführung des Spruchs verlangen, wohl aber kommt eine einstweilige Verfügung gegen den Arbeitgeber auf Durchführung der Betriebsvereinbarung in Betracht (GK-ArbG/*Vossen* § 85 Rn. 64).

41 Auch in anderer Weise **gestaltend wirkende einstweilige Verfügungen** sind unzulässig. So kann die Amtszeit des Personalrates nicht durch einstweilige Verfügung verlängert werden (BVerwG 23. 5. 1979 Buchholz 238.3 A § 26 Nr. 1).

III. Das Verfahren

1. Das Verfügungsgericht

42 Das für den Erlass einer einstweiligen Verfügung zuständige Gericht ist das **Gericht der Hauptsache**, §§ 937, 943. Das ist das Arbeits- oder Verwaltungsgericht. Ist die Hauptsache bereits beim Landesarbeitsgericht oder beim Oberverwaltungsgericht anhängig, etwa der Streit um das zu sichernde Mitbestimmungsrecht, so ist dieses Gericht für den Erlass der einstweiligen Verfügung zuständig. Immer ist aber vorab die Zulässigkeit des Rechtswegs und der gewählten Verfahrensart zu prüfen (BAG 24. 5. 2000 AP GVG § 17 a Nr. 45; GK-ArbG/*Vossen* § 85 Rn. 87). Eine **Ersatzzuständigkeit** der **Amtsgerichte** in dringenden Fällen gemäß § 942 Abs. 1 ZPO kommt nach der Neuregelung der Zuständigkeiten der einzelnen Rechtswege in § 48 und § 17 a GVG nicht mehr in Betracht (GK-ArbG/*Vossen* § 85 Rn. 69; Schwab/Weth/*Walker* § 85 Rn. 67).

2. Das Verfahren im Einzelnen

43 Das einstweilige Verfügungsverfahren ist ein Erkenntnisverfahren besonderer Art. Es folgt daher anders als das Zwangsvollstreckungsverfahren den Vorschriften über das ordentliche **Beschlussverfahren** (MünchArbR/*Brehm* § 393 Rn. 26; GK-ArbG/*Vossen* § 85 Rn. 70). Für die Beteiligtenfähigkeit von Personen und Stellen und deren Beteiligung in konkreten Verfahren gilt daher das Gleiche wie im Beschlussverfahren (s. die Erläuterungen zu § 10 und § 83). Antragsbefugt ist derjenige, der die Sicherung eines eigenen Rechts oder einer eigenen Berechtigung begehrt.

44 Nach § 920 Abs. 2 ZPO ist der Verfügungsanspruch und der Verfügungsgrund **glaubhaft zu machen**. Das gilt jedoch nur hinsichtlich der tatsächlichen Umstände, die den Verfügungsanspruch und den Verfügungsgrund ergeben sollen. Die **Rechtsfrage,** ob der geltend gemachte Verfügungsanspruch gegeben ist, ist **voll zu prüfen.** Für den Erlass einer einstweiligen Verfügung genügt nicht, dass auf Grund des glaubhaft gemachten Sachverhaltes das Bestehen des Verfügungsanspruches wahrscheinlich oder nicht offensichtlich ausgeschlossen ist (LAG Hamm 23. 11. 1972 EzA § 37 BetrVG 1972 Nr. 3; ArbGV/*Koch* § 85 Rn. 32 Wenzel NZA 1984, 115). Aufgrund des im Beschlussverfahren geltenden Amtsermittlungsgrundsatzes (s. § 83 Rn. 82 ff.) hat auch das Verfügungsgericht den **Sachverhalt von Amts wegen zu erforschen** und alle diejenigen Ermittlungen zur Feststellung des Sachverhalts anzustellen, die angesichts der Dringlichkeit der einstweiligen Verfügung noch in angemessener Zeit möglich sind (vergl. dazu *Wenzel* NZA

1984, 115). Es hat daher vor Zurückweisung des Antrages einen Anhörungstermin zu bestimmen (LAG Hamm 3. 1. 1984 AR-Blattei Zwangsvollstreckung Entsch. 40).

Die Entscheidung kann nach § 937 Abs. 2 ZPO in dringenden Fällen **ohne Anhörung** **45** **der Beteiligten** vor der Kammer ergehen, sie erfolgt auch in diesen Fällen durch die **vollbesetzte Kammer** des Gerichts, § 85 Abs. 2 S. 2. Die Regelung in § 944 ZPO, wonach in dringenden Fällen der Vorsitzende allein entscheidet, ist nicht anzuwenden (BAG 28. 8. 1991 AP ArbGG 1979 § 85 Nr. 2; GK-ArbG/*Vossen* § 85 Rn. 80; ErfK/ *Eisemann* § 85 Rn. 7; a. A. Schwab/Weth/*Walker* § 85 Rn. 68; OVG Bremen 8. 4. 1981 PersV 1982, 296; *Hauck/Helml* § 85 Rn. 14; *Wenzel* NZA 1984, 115; *Schreiber* SAE 1992, 337). Wenn nur in dringenden Fällen ohne Anhörung entschieden werden darf und gerade in diesen Fällen nach § 944 ZPO der Vorsitzende allein entscheiden könnte, hätte die Vorschrift, dass die Entscheidung durch die Kammer ergeht keinen Sinn, weil im Falle mündlicher Anhörung die Kammer ohnehin entscheidet.

Die Entscheidung über den Antrag auf Erlass einer einstweiligen Verfügung ergeht in **46** jedem Falle durch einen **Beschluss**. Dieser bedarf soweit er ohne Anhörung die einstweilige Verfügung erlässt, keiner Begründung (GK-ArbG/*Vossen* § 85 Rn. 81). Der Beschluss bedarf, wenn er auf Grund Anhörung ergeht, einer **Rechtsmittelbelehrung** über die mögliche Beschwerde nach § 87. Er ist von Amts wegen zuzustellen, § 85 Abs. 2 S. 2, es sei denn, der Antrag wird zurückgewiesen, § 922 Abs. 3. Mit der Zustellung von Amts wegen ist eine Unterlassungsverfügung noch nicht **vollzogen** i. S. von § 929 Abs. 2 ZPO (Schwab/Weth/*Walker* § 85 Rn. 76; *Hauck/Helml* § 85 Rn. 14; GK-ArbG/*Vossen* § 85 Rn. 86 m. w. N.). Sie muss dafür noch einmal im Parteibetrieb zugestellt werden.

Auf Antrag des Verfügungsgegners hat das Arbeitsgericht dem Antragsteller eine **Frist** **47** zu bestimmen, innerhalb welcher er die Hauptsache anhängig zu machen hat, § 926 ZPO. Die Bestimmung einer Frist zur Anrufung der Einigungsstelle bei Streitigkeiten über Mitbestimmungsrechte kommt aber nicht in Betracht.

3. Rechtsmittel

Das zulässige Rechtsmittel ist davon abhängig, ob das Verfügungsgericht ohne oder **48** auf Grund einer Anhörung des Verfügungsgegners entschieden hat. Ist der Antrag ohne Anhörung abgewiesen worden, so ist gegen diese Entscheidung für den Antragsteller die **sofortige Beschwerde** nach § 567 ZPO gegeben. Das Verfügungsgericht kann der Beschwerde abhelfen (GK-ArbGG/*Vossen* § 85 Rn. 83). Weist das Beschwerdegericht die Beschwerde zurück, so ist dagegen keine weitere Beschwerde gegeben. Zwar kann nach § 78 Satz 2 n. F. die Rechtsbeschwerde zugelassen werden, nach § 92 Abs. 1 Satz 3 gibt es aber im Verfahren auf Erlass einer einstweiligen Verfügung keine Rechtsbeschwerde gegen einen Beschluss nach § 91, auch wenn das Landesarbeitsgericht sie zugelassen hat (BAG 22. 1. 2003 AP ArbGG 1979 § 78 Nr. 12). Dann kann eine solche auch nicht gegen eine Beschwerdeentscheidung nach § 78 zugelassen werden (GK-ArbGG/*Vossen* § 85 Rn. 84).

Hat das Verfügungsgericht die einstweilige Verfügung ohne Anhörung erlassen, so **49** kann der Antragsgegner dagegen **Widerspruch** einlegen, § 924 ZPO. Über den Widerspruch entscheidet das Verfügungsgericht nunmehr auf Grund Anhörung durch Beschluss, § 925 ZPO, § 84, gegen den für die Beteiligten das Rechtsmittel der **Beschwerde** nach § 87 gegeben ist. Über diese entscheidet das Beschwerdegericht im normalen Beschwerdeverfahren. Es kann eine einstweilige Anordnung nach § 719 ZPO treffen (s. oben Rn. 8). Gegen die Entscheidung des Beschwerdegerichtes ist die Rechtsbeschwerde nicht gegeben, § 92 Abs. 1 S. 2. Gleiches gilt, wenn das Landesarbeitsgericht oder das Oberverwaltungsgericht die einstweilige Verfügung als Verfügungsgericht (s. oben Rn. 42) erlassen hat.

50 Hat das Arbeitsgericht oder Verwaltungsgericht als Verfügungsgericht auf Grund mündlicher Anhörung entschieden, so ist – wie nach einer Entscheidung auf Grund eines Widerspruchs – für die Beteiligten dagegen das Rechtsmittel der Beschwerde nach § 87 gegeben.

4. Ausschluss von Schadensersatzansprüchen

51 § 85 Abs. 2 S. 2 bestimmt, dass bei **Aufhebung einer einstweiligen Verfügung** als von Anfang an unberechtigt kein Anspruch auf Schadensersatz nach § 945 ZPO besteht. Das gilt auch dann, wenn die einstweilige Verfügung nicht von Organen der Betriebsverfassung oder sonstigen Stellen sondern von natürlichen oder juristischen Personen beantragt worden ist, die vermögensfähig sind und daher Schadensersatz leisten können (GK-ArbG/*Vossen* § 85 Rn. 88). Der Gesetzgeber hat danach nicht unterschieden. Die Beschränkung des Ausschlusses von § 945 ZPO auf Angelegenheiten des Betriebsverfassungsgesetzes erfasst auch Angelegenheiten des Personalvertretungsrechtes, aus dem Sprecherausschussgesetz und den Mitbestimmungsgesetzen Schwab/Weth/*Walker* § 85 Rn. 78) und ist im Übrigen ohne Bedeutung, da in den Angelegenheiten nach § 2a Abs. 1 Nr. 4 der Erlass einer einstweiligen Verfügung nicht in Betracht kommt.

§ 86 (weggefallen)

Zweiter Unterabschnitt. Zweiter Rechtszug

§ 87 Grundsatz

(1) Gegen die das Verfahren beendenden Beschlüsse der Arbeitsgerichte findet die Beschwerde an das Landesarbeitsgericht statt.

(2) ¹Für das Beschwerdeverfahren gelten die für das Berufungsverfahren maßgebenden Vorschriften über die Einlegung der Berufung und ihre Begründung, über Prozeßfähigkeit, Ladungen, Termine und Fristen, Ablehnung und Ausschließung von Gerichtspersonen, Zustellungen, persönliches Erscheinen der Parteien, Öffentlichkeit, Befugnisse des Vorsitzenden und der ehrenamtlichen Richter, Vorbereitung der streitigen Verhandlung, Verhandlung vor der Kammer, Beweisaufnahme, gütliche Erledigung des Rechtsstreits, Wiedereinsetzung in den vorigen Stand und Wiederaufnahme des Verfahrens sowie die Vorschriften des § 85 über die Zwangsvollstreckung entsprechend. ²Für die Vertretung der Beteiligten gilt § 11 Abs. 1 bis 3 und 5 entsprechend. ³Der Antrag kann jederzeit mit Zustimmung der anderen Beteiligten zurückgenommen werden; § 81 Abs. 2 Satz 2 und 3 und Absatz 3 ist entsprechend anzuwenden.

(3) ¹In erster Instanz zu Recht zurückgewiesenes Vorbringen bleibt ausgeschlossen. ²Neues Vorbringen, das im ersten Rechtszug entgegen einer hierfür nach § 83 Abs. 1a gesetzten Frist nicht vorgebracht wurde, kann zurückgewiesen werden, wenn seine Zulassung nach der freien Überzeugung des Landesarbeitsgerichts die Erledigung des Beschlussverfahrens verzögern würde und der Beteiligte die Verzögerung nicht genügend entschuldigt. ³Soweit neues Vorbringen nach Satz 2 zulässig ist, muss es der Beschwerdeführer in der Beschwerdebegründung, der Beschwerdegegner in der Beschwerdebeantwortung vortragen. ⁴Wird es später vorgebracht, kann es zurückgewiesen werden, wenn die Möglichkeit es vorzutragen vor der Beschwerdebegründung oder der Beschwerdebeantwortung entstanden ist und das verspätete Vorbringen nach der freien Überzeugung des Landesarbeitsgerichts die Erledigung des Rechtsstreits verzögern würde und auf dem Verschulden des Beteiligten beruht.

(4) Die Einlegung der Beschwerde hat aufschiebende Wirkung; § 85 Abs. 1 Satz 2 bleibt unberührt.

Übersicht

	Rn.
I. Die Beschwerde im Beschlussverfahren	1–7
1. Allgemeines	1–2
2. Beschwerdefähige Entscheidungen	3–5
3. Wirkung der Beschwerde	6, 7
II. Die Regelung des Beschwerdeverfahrens	8–23
1. Verweisung auf das Berufungsverfahren	8–10
2. Einlegung und Begründung der Beschwerde	11
3. Einzelheiten	12–21
4. Vertretung der Beteiligten	22, 23
III. Antragsrücknahme und Antragsänderung	24–26
1. Antragsrücknahme	24, 25
2. Antragsänderung	26
IV. Verspätetes Vorbringen	27, 28

I. Die Beschwerde im Beschlussverfahren

1. Allgemeines

Die §§ 87 bis 91 regeln das zweitinstanzliche Beschlussverfahren. § 87 Abs. 1 enthält **1** die grundsätzliche Regelung, dass das **Rechtsmittel gegen Beschlüsse des Arbeitsgerichtes im Beschlussverfahren die Beschwerde an das Landesarbeitsgericht** ist. Abs. 2 enthält allgemeine Regelungen über das Verfahren vor dem Landesarbeitsgericht, in dem es weitgehend auf die Vorschriften über das Berufungsverfahren verweist.

Die in den §§ 87 ff. geregelte Beschwerde entspricht der **Berufung im Urteilsverfahren. 2** Sie darf nicht mit der in den §§ 83 Abs. 5, 78 geregelten Beschwerde gegen Beschlüsse und Verfügungen des Vorsitzenden oder des Arbeitsgerichts verwechselt werden, die im Laufe des Verfahrens vor dem Arbeitsgericht ergangen sind.

2. Beschwerdefähige Entscheidungen

Die Beschwerde nach § 87 findet grundsätzlich gegen alle das Verfahren erster Instanz **3** beendenden Beschlüsse des Arbeitsgerichtes statt, also gegen **alle Beschlüsse nach § 84.** Eine **Ausnahme** gilt nur für die Beschlüsse nach § 122 Abs. 2 und § 126 Abs. 2 InsO, die lediglich mit der Rechtsbeschwerde angefochten werden können, wenn diese zugelassen worden ist. Im Übrigen kommt es anders als für die Berufung nach § 64 weder auf die Höhe der Beschwer noch auf eine Zulassung der Beschwerde durch das Arbeitsgericht an. Auch die Höhe des Streitwertes ist für die Statthaftigkeit der Beschwerde ohne Bedeutung (GK-ArbGG/*Dörner* § 87 Rn. 4; ErfK/*Eisemann* ArbGG § 87 Rn. 1; Schwab/Weth/*Busemann* § 87 Rn. 3; *Hauck/Helml* § 87 Rn. 3). Beschwerdefähig sind auch **Teil- und Zwischenbeschlüsse,** soweit entsprechende Urteile im Urteilsverfahren nach den §§ 280 Abs. 2, 302 Abs. 3 und 304 Abs. 2 ZPO selbständig durch Rechtsmittel angefochten werden können (*Hauck/Helml* § 87 Rn. 2). Das gilt auch für einen Beschluss über den **Grund des Anspruches,** da § 61 Abs. 3 im Beschlussverfahren nicht gilt.

Unstatthaft ist eine Beschwerde lediglich hinsichtlich einer prozessualen Kostenent- **4** scheidung (s. dazu § 84 Rn. 29 ff.), soweit eine solche ergeht (BAG 22. 2. 1963 AP ArbGG 1953 § 92 Nr. 9). Das gilt jedoch nicht, wenn Kosten, etwa Rechtsanwaltskosten des Betriebsrates, als Hauptsache geltend gemacht werden.

Ein das Verfahren in der Instanz beendender Beschluss ist auch der Einstellungs- **5** beschluss des Vorsitzenden nach § 81 Abs. 2 S. 3 oder § 83a Abs. 2 bei Zurücknahme des Antrags oder Erledigung des Verfahrens (GK-ArbGG/*Dörner* § 87 Rn. 3; Schwab/Weth/*Busemann* § 87 Rn. 4; ErfK/*Eisemann* ArbGG § 87 Rn. 1; LAG Rheinl.-Pfalz

§ 87
Grundsatz

25. 6. 1982 EzA § 92 ArbGG 1979 Nr. 1; s. näher § 81 Rn. 80 ff. und § 83 a Rn. 13 ff.).

3. Wirkung der Beschwerde

6   Wie jedes Rechtsmittel bewirkt auch die Beschwerde, dass die Überprüfung der Entscheidung in rechtlicher und tatsächlicher Hinsicht dem **Landesarbeitsgericht als Beschwerdegericht** anfällt (Devolotiveffekt). Das Arbeitsgericht ist nicht befugt, der Beschwerde abzuhelfen und seine Entscheidung zu ändern. Nach § 87 Abs. 3 hat die Beschwerde **aufschiebende Wirkung**. Sie hindert den Eintritt der Rechtskraft mit Ablauf der Rechtsmittelfrist, was sich schon aus § 705 ZPO ergibt. Die aufschiebende Wirkung der Beschwerde betrifft vor allem die Wirkung der materiellen Entscheidung auf die Beteiligten etwa die Ersetzung einer Zustimmung des Betriebsrates zu einer personellen Maßnahme oder die Auflösung des Betriebsrates. Die aufschiebende Wirkung tritt auch dann ein, wenn die Beschwerde unzulässig ist (GK-ArbGG/*Dörner* § 87 Rn. 34) oder nach Ablauf der Beschwerdefrist eingelegt und gegen die Versäumung der Frist Wiedereinsetzung in den vorigen Stand gewährt wird.

7   Durch Abs. 3 2. Halbs. wird klargestellt, dass durch die aufschiebende Wirkung die vorläufige Vollstreckbarkeit eines arbeitsgerichtlichen Beschlusses in vermögensrechtlichen Streitigkeiten (s. § 85 Rn. 5 ff.) nicht beseitigt wird (GK-ArbGG/*Dörner* § 87 Rn. 36).

II. Die Regelung des Beschwerdeverfahrens

1. Verweisung auf das Berufungsverfahren

8   Die §§ 87 bis 91 enthalten keine selbständige und erschöpfende Regelung des Beschwerdeverfahrens. Das Verfahren wird vielmehr weitgehend dadurch geregelt, dass auf Vorschriften über das Berufungsverfahren verwiesen wird. Die gewählte **Verweisungstechnik** ist kompliziert und lässt Zweifelsfragen darüber offen, welche Vorschriften über das Berufungsverfahren in Bezug genommen sind. Da hat seinen Grund darin, dass nicht schlechthin auf die Vorschriften über das Berufungsverfahren verwiesen wird sondern lediglich diejenigen Vorschriften in Bezug genommen werden, die die in § 87 Abs. 2 genannten Rechtsinstitute betreffen. Diese wiederum werden in den §§ 64 ff. teils eigenständig teils dadurch geregelt, dass auf Vorschriften der Zivilprozessordnung, so in § 64 Abs. 6, und auf Vorschriften für das erstinstanzliche Urteilsverfahren, so in § 64 Abs. 7, verwiesen wird, die ihrerseits wiederum nach § 46 Abs. 2 durch Vorschriften der ZPO ergänzt werden.

9   Die in § 87 Abs. 2 S. 1 **aufgezählten Rechtsinstitute** sind mit Ausnahme der Einlegung der Berufung und ihrer Begründung sowie der Prozessvertretung und der Zwangsvollstreckung die gleichen wie in § 80 Abs. 1. Wegen der Einzelheiten für die Anwendung der so in Bezug genommenen Vorschriften kann daher auf die Erläuterungen zu § 80 verwiesen werden.

10 Anders als in § 80 Abs. 2 fehlt in § 87 Abs. 2 eine ausdrückliche Einschränkung dahin, dass diese Vorschriften nur insoweit gelten, als sich nicht aus den nachfolgenden Vorschriften der §§ 87 Abs. 2 S. 2 bis 91 etwas anderes ergibt. Gleichwohl gehen diese Vorschriften als Sonderregelungen, auch soweit sie wiederum auf Vorschriften des erstinstanzlichen Beschlussverfahrens verweisen wie in § 90 Abs. 2, den in Bezug genommenen Regelungen über das Berufungsverfahren vor und können letztere nur insoweit Anwendung finden, als nicht die **Besonderheiten des Beschlussverfahrens dem entgegenstehen** (GK-ArbGG/*Dörner* § 87 Rn. 5; Schwab/Weth/*Busemann* § 87 Rn. 23; ErfK/*Eisemann* ArbGG § 87 Rn. 2). Darüber, dass die Verweisungen in den §§ 80 Abs. 2, 87 Abs. 2 und 92 Abs. 2 keine abschließende Beantwortung der Frage ermöglichen, inwie-

II. Die Regelung des Beschwerdeverfahrens   § 87

weit auch Vorschriften der ZPO, auf die nicht unmittelbar oder über in Bezug genommene Vorschriften verwiesen wird, im Beschlussverfahren Anwendung finden können, s. § 80 Rn. 42 ff.

2. Einlegung und Begründung der Beschwerde

§ 87 Abs. 2 verweist zunächst für die Einlegung und Begründung der Beschwerde auf die Vorschriften über die Berufung. Eine diesbezügliche Regelung enthält zunächst § 66 Abs. 1. Diese wird ergänzt durch die Verweisung in § 64 Abs. 6 auf die Vorschriften der ZPO, die allerdings nur insoweit zur Anwendung kommen, als sie ihrerseits wieder die Einlegung und Begründung der Berufung betreffen. Das sind die Vorschriften der §§ 517 bis 521 ZPO n. F. Eine eigene Vorschrift über die Einlegung und Begründung der Beschwerde enthält darüber hinaus § 89 Abs. 1 und 2. Zur Gesamtregelung der Einlegung und Begründung der Beschwerde s. daher die Erläuterung zu § 89. **11**

3. Einzelheiten

Zur Prozess- und Beteiligtenfähigkeit im Beschlussverfahren s. die Erläuterung zu § 80 Rn. 45 ff. und § 10 Rn. 15 ff., über die **Beteiligten** im konkreten Beschwerdeverfahren § 90 Rn. 2. **12**

Für die **Bestimmung des Termin** zur mündlichen Verhandlung gilt § 66 Abs. 2 S. 1. Die **Einlassungsfrist** zwischen der Bekanntgabe des Termins und dem Termin selbst muss nach § 520 Abs. 3 in Verbindung mit § 274 Abs. 3 ZPO mindestens zwei Wochen betragen. In einem anhängigen Verfahren gilt gemäß § 64 Abs. 6 die **Ladungsfrist** nach § 217 ZPO. Da das Beschwerdeverfahren kein Anwaltsprozess im Sinne von § 78 Abs. 1 ZPO ist (s. unten Rn. 22), beträgt die Ladungsfrist nur mindestens 3 Tage (GK-ArbGG/ *Dörner* § 87 Rn. 9). **13**

Für die **Ablehnung und Ausschließung von Gerichtspersonen** gilt nach § 64 Abs. 6 § 49 Abs. 1, der durch die Verweisung in § 46 Abs. 2 durch die Vorschriften der §§ 41 ff. ZPO ergänzt wird. Gegen die Entscheidung findet kein Rechtsmittel statt, § 90 Abs. 3. **14**

Für die **Zustellung** gilt über § 64 Abs. 6 § 50, der wiederum über § 46 Abs. 2 durch die Vorschriften der ZPO ergänzt wird. **15**

Die Anordnung des **persönlichen Erscheinens** regelt über § 64 Abs. 6 § 51. Die Zurückweisung eines Prozessbevollmächtigten bei Ausbleiben der Partei gemäß § 51 Abs. 2 kommt im Beschlussverfahren nicht in Betracht (s. § 83 Rn. 98). **16**

Die Vorschriften über die Befugnisse des Vorsitzenden und der ehrenamtlichen Richter sowie die **Vorbereitung der streitigen Verhandlung,** die §§ 53, 55 und 56, finden über § 64 Abs. 6 auch im Beschwerdeverfahren Anwendung (Näheres s. § 80 Rn. 54 ff.). Zur Setzung von Fristen für ergänzendes und neues Vorbringen der Beteiligten s. § 89 Rn. 31 und § 90 Rn. 4 ff. Gleiches gilt für die **Öffentlichkeit** der Verhandlung, sofern eine solche stattfindet. **17**

Für die **Verhandlung vor der Kammer** enthält § 90 Abs. 2 durch die Verweisung auf die §§ 83 und 83 a weitgehend eine eigenständige Regelung, sodass die über § 64 Abs. 7 erfolgte Inbezugnahme von § 57 nur besagt, dass auch im Beschlussverfahren die Verhandlung möglichst in einem Termin zu Ende zu führen ist. Dass die gütliche Erledigung des Rechtsstreites auch während des Beschwerdeverfahrens anzustreben ist, § 57 Abs. 2, ergibt sich aus der Verweisung über § 64 Abs. 7. **18**

Für die **Beweisaufnahme** gilt ebenfalls über § 64 Abs. 7 § 58. Zu den Besonderheiten der Beweisaufnahme im Beschlussverfahren s. § 83 Rn. 99 ff. Die Verweisung auf die Vorschriften über die **Wiedereinsetzung in den vorigen Stand** führt über § 64 Abs. 6, § 523 ZPO zu den Vorschriften der §§ 230 ff. ZPO. Nach § 233 ZPO kann daher auch gegen die Versäumung der Frist zur Begründung der Beschwerde Wiedereinsetzung in den vorigen Stand gewährt werden. **19**

20 Dass die **Wiederaufnahme** auch eines erst durch Entscheidung des Landesarbeitsgerichts rechtskräftig abgeschlossenen Rechtsstreites möglich ist, ergibt sich schon aus den über § 80 Abs. 2, § 79 in Bezug genommenen Vorschriften der §§ 578 ff. ZPO.

21 Notwendig war hingegen eine Verweisung auf die Vorschriften der **Zwangsvollstreckung** in § 85, da dort ausdrücklich nur die Zwangsvollstreckung aus Beschlüssen des Arbeitsgerichtes geregelt ist. Über die Verweisung auf § 85 Abs. 2 wird klargestellt, dass auch aus Beschlüssen des Landesarbeitsgerichts die Zwangsvollstreckung betrieben werden und das Landesarbeitsgericht als Gericht der Hauptsache eine einstweilige Verfügung erlassen kann, §§ 937 Abs. 1, 943.

4. Vertretung der Beteiligten

22 § 87 Abs. 2 S. 2 bestimmt, dass für die Vertretung der Beteiligten vor dem Landesarbeitsgericht § 11 Abs. 1 bis 3 entsprechend gilt. Danach können sich die Beteiligten vor dem Landesarbeitsgericht **selbst vertreten** oder durch einen **Rechtsanwalt**, durch einen Vertreter von Gewerkschaften – oder deren Rechtsschutz-GmbH – oder Arbeitgeberverbänden oder von Zusammenschlüssen solcher Verbände sowie von Vertretern von selbständigen Vereinigungen von Arbeitnehmern mit sozial- oder berufspolitischer Zwecksetzung vertreten lassen (s. § 80 Rn. 46 ff. und die Erläuterung zu § 11 Abs. 1). Eine **Ausnahme** von dieser Regelung gilt nach § 89 Abs. 1 für die **Einlegung und Begründung der Beschwerde** (s. § 89 Rn. 13). Im Übrigen gilt § 11 Abs. 1 bis 3 aber auch für den Beschwerdeführer, sodass im weiteren Verfahren eine Vertretung des Beschwerdeführers durch bestimmte Prozessbevollmächtigte nicht erforderlich ist (GK-ArbGG/*Dörner* § 87 Rn. 22; Schwab/Weth/*Busemann* § 87 Rn. 42).

23 Die Regelung über die Vertretung des Beschwerdeführers und der Beteiligten gilt auch im **personalvertretungsrechtlichen Beschlussverfahren** vor den Oberverwaltungsgerichten bzw. Verwaltungsgerichtshöfen.

III. Antragsrücknahme und Antragsänderung

1. Antragsrücknahme

24 Nach § 87 Abs. 2 S. 3 ist die Rücknahme des Antrages auch noch in der Beschwerdeinstanz zulässig (anders früher BAG 27. 11. 1976 AP ArbGG 1953 § 89 Nr. 9) allerdings nur **mit Zustimmung der Beteiligten**. Auch hier bedarf es wieder der Zustimmung aller Beteiligten (GK-ArbGG/*Dörner* § 87 Rn. 23; Schwab/Weth/*Busemann* § 87 Rn. 44; ErfK/*Eisemann* ArbGG § 87 Rn. 3; s. § 83a Rn. 17 ff.). Etwas anderes folgt auch nicht aus § 81 Abs. 2 S. 3, dessen entsprechende Anwendung § 87 Abs. 2 S. 3 vorsieht, wonach von der Einstellung des Verfahrens den Beteiligten nur Kenntnis zu geben ist, soweit ihnen der Antrag mitgeteilt worden ist. Wenn Sinn der Zustimmung der Beteiligten zur Antragsrücknahme, Antragsänderung oder zur Erledigungserklärung ist, dass sich der Antragsteller nicht mehr einseitig soll dem Verfahren entziehen können, wenn bereits eine Entscheidung des Arbeitsgerichts über den Antrag ergangen ist (vergl. BAG 10. 6. 1986 AP BetrVG 1972 § 80 Nr. 26), dann kann die Frage, welche Beteiligten der Antragsrücknahme zustimmen müssen, nicht davon abhängig sein, ob ihnen die Beschwerde bereits mitgeteilt bzw. zugestellt worden war, § 90 Abs. 1 S. 1, was allein von der Länge der Zeit zwischen Einlegung der Beschwerde und Rücknahme des Antrages abhinge (GK-ArbGG/*Dörner* § 87 Rn. 23).

25 Die Zustimmung der Beteiligten muss ausdrücklich erklärt werden, § 83a Abs. 3 kann nicht entsprechend angewandt werden. Ist der Antrag mit Zustimmung aller Beteiligten zurückgenommen, so hat der Vorsitzende des Landesarbeitsgerichts das **Verfahren einzustellen** und von der Einstellung allen Beteiligten Mitteilung zu machen, § 81 Abs. 2 S. 2 und 3. (Wegen der Einzelheiten und wegen der Rücknahme des Antrages bei mehreren Antragstellern s. § 81 Rn. 75 und Rn. 77 ff.). Mit der Einstellung des Verfahrens endet die Rechtshängigkeit. Der angefochtene Beschluss des Arbeitsgerichts wird wirkungslos, § 269 Abs. 3 ZPO (ErfK/*Eisemann* ArbGG § 87 Rn. 3). Auf Antrag eines Beteiligten ist dies durch einen Beschluss des Vorsitzenden auszusprechen.

2. Antragsänderung

Durch die Verweisung in § 87 Abs. 2 S. 3 auf § 81 Abs. 2 S. 3 wird klargestellt, dass **26** nunmehr **auch in der Beschwerdeinstanz** eine Änderung des Antrags zulässig ist, wenn die übrigen Beteiligten, das heißt alle Beteiligten, zustimmen oder das Gericht die Antragsänderung für sachdienlich hält. Wegen der Einzelheiten s. die Erläuterungen zu § 81 Rn. 83 ff. Die Entscheidung des Landesarbeitsgerichts, dass eine Änderung des Antrages nicht vorliegt oder zugelassen wird, ist unanfechtbar (GK-ArbGG/*Dörner* § 87 Rn. 26; ErfK/*Eisemann* § 87 Rn. 3).

IV. Verspätetes Vorbringen

§ 87 Abs. 3 regelt in seiner Fassung nach dem Gesetz zur Reform des Zivilprozesses **27** die Behandlung von neuem Vorbringen der Beteiligten durch das Landesarbeitsgericht. s. dazu § 89 Rn. 30 ff und die Erl. zu § 67.

Ist das Vorbringen danach zulässig, so muss es vom Beschwerdeführen in der Beschwerdebegründung und von dem Beschwerdegegner in der Beschwerdebeantwortung **28** vorgetragen werden. Diese Regelung in Satz 3 ist missglückt. Sie übersieht, dass in Abs. 2 die Vorschriften über die Berufungsbeantwortung nicht in Bezug genommen worden sind, es daher im Beschlussverfahren keine Beschwerdebeantwortung gibt. Es gibt auch keinen „Beschwerdegegner" ebenso wenig wie es einen Antragsgegner gibt. Neben dem Beschwerdeführer kann es mehrere weitere Beteiligte geben. Alle diese Beteiligten können daher ihr zulässiges neues Vorbringen noch im Termin vor der Kammer des Landesarbeitsgerichts vortrage (s. GK-ArbGG/*Dörner* § 87 Rn. 31 f.).

§ 88 Beschränkung der Beschwerde

§ 65 findet entsprechende Anwendung.

Übersicht

	Rn.
I. Allgemeines	1
II. Ausgeschlossene Beschwerdegründe	2–6
III. Ausnahmen	7–9

I. Allgemeines

§ 88 trägt der Neuregelung des Verweisungsrechts in § 48 i. V. mit den §§ 17 bis 17 b **1** GVG Rechnung. Mit der Änderung des § 65 durch das ZPO-Reformgesetz hat auch § 88 einen anderen Inhalt bekommen.

II. Ausgeschlossene Beschwerdegründe

In der Beschwerdeinstanz wird der Rechtsstreit in tatsächlicher und rechtlicher Hinsicht neu verhandelt. Das Landesarbeitsgericht erforscht den Sachverhalt gegebenenfalls **2** eigenständig weiter und prüft den Antrag in rechtlicher Hinsicht auf seine Begründetheit.

Es ist dabei **nicht an die** in der Beschwerdebegründung **vorgebrachten Gründe gebunden.** Auf die in der Beschwerdebegründung vorgetragenen Gründe kommt es daher grundsätzlich nicht an. Da § 91 Abs. 1 S. 2 eine Zurückverweisung des Rechtsstreites an das Arbeitsgericht ausschließt, ist es für die Entscheidung des Landesarbeitsgerichtes über die Beschwerde auch ohne Bedeutung, ob dem Arbeitsgericht **Verfahrensfehler** unterlaufen sind, insbesondere ob das Verfahren bei der Berufung der ehrenamtlichen Richter Mängel aufgewiesen hat oder Umstände gegeben waren, die die **Berufung eines ehrenamtlichen Richters** zu seinem Amte ausschließen (s. dazu im Einzelnen die Erläuterungen zu § 65 u. § 73 Rn. 29 ff.). Insoweit ist die Regelung in § 88 ohne eigenständige Bedeutung.

3 § 88 schließt aber auch die Prüfung der **Zulässigkeit des Rechtswegs** sowie der Frage aus, ob das Arbeitsgericht **zutreffend im Beschlussverfahren** entschieden hat. Es gilt hinsichtlich dieser beiden Fragen das Gleiche wie im Urteilsverfahren für das Landesarbeitsgericht als Berufungsgericht (s. die Erl. zu § 65). Darauf, ob es sich um eine vermögensrechtliche Streitigkeit handelt, kommt es im Gegensatz zum früheren Recht nicht mehr an.

4 Die Neuregelung trägt der Tatsache Rechnung, dass über diese Fragen grundsätzlich, d. h. bei Zweifeln oder Streit darüber, gemäß § 48 i. V. mit § 17 b GVG vorab durch einen besonderen Beschluss zu entscheiden ist und das Rechtsmittelgericht bei seiner Entscheidung in der Hauptsache nach § 17 a Abs. 5 GVG die Zulässigkeit des Rechtswegs nicht mehr prüfen soll (s. § 2 Rn. 195 ff. und § 2 a Rn. 94 ff.). Eine Prüfung der Zulässigkeit des Rechtswegs unterbleibt auch dann, wenn der Rechtsstreit von einem Gericht eines anderen Rechtswegs **zu Unrecht** an das Arbeitsgericht **verwiesen** worden ist (BAG 14. 12. 1998 AP GVG § 17 a Nr. 38, krit. in der Anm. dazu *Ganser-Hillgruber*).

5 Die Regelung hat zur Folge, dass das Landesarbeitsgericht als Beschwerdegericht über einen Rechtsstreit auch dann im Beschlussverfahren zu entscheiden hat, wenn dieser in Wahrheit nicht eine Angelegenheit des § 2 a Abs. 1 zum Gegenstand hat, sodass über ihn eigentlich im Urteilsverfahren entschieden werden müsste (GK-ArbGG/*Dörner* § 88 Rn. 4). Das wird regelmäßig keine besonderen Probleme bereiten, kann aber zu Nachteilen für die Beteiligten bzw. Parteien führen, indem etwa ein Versäumnisurteil oder eine Kostenentscheidung nicht ergehen kann (s. näher § 2 a Rn. 96 ff.).

6 Entscheidungen des Arbeitsgerichts über die **örtliche Zuständigkeit** sind nach § 48 Abs. 1 Nr. 1 unanfechtbar. Das gilt zunächst für einen Zwischenbeschluss nach § 17 b Abs. 2 oder 3 GVG. Aber auch wenn das Arbeitsgericht zu Unrecht seine örtliche Zuständigkeit nur incidenter bejaht hat, ist diese Entscheidung der Überprüfung durch das Landesarbeitsgericht entzogen (GK-ArbGG/*Dörner* § 88 Rn. 6 u. 9; ErfK/*Eisemann* ArbGG § 87 Rn. 1).

III. Ausnahmen

7 Eine Ausnahme vom Prüfungsverbot des § 88 besteht dann, wenn das Arbeitsgericht zu Unrecht über die Zulässigkeit des Rechtswegs oder die zutreffende Verfahrensart nicht vorab durch einen besonderen Beschluss entschieden hat. Die Beschwerde nach § 87 ist dann, wenn dies gerügt wird, nach dem **Meistbegünstigungsgrundsatz** als „sofortige Beschwerde" nach § 17 a Abs. 4 i. V. mit § 83 Abs. 5 und § 78 gegen die „incidente Vorabentscheidung" anzusehen. Das Landesarbeitsgericht hat dann in diesem Beschwerdeverfahren die Frage der Zulässigkeit des Rechtswegs oder der richtigen Verfahrensart zu entscheiden und das Verfahren wieder in die richtige Bahn zu lenken (BAG 26. 3. 1992 AP ArbGG 1979 § 48 Nr. 7; GK-ArbGG/*Dörner* § 88 Rn. 8; *Hauck/Helml* § 87 Rn. 3; Schwab/Weth/*Busemann* § 88 Rn. 10; ErfK/*Eisemann* ArbGG § 87 Rn. 1; ArbGV/*Breilinger* § 88 a Rn. 2).

Bejaht es die Zulässigkeit des Rechtswegs oder die Zulässigkeit des Beschlussverfahrens, **8**
so hat es darüber vorab durch einen Beschluss nach § 17a GVG zu entscheiden (BAG
26. 3. 1992 AP ArbGG 1979 § 48 Nr. 7). Es kann wegen dieser Frage die weitere sofortige
Beschwerde an das Bundesarbeitsgericht gemäß § 17b Abs. 3 S. 4 GVG zulassen (GK-
ArbGG/*Dörner* § 88 Rn. 10). Die Entscheidung über die Hauptsache ist bis zur Entscheidung des Bundesarbeitsgerichts auszusetzen. Danach hat es über die Beschwerde nach § 87
in der Hauptsache zu entscheiden. Verneint es die Zulässigkeit des Rechtswegs, so verweist
es den Rechtsstreit unter Aufhebung der Entscheidung des Arbeitsgerichts an das zuständige Gericht. Verneint es die Zulässigkeit des Beschlussverfahrens, so hat es selbst über die
Beschwerde nunmehr als Berufung im Urteilsverfahren zu entscheiden (*Hauck/Helml* § 88
Rn. 3; GK-ArbGG/*Dörner* § 88 Rn. 12; ErfK/*Eisemann* ArbGG § 87 Rn. 1: ArbGV/
Breilinger § 88a Rn. 5), da eine Zurückverweisung wegen der arbeitsgerichtlichen Entscheidung in der falschen Verfahrensart nach § 91 Abs. 1 Satz 2 ausgeschlossen ist.

Das Prüfungsverbot hinsichtlich der richtigen Verfahrensart gilt auch für das personal- **9**
vertretungsrechtliche Beschlussverfahren vor den Verwaltungsgerichten. Auch das Oberverwaltungsgericht bzw. der Verwaltungsgerichtshof haben daher über eine Beschwerde
weiter im Beschlussverfahren zu entscheiden, sofern nicht die in Rn. 7 beschriebene
Ausnahme vorliegt.

§ 89 Einlegung

(1) Für die Einlegung und Begründung der Beschwerde gilt § 11 Abs. 4 und 5 entsprechend.

(2) ¹Die Beschwerdeschrift muß den Beschluß bezeichnen, gegen den die Beschwerde
gerichtet ist, und die Erklärung enthalten, daß gegen diesen Beschluß die Beschwerde
eingelegt wird. ²Die Beschwerdebegründung muß angeben, auf welche im einzelnen
anzuführenden Beschwerdegründe sowie auf welche neuen Tatsachen die Beschwerde
gestützt wird.

(3) ¹Ist die Beschwerde nicht in der gesetzlichen Form oder Frist eingelegt oder begründet, so ist sie als unzulässig zu verwerfen. ²Der Beschluss kann ohne vorherige mündliche
Verhandlung durch den Vorsitzenden ergehen; er ist unanfechtbar. ³Er ist dem Beschwerdeführer zuzustellen. ⁴§ 522 Abs. 2 und 3 der Zivilprozessordnung ist nicht anwendbar.

(4) ¹Die Beschwerde kann jederzeit in der für ihre Einlegung vorgeschriebenen Form
zurückgenommen werden. ²Im Falle der Zurücknahme stellt der Vorsitzende das Verfahren ein. ³Er gibt hiervon den Beteiligten Kenntnis, soweit ihnen die Beschwerde
zugestellt worden ist.

Übersicht

	Rn.
I. Allgemeines	1
II. Allgemeine Voraussetzungen der Beschwerde	2–8
1. Statthaftigkeit der Beschwerde	2
2. Beschwerdebefugnis	3–6
3. Beschwer	7, 8
III. Einlegung der Beschwerde	9–19
1. Beim Landesarbeitsgericht	9
2. Beschwerdefrist	10–12
3. Form der Beschwerdeschrift	13–16
4. Inhalt der Beschwerdeschrift	17–19
IV. Die Begründung der Beschwerde	20–31
1. Begründungsfrist	20–23
2. Form der Beschwerdebegründung	24
3. Inhalt der Beschwerdebegründung	25–33
a) Beschwerdeantrag	25–28
b) Beschwerdegründe	29–33

	Rn.
V. Die Anschlussbeschwerde	34–45
1. Zulässigkeit	34, 35
2. Einlegung der Anschlussbeschwerde	36–39
3. Behandlung der Anschlussbeschwerde	40–45
a) Unselbständige Anschlussbeschwerde	40–44
b) Selbständige Anschlussbeschwerde	45
VI. Die Entscheidung über die Zulässigkeit der Beschwerde	46–54
1. Die unzulässige Beschwerde	46
2. Die Verwerfung der Beschwerde als unzulässig	47–50
3. Anfechtbarkeit der Entscheidung	51, 52
4. Bejahung der Zulässigkeit der Beschwerde	53
5. Zustellung	54
VII. Rücknahme der Beschwerde	55–61
1. Form der Rücknahme	55–58
2. Einstellung des Verfahrens	59
3. Wirkung der Rücknahme	60, 61
VIII. Verzicht auf die Beschwerde	62–66
1. Form des Verzichts	62–64
2. Wirkung des Verzichts	65, 66

I. Allgemeines

1 Durch die Arbeitsgerichtsnovelle vom 21. 5. 79 hat Abs. 2 eine wesentliche Änderung erfahren. Während früher die Beschwerde schon in der Beschwerdeschrift begründet werden musste, spricht Abs. 2 nunmehr getrennt von der Beschwerde und der Beschwerdebegründung und knüpft damit an die Verweisung in § 87 Abs. 2 auf die Vorschriften über die Einlegung und die Begründung der Berufung an. § 89 regelt die **Einlegung der Beschwerde** und die **Behandlung einer unzulässigen Beschwerde** durch das Landesarbeitsgericht. Die Vorschrift wird nach § 87 Abs. 2 ergänzt durch die Vorschrift über die Einlegung und Begründung der Berufung, also durch § 66 Abs. 1. Soweit die Vorschriften über die Berufung gelten, kann daher im Folgenden weitgehend auf die Erläuterungen zu § 66 verwiesen werden. Abs. 1 ist durch das Rechtsdienstleistungsgesetz der neuen Regelung der Prozessvertretung in § 11 angepasst worden.

II. Allgemeine Voraussetzungen der Beschwerde

1. Statthaftigkeit der Beschwerde

2 Die Beschwerde nach § 87 ist **gegen jeden** die Instanz beendenden **Beschluss** des Arbeitsgerichts nach § 84 gegeben (s. § 87 Rn. 3 ff.). Sie bedarf **keiner Zulassung** durch das Arbeitsgericht, noch ist sie vom Streitwert oder der Höhe einer Beschwer abhängig. Lediglich ein **Verzicht** auf die Beschwerde (s. u. Rn. 62) schließt diese für den Verzichtenden aus.

2. Beschwerdebefugnis

3 Eine zulässige Beschwerde setzt voraus, dass der Beschwerdeführer auch beschwerdebefugt ist. Das sind grundsätzlich **alle Beteiligten,** also sowohl der Antragsteller als auch diejenigen Personen und Stellen, die durch die erbetene Entscheidung in ihrer betriebsverfassungsrechtlichen, personalvertretungsrechtlichen oder mitbestimmungsrechtlichen Rechtsstellung unmittelbar betroffen werden (s. dazu § 83 Rn. 13 ff.; BAG 25. 8. 1981 AP ArbGG 1979 § 83 Nr. 2; 10. 9. 1985 AP TVG § 2 Nr. 34; 19. 11. 1985 AP TVG § 2 Tarifzuständigkeit Nr. 4; BVerwG 22. 7. 1982 Buchholz 238.3 A § 46 Nr. 12; 13. 10. 1986 BVerwGE 75, 62; GK-ArbGG/*Dörner* § 89 Rn. 6; *Hauck/Helml* § 89 Rn. 2; ErfK/ *Eisemann* ArbGG § 89 Rn. 2), so etwa der Betriebsrat in einem Wahlanfechtungsver-

II. Allgemeine Voraussetzungen der Beschwerde   § 89

fahren, wenn die Wahl für unwirksam erklärt worden ist (BAG 20. 3. 1996 AP BetrVG 1972 § 5 Ausbildung Nr. 10). Beschwerdebefugt ist nicht nur derjenige Antragsteller der das Verfahren durch seinen Antrag eingeleitet hat, sondern auch jeder weitere Beteiligte, der im Laufe des Verfahrens einen eigenen Sachantrag gestellt hat (s. § 81 Rn. 49 ff.). Fordert das Gesetz wie bei der Wahlanfechtung eine bestimmte **Mindestzahl von Antragstellern,** so ist jeder Antragsteller für sich beschwerdebefugt. Legen nicht so viele Antragsteller Beschwerde ein, wie das Gesetz als Mindestzahl für die Antragstellung fordert, so werden dadurch die Beschwerden der einzelnen Antragsteller nicht unzulässig, vielmehr ist der **Antrag** nunmehr als unzulässig abzuweisen (BAG 12. 2. 1985 AP BetrVG 1952 § 76 Nr. 27; a. A. BVerwG 2. 2. 1982 BVerwGE 65, 33). Der Wahlanfechtung können sich Anfechtungsberechtigte, die von dieser Befugnis keinen Gebrauch gemacht haben, nicht dadurch anschließen, dass sie gegen die Entscheidung Beschwerde einlegen. Sie sind nicht Beteiligte des Verfahrens (BAG 10. 6. 1983 AP BetrVG 1972 § 19 Nr. 10; BVerwG 8. 2. 1982 BVerwGE 65, 33). Wohl aber können Antragsteller, die zunächst keine Beschwerde eingelegt haben, sich der Beschwerde eines anderen Antragstellers anschließen (s. u. Rn. 34 ff.), sodass die erforderliche Zahl von Antragstellern wieder erreicht wird. Da der Antragsteller stets Beteiligter des Verfahrens ist, führt ein Verlust oder das Fehlen seiner Antragsbefugnis nicht zum Verlust oder zum Fehlen auch der Beschwerdebefugnis (BAG 25. 8. 1981 AP ArbGG 1979 § 83 Nr. 2; BVerwG 27. 4. 1983 BVerwGE 67, 145; BVerwG 13. 10. 1986 BVerwGE 75, 62; anderer Ansicht BAG 15. 8. 1978 AP BetrVG 1972 § 23 Nr. 1; 27. 8. 1996 AP ArbGG 1979 § 83 a Nr. 4). Ist ein Beteiligter nur hinsichtlich eines von mehreren anhängigen Anträgen beteiligt, so ist er nur hinsichtlich der Entscheidung über diesen Antrag beschwerdebefugt (BAG 31. 1. 1989 AP ArbGG 1979 § 81 Nr. 12).

Beteiligt ist ein **Organ in seiner jeweiligen Zusammensetzung.** Beschwerdebefugt ist **4** daher grundsätzlich der Betriebsrat, der zurzeit der Einlegung der Beschwerde im Amt ist, nicht aber der Betriebsrat dessen Amtszeit, sei es auch nach Verkündung der Entscheidung, zwischenzeitlich beendet worden ist (LAG Hamm 4. 2. 1977 EzA § 23 BetrVG 1972 Nr. 5). Beschwerdebefugt sind auch Beteiligte, die irrtümlich **am Verfahren nicht beteiligt worden sind** (BAG 19. 5. 1978 AP BetrVG 1972 § 43 Nr. 3; 10. 9. 1985 AP BetrVG 1972 § 117 Nr. 2; BVerwG 25. 7. 1979 AP BPersVG § 4 Nr. 1; GK-ArbGG/ *Dörner* § 89 Rn. 6; *Hauck/Helml* § 89 Rn. 2). Dagegen fehlt die Beschwerdebefugnis solchen Personen und Stellen, **die irrtümlich** am Verfahren **beteiligt worden sind** (BAG 13. 3. 1984 AP ArbGG 1979 § 83 Nr. 9; BVerwG 15. 12. 1978 PersV 80, 145; 20. 6. 1986 BVerwGE 74, 273). Sie werden nicht dadurch rechtsmittelbefugt, dass es in der Rechtsmittelbelehrung heißt, sie könnten gegen die Entscheidung Beschwerde einlegen (BAG 20. 2. 1986 AP BetrVG 1972 § 5 Rotes Kreuz Nr. 2; GK-ArbGG/*Dörner* § 89 Rn. 6; *Hauck/Helml* § 89 Rn. 2). Die Rechtsmittelbelehrung braucht keine Belehrung über die Beschwerdeberechtigung zu enthalten (BVerwG 8. 2. 1982, BVerwGE 65, 33).

Im Verfahren nach § 97 Abs. 5 sind auch die Beteiligten des Ausgangsverfahrens **5** (s. § 97 Rn. 24) beschwerdebefugt.

Beschwerdebefugt ist auch das nach § 103 Abs. 2 BetrVG bzw. § 47 Abs. 1 BPersVG **6** zu beteiligende **Betriebsrats- oder Personalratsmitglied,** auch wenn es materiell über den Streitgegenstand nicht verfügen kann (s. dazu § 83 a Rn. 21; BAG 10. 12. 1992 AP ArbGG 1979 § 87 Nr. 1). Gleiches gilt für den nach § 78 a Abs. 4 BetrVG bzw. § 9 Abs. 4 BPersVG beteiligten Betriebs- oder Personalrat oder die Jugend- und Auszubildendenvertretung.

3. Beschwerde

Erforderlich für eine zulässige Beschwerde ist weiter, dass der Beschwerdeführer durch **7** die angefochtene Entscheidung beschwert ist. Für den **Antragsteller** bereitet die Feststellung einer Beschwer regelmäßig keine Schwierigkeiten. Sie ergibt sich aus der **Diffe-**

renz zwischen dem gestellten **Antrag und der ergangenen Entscheidung** (GK-ArbGG/ Dörner § 89 Rn. 7; ErfK/*Eisemann* ArbGG § 89 Rn. 3). Der Tenor der Entscheidung ist dafür nicht allein maßgebend. Auch wenn der Antrag nicht förmlich abgewiesen, vom Arbeitsgericht aber enger als gemeint verstanden worden ist, kann eine Beschwer vorliegen (BAG 14. 1. 1986 AP BetrVG 1972 § 87 Lohngestaltung Nr. 21; GK-ArbGG/ *Dörner* § 89 Rn. 7). Keine Beschwer liegt darin, dass einem Antrag aus anderen Gründen als vom Antragsteller geltend gemacht, stattgegeben wird, auch wenn die Tragweite der Begründung eine andere ist (BVerwG 25. 8. 1986 Buchholz 238.3 A § 75 Nr. 6; 27. 10. 1986 PersV 81, 503).

8   Ob für die übrigen Beteiligten eine Beschwer gegeben ist, lässt sich nur **materiell nach dem Inhalt der Entscheidung** bestimmen nicht aber aus der Differenz zwischen einem Antrag und der Entscheidung, da diese einen Antrag nicht zu stellen brauchen (LAG Hamm 18. 11. 1977 EzA § 83 ArbGG 1953 Nr. 27; GK-ArbGG/*Dörner* § 89 Rn. 8; *Hauck/Helml* § 89 Rn. 3; ErfK/*Eisemann* ArbGG § 89 Rn. 3). Eine Beschwer liegt dann vor, wenn der Beteiligte durch die Entscheidung in seiner Rechtsstellung, die seine Beteiligung begründet, in irgendeiner Weise beeinträchtigt wird (GK-ArbGG/*Dörner* § 89 Rn. 8). Das mag im Einzelfall schwierig sein festzustellen. Unüberwindbare Schwierigkeiten ergeben sich aber nicht, wenn der Kreis der Beteiligten zutreffend bestimmt worden ist (zur Beteiligung des Arbeitgebers bei innerorganschaftlichen Streitigkeiten, wo das Problem einer Beschwer des Arbeitgebers besonders deutlich wird, s. § 83 Rn. 38). Im Wahlanfechtungsverfahren ist der Arbeitgeber stets Beteiligter und durch eine Entscheidung, die die Wahl für unwirksam erklärt, auch beschwert (BAG 4. 12. 1986 AP BetrVG 1972 § 19 Nr. 13). Auch ein zu Unrecht nicht Beteiligter muss materiell durch die Entscheidung beschwert sein, will er gegen die Entscheidung Beschwerde einlegen (GK-ArbGG/*Dörner* § 89 Rn. 9). Die bloße subjektive Ansicht eines Beteiligten, durch die Entscheidung beschwert zu sein, begründet für sich allein noch keine Beschwer, jedoch kann sein Vorbringen im Verfahren zur Feststellung der Beschwer mit herangezogen werden. Ein zu Unrecht nicht Beteiligter ist nicht allein wegen der unterbliebenen Beteiligung beschwert (GK-ArbGG/*Dörner* § 89 Rn. 9). Die bloße Stellung eines **Abweisungsantrages** begründet bei einer zusprechenden Entscheidung noch keine Beschwer, da sich sonst der Beteiligte eine Beschwerdebefugnis verschaffen könnte, die ihm materiell nicht zukommt (ArbGV/*Breilinger* § 89 Rn. 6; a. A. BAG 19. 11. 1974 AP BetrVG 1972 § 5 Nr. 3, wonach eine „formelle" Beschwer genügt). Eine Beschwer kann auch darin liegen, dass ein Antrag als **unzulässig statt als unbegründet** abgewiesen worden ist (BAG 29. 9. 1985 AP ArbGG 1979 § 83 Nr. 13; GK-ArbGG/*Dörner* § 89 Rn. 11). Der Betriebsrat ist beschwert, wenn ein Zustimmungsersetzungsantrag nach § 99 Abs. 4 BetrVG mit der Begründung abgewiesen wird, die Zustimmung gelte als erteilt (BAG 22. 10. 1985 AP BetrVG 1972 § 99 Nr. 24), er ist nicht beschwert, wenn eine Wahlanfechtung zurückgewiesen wird (BAG 20. 2. 1986 AP BetrVG 1972 § 5 Rotes Kreuz Nr. 2), auch wenn ein zu seinen Gunsten gestellter Antrag der Gewerkschaft abgewiesen wird (BAG 29. 1. 1992 AP ArbGG 1979 § 11 Prozessvertreter Nr. 14).

III. Einlegung der Beschwerde

1. Beim Landesarbeitsgericht

9   Nach § 64 Abs. 6 in Verbindung mit § 518 Abs. 1 ZPO ist die Beschwerde bei dem **Beschwerdegericht,** das ist das Landesarbeitsgericht, einzulegen. Wird die Beschwerde beim Arbeitsgericht eingelegt, so ist sie zwar an das Landesarbeitsgericht weiterzuleiten, die Beschwerdefrist (s. Rn. 10) wird jedoch nur durch den Eingang beim Landesarbeitsgericht gewahrt. Haben Arbeitsgericht und Landesarbeitsgericht einen gemeinsamen

Briefkasten, so geht die Beschwerdeschrift bei demjenigen Gericht ein, an das die Beschwerdeschrift adressiert ist (BAG 29. 4. 1986 AP ZPO § 519 Nr. 36). Darüber, wann eine Rechtsmittelschrift beim Rechtsmittelgericht eingegangen ist, s. § 66 Rn. 5 ff.

2. Beschwerdefrist

Die Beschwerdefrist beträgt nach § 87 Abs. 2 in Verbindung mit § 66 Abs. 1 S. 1 einen Monat. Sie beginnt mit der **Zustellung** des in **vollständiger Form abgefassten Beschlusses** nach § 84, § 516 ZPO. Die Zustellung einer abgekürzten Fassung nach § 60 Abs. 4 S. 3, 2. Halbs. genügt nicht (BAG 27. 11. 1973 AP ArbGG 1953 § 89 Nr. 9). Ist der Beschluss mehreren Verfahrensbevollmächtigten eines Beteiligten zugestellt worden, so beginnt die Beschwerdefrist für den Beteiligten mit der ersten Zustellung (BAG 23. 1. 1986 AP BetrVG 1972 § 5 Nr. 31). 10

Fehlt es an der Zustellung eines vollständig abgefassten Beschlusses des Arbeitsgerichts, so **beginnt** nach der Neufassung des § 66 Abs. 1 S. 3 die Beschwerde- und Beschwerdebegründungsfrist spätestens **mit Ablauf von fünf Monaten** nach der Verkündung der Entscheidung. Die Beschwerdefrist endet dann sechs Monate, die Beschwerdebegründungsfrist sieben Monaten nach der Verkündung (BAG 28. 10. 2004 AP ArbGG 1979 § 66 Nr. 29; ErfK/*Eisemann* ArbGG § 89 Rn. 25; *Ascheid* § 74 Rn. 26; *Hauck/Helml* § 89 Rn. 3; GK-ArbGG/*Dörner* § 89 Rn. 25; Schwab/Weth/*Busemann* § 89 Rn. 9; *Schmidt/Schwab/Wildschütz* NZA 2001, 1217; *Düwell* FA 2003, 261). Die frühere Rechtsprechung, wonach mit Rücksicht auf die dann auch fehlende Rechtsmittelbelehrung die Beschwerdefrist ein Jahr und fünf Monate beträgt (BAG 14. 9. 1984 AP ArbGG 1979 § 9 Nr. 3; *Künzl* ZTR 2001, 533) ist damit überholt. 11

Die Beschwerdefrist ist eine Notfrist, § 517 ZPO, gegen ihre schuldlose Versäumung ist daher die **Wiedereinsetzung** in den vorigen Stand zulässig, §§ 87 Abs. 2, 64 Abs. 6 in Verbindung mit §§ 230 ff. ZPO. Die Beschwerdefrist kann nicht verlängert werden. 12

3. Form der Beschwerdeschrift

Die Beschwerde wird durch Einreichung einer Beschwerdeschrift beim Landesarbeitsgericht eingelegt. Sie muss von einem **Rechtsanwalt oder einem Vertreter** der in § 11 Abs. 2 Nr. 4 oder 5 bezeichneten Art **unterzeichnet** sein. Der Unterzeichner muss die Befähigung zum Richteramt haben, also Volljurist sein, was er im Zweifelsfall nachweisen muss. (Zur Unterschrift s. § 64 Rn. 67). Eine betriebsverfassungsrechtliche oder personalvertretungsrechtliche Stelle kann durch einen Verbandsvertreter schon dann vertreten werden, wenn nur ein Mitglied der Stelle Mitglied des Verbandes ist (BAG 3. 12. 1954 AP ArbGG 1953 § 11 Nr. 7), ein gewerkschaftliches Berufsbildungswerk aber dann nicht, wenn nicht nur Mitglieder der Gewerkschaft Mitglied sein können (BAG 29. 1. 1992 AP ArbGG 1979 § 11 Prozessvertreter Nr. 14; zur Vollmachtserteilung durch den Betriebsrat vergl. BAG 11. 3. 1992 AP BetrVG 1972 § 38 Nr. 11). Zulässig ist auch die Unterzeichnung durch einen **Unterbevollmächtigten,** sofern auch dieser zu dem postulationsfähigen Personenkreis gehört (OVG Bremen 7. 12. 1978 PersVR 6 § 70 Nr. 2). Ein Mangel in der Unterschrift eines zulässigen Vertreters kann nur innerhalb der Beschwerdefrist geheilt werden. 13

Die Tatsache, dass die Beschwerdeschrift durch einen Rechtsanwalt oder Verbandsvertreter unterzeichnet sein muss, bedeutet nicht, dass der Beschwerdeführer im ganzen Beschwerdeverfahren sich vertreten lassen muss (BAG 20. 3. 1990 AP BetrVG 1972 § 99 Nr. 79). 14

Der Beschwerdeschrift soll nach § 519 Abs. 3 ZPO eine Ausfertigung oder beglaubigte Abschrift des angefochtenen Beschlusses beigefügt werden. Nach § 519 Abs. 4 i. V. m. § 133 ZPO ist der Beschwerdeschrift die erforderliche Zahl von Abschriften für die übrigen Beteiligten beizulegen. 15

§ 89 Einlegung

16 Über die Einlegung der Beschwerde durch Telegramm, Fernschreiben, Telefax oder Telekopie s. § 74 Rn. 12 ff. und *Düwell* NZA 1999, 291).

4. Inhalt der Beschwerdeschrift

17 Nach § 89 Abs. 2 S. 1 muss die Beschwerdeschrift zunächst den **Beschluss bezeichnen,** gegen den die Beschwerde gerichtet ist. Erforderlich ist eine Bezeichnung, die die angefochtene Entscheidung eindeutig kennzeichnet. Dazu gehört in der Regel die Angabe des Gerichts, das den Beschluss erlassen hat, das Datum der Verkündung und das Aktenzeichen. Weiter muss die Beschwerdeschrift die Erklärung enthalten, dass gegen diesen Beschluss Beschwerde eingelegt werde. Eine falsche Bezeichnung des Rechtsmittels schadet jedoch nicht, sofern der Wille, das gegebene Rechtsmittel einzulegen, aus der Beschwerdeschrift ersichtlich ist (BAG 3. 12. 1985 AP BAT § 74 Nr. 1; BGH 25. 11. 1986 NJW 1987, 1204). Obwohl weder in § 89 Abs. 2 noch in § 518 ZPO ausdrücklich vorgeschrieben, muss aus der Beschwerdeschrift hervorgehen, wer **Beschwerdeführer** ist, d. h. für wen die Beschwerde eingelegt wird (BAG 23. 7. 1975 AP ZPO § 518 Nr. 31; GK-ArbGG/*Dörner* § 89 Rn. 19).

18 Nicht notwendiger Inhalt der Beschwerdeschrift ist, dass in dieser **die übrigen Beteiligten** mit ihrer ladungsfähigen Anschrift oder der Anschrift ihres Verfahrensbevollmächtigten **angegeben werden** (GK-ArbGG/*Dörner* § 89 Rn. 19). Lediglich als Sollvorschrift sind gemäß § 519 Abs. 4 i. V. m. § 130 Nr. 1 ZPO die Beteiligten des Verfahrens in der Beschwerdeschrift aufzuführen. Es genügt jedoch, wenn diese sich aus der der Beschwerdeschrift beigefügten Abschrift des angefochtenen Beschlusses ergeben. Eine Bezeichnung der Beteiligten als „Beschwerdegegner" ist erst recht nicht erforderlich, auch wenn § 87 Abs. 3 n. F. jetzt den Begriff des „Beschwerdegegners" kennt.

19 **Mängel am erforderlichen Inhalt** der Beschwerdeschrift werden dadurch **geheilt,** dass die notwendigen Angaben noch innerhalb der Beschwerdefrist dem Landesarbeitsgericht auf andere Weise bekannt werden, etwa aus den gemäß § 541 ZPO anzufordernden Verfahrensakten des Arbeitsgerichts oder aus einer nachgereichten Abschrift des anzufechtenden Beschlusses.

IV. Die Begründung der Beschwerde

1. Begründungsfrist

20 Während nach § 89 Abs. 2 a. F. schon die Beschwerdeschrift die Begründung der Beschwerde enthalten musste, unterscheidet § 89 Abs. 2 n. F. nunmehr zwischen der Beschwerdeschrift und der **Beschwerdebegründungsschrift.** Er trägt damit der Verweisung in § 87 Abs. 2 auf die Vorschriften über das Berufungsverfahren Rechnung, die ebenfalls zwischen der Berufung und der Berufungsbegründung unterscheiden.

21 Die Frist für die Begründung der Beschwerde beträgt nach § 66 Abs. 1 S. 1 zwei Monate. Sie beginnt ebenfalls mit der Zustellung des in vollständiger Form abgefassten Urteils. Auch für die Beschwerdebegründung beginnt die Frist, wenn es an der Zustellung der Entscheidung oder der Rechtsmittelbelehrung fehlt, mit dem Zeitpunkt, an dem die Beschwerdefrist zu laufen beginnt (s. oben Rn. 11).

22 Nach § 66 Abs. 1 S. 4 kann die Begründungsfrist auf Antrag des Beschwerdeführers vom Vorsitzenden einmal **verlängert werden,** wenn nach dessen freier Überzeugung das Verfahren dadurch nicht verzögert wird oder wenn der Beschwerdeführer erhebliche Gründe darlegt (s. dazu BAG 6. 12. 1994 AP ArbGG 1979 § 66 Nr. 7; 20. 10. 2004 AP ArbGG 1979 § 66 Nr. 28 bei erheblicher Arbeitsbelastung). Anders als in § 74 Abs. 1 S. 3 ist eine Höchstgrenze für die Verlängerung nicht vorgeschrieben. Angesichts der strengen Voraussetzungen für eine Fristverlängerung wird nur eine sparsame Verlängerung in Frage kommen (GK-ArbGG/*Dörner* § 89 Rn. 28; Schwab/Weth/*Busemann* § 89

IV. Die Begründung der Beschwerde   § 89

Rn. 12). Die Verlängerung der Frist muss vor deren Ablauf beantragt werden (BAG 4. 6. 2003 AP InsO 3209 Nr. 2). Wegen der Einzelheiten zur Verlängerung einer Begründungsfrist s. § 66 Rn. 30 ff.

Gegen die Versäumung der – auch verlängerten – Begründungsfrist kann die **Wiedereinsetzung** in den vorigen Stand beantragt werden, §§ 87 Abs. 2, 64 Abs. 6 i. V. m. § 233 ZPO. 23

2. Form der Beschwerdebegründung

§ 89 Abs. 1 schreibt nun ausdrücklich vor, dass sowohl die Beschwerdeschrift als auch die Beschwerdebegründung von einem Rechtsanwalt oder einem nach § 11 Abs. 2 Nr. 4 und 5 zugelassenen Verfahrensbevollmächtigten unterzeichnet sein muss, wobei der Handelnde die Befähigung zum Richteramt haben muss. Wegen der weiteren Förmlichkeiten der Begründungsschrift s. § 64 Rn. 67 ff. 24

3. Inhalt der Beschwerdebegründung

a) Beschwerdeantrag

§ 89 Abs. 2 S. 2 verlangt nicht ausdrücklich, dass die Beschwerdebegründung angeben müsse, inwieweit die Abänderung des angefochtenen Beschlusses beantragt wird. Gleichwohl muss die Beschwerdebegründung auch einen **Beschwerdeantrag enthalten.** Das folgt aus der entsprechenden Anwendung von § 520 Abs. 3 Nr. 1 ZPO (BAG 3. 12. 1985 AP BAT § 74 Nr. 2; GK-ArbGG/*Dörner* § 89 Rn. 34). Der Beschwerdeantrag muss allerdings nicht ausdrücklich formuliert sein, es genügt vielmehr, wenn sich aus der Beschwerdebegründung ergibt, inwieweit eine Abänderung des angefochtenen Beschlusses erstrebt wird (BAG 22. 5. 1985 AP TVG § 1 Tarifverträge Bundesbahn Nr. 6; 22. 10. 1985 AP BetrVG 1972 § 99 Nr. 24). Der Antrag muss grundsätzlich auf die vollständige oder teilweise **Beseitigung der Beschwer** des Beschwerdeführers gerichtet sein, anderenfalls die Beschwerde unzulässig ist (BAG 29. 10. 1969 AP ZPO § 511 Nr. 3). 25

Eine klare Formulierung des Beschwerdeantrages empfiehlt sich insbesondere dann, wenn der Beschluss des Arbeitsgerichtes nicht in vollem Umfange sondern nur **teilweise angefochten** werden soll. Eine solche Teilanfechtung ist möglich, soweit der Streitgegenstand teilbar ist oder das Arbeitsgericht über mehrere Anträge entschieden hat (GK-ArbGG/*Dörner* § 89 Rn. 34). Ist der Beschluss des Arbeitsgerichtes schon in der Beschwerdeschrift nur teilweise angefochten worden, so ist eine Erstreckung der Beschwerde auf den nicht angefochtenen Teil nur innerhalb der Beschwerdefrist möglich. Nach Ablauf dieser Frist kann die Beschwerde nur durch eine unselbständige Anschlussbeschwerde (s. dazu Rn. 34 ff.) auf den nicht angefochtenen Teil erstreckt werden, wenn dieser durch die Beschwerde eines anderen Beteiligten in zulässiger Weise angefochten worden ist. 26

Der Beschwerdeantrag besagt gleichzeitig, inwieweit der vor dem Arbeitsgericht gestellte **Sachantrag weiter verfolgt wird.** Soweit über diesen nicht rechtskräftig entschieden ist, kann der Sachantrag auch in der Beschwerdeinstanz geändert werden, § 87 Abs. 2 S. 3 i. V. mit § 81 Abs. 3 (s. § 87 Rn. 27). Das bedarf der Zustimmung der übrigen Beteiligten oder der Bejahung der Sachdienlichkeit durch das Landesarbeitsgericht. Die Änderung des Sachantrages kann schon durch den Beschwerdeantrag erfolgen (BGH 2. 6. 1969 AP ZPO § 511 Nr. 4) oder auch durch Stellung eines Hilfsantrages (BAG 23. 4. 1985 AP BetrVG 1972 § 87 Überwachung Nr. 11). 27

Ob der Streitstoff der Beschwerdeinstanz dadurch geändert werden kann, dass ein **Beteiligter,** gleichgültig ob er bislang zum Verfahren zugezogen worden ist oder nicht, **einen eigenen Sachantrag** stellt, beurteilt sich ebenfalls nach den Vorschriften über die 28

Zulässigkeit einer Antragsänderung (BAG 16. 12. 1986 AP BetrVG 1972 § 87 Ordnung des Betriebs Nr. 13).

b) Beschwerdegründe

29   Die Beschwerdebegründung muss angeben, auf welche im Einzelnen anzuführenden Beschwerdegründe sowie auf welche neuen Tatsachen die Beschwerde gestützt wird, § 89 Abs. 2 S. 2. Damit fordert das Gesetz **eine ausführliche Auseinandersetzung mit der angefochtenen Entscheidung.** Die Bezugnahme auf das Vorbringen in der Vorinstanz reicht nicht aus. Die Beschwerdebegründung muss vielmehr deutlich sagen, was sie gegen den angefochtenen Beschluss einzuwenden hat, und zwar so, dass sich schon aus dem angefochtenen Beschluss und der Beschwerdebegründung allein ergibt, welche Einwendungen gegen die Entscheidung des Arbeitsgerichts geltend gemacht werden (BAG 31. 10. 1972 AP ArbGG 1953 § 89 Nr. 7; GK-ArbGG/*Dörner* § 89 Rn. 36; Schwab/Weth/*Busemann* § 89 Rn. 15 ff.). Hat das Arbeitsgericht über **mehrere Anträge** entschieden, so muss sich die Beschwerdebegründung, mit jedem Teil des Beschlusses auseinandersetzen, soweit er angefochten worden ist (BAG 19. 11. 2003 AP BetrVG 1972 § 19 Nr. 55). Eine ausdrückliche Bezeichnung der verletzten Rechtsnorm ist nicht erforderlich. Wird die Beschwerde ausschließlich auf nach § 88 ausgeschlossene Beschwerdegründe gestützt, so ist die Beschwerde deswegen nicht unzulässig sondern ggfs. unbegründet (s. § 74 Rn. 56).

30   Die Beschwerde kann grundsätzlich auf **neues tatsächliches Vorbringen,** das sind **Tatsachen,** die vor dem Arbeitsgericht nicht vorgebracht oder zurückgewiesen und damit nicht berücksichtigt worden sind, und damit auch auf **neue Beweismittel** gestützt werden. § 87 Abs. 3 n. F. beschränkt jedoch im Einzelnen das Vorbringen neuer Tatsachen und Beweismittel erheblich, s. die Erl. zu § 67.

31   **Ausgeschlossen** ist zunächst alles Vorbringen, das vom Arbeitsgericht zu Recht deswegen zurückgewiesen worden ist, weil es nicht innerhalb einer gesetzten Frist vorgebracht und die Verspätung auch nicht genügend entschuldigt worden ist (s. die Erl. zu § 83 Rn. 88 ff.). Ob diese Voraussetzungen gegeben sind, muss das Landesarbeitsgericht prüfen. Die Frist muss gerade dem Beschwerdeführer gesetzt worden sein und sein verspätetes Vorbringen muss das Arbeitsgericht zurückgewiesen haben.

32   Hat der Beschwerdeführer diejenigen Tatsachen, für deren Vorbringen ihm eine Frist gesetzt war, **überhaupt nicht vorgetragen,** trägt er diese aber jetzt in der Beschwerdebegründung vor, so kann dieses Vorbringen zurückgewiesen werden, wenn seine Zulassung nach der freien Überzeugung des Landesarbeitsgerichts die Erledigung des Beschlussverfahrens verzögern würde und der Beschwerdeführer die Verspätung nicht genügend entschuldigt. Bei der Prüfung dieser Voraussetzungen sollte die Bedeutung einer auf der wahren Tatsachenlage ergangenen Entscheidung des Beschlussverfahrens für die Beteiligten berücksichtigt werden (s. dazu § 83 Rn. 88). Neue Tatsachen, die erst nach Schluss der Verhandlung, auf die die Entscheidung des Arbeitsgerichts ergangen ist, entstanden sind, können ohne Beschränkung vorgetragen werden.

33   Soweit es danach zulässig ist, neue Tatsachen vorzutragen, müssen diese in der Beschwerdebegründung vorgetragen werden, § 87 Abs. 3 Satz 3. Wird es später vorgebracht, kann das Vorbringen wiederum zurückgewiesen werden, wenn es nach der freien Überzeugung des Landesarbeitsgerichts die Erledigung des Beschlussverfahrens verzögern würde und die Verspätung nicht genügend entschuldigt wird, es sei denn, die Tatsachen sind erst nach Ablauf der Frist für die Begründung der Beschwerde entstanden.

V. Die Anschlussbeschwerde

1. Zulässigkeit

Gegen die Entscheidung des Arbeitsgerichts kann jeder Beteiligte innerhalb der für ihn **34** laufenden Beschwerdefrist selbständig Beschwerde einlegen (s. Rn. 3 f.). Insoweit bestehen im Beschlussverfahren keine Besonderheiten. Umstritten ist, ob sich ein Beteiligter entsprechend § 524 Abs. 1 ZPO mit einer eigenen Beschwerde der Beschwerde eines anderen Beteiligten anschließen kann, auch wenn er auf die Beschwerde verzichtet hat (s. Rn. 62) oder wenn die Beschwerdefrist für ihn schon abgelaufen ist. Die Arbeitsgerichtsnovelle hat die Streitfrage nicht ausdrücklich geregelt. Daraus jedoch, dass das Beschwerdeverfahren weitgehend dem Berufungsverfahren angeglichen worden ist, ergibt sich auch die Zulässigkeit der Anschlussbeschwerde im Beschlussverfahren. Auch die Vorschriften über die Anschlussberufung in § 524 ZPO n. F. sind Vorschriften über die Einlegung und Begründung der Berufung, die § 87 Abs. 2 über § 66 Abs. 6 für anwendbar erklärt (BAG 2. 4. 1987 AP ArbGG 1979 § 87 Nr. 3; 12. 1. 1988 AP ArbGG 1979 § 81 Nr. 8; BVerwG 30. 8. 1985 BVerwGE 72, 94; *Fenn* Festschr. 25 Jahre BAG S. 109; GK-ArbGG/*Dörner* § 89 Rn. 40; Schwab/Weth/*Busemann* § 89 Rn. 43 ff.; Hauck/Helml § 87 Rn. 5; ErfK/*Eisemann* ArbGG § 89 Rn. 6).

Die Möglichkeit, Anschlussbeschwerde einzulegen, bedeutet nicht, dass **jeder Dritte** **35** sich auf diese Weise dem Verfahren anschließen kann. Nur ein beschwerdebefugter Beteiligter (s. oben Rn. 3 ff.) kann auch Anschlussbeschwerde einlegen. Auch ein von **mehreren** notwendigen **Antragstellern,** der zunächst gegen die Abweisung des Antrags keine Beschwerde eingelegt hat, kann sich der Beschwerde der übrigen Antragsteller anschließen. Haben mehrere Beteiligte selbständig Beschwerde eingelegt, so kann sich die Anschlussbeschwerde allen bereits eingelegten Beschwerden oder nur einer von ihnen anschließen.

2. Einlegung der Anschlussbeschwerde

Die Anschließung erfolgt durch die Einreichung einer **Beschwerdeanschlussschrift** **36** beim Landesarbeitsgericht, § 524 ZPO. Für deren Form und Inhalt gilt das Gleiche wie für die Beschwerdeschrift, § 524 Abs. 3 i. V. m. § 519 Abs. 2 und 4 ZPO (s. oben Rn. 13 ff.). Mit Rücksicht darauf, dass das Schicksal der Anschlussbeschwerde weitgehend von der Beschwerde abhängig ist, der sich die Anschlussbeschwerde anschließt (s. Rn. 38 ff.), muss die Beschwerdeanschlussschrift eine ausdrückliche Erklärung darüber enthalten, welcher oder welchen Beschwerden (s. oben Rn. 34) sich der Anschlussbeschwerdeführer anschließt. Erforderlich ist auch die **ausdrückliche Erklärung,** dass Anschlussbeschwerde eingelegt werde (GK-ArbGG/*Dörner* § 89 Rn. 41; Schwab/Weth/ *Busemann* § 89 Rn. 46). Nicht jede unterstützende Äußerung eines Beteiligten oder die Stellung des gleichen Sachantrages, der mit der selbständigen Beschwerde verfolgt wird, ist schon eine Anschlussbeschwerde.

Da das Beschlussverfahren keine Frist für eine Beschwerdeerwiderung kennt, kann die **37** Anschlussbeschwerde grundsätzlich zeitlich unbefristet bis zum Anhörungstermin vor der Kammer eingelegt werden. Nur wenn der Vorsitzende den Beteiligten eine Frist zur Äußerung auf die Beschwerde gesetzt hat (s. § 90 Rn. 5 ff.), muss die Anschlussbeschwerde innerhalb dieser Frist eingelegt werden, (s. ausf. GK-ArbGG/*Dörner* § 89 Rn. 41). Dass der Beteiligte, der die Anschlussbeschwerde einlegt, vorher auf das Rechtsmittel der Beschwerde verzichtet hat, steht der Anschlussbeschwerde nicht entgegen, auch nicht, dass die eigentliche Beschwerdefrist (s. oben Rn. 10 ff.) schon abgelaufen ist.

Ebenso wie die Beschwerde muss die **Anschlussbeschwerde begründet werden** und **38** einen Beschwerdeantrag enthalten. Auch für Form und Inhalt der Anschlussbeschwerdebegründung gilt das Gleiche wie für die Begründung einer selbständigen Beschwerde (s. oben Rn. 26 ff.). Die Begründung muss mit der Anschlussbeschwerde selbst erfolgen, § 524 Abs. 3 ZPO. Es reicht jedoch aus, wenn sie – wenn auch von der Abschlussbeschwerde getrennt – noch innerhalb der zulässigen Zeit (s. oben Rn. 37) beim Landesarbeitsgericht eingeht. Die so „verspätet" begründete Anschlussbeschwerde ist dann als neue zulässige Anschlussbeschwerde anzusehen (BAG 18. 1. 1968 AP ZPO § 522 a Nr. 4).

39 Auch die Anschlussbeschwerde und ihre Begründung ist allen Beteiligten zuzustellen, § 524 i. V. m. § 521 ZPO.

3. Behandlung der Anschlussbeschwerde
a) Unselbständige Anschlussbeschwerde

40 Ist die Anschlussbeschwerde erst nach Ablauf der für den Anschlussbeschwerdeführer laufenden Beschwerdefrist eingelegt worden, so handelt es sich um eine sogenannte **unselbständige Anschlussbeschwerde**. Diese verliert nach § 524 Abs. 3 ihre Wirkung, wenn die Beschwerde, der sich die Anschlussbeschwerde angeschlossen hat, zurückgenommen oder als unzulässig verworfen wird. Die Rücknahme der Beschwerde bedarf nicht der Zustimmung der Beteiligten und damit auch nicht des Anschlussbeschwerdeführers (s. unten Rn. 55). Gleichgültig ist, aus welchem Grund die Beschwerde als unzulässig verworfen wird. Es genügt, dass es auf Grund der Beschwerde nicht zu einer Entscheidung in der Sache kommen kann. Hat sich die Anschlussbeschwerde mehreren selbständigen Beschwerden angeschlossen, so berührt die Rücknahme oder Verwerfung nur einer Beschwerde die Wirkung der Anschlussbeschwerde nicht (GK-ArbGG/*Dörner* § 89 Rn. 46).

41 Wird das **Verfahren** hinsichtlich der Beschwerde **für erledigt erklärt**, wozu es der Zustimmung auch des Anschlussbeschwerdeführers bedarf (s. oben § 83 a Rn. 17), so wird auch dadurch die Anschlussbeschwerde unzulässig. Gleiches muss für eine **Rücknahme des Antrages** gelten aber auch für einen **Vergleich** über den Gegenstand der Hauptbeschwerde, sofern nicht der Vergleich ohnehin auch den mit der Anschlussbeschwerde verfolgten Sachantrag mit umfasst (BAG 14. 5. 1976 AP ZPO § 522 Nr. 1; GK-ArbGG/*Dörner* § 89 Rn. 47).

42 Wird die Anschlussbeschwerde wirkungslos, so ist dies im Verwerfungsbeschluss oder im Einstellungsbeschluss nach § 89 Abs. 4 S. 2 (s. unten Rn. 59) auszusprechen.

43 Soweit die Anschlussbeschwerde anhängig bleibt, ist über sie wie über jede Beschwerde zu entscheiden. Auch ihre **Zulässigkeit ist für sich zu prüfen**, insbesondere auch die Beschwerdebefugnis des Anschlussbeschwerdeführers – nicht aber eine Beschwer (GK-ArbGG/*Dörner* § 89 Rn. 48; Schwab/Weth/*Busemann* § 89 Rn. 45) – und die Einhaltung der Formvorschriften für die Anschlussbeschwerdeschrift und ihre Begründung. Lediglich die Wahrung der eigentlichen Beschwerdefrist spielt für die Zulässigkeit der Anschlussbeschwerde keine Rolle.

44 Da die unselbständige Beschwerde somit vom Schicksal der Hauptbeschwerde während des ganzen Beschwerdeverfahrens abhängig bleibt – die Beschwerde kann bis zum Schluss der mündlichen Anhörung zurückgenommen werden – kann über die Anschlussbeschwerde in der Sache nicht durch **Teilbeschluss** vorab entschieden werden (GK-ArbGG/*Dörner* § 89 Rn. 48 a).

b) Selbständige Anschlussbeschwerde

45 Ist die Anschlussbeschwerde innerhalb der für den Anschlussbeschwerdeführer laufenden eigentlichen Beschwerdefrist (s. Rn. 10 ff.) eingelegt worden, so bestimmte früher § 522 Abs. 2 ZPO a. F. dass die Anschlussbeschwerde so anzusehen sei, als habe der Anschlussbeschwerdeführer selbständig Beschwerde eingelegt. Diese Vorschrift ist durch das ZPO-ReformG entfallen. Auch die sogenannte selbständige Anschlussbeschwerde

verliert daher ihre Wirkung, wenn die Hauptbeschwerde zurückgenommen oder als unzulässig verworfen wird. Der Beteiligte, der innerhalb der Beschwerdefrist Beschwerde einlegt, hat regelmäßig keinen Grund, überhaupt eine Anschlussbeschwerde einzulegen, wird seine Beschwerde daher auch nicht als solche bezeichnen, so dass von einer normalen und damit „selbständigen" Beschwerde auszugehen ist. Allenfalls bei einem erfolgten Verzicht auf die Beschwerde, hätte eine schon innerhalb der Beschwerdefrist eingelegte „Anschlussbeschwerde" einen Sinn. Die fristgerecht eingelegte und begründete Anschlussbeschwerde **bleibt dann** auf Grund ihrer Bezeichnung **Anschlussbeschwerde** und daher auch bei vorherigem **Verzicht** auf die Beschwerde solange zulässig, als nicht die Hauptbeschwerde zurückgenommen oder als unzulässig verworfen wird GK-ArbGG/*Dörner* § 89 Rn. 40; *Hauck/Helml* § 89 Rn. 8; a. A. ErfK/*Eisemann* ArbGG § 89 Rn. 6).

VI. Die Entscheidung über die Zulässigkeit der Beschwerde

1. Die unzulässige Beschwerde

Eine eingelegte Beschwerde kann aus vielerlei Gründen unzulässig sein. Sie ist unzulässig, wenn sie nicht frist- und formgerecht eingelegt worden ist. **Formfehler** können nur innerhalb der Beschwerdefrist geheilt, fehlende Angaben nur bis zum Fristablauf nachgeholt werden (BAG 28. 4. 1982 AP ZPO § 518 Nr. 42). Gleiches gilt für die Begründung der Beschwerde. Diese ist auch dann unzulässig, wenn die Begründung nicht ordnungsgemäß erfolgt ist. Ein Formmangel liegt auch dann vor, wenn die Beschwerdeschrift oder Begründungsschrift nicht von einem Rechtsanwalt oder Vertreter nach § 11 Abs. 2 S. 2 unterschrieben worden ist. Die Beschwerde ist unzulässig, wenn der Beschwerdeführer nicht beschwerdebefugt ist (s. Rn. 3 ff.) oder wenn es an einer Beschwer fehlt. Gleiches gilt, wenn die angefochtene Entscheidung des Arbeitsgerichts **nicht beschwerdefähig** ist, etwa weil es sich um einen unselbständigen Zwischenbeschluss handelt (§ 87 Rn. 3). Schließlich ist die Beschwerde unzulässig, wenn der Beschwerdeführer auf diese verzichtet hat (s. unten Rn. 62). An allen diesen Fehlern kann auch eine Anschlussbeschwerde leiden, nur ein erklärter Verzicht auf die Beschwerde ist hier unschädlich.

46

2. Die Verwerfung der Beschwerde als unzulässig

Über die Beschwerde entscheidet das Landesarbeitsgericht grundsätzlich durch einen die Instanz beendenden Beschluss nach § 91. Ist die Beschwerde unzulässig, so ist sie durch diesen Beschluss als unzulässig zu verwerfen. Von dieser Grundregel macht § 89 Abs. 3 eine Ausnahme für den Fall, dass die Beschwerde **nicht in der gesetzlichen Form oder Frist eingelegt oder begründet** worden ist. In diesem Falle kann der **Vorsitzende allein** die Beschwerde ohne vorherige mündliche Anhörung der Beteiligten durch Beschluss als unzulässig verwerfen., Dieser Beschluss ist **nicht anfechtbar** (BAG 25. 7. 1989 AP ArbGG 1979 § 92 Nr. 6; GK-ArbGG*Dörner* § 89 Rn. 49, a. A. Schwab/Weth/*Busemann* § 89 Rn. 32, der eine vorherige Anhörung des Beschwerdeführers verlangt; zum rechtlichen Gehör s. auch BverfG 4. 11. 2008 NZA 2009, 53).

47

Streitig ist, ob § 89 Abs. 3 in allen Fällen der Unzulässigkeit einer Beschwerde gilt. Seine Anwendung ist nach der Klarstellung in Abs. 3 zunächst zu bejahen, soweit auch die **Beschwerdebegründung** nicht frist- und formgerecht erfolgt ist (GK-ArbGG/*Dörner* § 89 Rn. 52). Vom Sinn und Zweck der Vorschrift her ist es gerechtfertigt, das vereinfachte Verfahren nach § 89 Abs. 3 auch dann anzuwenden, wenn sich die Unzulässigkeit der Beschwerde aus weiteren äußerlichen, formellen Gründen ergibt, wie beim **Verzicht auf die Beschwerde** oder der **mangelnden Beschwerdefähigkeit** der angefochtenen Entscheidung. Die Frage der **Beschwerdebefugnis** des Beschwerdeführers und seiner Be-

48

schwer kann jedoch regelmäßig nicht ohne materielle Prüfung des Streitgegenstandes beantwortet werden, zumal sich die Beschwerdebefugnis aus der Beteiligung am Verfahren ergibt und diese sich nach materiellem Recht bestimmt. Soll daher eine Beschwerde **mangels Beschwerdebefugnis** des Beschwerdeführers oder **mangels Beschwer** als unzulässig verworfen werden, so ist darüber stets nach mündlicher Anhörung der Beteiligten durch **Beschluss der Kammer** nach § 91 zu entscheiden (GK-ArbGG/*Dörner* § 89 Rn. 52; *Hauck/Helml* § 89 Rn. 6; ErfK/*Eisemann* ArbGG § 89 Rn. 7; BCF/*Friedrich* ArbGG § 89 Rn. 9).

49 Unter den gleichen Voraussetzungen kann auch eine Anschlussbeschwerde durch Beschluss nach § 89 Abs. 3 als unzulässig verworfen werden.

50 Wird die Beschwerde eines Beteiligten als unzulässig verworfen, so **bleibt der Beschwerdeführer doch Beteiligter** des Verfahrens, das auf Grund einer Beschwerde eines anderen Beteiligten in der Beschwerdeinstanz anhängig wird (BAG 26. 11. 1986 AP TVG § 2 Nr. 36). Eine darin ergehende Sachentscheidung wirkt auch für und gegen ihn (GK-ArbGG/*Dörner* § 89 Rn. 53).

3. Anfechtbarkeit der Entscheidung

51 Der Beschluss nach § 89 Abs. 3 ist **endgültig**. Auch das Landesarbeitsgericht kann seine Entscheidung nicht abändern, § 318 ZPO. Das gilt auch dann, wenn die Entscheidung auf Grund mündlicher Verhandlung ergangen ist (BAG 23. 6. 1954 AP ArbGG 1953 § 92 Nr. 5; 25. 7. 1989 AP ArbGG 1979 § 91 Nr. 6). Gleiches gilt, wenn nach Verwerfung der Beschwerde als unzulässig wegen Fristversäumnis ein Antrag auf Wiedereinsetzung abgelehnt wird (BAG 28. 8. 1969 AP ArbGG 1953 § 92 Nr. 11). Auch eine **Zulassung der Rechtsbeschwerde** durch das Landesarbeitsgericht macht die Entscheidung nicht anfechtbar (GK-ArbGG/*Dörner* § 89 Rn. 53; ArbGV/*Breilinger* § 89 Rn. 17; Schwab/Weth/*Busemann* § 89 Rn. 32).

52 Wird die Beschwerde mangels Beschwerdebefugnis oder Beschwer des Beschwerdeführers als unzulässig verworfen, so ist gegen diese Entscheidung jedoch unter den Voraussetzungen des § 92 die **Rechtsbeschwerde gegeben** (GK-ArbGG/*Dörner* § 89 Rn. 53; *Hauck/Helml* § 89 Rn. 6; ErfK/*Eisemann* ArbGG § 89 Rn. 7). In diesem Fall kann das Landesarbeitsgericht auch die Rechtsbeschwerde zulassen.

4. Bejahung der Zulässigkeit der Beschwerde

53 Das Landesarbeitsgericht kann – insbesondere wenn darüber Streit unter den Beteiligten besteht – die Zulässigkeit der Beschwerde auch durch unselbständigen **Zwischenbeschluss** bejahen. Auch dieser Beschluss kann ohne Anhörung der Beteiligten aber nur durch die Kammer erfolgen. Er ist zusammen mit der Entscheidung über die Beschwerde in der Sache nach § 91 unter den Voraussetzungen des § 92 mit der Rechtsbeschwerde anfechtbar.

5. Zustellung

54 Der Beschluss nach § 89 Abs. 3, der die Beschwerde als unzulässig verwirft, ist dem Beschwerdeführer zuzustellen, § 89 Abs. 3 S. 3, gleichgültig ob er auf Grund mündlicher Verhandlung ergeht oder nicht. Den übrigen Beteiligten ist er nach § 329 Abs. 2 ZPO formlos mitzuteilen, wenn er ohne mündliche Verhandlung ergeht. Ergeht er auf Grund mündlicher Anhörung der Beteiligten, so genügt die Verkündung des Beschlusses. Ein Zwischenbeschluss, dass die Beschwerde zulässig ist, ist zu verkünden oder den Beteiligten formlos mitzuteilen.

VII. Rücknahme der Beschwerde

1. Form der Rücknahme

Nach § 89 Abs. 4 kann die Beschwerde jederzeit zurückgenommen werden. Eine Rücknahme ist auch noch zulässig **nach einer Entscheidung des Gerichts** über die Beschwerde, solange die Entscheidung nicht rechtskräftig geworden oder gegen sie Rechtsbeschwerde eingelegt worden ist. Ist die Beschwerde nach § 89 Abs. 3 als unzulässig verworfen worden, so kann sie nicht mehr zurückgenommen werden, da diese Entscheidung sofort rechtskräftig wird. Auch eine unzulässige Beschwerde, auch die eines Nicht-Beschwerdebefugten, kann zurückgenommen werden. 55

Die **Rücknahme** erfolgt in der für die Einlegung der Beschwerde vorgeschriebenen Form, also nach § 89 Abs. 1 durch **Einreichung eines Schriftsatzes** beim Landesarbeitsgericht, der von einem Rechtsanwalt oder einem nach § 11 Abs. 2 Nr. 4 und 5 zugelassenen Vertreter unterzeichnet sein muss. Daneben ist aber auch eine mündliche Rücknahme der Beschwerde im Termin zur Anhörung der Beteiligten entsprechend § 516 Abs. 2 ZPO zulässig, die nach § 160 Abs. 3 Nr. 8 zu protokollieren ist (GK-ArbGG/*Dörner* § 89 Rn. 57). Die Formvorschrift in § 89 Abs. 4 will lediglich sicherstellen, dass die Beschwerde nicht übereilt und in eindeutiger Weise zurückgenommen wird. Beides ist auch durch eine Rücknahme zu Protokoll gewährleistet. Die Rücknahme zu Protokoll kann auch durch den Beteiligten selbst erklärt werden. Zulässig ist auch die **teilweise Rücknahme** der Beschwerde, soweit der Streitgegenstand teilbar ist (GK-ArbGG/*Dörner* § 89 Rn. 57). 56

Anders als bei der Rücknahme des Antrages bedarf die Rücknahme der Beschwerde nicht der Zustimmung der übrigen Beteiligten. 57

Die Rücknahme der Beschwerde ist nicht widerruflich (s. aber unten Rn. 61). 58

2. Einstellung des Verfahrens

Wird die Beschwerde wirksam zurückgenommen, so hat der Vorsitzende das Verfahren durch Beschluss – ggf. teilweise – einzustellen. Erst dadurch wird das Verfahren beendet (GK-ArbGG/*Dörner* § 89 Rn. 59; Schwab/Weth/*Busemann* § 89 Rn. 54). Der Einstellungsbeschluss ist unter den Voraussetzungen des § 92 mit der Rechtsbeschwerde anfechtbar (LAG Rheinl.-Pfalz 25. 6. 1982 EzA § 92 ArbGG 1979 Nr. 1; GK-ArbGG/*Dörner* § 89 Rn. 59; s. auch § 81 Rn. 80 ff.). Er ist den Beteiligten mit Rechtsmittelbelehrung zuzustellen, da er eine Rechtsmittelfrist in Lauf setzt (ErfK/*Eisemann* ArbGG § 89 Rn. 8). 59

3. Wirkung der Rücknahme

Die Rücknahme der Beschwerde hat den **Verlust der eingelegten Beschwerde** zur Folge, § 516 Abs. 3 ZPO n. F. Entsprechend § 269 Abs. 3 S. 1 ZPO wird eine bereits ergangene Entscheidung über die Beschwerde – nicht der Verwerfungsbeschluss nach § 89 Abs. 3 – wirkungslos. Das ist von Amts wegen im Beschluss auszusprechen (*Hauck/Helml* § 89 Rn. 7). Soweit nach § 516 ZPO n. F. die Rücknahme des Rechtsmittels auch die Verpflichtung auslöst, die **Kosten des Rechtsmittels** zu tragen, findet diese Vorschrift im Beschlussverfahren keine Anwendung, da dieses eine Kostenentscheidung nicht kennt (s. § 84 Rn. 29 ff.). Auch dass der Beschwerdeführer des Rechtsmittels der Beschwerde verlustig ist, ist von Amts wegen durch Beschluss auszusprechen, der ohne mündliche Anhörung ergehen kann und ebenfalls unanfechtbar ist. 60

Die Zurücknahme der Beschwerde hindert nicht eine **erneute Beschwerde,** sofern die Beschwerdefrist noch nicht abgelaufen ist oder gegen ihre Versäumung Wiedereinsetzung in den vorigen Stand bewilligt werden kann. Sie kann aber nicht auf bereits im 61

Verwerfungsbeschluss beschiedene Tatsachen gestützt werden, da dieser nach § 318 ZPO bindend ist (BAG 21. 8. 2003 AP ZPO § 318 Nr. 9). Die Zurücknahme der Beschwerde führt daher nicht automatisch zur Rechtskraft der arbeitsgerichtlichen Entscheidung. Diese tritt vielmehr erst nach Ablauf der Beschwerdefrist für alle Beteiligten ein, sofern nicht auch ein anderer Beteiligter Beschwerde eingelegt hat und diese noch anhängig ist.

VIII. Verzicht auf die Beschwerde

1. Form des Verzichts

62   Jeder Beteiligte kann entsprechend § 515 ZPO darauf verzichten, Beschwerde gegen den Beschluss des Arbeitsgerichts nach § 84 einzulegen. Der **Verzicht braucht nicht ausdrücklich** erklärt zu werden, es genügt, dass der Wille, es bei der Entscheidung des Arbeitsgerichts zu belassen, deutlich erklärt wird (s. Erl. zu § 515 ZPO). Nicht erforderlich ist, dass der Verzichtende über den Streitgegenstand verfügen kann, da der Verzicht auf die Beschwerde keine Verfügung über ein materielles Recht sondern nur über eine prozessuale Befugnis ist.

63   § 515 ZPO betrifft nur den Verzicht, der nach Verkündung der anzufechtenden Entscheidung erklärt wird. Der Verzicht kann **gegenüber dem Landesarbeitsgericht** erklärt werden, er bedarf dann ebenso wie die Rücknahme der Beschwerde der Form des § 89 Abs. 1 oder der Erklärung zu Protokoll in der mündlichen Verhandlung (s. oben Rn. 56). Er kann auch **gegenüber** einzelnen oder allen **Beteiligten** erklärt werden. Zu seiner Wirksamkeit ist nicht erforderlich, dass der Erklärungsempfänger den Verzicht annimmt.

64   Ein Verzicht auf die Beschwerde vor Verkündung der Entscheidung dürfte ebenso wie ein Verzicht auf die gerichtliche Geltendmachung des Rechts überhaupt im Beschlussverfahren weitgehend unwirksam sein, da die Arbeitsgerichtsbarkeit grundsätzlich nicht ausgeschlossen werden kann (s. Erl. zu § 4). Darüber hinaus dürfte den Beteiligten vielfach die materielle Verfügungsbefugnis über den Streitgegenstand fehlen, die für einen vorhergehenden Verzicht erforderlich ist (s. dazu auch GK-ArbGG/*Dörner* § 89 Rn. 62).

2. Wirkung des Verzichts

65   Der Verzicht auf die Beschwerde macht die eingelegte **Beschwerde unzulässig**. Der gegenüber dem Gericht erklärte Verzicht ist dabei von Amts wegen zu beachten. Ist der Verzicht nur Beteiligten gegenüber erklärt worden, so können diese den Verzicht auf die Beschwerde einredeweise geltend machen, sie sind dazu jedoch nicht verpflichtet. Ist streitig, ob der Beschwerdeführer auf die Beschwerde verzichtet hat, so ist darüber notfalls Beweis zu erheben (GK-ArbGG/*Dörner* § 89 Rn. 61). Steht der Verzicht fest, so ist die Beschwerde als unzulässig zu verwerfen, sofern sie nicht vorher zurückgenommen wird.

66   Der dem Gericht gegenüber erklärte Verzicht ist **unwiderruflich**. Ist der Verzicht Beteiligten gegenüber erklärt worden, so kann er mit Zustimmung der entsprechenden Beteiligten widerrufen werden.

§ 90 Verfahren

(1) ¹Die Beschwerdeschrift und die Beschwerdebegründung werden den Beteiligten zur Äußerung zugestellt. ²Die Äußerung erfolgt durch Einreichung eines Schriftsatzes beim Beschwerdegericht oder durch Erklärung zur Niederschrift der Geschäftsstelle des Arbeitsgerichts, das den angefochtenen Beschluß erlassen hat.

(2) Für das Verfahren sind die §§ 83 und 83 a entsprechend anzuwenden.

(3) Gegen Beschlüsse und Verfügungen des Landesarbeitsgerichts oder seines Vorsitzenden findet kein Rechtsmittel statt.

Übersicht

	Rn.
I. Zustellung der Beschwerde	1–6
1. Zustellung	1–3
2. Äußerung der Beteiligten	4–6
II. Verhandlung vor dem Landesarbeitsgericht	7–12
1. Terminsbestimmung	7, 8
2. Anhörung der Beteiligten	9
3. Aufklärung des Sachverhaltes	10, 11
4. Vergleich und Erledigung der Hauptsache	12
III. Beschwerdeverfahren	13, 14

I. Zustellung der Beschwerde

1. Zustellung

Nach § 90 Abs. 1 S. 1 ist die **Beschwerdeschrift** und die **Beschwerdebegründung** den Beteiligten zuzustellen. Die Zustellung hat jeweils unmittelbar nach Eingang zu erfolgen, mit der Zustellung der Beschwerdeschrift kann also nicht bis zum Eingang der Beschwerdebegründung gewartet werden. Die Beteiligten sollen alsbald erfahren, ob gegen die Entscheidung des Arbeitsgerichts ein Rechtsmittel eingelegt worden ist. 1

Die Zustellung hat **an alle Beteiligten** des Verfahrens zu erfolgen, ggf. also auch an Beteiligte, die nicht im Beschluss des Arbeitsgerichts oder in der Beschwerdeschrift genannt sind oder irrtümlich nicht beteiligt wurden (GK-ArbGG/*Dörner* § 90 Rn. 3; *Hauck/Helml* § 90 Rn. 2; ErfK/*Eisemann* ArbGG § 90 Rn. 1; Schwab/Weth/*Busemann* § 89 Rn. 2). Die Zustellung hat jeweils zu erfolgen, sobald diese Beteiligten bekannt geworden sind, ggf. also auch erst im Laufe des Verfahrens. Zur Angabe der Beteiligten durch den Beschwerdeführer s. § 89 Rn. 18. Soweit Beteiligte vor dem Arbeitsgericht durch einen Verfahrensbevollmächtigten vertreten waren, hat die Zustellung an diesen zu erfolgen, §§ 64 Abs. 7, 50 Abs. 2 i. V. m. § 176 ZPO. 2

Von der **Zustellung der Beschwerdeschrift kann abgesehen** werden, wenn schon nach Eingang der Beschwerdeschrift feststeht, dass diese als unzulässig zu verwerfen ist (GK-ArbGG/*Dörner* § 90 Rn. 4). Erweist sich die Unzulässigkeit der Beschwerde erst nach Eingang der Beschwerdebegründung, braucht diese nicht mehr zugestellt zu werden. Es genügt die formlose Übersendung des Verwerfungsbeschlusses (s. § 89 Rn. 54). 3

2. Äußerung der Beteiligten

Beschwerdeschrift und Beschwerdebegründung sind den Beteiligten „zur Äußerung" zuzustellen. Anders als nach § 83 Abs. 4 S. 1, wonach die Beteiligten sich schriftlich äußern können, sind diese im Beschwerdeverfahren **zur schriftlichen Äußerung verpflichtet** (GK-ArbGG/*Dörner* § 90 Rn. 11; ErfK/*Eisemann* ArbGG § 90 Rn. 1; a. A. *Hauck/Helml* § 90 Rn. 2). Allerdings bleibt die Verletzung der Äußerungspflicht ohne rechtliche Folgen. Weder verliert der Beteiligte seine Beteiligtenstellung noch wird er deswegen vom weiteren Verfahren ausgeschlossen. 4

Eine Äußerung ist nur sinnvoll, wenn die Beschwerdebegründung vorliegt. Die Beteiligten brauchen sich daher erst auf die Beschwerdebegründung hin zu äußern. Mit der Zustellung der Beschwerdebegründung sind die **Beteiligten zur Äußerung aufzufordern**. § 66 Abs. 1, wonach die Erwiderung innerhalb eines Monats nach Zustellung der Begründung erfolgen muss, ist angesichts der besonderen Regelung in § 90 nicht anzu- 5 wenden. Für **neues tatsächliches Vorbringen** auch der Beteiligten gilt § 87 Abs. 3 n. F. (ErfK/*Eisemann* ArbGG § 90 Rn. 2; s. die Erl. zu § 89 Rn. 29 ff.). Da es aber für die Äußerung keine (Berufungs- bzw. Beschwerdebeantwortungs-)Frist gibt, kann ihnen gemäß § 83 Abs. 1 a zur Vorbereitung des Anhörungstermins vom Vorsitzenden eine Frist gesetzt werden, deren Versäumung dazu führen kann, dass der säumige Beteiligte mit seinem Vorbringen ausgeschlossen werden kann (GK-ArbGG/*Dörner* § 90 Rn. 6; Schwab/Weth/*Busemann* § 90 Rn. 12; s. näher § 83 Rn. 88 f.). Ein Beteiligter, der sich – auch bei Fristsetzung – nicht äußert, bleibt aber Beteiligter des Verfahrens (GK-ArbGG/*Dörner* § 90 Rn. 6).

6   Die Äußerung erfolgt durch Einreichung eines **Schriftsatzes** beim Landesarbeitsgericht oder zu Protokoll der Geschäftsstelle des Arbeitsgerichts, das den angefochtenen Beschluss erlassen hat. Eine Äußerung zu Protokoll des Landesarbeitsgerichts ist nicht möglich. Für die schriftsätzliche Äußerung besteht kein **Vertretungszwang**, §§ 87 Abs. 2, 11 Abs. 1 (BAG 20. 3. 1990 AP BetrVG 1972 § 99 Nr. 79). Die eingehenden Äußerungen sind den übrigen Beteiligten, also auch dem Beschwerdeführer, zur Kenntnis zuzuleiten (GK-ArbGG/*Dörner* § 90 Rn. 6). Eine Zustellung ist nicht erforderlich.

II. Verhandlung vor dem Landesarbeitsgericht

1. Terminsbestimmung

7   Sofern die Beschwerde nicht als unzulässig verworfen wird, ist alsbald Termin zur Anhörung der Beteiligten zu bestimmen, § 66 Abs. 2. Zum Termin sind die **Beteiligten zu laden,** was zusammen mit der Zustellung der Beschwerdebegründung geschehen kann. Die Ladungsfrist beträgt nach § 523 Abs. 2 i. V. m. § 274 Abs. 3 ZPO zwei Wochen. Zu laden sind wiederum alle Beteiligten, auch diejenigen, die sich weder vor dem Arbeitsgericht geäußert noch zur Beschwerdebegründung schriftlich Stellung genommen haben (GK-ArbGG/*Dörner* § 90 Rn. 6), sowie Beteiligte, die vom Arbeitsgericht irrtümlich nicht beteiligt worden sind. Zur Pflicht, die Beteiligten von Amts wegen zu ermitteln s. § 83 Rn. 17.

8   Eine zu Unrecht vom Arbeitsgericht beteiligte Person oder Stelle braucht nicht geladen zu werden. Sofern sie sich bislang am Verfahren beteiligt hat, ist ihr Gelegenheit zu geben, zur Frage ihrer Beteiligung Stellung zu nehmen, was auch durch Ladung zum Anhörungstermin geschehen kann (GK-ArbGG/*Dörner* § 90 Rn. 10; s. § 83 Rn. 42).

2. Anhörung der Beteiligten

9   Für die **Anhörung der Beteiligten** vor dem Landesarbeitsgericht gilt nach § 90 Abs. 2 § 83 Abs. 4 entsprechend. Die Anhörung erfolgt danach vor der Kammer des Landesarbeitsgerichts. Die Beteiligten sind bei der Ladung darauf hinzuweisen, dass bei ihrem unentschuldigten Ausbleiben der Pflicht zur Anhörung genügt ist. Entschuldigt sich ein Beteiligter ausreichend, so ist ein neuer Termin zu bestimmen, zu dem wieder alle Beteiligten zu laden sind (GK-ArbGG/*Dörner* § 90 Rn. 12). Die Beteiligten können sich schriftlich äußern, insbesondere wenn sie zum Termin nicht erscheinen wollen. Der Bestimmung eines Termins und der Ladung der Beteiligten bedarf es nicht, wenn im schriftlichen Verfahren entschieden werden soll, was der Zustimmung aller Beteiligten bedarf (s. näher § 83 Rn. 116).

3. Aufklärung des Sachverhaltes

10   Nach §§ 528, 529 ZPO wird der Rechtsstreit vor dem Landesarbeitsgericht im Rahmen der gestellten Anträge in tatsächlicher und rechtlicher Hinsicht neu verhandelt.

Entscheidung § 91

Auch das **Landesarbeitsgericht** hat den für die Entscheidung erheblichen **Sachverhalt von Amts wegen aufzuklären**, § 90 Abs. 2 i. V. m. § 83 Abs. 1 (GK-ArbGG/*Dörner* § 90 Rn. 13 ff.) Es hat dabei auch **neues tatsächliches Vorbringen** der Beteiligten zu berücksichtigen, soweit es zulässig ist (s. oben Rn. 5 u. § 89 Rn. 29 ff.; *Hauck/Helml* § 90 Rn. 3).

Wegen der Einzelheiten der Vorbereitung des Anhörungstermins, der Aufklärung des Sachverhalts und einer **Beweisaufnahme** s. die Erl. zu § 83. Ob eine vor dem Arbeitsgericht durchgeführte Beweisaufnahme vor dem Landesarbeitsgericht zu wiederholen ist, bestimmt sich nach den gleichen Grundsätzen wie im Berufungsverfahren. Jedoch wird die Verpflichtung des Landesarbeitsgerichts, den Sachverhalt von Amts wegen zu ermitteln, häufiger eine Wiederholung der Beweisaufnahme erforderlich machen, wenn diese eine weitere Erhellung des Sachverhaltes erwarten lässt (GK-ArbGG/*Dörner* § 90 Rn. 14). 11

4. Vergleich und Erledigung der Hauptsache

§ 90 Abs. 2 erklärt auch § 83 a für entsprechend anwendbar. Auch in der Beschwerdeinstanz können daher die Beteiligten das Verfahren durch einen **Vergleich erledigen**. Das Landesarbeitsgericht hat auf eine gütliche Einigung der Beteiligten hinzuwirken, §§ 87 Abs. 2, 64 Abs. 7, 57 Abs. 2. Die Beteiligten können auch die **Hauptsache für erledigt** erklären. Nach Ablauf der Rechtsmittelfrist kann jedoch die Hauptsache nur für erledigt erklärt werden, wenn die Beschwerde zulässig war (BAG 17. 8. 1961 AP ZPO § 91 a Nr. 9; 27. 8. 1996 AP ArbGG 1979 § 83 a Nr. 4; GK-ArbGG/*Dörner* § 90 Rn. 16; ErfK/*Eisemann* § 90 Rn. 2). Wegen der Einzelheiten s. die Erläuterungen zu § 83 a. 12

III. Beschwerdeverfahren

Nach § 90 Abs. 3 findet gegen Beschlüsse und Verfügungen des Landesarbeitsgerichts oder seines Vorsitzenden kein Rechtsmittel statt. § 83 Abs. 5 ist daher nicht anwendbar. Gemeint sind Beschlüsse und Verfügungen, die im Laufe des Verfahrens ergehen, nicht der instanzbeendende Beschluss nach § 91 (s. Erl. zu § 78) oder der Beschluss, durch den eine unzulässige Beschwerde verworfen wird. Dieser ist schon nach § 89 Abs. 3 S. 2 unanfechtbar. Beschlüsse des Landesarbeitsgerichts im Beschwerdeverfahren nach § 83 Abs. 5 gegen verfahrensbegleitende Entscheidungen des Arbeitsgerichts können mit der Rechtsbeschwerde angefochten werden, wenn diese zugelassen worden ist (BAG 28. 2. 2003 AP ArbGG 1979 § 78 Nr. 13; ErfK/*Eisemann* ArbGG § 90 Rn. 3; GK-ArbGG/ *Dörner* § 90 Rn. 17). Beschlüsse über die einstweilige Einstellung der Zwangsvollstreckung sind nach § 707 Abs. 2 ZPO unanfechtbar. Eine Rechtsbeschwerde ist daher auch dann unstatthaft, wenn das Landesarbeitsgericht sie zugelassen hat (BAG 5. 11. 2003 AP ArbGG 1979 § 78 Nr. 15). 13

Zur Möglichkeit der **Gehörsrüge** gegen die genannten Entscheidungen des Landesarbeitsgerichts s. die Erläuterungen zu § 78 a. 14

§ 91 Entscheidung

(1) ¹Über die Beschwerde entscheidet das Landesarbeitsgericht durch Beschluß. ²Eine Zurückverweisung ist nicht zulässig. ³§ 84 Satz 2 gilt entsprechend.

(2) ¹Der Beschluß nebst Gründen ist von den Mitgliedern der Kammer zu unterschreiben und den Beteiligten zuzustellen. ²§ 69 Abs. 1 Satz 2 gilt entsprechend.

Übersicht

	Rn.
I. Entscheidung über die Beschwerde	1–3
1. Entscheidung durch Beschluss	1, 2
2. Keine Zurückverweisung	3
II. Formalien des Beschlusses	4–13
1. Schriftform, Inhalt	4–6
2. Vollstreckbarkeitserklärung	7
3. Zulassung der Rechtsbeschwerde	8–10
4. Rechtsmittelbelehrung	11
5. Verkündung des Beschlusses	12, 13
6. Zustellung	14
7. Streitwert, Kosten	15
III. Rechtskraft des Beschlusses	16

I. Entscheidung über die Beschwerde

1. Entscheidung durch Beschluss

1   Wie § 84 die Entscheidung durch das Arbeitsgericht regelt, so regelt § 91 die Entscheidung des Landesarbeitsgerichtes über die Beschwerde. Gemeint ist die die Instanz ganz oder teilweise beendende Entscheidung. Ausgenommen ist lediglich die Verwerfung der Beschwerde als unzulässig, die in § 89 Abs. 3 eigenständig geregelt ist (s. § 89 Rn. 46 ff.) und die Einstellungsentscheidungen bei Rücknahme des Antrags, § 81 Abs. 2, oder Erledigung der Hauptsache, § 83 a Abs. 2. Der Beschluss ergeht in allen Fällen **durch die Kammer** in voller Besetzung, also unter Einschluss der ehrenamtlichen Richter, gleichgültig ob über die Beschwerde auf Grund mündlicher Anhörung der Beteiligten oder im schriftlichen Verfahren entschieden wird GK-ArbGG/*Dörner* § 91 Rn. 2). Über die möglichen Beschlüsse s. § 84 Rn. 5 f.

2   Grundlage der Entscheidung ist der durch den ggf. in zulässiger Weise geänderten (s. § 87 Rn. 26) **Beschwerdeantrag** umschriebene Streitgegenstand und der dazu vom Landesarbeitsgericht ggf. neu festgestellte Sachverhalt (s. § 90 Rn. 10). Die Entscheidung des Arbeitsgerichtes darf nur insoweit abgeändert werden, als dies beantragt ist, § 528 ZPO.

2. Keine Zurückverweisung

3   § 91 Abs. 1 S. 2 bestimmt ausdrücklich, dass eine Zurückverweisung des Rechtsstreites an das Arbeitsgericht nicht zulässig ist. Das gilt **nicht nur** wie nach § 68 im Berufungsverfahren wegen eines **Verfahrensmangels** sondern auch in den Fällen des § 538 Abs. 2 ZPO n. F., soweit diese im Beschlussverfahren überhaupt zum Tragen kommen (*Hauck/Helml* § 91 Rn. 2; Schwab/Weth/*Busemann* § 91 Rn. 7; ErfK/*Eisemann* § 91 Rn. 2). Eine gleichwohl erfolgte Zurückverweisung ist jedoch nur mit der Rechtsbeschwerde anfechtbar, soweit diese zulässig ist. Wird die Zurückverweisung nicht auf ein Rechtsmittel hin aufgehoben, hat das Arbeitsgericht über den Antrag neu zu entscheiden (GK-ArbGG/*Dörner* § 91 Rn. 5; ErfK/*Eisemann* ArbGG § 91 Rn. 2).

II. Formalien des Beschlusses

1. Schriftform, Inhalt

4   Der Beschluss ist schriftlich abzufassen, § 91 Abs. 1 S. 3 i. V. m. § 84 S. 2. Der vollständige Beschluss, also Tenor und „Gründe", unter denen im Beschlussverfahren üblicherweise Tatbestand und Entscheidungsgründe zusammengefasst werden, ist von den **Mitgliedern der Kammer zu unterschreiben**, § 91 Abs. 2. Anders als vor dem Arbeits-

II. Formalien des Beschlusses § 91

gericht ist daher auch die Unterschrift der ehrenamtlichen Richter erforderlich. Auch der überstimmte ehrenamtliche Richter darf seine Unterschrift nicht verweigern. Im Falle der Verhinderung eines Mitglieds der Kammer gilt § 315 Abs. 1 S. 2 ZPO. Unterschreibt lediglich der Vorsitzende, so ist das Urteil gleichwohl wirksam. Allenfalls kommt eine Nichtigkeitsbeschwerde nach § 87 Abs. 2, § 64 Abs. 6 und § 579 Abs. 1 Nr. 1 ZPO in Betracht.

Auch gegen die Gründe der Beschwerdeentscheidung kommt eine **Tatbestandsberichtigung** nach § 320 ZPO in Betracht (LAG Berlin 18. 12. 1978 EzA § 80 ArbGG 1953 Nr. 6). Ein **Verzicht auf die Gründe** entsprechend § 313 a ZPO (s. § 84 Rn. 11) kommt nicht in Betracht, da § 313 a ZPO nur für erstinstanzliche Entscheidungen gilt. 5

Auch die eigentlichen Entscheidungs**gründe** der landesarbeitsgerichtlichen Entscheidung sind schriftlich niederzulegen. § 91 verweist lediglich auf § 69 Abs. 1 Satz 2, nicht aber auch auf Abs. 2. Der Beschluss des Landesarbeitsgerichts kann daher nicht von einer Darstellung von Tatbestand und Entscheidungsgründen absehen und auf den Beschluss des Arbeitsgerichts verweisen (BAG 26. 4. 2005 AP BetrVG 1972 § 87 Arbeitszeit Nr. 118; GK-ArbGG/*Dörner* § 90 Rn. 3, Schwab/Weth/*Busemann* § 91 Rn. 8; ErfK/*Eisemann* § 91 Rn. 1). Im Beschlussverfahren wird oft über komplizierte Sachverhalte entschieden. Die Entscheidung hat für die Beteiligten – aber auch für den Betrieb und seine Arbeitnehmer – vielfach wesentliche Bedeutung. Eine in sich geschlossene Begründung ist für die Befriedungswirkung der Entscheidung wichtig, gerade auch dann, wenn gegen den Beschluss kein Rechtsmittel gegeben ist. 6

2. Vollstreckbarkeitserklärung

Auch wenn die Rechtsbeschwerde nicht zugelassen wird, wird die Entscheidung des Landesarbeitsgerichtes nicht mit der Verkündung **rechtskräftig** (s. Rn. 14). Auch im Tenor der Beschwerdeentscheidung ist daher ggfs. zum Ausdruck zu bringen, ob die Entscheidung vorläufig vollstreckbar ist oder nicht (GK-ArbGG/*Dörner* § 91 Rn. 7; ErfK/*Eisemann* ArbGG § 91 Rn. 1; s. näher § 84 Rn. 12 f.). 7

3. Zulassung der Rechtsbeschwerde

Da gegen die Beschwerdeentscheidung des Landesarbeitsgerichts die Rechtsbeschwerde nur stattfindet, wenn sie das Landesarbeitsgericht zugelassen hat oder wenn sie auf eine Nichtzulassungsbeschwerde hin vom Bundesarbeitsgericht zugelassen wird, muss das Landesarbeitsgericht in der Entscheidung aussprechen, ob es die Rechtsbeschwerde zulässt oder nicht. Durch die Verweisung in § 92 Abs. 1 Satz 2 auf § 72 Abs. 1 Satz 2 und von dort auf § 64 Abs. 3 a – eingefügt durch das Arbeitsgerichtsbeschleunigungsgesetz – ist nunmehr auch für das Beschlussverfahren vorgeschrieben, dass die Entscheidung des Landesarbeitsgerichts über die Beschwerde schon **im Tenor** einen Ausspruch darüber enthalten muss, ob die Rechtsbeschwerde zugelassen wird oder nicht. Nicht nur die Zulassung muss danach im Tenor ausgesprochen werden, sondern auch die gegenteilige Entscheidung. Der Tenor muss also ggfs. auch lauten: „Die Rechtsbeschwerde wird nicht zugelassen". Über die Zulassung hat das Landesarbeitsgericht von Amts wegen zu entscheiden. Die Beteiligten können eine Zulassung lediglich anregen (s. die Erl. zu § 64). 8

Ist ein solcher Ausspruch unterblieben, so kann jeder Beteiligte binnen einer Frist von zwei Wochen die **Ergänzung der Entscheidung** um einen solchen Ausspruch beantragen. Die **Frist beginnt** allerdings nicht erst mit der Zustellung des vollständigen Beschlusses, sondern schon **mit der Verkündung** desselben. Da die Beteiligten vielfach bei der Verkündung nicht anwesend sind, müssen sie sich notfalls beim Landesarbeitsgericht erkundigen, ob die Entscheidung einen Ausspruch über die Zulassung der Rechtsbeschwerde enthält, wenn ihnen das Protokoll über die Verkündung innerhalb der zwei Wochen noch nicht zugegangen ist. 9

10 Über den Antrag kann die Kammer ohne mündliche Verhandlung entscheiden. Es müssen aber **die gleichen ehrenamtlichen Richter** mitwirken, die über die Beschwerde entschieden haben (*Germelmann* NZA 2000, 1025). Der Beschluss ist allen Beteiligten zuzustellen. Eine **Berichtigung** der Entscheidung von Amts wegen nach § 318 ZPO, wenn die Aufnahme der Zulassungsentscheidung versehentlich unterblieben ist, dürfte angesichts der Neuregelung in § 64 Abs. 3 a nicht mehr möglich sein. Näheres zur Frage, wann die Rechtsbeschwerde zuzulassen ist und ob sie nur für einzelne Beteiligte oder hinsichtlich eines Teils der Entscheidung zugelassen werden kann, s. § 92 Rn. 8 ff.

4. Rechtsmittelbelehrung

11 Lässt das Landesarbeitsgericht die Rechtsbeschwerde zu, so muss der Beschluss nach § 9 Abs. 5 eine Rechtsmittelbelehrung enthalten (s. § 84 Rn. 15). Über deren Inhalt s. die Erläuterungen zu § 9. Erfolgt keine Zulassung der Rechtsbeschwerde so bedarf es nach der Rechtsprechung des Bundesarbeitsgerichtes keiner Rechtsmittelbelehrung hinsichtlich der **Nichtzulassungsbeschwerde**, da diese kein Rechtsmittel sondern lediglich ein Rechtsbehelf sei (BAG 1. 4. 1980 AP ArbGG 1979 § 72 a Nr. 5; GK-ArbGG/*Dörner* § 90 Rn. 10; Schwab/Weth/*Busemann* § 91 Rn. 19; ErfK/*Eisemann* ArbGG § 91 Rn. 1). Es genügt ein Hinweis auf die Möglichkeit der Nichtzulassungsbeschwerde. Richtiger und dem Sinn der Regelung in § 9 Abs. 5 entsprechend dürfte es aber sein, auch hinsichtlich der Nichtzulassungsbeschwerde eine Rechtsmittelbelehrung zu geben (so auch *Frohner* BB 1980, 1164). Das gilt vor allen Dingen auch deshalb, weil die Beteiligten vor dem Landesarbeitsgericht nicht vertreten sein müssen und sie ohne Belehrung bei Zustellung des Beschlusses nicht erkennen werden, ob und innerhalb welcher Fristen und in welcher Weise sie eine Nichtzulassungsbeschwerde einlegen können.

5. Verkündung des Beschlusses

12 Hinsichtlich der Verkündung des Beschlusses und dessen Übergabe an die Geschäftsstelle verweist § 91 Abs. 2 auf § 69 Abs. 1 S. 2, der wiederum mit einigen Modifikationen auf § 60 verweist.

13 Danach ist der Beschluss in jedem Falle zu **verkünden**, auch wenn er im schriftlichen Verfahren ergangen ist, § 60 Abs. 1 S. 3 (GK-ArbGG/*Dörner* § 90 Rn. 11; Hauck/Helml § 91 Rn. 3). Bei der Verkündung sind die wesentlichen Entscheidungsgründe mitzuteilen, wenn Beteiligte anwesend sind, § 60 Abs. 2. Die Anwesenheit der ehrenamtlichen Richter bei der Verkündung ist nicht erforderlich, wenn der Tenor der Entscheidung zuvor von ihnen mit unterschrieben worden ist, § 60 Abs. 3. Wird die Entscheidung in einem besonderen **Verkündungstermin** verkündet, insbesondere also immer dann, wenn keine mündliche Anhörung der Beteiligten stattgefunden hat, so muss der Beschluss bei der Verkündung in vollständig abgefasster Form, also auch von den ehrenamtlichen Richtern unterschrieben, vorlegen, § 60 Abs. 4 S. 2. In den übrigen Fällen ist die vollständig abgefasste Entscheidung innerhalb von vier Wochen nach der Verkündung der Geschäftsstelle zu übergeben. Ist dies ausnahmsweise nicht möglich, ist der Beschluss ohne Gründe mit der Unterschrift des Vorsitzenden der Geschäftsstelle zu übergeben. Die nachzureichenden Gründe müssen dann wiederum auch von den ehrenamtlichen Richtern unterschrieben werden, § 60 Abs. 4 S. 3 und 4 i. V. m. § 69 Abs. 1 S. 2.

6. Zustellung

14 Der Beschluss ist allen Beteiligten zuzustellen, § 91 Abs. 2 S. 1 (s. näher § 84 Rn. 18 f.).

7. Streitwert, Kosten

Wegen der Festsetzung des Streitwertes und wegen einer Kostenentscheidung s. § 84 **15**
Rn. 14 und Rn. 31 ff.

III. Rechtskraft des Beschlusses

Auch wenn die Rechtsbeschwerde nicht zugelassen wird, tritt die formelle Rechtskraft **16**
des Beschlusses des Landesarbeitsgerichtes erst mit **Ablauf der Frist** für die Einlegung der
Nichtzulassungsbeschwerde ein, sofern nicht innerhalb der Frist Nichtzulassungsbeschwerde erhoben worden ist, die nach § 72 a Abs. 4 S. 1 aufschiebende Wirkung hat
(BAG vom 25. 1. 1979 AP Nr. 1 zu § 103 BetrVG 1972). Auch soweit **materiellrechtliche Wirkungen** von der Rechtskraft der Entscheidung des Landesarbeitsgerichts abhängen, wie etwa die Ersetzung der Zustimmung des Betriebsrates zu einer personellen
Einzelmaßnahme, treten diese nicht schon mit Verkündung der Entscheidung sondern
erst mit deren Rechtskraft ein, und zwar auch dann, wenn eine Nichtzulassungsbeschwerde offensichtlich nicht in Betracht kommt (so jetzt auch BAG 9. 7. 1998 AP
BetrVG 1972; GK-ArbGG/*Dörner* § 90 Rn. 23; *Hauck/Helml* § 91 Rn. 5; ErfK/*Eisemann* ArbGG § 91 Rn. 3; kritisch Schwab/Weth/*Busemann* § 91 Rn. 27). Zur Bedeutung der Rechtskraft im Beschlussverfahren und zu ihren subjektiven Grenzen s. § 84
Rn. 20 ff.

Dritter Unterabschnitt. Dritter Rechtszug

§ 92 Rechtsbeschwerdeverfahren, Grundsatz

(1) ¹Gegen den das Verfahren beendenden Beschluß eines Landesarbeitsgerichts findet
die Rechtsbeschwerde an das Bundesarbeitsgericht statt, wenn sie in dem Beschluß des
Landesarbeitsgerichts oder in dem Beschluß des Bundesarbeitsgerichts nach § 92 a
Satz 2 zugelassen wird. ²§ 72 Abs. 1 Satz 2, Abs. 2 und 3 ist entsprechend anzuwenden.
³In den Fällen des § 85 Abs. 2 findet die Rechtsbeschwerde nicht statt.

(2) ¹Für das Rechtsbeschwerdeverfahren gelten die für das Revisionsverfahren maßgebenden Vorschriften über Einlegung der Revision und ihre Begründung, Prozeßfähigkeit, Ladung, Termine und Fristen, Ablehnung und Ausschließung von Gerichtspersonen, Zustellungen, persönliches Erscheinen der Parteien, Öffentlichkeit, Befugnisse
des Vorsitzenden und der Beisitzer, gütliche Erledigung des Rechtsstreits, Wiedereinsetzung in den vorigen Stand und Wiederaufnahme des Verfahrens sowie die Vorschriften
des § 85 über die Zwangsvollstreckung entsprechend, soweit sich aus den §§ 93 bis 96
nichts anderes ergibt. ²Für die Vertretung der Beteiligten gilt § 11 Abs. 1 bis 3 und 5
entsprechend. ³Der Antrag kann jederzeit mit Zustimmung der anderen Beteiligten
zurückgenommen werden; § 81 Abs. 2 Satz 2 und 3 ist entsprechend anzuwenden.

(3) ¹Die Einlegung der Rechtsbeschwerde hat aufschiebende Wirkung. ²§ 85 Abs. 1
Satz 2 bleibt unberührt.

Übersicht

	Rn.
I. Allgemeines	1, 2
II. Die Rechtsbeschwerde	3–7
1. Bedeutung der Rechtsbeschwerde	3
2. Rechtsbeschwerdefähige Beschlüsse	4–7
III. Die Zulassung der Rechtsbeschwerde	8–16
1. Bedeutung der Zulassung	8

§ 92 Rechtsbeschwerdeverfahren, Grundsatz

	Rn.
2. Bindung des Bundesarbeitsgerichtes	9
3. Die Zulassungsgründe	10–14
4. Die Zulassungsentscheidung	15, 16
IV. Die Regelung des Rechtsbeschwerdeverfahrens	17–22
1. Verweisung auf das Revisionsverfahren	17
2. Einlegung und Begründung der Rechtsbeschwerde	18
3. Einzelheiten	19–21
4. Vertretung der Beteiligten	22
V. Antragsrücknahme	23, 24

I. Allgemeines

1 Im Zuge der Änderung der Vorschriften über die Revision (s. § 72 Rn. 2 ff.) ist auch die Regelung der Rechtsbeschwerde in den §§ 92–96 weitgehend den Vorschriften über die **Revision angepasst** worden. Die Rechtsbeschwerde ist nur noch zulässig, wenn sie vom Landesarbeitsgericht oder auf eine Nichtzulassungsbeschwerde hin vom Bundesarbeitsgericht zugelassen worden ist, während früher bei Abweichung der Entscheidung des Landesarbeitsgerichts von einer Entscheidung des Bundesarbeitsgerichtes auch eine **Divergenzrechtsbeschwerde** gegeben war. Neu ist Satz 3 über die **Rücknahme des Antrages** in der Rechtsbeschwerdeinstanz, der damit eine alte Streitfrage klärt.

2 Der neue Satz 2 in Abs. 3 stellt klar, dass Beschlüsse im Beschlussverfahren über vermögensrechtliche Streitigkeiten vorläufig vollstreckbar bleiben, auch wenn Rechtsbeschwerde eingelegt wird. Das Bundesarbeitsgericht kann jedoch die Einstellung der Zwangsvollstreckung nach § 85 Abs. 1 S. 3 i. V. m. § 719 Abs. 2 ZPO anordnen.

II. Die Rechtsbeschwerde

1. Bedeutung der Rechtsbeschwerde

3 Die Rechtsbeschwerde eröffnet im Beschlussverfahren die dritte Instanz. Sie führt zur **rechtlichen Überprüfung der Entscheidung des Landesarbeitsgerichts** – im Falle der Sprungrechtsbeschwerde nach § 96 a auch des Arbeitsgerichts –. An den festgestellten Sachverhalt ist das Bundesarbeitsgericht als Rechtsbeschwerdegericht trotz des Amtsermittlungsgrundsatzes gebunden (s. § 96 Rn. 13). Die Rechtsbeschwerde dient einmal der Herbeiführung einer rechtlich zutreffenden Entscheidung der einzelnen Rechtsstreitigkeit zum anderen aber auch der Gewährleistung der **Einheitlichkeit der Rechtsprechung** und der **Rechtsfortbildung** in den Angelegenheiten nach § 2 a Abs. 1, insbesondere also im Betriebsverfassungsrecht, Personalvertretungsrecht und dem Recht der Vertretung der Arbeitnehmer im Aufsichtsrat. Die Einlegung der Rechtsbeschwerde hat aufschiebende Wirkung, Abs. 3 S. 1. Sie hindert den **Eintritt der Rechtskraft**. Das gilt jedoch nur, sofern die Rechtsbeschwerde überhaupt statthaft ist (s. dazu unten Rn. 4 ff.).

2. Rechtsbeschwerdefähige Beschlüsse

4 Die Rechtsbeschwerde findet statt gegen den das Verfahren beendenden **Beschluss des Landesarbeitsgerichtes**. Gemeint sind die Beschlüsse nach § 91 nicht aber Beschlüsse im Sinne von § 90 Abs. 3. Zur Anfechtung von Beschlüssen des Arbeitsgerichtes durch eine Sprungrechtsbeschwerde s. § 96 a. Rechtsbeschwerdefähig sind auch Beschlüsse des Landesarbeitsgerichtes, die das Verfahren nur teilweise beenden, **Teilbeschlüsse** nach § 301 ZPO, sowie selbständig anfechtende **Zwischenbeschlüsse** (GK-ArbGG/*Dörner* § 92 Rn. 5; Schwab/Weth/*Busemann* § 92 Rn. 5; *Hauck/Helml* § 92 Rn. 2). Es gilt insoweit das Gleiche wie für die Anfechtung von Beschlüssen des Arbeitsgerichtes mit der Beschwerde (s. § 87 Rn. 3 f.). Der **Einstellungsbeschluss** im Falle der Rücknahme des Antrages oder der übereinstimmenden Erledigungserklärung ist ein das Verfahren beendender Beschluss im Sinne von § 92 Abs. 1 S. 1 und damit rechtsbeschwerdefähig (s. § 81 Rn. 80 und § 83 a Rn. 14 und GK-ArbGG/*Dörner* § 92 Rn. 5; *Hauck/Helml* § 92 Rn. 2; ErfK/*Eisemann* ArbGG § 92 Rn. 1; BCF/*Friedrich* ArbGG § 92 Rn. 3).

In den **Ausnahmefällen** des § 122 Abs. 2 und § 126 Abs. 2 InsO findet die Rechtsbeschwerde auch gegen einen Beschluss des Arbeitsgerichts statt, wenn diese vom Arbeitsgericht zugelassen worden ist. **5**

Nach ausdrücklicher Vorschrift findet kein Rechtsmittel also auch **keine Rechtsbeschwerde** statt gegen Beschlüsse nach § 89 Abs. 3, durch die die Beschwerde als unzulässig verworfen wird. Das gilt jedoch nur, soweit die Verwerfung erfolgt, weil die Beschwerde nicht in der gesetzlichen Form oder Frist eingelegt worden ist (s. § 89 Rn. 48; ErfK/*Eisemann* ArbGG § 92 Rn. 1; a.A. BAG 25. 7. 1989 AP ArbGG 1979 § 92 Nr. 6; GK-ArbGG/*Dörner* § 92 Rn. 6; *Hauck/Helml* § 92 Rn. 2). Ebenfalls nicht mit der Rechtsbeschwerde anfechtbar sind die Beschlüsse des Landesarbeitsgerichtes im Verfahren auf Erlass einer **einstweiligen Verfügung** oder der Anordnung eines **Arrests** (s. dazu § 85 Rn. 28), § 92 Abs. 1 S. 3. Unanfechtbar ist weiter der Beschluss des Landesarbeitsgerichts im Verfahren nach § 98 zur **Bestellung eines Vorsitzenden der Einigungsstelle** oder zur Bestimmung der Zahl der Beisitzer, § 98 Abs. 2 S. 4. Soweit nach dem Gesagten die Rechtsbeschwerde gegen eine Entscheidung des Landesarbeitsgerichtes nicht statthaft ist, wird sie auch nicht dadurch statthaft, dass das Landesarbeitsgericht sie zulässt, selbst wenn der Rechtssache grundsätzliche Bedeutung zukommt (BAG 26. 7. 1989 AP ArbGG 1979 § 92 Nr. 6; 22. 1. 2001 AP ArbGG 1979 § 78 Nr. 12; BVerwG 10. 4. 1964 AP PersVG Berlin § 72 Nr. 2; GK-ArbGG/*Dörner* § 92 Rn. 7; ErfK/*Eisemann* ArbGG § 92 Rn. 2; *Hauck/Helml* § 92 Rn. 2). **6**

In den **personalvertretungsrechtlichen Streitigkeiten** nach den einzelnen Landespersonalvertretungsgesetzen können die Länder bestimmen, ob das Beschlussverfahren dreistufig ist. Das Landespersonalvertretungsgesetz für Bayern hat die Anwendung der §§ 92 bis 96 ausdrücklich ausgeschlossen, Art. 81 Abs. 2 LPVG Bayern. Die Personalvertretungsgesetze für Berlin, Hamburg, Nordrhein-Westfalen, Rheinland-Pfalz und Saarland schreiben z.B. ausdrücklich vor, dass in der dritten Instanz das Bundesverwaltungsgericht entscheidet. Andere Personalvertretungsgesetze wie etwa für Baden-Württemberg, Bremen und Hessen enthalten insoweit keine ausdrückliche Regelung, erklären vielmehr nur die Vorschriften über das Beschlussverfahren für anwendbar. Auch in diesen Fällen ist gegen die instanzbeendenden Beschlüsse des Oberverwaltungsgerichtes bzw. Verwaltungsgerichtshofes die Rechtsbeschwerde an das Bundesverwaltungsgericht gegeben (BVerwG 10. 2. 1967 AP PersVG NRW § 74 Nr. 3). **7**

III. Die Zulassung der Rechtsbeschwerde

1. Bedeutung der Zulassung

Sofern nach dem Gesagten ein Beschluss des Arbeitsgerichts oder Landesarbeitsgerichtes grundsätzlich rechtsbeschwerdefähig ist, hängt die Statthaftigkeit der Rechtsbeschwerde im konkreten Fall doch davon ab, dass das Arbeitsgericht oder das Landesarbeitsgericht – oder auf eine Nichtzulassungsbeschwerde hin das Bundesarbeitsgericht, § 92 a, – sie zugelassen hat. Ob die ausgesprochene Zulassung die Rechtsbeschwerde in vollem Umfang und für jeden Beteiligten eröffnet und ob im Falle einer beschränkten Zulassung (s. unten Rn. 16) auch eine Anschlussrechtsbeschwerde statthaft wird, hängt vom Einzelfall ab (s. dazu näher die Erl. zu § 74 Rn. 69 ff.). **8**

2. Bindung des Bundesarbeitsgerichtes

9   Nach § 92 Abs. 1 S. 2 i. V. m. § 72 Abs. 3 ist das Bundesarbeitsgericht **an die Zulassung** der Rechtsbeschwerde durch das Landesarbeitsgericht **gebunden**. Zur Bindung des Bundesarbeitsgerichts an die Zulassungsentscheidung s. näher § 72 Rn. 47 ff. Eine Zulassung der Rechtsbeschwerde durch das Landesarbeitsgericht bindet nur dann nicht, wenn eine **Anfechtung** der Entscheidung **überhaupt ausgeschlossen** ist (s. oben Rn. 4 ff.; BAG 28. 8. 1969 AP ArbGG 1953 § 93 Nr. 11; 22. 1. 2003 AP ArbGG 1979 § 78 Nr. 12; GK-ArbGG/*Dörner* § 92 Rn. 7; *Hauck/Helml* § 92 Rn. 3; *Kerwer*, RdA 2004, 122).

3. Die Zulassungsgründe

10 In entsprechender Anwendung des durch das Anhörungsrügegesetz vom 9. 12. 2004 (s. die Erläuterungen zu § 78 a) neu gefassten § 72 Abs. 2 ist die Rechtsbeschwerde zuzulassen, wenn die Rechtssache **grundsätzliche Bedeutung** hat, der Beschluss des Landesarbeitsgerichts von einer Entscheidung der in § 72 Abs. 1 Nr. 2 genannten Gerichte abweicht und auf dieser **Abweichung** beruht, ein absoluter Revisionsgrund gemäß § 547 ZPO vorliegt oder eine entscheidungserhebliche Verletzung des Anspruchs auf rechtliches Gehör gegeben ist. Bei Vorliegen dieser Voraussetzungen ist das Landesarbeitsgericht zur Zulassung verpflichtet (GK-ArbGG/*Dörner* § 92 Rn. 13), wobei allerdings ausgeschlossen erscheint, dass das Landesarbeitsgericht sehenden Auges gegen § 547 ZPO verstößt oder das rechtliche Gehör verweigert und dann deswegen die Rechtsbeschwerde zulässt. Die neue Nr. 3 in § 72 Abs. 2 hat daher nur für die Nichtzulassungsbeschwerde Bedeutung.

11 Zur Frage, wann eine Rechtssache **grundsätzliche Bedeutung** hat, s. § 72 Rn. 12 ff. Die Rechtssache bzw. Rechtsfrage von grundsätzlicher Bedeutung muss nicht dem Betriebsverfassungsrecht, Personalvertretungsrecht oder Mitbestimmungsrecht angehören (BVerwG 27. 4. 1983 BVerwGE 67, 145; GK-ArbGG/*Dörner* § 92 Rn. 10). Bejaht das Landesarbeitsgericht zu Unrecht eine grundsätzliche Bedeutung der Rechtssache, so ist dies unschädlich. Das Bundesarbeitsgericht ist an die Zulassung gebunden (ErfK/*Eisemann* ArbGG § 92 Rn. 1).

12 Die Rechtsbeschwerde ist weiter zuzulassen, wenn die Entscheidung des Landesarbeitsgerichts **von einer Entscheidung** eines der in § 72 Abs. 2 Nr. 2 genannten Gerichte **abweicht** und auf dieser Abweichung beruht. Für das Beschlussverfahren vor den Gerichten für Arbeitssachen sind dabei divergenzfähige Entscheidungen nur Entscheidungen des Bundesverfassungsgerichts, des Gemeinsamen Senats der obersten Gerichtshöfe des Bundes, des Bundesarbeitsgerichts oder – solange eine Entscheidung des Bundesarbeitsgerichtes in der Rechtsfrage noch nicht ergangen ist – eines anderen Landesarbeitsgerichts oder einer anderen Kammer desselben Landesarbeitsgerichtes. Für das Beschlussverfahren in personalvertretungsrechtlichen Streitigkeiten vor den Verwaltungsgerichten treten an die Stelle des Bundesarbeitsgerichtes das Bundesverwaltungsgericht und an die Stelle des Landesarbeitsgerichts das Oberverwaltungsgericht oder der Verwaltungsgerichtshof (BVerwG 18. 8. 1982 Buchholz 238.38 § 114 Nr. 1; 5. 7. 1985 6 PB 4.85). Nicht erforderlich ist, dass die Entscheidung, von der die anzufechtende Entscheidung abweicht, in einem **Beschlussverfahren** ergangen ist (GK-ArbGG/*Dörner* § 91 Rn. 11; Schwab/Weth/*Busemann* § 92 Rn. 18; ErfK/*Eisemann* § 92 Rn. 2). Sie muss daher auch nicht von einem Fachsenat des Oberverwaltungsgerichtes oder Verwaltungsgerichtshofes getroffen sein.

13 Dass die Entscheidung von der Entscheidung eines **obersten Gerichtshofes einer anderen Gerichtsbarkeit abweicht,** verpflichtet das Beschwerdegericht nicht zur Zulassung der Rechtsbeschwerde wegen Divergenz (BAG 9. 2. 1983 AP ArbGG 1972 § 72 a Grundsatz Nr. 25; GK-ArbGG/*Dörner* § 92 Rn. 11). Nicht einmal dann, wenn ein

Gericht der Arbeitsgerichtsbarkeit in einer betriebsverfassungsrechtlichen oder personalvertretungsrechtlichen Rechtsfrage von einer Entscheidung der Verwaltungsgerichte abweicht oder umgekehrt, begründet das eine Divergenz im Sinne von § 72 Abs. 2 Nr. 2, die zur Zulassung der Rechtsbeschwerde verpflichtet. Die Divergenzrechtsbeschwerde will ebenso wie die Divergenzrevision lediglich die Einheitlichkeit der Rechtsprechung **innerhalb der gleichen Gerichtsbarkeit** gewährleisten. Divergenzen zwischen den einzelnen Gerichtsbarkeiten in einer Rechtsfrage können nur über den Gemeinsamen Senat der Obersten Gerichtshöfe des Bundes ausgetragen werden. Die Abweichung von einer Entscheidung des obersten Gerichtshofes einer anderen Gerichtsbarkeit kann jedoch dafür sprechen, dass der Rechtssache **grundsätzliche Bedeutung** zukommt und bejahendenfalls deswegen die Zulassung der Rechtsbeschwerde erfordern (Schwab/Weth/*Busemann* § 92 Rn. 18).

Darüber, wann die Entscheidung in einer Rechtsfrage von einer divergenzfähigen Entscheidung abweicht, also eine **Divergenz** vorliegt, s. näher § 72 Rn. 18 ff. Um die gleiche Rechtsfrage handelt es sich nicht nur dann, wenn es um die Auslegung oder Anwendung derselben Rechtsvorschrift geht, sondern auch dann, wenn die Rechtsfrage sich bei der Anwendung von Vorschriften stellt, die in verschiedenen Gesetzen enthalten sind, in ihrem Wortlaut aber im Wesentlichen und in ihrem Regelungsinhalt gänzlich übereinstimmen und deswegen nach denselben Prinzipien auszulegen sind (GemS OGB 6. 2. 1973 AP RsprEinhG § 4 Nr. 1). Ob diese Voraussetzungen für Vorschriften des Betriebsverfassungs- und Personalvertretungsrechtes jeweils erfüllt sind, ist im Einzelfall zu prüfen (vergl. BVerwG 25. 5. 1982 PersVRE 10 § 79 Nr. 13). 14

4. Die Zulassungsentscheidung

Die Zulassung der Rechtsbeschwerde muss **im Tenor des Beschlusses** des Landesarbeitsgerichtes nach § 91 ausgesprochen werden (s. dazu § 91 Rn. 8 ff.). 15

Ebenso wie die Revision kann auch die Rechtsbeschwerde **beschränkt zugelassen** werden, wenn der Streitgegenstand teilbar ist (BAG 2. 4. 1996 AP BetrVG 1972 § 87 Gesundheitsschutz Nr. 5; BVerwG 2. 3. 1983 Buchholz 238.38 § 82 Nr. 1; GK-ArbGG/ *Dörner* § 92 Rn. 13; Schwab/Weth/*Busemann* § 92 Rn. 22; ErfK/*Eisemann* ArbGG § 92 Rn. 2; *Hauck/Helml* § 92 Rn. 3). Das ist immer bei mehreren Anträgen der Fall, gleichgültig ob sie vom gleichen oder von verschiedenen Antragstellern gestellt worden sind. Auch die Beschränkung der Zulassung muss im Tenor erfolgen (BAG 19. 3. 2003 AP ArbGG 1979 § 72 Nr. 47) und kann in den Gründen nicht erweitert werden (BAG 5. 11. 2003 AP ArbGG 1979 § 72 Nr. 49). Die Zulassung der Rechtsbeschwerde **auf einzelne Antragsteller** anstelle auf den durch ihren Antrag bestimmten Streitgegenstand zu beschränken, geht jedoch nicht an, ist zumindest missverständlich, da auch die anderen Beteiligten durch die Entscheidung über diesen Streitgegenstand beschwert sein können (s. § 89 Rn. 7) und eine Entscheidung über einen Streitgegenstand oder einen Teil desselben allen Beteiligten gegenüber nur einheitlich ergehen kann (missverständlich daher BAG 14. 6. 1977 AP ArbGG 1953 § 91 Nr. 5). Wegen der Einzelheiten der Zulassungsentscheidung s. näher § 72 Rn. 34 ff. Die Entscheidung, dass die Rechtsbeschwerde zugelassen wird, ist nicht anfechtbar. 16

IV. Die Regelung des Rechtsbeschwerdeverfahrens

1. Verweisung auf das Revisionsverfahren

Die §§ 92 bis 96 enthalten keine selbständige und erschöpfende Regelung des Rechtsbeschwerdeverfahrens. Das Verfahren wird vielmehr weitgehend dadurch geregelt, dass auf **Vorschriften über das Revisionsverfahren** verwiesen wird. Diese Regelung in § 92 Abs. 2 S. 1 entspricht der Regelung in § 87 Abs. 2 S. 1. Wegen der Schwierigkeit dieser 17

Verweisungstechnik und wegen der von ihr offen gelassenen Zweifelsfragen s. § 87 Rn. 8. Die in Bezug genommenen Vorschriften über das Revisionsverfahren finden jedoch nur insoweit Anwendung, als sich aus den §§ 93 bis 96 nichts anderes ergibt. Sie können darüber hinaus nur insoweit Anwendung finden, als nicht die Besonderheiten des Beschlussverfahrens dem entgegenstehen (ErfK/*Eisemann* ArbGG § 92 Rn. 3; *Hauck/Helml* § 92 Rn. 5).

2. Einlegung und Begründung der Rechtsbeschwerde

18 § 92 Abs. 2 verweist zunächst für die Einlegung und Begründung der Rechtsbeschwerde auf die Vorschriften über die Revision. Eine eigene Regelung dazu enthält das ArbGG in § 74 Abs. 1, womit sich insoweit eine Verweisung auf die Vorschriften der ZPO über die Revision erübrigt. Eine **eigene Regelung** über die Einlegung und Begründung der Rechtsbeschwerde enthält darüber hinaus **§ 94 Abs. 1 und 2**, der allen in Bezug genommenen Vorschriften vorgeht. Zur Gesamtregelung der Einlegung und Begründung der Rechtsbeschwerde s. daher die Erläuterungen zu § 94.

3. Einzelheiten

19 § 87 Abs. 2 S. 1 verweist auf die Vorschriften über das Revisionsverfahren nur für die Einzelnen, dort genannten Rechtsinstitute. Dieses sind die Gleichen wie in § 87 Abs. 2. Ebenso wie dort über § 64 Abs. 7 wird hier über § 72 Abs. 6 für diese weitgehend auf die Regelung im arbeitsgerichtlichen Urteilsverfahren erster Instanz verwiesen. Es gilt damit insoweit die gleiche Regelung wie im Beschwerdeverfahren, sodass auf die Erläuterungen in § 87 Rn. 12 ff. verwiesen werden kann.

20 Soweit der über § 92 Abs. 2 i. V. m. § 72 Abs. 6 in Bezug genommene § 53 Abs. 1 bestimmt, dass die **Beschlüsse,** die **ohne mündliche Verhandlung** ergehen können, durch den Vorsitzenden allein erlassen werden, gilt diese Befugnis im Rechtsbeschwerdeverfahren ebenso wie im Revisionsverfahren für die berufsrichterlichen Mitglieder des Senats (s. näher § 72 Rn. 58). Da im Rechtsbeschwerdeverfahren grundsätzlich alle Entscheidungen ohne mündliche Verhandlung ergehen können (s. § 95 Rn. 6 f.), folgt aus der Inbezugnahme von § 53 Abs. 1 nicht, dass die ehrenamtlichen Richter an keiner Entscheidung, die ohne mündliche Verhandlung ergeht, mitwirken. Sie haben vielmehr an Entscheidungen, die bei mündlicher Verhandlung unter ihrer Mitwirkung ergehen würden, stets mitzuwirken, insbesondere an der Entscheidung über die Rechtsbeschwerde nach § 96 (GK-ArbGG/*Dörner* § 92 Rn. 20; ErfK/*Eisemann* ArbGG § 92 Rn. 3), soweit nicht ausdrücklich etwas anderes bestimmt wird wie in § 94 Abs. 2 S. 3 i. V. m. § 74 Abs. 2 S. 3 oder in § 72 a Abs. 5 S. 2 und 3.

21 Nicht in Bezug genommen sind die Vorschriften über die Vorbereitung der mündlichen Verhandlung, die **Verhandlung vor der Kammer** und die Beweisaufnahme, da ein Verhandlungstermin und eine **Beweisaufnahme** in der Rechtsbeschwerdeinstanz regelmäßig nicht in Betracht kommen und eine Aufklärung des Sachverhaltes nicht mehr erfolgt. Eine Beweisaufnahme kann jedoch zur Feststellung von Prozessvoraussetzungen und Prozessfortsetzungsbedingungen auch in der Rechtsbeschwerdeinstanz in Frage kommen. Insoweit gelten dann die entsprechenden Vorschriften über das Beschwerdeverfahren, die § 90 Abs. 2 i. V. m. § 83 und über § 87 Abs. 2, 64 Abs. 7 auch § 58 (GK-ArbGG/*Dörner* § 92 Rn. 21).

4. Vertretung der Beteiligten

22 § 92 Abs. 2 S. 2 bestimmt, dass für die Vertretung der Beteiligten vor dem Bundesarbeitsgericht § 11 Abs. 1 bis 3 und 5 entsprechend gilt. Danach können sich die **Beteiligten** auch vor dem Bundesarbeitsgericht **selbst vertreten** oder durch einen Rechtsanwalt, durch einen Vertreter von Gewerkschaften oder Arbeitgeberverbänden oder von

Zusammenschlüssen solcher Verbände sowie von Vertretern von selbständigen Vereinigungen von Arbeitnehmern mit sozial- oder berufspolitischer Zwecksetzung **vertreten lassen** (BAG 20. 3. 1990 AP BetrVG 1972 § 99 Nr. 79; GK-ArbGG/*Dörner* § 92 Rn. 22; *Hauck/Helml* § 92 Rn. 5; s. § 80 Rn. 16 ff. und die Erläut. zu § 11 Abs. 1). Eine Ausnahme von dieser Regelung gilt nach § 94 Abs. 1 nur für die **Einlegung der Rechtsbeschwerde** und ihre Begründung. Beide müssen von einem Rechtsanwalt unterzeichnet sein (s. § 94 Rn. 8, 10). Davon abgesehen kann sich jedoch auch der Rechtsbeschwerdeführer ebenso wie die übrigen Beteiligten selbst vertreten.

V. Antragsrücknahme

Durch den neu eingeführten § 92 Abs. 2 S. 3 ist klargestellt, dass nunmehr die Rücknahme des Antrages auch in der Rechtsbeschwerdeinstanz zulässig ist, allerdings nur **mit Zustimmung aller Beteiligten** (GK-ArbGG/*Dörner* § 92 Rn. 24). Die Regelung entspricht der Rücknahme des Antrages in der Beschwerdeinstanz. Wegen der Einzelheiten s. daher § 87 Rn. 24 ff. **23**

Nicht in Bezug genommen ist § 81 Abs. 3 über die **Änderung des Antrages**. Der Antrag kann daher in der Rechtsbeschwerdeinstanz nicht mehr geändert werden (GK-ArbGG/*Dörner* § 92 Rn. 25; Schwab/Weth/*Busemann* § 92 Rn. 34). Darüber, wann eine Antragsänderung vorliegt, s. § 81 Rn. 83 ff. **24**

§ 92 a Nichtzulassungsbeschwerde

¹Die Nichtzulassung der Rechtsbeschwerde durch das Landesarbeitsgericht kann selbständig durch Beschwerde angefochten werden. ²§ 72 a Abs. 2 bis 7 ist entsprechend anzuwenden.

Übersicht

	Rn.
I. Allgemeines	1
II. Die Beschwerdegründe	2–7
1. Grundsätzliche Bedeutung	2–4
2. Divergenz	5
3. Absoluter Revisionsgrund	6
4. Verletzung des Anspruchs auf rechtliches Gehör	7
III. Verfahren	8–12

I. Allgemeines

Die Vorschrift des § 92 a ist durch die Arbeitsgerichtsnovelle vom 21. 5. 1979 in Zusammenhang mit der Änderung von § 92 und der Angleichung des Rechtsbeschwerdeverfahrens an das Revisionsverfahren eingefügt worden. Damit ist erstmals auch für das Beschlussverfahren die Möglichkeit einer Nichtzulassungsbeschwerde geschaffen worden. Die Regelung **entspricht** inhaltlich **der Regelung über die Nichtzulassungsbeschwerde im Urteilsverfahren,** was durch die Verweisung auf § 72 a Abs. 2 bis 7 deutlich wird. Es kann daher auf die Erläuterung zu § 72 a weitgehend verwiesen werden. Gegen die Nichtzulassung der Rechtsbeschwerde im **Beschluss des Arbeitsgerichts** nach § 122 Abs. 2 oder § 126 Abs. 2 InsO ist die Nichtzulassungsbeschwerde nicht gegeben (BAG 14. 8. 2001 AP ArbGG 1979 § 72 a Divergenz Nr. 44; Schwab/Weth/*Busemann* § 92 a Rn. 2; ErfK/*Eisemann* ArbGG § 92 Rn. 1; *Hauck/Helml* § 92 Rn. 2). **1**

II. Die Beschwerdegründe

1. Grundsätzliche Bedeutung

2   Ebenso wie im Urteilsverfahren dient die Nichtzulassungsbeschwerde der **Korrektur einer fehlerhaften Zulassungsentscheidung** des Landesarbeitsgerichts. Die Nichtzulassungsbeschwerde kann daher darauf gestützt werden, dass das Beschwerdegericht die Rechtsbeschwerde nicht zugelassen hat, obwohl die Rechtssache grundsätzliche Bedeutung hat oder obwohl die Entscheidung von einer divergenzfähigen Entscheidung nach § 72 Abs. 2 Nr. 2 abweicht.

3   Die frühere Regelung, wonach die Nichtzulassungsbeschwerde auf die grundsätzliche Bedeutung nur gestützt werden konnte, wenn die Rechtssache **Streitigkeiten über die Tariffähigkeit und Tarifzuständigkeit** einer Vereinigung betrifft, ist durch das Anhörungsrügegesetz aufgehoben worden (BAG 22. 3. 2005 AP ArbGG 1979 § 72 a Rechtliches Gehör Nr. 3). Das ist zu begrüßen, da nunmehr auch in Betriebsverfassungssachen Rechtsfragen von grundsätzlicher Bedeutung auch dann vor das Bundesarbeitsgerichts gebracht werden können, wenn das Landesarbeitsgericht die Rechtsbeschwerde nicht zugelassen hat.

4   Zum Begriff der grundsätzlichen Bedeutung s. § 72 Rn. 12 ff.

2. Divergenz

5   Für eine auf Divergenz gestützte Nichtzulassungsbeschwerde gelten im Beschlussverfahren keine Besonderheiten. Zur Frage, wann eine Divergenz vorliegt s. § 72 Rn. 18 ff. und für Fragen des Beschlussverfahrens ergänzend § 92 Rn. 12 f.

3. Absoluter Revisionsgrund

6   Nach der Neuregelung durch das Anhörungsrügegesetz kann die Nichtzulassungsbeschwerde jetzt auch auf die Verfahrensfehler gestützt werden, die nach § 547 Nr. 1 bis 5 ZPO eine Wideraufnahme des Verfahrens möglich machen würden. S. dazu näher die Erläuterungen zu § 72 a Rn. 36 ff.

4. Verletzung des Anspruchs auf rechtliches Gehör

7   Auch die Möglichkeit, eine Nichtzulassungsbeschwerde darauf zu stützen, dass das Landesarbeitsgericht den Anspruch eines Beteiligten auf rechtliches Gehör verletzt hat, ist neu. So kann auch ein zu Unrecht vom Landesarbeitsgericht nicht Beteiligter eine Korrektur der ihn beschwerenden Entscheidung erreichen. Wegen der Einzelheiten dieser Nichtzulassungsbeschwerde s. die Erläuterungen zu § 72 a Rn. 26 ff.

III. Verfahren

8   Hinsichtlich der Einlegung und Begründung der Nichtzulassungsbeschwerde, ihrer Wirkung und der Entscheidung über diese durch das Bundesarbeitsgericht oder das Bundesverwaltungsgericht verweist § 92 a S. 2 auf § 72 a Abs. 2 bis 7. Es kann daher auf die Erläuterung zu diesen Vorschriften verwiesen werden.

9   Die Nichtzulassungsbeschwerde kann **von jedem Beteiligten** eingelegt werden, der im Falle der Zulassung der Rechtsbeschwerde rechtsmittelbefugt wäre (GK-ArbGG/*Mikosch* § 92 a Rn. 12; Schwab/Weth/*Busemann* § 92 a Rn. 4; ErfK/*Eisemann* ArbGG § 92 a Rn. 2 s. dazu näher § 89 Rn. 3 ff.).

10   Nicht geklärt ist mit der Verweisung auf § 72 a die Frage, ob auch im Beschlussverfahren die Nichtzulassungsbeschwerde und ihre Begründung **durch einen Rechtsanwalt**

unterzeichnet sein muss. Da es sich im Beschlussverfahren nicht um einen Anwaltsprozess handelt, folgt dies nicht aus der entsprechenden Anwendung der Vorschriften über die Revision. Da jedoch nach § 94 Abs. 1 die Rechtsbeschwerdeschrift und die Rechtsbeschwerdebegründung durch einen Rechtsanwalt unterzeichnet sein muss, wird man auch für die Nichtzulassungsbeschwerde Entsprechendes annehmen müssen (GK-ArbGG *Mikosch* § 92 a Rn. 13; Schwab/Weth/*Busemann* § 92 a Rn. 8; ErfK/*Eisemann* ArbGG § 92 a Rn. 3; *Hauck/Helml* § 92 a Rn. 6), da insoweit die gleichen Erwägungen maßgebend sind. Im Übrigen besteht für den Nichtzulassungsbeschwerdeführer und die übrigen Beteiligten im Verfahren über die Nichtzulassungsbeschwerde jedoch kein Vertretungszwang.

Nach § 72 a Abs. 5 S. 1 ist das Landesarbeitsgericht zur **Abänderung seiner Zulassungsentscheidung** nicht befugt (GK-ArbGG/*Ascheid* § 92 a Rn. 18). Das gilt – anders als nach § 132 Abs. 5 S. 1 VwGO – im personalvertretungsrechtlichen Beschlussverfahren auch für das Oberverwaltungsgericht oder den Verwaltungsgerichtshof. **11**

Bei der Entscheidung über die Nichtzulassungsbeschwerde durch das **Bundesverwaltungsgericht** stellt sich die Frage nach der **Mitwirkung der ehrenamtlichen Richter** entsprechend § 72 a Abs. 5 S. 2 und 3 nicht, da die Senate des Bundesverwaltungsgerichts auch im personalvertretungsrechtlichen Beschlussverfahren nicht mit ehrenamtlichen Richtern besetzt sind. Ergeht die Entscheidung über die Nichtzulassungsbeschwerde ohne mündliche Verhandlung, entscheidet der Senat des Bundesverwaltungsgerichts gemäß § 10 Abs. 3 VwGO in der Besetzung mit drei Richtern. **12**

§ 92 b Sofortige Beschwerde wegen verspäteter Absetzung der Beschwerdeentscheidung

¹Der Beschluss eines Landesarbeitsgerichts nach § 91 kann durch sofortige Beschwerde angefochten werden, wenn er nicht binnen fünf Monaten nach der Verkündung vollständig abgefasst und mit den Unterschriften sämtlicher Mitglieder der Kammer versehen der Geschäftsstelle übergeben worden ist. ²§ 72 b Abs. 2 bis 5 gilt entsprechend. ³§ 92 a findet keine Anwendung.

Übersicht

	Rn.
I. Allgemeines	1
II. Die sofortige Beschwerde	2–11
1. Beschluss des Landesarbeitsgerichts	2, 3
2. Einlegung der Beschwerde	4–8
3. Entscheidung über die Beschwerde	9–11

I. Allgemeines

Die ebenfalls durch das Anhörungsrügegesetz eingefügte neue Vorschrift schafft Klarheit über das zulässige Rechtsmittel, wenn eine Entscheidung des Landesarbeitsgerichts nicht rechtzeitig vollständig schriftlich abgefasst und unterschrieben vorliegt. Gegen die verspätet abgefasste und zugestellte Entscheidung des Landesarbeitsgerichts, die die Rechtsbeschwerde nicht zulässt, ist eine Nichzulassungsbeschwerde nicht möglich (BAG 2. 11. 2006 AP ArbGG 1979 § 72 b Nr. 1). Das gegebene Rechtsmittel ist die in § 92 b geregelte sofortige Beschwerde. Die Frage, ob eine verspätet abgefasste und zugestellte Entscheidung, die die Rechtsbeschwerde zulässt, noch die Rechtsbeschwerde statthaft macht, ist noch nicht entschieden aber wohl zu bejahen (GK-ArbGG/*Mikosch* § 92 b Rn. 7; ErfK/*Koch* ArbGG § 72 b Rn. 3). **1**

II. Die sofortige Beschwerde

1. Beschluss des Landesarbeitsgerichts

2   Die sofortige Beschwerde richtet sich gegen den Beschluss des Landesarbeitsgerichts nach § 91, mit dem über die Beschwerde gegen die Entscheidung des Arbeitsgerichts instanzbeendend entschieden wurde. Dazu gehört auch ein Teilbeschluss nach § 301 ZPO. Nicht erfasst werden die verfahrensbeendenden Einstellungsbeschlüsse bei Rücknahme des Antrags oder des Rechtsmittels und bei Erledigung der Hauptsache (GK-ArbGG/*Mikosch* § 92 b Rn. 4), auch nicht ein Beschluss nach § 98.

3   Der Beschluss des Landesarbeitsgerichts ist nach den in § 91 in Bezug genommenen Vorschriften in den §§ 60, 69 und 84 schriftlich abzufassen und von den Mitgliedern der Kammer zu unterschreiben. Er muss vor Ablauf von vier Wochen gerechnet vom Tage der Verkündung vollständig abgefasst der Geschäftsstelle übergeben werden. Sind diese Anforderungen binnen fünf Monaten nach der Verkündung nicht erfüllt, kann dagegen die hier geregelte sofortige Beschwerde eingelegt werden. Eine Entscheidung ohne Gründe i. S. v. § 547 Nr. 6 ZPO steht einer verspäteten Entscheidung nicht gleich. Gegen eine solche Entscheidung ist nur die zugelassene Rechtsbeschwerde oder die Nichtzulassungsbeschwerde gegeben (BAG 20. 12. 2006 AP ArbGG 1979 § 72 b Nr. 2; a. A. GK-ArbGG/*Mikosch* § 92 b Rn. 5; ErfK/*Eiseman* § 92 b Rn. 1).

2. Einlegung der Beschwerde

4   Für die Beschwerde gilt § 72 b Abs. 2 bis 5 entsprechend. Die sofortige Beschwerde ist danach innerhalb eines Monats nach Ablauf der fünf Monate seit der Verkündung der Entscheidung beim Bundesarbeitsgericht einzulegen. Diese Frist ist eine Notfrist. Gegen ihre schuldlose Versäumung kann daher die Wiedereinsetzung in den vorigen Stand beantragt werden.

5   Zur Einlegung der Beschwerde befugt ist jeder Beteiligte, der gegen die Entscheidung Rechtsbeschwerde oder Nichtzulassungsbeschwerde hätte einlegen können. Zur Rechtsmittelbefugnis im Einzelnen s. die Erläuterungen zu § 89 Rn. 3 ff. Ob die an sich erforderliche Beschwer gegeben ist, wird sich wegen des Fehlens einer Begründung häufig nicht feststellen lassen. Sie muss schon allein darin gesehen werden, dass der Beschwerdeführer nicht rechtzeitig eine Begründung der Entscheidung erhalten hat (ähnlich GK-ArbGG/*Mikosch* § 92 b Rn. 6, der hier einen großzügigen Maßstab anlegen will).

6   Ist die Entscheidung nur einem Beteiligten verspätet, den anderen aber noch rechtzeitig zugestellt worden, ist dieser gleichwohl zur Einlegung der sofortigen Beschwerde befugt. Wird von den anderen Beteiligten Rechtsbeschwerde oder Nichtzulassungsbeschwerde eingelegt, muss die Entscheidung über die sofortige Beschwerde ausgesetzt werden, bis über diese anderen Rechtsmittel entschieden ist, da in der gleichen Sache nicht einmal eine Aufhebung und Zurückverweisung und ggfs. eine Entscheidung in der Sache selbst ergehen kann. Der Beschwerdeführer kann aber seine sofortige Beschwerde mit Rücksicht darauf zurücknehmen, sie aber aufrecht erhalten für den Fall, dass die Nichtzulassungsbeschwerde zurückgewiesen wird (s. auch § 94 Rn. 4).

7   Die Beschwerdeschrift muss die Bezeichnung der angefochtenen Entscheidung nach Gericht, Datum und Aktenzeichen sowie die Erklärung enthalten, dass gegen diese Entscheidung Beschwerde eingelegt wird. Sie ist gleichzeitig zu begründen, kann aber nur darauf gestützt werden, dass der Beschluss mit Ablauf von fünf Monten nach der Verkündung noch nicht vollständig abgefasst und unterschrieben der Geschäftsstelle übergeben worden ist.

8   Die Beschwerdeschrift muss wie die Rechtsbeschwerde oder die Nichtzulassungsbeschwerde von einem **Rechtsanwalt** oder **Verbandsvertreter** mit Befähigung zum Rich-

teramt unterzeichnet sein. Im Übrigen besteht für die Beteiligten kein Vertretungszwang (GK-ArbGG/*Mikosch* § 92 b Rn. 8).

3. Entscheidung über die Beschwerde

Über die sofortige Beschwerde entscheidet das Bundesarbeitsgericht ohne Hinzuziehung der ehrenamtlichen Richter. Der Beschluss kann ohne mündliche Verhandlung ergehen und ist kurz zu begründen. Ob die übrigen Beteiligten des Verfahrens entsprechend § 95 zu hören sind (so GK-ArbGG/*Mikosch* 92 b Rn. 10), ist nicht ausdrücklich geregelt, aber zu verneinen. Da es allein um die Frage geht, ob die Entscheidung nach Ablauf von fünf Monaten noch nicht vollständig abgefasst und unterschrieben der Geschäftsstelle übergeben worden war, ist auch nicht zu erkennen, was die Beteiligten dazu noch sollen vortragen können. 9

Erweist sich die Beschwerde als zulässig und begründet, so ist die Entscheidung des Landesarbeitsgerichts aufzuheben und die Sache zur erneuten Verhandlung und Entscheidung an das Landesarbeitsgericht zurück zu verweisen, was auch an eine andere Kammer des Landesarbeitsgerichts geschehen kann. Ist sie nicht frist- und ordnungsgemäß eingelegt worden, wird sie als unzulässig verworfen. 10

S. im Übrigen auch die Erläuterungen zu § 72 b. 11

§ 93 Rechtsbeschwerdegründe

(1) ¹Die Rechtsbeschwerde kann nur darauf gestützt werden, daß der Beschluß des Landesarbeitsgerichts auf der Nichtanwendung oder der unrichtigen Anwendung einer Rechtsnorm beruht. ²Sie kann nicht auf die Gründe des § 92 b gestützt werden.

(2) § 65 findet entsprechende Anwendung.

Übersicht

	Rn.
I. Allgemeines	1
II. Verletzung einer Rechtsnorm	2–6
III. Ausgeschlossene Rechtsbeschwerdegründe	7, 8

I. Allgemeines

§ 93 regelt für das Rechtsbeschwerdeverfahren, auf welche Gründe eine Rechtsbeschwerde gestützt werden kann. Abs. 1 entspricht trotz seines anderen Wortlauts inhaltlich § 73 Abs. 1. Die Nichtanwendung oder die unrichtige Anwendung einer Rechtsnorm stellt die **Verletzung einer Rechtsnorm** dar. Abs. 2 entspricht wörtlich und inhaltlich § 88. Es kann daher weitgehend auf die Erläuterungen zu § 73 und § 88 verwiesen werden. 1

II. Verletzung einer Rechtsnorm

Die Rechtsbeschwerde kann darauf gestützt werden, dass das Landesarbeitsgericht eine Rechtsnorm nicht oder unrichtig angewandt hat. Zum Begriff der Rechtsnorm s. § 73 Rn. 3 ff. Auch im personalvertretungsrechtlichen Beschlussverfahren vor dem Bundesverwaltungsgericht ist, anders als nach § 137 Abs. 1 VwGO, **jede Rechtsnorm** „revisibel" also auch die einzelnen Landespersonalvertretungsgesetze, soweit in Landespersonalvertretungssachen überhaupt die Rechtsbeschwerde zulässig ist (s. § 92 Rn. 7; BVerwG 7. 7. 1961 AP PersVG § 22 Nr. 15). 2

3 Zur unrichtigen Anwendung von **unbestimmten Rechtsbegriffen** s. § 73 Rn. 9 f. Die Grundsätze des Revisionsverfahrens gelten insoweit auch in Beschlussverfahren (BAG 24. 2. 1976 AP BetrVG 1972 § 4 Nr. 2). Zur Überprüfung von Entscheidungen des Landesarbeitsgerichtes zu **Ermessensentscheidungen** einer Einigungsstelle s. BAG 31. 8. 1982 AP BetrVG 1972 § 87 Arbeitszeit Nr. 8; *Blomeyer* EzA § 87 BetrVG 1972 Lohn und Arbeitsentgelt Nr. 1. Sie sind unbeschränkt überprüfbar (GK-ArbGG/*Dörner* § 93 Rn. 4; Schwab/Weth/*Busemann* § 93 Rn. 7).

4 Daraus, dass die Rechtsbeschwerde nach § 93 nur auf die Verletzung einer Rechtsnorm gestützt werden kann, folgt, dass auch im Beschlussverfahren das Rechtsbeschwerdegericht an die **tatsächlichen Feststellungen** des Beschwerdegerichtes **gebunden** ist, soweit bei der Feststellung des Sachverhaltes nicht gegen Rechtsvorschriften verstoßen worden ist. Dass das Beschlussverfahren vom Untersuchungsgrundsatz beherrscht wird, steht nicht entgegen (BAG 27. 1. 1977 AP BetrVG 1972 § 103 Nr. 7; GK-ArbGG/ *Dörner* § 92 Rn. 2; Schwab/Weth/*Busemann* § 93 Rn. 29; ErfK/*Eisemann* ArbGG § 92 Rn. 1; *Hauck/Helml* § 92 Rn. 1). Zur Berücksichtigung neuer Tatsachen im Rechtsbeschwerdeverfahren s. § 96 Rn. 11.

5 Die Verletzung einer Rechtsnorm liegt auch vor, wenn gegen Vorschriften über das Verfahren verstoßen worden ist. Insoweit gilt das Gleiche wie im Revisionsverfahren (GK-ArbGG/*Dörner* § 92 Rn. 5; ErfK/*Eisemann* ArbGG § 92 Rn. 1; s. § 74 Rn. 59 ff.). Über die Notwendigkeit, **Verfahrensfehler** in der Rechtsbeschwerdebegründung zu rügen, s. § 94 Rn. 21. Ein Verfahrensfehler liegt auch vor, wenn das Landesarbeitsgericht gegen seine Verpflichtung nach § 90 Abs. 2 i. V. m. § 83 Abs. 1 verstoßen hat, den Sachverhalt im Rahmen der gestellten Anträge von Amts wegen zu erforschen. Zu den Grenzen der **Amtsermittlungspflicht** s. § 83 Rn. 83 ff. Sie besteht grundsätzlich auch insoweit, als die Beteiligten zur Mitwirkung an der Aufklärung des Sachverhaltes verpflichtet sind. Eine Verletzung dieser Pflicht liegt aber dann nicht vor, wenn die Beteiligten trotz Aufforderung des Gerichtes zur Aufklärung des Sachverhaltes nicht beitragen und das Gericht auf andere vertretbare Weise deswegen keine weiteren Feststellungen zum Sachverhalt treffen kann (GK-ArbGG/*Dörner* § 92 Rn. 5; Schwab/Weth/ *Busemann* § 93 Rn. 18). Darauf, dass das Beschwerdegericht den Sachverhalt „zu weit" aufgeklärt hat, kann die Rechtsbeschwerde nicht gestützt werden. Ein Verfahrensfehler ist es auch, wenn das Beschwerdegericht einen **Beteiligten nicht** zum Verfahren **hinzugezogen** oder einen Nicht-Beteiligten beteiligt hat (GK-ArbGG/*Dörner* § 92 Rn. 6; vergl. § 83 Rn. 29, 33).

6 Die Verletzung einer Rechtsnorm ist nur dann für die Entscheidung über die Rechtsbeschwerde beachtlich, wenn die angefochtene Entscheidung **auf dieser Verletzung** beruht (s. näher § 96 Rn. 14). Dass die Entscheidung auf der Verletzung einer Rechtsvorschrift beruht, wird bei den sogen. „absoluten Revisionsgründen" des § 547 ZPO n. F. unwiderlegbar vermutet (GK-ArbGG/*Dörner* § 93 Rn. 6; *Hauck/Helml* § 92 Rn. 2).

III. Ausgeschlossene Rechtsbeschwerdegründe

7 § 93 Abs. 2 bestimmt durch seine Verweisung auf § 65, dass auf Rechtsfehler bei der Bejahung des Rechtswegs, des Beschlussverfahrens oder der Berufung der ehrenamtlichen Richter die Rechtsbeschwerde nicht gestützt werden kann. Wegen der Einzelheiten s. § 88 Rn. 2 ff. Aus der Bestimmung folgt gleichzeitig, dass das Rechtsbeschwerdegericht diese Rechtsfehler auch dann **nicht berücksichtigen** darf, wenn die Rechtsbeschwerde darauf gestützt wird. Eine Rechtsbeschwerde, die ausschließlich auf die in Abs. 2 ausgeschlossenen Rechtsbeschwerdegründe gestützt wird, ist aber nicht unzulässig, sondern allenfalls unbegründet (ErfK/*Eisemann* ArbGG § 93 Rn. 1).

Eine – in einer verspätet zugestellten Entscheidung zugelassene – Rechtsbeschwerde **8** kann auch nicht mehr darauf gestützt werden, dass die Entscheidung nicht rechtzeitig zugestellt wurde (Schwab/Weth/*Busemann* § 93 Rn. 31).

§ 94 Einlegung

(1) Für die Einlegung und Begründung der Rechtsbeschwerde gilt § 11 Abs. 4 und 5 entsprechend.

(2) ¹Die Rechtsbeschwerdeschrift muß den Beschluß bezeichnen, gegen den die Rechtsbeschwerde gerichtet ist, und die Erklärung enthalten, daß gegen diesen Beschluß die Rechtsbeschwerde eingelegt werde. ²Die Rechtsbeschwerdebegründung muß angeben, inwieweit die Abänderung des angefochtenen Beschlusses beantragt wird, welche Bestimmungen verletzt sein sollen und worin die Verletzung bestehen soll. ³§ 74 Abs. 2 ist entsprechend anzuwenden.

(3) ¹Die Rechtsbeschwerde kann jederzeit in der für ihre Einlegung vorgeschriebenen Form zurückgenommen werden. ²Im Falle der Zurücknahme stellt der Vorsitzende das Verfahren ein. ³Er gibt hiervon den Beteiligten Kenntnis, soweit ihnen die Rechtsbeschwerde zugestellt worden ist.

Übersicht

	Rn.
I. Allgemeines	1
II. Die Einlegung der Rechtsbeschwerde	2–13
1. Die Rechtsbeschwerdebefugnis	2, 3
2. Die Rechtsbeschwerdefrist	4–10
3. Die Rechtsbeschwerdeschrift	13
III. Die Rechtsbeschwerdebegründung	14–21
1. Form und Frist	14–16
2. Beschwerdeantrag	17–19
3. Begründung	20, 21
IV. Die Anschlussrechtsbeschwerde	22–24
V. Entscheidung über die Zulässigkeit der Rechtsbeschwerde	25–34
1. Verwerfung als unzulässig	25–27
2. Die Verwerfungsentscheidung	28–31
3. Zulässigkeit der Rechtsbeschwerde	32–34
VI. Rücknahme der Rechtsbeschwerde	35, 36

I. Allgemeines

§ 94 enthält Vorschriften über die **Einlegung und Begründung der Rechtsbeschwerde**. **1** Abs. 1 ist durch das Rechtsdienstleistungsgesetz der neuen Vertretungsregelung in § 11 angepasst worden. Die Regelung wird über § 92 Abs. 2 S. 1 ergänzt durch die Vorschriften über die Einlegung und Begründung der Revision in § 74 Abs. 1.

II. Die Einlegung der Rechtsbeschwerde

1. Die Rechtsbeschwerdebefugnis

Zur Einlegung einer Rechtsbeschwerde ist grundsätzlich **jeder Beteiligte** des Verfah- **2** rens befugt, der auch beschwert ist (BAG 29. 1. 1992 AP ArbGG 1979 § 11 Prozessvertreter Nr. 14; GK-ArbGG/*Dörner* § 94 Rn. 5; ErfK/*Eisemann* ArbGG § 94 Rn. 1). Es gilt das Gleiche wie zur Beschwerdebefugnis (s. § 89 Rn. 3 ff.). Darauf, ob der Rechtsbeschwerdeführer vor dem Landesarbeitsgericht einen Sachantrag gestellt hat, kommt es nicht an. Darüber, dass der **Vertreter des öffentlichen Interesses** am Oberverwaltungsgericht oder Verwaltungsgerichtshof nicht Beteiligter eines Beschlussverfahrens ist, s. § 83 Rn. 78. Er ist daher auch nicht befugt, eine Rechtsbeschwerde einzulegen.

3   Rechtsbeschwerdebefugt ist immer auch diejenige Person oder Stelle, **deren Beschwerde** vom Landesarbeitsgericht mangels Beschwerdebefugnis als unzulässig **verworfen worden ist** (s. § 89 Rn. 48). Ist diese Entscheidung richtig, so ist die Rechtsbeschwerde unbegründet nicht unzulässig. Das Gleiche gilt für Personen und Stellen, deren Beteiligung am Verfahren streitig geworden ist (BVerwG 3. 10. 1983 Buchholz 238.3 A § 83 Nr. 22).

2. Die Rechtsbeschwerdefrist

4   Die Frist zur Einlegung der Rechtsbeschwerde beträgt nach § 74 Abs. 1 S. 1 einen Monat. Diese Frist ist nach § 548 ZPO eine **Notfrist** und beginnt mit der Zustellung des in vollständiger Form abgefassten Beschlusses des Landesarbeitsgerichtes, spätestens mit dem Ablauf von fünf Monaten nach Verkündung der Entscheidung des Landesarbeitsgerichts. Liegt mit Ablauf von fünf Monaten die Entscheidung des Landesarbeitsgerichts noch nicht vor, kann nach dem neuen § 92 b sofortige Beschwerde gegen die Entscheidung des Landesarbeitsgerichts eingelegt werden (s. die Erläuterungen zu § 92 b). Der beschwerte Beteiligte kann zwischen diesen beiden Rechtsmitteln **wählen** (ErfK/*Koch* § 72 b Rn. 3; BCF/*Friedrich* ArbGG § 72 b Rn. 8). Voraussetzung dafür ist aber, dass das Landesarbeitsgericht bei Verkündung der Entscheidung die Rechtsbeschwerde zugelassen hat. Die Rechtsbeschwerde muss dann aber bis zum Ablauf des sechsten Monats nach der Verkündung eingelegt werden. Die Einlegung der Rechtsbeschwerde statt der sofortigen Beschwerde kann sinnvoll sein, wenn sie auf Grund der verkündeten Entscheidungsgründe begründet werden kann und so schneller eine Entscheidung des Bundesarbeitsgerichts in der Hauptsache erreicht werden kann. Die Rechtsbeschwerde kann schon vor Zustellung der Beschwerdeentscheidung eingelegt werden (BAG 26. 4. 1963 AP ArbGG 1953 § 94 Nr. 3). Hat das Landesarbeitsgericht in der verspätet abgesetzten Entscheidung die Rechtsbeschwerde nicht zugelassen, ist gegen die Entscheidung eine Nichtzulassungsbeschwerde nicht gegeben (BAG 2. 11. 2006 AP ArbGG 1979 § 72 b Nr. 2).

5   Auch bei fehlender oder unrichtiger Rechtsmittelbelehrung beträgt die Rechtsmittelfrist entgegen § 9 Abs. 5 fünf Monate. Mit dem Wort „spätestens" in § 74 Abs. 1 Satz 2 ist eine Sonderregelung getroffen worden, die der Regelung in § 9 Abs. 5 vorgeht (s. die Erläuterungen zu § 74 Rn. 7; GK-ArbGG/*Ascheid* § 74 Rn. 26; BCF/*Friedrich* ArbGG § 94 Rn. 2; unklar GK-ArbGG/*Dörner* § 94 Rn. 11 a). Das wird bestätigt durch die Regelung in § 72 b Abs. 2, wonach – jedenfalls für die dort geregelte sofortige Beschwerde – § 9 Abs. 5 keine Anwendung findet. Im Falle der nicht rechtzeitigen Absetzung der Entscheidung des Landesarbeitsgerichts soll daher innerhalb eines Monats nach Ablauf der fünf Monate ein Rechtsmittel eingelegt werden. Das muss dann auch für eine mögliche Rechtsbeschwerde gelten.

6   Ist die Rechtsbeschwerde erst auf Grund einer Nichtzulassungsbeschwerde durch Beschluss des Rechtsbeschwerdegerichtes zugelassen worden, so gilt die Einlegung der Nichtzulassungsbeschwerde als Einlegung der Rechtsbeschwerde und die Frist zu deren Begründung beginnt mit der Zustellung dieses Beschlusses, § 92 a S. 2 i. V. m. § 72 a Abs. 6.

7   Nicht geregelt ist, wann die Frist zur Einlegung der Rechtsbeschwerde zu laufen beginnt, wenn die Zulassung der Rechtsbeschwerde erst in einem **Ergänzungsbeschluss** nach § 64 Abs. 3 a (s. § 91 Rn. 8 a) ausgesprochen worden ist. Da erst mit diesem Beschluss eine vollständige Entscheidung des Landesarbeitsgerichts vorliegt, wird die Frist erst mit der Zustellung des Ergänzungsbeschlusses an die Beteiligten beginnen (*Hauck/Helml* § 94 Rn. 2).

Gegen die Versäumung der Rechtsbeschwerdefrist kann die **Wiedereinsetzung in den** 8
vorigen Stand beantragt werden. Das gilt auch für die Rechtsbeschwerde nach den
§§ 122 und 126 InsO, obwohl dort die Rechtsbeschwerdefrist nicht als Notfrist bezeichnet ist.

Die Rechtsbeschwerde ist nach § 553 Abs. 1 ZPO **beim Rechtsbeschwerdegericht**, 9
also beim Bundesarbeitsgericht bzw. beim Bundesverwaltungsgericht einzulegen. Die
Einlegung beim Landesarbeitsgericht wahrt die Frist nur, wenn die Rechtsbeschwerde an
das Bundesarbeitsgericht weitergeleitet wird und dort noch innerhalb der Rechtsbeschwerdefrist eingeht.

Wegen der Einzelheiten zum Fristbeginn und zur Fristwahrung s. § 74 Rn. 6 ff. 10

3. Die Rechtsbeschwerdeschrift

Die Rechtsbeschwerde wird nach § 549 Abs. 1 ZPO n. F. durch Einreichung einer 11
Rechtsbeschwerdeschrift eingelegt. Für deren **Inhalt** schreibt § 94 Abs. 2 vor, dass sie
den Beschluss bezeichnen muss, gegen den die Rechtsbeschwerde gerichtet ist, und die
Erklärung enthalten, dass gegen diesen Beschluss Rechtsbeschwerde eingelegt wird. Die
Regelung entspricht § 549 Abs. 1 S. 1 ZPO n. F. und § 89 Abs. 2. Wegen der Einzelheiten s. die Erläuterungen zu § 89 Rn. 17 ff. und § 74 Rn. 12 ff.

Die Rechtsbeschwerdeschrift muss durch einen **Rechtsanwalt oder Verbandsvertreter** 12
mit Befähigung zum Richteramt **unterzeichnet** sein (GK-ArbGG/*Dörner* § 94 Rn. 7;
Hauck/Helml § 94 Rn. 3; s. näher § 74 Rn. 12). Der Rechtsbeschwerdeschrift sollen die
für die Zustellung an die Beteiligten erforderliche Zahl von beglaubigten Abschriften
beigefügt werden.

Die Rechtsbeschwerde muss **unbedingt** eingelegt werden (GK-ArbGG/*Dörner* § 94 13
Rn. 9; s. näher § 74 Rn. 15).

III. Die Rechtsbeschwerdebegründung

1. Form und Frist

Nach § 554 Abs. 1 ZPO muss der Rechtsbeschwerdeführer die Rechtsbeschwerde 14
begründen. Das kann in der Rechtsbeschwerdeschrift selbst oder in einem gesonderten
Schriftsatz geschehen, was die Regel ist. Auch die **Begründungsschrift** muss durch einen
Rechtsanwalt oder Verbandsvertreter unterzeichnet sein, § 94 Abs. 1.

Die Frist, innerhalb derer die Rechtsbeschwerde begründet werden muss, beträgt nach 15
§ 74 Abs. 1 S. 1 zwei Monate. Diese Frist beginnt zum gleichen Zeitpunkt wie die
Rechtsbeschwerdefrist (s. oben Rn. 4 ff.). Anders als die Revisionsbegründungsfrist
kann die Frist zur Begründung der Rechtsbeschwerde **nicht verlängert** werden, § 74
Abs. 1 S. 3 wird in § 94 nicht in Bezug genommen (*Hauck/Helml* § 94 Rn. 4; a. A. GK-
ArbGG/*Dörner* § 94 Rn. 13; ErfK/*Eisemann* ArbGG § 94 Rn. 2). Die Verweisung auf
die Vorschriften über die Begründung der Revision umfasst jedoch auch die Bestimmung
in § 233 ZPO, wonach gegen die Versäumung der Begründungsfrist die Wiedereinsetzung in den vorigen Stand gewährt werden kann (GK-ArbGG/*Dörner* § 94 Rn. 13;
Hauck/Helml § 94 Rn. 4; Schwab/Weth/*Busemann* § 92 Rn. 29). Eine nicht ordnungsgemäße Begründungsschrift kann bis zum Ablauf der Begründungsfrist ergänzt werden
(BAG 26. 4. 1963 AP ArbGG 1953 § 94 Nr. 3).

In den Verfahren nach den **§§ 112 und 126 InsO** muss die Begründung der Rechts- 16
beschwerde noch innerhalb der Monatsfrist für die Einlegung der Rechtsbeschwerde
selbst erfolgen. Das kann zusammen mit der Rechtsbeschwerde oder auch in einem
gesonderten Schriftsatz erfolgen. Eine Verlängerung auch dieser Begründungsfrist ist
nicht möglich.

2. Beschwerdeantrag

17 In der Rechtsbeschwerdebegründung ist anzugeben, inwieweit eine Abänderung der angefochtenen Entscheidung beantragt wird, § 94 Abs. 2 S. 2. Ein **ausdrücklicher Antrag** ist nicht erforderlich, es genügt, wenn aus der Rechtsbeschwerdebegründung ersichtlich ist, inwieweit der in der Beschwerdeinstanz gestellte und vom Beschwerdegericht abgewiesene Sachantrag weiter verfolgt wird. Es genügt daher auch, wenn lediglich die Aufhebung der Entscheidung des Landesarbeitsgerichtes beantragt wird (BAG 22. 10. 1985 AP BetrVG 1972 § 99 Nr. 24).

18 Eine **Änderung des Sachantrages** ist in der Rechtsbeschwerdeinstanz grundsätzlich nicht mehr zulässig (BAG 10. 4. 1984 AP ArbGG 1979 § 81 Nr. 3; BVerwG 24. 9. 1985 PersR 1987, 149; GK-ArbGG/*Dörner* § 94 Rn. 17). Anders als § 87 Abs. 2 verweist § 92 Abs. 2 nicht mehr auf § 81 Abs. 3, die Vorschrift über die Antragsänderung. Aus prozessökonomischen Gründen lässt die Rechtsprechung eine Antragsänderung jedoch dann zu, wenn der geänderte Sachantrag sich auf den vom Beschwerdegericht festgestellten Sachverhalt stützt (BAG 5. 11. 1985 AP BetrVG 1972 § 98 Nr. 2; ähnlich BVerwG 24. 10. 1975 BVerwGE 49, 259; GK-ArbGG/*Dörner* § 94 Rn. 19; *Hauck/Helml* § 94 Rn. 5; ErfK/*Eisemann* ArbGG § 94 Rn. 2).

19 Zur Frage, wann eine Antragsänderung vorliegt s. § 81 Rn. 83 ff. Keine Antragsänderung ist es, wenn der Hilfsantrag zum Hauptantrag erhoben wird (BAG 23. 4. 1985 AP BetrVG 1972 § 87 Überwachung Nr. 11; 11. 2. 1992 AP BetrVG 1972 § 118 Nr. 50). Eine in der Rechtsbeschwerdeinstanz unzulässige Antragsänderung ist es, wenn vom Antrag auf Feststellung eines Mitbestimmungsrechtes in einem konkreten Falle zum allgemeinen Antrag auf Feststellung eines Mitbestimmungsrechtes in künftig ähnlichen Fällen übergegangen wird (BAG 29. 7. 1982 AP ArbGG 1979 § 83 Nr. 5; 10. 4. 1984 AP ArbGG 1979 § 81 Nr. 3). Ein unzulässiger Antrag macht auch die Rechtsbeschwerde unzulässig (BAG 17. 2. 1970 AP TVG § 2 Tarifzuständigkeit Nr. 3; GK-ArbGG/*Dörner* § 94 Rn. 19).

3. Begründung

20 Die Rechtsbeschwerdebegründung muss weiter angeben, welche Rechtsnormen verletzt sein sollen und worin die Verletzung bestehen soll. Die Rechtsbeschwerdebegründung muss sich mit den Gründen der angefochtenen Entscheidung auseinandersetzen und darlegen, was der Rechtsbeschwerdeführer daran zu beanstanden hat und warum er die Begründung des Beschwerdegerichts für unrichtig hält. Das gilt auch dann, wenn die Rechtsbeschwerde vor Zustellung der Beschwerdeentscheidung begründet wird (BAG 16. 4. 2003 AP ZPO § 551 Nr. 61). Die bloße Bezeichnung der verletzten Rechtsnorm mit der Bemerkung, das Landesarbeitsgericht habe den darin enthaltenen Rechtsbegriff verkannt, genügt nicht den Erfordernissen einer ordnungsgemäßen Rechtsbeschwerdebegründung (BAG 10. 4. 1984 AP ArbGG 1979 § 94 Nr. 1). Wird die Entscheidung des Landesarbeitsgerichts hinsichtlich mehrerer Anträge oder hinsichtlich aller selbständigen Teile eines einheitlichen Antrages angegriffen, so ist die Rechtsbeschwerde **für jeden Antrag oder Teilantrag zu begründen** (BAG 19. 11. 2003 AP BetrVG 1972 § 19 Nr. 55). Das gilt nur dann nicht, wenn die Entscheidung über einen Antrag von der Entscheidung über den anderen abhängt, sodass die Begründung für den vorgreiflichen Antrag genügt (BAG 2. 4. 1987 AP BGB § 626 Nr. 96; GK-ArbGG/ *Dörner* § 94 Rn. 20; *Hauck/Helml* § 94 Rn. 6).

21 Soweit die Verletzung von **das Verfahren betreffenden Rechtsvorschriften** gerügt wird, sind nach § 551 Abs. 3 Nr. 2 b ZPO n. F. auch diejenigen Tatsachen anzugeben, aus denen sich die Verletzung der Verfahrensvorschrift ergibt. Der Amtsermittlungsgrundsatz steht der Notwendigkeit der Rüge von Verfahrensfehlern nicht entgegen (BAG 24. 5. 1957 AP ArbGG 1953 § 92 Nr. 7; ErfK/*Eisemann* ArbGG § 94 Rn. 2). Wird die

V. Entscheidung über die Zulässigkeit der Rechtsbeschwerde § 94

Verletzung der **Amtsaufklärungspflicht** durch das Beschwerdegericht gerügt (s. § 93 Rn. 5), so muss in der Rechtsbeschwerdebegründung auch dargelegt werden, welche weiteren Tatsachen in den Vorinstanzen hätten ermittelt und welche weiteren Beweismittel hätten herangezogen werden können und in wiefern sich dem Beschwerdegericht eine weitere Aufklärung des Sachverhalts hätte aufdrängen müssen (vergl. BAG 6. 1. 2004 AP ArbGG 1979 § 74 Nr. 11). Diese **Anforderungen** sind zu **hoch** (a. A. GK-ArbGG/*Dörner* § 94 Rn. 21). Die Ermittlung des Sachverhalts von Amts wegen will sicherstellen, dass auch den Beteiligten nicht bekannte Tatsachen zur Entscheidungsgrundlage werden können. Von den Beteiligten kann daher nicht verlangt werden, dass sie vortragen, was eine weitere Aufklärung von Amts wegen an neuen Tatsachen ergeben hätte. Wird gerügt, dass ein Beteiligter nicht beteiligt worden ist, so bedarf es daher auch nicht einer Darlegung darüber, wie die Beschwerdeentscheidung bei Hinzuziehung des Beteiligten ausgefallen wäre (BAG 10. 2. 1986 AP BetrVG 1972 § 63 Nr. 1). Zur Rüge von Verfahrensfehlern s. näher § 74 Rn. 59 ff.

IV. Die Anschlussrechtsbeschwerde

Bejaht man die Zulässigkeit der Anschlussbeschwerde im Beschlussverfahren (§ 89 Rn. 32 f.), so besteht kein Grund, sich für die Anschlussrechtsbeschwerde anders zu entscheiden. Auch § 554 ZPO n. F. ist eine über die §§ 92 Abs. 2 und 72 Abs. 5 in Bezug genommene Vorschrift über die Einlegung und Begründung der Revision, die für die Rechtsbeschwerde entsprechend gilt. Eine Anschlussrechtsbeschwerde ist daher **zulässig** (BAG 11. 7. 1990 AP ZA-Nato-Truppenstatut Art. 56 Nr. 9; 12. 6. 1996 AP ArbGG 1979 § 96a Nr. 2; BVerwG 30. 8. 1985 BVerwGE 72, 94; GK-ArbGG/*Dörner* § 94 Rn. 23; *Hauck/Helml* § 94 Rn. 7; Schwab/Weth/*Busemann* § 94 Rn. 22; ErfK/*Eisemann* ArbGG § 94 Rn. 3). **22**

Für die Anschlussrechtsbeschwerde gilt nach § 556 ZPO weitgehend das Gleiche wie für die Anschlussbeschwerde. Es kann daher auf die Erläuterungen in § 89 Rn. 34 ff. verwiesen werden. Es gelten jedoch einige Besonderheiten. **23**

Die Anschließung durch eine Anschlussrechtsbeschwerde ist nach § 554 Abs. 2 S. 2 ZPO n. F. nur bis zum Ablauf eines Monats nach Zustellung der Rechtsbeschwerdebegründung möglich. Die Anschlussrechtsbeschwerde muss **in der Anschlussschrift begründet werden,** § 554, Abs. 3, jedoch genügt es, wenn die Begründung innerhalb der Frist für die Anschlussrechtsbeschwerde beim Rechtsbeschwerdegericht eingeht (BGH 15. 6. 1961 NJW 1961, 1816). Die Frist kann **nicht verlängert** werden (GK-ArbGG/ *Dörner* § 94 Rn. 24; ErfK/*Eisemann* ArbGG § 94 Rn. 3). Bei unverschuldeter Versäumung der Frist ist eine Wiedereinsetzung in den vorigen Stand **nicht möglich** (anders zum früheren Recht, BGH 22. 11. 1951 LM ZPO § 233 Nr. 15), da die Frist für die Anschlussrechtsbeschwerde in § 554 ZPO n. F. nicht als Notfrist bezeichnet ist. **24**

V. Entscheidung über die Zulässigkeit der Rechtsbeschwerde

1. Verwerfung als unzulässig

§ 94 Abs. 2 S. 3 verweist auf § 74 Abs. 2, Satz 2 dieser Bestimmung auf § 522 Abs. 1 ZPO n. F. Danach hat das Rechtsbeschwerdegericht von Amts wegen zu prüfen, ob die **Rechtsbeschwerde** an sich **statthaft** und ob sie in der gesetzlichen **Form und Frist** eingelegt und begründet ist. Fehlt es an einem dieser Erfordernisse, so ist die Rechtsbeschwerde als unzulässig zu verwerfen. **25**

Anders als in § 89 Abs. 3 enthält daher das Rechtsbeschwerdeverfahren keine eigenständige Regelung für die Entscheidung über eine unzulässige Rechtsbeschwerde sondern erklärt die Vorschriften über eine unzulässige Berufung für entsprechend anwend- **26** bar. Daraus folgt, dass **jede unzulässige Rechtsbeschwerde** entsprechend § 74 Abs. 2 S. 2 und 3 zu verwerfen ist, während die Besonderheiten für die Verwerfung einer unzulässigen Beschwerde nur dann gelten, wenn die Beschwerde nicht in der gesetzlichen Form oder Frist eingelegt worden ist (s. dazu § 89 Rn. 46; GK-ArbGG/*Dörner* § 94 Rn. 26). Diese unterschiedliche Regelung ist gerechtfertigt, weil die Verwerfungsentscheidung des Beschwerdegerichtes nach § 89 Abs. 3 S. 2 unanfechtbar ist, was dem Gesetzgeber nur bei Form- oder Fristfehlern gerechtfertigt erschien.

27   Eine **Rechtsbeschwerde ist** aus den gleichen Gründen **unzulässig** wie eine Revision (s. näher § 74 Rn. 77 ff.). Wegen der Statthaftigkeit der Rechtsbeschwerde s. § 92 Rn. 5 ff., wegen der Beschwerdebefugnis des Rechtsbeschwerdeführers und wegen der erforderlichen Beschwer s. § 89 Rn. 3 f. und Rn. 7 f. Ein in unzulässiger Weise geänderter Rechtsbeschwerdeantrag macht die Rechtsbeschwerde unzulässig (s. oben Rn. 19). Auch ein Wegfall des Rechtsschutzinteresses oder eine Erledigung der Hauptsache macht die Rechtsbeschwerde unzulässig.

2. Die Verwerfungsentscheidung

28   Die unzulässige Rechtsbeschwerde ist als unzulässig zu verwerfen. Die Verwerfungsentscheidung kann nach § 522 Abs. 1 ZPO n. F. durch Beschluss, also **ohne mündliche Anhörung** der Beteiligten ergehen. Das gilt unabhängig davon, ob den Beteiligten die Rechtsbeschwerde bereits zugestellt worden ist und ob sie sich schon zur Sache geäußert haben, da § 95 die mündliche Anhörung der Beteiligten auch für eine Sachentscheidung über die Rechtsbeschwerde nicht vorschreibt (s. § 95 Rn. 8). Wird ohne mündliche Anhörung der Beteiligten entschieden, so ergeht der Beschluss **ohne Mitwirkung der ehrenamtlichen Richter** des Senats beim Bundesarbeitsgericht, § 74 Abs. 2 S. 3. Hat eine mündliche Anhörung stattgefunden, so müssen die ehrenamtlichen Richter mitwirken (GK-ArbGG/*Dörner* § 94 Rn. 27; *Hauck/Helml* § 94 Rn. 8; ErfK/*Eisemann* ArbGG § 94 Rn. 4). Beim Bundesverwaltungsgericht wirken an der Verwerfungsentscheidung ohne mündliche Anhörung der Beteiligten nur drei Berufsrichter mit, § 10 Abs. 3 VwGO.

29   Der **Verwerfungsbeschluss** ist sowohl dem Rechtsbeschwerdeführer als auch den übrigen Beteiligten **formlos mitzuteilen,** § 329 Abs. 2 ZPO. § 89 Abs. 3 S. 3, der eine Zustellung an den Beschwerdeführer vorschreibt, gilt im Rechtsbeschwerdeverfahren nicht. Der Verwerfungsbeschluss ist unanfechtbar. Wegen der Möglichkeit einer **Anhörungsrüge** s. die Erläuterungen zu § 78 a.

30   Auch über einen **Wiedereinsetzungsantrag** ist in gleicher Weise wie über die unzulässige Rechtsbeschwerde zu entscheiden. An die bewilligte Wiedereinsetzung ist der Senat gebunden, auch wenn sie ohne Mitwirkung der ehrenamtlichen Richter nur durch die drei Berufsrichter ergangen ist. Das gilt jedoch nur insoweit, als durch die Wiedereinsetzung eine Fristversäumnis geheilt worden ist, nicht für andere Zulässigkeitsmängel, wie etwa die Rechtsbeschwerdebefugnis.

31   Eine Verwerfung der Rechtsbeschwerde als unzulässig hindert nicht die erneute Einlegung der Rechtsbeschwerde, sofern die Rechtsbeschwerdefrist noch nicht abgelaufen ist oder gegen ihre Versäumung Wiedereinsetzung in den vorigen Stand gewährt werden kann (BAG 5. 2. 1971 AP ArbGG 1953 § 94 Nr. 5; *Hauck/Helml* § 94 Rn. 8).

3. Zulässigkeit der Rechtsbeschwerde

32   Erweist sich die Rechtsbeschwerde als zulässig, so kann dies bei einem Streit darüber durch einen unselbständigen **Zwischenbeschluss** entsprechend § 303 ZPO bejaht werden (BAG 30. 5. 1974 AP ArbGG 1953 § 92 Nr. 14; GK-ArbGG/*Dörner* § 94 Rn. 29). Auch dieser Beschluss kann ohne Anhörung der Beteiligten und dann ohne Zuziehung der ehrenamtlichen Richter bzw. in der Besetzung mit drei Berufsrichtern ergehen. Eine gesonderte Entscheidung über die Zulässigkeit der Rechtsbeschwerde nach mündlicher

Anhörung wird nur in Ausnahmefällen in Betracht kommen, da nach Anhörung der Beteiligten grundsätzlich über die Rechtsbeschwerde selbst und damit in den Gründen über ihre Zulässigkeit entschieden werden kann.

Nach § 74 Abs. 2 S. 1 ist bei einer zulässigen Rechtsbeschwerde unverzüglich Termin zur mündlichen Verhandlung zu bestimmen. Die Inbezugnahme dieser Vorschrift in § 94 Abs. 3 S. 3 ist verfehlt, da über die Rechtsbeschwerde grundsätzlich ohne mündliche Anhörung der Beteiligten zu entscheiden ist (s. § 95 Rn. 8). Gleichwohl ist ein **Termin zu bestimmen**, an dem das Rechtsbeschwerdegericht über die Rechtsbeschwerde berät und entscheidet, da dieser Termin für die Zuziehung der ehrenamtlichen Richter und damit für die Frage des gesetzlichen Richters von Bedeutung ist (GK-ArbGG/*Dörner* § 94 Rn. 30). 33

Wird ein Termin zur mündlichen Anhörung bestimmt, so sind die Beteiligten von Amts wegen zu laden. Die **Ladungsfrist** beträgt nach § 92 Abs. 2 S. 1, § 72 Abs. 5 und § 553 i. V. m. § 274 Abs. 3 ZPO mindestens zwei Wochen. Nach § 558 ZPO ist auf Antrag ein Beschluss in vermögensrechtlichen Streitigkeiten, dessen vorläufige Vollstreckbarkeit ausgeschlossen oder nicht ausgesprochen worden war (s. § 85 Rn. 5 f.), für vorläufig vollstreckbar zu erklären, soweit er nicht angefochten worden ist. Die Entscheidung ist erst nach Ablauf der Rechtsbeschwerdebegründungsfrist zulässig. 34

VI. Rücknahme der Rechtsbeschwerde

§ 94 Abs. 3 regelt die Rücknahme der Rechtsbeschwerde wortgleich wie § 89 Abs. 4 die **Rücknahme der Beschwerde**. Wegen der Einzelheiten kann daher auf die Erläuterungen zu § 89 Rn. 55 ff. verwiesen werden. Die Rücknahme der Rechtsbeschwerde bedarf im personalvertretungsrechtlichen Beschlussverfahren vor dem Bundesverwaltungsgericht nicht der Zustimmung des Oberbundesanwalts. § 140 Abs. 1 VwGO gilt im Beschlussverfahren nicht. Haben **mehrere Beteiligte** Rechtsbeschwerde eingelegt, so ist das Verfahren nur hinsichtlich der zurückgenommenen Rechtsbeschwerde einzustellen. Der Rechtsbeschwerdeführer, der seine Rechtsbeschwerde zurückgenommen hat, bleibt jedoch Beteiligter des Verfahrens hinsichtlich der anhängig gebliebenen Rechtsbeschwerden, sofern er durch die darin ergehende Entscheidung in seiner betriebsverfassungs- oder personalvertretungsrechtlichen Rechtsstellung betroffen werden kann. 35

Die **Einstellung** des Verfahrens erfolgt **durch den Senatsvorsitzenden allein** (GK-ArbGG/*Dörner* § 94 Rn. 31; *Hauck/Helml* § 94 Rn. 9). Der Einstellungsbeschluss ist den Beteiligten formlos mitzuteilen. 36

§ 95 Verfahren

¹Die Rechtsbeschwerdeschrift und die Rechtsbeschwerdebegründung werden den Beteiligten zur Äußerung zugestellt. ²Die Äußerung erfolgt durch Einreichung eines Schriftsatzes beim Bundesarbeitsgericht oder durch Erklärung zur Niederschrift der Geschäftsstelle des Landesarbeitsgerichts, das den angefochtenen Beschluß erlassen hat. ³Geht von einem Beteiligten die Äußerung nicht rechtzeitig ein, so steht dies dem Fortgang des Verfahrens nicht entgegen. ⁴§ 83 a ist entsprechend anzuwenden.

Übersicht

	Rn.
I. Allgemeines	1
II. Anhörung der Beteiligten	2–9
1. Zustellung der Rechtsbeschwerde	2–4
2. Schriftliche Äußerung	5–7
3. Mündliche Anhörung	8, 9
III. Vergleich und Erledigung der Hauptsache	10

I. Allgemeines

1 § 95 regelt das **Rechtsbeschwerdeverfahren** über eine zulässige Rechtsbeschwerde. Die Vorschrift wird ergänzt durch die in § 92 Abs. 2 in Bezug genommenen Vorschriften über das Revisionsverfahren, insbesondere über das persönliche Erscheinen der Beteiligten, die Öffentlichkeit, die Befugnisse des Vorsitzenden und der Beisitzer sowie über die gütliche Erledigung des Rechtsstreites. Anders als in § 90 Abs. 2 wird § 83 für das Rechtsbeschwerdeverfahren nicht für anwendbar erklärt, wohl aber § 83 a.

II. Anhörung der Beteiligten

1. Zustellung der Rechtsbeschwerde

2 Sowohl die Rechtsbeschwerde als auch die Rechtsbeschwerdebegründung sind **den Beteiligten zuzustellen** und zwar jeweils **sofort** nach Eingang beim Rechtsbeschwerdegericht. Das gilt unabhängig davon, ob über die Rechtsbeschwerde im schriftlichen Verfahren oder nach mündlicher Anhörung der Beteiligten entschieden werden soll, zumal die Entscheidung darüber u. U. erst später getroffen werden kann. Von der Zustellung der Rechtsbeschwerdeschrift kann abgesehen werden, wenn schon nach dieser die Rechtsbeschwerde als unzulässig zu verwerfen ist (GK-ArbGG/*Dörner* § 95 Rn. 2; *Hauck/Helml* § 94 Rn. 2). Entsprechendes gilt für die Zustellung der Rechtsbeschwerdebegründung. Die unterbliebene Zustellung ist nachzuholen, wenn dem Rechtsbeschwerdeführer bei Versäumung der Rechtsbeschwerde- oder Begründungsfrist Wiedereinsetzung in den vorigen Stand gewährt und die Rechtsbeschwerde damit zulässig wird.

3 Die Zustellung hat an **alle materiell Beteiligten** des Verfahrens zu erfolgen, nicht nur an diejenigen Personen und Stellen, die vom Beschwerdegericht beteiligt worden sind oder die sich zum Verfahren geäußert haben (BAG 20. 7. 1982 AP BetrVG 1952 § 76 Nr. 26). Die Beteiligten hat das Rechtsbeschwerdegericht notfalls von Amts wegen zu ermitteln (s. näher § 83 Rn. 17; GK-ArbGG/*Dörner* § 95 Rn. 2; Schwab/Weth/*Busemann* § 95 Rn. 1). Das wird vielfach erst nach Eingang der Rechtsbeschwerdebegründung und der Akten des Beschwerdegerichts möglich sein, so dass die Zustellung dann nachzuholen ist.

4 Mit der Zustellung der Rechtsbeschwerdebegründung sind die Beteiligten **zur Äußerung aufzufordern**. Da Satz 3 von einer rechtzeitigen Äußerung spricht, muss den Beteiligten eine Frist zur Äußerung gesetzt werden GK-ArbGG/*Dörner* § 95 Rn. 3; Schwab/Weth/*Busemann* § 95 Rn. 2). Das empfiehlt sich auch dann, wenn Termin zur mündlichen Anhörung bestimmt wird. Gleichzeitig mit der Fristsetzung sind die Beteiligten darauf hinzuweisen, dass über die Rechtsbeschwerde auch entschieden wird, wenn von ihnen innerhalb der Frist keine Äußerung eingeht. Eine Verlängerung der Frist ist nicht vorgesehen, jedoch erfordert es der Grundsatz der Gewährung des rechtlichen Gehörs, die Frist zu verlängern, wenn der Beteiligte Gründe vorträgt, die ihm eine rechtzeitige Äußerung unmöglich machen (GK-ArbGG/*Dörner* § 95 Rn. 4; Schwab/Weth/*Busemann* § 95 Rn. 3; ErfK/*Eisemann* ArbGG § 95 Rn. 1). Wenn die Entscheidung des Rechtsstreites dadurch verzögert wird, kommt es sehr auf die Umstände des Einzelfalles an, ob eine Fristverlängerung bewilligt wird.

2. Schriftliche Äußerung

5 Die Äußerung der Beteiligten erfolgt nach § 95 S. 2 durch Einreichung eines Schriftsatzes beim Rechtsbeschwerdegericht oder durch Erklärung zur Niederschrift der Geschäftsstelle des Beschwerdegerichts, das den angefochtenen Beschluss erlassen hat.

Anders als nach § 83 Abs. 4, wo die Anhörung der Beteiligten vor der Kammer erfolgt, die Beteiligten sich aber schriftlich äußern können, ist daher das **Rechtsbeschwerdeverfahren grundsätzlich ein schriftliches Verfahren** und eine mündliche Anhörung der Beteiligten nicht geboten (so grundsätzlich BAG 22. 10. 1985 AP BetrVG 1972 § 99 Nr. 23; GK-ArbGG/*Dörner* § 95 Rn. 6; Schwab/Weth/*Busemann* § 95 Rn. 4; *Hauck/Helml* § 95 Rn. 2).

Für die Äußerung der Beteiligten besteht **kein Vertretungszwang**, gleichgültig ob die Äußerung schriftsätzlich oder zu Protokoll des Beschwerdegerichts erfolgt (GK-ArbGG/ *Dörner* § 95 Rn. 6; Schwab/Weth/*Busemann* § 95 Rn. 6). 6

Die **Äußerungen der Beteiligten** und eventuelle **Gegenäußerungen** anderer Beteiligter, insbesondere des Rechtsbeschwerdeführers, brauchen entsprechend § 270 Abs. 2 ZPO **nicht zugestellt** zu werden, auch wenn sie den Antrag auf Zurückweisung der Rechtsbeschwerde enthalten, da dieser Antrag kein erforderlicher Sachantrag ist (s. § 81 Rn. 51; GK-ArbGG/*Dörner* § 95 Rn. 8). Sie sollten ihnen aber zugeleitet werden (*Hauck/Helml* § 95 Rn. 2). 7

3. Mündliche Anhörung

§ 95 schließt nicht aus, dass über die Rechtsbeschwerde auch nach mündlicher Anhörung der Beteiligten entschieden wird. Dafür spricht die Bezugnahme auf die Vorschriften über die Öffentlichkeit und das persönliche Erscheinen der Beteiligten in § 92 Abs. 2 S. 1 (so auch GK-ArbGG/*Dörner* § 95 Rn. 9; *Hauck/Helml* § 95 Rn. 2). Ob eine mündliche Anhörung der Beteiligten geboten ist, entscheidet das Rechtsbeschwerdegericht nach pflichtgemäßem Ermessen. Es kann diese Entscheidung auch ändern, von einer beschlossenen Anhörung auch absehen oder diese erst nach Eingang der Äußerung der Beteiligten beschließen. Auch wenn auf Grund mündlicher Anhörung entschieden werden soll, entfällt nicht die schriftliche Äußerung der Beteiligten entsprechend Satz 2. Beteiligte, die mit Rücksicht auf einen anberaumten Anhörungstermin von einer schriftsätzlichen Äußerung abgesehen haben, können nicht darauf vertrauen, dass der Termin bestehen bleibt. Äußerungen der Beteiligten im **Anhörungstermin** sind natürlich bei der Entscheidung zu berücksichtigen. 8

Zum Anhörungstermin sind die Beteiligten durch Zustellung zu **laden**. Wegen der Ladungsfrist s. § 94 Rn. 29. 9

III. Vergleich und Erledigung der Hauptsache

Die Verweisung auf § 83 a in S. 4 stellt klar, dass auch in der Rechtsbeschwerdeinstanz die Beteiligten das Verfahren durch einen Vergleich erledigen oder dieses übereinstimmend für erledigt erklären können. Es gilt insoweit das Gleiche wie auch in der Beschwerdeinstanz. Wegen der Einzelheiten s. die Erläuterungen zu § 83 a und § 90 Rn. 12. 10

§ 96 Entscheidung

(1) ¹**Über die Rechtsbeschwerde entscheidet das Bundesarbeitsgericht durch Beschluß.** ²**Die §§ 562, 563 der Zivilprozeßordnung gelten entsprechend.**

(2) **Der Beschluß nebst Gründen ist von sämtlichen Mitgliedern des Senats zu unterschreiben und den Beteiligten zuzustellen.**

Schrifttum: s. den Schrifttumsnachweis zu § 75.

§ 96

Übersicht

	Rn.
I. Allgemeines	1
II. Überprüfung der Beschwerdeentscheidung	2–11
1. Bindung an die Anträge	2, 3
2. Bindung an die Rechtsbeschwerdegründe	4, 5
3. Prüfung von Verfahrensmängeln	6–10
4. Die tatsächlichen Entscheidungsgrundlagen	11
III. Die Entscheidung über die Rechtsbeschwerde	12–21
1. Zurückweisung der Rechtsbeschwerde	12
2. Aufhebung der Beschwerdeentscheidung	13–15
3. Zurückverweisung an das Beschwerdegericht	16, 17
4. Eigene Entscheidung des Rechtsbeschwerdegerichtes	18–20
5. Zeitpunkt der Entscheidung	21
IV. Der Beschluss des Rechtsbeschwerdegerichtes	22

I. Allgemeines

1 Die Vorschrift regelt die **Entscheidung des Rechtsbeschwerdegerichts** über eine zulässige Rechtsbeschwerde. Zur Entscheidung über eine unzulässige Rechtsbeschwerde s. § 94 Rn. 28 ff. Die Regelung wird ergänzt durch die §§ 562 und 563 ZPO. Angesichts der weitgehenden Angleichung des Rechtsbeschwerdeverfahrens an das Revisionsverfahren müssen auch weitere Vorschriften der ZPO, die die Entscheidung über die Revision regeln, für anwendbar gehalten werden, so die §§ 559, 561 und 564 (GK-ArbGG/*Dörner* § 96 Rn. 2; *Hauck/Helml* § 96 Rn. 1). Über **Form und Inhalt des Beschlusses** besagt die Regelung nichts. Weder § 92 Abs. 2 noch § 96 verweisen, anders als die §§ 84 und 91 auf die §§ 60 oder 69. Gleichwohl findet auf den Beschluss des Rechtsbeschwerdegerichts die allgemeinen Vorschriften der Zivilprozessordnung über gerichtliche Entscheidungen Anwendung (s. § 80 Rn. 42). Nach allem folgt die Entscheidung über die Rechtsbeschwerde weitgehend den gleichen Grundsätzen wie die Entscheidung über die Revision. Es kann daher zunächst auf die Erläuterungen zu § 75 verwiesen werden.

II. Überprüfung der Beschwerdeentscheidung

1. Bindung an die Anträge

2 Auch das Rechtsbeschwerdegericht ist bei seiner Überprüfung der angefochtenen Entscheidung des Beschwerdegerichtes an die von den Rechtsbeschwerdeführern gestellten **Anträge gebunden,** § 557 Abs. 1 ZPO n. F. Zur Antragsänderung in der Rechtsbeschwerdeinstanz s. § 94 Rn. 18. Es darf die Entscheidung des Landesarbeitsgerichtes nicht weiter abändern, als dies insgesamt in zulässigen Rechtsbeschwerden der Beteiligten beantragt worden ist.

3 Auch bei einem äußerlich unveränderten Antrag darf das Rechtsbeschwerdegericht über diesen nur insoweit entscheiden, als darüber das Beschwerdegericht erkannt hat, mag es dabei den Antrag auch enger verstanden haben, als er gemeint war (BAG 14. 1. 1986 AP BetrVG 1972 § 87 Lohngestaltung Nr. 21). Der nicht beschiedene Teil des Antrages kann nicht mit der Rechtsbeschwerde weiter verfolgt werden (GK-ArbGG/*Dörner* § 96 Rn. 3; ErfK/*Eisemann* ArbGG § 96 Rn. 1). Insoweit kommt nur ein Ergänzungsbeschluss des Landesarbeitsgerichtes in Betracht. Wegen weiterer Einzelheiten s. § 74 Rn. 122 ff.

2. Bindung an die Rechtsbeschwerdegründe

4 Das Rechtsbeschwerdegericht hat die Beschwerdeentscheidung, soweit sie angefochten worden ist, in **jeder rechtlichen Hinsicht** zu überprüfen. Es ist an die in der Rechts-

II. Überprüfung der Beschwerdeentscheidung § 96

beschwerdebegründung oder in den Äußerungen der Beteiligten genannten Rechtsbeschwerdegründe (s. dazu § 93) nicht gebunden und kann seine Überprüfung auch auf solche Teile der angefochtenen Entscheidung erstrecken, die von keinem Beteiligten als rechtsfehlerhaft angesehen werden, § 557 Abs. 3 ZPO n. F. Die Beteiligten können die Überprüfung durch das Rechtsbeschwerdegericht nicht auf bestimmte Rechtsfragen beschränken (GK-ArbGG/*Dörner* § 96 Rn. 4; *Hauck/Helml* § 96 Rn. 2; a. A. BAG 26. 6. 1973 AP BetrVG 1972 § 2 Nr. 2).

Eine Ausnahme gilt hinsichtlich solcher Entscheidungen in der Beschwerdeentscheidung, die ausdrücklich für **unanfechtbar** erklärt werden, so die Bewilligung einer Wiedereinsetzung in den vorigen Stand, § 238 Abs. 3 ZPO, oder die Entscheidung, dass eine Antragsänderung nicht vorliegt oder zuzulassen ist, § 81 Abs. 3 S. 3. Gleiches gilt für die eigene Rechtsauffassung des Rechtsbeschwerdegerichts § 318 ZPO, die es im gleichen Verfahren in einer früheren Entscheidung vertreten hat, sofern es diese nicht zwischenzeitlich in einem anderen Verfahren aufgegeben hat (BAG 28. 7. 1981 AP BetrVG 1972 § 87 Provision Nr. 2). 5

3. Prüfung von Verfahrensmängeln

Auf Verfahrensmängel darf die angefochtene Entscheidung nur überprüft werden, wenn diese in zulässiger Weise in der Rechtsbeschwerdebegründung gerügt worden sind (s. dazu § 94 Rn. 21), soweit sie nicht von Amts wegen zu berücksichtigen sind. Hinsichtlich der **von Amts wegen zu berücksichtigenden Verfahrensmängel** s. § 74 Rn. 95 ff. Dazu gehört auch die Zulässigkeit der Beschwerde (BAG 2. 9. 1980 AP ArbGG 1979 § 89 Nr. 1; BVerwG 15. 12. 1978 PersV 80, 145), die **Antragsbefugnis** des Antragstellers (s. dazu § 81 Rn. 56 ff.) und das Bestehen oder Fortbestehen eines **Rechtsschutzinteresses** (BAG 29. 7. 1982 AP ArbGG 1979 § 83 Nr. 5; GK-ArbGG/*Dörner* § 96 Rn. 5; *Hauck/Helml* § 96 Rn. 2; ErfK/*Eisemann* ArbGG § 96 Rn. 1). 6

Das Rechtsbeschwerdegericht prüft im Gegensatz zum früheren Recht nicht mehr, ob das Landesarbeitsgericht in der richtigen Verfahrensart entschieden hat, § 93 Abs. 2 i. V. mit § 65. Etwas anderes gilt nur dann, wenn das Landesarbeitsgericht auf eine Beschwerde eines Beteiligten hin über die zulässige Verfahrensart – wenn auch fehlerhaft – nicht in einem gesonderten Beschluss nach § 17 a Abs. 3 GVG, sondern im Endbeschluss entschieden und die Rechtsbeschwerde zugelassen hat. 7

Hat das Beschwerdegericht eine materiell beteiligte Person oder Stelle (s. dazu § 83 Rn. 14 ff.) **nicht am Verfahren beteiligt,** so liegt darin ein Verfahrensverstoß. Dieser ist jedoch nur auf eine Rüge hin zu beachten (GK-ArbGG/*Dörner* § 96 Rn. 6). Die Rüge kann auch von dem bislang nicht zugezogenen Beteiligten erhoben werden (BAG 20. 2. 1986 AP BetrVG 1972 § 63 Nr. 1). Davon zu unterscheiden ist die Verpflichtung des Rechtsbeschwerdegerichts, alle am Verfahren materiell Beteiligten von Amts wegen in der Rechtsbeschwerdeinstanz zu beteiligen (BVerwG 8. 10. 1980 Buchholz 238.3 A § 88 Nr. 2; GK-ArbGG/*Dörner* § 96 Rn. 6). Zu den Folgen der gerügten Nichtbeteiligung eines Beteiligten s. unten Rn. 15. 8

Zu den häufigsten Rügen im Rechtsbeschwerdeverfahren gehört die Rüge, das Beschwerdegericht habe seine **Aufklärungspflicht** nach § 83 Abs. 1 **verletzt**. Zum notwendigen Inhalt einer solchen Rüge s. § 94 Rn. 21. Die Rüge ist begründet, wenn eine weitere Sachaufklärung geboten gewesen wäre und nicht auszuschließen ist, dass sie zu weiteren entscheidungserheblichen Tatsachenfeststellungen geführt hätte (ErfK/*Eisemann* ArbGG § 96 Rn. 1). Hält das Rechtsbeschwerdegericht eine Verfahrensrüge für unbegründet, so braucht es dies nicht zu begründen, sofern es sich nicht um eine Rüge nach § 547 ZPO n. F. handelt, § 564 ZPO n. F. 9

Eine umfassende Aufklärung des Sachverhaltes durch das Beschwerdegericht kann nicht mit der Begründung gerügt werden, dafür habe nach dem Vorbringen der Beteiligten kein Anlass bestanden. Zur Rüge, das Beschwerdegericht habe nicht auf eine 10 sachdienliche Antragstellung hingewiesen, vergl. BAG 27. 3. 1979 AP ArbGG 1953 § 80 Nr. 7. Zur Prüfung von Verfahrensmängeln s. im Übrigen § 74 Rn. 103.

4. Die tatsächlichen Entscheidungsgrundlagen

11   Auch im Beschlussverfahren unterliegt der Beurteilung des Rechtsbeschwerdegerichts nur das tatsächliche Vorbringen der Beteiligten, das aus der Beschwerdeentscheidung und dem Sitzungsprotokoll ersichtlich ist, und ist das Rechtsbeschwerdegericht **an die Feststellung des Beschwerdegerichtes** hinsichtlich der Wahrheit von tatsächlichen Behauptungen grundsätzlich **gebunden**, § 559 ZPO n. F. Neues tatsächliches Vorbringen kann grundsätzlich nicht mehr berücksichtigt werden. Von diesem Grundsatz gibt es jedoch im Beschlussverfahren ebenso wie im Revisionsverfahren zahlreiche Ausnahmen (s. dazu § 74 Rn. 114 f.). So ist auch in der Rechtsbeschwerdeinstanz das **Vorbringen neuer Tatsachen** zum Rechtsschutzinteresse zulässig (BAG 23. 1. 1986 AP BetrVG 1972 § 5 Nr. 31; BVerwG 15. 12. 1978 Buchholz 238.3 A § 76 Nr. 1; GK-ArbGG/*Dörner* § 96 Rn. 9; Schwab/Weth/*Busemann* § 96 Rn. 7). Gleiches gilt für die **Erledigung der Hauptsache**. Ebenso können offenkundige und unstreitige neue Tatsachen berücksichtigt werden (BAG 8. 10. 1985 AP BetrVG 1972 § 99 Nr. 22; BVerwG 6. 9. 1977 Buchholz 238.3 A § 75 Nr. 4; Schwab/Weth/*Busemann* § 96 Rn. 7 a). Wegen des Amtsermittlungsprinzips sind jedoch unstreitige oder zugestandene Tatsachen dann nicht zu berücksichtigen, wenn Zweifel an deren Richtigkeit begründet sind.

III. Die Entscheidung über die Rechtsbeschwerde

1. Zurückweisung der Rechtsbeschwerde

12   Die Rechtsbeschwerde ist als unbegründet zurückzuweisen, wenn die Beschwerdeentscheidung richtig ist. Das ist einmal der Fall, wenn sie keine Rechtsverletzung enthält, aber auch dann, wenn sie zwar in der Begründung falsch ist, sich im Ergebnis jedoch aus anderen Gründen als richtig darstellt, § 561 ZPO n. F. (s. auch § 74 Rn. 124).

2. Aufhebung der Beschwerdeentscheidung

13   Enthält die Beschwerdeentscheidung eine Rechtsverletzung ohne sich aus anderen Gründen als zutreffend zu erweisen, so ist die **Rechtsbeschwerde begründet**. Die Beschwerdeentscheidung ist dann in jedem Falle aufzuheben, § 562 Abs. 1 ZPO n. F.

14   Besteht die Rechtsverletzung in einem **Verfahrensverstoß**, so ist zugleich das Verfahren insoweit aufzuheben, als es durch den Verstoß betroffen wird, § 562 Abs. 2 ZPO n. F. Das ganze Verfahren des Beschwerdegerichtes wird regelmäßig betroffen sein, wenn es nicht alle Beteiligten zum Verfahren hinzugezogen und angehört hat (BAG 29. 3. 1974 AP ArbGG 1953 § 83 Nr. 5). Voraussetzung für die Aufhebung der Beschwerdeentscheidung wegen eines Verfahrensmangels ist jedoch, dass die **Entscheidung auf diesem Mangel beruht**. Das ist immer dann der Fall, wenn bei richtiger Verfahrensweise, etwa einer weiteren Aufklärung des Sachverhaltes, eine andere Entscheidung möglich erscheint. Gleiches gilt, wenn die Beschwerdeentscheidung keine tatsächlichen Feststellungen enthält, ein Verfahrensverstoß, der von Amts wegen zu beachten ist (BAG 31. 1. 1985 AP ArbGG 1979 § 92 Nr. 2; GK-ArbGG/*Dörner* § 96 Rn. 12).

15   Sind materiell **Beteiligte nicht am Verfahren beteiligt worden,** so hängt es weitgehend von ihrem Vorbringen in der Rechtsbeschwerdeinstanz ab, ob ihre Beteiligung schon in der Beschwerdeinstanz zu anderen tatsächlichen Feststellungen und damit möglicherweise zu einer anderen Entscheidung geführt hätte. Rügen sie die tatsächlichen Feststellungen des Beschwerdegerichtes nicht, beruht dessen Entscheidung regelmäßig nicht auf

III. Die Entscheidung über die Rechtsbeschwerde   § 96

der Nichtanhörung der Beteiligten (vergl. BAG 28. 1. 1975 AP BetrVG 1972 § 37 Nr. 20; 13. 7. 1977 AP ArbGG 1953 § 83 Nr. 8; GK-ArbGG/*Dörner* § 96 Rn. 12).

3. Zurückverweisung an das Beschwerdegericht

Im Falle der Aufhebung der Beschwerdeentscheidung ist die Sache regelmäßig zur **16** anderweitigen Verhandlung und Entscheidung an das Beschwerdegericht zurückzuverweisen, § 563 Abs. 1 S. 1 ZPO n. F. Die Zurückverweisung kann auch an **eine andere Kammer,** einen anderen Senat, des Beschwerdegerichtes erfolgen, § 563 Abs. 1 S. 2 ZPO n. F. Welche Kammer ggfs. die „andere Kammer" ist, muss der Geschäftsverteilungsplan des Landesarbeitsgerichts bestimmen (GK-ArbGG/*Dörner* § 96 Rn. 14). Wegen der Bindung des Beschwerdegerichtes an die rechtliche Beurteilung durch das Rechtsbeschwerdegericht entsprechend § 563 Abs. 2 ZPO n. F. s. § 74 Rn. 141.

Eine Zurückverweisung unmittelbar **an das Arbeitsgericht** kommt nicht in Betracht, **17** auch nicht in den Fällen des § 538 Abs. 2 ZPO n. F., da auch dem Beschwerdegericht eine Zurückverweisung an das Arbeitsgericht verboten ist, § 91 Abs. 1 S. 2 (BAG 13. 7. 1977 AP ArbGG 1953 § 83 Nr. 8; § 91 Rn. 3 f.; *Hauck/Helml* § 96 Rn. 4; ausnahmsweise anders BAG 6. 4. 1973 AP BetrVG 1972 § 99 Nr. 1). Anders in den Verfahren nach den §§ 122 und 126 InsO. Hier muss an das Arbeitsgericht zurückverwiesen werden und kann die Zurückverweisung ggfs. auch an eine andere Kammer erfolgen (BAG 20. 1. 2000 AP InsO § 126 Nr. 1).

4. Eigene Entscheidung des Rechtsbeschwerdegerichtes

Das Rechtsbeschwerdegericht hat nach § 563 Abs. 3 ZPO n. F. selbst abschließend in **18** zwei Fällen zu entscheiden. Der häufigste Fall ist der, dass keine Verfahrensrügen erhoben worden sind und nach dem daher fehlerfrei festgestellten Sachverhalt der **Rechtsstreit zur Entscheidung reif** ist. Das kann aber nur dann angenommen werden, wenn davon ausgegangen werden kann, dass die Beteiligten auch unter anderen der Entscheidung zugrunde zu legenden rechtlichen Gesichtspunkten keine neuen Tatsachen mehr vorbringen werden. Ist das nicht der Fall, muss die Sache zurückverwiesen werden, um den Beteiligten Gelegenheit zu geben, ihren Sachvortrag zu ergänzen (BAG 9. 12. 1975 AP BetrVG 1972 § 118 Nr. 7). Einer Zurückverweisung bedarf es nur dann nicht, wenn die Beteiligten schon in der Rechtsbeschwerdeinstanz ihr tatsächliches Vorbringen zu den neuen rechtlichen Gesichtspunkten ergänzen können und dieses Vorbringen – weil unstreitig – auch vom Rechtsbeschwerdegericht berücksichtigt werden kann (s. oben Rn. 11).

Das Rechtsbeschwerdegericht hat weiter dann in der Sache selbst zu entscheiden, **19** wenn das Beschwerdegericht die **internationale Zuständigkeit** der Arbeitsgerichte **zu Unrecht bejaht** hat. Entgegen § 93 Abs. 2 gilt dies auch für die Zuständigkeit der ordentlichen Gerichte, soweit diese darüber nicht im Urteilsverfahren sondern im Verfahren der freiwilligen Gerichtsbarkeit zu entscheiden haben, etwa in den Verfahren nach den §§ 98, 103 oder 104 AktG. In diesen Fällen ist der Antrag als unzulässig abzuweisen.

Bei **mehreren Streitgegenständen** oder einem teilbaren Streitgegenstand kann das **20** Rechtsbeschwerdegericht teils zurückverweisen teils in der Sache selbst entscheiden. Die Entscheidungen können auch durch Teilurteil ergehen.

5. Zeitpunkt der Entscheidung

Die Entscheidung über die Rechtsbeschwerde kann erst ergehen, wenn die Frist zur **21** Äußerung der Beteiligten (s. § 95 Rn. 5) abgelaufen ist oder sich alle Beteiligten bereits geäußert haben. Mit Rücksicht darauf, dass jeder Beteiligter eine Anschlussrechtsbeschwerde einlegen kann, sollte nicht vor Ablauf eines Monats nach Zustellung der Rechtsbeschwerdebegründung entschieden werden (s. § 94 Rn. 24).

IV. Der Beschluss des Rechtsbeschwerdegerichtes

22 Die Entscheidung über die zulässige Rechtsbeschwerde ergeht durch den **Senat** des Rechtsbeschwerdegerichts **in voller Besetzung.** Gleichgültig ist, ob auf Grund mündlicher Anhörung der Beteiligten entschieden wird oder nicht. Die Entscheidung heißt wie in der Ersten und zweiten Instanz **Beschluss.** Der Beschluss ist schriftlich niederzulegen und zu begründen und von sämtlichen Mitgliedern des Senats zu unterschreiben, § 96 Abs. 2. Einer **Verkündung** des Beschlusses bedarf es nach § 329 Abs. 1 ZPO nur dann, wenn auf Grund mündlicher Anhörung der Beteiligten entschieden wird (*Hauck/Helml* § 96 Rn. 3; GK-ArbGG/*Dörner* § 96 Rn. 10; ErfK/*Eisemann* ArbGG § 96 Rn. 2; a. A. Schwab/Weth/*Busemann* § 96 Rn. 34 der Beschluss ist stets zu verkünden; BVerwG 16. 9. 1977 Buchholz 238.3 A § 75 Nr. 4, eine Verkündung ist nicht erforderlich). Für die Verkündung gelten die Vorschriften des § 60 entsprechend. Im Übrigen genügt die Zustellung des vollständig abgefassten Beschlusses an alle Beteiligten.

§ 96 a Sprungrechtsbeschwerde

(1) ¹Gegen den das Verfahren beendenden Beschluß eines Arbeitsgerichts kann unter Übergehung der Beschwerdeinstanz unmittelbar Rechtsbeschwerde eingelegt werden (Sprungrechtsbeschwerde), wenn die übrigen Beteiligten schriftlich zustimmen und wenn sie vom Arbeitsgericht wegen grundsätzlicher Bedeutung der Rechtssache auf Antrag in dem verfahrensbeendenden Beschluß oder nachträglich durch gesonderten Beschluß zugelassen wird. ²Der Antrag ist innerhalb einer Notfrist von einem Monat nach Zustellung des in vollständiger Form abgefaßten Beschlusses schriftlich zu stellen. ³Die Zustimmung der übrigen Beteiligten ist, wenn die Sprungrechtsbeschwerde in dem verfahrensbeendenden Beschluß zugelassen ist, der Rechtsbeschwerdeschrift, andernfalls dem Antrag beizufügen.

(2) § 76 Abs. 2 Satz 2, 3, Abs. 3 bis 6 ist entsprechend anzuwenden.

Übersicht

	Rn.
I. Allgemeines	1, 2
II. Zulassung der Sprungrechtsbeschwerde	3–14
1. Die Zulassungsfälle	3
2. Der Zulassungsantrag	4–6
3. Die Zustimmung der Beteiligten	7–9
4. Die Zulassungsentscheidung	10–14
III. Zum weiteren Verfahren	15, 16

I. Allgemeines

1 Die Vorschrift des § 96 a ist durch die Arbeitsgerichtsnovelle vom 21. 5. 1979 in das Arbeitsgerichtsgesetz eingefügt worden. Damit wurde erstmals auch für das Beschlussverfahren die Möglichkeit geschaffen, eine **Entscheidung des Arbeitsgerichts bzw. Verwaltungsgerichts unmittelbar** unter Übergehung der Beschwerdeinstanz **beim Rechtsbeschwerdegericht anzufechten.** Die damit geschaffene Sprungrechtsbeschwerde dient der Beschleunigung des Verfahrens in allen denjenigen Fällen, in denen der Sachverhalt schon in erster Instanz abschließend geklärt ist und zu erwarten steht, dass wegen der Bedeutung der Sache ohnehin das Rechtsbeschwerdegericht angerufen werden soll.

Trotz dieser Vorteile wird in der Praxis von dieser Möglichkeit unverständlicherweise kaum Gebrauch gemacht.

Die Sprungrechtsbeschwerde kommt für **alle Rechtsstreitigkeiten** in Betracht, über die 2 im Beschlussverfahren zu entscheiden ist. Sie ist anders als die Sprungrevision in § 76 Abs. 2 S. 1 nicht auf bestimmte Rechtsstreitigkeiten beschränkt (Schwab/Weth/*Busemann* § 96a Rn. 1 s. § 76 Rn. 3). Sind damit die Voraussetzungen für die Zulassung der Sprungrechtsbeschwerde im Beschlussverfahren eigenständig geregelt, so verweist § 96a Abs. 2 für das Verfahren hinsichtlich der Zulassung, für ihre Wirkungen und für das Verhältnis der Sprungrechtsbeschwerde zur Beschwerde auf die entsprechenden Vorschriften über die Sprungrevision in § 76 Abs. 2 S. 2 und 3 und Abs. 3 bis 6. Insoweit kann daher weitgehend auf die Erläuterungen zu § 76 verwiesen werden, doch erfordern die Besonderheiten des Beschlussverfahrens auch bei entsprechender Anwendung dieser Vorschriften ihre Berücksichtigung.

II. Zulassung der Sprungrechtsbeschwerde

1. Die Zulassungsfälle

Die Sprungrechtsbeschwerde bedarf in jedem Falle der **Zulassung** durch das Arbeits- 3 gericht bzw. Verwaltungsgericht, um statthaft zu sein. Die Zulassung kann in allen Rechtsstreitigkeiten erfolgen, über die im Beschlussverfahren vor den Arbeitsgerichten oder Verwaltungsgerichten zu entscheiden ist (GK-ArbGG/*Mikosch* § 96a Rn. 2; *Hauck/Helml* § 96a Rn. 1; ErfK/*Eisemann* § 96a Rn. 1). Voraussetzung für eine Zulassung der Sprungrechtsbeschwerde ist demnach lediglich, dass die Rechtssache **grundsätzliche Bedeutung** hat. Der Begriff der grundsätzlichen Bedeutung ist der gleiche wie in den §§ 72, 76 und 92 (s. dazu § 72 Rn. 12 ff.). Damit wird vor allen Dingen in Angelegenheiten des Betriebsverfassungsgesetzes und des Personalvertretungsrechtes die Möglichkeit eröffnet, auftretende Rechtsfragen, die für die Anwendung des Betriebsverfassungsgesetzes oder der Personalvertretungsgesetze von allgemeiner Bedeutung sind, schnell einer Entscheidung durch das Rechtsbeschwerdegericht zuzuführen.

2. Der Zulassungsantrag

Die Zulassung der Sprungrechtsbeschwerde erfolgt nur auf **Antrag**. **Antragsbefugt** 4 sind **alle Beteiligten** des Verfahrens. Der Antrag kann daher (– nachträglich – s. unten Rn. 6) auch von einem Beteiligten gestellt werden, den das Arbeitsgericht zu Unrecht zum Verfahren nicht hinzugezogen hat (GK-ArbGG/*Mikosch* § 96a Rn. 5; *Hauck/Helml* § 96 Rn. 2; ErfK/*Eisemann* ArbGG § 96a Rn. 1). Auf der anderen Seite ist der Zulassungsantrag einer Person oder Stelle, die am Verfahren materiell nicht beteiligt ist, unzulässig.

Der Antrag auf Zulassung der Sprungrevision kann schon während des erstinstanzli- 5 chen Verfahrens, also schon **vor Verkündung einer Entscheidung,** gestellt werden. Das kann schriftlich, zur Niederschrift der Geschäftsstelle oder zu Protokoll des Gerichts geschehen. Ein Vertretungszwang besteht für diesen Antrag nicht.

Der Antrag auf Zulassung der Sprungrevision kann auch erst **nach Verkündung** des 6 die Instanz abschließenden **Beschlusses** nach § 84 gestellt werden. In diesem Falle muss er jedoch innerhalb einer Notfrist von einem Monat nach Zustellung des in vollständiger Form abgefassten Beschlusses schriftlich beim Arbeitsgericht gestellt werden. Da es sich bei dieser Frist um eine Notfrist handelt, kann gegen deren Versäumung Wiedereinsetzung in den vorigen Stand gewährt werden. Auch für den nachträglichen Antrag besteht kein Vertretungszwang (GK-ArbGG/*Ascheid* § 96a Rn. 9).

3. Die Zustimmung der Beteiligten

7 Die Sprungrechtsbeschwerde kann grundsätzlich **nur mit Zustimmung der übrigen Beteiligten** eingelegt werden. Der Zustimmung eines Beteiligten steht es gleich, wenn dieser selbst die Zulassung der Sprungrechtsbeschwerde beantragt hat (GK-ArbGG/ *Mikosch* § 96 a Rn. 16). Nicht die Zulassung der Sprungrechtsbeschwerde sondern erst deren Einlegung bedarf daher der Zustimmung der übrigen Beteiligten. Gleichwohl macht § 96 a Abs. 1 S. 3 von diesem Grundsatz eine Ausnahme. Wird der Antrag auf Zulassung der Sprungrechtsbeschwerde erst nachträglich gestellt, muss die **Zustimmung** der übrigen Beteiligten schon **dem Zulassungsantrag beigefügt** werden.

8 Es ist die Zustimmung aller am Verfahren **materiell beteiligten Personen und Stellen** erforderlich. Im personalvertretungsrechtlichen Beschlussverfahren ist die Zustimmung des Oberbundesanwalts oder des Vertreters des öffentlichen Interesses nicht erforderlich (BVerwG 27. 3. 1990 AP BPersVG § 77 Nr. 3). Von diesem Grundsatz ist eine **Ausnahme** für den Fall zu machen, dass das Arbeitsgericht einen materiell Beteiligten zu unrecht nicht zum Verfahren hinzugezogen hat. Der Antragsteller des nachträglichen Zulassungsantrages bzw. der Rechtsbeschwerdeführer wird regelmäßig nicht selbst erkennen können, ob über den Kreis der vom Arbeitsgericht tatsächlich Beteiligten hinaus noch weitere Personen oder Stellen materiell am Verfahren beteiligt sind. Er kann daher diese Personen und Stellen nicht um Zustimmung bitten. Diese werden auch regelmäßig in einem Verfahren, von dem sie bislang keine Kenntnis erhalten haben, keine Erklärungen abgeben. Zustimmen müssen daher nur die vom Arbeitsgericht als Beteiligte hinzugezogenen Personen und Stellen, allerdings unabhängig davon, ob sie sich am Verfahren beteiligt, d. h. zum Verfahren geäußert oder Anträge gestellt haben oder im Anhörungstermin erschienen sind (GK-ArbGG/*Mikosch* § 96 a Rn. 13; Schwab/Weth/*Busemann* § 96 a Rn. 10; ErfK/*Eisemann* § 96 a Rn. 1; ArbGV/*Beppler* § 96 a Rn. 8). Diese Beschränkung gilt auch für das Rechtsbeschwerdegericht. Es darf die Zulässigkeit der Sprungrechtsbeschwerde nicht mit der Begründung verneinen, die nicht tatsächlich beteiligten Personen oder Stellen hätten nicht zugestimmt (ErfK/*Eisemann* ArbGG § 96 Rn. 1; GK-ArbGG/*Mikosch* § 96 a Rn. 15).

9 Die Zustimmung muss schriftlich oder zu Protokoll des Arbeitsgerichts erklärt werden. Eine Zustimmung per Telefax genügt (ArbGV/*Beppler* § 96 a Rn. 7). Für die Abgabe der Erklärung besteht kein Vertretungszwang. Wegen der Einzelheiten s. § 76 Rn. 15 ff.

4. Die Zulassungsentscheidung

10 Über die Zulassung der Sprungrechtsbeschwerde entscheidet, wenn der Antrag schon im Laufe des Verfahrens gestellt worden ist, die Kammer des Arbeits- oder Verwaltungsgerichtes in voller Besetzung. Entsprechend § 64 Abs. 3 muss die Zulassung im Tenor des Beschlusses erfolgen (*Hauck/Helml* § 96 Rn. 4; a. A. GK-ArbGG/*Mikosch* § 96 a Rn. 22). Die Entscheidung über die Zulassung auf den nachträglich gestellten Antrag kann ohne mündliche Verhandlung ergehen. Über sie entscheidet daher der Vorsitzende allein, § 53 Abs. 1 (BAG 9. 6. 1982 AP BAT §§ 22, 23 Lehrer Nr. 8; Schwab/Weth/ *Busemann* § 96 a Rn. 6).

11 Das Arbeits- bzw. Verwaltungsgericht **muss** auf einen zulässigen Antrag hin **die Sprungrechtsbeschwerde zulassen**, wenn die Rechtssache grundsätzliche Bedeutung hat. Die Entscheidung steht nicht in seinem Ermessen (GK-ArbGG/*Mikosch* § 96 a Rn. 20; *Hauck/Helml* § 96 Rn. 4). Die Entscheidung, die Sprungrechtsbeschwerde zuzulassen oder nicht zuzulassen, ist nicht anfechtbar, es gibt keine Nichtzulassungsbeschwerde (Schwab/Weth/*Busemann* § 96 a Rn. 5).

12 Ist in dem verfahrensbeendenden Beschluss über mehrere selbständige Streitgegenstände entschieden worden, so kann die Zulassung der Sprungrechtsbeschwerde auf denjenigen oder diejenigen Streitgegenstände beschränkt werden, in denen die Rechtssache grundsätzliche Bedeutung hat. Eine **Beschränkung der Zulassung** auf einzelne Beteiligte des jeweiligen Streitgegenstandes ist hingegen nicht möglich (anders § 76 Rn. 4). Der Zulassungsbeschluss bedarf keiner Begründung, wenn dem Antrag voll stattgegeben wird, wird die Sprungrechtsbeschwerde nur beschränkt oder gar nicht zugelassen, so ist die abweisende Entscheidung zu begründen.

Wird die Zulassung im Beschluss nach § 84 ausgesprochen, muss der Beschluss eine **Rechtsmittelbelehrung** sowohl hinsichtlich der Beschwerde als auch der Rechtsbeschwerde enthalten, der nachträgliche Zulassungsbeschluss nur eine Rechtsmittelbelehrung hinsichtlich der Rechtsbeschwerde. Zur Anfechtung der Zulassungsentscheidung s. § 76 Rn. 18. **13**

Mit der Zulassung der Sprungrechtsbeschwerde wird für die anderen Beteiligten auch eine selbständige oder unselbständige **Anschlusssprungrechtsbeschwerde** zulässig (BAG 12. 6. 1996 AP ArbGG 1979 § 96a Nr. 2), bei beschränkter Zulassung der Sprungrechtsbeschwerde auch im Bezug auf einen anderen Streitgegenstand (s. dazu § 74 Rn. 69 ff.). **14**

III. Zum weiteren Verfahren

Wegen der Bindung des Rechtsbeschwerdegerichtes an die Zulassung der Sprungrechtsbeschwerde nach § 76 Abs. 2 S. 2 s. § 76 Rn. 19, wegen des Beginns der Rechtsbeschwerdefrist und der Beschwerdefrist bei Ablehnung der Zulassung § 76 Rn. 23, sowie wegen des Verhältnisses zwischen der Sprungrechtsbeschwerde und Beschwerde § 76 Rn. 25 ff. **15**

Für die **Einlegung** der Sprungrechtsbeschwerde gilt das Gleiche wie für die Rechtsbeschwerde nach § 94 (s. auch § 76 Rn. 29). Nach § 76 Abs. 4 kann die Sprungrechtsbeschwerde nicht auf **Mängel des Verfahrens** des Arbeitsgerichtes gestützt werden. Das gilt jedoch nur für den Sprungrechtsbeschwerdeführer und die Beteiligten, die der Sprungrechtsbeschwerde zugestimmt haben. Ein erstmal in der Rechtsbeschwerdeinstanz hinzugezogener Beteiligter kann seine Nichtbeteiligung rügen, was ggf. zur Aufhebung des Beschlusses führen kann (s. § 96 Rn. 15; GK-ArbGG/*Mikosch* § 96a Rn. 30). Nach § 76 Abs. 6 n. F. kann das Rechtsbeschwerdegericht den Rechtsstreit nach seinem Ermessen an das Arbeitsgericht aber auch an das Landesarbeitsgericht zurückverweisen, das über eine Beschwerde gegen den Beschluss des Arbeitsgerichts zuständig gewesen wäre. § 91 Abs. 1 S. 1, der eine Zurückverweisung an das Arbeits- bzw. Verwaltungsgericht durch das Beschwerdegericht ausschließt, findet auf die Entscheidung über eine Sprungrechtsbeschwerde keine Anwendung (so schon zum alten Recht, BAG 12. 6. 1996 AP ArbGG 1979 § 96a Nr. 2; GK-ArbGG/*Mikosch* § 96a Rn. 31; *Hauck/Helml* § 96 Rn. 5; ErfK/*Eisemann* ArbGG § 96 Rn. 2). **16**

Vierter Unterabschnitt. Beschlußverfahren in besonderen Fällen

§ 97 Entscheidung über die Tariffähigkeit und Tarifzuständigkeit einer Vereinigung

(1) In den Fällen des § 2a Abs. 1 Nr. 4 wird das Verfahren auf Antrag einer räumlich und sachlich zuständigen Vereinigung von Arbeitnehmern oder von Arbeitgebern oder der obersten Arbeitsbehörde des Bundes oder der obersten Arbeitsbehörde eines Landes, auf dessen Gebiet sich die Tätigkeit der Vereinigung erstreckt, eingeleitet.

(2) Für das Verfahren sind die §§ 80 bis 84, 87 bis 96a entsprechend anzuwenden.

(3) Die Vorschrift des § 63 über die Übersendung von Urteilen gilt entsprechend für die rechtskräftigen Beschlüsse von Gerichten für Arbeitssachen im Verfahren nach § 2 a Abs. 1 Nr. 4.

(4) ¹In den Fällen des § 2 a Abs. 1 Nr. 4 findet eine Wiederaufnahme des Verfahrens auch dann statt, wenn die Entscheidung über die Tariffähigkeit und Tarifzuständigkeit darauf beruht, daß ein Beteiligter absichtlich unrichtige Angaben oder Aussagen gemacht hat. ²§ 581 der Zivilprozeßordnung findet keine Anwendung.

(5) ¹Hängt die Entscheidung eines Rechtsstreits davon ab, ob eine Vereinigung tariffähig oder ob die Tarifzuständigkeit der Vereinigung gegeben ist, so hat das Gericht das Verfahren bis zur Erledigung des Beschlußverfahrens nach § 2 a Abs. 1 Nr. 4 auszusetzen. ²Im Falle des Satzes 1 sind die Parteien des Rechtsstreits auch im Beschlußverfahren nach § 2 a Abs. 1 Nr. 4 antragsberechtigt.

Übersicht

	Rn.
I. Allgemeines	1–4
II. Der Streitgegenstand des Verfahrens	5–8
III. Aussetzung eines anderen Verfahrens	9–14
1. Tariffähigkeit und Tarifzuständigkeit als Vorfrage	9, 10
2. Das auszusetzende Verfahren	11–14
IV. Die Beteiligten des Verfahrens	15–26
1. Die Antragsberechtigten	15–20
2. Das Rechtsschutzinteresse	21
3. Die übrigen Beteiligten	22–26
V. Zum Verfahren	27–30
VI. Wiederaufnahme des Verfahrens	31, 32

I. Allgemeines

1 § 97 enthält einige Sonderregelungen für die Beschlussverfahren, in denen nach § 2 a Abs. 1 Nr. 4 über die **Tariffähigkeit** oder die **Tarifzuständigkeit** einer Vereinigung zu entscheiden ist. Die Bestimmung wird hinsichtlich der Beteiligtenfähigkeit durch § 10 ergänzt (s. Erl. zu § 10 Rn. 32 f.).

2 Damit regelt § 97 für Entscheidungen über die Tariffähigkeit oder Tarifzuständigkeit einer Vereinigung **kein besonderes Verfahren,** das selbständig neben das Urteilsverfahren und das normale Beschlussverfahren tritt. Es bedarf deshalb auch keines besonderen Antrags auf Entscheidung „im Verfahren nach § 97". § 97 Abs. 1, wonach „das Verfahren auf Antrag ... eingeleitet wird" ist insoweit ebenso missverständlich wie § 81 Abs. 1 S. 1 (s. Erl. zu § 81 Rn. 2 f.). Über die Tariffähigkeit oder Tarifzuständigkeit einer Vereinigung ist vielmehr im regulären Beschlussverfahren nach den für dieses geltenden Vorschriften unter Berücksichtigung der in § 97 geregelten Besonderheiten zu entscheiden. Dies macht schon die Verweisung in § 97 Abs. 2 auf alle Vorschriften über das Beschlussverfahren deutlich (*Hauck/Helml* § 97 Rn. 3). Ausgenommen ist lediglich § 85 über die Zwangsvollstreckung und den Erlass einer einstweiligen Verfügung, da aus den hier zu treffenden Entscheidungen eine Zwangsvollstreckung nicht in Betracht kommt und Feststellungsanträgen nicht im Verfügungsverfahren entsprochen werden kann (ErfK/*Eisemann/Koch* ArbGG § 97 Rn. 3).

3 Schon das ArbGG 1953 enthielt mit seinem § 97 eine besondere Vorschrift zur Feststellung der Tariffähigkeit einer Vereinigung. Seine §§ 16 Abs. 2 S. 2 und 35 Abs. 2 S. 2 sahen vor, dass hierüber durch eine sog. „große Kammer" des Arbeitsgerichts bzw. des Landesarbeitsgerichts zu entscheiden war. Diese Bestimmungen wurden durch das ArbGG 1979 aufgehoben. Seitdem entscheiden Arbeitsgericht und Landesarbeitsgericht auch über Streitigkeiten nach § 2 a Abs. 1 Nr. 4 in der normalen Besetzung.

In Streitigkeiten über die Tariffähigkeit oder Tarifzuständigkeit einer Vereinigung 4
entscheiden **ausschließlich die Arbeitsgerichte** im Beschlussverfahren. Für das Beschlussverfahren vor den Verwaltungsgerichten begründen die Personalvertretungsgesetze keine entsprechende Zuständigkeit, auch wenn es in diesen Streitigkeiten auf die Tariffähigkeit einer Gewerkschaft ankommt (GK-ArbGG/*Dörner,* § 97 Rn. 4; zur Aussetzung des personalvertretungsrechtlichen Beschlussverfahrens in einem solchen Falle s. unten Rn. 11).

II. Der Streitgegenstand des Verfahrens

§ 97 findet Anwendung bei Streitigkeiten über die Tariffähigkeit oder Tarifzuständig- 5
keit einer Vereinigung. Es muss demnach ein **Streit** bestehen darüber, **ob eine Arbeitnehmer- oder Arbeitgebervereinigung tariffähig oder tarifzuständig** ist. Unter **Tariffähigkeit** ist die Möglichkeit zu verstehen, Partei eines Tarifvertrages sein, dh. mit normativer Wirkung für sich selbst oder seine Mitglieder Tarifverträge abschließen zu können. Nach § 2 Abs. 1 TVG sind **Tarifvertragsparteien** Gewerkschaften, einzelne Arbeitgeber und Vereinigungen von Arbeitgebern. Nach § 2 Abs. 2 TVG können auch Zusammenschlüsse von Gewerkschaften und Vereinigungen von Arbeitgeberverbänden (Spitzenorganisationen) im Namen der ihnen angeschlossenen Verbände Tarifverträge abschließen, wenn sie eine entsprechende Vollmacht haben. Spitzenorganisationen können darüber hinaus auch selbst Partei eines Tarifvertrages sein, wenn der Abschluss von Tarifverträgen zu ihren satzungsgemäßen Aufgaben gehört, § 2 Abs. 3 TVG. Welche Voraussetzungen im Einzelnen vorliegen müssen, ist für die **Arbeitgeber- und Arbeitnehmerseite** unterschiedlich zu beantworten: Nach der Rechtsprechung des BAG (14. 12. 2004 AP TVG § 2 Tariffähigkeit Nr. 1; 28. 3. 2006 AP TVG § 2 Tariffähigkeit Nr. 4) muss eine **Arbeitnehmervereinigung** bestimmte Mindestvoraussetzungen erfüllen, um tariffähig zu sein. Danach muss sie sich als satzungsgemäße Aufgabe die Wahrnehmung der Interessen ihrer Mitglieder in deren Eigenschaft als Arbeitnehmer gesetzt haben und willens sein, Tarifverträge abzuschließen. Sie muss frei gebildet, gegnerfrei, unabhängig und auf überbetrieblicher Grundlage organisiert sein und das geltende Tarifrecht als verbindlich anerkennen. Weiterhin ist Voraussetzung, dass die Arbeitnehmervereinigung ihre Aufgabe als Tarifpartnerin sinnvoll erfüllen kann. Dazu gehört einmal die Durchsetzungskraft gegenüber dem sozialen Gegenspieler, zum anderen eine gewisse Leistungsfähigkeit der Organisation. Dabei ist eine Arbeitnehmervereinigung für den von ihr beanspruchten Zuständigkeitsbereich entweder insgesamt oder gar nicht tariffähig. Eine partielle Tariffähigkeit gibt es nicht (BAG 28. 3. 2006 AP TVG § 2 Tariffähigkeit Nr. 4). **Arbeitgeber** sind demgegenüber nach § 2 Abs. 1 TVG stets tariffähig. Für sie und für **Arbeitgeberverbände** gilt, dass sie tariffähig sind, ohne dass es darauf ankommt, dass sie eine bestimmte Mächtigkeit haben (BAG 20. 11. 1999 AP TVG § 2 Nr. 20). Die Tariffähigkeit kann auch gesetzlich verliehen sein. Dies ist der Fall für die Handwerksinnungen und Innungsverbände, §§ 54 Abs. 3 Nr. 1, 82 S. 2 Nr. 3 und 85 HandwO. Die **Tarifzuständigkeit** ist nach ständiger Rechtsprechung des BAG die in der Satzung geregelte Befugnis eines an sich tariffähigen Verbandes, Tarifverträge mit einem bestimmten Geltungsbereich abzuschließen (BAG 27. 9. 2005 AP TVG § 2 Tarifzuständigkeit Nr. 18; 18. 7. 2006 AP TVG § 2 Tarifzuständigkeit Nr. 19). Von der Frage der Tarifzuständigkeit ist die Frage nach der **Tarifgebundenheit** zu unterscheiden. Letztere kann nicht Gegenstand eines Verfahrens nach § 97 sein. Eine OT-Mitgliedschaft im sog. Stufenmodell betrifft keine Regelung zur personellen Tarifzuständigkeit, sondern eine zur Tarifgebundenheit (BAG 18. 7. 2006 AP TVG § 2 Tarifzuständigkeit Nr. 19).

Da nach herrschender Meinung eine Arbeitnehmervereinigung eine Gewerkschaft im 6
arbeitsrechtlichen Sinne nur dann ist, wenn sie auch tariffähig ist, ist auch der Streit über die **Gewerkschaftseigenschaft** einer Vereinigung schlechthin als Streit um die Tariffähig-

keit iSd. § 2 a Abs. 1 Nr. 3 anzusehen, über den im Beschlussverfahren unter Berücksichtigung der Regelungen des § 97 zu entscheiden ist BAG 23. 4. 1971 AP ArbGG 1953 § 97 Nr. 2; 15. 3. 1977 AP GG Art. 9 Nr. 24; 25. 11. 1986 AP TVG § 2 Nr. 36; ErfK/*Eisemann/Koch* ArbGG § 97 Rn. 1, 2.)

7   Gleichgültig ist, **zwischen welchen Parteien** und aus welchem Anlass Streit über die Tariffähigkeit bzw. Tarifzuständigkeit besteht, insb. muss der Streit nicht zwischen den tariflichen Gegenspielern bestehen; auch zwischen mehreren Gewerkschaften kann die Tarifzuständigkeit streitig sein (*Hauck/Helml* § 97 Rn. 2).

8   Ist in einem Beschlussverfahren über **mehrere Streitgegenstände** zu entscheiden und hängt nur die Entscheidung über einen Streitgegenstand davon ab, ob eine Vereinigung tariffähig oder tarifzuständig ist, ist das Verfahren auch nur insoweit nach § 97 Abs. 5 auszusetzen (s. unten Rn. 9 ff.), so dass sich eine Trennung der Verfahren empfiehlt.

III. Aussetzung eines anderen Verfahrens

1. Tariffähigkeit und Tarifzuständigkeit als Vorfrage

9   Über die Frage der Tariffähigkeit und Tarifzuständigkeit soll ausschließlich im arbeitsgerichtlichen Beschlussverfahren nach § 2 a Abs. 1 Nr. 4 iVm. § 97 entschieden werden. Hängt die Entscheidung eines anderen Rechtsstreits von dieser Vorfrage ab, so hat das Gericht das Verfahren bis zur Erledigung eines Beschlussverfahrens über diese Frage nach § 2 a Abs. 1 Nr. 4 auszusetzen, § 97 Abs. 5 S. 1. Diese Pflicht besteht in jeder Lage des Verfahrens, demnach auch noch in der Revisionsinstanz. Die Vorschrift ist zwingend; die Aussetzung hat von Amts wegen zu erfolgen (BAG 23. 2. 2005 AP TVG § 4 Nachwirkung Nr. 42). Das Beschlussverfahren nach § 2 a Abs. 1 Nr. 4 muss noch nicht anhängig sein, es ist dann vielmehr von den Parteien des auszusetzenden Verfahrens anhängig zu machen. Die **Tariffähigkeit oder Tarifzuständigkeit** muss sich in dem anderen Verfahren **als Vorfrage** stellen. Dabei muss es auf die Frage der Tariffähigkeit oder Tarifzuständigkeit für die Entscheidung des anderen Rechtsstreits tatsächlich ankommen; es reicht nicht aus, wenn es hierauf möglicherweise ankommen könnte (BAG 28. 1. 2008 AP ArbGG 1979 § 97 Nr 17). Zudem muss die Entscheidung in dem anderen Rechtsstreit ausschließlich von der Tariffähigkeit oder Tarifzuständigkeit abhängen (BAG 29. 6. 2004 AP TVG § 1 Nr. 36). Die Tarifzuständigkeit oder Tariffähigkeit im engeren Sinne wird dabei regelmäßig Vorfrage in einem Verfahren sein, in dem es um Rechte und Ansprüche aus einem Tarifvertrag geht, den die umstrittene Vereinigung abgeschlossen hat. Die Tarifzuständigkeit kann aber auch in einem anderen Verfahren Vorfrage sein (BAG 19. 11. 1985 AP TVG § 2 Tarifzuständigkeit Nr. 4). Keine Aussetzungspflicht besteht, wenn unter den Parteien bzw. Beteiligten unstreitig ist, dass die Vereinigung nicht tariffähig ist und es im Rechtsstreit allein darum geht, ob ein „Gewerkschaften" vorbehaltener Rechtsanspruch auch einer nicht tariffähigen Vereinigung zukommt (19. 9. 2006 AP BetrVG 1972 § 2 Nr. 5). In einem solchen Fall ist die Frage der Tariffähigkeit nicht vorgreiflich.

10 Da die Frage der Tariffähigkeit einer Vereinigung gleichbedeutend ist mit der **Frage der Gewerkschaftseigenschaft** einer Vereinigung (s. oben Rn. 6; s. auch BAG 14. 12. 2004 AP TVG § 2 Tariffähigkeit Nr. 1), greift § 97 Abs. 5 auch immer dann ein, wenn die Entscheidung eines Rechtsstreits davon abhängig ist, ob eine Arbeitnehmervereinigung eine Gewerkschaft im arbeitsrechtlichen Sinne ist (ErfK/*Eisemann/Koch* ArbGG § 97 Rn. 2; Schwab/Weth/*Walker* § 97 Rn. 42; aA GK-ArbGG/*Dörner* § 97 Rn. 51). Gleiches gilt entsprechend für eine Arbeitgebervereinigung. Den Gewerkschaften sind im Betriebsverfassungsrecht, im Personalvertretungsrecht und im Recht der Vertretung der Arbeitnehmer im Aufsichtsrat vielfältige Rechte eingeräumt. Sie haben Antragsrechte, etwa nach § 23 BetrVG oder § 98 Abs. 2 Nr. 7 und 8 AktG und sind berechtigt, Wahl-

vorschläge zu machen, § 14 Abs. 5 BetrVG, § 19 Abs. 8 BPersVG, § 16 Abs. 2 MitbestG. Kommt es in Rechtsstreitigkeiten auf die Frage an, ob die antragstellende Vereinigung oder die Vereinigung, die einen Wahlvorschlag eingereicht hat, eine Gewerkschaft ist, so muss der Rechtsstreit nach § 97 Abs. 5 ausgesetzt werden. Dabei hat das **Gericht selbst zu prüfen** und zu entscheiden, ob das auf den Rechtsstreit anzuwendende Recht, wenn es von „Gewerkschaft", „Arbeitgeberverband", „Arbeitnehmervereinigung" oder ähnlichen Vereinigungen spricht, jeweils **eine tariffähige Vereinigung im Sinne des Arbeitsrechts voraussetzt**. Ist das der Fall, so ist die Frage, ob es sich um eine solche tariffähige Vereinigung handelt, im Verfahren nach § 97 zu entscheiden. Verlangt das anzuwendende Recht nicht die Tariffähigkeit der Vereinigung, kommt eine Aussetzung nach § 97 Abs. 5 nicht in Frage. So hat das Bundesverwaltungsgericht entschieden, dass eine Aussetzung nicht erforderlich sei, wenn es um die Frage gehe, ob eine Arbeitnehmervereinigung eine **Gewerkschaft im personalvertretungsrechtlichen Sinne** sei, weil hier der Gewerkschaftsbegriff auch Vereinigungen von Beamten umfasse (BVerwG 25. 7. 2006 AP LPVG NW § 22 Nr. 1).

2. Das auszusetzende Verfahren

Gleichgültig ist, **in welchem Verfahren sich** die Frage der Tariffähigkeit oder Tarifzuständigkeit als **Vorfrage stellt**. § 97 Abs. 5 richtet sich nicht nur an die Arbeitsgerichte, die ein entsprechendes Urteils- oder Beschlussverfahren auszusetzen haben. Die **Aussetzungspflicht** besteht auch für die **anderen Gerichtsbarkeiten**, insbesondere auch für das verwaltungsgerichtliche Beschlussverfahren in **personalvertretungsrechtlichen Streitigkeiten** (BAG 25. 9. 1996 AP ArbGG 1979 § 97 Nr. 4; GK-ArbGG/*Dörner* § 97 Rn. 50; ErfK/*Eisemann/Koch* ArbGG § 97 Rn. 6; *Hauck/Helml* § 97 Rn. 8). Gleichgültig ist auch, in welcher Instanz das Verfahren anhängig ist (BAG 2. 11. 1960 AP ArbGG 1953 § 97 Nr. 1). Nicht auszusetzen sind jedoch ein Verfahren auf Erlass einer einstweiligen Verfügung (LAG Hamm 12. 6. 1975 EzA § 46 BetrVG 1972 Nr. 1) sowie ein Verwaltungsverfahren. Eine Aussetzungspflicht besteht immer dann, wenn entweder die Tariffähigkeit oder Tarifzuständigkeit unter den Parteien oder Beteiligten streitig ist oder aber wenn von Amts wegen insoweit Bedenken bestehen (BAG 22. 9. 1993 AP TVG § 1 Tarifverträge Bau Nr. 168; 28. 1. 2008 AP ArbGG 1979 § 97 Nr 17; ErfK/*Eisemann/ Koch* ArbGG § 97 Rn. 6; *Hauck/Helml* § 97 Rn. 8; Schwab/Weth/*Walker* § 97 Rn. 44). Dabei sind allgemein bekannt gewordene Bedenken vom Gericht von Amts wegen aufzugreifen und zu würdigen. Erforderlich ist, dass das Gericht Bedenken gegen die Tariffähigkeit oder Tarifzuständigkeit einer Vereinigung hat; allein die Tatsache, dass beispielsweise in der Literatur die Tariffähigkeit in Zweifel gezogen wird, reicht für sich genommen nicht aus (so wohl aber die Bedenken von *Lembke* NZA 2008, 451, 453). Ist die Vorfrage bereits rechtskräftig entschieden, so ist das Gericht in den zeitlichen Grenzen der Rechtskraft daran gebunden (zur subjektiven Rechtskraft s. unten Rn. 29). Damit kommt eine Aussetzung nur in Betracht, wenn sich die tatsächlichen Verhältnisse so geändert haben, dass die frühere Entscheidung keine Rechtskraftwirkung mehr entfalten kann (BAG 1. 2. 1983 AP ZPO § 322 Nr. 14; BAG 6. 5. 2000 AP ArbGG 1979 Nr. 9).

Ist die Frage der Tariffähigkeit oder Tarifzuständigkeit im dargestellten Sinne vorgreiflich, so muss das Gericht den Rechtsstreit aussetzen, die Aussetzung steht anders als in § 148 ZPO nicht in seinem Ermessen (ErfK/*Eisemann/Koch* ArbGG § 97 Rn. 6; *Hauck/ Helml* § 97 Rn. 8). Eines besonderen **Antrags** der Parteien bedarf es dazu **nicht**.

Die Verletzung des Aussetzungsgebotes ist ein **Verfahrensfehler,** der nach der jeweiligen Prozessordnung geltend zu machen bzw. zu berücksichtigen ist. Das Verfahren kann noch in der 3. Instanz ausgesetzt werden (BAG 23. 4. 1971 AP ArbGG 1953 § 87 Nr. 2). Das Arbeitsgericht, das über die Tariffähigkeit oder Tarifzuständigkeit zu entscheiden hat, ist **an den Aussetzungsbeschluss gebunden.** Es kann insbesondere nicht nachprüfen, ob die Vorfrage, wegen derer das Verfahren ausgesetzt wurde, tatsächlich vorgreiflich ist (BAG 18. 7. 2006 AP TVG § 2 Tarifzuständigkeit Nr. 19; *Rüthers/Roth* Anm. zu AP TVG § 2 Nr. 32; Schwab/Weth/*Walker* § 97 Rn. 49). Das gilt auch dann, wenn es der Ansicht ist, die Vorfrage sei bereits rechtskräftig entschieden. Es darf den Antrag in einem solchen Fall nicht als unzulässig abweisen; es muss vielmehr in der Sache entsprechend der rechtskräftigen Entscheidung entscheiden. Gegen eine Entscheidung über die Aussetzung ist im Zivilprozess die sofortige Beschwerde nach § 567 ZPO, im arbeitsgerichtlichen Verfahren nach § 78 statthaft. Gegen die Entscheidung des Beschwerdegerichts ist die Rechtsbeschwerde an das Bundesarbeitsgericht dann statthaft, wenn das Landesarbeitsgericht sie in seinem Beschluss zugelassen hat, § 78 S. 2. Das gilt nicht, wenn das Landesarbeitsgericht in einem Beschlussverfahren ausgesetzt hat, § 90 Abs. 3.

14   Die Aussetzung des Verfahrens führt nicht automatisch zu einem Beschlussverfahren nach § 97, es bedarf vielmehr der **Stellung eines Antrags** beim zuständigen Arbeitsgericht gerichtet auf positive oder negative Feststellung der Tariffähigkeit bzw. Tarifzuständigkeit der Vereinigung (GK-ArbGG/*Dörner* § 97 Rn. 53; ErfK/*Eisemann/Koch* ArbGG § 97 Rn. 6). Bei diesem Antrag handelt es sich um einen reinen Sachantrag im Sinne von § 81. Diesen Antrag können auch die Parteien oder Beteiligten des ausgesetzten Verfahrens stellen (s. unten Rn. 20).

IV. Die Beteiligten des Verfahrens

1. Die Antragsberechtigten

15   Nach § 97 Abs. 1 kann eine Entscheidung im Beschlussverfahren über die Tariffähigkeit/Gewerkschaftseigenschaft oder Tarifzuständigkeit einer Vereinigung beantragt werden von einer **räumlich und sachlich zuständigen Vereinigung von Arbeitnehmern oder von Arbeitgebern**. Voraussetzung für die Antragsbefugnis ist, dass die Vereinigung die sachliche und räumliche Zuständigkeit zum Abschluss von Tarifverträgen besitzt oder zumindest in Anspruch nimmt. Gemeint sind damit nicht nur Vereinigungen, deren Zuständigkeit mit der Zuständigkeit derjenigen Vereinigung konkurriert, deren Tariffähigkeit oder Tarifzuständigkeit umstritten ist, sondern auch die Vereinigung, über deren Tariffähigkeit gerade gestritten wird (BAG 29. 6. 2004 AP ArbGG 1979 § 97 Nr. 10). Ob eine räumliche und sachliche Zuständigkeit gegeben ist, bestimmt sich nach der Satzung der jeweiligen Vereinigung (BAG 19. 1. 1962 AP TVG § 2 Nr. 13). Die Konkurrenz muss sowohl in räumlicher als auch in sachlicher Hinsicht bestehen, jedoch reicht es aus, wenn sich die Zuständigkeitsbereiche der Vereinigungen nur teilweise decken (BAG 28. 3. 2006 AP TVG § 2 Tariffähigkeit Nr. 4; 10. 9. 1985 AP TVG § 2 Nr. 34; ErfK/*Eisemann/Koch* ArbGG § 97 Rn. 4; *Hauck/Helml* § 97 Rn. 4). Die Zuständigkeitskonkurrenz kann sowohl zwischen Vereinigungen einer Seite, Gewerkschaften oder Arbeitgeberverbänden, als auch zwischen den sozialen Gegenspielern bestehen (ErfK/*Eisemann/Koch* ArbGG § 97 Rn. 4).

16   Soweit eine antragstellende Vereinigung die Tariffähigkeit einer anderen Vereinigung bestreitet, muss sie selbst tariffähig sein (BAG 28. 3. 2006 AP TVG § 2 Tariffähigkeit Nr. 4). Antragsberechtigt sind deshalb alle **tariffähigen Vereinigungen**, also Gewerkschaften und Arbeitgeberverbände. Darüber hinaus ist antragsberechtigt auch die **Vereinigung, deren Tariffähigkeit oder Zuständigkeit umstritten** ist (25. 11. 1986 AP TVG § 2 Nr. 36; 29. 6. 2004 AP ArbGG 1979 § 97 Nr. 10). **Spitzenorganisationen** sind daher nur dann antragsberechtigt, wenn sie selbst nach § 2 Abs. 2 bzw. 3 TVG tariffähig sind (BAG 22. 3. 2000 AP TVG § 2 Nr. 49; GK-ArbGG/*Dörner* § 97 Rn. 28; *Hauck/Helml* § 97 Rn. 4). Ein tariffähiger Arbeitgeberverband ist berechtigt, ein Verfahren nach den §§ 2a Abs. 1 Nr. 4 in Bezug auf eines seiner Mitglieder durchzuführen, ohne dass es

darauf ankommt, ob er auf Grund seines fachlichen Wirkungsbereichs dieses Mitglied aufnehmen durfte (BAG 17. 2. 1970 AP TVG § 2 Tarifzuständigkeit Nr. 2). Die Frage der Zulässigkeit der Mitgliedschaft ist keine Frage der Antragsberechtigung.

Zu den Vereinigungen iSd. § 97 Abs. 1 gehören auch die **Innungen und Innungsverbände, da sie** kraft Gesetzes tariffähig sind (54 Abs. 3 Nr. 1, 82 S. 2 Nr. 3, 85 Abs. 2 HandwO) und ebenso wie Arbeitgeberverbände ein Interesse an der Feststellung der Tariffähigkeit oder Tarifzuständigkeit möglicher sozialer Gegenspieler haben. 17

Antragsberechtigt sind nach § 97 Abs. 1 auch die **oberste Arbeitsbehörde** des Bundes oder die oberste Arbeitsbehörde eines Landes, auf dessen Gebiet sich die Tätigkeit der Vereinigung erstreckt. Für die Antragsberechtigung der obersten Arbeitsbehörde des Bundes ist nicht erforderlich, dass sich die Tätigkeit der Vereinigung auf das gesamte Bundesgebiet erstreckt. Erstreckt sich die Tätigkeit der Vereinigung auf das Gebiet mehrerer Bundesländer, so sind die obersten Arbeitsbehörden aller betroffenen Länder jede für sich antragsberechtigt. Dass alle antragsberechtigten obersten Arbeitsbehörden von ihrem Antragsrecht gleichzeitig Gebrauch machen, ist nicht erforderlich. 18

Zwar hat die Aufzählung der Antragsberechtigten in § 97 Abs. 1 ArbGG einschränkenden Charakter; dennoch gebieten Sinn und Zweck der Norm eine **entsprechende Anwendung auf Arbeitgeber,** wenn die Tarifzuständigkeit einer Gewerkschaft für sein Unternehmen oder einen seiner Betriebe zu klären ist (BAG 13. 3. 2007 AP TVG § 2 Tarifzuständigkeit Nr. 21; 27. 9. 2005 AP TVG § 2 Tarifzuständigkeit Nr. 18; 29. 6. 2004 AP ArbGG 1979 § 97 Nr. 10). Damit ist auch der einzelne Arbeitgeber antragsbefugt. Im Übrigen findet eine Erweiterung des Kreises der nach § 97 Abs. 1 Antragsberechtigten über die in § 97 Abs. 2 enthaltene Verweisung auf §§ 80 bis 84 und §§ 87 bis 96 a nicht statt. Diese Verweisung gilt nur für die weitere Durchführung eines befugterweise eingeleiteten Verfahrens (BAG 13. 3. 2007 AP TVG § 2 Tarifzuständigkeit Nr. 21). Dies folgt auch aus dem Zweck des § 97 Abs. 1, mit der Aufzählung der Antragsberechtigten andere Stellen, insbesondere betriebsverfassungsrechtliche Organe von der Antragsberechtigung auszuschließen. Da der **Betriebsrat** in § 97 Abs. 1 nicht genannt ist, ist er im Verfahren nach § 97 (eine Ausnahme kommt nur nach § 97 Abs. 5 in Betracht) **grundsätzlich nicht antragsbefugt.** Die Zusatzversorgungskasse des Baugewerbes ist ebenso nicht antragsbefugt (BAG 29. 6. 2004 AP ArbGG 1979 § 97 Nr. 10). 19

§ 97 Abs. 5 S. 2 erweitert die Antragsbefugnis zur Einleitung eines Beschlussverfahrens nach § 2 a Abs. 1 Nr. 4 in den Fällen, in denen ein Gericht einen Rechtsstreit gemäß § 97 Abs. 5 S. 1 bis zur Erledigung eines Beschlussverfahrens nach § 2 a Abs. 1 Nr. 4 ausgesetzt hat, über den Kreis der nach § 97 Abs. 1 Antragsberechtigten hinaus auf die **Parteien bzw. Beteiligten des wegen Vorgreiflichkeit ausgesetzten Verfahrens.** Sind sie in dem ausgesetzten Verfahren partei- oder beteiligtenfähig, so sind sie dies auch im Verfahren nach § 97, ohne Rücksicht darauf, ob die Voraussetzungen von § 50 ZPO oder § 10 ArbGG erfüllt sind. Die Antragsberechtigung ist allerdings erst gegeben, wenn der Rechtsstreit ausgesetzt worden ist. Ihre Antragsbefugnis beschränkt sich dann für sie auf die Vorfrage, wegen derer das Gericht sein Verfahren ausgesetzt hat. Die Partei bzw. der Beteiligte des ausgesetzten Verfahrens ist nicht befugt, eine andere als die von dem aussetzenden Gericht für entscheidungserheblich erachtete Frage der Tariffähigkeit oder Tarifzuständigkeit gerichtlich klären zu lassen (BAG 29. 6. 2004 AP ArbGG 1979 § 97 Nr. 10). Welche Vorfrage das Gericht für entscheidungserheblich erachtet hat, muss sich aus dem Aussetzungsbeschluss ergeben. Ggf. ist dieser auszulegen. Dabei sind neben der Beschlussformel auch die Gründe heranzuziehen. Lässt sich im Wege der Auslegung nicht zuverlässig feststellen, welche Vorfrage das aussetzende Gericht für entscheidungserheblich gehalten hat, kann der Aussetzungsbeschluss eine Antragsbefugnis der Parteien bzw. Beteiligten des Ausgangsverfahrens für das Beschlussverfahren nicht begründen (BAG 18. 7. 2006 AP TVG § 2 Tarifzuständigkeit Nr. 19). Solange der Aussetzungsbeschluss besteht, haben die Parteien bzw. Beteiligten des ausgesetzten Verfahrens auch ein rechtliches Interesse an der Entscheidung der Vorfrage, 20 wegen derer das Verfahren ausgesetzt wurde (BAG 24. 7. 1990 AP TVG § 2 Tarifzuständigkeit Nr. 7).

2. Das Rechtsschutzinteresse

21 Der Antrag eines der nach § 97 Abs. 1 möglichen Antragsteller ist nur dann zulässig, wenn dieser ein rechtliches Interesse an der Feststellung der Tariffähigkeit bzw. Tarifzuständigkeit der Vereinigung hat (BAG 13. 3. 2007 AP TVG § 2 Tarifzuständigkeit Nr. 21). Das Rechtsschutzinteresse in Verfahren nach § 97 entspricht dem Feststellungsinteresse nach § 256 ZPO. Es fehlt, wenn kein Anhaltspunkt dafür vorliegt, dass die Tariffähigkeit des antragstellenden Verbandes umstritten ist (GK-ArbGG/*Dörner* § 97 Rn. 38). Das Rechtsschutzinteresse fehlt idR ferner, wenn zwischen zwei dem DGB angehörigen Gewerkschaften die Tarifzuständigkeit streitig ist. Ein solcher Streit ist regelmäßig innerhalb des Verbands vor der Schiedsstelle des DGB auszutragen (BAG 17. 2. 1970 AP TVG § 2 Tarifzuständigkeit Nr. 3; 27. 9. 2005 AP TVG § 2 Tarifzuständigkeit Nr. 18; GK-ArbGG/*Dörner* § 97 Rn. 38; *Hauck/Helml* § 97 Rn. 3). Für einen negativen, auf die Feststellung der Unzuständigkeit einer Gewerkschaft gerichteten Antrag eines einzelnen Arbeitgebers besteht ein Feststellungsinteresse, wenn sich die Gewerkschaft einer Tarifzuständigkeit für das Unternehmen oder einen Betrieb des Arbeitgebers berühmt. Dafür ist Voraussetzung, dass die Gewerkschaft durch entsprechende Erklärungen oder Handlungen zum Ausdruck bringt, dass sie die Wahrnehmung von Befugnissen beabsichtigt, für die es ihrer Tarifzuständigkeit bedarf (BAG 13. 3. 2007 AP TVG § 2 Tarifzuständigkeit Nr. 21). Das Feststellungsinteresse der Parteien bzw. Beteiligten des nach § 97 Abs. 5 ausgesetzten Verfahrens ist allein auf Grund der Aussetzung gegeben, mag diese auch zu Unrecht erfolgt sein (Schwab/Weth/*Walker* § 97 Rn. 27).

3. Die übrigen Beteiligten

22 § 97 enthält keine Sonderregelung darüber, welche Personen, Stellen und Vereinigungen außer dem Antragsteller im Verfahren nach § 97 Beteiligte sind. Insoweit kommt die Verweisung in § 97 Abs. 2 auf § 83 Abs. 3 in entsprechender Anwendung zum Tragen (BAG 6. 6. 2000 AP TVG § 2 Nr. 55). **Beteiligte** sind danach neben dem Antragsteller all diejenigen, deren materielle Rechtsstellung im Hinblick auf die Tariffähigkeit bzw. Tarifzuständigkeit unmittelbar betroffen ist (BAG 10. 9. 1985 AP TVG § 2 Nr. 34; 13. 3. 2007 AP TVG § 2 Tarifzuständigkeit Nr. 21 im Hinblick auf die Tarifzuständigkeit).

23 Beteiligt ist daher stets diejenige **Vereinigung, deren Tariffähigkeit oder Tarifzuständigkeit umstritten** ist (BAG 10. 9. 1985 AP TVG § 2 Nr. 34). Beteiligt wären grundsätzlich auch **alle Arbeitnehmer- und Arbeitgebervereinigungen,** deren örtliche und sachliche Zuständigkeit mit der Zuständigkeit der Vereinigung, deren Tariffähigkeit oder Tarifzuständigkeit umstritten ist, konkurriert. Das können sowohl auf Arbeitnehmer- als auch auf Arbeitgeberseite eine Vielzahl von Vereinigungen sein, je nachdem, wie weit oder eng die Zuständigkeit der umstrittenen Vereinigung gefasst ist. Die Rechtsprechung des Bundesarbeitsgerichts lässt es deshalb ausreichend, wenn die Interessen der in ihrer Zuständigkeit betroffenen Vereinigungen jeweils durch ihre **Spitzenverbände** dadurch wahrgenommen werden, dass diese Beteiligte des Verfahrens sind (BAG 25. 11. 1986 AP TVG § 2 Nr. 36; *Hauck/Helml* § 97 Rn. 5; ErfK/*Eisemann/Koch* ArbGG § 97 Rn. 5; enger GK-ArbGG/*Dörner* § 97 Rn. 22). Erstreckt sich die Zuständigkeit der umstrittenen Vereinigung auch auf den Bereich des Handwerks, ist der jeweilige Bundesinnungsverband zu beteiligen (BAG 1. 2. 1983 AP ZPO § 322 Nr. 14). Die Beteiligten sind auch hier von Amts wegen zu ermitteln und zum Verfahren hinzuzuziehen. Neben den Spitzenorganisationen **können sich** die Einzelnen **Mitgliedsverbände,** sofern sie örtlich und sachlich zuständig sind, dadurch am Verfahren **beteiligen,** dass sie einen auf die

Tariffähigkeit oder Tarifzuständigkeit der umstrittenen Vereinigung gerichteten Antrag stellen (BAG 25. 11. 1986 AP TVG § 2 Nr. 36). Der einzelne **Arbeitgeber** ist dann beteiligt, wenn die Tarifzuständigkeit der Vereinigung gerade im Hinblick auf ihn als Tarifvertragspartei umstritten ist.

Sehr problematisch ist, ob die **Arbeitsbehörden** auch dann Beteiligte sind, wenn sie 24 nicht selbst nach § 97 Abs. 1 einen Antrag gestellt haben. Die Rechtsprechung des Bundesarbeitsgerichts ist hier nicht einheitlich. Während es zunächst angenommen hatte, die Beteiligung der Arbeitsbehörde folge aus der Antragsberechtigung (15. 3. 1977 AP GG Art. 9 Nr. 24), hat es in der Folgezeit judiziert, die oberste Arbeitsbehörde des Bundes sei zu beteiligen, wenn sich die Zuständigkeit der Vereinigung, deren Tariffähigkeit umstritten sei, auf das Gebiet mehrerer Bundesländer erstrecke (25. 11. 1986 AP TVG § 2 Nr. 36). In jüngeren Entscheidungen hat es zur Begründung der Beteiligung darauf abgestellt, die oberste Bundesbehörde sei dazu berufen, die Interessen der betroffenen Länder wahrzunehmen (6. 6. 2000 AP TVG § 2 Nr. 55; 14. 12. 2004 AP TVG § 2 Tariffähigkeit Nr. 1; 28. 3. 2006 AP TVG § 2 Tariffähigkeit Nr. 4). Demgegenüber hat es in seinem Beschluss vom 27. 9. 2005 darauf hingewiesen, die oberste Arbeitsbehörde des Bundes sei nicht zu beteiligen (AP TVG § 2 Tarifzuständigkeit Nr. 18). Und in seinem Beschluss vom 1. 7. 2006 (AP TVG § 2 Tarifzuständigkeit Nr. 19) hat es ausdrücklich die Voraussetzung für eine Beteiligung, nämlich die materiellrechtliche Betroffenheit hervorgehoben und ausgeführt, dass der Umstand, dass die oberste Arbeitsbehörde des Bundes unter bestimmten Voraussetzungen nach § 5 Abs. 1 S. 1 Nr. 1 TVG Tarifverträge für allgemeinverbindlich erkläre und dabei auch die Tarifzuständigkeit der Tarifvertragsparteien zu beachten habe, hierfür nicht genüge. Diese letzte Entscheidung überzeugt. Die Arbeitsbehörden werden in ihrer materiellrechtlichen Rechtsstellung durch eine Entscheidung über die Tariffähigkeit bzw. Tarifzuständigkeit einer Vereinigung idR nicht betroffen (so auch GK-ArbGG/*Dörner* § 97 Rn. 24; *Hauck/Helml* § 97 Rn. 5; aA BCF/*Friedrich* § 97 Rn. 5 a; ErfK/*Eisemann/Koch* ArbGG § 97 Rn. 5; *Matthes* in der Voraufl.).

Beteiligt sind schließlich stets alle **Parteien** oder **Beteiligten des** nach § 97 Abs. 5 25 **ausgesetzten Verfahrens,** sofern sie nicht schon Antragsteller des Verfahrens sind. Ist das ausgesetzte Verfahren ein Beschlussverfahren, so genügt es, dass sie in diesem Verfahren – gleichgültig ob zu Recht oder zu Unrecht – als Beteiligte angesehen worden sind. Die Rechtmäßigkeit ihrer Beteiligung im ausgesetzten Verfahren ist im Verfahren nach § 97 nicht zu prüfen.

Die genannten **Beteiligten** haben im Verfahren nach § 97 die **gleiche Rechtsstellung** 26 wie die Beteiligten eines sonstigen Beschlussverfahrens. Sie sind insbesondere befugt, gegen die Entscheidung ein Rechtsmittel einzulegen und müssen mitwirken, wenn über den Gegenstand des Verfahrens durch Antragsänderung, Antragsrücknahme, Vergleich oder Erledigungserklärung disponiert werden soll, §§ 81 Abs. 3, 83 a, 87 Abs. 3 und 92 Abs. 2.

V. Zum Verfahren

Auf das Verfahren finden im Übrigen nach § 97 Abs. 2 die allgemeinen Vorschriften 27 des arbeitsgerichtlichen Beschlussverfahrens, nämlich die §§ 80 bis 84 und 87 bis 96 a entsprechende Anwendung. Hiervon gibt es zwei Ausnahmen: Nicht anwendbar ist § 85 Abs. 1, der die Zwangsvollstreckung aus Entscheidungen im Beschlussverfahren regelt; ebenso scheidet der Erlas einer einstweiligen Verfügung aus, § 85 Abs. 2 (vgl. oben Rn. 2). Obgleich § 97 Abs. 2 auch auf § 83 a Abs. 1 verweist, wird ein Vergleich der Beteiligten regelmäßig nicht in Frage kommen, da diese über die Tariffähigkeit oder Tarifzuständigkeit einer Vereinigung nicht verfügen können (GK-ArbGG/*Dörner* § 97 Rn. 6; Schwab/Weth/*Walker* § 97 Rn. 30). Die Entscheidung des Arbeitsgerichts kann

§ 97 Entscheidung über die Tariffähigkeit und Tarifzuständigkeit einer Vereinigung

nach den allgemeinen Grundsätzen des Beschlussverfahrens mit der Beschwerde angefochten werden. Die Entscheidung des Landesarbeitsgerichts unterliegt der **Rechtsbeschwerde** nur dann, wenn sie entweder vom Landesarbeitsgericht zugelassen worden ist oder auf eine Nichtzulassungsbeschwerde hin vom Bundesarbeitsgericht zugelassen wird, §§ 97 Abs. 2, 87, 92. Dabei kann die Nichtzulassungsbeschwerde in diesen Streitigkeiten auch darauf gestützt werden, dass die Rechtssache grundsätzliche Bedeutung hat, was regelmäßig der Fall sein wird, § 92 a.

28 § 97 Abs. 3 erklärt § 63 für entsprechend anwendbar. Rechtskräftige **Entscheidungen** über die Tariffähigkeit oder Tarifzuständigkeit einer Vereinigung sind daher alsbald der obersten Arbeitsbehörde des Bundes und der Länder, auf die sich die Zuständigkeit der umstrittenen Vereinigung erstreckt, in vollständiger Form abschriftlich zu **übersenden**. Das gilt unabhängig davon, ob diese Behörden im Verfahren Beteiligte waren.

29 Entscheidungen über die **Tariffähigkeit** – auch im Sinne der Gewerkschaftseigenschaft – einer Vereinigung entfalten **Rechtskraft** gegenüber jedermann (BAG 15. 3. 1977 AP GG Art. 9 Nr. 24; 25. 11. 1986 AP TVG § 2 Nr. 36; 15. 11. 2006 AP TVG § 4 Tarifkonkurrenz Nr. 34 mwN; *Dütz* ArbRGeg. Bd. 20 S. 47; ErfK/*Eisemann/Koch* ArbGG § 97 Rn. 3; enger GK-ArbGG/*Dörner* § 97 Rn. 56). Auf jeden Fall ist die Entscheidung für das Gericht des nach § 97 Abs. 5 ausgesetzten Verfahrens bindend. Die Rechtskraft einer Entscheidung über die Tariffähigkeit einer Vereinigung kann jedoch zeitlich beschränkt sein, insbesondere, wenn sich die tatsächlichen Verhältnisse seit der Entscheidung wesentlich geändert haben (BAG 1. 2. 1983 AP ZPO § 322 Nr. 14; 6. 6. 2000 AP ArbGG 1979 § 97 Nr. 9). Sie entfällt, wenn später die Satzung geändert wurde (BAG 19. 11. 1985 AP TVG § 2 Tarifzuständigkeit Nr. 4) oder die Rechtslage sich geändert hat (BAG 6. 6. 2000 AP ArbGG 1979 § 97 Nr. 9). Die Entscheidung über die Tariffähigkeit einer Vereinigung nach § 2 a Abs. 1 Nr. 4, § 97 begründet oder beendet nicht erst die Tariffähigkeit, sondern stellt sie nur fest (BAG 15. 11. 2006 AP TVG § 4 Tarifkonkurrenz Nr. 34).

30 Soweit in den Verfahren nach § 97 lediglich über die **Tarifzuständigkeit** einer Vereinigung entschieden worden ist, kann die Entscheidung ihre bindende Wirkung nur in Rechtsstreitigkeiten über das Bestehen oder Nichtbestehen von Tarifverträgen oder über Ansprüche aus Tarifverträgen, die von der Vereinigung abgeschlossen worden sind, entfalten (ErfK/*Eisemann/Koch* ArbGG § 97 Rn. 3).

VI. Wiederaufnahme des Verfahrens

31 Auch ein rechtskräftig abgeschlossenes Verfahren über die Tariffähigkeit oder Tarifzuständigkeit einer Vereinigung kann nach § 97 Abs. 2 iVm. § 80 Abs. 2, § 79 und den §§ 578 ff. ZPO bei Vorliegen der Wiederaufnahmegründe nach §§ 579, 580 ZPO wieder aufgenommen werden. Gegenüber dem allgemeinen **Wiederaufnahmeverfahren** sieht § 97 Abs. 4 zwei Abweichungen vor: Während es nach § 580 Nr. 1 ZPO Voraussetzung für eine Wiederaufnahme des Verfahrens ist, dass die Partei sich durch die Beeidigung einer Aussage einer vorsätzlichen oder fahrlässigen Verletzung der Eidespflicht schuldig gemacht hat, genügt es nach § 97 Abs. 4, dass ein Beteiligter des Verfahrens absichtlich **unrichtige Angaben oder Aussagen** gemacht hat. Welcher Beteiligte das gewesen ist, ist unerheblich. Auch der Antragsteller des Verfahrens ist Beteiligter in diesem Sinne. Absichtlich sind unrichtige Angaben dann gemacht, wenn sie in Kenntnis ihrer Unrichtigkeit gemacht werden. Der Beteiligte muss auf seine Aussage nicht vereidigt worden sein. Bei nur fahrlässig falscher Angabe ist eine Wiederaufnahme nur möglich, wenn der Beteiligte auf seine Aussage vereidigt worden ist. Für falsche Aussagen von Zeugen und Sachverständigen verbleibt es bei der Regelung in § 580 Nr. 3 ZPO.

32 Im Übrigen findet nach § 97 Abs. 4 S. 2 § 581 ZPO keine Anwendung. Das bedeutet, dass es für die Durchführung des Wiederaufnahmeverfahrens nicht der rechtskräftigen

Verurteilung bedarf, soweit die **Wiederaufnahme des Verfahrens auf eine Straftat** iSv. § 580 Nr. 1 bis 5 **gestützt** wird. Ebenso wenig ist es erforderlich, dass die Einleitung oder Durchführung eines Strafverfahrens aus anderen Gründen als wegen Mangels an Beweisen nicht erfolgen kann. Damit soll eine beschleunigte Wiederaufnahme ermöglicht werden. Das Vorliegen der Straftat kann daher im Wiederaufnahmeverfahren geprüft werden. Eine Aussetzung des Verfahrens bis zum Abschluss eines eingeleiteten Strafverfahrens würde dieser Beschleunigungstendenz widersprechen und ist daher nicht zulässig (GK-ArbGG/*Dörner* § 97 Rn. 45 ff.). Im Übrigen gelten für das Wiederaufnahmeverfahren die allgemeinen Vorschriften, insbesondere auch § 79 S. 2.

§ 98 Entscheidung über die Besetzung der Einigungsstelle

(1) ¹In den Fällen des § 76 Abs. 2 Satz 2 und 3 des Betriebsverfassungsgesetzes entscheidet der Vorsitzende allein. ²Wegen fehlender Zuständigkeit der Einigungsstelle können die Anträge nur zurückgewiesen werden, wenn die Einigungsstelle offensichtlich unzuständig ist. ³Für das Verfahren gelten die §§ 80 bis 84 entsprechend. ⁴Die Einlassungs- und Ladungsfristen betragen 48 Stunden. ⁵Ein Richter darf nur dann zum Vorsitzenden der Einigungsstelle bestellt werden, wenn aufgrund der Geschäftsverteilung ausgeschlossen ist, daß er mit der Überprüfung, der Auslegung oder der Anwendung des Spruchs der Einigungsstelle befaßt wird. ⁶Der Beschluss des Vorsitzenden soll den Beteiligten innerhalb von zwei Wochen nach Eingang des Antrags zugestellt werden; er ist den Beteiligten spätestens innerhalb von vier Wochen nach diesem Zeitpunkt zuzustellen.

(2) ¹Gegen die Entscheidungen des Vorsitzenden findet die Beschwerde an das Landesarbeitsgericht statt. ²Die Beschwerde ist innerhalb einer Frist von zwei Wochen einzulegen und zu begründen. ³Für das Verfahren gelten § 87 Abs. 2 und 3 und die §§ 88 bis 90 Abs. 1 und 2 sowie § 91 Abs. 1 und 2 entsprechend mit der Maßgabe, dass an die Stelle der Kammer des Landesarbeitsgerichts der Vorsitzende tritt. ⁴Gegen dessen Entscheidungen findet kein Rechtsmittel statt.

Übersicht

	Rn.
I. Allgemeines	1–3
II. Gegenstand des Verfahrens	4–12
1. Errichtung der Einigungsstelle	4, 5
2. Zuständigkeit der Einigungsstelle	6–12
a) Prüfung im Bestellungsverfahren	6–10
b) Prüfung im Beschlussverfahren	11, 12
III. Das Bestellungsverfahren	13–41
1. Der Antrag	13–15
2. Die Beteiligten	16, 17
3. Das Verfahren	18, 19
4. Die Entscheidung	20–29
a) Entscheidung durch Beschluss	20, 21
b) Zurückweisung des Antrages	22
c) Bestellung des Vorsitzenden	23–27
d) Bestimmung der Zahl der Beisitzer	28, 29
5. Die Wirkung der Entscheidung	30–35
6. Die Beschwerde	36–41

I. Allgemeines

§ 98 regelt verfahrensrechtliche Besonderheiten für das arbeitsgerichtliche Beschlussverfahren in den Fällen, in denen sich die Betriebspartner über die Person des **Vorsitzenden der Einigungsstelle** und/oder die **Zahl der Beisitzer jeder Seite** nicht einigen können. **1**

Die Bestimmung stellt das prozessrechtliche Korrelat zur materiellrechtlichen Bestimmung des § 76 Abs. 2 S. 2 und 3 dar. Dabei ist es unerheblich, ob die Einigungsstelle über Meinungsverschiedenheiten zwischen Arbeitgeber und Betriebsrat, oder Gesamtbetriebsrat, oder Konzernbetriebsrat entscheiden soll.

2 § 98 betrifft nur das Verfahren zur Errichtung der **Einigungsstelle nach dem BetrVG**. Soweit an die Stelle der Einigungsstelle gemäß § 76 Abs. 8 BetrVG eine **tarifliche Schlichtungsstelle** tritt, muss durch Tarifvertrag deren Bildung geregelt werden. Sieht der Tarifvertrag für den Nichteinigungsfall eine Entscheidung des Arbeitsgerichts vor und ist nichts anderes bestimmt, wird davon auszugehen sein, dass auch in diesem Fall für das Verfahren § 98 gilt (LAG Düsseldorf 26. 10. 1976 EzA § 76 BetrVG 1972 Nr. 14; GK-BetrVG/*Kreutz* § 76 Rn. 184; GK-ArbGG/*Dörner* § 98 Rn. 3; ErfK/*Eisemann/Koch* ArbGG § 98 Rn. 1; zweifelnd Schwab/Weth/*Walker* § 98 Rn. 4).

3 § 98 gilt ferner nicht für die Errichtung der nach den **Personalvertretungsgesetzen zu bildenden Einigungsstellen**. Der Vorsitzende der Einigungsstelle nach dem BPersVG ist vom Präsidenten des Bundesverwaltungsgerichts, der Vorsitzende der Einigungsstelle nach den meisten Landespersonalvertretungsgesetzen vom Präsidenten des Oberverwaltungsgerichts bzw. Verwaltungsgerichtshofs, in Schleswig-Holstein vom Präsidenten des Verwaltungsgerichts, in Hamburg und Bremen vom Präsidenten der Bürgerschaft, in Hessen vom Vorsitzenden der Landespersonalkommission zu bestellen. Soweit nach dem **Betriebsvertretungsrecht bei den Stationierungsstreitkräften** eine Einigungsstelle tätig werden kann, wird der Vorsitzende der Einigungsstelle regelmäßig vom Generalsekretär der Nordatlantikvertrags-Organisation bestellt (Abschnitt 6c des Unterzeichnungsprotokolls zu Art. 56 Abs. 9 des Zusatzabkommens zum NATO-Truppenstatut).

II. Gegenstand des Verfahrens

1. Errichtung der Einigungsstelle

4 Im Verfahren nach § 98 hat das Gericht in den Fällen des § 76 Abs. 2 S. 2 und 3 zu entscheiden, also dann, wenn sich die Betriebspartner nicht auf die Person des unparteiischen Vorsitzenden der Einigungsstelle und/oder auf die Zahl der Beisitzer einigen können. Aufgabe des Gerichts ist es, den **Vorsitzenden zu bestellen** und die **Zahl der Beisitzer festzulegen**. Es ist nicht erforderlich, dass es an einer Einigung der Betriebspartner hinsichtlich beider Fragen fehlt. Das Arbeitsgericht kann auch lediglich über die Person des Vorsitzenden oder nur über die Zahl der Beisitzer entscheiden. Streit über die Person des Vorsitzenden oder die Zahl der Beisitzer iSv. § 76 Abs. 2 S. 2 u. 3 besteht auch dann, wenn unter den Betriebspartnern streitig ist, ob sie sich insoweit schon geeinigt haben (LAG Hamm 6. 12. 1976 EzA ArbGG § 98 Nr. 8).

5 Gleichgültig ist, ob die zu bildende Einigungsstelle im **freiwilligen Einigungsverfahren** nach § 76 Abs. 6 BetrVG oder in einem Fall entscheiden soll, in dem der **Spruch der Einigungsstelle die Einigung der Betriebspartner ersetzt** (erzwingbare Mitbestimmung), § 76 Abs. 5 BetrVG (ErfK/*Eisemann/Koch* § 98 Rn. 1; GK-ArbGG/*Dörner* § 98 Rn. 7; *Hauck/Helml* § 98 Rn. 1).

2. Zuständigkeit der Einigungsstelle

a) Prüfung im Bestellungsverfahren

6 Voraussetzung für das Verfahren nach § 98 ist nach der ausdrücklich in § 76 Abs. 2 S. 2 und 3 BetrVG getroffenen Regelung lediglich, dass sich die Betriebspartner über die Person des Vorsitzenden der Einigungsstelle und/oder über die Zahl der Beisitzer nicht geeinigt haben. Gleichwohl bestanden in der Rechtsprechung unterschiedliche Auffassungen darüber, ob in dem Verfahren nach § 98 auch zu prüfen ist, ob die zu errichtende **Einigungsstelle** überhaupt zur Beilegung der jeweiligen Meinungsverschiedenheit der Betriebspartner **zuständig ist**. Diese Streitfrage ist durch die Arbeitsgerichtsnovelle vom 21. 5. 1979 dadurch entschieden worden, dass § 98 Abs. 1 um den heutigen Satz 2 ergänzt worden ist. Danach darf ein Antrag auf Bestellung des Vorsitzenden oder Bestimmung der Zahl der Beisitzer wegen fehlender Zuständigkeit der zu bildenden Einigungsstelle nur zurückgewiesen werden, wenn **die Einigungsstelle offensichtlich unzuständig** ist.

Die Frage der Zuständigkeit der Einigungsstelle ist in erster Linie von Bedeutung für 7 diejenigen Fälle, in denen der Spruch der Einigungsstelle die Einigung der Betriebspartner ersetzt. In diesen Fällen scheitert die **einvernehmliche Bildung einer Einigungsstelle** vielfach nicht daran, dass sich die Betriebspartner nicht über die Person des Vorsitzenden einigen können, sondern daran, dass ein Betriebspartner, in der Regel der Arbeitgeber, die zu bildende Einigungsstelle nicht für zuständig hält, die Meinungsverschiedenheit zwischen den Betriebspartnern beizulegen. Die Zuständigkeit der Einigungsstelle wird mit der Begründung verneint, dass dem Betriebsrat insoweit kein erzwingbares Mitbestimmungsrecht zustehe. Die Frage nach der Zuständigkeit der Einigungsstelle ist daher in vielen Fällen gleichbedeutend mit der **Frage nach dem Bestehen eines erzwingbaren Mitbestimmungsrechts** (BAG 24. 11. 1981 AP BetrVG 1972 § 76 Nr. 11).

Ein **Antrag** auf Bestellung eines Vorsitzenden der Einigungsstelle und/oder auf Fest- 8 legung der Zahl der Beisitzer ist nach alledem nach § 98 Abs. 1 S. 2 dann **zurückzuweisen**, wenn offensichtlich ist, dass das vom Betriebsrat in Anspruch genommene Mitbestimmungsrecht nicht gegeben ist (BAG 6. 12. 1983 AP BetrVG 1972 § 87 Überwachung Nr. 7), dh., wenn bei **fachkundiger Beurteilung durch das Gericht** sofort erkennbar ist, dass ein Mitbestimmungsrecht des Betriebsrates in der fraglichen Angelegenheit unter keinem denkbaren rechtlichen Gesichtspunkt in Frage kommt (LAG Berlin 18. 2. 1980 AP ArbGG 1979 § 98 Nr. 1; LAG Düsseldorf 21. 12. 1981 EzA § 98 ArbGG 1979 Nr. 4; LAG Hamburg 7. 3. 1985 NZA 1985, 604; LAG Hamm 16. 4. 1986 BB 1986, 1359; LAG Düsseldorf 4. 11. 1988 NZA 1989, 146; LAG Niedersachsen 30. 9. 1988 NZA 1989, 149; LAG Saarland 7. 3. 2007 – 2 TaBV 8/06; Hessisches LAG 15. 5. 2007 AE 2008, 50; LAG Niedersachsen 8. 6. 2007 LAGE ArbGG 1979 § 98 Nr. 49; LAG Hamm 26. 5. 2008 – 10 TaBV 51/08; LAG Berlin-Brandenburg 7. 8. 2008 – 14 TaBV 1212/08; GK-ArbGG/*Dörner* § 98 Rn. 23; ErfK/ *Eisemann/Koch* ArbGG § 98 Rn. 3; *Hauck/Helml* § 98 Rn. 4). Nur durch eine solch weitgehende Einschränkung der Zuständigkeitsprüfung, die das Bestellungsverfahren nicht mit der (zeitraubenden) Lösung schwieriger rechtlicher Probleme belastet, ist gewährleistet, dass eine formal funktionsfähige Einigungsstelle schnell gebildet wird (vgl. BAG 24. 11. 1981 AP BetrVG 1972 § 76 Nr. 11).

Offensichtlich kein Mitbestimmungsrecht ist gegeben, wenn sich die beizulegende 9 Streitigkeit zwischen den Betriebspartnern erkennbar nicht unter einen mitbestimmungspflichtigen Tatbestand subsumieren lässt (LAG Hamm 10. 9. 2007 – 10 TaBV 85/07; 10. 9. 2007 – 13 TaBV80/07; 7. 7. 2003 NZA-RR 2003, 637), wenn von einem Mitbestimmungsrecht bereits durch Abschluss einer Betriebsvereinbarung abschließend Gebrauch gemacht wurde (LAG Hamm 26. 5. 2008 – 10 TaBV 51/08), solange die Betriebsvereinbarung nicht gekündigt oder für unwirksam erklärt ist (LAG Düsseldorf 9. 9. 1977 EzA § 76 BetrVG 1972 Nr. 16; Hess.LAG 20. 5. 2008 – 4 TaBV 97/08; aA LAG Köln 6. 9. 2005 EzA § 98 ArbGG 1979 Nr. 44 a), über den Anspruch eines Arbeitnehmers auf Entfernung einer Abmahnung aus der Personalakte (LAG Rheinland-Pfalz 17. 1. 1985 NZA 1985, 190; LAG Berlin 19. 8. 1988 NZA 1988, 852; aA LAG Köln 16. 11. 1984 NZA 1985, 191) oder wenn zwischen den Betriebspartnern bereits rechtskräftig entschieden ist, dass das geltend gemachte Mitbestimmungsrecht nicht besteht (LAG Baden-Württemberg 4. 10. 1984 NZA 1985, 163; LAG München 13. 3. 1986 NZA 1987, 210), wenn die Amtszeit des Betriebsrats offensichtlich beendet ist (LAG Hamburg 2. 11. 1988 BB 1989, 916) oder wenn beispielsweise ohne konkreten Anlass eine Rahmenbetriebsvereinbarung über die Einführung von EDV-Anlagen gefordert wird (LAG Düsseldorf 4. 11. 1988 NZA 1989, 146). Zur Zuständigkeit der Einigungsstelle für die Behandlung von Beschwerden nach § 85 Abs. 2 ArbGG s. Hess.LAG 15. 9. 1992 NZA 1994, 96; Hess.LAG 12. 3. 2002 DB 2004, 386. Hat eine gebildete Einigungsstelle bereits ihre Zuständigkeit verneint, kann nicht die Bestellung einer neuen Einigungsstelle zur Regelung der gleichen Angelegenheit beantragt werden (LAG Baden-Württemberg 21. 3. 1985 NZA 1985, 745). Der Antrag ist auch dann zurückzuweisen, wenn das in Anspruch genommene Mitbestimmungsrecht offensichtlich nicht dem antragstellenden Betriebsrat, sondern allenfalls dem Gesamt- bzw. Konzernbetriebsrat zusteht (Hess.LAG 15. 6. 1984 NZA 1985, 33; LAG Hamburg 10. 4. 1991 DB 1991, 2195; LAG Hamm 16. 2. 2007 – 13 TaBV 6/07).

10 Für die Einigungsstelle, die **im freiwilligen Einigungsverfahren** nach § 76 Abs. 6 tätig werden soll, kommt es auf das Bestehen eines erzwingbaren Mitbestimmungsrechts und damit auf die Zuständigkeit der Einigungsstelle nicht an. Eine Zuständigkeitsprüfung entfällt daher. Gleichwohl ist in entsprechender Anwendung von § 98 Abs. 1 S. 2 der Antrag auf Bestellung des Vorsitzenden und Bestimmung der Zahl der Beisitzer zurückzuweisen, wenn offensichtlich ist, dass die zu bildende Einigungsstelle nicht tätig werden kann, weil es beispielsweise am Einverständnis beider Betriebspartner mit ihrem Tätigwerden fehlt (so im Ergebnis auch GK-ArbGG/*Dörner* § 98 Rn. 7; ErfK/*Eisemann/Koch* ArbGG § 98 Rn. 3; *Hauck/Helml* § 98 Rn. 4).

b) Prüfung im Beschlussverfahren

11 Die Möglichkeit, ein Bestellungsverfahren nach § 98 durchzuführen, führt nicht dazu, dass über das Bestehen oder Nichtbestehen der geltend gemachten Mitbestimmungsrechte in einem normalen Beschlussverfahren nicht entschieden werden könnte (BAG 27. 6. 2006 NZA 2007, 106). Vielmehr kann im Rahmen eines sog. **Vorabentscheidungsverfahrens nach § 2 a** (s. Erl. zu § 2 a Rn. 101 ff.) unabhängig davon, ob dies vor, während oder nach dem Bestellungsverfahren anhängig gemacht wird, gerichtlich geklärt werden, ob das streitige Mitbestimmungsrecht besteht (BAG 24. 11. 1976 AP BetrVG 1972 § 76 Nr. 11; 6. 12. 1983 AP BetrVG 1972 § 87 Überwachung Nr. 7; LAG Berlin-Brandenburg 7. 8. 2008 – 14 TaBV 1212/08). Da es Zweck des Bestellungsverfahrens nach § 98 ist, in einem vereinfachten Verfahren die alsbaldige Bildung einer Einigungsstelle zur Wahrnehmung von Mitbestimmungsrechten zu ermöglichen, darf das **Bestellungsverfahren nicht** im Hinblick auf die Anhängigkeit eines Vorabentscheidungsverfahrens **ausgesetzt** werden. § 148 ZPO ist nicht anwendbar (BAG 24. 11. 1981 AP BetrVG 1972 § 76 Nr. 11; 16. 3. 1982 AP BetrVG 1972 § 87 Vorschlagswesen Nr. 2; GK-ArbGG/*Dörner* § 98 Rn. 49; ErfK/*Eisemann/Koch* ArbGG § 98 Rn. 4; *Hauck/Helml* § 98 Rn. 5; GK-BetrVG/ *Kreutz* § 76 Rn. 72). Auch die gebildete Einigungsstelle ist nicht befugt, das Einigungsverfahren mit Rücksicht auf das Vorabentscheidungsverfahren auszusetzen. Lediglich die Betriebspartner selbst können vereinbaren, das Einigungsstellenverfahren für die Dauer des Beschlussverfahrens nicht weiter zu betreiben.

12 Eine Entscheidung im Bestellungsverfahren, dass ein Mitbestimmungsrecht offensichtlich nicht gegeben ist, ist für das Vorabentscheidungsverfahren nicht bindend (BAG 25. 4. 1989 AP ArbGG 1979 § 98 Nr. 3; 9. 5. 1995 AP BetrVG 1972 § 111 Nr. 33). Demgegenüber bindet eine rechtskräftige Entscheidung im Vorabentscheidungsverfahren über das Bestehen oder Nichtbestehen eines Mitbestimmungsrechts die Beteiligten sowohl im Bestellungsverfahren nach § 98 als auch im Einigungsstellenverfahren und damit auch die Einigungsstelle (vgl. LAG Berlin-Brandenburg 7. 8. 2008 – 14 TaBV 1212/08).

III. Das Bestellungsverfahren

1. Der Antrag

Das Verfahren nach § 98 setzt einen Antrag voraus, § 81 Abs. 1. Antragsbefugt sind diejenigen Personen und Stellen, die die Einigungsstelle anrufen können, also Arbeitgeber/Unternehmer und Betriebsrat/Gesamtbetriebsrat und Konzernbetriebsrat. In den Fällen gleichberechtigter Mitbestimmung kann die Einigungsstelle von **jedem Betriebspartner** angerufen, also auch der Antrag von jedem Betriebspartner gestellt werden. In einer Reihe von Fällen ist jedoch nur der Arbeitgeber zur Anrufung der Einigungsstelle befugt, so z. B. in den Fällen der §§ 37 Abs. 6, 38 Abs. 2, 95 Abs. 1 BetrVG, im Falle des § 85 Abs. 2 BetrVG beispielsweise nur der Betriebsrat. Soll die Einigungsstelle im freiwilligen Einigungsverfahren tätig werden, ist nicht erforderlich, dass beide Betriebspartner den Antrag stellen, sofern nur beide mit dem Tätigwerden der Einigungsstelle einverstanden sind. Bei fehlendem Einverständnis der Gegenseite ist die Einigungsstelle offensichtlich unzuständig, der Antrag mithin unbegründet (GK-ArbGG/*Dörner* § 98 Rn. 7). 13

Der Antrag geht auf Bestellung eines Vorsitzenden der Einigungsstelle und/oder Bestimmung der Zahl der Beisitzer. Die Benennung einer bestimmten Person oder die Angabe einer bestimmten Zahl von Beisitzern ist nicht erforderlich, entsprechende Angaben sind für das Gericht nur **unverbindliche Vorschläge** (LAG Hamm 16. 8. 1976 EzA BetrVG 1972 § 76 Nr. 7; 4. 12. 1985 BB 1986, 258; LAG Bremen 1. 7. 1988 PersR 1988, 315; *Hauck/Helml* § 98 Rn. 6; ErfK/*Eisemann/Koch* ArbGG § 98 Rn. 5; GK-ArbGG/*Dörner* § 98 Rn. 29; zur Person des Vorsitzenden s. *Schönfeld* DB 1988, 1996). 14

Der Antrag bedarf weiter einer **Begründung.** Jedenfalls soweit die Einigungsstelle im **verbindlichen Einigungsverfahren** tätig werden soll, genügt nicht der Vortrag, dass hinsichtlich der Person des Vorsitzenden oder der Zahl der Beisitzer keine Einigung der Betriebspartner zustande gekommen ist. Da das Gericht in diesen Fällen – wenn auch nur im Rahmen einer Offensichtlichkeitsprüfung – auch die **Zuständigkeit der Einigungsstelle,** also das Bestehen eines Mitbestimmungsrechts prüfen muss, muss die Begründung erkennen lassen, über welche mitbestimmungsrechtlich relevanten Gegenstände Meinungsverschiedenheiten zwischen Betriebsrat und Arbeitgeber bestehen, dh. über welchen Gegenstand in der Einigungsstelle verhandelt werden soll (LAG Köln 16. 8. 1977 EzA BetrVG 1972 § 76 Nr. 15; LAG Düsseldorf 21. 8. 1987 NZA 1988, 211; LAG Hamburg 1. 2. 2007 - 8 TaBV 18/06; ErfK/*Eisemann/Koch* ArbGG § 98 Rn. 2; *Bengelsdorf* BB 1991, 619; *Behrens* NZA 1991 Beil. 2, 23). Der Inhalt der gewünschten Regelung muss hingegen nicht angegeben werden. Eine betriebliche Angelegenheit, eine Maßnahme des Arbeitgebers, kann Mitbestimmungsrechte unterschiedlichen Inhalts in Frage kommen lassen. Bei der Einführung etwa eines Datenverarbeitungssystems können Mitbestimmungsrechte des Betriebsrats hinsichtlich der Überwachung von Verhalten und Leistung der Arbeitnehmer, hinsichtlich der Ausgestaltung von Arbeitsplätzen an diesem System und schließlich unter dem Gesichtspunkt in Frage kommen, dass die Einführung des Datenverarbeitungssystems eine Betriebsänderung darstellt. In solchen Fällen muss die Begründung auch ergeben, ob hinsichtlich aller möglichen Regelungsbereiche ein Regelungsstreit zwischen den Betriebspartnern besteht, der von der Einigungsstelle entschieden werden soll, oder ob die Einigungsstelle nur eine Regelung zum Ausgleich oder zur Minderung wirtschaftlicher Nachteile oder der Überwachung von Verhalten und Leistung der Arbeitnehmer treffen soll. Insoweit kann aber der Antrag auch im Laufe des Verfahrens gemäß § 81 Abs. 3 bzw. § 87 Abs. 2 Satz 3 geändert, der strittige Regelungsbereich also anders umschrieben oder erweitert werden (LAG Frankfurt 12. 11. 1991 NZA 1992, 853). Aus dem Antrag muss hervorgehen, dass vor Anrufung der Einigungsstelle eine **gütliche Einigung** versucht wurde. Wurde 15 nicht einmal der Versuch einer Einigung unter den Betriebspartnern unternommen, fehlt es am erforderlichen **Rechtsschutzinteresse** und der Antrag ist unzulässig. In diesem Zusammenhang dürfen die Anforderungen an das Rechtsschutzinteresse allerdings nicht überspannt werden. Vielmehr ist dem Beschleunigungszweck des § 98 Rechnung zu tragen, wonach beim Auftreten von Meinungsverschiedenheiten in einer mitbestimmungspflichtigen Angelegenheit möglichst rasch eine formal funktionsfähige Einigungsstelle zur Verfügung stehen soll. Aus dem Grunde ist es nicht erforderlich, dass die Betriebspartner schon ernsthaft, aber erfolglos verhandelt haben; vielmehr reicht es aus, wenn der Antragsgegner Verhandlungen über das Regelungsverlangen – gleich aus welchen Gründen – abgelehnt hat (LAG Hamm 9. 8. 2004 AP ArbGG 1979 § 98 Nr. 14; GK-ArbGG/*Dörner* § 98 Rn. 8; ErfK/*Eisemann/Koch* § 98 Rn. 2; Düwell/Lipke/ *Koch* § 98 Rn. 12).

2. Die Beteiligten

16   Beteiligte des Verfahrens sind lediglich die **Betriebspartner,** also Arbeitgeber/Unternehmer auf der einen Seite und Betriebsrat oder Gesamtbetriebsrat bzw. Konzernbetriebsrat auf der anderen Seite. Auch im Falle des § 47 Abs. 6 BetrVG sind Beteiligte im Bestellungsverfahren nur der Arbeitgeber und der (unverkleinerte) Gesamtbetriebsrat, nicht auch die Betriebsräte der einzelnen Betriebe (GK-ArbGG/*Dörner* § 98 Rn. 15).

17   Nicht Beteiligter des Verfahrens ist die als Vorsitzender der Einigungsstelle vorgeschlagene oder in Aussicht genommene Person; ebenso wenig die ggfls. einverständlich benannten Beisitzer der künftigen Einigungsstelle (vgl. für den Fall der Bestellung eines Wahlvorstandes BAG 6. 12. 1977 AP BetrVG 1972 § 118 Nr. 10; GK-ArbGG/*Dörner* § 98 Rn. 14).

3. Das Verfahren

18   Über den Antrag entscheidet nach § 98 Abs. 1 S. 1 der **Vorsitzende** der nach dem Geschäftsverteilungsplan des Arbeitsgerichts zuständigen Kammer **allein,** dh. ohne die ehrenamtlichen Richter. Im Übrigen finden auf das Verfahren nach Abs. 1 S. 3 die Vorschriften der §§ 80 bis 84 Anwendung. Auch das Bestellungsverfahren ist daher ein **normales Beschlussverfahren.** Über den Antrag ist mithin grundsätzlich nach mündlicher Anhörung der Beteiligten **vor dem Vorsitzenden** zu entscheiden. Da § 98 Abs. 1 S. 3 den § 85 nicht in Bezug nimmt, kommt eine Entscheidung im Verfahren der einstweiligen Verfügung allerdings nicht in Betracht (GK-ArbGG/*Dörner* § 98 Rn. 13). Eine weitere Besonderheit ist in Abs. 1 S. 4 geregelt. Danach betragen die Einlassungs- und Ladungsfristen lediglich 48 Stunden.

19   Obgleich § 98 Abs. 1 S. 3 auch auf § 80 Abs. 2 S. 3 verweist, wonach der Vorsitzende ein Güteverfahren ansetzen kann, **findet im Bestellungsverfahren eine Güteverhandlung nicht statt** (so auch GK-ArbGG/*Dörner* § 98 Rn. 16). Da die Entscheidung nach § 98 ohnehin vom Vorsitzenden allein und möglichst schnell zu treffen ist, ist die Verweisung in § 98 Abs. 1 S. 3 insoweit teleologisch zu reduzieren, dass sie sich nicht auf § 80 Abs. 2 S. 3 erstreckt. Das Verfahren ist grundsätzlich mündlich. Nach § 83 Abs. 4 S. 3 ist ein schriftliches Verfahren nur mit Einverständnis aller Beteiligten möglich. Bei voneinander abweichendem Vorbringen der Beteiligten ist der für die Entscheidung erhebliche Sachverhalt von Amts wegen zu erforschen, § 83 S. 1. Dazu kann – ungeachtet des im gerichtlichen Bestellungsverfahren eingeschränkten Prüfungsmaßstabs – auch eine **Beweisaufnahme** erforderlich sein (LAG Düsseldorf 21. 8. 1987 NZA 1988, 211; LAG Niedersachsen 8. 6. 2007 LAGE ArbGG 1979 § 98 Rn. 49; ErfK/*Eiseman/Koch* ArbGG § 98 Rn. 4; *Richardi* § 76 Rn. 65; aA LAG Köln 5. 12. 2001 NZA-RR 2002, 586). Die Offensichtlichkeitsprüfung betrifft lediglich die Rechtsfrage, ob sich aus dem – ggf. zu ermittelnden – Sachverhalt ein Mitbestimmungsrecht ergibt.

4. Die Entscheidung

a) Entscheidung durch Beschluss

Die Entscheidung über den Antrag ergeht durch einen Beschluss des Vorsitzenden des Arbeitsgerichts nach § 84. Der Erlass einer einstweiligen Verfügung auf Bestellung eines Vorsitzenden ist nicht möglich. § 85 ist nicht für anwendbar erklärt (GK-ArbGG/*Dörner* § 98 Rn. 13).

Nach Abs. 1 S. 6 1. HS. soll der Beschluss den Beteiligten **innerhalb von 2 Wochen** nach Eingang des Antrags **zugestellt** werden; ist dies – was regelmäßig der Fall sein wird – nicht möglich, so ist die Entscheidung den Beteiligten **spätestens vier Wochen** nach diesem Zeitpunkt zuzustellen, Abs. 1 S. 6 2. HS.

b) Zurückweisung des Antrages

Der Antrag ist zurückzuweisen, wenn die **Einigungsstelle offensichtlich unzuständig** ist. Besteht unter den Betriebspartnern Streit hinsichtlich **mehrerer trennbarer Regelungskomplexe**, ist umstritten, ob es genügt, wenn die Einigungsstelle hinsichtlich einer der Regelungsstreitigkeiten nicht offensichtlich unzuständig ist (so wohl BAG 6. 12. 1983 AP BetrVG 1972 § 87 Überwachung Nr. 7; *Olderog* NZA 1985, 756), oder ob dies für jeden Komplex eigens zu prüfen ist (ErfK/*Eisemann/Koch* ArbGG § 98 Rn. 3; *Hauck/Helml* § 98 Rn. 4; Schwab/Weth/*Walker* § 98 Rn. 41; *Matthes* DB 1984, 453). Die letztgenannte Auffassung überzeugt. Nach dem Willen des Gesetzes soll die Einigungsstelle von vornherein nicht für solche Streitigkeiten eingerichtet werden, für die sie offensichtlich unzuständig ist. Gegebenenfalls ist der Antrag demnach teilweise abzuweisen.

c) Bestellung des Vorsitzenden

Ist die Einigungsstelle nicht offensichtlich unzuständig, hat das Gericht einen unparteiischen Vorsitzenden und/oder die Zahl der Beisitzer zu bestimmen. Dabei hat die Entscheidung eine **bestimmte Person** als Vorsitzenden der zu bildenden Einigungsstelle ausdrücklich **zu benennen**. Eine Bindung an Vorschläge der Beteiligten besteht nicht (LAG Hamm 16. 8. 1976 EzA § 76 BetrVG 1972 Nr. 7; *Hauck/Helml* § 98 Rn. 6; differenzierend LAG Berlin 12. 9. 2001 NZA-RR 2002, 25; LAG Berlin-Brandenburg 7. 8. 2008 – 14 TBV 1212/08; ErfK/*Eisemann/Koch* ArbGG § 98 Rn. 5; GK-ArbGG/*Dörner* § 98 Rn. 32; HWK/*Bepler* ArbGG § 98 Rn. 7). Es kann auch eine von den Beteiligten nicht in Betracht gezogene Person bestellen. Zuvor muss es jedoch den Beteiligten, um deren Anspruch auf rechtliches Gehör zu genügen, Gelegenheit zur Stellungnahme einräumen. Das Betriebsverfassungsgesetz normiert keine besonderen Voraussetzungen für das Amt des Einigungsstellenvorsitzenden. Bei diesem muss es sich lediglich um eine Person handeln, die die Voraussetzungen des § 76 Abs. 2 S. 1 BetrVG (Unparteilichkeit) und des § 98 Abs. 1 S. 5 (Inkompatibilität) erfüllt. Als weitere ungeschriebene Voraussetzung müssen die notwendige Sach- und Rechtskunde hinzutreten (LAG Hamm 10. 9. 2007 – 10 TaBV 85/07 –). Aus dem zuletzt genannten Grund werden in der Praxis ganz überwiegend Richter der Arbeitsgerichtsbarkeit zu Vorsitzenden von Einigungsstellen bestellt (*Francken* NJW 2007, 1792). **Unparteilichkeit** setzt Neutralität gegenüber den Betriebspartnern voraus. Der Einigungsstellenvorsitzende muss die Gewähr für eine neutrale Verhandlungsführung und Entscheidungsfindung bieten. Dies setzt ein diesbezügliches Vertrauen beider Betriebspartner voraus. Soweit gegen eine in Aussicht genommene Person von einem Beteiligten nachvollziehbare und stichhaltige Gründe für das Fehlen der Unparteilichkeit vorgebracht werden, darf diese Person nicht bestellt werden (LAG Nürnberg 2. 7. 2004 NZA-RR 2005, 100; Schwab/Weth/*Walker* § 98 Rn. 47). Darauf, ob die Bedenken tatsächlich begründet sind, kommt es nicht an (Hess.LAG 28. 6. 1985 BB 1986, 600; 23. 6. 1988 NZA 1988, 2173).

24 Nach § 98 Abs. 1 S. 5 darf ein **Richter zum Vorsitzenden der Einigungsstelle** nur dann bestellt werden, wenn auf Grund der Geschäftsverteilung ausgeschlossen ist, dass er mit der Überprüfung, der Auslegung oder der Anwendung des Spruchs der Einigungsstelle befasst wird. Eine solche Befassung kann in anderen Beschlussverfahren, aber auch in Individualstreitigkeiten eintreten. Damit dürfte die Bestellung eines Richters aus dem Bezirk des Arbeitsgerichts bzw. des Landesarbeitsgerichts, in dem der Betrieb liegt, für den die Einigungsstelle angerufen wurde, regelmäßig ausgeschlossen sein (GK-ArbGG/*Dörner* § 98 Rn. 39). Eine Ausnahme wird dann zu machen sein, wenn die Geschäftsverteilungspläne der Gerichte Bestimmungen enthalten, mit denen die Einhaltung der gesetzlichen Regelung sichergestellt wird.

25 Die Vorschrift ist zwingend. § 98 Abs. 1 S. 5 schließt es demnach auch aus, dass sich die Betriebspartner freiwillig auf einen an sich ausgeschlossenen Richter einigen (GK-ArbGG/*Dörner* § 98 Rn. 39; ErfK/*Eisemann/Koch* § 98 Rn. 4; aA *Matthes* in der Voraufl.; Schwab/Weth/*Walker* § 98 Rn. 49).

26 Wird eine andere als die vom Antragsteller vorgeschlagene Person zum Vorsitzenden bestellt, so bedarf es hinsichtlich des Vorschlags keiner Abweisung des Antrags.

27 Im Tenor der Entscheidung ist weiter auszusprechen, für welchen Regelungsstreit (s. oben Rn. 15) die **Einigungsstelle gebildet wird.** Für jeden Regelungsbereich darf die Zuständigkeit der Einigungsstelle nicht offensichtlich ausgeschlossen sein. Im Übrigen ist der Antrag abzuweisen (ErfK/*Eisemann/Koch* ArbGG § 98 Rn. 3; Schwab/Weth/*Walker* § 98 Rn. 52).

d) Bestimmung der Zahl der Beisitzer

28 Auch bei der Bestimmung der Zahl der Beisitzer ist das Gericht **an den Antrag** oder den Vorschlag des Antragstellers **nicht gebunden.** Der Antrag ist daher auch nicht teilweise abzuweisen, wenn die Zahl der Beisitzer geringer bestimmt wird als vom Antragsteller beantragt. Das Arbeitsgericht darf aber – sofern es keine anderweitig begründeten Gegenvorschläge gibt – keine größere Zahl von Beisitzern bestimmen, als vom Antragsteller begehrt wurde (GK-ArbGG/*Dörner* § 98 Rn. 43).

29 Wie groß die Zahl der Beisitzer ist, richtet sich nach der Bedeutung und dem Umfang der Regelungsstreitigkeit, aber auch nach der Zumutbarkeit der durch eine große Einigungsstelle entstehenden Kosten. **In der Regel** ist die Zahl der Beisitzer auf **zwei** zu bestimmen, da in diesem Falle jede Seite die Möglichkeit hat, einen Betriebsangehörigen und einen Außenstehenden zum Beisitzer zu bestellen, um so betriebliche Kenntnisse und externe Fachkenntnisse für die Einigungsstelle nutzbar zu machen (LAG München 15. 7. 1991 NZA 1992, 185; Hess.LAG 29. 9. 1992 NZA 1993, 1008; LAG Schleswig-Holstein 4. 2. 1997 AuR 1997, 176; 6; LAG Hamm 9. 8. 2004 AP ArbGG 1979 § 98 Nr. 14; ErfK/*EisemannKoch* ArbGG § 98 Rn. 6; aA LAG Schleswig-Holstein 13. 9. 1990 DB 1991, 287: je ein Beisitzer). Für Einigungsstellen, die in Einzelfällen tätig werden, etwa bei der Entscheidung über die Beanstandung einer Leistungsbeurteilung, wird regelmäßig ein Beisitzer für jede Seite genügen (LAG Hamm 6. 12. 1976 EzA BetrVG 1972 § 76 Nr. 13).

5. Die Wirkung der Entscheidung

30 Die rechtskräftige Entscheidung über die Person des Vorsitzenden der Einigungsstelle oder über die Zahl der Beisitzer beendet das Verfahren. Sie ersetzt insoweit die fehlende Einigung der Betriebspartner.

31 Die Entscheidung **bindet die benannte Person nicht** und macht diese noch nicht zum Vorsitzenden der Einigungsstelle. Dazu bedarf es vielmehr der Annahme des Amtes durch die bestellte Person, die das Amt auch ohne Begründung ablehnen kann (GK-ArbGG/*Dörner* § 98 Rn. 36). Die Ablehnung des Amtes führt nicht dazu, dass das Gericht im selben Verfahren einen anderen Vorsitzenden bestellen muss (so aber *Richardi* § 76 Rn. 70; GK-BetrVG/*Kreutz* § 76 Rn. 75, 85), es muss vielmehr ein neuer Antrag

III. Das Bestellungsverfahren § 98

auf Bestellung eines Vorsitzenden gestellt werden, womit ein neues Verfahren anhängig wird, sofern sich die Betriebspartner nicht noch auf einen Vorsitzenden einigen (ErfK/*Eisemann/Koch* ArbGG § 98 Rn. 5). Aus diesem Grunde empfiehlt es sich, vor der Bestellung einer bestimmten Person bei dieser anzufragen, ob sie im Falle der Bestellung bereit ist, das Amt anzunehmen.

Die Entscheidung **bindet die Beteiligten** insoweit, als diese das Tätigwerden der 32 Einigungsstelle nicht mehr mit der Begründung ablehnen können, es sei noch keine Einigung über die Person des Vorsitzenden oder die Zahl der Beisitzer erfolgt. Keiner der Beteiligten und auch nicht beide zusammen können den bestellten Vorsitzenden ablehnen mit der Folge, dass ein neuer Vorsitzender im gleichen oder im neuen Verfahren bestimmt werden müsste. Sie können sich jedoch jederzeit auf einen anderen Vorsitzenden – oder auf eine andere Zahl der Beisitzer – einigen (GK-ArbGG/*Dörner* § 88 Rn. 40).

Eine gerichtliche **Abberufung** eines einmal bestellten Einigungsstellenvorsitzenden auf 33 Antrag eines oder beider Betriebspartner sieht das Gesetz nicht vor (LAG Hamm 2. 6. 1992 ZIP 1992, 1764; *Hauck/Helml* § 98 Rn. 7). Sofern sich nicht die Betriebspartner auf einen neuen Vorsitzenden einigen und damit den bestellten Vorsitzenden „absetzen", bleibt dieser im Amt. Ergeben sich im laufenden Einigungsstellenverfahren Anhaltspunkte für eine Parteilichkeit des Vorsitzenden der Einigungsstelle, kann dieser nach inzwischen gefestigter Rechtsprechung des Bundesarbeitsgerichts in analoger Anwendung von § 1032 Abs. 1 ZPO iVm. § 42 Abs. 1 und 2 ZPO wegen **Besorgnis der Befangenheit** abgelehnt werden (BAG 9. 5. 1995 NZA 1996, 156 mwN; 11. 9. 2001 NZA 2002, 572; 29. 1. 2002 AP BetrVG 1972 § 76 Einigungsstelle Nr. 19). Mit dieser Rechtsprechung hat das Bundesarbeitsgericht den Auffassungen in der Literatur eine Absage erteilt, die gemeint hatten, eine Ablehnung wegen Parteilichkeit komme nicht in Betracht; ein entsprechendes Fehlverhalten des Vorsitzenden könne nur im Zusammenhang mit der Anfechtung des Spruchs der Einigungsstelle selbst geltend gemacht werden (siehe die Nachweise in BAG 9. 5. 1995 NZA 1996, 156). Die entsprechende Anwendung des § 42 Abs. 1 und 2 ZPO führt jedoch zur einer zeitlichen Begrenzung des Antragsrechts. Wer sich auf die Verhandlung der Einigungsstelle rügelos einlässt, obwohl ihm die Ablehnungsgründe bekannt sind, verliert sein Ablehnungsrecht. Dies folgt aus dem Rechtsgedanken des § 43 ZPO. Über den Ablehnungsantrag, den nur die Betriebsparteien selbst und nicht in ihrer Vertretung die in die Einigungsstelle entsandten Beisitzer stellen können (BAG 29. 1. 2002 AP BetrVG 1972 § 76 Einigungsstelle Nr. 19), befindet die Einigungsstelle; dabei ist der Vorsitzende von der Teilnahme an der Beschlussfassung ausgeschlossen (BAG 11. 9. 2001 NZA 2002, 572). Ein Beteiligter, dessen Ablehnungsgesuch von der Einigungsstelle zurückgewiesen wurde, kann in entsprechender Anwendung des § 1037 Abs. 3 S. 1 ZPO innerhalb einer Frist von einem Monat die Entscheidung eines staatlichen Gerichts über die Ablehnung beantragen. Bis zur Einreichung eines solchen Antrags und auch während eines anhängig gemachten Verfahrens kann das Einigungsstellenverfahren nach § 1037 Abs. 3 analog unter Beteiligung des abgelehnten Vorsitzenden fortgesetzt und auch durch einen Spruch abgeschlossen werden (BAG 11. 9. 2001 NZA 2002, 572). Bescheidet die Einigungsstelle einen angebrachten Befangenheitsantrag nicht, so stellt dies einen nicht heilbaren Verfahrensfehler dar, der ohne weiteres zur Unwirksamkeit eines unter Beteiligung des Vorsitzenden zustande gekommenen Spruchs führt (BAG 29. 1. 2002 AP BetrVG 1972 § 76 Einigungsstelle Nr. 19).

Die Einigungsstelle ist an den ihr in der Entscheidung des Gerichts zugewiesenen 34 **Kompetenzrahmen** (s. oben Rn. 27) **gebunden.** Sie darf nur den Regelungsstreit entscheiden, für den sie durch die Bestellung des Vorsitzenden errichtet worden ist. Darüber hinaus gehende Regelungen darf sie nur treffen, wenn beide Betriebspartner mit ihrem Tätigwerden insoweit einverstanden sind (LAG Schleswig-Holstein 28. 7. 1983 DB 1984, 1530).

Die Entscheidung des Arbeitsgerichts bindet die Einigungsstelle nicht hinsichtlich ihrer 35 Zuständigkeitsprüfung. Sie kann trotz ihrer Errichtung im Bestellungsverfahren ihre

Zuständigkeit verneinen und damit eine Regelung ablehnen. Auf der anderen Seite kann sie aber auch eine Vorabentscheidung treffen, mit der sie die eigene Zuständigkeit bejaht (BAG 22. 1. 2002 AP BetrVG 1972 § 76 Einigungsstelle Nr. 16). Die Einigungsstelle hat insoweit die Kompetenz-Kompetenz; es steht in ihrem Ermessen, ob sie einen **Zwischenbeschluss** hierüber für sinnvoll hält. Daran, ob ein solcher Beschluss während eines laufenden Einigungsstellenverfahrens gesondert in einem gerichtlichen Verfahren auf seine materielle Richtigkeit überprüft werden kann, hat das Bundesarbeitsgericht inzwischen Zweifel geäußert (BAG 22. 1. 2002 AP BetrVG 1972 § 76 Einigungsstelle Nr. 16; anders noch BAG 4. 7. 1989 AP BetrVG 1972 § 87 Tarifvorrang Nr. 20). Für eine Feststellung der Fehlerhaftigkeit eines nicht verfahrensbeendenden, weil die Zuständigkeit der Einigungsstelle bejahenden Beschlusses dürfte es wohl an dem erforderlichen (Feststellungs)Interesse fehlen.

6. Die Beschwerde

36 Gegen die Entscheidung des Vorsitzenden des Arbeitsgerichts findet die Beschwerde an das Landesarbeitsgericht statt, § 98 Abs. 2 S. 1. Beschwerdeberechtigt sind die **beteiligten Betriebspartner,** nicht der durch die Entscheidung benannte Vorsitzende. Eine Beschwer liegt für einen Beteiligten schon dann vor, wenn dieser mit dem bestellten Vorsitzenden oder der festgesetzten Zahl der Beisitzer nicht einverstanden ist.

37 Für das Beschwerdeverfahren gelten die für das Beschwerdeverfahren im normalen Beschlussverfahren maßgebenden Vorschriften der §§ 87 Abs. 2 und 3, 88 bis 90 Abs. 1 und 2 und 91 Abs. 1 und 2 entsprechend. Auch das Landesarbeitsgericht entscheidet aber **durch den Vorsitzenden allein,** § 98 Abs. 2 S. 2.

38 In Abweichung von § 87 Abs. 2iVm. § 66 Abs. 1 S. 1 beträgt die **Beschwerdefrist** lediglich zwei Wochen; die Beschwerde ist zudem noch innerhalb dieser Frist zu begründen, § 98 Abs. 2 S. 2. Beschwerdeschrift und Beschwerdebegründung brauchen nicht im gleichen Schriftsatz enthalten zu sein. Sie müssen von einem Rechtsanwalt oder einem Vertreter im Sinne von § 11 Abs. 2 Nr. 4 bzw. 5 unterzeichnet sein. Obwohl nicht ausdrücklich bestimmt ist, dass die Beschwerdefrist eine Notfrist ist, ist gegen deren Versäumung die **Wiedereinsetzung** in den vorigen Stand möglich. Die Beschwerde nach § 98 Abs. 2 entspricht der Beschwerde nach § 87, so dass ebenso wie für diese die Vorschriften über die Wiedereinsetzung nach § 87 Abs. 2 Anwendung finden (ErfK/ *Eisemann/Koch* ArbGG § 98 Rn. 7; HWK/*Bepler* ArbGG § 98 Rn. 12).

39 Die Entscheidung des Arbeitsgerichts über die **Zuständigkeit der Einigungsstelle** unterliegt in vollem Umfang der Überprüfung durch das Landesarbeitsgericht.

40 Im Hinblick auf die Person des Vorsitzenden oder die Zahl der Beisitzer ist das Landesarbeitsgericht nicht darauf beschränkt, das Ermessen des Arbeitsgerichts nachzuprüfen; es kann vielmehr eine eigene **neue Ermessensentscheidung** treffen (LAG Frankfurt 6. 4. 1976 AuR 1977; LAG Hamm 16. 8. 1976 EzA BetrVG 1972 § 76 Nr. 7; ErfK/*Eisemann/Koch* ArbGG § 98 Rn. 7; aA *Hauck/Helml* § 98 Rn. 8; Schwab/Weth/*Walker* § 98 Rn. 67).

41 Gegen die Entscheidung des Vorsitzenden des Landesarbeitsgerichts findet in keinem Falle ein Rechtsmittel statt, § 98 Abs. 2 S. 4. Eine etwa ausgesprochene Zulassung der Rechtsbeschwerde ist gesetzeswidrig und bindet das Bundesarbeitsgericht nicht.

§ 99 (weggefallen)

§ 100 (weggefallen)

Vierter Teil.
Schiedsvertrag in Arbeitsstreitigkeiten

§ 101 Grundsatz

(1) Für bürgerliche Rechtsstreitigkeiten zwischen Tarifvertragsparteien aus Tarifverträgen oder über das Bestehen oder Nichtbestehen von Tarifverträgen können die Parteien des Tarifvertrags die Arbeitsgerichtsbarkeit allgemein oder für den Einzelfall durch die ausdrückliche Vereinbarung ausschließen, daß die Entscheidung durch ein Schiedsgericht erfolgen soll.

(2) ¹Für bürgerliche Rechtsstreitigkeiten aus einem Arbeitsverhältnis, das sich nach einem Tarifvertrag bestimmt, können die Parteien des Tarifvertrags die Arbeitsgerichtsbarkeit im Tarifvertrag durch die ausdrückliche Vereinbarung ausschließen, daß die Entscheidung durch ein Schiedsgericht erfolgen soll, wenn der persönliche Geltungsbereich des Tarifvertrags überwiegend Bühnenkünstler, Filmschaffende, Artisten oder Kapitäne und Besatzungsmitglieder im Sinne der §§ 2 und 3 des Seemannsgesetzes umfaßt. ²Die Vereinbarung gilt nur für tarifgebundene Personen. ³Sie erstreckt sich auf Parteien, deren Verhältnisse sich aus anderen Gründen nach dem Tarifvertrag regeln, wenn die Parteien dies ausdrücklich und schriftlich vereinbart haben; der Mangel der Form wird durch Einlassung auf die schiedsgerichtliche Verhandlung zur Hauptsache geheilt.

(3) Die Vorschriften der Zivilprozeßordnung über das schiedsrichterliche Verfahren finden in Arbeitssachen keine Anwendung.

Übersicht

	Rn.
I. Allgemeines	1–7
II. Die Gesamtschiedsvereinbarung, Abs. 1	8–17
1. Geltungsbereich	8–12
2. Vereinbarung	13, 14
3. Wirkung der Schiedsvereinbarung	15–17
III. Die Einzelschiedsvereinbarung, Abs. 2	18–32
1. Geltungsbereich kraft Tarifbindung	18–26
2. Einzelvertragliche Vereinbarung	27–32
IV. Ausschluss des Schiedsverfahrens der §§ 1025 ff. ZPO	33, 34

I. Allgemeines

Die Vorschriften der §§ 101 ff. stehen in einem engen **Zusammenhang mit § 4**, in dem der Ausschluss der Arbeitsgerichtsbarkeit durch Vereinbarung der Zuständigkeit eines Schiedsgerichtes geregelt ist. Die Durchbrechung der ausschließlichen Zuständigkeit der Gerichte für Arbeitssachen im Rahmen des § 4 durch die Vereinbarung der Zuständigkeit von Schiedsgerichten ist auch nur im Urteils- und nicht im Beschlussverfahren möglich (oben § 4 Rn. 1). Für die internationale private Schiedsgerichtsbarkeit in Arbeitssachen gelten ebenfalls Sonderregelungen (dazu *Birk* FS für Schwab, 305 ff.). 1

Das schiedsgerichtliche Verfahren ist **kein Teil des Arbeitsgerichtsprozesses**. Das ergibt sich schon daraus, dass das Bestehen eines Schiedsvertrages im arbeitsgerichtlichen Verfahren eine prozesshindernde Einrede begründet, § 102 Abs. 1 und dass aus den Schiedssprüchen nicht unmittelbar die Zwangsvollstreckung betrieben werden kann, vielmehr müssen sie erst von dem Arbeitsgericht für vollstreckbar erklärt werden, § 109 2

Abs. 1. Weiterhin kann auf Aufhebung des Schiedsspruches vor dem Arbeitsgericht geklagt werden, § 110. Durch das schiedsgerichtliche Verfahren wird in dem durch die §§ 101 ff. abgesteckten Rahmen die staatliche Gerichtsbarkeit ersetzt. Materiell handelt es sich ebenfalls um Rechtsprechung, die Feststellungen in einem rechtskräftigen Schiedsspruch haben die gleiche Wirkung wie diejenigen in einem rechtskräftigen arbeitsgerichtlichen Urteil, § 108 Abs. 4 (BAG 20. 5. 1960 AP ArbGG 1953 § 101 Nr. 8 mit Anmerkung von *Jauernig;* vgl. auch BGH 5. 5. 1986 NJW 1986, 3077, 3078; kritisch dazu *Reupke* Bühnenschiedsgerichte S. 40 ff.).

3   Der **Ausschluss der Arbeitsgerichtsbarkeit** durch das schiedsgerichtliche Verfahren gemäß §§ 101 ff. ist **verfassungsgemäß.** Art. 92 GG, in dem die Organisation der Gerichte geregelt ist, wird nicht berührt, da er sich nur auf die staatliche Gerichtsbarkeit bezieht. Er enthält kein Verbot der Schiedsgerichtsbarkeit. Auch handelt es sich bei den Schiedsgerichten nicht um Ausnahmegerichte im Sinne des Art. 101 GG. Auch wird eine Partei nicht ihrem gesetzlichen Richter entzogen, denn zum einen sieht das Gesetz gerade die Schiedsgerichtsbarkeit anstelle der staatlichen Gerichtsbarkeit vor, zum anderen kann ein Schiedsspruch mit der Aufhebungsklage des § 110 angegriffen werden (BAG 23. 8. 1963 AP ArbGG 1953 § 101 Nr. 14; vgl. BGH 3. 7. 1975 BGHZ 65, 59, 61).

4   Bei **grenzüberschreitenden Rechtsverhältnissen** richtet sich die Zulässigkeit eines Schiedsvertrages nach dem jeweils anzuwendenden Arbeitsstatut, da dieses in der Regel auch die Vereinbarung des gewollten Verfahrensrechts bestimmt (vgl. BAG 4. 10. 1974 AP ZPO § 38; Internationale Zuständigwkeit Nr. 7; *Gamillscheg* Internationales Arbeitsrecht, 1959, S. 390; *Schnorr v. Carolsfeld* Arbeitsrecht, 2. Aufl. 1954, S. 510; a. A. mit ausführlichen Darlegungen zu EuGVÜ, LUGÜ und ERL *Birk* in FS Schwab S. 305, 312 m. Fn. 21). Voraussetzung ist aber immer, dass auch tatsächlich ein Auslandsbezug des Arbeitsverhältnisses besteht. Ist die Geltung des deutschen Arbeitsrechts vereinbart, ist die Schiedsvereinbarung außerhalb der Fälle des § 101 unwirksam. Ist ausländisches Recht vereinbart, ist die Schiedsabrede gültig, wenn sie in dem anzuwendenden (Verfahrens)Recht vorgesehen ist. Dies wäre dann auch bei einer Klage vor einem deutschen Gericht zu beachten. Etwas anderes kann allerdings dann gelten, wenn die Gefahr besteht, dass mit der Vereinbarung der Rechtsschutz erheblich vermindert werden würde, wenn eine sachgemäße Entscheidung nicht gewährleistet wäre. Die Darlegungslast hierfür hätte die Partei, die sich auf die Unwirksamkeit der Schiedsabrede beruft.

5   Die **Rechtsnatur des Schiedsvertrages** im zivilprozessualen Verfahren ist nach heute überwiegender Auffassung ein prozessualer Dispositionsakt über den Streitgegenstand, also lediglich einen Prozessvertrag (BGH 3. 12. 1986 BGHZ 99, 143, 147; *Zöller/Geimer* § 1029 Rn. 15 m. w. Nachw.). Der Schiedsvertrag in arbeitsrechtlichen Streitigkeiten kann nach § 101 nur zwischen Tarifvertragsparteien abgeschlossen werden. Dies gilt sowohl für die Gesamtschiedsvereinbarung des Abs. 1 als auch die Einzelschiedsvereinbarung des Abs. 2. Die Parteien eines Arbeitsvertrages können allein einen Schiedsvertrag nicht wirksam abschließen, sie können lediglich die in einem Tarifvertrag erfolgte Vereinbarung auf das zwischen ihnen bestehende Arbeitsverhältnis übertragen. Damit kann aber im arbeitsgerichtlichen Verfahren der Schiedsvertrag nicht ein rein prozessualer Vertrag sein, vielmehr handelt es sich um eine **kollektivrechtliche Vereinbarung über prozessuale Beziehungen.** Für das Zustandekommen und die Wirksamkeit der Schiedsvereinbarung gelten daher die gleichen Grundsätze, wie sie auch für das Zustandekommen und die Wirksamkeit von Tarifverträgen Gültigkeit haben (ebenso jetzt auch GK-ArbGG/*Mikosch* § 101 Rn. 4; *Schwab/Weth/Zimmerling* § 101 Rn. 11).

6   **Keine Schiedsgerichte** im Sinne der §§ 101 ff. sind die **Gütestellen** sowie die **Einigungsstellen** nach dem Betriebsverfassungsgesetz. Die Schiedsabrede in einem **Sozialplan** ist unzulässig (BAG 18. 5. 1999 NZA 1999, 1350; 27. 10. 1987 NZA 1988, 207). Auch die **Schlichtungsstellen,** die im tariflichen Bereich bzw. im Arbeitskampf die Schlichtung von Meinungsverschiedenheiten bewirken sollen, sind keine Schiedsgerichte, sie haben

die Aufgabe, ohne eigene Regelungsbefugnis eine gütliche Einigung herbeizuführen. Hinsichtlich der Abgrenzung des Schiedsgerichts vom Schiedsgutachten, s. o. § 4 Rn. 4 ff. Keine Schiedsgerichte i. S. der §§ 101 ff. waren auch die **Schiedsstellen für Arbeitsrecht,** die in der ehemaligen DDR auf Grund des Gesetzes über die Errichtung und das Verfahren der Schiedsstellen für Arbeitsrecht (vom 29. 6. 1990 – GBl. I DDR 1990, 505) gebildet worden waren und die in den neuen Bundesländern bis zur Errichtung einer Arbeitsgerichtsbarkeit fortbestanden (vgl. dazu Anlage II Kapitel VII Sachgebiet A Abschnitt III Nr. 3 des Einigungsvertrages vom 31. 8. 1990 – BGBl. II, 889). Bei ihnen handelte es sich um ein eigenständiges Schlichtungsinstrumentarium auf individual-arbeitsrechtlichem Gebiet, das geschaffen wurde, um den Aufbau einer eigenständigen Arbeitsgerichtsbarkeit in der ehemaligen DDR zu ermöglichen und sicherzustellen, dass bei Übertragung der arbeitsrechtlichen Normen der Bundesrepublik auf das Gebiet der DDR ein – wenn auch anders gearteter – Rechtsschutz gewährleistet werden konnte. Außerdem sollte überprüft werden, ob eine Weiterentwicklung des arbeitsrechtlichen Schlichtungsinstrumentariums möglich wäre (vgl. dazu *Schuck* DtZ 1992, 318 ff.). Keine Schiedsgerichte sind auch **kirchliche Schlichtungsstellen** (BAG 11. 3. 1986 NZA 1986, 685; 18. 5. 1999 NZA 1999, 1350; zu der Frage des sog. „Dritten Weges" *von Tiling* NZA 2007, 78 ff.).

In Abs. 3 ist ausdrücklich geregelt, dass die **Vorschriften der Zivilprozessordnung** über das schiedsgerichtliche Verfahren, §§ 1025 ff. ZPO, bei arbeitsrechtlichen Streitigkeiten **keine Anwendung** finden könne (dazu näher unten Rn. 33 f.). Damit scheidet eine ergänzende Heranziehung dieser Bestimmungen im arbeitsgerichtlichen Schiedsverfahren aus. Allerdings können, soweit die §§ 101 ff. keine Regelungen enthalten, allgemeine Regeln über den Schiedsvertrag auch in dem schiedsgerichtlichen Verfahren in Arbeitssachen berücksichtigt werden (*Schreiber* ZfA 1983, 31, 37). Auch können bzw. müssen allgemein gültige prozessuale Grundsätze, wie beispielsweise der Anspruch auf Gewährung rechtlichen Gehörs, die Bestimmtheit des Antrages und der Grundsatz, dass nicht mehr zugesprochen werden kann, als beantragt ist, herangezogen werden.

II. Die Gesamtschiedsvereinbarung, Abs. 1

1. Geltungsbereich

Eine Schiedsgerichtsvereinbarung ist zulässig bei Streitigkeiten aus Tarifverträgen oder über Bestehen oder Nichtbestehen von Tarifverträgen. Der **Begriff der Rechtsstreitigkeit** aus einem Tarifvertrag entspricht demjenigen in § 2 Abs. 1 Nr. 1 (dazu oben § 2 Rn. 12 ff.). Im Gegensatz zu § 2 Abs. 2 Nr. 2 erfasst aber § 101 Abs. 1 nur Rechtsstreitigkeiten zwischen Tarifvertragsparteien. Der Begriff der Tarifvertragspartei entspricht demjenigen in § 2 TVG (*Schwab/Walter* Schiedsgerichtsbarkeit, Kap. 36 Rn. 5). Die Tarifvertragsparteien können die Befugnis zum Abschluss von Schiedsvereinbarungen nicht auf andere delegieren. Insbesondere können auch nicht Betriebsparteien ermächtigt werden, eine entsprechende Vereinbarung zu treffen.

Bürgerlich-rechtliche Streitigkeiten aus Tarifverträgen sind insbesondere diejenigen, die sich aus dem obligatorischen Teil des Tarifvertrages ergeben. Es sind in der Regel Erfüllungsansprüche auf Durchführung des Tarifvertrages durch den jeweils anderen Tarifpartner, wobei hierunter auch die Erfüllung der Einwirkungspflicht auf die Verbandsmitglieder fällt (dazu oben § 2 Rn. 12). Erfüllungsansprüche sind beispielsweise auch der Anspruch auf Einhaltung der Friedenspflicht, auf Unterlassung von Arbeitskampfmaßnahmen, die gegen die Friedenspflicht verstoßen, sowie das Recht der Gewerkschaften auf Zutritt zum Betrieb. Der normative Teil des Tarifvertrages kann nur dann Grundlage sein, wenn er auch tatsächlich den eigentlichen Streitgegenstand darstellt (oben § 2 Rn. 13 m.w. Nachw.). Hierbei muss Streitgegenstand nicht nur das

Bestehen oder Nichtbestehen des Tarifvertrages im Ganzen sein, auch der Streit über die **Wirksamkeit** oder den **Bedeutungsinhalt** und die **verbindliche Auslegung** einzelner Tarifnormen kann Inhalt einer Schiedsabrede sein (vgl. dazu oben § 2 Rn. 14 m. w. Nachw.). Sieht der Tarifvertrag die Zuständigkeit des Schiedsgerichts nur für die Auslegung dieses Tarifvertrages vor, so besteht keine darüberhinausgehende Kompetenz des Schiedsgerichts, insbesondere kann es nicht über Regelungen in anderen Tarifverträgen auch derselben Tarifparteien befinden.

10 Streitigkeiten über das **Bestehen oder Nichtbestehen von Tarifverträgen** sind solche, bei denen der Abschluss des Tarifvertrages, seine **Gültigkeit** oder sein räumlicher, fachlicher oder betrieblicher **Geltungsbereich** umstritten ist (oben § 2 Rn. 15 f.). Auch soweit die Wirksamkeit einer einzelnen Norm des Tarifvertrages umstritten ist, kann eine Schiedsvereinbarung getroffen werden.

11 Abs. 1 erfasst **nur Rechtsstreitigkeiten**. Es muss sich also um Auseinandersetzungen zwischen den Tarifvertragsparteien über Rechtsfolgen oder Rechtsverhältnisse handeln. Soweit Regelungsstreitigkeiten, d. h. Streitigkeiten zwischen den Tarifvertragsparteien darüber, was künftig Recht sein soll, betroffen werden, kann nur das Schlichtungsverfahren vereinbart werden, nicht jedoch kann die Zuständigkeit eines Schiedsgerichts begründet werden.

12 **Nicht erfasst werden** von Abs. 1 Ansprüche, die sich nicht unmittelbar aus dem Tarifvertrag herleiten lassen, sondern bei denen es sich um **außervertragliche Ansprüche** handelt, wie dies beispielsweise bei Ansprüchen aus unerlaubter Handlung oder Geschäftsführung ohne Auftrag der Fall ist. Hier kann eine Zuständigkeit des Schiedsgerichts nur begründet sein, wenn der geltend gemachte Anspruch außer auf tarifvertragliche Anspruchsgrundlagen auch auf solche aus Deliktsrecht gestützt wird, so dass eine Einheitlichkeit des Anspruchsbegehrens besteht. In diesem Falle erstreckt sich die Prüfungsbefugnis des Schiedsgerichts auch auf die übrigen Anspruchsgrundlagen (*Grunsky* § 101 Rn. 3). Werden dagegen mehrere Ansprüche im Wege der Klagehäufung geltend gemacht, besteht die Möglichkeit der Vereinbarung der Zuständigkeit des Schiedsgerichtes nicht für die Ansprüche, die die Voraussetzungen des § 101 Abs. 1 nicht erfüllen. Vielmehr müssen in diesem Falle die Ansprüche getrennt geltend gemacht werden.

2. Vereinbarung

13 Die Schiedsvereinbarung kann nur von Tarifvertragsparteien getroffen werden (dazu oben Rn. 8). Die **Form** ist im Gesetz nicht geregelt. Die Schiedsabrede kann daher entweder in Form eines Tarifvertrages nach § 1 Abs. 2 TVG schriftlich vereinbart werden, wobei es sich dann um eine Regelung handelt, die dem schuldrechtlichen Teil des Tarifvertrages angehört. Daneben kann die Schiedsvereinbarung aber auch formlos zwischen den Tarifvertragsparteien getroffen werden, sie kann auch für den Einzelfall abgeschlossen werden (*Schwab/Walter* Schiedsgerichtsbarkeit Kap. 36 Rn. 8). Eine ausdrückliche Regelung ist notwendig, im Interesse der jederzeitigen Nachweisbarkeit empfiehlt sich in jedem Falle eine schriftliche Vereinbarung.

14 Über den **Zeitpunkt der Vereinbarung** enthält das Gesetz ebenfalls keine Regelung. Wird eine generelle Schiedsvereinbarung abgeschlossen, so gilt sie für sämtliche in der Zukunft auftretenden Fälle, die unter ihren Geltungsbereich fallen. Sie kann aber auch für einen bereits bestehenden Streit zwischen den Tarifvertragsparteien geschlossen werden, es genügt sogar, dass die Tarifvertragsparteien vor dem Schiedsgericht ausdrücklich erklären, dass dieses den Rechtsstreit entscheiden soll.

3. Wirkung der Schiedsvereinbarung

15 Die Vereinbarung über die Errichtung eines Schiedsgerichts unter Ausschluss der Arbeitsgerichtsbarkeit nach Abs. 1 kann die Abrede zur Bildung einer **gemeinsamen**

Einrichtung der Tarifvertragsparteien im Sinne des § 4 Abs. 2 TVG sein. Dies gilt auch dann, wenn das Schiedsgericht nur für den konkreten Einzelfall gebildet werden soll. Aus der Schiedsvereinbarung folgt unmittelbar die Verpflichtung der Tarifvertragsparteien, das Schiedsgericht auch zu errichten. Insbesondere müssen der Vorsitzende gemeinsam bestellt und die Beisitzer von jeder Seite benannt werden, entstehende Kosten müssen von den Tarifvertragsparteien getragen werden. Gegebenenfalls kann aus der tarifvertraglichen Schiedsvereinbarung hierauf geklagt werden.

Beendet werden kann die Schiedsabrede einmal durch Zeitablauf, wenn sie nur für eine bestimmte Zeit Gültigkeit haben sollte. Durch Erledigung des Verfahrens tritt die Beendigungswirkung dann ein, wenn die Schiedsvereinbarung lediglich für einen konkreten Streitfall getroffen worden war. Ferner können die Tarifvertragsparteien jederzeit den Schiedsvertrag aufheben bzw. eine andere Regelung treffen. Mit dem Ablauf des Tarifvertrages, der die Schiedsvereinbarung enthält, tritt deren Beendigung nur dann ein, wenn nicht gerade Gegenstand auch das Bestehen oder Nichtbestehen der Tarifverträge und damit des hier maßgeblichen Tarifvertrages war. 16

Weiter kann der Schiedsvertrag durch außerordentliche **Kündigung** oder durch ordentliche Kündigung beendet werden, wenn die letztgenannte im Vertrag ausdrücklich vereinbart war. Ferner kann theoretisch eine Anfechtung wegen Irrtums bzw. wegen arglistiger Täuschung in Betracht kommen, dies dürfte jedoch in der Praxis kaum vorkommen. Die Nichtigkeit eines Tarifvertrages erfasst regelmäßig auch die Vereinbarung über die Schiedsgerichtsbarkeit. 17

III. Die Einzelschiedsvereinbarung, Abs. 2

1. Geltungsbereich kraft Tarifbindung

Für **bestimmte Berufsgruppen** besteht die Möglichkeit, im Tarifvertrag die Arbeitsgerichtsbarkeit mit der Maßgabe auszuschließen, dass die Entscheidung in bürgerlichen Rechtsstreitigkeiten aus dem Arbeitsverhältnis durch Schiedsgericht erfolgen soll. Betroffen sind hierbei **Bühnenkünstler**, das sind beispielsweise Schauspieler, Opernsänger, Chorsänger, Regisseure, technisches Personal der Bühnen, soweit es künstlerische Aufgaben erfüllt (vgl. dazu näher *Reupke* Bühnenschiedsgerichte S. 68 ff. mit näheren Einzelheiten; *Germelmann* NZA 1994, 12, 13; vgl. aber auch die neueren Regelungen in § 1 Abs. 2 und 3 NV Bühne). Zum Begriff der künstlerischen Aufgabe gehört es, dass nicht lediglich konkrete Weisungen ausgeführt werden, sondern dass eine gewisse künstlerische Gestaltungsfreiheit besteht. In dieser Weise eine künstlerische Tätigkeit ausüben können beispielsweise Oberbeleuchter, Chefmaskenbildner, der Leiter eines Malersaals usw. Nicht unter den Begriff des künstlerischen Personals fallen solche Arbeitnehmer, die lediglich technische Arbeiten ausführen, ohne eine künstlerische Gestaltungsfreiheit zu besitzen. Nicht erfasst werden können daher beispielsweise Schreibkräfte, Bühnenarbeiter, Beleuchter, in der Regel auch nicht einfache Maskenbildner, die lediglich konkrete Weisungen auszuführen haben, und auch das Personal im Bereich der Bühnentechnik, die Bühnenmaler, die lediglich nach vorgegebenen Skizzen oder Zeichnungen bzw. Entwürfen ihre Tätigkeit ausüben. Das schlichte Umsetzen einer Skizze oder eines Entwurfs in das fertige Bühnenbild ohne eigene Gestaltungsfreiheit ist keine künstlerische Tätigkeit im Sinne des § 101 Abs. 2 Satz 1. 18

Weiter können von einem solchen Tarifvertrag erfasst werden **Filmschaffende**, auch hier muss die künstlerische Gestaltung im Vordergrund stehen, in der Regel werden daher nicht erfasst die Techniker, das kaufmännische Personal bzw. die Schreibkräfte. Vergleichbares gilt für Artisten. 19

Weiter kann die Schiedsgerichtsbarkeit vereinbart werden für **Kapitäne**, § 2 SeemannsG und für Besatzungsmitglieder, § 3 SeemannsG. Besatzungsmitglieder sind hier- 20 bei die Schiffsoffiziere, § 4 SeemannsG, zu denen neben den Angestellten des nautischen und des technischen Schiffsdienstes die Schiffsärzte, die Seefunker und die Zahlmeister gehören können. Weiter sind Besatzungsmitglieder die sonstigen Angestellten, § 5 SeemannsG sowie die Schiffsleute, die in einem Heuerverhältnis stehen, § 6 SeemannsG, und nicht Angestellte im Sinne der §§ 4 und 5 SeemannsG sind.

21 Für **weitere Berufsgruppen** kann ein Schiedsvertrag nicht wirksam vereinbart werden, die Regelung in Abs. 2 Satz 1 ist abschließend (BAG 6. 8. 1997 NZA 1998, 220). Gilt allerdings ein Tarifvertrag überwiegend für Beschäftigte der genannten Berufsgruppen, können auch andere Beschäftigte erfasst werden, wenn sie in den Geltungsbereich des Tarifvertrages fallen. Hierfür spricht das Wort „überwiegend" in § 101 Abs. 2 Satz 1 (GK-ArbGG/*Mikosch* § 101 Rn. 19; *Grunsky* § 101 Rn. 6).

22 Die Schiedsvereinbarung ist nur zulässig für bürgerliche Rechtsstreitigkeiten aus einem Arbeitsverhältnis, das sich nach einem Tarifvertrag bestimmt, nicht für sonstige Dienst- oder Werkverträge. Zu dem Begriff der bürgerlich-rechtlichen Rechtsstreitigkeit siehe oben § 2 Rn. 8 ff. Das **Arbeitsverhältnis muss sich nach einem Tarifvertrag** richten, der von den Tarifvertragsparteien abgeschlossen worden ist, die auch die Schiedsvereinbarung getroffen haben. Es genügt hierbei, wenn allein die Schiedsgerichtsvereinbarung kraft Tarifbindung auf das Arbeitsverhältnis Anwendung findet, ohne dass darüber hinaus weitere tarifliche Bestimmungen dieses beeinflussen (BAG 31. 10. 1963 AP ArbGG § 10 Nr. 11). Nicht ausreichend ist es aber, wenn in dem in bezug genommenen Tarifvertrag lediglich geregelt ist, dass über Streitigkeiten aus dem Tarifvertrag die zwischen den Tarifvertragsparteien vereinbarten Schiedsgerichte zu entscheiden hätten (vgl. z. B. § 53 NV Bühne). Derartige Bestimmungen haben keine selbständige Bedeutung, sie sind nur mit einer entsprechenden Bühnenschiedsgerichtsordnung zusammen wirksam (BAG 3. 9. 1986 AP TVG § 4 Nachwirkung Nr. 12). Eine einzelvertragliche Bezugnahme auf eine derartige tarifliche Bestimmung schließt daher die Zuständigkeit der Arbeitsgerichte nur dann aus, wenn gleichzeitig auch eine Schiedsgerichtsordnung wirksam vereinbart ist.

23 Nach Abs. 2 Satz 2 gilt die entsprechende Vereinbarung nur für tarifgebundene Personen, also für solche Arbeitnehmer, die Mitglied der tarifabschließenden Arbeitnehmerorganisation sind, § 4 Abs. 1 TVG. Ob die **Tarifbindung** in diesem Zusammenhang auch auf Grund einer **Allgemeinverbindlichkeitserklärung** nach § 5 TVG beruhen kann, ist umstritten. Während *Grunsky* meint, dass kein Anlass bestehe, im Bereich des Verfahrensrechtes anders zu urteilen als dies im materiellen Recht der Fall sei (*Grunsky* § 101 Rn. 5; GK-ArbGG/*Mikosch* § 101 Rn. 21), wird in der Literatur überwiegend die Auffassung vertreten, dass die Schiedsvereinbarung dann nicht gelten könne, wenn der Tarifvertrag nur kraft Allgemeinverbindlichkeitserklärung Anwendung finde (ArbGG-*Schunck* § 101 Rn. 45; mit ausführlicher Begründung *Schwab/Weth/Zimmerling* § 101 Rn. 48 ff.).

24 Die **Rechtswirkung der Allgemeinverbindlichkeitserklärung** besteht in der Erstreckung der Tarifgebundenheit auch auf Außenseiter, ohne dass es auf deren Kenntnis von der Existenz des Tarifvertrages ankäme (vgl. dazu BVerfG 24. 5. 1977 AP TVG § 5 Nr. 15). Wird aber die Tarifbindung des § 4 Abs. 1 TVG durch die Allgemeinverbindlichkeitserklärung auf die Außenseiter erstreckt, so verliert sie dadurch nicht ihren Begriffsinhalt. Begrifflich besteht daher zwischen der Tarifbindung nach § 4 Abs. 1 TVG und derjenigen auf Grund von § 5 TVG letztlich kein Unterschied, lediglich der Rechtsgrund, der zu der Tarifbindung geführt hat, ist unterschiedlich. Anders ist dies bei der **individualrechtlichen Bezugnahme** auf einen Tarifvertrag. Hier wird nicht ohne Rücksicht auf die Kenntnis der Parteien des Arbeitsvertrages die tarifvertragliche Tarifbindung erstreckt, vielmehr bedarf es einer Willensentschließung, um die tarifvertraglichen Vorschriften in den Arbeitsvertrag zu übernehmen. Hier kann der Begriff der Tarifbindung im Sinne des Tarifvertragsrechts nicht angewendet werden. Dass auch der Gesetzgeber in § 101 Abs. 2 hier Unterschiede gesehen hat, ergibt sich aus Satz 3, in dem gesondert die Erstre-

ckung der tarifvertraglichen Vorschriften auf die Parteien des Einzelarbeitsvertrages durch deren vertragliche Vereinbarung geregelt ist. Auch ist tatsächlich nicht zu erkennen, warum das Einwirken der Allgemeinverbindlichkeitserklärung auf das materielle Recht anders beurteilt werden sollte, als die Einwirkung im Bereiche des Verfahrensrechts. Unter Abs. 2 Satz 2 fällt daher auch die Tarifbindung auf Grund einer Allgemeinverbindlichkeitserklärung (wie hier HWK/*Kalb* ArbGG § 101 Rn. 12; a. A. *Schwab/ Weth/Zimmerling* § 101 Rn. 49 m. w. Nachw.).

Die **Vereinbarung** nach Abs. 2 Satz 1 kann ebenfalls **nur durch Tarifvertragsparteien** 25 abgeschlossen werden. Es gelten die gleichen Grundsätze wie bei Abs. 1 (dazu oben Rn. 8, 13). Auch hier erfolgt der Abschluss im Rahmen eines Tarifvertrages. Es handelt sich um Normen, die den Inhalt von Arbeitsverhältnissen ordnen, § 4 Abs. 1 TVG. Die Vereinbarung bedarf der Schriftform nach § 1 Abs. 2 TVG. Die Schiedsklausel ist unabdingbar, § 4 Abs. 4 TVG, eine Abweichung von ihr kann regelmäßig nicht zugunsten der Arbeitnehmer erfolgen (GK-ArbGG-*Mikosch* § 101 Rn. 23; a. A. *Grunsky* § 101 Rn. 10; ausführlicher *Reupke* Bühnenschiedsgerichte S. 57). Bei verfahrensrechtlichen Fragen kann nicht davon ausgegangen werden, dass generell die Anrufung der staatlichen Gerichte für den Arbeitnehmer günstiger sein muss als die Anrufung eines Schiedsgerichts, zumal die Schiedsgerichtsbarkeit u. a. auch deswegen geschaffen worden ist, weil nach Meinung der Tarifvertragsparteien sie für den betreffenden Bereich u. U. eine größere Sachkenntnis besitzen, als dies bei staatlichen Gerichten der Fall ist. Nicht überzeugend ist auch die Auffassung, dass aus § 101 Abs. 2 der Wille des Gesetzgebers erkennbar geworden sei, die Schiedsgerichtsbarkeit im Bereich des Arbeitsrechts besonders zurückzudrängen. Dabei wird übersehen, dass dies gerade für die im Gesetz genannten Berufsgruppen nicht gilt. Für sie wird gerade die besondere Normsetzungsbefugnis in vollem Umfange geschaffen. Auch die Frage der Verfahrensdauer, die angesichts der Anfechtungsmöglichkeit nach § 110 länger sein kann, als wenn gleich die Arbeitsgerichte angerufen werden könnten, kann nicht als ein materieller Vorteil im Sinne des § 4 Abs. 3 TVG angesehen werden (vgl. dazu auch *Dietz/Nikisch* § 101 Rn. 24). Wenn die Parteien des Arbeitsvertrages daher die tarifliche Regelung trotz Tarifbindung nicht anwenden wollen, bleibt ihnen nur der Weg des § 102 Abs. 1. Die beklagte Partei kann die Zuständigkeit des Arbeitsgerichts dadurch erreichen – dies auch mit Zustimmung der klagenden Partei –, wenn die Einrede des Schiedsvertrages nicht erhoben wird. Eine vorherige Vereinbarung, im Falle eines Rechtsstreits die Rüge der Zuständigkeit des Schiedsgerichts nicht zu erheben, ist ein Verstoß gegen die normative Regelung des Tarifvertrages und damit unwirksam. Die Möglichkeit des § 102 Abs. 1 besteht nur in dem konkreten Rechtsstreit.

Die Einzelschiedsklausel nach Abs. 2 gilt nach Beendigung des Tarifvertrages im Wege 26 der **Nachwirkung** nach § 4 Abs. 5 TVG nach, bis sie durch eine andere Abmachung ersetzt worden ist. Regelmäßig wird bei Kündigung eines solchen Tarifvertrages der Wille der Tarifvertragsparteien aber dahin gehen, dass die gemeinsame Einrichtung des Schiedsgerichts nach dem Zeitpunkt, zu dem gekündigt worden ist, wegfallen soll (*Schwab/Weth/Zimmerling* § 101 Rn. 52; GK-ArbGG/*Mikosch* § 101 Rn. 24; vgl. auch ArbGG-*Schunck* § 101 Rn. 18). Für eine Nachwirkung wäre außerdem notwendig, dass das Schiedsgericht von den Tarifvertragsparteien weiter unterhalten wird. Im Übrigen kann eine sofortige Beendigung der Schiedsvereinbarung durch einverständliche Aufhebung durch die Tarifvertragsparteien erfolgen, auch kann die Nachwirkung des Tarifvertrages in diesem Punkte von den Tarifvertragsparteien ausgeschlossen werden (BAG 3. 9. 1986 NZA 1987, 178).

2. Einzelvertragliche Vereinbarung

Nach § 101 Abs. 2 Satz 3 kann eine in einem Tarifvertrag vereinbarte Einzelschieds- 27 klausel auch durch einzelvertragliche Vereinbarung auf Arbeitsverhältnisse erstreckt werden. Voraussetzung dafür ist, dass sich das Arbeitsverhältnis aus anderen Gründen als denen der Tarifbindung **nach dem Tarifvertrag regeln muss**. Ausreichend ist dabei, dass – soweit ein isolierter Tarifvertrag über die Schiedsgerichtsbarkeit vorhanden ist – die Bindungen diesen Tarifvertrag besteht. Es ist nicht erforderlich, dass daneben noch eine Bindung an andere materielle Vorschriften von Tarifverträgen zwischen den Tarifvertragsparteien gegeben ist. Unzulässig ist aber das Herausgreifen nur von Einzelpunkten aus einem Gesamttarifvertrag. In diesem Falle regelt sich das Arbeitsverhältnis nicht nach dem Tarifvertrag im Sinne des Abs. 2 Satz 3, sondern lediglich nach einzelnen Bestimmungen desselben (*Grunsky* Rn. 11). Enthält der in Bezug genommene Tarifvertrag lediglich eine Bestimmung, nach der Streitigkeiten vor den Bühnenschiedsgerichten auszutragen sind (vgl. z. B. 53 NV Bühne) ohne dass eine ergänzende Bühnenschiedsgerichtsordnung wirksam besteht, genügt dies nicht für den Ausschluss der Arbeitsgerichtsbarkeit. Derartige tarifvertragliche Bestimmungen haben nämlich keine selbständige Bedeutung, sie sind nur mit einer entsprechenden Bühnenschiedsgerichtsordnung zusammen wirksam (BAG 3. 9. 1986 AP TVG § 4 Nachwirkung Nr. 12).

28 Die Geltung einer zwischen zwei Tarifvertragsparteien vereinbarten Schiedsgerichtsordnung kann auch für **Mitglieder anderer Gewerkschaften** einzelvertraglich vereinbart werden, wenn für diese eine Schiedsgerichtsordnung nicht besteht, sei es, dass diese nicht vereinbart worden ist, sei es, dass sie unter Ausschluss der Nachwirkung gekündigt wurde (a. A. *Reupke* Bühnenschiedsgerichte, S. 91 ff.). In diesem Falle würde ein regelungsfreier Raum bestehen, der die Vereinbarungsbefugnis der Einzelvertragsparteien unberührt lässt. Es fehlt schon eine Konkurrenz mit einer tariflichen Regelung (dazu BAG 10. 4. 1996 NZA 1996, 942, 944; dazu auch BAG vom 31. 5. 2000 – 7 AZR 909/98). Deswegen greift auch nicht der Einwand, dass irgendeine andere Gewerkschaft zulasten des Arbeitnehmers einen Schiedsvertrag vereinbaren könne (*Schwab/Weth/Zimmerling* § 101 Rn. 47), es ist eine Vereinbarung zwischen Arbeitgeber und Arbeitnehmer auf individualrechtlicher Ebene. Eine möglicherweise bestehende Drucksituation für den Arbeitnehmer in diesem Verhältnis hebt die Vereinbarung noch nicht auf eine kollektivrechtliche Ebene. Es bleibt nur eine Überprüfungsmöglichkeit im Rahmen der §§ 305 ff. BGB. Hinzu kommt, dass prozessuale Normen in Tarifverträgen auch der Günstigkeitsbeurteilung im Rahmen des § 4 Abs. 3 TVG unterliegen. Für Arbeitnehmer kann es günstiger sein, ein Schiedsgericht anrufen zu können, das an seinem Wohnort gebildet ist, das gilt insbesondere dann, wenn Tarifvertragsparteien einen ausschließlichen Gerichtsstand begründen wollten Im Übrigen würde eine solche Vereinbarung auch gerade dem entsprechen, was der Gesetzgeber mit der Regelung in § 101 Abs. 2 ArbGG erreichen wollte, dass nämlich für bestimmte Berufszweige Schiedsgerichte zur Entscheidung berufen werden können, die über eine besondere Sachkunde schon kraft ihrer Zusammensetzung verfügen.

29 Die Vereinbarung kann nur für solche Arbeitsverhältnisse erfolgen, bei denen nach Abs. 2 Satz 1 auch bei Tarifbindung die Schiedsgerichtsbarkeit hätte Anwendung finden können, es muss sich also **auch hier um Bühnenkünstler,** Filmschaffende, Artisten oder Kapitäne und Besatzungsmitglieder handeln. Für andere Personen kann auch einzelvertraglich die Zuständigkeit eines Schiedsgerichts nicht vereinbart werden, eine solche Vereinbarung wäre wegen Verstoßes gegen § 101 Abs. 2 Satz 1 unwirksam (BAG 6. 8. 1997 NZA 1998, 220 f.).

30 Der Einzelvertrag bedarf der **Schriftform,** er ist entweder von beiden Parteien zu unterzeichnen oder aber es sind gleich lautende, von jeder Seite unterzeichnete Urkunden auszutauschen, § 126 BGB. Fehlt die Form, so ist die Schiedsvereinbarung nicht wirksam in das Einzelarbeitsverhältnis übernommen worden. Auf den Mangel der Form kann sich jeder Vertragspartner berufen.

31 Nach Abs. 2 Satz 3 2. Halbsatz wird der **Formmangel durch Einlassung** auf die schiedsgerichtliche Verhandlung zur Hauptsache **geheilt.** Die Einlassung muss vorbehaltlos erfolgen. Da nach § 105 Abs. 2 eine mündliche Anhörung vorgeschrieben ist, reicht eine schriftliche Stellungnahme in einem vorbereitenden Schriftsatz nicht aus, vielmehr muss die Einlassung in der mündlichen Anhörung erfolgen. Erscheint eine Partei nicht, obwohl sie ordnungsgemäß geladen worden ist, so hat sie sich zwar nicht in der mündlichen Verhandlung eingelassen. Das Schiedsgericht kann in diesem Falle, soweit es die tariflichen Bestimmungen über das schiedsgerichtliche Verfahren zulassen, auch in der Sache entscheiden, § 105 Abs. 3, ein Versäumnisverfahren ist nicht vorgesehen. Der Formmangel ist in diesem Falle nicht gerügt. Die etwa sonst bestehende Unzuständigkeit ist allerdings von Amts wegen zu prüfen, soweit der Sachverhalt dies ermöglicht (vgl. ArbGG-*Schunck* § 101 Rn. 53; *Schwab/Weth/Zimmerling* § 101 Rn. 58).

Voraussetzung für die Heilung ist aber, dass überhaupt eine Schiedsvereinbarung einzelvertraglich getroffen worden ist. Eine Heilung kommt weiter nicht in Betracht, wenn andere Mängel zur Unwirksamkeit der Schiedsklausel führen, wie beispielsweise Anfechtung wegen Irrtums, arglistiger Täuschung usw. 32

IV. Ausschluss des Schiedsverfahrens der §§ 1025 ff. ZPO

Ausgeschlossen ist die Anwendbarkeit der Bestimmungen des in der Zivilprozessordnung geregelten Schiedsgerichtsverfahrens, Abs. 3. Dies beruht im Grunde darauf, dass das dort geregelte Verfahren auf entsprechender Vereinbarung der Parteien beruht, also auf den Grundgedanken der Vertragsfreiheit auch bei der verfahrensmäßigen Vorgehensweise zurückzuführen ist. Wegen des Grundgedankens des Arbeitnehmerschutzes hat der Gesetzgeber im arbeitsgerichtlichen Verfahren das Schiedsgerichtsverfahren nur im Rahmen einer Absicherung durch die Tarifvertragsparteien zugelassen, er hat also unterstellt, dass die Vertragsparität, die Voraussetzung wäre, in diesem Bereiche nicht immer gewährleistet ist. Die Regelungen der §§ 1025 ff. ZPO können daher bestenfalls bei einzelnen Bestimmungen des arbeitsgerichtlichen Schiedsgerichtsverfahrens zur Auslegung herangezogen werden. 33

Diese Grundsätze gelten auch nach der **Neuregelung des Schiedsgerichtsverfahrens** in der ZPO (Schiedsverfahrens-Neuregelungsgesetz vom 22. 12. 1997, BGBl. I S. 324). Bei der Heranziehung der Vorschriften der §§ 1025 ff. ZPO n. F. muss jedoch beachtet werden, dass anders als in den bisher gültigen Bestimmungen der §§ 1025 ff. ZPO a. F. der Gesetzgeber staatliche Gerichtsbarkeit und private Schiedsgerichtsbarkeit als grundsätzlich gleiche Formen des Rechtsschutzes versteht (*Voit* JZ 1997, 120). Gerade das ist aber bei dem arbeitsgerichtlichen Schiedsgerichtsverfahren nicht der Fall (dazu oben Rn. 2). Auch darf nicht übersehen werden, dass das in den §§ 101 ff. geregelte Schiedsverfahren nicht im Zusammenhang mit internationalen Rahmenbedingungen steht. 34

§ 102 Prozeßhindernde Einrede

(1) Wird das Arbeitsgericht wegen einer Rechtsstreitigkeit angerufen, für die die Parteien des Tarifvertrages einen Schiedsvertrag geschlossen haben, so hat das Gericht die Klage als unzulässig abzuweisen, wenn sich der Beklagte auf den Schiedsvertrag beruft.

(2) Der Beklagte kann sich nicht auf den Schiedsvertrag berufen,
1. wenn in einem Falle, in dem die Streitparteien selbst die Mitglieder des Schiedsgerichts zu ernennen haben, der Kläger dieser Pflicht nachgekommen ist, der Beklagte die Ernennung aber nicht binnen einer Woche nach der Aufforderung des Klägers vorgenommen hat;
2. wenn in einem Falle, in dem nicht die Streitparteien, sondern die Parteien des Schiedsvertrags die Mitglieder des Schiedsgerichts zu ernennen haben, das Schiedsgericht nicht gebildet ist und die den Parteien des Schiedsvertrags von dem Vorsitzenden des Arbeitsgerichts gesetzte Frist zur Bildung des Schiedsgerichts fruchtlos verstrichen ist;

3. wenn das nach dem Schiedsvertrag gebildete Schiedsgericht die Durchführung des Verfahrens verzögert und die ihm von dem Vorsitzenden des Arbeitsgerichts gesetzte Frist zur Durchführung des Verfahrens fruchtlos verstrichen ist;
4. wenn das Schiedsgericht den Parteien des streitigen Rechtsverhältnisses anzeigt, daß die Abgabe eines Schiedsspruchs unmöglich ist.

(3) **In den Fällen des Absatzes 2 Nummern 2 und 3 erfolgt die Bestimmung der Frist auf Antrag des Klägers durch den Vorsitzenden des Arbeitsgerichts, das für die Geltendmachung des Anspruchs zuständig wäre.**

(4) Kann sich der Beklagte nach Abs. 2 nicht auf den Schiedsvertrag berufen, so ist eine schiedsrichterliche Entscheidung des Rechtsstreits auf Grund des Schiedsvertrags ausgeschlossen.

Übersicht

	Rn.
I. Allgemeines	1, 2
II. Prozesshindernde Einrede	3–12
1. Voraussetzung	3–5
2. Geltendmachung	6
3. Prozessuale Wirkung	7–12
III. Wegfall der Einrede	13–29
1. Nichternennung eines Schiedsrichters durch die beklagte Partei, Nr. 1	13–16
2. Nichternennung von Schiedsrichtern durch die Parteien, Nr. 2	17–19
3. Verzögerung des Verfahrens durch das Schiedsgericht, Nr. 3	20–22
4. Anzeige der Unmöglichkeit des Schiedsspruchs, Nr. 4	23–25
5. Sonstige Fälle	26–28
6. Prozessuale Wirkung des Wegfalls der Einrede	29

I. Allgemeines

1 Für das arbeitsgerichtliche Verfahren tritt § 102 an die Stelle des § 1032 ZPO Nur die verfahrensrechtliche Auswirkung des Schiedsvertrages wird geregelt, nicht jedoch dessen materielle Bedeutung.

2 Es handelt sich um eine prozesshindernde Einrede, mit der das Fehlen einer Prozessvoraussetzung gerügt wird. Die **Einrede ist verzichtbar**, sie ist nur zu beachten, wenn und solange sie erhoben wird. Hieran hat sich durch die Änderung des Wortlauts in Abs. 1 nichts geändert. Von Amts wegen kann das Bestehen eines Schiedsvertrages nie berücksichtigt werden (BAG 30. 9. 1987 EzA ArbGG 1979 § 72 Nr. 9). Sie hindert nicht, dass die klagende Partei, für die der Schiedsvertrag Gültigkeit hat, anstelle des Schiedsgerichts das Arbeitsgericht anruft. Erforderlich hierfür ist nur, dass sich der Beklagte nicht einredeweise auf den Schiedsvertrag beruft (BAG aaO.). Insofern entspricht die Rechtslage im arbeitsgerichtlichen Verfahren derjenigen im Zivilprozess. Die Einrede kann auch in einem höheren Rechtszug nicht mehr aufrechterhalten werden, mit der Folge, dass das Landesarbeitsgericht bzw. das Bundesarbeitsgericht sich dann mit der Frage der Zuständigkeit eines Schiedsgerichts nicht mehr auseinanderzusetzen braucht.

II. Prozesshindernde Einrede

1. Voraussetzung

3 Die Einrede kann nur wirksam erhoben werden, wenn eine den Erfordernissen des § 101 entsprechende **Schiedsabrede** besteht. Die Einrede kann auch nur von den Tarifvertragsparteien bzw. den tarifunterworfenen Parteien des Arbeitsrechtsstreits erhoben werden bzw. von den Parteien, die die Anwendbarkeit des Tarifvertrages einzelvertraglich vereinbart haben. Das **Einrederecht** steht **nur der beklagten Partei** zu, nicht der klagenden. Zur Gültigkeit einer Schiedsabrede im Einzelvertrag trotz entgegenstehendem Willen der Tarifvertragspartei siehe oben § 101 Rn. 28 m. w. Nachw.

Die Einrede ist ausgeschlossen, wenn das Schiedsgericht eine verbindliche Entscheidung nicht treffen kann. In den Verfahren des **Arrestes** und der **Einstweiligen Verfügung** kann in der Regel das Schiedsgericht nicht rechtzeitig und für die Parteien verbindlich den einstweiligen Rechtsschutz garantieren, da eine Vollstreckung erst auf Grund einer Entscheidung des Arbeitsgerichts nach § 109 erfolgen kann. Damit ist ein schneller Rechtsschutz, was diesen Verfahrensarten eigen ist, nicht gewährleistet. § 1033 ZPO n. F. lässt daher ausdrücklich in diesen Verfahren die Anrufung des staatlichen Gerichts zu. Etwas anderes kann allerdings beispielsweise dann gelten, wenn die dem Schiedsvertrag unterworfenen Parteien von vornherein erklären, dass sie sich der Entscheidung des Schiedsgerichts beugen würden, so dass eine Vollstreckung nicht erforderlich wäre. Auch ist nicht ausgeschlossen, dass die Schiedsvereinbarung selbst ein besonders beschleunigtes Verfahren vorsieht, das dann allerdings nicht den Charakter eines Arrestverfahrens bzw. eines Verfahrens der Einstweiligen Verfügung i. S. der ZPO hat. Gegen die Durchführung der Verfahren des einstweiligen Rechtsschutzes vor dem Schiedsgericht spricht im Übrigen auch § 108 Abs. 4, nach dem der Schiedsspruch unter den Parteien dieselben Wirkungen hat wie ein rechtskräftiges Urteil des Arbeitsgerichts. Die Entscheidung in einem einstweiligen Verfügungs- bzw. Arrestverfahren kann aber nie materiell rechtskräftig werden, sie unterliegt jederzeit der Abänderung durch eine Entscheidung in der Hauptsache. Ordnet das Arbeitsgericht in einem Arrest- bzw. einstweiligen Verfügungsverfahren die **Erhebung der Klage in der Hauptsache** gem. § 926 Abs. 1 ZPO **an,** so ist diese vor dem Schiedsgericht zu erheben, wenn die Hauptsache der Schiedsabrede unterliegt (*Schwab/Walter* Schiedsgerichtsbarkeit Kap. 17 a Rn. 36). Allerdings kann das Arbeitsgericht in der Anordnung selbst nicht festlegen, ob die Klage vor dem Arbeitsgericht oder dem Schiedsgericht zu erheben ist, eine Zuständigkeitsprüfung kann es in diesem Verfahren nicht vornehmen, außerdem ist es dem Beklagten überlassen, die Einrede zu erheben oder nicht.

Des Weiteren werden von einer Schiedsabrede nicht erfasst die **Vollstreckungsabwehrklage** des § 767 ZPO und die **Drittwiderspruchsklage** des § 771 ZPO, da durch das Schiedsgericht als einer privatrechtlichen Einrichtung nicht der Bereich der öffentlich-rechtlichen Zwangsvollstreckung geregelt werden kann. Dies ergibt sich auch aus § 109, wonach es für die Vollstreckung einer ausdrücklichen Entscheidung des Arbeitsgerichtes bedarf (GK-ArbGG/*Mikosch* § 102 Rn. 4; ebenso für eine Zuständigkeit des Schiedsgerichts, wenn die geltend gemachte Einwendung der Schiedsabrede unterliegt BGH 3. 12. 1986 NJW 1987, 651).

2. Geltendmachung

Die Einrede kann schriftlich oder mündlich bei dem Arbeitsgericht durch die Partei bzw. einen nach § 11 zugelassenen Vertreter erhoben werden. Über § 46 Abs. 2 Satz 1 finden insoweit die Bestimmungen der §§ 282 Abs. 3 und § 296 Abs. 3 ZPO Anwendung. Die Einrede muss daher **vor der Verhandlung zur Hauptsache** geltend gemacht werden, d. h. spätestens zu Beginn der streitigen Verhandlung vor der Kammer (*Grunsky* § 102 Rn. 1; GK-ArbGG/*Mikosch* § 102 Rn. 5; ArbGG-*Schunck* § 102 Rn. 5). Im Berufungsverfahren muss die Rüge, wenn ihr das Arbeitsgericht nicht gefolgt ist, wiederholt werden. Unterbleibt in diesem Falle die Rüge, so braucht das Berufungsgericht nicht mehr darauf einzugehen (vgl. BAG 30. 9. 1987 EzA ArbGG 1979 § 72 Nr. 9). Wird die Einrede der Schiedsgerichtsbarkeit erst in der Berufungsinstanz erhoben, so kann sie nach § 64 Abs. 6 i.V. mit § 532 ZPO nur dann zugelassen werden, wenn die Partei die Verspätung der Rüge genügend entschuldigt. § 67 kann hier nicht angewendet werden, weil es sich bei der Einrede nicht um ein Angriffs- oder Verteidigungsmittel im Sinne dieser Vorschrift (oben § 67 Rn. 3 ff.) handelt, es ist keine Behauptung tatsächlicher Art (unklar ArbGG-*Schunck* § 102 Rn. 6). Das Gleiche gilt, wenn die beklagte Partei in erster Instanz die Einrede nicht rechtzeitig erhebt, § 296 Abs. 3 ZPO.

3. Prozessuale Wirkung

7   Ist die **Einrede begründet,** so ist die **Klage als unzulässig** abzuweisen. Das Arbeitsgericht kann über die Einrede auch abgesondert verhandeln und entscheiden, § 280 Abs. 1 ZPO (so auch GK-ArbGG/*Mikosch* § 102 Rn. 6). In diesem Falle kann es, wenn die Einrede unbegründet ist, ein **Zwischenurteil** erlassen. Inhalt dieses Zwischenurteils ist dann, dass die Klage zulässig ist. Eine entsprechende Anwendbarkeit des § 48 iVm. §§ 17 ff. GVG ist nicht möglich. Es handelt sich nicht um eine Rechtswegfrage im Sinne dieser Bestimmungen. Eine Streitwertfestsetzung für dieses Urteil ist erforderlich, sie wird grundsätzlich unter dem Wert des Streitgegenstandes des Hauptverfahrens liegen. Gegen das Zwischenurteil kann Berufung wie gegen ein Endurteil eingelegt werden, § 280 Abs. 2 Satz 1 ZPO. Die Statthaftigkeit der Berufung richtet sich im Übrigen nach § 64. Ob es sich um eine vermögensrechtliche oder nichtvermögensrechtliche Streitigkeit handelt, richtet sich dabei nach dem Streitgegenstand des Hauptverfahrens. Wird das Zwischenurteil angefochten, so ist im Übrigen das Hauptsacheverfahren auszusetzen.

8   Ist ein Rechtsstreit sowohl bei dem Arbeitsgericht als auch bei einem Schiedsgericht anhängig gemacht worden, so steht dem arbeitsgerichtlichen Verfahren nicht die **Einrede der Rechtshängigkeit** entgegen, da die Rechtshängigkeit nach § 261 Abs. 3 Nr. 1 ZPO nur im Verhältnis zwischen staatlichen Gerichten von Bedeutung ist, nicht jedoch in dem Verhältnis zu einem Schiedsgericht. Das Arbeitsgericht kann im Rahmen seines Ermessen jedoch in diesem Falle sein Verfahren nach § 148 ZPO auszusetzen, bis das Schiedsgericht seine Entscheidung getroffen hat. Dies ergibt sich aus § 108 Abs. 4, wonach ein unanfechtbarer Schiedsspruch die Wirkung wie ein Urteil eines staatlichen Gerichtes hätte (*Baumbach/Hartmann* § 148 Rn. 7). Andererseits ist es aber auch nicht gehindert, gleichwohl zu entscheiden. Dies folgt aus den abgestuften Rechtskraftwirkungen, die sich bei arbeits- und schiedsgerichtlichen Entscheidungen ergeben.

9   Hinsichtlich der **Rechtskraftwirkung** von Entscheidungen des Schiedsgerichts bzw. der Gerichte für Arbeitssachen **in Bezug auf die Zuständigkeit** ergibt sich folgendes: Hat das Arbeitsgericht wegen des Bestehens einer Schiedsabrede die Klage rechtskräftig als unzulässig abgewiesen, so steht damit auch fest, dass ein wirksamer Schiedsvertrag besteht, der für den anhängigen Rechtsstreit gilt, und dass das Schiedsgericht zu entscheiden habe. An diese Entscheidung ist dann auch das Schiedsgericht gebunden. Auch im Verfahren über die Vollstreckbarerklärung nach § 109 bzw. die Anfechtungsklage nach § 110 kann nicht mehr die Unzuständigkeit des Schiedsgerichts angenommen werden.

10 Hat das Arbeitsgericht in einem **Zwischenurteil** rechtskräftig seine Zuständigkeit angenommen, so hat dies ebenfalls Rechtskraftwirkung, es kann dann nicht in einer höheren Instanz erneut die Einrede der Schiedsgerichtsbarkeit erhoben werden, die höheren Instanzen sind an die Entscheidung im Zwischenurteil gebunden. Das gilt auch für ein Schiedsgericht, falls dieses von der klagenden Partei ebenfalls angerufen werden sollte.

11 Erklärt sich das **Schiedsgericht** mit der Rechtskraftwirkung des § 108 Abs. 4 **für zuständig,** so ist die Anrufung des Arbeitsgerichts damit ausgeschlossen. An diese Entscheidung ist das Arbeitsgericht ebenfalls gebunden.

12 Hat das **Schiedsgericht** ebenfalls rechtskräftig i. S. des § 108 Abs. 4 seine **Unzuständigkeit ausgesprochen,** so sind hieran ebenfalls die Parteien und auch die Gerichte für Arbeitssachen gebunden. In einem etwaigen Prozess vor dem Arbeitsgericht kann die Einrede der Schiedsgerichtsbarkeit nicht mehr erhoben werden.

III. Wegfall der Einrede

1. Nichternennung eines Schiedsrichters durch die beklagte Partei, Nr. 1

In der Regel betrifft diese Bestimmung nur die **Fälle des § 101 Abs. 1**. Voraussetzung ist, dass die Partei, die das Schiedsverfahren eingeleitet hat, die von ihr zu stellenden Schiedsrichter benannt hat und die gegnerische Partei aufgefordert hat, Schiedsrichter zu benennen. Nach Zugang der **Aufforderung** bei der gegnerischen Partei hat diese eine Woche Zeit, um ihrer Pflicht Folge zu leisten. Die Wochenfrist berechnet sich nach § 222 ZPO. Die Aufforderung bedarf keiner besonderen Form, muss jedoch gegebenenfalls in einem späteren Verfahren nachgewiesen werden, so dass sich Schriftform in der Regel empfiehlt. Ein Verschulden an der Versäumung der Frist ist nicht erforderlich. 13

Bei **Versäumung der Frist** kann eine Wiedereinsetzung in den vorigen Stand nicht gewährt werden, die §§ 233 ff. ZPO finden keine entsprechende Anwendung, bei der Frist der Nr. 1 handelt es sich nicht um eine Notfrist i. S. des § 233 ZPO. 14

Ist die Frist versäumt, so kann von der beklagten Partei die Einrede der Schiedsgerichtsbarkeit im arbeitsgerichtlichen Verfahren nicht mehr erhoben werden. Allerdings steht es der klagenden Partei frei, sich ihrerseits auch dann auf das schiedsgerichtliche Verfahren einzulassen, wenn die beklagte Partei die Benennung der von ihr zu stellenden Schiedsrichter verspätet vornimmt. 15

Benennt die klagende Partei keine Schiedsrichter, so kann die beklagte Partei jederzeit die Rüge des Bestehens der Schiedsvereinbarung in einem arbeitsgerichtlichen Verfahren geltend machen. § 102 Abs. 2 Nr. 1 findet in diesem Falle keine entsprechende Anwendung (*Grunsky* § 102 Rn. 4). Es besteht hierfür auch keine Notwendigkeit, da ja die klagende Partei etwas erlangen will. Im Übrigen könnte auch die beklagte Partei selbst einen Rechtsstreit anhängig machen, gegebenenfalls eine negative Feststellungsklage, und auf diese Weise die klagende Partei über § 102 Abs. 2 Nr. 1 zwingen, Schiedsrichter zu benennen. 16

2. Nichternennung von Schiedsrichtern durch die Parteien, Nr. 2

Diese Bestimmung trifft die **Fälle des § 101 Abs. 2**, in diesem Falle sind Parteien des schiedsgerichtlichen Verfahrens nicht die Tarifvertragsparteien. Nr. 2 gilt nicht, falls die Tarifvertragsparteien, was allerdings in der Praxis regelmäßig nicht vorkommt, den Parteien des Einzelarbeitsvertrages die Bildung und Zusammensetzung des Schiedsgerichts überlassen haben. Dann würde Nr. 1 eingreifen. Regelmäßig haben die Tarifvertragsparteien die Pflicht, die Schiedsrichter zu ernennen, sie können allerdings im Tarifvertrag diese Verpflichtung auch auf Dritte, seien es Privatpersonen oder Behörden, übertragen. Unerheblich ist für die Anwendbarkeit der Vorschrift auch, ob es sich bei dem Schiedsgericht um eine Dauereinrichtung handelt oder ob es nur für den Einzelfall gebildet worden ist. Durch die Vorschrift wird das Interesse der Parteien des einzelnen Streitverfahrens an einer möglichst zügigen Erledigung geschützt, da sie auf die Bildung des Schiedsgerichts keinen Einfluss haben. 17

Voraussetzung für den Wegfall der Einrede ist in diesem Falle, dass ein Schiedsvertrag i. S. des § 101 besteht, dass der auszutragende Rechtsstreit unter diesen Schiedsvertrag fällt und dass zumindest eine Partei des Schiedsvertrages **keine Mitglieder des Schiedsgerichts ernannt** hat **oder** aber, dass das **Schiedsgericht überhaupt nicht gebildet ist.** In diesem Falle kann das Arbeitsgericht nach § 102 Abs. 3 auf Antrag der im Schiedsverfahren klagenden Partei tätig werden. Zuständig ist das Arbeitsgericht, das für die Geltendmachung des dem Schiedsverfahren zugrunde liegenden Anspruches zuständig wäre. Die **Entscheidung trifft der Vorsitzende** ohne Mitwirkung der ehrenamtlichen Richter. Eine mündliche Verhandlung ist nicht erforderlich, ihre Anberaumung steht 18 jedoch im Belieben des Vorsitzenden. Vor der Entscheidung hat der Vorsitzende den Parteien des Schiedsvertrages eine Frist zur Bildung des Schiedsgerichts zu setzen. Über die Dauer der Frist enthält die Bestimmung nichts, der Vorsitzende kann sie nach freiem Ermessen bestimmen. Ihre Berechnung richtet sich nach § 222 ZPO. Auch hier ist eine Wiedereinsetzung in den vorigen Stand bei Versäumung der Frist nicht möglich, da es sich nicht um eine Notfrist i. S. des § 233 ZPO handelt.

19 Ist das **Schiedsgericht innerhalb der Frist nicht gebildet**, d. h. sind nicht sämtliche Schiedsrichter von den Tarifvertragsparteien bestellt worden, so kann die klagende Partei nunmehr Klage vor dem Arbeitsgericht in der Hauptsache erheben, die Einrede des Bestehens einer Schiedsvereinbarung kann von der beklagten Partei nicht mehr erhoben werden.

3. Verzögerung des Verfahrens durch das Schiedsgericht, Nr. 3

20 Jede Verzögerung der Erledigung des Rechtsstreits vor dem Schiedsgericht fällt unter die Bestimmung der Nr. 3. **Auch kleine Verspätungen** fallen hierunter, wenn auch ein zu kleinlicher Maßstab vermieden werden sollte (*Schwab/Walter* Schiedsgerichtsbarkeit Kap. 37 Rn. 13; GK-ArbGG/ *Mikosch* § 102 Rn. 24; a. A. *Grunsky* § 102 Rn. 11). Dies ergibt sich daraus, dass im Gegensatz zu § 1032 Abs. 2 ZPO a. F. hier keine ungebührliche Verzögerung verlangt wird. Allerdings muss bei Feststellung der Verzögerung berücksichtigt werden, dass möglicherweise das Schiedsverfahren wegen der bestehenden Verfahrensbestimmungen ohnehin etwas schwerfällig ist.

21 Auf **welche Gründe** die Verzögerung zurückzuführen ist, ist für die Entscheidung **unerheblich**. Insbesondere ist ein Verschulden des Schiedsgerichts nicht erforderlich. Eine Ausnahme gilt jedoch dann, wenn die Verzögerung allein auf das prozessuale Verhalten der streitenden Parteien in dem schiedsgerichtlichen Verfahren zurückzuführen ist, wenn sie beispielsweise durch ständig wechselnden Sachvortrag oder durch Benennung einer Vielzahl von Zeugen eine zügige Erledigung des schiedsgerichtlichen Verfahrens erschweren. Der Begriff der Verzögerung setzt letztlich voraus, dass eine schnellere Abwicklung des Verfahrens möglich wäre. Ist dies jedoch auf Grund der verfahrensrechtlichen Probleme nicht der Fall, kann eine Verzögerung nicht vorliegen. Maßstab ist, ob das Arbeitsgericht selbst das Verfahren schneller abwickeln könnte, als dies bei dem Schiedsgericht der Fall ist (*Schwab/Weth/Zimmerling* § 102 Rn. 23; GK-ArbGG/*Mikosch* § 102 Rn. 24). Allerdings ist dabei zu berücksichtigen, dass das Schiedsgericht nur im Rahmen des § 106 eine Beweisaufnahme durchführen kann, soweit eine Verzögerung darauf zurückzuführen ist, dass das Arbeitsgericht eingeschaltet werden muss, kann dies im Rahmen der Nr. 3 nicht berücksichtigt werden.

22 Liegt eine Verzögerung der Durchführung des schiedsgerichtlichen Verfahrens vor, so hat der Vorsitzende des Arbeitsgerichts dem Schiedsgericht eine **Frist zur Durchführung** des Verfahrens zu setzen. Insoweit gelten die gleichen Grundsätze wie bei Abs. 2 Nr. 2 (dazu oben Rn. 18). Für die Entscheidung ist auch hier das Arbeitsgericht zuständig, das für die Geltendmachung des Anspruches zuständig gewesen wäre. Nach fruchtlosem Ablauf der gesetzten Frist wird nicht die Schiedsvereinbarung unwirksam, vielmehr entfällt lediglich die Einrede des Bestehens der Schiedsabrede, so dass die klagende Partei unmittelbar vor dem Arbeitsgericht Klage erheben könnte.

4. Anzeige der Unmöglichkeit des Schiedsspruchs, Nr. 4

23 Schließlich entfällt die Einrede des Bestehens eines Schiedsvertrages, wenn das Schiedsgericht selbst den Parteien des streitigen Rechtsverhältnisses die Mitteilung macht, dass die Abgabe eines Schiedsspruches unmöglich ist. **Aus welchem Grund** eine Unmöglichkeit der Abgabe des Schiedsspruches besteht, ist unerheblich. Grund kann daher beispielsweise sein, dass die Schiedsrichter selbst verhindert sind, durch Krankheit ihre Tätigkeit nicht ausüben können, dass nicht genügend Schiedsrichter benannt wor-

III. Wegfall der Einrede

den sind oder dass benannte Schiedsrichter durch Tod oder aus anderen Gründen ausgeschieden sind bzw. dass eine Verhandlung vor dem Schiedsgericht in zumutbarer Zeit nicht möglich erscheint.

In welcher **Form die Mitteilung** zu ergehen hat, ergibt sich aus dem Gesetz nicht, auch eine formlose Mitteilung kann daher die Einrede in Wegfall geraten lassen. Da auch dies jedoch gegebenenfalls im arbeitsgerichtlichen Verfahren nachgewiesen werden muss, empfiehlt sich eine schriftliche Mitteilung. 24

Die **Mitteilung** erfolgt **durch das Schiedsgericht.** Besteht dieses aus mehreren Personen, so ist grundsätzlich eine entsprechende Entscheidung dieser Personen herbeizuführen, deren Mitteilung kann durch den Vorsitzenden erfolgen (ArbGG-*Schunck* § 102 Rn. 28, GK-ArbGG/*Mikosch* § 102 Rn. 27). Beruht aber gerade die Unmöglichkeit der Entscheidung durch das Schiedsgericht darauf, dass nicht alle Schiedsrichter zur Verfügung stehen, so genügt auch die Mitteilung durch den Vorsitzenden des Schiedsgerichts, soweit ein solcher nicht vorhanden ist, durch jedes Mitglied des Schiedsgerichts. In jedem Falle ist der Grund der Unmöglichkeit der Abgabe eines Schiedsspruches den Parteien des Streitverfahrens mitzuteilen. Soweit die Mitteilung in einem Schiedsspruch erfolgt, beispielsweise wenn bei einem paritätisch besetzten Schiedsgericht für einen Schiedsspruch keine Stimmenmehrheit zu erzielen ist und er deshalb die Erklärung enthält, so kann dieser Schiedsspruch nicht mit einer Aufhebungsklage gem. § 110 angefochten werden (*Grunsky* § 103 Rn. 12). 25

5. Sonstige Fälle

Die **Aufzählung** in § 102 Abs. 2 ist **nicht abschließend,** sie erfasst nicht alle Fälle, in denen die Einrede des Schiedsvertrages wegfällt (GK-ArbGG/*Mikosch* § 102 Rn. 30; *Schwab/Weth/Zimmerling* § 102 Rn. 31; vgl. *Grunsky* § 102 Rn. 9). Die Einrede entfällt vielmehr in all den Fällen, in denen die Durchführung des Schiedsvertrages nicht möglich ist. Dies ist beispielsweise der Fall, wenn das Schiedsgericht seine Tätigkeit beendet hat. Weiterhin wenn ein Schiedsrichter nicht mehr zur Ausübung dieses Amtes in der Lage ist, sei es durch Tod, andauernde Krankheit, erfolgreiche Ablehnung, die Weigerung, das Amt weiter auszuüben usw. Ist in diesem Fall kein Ersatzmitglied des Schiedsgerichts bestellt worden und durch den Wegfall des Schiedsrichters das Schiedsgericht nicht mehr ordnungsgemäß besetzt, so muss den Parteien des Streitverfahrens die Möglichkeit gegeben sein, unmittelbar das Arbeitsgericht anzurufen. 26

Weiter entfällt die Einrede des Bestehens einer Schiedsvereinbarung dann, wenn die Tarifparteien die **gemeinsame Einrichtung** des Schiedsgerichts **aufgehoben** haben. Wird die Schiedsvereinbarung selbst gekündigt, so besteht schon aus diesem Grunde die Einrede des § 102 Abs. 1 nicht. 27

Schließlich enthält Abs. 2 keine Regelung darüber, welche Folgen eintreten, wenn nach der tarifvertraglichen Vereinbarung der **Schiedsrichter von einem Dritten zu benennen** ist und dies nicht erfolgt. In diesem Falle wird die Regelung des Abs. 2 Nr. 2 entsprechend anwendbar sein, d. h. dass der Dritte von dem Vorsitzenden des Arbeitsgerichts unter Fristsetzung zur Benennung des Schiedsrichters aufgefordert werden kann (*Grunsky* § 102 Rn. 9; GK-ArbGG/*Mikosch* § 102 Rn. 22). 28

6. Prozessuale Wirkung des Wegfalls der Einrede

Nach Abs. 4 ist bei Vorliegen der Voraussetzungen des Abs. 2 eine schiedsgerichtliche Entscheidung des Rechtsstreits ausgeschlossen. Das bedeutet, dass in diesem Falle das **Schiedsgericht unzuständig geworden** ist. Die Parteien des Streitverfahrens können die Zuständigkeit des Schiedsgerichts auch durch Vereinbarung nicht mehr begründen. Hat beispielsweise das Schiedsgericht den Parteien angezeigt, dass die Abgabe eines Schiedsspruches unmöglich sei, so kann dies nicht wieder rückgängig gemacht werden. Auch kann nach Ablauf einer nach Abs. 2 Nr. 2 oder 3 durch den Vorsitzenden des Arbeits- 29 gerichts gesetzten Frist nicht erneut das schiedsgerichtliche Verfahren betrieben werden. Vielmehr müsste sich das Schiedsgericht in diesem Falle für unzuständig erklären und die entsprechende Klage als unzulässig abweisen. Damit wird ausgeschlossen, dass es zu einer Parallelität der Entscheidungen zwischen Arbeitsgericht und Schiedsgericht in den Fällen kommen kann, in denen die prozesshindernde Einrede vor dem Arbeitsgericht nicht mehr erhoben werden kann. Das Konkurrenzproblem zwischen arbeitsgerichtlicher und schiedsgerichtlicher Entscheidung ist damit für den Bereich des § 102 gelöst. Der Schiedsvertrag selbst wird allerdings nicht berührt, es sei denn, er wäre lediglich für den konkreten Einzelfall abgeschlossen worden. In diesem Falle würde auch der Schiedsvertrag erlöschen. Wird dennoch ein Schiedsspruch gefällt, ist dieser nicht unwirksam, sondern muss nach § 110 Abs. 1 Nr. 1 angefochten werden (GK-ArbGG/*Mikosch* § 102 Rn. 32). Bei Streitigkeiten aus § 101 Abs. 1 kann allerdings ein neuer Schiedsvertrag auch für den Einzelfall abgeschlossen werden.

§ 103 Zusammensetzung des Schiedsgerichts

(1) ¹Das Schiedsgericht muß aus einer gleichen Zahl von Arbeitnehmern und von Arbeitgebern bestehen; außerdem können ihm Unparteiische angehören. ²Personen, die infolge Richterspruchs die Fähigkeit zur Bekleidung öffentlicher Ämter nicht besitzen, dürfen ihm nicht angehören.

(2) Mitglieder des Schiedsgerichts können unter denselben Voraussetzungen abgelehnt werden, die zur Ablehnung eines Richters berechtigen.

(3) ¹Über die Ablehnung beschließt die Kammer des Arbeitsgerichts, das für die Geltendmachung des Anspruchs zuständig wäre. ²Vor dem Beschluß sind die Streitparteien und das abgelehnte Mitglied des Schiedsgerichts zu hören. ³Der Vorsitzende des Arbeitsgerichts entscheidet, ob sie mündlich oder schriftlich zu hören sind. ⁴Die mündliche Anhörung erfolgt vor der Kammer. ⁵Gegen den Beschluß findet kein Rechtsmittel statt.

Übersicht

	Rn.
I. Allgemeines	1
II. Zusammensetzung	2–18
1. Paritätische Besetzung	2–4
2. Unparteiischer	5–7
3. Ausgeschlossene Personen	8–10
4. Bestellung der Mitglieder und Rechtsstellung	11–18
III. Ablehnungsrecht	19–26
1. Ablehnungsgründe	19
2. Ablehnungsverfahren	20–23
3. Wirkung der arbeitsgerichtlichen Entscheidung	24–26

I. Allgemeines

1 Die Vorschrift tritt **an die Stelle der §§ 1034 bis 1039 ZPO**. Diese können auch nicht ergänzend herangezogen werden, soweit § 103 keine Regelungen enthält. Innerhalb des durch § 103 festgelegten Rahmens sind die Parteien des Schiedsvertrages frei in der näheren Ausgestaltung der Zusammensetzung des Schiedsgerichts.

II. Zusammensetzung

1. Paritätische Besetzung

Obwohl die Parteien des Schiedsvertrages hinsichtlich der Zusammensetzung des Schiedsgerichts weitgehend frei sind, sind sie an den Grundsatz der paritätischen Besetzung **zwingend** gebunden. Wird dieser Grundsatz nicht beachtet, ist das Schiedsgericht nicht richtig besetzt, das Schiedsverfahren ist unzulässig, gegen einen etwa ergangenen Schiedsspruch kann Aufhebungsklage nach § 110 Abs. 2 Nr. 1 erhoben werden (BGH 5. 5. 1986 NJW 1986, 3079; *Schwab/Weth/Zimmerling* § 103 Rn. 2; GK-ArbGG/*Mikosch* § 103 Rn. 3). Solange allerdings die Aufhebungsklage nicht erhoben worden ist, ist von der Gültigkeit des Schiedsspruches auszugehen, es handelt sich nicht um eine völlig nichtige Entscheidung, die von einem unzulässig besetzten Schiedsgericht erlassen wird. Auch ein solcher Schiedsspruch wäre daher nach § 109 für vollstreckbar zu erklären (GK-ArbGG/ *Mikosch* § 103 Rn. 3; *Schwab/Weth/Zimmerling* § 103 Rn. 2). Die zwingende Vorschrift über die paritätische Besetzung wird auch dann verletzt, wenn bei einem von den Parteien des Schiedsvertrages paritätisch besetzten Schiedsgericht **ein Mitglied verhindert** ist, so dass das Schiedsgericht nunmehr in unparitätischer Besetzung zusammentreten muss. Das Schiedsgericht muss in diesem Falle den Termin aufheben und gegebenenfalls die Erklärung abgeben, dass die Abgabe eines Schiedsspruches unmöglich sei, § 102 Abs. 2 Nr. 4.

Die paritätische Besetzung des Schiedsgerichts bezieht sich nicht auf die Vertreter der Parteien des Schiedsvertrages, sondern auf die gleichmäßige **Besetzung mit Vertretern der Arbeitgeber und Arbeitnehmer.** Der Begriff des Arbeitgebers bzw. des Arbeitnehmers ist hierbei der gleiche wie in den §§ 22 und 23.

Unzulässig ist die Bildung eines **Schiedsgerichts mit nur einem Mitglied.** Das gilt auch dann, wenn es sich bei diesem Mitglied um einen Unparteiischen handelt. Die Tarifvertragsparteien können daher in dem Schiedsvertrag für Rechtsstreitigkeiten nicht die Entscheidung eines Dritten vereinbaren. Dies gilt auch nicht unter Zuhilfenahme der Vorschrift des § 317 BGB, da diese lediglich die Leistungsbestimmung, nicht jedoch die Entscheidung von bürgerlichen Rechtsstreitigkeiten erfasst. Im Übrigen würde sie auch durch die speziellere Regelung des § 103 verdrängt.

2. Unparteiischer

Zusätzlich zu der gleichen Zahl von Arbeitnehmern und Arbeitgebern kann in dem Schiedsvertrag auch die Benennung eines Unparteiischen vorgesehen sein. Der **Begriff des Unparteiischen** ist im Gesetz nicht näher definiert. Aus der Anknüpfung an den ersten Halbsatz von Abs. 1 Satz 1 ergibt sich jedoch, dass er weder Arbeitnehmer noch Arbeitgeber sein darf (*Grunsky* § 103 Rn. 5; *Schwab/Weth/Zimmerling* § 103 Rn. 6). In welcher Funktion der Unparteiische bzw. mehrere von ihnen in dem Schiedsgericht tätig wird, ist dabei unerheblich. Auch als Beisitzer können Unparteiische fungieren, wenn nur im Übrigen die paritätische Besetzung mit Arbeitnehmern und Arbeitgebern gewährleistet ist. Auch ist nicht zwingend, dass der Unparteiische den Vorsitz führen muss. Dies kann auch einem Schiedsrichter von Arbeitnehmer- bzw. Arbeitgeberseite übertragen werden. Dadurch würde auch nicht der Grundsatz der Parität verletzt. Durch die Möglichkeit der Bestellung unparteiischer Personen wird im Schiedsgericht sichergestellt, dass auch bei Stimmengleichheit zwischen Arbeitgeber- und Arbeitnehmerschiedsrichtern in jedem Falle eine Entscheidung gefällt werden kann. Allerdings setzt das voraus, dass durch die Benennung des unparteiischen Schiedsrichters eine ungerade Zahl von Schiedsrichtern gegeben ist.

Bei der Bestellung der Unparteiischen ist allerdings der **Grundsatz der Parität zu wahren.** In der Schiedsabrede darf nicht festgelegt werden, dass die unparteiischen

Schiedsrichter von einer Seite ernannt werden dürfen. Die Delegation des Bestimmungsrechts auf einen Dritten bzw. eine Behörde ist zulässig. Auch wäre es zulässig, dass die Tarifvertragsparteien in dem Schiedsvertrag festlegen, dass die Bestellung eines unparteiischen Vorsitzenden entweder jeweils abwechselnd für die einzelnen Streitfälle erfolgt oder aber, dass die Person des Vorsitzenden durch ein Losverfahren bestimmt wird. Schließlich kann die Bestellung des Unparteiischen auch so geregelt werden, dass die Schiedsrichter aus Kreisen der Arbeitgeber bzw. der Arbeitnehmer ihrerseits die Person des Unparteiischen bestimmen sollen. In diesem Falle kann in der Schiedsabrede entweder festgelegt werden, dass eine Mehrheitsentscheidung der Schiedsrichter genügt, oder aber, dass nur eine einstimmige Bestellung möglich sein soll.

7   Kommt es zu **keiner Bestellung** von unparteiischen Schiedsrichtern, obwohl dies im Schiedsvertrag so vorgesehen ist, so ist das Schiedsgericht nicht ordnungsgemäß besetzt. Das Schiedsgericht ist in diesem Falle noch nicht vollständig gebildet, so dass es auch keine Entscheidungen treffen kann. Die prozesshindernde Einrede des Bestehen eines Schiedsvertrages entfällt in diesem Falle, § 102 Abs. 2 Nr. 2. Soweit die Bestellung des Unparteiischen durch Dritte, eine Behörde oder durch die Schiedsrichter selbst zu erfolgen hat und dies nicht geschieht, entfällt die prozesshindernde Einrede des Schiedsvertrages nach § 102 Abs. 2 Nr. 3.

3. Ausgeschlossene Personen

8   Ähnlich wie bei einem ehrenamtlichen Richter (§ 21 Abs. 2 Nr. 1, dazu oben § 21 Rn. 10 ff.) muss ein Schiedsrichter die **Fähigkeit zur Bekleidung öffentlicher Ämter** besitzen. Entgegenstehende Vereinbarungen in der Schiedsabrede sind unwirksam. Benennt eine Partei der Schiedsabrede einen Schiedsrichter, der diese Voraussetzung nicht erfüllt, ist das Schiedsgericht nicht vollständig besetzt, die prozesshindernde Einrede kann nicht erhoben werden, da die Parteien des Schiedsvertrages das Schiedsgericht nicht ordnungsgemäß gebildet haben, § 102 Abs. 2 Nr. 2. Auch kann ein Schiedsspruch, an dem ein ausgeschlossener Schiedsrichter mitgewirkt hat, mit der Aufhebungsklage angegriffen werden, § 110 Abs. 1 Nr. 1.

9   Die übrigen in § 21 Abs. 2 genannten **Ausschließungsgründe**, auch der der Verurteilung wegen einer vorsätzlichen Tat zu einer Freiheitsstrafe von mehr als sechs Monaten hindern die Bestellung eines Schiedsrichters nicht. § 21 Abs. 2 kann nicht ergänzend herangezogen werden. Auch kann die Bestimmung des § 41 ZPO nicht ergänzend herangezogen werden, da eine entsprechende Bezugnahme in den §§ 101 ff. fehlt. Hier kann nur eine Ablehnung des Schiedsrichters nach Abs. 2 in Betracht kommen (*Schwab/Walter* Schiedsgerichtsbarkeit Kap. 38 Rn. 9).

10 Eine Ausnahme von diesem Grundsatz gilt allerdings dann, wenn ein **Schiedsrichter gleichzeitig Partei** oder deren gesetzlicher Vertreter ist. Ist eine juristische Person Partei des schiedsrichterlichen Verfahrens, kann auch weder deren Organ noch ein vertretungsberechtigtes Mitglied eines solchen gleichzeitig Schiedsrichter sein. Dies widerspricht dem grundsätzlichen Gedanken, dass keine Partei Richter in eigener Angelegenheit sein darf. Dieser Grundsatz gilt für sämtliche Verfahrensarten, somit auch für das schiedsrichterliche Verfahren. Weiterhin ist ausgeschlossen vom Schiedsrichteramt, wer selbst geschäftsunfähig ist.

4. Bestellung der Mitglieder und Rechtsstellung

11 Aus § 103 Abs. 1 ergibt sich im Einzelnen nicht, **wer die Schiedsrichter zu bestellen hat.** Zunächst sind die Tarifvertragsparteien, die die Schiedsvereinbarung treffen, zur Bestellung der Schiedsrichter befugt. Sie können die Bestellung unmittelbar im Schiedsvertrag selbst vornehmen, es kann auch für jeden Einzelfall, über den das Schiedsgericht zu entscheiden hat, durch Einzelbestellung das Schiedsgericht gebildet werden. Schließlich kann die Schiedsabrede auch vorsehen, dass die Parteien des Rechtsstreits, der vor

II. Zusammensetzung **§ 103**

dem Schiedsgericht entschieden werden soll, selbst dessen Mitglieder ernennen müssen. Dies ergibt sich aus § 102 Abs. 2 Nr. 1, die Bestimmung wäre sinnlos, wenn nicht auch im Rahmen des § 103 die entsprechende Benennung der Schiedsrichter durch die Streitparteien möglich wäre.

Die **Bestellung** der Schiedsrichter kann **in verschiedener Weise** geregelt werden. Zum einen besteht die Möglichkeit, dass in der Schiedsabrede festgelegt wird, dass die Bestellung der Schiedsrichter nur durch beide Parteien gemeinsam erfolgen könne. Zum anderen ist es aber auch denkbar, dass jede Partei die Schiedsrichter ihrer Seite benennen kann, ohne dass der jeweils anderen Seite hier ein Ablehnungsrecht zustehen könnte. Weiterhin kann die Bestellung durch eine Behörde oder eine dritte Person erfolgen, Voraussetzung dafür ist aber, dass auch hierbei die Parität beachtet wird. 12

Die **Rechtsstellung eines Schiedsrichters** ist ebenfalls im Gesetz nicht näher geregelt (vgl. dazu auch *Reupke* Bühnenschiedsgerichte S. 183 f.). Das Amt ist an die Person gebunden, es kann nicht durch den Schiedsrichter selbst einem Vertreter übertragen werden. Der Schiedsrichter ist von den Parteien des Streitverfahrens völlig unabhängig, er ist weder Weisungen derjenigen Seite, die ihn benannt hat, unterworfen, noch kann er wegen einer bestimmten Entscheidung benachteiligt werden. Der Schiedsrichter muss in ähnlicher Weise wie ein Richter unabhängig sein. Weisungen ist er nur insoweit unterworfen, als es das schiedsrichterliche Verfahren betrifft. Hierbei muss die Weisung allerdings von beiden Parteien ergehen. 13

Ein Schiedsrichter hat im Regelfall auch **Anspruch auf** eine **Vergütung**, sofern es sich nicht um betriebsangehörige Schiedsrichter handelt. Soweit eine Vergütung zu zahlen ist, muss sie von beiden Parteien der Schiedsabrede getragen werden, es sei denn, in einer tariflichen Schiedsvereinbarung würde ein anderer Verteilungsmodus festgelegt sein. 14

Die **Höhe der Vergütung** richtet sich, wenn keine Vereinbarung getroffen worden ist, nach der Ortsüblichkeit. Der Rechtsgedanke des § 612 Abs. 2 BGB kann insoweit entsprechend angewendet werden (jetzt ebenso GK-ArbGG/*Mikosch* § 101 Rn. 11; *Schwab/Weth/Zimmerling* § 103 Rn. 19). Zur Konkretisierung können die Regelungen, die nach § 76a BetrVG für die Einigungsstelle gelten, nicht herangezogen werden, weil die Tätigkeit von Schiedsgericht und Einigungsstelle grundlegend unterschiedlich ist. Auch eine Berechnung nach dem RVG kommt nicht in Betracht, da die Gebührensätze nach deren Vorschriften berücksichtigen, dass ein Rechtsanwalt auch Bürounkosten und Haftungsrisiken sowie sonstige unternehmerische Aufwendungen hat, die bei einem Schiedsrichter nicht anfallen. Das hindert allerdings nicht, dass die Parteien des Schiedsvertrages gleichwohl im Vereinbarungswege die Berechnung der Vergütung für die Schiedsrichter nach dem RVG festlegen. Ist weder eine übliche Vergütung zu ermitteln noch sonst ein Anhaltspunkt für ihre Bemessung vorhanden, so ist sie nach billigem Ermessen gemäß § 315 BGB zu bestimmen. Gegebenenfalls muss die Angemessenheit vor dem ordentlichen Gericht überprüft werden. Bei der Vergütungshöhe sind grundsätzlich alle Schiedsrichter gleich zu behandeln, lediglich die Vergütung des Vorsitzenden eines Schiedsgerichts kann höher bemessen werden als die der übrigen Schiedsrichter. 15

Ausgeschlossen ist, dass das **Schiedsgericht selbst** seine Vergütung festlegt, das Schiedsgericht kann auch nicht über eine Streitwertfestsetzung mittelbar die Höhe seiner Vergütung bestimmen, wenn eine Abrechnung nach dem RVG vereinbart ist. 16

Die **Fälligkeit der Vergütung** richtet sich ebenfalls nach den zwischen den Parteien des Schiedsvertrages getroffenen Vereinbarungen. Soweit diese fehlen, findet die Regelung des § 614 BGB entsprechende Anwendung, d. h., die Vergütung wird nach der Tätigkeit des Schiedsgerichts fällig. Gegebenenfalls kann die Zahlung eines Vorschusses in Betracht kommen. 17

Entstehen einem Schiedsrichter **Auslagen,** beispielsweise durch Reisekosten oder Verdienstausfall usw., so kann er die Erstattung dieser Beträge ebenfalls von den Parteien des Schiedsvertrages verlangen, gegebenenfalls ist § 670 BGB heranzuziehen. 18

III. Ablehnungsrecht

1. Ablehnungsgründe

19 Die Schiedsrichter können unter **denselben Voraussetzungen wie die Richter** bei den Gerichten für die Arbeitssachen abgelehnt werden, Abs. 2. Auf die Ausführungen hinsichtlich der Ablehnungsgründe kann daher in vollem Umfang auf § 49 Bezug genommen werden. Die Ablehnung kann auch auf einen Grund gestützt werden, der einen Richter von der Ausübung des Richteramtes ausschließt, § 41 ZPO, da ein derartiger Ausschließungsgrund dem schiedsrichterlichen Verfahren fremd ist. Hier können die entsprechenden Tatbestände nur im Wege der Ablehnung geltend gemacht werden. Auch kann sich ein Schiedsrichter selbst ablehnen, auch hier gelten die gleichen Grundsätze wie bei § 49.

2. Ablehnungsverfahren

20 Das Ablehnungsgesuch kann bei dem Schiedsgericht selbst oder bei dem Arbeitsgericht, das für die Geltendmachung des Anspruchs zuständig wäre, wenn die Schiedsvereinbarung nicht bestünde, angebracht werden. Gemeint ist hier die **örtliche Zuständigkeit.** Wird die Ablehnung gegenüber dem Schiedsgericht erklärt, gibt dieses das Gesuch an das zuständige Arbeitsgericht ab. Den Parteien ist eine Abgabenachricht zu erteilen.

21 Über die Berechtigung der Ablehnung **entscheidet** grundsätzlich die nach der Geschäftsverteilung **zuständige Kammer des Arbeitsgerichts,** Abs. 3 Satz 1. Die Kammer entscheidet in voller Besetzung, d. h. unter Beteiligung der ehrenamtlichen Richter. Die Durchführung einer mündlichen Verhandlung ist nicht erforderlich, notwendig ist allerdings, dass die Parteien des Schiedsverfahrens und das abgelehnte Mitglied des Schiedsgerichts vor Erlass der Entscheidung gehört werden. In welcher Form die **Anhörung** durchgeführt wird, steht im Ermessen des Vorsitzenden der entsprechenden Kammer des Arbeitsgerichts. Wird eine mündliche Anhörung durchgeführt, so muss sie vor der Kammer in voller Besetzung stattfinden. Für die Dauer des Verfahrens vor dem Arbeitsgericht ist das Schiedsgerichtsverfahren unterbrochen (siehe unten Rn. 24).

22 Das Arbeitsgericht **entscheidet** im Wege des **Beschlusses,** der Beschluss ist zu begründen. Gegen den Beschluss findet kein Rechtsmittel statt, unabhängig von der Art der Entscheidung, Abs. 2 Satz 5.

23 Mit der **Entscheidungskompetenz** des Arbeitsgerichts ist eine solche **des Schiedsgerichts** im Regelfall **ausgeschlossen.** Das Schiedsgericht kann daher auch unter Heranziehung von Ersatzschiedsrichtern nicht über das Ablehnungsgesuch bzw. die Selbstablehnung entscheiden. Auch kann im Schiedsvertrag keine andere Regelung vereinbart werden. Eine Ausnahme kann nur dann gelten, wenn das Schiedsgericht die Ablehnung für begründet hält und auf Grund dieser Tatsache nach § 102 Abs. 2 Nr. 4 den Parteien des Schiedsverfahrens mitteilt, dass wegen nicht ordnungsgemäßer Besetzung des Schiedsgerichts die Abgabe eines Schiedsspruches unmöglich sei. In diesem Falle entfällt dann die prozesshindernde Einrede, so dass die Parteien des Schiedsverfahrens unmittelbar das Verfahren vor dem Arbeitsgericht beginnen können (teilweise a. A. *Grunsky* § 103 Rn. 8, der unter bestimmten Voraussetzungen auch die Entscheidung des Schiedsgerichts über das Ablehnungsgesuch für möglich hält).

3. Wirkung der arbeitsgerichtlichen Entscheidung

24 **Mit dem Ablehnungsgesuch** wird das schiedsgerichtliche **Verfahren** zunächst **unterbrochen,** es kann erst fortgesetzt werden, wenn das Arbeitsgericht über den Ablehnungsvertrag entschieden hat. Hat das Arbeitsgericht das **Ablehnungsgesuch zurückgewiesen,** ist das Verfahren vor dem Schiedsgericht unmittelbar fortzusetzen, der erfolglos abgelehnte Schiedsrichter hat an der Entscheidung mitzuwirken. Ähnlich wie im Zivilprozess

muss die Besetzung des Schiedsgerichts in diesem Falle die gleiche sein, wie sie im Zeitpunkt des Ablehnungsgesuches gegeben war.

Hat das Arbeitsgericht dem **Ablehnungsgesuch stattgegeben,** so tritt an die Stelle des abgelehnten Schiedsrichters ein Ersatzmitglied. Ein solches kann, wenn es nicht von vornherein bestellt ist, auch von den Parteien des Schiedsvertrages nachbenannt werden. Unterbleibt eine solche Benennung, ist das Schiedsgericht nicht mehr ordnungsgemäß besetzt, so dass es den Parteien des Schiedsverfahrens mitteilen muss, dass die Abgabe eines Schiedsspruches unmöglich sei, § 102 Abs. 2 Nr. 4. 25

Das **Schiedsgericht ist an die Entscheidung des Arbeitsgerichts gebunden,** hat das Arbeitsgericht den Ablehnungsantrag für begründet gehalten, so darf der abgelehnte Schiedsrichter in keinem Falle an der Entscheidung mitwirken. Tut er es dennoch, kann darin ein Anfechtungsgrund liegen, § 110 Abs. 1 Nr. 1. Hat das Arbeitsgericht das Ablehnungsgesuch zurückgewiesen, kann nicht an die Stelle des abgelehnten Schiedsrichters nunmehr ein anderer Schiedsrichter treten. Dies wäre eine Umgehung der Bindungswirkung der arbeitsgerichtlichen Entscheidung. Eine Auswechselung dieses Schiedsrichters ist nur dann möglich, wenn er tatsächlich an der Ausübung des Schiedsrichteramtes aus anderen Gründen verhindert ist. 26

§ 104 Verfahren vor dem Schiedsgericht

Das Verfahren vor dem Schiedsgericht regelt sich nach den §§ 105 bis 110 und dem Schiedsvertrag, im übrigen nach dem freien Ermessen des Schiedsgerichts.

Übersicht

	Rn.
I. Allgemeines	1–3
II. Zu beachtende allgemeine Verfahrensgrundsätze	4–19
1. Prozessvoraussetzungen	4–6
2. Parteifähigkeit	7, 8
3. Beteiligung Dritter am Rechtsstreit	9–11
4. Bestimmtheit der Anträge	12, 13
5. Versäumnisverfahren	14
6. Prozesskostenhilfe	15
7. Arrest und einstweilige Verfügung	16
8. Öffentlichkeit	17
9. Rechtsmittel	18, 19
III. Ermessensausübung	20, 21

I. Allgemeines

Die Vorschrift tritt an die Stelle des § 1042 ZPO. Sie enthält eine **Grundregelung** für das Verfahren, die durch die §§ 105 bis 110 ergänzt wird. Die in diesen Vorschriften enthaltenen Bestimmungen sind zwingend, von ihnen kann weder im Schiedsvertrag noch durch Vereinbarung der Parteien des konkreten Rechtsstreites abgewichen werden. 1

Neben den §§ 105 bis 110 können weitere **Einschränkungen** hinsichtlich der Verfahrensgestaltung **in dem Schiedsvertrag** enthalten sein. Dies ist beispielsweise für die Bühnenschiedsgerichtsbarkeit der Fall, dort haben die Tarifparteien eine besondere Bühnenschiedsgerichtsordnung (vom 1. 10. 1948 mit späteren Änderungen) geschaffen. Weiter kann das Schiedsgericht seine Ermessensausübung auch generell für bestimmte Verfahren dadurch einschränken, dass es sich eine besondere Verfahrensordnung gibt. Diese muss sich aber dann auch im Rahmen der durch §§ 105 bis 110 vorgegebenen Ordnung bzw. der durch Tarifvertrag vorgegebenen Rechtsregeln halten. 2

3   Bei einem Schiedsverfahren handelt es sich **nicht** um einen **Zivilprozess**, es ist aber ein Verfahren, das, wie auch die Regelungen der §§ 105 bis 110 zeigen, dem Zivilprozess angenähert ist. Es gelten daher im Schiedsverfahren auch einige prozessuale Grundbegriffe, hinsichtlich derer ebenfalls eine freie Verfahrensgestaltung durch das Schiedsgericht nicht möglich ist.

II. Zu beachtende allgemeine Verfahrensgrundsätze

1. Prozessvoraussetzungen

4   Im schiedsrichterlichen Verfahren gelten die allgemeinen Grundsätze der Prozessvoraussetzungen ähnlich wie im Zivilprozess. Das Vorliegen der **allgemeinen Prozessvoraussetzungen** hat **Vorrang** vor der sachlich rechtlichen Prüfung des Sachvortrages. Die Prozessvoraussetzungen sind in jeder Lage des Verfahrens, auch noch in einer etwa nach dem Schiedsvertrag vorgesehenen Berufungsinstanz zu prüfen. Auch gilt im schiedsrichterlichen Verfahren, dass die Zulässigkeit einer Klage nicht ungeklärt bleiben darf, es darf daher nicht offengelassen werden, ob die Klage zulässig war, wenn sie in jedem Falle unbegründet ist.

5   In jedem Falle muss das Schiedsgericht von Amts wegen prüfen, ob es **sachlich oder örtlich zuständig** ist. Insbesondere hat es in diesem Zusammenhang festzustellen, ob die Voraussetzungen des § 101 Abs. 2 gegeben sind. Zwar können nach § 101 Abs. 2 Satz 3 die Parteien des einzelnen Rechtsstreites durch rügelose Einlassung die Zuständigkeit des Schiedsgerichts vereinbaren. Dies geht aber nur dann, wenn sich das Arbeitsverhältnis zwischen den Parteien nach einem Tarifvertrag regelt, der nach § 101 Abs. 2 Satz 1 für bestimmte Arbeitnehmergruppen Gültigkeit hat. Ist dies nicht der Fall, muss das Schiedsgericht selbst bei rügeloser Einlassung des Beklagten die Klage als unzulässig abweisen.

6   Die **Rechtshängigkeit** des Rechtsstreits **vor** einem **staatlichen Gericht** führt nicht zur Unzulässigkeit der Klage vor dem Schiedsgericht (*Germelmann* NZA 1994, 12, 14). Zwischen Schiedsgericht und staatlichem Gericht besteht keine prozeßrechtliche Bindung, im Verfahren vor dem staatlichen Gericht kann lediglich die prozesshindernde Einrede der Notwendigkeit des schiedsrichterlichen Verfahrens erhoben werden. Ist jedoch der gleiche Rechtsstreit bereits vor einem anderen Schiedsgericht anhängig, so kann dies von dem zuletzt angerufenen Schiedsgericht im Rahmen der Zulässigkeit überprüft werden, es kann die Klage als unzulässig abweisen.

2. Parteifähigkeit

7   Auch im schiedsgerichtlichen Verfahren ist die Parteifähigkeit **von Amts wegen** zu überprüfen. Die Regelungen der §§ 50 bis 53 ZPO finden insoweit entsprechende Anwendung. Die Sonderregelung des § 10 gilt ebenfalls, allerdings ist zu beachten, dass vor dem Schiedsgericht keine Rechtsstreitigkeiten stattfinden können, für die nach § 2 a das Arbeitsgericht zuständig wäre. Letztlich hat damit die Bestimmung des § 10 nur Bedeutung für die Parteifähigkeit der Gewerkschaften und Vereinigungen von Arbeitgebern, soweit es sich um Rechtsstreitigkeiten zwischen den Tarifvertragsparteien nach § 101 Abs. 1 handelt.

8   Hinsichtlich der **Vertretungsregelung** gelten ebenfalls die allgemeinen Grundsätze, insbesondere kann hier auch die Bestimmung des § 11 entsprechend angewendet werden. Auch gilt die Regelung des § 157 ZPO, das Schiedsgericht kann also Personen, die die Besorgung fremder Rechtsangelegenheiten vor Gericht geschäftsmäßig betreiben, als Bevollmächtigte und Beistände in der mündlichen Verhandlung zurückweisen. Diese können allerdings bei der schriftlichen Klageerhebung und der Fertigung von Schriftsätzen tätig werden.

3. Beteiligung Dritter am Rechtsstreit

Eine **Parteienhäufung** auf Kläger- bzw. Beklagtenseite ist auch im schiedsrichterlichen **9** Verfahren **möglich**. Die Regelungen der §§ 59 ff. ZPO können insoweit entsprechend angewendet werden, insbesondere gelten auch die Grundsätze hinsichtlich der Wirkung der Streitgenossenschaft und der Besonderheiten bei der notwendigen Streitgenossenschaft. Voraussetzung dafür ist allerdings, dass die Streitgenossen die Voraussetzungen des § 101 erfüllen.

Auch eine **Streitverkündung** gemäß § 72 ZPO ist im schiedsrichterlichen Verfahren **10** möglich, allerdings kann die Wirkung der Streitverkündung gemäß § 74 ZPO iVm. § 68 ZPO nicht eintreten, da die Schiedssprüche keine Rechtskraftwirkung im Sinne des zivilprozessualen Verfahrens entfalten können, sondern vielmehr nur auf andere Weise Bestandskraft erhalten. Die Streitverkündung hat damit letztlich keine Wirkung auf Dritte. Dies wäre auch ausgeschlossen, da sonst über den Rahmen des § 101 hinaus eine Bindung an das schiedsrichterliche Verfahren eintreten würde.

Eine **Hauptintervention** gemäß § 64 ZPO ist zulässig, wenn auch derjenige, der die **11** entsprechende Klage erhebt, unter den Geltungsbereich des § 101 fällt. Dies kann der Fall sein, wenn eine Partei auf Grund übergegangenen Rechts einen Anspruch geltend macht, der vorher einem Arbeitnehmer bzw. Arbeitgeber zugestanden hat, der selbst unter den Geltungsbereich einer zulässigen Schiedsabrede fiel. Eine **Nebenintervention** gemäß § 66 ZPO wird regelmäßig nur dann in Betracht kommen können, wenn der Nebenintervenient unter den Geltungsbereich der Schiedsabrede fällt. Die Wirkungen des § 68 ZPO hinsichtlich der Nebenintervention können im Übrigen nicht eintreten.

4. Bestimmtheit der Anträge

Entsprechend anwendbar als allgemeiner Grundsatz ist die Vorschrift des **§ 253 ZPO** **12** hinsichtlich der Bestimmtheit der Klageanträge. Diese Notwendigkeit ergibt sich schon daraus, dass nach § 109 aus einem Schiedsspruch dann die Zwangsvollstreckung betrieben werden kann, wenn er von dem Arbeitsgericht für vollstreckbar erklärt worden ist. Das setzt aber voraus, dass der Schiedsspruch auch einen vollstreckbaren Inhalt haben muss.

Ebenfalls gilt im schiedsrichterlichen Verfahren der Grundsatz, dass ein **Rechtsschutz-** **13** **interesse** hinsichtlich der erhobenen Klage bestehen muss. Auch gilt in diesem Zusammenhang die spezielle Regelung für Feststellungsklagen des § 256 ZPO. Soweit vor dem Schiedsgericht die Unwirksamkeit einer Kündigung geltend gemacht wird, ergibt sich das Feststellungsinteresse bei einer fristgemäßen Kündigung, auf die das Kündigungsschutzgesetz Anwendung findet, aus § 4 KSchG, im Übrigen aus der Tatsache, dass mit der Feststellungsklage der Bestand des gesamten Arbeitsverhältnisses erfasst wird, was bei einer Klage auf Zahlung des Entgelts nicht unbedingt der Fall wäre.

5. Versäumnisverfahren

Ein Versäumnisverfahren **kann** vor dem Schiedsgericht **nicht stattfinden**. Dies ergibt **14** sich aus § 105 Abs. 3, bei unentschuldigtem Ausbleiben einer Partei in der mündlichen Verhandlung ist der Pflicht zur Anhörung Genüge getan (vgl. dazu § 105 Rn. 9 ff.). Insoweit enthält das Gesetz eine ähnliche Regelung wie im Beschlussverfahren, vgl. dort § 83 Abs. 4 Satz 2. § 1048 ZPO n. F. gilt nicht.

6. Prozesskostenhilfe

Die Gewährung von Prozesskostenhilfe für das Verfahren vor dem Schiedsgericht ist **15** nicht möglich, die Vorschriften der §§ 114 ff. ZPO können nur Belastungen der Staatskasse rechtfertigen, nicht jedoch solche der Tarifvertragsparteien, die die Schiedsgerichtsbarkeit vereinbart haben.

7. Arrest und einstweilige Verfügung

16   Ebenfalls nicht anwendbar sind die Bestimmungen der §§ 916 ff. ZPO hinsichtlich des Arrestes und der einstweiligen Verfügung. Diese Verfahrensarten, die unmittelbar Zwangsvollstreckungstitel ergeben sollen, können nur vor dem Arbeitsgericht durchgeführt werden. Dem Schiedsgericht ist es nicht möglich, vorläufig vollstreckbare Schiedssprüche zu erlassen. Auch kann die Erklärung der Vollstreckbarkeit nach § 109, die die Unanfechtbarkeit des Schiedsspruchs voraussetzt, nur in einem gesonderten Verfahren ermöglicht werden, so dass eine zügige Erledigung vor dem Schiedsgericht nicht möglich ist (vgl. dazu oben § 102 Rn. 4). Auch in einer Schiedsabrede kann nicht vereinbart werden, dass das Schiedsgericht für die Entscheidung über Anträge im Arrest- bzw. einstweiligen Verfügungsverfahren zuständig sein soll. Allerdings kann in einer Schiedsabrede festgelegt werden, dass besonders beschleunigte Verfahren durchgeführt werden können. Auch die in § 1041 ZPO n. F. geregelten Möglichkeiten sind nicht gegeben.

8. Öffentlichkeit

17   Die Vorschriften über die Öffentlichkeit der mündlichen Verhandlung im Zivilprozess können auf das schiedsrichterliche Verfahren **nicht übertragen** werden. Allerdings können in der von den Tarifvertragsparteien abgeschlossenen Schiedsvereinbarung Vorschriften hinsichtlich der Öffentlichkeit des Verfahrens festgelegt werden. Auch können die Parteien des konkreten Rechtsstreites vor dem Schiedsgericht ihr Einverständnis mit der Anwesenheit Dritter erklären, dieses Einverständnis kann auch stillschweigend dadurch erklärt werden, dass ein Widerspruch seitens der Parteien in Kenntnis der Anwesenheit Dritter nicht erhoben wird.

9. Rechtsmittel

18   Häufig ist in den Schiedsvereinbarungen geregelt, dass lediglich eine Instanz besteht. Durch das Gesetz ist aber nicht ausgeschlossen, dass die Tarifvertragsparteien auch einen mehrstufigen schiedsgerichtlichen Instanzenzug schaffen. Insbesondere kann auch durch die Schiedsabrede ein **Oberschiedsgericht** gebildet werden, das für Rechtsmittel gegen die Entscheidungen des Schiedsgerichts zuständig ist. In diesem Falle kann auch im Einzelnen geregelt werden, unter welchen Voraussetzungen ein Rechtsmittel zulässig sein soll. Eine entsprechende Schiedsvereinbarung ist beispielsweise für den Bereich der Bühnenschiedsgerichtsbarkeit getroffen worden (Bühnenschiedsgerichtsordnung vom 1. 10. 1948 mit späteren Änderungen).

19   **Kein Instanzenzug** besteht zwischen Schiedsgericht und staatlichem Gericht in Bezug auf die Aufhebungsklage des § 110. Es handelt sich hier um eine Klage besonderer Art, die selbst wiederum einen neuen Instanzenzug bei den Gerichten für Arbeitssachen eröffnet.

III. Ermessensausübung

20   Soweit eine Bindung an **Verfahrensvorschriften** nicht besteht, kann diese das **Schiedsgericht selbst erlassen.** Hierbei müssen sämtliche Schiedsrichter, die an der Entscheidung eines konkreten Falles beteiligt sind, mitwirken. Eine Delegation auf ein einzelnes Mitglied des Schiedsgerichts ist nicht zulässig, auch darf die Entscheidung über Verfahrensfragen nicht durch den Vorsitzenden eines Schiedsgerichts allein getroffen werden.

Soweit das Schiedsgericht **Verfahrensvorschriften nicht beachtet,** führt dies nicht ohne 21
weiteres zur Unwirksamkeit des entsprechenden Schiedsspruches. Vielmehr kann lediglich die Aufhebungsklage nach § 110 Abs. 1 Nr. 1 in Betracht kommen.

§ 105 Anhörung der Parteien

(1) Vor der Fällung des Schiedsspruchs sind die Streitparteien zu hören.

(2) ¹Die Anhörung erfolgt mündlich. ²Die Parteien haben persönlich zu erscheinen oder sich durch einen mit schriftlicher Vollmacht versehenen Bevollmächtigten vertreten zu lassen. ³Die Beglaubigung der Vollmachtsurkunde kann nicht verlangt werden. ⁴Die Vorschrift des § 11 Abs. 1 bis 3 gilt entsprechend, soweit der Schiedsvertrag nicht anderes bestimmt.

(3) Bleibt eine Partei in der Verhandlung unentschuldigt aus oder äußert sie sich trotz Aufforderung nicht, so ist der Pflicht zur Anhörung genügt.

Übersicht

	Rn.
I. Rechtliches Gehör	1–5
1. Grundsatz	1, 2
2. Form der Anhörung	3–5
II. Vertretung der Parteien	6–8
III. Säumnisverfahren	9–12

I. Rechtliches Gehör

1. Grundsatz

§ 105 Abs. 1 entspricht der Regelung in § 1042 Abs. 1 Satz 2 ZPO. Mit der Vor- 1
schrift wird der allgemein gültige **Grundsatz des Art. 103 Abs. 1 GG** auch auf das schiedsrichterliche Verfahren übertragen. Mit der Anhörung soll sichergestellt werden, dass die Parteien Gelegenheit haben, die zu treffende Entscheidung zu beeinflussen.

Der **Umfang der Anhörung** entspricht derjenigen im arbeitsgerichtlichen Verfahren 2
bzw. im Verfahren vor den ordentlichen Gerichten. Die Parteien des Rechtsstreits vor dem Schiedsgericht sind daher zu allen denjenigen Tatsachen und Beweismitteln zu hören, die das Schiedsgericht seiner Entscheidung zugrunde legen muss. Allerdings fehlt ein Hinweis auf die Pflicht des Schiedsgerichts, das dem Streit zugrunde liegende Rechtsverhältnis zu ermitteln. Wenn auch bisher im zivilprozessualen Schiedsgerichtsverfahren **nicht** direkt der **Untersuchungsgrundsatz** eingeführt worden war, so wurde daraus doch die Pflicht des Schiedsgerichts hergeleitet, in verstärktem Maße die Aufklärungspflicht gemäß § 139 ZPO wahrzunehmen (vgl. dazu BGH 12. 12. 1963 NJW 1964, 593, 595). Ähnliches wird auch für das Schiedsverfahren nach §§ 101 ff. angenommen werden können, zumal auch hier die besonderen privaten Kenntnisse der Mitglieder des Schiedsgerichts berücksichtigt werden können. Dies erfordert, dass auch zu diesen den Parteien des Verfahrens Gelegenheit zur Stellungnahme gewährt wird. Es gilt daher zwar der **Grundsatz der Parteimaxime** wie im arbeitsgerichtlichen Verfahren, aber mit einer gesteigerten Aufklärungs- und Fürsorgepflicht seitens des Schiedsgerichts (weitergehend wohl GK-ArbGG/*Mikosch* § 106 Rn. 5; *Grunsky* § 106 Rn. 2; *Hauck/Helml* § 106 Rn. 1; *Schwab/Weth/Zimmerling* § 106 Rn. 2, die von einem beschränkten Untersuchungsgrundsatz ausgehen, ohne jedoch dessen Rahmen zu präzisieren). Dies folgt schon aus der Tatsache, dass das Schiedsverfahren in den in §§ 4, 101 vorgesehenen Fällen an die Stelle des arbeitsgerichtlichen Urteilsverfahrens tritt. Weder § 105 noch die übrigen Vorschriften der §§ 101 ff. geben einen Hinweis auf die Anwendbarkeit des

Amtsermittlungsprinzips. Eine solche wie im betriebsverfassungsrechtlichen Beschlussverfahren ist nicht gegeben. Das Schiedsgericht kann den Parteien **Auflagen** machen, es kann im Interesse der Beschleunigung des schiedsgerichtlichen Verfahrens zur Erfüllung dieser Auflagen **Fristen** setzen, bei deren Nichteinhaltung u. U. Vorbringen als verspätet zurückgewiesen werden kann. Eine verstärkte Aufklärungspflicht gilt für das schiedsgerichtliche Verfahren in arbeitsrechtlichen Streitigkeiten nicht.

2. Form der Anhörung

3   Nach Abs. 2 Satz 1 hat die Anhörung **mündlich** zu erfolgen. Da Anhörung nicht das einseitige Gespräch zwischen Schiedsgericht und Partei ist, sondern vielmehr auch die Verhandlung der Parteien miteinander vor dem Schiedsgericht beinhaltet, kann eine getrennte Anhörung der Parteien nicht die Pflicht zur Anhörung erfüllen. Durch die Hervorhebung der Mündlichkeit ist auch ausgeschlossen, dass das Schiedsgericht allein ein schriftliches Verfahren durchführt. Es muss in jedem Falle den Parteien die Möglichkeit gewähren, sich mündlich zu äußern. Das schließt nicht aus, dass die Parteien im schiedsgerichtlichen Verfahren sich auch schriftlich äußern können und dass die mündliche Verhandlung wie im arbeitsgerichtlichen Verfahren schriftlich vorbereitet wird.

4   Das **Prinzip der Mündlichkeit** ist **zwingend** vorgeschrieben. Weder in der Schiedsvereinbarung noch durch Vereinbarung der Parteien kann ein schriftliches Verfahren ohne mündliche Anhörung festgelegt werden (*Schwab/Walter* Schiedsgerichtsbarkeit Kap. 39 Rn. 7; *Hauck/Helml* § 105 Rn. 2; a. A. *Grunsky* § 105 Rn. 3, der die Vereinbarung eines schriftlichen Verfahrens durch die Parteien für möglich hält, ähnlich GK-ArbGG/*Mikosch* der zur Begründung auf die Möglichkeit des Säumnisverfahrens verweist, § 105 Rn. 6; ferner *Schwab/Weth/Zimmerling* § 105 Rn. 6). Abs. 2 Satz 1 enthält insoweit keine Öffnungsklausel, auch hat der Gesetzgeber gerade im Gegensatz zum schiedsgerichtlichen Verfahren nach der Zivilprozessordnung ausdrücklich das Mündlichkeitsprinzip festgelegt. Der Hinweis auf das Säumnisverfahren überzeugt nicht, da dies nur eingreift, wenn eine Partei nicht erscheint, nicht aber, wenn beide Parteien ausbleiben. Insoweit ist der Wortlaut von Abs. 3 eindeutig.

5   Die Anhörung hat **vor dem gesamten Schiedsgericht** zu erfolgen, es ist nicht zulässig, lediglich ein bzw. einige Mitglieder des Schiedsgerichts mit der Durchführung der mündlichen Verhandlung zu beauftragen (ArbGG*Schunck* § 105 Rn. 3). Tritt ein Wechsel bei den Schiedsrichtern ein, muss die mündliche Anhörung erneut durchgeführt werden. Es können nur diejenigen Schiedsrichter eine Entscheidung treffen, die an der mündlichen Anhörung mitgewirkt haben.

II. Vertretung der Parteien

6   Bei der Anhörung müssen die Parteien entweder persönlich erscheinen oder aber einen Vertreter entsenden, der mit einer schriftlichen Vollmacht versehen ist. Hinsichtlich der **Person des Bevollmächtigten** gilt die Bestimmung des § 11 Abs. 1 bis 3 entsprechend, die Parteien können sich also durch einen Rechtsanwalt oder durch einen Verbandsvertreter bzw. sonstige Vertreter i. S. § 11 Abs. 2 vertreten lassen. Für die Zurückweisung Bevollmächtigter gilt § 11 Abs. 3 (siehe die Erläuterungen dort).

7   Bei der **Vollmacht** muss es sich nicht unbedingt um eine Prozessvollmacht handeln, da das schiedsgerichtliche Verfahren insoweit kein Prozessverfahren ist. Es genügt jede Art der Vollmacht, die ergibt, dass die Vertretungsmacht für das schiedsgerichtliche Verfahren besteht. Die schriftliche Vollmacht ist von Amts wegen zu berücksichtigen, eine Ausnahme gilt nur dann, wenn ein Rechtsanwalt als Bevollmächtigter auftritt, § 88 Abs. 2 ZPO. Im Übrigen kann der jeweilige Gegner in jeder Lage des Verfahrens den Mangel der Vollmacht rügen. Im Gegensatz zum zivilprozessualen Verfahren kann

allerdings das Schiedsgericht nicht die Beglaubigung der Vollmacht gem. § 80 Abs. 2 ZPO verlangen. Fehlt eine schriftliche Vollmacht, so ist das Schiedsgericht nicht gezwungen, den vollmachtlosen Vertreter einstweilen zuzulassen. Die Bestimmung des § 89 ZPO findet insoweit keine entsprechende Anwendung, da Abs. 2 Satz 2 keine entsprechende Bezugnahme enthält, andererseits aber selbst in Abweichung der Vorschriften der ZPO Regelungen hinsichtlich der Vollmachterteilung enthält.

Im **Schiedsvertrag** können besondere Regelungen hinsichtlich der Vollmachterteilung enthalten sein, insbesondere kann auch der Kreis der zugelassenen Vertreter beschränkt werden, da die §§ 105 bis 110 insoweit keine abschließende Regelung enthalten. Vielmehr ist in Abs. 2 Satz 4 ausdrücklich festgelegt, dass § 11 Abs. 1 nur dann entsprechend gilt, wenn nicht der Schiedsvertrag etwas anderes bestimmt. 8

III. Säumnisverfahren

Ähnlich wie im arbeitsgerichtlichen Beschlussverfahren (§ 83 Abs. 4 Satz 2) ist der Pflicht zur Anhörung Genüge getan, wenn der Partei **Gelegenheit zur mündlichen Anhörung** gegeben worden ist. Nimmt die Partei diese Möglichkeit nicht wahr, so kann ein Schiedsspruch ergehen. Das Gleiche gilt, wenn beide Parteien im Anhörungstermin unentschuldigt nicht erscheinen. Das Schiedsgericht kann in diesem Falle auch in der Sache selbst entscheiden. Dies gilt aber nur, wenn **eine Partei** ausbleibt. Erscheinen **beide Parteien nicht,** kann eine Entscheidung in der Sache nicht erfolgen, es kann beispielsweise nur das Ruhen des Verfahrens angeordnet werden. 9

Wegen dieser Möglichkeit der abschließenden Entscheidung ohne dass eine Partei in der mündlichen Verhandlung anwesend ist, folgt der **Ausschluss eines Versäumnisverfahrens** in entsprechender Anwendung der §§ 330 ff. ZPO (vgl. dazu schon oben § 104 Rn. 14; ArbGG-*Schunck* § 105 Rn. 6). Auch im Schiedsvertrag kann eine Regelung hinsichtlich eines Säumnisverfahrens nicht getroffen werden, auch kann das Schiedsgericht im Rahmen seines Ermessens keine solche Regelung schaffen. 10

Ferner kann das Schiedsgericht keinen **aufschiebend bedingten Schiedsspruch** zuungunsten der säumigen Partei mit der Besonderheit treffen, dass er erst wirksam werden soll, wenn die säumige Partei nicht binnen einer konkret festgelegten Frist Widerspruch oder Einspruch eingelegt hat. Ein solcher bedingter Schiedsspruch wäre auch nicht notwendig, da das Schiedsgericht praktisch auf Grund von Abs. 3 eine Aktenlageentscheidung treffen kann (so wie hier GK-ArbGG/*Mikosch* § 105 Rn. 18), er wäre eine Umgehung des § 105 Abs. 3. 11

Das Schiedsgericht muss, bevor es bei der Säumnis einer der Parteien eine Entscheidung trifft, überprüfen, ob die Abwesenheit der Partei auf **unentschuldigtem Fernbleiben** beruht. Die Entschuldigungsgründe sind von der säumigen Partei im Einzelnen vorzutragen, gegebenenfalls kann das Schiedsgericht die Glaubhaftmachung dieser Gründe verlangen. Ist bereits eine Entscheidung des Schiedsgerichts gefallen, so kann ein Entschuldigungsgrund nicht mehr vor dem Schiedsgericht, sondern entweder in einem Berufungsverfahren vor dem Oberschiedsgericht oder dem Verfahren der Anfechtung des Schiedsspruches nach § 110 vor dem Arbeitsgericht geltend gemacht werden. Die Nichtberücksichtigung einer solchen Entschuldigung stellt nämlich, falls sie begründet gewesen sein sollte, eine Verletzung des rechtlichen Gehörs und damit einen Verstoß nach § 110 Abs. 1 Nr. 1 dar. 12

§ 106 Beweisaufnahme

(1) ¹Das Schiedsgericht kann Beweise erheben, soweit die Beweismittel ihm zur Verfügung gestellt werden. ²Zeugen und Sachverständige kann das Schiedsgericht nicht beeidigen, eidesstattliche Versicherungen nicht verlangen oder entgegennehmen.

(2) ¹Hält das Schiedsgericht eine Beweiserhebung für erforderlich, die es nicht vornehmen kann, so ersucht es um die Vornahme den Vorsitzenden desjenigen Arbeitsgerichts oder, falls dies aus Gründen der örtlichen Lage zweckmäßiger ist, dasjenige Amtsgericht, in dessen Bezirk die Beweisaufnahme erfolgen soll. ²Entsprechend ist zu verfahren, wenn das Schiedsgericht die Beeidigung eines Zeugen oder Sachverständigen gemäß § 58 Abs. 2 Satz 1 für notwendig oder eine eidliche Parteivernehmung für sachdienlich erachtet. ³Die durch die Rechtshilfe entstehenden baren Auslagen sind dem Gericht zu ersetzen; § 22 Abs. 1 und 29 des Gerichtskostengesetzes finden entsprechende Anwendung.

Übersicht

	Rn.
I. Beweisaufnahme durch das Schiedsgericht	1–10
1. Grundsatz	1, 2
2. Verfahren	3–7
3. Beeidigung	8–10
II. Rechtshilfe	11–17
1. Anwendungsbereich	11, 12
2. Ersuchen	13–17
3. Kosten	18

I. Beweisaufnahme durch das Schiedsgericht

1. Grundsatz

1 § 106 Abs. 1 tritt an die Stelle des § 1042 Abs. 4 und § 1049 ZPO Abs. 2 tritt an die Stelle des § 1050 ZPO. Diese Vorschriften sind daneben nicht entsprechend anwendbar, auch nicht hinsichtlich der Punkte, für die in § 106 keine Regelung enthalten ist. Die Vorschrift regelt nur das **Verfahren der Beweisaufnahme**, nicht jedoch Fragen der Beweiserheblichkeit und der Beweiswürdigung. Die Frage der Beweiserheblichkeit richtet sich nach dem materiellen Recht, die Frage der Beweiswürdigung ist in entsprechender Anwendung der zivilprozessualen Vorschriften, die auch für das arbeitsgerichtliche Verfahren gelten, vorzunehmen. Insoweit kann auf die Erläuterungen zu § 58 verwiesen werden.

2 Das Schiedsgericht hat **keinerlei Zwangsgewalt**. Es kann weder die Vorlage von Beweismitteln wie beispielsweise von Urkunden, Gegenständen usw. erzwingen, noch kann es Zeugen und Sachverständige, die nicht freiwillig erscheinen, mit Zwangsmitteln zum Erscheinen anhalten. Vielmehr kann das Schiedsgericht die Beweisaufnahme nur dann durchführen, wenn ihm die Beweismittel zur Verfügung gestellt werden. Dies betrifft alle Arten von Beweismitteln, also sowohl die Vorlage von Urkunden als auch die Einreichung von Gegenständen, die Herbeiziehung von Akten sowie die Vernehmung von Zeugen und Sachverständigen. Auch die Einholung schriftlicher Sachverständigengutachten ist dem Schiedsgericht nicht möglich, auch in diesem Falle ist es darauf angewiesen, dass ihm das entsprechende Gutachten zur Verfügung gestellt wird. Etwas anderes kann nur dann gelten, wenn beide Parteien das Schiedsgericht bevollmächtigen, für sie das Sachverständigengutachten einzuholen (*Schwab/Weth/Zimmerling* § 106 Rn. 3; BGH 19. 11. 1964 NJW 1965, 298). Das Schiedsgericht wird in diesem Falle aber nicht aus eigenem Recht, sondern als Bevollmächtigter der Parteien tätig, es ist im Grunde auch ein zur Verfügung gestelltes Gutachten.

2. Verfahren

3 Wie das Beweismittel dem Schiedsgericht zur Verfügung gestellt wird, ist unerheblich. In der Regel ist es **Pflicht der Parteien, die Beweismittel herbeizuschaffen,** auf die sie sich

I. Beweisaufnahme durch das Schiedsgericht § 106

berufen. Daneben kann das Schiedsgericht aber auch selbst Zeugen bzw. Sachverständige auffordern, vor dem Schiedsgericht zu erscheinen (*Dietz/Nikisch* § 106 Rn. 3). **Von Amts wegen** ohne entsprechenden Sachvortrag und Beweisantritt kann das Schiedsgericht **keine Zeugen** vernehmen (so wohl aber GK-ArbGG/*Mikosch* § 106 Rn. 5; *Grunsky* § 106 Rn. 2; *Schwab/Weth/Zimmerling* § 106 Rn. 2; siehe dazu ausführlicher oben § 105 Rn. 2). Allerdings ist es in entsprechender Anwendung des § 139 ZPO verpflichtet, die Parteien auf die Notwendigkeit von Beweisantritten hinzuwirken. Erscheint ein Zeuge bzw. Sachverständiger trotz Aufforderung seitens des Schiedsgerichts nicht, so kann es gegen ihn weder ein Zwangsgeld verhängen, noch kann es seine Vorführung anordnen.

Die **Vernehmung** von Zeugen und Sachverständigen muss **in dem Termin zur mündlichen Anhörung** erfolgen, da beiden Parteien die Gelegenheit zur Stellungnahme gegeben werden muss. Auch müssen beide Parteien die Möglichkeit haben, gegebenenfalls Fragen an den Zeugen bzw. den Sachverständigen zu stellen. Da das Schiedsgericht in der Verfahrensgestaltung weitgehend frei ist, kann es aber auch für ausreichend halten, wenn Zeugenaussagen bzw. Sachverständigenbekundungen bzw. -gutachten lediglich schriftlich vorgelegt werden. In diesem Falle ist den Parteien des Rechtsstreits Gelegenheit zur Stellungnahme zu geben, das erfordert, dass ihnen die entsprechenden schriftlichen Unterlagen zur Verfügung gestellt werden. Dies muss gegebenenfalls durch das Schiedsgericht veranlasst werden, wenn bei ihm die entsprechenden Unterlagen eingehen. 4

Eine **Erstattung von Gebühren** bzw. Unkosten an die Zeugen bzw. Sachverständigen durch das Schiedsgericht erfolgt nicht. Die Parteien haben die Beweismittel kostenfrei zur Verfügung zu stellen. Dies hängt damit zusammen, dass das Schiedsgericht selbst keine staatliche Einrichtung ist und demzufolge auch nicht über eigene finanzielle Mittel verfügt. Die entstandenen Kosten kann die Partei, die die Zahlungen erbracht hat, gegebenenfalls von dem Gegner erstattet verlangen, wenn sie in dem Schiedsstreit obsiegt. Nähere Einzelheiten hierzu können aber auch in der Schiedsvereinbarung getroffen werden. 5

Da das Schiedsgericht kein staatliches Gericht ist, kommt auch eine **Strafbarkeit eines Zeugen** bzw. eines Sachverständigen wegen falscher uneidlicher Aussage nicht in Betracht, § 153 StGB findet insoweit keine Anwendung. Allerdings kann der Zeuge bzw. Sachverständige durch eine bewusst falsche Aussage einen Prozessbetrug begehen und aus diesem Grunde strafbar sein. 6

Kann das Schiedsgericht eine Beweisaufnahme nicht durchführen, weil eine Partei Beweismittel nicht zur Verfügung stellt, so ist diese Partei beweisfällig geblieben. Das Schiedsgericht kann einen **Beweislast-Schiedsspruch** fällen. Etwas anderes gilt, wenn die Partei selbst nicht in der Lage ist, das Beweismittel herbeizuschaffen, weil sie nicht über das Beweismittel verfügen kann. Dies ist beispielsweise der Fall, wenn ein Zeuge oder Sachverständiger sich weigert, vor Gericht zu erscheinen, oder wenn eine Urkunde im Besitz eines Dritten ist und dieser eine Herausgabe verweigert. In diesem Falle muss das Schiedsgericht von der Möglichkeit des Abs. 2 Gebrauch machen, d. h. es muss im Wege der Rechtshilfe eine Beweisaufnahme durch das zuständige Arbeits- oder Amtsgericht vornehmen lassen (dazu unten Rn. 11 ff.). 7

3. Beeidigung

Durch Abs. 1 Satz 2 ist klargestellt, dass das Schiedsgericht Zeugen und Sachverständige **weder vereidigen** kann **noch eidesstattliche Versicherungen** verlangen oder entgegennehmen darf. Wird dem Schiedsgericht allerdings eine eidesstattliche Versicherung eingereicht, so kann es diese wie jedes andere Beweismittel bewerten. Obwohl es im Gesetz nicht ausdrücklich festgelegt ist, ist auch eine Beeidigung der Parteien des Schiedsverfahrens nicht zulässig. 8

9 Hält das Schiedsgericht die Beeidigung der Aussage eines Zeugen oder eines Sachverständigen bzw. einer Partei für erforderlich, so kann es zu diesem Zwecke das staatliche Gericht um **Rechtshilfe** ersuchen. Soweit der Zeuge bzw. Sachverständige oder die Partei bereits vor dem Schiedsgericht ausgesagt hat, hat das staatliche Gericht lediglich die Beeidigung vorzunehmen (*Schwab/Weth/Zimmerling* § 106 Rn. 11; GK-ArbGG/*Mikosch* § 106 Rn. 10 ff.). Will das Schiedsgericht von vornherein eine beeidete Aussage haben, so kann es diese nicht selbst im Rahmen einer Beweisaufnahme erreichen; es kann dann nach Abs. 2 im Wege der Aushilfe das staatliche Gericht zur Durchführung der Beweisaufnahme ersuchen. In diesem Falle ist dem staatlichen Gericht im Rahmen des Rechtshilfeersuchens mitzuteilen, dass eine Beeidigung der Aussage für erforderlich gehalten wird (GK-ArbGG/*Mikosch* § 106 Rn. 10; *Grunsky* § 106 Rn. 7).

10 **Führt das Schiedsgericht** entgegen Abs. 1 Satz 2 **eine Beeidigung durch** oder verlangt es eine eidesstattliche Versicherung, kommt eine Aufhebungsklage gem. § 110 Abs. 1 Nr. 1 in Betracht. Dies gilt nur dann nicht, wenn sich aus der Begründung des Schiedsspruches ergibt, dass das Schiedsgericht die Aussage oder die Versicherung entweder nicht berücksichtigt hat oder aber ihr bei seiner Bewertung nur den Wert zuerkannt hat, der auch bei einer uneidlichen Aussage oder einer schlichten Versicherung bzw. Erklärung gegeben wäre.

II. Rechtshilfe

1. Anwendungsbereich

11 Eine **Beweisaufnahme, die das Schiedsgericht nicht vornehmen kann,** ist zunächst diejenige, bei der Zeugen oder Sachverständige nicht bereit sind, vor dem Schiedsgericht auszusagen bzw. wenn ein Beweismittel nicht zur Verfügung gestellt werden kann, ohne das dies von der Partei, die sich darauf beruft, zu vertreten ist. Dies muss vom Schiedsgericht vor einem entsprechenden Ersuchen festgestellt werden. Weiterhin kommt eine Beweiserhebung durch das staatliche Gericht in Betracht, wenn die Beeidigung eines Zeugen, eines Sachverständigen oder der Partei notwendig ist.

12 Zweifelhaft ist, ob darüber hinaus auch für **andere richterliche Handlungen** die Hilfe des staatlichen Gerichts in Anspruch genommen werden kann. Der Wortlaut von § 106 Abs. 2 ist insoweit enger als derjenige von § 1050 ZPO wo die Hilfe durch das staatliche Gericht für alle diejenigen richterlichen Handlungen geregelt wurde, zu deren Vornahme das Schiedsgericht nicht befugt ist. In Betracht kämen hier beispielsweise Zustellungen im Ausland, öffentliche Zustellungen usw. Zwar wird hierzu die Auffassung vertreten, dass letztlich eine Abweichung zwischen § 106 Abs. 2 im Verhältnis zu § 1050 ZPO nicht gegeben sei, weil dies zu unhaltbaren Ergebnissen führen würde (*Schwab/Walter* Schiedsgerichtsbarkeit Kap. 39 Rn. 10). Dem steht jedoch der eindeutige Wortlaut des Gesetzes entgegen. Im Übrigen ist auch für andere Fälle als die der Durchführung einer Beweisaufnahme nicht unbedingt erforderlich, dass eine Amtshilfe durch das staatliche Gericht erfolgt. Kann nämlich das Schiedsgericht eine Ladung nicht zustellen, sei es weil die Partei unbekannten Aufenthalts ist oder weil die Zustellung im Ausland erfolgen müsste, so kann das Schiedsgericht nach § 102 Abs. 2 Nr. 4 anzeigen, dass die Abgabe eines Schiedsspruches unmöglich sei. In diesem Falle können die Parteien unmittelbar das staatliche Gericht anrufen, der Rechtsstreit ist dann vor diesem zu führen. Der Anwendungsbereich von Abs. 2 beschränkt sich daher für das Schiedsverfahren in arbeitsrechtlichen Rechtsstreitigkeiten allein auf Fragen der Beweiserhebung.

2. Ersuchen

13 Das Ersuchen an das staatliche Gericht kann immer **nur von dem Schiedsgericht,** nicht von den Parteien des Schiedsverfahrens an das staatliche Gericht gerichtet werden. Eine

II. Rechtshilfe **§ 106**

besondere **Form** für das Ersuchen ist im Gesetz nicht vorgeschrieben, da es sich jedoch um eine Entscheidung des Schiedsgerichts handelt, ist diese von sämtlichen Schiedsrichtern zu unterzeichnen. Allerdings kann eine Schiedsordnung vorsehen, dass die Unterzeichnung durch nur einen Schiedsrichter, beispielsweise den Vorsitzenden, ausreichend ist. Aus dem Ersuchen muss sich im Einzelnen ergeben, welche Amtshandlungen das staatliche Gericht vorzunehmen hat, ein Beweisthema ist mitzuteilen, wird die Beeidigung von Zeugen oder Sachverständigen gewünscht, ist auch dieses dem staatlichen Gericht in dem Ersuchen mitzuteilen.

Das Ersuchen kann nur dann gestellt werden, wenn das Schiedsgericht selbst die **Beweisaufnahme nicht durchführen kann**. Diese Voraussetzung kann erfüllt sein, wenn Zeugen usw. nicht freiwillig vor dem Schiedsgericht aussagen wollen. Das Schiedsgericht selbst hat keine Zwangsmittel, diese stehen nur dem staatlichen Gericht zu. Ferner kann die räumliche Entfernung die Einschaltung eines Arbeitsgerichts oder des örtlich günstiger gelegenen Amtsgerichts rechtfertigen. Entsprechendes gilt kraft ausdrücklicher gesetzlicher Regelung, falls das Schiedsgericht die Notwendigkeit der **Beeidigung** einer Zeugenaussage annimmt. Da das Schiedsgericht selbst die Verteidigung nicht vornehmen kann, ist die Einschaltung eines staatlichen Gerichts notwendig. **14**

Zuständig für die Erledigung des Ersuchens ist in erster Linie das **Arbeitsgericht**, in dessen Bezirk die Beweisaufnahme erfolgen soll. Das Ersuchen richtet sich an den nach der Geschäftsverteilung des Arbeitsgerichts zuständigen Vorsitzenden. Im Übrigen findet auf das Ersuchen die Bestimmungen des Rechtshilfeverfahrens, insbesondere auch diejenigen des § 13 entsprechende Anwendung. Das Rechtshilfeersuchen erledigt der Vorsitzende ohne Hinzuziehung der ehrenamtlichen Richter, § 53 Abs. 1 Satz 2. **15**

Ist es aus Gründen der örtlichen Lage günstiger, ein **Amtsgericht** mit der Durchführung der Beweisaufnahme zu betrauen, kann dieses vom Schiedsgericht um Hilfe ersucht werden. Entscheidend ist auch hier, an welchem Ort die Beweisaufnahme durchzuführen ist. Es soll verhindert werden, dass durch lange Anreisewege unnütze Verzögerungen bzw. Kosten verursacht werden. **16**

Die **Erledigung des Rechtshilfeersuchens** erfolgt nach den Vorschriften des ArbGG bzw. der ZPO. Das ersuchte Gericht hat von Amts wegen zu prüfen, ob die allgemeinen Voraussetzungen für die Durchführung eines Schiedsverfahrens gegeben sind, ob der Schiedsvertrag wirksam vereinbart worden ist, ob der Antrag hinreichend präzise formuliert ist und ob die Voraussetzungen des Abs. 2 für das Hilfeersuchen gegeben sind. Nicht überprüfen darf das ersuchte Gericht, ob die Beweisaufnahme tatsächlich notwendig ist oder ob der zugrunde liegende Sachvortrag beispielsweise bereits unschlüssig oder aber nicht bestritten ist. Es kann allerdings das Ersuchen zurückweisen, wenn erkennbar ein Ausforschungsbeweis betrieben werden soll oder aber wenn der Durchführung der Beweisaufnahme formelle Hindernisse entgegenstehen, wie beispielsweise die Tatsache, dass nicht feststeht, dass die Beweisaufnahme nicht doch durch das Schiedsgericht durchgeführt werden könnte. **17**

3. Kosten

Für die Beweisaufnahme vor dem Arbeits- bzw. Amtsgericht wird keine Gebühr erhoben (*Schwab/Weth/Zimmerling* § 106 Rn. 21; GK-ArbGG/*Mikosch* § 106 Rn. 22). Nur Auslagen für Zeugen- und Sachverständigengebühren sind zu ersetzen, Kostenschuldner ist in der Regel diejenige Partei, die das Schiedsgerichtsverfahren betreibt 22 Abs. 1 GKG (zu den rechtsstaatlichen Bedenken *Schwab/Weth/Zimmerling* § 106 Rn. 21, 22). Ferner kommen u. U. die sonstigen Kostenschuldner 29 GKG in Betracht. Das Schiedsgericht selbst kann wegen der Regelung in Abs. 2 Satz 3 nicht kostentragungspflichtig sein (*Schwab/Weth/Zimmerling* § 106 Rn. 21; GK-ArbGG/*Mikosch* § 106 Rn. 23; *Grunsky* § 106 Rn. 9). Eine Ausnahme gilt auch nicht dann, wenn das Schiedsgericht ohne entsprechenden Antrag einer Partei des Schiedsverfahrens das staat- **18** liche Gericht um Hilfe ersucht. Das Schiedsgericht selbst hat nämlich keinerlei Vermögen, die Kostentragungspflicht kann immer nur die am Verfahren beteiligten Parteien treffen.

§ 107 Vergleich

Ein vor dem Schiedsgericht geschlossener Vergleich ist unter Angabe des Tages seines Zustandekommens von den Streitparteien und den Mitgliedern des Schiedsgerichts zu unterschreiben.

Übersicht

	Rn.
I. Rechtsnatur des Schiedsvergleichs	1, 2
II. Form des Schiedsvergleichs	3–7
III. Wirkung	8–12

I. Rechtsnatur des Schiedsvergleichs

1   Die Bestimmung des § 107 tritt an die Stelle der Regelung in § 1053 ZPO für das Schiedsverfahren im Zivilprozess. Im Gegensatz zu der dortigen Regelung ist die **Unterwerfung unter die sofortige Zwangsvollstreckung** im arbeitsrechtlichen Schiedsvergleich **nicht möglich**, die Vollstreckbarkeit kann nur nach § 109 Abs. 1 Satz 1 herbeigeführt werden. Auch ein so genannter Anwaltsvergleich mit Vollstreckbarerklärung ist ausgeschlossen. **§ 107 regelt nur das Verfahren** hinsichtlich des Vergleichsabschlusses, inhaltliche Fragen werden nicht erfasst, insoweit gilt die Bestimmung des § 779 BGB.

2   Der arbeitsrechtliche Schiedsvergleich ist **kein Prozessvergleich** i. S. des § 794 Abs. 1 Nr. 1 ZPO. Auch hier wirkt sich aus, dass das Schiedsgericht kein staatliches Gericht ist und dass das Verfahren vor dem Schiedsgericht nicht einem zivilprozessualen Verfahren gleichgestellt werden kann. Während wesentliches Charakteristikum eines Prozessvergleichs die Möglichkeit der Zwangsvollstreckung ist, fehlt dies bei dem vor dem Schiedsgericht abgeschlossenen Vergleich. Um einen Vollstreckungstitel zu erhalten, muss dieser Schiedsvergleich erst gem. § 109 durch das Arbeitsgericht für vollstreckbar erklärt werden. Auch fehlt bei dem Schiedsvergleich im arbeitsgerichtlichen Schiedsverfahren im Gegensatz zu der Regelung in § 1053 ZPO n. F. ein Bezug zur Zwangsvollstreckung in der Form, dass sich die Parteien der sofortigen Zwangsvollstreckung unterwerfen (GK-ArbGG/*Mikosch* § 107 Rn. 2; *Grunsky* § 107 Rn. 1; *Schwab/Walter* Schiedsgerichtsbarkeit Kap. 39 Rn. 23). Damit ist der Vergleich i. S. des § 107 aber letztlich lediglich ein solcher nach § 779 BGB. § 1053 ZPO n. F. wird durch § 107 verdrängt. Der Schiedsvergleich nach § 107 kann daher auch nicht wie der vor einem staatlichen Gericht abgeschlossene Prozessvergleich alle Formen des bürgerlichen Rechts ersetzen, solange er nicht für vollstreckbar erklärt worden ist. Für die Ersetzung einer notariellen Form besteht auch bei dem arbeitsrechtlichen Schiedsvergleich keine Notwendigkeit, da das Schiedsgericht nicht zu Leistungen bzw. Handlungen verurteilen kann, die der notariellen Form bedürften. Mit dem Schiedsvergleich ist allerdings in jedem Falle die Schriftform der §§ 126, 127 ZPO erfüllt.

II. Form des Schiedsvergleichs

3   Der Schiedsvergleich ist **schriftlich** niederzulegen, er muss die Angabe des Tages seines Zustandekommens enthalten, ferner ist er von den Parteien des Schiedsverfahrens und von sämtlichen Mitgliedern des Schiedsgerichts zu unterschreiben. Die Unterzeichnung

allein durch den Vorsitzenden des Schiedsgerichts oder von einem durch die übrigen Mitglieder des Schiedsgerichts beauftragten Schiedsrichter ist nicht ausreichend. Wegen des Erfordernisses der Unterschrift aller Beteiligten und weil das Schiedsgericht kein staatliches Gericht ist, ist § 278 Abs. 6 ZPO nicht anwendbar.

Ist das **Schiedsgericht nicht ordnungsgemäß besetzt,** weil beispielsweise ein Schiedsrichter verhindert ist, so kann ein Schiedsvergleich i. S. des § 107 nicht abgeschlossen werden. In diesem Falle ist nämlich das Schiedsverfahren bereits unzulässig, § 107 setzt jedoch den Vergleichsabschluss in einem an sich zulässigen Schiedsverfahren voraus. Ein gleichwohl abgeschlossener Vergleich kann dann nur Rechtswirkung als normaler bürgerlich-rechtlicher Vergleich entfalten.

Die **Parteien** selbst **müssen** den Schiedsvergleich ebenfalls **unterzeichnen,** hier genügt es jedoch, wenn sie zur Unterzeichnung einen Bevollmächtigten entsenden. Diese Vollmacht werden in der Regel auch die Prozessvertreter der Parteien des Schiedsverfahrens haben.

Wird ein **Dritter** in den Vergleich einbezogen, ist dessen Unterschrift nötig. Auch in diesem Falle genügt die Unterzeichnung durch eine entsprechend bevollmächtigte Person.

Die Unterzeichnung muss **eigenhändig und handschriftlich** erfolgen. Wird eine von den Parteien des Schiedsverfahrens bereits vorgefertigte Urkunde dem Schiedsgericht vorgelegt, so ist diese zu datieren. Die Parteien können allerdings auch in dem Anhörungstermin vor dem Schiedsgericht den Vergleich protokollieren lassen. In diesem Falle ist eine Unterschrift durch alle Beteiligten notwendig. Wird die **Form** des § 107 bei Abschluss des Schiedsvergleichs **nicht beachtet,** so kann der gleichwohl abgeschlossene Vergleich lediglich als bürgerlich-rechtlicher Vergleich i. S. des § 779 BGB angesehen werden. Voraussetzung ist aber, dass sich beide Parteien über den Inhalt des Vergleiches einig waren. Ein solcher Vergleich kann nicht nach § 109 für vollstreckbar erklärt werden. Aus ihm können lediglich im Wege der Klage Ansprüche geltend gemacht werden. Ob für diese Klage wiederum das Schiedsgericht zuständig ist oder nicht ergibt sich nach dem Inhalt der konkreten Schiedsvereinbarung.

III. Wirkung

Ein nach § 107 abgeschlossener Schiedsvergleich **beendet das Schiedsverfahren.** Eine prozesshindernde Einrede des Schiedsvertrages besteht dann nicht mehr.

Wird der **Schiedsvergleich unter** einer aufschiebenden oder auflösenden **Bedingung** abgeschlossen, behalten sich eine oder beide Parteien des Schiedsverfahrens beispielsweise den Widerruf des Vergleiches vor, so verliert der Vergleich seine Wirksamkeit mit rechtzeitigem Widerruf. Eine Vollstreckbarerklärung ist dann nicht mehr zulässig.

Weiterhin kann der Schiedsvergleich seine Wirkung dann verlieren, wenn er wegen Irrtums bzw. arglistiger Täuschung mit Erfolg **angefochten** worden ist. Das Gleiche gilt wenn aus anderen Gründen eine **Nichtigkeit** des Vergleichs anzunehmen ist.

Eine **Niederlegung des Vergleichs** in entsprechender Anwendung des § 108 Abs. 3 ist nicht zwingend vorgeschrieben. Der Schiedsvergleich ist einem Schiedsspruch i. S. von § 108 Abs. 3 Satz 1 nicht gleichzustellen. Allerdings kann nach § 108 Abs. 2 Satz 2 das Schiedsgericht die Akten oder Teile der Akten bei dem Arbeitsgericht niederlegen. Der Schiedsvergleich als solcher wäre Teil der Akte, kann daher auf Grund dieser Vorschrift ebenfalls bei dem Arbeitsgericht niedergelegt werden. Dies kann sinnvoll sein, da der Vergleich nach Vollstreckbarerklärung auch einen Titel zur Zwangsvollstreckung darstellt.

Der Schiedsvergleich kann vom Arbeitsgericht für **vollstreckbar erklärt** werden, § 109 Abs. 1 Satz 1. Der Vorsitzende der zuständigen Kammer des Arbeitsgerichts hat bei der Vollstreckbarerklärung von Amts wegen sämtliche Erfordernisse, die § 107 aufstellt, zu überprüfen. Mit der Vollstreckbarerklärung steht die Wirksamkeit des Vergleiches zwischen den Parteien fest.

§ 108 Schiedsspruch

(1) Der Schiedsspruch ergeht mit einfacher Mehrheit der Stimmen der Mitglieder des Schiedsgerichts, falls der Schiedsvertrag nichts anderes bestimmt.

(2) ¹Der Schiedsspruch ist unter Angabe des Tages seiner Fällung von den Mitgliedern des Schiedsgerichts zu unterschreiben und muss schriftlich begründet werden, soweit die Parteien nicht auf schriftliche Begründung ausdrücklich verzichten. ²Eine vom Verhandlungsleiter unterschriebene Ausfertigung des Schiedsspruchs ist jeder Streitpartei zuzustellen. ³Die Zustellung kann durch eingeschriebenen Brief gegen Rückschein erfolgen.

(3) ¹Eine vom Verhandlungsleiter unterschriebene Ausfertigung des Schiedsspruchs soll bei dem Arbeitsgericht, das für die Geltendmachung des Anspruchs zuständig wäre, niedergelegt werden. ²Die Akten des Schiedsgerichts oder Teile der Akten können ebenfalls dort niedergelegt werden.

(4) Der Schiedsspruch hat unter den Parteien dieselben Wirkungen wie ein rechtskräftiges Urteil des Arbeitsgerichts.

Übersicht

	Rn.
I. Abstimmungsverfahren	1–6
II. Inhalt des Schiedsspruchs	7–16
1. Formeller Inhalt	7–11
2. Begründungspflicht	12–16
III. Zustellung und Niederlegung des Schiedsspruchs	17–28
1. Zustellung an die Parteien	17–23
2. Niederlegung bei dem Arbeitsgericht	24–28
IV. Rechtswirkung	29–32

I. Abstimmungsverfahren

1 § 108 tritt an die Stelle der §§ 1052, 1054 und 1055 ZPO. Die Regelungen dieser Vorschriften können weder ergänzend noch entsprechend angewendet werden. Allerdings können **im Schiedsvertrag ergänzende Regelungen** hinsichtlich des Zustandekommens sowie der Förmlichkeiten des Schiedsspruchs geregelt werden. Soweit solche ergänzenden Bestimmungen nicht vorhanden sind, kann das Schiedsgericht selbst nach freiem Ermessen den weiteren Inhalt sowie die weiteren Förmlichkeiten in Bezug auf den Schiedsspruch bestimmen.

2 Für den Erlass eines Schiedsspruchs ist die **einfache Mehrheit** der Stimmen der Mitglieder des Schiedsgerichts notwendig. Im Gegensatz zu § 1052 ZPO ist eine absolute Mehrheit nicht erforderlich. Aus dieser Regelung wird deutlich, dass der Gesetzgeber davon ausgegangen ist, dass Schiedsrichter sich auch der Stimme enthalten können. Wäre dies nicht der Fall, könnte praktisch ein Schiedsspruch immer nur mit absoluter Mehrheit gefällt werden können. Die Abstimmungsfrage kann nur für oder gegen einen bestimmten Schiedsspruch ergehen, es können nicht mehrere Möglichkeiten eines Schiedsspruches wahlweise zur Abstimmung gestellt werden.

3 In dem **Schiedsvertrag** kann wegen der Öffnungsklausel in § 108 Abs. 1 eine **andere Mehrheit** festgelegt werden. Die Schiedsvertragsparteien sind in diesem Bereiche in der Gestaltungsmöglichkeit völlig frei, es kann auch vereinbart werden, dass der Schieds-

II. Inhalt des Schiedsspruchs **§ 108**

spruch einstimmig zu ergehen habe. Die Möglichkeit, eine andere Mehrheit festzulegen, steht nur den Parteien des Schiedsvertrages offen, nicht jedoch dem Schiedsgericht selbst. Dieses kann auch nicht im Rahmen seines verfahrensmäßigen Ermessens andere Mehrheitsregelungen praktizieren.

Wie das **Verfahren** im Einzelnen **bei der Stimmabgabe** abzulaufen hat, ergibt sich ebenfalls nicht aus dem Gesetz. Auch hier kann allerdings der Schiedsvertrag eine entsprechende Regelung vorsehen. Fehlt eine solche, so kann das Schiedsgericht frei entscheiden, in welcher Form es eine Abstimmung durchführen will. Auch eine schriftliche Abstimmung ist möglich. Bei einer Abstimmung in Anwesenheit aller Schiedsrichter ist eine bestimmte Reihenfolge nicht vorgesehen. **4**

Wird die erforderliche **Stimmenmehrheit nicht erreicht**, so ist die **Klage abzuweisen**. Ergibt sich auch hierfür keine Mehrheit, so muss das Schiedsgericht nach § 102 Abs. 2 Nr. 4 den beteiligten Parteien mitteilen, dass die Fällung eines Schiedsspruches nicht möglich sei. In diesem Falle entfällt die prozesshindernde Einrede der Schiedsgerichtsbarkeit. **5**

Obwohl im Gesetz nicht ausdrücklich genannt, ist es selbstverständlich, dass jeder Abstimmung im Schiedsgericht eine ausführliche **Beratung** vorausgehen muss. Die Durchführung einer Beratung gehört zu den grundlegenden prozessualen Grundsätzen, die auch in prozessähnlichen Verfahren zu beachten sind. **6**

II. Inhalt des Schiedsspruchs

1. Formeller Inhalt

Der **Schiedsspruch muss den Tag angeben**, an dem er von den Schiedsrichtern gefällt worden ist. Dies muss nicht unbedingt der Tag der mündlichen Anhörung sein. Vielmehr ist entscheidend, an welchem Tag die abschließende Beratung und Abstimmung erfolgt ist. Auch auf eine Verkündung kommt es in diesem Zusammenhang nicht an, da im Gesetz nicht festgelegt worden ist, dass eine Verkündung des Schiedsspruchs zu erfolgen habe. Bei schriftlicher Abstimmung kommt es auf den Tag an, an dem die letzte schriftliche Meinungsäußerung eines Schiedsrichters bei dem Schiedsgericht eingegangen ist. **7**

Der Schiedsspruch ist von **sämtlichen Schiedsrichtern zu unterschreiben**. Hinsichtlich der Form der Unterschrift vgl. oben § 60 Rn. 36 ff. Die Unterschriftsleistung hat ohne jeglichen Zusatz zu erfolgen, auch im schiedsgerichtlichen Verfahren ist die Abgabe einer abweichenden Meinung im Sinne einer „dissenting opinion" nicht möglich. Auch haben die Schiedsrichter, die bei der Abstimmung überstimmt wurden, gleichwohl den Schiedsspruch zu unterzeichnen. Dies gehört zu den Amtspflichten der Schiedsrichter. Weigert sich ein Schiedsrichter, den Schiedsspruch zu unterzeichnen, so kann der Schiedsspruch nicht ergehen, dies ist den Parteien des streitigen Rechtsverhältnisses mitzuteilen, das Schiedsgericht ist nicht mehr in der Lage, einen Schiedsspruch zu fällen, § 102 Abs. 2 Nr. 4 (GK-ArbGG/*Mikosch* § 108 Rn. 5; *Hauck/Helml* § 108 Rn. 3). Eine Ersetzung der Unterschrift ist in diesem Falle nicht möglich, da keine Verhinderung vorliegt (vgl. aber *Schwab/Weth/Zimmerling* § 108 Rn. 8, der die Verweigerung der Unterschrift als Abwesenheit werten will; ArbGG-*Schunck* § 108 Rn. 15). **8**

Zweifelhaft ist, ob dies auch gilt, wenn ein **Schiedsrichter** an der **Unterschriftsleistung gehindert** ist, beispielsweise, weil er sich im Urlaub befindet oder weil er krank ist oder aus sonstigen Gründen nicht in der Lage ist, den Schiedsspruch zu unterzeichnen. Vergleicht man den Wortlaut von § 1054 Abs. 1 ZPO mit demjenigen des § 108 Abs. 2, so fällt auf, dass zwar im zivilprozessualen Schiedsverfahren die Ersetzung einer Unterschrift eines Schiedsrichters möglich ist, während dies in § 108 Abs. 2 nicht geregelt ist. Da der Gesetzgeber um die Problematik wusste, könnte der Schluss gezogen werden, dass ein Ersetzen der Unterschrift eines Schiedsrichters im arbeitsgerichtlichen Schieds- **9**

Germelmann 1311

verfahren nicht möglich sein sollte. Dem steht jedoch entgegen, dass es sowohl im allgemeinen Zivilprozess als auch im arbeitsgerichtlichen Verfahren möglich ist, die Unterschrift eines Richters durch Vermerk des Hinderungsgrundes und Unterschriftsleistung durch einen anderen Richter, meist des Vorsitzenden, zu ersetzen. Ein an sich schon abgeschlossenes Schiedsverfahren kann in seiner vollständigen Abwicklung auch nicht dadurch blockiert werden, dass es einem Schiedsrichter nicht möglich ist, den Schiedsspruch zu unterzeichnen. Man wird es daher auch im arbeitsrechtlichen Schiedsverfahren zulassen müssen, dass im Falle der Verhinderung eines Schiedsrichters ein anderer Schiedsrichter, der ebenfalls an der Beratung und Abstimmung beteiligt war, für den verhinderten Schiedsrichter unterzeichnet, wobei der Verhinderungsgrund anzugeben ist (so jetzt auch die überwiegende Meinung z. B. *Schwab/Weth/Zimmerling* § 108 Rn. 8; GK-ArbGG/*Mikosch* § 108 Rn. 5).

10 Obwohl dies im Gesetz nicht ausdrücklich geregelt ist, muss der Schiedsspruch eine **Kostenentscheidung** enthalten, denn nur aus ihm kann nach der Vollstreckbarerklärung gemäß § 109 die Zwangsvollstreckung betrieben werden (ArbGG-*Schunck* § 108 Rn. 5; GK-ArbGG/*Mikosch* § 108 Rn. 7). Allerdings kann im Schiedsvertrag etwas anderes geregelt sein, beispielsweise, dass die Kosten des Schiedsverfahrens ohne Rücksicht auf den Ausgang des Rechtsstreits von den Parteien des Schiedsvertrages zu tragen sind. Hat das Schiedsgericht eine Kostenentscheidung nicht getroffen, obwohl dies notwendig wäre, kann ein Ergänzungsschiedsspruch in entsprechender Anwendung des § 321 ZPO ergehen, da das Streitverfahren noch nicht vollständig erledigt ist. Die Fristenregelungen des § 321 ZPO können allerdings nicht angewendet werden, sie tragen den Besonderheiten des Prozessverfahrens vor den staatlichen Gerichten Rechnung, die im Bereich des Schiedsverfahrens nicht bestehen. Auch kann unter Umständen eine Berichtigung des Schiedsspruchs in entsprechender Anwendung des § 319 ZPO in Betracht kommen, wenn die Kostenentscheidung zwar von den Schiedsrichtern mitgetroffen worden ist, versehentlich jedoch weder mitverkündet wurde noch sonst in den Tenor des Schiedsspruchs Eingang gefunden hat.

11 In dem Schiedsvertrag kann ferner geregelt werden, ob der Schiedsspruch eine **Streitwertfestsetzung** enthalten soll. Für die Streitwertfestsetzung finden dann die Vorschriften des § 42 Abs. 3 bis 5 GKG sowie der §§ 3 ff. ZPO entsprechende Anwendung. Der festgesetzte Streitwert ist dann Berechnungsgrundlage für die Gebühren der beteiligten Rechtsanwälte, die die Parteien des Schiedsverfahrens vertreten haben sowie gegebenenfalls des Schiedsgerichts, wenn in der Schiedsvereinbarung eine Berechnung der Gebühren des Schiedsgerichts nach einem Streitwert festgelegt worden ist.

2. Begründungspflicht

12 Der Schiedsspruch ist **schriftlich zu begründen**. Eine nur mündliche Begründung reicht selbst bei Anwesenheit der Parteien des konkreten Schiedsverfahrens nicht aus. Über den Aufbau der schriftlichen Begründung enthält das Gesetz keine Hinweise, insbesondere ist es deshalb nicht erforderlich, dass eine strenge Trennung zwischen Tatbestand und Entscheidungsgründen wie bei einem arbeitsgerichtlichen Urteil vorgenommen wird. Aus der Begründung muss sich allerdings ergeben, von welchem Sachverhalt das Schiedsgericht ausgegangen ist und aus welchem Grunde es seine Entscheidung getroffen hat. Hat eine Beweisaufnahme stattgefunden, so muss sich aus den Gründen ergeben, über welche Tatsachen und mit welchen Beweismitteln die Beweisaufnahme durchgeführt wurde, ferner ist eine Beweiswürdigung vorzunehmen.

13 Die schriftliche **Begründung** ist von den Schiedsrichtern **zu unterzeichnen.** Es genügt nicht, dass lediglich der Tenor des Schiedsspruchs von ihnen unterschrieben wird. Schiedsspruch und Begründung stellen nämlich eine Einheit dar, die Unterzeichnungspflicht des Abs. 1 Satz 1 bezieht sich auf die Gesamtheit des Schiedsspruchs, nicht nur auf Teile desselben.

Nach Zustellung des Schiedsspruchs können Schreibfehler, Rechenfehler und sonstige offenbare Unrichtigkeiten sowohl von Amts wegen als auch auf Anregung seitens einer der Parteien des Schiedsverfahrens **berichtigt werden**. Die Vorschrift des § 319 ZPO findet insoweit entsprechende Anwendung. Die Berichtigung muss durch das Schiedsgericht erfolgen, d. h. sämtliche Schiedsrichter müssen an der Entscheidung mitwirken, es sei denn, in der Schiedsvereinbarung ist etwas anderes festgelegt. Im Übrigen ist das Schiedsgericht ebenso wie ein staatliches Gericht an die Entscheidung gebunden, wenn sie den Parteien zugestellt worden ist. Es ist nicht befugt, seinen Schiedsspruch abzuändern. 14

Fehlt eine an sich erforderliche **Begründung**, so kann Aufhebungsklage wegen eines Mangels im schiedsgerichtlichen Verfahren erhoben werden, § 110 Abs. 1 Nr. 1 (*Grunsky* § 108 Rn. 5; GK-ArbGG/*Mikosch* § 108 Rn. 11). 15

Auf die **Begründung** kann von den Parteien des Schiedsverfahrens **verzichtet** werden. Der Verzicht kann durch die Parteien selbst oder ihre Verfahrensbevollmächtigten erklärt werden, eine besondere Form ist nicht vorgeschrieben. Nicht ausreichend ist ein Verzicht, der von den Parteien des Schiedsvertrages erklärt wird, obwohl sie selbst am Schiedsverfahren nicht beteiligt sind (GK-ArbGG/*Mikosch* § 108 Rn. 12; *Grunsky* aaO.). 16

III. Zustellung und Niederlegung des Schiedsspruchs

1. Zustellung an die Parteien

Eine Ausfertigung des Schiedsspruchs ist jeder Partei des Schiedsverfahrens zuzustellen. **Ausfertigung** ist die wortgetreue Wiedergabe des von den Schiedsrichtern verfassten Schiedsspruches einschließlich der vollständigen Begründung. Die Zustellung einer abgekürzten Ausfertigung des Schiedsspruches ist nicht zulässig. Hierfür besteht auch keine Notwendigkeit, da unmittelbar aus dem Schiedsspruch eine Vollstreckung nicht erfolgen kann. 17

Die Ausfertigung ist von dem **Verhandlungsleiter zu unterschreiben**. Es muss sich um eine Originalunterschrift des Verhandlungsleiters handeln, eine bloße Fotokopie reicht nicht aus. Durch die Unterschrift bescheinigt der Verhandlungsleiter, dass es sich bei der Ausfertigung um eine wortgetreue Wiedergabe des Schiedsspruches handelt. 18

Verhandlungsleiter ist in der Regel der unparteiische Vorsitzende des Schiedsgerichts. Ist das Schiedsgericht paritätisch besetzt, ohne dass ein unparteiischer Vorsitzender bestellt wurde, ist Verhandlungsleiter derjenige Schiedsrichter, der tatsächlich bei der mündlichen Anhörung die Verhandlung geführt hat. Ist kein Verhandlungsleiter vorhanden oder bestehen Zweifel, wer Verhandlungsleiter gewesen ist, ist der Schiedsspruch von sämtlichen Schiedsrichtern zu unterzeichnen. 19

Eine **Bevollmächtigung eines** einzelnen **Schiedsrichters** zur Unterzeichnung durch die anderen Schiedsrichter ist nicht möglich, auch kann nicht nachträglich ein Schiedsrichter zum Verhandlungsleiter bestimmt werden, obwohl er selbst die Verhandlung nicht geführt hat. Ist der Verhandlungsleiter an der Unterschriftsleistung verhindert, so müssen ebenfalls die übrigen an dem Verfahren beteiligten Schiedsrichter den Schiedsspruch unterzeichnen. 20

Die Zustellung erfolgt an die Streitparteien. Eine direkte Anwendung der §§ 166 ff. ZPO ist nicht möglich, da keine Amtszustellung nach diesen Vorschriften vorliegt (*Schwab/Weth/Zimmerling* § 108 Rn. 17). Analog anwendbar dürften aber die Rechtsgedanken der Regelungen in §§ 170 bis 175 und 177 bis 180 ZPO sein. Bei einer Zustellung im Ausland kann nur § 183 Abs. 1 Nr. 1 ZPO entsprechend angewendet werden. Waren die Parteien durch Bevollmächtigte vertreten, kann die Zustellung auch an diese mit Empfangsbekenntnis erfolgen. 21

22 Das Schiedsgericht kann die Zustellung auch durch **Einschreiben mit Rückschein** bewirken. Damit wird der Tatsache Rechnung getragen, dass es sich bei dem Schiedsgericht nicht um ein staatliches Gericht handelt, so dass eine möglichst einfache Form der Zustellung zur Verfügung gestellt werden sollte. Auch die Zustellung gegen Empfangsbekenntnis ist nicht ausgeschlossen und empfiehlt sich, wenn mit einer ordnungsgemäßen Rücksendung zu rechnen ist.

23 Spätestens **mit der Zustellung** kann das Schiedsgericht seine Entscheidung **nicht mehr abändern**. Mit diesem Zeitpunkt ist der Schiedsspruch wirksam geworden (BAG 20. 5. 1960 AP ArbGG 1953 § 101 Nr. 8; *Schwab/Weth/Zimmerling* § 108 Rn. 18; GK-ArbGG/*Mikosch* § 108 Rn. 13). Hat das Schiedsgericht bereits vorher mündlich in Anwesenheit der Parteien den Schiedsspruch verkündet bzw. begründet, so kann es auch seine Entscheidung nicht mehr ändern. Zwar ist in diesem Falle der Schiedsspruch noch nicht wirksam geworden, er ist jedoch bereits kein rein interner Akt mehr, er ist damit bereits nach außen gedrungen.

2. Niederlegung bei dem Arbeitsgericht

24 Mit der Niederlegung soll zum einen das Verfahren hinsichtlich der Vollstreckung des Schiedsspruches vereinfacht werden, zum anderen soll sichergestellt werden, dass jederzeit ein Rückgriff auf erlassene Schiedssprüche möglich ist, zumal Schiedsgerichte unterschiedlichster Art gebildet werden können, die keine zentrale Geschäftsstelle oder ähnliches haben. Mit der Sammlung der Schiedssprüche bei dem Arbeitsgericht ist sowohl für dieses als auch für Dritte jederzeit an einer zentralen Stelle eine **Informationsmöglichkeit** gegeben.

25 Bei Absatz 3 handelt es sich um eine **Ordnungsvorschrift,** die Verletzung der Niederlegungspflicht hat keine Auswirkungen auf die Wirksamkeit des Schiedsspruchs (GK-ArbGG/*Mikosch* § 108 Rn. 16; *Hauck/Helml* § 108 Rn. 3; nicht ganz eindeutig *Grunsky* § 108 Rn. 8, der praktisch von einer zwingenden Vorschrift ausgeht).

26 Niederzulegen ist eine **Ausfertigung** des Schiedsspruchs, insoweit gelten die gleichen Grundsätze wie bei der Zustellung an die Parteien (oben Rn. 17). Die Niederlegung erfolgt durch den Verhandlungsleiter bzw. das Schiedsgericht oder dessen Geschäftsstelle, sie ist gebührenfrei.

27 Neben dem Schiedsspruch können auch die **Akten des Schiedsgerichts** oder Teile der Akten bei dem Arbeitsgericht niedergelegt werden. Auch damit soll sichergestellt werden, dass gerade bei nicht ständig gebildeten Schiedsgerichten jederzeit eine Rückgriffsmöglichkeit besteht, beispielsweise wenn über die Wirksamkeit des Schiedsspruchs ein Rechtsstreit entsteht.

28 **Für die Niederlegung zuständig** ist dasjenige Arbeitsgericht, das für die Geltendmachung des Anspruchs zuständig gewesen wäre, wenn nicht die Schiedsabrede bestanden hätte. Bei der Niederlegung kann das Arbeitsgericht nur prüfen, ob es sich um die Ausfertigung eines wirksamen Schiedsspruchs handelt, ob die sonstigen Formalien eingehalten worden sind und ob seine Zuständigkeit besteht. Nicht zu überprüfen hat das Arbeitsgericht, ob das Verfahren vor dem Schiedsgericht formell fehlerfrei abgelaufen ist, auch hat das Arbeitsgericht keine Möglichkeit, die Niederlegung zu verweigern, wenn der Schiedsspruch noch nicht den Parteien zugestellt sein sollte. Aus Absatz 3 ergibt sich nämlich hinsichtlich des Zeitpunktes der Niederlegung keine Rangfolge in der Weise, dass sie erst erfolgen könnte, wenn die Zustellung an die Parteien bewirkt worden ist. Im Übrigen ist auch nur der Schiedsspruch niederzulegen, nicht jedoch der Zustellungsnachweis.

IV. Rechtswirkung

Mit der Zustellung des Schiedsspruchs wird dieser wirksam, er entfaltet **die gleichen** 29 **Wirkungen wie ein rechtskräftiges arbeitsgerichtliches Urteil**, § 108 Abs. 4 (BAG 20. 5. 1960 AP ArbGG 1953 § 101 Nr. 8 mit Anm. *Jauernig*). Das gilt allerdings nur dann, wenn die Schiedsvereinbarung nicht einen mehrstufigen Instanzenzug vorsieht. Ist beispielsweise wie in der Bühnenschiedsgerichtsbarkeit die Berufung an ein übergeordnetes Schiedsgericht möglich, so wird der Schiedsspruch erst mit dessen Entscheidung bzw. mit Ablauf der Berufungsfrist die Wirkungen des Absatzes 4 entfalten können. Hinsichtlich der Grenzen der Rechtskraft gelten die gleichen Voraussetzungen wie bei arbeitsgerichtlichen Urteilen. Die Wirkungen des Absatzes 4 sind auf Einrede zu berücksichtigen. Eine Beachtung von Amts wegen scheidet aus (GK-ArbGG/*Mikosch* § 108 Rn. 17).

Die Wirkungen des Absatzes 4 gelten **nur zwischen** den **Parteien** des Schiedsverfah- 30 rens. Eine Erstreckung auf Dritte ist regelmäßig nicht möglich, da diese nicht an den Schiedsvertrag gebunden sind (*Dietz/Nikisch* § 108 Rn. 16; GK-ArbGG/*Mikosch* § 108 Rn. 18; *Schwab/Weth/Zimmerling* § 108 Rn. 23; a. A. ArbGG-*Schunck* § 108 Rn. 28). Eine Rechtskrafterstreckung nach § 325 ZPO kommt daher grundsätzlich nur dann in Betracht, wenn die betroffenen Dritten auch dem Schiedsvertrag unterliegen.

Bei **Rechtsstreitigkeiten zwischen Tarifvertragsparteien**, die vor einem Tarifschieds- 31 gericht nach § 101 Abs. 1 ausgetragen werden, bindet dessen Schiedsspruch tarifgebundene Dritte, wenn die Voraussetzungen des § 9 TVG erfüllt sind (BAG 20. 5. 1960 AP ArbGG 1953 § 101 Nr. 8; *Dietz/Nikisch* § 108 Rn. 16; GK-ArbGG/*Mikosch* § 108 Rn. 18; ausführlich dazu *Schreiber* ZfA 1983, 31, 46 f.). Die Bindungswirkung eines Spruchs eines Tarifschiedsgerichts gilt grundsätzlich nur für den Tarifvertrag, zu dem der Spruch ergangen ist. Eine Bindungswirkung tritt für einen späteren Tarifvertrag nicht ein, selbst wenn die frühere Bestimmung wörtlich mit der neuen Bestimmung übereinstimmen sollte, der Gesamtzusammenhang aber insgesamt verändert wurde (BAG 9. 9. 1981 AP TVG § 1 Tarifverträge: Bau Nr. 34). Etwas anderes gilt nur dann, wenn auch der Gesamtzusammenhang des später abgeschlossenen Tarifvertrages sich nicht verändert hat. Ob sich der Gesamtzusammenhang geändert hat, richtet sich danach, ob das Normengefüge, in dem sich die entsprechende Vorschrift befand, in wesentlichen Punkten verändert hat, oder ob die Änderungen nur in anderen Bereichen des Tarifvertrages vorgenommen wurden, die mit der im Schiedsspruch behandelten Bestimmung keinerlei Verbindung hatte.

Daneben hat der Schiedsspruch auch die **Bindungswirkung** nach § 318 ZPO (dazu 32 *Schreiber* a. a. O., S. 46), das Schiedsgericht ist nicht mehr berechtigt, seinen Spruch zu verändern, wenn er entweder den Parteien zugestellt worden ist oder aber sonst Außenwirkung entfaltet hat (dazu oben Rn. 23). Hierfür ist auch nicht der Eintritt der Bestandskraft erforderlich, die Bindungswirkung in entsprechender Anwendung des § 318 ZPO tritt auch ein, wenn gegen die Entscheidung noch ein Rechtsmittel eingelegt werden kann. Die Bindungswirkung hat zur Folge, dass eine mit dem gleichen Streitgegenstand erhobene Klage mit den gleichen Prozessparteien vor dem Schiedsgericht unzulässig ist. Wird der gleiche Rechtsstreit vor einem staatlichen Gericht erneut anhängig gemacht, so steht dem zwar nicht die von amts wegen zu berücksichtigende Rechtshängigkeit entgegen. Auf Einrede ist aber die Bestandskraft des Schiedsspruches zu berücksichtigen, es fehlt das Rechtsschutzinteresse für die erneute Klage, da die Vollstreckbarkeitserklärung nach § 109 der einfachere Weg zur Erlangung eines vollstreckbaren Titels ist (GK-ArbGG/*Mikosch* § 108 Rn. 21; MünchKommZPO/*Münch* § 1055 Rn. 8; *Zöller/Geimer* ZPO § 1060 Rn. 3; *Schwab/Weth/Zimmerling* § 108 Rn. 24, 25).

§ 109 Zwangsvollstreckung

(1) ¹Die Zwangsvollstreckung findet aus dem Schiedsspruch oder aus einem vor dem Schiedsgericht geschlossenen Vergleich nur statt, wenn der Schiedsspruch oder der Vergleich von dem Vorsitzenden des Arbeitsgerichts, das für die Geltendmachung des Anspruchs zuständig wäre, für vollstreckbar erklärt worden ist. ²Der Vorsitzende hat vor der Erklärung den Gegner zu hören. ³Wird nachgewiesen, daß auf Aufhebung des Schiedsspruchs geklagt ist, so ist die Entscheidung bis zur Erledigung dieses Rechtsstreits auszusetzen.

(2) ¹Die Entscheidung des Vorsitzenden ist endgültig. ²Sie ist den Parteien zuzustellen.

Übersicht

	Rn.
I. Voraussetzungen	1–3
1. Allgemeines	1
2. Schiedsspruch	2, 3
3. Vergleich	4
II. Verfahren	5–17
1. Zuständigkeit	5
2. Antrag	6
3. Prüfung durch das Arbeitsgericht	7–10
4. Anhörung	11, 12
5. Entscheidung	13–17

I. Voraussetzungen

1. Allgemeines

1 § 109 regelt das **Verfahren zur Vollstreckbarerklärung** von arbeitsrechtlichen Schiedssprüchen bzw. Schiedsvergleichen. Die Vorschrift tritt an die Stelle der §§ 1060 und 1062 ff. ZPO, diese können auch nicht entsprechend oder ergänzend angewendet werden. Sie ist zwingend, im Schiedsvertrag können andere Voraussetzungen oder Bedingungen, unter denen eine Vollstreckbarerklärung eines Schiedsspruchs erfolgen kann, nicht festgelegt werden. Insbesondere kann auch nicht geregelt werden, dass sich eine Partei im Vergleich der sofortigen Zwangsvollstreckung unterwirft. § 109 betrifft lediglich die Vollstreckbarerklärung eines Schiedsspruchs, nicht jedoch die daraus sich ergebende Zwangsvollstreckung selbst. Diese richtet sich gem. § 62 Abs. 2 nach den Vorschriften des 8. Buchs der ZPO.

2. Schiedsspruch

2 Voraussetzung für die Vollstreckbarerklärung ist zunächst ein wirksam zustande gekommener Schiedsspruch. Dieser **muss die Wirkungen des § 108 Abs. 4** besitzen, d. h. er muss unter den Parteien dieselben Wirkungen haben können wie ein rechtskräftiges Urteil des Arbeitsgerichts. Diese Voraussetzung ist nicht gegeben, wenn bei einem zweistufigen Schiedsverfahren gegen einen Schiedsspruch der ersten Instanz noch ein Rechtsmittel eingelegt werden kann oder aber bereits ein Rechtsmittel eingelegt worden ist. Dass diese Voraussetzung gegeben ist, muss im Vollstreckungsverfahren der Antragsteller dem Arbeitsgericht nachweisen. Eine **vorläufige Vollstreckbarerklärung** des Schiedsspruchs ist im Gesetz **nicht vorgesehen**, § 62 Abs. 1 kann auch nicht entsprechend angewendet werden (so jetzt auch GK-ArbGG/*Mikosch* § 109 Rn. 6). Mit der Vollstreckbarerklärung wird letztlich die Unanfechtbarkeit des Schiedsspruchs mit einem Rechtsmittel ausgesprochen, es bleibt allein die Möglichkeit der Aufhebungsklage des § 110.

Durch die ausdrückliche Beschränkung auf Schiedssprüche und Schiedsvergleiche hat der Gesetzgeber zu erkennen gegeben, dass nur solche **Entscheidungen** für vollstreckungsfähig erklärt werden können, die in einem **förmlichen Verfahren** wie ein Schiedsspruch zustandegekommen sind. Allerdings ist in diesem Zusammenhang zu beachten, dass in Schiedsordnungen durch die Tarifvertragsparteien in besonderem Maße das schiedsgerichtliche Verfahren ausgestaltet werden kann. Es kann daher auch geregelt werden, in welcher Form welche Entscheidungen zu treffen sind. Enthält die Schiedsvereinbarung keine Regelungen, müssen auch die **Nebenentscheidungen** im Rahmen des schiedsgerichtlichen Verfahrens durch das Schiedsgericht in voller Besetzung getroffen werden. Dies würde gelten für Entscheidungen, die über Ansprüche im Zusammenhang mit der prozessualen Abwicklung des Schiedsverfahrens stehen und die im normalen arbeitsgerichtlichen Verfahren Grundlage einer Zwangsvollstreckung sein können. Dies gilt insbesondere für die **Kostenfestsetzungsbeschlüsse** innerhalb des schiedsgerichtlichen Verfahrens. Sieht eine Schiedsgerichtsordnung vor, dass diese Nebenentscheidungen durch den Vorsitzenden des Schiedsgerichts in einem besonderen Verfahren ohne mündliche Verhandlung und ohne Hinzuziehung der Beisitzer getroffen werden, treten sie an die Stelle eines Schiedsspruches, sie sind dann in gleicher Weise wie dieser gemäß § 109 für vollstreckbar zu erklären (a. A. ArbGG-*Schunck* § 109 Rn. 3). Der **Kostenansatz des Schiedsgerichts** selbst kann nicht für vollstreckbar erklärt werden, da das Schiedsgericht keinen Antrag bei dem Arbeitsgericht stellen kann. Die Eintreibung der Kosten muss hier durch die das Schiedsgericht tragenden Tarifparteien erfolgen.

3. Vergleich

Daneben kann auch ein vor dem Schiedsgericht abgeschlossener Vergleich für vollstreckbar erklärt werden. Dieser muss formgerecht abgeschlossen worden sein, d. h. die **Voraussetzungen des § 107 müssen erfüllt sein**. Sind die Erfordernisse des § 107 nicht eingehalten worden, handelt es sich lediglich um einen privatschriftlichen Vergleich, für den die Vollstreckbarerklärung nicht in Betracht kommt. Das Gleiche gilt, wenn die Parteien des Schiedsverfahrens dem Schiedsgericht lediglich den Vergleichsabschluss mitteilen. Die Vollstreckbarerklärung eines Schiedsvergleichs durch einen Notar gemäß § 1053 Abs. 4 ZPO ist nicht möglich.

II. Verfahren

1. Zuständigkeit

Die Vollstreckbarerklärung kann nur durch den nach der Geschäftsverteilung zuständigen Vorsitzenden des Arbeitsgerichts erfolgen, das für die Geltendmachung des Anspruches zuständig gewesen wäre. Dies ist in der Regel das Arbeitsgericht, bei dem der Schiedsspruch gem. § 108 Abs. 3 niedergelegt worden ist. Der **materielle Inhalt** des Schiedsspruchs müsste daher in die **örtliche Zuständigkeit der Arbeitsgerichte** gem. § 2 Abs. 1 und 2 fallen. Fehlt es an dieser Voraussetzung, beispielsweise weil das örtlich unzuständige Arbeitsgericht angerufen wurde, so kann das Arbeitsgericht auf entsprechenden Antrag des Antragstellers das Verfahren hinsichtlich der Vollstreckbar-Erklärung an das zuständige Gericht verweisen (vgl. *Grunsky* § 109 Rn. 3). Insoweit finden die Regelungen des § 48 entsprechende Anwendung. Die Entscheidung trifft **allein der Vorsitzende** der nach der Geschäftsverteilung zuständigen Kammer. Eine Heranziehung der ehrenamtlichen Richter ist wegen der ausdrücklichen Bestimmung in § 109 Abs. 1 Satz 1 nicht zulässig (die bisher hier vertretene abweichende Auffassung wird aufgegeben). Ihre Mitwirkung wäre ein Verstoß gegen das Gebot des gesetzlichen Richters, das auch in diesem Verfahren gilt (*Schwab/Weth/Zimmerling* § 109 Rn. 13). Wirken die ehrenamtlichen Richter mit, dürfte dies allerdings für die Wirksamkeit der Entscheidung unschädlich sein, da es sich angesichts des eingeschränkten Prüfungsmaßstabs des Arbeitsgerichts nur um einen formellen Fehler ohne signifikante Auswirkungen auf die materielle Rechtslage handelt.

2. Antrag

6 Der Antrag muss von derjenigen Partei des Schiedsverfahrens gestellt werden, die die Zwangsvollstreckung aus dem Schiedsspruch betreiben will. Eine besondere **Form** ist für den Antrag **nicht vorgesehen,** er kann schriftlich oder aber zu Protokoll der Geschäftsstelle gestellt werden. Vertretungszwang besteht nicht, soweit sich eine Partei vertreten lassen will, kann dies nur im Rahmen des § 11 Abs. 1 erfolgen.

3. Prüfung durch das Arbeitsgericht

7 Der Vorsitzende hat zunächst von Amts wegen die **Voraussetzungen des Verfahrens nach § 109** sowie die **allgemeinen Prozessvoraussetzungen** zu prüfen. Darüber hinaus muss er feststellen, ob ein **wirksamer Schiedsspruch** i. S. des § 108 bzw. ein Schiedsvergleich vorliegt, der die Erfordernisse des § 107 erfüllt. Beim Schiedsspruch muss auch nachgewiesen werden, dass er den Parteien wirksam zugestellt worden ist. Die Nichteinhaltung der zwingenden Vorschrift des § 108 Abs. 2 führt zur Unwirksamkeit des Schiedsspruchs, die Wirkungen des § 108 Abs. 4 können in diesem Falle nicht eintreten. Nicht erforderlich ist demgegenüber, dass eine Ausfertigung des Schiedsspruchs bei dem Arbeitsgericht niedergelegt worden wäre. Hier handelt es sich lediglich um eine Ordnungsvorschrift, deren Verletzung nicht die Unwirksamkeit des Schiedsspruchs zur Folge hat (vgl. dazu oben § 108 Rn. 25).

8 Weiter kann eine Vollstreckbarerklärung nur dann erfolgen, wenn hierfür ein **Rechtsschutzinteresse** besteht. Dies kann grundsätzlich nur für diejenige Partei der Fall sein, der in dem Schiedsspruch etwas zugesprochen worden ist. Gegebenenfalls kann auch allein die Kostenentscheidung die Vollstreckbarerklärung des Schiedsspruchs rechtfertigen, weil nur auf diesem Wege eine Kostenerstattung zwangsweise durchgesetzt werden kann. Soweit eine Kostenentscheidung jedoch im Schiedsspruch nicht getroffen worden ist, muss die materielle Entscheidung des Schiedsgerichts zumindest einen vollstreckungsfähigen Inhalt besitzen. Der Schiedsspruch muss daher hinreichend bestimmt sein. Soweit ein Schiedsspruch lediglich feststellende Entscheidungen trifft, fehlt es ohne Kostenentscheidung an einem vollstreckungsfähigen Inhalt, so dass das Rechtsschutzinteresse für eine Vollstreckbarerklärung nicht besteht.

9 Ob weiterhin in dem schiedsgerichtlichen Verfahren erhebliche **Verfahrensfehler** begangen wurden oder ob gar ein **Aufhebungsgrund** gem. § 110 Abs. 1 gegeben ist, kann vom Arbeitsgericht im Rahmen der Vollstreckbarerklärung **nicht** näher **überprüft werden** (*Grunsky* § 109 Rn. 5; GK-ArbGG/*Mikosch* § 109 Rn. 13). Auch eine materielle Überprüfung des Schiedsspruchs ist dem Arbeitsgericht versagt. Eine Ausnahme gilt allerdings dann, wenn in dem Schiedsspruch eine Verurteilung zu einer verbotenen Handlung enthalten ist (GK-ArbGG/*Mikosch* § 109 Rn. 15; *Schwab/Walter* Schiedsgerichtsbarkeit Kap. 40 Rn. 8).

10 Eine Vollstreckbarerklärung kann ferner dann nicht erfolgen, wenn nachgewiesen wird, dass auf die **Aufhebung des Schiedsspruchs** gem. **§ 110 geklagt worden ist.** Der Nachweis hat durch den Antragsgegner, d. h. denjenigen, der die Vollstreckbarerklärung verhindern will, zu erfolgen. Eine Pflicht des Arbeitsgerichts von Amts wegen zu ermitteln, ob eine Aufhebungsklage erhoben worden ist, besteht nicht. Auch ist es grundsätzlich nicht notwendig, die Frist des § 110 Abs. 3 Satz 1 abzuwarten. Ist Aufhebungsklage erhoben worden, so ist das **Verfahren** über den Antrag auf Vollstreckbarerklärung bis zur Erledigung des Aufhebungsverfahrens **auszusetzen.** Damit soll verhindert werden, dass eine Vollstreckung aus dem Schiedsspruch erfolgt, obwohl noch nicht feststeht, ob er auch bestandskräftig ist. Die Aussetzung erfolgt bis zur rechtskräftigen Beendigung

II. Verfahren § 109

des Aufhebungsverfahrens. Zwar wird die Auffassung vertreten, dass eine Aussetzung nur bis zur vorläufig vollstreckbaren Entscheidung des Arbeitsgerichts in dem Aufhebungsverfahren erfolgen müsse (*Dietz/Nikisch* § 109 Rn. 6). Dabei wird aber übersehen, dass § 109 Abs. 1 Satz 3 ausdrücklich die Aussetzung „bis zur Erledigung dieses Rechtsstreits" erfordert. Der Begriff der Erledigung bedeutet hierbei eine endgültige Beendigung des Verfahrens. Der Erledigungsbegriff entspricht demjenigen in § 91 a ZPO, auch dort ist Erledigung das Ereignis, das den Kläger daran hindert, den Streitgegenstand weiter geltend zu machen (vgl. *Schwab/Walter* Schiedsgerichtsbarkeit Kap. 40 Rn. 9; *Grunsky* § 109 Rn. 7).

4. Anhörung

Vor der Entscheidung hat der Vorsitzende den Gegner zu hören. In welcher **Form** die Anhörung erfolgt, steht in seinem Ermessen, die Anhörung kann schriftlich oder mündlich erfolgen (GK-ArbGG/*Mikosch* § 109 Rn. 7). Notwendig ist nur, dass der Gegner Gelegenheit hat, sich innerhalb einer angemessenen Frist zu äußern. Soweit sich der Antragsgegner äußert, ist auch dem Antragsteller wiederum Gelegenheit zur Stellungnahme einzuräumen, da sonst sein Anspruch auf rechtliches Gehör verletzt wäre. Von seiner Anhörung kann nur dann abgesehen werden, wenn das Vorbringen des Antragsgegners unerheblich ist oder unberücksichtigt bleibt. Ergibt sich aus der Anhörung, dass Zweifelsfragen bestehen, die einer Vollstreckbarkeitserklärung entgegenstehen könnten, so muss der Vorsitzende gegebenenfalls die Parteien hierauf hinweisen, so dass sie Gelegenheit haben, sich dazu zu äußern. 11

Bei der Anhörung kann der Antragsgegner **nur Einwendungen** erheben, die das Verfahren oder die Erhebung der Aufhebungsklage betreffen. Nicht vorgetragen werden können Gründe, die den materiellen Anspruch selbst betreffen. Diese können nur im Rahmen des § 767 ZPO vor dem Arbeitsgericht geltend gemacht werden. 12

5. Entscheidung

Der Vorsitzende entscheidet in jedem Falle **durch Beschluss.** Gibt der Vorsitzende dem Antrag statt, so lautet seine Entscheidung dahin, dass der datumsmäßig bestimmte Schiedsspruch in dem betreffenden Schiedsverfahren vor dem zu bezeichnenden Schiedsgericht für vollstreckbar erklärt wird. Kommt der Vorsitzende zum Ergebnis, dass die Voraussetzungen für die Vollstreckbarerklärung nicht gegeben sind, muss er den Antrag zurückweisen. Eine Aufhebung des Schiedsspruchs kommt in keinem Falle in Betracht, dieses ist nur in dem Verfahren nach § 110 möglich. 13

Eine **Kostenentscheidung** enthält der Beschluss nicht (a. A. ArbGG-*Schunck* § 109 Rn. 21; wie hier *Schwab/Weth/Zimmerling* § 109 Rn. 15; *Hauck/Helml* § 109 Rn. 4). Gerichtskosten entstehen nicht, § 2 Abs. 2 GKG. Eine Erstattung außergerichtlicher Kosten ist ebenfalls nicht möglich, § 12 a (dies übersieht *Schunck* a. a. O.). Auch ist eine Streitwertfestsetzung entbehrlich. § 61 Abs. 1 ist nicht entsprechend anwendbar. Eine **Rechtsmittelbelehrung** muss der Beschluss enthalten, § 9 Abs. 5 Satz 2. 14

Die Entscheidung ist den Parteien des Verfahrens nach § 109 **zuzustellen,** Abs. 2 Satz 2. 15

Die Entscheidung ist in jedem Falle **unanfechtbar,** Abs. 2 Satz 1. Damit wird auch hier dem Beschleunigungsgrundsatz des § 9 Abs. 1 Rechnung getragen. 16

Mit der Vollstreckbarerklärung steht fest, dass der Schiedsspruch bzw. der Schiedsvergleich formell wirksam und außerhalb des § 110 unanfechtbar sind. Mit der Zustellung des Beschlusses über die Vollstreckbarerklärung tritt sofort Vollstreckbarkeit des Schiedsspruchs ein. Der Antragsteller kann sofort die **Zwangsvollstreckung** betreiben. Einer Vollstreckbarerklärung des Beschlusses selbst bedarf es nicht, auch ist es nicht erforderlich, dass die Regelung des § 62 Abs. 1 entsprechend angewendet wird, da der Beschluss ohnehin mit seinem Erlass rechtskräftig ist. Aus der Möglichkeit der Auf- 17 hebungsklage nach § 110 ergibt sich hier nichts anderes, nach § 110 Abs. 4 müsste bei Erfolg der Aufhebungsklage auch der Beschluss über die Vollstreckbarkeitserklärung aufgehoben werden. Zu den sich ergebenden vollstreckungsrechtlichen Folgen siehe § 110 Rn. 24.

§ 110 Aufhebungsklage

(1) Auf Aufhebung des Schiedsspruchs kann geklagt werden,
1. wenn das schiedsgerichtliche Verfahren unzulässig war;
2. wenn der Schiedsspruch auf der Verletzung einer Rechtsnorm beruht;
3. wenn die Voraussetzungen vorliegen, unter denen gegen ein gerichtliches Urteil nach § 580 Nr. 1 bis 6 der Zivilprozeßordnung die Restitutionsklage zulässig wäre.

(2) Für die Klage ist das Arbeitsgericht zuständig, das für die Geltendmachung des Anspruchs zuständig wäre.

(3) ¹Die Klage ist binnen einer Notfrist von zwei Wochen zu erheben. ²Die Frist beginnt in den Fällen des Absatzes 1 Nr. 1 und 2 mit der Zustellung des Schiedsspruchs. ³Im Falle des Absatzes 1 Nr. 3 beginnt sie mit der Rechtskraft des Urteils, das die Verurteilung wegen der Straftat ausspricht, oder mit dem Tage, an dem der Partei bekannt geworden ist, daß die Einleitung oder die Durchführung des Verfahrens nicht erfolgen kann; nach Ablauf von zehn Jahren, von der Zustellung des Schiedsspruchs an gerechnet, ist die Klage unstatthaft.

(4) Ist der Schiedsspruch für vollstreckbar erklärt, so ist in dem der Klage stattgebenden Urteil auch die Aufhebung der Vollstreckbarkeitserklärung auszusprechen.

Übersicht

	Rn.
I. Allgemeines	1–7
1. Aufhebungsverfahren gegenüber Schiedssprüchen	2–4
2. Charakter des Aufhebungsverfahrens	5–7
II. Aufhebungsgründe	8–15
1. Unzulässigkeit des schiedsgerichtlichen Verfahrens, Abs. 1 Nr. 1	8, 9
2. Verletzung einer Rechtsnorm, Abs. 1 Nr. 2	10–12
3. Restitutionsgründe, Abs. 1 Nr. 3	13–15
III. Verfahren	16–23
1. Zuständiges Arbeitsgericht	16
2. Klagefrist	17–21
3. Klageantrag	22
4. Beteiligung Dritter	23
IV. Entscheidung	24–31
1. Aufhebung des Schiedsspruchs	24–30
2. Aufhebung der Vollstreckbarkeitserklärung	31

I. Allgemeines

1 Die Vorschrift tritt an die Stelle der Regelungen in den §§ 1059 und 1062 f. ZPO. Deren Bestimmungen können im arbeitsrechtlichen Schiedsverfahren auch nicht entsprechend angewendet werden, § 110 enthält eine abschließende Regelung.

1. Aufhebungsverfahren gegenüber Schiedssprüchen

2 Die Möglichkeit der Aufhebungsklage besteht nur bei Schiedssprüchen, **nicht** jedoch **bei Schiedsvergleichen**. Diese können nur wegen eines Willensmangels angefochten werden, erforderlich ist in diesem Falle eine Klage auf Feststellung der Unwirksamkeit des

I. Allgemeines   § 110

Schiedsvergleichs. Das Gleiche gilt, wenn der Schiedsvergleich nichtig ist. Regelmäßig wird dies durch Fortsetzung des Schiedsverfahrens geltend gemacht, ein unwirksamer bzw. nichtiger Schiedsvergleich hat nämlich das Schiedsverfahren nicht abgeschlossen.

Die Aufhebungsklage kann nur gegen **Schiedssprüche** erhoben werden, **die bestandskräftig** sind, bei denen also die Wirkung des § 108 Abs. 4 eingetreten ist. Die Aufhebungsklage kann nicht erhoben werden, wenn gegen den Schiedsspruch das Rechtsmittel der Berufung möglich ist. Von einem formell wirksamen Schiedsspruch ist in jedem Falle dann auszugehen, wenn dessen Vollstreckbarerklärung erfolgt ist (dazu § 109 Rn. 16). Ist der Antrag auf Vollstreckbarerklärung nach § 109 zurückgewiesen worden, so kann demgegenüber daraus noch nicht geschlossen werden, dass kein wirksamer Schiedsspruch vorliegt. Vielmehr können die Gründe, die zur Zurückweisung des entsprechenden Antrages geführt haben, verschiedenartig sein, es ist nicht erforderlich, dass unbedingt die Unwirksamkeit des Schiedsspruchs der Anlass für die zurückweisende Entscheidung des Arbeitsgerichts gewesen ist. 3

Ist ein **Schiedsspruch formell nicht wirksam**, kann eine Aufhebungsklage gegen ihn nicht erhoben werden. In diesem Falle kann aber Klage auf Feststellung der Unwirksamkeit des Schiedsspruchs erhoben werden, es handelt sich dann um eine normale Klage im arbeitsgerichtlichen Verfahren, auf die die Vorschrift des § 110 keine Anwendung findet. Das nach § 256 ZPO erforderliche Feststellungsinteresse wird regelmäßig darin liegen, dass der Schiedsspruch formal existent ist (GK-ArbGG/*Mikosch* § 110 Rn. 3; vgl. *Grunsky* § 110 Rn. 2). 4

2. Charakter des Aufhebungsverfahrens

Das Aufhebungsverfahren hat einen **revisionsähnlichen Charakter** (BAG 31. 10. 1963 AP ArbGG 1953 § 101 Nr. 11 m. Anm. von *Schwab* und *Kaufmann;* 26. 2. 1980 AP ArbGG 1979 § 110 Nr. 3; 18. 4. 1986 AP BGB § 611 Bühnenengagementsvertrag Nr. 27). Das hat zur Folge, dass teilweise die revisionsrechtlichen Vorschriften des ArbGG bzw. der ZPO angewendet werden können. So ist beispielsweise die Regelung des § 559 ZPO entsprechend anwendbar, hinsichtlich des Umfanges der Überprüfung ergibt sich daraus, dass das Arbeitsgericht festzustellen hat, ob der Schiedsspruch auf der Verletzung des Gesetzes beruht (BAG 27. 5. 1970 AP ArbGG § 110 Nr. 1 m. Anm. *Baumgärtel;* 12. 5. 1982, 11. 5. 1983, 18. 4. 1986 AP BGB § 611 Bühnenengagementsvertrag Nrn. 20, 21, 27). Die Aufhebungsklage ist allerdings kein Rechtsmittel, da der Devolutiveffekt nicht eintreten kann (*Germelmann* NZA 1994, 12, 17). Es wird nicht die Zuständigkeit einer höheren Instanz in einem Rechtszug begründet, sondern vielmehr die erstinstanzliche Zuständigkeit des Arbeitsgerichts (zur rechtspolitischen Kritik *Schwab/Weth/Zimmerling* § 110 Rn. 12). 5

Aus dem revisionsähnlichen Charakter folgt auch, dass **neue Tatsachen und Beweismittel** nicht vorgebracht werden können (BAG 24. 9. 1970 AP KSchG § 3 Nr. 37). Aus diesem Grunde kann bei **Säumnis** des Beklagten im Aufhebungsverfahren die Wirkung des § 331 Abs. 1 ZPO nicht eintreten, ein Versäumnisurteil gegen ihn kann in diesem Falle nicht erlassen werden (BAG a. a. O.). Etwas anderes gilt nur dann, wenn mit der Aufhebungsklage gerügt wird, dass Tatsachen vom Schiedsgericht zu Unrecht nicht berücksichtigt worden seien. Diese Tatsachen können als zugestanden behandelt werden (BAG aaO.; vgl. auch BAG 3. 9. 1968 AP BGB § 840 Nr. 1). Das Arbeitsgericht ist im Aufhebungsverfahren nur Rechtsprüfungsinstanz, keine Tatsacheninstanz. 6

Verfahrensmängel müssen in entsprechender Anwendung von § 551 Abs. 3 Nr. 2 b ZPO ebenfalls gerügt werden. Bei der Überprüfung ist das Arbeitsgericht auf diese gerügten Verfahrensmängel beschränkt, es kann nicht von Amts wegen weitere Verfahrensmängel in seine Prüfung einbeziehen, § 557 Abs. 3 Satz 2 ZPO (BAG 27. 5. 1970 AP ArbGG 1953 § 110 Nr. 1 m. Anm. *Baumgärtel;* 11. 3. 1982 AP BGB § 611 Bühnen- 7 engagementsvertrag Nr. 19 m. Anm. *Herschel*; vgl. aber 18. 4. 1986 AP BGB § 611 Bühnenengagementsvertrag Nr. 27).

II. Aufhebungsgründe

1. Unzulässigkeit des schiedsgerichtlichen Verfahrens, Abs. 1 Nr. 1

8   Es handelt sich hier um einen Aufhebungsgrund, der weitgehend demjenigen in § 551 Abs. 3 Nr. 2 b ZPO nachgebildet worden ist. Die Unzulässigkeit des Schiedsverfahrens ist zunächst dann gegeben, wenn ein Schiedsvertrag nicht wirksam vereinbart worden ist oder aber wenn das Schiedsgericht seine sachliche oder örtliche Zuständigkeit überschritten hat. Die Einschränkung des § 65 gilt hier nicht. Dieser Mangel betrifft dann das gesamte Schiedsverfahren. Darüber hinaus können aber **auch einzelne Verfahrensfehler** des Schiedsgerichts den Aufhebungsgrund von Abs. 1 Nr. 1 darstellen. Allerdings ist in diesem Zusammenhang zu berücksichtigen, dass das Schiedsgericht das Verfahren im Wesentlichen nach freiem Ermessen gestalten kann, soweit keine gesetzlichen oder tariflichen Regelungen bestehen (BAG 11. 5. 1983, 12. 5. 1982 AP BGB § 611 Bühnenengagementsvertrag Nrn. 21, 20). Notwendig ist ein Verstoß gegen wesentliche Verfahrensgrundsätze, wie beispielsweise den der Gewährung des rechtlichen Gehörs, die nicht vorschriftsmäßige Vertretung einer Partei, das Fehlen einer Begründung des Schiedsspruchs, wenn die Parteien auf sie nicht verzichtet haben, § 108 Abs. 2. Auch die nicht vorschriftsmäßige Besetzung des Schiedsgerichts ist Verletzung eines wesentlichen Verfahrensgrundsatzes (BGH 5. 5. 1986 NJW 1986, 3079), das gilt auch, wenn nach Durchführung einer Beweisaufnahme das Schiedsgericht in einer anderen Besetzung den Schiedsspruch fällt.

9   In entsprechender Anwendung des § 551 Abs. 3 Nr. 2 b ZPO muss der **Verfahrensmangel ausdrücklich gerügt** werden (BAG 27. 5. 1970 AP ArbGG 1953 § 110 Nr. 1 m. Anm. *Baumgärtel*; 11. 3. 1982 AP BGB § 611 Bühnenengagementsvertrag Nr. 19 m. Anm. *Herschel*; vgl. aber 18. 4. 1986 AP BGB § 611 Bühnenengagementsvertrag Nr. 27). Ob die Rüge bereits in der Aufhebungsklageschrift erhoben werden muss (BAG 27. 5. 1970 AP ArbGG 1953 § 110 Nr. 1), ist in einer neueren Entscheidung des BAG in Zweifel gezogen worden (BAG 18. 4. 1986 AP BGB § 611 Bühnenengagementsvertrag Nr. 27; offen gelassen in BAG 26. 4. 1990 AP BGB § 611 Bühnenengagementsvertrag Nr. 42; für längere Rügefristen auch *Reupke* Bühnenschiedsgerichte S. 136). Begründet werden die Zweifel damit, dass die zweiwöchige Notfrist des Abs. 3 Satz 1 erheblich kürzer ist als die Zeit, die eine Partei im Revisionsverfahren für die Erhebung der Rüge zur Verfügung hat. Diese Zweifel können jedoch angesichts der eindeutigen Regelung in Abs. 3 Satz 1 nicht überzeugen. Zur Klageerhebung i. S. des § 253 Abs. 2 Nr. 2 ZPO gehört auch die Angabe des Grundes des erhobenen Anspruchs. Dies ist die Gesamtheit der zur Begründung des Anspruchs nach Ansicht des Klägers erforderlichen Tatsachen. In Bezug auf die Aufhebungsklage macht dies aber notwendig, dass eine Auseinandersetzung mit dem angefochtenen Schiedsspruch Gegenstand der Klageerhebung ist. Eine entsprechende Anwendung der Grundsätze von Rechtsmitteleinlegung und -begründung kann hier nach der durch den Gesetzgeber erfolgten Ausgestaltung des Verfahrens als einem erstinstanzlichen Verfahren mit beschränkter Prüfungsmöglichkeit nicht in Betracht kommen, obwohl dies möglicherweise de lege ferenda sinnvoll wäre. Im Übrigen hat der Gesetzgeber durch die kurze Frist in besonderem Maße eine Beschleunigung des Verfahrens erreichen wollen. Das Schiedsverfahren mit der anschließenden Aufhebungsklage ist bereits ein um mindestens eine Instanz erweitertes Verfahren, so dass ohnehin mit einer längeren Abwicklungszeit zu rechnen ist. Darüber hinaus können Verfahrensmängel im Regelfall kurzfristig festgestellt werden, zu ihrer Begründung bedarf es nicht umfangreicher Tatsachenermittlungen, wie dies bei der Erhebung materiellrechtlicher

Rügen der Fall sein kann. Hätte der Gesetzgeber eine andere Regelung treffen wollen, hätte er die Fristvorschrift des Abs. 3 Nr. 1 anders fassen müssen. Im Übrigen erscheint es zweifelhaft, die Fristbestimmungen des Revisionsverfahrens auf das Aufhebungsverfahren zu übertragen, da dieses zwar seinem Charakter nach revisionsähnlich ist, jedoch eine andere Verfahrensart insgesamt beinhaltet (vgl. dazu auch *Grunsky* § 110 Rn. 5). In der Berufungsinstanz vor dem Landesarbeitsgericht können Verfahrensrügen nur noch unter Beachtung der Bestimmung des § 67 Abs. 4 vorgebracht werden.

2. Verletzung einer Rechtsnorm, Abs. 1 Nr. 2

Von dieser Bestimmung werden alle **Verstöße gegen das materielle Recht** erfasst (*Schwab/Weth/Zimmerling* § 110 Rn. 20; a. A. und auch Verstöße gegen formelles Recht einbeziehend ArbGG-*Schunck* § 110 Rn. 25). Sie können wie im Revisionsrecht (§ 73 Abs. 1) in vollem Umfange durch das Arbeitsgericht überprüft werden, eine besondere Rüge ist in diesem Zusammenhang nicht erforderlich. Wie im Revisionsverfahren sind materielle Rechtsfehler **von Amts wegen** zu berücksichtigen (BAG 18. 4. 1986, 12. 2. 1982, 11. 5. 1983 AP BGB § 611 Bühnenengagementsvertrag Nr. 27, 20, 21). Die Vorschrift des § 559 Abs. 2 ZPO findet entsprechende Anwendung. 10

Als **materielle Rechtsnormen,** die verletzt sein können, kommen **beispielsweise** die fehlerhafte Auslegung von Tarifnormen (BAG 12. 5. 1982 AP BGB § 611 Bühnenengagementvertrag Nr. 20) oder der Auslegungsregeln der §§ 133, 157 BGB sowie die Verletzung allgemeiner Erfahrungssätze und Denkgesetze in Betracht (*Dersch/Volkmar* § 110 Rn. 4). Auch die Verkennung von Beweislastregeln betrifft das materielle Recht. Die Feststellung des Tatbestandes selbst kann jedoch von dem Arbeitsgericht nicht überprüft werden. 11

Grundlage für die Überprüfung des Arbeitsgerichts ist das materielle Recht im **Zeitpunkt der Fällung des Schiedsspruchs.** Nachträgliche Änderungen von Gesetzen, Tarifnormen usw. können im Aufhebungsverfahren nicht berücksichtigt werden (*Grunsky* § 110 Rn. 7; GK-ArbGG/*Mikosch* § 110 Rn. 17). Auch Änderungen hinsichtlich der Tatsachen, die dem Schiedsspruch zugrunde liegen, können im Aufhebungsverfahren nicht berücksichtigt werden, da hier ein neuer Tatsachenvortrag grundsätzlich nicht möglich ist (dazu oben Rn. 6). Dies kann gegebenenfalls nur im Rahmen einer Vollstreckungsabwehrklage gem. § 767 ZPO im Vollstreckungsverfahren geltend gemacht werden. 12

3. Restitutionsgründe, Abs. 1 Nr. 3

Weiterhin kann die Aufhebungsklage darauf gestützt werden, dass ein Grund vorliegt, der im arbeitsgerichtlichen Verfahren bzw. im Zivilprozessverfahren eine **Restitutionsklage gem. § 580 Nr. 1 bis 6 ZPO** begründen könnte. Hinsichtlich der Einzelheiten kann insoweit auf die Kommentierungen zu § 580 ZPO verwiesen werden. 13

Die Aufhebungsklage kann nur unter den **gleichen Voraussetzungen** Erfolg haben, die auch für die Restitutionsklage gelten würden. Hinsichtlich der Restitutionsgründe in § 580 Nr. 1 bis 5 ZPO ist daher eine rechtskräftige strafgerichtliche Verurteilung erforderlich, § 581 ZPO. Die Klagefrist des § 110 Abs. 3 Satz 1 beginnt mit der Rechtskraft des strafgerichtlichen Urteils, die besondere Klagefrist des § 586 Abs. 2 ZPO, die auf die Kenntnis der Partei von dem Anfechtungsgrunde abstellt, ist nicht entsprechend anwendbar. 14

Abs. 1 Nr. 3 gilt nur für die Fälle der Restitutionsklage, nicht jedoch für die **Nichtigkeitsklage des § 579 ZPO.** Sind deren Voraussetzungen erfüllt, kann die Aufhebungsklage auf Abs. 1 Nr. 1 oder 2 gestützt werden, da dann das schiedsgerichtliche Verfahren zumindest teilweise unzulässig gewesen ist oder aber Rechtsnormen verletzt worden sind. 15

III. Verfahren

1. Zuständiges Arbeitsgericht

16 Für die Aufhebungsklage ist das Arbeitsgericht zuständig, bei dem der Anspruch hätte geltend gemacht werden müssen. Die Tarifvertragsparteien können hierbei nach § 48 Abs. 2 die besondere Zuständigkeit eines an sich örtlich unzuständigen Arbeitsgerichts festlegen. Sind mehrere Arbeitsgerichte örtlich zuständig, kann der Kläger wählen, wo er die Aufhebungsklage erhebt (*Grunsky* § 109 Rn. 1).

2. Klagefrist

17 Die Klagefrist beträgt **zwei Wochen**, die Fristberechnung erfolgt gem. § 222 ZPO. Eine Abkürzung oder Verlängerung der Frist ist weder durch Vereinbarung der Parteien noch durch das Gericht möglich, § 224 Abs. 1 ZPO. Nach Ablauf von zehn Jahren ist eine Aufhebungsklage nicht mehr möglich, Abs. 3 Satz 3.

18 Die **Frist beginnt** in den Fällen des Abs. 1 Nr. 1 und 2 mit der Zustellung des Schiedsspruchs. Wird der Schiedsspruch den Parteien des Schiedsverfahrens zu **unterschiedlichen Zeitpunkten zugestellt**, so gilt für jede Partei als Fristbeginn der Zeitpunkt, an der ihr der Schiedsspruch zugestellt wurde, es kann nicht davon ausgegangen werden, dass für beide Parteien der Zeitpunkt maßgeblich sei, an dem die letzte Zustellung erfolgt wäre (HWK/ *Kalb* ArbGG § 110 Rn. 16; *Schwab/Weth/Zimmerling* § 110 Rn. 28, 29; anders aber *Dietz/Nikisch* § 110 Rn. 9; *Grunsky* § 110 Rn. 13; GK-ArbGG/*Mikosch* § 110 Rn. 21; *Hauck/Helml* § 110 Rn. 5; *Schwab/Walter* Schiedsgerichtsbarkeit § 40 Rn. 23). Der von der Gegenansicht (insbesondere GK-ArbGG/*Mikosch* § 110 Rn. 21) herangezogene § 108 Abs. 2 Satz 2 kann einen einheitlichen Fristbeginn nicht begründen, er regelt lediglich, dass eine Zustellung an beide Parteien zu erfolgen hat, nicht jedoch einen Fristbeginn. Gegen einen einheitlichen Fristbeginn spricht auch, dass der Tag der jeweiligen Zustellung nur der einen Partei, nicht jedoch der anderen bekannt ist. Eine Sicherheit hinsichtlich des Fristbeginns würde nicht bestehen. Betrachtet man das Aufhebungsverfahren als eine revisionsähnlich ausgestaltete Verfahrensart (dazu oben Rn. 5), muss auch beachtet werden, dass die Revisionsfrist für jede Partei gesondert mit dem Zeitpunkt zu laufen beginnt, in dem ihr die entsprechende Entscheidung, die mit der Revision angegriffen werden soll, zugestellt worden ist. Eine Fristvereinheitlichung ist weder im Revisionsrecht noch sonst im Zivilprozessverfahren und auch nicht im arbeitsgerichtlichen Verfahren gesetzlich geregelt. Auch § 110 Abs. 3 enthält eine solche Regelung nicht. Es besteht auch keine Notwendigkeit, für das Aufhebungsverfahren eine Ausnahme zu machen.

19 Die Aufhebungsklage kann bereits **vor Fristbeginn** erhoben werden, es muss nicht erst die Zustellung des Schiedsspruches abgewartet werden. Insoweit gelten die gleichen Grundsätze wie bei Berufung und Revision (vgl. dazu BAG 16. 4. 2003 DB 2003, 2796).

20 In dem Falle **des Abs. 1 Nr. 3** beginnt die Frist mit der Rechtskraft der strafgerichtlichen Verurteilung. Auf die Kenntnis der Partei von dieser Verurteilung kommt es nach dem Wortlaut von Abs. 3 Satz 3 nicht an.

21 Bei der Klagefrist handelt es sich um eine **Notfrist**, so dass gegen ihre Versäumung die Wiedereinsetzung in den vorigen Stand gem. § 233 ZPO möglich ist. Wird die Frist versäumt und ist auch eine Wiedereinsetzung in den vorigen Stand nicht möglich oder wird sie nicht gewährt, ist der Schiedsspruch insgesamt unanfechtbar geworden.

3. Klageantrag

22 Die Klage muss die **Erfordernisse des § 253 ZPO** erfüllen, es muss also enthalten sein die Bezeichnung der Parteien und des Gerichtes sowie ein konkreter Antrag, der darauf gerichtet sein muss, einen datumsmäßig genau bezeichneten Schiedsspruch des betroffenen Schiedsgerichts aufzuheben. Die formellen Erfordernisse müssen innerhalb der zweiwöchigen Notfrist erfüllt sein (BAG 26. 2. 1980 AP ArbGG 1979 § 110 Nr. 3). Innerhalb der Frist müssen ferner die formellen Rügen vorgebracht werden, mit denen die Aufhebung des Schiedsspruches begründet werden soll (dazu oben Rn. 9). In der Begründung der Aufhebungsklage muss dargestellt werden, was an dem angefochtenen Schiedsspruch beanstandet wird, eine Auseinandersetzung mit der Begründung des Schiedsspruches ist in ähnlicher Weise erforderlich, wie dies bei der Begründung eines Rechtsmittels der Fall wäre. Die bloße Bezugnahme auf das Vorbringen in dem Schiedsverfahren reicht nicht aus (vgl. dazu auch BAG 26. 2. 1980 aaO.).

4. Beteiligung Dritter

Die Zulässigkeit der Beteiligung Dritter an dem Aufhebungsverfahren richtet sich nach den Vorschriften des ArbGG bzw. der ZPO. Für das Aufhebungsverfahren gelten die allgemeinen verfahrensrechtlichen Bestimmungen der ZPO und des ArbGG uneingeschränkt, es sei denn, das Gesetz würde ausdrücklich etwas anderes bestimmen. Hinsichtlich der Streitverkündung und des Beitritts eines Streithelfers sind derartige besondere Regelungen nicht ersichtlich, so dass sowohl die Streitverkündung als auch der Beitritt eines Streithelfers zulässig sind (BAG 11. 5. 1983 AP BGB § 611 Bühnenengagementsvertrag Nr. 21). 23

IV. Entscheidung

1. Aufhebung des Schiedspruchs

Über den Antrag auf Aufhebung des Schiedsspruchs entscheidet die zuständige Kammer des Arbeitsgerichts in der Besetzung mit einem Vorsitzenden und zwei ehrenamtlichen Richtern. Wird der Schiedsspruch aufgehoben, so ist er bei Rechtskraft der arbeitsgerichtlichen Entscheidung in **vollem Umfange weggefallen.** Ist bereits aus einem für vollstreckbar erklärten Schiedsspruch die **Zwangsvollstreckung** betrieben worden, sind die entsprechenden Leistungen zurückzugewähren. Die Vorschrift des § 717 Abs. 2 ZPO kann in diesem Zusammenhang nicht entsprechend angewendet werden, da der für vollstreckbar erklärte Schiedsspruch nicht einem für vorläufig vollstreckbar erklärten Urteil gleichgesetzt werden kann. Vielmehr richtet sich der Rückforderungsanspruch nach allgemeinen Grundsätzen, in jedem Fall wäre durch die Aufhebung des Schiedsspruchs die Rechtsgrundlage für die erbrachten Leistungen entfallen, so dass eine Rückgewähr nach § 812 BGB möglich wäre. Ob darüber hinaus eine Schadenersatzpflicht aus § 823 BGB in Betracht kommen kann, richtet sich zum einen nach der Art des eingetretenen Schadens, zum anderen setzt diese Bestimmung ein Verschulden des Gläubigers voraus, was im Regelfall nicht gegeben sein wird. 24

Zweifelhaft ist, ob nach der Aufhebung der Entscheidung des Schiedsgerichts das **Arbeitsgericht** gleich **in der Sache selbst entscheiden** kann. War der Schiedsvertrag nur für einen Einzelfall abgeschlossen, so erlischt mit dem Aufhebungsurteil auch der Schiedsvertrag, die Klage kann nunmehr vor dem Arbeitsgericht erhoben werden. In diesem Fall muss aber die entsprechende Klage auch gleich mit der Aufhebungsklage verbunden werden (BAG 27. 1. 1993, NZA 1993, 1102, 1103). 25

War das **Schiedsgericht** jedoch **nicht nur für den Einzelfall** gebildet worden, sondern handelt es sich um einen Schiedsvertrag, der alle künftigen Rechtsstreitigkeiten erfassen sollte, so kann von einer **Entscheidungskompetenz** des Arbeitsgerichts nicht ausgegangen werden. Durch die Aufhebungsentscheidung ist nämlich der Schiedsvertrag nicht erloschen, auch das Schiedsgericht besteht als Dauereinrichtung fort. Machen die Tarifvertragsparteien von der Möglichkeit Gebrauch, ständige Schiedsgerichte zu errichten, so 26 liegt in dem Schiedsvertrag gleichzeitig auch die Vereinbarung, dass auch bei Aufhebung eines Schiedsspruches erneut die Schiedsgerichte zur Entscheidung berufen sind (*Dietz/ Nikisch* § 110 Rn. 13; *Röckrath* NZA 1994, 678, 680 f.; *Stein/Jonas/Schlosser* ZPO § 1041 Rn. 48, 8; a. A. *Grunsky* § 110 Rn. 14; *Dersch/Volkmar* § 110 Rn. 11; GK-ArbGG/*Mikosch* § 110 Rn. 29; *Reupke* Bühnenschiedsgerichte S. 138 f., der allerdings Zurückverweisung und Verbrauch der Schiedsklage nicht trennt; BAG 27. 1. 1993 NZA 1993, 1102, 1103 f.; 7. 11. 1995 NZA 1996, 487; dem BAG im Ergebnis folgend *Schwab/Weth/Zimmerling* § 110 Rn. 35; HWK/*Kalb* ArbGG § 110 Rn. 21). Dass die Schiedsklausel mit dem Erlass des Schiedsspruchs infolge Zweckerfüllung ihre Wirksamkeit verliere, kann nicht überzeugen, da die Zweckerfüllung grundsätzlich nur mit dem Erlass eines wirksamen Schiedsspruchs eintreten kann und außerdem der Gesetzgeber in § 1059 Abs. 5 ZPO für das allgemeine Schiedsverfahren geregelt hat, dass im Zweifel der Schiedsvertrag wieder auflebt. Auch kann man sich nicht darauf berufen, dass die Kompetenz des Arbeitsgerichts im Interesse der Parteien und der Rechtssicherheit den Vorzug habe, weil eine abschließende Entscheidung des Rechtsstreits herbeigeführt werde. Mit diesem Argument könnte nämlich die gesamte Schiedsgerichtsbarkeit in Zweifel gezogen werden, Sinn der Schiedsgerichtsbarkeit ist es im Übrigen in einer Vielzahl von Fällen auch, durch die besondere Besetzung des Schiedsgerichts eine gesteigerte Sachkunde für Einzelbereiche zu schaffen, wie dies gerade bei den Bühnenkünstlern, Filmschaffenden, Artisten usw. der Fall ist. Es handelt sich hier um Berufsgruppen, bei denen besondere berufsspezifische Gegebenheiten zu beachten sind, die den staatlichen Gerichten nicht in jedem Falle bekannt sind. Auch scheint es wenig überzeugend zu sein, die Frage der Kompetenz des Arbeitsgerichts nach Aufhebung des Schiedsspruchs davon abhängig zu machen, ob alle feststellungsbedürftigen Tatsachen im Schiedsverfahren bereits festgestellt worden sind (so aber BAG 12. 11. 1985 AP BGB § 611 Bühnenengagementsvertrag Nr. 23, vgl. aber vom 27. 1. 1993 NZA 1993 1102, 1104). Damit würde man nämlich letztlich dem Arbeitsgericht selbst die Entscheidung darüber zubilligen, ob es eine Zuständigkeit begründen will oder nicht. Gerade dies führt jedoch zu einer erheblichen Rechtsunsicherheit, zumal die Parteien auch nicht vorhersehen können, ob die feststellungsbedürftigen Tatsachen auch tatsächlich festgestellt worden sind. Schließlich vermag es auch nicht zu überzeugen, wenn für die Entscheidungskompetenz des Arbeitsgerichts darauf verwiesen wird, dass angesichts des langen Instanzenzuges eine unzumutbare Verfahrensverzögerung einträte, die dem Beschleunigungsgrundsatz widerspreche (so aber BAG 27. 1. 1993 NZA 1993, 1102, 1104; 7. 11. 1995 NZA 1996, 487; *Hauck/Helml* § 110 Rn. 7; zu dem Ganzen auch *Germelmann* NZA 1994, 12, 18). Auch der Beschleunigungsgrundsatz des § 9 (so aber HWK/*Kalb* ArbGG § 110 Rn. 21) vermag nicht eine andere Lösung zu rechtfertigen. Gerade durch die Regelung des § 110 Abs. 1 Nr. 3, durch die der volle Instanzenzug der Arbeitsgerichtsbarkeit (kritisch dazu HWK/*Kalb* ArbGG § 110 Rn. 22) eröffnet wird, hat der Gesetzgeber gerade die Beschleunigung erschwert.

27 § 110 regelt lediglich die Berechtigung der Arbeitsgerichte zur Aufhebung des Schiedsspruches. Eine Bestimmung darüber, **wie nach der Aufhebung des Schiedsspruchs zu verfahren** sei, ist dem Wortlaut des Gesetzes **nicht zu entnehmen**. Vielmehr verbleibt es dann bei der allgemeinen Regelung der §§ 101 ff. Eine Kompetenz des Arbeitsgerichts kann nur dann eintreten, wenn sich diese auf Grund einer anderen Bestimmung ergibt. Eine solche könnte lediglich dann angenommen werden, wenn entweder bei einer Schiedsvereinbarung für den Einzelfall diese mit der Aufhebung der Entscheidung des Schiedsgerichts durch das Arbeitsgericht erloschen wäre oder aber wenn von einem Wegfall der prozesshindernden Einrede im Sinne des § 102 ausgegangen werden könnte. In Betracht käme hier lediglich der Wegfall der prozesshindernden Einrede gemäß § 102 Abs. 2 Nr. 3 oder 4. Eine Auslegung der Bestimmung des § 102 Abs. 2 Nr. 4 dahin, dass bei Aufhebung des Schiedsspruchs inzident auch davon auszugehen sei, dass die Abgabe eines Schiedsspruchs durch das Schiedsgericht unmöglich sei, ist nicht zwingend. Hinzu kommt, dass dies auch lediglich durch das Schiedsgericht selbst, nicht jedoch durch das Arbeitsgericht festgestellt werden kann. Einschlägig könnte lediglich die Bestimmung des § 102 Abs. 2 Nr. 3 sein. Danach entfällt die prozesshindernde Einrede, wenn das Schiedsgericht die Durchführung des Verfahrens verzögert. Voraussetzung dafür wäre aber wiederum, dass nicht nur die Verzögerung, die in der langwierigen Verfahrensdauer gesehen werden könnte, vorliegt, sondern dass gleichzeitig der Vorsitzende des Arbeitsgerichts dem Schiedsgericht eine Frist zur Durchführung des Verfahrens gesetzt hat, die fristlos verstrichen ist. Diese konkreten Tatbestandsvoraussetzungen können nicht im Wege der Auslegung beseitigt werden. Auch kann nicht eine Lücke angenommen werden, deren Ausfüllung durch die Rechtsprechung möglich wäre. Eine solche Lücke besteht nicht, auch bei Aufhebung des Schiedsspruchs ist jederzeit sichergestellt, dass eine erneute Entscheidung getroffen werden kann. Dass im Übrigen das Beschleunigungsargument für sich genommen die Entscheidungskompetenz der Arbeitsgerichte nicht begründen kann, wird auch daraus deutlich, dass auch in anderen Fällen eine überlange Verfahrensdauer nicht dazu führt, dass ein an sich unzuständiges Gericht zuständig werden kann. Im Übrigen hat der Gesetzgeber durch die Schaffung des dreistufigen Instanzenzuges in der Arbeitsgerichtsbarkeit bei Anfechtung eines Schiedsspruchs selbst dafür gesorgt, dass eine überlange Verfahrensdauer in allen Verfahren eintreten kann, bei denen zunächst ein Schiedsgericht zu entscheiden hat. Durch die Zulassung der Schiedsgerichtsbarkeit und die Schaffung des dreistufigen Instanzenzuges hat der Gesetzgeber selbst den Beschleunigungsgrundsatz des § 9 teilweise eingeschränkt.

Bei seiner Entscheidung kann das Arbeitsgericht bei Aufhebung des Schiedsspruches **28** den Rechtsstreit **nicht** in entsprechender Anwendung des § 563 Abs. 1 ZPO an das Schiedsgericht **zurückverweisen** (BAG 27. 1. 1993 NZA 1993, 1102, 1104). § 563 Abs. 1 ZPO ermöglicht lediglich die Zurückverweisung in einem einheitlichen Instanzenzug, ist jedoch nicht anwendbar im Verhältnis zwischen staatlicher und privater Gerichtsbarkeit. Eine Einheitlichkeit des Rechtszuges zwischen Schiedsgerichtsbarkeit und staatlicher Gerichtsbarkeit wird auch nicht durch die Bestimmung des § 110 hergestellt, die Aufhebungsklage ist kein Rechtsmittel, sondern eine Rechtsgestaltungsklage, die einen neuen Instanzenzug eröffnet. Das Arbeitsgericht kann daher **nur den Schiedsspruch aufheben,** das Verfahren wird, wenn das Arbeitsgericht nicht in der Sache selbst entscheidet, wieder bei dem Schiedsgericht (Oberschiedsgericht) anhängig (vgl. oben Rn. 27). Folgt man **dagegen der Ansicht,** dass das **Schiedsverfahren verbraucht** sei und das Arbeitsgericht im Aufhebungsverfahren in der Sache zu entscheiden habe (BAG 7. 11. 1995 NZA 1996, 487, 488; 27. 1. 1993 NZA 1993, 1102 sowie die weiteren Nachweise oben Rn. 26), muss neben dem Antrag auf Aufhebung des Schiedsspruchs **auch noch ein Sachantrag** in Bezug auf die ursprünglich vor dem Schiedsgericht erhobene Klage gestellt werden.

Das **Urteil,** mit dem über den Aufhebungsantrag entschieden wird, **bedarf einer** **29** **Kostenentscheidung.** Das Verfahren ist, wie jedes andere arbeitsgerichtliche Verfahren auch, kostenpflichtig. Hinsichtlich der Kostenerstattungspflicht gelten die allgemeinen Vorschriften, insbesondere auch die Bestimmung des § 12 a Abs. 1 hinsichtlich des Wegfalls der Kostenerstattungspflicht der unterlegenen Partei im ersten Rechtszug. Ebenfalls ist eine **Streitwertfestsetzung** erforderlich, der Wert des Streitgegenstandes bemisst sich dabei ebenfalls nach den allgemeinen Grundsätzen des § 12 Abs. 7 bzw. der §§ 3 ff. ZPO.

Hinsichtlich der **Rechtsmittel** gilt für die Entscheidung nach § 110 ebenfalls nichts **30** Besonderes, die Berufung ist unter den Voraussetzungen des § 64 statthaft, das Gleiche gilt für die Revision und die Möglichkeit, bei Nichtzulassung der Revision eine Nichtzulassungsbeschwerde einzulegen.

2. Aufhebung der Vollstreckbarkeitserklärung

31 Wird der Schiedsspruch aufgehoben, ist gleichzeitig eine etwa erfolgte Vollstreckbarkeitserklärung mit aufzuheben, Abs. 4. Eines **besonderen Antrages** bedarf es insoweit **nicht.** Vor Rechtskraft des Aufhebungsurteils kann die Einstellung der Zwangsvollstreckung gem. §§ 775, 776 ZPO erfolgen (*Grunsky* § 110 Rn. 15; GK-ArbGG/*Mikosch* § 110 Rn. 32). Hinsichtlich der Rückforderungsansprüche s. oben Rn. 24. Die Aufhebung der Vollstreckbarkeitserklärung hat keinen eigenen Wert bei der Streitwertberechnung, da es sich praktisch um den gleichen Anspruch handelt, über den im Aufhebungsverfahren entschieden worden ist.

Fünfter Teil. Übergangs- und Schlußvorschriften

§ 111 Änderung von Vorschriften

(1) ¹Soweit nach anderen Rechtsvorschriften andere Gerichte, Behörden oder Stellen zur Entscheidung oder Beilegung von Arbeitssachen zuständig sind, treten an ihre Stelle die Arbeitsgerichte. ²Dies gilt nicht für Seemannsämter, soweit sie zur vorläufigen Entscheidung von Arbeitssachen zuständig sind.

(2) ¹Zur Beilegung von Streitigkeiten zwischen Ausbildenden und Auszubildenden aus einem bestehenden Berufsausbildungsverhältnis können im Bereich des Handwerks die Handwerksinnungen, im übrigen die zuständigen Stellen im Sinne des Berufsbildungsgesetzes Ausschüsse bilden, denen Arbeitgeber und Arbeitnehmer in gleicher Zahl angehören müssen. ²Der Ausschuß hat die Parteien mündlich zu hören. ³Wird der von ihm gefällte Spruch nicht innerhalb einer Woche von beiden Parteien anerkannt, so kann binnen zwei Wochen nach ergangenem Spruch Klage beim zuständigen Arbeitsgericht erhoben werden. ⁴§ 9 Abs. 5 gilt entsprechend. ⁵Der Klage muß in allen Fällen die Verhandlung vor dem Ausschuß vorangegangen sein. ⁶Aus Vergleichen, die vor dem Ausschuß geschlossen sind, und aus Sprüchen des Ausschusses, die von beiden Seiten anerkannt sind, findet die Zwangsvollstreckung statt. ⁷Die §§ 107 und 109 gelten entsprechend.

Übersicht

	Rn.
I. Allgemeines	1–3
II. Seemannsämter (Abs. 1)	4, 5
III. Schlichtungsausschüsse (Abs. 2)	6–69
1. Geschichtliche Entwicklung	6–11
2. Errichtung	12, 13
3. Besetzung	14, 15
4. Zuständigkeit	16–18
5. Anrufung als Prozeßvoraussetzung einer Klage	19–21
6. Anrufungsfrist	22–25a
7. Materiellrechtliche Wirkungen der Anrufung	26–28
8. Verfahren und Spruch	29–38
9. Wirkungen des Spruches	39–43
10. Belehrung	44
11. Verhalten der Parteien nach dem Spruch	45–55
12. Vollstreckung	56–61
13. Vergleich	62
14. Einstweiliger Rechtsschutz	63
15. Kosten	64–68
16. Prozeßkostenhilfe	69
IV. Verfassungsmäßigkeit des Schlichtungsverfahrens?	70, 71
1. Gesetzlicher Richter	70
2. Zugang zu Gericht	71

I. Allgemeines

1 Nur klarstellende Funktion kommt der Regelung des **Abs. 1 Satz 1** zu; sie hat keine eigenständige Bedeutung. Die ausschließliche Zuständigkeit der Arbeitsgerichte ergibt sich nämlich bereits aus §§ 2 und 2a.

2 In **Satz 2** findet sich eine Durchbrechung der ausschließlichen Zuständigkeit, soweit Seemannsämter zur *vorläufigen* Entscheidung von Arbeitssachen zuständig sind (s. u. Rn. 4).

3 **Abs. 2** enthält eine Sonderregelung für Ausbildungsstreitigkeiten (s. u. Rn. 6 ff.).

II. Seemannsämter (Abs. 1)

4 In welchen Fällen die Seemannsämter zur vorläufigen Entscheidung zuständig sind, lässt sich § 14 der Seemannsamtsverordnung v. 21. 10. 1981 (*Nipperdey I*, Nr. 114 a) entnehmen. Die Seemannsämter sind z. B. nach § 69 Seemannsgesetz v. 26. 7. 1957 (*Nipperdey I*, Nr. 114) zuständig zur vorläufigen Entscheidung über die Berechtigung einer außerordentlichen Kündigung, die außerhalb des Geltungsbereichs des Grundgesetzes erfolgt ist; es soll dadurch eine **vorläufige Regelung** ermöglicht werden, bis die Parteien in den Geltungsbereich des Grundgesetzes zurückgekehrt sind und gerichtliche Hilfe in Anspruch nehmen können.

5 Das Verfahren vor den Seemannsämtern richtet sich nach §§ 14–19 der Seemannsamtsverordnung. Die Entscheidung (also die vorläufige Regelung) ist vor dem Verwaltungsgericht anzufechten (streitig, a. A. *Schwab/Weth/Zimmerling* Rn. 2, 3). Die **endgültige Entscheidung,** etwa über die Wirksamkeit der Kündigung, obliegt dem Arbeitsgericht.

III. Schlichtungsausschüsse (Abs. 2)

1. Geschichtliche Entwicklung

6 Die Schlichtungsausschüsse haben eine bewegte Geschichte (zur historischen Entwicklung des ArbGG insgesamt vgl. Einleitung Rn. 1 ff.). Ihr enger Anwendungsbereich auf Ausbildungsstreitigkeiten darf nicht darüber hinweg täuschen, dass hier ein gewisser Restbestand außergerichtlicher Streitschlichtung vorliegt. Zur Problematik staatlicher Schlichtung im Arbeitsrecht durch das Kontrollratsgesetz Nr. 35 vom 20. 8. 1994 (Amtsbl. Nr. 10, 1946, S. 174) vgl. die Einleitung Rn. 79 a.

7 a) Das Gewerbegerichtsgesetz (§ 79 i. d. F. vom 29. 7. 1890) und das Kaufmannsgerichtsgesetz (§ 19 i. d. F. vom 6. 7. 1904) hatten die sich aus der Gewerbeordnung (vom 21. 6. 1869) ergebende Zuständigkeit der Innungen zur Entscheidung von Streitigkeiten zwischen Arbeitgebern und ihren Lehrlingen unberührt gelassen. Die Entwürfe zum ArbGG 1926 sahen die Abschaffung der Schlichtungsausschüsse vor (vgl. nur § 107 Nr. 3 des Entwurfs v. 11. 3. 1926, RT-Drucks. III, Nr. 2065, S. 16 und 61). Auf Protest von Seiten des Handwerks und nach heftigem Streit im Reichstag darüber, ob die Arbeitsgerichtsbarkeit bei den Arbeitsgerichten zusammengefasst werden sollte oder nicht (vgl. Verhandlungen des Reichstages, III. Wahlperiode 1924, Bd. 391, S. 8493 ff.) sind die Schlichtungsausschüsse beibehalten und in § 111 Nr. 2 ArbGG 1926 geregelt worden. Danach war zur Beilegung von Streitigkeiten zwischen Innungsmitgliedern und ihren Lehrlingen die Bildung der Ausschüsse **zwingend.** Insoweit besteht ein wichtiger Unterschied zum heute geltenden § 111 Abs. 2.

8 b) Das ArbGG 1953 brachte gegenüber dem ArbGG 1926 eine wesentliche Änderung insoweit, als nunmehr Schlichtungsausschüsse gebildet werden **konnten,** allerdings **nur** von Handwerksinnungen (§ 111 Abs. 2 ArbGG 1953). Für alle übrigen Ausbildungsstreitigkeiten war das Arbeitsgericht direkt zuständig. Auch bei den Beratungen zum ArbGG 1953 waren die Schlichtungsausschüsse im Streit. Die SPD-Fraktion lehnte diese Ausschüsse unter anderem mit der Begründung ab, es greife eine ungleiche Behandlung der Lehrlinge im Handwerk und der Lehrlinge in der übrigen gewerblichen Wirtschaft Platz (Verhandlungen des Deutschen Bundestages, I. Wahlperiode 1949, Bd. 16, S. 13492). Die SPD-Fraktion ist mit ihren Bedenken nicht durchgedrungen; die Schlichtungsausschüsse blieben bestehen.

9 c) Durch das Berufsbildungsgesetz v. 14. 8. 1969 (BGBl. 1969 I S. 1112) wurde dann festgelegt, dass neben den Handwerksinnungen auch im Übrigen die zuständigen Stellen

III. Schlichtungsausschüsse (Abs. 2) § 111

i. S. des Berufsbildungsgesetzes Schlichtungsausschüsse bilden können. Die unterschiedliche Behandlung von Auszubildenden des Handwerks auf der einen und allen übrigen Auszubildenden auf der anderen Seite ist damit beseitigt.

d) Bei den Beratungen zum ArbGG 1979 hat der Bundesrat eine Ergänzung des § 111 Abs. 2 dahingehend verlangt, dass die Parteien über die zweiwöchige Klagefrist belehrt werden müssen. Der Bundesrat hat das damit begründet, bisher versäumten die Parteien des Berufsausbildungsverhältnisses in vielen Fällen die kurze arbeitsgerichtliche Klagefrist von zwei Wochen nach ergangenem Spruch des Ausschusses, weil ihnen diese Frist nicht bekannt sei. Das sei eine rechtsstaatlich bedenkliche Verkürzung des gerichtlichen Rechtsschutzes (vgl. dazu auch u. Rn. 71). Die Belehrungspflicht ist daraufhin in das Gesetz eingefügt worden. Schließlich hat das Arbeitsgerichtsbeschleunigungsgesetz 2000 den Satz 8 des Abs. 2 (Ausschluss des Güteverfahrens) ersatzlos gestrichen. 10

e) § 111 Abs. 2 ist in der **heute geltenden Fassung** eine äußerst komplizierte, in allen wesentlichen Punkten umstrittene Regelung, gegen deren Verfassungsmäßigkeit zudem erhebliche Bedenken bestehen. **De lege ferenda** empfiehlt sich eine Abschaffung dieser Regelung mit der Folge, dass für alle Ausbildungsstreitigkeiten direkt das Arbeitsgericht zuständig ist. Die Abschaffung von Abs. 2 Satz 8 ist ein erster Schritt in die richtige Richtung. 11

2. Errichtung

Die Errichtung der Schlichtungsausschüsse steht im Ermessen der zuständigen Stellen; das sind die Handwerksinnungen sowie die sich aus §§ 75 ff. BBiG ergebenden Stellen (z. B. Industrie- und Handelskammer, Landwirtschaftskammer, Rechtsanwaltskammer). In der Praxis sind **nicht bei allen** zuständigen Stellen Schlichtungsausschüsse gebildet worden (z. B. nicht bei verschiedenen Rechtsanwaltskammern). 12

Der Schlichtungsausschuss ist Organ der zuständigen Stelle mit besonderem Aufgabenbereich, jedoch ohne rechtliche Eigenständigkeit (*Herkert* § 102 BBiG Rn. 3). Er ist entsprechend den jeweiligen Vorschriften über die Berufung der Fachausschüsse der zuständigen Stelle zu errichten (*Herkert* a. a. O.). 13

3. Besetzung

a) Über die Besetzung des Schlichtungsausschusses lässt sich § 111 Abs. 2 nur entnehmen, dass ihm Arbeitgeber und Arbeitnehmer (dazu gehören auch Gewerkschaftssekretäre; vgl. VG Ansbach 24. 11. 1977 GewArch. 1978, 199) in gleicher Zahl angehören müssen. Zur Frage, wer für die Arbeitgeber- bzw. Arbeitnehmerseite berufen werden darf, sind die §§ 22, 23 analog anwendbar (*Grunsky* § 111 Rn. 5; *Schaub* ArbGV § 11 Rn. 18). Einzelheiten der Bildung der Schlichtungsausschüsse können und müssen die zuständigen Stellen regeln; die getroffenen Bestimmungen müssen strengen rechtsstaatlichen Grundsätzen entsprechen. Es muss gewährleistet sein, dass insbesondere die Arbeitnehmerbeisitzer von der Arbeitnehmerseite gewählt oder delegiert werden, ohne dass die zuständige Stelle (z. B. IHK) Einfluss auf die Auswahl dieser Beisitzer nimmt (BAG 18. 10. 1961 AP ArbGG 1953 § 111 Nr. 1). Zur Bildung der Schlichtungsausschüsse haben die zuständigen Stellen zwei Möglichkeiten: Sie können die Ausschüsse mit einer gleichen Zahl von Arbeitgeber- und Arbeitnehmerbeisitzern sowie zusätzlich einem neutralen Dritten oder ohne diesen besetzen. Letzteres hat allerdings zur Folge, dass Pattsituationen entstehen können. Der Ausschuss muss in einer solchen Situation erklären, dass wegen Stimmengleichheit ein Spruch nicht ergehen kann; diese Erklärung wird einem Spruch gleichgeachtet (vgl. *Natzel* Berufsbildungsrecht S. 485). Mit ihr ist der Weg zum Arbeitsgericht frei (vgl. *Herkert* § 102 BBiG Rn. 5 d; *Dersch/Volkmar* § 111 Rn. 14). Die Besetzung nur mit Arbeitgeber- und Arbeitnehmerbeisitzern entspricht zwar am ehesten dem Wortlaut von Satz 1, steht aber mit Satz 3 in Widerspruch, der davon ausgeht, dass der Spruch des Schlichtungsausschusses einen anerkennbaren Inhalt 14

Prütting

hat, dass also in der Sache entschieden wird. Trotzdem wird man diese Besetzung des Schlichtungsausschusses zulassen müssen; denn auch das Güteverfahren vor dem Arbeitsgericht kann ohne Ergebnis in der Sache enden.

15   b) Eine falsche Besetzung des Schlichtungsausschusses macht den Spruch nicht unwirksam (so auch GK-ArbGG/*Ascheid* § 111 Rn. 19; a. A. *Dersch/Volkmar* § 111 Rn. 4 und 17). Aus der Verweisung des Satzes 7 allein auf § 109 ArbGG ergibt sich nämlich, dass die richtige Besetzung des Schlichtungsausschusses nicht vom Vorsitzenden des Arbeitsgerichts geprüft wird. Der (anerkannte) Spruch des Schlichtungsausschusses wird also wie der Schiedsspruch auch bei falscher Besetzung des Gerichts wirksam (für den Schiedsspruch vgl. *Schwab/Walter* 7. Aufl. 2005, S. 323; *Grunsky* § 109 Rn. 5; in Widerspruch dazu aber *Grunsky* § 111 Rn. 14); zu den Wirkungen des Spruchs im Einzelnen vgl. u. Rn. 39 ff.

4. Zuständigkeit

16   a) Der Schlichtungsausschuss ist zuständig zur Beilegung von Streitigkeiten zwischen Ausbildenden und Auszubildenden aus einem bestehenden Berufsausbildungsverhältnis (vgl. §§ 3 ff. BBiG). Nicht zuständig ist der Schlichtungsausschuss also, wenn das Ausbildungsverhältnis beendet ist (unstr. vgl. nur BAG 18. 10. 1961 AP ArbGG 1953 § 111 Nr. 1 m. w. N.); der Schlichtungsausschuss muss daher z. B. vor einer Klage auf Schadensersatz wegen vorzeitiger (inzwischen wirksamer) Auflösung des Berufsausbildungsverhältnisses nicht angerufen werden.

17   b) Äußerst umstritten ist allerdings, ob der Schlichtungsausschuss für Streitigkeiten über die Beendigung des Ausbildungsverhältnisses, also etwa beim Streit über die Wirksamkeit einer Kündigung des Ausbildenden (§ 15 BBiG) zuständig ist. Das BAG (18. 9. 1975 AP ArbGG 1953 § 111 Nr. 2; 18. 10. 1961 AP ArbGG 1953 § 111 Nr. 1) hat diese Frage zu Recht bejaht (ebenso etwa LAG Hamburg 5. 3. 1975 BB 1976, 186; KR-M. *Wolf* Grunds. Rn. 593; *Herkert* BBiG § 102 Rn. 4; *Spiertz/Gedon* Berufsbildungsrecht, § 102 BBiG Anm. 2; *Barwasser* DB 1976, 434 f.; *Dersch/Volkmar* § 111 Rn. 9; a. A. LAG Berlin 15. 10. 1974 BB 1975, 884; *Götz* Rn. 664; *Natzel* Anm. zu BAG AP Nr. 2 zu § 111 ArbGG 1953; *ders.* Berufsbildungsrecht S. 482 f.). Während der Wortlaut des § 111 nicht weiterhilft, spricht die Entstehungsgeschichte eindeutig für die Auffassung des BAG. Gemäß § 111 Nr. 2 ArbGG 1926 i. V. m. § 81 a Nr. 4 GewO i. V. m. § 3 GewGG v. 29. 7. 1890 war der Schlichtungsausschuss zuständig für Streitigkeiten zwischen Innungsmitgliedern und ihren Lehrlingen über die Auflösung des Lehrverhältnisses. Anhaltspunkte dafür, dass diese Zuständigkeit später den Schlichtungsausschüssen genommen werden sollte, sind nicht ersichtlich (vgl. auch *Hurlebaus* BB 1975, 1534; sowie *Wollenschläger* GewArch 1978, 184, der darauf hinweist, dass im Entwurf des BBiG eine ausdrückliche Klarstellung dahin geplant war, dass der Schlichtungsausschuss auch bei Kündigungsstreitigkeit angerufen werden muss). Vielmehr zeigt die Entstehungsgeschichte, dass auch bei den Änderungen des § 111 nach 1926 die Intention des Gesetzgebers bestand, durch Einschaltung der Schlichtungsausschüsse das besondere Vertrauensverhältnis zwischen Ausbildenden und Auszubildenden zu schützen und zu erhalten; es sollte vermieden werden, dass sich die Parteien des Berufsbildungsvertrages als Prozessparteien gegenüberstehen (BAG a. a. O.). Schließlich könnte Sinn und Zweck des § 111 Abs. 2 nur höchst unvollständig erreicht werden, wenn mit der Kündigung der Schlichtungsausschuss unzuständig würde. Die Streitigkeiten über die Wirksamkeit der Kündigung, die einen erheblichen Teil der Ausbildungsstreitigkeiten ausmachen (Beispiel: IHK Köln ca. 60%) und die von besonderer Bedeutung sind, wären von vornherein dem Schlichtungsausschuss entzogen. Im Übrigen hätte es der Ausbildende – wollte man der abweichenden Meinung folgen – in der Hand, durch Kündigung die Zuständigkeit des Schlichtungsausschusses auszuschließen und so in schon vor dem Schlichtungsausschuss laufende Verfahren einzugreifen (BAG a. a. O.).

III. Schlichtungsausschüsse (Abs. 2)   § 111

c) **Zuständig** ist der Ausschuss der Stelle, bei welcher der Berufsausbildungsvertrag im 18
Verzeichnis der Berufsausbildungsverhältnisse eingetragen ist (vgl. *Natzel* Berufsbildungsrecht S. 482; *Hurlebaus* BB 1975, 1534). Ist eine Eintragung noch nicht erfolgt, ist maßgebend die zuständige Stelle, bei der die Eintragung vorzunehmen ist (vgl. *Natzel* Berufsbildungsrecht S. 482).

5. Anrufung als Prozessvoraussetzung einer Klage

a) Besteht ein Schlichtungsausschuss, ist dessen Anrufung Prozessvoraussetzung der 19
arbeitsgerichtlichen Klage (allg. M. vgl. BAG 25. 11. 1976 AP BBiG § 15 Nr. 4; RAG 23. 11. 1929 ARS 7, 363; *Dersch/Volkmar* § 111 Rn. 13). Sie muss von Amts wegen geprüft werden (RAG vom 14. 3. 1928 ARS 2, 178). Die vor Anrufung des Schlichtungsausschusses eingereichte Klage ist unzulässig. Sie wird nachträglich zulässig, wenn das nach Klageerhebung eingeleitete Schlichtungsverfahren **beendet** und der Spruch nicht anerkannt wurde (vgl. BAG 22. 1. 2008 – 9 AZR 999/06; BAG 13. 3. 2007, EzA BBiG § 14 Nr. 14); bloßes Verhandeln vor dem Schlichtungsausschuss reicht nicht aus, um die Klage zulässig werden zu lassen (RAG 14. 3. 1928 ARS 2, 178). Nach der Rechtsprechung des BAG soll es für die Zulässigkeit einer Klage ausreichen, wenn vor dem Ausschuss ein Schlichtungsverfahren über eine wesentliche Vorfrage abgelaufen ist (BAG 13. 4. 1989 BAGE 61, 258; 265; BAG 15. 3. 2000 EzA § 14 BBiG Nr. 10).

Die Anrufung des Schlichtungsausschusses steht nicht zur Disposition der Parteien; 20
das Arbeitsgericht wird daher entgegen *Schaub* (ArbGV 7. Aufl. § 11 Rn. 17; ihm folgend *Grunsky* § 111 Rn. 3 und LAG Düsseldorf 3. 5. 1988 LAGE Nr. 1 zu § 111 ArbGG 1979; BAG 17. 9. 1987 EzA Nr. 6 zu § 15 BBiG) **nicht** in entsprechender Anwendung des § 295 ZPO durch rügelose Einlassung zuständig (wie hier *Dietz/Nikisch* § 111 Rn. 9; vgl. auch *Dersch/Volkmar* § 111 Rn. 14). Der Wortlaut des Gesetzes (Satz 5) spricht gegen die Anwendung des § 295 ZPO. Sie würde auch gegen Sinn und Zweck des Schlichtungsverfahrens (vgl. dazu o. Rn. 17) verstoßen. Die von *Schaub* gezogene Parallele zur Anwendung von § 295 ZPO auf die Güteverhandlung im Urteilsverfahren überzeugt nicht. Das Schlichtungsverfahren ist in wesentlichen Punkten anders ausgestaltet als das Güteverfahren (so zu Recht schon RAG 9. 1. 1932 ARS 14, 210; BAG 13. 4. 1989 AP KSchG 1969 § 4 Nr. 21).

b) Besteht ein Schlichtungsausschuss **nicht** oder ist er **nicht zuständig**, so ist das 21
Arbeitsgericht direkt für alle Ansprüche aus dem Berufsausbildungsverhältnis zuständig. Dem steht es gleich, dass ein angerufener Ausschuss es **ablehnt, ein Verfahren durchzuführen**, selbst wenn diese Ablehnung rechtlich nicht zutreffend wäre (BAG 17. 9. 1987 EzA Nr. 6 zu § 15 BBiG).

6. Anrufungsfrist

Ob der Schlichtungsausschuss bei Streitigkeiten über die Wirksamkeit der Kündigung 22
des Ausbildungsverhältnisses aus wichtigem Grund (§ 15 BBiG) gemäß § 13 Abs. 1 Satz 2 KSchG innerhalb der **Drei-Wochen-Frist** des § 4 KSchG **angerufen werden muss**, ist äußerst streitig (zu Recht bejahend die früher h. M., LAG Düsseldorf 3. 5. 1988 LAGE Nr. 1 zu § 111 ArbGG 1979; *Herkert* § 102 BBiG, Rn. 5; *Natzel* Berufsbildungsrecht S. 482; *Schaub* ArbGV § 11 Rn. 16; *Hauck/Helml* ArbGG § 111 Rn. 6; a. A. BAG 13. 4. 1989 AP KSchG 1969 § 4 Nr. 21 mit krit. Anm. *Natzel*; dazu ferner Anm. *Brehm* EzA Nr. 4 zu § 13 KSchG n. F.; LAG Hamm 19. 6. 1986 LAGE Nr. 24 zu § 5 KSchG; LAG Hamm 29. 11. 1984 DB 1985, 391; *Hurlebaus* BB 1975, 1535; *Sarge* Anm. zu LAG Düsseldorf LAGE Nr. 1 zu § 111 ArbGG 1979; *ders.* DB 1989, 880; *Hueck/ v. Hoyningen-Huene* KSchG 11. Aufl. 1992 § 13 Rn. 34).

a) § 111 Abs. 2 hilft bei der Entscheidung dieser Streitfrage nur sehr begrenzt weiter. 23
Diese Vorschrift schließt als lex specialis § 4 KSchG insoweit aus, als **nach** dem Spruch

des Schlichtungsausschusses zur Anrufung des Arbeitsgerichts die Zwei-Wochen-Frist des Satzes 3 gilt (h. M. vgl. nur *Barwasser* DB 1976, 436).

24 b) Über die Frist **zur Anrufung** des Schlichtungsausschusses lässt sich Satz 3 direkt nichts entnehmen. Er gibt allenfalls einen Anhaltspunkt dahin, dass nach dem Willen des Gesetzgebers Ausbildungsstreitigkeiten schnell einer endgültigen Klärung zugeführt werden sollen (das verkennt *Hurlebaus* BB 1975, 1535). Mit einer solchen schnellen Beendigung der durch die Kündigung entstandenen Unsicherheit ist es nicht vereinbar, dass die Anrufung des Schlichtungsausschusses unbefristet (bis an die Grenzen der Verwirkung, vgl. *Herkert* BBiG § 102 Rn. 5 a) zulässig sein soll (vgl. dazu *Barwasser* DB 1976, 435). Eine unbefristete Anrufungsmöglichkeit stünde auch im Gegensatz zu § 61 a ArbGG. § 61 a spricht zwar wie § 13 KSchG von Arbeitsverhältnissen; darunter fallen aber (jedenfalls bei § 61 a) unstreitig auch Berufsausbildungsverhältnisse. Nichts anderes kann aber für § 13 KSchG gelten (vgl. LAG Düsseldorf LAGE Nr. 1 zu § 111 ArbGG 1979). Dass dies naheliegt, räumt selbst das LAG Hamm (19. 6. 1986 LAGE Nr. 24 zu § 5 KSchG) ein.

24 a c) Wenn allerdings das BAG selbst die analoge Anwendung von § 4 KSchG mit der Erwägung ablehnt, damit würden die Fristen des § 4 KSchG und des § 111 Abs. 2 Satz 3 „wesentlich geändert", so ist dies nicht nachvollziehbar. Demgegenüber ist das Ergebnis des BAG, dass in solchen Fällen eine Frist gar nicht besteht, sachlich und nach dem in allen anderen Fällen zutage getretenen Willen des Gesetzgebers unhaltbar. Die dem BAG zustimmende Gegenauffassung von *Stahlhacke/Preis/Vossen* (Kündigung und Kündigungsschutz im Arbeitsvertrag, 8. Aufl. 2002, Rn. 1732), das Ergebnis des BAG sei vom Gesetzeszweck des § 111 Abs. 2 gefordert, überzeugt nicht.

25 d) Ist also ein Schlichtungsausschuss nicht eingerichtet, muss also, wenn die Voraussetzungen des § 13 KSchG vorliegen, gemäß § 4 KSchG die Kündigung innerhalb von drei Wochen durch Klage beim Arbeitsgericht angefochten werden (vgl. dazu BAG 5. 7. 1990 NZA 1991, 671 mit abl. Anm. *Vollkommer* EzA Nr. 39 zu § 4 KSchG n. F.). Ist dagegen ein Schlichtungsausschuss gebildet, ist die Frist durch Anrufung dieses Ausschusses gewahrt (BAG 26. 1. 1999 EzA § 4 KSchG n. F. Nr. 58; *Natzel* Berufsbildungsrecht S. 484). Sie ist auch dann gewahrt, wenn innerhalb der Frist Klage vor dem Arbeitsgericht erhoben wird. Diese Klage wird zwar erst nach Durchführung des Schlichtungsverfahrens zulässig, reicht aber für die Fristwahrung aus. In diesem Fall kann der Ausschuss auch noch **nach** der Frist des § 4 KSchG angerufen werden.

25 a e) Für den Fall einer Bedingung oder Befristung gilt keine Frist (BAG 5. 12. 1985 EzA Nr. 5 zu § 620 BGB Bedingung).

7. Materiellrechtliche Wirkungen der Anrufung

26 a) Ob die Anrufung des Schlichtungsausschusses die Verjährung geltend gemachter Ansprüche unterbricht, war sehr zweifelhaft. Sinnvollerweise konnte man schon früher die Frage im Hinblick auf § 210 BGB a. F.; der über § 220 Abs. 1 BGB anwendbar war (vgl. jetzt § 204 Abs. 1 Nr. 12 BGB), bejahen (Ausschuss als „Behörde", da Organ der errichtenden Stelle, s. o. Rn. 13); wie hier *Bitzer* S. 256.

27 Angesichts der Unsicherheit über diese Frage und angesichts fehlender Präjudizien **empfiehlt sich für die Praxis** bei drohender Verjährung Erhebung der Klage, die – obwohl bis zum Abschluss des Schlichtungsverfahrens unzulässig – die Verjährung hemmt (§ 204 Abs. 1 Nr. 1 BGB).

28 b) Weitere materiellrechtliche Wirkungen (z. B. das Entstehen von Prozesszinsen) können mangels gesetzlicher Grundlage nicht eintreten (vgl. *Prütting* JZ 1985, 270).

8. Verfahren und Spruch

29 a) Über das Verfahren vor dem Schlichtungsausschuss ist § 111 Abs. 2 nur zu entnehmen, dass der Ausschuss die Parteien mündlich zu hören hat. Das heißt aber nicht, dass

III. Schlichtungsausschüsse (Abs. 2) § 111

ein Spruch nur ergehen kann, wenn die Parteien sich mündlich geäußert haben. Ihnen muss lediglich die **Möglichkeit** eingeräumt werden, sich mündlich vor dem Ausschuss zu äußern (*Grunsky* § 111 Rn. 6); es muss also eine mündliche Verhandlung stattfinden (*Natzel* Berufsbildungsrecht, S. 484).

b) Die Regelung des Verfahrens muss strengen rechtsstaatlichen Grundsätzen entsprechen (BAG 18. 10. 1961 AP ArbGG 1953 § 111 Nr. 1). Die in Hinblick auf § 1034 Abs. 2 ZPO a. F. (= § 1042 Abs. 4 ZPO n. F.) zu lesende Formulierung, das Verfahren stehe im freien Ermessen des Ausschusses, kann angesichts vielfältiger verfassungsrechtlicher Bindungen (vgl. *Stein/Jonas/Schlosser* ZPO § 1034 Rn. 11 ff.) so nicht mehr aufrechterhalten werden. 30

Es ist bei der Ausgestaltung des Verfahrens insbesondere darauf Bedacht zu nehmen, dass durch das Ausbleiben einer Partei oder andere Umstände der Spruch des Schlichtungsausschusses nicht ungebührlich verzögert werden kann. Es muss also ein Spruch auch dann ergehen können, wenn die Gegenpartei unentschuldigt der mündlichen Verhandlung fernbleibt (BAG 18. 10. 1961 a. a. O.; *Dersch/Volkmar* § 111 Rn. 15; *Dietz/Nikisch* § 111 Rn. 7; a. A. *Schaub* ArbGV 7. Aufl., § 11 Rn. 18; *Düwell/Lipke* 2. Aufl. § 111 Rn. 23, die eine Entscheidung nach Lage der Akten für zulässig ansehen). 31

Gegen diesen Versäumnisspruch gibt es keinen Einspruch. Es muss vielmehr durch die Klage vor dem Arbeitsgericht angefochten werden (GK-ArbGG/*Ascheid* § 111 Rn. 21). 32

c) Bei Regelung der Frage, ob und inwieweit der Ausschuss von sich aus Sachverhaltsermittlung betreiben muss, ist die Verfahrensordnung frei (a. A. *Bitzer* S. 257; *Preibisch*, Außergerichtliche Vorverfahren in Streitigkeiten der Zivilgerichtsbarkeit, Berlin 1982, S. 122, wonach der Verhandlungsgrundsatz gilt). Enthält die Verfahrensordnung keine Regelung, obliegt die Entscheidung dieser Frage dem Ausschuss selbst. 33

Der Ausschuss kann Zeugen und Sachverständige zum Erscheinen und zur Aussage nicht zwingen; dazu fehlt die gesetzliche Grundlage. Der Ausschuss kann statt der Ladung der Zeugen und Sachverständigen der Partei aufgeben, Zeugen und Sachverständige zu stellen (*Dersch/Volkmar* § 111 Rn. 11). Tut sie dies nicht oder kann sie den Beweis nicht erbringen, geht das zu ihren Lasten. Der Ausschuss darf die Zeugen nicht beeiden; er kann keine eidesstattliche Versicherung verlangen (*Dersch/Volkmar* § 111 Rn. 11; *Bitzer* S. 257). 34

d) **Vertretung** durch Prozessbevollmächtigte vor dem Ausschuss ist möglich. § 11 Abs. 1 ist entsprechend anwendbar. 35

e) Über die Frage, ob der Spruch des Schlichtungsausschusses verkündet werden muss, lässt sich aus Abs. 2 nichts entnehmen. Man wird davon ausgehen können, dass der Spruch verkündet werden kann, nicht aber muss (*Grunsky* § 111 Rn. 8). Jedenfalls muss der Spruch aber – ebenso wie der Schiedsspruch (§ 108) – begründet werden. Für den Schlichtungsspruch folgt dies aus Art. 103 Abs. 1 GG (vgl. zur Begründungspflicht allg. *Waldner*, Aktuelle Probleme des rechtlichen Gehörs im Zivilprozess, Erlangen 1983, S. 113; *Lücke*, Begründungszwang und Verfassung, Tübingen 1987, S. 37 ff.; s. auch *Wlotzke/Schwedes/Lorenz* § 111 Rn. 2; *Schaub* ArbGV, 7. Aufl. § 11 Rn. 18; a. A. die h. M., vgl. nur *Dersch/Volkmar* § 111 Rn. 12, wonach sich die Begründung empfiehlt, sie aber nicht zwingend ist). Der Spruch muss schriftlich abgefasst, mit einer Rechtsmittelbelehrung versehen, von allen Mitgliedern des Schlichtungsausschusses unterschrieben (*Dersch/Volkmar* § 111 Rn. 12) und zugestellt werden (vgl. *Wlotzke/Schwedes/Lorenz* § 111 Rn. 3). Die Fristen des Satzes 3 beginnen mit der Zustellung des Spruches zu laufen (vgl. *Wlotzke/Schwedes/Lorenz* § 111 Rn. 3). Ohne Begründung wird demgegenüber angenommen (*Grunsky* § 111 Rn. 9), wenn der Spruch verkündet werde, beginne die Frist mit Verkündung zu laufen. Die Tatsache, dass der Gesetzgeber die zweiwöchige Klagefrist offensichtlich wie eine Rechtsmittelfrist behandelt wissen will (dies ergibt sich aus der Verweisung auf § 9 Abs. 5), spricht dafür, dass die Frist erst durch die Zustellung in Gang gesetzt wird. 36

f) Der Ausschuss ist an das materielle Recht (z. B. § 15 BBiG) gebunden. 37

38 g) Für den Fall, dass der Ausschuss einen Spruch verweigert, ist die Klage zum Arbeitsgericht zulässig (s. o. Rn. 21).

9. Wirkungen des Spruches

39 a) Dem Spruch kann im Rahmen von Satz 6 materielle Rechtskraftwirkung zukommen. Dafür spricht bereits die historische Entwicklung. Der ursprüngliche § 91 b GewO hatte nämlich bestimmt, dass die Entscheidungen des Ausschusses in Rechtskraft erwachsen, wenn nicht binnen einer Notfrist von einem Monat eine Partei Klage vor dem ordentlichen Gericht erhebt; die Entscheidungen waren vollstreckbar, hatten somit die Bedeutung von gerichtlichen Entscheidungen und waren geeignet, das Verfahren endgültig abzuschließen.

40 § 111 Nr. 2 ArbGG 1926 hat daran für den Fall, dass der Spruch von beiden Seiten anerkannt ist, nichts geändert (vgl. dazu ausführlich RAG 23. 11. 1929 ARS 7, 359; wie hier auch *Bitzer* S. 258).

41 b) Die Entscheidung des Schlichtungsausschusses erwächst nur dann in materielle Rechtskraft, wenn sie einen anerkennbaren Inhalt hat (s. u. Rn. 49) und wenn beide Parteien sie anerkennen. Ist dies nicht der Fall, erwächst die Entscheidung nicht in materielle Rechtskraft, selbst dann nicht, wenn sie nicht innerhalb der Zwei-Wochen-Frist des Satzes 3 angefochten wird. Das hat das BAG in seiner Entscheidung v. 9. 10. 1979 (AP Nr. 3 zu § 111 ArbGG 1953; so auch LAG Düsseldorf 3. 5. 1988 LAGE Nr. 1 zu § 111 ArbGG 1979) ausdrücklich klargestellt. Wird die Zwei-Wochen-Frist versäumt, hat dies vielmehr nur die prozessuale Folge, dass der vor dem Ausschuss verhandelte Streitgegenstand von keiner Partei mehr vor das Arbeitsgericht gebracht werden kann (BAG 9. 10. 1979 a. a. O.). Auch der Ausschuss kann nicht erneut angerufen werden (RAG 9. 1. 1932 ARS 14, 207; *Dietz/Nikisch* § 111 Rn. 8). Wohl aber kann das Arbeitsgericht die vom Ausschuss entschiedene Frage als Vorfrage in einem Folgeprozess selbständig würdigen (BAG 9. 10. 1979 a. a. O.; LAG Düsseldorf 3. 5. 1988 a. a. O.).

42 Dies führt zu merkwürdigen Ergebnissen. So ist es denkbar, dass wegen Versäumung der Klagefrist zwar die Unwirksamkeit der Kündigung nicht mehr zum Streitgegenstand gemacht werden kann, wohl aber mit Erfolg auf Zahlung der Ausbildungsvergütung (für die Zeit nach der Kündigung) oder auf weitere Ausbildung geklagt werden kann.

43 c) Bis zum 30. 4. 2000 hat das Schlichtungsverfahren vor dem Ausschuss das arbeitsgerichtliche Güteverfahren ersetzt (Satz 8 a. F.). Allerdings hat das Arbeitsgerichtsbeschleunigungsgesetz den Satz 8 ersatzlos gestrichen. Mit gutem Grund geht der Gesetzgeber nun davon aus, dass ein Ausschluss des gerichtlichen Güteverfahrens unzweckmäßig wäre. Der Gesetzgeber erhofft sich im Falle eines Gerichtsverfahrens eine Beschleunigung, weil ein vom Gericht zunächst anzuberaumender Gütetermin sehr viel schneller stattfinden kann als ein Kammertermin. In diesem Gütetermin wird der Vorsitzende versuchen, eine gütliche Einigung zu erzielen und damit das Verfahren schnell zu beenden. Damit steht die gesetzliche Neuregelung im Kontext mit § 54 und § 80 in der jeweiligen Neufassung, wo ebenfalls seit 1. 5. 2000 das Güteverfahren ausgebaut worden ist. Ob die Hoffnungen des Gesetzgebers auf eine gütliche Einigung in dem hier vorgesehenen Fall realistisch sind, wenn das soeben abgeschlossene Schlichtungsverfahren keine Einigung erbracht hat, muss freilich eher zweifelhaft erscheinen.

10. Belehrung

44 Über die zweiwöchige Klagefrist muss der Antragsteller belehrt werden (Satz 4, der auf § 9 Abs. 5 verweist). Eine Belehrung über die Frist zur Anerkennung muss nicht erfolgen (*Wlotzke/Schwedes/Lorenz* § 111 Rn. 2). Eine entsprechende Anwendung des § 9 Abs. 5 ist nämlich nur bezüglich der Klagefrist sinnvoll. Im Übrigen macht die Entstehungsgeschichte (s. o. Rn. 6 ff.) deutlich, dass der Gesetzgeber auch nur bezüglich der Klagefrist eine Belehrungspflicht einführen wollte. Die Belehrung muss schriftlich im

III. Schlichtungsausschüsse (Abs. 2)   § 111

Spruch erfolgen (zu den näheren Einzelheiten sowie den Folgen der unterbliebenen Belehrung vgl. o. § 9 Rn. 36, 37 ff., 46 ff.). Sie muss neben der Frist auch über die Form der weiteren Rechtswahrnehmung aufklären (LAG Frankfurt 14. 6. 1989 NZA 1990, 328 = LAGE § 111 ArbGG Nr. 2). Die Belehrung muss vor den Ausschussmitgliedern unterschrieben sein (BAG 30. 9. 1998 NJW 1999, 1205).

11. Verhalten der Parteien nach dem Spruch

a) Der Spruch kann durch rechtzeitige Anerkennung rechtskräftig werden (s. o. Rn. 41). Die Anerkennung muss ausdrücklich durch Erklärung erfolgen (h. M., RAG 29. 11. 1929 ARS 7, 363; *Natzel* Berufsbildungsrecht S. 486; *Grunsky* § 111 Rn. 11). Anerkennung durch konkludentes Handeln ist nicht möglich (so aber *Dersch/Volkmar* § 111 Rn. 13, der eine Anerkennung durch Erfüllung zulässt). Für dieses Ergebnis spricht der Wortlaut der Sätze 3 und 6 sowie die Tatsache, dass vor einer Vollstreckung der Spruch der Vollstreckbarerklärung durch den Vorsitzenden des Arbeitsgerichts bedarf (Satz 7 i. V. m. § 109). Sie kann nur erfolgen, wenn die Anerkennung urkundlich nachgewiesen wird (RAG 29. 11. 1929 ARS 7, 364). **45**

b) Angesichts des insoweit klaren Wortlautes des Satzes 3 ist kein Raum, eine Anerkennung nach Ablauf der Frist von einer Woche zuzulassen (vgl. *Natzel* Berufsbildungsrecht S. 487). Auch für eine Anwendung der Wiedereinsetzungsvorschriften ist kein Platz (a. A. *Schaub* ArbGV 7. Aufl. § 11 Rn. 20). Die Anerkennungsfrist ist nicht als Notfrist bezeichnet. Der Gesetzgeber hat auch, anders als bei der zweiwöchigen Klagefrist, nicht zum Ausdruck gebracht, dass er die Anerkennungsfrist wie eine Notfrist behandelt wissen will (vgl. dazu o. Rn. 44). Eine nach dieser Frist erfolgte Anerkennung vermag also die Wirksamkeit des Schlichtungsspruches nicht mehr herbeizuführen. **46**

c) Da die Anerkennung eine Prozesshandlung ist, kann sie nicht gemäß der §§ 119, 123 BGB angefochten werden (a. A. *Grunsky* § 111 Rn. 11; *Hauck/Helml* 3. Aufl. § 111 Rn. 9; *Schaub* ArbGV 7. Aufl. § 11 Rn. 20; GK-ArbGG/*Ascheid* § 111 Rn. 25). Bis zur Anerkennung durch die Gegenpartei kann eine bereits erfolgte Anerkennung als Prozesshandlung frei widerrufen werden. **47**

d) Es ist nicht erforderlich, dass die Partei den Spruch als inhaltlich richtig anerkennt. Es reicht aus, dass die Partei erklärt, sich mit dem Spruch abfinden zu wollen (*Grunsky* § 111 Rn. 11). **48**

e) Diese Erklärung soll – so die Auffassung von *Schaub* und *Grunsky* – zusammen mit der Anerkennung der Gegenpartei zu einem Vertrag führen, der für die Partei die rechtsgeschäftliche Verpflichtung begründet, sich entsprechend dem Inhalt des Spruchs zu verhalten (*Grunsky* § 111 Rn. 10; *Schaub* ArbGV 7. Aufl. § 11 Rn. 20). Folge dieser Auffassung ist, dass bei verspäteter Anerkennung die Klage vor dem Arbeitsgericht zwar zulässig ist, das Urteil aber dem Spruch des Ausschusses inhaltlich entsprechen wird (*Grunsky* § 111 Rn. 10). **49**

Diese Auffassung ist abzulehnen. Anderenfalls wäre es nicht möglich, nur für den Fall anzuerkennen, dass das Verfahren mit der Anerkennung ein Ende findet und nicht vor die Arbeitsgerichte kommt. Die Partei kann aber durchaus ein Interesse haben, sich im Falle des arbeitsgerichtlichen Verfahrens mit allen ihr zu Gebote stehenden Mitteln zu verteidigen. **50**

Die Anerkennung ist also Prozesshandlung, die ohne materiellen Vertragswillen abgegeben und wirksam werden kann. Sie ist ohne besondere Anhaltspunkte nicht als Willenserklärung, die zum Abschluss eines Vertrages mit der Gegenpartei führt, auszulegen. **51**

f) Wird der Spruch von einer oder von beiden Parteien nicht oder nicht rechtzeitig anerkannt **und** wird er innerhalb von zwei Wochen nach Zustellung durch Klage beim zuständigen Arbeitsgericht angefochten, so entfaltet der Spruch keinerlei Wirkung. **52**

§ 111 Änderung von Vorschriften

53 g) Wird der Spruch hingegen nicht oder nicht rechtzeitig angefochten, entfaltet er die oben dargestellte prozessuale Wirkung (s. o. Rn. 49 ff.); eine verspätet erhobene Klage ist also unzulässig. Bei Versäumung der Zwei-Wochen-Frist ist eine Wiedereinsetzung in den vorigen Stand in entsprechender Anwendung des § 233 ZPO möglich (vgl. *Stein/Jonas/Schumann* ZPO vor § 253 Rn. 135, 146; *Grunsky* § 111 Rn. 9; LAG Hamm 3. 3. 1983 AuR 1983, 250; GK-ArbGG/*Ascheid* § 111 Rn. 31).

54 h) Der Antragsgegner hat nur dann ein Rechtsschutzbedürfnis für eine Feststellungsklage auf Unwirksamkeit des Spruches, wenn er den Spruch nicht anerkannt hat **und** der Antragsteller sich irgendwelcher Rechte aus dem Spruch berühmt. Im Übrigen besteht, da der nicht anerkannte Spruch für den Antragsgegner keinerlei negative Wirkungen hat, kein Rechtsschutzbedürfnis für ein klageweises Vorgehen gegen diesen Spruch.

55 i) Der Antragsteller verliert das Rechtsschutzbedürfnis für die Klage nicht dadurch, dass er den Spruch nicht oder nicht rechtzeitig anerkannt hat. Das ist der Fall, weil nach Ablauf der Frist die Wirksamkeit des Schlichtungsspruches nicht mehr herbeigeführt werden kann und daher Vollstreckbarerklärung und Vollstreckung nicht mehr möglich sind.

12. Vollstreckung

56 Haben beide Parteien den Spruch rechtzeitig anerkannt, kann aus ihm vollstreckt werden. Voraussetzung ist, dass der Spruch vom Vorsitzenden des Arbeitsgerichts, das für die Geltendmachung des Anspruchs zuständig wäre, für vollstreckbar erklärt worden ist (im Einzelnen vgl. o. § 109).

57 Die Entscheidung ergeht durch Beschluss, entweder auf Versagung oder auf Vollstreckbarerklärung (*Schwab/Walter* 6. Aufl. 2000 S. 403).

58 Der Beschluss ist beiden Parteien zuzustellen (§ 109 Abs. 2 Satz 2). Er ist nicht anfechtbar (§ 109 Abs. 2 Satz 1), es sei denn, er ist offenbar gesetzwidrig (*Schwab/Walter* 7. Aufl. 2005 S. 338 f.).

59 Lehnt der Vorsitzende die Vollstreckbarerklärung ab und ist dieser Beschluss nicht offenbar gesetzwidrig, steht damit fest, dass der Schlichtungsspruch an gravierenden Mängeln leidet (vgl. *Natzel* Berufsbildungsrecht S. 486). Nur auf solche Mängel hin darf der Vorsitzende den Spruch nämlich prüfen (vgl. zum Prüfungsumfang *Schwab/Walter* 7. Aufl. 2005 S. 338). Hat der Schlichtungsspruch aber solche gravierenden Mängel (z. B. fehlende Unterschrift, Verurteilung zu einer verbotenen Handlung), ist er nicht der Anerkennung fähig, er wird nicht materiell rechtskräftig.

60 Der Antragsteller kann dann sein Ziel entweder dadurch weiter verfolgen, dass er sich um Beseitigung der Mängel bemüht (Einholung der fehlenden Unterschriften) oder – wenn das nicht möglich ist – dadurch, dass Klage vor dem Arbeitsgericht erhoben wird. Die Zwei-Wochen-Frist des Satzes 3 steht dem nicht entgegen. Sie gilt nur, wenn **nicht** zwei Anerkennungserklärungen abgegeben wurden.

61 Mit einer Aufhebungsklage kann der Schlichtungsspruch **nicht** angegriffen werden (a. A. *Dersch/Volkmar* § 111 Rn. 17). § 111 Abs. 2 verweist nämlich nicht auf § 110. Die Aufhebungsklage ist auch nicht erforderlich, da unterschiedliche Wege zur Verfügung stehen. Die Partei braucht nur nicht anzuerkennen. Wer trotz beiderseitiger Anerkennung keine Vollstreckbarerklärung erhält, kann auf die soeben beschriebene Weise vorgehen.

13. Vergleich

62 Das Verfahren vor dem Schlichtungsausschuss kann auch durch Vergleich beendet werden (Satz 6). Dieser Vergleich ist ein Prozessvergleich (vgl. LAG Düsseldorf 20. 5. 1988 NZA 1988, 696). Er hat nämlich ebenfalls über die materiellen Wirkungen hinaus wesentliche prozessuale Bedeutung. Der Vergleich vor dem Schlichtungsausschuss beendet das Verfahren. Aus ihm findet die Zwangsvollstreckung statt (Satz 6, zu den Einzel-

III. Schlichtungsausschüsse (Abs. 2) § 111

heiten vgl. o. § 109). Der Vergleich ist unter Angabe des Tages des Zustandekommens von den Streitpartien und den Mitgliedern des Schlichtungsausschusses zu unterschreiben (Satz 7 i. V. m. § 107).

14. Einstweiliger Rechtsschutz

Da aus dem Spruch des Ausschusses, wenn nur eine Partei ihn nicht anerkennt, nicht vollstreckt werden kann, ist das Schlichtungsverfahren nicht geeignet, einstweiligen Rechtsschutz zu gewähren. Hierfür sind die Arbeitsgerichte direkt zuständig (*Grunsky* § 111 Rn. 3 a; vgl. auch LAG Bremen 26. 10. 1982 DB 1983, 345). 63

15. Kosten

a) Eine eindeutige Regelung findet sich lediglich für die Rechtsanwaltskosten in § 65 Abs. 1 Nr. 2 BRAGO (bis 30. 6. 2004 in Kraft, ab 1. 7. 2004 Nr. 2403 des Vergütungsverzeichnisses). Der Rechtsanwalt erhält für die Vertretung vor dem Schlichtungsausschuss eine volle Gebühr (ab 1. 7. 2004 eineinhalb Gebühren). Diese Gebühr wird auf die im arbeitsgerichtlichen Verfahren entstehenden Gebühren des Rechtsanwalts **nicht** angerechnet. 64

b) Ein prozessualer Kostenerstattungsanspruch für die Kosten, die durch die Zuziehung eines Prozessbevollmächtigten oder Beistandes entstehen, ist gesetzlich nicht vorgesehen. Der Partei kann aber ein materieller Kostenerstattungsanspruch als Teil eines Schadensersatzanspruchs (z. B. wenn der Ausbildende mit der Zahlung der Ausbildungsvergütung im Verzug ist) zustehen. § 12 a ArbGG ist im Schlichtungsverfahren nicht anwendbar. Er ist eng auszulegen und schließt eine Erstattung solcher Kosten, die **nicht** durch Anrufung des Arbeitsgerichts entstanden sind, daher nicht aus. Das ergibt sich aus Abs. 1 Satz 3 dieser Vorschrift. 65

c) Für die Inanspruchnahme des Schlichtungsausschusses können Gebühren erhoben werden, soweit dies das statuarische Recht vorsieht (*Natzel* Berufsbildungsrecht S. 481; s. z. B. für die Handwerksinnungen § 73 Abs. 2 Handwerksordnung, für die IHK § 3 Abs. 6 IHK-Gesetz). Ist dies nicht geschehen, ist das Verfahren insoweit gebührenfrei. 66

d) Auslagen müssen von den Parteien getragen werden, soweit die Verfahrensordnung dies vorsieht. Der Ausschuss kann sein Tätigwerden, soweit es Auslagen verursacht, von der Zahlung eines Vorschusses abhängig machen (z. B. bei Zustellung, Ladung von Sachverständigen und Zeugen). Der Ausschuss kann auch verlangen, dass die Partei sich verpflichtet, die entstehenden Auslagen zu tragen und sein Tätigwerden, das Auslagen verursacht, von dieser Verpflichtung abhängig machen. So muss etwa die Partei, die sich auf die Zeugen und Sachverständigen berufen hat, sich verpflichten, deren Entschädigung zu tragen (vgl. dazu *Dersch/Volkmar* § 111 Rn. 11). Hat die Partei sich nicht verpflichtet, trifft sie keine Kostentragungspflicht. Auch die Regeln der Geschäftsführung ohne Auftrag (§ 677 BGB) greifen nicht ein, weil der Ausschuss als neutrales Organ nicht die Geschäfte einer Partei führen kann und darf. 67

e) Mangels eines prozessualen Kostenerstattungsanspruchs (s. o. Rn. 65) bleibt auch bezüglich der Auslagen nur ein materieller Kostenerstattungsanspruch. 68

16. Prozesskostenhilfe

Die Beiordnung eines Rechtsanwalts für das Schlichtungsverfahren ist nicht möglich, da hier § 11 a ArbGG nicht anwendbar ist. Aus diesem Grunde haben die Parteien auch keinen Anspruch auf Prozesskostenhilfe (vgl. *Prütting* JZ 1985, 270; GK-ArbGG/ *Ascheid* § 111 Rn. 38). Dies ist verfassungsrechtlich bedenklich (so auch *Schwab/Weth/ Zimmerling* Rn. 37). 69

§ 117 [Verfahren bei Meinungsverschiedenheiten der beteiligten Verwaltungen]

IV. Verfassungsmäßigkeit des Schlichtungsverfahrens?

1. Gesetzlicher Richter

70 Das BAG hat sich im Urt. v. 18. 10. 1961 (AP ArbGG 1953 § 111 Nr. 1) mit der Frage auseinandergesetzt, ob § 111 Abs. 2 mit Art. 101 GG vereinbar ist (unrichtig daher *Götz* Rn. 659). Es hat diese Frage mit der Erwägung bejaht, § 111 Abs. 2 verwehre den Parteien nicht auf Dauer die Anrufung des Gerichts; vielmehr sei das Schlichtungsverfahren ein vorgeschaltetes Verfahren, das die Anrufung des Arbeitsgerichts nicht ausschließe. Dem ist zuzustimmen.

2. Zugang zu Gericht

71 Wie das BVerfG entschieden hat, folgt aus dem Rechtsstaatsgebot, dass „der Zugang zu den Gerichten allen Bürgern auf möglichst gleichmäßige Weise eröffnet wird" (BVerfG 11. 2. 1987 BVerfGE 74, 228, 234; vgl. auch BVerfG 25. 7. 1979 BVerfGE 52, 131, 144: hier spricht das BVerfG davon, für jedermann müsse die gleiche Anrufungschance bestehen und leitet dies aus Art. 3 Abs. 1 GG her; vgl. auch BVerfG 14. 5. 1985 BVerfGE 69, 381 m. w. N.). Mit diesem Grundsatz des **gleichmäßigen Zugangs zu Gericht** ist nur schwer zu vereinbaren, dass die Errichtung der Schlichtungsausschüsse nicht obligatorisch ist. Da ein Zwang zur Errichtung nicht besteht, haben nicht alle zuständigen Stellen Schlichtungsausschüsse gebildet. Daher hat ein Teil der Auszubildenden direkten Zugang zum Arbeitsgericht, während ein anderer Teil erst ein Vorverfahren durchlaufen muss. Selbst wenn man wie das BAG (aaO) dies noch als verfassungsgemäß hinnehmen wollte, erscheint es unter dem Gesichtspunkt des gleichmäßigen Zugangs zu Gericht nicht mehr akzeptabel, dass derjenige, der das Schlichtungsverfahren durchläuft, **automatisch** vom weiteren Verfahren und damit von einer gerichtlichen Prüfung ausgeschlossen wird, wenn er die Zwei-Wochen-Frist des Satzes 3 versäumt. Demgegenüber mündet das gerichtliche Güteverfahren des § 54 ArbGG automatisch – wenn eine gütliche Einigung nicht zustande kommt – in das streitige Verfahren. § 111 Abs. 2 richtet also für denjenigen, der ein Schlichtungsverfahren durchlaufen muss, ungleich höhere Hürden für den Zugang zu Gericht auf. Dass aber eine unterschiedliche Ausgestaltung des Verfahrens und der Rechtsdurchsetzung bei gleichen Rechtsfragen verfassungsrechtlich zu beanstanden ist, hat das BVerfG in anderem Zusammenhang festgestellt (BVerfG 5. 11. 1991 BVerfGE 85, 80, 89). Für die Besserstellung desjenigen, der direkt klagen kann, lassen sich vernünftige Sachgründe nicht finden. § 111 Abs. 2 **verstößt** daher gegen den Grundsatz des gleichmäßigen Zugangs zu Gericht (a. A. *Schwab/Weth/Zimmerling* Rn. 33 ff.).

§§ 112–116 (weggefallen)

§ 117 [Verfahren bei Meinungsverschiedenheiten der beteiligten Verwaltungen]

Soweit in den Fällen der §§ 40 und 41 das Einvernehmen nicht erzielt wird, entscheidet die Bundesregierung.

1 Das ArbGG verlangte bis zum 30. 4. 2000 bei wesentlichen Organisationsentscheidungen das Einvernehmen der obersten Arbeitsbehörde mit der Justizverwaltung bzw. der Justizverwaltung mit der obersten Arbeitsbehörde (§§ 14 Abs. 4, 15, 17 Abs. 1, 17 Abs. 3, 33, 34, 35 Abs. 3 a. F.). In allen diesen Fällen hat das Arbeitsgerichtsbeschleunigungsgesetz 2000 aus Gründen der Verwaltungsvereinfachung das Erfordernis der Einvernehmens ersatzlos gestrichen. Geblieben ist allein die Regelung beim Bundesarbeits-

gericht. Dort bedarf es auch heute noch gemäß § 40 Abs. 2, § 41 Abs. 3 des Einvernehmens des Bundesministers für Arbeit- und Sozialordnung mit dem Bundesminister der Justiz.

Einvernehmen bedeutet Zustimmung (*Grunsky* § 117 Rn. 1; *Düwell/Lipke* § 117 Rn. 2; *Dietz/Nikisch* vor § 14 Rn. 5). **2**

Stimmt in den Fällen der §§ 40 und 41 der Bundesminister der Justiz nicht zu, entscheidet die Bundesregierung. **3**

Einer dem § 117 vergleichbaren Regelung bedarf es nicht, wenn das Gesetz **das Benehmen** zwischen verschiedenen Behörden fordert. Beim Benehmen entscheidet nämlich die zuständige oberste Landesbehörde letztlich allein. Allerdings muss sie die Behörde, mit der sie sich ins Benehmen setzen muss, anhören und kann sich über deren Meinung nur aus gewichtigen Gründen hinwegsetzen (*Dietz/Nikisch* vor § 14 Rn. 7; zur unterschiedlichen Mitwirkung beim Benehmen und Einvernehmen vgl. auch *Weides* Verwaltungsverfahren und Widerspruchsverfahren, 2. Aufl., München 1981, S. 66 ff.; *Wolff/Bachof* Verwaltungsrecht, 4. Aufl., München 1976, § 77 V, S. 118 ff.). Das Erfordernis des Benehmens sieht das ArbGG heute nur noch in § 42 Abs. 1 vor. Die früheren Regelungen in den §§ 7, 18, 36 sind durch das Arbeitsgerichtsbeschleunigungsgesetz 2000 ersatzlos entfallen. **4**

§§ 118 bis 120 a (weggefallen)

§§ 121 bis 122 (aufgehoben)

§ 123 Inkrafttreten (weggefallen)

Dieses Gesetz tritt, soweit es sich um Maßnahmen seiner Durchführung handelt, mit dem Tag seiner Verkündung, im Übrigen mit dem 1. 10. 1953 in Kraft.

Das ArbGG ist im BGBl. am 3. 9. 1953 verkündet und am 4. 9. 1953 im BGBl. I veröffentlicht worden (BGBl. I S. 1267). Es ist insbesondere durch die Beschleunigungsnovelle 1979 wesentlich verändert worden. Diese ist am 23. 5. 1979 verkündet worden (BGBl. I S. 545) und gemäß Art. 5 dieser Novelle am 1. 7. 1979 in Kraft getreten. Der Bundesminister für Arbeit und Sozialordnung hat gemäß Abs. 3 der Novelle die geltende Fassung des Gesetz neu bekanntgemacht (BGBl. I 1979 S. 853, ber. S. 1036). Bei der Neubekanntmachung ist § 123 entfallen, ohne dass er formell aufgehoben worden wäre. **1**

Anhang

Übersicht

	Seite
I. Anlage 1 zum Gerichtskostengesetz, Kostenverzeichnis zu § 3 Abs. 2 (Auszug)	1343
II. Anlage 2 zum Gerichtskostengesetz, Gebührentabelle zu § 34	1353

I. Anlage 1 zum Gerichtskostengesetz (GKG) Kostenverzeichnis zu § 3 Abs. 2

zuletzt geänd. durch Art. 47 Abs. 1 FGG-ReformG v. 17. 12. 2008 (BGBl. I S. 2586),

– Auszug –

Teil 8 Verfahren vor den Gerichten der Arbeitsgerichtsbarkeit

Nr.	Gebührentatbestand	Gebühr oder Satz der Gebühr nach § 34 GKG
Vorbemerkung 8:		
Bei Beendigung des Verfahrens durch einen gerichtlichen Vergleich entfällt die in dem betreffenden Rechtszug angefallene Gebühr; im ersten Rechtszug entfällt auch die Gebühr für das Verfahren über den Antrag auf Erlass eines Vollstreckungsbescheids oder eines Europäischen Zahlungsbefehls. Dies gilt nicht, wenn der Vergleich nur einen Teil des Streitgegenstands betrifft (Teilvergleich).		
Hauptabschnitt 1. Mahnverfahren		
8100	Verfahren über den Antrag auf Erlass eines Vollstreckungsbescheids oder eines Europäischen Zahlungsbefehls............................... Die Gebühr entfällt bei Zurücknahme des Antrags auf Erlass des Vollstreckungsbescheids. Sie entfällt auch nach Übergang in das streitige Verfahren, wenn dieses ohne streitige Verhandlung endet; dies gilt nicht, wenn ein Versäumnisurteil ergeht. Bei Erledigungserklärungen nach § 91a ZPO entfällt die Gebühr, wenn keine Entscheidung über die Kosten ergeht oder die Kostenentscheidung einer zuvor mitgeteilten Einigung der Parteien über die Kostentragung oder der Kostenübernahmeerklärung einer Partei folgt.	0,4 – mindestens 18,00 EUR
Hauptabschnitt 2. Urteilsverfahren		
Abschnitt 1. Erster Rechtszug		
8210	Verfahren im Allgemeinen... (1) Soweit wegen desselben Anspruchs ein Mahnverfahren vorausgegangen ist, entsteht die Gebühr nach Erhebung des Widerspruchs, wenn ein Antrag auf Durchführung der mündlichen Verhandlung gestellt wird, oder mit der Einlegung des Einspruchs; in	2,0

Anhang

I. Anlage 1 zum Gerichtskostengesetz

Nr.	Gebührentatbestand	Gebühr oder Satz der Gebühr nach § 34 GKG
	diesem Fall wird eine Gebühr 8100 nach dem Wert des Streitgegenstands angerechnet, der in das Prozessverfahren übergegangen ist, sofern im Mahnverfahren der Antrag auf Erlass des Vollstreckungsbescheids gestellt wurde. Satz 1 gilt entsprechend, wenn wegen desselben Streitgegenstands ein Europäisches Mahnverfahren vorausgegangen ist. (2) Die Gebühr entfällt bei Beendigung des gesamten Verfahrens ohne streitige Verhandlung, wenn kein Versäumnisurteil ergeht. Bei Erledigungserklärungen nach § 91a ZPO entfällt die Gebühr, wenn keine Entscheidung über die Kosten ergeht oder die Kostenentscheidung einer zuvor mitgeteilten Einigung der Parteien über die Kostentragung oder der Kostenübernahmeerklärung einer Partei folgt.	
8211	Beendigung des gesamten Verfahrens nach streitiger Verhandlung durch 1. Zurücknahme der Klage vor dem Schluss der mündlichen Verhandlung, wenn keine Entscheidung nach § 269 Abs. 3 Satz 3 ZPO über die Kosten ergeht oder die Entscheidung einer zuvor mitgeteilten Einigung der Parteien über die Kostentragung oder der Kostenübernahmeerklärung einer Partei folgt, 2. Anerkenntnisurteil, Verzichtsurteil oder Urteil, das nach § 313a Abs. 2 ZPO keinen Tatbestand und keine Entscheidungsgründe enthält, oder 3. Erledigungserklärungen nach § 91a ZPO, wenn keine Entscheidung über die Kosten ergeht oder die Entscheidung einer zuvor mitgeteilten Einigung der Parteien über die Kostentragung oder der Kostenübernahmeerklärung einer Partei folgt, es sei denn, dass bereits ein anderes als eines der in Nummer 2 genannten Urteile vorausgegangen ist: Die Gebühr 8210 ermäßigt sich auf	0,4
	Die Zurücknahme des Antrags auf Durchführung des streitigen Verfahrens, des Widerspruchs gegen den Mahnbescheid oder des Einspruchs gegen den Vollstreckungsbescheid stehen der Zurücknahme der Klage gleich. Die Gebühr ermäßigt sich auch, wenn mehrere Ermäßigungstatbestände erfüllt sind oder Ermäßigungstatbestände mit einem Teilvergleich zusammentreffen.	
	Abschnitt 2. Berufung	
8220	Verfahren im Allgemeinen..	3,2
8221	Beendigung des gesamten Verfahrens durch Zurücknahme der Berufung oder der Klage, bevor die Schrift zur Begründung der Berufung bei Gericht eingegangen ist: Die Gebühr 8220 ermäßigt sich auf	0,8
	Erledigungserklärungen nach § 91a ZPO stehen der Zurücknahme gleich, wenn keine Entscheidung über die Kosten ergeht oder die Entscheidung einer zuvor mitgeteilten Einigung der Parteien über die Kostentragung oder der Kostenübernahmeerklärung einer Partei folgt.	
8222	Beendigung des gesamten Verfahrens, wenn nicht Nummer 8221 erfüllt ist, durch	

I. Anlage 1 zum Gerichtskostengesetz **Anhang**

Nr.	Gebührentatbestand	Gebühr oder Satz der Gebühr nach § 34 GKG
	1. Zurücknahme der Berufung oder der Klage vor dem Schluss der mündlichen Verhandlung,	
	2. Anerkenntnisurteil, Verzichtsurteil oder Urteil, das nach § 313a Abs. 2 ZPO keinen Tatbestand und keine Entscheidungsgründe enthält, oder	
	3. Erledigungserklärungen nach § 91a ZPO, wenn keine Entscheidung über die Kosten ergeht oder die Entscheidung einer zuvor mitgeteilten Einigung der Parteien über die Kostentragung oder der Kostenübernahmeerklärung einer Partei folgt,	
	es sei denn, dass bereits ein anderes als eines der in Nummer 2 genannten Urteile vorausgegangen ist:	
	Die Gebühr 8220 ermäßigt sich auf.................................	1,6
	Die Gebühr ermäßigt sich auch, wenn mehrere Ermäßigungstatbestände erfüllt sind oder Ermäßigungstatbestände mit einem Teilvergleich zusammentreffen.	
8223	Beendigung des gesamten Verfahrens durch ein Urteil, das wegen eines Verzichts der Parteien nach § 313a Abs. 1 Satz 2 ZPO keine schriftliche Begründung enthält, wenn nicht bereits ein anderes als eines der in Nummer 8222 Nr. 2 genannten Urteile oder ein Beschluss in der Hauptsache vorausgegangen ist:	
	Die Gebühr 8220 ermäßigt sich auf.................................	2,4
	Die Gebühr ermäßigt sich auch, wenn daneben Ermäßigungstatbestände nach Nummer 8222 erfüllt sind oder Ermäßigungstatbestände mit einem Teilvergleich zusammentreffen.	
	Abschnitt 3. Revision	
8230	Verfahren im Allgemeinen	4,0
8231	Beendigung des gesamten Verfahrens durch Zurücknahme der Revision oder der Klage, bevor die Schrift zur Begründung der Revision bei Gericht eingegangen ist:	
	Die Gebühr 8230 ermäßigt sich auf.................................	0,8
	Erledigungserklärungen nach § 91a ZPO stehen der Zurücknahme gleich, wenn keine Entscheidung über die Kosten ergeht oder die Entscheidung einer zuvor mitgeteilten Einigung der Parteien über die Kostentragung oder der Kostenübernahmeerklärung einer Partei folgt.	
8232	Beendigung des gesamten Verfahrens, wenn nicht Nummer 8231 erfüllt ist, durch	
	1. Zurücknahme der Revision oder der Klage vor dem Schluss der mündlichen Verhandlung,	
	2. Anerkenntnis- oder Verzichtsurteil oder	
	3. Erledigungserklärungen nach § 91a ZPO, wenn keine Entscheidung über die Kosten ergeht oder die Entscheidung einer zuvor mitgeteilten Einigung der Parteien über die Kostentragung oder der Kostenübernahmeerklärung einer Partei folgt,	
	es sei denn, dass bereits ein anderes als eines der in Nummer 2 genannten Urteile vorausgegangen ist:	

Anhang

I. Anlage 1 zum Gerichtskostengesetz

Nr.	Gebührentatbestand	Gebühr oder Satz der Gebühr nach § 34 GKG
	Die Gebühr 8230 ermäßigt sich auf	2,4
	Die Gebühr ermäßigt sich auch, wenn mehrere Ermäßigungstatbestände erfüllt sind oder Ermäßigungstatbestände mit einem Teilvergleich zusammentreffen.	

Hauptabschnitt 3. Arrest und einstweilige Verfügung

Vorbemerkung 8.3:
Im Verfahren über den Antrag auf Anordnung eines Arrests oder einer einstweiligen Verfügung und im Verfahren über den Antrag auf Aufhebung oder Abänderung (§ 926 Abs. 2, §§ 927, 936 ZPO) werden die Gebühren jeweils gesondert erhoben. Im Fall des § 942 ZPO gilt dieses Verfahren und das Verfahren vor dem Gericht der Hauptsache als ein Rechtsstreit.

Abschnitt 1. Erster Rechtszug

8310	Verfahren im Allgemeinen................................	0,4
8311	Es wird durch Urteil entschieden oder es ergeht ein Beschluss nach § 91a oder § 269 Abs. 3 Satz 3 ZPO, es sei denn, der Beschluss folgt einer zuvor mitgeteilten Einigung der Parteien über die Kostentragung oder der Kostenübernahmeerklärung einer Partei:	
	Die Gebühr 8310 erhöht sich auf	2,0
	Die Gebühr wird nicht erhöht, wenn durch Anerkenntnisurteil, Verzichtsurteil oder Urteil, das nach § 313a Abs. 2 ZPO keinen Tatbestand und keine Entscheidungsgründe enthält, entschieden wird. Dies gilt auch, wenn eine solche Entscheidung mit einem Teilvergleich zusammentrifft.	

Abschnitt 2. Berufung

8320	Verfahren im Allgemeinen................................	3,2
8321	Beendigung des gesamten Verfahrens durch Zurücknahme der Berufung, des Antrags oder des Widerspruchs, bevor die Schrift zur Begründung der Berufung bei Gericht eingegangen ist:	
	Die Gebühr 8320 ermäßigt sich auf	0,8
	Erledigungserklärungen nach § 91a ZPO stehen der Zurücknahme gleich, wenn keine Entscheidung über die Kosten ergeht oder die Entscheidung einer zuvor mitgeteilten Einigung der Parteien über die Kostentragung oder der Kostenübernahmeerklärung einer Partei folgt.	
8322	Beendigung des gesamten Verfahrens, wenn nicht Nummer 8321 erfüllt ist, durch	
	1. Zurücknahme der Berufung oder des Antrags vor dem Schluss der mündlichen Verhandlung,	
	2. Anerkenntnisurteil, Verzichtsurteil oder Urteil, das nach § 313a Abs. 2 ZPO keinen Tatbestand und keine Entscheidungsgründe enthält, oder	
	3. Erledigungserklärungen nach § 91a ZPO, wenn keine Entscheidung über die Kosten ergeht oder die Entscheidung einer zuvor mitgeteilten Einigung der Parteien über die Kostentragung oder der Kostenübernahmeerklärung einer Partei folgt,	

I. Anlage 1 zum Gerichtskostengesetz

Nr.	Gebührentatbestand	Gebühr oder Satz der Gebühr nach § 34 GKG
	es sei denn, dass bereits ein anderes als eines der in Nummer 2 genannten Urteile vorausgegangen ist:	
	Die Gebühr 8320 ermäßigt sich auf...............................	1,6
	Die Gebühr ermäßigt sich auch, wenn mehrere Ermäßigungstatbestände erfüllt sind oder Ermäßigungstatbestände mit einem Teilvergleich zusammentreffen.	
8323	Beendigung des gesamten Verfahrens durch ein Urteil, das wegen eines Verzichts der Parteien nach § 313a Abs. 1 Satz 2 ZPO keine schriftliche Begründung enthält, wenn nicht bereits ein anderes als eines der in Nummer 8322 Nr. 2 genannten Urteile oder ein Beschluss in der Hauptsache vorausgegangen ist:	
	Die Gebühr 8320 ermäßigt sich auf...............................	2,4
	Die Gebühr ermäßigt sich auch, wenn daneben Ermäßigungstatbestände nach Nummer 8322 erfüllt sind oder solche Ermäßigungstatbestände mit einem Teilvergleich zusammentreffen.	
	Abschnitt 3. Beschwerde	
8330	Verfahren über Beschwerden gegen die Zurückweisung eines Antrags auf Anordnung eines Arrests oder einer einstweiligen Verfügung...	1,2
8331	Beendigung des gesamten Verfahrens durch Zurücknahme der Beschwerde:	
	Die Gebühr 8330 ermäßigt sich auf...............................	0,8
	Hauptabschnitt 4. Besondere Verfahren	
8400	Selbstständiges Beweisverfahren.......................................	0,6
8401	Verfahren über Anträge auf Ausstellung einer Bestätigung nach § 1079 ZPO	12,00 EUR
	Hauptabschnitt 5. Rüge wegen Verletzung des Anspruchs auf rechtliches Gehör	
8500	Verfahren über die Rüge wegen Verletzung des Anspruchs auf rechtliches Gehör (§ 78a des Arbeitsgerichtsgesetzes):	
	Die Rüge wird in vollem Umfang verworfen oder zurückgewiesen..	40,00 EUR
	Hauptabschnitt 6. Sonstige Beschwerden und Rechtsbeschwerden	
	Abschnitt 1. Sonstige Beschwerden	
8610	Verfahren über Beschwerden nach § 71 Abs. 2, § 91a Abs. 2, § 99 Abs. 2, § 269 Abs. 5 ZPO..	60,00 EUR
8611	Beendigung des Verfahrens ohne Entscheidung:	
	Die Gebühr 8610 ermäßigt sich auf...............................	40,00 EUR
	(1) Die Gebühr ermäßigt sich auch im Fall der Zurücknahme der Beschwerde vor Ablauf des Tages, an dem die Entscheidung der Geschäftsstelle übermittelt wird. (2) Eine Entscheidung über die Kosten steht der Ermäßigung nicht entgegen, wenn die Entscheidung einer zuvor mitgeteilten Einigung	

Anhang

I. Anlage 1 zum Gerichtskostengesetz

Nr.	Gebührentatbestand	Gebühr oder Satz der Gebühr nach § 34 GKG
	der Parteien über die Kostentragung oder der Kostenübernahmeerklärung einer Partei folgt.	
8612	Verfahren über die Beschwerde gegen die Nichtzulassung der Revision:	
	Soweit die Beschwerde verworfen oder zurückgewiesen wird	1,6
8613	Verfahren über die Beschwerde gegen die Nichtzulassung der Revision:	
	Soweit die Beschwerde zurückgenommen oder das Verfahren durch anderweitige Erledigung beendet wird	0,8
	Die Gebühr entsteht nicht, soweit die Revision zugelassen wird.	
8614	Verfahren über nicht besonders aufgeführte Beschwerden, die nicht nach anderen Vorschriften gebührenfrei sind:	
	Die Beschwerde wird verworfen oder zurückgewiesen	40,00 EUR
	Wird die Beschwerde nur teilweise verworfen oder zurückgewiesen, kann das Gericht die Gebühr nach billigem Ermessen auf die Hälfte ermäßigen oder bestimmen, dass eine Gebühr nicht zu erheben ist.	
	Abschnitt 2. Sonstige Rechtsbeschwerden	
8620	Verfahren über Rechtsbeschwerden in den Fällen des § 71 Abs. 1, § 91 a Abs. 1, § 99 Abs. 2, § 269 Abs. 4 oder § 516 Abs. 3 ZPO ...	120,00 EUR
8621	Beendigung des gesamten Verfahrens durch Zurücknahme der Rechtsbeschwerde, des Antrags oder der Klage, bevor die Schrift zur Begründung der Rechtsbeschwerde bei Gericht eingegangen ist:	
	Die Gebühr 8620 ermäßigt sich auf	40,00 EUR
8622	Beendigung des gesamten Verfahrens durch Zurücknahme der Rechtsbeschwerde, des Antrags oder der Klage vor Ablauf des Tages, an dem die Entscheidung der Geschäftsstelle übermittelt wird, wenn nicht Nummer 8621 erfüllt ist:	
	Die Gebühr 8620 ermäßigt sich auf	60,00 EUR
8623	Verfahren über nicht besonders aufgeführte Rechtsbeschwerden, die nicht nach anderen Vorschriften gebührenfrei sind:	
	Die Rechtsbeschwerde wird verworfen oder zurückgewiesen	80,00 EUR
	Wird die Rechtsbeschwerde nur teilweise verworfen oder zurückgewiesen, kann das Gericht die Gebühr nach billigem Ermessen auf die Hälfte ermäßigen oder bestimmen, dass eine Gebühr nicht zu erheben ist.	
8624	Beendigung des gesamten Verfahrens durch Zurücknahme der Rechtsbeschwerde, des Antrags oder der Klage vor Ablauf des Tages, an dem die Entscheidung der Geschäftsstelle übermittelt wird:	
	Die Gebühr 8623 ermäßigt sich auf	40,00 EUR
	Hauptabschnitt 7. Besondere Gebühr	
8700	Auferlegung einer Gebühr nach § 38 GKG wegen Verzögerung des Rechtsstreits	wie vom Gericht bestimmt

I. Anlage 1 zum Gerichtskostengesetz   **Anhang**

Teil 9 Auslagen

Nr.	Auslagentatbestand	Höhe
	Vorbemerkung 9: (1) Auslagen, die durch eine für begründet befundene Beschwerde entstanden sind, werden nicht erhoben, soweit das Beschwerdeverfahren gebührenfrei ist; dies gilt jedoch nicht, soweit das Beschwerdegericht die Kosten dem Gegner des Beschwerdeführers auferlegt hat. (2) Sind Auslagen durch verschiedene Rechtssachen veranlasst, werden sie auf die mehreren Rechtssachen angemessen verteilt.	
9000	Pauschale für die Herstellung und Überlassung von Dokumenten:	
	1. Ausfertigungen, Ablichtungen und Ausdrucke, die auf Antrag angefertigt, per Telefax übermittelt oder angefertigt worden sind, weil die Partei oder ein Beteiligter es unterlassen hat, die erforderliche Zahl von Mehrfertigungen beizufügen, oder wenn per Telefax übermittelte Mehrfertigungen von der Empfangseinrichtung des Gerichts ausgedruckt werden:	
	für die ersten 50 Seiten je Seite	0,50 EUR
	für jede weitere Seite	0,15 EUR
	2. Überlassung von elektronisch gespeicherten Dateien anstelle der in Nummer 1 genannten Ausfertigungen, Ablichtungen und Ausdrucke:	
	je Datei	2,50 EUR
	(1) Die Höhe der Dokumentenpauschale nach Nummer 1 ist in jedem Rechtszug und für jeden Kostenschuldner nach § 28 Abs. 1 GKG gesondert zu berechnen; Gesamtschuldner gelten als ein Schuldner. Die Dokumentenpauschale ist auch im erstinstanzlichen Musterverfahren nach dem KapMuG gesondert zu berechnen.	
	(2) Frei von der Dokumentenpauschale sind für jede Partei, jeden Beteiligten, jeden Beschuldigten und deren bevollmächtigte Vertreter jeweils	
	1. eine vollständige Ausfertigung oder Ablichtung oder ein vollständiger Ausdruck jeder gerichtlichen Entscheidung und jedes vor Gericht abgeschlossenen Vergleichs,	
	2. eine Ausfertigung ohne Tatbestand und Entscheidungsgründe und	
	3. eine Ablichtung oder ein Ausdruck jeder Niederschrift über eine Sitzung.	
	§ 191 a Abs. 1 Satz 2 GVG bleibt unberührt.	
	(3) Für die erste Ablichtung oder den ersten Ausdruck eines mit eidesstattlicher Versicherung abgegebenen Vermögensverzeichnisses und der Niederschrift über die Abgabe der eidesstattlichen Versicherung wird von demjenigen Kostenschuldner eine Dokumentenpauschale nicht erhoben, von dem die Gebühr 2115 oder 2116 zu erheben ist.	
9001	Auslagen für Telegramme..	in voller Höhe

1349

Anhang

I. Anlage 1 zum Gerichtskostengesetz

Nr.	Auslagentatbestand	Höhe
9002	Pauschale für Zustellungen mit Zustellungsurkunde, Einschreiben gegen Rückschein oder durch Justizbedienstete nach § 168 Abs. 1 ZPO je Zustellung..	3,50 EUR
	Neben Gebühren, die sich nach dem Streitwert richten, mit Ausnahme der Gebühr 3700, wird die Zustellungspauschale nur erhoben, soweit in einem Rechtszug mehr als 10 Zustellungen anfallen. Im erstinstanzlichen Musterverfahren nach dem KapMuG wird die Zustellungspauschale für sämtliche Zustellungen erhoben.	
9003	Pauschale für	
	1. die Versendung von Akten auf Antrag je Sendung	12,00 EUR
	2. die elektronische Übermittlung einer elektronisch geführten Akte auf Antrag	5,00 EUR
	(1) Die Hin- und Rücksendung der Akten durch Gerichte oder Staatsanwaltschaften gelten zusammen als eine Sendung.	
	(2) Die Auslagen werden von demjenigen Kostenschuldner nicht erhoben, von dem die Gebühr 2116 zu erheben ist.	
9004	Auslagen für öffentliche Bekanntmachungen	
	1. bei Veröffentlichung in einem elektronischen Informations- und Kommunikationssystem, wenn ein Entgelt nicht zu zahlen ist oder das Entgelt nicht für den Einzelfall oder ein einzelnes Verfahren berechnet wird:	
	je Veröffentlichung pauschal	1,00 EUR
	2. in sonstigen Fällen	in voller Höhe
	Auslagen für die Bekanntmachung eines besonderen Prüfungstermins (§ 177 InsO, § 11 SVertO) werden nicht erhoben.	
9005	Nach dem JVEG zu zahlende Beträge...................................	in voller Höhe
	(1) Nicht erhoben werden Beträge, die an ehrenamtliche Richter (§ 1 Abs. 1 Satz 1 Nr. 2 JVEG) gezahlt werden.	
	(2) Die Beträge werden auch erhoben, wenn aus Gründen der Gegenseitigkeit, der Verwaltungsvereinfachung oder aus vergleichbaren Gründen keine Zahlungen zu leisten sind. Ist aufgrund des § 1 Abs. 2 Satz 2 JVEG keine Vergütung zu zahlen, ist der Betrag zu erheben, der ohne diese Vorschrift zu zahlen wäre.	
	(3) Auslagen für Übersetzer, die zur Erfüllung der Rechte blinder oder sehbehinderter Personen herangezogen werden (§ 191a Abs. 1 GVG), werden nicht, Auslagen für Gebärdensprachdolmetscher (§ 186 Abs. 1 GVG) werden nur nach Maßgabe des Absatzes 4 erhoben.	
	(4) Ist für einen Beschuldigten oder Betroffenen, der der deutschen Sprache nicht mächtig, hör- oder sprachbehindert ist, im Strafverfahren oder im gerichtlichen Verfahren nach dem OWiG ein Dolmetscher oder Übersetzer herangezogen worden, um Erklärungen oder Schriftstücke zu übertragen, auf deren Verständnis der Beschuldigte oder Betroffene zu seiner Verteidigung angewiesen oder soweit dies zur Ausübung seiner strafprozessualen Rechte erforderlich war, werden von diesem die dadurch entstandenen Auslagen nur erhoben, wenn das Gericht ihm diese nach § 464c StPO oder	

I. Anlage 1 zum Gerichtskostengesetz **Anhang**

Nr.	Auslagentatbestand	Höhe
	die Kosten nach § 467 Abs. 2 Satz 1 StPO, auch i. V. m. § 467a Abs. 1 Satz 2 StPO, auferlegt hat; dies gilt auch jeweils i. V. m. § 46 Abs. 1 OWiG.	
	(5) Im Verfahren vor den Gerichten für Arbeitssachen werden Kosten für vom Gericht herangezogene Dolmetscher und Übersetzer nicht erhoben, wenn ein Ausländer Partei und die Gegenseitigkeit verbürgt ist oder ein Staatenloser Partei ist.	
9006	Bei Geschäften außerhalb der Gerichtsstelle	
	1. die den Gerichtspersonen aufgrund gesetzlicher Vorschriften gewährte Vergütung (Reisekosten, Auslagenersatz) und die Auslagen für die Bereitstellung von Räumen	in voller Höhe
	2. für den Einsatz von Dienstkraftfahrzeugen für jeden gefahrenen Kilometer...	0,30 EUR
9007	An Rechtsanwälte zu zahlende Beträge mit Ausnahme der nach § 59 RVG auf die Staatskasse übergegangenen Ansprüche	in voller Höhe
9008	Auslagen für	
	1. die Beförderung von Personen..	in voller Höhe
	2. Zahlungen an mittellose Personen für die Reise zum Ort einer Verhandlung, Vernehmung oder Untersuchung und für die Rückreise..	bis zur Höhe der nach dem JVEG an Zeugen zu zahlenden Beträge
9009	An Dritte zu zahlende Beträge für	
	1. die Beförderung von Tieren und Sachen mit Ausnahme der für Postdienstleistungen zu zahlenden Entgelte, die Verwahrung von Tieren und Sachen sowie die Fütterung von Tieren...........	in voller Höhe
	2. die Beförderung und die Verwahrung von Leichen	in voller Höhe
	3. die Durchsuchung oder Untersuchung von Räumen und Sachen einschließlich der die Durchsuchung oder Untersuchung vorbereitenden Maßnahmen...	in voller Höhe
	4. die Bewachung von Schiffen und Luftfahrzeugen	in voller Höhe
9010	Kosten einer Zwangshaft, auch aufgrund eines Haftbefehls nach § 901 ZPO...	in Höhe des Haftkostenbeitrags nach § 50 Abs. 2 und 3 StVollzG
9011	Kosten einer Haft außer Zwangshaft, Kosten einer einstweiligen Unterbringung (§ 126a StPO), einer Unterbringung zur Beobachtung (§ 81 StPO, § 73 JGG) und einer einstweiligen Unterbringung in einem Heim der Jugendhilfe (§ 71 Abs. 2, § 72 Abs. 4 JGG)...	in Höhe des Haftkostenbeitrags nach § 50 Abs. 2 und 3 StVollzG
	Diese Kosten werden nur angesetzt, wenn sie nach § 50 Abs. 1 StVollzG zu erheben wären.	
9012	Nach dem Auslandskostengesetz zu zahlende Beträge................	in voller Höhe

Anhang

I. Anlage 1 zum Gerichtskostengesetz

Nr.	Auslagentatbestand	Höhe
9013	Beträge, die inländischen Behörden, öffentlichen Einrichtungen oder Bediensteten als Ersatz für Auslagen der in den Nummern 9000 bis 9011 bezeichneten Art zustehen....................	begrenzt durch die Höchstsätze für die Auslagen 9000 bis 9011
	Die Beträge werden auch erhoben, wenn aus Gründen der Gegenseitigkeit, der Verwaltungsvereinfachung oder aus vergleichbaren Gründen keine Zahlungen zu leisten sind.	
9014	Beträge, die ausländischen Behörden, Einrichtungen oder Personen im Ausland zustehen, sowie Kosten des Rechtshilfeverkehrs mit dem Ausland	in voller Höhe
	Die Beträge werden auch erhoben, wenn aus Gründen der Gegenseitigkeit, der Verwaltungsvereinfachung oder aus vergleichbaren Gründen keine Zahlungen zu leisten sind.	
9015	Auslagen der in den Nummern 9000 bis 9014 bezeichneten Art, soweit sie durch die Vorbereitung der öffentlichen Klage entstanden sind...................	begrenzt durch die Höchstsätze für die Auslagen 9000 bis 9013
9016	Auslagen der in den Nummern 9000 bis 9014 bezeichneten Art, soweit sie durch das dem gerichtlichen Verfahren vorausgegangene Bußgeldverfahren entstanden sind	begrenzt durch die Höchstsätze für die Auslagen 9000 bis 9013
	Absatz 3 der Anmerkung zu Nummer 9005 ist nicht anzuwenden.	
9017	An den vorläufigen Insolvenzverwalter, den Insolvenzverwalter, die Mitglieder des Gläubigerausschusses oder die Treuhänder auf der Grundlage der Insolvenzrechtlichen Vergütungsverordnung aufgrund einer Stundung nach § 4a InsO zu zahlende Beträge	in voller Höhe
9018	Im ersten Rechtszug des Prozessverfahrens: Auslagen des erstinstanzlichen Musterverfahrens nach dem KapMuG zuzüglich Zinsen	anteilig
	(1) Die im erstinstanzlichen Musterverfahren entstehenden Auslagen nach Nummer 9005 werden vom Tag nach der Auszahlung bis zum rechtskräftigen Abschluss des Musterverfahrens mit 5 Prozentpunkten über dem Basiszinssatz nach § 247 BGB verzinst. (2) Auslagen und Zinsen werden nur erhoben, wenn der Kläger nicht innerhalb von zwei Wochen ab Zustellung des Aussetzungsbeschlusses nach § 7 KapMuG seine Klage in der Hauptsache zurücknimmt. (3) Der Anteil bestimmt sich nach dem Verhältnis der Höhe des von dem Kläger geltend gemachten Anspruchs, soweit dieser Gegenstand des Musterverfahrens ist, zu der Gesamthöhe der vom Musterkläger und den Beigeladenen des Musterverfahrens in den Prozessverfahren geltend gemachten Ansprüche, soweit diese Gegenstand des Musterverfahrens sind. Der Anspruch des Musterklägers oder eines Beigeladenen ist hierbei nicht zu berücksichtigen, wenn er innerhalb von zwei Wochen ab Zustellung des Aussetzungsbeschlusses nach § 7 KapMuG seine Klage in der Hauptsache zurücknimmt.	

II. Anlage 2 zum Gerichtskostengesetz, Gebührentabelle zu § 34

zuletzt geänd. durch Art. 47 Abs. 1 FGG-ReformG v. 17. 12. 2008 (BGBl. I S. 2586)

Streitwert bis ... EUR	Gebühr ... EUR	Streitwert bis ... EUR	Gebühr ... EUR
300	25	40 000	398
600	35	45 000	427
900	45	50 000	456
1 200	55	65 000	556
1 500	65	80 000	656
2 000	73	95 000	756
2 500	81	110 000	856
3 000	89	125 000	956
3 500	97	140 000	1 056
4 000	105	155 000	1 156
4 500	113	170 000	1 256
5 000	121	185 000	1 356
6 000	136	200 000	1 456
7 000	151	230 000	1 606
8 000	166	260 000	1 756
9 000	181	290 000	1 906
10 000	196	320 000	2 056
13 000	219	350 000	2 206
16 000	242	380 000	2 356
19 000	265	410 000	2 506
22 000	288	440 000	2 656
25 000	311	470 000	2 806
30 000	340	500 000	2 956
35 000	369		

Sachregister

Die fetten Zahlen bezeichnen die Paragraphen, die mageren die dazugehörigen Randnummern;
E = Einleitung

Abfassung
– Urteil **60**, 28; **69**, 13
Abfindung 11 a, 39, 48
– Streitwert **12**, 123
– Zwangsvollstreckung **62**, 63
Abgabe des Verfahrens
– an Fachkammer **17**, 13
Abhilfe
– Rechtsbeschwerde **78**, 51
– sofortige Beschwerde **78**, 28 f.
Abhilfeentscheidung
– Kosten **12**, 55
Abkürzung
– Berufungsurteil **61**, 8
– Einlassungsfrist **47**, 11
– Revisionsurteil **61**, 9
– Urteil **61**, 5 ff.
Ablehnung 49, 15 ff.
– Abhilfe **49**, 49
– Befangenheit **49**, 18
– Berufung **64**, 122
– Berufung zum ehrenamtlichen Richter **24**, 6 ff.
– Entscheidung über **49**, 44 ff.
– Entscheidungsform **49**, 48
– Folgen **49**, 41 ff.
– Gerichtsperson **49**, 1 ff.
– Gesuch **49**, 30 ff.; **73**, 46
– Gründe **49**, 16 ff.
– Inhalt **49**, 31
– Personenkreis **49**, 3 ff.
– Rechtshilfe **13**, 5
– Rechtsmittel **49**, 49
– Schiedsrichter **103**, 19 ff.
– Selbstablehnung **49**, 36 ff.
– Selbstentscheidung **49**, 46
– Unanfechtbarkeit **49**, 49 ff.
– Zuständigkeit **49**, 44
Ablehnung wegen Befangenheit
– im Beschlussverfahren **80**, 50; **87**, 14
– Einigungsstellenvorsitzender **80**, 50; **98**, 33
– im Präsidium **6 a**, 44
– in Revisionsinstanz **72**, 57
– Verbandsvertreter **23**, 8
Ablehnungsgründe s. Befangenheit
Ablehnungsrecht
– Rechtsmissbrauch **49**, 34
– Verlust **49**, 33 ff.
– Zeitablauf **49**, 33
Abmahnung
– Beweislastverteilung **58**, 91

– Entfernung **46**, 72
– Zwangsvollstreckung **62**, 62
absoluter Revisionsgrund s. Revisionsgrund
Abstimmungsverfahren
– Schiedsverfahren **108**, 1 ff.
Abtretung
– und Zuständigkeit **3**, 8
Abweisungsantrag
– im Beschlussverfahren **81**, 51
Änderung
– Streitgegenstand **46**, 47
Änderungskündigung
– Feststellungsinteresse **46**, 111
– Streitwert **12**, 119
AEntG
– Zuständigkeit der Gerichte für Arbeitssachen **1**, 17
Agenturinhaber
– Arbeitnehmer **5**, 40
Akte
– elektronische **46 e**, 1 ff.
Akteneinsicht
– elektronische Akte **46 e**, 9
Alleinentscheidung 55, 1 ff.
– amtliche Auskünfte **55**, 52
– Anerkenntnis **55**, 14
– Antrag **55**, 40
– Aussetzung des Verfahrens **55**, 24
– Beweisbeschluss **55**, 48
– einstweiliger Rechtsschutz **62**, 86
– Klagerücknahme **55**, 5
– Kostenentscheidung **55**, 32 a
– Kostenschlussentscheidung **55**, 32 a
– örtliche Zuständigkeit **55**, 21; **82**, 6
– Säumnis einer Partei **55**, 16
– streitige Verhandlung **55**, 3 a
– Tatbestandsberichtigung **55**, 32 c
– unzulässiger Einspruch **55**, 17 a
– Verfahren **55**, 36, 46
– Verstöße **55**, 59
– Verweisung **55**, 17 c
– Verzicht **55**, 10
– Vollstreckungsbescheid **55**, 17 b
– Vorabentscheidungsverfahren **55**, 27
– Vorsitzender **53**, 4 ff.; **55**, 5 ff.
– Zurückweisung des Vertreters **55**, 32 g
– Zwangsvollstreckung **55**, 20
Alleinentscheidung der Berufsrichter des Senats 41, 9; **72 a**, 53; **74**, 84, 86, 88; **78**, 36; **92 a**, 12; **94**, 28

Sachregister

Fette Zahlen = §§

Alleinentscheidung des Vorsitzenden 16, 21; 53, 4 ff.; 55, 1 ff.
- Anhörungsrüge 78 a, 23 f.
- Beschlussverfahren 80, 57 ff.
- sofortige Beschwerde 78, 28
- Einigungsstellenverfahren 98, 18, 37
- Fristverlängerung 66, 33
- Güteverhandlung 54, 8
- im Berufungsverfahren 64, 124
- Landesarbeitsgericht 35, 9
- im Rechtsbeschwerdeverfahren 92, 20
- in Revisionsinstanz 41, 10; 72, 58
- Rücknahme der Rechtsbeschwerde 94, 36
- bei Sprungrevision 76, 13
- Verstoß gegen 73, 42
- Wiederaufnahmegrund 79, 7

Allgemeine Geschäftsbedingungen
- Revisibilität 73, 19 f.

Allgemeinverbindlicherklärung
- Zuständigkeit 2, 18

Allgemeinverbindlichkeitserklärung
- Schiedsvereinbarung 101, 23 f.

von Amts wegen
- Aufklärung des Sachverhalts 83, 82 ff.
- und sofortige Beschwerde 78, 18
- Beweisaufnahme 58, 39
- Ermittlung der Beteiligten 83, 17 ff., 27
- und Rechtsbeschwerde 78, 40
- bei Revision 74, 95, 139

Amtsentbindung
- ehrenamtlicher Richter 21, 30 ff.
- sachliche Zuständigkeit 8, 7

Amtsenthebung
- ehrenamtlicher Richter 20, 8; 27, 1 ff.
- sachliche Zuständigkeit 8, 7

Amtsermittlung
- im Rechtsbeschwerdeverfahren 93, 5
- im Revisionsverfahren 74, 102

Amtsgericht
- Beweissicherung 58, 49
- Ersatzzuständigkeit 62, 81
- Rechtshilfe 13, 8
- Verfahren 46, 4 ff.
- als Verfügungsgericht 85, 42
- als Vollstreckungsgericht 85, 23

Amtshaftung
- ehrenamtliche Richter 27, 16 ff.

Amtshaftungsanspruch
- Zuständigkeit 2, 31, 57

Amtsniederlegung
- ehrenamtlicher Richter 24, 14 ff.

Amtspflichtverletzung
- ehrenamtlicher Richter 27, 6 ff.; 29, 15
- Ordnungsgeld 28, 6 ff.

Amtszeit
- ehrenamtlicher Richter 20, 11 ff.

Anerkenntnis
- Alleinentscheidung 55, 14
- Güteverhandlung 54, 39
- Kosten 12, 18

Anerkenntnisbeschluss 84, 6

Anerkenntnisurteil
- Anfechtung der Kostenentscheidung in 72, 10; 78, 10
- Berufung 64, 11

Anerkennung
- ausländisches Urteil E, 296 ff.
- Spruch des Ausschusses für Lehrlingsstreitigkeiten 111, 45 ff.

Anfechtung
- Dienstvereinbarung 80, 25
- Geschäftsverteilungsplan 6 a, 52
- Schiedsvergleich 107, 10
- Spruch des Ausschusses für Lehrlingsstreitigkeiten 111, 52 ff.

Anfechtung einer Wahl s. Wahlanfechtung

Angelegenheiten aus dem Betriebsverfassungsgesetz s. betriebsverfassungsrechtliche Streitigkeiten

Angestellte 5, 3
- ehrenamtlicher Richter 22, 15

Angriffsmittel 57, 16
- im Beschlussverfahren 80, 60; 83, 88 ff.; 87, 18 a
- neue 67, 3 ff.

Anhörung
- Ausschuss der ehrenamtlichen Richter 29, 18
- Ausschuss für Lehrlingsstreitigkeiten 111, 29
- von Beteiligten 83, 104 ff.; 87, 18; 90, 9; 95, 2 f.
- von Beteiligten im Beschlussverfahren 83, 44
- bei Ernennung des Vorsitzenden 18, 9
- persönliches Erscheinen 51, 16
- im Rahmen der Gerichtsverwaltung 15, 17 ff.
- Schiedsverfahren 105, 1 ff.
- Unterlassung 15, 20

Anhörungsrüge 72 a, 53; 78 a, 1 ff.
- Abhilfe 78 a, 25
- Analogie 78 a, 33 ff.
- und außerordentliche Beschwerde 78 a, 9
- Begründetheit 78 a, 18
- Beschwer 78 a, 17
- Besetzung des Gerichts 78 a, 23 f.
- Entstehung 78 a, 1 ff.
- Frist 78 a, 15
- und Gegenvorstellung 78 a, 8
- Normzweck 78 a, 3
- Notfrist 78 a, 15
- Rechtsnatur 78 a, 6 ff.
- nach sofortiger Beschwerde 72 b, 32
- Statthaftigkeit 78 a, 10 ff.
- Verfahren 78 a, 19 ff.
- Zulässigkeit 78 a, 14 ff.
- Zwangsvollstreckung 78 a, 31

1356

Magere Zahlen = Randnummern   **Sachregister**

Anhörungsrügengesetz **72 a**, 3 f., 59; **72 b**, 2; **73**, 37; **78**, 8; **78 a**, 2
Anhörungstermin
– im Beschlussverfahren **83**, 104 ff.; **87**, 17 f.; **90**, 7; **95**, 8
Anordnung
– persönliches Erscheinen **51**, 5 ff.
Anscheinsbeweis **58**, 62, 64 f.; **73**, 7; **74**, 112
Anschlussberufung **64**, 104
– Begründung **64**, 107
– Einlegung **64**, 106
– gegen zweites Versäumnisurteil **59**, 46
– Rechtsmittelbelehrung **9**, 29
– Verwerfung **64**, 108
Anschlussbeschwerde **78**, 26; **89**, 34 ff.
– Rechtsmittelbelehrung **9**, 29
– selbständige **89**, 45
– unselbständige **89**, 40 ff.
Anschlussrechtsbeschwerde **78**, 54; **94**, 22 ff.
– Begründung **94**, 24
– Frist **94**, 24
– Rechtsmittelbelehrung **9**, 29
Anschlussrevision **74**, 69 ff.
– Begründung **74**, 73
– bei beschränkter Zulassung **72**, 46; **72 a**, 62; **74**, 74
– bei Nichtzulassungsbeschwerde **72 a**, 43, 59
– Rechtsmittelbelehrung **9**, 29
– bei Revisionszurücknahme **74**, 76
– bei Sprungrevision **76**, 29
– bei Verzicht auf Revision **74**, 27
Anschlusssprungrechtsbeschwerde **96 a**, 14
Anschlusssprungrevision **76**, 29
Antidiskriminierungsverband
– Prozessführungsbefugnis **11**, 20
– Prozessvertretung **11**, 136 f.
Antrag **46**, 48; **57**, 6; s. auch Klage
– Alleinentscheidung **55**, 40
– auf Zurückverweisung **68**, 11
– Berufung **64**, 78
– auf ein Beschlussverfahren **81**, 2 f.
– Einstellung der Zwangsvollstreckung **62**, 42
– Güteverhandlung **54**, 37
– Hilfsantrag s. dort
– Schiedsverfahren **104**, 12
– unterstützender
  – Beschlussverfahren **81**, 49
– auf ein Verfahren nach § 97 **97**, 2
Antrag im Beschlussverfahren **80**, 32; **81**, 7 f., 14 ff.
– Änderung s. Antragsänderung
– Auslegung **81**, 34
– unter Bedingung **81**, 9
– Beschwerdeverfahren **89**, 25
– Bestimmtheit **81**, 8 ff.
– elektronisches Dokument **81**, 7
– Rücknahme s. Antragsrücknahme
– Signatur **81**, 7
– zur Unterstützung **81**, 49
– im Verfahren nach § 98 **98**, 15
Antragsänderung
– im Beschlussverfahren **80**, 43; **81**, 83 f.; **87**, 26; **92**, 24
– in Rechtsbeschwerdeinstanz **94**, 15, 18
– im Rechtsbeschwerdeverfahren **92**, 24
– in Revisionsinstanz **74**, 44 ff.
– Sachdienlichkeit **81**, 91
– Zustimmung **81**, 87 f.
Antragsbefugnis
– im Beschlussverfahren **81**, 52 ff.
– für Prozesskostenhilfe **11 a**, 7 ff.
– in Rechtsbeschwerdeinstanz **96**, 6
– für Sprungrechtsbeschwerde **96 a**, 4
– Streitgegenstand **81**, 56 ff.
– im Verfahren nach § 97 **97**, 15 ff.
Antragsbegründung **83**, 86
– Beschlussverfahren **81**, 10
– und Fristwahrung **81**, 35
– im Verfahren nach § 98 **98**, 15
Antragsgegner **81**, 46; **83**, 6, 14
Antragshäufung
– Beschlussverfahren **81**, 21
Antragsrücknahme
– Beschlussverfahren **87**, 24 f.
– im Beschlussverfahren **81**, 73 f., 76
– in Rechtsbeschwerdeinstanz **92**, 1, 23 ff.
Antragsschrift **81**, 7 ff.
– Angabe der Beteiligten **81**, 12
Antragsschuldner **12**, 87
Antragsteller **83**, 6, 11 ff.
– im Beschlussverfahren **81**, 11, 40 ff.
– Beteiligter als **81**, 49
– Mehrheit **81**, 47 ff., 75
– im Verfahren nach § 97 **97**, 15 ff.
– Wechsel **81**, 85
– Zwangsvollstreckung im Schiedsverfahren **109**, 6
Anwalt s. Rechtsanwalt
Anwaltskosten
– Ausschluss **12 a**, 13
– vor Ausschuss für Lehrlingsstreitigkeiten **111**, 64
Anwaltszwang s. auch Vertretungszwang
– Beschwerdeverfahren **78**, 20, 36
– Nichtzulassungsbeschwerde **72 a**, 30; **92 a**, 10
– Rechtsbeschwerde **78**, 51; **92**, 22; **94**, 12
– Revisionsbeschwerde **77**, 12
– Zulassung der Sprungrevision **76**, 10
– Zustimmung zur Sprungrevision **76**, 17
anzuwendendes Recht
– Ermittlung **58**, 11 ff.; **73**, 3
– bei internationaler Zuständigkeit **1**, 33
Arbeiter **5**, 3
Arbeitgeber **2**, 51 ff.; **5**, 54
– Antragsbefugnis **81**, 66; **97**, 19
– ausländischer **1**, 9

1357

Sachregister

Fette Zahlen = §§

- Beteiligtenfähigkeit **10**, 17 ff.
- Beteiligter im Beschlussverfahren **83**, 38 ff.
- ehrenamtlicher Richter s. dort

Arbeitgeberverband
- Anhörung
  - bei Ernennung des Vorsitzenden **18**, 9, 16 ff.; **36**, 4
  - in Gerichtsverwaltung **15**, 17 ff., 28; **17**, 7 f., 10
- Antragsbefugnis **81**, 70
- Beteiligtenfähigkeit **10**, 32 ff.
- Beteiligter im Beschlussverfahren **83**, 77
- Parteifähigkeit **10**, 12
- Streitigkeiten im Beschlussverfahren
  - im Urteilsverfahren **2**, 12 ff.
- Tariffähigkeit **97**, 5
- Verbandsvertreter s. dort
- Vorschlag für ehrenamtliche Richter **20**, 15 ff.

Arbeitgebervereinigung 11, 57 ff.
- Antragsbefugnis **97**, 15
- Beteiligte im Verfahren nach § 97 **97**, 23
- Tariffähigkeit **97**, 5
- Tarifzuständigkeit **97**, 5

Arbeitnehmer 2, 50; **5**, 3 ff.
- Anhörung **83**, 44
- Antragsbefugnis **81**, 67
- Auszubildender **5**, 20 ff.
- Beamter **5**, 22, 29, 52 f.
- Beteiligter im Beschlussverfahren **83**, 43 ff., 44 f.
- Dienstordnungsangestellter **5**, 16, 53
- ehrenamtlicher Richter s. dort
- freie Mitarbeiter **5**, 19
- Geschäftsführer **5**, 15, 35, 45 ff.
- gesetzliche Vertreter **5**, 45
- Handelsvertreter **5**, 39 ff.
- Leiharbeitnehmer **5**, 18
- als Nebenintervenient im Beschlussverfahren **83**, 25
- Organstellung **5**, 45
- im Personalvertretungsrecht **5**, 29
- programmgestaltender Mitarbeiter **5**, 17
- Prokurist **5**, 50
- sozialrechtliche Einordnung **5**, 14
- Vereinsmitgliedschaft **5**, 11

arbeitnehmerähnliche Person
- Arbeitnehmer **5**, 33 ff.

Arbeitnehmererfindung
- Zuständigkeit **2**, 111 ff.

Arbeitnehmergruppe s. auch Gruppe
- Beteiligtenfähigkeit **10**, 26

Arbeitnehmerstreitigkeiten
- Zuständigkeit **2**, 107 ff.

Arbeitnehmervereinigung s. auch Gewerkschaft
- Antragsbefugnis **97**, 15
- als Antragsteller **81**, 41
- Beteiligte im Verfahren nach § 97 **97**, 23
- Beteiligtenfähigkeit **10**, 32 ff.
- Parteifähigkeit **10**, 7, 9, 48

- Prozessfähigkeit **11**, 51 ff.
- Tariffähigkeit **97**, 5
- Tarifzuständigkeit **97**, 5

Arbeitsbehörde
- Antragsbefugnis **97**, 18
- Beteiligte **97**, 24
- Beteiligtenfähigkeit **10**, 34 f.
- Mitteilung an oberste **72 a**, 59; **75**, 10

Arbeitsbeschaffungsmaßnahme
- Arbeitnehmer **5**, 18
- Zuständigkeit **2**, 53

Arbeitsentgelt
- Begriff **12**, 104

Arbeitsgericht
- Besetzung **6**, 1; **16**, 1 ff.
- Dienstaufsicht **15**, 15
- Errichtung **14**, 8
- länderübergreifendes **14**, 15 f.
- Rechtshilfe **13**, 3 ff.
- Vertretung des Vorsitzenden **19**, 3 ff.
- Verzeichnis **14**, 9
- Zuständigkeit **8**, 9; s. dort
- Zuständigkeitsbereich **14**, 9

Arbeitsgerichtsbarkeit
- Aufbau E, 113; **1**, 2
- ausländische E, 307 ff.
- Ausschluss **101**, 3
- Brasilien E, 333
- DDR E, 248
- England E, 330
- Frankreich E, 315
- Gerichtsverwaltung **15**, 6 ff.
- Geschichte E, 1 ff.
- Holland E, 322
- internationale E, 256 ff.
- Italien E, 325
- Japan E, 331
- und Kirchen E, 105; **1**, 14
- Kosten **7**, 23
- Literatur E, 34 ff.
- Mediation E, 98 f.
- Österreich E, 307
- Ressortierung E, 133; **15**, 32
- Schweiz E, 312
- Spanien E, 335
- Südafrika E, 336
- USA E, 337
- und Verfassungsgerichtsbarkeit E, 74 ff.
- Zuständigkeit s. dort

Arbeitsgerichtsgesetz 1926 E, 13
Arbeitsgerichtsgesetz 1953 E, 21
Arbeitsgerichtsgesetz 1979 E, 23

Arbeitsgerichtsordnung
- kirchliche E, 110

Arbeitsgruppe
- Beteiligte **2 a**, 37
- Beteiligte im Beschlussverfahren **83**, 50
- Prozessfähigkeit **10**, 43

1358

Magere Zahlen = Randnummern

Sachregister

Arbeitskampf
– Beweislastverteilung **58**, 91
– einstweilige Verfügung **62**, 113
– Feststellungsinteresse **46**, 93
Arbeitskampfstreitigkeiten
– im Betriebsverfassungsrecht **2**, 42
– Gerichtsstand **48**, 50
– Zuständigkeit **2**, 29 ff.
Arbeitsleistung 61, 28
– Feststellung **46**, 94
– Zwangsvollstreckung **62**, 62
Arbeitslose
– ehrenamtlicher Richter **23**, 5
Arbeitsort
– Gerichtsstand **48**, 34
Arbeitspapiere 61, 28
– einstweilige Verfügung **62**, 112
– Zuständigkeit **2**, 77 ff.
– Zwangsvollstreckung **62**, 62
Arbeitssachen 2, 8 ff.
Arbeitsverhältnis 5, 5 ff.
– Feststellung **46**, 100
Armenrecht s. Prozesskostenhilfe
Arrest
– im Beschlussverfahren **85**, 28
– im internationalen Verfahren **E**, 302
– Kosten **12**, 53
– persönlicher **62**, 91
– Zwangsvollstreckung **62**, 77 ff., 89 ff.
Arrestverfahren
– Revisionsbeschwerde **77**, 4
– Sprungrevision **76**, 3
Aufhebung
– Berufungsurteil **74**, 126 f.
– Beschwerdeentscheidung **83**, 30; **96**, 13 ff.
– nach Nichtzulassungsbeschwerde **72 a**, 62
– von Schiedssprüchen **110**, 8 ff.
– nach sofortiger Beschwerde **78**, 34
Aufhebungsentscheidung
– Schiedsspruch **110**, 24
Aufhebungsgründe
– Schiedsspruch **110**, 8 ff.
Aufhebungsverfahren
– Klageantrag **110**, 22
– Klagefrist **110**, 17
– Schiedsspruch **110**, 1 ff.
– Zuständigkeit **110**, 16
Aufklärung des Sachverhalts 74, 138; s. auch Erscheinen, persönliches, s. auch Tatsachenfeststellung
– im Beschlussverfahren **83**, 83 ff.; **93**, 5
– Beweisaufnahme s. dort
– Fragepflicht s. dort
– Rüge mangelhafter **94**, 21
Aufklärungspflicht
– des Gerichts **57**, 7
– Verletzung der **96**, 9

Auflage 56, 26
– Fristsetzung **56**, 27
– Hinweispflicht **56**, 28
Auflösung
– Arbeitsverhältnis **67**, 33
– des Personalrats **80**, 18
Aufrechnung 56, 45
– Berufung **64**, 91, 93
– Berufungsinstanz **67**, 31
– im Beschlussverfahren **84**, 6
– Beschwerdewert
  – Berufung **64**, 58
– mit fremden Forderungen **E**, 55 ff.
– Verteidigungsmittel **67**, 3
– Verweisung **48**, 69
– Zuständigkeit **2**, 116, 149
aufschiebende Wirkung
– Beschwerde **78**, 25
– Nichtzulassungsbeschwerde **72 a**, 41
Aufsichtsrat
– Beteiligtenfähigkeit **10**, 24
– Beteiligter im Beschlussverfahren **83**, 70 f.
Aufsichtsratsmitglied
– Abberufung **2 a**, 71
– Zuständigkeit für Ansprüche des **2**, 64
Aufsichtsratswahl
– Zuständigkeit **2 a**, 65 ff.
Aufzeichnung
– elektronische **46**, 45
Augenschein 58, 30
Ausbildung s. Berufsausbildung
Ausbildungsvertrag 11, 12
Auseinandersetzung mit Gründen
– Revisionsbegründung **74**, 53
Ausfertigung
– vollstreckbare **62**, 14
Ausfertigung, vollstreckbare s. vollstreckbare Ausfertigung
Ausforschungsbeweis 58, 38
– im Beschlussverfahren **83**, 101
Ausgleichskasse nach dem Altersteilzeitgesetz
– Zuständigkeit der Arbeitsgerichte **2**, 88
Auskünfte 61, 28; s. auch Einholung von Auskünften
– amtliche **56**, 16
  – Alleinentscheidung **55**, 52
  – Beweisaufnahme **58**, 7
  – Güteverhandlung **54**, 19
– Zwangsvollstreckung **62**, 62
Auskunftsklage 2, 72
– Beschwerdewert
  – Berufung **64**, 57
– Zuständigkeit **3**, 9
Ausländer
– Parteifähigkeit **E**, 279; **10**, 5
– Postulationsfähigkeit **E**, 282
– Prozessfähigkeit **E**, 280; **11**, 14

1359

Sachregister

Fette Zahlen = §§

- Prozesskostenhilfe E, 283
- Sicherheitsleistung E, 286

ausländischer Arbeitgeber
- Gerichtsbarkeit **1**, 9

ausländisches Recht E, 256 ff., 289; **1**, 33
- Alleinentscheidung **55**, 55
- Kenntnis des Gerichts **58**, 12; **73**, 2
- Revisionsinstanz **73**, 2

Auslagenerstattung 12, 88
- für Dolmetscher **12**, 89
  - behinderte Menschen **12**, 93
- für Übersetzer **12**, 89

Ausland
- amtliche Auskunft **56**, 16
- Einlassungsfrist **47**, 8
- Mahnverfahren
  - Zustellung **46 a**, 8
- Rechtshilfe **13**, 10 ff.
- Zustellung **50**, 14
- Zustellungsfrist für Versäumnisurteil **59**, 35

Auslegung
- des Antrags im Beschlussverfahren **81**, 34
- Revisibilität **73**, 18 ff.

Ausschließung 49, 6
- Ehe **49**, 8
- Entscheidung über **49**, 14
- Mitwirkung **49**, 12
- Parteieigenschaft **49**, 7
- Prozessvertreter **49**, 9
- Schiedsrichter **49**, 13; **103**, 8
- Vernehmung **49**, 11
- Verwandtschaft **49**, 8

Ausschluss
- der vorläufigen Vollstreckbarkeit
  - im Beschlussverfahren **84**, 12; **85**, 6
- Fernsehaufnahmen **52**, 9
- Kostenerstattung
  - erste Instanz **12 a**, 5 ff.
  - Hinweispflicht **12 a**, 31
- Öffentlichkeit **52**, 15 ff.
  - Beweisaufnahme **58**, 45
- Prozessvertretung **11**, 31
- Rundfunkaufnahmen **52**, 9
- Tonaufnahmen **52**, 9
- Verfahren **52**, 29
- von Bevollmächtigten **11**, 111
- Vorverfahren **47**, 25
- zurückgewiesenen Vorbringens **67**, 17

Ausschluss eines Richters
- im Beschlussverfahren **80**, 50; **87**, 14
- im Revisionsverfahren **73**, 46
- aus Präsidium **6 a**, 45
- Wiederaufnahmegrund **79**, 8

Ausschlussantrag
- Zwangsvollstreckung **62**, 29

Ausschlussfrist
- Diskriminierung **61 b**, 10

Ausschuss der ehrenamtlichen Richter 29, 6 ff.; **31**, 9
- Anhörung **29**, 18
- Aufgaben **29**, 17 ff.
- Aufwandsentschädigung **29**, 12
- bei Landesarbeitsgericht **38**, 1
- Wahlverfahren **29**, 8
- Zusammensetzung **29**, 10

Ausschuss der Verbände 18, 16 ff.; **36**, 4

Ausschuss für Lehrlingsstreitigkeiten 111, 6 ff.
- Anerkennung des Schiedsspruchs **111**, 45 ff.
- Anhörung **111**, 29
- Anrufungsfrist **111**, 22 ff.
- Besetzung **111**, 14
- einstweiliger Rechtsschutz **111**, 63
- Errichtung **111**, 12 f.
- falsche Besetzung **111**, 15
- Kosten **111**, 64 ff.
- Prozesskostenhilfe **111**, 69
- Prozessvertretung **111**, 35
- Prozessvoraussetzungen **111**, 19 ff.
- Schiedsspruch **111**, 36 ff.
  - Rechtsmittelbelehrung **111**, 44
- Verfassungsmäßigkeit **111**, 70 ff.
- Vergleich **111**, 62
- Vollstreckbarkeitserklärung des Schiedsspruchs **111**, 56 ff.
- Wiedereinsetzung in den vorigen Stand **111**, 46
- Zuständigkeit **111**, 16

Außendienstmitarbeiter
- Gerichtsstand **48**, 36, 42

Aussetzung des Verfahrens 2, 140
- Alleinentscheidung **55**, 24
- im Beschlussverfahren **80**, 43
- Bestellungsverfahren nach § 98 **98**, 11
- Pflicht zur **97**, 11
- wegen Prüfung der Tariffähigkeit **97**, 9 ff.
- rechtliches Gehör
  - Alleinentscheidung **55**, 31
- Statusverfahren nach § 98 AktG **2 a**, 68, 80

auswärtige Kammer 14, 11

Auszubildende 5, 20 ff.
- Ausschuss für Streitigkeiten für **111**, 6 ff.
- Prozessfähigkeit **10**, 37
- Übernahme in Arbeitsverhältnis **2 a**, 51 f.; **10**, 40

aut-aut-Fall E, 147; **2**, 160 f.

Beamtenverbände
- als Gewerkschaft **10**, 9
- Parteifähigkeit **10**, 9

Beamter
- als Arbeitnehmer **5**, 22, 29, 52 f.
- Beteiligter im Beschlussverfahren **83**, 43 ff.
- ehrenamtlicher Richter **22**, 15

Bedeutung, grundsätzliche s. grundsätzliche Bedeutung

Magere Zahlen = Randnummern

Sachregister

Bedingung
– Berufung **64**, 5
Beeidigung
– durch Zeugen **58**, 23
Befangenheit
– Ablehnung wegen s. dort
– Besorgnis der **49**, 18
– Eigeninteresse **49**, 20
– Gewerkschaftsmitglied **49**, 25
– persönliche Angriffe **49**, 24
– politische Betätigung **49**, 26
– Prozessvertreter **49**, 19
– Rechtsauffassung **49**, 22
– Rechtsfehler **49**, 21
– Spannungen **49**, 21
– Verbandsmitglied **49**, 25, 27
– Verfahren, früheres **49**, 28
Befangenheitsantrag
– absoluter Revisionsgrund **72 a**, 36
Befriedigungsverfügung **62**, 98
Befugnisse
– Präsidium **6 a**, 31 ff.
– Vorsitzender **53**, 4 ff.
– Berufung **64**, 124
Begründung
– Anschlussberufung **64**, 107
– Berufung s. Berufungsbegründung
– Nichtzulassungsbeschwerde **72 a**, 8, 14, 30 ff., 52
– Rechtsbeschwerde **78**, 52 f.
– Revisionsbeschwerde **77**, 7, 13
– Schiedsspruch **108**, 12 ff.
– sofortige Beschwerde **72 b**, 1 ff., 17; **78**, 22
Begründungsfrist
– Beschwerde im Beschlussverfahren **89**, 20 ff.
– Nichtzulassungsbeschwerde **72 a**, 30
– Rechtsbeschwerde **78**, 51; **94**, 14
– Revision **74**, 33 ff.
– sofortige Beschwerde **72 b**, 1 ff., 17; **78**, 20, 22, 24
Behauptungslast **58**, 89
Behörde
– Beteiligte im Beschlussverfahren **83**, 41
– Beteiligtenfähigkeit **10**, 34 f.
Beiordnung
– Abfindung **11 a**, 39, 48
– Absehen **11 a**, 66
– Antrag **11 a**, 58
– Antragsbefugnis **11 a**, 7 ff.
– Aufhebung **11 a**, 97
– auswärtiger Rechtsanwalt **11 a**, 95
– Belehrung **11 a**, 64
– Beschlussverfahren **11 a**, 11, 98
– im Beschlussverfahren **80**, 48
– Beurteilungsgrundsätze **11 a**, 24
– eheähnliches Verhältnis **11 a**, 37
– Ehegattenverdienst **11 a**, 35
– Einkommen **11 a**, 25

– Einkünfte **11 a**, 26
– Entscheidung **11 a**, 79 ff.
– Erziehungsgeld **11 a**, 33
– Folgen **11 a**, 94
– Formular **11 a**, 59
– grenzüberschreitende **11 a**, 102
– juristische Person **11 a**, 9
– Kindergeld **11 a**, 29
– Kosten für Unterkunft **11 a**, 17
– Lohnersatzleistung **11 a**, 32
– mangelnde Erfolgsaussicht **11 a**, 67
– Mutwilligkeit **11 a**, 69
– Nebenintervenient **11 a**, 10
– Partei kraft Amtes **11 a**, 9
– rechtliches Gehör **11 a**, 76
– Rechtsanwalt **11 a**, 7 ff.; **80**, 48
– Rechtsmittel **11 a**, 85
– Sachbezüge **11 a**, 27
– sofortige Beschwerde **11 a**, 85
– Sozialhilfeempfänger **11 a**, 61
– Sozialhilfeleistung **11 a**, 31
– Streitgenosse **11 a**, 10
– Unterhaltsansprüche **11 a**, 50
– Verfahren **11 a**, 72 ff.
– Vermögen **11 a**, 43
– Vertretung der Gegenseite **11 a**, 55
– Vertretungsmöglichkeit **11 a**, 52 ff.
– Voraussetzungen, persönliche **11 a**, 22 f.
– Voraussetzungen, wirtschaftliche **11 a**, 16 ff.
Beisitzer
– Ausschuss für Lehrlingsstreitigkeiten **111**, 14 f.
– ehrenamtlicher Richter s. dort
– Einigungsstelle **98**, 4
– Einigungsstellenverfahren **98**, 28 f.
Beistand s. Rechtsbeistand
Beitreibung
– Kosten **12**, 84 f.
Belehrung
– Fristversäumnis **56**, 32
– Rechtsmittel s. Rechtsmittelbelehrung
Benachteiligung s. Diskriminierung
Beratung
– ehrenamtliche Richter **9**, 11
– Schiedsverfahren **108**, 6
– Teilnahme
  – Referendar **60**, 6
  – Studierende **60**, 6
Beratungshilfe **11 a**, 3
Berichterstatter
– Arbeitnehmer **5**, 16
Berichtigung des Tatbestands s. Tatbestandsberichtigung
Berichtigung des Urteils
– Zulassungsentscheidung **64**, 34
Berichtigungsbeschluss
– im Beschlussverfahren **80**, 43

1361

Sachregister

Fette Zahlen = §§

- und sofortige Beschwerde **72 b**, 21
- Rechtsmittelbelehrung **9**, 62 ff.

Berufsausbildung
- zu ihrer Beschäftigte s. Auszubildende

Berufsausbildungsverhältnis
- Arbeitnehmer **5**, 20 ff.
- Ausschuss für Lehrlingsstreitigkeiten **111**, 6 ff.
- Streitwert **12**, 125
- Zuständigkeit **2**, 54

Berufsrichter
- Ablehnung **49**, 3
- Berufung zum Bundesarbeitsgericht **42**, 1 ff.
- Ernennung **18**, 4 ff.; **36**, 2
- Prozessvertretung **11**, 126
- Rechtsstellung **6**, 5 ff.; **15**, 15; **42**, 2 f.
- Richterwahlgesetz **42**, 3 ff.
- Vertreter **19**, 3 ff.

Berufung 64, 1 ff.; s. auch Rechtsmittel
- Ablehnung von Gerichtspersonen **64**, 122
- Anerkenntnisurteil **64**, 11
- Anschlussberufung **64**, 104
- Antrag **64**, 78
- Aufhebung **74**, 126
- Aufrechnung **64**, 91, 93; **67**, 31
- Bedingung **64**, 5
- Befugnisse Vorsitzender **64**, 124
- Begründung **64**, 74, 84; s. Berufungsbegründung
- Beschleunigungspflicht **64**, 132
- Beschränkung **65**, 1 ff.
- Beschwer **64**, 14
- Beschwerdewert **64**, 49
- Bestandsschutzstreit **64**, 60 ff.
- Computerfax **64**, 68
- Devolutiveffekt **64**, 4
- eingeschränkte Prüfungskompetenz **65**, 2
- Einlegung **64**, 67 ff.
- E-Mail **64**, 68 a
- Erledigung **64**, 114
- Fernschreiben **64**, 68
- gegen zweites Versäumnisurteil **59**, 46
- internationale Zuständigkeit **64**, 119
- Klageänderung **64**, 91
- Kosten **12**, 56 ff.
- Meistbegünstigung **64**, 10
- neue Tatsachen **64**, 76
- persönliches Erscheinen **64**, 123
- Prüfung Berufung ehrenamtliche Richter **65**, 9
- Prüfung Verfahrensart **65**, 8
- rechtliches Gehör **64**, 95 a
- Rechtsmittelbelehrung **9**, 27
- Rechtswegprüfung **65**, 2
- Rücknahme **64**, 109
- Scheinurteil **64**, 8
- schriftliches Verfahren **64**, 129
- und Sprungrevision **76**, 25 ff.
- Statthaftigkeit **64**, 7, 13, 17
- Suspensiveffekt **64**, 3
- Tatsacheninstanz **64**, 6
- Teilurteil **64**, 7
- Telefax **64**, 68
- Telekopie **64**, 68
- Terminanberaumung **66**, 45 ff.
- Urteil **69**, 1 ff.
- Versäumnisurteil **64**, 9, 62
- Versäumnisverfahren **64**, 130
- Verweisung **64**, 131
- Verwerfung **64**, 96; s. dort
- Verzicht **64**, 115
- Widerklage **64**, 91 f.; **67**, 30
- Zivilprozessordnung **64**, 1, 66 ff.
- Zulässigkeit **64**, 94 ff.
- Zulassung **61**, 22; **64**, 16; s. auch dort
- Zulassungsbeschränkung **64**, 39
- Zulassungsentscheidung **64**, 29
- Zulassungsgründe **64**, 19 ff.
- Zuständigkeitsprüfung **64**, 118; **65**, 5
- Zwischenurteil **64**, 7

Berufungsbeantwortung
- Angriffs-, Verteidigungsmittel **67**, 24
- Frist **66**, 24
- Fristbeginn **66**, 24
- Fristverkürzung **66**, 27
- Fristverlängerung **66**, 27, 30 ff.
- Hinweispflicht **66**, 26
- Nichtbeachtung **66**, 29

Berufungsbeantwortungsfrist 66, 24 ff.
- Verlängerungsgründe **66**, 40
- Versäumung **66**, 24, 43
- Wiedereinsetzungsantrag **66**, 43

Berufungsbegründung
- Angriffs-, Verteidigungsmittel **67**, 24
- Doppelbegründung **64**, 87
- Frist **66**, 19 ff.
- Fristverlängerung **66**, 30 ff.
- Fünfmonatsfrist **64**, 84
- Inhalt **64**, 74, 84
- mehrere Streitgegenstände **64**, 86

Berufungsbegründungsfrist 66, 19 ff.
- Dauer **66**, 19
- Verkürzung **66**, 20
- Verlängerungsgründe **66**, 40
- Versäumung **66**, 43
- Wiedereinsetzung **66**, 43 f.

Berufungsbegründungsschrift
- Fristwahrung **66**, 21

Berufungsfrist 66, 3 ff.
- Beginn **66**, 9
- bei elektronischer Übermittlung **66**, 8
- Berichtigung **66**, 11
- Dauer **66**, 3 f.
- bei Sprungrevision **76**, 24
- Urteilsverkündung **66**, 15
- Wiedereinsetzung **66**, 43 f.

Sachregister

Magere Zahlen = Randnummern

Berufungsinstanz
– Urteilsinhalt **61**, 3
– Urteilsverkündung **60**, 2
Berufungsschrift 64, 67 ff.
– Eingang **66**, 5
– elektronische Übermittlung **64**, 68; **66**, 5, 8
– Inhalt **64**, 69
– moderne Kommunikation **66**, 5
– Parteibezeichnung **64**, 70
Berufungsschriften
– mehrere **64**, 71
Berufungssumme s. Beschwer
Berufungsurteil s. auch Urteil
– Abkürzung **61**, 8
– Aufhebung **74**, 126 f.
– Revisibilität **72**, 5 ff.
– tatsächliche Feststellungen **74**, 105 ff.
– Überprüfung **74**, 90
– verspätete Absetzung **72 b**, 1 ff.
Berufungsverfahren
– Kammerverhandlung **57**, 1
– Versäumnisverfahren **59**, 3
– Zwangsvollstreckung **62**, 2
Besatzungsmächte s. Stationierungsstreitkräfte
Besatzungsmitglied
– Schiedsvereinbarung **101**, 20
Beschäftigter
– im Personalvertretungsrecht **5**, 29
Beschäftigung
– einstweilige Verfügung **62**, 105
– Zwangsvollstreckung **62**, 22
Beschäftigungsanspruch s. Weiterbeschäftigungsanspruch
Beschäftigungsklage 46, 64
Beschleunigungsgrundsatz E, 222; **9**, 2 ff.; **46**, 52; **57**, 9 ff.; **61**, 45
– im Beschlussverfahren **83**, 88 ff.; **84**, 4
– Versäumnisverfahren **59**, 2
Beschleunigungspflicht
– Berufung **64**, 132
Beschluss
– Beschwerdefähigkeit **78**, 10; **83**, 118
– über Beweisaufnahme **58**, 42
– Prozessvergleich **72**, 4
– Rechtsbeschwerde **78**, 55
– Wiederaufnahme des Verfahrens **79**, 1
– Zwangsvollstreckung **62**, 10
Beschluss im Beschlussverfahren 84, 1 ff.; **91**, 1 ff.; **96**, 1, 22
– Alleinentscheidung des Vorsitzenden **80**, 57
– Beschwerdefähigkeit **87**, 3 f.
– einstweilige Verfügung **85**, 43 ff.
– nach § 97 **97**, 27
– Rechtsbeschwerdefähigkeit **92**, 4 f.
– Schriftform **84**, 10 f.
– verspätete Absetzung **92 b**, 1 ff.
– Zwangsvollstreckung **85**, 23, 25

Beschlussverfahren E, 159 ff.; **80**, 1 ff., 11, 28, 30 f.
– Antrag
  – Wahlanfechtung **81**, 20
– Antrag auf **81**, 2 ff.
– Antragsänderung **81**, 83 f.
– Antragsbefugnis **81**, 52
– Antragshäufung **81**, 21
– Antragsrücknahme **81**, 73 f.
– Antragsteller **80**, 33; **81**, 40 ff.
– bei Aufrechnung **84**, 6
– Ausschluss der vorläufigen Vollstreckbarkeit **85**, 6
– für Auszubildende nach § 78 a **2 a**, 51 f.
– Beiordnung **11 a**, 11, 98
– Beschränkung **88**, 1 ff.
– Beteiligte **80**, 33
– Beteiligtenbefugnis **81**, 55
– Betriebsverfassungsorgane **2 a**, 35 ff.
– Betriebsvertretung bei Stationierungsstreitkräften **2 a**, 21
– Beweisaufnahme **58**, 2; **83**, 99
– und Einigungsstellenverfahren **2 a**, 100 ff.
– Einstellung **81**, 77 ff.
– Einstellung der Zwangsvollstreckung **85**, 8
– Entscheidung über Antragsänderung **81**, 92 ff.
– Feststellungsantrag **81**, 31
– Gegenstandswert **12**, 144 ff.
– Gerichtsstand **48**, 63
– Gerichtsstandsvereinbarung **82**, 2
– Gestaltungsantrag **81**, 19 ff., 30
– Güteverhandlung **54**, 6; **80**, 35, 54 ff.
– Hilfsantrag **81**, 22
– nach der InsO **2 a**, 27 ff.; **80**, 1
– internationale Zuständigkeit **1**, 18
– Kammerverhandlung **57**, 1
– Kosten **12**, 142 ff.
– Kostenerstattung **12 a**, 37
– Kostenfreiheit **12**, 16
– Leistungsantrag **81**, 14, 29
– Mitarbeitervertretung der Kirchen **2 a**, 31
– nach dem BBiG **2 a**, 30
– Öffentlichkeit **80**, 53
– öffentlich-rechtliche Streitigkeiten **2 a**, 62 f.
– örtliche Zuständigkeit **80**, 57; **82**, 1 ff.
  – betriebsverfassungsrechtliche Streitigkeiten **82**, 12
  – personalvertretungsrechtliche Streitigkeiten **82**, 12
– Organstreitigkeiten **2 a**, 40 f.
– Personalvertretungsangelegenheiten **2 a**, 32
– Prozessführungsbefugnis **11**, 23 ff.
– Prüfung in Revisionsinstanz **73**, 30 ff.
– Rechtsmittelbelehrung **9**, 17, 27
– Rechtsnatur **80**, 3 ff.
– Rechtsweg **80**, 65
– Schwerbehindertenvertretung **2 a**, 23 ff.
– bei Stationierungsstreitkräften **1**, 13

1363

Sachregister

Fette Zahlen = §§

- Streitgegenstand **81**, 33 f.
- Streitwert **84**, 14
- Tariffähigkeit **97**, 1 ff.
- über Tariffähigkeit **2 a**, 78 ff.
- Tarifzuständigkeit **97**, 1 ff.
- über Tarifzuständigkeit **2 a**, 81 ff.
- Tatsachenfeststellung **90**, 10 f.
- Terminsbestimmung **81**, 72
- Unterlassungsantrag **81**, 14
- in Unternehmensmitbestimmung **2 a**, 64 ff.
- Untersuchungsgrundsatz **83**, 2
- und Urteilsverfahren **E**, 16, 149 ff.; **2 a**, 90 ff.; **81**, 2 f.
- Urteilsverkündung **60**, 3
- Verbandsvertreter **11**, 95 ff.
- Versäumnisverfahren **80**, 35
- Vertretungszwang **11**, 120, 124
- vor Verwaltungsgerichten **80**, 7 ff.
- Wahlanfechtung **2 a**, 38 f.
- Zivilprozessordnung **80**, 40 ff.
- Zuständigkeit **2 a**, 1 ff.
- Zuständigkeitsprüfung **2 a**, 85 ff.
- Zustellung **50**, 10
- Zwangsvollstreckung **62**, 2

beschränkte Prüfungskompetenz
- Ausnahmen **65**, 13
- Berufung **65**, 2 ff.
- Verstoß gegen **65**, 15

beschränkte Zulassung
- Rechtsbeschwerde **92**, 16
- Revision **72**, 38, 38 ff., 51

Beschränkung
- Berufung **65**, 1 ff.
- Beschlussverfahren **88**, 1 ff.

Beschwer 72 a, 6, 43; **74**, 42, 79; **79**, 2
- Anhörungsrüge **78 a**, 17
- Anschlussrevision **74**, 75
- Berufung **64**, 14
- Beschwerde im Beschlussverfahren **89**, 7 f.
- sofortige Beschwerde **78**, 23, 46
- Zeitpunkt **64**, 15

Beschwerde s. Rechtsmittel

Beschwerde, außerordentliche
- und Anhörungsrüge **78 a**, 9, 37 f.
- sofortige **78**, 1, 8

Beschwerde, einfache 78, 2
- gegen Ablehnung der einstweiligen Verfügung **85**, 47
- gegen Einstellung des Beschlussverfahrens **81**, 80; **83 a**, 14
- wegen Ordnungsgeld gegen ehrenamtlichen Richter **28**, 4
- Rechtsmittelbelehrung **9**, 30

Beschwerde im Beschlussverfahren 78, 1; **87**, 1 ff.; **89**, 1 ff.
- Begründung **87**, 11; **89**, 9 ff.
- und Berufungsverfahren **87**, 8 ff.
- Beschwer **89**, 7 f.
- Beweisaufnahme **87**, 19
- Einlegung **87**, 11; **89**, 9 ff.
- gegen Einstellungsbeschluss **81**, 80; **83 a**, 14
- gegen einstweilige Verfügung **85**, 48
- im Insolvenzverfahren **87**, 4
- persönliches Erscheinen **87**, 16
- Rechtsmittelbelehrung **9**, 30
- Rücknahme **89**, 55 f.
- Terminsbestimmung **87**, 13
- Unterschrift **89**, 24
- unzulässige **89**, 46
- im Verfahren nach § 98 **98**, 36 ff.
- gegen Verfügung **83**, 118
- Vertretungszwang **87**, 22
- Verzicht **89**, 62 ff.
- Zustellung **87**, 15

Beschwerde, sofortige s. sofortige Beschwerde

Beschwerdeantrag 89, 25 ff.; **94**, 17 f.

Beschwerdebefugnis 89, 3 ff.
- im Verfahren nach § 98 **98**, 36 ff.

Beschwerdebegründung 89, 25 ff., 29 ff.
- bei Anschlussbeschwerde **89**, 38
- bei Antragsmehrheit **89**, 29
- Zustellung **90**, 1 ff.

Beschwerdeentscheidung 78, 28 ff.; **91**, 1 ff.

Beschwerdefrist
- bei Anschlussbeschwerde **89**, 37
- Beschwerde im Beschlussverfahren **89**, 10 ff.
- bei sofortiger Beschwerde **78**, 20, 24
- im Verfahren nach § 98 **98**, 38

Beschwerdeführer 89, 17

Beschwerdegründe
- örtliche Zuständigkeit **88**, 6

Beschwerdeschrift 78, 20 f., 46
- bei Anschlussbeschwerde **89**, 36 f.
- bei sofortiger Beschwerde **72 b**, 14
- Beschwerde im Beschlussverfahren **89**, 13
- bei Nichtzulassungsbeschwerde **72 a**, 27
- Zustellung **90**, 1 ff.

Beschwerdeverfahren 78, 9 ff.; **83**, 118; **90**, 1 ff., 13
- Kosten **12**, 66 ff.
- Kostenentscheidung **48**, 131 f.

Beschwerdewert s. auch Beschwer
- Änderung **64**, 51
- Antragsänderung **64**, 52
- Aufrechnung **64**, 58
- Auskunftsklage **64**, 57
- Berufung **64**, 49
- Glaubhaftmachung **64**, 59
- Hilfsantrag **64**, 54
- Streitgegenstände **64**, 50
- Streitgenossen **64**, 55

Besetzung des Gerichts 16, 9 ff.
- absoluter Revisionsgrund **6 a**, 56, 68; **73**, 36, 41 ff.
- Anhörungsrüge **78 a**, 23 f.
- Arbeitsgericht **6**, 1 ff.

1364

Magere Zahlen = Randnummern

Sachregister

– Besetzungsrüge **6 a**, 77
– Beweisaufnahme **58**, 46 f.
– Bundesarbeitsgericht **41**, 7 ff.
– Fachkammer/allgemeine Kammer **17**, 14 f.; **30**, 9 ff.
– fehlerhafte **16**, 13 ff.; **35**, 7
– Landesarbeitsgericht **35**, 6
– Prüfung in Revisionsinstanz **74**, 103
– Verzicht auf Rüge **31**, 18
– Wiederaufnahmegrund **79**, 7
Besorgnis der Befangenheit s. Ablehnung wegen Befangenheit
Bestandsschutzstreit
– Auflage **61 a**, 13
– Ausschuss für Lehrlingsstreitigkeiten **111**, 17
– Begriff **12**, 97 ff.
– Berufsausbildungsverhältnis **5**, 20 ff.
– Berufung **64**, 60 ff.
– Bewertungsmaßstäbe **12**, 100 ff.
– Fristsetzung **61 a**, 15 ff.
– Güteverhandlung **61 a**, 9
– Prozessförderung **61 a**, 1 ff.
– Verspätung **61 a**, 19
Bestandsschutztarifvertrag 5, 17
Bestellung der Einigungsstelle 98, 13 ff.
– Aussetzung **2 a**, 103; **98**, 11
Bestimmtheitsgrundsatz 46, 48
– Antrag im Beschlussverfahren **81**, 8 ff., 34
Bestimmung
– der Verfahrensart **2 a**, 89 ff.
– zuständiges Gericht **48**, 103
Beteiligte 81, 46 ff.
– Anhörung **83**, 105 ff.; **90**, 9; **95**, 5 ff.
– Antragsgegner s. dort
– Antragsteller s. dort
– im Beschlussverfahren **80**, 33; **83**, 6 ff., 13 ff.
– Beschwerdebefugnis **89**, 3 ff.
– Beteiligtenfähigkeit
  – im Beschlussverfahren **10**, 17 ff.
– Bezeichnung in Antragsschrift **81**, 11 ff.
– Bezeichnung in Beschwerdeschrift **89**, 17
– kraft Gesetzes **83**, 17 ff.
– Mitwirkungspflicht **83**, 86 ff.
– Nichterscheinen **83**, 112 ff.
– Parteivernehmung **83**, 102
– persönliches Erscheinen **80**, 52; **83**, 96
– Rechtsbeschwerdebefugnis **94**, 2 ff.
– Rechtsstellung **83**, 34 ff.; **97**, 26
– Schiedsverfahren **104**, 9
– Sprungrechtsbeschwerde **96 a**, 4
– im Verfahren nach § 97 **97**, 22 ff.
– im Verfahren nach § 98 **98**, 16 f.
Beteiligtenbefugnis
– im Beschlussverfahren **81**, 55
Beteiligtenfähigkeit 10, 15 ff.
– des Antragstellers **81**, 40 ff.
– außerhalb Beschlussverfahren **10**, 31

– im Beschlussverfahren **10**, 45 ff.
– in Zwangsvollstreckung **85**, 12 f., 23
Beteiligungsbefugnis 10, 6; **83**, 21
– im Verfahren nach § 97 **97**, 23
betriebliche Übung
– Revisibilität **73**, 22
Betriebsgeheimnis
– Öffentlichkeit **52**, 16, 21
Betriebskollektivvertrag
– Anfechtung **2 a**, 42
Betriebsrat
– Antragsbefugnis **81**, 63
– Beschwerdebefugnis **89**, 4
– Beteiligtenfähigkeit **10**, 22 ff.
– Beteiligter im Beschlussverfahren **83**, 49 ff.
– Prozessfähigkeit **10**, 41
– Prozessführungsbefugnis **11**, 24
– Vollstreckungsgläubiger **85**, 12 ff.
– Vollstreckungsschuldner **85**, 14 ff.
– Zustellung **50**, 19
Betriebsratskosten
– Streitigkeiten **2 a**, 46 f.
Betriebsratsmitglied
– Antragsbefugnis **81**, 65
– Antragsteller **81**, 43
– Beteiligter im Beschlussverfahren **83**, 60 ff.
– Streitigkeiten **2 a**, 15 ff.
– Übernahme in Arbeitsverhältnis **80**, 16
Betriebsübernahme
– und Zuständigkeit **3**, 11
Betriebsvereinbarung
– Anfechtung **2 a**, 42
– Kenntnis des Gerichts **58**, 14; **73**, 2
– Revisibilität **73**, 1
Betriebsverfassungsorgane
– Streitigkeiten um **2 a**, 35 ff.
betriebsverfassungsrechtliche Streitigkeiten E, 150; **2**, 42; **2 a**, 7 ff.
– Beweislastverteilung **58**, 91
– Einigungsstelle E, 100 ff.
– örtliche Zuständigkeit **82**, 12
– Rechtsschutzinteresse im Beschlussverfahren **81**, 26
– bei Stationierungsstreitkräften **1**, 13
– als Vorfrage **2**, 139
Beurteilungsspielraum 73, 9; **74**, 54
Bevollmächtigter
– Ausschluss **11**, 111
– Zurückweisung **11**, 108 ff.
Beweis 58, 5 ff.
– Freibeweis **58**, 7
– Strengbeweis **58**, 7
Beweisantrag 58, 39
Beweisaufnahme 58, 1 ff., 39, 44 ff.
– Beschlussverfahren **80**, 62
– im Beschlussverfahren **83**, 99; **87**, 19; **90**, 11
– Besetzung des Gerichts **58**, 46 f.
– Europäische Verordnung **13 a**, 8

1365

Sachregister

Fette Zahlen = §§

– Güteverhandlung **54**, 26
– Öffentlichkeit **52**, 6
– über Rechtssätze **58**, 11 ff.
– Schiedsverfahren **106**, 1 ff.
– unterlassene **74**, 61
Beweisbeschluss
– Alleinentscheidung **55**, 48
– Beweisaufnahme **58**, 42
– vor Verhandlung
   – Alleinentscheidung **55**, 48
Beweiserhebung s. Beweisaufnahme
Beweisführungslast 58, 74
Beweisgebühr 56, 20, 23
Beweislast 58, 71 ff.
– Beschlussverfahren **58**, 72, 74
– Einzelfälle **58**, 91
– materielle **58**, 75
– Revision **74**, 62
– Umkehr **58**, 82
– Verteilung **58**, 76 ff.; **73**, 7
Beweismaß 58, 57 ff.
Beweismittel 58, 18 ff.
– Verwertungsverbot **58**, 34 ff.
Beweisrecht 58, 1 ff.
Beweisthema
– Bekanntgabe **56**, 18
Beweisverbot 58, 32 f.
Beweisvereitelung 58, 69
Beweisverfahren
– selbständiges **12**, 49; **58**, 48 f.
   – Kosten **12**, 65
– Vollstreckungstitel **58**, 49
Beweiswürdigung 58, 50 ff.
– und Beweismaß **58**, 57 ff.
– fehlerhafte **74**, 62
– in Revisionsinstanz **73**, 7
– Schadensschätzung **58**, 55
– Überprüfung in Revisionsinstanz **74**, 111; **75**, 108 f.
Bezugnahme auf Urteilsformel
– Verkündung **75**, 3 f.
billiges Ermessen
– Revisibilität **73**, 10 f.
bindende Festsetzung
– Revisibilität **73**, 17
Bindungswirkung 2, 19 ff.
– anderer Gerichte **E**, 59
– Berufungsverwerfung **64**, 101
– Entscheidung über Ablehnungsgesuch **103**, 26
– Entscheidung über Vorfrage **E**, 69; **2**, 141
– Großer Senat **45**, 46
– Revisionsurteil **74**, 141 ff.
– Revisionszulassung **72**, 47 ff.; **76**, 19 ff.; **77**, 11
– Schiedsspruch **108**, 32
– Streitwertfestsetzung **61**, 15

– Tatsachenfeststellung **74**, 108
– Verweisung **48**, 90 ff.
– Vorabentscheidungsverfahren **2 a**, 104
– Zulassung der Rechtsbeschwerde **92**, 9
– Zulassungsentscheidung **64**, 47
– Zuständigkeitsentscheidung **73**, 30 f.
Briefkasten
– gemeinsamer **66**, 7
Bruttoklage 46, 55
Bühnenkünstler
– Schiedsvereinbarung **101**, 18
bürgerliche Rechtsstreitigkeiten 2, 8 ff.
– um Arbeitspapiere **2**, 77 ff.
– bei Insolvenzsicherung **2**, 95 f.
Bürgschaft
– Zuständigkeit **2**, 51, 117; **3**, 10
Bundesarbeitsgericht 1, 4; **40**, 3 ff.
– Besetzung **41**, 3 ff.
– ehrenamtlicher Richter **43**, 4 f.
– als Erstinstanz **72**, 57 ff.
– Geschäftsordnung **44**, 8 ff.
– Geschäftsverteilungsplan
   – ehrenamtliche Richter **44**, 5
– Großer Senat **45**, 1 ff.
– Sitz **40**, 6
– Terminsort **40**, 6 a f.
– Verwaltung **40**, 9 ff.
– Zuständigkeit **8**, 11

Computerfax 46 c, 5
– Berufung **64**, 68
– Revision **74**, 12
– Urteilsverfahren **46**, 45

Darlegungs- und Beweislast
– Arbeitnehmereigenschaft **5**, 12
– im Beschlussverfahren **83**, 88, 94
Datenschutz E, 235 ff.
Datenübermittlung 13, 13 ff.
Datenverarbeitung
– Mahnverfahren **46 a**, 13
DDR
– Arbeitsgerichtsbarkeit **E**, 248
Denkgesetze 74, 111
– Revisibilität **73**, 8 f., 11, 13, 24
Derogation 1, 20; s. Zuständigkeitsvereinbarung
Detektivkosten
– Erstattung **12 a**, 25
deutsche Gerichtsbarkeit s. Gerichtsbarkeit
Devolutiveffekt 72 a, 7; **72 b**, 5
– Berufung **64**, 4
– Rechtsmittel **9**, 25 ff.
Dienstaufsicht 15, 1 ff.
– Gerichtsverwaltung **15**, 15
– Landesarbeitsgericht **34**, 2
– Präsident **15**, 23 ff.
Dienstaufsichtsbeschwerde 78, 7

Magere Zahlen = Randnummern

Dienstordnung
- Revisibilität 73, 17

Dienstordnungsangestellter
- Arbeitnehmer 5, 16, 53
- Zuständigkeit 2, 58

Dienststelle
- Antragsbefugnis 81, 66
- Antragsteller 81, 43, 44
- Beteiligte 10, 19
- Beteiligte im Beschlussverfahren 83, 38 ff.
- Prozessfähigkeit 10, 44
- Vollstreckungsschuldner 85, 22

Dienstvereinbarung
- Anfechtung 80, 25

Dienstverschaffungsvertrag 5, 18

Dienstvertrag 5, 18

Diplomatische Vertretung
- Immunität 1, 5 ff.
- Prozessvertretung 11, 138

Diskriminierung 61 b, 1 ff.
- Antragsrecht des Betriebsrats 2 a, 44
- Ausschlussfrist 61 b, 10
- Benachteiligungsklage
  - Gerichtsstand 48, 49
- Beweislastverteilung 58, 91
- ehrenamtlicher Richter 26, 1 ff.
- Ersatzansprüche 61 b, 1
- Klage 61 b, 1 ff.
- Klageform 61 b, 13
- Klagefrist 61 b, 5 ff.
- örtliche Zuständigkeit 61 b, 14 ff.
- Prozessverbindung 61 b, 24
- Streitgenossen 61 b, 17
- Verweisung 61 b, 18, 22
- Verzögerung 61 b, 27
- Wiedereinsetzung 61 b, 12

Dispositionsgrundsatz E, 212; 46, 44 ff.

Divergenz 72, 18 ff.; 92, 12 f.
- Nichtzulassungsbeschwerde wegen 72 a, 18 ff., 28, 36; 92 a, 5
- obiter dictum 45, 22
- Vorlage an Großen Senat 45, 16 ff.

Dokument
- elektronisches s. elektronisches Dokument

Dolmetscher
- Auslagen 12, 89
- behinderte Menschen 12, 93

Drittschuldnerklage
- Zuständigkeit 3, 9

Drittwiderspruchsklage
- Schiedsverfahren 102, 5
- Zwangsvollstreckung 62, 51, 75

Duldung
- Zwangsvollstreckung 62, 21

Durchgriffserinnerung 78, 17

Durchgriffshaftung 11, 75
- Zuständigkeit der Arbeitsgerichtsbarkeit 2, 51; 3, 10

Ehegattenverdienst 11 a, 35

ehrenamtlicher Richter E, 128 ff.
- Ablehnung 49, 3
- Ablehnung der Berufung 24, 6 ff.
- Ablehnung wegen Befangenheit s. dort
- Amtsentbindung 21, 30 ff.
- Amtsenthebung 20, 8; 27, 5 ff.
- Amtshaftung 27, 16 ff.
- Amtsniederlegung 24, 14 f.
- Amtspflichten 27, 6 ff.; 29, 15
- Amtszeit 20, 11 ff.
- Anhörung beim Bundesarbeitsgericht 43, 13
- Anhörungsrüge 78 a, 23 f.
- auf Arbeitgeberseite 22, 6 ff.
- auf Arbeitnehmerseite 23, 4 ff.
- Ausschluss 21, 21; 73, 45
- Ausschuss 29, 6 ff.
- Beeinträchtigung des Ehrenamtes 26, 7 ff.
- Benachteiligung 26, 15 ff.
- Berufung 20, 5 ff.; 21, 7 ff.; 22, 6 ff.
  - Revisionsgrund 73, 35 f.
  - Wiederaufnahmegrund 79, 8
- Berufung zum Bundesarbeitsgericht 43, 4 f.
- im Beschlussverfahren 80, 59
- Beschränkung 26, 10 ff.
- Bundesarbeitsgericht
  - Arbeitgeber 43, 9 ff.
  - Arbeitnehmer 43, 9 ff.
  - Kenntnisse 43, 7
  - Lebensalter 43, 6
- Diskriminierungsverbot 26, 1 ff.
- Ernennung 20, 7
- Fachkammer 30, 3 ff.
  - örtliche Zuständigkeit 30, 6 ff.
- Folgen der Beeinträchtigung 26, 20 ff.
- Freiheitsstrafe 21, 13
- Gewerbegerichtsgesetz E, 9
- im Großen Senat 45, 9
- Haftung 28, 15
- Heranziehung zu den Sitzungen 16, 13; 29, 18; 31, 6 ff.; 39, 1
- Hilfsliste 31, 12, 19; 39, 1
- Höhe des Ordnungsgeldes 28, 13 f.
- Landesarbeitsgericht 37, 4 ff.
  - Berufungsvoraussetzungen 37, 4
- Lebensalter 21, 8
- Mitwirkung bei Entscheidung
  - über Nichtzulassungsbeschwerde 72 a, 51; 92 a, 12
  - über Rechtsbeschwerde 78, 55
  - über Revisionsbeschwerde 77, 14
  - über sofortige Beschwerde 72 b, 28; 78, 36
  - über Zulässigkeit der Revision 74, 84, 86
  - über Zulässigkeit der Sprungrevision 76, 13
  - über Zurückweisung der Revision 74, 88 f.
- öffentliches Amt 21, 10 ff.
- Ordnungsgeldverfahren 28, 8 ff.
- persönliche Voraussetzungen 21, 1 ff.

Sachregister

Fette Zahlen = §§

- Prozessvertretung **11**, 127
- Prüfung der Berufung **65**, 9
- Rechtsstellung **6**, 4, 8 ff.; **43**, 12
- Tätigkeit **21**, 9
- Unterschrift unter Urteil **75**, 7 f.
- Vereidigung **20**, 10
- bei Verkündung der Entscheidung **75**, 3; **91**, 13
- Vermögensverfall **21**, 16
- Verteilung auf Kammern **6 a**, 55; **31**, 8
- bei Verwaltungsgerichten **80**, 12
- Vorschlagsliste **20**, 15 ff.

Eidesleistung 46, 24; s. Vereidigung
einfache Beschwerde s. Beschwerde, einfache
Einfirmenvertreter
- Arbeitnehmer **5**, 41

Eingruppierung
- Feststellungsklage **46**, 106 ff.
- Streitwert **12**, 134 ff.

Eingruppierungsrichtlinien
- Revisibilität **73**, 17

Einholung von Auskünften
- im Beschlussverfahren **83**, 97
- Beweisaufnahme **58**, 7

Einigung
- Güteverhandlung **54**, 3
- gütliche **57**, 23

Einigungsstelle E, 100 ff.; **101**, 6
- Besetzung **98**, 1 ff.
- Bestellungsverfahren **2 a**, 48, 100; **98**, 13
- Beteiligte im Beschlussverfahren **83**, 66 f.
- Errichtung der **98**, 4
- Stationierungsstreitkräfte **98**, 3
- Zuständigkeit **98**, 6 ff., 34

Einigungsstellenbestellungsverfahren
- Antragsbegründung **98**, 15
- Aussetzung **2 a**, 102; **98**, 11
- Beisitzer **98**, 28 f.
- und Beschlussverfahren **2 a**, 100 ff.
- Bestellung des Vorsitzenden **98**, 23 ff.
- Beteiligte **98**, 16 f.
- Fristwahrung **81**, 37

Einigungsstellenkosten 2 a, 49
Einigungsstellenspruch
- Anfechtung **2 a**, 49
- Vollstreckungstitel **2 a**, 100; **85**, 10

Einigungsstellenvorsitzender
- Abberufung **98**, 33
- Ablehnung wegen Befangenheit **80**, 50
- Bestellung **98**, 4, 23 ff.
- Beteiligter **98**, 17
- Richter als **98**, 24

Einkommen 11 a, 25 ff.
- Abfindung **11 a**, 39
- eheähnliches Verhältnis **11 a**, 37
- Versicherungsbeiträge **11 a**, 41
- Werbungskosten **11 a**, 42

Einkünfte 11 a, 26

Einlassungsfrist 46, 14; **47**, 1 ff.
- Abkürzung **47**, 11
- Ausland **47**, 8
- Berufungsverfahren **47**, 7
- im Beschlussverfahren **87**, 13
- einstweiliger Rechtsschutz **47**, 6
- Mahnverfahren **47**, 5
- Revisionsverfahren **47**, 7
- Versäumnis **47**, 15
- Zustellung, Inland **47**, 2
- Zustellung, öffentliche **47**, 4

Einrede, prozesshindernde s. prozesshindernde Einrede
Einredewegfall
- Wirkung im Schiedsverfahren **102**, 29

Einrichtung
- technische **46 c**, 8; **46 e**, 3

Einsichtnahme
- Zwangsvollstreckung **62**, 62

Einspruch s. auch Rechtsmittel
- Alleinentscheidung **59**, 42
- Begründung **46 a**, 34
- Entscheidung nach **59**, 38 ff.
- Europäisches Mahnverfahren **46 b**, 5
- Form **59**, 25
- Frist **59**, 34; **74**, 148
- Inhalt **59**, 29
- unzulässiger **59**, 42
  - Alleinentscheidung **55**, 17 a
- Versäumnisurteil **59**, 22
- Verwerfung **46 a**, 32; **78**, 10
- Vollstreckungsbescheid **46 a**, 31
- Wirkung **59**, 36

Einstellung der Zwangsvollstreckung 62, 40 ff.
- Alleinentscheidung **55**, 20
- im Beschlussverfahren **85**, 8
- bei sofortiger Beschwerde **72 b**, 5
- bei Nichtzulassungsbeschwerde **72 a**, 43
- Rechtsmittel **62**, 48
- bei Revision **72**, 52; **74**, 87
- Sicherheitsleistung **62**, 42 a, 46
- Wirkung **62**, 49
- Zwangsvollstreckung
  - Antrag **62**, 42
  - Entscheidung **62**, 43 ff., 47

Einstellung des Beschlussverfahrens
- Antragsrücknahme **81**, 77 ff.; **87**, 24 f.
- Erledigung der Hauptsache **83 a**, 12 ff.
- Rücknahme der Beschwerde **89**, 59
- Vergleich **83 a**, 3

einstweilige Anordnung
- im Beschwerdeverfahren **78**, 25, 29

einstweilige Verfügung 61, 28
- im Beschlussverfahren **85**, 29 ff.
- Entbindung von Weiterbeschäftigungspflicht **2**, 69
- Kosten **12**, 53
- in Regelungsstreitigkeiten **85**, 40

Magere Zahlen = Randnummern

– Revisionsbeschwerde **77**, 4
– und Sprungrevision **76**, 3
– Wahlanfechtung **85**, 38
– Zwangsvollstreckung **62**, 77 ff., 92
einstweiliger Rechtsschutz 62, 77 ff.
– Arbeitskampf **62**, 113
– Arbeitspapiere **62**, 112
– Arrestanspruch **62**, 89
– Arrestgrund **62**, 90
– Ausschuss für Lehrlingsstreitigkeiten **111**, 63
– Befriedigungsverfügung **62**, 98
– Beschäftigung **62**, 105
– Entgelt **62**, 103
– Entscheidungskompetenz **62**, 86
– Ersatzzuständigkeit
  – Amtsgericht **62**, 81
– Herausgabe von Sachen **62**, 118
– im internationalen Verfahren **E**, 302
– Konkurrentenklage **62**, 117
– Ladungsfrist **47**, 23
– Nichtzulassungsbeschwerde **72 a**, 2
– persönlicher Arrest **62**, 91
– Schiedsgericht **62**, 88
– Schiedsverfahren **102**, 4; **104**, 16
– Schutzschrift **62**, 115
– Teilzeitanspruch **62**, 119
– Urlaubsanspruch **62**, 101
– Verfügungsanspruch **62**, 94
– Verfügungsgrund **62**, 96
– Verhandlung **62**, 83
– Verweisung **48**, 17; **62**, 82
– Wettbewerbsverbot **62**, 116
– Widerspruch **62**, 87
– Zuständigkeit **62**, 79
– Zustellung **50**, 11
– Zwangsvollstreckung **62**, 7, 122
Einzelrechtsnachfolge 3, 7
Einzelrichter 46, 23
Einzelschiedsvereinbarung 101, 18 ff.
– Abschluss **101**, 25
– Arbeitsvertrag **101**, 27
– Besatzungsmitglieder **101**, 20
– Bühnenkünstler **101**, 18
– Filmschaffende **101**, 19
– Geltungsbereich **101**, 18
– Kapitäne **101**, 20
– Nachwirkung **101**, 26
– Tarifbindung **101**, 18, 23 f.
Einziehung
– Kosten **12**, 84 ff.
elektronische Akte 46 e, 1 ff.
– Akteneinsicht **46 e**, 9
– Aktenführung **46 e**, 2
– Aufbewahrung **46 e**, 8
– Medientransfer **46 e**, 4
elektronische Übermittlung
– Berufung **64**, 68

Sachregister

– Berufungsschrift **66**, 5
– Fristwahrung **66**, 8
elektronische Übersendung
– Zustellung **50**, 19
elektronisches Dokument 46 c, 1 ff.; **73**, 13; **74**, 13
– Antrag im Beschlussverfahren **81**, 7
– Begriff **46 c**, 5 ff.
– gerichtliches **46 d**, 1 ff.
– Schriftsatz **46 c**, 1
– Signatur **46 c**, 10 ff.
– Signatur, Begriff **46 c**, 13
– Übermittlung **46 c**, 6
– Zugang **46 c**, 21
Elementenfeststellungsklage 46, 76
E-Mail 46 c, 8
– Berufung **64**, 68 a
Endurteil 72, 5 f.
– Rechtsmittelbelehrung **9**, 33
– sofortige Beschwerde **72 b**, 6, 20
– Vollstreckungstitel **62**, 4
Entgelt
– einstweilige Verfügung **62**, 103
Entgeltabrechnung 61, 28
– Zwangsvollstreckung **62**, 62
Entgelttarif
– Feststellung **46**, 95
Entleiher
– Arbeitgeber **2**, 52
Entschädigung 61, 29 ff.
– ehrenamtliche Richter **6**, 17; **78**, 5
– Festsetzung **61**, 37
– bei Nichtvornahme einer Handlung **85**, 2
– Sachverständiger **9**, 16
– Zeugen **9**, 16
Entscheidung
– Antragsänderung **81**, 92 ff.
– nach Einspruch **59**, 38 ff.
– ohne mündliche Verhandlung **46**, 28
Entscheidung nach Aktenlage 59, 21
– in Revisionsinstanz **74**, 147
Entscheidungserheblichkeit 72 a, 8 f.
Entscheidungsgründe
– Absehen **69**, 10
– im Beschlussverfahren **84**, 8; **91**, 5 f.
– Fehlen der **73**, 49
– Mitteilung **60**, 19
– Mitteilung bei Verkündung **75**, 4
Entschuldigung
– nachträgliche **51**, 25
– verspäteten Vorbringens **56**, 38
Entsenderichtlinie
– Zuständigkeit der Gerichte für Arbeitssachen **1**, 17
Entwicklungshelfer
– Zuständigkeit **2**, **101**, 104
Erfahrungssätze 74, 111
Erfahrungssatz 58, 64; s. auch Anscheinsbeweis

1369

Sachregister

Fette Zahlen = §§

– Beweisaufnahme **58**, 17
– Revisibilität **73**, 7 ff., 13, 24
Erfinderstreitigkeiten
– Zuständigkeit **2**, 111 ff.
Erfindungsgeheimnis
– Öffentlichkeit **52**, 23
Erfüllungsort
– Gerichtsstand **48**, 40
Ergänzung
– Parteivorbringen **56**, 7
Ergänzungsbeschluss
– Revisionsbeschwerde **77**, 5, 12
– Revisionsfrist **74**, 8
– Zulassung der Rechtsbeschwerde **78**, 41; **91**, 9
Ergänzungsurteil
– Revisionsfrist **74**, 8
– Zulassung der Berufung **64**, 30
– Zulassung der Revision **72**, 34, 36
Erinnerung 78, 6, 17
– Zwangsvollstreckung **62**, 73
Erledigung
– Berufung **64**, 114
– Beschluss
  – Kosten **12**, 40
Erledigung der Hauptsache
– bei Anschlussrevision **74**, 76
– im Beschlussverfahren **83 a**, 11; **90**, 12; **95**, 10
– Kosten **74**, 32
– bei Nichtzulassungsbeschwerde **72 a**, 6
– in der Revisionsinstanz **74**, 28 ff., 120
Erledigungserklärung
– Güteverhandlung **54**, 42
Ermessen
– Verfahren nach billigem **46**, 27
Ermessensentscheidung
– sofortige Beschwerde **78**, 33
– Revisibilität **73**, 10 f.; **74**, 97; **93**, 3
– Sprungrevision **76**, 3
Errichtung der Einigungsstelle 98, 13 ff.
Ersatzansprüche
– Diskriminierung **61 b**, 1 ff.
Ersatzzustellung 11, 91; **50**, 17, 18; s. Zustellung
– an Betriebsrat **80**, 51
Erscheinen, persönliches 51, 1 ff.; **56**, 17
– Adressat **51**, 12
– Anhörung **51**, 16
– Anordnung **51**, 5 ff.
– Begründung **51**, 11
– Belehrung **51**, 11
– Berufung **64**, 123
– Beschlussverfahren **80**, 52
– im Beschlussverfahren **83**, 96; **87**, 16
– Entschuldigungsgründe **51**, 18
– Entsendung Vertreter **51**, 20

– Fernbleiben **51**, 17
– Güteverhandlung **51**, 28; **54**, 21
– Ladung **51**, 14
– nachträgliche Entschuldigung **51**, 25
– Ordnungsgeld **51**, 22
– Vollmacht **51**, 21
– Zurückweisung des Vertreters **51**, 26
Erstattungsanspruch
– Kostenerstattung s. dort
– Zuständigkeit **2**, 58
Erziehungsgeld 11 a, 33
et-et-Fall E, 143; **2**, 162 f.
EuGVÜ E, 260
– Internationale Zuständigkeit **1**, 27 ff.
EuGVVO E, 261
– Internationale Zuständigkeit **1**, 23 ff.
Europäische Gesellschaft 2 a, 75 ff.
– Beteiligtenfähigkeit **10**, 28
– Zuständigkeit **82**, 18 f.
Europäische Verordnung E, 261 ff.; **13 a**, 1 ff., 8
– geringfügige Forderungen **13 a**, 15
– Vollstreckungstitel **13 a**, 12
– Zustellung **13 a**, 6
Europäischer Betriebsrat 2 a, 5, 53 f.
– Beteiligtenfähigkeit **10**, 28
– Zuständigkeit **82**, 15 ff.
Europäischer Gerichtshof E, 80 ff.
– Vorabentscheidungsverfahren **E**, 88 f.
– Vorlage an **E**, 88; **45**, 15
– Zuständigkeit **E**, 82 ff.
Europäischer Gerichtshof für Menschenrechte E, 90 ff.
Europäisches Mahnverfahren 46 b, 1 ff.
– Einspruch **46 b**, 5
– Zivilprozessordnung **46 b**, 3
– Zuständigkeit **46 b**, 4

Fachkammer 5, 3; **17**, 1 ff.
– ehrenamtlicher Richter **30**, 3 ff.
– Errichtung **17**, 10 ff.
– Landesarbeitsgericht **35**, 12
– örtliche Zuständigkeit **17**, 16
– ehrenamtlicher Richter **30**, 6 ff.
– für Personalvertretungssachen **17**, 6, 11; **80**, 12
– Unzuständigkeit **17**, 14 f.
– Verfahrensart **81**, 6
– Verweisung des Rechtsstreits **80**, 28
Fachkraft für Arbeitssicherheit
– Zuständigkeit **2**, 56
Fachsenat
– für Personalvertretungssachen **80**, 12
Fälligkeit
– Kosten **12**, 76 ff.
faktisches Arbeitsverhältnis 5, 6
– Zuständigkeit **2**, 53
Falschaussage 79, 6

1370

Magere Zahlen = Randnummern

Sachregister

Familienangehörige
- Arbeitnehmer **5**, 28
- Prozessfähigkeit **11**, 43 f.

Familienhelferin
- Arbeitnehmer **5**, 16

fehlgegangene Vergütungserwartung
- Zuständigkeit **2**, 56

Fernschreiben
- Berufung **64**, 68
- Rechtsmittel durch **74**, 12 f.; **76**, 17; **78**, 21

Fernsehaufnahmen
- Öffentlichkeit **52**, 9

Fernsehmitarbeiter s. freie Mitarbeiter

Feststellung
- alsbaldige **46**, 92

Feststellungsantrag
- im Beschlussverfahren **81**, 15 f., 31
- Bestimmtheit **81**, 9
- negativer **81**, 39

Feststellungsinteresse 46, 84 ff.
- Änderungskündigung **46**, 111
- Arbeitskampfmassnahmen **46**, 93
- Arbeitsleistung **46**, 94
- Arbeitsverhältnis **46**, 100
- Ausnahmen **46**, 89 ff.
- Bemessungsgrundlage **46**, 96
- im Beschlussverfahren **81**, 31
- Eingruppierung **46**, 106 ff.
- Eintragung Verdienste **46**, 95
- Entgelttarif **46**, 95
- Kinderzuschlag **46**, 95
- Kündigungsschutzklage **46**, 109 ff.
- Leistungsverweigerungsrecht **46**, 104
- Personalüberhang **46**, 95
- Rentenversicherungskarte **46**, 95
- Ruhegeld **46**, 98
- Schadensersatz **46**, 99
- Tarifvertragsparteien **46**, 101
- Tarifvertragsstreitigkeiten **2**, 17, 27
- Trennungsentschädigung **46**, 105
- Vordienstzeiten **46**, 105
- Weiterbeschäftigung **46**, 111
- Weiterversicherung **46**, 105
- Zinssatz **46**, 105

Feststellungsklage E, 182; **46**, 74 ff.
- des Auszubildenden nach § 78 a BetrVG **2**, 68; **2 a**, 51 f.
- Diskriminierung **61 b**, 13
- Elemente **46**, 76
- rechtliches Interesse **46**, 84 ff.
- Rechtsverhältnis **46**, 75
- Subsidiarität **46**, 91
- Übergang auf Leistungsklage **74**, 44
- Vorfragen **46**, 76
- Zwischenfeststellung **46**, 81

Fiktion
- Klagerücknahme **55**, 6

Filmschaffende s. auch freie Mitarbeiter
- Schiedsvereinbarung **101**, 19

Finanzgericht
- Zuständigkeit **2**, 79 f.

Firmenfortführung
- und Zuständigkeit **3**, 10

Flucht
- in die Säumnis **59**, 33

Forderungspfändung
- grenzüberschreitende **62**, 67
- Zwangsvollstreckung **62**, 65 ff.

Forderungsübergang
- und Zuständigkeit **3**, 7 f.

Formularverträge s. Allgemeine Geschäftsbedingungen

Fotomodell
- Arbeitnehmer **5**, 16

Franchisenehmer
- Arbeitnehmer **5**, 35

Frauenbeauftragte
- Zuständigkeit **2**, 56

Freibeweis 58, 7

freie Mitarbeiter
- Arbeitnehmer **5**, 19
- Zuständigkeit **2**, 66

freiwilliges soziales Jahr
- Zuständigkeit **2**, 102 f.

Frist
- Anhörungsrüge **78 a**, 15
- Berufung **66**, 3
- Beschwerde im Beschlussverfahren **89**, 10 ff.
- Einlassungsfrist **47**, 1 ff.
- Einspruch **59**, 34
- für Klage
  - im Schiedsverfahren **110**, 17 ff.
- Nichtzulassungsbeschwerde **72 a**, 25; **72 b**, 25
- Rechtsbeschwerde **94**, 4
- Revisionsbeschwerde **77**, 12
- sofortige Beschwerde **92 b**, 5
- Urteilsabfassung **60**, 28; **69**, 13
- Zustellung **50**, 13

Fristsetzung 57, 13
- für Parteivorbringen
  - im Beschlussverfahren **83**, 88
- Vorbringen **67**, 7

Fristverlängerung
- Antrag **66**, 30
- Berufungsbeantwortung **66**, 27, 30
- Berufungsbegründung **66**, 30
- Dauer **66**, 37
- Einspruchsbegründung **59**, 30
- Entscheidung **66**, 33 ff.
- mehrmalige **66**, 38
- Rechtsbeschwerde **78**, 52
- Revision **74**, 11
- Revisionsbegründung **74**, 34 f.
- Revisionsbeschwerde **77**, 13
- Verlängerungsgründe **66**, 40

Sachregister

Fette Zahlen = §§

Fristversäumnis
– Belehrung **56**, 32
– Schiedsverfahren **102**, 14
Fünfmonatsfrist 64, 84
– Berufung **66**, 17 f.
– bei unterbliebener Zustellung **9**, 58 a
Funkfax 46 c, 5
Funktionsnachfolge 3, 6
– des Betriebsrats **3**, 2

Gebührenstreitwert 12, 139 ff.; s. Streitwert
Gegenrüge 72 b, 2, 40; **74**, 69, 109
Gegenstand
– Vorlage **56**, 14
Gegenvorstellung
– und Anhörungsrüge **78 a**, 8
– im Beschwerdeverfahren **78**, 7, 59
– bei Nichtzulassungsbeschwerde **72 a**, 53
Gehör, rechtliches s. rechtliches Gehör
Geldforderung
– Zwangsvollstreckung **62**, 62
Gemeinnützige Arbeit
– Zuständigkeit **2**, 53
Gemeinsame Einrichtungen der Tarifvertragsparteien
– Zuständigkeit **2**, 87 ff.
Gemeinsamer Senat E, 117 f.; **45**, 54 ff.
– Entscheidung **45**, 59
– Verfahren **45**, 58
Gemeinschuldner
– Prozessfähigkeit **10**, 37
gemischte Verträge
– Zuständigkeit **2**, 115 ff.
Gerichtsbarkeit, deutsche E, 268 ff.; **1**, 5 ff.
– Aufbau **E**, 48 ff.
– und internationale Zuständigkeit **1**, 15 ff.
– und Kirchen **E**, 105 ff.; **1**, 15
– Prüfung in Revisionsinstanz **74**, 98
– für Stationierungsstreitkräfte **1**, 13
– und Völkerrecht **1**, 7
Gerichtsferien 9, 9
Gerichtsgebühr s. auch Gerichtskosten
– Revisionsverfahren **75**, 11
Gerichtskosten s. auch Gerichtsgebühr, Auslagen, Kosten
– Großer Senat **45**, 53
Gerichtsperson
– Ablehnung **49**, 1 ff.
– Berufung **64**, 122
Gerichtssprache E, 284; **9**, 10
Gerichtsstand 48, 29 ff.; s. auch örtliche Zuständigkeit
– allgemeiner **48**, 30, 32 f.
– Arbeitskampfstreitigkeiten **48**, 50
– Arbeitsort **48**, 34
– Außendienstmitarbeiter **48**, 36, 42
– Benachteiligungsklage **48**, 49
– Beschlussverfahren **48**, 63

– besonderer **48**, 30, 34 ff.
– Erfüllungsort **48**, 40
– Individualstreitigkeiten **48**, 40
– internationale Zuständigkeit **48**, 59
– kollektivrechtliche Streitigkeiten **48**, 45
– Kündigungsschutzklage **48**, 44
– nach deutschem Recht **48**, 55 ff.
– nach europäischem Recht **48**, 59
– Niederlassung **48**, 46
– Prüfungskompetenz **48**, 64 ff.
– rügelose Einlassung **48**, 60
– Streitgegenstand **48**, 64
– Telearbeit **48**, 36
– unerlaubte Handlung **48**, 47
– Vereinbarung **48**, 41, 54 ff.
– Vertreter **48**, 36
– Wettbewerbsverbot **48**, 43
– Widerklage **48**, 48
– Zivilprozessordnung **48**, 29
Gerichtsstandsvereinbarung
– im Beschlussverfahren **2 a**, 2; **82**, 2
– in Erfinderstreitigkeiten **2**, 113
– internationale Zuständigkeit **1**, 16, 32
– für Organmitglieder **2**, 129 ff.
– Zusammenhangsklagen **2**, 127
Gerichtstag 14, 12 ff.
Gerichtsverwaltung 15, 7
– Bundesarbeitsgericht **40**, 9 ff.
– Landesarbeitsgericht **34**, 2
– Mitwirkung der ehrenamtlichen Richter **29**, 18, 20
Gerichtsvollzieher
– Gebühren **12**, 85
Gesamtbetriebsrat
– Beteiligter im Beschlussverfahren **83**, 55 f.
Gesamthafenbetrieb 2, 88
Gesamtrechtsnachfolge 3, 6
Gesamtschiedsvereinbarung 101, 8 ff.
– Beendigung **101**, 16
– Form **101**, 13 f.
– Geltungsbereich **101**, 8
– Kündigung **101**, 17
– Wirkung **101**, 15
Gesamtzusage
– Revisibilität **73**, 21
Geschäftsführer
– Arbeitnehmer **5**, 15, 35, 45 ff.
– ehrenamtlicher Richter **22**, 12
– Kündigungsschutzklage **2**, 67
– Zuständigkeit **2**, 129 ff.
Geschäftsführung ohne Auftrag
– Zuständigkeit **2**, 55
Geschäftsgeheimnis
– Öffentlichkeit **52**, 21
Geschäftsordnung
– Bundesarbeitsgericht **44**, 8 ff.
– Präsidium **6 a**, 34

Magere Zahlen = Randnummern

Sachregister

Geschäftsstelle 7, 3
– Aufgaben 7, 7 ff.
– Zuständigkeit für die Einrichtung 7, 5 f.
Geschäftsverteilung E, 121
– Gerichtsverfassungsgesetz 6 a, 3 ff.
– im Spruchkörper 6 a, 72 ff.
Geschäftsverteilungsplan 6 a, 32, 46 ff.
– Änderung 6 a, 38, 50
– Anfechtung 6 a, 52
– Anhörung der ehrenamtlichen Richter 43, 13; 44, 7 f.
– Anhörung des Ausschusses der ehrenamtlichen Richter 29, 16, 18; 31, 9
– Bundesarbeitsgericht 44, 5
– Eilfälle 6 a, 86
– Heranziehung der ehrenamtlichen Richter s. dort
– Inhalt 6 a, 55
– Verstoß gegen s. Besetzung des Gerichts
Geschichte
– der Arbeitsgerichtsbarkeit E, 1 ff.
geschlechtsbedingte Benachteiligung s. Diskriminierung
Gesellschaft bürgerlichen Rechts
– Parteifähigkeit 10, 6
Gesellschafter
– Arbeitgeber 2, 51
– Arbeitnehmer 5, 15
– ehrenamtlicher Richter 22, 11
gesetzlicher Richter E, 231
– Besetzung des Gerichts s. dort
– Geschäftsverteilungsplan s. dort
gesetzliche Vertreter juristischer Personen
– Arbeitnehmer 5, 45 ff.
– ehrenamtlicher Richter 22, 11
– Werkleiter 5, 45
– Zuständigkeit 2, 3, 67, 129
Geständnis 74, 111
– im Beschlussverfahren 83, 92
– Güteverhandlung 54, 43
Gestaltungsantrag
– im Beschlussverfahren 81, 19 ff., 30
– Rechtskraftwirkung 84, 28
– Rechtsschutzinteresse 81, 30
Gestaltungsklage E, 183; 46, 121
Gewerbegericht E, 6; 14, 3
Gewerbegerichtsgesetz E, 7
Gewerkschaft 2 a, 78; 10, 9; 11, 57 ff.
– Anhörung
 – bei Ernennung des Vorsitzenden 18, 9, 16 ff.; 36, 4
– Anhörung bei Gerichtsverwaltung 15, 17 ff., 28; 17, 7 f.
– Antragsbefugnis 81, 68; 97, 15 f.
– im Beschlussverfahren 2 a, 55 ff.
– Beteiligte im Beschlussverfahren 83, 72 ff.
– Beteiligtenfähigkeit 10, 32 ff.; 81, 41

– Nebenintervenient im Beschlussverfahren 83, 25
– Parteifähigkeit 10, 7 ff.
– im Urteilsverfahren 2, 12 ff.
– Vorschlag für ehrenamtliche Richter 20, 15 ff.
Gewerkschaftseigenschaft 2 a, 78; 10, 9; 97, 6
Gewerkschaftsvertreter s. auch Verbandsvertreter
– ehrenamtlicher Richter 23, 7
gewillkürte Prozessstandschaft s. Prozessstandschaft
Gewohnheitsrecht
– Kenntnis des Gerichts 58, 13
– und Revision 73, 6
Glaubhaftmachung 58, 61 ff.
Gleichbehandlung s. Diskriminierung
Gleichgestellte
– Arbeitnehmer 5, 30 f.
Großer Senat 45, 5 ff.
– Anrufung 45, 11 ff., 37 ff.
– Beschluss 45, 44
– Besetzung 45, 9 f.
– Divergenzvorlage 45, 40
– Grundsatzvorlage 45, 33 ff., 39
– Kosten 45, 53
– mündliche Verhandlung 45, 43
– Verfahren 45, 37 ff.
– Vorlagepflicht 45, 36
– Zuständigkeit 45, 11 ff.
Grundbeschluss 84, 5
– Beschwerdefähigkeit 87, 4
Grundrechtsverstoß 72, 2
grundsätzliche Bedeutung 72, 12 f.; 92, 10 f.
– Nichtzulassungsbeschwerde wegen 72 a, 8, 12 ff., 33, 35; 92 a, 2 ff.
– Revisionsbeschwerde bei 77, 7
– Sprungrevision bei 76, 3
– Vorlage an Großen Senat 45, 29 ff.
Grundurteil
– Nichtzulassungsbeschwerde 72 a, 20
– Revisibilität 72, 10
– Revision gegen 74, 15
– Zulassung der Revision 72, 34
– Zurückverweisung 68, 20
Gruppe
– als Antragsteller 81, 43
– Beteiligte im Beschlussverfahren 83, 45, 63
– Beteiligtenfähigkeit 10, 26
Gütestelle E, 95 ff.
Gütetermin
– weiterer 54, 29
Güteverhandlung 54, 1 ff.
– amtliche Auskünfte 54, 19
– Anerkenntnis 54, 39
– Angriffsmittel 54, 14
– Antragstellung 54, 37
– Beschlussverfahren 80, 54 ff.

1373

Sachregister

Fette Zahlen = §§

– im Beschlussverfahren 80, 35; 83, 105
– Bestandsschutzstreit 61 a, 9
– Beweisaufnahme 54, 26
– Einreden 54, 14
– Entbehrlichkeit 54, 53
– Erfolglosigkeit 54, 49, 64 ff.
– Ergebnis 54, 47
– Erledigungserklärung 54, 42
– Erörterung 54, 22
– Geltungsbereich 54, 6 ff.
– Gerichtsbesetzung 54, 9
– Geständnis 54, 43
– Klagerücknahme 54, 38
– Mündlichkeit 54, 11
– Öffentlichkeit 54, 12
– Parteivernehmung 54, 28
– persönliches Erscheinen 54, 21
– Protokollierung 54, 50
– Referendare 54, 10
– Ruhen des Verfahrens 54, 59
– Sachverhaltsaufklärung 54, 22
– Sachverständiger 54, 18
– Säumnis beider Parteien 54, 59
– Säumnis einer Partei 54, 56
– nach Spruch des Ausschusses für Lehrlingsstreitigkeiten 111, 43
– Verfahren 54, 9 f.
– Verhandlung 54, 22
– Verzicht 54, 39
– Vorbereitung 54, 16
– weitere 54, 29
– weiteres Verfahren 54, 64 ff.
– Zeugen 54, 18
– Zulässigkeitsrügen 54, 46
Gutachterkosten
– Erstattung 12 a, 26

Handelsvertreter
– Arbeitnehmer 5, 39 ff.
Handlung
– Vornahme 61, 25
– Zwangsvollstreckung 62, 21, 62
Hauptintervention
– im Schiedsverfahren 104, 11
Hauptklage
– Zuständigkeit 2, 119 ff.
Hausgewerbetreibender
– Arbeitnehmer 5, 30 f.
Heimarbeiter
– Arbeitnehmer 5, 30 f.
Helfer im sozialen Jahr
– Arbeitnehmer 5, 19
Heranziehung der ehrenamtlichen Richter 16, 13; 31, 6 ff., 10 ff.
– Anhörung des Ausschusses 29, 18
– beim Landesarbeitsgericht 39, 1
– Revisibilität 73, 36, 43
– bei Vertagung 31, 13

Herausgabe von Sachen
– einstweilige Verfügung 62, 118
– Zwangsvollstreckung 62, 58, 62
– Zwangsvollstreckung gegen Betriebsrat 85, 15
Herausgabeklage 46, 70
Hilfsantrag 74, 129
– im Beschlussverfahren 81, 22
– Beschwerdewert 64, 54
– nachträgliche Zulassung 46, 118
– in Revisionsinstanz 74, 43 ff.
– uneigentlicher 46, 113
– Streitwert 12, 118
Hilfskammer 17, 9
– Landesarbeitsgericht 35, 11
Hinterbliebene
– Zuständigkeit 2, 83 ff.; 3, 12
höhere Gewalt
– Rechtsmittel 9, 50 ff.

Immunität 1, 5 ff.
Indizienbeweis 58, 6, 66
Inkrafttreten der Zivilprozessreform 74, 21; 78, 1
Innung
– Antragsbefugnis 97, 17
– Ausschuss für Lehrlingsstreitigkeiten 111, 6, 8
– Parteifähigkeit 10, 4
– Prozessfähigkeit 11, 65 f.
Insolvenz
– Rechtsfolgen im Beschlussverfahren 2 a, 8, 27 ff.; 80, 1
– und Revision 72, 7; 74, 44, 50
Insolvenzverwalter
– Arbeitgeber 3, 14
– Beteiligtenfähigkeit 10, 20
– Beteiligter im Beschlussverfahren 10, 6; 83, 39
– Prozessführungsbefugnis 3, 14
– Prozessstandschaft 3, 14
Interesse
– rechtliches 46, 84 ff.
Internationale Gerichtsbarkeit E, 256 ff.
Internationale Zuständigkeit E, 273 ff.; 1, 15 ff.; 48, 9, 12, 26
– Berufung 64, 119
– Beschlussverfahren 1, 18; 2 a, 77
– deutsches Verfahrensrecht 1, 18 ff.
– bei Entwicklungshelfern 2, 101
– EuGVÜ E, 259; 1, 27 ff.
– EuGVVO 1, 23 ff.
– Gerichtsstand 48, 59
– Parteivereinbarung 1, 19 ff.
– Prüfung 73, 34; 74, 98
– Revision 74, 98
– Schiedsgerichtsbarkeit 101, 4
Internationale Zwangsvollstreckung E, 367 f.
Internationales Privatrecht 1, 33

Magere Zahlen = Randnummern

Sachregister

Inzidententscheidung
– Zulässigkeit **48**, 122

Jugend- und Auszubildendenvertretung
– Antragsteller **81**, 45, 64
– Beteiligte im Beschlussverfahren **83**, 58 f.
– Prozessfähigkeit **10**, 42
– Prozessführungsbefugnis **11**, 25
– Streitigkeiten **2 a**, 35
– Übernahme in Arbeitsverhältnis **2 a**, 51 f.; **80**, 16

Juristen
– ausländische
  – Beratungsteilnahme **60**, 6

juristische Person 11, 15 ff.
– Arbeitgeber **2**, 51
– ausländische **1**, 8
– Beteiligtenfähigkeit **10**, 17 ff.; **81**, 40
– Parteifähigkeit **10**, 4
– Postulationsfähigkeit **11**, 80
– verbandsabhängig **11**, 74 ff., 82

Justizgewährung s. Rechtsschutzgarantie

Justizielle Zusammenarbeit
– Beweisaufnahme **13 a**, 8
– Grundlagen **13 a**, 2 ff.
– Mahnverfahren **13 a**, 14
– Prozesskostenhilfe **13 a**, 11
– Vollstreckungstitel **13 a**, 12
– Zustellung **13 a**, 6

Justizmitteilungsgesetz 13, 13 ff.

Justizverwaltung 15, 8, 12, 14
– Einvernehmen mit **15**, 29 ff.

Justizverwaltungsakte 78, 7

Kammer
– auswärtige **14**, 11
– Besetzung **16**, 9 ff.
– Landesarbeitsgericht **35**, 10
– Verhandlung **57**, 1 ff.

Kammertermin s. auch mündliche Verhandlung
– im Beschlussverfahren **80**, 61; **83**, 96; **87**, 17 f.

Kapitäne
– Schiedsvereinbarung **101**, 20

Kaufmannsgericht E, 11
Kaufmannsgerichtsgesetz E, 11
Kindergeld 11 a, 29
Kinderzuschlag
– Feststellungsklage **46**, 95

Kirchen
– und Arbeitsgerichtsbarkeit **E**, 105 ff.; **1**, 14; **2 a**, 31; **5**, 52
Kirchenrecht 73, 6
– Revisibilität **73**, 17

Klage
– Beschäftigung **46**, 64
– Bruttobetrag **46**, 55
– Computerfax **46**, 45

– elektronische Aufzeichnung **46**, 45
– Feststellung **46**, 74 ff.
– Form **46**, 45
– Herausgabe **46**, 70
– Konkurrent **46**, 68
– Nettobetrag **46**, 55
– Telefax **46**, 45
– Telekopie **46**, 45
– Überstundenbezahlung **46**, 60
– Unterlassung **46**, 67
– Unterschrift **46**, 45
– Unterschrift, eingescannte **46**, 45
– Vornahme einer Handlung **46**, 71
– Zeugnis **46**, 73
– Zinsen **46**, 57

Klageänderung
– Berufung **64**, 91
– Erledigung der Hauptsache **74**, 29
– in Revisionsinstanz **74**, 44 ff.

Klagearten E, 179 ff.; **46**, 53 ff.

Klagefrist
– Anrufung des Ausschusses für Lehrlingsstreitigkeiten **111**, 22 ff., 44, 60
– Versäumung **46**, 116
– Wiederaufnahme des Verfahrens **79**, 2

Klagehäufung
– beschränkte Zulassung der Berufung **64**, 40 f.
– sofortige Beschwerde **72 b**, 14
– Entschädigungszahlung **61**, 32
– nachträgliche **67**, 25
– objektive **E**, 58; **2**, 153; **12**, 112
  – Streitwert **12**, 106 ff.
– subjektive **2**, 153; **76**, 4
  – Streitwert **12**, 7
– Verweisung **48**, 68
– und Zulassung der Revision **72**, 39; **76**, 4
– und Zulassung der Sprungrevision **76**, 4
– Zuständigkeitsprüfung **2**, 153

Klagerücknahme 55, 5
– Alleinentscheidung **55**, 5
– Fiktion **55**, 6
– Güteverhandlung **54**, 38
– Kosten **12**, 18
– in Revisionsinstanz **74**, 24, 30

Klageschrift
– Unterschrift s. dort
– Zustellung **46**, 13

Koalitionsfreiheit 2, 43 ff.

Kommanditgesellschaft
– Parteifähigkeit **10**, 6

Kommanditist
– Arbeitgeber **5**, 54
– Arbeitnehmer **5**, 15, 47

Kompetenzstreit
– negativer **48**, 97

Konkurrentenklage 46, 62, 68
– einstweilige Verfügung **62**, 117
– Zwangsvollstreckung **62**, 62

1375

Sachregister

Fette Zahlen = §§

Konsul
- Immunität **1**, 6

kontradiktorisches Urteil 75, 5
Kontrollratsgesetz Nr. 21 E, 20
Konzentrationsmaxime 56, 1 ff.; **57**, 7
Konzernbetriebsrat
- Beteiligter im Beschlussverfahren **83**, 55 f.

Kosten 12, 1 ff.; s. auch Anwaltskosten, Gerichtskosten, Prozesskosten
- abgekürztes Urteil **12**, 37, 63
- Abhilfeentscheidung **12**, 55
- Anschlussrevision **74**, 76
- Arrest **12**, 53
- Ausschuss für Lehrlingsstreitigkeiten **111**, 64 ff.
- außergerichtlicher Vergleich **12**, 31
- Beitreibung **12**, 84 f.
- im Beschlussverfahren **83**, 103; **85**, 25
- bei sofortiger Beschwerde **72 b**, 33
- Beschwerdeverfahren **12**, 66 ff.
- Beweisverfahren **12**, 49, 65
- dritte Instanz **12**, 70 ff.
- einstweilige Verfügung **12**, 53
- Einziehung **12**, 84 ff.
- Fälligkeit **12**, 76 ff.
- Gerichtsvollzieher **12**, 85
- Mahnverfahren **12**, 27, 46; **46 a**, 36 ff.
- Nichtzulassungsbeschwerde **72 a**, 54 ff.
- Rechtshilfe **13**, 7
- bei Revisionszurücknahme **74**, 23
- Vergleich **12**, 22 ff.
- Vergleich in zweiter Instanz **12**, 60
- Versäumnisurteil **12**, 35 f.
- Verweisung **48**, 109 ff.
- Vorschuss **12**, 74 f.
- Widerruf **12**, 26
- Zwangsvollstreckung **85**, 25
- zweite Instanz **12**, 56 ff.

Kostenentscheidung
- Alleinentscheidung **55**, 32 a
- im Beschlussverfahren **83 a**, 16; **84**, 31 f.
- im Beschwerdeverfahren **48**, 131 f.; **78**, 37, 58
- im Insolvenzverfahren **84**, 34
- im Revisionsverfahren **75**, 11
- im Schiedsverfahren **108**, 10

Kostenerstattung
- Ausschluss **12 a**, 5 ff.
- Beschlussverfahren **12 a**, 37
- Detektivkosten **12 a**, 25
- Gutachterkosten **12 a**, 26
- Hinweispflicht **12 a**, 31
- Kostenteilung **12 a**, 42
- Parteivereinbarung **12 a**, 28
- Rechtsmittelverfahren **12 a**, 39 ff.
- Reisekosten **12 a**, 21
- unzuständiges Gericht **12 a**, 17
- Verletzung Hinweispflicht **12 a**, 35
- Zwangsvollstreckungsverfahren **12 a**, 27

Kostenerstattungsanspruch 12 a, 5 ff.
- materiell-rechtlicher **12 a**, 8 ff.
- Nebenintervenient **12 a**, 14
- prozessualer **12 a**, 5 ff.
- Rechtsanwalt **12 a**, 13, 15
- Schadensersatzanspruch **12 a**, 9
- im Schiedsverfahren **106**, 5, 18
- Streitverkündeter **12 a**, 14
- Umfang **12 a**, 13
- Verbandsvertreter **12 a**, 13
- Zeitversäumnis **12 a**, 16

Kostenfestsetzungsbeschluss
- im Beschlussverfahren **84**, 33; **85**, 10
- Rechtspfleger **9**, 15

Kostenprivilegierung 12, 15, 78
- Anerkenntnis **12**, 19
- Beschlussverfahren **12**, 16, 142 ff.
- Bund **12**, 17
- Erledigung **12**, 40
- Klagerücknahme **12**, 18
- Länder **12**, 17
- Vergleich **12**, 23 ff.
- Verzicht **12**, 19 f.

Kostenrechtsmodernisierung 12, 1; **75**, 6; **78**, 5
Kostenschlussentscheidung 53, 14
- Alleinentscheidung **55**, 32 a

Kostenschuldner 12, 86 ff.
Kostenstreitwert 12, 8
Kostentragungspflicht 12 a, 5 ff.
Kostenverzeichnis 12, 13 ff.
Kostenvorschuss 12, 74 f.
Kündigung
- Beweislastverteilung **58**, 91
- Prozessförderung **61 a**, 1 ff.

Kündigungsschutzklage 12, 97
- Änderungskündigung **46**, 111
- Betriebsratsmitglied **2 a**, 18
- Beweislastverteilung **58**, 91
- Feststellungsinteresse **46**, 109 ff.
- Gerichtsstand **48**, 44
- nachträgliche Zulassung **46**, 117
- Prozessförderungspflicht **61 a**, 4 a
- sofortige Beschwerde **78**, 11
- Streitgegenstand **E**, 196 ff.
- Streitwert **12**, 107

Kündigungsschutzprozess
- vor Ausschuss für Lehrlingsstreitigkeiten **111**, 17
- Prozessvollmacht **11**, 106
- Wiederaufnahme des Verfahrens **79**, 9

Künstler s. freier Mitarbeiter

Ladung
- Begriff **47**, 19
- im Beschlussverfahren **81**, 71; **83**, 115; **90**, 7
- persönliches Erscheinen **51**, 14
- Sachverständiger **56**, 18
- Zeugen **56**, 18

Magere Zahlen = Randnummern

Sachregister

Ladungsfrist 47, 16 ff.
– Abkürzung **47**, 23
– im Beschlussverfahren **87**, 13; **94**, 34
– einstweiliger Rechtsschutz **47**, 23
– Rechtsbehelf **47**, 18
– Terminsbestimmung **47**, 18
Laienrichter s. ehrenamtlicher Richter
Landesarbeitsgericht 1, 3
– Beschwerde im Beschlussverfahren **87**, 1 ff.
– Besetzung **35**, 5 ff., 10
– Dienstaufsicht **34**, 2
– eigene Sachentscheidung **68**, 26 ff.
– Errichtung **33**, 2
– Fachkammer **35**, 12
– Urteil **69**, 1 ff.
– Verkündungstermin **60**, 15
– Verzeichnis **33**, 4
– Zuständigkeit **8**, 10
Landgericht
– Verfahren **46**, 13 ff.
Lehrlingsstreitigkeiten
– Ausschuss für s. Ausschuss für Lehrlingsstreitigkeiten
Leiharbeitnehmer
– Arbeitnehmer **5**, 18
– Zuständigkeit **2**, 52, 67
Leistung
– wiederkehrende
  – Streitwert **12**, 127 ff.
– zukünftige **46**, 61
Leistungsantrag
– im Beschlussverfahren **81**, 14, 29
– Rechtsschutzinteresse **81**, 29
Leistungsklage E, 181; **46**, 54 ff.
– Diskriminierung **61 b**, 13
– Übergang auf Feststellungsklage **74**, 44
Leistungsurteil 61, 27
Leistungsverweigerungsrecht
– Feststellung **46**, 104
leitende Angestellte
– ehrenamtlicher Richter **22**, 12
– Feststellungsantrag **81**, 32
– Streitigkeiten im Beschlussverfahren **2 a**, 59 ff.
Leitsatz 72 a, 35
Lektor
– Arbeitnehmer **5**, 19
Liste der ehrenamtlichen Richter 31, 6 ff.; **39**, 1
Lohnersatzleistung 11 a, 32
lohnsteuerrechtliche Streitigkeiten
– Zuständigkeit **2**, 79 f.
Lugano-Übereinkommen E, 262

Mächtigkeit
– soziale **11**, 59
Mahnantrag 46 a, 11 ff.
– Entscheidung **46 a**, 19
– Form **46 a**, 11

– Inhalt **46 a**, 14
– Zurückweisung **46 a**, 19
Mahnbescheid
– Erlass **46 a**, 20
– Form **46 a**, 20
– Widerspruch **46 a**, 23
– Zustellung **46 a**, 7
Mahnverfahren 2, 170; **46 a**, 1 ff.
– Datenverarbeitung **46 a**, 13
– Durchführung **46 a**, 17 ff.
– Einlassungsfrist **47**, 5
– Europäische Verordnung **13 a**, 14
– europäisches **46 b**, 1 ff.
– Justizielle Zusammenarbeit **13 a**, 14
– Kosten **12**, 46; **46 a**, 36 ff.
– Prozesskostenhilfe **46 a**, 38
– Prozessvoraussetzungen **46 a**, 3
– Rechtspfleger **9**, 15
– Verweisung **48**, 13
– Zahlungsansprüche **46 a**, 4 ff.
– Zuständigkeit **46 a**, 15 ff.
Mediation E, 98 f.; **46**, 15
Medienmitarbeiter
– programmgestaltende **5**, 17
Medientransfer 46 e, 4
Meistbegünstigung 72, 8; **78**, 10
– Berufung **64**, 10
– Beschlussverfahren **88**, 7
Minderjährige 11, 8 ff.
– Beteiligtenfähigkeit **10**, 40
– Prozessfähigkeit **10**, 37
Minister
– ehrenamtlicher Richter **22**, 17 a
Mitarbeiter, freier s. freier Mitarbeiter
Mitarbeitervertretung der Kirchen E, 110
Mitarbeitervertretungsordnung
– Beschlussverfahren **2 a**, 31
Mitbestimmungsstreitigkeiten 2 a, 42 ff., 64
– Einigungsstelle **98**, 5, 7, 9
mittelbares Arbeitsverhältnis
– Arbeitnehmer **5**, 18
Mitwirkung der ehrenamtlichen Richter 6, 1 ff.
– Rechtsbeschwerde **78**, 55
– Revisionsbeschwerde **77**, 14
Mitwirkungspflicht der Beteiligten 83, 86 ff.
mündliche Verhandlung s. auch Güteverhandlung, Kammertermin, Verhandlung
– vor Ausschuss für Lehrlingsstreitigkeiten **111**, 29
– Beweisbeschluss **58**, 42
– Entscheidung ohne **46**, 28
– Gang **57**, 3 ff.
– vor Großem Senat **45**, 43
– Lokaltermin **14**, 14 a
– Sprungrevision **76**, 13
– Vorbereitung im Beschlussverfahren **80**, 60 f.
Mündlichkeitsprinzip E, 219; **46**, 36 ff.

1377

Sachregister

Fette Zahlen = §§

Mutwilligkeit
- Beiordnung 11 a, 69

Nachteil
- nicht zu ersetzender
  - Arbeitslosigkeit 62, 24
  - ausländischer Arbeitnehmer 62, 26
  - Kreditgefährdung 62, 27
  - Vermögenslosigkeit 62, 24
  - vorläufige Vollstreckbarkeit 62, 18 ff.

Nationalsozialismus
- Arbeitsgerichtsbarkeit E, 19

NATO-Truppenstatut 1, 13
- Beschlussverfahren 2 a, 21

nebenberufliche Tätigkeit
- Arbeitnehmer 5, 13

Nebenintervenient
- Beiordnung 11 a, 10
- Revision 74, 3

Nebenintervention 2, 23
- im Beschlussverfahren 81, 49; 83, 23 f.

Nettoklage 46, 55

neue Angriffs- und Verteidigungsmittel
- Beschwerdeverfahren 78, 22

Neue Bundesländer E, 248 ff.
- Besetzung des Gerichts 16, 23
- Geschäftsverteilung 6 a, 88
- Instanzenzug 8, 3
- Präsidium 6 a, 88

neues Vorbringen s. Parteivorbringen

Nicht revisible Urteile 72, 9 f.

Nichtbestreiten
- im Beschlussverfahren 83, 92

Nichtigkeitsklage s. Wiederaufnahme des Verfahrens

Nichtzulassungsbeschwerde 72, 3; 72 a, 1 ff.; 92 a, 1 ff.
- Anhörungsrügengesetz 72 a, 3 f., 59
- Begründung 72 a, 8, 14, 30 ff.; 52; 92 a, 8
- Divergenz 72 a, 1 ff., 34; 92 a, 5
- einstweiliger Rechtsschutz 72 a, 2
- Entscheidung 72 a, 44 ff.; 92 a, 12
- Frist 72 a, 25
- grundsätzliche Bedeutung 72 a, 12 ff., 32; 92 a, 2 ff.
- im Insolvenzverfahren 92 a, 1
- Kosten 72 a, 54 ff.
- mangelhafte Begründung 72 a, 47 f.
- Notanwalt 72 a, 28
- Notfrist 72 a, 25, 30
- Prozesskostenhilfe 72 a, 57 f.
- für Rechtsbeschwerde 78, 43
- im Rechtsbeschwerdeverfahren 92 a, 1 ff.
- Rechtsmittel gegen 72 a, 53
- und Revisionsbeschwerde 77, 9
- unzulässige 72 a, 44 ff., 48
- Verletzung rechtlichen Gehörs 72 a, 22, 37, 62
- Wiederaufnahme des Verfahrens 79, 1
- Zulassungsgrund 72 a, 49 f.
- Zurückverweisung 72 a, 62

Niederlassung
- Gerichtsstand 48, 46

Niederlegung
- Schiedsspruch 108, 24 ff.

Notanwalt
- Nichtzulassungsbeschwerde 72 a, 28

Notfrist 72, 36
- Anhörungsrüge 78 a, 15
- Anschlussrevision 74, 72
- Berufung 66, 3
- sofortige Beschwerde 72 b, 12, 15; 78, 24
- Beschwerde im Beschlussverfahren 89, 12
- Erinnerung 78, 6
- für Klage
  - im Schiedsverfahren 110, 21
- Nichtzulassungsbeschwerde 72 a, 25, 30
- Rechtsbeschwerde 78, 51; 94, 4
- Revisionsbegründungsfrist 74, 34
- Revisionsbeschwerde 77, 12
- Revisionszurücknahme 74, 24
- sofortige Beschwerde 92 b, 5
- Sprungrevision 76, 7
- Wiederaufnahme des Verfahrens 79, 2

Oberbundesanwalt
- Beteiligter im Beschlussverfahren 80, 10; 83, 78

Oberschiedsgericht
- Schiedsverfahren 104, 18

obiter dictum
- Divergenzfähigkeit 45, 22; 72, 21 f.

öffentlicher Dienst
- Zuständigkeit 2, 58

Öffentlichkeit E, 221; 52, 1 ff.
- Ausschluss 52, 15 ff.
- Ausschlussumfang 52, 32
- Ausschlussverfahren 52, 29
- Begriff 52, 3
- im Beschlussverfahren 80, 53
- Beweisaufnahme 52, 6
- Güteverhandlung 52, 27; 54, 12
- im Revisionsverfahren 73, 48
- Präsidiumssitzung 6 a, 36
- Schiedsverfahren 104, 17
- Schutz von Persönlichkeitsrechten 52, 25
- Verhandlung 52, 5
- Verletzung 52, 34

öffentlich-rechtliche Streitigkeiten 2, 10, 18
- bei Arbeitspapieren 2, 77 ff.
- im Beschlussverfahren 2 a, 62 f.

örtliche Zuständigkeit 48, 4; s. auch Gerichtsstand
- Ablehnung von Schiedsrichtern 103, 20
- Arbeitsgericht 14, 9
- Beschlussverfahren 80, 57
- im Beschlussverfahren 82, 1 ff.

Magere Zahlen = Randnummern

– Bestimmungsverfahren **48**, 103
– Bindungswirkung **48**, 100
– Fachkammer **17**, 16
– internationale Zuständigkeit **1**, 18
– Mahnverfahren **46 a**, 15
– Prüfung
  – in Revisionsinstanz **73**, 30 ff.
– Sitz des Betriebes **82**, 7 f.
– Sitz des Unternehmens **82**, 11
– Verweisung **48**, 25, 98
– Vorabentscheidung **48**, 99
Offene Handelsgesellschaft
– Parteifähigkeit **10**, 6
Offizialprinzip E, 211
Ordensmitglieder
– Arbeitnehmer **5**, 25
Ordentliche Gerichte
– Zuständigkeit **2**, 46 ff., 57
  – Aufsichtsratsmitglied **2**, 64
  – gemischte Verträge **2**, 115
  – Überprüfung in Revisionsinstanz **73**, 31 f.
  – Unternehmensmitbestimmung **2 a**, 64
  – Werkdienstwohnung **2**, 61
  – Zusammenhangsklagen **2**, 115
  – Zusatzversorgungskasse **2**, 90
Ordnung
– öffentliche **52**, 18
Ordnungsgeld
– gegen Arbeitgeber **85**, 27 f.
– gegen Betriebsrat **85**, 14, 17, 19
– gegen ehrenamtliche Richter **28**, 6 ff.
– Höhe **51**, 23
– persönliches Erscheinen **51**, 22
ordnungsgemäße Besetzung des Gerichts s. Besetzung des Gerichts
Ordnungswidrigkeit
– Zuständigkeit **2**, 11
Ordnungswidrigkeiten
– Zuständigkeit **2 a**, 33
Organmitglieder
– Antragsteller **81**, 43
– Beteiligte im Beschlussverfahren **83**, 60 ff.
– juristische Personen s. gesetzliche Vertreter
– Rechtsstreitigkeiten **2 a**, 15 ff., 40 f.
– Vollstreckungsschuldner **85**, 16 ff.

Paraphe s. Unterschrift
Partei
– im Arbeitskampf **2**, 38 ff.
– persönliches Erscheinen s. dort
– politische
  – Parteifähigkeit **10**, 6
– Tarifvertragspartei **2**, 25 ff.
– Vereinigungsfreiheit **2**, 48
Partei kraft Amtes 3, 13
Parteibezeichnung 46, 49; **74**, 18
– Berufungsschrift **64**, 70

Parteifähigkeit 10, 1 ff.
– im Beschlussverfahren **10**, 15 ff., 45 ff.
– Schiedsverfahren **104**, 7
– im Urteilsverfahren **10**, 3 ff.
Parteiprozess 11, 4
Parteivernehmung 58, 31
– Alleinentscheidung **55**, 53
– im Beschlussverfahren **83**, 102
– Waffengleichheit **58**, 31 a, 51
Parteivorbringen s. auch verspätetes Vorbringen, s. auch Zurückweisung
– Ergänzung **56**, 7
– Rechtsbeschwerde **78**, 56
– in Revisionsinstanz **74**, 105 ff., 114 ff.; **96**, 11
– nach Zurückverweisung **74**, 142
Parteizustellung 50, 21
Pensionssicherungsverein
– Beteiligter im Beschlussverfahren **83**, 80
– Zuständigkeit **2**, 95 ff.
persönliches Erscheinen s. Erscheinen, persönliches
Persönlichkeitsrechte
– Schutz **52**, 25
Personalleiter
– ehrenamtlicher Richter **22**, 12
Personalrat s. auch Betriebsrat
– Auflösung **80**, 18
– Beteiligter im Beschlussverfahren **83**, 49 ff.
– Prozessführungsbefugnis **11**, 27
– Vollstreckungsgläubiger **85**, 12 f.
– Vollstreckungsschuldner **85**, 14 ff.
Personalratsmitglied s. auch Betriebsratsmitglied
– Beteiligter im Beschlussverfahren **83**, 60 ff.
– Rechtsstreitigkeiten **80**, 24, 29
Personalüberhang
– Feststellung **46**, 95
Personalvertretungsrecht
– Arbeitnehmer **5**, 29
– Revisibilität **80**, 9
– Verfahrensart **81**, 6
– Wahlanfechtung **80**, 21
personalvertretungsrechtliche Streitigkeiten
2 a, 32; **5**, 29; **80**, 13 ff.; s. auch betriebsverfassungsrechtliche Streitigkeiten
– Aussetzung des Verfahrens **97**, 11
– Fachkammer **17**, 6
– örtliche Zuständigkeit **82**, 12
– als Vorfrage **2**, 139
Personen
– Beteiligtenfähigkeit **10**, 17 f.
– Parteifähigkeit **10**, 4
– Vertretungsbefugnis **11**, 70 ff.
Pfändungsschutz 62, 70
Pharmaberater
– Arbeitnehmer **5**, 16
Plenarpräsidium 6 a, 6, 59 ff.
Postulationsfähigkeit s. Prozessvertretung

Sachregister

Fette Zahlen = §§

Präklusion 56, 2; 74, 66, 104; s. auch Zurückweisung verspäteten Vorbringens
Präsident
– Dienstaufsicht 15, 23 ff.
– Eilfälle 6 a, 86
– Landesarbeitsgericht 36, 2 ff.
Präsidium E, 119; 6 a, 4 ff.
– Aufgaben 6 a, 31 ff., 46 ff.
– Ausscheiden 6 a, 25
– Befugnisse 6 a, 31 ff.
– Beschlussfähigkeit 6 a, 83 ff.
– Eilfälle 6 a, 86
– Gerichtsverfassungsgesetz 6 a, 3 ff.
– Geschäftsordnung 6 a, 33
– Größe 6 a, 28 ff.
– Verfahren 6 a, 31 ff., 59 ff.
– Vertretungsregelung 6 a, 21 ff.
– Wahl 6 a, 13 ff.
– Wahlanfechtung 6 a, 18
– Wahlrecht 6 a, 14
– Wahlverfahren 6 a, 15
– Wirksamkeit von Beschlüssen 6 a, 40
– Zusammensetzung 6 a, 6
prima-facie-Beweis s. Anscheinsbeweis
Prokurist
– Arbeitnehmer 5, 50
– ehrenamtlicher Richter 22, 12
Prorogation 1, 19; s. Gerichtsstandsvereinbarung
Protokoll
– sofortige Beschwerde 72 b, 14
– Verkündung 60, 24
Protokollierung
– Güteverhandlung 54, 50
Prozessbevollmächtigter s. auch Prozessvertreter (u. weitere Stichw. dort)
Prozessfähigkeit 11, 4
– Ausländer 11, 14
– Beschäftige der Partei 11, 38 ff.
– im Beschlussverfahren 10, 39 ff.; 80, 45; 85, 23
– Familienangehörige 11, 43 f.
– Fiskus 11, 16
– Gesellschaften 11, 18
– gesetzlicher Vertreter 11, 8
– gleichgestellte Personen 11, 37
– im Beschlussverfahren 10, 45 ff.
– juristische Person 11, 15 ff.
– natürliche Person 11, 7 ff.
– Nichtanwälte 11, 38 ff.
– Prüfung 11, 5
– Sozialversicherungsträger 11, 17
– Stiftungen 11, 18
– im Urteilverfahren 10, 36 ff.
– Verband 11, 50 ff.
– Verein 11, 18
Prozessförderung
– besondere 61 a, 1 ff.
– Geltungsbereich 61 a, 4

Prozessförderungspflicht 57, 10; 61 a, 1 ff.; 67, 11
– Angriffs-, Verteidigungsmittel 67, 27
– Aufrechnung 67, 31
– Einschränkung 67, 24
– Gestaltungsrecht 67, 25
– in Berufungsinstanz 67, 23
– Kündigungsschutzklage
  – nachträgliche Zulassung 61 a, 4 a
– Verletzung 61 a, 21
– Widerklage 67, 30
– Zeugenladung 67, 28
Prozessfortsetzungsbedingungen
– im Beschlussverfahren 83, 33
– Prüfung 74, 95
– Revision 74, 95, 120
Prozessführungsbefugnis 3, 13 ff.; 11, 19 ff.
– Antidiskriminierungsverband 11, 20
– und Antragsbefugnis 80, 45
– Betriebsrat 11, 24
– im Beschlussverfahren 11, 23 ff.
– Jugend- und Auszubildendenvertretung 11, 25
– Personalrat 11, 27
– Prüfung 74, 95
Prozesshandlungen
– Revisibilität 73, 28
prozesshindernde Einrede 46, 50; 102, 3 ff.
– Schiedsverfahren 102, 6
Prozesskosten s. auch Kosten
– Anwaltskosten s. dort
– Gerichtskosten s. dort
Prozesskostenhilfe 11 a, 1 ff., 106 ff.
– Antragsbefugnis 11 a, 7 ff.
– Ausländer E, 283
– vor Ausschuss für Lehrlingsstreitigkeiten 111, 69
– im Beschlussverfahren 80, 48
– bei sofortiger Beschwerde 72 b, 34
– Bewilligung 11 a, 112
– Erfolgsaussicht 11 a, 107; 72, 56
– Europäische Richtlinie 13 a, 11
– Mahnverfahren 46 a, 38
– Mutwilligkeit 11 a, 109
– Nichtzulassungsbeschwerde 72 a, 25, 57 f.
– Rechtsbeschwerde 78, 47
– Rechtsmittel 78, 11
– im Revisionsverfahren 72, 55 f.
– Schiedsverfahren 104, 15
– sofortige Beschwerde 46, 35
– Verweisung 48, 14
Prozessleitung
– Anfechtung 78, 19
Prozessmaxime E, 208 ff.
Prozessstandschaft 11, 21
– im Beschlussverfahren 80, 45; 81, 57, 61, 69
– gewillkürte 11, 21
– Zuständigkeit 3, 1 ff., 16

1380

Prozesstrennung
- im Beschlussverfahren **97**, 8

Prozessurteil
- Revision **74**, 80
- Zurückverweisung **68**, 15

Prozessverbindung E, 154
- im Beschlussverfahren **81**, 48
- Diskriminierung **61 b**, 24
- Geschäftsverteilungsplan **73**, 45
- Nichtigkeitsklage **79**, 1
- Restitutionsklage **79**, 1

Prozessvergleich 72, 4; s. auch Vergleich
- vor Ausschuss für Lehrlingsstreitigkeiten **111**, 62
- im Beschlussverfahren **83 a**, 2 ff.; **90**, 12; **95**, 10
- Gebühr **72**, 4
- Revisibilität **73**, 22
- Vollstreckungstitel **85**, 9

Prozessvertreter s. auch Rechtsanwalt, Rechtsbeistand, Verbandsvertreter
- Verschulden **51**, 25
- Zurückweisung **11**, 31; **51**, 26
- Zustellung **50**, 18

Prozessvertretung
- Antidiskriminierungsverband **11**, 136 f.
- Ausschluss **11**, 31
- vor Ausschuss für Lehrlingsstreitigkeiten **111**, 35
- Beistände **11**, 29 ff.
- Beschlussverfahren **11**, 23 ff.
- im Beschlussverfahren **80**, 46; **87**, 22; **89**, 13
- dritte Instanz **11**, 121 ff.
- durch Berufsrichter **11**, 126
- durch ehrenamtliche Richter **11**, 127
- durch Rechtsbeistand **11**, 131 ff.
- durch Verbandsvertreter **11**, 128
- erste Instanz **11**, 4 ff.
- Handwerkskammer **11**, 65 f.
- Industrie- und Handelskammer **11**, 65 f
- Innung **11**, 65 f.
- juristische Person **11**, 80
- KAB **11**, 55
- Kreishandwerkerschaft **11**, 65 f.
- bei Nichtzulassungsbeschwerde **72 a**, 28
- Richter **11**, 125 ff.
- Satzung **11**, 76
- Spitzenverbände **11**, 67 ff.
- bei Sprungrevision **76**, 17
- Streitgenossen **11**, 87
- Verbände, christliche **11**, 55
- Verbandssyndicus **11**, 85
- Vollmacht **11**, 77
- zweite Instanz **11**, 112 ff., 120

Prozessvollmacht 11, 97 ff.
- Bestellung **11**, 103
- Erlöschen **11**, 102 f.
- Form **11**, 97

- Kündigungsschutzprozess **11**, 106
- Umfang **11**, 105
- Untervollmacht **11**, 100
- Vergleich **11**, 107
- Widerruf **11**, 104

Prozessvoraussetzungen
- Anrufung des Ausschusses für Lehrlingsstreitigkeiten **111**, 19 ff.
- Antragsbefugnis s. dort
- Beteiligtenfähigkeit s. dort
- deutsche Gerichtsbarkeit **1**, 11
- bei Mehrheit von Antragstellern **81**, 47 f.
- Parteifähigkeit s. dort
- Prozessfähigkeit s. dort
- Prüfung **10**, 45 ff.
- Revision **74**, 95, 120

Recht
- fremdes
  - Alleinentscheidung **55**, 55
  - Kenntnis des Gerichts **58**, 11 ff.; **73**, 2
  - revisibles **73**, 6 ff.

rechtliches Gehör E, 232; **46**, 41; **56**, 22, 36; **72**, 28 ff.; **72 a**, 37, 62
- Angriffs-, Verteidigungsmittel **67**, 8
- Anhörungsrüge **78 a**, 1 ff.
- Aussetzung des Verfahrens
  - Alleinentscheidung **55**, 31
- Begründung von Fristverlängerung **66**, 40
- Berufung **64**, 95 a
- sofortige Beschwerde **78**, 8, 29, 32
- Hilfsantrag **72 a**, 22
- Nichtzulassungsbeschwerde **72 a**, 22; **92 a**, 7
- objektive Willkürlichkeit **72**, 28
- Rechtsbeschwerde **78**, 41
- Revisionsbeschwerde **77**, 9
- Schiedsverfahren **105**, 1 ff.
- streitentscheidende Frage **72**, 30
- Urteilsabkürzung **61**, 5
- Verletzung **72 a**, 9
- Verletzung des Anspruchs **78 a**, 1 ff.
- Zwangsvollstreckung im Schiedsverfahren **109**, 11

Rechtsantragsstelle 7, 22
- Rechtspfleger **9**, 15

Rechtsanwalt
- ausländischer **11**, 38
  - Prozessvertretung **11**, 29
- auswärtiger **11 a**, 95
- Beiordnung im Beschlussverfahren **80**, 48
- Berufsverbot **11**, 31
- Beteiligter im Beschlussverfahren **83**, 80
- ehrenamtlicher Richter **21**, 27 f.
- Kosten s. Anwaltskosten
- Prozessvertretung s. dort
- Untervollmacht **11**, 32

Rechtsbegriff, unbestimmter s. unbestimmter Rechtsbegriff

Sachregister

Fette Zahlen = §§

Rechtsbehelf
- Anhörungsrüge **78 a**, 6
- Belehrung über **9**, 21 f.; **59**, 22; **72 a**, 7
- gegen Entscheidung des Großen Senats **45**, 48 ff.
- Ladungsfrist **47**, 18
- Nichtzulassungsbeschwerde **72 a**, 3, 6, 7, 24, 27, 55
- Versäumnisurteil **59**, 22

Rechtsbeistand 11, 29 ff.
- Prozessvertretung **11**, 131 ff.

Rechtsbeschwerde 11, 122; **77**, 1 ff.; **78**, 1, 3, 14, 38 ff.; **92**, 2 ff.; s. auch Rechtsmittel, s. auch Revisionsbeschwerde
- Alleinentscheidung des Vorsitzenden **92**, 20
- Antrag **94**, 17 f.
- Begründung **78**, 52; **92**, 18; **94**, 14 ff.
- Berufungsverwerfung **64**, 102
- im Bestellungsverfahren **98**, 41
- ehrenamtliche Richter **92**, 20
- Einlegung **94**, 2 ff.
- gegen Einstellungsbeschluss **81**, 80; **83 a**, 14
- im Insolvenzverfahren **84**, 20; **94**, 16
- Instanzenzug **8**, 2
- in Personalvertretungssachen **80**, 8 f.; **92**, 7
- Unterschrift **94**, 12
- im Verfahren nach § 97 **97**, 27
- gegen Verwerfungsbeschluss **89**, 51 f.
- Zulassung **78**, 39 f.; **91**, 8 ff.; **92**, 8
- Zurücknahme **78**, 58

Rechtsbeschwerdebefugnis 94, 2 ff.
Rechtsbeschwerdebegründung 78, 52; **94**, 14 ff., 20
Rechtsbeschwerdeentscheidung 96, 2, 12 ff.
Rechtsbeschwerdefrist 78, 51; **94**, 4 ff.
Rechtsbeschwerdegründe 93, 2 ff.
Rechtsbeschwerdeschrift 94, 11 f.
Rechtsbeschwerdeverfahren 77, 2; **78**, 1 ff.; **92**, 17 ff.; **95**, 2 ff.

Rechtseinheit
- Wahrung der **45**, 31 ff., 55

Rechtsfähigkeit 10, 3 ff.
Rechtsfortbildung 45, 2, 31 f.; **58**, 84; **72**, 1, 15
Rechtsfrage
- allgemeine Bedeutung **72**, 17
- grundsätzliche Bedeutung **72**, 12
- klärungsbedürftig **72**, 14 f.
- klärungsfähig **72**, 16
- Nichtzulassungsbeschwerde **72 a**, 13

Rechtshängigkeit
- im Ausland **E**, 295
- Beendigung **46**, 47
- im Beschlussverfahren **80**, 43; **81**, 39
- Einrede der s. prozesshindernde Einrede
- Schiedsgericht **104**, 6

Rechtshilfe 13, 1 ff.
- Ablehnung **13**, 5
- Amtsgericht **13**, 8
- Arbeitsgerichtsbarkeit **13**, 3 ff.
- Ausland **E**, 291 ff.; **13**, 10 ff.
- Beweisaufnahme **58**, 44
- Inland **13**, 3 ff.
- internationale Abkommen **E**, 292
- Kosten **13**, 7
- Rechtsmittel **78**, 11
- Rechtspfleger **9**, 15
- Schiedsverfahren **106**, 11

Rechtshilfeersuchen 53, 18
- Schiedsverfahren **106**, 13 ff.

Rechtskraft
- Eintritt **74**, 2; **91**, 16

Rechtskraftwirkung E, 62
- Beschluss im Beschlussverfahren **84**, 22 f.; **85**, 4; **91**, 16
- Entscheidung im Bestellungsverfahren **98**, 30 ff.
- Entscheidung über Tariffähigkeit **97**, 29
- Entscheidung über Tarifzuständigkeit **97**, 30
- Entscheidung über Vorfrage **E**, 69; **2**, 141
- Lehrlingsstreitigkeiten **111**, 39 f.
- Schiedsverfahren **102**, 9
- Spruch des Ausschusses für Lehrlingsstreitigkeiten **111**, 39 f.
- in Tarifvertragsstreitigkeiten **2**, 18 f.

Rechtskraftzeugnis 84, 23
Rechtsmittel
- gegen Aufhebungsentscheidung
 - im Schiedsverfahren **110**, 30
- Beiordnung **11 a**, 85
- Belehrung s. Rechtsmittelbelehrung
- Beschwerde **78**, 2
- Einstellung der Zwangsvollstreckung **62**, 48
- gegen Einstellung des Beschlussverfahrens **81**, 80
- gegen Verwerfungsbeschluss **66**, 43 a
- gegen Zulassungsentscheidung **64**, 44
- gegen Zurückweisung des Vertreters **51**, 31
- Meistbegünstigungsgrundsatz **9**, 59
- Schiedsverfahren **104**, 18
- gegen Verweisungsbeschluss **73**, 32; **78**, 61
- Verweisungsverfahren **48**, 117 ff.
- Zulassung s. dort

Rechtsmittelbelehrung 9, 17 ff.
- abstrakte **9**, 38 ff.
- über Anschlussberufung **9**, 29
- über Anschlussrevision **9**, 29
- Ausschuss für Lehrlingsstreitigkeiten **111**, 10, 44
- Berichtigung **9**, 62 ff.
- über Berufung **9**, 27
- Beschlussverfahren **9**, 17
- im Beschlussverfahren **9**, 27; **84**, 15
- einstweilige Verfügung **85**, 45
- falsche **9**, 55 ff.
- fehlende **74**, 6 f.
- fehlerhafte **9**, 46 ff.

Magere Zahlen = Randnummern

– Form **9**, 36
– Inhalt **9**, 37 ff.
– über Nichtzulassungsbeschwerde **9**, 25 f.; **72 a**, 7
– Pflicht **9**, 19 ff.
– Rechtsbeschwerde **91**, 11
– über Rechtsbeschwerde **78**, 50
– über Revision **9**, 27; **72 a**, 61
– über Revisionsbeschwerde **77**, 8
– über Schriftlichkeitserfordernis **9**, 44
– über Sprungrechtsbeschwerde **9**, 28; **96 a**, 13
– über Sprungrevision **9**, 28; **76**, 8, 14
– unterbliebene **9**, 46 ff.
– Urteilsverfahren **9**, 17
– Versäumnisurteil **9**, 24
– und Zustellung **9**, 58
Rechtsmittelfrist
– und Rechtsmittelbelehrung **9**, 46 ff.
– bei unterbliebener Zustellung **9**, 58 ff.
Rechtsmittelverfahren
– Kostenerstattung **12 a**, 39 ff.
– Kostenteilung **12 a**, 42
Rechtsmittelverzicht s. auch Verzicht
Rechtsnachfolge
– kraft Gesetzes **3**, 3 ff.
– Zuständigkeit **3**, 1 ff.
Rechtspfleger E, 126
– Ablehnung **49**, 3
– Aufgaben **7**, 16 ff.; **9**, 15 f.
– Bestellung **9**, 13
– Zuständigkeit
  – Vollstreckungsbescheid **46 a**, 30
Rechtsschutzgarantie E, 47 ff., 233; **9**, 4
Rechtsschutzinteresse s. auch Feststellungsinteresse
– im Beschlussverfahren **81**, 23 ff.; **83 a**, 25
– betriebsverfassungsrechtliche Streitigkeiten **81**, 26
– Prüfung in Rechtsbeschwerdeinstanz **96**, 6
– im Revisionsverfahren **74**, 95, 120
– Schiedsverfahren **104**, 13
– im Verfahren nach § 97 **97**, 21
– Wahlanfechtung **81**, 30
– Zwangsvollstreckung im Schiedsverfahren **109**, 8
Rechtssoziologie E, 240 ff.
Rechtsstaatsprinzip E, 224 ff.
Rechtsstreitigkeiten
– über Allgemeinverbindlicherklärung **2**, 18
– zwischen Arbeitnehmern **2**, 104 ff.
– aus Arbeitskampf **2**, 29 ff.
– um Arbeitspapiere **2**, 77 ff.
– aus dem Arbeitsverhältnis **2**, 49 ff.
– über Arbeitsverhältnis **2**, 66 ff.
– bürgerliche **2**, 8 ff.
– mit Einrichtungen der Tarifvertragsparteien **2**, 90 ff.
– Gesamtschiedsvereinbarung **101**, 11 f.

Sachregister

– öffentlich-rechtliche **2**, 10
– mit Pensionssicherungsverein **2**, 95 f.
– privilegierte **76**, 20
– mit Sozialeinrichtungen **2**, 87 ff.
– aus Tarifvertrag **2**, 12 ff.
  – Nichtzulassungsbeschwerde **72 a**, 16
– zwischen Tarifvertragsparteien **2**, 14, 21
– um Vereinigungsfreiheit **2**, 43 f.
Rechtstatsachen E, 240 ff.
Rechtsverhältnis 46, 75
Rechtsverletzung 73, 3 ff., 39 f.
– von Landespersonalvertretungsrecht **80**, 9
– Schiedsverfahren **110**, 10
Rechtsweg 48, 1 ff.; s. auch sachliche Zuständigkeit
– zu den Arbeitsgerichten **2**, 2 ff.
– Beschlussverfahren **80**, 65
– Bindung an Entscheidung **E**, 59 ff.
– Erhaltung **48**, 71 ff.
– Garantie **E**, 47
– Mahnverfahren **48**, 13
– Prozessvoraussetzung **48**, 10 ff.
– rügelose Einlassung **48**, 11
– Streitigkeiten über **E**, 48 ff.; **73**, 30 ff.; **88**, 3 ff.
– Unzulässigkeit **48**, 82
– Urteilsverfahren **48**, 10
– Vereinbarung **2**, 2; **48**, 11
– Vorabentscheidung **48**, 3, 75 ff.
– Zulässigkeit **2**, 155 f.; **48**, 75
Rechtswegbestimmungsverfahren 78, 5
Rechtswirkung
– Schiedsspruch **108**, 29
rechtzeitiges Vorbringen s. verspätetes Vorbringen
Redaktionsstatut
– Zuständigkeit **2**, 56
Reederei
– gesetzlicher Vertreter **5**, 47
– Parteifähigkeit **10**, 5
Referendar
– Aufgaben **9**, 10
– Beratungsteilnahme **60**, 6
reformatio in peius 74, 90
Regelungsstreitigkeit 2 a, 100
– einstweilige Verfügung **85**, 40
Rehabilitand
– Arbeitnehmer **5**, 16, 23
Reichsarbeitsgericht E, 14
Reisekosten
– Erstattung **12 a**, 21
Ressortierung der Arbeitsgerichtsbarkeit E, 133; **15**, 32 f.
Restitutionsgründe
– Schiedsverfahren **110**, 13
Restitutionsklage s. Wiederaufnahme des Verfahrens
revisibles Recht 73, 6 ff.
Revision 72, 1 ff.; s. auch Rechtsmittel

1383

Sachregister

Fette Zahlen = §§

- Anscheinsbeweis **73**, 7
- Anschlussrevision s. dort
- ausgeschlossene Gründe **73**, 29 ff.
- Begründung **74**, 33 ff.
  - Inhalt **74**, 40, 51 ff.
- beschränkte Zulassung **72**, 38
- Beweislastverteilung **73**, 7
- Bindung an Tatbestand **73**, 2
- Einlegung **74**, 6 ff.
- Gewohnheitsrecht **73**, 6
- Inhalt **74**, 15 ff.
- Kirchenrecht **73**, 6, 17
- Kosten **12**, 70 ff.
- Rechtsmittelbelehrung **9**, 27
- Sprungrevision s. dort
- Statthaftigkeit **72**, 5 ff., 44 ff.
- Terminsbestimmung **74**, 122 f.
- Überprüfung des Berufungsurteils **74**, 90, 126 f.
- Unzulässigkeit **74**, 77 ff.
- Verfahrensmangel **74**, 94
- Versäumnisverfahren **74**, 145 ff.
- Vertrauensschutz **73**, 5
- Verwerfung **74**, 84 ff.
- Verzicht **74**, 25 ff., 81
- Zulassung **72**, 34 ff.; **74**, 86
- Zulassungsgrund **72**, 45
- Zurücknahme **74**, 21 ff., 76
  - Kosten **74**, 23
- Zurückweisung **74**, 88 f., 124 ff.
- zweifelhafte Zulässigkeit **74**, 48

Revisionsantrag 74, 40 f.
- Bindung an **74**, 90 ff.

Revisionsbegründung 73, 2; **74**, 33 ff., 39, 51 ff.
- Anschlussrevision **74**, 73

Revisionsbegründungsfrist 74, 33 ff.
- bei Nichtzulassungsbeschwerde **72 a**, 61

Revisionsbeschwerde 77, 1, 5 ff.
- Verfahren **77**, 12 ff.

Revisionsfrist 74, 6 ff.
- Anschlussrevision **74**, 69
- Beginn **72 a**, 61; **74**, 6 ff.
- Sprungrevision **76**, 23

Revisionsgrund 73, 1 ff.; **74**, 51 ff.
- absoluter **72**, 26; **72 a**, 21, 36; **72 b**, 9; **73**, 40, 41 ff., 49 f.; **78**, 56; **92 a**, 6
  - Befangenheitsantrag **72 a**, 36
  - Entscheidungserheblichkeit **72**, 26
  - Öffentlichkeit **72**, 26
  - Verfahrensverstoß **72**, 26
  - vorschriftsmäßige Besetzung **72**, 26
- Ausschluss **73**, 29 ff.
- Ausschluss der Öffentlichkeit **52**, 35
- im Beschlussverfahren **93**, 2 ff.
- Bindung an **74**, 91 ff.

Revisionsinstanz
- Urteilsinhalt **61**, 3
- Urteilsverkündung **60**, 2

Revisionsschrift 74, 12 ff.
- Inhalt **74**, 15 ff.

Revisionsurteil 74, 48 f., 124 ff.; s. auch Urteil
- Abkürzung **61**, 9
- Bindungswirkung **74**, 141 ff.
- eigene Sachentscheidung **74**, 134 ff.
- Entscheidungsgrundlagen **74**, 105 ff., 134
- Verkündung **75**, 2 ff.
- Zustellung **75**, 9

Revisionsverfahren 72, 5; **74**, 90 ff.

Richter E, 122 ff.; s. auch ehrenamtlicher Richter, s. auch gesetzlicher Richter
- Ablehnung s. dort
- Ausschluss s. dort
- als Einigungsstellenvorsitzender **98**, 24
- Gewerbegerichtsgesetz **E**, 9
- kraft Auftrags **18**, 4, 19
- auf Probe **18**, 4, 19
- Prozessvertretung **11**, 125 ff.

richterliche Fragepflicht s. Fragepflicht

Richtervorlage E, 78
- zum Bundesverfassungsgericht **45**, 60 f.
- an EuGH **E**, 88

Richterwahlausschuss 18, 3; **42**, 2

Richtlinien
- kirchliche
  - Revisibilität **73**, 17

Rote-Kreuz-Schwestern
- Arbeitnehmer **5**, 25

Rubrumsberichtigung 46, 49

Rückgriffsanspruch
- Zuständigkeit **3**, 7

Rücknahme s. auch Zurücknahme
- Antrag s. Antragsrücknahme
- Berufung **64**, 109
- Beschwerde im Beschlussverfahren **89**, 55 ff.
- Klage s. Klagerücknahme
- Rechtsbeschwerde **94**, 35 f.

Rüge
- Verfahrensrüge s. dort
- Zuständigkeitsrüge s. dort

rügelose Einlassung 1, 21
- Gerichtsstand **48**, 60
- Rechtsweg **48**, 11
- und Zuständigkeit **2**, 2, 3, 130; **111**, 20

Ruhegeld
- Feststellung **46**, 95

Ruhen des Verfahrens
- Beendigung **54**, 60
- Güteverhandlung **54**, 59

Rundfunkaufnahmen
- Öffentlichkeit **52**, 9

Sachbezüge 11 a, 27

Sachentscheidung
- Antragsbefugnis **81**, 53
- eigene **68**, 26 ff.
- Voraussetzung für Antragsbefugnis **81**, 56

1384

Magere Zahlen = Randnummern

Sachregister

sachliche Zuständigkeit E, 135 ff.; **2**, 1 ff.; **48**, 5
- Ausschluss **2**, 4
- erste Instanz **8**, 4 ff.
- für gesetzliche Vertreter **2**, 3
- im Insolvenzverfahren **2 a**, 27 ff.
- Prüfung **73**, 20 ff.
- Zusammenhangsklagen **2**, 3

Sachrüge **74**, 57, 110

Sachurteil
- Revision **74**, 80

Sachverhaltsaufklärung s. Tatsachenfeststellung

Sachverständigengutachten
- unzutreffendes **74**, 63

Sachverständiger **58**, 27 ff.
- Alleinentscheidung **55**, 54
- Entschädigung **9**, 16
- Güteverhandlung **54**, 18
- Ladung **56**, 18

Säumnis s. auch Versäumnis
- Alleinentscheidung **55**, 16, 18
- beider Parteien **54**, 59; **55**, 18
- Flucht in die **59**, 33
- Güteverhandlung **54**, 56
- unverschuldete **59**, 19

Satzung
- Revisibilität **73**, 2, 6, 16

Schadensersatz
- aus Amtspflichtverletzung **2**, 31
- bei einstweiliger Verfügung **85**, 50
- Feststellung **46**, 99
- bei vorläufiger Vollstreckbarkeit **74**, 50
- im Beschlussverfahren **85**, 26

Schadensersatzanspruch
- Kostenerstattung **12 a**, 9

Schadensschätzung **58**, 55 f.

Scheinurteil **60**, 27
- Berufung **64**, 8

Schiedsgericht E, 94; **101**, 2 ff.
- Bestellung der Mitglieder **103**, 11
- kirchliches E, 109
- Parität **103**, 2, 6
- Prozessvoraussetzungen **104**, 4
- Rechtshängigkeit **104**, 6
- Verfahren **104**, 1 ff.
- Verfahrensgrundsätze **104**, 4 ff.
- Verweisung **48**, 7
- Vorverfahren **4**, 10
- Zusammensetzung **103**, 1 ff.
- Zuständigkeit **104**, 5

Schiedsgerichtsbarkeit E, 94; **4**, 1 ff.; **101**, 1 ff.

Schiedsgerichtsvereinbarung **2**, 4; **101**, 1 ff.
- ausländische E, 304 ff.
- für Organmitglieder **2**, 136
- für Zusammenhangsklagen **2**, 127

Schiedsgutachtenvertrag **4**, 7 ff.

Schiedsrichter
- Ablehnung **103**, 19
- Ablehnungsgesuch **103**, 24 ff.
- Ablehnungsverfahren **103**, 20 ff.
- Auslagenersatz **103**, 18
- Ausschließungsgründe **103**, 8
- Bestellung **103**, 11
- Nichternennung **102**, 13, 17
- Parität **103**, 2
- Rechtsstellung **103**, 13
- Unparteiischer **103**, 5
- Vergütung **103**, 14 ff.

Schiedsspruch **108**, 1 ff.
- Abstimmungsverfahren **108**, 1 ff.
- Anerkennung **111**, 45 ff.
- Aufhebung
  - Klageantrag **110**, 22
  - Klagefrist **110**, 17
  - Zuständigkeit **110**, 16
- Aufhebung der Vollstreckbarkeitserklärung **110**, 31
- Aufhebungsentscheidung **110**, 24
- Aufhebungsgründe **110**, 8 ff.
- Aufhebungsverfahren **110**, 1 ff.
- ausländischer E, 304 ff.
- Ausschuss für Lehrlingsstreitigkeiten **111**, 36 ff.
- Begründung **108**, 12 ff.
- Bindungswirkung **108**, 32
- Inhalt **108**, 7 ff.
- Kostenentscheidung **108**, 10
- Niederlegung **108**, 24 ff.
- Rechtswirkung **108**, 29
- Streitwertfestsetzung **108**, 11
- Tarifvertragsstreitigkeiten **108**, 31
- Unterschrift **108**, 8 f.
- Verfahren nach Aufhebung **110**, 27
- Zustellung **108**, 17 ff.
- Zwangsvollstreckung **62**, 11; **109**, 1 ff.

Schiedsstelle E, 95 ff.

Schiedsvereinbarung
- Arbeitsvertrag **101**, 27
- Einzelschiedsvereinbarung **101**, 18 ff.
- einzelvertragliche **101**, 27 ff.
- Form **101**, 13 f., 30
- Formmangel **101**, 31
- Gesamtschiedsvereinbarung **101**, 8 ff.
- Wirkung **101**, 15

Schiedsverfahren
- Abstimmung **108**, 2 ff.
- Antrag **104**, 12
- Antragsteller für Vollstreckbarkeitserklärung **109**, 6
- Ausschluss **101**, 33
- Beeidigung **106**, 8
- Beratung **108**, 6
- Beteiligung Dritter **104**, 9
- Beweisaufnahme **106**, 1 ff.
- Drittwiderspruchsklage **102**, 5
- Einrede der Rechtshängigkeit **102**, 8
- Einredewegfall **102**, 29

1385

Sachregister Fette Zahlen = §§

- einstweiliger Rechtsschutz **102**, 4; **104**, 16
- Form des Vergleichs **107**, 3
- Fristversäumnis **102**, 14
- Geltendmachung durch Einrede **102**, 6
- Hauptintervention **104**, 11
- Kostenentscheidung **108**, 10
- Kostenerstattungsanspruch **106**, 5, 18
- Mündlichkeitsprinzip **105**, 4
- Nichternennung von Schiedsrichtern **102**, 17
- Oberschiedsgericht **104**, 18
- Öffentlichkeit **104**, 17
- Parteifähigkeit **104**, 7
- prozesshindernde Einrede **102**, 3 ff.
- Prozesskostenhilfe **104**, 15
- rechtliches Gehör **105**, 1 ff.
- Rechtshilfe **106**, 11
- Rechtshilfeersuchen **106**, 13 ff.
- Rechtskraftwirkung **102**, 9
- Rechtsmittel **104**, 18
- Rechtsmittel gegen Aufhebungsentscheidung **110**, 30
- Rechtsschutzinteresse **104**, 13
- Rechtsverletzung **110**, 10
- Restitutionsgründe **110**, 13
- Säumnis **105**, 9
- Schiedsspruch **108**, 1 ff.
- Streitverkündung **104**, 10
- Unmöglichkeit der Entscheidung **102**, 23
- Untersuchungsgrundsatz **105**, 2
- Verfahrensgrundsätze **104**, 4 ff.
- Verfahrensmangel **110**, 9
- Vergleich **107**, 1 ff.
- Versäumnisverfahren **104**, 14
- Vertretung **105**, 6
- Verzögerung **102**, 20
- Vollmacht für Parteivertretung **105**, 7
- Vollstreckungsabwehrklage **102**, 5
- Wegfall Einrede **102**, 13
- Wirkung der Einrede **102**, 7
- Zeugenvernehmung **106**, 4
- Zuständigkeit für Vollstreckbarkeitserklärung **109**, 5

Schiedsvergleich 107, 1 ff.
- Anfechtung **107**, 10
- Form **107**, 3
- Unterschrift **107**, 7
- Vollstreckbarkeitserklärung **107**, 12
- Wirkung **107**, 8 ff.
- Zwangsvollstreckung **109**, 4

Schiedsvertrag 4, 5 ff.; **101**, 1 ff.; s. Schiedsgerichtsvereinbarung
- Rechtsnatur **101**, 5
- Rechtsverhältnisse, grenzüberschreitende **4**, 6

Schlichtung E, 95 ff.

Schlichtungsausschuss für Lehrlingsstreitigkeiten s. Ausschuss für Lehrlingsstreitigkeiten

Schlichtungsstelle, tarifliche 101, 6
- Errichtung **98**, 2

- kirchliche **E**, 109; **101**, 6
- Klagefrist **E**, 109

Schriftformerfordernis 74, 18

Schriftliches Verfahren
- Berufung **64**, 129
- im Beschlussverfahren **83**, 116; **90**, 4
- Nichtzulassungsbeschwerde **72 a**, 51
- in der Revision **73**, 33; **74**, 32, 84
- Revisionsbeschwerde **77**, 14
- sofortige Beschwerde **78**, 12, 36
- Sprungrevision **76**, 13, 17

Schriftsatz
- im Beschlussverfahren **81**, 13
- bestimmender **74**, 39
- elektronische Übermittlung **46 c**, 7
- nachgelassener **46**, 26
- Unterschrift s. dort

Schuldübernahme
- Zuständigkeit **3**, 10

Schutzschrift
- einstweilige Verfügung **62**, 115

Schwerbehinderte
- Arbeitnehmer in Werkstätten **2 a**, 25; **5**, 27

Schwerbehindertenvertretung
- Beschlussverfahren **2 a**, 23 ff.; **80**, 17
- Beteiligte im Beschlussverfahren **83**, 80
- Beteiligtenfähigkeit **10**, 17
- Zuständigkeit **2**, 62; **2 a**, 23 ff.; **82**, 22

Seemannsamt
- Zuständigkeit **2**, 4; **111**, 4 f.

Selbstablehnung 49, 36 ff.

Selbstbindung 74, 144

Senat
- Anzahl **41**, 11
- Besetzung **41**, 7 ff.
- fehlerhafte Besetzung **41**, 8
- Gemeinsamer Senat **45**, 54 ff.
- Großer Senat **45**, 5 ff.

Sicherheitsleistung
- Ausländer **E**, 286
- Einstellung der Zwangsvollstreckung **62**, 42 a
- Zwangsvollstreckung **62**, 33, 46

sic-non-Fall 2, 157 ff.
- Verweisung **48**, 66

Signatur
- Antrag im Beschlussverfahren **81**, 7
- elektronische **46**, 45; **46 c**, 10 ff.; **78**, 21
- elektronische, Begriff **46 c**, 13
- Zustellung **50**, 19

Signaturfähigkeit 46 d, 3

Sittlichkeit
- Öffentlichkeit **52**, 20

Sitzung
- Anhörungstermin s. dort
- Güteverhandlung s. dort
- Heranziehung der ehrenamtlichen Richter **31**, 10

Magere Zahlen = Randnummern

- Hinzuziehung der ehrenamtlichen Richter s. dort
- Kammertermin s. dort
- Präsidium **6 a**, 35 ff.

Sitzungsordnung 9, 10
Sitzungsprotokoll s. Protokoll
sofortige Beschwerde 72 b, 1 ff.; **78**, 1 f.
- Abhilfe **78**, 28
- Begründung **72 b**, 17; **78**, 22
- Beiordnung **11 a**, 85
- Einlegung **78**, 20
- Endurteil **72 b**, 6
- Entscheidung durch LAG **78**, 30 ff.
- Entscheidung über **92 b**, 9 ff.
- Frist **78**, 20, 24; **92 b**, 5
- gegen Beschluss des Landesarbeitsgerichts **92 b**, 2 f.
- gegen verspätete Absetzung der Entscheidung **92 b**, 1 ff.
- Kosten **72 b**, 33
- Prozesskostenhilfe **46**, 35; **72 b**, 34
- gegen Rechtspflegerentscheidung **78**, 17
- Revisionsbeschwerde s. dort
- Unzulässigkeit **78**, 15, 30, 46
- Verhältnis zur Nichtzulassungsbeschwerde **72 a**, 5
- Verweisung **48**, 118, 127
- gegen Zulassung der Sprungrevision **76**, 18
- Zurücknahme **72 b**, 16; **78**, 27

Sozialeinrichtung
- Zuständigkeit **2**, 87 ff.

Sozialgericht
- Zuständigkeit **2**, 79 f.

Sozialhilfeleistung 11 a, 31

Sozialversicherungsrecht
- Zuständigkeit **2**, 80 ff.

Spitzenorganisation
- Antragsbefugnis **97**, 16
- Beteiligte **97**, 23
- Beteiligtenfähigkeit **10**, 32 ff.
- Parteifähigkeit **10**, 13 f.

Spitzenverband
- Prozessvertretung **11**, 67 ff.

Sprecherausschuss der leitenden Angestellten
- Beschlussverfahren **2 a**, 59 ff.
- Beteiligtenfähigkeit **10**, 24

Sprungrechtsbeschwerde 78, 38; **96 a**, 3 ff.
- Rechtsmittelbelehrung **9**, 28
- Zulassungsentscheidung **96 a**, 10 ff.

Sprungrevision 76, 3 ff.
- und Berufung **76**, 25 ff.
- Ermessen **76**, 3
- Rechtsmittelbelehrung **9**, 28; **76**, 8
- sofortige Beschwerde **72 b**, 7
- Unzulässigkeit **76**, 17
- Zulassung
  - durch Beschluss **76**, 9 ff.
  - im Urteil **76**, 6 ff.

Sachregister

Staatssekretär
- ehrenamtlicher Richter **22**, 17 a

Staatssicherheit
- Öffentlichkeit **52**, 18

Stationierungsstreitkräfte
- Beteiligte **1**, 13
- Beteiligte im Beschlussverfahren **83**, 42
- deutsche Gerichtsbarkeit **1**, 13
- Einigungsstelle **98**, 3

Statthaftigkeit
- Berufung **64**, 7, 13, 17
- Beschwerde im Beschlussverfahren **89**, 2
- Revision **72**, 5 ff., 44 ff.

Statusklage
- Zuständigkeit **2**, 66

Stelle
- Antragsteller **81**, 42 ff.
- Beteiligtenfähigkeit **10**, 22 ff.; **81**, 42 ff.
- Vollstreckungsgläubiger **85**, 12 f.
- Vollstreckungsschuldner **85**, 14 f.

Steuergeheimnis
- Öffentlichkeit **52**, 24

Strafgefangene
- Arbeitnehmer **5**, 23, 27

Strafsachen
- Zuständigkeit **2**, 11; **2 a**, 33

Streitgegenstand E, 184 ff.
- Änderung **46**, 47; **81**, 84
- Antragsbefugnis **81**, 56 ff.
- Berufungsbegründung **64**, 86
- Bestimmung durch Antrag **81**, 33 f.
- Gerichtsstand **48**, 64
- Kündigungsschutzprozess **E**, 196 ff.
- und Revision **74**, 57
- Revisionsantrag **74**, 40
- Revisionszulassung **72**, 40

Streitgenosse
- Beiordnung **11 a**, 10

Streitgenossen
- im Beschlussverfahren **81**, 47 ff.
- Beschwerdewert **64**, 55
- Diskriminierung **61 b**, 17
- Güteverhandlung **54**, 30
- Prozessfähigkeit **11**, 48
- Prozessvertretung **11**, 87

streitige Verhandlung s. mündliche Verhandlung

Streitigkeit
- individualrechtliche **2 a**, 12 ff.
- vermögensrechtliche **12**, 99

Streitschlichtung E, 95 ff.
- außergerichtliche **46**, 15

Streitverkündung
- im Beschlussverfahren **83**, 23 ff.
- im Schiedsverfahren **104**, 10

Streitwert
- Abfindung **12**, 123
- Änderungskündigung **12**, 119
- Arbeitsentgeltbegriff **12**, 104

1387

Sachregister

Fette Zahlen = §§

- Berufsausbildungsverhältnis **12**, 125
- im Beschlussverfahren **84**, 14
- Bestandsschutzstreit **12**, 94 ff.
- Eingruppierung **12**, 134 ff.
- Freistellung **12**, 126
- Gebührenberechnung **12**, 139 ff.
- nachgeschobene Kündigung **12**, 110
- Nichtzulassungsbeschwerde **72 a**, 56
- vorsorgliche Kündigung **12**, 109
- Weiterbeschäftigung **12**, 116
- wiederkehrende Leistung **12**, 127 ff.

Streitwertaddition 12, 106 ff.
Streitwertberechnung 12, 6 ff.; **61**, 17
- Klagehäufung **12**, 7
- objektive Klagehäufung **12**, 106 ff.

Streitwertfestsetzung 12, 5 ff.
- Änderung **12**, 9
- Bedeutung **61**, 12 ff.
- im Beschlussverfahren **84**, 14
- Beschwerde gegen **12**, 9 ff.
- Beschwerdewert **61**, 13
- Bindung **61**, 15
- durch Beschluss **12**, 9 ff.
- erste Instanz **12**, 13 ff.
- Form **61**, 20
- im Tenor **61**, 14, 20
- im Urteil **61**, 12 ff.
- Kostenverzeichnis **12**, 13 ff.
- Schiedsspruch **108**, 11
- unterbliebene **61**, 21
- Zuständigkeit **12**, 9

Strengbeweis 58, 7, 54
Studierende
- Beratungsteilnahme **60**, 6

Stufenklage
- Revision **74**, 128

Suspensiveffekt
- Berufung **64**, 3
- Rechtsmittel **9**, 25 ff.

Syndikusanwalt
- Prozessvertretung **11**, 29

Tarifauslegung
- grundsätzliche Bedeutung **72 a**, 17
- Zuständigkeit **2**, 16

Tariffähigkeit 97, 5 ff.
- Beschlussverfahren **2 a**, 78 ff.; **97**, 1 ff.
- örtliche Zuständigkeit **82**, 20
- OT-Mitgliedschaft **2 a**, 81
- Vorfrage **2 a**, 80

Tarifrecht
- Kenntnis des Gerichts **58**, 14
- Revisibilität **73**, 14

Tarifvertrag
- Zuständigkeitsregelung **48**, 133 ff.

Tarifvertragspartei 2, 21
Tarifvertragssachen
- Urteilsübersendung **63**, 1 ff.

Tarifvertragsstreitigkeiten 2, 12 ff.
- Feststellungsinteresse **2**, 27
- Gesamtschiedsvereinbarung **101**, 9
- grundsätzliche Bedeutung **72 a**, 16 f.
- Schiedsspruch **108**, 31
- Übersendung von Urteilen **2**, 24; **75**, 10
- Zulassung der Berufung **64**, 22

Tarifzuständigkeit 97, 5 ff.
- Beschlussverfahren **2 a**, 81 ff.; **97**, 1 ff.
- örtliche Zuständigkeit **82**, 20

Tatbestand
- Absehen **69**, 10
- Beweis für Parteivorbringen **75**, 105
- Fehlen des **73**, 49 ff.; **74**, 99
- Feststellungen im **74**, 105 ff.
- unvollständiger **73**, 53

Tatbestandsberichtigung 74, 106; **91**, 5
- Alleinentscheidung **55**, 32 c
- Antrag **74**, 65
- sofortige Beschwerde **78**, 16

Tatsache
- Beweisaufnahme **58**, 10

Tatsachenfeststellung E, 215 ff.
- Berufung **64**, 6
- im Berufungsurteil **74**, 105 ff.
- im Beschlussverfahren **83**, 82 ff.; **90**, 10 f.; **93**, 4; **96**, 11
- Bindung des Revisionsgerichts **73**, 25; **93**, 4; **96**, 11
- Bindungswirkung **74**, 108
- durch Revisionsgericht **74**, 114 f., 138
- nach Zurückverweisung **74**, 142

tatsächliches Vorbringen s. Parteivorbringen
Teilbeschluss 84, 5
- über Anschlussbeschwerde **89**, 44
- Beschwerdefähigkeit **87**, 4
- über vorläufige Vollstreckbarkeit **85**, 7

Teilurteil 56, 45
- Berufung **64**, 7
- Rechtsmittelbelehrung **9**, 33
- des Revisionsgerichts **74**, 140
- Zurückverweisung **68**, 23

Teilvergleich
- Kosten **12**, 25

Teilzeitanspruch
- einstweilige Verfügung **62**, 119

Teilzeitbeschäftigte
- Arbeitnehmer **5**, 13

Telearbeit
- Gerichtsstand **48**, 36

Telefax 46, 45; **46 c**, 5
- Berufung **64**, 68
- Beschwerde **78**, 20
- Mahnverfahren **46 a**, 12
- Revision **74**, 5, 10
- Sprungrevision **76**, 17

Telekopie 46, 45
- Berufung **64**, 68

Magere Zahlen = Randnummern

– Mahnverfahren **46 a**, 12
– Rechtsmittel mit **74**, 10, 12; **78**, 20
Tenor s. Urteilstenor
Termin
– früher erster **46**, 26
– Verkündung **57**, 20
– weitere Verhandlung **57**, 20
Terminsanberaumung
– Berufung **66**, 45 ff.
Terminsbestimmung
– Alleinentscheidung des Vorsitzenden **53**, 19
– im Beschlussverfahren **81**, 72; **87**, 13
– und sofortige Beschwerde **78**, 18
– im Beschwerdeverfahren **87**, 13; **90**, 7
– Ladungsfrist **47**, 18
– im Rechtsbeschwerdeverfahren **94**, 33
– im Revisionsverfahren **74**, 122 f.
Terminsverlegung 46, 34
Tonaufnahmen
– Öffentlichkeit **52**, 9
Transfervermerk 46 e, 7
Trennung von Verfahren s. Prozesstrennung
typische Verträge
– Revisibilität **73**, 18

Übermittlung
– elektronisches Dokument **46 c**, 6
Überschrift von Urteilen 72 b, 22
Übersendung von Urteilen 2, 24; **63**, 1 ff.;
  75, 10; **97**, 28
Übersetzer
– Auslagen **12**, 89
– Urkunde **56**, 13 a
Überstundenbezahlung 46, 60
unbestimmter Rechtsbegriff
– Entscheidung durch Revisionsgericht **74**, 54
– Revisibilität **73**, 9 f.; **74**, 136; **93**, 3
unechtes Versäumnisurteil
– Revisionsinstanz **75**, 145
unerlaubte Handlung
– unter Arbeitnehmern **2**, 107 ff.
– des Arbeitnehmers **2**, 74 ff.
– im Arbeitskampf **2**, 33 ff.
– Gerichtsstand **48**, 47
– Vereinigungsfreiheit **2**, 43 f.
Unparteiischer
– Schiedsgericht **103**, 5
Untätigkeitsbeschwerde 72 b, 5; **78**, 9; s. sofortige Beschwerde
Unterlassung
– der Anhörung **15**, 20
– Zwangsvollstreckung **62**, 21
Unterlassungsanspruch
– einstweilige Verfügung **85**, 30, 32 ff.
– im Personalvertretungsrecht **85**, 33
Unterlassungsantrag
– im Beschlussverfahren **81**, 14
– Zwangsvollstreckung **85**, 2, 20

Unterlassungsklage 46, 67
Unterlassungsverfügung 85, 30, 32 ff.
Unternehmensmitbestimmung
– Beschlussverfahren **2 a**, 64 ff.
– Zuständigkeit der ordentlichen Gerichte **2 a**, 64, 68
Unternehmer
– Beteiligtenfähigkeit **10**, 19
Unterschrift 46, 45; **74**, 12 ff.
– Anordnung persönliches Erscheinen **51**, 9
– Berufungsschrift **64**, 67
– Berufungsurteil **69**, 4 ff.
– Beschwerde im Beschlussverfahren **89**, 24
– eingescannte **46**, 45
– fehlende **72 b**, 24
– Mahnbescheid **46 a**, 22
– Paraphe **74**, 14
– Rechtsbeschwerdeschrift **94**, 12
– Revisionsurteil **75**, 1, 7 f.
– Schiedsspruch **108**, 8 f.
– Schiedsvergleich **107**, 7
– sofortige Beschwerde **72 b**, 1 f., 9; **78**, 21
– Urteil **60**, 36 ff.; **75**, 7 f.
– Verhinderung **69**, 7
Unterstützungskasse
– Zuständigkeit **2**, 87 ff.
Untersuchungsgrundsatz E, 217
– im Beschlussverfahren **80**, 34; **83**, 2, 82 ff.
– Schiedsverfahren **105**, 2
Untervollmacht 11, 32
– Postulationsfähigkeit **11**, 88
Unterzeichnung 75, 1, 7 f.
Unzuständigkeit s. auch Zuständigkeit
– Fachkammer/allgemeine Kammer **17**, 14 f.
– örtliche **46**, 20
Urheberstreitigkeiten
– Zuständigkeit **2**, 111 ff.
Urkunde
– Auslegung **73**, 26
– Übersetzung **56**, 13 a
– Vorlage **56**, 8 ff.
Urkundenbeweis 58, 28 f.
– im Beschlussverfahren **83**, 97
Urkundenprozess 46, 30
Urkundsbeamte E, 127
– Ablehnung **49**, 3
– Aufgaben **7**, 16 ff.
– Bestellung **7**, 12 ff.
Urkundsprozess 2, 171
Urlaub
– Beweislastverteilung **58**, 91
Urlaubsanspruch
– einstweilige Verfügung **62**, 101
– Zwangsvollstreckung **62**, 62
Urteil 75, 10
– Abfassung **60**, 28; **69**, 13
– abgekürztes **69**, 10
  – Zustellung **50**, 7

Sachregister

Fette Zahlen = §§

- Abkürzung **61**, 5 ff.
- Berichtigung s. dort
- Berufungsurteil s. dort
- Beschwerde gegen **78**, 1 ff.
- Entschädigungszahlung **61**, 29 ff.
- Formalien **69**, 4 ff.
- Frist **60**, 28; **69**, 13
- Inhalt **61**, 1 ff
- kontradiktorisches **75**, 5
- Rechtsmittelbelehrung s. dort
- Revisionsurteil s. dort
- Streitwertfestsetzung **61**, 12 ff.; s. dort
- Tarifvertragssachen
  - Übersendung **63**, 1 ff.
- Übersendung **2**, 24
- Unterschrift **60**, 36 ff.; **69**, 4
- Verkündung **60**, 1 ff.
- Zustellung **50**, 1 ff.

Urteilsbegründung
- mündliche **60**, 20

Urteilsberichtigung 72, 37; s. Berichtigung des Urteils
- Revisionsurteil **75**, 6
- Zwangsvollstreckung **62**, 36

Urteilsergänzung
- Zulassungsentscheidung **64**, 30

Urteilsformel
- Bezugnahme auf **75**, 4
- Verlesung **60**, 18; **75**, 3 f.

Urteilstenor
- Streitwertfestsetzung **61**, 14, 20
- bei Zulassung der Revision **72**, 43

Urteilsübersendung
- Form **63**, 7
- Geltungsbereich **63**, 2

Urteilsverfahren E, 155 ff.; **2**, 168 f.; **78**, 2
- für Auszubildende nach § 78 a BetrVG **2 a**, 51 f.
- Begriff **46**, 2
- und Beschlussverfahren **E**, 16, 149 ff.; **2 a**, 89 ff.
- für Betriebsratsmitglieder **2 a**, 15 ff.
- Beweisaufnahme **58**, 1
- Güteverhandlung **54**, 6
- Instanzenzug **8**, 2
- Rechtsmittelbelehrung **9**, 17
- Rechtsweg **48**, 10
- für Schwerbehindertenvertretung **2 a**, 23 ff.
- Urteilsinhalt **61**, 4
- Vertretungszwang **11**, 122

Urteilsverkündung s. Verkündung

Verband
- Begriff **11**, 57 ff.
- Prozessfähigkeit **11**, 50 ff.

Verbandsklage 72, 17
Verbandssyndicus 11, 85

Verbandsvertreter
- Beschlussverfahren **11**, 95 ff.
- im Beschlussverfahren **80**, 47
- ehrenamtlicher Richter **22**, 18
- Ersatzzustellung **11**, 90 f.; **50**, 27
- Prozessvertretung **11**, 128
- Rechtsstellung **11**, 89
- Verschulden **11**, 94
- Zeugnisverweigerungsrecht **11**, 93
- Zustellung **11**, 90 f.; **50**, 23 ff.

Verbindung von Verfahren s. Prozessverbindung

Vereidigung
- ehrenamtlicher Richter **20**, 10
- von Zeugen **46**, 24

Verein
- Beteiligtenfähigkeit **10**, 19
- Parteifähigkeit **10**, 4, 6
- Prozessfähigkeit **11**, 18

Vereinigungsfreiheit 2, 43 f.

Verfahren
- amtsgerichtliches **46**, 4 ff.
- landgerichtliches **46**, 13 ff.

Verfahrensart
- Bestimmung **E**, 152; **2 a**, 89 ff.
- Bindung **48**, 108
- Prüfung in Berufung **65**, 8
- Prüfung in Revisionsinstanz **73**, 30 ff.
- Verweisung **48**, 23, 105 ff.

Verfahrensfehler
- des Arbeitsgerichts im Beschlussverfahren **88**, 2
- Aufhebung des Urteils wegen **74**, 126 f.
- keine Aussetzung nach § 97 **97**, 13
- Beteiligung im Beschlussverfahren **83**, 26 ff., 117
- falsche Verfahrensart **73**, 30 ff.
- Prüfung durch Revisionsgericht **74**, 94 ff.
- Revisionsgrund **73**, 7; **74**, 59 ff.

Verfahrensgrundsätze E, 208 ff.

Verfahrensgrundsatz
- allgemeiner **46**, 36 ff.

Verfahrensmangel 74, 94; **76**, 31
- Aufhebung von Schiedssprüchen **110**, 7
- Ausschluss der Öffentlichkeit **52**, 34
- Beteiligung im Beschlussverfahren **96**, 15
- Fehlen der Entscheidungsgründe **68**, 3
- nicht korrigierbarer **68**, 4
- Prüfung durch Revisionsgericht **96**, 6 ff.
- Schiedsverfahren **110**, 9
- Zurückverweisung **68**, 3

Verfahrensrüge 73, 6, 40; **74**, 59 ff., 103 f.; **110**; **93**, 5; **94**, 21
- Begründung **74**, 59 ff., 78
- Besetzung des Gerichts s. dort
- hinsichtlich Beteiligung **83**, 29, 33
- durch Revisionsbeklagten **74**, 109
- bei Sprungrevision **76**, 29 ff.
- nach Teilurteil **74**, 59

Magere Zahlen = Randnummern

Sachregister

Verfahrensvoraussetzung s. Prozessvoraussetzung
Verfahrensvorschriften 9, 1 ff.
– Gerichtsverfassungsgesetz **9,** 10
Verfassungsbeschwerde 45, 48; **72,** 28; **72 a,** 3
Verfassungsgerichtsbarkeit E, 70 ff.
– und Arbeitsgerichtsbarkeit **E,** 74 ff.
Verfassungsrechtliche Grundlagen E, 223 ff.
Verfügung
– Beschwerde **78,** 8, 10
– einstweilige s. dort
Verfügungsanspruch 85, 31 ff.
– einstweiliger Rechtsschutz **62, 94**
Verfügungsgericht 85, 42
Verfügungsgrund 85, 35 f.
– einstweiliger Rechtsschutz **62, 94**
Verfügungsgrundsatz 46, 44 ff.
Vergleich s. auch Prozessvergleich
– Aufhebung
– Kosten **12,** 34
– außergerichtlicher
– Kosten **12,** 31
– im Beschlussverfahren **83 a,** 2 ff.
– Kosten **12,** 22 ff., 60
– Mahnverfahren
– Kosten **12,** 27
– Prozessvollmacht **11,** 107
– Schiedsverfahren **107,** 1 ff.
– Schiedsvergleich s. dort
– Widerruf
– Kosten **12,** 26
– Wirkung im Schiedsverfahren **107,** 8 ff.
– Zwangsvollstreckung **62, 9**
Vergleichsvorschlag 46, 16 ff.
Verhandlung s. auch mündliche Verhandlung
– einstweiliger Rechtsschutz **62,** 83
– Gang **57,** 3 ff.
– Kammer **57,** 1 ff.
– Öffentlichkeit **52,** 5
– streitige **56,** 4; **57,** 1 ff.
– Vorbereitung **56,** 5 ff
Verhandlungsgremium, besonderes
– Beteiligtenfähigkeit **10,** 28
Verhandlungsgrundsatz E, 216; **46,** 36
Verhinderungsvermerk 72 b, 24
Verkündung
– im Beschlussverfahren **84,** 16; **91,** 12 f.; **96,** 22
– ehrenamtliche Richter **60,** 22
– fehlende **60,** 27
– Form **60,** 18 f.
– Protokoll **60,** 24
– Revisionsurteil **75,** 1 ff.
– Zeitpunkt **60,** 6 ff.
Verkündungstermin 57, 20, 22; **60,** 7, 31; **73,** 38; **75,** 2; **84,** 16; **91,** 13
– besonderer **60,** 7

– Verlegung **60,** 13 f.
– Zeitpunkt **60,** 11
Verlängerung von Fristen s. Fristverlängerung
verletzte Rechtsnorm
– Revisionsbegründung **74,** 3, 52
Verletzung
– Öffentlichkeit **52,** 34
Verletzung rechtlichen Gehörs 72 a, 9, 22, 37 ff.
Vermögen 11 a, 43
– Abfindung **11 a,** 43
– Unterhaltsansprüche **11 a,** 50
vermögensrechtliche Streitigkeiten
– im Beschlussverfahren **83 a,** 8; **84,** 12; **85,** 6 ff.
Vermögensübernahme
– Zuständigkeit **3,** 10
Vermutung 58, 85 ff.
Versäumnisurteil
– Antrag **59,** 17
– Aufhebung **59,** 40
– Aufrechterhaltung **59,** 39
– Berufung **64,** 9, 62
– im Beschwerdeverfahren **78,** 10
– echtes **59,** 12; **75,** 5
– einheitliche Entscheidung **59,** 14
– Einspruch **59,** 22; s. dort
– Kosten **12,** 35 f.
– Rechtsbehelf **59,** 22
– in Revisionsinstanz **74,** 145 ff.
– unechtes **59,** 16
– unechtes in der Revisionsinstanz **74,** 149
– Voraussetzung **59,** 4 ff.
– Zurückverweisung **68,** 22
– Zurückweisung **56,** 43
– Zurückweisung des Antrags **59,** 17
– zweites **59,** 45
– Berufung **59,** 46
– Revisibilität **72,** 3, 6
Versäumnisverfahren 46, 22; **59,** 1 ff.
– Berufung **64,** 130
– im Beschlussverfahren **80,** 35; **84,** 7
– in Revisionsinstanz **74,** 145 ff.
– Schiedsgericht **104,** 14
– Schiedsverfahren **105,** 9
– bei Wiederaufnahme des Verfahrens **79,** 1
Verschulden
– höhere Gewalt **9,** 50
– der Partei **9,** 50
Versicherungsunternehmen
– Zuständigkeit **2,** 95
verspätete Urteilsabsetzung 72 a, 5
verspätetes Vorbringen 56, 24 ff.
– im Beschlussverfahren **87,** 27
– Entschuldigung **56,** 38; **67,** 10
– Zeitpunkt des **67,** 23
– Zulassung in Berufungsinstanz **74,** 104
– zurückgewiesenes **67,** 17
– Zurückweisung **67,** 17

1391

Sachregister

Fette Zahlen = §§

Vertagung 57, 16
- Gründe 57, 19
- Heranziehung der ehrenamtlichen Richter 31, 13

Verteidigungsmittel 57, 16; s. auch Parteivorbringen
- im Beschlussverfahren 83, 88 ff.; 87, 18 a
- neue 67, 3 ff.

Vertrag
- Revisibilität 73, 18 f.
  - Vertragsauslegung 73, 24 ff.

Vertrag von Amsterdam E, 261

Vertrag zugunsten Dritter
- Zuständigkeit 3, 10

Vertrauensmann der Schwerbehinderten s. Schwerbehindertenvertretung

Vertrauensmann der Zivildienstleistenden
- Zuständigkeit 2 a, 26

Vertrauensperson der Soldaten
- Zuständigkeit 2 a, 26

Vertrauensschutz 73, 5

Vertreter s. auch gesetzlicher Vertreter, s. auch Prozessvertreter
- gesetzlicher 11, 8 ff.
- persönliches Erscheinen 51, 20
- Zurückweisung 51, 26

Vertreter des öffentlichen Interesses
- Beteiligtenfähigkeit 10, 30; 80, 10
- Beteiligter im Beschlussverfahren 83, 79
- Rechtsbeschwerdebefugnis 94, 2

Vertreterverschulden 11, 94

Vertretung
- des aufsichtführenden Richters 6 a, 79 ff.
- des Präsidenten 6 a, 79 ff.
- Präsidiumsmitglied 6 a, 21 ff.
- des Vorsitzenden 6 a, 66 ff.; 19, 3 ff.

Vertretungsbefugnis 11, 70 ff.

Vertretungsorgan
- Arbeitnehmer 5, 46
- Zuständigkeit 2, 131

Vertretungszwang 11, 112, 120; s. auch Anwaltszwang
- Beschwerdeverfahren 78, 20, 36; 87, 22; 90, 6
- Rechtsbeschwerde 92, 22; 95, 6
- Revisionsbeschwerde 77, 12

Verwaltungsgericht
- Fachkammer/-senat 17, 6; 80, 12
- Besetzung 16, 12
- Verfahrensart 81, 6
- Zuständigkeit 2, 18; 2 a, 26; 80, 7 ff., 13 ff., 22, 27

verwaltungsgerichtliches Beschlussverfahren s. auch Beschlussverfahren
- und allgem. verwaltungsgerichtliches Verfahren 80, 29
- und arbeitsgerichtliches Verfahren 80, 11, 28
- Zuständigkeit 80, 13 ff.
- Zustellung 80, 51

Verweisung
- Alleinentscheidung 55, 17 c
- Aufrechnung 48, 69
- Berufung 64, 131
- Beweiserhebung 48, 65
- Bindungswirkung 48, 90
- Diskriminierung 61 b, 18, 22
- einstweiliger Rechtsschutz 48, 17; 62, 82
- Entscheidung 48, 83
- gesetzwidrige 48, 94, 102
- Klagehäufung 48, 68
- Klagerücknahme 48, 96
- Kompetenzstreit 48, 97
- Kostenerstattung 12 a, 17 ff.
- Mahnverfahren 48, 13
- örtliche Unzuständigkeit 46, 20
- örtliche Zuständigkeit 48, 25, 98 ff.
- Prozesskostenhilfe 48, 14
- Prüfungskompetenz 48, 64 ff.
- sic-non-Fall 48, 66
- Streitgegenstand 48, 65
- Verfahren 48, 75 ff.
- Verfahrensart 48, 23, 105 ff.
- Wahlfeststellung 48, 65
- Wirkung 48, 95
- Zusammenhangsklage 48, 68

Verweisung des Rechtsstreits
- Anfechtung 73, 32; 91, 3
- an Arbeitsgericht 80, 28
- an ausländisches Gericht 1, 32
- aus dem Beschlussverfahren 2 a, 92; 80, 28 f.; 82, 5; 88, 7
- an Fachkammer 17, 13
- Kostenverzeichnis 12, 14
- in Rechtsmittelinstanz 88, 4
- aus dem Urteilsverfahren 2 a, 92
- an Verwaltungsgericht 80, 28
- nach Vorbehaltsurteil 2, 146

Verweisungsbeschluss
- im Beschwerdeverfahren 78, 61
- objektive Willkürlichkeit 78, 61
- Revisionsbeschwerde 77, 16

Verweisungsverfahren
- Kosten 48, 109 ff.
- Rechtsmittel 48, 117
- sofortige Beschwerde 48, 118
- weitere sofortige Beschwerde 48, 127 ff.

Verwerfung
- Anschlussberufung 64, 108
- Berufung 64, 96
- Bindungswirkung 64, 101
- Rechtsbeschwerde 64, 102
- unzulässige Rechtsbeschwerde 94, 29
- wegen Fristversäumnis 66, 43 f.

Verwerfung als unzulässig
- Berufung 77, 3
- Beschwerde im Beschlussverfahren 89, 46 f.
- Einspruch 78, 10

1392

Magere Zahlen = Randnummern

Sachregister

- Nichtzulassungsbeschwerde **72 a**, 25 ff., 29, 44 ff.
- Rechtsbeschwerde **94**, 25 ff.
- Revision **74**, 35, 84 f.
- Revisionsbeschwerde **77**, 3, 15
- sofortige Beschwerde **78**, 30, 38
- Sprungrevision **76**, 29
- Zurückverweisung **68**, 14

Verwertungsverbot für Beweismittel 58, 34 ff.

Verzicht
- Alleinentscheidung **55**, 10
- Berufung **64**, 115
- auf Berufung bei Sprungrevision **76**, 25
- und Beschränkung des Revisionsantrags **74**, 40
- auf Beschwerde im Beschlussverfahren **89**, 62 ff.
- Güteverhandlung **54**, 39
- Kosten **12**, 19 f.
- auf Revision **74**, 25 ff., 81
- auf Tatbestand und Entscheidungsgründe **75**, 6; **84**, 11; **91**, 5

Verzichtsbeschluss 84, 6

Verzichtsurteil 75, 4

Verzögerung
- Diskriminierung **61 b**, 27
- Erledigung des Rechtsstreits **56**, 33 ff.; **67**, 9

Verzögerungsgebühr 12, 43 ff.

Völkerrecht
- deutsche Gerichtsbarkeit **1**, 7

Vollmacht 11, 77
- für Parteivertretung im Schiedsverfahren **105**, 7
- persönliches Erscheinen **51**, 21

Vollstreckbarkeit, vorläufige s. vorläufige Vollstreckbarkeit

Vollstreckbarkeitserklärung
- ausländisches Urteil **E**, 296 ff.
- Beschluss im Beschlussverfahren **84**, 12 f.; **91**, 7; **94**, 34
- durch Revisionsgericht **74**, 87
- Schiedsspruch **109**, 1 ff.
- Schiedsspruch, Aufhebung **110**, 31
- Schiedsvergleich **107**, 12; **109**, 4
- Spruch des Ausschusses für Lehrlingsstreitigkeiten **111**, 56 ff.
- von Versäumnisurteil **74**, 148

Vollstreckung s. Zwangsvollstreckung

Vollstreckungsabwehrklage 62, 50, 74
- Schiedsverfahren **102**, 5

Vollstreckungsbescheid 46 a, 28 ff.
- Alleinentscheidung **55**, 17 b
- Antrag **46 a**, 28
- Einspruch **46 a**, 31
- Einspruch, Begründung **46 a**, 34
- Einspruch, rechtzeitiger **46 a**, 32
- Einspruch, unzulässiger **46 a**, 32
- Form **46 a**, 28
- Versäumnisurteil **46 a**, 29
- Wirkung **46 a**, 29
- Zuständigkeit **46 a**, 30
- Zustellung **50**, 9

Vollstreckungsgegenklage s. Zwangsvollstreckungsgegenklage
- Zuständigkeit **2**, 172

Vollstreckungsgläubiger
- im Beschlussverfahren **85**, 11 ff.

Vollstreckungsklausel
- gegen Organmitglieder **85**, 19

Vollstreckungsschuldner
- im Beschlussverfahren **85**, 11 ff.

Vollstreckungstitel 62, 4, 8
- Beschluss im Beschlussverfahren **85**, 2 ff.
- Beweisverfahren **58**, 49
- Einigungsstellenspruch **2 a**, 100; **85**, 10
- einstweilige Verfügung **85**, 10
- Europäische Verordnung **13 a**, 12
- Vergleich im Beschlussverfahren **83 a**, 3; **85**, 9

Vorabentscheidung 48, 75 ff., 99

Vorabentscheidungsverfahren 2 a, 101 f.; **45**, 62 f.; **48**, 3, 75 ff.; **98**, 11 f.
- Alleinentscheidung **55**, 27
- EuGH **E**, 88 f.
- über Zuständigkeit **73**, 30 ff.; **78**, 45

Vorbehaltsbeschluss 84, 6

Vorbehaltsurteil 2, 146 ff.
- Rechtsmittelbelehrung **9**, 33
- Revision gegen **72**, 6

vorbereitender Schriftsatz s. Schriftsatz

Vorbereitung
- Güteverhandlung **54**, 16
- streitige Verhandlung **56**, 5 ff.

Vorbereitung der mündlichen Verhandlung s. mündliche Verhandlung

Vorbringen s. auch Parteivorbringen, s. auch verspätetes Vorbringen
- verspätetes **56**, 24 ff.

Vordienstzeiten
- Feststellung **46**, 105

Vorfrage
- im Beschlussverfahren **2 a**, 11
- wegen Prüfung der Tariffähigkeit/-zuständigkeit **97**, 9 ff.
- der Tariffähigkeit/-zuständigkeit **2 a**, 80
- der Unternehmensbestimmung **2 a**, 69 f.
- Zuständigkeit **E**, 69; **2**, 80

vorläufige Vollstreckbarkeit 62, 16 f.
- Ausschluss
  - im Beschlussverfahren **84**, 12; **85**, 6
- Beschluss im Beschlussverfahren **84**, 12; **85**, 5 ff.
- Revisionsurteil **74**, 148
- und Schadensersatz **74**, 50; **85**, 26

Vorlage an Bundesverfassungsgericht E, 78 f.

Vorlage an EuGH E, 88 f.; **45**, 15
- Vorabentscheidungsverfahren **45**, 62 f.

1393

Sachregister

Fette Zahlen = §§

Vorlagebeschluss
- Divergenzfähigkeit **45**, 17; **72**, 23

Vornahme einer Handlung 61, 25
- im Beschlussverfahren **85**, 2
- Zwangsvollstreckung **85**, 17 f.

Vornahmeklage 46, 71

Vorschlagsliste
- ehrenamtliche Richter **20**, 15 ff.

Vorsitzender s. auch Alleinentscheidung
- Alleinentscheidung **53**, 4 ff.; **55**, 5 ff.
- Alleinentscheidung in Revisionsinstanz **41**, 10
- Befugnisse **53**, 4 ff.
- Berufungsverwerfung **53**, 10
- Beschlüsse **53**, 4
- Beweisaufnahme **58**, 44
- Dienstaufsicht **15**, 23 ff.
- dritte Instanz **6 a**, 71
- einstweiliger Rechtsschutz **53**, 11
- Ernennung **18**, 4 ff.; **36**, 2 ff.
- erste Instanz **6 a**, 69 f.
- Kostenschlussentscheidung **53**, 14
- Landesarbeitsgericht **36**, 2
- Rechtshilfe **53**, 18
- Rechtsstellung **6 a**, 63 ff.
- Terminsbestimmung **53**, 19
- Verhandlungsleitung **53**, 19
- Vertretung **19**, 3 ff.
- Vorbereitungspflicht **56**, 5 ff.
- zweite Instanz **6 a**, 69 f.

Vorverfahren
- Ausschluss **47**, 25
- Schiedsgericht **4**, 10

Wahlanfechtung 2 a, 38 f., 65; **80**, 17 f.
- Antrag **81**, 20
- Antragstellermehrheit **81**, 48
- einstweilige Verfügung **85**, 38
- Fristwahrung **81**, 35 f.
- örtliche Zuständigkeit **82**, 17
- Personalvertretung **80**, 21
- Präsidiumswahl **6 a**, 18
- Rechtsschutzinteresse **81**, 30
- vor Verwaltungsgericht **80**, 17 f.

Wahlfeststellung 5, 35

Wahlrecht
- Präsidium **6 a**, 14

Wahlverfahren
- Präsidium **6 a**, 15

Wahlvorstand
- Beteiligtenfähigkeit **10**, 26
- Beteiligter im Beschlussverfahren **83**, 68 f.

Wechselprozess 2, 171; **46**, 30

Weiterbeschäftigung 61, 28
- Zwangsvollstreckung **62**, 22, 62

Weiterbeschäftigungsanspruch 46, 65, 82
- des Auszubildenden **2 a**, 51; **10**, 40
- Streitwert **12**, 116
- Zuständigkeit **2**, 69

Werkdienstwohnung
- Zuständigkeit **2**, 61

Werkleiter
- gesetzlicher Vertreter **5**, 45

Werkstätten für Behinderte
- Arbeitnehmer **5**, 27
- Zuständigkeit der Arbeitsgerichte **2**, 110; **2 a**, 25

Werkstattrat
- Beteiligtenfähigkeit **10**, 26
- Zuständigkeit der Arbeitsgerichte **2 a**, 25

Werkvertrag 5, 18

Wettbewerbsverbot
- einstweilige Verfügung **62**, 116
- Gerichtsstand **48**, 43
- Zuständigkeit **2**, 73
- Zwangsvollstreckung **62**, 62

Widerklage 56, 45; **72**, 40
- Berufung **64**, 91 f.
- Berufungsinstanz **67**, 30
- in Berufungsinstanz **74**, 97
- Gerichtsstand **48**, 48
- internationale Zuständigkeit **1**, 22
- in Revisionsinstanz **74**, 46, 97
- Zuständigkeit **2**, 3, 138

Widerruf
- Prozessvollmacht **11**, 104

Widerspruch
- Mahnbescheid **46 a**, 23
  - Frist **46 a**, 23
- Mahnbescheid, Begründung **46 a**, 25
- Mahnverfahren
  - mündliche Verhandlung **46 a**, 25
- Verspätung **46 a**, 27

Wiederaufnahme des Verfahrens 79, 1 ff.
- Beschlussverfahren **80**, 64
- im Beschlussverfahren **87**, 20
- nach sofortiger Beschwerde **72 b**, 32
- Nichtigkeitsklage **79**, 1, 9
- Restitutionsklage **79**, 1, 9
- über Tariffähigkeit, -zuständigkeit **97**, 31 f.
- Wiederaufnahmegrund **79**, 6 ff.
- Zulässigkeit **79**, 2

Wiedereinsetzung in den vorigen Stand 66, 43 f.
- bei Anschlussrevision **74**, 72
- vor Ausschuss für Lehrlingsstreitigkeiten **111**, 46, 53
- Berufungsbeantwortung **66**, 43 f.
- Berufungsbegründung **66**, 43 f.
- Berufungsfrist **66**, 43 f.
- Beschlussverfahren **80**, 63
- im Beschlussverfahren **87**, 19; **89**, 12
- Beschwerde im Beschlussverfahren **89**, 23
- Einigungsstellenverfahren **98**, 38
- bei fehlerhafter/unterbliebener Rechtsmittelbelehrung **9**, 51
- Nichtzulassungsbeschwerde **72 a**, 25, 30
- Rechtsbeschwerde **94**, 8, 15, 30

Magere Zahlen = Randnummern **Sachregister**

- Revisibilität 72, 6; 74, 97
- Revision 74, 11, 17, 34 f., 72, 85
- Revisionsbeschwerde 77, 6, 12
- sofortige Beschwerde 72 b, 12, 15; 78, 15, 24, 47
- Sprungrevision 76, 17
- bei Sprungrevision 76, 9
- Versäumung der Anfechtungsfrist 81, 35
- Versäumung der Begründungsfrist 74, 38
- Verschulden s. dort
- Vollstreckungsbescheid 46 a, 33
- Zwangsvollstreckung 62, 6

Wiedereröffnung
- des Verfahrens 46, 37; 57, 8

wiederkehrende Leistung
- Streitwert 12, 127 ff.

Wiener Übereinkommen 1, 6

Willenserklärung
- Revisibilität 73, 18, 23

Wirtschaftsausschuss
- Beteiligter im Beschlussverfahren 83, 65
- Streitigkeiten 2 a, 35

Zahlung
- Entschädigung 61, 29 ff.

Zahlungsansprüche
- Mahnverfahren 46 a, 4 ff.

Zeitversäumnis
- Kostenerstattung 12 a, 16

Zeuge
- Entschädigung 9, 16

Zeugen
- Beeidigung 58, 23
- Beweisaufnahme 58, 19 ff.
- Glaubwürdigkeit 74, 64
- Güteverhandlung 54, 18
- Ladung 56, 18

Zeugenaussage, schriftliche 58, 25
Zeugenvernehmung 58, 26
Zeugnis 46, 73; **61**, 28
- Beweislastverteilung 58, 91
- Zwangsvollstreckung 62, 62

Zeugnisklage 2, 72, 78
Zeugnispflicht 58, 22
Zeugnisverweigerungsrecht 11, 93; **58**, 22
Zinsen 46, 57

Zivildienstbeauftragter
- Zuständigkeit 2, 56

Zivile Arbeitskräfte
- deutsche Gerichtsbarkeit 1, 13

Zivilprozessordnung
- Anwendbarkeit 46, 4 ff.
- im Arbeitsgerichtsprozess E, 155 ff.
- im Beschlussverfahren 80, 40 ff.
- Europäisches Mahnverfahren 46 b, 3
- Reformgesetz 2001 E, 30
- im Revisionsverfahren 72, 52 ff.

Zugang
- elektronisches Dokument 46 c, 21; 73, 13

Zulässigkeit
- Berufung 64, 94 ff.

Zulässigkeitsrügen
- Güteverhandlung 54, 46

Zulassung
- Berichtigung des Urteils 64, 34
- Berufung 61, 22; 64, 16
- beschränkte 64, 39
  - Klagehäufung 64, 40 f.
- nachträgliche 46, 117; 68, 5
- Urteilsergänzung 64, 30

Zulassung der Berufung
- Entscheidung 64, 29
- Gründe 64, 19 ff.
- bei Sprungrevision 76, 8
- Tarifvertragsstreitigkeiten 64, 22

Zulassung der Rechtsbeschwerde 78, 38; **91**, 8; **92**, 8
- Beschränkung 92, 16
- Nichtzulassungsbeschwerde s. dort

Zulassung der Revision 72, 2, 11, 34 ff., 86
- und Anschlussrevision 74, 69 ff.
- durch Arbeitsgericht 76, 3, 9 ff.
- Beschränkung 72, 38, 51
- Bindung 72, 47 ff.
- im Urteil 72, 34

Zulassung der Revisionsbeschwerde 77, 1, 5 ff.
- Begründung 77, 7

Zulassung der Sprungrechtsbeschwerde 96 a, 3 ff.

Zulassung der Sprungrevision 76, 3 ff.
- durch Beschluss 76, 9 ff.
- im Urteil 76, 6 ff.
- Wirkung 76, 19 ff.

Zulassungsentscheidung 72 a, 50
- Begründung 72, 34
- Bindung 64, 47
- Rechtsbeschwerde 92, 15 f.
- Rechtsmittel 64, 44
- Sprungrechtsbeschwerde 96 a, 10 ff.
- Sprungrevision 76, 18
- im Urteilstenor 72, 35

Zulassungsrevision 72, 2; **76**, 3 f.

Zurücknahme s. auch **Rücknahme**
- sofortige Beschwerde 72 b, 16; 78, 27
- Nichtzulassungsbeschwerde 72 a, 26
- Rechtsbeschwerde 78, 58
- Revision 74, 21 ff., 30

Zurückverweisung 68, 1 ff.
- an Beschwerdegericht 96, 16 f.
- Bindungswirkung 68, 13
- Einspruchsverwerfung 68, 14
- Entscheidung 68, 11
- Gründe 68, 14
- Grundurteil 68, 20
- Prozessurteil 68, 15

1395

Sachregister

Fette Zahlen = §§

- Teilurteil **68**, 23
- Verfahrensmangel **68**, 3
- Versäumnisurteil **68**, 22
- Zivilprozessordnung **68**, 10 ff.
- zulässige **68**, 10 ff.
- Zwischenurteil **68**, 16

Zurückverweisung an Arbeitsgericht
- im Beschlussverfahren **83**, 117; **88**, 8; **91**, 3
- nach sofortiger Beschwerde **78**, 35
- im Revisionsverfahren **74**, 133
- bei Sprungrechtsbeschwerde **96 a**, 16
- bei Sprungrevision **76**, 32

Zurückverweisung an Landesarbeitsgericht **73**, 2; **74**, 131 ff.
- bei absoluten Revisionsgründen **73**, 40
- Antrag **74**, 41, 139
- nach sofortiger Beschwerde **72 b**, 29
- nach Nichtzulassungsbeschwerde **72 a**, 62
- nach Rechtsbeschwerde **78**, 57
- nach Revisionsbeschwerde **77**, 16
- bei Sprungrechtsbeschwerde **96 a**, 16
- nach Sprungrevision **76**, 32

Zurückweisung
- Angriffs-, Verteidigungsmittel **67**, 3 ff.
- des Vertreters **51**, 26
 - Alleinentscheidung **55**, 32 g
- Entscheidung **56**, 41
- Entschuldigung der Verspätung **67**, 10
- Fristsetzung **67**, 7
- Mahnantrag **46 a**, 19
- Rechtsbeschwerde **96**, 12
- Revision **74**, 124 f.
- ungerechtfertigte von Sachvortrag **72**, 31
- Verhinderung **56**, 43
- Versäumnisurteil **56**, 43
- verspäteten Vorbringens **56**, 24 ff.; **67**, 17
 - im Beschlussverfahren **83**, 89
- von Bevollmächtigten **11**, 108 ff.

Zurückweisung des Antrags
- auf Errichtung einer Einigungsstelle **98**, 22

Zurückweisungsentscheidung
- Überprüfung **67**, 34

Zusammenhangsklage E, 139 ff.; **2**, 3, 112, 115 ff.
- im Beschlussverfahren **2 a**, 91
- Klagehäufung **2**, 153
- bei Organmitgliedern **2**, 133
- Partei **2**, 125
- Urteilsverfahren **2**, 123
- Verweisung **48**, 68

Zusammensetzung
- Schiedsgericht **103**, 5

Zusatzversorgungskasse
- Zuständigkeit **2**, 91

Zuständigkeit
- AEntG **1**, 17
- Alleinentscheidung **55**, 21
- Amtsentbindung **8**, 7
- Amtsenthebung **8**, 7
- Arbeitsgerichtsbarkeit **111**, 1 ff.
- Aufhebung
 - im Schiedsverfahren **110**, 16
- bei Aufrechnung **2**, 114, 143 ff.
- ausschließliche **2**, 2 ff.
- Ausschuss für Lehrlingsstreitigkeiten **111**, 16
- im Beschwerdeverfahren **78**, 60
- Durchbrechung **4**, 4
- der Einigungsstelle **98**, 6 ff.
- für die Einrichtung der Geschäftsstelle **7**, 5 f.
- Erfinderstreitigkeiten **2**, 113
 - Computerprogramme **2**, 112
- Europäisches Mahnverfahren **46 b**, 4
- für Vollstreckbarkeitserklärung im Schiedsverfahren **109**, 5
- Gerichtsverwaltung **15**, 10
- Geschäftsverteilungsplan **73**, 44
- internationale s. dort
- Justizverwaltung **15**, 12
- Klagehäufung **2**, 153
- kraft rügeloser Einlassung **1**, 21; **2**, 2, 3, 133; **111**, 20
- kraft Sachzusammenhangs E, 139 ff.
- Mahnverfahren **46 a**, 15 ff.
- mehrere Anspruchsgrundlagen E, 139 ff.
- örtliche s. dort
- ordentliche Gerichte s. dort
- bei Prozessstandschaft **3**, 1 ff.
- Prüfung s. Zuständigkeitsprüfung
- Rechtsbeschwerde **94**, 9
- Rechtshängigkeit **2**, 152
- bei Rechtsnachfolge **3**, 1 ff.
- sachliche s. dort
- Schiedsgericht **104**, 5
- Schiedsgerichtsbarkeit s. dort
- Verwaltungsgericht **80**, 22
- für Vorfrage **2**, 114, 139 ff.
- Widerklage **2**, 138

Zuständigkeit, örtliche
- Diskriminierung **61 b**, 14 ff.

Zuständigkeitsprüfung E, 51 ff.
- Berufung **64**, 118; **65**, 5
- im Bestellungsverfahren **98**, 6 ff.
- in Revisionsinstanz **73**, 30 ff.; **74**, 98

Zuständigkeitsregelung
- Außenseiter **48**, 140
- Rechtsnatur **48**, 138
- Tarifvertrag **48**, 133 ff.

Zuständigkeitsrüge
- internationale Zuständigkeit **1**, 15 ff.
- in Revisionsinstanz **73**, 30 ff.

Zuständigkeitsstreit
- über Geschäftsverteilungsplan **6 a**, 57
- über Rechtsweg **73**, 30 ff.

Zuständigkeitsvereinbarung s. Gerichtsstandsvereinbarung

Sachregister

Magere Zahlen = Randnummern

Zustellung 50, 1 ff.; 75, 9 f.
- abgekürztes Urteil 50, 7
- Anschriften 50, 14
- Antragsschrift im Beschlussverfahren 81, 71
- Ausfertigung 50, 6
- Ausland 47, 8; 50, 14
- Begriff 50, 4
- Behörde 50, 18
- Berufungsfrist 66, 9
- Beschlussverfahren 50, 10; 80, 51
- im Beschlussverfahren 84, 18 f.; 87, 15
- Beschwerde im Beschlussverfahren 89, 10 ff.
- Beschwerdebegründung 90, 1 ff.
- Beschwerdeschrift 90, 1 ff.
- Betriebsrat 50, 19
- Bewirkung 50, 16
- Einlassungsfrist 47, 2
- einstweiliger Rechtsschutz 50, 11
- Empfänger 50, 16
- erneute 64, 33 a
- Ersatzzustellung 50, 17
- Europäische Verordnung 13 a, 6
- Frist 50, 13
- Gegenstand 50, 6
- Gemeinschaftseinrichtung 50, 17
- Geschäftsraum 50, 17
- Inland 47, 2
- Klageschrift 46, 13
- Mahnbescheid 46 a, 7
- öffentliche 47, 2; 50, 14
- Parteibetrieb 50, 6
- Parteizustellung 50, 21
- Prozessbevollmächtigter 50, 18
- Rechtsbeschwerde 95, 2
- Rechtspfleger 9, 15
- Revisionsschrift 74, 20
- im Revisionsverfahren 74, 6
- Schiedsspruch 108, 17 ff.
- Terminsanberaumung 66, 48
- unterbliebene
  - Fünfmonatsfrist 9, 58 a
- Urkunde 50, 19
- Urteil 46, 13; 75, 9 f.
- Verbandsvertreter 50, 23 ff.
- vereinfachte 11, 90
- Verfahren 50, 14
- verwaltungsgerichtliches Beschlussverfahren 80, 51
- Verzicht 50, 5
- Vollstreckungsbescheid 50, 9
- von Amts wegen 50, 4
- Wohnung 50, 17

Zustimmung
- Antragsänderung 81, 87 ff.
- Eingang 76, 17
- Sprungrechtsbeschwerde 96 a, 7 f.
- Sprungrevision 76, 6, 12, 15 ff., 26
- unwiderrufliche Erklärung 76, 15

Zustimmungsersetzungsverfahren 2 a, 43
- Antrag 81, 19
- einstweilige Verfügung 85, 39
- Erledigung der Hauptsache 83 a, 23
- Kosten 84, 35
- Rechtskraftwirkung 84, 30
- Rechtsschutzinteresse 81, 38
- Schwerbehindertenvertretung 2 a, 24
- vor Verwaltungsgericht 80, 19

Zwangsarbeiter 5, 6
- Zuständigkeit 2, 53

Zwangsgeld
- gegen Arbeitgeber 85, 27 ff.
- gegen Betriebsrat 85, 14, 17, 19

Zwangsvollstreckung E, 338 ff.; 61, 41 ff.; 62, 1 ff.; s. auch Vollstreckung
- Abfindung 62, 63
- Abmahnung 62, 62
- Anhörungsrüge 78 a, 31
- Antragsteller im Schiedsverfahren 109, 6
- Arbeitsleistung 62, 62
- Arbeitslosigkeit 62, 25
- Arbeitspapiere 62, 62
- Auskunft 62, 62
- Ausschluss 62, 18
- Ausschlussantrag 62, 29
- Berufungsverfahren 62, 2
- Beschäftigung 62, 22
- Beschluss 62, 10
- Beschlussverfahren 62, 2
- im Beschlussverfahren 85, 2 ff.; 87, 21
- Duldung 62, 21
- Einigungsstellenspruch 85, 10
- Einsichtnahme 62, 62
- Einstellung 62, 40 ff.; s. dort
  - Alleinentscheidung 55, 20
- einstweilige Verfügung 85, 10
- einstweiliger Rechtsschutz 62, 7, 122
- Entgeltabrechnung 62, 62
- Entscheidung 62, 34, 43 ff., 47
- Europäische Verordnung 13 a, 12
- Forderungen 62, 65 ff.
- Geldforderung 62, 55
- Grundlagen E, 338 ff.
- Handlung 62, 21, 59
- Herausgabe von Sachen 62, 58
- internationale E, 367 f.
- Konkurrentenklage 62, 62
- Organe E, 350 ff.
- Rechtspfleger 9, 15
- Schiedsspruch 62, 11; 109, 1 ff.
- Sicherheitsleistung 62, 33, 46
- Titel 62, 4
- Unterlassung 62, 21
- Urlaubsanspruch 62, 62
- Urteilsberichtigung 62, 36

Sachregister

Fette Zahlen = §§

- Urteilsergänzung **62**, 36
- Verfahren **62**, 53 ff.
- Verfahrensgrundsätze **E**, 357 ff.
- Vergleich **62**, 9
- Vermögenslosigkeit **62**, 24
- Weiterbeschäftigung **62**, 22, 62
- Wettbewerbsverbot **62**, 62
- Wiedereinsetzung in den vorigen Stand **62**, 6
- Zahlungstitel **62**, 23
- Zeugnis **62**, 62

Zwangsvollstreckungsgegenklage
- Zuständigkeit **2**, 55

Zwangsvollstreckungskosten
- im Beschlussverfahren **85**, 25

Zwangsvollstreckungsverfahren
- Kostenerstattung **12 a**, 27

Zweites Versäumnisurteil s. Versäumnisurteil, zweites

Zweitschuldnerhaftung
- Kosten **12**, 87

Zwischenbeschluss 83, 32, 118; **84**, 6
- Beschwerdefähigkeit **87**, 4
- Einigungsstellenverfahren **98**, 35
- über Zulässigkeit der Beschwerde **89**, 53; **94**, 32

Zwischenfeststellungsantrag
- im Beschlussverfahren **81**, 18

Zwischenfeststellungsklage 46, 81
- in Revisionsinstanz **74**, 48
- Zusammenhangsklage **2**, 121
- Zuständigkeit **2**, 142

Zwischenmeister
- Arbeitnehmer **5**, 30 f.

Zwischenurteil 61, 43
- Anfechtung mit sofortiger Beschwerde **78**, 10
- Berufung **64**, 7
- über deutsche Gerichtsbarkeit **1**, 10
- Grundurteil s. dort
- nachträgliche Zulassung **46**, 118
- vor Nichtzulassungsbeschwerde **72 a**, 20
- über Parteifähigkeit **10**, 46
- Rechtsmittelbelehrung **9**, 33 f.
- Revision gegen **72**, 6, 10, 41; **74**, 15
- Zurückverweisung **68**, 16
- über Zuständigkeit **2**, 128